昌都年鉴

ཆབ་མདོའི་ལོ་རིམ་མེ་ལོང་།

CHANGDU YEARBOOK

2020

（总第16卷）

昌都市地方志办公室　编

方志出版社
Publishing House of Local Records

图书在版编目（CIP）数据

昌都年鉴. 2020 / 昌都市地方志办公室编. -- 北京：方志出版社，2020. 12

ISBN 978-7-5144-4661-6

Ⅰ. ①昌… Ⅱ. ①昌… Ⅲ. ①昌都地区—2020—年鉴
Ⅳ. ①Z527.52

中国版本图书馆CIP数据核字（2020）第270633号

昌都年鉴（2020）

编　　者：昌都市地方志办公室
责任编辑：王　娜

出 版 者：方志出版社
地址　北京市朝阳区潘家园东里9号（国家方志馆4层）
邮编　100021
网址　http://www.zgfzcb.cn
发　　行：方志出版社图书经销中心
电话（010）67110500
经　　销：各地新华书店
印　　刷：河南深港彩印有限公司

开　　本：889×1194　1/16
印　　张：54
字　　数：1181千字
版　　次：2020年12月第1版　2020年12月第1次印刷
印　　数：001～700册

ISBN 978-7-5144-4661-6　定价：465.00元

编辑说明

一、《昌都年鉴（2020）》以马克思列宁主义、毛泽东思想、邓小平理论、“三个代表”重要思想、科学发展观、习近平新时代中国特色社会主义思想为指导，坚持辩证唯物主义和历史唯物主义观点，记载西藏自治区昌都市自然、政治、经济、文化、社会等方面的基本情况，为各级领导了解市情、实施科学决策，为社会各界和续修地区（市）志提供科学依据和基础资料。

二、《昌都年鉴（2020）》设特载、昌都市情、中共昌都市委员会、昌都市人大常委会、昌都市人民政府、政协昌都市委员会、中共昌都市纪律检查委员会（市监察委员会）、法治、军事、社会团体、经济发展·改革·监督管理、农牧业·林业、工业、交通运输·建筑、财政·税务·金融、邮政·通信、资源·环境、教育·科技、文化·新闻·广播电视·卫生、社会保障、民族·宗教、县（区）情、大事记、附录、组织机构与负责人、索引、区县风采。

三、凡直书月、日，未写年份，即为2019年。数据增减多少未说明与某一年份，即为记载2019年与2018年比较；个别单位内容涉及其他年份数据。

四、《昌都年鉴（2020）》由各县（区）、市（中、区）直单位及驻昌部队提供，并经提供单位领导审核。所用综合性资料、数据，一律截至2019年底。“统计资料”由昌都市统计局提供，正文中的数据由各单位提供。因统计口径等原因，县（区）和部门稿件中所用数据与“统计资料”中的数据不尽一致时依昌都市统计局提供的资料为准。

五、本书标点符号、数字用法、计量单位统一采用2011年版《标点符号用法》、《中华人民共和国国家标准出版物数字用法》，2018年版《中华人民共和国计量法》标准。

《昌都年鉴（2020）》编纂委员会

《昌都年鉴（2020）》编辑部

《昌都年鉴（2020）》供稿人名单

（按姓氏笔画为序）

丁智	于国莉	王伟	王超	王翠	王子尧
王俊峰	王艳艳	扎西阿宗	牛子宁	仁青江村	巴桑曲珍
兰玺	冯鹏	旦增玉珍	刘丽	闫妍	刘亮
吉宁宁	达娃央宗	田小顼	刘恩赞	冯小念	伍佳铭
任建权	向小东	向巴益西	次仁央宗	李敬	李美
李煜	李文兵	李世杰	李定琴	李浩田	李晨晨
张一凡	张会玲	张海军	张攀攀	阿妮	阿旺多布拉
阿旺措拉	陈洋	陈林群措	卓玛永宗	易浩民	罗芳炎
罗蜜蜜	郑飞	郑昌龙	洛松玉珍	秦华	袁志强
徐丽丽	高云峰	郭延	郭思奎	唐鸿杰	唐新洲
陶然	黄志顺	康会良	梁湘楠	董欢	谢古辉
群措					

数字昌都·2019

※ 国土面积：10.98万平方公里

※ 年末人口总数：798067人

※ 地区生产总值：220.96亿元

※ 第一产业增加值：29亿元

※ 第二产业增加值：91.57亿元

※ 第三产业增加值：100.39亿元

※ 农林牧渔业总产值：48.02亿元

※ 粮食产量：19万吨

※ 肉类（猪、牛、羊肉）产量：7.61万吨

※ 工业总产值：32.40亿元

※ 水泥产量：1088613.10吨

※ 地方公共财政预算收入：180334万元

※ 地方公共财政预算支出：3091185万元

※ 金融机构各项存款余额：389.05亿元

※ 金融机构各项贷款余额：384.15亿元

※ 社会消费品零售总额：61.85亿元

※ 货运总量：252.3万吨

※ 接待旅游人数：286.25万人次

※ 旅游总收入：23.47亿元

※ 农村居民人均可支配收入：11545元

※ 城镇居民人均可支配收入：32650元

※ 电话用户总数：46.35万户

※ 公路通车里程：18366.887公里

领导关怀

2019年7月25日，西藏自治区党委书记吴英杰（右二）在八宿县益青乡调研基层党建工作

2019年5月，西藏自治区党委副书记、区人大常委会主任洛桑江村（左一）率工作组在贡觉县敏都乡开展易地搬迁调研工作

2019年5月，西藏自治区党委副书记、自治区主席齐扎拉（右一）在昌都经开区检查指导产业发展

2019年11月24日至26日，中央第十巡回督导组组长、十三届全国政协农业和农村委员会副主任、黑龙江省政协原主席杜宇新（右一）带队的督导组在昌都调研“不忘初心、牢记使命”主题教育工作开展情况

2019年9月27日至29日，全国政协人口资源环境委员会副主任、湖北省政协原主席杨松（前排左一）率全国政协工作组到昌都调研。昌都市委书记阿布（后排右一）陪同。图为参观昌都市革命历史博物馆

2019年3月22日，西藏自治区党委副书记、常务副主席庄严（右一）在八宿县调研脱贫攻坚巡视整改工作

2019年3月12日，西藏自治区党委常委、自治区常务副主席姜杰（右六）率调研组在昌都市芒康县木许乡木许村调研督导维护稳定工作

2019年7月4日至5日，西藏自治区党委常委、区党委秘书长刘江（左）前往贡觉县哈加、阿旺、木协、雄松、拉妥乡调研维护稳定、脱贫攻坚等工作。图为到结对户冲罗布家中，了解他们的生活情况以及子女上学、就业等情况

2019年3月25日，西藏自治区副主席江白（中）率督导调研组调研昌都市国土绿化、生态脱贫等工作。图为调研昌都市造林绿化及苗圃建设情况（姚志强　摄）

2019年，中华全国供销合作总社理事会副主任邹天敬（左二）参观昌都馆

政 治

2019年1月21日，中共昌都市第一届委员会第八次全体会议召开

2019年1月21日，中共昌都市第一届委员会第八次全体会议召开。图为昌都市委书记阿布代表市委常委会向大会作工作报告

2019年12月22日，昌都市第一届人民代表大会第七次会议在康巴文化演艺推介展示中心开幕。图为昌都市委副书记、市长陈军作政府工作报告

2019年12月22日，昌都市第一届人民代表大会第七次会议在康巴文化演艺推介展示中心开幕。图为昌都市人大常委会主任贡秋江村作人大常委会工作报告

2019年12月22日，昌都市第一届人民代表大会第七次会议在康巴文化演艺推介展示中心开幕

2019年12月21日，中国人民政治协商会议第一届昌都市委员会第七次会议在康巴文化演艺推介展示中心开幕

2019年12月21日，中国人民政治协商会议第一届昌都市委员会第七次会议在康巴文化演艺推介展示中心开幕。图为昌都市政协副主席图嘎代表政协第一届昌都市委员向大会作工作报告

2019年11月20日，昌都市召开纪念昌都政协成立60周年理论研讨会

2019年9月18日，自治区主题教育第五巡回指导组到市委党校指导工作

2019年11月23日，自治区宣讲团在昌都宣讲中共十九届四中全会精神

2019年2月28日，中国共产党昌都市第一届纪律检查委员会第七次全体会议在康巴文化演艺推介展示中心开幕

2019年3月18日，昌都市委书记阿布（中右一）会见由中宣部新闻局副处长张振国（中左一）带队的“西藏民主改革60周年”中央媒体采访团

2019年10月20日，昌都市委副书记、市长陈军（左一）赴察雅县督导调研“不忘初心、牢记使命”主题教育开展情况

2019年11月15日，昌都市监委第一届特约监察员聘请大会召开

2019年12月27日，昌都市召开2019年度“先进双联户”创建活动表彰大会

2019年9月20日，昌都市委宣传部在昌都大厦一楼多功能报告厅召开昌都市庆祝中华人民共和国成立70周年、纪念西藏民主改革60周年理论研讨会

2019年9月19日，昌都市举办"不忘初心、牢记使命·我的驻村故事"演讲比赛（泽西　摄）

2019年3月20日，昌都市举行市场监督管理局（知识产权局）挂牌仪式

2019年3月20日，昌都市应急管理局举行挂牌仪式

2019年5月27日，西藏区内首家地市级民用航空气象服务中心在昌都正式揭牌成立

法 治

2019年12月6日，昌都市开展“青少年模拟法庭”活动

2019年10月5日，昌都市中级人民法院工作人员在丁青县开展“865”基层调解工作

2019年6月15日，昌都市中级人民法院“法治宣传千里行”法治小品在八宿县小学表演

2019年7月1日，昌都市人民检察院开展庆祝中国共产党成立98周年暨主题党日活动

2019年8月1日，昌都市人民检察院在职党员到社区走访慰问

军 事

2019年1月25日，昌都市消防救援支队举行迎旗授衔和换装仪式。昌都市委书记阿布（前排中），昌都市委副书记、市长陈军（前排右四）出席

2019年8月1日，昌都市委书记阿布为昌都市“最美现役军人”颁奖

2019年1月31日，昌都市委副书记、市长陈军看望慰问昌都市森林消防支队官兵

2019年12月21日，昌都市森林消防支队走街串巷进行防火宣传

援　藏

2019年7月19日至20日，重庆市委副书记、市长唐良智（前排右二）率考察组在昌都市考察指导对口支援工作。西藏自治区党委副书记、自治区主席齐扎拉（前排右三），昌都市委书记阿布（前排右四）陪同。图为在昌都市人民医院调研援藏工作

在重庆“西洽会”期间，“昌都—綦江”飞地经济发展合作座谈会于2019年5月17日召开

2019年9月23日，共青团重庆市委对口援助共青团昌都市委工作交流座谈会暨捐赠仪式在康巴文化演艺推介展示中心201会议室举行

2019年8月29日，天津医科大学眼科医院与昌都市藏医院在昌都开展“眼科专家西藏光明行项目”启动仪式

2019年9月2日，天津医科大学肿瘤医院代表团慰问在昌都市藏医院的援藏干部并捐赠医疗设备

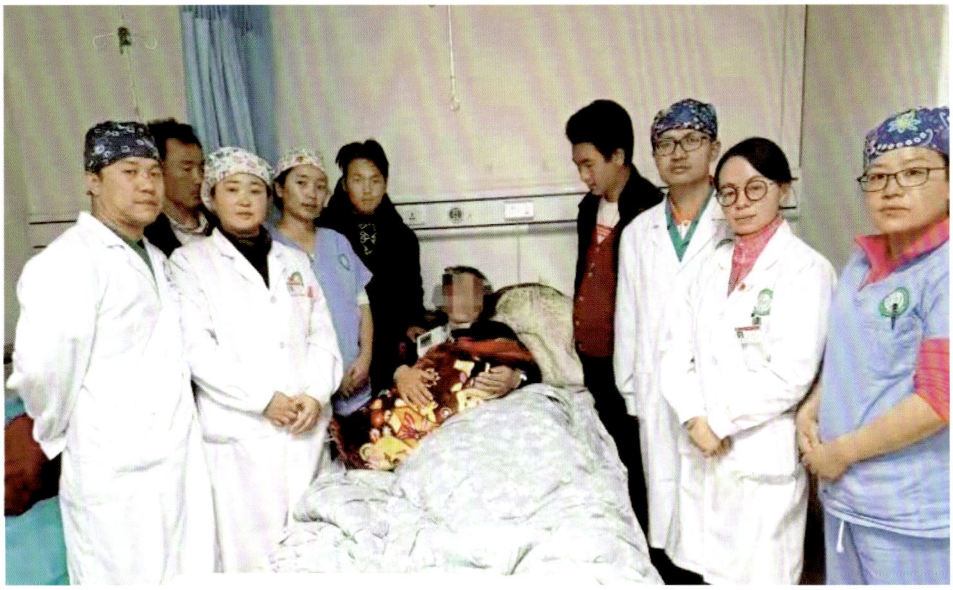

2019年10月25日，在“组团式”援藏医生的积极推动下，昌都市人民医院实施首例分娩镇痛

2019年10月11日，天津市财政局二级巡视员刘文忠一行工作组7人参加天津市对口支援西藏昌都财政专项资金调研工作座谈会

2019年9月8日，福建省供销社与昌都市政府在首届“一带一路”农产品农资（电商）交易会上签订《助力脱贫攻坚产销对接战略合作协议》

2019年4月14日，昌都市财政干部参加福建省财政厅举办的福建财政管理与改革——西藏昌都市财政干部业务培训班。图为参加人员合影

经济发展·改革·监督管理

2019年5月27日，昌都市在茶马广场举办“百企帮百村”捐助活动

2019年，共青团昌都市委助力脱贫攻坚项目——高山黑土豆种植项目资金兑现仪式在察雅县新卡乡新卡村举行

2019年12月3日，昌都市“2019年网络扶贫手机捐赠公益项目”启动仪式在察雅县澜沧江广场举行，向察雅县42位建档立卡贫困户发放扶贫手机

2019年6月20日，西藏昌都市招商引资专场推介会在福州举办。图为八宿县、协合新能源集团西藏分公司、左贡县、洛隆县、左贡县夏康经济发展有限公司负责人合影

2019年4月22日，昌都市举行第一期创新创业“大咖面对面”讲座

2019年6月2日，昌都市在茶马广场等地开展城市管理相关法律法规知识宣传活动

2019年3月1日，昌都市工商局颁发全市首张新版营业执照

交通运输·建筑

邦达机场规划建设中的T3航站楼效果图

2019年1月26日，西部航空开通重庆—昌都航线

2019年5月6日，邦达机场公安分局启用首个自助办理临时乘机证明终端设备

2019年9月27日，省道203线察雅县至芒康县新改建工程交（竣）工通车

2019年9月26日，国道317线珠角拉山隧道及接线工程顺利通车

2019年9月30日，国道317线（西藏境）斜拉山隧道正式通车

国道317线妥昌公路K1238+300处河水涌上路面，工区养护工人因抢险及时，未发生阻车现象

瓦拉山路段K52+450至K52+500处发生雪崩，图为养护一线人员开展抢险保通工作

教育·科技

2020年12月19日，昌都市在康巴文化演艺推介展示中心召开教育大会

2019年9月2日，昌都市委党校举行秋季开学典礼

2019年5月28日，昌都市职业技术学校与市二幼举行校际合作挂牌仪式

2019年6月，中国地震局、四川省地震局、西藏自治区地震局在昌都市召开昌都市地震活动断层探测与危险性评价可研报告咨询会

2019年7月，昌都市防震减灾科普馆投入使用

2019年11月8日，西藏自治区举行水文勘测技能比武大赛。图为昌都水文分局比武现场

2019年12月18日至19日，昌都市特殊学校和昌都市残疾人联合会开展“青春志愿暖冬行 阳光助残献爱心——圆梦微心愿”走访慰问志愿服务活动

文化·新闻·广播电视

2019年10月15日，尼泊尔吉日市市长唐卡·巴哈杜尔·吉雷尔率官方代表团（5人）访问昌都。图为互赠礼物

2019年10月16日，尼泊尔吉日市官方代表团到昌都市职业技术学校参观

2019年3月25日，2019“冬游西藏”首届昌都然乌·来古冰雪节在然乌·来古冰川国家公园景区举办开幕式。图为游客合影

2019年8月11日，昌都市举行2019年“春雨工程——全国文化和旅游志愿服务行动计划”项目闽藏漆画技艺培训班结业仪式暨学员成果展。图为全体人员合影

2019年1月5日，昌都市在茶马广场举办乙亥年生肖邮票首发仪式（郑飞　摄）

2019年8月10日，昌都市举行川藏公路、青藏公路建成通车65周年暨主题纪念邮票发行活动

2019年8月19日，昌都市第五届三江茶马文化艺术节在市体育文化活动中心开幕

2019年9月24日，昌都市在茶马广场举行首届“昌都工匠”年度人物发布会

2019年8月22日，首届锅庄艺术高峰论坛成功召开，昌都被成功命名为“卓钦之乡”，图为市政协副主席图嘎做昌都卓钦论述

2019年8月25日，昌都市工商联举办“卓卓康巴旅游、音乐、灯会、美食节”评选活动。图为获奖商家与企业合影

2019年11月6日至11日，昌都市文联及摄影家、作家、书法家等协会10余位协会会员组成采风团前往左贡县、芒康县、卡若区开展“深入生活、扎根人民”文艺采风活动

2019年11月19日，昌都政协成立60周年。图为《昌都政协委员风采》出版

2019年7月31日至8月5日，西藏自治区党委党史研究室（区地方志办公室）主任汪德军（前排右一）率调研组前往昌都市、边坝县、洛隆县、察雅县、左贡县结合“不忘初心、牢记使命”主题教育活动检查指导修志编鉴工作。图为在左贡县调研

2019年8月29日，重庆市地方志系统到昌都市地方志办公室了解全市修志现状和交流修志方式方法，并对《昌都地区志（2001—2010）》《昌都年鉴2019》编纂提出意见和建议

2019年8月26日至30日，重庆市地方志系统到察雅县调研指导修志编鉴工作，召开重庆市地方志系统·西藏察雅县修志编鉴工作座谈会，并向察雅县地方志办公室捐赠16万元。图为捐赠仪式现场

2019年8月27日至29日，重庆市地方志系统到类乌齐县调研指导修志工作，并召开作座谈会。会上，重庆市地方志系统向类乌齐县捐赠修志编鉴工作经费20万元

2019年8月19日至23日，重庆市地方志系统前往芒康县，对志鉴工作进行业务指导并座谈。图为重庆市地方志系统向芒康县地方志办公室捐赠23万元捐赠仪式现场

2019年4月12日，西藏自治区地方志编纂委员会在拉萨市西藏迎宾馆召开《类乌齐县志（2001—2010）》验收会

2019年9月，西藏自治区地方志办公室在拉萨市组织召开《边坝县志》验收会

2019年11月5日，贡觉县在县委办公楼组织召开《贡觉县志（2001—2010）》终审会

2019年11月26日，昌都市在市政府14楼会议室召开《昌都地区志（2001—2010）》终审会

2019年4月28日，卡若区在商贸大楼组织召开《昌都县志（2001—2010）》初审会

2019年11月6日，芒康县组织召开《芒康县志（2001—2015）》初审会

卫生·资源·环境

2019年10月15日，昌都市藏医院创建“三级甲等”藏医医院评审工作汇报会召开

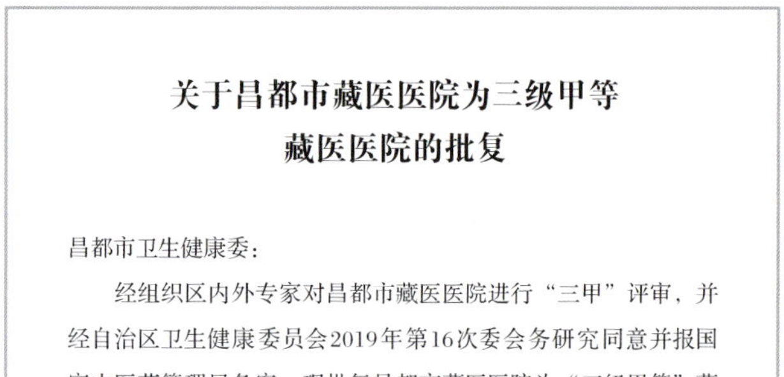

关于昌都市藏医医院为三级甲等藏医医院的批复

昌都市卫生健康委：

经组织区内外专家对昌都市藏医医院进行“三甲”评审，并经自治区卫生健康委员会2019年第16次委会务研究同意并报国家中医药管理局备案。现批复昌都市藏医医院为“三级甲等”藏医医院，请昌都市藏医医院继续加强医院特色优势建设，规范医院管理，不断提高医疗服务水平，保证医疗质量和医疗安全。

2019年12月11日，昌都市藏医院被批复为“三级甲等”藏医医院

2019年11月16日，“不忘初心 牢记使命 爱在昌都 杏林送暖”昌都市2019年第二批手足畸形患儿免费救治大型公益活动启动

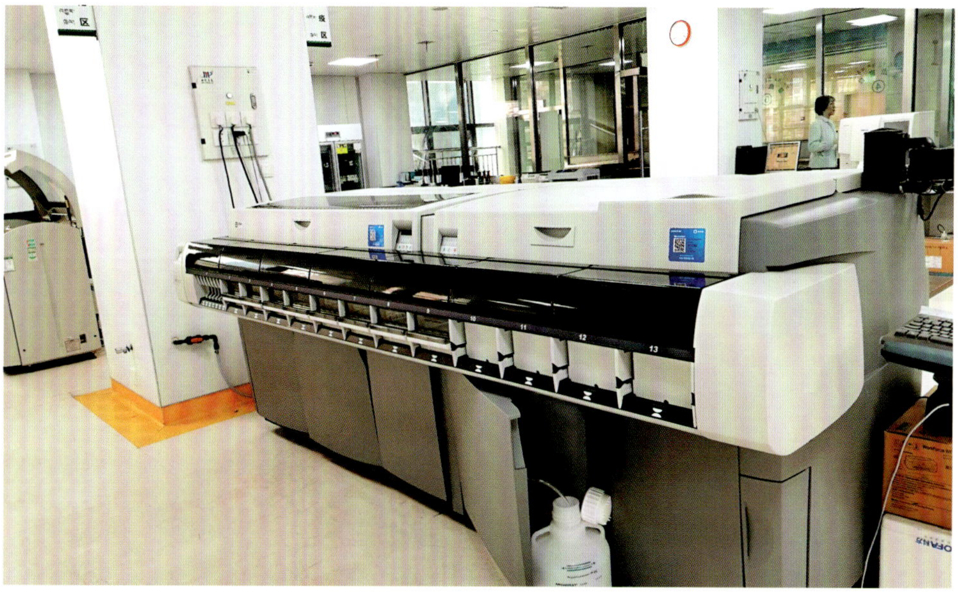

昌都市人民医院雅培生化免疫一体机

昌都市人民医院西门子DSA血管数字造影设备

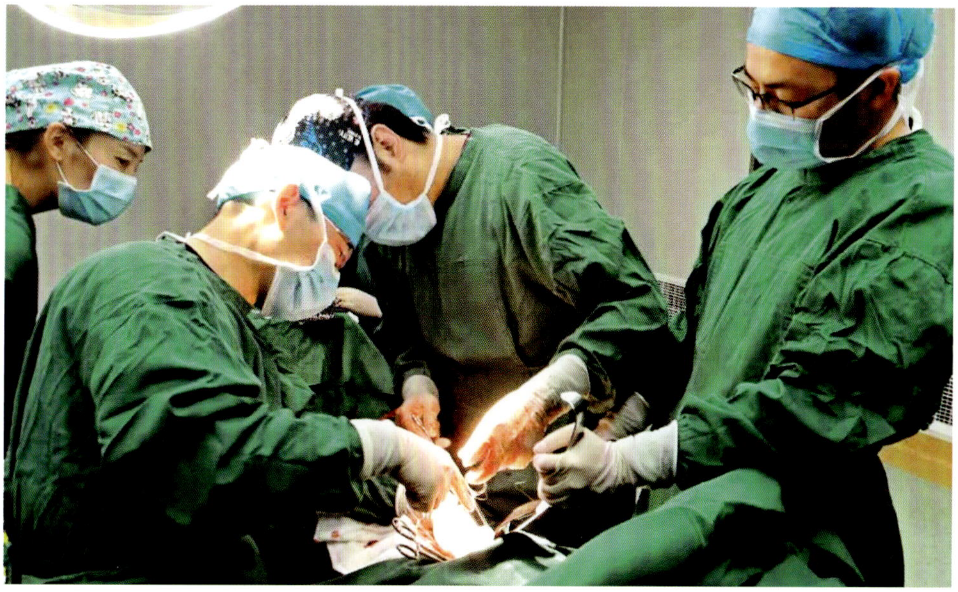

2019年2月，昌都市人民医院开展包虫病患者手术救治

社会保障

2019年10月31日，昌都市委书记阿布（左一）在茶马广场就“为民服务解难事”进行现场群众接访

2019年3月8日，昌都市委书记阿布（左一）在沙贡乡温达村看望结对帮扶户。图为向向秋送上“母亲邮包”

2019年4月21日，昌都市举办“春风行动”暨农牧民转移就业增收专场招聘会

2019年7月17日，昌都市在孜通坝土地整理一期施工项目现场举行农民工工资银行代发启动仪式

2019年7月12日，昌都市召开"12345"政府服务热线工作推进会

2019年12月7日，昌都市举行高校毕业生就业创业补贴资金集中兑现仪式

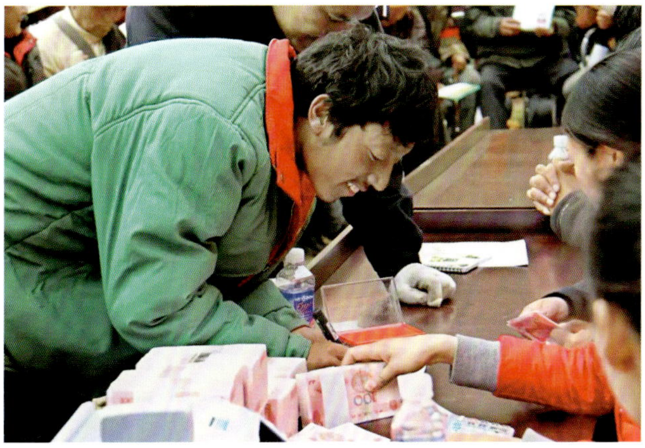

兑现森林管护补助资金

厕所改造

荣 誉

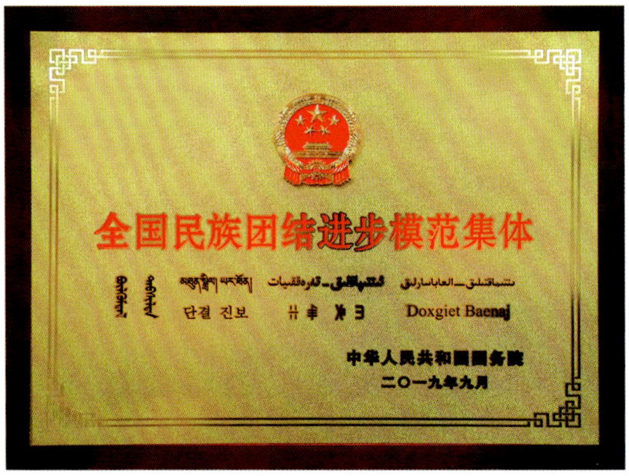
全国民族团结进步模范集体
단결 진보
Doxgiet Baenaj
中华人民共和国国务院
二〇一九年九月

荣誉证书
授予：西藏自治区昌都市消防救援支队
全国民族团结进步模范集体称号
단결 진보
Doxgiet Baenaj
2019年9月

荣誉证书
授予：昌都市职业技术学校
“全国教育系统先进集体”称号
二〇一九年九月

荣誉证书
授予：登增元丁
全国民族团结进步模范个人称号
단결 진보
Doxgiet Baenaj
2019年9月

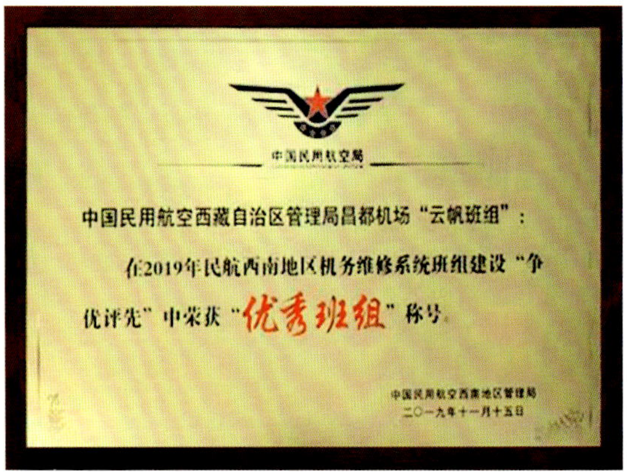
中国民用航空局
中国民用航空西藏自治区管理局昌都机场“云帆班组”：
在2019年民航西南地区机务维修系统班组建设“争优评先”中荣获“优秀班组”称号。
中国民用航空西南地区管理局
二〇一九年十一月十五日

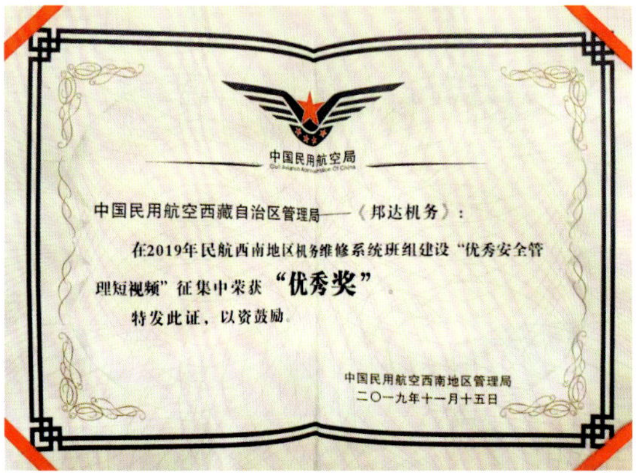
中国民用航空局
中国民用航空西藏自治区管理局——《邦达机务》：
在2019年民航西南地区机务维修系统班组建设“优秀安全管理短视频”征集中荣获“优秀奖”。
特发此证，以资鼓励。
中国民用航空西南地区管理局
二〇一九年十一月十五日

自然风光

2019年12月25日，昌都市洛隆卓玛朗错试点国家湿地公园通过验收，正式成为国家湿地公园。图为洛隆卓玛朗错国家湿地公园掠影（王磊兴　摄）

湖畔牧家（郝鹏举　摄）

帮达草原秋景（郝鹏举　摄）

叠翠流金

雪山光晕

东达冰河

类乌齐马鹿自然保护区掠影（尼玛拉姆　摄）

目 录

特 载

昌都市情

中共昌都市委员会

昌都市人大常委会

昌都市人民政府

政协昌都市委员会

中共昌都市纪律检查委员会（市监察委员会）

法　治

军　事

社会团体

经济发展·改革·监督管理

农牧业·林业

工　业

交通运输·建筑

财政·税务·金融

邮政·通信

资源·环境

教育·科技

文化·新闻·广播电视·卫生

社会保障

民族·宗教

县（区）情

大事记

附　录

组织机构与负责人

索　引

区县风采

特　载

在昌都市委一届八次全会上的报告

（2019年1月21日）

昌都市委书记　阿　布

市委一届七次全会以来，在以习近平同志为核心的党中央的关心关怀下，在习近平新时代中国特色社会主义思想和习近平总书记关于治边稳藏重要论述的科学指引下，在以吴英杰书记为班长的区党委的正确领导下，我们全面贯彻落实党中央大政方针政策和区党委稳藏兴藏系列决策部署，树牢“四个意识”、坚定“四个自信”、落实“两个维护”，瞄准长足发展和长治久安总目标，立足着眼点着力点和出发点落脚点，坚持党对一切工作的领导，敢于担当、主动作为，团结带领全市各族干部群众推动各项事业发展迈上新台阶。特别是面对错综复杂的维稳形势和艰巨繁重的发展任务，我们以强烈的责任感、使命感和担当精神，重点抓了6件大事。

一是坚决维护习近平总书记党中央的核心、全党的核心地位，维护党中央权威和集中统一领导。我们坚持把“两个维护”作为明确的政治准则和根本的政治要求，自觉在政治立场、政治方向、政治原则、政治道路上同以习近平同志为核心的党中央保持高度一致；坚定不移贯彻、毫不迟疑执行、千方百计落实区党委稳藏兴藏各项决策部署，做到与区党委保持一个声音、一个步调、一个提法，确保了政令畅通、令行禁止。坚持用党的十八大以来，在习近平总书记确定的“十二五”“十三五”近1万亿元重大项目投资强力支撑下，包括昌都人民在内的西藏各族群众享受到全国其他地方群众没有享受到的特殊优惠政策和生产生活条件的巨大变化，大力宣传习近平总书记党的核心、军队统帅、人民领袖的丰功伟绩、英明睿智，大力宣传以习近平同志为核心的党中央对西藏工作的高度重视和对昌都人民的亲切关怀，大力宣传以吴英杰书记为班长的区党委对昌都工作的重视支持，大力宣传对口援昌省市企业对昌都的无私支援，广大干部群众“四个意识”更加牢固、“四个自信”更加坚定，“五个认同”更加自觉，习近平总书记的核心地位深深扎根在昌都各族干部群众心中，习近平新时代中国特色社会主义思想深深融入昌都各族干部群众血脉，广大干部群众像敬仰毛主席等老一辈革命家一样敬仰习近平总书记，像歌颂毛主席等老一辈革命家一样歌颂习近平总书记，不断厚植了党在昌都的执政根基，各族干部群众感党恩、听党话、跟党走的信心和决心空前高涨。

二是严格按照党中央学懂弄通做实的决策部署，深入学习宣传习近平新时代中国特色社会主义思想和党的十九大精神。我们坚持把学习宣传习近平新时代中国特色社会主义思想和党的十九大精神作为武装头脑、指导实践、推动工作的强大武器，召开市委常委会会议、理论中心组学习会、领导干部大会等系列会议，研究制定全市学习宣传党的十九大精神方案，部署安排全市学习宣传各项工作，以市委理论中心组学习常态化带动全市各级党委（党组）理论中心组学习，邀请国内知名院校专家学者举办专题辅导报告会12场，累计举办专题培训班152期、培训党员干部1万余人次，各级党员领导干部带头深入农牧区、社区、企业、机关单位、学校、寺庙作专题宣讲报告4000场次，组织开展宣讲7.6万场次，受教育干部群众达700多万人次；率先在全区举办学习贯彻习近平新时代中国特色社会主义思想和党的十九大精神理论研讨会，精编印发《昌都市学习贯彻习近平新时代中国特色社会主义思想和党的十九大精神理论文章选编》2000册，做到了学习宣传习近平新时代中国特色社会主义思想和党的十九大精神入脑入心、家喻户晓、人人皆知，全市广大党员干部的理想信念更加坚定、宗旨意识更加牢固，各级党组织的工作思路更加清晰、措施更加科学、底气更加厚实，对实现中华民族伟大复兴的中国梦更加充满了信心、决心和底气。

三是紧紧围绕党的十九大战略决策和区党委九届三次全会部署安排，科学谋划新时代昌都长足发展和长治久安各项工作。我们坚持对标党的十九大提出的新思想新战略，对照区党委九届三次全会提出的新任务新要求，对准到2020年城乡居民人均可支配收入接近全国平均水平，基本公共服务主要指标接近或达到西部地区平均水平目标，及时召开市委一届七次全会，科学分析新时代昌都发展稳定阶段性特征和所处的历史方位，制定出台贯彻落实党的十九大和区党委九届三次全会精神的实施意见，为决胜全面建成小康社会、建设社会主义现代化昌都发出了动员令、制定了路线图、划定了时间表，开启了新征程，更加坚定了全市各级各部门和广大党员干部在市委的领导下，树牢“四个意识”、坚定“四个自信”、做到“四个服从”、落实“两个维护”，扎实做好改革发展稳定生态党建各项工作的政治自觉、思想自觉和行动自觉。

四是对标对齐党中央、区党委的部署要求，精心组织开展庆祝改革开放40周年系列活动。我们坚持把庆祝改革开放40周年作为充分彰显中国共产党英明伟大和社会主义制度无比优越性，继续弘扬伟大改革开放精神的重要抓手，自觉对标对齐党中央的部署要求，始终与区党委保持同频共振，精心策划全市庆祝改革开放40周年系列活动，组织举办昌都市庆祝改革开放40周年主题展览，积极做好《改革开放40周年航拍西藏—藏东巨变》等系列专题报道，率先在全区举办庆祝改革开放40周年理论研讨会，协调召开昌都改革开放40周年新闻发布会，特别是通过集中收听收看庆祝改革开放40周年大会，认真学习习近平总书记重要讲话精神，进一步激励了全市各族干部群众全面建成小康社会的信心决心，广泛凝聚起了实现中华民族伟大复兴的磅礴力量，各族群众思稳定、谋发展、盼富裕、奔小康的热情更加高涨。

五是全面贯彻党中央、区党委领导的重要指示批示精神，高效应对处置“10·11”“11·03”山体滑坡自然灾害。面对突如其来的重大自然灾害，在我们的群众遇到重大困难紧急关头，以习近平同志为核心的党中央始终心系灾区群众，李克强总理等中央领导分别作出系列重要批示，并派出国家有关部委组成联合工作组赶赴灾区现场指挥，吴英杰书记、洛桑江村主任、齐扎拉主席等自治区领导高度重视抢险救援工作，多次召开专题会研究部署，组织各方救援力量投入抢险救援，为我们增添了信心、增加了底气。按照中央领导的重要指示批示精神和自治区领导的指示要求，我们坚持把人民群众生命安全摆在第一位，及时研判灾情形势，立即启动应急预案，统一指挥科学调度，迅速组织千余名党员干部奔赴一线抢险救援，转移安置群众2万余人，做到了哪里有群众哪里就有党员干部，实现了受灾群众“七有”目标，通过全市党政军警民团结一心、众志成城，夺取了抢险救援工作的全面胜利，灾区群众切身感受到了党和政府关心温暖，党在群众中的威信和形象更加牢固，各族群众更加心向党、心向社会主义。

六是始终怀着对以习近平同志为核心的党中央无比感恩感激之情，扎实细致做好汪洋主席、李鸿忠书记进藏来昌调研工作。党的十九大后，以习近平同志为核心的党中央更加重视西藏工作、更加关心昌都人民，习近平总书记专题研究川藏铁路规划建设问题，并在乡村振兴、脱贫攻坚、产业发展、公共服务等方面给予更大倾斜支持。带着习近平总书记、党中央的亲切关怀和祖国内地亲人的关心支持，去年汪洋主席、李鸿忠书记进藏来昌视察指导。按照区党委统一部署，我们把中央领导视察指导昌都工作作为重大政治任务，做足做细做实接待服务和安全保卫工作，确保了中央领导在昌期间绝对安全、圆满顺利。期间，我们向汪洋主席、李鸿忠书记全面汇报了在以习近平同志为核心的党中央的亲切关怀下，在以吴英杰书记为班长的区党委正确领导下，在援藏省市企业的无私援助下，昌都各项事业取得的历史性成就、发生的历史性变革，积极争取了更大支持，真情展示了昌都各族人民对习近平总书记和党中央无比感恩感谢之情。

在此基础上，我们着眼统筹推进“五位一体”总体布局和协调推进“四个全面”战略布局，把方向、谋大局、强推动、抓落实，以功成不必在我、功成必定有我的理念，总揽全局、协调各方，锐意进取、开拓创新，扎实做好了改革发展稳定生态党建各项工作，主要体现在以下6个方面：

一、始终坚持维护祖国统一、加强民族团结，深入开展反分裂斗争，保持了昌都社会大局持续和谐稳定

我们始终把维护昌都稳定作为党中央、区党委交给的重大政治任务和第一责任，以防患于未然为原则做工作、以防止出大事打基础做准备、以敢于担当落实责任为标准看干部，主动应对“后达赖”向“达赖后”转变的重大挑战，谋长久之策、行固本之举，深入推进涉稳隐患摸排消除、维稳能力提升、长效机制健全“三大行动”，全面提升了社会治理能力和治理水平，确保了社会局势持续和谐稳定，全年实现“三不出”“四无”，荣获2018年度全区社会治安综合治理优秀地市第二名，“团结稳定是福、分裂动乱是祸”的理念深入人心，思稳定、谋发展、盼富裕的人越来越多，“等、靠、要”的人越来越少，自觉维护民族团结的人越来越多，参加非法组织活动、破坏民族团结的人越来越少，各族群众更加心向党、心向祖国、心向社会主义，“我要稳定”的意识越来越强烈。

按照识别精准、靶向精准、措施精准、选人派人精准的工作要求，强化问题意识，排查掌握了全市涉宗领域、维稳能力、社会治安、安全生产等方面的584个具体问题，并逐一纳入工作台账，做到了每项化解任务有牵头领导、有责任人、有责任单位、有完成时限，目前化解消除隐患问题509个，有效稳控并长期关注75个。坚持重点问题要防、难点问题要盯、热点问题要疏、一般问题要复的原则，严格落实领导包案和属地调处责任制，共接待受理群众来信来访514批（件）、办结率92.02%，基本实现存量清零、增量随时化解。严格落实“虫草月”制度，强化对22.2万人次虫草采挖人员的“零距离”服务管理，虫草采集期间未发生一起群体性械斗和危安案件。

聚焦影响我市政治安全、制度安全、政权安全、社会稳定的28类重点打击对象，扎实开展“三个专项斗争”，坚持“扫、除、打、治”并举，依法从严惩处黑恶势力、非法组织和治安乱点背后的组织经营者及其“保护伞”，严厉打击涉及“藏独”反宣品、非法宗教出版物等有害信息，坚决查缴非法侵权盗版物，坚决清理受过刑事处罚、涉黑涉恶的村干部，共打掉恶势力犯罪集团1个、犯罪团伙1个；取缔非法组织6个，收缴管制刀具7043把、枪支428支、子弹2362发、炸药1126.1公斤；开展“扫黄打非”专项检查1823次，检查文化市场经营单位及娱乐场所6300余次，查封娱乐场所12家，处理卖淫嫖娼案件18起；整顿软弱涣散基层党组织114个，调整撤换无法正常履职的村干部21人，放心村（居）达到97%以上；成功处置卡若区“8·27”治安案件，及时平息网上负面舆论，着力构建了网上网下同心圆，有效维护了昌都和谐稳定。

抓住寺庙管理这个实现社会持续和谐稳定的“牛鼻子”，将“三个不增加”纳入县（区）党政主要领导离任审计，压实了寺庙管理主体责任和第一责任人的责任。全面推行“1拖N”寺庙管理机制，实现依法登记宗教场所和临时宗教活动场所、僧尼和社会流动从事宗教活动人员管理全覆盖、无漏洞、无盲区。注重政治上团结合作、信仰上相互尊重，挂牌成立西藏佛学院强巴林寺分院，扎实推进“遵行四条标准、争做先进僧尼”教育活动，持续举办高僧大德喜迎藏历新年座谈会，发挥寺庙活佛、堪布、经师等作用，与高僧大德、僧职人员签订维护寺庙和谐稳定承诺书，推动实现从“要我管理”向“我要管理”转变。健全完善寺庙僧尼管理服务机制，扎实做好邻省藏区学经回流人员教转工作，深入开展社会流动从事宗教活动人员、童僧等清理劝退。妥善处理加纳活佛圆寂善后事宜，形成了一整套科学合理、符合实际的工作方法，探索出了一条可复制、可推广今后妥善处理类似事宜的路子，积累了依法管理宗教事务的宝贵经验；依法管理伊斯兰教、天主教事务，严格落实教职人员资格认定、民主选聘和民主管理制度，确保了伊斯兰教、天主教在法律法规允许范围内开展宗教活动，积极促进了宗教与社会主义社会相适应。

全面加强党对意识形态工作的领导，召开全市网络安全和信息化工作会议、宣传思想工作会议，对做好新时代意识形态领域工作作出全面部署。严格落实党委（党组）意识形态工作责任制，制定出台意识形态工作责任制目标考核、责任追究等办法，培育和践行社会主义核心价值观，首次开展市级文明单位、文明村镇和道德模范人物评选工作，大力开展“四讲四爱”群众教育实践活动，深入揭批达赖集团反动本质，旗帜鲜明消除十四世达赖利用宗教所产生的负面影响，持续淡化宗教消极影响，教育引导信教群众理性对待宗教、过好今生幸福生活。深入推进互联网综合治理体系建设，持续强化网络舆情监测和有害信息管控，大力实施“清源·固边”“净网”等专项执法行动，加大了意识形态阵地建设和源头管控力度。加强正面宣传报道，一大批介绍昌都风土人情的文艺活动和昌都发展稳定的新闻报道在援藏省市相继举办和播出，展示了昌都各项事业取得的巨大成就，展现了昌都人民的良好精神面貌，牢牢掌握了意识形态工作的主动权。

全面落实情报工作“三三三”机制，搭建完成“常态、战时、应急”三种形态下的全覆盖情报研判平台，延伸了情报信息触角，做到了各类情报信息第一时间研判处置。按照“满足工作、适度超前、缺什么补什么”的要求，大力实施公安检查站、便民警务站、维稳技防“雪亮工程”等达标工程，加快推进智慧昌都建设，初步形成“九张网防控体系”，紧紧依靠公安机关等维稳中坚力量，充分发挥城乡网格化管理、“双联户”、民生信息员等群防群治力量作用，确保了社会大局和谐稳定。

围绕构建“责任明晰、各尽其责、行之有效、务实管用”的维稳长效机制，制定应对敏感时段总体方案、安保方案、处突预案等24个配套方案预案，建立敏感时段、重大活动突发事件期间启动一级戒备等级下的非常态指挥体系，创新完善寺庙服务管理、战时情报会商、敏感节点以服代勤、维稳联动和责任追究、宗教领域风险预判预防化解等机制，建立健全基层组织建设、周边联动、应急处置、督导检查、矛盾纠纷排查化解等机制40余项，促使维稳工作机制更趋完善、体系更加完备。

树牢“三个离不开”思想，全面贯彻党的民族工作方针政策，召开全市民族团结进步表彰大会，深入开展庆祝“3·28”百万农奴解放纪念日、民族团结宣传教育和民族团结进步示范市创建活动，严格执行《关于依法治理民族事务促进民族团结的意见》，持续筑牢中华民族共同体意识。坚持以开放欢迎包容的理念做好民族工作，鼓励内地更多种养大户、致富能手和种养企业来昌创业兴业，营造了各族群众共居、共学、共事、共乐的浓厚氛围，巩固和发展了情同手足、唇齿相依的民族关系。

二、始终坚持改善民生、凝聚人心，切实解决群众最关心、最直接、最现实的利益问题，增强了各族群众的获得感、幸福感和安全感

我们坚持把人民利益摆在至高无上的地位，从人民群众最关心最直接最现实的利益问题入手，带着责任、带着感情解决群众最为牵肠挂肚的问题，不断满足人民日益增长的美好生活需要，让改革发展成果更多更公平地惠及各族群众，在党的领导下各族群众奔小康的劲头更足，“我要脱贫致富奔小康”的愿望更加强烈，更加感党恩、听党话、跟党走。

紧紧围绕“两不愁三保障”目标，强化“5+N”脱贫举措，尽力而为、量力而行，累计实施产业扶贫项目706个，带动4.68万人脱贫致富。坚持“六靠、五方便、两避让”原则，强力推动易地搬迁，“十三五”期间268个安置点全部开工建设，完工267个、入住265个、17954户91341人喜迁新居。坚决贯彻落实以吴英杰书记为班长的区党委的重要指示要求，完成“三岩”片区跨市整体易地搬迁1639人、4555人具备搬迁条件。全面落实生态、教育、健康、兜底等扶贫举措，党的各项惠民政策惠及到了更多的贫困群众。昌都作为西藏唯一代表参加了习近平总书记在成都召开的打好精准脱贫攻坚战座谈会并作了交流发言，江达、洛隆、边坝3县达到脱贫摘帽标准，累计减贫12.4万人、贫困发生率由24.95%下降到9.7%、贫困村退出713个，脱贫攻坚取得显著成效。

坚持把就业特别是高校毕业生就业摆在更加突出的位置，全面落实高校毕业生就业促进和创业引领计划，建设康巴明珠众创空间、闽昌众创空间等15个新型创业平台，扶持入驻企业60余家，4家众创空间（企业孵化器）成功获批自治区级科技创新平台，探索建立政府投资和重点项目带动就业联动机制，扎实推进农牧民“军旅式”、企业订单式培训，全市挂牌实训基地达到54家，转移富余劳动力18.75万人次，实现收入5.2亿元。动态消除“零就业”家庭，累计开发就业岗位6159个，新增城镇就业4936人，应届高校毕业生就业率达90%以上，城镇登记失业率控制在2.5%以内，各族群众获得了更满意的收入。

紧盯“五个100%”目标，强化顶层设计、科学布局校点，投入18.92亿元加快推进以乡（镇）标准化寄宿制学校为重点的教育基础设施建设，全面深化“组团式”援藏和学校“结亲”帮扶，大力实施乡村教师支持计划和教师队伍振兴计划，积极发展职业教育，第二职业技术学校取得建设批复，丁青、察雅、卡若三县（区）义务教育均衡发展通过国家验收，全年新建义务教育学校8所、标准化学校142所、幼儿园86所，学前三年、小学、初中、高中入学率分别达65.48%、98.53%、94.2%、55.13%，基本接近全区平均水平，教育教学质量显著提升，各族群众子女享受到了更好的优质教育资源。

围绕“三不出、双下降、一提升”目标，投入20.34亿元大力实施市创三甲、县创二甲、乡（镇）卫生院标准化和村（居）卫生室提质改造工程，新建一批县级人民医院和藏医院，市妇幼保健院即将竣工交付使用，市人民医院“三甲”和芒康、类乌齐两县人民医院“二甲”成功创建。全面加强全科医生和医护人员订单定向培养，持续深化“组团式”医疗援藏和三级医院对口帮扶，认真落实城乡居民免费体检政策，扎实开展包虫病和“六病”筛查防治工作，全面实施先天性心脏病和白内障免费救治，基本形成覆盖城乡、相互衔接、多层次的公共医疗服务网络，各族群众享受到了更高水平的医疗服务。

注重物质文明与精神文明相结合，持续加大文物古迹、红色遗迹、非遗文化保护力度，扎实推进藏羌彝文化走廊工程建设，加快实施康巴文化艺术团改扩建、乡（镇）文化站维修加固等公共文化服务项目，深入开展文化惠民和文艺精品创作，成功举办第四届三江茶马文化艺术节，电影《金珠玛米》喜获第十七届电影华表奖优秀少数民族题材影片提名，“康巴老头赞脱贫·说村官”节目登上第四届西藏国际旅游文化艺术节开幕式舞台，群众精神文化生活不断丰富，中华文化始终是西藏各民族的情感依托、心灵归宿和精神家园，西藏各民族文化是中国文化不可分割的一部分的思想深深扎根在群众心中。

坚持兜底线、织密网、建机制，健全完善以养老、医疗、失业、工伤、生育五大保险为主体的社会保障体系，深入实施全民参保登记计划，扎实推进农村最低生活保障制度与扶贫开发政策的有效衔接和特困人员救助供养，持续加大对弱势群体和困难群众的救助力度，城乡居民养老保险信息系统实现四级网络连通，医疗保险信息系统在线经办服务实现市、县两级全覆盖，各险种参保率持续保持在95%以上，各族群众享有了更可靠的社会保障。全市未发生区域性重大食品药品、生产经营安全事故，火灾消防和工矿商贸领域保持了零事故、零死亡的良好态势。

牢固树立“创建为民、创建惠民、创建利民、创建靠民”的理念，紧盯“七城同创”创建指标，全面推行挂图督办、目标倒逼机制，着力在提升知晓率、参与率、支持率和满意度上下功夫，完成“七城同创”创建指标295项，占总指标的67.67%，接连获得自治区级卫生城市和园林城市两张名片，昌都市、丁青县分别入选2018年至2020年创建周期全国文明城市地级、县级提名城市，江达、丁青等5县被评为第十一届自治区级双拥模范（城）县，创文工作取得阶段性成效。

致力解决联系服务群众“最后一公里”问题，时刻把群众的安危冷暖挂在心上，健全市级领导干部联系县乡、寺庙、包村包户及各部门单位包村制度，明确规定市委常委同志每次至少在乡（镇）住1—2晚，推动了密切联系群众工作制度化、规范化、常态化。开展在职党员到社区报到服务群众、党员干部结对认亲交朋友、民生代办事项等活动，全面推行县（区）向乡（镇）简政放权工作，扎实做好简政放权与承接落实等各项工作，将11类52个方面行政职权一放到底，提升了基层组织的服务能力水平，降低了行政成本和群众办事成本。大力推行大学毕业生和“两后生”在村超市开展医疗报销代办、快递包裹代取、电子商务代购、农特产品代售等便民服务，目前吸纳12名“两后生”和3名大学生就业，实现了解决高校毕业生就业和“零距离”服务群众双赢。

三、始终坚持以人民为中心的发展思想，正确处理“十三对关系”，推进了经济向高质量发展目标迈进

我们牢固树立以人民为中心的发展思想，突出民生导向，坚持新发展理念，坚持推进高质量发展，坚持推进供给侧结构性改革，坚持稳中求进、进中求好、补齐短板总基调，着力打好三大攻坚战，正确处理“十三对关系”，紧紧围绕改善民生、凝聚人心来谋划和推动发展，统筹稳增长、促改革、调结构、惠民生、防风险各项措施，经济结构更加优化、质量更加高效、社会更加公平、发展更可持续。2018年预计完成地方生产总值193.6亿元，同比增长10.1%（可比价）；固定资产投资同比增长20%；一般公共预算收入完成17.54亿元，同比增长16.16%；完成税收收入27亿元，同比增长20%；城镇居民人均可支配收入达到29502元，农村居民人均可支配收入首次突破万元大关、达到10611元，同比分别增长10%、16%；社会消费品零售总额完成57.3亿元，同比增长20.1%，主要经济指标持续保持两位数增长、增速位居全区前列。

紧紧围绕打好防范化解重大风险攻坚战，把防控金融风险作为重点工作，优化存量资源配置，完善债务管理制度，健全举债方式、债务监督和考核问责机制，探索创新项目投融资模式，有效激活民间投资，撬动社会投资，增强了应对宏观经济运行风险能力，实现了政府无违规举债、平台公司无风险、运行良好。主动适应社会主要矛盾和特殊矛盾的“变”与“不变”，重点抓好防范既定各项维稳措施落实不到位，造成社会不稳定的风险；防范新的发展不平衡，造成差距拉大、民心不稳的风险；防范预期项目和投资争取不到位、落地慢，造成经济稳增长的风险；防范财政资金存量大、增量多、不会用，造成效益低的风险；防范民生资金兑现环节多、门槛高、未及时足额发放到群众手中，造成民怨多、干群关系紧张的风险等工作，为推进经济持续健康发展营造了良好条件。

坚持把基础设施建设作为带动改善民生的有力支撑，积极推行“三换”模式，G214、G317线昌都镇过境段“三桥两隧”建成投入使用，矮拉山隧道建成通车，斜拉山、珠角拉山隧道顺利贯通，昌都至邦达机场高等级公路昌都至加卡段、G349线边坝至嘉黎尼屋乡段夏贡拉隧道开工建设，川藏铁路规划建设项目全面启动，昌都至西安直飞航线顺利开通，城市新能源绿色公交投入试运，乡（镇）公路通畅率、建制村公路通达率分别达到79.7%、100%。完成新一轮农网改造升级工程建设，藏东与藏中电力联网工程竣工投运，主电网人口覆盖率达到70%。扎仓嘎水库开工建设，宗通卡、弄利措水利工程前期工作加快推进，新增和改善农田灌溉12.62万亩，解决了6.4万名易地搬迁户和农牧民群众的安全饮水问题。4G网络开通运营，智慧昌都加快建设，已建成政务外网、政务内网、雪亮工程、平安昌都、“双语”普及和远程教育、校校通、智慧党建、“互联网+政务服务”项目，智慧医疗、智慧交通、大数据中心、政府网站集约化项目正在实施，智慧寺庙管理和智慧城管项目正在加快推进，整个工程核心项目将在2019年全部完成，率先在全区实现数字化、信息化管理服务。

正确处理发挥优势和补齐短板的关系，大力培育具有比较优势和市场竞争力的产业集群，完善资源开发督促奖惩工作和违约退出机制，瓦托电站实现首台机组投产发电，叶巴滩电站具备截流条件，玉龙铜矿二期、卡玛多菱镁矿二、三期项目加快实施，芒康新型干法水泥厂、八宿海螺水泥厂项目有序推进，天然饮用水、藏药、民族手工艺和建筑建材产业快速发展，全市规模以上工业企业总产值预计达到26亿元、同比增长14.1%。扎实开展国家全域旅游示范城市创建，积极推进国道214、317、318和省道303“四点四线”旅游全域化、智慧化和服务标准化、精品化，接待游客272.29万人次，实现收入22.33亿元。昌都经开区获批为自治区级经济开发区，新增入驻企业145家，注册资金54亿元，实现营业收入40亿元，完成生产总值27.76亿元，入库税收7.5亿元，初步形成以市经开区为龙头，芒康、八宿、丁青、察雅等县产业园区为支撑的创新发展新格局。

坚定贯彻落实党中央、区党委实施乡村振兴战略的系列决策部署，大力实施“五大养殖基地”和“七大种植基地”建设，持续抓好青稞增产、牦牛育肥、饲草料种植，积极推行“公司+基地+农（牧）户”“基地+专合组织+市场”等发展模式，具有昌都特色的100多种产品经过深加工进入市场，农牧业龙头企业达到20家，专业合作组织达到300家。持续抓好卡若区农村改革试点，加快推进农村宅基地确权登记颁证，稳步开展集体林权制度改革，扎实推进农村土地承包经营权确权登记颁证工作，挖掘释放了农牧业农牧区发展潜力。注重城乡融合发展，加快推进芒康、江达、丁青三县副中心建设和县改市工作，稳步推进60个重点小城镇建设，扎实做好农村环境综合整治，110个美丽宜居村庄规划编制完成，卡若、察雅3个农村污水处理试点进展顺利，城镇功能布局日益完善，配套设施逐步健全，城乡面貌焕然一新。

坚持越改越好、越改越符合实际、越改越对群众有利，主动承接落实中央、自治区改革任务，积极推行“营改增”“多证合一”“证照分离”等重点改革，道路运输体制改革取得实质性进展，投资项目审批和商事、国企等重点领域改革纵深推进，特别是在国务院办公厅下发《关于对国务院第五次大督查发现的典型经验做法给予表扬的通报》中，我市深化土地集约利用、着力破解用地保障难题，被通报表扬。正确处理简政放权和地方承接的关系，深化“放管服”改革，调整行政职权143项，梳理“一次办到底”事项153项。贯彻落实中央、区党委民营企业座谈会精神，多措并举扶持发展非公经济，全市各类市场主体达2.88万户、注册资本（金）达763.25亿元，同比分别增长24.33%、22.21%。大力实施“请进来、走出去”战略，组织市党政代表团赴云南省迪庆州参加藏川青滇毗邻地区第十届康巴艺术节，健全完善区域发展和维稳协作对接机制，积极参加区内外各类展销推介会，组团开展援藏回访工作，搭建宽领域招商引资平台，全年到位规划内援藏资金8亿元，新增招商引资项目183个、到位资金64.38亿元，对外交往交流交融日益密切。

四、始终坚持尊重自然、顺应自然、保护自然，把保护好青藏高原生态作为对中华民族生存和发展的最大贡献，加快了美丽昌都建设

我们牢固树立绿水青山就是金山银山、冰天雪地也是金山银山的理念，把经济社会发展同生态文明建设相结合，召开全市生态环境保护大会，推进国家生态园林城市和环保模范城市创建，加快建设美丽昌都，保持了经济发展与环境保护相融互促、协同共进的良好局面，全市森林覆盖率提高到34.78%，主城区大气环境质量达到国家Ⅱ类及以上标准，在独立第三方机构竞争力智库和国家发改委主管的中国信息协会信用专业委员会联合发布的《中国城市空气质量优良率分析报告2018》中，昌都市和云南丽江市以空气质量优良率100%位列全国第一。

坚持环境保护党政同责、一岗双责，严格执行生态环境保护考核办法和生态环境损害责任终身追究制，严格落实环境保护“一票否决”制和矿产资源开发“一支笔”审批制度，从源头上控制环境污染和生态破坏，严禁“三高”企业和项目进入昌都。注重保护优先、自然恢复为主，统筹推进山水林田湖草系统治理，大力实施生态保护和系统修复工程，建立健全生物资源保护制度，全面实行河（湖）长制，持续加强江河源头区、草原、湖泊、湿地、天然林、水生态和地质遗迹保护以及生物多样性保护，顺利完成江达卡贡铁矿、贡觉阿旺乡砂金矿土壤修复工程，生态环境持续保持良好。

正确处理保护生态和富民利民的关系，稳步开展生态保护红线、永久基本农田、城镇开发边界控制线划定工作，扎实推进全民植树种草绿化国土行动，鼓励支持村集体或个人承包经营荒山荒地荒坡、利用房前屋后、农户庭院和自留地种植经济林木，因地制宜发展生态旅游等产业，严格落实生态补偿机制，积极探索“合作社+管护+贫困户”模式吸纳贫困人口参与公益林管护，海拔4300米以下有条件的地方无树村、无树户全部消除，完成各类造林及退耕还林9.74万亩，农牧民群众在保护生态过程中得到了更多实惠。

致力打好蓝天绿水净土保卫战，深入实施大气、水、土壤污染防治，全面实施网格化监管，加快推进污水收集处理、生活垃圾和医疗废弃物处置等项目建设，扎实做好“三江”干支流和流经城镇主要水体、饮用水水源地检测，大力推广节肥、节药、节水和清洁生产技术，切实加强垃圾分类回收处理，推动形成绿色发展方式和生活方式，全市主要江河干流、流经主要城镇的河流和各饮用水水源地水质达到国家Ⅲ类标准，保持了藏东高原天蓝、地绿、水清。

坚持问题导向，严格落实“整改销号制”和“限时办结制”，高效办结了中央环保督察组转办的26批次52件76个问题和实地调研时提出的21项整改要求，整改率达100%，中央环保督察、生态环境部专项督察、自治区环保督察组反馈和交办的问题全部达到整改时序要求，得到了中央环保督察组和区党委、政府的高度肯定。立足标本兼治，注重源头管理，以环保督察整改为切入点，对普遍性、反复性问题，深挖根源、查漏补缺，从源头上健全完善生态保护体制机制，推动了生态文明建设取得新成效。

五、始终坚持正确的政治方向，积极推动社会主义民主政治建设，巩固了安定团结的政治局面

我们始终坚持走中国特色社会主义政治道路，积极发展社会主义民主政治，推进全面依法治市，推进社会主义民主政治制度化、规范化、程序化，党的领导、人民当家作主、依法治国有机统一的制度建设全面加强，社会主义民主不断发展，群团改革不断深化，进一步巩固和发展了生动活泼、安定团结的政治局面。

坚持加强党对人大工作的领导，定期听取人大重要活动和重大事项情况汇报，及时研究人大工作和建设中的重大问题，支持和保障人大及其常委会依法行使立法权、监督权、决定权、任免权，依法讨论决定重大事项。市人大常委会围绕中心、服务大局，审议法规案2件，检查7部法律法规实施情况，作出决定决议11项，依法任免地方国家机关工作人员27人次，实现了党的主张和人民意志的有机统一。

切实加强党对政协工作的领导，支持政协依照宪法和政协章程履行政治协商、民主监督、参政议政职能，正确对待政协提出的监督意见建议。市政协及其常委会坚持团结和民主两大主题，聚焦市委中心任务协商议政，着眼保障改善民生建言献策，立足推动上级决策部署落地开展民主监督，致力壮大统一战线做好凝心聚力工作，提出意见和建议105条，政治协商的制度化、规范化、程序化水平进一步提高。

始终加强党对统一战线的领导，建立各级党委联系党外代表人士制度，加强党外代表人士培养，提名推荐并当选十三届全国人大代表1名、十三届全国政协委员1名、中国佛教协会第九届理事4名。深入开展党外知识分子、党外干部、新的社会阶层人士和党外爱国人士后代情况调研，把长期始终与我们党肝胆相照、同心同德的爱国统战人士及其后代，在昌都解放、民主改革等重大历史事件中给予我们无私支援、鼎力相助以及牺牲生命的群众后代纳入视野、建立专档。注重境外藏胞管理服务，持续加强藏胞探访核查工作。大力促进非公有制经济健康发展和非公有制经济人士健康成长，构建了亲清新型政商关系。

坚持依法治市、依法执政、依法行政共同推进，法治昌都、法治政府、法治社会一体建设，坚持法定职责必须为、法无授权不可为，大力加强法治政府建设，持续深化司法体制改革，支持法院、检察院突出抓好执行审判、打击犯罪、维护社会公平正义等重点工作，为依法治市提供了强有力支撑。带头尊崇、学习、遵守、维护、运用宪法，深入推进“七五”普法，广泛开展法制宣传教育“七进”活动，全民法律意识不断提高。

全面加强党对群团组织的领导，及时研究群团工作重大问题，支持群团组织改革创新，重视加强群团组织领导班子和干部队伍建设，充分发挥工青妇等人民团体的作用，切实增强了群团组织的政治性、先进性、群众性。持续推进军民深度融合发展，支持国防和部队建设，壮大国防后备力量，全面落实各项拥军优抚安置政策，扎实做好涉军人员管理服务，加快推进全国“双拥”模范城市创建工作，军爱民、民拥军的优良传统得到进一步传承和发展。

六、始终坚持新时代党的建设总要求，全面加强党的建设，营造了风清气正的政治生态

我们认真贯彻落实新时代党的建设总要求和组织路线，贯彻落实习近平总书记关于党的建设和组织工作的重要论述，以加强党的长期执政能力建设、先进性和纯洁性建设为主线，以党的政治建设为统领，以坚定理想信念宗旨为根基，召开全市组织工作会议，充分调动各级党组织和广大党员积极性、主动性和创造性，不断夯实了党在昌都的执政基础。

自觉把党的政治建设摆上突出位置，始终坚持“三个牢固树立”，制定落实全面从严治党部署、加强党的建设实施意见，严格执行新形势下党内政治生活若干准则，政治纪律教育和“五观”“两论”教育实现多层次全覆盖，各级党委（党组）把方向、谋大局、保落实的能力不断增强。严肃政治纪律规矩，印发严禁共产党员信仰宗教、参加宗教活动的通知，分类处置做好信教党员教育转化工作，对经党组织教育仍然没有转变的、劝其退党，劝而不退的，坚决予以除名；对参与利用宗教搞煽动活动的，坚决开除党籍并依法处理，保持了党员队伍的纯洁性和先进性。

认真落实习近平总书记20字好干部标准、“三个特别”和“三个区分开来”等要求，大力选拔使用敢于负责、勇于担当、善于作为、实绩突出的干部，市委一届七次全会以来新提任的县级干部中来自基层和维稳一线的占85.91%。出台乡（镇）干部、驻村驻寺干部、村（居）“两委”干部、村党支部“第一书记”“双联户户长”六大考核办法，制定加强驻寺干部管理的意见，树立了重实干重实绩的用人导向。扎实开展干部教育精准化培训，安排本地干部、专业技术人员赴内地挂职培训、跟岗学习，举办各类培训班674期、培训干部1万余人次，提升了干部人才队伍整体素质。

坚持把加强基层组织和基层政权建设作为夯实根基的固本之举，以建成听党话、跟党走，善团结、会发展，能致富、保稳定，遇事不糊涂、关键时刻起作用的坚强战斗堡垒为抓手，大力实施基层党建“八大工程”，全面加强农牧区、街道社区、企业等各领域党建工作，扎实推进党建指导员帮联制度，扎实开展驻村干部“传帮带”提升村（居）干部能力工作，加快推进基层党组织标准化建设和村级组织活动场所标准化建设，发展壮大以村超市为基础的村集体经济，不断提升了村（居）“两委”的威信和底气，广大群众有事找村（居）“两委”不找寺庙、有困难找党员干部不找僧尼成为常态。

按照党中央和区党委关于深化地方机构改革的决策部署和工作要求，提前谋划、科学部署，及时成立领导小组完善机构改革协调机制，因地制宜起草方案做好顶层设计，为机构改革的全面实施奠定了坚实基础。圆满完成市县两级监委会组建工作，设立了覆盖市级81家机关事业单位的11个派驻纪检监察组，实现了派驻机构全覆盖。

牢固树立西藏客观条件特殊但全面从严治党和反腐倡廉没有任何特殊性的思想，大力弘扬“老西藏精神”“两路精神”，制定出台贯彻落实中央八项规定精神实施办法，全面开展集中整治不作为慢作为、文山会海等形式主义、官僚主义突出问题，持续抓好扶贫领域腐败和作风问题专项治理，全面整治领导干部利用名贵特产类特殊资源谋取私利问题，完善党风廉政建设主体责任考核办法，强化案件查办和权力运行监督，用好监督执纪“四种形态”，按计划开展了常规巡察，有针对性地开展了扶贫领域专项巡察，各级纪检监察机关共处置问题线索624件，转立案116件，结案127件，给予党纪政务处分167人。

一年多来，市委常委会班子高度重视自身建设，坚持打铁必须自身硬，带头树牢“四个意识”、坚定“四个自信”、落实“两个维护”，主动担负管党治党政治责任，认真履行“一岗双责”，严格按民主集中制原则议事决策，注重顶层设计，注重团结协作，注重凝聚力量，注重干事创业，共召开市委常委会28次、市委专题会37次、市委理论中心组学习会44次，做到中央有决策、区党委有部署、我们就有落实，为各级党委（党组）和党员领导干部作出了表率；带头执行党章、准则、条例等党内法规，严格落实“三会一课”、主题党日、民主评议党员等制度，班子成员以普通党员身份参加所在党支部的组织生活，高标准高质量召开市委常委会班子扶贫领域专项巡视整改专题民主生活会和2017年度民主生活会，联系班子和个人思想工作实际进行党性分析，严肃认真开展批评与自我批评，健全规范了党内政治生活；带头遵守党风廉政建设责任制和纪律处分条例、廉洁从政若干准则，严格执行中央八项规定及其实施细则精神，心系大局、严于律己、秉公用权、真情为民，保持了清正廉洁政治本色。

市委常委会的工作和取得的成绩，根本在于以习近平同志为核心的党中央的亲切关怀，根本在于习近平新时代中国特色社会主义思想和习近平总书记关于治边稳藏重要论述的科学指引，根本在于习近平总书记这个党的核心的领航把舵，是以吴英杰书记为班长的区党委正确领导的结果，是市四大班子精诚团结、相容补台，敢于担当、主动作为，密切配合、干事创业的结果，也是对口援昌省市企业无私援助和全市各族干部群众共同拼搏奋斗的结果。各位委员和全市广大干部群众对我们的工作给予了充分信任支持，在此我代表市委常委会向大家表示最衷心的感谢！

在总结成绩的同时，我们也清醒看到与党中央、区党委的决策部署还有不少差距，与新时代新任务新要求还有不少差距，与人民对美好生活的向往还有不少差距。从全面从严治党来看，一些党委（党组）履行主体责任还不到位，驾驭全局能力偏弱，落实措施不够有力，一些党委（党组）书记履行第一责任人的责任还不到位，一些党组织党内政治生活不规范、不健全，一些党员干部表态多、调门高，少数党员干部对学习习近平新时代中国特色社会主义思想和党的十九大精神不系统、不深入，个别干部工作作风不实、宗旨意识不牢、不作为慢作为乱作为，管党治党责任压得不紧、压力传导不够；从改善民生来看，基本公共服务均等化水平低、体系不完善、不协调，教育、卫生等民生领域短板仍然突出，与全国全区差距较大，防抗救灾能力有待提升，美丽昌都建设仍需加强，特别是一些单位和少数干部对党中央、区党委关于脱贫攻坚相关政策学习掌握不全，解决问题能力不强、工作思路不宽、标准要求不高、办法措施不多，脱贫攻坚力度还需进一步加大；从特殊矛盾来看，西方敌对势力不断向我发难，国际斗争仍然严峻复杂，面临着“后达赖”向“达赖后”转变的重大挑战，一些单位和少数干部还不同程度存在松懈、厌战等情绪，对反分裂斗争面临的长期性、复杂性和尖锐性认识不足，各项既定维稳措施落实有待进一步深化，长期持续全面稳定的物质基础还不牢固；从主要矛盾来看，国内外形势正在发生深刻复杂变化，我国经济已由高速增长阶段转向高质量发展阶段，经济下行压力加大，金融经济进入周期性下滑，经济进入调结构、转方式、新旧动能转换的阵痛期，对推动经济社会发展带来巨大压力，特别是全市发展不平衡不充分的问题依然突出，发展质量不高、创新能力不强、产业结构不优、内生动力不足，与全国全区发展差距大。我们将正视存在的这些困难和问题，充分认清面临的风险和挑战，采取有力措施加以解决。

各位委员、同志们，今年是新中国成立70周年，是西藏民主改革60周年，也是决胜脱贫攻坚、全面建成小康社会的关键之年。我们一定要以习近平新时代中国特色社会主义思想和习近平总书记关于治边稳藏的重要论述为指导，树牢“四个意识”，坚定“四个自信”，坚决做到“两个维护”，全面加强党对一切工作的领导，充分发挥把方向、管大事、保落实的作用，紧紧围绕维护祖国统一、加强民族团结这个着眼点和着力点，继续把反分裂斗争摆在维护稳定工作的首位，主动应对“后达赖”向“达赖后”转变的重大挑战，不断增强斗争精神，强化落实各项维稳措施，持续推动社会治理从“要我稳定”向“我要稳定”转变；紧紧围绕改善民生、凝聚人心这个出发点和落脚点，按照中央经济工作会议的重大决策和区党委经济工作会议的部署要求，坚持以人民为中心的发展思想，扎实做好稳增长、促改革、调结构、惠民生、防风险工作，年内基本消除绝对贫困，不断增强人民群众获得感、幸福感、安全感；紧紧围绕推进美丽昌都建设，把保护好青藏高原生态作为对中华民族生存和发展的最大贡献，认真贯彻习近平生态文明思想，打好打赢蓝天、碧水、净土保卫战，推动生态文明建设再上新台阶；紧紧围绕新时代党的建设总要求，把党的政治建设摆在首位，坚决维护习近平总书记党中央的核心、全党的核心地位，坚决维护党中央权威和集中统一领导，真正学懂弄通做实习近平新时代中国特色社会主义思想和党的十九大精神，牢固树立正确政绩观，驰而不息改进作风，努力把党的政治优势、组织优势转化为发展优势。

各位委员、同志们，新时代赋予新使命，新形势要有新作为。让我们更加紧密地团结在以习近平同志为核心的党中央周围，在以吴英杰书记为班长的区党委正确领导下，抢抓机遇、锐意进取，攻坚克难、真抓实干，不断开创新时代昌都长足发展和长治久安新局面，以优异成绩喜迎新中国成立70周年、西藏民主改革60周年！

在昌都市第一届人民代表大会第七次会议上讲话

2019年12月22日

昌都市委副书记、市长　陈　军

现在，我代表市人民政府向大会报告政府工作，请予审议，并请市政协委员和其他列席人员提出意见。

2019年工作回顾

2019年是新中国成立70周年、西藏民主改革60周年，也是决战脱贫攻坚、决胜全面建成小康社会、实现第一个百年奋斗目标的关键之年。一年来，我们坚持以习近平新时代中国特色社会主义思想为指导，全面贯彻党的十九大和十九届二中、三中、四中全会精神，认真贯彻习近平总书记关于治边稳藏的重要论述和一系列重要指示批示精神，贯彻落实自治区第九次党代会，九届三次、四次、五次、六次全会和市委一届六次、七次、八次全会精神，坚持稳中求进、进中求好、补齐短板、提高质量、改善民生工作总基调，聚力实施“七大提升行动”，圆满完成了市一届人大六次会议确定的各项目标任务，为全面建成小康社会奠定了坚实基础。

预计，全市地区生产总值同比增长9.5%（可比价）；地方一般公共预算收入同比增长2.6%；全社会固定资产投资（500万元及以上）同比增长10.5%；农村居民人均可支配收入同比增长13.5%；城镇居民人均可支配收入同比增长11%；社会消费品零售总额同比增长13%。

一年来，我们主要抓好了以下六个方面的工作：

一、精准施策聚合力，三大攻坚战取得新突破。坚持集中人力、物力、财力强力攻坚，基本消除绝对贫困，严守不发生系统性金融风险的底线，生态环境质量持续改善。脱贫攻坚战取得决定性进展。聚焦“两不愁三保障”，全年减贫1.28万户6.7万人，414个贫困村退出，芒康、贡觉、察雅、左贡、八宿5县脱贫摘帽，实现了建档立卡贫困人口和贫困发生率清零。投入19.16亿元，实施产业扶贫项目125个，带动1.94万建档立卡贫困人口增收。268个易地扶贫搬迁安置点全部建成，“十项提升”工程基本完成，1.9万户9.9万名贫困群众搬迁入住，危房改造10496户。“三岩”片区981户6021人实现跨市整体易地扶贫搬迁。生态保护岗位惠及20余万人。农村低保补助标准提高了610元，每人每年达到4450元，受益群众2万户7.76万人。资助贫困大学生3894人次。扎实完成中央脱贫攻坚专项巡视反馈意见整改工作。金融风险攻坚战有力推进。建立健全债务风险事前干预、事后应急处置、风险评估和预警机制，全年偿还政府隐性债务16.93亿元。清理盘活财政存量资金7472万元。积极构建政银企协作平台，金融信贷重点投向实体经济领域，全市本外币各项存贷款余额分别达到430.02亿元、379.14亿元，同比分别增长7.74%、5.32%，信贷结构趋于合理，金融形势持续向好。污染防治攻坚战成效显著。大力推行污染防治全过程闭环监管，大气环境质量持续优良，33个集中式饮用水水源地环境问题整改工作全面完成，土壤污染治理与修复试点项目加快推进。全国第二次污染源普查基本完成。中央、自治区环保督察各转办案件和反馈问题均达到整改序时要求。“三整治、三提升”工作有序开展，171处河湖“四乱”问题得到有效整改，河湖监管和医疗废物收运实现全覆盖，清理农村生活垃圾1500余吨、河道1027公里。国土绿化工程扎实推进，完成重点营造林项目6.37万亩，义务植树造林、无树户补植补造1.86万亩，建成经济林和苗圃基地3.77万亩。创建自治区级生态乡镇6个、生态村118个。

二、坚定不移惠民生，人民生活得到新改善。坚持以人民为中心的发展思想，着力补齐民生短板，持续提升广大群众的获得感幸福感安全感。社会保障坚强有力。机关事业单位养老保险制度改革稳步推进，全市养老、失业、工伤保险参保47.68万人次。新型农村合作医疗保险参保69.1万人。区内定点医药机构刷卡直接结算制度全面落实。农牧区群众医保报销“一站式、一单制”服务机制逐步健全。深入开展农村留守儿童“合力监护相伴成长”专项活动，全年累计落实特困人员供养资金和孤儿基本生活保障资金8224万元，惠及6千余人。社会事业全面巩固。教育振兴战略深入实施，“五个100%”教育目标全面实现，学前至高中联盟办学成效显著，国家通用语言文字教育稳步推进，教师结构显著改善，组团式教育援藏机制不断深化拓展，教育教学质量整体提升。贡觉、左贡两县义务教育均衡发展通过自治区验收。2757名失学儿童全部劝返归校，年度新增学生1万余人，学前、高中入学率分别提高14.27、10.77个百分点。健康昌都建设扎实推进，市妇幼保健院、疾控中心二期、中心血站以及11县（区）人民医院、9县（区）疾控中心、8县藏医院改扩建项目全部建成，98个乡镇卫生院完成标准化建设，691个村卫生室达到规范化要求，33辆车载流动医院投入运营。包虫病综合防治三年攻坚战和“六病”筛查工作顺利完成。全民健康信息化试点工作通过验收。组团式医疗援藏和三级对口帮扶工作积极推进，开展新项目新技术46项。落实孕产妇住院分娩补助政策，实现孕产妇住院分娩1.13万人。科技文化事业繁荣发展，首个院士专家工作站——西藏高原生态桑产业发展院士专家工作站挂牌，“科普利民惠民工程”深入推进；市县乡村公共文化服务体系进一步健全，开展各类文化惠民活动2900余场，受益群众40余万人次；电影《金珠玛米》获得第十七届电影华表奖优秀少数民族题材影片提名；文物维修保护工程积极开展，强巴林寺电气线路改造等顺利完成，解放委员会办公旧址、达律王府等4处文保单位纳入第八批全国重点文物保护单位。县级广播电视制播能力建设项目全面完成。就业创业成效显著。新制定出台昌都籍高校毕业生稳就业优惠政策，先后举办各类招聘会80余场（次），累计开发就业岗位8300个，城镇新增就业5132人，2866名应届高校毕业生实现就业创业，就业率达98.05%。“十大增收”措施及“四业工程”深入实施，全年开展农牧民职业技能培训13540人次，就业率达64.91%；认真贯彻基本建设项目吸纳本地农牧民参与制度，用工量占工程总用工量42%。累计实现农牧区富余劳动力转移就业12.27万人，收入7.7亿元。防灾减灾有序开展。启动怒江、澜沧江流域地质灾害综合防治专项规划编制工作。落实资金1.9亿元，实施地质灾害治理和生态修复项目10个。新增乡镇自动气象站117个。启动江达县波罗乡政府搬迁重建工作，金沙江白格滑坡体处置工程（西藏侧）顺利完成。全年汛期无重大灾情发生。

三、深化改革强动力，经济发展实现新飞跃。坚持全面发力、多点突破，推动重要领域和关键环节改革取得新进展，为经济高质量发展提供强劲动力。减税降费成效明显。全年累计减免税费4亿元，其中本级收入减免1.6亿元。各项行政事业性收费同比减少35%，企业生产运营成本和群众负担显著下降。重点领域改革纵深推进。“放管服”改革持续深化，县（区）向乡镇简政放权工作全面推开，“减证便民”行动深入实施，政务服务“一网、一门、一次”改革、商事制度和登记注册便利化改革有序推进，实现了更多事项“只跑一次”。经营性国有资产统一监管和市属国有企业整合重组工作扎实推进，城投集团公司改制、开源投资有限公司组织结构设置等有序开展。农村土地承包经营权确权登记颁证和农村集体资产清产核资工作全面完成，集体林权确权登记颁证和农村宅基地“房地一体”不动产权证书颁证试点工作顺利推进。园区经济蓬勃发展。探索建立一区多园、带动县级园区发展模式，启动卡若镇由市新区管委会代管工作，园区管理体制更加顺畅。昌都经开区完成注册企业、注册资本（金）分别达到159家、22.28亿元，同比分别增长19.5%、25.4%，实现营业收入40.43亿元，完成财税收入10.06亿元。开放发展步伐加快。招商引资优惠政策进一步完善，“两个代办制”有效落实，全年引进项目199个，到位资金49.56亿元，完成固定资产投资43.38亿元。深化拓展对口援藏，216个援藏项目顺利实施，累计到位援藏资金12.2亿元。

四、壮大支柱强引领，产业发展迈出新步伐。坚持以提高质量和效益为核心，大力推动产业转型升级，发展后劲持续增强。农牧业产业方面，“五大养殖、七大种植”农牧业特色产业集群和产业带初步形成，阿旺绵羊养殖国家级标准示范体系全面建立，农牧业特色产业产值达到4.3亿元，同比增长13%。品牌战略深入实施，新增有效注册商标615件，同比增长59%。新增国家级专业合作社2家、市级农牧业龙头企业和专业合作组织13家，全市农牧民专业合作社达330家。建设高标准农田17万亩，全年粮食产量达18.85万吨，同比增长0.53%，确保了粮食安全。清洁能源产业方面，全年完成发电量11.44亿千瓦时，向主电网返送电量4.99亿千瓦时。“三江”水电开发完成年度投资36.05亿元，果多、觉巴、瓦托电站全部机组投入商业运营，苏洼龙、叶巴滩电站主体施工进展顺利，巴塘、拉哇电站开工前筹备期工程加快推进，曲孜卡电站已获自治区“封库令”。启动澜沧江上游水光互补清洁能源基地规划，全市13个大型光伏电站项目取得备案批复，建成投产3个，在建8个。绿色矿业方面，玉龙铜矿改扩建工程有序推进，完成项目投资23亿元，全年生产铜金属3万吨，实现产值10亿元。类乌齐菱镁矿深加工项目完成投资2.5亿元，二期电熔镁项目进入试生产阶段，全年生产氧化镁产品13万吨，实现产值1.1亿元。环保工业方面，芒康海通水泥生产线实现点火调试，高争二线和八宿海螺水泥项目完成投资分别达到3.9亿元、7.5亿元。全年生产水泥125万吨、饮用水8500吨、啤酒2.6万吨。数字化产业方面，完成“智慧昌都”项目投资2.1亿元，电子政务、政府网站集约化等12个项目基本建成，云计算大数据中心建设积极推进，数字产业基础进一步夯实。电子商务线上交易额同比增长74.94%。文化旅游产业方面，全域旅游总体规划、策划编制完成，古盐田景区进入国家创建5A级景区名录，八宿多拉神山、丁青布加雪山、卡若嘎玛沟等旅游项目建设进展顺利。第五届三江茶马文化艺术节、第二届卓卓康巴文化旅游月等活动成功举办，全年接待游客280万人次，实现旅游收入22.9亿元，同比分别增长18.2%、18%。

五、狠抓项目补短板，基础设施再获新提升。坚持破解发展瓶颈，强化项目管理，基础设施短板加快补齐。交通条件不断改善，完成项目投资76.79亿元，全市公路通车总里程达1.789万公里。珠角拉山和斜拉山隧道、察芒公路建成通车，昌都至邦达机场新改建工程（昌都至加卡段）、G318线竹巴笼至林芝段重点路段整治改建工程（海通沟段）、边坝夏贡拉山隧道工程等加快建设，川藏铁路昌都段前期工作序时推进。电力保障持续强化，农村电网升级改造项目完成投资12亿元。电力总装机容量达到46.8万千瓦。927个村、61.3万人实现主电网覆盖，主电网人口覆盖率达78%。水利项目顺利推进，扎仓嘎水库工程有序推进，昂曲宗通卡水利枢纽工程可研报告通过水利部审查，弄利措水库工程可研报告通过评审。投资4.01亿元实施了1183个农村饮水安全巩固提升工程，解决了21.9万人的安全饮水问题。通信水平稳步提升，“光网城市”“宽带网络覆盖工程”“电信普遍服务试点工程”建设加快推进，行政村通信覆盖率达到99.47%，光纤通达覆盖率达到96.84%，设置邮乐购网点45个，乡镇快递网点覆盖率提高了8.3个百分点。市政及人居环境整治项目加快实施，澜沧江路、昌庆街棚户区改造等项目建成使用，昌津桥改建工程、经开区道路桥梁等一大批市政项目进展顺利。新建污水处理厂12座、垃圾处理设施（含填埋场）20个（座）。昌都市主城区违章建筑整治工作稳慎启动。实施农牧区人居环境整治三年行动，将土地增减挂钩调剂资金用于脱贫攻坚及乡村振兴项目建设，投资1.99亿元购置乡镇垃圾处置设施。完成161座“厕所革命”项目，改造农村厕所2.2万户，增配厕所保洁员132人。

六、共建共治促和谐，社会治理取得新成效。坚持把维护社会稳定作为首要政治任务，切实加强和创新社会管理，确保了社会局势持续长期全面稳定。扫黑除恶专项斗争扎实开展。建立涉黑涉恶警情分析研判等摸排机制，推行案件双向移送机制，累计侦破涉恶类案件11起，抓获嫌疑人113人。集中整治行业乱象，建筑施工、娱乐场所、道路运输、旅游市场等领域11类19个突出问题得到有效治理。制定落实市级领导包案化解等机制，办理（接待）信访253批件559人次，排查矛盾纠纷92批件，办结和调处率分别达到92.8%、91%。“12345”政府服务热线启动运行，群众留言回复率达到100%。“法律七进”活动深入推进，累计开展法治宣传教育2145场次，受教育群众81.54万人次。寺庙创新管理不断深化。深入开展“遵行四条标准争做先进僧尼”教育实践活动，受教育僧尼11.5万余人次。七城同创加快推进。各专项创建指标达标758项，达标率84.98%。成功创建国家生态文明建设示范市，全国文明城市创建工作通过中央文明办第二次实地测评，全国双拥模范市、民族团结进步示范市接受自治区评审。“门前五包”责任制有效落实，居民小区和城乡接合部环境整治成效明显，志愿服务工作实现常态化，群众参与创建的主动性进一步提高。应急管理有力有效。应急管理体制机制进一步健全，建成各级各类专（兼）职应急救援队伍82支1008人，有效应对处置各类自然灾害55起。道路交通、建筑施工、消防安全、食品药品、特种设备等重点领域专项治理成效明显，各类事故起数、死亡人数同比分别下降33.3%、50%。

各位代表，一年来，我们以“不忘初心、牢记使命”主题教育为契机，持之以恒提效能，驰而不息转作风，大力整治形式主义、官僚主义突出问题，持续推进精文简会、基层减负，实现审计监督全覆盖。自觉接受人大、政协监督，全年向市人大常委会报告专项工作21次，175件人大代表建议、政协提案全部办复，办复满意率达100%。同时，统筹推进统计、气象、水文、地震、外事、城市管理等工作，妇女、儿童、老龄、慈善、残疾人服务等事业加快发展。大力支持国防和军队建设，严格落实优抚安置各项政策，国防动员和双拥工作深入推进。

各位代表，2019年，面对政府性债务化解、资源环境约束、区域竞争等严峻挑战，我们紧紧抓住影响发展全局的大事要事、事关群众利益的急事难事，保持定力、坚定信心、迎难而上，取得了经济稳步发展、民生显著改善、生态持续良好、社会长治久安的良好成绩。回顾一年来的奋斗历程，我们深刻体会到，必须坚持深入贯彻习近平新时代中国特色社会主义思想，全面加强党的领导，始终坚持党的治藏方略，牢牢把握西藏工作的重要原则，以实际行动增强“四个意识”、坚定“四个自信”、做到“两个维护”；必须坚持新发展理念，深刻把握昌都发展的阶段性特征，把准新时代历史方位，科学引领、统筹谋划，扎实推进高质量发展；必须坚持深化改革开放，敢闯敢试、敢为人先，不断培育发展新动能，释放红利惠民生；必须坚持以人民为中心的发展思想，突出解决好群众最关心最直接最现实的利益问题，不断增进民生福祉；必须坚持乡村振兴战略，工作重心向基层倾斜，向农牧区、农牧民倾斜，提高联系服务群众的能力，有效夯实筑牢基层发展稳定基础。

2019年所取得的成绩，得益于党中央、国务院的关心关怀，得益于区党委、政府和市委的正确领导，得益于援藏省市及企业的无私援助，得益于人大、政协的有力支持，得益于各级各部门团结协作和广大干部群众艰苦奋斗。在此，我代表市人民政府向各领域辛勤工作的各族干部群众致以崇高的敬意！向人大代表、政协委员和社会团体，向所有援藏干部，向驻昌援昌部队、武警官兵和公安干警，向所有关心支持昌都建设和发展的各界人士，表示衷心的感谢！

各位代表，2019年，面对艰巨繁重的改革发展稳定任务和各种困难挑战，全市各项工作取得了一定成绩。但我们也清醒地认识到，昌都仍处在经济社会发展的较低层次，推动经济高质量发展还面临诸多困难和挑战：一是经济下行压力加大，发展动能不够强劲，支撑发展的基础还不牢固，营商环境仍需进一步改善；二是维护社会稳定、夯实基层基础等领域依然存在薄弱环节，政府债务等风险隐患不容忽视；三是民生供给质量还不高，教育、医疗、社保等公共服务短板依然突出，还不能很好满足广大群众需求；四是农牧民持续增收难度较大，脱贫攻坚成果巩固任务艰巨；五是干部能力素质还不适应新时代新要求，不作为不担当问题不同程度存在，部署多、落实难等形式主义、官僚主义作风还未根除。对此，我们将坚持问题导向，采取有效措施，切实加以解决。

2020年工作安排

2020年是全面建成小康社会和“十三五”规划收官之年，也是昌都解放70周年喜庆之年，既是昌都加快发展的机遇期，又是推动跨越的关键期，我们要实现第一个百年奋斗目标，面临着更为有利的发展机遇：一是党的十九届四中全会对坚持和完善中国特色社会主义制度、推进国家治理体系和治理能力现代化作出了全面部署，为昌都用好制度优势，完善治理体系，提高治理能力，推动各项事业在科学的轨道上加快发展提供了重要遵循；二是党中央、国务院一直以来高度重视西藏工作，区党委、政府聚焦实体经济、乡村振兴、生态保护和扩大有效投资等，将会给予昌都更大支持，为我们加快转型升级、化解风险隐患、保障改善民生提供了有力政策保障；三是昌都连续多年保持经济社会持续健康发展，三大攻坚战取得关键进展、改革开放迈出重要步伐、城乡一体化加快推进、基础设施不断改善、民生短板加快补齐，为我们全面建成小康社会、推动高质量发展奠定了坚实基础；四是随着川藏铁路开工建设，优势矿产水电资源开发步伐加快，对口援昌力度持续加大，"十三五"规划全面收官和"十四五"规划谋划开局，为我们转变发展方式、优化发展路径、增强发展后劲注入了强劲动能；五是按照中央、自治区深化机构改革工作部署，顺利完成了市、县政府系统机构改革任务，进一步完善了行政体制，优化了政府职能，为昌都推进依法行政，建设人民满意的服务型政府创造了良好条件。站在新的起点、肩负新的使命，我们要保持战略定力、抢抓有利机遇、坚定必胜信心，科学谋划、勇于担当、乘势而上，实现新目标、创造新业绩、取得新突破。

2020年政府工作的总体要求是：坚持以习近平新时代中国特色社会主义思想为指导，坚决贯彻党的十九大和十九届二中、三中、四中全会以及中央经济工作会议、中央第六次西藏工作座谈会精神，贯彻党的基本理论、基本路线、基本方略和习近平总书记关于治边稳藏的重要论述，统筹推进"五位一体"总体布局，协调推进"四个全面"战略布局，坚持和完善支撑中国特色社会主义制度的根本制度、基本制度、重要制度，着力固根基、扬优势、补短板、强弱项，构建系统完备、科学规范、运行有效的制度体系，加强系统治理、依法治理、综合治理、源头治理，把制度优势更好转化为治边稳藏效能；紧扣全面建成小康社会目标任务，坚持创新协调绿色开放共享的新发展理念，坚持稳中求进、进中求好、补齐短板、提高质量、改善民生的工作总基调，坚持以供给侧结构性改革为主线，坚持改善民生凝聚人心，以迎接服务、学习贯彻中央关于西藏工作的重要会议为重点，全面做好"六稳"工作，落实"巩固、增强、提升、畅通"八字方针，正确处理好"十三对关系"，推动经济高质量发展，巩固脱贫攻坚成果，统筹推进稳增长、促改革、调结构、惠民生、防风险、保稳定，保持经济运行在合理区间，确保全面建成小康社会和"十三五"规划圆满收官。

2020年主要预期目标是：全市地区生产总值同比增长9.5%（可比价），力争一般公共预算收入同比增长6%，全社会固定资产投资（500万元及以上）同比增长10%，力争农村居民人均可支配收入同比增长13.5%，城镇居民人均可支配收入同比增长10%，社会消费品零售总额同比增长15%，城镇登记失业率控制在3%以内，城镇调查失业率控制在5%以内，居民消费价格涨幅控制在4%以内。

围绕上述目标和要求，重点做好以下八个方面工作：

一、全力保障和改善民生。坚持"困难麻烦由政府解决、把方便便利让给群众"，尽力而为、量力而行，不断提高群众幸福指数。落实就业优先政策。大力促进高校毕业生就业创业，转变就业观念，重点拓展区外就业、市场就业渠道，做好"五个专项服务"，提高岗位开发精准度，建立完善就业见习机制，做到人岗对接，确保应届高校毕业生就业率达到90%以上。落实"双创"各项优惠政策，推进创新平台建设，鼓励更多农牧民工、高校毕业生、退役军人返乡创业。继续推行"四业工程"，实施职业技能提升行动，提高农牧民转移就业技能培训针对性。深入挖掘服务业带动就业的潜力，放宽市场准入，开发更多就业岗位，确保全年新增城镇就业5000人、转移农牧区富余劳动力12万人以上。夯实教育发展基础。全面推行国家通用语言文字教育，依法推进双语教育，强化理科教育，切实提高教育教学质量。强化德育教育，促进学生德智体美劳全面发展。加强教师队伍建设，多渠道引进高素质人才，探索建立中小学编制周转池，健全绩效考核和教师激励机制。持续推进义务教育阶段学校标准化建设，完成市第二职业技术学校、第六高级中学、第四初级中学等重点项目建设。继续推动义务教育均衡发展，确保江达县义务教育均衡发展通过国家评估认定。完善控辍保学制度，落实控辍保学责任制，巩固控辍保学成效。健全完善校园周边安全管理制度，确保校园安全。加快健康昌都建设。持续完善医疗基础设施，开展芒康、洛隆两县分级诊疗和县乡村一体化建设试点推广，创建八宿、边坝、左贡、贡觉4县人民医院二级乙等综合医院。继续推进“两下降、双提升”、“两癌”筛查、“三病”母婴阻断工作，建立完善老龄健康服务体系。开展预防接种规范管理年活动，巩固包虫病综合防治成果，推动市传染病医院项目建设。深化拓展“三级医院”对口帮扶政策，建立长效对口帮扶和协作机制，加大基层医疗人员培训培养力度，着力充实基层全科医生。培养藏医药人才，建设藏医市级制剂室，创建江达、丁青两县藏医院和日通藏医院二级甲等民族医医院。推进民营医院等级化、标准化建设。繁荣发展文化事业。加快推进基层综合文化服务数字化项目建设，完善市县乡村四级基本公共文化服务保障标准体系。履行文物安全属地管理责任，推动文物保护应急抢险、文物平安保护工作，启动贡觉县达律王府、左贡县吾同寺保护项目。与全区同步完成村级文艺宣传队组建工作。筹办昌都解放70周年大庆文艺活动，打造具有西藏特色、康巴风情的文艺精品。全面完成地方志编纂任务。健全完善社保体系。规范机关事业单位养老保险系统运行，提级审核县级社保预算。改善社保卡使用环境，落实建档立卡贫困人口、易地扶贫搬迁人员、寺庙僧尼等特殊群体社保待遇，加大退役军人保障力度。加强留守和困境儿童、老年人关爱保护工作。研究解决退休村（居）干部待遇问题。开工建设市精神病人福利机构、残疾儿童康复中心项目。加快医保信息化建设，做好城乡居民基本医疗保险制度整合工作，优化医保服务。

二、全力实施乡村振兴战略。做好脱贫攻坚与乡村振兴战略有效衔接，加快推进“五个振兴”，统筹推进区域协调发展。持续巩固脱贫攻坚成果。全面启动国家脱贫攻坚普查工作，建立健全脱贫成效监测和返贫预警机制，深入开展脱贫质量“回头看”，认真整改脱贫攻坚巡视督察反馈和自查问题。严格按照“四不摘”要求，建立解决相对贫困的长效机制，巩固提升脱贫攻坚成果。全面完成“三岩”片区跨市整体易地扶贫搬迁任务。深化农业农村改革。推广“1+6”农村改革试点成果，全面落实农牧区承包地“三权分置”制度，积极开展农村集体林权确权登记颁证，稳慎推进农村集体经营性资产股份合作制改革，建立健全集体耕地、林地、草原等资源性资产的物权管理制度和土地承包经营制度，鼓励承包农牧户依法采取转包、出租、互换、转让、入股等方式流转承包地，推进土地规模化经营。全力促进群众增收。深入实施“十大增收”措施，提升农牧民施工队管理水平，不断提高农牧民群众财产性、劳务性收入。畅通有意愿有能力农业人口处置农村资产权益通道，做好易地扶贫搬迁群众城镇落户工作，加大户籍制度改革力度，确保全市常住人口城镇化率提高5个百分点。加大“人地钱挂钩”等配套政策落实力度，持续拓宽城镇居民收入渠道。编制优化国土空间规划。加强规划引领作用，年内完成市、县（区）国土空间规划编制工作，积极开展乡镇国土空间规划、村庄规划编制。实施区域协调发展战略，合理确定城乡规模、开发边界和开发强度，提高区域节点城镇综合承载和资源优化配置能力，加大国省道沿线、旅游景区景点等资源条件较好城镇基础设施建设，鼓励引导居住分散、艰苦偏远、资源匮乏地区群众和边缘户向城镇合理聚集。认真总结推广特色小城镇建设经验，依托产业项目，积极打造江达觉拥、贡觉阿旺等特色小城镇。严格乡村宅基地审批管理。狠抓人居环境整治。加大“三整治、三提升”工作力度，深入推进农牧区生活垃圾、污水治理，实施卡若区、类乌齐县农村人居环境整治试点项目，因地制宜推广农牧区生活垃圾处理模式，全面落实垃圾处置设施乡村配备项目，科学确定污水治理方式和工艺。深入实施“厕所革命”，配备保洁人员，解决好公厕水电以及给排水管道保温防冻问题。推进厕所进院、入室，年内完成农村无害化厕所改造5715户。建立人居环境整治监督考评长效机制。大力整治私搭乱建问题。

三、全力增强发展新动力。大力推进重点领域和关键环节改革，进一步释放市场活力，不断激发高质量发展新动力。持续推进“放管服”改革。大力精简行政许可和审批事项，加强权责清单动态调整，提高县（区）、乡（镇）简政放权承接能力，确保行政审批事项应放尽放。持续开展“证照分离”“多证合一”改革，实施市场准入负面清单管理，着力破解“办照容易办证难”“准入不准营”难题。加快“双随机、一公开”监管全覆盖，完善失信联合惩戒机制。用好投资项目在线审批监管平台，抓好项目在线审批监管。大力推进“互联网+政务服务”建设，优化再造服务流程，年内建成覆盖市县乡村四级的“互联网+政务服务”体系，提高政府公共服务水平和效率。推动重点领域改革。深化财税体制改革，建立健全预算绩效管理体制机制，探索推行专项资金零基预算。加快推进事业单位人事制度改革，有序推进基层专业技术人才职称评审政策。深化国资国企改革，健全市投资有限公司、开源投资有限公司、蓝天圣洁产业投资公司法人治理结构，支持民营和社会资本进入国有企业，建立增量效益激励机制，持续激发企业活力。健全完善以管资本为主的国有资产监管体制，做强做优做大国有资本，确保国有资产保值增值。健全完善行政执法体制改革，探索推行跨领域跨部门综合执法，进一步整合市政设施、市容市貌、垃圾污水、户外广告等城市管理执法职能，推进卡若、洛隆、察雅、江达四个片区生态环境保护跨县域综合行政执法机制建设。培育内需增长点。稳步推进供销合作社综合改革，年内争取恢复市、县（区）供销合作社。深入推进商贸流通供给侧结构性改革，实施农牧区乡镇微型加油站项目，科学规划面向县（区）的分级商贸物流配送体系，支持快递物流企业设立乡镇服务网点。促进现代物流、电商、休闲农业、乡村旅游等产业在乡村合理布局，拓展农牧业产业链、价值链。鼓励支持医疗健康、文化体育、家政幼托等服务业发展，积极培育消费热点，保障市场供应，加强市场监管，畅通消费者维权渠道。营造良好营商环境。全面落实国家减税降费政策，做好留抵退税工作，落实降低失业和工伤保险费率政策。开展经开区、产业园区电力需求侧管理试点、增量配电业务改革试点工作，探索推行带电施工办法措施。加快推动普惠金融发展，稳步落实取消企业银行账户开户许可，推进非税收入收缴电子化管理改革，加快企业应收账款融资服务平台推广应用。构建亲清新型政商关系，落实好联系民营企业制度，依法保护企业家合法权益，制定出台支持中小企业发展的优惠政策，力争年内各类市场主体同比增长15%以上。加大招商引资力度。深化招商引资“两个代办制”，落实招商引资优惠政策。树立全产业链招商思维，围绕农牧特产、藏医药、文化旅游等产业上中下游配套进行精准招商活动。做好西洽会、津洽会、海交会等援昌省市重大节会的参展工作，加大优势资源、优势产业、优势项目宣传推介力度，力争招商引资到位资金增长10%以上。扩大对外开放水平。强化与对口援昌省市企业合作交流，充分发挥援昌省市企业人才、资金、技术、管理等优势，全面完成“十三五”对口援藏规划项目。办好第六届藏川滇青交界地特色产品展销会，支持青稞、牦牛肉、卡若香猪等特色农畜产品“走出去”，推进规模化、品牌化发展。加强与毗邻市州交流协作，推进区域经济一体化发展。

四、全力推进产业提质增效。持续深化供给侧结构性改革，加快“六大产业基地”建设，提升产业发展质量和效益。加快发展清洁能源产业。协调推进清洁能源消纳输送通道建设，提高能源综合利用效率和供应保障能力。扎实推进苏洼龙、叶巴滩、巴塘、拉哇电站建设，加快勒珠、扎拉、如美、曲孜卡电站项目前期工作，力争新增在建电站装机规模100万千瓦以上，完成三江水电开发投资30亿元以上。优化光伏电站规划，加快建设进度，实现装机规模100兆瓦以上。加快发展绿色矿业。狠抓优势矿产开发，延伸产业链条。加快推进玉龙铜矿改扩建、类乌齐菱镁矿深加工等项目，提高产品附加值，力争年内生产铜金属3万吨以上、氧化镁产品30万吨以上。加大优势矿产资源勘探开发力度，推进国家级绿色矿业发展示范区建设。加快发展文化旅游产业。持续营造大旅游氛围，加快促进旅游文化融合发展。按照“三统一”标准，抓好全域旅游示范区城市创建工作，争取将横断山脉旅游片区列入全区旅游总体规划。打造红色旅游文化，加快芒康古盐田5A级景区、江达十八军渡江遗址4A级红色景区、茶马城景区、谷布神山等重点旅游项目建设，持续完善旅游基础设施和配套服务。大力发展旅游地接服务，探索建立组团式旅游援藏机制。办好首届横断山脉旅游峰会、第五届然乌来古旅游峰会等宣传推介活动，着力打造“传奇昌都·卓卓康巴”全域旅游品牌，力争旅游接待人数达到310万人次。加快发展环保工业。加快建材项目建设步伐，力争芒康海通、八宿海螺、高争二线水泥项目分别在3月份、7月份和年底前实现投产，全年水泥产量达到150万吨。稳步开发天然饮用水、啤酒产业，在提质量、创名牌、上规模、拓市场上下功夫，力争天然饮用水、啤酒产量分别达8500吨、2.9万吨以上。加快发展特色农牧业。强化产业规划引领，推动“基地+龙头企业+品牌”建设。加快推进红拉山鸡、类乌齐牦牛、阿旺绵羊、卡若香猪养殖基地建设，稳步推进葡萄、芫根、蔬菜、青稞、荞麦等种植基地建设。完成黄牛改良1万头，做好阿旺绵羊、类乌齐牦牛、卡若香猪等优质种质资源保种选育、扩繁推广等工作，提升本地农畜产品市场供给率，确保类乌齐牦牛、阿旺绵羊、卡若香猪、红拉山鸡养殖规模分别达到127万头、19万只、14万头、25万羽，葡萄种植面积达到2.2万亩。加大农牧业科技投入，开工建设11县（区）高标准农田，全年推广良种63万亩，实施粮食绿色高产高效创建示范面积48万亩，确保粮食安全。加强农畜产品质量安全监管，稳步推进农产品质量安全“双认证”工作，高标准打造“蓝天圣洁”品牌。加大商标培育力度，力争全年新增注册商标400件、地理标志证明商标3件。加快发展大数据产业。扎实推进智慧昌都建设，强化在建项目监管，不断提升智慧昌都覆盖领域，促进数字技术深度应用，力争年内建成大数据中心并投入运行，逐步发展大数据应用产业。落实网络提速降费政策，推动互联网与传统产业融合发展，加快“智慧城市”移动支付便民示范工程建设，开展“互联网+特色农畜产品+精准扶贫”活动，推动电子商务示范工作扩面提质增效。强化园区平台支撑。研究制定推动园区经济发展壮大的政策措施，加快完善园区配套设施，增强园区功能。完成卡若镇由市新区管委会代管工作，进一步优化管理体制机制。强化园区创新驱动、人才聚集、开放水平、环境质量改善等绩效考核。加快建立完善昌都经开区一区多园、带动县级园区发展模式，鼓励在芒康、洛隆等县设立昌都经开区分园，并享受同等优惠政策，力争全年园区规模工业增加值增长10%以上。支持昌都经开区升级创建。综合发挥对口援昌省市企业资源优势，加快推进天津、重庆、福建等地“飞地经济”项目。

五、全力抓好项目强支撑。充分发挥项目投资对优化供给结构的关键性作用，加大基础设施和民生事业补短板力度，为经济平稳运行提供有力支撑。统筹谋划重大项目。加快推进“十四五”规划编制工作，紧盯昌都解放70周年大庆、川藏铁路昌都段规划建设，抢抓国家产业转型升级和关键领域补短板政策机遇，精心策划一批支柱型项目和延链补链强链的产业类项目，争取将更多项目纳入国家和自治区项目盘子。加快项目前期工作。认真落实项目投资清单管理制和领导包抓责任制，完善重大项目推进机制，做深做细各项前期工作，力争“十三五”规划所有项目3月份开复工建设。强化项目建设要素保障，严格审查审批，坚决执行基本建设程序和建设资金拨付使用有关规定。加大工程项目稽查力度，把好工程质量关。狠抓重点项目建设。交通方面，新续建农村公路248条，积极配合国家、自治区做好川藏铁路昌都段前期规划建设以及滇藏铁路德钦至邦达段、G0613昌都至邦达机场段等重大项目前期工作，加快推进G318线竹巴笼至林芝段重点路段整治、昌都至邦达机场新改建、夏贡拉山隧道等工程项目，争取开工建设川藏铁路昌都段施工便道、邦达机场航站区改扩建等项目，力争完成投资61.9亿元。水利方面，加快推进昂曲宗通卡水利枢纽、弄利措水库工程前期工作，确保年内开工建设；确保扎仓嘎水库、索多西乡灌区节水改造项目年内建成；继续实施好农村饮水安全巩固提升工程，力争完成投资4.6亿元。通信方面，推进“宽带西藏”和移动通信广覆盖工程，实现4G无线通信、光纤宽带等高速通信网络城乡全覆盖，开展农牧区和城乡接合部通信补盲工作。加快推进5G建设，实现行业层面应用。能源方面，积极争取实施“十四五”规划项目，进一步扩大主电网覆盖范围，确保主电网人口覆盖率提高到92%。力争年内完成农电直管工作。环保及市政配套设施方面，开工建设察雅县、卡若区等污水处理及收集系统和市第二生活垃圾填埋场、乡镇生活垃圾无害化处理等项目，实施邦达机场至昌都主城区沿线环境综合整治、孜通坝体育馆西广场等工程，力争完成投资12.9亿元。大庆项目方面，紧盯2020年6月完工的时间节点，加快推进孜通坝、野堆村新城和三江源生态文化城演艺中心等重点项目建设，稳步推进棚户区改造，完善城市停车场、公厕、人行天桥等便民设施，推进城市绿化、街区改造、环境整治，打造高效、便捷的生活服务圈。

六、全力推动生态文明建设。推进环境治理体系和治理能力现代化，实行最严格的生态保护制度，加快构建藏东生态安全屏障。打好污染防治攻坚战。强化重点领域污染综合治理，持续推进大气、水、土壤污染防治专项行动，狠抓重点行业减排，完善水环境监测网络建设，加强农业面源和危废污染源监管。落实污染防治工作职责，严厉打击惩治各类破坏生态环境行为，确保全市生态环境持续向好。扎实推进生态建设。统筹山水林田湖草系统治理，稳步推进重点区域造林、“两江四河”造林绿化工程、森林抚育等营造林项目建设，实施退耕还林还草、天保工程公益林、人工种草与天然草地改良工程50万亩以上。完成93个林地违法项目整改工作，加快推进洛隆卓玛朗措和边坝炯拉措湿地保护与恢复工程、芒康滇金丝猴国家级自然保护区四期工程。继续落实河湖长制，组织开展主要河湖管理范围划界及保护与利用规划编制。坚决践行绿色发展理念。持续强化生态保护红线、环境质量底线、资源利用上限和环境准入负面清单硬性约束，全面落实环境保护“一票否决”制，严禁“三高”项目进入昌都。抓实自治区级生态乡镇和生态村创建，推进垃圾分类处置，大力推广绿色建筑、绿色交通、绿色消费、绿色能源，倡导绿色环保的生产生活方式。

七、全力推进平安昌都建设。学习借鉴新时代“枫桥经验”，着力打造共建共治共享的社会治理格局，确保社会局势持续长期全面稳定。深入开展反分裂斗争。深入推进涉稳隐患摸排消除、维稳能力提升、长效机制健全等行动，扎实做好寺庙僧尼、城市社区、单位行业、虚拟社会、视频监控、“双联户”管理、网格化管理、民生信息员等八个方面的防控措施，突出做好应急处突准备，加大对违法犯罪行为的打击力度，全力营造和谐稳定的社会环境。加强宗教事务管理。健全完善寺庙管理长效机制，坚持“导”字方针，按照“三个不增加”原则，开展宗教活动场所不动产确权登记颁证工作。加快推进“1拖N”项目以及智慧寺庙等基础设施建设，着力改善驻寺干部工作生活条件。依法管理宗教事务，严厉打击非法宗教活动，坚决纠正宗教商业化现象，引导宗教与社会主义社会相适应。推动社会治理创新。推进城乡社区治理和服务创新，提高基层社会治理体系和治理能力现代化水平，深化“七五”普法和“法治昌都”建设。加大矛盾纠纷排查化解力度，抓好信访工作。加快社会治安立体化、信息化防控体系建设，持续开展扫黑除恶专项斗争，强力整治行业乱象。支持国防和驻昌部队建设，推进民兵训练规范化常态化，实现军地共抓双拥、共谋发展、共促和谐。防范化解重大风险。加强政府债务管理，坚决遏制增量、妥善化解存量。深化金融市场清理整顿，建立非法金融监测预警平台。完善基层应急管理责任体系，强化应急管理能力提升和装备建设，实行食品药品、特种设备、危险化学品、道路交通等重点领域、重点部位全覆盖严监管，全面摸排整治道路交通安全防护设施。集中整治重点行业领域欠薪和拖欠民营企业账款问题，确保实现全年基本无拖欠目标。加快救灾物资储备库、江达山体滑坡地质灾害灾后恢复重建等项目建设，统筹做好防灾减灾救灾工作。持续推进七城同创。紧盯七城同创时序要求，加紧推进基础设施补齐、管理体制机制建设，广泛开展群众性创建活动，做好创建全国文明城市第三次网上申报和实地测评、创建国家卫生城市国家技术评估、创建国家园林城市国家实地验收、创建全国民族团结进步示范市国家终审、创建全国双拥模范城市自治区及国家验收等各创建迎检工作。

八、全力加强政府自身建设。全面贯彻落实党的十九届四中全会精神，坚持和完善中国特色社会主义行政体制，构建职责明确、依法行政的政府治理体系，切实提升行政效能和服务水平。加强政治建设。坚决维护党中央权威和集中统一领导，增强“四个意识”、坚定“四个自信”、做到“两个维护”，坚决落实党中央、区党委和市委决策部署，始终把加强党的领导贯穿政府工作全过程，强化理论联系实际的学风，以实际行动践行讲政治根本要求，持续锤炼党员干部忠诚干净担当的政治品格。加强法治建设。大力弘扬社会主义法治精神，依法履行职责，做到法无授权不可为、法定职责必须为。强化制度建设，巩固法治政府建设成果，加快建立政府决策专家智库，规范地方立法和政府规章工作。强化行政权力运行制约监督，扩大政务公开范围，规范公开内容和形式，主动接受人大法律监督、工作监督和政协民主监督，自觉接受国家监察监督，自觉接受新闻媒体和社会公众监督。加强效能建设。聚焦“四风”问题，改进调查研究方式，深入推进精文简会，创新政风行风评议方式，加快和规范各级政务服务中心建设，强化行政效能考核，进一步激发干部担当作为的内生动力。加快推进数字政府建设，实施办公自动化系统项目，力争实现无纸化办公。健全完善容错纠错机制，形成大事科学决策、特事特办，小事马上就办、办就办好的氛围，提升政府行政效率、服务质量、工作能力和水平。加强廉政建设。纵深推进政府系统党风廉政建设和反腐败工作，严格落实全面从严治党主体责任，认真履行一岗双责，维护良好的政治生态。严格执行中央八项规定及其实施细则精神，认真落实中央、自治区、市委各项纪律要求，加强政府系统廉政风险防控，强化审计监督，严肃查处发生在群众身边的不正之风和腐败问题。严控一般性支出和“三公”经费，厉行节约，反对浪费，永葆为民务实清廉的公仆本色。

各位代表，实干托举梦想，奋斗成就未来。让我们更加紧密地团结在以习近平同志为核心的党中央周围，认真贯彻落实习近平新时代中国特色社会主义思想，在自治区党委、政府和市委的正确领导下，不忘初心、牢记使命，务实担当、积极作为，以永不懈怠的精神状态和一往无前的奋斗姿态，为实现全面建成小康社会的宏伟目标而努力奋斗！

名词解释：

1. 七大提升行动：2019年1月22日至23日，市委经济暨农村、脱贫攻坚工作会议提出，大力实施民生改善提升行动、投资消费提升行动、脱贫攻坚提升行动、乡村振兴提升行动、生态富民提升行动、优势产业提升行动、改革开放提升行动。

2.“十项提升”工程：水电路讯网、科教文卫保。

3.“三整治、三提升”：整治陈年垃圾、白色污染、人居环境，提升垃圾分类工作、环境卫生治理力量、环境卫生治理模式。

4. 五个100%：实现中小学双语教育普及率达到100%，小学数学课程开课率达到100%，中学数理化生课程教学计划完成率达到100%，中学理化生实验课程开出率达到100%，职业技术学校国家目录规定课程开出率达到100%。

5. 学前、小学、初中、高中入学率：2018年昌都市学前、小学、初中、高中入学率分别为65.48%、98.53%、94.2%、55.13%，2019年昌都市学前、小学、初中、高中入学率分别为79.75%、99.85%、100.38%、65.9%。

6. 六病：结核病、肝炎、风湿病（骨关节疾病）、高血压、糖尿病、慢性阻塞性肺气肿。

7.“十大增收”措施：稳定农业增收、提升牧业增收、发展产业增收、精准扶贫增收、转移就业增收、扶持创业增收、生态利民增收、政策惠民增收、金融助农增收、改革推动增收。

8.“四业工程”：以业育人、以业安人、以业管人、以业富人工程。

9.“一网、一门、一次”改革：推动政务服务改革，实现企业和群众办事线上“一网通办”，线下“只进一扇门”，现场办理“最多跑一次”。

10.“两个代办制”：分别成立项目建设和招商服务专班，实行分管副市长牵头、部门主要负责人负责制，从项目的规划设计到落地建设所有前期工作，统一由市直行业部门全程代办，切实提高项目建设效率。

11.“五大养殖、七大种植”：牦牛育肥、黄牛改良、阿旺绵羊扩繁、商品猪养殖、禽类养殖，粮食作物（青稞、小麦、荞麦）、经济作物（油菜、藏药材）、饲草料作物（优质牧草、青贮玉米、芫根、构树）、蔬菜、葡萄、生态林、经济林（核桃、桃子、苹果、石榴、康巴蜜橘、桑树）。

12. 六稳：2018年7月31日，中共中央政治局会议做出了稳就业、稳金融、稳外贸、稳外资、稳投资、稳预期的重大经济政策部署。

13. 六大产业基地：清洁能源产业、绿色矿业、文化旅游产业、环保工业、特色农牧业、大数据产业基地。

14.“两下降、双提升”：降低孕产妇、婴儿死亡率；提高孕产妇住院分娩率、人均寿命。2019年，全市孕产妇和婴儿死亡率分别下降至42.62/10万、7.18‰，孕产妇住院分娩率提高至86.2%，人均预期寿命提高至70岁。

15.“两癌”筛查：针对危害女性健康的宫颈癌和乳腺癌开展的检查手段，以期做到早诊断、早发现、早预防、早治疗。

16.“三病”母婴阻断：针对孕产妇及儿童开展的预防艾滋病、梅毒和乙肝母婴传播的一种集免费筛查、免费治疗的项目。

17.“四不摘”：摘帽不摘责任、摘帽不摘政策、摘帽不摘帮扶、摘帽不摘监管。

18.“证照分离”“多证合一”改革：证照分离是指工商部门颁发的营业执照和各相关行业主管部门颁发的经营许可证审批的改革举措，多证合一是指在已整合营业执照、组织机构代码证、税务登记证、社会保险登记证、统计证的基础上，将多项涉企证照事项进一步整合到营业执照的改革。

19.“双随机、一公开”：在监管过程中随机抽取检查对象，随机选派执法检查人员，抽查情况及查处结果及时向社会公开。

20. 新时代“枫桥经验”：20世纪60年代初，浙江诸暨县枫桥镇的干部群众在社会主义教育运动中创造了“发动和依靠群众，坚持矛盾不上交，就地解决，实现捕人少、治安好”的“枫桥经验”。之后，“枫桥经验”得到不断发展，形成了具有鲜明时代特色的“党政动手，依靠群众，预防纠纷，化解矛盾，维护稳定，促进发展”的枫桥新经验，成为新时期把党的群众路线坚持好、贯彻好的典范。

昌都市人大常委会工作报告

——在昌都市第一届人民代表大会第七次会议上

（2019年12月23日）

昌都市人大常委会主任　贡秋江村

我受市人大常委会的委托，向大会报告工作，请予审议，并请列席会议的同志提出意见。

2019年的主要工作

2019年，是新中国成立70周年和西藏民主改革60周年，也是常委会工作卓有成效的一年。一年来，在市委的坚强领导下，市人大常委会坚持以习近平新时代中国特色社会主义思想为指导，深入贯彻落实党的十九大和十九届二中、三中、四中全会精神，贯彻落实总书记关于治边稳藏的重要论述和关于西藏工作的一系列重要指示批示精神，贯彻落实区党委九届五次、六次全会精神，按照市委一届六次、七次、八次全会的部署和市一届人大六次会议确定的目标，坚持党的领导、人民当家作主、依法治国有机统一，紧紧围绕市委贯彻落实党中央、区党委重大决策的部署要求，创造性地以监督促进决定、任免、立法和代表工作，把大监督理念贯穿人大依法履职的全过程和各方面，从大局上着眼、由细微处切入、在关键处发力，紧扣中心、抓住重点、讲究实效，着力从“注重做了什么”向“做出什么效果”转变，各项工作都取得了新进展新成效。

一、在聚焦改革发展稳定大局中谋划落实人大工作

常委会始终把服务大局作为首要政治任务和政治责任，正确认识把握大局、积极聚焦融入大局、坚决维护服务大局，着力在助力经济社会发展中发挥优势、贡献力量。

（一）从思想上向大局聚焦。牢牢把握学习贯彻习近平新时代中国特色社会主义思想这个主题主线，坚持领导带头学、党组集中学、党员干部全员学，层层示范、层层带动，依托党组理论学习中心组、党支部“三会一课”、机关学习例会等载体，深刻学习领会这一科学思想的精神实质、丰富内涵、实践要求，持续推动学习往深里走、往实里走、往心里走。紧紧围绕深入回答好“永恒课题”和“终身课题”开展“不忘初心、牢记使命”主题教育，按照主题教育的根本目标和总体要求，坚持“四个到位”，把握“四个环节”，把学和做结合起来、把查和改贯通起来，深学细悟、一体领会习近平总书记关于坚持和完善人民代表大会制度的重要思想、关于治边稳藏的重要论述、关于西藏工作的一系列重要指示批示精神和人大履职所必需的各项法律法规、涉及人大工作的各个指导性文件，共举办4期读书班，有序召开对照党章党规找差距专题会、调研成果交流会和6期专题研讨会，即知即改解决一批代

表反映强烈的问题。推进人大机关两级党组和党支部学习有机融合、有效衔接，不断增强学习的理论深度、实践力度、情感温度。对习近平总书记对地方人大及其常委会工作作出的重要指示精神和总书记在党的十九届四中全会上所作的重要报告、重要讲话、重要说明以及全会作出的重要决定，对全国人大、自治区人大及市委有关会议精神，常委会都率先集中传达学习，先学一步、先做一步、先行一步。一年来，常委会共举行党组理论中心组学习会22次，举办“人大法制讲堂”1期、“人大法治讲座”5期。通过各种学习活动，使广大党员代表和党员干部进一步锤炼了忠诚干净担当的政治品格，思想得以升华、精神得到洗礼，强化法治意识、维护法治权威、严格法律制度执行的自觉性和坚定性明显增强。

（二）从政治上向大局聚焦。坚持把增强“四个意识”、坚定“四个自信”、做到“两个维护”作为检验和衡量工作成效的重要标尺，体现在贯彻落实党的路线方针政策和党委重大决策部署的行动上，体现在履职尽责、做好各项工作的实效上。坚持从全局谋划一域、以一域服务全局，自觉将人大工作放到大局中研究部署，做到市委重大决策部署到哪里、人大工作就跟进到哪里。严格执行重大事项请示报告制度，研究制定常委会工作计划、召开重要例会、组织重要视察、开展重要检查，都及时向市委请示报告；全局性工作推进情况、重要活动开展情况、法定例会召开情况都及时向市委报告。全年，市委主要领导对人大工作作出重要批示9次；常委会党组向市委请示报告工作20次，上报检查、视察、调研报告13个；常委会领导牵头督促检查工作，上报督导和调研报告13个。

（三）从行动上向大局聚焦。紧紧围绕市委决策部署和全市中心工作，依照法定权限和程序，在常委会会议上依法听取审议了上半年计划执行情况、上半年预算执行情况、2018年审计工作情况、2017年审计查出问题整改落实情况、财政预算调整情况、部门预算执行情况、减税降费政策落实情况等一批专项报告，经认真梳理，形成和转交80多条工作建议，为市政府工作顺利推进提供了有力支持。同时，常委会领导勇于担责、善于履责、全力尽责，积极参与维护稳定和脱贫攻坚工作，圆满完成3月维稳督导、70周年大庆维稳督导、重点寺庙维稳督导、重点工作综合督查、社会治安综合治理地市交叉考评、年底综合考评、“三岩”片区整体搬迁督导调研、河长湖长巡河巡湖等市委交办的各项任务。

二、在依法履行各项法定职责中构建大监督格局

常委会坚持重大事项决定、干部选举任命、地方立法与监督工作相互贯通、有机融合，既注重运用多种方式依法实施监督，又注重对作出的决定、任命的干部、颁布法规的跟踪监督，着力构建大监督格局。

（一）推动人大监督由“以程序性监督为主”向“程序性监督和实质性监督并重”转变。按照组织法规定召开6次常委会例会。每次会议都严格依照常委会工作规则和议事程序进行，坚持围绕常委会工作报告和年初工作计划统筹安排常委会会议、听取审议各项议题，围绕开好每次常委会会议谋划部署阶段性工作，始终把开好常委会例会作为依法履职的中心环节，把会前调研作为听取专项报告的必备程序。在开展执法检查和专题调研、专项视察过程中，坚持上下联动、同步进行、分层开展，既注重“解剖麻雀”归纳梳理问题，又注意发现典型和总结经验；既注重发挥专委会的职能作用、调动专委会的工作积极性，又注意让各县区人大常委会参与其中；既注重事前对相关政策和法律法规的学习，又注意事后同市政府的反馈座谈。力争尽可能多地掌握第一手资料，保证摸透情况、搞准问题、提出高质量的对策建议。常委会会议结束后，及时将各项报告上报市委、转送市政府，并专门向市委汇报会议召开情况。全年听取和审议1件法规草案、21个专项报告、6个执法检查报告、7个调研报告、3个代表资格审查报告、18件人事任免案，向市委梳理上报80多条审议意见。加快推进预算联网监督平台建设，组织相关人员到武汉、成都、昆明和自治区人大机关考察学习平台建设、运行、管理经验，为进行更加积极有效的预算监督创造条件。

（二）推动决议决定由“以程序为主”向“作出决议决定和跟踪问效并重”转变。颁布实施《市人大常委会讨论决定重大事项的规定》，明确和细化常委会讨论决定重大事项的重点、范围、程序和提交主体，列出11种应由常委会审议并作出决议决定的情形和13种应向常委会报告可以作出决议决定的情形，不断健全人大讨论决定重大事项的工作机制。完善常委会联系“一府一委两院”工作制度，推动相互支持配合更加紧密、更加规范。跟踪问效代表大会和常委会作出的决议决定执行情况，积极推动市一届人大六次会议作出的“六大决议”和闭会期间常委会作出的3个批准预算调整决定落地落实。在听取计划预算执行和预算调整报告、开展预算执行情况调研期间，高度关注年初确定的各项指标和重点工作、主要任务完成情况，严格审查调整后的预算执行情况。

（三）推动人事选举任命由“以任命为主”向“任命和监督并重”转变。积极探索纠正重选举任命轻跟踪监督的情况，有效破解监督缺位、失位、不到位难题，一方面严把代表资格审查关，严防代表性、广泛性、先进性不强的人员进入代表队伍；一方面加强对被任命人员的全过程、全覆盖监督，积极推动由单纯任命向任后监督转变。今年以来，常委会坚持落实党委意图与实现人民意志的有机统一，严格依照法律程序做好任免工作，共任命干部57人，免职28人，接受干部辞职4人，补选代表9人，辞去代表职务10人，听取并评议被任命人员述职报告7个。所有被任命人员都经过了任前听取情况说明、充分酝酿、民主表决和任后宪法宣誓等各个环节和程序。通过采取一系列措施，有效构建了完整的监督链条，实现了法律监督与工作监督的有机统一。

（四）推动立法工作由“以立为主”向“依法立法和跟踪检查并重”转变。坚持立法和执法两手抓，既致力于提高立法质量，让所立法规立得住、行得通、能管用，又注重对所立法规的督促检查，促进法规全面正确有效实施。成功颁布实施《昌都市市容环境卫生管理条例》，为城市环境卫生建设提供了法律依据，为推进“七城同创”创造了有利条件。召开立法协调会，通报立法规划计划，压实政府部门在立法中的责任。加快《昌都市城市绿化条例》立法步伐，对政府提交的法规草案在常委会上进行了一审。着手建立智能立法辅助平台，提升立法智能化、信息化水平。借助自治区人大规范性文件备案审查平台，强化备案审查工作；举办监督法和规范性文件备案审查培训班，提升备案审查能力。依法对昌都市城区核心片区控制性详细规划和江达县波罗乡规划进行备案审查。筹建立法专家咨询委员会，加快立法智库建设。完善规范性文件备案审查程序，起草立法后评估办法、立法协商办法。加强对已立法规的督促落实，督促市政府制定《昌都市爱国卫生管理条例》和《昌都市市容环境卫生管理条例》实施细则。

三、在推动问题解决和工作改进中提升监督实效

常委会坚持问题导向、目标导向、效果导向相统一，把解决问题、改进工作贯穿监督工作始终，积极通过各种监督方式和工作渠道，推动市委决策部署落实下去、群众愿望呼声反映上来，促进影响法律实施、制约工作推进、损害群众利益的突出问题及时有效解决。

（一）加强经济运行监督，致力于推动经济持续健康发展。加强对预算编制、预算执行、预算调整和决算的审查，着重审查支出预算总量和结构、重点支出和重大投资项目、政府债务、预算收入等，依法对市政府2018年财政决算作出批准决议，对上半年预算执行情况报告和审计报告提出审议意见。听取“十四五”时期国民经济和社会发展规划编制情况报告，提出增强规划编制的前瞻性、科学性、整体性和可持续性、可操作性。针对经济增速放缓、下行压力加大的实际情况，开展上半年经济运行情况、非公有制经济发展情况、减税降费政策落实情况、部分市直部门预算执行情况调研，建议市政府“加强经济运行调控”“拓宽非公企业融资渠道”“完善预算编制”“加强绩效管理”“严格落实政府债务限额管理和预算管理”“加强对小微企业和实体经济税收支持”。建立市政府向市人大常委会报告国有资产管理情况制度，首次听取审议昌都市2018年国有资产管理情况综合报告、市政府市属企业国有资产管理情况报告，开展国有资产管理情况调研，针对国资企业发展规模还不大、发展水平还不高、发展质量还不好、发展能力还不强的问题，有针对性地提出做大做强做优国有企业的有关建议。

（二）加强民生工作监督，致力于推动提升人民群众的获得感幸福感。坚持以人民为中心，紧盯人民群众的烦心事操心事揪心事，全力做好民生领域监督。开展道路交通安全法及自治区道路交通安全条例跟踪检查，建议加强道路基础设施和配套设施建设、加大道路交通违法行为打击力度、加强道路交通安全管理。开展传染病防治法跟踪检查，促进传染病防控队伍建设、法律宣传普及、防控机制建设、疫苗接种得到加强。开展预防未成年人犯罪法及自治区实施办法跟踪检查，针对发现的法律宣传效果不佳、联动机制不强、经费保障不力等6个方面的问题，分别提出整改建议。听取“十三五”时期全市基本医疗保险基金管理情况报告，开展就业促进工作和义务教育均衡发展、基层医疗卫生队伍建设、主城区公厕规划建设运行管理情况调研，分类列出群众反映强烈的29项问题，提出破除医疗人才评聘障碍、合理配置师资力量、破解就业结构性矛盾、理顺城区公厕建管权责关系等26条改进建议。

（三）加强执法司法监督，致力于推动维护社会公平正义。积极回应社会关切，大力推动解决影响司法公正、制约司法能力的突出问题。开展治安管理处罚法执法检查，建议提升执法水平、加大执法力度、维护执法权威等5条建议，着力促进解决公安执法不严、执法不公、执法行为不文明和阻碍执法等现象。依法听取法院破解“执行难”情况报告和检察院公益诉讼工作情况报告，针对案件执行不见人不见财、公益诉讼机制不健全等突出问题，分别提出对策建议，为促进司法公正提供了有力支持。

（四）加强生态环保监督，致力于推动美丽昌都建设。坚定扛稳扛牢维护藏东生态安全的政治责任、法律责任、工作责任，主动把生态文明建设作为重点工作领域、摆上突出位置，听取市政府2018年环境状况和环境保护目标完成情况报告，助力打好蓝天、碧水、净土三大保卫战。开展国家卫生城市和国家生态园林城市创建情况专题调研，助力创建工作顺利推进。开展水污染防治法、可再生能源法、草原法及自治区实施办法执法检查和“中华环保世纪行—西藏行”活动，聚焦“三江”流域自然灾害频发、城乡环保基础设施建设滞后、“河长制”“湖长制”落实不够有力等突出问题，提出20多条有分量有价值的意见建议，推动生态环保法律法规的“牙齿”紧紧“咬合”，促进环保部门以法律的武器治理好污染、用法治的力量保护好生态环境。

四、在为人民谋利益中践行初心使命

常委会始终坚守为人民履职、为人民用权、为人民服务的初心使命，努力把初心使命转化成锐意进取、开拓创新的精气神和埋头苦干、真抓实干的自觉行动，广泛深入开展代表活动，着力为群众办实事、解难事、做好事。

（一）强化代表意见建议办理服务人民。积极配合自治区人大常委会开好十一届人大二次会议，提出报告修改建议和工作建议84条，提交书面代表建议53件，并配合对重点代表建议落实情况进行实地督查。召开代表建议、批评和意见交办会，及时将市一届人大六次会议征集到的87件代表建议和代表审议“六大报告”时提出的203条工作建议，转交市委有关部门和“一府一委两院”办理，实现代表建议100%办理答复、52%的在年内得到落实解决。召开代表意见建议办理情况督办会、听取承办单位办理情况汇报，在常委会上听取市政府办理情况报告，在年底对代表提出的重点意见建议进行重点督办，代表重点意见建议落实情况在政府有关会议上得到积极回应。

（二）助力脱贫攻坚服务人民。组织市人大办扶贫集团18家成员单位，在左贡县召开对口帮扶推进会，通报帮扶情况，交流帮扶经验，部署帮扶任务，助力左贡县如期脱贫摘帽。常委会领导经常、主动深入脱贫任务重、难度大的地方指导脱贫，按照市委的部署要求积极做好脱贫攻坚督促检查和调研工作。广大代表充分发挥模范带头作用，带头用勤劳双手创造幸福生活，带头淡化宗教消极影响，带头形成健康文明的生活方式，带领群众探索脱贫路子和致富门路，为激发贫困群众内生动力、改变贫困地方落后面貌做出了积极贡献。广大基层代表积极协助基层党委政府做好群众工作，踊跃参与矛盾纠纷排查化解、维稳巡逻巡防、网格化管理、先进“双联户”创建和监督惠民资金发放等各项工作，带头收听收看庆祝新中国成立70周年大会直播盛况，在乡村治理上发挥了积极作用。

（三）积极议政建言服务人民。大力推荐人大代表担任廉政监督员、特约监察员、脱贫攻坚监督员，统筹安排人大代表参加各单位民主生活会和有关座谈会、论证会、听证会，使人大代表的监督作用不断显现。扩大代表对常委会工作参与的广度和深度，累计安排82名代表列席常委会会议，安排60多名代表参加执法检查和调研活动，广大代表在参加各类会议和活动期间，代表人民反映了很多关系群众切身利益的实际问题、提出了很多宝贵建议。高度重视、认真对待群众来信来访，通过明察暗访、实地走访等方式调查了解情况，协调有关方面解决了代表反映的自来水供应不稳定、无证开采砂石、易地扶贫搬迁安置点规划不够科学合理等一系列问题。经过连续几年的跟踪督查，推动各县区和有关部门彻底解决了全市1400多名游猎户的基本生活问题。

（四）创造代表履职条件服务人民。积极组织代表走出去，组织33名人大代表和人大干部到云南丽江和香格里拉考察学习。组织40名代表视察经开区和市政建设，促进代表知情知政。召开纪念西藏民主改革60周年座谈会，引导基层代表深切感受社会主义制度的显著优越性和强大生命力，坚定感党恩、听党话、跟党走。制定述职评议办法和代表建议批评意见办理办法、代表视察调研、代表培训、代表资格审查等制度措施，不断健全代表工作制度体系。关心基层代表健康和基层人大工作，坚持每年组织代表进行健康体检，适时为每名基层代表配发1个医疗急救箱和1台收音机，为各县区人大常委会支持3万元代表活动经费。

一年来，常委会高度重视加强自身建设，自觉增强“四个意识”、坚定“四个自信”、做到“两个维护”，自觉接受市委领导，始终同市委保持一个声音、一个步调、一个提法，始终同人大代表和人民群众想在一起、干在一起，做到市委关注什么、上级人大要求什么、人民群众期盼什么、长远发展需要什么，我们就尽职尽责、尽心尽力地抓什么、干什么。我们着力加强人大机关党的建设，压紧压实管党治党的政治责任、领导责任和主体责任、第一责任人责任，完善党建责任链条，严明反分裂斗争和党员不得信仰更不得传播发展宗教等政治纪律，严肃党内政治生活，认真召开主题教育专题民主生活会，严格落实民主生活会、“三会一课”、双重组织生活会、民主评议党员、谈心谈话等制度，不断提升机关党建质量和水平。我们认真贯彻落实中央八项规定及其实施细则精神和市委关于为基层减负的十五项措施，坚决抵制“四风”问题，坚持“四不两直”工作法，坚持调研先行、调研开路、调研开局，把调研作为履行职责的常规方式和做好各项工作的重要手段，形成一批有情况、有分析、有建议的调研成果，为市委提供了重要决策参考。我们在市委的高度重视和政府的大力支持下，协调增设社会建设委员会，建立预算联网中心；加大对县乡人大工作的指导和支持力度，推动11县区人大“一室三委”和工作力量调整到位，促进乡镇人大主席团主席逐步配强，不断优化人大机构设置和职能配置。我们注重加强经验交流和工作宣传，认真做好四川阿坝州、山南加查县、阿里噶尔县人大学习考察团在昌期间的接待和交流工作，建立“昌都市人大发展历程展室”，坚持办好“昌都人大”微信平台和《昌都人大工作》内刊，充分展示人大工作的成绩经验和人大机关的良好形象。

各位代表，常委会一年来各项工作成绩的取得，根本在于习近平新时代中国特色社会主义思想的科学指引，是市委总揽全局、正确领导的结果，是我市各级人大、全体代表不懈努力、积极履职的结果，是市“一府一委两院”密切配合、协同奋进的结果，是全市人民和社会各界人士热情参与、大力支持的结果。在此，我代表市人大常委会，向大家表示崇高的敬意和衷心的感谢！

成绩来之不易，经验弥足珍贵。回顾一年来的工作实践，我们深深体会到：必须坚持和加强党对人大工作的领导，始终把党的领导贯穿于人大工作的全过程和各方面，有效发挥常委会党组把方向、管大局、保落实的领导作用，做到一切重要工作、重要事项都在市委的领导下进行，确保各项工作毫不动摇地体现党的全面领导；必须坚持观大势、识大局，先布棋后落子、谋定而后动，始终与党委中心工作同步合拍、同频共振，确保既为一域争光又为全局添彩；必须坚定制度自信，严格执行制度、坚决维护制度，坚持一切工作和活动都依照人民代表大会制度来展开，强化人民代表大会制度在坚持和完善人民当家作主制度体系中的首位首责作用，有效促进制度优势向治理效能转化；必须坚持依法而行、循法而为，保证制定的每一件法规、开展的每一项监督、作出的每一个决定、行使的每一次任免权都符合宪法法律规定；必须坚持以人民为中心，做到一切为了人民、一切依靠人民，顺应人民群众对美好生活的新期待，不断推动提升人民群众的获得感幸福感安全感。

在总结工作的同时，我们也清醒地看到，常委会工作还存在一些薄弱环节。主要是：常委会会议的审议质量还有待提升，立法工作水平还需要提高，监督成果转化还需要加强，决定任免机制还需要健全，调研精品还比较欠缺，发挥代表主体作用还不够充分，自身建设还需要进一步加强。对这些问题，我们将在今后的工作中认真研究，下大力气加以解决。

2020年的主要任务

2020年是全面建成小康社会和“十三五”规划收官之年，也是全面贯彻落实党的十九届四中全会精神的开局之年和昌都解放70周年。做好明年各项工作，意义重大、使命光荣。我们要坚持以习近平新时代中国特色社会主义思想为指导，深入学习贯彻落实党的十九届四中全会和习近平总书记对地方人大及其常委会工作作出的重要指示精神，厚植党的领导制度优势，落实党的领导制度要求，服从服务市委重大发展战略、重要决策部署和重点工作任务，聚焦聚力改革发展稳定大局，积极适应国家制度和治理体系建设要求，坚持和完善人民当家作主制度体系，充分发挥人民代表大会制度在社会治理能力和治理体系建设中的制度优势和制度功效，认真履行宪法法律赋予的各项职责，确保人大依法履职各项工作高质量开展，努力在推进昌都经济社会长足发展和长治久安进程中展现新担当、实现新作为。

一、强弱项，扎实做好立法工作

聚焦坚持和完善社会主义法治体系，认真履行人大在依法治市和法治昌都建设中的职责。坚持立切口小、实用性强的单行法规，按照急需先立、成熟先行、量力而立的原则，稳步推进实施立法规划和立法计划。扎实做好三大领域的立法工作，继续推动城乡建设与管理、环境保护、历史文化保护方面的成功实践上升为制度法规，继续收集储备一批立法项目。突出抓好《昌都市城市绿化条例》修改完善，争取在年内审议通过后报自治区人大常委会批准实施。协调市政府做好《昌都市河道采砂管理规定》起草工作，力争年内完成法规调研论证、形成法规草案。坚持有件必备、有备必审、有错必纠，依法撤销和纠正违宪违法的规范性文件，加强和改进规范性文件备案审查工作。

二、抓重点，着力增强监督实效

聚焦坚持和完善党和国家监督体系，推动形成决策科学、执行坚决、监督有力的权力运行机制，确保党和人民赋予的权力始终用来为人民谋幸福。牢固树立人大一切工作都是监督工作的理念，坚持依法用权、依法履职，始终在法律范围内、法治轨道上，依照制度规则和法定权限程序开展监督工作。发挥国家根本政治制度的特点和优势，聚焦高质量发展、三大攻坚战、七城同创等重大战略，综合运用多种监督方式，精准切入、精准发力，积极做好经济发展、民生改善、脱贫攻坚、乡村振兴、社会治理、生态文明建设等重点领域的监督工作，促进制度优势向治理效能转化。加强全口径预算审查和监督，推动政府性收支全部纳入预算管理，启用预算联网监督平台，强化财政收支合法性合规性审查；延伸监督触角，深化部门预算监督。提高常委会会议审议和执法检查、专项视察、专题调研质量，增强发现问题的能力、督促问题解决的定力，强化监督的政治效果、社会效果和法治效果，善始善终、善作善成，全力打造一批监督精品。

三、补短板，依法履行好决定和任免职权

及时跟进落实市委重大决策部署，按照《市人大常委会讨论决定重大事项的规定》明确的重点、范围和程序，坚持抓大事、议大事、决大事，积极主动、认真负责地做好重大事项决定工作，及时跟踪监督决定执行情况。坚持党管干部与人大依法行使任免权相结合，健全干部任免程序，有效履行法定职责，全力确保党委组织意图顺利实现。认真总结一届人大常委会履职经验，适时召开经验交流现场会。将2020年确定为“县乡人大工作提升年”，加大对县乡人大工作的指导、帮助力度，推动基层人大工作提档升级、提质增效。

四、夯基础，进一步加大代表工作力度

始终把人大代表作为最坚实的依靠力量，把人民群众作为最大的底气，把实现好、维护好、发展好最广大人民的根本利益作为始终不渝的价值追求，做到依靠代表和人民、为了代表和人民。提升代表意见建议办理水平，推动重点意见高质量地办理落实。加强代表履职能力建设，提升代表综合素质和履职水平。搭建代表履职平台，激发代表履职活力，有序安排代表参与常委会会议和活动，积极引导代表执行好代表职务、履行好代表职权，推动代表由“要我履职”向“我要履职”转变。注重发挥基层代表在基层社会事务中的“调节器”功能和党委政府联系群众的桥梁纽带作用，引导基层代表深入宣传党的富民惠民政策、积极参与村务管理、及时反映群众愿望呼声、倾力扶贫济困，广泛凝聚人心、汇集民意、传递正能量，切实当好政策宣传员、民意反馈员、民生信息员、村务监督员、矛盾纠纷调解员。加强落实“双联系”制度，着力解决联系代表和服务群众“最后一公里”问题。

五、扬优势，持续强化常委会自身建设

党的十九届四中全会，首次用一次中央全会专门研究国家制度和国家治理问题并作出决定，标志着我们党对国家制度和治理体系的认识上升到了新的高度，是一次具有开创性、里程碑意义的重要会议。我们要把学习贯彻党的十九届四中全会精神，作为当前和今后一个时期的重要政治任务，与学习贯彻习近平总书记关于坚持和完善人民代表大会制度的重要思想紧密结合起来，持续掀起学习热潮，做到全面系统学、自觉主动学、联系实际学、深入思考学，确保把握精神实质、掌握实践要求、笃信笃学笃行。要通过扎实有效的学习，深刻领会“十三个显著优势”和“十三个坚持与完善”的科学内涵、内在逻辑、精神实质，深刻认识中国特色社会主义制度的本质特征和优越性，进一步增强制度自信和制度意识，更好把握毫不动摇坚持和巩固、与时俱进完善和发展国家制度和治理体系的前进方向，不断强化人大在推进国家治理体系和治理能力建设中的使命担当。

人大及其常委会是党领导下的重要政治机关，必须旗帜鲜明讲政治。我们要坚定自觉地将人大工作置于市委的领导之下，坚定“四个自信”、增强“四个意识”、做到“两个维护”，按照市委对人大工作的要求，围绕市委重大决策部署，认真谋划、创造性地做好立法、监督等各项工作，坚定扛起保证市委重大决策部署落实的政治责任和确保法律法规正确有效实施的法定职责，做到凡是改革发展稳定需要、人民群众期盼、属于人大职权范围内的事情都积极参与、不遗余力。坚持以政治建设引领人大“两个机关”建设，提升人大机关党的建设质量。坚持以人民为中心，密切同人民群众的联系，接地气、察民情、聚民智，努力使人大工作更好地体现人民利益、反映人民意愿、增进人民福祉。健全人大组织制度和工作机制，提高依法履职能力和水平，增强工作整体实效。加快预算联网监督平台和智能立法辅助平台建设，健全人大工作机构。

各位代表，人民代表大会制度是社会主义制度四梁八柱的重要组成部分，人大及其工作是国家治理体系和治理能力建设的重要内容和重要力量。建设更加成熟更加定型的社会主义制度和更加完善的社会治理体系，是我们的使命所系、职责所在。让我们更加紧密地团结在以习近平同志为核心的党中央周围，在市委的坚强领导下，依法履行职责，扎实开展工作，不忘初心、牢记使命，为夺取全面建成小康社会伟大胜利、再创昌都新辉煌而努力奋斗！

中国人民政治协商会议第一届昌都市委员会常务委员会工作报告

——在政协第一届昌都市委员会第七次会议上

（2019年12月21日）

昌都市政协副主席 图 嘎

我受政协昌都市第一届委员会常务委员会委托，向大会作工作报告，请予审议。并请列席会议的同志提出意见建议。

2019年工作回顾

2019年是祖国70华诞，全国政协成立70周年，西藏民主改革60周年，自治区政协成立60周年的大喜之年，同时也是昌都政协成立60周年的喜庆之年；是开展“不忘初心、牢记使命”主题教育和党的十九届四中全会，中央政协工作会议、区党委政协工作会议及昌都市委政协工作会议、“全区基层政协工作座谈会”胜利召开的重要一年；是决胜全面建成小康社会的关键一年。可以说今年对政协来说是意义非同寻常的一年。

今年以来，政协昌都市委员会在中共昌都市委的坚强领导下，在自治区政协的有力指导下，高举爱国主义和中国特色社会主义伟大旗帜，坚持以习近平新时代中国特色社会主义思想为指导，认真贯彻落实党的十九大、十九届二中、三中、四中全会和中央第六次西藏工作座谈会精神，认真贯彻习近平总书记关于加强和改进人民政协工作重要思想、治边稳藏重要论述和党的治藏方略，按照自治区第九次党代会、区党委九届五次、六次全会和市委一届六次、七次、八次全委会的部署要求，牢牢把握团结和民主两大主题，持续改进作风、提升素质、增强动力，聚焦发展稳定生态三件大事，坚持建言资政和凝聚共识“双向发力”，充分发挥政协优势和作用，把提质增效贯穿履职工作全过程，为新时代昌都长足发展和长治久安展示了新担当，贡献了新力量。

（一）不断提高政治站位，团结奋斗的共同思想政治基础不断夯实。常委会牢牢把握政协是政治组织的定位，始终坚持把思想政治建设放在首位，大力加强理论学习，不断增强“四个意识”、坚定“四个自信”、做到“两个维护”，确保人民政协始终沿着正确的政治方向前进。一是坚持强化理论武装。通过政协全委会、常委会专题学习、党组理论中心组学习、主席会议及党支部集中学习，坚持把习近平新时代中国特色社会主义思想、党的十九大精神，尤其是习近平总书记关于加强和改进人民政协工作的重要思想作为学习重点，以开展“不忘初心、牢记使命”主题教育、“两学一做”学习教育常态化制度化为抓手，深化理论武装，指导实践，推动工作。以学懂弄通做实为目标，在政协系统迅速掀起学习党的十九届四中全会以及党中央、区党委、市委政协工作会议精神热潮，在旗帜、道路、方向、制度等重大问题上统一思想和行动，不断适应新形势新任务的要求。今年，市政协共开展各类学习会议35次、5场党课讲座、6场专题研讨，切实做到了政协工作理论常学常新。二是全面加强党的领导。市政协党组始终认真贯彻党中央、区党委和市委对加强和改进人民政协协商民主建设作出系列重大部署和要求，立足新时代昌都政协工作的特殊性，深刻把握大团结大联合总要求，聚焦凝聚共识这一核心任务，把加强思想政治引领、广泛凝聚共识贯穿政协“政治协商、民主监督、参政议政”履职活动中。根据各阶段重要工作任务和形势变化，及时传达中央、区党委、市委的重大部署、重要会议精神，做到召开全会、重大事项、重要调研视察考察活动及时向市委请示，安排年度工作计划与市委、市政府工作重心紧密对接，确保在市委的全面领导下开展工作。今年9月、11月和12月市委专门听取了市政协党组关于政协工作开展情况、昌都政协成立60周年庆祝活动及市政协一届七次会议筹备情况的汇报，并给予了充分的肯定和大力支持。三是进一步深化理论研究。今年以来，积极配合自治区政协、昌都市委组织部完成《政协在社会治理中发挥优势和作用》《深化党员政治教育研究》的调研课题；按照自治区政协办公厅及市委要求，撰写了《寻求最大公约数、画好最大同心圆》《书写昌都政协履职的精彩答卷》等3篇理论文章，其中《西藏民主改革60年以来昌都政协的历史沿革及成就》获得昌都市庆祝中华人民共和国成立70周年、纪念西藏民主改革60周年理论研讨会二等奖。一名副主席出席“昌都锅庄艺术高峰论坛”并作主旨演讲，另外受市委“不忘初心、牢记使命”主题教育办、市委党校、统战部邀请先后作了6次报告，取得良好效果。

（二）围绕中心服务大局，专门协商机构作用发挥明显。常委会紧紧围绕市委中心工作，主动服从和服务于全市改革发展稳定大局，抓住新时代昌都改革发展稳定中面临的新情况新挑战新问题开展广泛多层民主协商，取得新成果。一是聚焦中心任务，活力持续增强。充分发挥专门协商机构作用，协商内容更实，协商平台更宽，协商形式更活，做到务实协商、开门协商，努力形成以全体会议为龙头，以专题协商会为重点，以对口协商、提案办理协商等为常态的协商议政格局，着力为市委、市政府科学民主决策建真言、出实招。积极用好市政协委员全体会议协商平台，聚焦全市改革发展稳定大局以及人民群众普遍关心的热点难点问题，通过撰写提案、大会发言、分组讨论、反映社情民意等形式认真履行职责，积极议政建言。会议期间，委员们就党建、维稳、精准扶贫、基础设施建设、教育、环境保护、医疗卫生、农牧业特色产业发展等重要行业和重大领域提出意见建议152条，有力提升了协商成效。二是抓实调查研究，建言质量不断提高。始终坚持紧紧围绕市委、市政府的重要决策部署和全市中心工作开展调研活动，从市委、政府重点关注、政协委员提案焦点集中、群众呼声期盼较高等方面选准调研课题，科学制定调研计划，扎实深入到基层和一线开展调研，确保调研报告有价值、有分量。今年以来，就“加强乡级医疗队伍能力建设”“新修订《宗教事务条例》学习及贯彻落实情况”“昌都市红色遗迹保护及爱国主义教育情况”“提案办理落实情况”“引进人才现状及存在问题情况”“土地确权工作开展情况”“脱贫摘帽巩固情况”开展一系列调研活动，向市委上报7篇专题调研报告，为市委、市政府科学民主决策提供了重要参考依据。其中3份调研报告得到了市委、市政府主要领导的批示，有的还以市政府会议纪要的形式督办落实。三是深入开展专题协商，有力助推社会发展。今年7月和11月中旬，市政协在前期广泛深入调研的基础上，成功组织召开了“加强城市公共交通建设”“加强生态环境保护中进一步发挥护林员作用情况”专题协商会，注重政协委员与市政府及其职能部门的协商沟通和互动，无缝衔接、减少阻力、增加助力、形成合力，切实做到搭好台、凝好智、聚好力，确保协商成果有效转化。

（三）坚持关注民生民本，履职性工作开展扎实有效。一是切实发挥提案作用。市政协坚持把提案办理作为推进协商民主的重要抓手，积极探索提案工作新途径，持续推动提案工作不断创新，使委员提案成为党委政府与百姓之间的“连心桥”。采取“政府领办、部门承办、沟通商办、督查催办”的方式，将市政协一届六次会议以来立案的102件提案，由两办督查室移交给27个承办单位进行办理，有力推动一批民生热点难点问题得到重视和解决。同时，注重提案业务学习培训，开展基层委员提案业务培训33人次，协调委员参加区政协业务培训24人次，进一步提升委员履职能力和提案协商水平。二是有效开展专题视察监督工作。今年5月和7月，市政协先后组织三级政协委员对“机场快速通道加卡段项目建设情况”、军分区后山植树造林区和如意乡苗圃“山地造林绿化工程开展情况”进行视察，分别提出意见建议12条，为有关部门开展工作提供了参考。三是积极收集社情民意。发挥好政协与群众接触广泛、沟通更容易的优势，以真挚的情感深入基层一线，用智慧的心灵倾听群众呼声，真正了解群众需求，把握群众所思所盼，把基层的情况和意见反映上来，为党政决策提供依据和参考。截至2019年，共收集社情民意27条，汇总后向市委报送11条。四是认真开展扶贫帮困活动。以开展“党员领导干部进村入户结对认亲交朋友”为抓手，按照“321”联系帮扶机制，政协主席班子成员牵头联系指导扶贫重点乡镇，带领政协干部职工积极主动联系结对帮扶建档立卡贫困户，了解帮扶对象的实际情况，制定个人帮扶计划和思想沟通计划，确保扶贫工作扎实有序开展。截至2019年，已筹集26500元资金对53户贫困户开展帮扶工作，帮助他们解决实际问题；同时，安排1名县级干部和1名机关干部驻江达县卡贡乡达色村开展强基惠民工作，有力助推了脱贫攻坚任务的落实。

（四）坚持大团结大联合，凝聚共识工作持续加强。一是全方位增进共识。以党的治藏方略、区党委、市委决策举措统领政协工作全局，站在加强民族团结的最前沿、反分裂斗争的第一线、凝心聚力的主战场，通过委员联系群众，开展爱国主义、民族团结、社会主义核心价值观、“五个认同”“四条标准”“四讲四爱”“老西藏精神”、寺庙法制宣传、新旧西藏对比、“四个揭批”等各类教育活动，为确保全市“三个稳定”做出了积极的贡献；利用藏历新年、“3·28”西藏百万农奴解放纪念日、纪念西藏民主改革60周年座谈会、民族团结宣传月等重大节庆节点，组织政协委员和机关干部通过召开座谈会、宣讲会、设立宣传站点、利用微信公众平台、发放宣传资料等形式，广泛开展新时期西藏工作的方针政策、西藏的新发展、新变化、新成就和昌都面临的新机遇、新形势、新前景的宣传教育。积极引领政协各参加单位、各人民团体、各界别人士根据自身的专长全身心凝聚广泛共识。今年3月，市政协组织各阶层、各界别人士召开纪念西藏民主改革60周年座谈会，深入回顾了民主改革以来西藏各族人民在中国共产党的带领下从黑暗专制走向光明幸福的历程，讴歌了中国共产党的英明领导，由衷赞美了昌都发展的沧桑巨变，充分表达了对党的感恩之情和对建设美丽西藏美丽昌都的坚定决心。二是有效开展维稳及督导工作。按照联系乡镇和重点寺庙任务，政协各位副主席定期不定期开展相关督导，特别是在春节和藏历新年、全国“两会”、三月敏感期、“国庆”节点等关键时段，深入基层一线，动员和调动委员加强与本界别人士沟通联系，广泛开展宣传教育、化解矛盾工作，协助基层党委政府做好维护稳定工作。政协机关自身严格执行各项维稳措施，落实带班值班制度，不断加强值班备勤、法制宣传、以服代勤、红色教育等工作力度，有效助推了区域内的安全稳定。三是全方面加强联络。注重发挥好委员本职工作中的带头作用、政协工作中的主体作用和界别群众中代表作用，针对昌都市地域分布广、交通状况差、委员分布广的特点和实际建立委员联络制度，通过开展走访座谈等形式与委员谈心交心，加强与委员交流互动，增进与政协委员的感情，增强委员的履职信心和归属感，从完善委员联络制度、健全委员联络机构、扩大委员联谊交流、做好委员履职保障等方面切实做好服务管理工作，为委员履职尽责、联谊交流创造良好条件。不断健全完善委员履职档案，真正摸清了委员履职“底数”，使委员感到有压力、有动力，进一步增强了履职尽责的责任感和使命感。四是加大文史资料收集工作力度。深入有关县（区）、乡（镇）广泛搜集、努力挖掘文史资料，全年共征集文史资料稿件47篇，3篇文史资料收录在自治区政协《亲历政协改革开放40年》一书。察雅县政协在收集红色革命事迹及参加中印自卫反击战中后方运输的爱国统战人士等方面有了新发现、新成果。文史资料“存史、资政、团结、育人”的功能作用得到充分发挥。五是互动力度进一步增强。积极配合自治区政协开展“川藏铁路建设中生态保护问题”“不忘初心、牢记使命”主题教育、“非物质文化遗产传承保护”“红色革命文化保护”“扶贫攻坚中文化的作用”“学校德育教育现状及建议”“推进民营经济发展政策落实情况及建议”“学校教育如何承担起淡化宗教消极影响的任务”“政协系统党建工作情况”、跨市整体易地搬迁工作等专题调研。先后接待全国政协、自治区政协、青海省政协、云南迪庆州政协、青海玉树州政协、拉萨市政协、林芝市政协、那曲市班戈县政协、林芝市波密县政协来昌学习考察。进一步促进了各地政协间的交流交往交融，达到了交流经验、促进合作、增进友谊的效果。

（五）推进政协自身建设，适应新时代新任务新使命能力不断提高。一是突出能力建设。始终把抓好自身建设作为推进新时代政协工作提质增效的基础和关键，进一步加强教育培训、协调服务和监督管理，积极发挥委员主体作用、专委会基础作用、界别特殊作用、机关服务保障作用。一方面，坚持以“集中培训”和“以会代训”的形式，大力加强委员队伍能力建设。今年7月，依托市委党校师资力量，采取“党校教师专业授课+政协领导重点讲授+实地学习考察+委员学员互动交流”的方式开展委员集中培训50人次，有效提升了履职“四种能力”建设。另一方面，按照“强化委员责任担当”的要求，全面推进政协委员、专委会、界别和政协机关“四位一体”建设及政协“两支队伍”建设，组织市政协副主席、常委和县（区）政协领导、机关中层干部25人次赴重庆、青岛、福建、北戴河、拉萨等地进行了学习培训。组织政协委员及相关人员23人赴云南省就周边地区“民族团结建设、民族特色产业发展、生态环境保护建设以及政协工作开展情况”等方面进行考察学习，促使委员履职能力得到加强和有效提升。同时，结合全市机构改革工作，经市委关心，增加一个专门委员会，并配齐专委会班子人员，进一步充实政协班子和办公室班子力量。二是有效完成巡察反馈整改任务。针对市委第九轮巡察第六组对市政协办公室（含专门委员会，下同）党组反馈的在“六围绕一加强”等方面存在的11个方面问题，市政协办公室党组高度重视，照单全收、立行立改。第一时间成立了整改工作领导小组，认领问题、划定责任，将巡察组反馈的问题细化为88项整改任务，并制订措施积极整改，目前，已按要求完成所有整改任务。三是认真落实从严治党各项要求。认真落实“党要管党、从严治党”要求，严格履行“一岗双责”，坚决贯彻落实执行中央八项规定及其实施细则，严格落实“两个全覆盖”要求，按规定召开党风廉政建设会议，认真开展“集中整治不作为慢作为、文山会海等形式主义、官僚主义突出问题”自查，严格规范组织程序和会议流程。以开展“不忘初心、牢记使命”主题教育为契机，邀请市委党校教师为机关党员干部讲党课、观看警示教育片，对照《党章》《准则》《条例》，严格按照“三个转变”要求，深入查找存在的不足和工作实践中的差距，经过深入剖析、严肃对待、立行立改，各项整改措施得到有效落实，政协机关服务意识和工作效率显著提高。

（六）精心筹备组织，昌都政协成立60周年庆典活动取得圆满成功。今年11月，本着隆重节俭热烈的原则，立足于政协自身力量，顺利开展了纪念昌都政协成立60周年系列庆祝活动，取得了良好效果，达到了预期目标。一是隆重召开了“昌都市委政协工作会议暨庆祝昌都政协成立60周年大会”。市委专门召开政协工作会议，这在昌都政协历史上是首次，具有里程碑式的重大意义，充分体现了市委对政协工作的高度重视，市委书记阿布出席并作重要讲话。此次会议的召开，是对昌都政协60年来走过的风雨历程进行回顾，总结了政协在昌都平息叛乱、民主改革、社会主义建设、改革开放和现代化建设各个历史时期发挥的积极作用。阿布书记的重要讲话站位高、立意深，从贯彻落实坚持党的领导、聚焦中心工作、围绕民主团结、强化责任担当、完善领导体系五个方面对政协工作提出要求和希望，为昌都政协工作在新时代指明方向，为新时期政协工作发挥独特优势，汇聚强大力量提供了遵循，起到了积极的作用。二是成功组织召开了“纪念昌都政协成立60周年理论研讨会”。在前期认真筹备的基础上，通过座谈研讨、理论交流的方式召开了理论研讨会，形成12篇具有一定指导价值的理论文章，使政协各级组织把思想和行动统一到习近平总书记重要讲话精神上来，对落实中共中央、区党委、市委对政协工作的部署和要求奠定了理论基础。三是精心制作了“委员风采录”，充分展示新时代政协委员形象。经过精心谋划和实施，市政协联系相关单位拍摄制作了涉及“三级”政协委员的15集“委员风采录”，在昌都广播电视台播出，并在多个微信公众平台进行宣传，后期制作影像光盘，部分委员事迹在《昌都报》刊登，进一步扩大了政协影响力，得到了昌都社会各界的一致认同，达到了强化引领思想、广泛凝聚共识目的。四是在各大媒体署名发表文章，广泛宣传昌都政协60年辉煌历程。组织人员和力量，认真撰写题为《风雨同舟一甲子 凝心聚力再出发——昌都政协成立60周年综述》理论文章，在《西藏日报》《昌都报》上以市政协名义署名发表，全面回顾总结昌都政协60年来的光辉历程，提炼成功经验，指导今后昌都政协的发展，有效激发社会关注政协、支持政协的热情，营造了良好氛围。

各位委员、同志们:

政协第一届昌都市委员会第六次全会以来所取得的成绩，是中共昌都市委对政协工作正确领导和高度重视的结果，是市政府及各部门大力支持和协调配合的结果，是全体委员和各人民团体及社会各界人士通力合作与共同努力的结果。在此，我谨代表政协第一届昌都市委员会，向长期关心支持政协工作的各级领导、有关部门、各界人士及广大政协委员表示衷心的感谢并致以崇高的敬意!

在总结成绩的同时，我们也清醒地看到，同新时代新任务的要求相比、同人民群众的期待相比，有些工作还有一些差距：一是“双向发力”还需进一步深化；二是民主监督的方式方法还需进一步探索；三是界别联系群众的作用还需进一步发挥；四是团结联谊的范围和渠道还有待进一步拓展；五是委员作用发挥还需进一步强化等等，这些都需要切实加以改进和深化。

2020年工作安排

2020年是全面学习贯彻习近平新时代中国特色社会主义思想的深化之年，是实现第一个百年奋斗目标的决胜之年，是全面建成小康社会和“十三五”规划收官之年，也是“十四五”规划的谋篇布局之年，更是庆祝昌都解放70周年的喜庆之年。

按照阿布书记在昌都市委政协工作会议暨庆祝昌都政协成立60周年大会上提出的五项要求，2020年市政协工作的总体思路是：高举爱国主义和中国特色社会主义伟大旗帜，坚持以习近平新时代中国特色社会主义思想为指导，深入学习贯彻党的十九大和十九届四中全会精神，深入贯彻落实习近平总书记关于加强和改进人民政协工作的重要思想和治边稳藏的重要论述，贯彻落实党中央、区党委及市委政协工作会议精神，团结带领昌都政协各级组织、政协各参加单位和广大政协委员，牢牢把握新时代人民政协的新方位新使命，严格按照“八项新要求”，紧紧围绕“一个主轴”“一个主线”“一个中心环节”“两大主题”“四项职能”，充分发挥专门协商机构作用，始终坚持把推动建言资政和凝聚共识“双向发力”贯穿于政协履职实践的全过程和各方面，不断提升自身建设能力和水平，有效推动政协工作创新发展，坚持和完善中国特色社会主义制度，推进国家治理体系和治理能力现代化建设，为实现中华民族伟大复兴、昌都决胜全面建成小康社会、加快全面建设社会主义新昌都贡献政协力量。

（一）深入学习贯彻党的十九届四中全会及党中央、区党委、市委政协工作会议精神。深入学习贯彻习近平总书记关于加强和改进人民政协工作的重要思想、党的十九届四中全会及中央、区党委、市委政协工作会议精神，要把会议精神同坚持党对政协的领导结合起来，确保政协工作始终方向正确。要把学习贯彻党的十九届四中全会精神同推进政协制度更加成熟更加定型结合起来，进一步健全完善政协制度体系，不断提高政协工作的制度化规范化程序化水平。要把学习贯彻各项会议制度精神同提升政协履职质效结合起来，把牢坚持和发展中国特色社会主义的主轴，坚持团结和民主的主题，聚焦助力改革发展的主线，锚定建言资政和凝聚共识双向发力的主旨，努力把政协制度优势转化为社会治理效能。要把党的十九届四中全会及党中央、区党委、市委政协工作会议精神同谋划推进当前各项工作结合起来，善始善终完成好全年既定履职任务，切实抓好昌都政协系统党的建设各项任务的落实，把党的建设融进履职实践全过程，强化政协党组织在政协工作中的政治领导力、思想引领力、群众组织力、社会号召力，深刻认识理解基层政协“是什么”“干什么”“怎么干”的问题，深学笃用习近平新时代中国特色社会主义思想，以更高的层次和更宽广的视野谋划政协工作。

（二）毫不动摇坚持党的领导，在把握正确政治方向上做到“两个维护”。习近平总书记在中央政协工作会议暨庆祝中国人民政治协商会议成立70周年大会上，从实现中华民族伟大复兴的高度，对人民政协担负的政治责任提出明确要求。新时代加强和改进人民政协工作，这一总体要求是推进新时代人民政协事业发展的顶层设计和行动指南，体现了继承性和创新性的有机统一，必须在工作中认真贯彻落实。中国共产党对政协工作的全面领导是人民政协成立时的共识和初心，是人民政协事业发展进步的根本保障，是我们必须恪守的根本政治原则。要始终恪守这个共识和初心，引领社会各界构筑起坚固的政治共同体。广大政协委员和政协干部要坚定政治信仰，提高政治能力，增强“四个意识”，坚定“四个自信”，做到“两个维护”，驰而不息强学习、抓党建，更加有力地实现党对政协工作的全面领导。

（三）毫不动摇聚焦中心工作，在服务昌都改革发展稳定中献计出力。践行以人民为中心的发展理念，在履职实践中，注重以习近平总书记关于加强和改进人民政协工作的重要思想对标对表，始终把关注民生、保障民生、改善民生作为履行职能的重要内容，为解决好人民群众最关心、最直接、最现实的利益问题资政建言。一是深入推进协商民主。依照专门协商机构的要求，按照市委《关于加强昌都人民政协协商民主建设的实施意见》，把提质增效贯彻政协协商工作的全过程和各方面，提高运用科学理论分析判断形势，制定实施好年度协商、调研、视察工作计划，组织开展形式多样的协商议政活动，选择切口小、可操作性强的课题视察调研，运用法治思维和法治方式研究解决问题的能力和水平，吸纳各方人才，汇聚各界智慧，努力实现从注重数量、注重程序向追求工作质量转变，从注重“做了什么”“做了多少”向“作出了什么效果”转变，精准聚焦工作主线、中心环节、双向发力和政治责任，打造政协履职品牌和特色，提出更加符合客观实际和群众意愿、更有操作性的对策建议，形成具有前瞻性、预见性、综合性、建设性的调研报告，为党委政府决策提供可靠的参考和依据。二是积极发挥民主监督作用。以提案工作为抓手，以社情民意为载体，切实履行民主监督职能，选择事关社会和谐稳定的重大民生问题，对涉及民生问题的重大决策和重大项目进行协商论证，积极提出切合实际、操作性强的意见和建议，使人民群众关心的热点问题得到及时妥善解决。另外，充分发挥主体作用，以委员履职为平台，经常深入基层，深入群众开展调查研究，听取群众意见，了解群众的真实愿望，反映群众的呼声要求，切实维护好广大群众的合法权益。三是积极投身社会治理。按照“人民政协是社会治理的重要组成部分”的要求，要深入学习切实发挥政协的统战功能，扎扎实实做好协调关系、理顺情绪、增进共识、加强团结的工作，为昌都改革发展稳定汇聚力量。

（四）毫不动摇坚持“双向发力”，在加强思想政治引领中广泛凝聚共识。加强思想政治引领、广泛凝聚共识是人民政协必须恪守的根本政治原则，也是人民政协这一制度安排和政治组织最本质的特征。新的一年里，要坚持把学习贯彻习近平新时代中国特色社会主义思想、加强和改进人民政协工作重要思想作为首要政治任务，不断增强政治自觉，真正做到学思用贯通、知信行统一。一是认真落实市委各项决策部署。巩固“不忘初心、牢记使命”主题教育成果，严格执行请示报告制度，自觉向党中央看齐，向党的理论和路线方针政策看齐，向党中央决策部署看齐，在思想上政治上行动上同以习近平同志为核心的党中央保持高度一致。努力把社会各界的思想和行动统一到市委决策部署上来，始终与市委在思想上同心同德、目标上同心同向、行动上同心同行，筑牢团结奋斗的共同思想政治基础。二是加强各方各界团结合作。要切实发挥政协的统战功能，积极支持各方各界人士在政协会议上踊跃发表意见建议，加大对重大课题开展联合调研的力度，切实做好工商联、人民团体集体提案的督办工作，更好发挥工商联、人民团体、新的社会阶层在政协中的重要作用。进一步完善党员委员联系党外委员制度，密切与党外人士、非公经济人士、新的社会阶层人士等联系交流，加强同宗教界代表人士的联系，倡导和支持宗教界爱国人士积极投身“遵行四条标准，争做先进僧尼”教育实践活动中，努力促进民族团结和宗教和睦。

（五）毫不动摇坚守初心使命，在创新履职中体现为民情怀。要始终把关注民生、保障民生、改善民生作为履行职能的重要内容，盯准“服务实现‘两个一百年’奋斗目标”这一工作主线，为解决好人民群众最关心、最直接、最现实的利益问题资政建言。一是要深入体察民情。带着对人民群众的深厚感情，了解民心民愿，体察民情民生，并通过提案、社情民意信息等形式，及时反映群众的诉求和愿望，努力促进党委、政府的决策更加科学、更加符合群众的愿望。二是要积极维护民利。紧紧围绕幼有所育、学有所教、劳有所得、病有所医、老有所养、住有所居、弱有所扶等事关民生问题选准课题，开展调研建言和视察监督。三是要全力关注民生民本。以民主监督为途径，对涉及民生问题的重大决策和重大项目进行协商论证，积极提出切合实际、操作性强的意见和建议，使人民群众关心的热点问题得到及时妥善解决。四是要有效助推各项事业。把助推改革发展稳定作为履职第一要务，深入推进协商调研，为助推经济发展，服务改革发展稳定多出金点子、多献正能量，精准发现问题，务实献计出力，有效推动工作落实。

（六）毫不动摇加强自身建设，努力提高履职尽责的“四种能力”。一是持之以恒强化学习。深化理论学习，增强政治领导本领，锤炼忠诚担当品格，以党的建设新要求带动政协自身建设取得新进展。坚持将习近平新时代中国特色社会主义思想贯穿于政协工作和履职的全过程，将贯彻落实习近平总书记关于加强和改进人民政协工作重要思想贯穿于政协履职的各方面。二是坚定不移建设队伍。把“懂政协、会协商、善议政”和“守纪律、讲规矩、重品行”作为重要抓手，按照“严管厚爱”的原则，带好委员队伍，强化委员联络服务与管理，积极推进政协委员联络服务机制建设，并有针对性地加强委员学习培训，不断提高委员政治把握、调查研究、联系群众、合作共事能力。三是不遗余力创新机制。不断修改完善原有制度，不断建立健全委员履职档案、履职评价体系等制度建设，以进一步提升提案建议、视察调研、协商议政、大会发言、文史资料、社情民意信息等工作科学化水平，确保事事程序明晰、处处有章可循，不断提升服务能力和水平。四是有效增强党性锻炼。深入整治“四风”问题“十种新表现”，进一步加强廉政建设，持之以恒强素质，驰而不息抓作风，努力培养造就一支“靠得住、跟得上、干得实、扛得起、行得正”和“开口能说、提笔能写、遇事能办”的政协干部队伍，为全市改革发展稳定大业贡献力量。

各位委员、同志们：

思想引领时代，奋斗成就梦想。站在新

的历史方位，人民政协任重道远；担起新的使命任务，人民政协大有可为。让我们高举习近平新时代中国特色社会主义思想伟大旗帜，紧紧抓住大有可为的历史机遇期，在中共昌都市委的坚强领导下，以永不懈怠的精神状态和一往无前的奋斗姿态，团结进取，履职奉献，为推动昌都政协事业创新发展，为实现中华民族伟大复兴中国梦昌都篇章而团结奋斗！

昌都市情

一、地理位置

昌都市位于西藏自治区东部、横断山脉西段、“三江”流域中上游。地跨北纬28° 30′ ~ 32° 28′ ，东经93° 40′ ~99° 05′ 。南北长约445公里，东西宽约527公里，辖区面积10.98万平方公里，约占西藏自治区总面积的9%。东隔金沙江与四川省甘孜藏族自治州相望；东南与云南省迪庆藏族自治州接壤；西南、西北分别与林芝市和那曲地区毗邻；北与青海省玉树藏族自治州交界。全市平均海拔3560米以上。

（一）地形、山脉、水系

昌都市地处横断山脉北部的“三江”地区，三条大江与三列山脉相间排列，南北纵贯。总地势是西北部高，山体较完整，分水岭地区保存着宽广的高原面；东南部低，山体切割较为破碎。昌都市境内自西向东矗立着巍峨峻拔的伯舒拉岭、他念他翁山和芒康山。昌都市水系属外流水系，主要河流有怒江、澜沧江和金沙江及其支流，是中国及亚洲东南部主要河流的上游集结区之一，河流众多，水网发育。怒江、澜沧江和金沙江源自青藏高原腹地，进入昌都地区逐渐转变近南北走向，汇聚本区，形成高山峡谷中著名的“三江流域”。

（二）气候

昌都市地处中纬度，由于青藏高原隆起，改变了应属的亚热带气候，成为高原大陆性气候。呈现出山地亚热带、山地暖温带、高原温带、高原寒温带、高原寒带和永冻带等多样气候带。以寒冷为基本特点，无霜期短，年温差小而日温差大。日照充足，太阳辐射强烈，降水量少，季节分布不均匀，干旱突出，风大雪多，呈现出“一山有四季、十里不同天”的明显立体气候类型。全市年平均日照时数在2100~2700小时之间；年平均气温在2.4~10.4℃；年平均降水量为249.9~636.4毫米；年平均蒸发量为1325.5~2615.8毫米，是年降水量的4倍多；年平均相对湿度为39%至59%。

（三）土壤和植被

昌都市国土面积10.98万平方公里。昌都境内土壤形成过程的特点主要是风化壳以硅铝型为主，土壤的粗骨性、幼年性和土壤有机质积累明显且变化大。分布特征具有明显的地带性、区域性，可分为高山寒漠土、高山草甸土、亚高山草甸土、灰褐土、暗棕壤、棕壤、褐土、草甸土、石质土、粗骨土分10个土类、22个亚类、31个土属和80个土种。昌都境内植被基本区域特点为深切河谷植被以旱中生有刺灌丛为代表；山地森林植被以针叶林（云杉和圆柏林）为代表；高山植被以中生性植物组成的灌丛草甸为代表，一般无草原化趋势；农业植被全为旱作，谷类作物以耐寒的青稞、小麦为主，并以一年一熟为基本熟制。植被地理表现为垂直、坡向和区域变化。植被类型有干旱河谷灌丛、山地针叶林、山地灌丛草甸、高山灌丛、高山草甸、高山稀疏垫状植被。

（四）自然资源

1. 土地资源。昌都市耕地面积72423.83公顷，林地面积4077984.34公顷，草地面积

5769158.51公顷（2018年底）。

2. 植物资源。昌都境内植物区系以温带成分为主体，由热带或亚热带、世界广布种和境内特有植物共同组成，其整个植被具有特殊的景观和奇特色彩。昌都境内有高等植物70余科、200余属、1000余种。

3. 动物资源。昌都地区野生动物资源十分丰富，特别是珍稀野生动物种类较多，曾被动物学家们誉为“雉类王国”。各类野生动物400余种，国家一级保护野生动物17种、国家二级保护动物65种。

4. 矿产资源。昌都境内矿产资源十分丰富，已经发现或探明的主要矿种有铜、铁、铅、锌、菱镁、煤、锡、钼、金、银、石灰岩等6个大类52个矿种，各类矿床（点）714处。位于江达县的玉龙铜矿是我国第二大斑岩铜矿。

5. 水能资源。昌都境内“三江”流域天然水能理论蕴藏量约4046万千瓦，约占全国的5.99%，占西藏自治区的30%。

（五）旅游资源及文物古迹

截至2019年底，国家级自然保护区2个，国家级森林公园1个，国家级湿地公园5个，自治区级湿地保护区1个，自治区级保护区总面积44.82万公顷，占全市国土面积的4.1%。登录文物点678处，其中，全国重点文物保护单位9处，自治区级文物保护单位93处，市级文物保护单位3处，县级文物保护单位209处。

二、历史沿革

（一）中华人民共和国建立前昌都历史概况

据西藏境内科学考古发掘的第一个新石器时代遗址——昌都卡若遗址表明，在五千年前，昌都已有原始人群生活和活动。公元七世纪，昌都一带被吐蕃征服。公元13世纪中叶，元朝统一中国，昌都地区归吐蕃等路宣慰使司都元帅府管辖。明代设立军民兼治的卫所管理机构，昌都一带属于“朵甘卫指挥使司”管理。清康熙帝先后授封昌都四大活佛为“呼图克图”“诺门汗”等名号，以加强对昌都地区的管理。光绪三十四年（1908年），朝廷任命赵尔丰为驻藏大臣兼边务大臣，实行“改土归流”，设府县治理昌都。1918年，西藏地方政府在昌都设总管管理昌都事宜。民国时昌都为西康省一部分。

（二）中华人民共和国建立后昌都四大班子机构沿革

1. 党委机构沿革。1950年9月11日，西南局批准成立中共昌都地区工作委员会。1951年7月，成立中共西藏地区工委昌都分工作委员会，中共昌都地区工作委员会结束工作。1965年9月，中共昌都分工作委员会改称为中国共产党西藏昌都地方工作委员会。1969年4月，成立昌都地区革命委员会。同年12月，成立地区革委会党的核心领导小组。1972年6月，恢复昌都地委。2014年10月20日，根据《国务院关于同意西藏自治区撤销昌都地区设立地级昌都市的批复》（国函〔2014〕143号），正式撤销昌都地区，设立地级昌都市。2014年12月8日至10日，中国共产党昌都市第一次代表大会召开，共有343名代表出席会议，区党委指导组人员，在昌中共十八大代表、自治区第八次党代会代表、离退休部分老干部代表、地（中、区）直单位部分干部代表列席了会议。地委副书记、行署专员阿布主持大会。区党委常委、昌都地委书记罗布顿珠作了题为《抢抓新机遇实现新跨越为建设富裕和谐文明新昌都而奋斗》的工作报告，地委委员、纪委书记马玉魁作了题为《忠诚履职深化改革不断开创党风廉政建设和反腐败斗争新局面》的工作报告。10日，中国共产党昌都市第一次代表大会闭幕，罗布顿珠主持大会并讲话。大会审议通过《中国共产党昌都市委员会工作报告的决议（草案）》和《中国共产党昌都市纪律检查委员会工作报告的决议（草案）》。大会选举产生中共昌都市委首届领导班子。罗布顿珠当选中共昌都市委委员、常委、书记，阿布、佘兴宇、姚红、江拥洛追、李富忠当选中共昌都市委委员、常委、副书记，张根绪、祖大祥、马玉魁、仁青罗布、齐应海、王伟、黎世江当选中共昌都市委委员、常委。12月10日，区党委常委、昌都市委书记罗布顿珠为中国共产党昌都市委员会揭牌。昌都市委常委、市纪委书记马玉魁为中国共产党昌都市第一届纪律检查委员会揭牌。2015年2月9日至10日，中国共产党昌都市第一届委员会第二次全体会议召开。自治区党委常委、昌都市委书记罗布顿珠主持大会，会议审议通过《中共昌都市委关于贯彻落实党的十八届四中全会和区党委八届六次全委会精神，全面推进依法治市的实施意见》。2015年2月12日，中国共产党第一届昌都市纪律检查委员会第二次全体会议召开。自治区党委常委、昌都市委书记罗布顿珠出席会议并作重要讲话。昌都市委常委、纪委书记马玉魁代表市纪委常委会向全委会作了题为《坚决维护党的纪律，坚定不移推进党风廉政建设和反腐败斗争深入开展》的工作报告。会议表决通过《中国共产党第一届昌都市纪律检查委员会第二次全体会议公报（草案）》。2015年10月29日至30日，中国共产党昌都市第一届委员会第三次全体会议召开。自治区党委常委、昌都市委书记罗布顿珠主持大会，并作了题为《坚持以中央第六次西藏工作座谈会和区党委八届七次全委会精神为指引，奋力开创昌都经济社会发展和长治久安新局面》的报告。会议审议通过《中共昌都市委员会关于贯彻〈中共西藏自治区委员会关于贯彻落实中央第六次西藏工作座谈会精神，进一步推进西藏经济社会发展和长治久安实施意见〉的实施意见》。2015年12月20日至22日，中国共产党昌都市第一届委员会第四次全体会议召开。自治区党委常委、昌都市委书记罗布顿珠主持大会，并代表市委常委会向全委会作工作报告。会议审议通过《中共昌都市委关于制定国民经济和社会发展第十三个五年规划的建议》。2016年2月26日，中国共产党第一届昌都市纪律检查委员会第三次全体会议召开。自治区党委常委、昌都市委书记罗布顿珠出席会议并作重要讲话。昌都市委常委、市纪委书记郑连武向全委会作了题为《坚持依规治党，忠诚履职尽责，推动党风廉政建设和反腐败斗争取得新成效》的工作报告。会议表决通过《中国共产党第一届昌都市纪律检查委员会第三次全体会议公报（草案）》。2016年11月4日，中国共产党昌都市第一届委员会第五次全体会议召开，自治区党委常委、昌都市委书记罗布顿珠主持，会议以举手表决的方式一致审议通过昌都市出席中共西藏自治区第九次代表大会代表候选人建议名单，审议通过昌都市党代表会议议程、《选举办法（草案）》和总监票人、监票人、计票人建议名单。2017年4月24日，昌都市召开干部大会。区党委组织部副部长祝良刚宣读区党委关于昌都市主要领导调整的决定。决定免去罗布顿珠昌都市委书记、常委、委员职务；阿布任昌都市市委书记、免去其昌都市市长职务。2017年5月12日至13日，中国共产党昌都市第一届委员会第六次全体会议召开。会议审议通过《中共昌都市委关于贯彻落实自治区第九次党代会精神的意见（讨论稿）》和《中国共产党昌都市第一届委员会关于同意撤销丁青县设立县级丁青市的决定（草案）》。2017年11月16日至17日，中国共产党昌都市第一届委员会第七次全体会议召开。会议审议通过阿布受市委常委会委托所作的工作报告，审议通过《中共昌都市委关于贯彻落实〈中共西藏自治区委员会关于不忘初心 牢记使命 高举习近平新时代中国特色社会主义思

想伟大旗帜 决胜全面建成小康社会加快全面建设社会主义现代化西藏的意见〉的实施意见》。2019年1月21日，中共昌都市第一届委员会第八次全体会议召开。市委书记阿布主持并代表市委常委会向大会作工作报告。

2. 人大机构沿革。1982年12月，自治区人大常委会设昌都地区人大联络处，正县级机构。1996年，将联络处改设为自治区人大常委会昌都地区工作委员会（简称人大昌都地区工委），地（厅）级建制。2014年12月14日至20日，昌都市第一届人民代表大会第一次会议召开。会议选举产生第一届人民代表大会常务委员会班子成员。贡秋江村当选昌都市第一届人民代表大会常务委员会主任，邓文昌、四郎多吉、罗松益西、公嘎泽仁、杨开勇、赵建国、齐飞、卓嘎当选昌都市第一届人民代表大会常务委员会副主任。会议表决通过政府工作报告的决议、昌都地区2014年国民经济和社会发展计划执行情况与昌都市2015年国民经济和社会发展计划的决议、昌都地区2014年全地区和地区本级财政预算执行情况与昌都市2015年全市和市本级财政预算的决议、市人民代表大会常务委员会工作报告的决议、市中级人民法院工作报告的决议、市人民检察院工作报告的决议。12月17日，区党委常委、昌都市委书记罗布顿珠和昌都市人大常委会党组书记、主任贡秋江村共同为昌都市人民代表大会常务委员会揭牌。2015年12月26日至29日，昌都市第一届人民代表大会第二次会议召开。会议审查通过《昌都市国民经济和社会发展第十三个五年规划及2030年远景目标纲要（草案）》《昌都市国民经济和社会发展计划执行情况与2016年国民经济和社会发展计划草案的报告》《昌都市2015年财政预算执行情况和2016年财政预算草案的报告》，听取和审议《昌都市人民代表大会常务委员会工作报告》《昌都市中级人民法院工作报告》《昌都市人民检察院工作报告》。2016年2月28日至29日，昌都市第一届人民代表大会第三次会议召开。会议通过杨开勇、尼玛多吉、向巴宗珠的辞职决定，叶国荣、丹拥拉姆当选为市人大常委会副主任。2017年2月12日至15日，昌都市第一届人民代表大会第四次会议召开。大会表决通过接受赵建国辞去市一届人大常委会副主任职务请求的决定，表决通过市一届人大四次会议选举办法，表决通过市一届人大四次会议总监票人和监票人名单。会议以无记名投票的方式，补选陈启亮为市一届人大常委会副主任、委员，扎西江平为市中级人民法院院长。2018年1月15日至18日，昌都市第一届人民代表大会第五次会议在康巴文化演艺推介展示中心开幕。贡秋江村主持，陈军向大会作政府工作报告。会议表决通过市一届人大五次会议选举办法（草案）和市一届人大五次会议总监票人、监票人名单（草案）。陈军当选为市人民政府市长；郑连武当选昌都市监察委员会主任；温云春当选市第一届人民代表大会常务委员会委员；土登扎西等80人当选西藏自治区第十一届人民代表大会代表。12月23日至26日，昌都市第一届人民代表大会第六次会议开幕。陈军代表市人民政府向大会作政府工作报告。大会印发昌都市2018年国民经济和社会发展计划执行情况与2019年国民经济和社会发展计划草案的报告、昌都市2018年财政预算执行情况与2019年财政预算草案的报告。提请审查批准。以无记名投票的方式进行选举，补选昌都市第一届人民代表大会常务委员会副主任、委员，此次选举大会实行等额选举，晏启初当选为市第一届人民代表大会常务委员会副主任；刘良成、魏万能、格桑俊美、门娜、其布泽仁、土登旺堆当选为市第一届人民代表大会常务委员会委员，并进行宪法宣誓。贡秋江村主持。2019年12月22日至25日，昌都市第一届人民代表大会第七次会议在康巴文化演艺推介展示中心开幕。大会主席团常务主席、市一届人大常委会主任贡秋江村主持大会。市委副书记、市长陈军作政府工作报告。大会审查昌都市2019年国民经济和社会发展计划执行情况与2020年国民经济和社会发展计划（草案）的报告；审查昌都市2019年财政预算执行情况与2020年财政预算（草案）的报告；表决关于设立昌都市一届人大社会建设委员会的决定（草案）。

3. 政府机构沿革。1950年10月19日昌都解放，是西藏最早得到解放的地区。1950年12月27日至1951年1月2日，召开昌都地区第一次各族各界人民代表会议，1951年1月1日，中华人民共和国昌都地区人民解放委员会成立。1960年1月，昌都地区专员公署成立。1969年4月，昌都地区革委会成立。1978年11月，恢复设立昌都地区行政公署。2014年10月20日，经国务院批准，同意西藏自治区撤销昌都地区设立地级昌都市。2014年12月17日，昌都市第一届人民代表大会第一次会议召开。会议选举产生第一届昌都市人民政府班子成员，阿布当选为昌都市人民政府市长，祖大祥、马陵田、尼玛多吉、刘文德、祁腾武、梅方权、张国宏、扎西、泽仁俊美、旺堆当选为昌都市人民政府副市长。2016年2月28日至29日，昌都市第一届人民代表大会第三次会议召开，卓嘎、欧珠达瓦、高学文、胡登孚当选为昌都市人民政府副市长。2016年7月，昌都市第一届人民代表大会常务会议补选赵明为昌都市人民政府副市长。2017年2月9日，市一届人大常委会第十四次会议召开。会议审议通过市政府、市中级人民法院、市检察院提请的人事任免事项，审议通过部分人员辞去昌都市人大代表的请求报告。《昌都市人大常务委员会公告》（〔2017〕2号）任命邓明武为昌都市人民政府副市长。2017年4月24日，昌都市召开干部大会。区党委组织部副部长祝良刚宣读区党委关于昌都市主要领导调整的决定。决定陈军任昌都市委委员、常委、副书记、提名昌都市市长人选。2018年1月15日至18日，昌都市第一届人民代表大会第五次会议，陈军当选为市人民政府市长。

4. 政协机构沿革。1959年11月19日，政协昌都专区委员会正式成立。“文化大革命”中，政协机关瘫痪。1978年1月，恢复政协昌都地区委员会（简称地区政协）。2014年12月14日至18日，中国人民政治协商会议第一届昌都市委员会第一次会议召开。仁青永宗代表中国人民政治协商会议昌都市第一届第一次会议筹备组向大会作了题为《立足新起点，谋求新跨越，同心协力谱写昌都政协事业新篇章》的报告；赤来代表中国人民政治协商会议第一届昌都市委员会作提案工作情况报告。会议选举产生中国人民政治协商会议第一届昌都市委员会班子成员。仁青永宗当选为政协第一届昌都市委员会主席，当曲·仁青久乃、图嘎、杨建平、赤来、王新会、张宏军、多嘉、扎西次仁、徐惠蓉当选为政协第一届昌都市委员会副主席。12月17日，区党委常委、昌都市委书记罗布顿珠和昌都市政协党组书记、主席仁青永宗共同为中国人民政治协商会议昌都市委员会揭牌。2015年12月24日至28日，中国人民政治协商会议第一届昌都市委员会第二次会议召开。会议审议通过《政协第一届昌都市委员会常务委员会工作报告的决议（草案）》《政协第一届昌都市委员会常务委员会关于一届一次以来提案工作情况报告的决议（草案）》《政协第一届委员会第二次会议政治决议（草案）》和《政协第一届昌都市委员会第二次会议期提案审查情况的报告（草案）》。2016年2月28日，中国人民政治协商会议第一届昌都市委员会第三次会议召开。会议审议通过市政协一届三次会议议程，传达政协第十届西藏自治区委员会第四次会议精神。会议选举泽仁顿珠为市政协副主席。2017年2月11日至14日，中国人民政治协商会议第一届昌都市委员会第四次会议召开。会议审议通过市政协一届四次会议关于常务委员会工作报告的决议（草案）、市政协一届四次会议关于一届二次会议以来提案工作情况报告的决议（草案）、市政协一届四次会议政治决议（草案）、市政协一届昌都市委员会提案审查情况的报告。会议通过《政协昌都市第一届委员会第四次会议选举办法（草案）》；通过大会总监票人、监票人建议名单。会议采取无记名投票方式和等额选举的办法进行，佘兴宇当选为政协第一届昌都市委员会主席。2018年1月14日至17日，中国人民政治协商会议第一届昌都市委员会第五次会议召开。佘兴宇代表政协第一届委员会常务委员会作政协常委会工作报告。12月22日至25日，中国人民政治协商会议第一届昌都市委员会第六次会议在康巴文化演艺推介展示中心开幕。市政协副主席图嘎代表中国人民政治协商会议第一届昌都市委员会常务委员会向大会作工作报告。市政协副主席赤来代表政协第一届昌都市委员会向大会作提案工作情况报告。市政协党组副书记、副主席杨建平主持。会议采取无记名投票的方式和等额选举的办法，杨瑛、任厚明全票当选政协第一届昌都市委员会副主席。2019年12月21日至24日，中国人民政治协商会议第一届昌都市委员会第七次会议在康巴文化演艺推介展示中心开幕。市政协副主席图嘎代表中国人民政治协商会议第一届昌都市委员会常务委员会向大会作工作报告。市政协副主席赤来代表政协昌都市第一届委员会常务委员会向大会作一届六次会议以来提案工作情况报告。市政协副主席张宏军主持。会议通过《中国人民政治协商会议第一届昌都市委员会第七次会议选举办法》《中国人民政治协商会议第一届昌都市委员会第七次会议总监票、监票人名单》。会议采取无记名投票和等额选举的办法进行，曲丁当选为政协第一届昌都市委员会秘书长，泽仁俊美当选为政协第一届昌都市委员会常务委员。

三、人口区划

2019年底，全市总人口为798067人，其中：农牧区人口为691143人，非农业人口为106924人。人口出生率为13.92‰，死亡率为6.22‰，自然增长率为7.69‰。全市有藏族、汉族、回族、纳西族、白族、蒙古族等36个民族。

昌都市辖卡若、江达、贡觉、察雅、芒康、左贡、八宿、洛隆、边坝、丁青、类乌齐11个县区、138个乡镇、1119个行政村和23个社区居民委员会。市政府驻地卡若区城关镇。

中共昌都市委员会

中共昌都市委办公室

【概况】 2019年以来，市委办公室坚持以习近平新时代中国特色社会主义思想为指导，深入学习贯彻落实中共十九大，中共十九届二中、三中、四中全会精神，认真贯彻落实市委一届六次、七次、八次全会和市委常委会、市委专题会精神，以习近平总书记视察中办时提出的“五个坚持”为标准，以阿布书记提出的“五个矢志不渝”为遵循，以“不忘初心、牢记使命”主题教育为抓手，把握“三服务”的基本定位，对照“四最一中枢”的特殊地位，站在对市委负责、对领导负责、对事业负责的高度，围绕中心谋大事、执行决策抓落实、着眼高效促运转、优化服务强保障，在办文办会中提升素质，在办事服务中增强效率，在督查协调中强化沟通，在合作共事中促进团结，倍加珍惜和呵护全国文明单位的荣誉，荣获“2019年西藏自治区民族团结进步模范集体”、第八批强基惠民“自治区级优秀组织单位”和全市先进业务单位等荣誉称号，完成市委交办的各项工作任务，全面提升服务市委的能力和水平，推动市委各项决策部署落地见效。

【思想政治建设】 坚持履行事关市委大局的“心脏枢纽”职能，坚持做人有原则、做事有温度，在思想上先行一步、在认识上提高一步、在行动上快行一步、在落实上紧抓一步，时刻保持振奋的精神、旺盛的斗志、高昂的热情、不言败不服输的胆识，把坚持党的全面领导体现到了各领域各方面，把心思集中在想干事上、把能力体现在会干事上、把魄力展示在干成事上、把底线定位在不出事上、把才智反映在能息事上，切实解决满足现状、得过且过、敷衍塞责等突出问题，特别是秘书长班子成员自觉履行“一岗双责”和分管责任，带头用新的眼光审视工作，带头用心谋划工作，带头分析工作薄弱和不足，带头为领导当好参谋、出好主意、搞好服务，带头加强党的政治建设，以提升组织力为重点，突出政治功能，带头增强“四个意识”，坚定“四个自信”，做到“两个维护”，带头境界抬高一步、标准提高一格、工作深思一层，对于市委的各项决策部署，不讲条件抓落实、雷厉风行抓落实、攻坚克难抓落实，以永不言败的精神一抓到底，在学习贯彻路线方针政策、谋划部署工作、政治立场、责任担当、干事创业上时时处处对标对齐以阿布为班长的市委，从大局的角度看问题出主意，从抓部署安排落实落地的角度推动工作，从增进团结凝聚共识的角度关心爱护干部，理论学习有广度有深度，谋划部署能超前能善后，工作质量提升既全面又深入，服务保障既敏思又慎行，在理论学习教育中升华理解党的初心使命的高尚，在身体力行中体验党的奋斗历程的艰辛，在感同身受中领悟习近平总书记领袖的风范、统帅的威望、核心的作用、为民的情怀、信仰的坚定，把“两个维护”体现在坚决贯彻落实党中央大政方针和区党委稳藏兴藏建藏系列决策部署的行动上，体现在履职尽责、做好本职工作的成效上，体现在日常言行上，更加自觉地在思想上政治上行动上同以习近平同志为核心的党中央保持高度一致，更加自觉做到党中央提倡的坚决响应、党中央决定的坚决照办，更加坚定不移贯彻、毫不迟疑执行、千方百计地落实区党委稳藏兴藏建藏系列决策部署，毫不动摇地推进市委总体部署要求的落实落地，始终做到与区党委和市委保持一个声音、一个步调、一个提法。

【“不忘初心、牢记使命”主题教育】 按照“不忘初心、牢记使命”主题教育安排部署，自觉把学习贯彻习近平总书记关于“不忘初心、牢记使命”的重要论述和一系列重要指示批示精神作为首要政治任务，紧紧聚焦“守初心、担使命、找差距、抓落实”的总要求，严格按照党中央提出的“18个是否”、自治区党委列出的“5个是否”“40个有没有”、基层党支部“十个一”以及市委查摆到的具体问题和提出的各项要求，细化了主题教育实施方案，明确了工作方向和目标任务，制定了工作推进表和任务流程图。聚焦解决思想根子问题，紧密结合办公室职能定位，坚持读原著、学原文、悟原理，把学习教育、调查研究、检视问题、整改落实贯穿主题教育始终，认真学习《习近平新时代中国特色社会主义思想学习纲要》《习近平总书记关于治边稳藏的重要论述和一系列重要指示批示精神》等，先后召开专题研讨会7次，撰写调研报告15篇，并于11月12日召开了调研成果交流会。市委秘书长班子对照查摆出“经常性深入基层、深入群众从维稳、发展、民生、脱贫攻坚等工作方面开展调查研究，为市委决策提供‘一手资料’工作还不够”“经常联系结对帮扶户，取得一定成绩，但密切党群干群关系还需加强”“学习上级精神不求甚解”“艰苦奋斗精神不够”等71条问题，并提出了明确的整改措施、整改时限。

【参谋服务】 一是参谋助手作用发挥明显。市委办公室积极围绕市委中心、立足大局，主动担当作为，高质量、高要求地完成市委重要文稿的起草工作，先后完成中央、自治区领导和援藏三省市六企赴昌视察调研、市委全会、全市经济农村暨脱贫攻坚工作会议、援藏轮换交接等重大活动和重要会议各类汇报材料、专项报告、领导讲话、规范文件等200余份文稿的起草审改任务，起草工作专报、政策意见、调研报告、情况汇报等材料290多篇，协助修改审定单位文稿100多篇，为领导科学决策部署提供了参考依据；出版《藏东论坛》刊物4期22余万字，编辑发行2019年《昌都市干部职工应知应会》口袋书2.7万册；细化2019年全市改革任务50项，已经完成或基本完成17项，被区党委改革办采用改革信息9期，形成昌都市芒康县建立“六联六促”工作机制深化边界社会治理相互协作，昌都市“四个坚持”着力打造农牧民党员致富带头人队伍等一批思路好、措施实、效果显的“昌都经验”和“昌都模式”。二是以文辅政能力显著增强。紧紧把握时代脉搏，吃透上级精神，领会领导意图，了解基层情况，严把程序关、法规关和文字关，严格执行《党的机关公文处理条例》，按照“公文制作规范、审批程序严谨、运转节奏高效”的要求，共收文370件10200份，发放145件21000份，寄发机要件438件；下发各类文件324份，上报各类专报106份，起草专报20余份，函、复函、感谢信等临时性文稿70余份，向区党委办公厅法规处上报党内法规性文件9份；传发办理电报20718份186093页，其中办理紧急重要密码电报9份99页，先后3次为领导赴基层调研提供应急密码通信随行服务，实现全年电报传办“无事故、无差错、无错情”；起草《昌都市切实解决形式主义官僚主义突出问题为基层减负的具体措施》，提出务实管用的15项具体措施和文件“十不发”、会议“十不开”、督查检查考核“十严禁”负面清单；梳理、识别、筛选、登记和汇总昌都市和平解放以来至2018年10月期间各类文件，确定党内规范性文件389件，对140件文件进行废止、73件宣布失效、177件党内规范性文件继续有效。完成市委常委会会议、市委专题会、市“两会”、市委理论学习中心组会议、市委常委会班子民主生活会等一系列大型会议的会务工作78次，提出各类会议、活动建议方案70余个，为市委、市政府提供加密视频会议服务182次；完成市委领导同志调研、视察活动30余次，办好各类重要活动290余次、服务协调各类工作组60余个。三是党务信息亮点突出。紧紧围绕全市经济社会发展、重大决策执行、和谐稳定社会建设、社会热点难点问题及重大突发事件等方面，立足高起点，着眼大政策，及时全面地反映基层社情民意及各项政策措施落实情况，整理、编辑和上报《昌都信息》共2074条，被中央办公厅采用8条、自治区党委办公厅采用198条、受到各级领导批示10件次；编辑印发《要情动态》208期，采用各类信息1420余条，完成《业务通讯》编辑工作。

【督查减负】 一是强化督导检查工作。在市委书记阿布的示范带头下，安排专人参与“为民服务解难题’问题（意见建议）大征集”活动、“@所有人，有事你说话，问题和难事交给我们解决”活动和“摸实情、破难题、惠民生”大调研活动，为市委征集群众意见建议作出努力。同时，聚焦市委重点工作和重要决策部署，以督促抓落实为关键，积极探索新时期督查工作途径，创新督导方式、拓展督导形式，注重重点通报与现场督查、定期督查与跟踪督查、领导督查与部门督查相结合，突出热点难点问题，不打招呼、不定路线实地督查，从末梢的“点”倒查整个“面”上的工作实效，以钉钉子的实招硬招狠抓督导检查工作，将督导检查工作触角不断向基层延伸，当好市委的“眼睛和耳朵”，实现督导检查工作全覆盖，持续提高督查工作效率。二是目标管理精准发力。紧盯市委年度目标不放松，坚持问题导向、结果导向，按照实事求是、喜忧兼报的原则，不断创新督查检查方式，全年共办理各类上报下发和交办件121件、已办结112件、催办9件；累计督办事项1625件次，已办结1616件次、催办9件次；聚焦重大项目、重点民生、重要事项、突出问题，开展实地督查、工作调研15次，圆满高效完成领导交办重急难事项9件次，有序推动区党委、市委重大决策部署的不折不扣贯彻落实。紧紧围绕市委中心工作和阶段性工作重点，跟踪督查、跟效督查，重点开展了不作为慢作为整治、维护稳定、综合督查考评等事项的督促检查，梳理发现问题138个，提出意见建议7条，撰写情况报告4个，通报督办2次，做到事事有结果、件件有反馈。三是基层减负成果初显。严格执行配额发文，较去年同期减少42.8%；严格执行会议审批报备制度，较去年同期减少31.3%；坚决防止随意督查、多头督查、重复督查，2019年自治区批复昌都市督查检查考核事项20项，按照时间节点，已完成7项、正在开展5项，其余8项正在按计划顺利推进，集中厘清“责任状”45项（含“一票否决”9项）；清理减少以市委名义设立的领导小组和议事协调机构16个；严格实行评比表彰创建活动前置审批制度，保留以市委、市政府名义开展的表彰项目共12个。四是征集活动成效显著。利用1周时间广泛征集群众反映突出、急需急盼、意愿强烈的热点难点问题意见建议567条次，经汇总归类后梳理出507条，按照市级领导12条/人、县级领导9条/人、科级干部7条/人、一般干部4条/人的标准，将征集到的意见建议分解到每名干部职工，采取跟踪督办的方式，及时有效的督促责任单位给予解决并及时反馈至群众本人，确保件件有回音、事事有着落。

【机要保密】 采取以物核账、以账查物等方式，每月落实密码库房盘点，每季度向区党委机要局上报密码、密码设备管理使用情况，形成盘点密码库房记录11份，核查情况14份，举办业务培训班3期和新增机要秘书培训2期。组织开展密码安全保密大检查，对全市11县（区）、84家市（中、区）直单位密码、密码设备、密码电报、安全环境管理、机要密码干部和机要秘书管理等情况进行全面排查，纠正不规范行为。昌都电子政务内网横向网络总体建设项目，已取得涉及国家秘密的信息系统使用许可证，于5月1日通过竣工验收并正式投入运行。坚持以监督指导为基本，以执法检查为重点，以行政处罚为手段，开展保密法制宣传教育6次，承担10余类90余场次考试试卷的接送和保密工作，在全市范围内分两批次组织开展机关、事业单位保密自查自评督查工作，累计检查涉密计算机180余台，非涉密计算机70余台，存储介质130余个，相关材料800余份，销毁各类文件、资料7吨，拆除、回收待销计算机硬盘、内存60余块（条）、打（复）印机内存、主板12块、U盘14个，对发现的问题和漏洞及时进行了处理，严明相关保密责任。

【史志档案】 以“一突出、两跟进”为主要抓手，以“两全目标”为目标任务，坚持“质量”与“速度”两手抓，扎实推进地方志工作，完成《昌都年鉴（2018）》的公开出版，发放500余本，认真做好《昌都年鉴2019》编辑出版工作；编写印发2019年《党史大事记》10期，计11万多字；《类乌齐县志（2001—2010）》《左贡县志》通过自治区验收，自治区召开《边坝县志》验收会，《昌都地区志（2001—2010）》《江达县志（2001—2010）》《贡觉县志（2001—2010）》《察雅县志》通过终审；江达、八宿、类乌齐、芒康、察雅、贡觉、边坝年鉴2018实现公开出版，《卡若年鉴（2018）》交付出版社，《芒康年鉴（2017）》《芒康年鉴（2018）》《边坝年鉴（2019）》实现公开出版，其余各县年鉴2019已全部启动。制定印发了2019年昌都市档案工作要点，完成昌都市综合档案馆建设和库房搬迁工作，4万多卷档案安全上架，完成密集架编号、排序、分类等，完成2018年度全国档案事业统计年报工作；开展宣传活动10余次，发放宣传资料3800余份，现场为群众解答政策疑难问题1000余人次，全面开展市直机关档案工作督导检查，举办档案干部业务培训班，深入47家涉改单位开展业务指导；接收土地确权档案4万多卷，接受杰翁根多·格列加措活佛捐赠历史文献档案142件（套），接收机构改革档案1500余卷、24300余件。与重庆市涪陵区档案局签订援助协议，细化援受双方责任义务，双方建立档案对口支援工作机构。

【干部队伍建设】 一是深化了学习教育。自觉把深入贯彻学习习近平新时代中国特色社会主义思想和中共十九大精神，中共十九届二中、三中、四中全会精神、习近平总书记关于治边稳藏重要论述和中央第六次西藏工作座谈会精神、区党委稳藏兴藏建藏系列决策部署和市委关于昌都发展稳定各项工作要求作为首要政治任务，作为室务会、理论中心组学习会等重要学习内容，引导全体办公室人员读原著、学原文、悟原理，用习近平新时代中国特色社会主义思想武装头脑、指导实践，筑信仰之基、补精神之钙、把思想之舵，真正把政治理论融入履行岗位职责之中。先后选派14名干部参加县处级干部培训班、新任公务员培训班、基层党务工作者培训班，提升党员干部的思想自觉和政治素养。截至2019年，共召开市委办公室室务会11次，市委办公室理论中心组学习会19次。二是加强了党风廉政建设。全面落实主体责任和“一岗双责”，着力丰富廉政教育形式，举办廉政党课、组织观看反腐教育片2次，及时通报自治区纪委、市纪委下发的违反党风廉政规定典型案例，通过集体谈话和个别约谈等形式，随时“咬耳朵”“扯袖子”，做到警示提醒、警钟长鸣。严格落实中央八项规定及其实施细则，不断加强财务管理、公车管理、“三公经费的管理”等。建立健全《中共昌都市委办公室固定资产管理办法（暂行）》《中共昌都市委办公室车辆使用管理办法》等规章制度，成立市委办公室采购审核小组，全面规范固定资产管理、资产采购等工作，提高优化资金使用效益。针对一届市委第九轮巡察六组巡察出的问题，坚决扛起巡察整改的政治责任，坚决做到整改不到位不放过、责任不落实不放过，已完成14项37个问题整改工作并长期坚持、基本完成1个问题的整改落实并长期坚持，做到整改一个、销号一个。三是强化机关党建工作。以普通党员身份多次参加市委办公室“不忘初心、牢记使命”主题教育、结对帮扶、“七城同创”等主题党日活动，组织开展重温入党誓词、“七一”篮球比赛、创作庆祝中华人民共和国成立70周年《我和我的祖国》微视频等形式多样的党建主题活动，并把《我和我的祖国》微视频推送至新华网，点击率达2万多次，多次在昌都发布、昌都广播电视台等平台播放微视频，积极营造健康向上的机关文化氛围。同时，紧扣市委办公室工作特点和突出党建工作重点，以提升组织力为重点，突出政治功能，以创先争优为动力，以主题教育为抓手，以系列活动为载体，不断丰富党建工作内涵，持续提升党建工作水平，多路径强力推动党建工作深入开展。全面完成机关党委、各支部和各配套组织的换届工作。设立“党员先锋岗”，把机关党建工作纳入全局工作，与市委办公室业务工作一并安排，一并部署，做到“两不误”、“两促进”。四是树立了正确用人导向。积极配合市委组织部做好机构改革相关工作，市委办公室行政机构改革顺利完成，事业单位“三定方案”已完成定稿上报。始终坚持党管干部原则，大胆使用在困难矛盾面前勇于承担重任，解决难题时有思路有办法的干部，树立实绩选人的良好导向。2019年以来，完成公务员职务与职级并行工作，职级套转34名干部，干部提拔和进一步使用6名县级干部、42名科级干部，岗位调整14名干部。

【脱贫攻坚】 领导小组高度重视结对帮扶工作，开展集中扶贫活动3次，不定期扶贫26次，帮扶行政村11个、贫困家庭66户263人，扶贫资金34万余元。建立健全《中共昌都市委办公室扶贫帮扶专项资金管理办法（试行）》，加强规范扶贫帮扶专项资金的管理，做到资金使用有章可循、有规可依、有制可查。特别是以文涛同志为总队长的驻村工作队，紧紧围绕贯彻落实“5+2”驻村任务，把发展产业、如期脱贫作为驻村工作的总抓手，正确处理好城镇就业和就近就便、不离乡不离土、能干会干的关系，团结带领当地群众采取“公司+支部（驻村工作队）+农户”方式，利用废旧客车建设莫扎驿站，发展特色旅游业，解决建档立卡户群众5人就业、实现年人均增收3万元，带动20余户群众通过劳务输出、出售农畜产品增收致富，实现区位优势从长期搁置到充分利用，特色资源从白白浪费到有效开发，乡村环境从脏乱差臭到整洁优美，贫困群众从“要我脱贫”到“我要脱贫”的转变。拉根村“莫扎驿站”作为市委办公室招商引资的扶贫产业项目，得到自治区党委副书记、区政府党组副书记、常务副主席庄严对“莫扎驿站”的创意、经营模式的高度肯定。同时，积极协调市水利局花费近40万元为拉根乡加玉村修建了灌溉水渠；积极与昌都企业对接，争取社会贫困助学帮扶资金，解决八宿县的拉根、冷贡和格瓦村13名新晋大学生交通和基本生活费用3万多元，捐赠衣物16万多元。特别是文涛同志先后六次深入沙贡乡多普村结对帮扶户那森家中，出资3万多元为其进行危房改造和帮其购置家具、电视机、衣物等，彰显市委办普通干部心系群众的为民情怀。

【文明城市创建】 始终把“七城同创”工作摆到重要议事日程上，坚持与中心工作紧密结合，紧紧围绕市委、市政府提出的“七城同创”的目标任务和工作要求，室务会定期召开“七城同创”工作会议，听取工作汇报、各项分解任务工作进度，解决存在的困难和问题，细化制订工作计划，明确创建工作重点，精细化考核和相关制度，对创建目标及具体措施内容进行细化量化，形成人人参与创建、支持创建的浓厚氛围。完成《昌都市创建全国文明城市网上测评体系》（2018版）牵头任务14项的网上申报工作。制定《中共昌都市委办公室开展文明单位帮扶共建活动实施方案》，积极开展党员志愿者进社区、文明劝导、环境卫生整治等志愿服务活动30余次，走访慰问5户困难党员群众，有效发挥党员干部在脱贫攻坚工作中的先锋模范作用，民族团结创建工作取得显著成效。

昌都市委组织部（市委机构编制委员会办公室）

【概况】 2019年机构改革，中国共产党昌都市委员会组织部设有办公室、网宣信息科、组织一科（市基层组织建设办公室）、组织二科（党员管理科）、组织三科（中共昌都市非公有制经济组织和社会组织工作委员会办公室）、干部一科、干部二科（干部监督科）、干部三科、人才工作科（市知识分子工作办公室、对口支援干部人才科）、干部教育科、公务员一科、公务员二科、机构编制综合科（机构编制监督检查科）、机构编制管理科（市事业单位登记管理局）14个正科级机构；设有研究室（组织编制信息管理办公室）、组织编制史志编纂办公室、党员教育和干部测评中心（市党员干部现代远程教育工作办公室）、机构编制电子政务中心（政务和公益机构域名注册服务中心）、基层党建调研督查室5个正科级全额拨款事业单位。市委组织部（编办）共有干部职工74人（含4名援藏干部，4名公益性岗位人员，3名西部计划志愿者）。

【思想政治建设】 统筹推进主题教育。发挥组织部门牵头抓总职责，坚持把“不忘初心、牢记使命”主题教育作为践行习近平新时代中国特色社会主义思想，锤炼党员干部忠诚干净担当政治品质的有力抓手，指导督导全市各级党组织和广大党员按照“四个到位”的要求，坚持将“四项措施”贯穿始终，严格按时间、要求、步骤精心安排、抓早抓细、真抓实做，实现主题教育的有力有序推进。全市2904个党组织以不同形式组织开展主题教育学习会议1.36万场次；形成高质量调研报告1100余篇；检视问题2144个，已整改落实1981个、正在整改落实或需长期坚持163个。不断强化思想政治教育。制定下发《昌都市2019年党员教育培训计划》《昌都市2019年党员政治教育培训计划》，坚持把习近平新时代中国特色社会主义思想列入干部教育培训主课程，有针对性地开展分类教育培训，围绕庆祝中华人民共和国成立70周年、西藏民主改革60周年，开展“不忘初心、牢记使命”主题教育，学习贯彻中共十九届四中全会精神等，在党员干部群众中组织开展形式多样的理想信念、革命传统、新旧西藏对比、爱国主义等系列教育。截至2019年，市一级举办政治教育集中示范培训、十九届四中全会专题研讨班8期1100余人次，市县乡三级累计举办各类教育培训5600余场次11.8万多人次；各级党组织组织开展各类教育活动8200余场次，教育党员干部12.5万多人次。全面规范基本制度执行。以落实《中国共产党支部工作条例（试行）》为契机，严格“三会一课”、主题党日、组织生活会、民主评议党员等基本制度执行，健全党组织议事规则、党务公开等工作制度，探索建立思想政治建设领导责任、日常监督、目标管理、责任追究等体制机制，刚性推动制度执行，实现党内政治生活常态化、规范化。结合“不忘初心、牢记使命”主题教育，从全面提高组织生活会和民主评议党员工作质量的角度出发，根据机关、学校、国有企业、“两新”组织等行业领域特点选取5个基层党组织开展试点工作，在着力破解“思想认识模糊、交心谈心不透、战斗精神弱化、民主评议空泛、跟踪问效乏力”五大难题上谋思路、促创新、求突破，取得显著成效，被中央“不忘初心、牢记使命”主题教育第十巡回督导组作为典型经验在自治区及四川、重庆等省市进行推广。

【干部队伍建设】 建强干部队伍。建立干部政治素质考察体系。制定出台《昌都市干部政治素质考察评价办法（试行）》，围绕“政治忠诚、政治定力、政治担当、政治能力、政治自律”五个方面，明确平时考察、集中考察和任前考察三种方式，设置政治素质正向测评、反向测评、干部日常操行考察、考察组综合评价四种量化模式，制订19种正向考核指标、15种反向考核指标、10类日常操行考察内容、15种“负面清单”情形，组织全市900多名县处级干部填报《政治素质档案》，按照“一人一档”原则建立县级干部、“90后”正科级干部政治素质档案，将政治素质考察评价结果作为领导干部选拔任用、评先评优、监督管理的首要依据，切实增强政治素质考察评价的实效性。自《办法》出台以来，组织全市1138名市管干部开展政治理论测试，开展政治素质考察1200人次。树立鲜明选人用人导向。树立重基层、重担当、重实绩的选人用人导向，大胆起用敢于负责、勇于担当、善于作为、实绩突出的干部，加大对维稳战线、驻寺岗位、脱贫攻坚、强基办、创文办等专项领域、一线干部的调研考核力度，建立反映干部综合情况的干部信息“大数据库”；针对寺庙管理“1拖N”管理机制运行，提出分片区科学合理、加大保障力度等8个方面的对策建议，为市委加强和创新寺庙管理提供决策参考；开展全市扶贫办领导班子集中考核工作，掌握一批优秀干部。顺应机构改革工作的需要，如期完成机构改革班子组建、人员配备等工作。完成420名县处级干部的数据录入工作，涉及信息1.8万多条，提拔（晋升）维稳、扶贫、驻寺领域优秀干部374人，其中县处级57人、乡科级317人；围绕机改工作，新组建领导班子11个，配备班子成员38名。加强优秀年轻干部培养使用。建立577名优秀年轻干部信息库，实行跟踪考核动态调整；采取“党校集训＋异地取经＋回炉提炼”模式，个性化定制“套餐”培训；根据岗位需求、干部匹配适时提拔使用。截至2019年，围绕机构改革后班子配备调整，提拔使用“80后”县处级干部57名，占新提拔使用县级干部的37.25%。统筹开展干部教育培训。紧扣全市中心工作，采取“引进来”和“走出去”相结合的形式，发挥市委党校培训主阵地、主渠道作用建立现场教学基地，加大干部赴援藏省市和企业学习培训力度，创新方式录制双语微党课开展网络教学；组织“领导干部大讲堂”进行专题辅导；围绕干部工作需要，加大课程开发力度，科学合理规划设置培训班次；立足全市重点工作、中心任务，结合不同层次干部群体需求，举办特色班次，精准化、科学化开展教育培训。2019年，共完成各类培训班次816个，培训各级各类干部12367人次。

严格干部监督。从程序上予以规范。制作《昌都市重点岗位干部考察工作规程》《昌都市组织人事部门对领导干部进行提醒、函询和诫勉的操作规程（试行）》《昌都市县级干部选拔任用流程图》等，规范干部监督工作程序、流程；制定《昌都市深化拓展干部人事档案专项审核工作实施方案》，制作编印深化拓展干部人事档案专项审核工作《验收评分表》《进展情况统计表》，全面推进全市干部人事档案工作标准化建设，完成14家市直单位干部人事档案专项审核验收，全面规范全市干部人事档案，为切实加强干部日常监督管理提供依据和保证。从日常上加以防范。发挥“12380”、个人重大事项报告2个系统和全程纪实、信访举报、离任检查、“一报告两评议”、倒查追责5个制度作用，全面加强对干部的日常监督管理。2019年，共检查领导干部个人有关事项246人次，对不如实报告或隐瞒不报的领导干部开展提醒谈话26人次、诫勉谈话17人次，共接收信访举报10起，处理完结3起。从制度上加以保障。制定《干部选拔任用监督管理办法》，定期开展选人用人专项督查；建立干部监督工作（政治素质考察）联席会议制度，加强与市纪委监委等24家单位之间的联动，拓宽干部监督和信息沟通渠道，完善、形成干部监督工作常态化制度化机制体制。突出激励关怀。注重正向激励。严格执行《关于贯彻落实干部能上能下进出机制的实施意见》，畅通干部“下”的出口；下发《关于认真开展在内地长期逗留不返岗人员排查整治的通知》，对长期不在岗干部进行排查整治；严格公务员队伍考核，及时对优秀等次公务员给予奖励，在全市范围内形成能者上、庸者下、劣者汰的干部进出常态机制。全市共调整撤换因作用发挥较差或违纪违法的干部36名，其中县处级9名，乡科级27名；2018年度3104人记嘉奖，335人记三等功。保障正常待遇。下发《关于进一步简化全市县级干部请销假程序的通知》，进一步放宽干部职工休假轮休限制条件，简化干部休假轮休程序；贯彻落实《关于进一步加强驻寺干部队伍建设的意见》，激励驻寺干部安心工作；制定《昌都市优秀脱贫攻坚干部提拔使用制度》，构建脱贫攻坚领域正向激励机制；出台《昌都市机关事业单位科级及以下干部挂职管理办法》《昌都市机关事业单位科级及以下干部公开遴选办法》《昌都市机关事业单位调配管理办法》等制度，为进一步提升干部规范化管理、推动干部合理流动提供制度保障。2019年以来，共提拔使用脱贫攻坚领域优秀干部229名，共为市直机关遴选干部46人。做好关心关爱。在全市开展“向组织说说心里话”活动，设立“向组织说说心里话热线”、畅通干部反映问题、表达诉求渠道；按照“应套尽套”的原则，严格落实公务员职务与职级并行制度；组建专班，对全市公务员基本信息进行逐一审核，不折不扣兑现公务员（参公人员）工资福利相关待遇，切实将关心关爱落到实处。

年内，共通过“向组织说说心里话”渠道受理干部诉求73起；完成科级及以下公务员套转4712人，审核3100余名拟职级晋升人员干部人事档案。

【党建工作】 加强农牧区党建。狠抓党组织建设。以深入实施“百村整治、千村提升”计划为抓手，建立“一村一档”，制订“一村一策”，深化县级联审，分类定级持续推动村（居）软弱涣散党组织转化升级；做好从西藏高校毕业生中招聘乡村振兴专干工作，全面充实村（居）工作力量。共整顿转化软弱涣散党组织142个，整顿转化率100%；共清理、撤换村（居）干部62人（其中因履职不力撤换34人），取消23名村（居）干部业绩考核奖励资金发放；招聘乡村振兴专干932名。狠抓队伍能力建设。通过自主培训、援藏代训、异地交流等方式，加强对村（居）干部的教育培训；召开“传帮带”工作现场会，持续在干部驻村工作中开展“传帮带”，着力培养村（居）干部独立落实任务的能力。共举办村（居）干部培训班114期9157人；指导全市4466名驻村干部与村（居）“两委”干部结成1.51万个帮扶对子，打造“传帮带”示范点78个，全面提升村（居）干部工作能力和履职水平。狠抓阵地建设。围绕“四性三化”、打造“八个阵地”要求，坚持够用实用耐用原则，稳步有序推进村级组织活动场所标准化建设。昌都市村级组织活动场所完工669个，投入使用627个。狠抓基层经济发展。用好用活政策，积极向上级争取资金支持，开展村级集体经济“空壳村”清零行动，联合市人社局制定下发《关于在农牧区建立劳务输出工作站（合作社）促进农牧民转移就业增收工作的通知》，加大农牧区剩余劳动力转移就业，全面推动村级集体经济发展，增加农牧民群众收入。帮助79个村争取到中央扶持村级集体经济资金3950万元；全市村（居）建有集体经济1494个，年产值50万元以上达78个；指导268个村（居）依托劳务输出完成挂牌，转移就业5760人。

加强各领域党建。提升机关党建水平。围绕解决机关党建“灯下黑”和“两张皮”的问题，下发《关于进一步加强和改进全市机关党的建设的若干举措》，组织召开年度工作部署会、工作推进会，全面压实党组（党委）管党治党责任，加强机关党组织人员、阵地、经费等基本保障，着力推进机关党组织标准化建设，教育引导机关党员在脱贫攻坚、“七城同创”工作中走在前、做表率。年内，开展机关党组织书记专题培训班1期151名，开展党务干部培训班6期200余人次。推进“两新”组织建设。制定下发《昌都市关于巩固提升新兴领域党组织覆盖质量专项行动方案》，按照“一企一策”“一社一策”要求，实施“小个专”网格化管理，通过“单独组建、联合组建、行业归建、挂靠组建”等方式共组建“两新”党组织153个，下派党建指导员205名，实现党的工作100%覆盖。加强离退休组织建设。按照“利于活动、利于管理、应建尽建”的原则，对离退休干部党员安置情况进行全面摸排，建立离退休干部党员台账，指导各县（区）、市直各单位全面加强离退休党支部的组建和管理工作，从代市管党费中划拨16.4万元，改造昌都市城区3个离退休党支部活动室，切实做到离退休干部党员在哪里，党的组织和工作就覆盖到哪里。打造智慧党建平台。采取“互联网+智慧党建”思路，投资240万元，建成集资讯、党务、学习、互动、服务、管理为一体，覆盖全市各级党组织和全体党员，包括门户网站、党组织管理子系统、党员服务平台、村（居）事务管理子系统、党建大数据展示平台、无纸化办公系统（OA）等板块的综合性党组织和党员教育管理服务平台，全面投入使用。全市各级党组织（除退休支部外）信息录入完成率99．25％，总发稿量1539条。

加强党员队伍建设。严把党员关口。严格发展党员工作流程，按照《中国共产党发展党员工作细则》，采取“一人一表、一步一审、一事一记”方式从源头上遏制“入党动机不纯、思想教育不够、突击发展党员”等问题。2019年，新发展党员3900余名，排查党员档案2167份，指导275名党员对档案资料进行完善。严格党员管理。规范党员组织关系转接工作流程，规范不合格党员处置和流动党员管理工作，制定出台《昌都市党员组织关系管理办法（试行）》《昌都市不合格党员处置办法（试行）》《昌都市流动党员管理办法（试行）》等规范性制度，印发《昌都市关于严守党员政治纪律和政治规矩，严禁共产党员信仰宗教工作的通知》《关于进一步发挥农牧民党员先锋模范作用的意见》，从正反两个方面对党员“能”与“不能”作出界定，下发“藏汉”双语“口袋书”3.5万册，共摸排出信教党员234人，给予组织处置10人，党纪处分7人。突出激励关怀。以“三大节日”元旦、春节、藏历新年、中华人民共和国成立70周年为契机，集中走访慰问农牧区“三老”人员、生活困难党员、全国优秀党务工作者、全国优秀共产党员、因公牺牲党员干部家属及中华人民共和国成立前参加革命工作的老干部，送去党和政府的温暖和关怀。其间，共走访慰问4642人，发放慰问金386.76万元。

【人才管理】 做好人才引培育管工作。强化人才管理。建立678人的人才专家库，加强人才队伍规范化管理；制定出台《昌都市“藏东英才”评选表彰暂行办法》，完善人才激励机制。加强人才培养。用好人才项目资金，加大人才培养力度；制定《昌都市专招生培养管理办法（试行）》，实行“导师制”，一对一地进行“帮带”，分批组织赴对口援藏省市进行培训，加强对专招大学生的培养力度。年内，落实2018年人才项目资金508.45万元，培训农牧业专技人才、医疗人才、基层助产士共计1068人；组织200名专招大学生分批赴对口援藏省市进行为期15天培训。做好人才引进。结合全市经济社会发展对专业人才的需求，通过引进、专招、西部计划留藏、争取援藏人才选派等渠道缓解人才紧缺状况，改善人才专业结构。通过专招引进高校毕业生95人，引进4名博士到昌都创办高新技术企业，通过专项考录实现10名西部计划西藏服务期满志愿者留昌工作。

做好援藏人才队伍建设。做好援藏干部人才轮换。按照精准选派要求，积极与援昌省市企业对接，采取“压茬推进、有序交接，先进后出、集体进出”的方式，圆满完成第八批235名援藏干部人才进藏期满考核，539名第八、九批援藏干部人才轮换。积极拓展“组团式”援藏。结合市藏医院“三级甲等”医院创建，从天津市协调5名专家进藏开展短期援藏工作；制定《昌都市“小组团”援藏需求计划》，在农牧产业、园区发展、旅游文化等领域进行试点推广，从援藏省市争取11名专技人才，着力打造卡若香猪、古盐田景区创建和园区发展3个“组团式”援藏小团队，持续深化“组团式”援藏工作向纵深推进。

【机构编制管理】 统筹推进各项改革任务。完成党政机构改革。根据中央、自治区安排，研究制订工作方案，成立工作领导小组、工作专班，坚持既上下对应衔接，又确保符合实际的要求，按照“先转隶、再做‘三定’”和“编随事走、人随编走”的原则，完成市县两级党和政府机构改革。共完成225家单位挂牌，新组建157个部门班子，转隶1298人，制定337个单位“三定”规定。有序推进事业单位调整。按照“控制总量、统筹使用、有减有增、动态平衡、保证重点、服务发展”的思路，调整50家部门所属事业单位。将名称中包含“委、办、局、科”的64个事业单位名称予以调整；撤销未发挥作用、带有经营性质、带有行政职能的事业单位29个；为市委网信办等新组建部门和人员力量不足的部门设立事业单位57个；核减长期空编的38个事业单位编制，收回编制96名；重新分配市直部门170名机关后勤服务事业编制。扎实做好综合行政执法改革。在市级整合设立6个综合行政执法队，在除卡若区外的10个县设立五大领域综合行政执法队，在138个乡镇设立乡镇综合行政执法队，按照“统筹使用、保证重点、服务发展”的思路，科学分配已锁定市县445名执法编制，统筹调剂乡镇综合行政执法队编制，实现各层级执法队伍全覆盖。

规范机构编制管理。理顺城区便民警务站管理体制。将卡若区38个便民警务站（含10个新设便民警务站）调整为卡若区公安局派出机构，隶属辖区派出所管理，并完成161名民警转隶工作。加强教育编制管理。印发《关于核定昌都市市直、11县（区）基础教育编制的通知》《关于加强教育系统编制管理的通知》等文件，对全市教育系统编制进行重新分配，规范教育编制的使用程序。加强重点领域机构设置。设立市第二中等职业技术学校、11个县区退役军人服务中心、卡若区公安局生格派出所，调整市藏医院内设机构。明确职责任务。制定《中共昌都市委员会机构编制委员会工作规则》和《中共昌都市委员会机构编制委员会办公室工作细则》，明确编委和编办的机构、职责和会议制度。规范实名制管理。印发《关于规范昌都市机关事业单位使用编制和人员入（出）编程序的通知》，建立市直机构编制档案，实行一月一报管理制度，规范和简化用编程序、入（出）编程序和编制调整程序，全面提高机构编制工作效率。

【自身建设】 抓实主题教育。根据“不忘初心、牢记使命”主题教育要求，采取组织专题研讨、开设“组工读书班”、邀请专家辅导、举办知识竞赛、组织观看教育片等方式，不断深化学习教育；聚焦业务工作、瓶颈制约，班子成员确定调研课题，深入基层开展调查研究；通过自己找、对照查、调研寻、基层提等，检视查找自身存在的问题，梳理汇总形成问题清单；直面检视问题、回应群众关切，狠抓整改落实，推动主题教育取得实实在在成效。3个月来，组织集中学习教育37次，开展主题实践活动6场次；撰写调研报告13篇，讲授专题党课14场次；检视形成问题清单54份；查摆各类问题376个，已整改完成343个，正在整改或需长期坚持的33个。注重统筹兼顾。围绕党支部标准化建设，全国文明单位创建巩固，持续深化部机关规范化建设，以部机关理论学习中心组、干部职工学习会、外派培训、主题教育等为载体，持续在干部职工中深入开展思想政治、党风廉洁、履职能力等方面的教育，不断强化干部职工理论修养和职业素养；积极开展利用名贵特产类特殊资源谋取私利问题自查，不作为慢作为、文山会海等形式主义、官僚主义突出问题专项整治，中央第三巡视组脱贫攻坚专项巡视反馈问题、中央环保督察组反馈问题、一届市委第九轮常规巡察反馈问题等专项整治，推动机关工作作风持续转变；全面落实“七城同创”要求，丰富走廊文化，规范制度建设，开展文明科室、文明岗位创建，组织开展志愿服务活动，实施脱贫攻坚结对帮扶，积极培育和践行社会主义核心价值观，全面提升部机关的凝聚力和向心力。全年开展各类学习86次，外派36人次参加各类教育培训；完成21类122项问题的集中整改；组织开展各类志愿服务24次，人均服务时长75小时左右；投入帮扶资金36万余元，为56户结对帮扶户解决各类困难问题70余件；修订完善各类规章制度12项。做好外宣工作。聚焦全市党的建设和组织编制工作实际和创新思路举措，深挖典型经验做法，撰写信息稿件、制作宣传视频、跟踪引导网络舆情，积极推介宣传昌都工作，全面提升昌都党的建设和组织编制工作的知名度。共编报组工信息385条，被中组部、区党办和区党委组织部等上级部门采用43条次；累计上报网评文章2573篇，被中组部、区党委组织部采用41篇，国家级网站加精置顶17篇；报送新媒体稿件36篇，被国家级网站采用14篇，点击量100万以上的12篇；制作播出《党建带队建队建促审判》、《领头雁》等党建品牌专题片6期。推进组织史志编纂。按照“广征、核准、精编、严审、及时”的编纂方针，集中查阅市委、市政府、市委组织部2001年至2019年文书档案，收集文书资料1000余份，基本完成2001至2019年期间组织史资料第四、五卷两部分的整理编纂，共计47万字。

【领导名录】

市委组织部部长：李　斌

市委组织部常务副部长：魏万能（3月任）

市委组织部副部长：潘作成（津）（8月任）

市委组织部副部长、市委编办主任：

王大章（11月任）

市委组织部副部长：国　庆

市委组织部副部长：王　斌（津）（7月免）

市委组织部副部长：张　智（渝）（7月免）

市委组织部副部长：苏永波（闽）（7月免）

市委组织部副部长：杨海生（3月任）

市委组织部副部长：黎　静（11月免）

市委组织部副部长：泽旺旦增

市委组织部副部长：潘宜协（闽）（8月任）

市委组织部副部长：杨选民（渝）（8月任）

市委组织部部务委员、公务员局局长：

杨亚鸽（11月任）

市委组织部部务委员：周　凯（11月任）

昌都市强基办

【概况】　昌都市辖11个县区138个乡镇，第八批共派驻1095个工作队，队员4466名。第八批干部驻村工作开展以来，各级各部门按照中央、区党委、市委决策部署，深入贯彻落实习近平新时代中国特色社会主义思想，紧紧围绕区党委书记吴英杰同志提出的“驻村干部干什么、怎么干、为谁干”的重要指示精神和市委书记阿布提出的干部驻村“六个一”的明确要求，扎实推进新时代干部驻村“七项重点任务”落地生根。

【宣传教育】　结合“四讲四爱”群众教育实践活动，深入宣传习近平总书记关于治边稳藏重要论述，让各族群众明白惠从何来、惠在何处、恩向谁报，坚定各族群众感党恩听党话跟党走的信心决心。开展各类宣讲8.33万场次，举办专题讲座1.22万场次，受教育群众52.72万人次。

【脱贫攻坚】　以扶志扶智为切入点，制订帮扶措施、因地制宜发展产业，支持村（居）“两委”班子做好脱贫攻坚工作。开展政策宣讲0.67万场次，受教育群众12.85万人次；建档立卡户退出1.29万户；兴办集体经济522个，2.34万人实现稳定增收；组织开展技能培训731场次，实现增收4138.14万元。

【乡村振兴】　推行农牧业特色产业与二三产业融合发展等模式，实施“厕所革命”，人居环境持续改善。宣传环保政策、国家通用语言1.16万场次，开展环境整治活动0.68万次，参与群众100.17万人次；理清发展思路0.33万条，制订发展规划0.15万项。

【基层组织】 发放学习资料13.80万份，组织学习0.55万次；培训党员1.37万人次；协助发展党员1788人、预备党员1376人，培养入党积极分子2458人。

【精神文明】 开展地方病综合防治宣传0.77万场次，开展破除陈规陋习专题活动、“三送”活动、法律知识宣传活动1.02万场次，受教育群众30.47万人次。

【“典型培树”】 宣传报道干部驻村工作中涌现出来的先进典型，弘扬主旋律，传播正能量。6月11日至12日，昌都市干部驻村“传帮带”工作现场推进会在芒康县召开，会议总结工作成效、交流经验做法，为进一步做好“传帮带”工作，推进基层党建工作提供保障、奠定基础。开设“藏东驻村先锋”“强基惠民在行动”电视报刊专栏，编印《新时代.藏东驻村工作（双月刊）》，在全市范围内培树先进典型12个，营造比学赶超的浓厚氛围。中央级媒体发布信息6条，区级媒体发布信息49条，市级媒体发布信息80条，市电视台播出宣传专栏13期。

【试点工作】 类乌齐县认真贯彻落实自治区党委、市委关于新时代干部精准驻村试点工作的部署要求，推行“1234”工作法，坚持干部驻村“传帮带”、落实维稳第一责任、发展产业促脱贫、建设文明乡村等多项措施，力促试点工作有序推进。

【领导名录】

主　　任：黎　静（兼）

常务副主任：李昆全（兼）

中共昌都市委宣传部

【概况】 中共昌都市委宣传部，是市委主管全市意识形态方面工作的职能部门，为市委工作机关，正县级。市委宣传部共有8个内设机构（正科级），分别为办公室、理论教育科、新闻科、出版和版权科、宣传教育科、文化发展管理科、市文明办综合科、干部科。核定行政编制21名。县处级领导职数5名，科级领导职数15名。截至年底，市委宣传部（包含讲师团、执法支队、文联、电影公司、新华书店）共有干部职工64人（援藏干部3人、挂职3人、志愿者3人、公益性岗位3人）。实际占编人数为52人，其中行政人员（含参公）32人，事业单位工作人员12人，机关工人2人，事业工勤编制6人。

管理机构：市文化市场综合执法支队：副县级，共有3个内设机构（副科级），分别为综合科、政策法规监督科、执法科。核定编制参公11名（含后勤服务事业编制3名）。其中，县处级领导职数1名，科级领导职数7名。

市文学艺术界联合会：副县级，市文联共有1个内设机构（正科级），办公室。核定行政编制4名。县处级领导职数2名，科级领导职数1名。

市干部理论教育讲师团：正科级，核定参公编制4名，科级领导职数2名。

所属事业单位：昌都市电影公司：正科级建制，事业编制6名，其中科级领导职数2名。

昌都市新华书店：正科级建制，事业编制6名，其中科级领导职数2名。

中共昌都市委员会宣传部（简称市委宣传部）是市委主管全市意识形态方面工作的职能部门，为市委工作机关，正县级，加挂市新闻出版局、市版权局、市政府新闻办公室牌子。

【思想理论】 印发《全市各级党委（党组）理论学习中心组2019年度专题学习重点内容安排》等文件。扎实开展《习近平谈治国理政》通读精学活动，学深学透《习近平关于“不忘初心、牢记使命”重要论述选编》《习近平新时代中国特色社会主义思想学习纲要》。第一时间跟进学习习近平总书记最新讲话精神，做到总书记提出的每一项要求第一时间具体贯彻、作出的每一项部署第一时间落地见效。全市各级党委（党组）主动向市委对标看齐，把自学通读、专题辅导、学习交流有机结合，累计开展学习2100余次。依托“学习强国”学习平台，搭建覆盖全市各级党组织“纵向到底、横向到边”的学习组织架构，充分发挥“学习强国”党员干部带头学习作用，积极带动全市干部职工“主动学 认真学”，日人均积分连续3个月位列全区第一，党员干部理论学习教育迈出可喜步伐。理论研究扎实推进。将坚定“四个自信”作为建设社会主义宣传思想工作的关键，加强理论研究和科研课题的申报，围绕庆祝中华人民共和国成立70周年、西藏民主改革60周年主题，征集理论文章114篇。在媒体开设“习近平新时代中国特色社会主义思想”等理论专版，刊载系列解读文章和研究成果800余篇。突出督导考核抓成效。用好中央脱贫攻坚巡视整改契机，加强对各级理论学习中心组的指导检查。印发《关于督查基层党委（党组）理论学习中心组各项工作暨扶贫理论政策“学习不够全面深入”问题整改落实情况的通知》等文件，组织人员对11县（区）及12家市直单位党委（党组）理论学习中心组学习习近平总书记关于扶贫论述情况进行专项督察，联合市委组织部对全市县处级干部学习脱贫攻坚政策知识情况进行测试，840余县处级干部参加考试，考试合格率99.87%。

【宣传活动】 完善机制保畅通。严格实施市委《关于贯彻落实中央八项规定精神的实施办法》，简化市级领导干部出席会议活动的新闻报道，建立与中央、自治区、市三级各类媒体的畅通渠道。充分利用微信“昌都新闻采访活动媒体群”，充分广泛收集新闻线索，第一时间在微信群发布，为媒体提供新闻报道依据，重点围绕市委、市政府中心工作策划新闻选题和报道，聚焦基层百姓生活，新闻节目受到广大群众好评。新闻宣传鼓舞士气。全市各级各类媒体紧扣中华人民共和国成立70周年，西藏民主改革六十周年主题主线，以“增强‘四力’，出精品”为奋斗目标，围绕决战决胜脱贫攻坚、七城同创、扫黑除恶、“不忘初心、牢记使命”主题教育等重大主题任务宣传。人民日报、新华社、中央广播电视总台、光明日报、经济日报等中央主流媒体刊播昌都新闻52条（篇），其中《西藏岗托村：下山上学 放牛班也有春天》等多篇报道通过英语、日语等17种语种对外传播，中央广播电视总台《朝闻天下》栏目刊播昌都新闻2条，累计时长9分37秒。创下昌都市对自治区报道的新纪录。市属媒体组成大型采访团，开展“纪念西藏民主改革六十周年暨决战决胜脱贫攻坚”大型主题采访活，在重要版面时段开设《60年的诉说》《叫我怎能不歌唱》等专题专栏，刊发新闻报道130余篇、图片300余张。全景展示中华人民共和国成立70年、西藏民主改革60年来昌都发生的翻天覆地变化。重点工作宣传给力。昌都市媒体充分运用专题专栏加大对市领导调研扫黑除恶工作成果的宣传报道力度，《昌都新闻》节目开设《扫黑除恶 昌都在行动》专栏，刊载《市委书记阿布同志莅临昌都市公安局扫黑办检查指导工作》等80余条（篇）稿件。制作《非法组织的危害》《让冲突止步》《谁骗走了我的钱》《血路之殇》四部警示教育片，并累计播出时长360分钟。围绕“援藏成就、援藏感悟、援藏人物”开设专题栏目，大力宣传第八批援藏工作开展成果及援藏干部先进事迹。昌都报社、昌都广播电视台等媒体及所属微公号刊载刊播《“奋斗书记”的长征路》等新闻报道50余篇（条）。邀请援昌“一省两市”媒体采访报道，推出《福建省第八批援藏工作队建设昌都：八月格桑花正艳》《爱在昌都 重庆第八批援藏工作队交出满意答卷》《幸福，从搬家开始——天津援藏纪实之一》等新闻报道100余篇（条）。顺利启动庆祝昌都解放70周年《美丽昌都》《多彩传承》《青山绿水》《和谐家园》《再创辉煌》五部纪录片拍摄工作。网络宣传全屏飘红。市属网络媒体在显著位置开设“庆祝中华人民共和国成立七十周年”“纪念西藏民主改革六十周年”专题专栏，集纳转载中央和区内主要媒体报道1万多条，跟帖评论4000余条。社会宣传喜庆热烈。整合利用全市社会宣传阵地，刷新悬挂、滚动播放庆祝和纪念内容4.5万条。组织广大群众收听收看自治区庆祝纪念活动，稳步推进“我和我的祖国”群众性主题宣传教育工作，营造全市干部群众团结奋进的良好舆论氛围。

【宣讲活动】 坚持将“四讲四爱”群众教育实践活动作为我市宣传思想文化建设的重大工程，搭建起四梁八柱的综合教育平台。全市各级各部门深刻认识、准确把握市委对“四讲四爱”群众教育实践活动的定位，与各自本职工作紧密结合、深度融合，将其作为一项常规性工作常态化推进。一把手指挥站位凸显。各县区委书记指挥前移，亲自谋划、亲自部署，全市138个乡镇、1142个村（居）、518座寺庙、606所学校顺利开展“四讲四爱”群众教育实践活动，做到有安排、有部署，保证教育实践活动的全面开展。强化宣讲突出重点。聚焦深入学习宣传贯彻习近平新时代中国特色社会主义思想这个首要任务，组织专职宣讲员深入基层一线开展巡回宣讲，实现市、县、乡、村、寺庙五级宣讲全覆盖。全年累计开展宣讲5万余场次，受众95万多人次。加大培训扩宽渠道。举办“四讲四爱”群众教育实践活动宣讲员培训班，建立四级宣讲员队伍，全市骨干宣讲员代表共计60余人参加培训。在各节点转段期间，再次对当地宣讲员进行培训，特别注重农牧民群众宣讲员的选拔培养，不断提高宣讲员水平，确保每个村居至少有1名骨干宣讲员，留下一支永远不走、发挥作用的宣讲队。全市累计举办宣讲培训5000余场次。突出实践筑牢认识。加大实践活动权重，紧扣庆祝中华人民共和国成立70周年和纪念西藏民主改革60周年这条主线，举办“争做神圣国土守护者 幸福家园建设者”“我和我的祖国”快闪、迎国庆群众性联欢活动与篝火晚会、学习新思想演讲大赛等针对性强参与度高吸引力大的主题活动1万多场次，参与人数32万多人次。在活动中加大对国家基本元素、符号和基本国情教育，注重对群众文化休闲、民俗活动、体育娱乐等日常生活引导和熏陶，在“送乐送趣”中“播种育苗”，增进“五个认同”，筑牢中华民族共同体意识。丰富形式凝聚共识。充分发挥基层宣传阵地作用，利用广播站、放映室、图书室、宣传栏、广告牌、LED显示屏、宣传标语口号等平台开展宣传活动。同时制作发放形式多样、内容丰富的小物品、小图册，度宣传“四讲四爱”，使“四讲四爱”宣传形式更加多样、内容更加丰富，群众更加喜爱。全市累计悬挂“四讲四爱”横幅7000余条，制作大型广告牌和大型展板300余个，制作各类宣传栏、宣传图片5万多个（张），制作宣讲口袋手册1.6万多册，宣传海报3万余份。

【精神文明建设】 坚持在培养担当民族复兴大任的时代新人上聚焦聚力，大力培育和践行社会主义核心价值观，凝聚向上向善的正能量。新时代文明实践中心试点顺利。按照中央、自治区和市委的工作要求，扎实推进新时代文明实践中心试点工作，严格按照“五有”要求，在县区建立新时代文明实践中心、乡镇建立新时代文明实践所、行政村建立新时代文明实践站。卡若区、察雅县、丁青县完成县区新时代文明实践中心及部分乡镇、街道、行政村（所、站）挂牌工作。并充分发挥新时代文明实践中心理论宣讲平台、教育服务平台、文化服务平台、科技与科普服务平台、健身体育服务平台“五大平台”作用，紧密结合本地的历史文化传统、生产生活习惯，精心设计群众便于参与、乐于参与的活动项目，全面落实学习实践科学理论、宣传宣讲党的政策、培育践行主流价值、丰富活跃文化生活、持续深入移风易俗等五项工作任务，实现教育与实践良好互动，打通宣传群众、教育群众、关心群众、服务群众的“最后一公里”。社会主义核心价值观践行有力。向自治区文明办推荐第七届全国道德模范昌都市候选人5名、“中国好人”1名、“新时代好少年”10名，先后涌现出像尼玛家庭、仁青措姆家庭的自治区2019年“文明家庭”，像洛松次成家庭、张红花家庭的自治区2019年“五好文明家庭”等荣誉，并向全市展示模范风采，以身边人身边事呼吁鼓励群众。配合做好自治区文明办“四个二十活动”，组织实施昌都市“四个十活动”，表彰第一届昌都市文明单位、文明村镇，收集整理并展示全市7个自治区文明校园风采。开展“我们的节日”主题活动。协调有关部门在春节、藏历新年、元宵、中秋等传统节庆节点和“五四”青年节、“十一”国庆节等现代节日期间，开展主题活动30余场次，将时代内涵和时代新风融入活动中，深挖、宣传、展示优秀传统节日文化。加强乡村学校少年宫建设。用好自治区下拨乡村学校专项资金，规范全市54所乡村少年宫的建设和管理，组织全市乡村学校定期组织开展活动。志愿服务工作再上新台阶。健全昌都市志愿服务联合会领导体制建设，指导协调全市254个志愿服务团体，3.8万多名志愿者开展扶贫济困、邻里互助、环境保护等16项志愿服务，发起项目1500余个，累计服务时长26万余小时。订制“昌都志愿者”服装5000套，争取财政资金300万元在全市建设1个志愿服务总站、46个志愿服务站（点）。文明城市创建进展迅速。按照阿布书记的重要批示精神，在掷地有声抓落实上下功夫，以问题为导向，邀请相关专家对创文工作人员进行培训，选派40余名创文骨干赴区外学习，正式推行昌都市创建全国文明城市智能管理系统，有效推进创文网上申报工作进展。网上申报指标310项指标上报285项，上报率91.94%。开展好“点赞文明行为”等系列主题活动，编发《市民文明手册》等书籍10万余本。抓好基础设施建设、环境卫生整治等薄弱环节，推进文明旅游等七大行动，开展文明示范点建设等七大创建，实施素质提升等七项工程。投资3.87亿元，建设昌都镇第二垃圾填埋场；实施昌都市污水处理厂二期工程；整治滨江路，完善和改造提升城区污水管网；投资约1.6亿元，综合整治背街小巷、城乡接合部、公共厕所等地，完善配套设施；每月持续检修城区道路及广场照明路灯，维修破损路面及相关设施；严格落实门前“三包”责任制、“网格”管理制、河长制、街长制，突出整治背街小巷、公共厕所、公路沿线、主要河道、城乡接合部的环境卫生。针对主城区99个小区、卡若区15个乡镇驻地及沿线村（居）人居环境存在的乱搭乱建、乱改乱用、乱停乱放、乱贴乱挂、失管失监等46项突出问题，与40余家相关单位签订《居民小区环境综合整治工作目标责任书》，投入专项资金1400余万元，改造属商品住宅小区性质的老旧小区，昌庆街、幸福小区等老旧小区面貌焕然一新。实地督导巩固成果。针对环境卫生、交通秩序、窗口服务、市场管理、公益广告等实地动态考察项目，采取不打招呼、不事先安排、不定时、不定人的方式进行明察暗访、督导检查，查找出各类问题925个，召开集体约谈会2次，整改完成732个。

【文化事业】 坚持补齐基层宣传思想文化阵地建设的短板，不断丰富优质文化供给，在“润物细无声”中让社会主义先进文化占领每一片土地、扎根每一名群众心中。制度建设逐渐完善。调整充实美术家协会、书法家协会、摄影家协会等协会会员，吸纳昌都市更多文化文艺爱好者积极参与协会发展，同时修改完善各协会章程，明确各协会职责任务。文化氛围更加浓郁。紧紧围绕“庆祝中华人民共和国成立70周年、纪念西藏民主改革60周年”主线，开展形式丰富的文艺氛围营造工作，全市上下呈现出一片欣欣向荣的文艺气息。基础设施更加健全。建成农家书屋、寺庙书屋1662个，实现村居、寺庙全覆盖。市博物馆、革命历史博物馆、图书馆等作用持续发挥，日益满足全市干部群众文化文艺生活。文化活动丰富多彩。文艺精品不断涌现。市文联首次组织摄影家、作家、书法家等协会文艺骨干10余人联合采风，为文化文艺工作者拓宽创作思路。启动大型红色舞台剧《雪域金桥》创编工作。民族团结和援藏题材电影《太阳和月亮》审查通过获得龙标。出版发行《藏东明珠昌都》等书籍（画册、光盘）。申报《茶马古道》《格桑花开新时代》等优秀作品。文物保护力度加大。投入9500余万元，维修卡若嘎玛丹萨寺等11处文物。完成察雅县阿觉查纳摩崖石刻、芒康县拉果顶摩崖造像的调研工作。申报江达县岗托红色遗址，昌都市解委会为自治区级国国防教育基地。文化产业转型升级。举办昌都首届文化旅游创意作品大赛。参加2019年福州“雪域之光·西藏昌都唐卡艺术展”、藏羌彝文化产业走廊文旅精品展、第十五届厦门旅博会、中国重庆西部国际投资贸易洽谈会、青海西宁2019年青海文化旅游节暨中国西北旅游营销大会等活动，昌都的知名度美誉度不断提升。

【文化市场监管】 紧紧围绕打击分裂势力反动宣传品渗透、政治性有害出版等重点工作，坚持不懈扫除削弱、歪曲、否定党的领导和社会主义制度等有害出版物，坚决清除文化市场各类“毒害”垃圾，全面加强文化市场领域安全建设，努力营造昌都市积极健康、向上向善的文化环境。持之以恒开展扫黄打非。结合三大考试、开学前等重要时间节点，深入开展四个文化市场监管专项行动，清查宣扬淫秽色情、暴力、恐怖、迷信等有害信息及非法宗教出版物，打击分裂势力反动出版物、反宣品及有害信息，清除淫秽色情出版物及有害信息。同时下发《“扫黄打非”工作举报奖励办法》，公布举报电话、传真、邮箱、信件受理地址，拓宽扫黄打非线索渠道和信息来源。全年共出动执法人员3675人次，检查各类文化市场经营场所2632家次，收缴非法出版物27件，删除违禁歌曲25首，没收盗版光碟20张，收缴有害读物84本，发现安全隐患12处，现场整改24家，限期整改5家，立案调查2起。丰富文化活动引领文化时尚。举办《藏地心迹》新书捐赠暨读书沙龙活动，开展以“开展全民阅读，助力脱贫攻坚”为主题的第三届书香昌都读者节，送书下乡等活动的各类文化活动，引导全市文化活动向上向善发展。全年累计向1133个农家书屋、518座寺庙书屋配送书籍、生活小常识、儿童读物等图书共计12万多册、发放绿书签300余份、各种光盘1400余张、展销邮册10余种100余册，藏汉书法家赠送40余张书法字画。规范管理服务便民。调整充实市推进使用正版软件市级联系会议领导小组，加强软件正版化制度建设，巩固和扩大软件正版化工作成果，全面开创新时代全市推进使用正版化工作新局面，累计审核办理邮寄证明业务13项，完善广告公司打字复印店设立、变更审批等相关业务网上办理事项，核发内部资料性出版物准印证、电影放映许可证等。

【领导名录】

市委常委、宣传部部长：赵 建 国

常务副部长：张 万 里

副部长：李　　琦（8月任，福建援藏）

副部长：张 雷 鸣（11月任）、二级调研员（6月任）

副部长：向巴群觉

副部长：李 海 军（8月任，重庆援藏）

副部长：徐　　宁（8月任，天津援藏）

副部长：李 郁 钾（11月任）

部务委员：谢　　洋（11月任）

二级调研员：罗　　布（6月任）

市文学艺术界联合会主席：赖 小 芸

市文化市场综合执法支队支队长：史 金 举

四级调研员：斯郎加措（6月任）

昌都报社

【概况】 《昌都报》1993年7月试刊，1995年7月正式创刊。1996年1月以周报形式，4开4版，藏、汉两种文字报，正式向全国发行。1999年9月，《昌都报》使用国内统一刊号CN54-0015。2013年7月，《昌都报》由周一报变更为周二报。

昌都报社是由中共昌都市委员会主管，中共昌都市委宣传部主办的全额拨款副处级事业机构。截至年底，昌都报社核定事业编制24名。内设7个副科级职能科室，分别为：办公室、藏文编辑部、汉文编辑部、记者部、采通部、发行部、新闻媒体中心。正式在编干部21名，其中专业技术岗位13人，副高职称2人（主任记者1名，副译审1名），中级职称2人（编辑1名，记者1名），初级7人（聘任记者2人，未评聘5人），员级2人，管理岗位7人（管理七级1人，管理八级4人，管理九级2人），高级工1人。

【新闻宣传】 重点做好纪念西藏民主改革60周年和庆祝中华人民共和国成立70周年的成就宣传。围绕纪念西藏民主改革60周年和庆祝中华人民共和国成立70周年，组织编辑记者前往11个县区采访西藏民主改革的亲历者、见证者、参与者，听他们讲述民主改革的历史背景、村庄和行业的发展变迁，先后开设《60年的诉说——纪念西藏民主改革六十周年》《叫我怎能不歌唱》栏目，编发《西藏解放第一村——三位老人讲述历史变迁》《“报党恩”：罗布不泯的初心》《邓泽老人心里有首歌》等系列报道22篇。开设《壮丽70年 奋斗新时代》栏目，共刊发各类报道35篇。加大对“三大攻坚战”特别是脱贫攻坚的宣传报道。组织采编人员前往各县（区）采访，采写脱贫攻坚工作中的经验和成效。推出《决战决胜脱贫攻坚》《我脱贫了》《最美扶贫昌都人》《众志成城脱贫攻坚》、访谈栏目——《脱贫攻坚面对面》，反映11个县区在脱贫工作中涌现出来的先进典型人物，典型事迹，以及脱贫工作的有效措施、亮点和成效，截至年底，共刊登各类消息、简讯、通信、专访、图片新闻等70余篇。防范化解重大风险、污染防治方面有20余篇新闻报道。强力推进“不忘初心、牢记使命”主题教育宣传报道。编辑部迅速制定宣传报道工作方案，及时报道全市主题教育的学习教育、调查研究、检视问题、整改落实等各个环节的开展情况。开设《不忘初心、牢记使命》《守初心、担使命，找差距、抓落实——深入开展“不忘初心、牢记使命”主题教育》《“不忘初心、牢记使命”——我想祖国说》等专栏，共刊发60余篇。持续推进“七城同创”的宣传报道工作。报社制定相应新闻宣传方案，对照《全国文明城市（地级以上）测评体系昌都市任务分解表》目标要求，全力做好“七城同创”各项工作。先后开设《七城同创 我们在行动》《“创文”曝光台》《劳模风采》《最美家庭》《践行社会主义核心价值观》《诚信人物》《诚信企业》等栏目新闻，以及公益广告500余篇。全力以赴做好第五届三江茶马文化艺术节宣传报道。全彩出版3期报纸报道艺术节期间开闭幕会，并持续跟进文艺演出、锅庄展演暨锅庄高峰论坛、特色产品展销、特色旅游体验、体育竞技、音乐·灯会·美食街等系列活动新闻宣传报道。集中宣传阶段性工作。先后开辟《新春记者走基层》栏目，采写稿件13篇；《援藏实录》《援藏干部风采》栏目20余篇；《强基惠民在行动》栏目57篇；《扎实开展“四讲四爱”主题活动》栏目10余篇。

【社评评论】 撰写、转载关于全国“两会”、自治区“两会”、“市委一届八次会议”、“七城同创”、“脱贫攻坚”、“不忘初心、牢记使命”主题教育、“西藏民主解放六十周年”、“中华人民共和国成立七十周年”等30余篇社论、评论。

【藏文报出版】 截至11月4日，藏文报共出版88期。开设《七城同创 我们在行动》《曝光陋习》《不忘初心 牢记使命》《最美扶贫昌都人》《援藏实录》等藏文版栏目，刊登《60年的诉说——纪念西藏民主改革六十周年系列报道》《叫我怎么不歌唱》《沐浴在党恩下的巴觉老人》《带动更多人一起致富》《牛勇军为脱贫支牛招》《传承唐卡技艺 绘出多彩生活》《追逐百花满园的春天》等70余篇消息、通信、图片、评论员文章等。

【印务工作】 截至11月4日，昌都报社印务中心共印刷藏汉文报178期，其中88期藏文报、90期汉文报。

【党建工作】 抓好昌都“智慧党建”学习平台的信息化建设。6月开始，昌都智慧党建上线运行，报社积极配合，专人负责，现已全部录入党员信息和工作动态。

【创文工作】 做好创文材料网上申报工作。创建全国文明城市网上申报内容涉及报社共30项，全国未成年人思想道德建设工作测评材料网上申报内容涉及报社共4项。其中报社为牵头单位共1项，网上申报通过率为100%。自2019年4月以来，昌都报社严格按照市创文办工作要求，安排专人负责每月信息统计及系统上报工作，并全程跟踪，及时按照反馈意见补充完善网上申报材料。截至11月5日，共计上传、报牵头单位样报图片、说明报告、数据表格共485项，完成全部网上申报工作。报社联络员主动与相关单位协调沟通，确保昌都报社负责34项内容无一遗漏，有效推进全市创文工作有序开展。

【领导名录】

党组书记、总编辑：杨青曲珍

中共昌都市委统战部

【概况】 统战部是党委主管统一战线工作的职能部门，是党委统战工作的参谋机构、组织协调机构、具体执行机构、督促检查机构。市委统战部内设机构5个，办公室、干部人事科、统战科、民族宗教科、侨务科。所属事业单位机构4个，市归国藏胞接待中心、研究室（信息宣传中心）、宗教社情中心、社会主义学院。市委统战部现有编制46名，行政编制15名。事业编制31名，其中参公编制10名。实有干部32人，其中行政17人，事业参公7人，事业8人。

【服务工作】 在区、市前方指挥部的统一指挥下，按照“交一个、接一个”的原则，深入开展滞留人员信息核查，以“作减法”的原则提前细化制定接返方案，与后方无缝对接，在接返过程中充分体现人文关怀，确保接返工作“零事故”，前后共接回滞留人员1864人（包括6月25日后自发返回19人）。做实“教”的环节。在教育转化中，积极组织开展各类文体活动，有针对性地引入老党员、老干部、高僧大德、致富能手开展教育转化；加强技能培训，安排参观学习，引导被劝返人员返还本来身份、过好幸福生活，为安置打牢基础。做实“安”的环节。实行“一前提、一申请、两承诺、五担保、一安置办法”工作思路，积极对接各安置成员单位，全面落实各项安置政策。通过政策保障实现安置1133人，其中生态岗位941个、落实低保政策33人、办理残疾证25个，其他134个，完成全市接返人员的安置工作。

【巡视巡查反馈意见整改】 市委统战部坚持着眼堵住全市宗教工作中的漏洞、完善宗教工作体制机制，扎实推进中央宗教督查、区党委巡视组巡视烟多寺管委会党委、市委巡察组巡察67个寺管会党委（党总支）反馈意见整改工作。认真制订整改方案。坚持聚焦反馈意见，抓住关键环节，逐条逐项分析问题原因，制订整改措施，明确责任人和整改时限，明确“一把手”亲自抓、负总责的要求，制订各项整改方案。加强整改工作落实。成立整改工作督促指导组，明确由市委统战部一名副部长负责中央宗教督查反馈意见整改工作，市宗教局一名副调研员负责区党委巡视组巡视烟多寺管委会党委反馈意见整改工作，市宗教局一名副局长负责市委巡察组巡察67个寺管会党委（党总支）反馈意见整改工作，全程加强对整改工作的督办、指导。各县（区）按照要求对照整改方案查漏补缺，逐项认真梳理整改工作进度，对已经整改到位的，逐项健全完善相关台账、资料；对没有整改到位的，认真分析原因，进一步明确整改措施，对需要长期关注、长期整改的，注重建立长效机制。

【主题教育】 在市委主题教育第四巡回指导组的全程指导下，严格按照规定动作开展各项工作，通过部务会带党支部，实现主题教育对全体党员的全覆盖；利用7天时间开展学习研讨，领导干部带头讲党课，带头撰写学习笔记；组织干部到昌都市历史博物馆参观党风廉政警示教育展，动员干部与市福利院孤儿结对认亲，开展“大手牵小手”活动；邀请市政协副主席图嘎为全体干部开展“藏传佛教的基本知识和党的宗教政策”专题讲座，邀请藏学研究中心王小彬博士开展“中国共产党西藏工作的初心和使命”专题讲座；主题教育中形成调研报告6篇，为民办实事6件。

【理论学习】 坚持把学习贯彻习近平新时代中国特色社会主义思想作为所有工作的主

线，推动往深里走、往心里走、往实里走。以部务会、理论学习中心组、“三会一课”为基础平台，深入开展“干部大学习”。建立统战、民族、宗教、工商联四部门每周五联合学习制度，常态化开展知识测试。2019年以来，开展理论学习中心组学习15次，党支部学习22次，开展主题党日活动10次。

【统一战线各领域】 在民族工作中，推进全国民族团结进步示范市创建工作，开展“九进”活动，开展民族团结模范集体、先进个人典型培树工作，截至2019年底，根据市创建办考核结果，41项创建测评指标已完成40项，完成率97.56%。在非公经济统战工作中，以“百企帮百村”活动为抓手，着力做大做强非公企业回报社会的平台，组织全市各行各业的145家企业共捐赠现金189万多元，面向贫困群众提供就业岗位60个，捐赠各类物资价值40多万元。172家民营企业与120个贫困村开展结对帮扶活动，投入公益帮扶资金344万多元，安置就业546人，资助贫困大学生84人，医疗救助197人。举办专场招聘会27场次，帮助265名高校毕业生在民营企业实现就业。在党外人士工作中，开展新的社会阶层人士调研，建立718名新的社会阶层人士数据库；健全与党外人士沟通联系机制，开展谈心谈话活动，开展党外知识分子考核鉴定，落实党外代表人士生活补助、岗位补贴政策。在藏胞工作中，积极创新工作思路，开展藏胞在国内亲属基本情况调研，加强藏胞主动团结争取，依法做好藏胞回国探亲审批和接待工作。17名藏胞回国探亲，接待12名到昌都市回国探亲藏胞。

【领导名录】

市委统战部部长：泽仁俊美（3月任）

市委统战部常务副部长：泽仁欧珠

市委统战部副部长：普　珍（3月任）

市委统战部副部长：江　华（12月任）

市委统战部副部长：李阳军

市委统战部部务委员：扎西巴珍（12月任）

市委统战部二级调研员：卫　民

市委统战部四级调研员：黄春林（3月任）

中共昌都市委政法委

【概况】 1990年设立中共昌都地区委员会政法委员会，1996年12月藏昌机编〔1996〕字第19号，中共昌都地区委员会政法委员会和地区社会治安综治治理委员会合署办公，内设办公室、地区社会治安综合治理委员会办公室，调研室3个科室，核定行政编制13名。其中处级领导职数3名，科级领导职数6名。事业编制科室为政法培训中心，科级建制，事业编制3名，其中科级领导职数1名。至2019年底，市委政法委内设办公室（政治安全科）、执法监督科（维稳指导科）、综治督导科（反邪教协调科）、基层社会治理科（双联户办公室）、政策研究室（法治科、市法学会秘书科）、干部科（政法队伍建设指导科）6个行政科室，核定行政编制17名，其中处级领导职数5名，科级领导职数11名，机关后勤编制6名。

【维护政治安全】 全市各级政法部门以全力做好中华人民共和国成立70周年维稳安保为主线，以不出事、不给中央、区党委添乱为底线，以“六个严防”“六个不发生”为目标，坚定不移开展反分裂斗争和维护社会稳定工作，实现昌都持续、长期、全面稳定。把确保昌都持续和谐稳定作为常态化工作。年初召开全市维稳工作会议全面安排部署全年反分裂斗争和维护稳定工作，全力以赴打好打赢全年维护稳定攻坚战。聚焦重点，着力保障社会和谐。紧紧围绕2019年是中华人民共和国成立70周年，西藏民主改革六十周年，是贯彻落实区党委九届五次全会和市委一届八次全委会工作部署、全面打赢脱贫攻坚、全面建成小康社会的关键之年，围绕元旦、春节、藏历新年等重大节庆，全国、自治区“两会”等重要会议，“萨嘎达瓦”、虫草采挖等重点时段，从严从细落实安全措施。成立全国“两会”中华人民共和国成立70周年维护稳定工作领导小组，制订完善总体方案、处突预案、督导方案等配套方案。提升政治站位，围绕中央10类、自治区21类、昌都市28类打击重点，强化组织领导，注重宣传发动，严查快处涉黑涉恶案件，并根据中央扫黑除恶第13督导组反馈问题，扎实开展整改工作。聚焦线索核查。7月以来，昌都市受理中央扫黑除恶督导组移交的24条督办线索（市扫黑办受理线索7条、市纪委监委受理线索13条、市公安局扫黑办受理线索4条），正在办理1条（陈某涉嫌违法犯罪线索），办结23条，排除涉黑涉恶及相关问题但存在其他违纪行为给予党内警告处分2人、诫勉谈话4人、提醒谈话3人、约谈5人，下发监察建议书1份。聚焦深挖彻查，2018年以来，侦破“九类个案”19起，抓获涉案人员193人；成功打掉恶势力犯罪集团1个，抓获涉案人员26人；依法打击取缔非法组织6个，抓获涉案人员101人；制作4部警示教育宣传片（《矛盾纠纷排查警示教育宣传片—让冲突止步》《非法组织危害警示教育宣传片—非法组织的危害》《道路交通安全警示教育宣传片—血路之殇》《电信诈骗警示教育宣传片—谁骗走了我的钱》），在农牧区、寺庙等滚动播放、以案释法，开展各类法律宣传活动4357场次、法治讲座1395场次，发放各类宣传资料76万多份、法律书籍37万册，实现市县乡村和寺庙宣传全覆盖。聚焦基层组织，完成140个软弱涣散村级党组织整顿工作，基层党组织的凝聚力战斗力号召力显著增强。2019年以来，共清理曾受过刑事处罚村（居）干部2人；撤换村（居）干部62人，其中因个人履职不力、考核不称职等原因撤换34人。同时，严格执行《昌都市村（居）干部业绩考核奖励实施细则（试行）》，将村（居）干部日常表现与年中业绩考核奖励结合起来，取消23名村（居）干部的业绩考核奖励资金发放。市级举办村（居）书记、主任培训班5期、培训300人，提高村（居）干部维护基层稳定能力、宗教事务管理能力、处理突发事件能力、服务群众能力和依法办事能力。

【发挥职能作用】 审判机关1—10月，受理刑事案件222件，审结190件，结案率85.59%；受理涉恶案件2件；受理民商事案件1899件，审结1474件，结案率77.62%；受理行政案件4件，审结3件，结案率75%；受理执行案件902件（旧存80件，新收822件），执结666件，综合结案率73.84%；接待来信来访群众1920余人次，提供法律咨询1370余人次，开辟绿色通道640余件，一站式服务220余件。检察机关1—10月，共受理审查批准和决定逮捕案件260件426人，逮捕162件233人，同比分别上升0.4%，下降14.3%；受理审查起诉案件309件507人，起诉242件348人，同比分别上升10%，3.4%。公安机关1—10月，共立各类刑事案件600起，破291起，共抓获各类刑事案件涉案犯罪嫌疑人410人；共受理经济案件14起，立案11起，破案3起（侦破2015年诈骗案1起），涉案金额达4305.8万元，抓获犯罪嫌疑人3人。司法机关1—10月份，各级法律援助机构共办理案件101件，其中民事20件、刑事81件，代写法律文书1516份，通过现场及“12348”法律服务热线解答各类法律咨询2487人次；调解矛盾293件，调解成功279件，调解成功率95.2%，涉及金额21531.36万元；共排查纠纷3778件，预防纠纷

1280件；收治戒毒人员8人；新接收社区服刑人员105人，在册共计196人；新衔接刑满释放人员173人，撤除帮教17人。

【社会治理】 昌都市各级政法部门以总结推广新时代“枫桥经验”为抓手，切实履行综治职能，创新思念思路、体制机制、方法手段，加快建设共建共治共享的社会治理新格局，不断提高平安昌都建设水平。深化双联户服务管理工作。推行凭星定绩考核机制，逐级落实双联户日常工作考核；创办《昌都户长》季刊，收录各县（区）每一季度户长故事，交流学习、借鉴做法；加大投入、激发活力，落实流动红旗制度。1—10月份，共开展治安巡逻投入45.8万多人次；排查整治治安重点地区1923处；消除安全隐患2369起；开展环境卫生整治2.7万多场次；帮扶困难家庭3.2万多户、12.1万多人，为群众办好事实事1.7万多件，投入资金2亿多元；邻里之间投工投劳14.5万人次；发放小额信贷7950笔、5亿多元，受惠7950户；兴办经济实体45个，带动群众致富278户、1564人，实现增收224万元。推进“雪亮工程”和综治信息化建设。全市维稳硬件不断优化升级，维稳能力显著提升。提升民生信息员工程建设质量。拓宽和畅通民情民意诉求渠道，全面收集掌握影响社会稳定的涉稳类信息，深入排查化解影响社会治安的各类安全隐患，准确掌握反映基层动态和社情民意，真实了解各级干部工作作风状况等。强化公共安全管理。依法加强对民用爆炸物品、烟花爆竹和油气等易燃易爆物品的安全监管，加大交通道路安全隐患排查整治行动。截至10月，共审批265家次民爆物品使用单位炸药5062.088吨、硝酸铵128吨、导爆管1056900发、电雷管7859600枚、导爆索2970000米、毫秒导爆管320700发；共核发购买证1029（762）张、运输证1029（762）张；共收缴非法散装汽油、柴油若干；共开展路检路查270次，查验各种机动车辆189000台次，查处各类交通违法5400余起，处理重点交通违法270余起。深化平安创建工作。持续推进国家、自治区、市、县四级平安创建工作，扩大平安覆盖面，提升平安层次，不断提高平安昌都建设水平，共创建国家级平安县1个，自治区级平安县7个，市级平安县2个。深化矛盾纠纷排查调处化解。坚持重点问题要防、难点问题要盯、热点问题要疏、一般问题要复的原则，充分发挥社区网格员、民生信息员、双联户户长职责，及时收集矛盾隐患信息，及时排查化解。截至10月，共排查各类矛盾纠纷585起，调处574起，调处率98%。全面实施“虫草月”制度，抽调3600余名党员干部和警力组成525个专门工作组，强化对23.2万人次虫草采挖人员的“零距离”服务管理，实现整个过程的安全有序。

【法治宣讲】 3月综治宣传月、6月综治宣传周、“9·16”平安西藏宣传日活动期间，昌都市将综治法治宣传活动与扫黑除恶打非治乱专项斗争、与虫草月等重点工作紧密结合，大张旗鼓开展防灾、禁毒、安全生产、国家安全、权益保护等“法律七进”宣传活动。1—10月，共开展综治法律宣传活动1900余场次，发放各类资料50万余份，悬挂横幅2000余条，提供服务咨询13500余人次，受教育群众45万人次。强化督导检查。今年3月、5月、9月、10月，结合维稳、扫黑除恶、信息化建设等工作，前往机关单位、乡镇、村居、学校、寺庙、工矿企业等基层单位开展督导，指导基层工作，发现问题并强化督促整改。

【政法领域改革】 全市政法部门认真贯彻习近平总书记全面深化改革重要思想，把司法体制改革任务统筹起来，把政法机关机构改革和司法体制改革融合起来，全面深化政法领域改革。市县政法委充分发挥组织协调作用，统筹政法各部门，既各司其职，也相互支持、密切协作，形成合力，推进体制改革各项工作。审判机关推进智慧法院建设，定期检查案件信息录入质量，核查有关案件信息，发现问题及时督促改正；加强案件流程管理，坚决杜绝超审限现象。2019年，两级法院网上办案3070件，制作电子卷宗3006件，在中国裁判文书网公开汉语文书636篇、藏语文书77篇、案件信息992条，在中国庭审公开网公开庭审202次；持续加强中心法庭建设，制定《关于乡镇公安民警联合办案、妇女维权员进驻人民法庭联合办公的实施意见》，充实中心人民法庭办公力量。开展轮驻1300余人次，受理案件91件，结案86件，开展各类宣传活动120余场，发放资料1.9万多份，受教育群众1.7多人次，调解婚姻家庭、民间借贷等矛盾纠纷80余件，提供法律咨询等服务160余人次；推进诉讼服务中心建设，联动开展辖区内涉法涉诉信访矛盾纠纷拉网式排查，全面摸排、了解掌握各种矛盾纠纷和苗头隐患，并逐一登记造册、建立工作台账。发挥自助服务案件查询系统作用，当事人仅需身份证便可在自助服务器上显示案件流程图及办案进度等信息。检察机关坚持以专业化促进办案精准化，市检察院按照内设机构改革要求，搭建9个业务部门、3个综合业务部门和3个综合行政部门的总体框架，实行“固定设置+临时组建”相结合，统筹使用。基层院的内设机构改革工作正在有序推进。落实入额院领导办案制度，检察长、副检察长共办理各类案件173件。实施检察官履职年审制度，将业绩评价情况记入检察官司法档案，作为绩效考核、等级晋升和惩戒退出的依据。推进案件质量评查，加强和改进案件信息公开，公开案件程序信息410件、法律文书137份，发布重要案件信息11条。针对《西藏自治区人民检察院关于对部分地市案件质量评查工作情况的通报》，形成《昌都市人民检察院针对〈西藏自治区人民检察院关于对部分地市案件质量评查工作情况的通报〉开展自查自纠评估分析的报告》。公安机关继续深化“放管服”工作。“互联网+政务服务”稳步推进，在“互联网+监管”系统中，对监管系统事项认领、事项业务梳理机实施清单的填报达到100%认领和编制。在“互联网+政务服务”系统中，就电子证照管理系统、电子证照存量数据的涉密等级，与自治区公安厅进行联系，避免泄密事件的发生；行政管理与行政审批逐层下放。在梳理权力与责任清单中，确定依申请行政权力类事项共75项，其中行政确认8项、行政奖励10项、行政许可36项、其他行政权力26项。对已经明确取消暂住证核发等19项事项，全部停止审批，并实行相应的备案登记制度。司法机关推进法治昌都建设。推进司法行政机构改革工作，完成司法行政机关重组，统筹推动全面依法治昌各项工作，研究制订依法治市工作规划，做好日常沟通联络工作，推进行政执法体制改革，推动落实行政执法公示制度、执法全过程记录制度、重大执法决定法制审核制度“三项制度”，组织各单位、各县区对全市行政执法主体、执法职权依据和行政执法人员进行清理审核。开展《昌都市城市绿化管理条例》有关条款和内容法制审核，对《昌都市机动车停放服务办法》《昌都市绿线管理办法》《昌市野生鱼类保护办法（暂行）》《昌都市宗教活动场所建设（修缮）审批管理规定》等规范性文件把关并提出修改意见。

【队伍建设】　始终把政法队伍思想政治建设放在首位，扎实开展“不忘初心、牢记使命”主题教育、“两学一做”学习教育常态化制度化、“全面加强政治建警、打造过硬政法队伍”专项教育整顿等活动，引导政法干警牢固树立“四个意识”、坚定“四个自信”，做到“两个维护”，始终在思想上政治上行动上同以习近平同志为核心的党中央保持高度一致，坚定不移维护祖国统一和民族团结，永远做党和人民的忠诚卫士。牢固树立作风建设永远在路上的思想，全面落实党风廉政建设责任制，坚持反腐倡廉与政法工作同部署、同落实、同检查，对以权谋私、一案牟利、贪赃枉法、失职渎职等严重违法违纪行为坚决查处、严肃处理。截至年底，全市政法干警查处违法违纪案件5起，13人。

【领导名录】
市委常委、政法委书记：张 文 生
市委政法委常务副书记：洛松曲登
市委政法委副书记：王 贵 昌（3月任）
市委政法委副书记：李　 阳（11月任）
市委政法委副书记：周 建 军（11月任）

昌都市委国安办（市国安指挥部）

【维稳工作】 在提升站位上，树牢总体国家安全观，站在坚定“四个意识”、坚定“四个自信”、落实“两个维护”、做到“四个绝对”的政治高度，切实将思想和行动高度统一到中央、区党委和市委决策部署上，强化底线思维，增强忧患意识，提高政治警觉，以高度的责任感，坚定的使命感，不折不扣落实各项工作。在形势把握上，准确把握区党委关于三大规律的科学判断，针对达赖集团实施分裂破坏活动的四个特点，紧盯2019年是“逢9”的特殊年份，分析得出政治安全、反分裂斗争、意识形态、周边安全、社会稳定、经济发展、自然灾害、基层基础、执政能力等9个风险隐患，切实找准工作的着眼点和着力点。在顶层设计上，围绕大庆安保维稳的工作主线，市委主要领导适时召开市委常委会、专题会、维稳会，系统分析研判形势，全面查找问题短板，部署安排重要事项，制发《昌都市委国家安全委员会2019年工作要点》《昌都市2019年维护社会稳定工作方案》，做到任务具体、要求明确，确保常态维稳、阶段安保有序有效推进、共同促进增效。

【健全体系】 组织领导更有力。市、县两级均成立由党委书记担任主任的国家安全委员会，并下设办公室，负责市、县国家安全、社会稳定、边界管理工作的顶层设计、总体布局、统筹协调、整体推动、督促落实等工作，市委国安委先后召开2次全委会，剖析形势、研究对策、明确任务，形成了主要领导负总责、分管领导重点抓，主管部门集中抓、相关部门配合抓、干部群众支持抓的工作格局。指挥体系更健全，从严落实维稳首责和属地管理责任，严格落实“五包”责任制和“四级书记”抓维稳责任制、各级监督职责和问责制度，组建壮大市维护国家安全指挥部，在常态下设立12个职能组和非常态下10个职能组，明确人员组成和职责任务，全年召开国安指挥部视频会议19场，安排部署工作任务，确保工作不断档、运行更高效。督促指导更高效。本着统一统筹、整合力量、分片包干、流动巡察的原则，制发《昌都市2019年度市级领导同志督导县（区）维稳工作方案》，成立14个片区、1个流动巡察组，明确16类80项督导内容，为完成全年各项工作目标奠定坚实基础；在重要敏感时段，围绕“严、细、实、深”的要求，适时组派不同人员组成、带着不同任务的检查组，深入全市各县区各部门开展明察暗访、突击检查、专项督查等，帮助发现问题、整改隐患、补齐短板，确保各项部署要求落地落实、取得实效。

【大庆安保】 聚焦中华人民共和国成立70周年大庆安保维稳的工作主线，坚决贯彻执行党中央的方针政策、区党委的决策部署及大庆安保维稳的系列措施要求，以维护政治安全为根本，以不出事、不添乱为底线，以常委何文浩等自治区领导在昌督导调研时的重要指示为指导，紧紧围绕“五个坚决防止”的工作要求，准确把握“六对关系”，深化认识、统一思想，明确目标、全面布防，制定预案方案96个，举办迎国庆主题普法、文艺演出、篝火晚会等系列庆祝活动80余场次，确保大庆安保维稳工作思想认识到位、组织领导到位、基础夯实到位、严防严控到位、氛围营造到位、责任落实到位，实现大庆安保维稳工作取得全胜。

【专项斗争】 深化扫黑除恶。根据掌握的问题线索30件，查实涉恶问题1件、正在办理2件、了结27件，初步完成“一案三查”（查办黑恶势力、追查黑恶势力背后的“关系网”和“保护伞”、倒查党委、政府的主体责任和有关部门的监管责任）11件，侦破涉恶类个案11起，整顿提升软弱涣散村级党组织139个，了结中央扫黑除恶督导组反馈问题线索12件、正在办理1件；扎实开展专项斗争行动，核查涉嫌向境外提供资金线索8条、侦办资助危害国家安全犯罪活动案1起，打击处理17人，梳理掌握疑似地下钱庄账户6个、与疑似地下钱庄账户资金交易的藏区人员151人。深化打非治乱。始终坚持以人民为中心的工作理念，推进打非治乱综合行动，核查利用微信从事涉藏反宣渗透活动线索5条、落查处理41人，各类刑事案件立600起、破案291起，抓获网上逃犯57人，收缴各类枪支、子弹、炸药、雷管、索类爆炸物品、易治爆化学品、防雹弹、管制刀具、非法散装成品油、柴油若干，人民群众安全感进一步提升。深化“扫黄打非”。始终把“扫黄打非”作为切断勾连、净化舆论的重要抓手，严格执行落实自治区“两个通告、一个办法”，强化网络领域的监管巡查。

【防控工作】 严格落实“党政同责、一岗双责、齐抓共管、失职追责”的安全生产责任制，突出道路交通安全、消防安全、建筑工程领域安全、矿山安全和危险化学品安全，开展公共安全执法检查1303次，检查企事业单位7695家次，排查隐患问题6197处，下发整改通知书4159份，办理行政处罚49起，责令“三停”单位19家、临时查封24家，罚款31.23万元，排查地质灾害隐患点2554处、销号42处，发现新增隐患点131处，均采取有效措施，确保公共领域绝对安全。强化情报预警。强化宣传引导，坚持既管“肚子”又管“脑子”，充分发挥党报党刊、广播电视、手机网络等媒体作用，开展“五观”“两论”“四讲四爱”“揭批达赖”等主题教育活动，抓好“七五普法”，建设完成1个法治公园、1个法治广场，开展各类法治宣传教育2145场次，举办各类法治讲座及培训705场次，发放法律书籍17.53万册，法治宣传资料38.76万份，法治宣传用品9.04万个，解答群众法律咨询1.68万人次，受教育群众81.65万人次，人民群众的法律意识不断增强，感党恩、听党话、跟党走思想行动更加自觉。

【能力建设】 在完善机制方面，针对常态工作，深刻把握新形势下维护稳定的规律特征，健全完善基层组织建设、情报信息奖励、重点人员协控等机制40项，推动常态化维稳制度化、规范化；针对非常态工作，深刻总结重点节点、重大活动等维稳实践中好的经验做法，形成重大活动维稳的一整套体制机制和配套方案预案，做到应对高效、务实到位。在技防提升方面，投资22.6亿元推进“一门户、两中心、十六应用”等为主要内容的指挥昌都建设，紧紧围绕“联网应用”和“监控增点扩面”两个重点，依托智慧昌都建设，稳步推动“雪亮工程”，坚持互联互通、共建共享。在巩固基础方面，开展驻村干部“传帮带”提升村（居）干部能力工作，实施基层党建“八大工程”和“百村整治、千村提升”计划，整顿软弱涣散基层党组织140个、整顿提升率达98.59%，清理曾受刑事处罚村（居）干部2人、撤换不合格村（居）干部62人，放心村（居）达到97%以上，建成标准化村级组织活动场所565个、正在实施532个并将年内投入使用，全面推行县区向乡镇简政放权工作，推行大学毕业生和“两后生”在村超市开展便民服务，有效解决服务群众“最后一公里”问题。

【领导名录】

市委常委、政法委书记、国安办主任：
张文生（11月任）
常务副主任、市公安局党委委员、副局长：
于希英（12月任）
副主任：姜海英（12月任）
副主任：马有乾（3月任）

昌都市委网信办

【概况】 中共昌都市委员会网络安全和信息化委员会办公室（简称市委网信办）是中共昌都市委员会网络安全和信息化委员会（简称市委网信委）的办事机构，为市委工作机关，正县级，加挂市互联网信息办公室牌子。

【政治思想】 深入学习宣传贯彻习近平新时代中国特色社会主义思想和治国理政新理念新思想新战略，学习宣传贯彻习近平总书记关于治边稳藏、网络强国战略思想的重要论述。落实网络意识形态责任制。认真落实党委（党组）网络意识形态工作责任制和网络安全工作责任制，结合市委综治考评工作要求，建立完善网信工作考核评价体系。坚持属地管理、分级负责和谁主管谁负责的原则，及时印发《关于做好2019年度党委（党组）网络意识形态工作的通知》，督促各级党委（党组）领导班子把网络意识形态工作作为党的建设的重要内容、作为意识形态领域的重中之重，纳入重要议事日程，做到与中心工作同部署、同落实。印发《关于切实做好政务新媒体网络安全工作的通知》《关于规范全市网络通信行为的通知》等文件，部署11个县（区）、市直部门党委（党组）贯彻落实党中央、区党委和市委关于网络意识形态工作的决策部署及指示精神，进一步严明党的政治纪律、政治规矩和组织纪律、宣传纪律，统筹协调好网络意识形态工作，确保网上网下标准一致、导向一致。

结合“不忘初心、牢记使命”主题教育，将习近平总书记关于网络强国重要思想及相关业务知识的学习纳入理论学习中心组、专题研讨班和机关党支部“三会一课”等学习内容，不断推动学习往深里走、认识往心里走、工作往实里走。学习教育中积极创新载体，采取参观昌都解放委员会纪念馆和博物馆、观看庆祝中华人民共和国成立70周年大会、观看爱国电影、开展环境卫生清扫志愿服务、在职党员到社区报到服务等多形式抓党员干部思想建设，切实增强学习教育感染力。全年，共计组织开展理论学习中心组学习20次，结合主题教育开展专题研讨14次，上党课5次，形成专题调研报告5篇，撰写学习心得体会30余篇，班子成员每人学习笔记2万多字。

以“不忘初心、牢记使命”主题教育为契机，按照“广开言路听意见、对照检查找差距、检视反思挖根源”的要求，重点做好“四个对照”“四个找一找”，不断增强检视问题的针对性。对照习近平总书记指出的4个方面20个问题，吴英杰书记强调的4个方面23个突出问题，昌都市查摆的4个方面14个具体问题，结合12个专项工作方案，细化具体整治任务，班子成员以正视问题的自觉和刀刃向内的勇气，在学习教育、调研研究、征求意见的基础上，深入细致检身自省，剖析问题成因，采取项目化的方式，逐项建立工作台账，共梳理领导班子问题清单12项，整改12项，班子成员问题清单26项，整治26项。

【宣传引导】 组织市内网站和政务微信公众号开辟专栏，用网民喜闻乐见的形式，宣传阐释习近平新时代中国特色社会主义思想的时代的时代背景、精神实质、丰富内涵和实践要求，深入宣传以习近平同志为核心的党中央治边稳藏重要战略在西藏的成功实践，宣传以习近平同志为核心的党中央对西藏工作的高度重视和对西藏各族人民的关心关怀，宣传区党委贯彻落实中共十九大精神的思路举措和实际成效，宣传市委推进长足发展和长治久安、决胜全面建成小康社会的决策部署和新成就，教育引导群众自觉感党恩、听党话、跟党走，用实际行动，坚决反对分裂、维护祖国统一和民族团结，让党的声音成为涉昌网络空间最强音。

严格按照区党委网信办工作要求，全时全网开展互联网宣传报道。及时关注涉昌网络报道热点，筛选重要内容在昌都市属新媒体推送，大量昌都优秀报道得到全区乃至全国全网推送。特别是庆祝中华人民共和国成立70周年系列活动和成就宣传、典型宣传、理论学习内容的刊发、转发、跟帖、点赞。帮助昌都报社、昌都广播电视台两家媒体取得网络新闻采编证。统筹市属新媒体落实网宣指令670次累计1320条链接。“网信昌都”微信公众号发布信息903条，累计阅读量达99.72万次。上报区党委网信办全网推送信息4条，全区推送信息17条。

整合印发《市委网信办庆祝中华人民共和国成立七十周年网络舆情调控管控工作方案》，严格按照区党委网信办工作指令，全时全网开展节前、节中、节后庆祝活动和成就宣传、典型宣传、学习内容的刊发、转发、跟帖、点赞。市属政务新媒体累计刊发属地庆祝活动信息76条，落实宣传指令80条，对全网196条国庆相关信息转发7169次、跟帖5503条、点赞2330次。市属新媒体首页首屏置顶悬挂“热烈庆祝中华人民共和国成立七十周年”专栏、条幅。昌都广播电视台微信公众号制作发布的《【MV首发】强巴林寺僧人齐唱我和我的祖国》阅读量过10万次，《昌都篝火晚会+千人锅庄喜迎国庆！》被全网推送，《昌都教育系统师生齐唱我和我的祖国，为祖国生日献礼！》被新华网等权威媒体转载，浏览量超过100万次。国庆期间共上报网络舆情专报3期，舆情监看报告6期，《网上昌都》1期，受理涉昌网络举报信息5起，形成《国庆期间昌都网上舆情综合专报》并得到市委主要领导肯定批示。

【法规宣传】 紧紧围绕2019年国家网络安全宣传周“网络安全为人民，网络安全靠人民”主题，以群众喜闻乐见的方式广泛宣传西藏网络通信行为“二十禁”、防电信诈骗、《中华人民共和国网络安全法》等内容。全市宣讲覆盖9万多人次，市、县区共悬挂横幅196条，播放户外电子显示标语220余条，宣传展板挂图90幅，为群众发放宣传资料、实用宣传品余份75340份，向群众宣讲网络安全知识1350余场次，受益人数185651人次，媒体报道网络安全知识新闻134条。

【网络管理】 针对市属网站、政务新媒体、群众自媒体运营情况，积极开展摸底调查，建立健全申请准入、登记备案、注销退出、情况说明等管理机制和相应管理办法，确保全市网络媒体专人运营、使用规范。整理基础数据。据初步统计，昌都市共登记网民387361人，其中，宽带上网用户80163人，手机上网用户332619人，同时使用宽带和手机上网用户25421人。手机用户占网民总数的85.87%，城乡宽带用户数基本持平，城乡手机用户数比例为3：2，男女网民比例约为7：4。加强业务规范。印发《关于切实做好政务新媒体网络安全工作的通知》，按照“谁主管谁负责、谁运营谁负责、谁使用谁负责”的原则，从保障网络安全、加强网络管理、改进正面宣传、做好舆情研判和壮大网评力量等5个方面作了刚性约束。印发《关于开展网络新媒体自媒体备案登记工作的通知》《关于转发〈关于开展全区网络短视频平台政务账号备案的通知〉的通知》，对昌都市属政务新媒体进行备案登记。共收到备案登记材料342份，其中，网站20个，微博19个，微信公众号282个，抖音号10个，美拍号1个，快手号1个，客户端（APP）7个，现场云1个，今日头条号1个。清查问题账号。召开网站管理工作协调会，印发《关于开展网站核查工作的通知》，逐一核对现有网站、政务新媒体备案资料。针对备案的86个网站域名排查出的问题，起草《关于规范互联网站备案登记工作的通知》，也向区党委网信办报送《关于“昌都旅游信息”等4个网站域名涉及赌博等违法行为的举报信息的情况报告》和《关于协助处置昌都市图书馆网站服务器挖矿程序的请示》，共上报问题网站6个。累计排查全市政务微信公众号、微博、抖音、今日头条、一点资讯等平台账号360个，发现问题账号48个，上报拟关停账号42个，收集情况说明报告48份。

【网络安全】 坚持把网络安全和信息化工作作为意识形态工作的主战场以及经济发展的总引领，强化网络安全保障和风险防范。聚焦网络安全知识普及、政务网络账号规范操作等内容，抓好网络安全宣传教育和风险防范意识培养。年内有2名行政干部取得网络内容安全执法证。

【专项资金项目】 按照《西藏自治区党委网信办关于印发〈关于推进各市（地）网信办网络安全应急指挥中心规范化建设的意见〉的通知》要求，争取市网络安全应急指挥中心建设。

【网络公益】 市委网信办按照“依法开展、广泛动员、凝聚正能量、共画同心圆”原则，采取动员网民广泛参与、引导市属网站刊播公益广告、健全公益广告宣传机制、做好网上涉公益热点舆情引导等有力举措，推动网络公益工作。据统计，以关注量较大的“网信昌都”“青春昌都”“昌都发布”“藏东妇女”等公号为平台，开展生态扶贫、保护母亲河、关爱健康、公益救治等特色公益活动网上宣传报道，累计发布相关信息26条，阅读量突破1.6万次。通过手机短信、微信、微博、小视频等平台积极开展刊播，累计制作市属政务网站、手机报、“两微一端”等相关专题、专栏60个。向区党委网信办积极争取网络扶贫手机2369部。

【队伍建设】 加强组织保障。2019年4月，市委网信办正式成立并开展工作。6月，获批组建市委网信办机关党支部。完善规章制度。制订市委网信办《“三重一大”民主决策制度实施办法（试行）》《理论学习中心组学习制度（试行）》《主任办公会议事规则（试行）》《财务管理实施办法（试行）》《例行学习会制度（试行）》等6类15项规章制度，研究确定《市委网信办领导班子成员分工》《市委网信办各专项领导小组》等。强化联动机制。通过与相关部门协调联动，线上线下同步，形成工作合力，成功处置涉医患纠纷、拖欠农民工工资、买卖纠纷等社会民生舆情40余起。充实队伍力量。市委网信办内设综合科、网络管理科、网络宣传科、网络安全科4个行政科室，行政编制12名。在岗人员19人，其中，在编在岗干部11人，挂职人员7人，产假1人。11县区网信确认事业编制28名。按照市、县区各部门不少于1人、各乡镇不少于3人、各村（居）不少于2人的要求，新招募网络举报监督员2092名，基本实现网络举报监督员市、县、乡、行业部门全覆盖，并将网络举报工作纳入年度综治考评。全市共有专兼职网评员623人，建立市、县网评专用微信群12个。召开新媒体运营人员培训会2次，组织网信技术骨干开展网站运营管理专题讲座3场，派出骨干力量参加各项业务培训7人次，干部短期挂职工作交流8人次。

【领导名录】

市委网信办主任：熊卫东（3月任）
市委网信办副主任：王建国（3月任，正县级）
市委网信办副主任：李　阳（3月至11月）
市委网信办副主任：田向利（3月任）
市委网信办副主任：周　强（8月任，援藏）

昌都市直机关工委

【概况】　2019年机构改革，昌都市直机关工委由原挂靠市委办的副县级单位单设。3月26日，昌都市委办下发《〈中共昌都市直属机关工作委员会职能配置、内设机构和人员编制规定〉的通知》，中共昌都市直属机关工作委员会为市委工作机关，正县级，统一领导市直机关党的工作，归口市委组织部管理。内设综合科、组织科、宣教科3个机构（正科级），行政编制10名，其中部门领导职数4名。

【政治建设】　深化理论学习。把学习宣传新时代中国特色社会主义思想和中共十九大精神作为广大机关党员学习的“必修课”，作为各级党组（党委）中心组、各基层党组织理论学习的“硬任务”，鼓励和引导市直机关各单位党组（党委）深入开展政治纪律教育、爱国主义教育、新旧西藏对比教育等系列主题活动，指导市直机关建立完善理论学习制度200余条。提高政治站位。督促市直机关单位始终坚持同党的路线方针政策对标对表，同党中央决策部署和区党委、市委部署要求对标对表，认真对照“五个必须”要求和“七个有之”现象，严肃查处对党不忠诚不老实、阳奉阴违的“两面人”和有令不行、有禁不止现象，组织机关党员干部签订不信仰宗教承诺书3000余份。思想教育。鼓励和引导市直机关各单位深入开展政治教育、理想信念教育、革命历史传统教育，爱国主义教育、新旧西藏对比教育等系列主题活动，正向引导广大党员干部坚定信仰信念信心，凝聚团结奋进力量；积极引导宗教与社会主义核心价值观相适应，深入开展揭批十四世达赖集团罪恶行径和反动本质，坚决维护祖国统一和民族团结，旗帜鲜明反对分裂。2019年来，全市机关党组织共举办专题讲座20余场次、政策宣讲100余场次、培训班50余班次，机关党员受教育面达99%以上。

【组织基础】 推动基层党组织扩面提质。针对机构改革，按照党组织“不变、更名、调整、新建、撤销”等五种情形，要求各机关党委、总支、支部健全完善党组织设置，抓好机关党组织设立选举、调整增补工作，严格审定涉改单位党组织设置、领导班子配备等情况，配齐配强机关党务工作力量，切实发挥好机关基层党组织职能，推进机构改革各项任务有序开展，实做到“服务保障工作做到哪里，党的组织就延伸到哪里，党的工作就跟进到哪里”。截至11月，共批准撤销党组织9个，更名党组织12个，新成立党组织33个，其中机关党委2个，整体划转至工委下属党组织1个。完善《昌都工委机关基层党组织按期换届提醒制度》，督促机关党组织按期进行换届选举，并对换届程序全程督促指导。上半年，共指导和批准8家机关党支部按期换届。加强机关党组织阵地建设。推进党支部“九有”标准化建设工作，各机关党组织完善文化走廊建设，建立党建台账，配齐办公用品，更新宣传展板，悬挂党旗、领袖像标识，机关党组织阵地建设加强。机关党组织“九有标准”阵地建设达到95%以上。规范组织生活。督促指导各单位党组（党委）书记给机关党员上党课，认真抓实“三会一课”制度，审定支部工作计划、支委组成等重大事项，抓好“三重一大”集体决策制度的刚性执行。把“主题党日”活动作为落实“三会一课”制度、加强党员教育管理、促进党员发挥先锋模范作用的有效载体，坚持“开展一次学习、汇报一块工作、认领一批任务、通报一些情况、协调一些难题”的“五个一”工作机制，引导机关党组织定期开展重温入党誓词、植树造林、志愿服务等系列接地气、有实效、得民心的“主题党日”活动。全市各级党组织共召开主题党日700余场次。

【脱贫攻坚】 推动党建与脱贫攻坚双促双赢。全力打赢脱贫攻坚战，市（中、区）直机关结合自身职能，以中央第三次巡视整改工作为契机，细化工作方案，勇于自我加压，调整市直机关驻村人员到深度贫困的县乡村，通过实体经济、项目申报、政策宣传、结对帮扶、慰问贫困、技术指导等方式，将项目、资金、人才向未脱贫摘帽的贫困地区倾斜，突出党建促脱贫攻坚，确保脱贫工作务实、脱贫过程扎实、脱贫结果真实。市委组织部依托劳务输出，发展村集体经济，积极向区党委组织部申请村集体经济帮扶项目79个，争取项目帮扶资金3950万元。市妇联“母亲邮包”“馨芽邮包”“蓝天春蕾”等项目，保障贫困妇女儿童权益。

【“七城同创”】 聚焦全市“七城同创”工作部署中涉及工委的16项任务，将涉及理论学习、榜样作用、公益活动、思想道德等内容与党建工作任务同步落实、共同推进，对需单独实施的任务逐项组织市直机关分步实施，为“七城同创”网上申报做好准备。组织动员广大党员干部积极参与志愿服务，扩大规范守则、志愿服务、文明出行在党员干部中的参与率和知晓率，让遵规守则、文明风貌成为党员的一张名片，树立昌都机关干部良好形象。

【特色活动】 以庆祝西藏民主改革60周年和迎接中华人民共和国成立70周年系列庆祝活动为契机，开展“党员做表率、机关走在前”党的知识竞赛活动，在党员干部中掀起学习党章党规党纪的热潮；举办昌都市直机关“全民健身促健康 同心共筑中国梦”2019年干部职工运动会，营造健康向上的机关文化氛围；组织“党在我心中，重温入党誓词”活动，市（中、区）直单位、卡若区、部队代表共340余人参加；组织开展“不忘初心 牢记使命”主题教育——学原文、守初心、话担当、践使命知识竞赛活动，推动“不忘初心 牢记使命”主题教育深入开展。

【服务群众】 建立完善工委领导班子与机关基层党组织联系的党建联系点制度，在关键节点和工作攻坚期及时深入机关调研指导、督查考核，确保党建重点要点工作有序有力推进。截至年底，工委班子与64家市（中、区）直单位党组（党委）建立党建联系点，广泛开展党建调研指导，基本实现党建联系全覆盖。工委及时制定下发《昌都市直机关党员先锋岗创建意见》，市直各单位结合自身职能和性质，科学设岗、合理定责、积极竞岗。全市43家市（中、区）直单位、2000余名机关党员，结合自身工作职能，共设置党员先锋岗近200个。加强在职党员到社区报到服务工作指导，完善任务清单和作战图，逐项分解细化方案，挂图作业、层层推进，有效转变以往报到走过场、搞形式和扎堆报到的情况，形成社区管理和机关党员教育双赢的良好局面。市（中、区）直单位共开展党员干部进社区报到服务群众活动100余场次。

【队伍建设】 始终把政治标准摆在发展党员工作的首位，规范党员发展程序和步骤，加强教育管理，严把发展党员入口关，联合市纪委监为市直机关干部和积极分子400余人举办廉政党课活动，成功举办市直机关第二十七期入党积极分子培训班，市直机关98名入党积极分子结业，接收预备党员24名，预备党员转正31名。坚持支部书记由部门负责人或班子成员担任，把优秀县处级、科级干部选进支部班子，配齐配强支部力量，建立606人的党务干部信息库；采取“送出去”、集中办班等途径，开展党务知识培训班6期，培训党务干部200余人次；安排工委业务骨干“走出去”为市直单位开堂授课，提升党务干部业务能力水平。把廉洁自律和干部作风建设作为建设作为抓党员队伍建设的重要抓手，采用警示教育、现身说法、诫勉谈话等方式强化党风党纪教育；深入贯彻中央“八项规定”及区党委“约法十章”“九项要求”、市委实施办法精神，严格执行《党员领导干部廉洁从政若干准则》等内容，筑牢干部拒腐防变的思想道德防线。市纪委监委强化对廉政风险点的监督，持续开展扶贫领域腐败和作风问题专项治理，联合市纪委监委为市直机关干部和积极分子400余人举办廉政党课活动。

【援藏交流】 加强联系，畅通交流机制。加强与援藏省市工委联系，5月与福建省委省直机关工委开展党建业务交流，学习福建方面好的做法，拓宽思路和眼界，为规范和加强昌都市机关党建提过新方法新思路；与福建省委省直机关初步建立互访交流机制，达成常态帮助培训党务干部协议，选派46党务干部到福建省直党校培训。

【领导名录】

书　　记：贾 贵 泽（3月任）

副 书 记：刘 银 岗（12月任）

　　　　　泽登伦珠（3月任）

　　　　　平措丁增（12月任）

二级调研员：李 影 平（3月任）

中共昌都市委老干部局

【概况】 市委老干部局2019年全市机构改革后，内设办公室、安置科、服务科3个正科级机构职能科（室），市离退休干部综合服务站、市老干部活动中心2个正科级事业单位，核定编制22名。截至年底，实有干部职工19人。

【离退休干部安置】 全市共有离退休干部4816人，其中：区内安置4272人，区外安置544人；机关2917人，事业1665人，企业234人；退休干部4798人、离休干部18人；全市共有离退休干部党员3177人，设立离退休人员党支部72个；全年办理退休干部手续216份，上报自治区跨省安置退休干部23人。全年受理老干部来信来访5件次，办结5件。

【三项建设】 加强理想信念和党性教育。坚持把政治建设融入老干部工作的全过程、各方面，通过加强党章、党规、党纪的学习教育，组织参观红色遗迹，重温入党誓词，开展政治纪律教育培训等多种形式，组织引导广大离退休干部树牢“四个意识”，坚定“四个自信”，坚决做到“两个维护”，始终在政治上思想上行动上同以习近平同志为核心的党中央保持高度一致。认真排查离退休干部信仰宗教、参与宗教活动情况，并与离退休干部党员逐一签订共产党员严禁信仰宗教和参加宗教活动承诺书，加强对离退休干部党员教育管理。加强老干部思想政治建设。采取集中学习、情况通报、座谈交流等方式，组织全市离退休干部认真学习习近平新时代中国特色社会主义思想，扎实开展好“不忘初心，牢记使命”主题教育。组织全市离退休干部召开各类情况通报会、座谈会、学习会累计120余场次，参加人数累计6500余人次，全市各级老干部工作部门积极利用所在辖区党校、培训机构等平台，扎实开展离退休干部党员政治纪律教育20批3156人次，开展优秀爱国主义影片展播活动26场次，离退休干部党员观看人数累计2100余人次；组织离退休干部考察昌都市革命历史纪念馆、博物馆、城市规划馆、经开区、野堆村新区建设等10余次，离退休干部参观人数累计500余人次。加强党组织建设。按照“利于活动、利于管理、应建尽建”的原则，安排专人赴成都、拉萨以及各县区专题调研离退休干部党组设置，结合调研掌握情况，合理调整成都和昌都离退休干部党支部组织设置，在成都片区增设3个离退休党支部，全面准确掌握摸排易地安置（居住）离退休干部党员组织关系接转情况，确保年底前离退休干部党员就地就近编入党组织。全市新成立离退休党支部3个、按期换届5个；发放离退休党支部班子成员工作补贴55.59万元，投入离退休干部党支部党建工作经费105.011万元，为离退休干部党组织各项活动的正常开展提供必要的经费保障。

【政治生活待遇】 落实走访慰问制度。通过召开团拜会、上门走访、寄发慰问金、委托慰问等多种形式，开展“三大节日”、庆祝中华人民共和国成立70周年和纪念西藏民主改革60周年慰问离退休干部工作。全市累计召开老干部座谈会、团拜会、茶话会共28场次，走访慰问各级离退休干部5224人，发放慰问金522.4万元。5月以来，市委老干部局派出专门慰问组先后赴成都、拉萨、重庆、南充以及各县区等老干部集中安置点对“3·28”老干部上门走访慰问，对易地分散安置的“3·28”老干部采取委托慰问、电话慰问（寄发慰问金）等方式慰问。完成全市402名离休、十八军（四路进藏）、“3·28”离退休干部慰问工作。开展老干部健康疗养和参观考察活动。统筹协调各县区，市政府驻拉萨、成都办事处通过财政筹集资金和援藏等渠道，组织安排19批次共计610名离退休干部赴陕西、山西、上海、江苏、浙江、广东、广西、海南、云南以及四川周边等地进行健康疗养和参观考察。给予“重点”老干部关心照顾。针对离休、十八军（四路进藏）、“3·28”老干部普遍进入“双高”期的实际情况，落实专项经费，定期走访慰问，经常联系，加强关怀，出现重大情况及时派人处理。同时加强与易地安置离退休干部原单位和代管单位的联系，做到经常沟通信息、交流情况、加强合作，针对医保联网、医药费异地直接结算新趋势，提前做好调查摸底和相关衔接工作，协调解决市卫健委为安置（居住）在昌都的离退休干部在市人民医院、市藏医院、民安医院看病就医“绿色通道”问题；协调区党委老干部局解决老干部“看病难、报销难”的问题，提升广大离退休干部生活质量和幸福指数；为离退休干部办理社保卡、就诊卡；协调市卫健委、市人民医院、市藏医院专家组成巡诊小组，定期对市（师）级老领导、十八军老战士、“3·28”老干部和行动不便的各职级离退休干部开展上门巡诊活动2次，举办离退休干部医疗保健知识讲座4场次，受益离退休干部累计360余人次。落实离退休干部特困帮扶和激励关怀制度。加强对有特殊困难、企业改制的离退休干部及遗属的特殊关怀，帮助困难离退休干部及家庭解决实际生活困难。同时，激励关怀表现积极、积极参加市老干部局组织的各类活动、积极为党和人民事业增添正能量的离退休干部党员，调动广大离退休干部老有所为的积极性。通过单位推荐、调查摸底、走访核实等形式，帮扶困难离退休干部及遗属共33人，落实离退休干部特困帮扶资金27.3万元；激励关怀离退休干部党员180余人，发放激励关怀资金18万多元。

【精神文化生活】 扎实开展“我看中华人民共和国成立70周年新成就”专题调研，组织召开“我看中华人民共和国成立70周年新成就”座谈会；联合团市委召开“不忘跟党初心·牢记青春使命”、传承“老西藏精神”主题座谈会；举办昌都市第四届离退休干部文体竞赛活动。举办庆祝中华人民共和国成立70周年暨纪念西藏民主改革60周年书画征文摄影展，展出各类作品307幅。通过组建团队、搭建平台等形式，组织市人民医院离退休医疗专家赴基层开展送医送药、义务巡诊活动3次，受惠群众300余人次；组织老干部宣讲团前往基层开展“新旧西藏对比”、中华人民共和国成立70周年和西藏民主改革60周年成就宣讲85场次，受教育群众累计2.35万多人；组织三江老干部艺术团赴基层开展“送文艺、下基层”慰问演出6场次，并在拉萨参加全区离退休干部文艺会演，举办“礼赞新中国·奋进新时代”专场汇报演出，歌颂党歌颂祖国歌颂新西藏。组织老干部参与基层社区（村居）管理、矛盾纠纷调解，全市138名离退休干部担任村（社区）党支部班子成员及其督导员、联络员。全市43名离退休干部主动担任“不忘初心、牢记使命”主题教育宣讲员，前往基层讲述红色故事、开展爱国主义教育，为全市党员干部做出表率，树立标杆。

【领导名录】

局　长：国　庆

副局长：于　华

副局长：玉　珍（12月调入）

中共昌都市委党校 昌都市行政学校

【概况】 1962年成立中共昌都分工委干部学校，1973年更名“中共昌都地委党校”，1984年经自治区批准为中专办学体制，1990年兼办昌都地区行政学校，实行两块牌子、一套人员，2016年8月成为西藏自治区党校分校。昌都市委党校为昌都地区参照公务员法管理事业单位，核定编制70名，内设办公室、政工科、总务科、教务科、教研室、学员管理科、信息科等7个正科级职能科室。2016年12月，新增设马列与党史党建教研室、政法与民宗教研室、经济与行政管理教研室，并将教研室更名为科研科，核定编制70名，其中县处级领导6名。机构、编制至2019年底无变化。

【干部培训】 举办县处级干部学习贯彻中共十九届三中全会和自治区九届五次全委会精神专题研讨班、中青年干部培训班、科级干部理论进修班、初任公务员培训班等常规班次；举办昌都市脱贫攻坚专题研讨班、党员政治教育示范培训班、村（居）委会主任示范培训班、乡镇宣传委员培训班、基层党务干部培训班、驻寺、驻村干部培训班、昌都市生态文明建设专题培训班等重点培训班次。共举办各类班次31期，培训学员2590余人次。其中，计划内班次19期，培训学员996人次；计划外班次12期，培训学员1594人，其中举办“不忘初心、牢记使命”专题培训班2期，共计培训学员260人次，举办学习贯彻中共十九届四中全会精神专题研讨班4期，共计培训学员800人次。县区“流动党校”送教上门13次，培训3000余人次，到市直单位开展专题授课73场次。

【宣讲活动】 开展基层宣讲。录制双语微课。针对农牧民党员学习基础较弱的现状，与市委组织部联合精心录制7堂双语微党课，并将党课视频刻录成U盘或光盘，组织骨干教师编写双语微课视频配套教材，免费发放到1138个村（居）。开展外出宣讲。第二批主题教育活动开展以来，市委党校组织骨干教师围绕主题教育开展集体备课，形成“不忘初心 牢记使命 走好新征程”“牢记初心使命 增强奋斗动力”“不忘初心 牢记使命 把党建设的更加有力”等5个专题。党校教师先后到市直各单位、卡若区、芒康县、贡觉县、八宿县、丁青县、洛隆县等县区开展专题授课40余次，受众5000余人次。

【教学改革】 完善评价体系，打造精品课程。坚持新专题“凡进必听”的原则，即：凡是新进入课堂教学专题（包括主体班次和外出授课）必须在“康巴求知讲堂”上试讲，经试听评审合格后方可进课堂，倒逼教师补短板、勤充电，把目光聚焦到专题质量上来。通过打造“用学术讲政治”精品课，以优带新、以强带弱，引导教师以先进典型为示范备课、讲课，积极营造备好课、上好课、做精品的导向。教学方式更加多样化。在市委党校的培训班次中，其讲授式教学方式比例必须在原有基础有所下降，引入情景模拟式、案例教学、结构化研讨等新型教学法，增加论论式教学比例，鼓励教师在课堂、课间与学员互动交流，主动回应和解答学员“三带来”的问题，不断提升学员在校学习期间的获得感。

【学员管理】 在所有班次建立学员“双百考核”机制，考核由理论考核、党性锻炼和结业考核三部分组成，全面覆盖学员的出勤、考试等、主题发言、班级活动、撰写信息报道等内容，使原来培训过程中的很多“软任务”量化为“硬指标”，学员培训的积极性、主动性得到充分激发。加强学风建设，进一步严格实行班主任全程跟班、培训纪律教育、外出行前教育和签订承诺书等制度。严明政治纪律和组织纪律，做到“每课必审”，加强对教师课件、讲稿的审核。

【科研工作】 课题项目稳量升级。市委党校科研课题申报工作顺利推进，共立项《挑战与应对：掌握新时代昌都意识形态主导权》《昌都的脱贫攻坚战面临的困境及路径选择》《传承家风家训践行社会主义价值观》校级课题3个，成功申请自治区级党校决策咨询项目5项，课题《新时代西藏实施创新驱动发展战略研究》正在申报自治区社科基金项目。《康巴学刊》正式印发。发行2期，第三期样刊完成。召开“庆祝中华人民共和国成立七十周年，纪念西藏民主改革六十周年”理论研讨会。荣获优秀组织奖，并获得一等奖1名，二等奖2名，三等奖1名。参加西南地区党校（行政学院）系统学习贯彻习近平总书记关于脱贫攻坚主要论述理论研讨会。梁长海《昌都市脱贫攻坚工作积累的主要经验、面临的主要问题及应对措施》获奖。举办“三江学术论坛”8期。邀请高宇副校长、王玥副教授交流内地党校教学科研工作经验，邀请福建省委党校江俊伟教授、肖文涛教授在三江学术论坛作《如何上好干部教育理论课》《应急演练桌面推演》专题辅导，为昌都市委党校教师传授经验、解释疑惑。撰写决策咨询报告。薛冰老师撰写《坚决整治“不担当、不作为”推进全面从严治党向纵深发展》的咨询报告并报送校领导。

【调研工作】 在昌都市委党校历史上首次派遣三个调研组开展跨省、跨地区开展调研工作，研究制订《市委党校2019年专职教师外出调研工作方案》，拟定《2019年度关于昌都市就业工作调研》《昌都市实施“1拖N”宗教活动场所管理机制情况调研》《驻村干部对农村基层党组织建设作用发挥的调查与思考》等3个调研课题，组织专职教师参与到调研组，制订详细的调研实施方案，调研方案得到市委副书记、市委党校校长廖传锦和市政府副市长、市行政学校校长胡登孚的充分肯定，从体制机制上解决教科咨不均衡的问题。

【科研管理制度】 认真梳理自治区和昌都市的现有规章制度和暂时缺少的相关制度，草拟《中共昌都市委党校科研管理办法》《学习习近平新时代中国特色社会主义思想优秀理论文章奖励办法》和《昌都市资政课题奖励办法》两项制度。

【队伍建设】 加大引育力度。新调入参公人员2人，全区高校应届毕业生公开考录引进教师1人，选派10名骨干教师外出培训。以内外兼修方式提升教师水平。凡是外聘专家教授在主体班、专题班等班次中开展教学时，本校均要求青年教师跟班学习。坚持以培训需求为导向、打造精品课为核心、调查研究为抓手、教材编撰为推动，加大师资队伍培育，要求每名专兼职老师统筹推出“一个专题研究领域、一门主打课、一堂精品课”，引导教师自觉投入专业水平提高和知识能力的跨界转型、融合提升，形成学校交任务压担子、教师自我加压快速成长的气象氛围。制订专职教师理论学习制度。要求教师制订个人学习计划，提出学习数量，通过日常积累以量变促进质变，以专攻促精品，提升党校教师以学术讲政治的能力。

【基础保障】 顺利完成党校搬迁工作。昌都市委党校野堆校区占地110.35亩，总建筑面积31281.81平方米，建设内容包括科研楼、图书馆、教学楼、礼堂、食堂、学员宿舍、教师周转房、运动场等，以及附属配套设施。市委党校于8月20日前完成搬迁工作。9月2日举行2019年秋季学期开学典礼，市委副书记、市委党校校长廖传锦出席并作开班专题辅导。搬迁完成后，市委党校办学能力大幅提升，能够同时容纳600人次培训学习。后勤管理方案基本成型。针对后勤管理服务不能适应新党校建设规模和培训规模的问题，校党委多次调研、专题研究，组织专班开展后勤管理方案对比，形成《中共昌都市委党校关于深化后勤服务改革的论证报告》，论证报告得到市委书记阿布，市委副书记、市长陈军，市委副书记、市委党校校长廖传锦和副市长、市行政学校校长胡登孚的批示。信息化建设不断推进。党校拥有新风貌、新气象，信息化建设也明显提升，独立的图书馆，室内、室外大型LED显示屏、楼层电视系统、学员安保系统等设施设备更加齐备，各教室都配备笔记本电脑、投影仪、电子白板等设备，建设电大云教室，VPN远程会议系统也正在调试中。

【领导名录】

校委会主任、常务副校长：干　宇（11月任）

校委委员、副校长：高　宇（11月任）

校委委员、副校长：丹　永（11月任）

校委委员、副校长：邓安泽（11月任）

校委委员、副校长：邓有武（12月任）

副调研员：罗清华

中共昌都市委巡察工作领导小组办公室

【概况】　2019年，昌都市委巡察工作坚持以习近平新时代中国特色社会主义思想为指导，增强“四个意识”，坚定“四个自信”，做到“两个维护”，全面贯彻落实中央巡视工作方针和区党委巡视巡察工作部署，以“六围绕一加强”“四个落实”巡视巡察工作新部署新要求为统领，结合“不忘初心、牢记使命”主题教育，以党章党规党纪为尺子，不断深化政治巡察战略定位、保持政治巡察战略定力、发挥政治巡察战略作用、提高政治巡察站位，开展巡察监督，释放正风肃纪的强烈信号，较好发挥巡察震慑遏制治本作用。

昌都市委坚持“统筹规划、深入调研、摸清底数，订好计划、排好工期、抓好进度，兼顾速度与质量”工作原则，发现问题、形成震慑，推动改革、促进发展。开展一届市委第八轮、第九轮巡察收尾工作，对市委统战部等8家被巡察党组织巡察整改督查，第十轮巡察、“回头看”机动巡察及第三轮县区委交叉巡察，对市委第九轮巡察及第三轮县区委交叉巡察的巡察整改督查工作、第四轮县区委交叉巡察、探索开展首轮村（居）巡察。

【巡察体制改革】　按照“战略上一体谋划、制度上一体规范、工作上一体推动、成果上一体运用、队伍上一体建设”要求，在思想认识、责任落实、方法措施上紧跟中央和区党委步伐，建立市委统一领导、巡察机构具体领导、各级党组织分级负责、纪委监委和组织部等有关部门支持配合、巡察组和巡察办具体实施的领导体制和工作机制，层层压实主体责任，全面形成政治巡察整体合力，共同构建全市巡察监督体系。市委书记认真履行第一责任人责任，对巡察工作作出重要批示5次；书记专题会坚定政治担当，共2次召开会议听取2轮巡察汇报；巡察工作领导小组先后召开3次会议，对巡察任务安排、动员部署、进驻了解、听取汇报、“双反馈”、集中整改、制度建设、队伍管理等方面作出42次指示批示，及时帮助指导解决巡察工作中的困难和问题，确保依规依纪依法、有序高效开展巡察全覆盖工作，为深入推进市委巡察工作向纵深发展提供坚强组织保障。

【创新巡察方式】　全力推进常规巡察高质量全覆盖。4月底，与自治区党委同频共振，组建21个巡察组。各巡察组坚持“六围绕一加强”的巡视工作定位，认真贯彻落实区党委巡视巡察工作部署要求，充分汲取前九轮巡察工作经验，严格按照市委巡察任务安排，灵活运用“12+N”巡察方法，结合被巡察对象实际情况，通过广泛座谈、民主测评、问卷调查、深入走访、查阅资料、张贴公告、受理举报等方式，畅通巡察反映问题和线索渠道，充分调动被巡察党组织干部职工和全社会关注巡察工作，自觉接受被巡察党组织干部职工和社会监督，做到规定动作不走样。各巡察组坚持每周定期召开组务会，对巡察发现的问题和线索及时汇总、讨论研究，认真分析研判问题表象，结合“三大问题”“六项纪律”执行情况，从个别中发现一般，从一般中找出重点，追根溯源、固定证据，对应问题准确定性“扣帽”，严格分类处置问题线索。共发现问题761个，向市纪委、市委组织部等部门移交问题线索45条、涉及51名党员干部；形成巡察报告21份、综合报告9份、专题报告25份。科学安排“回头看”机动巡察。市委组建2个“回头看”机动巡察组，对4家市直单位党组织和3家乡镇党委开展“回头看”机动巡察，各巡察组紧盯前九轮巡察整改，紧盯脱贫攻坚领域工作成效，以“小队伍、短平快、流动哨”的“机动式”巡察杀个“回马枪”，发现新问题，形成再震慑。共发现问题73个、问题线索11条、涉及11名党员干部，形成巡察报告7份、综合报告2份。全面铺开县区委交叉巡察。市委立足县区委巡察范围小、脸面熟、人情多、监督难的实际，着力破解县区委巡察工作中“熟人社会、地方保护、说情风、关系网”的瓶颈和制约，着力解决“巡不深、察不透、发现不了突出问题和线索”的情况，切实增强巡察监督实效，组建3个县委交叉巡察组，在左贡、洛隆、边坝县对9家党组织继续探索开展第三轮县区委交叉巡察工作，共发现问题175条，问题线索8件，涉及9名党员干部。按照自治区开展全面交叉巡察的要求，经市委巡察工作领导小组研究决定组建11个交叉巡察组，在11个县区对33家党组织稳步有序开展第四轮县区委交叉巡察工作。探索村（居）、社区巡察打通“最后一公里”。深入贯彻落实自治区党委巡视办关于市县巡察工作向村（居）、社区党组织延伸的要求，规范对村（居）、社区巡察工作，推动巡察向村（居）、社区党组织有效延伸，正在卡若、江达、丁青、芒康4县区探索开展村（居）、社区巡察工作。

【政治监督】 按照中央、区党委对巡视巡察工作的部署要求，市委巡察工作始终坚持问题导向、紧盯“三个重点”，把政治生态评估列入巡察内容，不断“把脉”被巡察党组织政治生态。问卷调查，掌握第一印象。巡察组根据被巡察党组织工作性质、业务特点、人员结构等特征，制定政治生态评估问卷调查表，细化评估内容和评估分值，突出“六围绕一加强”，突出“关键少数”，全面科学把握政治与业务、集体与个人、班子与成员的关系，以正向评估加分和逆向评估扣分相结合的方法，注重从干部群众满意度中掌握政治生态状况。坚持“九看”，量化政治生态。看“两个维护”“四个意识”“四个自信”牢不牢；看落实“两个职责”“一岗双责”实不实；看被巡察党组织领导班子民主集中制执行到位不到位；看选人用人正不正；看开展党内政治生活质量高不高；看执行“六项纪律”严不严；看党员对班子及其成员评估好不好；看单位整体风气浓不浓；看党员信教有没有。综合研判，确保“把脉准”。通过问卷调查、查阅资料、走访谈话等方式，巡察组召开组务会，认真贯彻民主集中制，强化分析研判，透过现象看本质，综合得出评判结果。市委第九轮、第十轮巡察对105个党组织开展了政治生态量化评估，确定良好39家、较好57家、一般9家，并针对其存在的问题，提出了具体意见建议，助推各级党组织政治生态净化。

【反馈整改】 严肃反馈问题。巡察过程中，对巡察发现的即知即改、边巡边改问题，特别是巡察发现的群众反映强烈、明显违反规定且能够及时解决的问题，郑重果断、理直气壮反馈给被巡察党组织，督促被巡察党组织采取有效措施，立行立改、迅速整改，让干部群众切实感受到巡察成效，形成普遍关心、支持配合巡察的良好舆论氛围；对巡察发现的普遍性问题，深入了解，认真分析原因，帮助被巡察党组织“先止血、后治病”，堵住“出血点”，找准“病源点”，督促立规矩、严纪律、建制度，管人、管事、管作风，提高自身发展水平，彰显政治巡察效果；对巡察中发现的共性问题、体制机制性问题，透过现象看本质，形成专题报告，提出标本兼治的对策建议，为市委、市政府及有关部门提供决策参考。全年巡察共发现1214个问题，推动边巡边改解决436个问题，形成涉及寺管会作用发挥、“挂名驻寺”、寺管会集体食堂、选人用人、党风廉政等多个方面内容的专题报告27份。压实整改责任。巡察组、办牢牢牵住被巡察党组织主体责任“牛鼻子”，明确被巡察党组织书记为第一责任人，压实被巡察党组织整改责任，切实增强问题整改的思想自觉、政治自觉和行动自觉，推动巡察反馈问题整改落实。各被巡察党组织牢固树立“不抓整改是失职、抓不好整改是渎职”观念，切实承担巡察整改政治任务，切实履行巡察整改政治责任，以讲政治的高度、“不贰过”的态度、超常规的力度，严肃认真对待“双反馈”问题，及时成立整改专班，召开专题民主生活会，研究部署整改工作，对照问题清单制定整改方案，深刻剖析问题原因，压实“两个责任”“一岗双责”，做到“七个明确”（明确整改目标，明确整改措施，明确牵头负责人，明确整改责任科室，明确责任分工，明确整改时限，明确整改台账），确保“条条必整改、件件有着落、事事有回音”，体现党内监督的严肃性和韧劲。市委前八轮被巡察党组织共整改问题757个，清退违规发放津补贴1030.4万元，建章立制737项，整改完成率为90%以上。针对个别被巡察党组织落实整改责任不到位的问题，责令相关县委对6个乡镇党委书记、1个寺管会党组织负责人和1个乡镇派出所党委领导班子进行提醒谈话，释放“失责必究、问责必严”的强烈信号。强化成果运用。市委牢牢把握“巡察成果运用的核心是整改”，坚持动真碰硬，坚决“吃干榨尽”，全市各级纪检监察机关坚持重遏制、强高压、长震慑，力度不减、节奏不变，持续强化监督执纪问责，用好“四种形态”，常态化开展干部约谈提醒、批评教育、责令检查、诫勉谈话，提高监督的针对性和实效性。截至10月底，市纪委监委共办理巡察移交问题线索240件，其中初核了结64件（诫勉谈话32人、提醒谈话20人、约谈22人、警示谈话2人），失实了结11件，组织办结2件，立案办结13件（给予诫勉谈话1人、党内警告5人、党内严重警告6人、移送司法机关1人），立案审查8件，正在办理142件。据初步统计，市纪委监委办理的问题线索有近70%来是巡察移交的，昌都市监委第一例留置案件就是巡察发现和移交的问题线索。加强督查整改。市委巡察办在督查方式上逐步探索建立明察暗访制度和巡中督查制度，在确保巡察定位不走样、不偏位的前提下，大胆探索“机动式”突击察访等新方法、新措施、新手段，组建巡察整改督查组深入一线，对第八轮巡察的8家单位督促整改，清缴违规资金近400万元，整改率达94.5%。

【拓宽巡察范围】 纵向延伸巡察触角，统筹联动县区巡察。“巡察身份”上升一级。开展“提级+交叉”巡察工作中，采取“双授权”模式，即由市委授权县级干部任巡察组长带队成立“提级+交叉”巡察组，涉及的县区委分别授权在本县区开展“提级+交叉”巡察组副组长和成员。组长带着市委的授权，代表着市委的权威，在实地走访和谈心谈话时，组长适时亮出市委授权身份，讲明来意，消除顾虑，与谈话对象拉近距离，鼓励谈话对象说出真话，谈出实情，破解“不愿说、不敢说、不实说”的问题，群众反映问题积极性高涨，发现问题质量、数量明显提高，工作成效明显。“巡察主体”交换一级。实行“推磨式”开展“交叉”巡察，巡察主体交换，不再巡察本县区相关单位，着力破解县区委巡察工作中“熟人社会、地方保护，说情风、关系网”的瓶颈和制约，着力解决了“巡不深、察不透”问题，增强巡察监督实效。“巡察对象”下沉一级。对村（居）巡察主要采取巡乡镇带村（居）、“下沉一级”的模式，把焦点对准村（居）党组织的政治责任，对准党员干部应当肩负的政治职责，直奔主题、开门见山，聚好焦、点好穴，把问题直接拎出来，提到政治层面去检视，以此增强农村基层党组织和党员干部全面从严治党的紧迫感和廉洁用权的自觉性，推动党的路线方针政策在农村基层真正落地生根。在已巡察的74个乡镇中覆盖615个村（居），平均覆盖率为54%。建立协作配合机制，横向配合系统巡察。协助配合建立《中共西藏自治区人民检察院党组巡察机构与中共昌都市委巡察机构关于巡察昌都市人民检察院党组的协作配合工作办法》，派员参加区检察院党组对市检察院党组开展的第三轮巡察工作。

【干部队伍建设】 狠抓能力素质提升，强化自身建设。实行“交流带”。组织巡察干部到区党委巡视机构学习交流，适时开办巡察业务培训班，提升巡察干部业务能力和综合素质。先后组织市县巡察干部377人次参加区市两级巡视巡察干部业务培训。引导“主动学”。坚持培养巡察干部“政治眼光”和“问题导向”思维，不断丰富学习活动和延伸学习方式，以“以案说巡”“抛砖引玉”等方式，在学习会、培训班、微信群中，抛出巡察实践中的难点问题，引导主动讨论、激发学习兴趣，营造良好的学习氛围，使巡察干部自觉增强学习、养成良好学习习惯，做到学思践悟、学以致用。强化“岗位练”。采取内部调剂、盘活存量、临时抽调等方式充实巡察力量，建立和完善巡察组长库、人才库、专家库和组员库，保持巡察力量的相对稳定。把巡察岗位作为干部成长进步的“练兵场”，安排有培养前途和想干事创业的干部到巡察办和巡察组进行锻炼培养，先后抽调优秀县科级后备干部292人参加巡察组工作，充分发挥巡察岗位“熔炉”作用。推进信息化建设，补齐信息化建设短板。把巡察信息化建设工作作为一项重要工作纳入巡察整体工作中，推进巡察信息化建设，按照市委巡察工作领导小组部署，指定12名市县巡察办干部作为巡察信息化建设工作专职人员，把数据管理系统建起来、管起来、用起来，充分运用“大数据”，打造科学、高效、安全的巡察工作网络平台，发挥信息化建设支撑、推动和深化巡视巡察工作的积极作用。12名同志将一届市委10轮和各县区前4轮巡察发现的459条问题线索数据录入“全国巡视巡察发现问题线索管理系统”。坚持教育引导为“先”，严防“灯下黑”。认真组织巡察专职干部和挂职学习干部开展党性教育和警示教育活动，要求巡察干部不碰纪律这条“高压线”，不踏国法这根“红线”，设好反腐这道“防火墙”，通过学习教育增强自我监督管理的自觉性，促进党员干部严格执行巡察工作纪律，不断拧紧思想“总开关”，时刻做到自重、自省、自警、自律，促进党性锻炼和作风转变，严防巡察队伍出现“灯下黑”问题。以“不忘初心、牢记使命”主题教育为契机，打造过硬巡察部队。

市委巡察办全面总结梳理归纳巡察工作重大举措、巡察成效、成功做法和基本经验，将规律性、可复制的经验提炼成工作模板、经验做法信息，多渠道宣传昌都巡察特色成果，不断营造积极参与、广泛支持配合巡察的良好社会氛围。截至2019年10月31日，协调市委印发巡察工作文件3份、领导小组文件23份、会议纪要5份、巡察办文件44份，巡察信息63期，其中自治区纪检监察网采用27期。

【领导名录】

中共昌都市委巡察工作领导小组办公室

主　任：斯郎达吉

副主任：杨　成　超（2019年11月免）

　　　　张　玉　华（2019年11月任）

　　　　李　吉　冰（2019年11月任）

中共昌都市委巡察一组

组　　长：张　玉　兰

副 组 长：平措旺丹（2019年11月免）

巡察专员：朗加群措（2019年11月任）

中共昌都市委巡察二组

组　　长：张　永　春

副 组 长：原　瑞　军（2019年11月免）

　　　　　朗杰扎西（2019年11月任）

巡察专员：德西永措

中共昌都市委巡察三组

组　　长：鱼　晓　英

副 组 长：毛　海　霞

巡察专员：张　玉　华（2019年11月免）

　　　　　李　有　河（2019年11月任）

昌都市人大常委会

【概况】 市人民代表大会（简称市人大）设法制委员会、财政经济委员会、教育科技文化卫生委员会、社会建设委员会4个专门委员会。市人大常务委员会（简称市人大常委会）设市人大常委会办公室1个县级办事机构。核定行政编制35名，其中地厅级领导职数9名，县处级领导职数12名（其中：秘书长1名、副秘书长3名，专门委员会设主任1名、副主任1名），科级领导职数13名，事业编制24名。

市人大常委会办公室设秘书科（信访科）、政工人事科、代表工作科3个行政编制科室，研究室、翻译室、预算联网中心、机关后勤服务4个事业编制科室。

【思想学习】 共举办4期读书班，有序召开对照党章党规找差距专题会、调研成果交流会和6期专题研讨会。常委会共举行党组理论中心组学习会22次，举办“人大法治讲堂”1期、“人大法治讲座”5期。

【履职尽责】 严格执行重大事项请示报告制度，研究制订常委会工作计划、召开重要例会、组织重要视察、开展重要检查，都及时向市委请示报告；全局性工作推进情况、重要活动开展情况、法定例会召开情况都及时向市委报告。全年，市委主要领导对人大工作作出重要批示9次；常委会党组向市委请示报告工作20次，上报检查、视察、调研报告13个；常委会领导牵头督促检查工作，上报督导和调研报告13个。紧紧围绕市委决策部署和全市中心工作，依照法定权限和程序，在常委会会议上依法听取审议上半年计划执行情况、上半年预算执行情况、2018年审计工作情况、2017年审计查出问题整改落实情况、财政预算调整情况、部门预算执行情况、减税降费政策落实情况等一批专项报告，经认真梳理，形成和转交工作建议80余条。同时，常委会领导勇于担责、善于履责、全力尽责，积极参与维护稳定和脱贫攻坚工作，完成3月维稳督导、70周年大庆维稳督导、重点工作综合督查、社会治安综合治理地市交叉考评、年底综合考评、“三岩”片区整体搬迁督导调研、河长湖长巡河巡湖等市委交办的各项任务。

【依法监督】 常委会坚持重大事项决定、干部选举任命、地方立法与监督工作相互贯通、有机融合，既注重运用多种方式依法实施监督，又注重对作出的决定、任命的干部、颁布法规的跟踪监督，着力构建大监督格局。

推动人大监督由“以程序性监督为主”向“程序性监督和实质性监督并重”转变。按照组织法规定召开6次常委会例会。每次会议都严格依照常委会工作规则和议事程序进行，坚持围绕常委会工作报告和年初工作计划统筹安排常委会会议、听取审议各项议题，围绕开好每次常委会会议谋划部署阶段性工作，始终把开好常委会例会作为依法履职的中心环节，把会前调研作为听取专项报告的必备程序。在开展执法检查和专题调研、专项视察过程中，坚持上下联动、同步进行、分层开展，既注重“解剖麻雀”归纳梳理问题，又注意发现典型和总结经验；既注重发挥专委会的职能作用、调动专委会的工作积极性，又注意让各县区人大常委会参与其中；既注重事前对相关政策和法律法规的学习，又注意事后同市政府的反馈座谈。力争尽可能多地掌握第一手资料，保证摸透情况、搞准问题、提出高质量的对策建议。常委会会议结束后，及时将各项报告上报市委、转送市政府，并专门向市委汇报会议召开情况。全年听取和审议法规草案1件、专项报告21个、执法检查报告6个、调研报告7个、代表资格审查报告3个、人事任免案18件，向市委梳理上报审议意见80余条。加快推进预算联网监督平台建设，组织相关人员到武汉、成都、昆明和自治区人大机关考察学习平台建设、运行、管理经验，为进行更加积极有效的预算监督创造条件。推动决议决定由“以程序为主”向“作出决议决定和跟踪问效并重”转变。颁布实施《市人大常委会讨论决定重大事项的规定》，明确和细化常委会讨论决定重大事项的重点、范围、程序和提交主体，列出11种应由常委会审议并作出决议决定的情形和13种应向常委会报告可以作出决议决定的情形，不断健全人大讨论决定重大事项的工作机制。完善常委会联系“一府一委两院”工作制度，推动相互支持配合更加紧密、更加规范。跟踪问效代表大会和常委会作出的决议决定执行情况，积极推动市一届人大六次会议作出的“六大决议”和闭会期间常委会作出的3个批准预算调整决定落地落实。在听取计划预算执行和预算调整报告、开展预算执行情况调研期间，高度关注年初确定的各项指标和重点工作、主要任务完成情况，严格审查调整后的预算执行情况。

推动人事选举任命由“以任命为主”向“任命和监督并重”转变。积极探索纠正重选举任命轻跟踪监督的情况，有效破解监督缺位、失位、不到位难题，一方面严把代表资格审查关，严防代表性、广泛性、先进性不强的人员进入代表队伍；一方面加强对被任命人员的全过程、全覆盖监督，积极推动由单纯任命向任后监督转变。今年以来，常委会坚持落实党委意图与实现人民意志的有机统一，严格依照法律程序做好任免工作，共任命干部57人，免职28人，接受干部辞职4人，补选代表9人，辞去代表职务10人，听取并评议被任命人员述职报告7个。所有被任命人员都经过了任前听取情况说明、充分酝酿、民主表决和任后宪法宣誓等各个环节和程序。

推动立法工作由“以立为主”向“依法立法和跟踪检查并重”转变。坚持立法和执法两手抓，既致力于提高立法质量，让所立法规立得住、行得通、能管用，又注重对所立法规的督促检查，促进法规全面正确有效实施。成功颁布实施《昌都市市容环境卫生管理条例》，为城市环境卫生建设提供法律依据，为推进“七城同创”创造有利条件。召开立法协调会，通报立法规划计划，压实政府部门在立法中的责任。加快《昌都市城市绿化条例》立法步伐，在常委会上审查政府提交的法规草案。着手建立智能立法辅助平台，提升立法智能化、信息化水平。借助自治区人大规范性文件备案审查平台，强化备案审查工作；举办监督法和规范性文件备案审查培训班，提升备案审查能力。依法对昌都市城区核心片区控制性详细规划和江达县波罗乡规划进行备案审查。筹建立法专家咨询委员会，加快立法智库建设。完善规范性文件备案审查程序，起草立法后评估办法、立法协商办法。加强对已立法规的督促落实，督促市政府制定《昌都市爱国卫生管理条例》和《昌都市市容环境卫生管理条例》实施细则。

加强经济运行监督，致力于推动经济持续健康发展。加强对预算编制、预算执行、预算调整和决算的审查，着重审查支出预算总量和结构、重点支出和重大投资项目、政府债务、预算收入等，依法对市政府2018年财政决算作出批准决议，对上半年预算执行情况报告和审计报告提出审议意见。听取“十四五”时期国民经济和社会发展规划编制情况报告，提出增强规划编制的前瞻性、科学性、整体性和可持续性、可操作性。针对经济增速放缓、下行压力加大的实际情况，开展上半年经济运行情况、非公有制经济发展情况、减税降费政策落实情况、部分市直部门预算执行情况调研，建议市政府“加强经济运行调控”“拓宽非公企业融资渠道”“完善预算编制”“加强绩效管理”“严格落实政府债务限额管理和预算管理”“加强对小微企业和实体经济税收支持”。建立市政府向市人大常委会报告国有资产管理情况制度，首次听取审议昌都市2018年国有资产管理情况综合报告、市政府市属企业国有资产管理情况报告，开展国有资产管理情况调研，针对国资企业发展规模还不大、发展水平还不高、发展质量还不好、发展能力还不强的问题，有针对性地提出做大做强做优国有企业的有关建议。

加强民生工作监督，致力于推动提升人民群众的获得感幸福感。坚持以人民为中心，紧盯人民群众的烦心事操心事揪心事，全力做好民生领域监督。开展道路交通安全法及自治区道路交通安全条例跟踪检查，建议加强道路基础设施和配套设施建设、加大道路交通违法行为打击力度、加强道路交通安全管理。开展传染病防治法跟踪检查，促进传染病防控队伍建设、法律宣传普及、防控机制建设、疫苗接种得到加强。开展预防未成年人犯罪法及自治区实施办法跟踪检查，针对发现的法律宣传效果不佳、联动机制不强、经费保障不力等6个方面的问题，分别提出整改建议。听取“十三五”时期全市基本医疗保险基金管理情况报告，开展就业促进工作和义务教育均衡发展、基层医疗卫生队伍建设、主城区公厕规划建设运行管理情况调研，分类列出群众反映强烈的29项问题，提出破除医疗人才评聘障碍、合理配置师资力量、破解就业结构性矛盾、理顺城区公厕建管权责关系等26条改进建议。

加强执法司法监督，致力于推动维护社会公平正义。回应社会关切，推动解决影响司法公正、制约司法能力的突出问题。开展治安管理处罚法执法检查，建议提升执法水平、加大执法力度、维护执法权威等5条建议，着力促进解决公安执法不严、执法不公、执法行为不文明和阻碍执法等现象。依法听取法院破解“执行难”情况报告和检察院公益诉讼工作情况报告，针对案件执行不见人不见财、公益诉讼机制不健全等突出问题，分别提出对策建议，为促进司法公正提供有力支持。

加强生态环保监督，致力于推动美丽昌都建设。坚定扛稳扛牢维护藏东生态安全的政治责任、法律责任、工作责任，主动把生态文明建设作为重点工作领域、摆上突出位置，听取市政府2018年环境状况和环境保护目标完成情况报告，助力打好蓝天、碧水、净土三大保卫战。开展国家卫生城市和国家生态园林城市创建情况专题调研，助力创建工作顺利推进。开展水污染防治法、可再生能源法、草原法及自治区实施办法执法检查和“中华环保世纪行—西藏行”活动，聚焦“三江”流域自然灾害频发、城乡环保基础设施建设滞后、“河长制”“湖长制”落实不够有力等突出问题，提出有分量有价值的意见建议20余条，推动生态环保法律法规的“牙齿”紧紧“咬合”，促进环保部门以法律的武器治理好污染、用法治的力量保护好生态环境。

【服务人民】 强化代表意见建议办理服务人民。积极配合自治区人大常委会开好十一届人大二次会议，提出报告修改建议和工作建议84条，提交书面代表建议53件，并配合对重点代表建议落实情况进行实地督查。召开代表建议、批评和意见交办会，及时将市一届人大六次会议征集代表建议87件和代表审议“六大报告”时提出工作建议203条，转交市委有关部门和“一府一委两院”办理，实现办理答复代表建议100%、在年内得到落实解决52%。召开代表意见建议办理情况督办会、听取承办单位办理情况汇报，在常委会上听取市政府办理情况报告，在年底对代表提出的重点意见建议进行重点督办，代表重点意见建议落实情况在政府有关会议上得到积极回应。

【议政建言】 推荐人大代表担任廉政监督员、特约监察员、脱贫攻坚监督员，统筹安排人大代表参加各单位民主生活会和有关座谈会、论证会、听证会，使人大代表的监督作用不断显现。扩大代表对常委会工作参与的广度和深度，累计安排82名代表列席常委会会议，安排60余名代表参加执法检查和调研活动，广大代表在参加各类会议和活动期间，代表人民反映很多关系群众切身利益的实际问题、提出很多宝贵建议。高度重视、认真对待群众来信来访，通过明察暗访、实地走访等方式调查了解情况，协调有关方面解决代表反映的自来水供应不稳定、无证开采砂石、易地扶贫搬迁安置点规划不够科学合理等一系列问题。经过连续几年的跟踪督查，推动各县区和有关部门彻底解决全市1400余名游猎户的基本生活问题。

【代表履职】 积极组织代表走出去，组织33名人大代表和人大干部到云南丽江和香格里拉考察学习。组织40名代表视察经开区和市政建设，促进代表知情知政。召开纪念西藏民主改革60周年座谈会，引导基层代表深切感受社会主义制度的显著优越性和强大生命力，坚定感党恩、听党话、跟党走。制订述职评议办法和代表建议批评意见办理办法、代表视察调研、代表培训、代表资格审查等制度措施，不断健全代表工作制度体系。关心基层代表健康和基层人大工作，坚持每年组织代表进行健康体检，适时为每名基层代表配发医疗急救箱1个和收音机1台，支持各县区人大常委会代表活动经费3万元。

【脱贫攻坚】 组织市人大办扶贫集团成员单位18家，在左贡县召开对口帮扶推进会，通报帮扶情况，交流帮扶经验，部署帮扶任务，助力左贡县如期脱贫摘帽。

【自身建设】 协调增设社会建设委员会，建立预算联网中心；加大对县乡人大工作的指导和支持力度，推动11个县区人大“一室三委”和工作力量调整到位，促进乡镇人大主席团主席逐步配强，不断优化人大机构设置和职能配置。注重加强经验交流和工作宣传，认真做好四川阿坝州、山南加查县、阿里噶尔县人大学习考察团在昌期间的接待和交流工作，建立“昌都市人大发展历程展室”，坚持办好“昌都人大”微信平台和《昌都人大工作》内刊。

【领导名录】

市人大常委会主任：贡秋江村（藏族）

市人大常委会副主任：邓 文 昌（藏族）

市人大常委会副主任：罗松益西（藏族）

市人大常委会副主任：公嘎泽仁（藏族）

市人大常委会副主任：齐　　飞（藏族）

市人大常委会副主任：叶 国 荣（汉族）
市人大常委会副主任：陈 启 亮（汉族）
市人大常委会副主任：晏 启 初（藏族）
市人大常委会秘书长：
毛　　刚（藏族，12月任）
市人大常委会副秘书长：
宋　　坚（藏族，12月退休）
市人大常委会副秘书长：
嘎松扎西（藏族，3月退休）
市人大常委会副秘书长：杨喜明（汉族）
市人大常委会副秘书长：
郭　　延（汉族，11月任）
市人大常委会副秘书长：
贡秋邓增（藏族，12月任）
市人大常委会办公室主任：胡 国 民（汉族）
市人大常委会办公室副主任：
贡秋邓增（藏族）
市人大法制委员会主任委员：
格桑俊美（藏族）
市人大法制委员会副主任委员：
龙 世 昌（苗族）
市人大法制委员会副主任委员：
郭　　延（汉族，11月免）
市人大财政经济委员会主任委员：
潘 东 明（汉族）
市人大财政经济委员会副主任委员：
晓　　英（藏族，11月免）
市人大财政经济委员会副主任委员：
李 存 善（汉族，4月任）
市人大教育科学文化卫生委员会主任委员：
洛松尼玛（藏族）
市人大教育科技文化卫生委员会副主任委员、调研员：黄　　飞（汉族，12月免）
市人大教育科学文化卫生委员会副主任委员：
江永卓玛（藏族）
市人大教育科学文化卫生委员会副主任委员：
晓　　英（藏族，11月任）
市人大社会建设委员会主任委员：
黄　　飞（汉族，12月任）
市人大社会建设委员会副主任委员：
罗布卓玛（藏族，12月任）

昌都市人民政府

昌都市人民政府办公室

【概况】 2019年以来，面对艰巨繁重的改革发展稳定工作，在市委、市政府的坚强领导下，市政府办公室坚持以习近平新时代中国特色社会主义思想为指引，深入贯彻落实中共十九届四中全会精神，紧密围绕政府中心任务，做深常规工作、做实重要工作、做精亮点工作，努力承担起市政府坚强有力的中枢协调职责和重任，确保市政府各项工作高效有序运转。

【公文起草】 争做精耕细作的“文书”。为做好办文工作，市政府办公室认真执行《昌都市人民政府办公室工作规则》，进一步规范公文办理程序，严格执行文稿起草全程负责和限时办结制度，坚持在文字材料起草之前认真学习有关文件和会议精神，准确了解相关情况，广泛收集掌握有关资料，把准文件起草意图，在文稿拟出后，认真修改、仔细校对、逐级送审，确保起草材料符合领导要求和工作实际。市政府办公室严格落实精文减会要求，克服工作较多、人员较少等困难，自觉加班加点，加快拟文节奏，确保公文及时上传下达。2019年以来，共起草、处理各类文稿2790余件，较2018年的2582余份增长8%，其中：秘书一科730余件、秘书二科600余件、秘书三科720余件、秘书四科360余件、研究室380余件。

【公文会议规范】 争做细致入微的“管家”。严格把关收发文。市政府办公室严把收发文质量关，对各单位报送的文件进行认真审核，进一步提高了收发文质量。2019年以来，共收各类文件2377件，较2018年的2766件减少14%，其中：请示件863件、急件527件、传阅件987件；共交办相关单位办理的文件1390余件；共印发各类文件722件，较2018年的1080件减少33%，其中：昌政办发106件，昌政发82件，昌政党组42件，常务会议纪要11件，专题会议纪要79件，政办通报32件，昌政办复205件，昌政议案7件，昌政复6件，昌政办函42件，昌政函56件，白头54件。严格把关会务联络。市政府办公室从会议召开、接待联络的每一个细节服务，都严肃对待、认真办理、周密安排、提前准备以应万变，不容有一丝马虎大意，在各种会议、接待中力求做到精益求精。2019年以来，共组织各类会务共203场次，较2018年的325场次减少38%，其中：市本级召开137场次、国务院及部委会议21场次、自治区及厅局会议45场次；共负责167个工作组的接待联络任务，较2018年的125个增长34%，较好地完成了工作任务，达到预期的效果。

【应急信息督办】 争做辅助分忧的“助手”。值班应急到位。市政府办公室严格执行来电接听、首接责任、值班记录等制度，对较大、重大、特别重大突发公共事件信息，可能演化为较大以上突发事件的信息，值班人员掌握情况后，沟通上下，联系内外，协调左右。2019年以来，共办理各类文电972份，较2018年的1732份减少44%，其中：明电电报198份（不含转交机要秘书科明电），密电电报87份，一般收文102份，发送明电电报585份。信息收集及时。在为市领导搞好信息服务的同时，着力加强信息上报下发工作。2019年以来，共编辑上报政务信息1915期，较2018年的1223期增长57%，政务要情专报62期，印发政务信息84期。督查督办顺畅。市政府办公室高度重视督查督办、跟踪办结工作，采取有力措施，规范工作流程，确保政令畅通。2019年以来，共下发《政务督办通知》67期，较2018年的65期增长3%，《领导批示》10期，较2018年的21期减少52%，《督查通报》9期，较2018年的21期减少57%，开展实地督查5次，办理自治区“两会”建议（提案）15件、全市“两会”建议（提案）160余件。

【法治政府建设】 法治政府建设考核创佳绩。在年初全区2018年度法治政府建设考核工作中，取得地市排名第一的优异成绩。加强规范性文件监督管理。办理市政府、市政府办公室文件以及市政府常务会议题、专题会议、政府各部门征求意见稿136件，提出修改建议300余条；修订完善《昌都市藏文社会用字管理办法》并以政府令形式颁布实施；审查《昌都市城市绿化管理条例（送审稿）》《昌都市党政领导干部安全生产责任制规定实施细则》等9件行政规范性文件的合法性、必要性、合理性；审查《昌都市乡级视频会议系统维保服务项目合同书》《西藏自治区昌都市政府办公室文书档案整理承揽合同》等7件行政合同。积极汇报工作情况。积极向上级部门报送《关于西藏自治区人民政府规章五年立法规划（2016—2020年）的项目建议》《昌都市人民政府办公室关于重大行政决策实施效果跟踪评估的情况说明》等10余件材料。开展法治宣传工作。利用法治宣传节点，在街头巷尾开展《中华人民共和国宪法》《中华人民共和国民族区域自治法》《中华人民共和国行政处罚法》等法律、法规知识宣传，提高广大群众学法、知法、守法的法律意识。

【外事工作】 外事释义为外交事务。争做对外友好交流的传递者。严格把关因公参团出访工作。2019年以来，上报审核办理因公临时出国（境）人员共11批11人，其中：英国1人，法国1人，缅甸、斯里兰卡2人，以色列2人，芬兰1人，波兰、奥地利1人，肯尼亚1人，欧洲议会1人，尼泊尔1人。推动外事访问工作。由副市长欧珠达瓦任团长的一行6人访问团，于2019年9月21—28日赴俄罗斯、白俄罗斯开展为期8天的访问。加强外籍及境外人员管理。充分发挥外事部门统一协调归口管理外事工作的综合职能部门作用。入昌开展项目外籍专家共2批19人；到昌都旅游外籍人员75批478人；到昌都探亲外籍藏胞11人；因手续不齐全劝返外籍人员23批27人。发展周边外交推动友城工作。推动与尼泊尔吉日市建立友好城市工作，继续深化友好睦邻关系，突破昌都“零友城”局面。

【后勤保障】 争做后勤保障到位的服务者。接待人次创新高。2019年，招待所顺利接待各类工作组340余个，接待人数3500余人次，较2018年的290个工作组增长17%，其中：国级1批180余人次，省级45批600余人次。接待收入略有增长；招待所总营业收入419.3万元，其中：客房收入346.7万元、餐饮收入72.6万元，较2018年客房收入增加10.09万元，增长率为0.029%，餐饮收入增加11.61元，增长率为19.4%。公务接待费实际支出约82万元。车辆行驶安全。临时调剂车辆120余次，调配车辆850辆，下乡出差等1200次，车辆总公里数65万余公里。

【干部队伍建设】 争做学习上的领先机关。组织开展好党组集中学习。市政府办公室、研究室党组认真学习中共十九大和中共十九届二中、三中、四中全会精神，特别是把学习习近平新时代中国特色社会主义思想作为理论学习的重点，把中央治国理政新理念、治藏新方略作为指导开展工作的指南，不断领会深刻内涵、把握核心要义，逐步提高自己解决新情况和新问题的能力。2019年，市政府办公室、研究室党组开展集中学习24次。组织开展好教育培训。组织领导干部职工外出培训教育44人次，其中：地厅级7人次、县处级5人次、科级及以下32人次，有效开拓了领导干部职工视野，提高了学习的主动性和积极性。

【党建工作】 争做政治上的先进机关。市政府办公室、研究室党组始终把加强党的政治建设，严明党的政治纪律和政治规矩纳入重要议事日程，坚定党员理想信念，提高党员政治站位和政治觉悟，保持党员队伍先进性和纯洁性。主题教育有序推动。市政府、市政府办公室研究室党组“不忘初心、牢记使命”主题教育在班子成员以上率下、身体力行，牢固树立西藏氧气少气压低但坚定理想信念、执行党的纪律标准不能降低，弘扬“老西藏精神”“两路精神”，推动主题教育有序开展，做到抓思想认识到位、抓检视问题到位、抓整改落实到位、抓组织领导到位，保证主题教育扎实有序开展，特别是检视问题及整改落实取得实实在在成效。党建工作持续抓紧。共有党员121名，其中：共有4名预备党员转正、3名发展对象转为预备党员，发展5名入党积极分子；按照党组织三会一课要求，各支部达到三会一课次数要求，并将学习、活动开展情况录入“智慧党建”系统中；市政府办公室先后组织参加“烈士纪念日”公祭烈士活动、升国旗仪式、集中收看习近平总书记在庆祝中华人民共和国成立70周年大会上的讲话、阅兵式，以及参观昌都市革命历史博物馆、市纪委廉政教育图片展、重温入党誓词、观看红色影片《我和我的祖国》，集中观看《违反中央八项规定精神典型案例警示教育情景剧》，参与人数550余人次，推动党建工作学在深处、干在实处、走在前列。

【政务服务】 争做工作上的引领机关。公共资源交易中心运行步入正轨。公共资源交易中心以全面提高交易服务能力为重点，科学化建立公共资源交易“一体化”平台为切入点，扩展服务类别，规范工作流程，完善工作制度，提升工作效能，努力提高服务满意度、社会认可度，市场主体获得感和公共资源交易公信力，取得较好的经济效益和社会效益。交易中心受理交易项目共计1052个，涉及交易总额约为113.5014亿元，其中：建筑工程项目612起，涉及金额约为98.1454亿元，节约资金约11.22万元；政府采购项目429起，涉及金额约为11.3773亿元，土地及矿业使用权出让项目11起，涉及金额3.9786亿元；上缴国库约为632.30万元，为企业减负338.5万元。市民服务中心改革有序推进。市民服务中心本着“该承接的承接、该取消的取消、该下放的下放、该整合的整合”的原则，积极调整审批事项目录清单，做好事项减、转、放工作，对全市行政审批和服务事项进行了认真调查摸底，反复研究筛选，从首批常驻中心的13家单位、14个窗口、56项审批服务事项逐步调整为18家单位、51个窗口、145项审批服务事项，删减群众办事需求少的事项，增设群众办事需求多的事项，再次增加医疗保障局、住建房产管理局等办事窗口，提高服务效率和群众满意度。

总办件量31663件，接待窗口咨询8000余人次。政府网络化建设成效初显。通过集约化平台建设、办公自动化项目实现政府网站管理统一、平台集约、数据同源，在数据发布、督查在线、智能问答等方面作出重点突破与创新，在政民互动方面与“12345”政务服务热线进行融合，做到全市的政务互动渠道统一、服务强化、数据共享。市政府门户网站、政府组成部门网站及12县区政府网站共计45个；办公自动化主要覆盖67家市直单位、11个区县级政府部门的接入需求，涉及用户数约11000人，预留乡、镇、村、社区级组织架构延伸以及服务接口，便于后期向基层延伸，实现市县乡村四级一体化服务体系。完成政府网站的数据同源，正在协调“好差评”系统的对接，下步延伸至“12345”热线系统。

【作风建设】 争做作风上的表率机关。在驻村工作上展示良好作风。帮嘎驻村工作队实施构树经济林项目，向群众发放2018年度水资源分红20万元；针对两个自然村的9户易地搬迁群众的生产生活问题，实施了理发店短平快项目，带动建档立卡贫困群众3户3人；在市政府办党组的支持下，协调争取1万多元，用于2个自然村修建摩托车通行道路。帮隆驻村工作队协调创办藏餐馆，带动建档立卡贫困户4户21人，总投资30万元，收益2.5万元以上；发展集体经济，带领全体村民种植土豆种子4000公斤，其中：村集体种植2000公斤，村民各自自种2000公斤，因气候、灌溉、土壤等原因，2019年收获土豆15000公斤左右；实施并完成县道至村委会3.8公里通村硬化公路项目，5个自然村道路全部通达。改善奶奎村群众生产生活条件，市政府办公室投入10万元用于修建蓄水池和维修危桥；奶奎驻村工作队主持成立奶奎村木工队，在瓦西片区木工都被村民承包，“木匠村”也成了群众口中的传闻。在结对帮扶上展示良好作风。市政府办公室组织干部职工参加3次结对帮扶活动，共有288人次参加，帮扶金额近30万元。在志愿活动上展示良好作风。

【领导名录】

市政府秘书长：贾　新　雨
市政府副秘书长：刘　宏　杰（津）
市政府副秘书长：林　孝　棋（闽）
市政府副秘书长：刘　军　旗
市政府副秘书长：泽仁卓嘎
市政府副秘书长：管　金　台
市政府副秘书长：张　　　军
市政府副秘书长：申　建　荣
市政府副秘书长：张　耀　辉
二级调研员：王　建　平
副县级督察专员：张　　　洋
二级调研员：郭　晓　莉
研究室副主任：秦　　　亮
四级调研员：郭　登　武

昌都市信访局

【概况】 2010年5月，昌都地区行署办公室信访局（正科级建制）升格为昌都地区信访局（正县级党政机关），核定编制29名（其中：行政编制10名、事业参公16名、机关事业3名），局领导职数5名。2019年4月机构改革，撤销内设行政科室排查调处室，原人民群众来访接待室更名为市信访联合接待中心（事业单位），排查调处职能划入市信访联合接待中心。截至年底，市信访局内设办公室、来信来访科、督查科、研究室、市信访联合接待中心5个机构。

【信访】 全市共办理（接待）群众来信来访477批件1156人次。包括来访470批1149

人次，来信7件7人次。较2018年同期减少1.2%，办结454件，办结率95.2%。共排查梳理各类矛盾纠纷共92批件，化解84批件，正在调处8批件。

【联席会议】 全市共组织召开信访联席会议安排部署37次，召开专题会议78次。

【领导包案】 全市共排查各类矛盾纠纷共92批件，落实市、县（区）两级领导包案92件，化解84批件，正在调处8批件，做到“存量清零、增量及时化解”。制定《关于全力做好中华人民共和国成立七十周年国庆期间全市信访保障工作的通知》，逐一研究措施办法，将20个信访隐患较大的和突出问题分解到各个县区和部门，由市级领导作为包案领导，由党委（党组）书记担任第一责任人，主要领导担任直接责任人，局领导班子根据联系县区作为包案联系人，有效落实包案领导和化解责任。

【领导接访】 全市共开展市县领导干部接访下访25人次，解决事项11件。局领导先后5次前往卡若、左贡、丁青、类乌齐等县区协调重点事项，约谈信访人员，协调解决重大信访事项。

【健全预警机制】 2019年，共排查梳理各类矛盾纠纷共92批件，化解84批件，正在调处8批件。

【完善研判机制】 深入贯彻落实中央、中央维稳办以及区党委、市委的重要决策部署，市委、市政府主要领导专题安排全市春节藏历新年信访维稳工作，以实现长治久安为目标，从解决影响昌都和谐稳定的突出问题入手，开展各领域涉稳隐患排查整治行动，着力解决对形势估计不足、隐患认识不清、问题识别不准、措施缺乏针对性的问题，着力解决抵御境外和邻省周边风险的能力不高、整体防控还存在漏洞的问题，着力解决内部问题整治不够彻底、维稳基础依然薄弱的问题。

【督办督查】 严格遵循日常督办与实地督查相结合的工作原则，采取网上督办、电话督办、下发督办通知、专项督查等有效措施，充分发挥督查督办在信访工作中重要作用，及时有效地解决信访突出问题，维护信访群众的合法权益。2019年，开展督查90次，实地督查7次28人次，网上督办34次，电话督办36次，下发督办通知7次，办结34件。

【宣传教育】 加大对《中华人民共和国信访条例》等法律法规、政策规定的宣传力度，参与“3·15”国际消费者权益日、“6·22”等综治宣传月、法治宣传日、廉政宣传月等法治宣传教育活动。在接访广场、茶马广场等闹市区集中开展信访法治宣传教育6批次18人次，受教育群众2164人，印发宣传资料5480份。

【领导名录】

市信访局党组书记：旺　堆（1月至3月）
党组书记、副局长：程　勇（3月至12月）
党组副书记、局长：郎俄泽仁
党组成员、副局长：罗布顿珠
党组成员、副局长：土　邓
党组成员、调研员：晋　美
党组成员、副局长：巴桑顿珠
党组成员、副调研员：何明松

昌都市藏语委办（编译局）

2019年是中国共产党成立98周年、中华人民共和国成立70周年、西藏民主改革开放60周年之际，市藏语委办（编译局）党组高举习近平新时代中国特色社会主义思想伟大旗帜，深入学习习近平新时代中国特色社会主义思想、中共十九大精神、习近平重要论述摘编、习近平总书记关于西藏工作重要指示、重要论述和中央第六次西藏工作座谈会精神，紧紧围绕市委、市政府中心工作，凝神聚力谋发展，拼搏奋斗促发展，为我市藏语文和翻译工作做出积极贡献。

【藏文翻译】 高质量完成好翻译任务。一年来，在人员紧缺、工作繁重的情况下，紧紧围绕中心工作、服务大局，不忘初心、牢记使命，及时完成市委、市政府交办的各项翻译任务。翻译其他党政部门、企事业单位、广告公司的翻译材料，包括党建维稳、意识形态、精准扶贫、网络信息、安全生产、法规制度、文艺节目、医药疾控、民宗政策等内容，党政部门翻译字数共为214432字，个体工商户（广告公司）翻译字数共为9094字。其中重点翻译三岩办《昌都市“三岩”片区跨市整体易地扶贫搬迁宣传手册》、博物馆《昌都地区人民解放委员会特展展览大纲》，自编的《脱贫攻坚相关资料翻译汇编》《藏汉翻译论文选编（部分昌都译者论文）》《汉藏对照新词术语汇编》《编纂〈昌都市藏汉文地名汇编〉参考资料》等书籍。

【藏文社会用字规范】 2019年，持续加大推进藏语文社会用字规范工作和基层社会用字规范工作力度。市县区藏语委办发挥职能作用，加大指导、协调、监督、检查工作力度，推进落实“属地管理”和“谁主管、谁负责”的原则，以昌都城区、县城、公路沿线乡镇、学校、重点旅游景区景点为重点，整治规范门牌、广告牌、宣传栏、指示牌、标识牌等藏文社会用字。会同工商、市政等有关部门组成的市、县区两级联合检查组每月定期或不定期对城镇社会用字规范工作开展督促检查；通过实地检查、微信网络平台举报、下发督促通知等多种形式，敦促整改落实。开展城镇、国道沿线村镇、旅游景区景点藏文社会用字检查整改活动，确保重点领域规范使用藏语言文字，坚决杜绝因文字使用不规范造成意识形态领域负面影响，坚决杜绝对民族团结、社会稳定造成负面影响。全市集中开展社会用字检查4次，在城区现场检查23次，下发整改能知书30余份，整改规范各类社会用字275个。

【首届中小学藏文知识竞赛活动】 市藏语委办（编译局）联合市教育局（体育局）教科所传承优良传统文化，推进社会主义核心价值观教育进校园，助力学校培养新时代中国特色社会主义建设者和接班人，促进学校“双语”教育特别是藏语文教育，举办以“传承优良传统文化、共筑精神文明家园”为主题的首届全市中小学学生藏文知识竞赛活动。知识竞赛由昌都市实验小学、卡若区俄洛镇小学、昌都市第二高级中学等8所学校共121名学生参加。广大师生纷纷表示这样的活动推动本民族学生积极学习藏语文、正确使用藏语言文字方面起到非常积极的影响，促进藏语文工作的开展和传承，在社会上起到正面的、积极地影响。

【藏汉文地名汇编】 开展《昌都市藏汉文地名汇编》工作。组成工作组于6月分别对11县区开展实地走访、调研、收集、核实等工作。11个县区藏汉地名汇编收集、整理工作完毕。但总体的完成质量不太理想，个别县在收集过程中工作不够细致深入，甚至未到实地进行核实，导致部分地名其真实性、有效性、准确性、公认度等方面存在没有把握的现象，无法达到出版要求。此项工作还需加强整改修订完善。

【宗教活动场所名录藏汉对照】 根据国家民委批准的《西藏自治区宗教活动场所名录藏汉对照》编撰项目，由自治区藏语委办（编译局）工作组牵头，办（局）陪同的调研组于6月2日至16日带领调研组一行对八宿县、洛隆县、边坝县、丁青县、察雅县、卡若区宗教活动场所名称、创建时间、创始人、教派、所在地等进行实地调研考证，并点评指导各县编纂的《寺庙藏汉双语简介》方面存在的问题，提出可操作性和指导性的意见建议，强化各县区的藏语文工作。

【宣传教育】 根据文件《中共昌都市纪律检查委员会关于印发〈昌都市2019年党风廉政建设宣传教育月活动实施方案〉的通知》昌纪发〔2019〕11号要求，昌都市藏语委办（编译局）2019年5月15日在解放广场开展“守纪律、讲规矩、作表率”为主题的集中宣传活动，宣传习近平新时代中国特色社会主义思想、《中国共产党章程》《中华人民共和国宪法》《中华人民共和国监察法》《社会用字管理办法》《藏语文社会用字学习发展使用规定》《市政府一号令》等相关法律法规、政策。开展廉政教育活动，认真传达学习自治区昌都市纪律监察一系列文件精神。组织观看《贪欲·黑洞》《反腐追逃在西藏》《全面从严治党在西藏》等警示教育片，加强廉政意识，不忘初心、牢记使命，绷紧反腐倡廉这根弦，净化办（局）廉洁从政的环境。

【领导名录】

党组书记、副主任（副局长）：阿旺吨点

党组副书记、主任（局长）：桑　　吉

副主任（副局长）：青热巴党

副主任（副局长）：罗松江村

昌都市机关事务管理局

【概况】 昌都市机关事务管理局为正科级建制，内设办公室、物业管理科、生活服务科、解放广场管理科、保卫科、接待科6个机构（其中接待科为正科级，其余均为副科级）。核定事业编制40名，其中：部门领导取数4名（正科级1名，副科级3名）。经费来源为财政全额拨款。

【廉政建设】 规范财务制度。严把审批关，对财务账目严格的核算和监督。加强三公经费管理。落实中央八项规定，严格公务接待标准，全年，公务用车运行费实际支出为33万元（含大型工作组车辆运行费），公务接待费实际支出为213万元。临时调剂车辆120余次，调配车辆850辆，保障82个专项工作组的公务用车。加强廉政建设。全年开展共计廉政教育大会1次，廉政风险点评估会议1次，发放廉政风险点防控文件1份，谈心谈话17人次，工作提醒1人次。规范采购制度。严格执行财产购置的审批程序、公开招标和价格审核工作，全年共计完成采购任务43项，公开招标4项。会议中心招待所经营管理。截至年底，招待所总营业收入517.1万元，严格按照收支两条线运行。

【精准扶贫】 开展结对帮扶工作，根据市委、市政府下达的帮扶任务，共计结对帮扶17户，帮扶总人数96人，帮扶资金物资折合人民币为1.53万元；对驻村点（察雅县烟多镇色嘎村）开展8次帮扶慰问活动，送去资金和物资帮扶。根据色嘎村具体情况，联系相关部门解决2017年网围栏工程30万元，2018年人畜饮水工程“一事一议”工程款30万元；

争取18万元用于卡若镇达布村波先自然村改善路况维修款。

【创文创卫工作】 在大院绿化带制作摆放公益广告牌30个，周转房楼道、电梯内张贴创建全国文明城市宣传画76幅，在解放广场LED显示屏上全天（白天）滚动播放爱国爱党、市创文创卫工作宣传标语，共计播放市直各单位宣传标语共计230余条，宣传活动20余次，做到全覆盖。“三合一”开展禁烟、控烟宣传活动。在市委、市政府大院公共露天区域设吸烟区，实行每周行政值班、日常保安巡逻、创文创卫禁烟劝导员三合一的形式，在院内及解放广场等公共区域进行禁烟劝导，在辖区的办公楼、会议室、招待所、食堂等室内区域张贴禁烟标识。组织开展志愿服务活动12次，参与人员523人次，服务时长4810.5小时，创建文明城市问卷调查1次。

【后勤保障】 强化安全保卫，提高物业管理水平。加强大院安保工作。保障院内职工生活环境。缓解大院停车难问题。

【节能降耗】 结合全市创文创卫工作，建立健全节制管理体系，推进节约型机关建设。广泛开展节能宣传活动，全年共计开展宣传15次。加强对用水用电管理。定期维护、及时维修、随时巡检，防止跑、冒、滴、漏和长明灯、防流水，取得较好的节能效果。

【会务保障】 会场服务。截至年底共完成会议服务2294场，大型演出6场。接待服务。2019年会议中心招待所顺利接待大、中、小型工作组332余个，接待人数3113人次，其中国级1批（88人次），省级44批（600余人次）。完成第五届三江茶马艺术节期间各项后勤保障工作。

【领导名录】

市委办公室二级调研员、机关事务管理局局长：向巴江措

昌都市人民政府驻拉萨办事处

【概括】 昌都市人民政府驻拉萨办事处副县级建制，核定编制23名（事业编制，参照公务员执行），内设综合科、接待联络科、昌都退（离）休人员服务科、信访科、项目协调科、统战民宗联络科6个机构。实有干部职工19人。县处级干部1人（待批退休），科级干部8人，科员2人。后勤工作人员8人，其中：技师1人、高级工4人、中级工3人。截至年底，办事处领导班子7人。

昌都市人民政府驻拉萨办事处党委下设1个机关党委、21个党支部（1个机关党支部，20个离退休党支部）、593名党员（22名在职党员，退休党员571名）。

【党建工作】 加强学习，提高认识。根据市委宣传部相关学习要求，认真抓好“学习强国”学习力度，一年来，在全市各党组织中名列前茅。组织干部职工及退休党支部代表观看警示教育片3次，共计600余人。组织干部职工和退休党员参观百万农奴纪念馆1次，共计150余人。向20个退休党支部和机关党支部发放学习材料140余份、学习宣传光碟670余张。组织20名退休党支部支委参加全区第十六期退休党支部书记培训班。强化组织领导，夯实基层党组织工作。建立健全办事处20个退休党支部建设工作。针对个别支部成员年老体弱，且多病不适合支委工作的支部，进行调整充实。

【巡察整改】 一届市委第九轮巡察八组2018年11月19日至2019年1月8日，对市委驻拉萨信调办、市政府驻拉萨办事处党委开展了为期51天的常规巡察，2019年3月2日反馈巡察意见。巡察组指出市委信调办、市政府驻拉萨办事处党委在党的政治建设、党的思想建设和组织建设等、党的作风建设、纪律建设和夺取反腐败斗争压倒性胜利方面存在16项问题47个具体事项。清退上缴市财政国库资金共计164453.43元。完善《昌都市人民政府驻拉萨办事处党委“三重一大”议事规则》《昌都市人民政府驻拉萨事处各项规章制度》《昌都市人民政府驻拉萨办事处机关党支部工作汇编》。

【为民办实事】 根据2018年9月6日，陈军市长前往办事处检查指导时提出要求，办事处党委新班子要有当好“新官”敢于理“旧账”的担当意识，切实解决好办事处院内26户退休基地办理“两证合一”相关事宜。办事处党委本着解决遗留问题的思想，成立协调专班组，组织人员收集26户房屋相关资料，上报并与自治区、拉萨市相关部门沟通协调。其间了解到，自治区为解决党政机关、事业单位就拉萨退休基地是否办理土地出让、产权分割登记问题由各涉及单位到住建厅住房保障处登记，并由拉萨市国土局以历史遗留问题解决。办事处到住建厅住房保障处领取登记表，并将信息填报到拉萨市国土局。拉萨市国土局答复此项工作在2019年上会研究解决。

【政务联络】 “四大班子”领导和相关部门呈送机要文件60余份、代会20余次。根据上级部门工作要求，年初签订《党风廉政目标责任书》《严禁干部职工利用名贵特产类特殊特产资源谋取私利承诺书》《党员干部禁止到寺庙转经、赌博、大操大办承诺书》《干部职工保密承诺书》。办事处在文书档案工作中，做到来文及时登记、传阅、处理，行文规范上报、收发文传真及时传送反馈。办事处党政行文共67余份，办学习专栏4期。电子政务内网收发文700余份，情况汇报25期。

严格执行中央“八项规定”精神、区党委“约法十章”。财务管理坚持“谁主管、谁签字、谁负责”的原则，严格遵守财务规章制度，始终坚持“一支笔”审批制度，严格财务管理职责和审批程序，尽量缩减“三公”经费开支范围，确保“三公”经费只减不增，截至11月11日，同比2018年减少10%。严格执行《昌都市人民政府驻拉萨事处公务车辆管理制度》，严格执行车辆调度管理制度，杜绝浪费，禁止公车私用，确保市委、市政府在拉萨公务用车和办事处日常公务用车的需要，保证用车安全。全年前往机场、山南、日喀则、林芝等地公务接送车辆共计570余次。

【接待服务】 协调机票3171张，预订拉萨各酒店房间356次。为市委、市政府领导及对口援藏工作组等提前换登机牌262张，协调机场地服专车接机6次。协调布达拉宫门票及大昭寺门票424张。协调解决市工会两批参加运动会的52名运动员在拉萨的食宿及接送车辆等后勤工作。协调天津市北辰区工作组在拉萨期间食宿及参观布达拉宫及大昭寺的门票等后勤保障工作。

【维稳工作】 做好越级上访的群众安抚教育劝返工作。2019年，受理、接访信访案件29起，耐心细致地做好来访人员的思想教育引导工作。与相关部门做好案件移交工作；按照“属地管理”“谁主管、谁负责”的原则，严格核实“三无”人员身份，做到确认一人、接收一人、登记一人、接返一人的工作原则。全年接收“三无”人员129人（其中：就地担保98人，劝返原籍31人），接返流浪乞讨人员29人。为在拉萨的昌都籍群众开具有效证明116次。协助拉萨市公安局嘎玛贡桑派出所核实“民间孤儿院”事宜。涉及江达县的13人、卡若区2人，并及时与所在县（区）相关部门联系，核实情况报送拉萨市公安局嘎玛贡桑派出所。

【离退休人员工作】 截至11月11日，代管昌都退休人员共有1299人，其中干部781人（地级干部18人、县处级干部135人）、固定工人162人、统筹工人175人、公路分局162人、农行19人。其中退休党员605人（已转组织关系的党员有370人），低保户10户18人，在册残疾居民16人，病故退休人员18人。“三大节日”集中召开座谈会慰问150名退休干部工人代表，发放慰问品（市委老干部局提供）；走访慰问1959年3月28日退休人员、老党员、困难党员、骨干党员共40人，支出慰问金32000元（从老干部工人专项活动经费、中央划拨补交党费支出）。陪同市委老干部局领导走访慰问67名“1959年3月28日”退休干部。在中华人民共和国成立70周年之际，走访慰问“三老”人员、老病号15人，支出慰问金12000元。开展日常慰问：慰问病故家属18人，支出慰问金6500元；看望住院病人6人次、支出慰问金2300元。为34名80岁以上高龄老人，落实2018年度健康补贴10200元。组织4批131人代管退休人员区外健康疗养活动，组织1批区内“观变化、探亲友”活动。及时兑现退休支部工作补贴及活动经费326400元。组织老干部参与区老干局活动20余次。有序开退休、城镇居民医保、安置等相关工作。

【慰问活动】 办事处党委班子成员，年初前往曲水麻风患者疗养院开展例行的慰问活动，并送去价值10万元的慰问物品；上半年2名班子成员、2名办事处驻达巴村干部，前往察雅县烟多镇白久村看望慰问结对帮扶对象19户，召开座谈会，了解民情，并送去19000元慰问金。办事处驻察雅县烟多镇达巴村工作队协同村“两委”，紧紧围绕“一精准四重点”、“两不愁、三保障”工作目标，开展“创先争优强基础惠民生”活动。并于10月顺利完成中央第三方脱贫验收工作组脱贫验收工作任务，实现达巴村全村脱贫摘帽。

【领导名录】

市委驻拉萨信息调查办公室主任、党委书记主任：普布次仁

市委驻拉萨信息调查办公室四级调研员、党委委员：达　珍（10月任）

市科协副主席、党委委员：
木　兰（12月任）

市委驻拉萨信息调查办公室副主任、党委委员：
格桑达瓦

市委驻拉萨信息调查办公室副主任、党委委员：
谭金枝

市委老干局四级调研员、党委委员：
拉巴普尺（10月任）

政协昌都市委员会

【概况】 1959年11月，在昌都平息叛乱和民主改革取得伟大胜利的重要时刻，在中共昌都分工委的直接领导下，政协昌都地区委员会庄严宣告成立，标志着中国共产党领导的反帝爱国统一战线在昌都取得决定性胜利。从成立至2019，昌都政协历经十一届，召开59次全体会议，经历反帝爱国统一战线、人民民主统一战线、爱国统一战线三个发展阶段，见证昌都从黑暗走向光明、从落后走向进步、从贫穷走向富裕、从专制走向民主、从封闭走向开放的历史性跨越。政协第一届昌都市委员会自2014年12月召开政协昌都市一届一次会议以来共设有15个界别274名委员，其中党员委员121人，占委员数44.16%；女委员66人，占24.09%；历经5年，截至2019年12月，共召开七次政协全体会议，有15个界别230名委员，其党员委员91人，占委员数39.57%，同比减少4.59%，女委员52人，占22.61%。

政协昌都市委员会原设县级办事机构1个，即昌都市政协办公室，3个专门委员会（提案委员会、文史民族宗教法治委员会、经济资源环境社会教科文卫委员会）。机构改革后，按照《中国昌都市委员会办公室关于印发〈昌都市政协机关职能配置内设机构和人员编制方案〉的通知》（昌委室〔2019〕116号）文件精神，市政协设1个正县级办事机构，即昌都市政协办公室，下设秘书科、行政人事财务科、委员联络办，均为科级建制；设4个专门委员会，即提案委员会、经济资源环境社会教科外事卫体委员会、农业和农村委员会、文化文史民族宗教法治和学习委员会，各委员会下设1个科级建制办公室。市政协机关行政编制34名（含市政协领导同志10名），县级领导职数12名（其中：秘书长1名，副秘书长3名，各专门委员会设主任1名、副主任1名）。

市政协办公室为市政协的综合办事机构，承担为市政协履行政治协商，民主监督，参政议政职能服务的各项工作。办公室下设秘书科、行政人事财务科、委员联络办公室，研究室、翻译室、机关后勤服务3个事业科室。

【思想政治】 坚持把习近平新时代中国特色社会主义思想、中共十九大精神，尤其是习近平总书记关于加强和改进人民政协工作的重要思想作为学习重点，以开展“不忘初心、牢记使命”主题教育、“两学一做”学习教育常态化制度化为抓手，深化理论武装，指导实践，推动工作，通过政协全委会、常委会专题学习、党组理论中心组学习、主席会议及党支部集中学习，把学习贯彻中共十九届四中全会精神、三级政协工作会议精神作为头等大事，作为统揽政协工作的总纲、武装头脑的灵魂、推进履职尽责的指南，贯穿履职全过程，有效提升履职能力和水平。共开展各类学习会议35次、5场党课讲座、6场专题研讨。认真贯彻中共中央对加强和改进人民政协协商民主建设作出系列重大部署和要求，按照中央《关于加强新时代人民政协党的建设的若干意见》《关于加强和改进人民政协民主监督工作的意见》和区党委办公厅《关于加强新时代西藏政协系统党的建设工作的实施意见》，以及昌都市委下发的《关于加强昌都人民政协协商民主建设的实施意见》等重要文件精神进行认真安排部署，并根据各阶段重要工作任务和形势变化，及时传达中央、区党委、市委的重大部署、重要会议精神，做到召开全会、重大事项、开展活动及时向市委请示，调研考察等重要活动及时汇报，安排年度工作计划与市委、市政府工作重心紧密对接，确保与市委同心同向、同频共振。积极配合自治区政协、昌都市委组织部完成《政协在社会治理中发挥优势和作用》《深化党员政治教育研究》的调研课题，形成2项理论研究成果；按照自治区政协办公厅及市委要求，撰写《寻求最大公约数、画好最大同心圆》《书写昌都政协履职的精彩答卷》等3篇理论文章。

【履职建言】 充分发挥专门协商机构作用，协商内容更实，协商平台更宽，协商形式更活，做到务实协商、开门协商，努力形成以全体会议为龙头，以专题协商会为重点，以对口协商、提案办理协商等为常态的协商议政格局。积极用好市政协全体会议协商平台，政协委员在会议期间聚焦全市改革发展稳定大局以及人民群众普遍关心的热点难点问题，通过撰写提案、大会发言、分组讨论、反映社情民意等形式认真履行职责，积极议政建言。会议期间，委员们在分组讨论时就党建、维稳、教育、环境保护、医疗卫生、精准扶贫、基础设施建设、农牧业特色产业发展等重要行业和重大领域提出意见建议152条。紧紧围绕市委、市政府的重要决策部署和全市中心工作开展“加强乡级医疗队伍能力建设”“新修订《宗教事务条例》学习及贯彻落实情况”“昌都市红色遗迹保护及爱国主义教育情况”“提案办理落实情况”“引进人才现状及存在问题情况”“土地确权工作开展情况”“脱贫摘帽巩固情况”一系列调研活动，围绕存在的问题出实招、谋良策，向市委上报7篇专题调研报告，推进调研工作成效。7月中旬、11月中旬，市政协在前期广泛深入调研的基础上，成功组织召开“加强城市公共交通建设”“加强生态环境保护中进一步发挥护林员作用情况”专题协商会，注重与市政府及其职能部门的沟通协调，与政协委员面对面协商沟通，协商过程无缝衔接、减少阻力、增加助力、形成合力。形成2篇具有可操作性和指导性的协商报告、协商成果有效转化。

【提案办理】 坚持把提案办理作为推进协商民主的重要抓手，探索提案工作新途径，持续推动提案工作不断创新，提案办理有力、有序、有效开展，使委员提案成为党委政府与百姓之间的“连心桥”。采取“政府领办、部门承办、沟通商办、督查催办”的方式，将市政协一届六次会议以来立案的102件提案，由两办督查室移交给27个承办单位进行办理，推动一批民生热点难点问题得到重视和解决。注重提案业务学习培训，开展基层委员提案业务培训33人次，协调委员参加区政协业务培训24人次，提升委员履职能力和提案协商水平。开展专题视察监督工作。5月16日，市政协组织政协常委、委员40余名视察“机场快速通道加卡段项目建设情况”，了解项目概况、进展情况、征地拆迁及协调、财务管理等情况。7月3日，组织三级委员前往军分区后山植树造林区和如意乡苗圃考察“山地造林绿化工程开展情况”，先后提出意见建议12条，为有关部门开展工作提供参考。收集社情民意27条，汇总后向市委报送11条。以开展“党员领导干部进村入户结对认亲交朋友”为抓手，按照“321”联系帮扶机制，政协主席班子成员牵头联系指导扶贫重点乡镇，带领政协干部职工积极主动联系结对帮扶建档立卡贫困户，了解帮扶对象的实际情况，制定个人帮扶计划和思想沟通计划，筹集26500元资金对53户贫困户开展帮扶工作，帮助他们解决实际问题；安排1名县级干部和1名机关干部驻江达县卡贡乡达色村开展强基惠民工作。

【宣讲活动】 以党的治藏方略、区党委、市委决策举措统领政协工作全局，站在加强民族团结的最前沿、反分裂斗争的第一线、凝心聚力的主战场，通过委员联系群众，开展爱国主义、民族团结、社会主义核心价值观、“五个认同”“四条标准”“四讲四爱”“老西藏精神”、寺庙法治宣传、新旧西藏对比、“四个揭批”等各类教育活动，确保全市“三个稳定”做出贡献；利用藏历新年、“3·28”西藏百万农奴解放纪念日、纪念西藏民主改革60周年座谈会、民族团结宣传月等重大节庆节点，组织政协委员和机关干部通过召开座谈会、宣讲会、设立宣传站点、利用微信公众平台、发放宣传资料等形式，广泛宣传关于新时期西藏工作的方针政策、西藏的新发展、新变化、新成就和昌都面临的新机遇、新形势、新前景。引领政协各参加单位、各人民团体、各界别人士根据自身的专长投身维稳工作，全身心凝聚广泛共识。3月，市政协组织各阶层、各界别人士召开纪念西藏民主改革60周年座谈会。按照河长制分工、联系乡镇和重点寺庙任务，班子成员定期不定期开展相关督导，特别是在春节和藏历新年、全国“两会”、国庆节点等关键时段，深入基层一线，动员和调动委员加强与本界别人士沟通联系，开展宣传教育、化解矛盾工作，协助基层党委政府做好维护稳定工作，政协机关在敏感节点和重要时段严格执行各项维稳措施，落实带班值班制度，加强值班备勤、法治宣传、以服代勤、红色教育等工作力度，保障区域内的安全稳定。注重发挥好委员“本职工作中的带头作用、政协工作中的主体作用和界别群众中代表作用”，从完善委员联络制度、健全委员联络机构、扩大委员联谊交流、做好委员履职保障等方面切实做好服务管理工作，为委员履职尽责、联谊交流创造良好条件。

【文史资料】 全年共征集文史资料稿件47篇，3篇收录在自治区政协《亲历政协改革开放40年》一书。尤其在察雅县，收集到一些红色革命事迹及参加中印自卫反击战中后方运输的爱国统战人士情况，充分发挥文史资料“存史、资政、团结、育人”的功能作用。

【考察调研】 配合自治区政协开展“川藏铁路建设中生态保护问题”、“不忘初心、牢记使命”主题教育、“非物质文化遗产传承保护”、“红色革命文化保护”“扶贫攻坚中文化的作用”“学校德育教育现状及建议”“推进民营经济发展政策落实情况及建议”“学校教育如何承担起淡化宗教消极影响的任务”“政协系统党建工作情况”、跨市整体易地搬迁工作等专题调研。先后接待全国政协、自治区政协、青海省政协、云南迪庆州政协、青海玉树州政协、拉萨市政协、林芝市政协、那曲市班戈县政协、林芝市波密县政协来昌学习考察。促进各地政协间的交流交往交融，达到交流经验、促进合作、增进友谊的效果。

【培训学习】 加强教育培训、协调服务和监督管理，积极发挥委员主体作用、专委会基础作用、界别特殊作用、机关服务保障作用。坚持以“集中培训”和“以会代训”的形式，加强委员队伍能力建设。7月，依托市委党校师资力量，采取“党校教师专业授课+政协领导重点讲授+实地学习考察+委员学员互动交流”的方式开展委员集中培训50人次。其中有关政协业务知识、提案和文史资料课分别由市政协领导授课，使培训更有针对性和实效性，有效提升履职“四种能力”建设。按照“强化委员责任担当”的要求，全面推进政协委员、专委会、界别和政协机关“四位一体”建设及政协“两支队伍”建设，组织市政协副主席、常委和县（区）政协领导、机关中层干部25人次赴重庆、青岛、福建、北戴河、拉萨等地进行学习培训。组织政协委员及相关人员23人赴云南省考察学习其周边地区“民族团结建设、民族特色产业发展、生态环境保护建设以及政协工作开展情况”等方面，促使委员履职能力得到加强，能力水平得到有效提升。

【巡察整改】 结合全市机构改革工作，经市委关心，充实政协班子和办公室班子力量，从而完善班子结构、优化班子组成、配强班子成员。完成巡察反馈整改任务。针对市委第九轮巡察第六组对市政协办公室（含专门委员会）党组反馈的在“六围绕一加强”等方面存在的11个方面问题，市政协高度重视，全盘接收、立行立改。第一时间成立整改工作领导小组，认领问题、划定责任，将巡察组反馈的问题细化为88项整改任务，并制订措施积极整改，所有整改任务全部整改完成，并顺利通过巡察整改督导组检查。落实从严治党各项要求。落实“党要管党、从严治党”要求，严格履行“一岗双责”，贯彻落实执行中央“八项规定”及其实施细则精神，严格落实“两个全覆盖”要求，按规定召开党风廉政建设会议，开展“集中整治不作为慢作为、文山会海等形式主义、官僚主义突出问题”自查，严格规范组织程序和会议流程。以开展“不忘初心、牢记使命”主题教育为契机，邀请市委党校教师为机关党员干部讲党课、观看警示教育片，对照《中国共产党章程》《准则》《条例》，严格按照“三个转变”要求，深入查找存在的不足和工作实践中的差距，经过深入剖析、严肃对待、立行立改，各项整改措施得到有效落实。

【昌都政协成立60周年】 11月19日胜利召开昌都市委政协工作会议暨庆祝昌都政协成立60周年大会，回顾昌都政协60年的成长经历，表达对昌都经济社会发展成果的讴歌与赞美，总结昌都政协积极投身建设新西藏、探索昌都改革路、实现中国梦的伟大实践，同全国全区全市一道成长、一道奋进的光辉历程。市委书记阿布代表市委，向昌都政协成立60周年表示热烈祝贺，并对新时代市政协工作从五个方面指明新方向，提出新要求。成功组织召开“纪念昌都政协成立60周年理论研讨会”。在前期认真筹备的基础上，通过座谈研讨、理论交流的方式召开理论研讨会，形成12篇具有一定指导价值的理论文章，使政协各级组织把思想和行动统一到习近平总书记重要讲话精神上来，对落实中共中央、区党委、市委对政协工作的部署和要求奠定理论基础。精心制作“委员风采录”，充分展示新时代政协委员形象。经过精心谋划和实施，市政协联系相关单位拍摄制作涉及三级政协委员的15集“委员风采录”，于昌都政协成立60周年庆祝活动前期在昌都广播电视台播出，并在多个微信公众平台宣传，后期制作影像光盘，部分委员事迹在《昌都报》刊登，扩大政协影响力。在各大媒体署名发表文章，宣传昌都政协60年辉煌历程。组织人员和力量，撰写题为《风雨同舟一甲子 凝心聚力再出发——昌都政协成立六十周年综述》理论文章，在《西藏日报》《昌都报》上以市政协名义署名发表，全面回顾总结昌都政协60年来的光辉历程，提炼成功经验，指导今后昌都政协的发展，有效激发社会关注政协、支持政协的热情。

【负责人名录】

主　席：（缺职：2018年10月至2019年12月）
副主席：图　嘎（藏族）
杨建平（藏族，10月免）
赤　来（藏族）
张宏军（汉族）
多　嘉（藏族）
扎西次仁（藏族）
泽仁顿珠（藏族）
杨　瑛（汉族，女）
任厚明（汉族）
秘书长候选人：曲　丁（藏族，3月至12月）
秘书长：曲　丁（藏族，12月任）

政协昌都市委员会办公室

主　任：四郎欧珠（藏族）
调研员：罗　布（藏族）
胡建福
王真喜（藏族）
副调研员：罗松江村（藏族）

市政协提案委员会

主任委员：索朗格列（藏族，3月免）
副主任委员：王明轩（12月任）

市政协经济资源环境社会教科外事卫体委员会

主任委员：侯学群（女，藏族，3月免）
副主任委员：赖乾优
泽旺卓玛（女，藏族）
金　珠（藏族，12月任）

市政协农业和农村委员会

主任委员：向　拉（女，藏族，12月任）
副主任委员：赖乾优（12月任）

市政协文化文史民族宗教法治和学习委员会

主任委员：李发刚
副主任委员：扎西伦珠（藏族）
金　珠（藏族）
副调研员：洛　嘎（藏族，3月任）

中共昌都市纪律检查委员会（市监察委员会）

【概况】 中共昌都市纪律检查委员会（简称市纪委）由昌都市党员代表大会选举产生，是党的纪律检查机关；昌都市监察委员会（简称市监委）由市人民代表大会选举产生，是国家监察机关。市纪委与市监委合署办公，实行一套工作机构、两个机关名称，履行党的纪律检查和国家监察两项职责，受市委和自治区纪委监委双重领导。市监委对市人民代表大会及其常务委员会负责，并接受其监督。在市委和自治区纪委监委领导下，市纪委监委加强对下级纪委监委的领导。市纪委监委机关设办公室、组织部、宣传部、政策法规研究室、党风政风监督室、信访室、案件监督管理室、第一监督检查室、第二监督检查室、第三监督检查室、第四监督检查室（政治纪律监督室）、第五审查调查室、第六审查调查室、案件审理室、纪检监察干部监督室15个内设机构。核定行政编制48名。委领导职数8名：纪委常委7名，其中纪委书记1名，副书记（正县级）3名，常委3名；监委主任1名（由纪委书记兼任），监委副主任3名（由纪委副书记兼任），委员3名（其中2名由纪委常委兼任、1名专职监委委员）。

【理论学习】 深入学习领悟习近平新时代中国特色社会主义思想，推动“不忘初心、牢记使命”主题教育往深里走、往心里走、往实里走。坚持一手抓委机关和系统内主题教育，一手抓主题教育“12+2”项专项整治。把习近平新时代中国特色社会主义思想作为纪检监察工作行动指南。召开23次理论学习中心组会议、11次专题研讨会议，持续跟进、专题学习总书记最新讲话、指示批示以及中央纪委、自治区纪委重要文件、重要会议精神；通过“每人一句体会”“现场辩论”“感触最深的一段话”检验学习成效，做到学思用贯通、知信行统一；围绕9个课题，带头实地调研，带头讲授党课，带头检视问题，带头整改落实；坚持“当下改”“长久立”，主动揭短亮丑，以斗争精神完成17项问题整改，占94.44%；召开情况通报暨测评会，现场向干部反馈12类问题整改进展情况，以真抓实改推动制度体系更加健全。统筹“12+2”项专项整治，主抓4项任务，召开2次推进会，现场调度、现场释疑，督促11个县区和15家职能部门履职尽责。率先在全区七地市中公布第一批、第二批专项整治漠视群众利益问题工作成果。

【政治建设】 把做到“两个维护”体现在贯彻落实党中央决策部署的具体行动上。始终把工作置于党的绝对领导之下，分别108次、115次向市委和自治区纪委请示报告工作。围绕三大攻坚战、七城同创等重大部署，加大监督力度，确保政令畅通、令行禁止。协助市委开展严禁党员信仰宗教、参加宗教活动专项整治，查处13名党员违反政治纪律问题。督促县区纪委、派驻机构认真执行政治生态有关规定，对全市政治生态作出分析研判；对自治区纪委反馈问题制订细化方案，统筹有关部门各司其职、分工协作，贯通抓好整改落实。压紧压实“两个责任”，完善党风廉政建设责任制实施意见，对市直109名负责人实现“点穴式”谈话全覆盖。紧盯选人用人，回复廉政意见96件2069人次，暂缓使用5人。启动5月党风廉政建设宣传月活动，及时公布涉嫌严重违纪、职务违法、职务犯罪信息和各类通报，推动政治纪律教育，开展“党章党规党纪”知识竞赛，自导自演12个违反中央“八项规定”精神典型案例情景剧，投入10余万元建成警示教育展厅，受教育党员5000余人次。

【履行职责】 履行监督基本职责、第一职责，做实做细日常监督，让干部习惯和适应在监督下开展工作。始终把监督挺在前面，建立市纪委党风室牵头，监督检查室为支撑，巡察、派驻机构，县区纪委为网络，纪律监督、监察监督、巡察监督、派驻监督为一体的监督体系，通过织密监督网让监督无处不在。突出派驻监督，实现918名党员谈话全覆盖，参加和列席372次“三重一大”会议，查处14名党员；突出信访监督，与市信访局建立双向移送机制，畅通廉洁昌都、纪检外网、“12388”电话举报平台，受理问题线索72件，同期增长16.67%；突出延伸监督，向乡镇传导压力，突破“零线索”乡镇116个、占84.05%，突破连续两年“零线索”乡镇135个、占97.83%。完成333名市管干部廉政档案梳理归档。将巡察整改作为监督重点，采取“4+4+2”“九查一跟踪、一总结一通报”“六个必谈”“一日一汇总”，推动监督体系贯通协作，形成闭环。运用四种形态分别处理1040人次、192人次、47人次、15人次，分别占比80.37%、14.84%、3.63%、1.16%。41名党员因管党治党失责被严肃追责。

【专项治理】 深化扶贫领域腐败和作风问题专项治理。对中央巡视反馈的14项问题逐一销号整改。通过对县区和扶贫领域行业部门督导检查发现问题65条、问题线索15件；通过对八宿、贡觉、芒康、左贡县主体责任督导发现问题18条；通过对卡若、洛隆、贡觉县区蹲点督导帮助发现问题线索19件。全市共受理问题线索213件，给予党纪政务处分24人，组织处理109人，公开通报典型案例11起，因扶贫领域形式主义、官僚主义问题被严肃问责党员干部22人。健全扫黑除恶协调、排查、移送、处置、反馈衔接机制，44件问题线索全部办结；对区纪委交办的18起涉恶个案全部落实“一案三查”；对涉及江达县“兴江”案的12家部门、18名责任人严肃问责。聚焦维稳督导发现问题103条、问题线索1件；聚焦违建别墅、减税降费、天价烟、人防腐败、景观亮化，督促有关部门发现线索及时移交。以严厉的问责保障群众利益不受侵害。

【作风建设】 节前发信号、节中强监督、节后严惩处，用“县区交叉”破解“关系熟”难题。节前下发4期通知、3期通报，节中开展430次监督检查，节后查处问题19起，给予党纪政务处分32人、组织处理5人，公开通报典型案例9起。坚决整治不作为慢作为、文山会海等形式主义、官僚主义突出问题，选派专人赴天津学习，结合昌都实际出台15项具体措施，建立文件“十不发”、会议“十不开”、督导检查考核“十严禁”负面清单；召开全市推进会，责令重视程度不够、自查问题不深的市直2家单位现场表态，对自查自纠报告未及时通过的市直2家单位、1个县全市通报，推动整治工作顺利转型；以虫草采集、收购、赠送、交易为重点，发现12条问题；加强精文简会、文风会风监督检查，市级层面发文2213件，同期减少48.27%，召开会议399场次，同期减少38.99%。“上级的官僚主义导致下级的形式主义”问题得到有效遏制，干部满意度不断攀升。紧盯权力集中、资金密集、资源富集的关键领域，立案审查调查31名市管干部，给予党纪政务处分12人；实现2件2人未采取留置直接移送司法“零突破”。坚持依规依纪依法办案，全市运用15项调查措施8039次，处置问题线索609件，分别同期增长87.48%、6.84%，组织处理811人，给予党纪政务处分239人，分别同期增长160.77%、74.45%；抓好“走读式”谈话，未发生一起安全事故；实施“案件质量提升年”活动，对中共十八大以来的560起案件、受到党纪政务处分的659人处分决定执行情况进行“拉网式”检查，11项900余类问题全部整改到位。保持备案协审节奏不变、力度不减，完成县区106起案件的协审工作；深化以案明纪，建立监督全程参与，审理全程督促的以案促改机制，下发4份以案促改通知书、20份纪检监察建议书，制度短板得以补齐。

【巡察工作】　完成一届市委第十轮67家寺管会党组织常规巡察，标志着一届市委148家党组织实现巡察全覆盖。对市直4家单位党组织、3家乡镇党委开展“回头看”，以“小队伍、短平快、流动哨”、“机动式”杀个“回马枪”，发现新问题，形成再震慑。创新巡察整改督查方式，通过市委授权对39家党组织巡察整改落实情况进行督查。完成县区42家党组织交叉巡察，做法被自治区借鉴并在全区推广。完成74个乡镇615个村（居）巡察，覆盖率达54%；对105家被巡察党组织作出政治生态评定；建立横向协作配合机制，派员参加市检察院党组巡察。持续跟进区党委第三轮、第五轮巡视反馈问题整改。市委前九轮被巡察党组织完成问题整改757个，清退违规发放津补贴1490.72万元，建章立制737项，整改率达90%以上。

【纪检监察体制改革】　坚持加强上级纪委对下级纪委领导，健全市纪委常委会、书记专题会等会议制度，调整委机关班子成员分工，赋予派驻纪检监察组监察权，积极向市委推荐使用优秀干部，畅通“入口”、拓宽“出口”。制定派驻纪检监察工作规范（试行），下放乡科级及以下审查调查权限。实施乡镇纪委“三转”（转职能、转方式、转作风）大整治，完成138个乡镇监察室的挂牌和人员配备工作。推动机构改革，将6个纪检室调整为4个监督检查室和2个审查调查室，撤销县区纪检室，设立监督检查和审查调查室。畅通反腐败协调机制，建立健全线索处理、信息沟通、案件移送、联合办案、证据转换等制度，受理问题线索31件62人。

【纪检监察队伍】　成立机关党委，建立5个党支部，落实“三会一课”，开展“谈心谈话”“干部家访”“岗位能手评选”活动，实现党建带团建，妇联与工会工作有效衔接；做好集团式扶贫和党员结对帮扶工作；组建机关文艺队，系统内首次大规模举办文艺活动，开展庆祝中华人民共和国成立70周年和“健康中国”主题党日活动。打造“外挂+上挂”培训格局，选派19名干部到自治区、重庆、吉林、天津等地跟案锻炼；选派21名县乡纪检干部到市纪委短期挂职，对807名系统内干部进行培训；完成1060名专兼职巡察干部培训全覆盖；制作《纪检监察工作规范》《纪言纪语汇编》手册，供系统内干部参阅学习；完成系统内纪检监察应知应会测试，平均成绩82分，全部达标；健全内控机制，实现774名纪检监察干部廉政档案建档全覆盖；完成15名特约监察员聘请工作；对15件纪检监察干部问题线索严肃查处。

【领导名录】

市委常委、纪委书记、监委主任：郑 连 武

市纪委副书记、监委副主任：阿　庆

市纪委副书记、监委副主任：康 继 荣

市纪委常委、监委委员、二级调研员、纪检监察员：泽登伦珠（6月任二级调研员、纪检监察员，11月被免去第三监督检查室主任职务）

市监委委员：孙 永 杰

市纪委常委、监委委员：

王 志 新（天津援藏，8月任市纪委常委、监委委员）

市纪委常委、监委委员：安 学 兵

市纪委常委、监委委员：

何 超 边（重庆援藏，8月任市纪委常委、监委委员）

市纪委常委、监委委员：

高 建 宁（福建援藏，8月任市纪委常委、监委委员）

原市纪委常委、监委委员周文彬为重庆援藏干部，7月结束援藏工作，返回重庆市纪委监委工作，12月人大常委会免去其监委委员的职务。

法 治

昌都市公安局

【概况】 昌都市公安局设办公室、国内安全保卫支队、经济犯罪侦察支队、治安管理支队、特警支队、刑警支队、出入境管理支队、网络安全保卫支队、技术侦察支队、监所管理支队、看守所、交通警察支队、法制支队、警务督察支队、指挥中心、科技信息化支队、禁毒支队、机要科、政治部、警务保障处、情报中心、昌都新区公安分局、打击“两非”突击支队23个内设机构（其中：1个副处级“特警支队”）。

【缉枪治爆专项行动】 严厉打击制枪、贩枪、持枪以及涉枪违法犯罪活动，进一步强化枪爆物品管理，开展宣传引导，深化管控措施，全方位、多角度开展缉枪治爆专项行动，从源头上铲除涉枪涉爆隐患。全年共收缴各类非法枪支、子弹、炸药、雷管、索类爆炸物品、黑火药、手榴弹、易爆化学品、防雹弹、弩、管制刀具若干；共收缴非法散装汽油、柴油若干。

【扫黑除恶专项斗争】 全市公安机关在2018年扫黑除恶专项斗争取得阶段性成效的基础上，围绕中央10类、公安部11类、自治区21类、昌都市28类打击重点，强化组织领导，注重宣传发动，严查快处涉黑涉恶案件，并根据中央扫黑除恶第13督导组反馈问题，扎实开展整改工作。全市公安机关共张贴宣传海报6万余份，发放警民联系卡4万余份，设立大型广告牌133块，通过“两微一端”平台发布刊发相关信息500余条；中央扫黑除恶第13督导组交办的8条线索、公安厅扫黑办转办的26条线索、市扫黑办转办的5条线索、自行摸排掌握的25条线索均已全部核查办结；共侦办涉恶类个案11起，抓获违法犯罪嫌疑人113人；共抓获区内外涉黑涉恶在逃犯11人。

【打击经济犯罪】 全市公安机关全面加强与市场监管部门的沟通交流，打破信息壁垒，实现信息共享；不断总结经验，创新工作方法，加强队伍业务实力建设，提升打击经济犯罪的硬实力；举一反三，充分借鉴其他省市公安机关办理新型经济犯罪案件的经验做法，结合本地实际，深化经济案件线索摸排打击，全年共受理经济案件14起，立案11起，破案3起，涉案金额达4305.8万元，抓获犯罪嫌疑人3人。积极利用“1·10”、“3·15”、“5·15”宣传日结合日常工作开展防范非法集资宣传活动，通过发放宣传资料、宣传实物等多样宣传手段，提高群众的防范意识。加强与市场监督管理、电信等职能部门的沟通协作，建立联络机制，共联合市场监督管理部门针对广告宣传，酒店服务等各类重点行业进行10次检查，进乡村、入学校专门针对网络传销的进行4次宣传。

【打击毒品犯罪】 开展禁毒人民战争，狠抓落实各项禁毒工作措施，公安禁毒部门深化重点易涉毒场所、行业管控，严厉打击吸贩毒违法犯罪活动，取得显著成效。全年共破获涉毒案件19起（其中刑事案件2起、治安案件17起），抓获犯罪嫌疑人3人，查处吸毒人员23人，缴获各类毒品85.77克，铲除罂粟407株、大麻400株，社区戒毒社区康复4人，强制隔离戒毒5人，查获在逃人员4名，无吸毒人员肇事肇祸事件发生。

【出入境及往来港澳台管理】 推进“放管服”改革，相继出台出入境及往来港澳台业务“全国通办”，出入境及往来港澳台证件办理、边境通行证办理、异地核查函件办证等流程简化，强化窗口服务，开展提醒服务、跟踪服务等各项便民利民措施，全市出入境管理工作更加简洁高效。全年共办理出入境及往来港澳台证件23本，服务到昌都游的港澳台游客共2294人、到昌都旅游的外国旅行团75起478人、藏胞11人，办理边境通行证1266张。

【交通安全管理】 公安交管部门先后开展道路交通安全集中整治、预防重特大道路交通事故专项整治等17项道路交通违法行为集中整治专项行动，共开展路检路查630余次，依法查扣涉嫌非法营运车辆242台，处罚非法营运车辆169台，批评教育驾驶人1127人次，查验各种机动车辆396000余台次，违法录入量13634起，查处酒驾79起。完善农村道路交通安全管理体系，加快推进农牧区“两站两员”建设，在农牧区共设立交管站95个，农村劝导站140个，劝导员475人，开展劝导活动37次，劝阻面包车超员95起、拖拉机违法载人116起、酒后驾驶17起、其他交通违法216起。加强校园周边交通安全管理工作，完善学校周边道路的交通安全设施，加强对接送学生车辆监管，增设交通“护学岗”，开展“交通安全进校园”主题警示教育活动，加强交通护学，确保全市校园周边道路交通安全。推进“放管服”改革，快速、有效、全力推动公安交管部门“放管服”改革20项新举措相关工作，编制83项行政许可、审批项目的服务指南、流程图、审查细则、格式文本和示范文本，方便群众办理驾驶证照业务。

【公安改革】 推进“放管服”改革，各级公安机关梳理权力与责任清单共420项；组织涉及互联网+政务公开的部门学习运用互联网平台并发放账号密码，完成禁毒支队“互联网+公安政务服务”网络牵线和网站与账号密码的发放工作；发挥中介力量作用，有3家车辆安检机构开展检验业务，成立17家社会驾驶技术培训服务机构；以乡镇派出所为依托，交警支队在全市建立片区联合执法队138个；开通察雅、丁青、江达、边坝、类乌齐县县级车管所，并根据厅交管局的批复下放相关权限；启用警邮联动、警医联动、警保联动业务，最大限度方便群众。推进执法权力运行机制改革，建立“常态教学、常态培训、常态考核、常态监督”的培训模式，推进执法主体建设工作。

【脱贫攻坚】 市公安机关以中央第三巡视组脱贫攻坚专项巡视反馈意见的整改落实为契机，切实开展好结对帮扶、基层维稳、易地搬迁和易地自发搬迁人员的户口迁移等工作，确保各项措施落到实处。2019年，市公安局驻村工作队为民办实事1470件解决资金7.048万元，对群众进行技能培训63次，化解矛盾纠纷142件525人；先后组成16个慰问工作小组，分别前往8个县17个乡（镇）64个村693户贫困户家中开展帮扶慰问，共计发放69.3万元的慰问金；完成379户2270名群众的搬迁，协调解决37户259名群众的户籍迁移工作。

【队伍建设】 坚持政治建警。以政治建警为统领，毫不动摇地坚持和加强党对公安工作的绝对领导，始终做到政治上坚定、思想上同心、行动上同向。以党建工作为抓手，始终把党建工作摆在首要位置，严肃党内政治生活，加强党内监督，夯实党建基础，增强组织活力。以思想建设为根基，紧紧围绕“不忘初心、牢记使命”主题教育，在全警扎实推进“两学一做”学习教育制度化常态化，开展“践行新使命、忠诚保大庆”主题实践活动和“全面加强政治建警、锻造过硬公安队伍”专项教育活动。以新闻宣传为指引，通过昌都市电视台、昌都报社、公安局域网、宣传栏等载体，深入基层、深入一线，宣传公安机关在维护稳定、打击犯罪、服务群众等工作中的先进事迹和典型。狠抓能力建设。全市公安机关紧紧围绕公安队伍执法专业能力、应对风险能力、群众工作能力、媒体沟通能力、技术信息应用能力为重点，开展公安民警实战大培训，抓活实战实训、岗位练兵、比武竞赛等活动，丰富教育载体，抓好队伍教育培训，加快推进队伍的革命化、正规化、专业化、职业化建设，全面提升队伍素质能力。狠抓正风肃纪。各级公安机关党委认真履行“一岗双责”，发挥特邀监督员监督作用，严肃查处涉及公安民警违法违纪问题；各级各部门主要领导表率执行党纪党规、警纪警令，认真履行带队伍的首要责任；驻市局党委纪检监察组、督察、机关纪委切实履行监督管理职责，严肃各项政治、工作、组织和生活纪律，大力纠治“四风”问题。

【领导名录】

党委书记：旺　堆

党委副书记、局长：姬　江

党委副书记、政治部主任：

刘显明（3月任）

党委委员：邓昌平（11月被免市公安局党委副书记、副局长职务）

党委委员、副局长：解晓宏

党委委员、副局长：曲　培

党委委员：丹　增

党委委员、副局长：于希英

党委委员、副局长：格松占堆

党委委员、副局长：斯朗泽仁（11月任）

一级高级警长：曹启平（3月被免去市公安局党委副书记、政治部主任职务）

昌都市人民检察院

【概况】 2014年12月撤地设市后，更名为西藏自治区昌都市人民检察院。2018年3月，根据国家监察体制改革要求，市人民检察院反贪污贿赂局、反渎职侵权局、职务犯罪预防处三部门转隶至昌都市监察委员会，截至年底，市人民检察院实有编制77个，在编人员79人。内设机构13个处室，办公室5人、政治部7人、侦查监督处5人、公诉处7人、民事行政检察处4人、控告申诉检察处3人、研究室1人、计划财务装备处17人、检察技术处2人、法警支队4人、刑事执行检察局3人、案件管理办公室5人、检察委员会办公室4人。

【思想政治建设】 坚决抓好《中国共产党政法工作条例》的贯彻落实，坚持重大事项、重要案件等及时主动向党委请示报告，2019年以来，全市两级院向党委、人大、上级检察机关请示汇报重大事项104次，党委、人大、上级检察机关先后对检察工作作出重要批示指示34次，全市两级院共组织党组会议136次，党组理论中心组会议174次，民主生活会15次。4月初召开全市检察长座谈会，全面梳理点评2018年各条线工作开展情况，形成《2018年全市检察机关各项工作情况分析表》，通过“让数据说话”方式，引导检察要素资源有效配置。

【维护稳定】 起诉故意杀人、故意伤害、绑架等严重暴力犯罪112件134人，起诉诈骗、敲诈勒索等多发性侵财犯罪84件111人，破坏环境资源保护案件4件9人。用心做好未成年人检察工作，不批捕14件24人，情节轻微不起诉1件2人。牢固树立总体国家安全观，共受理审查逮捕危害国家安全犯罪3件4人。批准逮捕3件4人，审查起诉2件3人，提起公诉2件3人。受理监察委员会移送案件3件3人，与监察委员会相互移送案件线索7件8人。与市纪委监委等单位会签职务犯罪案件提前介入、退回补充侦查等规范性文件；探索拘留对接留置、设立强制措施审查期限等工作机制。

【法律监督】 推进刑事检察工作。加强对公安机关该立案不立案的监督，监督立案3件4人，针对不符合法律规定的侦查行为，发出纠正违法通知书12份。强化对减刑、假释、暂予监外执行等刑罚变更执行的监督，办理暂予监外执行案件1件1人，保外就医续保备案审查11件11人，收监执行3件3人，羁押必要性审查案件立案3件3人，共进行羁押超期预警提示987人次，共发出纠正违法通知书39份，检察建议书10份。推进民事检察工作。主动推进协助解决农民工讨薪问题专项监督活动，协助农民工讨薪讨债40万元，追回“血汗钱”29.8万元。加大同级监督力度，针对审判程序和执行程序中的瑕疵，发出检察建议1份，受理生效裁判申请监督案件2件2人，作出不支持监督申请决定。受理息诉罢访案件2件2人。推进行政检察工作。积极探索健全以“精准化”为导向的行政诉讼监督机制，共对行政机关6件事项进行督促履职，发出检察建议6份。推进公益诉讼检察工作。共收集行政公益诉讼案件线索54条，立案38件（其中，生态环境和资源保护领域20件，食品药品领域17件，英烈纪念设施保护领域1件），向有关行政机关发出诉前检察建议38份，得到行政执法部门100%整改回复。办理或正在办理刑事附带民事公益诉讼案件6件，其中非法捕猎、杀害珍贵、濒危野生动物案4件、盗伐林木案2件。在工作机制方面，各县（区）检察院与政府职能部门签订《关于建立行政执法监督工作联系机制的意见》《关于对民事审判活动与行政诉讼实行法律监督的会签意见》等文件；市检察院出台《人民检察院公益诉讼案件线索内部移送规定》《昌都市检察机关公益诉讼案件线索举报奖励办法》，积极推进与检察委员会建立公益诉讼线索和监察线索双向移送机制。

【服务大局】 纵深推进扫黑除恶专项斗争。受理审查逮捕涉恶案件1件4人，批准逮捕1件4人；审查起诉2件16人，提起公诉2件16人。移送涉黑涉恶问题线索4条，对有关单位发出检察建议3份，对公安机关认定为可能涉及黑恶势力犯罪的案件，提前介入3件次，提出侦查建议20条。重点办理江达县“兴江运输公司”涉恶案件，严厉打击以扎某为首的涉恶团伙。与市纪委监委会签《昌都市检察机关与纪检监察机关在扫黑除恶打非治乱专项斗争中加强协作配合工作机制（试行）》，与市公安局会签《昌都市人民检察院、昌都市公安局重大疑难案件会商制度》。利用“两微一端”新媒体平台推送专项信息10条，制作宣传展板20幅，印制和发放分类宣传单、宣传物品2000余份。2019年，检察机关涌现出2个全区先进集体、2个先进个人。持续开展精准扶贫工作。继续深化结对帮扶联系点工作，到扶贫联系点358户建档立卡户中，为帮扶村捐款捐物折合资金

135万余元，解决实际问题97件；开展法制宣传188场次，发放资料5500余份，接收法律咨询500余人次。参与社会治理创新工作。以“七城同创”为抓手，积极参与社会治安综合治理，建设“一站式”检察服务中心，整合控告、申诉、查询、咨询平台，实现来信、来访、网络、电话、视频接访“五位一体”格局。依法接待群众信访110件次，处置涉法涉诉信访7件次，排查化解苗头性矛盾隐患17件，通过以案释法、公开宣讲等方式，前往42家单位开展法治宣传。

【自身建设】 制定《党组议事规则》《整治形式主义、官僚主义为基层减负十二条措施》等10余项规章制度，与11个县区检察院一一签订《党风廉政建设责任书》，强化政治巡察，完成对江达县院、卡若区院、类乌齐县院的系统内巡察工作，自觉接受区检院第三轮巡察组巡察监督，对巡察发现的问题，坚持挂图作业、对账销号、建章立制，切实巩固和运用好巡察成果。健全检学共建、挂职锻炼、轮岗交流机制，提高司法办案能力，2019年，共组织、参加专项业务培训60余次。深化检察机关内部改革，搭建9个业务部门、3个综合业务部门和3个综合行政部门的总体框架，落实入额院领导办案制度，检察长、副检察长共办理各类案件326件次。深入推进案件质量评查，加强和改进案件信息公开，公开案件程序信息651件、法律文书180份，发布重要案件信息19条。2019年，市院共为基层院解决资金150万元，沟通协调对口援藏省市检察机关，共争取援藏资金450万元。

【领导名录】

党组书记、检察长：贺建军
党组副书记、常务副检察长：吕昌林
党组成员、正县级检察员：斯郎尼玛
党组成员、副检察长：温晓勇（闽援）
党组成员、正县级检察员：何　庆
党组成员、正县级检察员：颜义勇
党组成员、副检察长：王秀芬
党组成员、副县级检察员：罗群花
党组成员、副县级检察员：杨　培
检察委员会专职委员：秦晓红

昌都市中级人民法院

【概况】 市中级人民法院内设办公室、政治部、立案庭、刑事审判第一庭、刑事审判第二庭、刑事审判第三庭、民事审判第一庭、民事审判第二庭、民事审判第三庭、行政审判庭、审判管理办公室、审判监督庭、执行局、监察室、司法行政管理处（司法技术辅助办公室、信息技术科）、司法警察支队、国家赔偿委员会办公室、研究室（翻译室）18个机构。2019年有编制108名，实有干警107人，本科以上学历78人，包括研究生5人；入额法官32人，公益性岗位16人，聘用制书记员10人。

【审判执行】 全市法院共受理案件3801件，审执结3493件，综合结案率91.90%。其中，受理刑事案件277件，审结261件，结案率94.22%；受理民商事案件2374件，审结2202件，结案率92.75%；受理行政案件4件，审结4件，结案率100%；受理执行案件1109件，执结990件，综合结案率89.27%。累计公开被执行人信息879人，公开失信被执行人信息45人；发布限制高消费230人，通过公安机关临控失信被执行人86人次，抓捕失联被执行人24人，拘留12人。

【维护稳定】 始终把维护稳定作为硬任务和第一责任，参与配合全市维稳督导工作，妥善处置矛盾纠纷的排查调解工作，强化防范措施，完善应急预案，提高应急处突能力。依法参与社会综治工作。以喜迎中华人民共和国成立70周年维稳安保为主线，围绕市委维稳工作和中心任务，参与社会治安防控体系建设和重点治理，强化矛盾纠纷和风险防范，组织开展安保检查，掌握并熟悉各类维稳安保处突防范应对措施。参加“以服代勤”、押解值庭、巡逻值班等7200人次，安检630人次，出车770台次，调解各类矛盾纠纷200件，投入维稳经费190万元。

【法治宣传】 继续深化“法治宣传千里行”活动。利用参加市委中心工作、维稳督导、带案下访等机会，到市区街道、机关企业、学校寺庙、乡镇村居、田间牧场，邀请人民陪审员参与审理案件、调解纠纷，举办法治讲座，随案普法、以案释法，宣传“扫黑除恶打非治乱”专项斗争《中华人民共和国宪法》《中华人民共和国草原法》《中华人民共和国土地承包法》等法律规定，开展预防家庭犯罪、预防青少年犯罪、防范电信网络诈骗等工作，投入干警2500人次，经费160万元，进机关、进乡村、进社区、进学校，配合市预青工作，在两级法院开展少年模拟法庭16次，开展法治宣传进寺庙等共550次，提供法律咨询1400人次，发放《昌都法院法治宣传千里行案例汇编（藏汉双语）》《农牧民法律援助手册》《法律进寺庙知识读本》《未成年人保护知识手册》等宣讲资料8.1万份，受教育群众9.02万人。

【司法便民】 推进诉讼服务中心建设。联动开展辖区内涉法涉诉信访矛盾纠纷拉网式排查，全面摸排、了解掌握各种矛盾纠纷和苗头隐患。对摸排出的矛盾问题，按照分类清晰、要素齐全、内容规范、数据标准的要求逐一登记造册、建立工作台账逐一化解机制。发挥自助服务案件查询系统作用，当事人仅需身份证便可在自助服务器上显示案件流程图及办案进度等信息；设置工作日外转接“12368”诉讼服务热线，落实转接值班工作、首问负责制、服务承诺制、院长接待日等制度，对来访者或者当事人坚持实现有访必接、有案必立的原则，使“门好进、脸好看、话好听、事好办”成为立案窗口工作新常态。2019年，全市法院“12368”热线接听2013件，接待来信来访群众/提供法律咨询2270人次；开辟绿色通道651件，一站式服务220件；排查矛盾纠纷68次，共排查出6个县（区）法院隐患案件9件。持续加强中心法庭建设。先后联合市司法局、民政局、市公安局、妇联下发《关于司法助理员、民政助理员进驻人民法庭联合办公的实施意见》《关于乡镇公安民警联合办案、妇女维权员进驻人民法庭联合办公的实施意见》，进一步体现中心人民法庭前沿作用。开展轮驻1300余人次，受理案件91件，结案86件，开展各类宣传活动120余场，发放资料1.9万多份，受教育群众1.7万多人次，调解婚姻家庭、民间借贷等矛盾纠纷80余件，提供法律咨询等服务160余人次。同时，结合法官、法官助理和聘用制书记员轮驻和党员人数实际情况，部分法院先试先行，全市有5个中心法庭建立党小组。党小组在院党组的指导下定期开展党员活动，安排党务工作者指导中心人民法庭党建工作，落实意识形态领域责任制，推进法庭党组织标准化、规范化建设。车载流动法庭巡回办案442次，受理各类案件241件，结案233件，结案率96.68%，累计行程6.07万多公里，岗前培训和指导民间调解员805人次，指导民间调解组织处理矛盾纠纷66件，人民陪审员参与审理案件187件，开展法治宣传教育397场次，发放宣传资料4.64万多份，受教育群众4.87万多人次。

【创新机制】 学习借鉴“枫桥经验”，建立“865”基层调解工作新机制。根据市委书记阿布“矛盾纠纷化解在源头，解决在当地”的指示要求，“865”基层调解工作新机制是以成立村民委员会人民调解委员会为抓手，县区人民法院作为牵头单位，依托中心法庭开展纠纷调处业务指导，共同推动基层乡村以非诉讼方式化解矛盾纠纷的工作机制。在调解过程中规范使用司法行政部门下发的固定格式调解书，经人民法院司法确认后即具有强制执行力。10月开始，“865”调解工作新机制在丁青、类乌齐县23个乡镇146个村民委员会先行试点，实地指导各村民委员会成立人民调解委员会，并进行岗前业务培训。此项工作围绕乡村农牧区特点，坚持“诉源治理”，提前介入矛盾纠纷，净化基层环境，有效铲除恶势力滋生土壤，让人民群众的获得感幸福感安全感更加充实，更有保障。免去路途奔波，费时间来法院打官司，在家门口就能有效化解纠纷，将矛盾纠纷牢牢吸附在基层、化解在一线，让“枫桥经验”在基层农牧区真正落地生根、开花结果。支持基层法院工作创新。左贡县法院制定《领导班子定期家访制度》，每季度“面对面”与干警、干警家属谈心谈话，了解干警家庭生活和心理动态以及家庭生活中存在的困难和问题，听取干警及其家属对法院工作的建议和意见。丁青县法院在中心人民法庭建立“便民厨房”，内设火炉、糌粑、茶叶等简单的生活用品，供当事人使用，得到各级领导和当地群众的高度好评。江达县法院沟通县委及相关部门，安排法官前往县委党校给参加培训的干部讲法治课，开展法官上讲台活动等各种创新工作机制。

【受援工作】 全市法院举办各类远程视频培训9场，参加培训人数1100人次，援藏各省市法院30余人赴昌考察指导工作，解决援藏资金360万元。

【脱贫攻坚】 全市两级法院32个驻村点，共为驻村点群众、结对帮扶困难群众送去生活必需品和慰问金34万元，办好事实事490件，宣传党的各项法规政策340场次，调处矛盾纠纷110件，协调、争取项目29个，产业资金496万元。

【司法体制改革】 推进智慧法院建设。定期检查案件信息录入质量，核查有关案件信息，发现问题及时督促整改；加强案件流程管理，查询临期在办案件，对距审限10天以内的，及时发出催办通知，坚决杜绝超审限现象；每周通报全市两级法院电子卷宗制作情况，督促各院、各庭室全力确保电子卷宗制作率。今年，制作电子卷宗3638件，在中国裁判文书网公开汉语文书780篇、藏语文书116篇、案件信息1299条，在中国庭审公开网庭审339次。同时，注重硬件建设，2019年，共计建成诉讼服务中心7个，总建筑面积5900平方米，总投资2232万元；并投资98万建成集控和执行指挥中心。举办信息化培训2次共70余人，保障各类会议47次。提升司法审判成效。2019年，人均结案18.5件，同比增长8.69%。在调撤率方面，始终保持80%以上的高调撤率；在上诉率方面，2019年为6.45%，全市两级法院服判息诉工作成效显著提高。以中院为例，院庭长参与市中院几乎全部案件的审理，案件主审率达到86.67%。

【联络监督】 紧紧围绕代表委员关心关注的问题，充分运用网络、微博、微信等新媒体资源，着力加大联络监督工作宣传力度，加强和改进审判执行，积极营造良好舆论氛围。邀请代表旁听案件、观摩庭审、参与调解，推动解决人大代表、政协委员和人民群众关注的司法难点热点问题。代表委员的建言献策，帮助改进法院工作，支持提升司法形象，确保法院工作始终置于代表委员的监督之下。全市两级法院向市人大汇报工作30次，报送信息800篇，邀请代表委员视察座谈、旁听庭审、见证执行886人次；并向各级人大代表、政协委员赠阅《昌都法院工作》（季刊）。

【领导名录】

党组书记、院长：扎西江平
党组副书记、副院长：索朗群措
党组成员、副院长：陈云建
党组成员、副院长：向　巴
党组成员、三级高级法官：格　桑
党组成员、三级高级法官：多吉仁青
党组成员、四级高级法官：艾　斌
审判委员会专职委员：红　彬
副县级审判员、四级高级法官：白玛拉姆
副调研员、政治部副主任：赵巧云

【名词注释】

“法治宣传千里行”活动。昌都市两级法院结合“法律七进”，立足审判职能，每年集中2~3个月前往农牧区、寺庙、机关、学校、企业等，或随案下乡开展法治宣传工作。旨在通过开展形式多样、内容丰富的宣传活动，努力增强宣传工作实效，进一步增强广大人民群众和寺庙僧尼学法、知法、懂法、用法、守法、崇法意识，广泛动员社会各界和广大干部群众积极关心、支持、参与社会治安综合治理，为新形势下加强社会治安综合治理工作提供良好法治环境。

“12368”诉讼服务热线是最高人民法院确定的、全国法院系统通用的司法信息公益服务号码。是以社会公众及诉讼参与人为服务对象，以诉讼活动进程和诉讼知识咨询等静态信息和案件审理、执行等动态信息为服务内容，以电话接入和语音、短信、传真等为服务方式，为社会公众参与诉讼活动提供服务和方便。

“865”基层调解工作新机制：以成立村民委员会人民调解委员会为抓手，县（区）基层人民法院作为牵头单位，依托乡镇中心人民法庭开展纠纷调处业务指导，推动基层乡村以非诉讼方式化解矛盾纠纷工作，本着便捷、高效等优势将矛盾纠纷牢牢吸附在基层、化解在一线，拓宽群众维护自身合法权益的渠道，不断满足群众对司法服务的多元化需求，进一步巩固基层政权，推进乡村振兴战略。“8”是指法院、公安局、司法局、人社局、民政局、林业局、妇联、团委等8家单位；“6”是指乡镇中心人民法庭、派出所、司法助理员、民政助理员、妇女维权员、共青团青年宣讲员等6类基层解决纠纷力量；“5”是指各村民委员会组建5人模式的人民调解委员会。

昌都市司法局

【概况】　昌都市司法行政机构组建于1988年，时为昌都行署办公室下属司法行政科。1992年设地区司法处，升格为县处级独立单位。2014年11月，随着昌都撤地设市，地区司法处正式更名为昌都市司法局。2019年机构改革，顺利完成机关重组。重组后的司法行政机关承担着行政立法、行政执法、刑事执行、公共法律服务四大职能，职责定位、工作方式发生深刻的变化，内设办公室（信息科技科）、法治调研科、法治督察科、立法科、行政复议与应诉科、行政执法协调监督科、普法与依法治理科、人民参与和促进法治科、公共法律服务管理科、律师工作科、法律职业资格管理科、装备财务保障科、社区矫正执法支队（指挥中心）、政治部（警务部），代管昌都市公证处、昌都强制隔离戒毒14个科室。11县区司法局相继于2003至2010年成立。

2019年末，昌都市司法局编制74名，实有78人，11个县区司法局（含司法所）编制143名，实有147人。

【法治建设】 发挥统筹协调作用。围绕推进法治昌都、法治政府、法治社会一体建设，统筹推动全面依法治昌各项工作。承担新职能以来，市司法局立足昌都实际，统筹推进谋划设计，研究制定依法治市工作规划，做好日常沟通联络工作，发挥立法、执法、司法、普法等各项职能，协调各方力量，统筹推动各项工作。推进法治政府建设。推进行政执法体制改革，推动落实行政执法公示制度、执法全过程记录制度、重大执法决定法制审核制度“三项制度”，组织各单位、各县区对全市行政执法主体、执法职权依据和行政执法人员进行清理审核。2019年12月，组织开展全市行政执法人员培训考试工作，全市1198人参加行政执法考试并通过。2019年12月，昌都市法治政府建设示范创建入围全国56个备选地区。认真贯彻落实司法部“20条意见”和自治区司法厅“10条意见”，围绕“放管服”改革、促进民营经济健康发展等，营造良好法治环境。行政应诉完成川峰建筑工程有限公司诉昌都市人力资源和社会保障局工伤认定1案，行政复议完成罗桑巴登等请求撤销卡若区人民政府为第三人迷迷颁发的国有土地使用证1案。推进行政立法工作。主动适应经济社会发展新形势，围绕市委、市政府中心工作推进行政立法工作。2019年7月，组织召开昌都市地方人民政府规章立法工作协调会。2019年，开展《昌都市城市绿化管理条例》有关条款和内容法治审核，提出《昌都市机动车停放服务办法》《昌都市绿线管理办法》《昌都市野生鱼类保护办法（暂行）》《昌都市宗教活动场所建设（修缮）审批管理规定》等规范性文件修改意见。

【法律服务】 加强网络实体平台建设。规范“12348”热线平台和“12348”法网使用管理工作。加强法律援助服务站点建设，先后协调市人民法院、公安局等部门，建成“法律援助工作站”2个。建设“掌上公共法律服务平台”，市县司法系统共计投入资金20余万元，昌都市及卡若、芒康、边坝县区掌上公共法律服务平台投入使用。提高法律援助工作水平。市、县法律援助服务中心采取多项举措，切实加强法律援助服务标准、服务质量、考评体系建设，全面实行法律援助首问负责制、一次性告知制、限期办结制、节假日值班制、服务承诺制等制度，开通精准扶贫法律援助绿色通道，提高法律援助工作水平。2019年，全市各级法律援助机构共受理案件113件，其中民事30件、刑事83件，代写法律文书1452份，通过现场及“12348”法律服务热线解答咨询2432人次。其中，市法律援助中心受理案件33件，代写法律文书305份，解答咨询621人次。抓实矛盾纠纷排查化解工作。巩固提升人民调解组织、队伍、制度、业务和保障能力，进一步建立健全行业性、专业性调解机构。探索“大数据+人民调解”模式，认真组织开展“大排查、大调处、促和谐、迎国庆”专项活动，加强各类民间纠纷的预防、调处工作。2019年，全市各级人民调解组织共调解矛盾327件，调解成功313件，调解成功率95.7%，涉及金额25059.19万元；共排查纠纷4326件，预防纠纷1398件。做好公证服务工作。全面推行公证网络办证系统，采用身份识别仪、高拍仪等辅助公证，提高规范性、合法性和公证质量，实现全国联网同步。落实民营企业优先办证措施，推行咨询解答一次性告知制度，开展上门办证服务，着力提高服务水平。2019年，市公证处共办理各类公证1433件，其中经济类公证116件、民事类公证1317件，开展现场监督公证14件，受理业务咨询解答269件。做好律师工作。加强律师行业服务管理，组织律师扎实开展民营企业法治体检专项活动，参与扫黑除恶专项斗争。开展律师、律所引进工作，培养壮大律师队伍，新增敏博律师事务所和左贡县藏东律师事务所。2019年，全市各律所共代理民、刑事案件338件，参与公益性法律服务108件。昌都市律师与138乡镇（街道）1142村（居）全面签订《法律顾问服务协议》，并在4家党政机关和17家企事业单位担任法律顾问。统筹做好其他法律服务工作。发展司法鉴定工作，推动人民医院、疾控中心设立司法鉴定机构。推进建立重点民营企业免费法律顾问制度。组织抓好国家统一法律职业资格考试工作，昌都市设客观题（计算机化）考试考区，通过大力组织协调，2019年8月，160余考生严格按照各项规定顺利完成考试。

【法治宣传】 抓好主题普法宣传活动。协同市委宣传部、市教育局等有关部门，组织全市各级扎实开展“迎接中华人民共和国成立七十周年”系列主题普法宣传活动，紧紧围绕“共庆祖国华诞，共享伟大荣光，共建法治昌都”的活动主题，组织开展形式多样、内容丰富的系列主题普法宣传活动。推进“法律七进”活动。结合法律进寺庙活动，组织开展全市在编宗教教职人员法律考试，设置考场415个，应考人数12040人，参考率达99.6%，合格率达100%。组织指导各级学校开展“开学法治第一课”“假期法治第一课”活动，形式多样广泛开展法治宣传教育。结合普法责任制的落实，构建法律进学校“一对一”普法工作机制。综合开展法治宣传教育。结合“三官”讲法活动、“治理网络违法犯罪法治宣传教育”、“以服代勤”、虫草采挖、脱贫攻坚“志智双扶”、“七城同创”、扫黑除恶打非治乱专项斗争，以及“五下乡”“综治月”“综治周”“宪法宣传周”等重点工作和重要节点，围绕《中华人民共和国宪法》《中华人民共和国民族区域自治法》《中华人民共和国刑法》《中华人民共和国民法》《中华人民共和国国家安全法》《中华人民共和国治安管理处罚法》《中华人民共和国消防法》《中华人民共和国环境保护法》《中华人民共和国义务教育法》《中华人民共和国土地法》《中华人民共和国森林法》《中华人民共和国草原法》《西藏自治区冬虫夏草采集管理办法》等法律法规及政策常识，开展一系列法治宣传教育活动。着力提升法治宣传实效。投入资金35万余元，制作雨伞、布袋、帽子、毛巾等法治宣传物品3.8万余件（把、个、顶、张等）；投入资金90余万元，自行编制印制《法律进机关》《法律进寺庙》《法律进乡村》《法律进企业》《法律进学校》共4.48万册。加强法治文化建设。将“七城同创”和“七五”普法相结合，立足法治宣传职能，紧扣任务分工，协同相关部门，统筹推进法治城市建设。特别是将法治公园（广场）建设作为推进“七城同创”，推进法治昌都建设的重要抓手，重点建设1个法治公园（青少年法治教育基地）和1个法治广场。2019年11月4日，法治公园和法治广场验收完毕。2019年，全市各级共开展各类法治宣传教育2543场次，举办各类法治讲座及培训765场次，发放法律书籍22.79万册，法治宣传资料51.76万份，法治宣传用品10.3万个，悬挂横幅2422条，展出展板2094面，解答群众法律咨询1.7万人次，受教育群众86.54万人次。

【法律执行】 推进强制隔离戒毒工作。贯彻落实治本安全观，围绕“六无”目标，严格落实戒毒场所安全稳定各项措施，经常性开展安全隐患排查整治，及时消除、有效防范和妥善处置各种问题隐患。抓实重要节点、重要时段安全隐患排查，特别是迎大庆安全大检查以及安全生产工作，保证场所安全稳定。持续开展场所建设，不断加强干警业务培训，落实精细化管理措施，着力提升戒毒工作规范化、专业化水平。加大禁毒宣传，公开组织开展禁毒宣传活动5场次，受教育群众2500余人次。做好社矫人员管控工作。不断提高社区矫正工作质量，完善工作制度，加强机构队伍建设。推进社区矫正改革工作，整合矫正资源，构建监督管理、教育矫正和社会适应性帮扶“三位一体”管理模式。推进建设社区矫正信息化建设，推广运用GPS电子定位技术手段，提高社区矫正技防能力和水平。在大庆等重要节点期间，严密排查，加强重点人员监管，落实好“六对一”等各项管控措施，严防脱管漏管和重新违法犯罪。严格按照上级部署要求，依法开展对部分社区服刑人员的特赦工作。加强刑释解矫人员帮扶管理。及时更新刑满释放人员信息管理系统，确保全面、及时、准确掌握全市刑满释放人员信息，建立动态监测数据共享机制，做到定向精准管控。严格落实重点人员必接必送制度，加强对刑满释放人员的衔接管理工作，实现重点安置帮教对象衔接率达到100%，一般帮教对象衔接率95%以上。

【领导名录】

党组书记：徐　进

党组副书记、局长：索朗泽培（1月至11月）

党组成员、副局长：曾生镗（援藏，1月至7月）

党组成员、副局长：张　燕

党组成员、副局长：李晓聪

党组成员、副局长：齐洪涛（11月任）

党组成员、四级高级警长、昌都强戒所所长：多　吉

四级调研员：金　飞（4月任）

军 事

昌都军分区

【重要会议】 10月29日，昌都市召开市委议军会暨人武部党委第一书记述职会议。会议深入分析市党管武装工作形势，总结部署党管武装、国防动员和后备力量建设等工作，以推进昌都市党管武装工作为抓手，着力解决全市国防和后备力量建设中存在的困难和问题。市委书记、昌都军分区党委第一书记阿布主持会议并讲话，军地同向发力，共谋强军之策，市委副书记、市长陈军就4项提案41个具体内容进行答复。市委常委、军分区司令员胡小柏传达《中央政治局第十六次集体学习会精神》，并就11县区人武部党委第一书记党管武装履职尽责情况作了讲评。军分区政委王晓军代表市驻军单位就部队部分训练场地事、国防教育综合基地事、军队高等教育自学考试考场事、双拥共建“十项工程”活动事等向会议汇报4项提案。贡觉、洛隆、丁青县人武部党委第一书记围绕党管武装工作向会议作了述职报告。昌都市各级党政机关、驻军部队、企事业单位等共297人出席了会议。

【军事理论】 2019年以来，昌都军分区大兴作战问题研究之风，采取“贯穿全年系统学、集中时间专题学、结合演训重点学”方式，开展战例学习研究，创新战法打法，开展“四学”活动，深化使命课题演练，培养官兵的军事素养。

【军事训练】 2019年度，分区军事训练工作坚决贯彻习近平强军思想，坚持以新时代军事战略方针为统揽，以习主席开训命令和开训动员令为指导，以使命任务为牵引，以陆军军事训练大纲和军事体育训练大纲为依据，按照“党委统揽正秩序、按纲施训固根基、以比促训砺精兵、实案演训强能力、建改并举硬支撑”的思路，强力督导各级真抓训练、真研打仗、真练指挥，加快锤炼形成能打仗、打胜仗能力。

各级充分发挥党委统揽作用，严格落实党委在军事训练中的主体责任，加强对军事训练集中统一领导，认真履行第一要务、第一职责，把军事训练作为中心工作实抓深抓，党委常委带头参训、参考，以率先垂范的务实举措有力带动部队军事训练工作有序有效开展；常态组织训练督查，结合分区实际拉列问题清单，坚持深入一线督导、进入实地调研，结合每月议训专题研究措施，以督查检查推动训练落地，以问题整改倒逼训练落实；树正用好奖惩机制，深入纠治训风演风考风，对训练中的不实作风“零容忍”，将军事训练综合成绩和军事训练监察结果纳入单位评比和个人考察条件，达不到标准一律不予考虑；按照“组织一次宣讲、安排一场考核、抓好一期集训、印刷一批大纲”的思路，抓好新大纲集训，形成一套紧贴任务实际的学习训练资料，为全面贯彻落实新大纲打下坚实基础；紧盯练兵备战等现实任务抓好野外驻训、针对性维稳训练和首长机关指挥训练，有效提升应对边境突发事件行动控制、一线指挥能力；着眼精武强能，严密组织各类集训、比武考核、定级考评，狠抓训练人才队伍建设，为分区部队培养一大批训练骨干人才；立足建强支撑，按照服务保障战斗力的总体原则，推进训练条件建设，疏通训练用地矛盾，重点购置紧缺急需训练器材下发部队，训练条件得到极大改善。

【民兵工作】 7月26日，昌都市2019年度征兵工作会议召开。军分区副政治委员、市征兵领导小组副组长杨守宝总结讲评昌都市2108年征兵工作情况，并安排部署2019年征兵工作。市政府副市长、市征兵领导小组组长胡登孚就做好2019年度征兵工作讲话。

9月14日，昌都市在军分区为参加自治区民兵“创破纪录”比武竞赛载誉归来的民兵举行欢迎仪式，昌都军分区司令员胡小柏、昌都市副市长卓嘎、昌都军分区政治工作部主任蔡昭洪及昌都市退役军人事务局出席仪式，卓嘎副市长致辞，充分肯定参赛民兵在此次比武中奋勇拼搏的精神，并对以后工作中寄予深切厚望。在此次自治区民兵创破纪录比武竞赛中，昌都市20名参加比武竞赛的民兵继承和发扬老西藏精神和连续作战作风，顽强拼搏，奋勇争先，取得综合总分第一名，揽获一半以上的团体及个人奖项，为昌都市赢得荣誉，为昌都市民兵增添光彩，为练兵备战立起标杆。

【边防工作】 2019年度，昌都军分区边防工作坚持以习主席重要思想为指导，坚决贯彻各级指示要求，主动作为、开拓创新，圆满完成边防执勤、会谈会晤、基础建设等工作，实现稳边、睦边、安边协调统一。落实党委统抓统管。坚持“训勤结合、以勤带训、以勤助训”的思路，严格落实执勤规定，不断提升部队巡逻执勤水平，提高边防管控质效。着力建强融合机制。采取“结对互帮、定点共建”的方式，组织各边防连党支部与驻地村党支部结成对子，开展对口帮带、捐资助贫活动；组织各边防连利用定期义务巡诊，到驻地附近村寨宣传党和国家兴边富民政策法规，增强边民参与管边控边的积极性，不断促进军政军民团结。

【拥政爱民】 军分区认真学习贯彻落实习近平新时代中国特色社会主义思想，以深入学习和贯彻中共十九大精神为主线，牢固树立宗旨意识，紧贴单位和驻地实际，始终把加强军民团结作为维护藏区稳定、打赢脱贫攻坚、推动部队科学发展的一项政治性、经常性工作抓好抓实，维护“三个稳定”，探索新形势下群联工作的思路、方向和措施，以抓好抓细、常抓实抓的工作作风促使群联工作向好向实向深发展。扩大人民军队在群众中的影响，密切军政军民鱼水关系。

紧贴驻地实际，注重工作实效，扎实取得群联工作突破性成果。加强组织领导。针对昌都地处藏、川、青、滇四省区接合部，民族宗教问题复杂实际，分区党委坚持把双拥工作纳入党委议事日程、纳入领导工作职责、纳入部队建设规划，一并思考筹划、统筹安排、检查督导。建立健全群联领导小组，积极与市、区民政局、扶贫办建立完善联席会议、沟通协调机制，指定专人10余次到扶贫点卡若区如意乡约日村，对帮扶对象30户104人实际情况进行调研分析，重点掌握贫困户劳动力水平、家庭收入来源、主要致贫原因以及脱贫有利因素，主动联系驻村工作队，交换意见建议，详细了解当地资源优势和地方政府帮扶措施，共同研究探讨帮助脱贫的具体方案和可行举措。分区共结对共建7个基层党支部，6次为对口党支部进行对口帮带，针对扶贫点党支部办公条件落后的实际，赠送价值5万余的办公用品，捐赠价值

2万多元的党建理论书籍和党旗国旗，充实完善农家书屋等文化设施建设；先后为乡镇干部、村民开展中共十九大精神和政策理论宣讲10余次，组织优秀“四会”政治教员为村委成员开展党课辅导，着力提升村委干部、村民思想觉悟和理论素养，着力提高地方干部的领导力。积极开展助民爱民活动。春节期间，分区贯彻《关于春节前开展扶贫帮困“四下乡”活动的通知》要求和军区指示精神，利用春节、藏历新年等重要节日时机走访慰问扶贫点、福利院、特困户集中供养中心，购买大米、面粉、食用油、牛奶、水果等物资共计开支34140元，慰问定点帮扶对象30户、孤寡老人156名、福利院学生350名，并开展义务巡诊、谈心交心、打扫营院、队列展示等活动。分区联合新组建昌都市退役军人事务管理局开展春节前走访慰问活动，综合采取茶话座谈、登门拜访、友情热线等多种方式，看望慰问原驻昌都退役军人，旨在了解掌握分区退役军人生活现状，解决矛盾问题，送上节日祝福；利用军区文工团文艺轻骑队到昌都片区慰问演出的契机，协调地方政府和文工团，为昌都市敬老院和孤儿院送去爱心演出；应昌都市政府妇女儿童工作委员会办公室邀请，分区副政治委员徐洪刚为昌都市实验小学、市第一小学学生进行教育辅导，为昌都市精神文明建设做出贡献；分区机关为11户贫困户购买犏奶牛11头，犏奶牛产出的牛奶既可以销售，也可以做成酥油，着力改善贫困户生活条件；中国人民解放军驻昌都某部队、类乌齐人武部、丁青人武部先后邀请50余名贫困户开展重型机械操作手、农副业生产、种养殖技术培训等活动，通过技术技能培训，贫困户每年增收6300余元。各级结合开展“学雷锋日”、双拥月、国家“扶贫日”等活动，持续兴起助学兴教、爱民助民、定点扶贫、医疗帮扶等扶贫帮困活动，开展“送温暖、献爱心”活动。配合昌都市卡若区扶贫办深入推进“5+N”脱贫措施，出动官兵477人次、车辆30余台、组织扶贫帮困活动40余次，慰问大米、面粉、食用油、糌粑等生活用品价值12万余元，12次派出医疗小分队送医送药、巡诊治病、宣讲防病常识，累计为1200余名群众发放12类价值15万多元的医药品。中国人民解放军驻昌都某部队从扶贫专项经费中划拨5万元，设立团扶贫助学基础基金，由各任务单位遴选推荐表现优秀的民兵子女7人，每家助学慰问金2000元共计1.4万元，并建立长期助学计划；丁青县武装部携生产连联系县小学，开展“1+1”捐资助学活动，资助13名学生，累计捐助15600元。军地联合发力。分区协助昌都市民政局开展“4·5”清明节纪念活动，动用礼兵积极配合，彰显部队的纪律和威严，让人民军队在群众中有了更好的印象，对于促进征兵工作有积极的影响；分区各级注重联合地方，协调市团委、民政局、扶贫办等地方部门，共同开展学雷锋日活动，提供便民服务，受益群众3000余人；中国人民解放军驻昌都某部队联系卡若区农牧局，出动官兵200余人次、机械车辆20台次，帮助驻地周边群众收割青稞、小麦等农作物50余吨。

【支援地方建设】 贯彻决策指示，落实制度要求，持续巩固军政军民大团结。在上级党委、首长的统一领导和正确指导下，严格落实上级指示要求，严肃群众纪律、规范双拥秩序，打牢民主和谐的群联工作基础。抓组织强领导。结合备勤驻训、联训联演、边防巡逻、维稳执勤和抢险救灾等任务，及时健全完善群众工作组织和军地群众工作协调领导小组，与地方有关部门对接协调，建立全时值班、情况通报、要事协商、矛盾调处等工作制度，确保遇有情况能够依靠组织、运用机制，迅捷反应、稳妥处置。抓教育严纪律。坚持把深入学习贯彻中共十九大精神和群众纪律学习教育作为思想政治教育的重要内容，组织官兵认真学习我军群众纪律，开展军队性质宗旨和光荣传统教育，熟记“三大纪律、八项注意”，通过观看红色教育片，引导官兵执行党的民族宗教政策和藏区群众纪律“十不准”，尊重驻地和演训区域群众风俗习惯，在驻训回撤后，认真组织专人对群众工作情况进行“回头看”，确保不发生任何违反群众纪律规定、损害群众利益的问题。抓重点聚合力。

继承传统作风，主动建功作为，努力谱写支援西部大开发新篇章。组织分区官兵和广大民兵参与打赢脱贫攻坚和投身“六个新型昌都”建设，取得良好效益。统一思想认识，参加驻地建设。坚持用军区指示要求统一官兵思想，利用党委中心组学习和部队政治教育时机，把服从大局、支持改革、支援建设、热爱第二故乡教育作为必修课，深刻理解“一带一路”倡议意蕴，增强做好援建工作、服务“一带一路”建设的责任感使命感。利用新兵入伍、班子调整和完成重大任务时机，组织官兵参观军史馆、荣誉室和昌都原十八军五十三师师部等红色遗址，观看军队支援地方建设的录像片和图片展，了解十八军进藏筑路史、建设史，引导官兵深刻领会藏区部队爱民助民优良传统，把支援地方经济建设作为履行治边稳藏神圣使命的生动课堂。组织扶贫帮困，在解决群众现实困难上见到效果。上半年，昌都军分区援建实验小学国防教育馆建成验收。根据《陆军参与打赢脱贫攻坚的实施意见》和《军区“三个十”扶贫工程实施方案的通知》要求，昌都军分区援建实验小学的国防教育馆历时4个月建成验收，投入资金24万元，其中分区本级出资12万元，协调地方民政局出资12万元，拟于新学期开学正式开馆，旨在强化驻地师生的爱国意识、激发爱国情怀；在昌都市地方政府有关部门的支持下，分区部队结合驻地实际，主动作为，积极谋划，开展具有藏区特色、边防特色的扶贫活动，紧紧围绕贫困人口2020年如期脱贫工作目标，以改善驻地贫困地区生产生活条件和增加群众收入为着力点，配合昌都市开展“5+N”脱贫活动，统筹推进扶贫开发工作，采取积极协调、发挥优势、因地制宜、分类指导、特色扶贫的工作方式，把“如何让贫困户真正脱贫，切身感受党中央、习主席和金珠玛米的温暖”铭记于心，在教育扶贫、文化扶贫、医疗扶贫、产业扶贫等一系列群众叫好、政府称赞、操作性强、成效明显的举措上下长劲、用狠功，累计投入50余万元经费和物资用于扶贫工作开展，收效显著，得到昌都社会各界群众一致好评，累计收到锦旗、感谢信10余面（封）。全力维护稳定，确保防区长治久安。按照“相互联、共同防、携手治、全力保”的思路，建立完善军警民“联防联治”机制，抓好信息资源联通、防控力量联训、社会环境联治。协调组织召开5次维稳工作专题会议，紧盯2019年春节和藏历新年同一天、全国“两会”、虫草采挖交易等重要时段，强化应急处突维稳训练演练，确保昌都社会和谐稳定。健全基础设施，确保扶贫扎实有效。3月底至4月中旬在昌都市卡若区如意乡约日村帕自然村帮建价值25万元的温室大棚，分区会同扶贫点乡政府和扶贫点驻村工作队对援建温室大棚进行选址构建，并一同验收。派出专业团队进行技术指导帮带，从根源上解决帮带贫困点位生产生活能力。开展就业扶持、技术技能培训，提升文化素养，解决贫困户无业致贫、缺技术返贫等问题。按照脱贫致富不仅要注意“富口袋”，更要注意“富脑袋”的目标要求，分区各级精心挑选有语言优势的民族官兵，有亲和力的党员骨干，组成“宣讲小分队”，发挥藏族官兵语言通、感情近、情况熟的优势，党员骨干政策精、善讲解的特点，走村入户进校宣讲国家扶贫政策、惠民新政，累计开展宣讲30余场次，受教育群众4200余人次，夯实驻地群众信党、爱党、跟党走的思想基础。

武警西藏总队昌都支队

【概况】 2019年，支队紧紧围绕“迎大庆、保大庆”这条任务主线，聚焦“十三五”规划这条建设主线，坚决贯彻总队党委部署要求，自觉融入总队“争创一流内卫总队”奋斗目标，坚持“稳字当头、干字为要、实字托底”工作理念，突出讲政治护核心、务打仗强能力、严法治促正规、固基础保稳定、抓党建净生态，部队全面建设保持稳中有进、接续向上的良好态势。

【党委扩大会议】 1月10日至13日，支队召开党委三届十七次全体（扩大）会议。党委正副书记、委员出席会议，机关干部、中队主官列席会议。党委书记刘良成作《坚决贯彻习近平强军思想，忠实履行新时代使命任务，在新起点上奋力开创支队建设发展新局面》党委工作报告；党委副书记薛建军围绕《务实作风抓落实紧盯末端打基础，在聚力攻坚紧抓快干中努力开创支队现代化建设新局面》作讲话。会议传达学习武警部队党委三届二次、总队党委四届二次全体（扩大）会议精神，总结分析2018年度部队建设形势，研究部署2019年度工作任务。

8月9日至10日，支队召开党委三届十八次全体（扩大）会议。支队党委常委、党委委员出席会议，全体机关干部、基层大队副职和中队主官视频列席会议，党委书记杨功法代表支队党委作题为《认清形势担责有为、开拓创新蓄力抓建，以优异成绩向新中国成立70周年献礼》的工作报告；党委常委贺玉生代读党委副书记薛建军围绕“聚焦迎大庆保大庆、接力夯基础固根本，勠力为70华诞营造安全稳定环境”的主题讲话；会议审议支队纪委工作报告。

【党员代表大会】 10月9日至11日，支队召开重新整编组建之后第一次党员代表大会。党委书记杨功法代表支队党委作工作报告，会议听取和审查党委报告、纪委工作报告，选举产生支队新一届党的委员会和纪律检查委员会。会议的主题是高举习近平新时代中国特色社会主义思想伟大旗帜，牢固确立习近平强军思想根本指导地位，深入贯彻新时代党的军事战略方针和习主席治边稳藏重要论述，不忘初心，牢记使命，扎根高原，矢志强军，奋力开创现代化一流执勤支队建设新局面。会议全面回顾总结中共十八大以来支队党的工作，研究确定之后5年支队建设发展的奋斗目标和主要任务，对于凝聚意志力量、抢抓历史机遇、奋力开新图强，在新的历史起点上推进现代化一流执勤支队建设，忠实履行新时代两个维护使命任务，具有重大深远的意义。会议认为，支队党委在强军目标引领下，在总队党委坚强领导下，广大官兵在看齐追随中砥砺前行，在更新理念中抢抓机遇，在调整改革中发奋图强，在挫折阵痛中补课赶队，在栉风沐雨中夯实基础，在正风肃纪中固本开新，部队全面建设迈上新台阶，改革发展进入新阶段。主要体现在，思想政治引领标注新高度；履行职责使命实现新作为；依法从严治军进入新常态；基层建设基础迈上新台阶；后勤保障能力得到新提升；从严管党治党展现新气象。存在的差距和不足：思维理念与新时代催生的新思想还有差距；核心能力与新时代赋予的新使命还有差距；基层基础与新时代开启的新征程还有差距；作风建设与新时代立起的新标准还有差距。总结支队建设发展的基本经验：必须坚持维护核心、看齐追随，才能坚定信仰、铸牢忠诚；必须坚持聚焦主业、练兵备战，才能有效履职、打赢制胜；必须坚持依法治军、从严治军，才能夯实根基、稳步发展；必须坚持依法抓建、按纲抓建，才能全面进步、全面过硬；必须坚持求真务实、正风肃纪，才能风清气正、凝心聚力；必须坚持党要管党、从严治党，才能把稳方向、行稳致远。

【思想政治建设】 坚持举旗铸魂，在强化政治引领中立起看齐标准。始终把筑牢军魂作为头等大事、首要任务，不断增强“四个意识”，坚定“四个自信”，做到“两个维护”，贯彻军委主席负责制。弘扬创新理论“主旋律”。坚持学习开篇、理论先行，严密组织“牢记训词、践行使命”专题教育和“两本纲要、一个选编”系统学习，坚持党委带机关、机关带基层、大队带中队、干部带战士，为官兵购置理论书籍，6次组织理论服务走基层，编写20篇“双百微课”，通过“集中辅导强化、班排讨论消化、查摆剖析内化、岗位践行转化”的教育方法，引导官兵读原文、学原著、悟原理，进一步浓厚学习氛围，官兵的理论素养和政治品质得到显著提升。巩固政治教育“主战场”。扎实推进“传承红色基因、担当强军重任”主题教育，注重把握教育准备、骨干培训、专题授课、小课串讲、查摆剖析、讨论交流等关键环节，充分运用仪式感召、板报橱窗、军营广播等载体，落实“推门听课、网上查课”督教检查，促进教育实效。精心筹划“我的青春献祖国·我的青春在军营”主题演讲比赛、“军歌嘹亮献给党”及“辉煌70载·我和我的祖国”主题歌咏活动，引导青年官兵和党员干部坚定理想信念、牢记初心使命、建功火热军营、绽放青春光彩。持续参与脱贫攻坚，为“武警春蕾计划”募捐，传递正能量，弘扬新风尚。打好官兵思想稳定“主动仗”。扎实开展“关注心理健康、争做阳光青年”“六个过一遍”等活动，用好“双四一”“三帮一带”“零报告”等载体，抓实要害岗位人员政治考核，摸排转化个别人员，部队内部更加纯洁巩固。积极排忧解难，协调解决官兵家庭涉法问题，慰问家庭困难官兵，增强官兵“以队为家、爱队建家”思想自觉、行动自觉。

【维护稳定】 瞄准打赢制胜，在聚焦主责主业中干好维稳大事。紧紧围绕“迎大庆、保大庆”任务主线，坚持把执勤训练摆上位、把核心能力练到位、把战备建设落到位，干好维稳这件大事。聚焦“科技强勤”抓执勤。认真学习贯彻武警部队执勤工作网上集训精神，推进执勤隐患治理和“智慧磐石”工程建设，严格落实执勤“八项制度”，扎实抓好专勤专训、专哨专训和方案演练，坚持每日覆盖检查、每周分析讲评、每月录像通报，不断强化勤务跟踪管控，确保中心工作万无一失。2019年，支队先后组织勤训轮换，担负城市联勤武装巡逻勤务、武装押解勤务，治理执勤隐患，支队执勤目标连续19年安全无事故。紧盯“八落实”抓训练。着眼“八落实”“六种组训模式”，拿出硬举措、制定路线图，通过学议练考拉保，部队掀起实战化训练热潮。每周不少于1天集中组织机关学军事学指挥学战术，支队领导带头教学；支队每月召开党委议训会议，每月首长办公会安排部署；每季度组织不少于4天首长机关指挥技能训练，人人完成实弹射击；每月组织抽考，每季度组织普考，不合格人员集中补训补考；集中组织“魔鬼周”极限训练、冬季野营拉练、战备拉动演练；修建训练场地、购买训练器材，常态组织军事训练检查，70%以上奖励指标用于战备训练，落实军事训练“一票否决”，各级想打仗谋打仗钻打仗的氛围进一步浓厚。着眼“两个不经、一个保持”抓备战。严格落实“3+1”战备力量配置，强力推进“八个体系”战备建设，扎实开展“修方案、学方案、推方案”活动，修订完善方案，完成支队、中队战备库室建设，从严落实编成、人员、装备、车辆、任务“五个定位”，始终保持箭在弦上，引而待发。全年完成第五届三江茶马文化艺术节、虫草采挖机动备勤、中华人民共和国成立70周年大庆安保等任务。

【军事训练】 围绕“两个转变”抓新训。遵照《总队2019年度新兵教育训练指示》，及时成立新训工作领导小组，先后召开协调会、现场办公会和“三查”动员部署会，全程落实团以上干部驻点，常委领导每周现地指导。坚持把新训工作作为基础工程，明确“五抓”基本思路，紧紧围绕“两个转变”，着眼打牢“四个基础”、守住“五个底线”，注重用先进的理论来灌注、用规范的动作来定型、用严格的养成来培育、用严明的纪律来管控，区分阶段、区分层次抓好基础训练，保证新训工作展开顺利、推进有力。拿出专项经费为新兵大队修缮营房，新修旱厕、洗漱间，购买营产营具、给养器材、笔记本，基本实现“十个有”的目标，打牢新训保障基础。严格组织“三查”，始终站在对部队建设负责的高度，贯彻从严精神、严把时间节点、严格工作纪律、加强组织领导，真正形成工作合力。

【军事管理】 着眼安全发展，在坚持依法从严中筑牢发展根基。坚持把安全发展作为部队建设的保底工程，不断强化“安全靠建、管理要严”理念，及时消除各种安全隐患，确保部队安全稳定。依法正规建设秩序。深入贯彻落实军委《新时代全面从严加强部队管理的意见》，持续开展以“贯彻落实新条令，塑造军队好样子”为主题的“条令年”活动，严密组织条令知识竞赛，坚持从党委机关严起、从早操操课抓起、从军容风纪纠起，不断正规“四个秩序”。针对部队高度分散、不易管控的实际，常态开展“四不两直”抽查检查，适时在月交班会通报讲评，有效整治内务设置、手机管控、网络使用、保密安全、行为养成等倾向性问题，部队秩序进一步规范。狠抓隐患排查治理。严密组织百日安全竞赛和“治违法、严纪律”专项教育整顿，开展“七网”问题整治和保密工作自查自纠，组织开展定期查询、个人消费严格管控等，引导官兵合理消费、理性消费，防范网络赌博、网络借贷，堵塞安全漏洞。聚焦“政治月、任务月、战备月、安全月”活动开展，按照高于平时、严于常态要求，狠抓安全工作“八个规范”落实，严格落实战备值班、请示报告、查铺查哨等制度规定，部队安全底线更加牢固。严格安全管控防范。牢牢把握部队“事故在车、案件在钱、违纪在酒、高危在密、重点在官、难点在网”的特点规律，持续开展群众性创安活动，坚持安全教育时时搞、安全隐患处处查、安全时长天天计、安全法规月月学。传达上级关于违纪违法案件的处理通报，认真落实总队军事训练安全教育整顿会议精神，全面开展训练安全、车辆安全、枪弹安全大排查，有效防范类似问题发生，确保安全托底。

【夯实基层基础】 认真贯彻武警党委1号文件精神，着力在强基固本上下功夫、出实招，夯实部队建设基础底蕴。精准发力搞帮建。按照“支队重点帮、大队一线带、中队具体建、挂钩帮全年”的原则，制定《2019年度精准帮建基层实施方案》，完善“常委包片，科室挂钩、大队督导”帮建机制，全年组织蹲点帮建活动，重点围绕连续5年以上未进先进、部队建设波动明显中队制定实施“一队一案”，探索形成定期信息沟通、每月情况交流、每季按纲分析、适时蹲点指导的帮建措施，做到对症下药、精准滴灌，努力实现全面建、整体建。授之以渔抓培养。发挥大队“前沿指挥所”作用，提出“六个逐级、四个必须”建设要求，利用掌握情况最及时、指导帮带最直接、跟踪检查最快捷的优势，实施大队领导常态包干蹲帮中队，力量下移、定实责任。深化总队《纲要》培训成果，制定《昌都支队经常性工作规范》，全面规范人员、党建、管理、财务、采购、办文和党风廉政等经常性基础性工作，不断厚实部队发展底蕴。紧盯“两个群众组织”“三支队伍”，以“三个之家”为平台，按照“缺什么补什么、用什么训什么、弱什么练什么”的原则，分专业、分岗位搞好针对性教育培训，先后举办基层干部、党小组长、心理骨干、风气监督员等培训班，锻造抓建部队的“中坚力量”和“左右膀臂”。减压释负增活力。认真贯彻习主席关于纠治“五多”问题、大力改进工作作风的重要指示，坚决纠治形式主义、官僚主义，前往基层开展调研，每季度召开双向讲评会、干部讲评会，充分征求官兵意见建议，合并各类活动，精简会议流程，各部制定减负推进表，刚性落实文电减少30%要求，以实际行动回应基层关切。在各项工作中全面推行量化管理，注重查在平时、看在平时、抓在平时、争在平时，每月统计优劣、每季网上公示、年终汇总对账，做到用人看指标、评先看分数，体现公平公正，激发抓建活力。

【后勤保障】 对标前勤定位，在接受任务检验中优化保障效能。严格落实“后勤变前勤”战略要求，提高保障能力，规范建管秩序，提升服务效益。紧盯保障打赢强力量。适时修订保障方案计划，充实储备应急物资，签订保障协议，加强车辆驾驶、战场救护、应急供应及“一组五队”训练演练，把战地野炊制作、复杂地形驾驶、装备器材抢修等训练课目纳入演习、“魔鬼周”极限训练和勤训轮换等任务之中，提升核心保障能力。扎实开展后装专业兵岗位“大练兵”活动，先后组织司务长、驾驶员、炊事员、军械员等培训，集训各类人员，后勤队伍整体素质不断增强。围绕部队需求抓保障。从食品采购、实物验收、加工制作等环节入手，从炊事人员细小养成、饮食卫生、秩序规范抓起，形成依法管伙、按标准办伙、精细制伙的良好氛围。常态开展卫生防病和心理健康教育，每月组织医疗巡诊，扎实做好疫情防范，提高卫勤保障水平，确保官兵身心健康。围绕基层反映突出的矛盾问题，给官兵办理评残手续，解决基层“五难”问题，制作配发营产营具，安排官兵参加疗养，组织官兵健康体检，官兵扎根基层、干事创业的动力更强、活力更足。清理整治促规范。注重党委当家理财，科学编制年度预算，严把经费预算、审批、报销关，严格落实军网商城采购模式，规范工程建设和物资采购程序，依托地方招标公司公开招标，物资集中采购，提升重点领域管控能力，全面防范经济风险。

【党风廉政建设】 突出整风整改，在坚持严实要求中加强。瞄准解决“四个不纯”“七个弱化”问题不放松，不断正风肃纪、纠风除弊，部队生态进一步纯正。抓实主题教育。支队党委扎实抓好“不忘初心、牢记使命”主题教育开展以来，深刻领悟习主席“四个迫切需要”“四个到位”重要指示，牢牢把握“守初心、担使命，找差距、抓落实”12字总要求，精心拟制支队实施方案和月推进计划表，及时编印下发学习资料汇编，专题召开动员部署会，压茬开展集中学习研讨、专题党课辅导、主题党日活动，组织观看中华人民共和国成立70周年纪念大会和《建国大业》《建党伟业》等红色电影，引导全体党员牢记入党初心、坚定政治信念。按照“四个对照”“四个找一找”要求，党委常委围绕8个调研课题，带领工作组蹲在基层、住在班排，听民意、摸实情、破难题，全面检视问题、找准差距。注重统筹推进学习教育、检视问题、整改落实，开好专题民主生活会和组织生活会，确保教育取得实实在在的效果。狠纠思想作风。针对官兵普遍存在敬业精神不强、工作态度不好、服务理念不牢、为兵情怀不深、思想作风不实等问题，配合两项主题教育开展“我是主人，我爱我家”专题教育活动，倡导说实话、办实事、讲实话的求真务实精神，通过开展“我为部队建设献一策、我为部队建设做一事、我为部队建设尽一力、我为部队建设解一难”等活动，努力实现“敬业精神、工作态度、服务理念、为兵情怀”四个转变，真正强化“责任、担当、落实、作为”四个意识，培塑官兵踏实、老实、扎实的良好作风。坚持从严执纪。压紧压实从严治党“两个责任”，严密开展党的纪律教育，第一时间传达违法违纪案件情况通报，集中观看《铁纪强军》《忏悔与警示》《永远在路上》等录像片，常态运用执纪监督“四种形态”，实行敏感事务网上公开、设立首长信箱、公开举报电话，建立基层风气监督联系点，选聘基层风气监督员，纪委督察检查敏感事务，纠治官兵身边的“微腐败”和不正之风，强化纪律规矩刚性落实。推进滞留人员移交，抓实巡视巡察问题整改，敢于唱黑脸、动真格，逐类盘账、逐级明责、逐一整改，确保正风肃纪的高压态势层层传导到部队。

【大事要事】

1月26日，昌都市委书记阿布一行，看望慰问支队官兵，阿布书记代表昌都市委、市政府向支队全体官兵致以新春的祝福和诚挚的问候并敬献哈达。充分肯定支队维护昌都社会安全稳定，促进经济发展所做出的重大贡献。

2月3日，支队举办以“不忘初心、砥砺前行”为主题的军民新春文艺演出。特邀请昌都市儿童福利院儿童和工作人员与支队官兵共同联欢。

2月27日至3月1日，总队政治委员邹建雄率工作组，到支队检查指导维稳工作。

3月28日至31日，根据《2019年总队第一季度军事训练覆盖式考核实施方案》和年度军事工作安排，总队副参谋长邓华明一行工作组，到支队进行军事训练覆盖式考核。通过考核，全面检验机关和基层军事训练质效，查找制约部队训练上层次的问题症结，为下步加强部队军事训练指明方向，明确目标。

4月4日，支队在昌都市烈士陵园开展“缅怀先烈、佩戴党徽、传承遗志”主题祭扫活动。通过缅怀革命先烈，传承革命先烈红色基因，培育官兵投身强军事业、践行强军目标的责任担当，用实际行动来告慰先烈。

4月30日，支队积极响应中共中央总书记习近平全面打赢脱贫攻坚战略部署，全力协助驻地高标准高质量完成精准扶贫工作，坚决打赢脱贫攻坚战，在支队长薛建军带领下，前往驻地贫困腹地埃西乡小学（武警爱民学校）开展爱心捐赠活动。

5月19日至30日，总队司令员刘国荣一行工作组到支队考察帮建、检查调研并指导支队党委民主生活会，工作组成员实地检查大队、中队，通过听、看、问、查、考、评等方式，对单位依法抓建、安全建设、风气建设和干部履职尽责等情况进行全方位的检查指导、蹲点调研，帮助基层理清工作思路、解决矛盾难题。

6月27日至28日，支队严密组织群众性执勤岗位大比武活动。通过比武，各中队执勤训练质量水平得到有效检验，达到“以比促训、以比促建、以比提能”的目的。

7月10日至11日，支队成功举办首届“藏东卫士杯”军人运动会，来自基层代表队，参赛选手进行16个项目的角逐。通过2天活动，机动一大队、机动四大队、机动三大队3个单位取得团体前三名；跳高、400米、体能组合、三人协作攀登课目刷新支队纪录。

7月20日至22日，陆军某医院副院长吴健率医疗队，到支队基层中队，开展送医巡诊活动。医疗队一行7人，赴丁青、类乌齐等边远中队，为支队官兵、来队家属开展巡诊活动，为他们赠送高原常用药品9种47件。

8月1日上午，昌都市委常委、政法委书记张文生慰问团看望慰问支队官兵，政委杨功法主持。张文生慰问指出，昌都支队是一支队听党指挥、牢记使命、纪律严明、作风优良的部队，为昌都社会稳定和建设发展做出重要贡献。在2019年大事多、喜事多的环境下，支队完成多项急难险重任务，希望支队持续保持和发扬优良的作风和旺盛的斗志，全力以赴确保中华人民共和国成立70周年大庆安保完成，确保昌都和谐稳定长治久安。

8月18日至24日，根据总队统一安排，支队动用兵力，担负昌都市第四高级中学学生军训任务。

8月19日至22日，总队副司令员郑建春一行工作组到支队检查调研并指导支队后装工作，先后检察机关和丁青中队、类乌齐中队、卡若中队、机动一大队4个基层单位。

8月22日至24日，总队副司令员刘伟率考核组，对支队第三季度军事训练情况进行全面检查考核。总队考核组采取“随机抽点、区分对象、突出重点、现场评判”的方式，组织首长机关、特战分队、机动分队、执勤分队、训练机构等6个单位进行军事考核，并对驻镇单位基层建设情况进行详细检查。

8月31日，昌都市委常委、政法委书记张文生、支队长薛建军及其他在位常委，昌都市退役军人事务局负责人出席参加支队退伍士兵欢送大会，会议由副政委周胜利主持。会上，支队长薛建军宣布退役命令；政治工作部主任朱铁柱宣读《表彰通令》；退役士兵代表表决心；全体退役士兵庄严宣誓并向武警部队旗告别。

9月18日，总队副司令员石华杰率工作组，到支队检查指导中华人民共和国成立70周年大庆安保战备工作和新兵入营情况。工作组先对机关、机动一大队及卡若中队进行现地检查，并对支队大庆安保专项维稳方案进行抽点，而后到新兵大队，从班排宿舍一直到卫勤保障，询问新训工作准备情况，

9月27日至10月4日，总队副司令员石华杰率总队政治工作部副主任吕本宏一行工作组，再次对支队中华人民共和国成立70周年大庆安保工作和新兵入营情况进行检查指导，支队政委杨功法全程陪同。工作组通过听取汇报、实地查看、情况处置、综合分析等方式分别对左贡中队、芒康中队、贡觉中队、江达中队等单位进行检查指导。10月3日，工作组对新兵大队班排宿舍、洗浴间、操作间、训练场等场地，边检查边指导、边交流边帮带，全方位、无死角为新兵考虑各项需求，并对上次检查所指出具体问题的整改情况进行逐项验收。

9月28日，支队举办“我和我的祖国”歌咏活动，全体官兵军姿严整、意气风发，用豪迈铿锵的军歌，为新中国成立70周年献礼。

10月4日，西藏自治区党委常委、政法委

书记何文浩一行慰问团，看望慰问支队一线执勤官兵，充分肯定支队全体官兵为昌都市社会稳定和经济发展所取得的优异成绩。何文浩书记强调，支队官兵要提高思想认识、增强“四个意识”、坚定“四个自信”、做到“两个维护”，贯彻落实军委主席负责制，始终把维护社会稳定作为首要任务和第一责任，做到超前谋划、周密部署、多措并举、综合施策、协同作战，为昌都社会大局和谐稳定做出积极贡献。

10月15日至11月7日，支队特战二中队、机动四中队、贡觉中队动用兵力、车辆，在参谋长李建军带领下完成“10·11”贡觉县罗麦乡持枪杀人案犯抓捕任务。

10月21日至28日，总队司令员刘国荣率政治工作部副主任罗洪瑞一行工作组，到支队检查调研“不忘初心、牢记使命”主题教育开展、安全稳定工作、军事训练重难点课目教学组训等全面建设。

10月26日，支队举行《昌都支队干部退役仪式》，政治工作部主任朱铁柱主持。仪式中，退役干部代表曹卓东作表态发言，政委杨功法作讲话。

11月2日，武警部队训练局副局长马增江一行工作组在总队副参谋长贾仁和陪同下，对支队教导队进行军事训练机构一级达标考核。通过考核，教导队最终以827分的综合成绩，顺利通过武警部队训练机构一级达标定级考核工作。

11月5日至10日，总队副政治委员兼纪委书记肖剑冰率工作组，对支队党委班子进行考察帮建，对标兵先进单位和正营以上干部进行综合考核，对基层风气监察联系点进行调研，对部队第四季度军事训练进行覆盖式考核，并看望慰问一线官兵。

11月27日，总队政治工作部副主任罗洪瑞到支队指导召开“不忘初心、牢记使命”主题教育专题民主生活会。

12月24日至26日，支队深入贯彻落实习主席练兵备战重大思想，着眼提高新兵基础素质和发扬吃苦耐劳精神，磨砺新兵意志、培养战斗作风、全面锻炼新兵野外“走、打、吃、住、藏、管、保”能力，持续为下步部队教育训练奠定坚实基础，组织“2019年度新兵野营拉练”。三天的野营拉练无一人生病、一人掉队，完成徒步行军。

昌都市消防救援支队

【概况】 2018年11月9日，习近平总书记向国家综合性消防救援队伍授旗并致训词，号召全体消防指战员“始终对党忠诚、做到纪律严明、敢于赴汤蹈火、永远竭诚为民”。一年来，全市消防救援队伍以习近平新时代中国特色社会主义思想和授旗训词精神为统领，对标“主力军”“国家队”新定位和“全灾种”“大应急”新要求，弘扬“勇打头阵、勇当主力、勇创一流”的新时代藏东消防精神，推进队伍正规化、专业化、职业化建设，出色完成2018年两次金沙江堰塞湖救援任务、中华人民共和国成立70周年安保、第五届三江茶马文化艺术节、强巴林寺系列宗教活动消防安全保卫等急难险重任务，例如在八宿县“11·21”车辆事故中，成功救出2名被困人员；在昌都市“11·5”澜沧江惠民桥，1人不慎掉入堤坝，成功救出1人；在昌都市“11·02”普安家园，1人准备轻生跳楼，成功将人员救出；在八宿县、洛隆县，3名驴友徒步登山抄近道被困，成功救出；成功处置江达县油罐车侧翻事故等，创造自1996年成立消防支队以来23年无重特大火灾、连续8年无亡人火灾事故的非凡成绩，迈出转型升级跨越发展的坚实步伐，队伍呈现出“管理更严格、训练更扎实、作风更顽强、业绩更突出”的良好发展态势。支队被国务院评为“全国民族团结进步模范集体”；支队被应急管理部荣记集体三等功，2人荣记个人二等功、9人荣记个人三等功；江达县大队荣获“西藏青年五四奖章集体”；江达县大队、丁青县大队丁青中队荣获全国消防救援队伍“改革转制教育整训先进集体”；支队在全区消防救援队伍岗位大练兵比武竞赛中荣获团体第一名，两个单项第一名；卡若区大队二中队消防员丁才福代表国家参加在俄罗斯举办的第十五届世界消防锦标赛，创造西藏消防历史，为昌都书写新荣光。

【迎旗换装仪式】 2019年1月25日，市委书记阿布出席市消防救援支队迎旗换装仪式并讲话，市委副书记、市长陈军主持消防救援支队迎旗、授衔和换装仪式。支队党委在市委市政府和自治区消防救援总队党委的坚强领导下，艰苦奋斗、真抓实干，坚决贯彻执行上级的决策部署，忠诚履行职责使命。

【火灾防控】 突出社会面火灾防控，保持昌都市连续8年未发生亡人火灾事故，确保火灾形势持续稳定。深入排查整治屋顶违章建筑消防安全隐患。抓住2020年是昌都解放70周年的重要契机，回应市人大代表、政协委员关于消防安全工作的提案，结合市“七城同创”工作开展，向市委、市政府上报《昌都市城区违章建筑消防安全隐患排查情况的报告》，市委书记阿布，市委副书记、市长陈军多次召开专题会议或现场办公会议研究解决问题，要求对影响消防安全的屋顶违章建筑要采取坚决措施限期拆除整治，市消防救援支队抽调2人参与工作专班。持续深化“六个专项行动”，消除一批较为突出的火灾隐患。全年部署开展防风险保平安迎大庆、冬春火灾防控、电动自行车、高层建筑、大型商业综合体、文博场所6个专项行动，检查社会单位1万家次，“零点夜查”行动10余次，约谈职能部门、社会单位消防安全责任人、管理人1000余人次，督改火灾隐患7000余处，罚款32.18万元，责令“三停”单位21家，临时查封单位26家，行政拘留1人。形成《关于昌都市自治区级以上文物古建筑消防安全风险专项调研评估的报告》，联合市文化文物部门协调争取资金3910万元，对国家级寺庙文物古建筑强巴林寺、查杰玛大殿和县级寺庙进行消防工程改造。各大队对全市268个易地扶贫搬迁安置点，超过4000人以上的3个大型易地扶贫搬迁安置点组建义务消防组织、配置灭火设施、开展初起火灾扑救培训，强化消防安全。有效推动“互联网+监管”工作。深入贯彻落实中共中央办公厅国务院办公厅《关于深化消防执法改革的意见》，主动对接市政府“互联网+监管”办、完善网上资料提交、系统审核、行政许可等工作，全面落实消防设计审核、验收及备案移交，推动“双随机、一公开”消防监督管理系统应用，基本建全企业、个人信用平台结果互联、信息互通的联合监管、联合惩戒机制。强化消防宣传，提升全民消防安全意识。投入70余万元制作一批消防宣传品，充分利用传统媒体和新媒体，创新多点宣传方式，普及消防法律法规知识和防火、灭火、逃生自救常识，播发公益广告、新闻50条，宣传短片3条，各类视频200余条，发放各类宣传品和宣传资料12万多份，刊播消防宣传提示5万多条，滚动播放消防安全常识3万多条次，发送微博、微信、短信等8万多条次，接受群众咨询4.5万多人次，受教育群众8万多人次，西藏昌都消防微信公众号粉丝达8.2万人。

【应急演练】 应对“全灾种”“大应急”，突出实战练兵，提升战斗力，圆满完成各项急难险重灭火救援任务。一是强化全员岗位练兵。结合“全员岗位大练兵”要求，开拓练兵思路，采取全员参训、分级督训、对抗促训、以训促战、以战促训等方式提升全体指战员训练热情，通过本单位自训考核找差距，与森林消防支队、武警支队实施体能比武竞赛等方式促进全员岗位大练兵，完成1期班长骨干班培训和2期政府专职消防队员培训。训练更加贴近实战。结合昌都“一高一庙一道”灾情特点，147座建成高层建筑、518座寺庙、6条隧道（里程4513米），修订完善灭火救援预案127份，对国家级文物保护单位和隧道火灾的战术研究和实兵、实装、实战演练11次；在扎曲、昂曲、澜沧江沿线设立远程供水点3个，一旦发生较大火灾，保证不间断供水，加强断网、断电、断路情况下的应急通信保障。发挥微型消防站扑救初起火灾的作用。组建148支乡镇专职消防队，在便民警务站、高层建筑、社区、消防安全重点单位建立358个微型消防站，投入800万元为微型消防站配备消防器材20000余件套，提升初期火灾处置能力，发挥就近把火灾灭早灭小灭初期的作用，避免小火酿成大灾。从微型消防站建立10余年来，扑救初期火灾1200余起，平均每年处置和扑救初期火灾10余起。建立联勤联动机制。支队与中国民航昌都站及各县、区重型机械租赁公司等13家重型机械单位签署联勤联动协议，涵盖挖掘机等重型机械64辆。通信保障能力进一步提升。支队投入500余万元完成动中通、应急通信系列设备、一体化迁移，各县区消防救援大中队全部配备无人机；投入300万元为警务勤务系统人员、装备器材、车辆、应急联动专家、微型消防站等数据更新1820余条，完成14个基层单位的地貌、卫星、行政地图36份。

【救援任务】 全市共接处警1356起，扑救火灾31起，抢险救援及社会救助32起，公务执勤1306起，出动车辆2801辆次，出动人员6474人次，抢救被困人员30人，疏散人员17人，保护和抢救财产价值465万元。特别是在两次金沙江白格堰塞湖抢险救援中，支队快速反应，出动26车109人3150余件（套）装备，开展抢险救灾工作，成功帮助疏散136户1115名群众，搭建帐篷53顶，抽调6名人员驻守灾区安置点，完成救援任务。

【后勤保障】 经费保障不断提升。2016年至2019年支队本级地方业务经费分别为1335.43万元、1848万元、1982.21万元、2127.71万元，年平均增长率14.83%；2016年度至2019年度各县区大队地方业务经费总量分别为1475.35万元、1622.19万元、1825.45万元、2219.05万元，年平均增长率12.60%。装备建设不断升级。争取总队为支队配备远程供水系统、福特F150抢险救援皮卡车3辆、防爆灭火侦察机器人3台、新型抗结冰型灭火防护服52套、背负式细水雾灭火装置62具、长城皮卡车10辆等车辆装备，建设两室一站、多功能危险化学品槽罐车模型设施，总价值2896万元。争取市政府解决车辆采购专项经费520万元，配备抢险救援车、压缩空气泡沫车各1台；争取设备采购专项资金123.5万元，完成语音基站、中继台等通信设备采购；投入装备器材采购经费500万元，采购一批地震、山岳、水域、交通和隧道等多种灾害事故的抢险救援器材。各县区大队投入经费639.21万元，采购一批车辆装备器材，确保个人防护装备100%达标。打造队站建设样板工程。累计投入经费12000万元，完成11个县队站营房、附属、取暖、家具、红门书吧、红门影院、净水等工程，新增营房建筑面积14186平方米，新划拨消防用地11667平方米，置换营区面积3500平方米，改善基层大队工作生活条件。为基层办实事取得明显成效。投入390万元改造和维护强巴林寺大队和特勤中队基础设施，更新家具、办公及健身设施；投入68万元补助基层单位维稳、勤务期间伙食费；投入260余万元为装备器材力量较薄弱的左贡、类乌齐、贡觉县大队各配备一辆水罐消防车和一批抢险救援器材。自筹资金364.5万元，实施10个县队站的红门影院、制氧机房、净水设施、窗帘、车库门UPS电源、厨具设施等项目；为6名家庭受灾、家人患有重大疾病等困难指战员发放救济3万元；为1个驻村工作队解决手抬机动泵、水带、水枪等一批消防器材，价值近4万元。

【党建工作】　突出班子和队伍建设，加强党建引领，发挥“头雁”作用，强化以主题教育为主的思想政治工作。在改革转隶中，支队党委始终以对消防救援事业和队伍高度负责的态度，坚定改革信心信念，始终把营造风清气正的良好政治生态、把营造干事创业、拴心留人的良好氛围和环境作为坚持和发扬昌都消防救援队伍优良传统的努力方向和既定目标。树立“五个不动摇”信念。坚持“四句话”方针不动摇、坚持“两严两准”管理标准不动摇、坚持战斗力标准不动摇、坚持24小时驻勤备战模式不动摇、坚持走中国特色消防救援队伍建设新路子不动摇，把“五个不动摇”作为队伍铸魂育人的根本。强化党的建设。坚持党委议事决策规矩，坚决贯彻执行党委统一的集体领导的首长分工负责制，严格落实“三重一大”事项请示汇报制度，主动适应从严管党治党新常态，顺应作风建设新形势，班子成员齐心协力谋发展，按照分工抓落实。支队召开党委会8次，研究重大事项158项，改选和增补1个机关党支部、5个大队党委、7个大队党支部、7个中队党支部。“不忘初心、牢记使命”主题教育成效明显。坚持班子成员和大队领导领学，11月每天不少于1个小时集中学；坚持落实每周“五个必须”的要求，落实11月为“专题党课月”，书记、副书记带头讲党课，每周召开党委会和领导小组办公室会议研究部署主题教育，抽点、调度、听取各单位学习教育、调查研究、检视问题、整改落实四项措施同步推进情况，结合实际下发工作提示；坚持既抓规定动作落实，又创新开展自选动作，组织召开对照“18个是否”检视会和“8个专题”研讨交流学习会，认真制定调研方案并召开研讨会和组织生活会，开展民主评议党员，开展重走十八军进藏路、组织参观昌都十八军解放旧址（支队思想政治教育基地），基层单位开展“三会一课”和微党课，开展“爱读书、善读书、读好书”活动，投入10万元购买11个种类书籍1136本，为每个基层单位配发酒精测试仪，建立常态化酒精检测和饮酒报备制度；坚持把主题教育与做好中华人民共和国成立70周年消防安保工作相结合，与“学训词、铸忠诚、创新业、立新功”主题教育活动相结合，与“转作风、治歪风、树新风”活动相结合，倡导“真抓实干、马上就办”工作作风；坚持开门搞教育，征求“金点子”，2次邀请市委党校老师授课，3次主动对接市纪委并赢得工作上的大力支持，强化纪检监督指导和培训，聘请25名社会消防监督员，向社会单位发放不允许消防指战员、文员和辅警员签单、欠账赊账告知书，集中清理化解矛盾纠纷等问题。组织集体学习12次，专题研讨12次，形成专题调研报告6篇，开展赌博、网贷等警示教育8次，班子成员讲党课6次，党委班子检视问题19个，整改17个，2个问题正在逐步推进，解决基层指战员最急最忧最盼问题14个，调研成果转化率达90.3%，专项整改问题完成率达89.4%，动态问题清单整改完成率达94.2%。

【领导名录】

支　队　长：白玛桑珠

政　　委：陶盛楷
司令部参谋长：罗松扎西
防火处处长：薛小军
政治处副主任：刘　毅
后勤处副处长：毛培琳

昌都市森林消防支队

【概况】　支队下设政治处、司令部（包括1个直属队警勤排）、后勤处3个部门以及昌都中队、左贡中队、江达中队3个中队。

【思想政治】　始终把对党忠诚置于首位，打牢“身在边疆、心向中央、维护核心”的思想根基。紧贴改革过渡期特殊政治要求，狠抓党委中心组带机关、基层理论学习，落实党委机关每周四、基层每月两个半天的理论学习日制度，运用好“学习强国”平台，开展“读原著、学原文、悟原理”活动；高起点谋划“不忘初心、牢记使命”和“学训词、铸忠诚、创新业、立新功”主题教育，经验做法被部简报、局主题教育专栏转发，支队主题教育受到部党组主题教育巡视组车组长充分肯定；高度关注人才培养，面对支队一线力量薄弱的实际，鼓励、动员符合条件的消防员考学，8名消防员考入中国消防救援学院；充分发挥政治工作服务中心、保障中心的效能，累计投入13万元，制作宣传手册、挂图4万多份，宣传扑克、画笔和背包共计2万多份；新闻工作呈现出新面貌，累计在央视新闻直播间（CCTV-13）、中国应急管理报、媒体刊发稿件224篇，制作17块路边宣传标语牌、3块电子屏幕宣传牌，队伍影响力持续扩大；结合改革过渡期实际，党委成员共计26人次前往挂钩单位调研，破题研究“两严两准”等新矛盾新问题，有针对性做好重点人员帮教和一人一事思想工作，队伍总体稳定。

【转型强能】　支队立足应急救援主力军和国家队定位，下好先手棋、打好主动仗。加强党委（支部）抓训议训研训力度，制订并严格落实训练监督机制；以冬季大练兵、“火焰蓝比武”为牵引，不断夯实队伍训练基础；大力培塑训练典型，把个人成长进步、立功受奖和训练成绩紧密结合起来，树立训练有功、有为、有位导向；每季开展实战化演训活动，3篇经验做法被局、总队刊载转发，受到总队党委的认可；主动在思想上腾笼换鸟，向市委市府主要领导汇报队伍转制改革情况，争取支持。投入经费10万元办理游泳年卡，科学制订全员轮训计划，截至年底全员掌握游泳基本技能；投入近50万元建成200米灭火障碍训练场，投入20余万元为四个营区配备训练、健身器材及装备配件。

【安全管理】　坚决落实“两严两准”要求，把加强纪律建设摆在突出位置。坚持把安全大检查、“百日安全竞赛”、集中教育整训等活动与经常性工作捆在一起抓，以活动促管理、促安全、促稳定；把人员、车辆、任务安全作为重中之重，每月召开一次驾驶员行车经验教训交流会，引导指战员牢固树立“宁可把钱花在事故前，也不能把钱赔在事故后”的忧患意识；建立车辆随用即检、随报即修制度；严密组织违规喝酒、男女关系、赌博、打麻将、网络“四涉”五类重点问题防范治理排查，采取“四不两直”检查方式，加大抽查巡查力度，为支队连续15年实现安全稳定奠定坚实基础。

【基层建设】　始终坚持工作重心不偏离、不放松，下大力建强“一个班子、三支队伍”，扭住按纲抓建“八件事”和“三项工程”持续发力，保证队伍在改革之年建设水平持续提升。针对藏族队员比例增加的实际，创造性地开展“三学三提高”活动，经验做法被应急部纳入年度特约研究课题、被总队转发推广；为基层解难帮困，重点解决四个营区高压接入、昌都中队营院整治，江达中队水房维修、浴室地砖更换、营区宣传灯箱更换、吃水困难，左贡中队墙面维修粉刷等问题，提高工作的温度实感；基层建设向好，昌都中队被局表彰为基层建设标兵中队、党支部被局表彰为先进党支部，左贡中队被总队表彰为先进中队、团支部被局表彰为先进团支部，江达中队被自治区表彰为民族团结先进单位。

【后勤保障】　紧盯使命任务需求，着力打造战斗型后勤。修订完善各类后勤保障方案，拟制保障清单8份；与11类25家社会保障单位签订定点服务协议，优化完善社会化保障机制；针对过渡期政策不完善实际，党委紧盯财经管理、大宗物资采购等易发违规违纪问题的重点部位，找准结合点，有效规避风险；结合伙食费增长实际，狠抓伙食管理“五项制度”落实，伙食满意率在98%以上；与解放军某医院对接，选派6名卫生员进行培训，在地方驾校培训11名驾驶员，野外驻训期间派出等级厨师培训全支队炊事员；尽最大能力改造老旧设施，累计投入30余万元，完成机关水管道改造、国旗台更换、营门和主楼维修、室内灯更换，上下协力解决取暖供暖、公寓房建设改造等项目。

【领导名录】

支 队 长：朱建勇（支队级正职，二级指挥长消防救援衔，10月任）

政治委员：杨永波（支队级正职，二级指挥长消防救援衔）

副支队长：谢速飞（支队级副职，三级指挥长消防救援衔）

参 谋 长：王世利（支队级副职，三级指挥长消防救援衔）

政治处主任：毛　辉（支队级副职，三级指挥长消防救援衔）

社会团体

昌都市总工会

【概况】 市总工会内设办公室（社会联络部）、组织宣传部（经费审查委员会办公室）、法律民管和权益保障部（劳动和经济工作部）3个正科级机构、困难职工帮扶中心1个正科级事业单位。行政编制9名，实有行政人员9人；事业编制2名，实有事业人员2人；机关后勤编制2名，实有机关后勤人员1人。

【思想学习】 积极培育和弘扬社会主义核心价值观。深入学习宣传习近平新时代中国特色社会主义思想，教育引导广大职工坚定不移听党话、跟党走。加强劳模先进典型选树，推荐评选出自治区劳动模范12人、自治区先进工作者1人、全国五一劳动奖章1人、首届“昌都工匠”年度人物8人，引导广大职工学习先进、争当先进、赶超先进。广泛召开纪念西藏百万农奴解放60周年座谈会和中华人民共和国成立70周年座谈会，与劳动模范、一线职工、农牧民工、工会干部等代表座谈。制作庆祝中华人民共和国成立70周年主题宣传展板，开展新旧社会对比，讲述中华人民共和国成立70年来特别是中共十八大以来，党和国家各项事业取得的辉煌成就，职工群众工作生活发生的巨大变化，深入揭批十四世达赖集团的反动本质，教育引导各族职工群众树牢“四个意识”，坚定“四个自信”，做到“两个维护”。开展向时代楷模卓嘎央宗姐妹学习活动，讲好红色文化和劳模先进故事，激发职工群众的心灵共鸣和工作热情，争做神圣国土守护者、幸福家园建设者。在基层企业、一线职工中开展“五送”活动，通过现场宣传、文艺会演，推动劳模精神、劳动精神、工匠精神进企业、进班组、进职工头脑。启动庆祝中华人民共和国成立七十周年首届“昌都工匠”寻访活动，与昌都市电视台联合制作播放昌都工匠电视专题片，讲述工匠故事、宣传工匠精神。

【助力经济社会发展】 组织开展“落实全员安全责任，促进企业安全发展”主题立功竞赛活动。全市65个班组、958名职工参与，为全市安全生产形势的持续稳定好转作出积极努力。着力提升困难职工群众技术技能，组织50名基层困难职工群众参加为期45天的精准扶贫送技能驾校培训班，投入培训费用、生活补助等资金36.35万元，驾考通过率95%以上。组织30名基层工会干部参加重庆市总工会昌都工会干部业务培训班，不断提升各级工会干部的综合素质和工作能力水平。在5月集中开展“五送”活动，前往农牧民工集中的企业、工地提供法律咨询，现场宣传发放《中华人民共和国劳动法》、《职工维权手册》和《劳动者权益手册》等法律宣传资料；邀请医生、艺术团等，组织开展免费送医送药，进行文艺会演。以开展职代会规范化建设活动和厂务公开民主管理规范化创建活动为抓手，推进各企事业单位建立健全厂务公开、职工（代表）大会制度，职工的知情权、参与权等民主权利得到较好的落实。完成工资集体协商提质增效五年规划目标任务，规范协商内容、对象、程序、管理。共8家工资集体协商邀约企业，6家工资集体协商规范企业，非公企业民主管理不断推进。

【改革创新】 在经开区宏伟汽车城开展“八大群体”建会入会启动仪式，以货运驾驶员、物流快递员、网约送餐员等八大人群为重点，扩大工会组织和工会工作覆盖面，吸纳30余名人员入会。开展全市基层工会和工会会员基本信息采集工作，实名制登记工会组织及会员基本信息。全市共有工会组织1249家，工会会员51761人，其中新建会125家，新增会员4162人。开展“中国梦·劳动美—与共和国同成长与新时代齐奋进”主题宣传教育活动，选拔推荐两名演讲水平较高的职工到自治区参加“劳动筑梦”职工演讲比赛。做好自治区第三届职工运动会初赛选拔阶段各项工作，广泛发动职工参与，吸引500余名职工群众积极响应。在决赛阶段昌都市代表团共获得41枚奖牌。联合市直机关工委举办市直机关职工运动会，在全市营造崇尚健身、参与健身、科学健身、追求健康文明生活方式的良好环境和氛围。支持芒康县自治区级劳模玉珍和卡若区自治区级劳模洛追，结合各自岗位和业务特点，创建劳模创新工作室试点，充分发挥劳模、工匠示范引领带动作用。

【维权帮扶】 依托“12351”职工维权热线和“12345”政府服务热线，坚持“职工群众利益无小事”原则，及时处理职工诉求，用心用情用力为职工群众解决困难。年初拨付金秋助学、大病救助、生活救助等帮扶资金200.19万元，其中：金秋助学244人，发放助学金183.49万元；大病救助12人，救助金额14万元，生活救助6人，救助金额2.7万元。在“三大节日”期间，慰问困难职工303户，发放慰问金30.3万元；看望慰问一线环卫工人100人，发放慰问金10万元。在春节、藏历新年来临之际，慰问两家企业职工436人，遗孤遗属62人，送去慰问金23万元，缓解昌运集团公司和蓝天运输公司等昌都解放后老牌企业困难职工解困脱困压力。充分利用福建省总工会和天津、重庆市总工会援藏资金183.2万元，慰问困难职工1832户。“三八”妇女节前期，组织6家困难企业100名女职工进行“两癌”（乳腺癌、宫颈癌）筛查体检。“五一”期间看望慰问林业公司一名因家中失火致困的职工，发放慰问金1万元；“六一”儿童节来临之际，前往实验小学看望慰问企业困难职工子女20名，发放慰问金1万元。喜迎中华人民共和国成立七十周年之际，走访慰问警务站2家、集中慰问20名一线环卫工，看望慰问困难职工916户，合计发放慰问金94万元；前往卡若区和察雅县走访慰问困难劳模6名，在市总工会集中慰问困难劳模12名，发放慰问金共计2.1万元；走访慰问江达县娘西乡山岩村驻村点困难户19户，发放慰问金1.9万元。困难职工帮扶中心平价粮店继续为居住在市区及周边的282户困难职工家庭提供平价大米、面粉，投入购粮款8.74万元，购买大米8吨，面粉14吨。

【自身建设】 以“五型工会”创建为重要抓手，扎实开展“不忘初心、牢记使命”主题教育，充分发挥党组领导核心作用，把党的建设落实到工会工作全过程。举办工会财务经审知识培训和电子票据管理及使用方法培训，不断提升工会干部的综合素质和工作能力水平。第二批“不忘初心、牢记使命”主题教育启动后，市总工会党通过调研和与职工座谈，广泛收集工作建议，梳理出“为民办实事清单”11项，完成6项。对照中央列出的8个方面和区党委提出的4个方面突出问题的专项整治要求，梳理出整治整改问题24个，完成整改13个。开展“做新时代雪域高原文明职工”倡议创建活动，动员干部职工积极参与城区周边环境大整治专项行动，开展环保知识宣传、以服代勤，以实际行动投身全国文明城市创建工作。

【领导名录】

市政协副主席、市总工会党组副书记、提名主席：张 宏 军（11月提名市总工会主席）

党组书记：其布泽仁

市委政法委副书记、市总工会党组副书记、主席：嘎　　勇（3月退休）

党组副书记、副主席（正县级）：

洛 松 林（12月退休）

党组成员、调研员（正县级）：晓　　红

党组成员、副主席：泽旺欧珠

共青团昌都市委员会

【概况】 2014年12月，昌都撤地设市后，中共共青团昌都地区委员会党组正式更名为中共共青团昌都市委员会党组，共青团昌都市委员会（简称团市委）内设办公室、工农青年部（青联秘书处）、学校青少年部（学联秘书处）、昌都市青少年活动中心4个正科级科室。核定编制16名，其中行政编制9名，事业编制6名，机关工勤编制1名。

【基层组织建设】 严格落实“智慧团建”工作，完成组织树搭建，录入团组织2202个，其中团的领导机关11个，团委166个，团工委2个，团总支15个，团支部1763个。录入团干部4691人，团员24827人。制订昌都市团员发展调控方案，规范团员发展源头。按照大抓基层、大抓学校的总体要求，团市委前往11县区开展共青团“走进青年 转变作风 改进工作”大宣传大调研活动，形成调研报告两篇。选派优秀团干部和优秀学生团员200余名赴贵州、香港、福建、成都、江西、厦门、重庆、拉萨和团中央培训交流学习、挂职锻炼，全力推动团干部队伍健康成长。青少年活动阵地从无到有，总数达到158个，其中市级青少年活动中心1个，县级青少年活动中心6个，青年之家51个，少先队活动室100个。规范团旗、团徽、队旗、队徽、队礼、红领巾等团、队标志标识使用。推动全市中小学团队一体化建设，全市中学初一年级全面建队，开展各类队前、团前教育，建立中小学贯通的少先队员队籍登记、转接制度，规范开展小学入队仪式、初中建队仪式、离队入团仪式及推优入团工作。制定印发《团市委专职干部密切联系青年驻点实施方案》，从团费中支出119万元，支持各县区基层团组织建设，扎实推进全市138个乡镇团委和11县区团委换届工作，推动“三会两制一课”制度落实。

截至年底，全市共建基层团组织2143个，其中县级团组织11个，乡镇团组织138个，村（居）团组织1121个，国有企业团组织51个，非公有制经济团组织25个，机关事业单位团组织797个，学校团组织600个；专职团干部47名，兼职团干部2982名，共青团员29108名，2019年新发展团员1700名；少先队大队221个，少先队中队1570个，少先队辅导员1125名，少先队员87307名。

【青少年思想教育】 开展“青年大学习”行动，组织宣讲习近平新时代中国特色社会主义思想活动50次，覆盖团员青年5000人次；广泛组织广大团员青年和团青干部学习领会、贯彻落实习近平总书记在纪念五四运动一百周年大会上向广大青年提出的“六点要求”，区党委书记吴英杰在纪念五四运动一百周年座谈会上向全区青年提出的“争做六个模范的要求”，市委书记阿布在传达学习习近平总书记纪念五四运动一百周年大会的讲话精神时对全市青年工作提出的“四点要求”。签订全市共青团网络意识形态责任书，压实意识形态工作责任。坚持用“中国梦”教育实践活动磨炼青少年，以“青春心向党 建功新时代”为主题，开展“3·28”百万农奴解放纪念日快闪、清明祭英烈、五四运动一百周年主题颁奖晚会、红领巾相约中国梦、争做向上向善好青年、奋斗的青春最美丽等各类主题活动300余场，覆盖青少年3万余人。引领青少年牢固树立中国梦共同理想。坚持用核心价值观教育引导青少年，坚持“示范化”“分众化”“网络化”引领，开展“红领巾心向党”“争做新时代好队员”等系列主题活动，选树各级各类青少年先进典型50余名，引导青少年将总书记重要讲话精神和核心价值观入脑入心。运用主题团队日、国旗下的讲话和网络新媒体方式，宣传党的民族政策和重大发展成就，影响覆盖广大青少年3万人次。联合人行昌都市中心支行、市发改委、市教育局在卡若区如意乡中心小学启动诚信文化教育项目。制作发放《中国少年先锋队章程、少先队活动课程指导纲要（试行）》《“闽藏亲·感党恩”昌都市好少年夏令营资料汇编》《“民族团结一家亲”闽藏融情实践营资料汇编》《和传染病小怪兽说再见》《离队入团仪式教育观摩示范活动》《模拟法庭示范活动》等宣传材料1万多册（张），制作展播“雷锋精神耀三江 青春铸魂新时代”学雷锋公益宣传片。坚持用晴朗网络空间引导感召青少年。吸引注册青年网络文明志愿者205名，推动团属微博、微信、抖音平台高效运行，发布原创稿件253篇，累计阅读量982.6万次，累计转发量224.2万次；抖音平台发布334条，最高阅读量为5.7万次。

【脱贫攻坚】 挖掘民族特色产品开发和农畜产品发展的新机遇，协助党政有关部门，筹措资金22.7万元，因地制宜开展农牧民技术技能培训（摩托车维修、驾驶技能、藏式绘画等）3次，培训青年180人次，其中建档立卡青年90余人次，实现就业80余人，发布就业信息、开展就业指路服务等20余篇。运营藏东青年双创空间（藏东青年电商孵化基地），引进入驻内孵企业40家、外孵企业44家，拥有国家级导师3名、市级导师21名、SYB讲师3名、电子商务讲师2名，开展电子商务和就业创业培训3期，实现就业19人。组织青联委员助力脱贫攻坚，其中产业扶贫13项、结对帮扶31项、爱心助学4项、就业帮扶1项。与卡若区新卡村藏家特贡农牧民专业合作社开展高山黑土豆收购及种植项目。2019年收成5145公斤，藏家特贡以5.8元/公斤的价格统一收购，兑现资金30000元，为新卡村46户（其中9户精准扶贫户）平均增收700元。制订团市委2019年结对帮扶工作方案，为新卡村结对户送去慰问金和捐赠衣物价值4万多元。开设团属新媒体“青扶贫”专栏，发布全市扶贫最新成果、分享脱贫攻坚工作常识40余条。

【援藏助学】 筹集金穗圆梦助学金、茅台助学金、闽昌助学金、渝昌助学金、津昌助学金、平安希望助学金共计175.4万元，帮扶贫困大学生341名（其中建档立卡户学生303名，非建档立卡户学生38名）、贫困高中生1名、贫困初中生2名、贫困小学生25名。协调重庆团市委援助书籍、药物、环保教具以及预防近视高科技教学照明系统等物资和资金共计122万元。天津团市委援助昌都实施“希望工程·康饮计划”，发放学生健康饮水机16台，教师机14台；启动“希望工程·暖餐计划”，将为245所中小学校，配备628台保温售饭台，涉及资金106.5万元。团市委坚持用民族团结教育凝聚青少年，依托对口援藏省市，开展“两地书，骨肉情”结对联谊“民族团结一家亲”“渝昌青年心连心 民族团结代代传”“雪域雏鹰央企行”“闽藏亲感党恩”“感党恩 庆国庆 增团结”等各类民族团结交流和夏令营活动20余次，与内地结对学校少先队员互通书信3500余封，增强了青少年维护民族团结的思想共识。

【维护青少年合法权益】 组织召开昌都市2019年预防青少年违法犯罪工作及重点青少年群体教育帮扶工作专项领导小组联席会议，形成预防青少年违法犯罪的长效机制，开展“青春与法同行”和“青少年模拟法庭”活动30余场，集中开展法制宣传和禁毒防艾宣传等各类讲座、报告和警示教育20多场次，推报类乌齐县卡玛多乡郭龙村、桑多镇贺日玛村、滨达乡热西村3个村（居）获评为全国级“青少年零犯罪零受害社区（村）”，制作发放《青少年自我保护知识》、《中华人民共和国未成年人保护法》和《青少年法律知识读本》7380册，平板电脑37台，相关宣传册17250本，涉及青少年52963人次。

【关心关爱青少年】 组织开展中高考减压、阳光助残、关爱农民工子女、免费假期公益辅导班、新兴青年关怀关爱行动、“阳光周末”等爱心活动50余场，服务青少年5万人次。开展“情暖童心 阳光同行”“红领巾 筑梦阅读”等关爱行动，捐赠学习用具、图书衣物、爱心暖包等物资170余万元。开展健康卫生小课堂。以农牧区儿童为重点，联合市爱卫办、市疾控中心、卡若区疾控中心及华南师大研支团编制、发放《和传染病小怪兽说再见》藏汉双语健康手册2000余本，覆盖全市各级中小学213所、中小学生10万余名，开展“再见！传染病小怪兽”健康课堂活动6次，全面推动全市青少年常见病预防工作，促进青少年健康成长。

【“七城同创”】 创建青年文明号集体33个，其中国家级9家，自治区级5家，市级19家，创建全区青年安全生产示范岗1家。推报西藏玉龙铜业股份有限公司搅浸车间集中控制岗获评为国家级、自治区级“青年安全生产示范岗”。深化青少年环保行动，开展“青春心向党 · 建功新时代”生态环保志愿服务、“垃圾分类科学分类 · 文明你我同行”垃圾分类志愿服务活动，组织青年志愿者355余人，服务群众1130余次，清理街道河流10余千米，清理垃圾近5吨。进一步扩大青少年志愿服务的覆盖面和影响力，倡导文明新风，全力推动“七城同创”，开展“阳光周末”关心关爱行动、“暖冬行动”、生态环保志愿服务、垃圾分类志愿服务等活动，组织青年志愿者2万多人，开展志愿服务活动200余次。

【先进名录】 继续保留“自治区文明单位”荣誉称号；团市委干部江永桑姆被评为“西藏优秀共青团干部”；团市委干部阿旺泽仁被评为“全国优秀共青团干部”。

【领导名录】

书　记：柳 发 明（11月任）

副书记：扎西卓玛

副书记：罗松泽仁（11月任）

昌都市妇女联合会

【概况】 市妇联根据（藏昌机编发〔2013〕109号）文件划定，内设市妇联办公室和市人民政府妇儿工委办公室2个行政科室，妇女儿童培训中心1个事业编制科室。2019年以前共核定编制15名，其中机关行政编制9名，机关后勤事业编制2名，纯事业编制4名。

2019年5月机构改革，市妇联内设办公室、妇女发展和宣传科、权益和家庭儿童工作科（市人民政府妇女儿童工作委员会办公室）3个正科级行政科室，核定机关行政编制9名（其中部门领导职数3名，科级领导职数5名）；设市妇女儿童维权服务中心1个正科级公益一类事业单位，核定事业编制5名（其中科级领导职数3名）；机关后勤服务事业编制1名。机构改革结束后，市妇联共有编制15名，其中行政编制9名、事业编制5名、机关后勤服务事业编制1名。

【培训学习】 市妇联在市委党校举办“2019年乡镇、村（居）妇联主席培训班”，64名乡镇、村（居）妇联主席参训；协调福建第八批援藏工作队和昌都市受援办，在福建宁德市委党校举办“昌都市妇女干部培训班”，市（中、区）直各单位、县区、乡镇的58名妇女干部参训。八宿县妇联前往各乡镇，培训乡镇、村（居）妇联主席、执委、妇女典型代表共计360余人；左贡县在旺达镇各村（居）举办“藏汉双语”巾帼夜校班，每周一期，参与学习妇女群众400余人次。

【典型宣传】 抓住全市妇女群众用户关注点，凸显妇联官微特色，精选精编精推优质内容，传递“政”能量。在“两会”期间，“藏东妇女”小编跟踪报道“两会”实况，以女代表、女委员视角深度解读两会，积极传播妇女参政议政新进展；通过“网信昌都”“藏东妇女”微信公众号常态化、制度化开展“家风家训”征文活动，征集到优秀作品10篇。

【评优选优】 评选推荐自治区、市级“最美家庭”“五好文明家庭”“廉洁家庭”“三八红旗手”，寻找“最美格桑花”等活动，其中市级评选表彰各类优秀家庭35户。11个县区组织开展优秀集体及个人推优树典活动，共评选表彰优秀集体200余个，优秀个人400余人。

【宣传活动】 市妇联投入1.5万余元，于12月底组织14家市（中、区）直单位妇委会开展“创建‘平安家庭’，构建和谐平安昌都”为主题的“平安家庭”创建宣传活动，发放宣传文创产品、创建活动特色小卡片、“平安家庭”十标准以及《“平安家庭”创建知识手册》等宣传资料共计3000余套。每年投入资金10万元刊发4期共8000本纸媒杂志《昌都妇女》，不断地巩固党对广大妇女群众的领导阵地，巩固妇联组织的宣传思想文化阵地，形成妇联宣传阵容、声势和宣传合力，发挥重要作用，产生良好反响。动员11县个区妇联深入虫草采挖点、尼姑寺庙、接返女性教育基地开展思想引导宣传教育活动280余场次、4.2万人次参与，发放宣传手册5.6万多册。市、县两级妇联先后组织400余名巾帼志愿者集中服务专项工作接返女性教育安置服务工作，落实好爱心温暖服务“吃得饱、住得惯、穿得暖、学得进、有效果”总体要求，积极在“教育基地”开展一系列各类巾帼志愿关爱活动、巾帼法治宣讲等一系列思想政治引领工作。如邀请原地区妇联党组书记布拉、女致富带头人泽永拉姆，以及会党组书记门娜前往卡若区教育基地进行教育宣讲。紧扣节点引领。组织全市广大妇女群众大力营造中华人民共和国成立70周年大庆节日氛围，通过精心组织号召开展“我和我的祖国”“百千万巾帼大宣讲”等群众性主题教育活动，多视角宣传中华人民共和国70年的光辉历程和伟大成就，宣传西藏民主改革60年西藏在党的领导下历史性成就和变革，歌颂党的英明伟大，引导广大妇女进一步旗帜鲜明捍卫祖国统一，维护民族团结。洛隆县妇联开展“洛隆女性心向党 感恩奋进新时代”主题教育活动，组织妇联宣讲团深入基层，走进农村、社区开展贯彻落实习近平新时代中国特色社会主义思想和中共十九大精神宣讲活动15场，3000余妇女群众参加。延伸工作手臂，广泛凝聚起广大尼姑爱国爱教的思想共识。市、县两级妇联积极配合统战部、宗教局、司法局等部门，加强对尼姑群体进行爱国主义教育和民族团结教育、马克思主义“五观”“两论”教育、社会主义荣辱观教育和法制教育，察雅、丁青、边坝等县结合“不忘初心、牢记使命”主题教育，组织开展尼姑暨驻寺女干部双语培训班4期，宣传教育《宗教事务条例》、民族团结教育、“遵循四条标准、争做先进僧尼”、“四讲四爱”、“妇女维权”、“生理卫生”等内容，培训尼姑及驻寺女干部310人。

【调研工作】 10月17日至22日，自治区妇联和自治区社科院组成的工作组前往卡若区瓦青尼姑寺、贡觉县麻布尼姑寺、类乌齐县群可林寺开展调研工作，为更好地做好新时期尼姑等特殊女性群体工作建言献策。

【脱贫攻坚】 致力扶志扶智，发挥妇联职能作用。强化妇女创业就业意识，打造一批‘妇字号’品牌，培育女致富带头人，抓好典型引领工作，经过层层推荐和筛选，左贡县孟琼村、丁青县仲佰村妇女专业合作社分别被评选为“全国巾帼脱贫示范基地”“自治区巾帼脱贫示范基地”荣誉称号，争取到扶持资金各5万元；在卡若区、丁青、八宿、察雅等县实施国奶扶贫工程项目；委托各县区妇联举办手工编织、美容美发、面点等技能培训班7期，培训妇女286人；积极向自治区烹饪餐饮饭店业协会争取中央财政边缘贫困农牧民藏式餐饮创业教育发展示范项目，于10月中旬分别在察雅县、贡觉县开展建档立卡贫困妇女厨师培训班，共培训建档立卡贫困妇女115人，培训时间55天；向区妇联争取女子家政培训班培训经费25万元，重点培训昌都市城镇待业妇女、农牧区贫困妇女100人；市妇联投入30万元，联合卡若区人社局组织60名女高校毕业生开展SYB创业就业培训班；各县区妇联配合县人社局开展“春风行动”，达成初步就业意向妇女267人，现场招聘成功妇女129人，发放宣传资料12750份，政策咨询2093人次；号召和组织基层妇女5.6万多人参与“乡村振兴、巾帼在行动”活动，多形式、多渠道在妇女群众中开展各类扶智活动，宣讲扶贫政策、讲授技能知识、宣树脱贫致富典型，引导妇女摒弃“等靠要”思想，坚定脱贫志向。强化关爱帮扶，传递党和政府的关心。为87名患“两癌”贫困妇女争取到全国妇联和国家民政部“两癌”救助金88万元；看望慰问基层一线干警，为人民医院便民警务站等6个警务站和派出所（妇女儿童维权岗），送去慰问金1.2万元；慰问帮扶困难家庭脑瘫女童送去慰问金6000元；申报丁青县沙贡乡、卡若区若巴乡等12处“母亲水窖”项目，解决昌都市偏远地区群众健康饮水问题；开展党员干部结对帮扶工作，市、县妇联为37户贫困户送去慰问金2.59万元，促膝交谈，帮助理清发展思路；争取发放“母亲邮包”“爱心包裹”“馨芽邮包”等2548个，价值43.74万元；资助“蓝天春蕾小学班”察雅县小学50名贫困女童4万元；贡觉县妇联在“六一”国际儿童节期间，为120名贫困孩子发放书包、文具盒、套尺、签字笔等价值14520元的学习用品（其中建档立卡户学生115名，特困学生5名）。边坝县向电信援藏队和福建援藏队争取资金34000元，慰问8户未脱贫困难单亲母亲、60名贫困孤儿、单亲子女，向非婚、单身母亲家庭发放价值1.5万元“母亲邮包”50

包，并组织开展妇女健康知识讲解，受益妇女50人。紧紧围绕驻村“7+1”项任务，结合江达县麦冬村实际情况，开展驻村各项工作，为群众办实事办好事解难事。

【主题教育】 7月中旬，陪同自治区妇联党组书记、副主席周世英一行调研组前往八宿、左贡、芒康、贡觉、江达、卡若、察雅、类乌齐和丁青等9个县区、10个乡镇开展“不忘初心、牢记使命”主题教育活动调研工作。调研期间，向1699名接返女性发放床上用品、换洗衣物等“暖心包裹”，价值30余万元，其中自治区妇联拨付20万元，市妇联投入10余万元。开展暖心服务活动。联合美狄亚美容美发国际抗衰中心、民安医院组成巾帼志愿队开展主题党日活动，赴察雅县敬老院、字庆日追和卡若区康巴村敬老院等地为孤寡老人、一线执勤民警官兵、家庭困难单亲母亲问诊送药，送去暖冬包裹，为家庭困难妇女群众及尼姑送去爱心包裹。共计发放价值5000元的药品、30000元的衣物，以及价值17300的爱心包裹100包和慰问金16000元。

【“七城同创”】 召开妇联2019年度“七城同创”工作安排部署会和“家家幸福安康工程”启动会，科学规划顶层设计，制定工作计划。深入开展家庭教育工作，投入153万元，在全市18个市区学校和9个社区挂牌成立“家长学校”，并投入18万元制作社区家庭教育文化走廊。联合有关部门开展社会主义核心价值观进校园暨英勇事迹报告会，邀请昌都军分区副政委徐洪刚到市实验小学、市第一小学作专题报告，800余名师生参加。组织120余名巾帼志愿者前往卡若区特困人员集中供养中心等开展送温暖活动，走进社区开展“学雷锋、清洁卫生”活动。做好家庭教育工作。在全市范围内组织开展了组织开展第三届“我的家规、家训和家风”征文比赛，传播、传承“好家规好家训好家风”，弘扬中华传统美德。活动共征集到作品21篇，其中优秀作品10篇，并表彰。组织边坝、丁青、江达等县4.5万多名基层妇女群众开展清扫房屋内部卫生，清理房前屋后垃圾，弘扬和践行社会主义核心价值观，全力推动乡村振兴“美丽庭院”建设，喜迎中华人民共和国成立70周年。在中国人民解放军建军92周年之际，市妇联前往昌都军分区、驻军医院看望慰问部队女官兵和军嫂。

【妇女维权】 在“三八”国际妇女节维权周、综治宣传月、国家禁毒日等重要节点期间，全市各级妇联组织结合实际，通过联合本级公检法司等部门，或深入基层，或在人流密集点等公共场所开展宣传教育工作，发放《中华人民共和国妇女权益保障法》等各类宣传资料和口袋书开展妇女儿童维权宣传教育，发放各类宣传资料共计5万多册。通过妇联系统新媒体矩阵和《昌都妇女》杂志，开展“建设法治昌都·巾帼在行动”宣传教育活动，开办社区、农牧区、学校“法律大讲堂”，宣讲宪法、妇女儿童权益保障法等，引导广大妇女群众和青少年学生自觉遵法学法守法用法。截至年底，全市各级妇联组织累计前往寺庙开展法治宣传教育250余次，发放宣传资料达1.2万多册，受益尼姑达6000人次，张贴法治宣传海报300余张。组织协调开展“两规”（规定时间、规定地点）中期督导工作1次。建立健全妇女儿童维权服务岗，发展妇女信访代理员。各级妇联认真办理群众来信、来电、来访，全市妇联系统、妇女儿童维权岗2019年上半年共接待来信来访100余件，办结率达到100%。1月初，联合市公安局妇委会，到市看守所开展在押女性人员人文关怀活动，发放价值5000多元的棉被、保暖衣、鞋子等物品。

【妇联改革】 妇联干部队伍更加优化。在市委和自治区妇联的高度重视和支持下，市妇联圆满召开一届四次执（常）委会，优化市妇联一届执委、常委基层代表比例，执委、常委中各族各界各行各业优秀妇女代表比例分别提高到51%、12%，增强妇联组织的广泛性代表性。3月底，组织召开2018年县区妇联述职述廉会，搭建交流平台，各县区妇联取长补短，推动全市妇女儿童工作齐头并进。召开县区妇联主席培训会，签订《昌都市妇联2019年度工作目标责任书》。基层妇联改革全面推进。坚持党建带妇建，推进村（居）妇代会改建妇联、乡镇妇联组织区域化建设、灵活设置基层妇联组织等工作。11县区妇联全部组织召开妇女代表大会，乡镇和村（居）完成区域化建设和村（居）“会改联”工作，扩大基层妇联队伍。优化壮大基层妇联干部队伍，全市选举产生8000余名基层执委。结合主题教育，10月至11月先后完成八宿、贡觉、察雅、类乌齐4个县10个乡镇255个村（居）的基层妇联改革。实施基层妇联“领头雁”培训计划，培训基层妇联干部8000余人。加强执委联系制度。6月初，印发《昌都市各级妇联执（常）委、专职主席、专职副主席、兼职副主席联系所在区域妇女群众制度（试行）》，明确执委工作职责、工作方式。

【领导名录】
党组书记、副主席：门　娜
党组副书记、主席：王英红
党组成员、副主席：莫　群
党组成员、四级调研员：黄　莉

昌都市工商业联合会

【概况】 西藏自治区昌都市工商业联合会（简称市工商联），又称市总商会。2019年8月27日机构改革，内设办公室、组织建设科2个正科级行政科室，市工商联信息中心（培训中心）、市非公有制经济法律维权中心2个正科级公益一类事业单位。核定行政编制7名，其中部门领导职数3名，科级领导职数3名；事业编制9名，机关后勤事业编制1名。

【非公经济发展】 截至10月底，全市市场主体达到32779户，注册资本（金）785.65亿元，与2018年同比分别增长17.69%、4.5%。其中私营企业4679户，注册资本（金）539.34亿元，同比分别增长16.74%、9.9%；个体工商户26695户，注册资本（金）35.3亿元，同比分别增长18.29%、26.62%；农牧民专业合作社799户，出资总额13.5亿元，同比分别增长13.98%、10.34%。非公有制经济市场主体达32173户，注册资本（金）588.13亿元，同比分别增长17.95%、10.79%，非公经济市场主体占全市市场主体总量的98.15%。组织入库税收达到22.55亿元，其中非公经济实现税收收入18.74亿元，占全市税收的83.1%。

【思想教育】 组织10余家非公企业代表举行“三大节日”非公企业慰问活动暨工作座谈会。召开全市民营企业代表人士座谈会，把脉民营企业发展，推动解决民营企业发展中的实际困难和问题。组织召开“百企帮百村”精准扶贫捐赠动员座谈会，全市商会会长及40余家非公企业代表参加座谈，传达自治区“百企帮百村”精准扶贫行动表彰大会的相关精神。

【培训学习】 邀请西藏政安防火知识咨询中心消防安全培训人员开展工商联干部和30名非公人士消防安全知识培训。举办2019年非公经济政策形势分析和金融风险规避培训会。组织开展集中培训、推荐代表人士前往北京、陕西、重庆等地参加培训，培训非公经济代表人士30余人次。截至年底共开展各类座谈会、培训会10场，参与非公经济人士共计300余人次。5月5日，选送4名非公经济人士参加在西藏民族大学举办的“民营企业防范化解经营风险和法律知识培训班”。5月14日，选送3名非公经济人士参加“全国工商联第四期民族地区小微企业经营者培训班”。10月，选送1名企业负责人参加世界旅游经济论坛·澳门2019。

【脱贫攻坚】 1月19日，向18户贫困户送去“三大节日”慰问金共计12600元；2月21日市工商联向察雅县烟多镇巴西村捐助价值11700元的物资（鞋）；5月27日，市工商联组织全市民营企业开展2019年“百企帮百村”精准扶贫企业捐助活动，全聚德酒店、丁青县安通客运有限公司、永安驾校、三江竟拓矿业有限公司等企业分别捐赠10万元；四川商会、重庆商会分别捐赠3万元，并面向贫困群众提供工作岗位60个。全市各行各业的145家企业共计捐赠现金189.62万元，捐赠各类物资价值40.12万元。购买电视、冰箱、卡垫等生活物资，全部发放到察雅、八宿等5个县未脱贫的贫困户手中。截至9月底，全市共有172家民营企业在120个村开展“百企帮百村”精准扶贫行动，帮助2534户6201人，投入帮扶资金1017.12万元，其中：公益帮扶投入资金344.53万元，安置就业546人，资助贫困大学生84人，医疗救助197人。9月30日，向贫困户送去价值4600元的大米、清油、茶叶等生活物资。

【融资服务】 融资难是昌都市非公经济发展的主要瓶颈。为破解融资难题，建立“工商联—银行—企业”对接机制。以“全程代办制”为依托，通过对企业进行大量的走访，摸底调查后，把发展势头好，有资金需求的企业推荐到银行部门，银行部门根据企业偿还能力评估给予发放贷款，最终企业与银行建立相互沟通协调机制，达到企业有需求，银行提供服务的良好态势。今年，在全市民营企业代表人士座谈会上，人行、农行、建行、中行、藏行、工行等银行参与座谈会，并向与会人员宣讲相关的融资政策。

【法律服务】 法律服务是开创工商联工作局面的重要着力点。开展“帮、引、促”活动，利用自身优势，加大服务企业力度。通过微信平台向企业提供法律、法规、政策、商务、信息等服务200余条，为企业排忧解难10余起。与市司法局联合开展民营企业全面“法治体检”专项公益活动，组织律师发挥专业特长和实践优势，为重点民营企业开展免费“法治体检”。西雅律师事务所前往昌都市卡若区三江商品混凝土有限责任公司、昌都市兴欣运务有限责任公司，对企业进行“法治体检”，通过查看公司管理规定及各项签约合同、参与公司购房签约等方式，全面了解企业在治理结构、合同管理等方面的实际运行情况，从企业制度、企业管理、风险防范意识等角度帮助企业全面排查法律风险。

【高校毕业生就业】 开展“五个一”专项服务，市人社局将掌握的高校毕业生求职信息提供给市工商联、经开区，由市工商联、经开区结合人社部门提供的高校毕业生求职信息，全面掌握了解全市各类民营企业、经开区入驻非公企业的用工需求，广泛开发人岗匹配度较高的就业岗位1200余个，市、县各级举办民营企业专场小型招聘会27场次，成功实现265名高校毕业生就业。市人社局、工商联、经开区联合发展各类非公企业就业见习基地，开发就业见习岗位250余个，引导高校毕业生参加就业见习，提高高校毕业生就业能力。10月12日下午，市工商联召开党员联系未就业大学生座谈会，向大学生宣讲有关就业政策，鼓励高校毕业生面向基层就业、企业就业、区外就业和自主创业。

【参政议政、民主监督】 全市非公经济人士中自治区级人大代表3人，市人大代表16人，自治区级政协委员5人，市政协委员19人。组织、协助工商联界别的政协委员、人大代表，围绕非公经济发展热点难点问题深入调查研究、积极建言献策。协助市人大和政协分别组织代表和委员视察君亲农牧业有限公司、龙者新型建材有限公司等民营企业，针对企业在发展过程中的生产经营、管理、销售、党建、文化等方面，特别是对企业在发展过程中存在的问题进行深入调研。前往基层、商会、企业、个体工商户调研10次，向企业开展政策、法律、法规宣讲活动共计17场次500余名非公人士受益。结合“不忘初心、牢记使命”主题教育围绕贯彻落实党中央、区党委决策部署和习近平总书记重要指示批示精神；本部门存在的突出问题和群众反映强烈的热点难点问题；解决党的建设面临的紧迫问题、打好“三大攻坚战”和扫黑除恶专项斗争；防范化解“六大风险”；实现持续稳定、长期稳定、长期稳定等方面调研，形成调研报告5篇。

【组织建设】 截至9月底，共有在册会员458个，其中：企业会员321个，团体会员3个，个人会员134个。

【受援工作】 市工商联于6月和7月分别组织对接回访工作组回访福建、重庆、天津三省市工商联，相关县区工商联和商会负责人一同前往。援藏工作主要成效：福建省工商联2018年度援助专项资金50万元到位，向察雅县烟多镇巴西村贫困群众发放电视77台、打茶机77台、卡垫21套，折合资金共计23.765万元，向8名贫困大学生和4名贫困中学生发放助学资金5万元；福建省工商联帮助昌都发展壮大非公经济，积极组织企业参加福建省招商引资等相关活动，竭尽全力为昌都市工商联事业发展提供有力支持。天津市北辰区和武清区工商联分别与丁青县和江达县工商联签订《友好商协会协议书》。天津市各企业将积极推介昌都的招商引资项目和各项优惠政策，并在产业援藏、资金援藏、项目援藏、农牧产业、旅游文化等方面予以支持和帮助。9月18日，天津市武清区工商联向江达县工商联开展捐赠活动，捐赠精准扶贫资金20万元、衣物900件。重庆平砚文化传媒有限公司对昌都唐卡艺术和察雅黑陶项目颇为关注，希望在文创领域吸收藏文化精华，制作更多有藏文化元素的文创产品，也可以帮助昌都进行文旅推广，并愿意为高校毕业生提供实习岗位。同时对教育援藏、干部交流、大学生区外就业、商会建设方面进行深度探讨与交流，达到预期效果。

【领导名录】

党组书记、副主席：毛　刚

党组副书记、主席：四朗旺堆

党组成员、副主席：李利珍

党组成员、调研员：王　忠

副调研员：江　华

昌都市残疾人联合会

【概况】 1991年6月18日昌都残联成立，时为副科级单位，由地区民政局代管，编制2人。2012年实现机构单列，确定残联为副县级单位建制，核定内设编制数为15名（其中：行政编制6名，事业编制8名，机关后勤事业编制1名），内设办公室和业务科2个行政正科级建制科室；残疾人康复服务中心（残疾人就业服务中心）正科级事业建制。根据2019年机构改革，市残联机关行政编制6名，其中部门领导职数2名。残疾人康复服务中心（残疾人就业服务中心）正科级事业建制。核定事业编制5名，财政全额拨款。新增内设事业编制机构1个，核定事业编制3名，财政全额拨款。市残联实有人数：行政6人（1人长期病假），事业3人，机关后勤1人，公益性岗位5人，临时工1人，无退休人员。

1991年至2020年历任理事长：泽仁郎加、布萨、索郎扎西、巴桑。

【康复工作】 2019年，残疾人康复服务中心假肢车间为新旧假肢装配患者安装和维修假肢70具，并提供恢复性的步态训练服务。康复理疗室长期开展按摩理疗，提供脑瘫残疾儿童免费康复理疗训练、伙食和住宿。截至年底，残疾儿童康复训练546人次。

从民政部国家康复辅具研究中心为贫困农牧民争取到2019年辅具装配名额30个（其中：大腿假肢13例，小腿假肢17例），累计项目资金46万多元。

利用福建省残联援藏资金20万元，维修改造残疾人康复中心食堂，为前来制配、维修假肢、康复理疗的残疾人病员及家属就餐提供便利的条件。

不定期以电话回访的形式，了解假肢使用情况，并装配生活辅助器具。在茶马广场（步行街）设立宣传点，开展第29个“全国助残日”活动，以悬挂横幅、摆放工作展板、假肢模型、发放宣传资料现场预约假肢患者的形式，宣传残疾人工作。开展“全国残疾预防日”活动，发放拐杖36幅、手杖57根、坐便椅18个、轮椅17台。

【民生工程】 “三大节日”期间，全市走访慰问城镇和企事业困难职工残疾人家庭330户，发放慰问金26.4万元；康复救助肢体（脑残）残疾儿童20人（每人1.32万元），落实资金26.4万元；残疾人儿童肢体矫治手术补贴10人（每人1.32万元），落实资金13.2万元；贫困重度残疾人家庭无障碍改造项目补贴45人（每人0.35万元），落实资金15.75万元。提供数据给市民政局，落实两项补贴资金6093.12万元，其中：困难生活补贴人数29034人，资金3484.08万元，重度残疾人困难护理补贴10871人，资金1609.04万元。

2019年，全市安排落实残疾人事业发展补助资金安排阳光家园、农村贫困残疾人实用技术培训项目、残疾人文盲扫盲项目、康复项目，救助1340人，资金112.5万元。落实中央专项彩票公益金用于残疾人助学项目，精神、重度残疾人办证评定补贴、残疾人文化项目、残疾人康复项目、肢体（脑残）残疾儿童康复救助项目；残疾人康复项目、残疾儿童肢体矫治手术救助、贫困残疾人家庭无障碍改造共计358人，资金112.1万元。

【培训就业】 以区残疾人就业服务中心为平台，组织各县（区）残疾人建档立卡贫困残疾人到市级集中报道，统一安排住宿和车辆前往区就业服务中心进行技能培训。各县区共选送53名残疾人参加。落实“大众创业、万众创新”残疾人创业扶持资金50万元，帮扶创业扶持25人，每人帮扶资金2万元整。

利用市职业技术学校窗口，组织全市各县区有就业愿望的50名轻度残疾人，以购买服务的形式，开展服装制作、摩托车维修、唐卡绘画等课程，落实培训资金20.65万元。

【教育工作】 按照《关于做好2019年普通高校招收残疾考生工作的通知》（藏残联字〔2019〕54号）文件精神，派专人负责普通高校残疾考生的高考工作。2019年，参加普通高考的5名肢体残疾考生，其中2名残疾考生被录取。2019年残疾应届大学毕业生25人，利用电话回访查询，通过公务员考试录取8人，17残疾考生以其他形式就业。

8月初，协调组织区体校教师到市特殊教育学校，筛选出5名残疾儿童，前往拉萨集训，参加8月25日至9月1日在天津举行的中华人民共和国第十届残疾人运动会暨第七届特殊奥林匹克运动会，并送去慰问金2500元。

【就业保障与合法权益】 自2014年开展保障金征收工作以来，共有100余家单位缴纳残疾人就业保障金。2019年底，征收市本级残疾人就业保障金累计1200万元；昌都市党政机关、企事业单位为59名残疾人提供就业岗位。

经济发展·改革·监督管理

昌都市发展和改革委员会

【概况】 昌都市发展和改革委员会为市政府工作部门，正县级，加挂市粮食和物资储备局的牌子。内设办公室、发展规划与经济体制改革科（政策法规科）、国民经济综合科（经济运行调节科）、固定资产投资科（财政金融科、社会信用和营商环境建设科）、地区经济振兴科（区域开放和合作科）、农村经济科（经济贸易和消费科）、基础设施发展科、产业发展科（创新和高技术发展科）、市能源局（资源节约和环境保护科）、社会发展和就业收入分配科、价格科、评估督导科（财务审计科、统计监测科）、粮食储备科（军粮供应管理科）、物资储备科（政策与应急保障科）14个机构（正科级），行政编制33名，其中：部门领导职数5名。11个事业单位机构：市建设项目评审中心（市工程咨询中心），正科级建制，事业编制4名；市项目协调管理中心，正科级建制，事业编制11名；市对口援藏项目协调中心，正科级建制，事业编制5名；市铁路建设协调中心，正科级建制，事业编制5名；经济信息中心，正科级建制，事业编制4名；市价格监测中心（市价格认证中心），正科级建制，事业编制8名；市救灾物资储备管理站，正科级建制，事业编制4名；市国家粮食储备库，正科级建制，事业编制10名；市地方储备粮管理中心（市粮食信息统计中心），正科级建制，事业编制10名；市粮食质检中心，事业编制4名；机关后勤服务，事业编制3名。

【经济运行】 严格落实经济运行分析联席会议制度，每月及时会同各相关单位做好经济指标的统计分析工作，并根据经济形势的变化和相关工作安排，完成第一季度、上半年、前三季度、全年经济运行分析及下一步经济工作建议上报市政府，共提出意见建议80条。经自治区核算，2019年全市地区生产总值达到220.96亿元、同比增长8.3%（可比价）；全社会固定资产投资同比增长14.5%；地方一般公共预算收入达到18亿元、同比增长2.6%；农村居民人均可支配收入达到11545元、同比增长13.4%；城镇居民人均可支配收入达到29450元、同比增长10.9%；社会消费品零售总额达到61.85亿元、同比增长10.4%。

【规划编制】 完成《“昌都发展战略2035”研究——早日建成藏东经济强区 基本实现现代化》的编制工作并结题；牵头编制完成《昌都市乡村振兴战略实施方案（2018—2022年）》。全面启动“十四五”规划编制工作，完成《昌都市“十四五”经济社会发展基本思路》和“十四五”规划项目需求方案的编制工作。

【项目监管】 起草并以市政府办公室名义印发《昌都市人民政府重点项目调度工作制度》和《昌都市2019年基本建设项目计划》，明确投资规模、进度要求、责任单位和责任人等，做到责任、任务、时限、人员四落实。督促各项目单位加快推进已纳入“十三五”规划项目的前期工作和在建项目的实施进度，按月做好项目进展情况统计汇总工作，并由市基建领导小组召开项目调度会，研究解决项目实施过程中存在的问题和困难。2019年，计划实施重点建设项目136项409个子项（续建68项149个子项，新建68项260个子项）。截至2019年底，续建项目全部复工，新建项目开工228个子项，完工188个子项（续建97个、新开工91个）。

【项目审查审批】 2019年，共审查审批项目31个，总投资25亿元。全面推行投资在线项目审批，对于非涉密项目全部履行在线审批程序，2019年共录入项目392个，涉及投资114.85亿元。

【脱贫攻坚】 全市268个安置点房建全部完成建设任务并实现入住，涉及建档立卡贫困人口19306户99095人，268个易地扶贫搬迁安置点中，通水、通电、点内道路全部完成，通信、邮政网、金融网、科技、广播电视网络全部覆盖，村委会、村民活动场所、垃圾收储设施、绿化全部完成配套，公共服务和基础设施基本配套到位；“三岩”片区跨市整体易地扶贫搬迁工作按年度计划顺利推进。

【节能减排】 完成并上报《昌都市发展改革委关于报送2018年公共机构能源资源消费统计分析情况的报告》；参加自治区公共机构能源资源消费统计数据会审会议，昌都市2018年公共机构能耗总量为18174.79吨标准煤，与2017年19386.78吨标准煤相比，下降6.25%，较好完成公共机构节能工作任务；配合自治区完成2018年“双控”和“控温”目标责任完成情况考核和丁青县县城二期供暖工程、西藏开投海通水泥有限公司2000吨/天熟料新型干法水泥生产线项目等6个重点耗能项目的年度节能监察。

【物价监测】 紧紧围绕“稳物价、安民生、促发展、构和谐”这一中心任务，加强物价监测预测，注册开通“昌都价格早报”微信公众号，密切关注市场重要商品价格动态，及时发现市场上苗头性、倾向性问题，特别是在“三大节日”及“五一”国际劳动节等节假日期间，适时增加监测品种，加大监测力度，确保全市物价基本稳定。2019年，共报送各类价格信息周报、月报和价格监测信息70份；全市共受理公、检、法、司委托的价格认定案件121件、涉案金额254.61万元、办结率100%，无一复核，其中：市级受理3件、涉案金额57.41万元，11个县区受理118件、涉案金额197.2万元。

【粮食综合管理】 牵头完成2018年粮食安全专员（市长）责任制考核工作、全国政策性粮食库存数量和质量大清查工作。2019年，昌都市国有粮食部门从区外采购粮油1280.73万公斤；市场销售1455.19万公斤（含“三包”学生粮油供应），粮油库存422.8万公斤（含市级应急储备粮）；完成大米轮换4500吨、面粉轮换900吨、清油轮换250吨的指标；共上报市场周报52期，市场动态分析12期，同时对全市14家国有粮食企业的粮食库存、仓储设施等方面开展系统的统计工作，建立完善企业经营信息档案。

【公共资源交易】 全面做好全市公共资源交易数据统计工作，2019年全市公共资源交易总数1346个，交易总额108.54亿元，主要涉及工程建设项目招标投标、政府采购、土地使用权出让等。

【对口支援昌都资金和项目情况】

天津市，2019年，共落实到位援藏资金25905万元，同比增长7.4%。

重庆市，2019年，共落实到位援藏资金20615万元，同比减少1.3%。

福建省，2019年，共落实到位援藏资金21031万元，同比减少48.9%。

北京市，2019年，共落实到位援藏资金9244万元（均为规划内资金），同比减少13.4%。

江苏省，2019年，共落实到位援藏资金12222万元（均为规划内资金），同比增长6.4%。全年实施项目10个，完成投资8460万元。

广东省，2019年，共落实到位援藏资金16746万元（均为规划内资金），同比增长8%。全年共实施项目11个，完成投资16628万元。

中国宝武武钢集团有限公司，2019年，共落实到位援藏资金4500万元，同比增长200%，其中：规划内1500万元，规划外3000万元。全年实施项目4个，完成投资4500万元。

中国第一汽车集团公司，2019年，共落实到位援藏资金2900万元，同比增长11.1%。

中国电信集团有限公司，2019年，共落实到位援藏资金1810万元，同比减少80.2%。

中国铝业集团有限公司，2019年，共落实到位援藏资金2000万元，同比增长38.9%。

中国远洋海运集团有限公司，2019年，共落实到位援藏资金3500万元，同比增长61.3%。

东风汽车集团有限公司，2019年，共落实到位援藏资金1700万元，同比减少11.7%。

【领导名录】

市政协党组成员、副主席，市发展改革委党组书记：杨　瑛

副书记、主任、局长：四郎旺堆

党组副书记、副主任：雷霆华（援藏）

党组副书记、副主任：杨　剑（援藏）

党组副书记、副主任：林兆宇（援藏）

党组成员、二级调研员：吴江华

党组成员、二级调研员：向吉廷（3月任调研员，免去副主任职务；12月免去二级调研员；12月免去党组成员职务）

党组成员、副主任：陶小清

党组成员、副主任：达瓦扎西

党组成员、副主任：易刚露（3月任党组成员职务；3月任副主任职务）

四级调研员：杨卫红

昌都市人民政府国有资产监督管理委员会

【概况】　昌都市政府国资委根据市政府授权，依法履行出资人职责，监管9家出资企业经营范围涉及投融资、交通运输及商贸流通等领域，现有在职职工570名。全系统共设有4个党委（国资委党委、3家企业党委）、1个党总支、7个支部，所属党员130名（在职101名，退休29名）。

【国有资产】　昌都市国资监管工作以产权管理为有力抓手，以财务监督与绩效考核为工作重点，以深化国资国企改革为突破口，聚焦主责主业，强化依法监管，建立完善企业内控制度，不断激发企业内生活力，服务企业解困增效，维护国有资产安全，努力实现国有资产保值增值。9家企业资产总额106.72亿元，同比降低17.5%（减少原因是房地产项目完工结转成本，主营业务成本增加，资产减少）；营业收入36470万元，同比增长35.1%；实现利润总额1.1亿元，同比增长1991.7%；实缴税金5938万元，同比增长38.16%；在岗职工工资总额2515万元，同比

增长13.5%。

【国有企业改革】 昌都市政府国资委认真贯彻落实中央、自治区关于“僵尸企业”、“空壳公司”清理退出要求，近两年，有序清理退出监管企业6家空壳子公司；对标上级文件精神，结合实际，提出《市政府国资委关于贯彻建立国有企业、民营企业联动机制的意见》，鼓励各类资本参与企业混合所有制改革，增强国有企业发展活力。按照市委、市政府推进市属国有企业整合重组工作安排，对市属国有企业主管部门及企业实地开展调研，形成《昌都市政府国资委关于市直国有企业整合重组初步设想的报告》与《关于开源投资有限公司初步发展规划的报告》呈报市政府审定，并学习落实市委副书记、市长陈军和副市长赵明在《重组报告》和《发展报告》上所作的批示指示精神，稳慎推进城投集团公司改制、开源投资有限公司组织结构设置等工作。参照上级文件精神，提出《市政府国资委关于贯彻建立国有企业、民营企业联动机制的意见》，鼓励各类资本参与企业混合所有制改革，增强国有企业发展活力。根据企业意愿，有序实施回购昌都运输（集团）有限责任公司59名股东所持有的2.42%股份（价值314785元）。开源投资有限公司完成建立昌都市全域旅游投融资平台可行性研究报告初稿编制工作。

【监管职能】 机构改革，昌都市国资委对照区国资委职能调整与内设机构设置情况，调整原国资监管职责及内设机构设置，突出以管资本为主加强国有资产监管。截至年底，六个行政内设机构职责调整到位，2个所属事业单位正在调整设置当中。自2016年底发布权责清单至今，昌都市国资委21项职权（均为其他权力）未作调整。强化目标考核。考核出资企业2018年经营业绩情况，表彰先进，鞭策后进，依据企业实际，采取“一企一指标”，制订2019年经营业绩考核目标责任书，实现细化指标，分类考核，明确各企业经营管理层责任义务与目标任务。加强产权管理。督促出资企业上缴2018年度国有资本收益67.03万元；草拟《昌都市政府国资委评估机构备选库管理办法》，推进中介机构库组建工作。指导出资企业依法合规收购股权、参与合作等事宜。协调自治区国资委无偿将高争集团所持玉龙铜业股份有限公司0.625%股权划转至市投资有限公司，扩大昌都市持股份额。强化财务监督。根据企业月报情况，帮助企业分析查找经营管理中存在的问题与不足，促使企业采取有针对性措施加强管理，提高经营效益，努力确保如期实现国有资产保值增值。助力企业稳定发展。指导督促邦达工贸有限公司履行光宇利民药业公司股东权利，跟进与湖南尔康制药有限公司的股份转让事宜，确保账款应收尽收，维护好本方15名职工的合法权益，彻底解决光宇利民药业公司涉及邦达工贸有限公司的历史遗留问题；委派班子成员专程赴四川省天全县商洽昌运（集团）有限责任公司土地收储事宜，经多次磋商，天全县以每亩32.5万元价格收储公司的32.9亩土地，并对公司39户住户房屋按当地农户补偿标准给予补偿，补偿企业地面附着物等相关费用，土地收储及地面附着物相关费用共计1533万元；市制氧厂整体搬迁工作稳步推进，新址规划获批通过，正在办理其他有关手续。全年及时转拨付各类项目资金1.25亿元，为企业发展、民生改善提供资金支持。履行央企合作办职责。落实项目专报、统计数据动态报送、央企援藏工作简报制度，加强沟通联络，协调统筹推进各牵头单位签约项目落地实施。截至年底，涉及昌都市共15项“央企助力富民兴藏”合同类签约项目完成投资18.6291亿元，累计完成投资239.0484亿元；11项“央企助力脱贫攻坚”合同类签约项目完成投资1.1878亿元，累计完成投资2.6569亿元。

【依法监管】 聘请法律顾问，依法依规开展工作。针对国资监管和国有企业经营管理活动中的主要法律问题，国资委自2017年7月至今连续3年聘请常年法律顾问，为国资委依法依规开展工作提供依据。完善内控机制。指导企业完成《公司章程》修改完善，将加强党的领导纳入《公司章程》，使党组织决策前置于股东会、董事会、监事会、经理层决策，充分发挥企业党组织战斗堡垒作用；制定出台《昌都市关于进一步完善国有企业法人治理结构的实施意见（试行）》（昌党办发〔2018〕17号），建立健全出资企业法人治理结构。统筹开展“七五”普法。成立国资系统“七五”普法工作领导小组，组织开展法律进机关、进企业活动，利用职工集中学习时间，重点学习新宪法修改内容，认真贯彻学习宪法的重大意义、基本内容和主要精神，深刻理解习近平总书记关于宪法学习宣传和贯彻实施的重要指示精神；根据自治区、昌都市关于普法依法治理工作要求，国资委机关广泛动员，精心组织，关注“法治西藏”公众号并积极参加各类法制考试等，提高国资监管干部职工法治意识；及时将自治区普法依法治理工作安排部署传达至各监管企业，并要求各企业将法制宣传教育工作纳入重要日程，与其他工作同部署，同检查，形成遵守法律、依法办事的氛围。推进经营性国有资产集中统一监管。推进经营性国有资产集中统一监管工作由市财政局牵头成立领导小组，组织昌都市直各党政机关和事业单位召开专题会议2次，协商研究相关事宜。会议要求各党政机关和事业单位分批次开展资产确权和分割，领导小组按照资产评估和结果确认，申请资产注入批复，进行资产移交，办理移交资产登记和权证变更等程序，逐步将各党政机关和事业单位出资（借）及闲置国有资产依法依规转为经营性资产，从原单位剥离，按市场化评估价值作为政府资本交由昌都市投资有限公司集中统一管理，授权市政府国资委履行出资人职责。初步形成《昌都市市直党政机关和事业单位出租及闲置国有资产集中统一管理实施方案》，后续将根据方案开展相关工作。构建国资监管大格局。以制度为基础，规范11县区国资委国资监管工作。制定《关于深化国资国企改革完善现代企业制度的实施意见》《昌都市关于进一步建立和完善国有企业法人治理结构的实施意见（试行）》《昌都市国资委出资企业国有资产监督管理暂行办法（试行）》，下发至各县区国资委，推动制度向县级国资延伸完善；以培训为抓手，提高11县区国资委国资监管水平。12月上旬举办“昌都市政府国资委2019年国有企业业务培训”，培训各县区国资监管部门人员60余人。

【风险管控】 督促顺康、昌交两家企业全面开展清产核资整改工作，确保问题得到落实解决；督促市投资有限公司落实政府债务防范化解工作，采取拟定还款计划对个别项目进行提前清偿，加快销售工作，回笼资金，杜绝不良债务，建立新的预算和考核机制等有效措施防范化解债务风险。以蓝天公司和邦贸公司2家企业为试点，于12月聘请四川德维会计事务所，清查其财务状况，以问题为导向，排查财务重大风险，规范企业账务处理。清查工作按计划有序推进，后续将其他监管企业陆续开展财务清查工作。

【企业规划】 根据国家、自治区及昌都市产业政策导向，紧紧抓住昌都市发展建设的大好机遇，调整企业经济布局，推进产业结构升级，促进发展方式转变。持续优化国有经济布局。推进国有资本向旅游业等领域集中，向资源性产业集中，向公共交通、能源、基础设施等关系国家和地方经济安全的行业集中。发挥国有企业带动作用，形成昌都市优势产业板块。利用昌都市产业工业园建立的契机，利用国有企业的优势，发展以国有资本、集体资本和非公有制资本等相互参股的混合所有制经济吸纳社会资金，在优势资源性、公共交通等领域形成特色产业板块。

【企业党建】 指导基层党建工作。与企业签订《昌都市2019年国资系统基层党建目标责任书》，制定并实施《2019年市政府国资委基层党组织书记抓党建工作责任清单》《昌都市国资系统发展党员工作计划》等工作安排，促进企业党建标准化建设；按照“问题导向、补齐短板”的原则，批准成立中共昌都市开源投资有限责任公司支部委员会并指导公司完成支委选举工作。按照党建末位排名工作机制确定的3个软弱涣散党组织，针对各自支部实际，通过将党组织关系转入居住地参加党内生活，上门送教育学习活动，改选配强支委班子的方式进行整改，提升党支部的凝聚力、战斗力。督促市投资有限公司、开源投资有限公司做好区党委巡视反馈的共7个方面36个问题整改工作，以此为契机，完善企业党建及经营管理机制，实现更好发展，2家企业整改完成30个问题，剩余6个问题正在整改当中。加强党员队伍建设。严把党员“入口关”，全年各监管、指导企业共确定入党积极分子96名，发展对象53名，转预备党员56名，转正式党员32名；以党支部为单位，认真做好党员组织关系清理和34名党员党组织关系转接工作。做好党内激励帮扶保障工作。在节日期间共慰问党员160人，送去慰问金13.67万元。通过走访慰问，密切与老党员的联系；健全困难党员动态跟踪管理，及时帮扶困难党员。向企业返还2018年度上缴党费16.35万元，为企业党组织正常开展活动提供资金保障。

【履行社会责任】 积极吸纳就业。各出资企业落实“进2退1”等就业政策，积极开发就业岗位，在“藏东人社”微信平台、市就业局就业平台上发布招聘需求，宣传就业的各项政策，全年共招收98名高校毕业生（西藏籍92名）到企业工作，吸纳80余名当地人员就业；各签约央企在吸纳当地高校毕业生与农牧民就业、劳务分包、材料供应、机械租赁等方面积极与当地企业和农牧民合作，带动当地群众就业增收和经济发展。结对帮扶助脱贫。在干部结对帮扶工作基础上，落实关于“五个一批”的脱贫措施，搭建国资系统扶贫济困、关爱学生的爱心平台，组织实施“昌都市国资国企扶贫助学圆梦行动”，整合援藏资金29万元，按照大学生4000元/人，各省市西藏班初（高）中学生2000元/人标准，资助国资系统驻村点75名符合帮扶条件的学生顺利完成学业。各出资企业多次开展帮扶工作，投入资金、物资等合计7万多元，改善村居环境。保障和改善民生。彻底解决原马矿职工历史遗留问题，从根本上消除信访隐患，与相关部门积极沟通协调，剩余7名职工妥善分流安置工作取得初步进展；国有企业棚户区改造和“三供一业”工作持续推进，昌运公司、蓝天公司、林业公司完成所属355户棚改项目；高度重视，落实办理人大代表提出的完善城市公交路线、强化城市公共交通管理的2条建议，督促公交（出租车）公司优化公交线路设置，提高服务水平。

【安全生产】 落实国资系统安全生产责任制，强化企业安全生产主体责任，全年共召开安全生产工作会议7次，赴企业开展安全生产检查督导6次，开展安全生产宣传3次。处理来信来访共3起4人次，办结率100%。

【领导名录】

党委书记、副主任：王 刚 强（3月任）
党委副书记、主任：嘎玛达吉（12月任）
党委副书记、副主任：郭 永 兴（正县级，援藏，7月任）
党委委员、副主任：白 建 军（12月任）
党委委员、副主任：李 兵 春（3月任）
党委委员、副主任：洛松泽仁（12月任）
党委委员、四级调研员：高 清
党委委员、四级调研员：韩 小 强
二级调研员：张 利 民
四级调研员：吴 彬

昌都市审计局

【概况】 昌都市审计局下设办公室（财务科）、法规科、审理科、电子数据审计科、财政审计科、行政事业审计科、固定资产投资审计科、自然资源和生态环境审计科（农业农村审计科）、企业审计科、社会保障审计科、经济责任审计科、派出审计科12个内设机构（正科级），地区审计事务服务中心、信息中心、机关后勤服务事业单位。核定行政编制36名，其中部门领导职数5名；事业编制12名。有行政人员34人，其中县级干部7人，事业编制人员8人。

【审计监督】 全年共完成审计项目22个，共审计22家单位，查出问题金额494968万元，促进增收节支3748万元。出具审计报告和各项审计调查报告22篇，被批示采用5篇，核减投资额1200万元。完成市本级预算执行和其他财政收支审计。完成2018年度市本级财政预算执行及其他财政收支情况审计，共查出预算编制不科学，未将预算指标细化到具体项目，预算追加比例过高，未及时、足额拨付预算资金，财政存量资金清理盘活不到位，项目资金拨付缓慢，应缴未缴一般预算收入，往来款长期挂账、办理无预算拨款，违规乱接财政资金等9个问题，审计查出主要问题金额473181.35万元。完成部门预算执行审计。审计市民宗局、市交通局、团市委等部分一级预算执行单位（部门）2018年部门预算执行情况，重点关注各部门预算编制、预算执行、资金使用等情况。审计共查出虚列支出、原始凭证不合规、财务核算不规范、大额现金支付、未按要求履行采购程序、未按规定及时清理盘活存量资金和违规或超标准发放补助等问题。审计查出主要问题金额7230.44万元。开展领导干部经济责任审计。按照《党政主要领导干部和国有企事业领导人员经济责任审计规定》，将审计监督引入干部管理，维护财经法纪，促进领导干部遵纪守法、廉洁自律，审计19名党政主要领导经济责任，查出违规或超标准发放补助补贴、原始凭证不合规、扩大支出范围、账外资产等问题，审计查出主要问题金额10216.30万元，其中：主管责任4066.98万元，领导责任6149.32万元，并向委托部门提交审计结果报告，同时按照审计厅交叉审计要求，完成日喀则市南木林县的党政主要领导经济责任审计工作。开展精准扶贫精准脱贫政策审计。专项检查卡若区、芒康县和察雅县2016年至2018年度精准扶贫精准脱贫政策落实情况，相关问题反馈给3县区，并要求及时整改。按照区审计厅统一安排部署，审计贡觉县、左贡县2016年至2018年精准扶贫精准脱贫政策落实情况，查出产业项目实施滞后、项目建设程序不规范、超规定面积建设易地搬迁安置房等问题，涉及资金1783.86万元。同时针对存在的问题向各县区进行反馈，并督导整改，对能整改、能及时整改的要求必须整改到位；对不能及时整改的，要求建立台账，明确整改责任和整改时限，全面进行整改。各县区整改工作顺利，扶贫审计工作成效显著。依法对开源投资公司财务收支审计。审计市开源投资公司财务收支情况，查出股权投资不符合规定、未批先占土地、代建项目不具备相应条件等问题，涉及资金2556.05万元。

【审计管理体制改革】 向市委、市政府主要领导请示汇报，配合协调市委组织部、市编办等相关单位，按照市委关于加快推进昌都市审计体制改革的总体框架，在参照《西藏自治区审计厅职能配置、内设机构和人员编制规定》（藏委厅〔2019〕35号）的同时，结合昌都审计目前机构设置、人员编制等情况，向市委组织部提交《昌都市审计局机构编制情况调研报告》和《昌都市审计局职能配置、内设机构和人员编制规定（草案）》，通过审核。根据工作需要，成立昌都市审计委员会，下设办公室于市审计局，接受昌都市审计委员会的直接领导并承担相关工作。事业机构改革正在稳步推进。卡若、左贡、丁青、洛隆、芒康、察雅、类乌齐、八宿、江达县区成立县级审计局机关成立工作顺利完成。

【领导名录】

党组书记：周 卫 东（11月26日退休）

党组副书记、局长：益西群培

党组副书记、副局长、三级调研员：

张 志 伟（7月任，援藏）

党组成员、副局长、二级调研员：吴　　波

党组成员、副局长：四朗央宗

党组成员、副局长：张 远 成

党组成员、四级调研员：土登扎西

四级调研员：任 邦 珍

四级调研员：刘　　彬（4月任）

昌都市统计局

【概况】 昌都市统计局内设综合科（统计执法监督科）、社会科技统计科（能源环境统计科）、人口就业统计科（贸易外经统计科）3个正科级行政科室和普查办公室、数据管理中心、地方经济调查队3个事业科室。核定编制28名，行政编制10名，其中：部门领导职数4名。参公事业编制18名，机构后勤服务事业编制2名。全局共有在职干部职工27人，其中：机关行政在职干部11人，事业（含参公）16人。另有公益性岗位2人，西部志愿者2人，聘用驾驶员1人。设有局党组、党支部，配有局党组书记1名，局党组副书记、局长1名，副局长2人，四级调研员2人，局党组成员1人（正科级）。

【统计调查】 全年全市地方生产总值完成216.48亿元，同比增长9.5%（可比价），其中：第一产业预计完成29.83亿元，同比增长4.1%；第二产业预计完成105.15亿元，同比增长11.8%；第三产业预计完成81.5亿元，同比增长10%，固定资产投资预计同比增长15%，确保顺利完成社会消费品零售总额增长13%以上，力争达到18%的目标。贯彻执行统计调查制度，严格统计调查标准，高质量完成GDP核算、工业、建筑业等各项定期报表，完成各项监测及跟踪调查等任务；完成全年各项社情民意调查工作。全市累计组织1036名普查人员前往1161个普查小区，开展数据登记、审核，确保普查数据的真实性和准确性，截至年底昌都市四经普工作基本结束。

【统计服务】 建立完善指标考核监测体系。贯彻落实《2019年重点工作任务分解方案》要求，紧紧围绕重点工作任务分解方案，完善统计制度方法，加强统计数据实践。重点抓好关键环节工作。在工业统计方面，抓住影响较大的5家规模以上工业企业及104家规下企业，定期指导督促企业联网直报。在社会消费品零售统计方面，对28家及限下88家批发、零售企业实行全程跟踪督促直报。在固定资产投资统计方面，重点关注5000万元以上投资大项目，直入生产一线，建立工作台账，确保固定资产投资动态及时反映上报。丰富统计服务内容。编发统计月度、季度信息，适时发布国民经济和社会发展统计公报，编印完成2018年度统计年鉴，为社会各界提供较好的统计数据服务。加强经济运行预警监测。围绕昌都发展基本思路、全面小康建设和民生工程，构建多层面、立体化、服务型统计监测体系，定期实施进度监测、问题调查、原因分析、成效评价。定期向市委、市政府汇报情况，提出合理化意见和建议，共编发统计分析报告49篇。开展专题调研。围绕市委、市政府重大部署和经济社会发展热难点问题，在工业、农业、投资、能源、商贸和基本单位名录等方面确定重点调研课题，建立课题调研评审考核制度，组织专业人员撰写有重要参考价值和较高质量的调研报告5篇。

【统计机制】 推进基础规范化建设。建立健全业务培训长效机制，坚持“请进来”和“走出去”相结合的方式，组织各类专业人员参加业务技能培训。夯实数据源头基础。贯彻中办国办《关于深化统计管理体制改革提高统计数据真实性的意见》及中央领导关于统计工作的重要指示批示精神，建立健全统计调查数据质量责任制。强化数据协调评估。规范统计数据采集、审核评估、报送、衔接、发布等数据管理行为，重点加强GDP、工业增加值、商贸业、投资等统计数据的相互衔接和逻辑平衡关系的对比验证审核。

【统计水平】 名录库管理日益规范。组织开展名录库专项调研，延伸名录库范围，推进名录库维护更新向基层延伸；狠抓“四上”企业中空壳、破产、注销等企业清理工作，确保彻底消除空壳单位和临时代码；严格落实“四上”企业入库申报责任，严格标准和流程，完成全年申报工作。联网直报机制进一步完善。加强一套表平台中全部“四上”企业的身份认证配置和证书下载安装使用工作，定期督促网报企业加强CA证书、用户名和密码管理，确保网上数据安全。企业“一套表”改革成果持续巩固。定期组织人员认真检查“四上”企业单位名录的完整性，处理和解决联网直报工作的各种矛盾和问题，确保一套表改革顺利实施。

【法规宣传】 利用网络、电视、标语、咨询台、发放宣传资料等多种形式，开展《中华人民共和国统计法》《中华人民共和国统计法实施条例》《统计违法违纪行为处分规定》《统计违纪违法责任人处分处理建议办法》宣传。

【脱贫攻坚】 组织党员干部分批次前往左贡县田妥镇然尼村开展“结对认亲交朋友”帮扶活动。投入资金15万元完成然尼村西邻通自然村饮水工程建设，解决全村人畜饮水问题和温室大棚灌溉用水问题。在派驻县级干部蹲点调研的基础上为然尼村解决发展壮大集体经济资金25万元，砖厂收益10万余元。共为然尼村解决40.8万元的援助资金。选派1名人员赴左贡县田妥镇然尼村开展驻村工作，为驻村工作提供人员保障。坚持领导每季度定期慰问机制，定期研究落实驻村设备购置、柴禾补助、车辆派送等后勤保障制度。

【领导名录】

党组书记：刘 治 成

党组副书记、局长：格桑尼玛
党组成员、副局长：黄　俊（12月任）
党组成员、副局长：仵燕妮（3月任）

国家统计局昌都调查队

【概况】 国家统计局昌都调查队于2007年9月设立，为正处级单位。是国家统计局的派出机构，由国家统计局西藏调查总队直接管理。内设办公室、综合科、住户调查科、价格调查科、产业调查科5个正科级职能科（室）。核定事业编制16名，领导职数3名，其中队长1名，副队长2名（含纪检组长1名）。机构、编制至2019年底无变化。

【城乡居民人均可支配收入】 严格按照国家统计调查制度要求，对卡若、江达、类乌齐、察雅、左贡、芒康县区19个乡镇26个村（居）260户调查对象和11个县区34个地方调查点开展城乡居民可支配收入调查，完成农村居民人均可支配收入和城镇居民人均可支配收入调查及数据下算工作。2019年，昌都市农村居民人均可支配收入11545元，增长13.4%，增速位列全区第一；城镇居民人均可支配收入32650元，增长10.9%，增速位列全区第二。

【居民消费价格调查】 夯实价格调查基层基础工作，持续推进采价基础工作常态化、规范化、制度化、科学化，昌都调查队组织精干力量，摸底调查全市范围内搬迁或失去代表性的采价点和规格品，新增和替换47家采价点和194个规格品。2019年，定期调查上述新增和替换采价点和规格品，保障居民消费价格数据来源的真实性和可靠性。2019年昌都市居民消费价格指数（CPI）累计同比上涨2.5%。

【月度劳动力调查】 科学制订就业政策，保障和改善民生，增强劳动力调查样本代表性，反映城乡劳动力资源，就业和失业人口总量、结构和分布等情况，根据国家统计局和西藏调查总队统一部署，完成局队分工调整优化工作，全面有序推进月度劳动力调查工作，开展2019年新增卡若、察雅、类乌齐县区10个乡镇14个村（居）224户月度劳动力调查的培训和调查工作。

【统计调查法治工作】 按照《关于深化统计管理体制改革提高统计数据真实性的意见》和总队要求，分别于3月14日和10月26日，组织干部前往茶马路、胜利桥、马草坝、卡若国际二期等街道、社区和民营企业，宣传昌都经济社会发生的巨大变化、《中华人民共和国统计法》《中华人民共和国统计法实施条例》《国家统计局统计执法检查规范》、全国月度劳动力调查、统计调查热点指标解读等内容，使群众对国家的法律体系、经济体制、方针政策的理解和认识有所提升，使民营企业依法上报统计调查数据的自觉性、主动性有所提高，有效确保上报的统计调查数据真实、可靠、完整、及时。

【民生调查服务工作】 民生调查工作向决策核心、政策热点和社会民生领域延伸，撰写《昌都市2018年农村居民人均可支配收入简析》《昌都市推进“互联网+”提高网络服务水平调查分析》《昌都市2018年度城乡居民收入稳步增收》《2019年一季度昌都市CPI运行情况分析 》《2018年昌都市城乡居民生活质量和消费水平持续提升》《2018年昌都市城乡居民交通通讯消费支出快速增长》《昌都市创建全国文明城市调查报告》《昌都市积极推进2019年春耕春播工作》《4月昌都市CPI环比情况简析》等业务调研文章，撰写业务调查分析、专题分析和西藏民主解放六十周年专题分析；健全完善调查信息报送制度，量化细化每月信息报送工作，明确信息报送的重点和目标，有效提高信息质量。1月至11月上报各类信息和简报共146期，其中总队采用80期，市委采用1期，市政府采用4期。调查分析国家统计局内网采用3篇，总队内网采用14篇，《昌都政务参考》采用2篇。

【领导名录】
党组书记、队长：和向阳
党组成员、纪检组长：兰　勇
党组成员、副队长：雷　磊（8月任）
四级调研员：扎西罗布
四级调研员：张玉霞（12月任）

昌都市商务局

【概况】　2019年3月机构改革，重新组建昌都市商务局，内设办公室、市场运行和消费促进科（电子商务科）、市场体系建设科（流通业和商贸服务管理科）、对外贸易科（对外投资与经济合作科）、招商活动科、项目促进科（区域合作科）6个正科级行政科室和市商务局信息中心（市贸易促进会）、市投资服务中心2个正科级事业科室。核定编制36名，其中行政编制18名（部门领导职数5名），事业编制7名，参公编制9名，机关后勤服务事业编制2名。全局实有37人，其中行政人员19人，事业（含参公）人员14人，机关后勤人员4人。另有援藏干部2人，公益性岗位8人，西部计划西藏专项志愿者3人。

【商务经济指标】　社零总额稳步增长。全市社会消费品零售总额稳步增长，1月至12月，完成社会消费品零售总额61.85亿元，同比增长10.4%。外贸出口快速增长。按照年初制订的实现外贸出口额增长12%的目标，1月至12月，累计完成外贸出口创汇294万美元，完成全年目标的108.5%。招商引资取得新突破。1月至12月，全市招商引资项目共建199个，协议资金416.97亿元，累计到位资金49.82亿元，完成年度40亿元目标任务的124.56%。完成固定资产投资43.63亿元，其中续建项目127个，协议资金253.8亿元，累计到位资金31.13亿元；新建项目72个，协议资金163.17亿元，累计到位资金18.69亿元。

【商务项目】　商务潜力不断深挖。成立昌都“十四五”商务规划编制工作专班，编制项目50个，总投资43.31亿元。印发《昌都市商业网点规划（2019—2025年）》，完成昌庆街·茶马城步行街改造提升方案并报商务部审查。物流短板有效缓解。与芒康、八宿等8个县共同争取中央预算内资金4000万元，建设冷链物流项目。芒康、八宿、贡觉、江达等县项目建设完成；丁青（一期）、类乌齐、边坝等县项目主体建设完成，正在安装设施设备；察雅县项目正在建设。

【商贸流通】　与市部门加强沟通，组织召开全市社零总额分析座谈会，与统计部门就全市商务指标进行系统分析、提出具体措施。加大培育限上企业，全面梳理经营业绩稳定且符合入统条件的近50家加油站、餐饮、住宿、汽车销售等产业，2020年将按统计要求适时入统。重点到丁青、卡若等县区指导，做实基层商务统计工作；3次召集中石油昌都分公司相关人员，及时协调指导因成品油销售方式改变导致统计数据缺失的问题。

【市场监测】　加强商务监测分析。健全市场监测制度，全力规范超市和农贸市场蔬菜、肉类、粮油等生活必需品的销售监测工作，确保老百姓的“菜篮子”保持正常供应。做好市场保及生活必需品储备工作。制订市场保供方案，启动全市商务系统非洲猪瘟防控及市场应急保供工作。1月至12月，全市商贸流通调运企业购进冷鲜猪肉3423吨，销售3345吨；落实自治区级储备冻猪肉50吨、冻牛肉73.8吨，边销茶250吨，有效保证市场供应。开展节庆促销。围绕“城镇居民消费升级需求”“畅通农牧区消费渠道”，以节日消费和各县（区）物资交易会消费为载体，积极开展促销活动，全力提升我市消费水平。各大节日期间，全市利用节庆实现销售7174万元，同比增长4.6%。

【互联网+流通新兴产业】 建成县域电子商务公共服务中心3个，O2O展销中心5个，县域电子商务物流配送中心2个，乡镇电商公共服务中心24个，村级电商公共服务站点116个。开展农村电子商务培训115场，累计培训人次3756人次。1月至12月，示范县线上交易额960.29万元，服务站提供代买、代充值、代收发、查询等服务6万多次。顺丰、京东体验店落户昌都。

【外贸工作】 积极应对外贸形势。专题召开全市外贸工作推进会，分析当前市外贸企业面临的问题和形势，有针对性地提出解决办法，缓解外贸企业外部压力，促进外贸业绩稳步回升。培育外贸企业。2019年，新培育三家外贸出口企业，获得国家二级保护野生植物松茸出口指标80吨，为外贸经济增添新的活力。

【招商引资】 接洽企业100余家，重点接洽贵州省喜来廊桥有限公司、拉萨神力集团、拉萨香格里拉大酒店、西藏妙曼藏药科级有限公司、西藏圣凯矿业有限公司等企业赴昌投资事宜。其中，汉藏药材种植基地及汉藏药材深加工建设项目、左贡夯达葡萄酒厂建设项目、拉诺玛锌矿采选项目开工建设，总投资7.46亿元，完成投资0.49亿元。通过对口援昌省市及央企的全力支持推动，参加在援藏省市举办的展会活动，共签约项目37个，签约资金37.082亿元，实现销售金额2847万元，签订销售协议资金近1000万元。借助区外招商有力平台，分别在天津、重庆、福州、厦门、漳州、泉州市共建立6个特色产品展示展销体验店，在卡若区、边坝县设立特色产品展示窗口，拉萨市第三极精品文化旅游产品展销中心暨第三极跨境商品商城昌都馆建成，共实现销售额621万元。与周边五州市商务局共同签订《川滇青藏交界地六州（市）商务合作备忘录》，加强相互间在商务领域的协作，建立完善市场基础设施和交易网络，努力打造区域协同、优势互补、互利互惠、共享共建、畅通高效的商务共同体。建立项目专人协调机制，全面梳理追踪服务全市199个招商落地项目，对20个存在问题的项目形成问题交办清单，安排专人跟踪督办，逐项解决。重点协调推进藏博会13个签约项目，召开专题协调会5次，加快项目落地见效，其中4个完工，8个项目在建，1个项目正在办理前置审批手续。

【商务环保整改】 严格落实环保“党政同责、一岗双责、失职追责”和“属地管理、分级负责”的要求，针对商务领域环保督察反馈问题整改清单，对标对表采取强力措施，通过现场督导、专项督办、约谈督促等，全面完成4座加油站油气回收、15座加油站双层罐整改任务以及2家报废汽车回收拆解搬迁整改任务，关停2座加油站（搬迁建设）。

【行业管理】 做好加油站、典当、报废汽车回收、二手汽车交易等特种行业年检、审批、监督检查等工作，保障涉商特种行业的安全生产运行。开展“安全生产（消防）专项检查整治”、“安全生产月和安全生产西藏行”等活动，保障商务领域人民群众生命财产安全。市、县区商务部门会同相关单位共开展商务领域安全专项检查22次，重点检查企事业单位445家次，发现隐患问题173起，全部限期整改完成，商务领域企业安全生产实现“零发生”。

【脱贫攻坚】 加强与市脱贫攻坚指挥部产业组的沟通，将商贸流通领域助推精准扶贫的项目及任务等纳入到《昌都市脱贫攻坚实施方案（2018—2020）》。2019年，商贸流通产业扶贫项目开工10个，完工1项，总投资1.56亿元，完成投资8600万元，受益人数2371人，带动建档立卡贫困户1959人脱贫。八宿、芒康、边坝3个电子商务示范县助力脱贫攻坚，帮助86名贫困群众增收致富。升级改造和搬迁加油站12座，总投资8050万元；新建设加油站16座，总投资1.16亿元。社会加油站吸收当地农牧民稳定就业52人。借助全国供销系统助力西藏脱贫攻坚工作会议，福建省、天津市、重庆市供销社分别与西藏昌都市政府签订战略合作协议。天津市供销社属企业与昌都2家企业签订合作协议，市供销社在昌都市设立农副产品公司；重庆市供销社属企业与昌都1家公司签订合作协议。积极与大型超市对接协调地产产品销售渠道，组织地产产品“进超市”。4家超市设立地产产品专柜，设立专区专柜28个、总面积近100平方米。1月至12月，地产产品实现销售额171.71万元。开展结对帮扶。按照“党员干部进村入户、结对认亲交朋友”活动计划，全局干部职工共结对帮扶34户，落实帮扶资金2.38万元。按照“政府引导、部门联动、多方参与”的资助体系，充分发挥教育助力脱贫攻坚的作用，积极协调中藏盟石油销售公司开展贫困学子帮扶计划，为2019年新考上大学的建档立卡贫困大学生资助助学金1.8万元，提供解决1名建档立卡贫困户高中毕业生就业岗位。

【领导名录】
局党组书记：尤 拉 杰
局党组副书记、局长：汪 正 涛
局党组副书记、副局长：
　　郝 志 欣（天津援藏）
局党组副书记、副局长：
　　周　 健（重庆援藏）
局党组成员、副局长：朱　 林
局党组成员、副局长：向 金 昭
局党组成员、副局长：罗松江村

昌都市旅游发展局

【机构人员】 2019年3月，根据《中共昌都市委员会办公室、昌都市人民政府办公室关于印发〈昌都市旅游发展局职能配置、内设机构和人员编制规定〉的通知》精神，设立市旅游发展局，昌都市旅游发展局为市政府工作部门，正县级。下设办公室、旅游产业发展科、旅游计划与发展科、旅游促进与合作科、旅游监督管理科5个内设机构（正科级），市旅游执法支队（正科级建制）和旅游宣介推广中心（副科级建制）2个事业科室。行政编制为15名，其中部门领导职数5名。事业编制15名，其中市旅游执法支队有事业编制8名；旅游宣介推广中心有事业编制3名；机关后勤服务事业编制4名。机构、编制至2019年底无变化。

【概况】 2019年，全市旅游工作以创建“国家全域旅游示范区城市”为抓手，抢抓机遇、开拓创新、综合施策、主动作为，着力打造“传奇昌都·卓卓康巴”旅游品牌，推动昌都旅游发展提质增效。2019年，全市共接待各类游客286.2万人次，实现旅游收入23.5亿元，同比分别增长22.8%、22.7%，完成年度计划的106.0%、106.8%。

【创建“国家全域旅游示范区城市”】 强化安排部署，加强沟通协调。分管副市长亲自部署，局主要领导担任办公室主任亲自抓，定期组织召开工作协调会议，研究部署、协调解决创建工作中遇到的重大的工作困难和问题，推动工作落实落地。重视旅游顶层设计，编制完成《昌都市全域旅游总体规划》《全域旅游提升及品牌营销策划方案》《昌都市“十三五”期间旅游产业精准扶贫规划暨特色乡村旅游规划》，指导各县区完成全域旅游规划、乡村旅游规划以及景区总体规划、控规及详规等10余个。贯彻落实市委关于“七城同创”的部署要求，加强与市（中、区）各单位和各县区的沟通协作，完成国家全域旅游示范区城市创建指标104项，完成进度80%。

【芒康古盐田AAAAA级景区创评】 推动古盐田景区列入国家创建AAAAA级景区名录。招标专业公司对古盐田民俗旅游区的创建工作实施落地辅导。完成《盐井古盐田民俗旅游区规划》评审。制作完成景区景观资源评审汇报片。编制完成《昌都古盐田民俗旅游区创建国家AAAAA级旅游景区工作实施方案（初稿）》。组织实施3个文旅项目，总投资5700万元。

【探索高端定制旅游】 加强项目协调，争取自治区部门同意，将昌都高端定制民宿项目列入“十四五”重点项目。加强人才储备。4月，组织11个县区旅游部门工作人员和农牧民群众共计50人，开展为期15天景区讲解员培训。试点推进高端定制民宿项目建设，通过招商引资试点建设完成江达岗托第一民俗村高端定制民宿项目；试点打造江达县雪巴沟高端定制民宿项目（雪巴祥水山庄），计划总投资1500万元，完成工程总量的40%。

【旅游环保宣传】 贯彻落实区党委书记吴英杰的重要指示和市委有关部署要求，开展绿色旅游宣传。在进藏入昌各进出口岸检查站向过往游客和群众发放环保垃圾袋，在国道沿线乡村设立卫生督导员，宣传“绿色环保、绿色出行”理念，提高过往游客互动参与“绿色出游”的积极性，增强当地群众自觉践行“爱护碧水蓝天、创建绿色家园”的环保意识。发放可回收环保垃圾袋、《绿色出行·文明旅游倡议书》、昌都旅游明信片等宣传品7万多份，广大游客、群众使用可回收循环利用环保袋的行动更加自觉，乱扔乱丢垃圾行为明显减少，国省道沿线垃圾乱象明显改观。争取资金56.5万元，制作一批印有昌都旅游LOGO和环保LOGO标示的可降解环保垃圾袋，持续在进藏入昌各进出口岸检查站向过往游客发放，扩大影响和效果。

【旅游项目建设】 2019年，全市新建、续建旅游项目23个，总投资24746万元。计划完成投资17750万元，实际完成投资13945万元，完成全年计划的78.5%。其中续建项目1个：藏东明珠滨果景区旅游基础设施建设项目，由市旅发局实施，总投资1050万元，完成投资600万元。11个县区新建项目22个，总投资23696万元，完成投资13345万元，项目法人均为各县区人民政府。其中洛隆县卓玛朗错景区基础设施项目等3个项目总投资2998万元，因项目选址涉及保护区、占用林地草地等原因，审批手续办理周期较长，2019年未开工。

【推进旅游厕所革命】 认真贯彻落实习近

平总书记关于厕所革命的系列批示指示精神，加强旅游厕所的管理运维。制订管理措施，牵头制定《昌都市旅游公共厕所管理办法（试行）》。争取资金58.9万余元设立“昌都市最美旅游驿站保洁员奖励基金”，制定《昌都市最美旅游驿站保洁员评选及奖励办法》。组织召开全市旅游厕所现场办公会，公开评选表彰奖励了16名“最美旅游驿站保洁员”。开展昌都市全域旅游厕所革命的改建和新建工作，2019年完成卡若区、江达县、芒康县、左贡县、察雅县、类乌齐县等地现场勘查选址，完成昌都城区公共厕所改造。

【旅游景点】 全市有可供旅游者游览的A级景区共有13处。其中，AAAA级旅游景区1个（芒康古盐田景区），AAA级旅游景区2个（强巴林寺、查杰玛大殿），AA级旅游景区10个（然乌湖景区、嘎玛特色文化走廊景区、吉荣峡谷、伊日峡谷、孜珠寺、多拉神山、美玉草原、莽错景区、尼果寺景区、卓玛朗错）。截至2019年底，全市建成16个点的“洒咧”营地建设。

【宣传推介】 创新旅游宣传推介方式方法，多渠道、多途径，有计划、有步骤地包装推介昌都旅游产品。开展借力推介。3月投入活动经费150万元，成功举办首届“昌都然乌·来古冰雪节”，助推“冬游西藏”，期间与《中国国家地理》杂志等知名媒体和企业签订共计6项合作协议。5月开展第二届“卓卓康巴”文化旅游月，吸引游客参与5万多人次，吸引国内重要媒体20余家参与宣传报道。8月组织开展首届昌都城市定向赛，通过体育加旅游模式，宣传昌都市区的旅游景点和商圈，吸引市民与游客积极参与，营造“人人学习旅游、人人思考旅游、人人发展旅游”的浓厚氛围。开展目的地推介。会同市直相关部门、各县（区）文化旅游部门以及涉旅企业先后参加2019西安丝绸之路国际旅游博览会、2019第十五届海峡旅游博览会、2019西藏“传奇昌都·卓卓康巴”旅游专题推介会等5个旅游推介项目，集中展示“传奇昌都·卓卓康巴”旅游品牌的魅力形象，实现“资源整合、优势互补、市场互动、扩大影响”的参展目标。多种媒体推介。充分利用昌都旅游微信公众号、昌都旅游微博、昌都旅游抖音等媒体宣传昌都旅游资源和旅游线路，发挥旅游软文推广优势，以文字、图片、视频等全方位、多角度的宣传提高昌都旅游的点击率，加强昌都旅游宣传面，提高昌都旅游的知名度。加强与西藏航空公司广告合作，持续在西藏航空投放广告。试点文旅馆推介。认真贯彻落实重庆市文旅委援助昌都旅游座谈会精神，争取重庆市文旅委支持，计划在重庆市设立昌都文旅体验馆，通过文旅体验馆线上线下的旅游咨询服务，旅游签约，旅游产品展销配送，特色藏餐体验、昌都旅游VR实景体验等方式实现引客入昌，促进渝昌两地各民族交往交流交融。正在会同重庆市文旅委进行项目论证、制订具体实施方案等前期筹备工作。

【旅游监管】 抓好涉旅企业监管。加强旅游行业监管平台建设，录入并报备通过旅游资源库的旅游资源共133个（家），其中包括：39个景区（13个A级景区和26个非A级景区）、94家宾馆（酒店）。2、抓好安全生产及执法检查。加强重大节假日及敏感节点旅游安全监管，认真开展涉旅单位内部矛盾隐患排查工作，落实好“双清欠”工作；开展旅游安全生产联合执法。联合相关部门开展旅游安全生产联合大检查130余场次，检查全市旅游星级酒店（宾馆）、藏家乐、家庭旅馆等各类旅游企业1000余家，发现消防安全隐患313个，整改307个，整改率98%。做好旅游安全生产普法宣传工作，累计开展普法宣传活动60余场次，发放旅游安全生产资料8000余份。利用昌都旅游微信公众号等多媒体推送安全旅游提示、信息600余条。抓好扫黑除恶打非治乱专项斗争。加强组织领导，成立由分管副市长任组长的领导小组，将专项斗争纳入单位重要议事日程，主要领导亲自组织、亲自部署、亲自落实。研究制定整改细化方案，安排专人负责档案管理、资料归档。开展专题讨论2次，开展线上统一考试1次，全局30名干部人均成绩95分以上。加强舆论宣传，全市共组织开展宣传活动70余次，印发各类宣传资料7000余份，张贴、悬挂横幅及LED播放旅游行业扫黑除恶宣传标语200余条。加强联合检查，全市累计开展检查190余场次，设立线索投诉举报电话14部、举报箱20个，检查涉旅企业900余家次，收集处理涉乱线索2条、违反行业规定经营行为9起。加强专项整治，开展检查活动60次，处理整顿欺客宰客的特产店1家，收到并处理旅游投诉7起，满意率达100%。加强制度建设，制定《昌都市旅游行业涉黑涉恶涉乱线索排查制度》《旅游投诉受理处理机制》《旅游市场专项整治工作要求》《旅游市场执法法制宣传工作要求》等4项制度。

【脱贫攻坚】 按照《中共昌都市委员会关于落实中央第三巡视组脱贫攻坚专项巡视反馈意见的整改细化方案》等文件要求，加强旅游生态岗位管理，从1668名调整到1519名。制定并印发《昌都市生态补偿脱贫岗位旅游公共厕所保洁员管理办法（试行）》，督促指导生态岗位人员认真履职尽责。开展结对帮扶工作，分四批次组织干部职工到对口扶贫联系点然乌镇开展结对帮扶工作，结对帮扶覆盖面达到100%，入户率达到100%。加大转移就业力度，全市旅游业带动农牧民转移就业12000余人，实现总收入7200余万元。

【领导名录】

党组书记、副局长：黎世峰

党组副书记、局长：侯玉峰

党组成员、副局长：刘　振

党组成员、副局长：温　平（12月退休）

党组成员、副局长：罗松多吉

党组成员、副局长：陈　俭（12月退休）

党组成员、副局长：曾庆权

昌都市应急管理局

【概况】 昌都市应急管理局前身昌都市安全生产监督管理局。2019年3月，正式挂牌成立昌都市应急管理局（市政府工作部门，正县级）。内设办公室、应急指挥中心（救援协调和预案管理科）、风险监测和地质灾害救援科、防汛抗旱科、火灾防治管理科、安全生产基础科（政策法规科）、安全生产综合协调科（安全生产委员会办公室、调查评估和统计科）、救灾和物资保障科8个正科级行政机构。安全生产执法监察支队、安全生产应急救援指挥中心、安全生产宣教中心、防汛抗旱抢险队4个事业单位。截至年底，市应急管理局核定编制45名，其中行政编制21名（县级领导职数5名）、参公事业编制8名、事业编制12名、机关后勤编制4名。在机构改革过程中，市应急管理局从市水利局接收负责防汛抗旱相关工作的1名行政干部、3名事业干部；从市民政局接收负责救灾和物资保障工作的1名行政干部，转隶至市卫健委1名行政干部。实有在职干部职工36人，其中行政干部17人、参公事业干部5人、事业干部11人、机关后勤职工3人。

【综述】 2019年，昌都市共发生各类事故5

起，造成10人死亡、7人受伤，事故起数同比下降16.6%、死亡人数同比下降37.5%、受伤人数同比持平，事故起数、死亡人数、受伤人数继续控制在较低水平。全市范围内共发生自然灾害55起，造成直接经济损失1407.79万元，累计受灾人口14623人，农作物受灾面积336.73公顷，房屋损毁327间。

【维护稳定】 全年开展检查执法行动1303次，检查企事业单位16362家次，排查隐患9578处，完成整改9463处，限期整改115处，打击非法违法行为6048起，停产停业整顿19家次，罚款59.16万元。并按照分级、分行业负责原则，对于现场已经整改完成的隐患问题，安排各有关行业部门持续加强管控，杜绝隐患问题反复；对于限期整改问题按照影响程度分级督办，跟踪问效，推动限期整改落实。

【督导巡查】 市安委办组织开展2019年度2轮安全生产督导巡查和1轮巡查成效“回头看”工作，组成工作组前往11县区和辖区企业，督查发现隐患问题696处，逐条明确整改责任时限，逐级督促整改落实和复查验收，并将问题和整改情况及时报告市委、市政府，得到主要领导高度重视，先后作出重要批示指示，并安排整改督办工作。

【应急管理】 昌都市积极构建统一指挥、专常兼备、反应灵敏、上下联动、平战结合的应急管理体制。不断强化应急、气象、交通、公安、自然资源、水利等部门的信息共享和应急联动，在持续关注和抓好江达县金沙江山体滑坡监控防范以及灾后工作的同时，采取加强预案管理、强化应急值守、开展救灾知识宣传等积极措施持续深化自然灾害防范、事故灾害预防工作。以消防救援和森林消防救援队伍为基础，健全专兼职应急救援队伍。全市各级各类专（兼）职应急救援队伍达到82支1008人，其中消防救援队伍13支398人，危化品救援队伍39支198人，矿山救援队6支73人，其他救援队24支339人。推动社会救援力量建设，举行2019年社区应急救援队培训活动，邀请区内外专家对卡若区9支街道社区业余应急救援队270人进行培训，引导支持社会力量有序有效参与应急救援行动。

昌都市开展自然灾害风险巡查54次，对重大隐患点加强监测预警建议，组织7家专业技术单位33名专业技术人员，排查地质灾害隐患点2554处，销号42处，发现新增隐患点131处。针对汛期可能发生的各类突发情况，昌都市加强防汛抗灾应急救援物资储备。准备麻袋1.6万条，铁丝9.45吨，彩条布52000平方米，编织袋17.22万条，铅丝笼42588平方米，水泵6台，汽柴油发电机7台以及若干雨衣雨靴和十字镐等物品。储备防抗灾饲草料1598.66吨，防抗灾化肥150吨。

市县两级共开展各类应急演练106场次，参与人数达2.4万人次。年初，市委、市政府将安全生产工作纳入全市重点工作，在《昌都市2019年重点工作任务分解方案》中明确并推进落实，并先后在市委第145次、154次常委会和市政府2019年度第四次、第五次、第十二次常务会上听取应急管理工作汇报，研究部署相关工作。市委书记阿布和市委副书记、陈军市长先后对全市应急管理工作作出批示，要求健全完善应急管理和安全生产机制，强化问题整改。

【宣传活动】 组织开展第18个“安全生产月”“安全生产昌都行”宣传教育活动，持续开展安全生产知识“八进”活动。制作藏汉双语动漫宣传片，在电视台和广场大屏滚动播出；利用“两微一抖”扩大宣传覆盖面；使用移动公司1065平台，推送安全生产知识和警示信息3.62万条；与超市合作，在购物袋印制安全生产宣传标语，免费发放给顾客，扩大宣传受众；定制发放太阳帽、围裙、雨伞、杯子等实物宣传品3.4万件；用通俗易懂的文字图片印制宣传手册和挂图14万余份，通过驻村、驻寺途径发放到基层。全市各级共组织开展宣传教育活动539次，发放宣传资料20.82万份，接受群众咨询11817人次，受教育人员达20.32万人次。

【专项整治】 昌都市紧密结合实际，将安全生产“防风险、保平安、迎大庆”专项整治行动与大庆维稳安保工作同安排、同部署、同推进，国庆期间各级各部门组织检查128次，检查企事业单位405家次；排查整治隐患219处，梳理整治共性问题39处；组织宣传教育58次，发放宣传资料1430余份，受教育群众1500余人；组织应急演练1次，参与人数130余人。还邀请区内外4名专家深入11县区危险化学品领域和非煤矿山领域开展专项检查，累计检查企业52家、发现并整改隐患问题349处。

【队伍建设】 昌都市在机构改革过程中，充实调整昌都市安全生产委员会、综合应急指挥救援指挥部等议事协调机构。开展国家综合性消防救援队伍2019年度第一批、第二批面向社会公开招录消防员工作，第一批从昌都市招录适龄青年66名，第二批从昌都招录适龄青年38人、补录名单3人。开展人才队伍培训，累计培训117人次。

【领导名录】

党组书记、副局长：王 泽 培

党组副书记、局长：索郎次仁

党组成员、副局长：常　　沛

党组成员、副局长：罗　　章

党组成员、副局长：许 兰 军（12月任）

党组成员、二级调研员：胡　　斌

党组成员、四级调研员：廖 雪 梅

四级调研员：尼玛桑波

昌都市市场监督管理局

【概况】 昌都市市场监督管理局由原食药监、工商、质监局组成，2019年3月20日挂牌成立。内设办公室（财务室）、政策法规科、市场稽查协调科（网络交易监督管理科）、登记注册科（小微企业个体工商户专业市场党建工作办公室）、反垄断反不正当竞争和价格监督检查科（规范直销与打击传销办公室）、质量发展管理科（信用监督管理科）、产品质量安全监督抽查科、食品安全协调科（食品安全抽检监督管理科）、食品生产经营安全监督管理科、特种设备安全监察科、计量和认证监督管理科（标准化科）、药品、化妆品监督管理科（中药藏药监督管理科）、医疗器械监督管理科、知识产权科、政工人事科15个科室和昌都经济开发区分局1个直属派出机构（均为正科级）。行政编制44名（含派出机构3名），局领导职数5名。党组有6名成员组成，其中：党组书记、副局长1名，党组副书记、局长1名，党组成员、调研员1名，党组成员、副局长3名。在民族结构方面，汉族3名、藏族干部3名，分别占比50%；在年龄结构方面，40—45岁2名，46—50岁2名，51—55岁2名，分别占33%、33%、33%；在文化程度方面，研究生学历1名，本科学历5名，分别占比16.67%、83.33%。机构改革后，转隶整合原食药监、工商、质监3个部门人员，市局共有在职干部职工93人，其中，行政编制人员49人，事业单位参公人员7人，事业编制人员31人，工勤编制人员6人。

【营造营商环境】 深化“多证合一”改革，实现“三十三证合一”，将30多份申请表格整合为1份，提交材料减少95%，截至12月底，分别发放“多证合一”“两证整合”新版营业执照6271份、22345份，换照率为100%、82.27%。全市共有各类市场主体33401户，注册资金799.62亿元，同比增长15.79%、4.8%。非公经济市场主体呈现出井喷式发展，全市非公有制经济主体户数32801户，注册资金603.7亿元，同比增长16.04%、11.33%。其中，私营企业4853户，注册资金553.45亿元，同比增长17.05%、10.56%；个体27133户，注册资金36.52亿元，同比增长15.98%、24.91%；农牧民专业合作社815户，注册资金13.73亿元，同比增长12.26%、10.48%。

【“互联网+政务服务”】 按照西藏自治区数字政务一体化平台与国家政务服务平台进行数据对接汇聚的标准开展数据录入工作，梳理市场监管政务服务事项，持续开展共70余天，录入各项数据3800余条，推进昌都市“互联网+政务服务”工作。实行企业名称网上自主申报、企业登记全程电子化服务，使企业能够审批不见面、足不出户就能办理营业执照。通过全程电子化办结设立登记企业466户；对办理业务的企业一次性告知、对提交申请资料有误的一次性指导到位，实现80%的事项“只跑一次”，畅通退出渠道，对376户企业实行简易注销。开通微信预约叫号服务系统，让办事群众通过预约，自由安排办事时间，提升办事效率。微信预约办理业务800余次。

【公示工作】 在汲取往年市场主体年报公示工作经验的基础上，结合昌都市实际，广泛宣传，强化服务措施，加强督察督办，实行“一周一统计、一周一通报、一周一督办”，协调市政府以政府名义下发《昌都市全市市场主体年报公示工作情况通报》等举措，提高企业年报公示率。截至6月30日晚12：00，全市市场主体年报公示率达98.01%，完成2018年度年报公示工作任务；认真履行“双告知”职责，推动相关职能部门把工作重心从“事前审批”向“事中事后监管”转移。截至年底，发放“双告知”函或通过国家企业信用信息公示系统推送信息共计11284份，综合业务系统累计拦截失信被执行人104人次。

【定向抽查】 2019年度“双随机、一公开”定向抽查任务为217户，其中通过登记住宿（经营场所）无法联系的31户，发现问题责令整改8户，未发现开展此次抽查涉及的经营活动6户，发现问题后续处理1户，列入经营异常名录31户，下发责令整改通知书8份，立案1起；不定向检查市场主体2224户，未按规定公示应当公示的信息4户，通过登记的住宿（经营场所）无法联系373户，列入异常名录373户，发现问题责令改正122户，下发责令整改通知书60户，未发现开展此次抽查涉及的经营活动37户，发现问题待后续处理2户。

【市场监管】 全年共办理案件126起，案值11.55万元，罚没款98.49万元。其中，一般案件95起，案值10.48万元，罚没款95.38万元；简易案件31起，案值1.07万元，罚款3.11万元；限期整改140起，约谈企业15户，关闭小作坊2户。其中，昌都市查处的2起食品安全整治案件（即市局的查处豆芽黑作坊和昌都市八宿县局查处2家土特产虚假宣传案件）被列为国家整治食品安全问题联合行动典型案例。

食品安全监管。认真履行食品安全监管协调职能，全面落实《规定》和《意见》精神。在中央《意见》和《规定》下发后，昌都市食安委2019年第一次全体会议、市委常委学习会和市政府党组理论中心组学习会上，传达学习《关于贯彻落实〈党政领导干部食品安全责任制规定〉》和《〈关于深化改革加强食品安全工作的意见〉的实施意见》，压实党政领导干部责任，并印发《规定》和《意见》宣传册5000本。12月9日，组织召开昌都市食品安全委员会第二次全体会议，分析食品安全工作存在的主要问题，安排部署下一步工作，同11个区县和成员单位签订《食品安全责任书》共35份。全力开展整治食品安全问题联合行动。结合第二批“不忘初心、牢记使命”主题教育，紧紧围绕漠视侵害群众利益的四方面问题，制定昌都市《在“不忘初心、牢记使命”主题教育中开展整治食品安全问题联合行动方案》。共完成各类重大活动食品安全保障任务25次，派出驻点监督员352人次，开展食品安全快速检测1545余批次；检查食品经营企业3200余家次，没收及无害化处理伪劣食品1682.43公斤，下达责令整改通知书47份。开展拉网式检查学校校园及周边食品经营户，共出动执法人员800余人次，检查学校食堂600余家次，周边经营户2000余家次，没收辣条、五毛、过期等劣质食品140公斤，下发《责令改正通知书》40份，立案2件，下发《行政处罚处罚决定书》2份，罚款4万元，没收违法所得155元，没收物品362.5公斤，没收物品货值金额2682.5元。完善健全校园食品安全管理制度，落实学校食品安全校长负责制，通过层层签订《食品安全责任书》，压实学校食品安全主体责任，规范学校食堂及周边经营户食品经营行为。推动“明厨亮灶”工作。完成餐饮食品经营户明厨亮灶2687户，完成率77.97%，其中，学校食堂251家，完成210家，完成率84.5%。餐饮服务单位量化分级管理2840户，完成率82.4%。开展示范餐馆创建工作，创建5家，全部挂牌。专项整治市区4家豆芽生产加工小作坊，关停2家，立案查处1家，罚没共计10.014万元。开展甜奶粉和甜茶粉专项检查和监督抽检工作，共监督抽检10批次，合格10批次，合格率100%。快检工作成效明显。全市共完成快检室建设14个，实现大型超市、农贸市场的全覆盖。全年共检测169117个批次，合格168749个批次，不合格368批次，合格率99.78%，不合格全部下架销毁，充分发挥前置筛选作用，将安全隐患消除在萌芽状态。发挥“食品安全快检车”流动监测作用，针对学校、工地、零散市场等重点区域，共开展巡回快速检测2014批次，其中合格1949批次，不合格65批次，合格率96.77%。填补“食用农产品快检室”检测空白，基本实现快速检测全覆盖。开展千万餐饮单位从业人员大测试活动。昌都市共有餐饮经营户4108户，按照抽取比例不低于2%的要求，需抽取120户，超额完成测试519户。抓抽检，重处置。提前完成市级食用农产品监督抽检任务200批次，合格197批次，不合格3批次，合格率达98.5%，监督抽检公示200批次。不合格产品核查处置完2件，另外1件正在处置当中。配合自治区完成国家食品监督抽检279批次、省级计划监督抽检119批次，评价性抽检59批次。

特种设备安全监管。持续强化监管责任和主体责任落实。全市共办理特种设备使用登记证577份，其中包括电梯394份，锅炉16份，压力容器93份，起重机械63份，场（厂）内专用机动车4辆，大型游乐设施5份，压力管道2份。共办理特种设备管理人员和作业人员证件455份。为有效落实电梯安全责任，有效防控和减少电梯安全事故，有373台电梯参保，参保率38%。加强人员密集场所特种设备隐患排查治理。共检查特种设备使用单位387家次，电梯1560台次，起重机械

112台次，压力容器111台次，游乐设施24台次、锅炉14台次、厂内机动车辆4台次，压力管道260余米。对市县22家液化气充装单位进行专项检查，其中检查液化气储罐53台，液化气钢瓶5000余只，排除安全隐患8起。为确保特种设备检验质量，对第三方2家检验机构的检验资质、检验依据、检验程序、检验项目、人员持证等方面进行详细检查。规范特种设备检验行为，提高特种设备检验水平。协调自治区市场监管局和四川省特种设备安全管理协会，采用“集中授课、现场交流、实地演练”的方式，组织11个县区市场监督管理局特种设备安全监管人员就特种设备安全监管和业务知识进行培训，共计54人参加培训，提高基层监管人员对特种设备监管业务能力。利用“3·15”国际消费者权益日、安全月等宣传时间，开展5次特种设备安全知识进校园、进企业、进社区、进乡镇活动，集中宣传特种设备法律法规、特种设备安全等常识。共出动宣传人员40余人次，发放宣传资料、宣传画册5000余份，赠送企业《中华人民共和国特种设备安全法》300余册，接受咨询2000余人次。

保障“两品一械”安全。完成对13家新开办药品零售企业的GSP认证，对辖区内33家中药饮片经营使用单位、16家疫苗接种单位、2家基层藏药配制单位进行重点检查，其中使用假劣中药饮片案2起。对疫苗存储不规范相关问题责令整改。开展发用化妆品专项整治。重点严查经营“三无”发用化妆品行为、发用化妆品标签标识、营假劣化妆品行为以及自制发用化妆品违法行为等，共检查美容美发单位50户，现场警告5户，责令限期改进17户。组织辖区内464家化妆品经营企业针对互联网化妆品交易情况开展自查，主动报告近两年开展交易的情况，未发现存在问题。强化医疗器械质量安全，开展专项检查。检查医疗器械批发企业9家，医疗机构19家，眼镜店3家。对检查中发现的问题，严格按相关法规要求责令整改到位，确保经营、使用的医疗器械合法、安全。做好药品、化妆品抽样任务，完成74批次化妆品抽样，配合自治区药检所完成药品国抽60批次、省抽15批次。对不合格化妆品4件进行立案，没收违法所得926.4元，罚款1500.2元。不合格药品4件，立案3件，没收违法所得722元，罚款2860元，自治区药监局处置中1件。加强“两品一械”不良反应监测工作。共收到报表909份。其中药品不良反应报表576份，医疗器械不良反应报表136份，化妆品不良反应报表170份，药物滥用调查表27份。新注册网络直报系统账号108个。加强食品药品检验所能力建设。市食品药品检验所微生物实验室装修工作顺利完成。完成实验室30台大型设备的固定资产评估工作和食品药品检验所实验室托管工作。积极对接援藏省（市）药品监督管理部门。10月14日，迎来重庆市药品监督管理局一行工作组赴昌开展援藏对接工作，共同商议签订《2019年对口支援西藏昌都市市场监督管理局合作协议》，达成重庆市局及重庆五区药品监管局对口支援昌都市局、市食品药品检验所及五县市场监督管理局，结对帮扶能力建设、人才培养、食品检验、藏药标准化试点等领域的长期援藏工作思路。援助15万元资金用于购买药品不良反应监测专用电脑，选派6名药品监管专家赴昌以理论教学加实地指导的方式，对全市各级市场监督管理部门、医疗机构及企业“两品一械”和不良反应监测人员进行培训，培训人员150余人次。积极协调福建省药品监督管理局执法装备项目援助资金。与福建省药品监督管理局达成初步协议，援助昌都市35万元执法装备项目援助资金，用于充实基层市场监管部门执法装备，提高基层执法部门硬件能力建设。

强化产品质量安全监管。质量提升工作稳

步推进。完成《昌都市质量提升工作方案》的起草和修改工作，并报请市委常委会市政府常务会议研究印发。对昌都市质量发展提出具体要求和完成时限。为进一步提升昌都市质量和标准化工作，强化质量和标准化工作的组织领导，调整充实昌都市质量和标准化工作领导小组成员，组织协调完成2019年度自治区人民政府对各地市政府质量工作考核，考评等次还未通报。针对涉及消费者人身和财产安全以及消费者申诉举报较为集中的商品，开展省市监督抽查工作3次，涉及25类产品，完成抽样任务204个批次。其中，合格176个批次，不合格28个批次，总体合格率86.27%，及时公布抽检结果，发布消费警示信息，曝光典型违法案例。开展昌都市风险监测工作，共抽样89批次。通过3年连续风险监测发现，昌都市烧结砖、水泥砖、加气砖和生态水泥等基础工业产品质量安全状况持续稳定合格，三年合格率均为100%。根据国家市场监督管理总局办公厅印发的《关于2018年全国公共服务质量监测结果的通报》和自治区党委、政府领导批示精神，组织相关部门和11县区针对受访者“最不满意问题”11个突出问题和短板，开展基本情况调研工作，通过调研，分析产生问题的原因，并提出整改措施。牵头考核11个县区政府质量工作。经考核，八宿县、贡觉县、类乌齐县、卡若区被评为A级，其余县被评为B级。

【特色优势产业】　始终把商标广告发展战略作为促进经济发展，提高核心竞争力的重要举措，坚持规范发展并重，坚持执法发展并重，着力实施商标广告战略。商标品牌发展成效明显。全市拥有有效注册商标1650件，比2018年新增615件，比2016年新增1460件，比2014年新增1573件，商标注册提前三年完成“十三五”既定的目标，有效商标注册量实现快速增长；拥有地理标志证明（集体）商标8件；申报的“仙露”牌中国驰名商标有望申报成功；“蓝天圣洁”区域品牌知识产权保护工作取得实质性进展，国内45个类别文字商标全部注册成功，图案商标积极申报当中。涉外商标注册工作有效推进当中；投入20余万元建设的商标品牌基地，为商标培育发展起到积极推动作用。加强商标品牌保护。实地考察指导，规范商标使用管理，组织50家企业开展商标品牌培训工作。重点开展保护商标专用权行动，立案查处商标侵权案件6起，案值0.8万元，罚没款4.4万元。首次组织开展“中国品牌日”活动。以提升昌都特色品牌的知名度和美誉度，崇尚品牌、呵护品牌、监督品牌为目的，组织开展“中国品牌日”活动，共参展商户20余家，设立展柜18个，悬挂、张贴横幅和品牌宣传内容20余幅，发放宣传资料2500余份，指导企业规范使用商标50余次。加强广告业发展和监管。全市广告经营单位233户，广告经营单位注册资金21620万元。重点加强广告市场监管，共检查广告主、广告经营者、广告发布者50余户。同时，对三大通信运营商发布虚假违法广告行为，送达行政指导意见书3份。

【消费维权】　完成消费投诉电话整合工作。将原工商“12315”、原质监“12365”、原食药“12331”、原物价“12358”、原知识产权“12330”等监管热线五线合一，整合为“12315”热线电话。切实强化消费维权工作。坚持“有访必接，有案必立”的原则，使“门好进、脸好看、话好听、事好办”成为窗口常态。全年“12315”消费者投诉举报中心，共受理消费者投诉、举报188件，调解成功184件，争议金额5.14万元，为消费者挽回经济损失5.12万元。开展重点领域消费维权工作。组织开展打击假冒日用品、农资打假、低速电动车、黑广播伪基站、农村假冒伪劣商品、打击整治网络通信领域违法犯罪行动等各类市场专项整治，查处擅自使用或仿冒知名商品特有的名称、包装、装潢违反不正当竞争行为14起，案值2.2868万元，罚款4.71万元，维护消费者消费权益。

【扫黑除恶】 立足监管职能，摸排黑恶线索。专项斗争开展以来，围绕“有黑扫黑、无黑除恶、无恶治乱”的总体目标，严厉打击经济领域的违法乱象，主要从严格制定方案、提高政治站位、狠抓线索摸排、严厉依法严惩、加强宣传力度等方面开展扫黑除恶工作。共召开学习安排部署专题会议65次，张贴海报、发放宣传资料12000余份。其中市局专题会议学习9次，理论中心组学习4次，培训讲座2次，发布公众号信息5条，摸排线索16条，全部办结。开展乱象整治，优化市场环境。根据市委、市政府、市扫黑办关于落实中央扫黑除恶第13督导组反馈意见的整改方案要求，主动作为，自加压力，查处一批违反食品、药品、价格、计量、特种设备质量监管等影响面广、涉及民生的案件。扎实推进电改政策的落实。4月以来，清理和规范全市78家转供电主体落实电价情况，调解纠纷3起。昌都市一户一表用户的降价政策已经落实，70家转供电主体对公摊分摊费用进行公示，8家由于转供电用电性质一直未能得到解决，暂时未公示。对蔬菜、肉类等批发市场、零售市场开展专项清理，重点对强制“买优搭劣”搭配销售、土特产违规标识功效等市场乱象进行整治。结合“创文”“创卫”工作，规范整治农贸市场、蔬菜肉类批发市场150余家经营摊位价格公示、占道经营、食品存放、环境卫生等情况，市、县两级市场监管部门共检查食品经营企业2100余家次，没收及无害化处理过期变质的伪劣食品4.3多吨，下达责令整改通知书32份。执法领域实现2个“零突破”。对全市范围内的液化气销售站点进行专项检查，对4家液化气销售站点不执行政府定价、不明码标价的行为进行立案查处，已结案，罚款总计金额15.5万元。此案件系2001年全国实行中央定价目录以来西藏自治区第一起对不执行政府定价行为进行行政处罚案件，也是西藏自治区第一起对价格违法领域进行大额罚款金额处罚的案件。按照“打破行政性垄断，防止市场垄断”的工作要求，在开展扫黑除恶工作中，对市公安局转办的“江达县猪肉市场涉嫌存在垄断行为”的线索，该局根据自治区市场监管局授权进行初步调查取证，自治区市场监督管理局根据权限进行调查，并下达行政建议书，江达县农牧局根据行政建议书要求，已经整改完毕，此案的办结，实现全区反垄断案件零的突破。

【体系建设】 进一步完善标准体系。开展农业标准化工作，第九批国家级农业标准化示范项目——贡觉阿旺绵羊养殖标准化示范项目于11月5日通过国家目标及绩效考核工作，项目建设3年来，梳理编制87项标准，培训10期275人次，活羊增加销售收入184万元，带动500户户均增收0.66万元，其中30户建档立卡户人均年收入3万元。组织申报第十批国际农业标准化项目，经组织、协调、初审后，推荐洛宗特色产品有限责任公司承担的洛隆县青稞种植农业标准化示范项目作为第十批国家农业标准化示范项目，并于12月15—17日赴京参加评审答辩。推行企业产品标准自我声明公开制度，落实企业标准化主体责任，昌都市有18家工业产品生产企业进行自我声明公开，涉及29个产品，构建企业自律、行业规范、政府监管和社会监督协调呼应的共治格局。加强宣传溯源体系建设。争取福建省计量科学研究院、南平市计量所对昌都市医疗器械计量检查。8月福建省计量院派选专家、技术人员共13人赴昌开展计量检查，对全市19家医院、3家卫生院、8家眼镜制配场所共728台（件）设备进行检定，设备检定合格率达到97.4%，同比增长3%，减免检定费用53.34万元。在全市范围内检定加油站、集贸市场、金银首饰店、土特产店、商场超市、液化气加气站、大中型企业等245家单位2875台贸易结算、安全防护用计量器具，整改存在问题，保障全市计量安全。发挥认证认可驱动作用。围绕低碳经济发展模式，主动对昌都市3家机动车检车站、1家环境监测站进行监督检查，对从业人员资质、设备检定情况等持续监督，推动认证认可在大气污染治理、生态文明建设等公共治理中的应用。全市有12家获得CMA认证的机构，其中工程领域6家、机动车领域3家、环保、物证、交通安全领域各1家，昌都市检验检测体系初步建立。

【领导名录】

局党组书记、副局长：陈　瑛
局党组副书记、局长：尼玛次仁（3月任）
局党组成员、副局长：吕小菊
局党组成员、副局长：尼玛次仁
局党组成员、副局长：陈毕伟（3月任党组成员；4月任副局长）

昌都市城市管理和综合执法局

【概况】 2019年3月机构改革，昌都市城市管理和综合执法局正式成立，为市政府工作部门，正县级建设。下设综合科、政策法规科、市政管理科、市容管理科、考评监督科5个内设机构（正科级）。行政编制15名，其中部门领导职数5名。

【制度制订】 制定《城市管理执法重要文件汇编》学以致用日常通读本，制订局机关请销假制度、党支部“三会一课”制度、维稳值班制度、保密工作制度、城管系统考评监督责任办法、局机关干部（执法大队）考评办法、环卫工人管理办法和市政设施类审批指南，制订《城市管理执法重要文件汇编》，加快修订《昌都市城市管理执法人员管理办法（试行）》《昌都城市管理综合执法工作绩效考评监督办法（试行）》。《昌都市爱国卫生管理条例》《昌都市市容环境卫生管理条例》等已经市人大常委会审议通过并得到贯彻落实，《昌都城市管理综合执法工作绩效考评监督办法（试行）》等一批地方规范性文件正加快修订出台。

【健全管理体制】 健全组织构架、完善工作体系，解决一批城市管理组织领导方面的历史遗留问题。基本完成建设与管理2个职能划分，尤其是关于市区两级城市管理综合执法涉及“三定”方案职责职能的权、责、利等方面的补充细化工作，按照城市管理市政公用设施管理、市容环境卫生管理、城区静态交通管理、昌都城区应急管理、城市规划实施管理“五大职责”，梳理昌都城区运行管理维护权责，制定《市、区两级昌都城区城市管理范围和职责分工划分表》和《市、区两级城区市政道路管护范围和职责分工示意图》。同时，抓好项目移交工作。由市财政局牵头，市城管局、市住建局、市投资公司、卡若区城管局参与，逐一移交城区市政道路、照明设施、桥梁隧道、广场公园等市政基础设施设备，逐一建立台账并形成问题清单。

【机制运行】 依托建设的“互联网＋政务服务”网络系统，拟定“日推送、周例会、月通报”城市管理网络理政工作机制，依法规范公众参与城市治理的范围、权利和途径，畅通公众有序参与城市治理的渠道。紧紧依托市创文办、市创卫办分别开辟的《点赞文明·曝光陋习》、《昌都创卫》以及微博、微信、抖音、手机报等平台发现城市管理突出问题“日推送”机制，推动城市管理突出问题及时解决。结合城市管理“街长制”，完善临街商户“门前五包”责任制，并建立市城管局班子成员分片包干及各科室人员参与的日常管理联系责任制。建立“日巡查、日监督”的非法张贴书写广告等“牛皮癣”治理机制，推动非法张贴书写广告治理“牛皮癣”工作走向由“堵”到“导”质的转变新常态长效。开展居民小区楼顶违法建设和楼宇间“空中蜘网”日常监督巡查治理工作，控违治乱更加有力。

【执法体制改革】 开展“强基础、转作风、树形象”专项行动，坚持依法行政，文明规范执法。加大违法建设执法力度。严守新增违法建设“零增长”底线，对顶风违建、加建、抢建的违法行为露头就打、发现就拆。开展人行道摩托车、三轮车乱停乱放整治行动。清理整治长期停放无人管理的“僵尸车”，确保道路畅通。

【“七城同创”】 研究制订局机关“七城同创”工作领导小组，明确分管领导和负责科室，草拟相应工作计划、实施方案，服从市“七城同创”办的统一领导，积极配合市创文办、创卫办、生态园林办等部门，牵头组织相关单位，集中对城区各大广场、八大桥梁等市政环卫设施进行环境卫生大扫除8次，重点清除垃圾桶泥垢、井盖污渍、人行道污垢印记。督查城市市容市貌环境卫生7次，下达督办函件4件。

【整治行业乱象】 全面清理排查城市管理领域中存在的问题，整治市容市貌不整洁、执法力度小，监管不到位、存在流动商贩、摩托车乱停乱放3个行业乱象问题。截至年底，行业乱象问题均整治完毕。

【昌都70周年大庆项目】 根据2019年9月13日上午召开的《昌都解放70周年大庆项目协调调度会》精神以及市发改委相关要求，梳理2018年和2019年市住建承建且在质保期内的工程项目以及2019年市住建局改扩建工程项目。同时，对昌都解放70周年大庆期间需维护维修项目进行详细摸排细化并形成工作台账。

【摸排“城市家具”】 市城管局会同卡若区政府、市住建局、市投资公司对昌都城区建成区的所有涉及市政管理的道路、桥梁、下穿隧道、广场、亮化美化景观等设施进行全面实地摸排登记造册，形成一整套昌都城区涉及城市管理对象的实物资料，并拟定待报审一批“全时空、全覆盖、全过程”的精细化管理标准体系意见举措。

【日常管理】 市容秩序管控有力。开展重要时间节点市容秩序、门面店招、菜市场周边市容秩序、标语横幅等专项治理，加强校园周边环境治理，《关于严格落实商户“门前五包”责任制的公告》送达率达95%以上；如期拆除四川桥居委会辖区滨江路13处圈地违建，拆除西路傅式家俱城一处违章；集中开展整治乱停乱放15次，整治违停机动车辆200余辆，清理四川桥居委会辖区滨江路“僵尸车”6台；集中整治城区主干道、背街小巷一批可视范围内的“空中蜘网”177处，9月初重拳出击重点整治卧龙街六栋楼宇间涉及移动、电信的私搭乱接“空中蜘网”，并对相关行业部门予以严厉警告。设施管护全面升级。先后完成茶马广场35个垃圾箱、21个瓜皮果屑箱外观喷涂标识更换和65个便民板凳的维修整治，硬化维护中心城区中支路即粮食局出口1条，协调市直相关部门整治城市道路点位5处，并针对“创文”“创卫”发现的市政公共设施存在问题及时进行处理，办结率100%；加强城市道路桥梁的日常管护和应急保障工作，做到全覆盖、应管尽管。广告景观持续提升。重点监管维护茶马广场——“两河一江”流域两侧等景观照明服务保障工作，中心城区夜景更加闪耀；规范提升中心城区户外广告招牌，治理超大超亮户外广告招牌及城市照明光源20余处，处置各类城市照明设施“有灯不亮”问题41件。狠抓环保问题整改。增强一线执法力量，加大卫生死角巡查，集中开展重点部位检查，加大环保督察案件现场走访检查力度，保持执法检查的高压态势。

【督查考核】 制定《昌都城市管理综合执法工作绩效考评监督办法（试行）》，推进各县区、各卫生责任单位城市日常管理情况评比通报。开展“两河一江”流域昌都城区段水生态环境问题、城市环境卫生整治提升行动、城市公厕提升改造等城市管理“大检查、大整治”、扫黑除恶专项斗争、重大保障工作等专项督查督办。

【宣传活动】 分别在马草坝体育场、四川桥居委会、茶马广场设置宣传点位3个，通过发放宣传画册、图文解说、现场为市民群众解疑释惑等形式，宣讲国家、自治区、市三级层面城市管理的法律法规和规范性文件特别是《昌都市市容环境卫生管理条例》《昌都市爱国卫生管理条例》，共发放各类宣传资料13000余份，覆盖群众2000余人。

【执法查处】 重点开展扬尘污染、违法建设、违规排放餐饮油烟、城管领域噪音污染等联合执法行动，督办查处违法违规抢占圈地等一批市民反映强烈的案件，下达整改督办书（函）10份，均得到有效整改。

【智慧监管】 本着“资源共享、切合实际、量力而行”的原则，加快推进兼顾10县1区的“智慧城管”项目建设可研、立项等工作。8月中旬完成本级财政投入18万余元的市、区两级移动“和对讲”集对讲、执法实时密录、GPS定位实名点控于“一体化”的指挥系统建设。

【创新机制】 以“破解难题，改善民生”为主题开展城市管理突出问题攻坚行动，查找、梳理、破解一批城市管理突出问题，减少环保“回头看”期间投诉率。建立环保督察案件比对机制、市区联动机制、舆情推送机制和现场办理机制，形成“举报—整改—公示—回访—再整改—处罚”全过程闭合处置流程。畅通群众投诉受理渠道。

【培训学习】 组织开展市级城管系统干部先学一步的能力素质提升，尤其是针对新组建的市局干部的业务能力建设、执法能力水平等培训，专门邀请市创卫办负责人和卡若区局的业务骨干来局开展培训，以案释义说法，截至年底，市局自行培训城管干部职工共计60余人次。参加市委组织部举办市创文办协办的“昌都市创建全国文明城市专题研讨班”。坚持好干部标准，着力打造忠诚干净担当的干部队伍，一批想干事、能干事的干部应运而生。局领导班子成员5人先后参加拉萨、郑州、日照、上海、青岛等专题培训班。

【党建工作】 向市直机关工委请示报批，成立中共昌都市城市管理和综合执法局支部委员会。按照规定程序和办法进行民主选举，产生中共昌都市城市管理和综合执法局第一届党支部书记1名，副书记1名，委员3

名。上墙党务公开栏、党员风采栏。

【领导名录】

党组书记、副局长：泽　　仁（3月至12月任党组副书记、局长；12月任）

党组副书记、副局长：刘国会

党组成员、副局长：泽仁邓珠

党组成员、副局长：鞠洪伟

党组成员、副局长：石鲲鹏

昌都市新区开发建设管理委员会

【概况】　昌都经济开发区位于昌都东南部，下辖4个行政村，距昌都主城区30公里、距邦达机场90公里，规划中的川藏铁路、机场快速通道和国道214线穿园而过，交通环境良好，为经开区的经济社会发展提供极大的便利。

昌都经开区规划用地面积808.33公顷，其中城市建设用地357.21公顷，空间上遵循“一心一轴、一带五片”。“一心”：指综合产业区的火车站商贸综合区，是整个经开区的核心。“一轴”：指综合产业区东西向中轴线，串联起火车站、广场、商务、商业、会展和酒店，是整个园区重要的景观轴线，带动周边区域地块的发展。“一带”：指沿澜沧江滨江景观绿化带，通过种植当地特色植物，打造滨江景观。“五片”：是指山体和河流分割围合自然形成的五个坝区，根据位置和自然条件布置相应的功能。

2013年4月昌都新区开发建设管理委员会正式挂牌成立；经十一届自治区人民政府第3次会议研究，于2018年3月13日获批为自治区级昌都经济开发区。由市委常委、常务副市长兼任新区管委会党组书记，配备主任1名，副主任（含援藏干部3名）4名，调研员2名，副调研员2名，内设综合处、建设管理处、产业发展处、企业服务处、社会事务处、土地储备中心、财政所7个处室，人员编制27名，并成立昌都市公安局昌都新区公安分局，2014年5月正式入驻昌都经开区。

【招商引资】　用足用活《西藏自治区人民政府关于印发西藏自治区招商引资优惠政策若干规定（试行）的通知》《昌都市加快非公有制经济发展实施意见》《西藏昌都经济开发区招商投资促进优惠政策（试行）》等优惠政策，推行领导拜访招商、全员招商、委托招商、展会招商等模式，鼓励各单位和社会各界人士引荐更多符合经开区产业规划要求的实体类项目和总部类项目入驻园区，利用津洽会、西洽会、海交会、三江茶马文化艺术节等展会平台，加大宣传推介力度。对接十余家委托招商机构，重点联系拉萨神通商务顾问有限公司开展委托招商，该公司引进十余家企业来昌入驻，其中9家公司完成注册手续，完成入库税收约2亿元。加快昌都经开区人才队伍建设，在成功引进胡祥正教授开展创新创业工作基础上，加大高层次人才引进力度，了解园区企业人才需求，协助昌都市君亲农业科技开发有限公司、昌都市清数科技有限公司等公司成功引进4位博士来昌开展创新创业工作，完成协议签订工作。联系市直各单位、金融机构、企业机构等单位召开座谈会、政策宣讲会等，开展各项服务活动，详细讲解“减税降费”、金融惠企惠民政策、企业安全生产要点等，不断推进招商引资工作取得新突破。2019年经开区共接洽考察投资企业264家，完成注册手续企业167家，同比增长15.2%。注册资本22.84亿元，投产企业实现营业收入45.65亿元，完成入库税收8.7亿元，同比增长16.6%。园区完成固定资产投入13.66亿元。

【脱贫攻坚】 强化实施产业提升，从企业落地转变为产业链落地。立足园区“八大产业”，在推进生物医药、优质建材、文化旅游等产业发展时，注重产业链前端、中端、后端一条龙服务及运营，促进企业在经开区落地生根，开花结果。藏药地方标准化建设、仿制药一致性评价中心、新药研发创制平台已搭建。对接援藏资源，发展飞地经济，与深圳宝安区初步达成飞地项目合作意向。按照全市产业脱贫统一部署，实施产业扶贫项目7个，完成投资2.33亿元。其中万吨速溶青稞片（粥）加工项目、昌都新区医创园仓库建设项目、万吨自动化糌粑粉加工项目、藏家特贡农畜产品冻干切片厂项目、昌都新区文化双创基地产业扶贫项目等5个项目完成建设，投入运行。晶磊砂石料加工项目、藏东农牧科技示范园运营项目等2个项目正在建设。通过建立产业扶贫项目月调度会制度、产业扶贫项目资金银行监管制度，加强项目管理，促进项目发挥效益。2018年产业扶贫项目实现建档立卡户分红资金共计187万元，分红至卡若区15个乡镇的建档立卡户。强化实施创新平台打造工程，从单个企业创新转变为集群创新。以文创、医创、农创、科创“四大双创”基地为载体，重点加快“八大产业”发展，以“双创示范区”建设和申报自治区、国家级众创空间为抓手，营造大众创业万众创新的良好双创氛围。闽昌众创空间、昌都市科技企业孵化器、渝昌众创空间、津昌大健康产业园、津昌农业科技众创空间、藏东青创等众创空间（孵化器）共计吸纳入驻企业128家，培训活动92场次，带动就业437人。闽昌众创空间成功申报成为自治区级众创空间，正在筹备国家级众创空间的申报工作。昌都市科技企业孵化器、渝昌众创空间、津昌大健康产业园、津昌农业科技众创空间、藏东青创通过市级众创空间的资料和现场审查，正在准备申报自治区级众创空间。成功举办昌都经开区首届“两路精神”创新创业大赛，发放奖励资金共计26万元，激发创新创业热情。

【基础设施】 经过多渠道资金整合，研究确定昌都市卡若区卡若镇加卡桥梁工程、昌都经开区A坝区市政道路（加南路）、昌都经开区A坝区市政道路（加卡北路）、昌都新区加卡片区棚户区改造工程、昌都经开区B坝区市政道路（纵一路）、昌都经开区2018—2019年公共租赁房项目、昌都经开区线路迁改工程、昌都文化产业双创园、昌都经开区加卡小康示范小区二期4号楼等9个重点建设项目，总建筑面积21.5万平方米，截至年底完成投资约4.4亿元。

昌都市卡若区卡若镇加卡桥梁工程完成桥梁主体建设，完成投资6800万元；昌都经开区A坝区市政道路（加南路）项目完成所有管网铺设及综合管沟砌筑，路面硬化完成50%，完成投资约5000万元；昌都经开区A坝区市政道路（加卡北路）中段完成建设，南段和北段完成地下管网铺设及综合管沟砌筑，完成投资约6000万元；昌都新区加卡片区棚户区改造完成所有桩基及承台梁浇筑检测，完成投资约2000万元；昌都经开区B坝区市政道路（纵一路）目前完成地下管网铺设及综合管沟砌筑，完成投资约1000万元；昌都经开区2018—2019年公共租赁房项目完成所有桩基施工，正在进行桩基完整性和静荷载检测，完成投资约4000万元；昌都经开区线路迁改工程10月完成建设，完成投资约1500万元；昌都经开区加卡小康示范小区二期4号楼完成建设，完成投资约4660万元；昌都文化产业双创园完成建设，完成投资约13450万元。

【征地拆迁】 严格按照征地拆迁程序，及时协调解决出现的各种问题和困难，各项工作稳步推进，完成实物指标调查、现场测量、数据收集、方案及安置办法的编制工作。此次征地范围为多然村即水泥厂靠近G214地块，征地总面积692.56亩，其中集体土地531.81亩，国有土地160.75亩，涉征群众65户212人，涉及征地拆迁、产业扶持、回迁房修建等资金共计8605.5688万元。上报农用地划转国有建设用地202.42亩，并于2019年5月获批，涉及新增建设用地有偿使用费134.94万元足额上缴至卡若区自然资源局账户。2019年共招拍挂出让土地11宗，面积172.064亩，土地出让金共计5904.7988万元，实收5466.3728万元，未缴清438.426万元。

【财政体制】 参照县级财政体制管理要求，积极与市财政局对接，梳理可用财力，编制财政资金使用计划。配合市委派驻单位纪检组、市财政局等部门，完成2017年以来财务报销情况和“三公”经费支出标准的检查，检查反馈的问题全部整改完毕，并制定《关于财务报销制度的补充规定》，完善制度建设。完善资产管理制度，加强对资产的管理。设立国有资产监督管理工作领导小组，加强对国有企业运营、管理、监督问效。

【社会管理】 持续推进经开区体制机制创新，认真研定《卡若区卡若镇交由经开区代管方案》，并通过市政府常务会议研究。推进“一中心五网络”综治维稳管理组织体系，明确岗位职责。全年共调处矛盾纠纷35余起，清欠拖欠民工工资380余万元，督促支付330余万元。加强法治宣传教育确保安全稳定。配合公安分局建立健全禁毒、禁赌宣教长效工作机制，组织专人认真开展禁毒、禁赌宣传教育工作，采用各种有效措施，多层次、全方位地进行法制宣传，提高禁毒、禁赌法制宣传教育工作效果。加强治安防控工作，重大节假日期间组织专人义务巡防；对辖区内进行长期不懈地排查，特别重点巡防交通要道、公共场所、人员复杂、危险等地，减少和预防可防性案件的发生。做好节假期间值班工作，加强巡查力度，做好节假日期间安全生产工作，2019年以来共开展安全相关检查17次，查处隐患50余处，为园区各方面发展提供安全保障。全力开展“七城同创”工作，积极宣传，强化落实，营造经开区浓厚创建氛围。

【领导名录】

市委常委、常务副市长、党组书记：
梅方权（11月任）
党组副书记、主任：美朗松布
党组成员、副主任：陈继东（津，正县级，7月被免）
党组成员、副主任：刘海波（渝，正县级，7月被免）
党组成员、副主任：钟菊生（渝，正县级，7月被免）
党组常务副书记、常务副主任：
何渝生（渝，7月任）
党组副书记、副主任：叶睿葆（7月任）
党组副书记、副主任：周锦辉（7月任）
党组成员、二级调研员：阿旺罗布
党组成员、二级调研员：张敬峰
党组成员、副主任：贡嘎罗布（7月任）
党组成员、四级调研员：陈真国（12月任）
四级调研员：罗　刚（7月任）

农牧业·林业

昌都市农业农村局

【概况】 昌都市原农牧局于2019年3月更名为昌都市农业农村局，正县级建制，加挂市乡村产业发展局牌子。市委农村工作领导小组办公室（以下简称市委农办）设在市农业农村局，接受市委农村工作领导小组的直接领导，承担市委农村工作领导小组具体工作，组织开展“三农”重大问题的政策研究，协调督促有关方面落实市委农村工作领导小组决定事项、工作部署和要求等。市农业农村局内设办公室（计划财务科）、法规科（执法监督指导科、政策与改革指导科）、乡村产业发展科（发展规划科）、农村社会事业促进科（农村合作经济指导科、宅基地管理科）、科技教育科、农产品质量安全监管科、种植业管理科（农药管理科、农业机械化管理科）、畜牧兽医科、农田建设管理科、政工人事科10个机构（正科级）。行政编制25名。部门领导职数5名。实有人员26人，其中县处级9人，科级14人。

事业机构：昌都市农业技术推广总站。副县级建制，核定事业编制70名（管理岗10名、专技岗52名、工人岗8名），其中：部门领导职数3名（副县级1名），内设机构副科级领导职数14名。实有人员65人，其中副高级职称6人，中级职称21人，初级职称26人，事业管理九级职员1人，技师1人，高级工4人，中级工4人，初级工2人。经费来源为财政全额拨款。昌都市畜牧总站（昌都市动物疫病预防控制中心）。副县级建制，内设机构办公室、畜牧科（水产科）、牧草业技术指导科、质量标准与认证科、动物疫情监测科、防控应急科、兽医诊断室、果扎种畜场、觉拥种畜场9个科室，均为副科级。核定事业编制72名（管理岗7名、专技岗59名、工人岗6名），其中：部门领导职数4名（副县级2名）。实有人员60人，其中副高级职称5人，中级职称19人，初级职称21人，事业管理六级职员1人，八级职员1人，九级职员4人，二级技师1名，高级工4名，普工4名。经费来源为财政全额拨款。草原监理站。局属正科级事业单位，定编5名。2019年3月因机构改革划归昌都市林业和草原局。动物卫生及植物检疫监督所。局属正科级事业单位，核定事业编制29名。实有人员29人，其中参公25人，中级职称3人，初级职称1人。承担畜禽防疫、畜禽和畜禽产品检疫、畜禽防疫监督检查、畜禽疫情管理、畜禽防疫体系指导、兽药监察等工作（正在进行事业单位机构改革）。农畜产品质量安全检验检测中心。局属正科级事业单位，核定事业编制4名。实有人员9名，其中中级职称4人，初级职称4人，事业管理九级职员1人。农业机械监理与技术推广服务站。局属正科级事业单位，核定事业编制3名。实有人员8人，其中中级职称1人，初级职称5人，事业管理七级职员1人，十级职员1人。2019年3月机构改革中撤销，相关职责划归种植业管理科（农业机械化管理科）。机关后勤。核定事业编制4名，由办公室管理。实有人员2人，均为中级工。

【种植业】 全年完成农作物总播种面积85.64万亩，同比增长1.64%。其中，粮食作物播种面积67.24万亩（青稞56.04万亩），同比增长0.16%（0.07%）；经济作物播种面积11.58万亩（油料作物5.35万亩、蔬菜6.23万亩），同比增长0.7%（1.13%、0.32%）；饲草料播种面积6.82万亩，同比增长21.14%，粮经饲结构比例为78∶14∶8。粮食产量18.85万吨（青稞16.6万吨），同比增长0.93%（0.61%）；蔬菜产量13.94万吨，同比增长7.23%；油菜产量0.64万吨，同比增长1.59%。完成农资采购。2019年，化肥采购6844.31吨，同比减少25.8%；农药20.939吨，同比减少38.82%；青稞良种调运97万公斤，玉米良种2.535万公斤，马铃薯原种58万公斤，油菜种子2.5万公斤、蔬菜种子20020袋。开展粮食“双增”行动。推广良种63万亩，同比增长0.19%；其中主导品种52.32万亩，搭配品种10.68万亩，良种覆盖率达90%以上。推进良繁基地及示范田建设。建设良种繁育田41059亩（一级良种繁育田3159亩，二级良种繁育田37900亩）、同比增长6.29%。在10个粮食主产县区开展“3414”田间肥效试验20个，实施测土配方肥效试验示范48万亩、粮食绿色高质高效创建示范田48万亩。农机购置补贴有序实施。2017年度农机购置补贴总资金3652.5239万元，落实资金1142.362万元，购买补贴农机具10759台，受益农户10367户，实施进度31.28%；2018年度农机购置补贴总资金2476.1038万元，落实资金为386.595万元，购买农机具1584台，受益农户1203户，实施进度15.61%；2019年度农机购置补贴总资金1578万元，落实资金134.518万元，购买农机具206台，受益农户180户，实施进度8.52%。深松整地稳步开展。2019年实施深松整地25658亩（含2018年未完成的5658亩）。病虫害得到有效防控。2019年芒康、左贡两县发生草地贪夜蛾灾害，危害玉米作物面积约7980亩。昌都市积极采取防控措施，累计防控面积16843亩，发放技术宣传资料800余份、喷雾器175部、喷壶100个、指导村组技术人员982人次，两县草地贪夜蛾危害均得到有效控制。

【畜牧业】 2019年新生仔畜90.02万头（只、匹），存活87.58万头（只、匹），成活率97.29%，成畜死亡3.76万头（只、匹）、死亡率1.4%，出栏牲畜88.45万头（只、匹），肉、奶、蛋产量分别达到9.24万吨、9.53万吨、557吨，同比增长5.8%、5.7%、11.4%。落实草原生态保护补奖。实施草畜平衡草原面积7420.62万亩，实施禁牧草原面积750万亩，从纯牧户中选聘天然草原监督员2711名。2018年年末牲畜存栏折合绵羊单位581.12万个，兑现资金2.23亿元，涉及农牧民10.7万户64.87万人，户均增收2083.3元，人均增收344元。筹划畜种改良。2019年昌都市黄牛改良任务5000头，牦牛经济杂交2372头，完成黄牛改良5280头，采用安格斯牛冻精实施牦牛经济杂交1304头。开展牦牛“牧繁农育”。昌都市计划“牧繁农育”牦牛20900头，实际育肥出栏牦牛20997头。2019年完成人工种草6.5万亩。阿旺绵羊种业项目合作进展顺利。签订《昌都市人民政府与天津食品集团有限公司关于阿旺绵羊产业发展战略合作框架协议》，项目到位资金4400万元，其中天津市政府到位资金2400万元、天津食品集团到位资金1500万元，昌都市政府到位资金500万元，觉拥种畜场改造提升工程将与阿旺绵羊胚胎中心工程同步实施。推进畜禽粪污资源化利用。自治区农业农村厅下拨畜禽粪污资源化利用资金150万元，支持昌都市卡若区沙贡乡多伏卡卡若香猪养殖基地、卡若区卡若镇左巴村牦牛育肥场、类乌齐县岗色乡牦牛养殖基地开展粪污资源化利用设施项目建设，3个项目均完工并验收。推进农牧业防抗灾工作。2019年，共拨付11个县区农牧业生产防抗灾资金2234.84万元，调拨防抗灾饲草料7686.32吨。打好动物疫病防控攻坚战。昌都市类乌齐甲桑卡、江达岗托、芒康盐井和竹巴龙4个省际公路动物防疫监督检查站共检疫进藏生猪产品4341.69吨，其中无害化处理23.11吨。对牛羊猪口蹄疫、禽流感、小反刍兽疫等重大疫病分春秋两季进行免疫，加强免疫接种完成情况督导检查，确保免疫工作不留死角，累计家畜驱虫174.22万头次，犬驱虫75.84万只次。开展渔业资源保护。在金沙江、藏曲、热曲、董曲、降曲、紫曲、白格堰塞湖政府投资100万元增殖放流鱼苗125.68万尾，放流鱼苗品种主要为短须裂腹鱼、四川裂腹鱼、长丝裂腹鱼；加快推进“五大养殖基地”建设。2019年育肥牦牛5.5万头，养殖存栏生猪和卡若香猪9.67万头、红拉山鸡22万余只，阿旺绵羊扩繁存栏17.5万头。

【产业效益】 全市22家农牧业产业化龙头企业实现产值1.8亿多元，带动农户12300户，户均增收3500元；320家农牧民专业合作社实现收入1.37亿元，加入专合组织农户约17800户，户均增收7700元。

【项目建设】 2018年，在建项目总投资66230.12万元，其中国家投资54577.12万元、企业投资11653万元，完成投资58876.47万元，完成率91.5%。2019年，新建项目共8类28项，国家投资52003万元，完成投资21741万元、完成率41.8%，完工7项、在建21项。高标准农田建设项目，国家投资40278万元、市政府配套资金12206万元，共建设17万亩，11县区全面开工建设。全市累计开工产业项目776个（深度贫困项目62个），完工产业项目680个（深度贫困项目47个），累计完成投资66.32亿元（政策性资金47.59亿元、社会投资14.22亿元、金融贷款4.51亿元），累计实现脱贫81046人。农牧业项目建设稳步推进。立足于进一步促进农牧业增效、农牧民增收的目标，把农牧业项目建设作为重点来抓，以项目促调整、求发展、助脱贫。严格要求各县区按照项目建设程序，落实项目“四制”、“三控”、“三专”管理，保证项目建设质量，加强项目资金管理，确保项目顺利实施，确保项目资金和人员安全。探索全程跟踪审计和第三方验收模式并逐步推广，提高项目建设质量和验收质量。

【农牧民增收】 全市农牧民人均可支配收入为11545元，同比增长13.4%。累计实现农牧民转移就业12.64万人，20.72万人次，实现收入8.32亿元。项目开发岗位8077个，吸纳农牧民转移就业22041人、91633人次，农牧民劳务用工91633个工日，增加农牧民收入3.05亿元，农牧民用工量占工程总用工量的33%，超出年初目标3%。转移性收入。全市累计到位各类支农惠农资金406361.31万元，下拨资金398958.702万元，各类补贴政策资金综合执行进度达到98.18%；通过“一卡通”兑现资金195598.53万元，实际兑现资金174418.11万元，综合发放比例为89.17%。工资性收入。开展技能培训。全市累计开展农牧民职业技能培训1.32万人，培训后实现转移就业8934人，培训后转移就业率为67.83%；强化农民工劳动保障监管。共检查各类用人单位1379户，涉及劳动者2万余人，共受理查处欠薪案件164起，结案率100%，帮助1687名农民工追讨回工资3480.42万元；加强农民工实名制管理。全市共开立农民工工资专户65户，开立农民工工资卡988张；实施银行代发12户，代发工资3457.02万元，实名制平台企业录入51家，录入项目数据74条，录入民工数据519人；鼓励农牧民创业。建成康巴众创、藏东青创、闽昌众创等18家新型创业平台，筹集500万元创业担保基金，为具有创业意愿的人员提供创业担保贷款，对符合条件的创业担保贷款给予全额贴息。扶持初创入孵企业60余家，创业成功60余人，辐射带动人数达6973人。财产性收入。加快土地和草场流转。全市完成土地流转约2.7万亩，年收入为3802万元；完成草场流转13.26万亩，年收入为403.5万元；加快农牧区改革。完成农村集体资产清产核资，共核查经营性资产3.2亿元、非经营性资产23.6亿元、资源性资产7149.6万亩；在卡若区和左贡县开展农村集体经济股份制度改革试点；稳步推进土地征收、集体经营性建设用地入市、宅基地制度改革；培育新型农牧业经营主体，全市新增农牧业经营主体18家，全市新增市级龙头企业4家，新认定市级农牧民专业合作社9家，农牧业产业化经营率达到48%，带动281名农牧民群众实现就业。经营性收入。加快现代农牧业发展。全市22家农牧业产业化龙头企业（自治区级1家，市级21家）实现产值1.8亿元，同比增长12.5%，带动农户12300户，户均增收3500元；330家农牧民专业合作社（国家级6家，自治区级5家，市级27家）实现收入1.37亿元，加入专合组织农户约17800户，户均增收7700元；落实科技增产。2019年全市青稞单产达到300.84公斤，同比提高2.1%，肉、奶产量分别达到9.24万吨、9.53万吨，同比增长5.8%、5.7%，全市粮食主产区耕种收综合机械化率达57%，同比提升2%；旅游促产业发展。2019年实施产业精准扶贫文化旅游项目7个，到位总投资7949万元，完工项目2个，完成投资3236万元，受益人数44人；全市旅游业带动农牧民转移就业8855人，实现总收入3768.87万元。产业扶贫带动贫困户增收。累计开工产业项目776个完工产业项目680个，实现脱贫81046人，人均增收3000元；通过成立劳务输出协会，完善产业项目施工企业用工承诺制度，实现47856人次务工，人均增收3000元；推行“三变”发展模式，通过土地流转等方式，带动7568户26749名贫困群众增收，户均增收3391.75元；推广“334”产业扶贫投资模式，在各对口援藏省市及企业的支持下，共引进“334”产业扶贫投资模式的企业31家，落地资金5.45亿元，带动2725户群众增收，户均增收2500元。

【农村改革】 土地确权颁证。昌都市土地确权涉及11个县区124个乡镇967个行政村，完成土地确权颁证面积1270511.19亩、地块数1057747块、签订合同85501份、颁发证书85501本，发放率100%。粮食功能区划定。完成11个县区101个乡镇621个行政村639218.52亩（青稞560028.6亩，小麦79189.92亩）的划定任务，并通过区市联合核验及整改。农村集体资产清产核资。完成11个县区138个乡镇1141个村（居）的清产核资工作，完成率为100%，共核查经营性资产3.2亿元、非经营性资产23.6亿元、资源性资产7149.6万亩。

【乡村产业】 扶持壮大农业龙头企业。2019年全市新增国家级农牧民专业合作社2家，新认定市级龙头企业4家、市级农牧民专业合作社9家；类乌齐牦牛被农业农村部确定为中国特色产品优势区。展销会。8月19日至8月25日，成功举办“第五届三江茶马文化艺术节蓝天圣洁品牌产品展销会”，参展企业及农牧民合作社180余家，参展商品500余种，累计销售额1172.1万元；10月16日至22日在自治区扶贫成果展中，昌都展馆取得979万元（零售243万元，订单736万元）的业绩。“十四五”规划前期工作进展顺利。完成“十四五”农业农村发展规划调研、形成初步思路和《昌都市“十四五”农业农村发展规划项目需求方案（草案）》，其中《需求方案》涉及农牧业项目六大类226项，涉及总投资120.15亿元。乡村振兴战略产业专项实施方案初步编制完成。2019—2022年计划实施乡村振兴战略产业项目364个，总投资88.5778亿元（2019年完成24.5879亿元、2020年完成22.5231亿元、2021年完成17.5921亿元、2022年完成17.8746亿元）。开展农牧业专业合作社“空壳社”清理整顿。在第一、二阶段全面排查的基础上，全市共清理合作社169家。

【农村人居环境】 推进“三整治、三提升”工作。根据市政府“将土地增减挂钩调剂资金2.32789亿元用于脱贫攻坚及乡村振兴建设”的指示要求，2019年争取1.98789亿元用于垃圾处置设施购置，预计2020年5月到位，届时138个乡镇、968个乡政村、350个自然村将实现垃圾车、垃圾箱全覆盖。探索示范整治经验。卡若区投入资金7120.42万元，改造污水管网5856米、人畜饮水安全点130个（包含安置点冬季保暖措施工程），建成达修村、卡若村、达若村、朱古村4个污水处理站，完成危房改造232处；试点县完成村庄规划73个；卡若区农村人居环境整治项目（俄洛镇朱古村、城关镇通夏村）中央财政投资2000万元，完成投资1000万元。加大集中整治力度。全市集中开展农村人居环境整治村庄清洁行动春季、夏季、秋冬季战役活动，设置生活垃圾箱105个、规范垃圾投放点91个、新建垃圾中转站10个、建设污水处理厂7座，垃圾处理设施（含填埋场）64个（座）、参与干部群众8万余人次，清理农村生活垃圾1500余吨，清理沟塘淤泥1000余吨，清理河道1027公里，卫生死角682处，清理村内残垣断壁351处，张贴宣传标语793条。探索生态岗位和保洁员一岗双责。学习浙江“千万工程”经验及其他地市的经验做法，结合各县区实际，优先把建档立卡贫困户生态岗位选配为村级保洁员，选配生态岗位87420人、旅游厕所保洁员1668人、交通公路养护员5223人。推动“厕所革命”持续开展。2019年全市累计完成农村厕所改造22392户。营造良好宣传氛围。促进农村人居环境整治工作开展，2019年共出动宣传车5台次，发放宣传册1000余份、播放广告（LED屏）10余条、悬挂标语248条。

【农产品质量】 加快推进“双认证”工作进度。昌都市质检中心实验室于2019年8月通过竣工验收并投入使用。市质检中心现完成13个农药参数的定性实验，“双认证”前期准备工作进入尾声。开展农资打假专项治理行动。联合市场监督管理局、公安局等部门开展农资打假专项治理行动8次，农产品质量安全专项治理行动6次；完成例行监测采样300批次，农产品例行监测合格率为98.3%。

【农业技术培训】 2019年全市共培训农牧民14000人次，新型职业农牧民及农牧专技人员670人次。

【农特产品】 昌都藏猪 昌都牧养藏猪的历史悠久，据在西藏昌都市卡若文化遗址中发现许多的动物骨骼，其中就有猪骨碎片等，说明在原始社会，藏族先民就有了饲养藏猪的历史。明代詹事主簿何宇度在其所著的《益部谈资》中盛赞道：“藏香猪小而肥，肉颇香”。昌都藏猪能适应恶劣的高原寒冷气候和以放牧为主的劣饲条件，是世界上分布海拔最高地区的猪种之一。昌都藏猪，是在高原环境下经过长期进化和驯养而来的猪种，被誉为“吃山珍、栖山林、喝山泉”的山猪，素有“高原之珍”美誉。

昌都藏猪主产于西藏昌都市，生活在2500~3800米海拔的高原地带，属于野外放养型品种，其生长缓慢。昌都藏猪体型健壮，蹄细骨硬，善于奔跑，心肺功能特别发达，具有较强的抗病能力和抗寒能力，其主要外形特性：全身呈黑色，体型小，嘴筒长、呈锥形，额面窄，额部皱纹少，耳小直立，或向前平伸，体躯较短，胸较窄，背腰平直或者微弯，后驱较前驱高，臀部倾斜，四肢紧凑结实，蹄质坚实直立，鬃毛长而立。同时由于常年食用野生植物和药材，肉品中氨基酸、微量元素含量高，脂肪低，营养价值高，肉质鲜美不油腻，又香又鲜口感好，猪肉中蕴含19种可测氨基酸和多种人体必需的微量元素，其中18种氨基酸高于其他品种猪肉。昌都藏猪属特有地方品种，是藏猪的一个类型，具有体型小、耗料少、肉质鲜美等特点，是值得保护开发利用的地方优良品种。深受区内外消费者青睐，市场供不应求、前景十分广阔。

昌都市以现有卡若区、芒康县、洛隆县、江达县、左贡县、边坝县等地大中型专业昌都藏猪养殖场为依托，鼓励扩大生产，稳定商品猪供应。在此基础上，重点发展昌都藏猪养殖。

康巴昌都香鸡蛋　康巴昌都香鸡能适应高寒多变的气候环境，性情活泼，性野敏捷，喜飞高处栖息，抗寒、抗病、耐粗饲，食力强，处于半野生状态，由于康巴昌都香鸡具备适应高原生长的特性，其体小肉多，属于蛋、肉两用型，肉质鲜嫩、个体虽小但营养丰富、产蛋率高，康巴昌都香鸡为晚熟鸡种，产蛋旺季为4月至9月，蛋壳为褐色或浅褐色，一般每只鸡年产蛋量在40枚至80枚左右，每颗蛋重39.2~41.34克之间，食物多为虫子或草，因此其所产下的蛋种含有丰富的微量元素和较高的粗蛋白与粗脂肪，更加容易被人吸收，具有强体免疫的功效，康巴昌都香鸡蛋具有更高的营养价值。

【领导名录】

党组书记、副局长：邱川明（3月任）
党组副书记、局长：嘎玛达吉（3月调离）
杨振林（3月任）
党组副书记、副局长：
谢　愉（援藏，7月任）
党组成员、二级调研员、市畜牧总站站长：
达瓦泽仁（6月任二级调研员）
党组成员、副局长：白玛旺堆
党组成员、副局长：周京伟
党组成员、副局长：王　蓉
党组成员、副局长：旦　增（12月调离）
党组成员、四级调研员、市农业科学研究所所长：金剑波
党组成员、市农业技术推广总站站长：
陈　斌（3月任）
四级调研员：张　科（3月任）
市畜牧总站副站长：卓　嘎

昌都市农业技术推广总站

【概况】　2019年，农技推广总站在认真贯彻落实全区农业农村工作会议及全市农村工作会议精神，以深入推进农业供给侧结构性改革为重点，紧紧围绕“稳中求进，进中求好，补齐短板”的工作部署，全面履行农业技术推广职能，确保基层农业技术人员在服务农业上发挥作用。全年完成农作物总播面积85.64万亩（其中：粮食作物占78%、经济作物占14%、饲草料占8%），粮食总产量预计达18.85万吨，（其中：青稞产量预计达16.6万吨）；蔬菜产量预计达13.94万吨；油菜产量预计达0.64万吨。发挥10个粮食主产县区作为全市粮食增产“稳定器”的作用。

【农资调运】　不误农时、科学统筹农用物资计划，本站紧密结合农业生产需要，提早计划化肥、农药、良种等物资需求，积极沟通协调，确保化肥、农药及良种的调运工作有序开展。全年，共调运化肥6844.31吨（其

中：尿素2572.68吨、二铵1786.95吨、复合肥2052.4吨、复混肥432.28吨）；共计完成农药采购20.939吨（其中：杀虫剂0.853吨，杀菌剂3.626吨，除草剂16.46吨）；共计完成调运青稞良种97万公斤（其中："藏青2000"38.5万公斤、"喜拉22号"58.5万公斤），玉米良种2.535万公斤，马铃薯原种"青薯9号"58万公斤，拉孜小油菜种子2.5万公斤，蔬菜种子20020袋。农用物资均及时到位，并发放到农牧民群众手中。

【良种繁育】 严格按照上级部门安排部署，以高度的责任心和严谨的工作态度，协助卡若、洛隆、边坝、左贡、芒康、八宿、察雅、江达、丁青个粮食主产县区实施良种繁育基地建设共计41059亩（其中：一级种子田3159亩，二级种子田37900亩），主导品种为"藏青2000"、"喜拉22"、"山冬7号"、"冬青18"、昌都小油菜。

【粮食绿色高质高效创建】 实施"藏粮于地、藏粮于技"战略，协助10个粮食主产县区认真开展粮食绿色高质高效创建工作。全年共实施粮食绿色高质高效创建示范面积48万亩（其中：卡若5.25万亩、察雅3.17万亩、左贡3.55万亩、芒康7.10万亩、洛隆6.87万亩、边坝3.5万亩、八宿3.1万亩、丁青8.39万亩、贡觉2.61万亩、江达4.46万亩）。

【耕地保护与质量提升项目】 在10个粮食主产县区实施测土配方施肥示范48万亩，实现粮食绿色高质高效创建示范田测土配方施肥全覆盖；在10个粮食主产县区完成"3414"田间肥效试验点20个；开展国家级耕地质量监测点相关试验。在卡若区加卡村开展国家级耕地质量监测点1个，为国家动态掌握全国耕地质量水平提供科学翔实的数据支撑；完成自治区级耕地质量监测点建设。在芒康县建立自治区级耕地质量监测点并投入使用；开展商品有机肥试验示范工作。在洛隆、丁青县开展商品有机肥示范试验及商品有机肥增施及替代试验；完成耕地质量等级变更调查与统计工作。2019年，继续在卡若、察雅、左贡、芒康、八宿、洛隆、边坝、江达、贡觉、丁青、类乌齐县区开展178个点位野外调查与土壤采集工作。

【良种推广】 采取措施，加大良种推广力度，增大良种覆盖面积，提高粮食生产能力。2019年全市共计推广良种63万亩，其中主导品种52.32万亩（其中："藏青2000"30万亩、"喜拉22号"17万亩、"山冬7号"5万亩、"冬青18号"0.32万亩），搭配品种10.68万亩，良种覆盖率达90%以上。

【田间管理】 组织群众，利用现有水利设施，开展抗旱保苗工作，适时搞好肥水管理，确保农作物生长关键时期对水、肥的需求。在全市推广应用"高效、低毒、低残留"新农药8种，并通过保护利用天敌和科学合理交替使用农药的综合治理技术，保障农业生产安全。坚决贯彻落实"预防为主，综合防治"的植保方针，在农作物病虫害易发期，对重点区域进行定点、定时、定人监测，在思想上、组织上、物资上、措施上做好防灾抗灾的准备，并根据监测情况及时发布预警信息，做到早发现、早预警、早防治，把灾害带来的损失降到最低。共监测发生病虫害面积8610亩（其中锈病防治面积330亩（发生区域：江达县岗托镇作如村冬小麦）；蝗虫发生面积300亩（发生区域：洛隆县腊久乡查瓦村，平均虫口密度达5头每平方米，处于二龄期、三龄期；主要发生在草地，也危害豌豆、饲草料地块）；草地贪夜蛾发生面积7980亩（主要发生区域：芒康县5个乡镇16个行政村不同程度存在草地贪夜蛾危害，虫龄为3~6龄期，平均每百株玉米虫口达50~60头，发生面积6421亩，其中严重发面积达1020亩。统防统治面积达8340亩；左贡县6乡镇，不同程度存在草地贪夜蛾危害，平均每百株玉米虫量为20头左右，发生面积1559亩），均及时采取科学有效的措施防治，达到预期效果；协调安排农作物病虫害监测预警数据远程物联网信息平台建设（建设点芒康县帮达乡投入使用）、鼠情监测点建设工作（建设点为贡觉县曲登村）、开展（卡若、洛隆、江达）蝗区数字化勘测工作。

【草地贪夜蛾监测防控】 6月28日首次在芒康县监测到疑似草地贪夜蛾幼虫，立即组织得力技术人员赶赴各受灾点，前往田间地头排查虫情，通过场外和田间现场进行用药喷雾培训、创新靶向用药方法，在发生区组织“统防统治”和“群防群治”、零星发生区开展带药侦查点杀点治的方法，以“乡不漏村、村不漏户、户不漏田”的原则开展防控工作，坚决打赢草地贪夜蛾攻坚战。通过技术人员长期蹲点、开展培训、发放调配农药，发放技术宣传资料等多种措施，草地贪夜蛾灾害得到有效控制。积极与四川甘孜州巴塘县农牧农村和科技局对接，于7月7日在芒康县索多西乡召开藏、川（两省）草地贪夜蛾联防联控工作联席会，建立长效防控机制，确保藏、川两省交界处草地贪夜蛾的防控力度。

【农业实用技术培训】 2019年，以集中培训、下乡指导等方式，主要开展“喜拉22”高产栽培技术规程、粮食绿色高产高效创建、良种繁育基地建设、耕地保护与质量提升、农作物病虫害专业化统防统治与绿色防控、蔬菜种植技术等培训。共举办培训班30余次，受训人数3500余人次，发放《“喜玛拉22”栽培手册》《“藏青2000”栽培手册》《农作物栽培手册》《新型农药使用手册》《病虫防治害手册》等技术资料、宣传资料7000余份。

【秋粮收获】 科学组织秋粮收获，充分发挥农机在秋收中的作用，引导农民科学把握收获时间，做到颗粒归仓，特别是良繁田的种子收获工作上严格把关，督导群众做到单收、单打、单储。秋收后结合农机深松作业及时组织农牧民群众做好秋翻工作，确保来年农业丰产丰收。根据全市秋冬播计划，提前做好种子的调剂调运工作，抓好农资供应监管工作，认真开展秋冬播技术指导服务工作。

【领导名录】

站　长：陈　斌

副站长：泽仁顿珠

昌都市畜牧总站

【概况】 2019年以来，昌都市畜牧总站以庆祝西藏民主改革60周年和中华人民共和国成立70周年为契机，积极进取，认真工作，做到维护社会稳定和推进业务工作两个方面的工作统筹推进，精准扶贫和产业扶贫工作成效良好，完成市委、市政府和市业农村局交办的各项工作任务。

7月，在市农业农村局、市住建局、市投资公司的协调下，新建办公场所达到接收标准，完成整体搬迁入驻，并在7月至11月逐渐完成值班室、生物药品恒温仓库、档案室、党员活动室、职工食堂、综合会议室、兽医诊断实验室及电子政务内网（即将完成）等职能设施的建设和启用。

【黄牛改良】 2019年年初全市计划采用人工冷配技术改良5000头，截至11月15日，各县区共改良黄牛5280头（其中：人工冷配改良2674头，自然本交改良2606头），任务完成率105.6%。全年向黄改8县区共计发放黄改用器械设备和冻精液氮以及物资28813件。

【牦牛经济杂交】 根据自治区相关领导重要指示和《区农业农村厅关于开展牦牛经济杂交工作有关事宜的通知》文件精神，2019年全市需开展安格斯牛与犏牛杂交配种任务2372头，卡若区、洛隆县为2019年牦牛经济杂交工作试点。全市牦牛经济杂交完成配种1162头，完成率48.99%。全年共为两县区发放包括工作服等在内的牦牛经济杂交物资18747件，并在工作中建立牦牛经济杂交基层配种员配种登记制度和牦牛经济杂交农户档案，推广使用同期发情技术。

【液氮生产储备】 保证2019年黄改、牦牛经济杂交工作顺利开展，全年生产液氮共4200立升，从林芝市购买450立升液氮，保障黄牛改良及牦牛经济杂交工作中液氮的供应。

【藏猪产业技术服务】 畜牧总站藏猪产业技术推进组技术人员深入多伏卡康巴香猪养殖基地、左贡县、芒康县等进行康巴香猪养殖技术指导和服务30余人次。促进市康巴香猪产业健康发展。

【遗传资源调查与保护】 在全市部分县区开展牦牛、绵羊、蜜蜂、马等分布区域、品种来源、产区自然条件、群体数量及近十年来变化情况（群体数量变化、品种内类群变化、性能变化）、主要特征特性、保护现状、濒危情况、开发利用情况系统性调研，收集当地气候、环境、人口、文化及社会经济发展状况等信息，初步掌握市主要畜禽遗传资源分布情况。

【知识产权保护及线上认证】 顺利完成2019年“康巴类乌齐牦牛”微信公众号例行年审材料筹备以及线上申报审核。完成厦门中心源网络服务有限公司针对“类乌齐牦牛”网络域名抢注风险的咨询及评估工作，并将相关情况建议形成汇报材料呈报上级机关领导审示。“三品一标”申报工作有效推进。昌都市首个畜牧类农产品地理标志“阿旺绵羊”顺利通过国家农业农村部专家组评审。“类乌齐牦牛”农产品地理标志通过西藏自治区级品鉴会专家评审。“卡若香猪”农产品地理标志材料完善工作有序推进。

【重大动物疫病防控】 全市重大动物疫苗类全年共调运猪口蹄疫O型灭活疫苗20.5万毫升、牛羊O—A型口蹄疫灭活二价苗1226.92万毫升、禽流感灭活苗18万毫升、小反刍兽疫201.56万头份（稀释液402件）、猪瘟活疫苗10.3万头份。常规动物疫苗类全年共调运牛多杀性巴氏杆菌975万毫升、布氏菌病活疫苗50万头份、无荚膜炭疽芽孢杆菌疫苗110万毫升、羊大肠杆菌灭活苗40万毫升、羊链球菌灭活苗33万毫升、羊快疫三联灭活苗35万毫升、四联三防70万毫升。驱虫药品类全年共调盐酸左旋咪唑408件、阿维菌素1338件、吡喹酮199件、阿苯达唑755件。

各县均在规定时限内全面完成春、秋两季重大动物疫病预防注苗工作，其中春季免疫接种牛227.1872万头、羊33.9013万只、猪4.2111万头、鸡3.8万只；秋季免疫接种牛279.0488万头、羊34.868万只、猪口蹄疫4.4631万头，猪瘟4.3297万头、鸡10.5447万只，免疫率均在92%以上。从2019年秋季开始实施疫苗瓶回收工作，以1.5元/个的标准补贴村级动物防疫员回收，并集中运往自治区危废处理企业集中无害化处理，保护生态环境、生物和农牧民群众生产生活安全。

【牛、羊布病防治】 在边坝、芒康、八宿、洛隆、贡觉等县采集牛血清3725份、羊血清2100份进行布病检验，所有样品均完成实验室检验，开展数据分析工作。通过该监测工作，可以科学评估家畜布病感染情况，为下步综合防控提供依据，提高牛、羊布鲁氏菌病防控工作。

【流行病学调查】 掌握非洲猪瘟、口蹄疫、高致病性禽流感等动物疫病分布状况和流行趋势，继续推进主要动物疫病监测净化与评估，科学研判防控形势，为防控决策提供科学依据。自治区确定八宿、丁青、芒康为监测县，春、秋季共采集牛、羊、猪、鸡、马、驴血清3306份，羊、鸡棉拭子1140份。

【家畜包虫病综合防治】 加强家畜及犬只驱虫工作。通过公开招投标采购总价71万元的吡喹酮112件，发放给各县区开展家畜和犬驱虫。截至10月31日，全市家畜累计驱虫174.2230万头（只），月均驱虫犬3.1万只。完成羊棘球蚴（包虫）病基因工程亚单位疫苗免疫工作。十一县区于7月至8月完成羔羊强制免疫注苗，免疫次数为2次，累计免疫新生羔羊、补免羊19.6548万只，免疫率96.56%。完成包虫病监测采样工作。确定察雅、左贡、江达县为市开展包虫病重点感染县（区）调查及监测县，采集牛血清、未免成年羊血清、二免羔羊血清、犬粪样品等共计1800份。在丁青、八宿、芒康县开展2019年包虫病常规采样工作，采集犬粪1680份、羊（包虫病二次免疫后）血清210份、其他血清、OP液、棉拭子等样品2183份。样品检测工作正在进行。

【非洲猪瘟防控】 落实24小时值班、紧急排查、日报等工作。在昌都市然乌市际公路临时动物防疫消毒站开展为期两月的技术指导工作，对进出人员、交通工具消毒进行具体的指导，坚决避免人、车辆、工器具成为疫病的传播途径，阻止疫病传入。

【督导检查】 独立开展重大动物疫病防控督导2次，联合市农业农村局、市动植物检疫监督所、市包办开展联合督导检查2次，并将督导检查中发现的问题及时反馈给各县区农业农村局和畜牧站进行整改。

【项目建设】 完成兽医诊断实验室改造及仪器设备采购工作，仪器设备正在调试中，后期经过自治区疫控中心的全面验收和资质认证后即可投入使用。建设面积为48立方米的动物应急储备疫苗冷库一座，专门用于贮藏家畜疫苗和应急储备疫苗。

【果扎种畜场】 落实牦牛生长发育数据统计常态化。建立工作制度，从2019年秋季开始开展牦牛的生长发育数据进行统计，建立牦牛生长发育数字档案，是通过数据对比确定九龙牦牛的生长发育优势，为选种提供更充分的科学依据。开展人工种草和天然草场保护。完成喷灌草场试点建设800亩、退化草场治理300亩、人工饲草地建设800亩，改善由于牲畜过牧和气候异常影响而造成的草场沙化退化速度加剧的状态，缓解冬春季草畜矛盾，增强畜牧业发展后劲。巩固草场界限，妥善处置草场纠纷。种畜场加强与周边乡镇和村组之间的沟通与交流，增加感情，妥善处置与八宿县郭庆乡和多色村、三恩村草场的草场纠纷问题，全年未出现严重矛盾纠纷事件。调研学习找差距。组织技术骨干到青海大通种牛场调研学习，学习青海大通种牛场先进的管理理念及管理模式，提升种畜场的管理水平。

【觉拥种畜场】 觉拥种畜场2019年11月份存栏阿旺绵羊种羊807只，其中：种公羊72只、种母羊478只、育成羊109只、羔羊148只。为避免种羊出现近亲杂交问题，将于2019年11月20日至30日从阿旺绵羊核心区筛选优良种公羊100只，引进到觉拥种畜场进行繁育。在觉拥种畜场及贡觉县阿旺乡进行开展阿旺绵羊体质体能检测及阿旺绵羊系谱测定工作，并录入档案。开展阿旺绵羊地方标准调研工作，在贡觉县阿旺、拉孜、哈加等乡进行种羊标准化测定，丰富阿旺绵羊生产性能、环境变化、近亲杂交、基因退化等大量的数据。昌都市政府与天津食品集团公司合作项目“阿旺绵羊胚胎中心建设及觉拥种畜场基础设施改建项目”启动，胚胎中心所有隐蔽工程项目建设完工，人畜饮水工程项目启动建设。

昌都市林业和草原局

【概况】 2019年3月机构改革，市林业和草原局下设办公室、生态保护修复科（荒漠化防治科、市绿化委员会办公室）、森林资源管理科（政策法规科）、草原管理科、自然保护地管理科（野生动植物和湿地资源管理科）、森林公安局、规划财务科（审计科）、政工人事科8个内设行政机构（正科级）。

【森林草原源管护】 严格落实森林生态效益补偿。根据《自治区林业和草原局资源林政管理处关于调整2019年度中央财政森林生态效益补偿基金管护补助标准的通知》要求，昌都市自2019年1月1日起，享受中央财政森林整套效益补偿基金政策国有公益林管护补助标准从原来的每年4.85元/亩增加到5元/亩；集体和个人所有的公益林补助标准仍然保持10元/亩不变。2019年，全市享受生态效益补偿基金护林员18453人，共下达资金19858.65万元。做好征占用林地草原审核。严格按照程序申报各项材料，正确处理好规范林地草原管理与促进经济发展的关系，2019年，共审核上报征占用林地项目152宗，完成江达县玉龙20兆瓦牧光互补复合型光伏项目征收用地，民航西南地区管理局在八宿县境内成都至拉萨航路通信监视保障邦达台站等7个项目的草原征占用审核审批手续材料。全面加强天然林资源保护。完成营造林2.2万亩，配备7642名天保工程管护员，全面加强对1914.7万亩天然林资源管护，实现森林覆盖率和森林蓄积“双增长”。抓好林业有害生物防治工作。查处带病苗木5车共计21500株，处理不合格苗木；在市林业有限责任公司、芒康、左贡、江达、类乌齐等县区开展森林病虫害现场防治及病虫害宣传工作，共计11场次，出动护林员2000余人次，防治面积500余亩。

【森林草原防火】 市、县区林草局（防火办）严格按照《西藏自治区人民政府关于2018年冬季—2019年春季森林防火的命令》、全区森林草原防灭火工作会议精神和市委、市政府关于森林草原防灭火工作的各项决策部署，调整充实领导机构、研究制订应急预案，层层签订森林防火目标责任书，严格落实森林草原火灾隐患排查督导、培训演练、宣传教育、野外用火管控、24小时值班等各项森林草原防火措施和制度。2018年10月进入森林草原防火期以来，市、县区林草部门累计开展火险隐患排查190余次；召开管护人员工作大会60次，发放宣传单（册）、宣传环保袋等相关资料39000余份，受教育群众73000余人次，在林区路口、重点地带悬挂宣传横幅、各类宣传牌460余块；开展森林防火综合演练培训3次，受训林草管护员1200余人次；设立森林防火检查站、卡点

（执勤点）400余个，轮守执勤人数14500余名，成立防火应急突击队伍近230个、10330余人，全市未发生一起森林草原火情火灾，取得连续6年未发生重大森林火灾的良好成绩。

【国土绿化】 完成重点营造林项目建设27.7万亩，其中“两江四河”造林绿化28476.7亩，重点区域造林7295.5亩；森林抚育项20.8万亩，实施义务植树27926亩，继续巩固“无树村、无树户”消除成效，在2018年完成海拔4300米以下“无树村、无树户”消除工作的基础上进一步巩固“无树村、无树户”消除成效，对全市73个无树村（居）7223户无树户进行补植补造，造林面积达5500亩。

【林业产业】 根据各县（区）实际情况，统筹安排经济林和苗圃建设，2018—2020年全市计划实施扶贫苗圃13072亩，计划实施经济林34981.96亩，计划投资76775.33万元。2019年完成投资20959.58万元，建设经济林29942.25亩，带动建档立卡户1287户6211人，受益资金2092.76万元，人均增收3360余元。完成投资46008万元，开展林木种苗基地建设11502亩，其他苗圃基地正在建设，带动建档立卡户423户1999人，受益资金840.93万元，人均增收4200余元。

【自然保护区】 督促芒康滇金丝猴国家级自然保护区四期工程建设，开展类乌齐马鹿、芒康滇金丝猴、八宿然乌湖等3个自治区级以上自然保护区确界立标工作。督促实施洛隆卓玛朗错国家湿地公园和边坝炯拉错国家湿地公园2019年林业改革发展湿地保护与恢复补助资金项目，总投资350万元。签订2019年野生动物肇事补偿保险合同，推进昌都市野生动物肇事补偿保险试点工作，提高补偿精准性和实效性。推进中央、自治区环境保护督察整改工作，2018年中央环保督察时主动认领问题6大项12小项，均属于共性问题，各项整改任务均达到时序进度要求；自治区环保督察时主动认领问题5大项11小项，其中共性问题2项，配合任务2项。除长期坚持的整改任务外，整改完成6项。加强与市相关部门沟通协调，开展保护区、国家湿地公园和森林公园内建设项目计划统计工作，掌握涉及林业保护区、公园的建设项目情况。

【城市绿化】 对迎宾大道、国道214线经开区段、深圳路、海南路实施“一街一景”提质增量，栽植雪松、大叶女贞等乔木2500株，灌木、绿篱7000平方米。提升公园品质，做好明珠公园绿化提质改造工作，栽植各类乔灌木35万株。实施城市“花海”行动，在城区各广场、街道花坛摆放时令花卉13万盆，栽植格桑花1.2万平方米。打造达玛拉、生格村街心公园，提升公园服务人群指标及景观效果，栽植金叶榆、竹子、冬麻豆、塔柏等乔灌木10万余株。对二小、藏医院、妇幼保健院等9家单位实施拆墙透绿及绿化提质改造，栽植草坪灌木8500平方米，提供云杉、杨树、榆树等苗木6700株，草种1500公斤。完成城区第一批古树名木建档立卡，主要包括旱柳、藏梨，50~100年树龄的有8棵，定为Ⅲ级保护，100年以上的有6棵，定位Ⅱ级保护；编制完成《昌都市绿化管理条例》并报市人大审议。邀请有资质的单位开展《昌都市慢行系统及绿道规划》《植物园概念性规划设计》编制工作。基本构建起符合生态学原理的园林绿化体系，城市新增绿地面积21.5万平方米，建成区绿化覆盖率达35.4%、绿地率达38.6%、人均公园绿地面积达12.15平方米。顺利完成自治区级园林城市创建。

【虫草采集交易管理】 4月14日召开全市虫草采集管理工作电视电话会议，总结2018年虫草采集与交易管理工作情况，安排部署2019年虫草采集与交易管理工作。2019年参与虫草采集累计人数23.2592万人，涉及虫草采集点1028个，组建工作组525个，派驻采集点工作人员3600人，发放虫草采集证193089本。虫草产量为11754.34公斤，虫草采集期间无任何矛盾纠纷发生。

【退耕还林】 2019年计划实施新一轮退耕还林工程96800亩，总投资15488万元，由于国家发改委下达2019年新一轮退耕还林批复时间较晚错过昌都市的造林时间，因此2019年的退耕还林将于2020年实施建设。

2019年，自治区财政专项资金防沙治沙项目安排在卡若区、八宿县实施，总建设规模1600亩，总投资600万元。截至年底，卡若区1000亩全部实施完成，八宿县由于前置工作及作业设计文本完成时间较晚错过2019年的造林季节，计划于2020年建设完成。

【集体林权】 全市共颁发林权类不动产登记证书172本，涉及面积3326.7亩，2019年底前各县区完成林改资料移交工作，确保年底前完成林草部门相关林改工作任务。

【草原生态修复项目】 退牧还草工程项目建设计划休牧围栏105万亩，种草改良12万亩，毒草害治理2万亩，项目总投资5830万元。完成项目县区外业规划、实施方案编制工作和前置手续办理工作。洛隆县、八宿县开工建设休牧围栏项目，工程进度分别是70%、58%，丁青县、察雅县完成招投标工作，卡若、边坝、类乌齐、左贡县区正在组织招投标工作。类乌齐、丁青、卡若、八宿、察雅涉及种草改良项目的县因错过草种播种季节，安排至2020年3月开展实施。2019年退耕还草工程计划实施退耕还草13130亩，项目总投资1313万元。完成项目县区外业规划，八宿、左贡、卡若县区完成项目前置手续办理工作，其他4个县正在办理中。第一年补助资金已经下拨到项目涉及县区。草原防火站建设项目开展情况：涉及左贡、芒康、洛隆县，建设草原防火站3座（1350平方米），采购物资储备及监控设备3套，仪器设备3批，项目总投资964.5万元，建设期限为2年，完成草原防火站建设项目初步设计编制工作并上报自治区林草局，待自治区下达项目批复后实施。

【生态补偿脱贫】 梳理2016年至2019年度生态岗位人员，对不符合条件、不履职尽责的生态岗位人员，督促各县区开展清退调整。截至12月，经过3次比对，各县区2016年至2019年花名册全部调整完毕。制定《昌都市生态保护政策性岗位管理办法（试行）》（附各类生态岗位人员管理办法和各级各部门生态岗位必备资料清单及模板），明确生态岗位人员招收条件、补助标准、各级各部门责任权利及生态岗位人员职责、出勤履职、考核、资金兑现、清退调整等各项办法，完善监管考核制度。深入调研，科学合理分配2019年度生态岗位指标。根据各县区辖区生态保护需求、任务目标、管理实际等情况，优化各类岗位设置，明确出年度总需求数量和各类岗位指标数量。2019年，全市共招收204000名生态岗位人员，按照人均3500元/年的标准，兑现上半年岗位资金3.57亿元。

【领导名录】

局党组书记、副局长：李加旭

局党组副书记、局长：格桑巴珍

局党组成员、副局长：胥　平

局党组成员、副局长：李利珍

局党组成员、天保办主任：嘎　志

局党组成员、调研员：边巴泽仁

局党组成员、副局长：和劲松

昌都市扶贫开发办公室

【概况】 昌都市扶贫开发办公室为市政府工作部门，正县级。昌都市扶贫开发办公室人员编制35名，其中部门领导职数5名。

【脱贫摘帽】 按照“1235”的脱贫总体目标（2016年实现1区脱贫摘帽，2017年实现2县脱贫摘帽，2018年实现3个县脱贫摘帽，2019年实现5个县脱贫摘帽），实现全市11县区脱贫摘帽，聚焦“两不愁三保障”（不愁吃、不愁穿，义务教育、基本医疗、住房安全有保障），尽力而为、量力而行、效益为先，以“人一之、我十之，人十之、我百之”的干劲和功成不必在我的境界、功成必定有我的历史担当，推动脱贫攻坚实现从温饱型扶贫向发展型脱贫转变；从依赖政策性补贴救助向激发贫困群众内生动力转变；从大水漫灌向精准滴灌转变；从整体扶贫向聚焦深度贫困地区转变；从单一政府扶贫向专项扶贫、行业扶贫、社会扶贫等“多位一体”大扶贫格局转变；广大群众正从“要我脱贫致富奔小康”向“我要脱贫致富奔小康”转变。2019年，全市减贫1.28万户6.75万人，贫困村退出414个。脱贫摘帽的芒康、贡觉、察雅、左贡、八宿县通过自治区第三方评估，完成地（市）间交叉考核。

【建档立卡】 按照自治区要求及市委市政府有关安排部署，及时开展与建档立卡贫困人口信息比对、建档立卡数据问题核查工作，及时将问题与疑似问题反馈给各县区要求立即核对更正，阶段性完成2019年扶贫对象动态管理、边缘户和脱贫监测户识别工作，通过多措并举，提高全市扶贫对象数据质量。

【干部培训】 共举办扶贫培训4次，分别组织开展11个县区扶贫办数据统计业务人员开展建档立卡数据信息业务整改培训会；组织察雅、左贡、贡觉等县脱贫攻坚指挥部及市脱贫攻坚指挥部各专项组开展脱贫攻坚专题培训班；组织11县区脱贫攻坚指挥部开展扶贫资金绩效考核工作及相关政策解读培训；组织11县区脱贫攻坚指挥部及市脱贫攻坚指挥部各专项组开展脱贫攻坚项目库建设专题培训。

【扶贫资金监管】 协同市财政局等有关职能部门开展昌都市2018年财政专项扶贫资金绩效评价工作，认真对照2018年度财政专项扶贫资金绩效评价指标表，对全市2018年度财政专项扶贫资金绩效评价工作进行全方位自查和自评打分；协同市财政局等有关职能部门对2019年统筹整合财政涉农资金使用方案的资金来源、资金管理以及项目是否源自项目库、是否与脱贫成效紧密挂钩、是否超出现行扶贫标准等方面进行审核，并选派人员赴拉萨参与方案审查工作；配合市财政局加强资金监管。通过部门联合等方式，赴11县区分别对落实扶贫资金项目公告公示工作的有关要求、财政专项扶贫资金效益发挥等方面进行系统检查。

【监督检查】 配合市脱贫攻坚指挥部开展监督检查1次，围绕第一批贫困人口脱贫、贫困村居退出市级抽查、复核工作，选派工作组，实地开展第一批次建档立卡贫困人口脱贫、贫困村（居）退出工作，通过入户走访、干部访谈、调查问卷、实地查看、查阅资料等方式，对6个县第一批建档立卡贫困人口脱贫、贫困村（居）退出工作进行抽查、复核，重点从贫困户“两不愁、三保障”是否达标、退出程序是否合规、“三率一度”

是否达标、贫困村退出是否达标、程序是否合规进行复核复检。

【脱贫档案归档】 督促各县区完善相关建档立卡信息档案资料，严格按照自治区《贫困县（区）摘帽考核资料目录》《贫困村（居）退出考核资料目录》《贫困人口脱贫考核资料目录》要求执行。

【三岩搬迁】 参与、配合做好全市“三岩”片区跨市整体易地扶贫搬迁各项工作。动员群众报名、稳妥实施搬迁。截至12月底，报名搬迁1488户9559人，搬迁1098户6829人。强化沟通协作。主动加强与自治区三岩办和各迁入地党委、政府的汇报沟通衔接，选派过渡期管理干部，配合各迁入地党委、政府做好搬迁群众安置、稳控及手续交接等各项工作，教育引导群众尽快融入当地生产生活。深化宣传教育。按照“八条宣传口径”等精神，向群众宣传搬迁政策，解答群众疑惑，打消群众各种杂念、消除外界各种杂音，向群众讲清“三岩”片区全部搬迁不留一户一人的政策要求。

【巡视整改】 紧盯中央巡视反馈问题整改。对照《昌都市关于落实中央第三巡视组脱贫攻坚专项巡视反馈意见的整改台账》，市扶贫办坚决扛起巡视整改政治责任，主动认领12个巡视反馈问题任务，成立落实中央脱贫攻坚专项巡视反馈问题整改工作领导小组，研究制定《中共昌都市扶贫开发办公室党组关于〈中共昌都市委员会关于落实中央第三巡视组脱贫攻坚专项巡视反馈意见的整改方案〉的细化方案》，细化措施，明确责任领导、责任科室和完成时限，完成阶段性整改。以整改成效促扶贫领域作风建设，开展扶贫领域作风问题专项治理，认真贯彻落实中央“基层减负年”相关要求，着力解决形式主义官僚主义突出问题，截至12月底，共印制扶贫（党组）文件108份，其中：印发至县级及以下4份（不含培训通知、项目批复以及资金拨付通知等）；共召开扶贫开发工作、扶贫办主任座谈会2次（不含内部学习会、民主生活会等），其中：召开至县级及以下会议2次。为基层减负松绑，激励广大基层干部担当作为，推进脱贫攻坚责任落实、政策落实、工作落实。抓好不作为、慢作为等形式主义官僚主义自查问题整改。按照自治区纪委《关于集中整治不作为慢作为、文山会海等形式主义、官僚主义突出问题的实施方案》要求和市委相关安排部署，市扶贫办党组对照问题清单，坚持刀刃向内，开展自查出3个方面12条突出问题。将问题整改作为树牢“四个意识”、坚定“四个自信”、做到“两个维护”的政治检验，深入细致抓落实，认认真真抓整改，确保市扶贫办不作为慢作为、文山会海等形式主义、官僚主义突出问题整治工作取得实实在在的效果。

【制度建设】 促进全市精准扶贫建档立卡工作规范化、制度化，深入推进扶贫领域腐败和作风问题专项治理，加强脱贫攻坚精准监督，督促精准扶贫精准脱贫各项政策措施落实落地，加强和规范脱贫攻坚问题反映、信访举报工作，畅通举报渠道，更好的发挥联系沟通、信息反馈、监督保障、协调疏导作用，以问题整改带动机制建设，确保精准扶贫、精准脱贫对象、建档立卡数据信息精准，确保问题整改见底到位、长效机制建立健全、脱贫攻坚有力有效。结合实际，市扶贫办研究制定并印发《昌都市脱贫攻坚数据不精准倒查追责制度》《昌都市脱贫攻坚监督员制度》《昌都市脱贫攻坚问题反映信访举报制度》等三个制度，以刚性制度约束各县区依法依规履职尽责。

【领导名录】

党组书记、副主任：常 红 强

党组副书记、主任：泽仁江村

党组成员、副主任：贾 国 庆

党组成员、副主任：多 布 杰（12月任）

党组成员、副主任：祁 旭 华（3月任）

原党组成员、副主任：郭 宗 杰（3月调离）

原党组成员、副主任：泽仁顿珠（3月调离）

原党组成员、副主任：张　　斌（3月任党组成员、二级调研员，免去副主任职务）

工 业

昌都市经济和信息化局

【概况】 根据《关于西藏自治区市县机构改革的总体意见》和《昌都市机构改革方案》，昌都市原工业和信息化局更名为昌都市经济和信息化局，于2019年3月正式挂牌成立，加挂市大数据发展管理局牌子，系市政府工作部门。内设办公室、经济运行科、数字经济发展科（大数据发展管理科）、信息化推进科（智慧昌都工作领导小组办公室）、中小企业科（市盐务管理局）、工业科（产业园区发展科）6个行政科室。内设市大数据管理中心、市电子政务技术中心、市中小企业发展促进中心3个事业科室。核定编制31名（其中：行政编制17名，事业编制14个）。干部职工27人，其中：机关行政干部13人（局长1人，副局长3人，四级调研员1人，离岗休养1人）；事业人员12人（事业管理人员9人、机关后勤服务人员2人、事业工人1人）。

【工业经济】 2019年，全市工业总产值达到32.4亿元，同比增长11.3%；规模以上工业产值达到23.37亿元，同比增长7.3%，规模以上工业增加值达到10.72亿元，同比增长13.9%。工业生产基本平稳。全年累计生产铜金属3.05万吨，同比减少0.67%；实现工业产值10.77亿元，同比减少4.21%；销售铜金属3.08万吨，同比增加0.91%；实现销售产值10.86亿元，同比减少2.88%。生产水泥110.88万吨，同比增长6.55%；实现工业产值6.69亿元，同比增长9.54%；完成水泥销售110.09万吨，同比增长5.93%；实现销售产值6.64亿元，同比增长8.89%。生产啤酒2.83万吨，同比减少0.5%；实现工业产值1.34亿元，同比增长5%；销售啤酒2.72万吨，同比减少2.98%；实现销售产值1.46亿元，同比增加2.56%。工业投资保持快速增长，重点工业项目加快推进，玉龙铜矿改扩建工程有序推进，类乌齐菱镁矿二期电熔镁项目进入试生产阶段，芒康海通水泥生产线、高争二线和八宿海螺水泥项目进展顺利，玉龙铜矿改扩建工程等5个重点工业项目累计完成投资41.59亿元，比2018年增长134%。

【园区规模】 “一区多园”发展模式日趋完善，昌都新区全年共接洽考察投资企业264家，完成注册手续企业167家，同比增长15.2%，注册资本22.84亿元。园区实体企业完成固定资产投入2.82亿元，投产企业实现营业收入45.65亿元；完成入库税收8.7亿元，同比增长16.6%。芒康园区累计入驻实体企业77家，开工建设39家，达到投产条件的17家。类乌齐园区累计入驻11家企业。八宿园区累计入驻实体企业2家，实现收入353.46万元、利润131.43万元，筹备入园企业2家。

【特色产业】 全市全年生产藏药51.09吨，同比增长111.73%；实现产值3742.94万元，同比增长30.43%；实现销售产值3343.22万元，同比增长177.13%。生产天然饮用水8549.53

吨，同比增长1.54%；在厦门成功举办“西藏好水”专场推介会暨促销活动，江达县净界天然饮用水有限责任公司分别与福建省金杰食品有限公司、厦门夏商民心超市有限公司签订战略意向合同2份，协议金额达6000万元，拓展市天然饮用水销售渠道。民族手工业实现产值8923.15万元，同比增长4.97%；实现销售收入7685.45万元，同比增长80.7%；总利润达2779.35万元，同比增长42.89%。同时，开展拖欠民营企业、中小企业账款清理排查工作，减轻企业负担，持续优化营商环境。

【信息建设】 “互联网+政务服务”工作取得阶段性成果，施政务外网建设三期，累计接入单位和乡镇732个，电子政务外网硬件配套设施基本建成，政务服务平台事项梳理录入工作全面完成，“一网通办”稳步推进，市、县区两级政务服务中心建成投用，多数乡镇服务大厅完成建设，户注册量和网上办件量位居全区前列，政务环境持续优化，群众和企业获得感不断提升。“智慧昌都”建设取得突破。全年完成投资2.0亿元，电子政务外网、电子政务内网、平安昌都、雪亮工程、智慧医疗（试点）等11个项目基本完成，智慧交通、云计算大数据中心土建部分、平安校园3个项目正在实施，云计算大数据中心系统部分、智慧寺庙管理、3所受援高中信息化3个项目正在筹备招标工作，局域网、无纸化办公系统（OA）、生态环境监测平台、河长制管理平台、公共信用信息平台、雪亮工程深化应用6个项目正在开展前期工作。通信基础设施不断完善。全年新建铁塔94座，新建物理站816个，电信昌都分公司完成264个扶贫安置点光纤宽带覆盖工作。建制村普遍实现4G覆盖，具备条件的自然村实现信号全覆盖，全部扶贫安置点实现光纤到户。

【领导名录】

党组书记：王治年（3月由市工商局调任，11月退休）

党组副书记、局长：泽旺德西（3月任）

党组副书记、常务副局长：蒋海明（9月任，援藏）

党组成员、副局长：闫垒

党组成员、副局长：张军

党组成员、副局长：罗成（3月由市质监局调任）

昌都市烟草专卖局（公司）

【概况】 昌都烟草体制改革前为地区烟草经销公司，于1998年9月成立，隶属原地区贸易局、原地区经贸委管理。昌都市烟草专卖局（公司）体制于2003年6月改革，归属西藏自治区烟草专卖局（公司）管理。2004年10月18日昌都地区烟草专卖局（公司）正式挂牌，2014年撤地改市，经国家烟草专卖局批准正式更名为昌都市烟草专卖局（公司），内设8个科室，1个专业部门，共有职工86人。

【烟草销售】 全年累计销售卷烟14838箱，同比增长2.06%；实现销售收入62031万元，同比增长5.85%；单箱结构达到41805元，同比增加1500元；完成税利10044万元，同比增长1.47%。其中：实现税金8911万元，同比增长0.97%；实现利润1133万元，同比增长5.56%。户卷烟经营毛利率平均保持在12%以上，继续保持较高水平。

【专卖监督管理】 昌都市烟草专卖局增强烟草专卖制度自信，发挥专卖制度优势，与属地公安、工商部门密切配合，发挥联合执法机制作用，年内开展“藏东守土”“百日会战”等多次专项行动，加强专卖管理，做到守土有责、守土负责、守土尽责，卷烟市场监管更加规范。

2019年，全年共处理预警20278起，核实卷烟订单611个，未发现违规经营问题。共查获涉烟违法案件55起，同比增长31%，其中查获14起无证经营案件，涉案卷烟5.17万支，涉案金额7.56万元。查获卷烟23.81万支，涉案金额37.30万元。其中：真烟案件35起，涉案卷烟16.65万支，涉案金额29.71万元；假烟案件20起，涉案卷烟7.16万支，涉案金额7.59万元。全面开展中小学周边零售户清理工作，累计清理34户。

【脱贫攻坚】 2019年，昌都市局（公司）坚持以“办好精准扶贫实事，确保驻村工作走在前列”为标尺，开展创先争优强基础惠民生活动，巩固扩大驻村工作成效，严格按照“十到位”和“五个讲清”工作要求做好第八、九批驻村工作队的工作交接。协同工作队认真总结年度工作，积累经验并查找问题与不足，切实将强基础惠民生活动落到实处，力争取得新的成绩，全年累计投入帮扶资金141120元。

【领导名录】

党组书记、经理、副局长：刘海青
党组副书记、副经理、局长：王志国
党组副书记、副经理、副局长：巴　桑
党组成员、副经理：李晓梅

中国石油天然气股份有限公司西藏昌都销售分公司

【概况】 中国石油天然气股份有限公司西藏昌都销售分公司位于昌都市卡若区城关镇澜沧江路196号，机关设有综合办公室、业务营运部、投资建设与安全环保部4个职能部门。下辖18座加油站，其中昌都市区5座，分别为昌都一站、二站、城郊、新世纪、下加卡加油站；县站13座，分别为江达、贡觉、芒康、丁青、洛隆、边坝、类乌齐、察雅、左贡、八宿、德嘎纳、邦达成顺、边坝热玉加油站。销售网络遍及国道317、国道318、国道214线及省道303线。

【安全维稳】 严格执行自治区“117”号主席令，推行实名制及散装油品管控等制度，严厉查处“三违”行为，全力强化安全维稳工作；昌都茶马文化艺术节、中华人民共和国成立70周年大庆及农历藏历新年等节点，持续开展安全、环保、维稳领导分片包干制度，通过现场检查、远程视频抽查和加油站日常巡检等形式，确保加油站安全稳定无事故，保障各县、各交通道路油品供应。严格履行24小时值带班制度，配合驻派公安民警开展安全维稳，增强应急协调与应急联动，提升联防联控能力。先后组织召开安全生产委员会议2次，安全维稳专题会议10余次，总结分析和安排部署安全环保维稳工作。公司主要领导与部门、油站负责人签订安全环保责任书，与部门、油站员工签订安全环保合同，覆盖率保持100%。依托上级公司HSE体系审核与各级安全生产检查，共计发现问题291项，其中资料和记录方面存在208项问题，隐患方面存在83项，公司隐患整改领导小组制订隐患整改方案，逐一销项整改，整改率达87%，对暂不能整改的问题均上报并制定风险防控措施。针对不同时期不同重点，累计组织防汛、防火、反恐演练180余次。全年公司未发生安全事故和伤亡事故。

【数质量管控】 严格按照《质量管理手册》及“三条红线”要求，落实质量目标责任，推进数质量管理体系建设。强化南北两条油品进昌线路芒康加油站、江达加油站、类乌齐加油站辛烷值检测工作，配合辛烷值检测仪，严格施行进入公司销售环节的油品检测，确保油品质量达标；协调所在地质量技术监督部门，做好加油机年度鉴定年检工作，确保油品销售计量准确；持续强化承运车辆铅封管理制度，实施源头监管，开展加油站盈亏盘点分析，查明盈亏原因，撰写盈亏分析报告，全年公司重大数质量事故为零。

【精准扶贫】　选派6名人员担任驻村干部，前往驻村点对93户、617名群众，开展政策宣贯、精准扶贫、异地搬迁等工作，昌都公司荣获昌都市2018年度创先争优强基础惠民生活动“优秀组织单位”荣誉称号。履行央企“三大责任”，年内为江达县捐赠100万元，为察雅县卡贡乡邓学村捐赠20万元，助力农牧民群众脱贫致富；结合公司中心工作需要，开展就业扶贫，帮助解决属地就业问题，年内共招录当地毕业生25人。

【领导名录】
总经理、党委副书记：通　格
副总经理、总会计师：邓珠卓玛
副总经理、安全总监：林振方（8月任）

昌都市顺康站务服务有限责任公司

2019年以来，公司深入学习贯彻落实习近平新时代中国特色社会主义思想、中共十九大以及相关会议精神，按照年初既定的工作目标任务，在挑战与机遇中不断前进，通过全体职工齐心协力，开拓创新，锐意进取，埋头苦干，扎实工作，较好地完成既定的工作目标，为公司各项工作有序推进和可持续发展奠定基础。

【生产经营】　围绕公司经营和发展的实际需要，谋划公司的经营策略与发展蓝图，制订公司年初工作目标任务，在克服诸多不利因素的情况下，通过不断提升公司整体执行力和向心力，减少成本费用开支，完善各项规章制度，加大对各部门各环节的监督检查力度，使公司日常工作更加有序，更加科学化，使公司平稳健康的运行在即定轨道上。

2019年，公司经营业务收入1025.2万元，支出977.7万元，利润47.5万元。经营的6个客运站，发送旅客13.2万人次，发送客运班车8539台次。全年无安全责任事故。

【党建工作】　2019年，公司坚定不移深入学习贯彻落实中共十九大精神，以习近平新时代中国特色社会主义思想为指引，围绕新时代党的建设总要求，适应全面从严治党向基层延伸的新常态，围绕市委、市政府和国资委党委的统一安排部署，树牢“四个意识”，坚定“四个自信”，践行“两个维护”，充分发挥基层党组在企业改革发展中的作用，深入推进党的政治建设、思想建设、组织建设、作风建设、纪律建设，为公司高质量发展提供坚强的组织保证。坚持把“不忘初心、牢记使命”学习教育贯穿始终，真学真信真懂，做到入脑入心、知行合一。落实党内“激励帮扶”工作。严格执行“每年为退休职工定额补助600元的回馈老职工”体系，2019年为40名退休党员就发放补助金24000元。

【创文创卫工作】　建立“学雷锋志愿服务队”。加强窗口文明服务，做到文明用语、文明售票、文明安检；志愿队员主动积极帮助老弱病残携带行李、搀扶上车，并协助不识字旅客指车认座；志愿队员发现吸烟者始终以文明的语言及行为来劝导站内禁止吸烟。改建站内卫生设施，便于旅客燃眉之急。公司通过申请专项资金翻修及优化站内卫生间，加设残疾人专位、美化厕内环境设备；在站内多处粘贴“禁止吸烟”“关爱未成年人”等宣传语，且专门设置吸烟区，以防其他无吸烟习惯旅客受影响；公司内部出钱在乘车区修建3处（广大旅客反映）无障碍通道。创文创卫，共建美好。每个公司员工对社会主义核心价值观（24个字）记忆深刻，且粘贴在站内最显眼的售票大厅内；加强营造“创文工作”宣传的氛围与途径、分别以条幅及LED屏形式悬挂创文工作宣传标语，并24小时循环播放；严格检查安检行囊、严抓违禁物品、每位员工时刻都能谨记保证各类安全是公司长久发展的根本原则。微笑服务，便捷客运。提前做好客运信息服务，通过公告栏、通知、广播、微信、微博等发布信息，合理引导旅客出行，客运站售票处安排预售票服务，并增设售票窗口，专门开通农民工返乡、返岗的“绿色通道”，并延长售票时间，增加为旅客服务时间。方便旅客购票，避免发生旅客滞留现象，在昌都客运站售票部门下班后，将在门卫值班室增加晚间售票点，方便旅客购票，为他们的返乡、返岗提供方便、快捷服务。 有力客运运力保障。结合客流变化，适时做好加班车、包车运力投放，随时掌握客流高峰期和应急情况下的运力调配及应急管理，当天把旅客输送完，绝不把旅客滞留在站上。严格按照“三优三化”质量要求管理。通过站前广场LED显示“昌都客运站欢迎您”“高高兴兴上车、平平安安回家”等的字样。更好地为旅客服务，并在售票大厅内设立迎门、咨询服务，引导乘客坐车，帮助乘客摆放行李，看到年迈的老人排队购票吃力，立即前往帮忙买票、提行李直至安排上车完备。在客车上放置卫生方便袋及垃圾桶，给会晕车的旅客带来方便。

【安全生产】 提高组织领导，确保安全第一。根据“党政同责、一岗双责”的工作原则，公司组建以党政领导负总责的安全生产管理委员会和安全生产领导小组，设立专门的组织实施办事机构，安排和规划未来一年或多年的安全生产工作。2019年初，公司签订各类安全生产目标责任书，明确安全责任人和安全目标，使安全工作落实到每个部门、每个个体、每个人，明确各客运站安全是公司安全工作的出发点和落脚点。加强宣传力度，重输安全意识。公司在抓安全生产工作中，始终坚持“以人为本，安全第一”的思想理念，将安全工作贯穿于公司其他各项工作的方方面面。采取举办宣传栏，张贴标语，悬挂横幅，播放广播，开展安全知识竞赛等方式，在职职工思想中贯穿安全生产的重要性、紧迫性以及不注重安全生产而导致的危害性；每周三下午组织全司干部职工、认真学习全国、区地安全生产工作会议及安全生产电视电话会议精神，学习上级对交通安全管理的相关文件和法律法规以及安全生产知识等，牢固树立“安全高于一切，责任重于泰山”的思想，做到防患于未然；凝聚公司与各参营单位之间的感情，提高安全经营的效力。严抓措施实施，严把安全生产关。建章立制。在安全管理工作中，根据公司的经营特点，分别制定《隐患排查制度》《重大节日期间安全责任书》《车辆进站管理办法》《车辆进站安全例检制度》《三品检查制度》《车辆出站门检制度》《客运站业务操作规程》《职业健康管理机构》《职业健康管理制度》等，落实车辆报班工作流程、调度工作流程、安全例检工作流程、售票室工作流程等，并上墙。采取措施。细化客运经营中各环节的管理措施，并将责任落实到人，层层把关；每天发车前10

分钟的时间，对司助人员进行安全宣传和指导，交代途中应注意的事项和基本常识，做到警钟长鸣；严格“三品”（易燃、易爆、危禁品）检查、上车检票、出站门检制度和安检队伍建设，从源头控制一切不利安全因素产生；建立责任倒查制度，实行五不放过，把目标责任自上而下落实到位；制订消防、反恐防暴、重要节点及节假日等应急预案，及时应对，确保万无一失；对车辆报班实行微机管理机制，严把“四证、一卡、一牌”的审核关，杜绝证照不齐、手续无效的车辆进站报班发车；制订《安全员工作职责》与公司各客运站分别签定《各站安全员责任书》，将安全员工作全面落实到位；在雨雪天气时，随时掌握周边及县乡天气和道路状况，如遇恶劣天气可视情况，不予放车出站，并做好旅客解释服务引导工作，并及时联系将在外运行的车辆（如出站的成都、拉萨等班线），要求检查冰雪天气行车必备物品（防滑链、三角木等）是否齐全，并随时注意天气及道路状况，如遇恶劣天气可视情况，就地休息，待天气转好、适合行车时继续前行；且及时掌握车辆路途天气情况，做到及时预警，并要求路途车辆执行“每日定点休息报平安”规定。通过媒体，加强安全生产宣传。按季度或上级文件要求定期更换安全警示横幅，2019年共悬挂横幅16条；给旅客及驾驶员发放宣传资料、书籍、警示材料（如文明出行等）共计221份。

【领导名录】

党委书记、董事长：邓建康

党委副书记、董事：齐　青

总经理：杨沛明

副总经理：李文秀

工会主席：彭　妍

副总经理：向巴登真

昌都市蓝天运输有限责任公司

【概况】　昌都市蓝天运输有限责任公司前身是西藏昌都地区汽车三队，成立于1954年，历经60余年，位于昌都市卡若区夏通街179号，国道317线路边，更名为昌都市蓝天运输有限责任公司。公司职工总人数370人，其中：离退休职工317人，在册职工53人［其中：在岗32人（含新招收大学生8人）、待岗21人］，45人缴纳五险，在岗职工中党员7人。2018年，将职工所持股份全部收购，为市政府国资委监管的国有独资企业。公司下设财务科、综合办公室（包括离退休人员管理、家属居民养老保险收缴、家属居民及小孩医疗保险收缴、职工养老等五险上缴、残疾及低保人员的管理、工会职能、职工及居民医疗费报销等）、物业管理科、昌都市汽车综合性能检测站。

【经营情况】　公司资产总额1253099.57元，其中：流动资产7667874.55元，非流动资产488522.02元，所有者权益2722652.63元，实收本6966166.22元，负债12553099.57元，其中：流动负债98046.94元，营业收入3438628.85元（其中：车辆检测收入389345.73元、管理费收入620034.06元、房租收入2275677.06元、停车收入153572.00元），总成本3325410.17元（其中：营业成本494763.06元、管理费用2572908.93元、税金257738.18元），实现利润470100.84元，（含就业稳岗补助），上缴税款257738.18元，职工月平均工资3110.00元（不含5名长期病号及临时工），班子成员月平均工资6000元。2019年年底完成年初与市政府国资委签订的《2019年度出资企业负责人经营业绩考核目标责任书》的基本指标，实现3年盈利。

【汽车综合性能检测站】　在市运管局的指导和帮助下，通过内部管理上下功夫，积极改善服务态度，提高服务质量并严格按照程序文件和作业指导书开展车辆检测工作，做到准确及时、公正、公开、符合国家计量评审准则的要求。因公司修配厂的土地规划属于住宅用地，土地置换条件不成熟，不能修建符合“三检合一”的汽车检测站。公司2019年申报项目新建符合环保条件的汽车洗车场得到市国资委的大力支持，公司落实场地，待2020年租赁合同到期后修建，2019年做前期准备工作。

【棚户区改造】　按照昌国资发〔2018〕3号《关于下达2018年昌都市国有企业棚户区改造计划的通知》要求竣工、市财政和发改委拨付的棚该资金由市政府国资委全部拨付到公司；“三供一业”（企业的供水、供电、供热和物业管理）的水、电改造完成，由于公司住宅小区居住人员比较杂、住房修建时间比较久、无消防设施，经多次同昌都市区内的物业管理公司协商“三供一业”移交事项未果，剥离工作未完成。

【领导名录】

市蓝天运输有限责任公司执行董事、总经理：

陈　康

市蓝天运输有限责任公司副总经理：

降永郎加

市蓝天运输有限责任公司副总经理：

王 建 江

昌都市邦达工贸有限公司

【概况】　2019年是中华人民共和国成立70周年、西藏民主改革60周年，是全面学习贯中共十九大，以及中共十九届一中、二中、三中、四中全会精神之年，也是中央、区党委关于开展“不忘初心、牢记使命”主题教育之年。公司紧紧围绕自治区、市委、国资委的工作决策部署和年初下达的各项任务开展工作，以转变作风、密切联系群众为主题，以建设和谐健康发展企业为抓手，充分发挥党支部的战斗堡垒作用，发挥党员的先进性，找准工作的创新点，为公司重点工作和重点项目的实施提供保障和动力，努力提升企业发展科学化水平。

【党建工作】　2019年公司支部及时传达学习市委和国资委党委有关党建工作的重要决策部署、重要会议精神，带领党员认真学习党的十九大报告、中共十九届四中全会精神、习近平新时代中国特色社会主义思想纲要、习近平关于“不忘初心、牢记使命”论述摘编、党章、关于新形势下党内政治生活的若干准则、中国共产党党内监督条例和习总书记在各地视察参观时的重要讲话精神等，带领全体党员扎实。第二批主教育9月启动，开展“不忘初心、牢记使命”主题教育，增强党员“四个意识”和“四个自信”，做到“两个维护”，教育引导全体党员用党的创新理论武装头脑，推动全体党员更加自觉地为实现新时代党的历史使命不懈奋斗。支部班子建设情况。支部成员4人，支部书记由杜君利同志担任，陈勇任组织委员、四郎邓珠任纪律委员、全军任宣传委员，公司支部健全。制定《邦司2019年度党建工作计划》《邦司主题党日工作计划》《邦司2019党建工作要点》《邦司三会一课工作计划》《邦司2019党员发展计划》《严禁党员信仰宗教工作方案》《邦司党建工作整改方案》《邦司党建八大工程实施方案》《邦司2019年党风廉政工作计划》等工作方案和计划以及完成昌都党建智慧平台系统录入数据。

公司党支严格按照党员发展的“十六字方针”，严把酝酿提名、民主推荐、组织考核等程序，把2名培养对象发展为预备党员。公司支部初步培养对象1名。

【生产经营】 销售。全年销售总额198923.30元，其中医药公司销售192020.65元、民族贸易大楼销售6902.65元。销售较上年同期下降299075.07元，其中医药公司下降287468.39元，年销售额较上年同期下降的主要原因是2019年度虽然对商品进行折价销售，由于民族商品样式过时、陈旧等等因素使销售收入较上年同期有所下降。

其他业务收支情况。全年租赁收入为5908625.70元，较上年同期相比上升314359.03元，上升的主要原因是2019年虽然受市场经济及政府拆迁等因素的影响，经过企业对房租收入进行调整和及时收回，使2019年度租赁收入有所上升。营业外收入2615445.32元，较2018年同期增加2303495.36元，增加的主要原因是收到门面转让费及惠民农产品加工公司应给2018年度屠宰场补贴款和对长达10年以上的应收款进行呆坏账账务处理所致。营业外支出：全年营业外支出为3414335.86元，较2018年同期上升3220516.86元，上升的主要原因是对长达10年以上的应付款进行呆坏账账务处理和对自治区级储备牛肉商品损耗进行损失计入使当年营业外支出有所增加，使本年的支出降低所致。

主营业务成本及毛利情况。全年销售成本为206491.32元，成本较2018年同期下降272670.89元，成本降低的主要原因是2019年商品销售下滑，使销售成本相应下降所致；本年度毛利较上年同期毛利率下降，毛利率下降的主要原因是2019年受商品陈旧过时等因素使商品销售减少，致使毛利率下降。

费用情况。全年费用总额为5022204.84元，其中：经营费用为1481770.09元，管理费用为3533314.87元，财务费用为7119.88元，费用总额较2018年同期下降490822.70元，费用下降的主要原因是2019年归还自治区级储备贷款资金使利息支出减少以及2019年通过公司领导及全体员工本着“增收节支开源节流”原则，努力降本增效使得2019年各项费用降低所致。

效益情况。2019年利润总额为186196.65元，较2018年同期上升11300.29元，利润上升的主要原因是由于本年对长达十年以上的应收应付账款进行呆坏账账务处理等等因素使利润也有直接影响。税金：本年提取的各项税金454526.51元，其中：增值税为321951.80元，流转税为38694.14元，所得税34996.67元，较2018年同期减少50300.16元，税金减少的主要原因是本年减负减税的优惠政策以及销售收入下降使税收相应减少所致。

利润分配。本年度利润总额为186196.65元，扣除补缴2018年度企业所得税税额：42689.41元以及缴纳2019年1月至9月企业所得税15847.75元，根据现行的税收政策应从利润总额中提取15%的企业所得税19148.92元，税后利润为108510.57元，再计提10%的法定盈余公积金10851.06元，净利润为97659.51元，可供投资者分配的利润为97659.51元，待上级审批后再分配，按投资比例：国家投资实收资本占28.037889%，应分得红利27381.66元，职工个人股占实收资本71.962111%，应分得红利70277.84元。

【资产及负债】 资产变动。年初资产总额为70473320.76元，2019年末资产总额为：68036127.95元，比年初减少2437192.81元，资产减少的原因是积极归还自治区级储备贷款资金以及对长达10年以上的应收款进行呆坏账账务处理所致。

负债情况。2019年负债总额为41312578.92

元，其中流动负债为38854938.95元，非流动负债为2457639.97元，较2018年同期负债减少2460826.33元，负债减少的主要原因是返还部分自治区级储备牛肉贷款资金以及对长达10年以上的应付款进行呆坏账账务处理所致。

权益结构分析情况。流动资产占35%，非流动资产占64.69%。负债占60.72%（其中：流动负债占57.12%，非流动负债占3.61%）。所有者权益占39.29%。

国有资产保值增值情况。年初国有资产总额7486045.90元，其中国有资本4317241.15元，国有权益3168804.75元。年末国有资产总额7492670.45元，其中：国有资本4317241.15元，国有权益：3175429.30元，本年应分红利27381.66元。2019年国有资本总额较2018年同期上升6624.55元，上升的主要原因是调整2018年应上缴的利润所致。

【完善制度】 2019年，公司结合经营管理实际，修订管理制度，修订后的制度涉及人事、财务、薪金、奖惩、采购、报销、内部控制等五章25节，达到按制度和规定办事的管理理念。

【安全生产】 2019年公司全面贯彻落实国家、自治区、市安全生产工作会议精神和市政府国资委关于安全生产工作相关要求，严格执行有关安全生产法律法规，按照“管行业必须管安全，管生产经营必须管安全，管业务必须管安全”的要求，强化安全生产监督管理，预防和安全事故的发生，履行好安全生产工作的职责；按照《昌都市政府国资委安全生产管理制度》落实好“党政同责、一岗双责、失职追责”的责任要求，认真贯彻好党和国家安全生产方针及法律法规，履行主体责任和加强组织领导，严格牢固树立“红线”和“底线”思维，把安全生产纳入中长期发展规划中，以深化安全生产专项整治，防范和坚决遏制重特大事故为工作目标，切实把各项责任落实到位，把各项政策措施落到实处。组织安排专人对容易引发安全事故的部位进行事无巨细的检查，消除安全隐患，将安全生产工作抓细、抓实和抓好，确保安全生产各项工作“三不出”。公司安保部认真做好安全生产监督检查工作；以“安全生产月、安全生产昌都行”为契机，开展公司下属各部门和租户的安全隐患排查专项行动；按照要求检查和补充公司所属和租户所有的消防器材，消防喷淋系统能正常运行工作；公司安全生产领导小组组织公司职工及租户进行消防知识培训，并开展一次消防演练，使职工和租户的安全生产意识得到很大程度的提高。组织和召开公司安全生产目标管理责任签约大会，明确相关部门的年度安全生产工作目标和任务。并与所有租户签订安全目标责任书，根据属地化管理原则，把安全生产管理目标分解落实到各部门直至租户。坚持每月一次的安全生产例会制度，贯彻传达上级有关安全生产会议及文件精神，分析总结和布置落实阶段性安全生产工作。2019年公司安全生产形势比较平稳，没有出现任何安全生产事故。

【解决光宇利民药业职工安置和股权】 光宇利民药业因经营不善，药厂迁建改工作未如期完成等种种原因，已经面临破产边缘。光宇利民药业为摆脱境，解决危机，与尔康制药业有限公司达成股权转让意向，将全部股份一次性出让，出让价格3500万元。公司作为20%股权的持有者，同意光宇利民的出让意向，要求光宇利民药业必须妥善安置15名在职职工和保证公司资产700万元以及缴纳和发放拖欠职工五险一金和部分工资。光宇利民药业的股权转让税金和债务以及纠纷公司一概不予承担。

【领导名录】
党支部书记、法人：杜君利

印务公司

【概况】　2019年，印务公司认真践行习近平新时代中国特色社会主义思想，学习党的一系列方针政策，贯彻各项政策决议，努力改进工作作风，提高各项工作素质，完成各项工作，基本达成年初制订的工作目标。

【机构人员】　公司设董事长办公室、总经理办公室、办公室、财务科、业务室、印刷车间、装订车间、排版车间、刻章车间、打字室、复印室、纸张仓库、材料仓库。截至12月31日公司职工总人数53人，其中：在职职工33人（其中：挂靠8人）；退休职工19人（在昌都本地10人）。

【生产经营】　公司以印刷业为主业，兼营房屋出租、刻制公章等业务。1月至12月份，公司营业总收入530万元。营业总成本521万元。上缴税金20万元，上缴五险一金共计61万元，上缴2018年国有收益近4万元，上缴工会经费3000元，缴纳党费3300元。营业利润9万元。

【党建工作】　公司现有共产党员11人，其中：在职职工中党员9人，退休职职工中党员2人，2019年度未发展吸纳新党员。

【安全生产】　公司始终把安全生产工作作为公司的一项重要工作来抓，坚持以习近平新时代中国特色社会主义思想为指导，深入贯彻落实《中华人民共和国安全生产法》等相关法律法规，坚持“安全第一，预防为主”的方针，开拓管理新思路，以人为本，强化安全生产意识，做好各项基础工作，从大处着眼，小处着手，狠抓安全生产管理不放松，坚持“三会一课”制度，企业要稳定，首先是企业稳步发展，就要坚持“安全第一，预防为主”的方针，认真落实安全生产责任制和执行安全规章制度，以确保企业不发生重大人身、设备、治安等事故安全生产制度的实施，使安全生产管理工作，有章可循。根据安全稳定工作目标的要求，坚持由“一把手”负总责的安全生产理念，各车间主任为责任主体，并与各门面签订年度目标责任书，明确督促综治工作，认真分析解决存在的问题，把安全生产制度贯穿在各项工作之中。印务公司配合上级部门开展的各项安全生产行动，坚持定期排查公司辖区内存在火灾隐患的地点，并按照要求配备齐全消防器材等，定期组织公司职工开展消防演练和逃生演练，全年累计开展达到23次。印务公司全年未发生安全事故，达到连续多年未发生事故的同行业先进水平。印务公司坚持谁主管谁负责的原则，做好安全保卫工作，严格“四防”自查自纠，严防火灾事故发生，做好防火隐患。严格强调安全用火、用电、用气，防患于未然。加强反分裂斗争，提高职工素质，把综合治理工作同精神文明建设有机地结合起来，杜绝一切社会丑恶现象，防范和化解疏导工作，防止因民事纠纷调处不当而转化成突发性重大刑事案件，严格防止内部职工相互酗酒闹事、赌博等现象，2019年全年未发生治安案件。

西藏昌都市交通有限责任公司

2019年，公司在市政府国资委的监督管理和指导下，认真学习贯彻落实中共十九大和市委国资委国资工作会议精神为主线，统筹抓好公司经营管理、加强基层组织建设和干部队伍建设等重点工作，统一思想，以“改革创新、科学务实”为抓手，加强管理，狠抓工作落实，使公司的各项工作得以有序推进。

【企业改制】 按照昌都市国资委的工作安排，公司企业改制工作正式启动。制定完善内控制度，加强财务管理，公司制定《西藏昌都市交通有限责任公司财务管理制度》和《西藏昌都市交通有限责任公司费用报销管理制度》等一系列内控制度。规范财务管理，要求财务科配合企业改制前期的清产核资工作，明确产权归属，以利于公司改制工作的有效推进。

解决好公司存在的历史遗留问题，尽快收回职工内部借款和投资借款，确保企业的正常运营。由公司董事长赵仕湖任组长，公司总经理张福全、财务部经理胡艳玲为成员的专项债务清算小组，协调职工借款和投资借款回收等相关工作。

【安全生产】 在市政府国资委的领导下，公司一直重视安全生产工作。通过加强日常的安全学习教育工作，提高安全意识；加强对重点部位的安全巡察，防患于未然。通过全司干部职工的共同努力，一年来公司未发生安全生产事故，确保企业的正常经营发展。

公司落实责任，实行分片管理，有效确保安全生产。八益灯具城是公司的重要经济支柱，由于是八益公司统一包租，市场治安、生产、消防设备的管理和使用均由八益公司负责；公司设立市场管理科进行管理，负责日常巡察和安全生产的宣传教育工作，确保其他出租商铺的安全生产工作；公司职工住宿小区由小区管理处进行日常管理。

【领导名录】

董 事 长：赵仕湖

党委书记：赵　荣

党委副书记、总经理：张福全

西藏高争（集团）昌都制氧厂

【概况】 原名为西藏昌都地区制氧厂，1974年，由昌都地区制药厂的制氧车间发展演变成制氧厂。1998年12月，西藏昌都地区制氧厂根据昌都经贸体改委纳入的改制批复意见1998年7月28号文件进行体制转换。2008年3月，根据昌都地区行署国资委与西藏高争（集团）有限责任公司就昌都地区物资公司、昌都地区制氧厂整体无偿划转事宜的纪要，划转至西藏高争（集团）有限责任公司。2017年，西藏高争（集团）有限责任公司将制氧厂无偿划转回昌都市政府国资委。

企业性质为有限责任公司，法人代表卫国。注册地址西藏昌都市卡若区城关镇小恩达村，公司经营范围为工业用氧的制造与销售，公司实有职工8人，其中专职安全管理人员1人，特种作业人员3人，特种设备管理人员2人，财务管理人员2人。

【安全生产】 公司取得安全生产许可证以来，贯彻落实以人为本，安全发展理念，将安全标准体系切实的贯彻落实到企业的安全生产的方方面面及时识别新法律，法规和标准：建立健全公司组织机构和职责，定期进行隐患排查与治理，建立健全安全生产规章制度，操作规章制度培训教育计划，建立安全培训档案，加强生产设施及工艺安全管理。并定期进行检查、维护、保养，对危险作业进行作业许可管理，为从业人员配备符合标准规范要求的劳动保护用品，加强事故与应急管理，制订生产安全事故应急救援预案，并备案。定期检查消火栓、灭火器、消防水池等急救器材，并每年组织一次自评。公司于2013年取得安全生产许可证至今运行平稳，未发生过安全生产事故。

【生产经营】 2019年生产氧气7683瓶，2018年同期生产氧气13155瓶，减少41.60%；销售氧气6859瓶，2018年同期销售氧气13374瓶，减少48.71%；实现不含税销售收为769029.14元，2018年同期不含税销售收入1372954.13元，减少43.99%，销售成本744227.57元，2018年同期销售成本为792402.57元，减少6.08%；管理费用400262.68元，2018年同期管理费用412355.06元，减少2.93%；缴纳增值税9282.52元，2018年同期缴纳增值税125803.36元，减少92.62%；城建税：649.78元，2018年同期缴纳城建税8806.24元，减少92.62%；教育费附加278.48元，2018年同期教育费附加3774.10元，减少92.62%；地方教育附加185.65元，2018年同期缴纳地方教育2516.07元，减少92.62%；工资总额357170元，2018年同期工资总额310580元，增加15%；实现净利润87295.06元，2018年同期净利润567407.49元，减少84.62%。

【存在问题】 厂占地面积3200平方米，实际使用面积1228平方米。2016年8月中旬、由市安监局、质监局、消防支队消防检查时，指出厂房属于危房。自1974年建厂至2019年，库房、材料室、灌装车间从未改建。制氧设备老化。厂里只能给职工发放工资及上缴五险一金。

由藏安监管〔2017〕171号关于转发《国务院办公厅关于推进城镇人口密集区危险化学品生产企业搬迁改造的知道意见》作为依据，搬迁改建制氧厂。企业重改建资金缺口很大。

【领导名录】

西藏高争（集团）昌都制氧厂厂长：

卫　国

交通运输·建筑

昌都市交通运输局

【概况】 昌都市交通运输局于1972年成立，是主管全市交通工作的职能部门。2019年机构改革，内设办公室（政策法规监督科）、建设与养护管理科（综合规划科）、农村公路科、交通运输科（企业指导科）、交通执法监督科（安全监督管理科）、政工人事科6个行政正科级职能科室；行政编制17名。其中部门领导职数5名（含总工程师1名）。内设公路建设项目管理中心、总工办、交通战备办公室、公路养护管理办公室、公路工程质量安全监督与造价管理站、昌都市道路运输管理局（地方海事局）、昌都市路政管理局7个事业正科级职能单位。事业编制110名。其中处级领导职数1名。

【基本情况】 昌都市辖11个县区，138个乡镇，1142个村（居）。截至年底，全市县区通畅率100%；乡镇通达率100%、通畅率87%；行政村通达率100%、通畅率59.5%；自然村通达率59.05%、通畅率12.43%；寺庙通达率98.3%、通畅率23.94%。全市公路通车总里程达18366.887千米。全市开通各类客运班线66条（其中，省级9条，市级7条，县级17条，县、乡农村客运班线29条，城市公交班线4条），县区客运覆盖率100%，乡镇通客车率62.32%，行政村通客车率33.01%。全市共有经营性运输企业（个体户）4468家（户），危险品货物运输企业3家，机动车驾驶员培训机构16家，机动车维修企业485家，拥有经营性运输车辆6927辆。拥有一级和二级客运站各1个，三级客运站9个，乡镇综合运输服务站40个，农村客运停靠站16个。民用航空开通昌都邦达直达成都、重庆、拉萨、西安4条航线。

【公路项目建设】 全市新续建交通项目572个，完工329个，计划完成投资76.39亿元，实际完成投资76.79亿元，占年度计划的100.52%。重点项目有序实施。新续建重点项目11个，完成投资41.79亿元。其中，新建重点项目5个，完成投资3.8亿元。续建重点项目6个，完成投资37.99亿元。G349线边坝至嘉黎县尼屋乡段工程、金沙江S201线灾毁重建工程开工建设，国道317线（西藏境）珠角拉山隧道及接线工程、G317线（西藏境）丁青至斜拉山公路整治改建工程建成通车。农村公路加快建设。新续建农村公路项目561个，计划完成投资16亿元，实际完成投资35亿元。其中，新建农村公路项目191个，计划完成投资6亿元，实际完成投资6亿元。续建农村公路项目370个，计划完成投资10亿元，实际完成投资29亿元；整治“畅返不畅”（油返砂）项目15个，项目开工建设14个。“十四五”规划编制有序推进。《西藏自治区昌都市综合交通运输发展十四五规划》完成初稿，正在进行修编。项目设计审查和质量监督不断加强。共审查设计图纸66个，通过审查43个，通过率65.2%；设计变更审查164个，通过审查139个，通过率84.8%，增加变更资金1.39亿元。认真贯彻落实交通运输部《农村公路质量管理办法》，加大农村公路质量监督检测频率及处罚力度，重点项目监督覆盖率达到100%，一般项目监督覆盖率达到90%以上。共办理质量监督手续52个，现场质监47次，下发质量整改通知书28份。项目环保工作不断加强。制订年度环保工作计划，与各县区交通运输局签订生态环境目标责任书。紧紧围绕环境保护与工程建设同步目标，严格执行环境影响评价和“三同时”制度，加强环保监督，定期开展项目环保、水土保持专项检查，及时处理施工过程中乱挖乱采、破坏植被等环境破坏、水土流失问题。做好第二轮中央环保督查迎检工作，成立专项督查整改办公室，明确专人负责，完善资料台账，圆满完成迎检任务。项目审计工作基本完成。共报送竣工决（结）算项目419个，实际送审413个。

【脱贫攻坚】 行业扶贫。全年新增16个乡镇、237个建制村通畅，完工易地扶贫搬迁安置点道路建设239个，吸纳农牧民群众参与交通项目建设21807人，为农牧民增收4.57亿元。定点扶贫。先后组织干部职工2次前往八宿县夏里乡崩夏村和外巴村开展结对帮扶，送去价值约5万元的生活物资。集团扶贫。帮助解决市人大扶贫片区左贡县仁果、下林卡、中林卡、左碧等4个乡镇道路建设303.715千米，实现人均增收2.1万元。党建扶贫。将左贡县扎玉镇雪巴、达巴2个驻村点作为党建扶贫联系点，投入500余万元帮助达巴村修建约2千米长的串户道路并解决村委会房屋修缮资金1万元。投入84万元帮助雪巴村进行人居环境整治，投入32.362万元修建长4.5千米的灌溉水渠。

【农村公路建设、整治、养护与运营】 建设方面。全年新续建农村公路项目561个，乡镇通畅达到120个，建制村通畅达到680个，乡镇、行政村通畅率分别达到87%、59.5%。管理方面。加强交通行政执法，持续加大对农村公路超限超载治理力度，严厉打击农村公路超限超载违法行为，同时加大路政巡查力度，及时查处损坏公路、侵占路权等路政案件。整治农村公路路域环境，保持路面常年整洁。养护方面。制定印发《昌都市农村公路养护管理实施方案》，与各县区交通运输局签订养护管理目标责任书，下拨农村公路养护补助资金3936.978万元。推进农村公路养护市场化，建立农村公路管养信息化，以类乌齐县为试点，开通互联网+手机APP管理模式，切实提高农村公路组织管理和动态化监控能力。加强排查整治易发多发灾害路段标志牌的缺损、路基缺口、路面积雪、暗冰、结冰等，农村公路路面清扫、修补295万平方米，清理边沟73148千米，涵洞清淤3896道，清理塌方129万立方米，除雪打冰2.89万立方米。将2条国道，10条省道移交给公路分局养护管理，并清查移交洛隆养护段人、财、物。村道生命安全防护工程整治隐患路段147.91千米，危桥改造20座。运营方面。新开通城市公交班线2条，建成40个乡镇综合运输服务站，新增通客车乡镇9个、建制村15个，乡镇、行政村通客车率分别达到62.32%、33.01%。

【运输保障】 客货运输总量。全年累计完成道路客运量854.27万人次，客运周转量29152.1万人千米。累计完成进、出藏货运量252.3万吨，货运周转量121772万吨千米。客、货运量同期分别增长8%和17.27%。农村客运。制定《昌都市农村客运发展规划（2019—2020）》，建成总投资2400万元的乡镇综合运输服务站40个。有7个县开通并投放巡游出租车125辆。重要节点运输。全力保障春运、“四大考试”，打击非法客运、中华人民共和国成立70周年、西藏民主改革60周年等期间道路运输。春运期间，累计投入客运总座位42122个，共发班次1404班次，完成客运量20052人次。“四大考试”期间投入12辆营运客车作为运输保障用车，出动76班次公交车免费接送考生2520人次，累计运送学生8142人次。中秋节、国庆节期间累计投入应急班车683班次，运输旅客9508余人次。交通运输智能绿色发展。道路客运联网售票系统、出租车动态监管平台相继投入使用，新投入6辆高原新型客车，定期对机动车维修企业开展环保专项整治，倡导“绿色出行”，鼓励市民选乘公共交通工具，采取步行，自行车等绿色环保出行方式，形成良好出行习惯。

【交通综合执法】 依法打击非法营运。紧紧围绕扫黑除恶打非治乱专项斗争，联合公安等部门，采取蹲点守护与流动执法相结合的方式，严格公正执法，非法营运现象得到有效遏制。出动执法人员8076人次，共检查过往车辆27803台次，查扣276台，处罚金额197万元，批评教育1263人次，道路客运市场秩序稳步改善。依法治理超限超载。以江达、芒康、类乌齐3个固定治超检查站为依托，严查普货、危化品运输超限超载行为。出动执法人员2775人次，检查过往车辆65003台次，查处违规车辆3664台，劝返964台次，卸载货物383吨，处罚金额378万元。整治出租车乱象。以执法人员路面检查为主要手段，通过开展出租车驾驶员文明驾驶培训班，利用出租车违法违规经营投诉热线等方式，整治出租车行业乱象。全年出动执法人员1009人次，检查过往车辆6887台次，接到投诉电话156次，共处罚102台次，批评教育1501人次，处罚金额7万元。

【行业安全生产】 全年运营车辆和公路工程领域未发生较大以上事故，连续5年获得全市安全生产先进工作单位，连续2年被列入市级免考单位。全面落实“党政同责，一岗双责”“三管三必须”责任制，打通“领导责任、行业监管责任、企业主体责任、属地管理责任”链条，层层分解任务，责任到岗到人，签订目标责任书35份。开展各类宣传6次，悬挂横幅10条，发放宣传册2340份、宣传物品180套，举办有奖答题活动1次，参与群众485人，开展安全生产“进社区、进工地、进企业”活动3次，宣传群众570人，行业安全生产防范意识明显增强。全市14家运输企业全部完成标准化建设，59家施工企业完成32家，剩余27家稳步推进，31家二类以上维修企业正式启动。开展各类检查21次，检查企业155家次，发现问题23起，即知即改23起，完成各级重大问题督办整改4起，重点项目检查率达到100%，一般项目督查率达到60%以上。全年预算安全生产专项经费5万元，投入4.1万元安全生产宣传经费，1.3万元安全生产教育培训经费，为安全生产工作提质增效提供有力支撑。

【行业综合治理】 突出重要敏感节点维稳安保。以“三大节日”、茶马文化艺术节、中华人民共和国成立70周年等重要节点为重点，结合交通运输行业特点，突出抓好安全生产、消防安全、信访纠纷、维稳值班等工作，确保交通运输领域持续和谐稳定。深入推进扫黑除恶打非治乱专项斗争。把专项斗争作为重大政治工程摆上突出位置，加强组织领导，周密安排部署，强力组织推进，局党委和局先后10次召开专题会议。采取集中宣传、悬挂横幅、电视报道、网络宣传等方式，广泛宣传发动，营造浓厚氛围，共组织集中宣传活动30余次，悬挂横幅50余条，发放各类宣传资料15000余份。把专项斗争线索摸排作为基础性工作来抓，先后多次安排部署，并动员各方面力量，深入项目一线广泛摸排交通运输领域涉黑涉恶涉乱问题线索，先后2次组织集中摸排，共掌握全市交通运输领域问题线索12条。根据中央扫黑除恶第13督导组督导反馈问题整改要求，坚决整治道路运输、非法营运、出租车行业乱象等问题。共对全市道路运输和汽车维修企业集中排查4次，排查道路运输和汽车维修企业661家，发现并整改问题企业65家。全年共出动执法人员11950人次，检查过往运输车辆99693台次，检查危货运输车辆7182台次，检查班线客运11830台次，检查面包车、出租车9822台次。共计查处普货超限运输65003台次，卸载零散货物383吨。举办出租车驾驶员培训班8次，培训驾驶员577人次。加快推进法治政府部门建设。围绕创建“全国法治政府建设示范市”，利用三月综治宣传月、6月综治宣传周、“9·16”平安西藏宣传日，“12·4”国家宪法日等，加强“平安交通”宣传教育。加强干部职工法治宣传教育，组织宪法知识考试3次，干部职工法治思维和依法行政能力进一步提高。狠抓“双拖欠”信访工作。全年共接访信访案件47件，解决44件，共协调解决各类涉访资金7924万元。加快线上服务平台建设。充分利用市政府线上大平台，组建完善“12345”政府服务热线、政府部门网站和互联网+政务服务等线上服务平台建设，推进简政放权，及时回应广大群众诉求。

【领导名录】

局党委书记：段中明

局党委副书记、局长：泽旺四郎

局党委委员、调研员：青　扎

局党委委员、调研员：林清华

局党委委员、副局长：江世国

局党委委员、副局长：许剑锋（12月任）

局党委委员、副局长：罗松曲邓

中国民用航空昌都站

【概况】　昌都航站组建于1994年。航站下设综合办公室、财务管理部、党群工作部、航务管理部、地面服务部、运行保障部、公安分局、安全检查站、航空护卫部、安全管理办公室10个科室，在册员工总数283人（含1名援藏干部），其中男性200人，占比70.67%，女性83人，占比29.33%；汉族114人，占比40.28%，藏族及其他少数民族169人，占比59.72%；大专及以上学历员工214人，占比75.62%；35岁以下员工191人，占比67.49%。航站科级干部共22人，40岁（含）以下科级干部15人，占比68.18%。

邦达机场于1995年4月28日正式投入使用，也是世界民用机场中海拔第二高、跑道最长、距离城市最远的机场。位于昌都市八宿县益青乡邦达草原的河谷之中、玉曲河西岸的坡地上；距昌都镇公路距离126公里；海拔4334米；机场年平均气温为-2.5℃，主要特征为春风、夏雨、秋晴、冬雪，气温年较差、日较差均较大。

国航、藏航、西部航三家航空公司开辟6条航线，通达成都、重庆、拉萨、西安、深圳、天津6市。通航以来，累计完成旅客吞吐量200万余人次，实现货邮运输10000余吨。

【安全工作】　狠抓9个方面26条措施的落实，制定《昌都邦达机场道面除冰雪预案（试行）》《邦达机场机坪航空器火灾处置程序》，完成航站“法定自查事项清单”“安全绩效管理方案”等文件修订。围绕防范化解航空安全风险，狠抓安全隐患排查治理，有针对性开展“航空器货舱着火”“候机楼无主行李应急处置”等实战演练和桌面推演，强化不停航施工现场监管；针对鸟害严重的实际，积极采取有效措施和手段，有效遏制鸟击航空器不安全事件的再发生。围绕夯实“三基”，狠抓队伍作风和能力建设，以“安全生产月”、安全生产集中整治等活动为载体，强调一线监管、督查，着力提升监管效能，将“严、实、细”的作风落实到每个工作岗位、贯穿到每个工作环节。围绕空防安保及维稳安全中心工作不动摇，组织驻场武警部队、益青乡派出所等相关单位不定期召开空防安全、维稳安全工作协调会，动态调整各项安全防范措施，完成“春运”、“两会”、大庆安保等重大活动安保任务。

【经营管理】 定期召开经营情况分析会，全面分析航站的财务经营情况以及预算完成情况，解决好年度预算执行过程中存在的困难和问题，确保预算执行率，年度营业收入及成本预算执行率分别为106.21%、101%。围绕“开源节流”目标不放松，完成机场员工食堂、宾馆、候机楼及市内商铺租赁工作，除老综合楼四五层外全部完成租赁，实现租赁收入346.94万元，同比增长49.85%；做好旅客大巴安全运营，及时更新办理道路运输经营许可证，强化日常维修管理，实现地面运输收入157.66万元，同比增长26.7%，达到“开源”目的；持续加强固定资产、低值易耗品、存货清查及出入库管理，继续做好物资采购、合同审批、零星维修各项工作，厉行勤俭节约，严格落实中央八项规定要求，狠抓公务用车和公务接待管理，实现日常经营管理“节流”目标。围绕“优化人才队伍结构”目标坚持不懈，严格用工标准，组织完成9名5级及以下岗位员工、3名6级以上车辆驾驶员的招录工作；做好科干考核与年度选聘工作；并积极开展内训师选拔，其中7名员工被区局聘为初、中级内训师，2名员工为岗位级内训师，提高内训师队伍素质和能力。围绕“人尽其才”的思路大步向前，配合区局职能部门，完成岗位兼职前期相关工作并梳理航站相关可兼职岗位和人员资质要求；在不大量增加人员编制的情况下，提倡“一专多能”型员工的培养。年内，航站共开展内外培142次，参培282人，计划执行率98%。围绕“办好自己的事”不松劲，按照程序做好机场花岗石路沿石更换、机场及基地管网修复等零星维修项目18项，累计投入26万余元。完成年度区局批复自有资金固定资产投资项目35项，完成率100%，航站生产生活硬件条件进一步改善。围绕“作风建设”要求，印发《加强作风建设 提高行政效能》的通知，要求机关部门从工作作风、行政效能、工作纪律等方面严格要求，扎实工作、认真履职，提升工作效率和质量，防止“中梗阻”，为航站高质量发展保驾护航。

【真情服务】 围绕“真情服务”要求持续发力，制定印发《昌都航站2019年“民航服务质量重点攻坚”专项行动工作方案》，自觉对标开展服务质量工作自查自纠；强化员工服务意识，提升服务水平，解决老、弱、病、残、孕等特殊旅客实际困难，落实“军人依法优先”政策，强化各保障环节的信息沟通，提高廊桥使用率，强调机坪下机旅客现场引导，增强空管及机务放行率，减少因机场保障原因导致的航班延误。围绕“人文机场”建设目标久久为功，在候机楼内设立60个爱心座椅，启用自助办理临时乘机证明终端设备及自助值机设备，安装免费充电桩和饮水机，并通过微信公众号等媒体及时对外发布机场动态和重要航班信息；提前做好不正常航班物资的采购、储备和服务保障工作，持续关注候机楼旅客餐食质量，妥善处理旅客投诉；协调昌都市相关单位，完成地方资质医生援派工作，提升机场医救服务水平，旅客满意度持续增强。围绕“服务员工”初心不改，重新确定职工食堂经营承包商，重新调整职工食堂管理委员会，修订《民航昌都站职工食堂管理办法》；重新采购餐桌/椅，改善员工就餐环境；向区局呼吁并加快推进建设机场净水、供氧、新建值勤用房等民生工程；针对员工换班乘车、昌都基地住宿困难的情况，增发职工班车并对闲置会议室进行改造用于员工集体住宿；坚持以人为本，整合现有房源对双职工进行住房分配，缓解员工住宿困难。航站6级（含）以上员工在机场及昌都市内均住有所居。

【党建工作】 围绕“思想建党”要求，强化工作措施，严肃党内政治生活，组织开展“不忘初心，牢记使命”和“集中深入开展反思整顿”活动，组织集中学习研讨6次，党委班子讲党课5次，共收集9个方面30条意见建议并及时进行整改。年内对航站人员招录、物资设备采购等项目监督执纪62次，涉及资金600余万元。航站被地方媒体采纳、转载宣传报道10余次，区局年度信息报送指标考核连续多个季度排名前茅。航站率先制订首个高原除冰雪标准；率先成立区内首个“民航气象服务中心”；中小机场安全运行保障能力评分与航班正常率多个季度保持在区内机场、甚至是西南片区前列。强化责任，夯实基础。牢牢把握安全生产关键环节，不断夯实安全保障基础，实现单日最高安全保障9个航班、18架次的记录，年旅客吞吐量更是首次突破37万。主动作为，积极工作。洛隆、邦达导航台站破土动工，索那村招待所、吉中乡农机具维修点、牦牛毛加工点等扶贫项目竣工验收；昌都导航台拆迁补偿后续工作稳步推进，硕果压枝。转变思路，顺势而为。新建旅客自助值机、自助办理临时乘机证明终端设备，并升级改造离港系统。

【领导名录】

站长、党委副书记：李　通

党委书记、副站长：赵永忠

副站长、党委委员：王　鹏

副站长、党委委员：江　勇

公安分局局长，党委委员：余小东

昌都市公路分局

【概况】 昌都公路分局机关内设办公室、政工人事科（兼工会）、纪检监察室、公路养护科、工程计划科、财务审计科、路政管理科、机械设备科共8个职能科室。管辖昌都、江达、丁青、桑多、盐井、洛隆6个公路养护段，共设养护工区（道班）58个，保通点2个、养护点1个，守桥班3个。共有职工1218人（其中：在编职工486人，聘用人员727人，公益性岗位5人），离退休人员1260人，共有各类专业技术人员105人，党员385人（其中：在职党员159人，聘用工党员54人，离退休党员172人），工会会员1110人。

管养317、214、349、557、558五条国道，管养201、202、203、204、301、302、303、501、502、503共十条省道，线路总里程4082.831千米，（其中：沥青路面2845.44千米、砂石路面555.908千米，在建路段681.483千米）；桥梁616座/19076.88延米，隧道（明洞）7道/6803延米，涵洞6160道。

【公路养护】 累计完成整修路肩65.05万平方米、边坡99.14万平方米、培土加固路肩12.4万立方米、清理边沟285.14万米、清扫路面4885.8万平方米、清理边坡（护坡）杂草杂物113.29万平方米、清理挡墙堆积物10.03万平方米、整修砂石路面4.07万平方米、清理路域垃圾1323.8立方米、沥青灌缝171.28万米，修补路面小型坑槽10.12万平方米、新修（维修）边沟6467.4立方米、新修（维修）挡墙1894.36立方米。此外，累计公路巡查55.83万千米。实施预防性养护工程，及时处置公路病害。组织昌都、盐井段采用超粘沥青同步碎石封层技术，对国道214线昌邦公路K1410~K1430段、国道214线芒隔公路K1705+700~K1725+700段实施公路预防性养护工程；组织昌都、桑多、江达、盐井4个公路段对路面损坏严重、补坑效果不佳的路段，实施公路大面积罩面工作，改善公路通行条件。截至年底，累计完成公路大面积罩面18.67万平方米。完成国道214线多类公路K1035~K1065路段30千米美丽公路创建工作，投入资金30万元。

【桥涵隧道】 实施病害处治和桥涵清淤工作，清理河道垃圾、淤积物、锥坡杂草，疏通泄水孔、伸缩缝；严格做好重点桥梁24小时值守工作，确保桥涵、隧道安全畅通。累计检查养护桥梁3767座、检查隧道（明洞）36次，完成更换隧道照明灯299盏、灯头110个、更换LED显示屏1块、修复监控路线2处，维修桥梁墩台及台身基础441.84立方米、更换桥梁信息牌162块、更换桥梁限载标志牌240块、疏通桥梁泄水孔442个、养护桥梁伸缩缝705米、清理（疏通）涵洞1526道、更换涵洞盖板26块、维修（更换）桥梁伸缩缝524.6米。

【应急抢险保通】 制订、补充、完善各项管理制度、应急预案。累计清理积雪120.8万立方米/2645.012千米、清理积冰5.36万平方米、抢通雪毁20余次/1.8万立方米，清理塌方及泥石流6.63万立方米/4.81千米，投入抢险保通人员1567人次、各类机械283台班，阻车384小时。5月，组织局属各段50人在江达段国道317线K992+450处，参加“2019年度公路交通突发事件应急演练”，完成一座长24米的ZB200型公路应急钢架桥架设任务。6月，组织局属各段15名应急抢险技术骨干参加自治区公路局举办的“2019年钢架桥架设技能大赛”，并获得第三名。

【国省公路接养】 根据自治区交通运输厅《关于加强公路养护管理工作意见的实施方案》（藏交发〔2018〕534号）和区公路局关于在国省公路交接管中做好人员编制、路产路权、资产审计等工作的相关要求，分局国省公路事权接管工作领导小组对由昌都市交通运输局移交洛隆公路养护段的机构、人员及2条国道和10条省道进行前期调研。细化工作措施，推进新接养国省干线的各项日常养护及保通工作。做好路面、路基、桥梁、涵洞、隧道、安保设施、标志标牌、里程碑等情况的全面调查摸底工作，了解接养路段公路技术状况、存在的问题隐患及沿线地质灾害、气候、养护料场等情况，全面掌握新接养国省干线公路基本信息。制订完善新接养国省干线公路养护管理工作目标责任书，强化日常养护、应急保通、路容路面等常态化监督考评。按自治区交通运输厅、公路局的相关要求，对新接养国省干线采取“先重点路段后全面”“先铺装路面后砂石路面”的原则，按照《西藏自治区公路小修保养管理办法》，组织局属各段对交工未竣工路段开展路容路貌整理工作，对接养的砂石路面开展日常养护工作，持续推进新接养国省干线公路养护管理各项工作。分局根据各段地理地域、养护路线、里程等情况，合理划定各段养护里程及区域后，统筹安排各项养护任务，确保新接养国省干线养护保通工作顺利开展。分局与昌都市交通运输局在移交会议上达成一致，对新接养国省干线中的已交工未竣工路段，缺陷责任期内的公路病害由施工单位进行整治，要求局属各单位加强对施工单位的督促及检查力度，落实整改责任，确保病害有效处置。

【工程项目】 养护配套设施建设项目。国道317线（西藏境）矮拉山隧道新建工程配套养护设施隧道管理所建设工程项目总投资1015.6641万元，完成投资964.732688万元（其中2019年完成660.08026万元）占合同总价的95%，该项目于2018年9月5日开工建设，2019年11月25日完成交（竣）工验收工作。国省干线服务设施建设工程。2018年普通国省道公路服务设施建设工程国道214线益青乡十一工区停车区等8个服务设施建设工程项目总投资610.8万元，计量529.067647万元（其中2019年完成131.685753万元），占变更后合同总价的100%。国道318线八宿和竹卡停车区建设工程项目总投资152.7万元，计量124.2万元（其中2019年完成86.94万元），占合同总价的100%，停车区项目于2018年9月18日开工建设，2019年9月6日建成投入运营。灾毁恢复重建工程。2018年，国省公路灾毁恢复重建工程一标段（甲桑卡隧道工程）项目总投资7873.8845万元，计量7064.3735万元（其中2019年完成5015.113657万元），占变更后合同总价的100%。2018年，国省公路灾毁恢复重建工程二标段项目总投资2659.1155万元，计量2255.05191万元（其中2019年完成1589.233525万元），占变更后合同总价的100%，完成合同段内全部设计灾害点内容。国道214线公路灾毁恢复重建工程项目总投资3823.00万元，支付开工预付款860.3956万元（2019年完成860.3956万元），占合同总价的30%，该项目于2019年10月28日开工建设，2019年10月21日下达停工令，待2020年气候回暖后复工。公路养护大中修工程。国道214线类乌齐至珠角拉段公路养护大中修工程项目总投资6584.19万元，计量5748.226805万元（2019年完成5748.226805万元），占变更后合同总价的100%，于2019年10月底完成合同段全部工程内容。危桥改造工程。国道214线宁达中桥危桥改造工程项目总投资426.2602万元，计量353.5万元（2019年完成353.5万元），占合同总价的100%，于2019年11月15日完成合同段全部设计工程内容。待开工建设项目。2019年8至11月份批复建设项目为昌都境内国省道命名编号项目、“十三五”公路安全生命防护工程急需项目均完成招投标及合同签订工作，并组织四方召开项目技术交底会议及现场踏勘交桩工作。批复实施波形护栏里程94556米，由于进入冬季，无法满足施工条件，待2020年组织参建各方进场开展建设工作。昌都公路分局当曲等11座危桥改造工程计划于11月底完成招投标及合同签订工作。

【路产路权】 共查处路政案件39起，破案39起，结案39起，破案率为100%。共办理行政许可审批17起（其中，非公路标志牌许可审批10起，增设平交道口许可审批5起，占用公路公用地许可审批2起）；收取各类路政款项1775329元，其中，共收取公路损坏赔偿费202676元、公路损害补偿费1331053元（其中，超限运输擅自上路收取公路损害补偿费59500元）、公路占用费241600元。所有款项均严格执行收支两条线，按时上缴分局财务账户，相关票据也按照规定及要求及时核销。在行政许可审批中增设技术评价报告；为保证行政许可审批时效，保障行政许可材料的规范、完整，路政管理科对各段下达公路路政行政许可申请材料补正（修改）通知单共计14份。

【安全生产】 年初与机关各科室、局属各段签订《安全生产目标责任书》《一岗双责目标责任书》，并要求各段与各工区（道班）签订《安全生产目标责任书》，严格实行安全生产和重大安全生产事故风险“一票否决”制度，做到安全生产工作分工明确，责任到人。加强公路巡查力度，做好安全生产台账登记，准确记录安全生产工作开展情况。对所辖路段进行安全隐患排查10次，检查安全及消防设施52次，维修、更换标志标牌372套，更换、新增波形护栏2590米，更换护栏立柱82根，更换柔性防护栏索74米，修复警示墩206处，设立临时标志牌112块。在每月、重大节日和重要日期间及时制订下发《安全生产月活动方案》《安全生产昌都行活动方案》等通知至局属各段。全局共开展安全生产培训教育18次；在分局、各段及公路沿线设置宣传点位7处，咨询人数400余人，悬挂安全横幅78条，发放《公路安全保护条例》《安全生产手册》等共计8210余份。

【宣传活动】 利用路产调查、巡路、“路政宣传月”、治超工作、路域环境专项行动等时机，深入公路沿线、虫草采挖一线开展路政管理法律法规宣传。共出动宣传车辆54辆次、出动路政执法人员145人次，悬挂宣传横幅50幅、发放各类路政宣传资料8010份（册），现场接受法律咨询、解答法律疑难问题2685人次。完成各类线上答题活动，分局及局属各段干部职工共计200余人参加。

【超限超载管理】 严格按照“分级许可，区域监管，确保安全，方便运输”的原则，对超限超载车辆进行严格管理。共办理网上跨省大件273辆次，办理超限运输车辆通行证1013台次；路政临时治超点共登记检查车辆14691辆，查处超限运输车辆585辆，劝返车辆155辆，绿色通道车辆1179辆，卸载92余吨。全年与公安、交警开展联合执法120次。

【路域环境整治】 分局在路政常态化巡路过程和路域环境专项整治工作中共清除非公路宣传标语、横幅16幅，新增路政宣传标语10处；排查占（利）用公路及公路用地行为30起（其中，整治合并4处平交道口，封闭3处临时性平交道口）；清理积雪633960立方米，铺撒融雪剂60.4吨、防滑砂51立方米，救援被困车辆20余辆；矫正交通标志牌43块；清理路面、公路用地范围内垃圾及堆积物1121立方米，清理3处违规摊位；清理公路沿线路面及水沟275立方米；清理塌方47立方米。

【基层建设】 下拨盐井、江达段路政所分配专项补助经费各1万元，盐井段临时治超站固定地磅相关附属设施经费42.6万元，共计44.6万元。批复洛隆段修建国道349、国道558两处龙门架兼LED显示屏制作及安装费共计188160元。根据区路政管理局的要求，上报需要新增公路监督检查专用车辆警灯使用证的车辆22台；无续办、变更等车辆登记。

【机械管理】 全分局共有养护机械设备854台/套，其中：公务用车2辆；抢险保通兼用机械128台/套；日常养护机械613台/套；待报废机械111台/套。日常养护622台/套；养护抢险兼用设备119台/套；待报废111台/套。

认真完成分局年初制订的机务管理工作任务，及时、准确汇总上报各项日常和非日常机械使用报表，督促和指导各公路段按“一机一档”要求，做好机械设备的建档立卡工作。验收自治区公路局移交给的养护机械设备共计33台/套，并根据各公路养护段的实际情况和工作需要进行分配，做好固定资产登记等工作。根据《关于西藏自治区财政厅关于自治区公路局报废公路养护系统黄标车老旧车事宜的批复》（藏财资批复〔2019〕43号）文件精神，对局属各段31辆黄标车、老旧车进行资产核销，进行机械设备的登记存档，要求各段利用适当时间，对各类机械操作手进行业务技能强化培训以及交通法规、安全生产等教育，做好人员的传、帮、带工作。

【队伍建设】 4月8日，组织局属各段工程技术人员及统计人员开展“2019年度公路养护暨统计专业知识技能培训”，提升职工的养护知识水平、实际操作水平。6月5日至6日，安排分局路政管理科及局属各公路养护段路政人员参加交通运输部名师讲师团在藏讲座，参加培训人员8名。自行举办财务、养护业务培训2期，参培人数47人次；选派干部职工62人次，参加公路局安排的各类业务培训。

【党建工作】 分局机关党支部进行换届选举，德阳、双流离退休支部换届选举工作正在开展，在交通厅党委、公路局党委的关心与支持下其他4个公路段机关及工区已建成5个党支部活动标准化建设。为3个离退休党支部拨付党建经费，解决离退休党支部的办公、交通等费用7万元。

【走访慰问】 2019年，召开离退休职工座谈会8次，参加人数117人次。新发展工会会员18名，新建职工食堂17个、职工之家12个、温室大棚6个、猪圈1个；走访慰问因病住院职工和去世职工及家属85人次，送去慰问金6.62万元；为一线养护职工供给各类蔬菜5.45万余公斤，供给猪肉0.68万余公斤。召开离退休职工座谈会8次，参加人数117人次。

分局机关及洛隆、江达、桑多段党支部安排干部职工走村入户，共帮扶贫困群众80户，开展扶贫政策等宣讲活动4场，提供帮扶资金3.56万元（含蔬菜、清油、大米等物资折合），捐赠衣物、鞋子共179件；慰问高山道班、困难户、省部级劳模、驻村工作队及离退休人员，慰问人数1635人次。分局驻江达县德登乡门莫、吉然两村工作队共走进农家170余户，走访党员群众1700余人次，召开各类座谈会80余场次；新发展农牧民党员5人；组织召开维稳及村民大会10次，受教育群众180余人次，开展安全隐患排查4次，受益人数685人次，调解处理矛盾纠纷2起；开展新旧西藏对比活动4次，参与人数720人次，开展扫黑除恶宣传教育活动12次，参加人数2032人次；班子成员先后4次深入驻村点开展调研慰问，走访慰问21户，为村民捐款捐物2次，共63件。投入16万元资金为两村过水路段增设管涵。

【先进名录】 盐井段仁青拉姆、洛隆段洛松多吉、桑多段巴桑邓珠分别获得“全国五一巾帼标兵”“西藏自治区第五届劳动模范”“自治区公路局应急钢架桥架设能手”称号。盐井段十四工区、丁青段、分局机关分别获得“第三届昌都市‘青年五四奖章’先进集体”“2019年春运‘情满旅途’活动成绩突出集体”“2019年度全区公路交通应急钢架桥架设技能大赛第三名”；继续保留“西藏自治区文明单位”荣誉称号。

【领导名录】

党委书记、副局长：孙 国 顺（12月退休）

党委副书记、局长：向巴益西

党委委员、副局长：孙　　彪（9月抽调至西藏自治区川藏铁路建设领导小组办公室）

党委委员、工会主席：多吉江村

昌都市住房和城乡建设局

【概况】 2019年，市住建局深入学习贯彻习近平新时代中国特色社会主义思想，牢固树立“四个意识”，坚定“四个自信”，坚决做到“两个维护”，坚持以人民为中心，稳中求进、改革创新、担当作为，推动住房和城乡建设各项工作取得新进展和新成效。

【基础设施建设】 围绕城乡协调发展，补齐基础设施短板，全市2019年共实施城镇道路、桥梁、污水、垃圾、给排水等37个基础设施建设项目，总投资17.16亿元，城镇基础设施条件进一步改善。马草坝片区市政道路、聚盛路、昌庆街改造等项目完工并投入使用，昌津桥改扩建、野堆村片区市政道路、卡若区供水提升改造等项目进展顺利，昌都市污水处理厂二期、第二垃圾填埋场等市、县、乡19个污水垃圾处理项目相继开工建设。完成60个重点乡镇和110个美丽乡村规划编制。完成曲孜卡、吉塘、岗托、然乌4个特色小城镇建设试点收尾和经验总结工作。提前谋划“十四五”行业规划，全市申报住建领域民生和城乡基础设施项目658项，总投资470.1亿元。至2019年底，全市建成自来水厂15座，日供水能力9万吨，配套管网840公里，服务人口近30万人，供水普及率达到80%。全市城镇建成区总面积达到29.4平方公里，市政道路总长达到185公里，城镇污水、垃圾日处理能力分别达到2.25万吨和470吨，城镇化率达到29.2%，公园、广场、公厕、体育场等公共服务设施日益完善，城镇综合承载能力进一步提升。

【住房保障】 2019年总投资14.44亿元，实施各类保障性住房项目2.18万套（总建筑面积142.49万平方米），实施棚户区改造1.28户（总建筑面积96.17万平方米）。全市公租房信息系统建成并试运行。在全市范围内开展清理违规占用周转房工作，按照“以编管人，以编管房”，清理腾退住房148套，催缴房租158.63万元，周转房管理进一步规范。以升格宗花园小区作为试点，完成140套周转房租售并举工作。规范公有房屋维修管理，完成全市党政机关公房信息统计报送工作。简化住房公积金办事流程，实现“应提尽提，应贷尽贷”，2019年新增开户职工3915人，提取8481笔7.28亿元（同比增长15.51%），发放贷款690笔4.11亿元（同比增长43.05%），前往重庆“三江花园”选房会现场，为干部职工提取公积金业务提供专项通道和便捷服务，支持干部职工购建住房。

【脱贫攻坚】 落实农村危房改造资金2.37亿元，完成10766户农村危房改造任务，消除广大农牧民群众特别是建档立卡贫困户4类重点对象住房安全隐患，提升农牧民群众的幸福指数和对脱贫攻坚工作的满意度。实施941农房抗震改造试点工作，加强农房设计指导和质量安全管理，提升农房抗震性能。依托住建行业优势，积极吸纳农牧民增收致富，解决4600余名农牧民群众就业，实现创收3906.7万元。

【污染防治】 全市建成污水处理厂5座，实施农村小型污水处理试点4个，在建污水处理设施12座，市、县两级城市将全部建成污水处理厂，并向俄洛镇、田妥镇、曲孜卡乡等重点乡镇延伸。建成生活垃圾填埋场20座、转运站24座，在建生活垃圾无害化处理设施15座，“村收集、乡转运、县处理”的生活垃圾处理模式逐步形成。完成163座厕所革命建设。在全市建筑行业开展施工扬尘治理，落实施工扬尘防治措施。在卡若区启动生活垃圾分类试点工作，机关事业单位率先进行分类试点。

【监管监督】 强化房地产市场专项检查力度，对全市所有房地产开发企业、中介公司和物业管理企业等从业机构进行全面检查，重点查处房地产开发、预（销）售、中介等各环节中存在的违规预售、虚假广告、价格欺诈等各种违规行为，检查从业机构47家，发放整改通知书5份，约谈并查处违规行为3起，房地产市场风险得到有效防控。

【建筑和房地产市场】 落户昌都的各类建筑类企业达到106家，建筑类企业结构优化。全市农牧民施工队达到323家，促进农牧民就业增收能力增强。全年完成房屋建筑与市政工程公开招标56.74亿元。实施房地产开发项目17个，总投资达26.6亿元，总建筑面积72.23万平方米，同比增长129.43%。坚持“房子是用来住的，不是用来炒的”定位，落实商品房预售价格申报制度，严格监管，房价总体保持平稳、供给结构趋于合理。组织召开物业管理座谈会，督促指导成立10家业主委员会，开展7次物业大检查，组织2次物业政策宣讲，组织2次物业小区环境综合整治，初步完成市区21个住宅小区提升整治工作，强化物业管理服务，提升群众满意度。

【行业治理】 全面开展住建领域扫黑除恶打非治乱专项斗争。加强对建筑和房地产市场秩序、住房公积金、招投标、住房保障、物业管理、恶意欠薪等领域涉黑涉恶、充当“保护伞”、行业乱象等问题打击和整治力度。全市开展各类检查468次，检查项目170余个，下发整改通知单69份，停工整改通知单7份，行政处罚决议书14份，共处罚金38.2万元。落实部门联动机制，合力抓好住建领域砂石专项整治工作。规范项目监管。严格落实建设、勘察、设计、监理及施工等五方主体责任和质量安全终身责任追究制，持续深化工程质量安全提升行动，推进工程质量安全标准化建设。全年共监督项目90个，受监项目总投资96.1亿元，开展日常监督检查891次，各类专项检查49次，下发整改通知4份、执法文书26份，行政处罚1份，涉及金额93.75万元。加强行业安全生产。严格执行安全生产“党政同责、一岗双责、失职追责”，强化行业监管责任、企业主体责任，狠抓建筑施工、城镇燃气等重点领域、关键环节安全隐患排查整治，突出抓好高处坠落、深基坑坍塌、机械设备伤害及火灾事故防范，坚决防止重特大安全事故发生。集中开展“今冬明春”“安全生产月”“汛期安全检查”“安全生产大排查大整治”等专项安全生产大检查9次，检查在建项目257个次，发现安全隐患共性问题60条，督促各相关单位现场整改35条，限期整改25条。

【住建领域改革】 认真做好“互联网+政务服务”平台建设，完成住建领域88项行政审批、行政服务的实施清单和事项流程梳理工作。加强住房公积金服务大厅建设，完善软硬件配套，简化办事程序，缩短审批时间，推行人性化管理，让“最多跑一次”不留死角。推进建设工程审批制度改革工作，起草《西藏昌都市关于全面开展工程建设项目审批制度改革的实施方案》（昌政办发〔2019〕59号），并经市政府印发施行。按照全区“工程建设项目审批周期压缩至100个工作日以内”的工作要求，精简、优化审批流程，推进职能转变和深化“放管服”改革，优化营商环境。

【人防工作】 推进昌都市人防指挥中心项目建设。完成项目初步设计、施工图编制等前期工作并通过评审，由自治区人防办上报国家发改委审批。加快建立人防警报系统。昌都市人防预警报系统通过市规委会审查，计划在主城区安置17个警报终端点，完成项目选址、论证和设备采购等工作，待人防指挥中心建成后，即可同步完成安装调试并投运。加强人防队伍建设。先后组织人员赴南京、拉萨、新疆等地，参加国家人防办和自治区人防办组织的人防队伍培训工作，提高人防队伍设备操作能力和应急处置能力。

【领导名录】

党组书记、副局长：霍映章

党组副书记、局长：拥忠达瓦

二级调研员：孔令伦

副局长：刘志含

副局长：张昌雄

副局长：韩兆龙

四级调研员：斯朗多吉

总工程师：林立军（闽）

财政·税务·金融

昌都市财政局

【概况】 昌都市财政局为市政府正县级工作部门。内设办公室、综合科、预算科（教育科）、债务管理科、绩效科、国库科（市政府采购管理办公室）、经济建设科、行政政法科、社会保障科、农业农村科、金融科、会计监督科13个正科级职能科室。市财政国库集中支付中心、市预算编审中心（市财政信息中心）、市财政投资评审中心、市国有资产评估中心4个事业单位，正科级建制。

核定编制60名，其中行政编制31名，事业29名（含参公编制20名）。全局共有正式在职干部职工54人（含援藏领导干部3人），其中：机关行政在职干部32人（含局领导干部13人）、事业（含参公）在职人员22人。另有公益性岗位3人，志愿者7人。市财政局设有局党组、局机关支部，班子成员共13人。

【财政收支】 全市总财力达到327.01亿元，比2018年增加84.06亿元，同比增长34.60%，其中：一般公共预算收入完成18.03亿元，同比增长2.8%；一般公共预算支出达到310.89亿元，同比增长34.71%。

【三大攻坚战】 防范和化解政府债务风险。昌都市高度重视防范化解重大风险工作，牢牢守住不发生系统性金融风险的底线，坚持“开前门”“堵后门”并举，法定债务实行限额管理并全部纳入预算，隐性债务实现只减不增，发挥政府规范举债对经济社会发展的促进作用。全力支持脱贫攻坚工作。按照“两不愁”“三保障”的总体要求，全面推进精准扶贫和精准脱贫。2019年，统筹整合财政涉农资金52.52亿元，用于产业扶贫资金8.18亿元、生产扶持和基础设施建设资金25.28亿元、生态补偿脱贫岗位补助资金7.74亿元、易地扶贫搬迁贷款贴息资金1.39亿元、易地扶贫搬迁建设支出资金9.72亿元、农牧民技能培训资金0.21亿元。持续加大生态保护力度。落实支出生态环保相关资金14.12亿元，支持农村环境综合整治、重点行业节能减排等工作，整合1.99亿元用于城乡社区垃圾处理设备购置，累计为乡镇、行政村（居）两级垃圾收集转运等设施计划投资1.6亿元。

【教育文化事业支出】 教育事业支出42.44亿元，文化体育与传媒支出36.56亿元。落实“七城同创”项目资金1.07亿元，“扫黑除恶”专项斗争专项经费支出622万元。完善教育脱贫优惠政策体系，实施建档立卡贫困家庭子女高等教育免费政策，将建档立卡贫困家庭子女纳入国家助学金、生源地助学贷款等资助范围，提高对建档立卡贫困大学生贷款额度。

【社会保障体系】 稳步推进机关事业单位养老保险制度改革，阶段性降低企业养老和失业保险社会保险费率。落实资金412.63万元，建立经济困难高龄失能等老年人补贴制度；落实资金0.36亿元，用于孤儿基本生活补助及机构运行；落实资金1.32亿元，用于政府购买公益性补贴；落实资金3.62亿元，用于困难群众生活救助。

【医药卫生体制改革】 城乡居民基本医疗保险补助3.65亿元；城乡居民暨在编僧尼健康补助经费6139.93万元；住院分娩补助、奖励待产生活补助1638.51万元；推进县级以下医疗卫生机构基本药物制度改革3541.5万元；用于城乡居民医疗救助2.39亿元；用于提升公立医院医疗服务能力及基层医疗卫生机构能力建设1.17亿元。

【减税降费】 市财政局配合税务部门研究完善降低增值税税率、降低社保费费率等实施方案，推动相关政策尽早公布实施。密切跟踪减税降费等政策措施实施情况，完善减税降费执行情况反馈机制，及时反映政策执行中存在的问题和意见建议；通过联合相关部门及时转发相关文件，印发非税收入管理规范性文件，整理更新财政政策制度文件，确保所有减税降费优惠政策不折不扣落实到位。

【国库集中支付】 全市本级共有104家预算单位纳入国库集中支付，统一管理。2019年，共完成市本级直接支付82.99亿元（包括工资），加强资金监管，印鉴分开，票证专管，相互牵制，内部制衡，确保资金拨付安全。

【"一卡通"制度】 1月1日起，将所有财政直接补贴资金全部纳入"一卡通"监管信息平台发放，截至年底，发放直接补贴资金20.71亿元，涉及享受对象116381户318264人。从1月1日开始，昌都市所有财政对农牧民家庭（个人）补贴资金通过监管平台统一发放，市县区两级纪检、监察、审计等部门做好跟踪问效。

【财政管理】 清理盘活60余家单位存量资金，共计7586.16万元，统筹用于市政基础设施建设、保障房性住房配套设施建设等经济社会发展亟须支持的领域，切实提高财政资金使用效率。组织开展财务会计人员培训。2019年共举办（参加）会计人员培训20余期次。

【领导名录】

局党组书记、副局长：祝 正 国（12月任）

局党组副书记、局长：提宝格松

局党组副书记、副局长：

魏 鹏 飞（天津援藏）

局党组副书记、副局长：

龙 宇（重庆援藏）

局党组副书记、副局长：

张 愈 结（福建援藏）

局党组成员、副局长：尼玛旺堆

局党组成员、副局长：巴 桑

局党组成员、副局长：王 之 刚

局党组成员、安居办主任、调研员：

陈 伟（10月任二级调研员）

局党组成员、安居办副主任：关 永 兴

局党组成员、安居办副主任、副调研员：

肖 泽 胜（10月任四级调研员）

局党组成员、调研员：

四郎曲措（10月任二级调研员，12月被免去副局长职务）

副调研员：尼玛旦增（10月任四级调研员）

国家税务总局昌都市税务局

【概况】 2018年7月5日，国税地税征管体制改革，经国家税务总局批准，昌都市国家税务局更名为国家税务总局昌都市税务局。昌都市税务局内设办公室、法制科、货物和劳务税科、所得税科、社会保险费和非税收入科、收入核算和税收经济分析科、纳税服务科、征收管理科、财务管理科、督察内审科、人事科（教育科）、纪检组、机关党委、老干部科13个科室，稽查局、第一税务分局（重点税源企业税收服务和管理局）、第二税务分局3个直属机构，信息中心、机关服务中心2个事业单位。下辖11个正科级基层区（县）局：卡若区税务局、芒康县税务局、左贡县税务局、江达县税务局、贡觉县税务局、八宿县税务局、察雅县税务局、类乌齐县税务局、丁青县税务局、洛隆县税务局、边坝县税务局。

【税收工作】 全年累计组织收入26.60亿元，为昌都经济社会发展提供财力支撑。全年新增减税降费2.78亿元，社保费降费1.14亿元。全市机关事业单位社会保险费申报17.86亿元、入库17.86亿元，入库率100%；全市城乡居民养老保险费申报3368.81万元，入库3244.46万元，入库率96.31%；全市社保费管理客户端推广112户。

【税收营商环境】 拓宽服务渠道。持续加强自助办税机和电子税务局推广使用力度。昌都市共配备自助办税终端设备7台，方便纳税人办理发票申领、发票认证、税控设备申报等常办涉税业务。全市共有11526户/次使用过自助办税终端，申领、验旧、认证发票240638份，极大方便纳税人。昌都市电子税务局共实名注册纳税人4130户，单位纳税人整体推广率达到89%，累计办理涉税业务25995笔。9月5日，市局联合中国建设银行昌都分行召开“银税直联”暨“云税贷”产品推介会。金融机构通过“银税互动”向17户企业发放贷款2853万元。

【领导名录】

党委书记、局长：张 增 民（5月任）

党委委员、副局长：张 先 强

党委委员、副局长：旦 木 琼

党委委员、副局长：白　　永（8月任）

党委委员、副局长：陈 群 瑛

党委委员、纪检组组长：文　　龙（5月任）

党委委员、总经济师：宁 建 军（5月任）

二级高级主办：克珠郎加

四级高级主办：李 建 林

中国人民银行昌都市中心支行

【概况】 中国人民银行昌都市中心支行（简称中支）有11个内设职能部门，在职职工96人，援藏干部2人，青年志愿者2人。平均年龄35岁，其中：女职工41人，占总人数的41%；少数民族职工59人，占总人数的59%。共有在职党员72人，占总人共计100人，数的72%。有行级领导干部5人，其中援藏干部1人；行级非领导干部1人。有科级领导干部27人，科级非领导干部20人，中级职称37人。大学本科及以上学历84人。

【存贷款】 加强窗口指导，组织辖内金融机构认真落实好稳健的货币政策和中央赋予西藏的特殊优惠金融政策，突出逆周期调节，通过召开信贷形势分析会、定期监测信贷主要指标完成情况、实地了解信贷投放进度、预判信贷发展形势等有力措施，有效应对新开工建设项目不及预期、固定资产投资下滑、贷款集中到期及部分大客户提前还款主动降杠杆等不利因素叠加的影响，继续保持存贷款规模平稳增长。截至12月末，各项存款余额389.05亿元，较年初增长5.10%；各项贷款余额384.15亿元，较年初增长9.05%。贷款存量规模在全区仅次于拉萨，增速位列全区第一，信贷增速基本与经济增长速度相匹配，为昌都市经济发展提供有力支持。

【信贷业务】 为全市决胜脱贫攻坚贡献金融力量。贯彻落实金融精准扶贫政策，加大扶贫信贷投放力度，实现辖内3.87万户建档立卡贫困户、库内123个扶贫产业项目、实际运营的273个农牧民合作社、268个易地扶贫搬迁安置点的金融信贷需求对接全覆盖，在政策允许内基本实现应贷尽贷。开展以“致富带头人讲金融”和“宣传资料入户入企”为主要方式的扶贫政策宣传，抽调业务骨干蹲点已脱贫的5个深度贫困县进行督导。12月末，全市金融精准扶贫贷款余额49.59亿元；涉农贷款余额（可比数）87.49亿元，较年初增长11.39%；农牧户小额信用贷款余额37.12亿元，较年初增长11.53%。被昌都市政府授予“行业扶贫综合评价优秀单位”称号。支持实体经济高质量发展。优化信贷结构，强化信贷政策与财政政策、产业政策的衔接，支持经济重点领域、优势产业和薄弱环节的发展。信贷期限结构持续优化，截至12月末，中长期贷款占全市各项贷款余额的90%以上；信贷支持重点产业和重点项目发展有力，截至12月末全辖水电、建筑、采矿贷款余额272.85亿元，较年初增长28.83%；双创贷款、绿色金融贷款余额分别达4.49亿元、139.75亿元，分别增长41.35%、10.54%。被市政府授予“金融支持地方经济发展先进单位”称号。解决民营、小微企业融资难问题。采取“几家抬”的方式，精简民营、小微企业贷款流程，通过协调成立500万元担保基金、风险补偿金贷款模式、应收账款融资、股权质押融资、扶贫再贷款、“云税贷”等方式拓宽民营、小微企业融资渠道，创新民营、小微企业融资金融产品，推出“小微快贷”“微捷贷”“小企业简式快贷”“富农贷”等金融产品，提高民营、小微企业信贷产品供给水平。截至12月末，民营企业贷款余额9.76亿元，较年初增长20.20%；小微企业贷款余额19.26亿元，较年初增长53.83%。金融支持民营、小微企业发展的报告获得阿布书记肯定性批示。

【风险防控】 履行辖区金融稳定牵头单位责任。结合“扫黑除恶”专项斗争行动的要求，落实《西藏自治区维护金融稳定三年行动方案》，加大对政府融资平台、涉稳、涉恐资金、互联网金融、非法集资等的监管力度，强化对蔓延、渗透和传导类金融风险研判和处置，严防区内外非法金融活动向本市渗透蔓延。加大执法检查力度。组织人员对藏行昌都分行、邮储银行昌都支行进行综合执法检查，依法对藏行昌都分行未授权查询个人信用报告事件开展专项执法检查并给予行政处罚。综合利用日常监管和执法检查、现场监管和非现场监督等方式及时掌握辖内金融运行情况，做好宏观审慎压力测试，及时做好风险提示。重点关注部分行业贷款集中度过高以及“三岩”片区整体搬迁导致小额信贷不良率上升、扶贫产业贷款风险逐渐暴露等风险点。推动农行昌都分行制定5条措施上报市政府批转全市相关单位和县乡人民政府执行，有效化解“三岩”片区农牧户扶贫小额信贷风险。

【金融服务】 金融服务体系进一步完善。在自治区外汇管理分局的重视和支持下，昌都市外汇管理服务窗口于7月底正式挂牌并开展相关业务，结束昌都市和平解放70年以来没有外汇管理机构的历史。完成人寿财险昌都支公司开业指导，指导太平洋保险和国寿保险筹建，保险业服务实体经济发展的能力增强。政策性涉农保险产品覆盖11个县区，涉及种养殖业、意外伤害、大病医疗等领域，全年共受理政策性涉农保险832笔，估损金额1.34亿元，“脱贫收入”保险在卡若区试行。金融营商环境不断优化。全面取消企业银行结算账户开户许可，办理一笔企业银行结算账户开户业务的时间由原来的15天至1个月的时间下降至半个小时左右（在资料齐全、合规的前提下）。主动向社会公众公示金融服务机制建设类、网点服务质效类、贷款办理类等三大类26个子项目的金融服务内容，明确办理各项业务所需提供的资料、业务流程以及办理答复时限等内容。建设7个金融纠纷调解室，做好12363咨询投诉工作，搭建“知权维权”平台，畅通金融消费者权益保护渠道，年内受理咨询和投诉案件10起，办结率100%。指导农行县支行试行综合柜员制和柜面岗位竞争机制等措施，提升柜面业务工作效率，缓解客户排队时间长的问题。支付环境不断优化。构建基层营业所网点+金融综合服务站+助农取款点+惠农卡、手机银行“四位一体”的服务体系，创新“金融综合服务点+电商+移动支付”服务模式，全面提升金融服务水平。累计布设1174个助农取款点，建成1013个“掌上银行村”和8个金融综合服务站，“裕农通+”在3个县试点推广。建成助农电商3个，达成交易224笔、金额23.42万元。累计拓展商户4833户，其中POS机商户2588户，移动支付二维码条码商户2245户。通过“一卡通”向26.57万户农牧民群众发放惠民资金90.23万笔、18.67亿元。《关于开展创新工作提升农牧区支付环境建设水平情况的报告》得到阿布书记肯定性批示，相关工作被金融时报、今日头条和昌都电视台等主流媒体广泛报道。征信服务水平不断提高。建成全区首个“基地+机制”校园诚信文化教育示范基地。以“四个统一”打造标准化征信报告查询代理点6个，为社会公众提供便捷征信报告查询服务。推进农牧区信用体系建设，全市评定信用县6个（新评定2个）、信用乡镇83个、信用村908个。推进应收账款融资服务平台，全辖累计完成注册企业35家、融资2.27亿元，年内新增注册企业13家、融资2亿元。国库信息化建设和服务水平迈上新台阶。在西藏各地市中首批实现县级代理支库TCBS系统上线运行，并探索代理国库业务“双监督”新模式。落实社保资金征缴入库工作，市级社保资金基本实现电子缴纳。推动完成普惠性政策退库等电子退库业务。在全区地市层面率先启动并成功推广非税收入收缴电子化改革工作，截至12月末，办理非税收入电子化入库2086笔、金额3219.87万元。保障辖区现金供应。开通现金投放绿色通道，为辖区各县农牧民补偿款、拆迁补偿款等提供现金保障。完成2019版人民币发行工作。金融知识普及工作取得新成效。利用工商联微信公众号、市妇联妇女创业培训、网信昌都等平台以“金融消费者权益保护日”“普及金融知识 守住钱袋子”“金融知识普及月”等活动为契机，推进金融消费者教育与宣传，累计开展宣传活动154场次，推送美篇、易企秀等信息90余条，媒体报道7次，发放各类宣传资料6万余份。

【领导名录】

副行长 党委委员：陈 大 华

副行长 党委委员：拥珠尼玛

副行长 党委委员：刘 慧 兰

副行长 党委委员：罗 洪 波

副行长 党委委员：秦　 岭

副调研员、党委委员：扎西吉村

农行昌都分行工作

【概况】　农行昌都分行是昌都市网点遍布城乡、资金实力雄厚、服务功能齐全，承担着支持昌都地方经济建设和服务“三农”历史重任的一家国有大型股份制商业银行。内设16个部门，共计94个营业网点，在职干部员工726人，县域及以下员工612人，全行94%以上的机构、84%以上的人员直接服务基层，

80%以上的财务资源来保障普惠金融工作，是全市金融服务“三农”的主力银行。

【经营业务】 2019年，在自治区各级政府以及总分行党委的坚强领导下，在人民银行、银监局的有效监管下，全行上下以党建统领全局，实现全年稳健经营和良好发展。截至2019年底，全行各项存款余额199.17亿元，各项贷款余额126.38亿元，实现营业收入6.97亿元。

【服务地方经济】 2019年，农行昌都分行坚持以“一号文件”为指导，积极服务乡村振兴战略，不断下沉服务重心，助推实体经济发展，服务三农定位不变、尺度不松、力度不减。全行累计投放涉农贷款22.99亿元，贷款余额63.63亿元，较年初增加3.65亿元，增长6.09%；有效落实精准扶贫、精准脱贫基本方略，累计发放精准扶贫到户贷款3.19亿元，贷款余额10.76亿元，获贷户数24099户，累计向28户产业项目、能人大户发放产业贷款1.65亿元，发展一批民族手工业、制造业、建筑业、农家乐等项目主体，提高产业项目造血机能；做好“三岩”片区搬迁户金融服务衔接，加强与区分行、市政府、三岩办等部门信息沟通，强化银政合作，成功完成跨地贷款发放，受到社会各界的高度支持和认可。

昌都农行致力于地方经济建设和惠民金融环境搭建，在支持地方服务、实体经济、小微企业发展、新业务创新等方面取得新突破。保函业务实现零突破，全年开办保函业务30笔、法院执行案款专户12笔；率先在全行范围内实现财政“一卡通”项目全覆盖，支付环境不断优化；成功举办首届“汽车节”宣传营销活动，持续做好“乐享周末、乐享分期”活动，信用卡有效客户新增3566户，消费分期信贷交易规模达5858.46万元。推行“异地房抵贷、普惠金融贷款、网捷贷”等新兴业务品种，全年个人贷款（不含三农）净增3.57亿元；全力开展“千网项目”“网点产能提升”项目导入，积极参与“创千佳”评选，全行干部员工服务、营销意识和水平不断提升，网点服务体验持续升级。加快推进“智慧城市”建设移动支付便民示范工程工作，完成芒康县曲孜卡移动支付便民工程建设。

【党建工作】 2019年，全行上下始终把党的政治建设摆在首位，通过党委会、党委中心组学习会、党委书记讲党课等形式，以及邀请党校及纪委专家开展党建、党风廉政专题辅导讲座、组织中共十九大精神轮训班等，用习近平新时代中国特色社会主义思想武装头脑、指导实践、推动各项工作。制定印发《关于成立机关综合管理部等25个基层党支部的通知》，对辖内正式党员3人以上的11个网点和14个机关部室全部单独建立党支部，基层党组织覆盖率进一步提升。创新推出机关各党支部结对帮扶城区网点，科级干部广泛开展“六个一”活动，党建引领作用得到强化。

组织开展“查教结合学案例 筑牢防线促发展”、营业所员工监狱实地走访警示教育、合规文化建设主题演讲、巡讲、访谈、征文等活动，严格落实总行“问责强化年”，廉政建设不断加强，从严治党从严治行不断向纵深推进。2019年，共计对130人违规行为进行纪律处分，纪律处分中，通报并经济处理2人、诫勉并经济处理2人、警告8人、3人记过停发6个月绩效工资，3人记大过停发6个月绩效工资。党纪处分：党内警告处分4人、撤销党内职务1人、党内严重警告1人。

【作风建设】 2019年是改革发展极不平凡的一年，全年安全经营无事故，精细化管理、机关作风、行风行貌均有较大突破。持续从精细化管理着手，采取多种举措，主抓机关作风建设，办公室陈列、卫生整洁清爽；仓库物资摆放、档案规整井然有序；广大干部员工精神风貌、服务态度得到极大改善，前中后台办事效率和凝聚力不断增强，在上传下达，攻坚克难，争先创优方面为全行工作的稳步推进和服务基层的质效提升上提供了强有力的保障。弘扬社会主义核心价值观，全行涌现一批勇于奉献、不忘使命的优秀员工：江达县波罗营业所员工坚持开展流动金融服务累计2个多月；芒康索多西支行员工为保障网点尽快恢复营业徒步翻山近30个小时；丁青县嘎塔营业所员工边巴旺堆不顾个人安危潜入冰河救人。

【领导名录】

农行昌都分行党委书记、行长：朗　杰
农行昌都分行党委委员、党委副书记：陈　远
农行昌都分行党委委员、副行长：公松尼玛
农行昌都分行党委委员、副行长：殷君臻
农行昌都分行党委委员、行长助理（援藏）：陈宗煌
农行昌都分行党委委员、副行长：斯郎吉村
农行昌都分行党委委员（交流）：安显辉

中国银行股份有限公司昌都分行

【概况】　截至2019年末，中国银行昌都分行（包括芒康支行）共有员工45人，其中正式合同制员工30人，编外员工15人。45人中，藏族员工28人，占比为62%；40岁以下员工43人。

【经营情况】　截至2019年末，各项存款总额为13.52亿元，各项贷款总额为35.02亿元，在保持贷款规模增长的背景下，严格控制资产质量，不良贷款和不良率均下降态势。

【重点贷款项目】　加大对资源、交通运输、重大基础设施等重点行业客户的储备比重，继续加大与华电、玉龙、海通水泥等企业的合作力度，为上述企业累计投放银团贷款3.55亿元，成功向中国水利水电一局投放流动资金贷款5000万元。

【精准扶贫项目】　深入贯彻落实党中央、总分行关于精准脱贫，支持普惠金融发展要求，多次组织人员实地调研，前往江达县、察雅县、芒康县等深度贫困地区考察，投放金融精准扶贫和涉农贷款。支持小微企业发展，为昌都市鑫茂新能源科技有限公司等3家小微企业投放流动资金贷款1000余万元。

中国工商银行股份有限公司昌都支行

【概况】　中国工商银行股份有限公司昌都支行于2017年4月27日正式揭牌营业，正处级建制，内设营业室、市场营销科、综合保障科3个正科级职能科室，行领导共2名，其中行长1名、副行长1名。截至2019年，干部员工共有24人。

【职能职责】　中国工商银行昌都支行（简称昌都支行）是西藏自治区分行在藏开设的第五家分支机构，也是中国最大的国有商业银行在藏东的唯一机构，按照新时代发展新要求，在党中央、国务院的指示和倡导下，始终坚持金融支持地方经济发展的总基调、总原则，始终坚持履行国有大型金融企业的社会责任，始终坚持以支持西藏经济建设为

己任，始终坚持为西藏社会长足发展和长治久安提供坚强的金融支撑，尤其是在公路、铁路等基础设施建设、大型水电站与电网建设、矿区开发等重点项目提供一揽子金融服务，为建设美丽西藏做出应有的贡献。

根据中央第六次西藏工作座谈会精神，中共中央、国务院《关于推进西藏跨越式发展和长治久安的意见》、国务院办公厅《关于印发支持西藏经济社会发展若干政策和重大项目意见的通知》以及银行业支持西藏社会发展座谈会的精神，中国工商银行总行特别制订西藏区域信贷政策，包括优先安排审查审批、简化贷款业务流程、部分重点项目可办理临时周转性贷款、扩大西藏信贷授权等政策。

昌都支行按照昌都市的发展战略规划，重点支持综合交通运输体系、能源体系、水利保障体系、通信网络体系建设，加大对华电金沙江上游各梯级水电站项目建设、玉龙铜业二期工程建设、藏中电网联网工程、昌都至邦达机场高等级公路建设、翔晨镁业等多个大型项目的支持力度。昌都支行响应和贯彻落实《中共中央、国务院关于打赢脱贫攻坚战的决定》《西藏自治区九次党代会关于扶贫相关精神》以及昌都市精准扶贫工作相关会议部署和要求，充分发挥金融在支持脱贫攻坚中的撬动作用，加大对产业扶贫、精准脱贫的支持力度，全力做好金融扶贫工作，并与昌都市农牧局取得联系，签订《金融支持产业扶贫合作框架协议》；投身于强基础，惠民生事业，支持本行脱贫摘帽对接联系点江达县汪布顶乡的脱贫攻坚，通过拨付扶贫专项资金用于采购养殖设备，帮助乡政府开展禽类养殖，积极履行大行社会责任，展现工商银行使命担当。

昌都支行积极履行国有大型商业银行的政治责任、经济责任和社会责任，依托丰富的产品支撑、先进的服务设施积极推进普惠金融，为当地百姓提供优质金融服务，比如说通过创新性存款服务帮助老百姓增加财产性收入；通过信用卡和个人消费信用贷款帮助昌都老百姓实现居民消费升级，提升城市品位；依托工商银行互联网金融服务强大平台优势，惠及吉塘、俄洛桥、芒康、然乌等318、214国道沿线多个乡镇，使当地居民能够享受到便捷、高效、实惠的金融服务，为尽早实现全面迈向小康社会提供有力金融支持。

【存贷款】 昌都支行各项存款余额1.93亿元，其中：储蓄存款余额4442万元，对公存款余额1.49亿元。各项贷款余额33.57亿元，其中：公司贷款余额32.31亿元个人贷款余额1.26亿元。

【信贷业务】 支持重点项目建设。主要做好水电开发、矿产资源等重点项目建设及上下游客户的金融服务。支持基础设施建设。重点是机场高速公路和农村公路等民生项目。支持民营经济发展。支持昌都市产业扶贫库中的XX镁矿建设项目。发放个人按揭贷款1亿元，支持当地居民消费升级，满足群众对美好生活的追求和向往。

【队伍建设】 持续开展员工技能、知识和产品培训。参加分行及昌都金融系统各项活动，昌都支行代表队在分行员工岗位技能知识竞赛中荣获团体总分二等奖、个人二等奖，个人三等奖和唯一的团体形象展示奖三个奖项，成功承办昌都市金融团工委组织的2019年“爱祖国、爱西藏、爱岗敬业”主题演讲比赛活动，在人民银行昌都中支组织的2019年征信知识竞赛中，获得个人第二名。根据人员流动情况，改选团支部，充分发挥青年团员在支行发展的朝气和活力，激发员工干事创业热情。一线业务岗全都配备属地化青年员工，为昌都支行健康可持续发展奠定人才基础。

【领导名录】
行　长：赵 光 亮
副行长：尼玛泽仁

中国邮政储蓄银行昌都市支行

【概况】 中国邮政储蓄银行昌都市支行成立于2018年3月23日，全行员工13名，截至2019年10月末，本支行资产类业务共计28.10亿元，较年初增长15.00%。其中小微贷款0.5亿元，较年初增长100.00%;扶贫贷款1.2亿元，较年初增长16.67%；消费贷款1.4亿元，较年初增长225%；公司授信25亿元，较年初增长10.74%；负债类业务共计:0.8亿元,较年初无明显增幅。

【实体经济】 经前期市场调研及自我现状分析，昌都市的中小微企业融资难的现状依然存在，中小微企业发展缓慢制约产业带动就业和经济社会的健康持续发展。本支行于2019年上半年特向上级行申请开办“政府采购”业务、“税贷通”业务以及“个人商务贷款”业务,以服务于昌都市实体经济的金融需求（已申请获批，支行内部也在进行培训及系统操练工作）。

【精准脱贫】 本支行筹备组自2017年1月就已进驻昌都市，开展市辖区范围内的金融支持产业扶贫情况以及产业情况的调研工作，并于同年申请获批开办产业扶贫专属信贷产品“扶贫富农贷”，使本行支持全市产业精准扶贫融资工作从谋划阶段上升到贷款的实际投放阶段，并对昌都市各级政府的产业精准扶贫项目融资工作起到极大的推动作用。本行已同卡若区、经济开发区、芒康县、左贡县、八宿县、察雅县、类乌齐县、江达县政府签订《扶贫项目融资合作协议》，其中5个县区已在本行开立风险补偿金专户，并已缴纳风险补偿金共计4900万元。扶贫项目贷款发放1.2亿元，扶持行业涵盖水电项目、奶牛养殖、牦牛养殖、牛羊肉冷链加工、高原特色藏香、藏式家具、包装及生态水泥制造行业，带动建档立卡户千余人。

【金融服务本市居民】 本支行虽在系统内定位为“水电特色支行”，但在前期市场调研过程中了解到，本市大众有较强的消费信贷服务需求。在人员紧张的前提下，支行果断调整业务结构及人员部署，不仅在昌都市内开展消费信贷服务，同时利用邮政昌都公司县域机构的特点，将该项信贷服务推送至县域，截止10月末本支行投放消费信贷362笔，金额1.4亿元。

【基础设施建设】 本支行积极参与昌都市的基础设施建设项目，加大在昌大型项目贷款的投放力度，截至10月末，本支行分别在水电及基建项目投放贷款共计25亿元。

【信贷业务风险控制】 开展客户经理的业务培训工作。前期已对客户经理进行相关业务培训工作，但在实际操作过程中发现客户经理对客户的客观情况及科学判断方面还有待加强，为此在后期的培训中加入业务实操部分的培训（如现场调查技巧、交叉验证技巧、调查报告撰写技巧等）。开展业务前期的风险控制工作。每周一为支行内部贷前会商。会商内容主要包括：对各贷种上报业务资料进行复核，重点复核纸质资料及影响资料的完整性。客户经理对上报业务进行叙述。由业务主管对该笔业务进行风险询问，并对业务推进表进行效率评估，并进行业务情况的总结。通过内部贷前会商，提高客户经理的工作效率以及风险把控能力。开展风险事项的汇报工作。按照《区分行小企业贷款风险防控工作要点》的要求，按月召开贷后检查分析列会，主要针对贷后检查中发现的问题，根据实际情况制定风险化解方案，并按季向相关业务部门报送风险情况。通过支行内部“两会一书”的方式，让我们自己正视存在的实际问题，并在第一时间发现风险隐患并制定相应的防范措施。

【消费者权益保护】 构建消费者权益保护相关的系统工号，能够实时跟踪投诉工单等问题的处理进度。对于分派的工单能够快速得到响应。定期进行消保知识的培训及案例分析，深入了解每项案件产生的原因及背景，提前进行防控，确保将问题扼杀在萌芽状态。通过多次参加人民银行昌都中支组织的消费者权益保护培训，对于消保工作中存在的问题能够及时了解并进行解决。并在第一时间向监管部门进行信息报送和反馈，对于存在的问题积极进行整改并报送整改报告。在平时工作中，要求全体员工履行相关的服务协议，打造客户心中的口碑银行。在本年度内，本支行共计组织过五次针对不同群体的消费者权益保护知识的宣传，进行消保知识宣传的重点及方向均有所不同。在“消保知识进校园”活动中，向前来参加活动的老师和学生从理论知识结合现实生活案例进行解读。

【反洗钱工作】 成立以支行行领导为组长的反洗钱领导小组并定期召开反洗钱工作会议，行领导发生变更之后立即更新反洗钱领导小组名单，同时上报人行昌都中支会计科及区分行法律与合规部。根据区分行法律与合规部下发的相关文件积极开展客户身份识别工作，并定期按时上交客户身份识别台账等相关资料。在人员紧缺的前提下积极组织支行员工参与人行、总行、区分行组织的反洗钱相关培训，同时我支行内部也积极开展反洗钱培训工作，提升反洗钱工作人员业务综合素质及业务能力。利用多种渠道开展反洗钱宣传活动，提升社会公众对金融机构反洗钱工作的认可和理解与支持。在反洗钱系统内建立相应角色，当出现人事变动时立即梳理系统内角色并进行相应变更操作，同时督促反洗钱工作人员每日在反洗钱系统内进行可疑交易甄别及数据补录补正工作。截至2019年底，本支行上报可疑交易报告0笔，未发现具有洗钱风险的交易，后续我支行将再接再厉，做好反洗钱工作。

【领导名录】

邮储银行昌都市支行、副行长（主持工作）：冬生达娃

邮储银行昌都市支行、副行长：邹 欣 欣

西藏银行股份有限公司昌都分行

【存贷款情况】 分行各项存款余额31.74亿元，较年初增加8.77亿元。其中：对公存款28.33亿元，较年初增加8.12亿元；储蓄存款3.41亿元，较年初增加0.65亿元。各项贷款余额11.89亿元，较年初下降1.35亿元。其中：对公贷款8.47亿元，较年初下降1.10亿元；个人贷款3.42亿元较年初下降0.25亿元。不良贷款余额90.86万元，不良贷款率0.08%。

【拓展存款市场】 昌都分行党委牢树“存款立行”理念，切实把加强存款营销作为中心工作，积极拓展存款市场，巩固和拓展财政存款，持续营销住房公积金、社保基金、政府及重大项目建设资金，加大中小客户和个人吸储力度，加快企业存款、储蓄存款发

展步伐，推进银政、银企战略合作关系，积极拓展存款市场。

【优化贷款结构】　分行紧紧围绕总行经营战略转型的要求，积极调整信贷支持方向。全力支持昌都优势及特色产业发展。持续加大对矿产、水电等优势产业的支持力度，重点支持类乌齐菱镁矿开发项目和玉龙铜矿二期改扩建工程，着力培育地方特色优势产业，扶持地方中小实体。2019年，分行累计发放对公贷款21笔，金额2.12亿元。努力调整信贷结构，优化信贷资源。以突出信贷客户的综合贡献度为抓手，把有限的资源投入到优质客户上，同时审慎确定贷款期限，逐步压降中长期贷款余额，促进分行信贷结构逐步趋于合理。持续改进信贷服务举措，支持城镇居民合理的信贷需求。全年累计发放个人贷款121笔，金额为7089万元。

【标杆网点】　分行加强自身金融服务软硬件建设，开展“五星网点”创建工作，增强网点服务水平，并于2019年底荣获银行业协会“五星级网点”荣誉称号。分行在2017年就将优质文明服务工作和争创星级示范网点工作作为分行党委的一项重点工作稳步推进，做到与中心工作同谋划、同部署、同落实、同考核，并画出目标路线图，明确提出“一年服务口碑明显改善，三年服务效率高、体验佳、口碑好的客户满意银行”的“五星级网点”创建具体目标。多次安排专人赴上海、广东、浙江、福建、成都等地对服务示范网点进行实地考察、现场调研。回行后，参训人员及时对全行员工进行转培训，交流先进的服务技巧和服务方式，提升全员的服务意识和服务水平。在总行个金部的帮助与指导下，组成工作小组对照银行业协会的要求，集中开展网点面貌整治工作，解决分行服务硬件方面存在的突出问题，推动整体服务质态的提升。实施服务效率提升工程。分行成立伊始，以前台服务效率的提升为出发点，相继出台《昌都分行首问负责制》《昌都分行一次性告知制》《昌都分行限时办结制》等制度，并对服务内容、业务时限和投诉流程等内容进行公示，找准影响客户体验的核心问题所在，服务效率得以大幅提升。开展服务标准化建设。以晨会、夕会和学习例会为契机，开展员工服务技巧、业务技能的培训和评比活动，以藏装、双语窗口等形式体现服务特色和亮点，以优质、高效的金融服务夯实业务发展基础。

【稳健经营】　持续健全风险管理目标。健全分行信用风险、反洗钱风险、操作风险、舆论和法律风险等风控工作的组织架构体系，明确相关岗位和职责分工。严格执行贷款“三查”（贷前调查、贷时审查、贷后检查）制度。把好客户准入关，做实贷前调查、贷中审查和贷后检查三个关键环节，确保信贷业务“放得出、收得回、有效益”。加强不良贷款清收处置工作。多次组织召开不良贷款清收专题会议，对不良贷款按户进行“会诊”，分户采取不同的策略进行催收，催收成效较为显著。全年累计收回逾期贷款本息余额1000余万元，将不良率控制在总行下达的控制目标内。加强检查和问题整改力度。结合内外部监管要求，分行对历年发现问题进行梳理，建立问题整改台账，明确问题整改责任，教育引导员工合规操作，杜绝“屡查屡犯”问题的发生。

中国人民财产保险股份有限公司昌都分公司

2019年，在区分公司党委、总经理室的正确领导下，分公司始终坚持以习近平新时代中国特色社会主义思想为指导，深入贯彻落实中共十九大精神、中央和西藏经济工作会议、区分公司2019年工作会议精神，团结带领公司全体干部职工贯彻落实好集团“3411工程”和总公司“十项重点”牢固树立“发展是第一要务”的思想，动员公司所有干部职工锐意进取，埋头苦干，不断强化对标市场意识，抢抓机遇，创新发展，加速对新领域新业务的探索，积极应对竞争日益加剧的市场环境。

【业务经营指标】 截至2019年11月30日，分公司共完成保费收入12801.25万元，同比增长28.71%（剔除大病医疗保险1482.68万元同比增长13.80%），完成年度计划的81.51%（任务计划为15706万元），低于间进度10.16个百分点。其中车险保费5046.66万元，同比增长4.26%，占比为39.02%。赔付支出为8791.15万元，同比增长17.49%。赔付率59.22%；费用率22.22%；综合成本率82.01%。利润为：1854.84万元（任务指标为1928万元）。

【加强内控管理，完善制度建设】 加强对公司管理，强化工作督导落实，2019年分公司对制定的相关规章制度进行补充完善，规范对公司管理，严肃工作纪律，同时要求各部门制定部门工作台账，严格按照工作台账，狠抓落实，实行周通报、月通报、季度通报制度，由公司综合部负责监督，有效保证对计划落实情况的监控和调整。推进公司业务发展，上半年承保中心制定车险过程管理岗职责以及车险提前续保办法，由车险过程管理岗提前3个月将车险续保清单打印出来，直销人员、营销人员进行第一次认领，再进行第二次平均分配，要求提前90天、60天、30天续保。

【车辆保险】 面对车险市场竞争日益加剧的复杂环境，2018年底分公司成立车商部，专项负责车险工作，确保公司车险业务健康稳定发展。公司车商部有工作人员5人，有效合作卖场3家，修理厂14家。车险工作紧紧围绕渠道建设、营销模式、目标客户的选择、费用配置、精准推修等重点，狠下苦功，开拓创新，制定明确的保费目标，积极应对市场挑战。建立完善《昌都分公司修理厂定级管理办法》《车商维护专员基本管理办法》《车商团队管理办法》等管理办法，强化管理；充分利用理赔资源发展车商业务，与理赔中心就推修流程、推修范围等工作进行深入研讨，将可推修资源进行类型划分，通过推修提高保费的增长，不断加强与车商渠道服务网点合作，密切合作关系，提升服务能力，拓宽车商业务面积；公司在给员工传达区分公司目标任务的同时也向全体营销人员下达公司车险保费目标量，高标准要求自己。分公司继续加大对交警支队车辆管理所服务大厅以及昌都两个车辆检测网点的人员配备力度，抢抓客户，加强与同行业竞争对手的竞争。截至11月27日，分公司有效合作卖场3家完成保费收入121.9万元，合作14家修理厂完成保费1136.29万元；外围检测站方面，永安检测站实现保费收入765.65万元，加卡检测站实现保费收入537.25万元。

【推进商业非车险转型发展】 借助昌都市应急管理局下发的文件，推广安全生产责任保险（建筑和安全），完成保费57.23万元；与昌都市市场监督管理局合作，开展电梯责任保险，完成保费9.5万元；借助车险平台大力开展驾乘人员意外险及机动车补充意外险，完成保费7.9万元；以“攀峰行动”为契机，借助农保员大力宣传和推广人人安康、综治保险、农牧民意外伤害保险等险种，人人安康完成保费20.23万元，综治保险完成保费288.96万元，农牧民意外伤害保险完成保费，287.37万元；利用警保联动平台，开展电动车责任保险，前期进行全市电动车的摸底调查工作，在全市电动车整改工作后再推广此险种。积极与昌都住建局、水利局、交通局及工程项目施工方联系沟通，推广建筑施工企业雇主险和完工履约保证保险，完成保费9.2万元。在昌都市脱贫攻坚指挥部的大力支持下，分公司精准对接卡若区人民政府扶贫方略，经过多次沟通拜访和实地考察调研，最终促成昌都市首单“脱贫收入”保险产品项目落地，共收取保费143万元，洛隆县脱贫收入保险项目谈成，有望在本月出单，预计能收取保费170万元左右。

【政策性农业保险】 民生关乎民心，改善民生、保障民生的涉农保险关系我市经济社会发展大局。本年度，分公司从讲政治、顾大局的高度，投入大量的人力、物力、财力，开展政策性农险业务。截至到11月1日，公司共接收政策性涉农保险案件808笔，估损金额为9139.86万元，其中：养殖业746笔，估损金额为9023.25万元；种植业3笔，估损金额为0.61万元；农房案件59笔，估损金额为116万元。截至到11月1日，公司共接收能繁母猪案件共接收7笔，估损金额为8.1万元。

【陆生野生动物肇事保险】 分公司自2017年开展野生动物肇事保险工作以来，陆生野生动物肇事保险工作开展顺利，通过开展野生动物肇事保险，有效转嫁野生动物的侵害风险，实现政府直接补偿向保险赔偿转变。共收取保费：7032.71万元（2017—2019年）；2017年至2018年共受理案件：456笔、赔付支出：4729.85万元；2019年截至11月11日，共接收案件293笔，报损金额为1778.78万元；2019年后两月，预估报损的陆生野生动物肇事案件共38笔，报损金额为865.00万元，近三年的（2017—2019）赔付将达到7373.63万元。

【县域网点建设】 县域网点工作开展以来，达到各县三农保险服务站全覆盖，提高保险服务三农的水平和能力，本年度，分公司完成除江达、贡觉县以外其余各县的网点建设工作，江达、贡觉县争取年内完成。将“三农”保险服务落到实处，增加当地人员就业，2018年开始陆续在各县招录158名专职农保员，（其中包括53名建档立卡户子女）并对其进行保险专业知识培训，帮助其尽快融入工作，提高专业技能，安排在全市138个乡镇开展工作。

【保险理赔】 本年度分公司理赔部门加大和完善理赔考核力度，在原有的理赔考核基础上细化理赔各环节的考核指标，重新制定《昌都分公司理赔事业部“红、黄、蓝”牌考核激励制度》及《理赔考核指标责任分解》，考核指标紧紧围绕提升理赔客户服务和理赔降赔这个重心，不断提高员工的综合能力，使真正想干事、能干事、干成事的员工得到奖励，充分激发理赔队伍活力。有效提升理赔效率，缩短理赔周期，对指标不好的进行重点督促，分析原因所在，采取合理举措，使理赔周期得到明显提升，要求理赔中心与承保中心加强沟通，逐步完善修理厂推荐送修码的工作，提高修理厂的保费产量。结合总公司“中国人保心服务，五星理赔伴你行”活动安排，在昌都市设立“心服务”站，以“用心、省心、放心、贴心、暖心”的人保五星级理赔服务为主线，为客户提供小事故快修、业务咨询、路线指引等保险服务，提高客户的忠诚度、满意度。与昌都市交警支队启动警保联动机制，按照职能互补、资源共享、共同合作的原则，开启事故处理和保险理赔融合的新模式，为客户提供交通事故快速定责、快速定损、快速理赔，违章查询、处理服务。

【2020年经营目标】 车险保费收入不低于6354万元，增速12%；非车险严格对标市场发展，保费收入不低于3360万，增速5%。

中国人寿财产保险股份有限公司昌都中心支公司

【概况】 昌都中支筹备于2018年6月18日并于2019年2月28日取得两照并开始营业，自营业以来中支力求于在昌都当地市场起到保险业国有品牌形象，先后积极拜访各家同业公司，虚心请教，谋求合作，共同发展。在筹备期及营业初期，中支将队伍建设放在首位，经过多方努力，非销人员5人，个代人员14人，9人为物业各小区负责人，5人为其他。便民服务中心，车管所，交警支队均设为出单点。各区县均有合作汽修厂兼咨询网点，人员团队日益壮大。农险团队初具规模，洛隆、边坝县各乡镇悬挂“三农服务站”牌匾，其余区县也在逐步拓展。中支先后与中国邮政、中国联通达成合作关系，资源互换，市场共享。中支也加强基层建设，与多个小区物业达成合作，拓宽人员渠道。

【调查研究】 外部关系 中支进驻昌都后，采取“三进”先行的方式，先期拜访市委市政府取得政策支持，以机要文件请示的形式取得市长陈军对财政局的签批文件，将公司准入市直机关车辆保险范畴内，并承保市长专用车辆及林业草原局和两区委车辆，并将公司列席市委常委扩大会议及列席政府其他会议。中支强化国寿财在当地影响力，加强走访各银邮渠道及三大电信运营商，对国资委昌投公司深入拜访交流，多次参与在公共场所进行宣传，在同业内产生较大影响力，中支在维护政府关系的同时，通过引荐积极对接驻昌投资企业，对四川商会，重庆商会，湖南商会等民间组织加强合作，对公共资源交易中心进行有效公关，将公司印制的标准纸杯提供投标现场作为品牌宣传，针对业务平台资源较多的交通、住建等相关部门进行了多次拜访，效果较明显。

【党建工作】 中支现有党员1名，参加区分组织的主题教育视频学习，积极参加由经开区区政府组织的党员户外活动，和驻区企业拟将组建经开区党员第8支部。

【业务经营】 保费情况 2019年度保费收入314.21万元，保费任务完成率52.37%，成绩较为满意。为进一步提升业绩，有如下举措：通过社区宣传达到咨询个代团队的展业效果，提前做好续保及新保的业务拓展。同业公司进行深入合作，争取年底前公报业务实现新业务增长。召开5场企业保险产品推介会，寻求续保企业及新增非车险业务。昌都公共资源交易中心已建立保险咨询点，以全面使用我司宣传水杯，力求招投标业务信息先行公关。加大对前期昌投集团的公关，对全市物业企财及家财险保费有所突破，补2019年的保费差距，为2020年开门红奠定基础。

【领导名录】

总经理：邱　异（2018年6月任）

中国平安财产保险股份有限公司昌都中心公司

【概况】 2019年，中国平安财产保险股份有限公司昌都中心公司（简称平安产险昌都中心支公司）严格按照昌都市党委、政府和监管单位的要求，参照总公司的原则，结合当地实际情况，完善网点的基础工作建设，并且在人才建设、合规经营、社会公益、业务发展、服务质量等方面加大投入力度，保证各项工作的顺利进行。

2019年公司始终坚持以“服务促发展”为指导，不断提升客户服务的品种和手段，不断刷新客户服务体验，“VIP增值服务”“万元以下，一天赔付”“快、易、免”“举办客服节”等各项活动有序推进，注重实效，取得客户满意和社会高度认可的效果。

【人才发展和机构建设】 平安产险昌都中心支公司位于西藏自治区昌都市卡若区生格村友谊生活广场临江靠北一楼二楼。截至12月31日公司合计正编人力15人，非正编人力2人，同比增长1.1%。其中本地户籍正编人力3人，非正编人力1人，为昌都本地户籍就业做出应有的贡献。平安产险昌都中心支公司高度重视人才的招聘、培训和培养，努力造就一支适应保险业改革发展需要、素质优良、结构合理、作风过硬的人才队伍。通过多年的内部帮扶和外部培训，初步形成人才队伍的梯队建设，专业人才稳步发展的良好局面，保障公司发展所需。

平安产险昌都中心支公司建立4个外围网点，网点覆盖昌都市整个市区，完善昌都市区保险服务网络，企业知名度和品牌美誉度不断提升。

【思想建设】 2019年合规工作深化，并重点围绕制度建设，培训学习，自查自纠等方面落实各项要求，主要包括公司合规建设制度体系不断完善，通过成立公司和部门合规领导小组、组织专项培训、参与重点项目、部门间经验交流等多种形式，帮助重点合规岗位人员拓宽工作思路，提高专业素质。在反洗钱建设方面，公司反洗钱制度体系不断完善，强化责任到人，定期开展反洗钱月报、季报工作小结，举办反洗钱专项培训，加强反洗钱和法律法规宣传，贯彻落实反洗钱工作要求，不断完善反洗钱基础工作，保证反洗钱工作的顺利进行。在自查整顿工作方面，分公司召开全区非法集资风险排查工作安排视频会议，会议要求：根据西藏银保监局关于排查保险中介市场风险的要求，结合公司实际情况，深入贯彻落实保监会防范和处置非法集资会议精神，强化公司非法集资领导小组功能，增强全体员工和销售人员的依法合规意识，促进公司的健康持续发展，全面开展中介风险市场排查。由分公司总经理部署，各部门、三级机构配合，完成此次非法集资中介风险排查。平安保险昌都中心支公司积极响应分公司的号召，制定清理整顿的工作方案，并开展两次深入自查行动，排查化解风险隐患，规范市场秩序。

【保险业务】 2019年，平安保险昌都中心支公司保费收入3604万元，业务发展迈上新的台阶。

2019年平安产险昌都中心支公司保费收入情况表

时间	保费收入（万元）	利润（万元）	市场份额（%）
2019年	3604	945	22

2019年平安产险昌都中心支公司理赔情况及赔付金额情况

单位：万元

险种/产品		赔付金额
车险	交强险	1334
	商业险	
财产险	责任险	711
	企财险	
	工程险	
	货运险	
意健险	建工意外险	
	其他团意险	
	个人意健险	
合计		2045

【公益事业】 平安产险昌都中心支公司在经营发展的同时，积极参与各项社会公益活动和爱心善举行动，由平安在昌都察雅县落地的“三村工程”扶贫项目中的“村教”和“村医”项目的设备已经全部投入使用；“村干部”项目的企业扶贫资金贷款公司正在积极与总部沟通协调中。为巩固对昌都察雅县希望小学的支持，平安每年为每所希望小学投入2万元，用于希望小学的日常维护。切实为政府分忧解难，为社会的安定团结做出了贡献。

【风险管控】 2019年公司在市场风险方面，无由于利率、权益价格、房地产价格、汇率等不利变动导致保险公司遭受非预期损失的情况；保险风险方面，未发生因死亡率、疾病发生率、赔付率、退保率、费用率等假设的实际经验与预期发生不利偏离而造成损失的风险；信用风险方面，未发生由于交易对手不能履行或不能按时履行其合同义务，或者交易对手信用状况的不利变动，导致保险公司遭受非预期损失的风险情况。近期未发生债券违约事件、未出现公司购买债券的对象出现违约情况。操作风险方面，未发生由于不完善的内部操作流程、人员、系统或外部事件而导致直接或间接损失的风险，包括法律及监管合规风险。战略风险方面，公司战略的制定和实施都由总部统一组织、开展，一季度公司未发生由于实施的流程无效或经营环境的变化，导致战略与市场环境和公司能力不匹配的风险。声誉风险方面，未发生集体上访等对公司产生的负面评价造成损失的情况。

【领导名录】

总经理：王志刚

邮政·通信

昌都市邮政管理局

【概括】 昌都市邮政管理局于2012年12月在昌都挂牌，2013年正式开展工作，内设办公室和行业管理科（机要通信科）2个机构。编制8名，实有人数7人（另外聘劳务派遣人员4人）。

【整改工作】 按照中共西藏自治区邮政管理局党组的工作部署，昌都局全面配合自治区邮政管理局第二巡察组巡察的各项工作，积极配合政治巡视工作，对巡视出来的问题逐一确认，全面开展自查自纠工作；自5月7日巡视整改反馈工作以来，昌都局全面落实整改工作，针对巡视反馈的问题，研究制订整改方案，建立问题台账，分门别类、倒排时限，逐一进行整改，整改完成过半。昌都局对照开展违规公款吃喝等9项治理工作的要求，再次进行自查自纠，确保问题不留一个，确保整改不反弹，确保智力成果不断巩固提升。

【依法治邮】 抓好法律法规宣贯落实。借助安全生产月活动，普及条例知识提高社会知晓率。结合贯彻落实国办1号文、邮政业服务民生7件实事、落实寄递安全“三项制度”等工作同步推进条例宣贯，深化宣传效果。在“3·15”国际消费者权益保护日，安全生产月，世界邮政日等主题宣传活动期间，悬挂横幅、发放宣传资料等形式向寄递企业和社会各界广泛宣传行业法律法规。联合市司法局利用广场大屏幕广泛宣传“三项制度”，开展寄递安全宣传工作；通过广场实地操作，演示邮政行业寄递渠道安全全过程，取得良好的社会效果。利用快递三轮车车身平台，配合昌都市公安禁毒支队、经侦支队、刑侦支队开展“全国禁毒日”“打击和防范经济犯罪宣传日”“反诈骗犯罪”等系列公益宣传活动。发展市场环境不断优化。严格按照法定权限和程序，落实“放管服”要求，扎实做好许可服务工作。公示快递业务经营许可证办理流程及要求，定期向企业通报许可受理过程存在的各类问题，企业材料一次性审核通过率同比提升17%。事前明确许可事项软硬件标准，事中跟踪指导进度，实地核查一次性通过率同比提升20%。

【监管机制】 将行业安全领域新情况纳入管理，用好约谈、警示和通报手段，强化属地管理责任落实，巩固深化寄递安全综合治理，有效发挥联合监管机制作用，建立定期案件通报和联合督导制度，建立常态化法人企业督导检查机制。督促企业按照“有机构、有制度、有人员、有经费、有培训、有行动、有检查、有效果”和“五个一”要求，全面落实企业法定代表人、实控人第一责任人和全员安全生产责任制，健全安全管理机构和安全员队伍。落实安全生产法律法规和标准，突出强化加盟企业总部的管理责任。加强生产经营现场管理和过程控制，通过严格的行政执法检查，提高企业违法违规成本，推动企业主体责任落实。在“三大节日”期间、全国“两会”、“西藏民主改革六十周年”纪念日、第二届“一带一路”国际合作高峰论坛、第二届中国国际进口博览会、北京世界园艺博览会等重要节点期间，成立寄递渠道安全生产服务保障工作领导小组，细化寄递渠道安全服务保障工作实施方案，组织寄递企业主要负责人召开寄递渠道安全保障工作动员会，与各寄递企业负责人签订承诺书。强化行业动态舆情应对，在局网站发布重要节点期间消费提示。实名收寄。按照部门主管、企业主责、统一标准、分类管理原则，聚焦问题关键，建立通报反馈、专项督导、后进约谈等机制，督促企业严格落实主体责任。压实寄递企业安全主体责任。加强行业安全专项整治，跟进督导寄递企业安全措施落实情况，针对寄递末端网点安全基础薄弱、管理责任模糊、安全意识淡薄问题，制定《昌都市邮政管理局关于落实寄递企业安全生产主体责任的实施办法》，明确寄递企业安全生产主体责任及工作要求，层层传导压力，层层压实责任。加大寄递渠道联合执法检查力度。市政法委、综治委及昌都市寄递渠道安全领导小组，形成定期联席会议制度，定期分析研判全市寄递渠道安全形式。2019年，昌都局与市公安局（治安支队、反恐支队、禁毒支队）、市国家安全局、市应急管理办（应急救援支队）等部门共开展3次寄递渠道隐患排查整治、清理整顿联合检查，对重点区域寄递企业明察暗访，督察整改，实行销号闭环管理。行业安全生产监管成效显著。围绕社会稳定和长治久安总目标，不断完善安全管理组织机构，强化寄递行业安全监管力度，细化寄递渠道安全目标管理措施，持续深入开展寄递渠道危险化学品安全综合治理、涉枪涉爆隐患集中整治、春夏火灾防控等安全生产防控工作，圆满完成自治区物流及寄递行业安全管理专项督导迎检任务。密切关注寄递企业在经营、劳资、投诉等方面的矛盾排查化解工作，彻底排查整治寄递渠道安全隐患，为寄递渠道安全畅通创造良好的安全生产环境。“扫黄打非”工作扎实开展。按照市“扫黄打非”工作小组部署，开展邮政行业“扫黄打非”工作，重点对邮政企业收寄、运输、投递环节安全保障和报刊接办环节查堵非法出版物等情况进行检查，严防非法报刊、非法出版物流入邮政发行渠道。截至2019年，出动检查人员100人次，检查邮政网点47个，邮政报刊亭3个。

【邮政服务】 依法履行邮政普遍服务监管职责。安排执法检查208次，出动检查人员104人次，对65处邮政普遍服务网点进行监督检查，保障用户的用邮权益。加强党报党刊投递时限合标监督检查，先后出动48人次前往9个县区检查督导，确保党的声音及时传递至基层。组成检查组，检查11个县区150个建制村直接通邮情况，调研邮政公司上报的22个交通不便地区建制村。动态健全完善邮政专用标志车辆档案，规范邮政专用车辆监管。依法做好特种邮票发行和销售工作专项监督检查。检查《己亥年》《2019年中国北京世界园艺博览会》《“五四”运动一百周年》《中国2019世界集邮展览》《川藏青藏公路建成通车六十五周年》《北京大兴国际机场通航纪念》《中华人民共和国成立七十周年》等9套邮票。指导邮政特邀监督员认真开展社会监督工作。共开展社会监督活动111人次，反馈监督报告111份，监督邮政、快递服务网点12个，提出建议和意见3条，向企业反馈邮政普遍服务问题3个，并跟进企业整改落实情况，为辖区邮政服务水平的提升发挥重要作用。扎实做好辖区邮政普遍服务常态工作。继续深入贯彻落实《邮政普遍服务》标准。开展辖区内邮政普遍服务达标情况监督检查专项行动；开展农村地区邮政普遍服务质量监督。组织开展乡镇、建制村普遍服务达标和建制村通邮情况检查；加强中央投资项目等基础设施的监督检查；全面强化机要通信安全运行管理，加大对机要场所安防设施的建设力度。开展机要通信服务监督检查。2019年，局党组专题研究部署机要工作2次，召开邮政机要通信保密安全政企联席会议4次，制订专项检查工作方案，开展辖区11个县区专项检查，检查覆盖率100%。通过调阅资料和现场检查，核实邮政企业备案信息，掌握机要投递段道、车辆配备、机要安防设施配备情况。对28个邮政机要通信安全隐患等提出整改要求。11处机要场所安全隐患全部整改到位。推动邮政业服务惠及更多领域。按照“一市一品”工作要求，要求邮政企业积极推动农村电商工作，共设置邮乐购网点45个。推动邮政综合服务平台建设。市县邮政网点在代售机票、车票的基础上，全市11个城市网点陆续开通警邮合作、政邮合作、税邮合作等业务。昌都顺丰开展特色农牧产品寄递活动，在虫草采挖期间，共寄递新鲜虫草1000余单，寄递虫草400余万元。实施“放心安全消费工程”。共开展达标检查6次，其中顺丰西部通航省区实现次日达，中东部省份实现3日达；韵达、邮政EMS测试时限实现4日达，其他快递时限相对较差平均时间为6日。

提高行业绿色发展水平。根据自治区局的工作部署，昌都局印发《昌都市2019年邮政业生态环境保护工作实施方案》，各企业按照先易后难的方式，先后购置手持打包机8个，减少塑料胶带使用量；昌都顺丰、申通、中通、圆通、韵达等重点企业购置快递废弃物回收装置8个，其中邮政、顺丰、申通等企业循环中转袋使用达到100%，其他快递企业正在组织采购废弃物采购装置。加强快递员（投递员）权益保护。在春节藏历新年协调团市委开展“冬日递暖”慰问关爱活动，向57名在岗“快递小哥”发放“致全市快递员（投递员）的一封慰问信”及慰问品合计价值4680元的（防寒手套、护膝、保温杯等）。帮扶困难家庭，对10名贫困家庭的“快递小哥”青年，每人发放慰问金1000元。要求快递企业为“快递小哥”购置人身意外保险，共为54人购买价值14040元的保险（人均260元）。各快递企业通过组织联谊会、外出郊游等群体活动，关心和关爱“快递小哥”，加强对“快递小哥”的人文关怀。有效推动“快递下乡”工程。昌都局多次组织“快递下乡”座谈会，组织快递企业合作洽谈，组织快邮合作座谈会等，组织各快递企业“抱团取暖”，充分利用乡镇商超、万村千乡连锁超市、邮政网点积极推动快递下乡；协调乡镇客运班车、乡镇邮政车辆、乡镇政府车辆及社会运输力量，降低运输成本。昌都市各快递企业通过延伸投递范围、设立末端投递网点、商超代投等方式共新建乡镇快递网点24个，乡镇快递网点覆盖面由10.1%，扩大到17.4%。稳步推进快递网点标准化工作。紧盯寄递企业标准化、规范化、安全化管理，通过建设组织企业观摩示范点，紧抓现场指导、达标验收、督办整改等环节，推进标准化建设工作。昌都市市城区标准化快递网点9个，达标率100%，县级及以下标准化快递网点15个，达标率45%。

【领导名录】

党组书记、局长：罗明才

党组成员、纪检组长、副局长：郭勇涛

中国邮政集团公司昌都市分公司

【概况】 1951年4月16日，川西邮电管理局昌都邮政局成立，范国昌任局长。1952年，昌都邮政局改称川西邮电管理局昌都邮电局。1954年12月，昌都邮电局改为“西康省邮电管理局昌都邮电中心局”。1956年，国务院将金沙江以西地区的邮电机构全部划归西藏邮电管理局领导，昌都邮电中心局因此改称“邮电部西藏邮电管理局昌都邮电中心局”。1958年，经邮电部批准，西藏昌都邮电局正式划归四川省邮电管理局代管。1960年，西藏昌都邮电局由四川划归西藏邮电管理局领导。1961年，西藏所有专署所在地的邮电机构均改称“专署邮电局”。1973年，昌都邮政、电信合并，成立昌都地区邮电局。1987年，昌都地区邮电局正式开办邮政储蓄业务。1998年，昌都地区邮电分营。昌都地区邮电局分为昌都地区邮政局、昌都地区电信局。2014年2月，原“西藏自治区邮政公司昌都地区邮政局”正式更名为“西藏自治区邮政公司昌都地区分公司”。2014年12月，随着昌都圆满完成撤地设市工作，再次更名为“西藏自治区邮政公司昌都市分公司”。2015年4月，根据集团公司“子改分”相关文件要求，更名为“中国邮政集团公司昌都市分公司”。

自1951年成立以来，昌都邮政从最初的3名职工、几间简陋平房、办理单一的信函业务，发展到如今集1个市公司、10个县分公司、11个乡邮中心网点于一体的现代化邮政企业，职工队伍壮大到300余名（含乡邮员），业务囊括函、包、汇、发、储蓄、集邮、机要通信、速递物流、代办等，昌都邮政不断地成长壮大。邮政事业的发展不仅助推昌都地区的经济腾飞，更为广大群众提供较好的就业空间和发展方向。

邮政昌都分公司有30个区级单位，其中16个本部单位（含四个营业支局）、4个寄递事业部本部、10个县分公司。截至2019年12月底，从业人员258人。其中，劳动合同制AB类员工257人，劳务工52人，内退长病1人；藏族职工189人，占总人数的73.26%，汉族职工67人，占总人数25.97%，回族、门巴族各1人。本科学历职工49人，占从业人数的18.99%，大专学历职工111人，占从业人数的43.02%，中专及以下学历职工98人，占从业人数的37.98%。公司党委下设4个党支部，分别是行政支部、生产支部、生产寄递事业部支部、左贡县邮政党支部，党员共计101名。

全市共设立有127个乡邮网点。其中，邮政自建的乡邮网点有10个（分别为江达县同普乡，贡觉县阿旺乡、哈加乡，芒康县如美镇、纳西乡，左贡县扎玉镇，八宿县帮达镇，洛隆县硕督镇，丁青县觉恩乡，类乌齐县类乌齐镇），在政府帮助下建设的有117个，补建空白邮政乡邮网点。昌都市乡邮投递邮路，摩托班有投递段道243条，汽车班有61条，乡邮网点营业时间为每周一至周五，每日营业时长6小时（夏季5月1日至9月30日上午9：00—12：00下午15：00—18：00；冬季10月1日至4月30日 上午9：30—12：30下午15：0—18：00），农村投递乡到村周三班，县到乡周五班2018年9月1日开始执行）其中边坝、洛隆、丁青2018年12月1日执行。

2011年至2019年历任局长：梁龙华、陈可新、拉巴次仁。

【经营收入】 2019年，全市邮政业务总收入完成4117.94万元，完成年度预算的106.49%，同比增长16.6%，超预算绝对值250.94万元。其中，主营业务收入完成3935.29万元，完成年度预算的106.42%，同比增长17.43%，超预算绝对值237.29万元。其他业务收入完成182.65万元，完成年度预算的106.19%，同比增长1.08%，超预算绝对值10.65万元。总成本为12500万元，完成预算进度的100%，同比增长29%；收支差额为-8011.53万元。业务总收入和增幅均排全区第一，业务规模排全区第三，较2018年同比进一位。“一核”发展定位不变。代理金融业务实现收入1440.93万元，完成预算进度的95.43%，差预算绝对值69.07万元。2019年，全市邮政代理储蓄存款总规模为77464.36万元，其中定期储蓄存款规模为27262.74万元，2019年新增储蓄存款3614.61万元，增幅为4.89%。2019年累计销售基金130.16万元；本年累计销售理财11672.42万元；2019年累计销售保险646.37万元，其中趸交保险605.3万元、期缴保险41.07万元。2019年累计新增发放绿卡7595张，结存卡户规模达到7.7万户，期末卡户存款余额65173.23万元，比上期增长12722.13万元，卡户平均存款余额8460.76元/户。2019年，手机银行累计注册3018户，同比增长10.54%。专业寄递翼经营和管理。寄递业务实现收入644.26万元，完成预算进度的90.23%，差预算绝对值69.74万元。其中，标准快递业务实现收入256.65万元，同比增幅3.79%。快递包裹实现收入378.35万元，同比增幅14.22%，物流收入完成8.4万元，差预算绝对值66.6万元。全市收寄标准快递8.1万件，快递包裹10.83万件。严格执行网运计划，做好网运支撑。2019年，处理中心处理邮件195.87万袋件，邮运行驶里程203.5万公里，派发总车次2806趟次，派发加班车252趟次。加强投递作业管控，投递质量明显提升。2019年，投递快递包裹17.44万件（其中各县9.98万件，市区7.45万件），投递过程中严格执行“五确保、五严禁”投递要求，及时妥投率82.4%，投递质量进一步提升。加强客服服务，服务质量进一步提升。2019年，跟单标快异常发生率18.18%，差达标值3.18个百分点，快包异常发生率21.24%，优于达标值3.76个百分点，异常邮件及时解决率87%，优于达标值37个百分点；全市协同客服处理客服工单1.55万单，清缴理赔款5.3万元，质效考核15.4万元。提升服务质量，每天由专人通过微信群、好讯群对各县分公司工单处理情况进行通报和督促；对于每天即将超时的工单，由工单管理人员进行实时督导处理，实现源头把控。推进邮政绿色包装：在城区、各县营业点、揽收等环节（含乡镇网点）100%均有绿色新标准箱的出售。推广电子面单：加大业务培训和指导，明确任务目标并按月通报考核，城区4个网点及各县分公司覆盖新一代信息寄递平台推广，覆盖率达100%；城区四个网点和各县分公司电子面单使用率达100%。

【业务发展】 分销业务实现收入524.98万元，完成预算进度的128.05%，超预算绝对值114.98万元。“以大力开发酒水、粮油、办公用品、家电市场为重点，满足县乡百姓生活需求为抓手，坚定信心，把握发展机遇，夯实基础管理，努力推动分销业务健康、规范、持续、快速发展”的工作思路，不断提升业务发展的创新能力、运营能力、营销能力和服务水平。电商业务实现收入52.06万元，完成预算进度的55.44%，差预算绝对值41.84万元。农村电子商务推广力度进一步加大，以“一市一馆”标准地方馆建设运营为抓手，通过邮乐小店和邮掌柜系统，推广贫困县农特产品，截至12月底，在昌都馆里新增昌都贡觉县农特产品松茸、章子菌、核桃、荞面挂面等4个品种。芒康县曲孜卡乡开设电商实体店，出售各种电商产品。协调统筹传统业务发展。“一县一品一册”项目开发有力，各经营单位抢抓市场，为全年收官奠定基础，函件业务实现收入347.78万元，完成预算进度的250.20%，超预算绝对值208.78万元。利用造势借势开展集邮传统业务，实现收入306.3万元，完成预算进度的161.21%，超预算绝对值116.3万元。实施教辅“一县一校”校园市场开发项目，报刊业务实现收入545.33万元，完成预算进度的98.61%，差预算绝对值7.67万元。

【基础管理】 履行普遍服务义务。乡镇网点营业时间均达到每周5天、每天6小时的服务标准，普服网点开全四项基本业务，城市网点全面开办国际业务。提升服务质量，积极推进制度建设，结合昌都邮政实际制定出台普遍服务监督检查办法，完善服务质量工作的考核措施。加强基础管理工作规范化，统一制作各种基础表薄，建立健全各类台账，完善各项基础信息，建立长效基础管理工作检查机制；组织各专业联合检查组，开展基础管理检查工作，对基础档案查漏补缺，规范服务管理工作流程。机要通信实现连续27年质量全红目标。

【两岗履职】 发挥“两岗”人员的监督检查职能，严格按照区分公司相关文件规定的检查频次和检查内容实施监督检查。要求各县分负责人在县网点每周检查1次，各乡镇网点每月至少检查一次。通过现场检查和调审资料等方式对各县负责人履职情况进行检查，检查中出现未履职或履职质量不高，按照考核办法进行考核。2019年，服务质量部和各县分公司共出检133次，共计检查10个县分公司、城区4个营业网点及处理中心等，填写视察检查表81份。2019年妥善处理邮管局及上级服务质量部门反馈的客户投诉18件。

【企业管理】 提升业务管理水平。自跨赛活动开展以来，昌都分公司跨赛领导小组建立以部门和党支部为单位的双重监督机制，利用多媒体灵活形象的优势，建立跨赛活动骨干工作微信群，做到跨赛动态时刻知晓，确保活动措施严格落地。加速邮政重点业务发展，在岁末年初节庆时点进一步开拓市场，做大邮政业务收入规模，为2019年生产经营打好基础。2018年12月29日，昌都分公司召开“开门红”现场领标大会，包括十县分公司和四所支局、运营管理部在内的15家业务单位踊跃领标，分销产品领标额达405万元、集邮生肖贺岁产品领标额达151万元。安排部署金融业务、分销业务、集邮生肖贺岁项目、报刊教辅开发业务等重点业务，转变以往淡季经营思想理念，调整收入结构。规范财务管理。完成2019年成本预算编制和财务年报基础数据、统计年报上报工作；实时审计2019年度财务收支、成本费用支出、各项邮政业务收入、入账情况；完成普遍服务资金管理系统中各单位成本预算及普服补贴项目预算的录入。以2018年12月31日为节点，组织开展全面存货清查和实物盘点专项审计，并及时上报自审整改情况。配合区分公司审计组，对党委书记、总经理拉巴次仁任期经济责任开展审计工作；配合区公司党组巡察组，针对提出的财务相关立行立改问题按期完成了整改落实。加强欠费管理，指导各相关部门对往来账款的清理追缴工作；规范业务资金管理，加快营收资金回笼速度。提升损益核算数据质量，对寄递事业部各类基础数据开展清理工作。对2018年1月至2019年6月统计月报和2018年统计年报进行自查，查找薄弱环节，剖析问题原因并上报自查整改报告。加强财务人员业务培训。完善人力资源管理。完成2019年度领导人员民主测评及选人用人“一报告两评议”。修订完善绩效薪酬考核办法。根据区分公司相关文件要求，结合各业务部门考核指标，修改完善2019年薪酬绩效。2019年，工资总额2415.03万元，人均工资12.08万元，同比增长31.88%，其中管理岗位平均工资18万元，生产一线平均工资12万元，管理人员最高工资达20万元，生产人员最高工资达18.5万元，同比2018年管理人员工资增幅8.33%，生产人员增幅12.50%。接收9名应届（往届）毕业生。2019年接收1名区公司分配订单生，8名应届（往届）毕业生，并对新入职员工进行入职教育。开展各类培训及金融轮岗工作。选派员工参加区内外培训33期，参训干部职工达267人次，提高员工的业务素质和水平。完成2019年度技能鉴定工作。结合巡视整改意见，对市分公司4个支局与县局金融从业人员之间进行轮岗，全年按照代理金融要求轮岗19人；开展察雅网点代理金融业务培训工作，为察雅代金网点顺利开业奠定基础。持续加强工程建设。完成食堂、活动室、党建活动中心的建设工程，解决员工吃饭难以及党建活动开展无场地等问题；完成洛隆、察雅县网点标准化装修工程；完成贡觉县综合楼重建工作。启动发讯台周转房、边坝县分公司综合楼重建工作。完成前期招标和周转房、综合楼的拆除工作。强化合规经营。为严防金融资金案件发生，将风险管理工作层层落实，与辖区14个营业机构逐一签订《邮政金融案件防控责任书》《银行业市场乱象治理工作责任书》及《反洗钱工作保密承诺书》等目标责任书，督促各单位认真落实整改责任；坚决查处违规违纪行为，并通过深入排查及各类学习教育活动，让所有金融从业人员充分认识到深化市场乱象整治工作对代理金融合规稳健可持续发展的重要意义和作用。提高安全管理能力。开展安全生产专项整治活动。严格落实各项安全生产责任制度，并与各单位签订安全生产责任书，加强人员、邮件、资金、消防、车辆等安全管理；集中开展消防安全专项检查，发现并整改消防安全隐患；持续加强网点、业务库、运钞车等的安防力度，提升安保效率；狠抓安全稳定工作，加强重要日期及节假日值班制度，确保“三不出”的维稳工作目标。

【企业文化】 配合市创文办完成各项工作。认真落实环境卫生整治。开展“讲文明爱生活”清洁行动，组织党员志愿者前往俄洛桥沿线进行环境大整治；开展志愿服务活动。组织党员志愿者前往敬老院等，开展志愿服务共计4次；完成各类创文相关的网上申报工作。做好各项关爱活动。春节前夕，走访看望慰问各类困难职工共计10人、先进劳模2名、先进集体1个，以及驻昌、拉萨、成都退休干部职工、区公司驻村工作队、县分公司，并送去慰问品及慰问金1.9万元。购买水杯、矿泉水慰问三月份维稳值班人员；“六一”国际儿童节前夕，前往市第二儿童福利院开展慰问；为分公司14周岁以下职工子女发放慰问金，合计慰问金额1.71万元；工会筹措资金12.7万元为每位职工发放生日蛋糕券，让每位职工切实感受到企业大家庭的温暖。组织开展各项活动。工会与分公司党建部联合组织开展“庆‘3·28’百万农奴解放纪念日座谈会”、参观昌都市博物馆等系列纪念活动；配合党委开展“不忘初心，牢记使命”主题党日活动，参观昌都市解放纪念馆、开展“学习先进、珍惜今天”座谈会，在昌都邮政上上下下营造学先进、赶先进、争当先进的良好氛围。响应区邮政工会号召，开展评选2015—2018年度西藏邮政系统先进集体、先进个人活动，通过民主推荐，个别谈话，洛松江永、加永克珠、嘎玛洛邓被评为西藏邮政系统先进个人代表，丁青县分公司被评为先进集体；积极参与“不忘初心勇担当 牢记使命再奋进—我和我的祖国”摄影作品展评选活动。悉心维护员工切身利益。市分公司职工小家于6月底完成升级改造，9月16日，市分公司职工食堂正式开业，解决市分公司员工的就餐问题。贡觉县、察雅县、芒康县完成职工小家改造，并投入使用；芒康县、左贡县邮车住宿点完成家具采购，并投入使用。

【巡视整改】 分公司党委与下级党组织

签订《落实全面从严治党目标责任书》《意识形态工作目标责任书》；组织各党支部与党员签订《共产党员不信教承诺书》。严格落实“中央专项巡视反馈问题整改清单”“十九届中央巡视反馈问题清单”“2019年中央巡视整改持续推进工作计划表”等工作要求，特别是中共十九届中央巡视反馈问题清单，从4个方面制定24项整改任务、59条整改措施。对各支部委员会及各县分公司负责人开展2次党建工作培训，及时传达党建工作要点，指导各县分公司开展党建活动室标准化建设；左贡县分公司于2019年4月22日成立独立党支部。

【领导名录】

党委书记、总经理：拉巴次仁

副总经理、工会主席：麦郎江村

副总经理、纪委书记：向巴来珠

副总经理：张　磊

副调研员：向巴云登

中国电信集团有限公司昌都分公司

【概况】　中国电信昌都分公司主要经营固定电话、移动通信、卫星通信、互联网接入及应用等综合信息服务。根据生产需要设有17个部门、下设10个县局、5个支局。

【指标完成情况】　完成净利润0.5亿元，全面完成年度净利润目标。主营业务收入完成2.57亿元，移动出账用户达到1.9万户，宽带计费用户达到7万户，累计净增计费用户1.6万户。

【网络建设】　2019年资本性项目共计146个，投资10704.94万元，抓住集团公司副总经理刘桂清到林芝和昌都边坝扶贫检查的时机，申请专项资金1010万元，解决昌都所有扶贫安置点未覆盖光宽资源点位的光宽资源建设和边坝所有扶贫安置点电信4G未覆盖和弱覆盖扶贫安置点4G基站建设。全年完成103个行政村的光宽建设，实现1041个行政村光宽覆盖，覆盖率由2018年的75.1%提升到93.03%；完成“普遍服务”新建基站74座，“超三九”新建基站94座，新建网优基站104座，MR基站77座，实现1080个行政村4G覆盖，行政村4G覆盖率由2018年的85%提升到96.51%；昌都境内主要国道317、318、214线电信4G覆盖率分别达到92.35%、97.15%和93.96%。完成“超三九”任务。与传输分局常态化开展各专业骨干人员及保通专业 队伍的日常应急保通演练，保障全年敏感时期网络畅通，完成HW（护网）行动、茶马文化艺术节、“迎大庆”通信保障等重大通信保障工作。完成昌都所有城域汇聚设备、OLT设备以及IPRAN设备进行组播业务配置和拉流测试工作。完成所有超2000用户OLT设备上行链路扩容（10G双上联）工作，实施市区及各县主干光缆光衰整治工作，光衰合格率92%；开展IPRAN成环网络优化工作，城区IPRAN成环率达到83.2%，较2018年提升59.51%；完成昌都所有城域汇聚设备、OLT设备以及IPRAN设备进行组播业务配置和拉流测试工作。根据城区宽带用户300~500兆接入能力建设工作要求，开展光衰整治和分光比优化工作的基础上各县城区及昌都市区部署XG-PON设备；完成两个综合业务接入区的建设。昌都市区具备300~500兆能力的小区占比达到100%，为以后1000兆小区建设奠定能力基础。

【云改工作】　云网融合为抓手，以重点行业客户信息化需求为驱动，实现昌都市智慧党建平台、昌都市网站集约化项目、昌都市报社门户网站、昌都市教育局“云端上的西藏班”等业务上云；实现昌都市全民健康信息化项目FIRST医疗专网，察雅、贡觉、类乌齐、洛隆县的FIRST教育专网等网络上云；实现昌都市综治网格化管理系统、边坝县精准扶贫大数据系统的IT上云，完成云网融合收入2714万元，提升55.98%；天翼云集约产品发展VCPU1711核，内存1597G，存储83060G，云安全产品发展20套。

【基础管理】 提高全员服务意识。通过培训、树先进、“总经理谈服务”等方式让服务意识厚植于全体员工和工作的每一个环节。建立健全服务管理机制。从五个维度建立和优化全方位的溯源机制，有效提高装移维、营业受理服务能力和质量。组建蓝军队伍。先后开展VoLTE通话质量、宽带测速、天翼高清业务等体验工作，改善服务。规范业务受理、投诉、咨询工单。受理工单保存率、投诉工单处理及时率和准确率均达到100%，全年未发生用户群体性投诉和重大服务事件。企业管理严格精细。强化年度收支净利润财务预算管控，年初按经济业务事项清单配置预算，并开展清单级过程管控。定期开展分公司业绩考核测算，并重点关注指标调整及影响，分析重点经营工作的变化趋势，找准目标及时纠偏。组织开展降本增效工作，缓解分公司成本费用紧张的状况。根据“两金”压降管控要求及强化应收账款风险防范要求，强化长账龄应收账款管控及ICT欠费管控，促进公司规范运作。规范采购管理。严格执行公开采购制度，公开采购率达到100%，高于区公司考核管控目标5%。开展终端翻新及废旧物资回收处置工作，降低库存，盘活资源。开展员工关爱。依托各类节日载体开展形式多样的关爱送温暖活动全年人数489余人；丰富“四小”内涵，巩固和拓展“四小”建设：完成芒康、边坝县电信局职工之家新建项目、丁青职工之家设施升为3.0版，更新8县企业文化墙及各类“四小”台账。安全生产。落实企业安全生产主体责任，层层签订安全生产和综合治理责任书，分解全年安全生产和综合治理目标，加强安保工作，平稳完成各项工作，实现全年零事故。

【巡察工作】 根据区公司党委巡察组巡察反馈意见，制订《区公司党委2019年巡察组巡察昌都分公司党委反馈意见整改工作方案》。

【领导目录】

总经理、党委书记：梁 旭 东

副总经理：张 爱 诚

副总经理：李 昌 萍

副总经理：加央落珠

中国移动通信集团西藏有限公司昌都分公司

【概况】 中国移动通信集团西藏有限公司昌都分公司（简称移动昌都分公司）内设市场部、网络部、集团客户部、综合部、人力资源部、财务部、党群工作部7个部门和客户服务管理中心。管辖卡若区分公司、左贡县分公司、八宿县分公司、贡觉县分公司、边坝县分公司、察雅县分公司、洛隆县分公司、丁青县分公司、芒康县分公司、江达县分公司、类乌齐县分公司。

【经营情况】 全年累计收入超2亿元，客户数达30万户，宽带用户数近4万户。通信和信息化项目数十个，服务集团单位1997家，服务集团用户10万。年内新增20余家乡镇渠道，为广大乡村客户带来业务便捷。新招入直销人员20余人，协助县政府共同解决就业问题。

【服务基层】 基于政府要求基层民众听党声，确保党的声音传递不变声、不变形、不跑调，原汁原味学习习近平总书记重要讲话，形成党的声音进万家、万家声音有回应的政策要求，察雅县政府推行异地扶贫搬迁点群众家家通电视、听党声的政策。利用移动家宽信息化产品资源，特制定“惠民家宽”项目。高度重视项目跟进和狠抓落实，第一时间成立“千户行动”小组，在签订项目合同后，全面配合察雅县分公司做好项目跟进和交付工作。于4月底成功签订4个异地搬迁点位共计1761户家宽统付项目，签订项目后昌都分公司各部门明确分工，市场部提供资费及设备支撑；网络部集中力量建设，在一个月完成4个异地扶贫搬迁点的建设；察雅县分公司、集团客户部协同加班加点做前台录入工作，积极响应政府打造家庭宽带信息化村，在指定工期内保质保量地完成县委、县政府下达的任务。

【信息服务】 积极响应国家互联网+行动，踊跃参与到智慧昌都、智慧交通、“12345”政务平台、公安监控、校校通等项目的建设，推动本地智慧城市、大数据维稳等社会信息化进程。2019年下半年，积极申请移动“和直播”业务体验优惠，现场直播市政府主办的茶马文化艺术节开幕式、团市委举办的纪念五四运动100周年主题颁奖晚会等，累计观看人数达7.58万人次。

【通信保障】 先后参与昌都虫草采收场地、类乌齐镇仲确节、第五届昌都三江茶马文化艺术节、中华人民共和国成立70周年大庆等应急通信保障工作，以及3条国道沿线等应急通信保障工作，全年累计出动应急通信车79辆次、抢险人员493人次、应急保障油机41台次、开通临时基站10个。

【渠道网点建设】 对全市30个还未覆盖渠道网点的乡镇进行渠道建设。截至年底，全市乡镇网点覆盖率达到94.2%。

【窗口服务】 严格落实《电信服务规范》等相关规章制度，优化服务流程，切实履行服务承诺，通过暗访调研发现问题，分析原因，聚焦短板改进，督促各厅责任人反馈整改结果；每周组织窗口服务人员进行业务服务学习，将营业厅服务流程中存在问题的员工进行一对一指导；强化巡检现场指导，每周巡检营业厅，从服务形象到服务环境再到服务流程进行指导，针对各厅短板提出整改意见，多措并举，有效提升窗口服务质量。

【规范经营】 强化考核机制，加强渠道商经营行为管理，杜绝合作渠道在经营过程中以任何方式，在客户不知情下开通、变更各类业务等损害客户利益的行为发生，对渠道不知情定制业务行为进行严厉处罚。

【携号转网】 严格按照工信部《携号转网服务管理暂行办法（征求意见稿）》文件要求，于11月10日至11月25日开始携号转网试商用，规范携号转网服务，满足客户自由转网需求。

【提速降费】 开展资费扩容工作，主推达量不限速资费，其中138元套餐内含30G流量、600分钟语音；238元达量不限速包括50G、1000分钟，主推资费流量资源同比增加10G；从宽带资费上看，200兆宽带由138元下调至今年的128元，同比减少10元，500M宽带由388元下降至288元，同比下降25.78%。客户主资费与家宽资费均更优惠。

【通信网络建设】 打造精品网络，完成4G网络的延伸覆盖，提升客户感知度，开通2个

5G站点，支撑市场业务发展。截至10月，共计建成开通2/4G基站368座，新建和升级4G基站309个，实施电信普遍服务共四期，涉及站点636个。全市1142个行政村（居）通手机信号有1024个，信号覆盖率89.67%，通4G网络信号行政村（居）977个，4G信号覆盖率达85.55%，行政村通光纤宽带607个，宽带通达率53.15%。

【脱贫攻坚】 第二期扶贫手机发放工作。2018于9月正式开展扶贫手机的发放工作，截至2019年年底，共发放扶贫手机2589部。调研活动。本着“有责任心、工作能力强、踏实能干”这一目标，从多名报名者中选派2名人员到驻村点驻村。驻村干部通过入户座谈、召开党员群众代表会等方式，共摸底调研6次280人，召开村两委会议3次，制定年度工作提升规划。驻村工作队经常与贫困户联系，每月进村入户调查20户次，掌握了解群众基本情况、经济收入来源、学生入学情况、畜牧养殖情况以及群众实际生活中存在的困难和问题。春节慰问。在俄底村驻村点进行节前慰问，向全村22户发放大米、大茶、食用油、面粉等慰问品，共计8000余元。募捐活动。在公司内部加大脱贫攻坚宣传力度，在自愿的前提下开展“脱贫攻坚”募捐活动2次，募捐款项2万余元、衣物19包200余件，募捐款项用于购置大米、面粉、大茶、食用油、暖水瓶、水壶、书包等生活用品和学生学习用品，分批次送到帮扶对象家中。为村集体添置小型旋耕机和脱粒机各12台（审批流程正在流转中）。

【党建工作】 “三江先锋”党建工作品牌。2019年，确定建设思路，自9月1日起正式启动“三江先锋”帮扶攻坚项目，“三江先锋”帮扶攻坚项行动，共组建11个“三江先锋”联合帮扶攻坚团队，具体由各部门（中心）主要负责人担任组长，以各条线口党员、积极分子、部分群众为成员，采取队长+成员方式，各条线人员灵活搭配，优选团队成员，对口帮扶县公司。

【领导名录】
总经理、党委书记：央金卓玛
副总经理：洛桑达瓦
副总经理：周　　理

中国联合网络通信有限公司昌都分公司

【概况】 中国联合网络通信有限公司昌都市分公司简称“联通昌都分公司”成立于2001年12月5日，是中国联合网络通信有限公司的全资分公司，在昌都市中心、各县建立自主、合作营业厅，以及业务代销点。

联通昌都分公司位于昌都市聚胜路139号，内设办公室、工会、营销部、政企客户事业部4个部门，有9个营业厅，其中基地、西路、马草坝3个营业厅、八宿、类乌齐、丁青、左贡、芒康、察雅县6个营业厅。核定编制62名。截至2020年2月，公司实有职工59人，其中核心岗37人，辅助岗22人；女职工37人，男职工22人；汉族27人，藏族32人；员工平均年龄31岁。截至2019年，类乌齐、八宿、贡觉、察雅、丁青县拥有县级综合用房并投入使用。

【生产经营】 2019年公司完成主营业务收入1161.2万元。移网数据及信息业务收入876.36万元，固网业务收入284.84万元。在网用户数1.68万户（其中出账用户数1.37万户）。

【网络情况】 全市接入主干光缆城区覆盖能力达到75%；管道主干道路覆盖率65%，

物理站点483个。建设覆盖全市的本地通信传输网、交换网、数据网和支撑网，实现移动（语音、移动增值业务）、固网（固话、数据、宽带、互联网应用及固网增值业务）全业务经营。

【号码段】 至2019年底，昌都联通上市的号码段共7个，主要为号码段分别为1322895、1569263、1560895、1858915、1868905、1668905、1768955。

【业务概览】 可视电话：视频电话业务是在NGN网络上提供的集语音、视频为一体的多媒体通信业务，该业务以客户端软件和视频电话终端形式，为用户提供便捷的点对点、多媒体通信业务，可以满足用户在亲情会晤、视频会议、多媒体悦铃、多媒体信息浏览和互动等方面的应用。

宽带商务：“宽带商务”是针对集团客户推出的客户品牌，为集团客户提供一揽子服务的解决方案，打造全方位的企业信息化平台，针对客户的不同企业性质及自身需求，提供专业稳定的服务支撑，并为集团客户的商业拓展创造机会。

宽视界：宽视界视频监控系统是中国联通在宽带网络基础上为客户提供跨地域的图像、声音和各种报警信号远程采集、传输、储存、处理与转播服务。

携号转网：于2019年11月，推行“携号转网”政策，用户可携号转到中国移动和中国电信。

沃商店：沃商店中国联通应用软件平台于2010年8月19日在上海正式发布。

沃友：中国联通沃友是一种基于互联网和通信网络的跨运营商、跨平台、跨网络的免费的全方位沟通方式，集成即时通信、微博和社区功能形成统一的信息聚合业务。

沃云：沃云是中国联通自主研发的面向个人、企业和政府用户的云计算服务。“沃·云”业务实现用户自己的信息/文件在多个设备上的协同功能（即：云同步）和文件/资料的集中存储、安全保管功能（即：云备份）。

“10010”：“10010”是针对所有客户的服务品牌。它涵盖通信类、非通信类、联盟类等三大类服务，为客户解决其在使用联通业务中遇到的任何问题，它协助联通业务更完美的为客户服务。它是客户使用联通业务时的咨询师。

IDC（互联网数据中心）：中国联通IDC以电信级的机房和宽带网络资源为依托，面向应用服务提供商、内容服务提供商、系统集成商、各类政企客户，提供高速带宽、安全可靠的互联网信息服务，能够提供IDC基础业务（主机托管、虚拟主机、端口批发、IP Transit等）、IDC安全服务（防火墙、流量清洗、网络安全监控、数据存储备份等）服务、DC增值业务（性能优化、终端维护、应用外包、设备租赁等）。

IPTV：IPTV是基于电信宽带网络，以电视机加机顶盒为主要终端设备，为用户提供互动多媒体服务的宽带增值业务。

网元出租业务：中国联通具有丰富的网络资源，为客户提供从管道、通信光纤、波长、同步网端口到网络设备的各种网元出租业务。

应急通信业务：中国联通应急通信是专门执行应急通信任务的专业机构，既承担全国应急通信保障、抢险救灾应对突发事件等应急通信任务，也面向社会，为社会文体活动提供临时替代、支撑和补充等通信服务，满足各种话音、数据、图像及多媒体等综合通信服务。中国联通提供电话业务、互联网接入及应用、数据通信、视讯服务、国际及港澳台通信等多种类业务，能够满足国际、国内客户的各种通信需求。涵盖固定和移动两个领域。

移动增值业务：提供手机短信、手机报、联通在信、炫铃、丽音、手机邮箱、彩信、上网流量，以及来电显示、呼叫转移、呼叫等待、呼叫保持、多方通话、语音信箱、联通秘书、漏话提醒等多种增值业务。

【领导名录】
总 经 理：何吉华
副总经理：江沛沛

中国铁塔股份有限公司昌都分公司

【概况】 2019年，公司紧紧围绕“一体两翼”战略，以党建为统领，以建设“两型”企业为中心，以“执行有力、规范管理”提升年为抓手，加快转型升级步伐，按照总部及区公司的各项工作部署，围绕一个目标、坚持双轮驱动、树立“三比三看”理念、锻造六大能力的“1236”工作思路，分公司上下团结一心、攻坚克难，各项工作取得一定的提升。

【党建和党风廉政建设】 强化党组织建设，夯实组织基础。成立党委、纪委，组建行政党支部和生产党支部，吸收发展5名新入党积极分子。扎实开展主题教育活动。开展主题教育专题学习13次时长8天、纪委组织专题学习5次，联合昌都市委党校开展主题教育党课培训3天，开展主题教育专题观影2次、初心使命教育活动3次、党团联建活动3次、党委班子讲主题党课3次，开展主题教育专题调研40人次、覆盖11个县区，撰写调研报告6篇，领导班子分别赴三家运营商调研征求问题意见建议8条，召开调研成果交流会研究问题解决举措，完成问题整改11项，整改进度为68.8%。工会群团建设能力得到进一步提升。积极响应公司工会号召，踊跃组织并参加昌都市、区公司工会及分公司工会组织开展的各项文体活动。如茶马文化艺术节千人锅庄表演、中华人民共和国成立70周年篝火晚会，全区书法、绘画、摄影及征文大赛，公司员工均取得骄人成绩。开展第一、二、三、四季度员工集体生日会，让每位员工感受到大家庭的温暖。在第69个“六一”国际儿童节来临之际，组织在家全体员工赴昌都市第二福利院开展“我们和你在一起”党团工联建活动，给孩子们送去生活文具用品和文艺节目，同孩子们一起进行欢快愉悦的游戏，让孩子们感受到大家庭的温暖。组织开展党团工联建系列文化活动，通过拔河比赛、足球比赛等多种活动形式展现员工的活力与风采。

【工程建设规范管理】 针对运营商的盲区与城区难点、痛点主动编制推送综合解决方案，全面满足运营商需求。全年编制综合解决方案81个，运营商采纳48个，采纳率59%；获取宏站订单81个、微站订单86个、新型室分点位221个，已建设93个，新建地面微站社会资源利用率100%。

【专项整治】 维护更新改造完成504站，其中断电退服联合攻坚专项整治282站，联合攻坚完成率93.38%，有效降低运营商超长超频退服指标；空调控制器完成安装及整治；断电传感器安装99个，覆盖率96.12%，准确率97.98%；分路计量安装251个站点，覆盖率96.15%，准确率78.40%。

【安全生产】 强化组织领导，严格落实安全生产责任。以宣传教育培训、隐患排查督促、专项整治检查等多种举措，坚持“安全第一，预防为主，综合治理”的工作目标，做了大量扎实、细致卓有成效的工作。全年召开安全生产会议4次，与全体员工、10家合作单位、5名驾驶员签订安全生产目标责任书66份；组织全体员工、合作单位、驾驶员、仓储管理员安全培训5次，参训人数达120余人次。开展应急逃生演练1次，应急防汛通信抢通演练3次。前往办公楼、员工食堂、仓储、合作单位、车辆、重保基站开展全面安全生产大检查7次，发现隐患26处，下发责令整治书5份，全部整改完毕，把安全隐患消灭在萌芽状态，实现全年安全生产零事故。

【领导名录】

党委书记、总经理：格桑罗布

副 总 经 理：周 福 星

总经理助理：许　　甜

资源·环境

昌都市自然资源局

【概况】 昌都市自然资源局为市政府工作部门，正县级。内设办公室（政工人事科、财务与权益科）、政策法规科（执法监督科）、自然资源确权登记科（自然资源调查监测科）、自然资源开发利用科（国土空间用途管制科）、国土空间规划科、国土空间生态修复科、地质勘查与矿产资源储量管理科、测绘和地理信息管理科8个行政科室，市地质环境监测站、市不动产登记中心、市土地储备中心、市城乡规划编审中心、市自然资源局信息中心、机关后勤6个事业单位。核定编制58名，行政编制23名，事业编制35名。

【资源要素保障】 土地资源。推进全市经济提质增效，保障全市重大基础设施和民生项目、脱贫攻坚项目的供应与管理，对川藏铁路（昌都境）、八宿弄利错、芒康扎仓卡水库等48个重点建设项目进行用地预、初审工作，审查用地面积5457.51亩。加快组织各县区用地报批，完成38个批次用地、7个单独选址项目用地报批工作，报批面积43311.33亩，其中农用地面积34663亩，涉及新增建设用地42905.07亩。完成昌都市达玛拉广场景观工程、重庆三江源生态文化城演艺中心、藏东明珠滨果景区旅游基础设施等14宗626.61亩国有建设用地土地使用权划拨。出让市中心城区国有建设用地使用权14宗362.62亩，收取土地出让金4.57亿元。矿产资源。推进优势矿产资源勘查开发。2019年共挂牌出让八宿县白玛镇西巴村矿区水泥用石灰岩矿、卡若区白格矿区泥岩（黏土）矿等4宗，采矿权出让收益共计2833.89万元。投入勘查资金2000余万元，实施芒康县马牧普多金属矿详查项目、察雅县都日、优日铅多金属矿普查项目等8宗探矿权。做好川藏铁路林芝至昌都段铁路建设砂石料选址和保障工作，完成川藏铁路（昌都境内）建设砂石料调查工作，提出砂石料出让和使用方式。指导编制《西藏自治区玉龙铜矿绿色矿山建设规划》《西藏自治区卡玛多菱镁矿绿色矿山建设规划》，玉龙铜矿和卡玛多菱镁矿纳入国家绿色矿山名录。

【脱贫攻坚】 结合昌都实际，用活用好城乡建设用地增减挂钩政策，将昌都市2018年度城乡建设用地增减挂钩跨省域调剂首批70%资金7.88亿元分解至各县区，加快开展2018年度已批项目的拆旧复垦工作。边坝县组织实施拆旧复垦71.27亩，占总指标的32%。完成丁青、边坝、洛隆县2019年城乡建设用地增减挂钩跨省域调剂3个项目的上报审批，调剂指标268.74亩。2018年度，全市共上报节余指标3730.26亩，调剂资金11.25亿元。

【项目建设】 把加快项目建设作为推动经济发展和民生改善的重要抓手，强化主体责任，明确进度节点，狠抓项目建设。土地整治项目。野堆村片区片区土地开发项目累计完成投资1.21亿元，完成总工程量的95%。孜通坝一期土地整治项目累计完成投资3.45亿元，完成总工程量的89%。孜通坝二期土地整治项目前置手续全部办理完毕，3月4日完成勘察单位和设计单位招标工作。人民公园土地整治项目累计完成投资4.13亿元，完成总工程量的70%。生态修复项目和地质灾害防治项目。野堆村片区生态修复工程累计完成投资2961.75万元，完成总工程量的49%。2019年共实施地质灾害治理工程9个，完工3个。

【耕地保护】 坚持落实最严格的耕地保护制度，在顺利通过自治区2018年度地方政府耕地保护责任目标考核的同时，印发《昌都市关于加强耕地保护和改进占补平衡的实施细则》，全面推进昌都市永久基本农田补划论证工作。完成昂曲宗通卡水利枢纽、竹巴笼至林芝公路重点路段（觉巴山段）整治工程、金沙江上游叶巴滩水电站、国道214线昌都至邦达机场公路改建工程昌都至加卡段、川藏铁路雅安至林芝段（西藏境昌都段）等项目永久基本农田补划论证及上报工作，补划永久基本农田242.24亩。结合第三次全国国土调查，调整完善永久基本农田划定中存在的相关问题，全面开展永久储备区划定和补充耕地核查工作，完成国家下发的24个项目复核提交。

【确权登记】 围绕履行全民自然资源资产所有者职责，推进自然资源统一确权登记，深化不动产统计登记改革，助推农业农村发展，增进民生福祉。全市办理林权类不动产权证书387本，林地面积6361.2亩。卡若区完成15个乡镇158个行政村的宅基地修补测和房屋权籍测量及内业整理工作，收集11263宗宅基地不动产登记资料，办理农村宅基地“房地一体”不动产权证书1471本。类乌齐县通过公开招投标方式选择作业队伍开展草原确权登记颁证工作，完成8个乡镇外业测量工作，申请市级配套经费145.64万元，并纳入2020年财政预算。国家下发昌都市2018年度土地变更调查图斑971个，相关成果数据下发启用。扎实开展全国第三次土地调查，开展资料收集、内业图斑勾绘、外业举证调查，11个县区成果数据均通过国家核查，平均差错率全区最低。

【地质灾害防治】 落实地质灾害防治和生态修复资金1.91亿元，实施生态修复项目1个，实施地质灾害治理项目9个，建设地质环境监测站4个，专业监测13处重大地质灾害隐患点，实施8个县1∶5万地质灾害详细调查工作，开展怒江、澜沧江流域地质灾害综合防治专项规划编制工作。指导水磨沟石灰岩矿投入1763.57万元，开展矿山恢复治理工作，恢复面积5.66公顷。向自然资源部申报资金9205.25万元，编制《西藏昌都市卡若区历史遗留矿山生态修复工程可行性研究报告》，将10处历史遗留矿山纳入恢复治理范围。开展汛期地质灾害和矿山安全生产应急调查、检查19次，排查隐患点2554处，销号42处，发现新增隐患点131处。委托地质六队全面排查邦达机场至卡若区主城区公路沿线和茶马艺术节活动场地周边地质灾害，共排查地质灾害隐患点102处，其中国道沿线地质灾害隐患点89处。

【自然资源管理】 规范砂石土非金属矿管理，印发《昌都市砂石土矿产资源开采登记管理工作实施方案（试行）》，开展11个县区砂石土矿产资源规范管理、开采登记和办证工作培训，全面规范砂石土采挖管理和市场秩序。严格查处违法违规行为，先后两次抽派专人赴11个县区开展违法用地清查整改督导检查工作，帮助指导各县区清理资料、制作台账、整改问题。卡若区追缴土地出让金575.56万元；类乌齐县完成批而未供和土地开发项目资料不齐问题的整改工作，土地出让程序不规范问题整改完成70%；贡觉县土地开发项目造假问题组织实施新的土地开发项目，违规占用基本农田问题，完成拆除1宗，正在拆除1宗；江达县江达镇嘎斯村土地整治项目虚报问题利用2018年实施的土地整治项目进行抵扣整改；边坝县开展自查和梳理工作，追缴土地出让金79.1601万元。加大卫片执法整改力度，土地卫片2018年度全市核查判定违法用地图斑共计266个，涉及土地面积5268.77亩，整改图斑182个，整改面积2336.49亩，整改率达68%，位于全区之首。矿产卫片2018年核查判定全市违法矿产图斑8个，包括陆地采沙图斑1个，采黏土图斑1个，2个在整改中，剩余6个为河道采砂。

【规划编制】 牢固树立贯彻落实新发展理念，深化自然资源供给侧结构性改革，强化规划调整，加快整合现有各类空间规划和管制要素，落实“多规合一”，启动全市国土空间规划编制工作，推动全市经济提质增效。国土空间规划编制工作中标金额4188万元，完成一阶段60%左右的工作，计划2020年3月底完成空间规划实施评估、资源环境承载力和国土空间开发适应性评价以及生态保护红线和永久基本农田保护研究工作。编制《昌都市土地利用总体规划（2016—2020年）调整方案》，将全市规划期内耕地保有量从106.1万亩调整至81.8万亩，永久基本农田面积从96.5万亩调整至69.59万亩。11个县区土地利用总体规划通过自治区自然资源厅审查。指导编制并组织审查11个县区《矿产资源规划（2016—2020年）》。

【领导名录】

局党组书记、副局长：李 章 国（12月任）

局党组副书记、局长：扎西泽仁（12月任）

局党组成员、副局长：王 树 林

局党组成员、副局长：尚 秀 梅（12月任）

局党组成员、副局长：孟 练 习（12月任）

局党组成员、四级调研员：毛 纯 中

四级调研员：熊 贵 兰

昌都市生态环境局

【概况】 昌都市环境保护局成立于2010年，经2019年3月机构改革，更名为市生态环境局，是市政府工作部门。机关内设办公室、法规与标准科、自然生态保护与生态环境监测科、水与大气环境科、土壤环境与固体废物管理科、环境影响评价与排放管理科、政工人事科7个行政科室；内设环境监察支队、环境工程评估中心2个事业科室；核定行政编制19名，事业编制10名。

在11个县区设立生态环境分局，共核定33个行政编制，每县区行政编制3名；在经开区设立生态环境分局，核定行政编制2名；设立卡若、察雅、洛隆、江达4个片区监测站，共核定事业编制16名。

【污染防治】 防治大气污染。报请市委、市政府印发《昌都市关于全面加强生态环境保护坚决打好污染防治攻坚战的实施方案》《昌都市关于打赢蓝天保卫战的细化方案》《昌都市“白色污染”治理攻坚战实施方案》等工作方案；继续开展燃煤锅炉排查，下发《关于持续做好燃煤锅炉淘汰整治和加强高污染燃料禁燃区监管的通知》，完成对洗浴中心、学校以及屠宰场、电杆厂等企业的摸底，11个县区未发现10蒸吨以下燃煤锅炉，类乌齐县存在的2家散煤销售点完成关闭。防治水污染。按照《关于开展2019年度全国集中式饮用水水源环境状况评估和基础信息调查工作的通知》要求，完成昌都市地级和县级水源地基础信息采集，经监测昌都市水源地水质全部达标；结合环境保护考核和环境统计工作，在总指标不变的情况下，根据各县区产业发展需要，平衡调整约束性指标，下发《关于调整十三五环保约束性指标的通知》，督促各县区抓好贯彻落实，确保主要污染物排放指标控制在核定范围内。完成类乌齐旺达屠宰场和昌都镇污水处理厂的排污许可证核发工作。防治土壤污染。加强医疗废物处置监管，向各县区下发《关于推进病理性废物处置工作的通知》，完成市人民医院、藏医院等6家医院危险废物申报申登记工作，昌都市医疗废物收运做到全覆盖，2019年累计收集、处理医疗垃圾228.45余吨。组织开展危险废物排查统计，摸底排查全市过期药品、农药、化学试剂，并建立台账。实施八宿县废弃垃圾堆场土壤恢复项目，完成垃圾清运、场地平整和回植土回填，待开春后继续实施生态恢复工作。

【环境污染闭环监管】 从严环评审批。继续规范审批程序，严把环评审批关，严禁三高企业、项目进入昌都。共审批建设项目环境影响报告表（书）137份，建设项目固废污染防治设施竣工环境保护专项验收16次。主动服务重大项目建设，积极衔接川藏铁路勘察设计单位，主动提供沿线水环境质量监测数据，配合国家生态环境部开展两次沿线现场踏勘。规范和加强市环境影响评价管理工作，本局从《西藏自治区建设项目环评文件技术评估专家库专家名单（2019年本）》的222名技术评估专家中邀请评估专家开展环评技术评审。从严监察执法。对玉龙铜业股份有限公司开展锅炉改造工程验收（已通过），对11个县区中央、自治区环保督察反馈问题整改情况开展现场核查，完成自治区人大《中华人民共和国水污染防治法》执法检查暨2019年环保世纪行工作，对芒康、左贡、江达、贡觉、卡若、察雅等县区进行专项检查，累计出动执法人员500余人次，检查企业（项目）211家，下达限期整改通知书46份、责令改正违法行为决定书23份、行政处罚决定书23份，共处罚金190万元；受理环境信访案件11件，全部办结；完成市集中式饮用水水源地33个环境问题整改工作，得到生态环境部生态环境执法局工作组充分肯定；编制昌都市环境网格化业务平台设计方案，针对环境监管模式落后的现状，拟通过实行网格化环境监管模式，提高大气、水、土壤等环境监管的针对性、科学性和准确性。开展行业乱象专项整治工作，制定《昌都市生态环境领域行业乱象整治工作方案》，明确行业乱象整治从全面摸排到重点攻坚再到巩固实效的实施步骤等具体工作要求。从严环境监测。定期监测全市10个国控评价、考核、排名断面和趋势科研断面及2个地级集中式饮用水水源地水环境质量，获取各类监测数据3000余个，监测结果显示，各监测点位水体水质均达到国家Ⅲ类及以上水质标准；卡若区大气环境质量自动监测站有效监测天数363天，大气环境质量优良率100%。配合自治区生态环境监测中心站完成昌都市重点污染源企业雪花啤酒厂及污水处理厂的监督性监测，对比分析显示，两家企业的监测项目均达标排放。从严辐射监管。制定《昌都市2019年辐射安全监管工作实施方案》，细化分解工作任务11条，确保工作有人抓、有落实；按照《放射性同位素与射线装置安全许可管理办法》，开展放射源摸底调查工作，经统计，昌都市涉放射源使用单位2家，共计19枚，其中华润雪花啤酒厂有镅-241元素1枚，玉龙铜矿有铯-137元素18枚，射线装置和放射源使用单位均办理辐射安全许可证。从严环境整治。按照《昌都市农牧区人居环境整治三年行动实施方案》和《西藏自治区人民政府办公厅关于开展迎接中华人民共和国成立七十周年环境大整治工作的紧急通知》要求，开展两批次环境整治，并于9月23日至28日期间配合完成自治区环境督导检查工作。此次环境大整治全市共出动人员13.48万人次，车辆1250台次，清理垃圾1080余吨，悬挂横幅250余条。

【环境污染区域源头防控】 推进污染源普查工作。2019年组织第三方机构、县区污普办、行业专家和相关部门先后开展三次数据集中审核会，对全市各类源大数据进行审核。昌都市各类污染源产排污大数据趋于稳定，与自治区和国家掌握的统计数据符合性较高，误差均控制在5%以内。昌都市二污普工作总结、数据分析报告和对比报告初稿完成，正在更新产排污数据，按要求整理归档各类资料。开展生态示范创建。指导各县区开展自治区级生态村、生态乡镇创建工作，2018年昌都市申报的118个生态村、6个生态乡镇获得自治区命名；2019年申报的220个自治区级生态村，20个生态乡镇接受自治区生态环境厅资料审查和现场核查。完善生态保护红线。开展生态保护红线对接工作，结合红线方案及昌都市实际，反馈相应修改意见，争取将全市生态红线区域控制在38.9%以内。完成绿盾2019相关工作。昌都市没有新增核查点位，经自查昌都市国家级自然保护区无采砂采石、工矿建设、违建别墅、核心区旅游设施、水电设施建设等五大类焦点问题。

【污染防治项目】 加快环保基础设施和污染防治工程建设，今年共有15个新（续）建项目，其中续建5个，新开工10个，总投资13775万元。由相关县区分局组织实施的12个，主要为流域调查、水污染防治及生态环境修复等项目；由局组织实施的3个，分别是金沙江、澜沧江、怒江流域生态环境调查与评估、土壤信息化建设、然乌湖周边环境综合整治。完成投资10112万元，完成计划的73.41%。

【生态环境保护考核】 印发《关于做好2019年度生态环境保护考核工作的通知》《关于报送2019年度生态环境保护考核资料的通知》，召开专题会议安排部署考核工作，并通过县区之间相互交叉考核评审的办法，收集完善全市2019年度生态环境保护考核资料。全市考核资料报送自治区审核。

【生态文明建设示范市】 根据市“七城同创”指挥部的安排部署，将国家环保模范城市创建提档升级为国家生态文明建设示范市创建，完成各项指标达标工作。昌都市于11月16日正式获授“第三批国家生态文明建设示范市”。

【2018年度环境统计】 2018年度的环境统计工作共纳入全市19家企业、污水处理厂及养殖场等污染源单位。市统计局、农牧局等多家单位协作调查，完成昌都市2018年度各项污染物排放总量、能源消耗总量、各项污染物处理总量及利用总量等数据的调查统计，客观反映昌都市及各县区的环境质量水平，定性定量的分析环境质量状况。

【宣传教育】 6月5日，围绕“美丽中国，我是行动者”主题，联合20余家单位、企业，开展“6·5”世界环境日宣传活动。召开新闻发布会，发布2018年昌都市环境状况公报，介绍2018年全市生态环境保护工作相关情况，并就群众关注的环保热点问题予以回答。开展“环保公众开放日”活动，组织卡若区城关镇共计40余名群众集中参观市环境监测站、医疗废物集中处置中心、昌都市污水处理厂和昌都镇生活垃圾填埋场。联合市教育局，面向昌都市实验小学、昌都市第一小学和昌都市第二小学一至五年级学生，举办昌都市第二届小学生“环保杯”绘画比赛活动，共收到三所小学60幅环保主题绘画作品。举行“绿色创建签名活动”，贯彻落实阿布书记在全市生态环境保护大会上的重要讲话精神，倡导广大市民积极开展绿色家庭、绿色学校、绿色社区、绿色商场、绿色餐馆、绿色办公创建行动，鼓励使用环保可循环利用产品，减少能源资源消耗和污染排放，提出文明熛桑、垃圾分类、循环利用等具体倡议。

【环保督察整改】 2017年，中央第六环保督察组对全区开展环保督察，其间昌都市共接到转办案件26批次52件76个，接到共性反馈问题29大项86小项。2018年，自治区第二环保督察组对全市开展环保督察，其间昌都市共接到转办案件3批次20个，接到反馈问题13大类25项。截至年底，昌都市各项转办案件和反馈问题均达到序时进度。中央环保督察转办案件整改情况。2017年中央第六环保督察组在藏期间向市转办案件26批次52件76个，截至年底，所有案件全部销号。中央环保督察反馈问题整改情况。2018年1月3日，中央环保督察组向自治区反馈存在的环境问题，涉及昌都市共性问题29个大项86个小项，无个性问题。截至年底，昌都市反馈问题认定备案6批次79小项问题，剩余7个小项均达到自治区序时整改进度。西藏自治区第二环境保护督察组交办案件办理情况。2018年自治区环保督察期间，共转办交办昌都市信访案件和问题线索3批次20个问题，在督察组离昌前已全部办结，办结率为100%。西藏自治区第二环境保护督察组反馈问题整改情况。2018年11月5日，自治区环保督察组向昌都市反馈督察意见，涉及问题13大类25项，昌都市及时制定《昌都市贯彻落实西藏自治区第二环境保护督察组督察反馈意见整改方案》提出41项整改措施，截至年底，完成整改3批次35个具体措施，其余6个措施有序稳步推进。

【环境监管】 顺利完成党政机构改革。根据机构改革方案，局党政主要领导多次赴市委组织部、市编办汇报协调，争取科室设置和人员编制，科学划分设置科室机构，明确职能转变。3月20日，西藏昌都市生态环境局成功挂牌，市委副书记、市长陈军出席挂牌仪式。改革后，行政编制增加8名，达到19名；内设科室增加3个，达到7个；县处级领导职数增加1个，达到5个；科级职数增加6个，达到13个。各县区设立分局，每个分局核定行政编制3名，其中领导职数2名；新设昌都经济开发区分局，核定行政编制2名，其中领导职数1名。在职能上，接收市发改委、自然资源局、林草局、水利局及农业农村局5家单位应对气候变化和减排、监督防治地下水污染、指导农业面源污染治理、排污口设置及自然保护地生态环境监督执法等职能划转。通过党政机构改革，生态环境部门职责更加明确、统一，机构设置更加合理，人员编制得到明显增加；市、县区生态环境部门关系更加密切，信息传导和工作推进效率明显提高。

推进监测监察及事业单位改革。根据《中共中央办公厅、国务院办公厅印发〈关于深化生态环境保护综合执法改革的指导意见〉的通知》和《西藏自治区深化生态环境保护综合行政执法改革的实施方案》精神，制定《关于组建生态环境保护综合行政执法队的意见》《市生态环境局关于事业单位调整的意见》《关于组建生态环境保护综合行政执法队的请示》《关于在各县（区）生态环境局分局成立环境信息中心的请示》等意见及请示，组建4个跨县域环境监测机构，分别为卡若片区生态环境监测站、洛隆片区生态环境监测站、察雅片区生态环境监测站、江达片区生态环境监测站，各核定3名事业编制；市局增加环境应急指挥中心（事业编制3名）及环境信息中心（事业编制4名）2个事业单位。加强监测能力建设。坚持分工不分家，把环境监测作为重点工作来抓，加强生态环境监测中心的软硬件建设。在软件建设方面，协调重庆市生态环境局、福建省生态环境厅和市委组织部，争取到两名环境监测高级工程师赴昌都开展技术援藏，通过“传帮带”提高市监测中心能力水平；参加自治区环境监测技术大比武，团体综合成绩和个人单项成绩取得历史性突破，局监测站团体综合成绩在7个地市中排名第二，在20个参赛队伍中排名第五，个人单项成绩最高排名第三。在硬件建设方面，整合2019年度部分监测经费和近年援藏经费，按照不贪大求全、不追求高大上和设计规范、节约空间、布局合理、保证基础、适度超前的原则，启动监测中心提质改造，开展招投标。

【领导名录】

党组书记、副局长：向巴郎加

党组副书记、局长：杨 拥 军

党组成员、二级调研员：丁　松

党组成员、二级调研员：洛　次

党组成员、副局长：加永斯朗

党组成员、副局长：周 亚 涛

党组成员、副局长：史 宣 富

党组成员、四级副调研员：陈 德 洪

昌都市水利局

【概况】 昌都市水利局为市政府工作部门，正县级。2019年3月26日机构改革，批复内设办公室（政策法规科）、规划计划科、水资源科（市节约用水办公室）、建设与管理科（水电资源开发科）、河湖管理科（市河长制办公室）、农村水利水电水保科、水旱灾害防御科、移民计划安置科（移民后期扶持科）职能科室8个，行政编制21名，其中部门领导职数5名。市水利技术服务站（市水利项目建设管理中心）、水土保持站（市水政执法大队）、市农村水电管理局（农村电气化办公室）、市水利规划勘测设计队、市水利工程建设质量与安全监督站、机关后勤服务事业单位。截至12月31日，昌都市水利局行政人员21人，部门领导5个，事业单位人员48人。

【水利水电投资】 水利基本建设项目投资完成情况。全市计划新、续建水利项目共计9类14项，计划完成投资11.14亿元。全年累计落实各项水利投资13.08亿元涉及83项（其中：中央预算内投资4.77亿元，中央财政资金2.15亿元，自治区财政资金0.35亿元，脱贫攻坚整合资金2.38亿元，市级配套资金0.49亿元，县级配套2.81亿元，援藏资金0.13亿元），累计完成投资12.14亿元，超额完成年度投资任务。

水电开发投资完成情况。2019年三江水电开发计划完成投资36亿元。累计完成投资363743.55万元（金沙江流域累计完成投资301866.5万元、澜沧江流域累计完成投资20890.17万元、金河支流累计完成投资21748.75万元、怒江流域累计完成投资1540万元、玉曲河支流累计完成投资2700万元、移民安置投资14998.13万元），超额完成年度任务。

【重点水利项目】 宗通卡水利枢纽工程。总投资58.47亿元。2019年11月底，水利部以《水利部关于报送西藏昂曲宗通卡水利枢纽工程可行性研究报告审查意见的函》（水规计〔2019〕356号）将该工程可行性研究报告审查意见报送国家发改委。国家发改委委托可研评估8项前置条件完成5项，正在办理1项完成审查待下批复1项，正在办理1项；其他专题报告完成8项，受理组织审查1项，编制完成正在积极报审1项，编制完成待中咨公司可研咨询评估意见印发后组织审查2项，编制完成待可研批复后报审1项。该项目核心专题环境影响评价报告于11月14日基本通过生态环境部环境工程评估中心审查，环评报告网上申报受理，积极协调环境工程评估中心出具审查意见报生态环境部核批。力争2020年4月完成可研批复、5月完成概算批复。八宿弄利错水库工程。该项目可研静态总投资6.67亿元，该项目完成可研咨询评估，近期将下达咨询评估意见。18项专题报告完成16项，报审待审查1项，正在修改完善资料1项。芒康县扎仓嘎水库工程。总投资4.69亿元，于2018年6月正式开工建设，完成年度投资16000万元，累计完成32900万元。

【项目建设管理】 完成水利工程项目竣工验收，按照年底全面完成项目验收工作的目标要求，制订工作计划，实行节点控制。昌都市2019年计划验收水利项目46项，完成竣工验收56项，验收合格率达100%。水利部门累计派出10余个工作组采取“四不两直”（不发通知、不打招呼、不听汇报、不用陪同接待、直奔基层、直插现场）方式前往11个县区开展在建水利项目巡检，共检查项目57项次。充实完善《昌都市水利行业信访工作应急方案》，制定《西藏昌都市水利局保障民工工资宣传手册》，推进农民工实名制管理和银行代发民工工资工作，左贡县玉曲灌区西藏银行代发民工工资试点工作完成，全年水利行业解决民工工资拖欠及工程款拖欠5起。

【脱贫攻坚】 成立以市水利局主要领导为组长的坚决打赢农村饮水安全脱贫攻坚战专班；同时设片区组，副局长任片区组组长指导和协调推进分管片区人饮工作，召开水利扶贫暨农村饮水安全专题会议13次，专题研究农村人饮难点问题。在项目建设过程中对质量、进度、投资进行全面跟踪检查和督促，发现问题及时处理和整改，水利行业部门先后派出3个联合检查组分赴各县区开展综合督导检查工作专题监督检查指导17次，解决实际问题298个。制订建后管理培训方案，开展建后管理和维修养护培训工作，并于8月底前全部完成县、乡、村和村级水管员农村饮水建后管理和维修养护培训工作。招标采购全市268个易地扶贫搬迁安置点维修养护工具和常用配件，并发放到位。全面建立“三个责任、三项制度”，分类对农村饮水安全工程责任体系建立情况进行登记备案，并鼓励有条件的县（区）以工程点为单位设置农村饮水安全工程三个责任、三项制度公示牌，确保每个村都有符合各自实际、操作性较强的责任体系，确保农村饮水安全工程长期发挥效益。

2019年农村饮水安全巩固提升工程计划建设点数1183处，总投资40115.01万元（含中央预算内12337.65万元、市级脱贫攻坚整合资金23775.76万元、市级扶贫配套资金4001.6万元），解决和改善36230户220628人（其中：建档立卡12650户，65339人）的饮水安全问题，全部完成投资任务和验收工作，并按照程序移交当地村居，且运行情况良好。

【水土保持】 开展水土保持监督检查执法工作。全年累计开展监督检查执法四次，检查项目109余项，下发整改通知29份，检查中发现问题271项，提出整改意见271项，被检查项目参建单位按照整改意见整改到位。加快推进水土流失综合治理工程建设，2019年完成类乌齐伊日沟和洛隆县孜托镇水土流失治理工程建设任务，完成投资2648.57万元，有效治理当地水土流失面积29.48平方公里。开展生产建设项目水土保持补偿费征收工作，严格按照水土保持法律法规及《西藏自治区水土保持补偿费征收标准和使用管理办法》（藏财综字〔2015〕38号）和《西藏自治区2019年水土保持预防监督工作方案》规定，开展生产建设项目水土保持补偿费征收工作，下发征缴通知书70份，征收水土保持补偿费229.7万元。

【水资源管理】 认真组织实施最严格水资源管理制度相关工作。完成各县区2018年度实行最严格水资源管理制度考核，并将考核结果通报各县区人民政府，请示以市政府名义下发《昌都市人民政府关于表彰2018年度实行最严格水资源管理制度考核先进县（区）的决定》（昌政发〔2019〕25号）。开展取水许可办理工作，完成洛隆县新荣水电站取水工程验收工作并下发取水许可证，开展八宿县曲扎村砂石预制厂和江达县钟建商混站建设项目水资源论证报告的审查工作，正办理取水许可相关手续。督促各县区开展取水许可办理工作，全市共办理取水许可33套。开展2018年度水资源费征收工作，共计征收（征缴）水资源费467余万元。开展节水型社会建设工作，确定昌都市水利局和江达县、贡觉县、左贡县、察雅县水利局5个点为2019年度实施单位。开展农田灌溉水有效利用系数测算工作。委托第三方开展采样、监测、检测工作。《2019年昌都市灌溉水利用系数及万元工业产值用水指标测定报告（送审稿）》编制完成待审。开展取水工程（设施）核查登记工作，按照自治区水利厅统一部署，结合长江流域取水工程（设施）核查登记工作要求，下发《昌都市取水工程（设施）核查登记工作方案》，对全市范围内所有未报废的取水工程（设施）进行核查登记。对核查出的违法、违规取水行为于2020年5月完成整改提升工作。

【防灾减灾】 排查防汛安全隐患。在汛前督促各县区对辖区开展持续性的安全度汛检查，加大对各类防汛抗洪抢险点、大江大河、山洪和地质灾害隐患点、农村危旧房及其附属建筑物等防汛薄弱环节的排查、巡查力度，全面消除隐患，无重大灾情发生。做好监测预警工作。严密监视天气、水文变化情况，密切跟踪分析雨情、水情和天气变化，加强观测，准确分析预报，特别是协调水文和气象对江达县堰塞湖灾害原址的预警监测工作，加强山洪灾害非工程措施的运行管理工作，确保在汛期时发挥其设备的效益。全力推进2018年水毁修复及中央特大防汛抗旱项目落实。2018年水毁修复完成，2018年中央特大防汛抗旱补助资金共计8900万元，其中专项用于江达县堰塞湖处置资金7600万元，补助资金全额到位，贡觉、芒康、江达县全部完成建设任务。推进堰塞湖灾后恢复重建规划。编制完成《西藏自治区昌都市江达县金沙江堰塞湖水利设施灾后恢复重建规划》待批。修编完善各类防汛、抗旱应急预案及调度方案。结合工程变化、人员调整情况和机构改革情况，与自治区水利厅水旱灾害防御处衔接，完善相关预案。加强山洪灾害县级非工程措施等各类监测预警设施的管养维护。督促各县区对山洪灾害县级非工程措施等各类监测预警通信系统进行全面检查调试，发现问题及时修复，强化日常维护保养，储备必要的备品备件，保障预警监测、视频会商、计算机网络和防汛抗旱通信系统正常运行，2017年、2018年项目建设内容全部完成，2019年山洪灾害防治项目预计年底完成80%。增强防汛抗旱保障能力。按照“分级管理、分级负担”的原则，全局落实防汛抗旱专项经费160万元，确保各项工作正常运转，共储备价值170余万元的防汛抗旱应急物资。稳步推进河道治理，全年建成丁青县新城区防洪堤工程等10项河道治理工程，建成防洪堤25.8公里。

【河长制湖长制】 由市人民政府与各县区人民政府签订2019年度全面推行河长制湖长制目标责任书，明确各项重点工作任务；制定印发《昌都市河长制湖长制工作考核办法（试行）》《昌都市级河湖长助理服务制度》，明确27名由市河长办成员单位副县级以上领导担任市级河湖长助理；加强履职尽责，全年市级河湖长共计巡河湖105人次、县区级河湖长共计巡河湖1056人次、乡镇级河湖长共计巡河湖4610人次，并规范巡河台账。全市共落实经费2370.6万元，其中市本级落实年度经费1262.6万元，用于日常办公、62个市级河湖“一河（湖）一策”方案编制、河湖管理范围警示牌安装及宣传等工作。完成62个市级河（湖）“一河（湖）一策”实施方案编制及审查工作，并由相应市级河湖长审签，完成县级河湖“一河（湖）一策”方案审查工作，完成全市66个河湖采砂重点河段、敏感水域相关责任人复核确认，确保河道采砂管理责任落实到位。全市2018年7月排查认定的171处河湖“四乱”问题全部清理销号，共清理乱占面积15300平方米，清理乱建面积874平方米，清理各类乱堆乱放垃圾（主要为建筑垃圾）22188吨。持续开展河湖及岸线垃圾清理工作，助力“3·28”西藏百万农奴解放纪念日、西藏民主改革60周年乡村环境整治活动，喜迎中华人民共和国成立70周年环境整治活动，出动机械147台班，清理河湖及岸线垃圾400余吨（其中白色垃圾280余吨）、沟塘淤泥100余吨，河湖面貌显著改善。协同公安部门成立工作专班12个，依托全市143个乡镇派出所，落实辖区河湖管理治理工作，组织民警巡河217人次，排查整治排污倾倒现象1处，对涉河道灾情隐患进行重点巡防。全市各级河长办及相关单位充分结合“中国水周”“世界水日”“世界环境日”“宪法日”等活动节点，以“坚持节水优先，强化水资源管理”为主题开展宣传活动，做到宣传“七进”。全市共发放宣传单35000余份，宣传书籍1000余本，悬挂宣传横幅100余条，接受群众咨询10000余人次。

【领导名录】

党组书记：张 应 华

党组副书记、局长：觉阿江村

党组副书记、副局长：张 朝 争（3月任，二级调研员6月任）

副局长：许 剑 锋（藏族）

副局长：王 明 轩

副局长：吴 国 祥（3月任）

副局长：丁增多加（藏族，12月任）

四级调研员：胡 森 林（6月任）

昌都市水文水资源分局

【概况】 昌都水文水资源分局为西藏自治区水文水资源勘测局派出机构，是西藏解放后建立的第一个水文站。1952年9月，开始西藏水文科学观测。1955年6月，经中华人民共和国水利部批准，同年7月西藏工委决定该站划归西藏工委财政部拉萨一等水文站领导；1980年4月，经西藏自治区水电厅党组批准成立昌都中心水文站；1981年9月，更名为昌都水文分站；1989年1月，更名为昌都水文水资源勘测大队；2011年11月，更名为昌都水文水资源分局。

昌都水文分局事业内设综合科、业务科、财务科和水质化验中心。下辖站点分布在澜沧江、怒江及金沙江流域，现设2处中央报讯站（昌都站、嘉玉桥站）、4处国家基本驻测水文站（扎曲、类乌齐、洛隆、烟多）、26处中小河流（水位）水文站点及153处自动雨量站。核定编制30名，实有在职职工29人，高级工程师2人，工程师9人，助理工程师11人，其中共产党员13人。

【水文测报】 分局水情室共收各类水情电报1990份，给自治区水文局水情信息中心发报959份，给市水利局防办发报1990份（昌都水文站、嘉玉桥水文站、类乌齐水文站、扎曲站水文站、烟多水文站、洛隆水文站、金沙江堰塞湖水位站各280份），给昌都市气象局发报1990份，给金河电站报（昌都、扎曲两站）水情信息552份，给国网昌都电力公司报送（昌都、扎曲两站）实时水情信息244份，给云南省大理水文局发报（昌都站）水情信息276份。

【水质监测】 水质中心完成昌都市脱贫攻坚巩固提升贫困人口饮水安全水源水质分析报告164份。全年对澜沧江流域扎曲、昂曲、昌都（站）监测站点进行12次水质监测，察雅、吉塘、竹卡监测站点水质进行6次监测，类乌齐监测站点进行2次监测，监测项目28个。对怒江流域嘉玉桥监测站点进行6次水质监测，怒江大桥监测站点进行2次水质监测，监测项目28项。对金沙江流域青尼铜水质进行4次监测，对竹巴龙监测站点进行2次监测，监测项目28项。对昌都市马草坝污水处理厂，昂曲自来水厂监测站点进行12次水质监测，监测项目28项。顺利完成片区水功能区和西藏自治区重点河段的监测站点和城镇排污站点水质监测工作。

【水情报送】 分局专门购置先进的水文观测仪器设备，对江达县波罗和金沙江堰塞湖坝址段安装2个自动水位站，并专门在当地附近村里雇佣仪器看护员。分局也多次派人前往金沙江2个水位站点维护保养仪器设备，完成全年金沙江堰塞湖的水情报送工作。

教育·科技

昌都市教育局

【教育党建】 树立“大党建”工作理念，压实“书记抓、抓书记”主体责任，深入学习习近平总书记关于教育工作的重要论述、特别是《致西藏民族大学建校60周年贺信》精神，深入学习全国、全区、全市教育大会精神，围绕“培养什么人、怎样培养人、为谁培养人”教育根本问题，坚守“为党育人、为国育才”初心，在学习教育上“加温”，在调查研究上“加深”，在检视问题上“加压”，在整改落实上“加劲”，高标准、高质量推动主题教育往心里走、深里走、实里走。前往11个县区、市直属各学调查研究，解决市直学校校园照明、饮用开水、爱心座椅等民生问题，不仅让学校风景美起来、师生心头暖起来，还让学生在校乐起来，涌现出以市第二幼儿园为代表的党建标杆工程，极大地增强广大师生的获得感、幸福感、安全感。

【教育规模】 成立教育基建工作领导小组，严格落实《昌都市教育项目建设管理办法》，能下放到县区的项目坚决下放给县区，按照《昌都市义务教育阶段学校标准化建设规划（2018—2020年）》，规范有序推进教育项目建设，全年完成投资12.4亿元，市五高、二职等重点项目完成主体工程建设，全市学校达到669所（含教学点43个），比2018年增加56所；严格规范新生招生和整班移交工作、全面加强学籍管理，全市在校学生超过14.7万人，比2018年增加1.5万人，初中新生招生首次突破1万人，义务教育阶段在校学生数与适龄少年大体相当，学前、小学、初中、高中入学率分别达到79.75%、99.85%、100.38%、65.90%、分别比2018年提高14.27个百分点、1.32个百分点、6.18个百分点、10.77个百分点，义务教育阶段入学率提前1年完成“十三五”目标。

【教育质量】 落实立德树人根本任务，改革创新思想政治理论课，以校园文化建设为载体，以“爱核心、爱祖国、爱学校、爱学习、爱生活”为抓手，加强意识形态领域教育。紧紧围绕“五个100%”教育目标，根据《西藏自治区“五个100%”教育目标评价标准》，逐一对照检查，倒排工期，挂图作业，全市各学段顺利通过自治区“五个100%”落实情况验收。按照“四个统一”要求，推进语文、中学历史、道德与法治“三科”教材转型。持续推进学前、小学、初中、高中“联盟”办学，紧扣教育教学中的瓶颈和短板，选派教研员前往各县区面对面开展教学视导，帮助教师解决教育教学中遇到的困难和问题。全市四大考试报名人数达到24514人，比2018年增加3208人，高考上线人数达到2906人，上线率达到81.56%，比2018年提高3.12%。

【控辍保学】 市委副书记、市长陈军召开控辍保学工作会议，先后4次召开控辍保学推进会议，以“紧盯一个目标、夯实两个基础、突出三个一线、打好‘展示、活动、特色、服务’四张牌、落实五个同步”为工作思路，抓实依法控辍、环境控辍、关爱控辍、质量控辍、数字控辍、问责控辍六项措施，着力打好控辍保学攻坚战。持续采取走村入户、逐户逐人登记的方式，全面摸清适龄儿童和在校学生底数，登记造册，制作《义务教育阶段控辍保学学生信息档案督导本》，作为市、县、乡镇、村（居）、学校签订教育发展目标、开展教育质量监测、规范招生的重要依据。全市疑似失学儿童排查劝返工作全面完成，8月，自治区新下发昌都需进一步核查劝返7899名疑似失学儿童，截至11月，全市11个县区全部清零。开展“大家访”活动，为劝返学生准备学习、生活物资，提供必要的学习生活条件，确保学生“进得来，留得住”。

【均衡发展】 开展办学督导，组成多个工作组前往局直各学校、各县区开展开学工作督导检查，形成问题清单，在全市通报，限期整改、及时整改。推进贡觉、左贡县义务教育均衡发展，督促指导两县整改存在的问题，对照验收指标开展自查自评，6月底，两县通过自治区评估验收待国家评估认定。组织江达县开展义务教育均衡工作摸底调研，督促江达县针对差距和问题开展工作，组织专人采取送培到县的方式，对江达县开展培训。做好卡若、类乌齐、洛隆、边坝、八宿、芒康、丁青、察雅县区成果巩固工作，做好推进优质均衡发展前期准备，推进义务教育城乡一体化发展。

【教育脱贫】 “三包”实行集中预算、定点采购、统一配送，全年落实“三包”和营养改善计划资金5.36亿元。委托成都合力达会计师事务所专项审计贡觉县等县区“三包”资金使用情况。修订印发《昌都市建档立卡贫困家庭子女接受高等教育实施免费教育补助政策实施细则》，专设学生资助和特别困难家庭学生临时救助窗口。全年落实资助金4516.524万元，资助学生6069人次，教育部网站新闻·一线采访栏目刊发《西藏自治区昌都市扎实做好学生资助工作》的文章。抓实中央第三巡视组反馈问题整改，分7个工作组赴11县区开展督导调研，针对“江达县小学师生比1：27.4”个性问题，通过选派市直学校支教等方式整改，分配新教师1415人，优化全市义务教育阶段师生比。针对八宿、左贡、芒康、贡觉、察雅县派出专门工作组，开展教育脱贫专项指导，在精准资助、精准帮扶、教育惠民政策落实上下功夫，确保教育脱贫不拖摘帽的后腿。

【安全管理】 印发《昌都市教育系统校园安全大检查工作方案》《昌都市中小学（幼儿园）安全工作督导评估办法和指标体系》《昌都市政府及各部门维护校园安全工作职责》，按照“党政同责、一岗双责、齐抓共管”，“管业务必须管安全”的要求，以“抓住点、看住面、畅通道、建机制”为主要工作方法，加强校园安全风险防控体系建设，加强预防校园欺凌、学生交通安全对校车管理，强化矛盾纠纷调处和化解，推进消防安全隐患排查整治和普法教育宣传，深化“法律知识进校园、进教材、进课堂”活动，开展毒品预防和预防青少年违法犯罪教育，将法治教育与思政教育相结合，与行为习惯养成教育相结合，与心理健康教育相结合，与家庭教育相结合，维护教育系统和谐稳定。

【体育工作】 完善全民健身基础设施，为各县区乡镇、寺庙、居委会、企业等配发全民健身器材210套，下拨3569.16万元建设体育场地、配置体育设备。完成2019年体育场地普查工作，举办市级全民健身活动4次，开展全民健身活动。印发《关于举办2019年国家二级社会体育指导员培训班的实施方案》，新增二级社会体育指导员110名，举办的“藏东杯”篮球赛、“达美拥杯”足球赛、卓卓康巴文化旅游月，加快推进“苗圃计划”，协调天津、重庆、福建帮助培养竞技体育后备人才，狠抓校园足球，举办校园足球比赛，加大政策引导，推动昌都市山地户外运动和自行车运动发展，举办自行车比赛。重视体育彩票销售管理监督，共计建有72个体彩销售网点，全年销售8978万元。

【领导名录】

党组书记：次　仁

党组副书记、局长：巴桑次仁

党组副书记、副局长（闽）：张明坤

党组副书记：罗　辉

党组副书记、副局长（津）：吴金明

党组副书记、副局长（渝）：张　东

副局长：西绕多吉

副局长：张晓龙

副调研员：扎　西

西藏昌都市职业技术学校（第二职校）

【概况】　昌都市职业技术学校在编教职工204人（含2名援藏教师，专任教师194人，管理人员8人），其中高级讲师33人，讲师45人，助理讲师80人，具有硕士研究生学历的29人，“双师型”教师20人，外聘教师38人。在校学生3653人，西藏大学（昌都函授站）函授学员1200人。开设有藏医医疗与藏药、护理、学前教育、建筑工程施工、供用电技术、汽车应用与维修、旅游服务与管理、群众文化艺术、民族美术、计算机应用、畜牧兽医、会计电算化共12个专业。

【职业教育】　招生工作。2019年秋季学期招收新生1655人，招生完成率105%，居全区首位。改革人才培养模式。坚持“专业建设与产业发展相结合，学生升学与就业并重，素质教育与技能教育相融合”的基调，举行人才培养方案修订研讨会10场，调整和修订12个专业人才培养方案。针对“双创”工作出台相应的人才培养模式方案，推行“顶岗实习”“工学交替”“现代学徒制”“订单式培养”等人才培养模式。加强专业课程建设。调整学校各专业的课程设置，藏医、护理、民族美术、汽修等专业完成校本教材编制并成立专业指导委员会。加强师德师风建设。开展“不忘初心、牢记使命”“修师德、提师能、树形象”等为主题的师德师风教育，编写《昌都市职业技术学校师德师风建设读本》。加强教学诊断与改进。根据教育部、自治区教育厅检测职业院校人才培养新要求，启动开展学校教学工作诊断与改进工作。整改内容涉及教学诊改基本理论、实施方案、学校专业建设标准链、目标链、运行机制、人才培养质量保障建设等内容，进入验收阶段。强化学生专业技能和工匠精神的培养。5月，在昌都市茶马广场举办以“喜迎祖国70华诞，展现代职教新风采”为主题的“昌都市职业教育宣传活动月”系列活动，活动内容包括职业教育成果展示、招生就业宣传、才艺展演、志愿服务等。学校还积极组织学生参加全国各类技能竞赛，参赛学生150余名，1名教师荣获“三区三州”职业技能竞赛荣获建筑类铜奖。在首届“黄炎培杯”中华职业教育非遗创新大赛中获得荣获个人一等奖1项，二等奖2项，三等奖1项，集体荣获“最佳组织奖”。升学就业情况。2019年，学校毕业生1158人，其中787人参加对口高职考试，录取696人，录取率88.44%，毕业生就业率（含升学）逐步提高至90%。“五个100%”教育工作成效显著。基本实现国家中等职业学校规定课程开出率100%。信息化建设成效显著。依托2018年、2019年中等职业技术学校质量提升计划资金开展“第三批全国职业院校数字实验校”建设项目，通过“全国第三批职业院校数字实验校”中期验收。以研促教效果显著。余向辉荣获全国教学成果二等奖，教师立项并结题市级课题11项，获市级优秀课题1项。

【受援工作】 与东风汽车集团股份有限公司、湖北东风汽车技术学院、福建卫生职业学院、福建龙岩华侨职业中专学校等院校签订援助协议，双方在人才交流、师资培训、实训室建设、国赛集训、资源共享等方面达成合作共识。东风汽车集团股份有限公司分阶段援助260万元（含东风牌越野车一辆，卡车一辆，教师培训、学生交流等方面费用）。选派4名教师到河北、天津援助学校挂职和学习；选派8名教师到福建各中职学校考察学习；选派6名专业教师到福建援助学校挂职学习；选派2名教师到湖北东风汽车技师学院学习。

【社会服务】 函授教育。完成西藏大学2017级函授本科学员毕业论文撰写、答辩等工作，完成2019年函授教学工作。技能培训。开展各类农牧民技能培训1419人次。志愿服务。开展志愿活动1500余人次，暑假期间全校师生未休假，参加昌都市第五届三江茶马文化艺术节开幕式排练，集体荣获“特别贡献奖”。

【开展创建活动】 开展各类创建活动，投入200余万元资金用于校园文化建设、“除四害”、病媒生物防治工作，投入90余万元用于标准化医务室建设，投入32万元用于购置心理健康管理系统，在“全国绿化模范单位”的基础上进一步加强学校绿化、美化、亮化工程，建设园林式校园。

【校园安全】 制订和完善安全生产各项制度。完善教学、实训安全管理规范，班主任、学生会每晚查寝、查早操制度。完善学校内部及周边安全隐患排查机制并建立排查台账，发现问题及时整改。安全教育工作持续深入。通过LED显示屏、宣传栏、国旗下讲话、知识竞赛，主题班会、黑板报、演讲，安全教育讲座，提高师生安全意识；通过应急演练活动，增强师生应对突发安全问题的能力，全年内校园未出现安全事故。安全管理工作扎实开展。根据《学校卫生工作条例》《餐饮服务食品安全操作规范》规定，强化食堂管理，派专人驻留食堂，参与食堂进货、食品操作、留样等环节的监督管理，定期对食堂进行督导检查，确保师生吃上安全放心的饭菜。建立班主任、校领导和科室人员食堂值班陪餐制度，与学生共同进餐。加强教学实训过程中的安全管理力度，严格落实各专业实训操作流程。加强建筑工地安全、文明施工管理，签订安全、文明施工责任书，确保工地及周边安全。建立心理辅导中心，做好学生心理健康管理和疏导。强化春冬季节传染病防控工作。聘请法律、财经顾问，提升依法治校的水平。

【先进名录】 9月，学校被人力资源和社会保障部、教育部评为“全国教育系统先进集体”，是全区唯一一所获此殊荣的中职学校。

【领导名录】

校党委书记、副校长：余向辉

校党委副书记、校长：江　村

校党委委员、副校长：王　磊
校党委委员、副校长：尹剑锋
校党委委员、副校长：袁名伦
校党委委员、副校长：任　峰
校党委委员、副校长：蒋　昆

昌都市科技局

【概况】　2019年机构改革后，昌都市科学技术局为市政府工作部门，正县级建制。内设局办公室（市外国专家局）、高新技术与社会发展科（成果转化与区域创新科）、农村科技科（市星火计划办公室）、市科协综合科4个行政正科级科室，核定行政编制14名，其中局领导职数8名；市能源示范推广中心（市生产力促进中心）、市科技创业服务中心两个事业正科级科室，核定事业编制10名。机关后勤服务事业编制2名，实有人员24人。

【科技项目】　项目完成情况。完成2015年自治区第一批重点科技计划项目验收2个，分别是“江达县高寒地区设施蔬菜高产栽培技术示范”及“类乌齐芫根规范化种植及特色产品研发”项目，总投资322万元；完成2016年中央引导地方项目验收1个，即“芒康县特色藏鸡养殖示范”项目，总投资100万元；完成2016年自治区第一批重点科技计划项目验收1个，即“昌都市芒康县盐田酸橘种植技术探索与示范”项目，总投资95万元。完成2017年第二批重点科技计划项目验收2个，即“昌都市可食用野生菌调研与驯化技术研究”“昌都市康巴香猪保种繁育技术研究与示范”，总投资116万元。正在实施的2017年、2018年各类科技计划项目7个，总投资519万元。

项目立项情况。根据自治区科技厅2019年科技计划项目申报要求，市科技局积极开展宣传、组织及审核推荐工作，鼓励相关单位申报2019年至2020年科技计划项目。立项并正在实施2018年自治区自然科学基金项目3个，分别是“藏族人群中慢性阻塞性肺病发病危险因素的分析及相关临床生物信息学研究”“高原地区急性病毒性肠炎分子流行病学研究”“藏医脉泻疗法对类风湿关节炎的作用及相关细胞因子的影响”，总投资15万元；立项实施2018年自治区第一批重点科技计划项目（重点研发及转化计划）1个，“构树引种及高效栽培利用技术集成示范”项目，总投资90万元。立项2019年自治区自然科学基金项目1个，即“藏区2型糖尿病患者早期肾损伤的代谢组学改变及临床应用研究”。申报自治区2020年重点项目5项，其中1项通过形式审查，申报资金96.25万元。申报市级2020年科技项目4项，申报资金792万元。

【“双创”工作】　成功举办昌都市第一届“双创”发展高峰论坛暨“两路精神”创新创业大赛。3月至4月，昌都市第一届“双创”发展高峰论坛暨“两路精神”创新创业大赛在昌都市新开区成功举办。阿诺仓合作社项目和汉藏药材有效成分高效提取与示范项目两位返乡创业者分别获得创新团队组和初创企业组一等奖，西藏这一刻婚庆服务有限责任公司和创新藏式墙纸的研发与推广项目获得天使投资资金35万元。举办首届“昌都市创新创业大咖面对面”活动。4月22日，“昌都市第一期创新创业大咖面对面”活动在昌都市科技创客中心成功举办。通过邀请资深创业导师为大家作题为《“双创”典型案例分享及创业赋能路径介绍》的专场讲座，重点讲解大众创业万众创新相关政策，介绍全国和西藏自治区推进大众创业万众创新的发展概况和先进经验，分享青岛及山东推进“双创”工作典型案例，介绍科技孵化器、众创空间常见的创业项目赋能路径，现场解答创客们提出的问题。开展“双创”政校企联动对接活动。鼓励学校毕业生积极投身“双创”大潮中，帮助昌都市职业技术学校与市4家自治区级“双创”平台实现合作对接，共同开展创新创业教育。“双创”政策落实情况。4月，结合实际制定出台《昌都市众创空间认定管理办法（暂行）》《昌都市科技企业孵化器认定管理办法（暂行）》《昌都市“星创天地”建设运营管理办法（暂行）》等一系列涉及金融支持、财政扶持、人才激励、政务服务各领域的优惠政策。建立市推进“双创”工作领导小组成员单位2个月一次的定期情况沟通汇报制度。落实自治区级“双创”载体建设扶持资金。7月，由自治区科技厅会同发改委、教育厅等单位组成自治区“双创”载体复核工作组莅临昌都对已认定的4家自治区级众创空间（科技孵化器）进行现场复核。9月，经自治区推进“双创”工作领导小组研究，下达昌都市“双创”载体建设扶持资金1200万元（每个载体300万元），补贴“双创”载体场地购置或租赁、新建或改扩建、专用仪器设备购置、线上线下服务内容开发、成果交易、科技金融、认证检测等服务平台建设。市级众创空间（科技孵化器）培育认定情况。根据《昌都市众创空间认定管理办法（暂行）》《昌都市科技企业孵化器认定管理办法（暂行）》文件要求，10月，由市科技局牵头，组织市发改委、教育局、经信局、财政局、人社局、团市委等7家“双创”成员单位通过形式审查、专家评审、现场考察评估等程序，开展市级众创空间（科技孵化器）认定备案工作。拟确定市青创、渝昌、津昌、大健康、卡若区秀龙众创空间及昌都市科技孵化器6家双“创载”体为市级众创空间（科技孵化器），待报请市政府研究审批。

【科普宣传】 利用“五下乡”“科技活动周”、“全国科普日”、“科技下乡”、“科普七进”、“科普大篷车巡展”、中国流动科技馆巡展、科普示范社区等各类活动及平台开展科普宣传活动，促进全民科学文化素质的提高。上半年在各类科普宣传活动中共计发放宣传资料科普书籍手册14000余份（册），横幅标语26条、挂图70幅、展板15块，群众健康咨询和义诊1200余人次，科技咨询服务活动12场次，发放科普物品雨伞400把，宣传袋2000个，文具盒300个，出动科普宣传车65次，受益人数10000余人次。

【人才培训】 开展科技教师教育培训。选派4名初高中学校科技教师前往天津参加“青少年人工智能教育培训班”，提高青少年对人工智能的认知和初步应用能力，提升科技教师人工智能专业素质水平。推荐选派由15名高一、高二学生和1名教师带队组成的16人团队，参加7月在四川大学进行的2019年高校科学营活动。开展中小学科技辅导教师专题培训。派出全市各中学16名科技辅导教师参加在哈尔滨工业大学举办的“2019年中小学科技教师专题培训班”。开展基层科普工作者专题培训。派出县级科协主席2人参加浙江宁波的“县级科协主席群众组织力进修班”（第二期）、参加自治区科协举办的“西藏双语科普信息化平台培训班”。

【“科普利民惠民工程”项目】 互联网+科普（手机报）开展情况。昌都市互联网+科普（手机报）项目，2019年以短（彩）信形式发送科普信息10条，接受用户700余人。中国流动科技馆巡展情况。全市三套中国流动科技馆分别在边坝、贡觉县等县和相关学校，针对在校学生及社区群众共开展巡展工作8次，参观学习的中小学生及社区群众共计5000余人次，落实巡展补助经费19.5万元。落实易地扶贫搬迁安置点“十项提升工程”科技配套建设项目。通过援藏省市、自治区科协、市财政等部门多渠道申请援助资金，结合2018年各县和局配套的基础上，对未进行配套和配套标准低的易地扶贫搬迁安置点查漏补缺进行再完善再配套，特别针对2019年需完成脱贫摘帽的5个县76个安置点进行补充完善。申报落实基层科普行动计划项目。经过推荐、评选、公示环节，昌都市获得农村专业技术协会1个（洛隆县孜托镇夏果村农机协会），科普示范基地2个（芒康县如美镇拉乌村永康农牧民种植养殖专业合作社、贡觉县阿旺绵羊养殖示范基地），奖补资金共计15万元。开展实施各类科普建设项目。完成172万元的“科普e站、中小学科技馆建设”的招投标及设备采购和安装工作，并组织开展一期管理人员培训班。申报科普盒子，助推“农村科普栏”项目建设。申请自治区科协解决1142个科普盒子，总价值57万多元，陆续发放至各县、各建制村。落实科普人均经费78万元。

【受援工作】 完成昌都市闽昌众创空间项目全部建设内容，准备验收资料，待福建省科技创业服务中心前来终验；加强科技援藏交流与对接，第九批援藏干部（福建省科技厅科技发展研究中心及重庆市农科院）投入工作。市科协积极与重庆市科协联系和协调，在2018年底为昌都市落实的“昌都市LED电子科普画廊建设”项目基础上，又增加科技知识类项目，为昌都市提供课堂内外、植物医生、家庭医生、科普惠农杂志等提高公民科学素质的书籍3000余册。落实“农村科普栏”建设项目资金10万元。协调天津市科协，在昌都市一高航模实验室开展“昌都市2019年科技活动周——天津援建昌都市青少年科技探究实验室交流互动”主题活动，由天津方科技工作者为初高中学生传授讲解无人机等科普知识。成功举办以“科技强国、科普惠民”为主题的“科普援藏”活动。活动由科技部牵头组织有关国家部委和相关省（区、市）科技系统，在芒康县举办启动仪式，在芒康县和昌都市强巴林寺进行科普知识讲座，向昌都市强巴林寺、昌都市科技局、芒康县科技局等单位和学校捐赠总价值130余万元科普活动经费和科普物资。

【科技人才】 科技特派员工作。2018年考核人数为2238人，评为优秀为94人，合格为2144人。各县区和各乡镇按照《昌都市关于做好2019年科技特派员选聘工作通知》要求，选聘一批具有较高素质、有实践经验的人员作为农牧民科技特派员。“三区”人才工作。2019年，共选聘“三区”科技特派团14个，共计102人。制定出台《“三区”人才支持计划科技人员专项计划实施方案》，研究部署相关工作，强化落实工作职责及目标要求，指定专人从事开展“三区”人才科技专项计划工作。4月22日至26日，邀请自治区农科院姬秋梅等7名专家，在康巴明珠众创空间对昌都市40名“三区”人才进行专业技术培训。“双创”科技人才工作。7月31日，昌都市“三区”科技创新创业人才培训班在市经开区闽昌众创空间成功举办。昌都市10家“双创”载体负责人、运营管理人员及入驻企业代表、昌都市科技局相关负责人等共计70人参加。8月10日至17日，组织市科技科技管理人员及企业管理人员等10余人参加西藏昌都科技人才培训班，考察青岛市蛙声一片科技孵化器、威海市环翠区众创空间等双创载体。

【脱贫攻坚】 科技扶贫项目建设情况。根据《昌都市脱贫攻坚实施方案（2018—2020年）》，涉及市科技局项目4项，总投资420万元。落实科技计划项目4个，落实资金392万元，投资完成率达93.3%。其中落实《科普惠农兴村计划》项目资金14万元；落实

《边坝、江达、察雅县级LED电子科普画廊建设》项目资金86万元；落实《科技人员培训与技术推广服务类》项目资金47万元（西藏昌都科技创新人才福建第二期培训班、昌都市2018年至2019年三区人才培训班）；落实天津科技援藏《昌都市卡若区藏药材种植基地》项目资金275万元。定点扶贫、结对帮扶工作。将《边坝县草卡镇索村经济林木种植示范基地》纳入单位2019年科技创新与研发计划，投资28万元，依托怒江河谷地带优势，在索村种植苹果、桃子及石榴等经济林果优质树苗1160株，占地20余亩。分批次前往结对帮扶点类乌齐县尼扎村开展结对帮扶结对认亲活动，赠送《科普惠农》《电脑报》《课堂内外小学版》《家庭医药》等科普书籍300余册，发放环保袋、文具盒150个，帽子20顶，折合人民币6000余元，共计帮扶资金18700元。结合主题教育，俯下身子搞调研，实实在在为民解难题，解决经费5000元。

【领导名录】

党组书记：吴　平

党组副书记、局长：扎西泽仁（12月调出）

党组副书记、局长：四郎江村（12月调入）

党组成员、副局长：雷进录

党组成员、二级调研员：郭宗杰（3月调入）

党组成员、副局长：李海明（7月援昌结束）

党组成员、副局长：尼玛永宗

党组成员、市科协副主席：

扎西拉姆（12月调入）

市科协副主席：木　兰

四级调研员：黄建军（12月调入）

昌都市气象局

【概况】 昌都市气象局位于昌都镇强巴林寺北，始建于1950年10月，是西藏的第一个气象站，海拔3306米。昌都市气象局设1个地级市局，设办公室、人事科、计划财务科、业务发展科4个机构；大气探测中心、财务核算中心、气象台、气象灾害防御中心4个事业单位。设9个县局（其中，包括四个地编县局），人员编制115名。实有人员105人。

【气象监测】 按照自治区气象局乡镇自动站全覆盖工作要求，建设完成117个乡镇自动站和1个实景交通观测站。完成川藏铁路察达自动气象站建设，数据正常传输。成立区（县）人工影响天气工作领导小组，签订2019年人影安全责任书。对24个人影固定作业点开展安全复查，培训卡若区火箭操作手，制订2019年昌都市人工影响天气工作计划。

【气象服务】 推进气象服务供给侧改革，派出气象服务人员到市应急管理局、交通运输局、自然资源局、旅发委及民航昌都站等相关部门开展服务需求调研，根据用户需求调整服务内容，优化服务流程，增强气象服务的可用性和针对性。全力做好贡觉支线机场选址、昌都市第五届三江茶马文化艺术节及中华人民共和国成立70周年大庆等重大活动气象保障服务，新开通“昌都预警发布”抖音号，气象决策服务信息获市委、市政府主要领导批示，市政府办公室依据气象服务信息发文1次。

【项目管理】 完成市本级气象台、大探中心、灾防中心、会议室、党建室、科普室、门厅改造。启动洛隆县局综改和类乌齐县局周转房项目。完成八宿县局新观测场业务切换，洛隆县局新观测场通过国家局验收。完成2020年中央财政“三农”专项服务实施方案，申报市局大院环境改造、高空制氢业务用房、人影指挥平台等46个项目，八宿县气象局综改项目入库。

【联防联动】 5月27日，与民航昌都站共建“昌都民用航空气象服务中心”联合体，签订《昌都民用航空气象服务保障工作协议》，建立会商机制和资料共享渠道，加强昌都民用航空气象服务保障工作。落实《气象、水文资源共享合作协议》，联合市水文水资源分局发布《5月以来江达堰塞湖上游区域气象水文情况汇报》。

【气象事业】 3月2日，市政府组织召开2019年度农牧、科技、气象工作会议，安排部署年度重点工作。市政府办公室下文支持乡镇自动站全覆盖工作，117个乡镇自动站看护人员由地方生态岗兼职解决，经费由地方财政负担。贯彻落实西藏自治区人民政府与中国气象局《推进西藏气象现代化高质量发展合作协议》，配合“智慧昌都”建设，市气象局向分管副市长汇报，《昌都市人民政府关于推进昌都气象现代化高质量发展的意见》进入最后审查环节。

【安全监管】 完善易燃易爆场所防雷安全监管清单，联合市消防、质监、应急、公安等8家单位，对全市易燃易爆场所、危险品仓库开展安全生产联合大检查，年内“双随机”抽查76家易燃易爆场所。10月14日至16日在市气象局举办防雷检测单位服务能力和重点单位安全员防雷自检能力提升培训班，雷电防护装置检测资质单位、重点雷电防护单位及各县气象局相关业务人员45人参加培训。

【脱贫攻坚】 完善区地（市）县乡村五级气象灾害防御体系，调整11个县区气象防灾减灾指挥部、气象灾害防御领导小组成员，成立乡镇气象防灾减灾指挥部，规范制作“一把尺”流程。开展特色农产品产地二维码追溯，完成丁青虫草、洛隆青稞、卡若区藏香猪等10个区（县）特色农产品的气候品质论证。加强与边坝县拉孜乡拉孜村、森卡村脱贫攻坚计划的衔接，依托强基础惠民生驻村工作，做好一对一52户帮扶对象的精准脱贫。强化宣传动员，以科级以上干部为重点募集定点扶贫专项基金，组织全体干部职工捐款共4.16万元，捐物200余件，到村帮扶82人次，开展帮扶走访8次，开展宣讲活动2场次共98人参加。研发集气象、生产、保险于一体的气象灾害保险产品，出具相关气象灾害证明，减轻边远贫困地区农牧民灾害损失。

【领导名录】

党组书记：王　伟

党组副书记、局长：建　军

副 局 长：次仁旺堆

副 局 长：扎西旺堆

副 局 长：罗 晓 松（9月任，援藏）

副 局 长：李 云 波（7月调回，援藏）

纪检组长：刘 志 超

昌都市地震局

【概况】 2019年，昌都市地震局（地震台）为副县级参公事业单位，内设办公室、监测科、业务科3个正科级科室。核定编制10名，其中：参公事业9名。设局党组、党支部，配有党组书记、局长1名，党组成员、副局长2名（正科级）。

【地震监测预报】 市地震局充分利用各县地震台站，加强对全市区域内的地震监测，在日常监测与敏感时段，与地震台保持同步联系，实行24小时应急值守制度，加大与自治区地震局监测预报中心和周边省、市地震部门的联系沟通力度，努力捕捉临震信息，做到在地震来临前及时提供有效的预测预报意见。截至年底，昌都市江达县发生3.8级地震，震源深度7公里，边坝县发生3.4级地震，芒康县发生3.0级地震，均无人员伤亡和财产损失，并向市委、市政府和应急管理局上报震情信息4期。

【综合宣传】 利用“科普宣传周”、“5·12”全国防灾减灾日、“综治宣传周”等重要时段，通过发放《防震减灾知识活页》（藏汉双语）、《防震减灾知识读本》等8种宣传资料，发放马甲、水杯、手提袋、太阳帽、雨伞等6种宣传物资，以进社区、进学校、进广场等方式开展集中宣传教育活动。截至年底，共开展宣传活动共计16次，发放资料共计53800份，受众人数达11870人次。

【防震减灾项目】 昌都市地震活动断层探测与危险性评价项目。6月16日，由中国地震局、四川省地震局、西藏自治地震局组成的专家团共计14人，赴昌都市地震局组织召开《昌都市地震活动断层探测与危险性评价可行性研究报告》咨询会，通过《昌都市地震活动断层探测与危险性评价可行性研究报告》。本项目建设期为3年，总投资2500万元，由西藏自治区“十三五”重点项目建设资金投资。协助开展自治区国家烈度速报与预警工程项目和青藏高原监测能力提升项目。4月17日至4月21日前往类乌齐、察雅、贡觉、芒康、左贡县开展国家地震烈度速报与预警工程项目基本站选址工作，协调五县完成站址堪选、测绘、征租地和土建施工手续办理、合同签订等工作。协助中国地震局地壳应力研究所开展野外地质灾害调查工作。该所一行9人6月下旬至7月下旬在昌都市江达县岩比乡、波罗乡等区域开展野外地质灾害调查工作。《昌都市1：25万探测区地震构造图》项目开始实施。完成对八宿县郭庆乡点址的地质调查、探槽开挖和地貌变形测绘。在昌都市卡若区、江达县、八宿县、丁青县现有地震监测台站的基础上，新建完成芒康县、左贡县地震监测台站。

【地震灾情速报】 根据西藏自治区地震局相关要求，4月22日下发《关于转发西藏自治区地震局〈关于更新地震灾情速报人员信息的通知〉的通知》（昌震〔2019〕1号）文件至各县区、各乡镇，完成11县、138个乡镇、1142个村（居）灾情速报员信息更新统计，更新后昌都市、县区、乡镇、村（居）四级地震灾情速报员共计1399人，覆盖率达到100%。

【受援工作】 建设昌都市防震减灾科普教育基地。该项目由“两市一省”援藏资金投资，总价为24.6万元，项目实施地点为昌都市第二小学，通过验收并交付使用。此科普馆为西藏自治区各地（市）第一所防震减灾科普馆，采用最新的虚拟现实技术，让参观者以虚拟第一人称的形式参观，互动性强，知识内容重点是小学生防灾避险，涵盖学校、家庭、野外和公共场所等各类场景。建设地震烈度速报系统。此项目由福建省地震局牵头“两市一省”投入援藏资金投资，总价为20万元。8月3日，福建省厦门地震勘测研究中心负责赴昌都市11个县区开展烈度速报系统的安装调试工作，并于8月11日全部完成地震烈度速报系统的安装、联网、调试，现已开始试运行。

【领导名录】

党组书记、局长：嘎　玛

文化·新闻·广播电视·卫生

昌都市文化局（市文物局）

【概况】 昌都市文化局（市文物局）为市政府工作部门，正县级，加挂市文物局牌子。内设办公室（规划财务科）、政工人事科、公共服务科（艺术科）、产业发展与资源开发科（非物质文化遗产科）、市场管理科（执法监督科）、文物保护与考古科（博物馆与科技科）6个行政机构和文化市场综合执法队、非物质文化遗产保护中心、市图书馆（市古籍保护中心）、市文化局政策研究室（市文化研究中心）、市康巴文化艺术团、市群众艺术馆、市文物保护研究所、市博物馆、市革命历史博物馆（市红色遗址管理中心）9个所属事业单位。

【公共文化服务】 按照“抓活动、促繁荣”的原则，采取“品牌化、大众化、市场化、公益化”文化活动模式，群众文化活动形成了农村文化、企业文化、机关文化、校园文化大文化的新格局。按照“贴近生活、贴近民生、娱乐生活、启迪思想”的原则，利用各类节庆节点，市、县、乡、村四级联动，多种文化元素巧妙交融，在全市范围内开展形式多样、内容丰富的系列文化惠民活动。全年先后举办元旦广场文艺演出，“以筑梦新时代、唱响幸福歌”为主题的昌都市2019年新年音乐会；以“哈达献给新时代、携手共创新辉煌”为主题昌都市2019年春节、藏历新年晚会、锅庄大家跳等高质量、高水平的文化活动，满足群众对美好生活的需求。以“全面推进文化大发展大繁荣”为主题，坚持把“五下乡”“文化进基层”“文化惠民演出”等公共文化服务系列活动与社会主义核心价值宣传教育结合起来，精准脱贫结合起来，培育“一乡（镇）一品”“一村一品”，把舞台搭到田间地头，真正做到常下乡、常在乡，用积极向上，健康活泼的文化内容引领风尚，在一定程度上实现文化育人，凝聚人心的作用。11个县区结合实际，开展丰富多彩的文化活动，提升广大群众的节日文化生活品位。如贡觉县开展“传承文化遗产、添彩魅力贡觉”书美影展，卡若区开展2019年“三大节日——文化进万家”活动；八宿县开展“多彩非遗、美好生活”宣传展示活动；丁青、芒康、类乌齐等县开展以“壮丽70年·奋斗新时代”“我和我的祖国”等大型文艺演出活动。以“3·28”西藏百万农奴解放纪念日、中华人民共和国成立70周年、西藏民主改革60周年等节庆文化入手，立足本地，上下联动，搭建平台，亮点频现。全年开展纪念西藏民主改革60周年广场文艺演出，庆祝中华人民共和国成立70周年大型群众广场篝火联欢晚会、《祝福祖国》大型广场文艺演出，逛园林赏藏戏国庆游园活动等。全年组织市红色轻骑兵文艺演出队前往丁青、类乌齐等县（区）的滨达、卡玛多、觉恩、色扎、尺牍等乡镇、村和西藏解放第一村——江达县岗托镇开展文艺慰问演出；赴卡若区俄洛镇、江达县波罗乡安置点开展“五下乡”文艺演出活动。2019年，全市开展各类文化惠民活动2900余场，受益群众60余万人次。公共文化服务建设。巩固强化市、县、乡、村四级公共文化服务设施体系建设成果，持续推进市图书馆、群艺馆、博物馆、革命历史博物馆、乡镇综合文化站等免费开放工作，保障群众基本文化需求。2019年，市博物馆、革命历史博物馆接待参观人数80000余人次，市图书馆接待6000余人次。公共文化效能持续提升。加强督导检查，组织开展全市基层公共文化设施建设及服务效能情况全面排查，发挥市博物馆、革命历史博物馆、图书馆、乡镇文化站、村文化室的示范带动作用，激发公共文化服务活力。投入资金289万元，实施市博物馆珍贵馆藏文物预防性保护工程；投入资金60余万元，升级改造市博物馆门禁系统及排烟系统；投入资金180余万元，重新布展市革命历史博物馆陈列展示区域；启动市图书馆网络改造、机房设备更新项目，全馆50个信息点及31个无线AP位置实现2000人通过Wi-Fi信号接入进行无缝漫游，馆内有线局域网内传输速率提升至千兆级别；投入资金280万元，全面升级配套全市140个贫困村文化室设备；投入资金280万元，实施丁青、芒康等7个县（区）公路沿线公共文化数字化建设；投资415万元，启动实施全市公共数字文化服务提档升级项目。公共文化服务产品供给优化。通过微信平台，参与数字图书馆推广工程，开展“在线摄影征集”“有声电子贺卡”“趣味闯关答题”等在线活动和“春节藏历新年”年俗活动，“昌都石刻艺术展”、“元宵猜灯谜”、“好书伴我行、书香满昌都”读书周、“纪念屈原专题展”等活动，为市民参与文化活动提供平台。2019年，举办各类文化展览展示活动20余次，参与人数5000余人，送图书书刊3500余册（本）。

【艺术创作】 围绕“五个一”工程、国家艺术基金工程，推进重点作品创作申报，组织市群艺馆、康巴艺术团创编人员深入左贡、芒康等县区开展文艺创作采风活动。围绕西藏民主改革60周年、中华人民共和国成立70周年这条主线，推出《阿酷卓巴》《心里歌唱昌都梦》《金沙江畔红旗扬》《茶马古道》等歌舞。传承弘扬昌都“红色文化”“两路”精神体现“康巴风情”，启动大型红色话剧《红色记忆》、歌舞剧《茶马古道》创编工作。

【对外文化交流】 市康巴文化艺术团选派8名舞蹈演员、编导参加西藏民主改革60周年《共产党来了苦变甜》主题歌舞晚会。选派市康巴文化艺术团人员赴甘孜州丹巴县参加2019年甘孜山地旅游文化节。通过援藏途径，选派市康巴文化艺术团11名作曲、编导、灯光、音响、声乐、主持等艺术骨干赴四川康巴卫视、福建歌舞剧院、拉萨自治区歌舞团进行短期学习培训。协助天津市河西区“春雨工程”文化志愿服务队昌都行系列文化惠民活动。与天津“春雨工程”文化志愿服务队，在市图书馆开展《新时代亲子阅读的特色分析》等4期文化大讲堂。配合市旅游发展局、市商务局完成第二届“卓卓康巴文化旅游月”“昌都市自主品牌及地产产品展销活动”等文化活动。按照区党委统战部、市政府的部署要求，组织市康巴文化艺术团赴尼泊尔完成文化交流活动。

【文化品牌】 按照“抓亮点、创品牌、树特色”思路，打造特色群众文化活动品牌，举办第五届三江茶马文化艺术节，并策划推出一系列主题文化活动，邀请红涛团队为开幕式文艺演出节目进行策划、编排，德西美朵、巴桑、尼玛次仁、洛松群佩、扎西拉宗、雪鹰旦增、嘎玛美朵、阿佳组合、宗吉等区内外演员14人为艺术节助力添花，2530名来自三江老干部艺术团、市职业技术学校学生、11个县区艺术团演员、11县服饰队及昌都天津班学生带来一场极具震撼力的文化盛宴。该届艺术节还将传统与现代、文化与经济，浪漫与时尚奇妙地融合，坚持用创新作为灵魂来展现昌都的新风采，更多策划设计一些具规模聚人气的主题文化活动，助力昌都的知名度。除开幕式大型文艺演出外，还组织开展特色文化创意产品展、首届昌都锅庄舞展演、首届昌都锅庄艺术高峰论坛、群众性广场舞、闭幕式大型文艺演出、首届昌都锅庄专家与文化工作者座谈会等系列文化活动。特别首次将文化创意产品纳入艺术节展览展示，唐卡艺术与漆画艺术在这里融合碰撞，一场时尚浪漫的文化盛宴启幕；首届昌都锅庄艺术高峰论坛推动民族优秀传统文化的探讨与交流，来自北京、天津、四川、青海、西藏30余名专家和学者专家们从不同视角，不同内容研讨锅庄艺术的历史源流、表现形式、风格特色、保护传承、发展创新等诸多热点议题，确定“昌都卓钦”之乡定位。人民网、光明网、快搜西藏、东南网、中国西藏网、康巴卫视网、腾讯网等国内主流媒体，持续报道艺术节盛况，推出《三江大地一出好戏》《打造文化品牌！昌都被命名为“卓钦之乡”》等高质量、大篇幅报道，网页点击率近100万次。

【文物保护利用】 做好昌都市“十四五”文物保护规划项目编制工作，将边坝县达瓦寺、左贡县吾同寺等26处文物保护工程纳入中央预算内项目。续建卡若区嘎玛丹萨寺、嘎来寺、强巴林寺消防等11处维修保护工程，项目涉及资金9510万元。开工建设芒康盐井古盐田（二期）工程、强巴林寺电气线路改造工程、八宿县桑珠德庆林寺安防、消防工程和展示利用工程、洛隆县清代汉墓群保护工程、昌都市6处自治区级文物保护单位电气线路改造工程、丁青县拉托夏久寺保护工程7处维修保护工程，项目总投资4324万元。新建昌都博物馆馆藏珍贵文物修复、八宿县桑珠德庆林寺馆藏珍贵文物预防性保护项目等文物保护科技类、数字化保护项目2处，投资621万元。落实2019年野外文物保护单位看管人员工资87.6万元，县级文物野外看管人员从20人增至32人。

【文物普查】 完成第二批市级文物保护单位推选工作、全市44处第七批自治区级文物保护单位保护范围和建设控制地带划定工作。开展小恩达遗址陈列布展及园内景点设计工作。完成全市第一次全国可移动文物三年普查工作报告的编制，并分类统计全市国保、区保、县保普查数据。开展馆藏文物标准化档案建设工作，完成10个县区（边坝县藏品档案待审核鉴定）收藏单位30000余件/套可移动文物的档案规范化、标准化建设工作。完成边坝县“一普”可移动文物复查工作，对14处收藏藏品的2894件/套文物藏品进行数据采集和藏品登记工作。与日喀则石刻艺术研究中心对2个县区9个乡镇24个点的356件文物点进行考古调查。与自治区文物局沟通、协调，开展芒康盐井古盐田申报世界文化遗产前期调查筹备工作。与陕西省考古研究院完成对察雅县阿觉查纳摩崖石刻、芒康县拉果顶摩崖造像的考古调查工作。对《昌都市BF进出口道路改扩建工程建设文物调勘探与评估报告》《国道318线竹巴笼至林芝重点路段整治改建工程（觉巴山段）文物调查评估报告》《国道318线朱巴龙至林芝重点路段整治改建工程（海通沟）文物调查评估报告》进行现场调查、勘探，并形成书面审核意见。与自治区文物保护研究所联合对南亚廊道西藏昌都段开展考古调查工作。解放委员会办公旧址、达律王府、仁达摩崖造像、囊巴朗则石雕等4处文保单位纳入第八批全国重点文物保护单位。完成343件征集民俗文物及谢文·根多活佛捐赠文物的鉴定、登记和建档工作。

【非遗保护】 完成全市20名自治区第四批代表性传承人及13项第五批国家级非遗项目申报工作。完成2018年国家级非遗项目芒康弦子、芒康三弦、丁青热巴等绩效考核和自评工作。完成2019年自治区级非遗保护、开发利用、组织管理补助及藏戏扶持等19项资金申报工作。完成国家级非遗代表性项目优秀保护实践案例嘎玛嘎赤唐卡绘画技艺和非遗广播操参加全国“非遗进校园”优秀实践案例的推荐工作，“边坝格萨尔”说唱参加2019年全国非遗曲艺周活动，丁青县热巴鼓制作技艺传承人次仁扎西参加第七届中国国际非物质文化遗产“中国传统技艺竞技擂台”，并获得我最喜爱的乐器奖和银奖。公布第二批市级非物质文化遗产代表性项目8大类51项，左贡博话纳入中国语言资源保护工程。组织开展类乌齐县齐吾岗巴唐卡技艺、卡若区金属锻造技艺、第二期戏曲培训及闽藏漆画技艺培训等。并组织参加青川藏非遗骨干工作人员培训、第三期藏族传统雕塑非遗传承人群普及培训、第五期藏族唐卡非遗传承人群普及培训班等。举办2019年度第三个全国“文化和自然遗产日”昌都系列活动，国家级非遗保护名录——藏族唐卡“勉萨画派”昌都展。

【文化市场监管】 规范落实“五不准”措施，严把市场主体准入关，提高行政许可效率，强化文化市场管理。全年，年审娱乐场所17家、网吧24家、工艺品备案1家、场所设立10家。按照《文化部关于启用新版文化市场经营许可证的通知》精神，启动新版经营许可证换发工作，并按照《娱乐场所管理条例》《娱乐场所管理办法》等，规范歌舞娱乐场所申请、互联网上网服务营业场所筹建、营业性演出申请等审批事项八大类。按照《西藏自治区文物局关于印发〈关于开展全区文物保护单位“防风险、保平安、迎大庆”推进“文物消防安全排查改督查年”工作方案〉的通知》和全市扫黑除恶专项斗争工作要求，开展“3·18”文化市场法制教育宣传日、“4·26”知识产权宣传周等活动。全年开展日常检查行动40余次，专项行动10次。赴类乌齐、丁青县对米杰拉章寺、金卡寺等12个文物保护单位，开展“防风险保平安迎大庆”消防安全执法检查专项行动，反馈各类问题意见16条，发现推广亮点先进工作做法8项，帮助解决实际困难6个。开展“消防安全不放心单位场所”摸排整治工作，形成每月工作小结132份，消防安全不放心单位场所清单120份，涉及消防安全不放心单位场所隐患点121个，其中整改到位49个，正在整改50个，长期整改22个。

【文化扶贫】 实施“百幅精品唐卡工程”。本着产业资金增值保值、惠及建档立卡和资金撬动效果原则，按照先试点，再推广方式对卡若、察雅、江达等6个县区下达扶贫专项资金843万元，实施唐卡工程。加快实施易地扶贫搬迁点“文化十项提升工程”，投入681万元，完成268个搬迁点文化设备配套。履行行业主管部门职责，督导2016年以来全市实施的文化产业扶贫项目。在与市产业组对接的基础上，先后于3月、7月组织专人前往左贡、芒康等7个县实地督导，对卡若、洛隆等4个县扶贫项目抽样督导。

【文化交流】 借助福建、重庆、天津等省市援藏部门和自治区文化厅资源，完成2019年春节福建唐卡专题展、藏羌彝文化产业走廊文旅精品展、第十五届厦门旅博会、

"6·18"福建项目成果投资洽谈会、西洽会、2019年津昌文化交流月等对外文化展览推介交流工作，现场累计成交额超过160万元，达到展示宣传昌都良好城市形象、推介昌都特色文化和旅游资源、为本地企业提供商务合作的机会。中央、福建、重庆、天津和西藏本地电视台、报纸、门户网站、论坛、杂志专刊（如西藏航空）等传统媒体及"两微一端"、短视频（如抖音）、社交平台等新兴媒体，多层次多角度宣传报道昌都文化产业近百次。

【领导名录】

党组书记、副局长：张 立 峰（1月至7月，援藏）
德嘎旺姆（11月任）

党组副书记、局长：德嘎旺姆（1月至11月）
向 吉 廷（11月任）

党组副书记、副局长：邱 绪 同（12月任）

党组副书记、副局长：扎西江村

党组成员、副局长：巴桑拉姆

党组成员、调研员：但 卫 疆（1月至6月）

党组成员、副局长：洛松曲扎（3月至12月）

昌都市广播电视局

【概括】 昌都市广播电视局2019年3月前称昌都市新闻出版广电局。内设4个机构（正科级），分别为办公室、新闻出版科（版权管理科）、广播影视科、"扫黄打非"工作办公室（行政审批服务科，政策法规科）。机关行政编制12名。其中：局领导职数4名，内设机构科级领导职数8名。工勤人员编制3名。所属事业单位为市电影公司（正科级建制，事业编制6名）、市新华书店（正科级建制，事业编制6名）、审读鉴定中心（正科级建制，事业编制5名）。3月机构改革后，更名为昌都市广播电视局，内设办公室（政策法规科）、宣传管理科（传媒机构管理科）、公共服务科（科技科）3个机构（正科级）。行政编制10名。部门领导职数4名。所属事业单位为审读鉴定中心（正科级建制，事业编制5名）。

【舆论宣传】 围绕主题主线。组织市、县广播电视台在重要时段、栏目，通过广播电视共开展相关政策宣传700余条次。重点抓好庆祝中华人民共和国成立70周年、西藏民主改革60周年的主题宣传，宣传以习近平同志为核心的党中央对西藏工作的高度重视和对西藏各族人民的亲切关怀，宣传各族群众身边的新发展新变化新生活，通过广播电视共开展相关政策宣传1400余条次。围绕贯彻全国、全区、全市"两会"精神做好宣传报道，共开展相关宣传报道150余条次。围绕中心工作。组织市、县广播电视台着重宣传"三大攻坚战"，民族团结、维护稳定、民生改善、乡村振兴、"七城同创"、环境保护、安全生产、法治建设、党的建设和人才建设等重点工作，共播出相关报道1800余条次，为全市经济社会发展营造良好舆论氛围。组织市、县广播电视台做好公益广告制作、播出工作。加强中华人民共和国成立70周年为主题的公益广告下载与播出力度，全市累计播出相关公益广告、宣传口号4000余条次。制作播出《科普专栏》《时代楷模》《文明西藏》《两学一做 好党员》《安全生产》《脱贫攻坚与你一路同行》《脱贫攻坚路上的追梦人》等公益广告和专题专栏。完成2018年度优秀电视新闻奖评选。评选出《阿松：展现党员本色 修路拯救"孤岛"》《热多临时安置点：一份感动 一份温暖》等10条优秀电视新闻。组织市、县广播电视台围绕"不忘初心、牢记使命"主题教育做好宣传报道，为活动开展营造良好氛围。

【创作工作】 围绕中华人民共和国成立70周年、西藏民主改革60周年，市、县广播电视台开办栏目节目。昌都广播电视台开办《壮丽70年 奋进新时代》《60年的诉说》等专栏。昌都广播电视台制作的MV《我和我的祖国——强巴林寺千名僧人热烈庆祝中华人民共和国成立70周年》累计阅读总量190万余次。各县电视台制作《我和我的祖国》《祖国我爱你》等一批短视频快闪在群众中引起强烈反响。结合脱贫攻坚、“七城同创”等制作一大批专题片。如《聚焦精准扶贫》《我脱贫了》等专题专栏。边坝县通过征稿形式创作13首县歌，并在拉萨召开歌曲发布会。译制工作成效显著。昌都人民广播电台全年翻译90余万字。

【公共服务】 加强农牧区广播电视现代传输覆盖体系建设。统筹有线、无线、卫星三种方式，因地制宜、因户制宜推进数字广播电视覆盖和入户接收。组织做好广播电视“村村通”（寺庙舍舍通）工程维护工作，确保农牧区直播卫星用户正常收视权益，看好电视听好广播。从村村通、舍舍通专项维护经费中计划383万元，购买直播卫星设备备件备品，正在采购中。全市广播电视人口综合覆盖率分别达到98.7%和98.72%。设立市广播电视技术服务中心，将“村村通”（寺庙舍舍通）工程维护作为其主要职责之一。通过政府购买社会服务的方式，通过专业公司开展维护，优化公共服务。抓好深度贫困县应急广播体系建设，项目总投资3974万元。截至2019年12月，江达、贡觉、察雅、八宿、左贡、芒康、洛隆县完成应急广播体系工程县级平台建设，乡村一级平台及终端设备安装计划于2020年12月完工。完成中央广播电视节目无线数字化覆盖工程、中央藏语广播节目调频覆盖项目建设。

【监督管理】 完成市、县区2019年度广播电视播出机构许可证和广播电视频率频道许可证换发工作，组织开展无线转播台（站）频率自查工作，规范全市广播电视传输秩序。督导广播电视单位认真履行意识形态工作主体责任，加强对广播电视台的指导、组织和监管，组织市广播电视台、县区局签署广播电视宣传管理工作目标责任书。严格落实广播电视节目“三审制”、重播重审制等制度措施和播后监管等制度。强化电视剧、网络视听节目内容的审核把关。树立总体国家安全观，加强安全播出工作。在庆祝中华人民共和国成立70周年、全国“两会”和庆祝西藏民主改革60周年期间，组织市、县播出机构对重点部门、关键环节开展安全排查，为各县无线转播台购买总价值175万元的广播电视备机、监控等广播电视设备，做好设备保障，确保广播电视安全播出。配合自治区广播电视局安全播出检查组，对市、县安全播出单位进行安全检查，对存在的问题组织整改。

【领导名录】

（一）2019年3月前

市新闻出版广电局党委书记、副局长：

严桂忠（福建援藏）

市新闻出版广电局党委副书记、局长：

晋　美

市新闻出版广电局党委委员、副局长：

向巴曲培

市新闻出版广电局党委委员、副局长：

李昆全

市新闻出版广电局副调研员：周　涛

（二）2019年3月至12月

市广播电视局党组书记、副局长：

严桂忠（援藏，3月至7月任党组书记、3月任副局长）

黎　　静（11月任党组书记，12月任副局长）

市广播电视局党组副书记、局长：

晋　　美（3月任党组副书记、4月任局长）

市广播电视局党组成员、副局长：

向巴曲培（3月任党组成员，3月任副局长）

市广播电视局党组成员、副局长：

周　　涛（3月任党组成员，3月任副局长）

市广播电视局党组成员、副局长：

扎西江村（11月任党组成员，12月任副局长）

市广播电视局党组成员、调研员：

李 昆 全（3月任党组成员，3月任调研员，6月任二级调研员）

市广播电视局副调研员：

仁增巴登（3月任副调研员，6月任四级调研员）

昌都广播电视台

【概况】 2019年3月19日机构改革，昌都市电视台更名昌都广播电视台，为市政府直属事业单位，正县级，归口市委宣传部领导。共有办公室、昌都电视台、昌都人民广播电台、总编室、技术部、调频广播转播台、有线电视网络部、社情信息中心（副科级）8个内设机构，核定编制72名，其中事业编制72名。副处级领导职数2名。截至年底，共有干部职工66名。

【职能职责】 1. 贯彻执行党和政府在新闻宣传、广播电视方面的路线、方针、政策和法律法规，拟订广播电视宣传报道计划并组织实施。

2. 坚持正确舆论导向，大力宣传各行各业建设中的典型经验和先进人物，引导群众积极投身昌都现代化建设；围绕市委、市政府的中心工作开展新闻宣传报道，为昌都跨越式发展和长治久安提供精神动力和舆论支持。

3. 负责采集、引进、整理、制作、播放广播电视节目和组织实施广播电视重大题材的规划和创作；创办形式多样、高质量、群众喜闻乐见的广播电视节目，满足人民群众日益增长的精神文化需求，并为宣传昌都、扩大昌都的影响力、提升昌都的知名度、树立昌都的新形象发挥积极作用。

4. 负责向上级广播电视台报送本市重要新闻、专题节目，加强与中央、自治区及其他广电媒体的沟通、交流与协作，抓好广播电视节目创优工作和广播电视对外宣传工作。

5. 负责广播电视新技术的应用推广工作以及有关广播电视覆盖网络的规划、建设、升级、运营和维护工作；负责广播电视节目的安全播出工作。

6. 负责全市本级广播电视机房设备、设施及其他公用设施的日常管理、维护和安全防范工作，确保完成中央和自治区级广播电视节目的转播任务以及本地节目的制作、播出、传输覆盖任务。

7. 负责广播、电视和其他增值业务的广告经营和管理。

8. 负责收集、整理、保存和管理全市重要广播电视宣传资料和专业技术档案。

9. 加强本单位人员的思想政治建设、业务培训和职业道德教育，加强广播电视人才队伍建设；研究和推进广播电视系统内部管理体制改革。

10. 完成市委、市政府交办的其他任务。

【党建工作】 2019年机构改革，成立昌都广播电视台及中共昌都广播电视台委员会。

【新闻宣传】 做好主题宣传报道。在做好正常新闻报道工作的同时，陆续在西藏自治区“两会”期间推出《聚焦两会》《两会心声》《代表委员风采》专栏，宣传昌都市代表委员的履职风采。重点报道中国共产党昌都市第一届委员会第八次全体会、市委经济暨农村脱贫攻坚工作会议等。开辟专栏《新春走基层》，重点展现一年来基层农牧民群众生产生活发生的变化，喜迎新年的祥和场景，营造节日氛围。做好市脱贫攻坚工作宣传，先后开办《聚焦精准扶贫》和《扶贫攻坚在路上》专栏，并从3月开始加大新闻宣传策划力度，组织两组记者开展纪念西藏民主改革60周年和决战决胜脱贫攻坚工作主题宣传报道，先后开辟《60年的诉说》《叫我怎能不歌唱》《决战决胜脱贫攻坚》《最美扶贫昌都人》《我脱贫了》等专栏。做好专题宣传。配合相关部门工作开设新闻专栏，通过《扫黑除恶进行时》，宣传打击犯罪、普及法律工作；通过《创文曝光台》与《创文点赞台》，曝光昌都市不符合创建文明卫生城市的行为，对做得好的行为进行褒奖；通过开设《藏东驻村先锋》，宣传报道长期以来在驻村工作中表现优秀的干部以及团队。10月，结合“不忘初心、牢记使命”主题教育，推出《不忘初心、牢记使命》专栏，重点报道全市主题教育进展和亮点特色。同时，开设《壮丽70年 奋进新时代》专栏，反映昌都70年来各行各业取得的辉煌成就，唱响主旋律，讲好昌都故事。共播出相关新闻30余条。在昌都政协成立60周年之际，与政协合作推出庆祝昌都市政协成立60周年《建言资政 凝聚共识昌都市政协委员风采录》16集。在电视文艺专题节目中完成2019年元旦广场演出录制和2019年春节藏历新年联欢晚会的前期录制和后期制作包装。根据市委、市政府要求制作完成《江达堰塞湖专题片》《幸福新时代 辉煌70年》专题片，策划拍摄制作系列《我和我的祖国》快闪活动。根据市委、市政府工作部署，先后深入林芝、山南、日喀则、拉萨等地，完成《幸福在路上——昌都市“三岩片区跨市整体易地扶贫搬迁”宣传教育片》的拍摄制作任务。打造品牌栏目。自办有《藏东旋律》《微党课》《上课啦》《健康教育》《党的思想进万家》等品牌栏目涵盖党建、教育、文艺、七城同创等内容。在2019年全国扶贫日之际，与市脱贫攻坚指挥部合作推出《脱贫攻坚面对面——县区委书记、县区长访谈》节目，介绍11个县区脱贫攻坚工作取得的成效和亮点工作，典型经验，推介各县区具有代表性的特色产品。2019年，《藏东旋律》播出43期，《微党课》播出7期，《上课啦》播出36期，《健康教育》播出52期，《党的思想进万家》播出6期。做好剧场节目和公益广告播出。昌都电视台在三江剧场播出电视剧《毛泽东》《毛泽东三兄弟》《十送红军》《深海利剑》《陆军一号》《人民的名义》等，午间剧场播出电视剧《双喜盈门》《欢乐颂2》《农奴》《夏至未至》《彭德怀元帅》。三江影院和午间影院共播出爱国主义、主旋律、家庭都市等各类电影356部。周末影院播出藏语译制电影《红河谷》等30部。播出未成年人教育、时代楷模、精准扶贫、文明西藏、安全生产、社会主义核心价值观、文明公约等相关公益广告8260条次，时长达62020分钟。

【广播节目】 昌都人民广播电台时政类节目《昌都新闻》全年翻译90余万字，并以《政策与实践》《今日农牧区》《法制之窗》和《科普园地》四个专题栏目为载体，播出《中国共产党章程》《习近平系列重要讲话读本》等内容，宣传党和国家的各项方针政策，集中展示西藏和昌都经济社会发展情况。在《法制之窗》中制作和播出《昌都市法律常识简明》《中华人民共和国民族区域自治法》全年播出104期。结合脱贫攻坚工作在《今日农牧区》中制作播出自治区在脱贫攻坚中先进经验和脱贫攻坚中涌现出来先进人物事迹，以及党中央、区党委、市委出台的一系列惠民政策，全年共播出104期。在《科普园地》中制作和播出《西藏地质灾害预防科普知识》《关于地震知识》共播出52期，在《家庭药箱》中制作和播出《高原藏区常见病预防与健康指导》《中国公民健康素养》共96期。结合“不忘初心、牢记使命”主题教育在《政策与实践》中制作和播出《习近平系列讲话读本》、西藏日报关于“不忘初心、牢记使命”的评论员文章，以及市委组织部和市委党校联合推出的《藏语微党课》7期。《魅力昌都》作为专题类中最大的栏目，涵盖《故事园地》《空中教育》等子栏目，全年分别播出52期。在文艺节目中，昌都人民广播电台精心筛选制作《音乐十分钟》《月光曲》《音乐大放送》《心中旋律》《每周一歌》等音乐类节目，重点做好《说唱〈格萨尔〉》和《文苑》两个文学类栏目，在《说唱〈格萨尔〉》节目中播出《征服米努绸缎国》《达岭之战》《察容粮宗》共182期，时长9600分钟。《文苑》栏目中播出四大名著《水浒传》第二部、第三部。在《故事园地》中制作和播出《西藏民间故事》。在《空中教育》中制作和播出《青海民族大学藏学院申请博士点建设文集》。《公益广告》制作播出192期，内容涵盖爱国主义教育、环保、疾病防治等多种方面，时长384分钟。昌都人民广播电台继续每天1小时在黄金时段转播“中央人民广播电台康巴语节目”。

【信息报送】 截至10月，昌都电视台向西藏台上传新闻411条、向康巴卫视上传新闻320条。西藏台共采用344条；1月至9月，康巴卫视采用107条（10月回执未出）。昌都人民广播电台每周向西藏人民广播电台康巴语广播上传《魅力昌都》节目3期，每期50分钟，上传播出144期、7200分钟，上传930条新闻，采用率达100%。

【安全保障】 根据国家广播影视与新闻出版总局、区局、市局相关法规、文件、通知要求，完善台广播电视播出安全保障工作，并成功安全播出“第五届三江茶马文化艺术节”“庆祝中华人民共和国成立七十周年阅兵式”“中国共产党第十九届中央委员会第四次全体会议”等。落实广播电视无线发射台站基础设施建设工程二期并确保正常发射。完成中央广播电视节目无线数字覆盖，保证未安装数字电视的群众能够收看、收听到15套电视节目和5套广播节目。

【融媒体建设】 探索融媒体发展工作，在微公号平台的基础上，注册开通抖音、今日头条、快手、新华社现场云等新媒体官方账号，初步建成融合的新媒体矩阵。微信公众号。优化推送内容和推送形式后，日均推送稿件数量3条，粉丝数和平均阅读量逐步上升，粉丝数突破1万人次，为11097人次。最高阅读量稿件是【MV首发】强巴林寺僧人齐唱《我和我的祖国》，阅读量达到41万多次，累计阅读总量190万余次。抖音短视频内容。始终以推介昌都为宗旨，尝试拍摄不同内容、元素的原创短视频。共推送短视频作品218条，其中浏览量和点赞量最高的作品是“我为家乡代言系列——次登拉措”，浏览量163.5万，点赞量7万人次。累计获赞36.7万人次，粉丝数3万人次。今日头条以“本地新闻”“西藏新鲜事”为主，推送内容涉及时政、社会、民生、公告、旅游攻略、脱贫攻坚等各个领域。作为微公号的辅助平台，确保能在一时间推送最新消息。共推送文章427篇，累计阅读总量37万多次，粉丝总数为29618人。快手作为多端发布的扩充平台为台原创短视频的有效传播发挥着积极作用，推送视频作品10条，粉丝数和浏览量暂不乐观。新华社现场云。以“昌都市庆祝中国共产党成立九十八周年文艺晚会”为起点，共推送报道15篇，跟踪报道99篇，累计浏览量30万余次。

收获实例：

1. 9月24日，微信公众号推出的“MV《我和我的祖国——强巴林寺千名僧人热烈庆祝中华人民共和国成立70周年》”瞬间刷爆网络，短短四小时，阅读量就突破10万+人次。次日，新华社人民网、西藏卫视、康巴卫视、西藏日报等国内知名媒体相继转载发布。在官方微信公众号上的阅读量达到41万次，在昌本台官方抖音号观看量达到75万人次，在“新华社客户端”的浏览量达到111.5万人次。

2. 10月17日，《这就是昌都》城市形象宣传短片首发于昌都广播电视台微信公众号，并先后被昌都发布官方微信公众号、青春昌都官方微信公众号以及学习强国西藏学习平台等相关媒体上发布，截至10月底，阅读量突破15000次。

3. 三江茶马艺术节期间，以新华社现场云为平台支撑，全程网络直播昌都市第五届三江茶马文化艺术节开幕式。当晚，直播点击量超过18万元。截至年底，开幕式直播点击量23万多次，获赞2417次，创昌都近年来直播收视新高。

4. 每天以图片+文字、视频+文字、声音+文字的形式推送，由于腾讯很难通过藏语视频，很多藏语的视频无法推出，致使昌都藏语频道公众号点击率不高。

【脱贫攻坚】 在职党员干部102人次前往结对帮扶联系点，向当地群众提供力所能及的帮扶资金和物资，共计88100元左右。通过援藏渠道，福建企业捐赠给结对帮扶点200双雨鞋价值1万元。鼓励当地青年外出务工，录用1名当地群众在康巴传媒有限责任公司工作。

【廉政建设】 配合相关部门做好昌都市党风廉政建设新闻宣传，截至年底，播出相关新闻报道10条。

【领导名录】

昌都广播电视台党委书记、副台长：

傅　强（11月任）

昌都广播电视台党委副书记、台长：

向巴曲培（11月任）

昌都广播电视台党委副书记：

张紫迎（3月至8月，援藏）

昌都广播电视台党委副书记、副台长：

仁　钦（3月任）

昌都广播电视台党委委员、副台长：

罗布占堆（3月任）

昌都市卫生健康委员会

【概况】 昌都市卫生健康委员会为市政府工作部门，正县级，市卫生健康委员会设内设办公室（政策法规与体制改革科）、规划发展与信息化科、疾病预防控制与职业健康科（卫生应急办公室、市突发公共卫生事件应急指挥中心）、医政医管科（卫生健康对口支援科、药物政策与基本药物制度科）、基层卫生健康科、综合监督科（食品安全标准与监测科、宣传科）妇幼与老龄健康科（人口监测与家庭发展科、干部保健科）、市藏医药管理局、财务审计科、政工人事科（科技教育与人才科）等10个正科级机构，市妇幼保健院（妇产儿童医院）、市疾控中心、市中心血站、市卫生监督局事业单位。全委在编人员163人。

【妇幼工作】 召开全市卫生健康“两下降、双提升”工作推进会，成立市级“两下降、双提升”工作领导小组，印发《昌都市关于推进“两下降、双提升”工作方案》，落实免费孕检、农牧区孕产妇住院分娩补助、“两癌”筛查等妇幼健康各项政策。截至11月底，全市住院分娩活产数12524人，农牧区孕产妇住院分娩补助人数10405人，一次性奖励补助1031.8万元，提前待产补助28.808万元，孕产妇护送费105.361万元。全市免费孕检3634对，出生缺陷检查1487对，“两癌”筛查7471人。全市孕产妇住院分娩率提高至86.96%，孕产妇和婴儿死亡率分别下降至41.66/10万、6.74‰。

【疾病预防】 包虫病防治。累计完成包虫病筛查662985人，筛查率102.2%。累计完成手术救治882例，自愿手术治疗率100%，服药患者1823人（除禁忌患者），自愿药物治疗率100%。确诊患者建档立卡率为100%，随访管理率98%。全市设立投入使用流浪犬收容站11个，累计抓捕流浪犬28233只，流浪犬收容941只。建立犬只信息化管理平台，通过家犬佩戴芯片智能项圈，实施户籍化管理，全市完成家养犬登记28033只，完成犬只挂牌和植入芯片27962只，管理率99.75%。落实资金6.22亿元，全市建设农村饮水安全巩固提升工程1562处，解决47255户281452人的饮水问题。按照“犬犬投药、月月驱虫”要求，累计分别完成家畜和犬只驱虫133万头（只）、35万只。传染病、地方病等防控工作。全市共报告法定传染病16种4651例，报告发病率596.28/10万，无甲类传染病报告。市、县医疗机构设立犬伤接种门诊，24小时承担犬伤处理和狂犬疫苗接种工作。确认新发艾滋病感染42例，完成监管场所被羁押人员HIV快速检测194名。确诊麻风病人8例，开展现症病人随访84次，为患者发放轮椅5个，拐杖50把，防护眼镜120副，防护鞋90双，换药包200个。确诊结核病人1341例，所有结核病人均服用固定剂量副合剂（FDC）统一规范化管理，对11县区发放抗结核免费药品154件。全市严重精神障碍网络管理在管患者1115名，管理率97.72%，规范管理率58.63%，服药率33.3%。对7个县10个鼠疫疫源地进行监测工作。开展8~10岁儿童甲状腺容积调查及碘营养监测工作，采集尿样2200份，发现儿童甲状腺肿大41例，甲肿率为0.2%。完成类乌齐、江达、贡觉、边坝、洛隆县第5次大骨节病防治普查工作，完成丁青、八宿、洛隆、边坝、左贡、芒康县大骨节药物发放工作，建立大骨节病电子档案8024份。完成地方性氟中毒筛查21156人，检出氟骨症125例，临床检出率0.5%。慢性病防治工作。开展11县区高血压、Ⅱ型糖尿病常规管理。完成边坝县、八宿县心血管病随访工作。完成昌都市儿童口腔疾病筛查学生1425名，免费对401名学生1554颗牙齿进行窝沟封闭。完成肿瘤病人登记和随访73例。完成昌都市实验小学、昌都市一小、昌都市初级中学、卡若区初级中学、昌都市一高、昌都市二高、昌都市职业技术学院7所学校学生近视等常见病监测3866人，健康影响因素监测2586人。推进卡若区慢病示范区建设工作。

【医政医改】 市藏医院完成三级甲等民族医医院创建。卡若区、察雅县人民医院完成二级乙等综合医院创建。制定《昌都市公立医院薪酬制度改革试点绩效考核实施办法（试行）》，推进公立医院薪酬制度改革。完成全科医师转岗培训14人，开展助理全科医生培训9人，骨干专科医生培训7人，住院医师规范化培训11人。完成2020年医师资格考试工作，96名达到国家线。选派12名医师下沉开展万名医师支援农村卫生工程。完成先心病患儿手术救治29例，完成白内障复明手术1170例，完成唇腭裂患者及手足多指患者手术救治160例。

【藏医药】 昌都市藏医药学会成立。完成察雅县级藏医医院建设，基本完成乡镇卫生院藏医馆建设。推进洛隆、贡觉名老藏医传承工作室建设和市藏医院、丁青县藏医院重点专科建设，提升藏医医疗体系服务能力建设。推进江达县、八宿县藏医院卡擦室建设和卡若区藏药材种植基地建设。确有专长人员医师资格申报考核28人。开展2019年度藏医住院医师规范化培训和2019年藏医骨干人才培训，与昌都市职业技术学校联合举办开展2019年度村医藏医及藏中西结合培训，提升藏医药从业人员素质。开展帝玛·丹增平措医学集汇编、昌都市藏医药工作相关文件汇编等工作。协调丁青县藏医院工作人员赴那曲市索县开展创建二级甲等民族医院经验学习交流。组织完成八宿县、察雅县、卡若区中（藏）药资源普查工作，加强藏医药资源利用与保护力度。首届全市藏医药资源调查工作正式启动，涉及11个县区138个乡镇。

【基础设施】 全市卫生基本建设项目涉及3大项27个子项，计划总投资37473.00万元，全年完成投资30925.00万元，完成投资率82.5%。完成市人民医院改扩建，完成昌都市妇幼保健院项建设并投入使用，完成昌都市疾病预防控制中心建设，昌都市直卫生系统干部职工周转房项目稳步推进。完成察雅县藏医院建设，完成丁青、左贡县疾病预防控制中心建设，8个县人民医院改扩建工程基本完工。完成98个乡镇卫生院标准化建设和691个村卫生室提质改造。完成全民健康信息化（试点）项目建设。

【健康扶贫】 自健康扶贫工作开展以来，以确保贫困人口“看得起病、看得上病、看的好病”为目标，以提高保障水平、提高服务能力、提高健康水平为重点，围绕健康扶贫工作重点任务，坚持精准识别、精准救治、精准施策，有效防止贫困群众因病致贫因病返贫问题。加强县乡村医疗卫生机构建设，配备合格医务人员，消除乡村两级机构人员“空白点”，建档立卡户全部纳入基本医疗保险、大病保险、民政医疗救助等制度保障范围，确保贫困群众看病有地方、有医生、有制度保障，健康扶贫工作取得显著成效，对全市筛查出的1.75万名患者进行分类救治和慢病管理，所有因病致贫患者实现基本医疗保险全覆盖，患病人员按照“三个一批”救治行动计划全部得到相应救治，因病致贫返贫2589户9929人，退出2585户9919人。截至年底，全市核实核准因病致贫人员100%，按照“三个一批”行动计划开展分类救治，全国健康扶贫动态管理系统贫困患者中大病1614人，救治管理进度100%；慢病7205人，救治管理进度100%；重病107人，救治进度100%。实现11个县区医院每个专业科室至少有1名合格的执业医师或助理医师，每个乡镇卫生院有1名合格的执业（助理）医师或全科医生，每个村卫生室有1~2名合格的乡村医生。

【基层卫生】 完成城乡居民体检人数522918人，完成率70.10%。完成僧尼体检人数8257人，完成率67.71%。完成124.436万的基层医疗卫生机构卫生人员培训605人。制定《昌都市开展基层巡回诊疗活动实施方案》，组建巡回诊疗团队23个，巡诊315次211941人，开展健康教育宣传385次。组建家庭医生签约团队数为667个，常住人口签约数为251381人，签约率31.8%，其中重点人群签约率72.8%。

【卫生监督】 完成消毒产品经营单位检查132家。完成住宿场所监督检查45户次，下达卫生监督意见书23份。完成开展打击非法行医检查医疗卫生机构122家、药店15家、美容院20家，下达监督意见书20余份，排查线索3条。完成医疗废物监督检查医疗卫生机构262家。开展预防接种监督检查医疗卫生机构167家。完成托幼机构采光照明抽检60个。完成相关单位监督检查71家。完成全市“双随机”总任务254项中的238项，任务关闭16项，监督完成率100%。完成全市放射诊疗许可证审核发放工作。完成传染病防治分类监督综合评价机构24家。完成学校卫生监督综合评价146家。完成市辖和卡若区公共场所量化分级管理227家，覆盖率达到100%，完成中、大型场所量化分级管理497家，覆盖率达到85%。全市所有乡镇卫生院均配备2名卫生监督协管员，农村集中式供水安全巡查乡镇覆盖率达到100%。制定《2019年昌都市食品安全风险监测实施方案》，将食品安全风险监测采集的样品覆盖11个县区。继续将食源性疾病监测哨点医院覆盖至县级以上医疗机构，哨点医院上报食源性疾病病例219例。卫生日常监督执法覆盖率达到100%。受理办结各类卫生许可证310份。累计开展学校儿童青少年近视防控科普宣传25场次，张贴海报横幅60余张，发放宣传资料8000余份，受益人数2万余人。累计发放食品安全宣传资料43000多份，免费测量血压5000余人次，测血糖100余人次，接受群众健康咨询1万余人次，发放药具7000余盒，发放控油壶600多个，围裙500余条，香皂100个，牙刷200个，受益人群7万多人。

【人才强卫工程】 全面落实卫生人才引进和培养各项政策。完成引进内地高校医学专业毕业生30名，完成基层充实卫生专业技术人员13名，完成引进专招生25名。完成2019年度卫生系列专业技术人员职称评审工作，确认初级专业技术资格186人，聘任57人，确认中级专业技术资格37人，聘任20人。组织677名卫生专业技术人员完成2019年度全国卫生专业技术资格考试工作。

【干部保健工作】 省地级干部、在昌安置离退休干部以及市委、市政府指定的保健对象共巡诊139次1370人次，保健对象就诊、体检、取药、医疗咨询等临时性保健服务52次，使用各类常见药品23种1015盒。通过信息平台为全市省市级干部、县处级干部发送保健知识短信12697条。执行重要活动、重要工作组等医疗保健任务54次，选派医疗保健人员113人次，临时保健任务23次，选派医疗保健99人次，共计使用40升氧气77瓶、10升氧气865瓶、4升氧气123瓶、2升氧气131瓶，使用红景天、速效救心丸、丹参滴丸1280盒。开通离退休老干部优先通道，组织医务人员定期对十八军离退休老干部开展上门医疗服务。组织重庆市组团式医疗援藏队、市藏医院专家开展医疗保健知识讲座，免费发放各类西药、藏药价值10000元。

【爱国卫生运动】 国家卫生城市创建工作稳步扎实推进，完成国家暗访。实施健康教育和健康促进宣传工作，开展宣传活动20次，健康教育讲座17次，制作发放宣传手册23.38万张、海报4950张、“健康教育栏目”光碟88张、健康素养书籍950本、健康工具（控油壶、限盐勺、围腰）1400套。与昌都电视台合作录制播放“健康教育”栏目30期，播放公益广告10期。利用茶马广场、解放广场、清水广场大屏幕等平台，每5分钟播放急救常识视频和“健康素养66条”，设置每季度一换的健康教育宣传栏。市区公交车每7分钟播放健康教育视频。制作建城区各小区健康教育宣传电梯广告30个。完成健康步道建设3条和健康街建设1条。完成建城区居民健康素养监测工作。健康教育与健康促进工作网络覆盖建城区61家单位。开展禁烟、控烟宣传，继续加强在公共场所设置禁止吸烟的警语和标识，全市控烟工作得到有效推进。以“共推‘厕所革命’共促卫生健康”为主题，印发“厕所革命”宣传海报共200张，市、区财政投入资金800万元，维修改造提升城区公厕49座，引导群众养成健康文明的生活习惯。开展春、秋两季病媒生物消杀工作，累计发放鼠药（鼠道难、世双鼠靶）766公斤，使用及发放粘鼠板3400张，粘蝇纸小五类行业3260张，安放毒饵站（警示牌）1073套。

【受援工作】 落实压茬交接要求，协调新一批21名医疗组团式援藏队员提前1个月进藏，实行清单式交接，确保工作不断档，重庆市派出援藏专家112人次赴昌开展学术讲座100余场，培训本地医务人员4000余人次，开展教学查房232次，指导手术158台，援赠呼吸机、监护仪等医疗设施设备86台件。12家三级医院（含昌都市藏医院）58名专家赴11个县区人民医院和贡觉县藏医院开展帮扶工作，帮助受援医院健全制度310项，开展新项目新技术46项，结对帮带本地医务人员114人，专题讲座120次，开展教学查房520次，完成门急诊4531人次，参与或指导手术265台（含麻醉），会诊157次。

【红十字工作】 主动作为，抓住机遇，率先在全区理顺昌都市市级红十字会管理体制。开展弘扬主旋律，传播正能量宣传活动，发放宣传单500份，各类宣传资料2000余份。开展“红十字博爱送万家”活动，为全市143户贫困家庭送去棉被、棉衣、毛毯、大米、糖果等物质，让贫困家庭深切感受到党和政府的温暖。参与脱贫攻坚，贡献红十字力量，通过自治区红十字会协调广东正翔科技照明科技有限公司，捐赠价值860万元太阳能路灯5710盏，改善全市1142个行政村（居）的照明。通过重庆市第九批援藏工作队协调北京斯利安药业，捐赠叶酸片价值100.98万元，关爱妇女儿童，预防出生缺陷。

【领导名录】
党组书记、副主任：王金虎
党组副书记、主任：邵　晶（3月任）
党组副书记、副主任：徐正平（8月任，援藏）
党组副书记、副主任：马福坤（8月任，援藏）
党组副书记、副主任：邓志根（8月任，援藏）
党组成员、副主任：陈育东
党组成员、副主任：拉巴泽仁（5月任）
党组成员、副主任：唐　洪（5月任）

昌都市人民医院

【概况】 昌都市人民医院是新中国在西藏建立的第一所综合性西医院，始建于1952年，前身为中央人民政府卫生部昌都民族卫生工作大队。创建之初，开设有西医、中医和藏医，后来，藏医科从医院分出，独立成院，即成为现今的昌都市藏医院。昌都市人民医院历经近70年的传承与发展，成为医疗环境优美、现代医疗高新设备齐全、医疗技术水平取得全面提升与进步的藏东地区唯一国家“三级甲等”综合医院。

医院位于“藏东明珠”昌都市主城区马草坝片区，占地面积5.73公顷，建筑面积近10万平方米；规划床位640张。医院的环境优美，不但有规划设计一流、与交通要道平行连接为一体的院前绿化广场，还有通风、采光、流程均十分人性化、现代化、雄伟、壮观的门诊与住院大楼。医院集医疗、教学、科研、急救、保健为一体。医院设有临床科室11个，医技科室10个；现有员工727人。医务人员中，拥有正高职称2人，副高职称42人，中级职称81人，享受国务院政府特殊津贴1人。医院装备有西藏自治区最为先进的3.0T磁共振、DSA心血管介入操作系统、雅培全自动生化流水线成套设备，装配有64排螺旋CT、高压氧舱、超高清腹腔镜、全套电子内镜、彩色多普勒、呼吸机、血液透析机等大型、精准、先进的诊断与治疗设备。

【业务情况】 门急诊服务量。2019年全年完成门急诊量120977人次，比2018年同期的107436人次增加13541人次（增长率12.6%）。住院病人量。实际开放床位337张。2019年，全年收治住院病人13357人次，比2018年同期的10776人次增加2581人次（增长率23.95%）；药剂科。发放审核西药房处方424024张、中医科发放审核中药处方12453张。

【新技术和新项目】 2019年通过医院伦理委员会确定开展新技术、新项目67项，在全体医护人员不懈努力下成功实施开展共计657例，未报告有不良并发症。

【人才管理】 人才培养。2019年外出参会人员190人次，外出进修人员64人。医院员工继续教育。2019年院级讲课29次，共计4286人次，完成4286学分；市级学术会5次，共计985人次。其中，院内培训13次，共计2217人次；院外专家培训16次，共计2069人次；组团式援藏专家培训3次424人次。科研项目。2019年度，自然科学基金组团式医疗援藏项目申报共计7项，获批7项。

【医疗管理】 建立完善医疗质量考核体系。根据医院实际情况，拟定《医疗质量与安全考核方案（2019年版）》《考核标准》，明确各相关部门质量控制职责，细化内科、外科、重症医学科、麻醉科、急诊科、检验科、放射科、病理科以及输血科质量与安全考核细则。重新规定每个月考核时间流程。加强医疗技术管理，提升医疗技术水平。加强手术分级管理制度，对临床医师的手术操作实现分级管理，并且加强手术室、科室主任审批、三方核查等关键环节，控制手术分级的严格执行。严格执行《医疗技术临床应用管理办法》，梳理各类医疗技术，重新下发全院医疗技术管理目录。加强新技术新项目的管理，继续对2019年至今准入的新技术新项目进行追踪评价。开展临床路径和单病种管理。医院临床路径管理工作覆盖全院9个科室、19个病种，完善临床路径相关文件。筹划开展单病种质量管理工作，通过分析诊疗病例数据，派专人负责科室单病种质量控制工作，医院对相关临床科室主任及单病种质量管理员进行重点培训。加强“三基三严”培训管理。医院下发《2019年“三基三严”暨执业医师资格考试培训计划及实施方案》，成立“三基三严”培训组织领导小组，采取一般训练与重点培养相结合，对全院临床医务人员进行多种形式、多方面的全面培训。重点加强35岁以下医师与医技人员和所有未取得执业资格的临床、医技人员的培训。组织各类三基讲座7次，组织无证人员执业医师资格考试考前阶段性复习检测7次。

【绿色通道】 加大基础设施投入。4月，急诊门诊大楼投入使用，房间设置更加规范，功能布局得到进一步优化，急诊标识得到完善，抢救设备更完备，使急诊急救工作开展更加有保障。严格执行急诊管理规定。落实急诊24小时预检分诊和急性创伤、急性心肌梗死、急性心力衰竭、急性脑卒中、急性颅脑损伤、急性呼吸衰竭、高危孕产妇7个重点病种急诊服务流程和规范，确保急诊救治及时、准确。加强急诊重危环节管理。落实首诊负责制，严格急诊会诊管理。5月，优化先付费后诊治流程，完全落实急诊检查优先，做到先救治、后付费，确保急危重病人的安全。

【护理服务】 依照护理质量管理方案，抓住管理要素。落实二级质控管理、每月进行院级质控及院内质控检查、每月召开护士长例会及时反馈存在问题及整改建议。每季召开护理质量与安全管理委员会汇总分析每季护理质量检查结果、每季护理不良事件统计、每季压力性损伤统计、每季患者满意度调查等，通过查问题、抓整改、有分析、见成效，切实提高护理质量与安全保障优质护理的落实。落实人才培养计划，提高护理人员整体素质。合计外出进修学习23人次；其中专科护士培训20人次；参加学术会议16人次；完成院级护理安全质量培训4次、480人次。各护理单元按计划每月进行分层次培训、专科培训及应急预案的学习。进行全院护士理论与操作考核，提升护士综合水平，提供优质、全面的护理服务。护理质量指标完成情况。①非难免压力性损伤的发生率≤0.2%，②跌倒+坠床的发生率≤0.1%，③非计划性拔管的发生率≤10%，④急救物品、药品的完好率100%，⑤护理文书的合格率≥95%，⑥培训考核的合格率≥90%，⑦健康宣教覆盖率100%

【感染管理】 全院感控。召开医院感染管理委员会第一次会议及多重耐药菌管理联席会议，梳理感控工作中存在的不足，持续改进；组织院级培训2次，考核1次；完成2019年度现患率调查，掌握全院医院感染、抗菌药物使用情况；在新生儿室进行医院感染暴发演练，提高医院应对突发事件的应急能力，全年未发生医院感染事件。多重耐药菌目标性监测。共检出多重耐药菌感染41例。通过加强督导，强化各科室病原学监测意识，提高送检率；及时记录微生物实验室阳性结果，及早发现多重耐药菌的流行趋势，进行全院病原菌的耐药分析，为临床合理用药提供依据。

【诊疗设备】 2019年购置的64排螺旋CT及MRI于8月份开始投入使用，在重庆市卫计委的关怀下、组团式医疗援藏队的帮助下通过重庆医科大学附属第一医院代采购的28台/件医疗设备相继到位，并逐步投入使用。在此基础上，医院再次投入1400余万元资金，购置医疗设备20余台件，包括高档彩色多普勒超声诊断仪、全自动细菌鉴定药敏分析系统、全自动染色机等，使医院诊疗水平得到极大提升。加强医疗仪器设备、医用卫生材料各方面的管理、采购工作，提高医疗质量安全管理工作。强化医疗设备各项技术的使用学习，开展各项技术与卫生材料的检查工作，进一步提升诊疗水平，保障患者的使用安全。

【改扩建项目】 2016年9月30日，医院改扩建工程（门诊医技楼、内科住院大楼）正式开工，2019年7月改扩建项目门诊医技楼投入使用，内科住院大楼完工，院前的应急广场建成。

【公益活动】 5月31日至6月4日组织开展手足伤残公益活动，救治伤列患儿30名。6月底开展“爱满昌都，微笑未来”2019昌都微笑明天唇腭裂公益活动，筛查唇腭裂及多指畸形患者115名，其中符合手术条件患者56名，共进行唇腭裂修补手术49台，多指畸形修复手术7台。按照《万民医师支援农村卫生工程》及《昌都市人民医院志愿服务活动》

要求，充分利用现有卫生资源，提高基层医疗卫生单位服务能力及技术水平。医院对八宿、边坝、左贡三家对口支持医院按照支援协议履行。万名医师支援队员2019年共开展诊疗2300余人次、白内障手术90余台次、学术讲座15次、业务培训28次、教学查房12次、参加下乡义诊6次。派驻的9位医护人员坚持日常诊疗工作，参加受援医院组织的农村巡回医疗、义诊等活动及帮助基层培养人才；借鉴医院的管理经验，提出的合理化建议；积极推广和开展新技术，支援期间，受援医院门诊量比同期增长11%，住院量增长5%；患者对医疗服务满意度上涨10%，基本满意上涨5%。按照《西藏自治区城市三级医院对口支援帮扶高海拔边远贫困地区乡镇卫生院工作方案》，医院定点帮扶八宿县郭庆乡与类乌齐县类乌齐镇两所卫生院。医院领导高度重视，实地考察，与当地卫生院及主管部门进行沟通，拟定帮扶计划，共派驻12名医务人员到基层开展援助工作。

【创建平安医院】 规范区级“平安医院”的工作，建立健全共同参与“平安医院”工作长效机制，开展创建“无烟科室”和“文明科室”的活动；定期对医院后勤服务保障工作存在的问题，以不同形式对医务人员和患者进行满意度调查，并弘扬全心全意为人民服务和救死扶伤的人道主义精神，提高全院职工的服务理念，医院的平安建设工作取得一定成效。

【脱贫攻坚】 开展结对帮扶活动对孜托镇格亚村、古曲村、加日扎村、然昌村、夏果村、中松村、孜托居委会（7个村377户），新荣乡（通那村、板凳村2个村73户），马利镇布许村（1个村26户）、达龙乡达龙村、布达村，贫困帮扶户送去医院361名干部结对帮扶资金共333200元。医院与驻村工作队签订《2019年度干部驻村工作目标责任书》，党委班子先后7次前往洛隆县3个乡镇10个村523户开展慰问、扶贫调研、医疗巡回活动，送去16300的慰问金；为提高布达村村委会办公条件，医院为布达村村委会配送价值4780元电脑一台；医院党委为布达村、达龙村提供4个保洁、安保岗位，为达龙村一名大学生解决就业、在院上班；医院为达龙村一位女性患有左侧乳腺癌，减免5633元治疗费；看望医院驻达龙村、布达村驻村工作队送去8800元的慰问金。

【先进名录】 青年医务者泽塔多吉获“全区五一劳动奖”。

【领导名录】

党委书记：仲　春
党委副书记：陈育东（12月任）
院　长：蒋迎九（9月任，援藏）
副院长：罗东林
副院长：宋　伟
副院长：刘光秀
副院长：永　青（4月任）

昌都市藏医院

【概况】 昌都市藏医院是承担医疗、预防、保健、教学、科研以及藏药生产等职能的公立医院。2019年12月被评定为“三级甲等藏医医院”。内设19个科室，人员编制134名。设有3个党支部以及工会、团支部、妇委会等党群团组织。全院干部职工359人，其中：正式干部职工136人（含组织专招分配4人），第九批援藏干部人才20人，西部计划志愿者4人，聘用职工199人。截至年底，编制住院床位300张，实际开放床位302张。

【业务情况】 全年门急诊70258人次，住院5986人次。总收入10708.21万元，其中：医疗收入7241.18万元。昌都藏药厂营业收入3121.64万元。

【“三甲”创建】 通过对照评审标准反复整改落实，6月4日至5日，自治区藏医药管理局组织专家对创建情况进行督导和预评审。10月15日至17日由自治区卫健委副主任胡学军带队组成督导组，抽选北京、青海、四川、甘肃和区内17名管理和藏医药专家进行现场评审。经评审专家组报自治区卫健委党组研究并公示，国家中医药管理局审核备案，12月11日自治区卫生健康委员会下达《关于昌都市藏医医院为三级甲等藏医医院的批复》。

【藏医药】 传承和发扬藏医切脉、验尿、药浴、脉泻、涂擦、按摩、油敷、放血、艾灸等独特的诊断和治疗方法，藏医特色治疗项目15个大项（110个小项），藏医优势病种诊疗方案30个，藏医临床路径27个。藏西医并重，在藏医药治疗的基础上，积极运用西医技术，提高疑难危重病人救治水平，心脑血管科建立重症监护室，在援藏专家帮助下开展颅脑引流手术等项目。巩固提升藏医肝病科、内分泌科、心脑血管科、外治科等特色专科建设成果，加强治未病科建设。国家级名老藏医传承工作室1个，自治区名藏医传承工作室1个，确定为全国藏医药骨干人才培训项目培养对象4名。

【综合服务】 加强手术、麻醉、消毒供应室建设，2019年开展各类手术152例，特别是成功进行1例腹腔巨大肿瘤切除术。开展心肺复苏等急救技能训练，不断加强急诊急救能力建设。与金域医学建立区域医学检验与病理诊断专科联盟，共同提升病理诊断及医学检验水平。推进信息化建设，开通“健康西藏”手机平台预约挂号、“114”电话预约挂号、诊间移动支付功能，完成“全民健康信息平台”接口开发、医保系统升级，不断完善电子病历系统。

【受援工作】 做好第八、九批援藏干部人才轮换工作。7月，第九批援藏干部人才20名到院，带教医护人员，开展新技术、新项目。9月2日，由天津医科大学肿瘤医院郝继辉副院长带队一行6名专家，前来开展慰问、诊疗和调研工作，捐赠医疗设备价值25万元。

【帮扶和公益活动】 加强对贡觉县藏医院的业务支持，选派3名医护人员到丁青县木塔乡卫生院开展业务工作，选派1名专技人员到卡若区人民医院开展万名医师下基层服务工作。积极参与全市卫生健康工作，完成第一、第二儿童福利院儿童先心病筛查250例。8月29日至9月4日与天津医科大学眼科医院联合开展“眼科专家西藏光明行项目”，筛查患者803名，实施手术198名。10月21日至11月1日，协同援助西藏发展基金会“东方财富慈善光明行”开展白内障复明手术活动，筛查患者近300人，实施手术患者65人。

【藏药产业】 做好西藏昌都藏药厂“仙露”商标认定中国驰名商标审批工作，开展14种仿制药品标准转正和医院制剂网上注册申报与备案工作。9月，藏药厂与河南郑州一代宗师素朴中医医院签订合作协议，共同开拓世界非遗药浴（五味甘露药浴汤散）全国其他省份健康养生市场，探索藏医药在全国其他省份市场医药协同发展模式。

【领导名录】

党委书记：洛松益西

党委副书记、院长：

董伯岩（天津，7月调回）

党委副书记、院长：

张晓亮（天津，7月任）

党委委员、副院长、办公室主任：仁青江村

党委委员、副院长、医务科科长：纲　组

党委委员、副院长、感控办主任：

殷成宇（4月任）

社会保障

昌都市民政局

【概况】 2019年以来，昌都民政工作坚持以习近平新时代中国特色社会主义思想为指导，深入学习贯彻习近平总书记对民政工作的批示精神，全面落实第十四次全国民政会议精神和区、市民政工作会议精神，紧扣全市经济、农村暨脱贫攻坚工作会议和《政府工作报告》确定的目标任务，秉持“民政为民、民政爱民”工作理念，以开展“不忘初心、牢记使命”主题教育活动为抓手，以坚实的决心、务实的作风、有力的措施，扎实稳健推进各项工作任务。

【脱贫攻坚】 特殊群体基本生活得到有效保障。以“蹲点式”的工作方式为抓手，探索建立市民政局监管，县乡村三级联动、立体救助、协调一致的政策落实长效机制。以农村低保专项治理为抓手，把精准识别、精准认定、精准施策作为主要措施，实现扶贫开发政策与农村低保制度的有效衔接，确保全市脱贫攻坚社会保障兜底工作兜得准、兜得住、兜得实，发挥民政在社会兜底保障中的主体作用，特殊群体基本生活得到有效保障。全市共落实民政各项资金39700万余元，惠及困难群众9.5万人次。其中：落实农村最低生活保障资金26199.67万元，受益群众20021户77600人；落实城镇最低生活保障资金4291.4万元，受益群众3058户5408人；落实特困人员供养资金（含机构运行经费、2018年下半年分散供养提标资金）6178.74万元，惠及4324人；落实孤儿基本生活保障资金2044.8万元，惠及1765人；落实临时救助资金957.95万元，救助5374人次；落实城市生活无着落流浪乞讨人员救助资金27.8007万元，救助529人次。领导班子分3次带队赴江达县波罗乡驻村点、定点扶贫点开展结对帮扶和定点扶贫工作，通过调研走访方式了解民情、宣传政策，并为55户贫困群众发放高压锅20个、被子20床、慰问金1万多元，力所能及帮助解决实际困难。协助自治区民政厅关工办工作组为120户单亲母亲家庭发放慰问金12万元。

提高资金标准，特殊群体生活水平稳步提升。严格执行全区民政资金自然增长机制，有序完成2019年城乡最低生活保障资金、特困人员供养资金提标任务。自2019年1月1日起，昌都城镇最低生活保障标准从每人每月750元提高至800元每人每月，较上年增长6.7%。农村最低生活保障标准从每人每年3840元提高至4450元每人每年，较去年增长15.9%；特困人员集中供养标准从每人每年11700元提高至12480元每人每年，较上年增长6.7%；分散供养标准从每人每年5760元提高至7743元每人每年，较去年增长34.4%。

【社会福利事业发展】 以完善特困人员集中供养机构和孤儿集中收养机构功能服务，加大资金投入力度为重点，打造出“居家式”养老、“生态阳光走廊”、“藏药蒸汽浴”等具有一定亮点特色的服务品牌，转变老年人卫生观念，体现精细化的人文关怀。投入供（收）养机构运行经费1874.95万元，保障机构高效运行。福彩公益事业稳步发展，全年福彩销售额达7781.1万元。以村（居）为依托，开展农村留守儿童“合力监护相伴成长”专项活动，帮助全市1136名留守、5827名困境儿童缓解生活困难、疏导心理情绪、改善家庭关系，巩固社会治理成果。推进殡葬事业，火化尸体72具，其中8具进行政策减免费用。推进福彩公益助学工程，为262名符合条件的孤儿资助助学金1万元每人每学年。宣传《中华人民共和国收养法》，促进社会个人收养孤儿等，让被收养儿童过上健康温馨的家庭生活，办理收养登记证书8件。

【社会事务管理】 通过明确目标、制定方案、建立机制、完善功能、强化责任等举措，提升全市地名清理整顿、民政领域扫黑除恶打非治乱、区划调整、平安边界创建等工作的能力和水平。全市路牌、街牌、门牌设置更新正在有序实施；村（居）和社会组织扫黑除恶打非治乱排查工作扎实推进，未发现村（居）两委干部存在“红皮白心”问题；268个易地搬迁点设立村（居）组织工作提前调研、谋划；完成参加第八届“四省区三州三市”平安边界创建工作会议前期准备工作；完成滇藏省级行政区域界线第四轮联检和2019年县级行政区域界线联检。全市共办理结婚登记7981对，离婚证533对。依据《社会团体登记管理条例》《民办非企业单位登记管理暂行条例》等政策法规，登记成立1家社会组织。全市共有9家社会组织。

【民政项目建设】 加大对重点项目的督查督办，做到回头查看，促进度。倒排工期，定时限。深入现场，摸实情。在进度上找差距，在质量上找不足，在操作上找问题，确保项目建设提质提效。续建和新建27个民政重点项目，总投资17352.14万元，除八宿县同卡镇天葬台项目2020年实施以外，昌都市第二儿童福利院游乐园、卡若区日间照料中心、洛隆县达吉寺天葬台、左贡县县级救灾物资储备库、芒康县纳西乡救灾物资储备库、左贡县美玉乡救灾物资储备库等6个项目竣工。

【分析对策】 社会福利事业发展不均衡。特困人员集中供养率偏低。供养服务机构内部配套设施不完善，管理水平和服务能力有待提高。留守儿童，困境儿童关爱救助措施单一，缺乏政策支撑。农村低保对象经济收入核对措施有限。各县区核算农村低保家庭收入方法相对落后，主要依靠乡镇提供数据，没有建立与公安、金融、人力资源和社会保障等部门的信息核对系统，给核算工作的客观精准带来一定难度，存在“错保”现象，在一定程度上损害社会公平正义。民政专项社会事务水平有待提高。脱贫攻坚工作中，涉及群众易地搬迁需要调整政行政区划，特别是整村搬迁的需要撤销或新增的行政村、乡镇建制等工作思路不清晰。城乡社区公共服务能力水平不高，范围有限，管理职能没有厘清，管理人员不稳定。乡镇民政助理员调整过于频繁。全市各乡镇民政助理员管理权限均在各乡镇，县区民政部门无权管理，导致工作人员流动性大、稳定性低，业务能力跟不上，工作脱节。

昌都市人力资源和社会保障局

【概况】 昌都市人力资源和社会保障局是昌都市人民政府工作部门，为正县级单位。2019年机构改革，市人力资源和社会保障局内设正科级机构9个，正科级事业单位9个，核定编制共84名，其中行政编制23名，事业编制61名。干部职工74人（含2名援藏干部），其中县处级干部7名（含2名援藏干部）。少数民族干部38人，占干部职工总数的51.35%；妇女干部27人，占干部职工总数的36.49%；党员50人，占干部职工总数的67.57%。

【就业工作】 全市累计开发就业岗位8319个，城镇新增就业5153人，城镇零就业家庭持续动态清零，城镇登记失业率控制在2.05%以内，城镇调查失业率控制在5.5%以内；应届高校毕业生就业率达到99.09%，市场化就业率达76.19%；开展农牧民职业技能培训13172人次，培训后就业率达到67.83%；基本建设项目吸纳本地农牧民工统计量达到42%；累计实现农牧区富余劳动力转移就业12.64万人、20.72万人次，收入达8.32亿元。

【社会保险】 以机构改革为契机，理清社保基金征缴权责，做好机关事业单位养老保险清算工作，实施全民参保计划，有序推进社会保险降费率工作，强化基金安全监管，加快社会保障卡发放，着力健全社会保障体系。全市养老、失业、工伤保险参保达到47.68万人次，完成社保卡信息采集70.78万人，制卡成功并发放56.21万张。

【人才人事改革】 职称制度改革稳慎推进，艰苦边远和基层一线专业技术人员职称评审条件进一步放宽，事业单位岗位设置工作扎实推进，公立医院薪酬制度改革试点工作取得重要阶段性成效。坚持引进紧缺人才和用好现有人才并重，人才总量不断增加，结构更趋合理。全市专业技术人员15138人，其中中级职称以上占27.7%，享受国务院特殊津贴专家10人，西藏自治区学术技术带头人4名。选拔8名少数民族专业技术人员作为“西藏特培”人选。申报实施3个继续教育培训项目，涉及教育、医疗、农牧专业技术人员202人。

【农民工合法权益】 健全市、县两级根治拖欠农民工工资工作领导小组，定期召开会议、分析研判形势，明确目标任务，压实工作责任，形成上下合力推动、左右紧密配合的综合治理格局。全面夯实农民工工资支付保障基础，收缴农民工工资保证金2.99亿元，设立应急周转金4700万元，推进实名制管理、工资专用账户、工资银行代发等工资支付保障制度。强化与公安、住建、法院等部门的协调配合，建立完善联动处理机制。畅通投诉举报渠道，加大劳动监察执法巡查工作力度，全力清理化解欠薪案件，受理投诉举报案件结案率达到100%。

【脱贫攻坚】 先后组织2批次干部深入到结对帮扶点开展入户走访、宣讲政策、查找贫困、因户施策等工作，送去帮扶资金5.4万元，落实价值20万元的蔬菜大棚项目，帮助驻村点解决办公经费55210元。积极做好就业困难人员就业帮扶工作，定期与扶贫办、民政、农牧等部门比对数据，全面梳理建档立卡户低收入人员、低保对象、特困人员等困难群体数据，精准定位帮扶对象，确保贫困人口应保尽保。全市贫困人口转移就业37724人，实现劳务收入1.89亿元，贫困家庭高校毕业生实现100%就业，59248名低保、重度残疾等特殊困难人员享受政府代缴城乡居民养老保险。

【自身建设】 扎实推动行风建设，组织开展人社系统窗口单位业务技能练兵比武活动；推进“互联网+人社”建设，发布人社政务服务事项159项，清单内事项网上可办率达到100%。

【先进名录】 荣获全国人力资源社会保障系统2017—2019年度优质服务窗口，全国清理整顿人力资源市场秩序专项行动突出成绩单位，全区2019年度治欠保支工作先进集体等奖项。

【领导名录】
局党组书记：白玛江措
局党组副书记、局长：袁兴成
局党组副书记、副局长：阙俊忠（7月任）
杨海林（7月任）
局党组成员、副局长：孟宪涛（7月免）
杨海生（3月免）
王学琼（12月任）
德　西（3月任）
宋　斌（12月任）

昌都市退役军人事务局

【概况】 昌都市退役军人事务局于2019年3月20日正式挂牌成立，紧紧围绕“让军人成为全社会尊崇的职业”这一目标，凝心聚力、攻坚克难，忠实践行初心使命，翻开新时代昌都市退役军人工作崭新篇章。

【退役军人工作】 2019年，接收军转干部，并集中组织开展地方适应性培训。妥善安置上岗2018年符合政府安排工作退役士兵、2019年符合政府安排工作退役士兵。按标准及时兑现落实优抚对象伤残抚恤金235.2万多元，更换军残证6本。全市全年共计46个慰问团队走访慰问驻昌都官兵、烈士遗属、十八军遗属、企业困难退役军人等优抚对象，累计发放慰问资金87.81万多元。全年共发放光荣牌7519块，送立功喜报2次。完成烈士信息录入1161人。“八一”中国人民解放军建军节期间举办首届“红色昌都共创辉煌”军民联欢文艺晚会，评选出“最美退役军人”“最美现役军人”“最美军属”各10名。

【双拥模范城创建】 通过多次对标对表、逐项清理和问题整改，将未完成指标范围逐步缩小、逐步完善，双拥创建整体工作向上向好。创建工作完成74项，未完成指标4项，完成率94.87%。市双拥办先后协调解决军人群体免费乘坐市内公交、机场大巴，部队训练场地和营区道路建设、571户免费安装有线电视问题。全力推动落实现役军人家属就业、子女入学入托等难题。

【拥政爱民】 共免费发放价值100余万元的药品、免费为全市退役军人体检，免费接诊11130人，为乡村共建医院医疗技术支持20余次，免费理发1000余人，免费修理电器400余件，助农收割农作物50余吨，出动上千官兵打扫市区卫生100余次；与市农村农业局协作建立农业科技和家禽养殖示范基地，帮助传授农业技术46项，赠送优良种子1500余公斤；先后60余次慰问驻地孤儿、五保老人等困难群众，助推脱贫攻坚，为贫困户购买犏奶牛11头，发放价值12万多元的生活用品，资助现金36万多元；捐资助学，累计为中小学生捐赠各类文具1000余件、书刊300余册；参加驻地义务植树活动，累计植树2万多株。

【领导名录】
党组书记、副局长：刘大强
党组副书记、副局长：梁晨磊
副局长：高　俊
副局长：王仁明
副局长：刘声科
副局长：姚茂林
副调研员：覃祖印

昌都市医疗保障局

【概况】 2019年3月，昌都市医疗保障局正式组建成立，在市委的统一部署和关怀下，在自治区医疗保障局的亲切指导下，市医保局认真对照《中共昌都市委员会关于印发〈昌都市委常委会2019年工作要点〉的通知》（昌党发〔2019〕4号）文件精神，聚焦市委中心工作，紧密结合医保工作实际，全面理清机构改革后各项工作，开拓进取，砥砺前行，完成市委、市政府的各项工作部署。

【“扫黑除恶”专项行动】 6月4日，召开“扫黑除恶”专项整治工作会议，成立市医疗保障局“扫黑除恶”工作领导小组，组织专项宣传活动，发放宣传单、宣传册，发动全市定点医院和药店播放宣传标语，共同营造平安、和谐、稳定的就医环境。开展行业自查自纠，并引进第三方机构开展“飞行检查”，多渠道打击内外勾结强揽业务、收取回扣等欺诈骗保行为，坚决打击定点医疗机构通过虚假宣传等方式诱导、骗取、组织不符合住院条件参保人员住院，套取骗取医保基金的行为。设立举报专线和举报箱，畅通举报渠道，及时发现，及时处理，及时移送。

【医疗保障】 城镇职工基本医疗保险。1月至10月，全市城镇职工基本医疗保险参保总人数为43729人，较2018年同期增长3%；累计审核城镇职工医保报销2103人次（含门诊特殊病）；基金收入32487万元，统筹支出16594万元（其中统筹待遇支出7144万元，个人账户支出8964万元，公务员补助待遇支出486万元）。城乡居民基本医疗保险。1月至10月，全市城镇居民基本医疗保险参保人数为40716人（含寺庙僧尼11724人），其中包括个人缴费60元的普通参保人员17352人（含寺庙僧尼6740人，居民成年人10612人），较2018年同期降低2.4%；审核城镇居民医保报销2450人次（含门诊特殊病）；基金收入累计72万元（个人缴费部分），待遇支出1916万元；参加新型农村合作医疗保险691058人，基金收入累计38354万元，支出25936.5万元（其中大病统筹支出22491.85万元，家庭门诊支出3444.65万元）。西藏职工生育保险。1月至10月，全市职工生育参保人数为36255人，较2018年同期增长0.9%；审核职工生育医保报销3460人次；基金收入累计2235万元，待遇支出1450万元。通过权责下放，精简报销程序，缩短报销周期。7月，起草并呈请昌都市人民政府印发《昌都市城镇基本医疗保险异地医疗费结算及城镇职工生育保险待遇支付权责下放工作实施方案》。通过实施权责下放，各县区医保报销工作减少两级审核环节，审核权完全下放到各县区医保局，本县报销本县完成，提升医保报销效率。文件执行以来，各级医保经办机构均能严格按照文件要求落实异地就医政策，制定一次性告知制度，告知清单内容翔实、条理清晰，各级医保经办机构无论是异地就医票据手工结算、“两定”机构费用审核结算，均按照业务需求分类实现承诺时限制度，最长不超过30个工作日完全办结。通过实行“一站式、一单制”服务，实现“群众最多跑一次”的总体目标。制定印发《关于印发〈昌都市农牧区群众医保报销“一站式、一单制”服务实施方案〉的通知》（昌医保发〔2019〕16号）。所有群众该享受的待遇全部能够在“一单”上体现，初审人员现场告知群众所需提供的报销资料，群众只需在“一单”上填写姓名等必要个人信息，并将必需的报销资料提供给经办人员，余下的可以在市医保局办理的流程全部由市医保局全程服务，实现群众“最多跑一次”的总体目标。在下一步的工作中，针对保险公司理赔部分的支付问题，将加强同相关保险公司的沟通协调，争取将商业保险部分也纳入“一单”中，两部门业务经办人员实现“同台办公、同步审核、同步支付”，解决群众“多跑路”的问题。扩大参保范围，实现“应保尽保”。制定印发《昌都市城镇个体经济组织从业人员及灵活就业人员参加城镇职工基本医疗保险经办规程》。在昌的外地籍个体经济组织业主及从业人员、灵活就业人员可以享受等同于昌都城镇职工的医疗保障待遇，解决在昌医疗保障服务的后顾之忧，提升昌都城市归属感、激发在昌干事创业的热情。异地就医直接结算工作，方便参保群众就医购药。与24家定点医院、34家定点零售药店签订医疗服务协议，开通就医购药刷卡直接结算系统，并积极与自治区及各地市医疗保障部门协调沟通，城镇职工、城镇居民基本医疗保险参保人员在全区范围内定点医药机构就医购药均实现刷卡直接结算。因信息化建设相对滞后原因，参保群众在区外就医的还需先行垫付，然后回区内统筹地报销。

【医保扶贫】 医疗保障方式和路径。农牧区贫困人口通过“资助参保+农牧区医疗保障+大病保险赔付+（普通医疗救助+重特大疾病医疗救助）+慈善救助+昌都市建档立卡贫困农牧民疾病政策保障”的路径，多渠道、多途径实现重病患者的医疗保障。确保建档立卡贫困农牧民医疗费用自付比例控制在10%。对自付比例超过10%的，可按兜底救助资金使用要求申请救助。严格按照《关于印发〈西藏自治区医疗保障扶贫工作实施方案（2019—2020年）〉的通知》（藏医保〔2019〕97号）的文件精神，增强医疗救助托底保障能力，确保农牧区贫困人口年度住院自付合规医疗费用在规定限额内救助比例不低于70%；按照市脱贫攻坚指挥部文件《关于印发〈昌都市建档立卡贫困户方便就医的实施意见〉的通知》（昌脱贫指〔2016〕104号）的要求，实行贫困人员先诊疗后付费制度。贫困人员在统筹区域内定点医疗机构就诊就医发生的合规医疗费用，仅需支付按规定应由个人承担部分；并对贫困人员符合规定的住院医疗费用提高5%的报销比例，切实提高贫困人员医保待遇，减轻贫困人员就医垫资压力。开通就医购药“绿色通道”。方便建档立卡贫困户就医，在市各级医院实行“先诊疗、后付费”方式，待就医结束后由县级医疗保障部门和接诊医疗机构直接进行结算，方便农牧区参保群众。

【打击欺诈骗保】 根据自治区统一安排部署，下发《关于开展昌都市2019年打击欺诈骗取医疗保险基金专项行动实施方案》，同步开展此项工作。全市参与开展此专项行动部门、单位共计69家，通过昌都电视台播放专题宣传片1次，在茶马广场滚动播放宣传片约1000小时，开展定点集中宣传12次，发放宣传资料7000份，并建立微信公众号定期发布工作动态。配合自治区医保局的统一部署，联合第三方机构在全市范围内开展定点医院、定点药店的专项排查整治，检查定点医院10家、定点药店18家，发现定点医疗（药）机构存在药品串换套刷医保卡、降低住院标准、过度检查、超限制范围用药等9类问题，涉及违规资金90.29万元，确保打击欺诈骗保工作效果。

【业务培训】 针对权责下放、城镇基本医疗保险数据清算和退休人员个人账户上账等工作，结合各县区医保局实际情况，采取跟班学习的形式分批到市医保局进行轮训，参训人员不限人次、随到随学、分类指导、重点辅导、学会即回，确保学员回到工作岗位后能够熟练开展各项业务工作。累计培训基层医保经办人员21人次。

民族·宗教

昌都市民族事务委员会

【概况】 昌都市民委于2019年3月26日正式挂牌成立。自成立以来，结合“不忘初心、牢记使命”主题教育活动，以铸牢中华民族共同体意识为主线，以创建全国民族团结进步示范市为抓手，促进各民族交往交流交融，加快民族地区脱贫奔小康步伐，提高依法治理民族事务能力，以改革精神推动民族工作创新发展。

【创建全国民族团结进步示范市工作】 明确工作任务。更好地推动民族团结进步示范市创建工作各项任务的落实，年初对民族团结创建工作时序进行再梳理，明确各阶段任务目标要求。对工作方案进行再完善，收集整理测评指标进展情况，结合创建时序要求，明确完成时限和责任单位。制订《昌都市创建民族团结进步示范市工作联席会议制度》《昌都市创建民族团结进步示范市办公室督导检查制度》《昌都市创建民族团结进步示范市办公室台账登记制度》《昌都市创建民族团结进步示范市信息报送制度》，编印下发《2019年昌都市创建全国民族团结城市指导手册》，明确工作目标、工作流程；完善《争创全国民族团结进步示范市测评指标体系》，使指标体系更科学、更合理、更具有操作性，为创建工作提供制度保障。加强督导检查，积极推进，创建进度。市民委下发《关于近期对民族团结创建工作进行初验的通知》（昌民创办〔2019〕4号），要求各县区、各部门对本县区、本部门民族团结创建进行自查自验、查漏补缺，挂牌督战、逐个销号，高水平完成每一个规定动作，确保创建工作任务得到落实。5月陆续开展初验工作，6月中旬完成所有市直单位和十一县区的民族团结进步创建初验工作，并对照检查出来的不足，要求被检单位逐项制定整改方案，全面巩固提高，截至10月底，市民委组织工作组先后10余次实地对各县区和九进牵头单位开展督导检查工作，市创建办召开4次民族团结进步示范市创建专题推进会，部署全市创建工作。每月召开1次专题会，分析研究创建工作，安排下步工作。明确目标，抓住关键，扎实而富有成效地开展创建活动。创建全国民族团结进步示范市是一项创新实践，也是一项系统工程，时间紧任务重，要求严标准高，为明确创建标准，突出工作重点，在市七城同创指挥部的指导下，市民团创建办工作人员对国家民委测评指标、工作方案等逐段逐句的分析研究，借鉴国家及相关省市创建工作方案及指标，在征求各县区、各成员单位意见的基础上，制定市各个层面、各个系统的民族团结创建测评指标。档案资料进一步规范完善。在对各县区、各单位的检查指导中把民族团结进步创建档案收集整理作为重要内容，提出明确要求，促进档案工作规范化、系统化。各县区创建办不断规范创建档案资料收集、整理和管理工作，努力做到档案资料能够全面清晰、真实客观地体现创建过程，准确为考核验收工作提供数据、资料。

11个县区累计创建民族团结县级示范乡镇94个、示范村居718个。市中区直各单位民族团结示范单位创建也在有序开展中。全市共对10个市级示范单位和1个示范家庭正式授牌。截至10月底，市创建全国民族团结进步示范市工作指标最新完成情况为：41项指标共完成40项，未完成为1项，完成率为97.56%，全国民族团结进步示范市创建工作顺利接受自治区考核验收，全市民族团结进步事业迈上新台阶。

【规范民族事务】 建立健全机构设置。按照“三定”规定，结合自治区民委职能配备设置，细化明确职能职责，认真开展机构、人员、资产等核算转移，确保机构正常运转。加强项目建设工作，推动少数民族地区经济发展。根据市发改委《关于认真做好“十四五”规划编制工作的通知》精神，回顾总结昌都市“十三五”时期民族工作，本着立足当前、着眼长远、突出重点、提高针对性的原则，启动昌都市民族工作“十四五”规划编制工作，围绕少数民族地区发展、巩固民族大团结等方面，在发展经济、改善民生、促进生产等软硬件项目建设上开展规划，积极与自治区民委衔接，争取使“十四五”期间涉及少数民族的项目更多，更具可行性、针对性、效益性，避免项目的重复性，发挥项目的效益。广泛开展宣传教育。营造民族团结宣传氛围。开展民族团结宣传片和宣传册制作发放等工作，发放张贴各类宣传标语6000份、宣传手册10000册。指导督促各县区、“九进”活动牵头单位抓住“3·28”西藏百万农奴解放纪念日、“五一”国际劳动节、“七一”中国共产党建党日、“八一”中国人民解放军建军节、“九月民族团结宣传月”、“十一”国庆节等重大节庆日，大街小巷、寺庙转经场所、宾馆、商铺、村居、学校、景区等处，利用墙体和电子屏幕播放和张贴“三个离不开”“加强民族团结、建设美丽西藏”等民族团结宣传标语，通过发放宣传资料、组织学习会、座谈会等方式，广泛开展习近平新时代中国特色社会主义思想，党的民族理论、民族政策、民族法律法规以及西藏民主改革60年来自治区民族团结进步事业光辉成就的宣传教育，开展共产党员民族团结先锋行、各族群众联谊、“三联三进一交友”，深化“遵行四条标准、争做先进僧尼”、“军警民共创共建”、“百企帮百村”等群众性创建活动，在全市范围内掀起民族团结教育的热潮，促进各民族之间的交往交流交融。推进民族事务社会管理创新。配合自治区民委做好城市民族工作、民族自治乡工作等专项规范性文件的前期调研工作，先后多次前往纳西民族乡实地调研，与市直相关部门召开座谈会，听取城市民族工作开展情况，牢牢把握民族工作与相关领域的结合点，协调卡若区有关部门积极探索少数民族流动人口服务管理体系建设，加强与少数民族外来流动人口流出地的协作，依法保护外来少数民族的合法权益，增进各民族团结，通过与国家民委对接争取到城市少数民族工作经费10万元，从天津民宗委争取到民族工作专项经费15万元、从重庆市民宗委争取到民族团结创建经费50万元的支持，并初步建立长期协作机制，召开专题会议研究民族事务社会管理创新工作，增进各民族团结。

【民族团结进步模范评选】 组织开展好民族团结进步模范集体、模范个人、模范家庭评选表彰活动，做好评选的组织、推荐、表彰等工作，扩大参与率、知晓面，树立典型、弘扬正气，营造争当民族团结进步典范的社会氛围。推荐国家级民族团结进步模范集体3个，个人4人，自治区区级集体13个，个人4人，召开昌都市2019年民族团结进步表彰大会，表彰市级集体20个，个人30人。

【民族矛盾纠纷排查调处】 实行民族矛盾纠纷排查调处月报和零报告制度，做到心中有数。对可能发生的影响民族团结的问题，做好预测，超前工作，提前化解，牢牢把握工作的主动权。

【领导名录】

党组书记、副主任：吴积辉（3月至11月）

党组副书记、主任：嘎玛达吉（3月至11月）

王　忠（11月任）

党组副书记、副主任：巴桑旺堆（11月任）

党组成员、副主任：扎西邓珠（3月任）

党组成员、副主任：周荣友（3月任）

党组成员、副主任：加永斯郎（3月至12月任）

昌都市宗教事务局

【概况】 2019年3月30日前为昌都市民族宗教事务局，设办公室、民族科、宗教科、宣传教育科、民族宗教研究室5个正科级机构。2019年4月机构改革，昌都市宗教事务局为市政府工作部门，正县级，归口市委统战部领导。下设办公室（政工人事科）、藏传佛教事务科（其他宗教事务科）、法宣和执法监督科（政策法规科）、市宗教事务局研究室（事业科室）4个正科级机构。

中共昌都市委员会宗教工作领导小组办公室（简称市委宗教办）设在市宗教事务局，接受市委宗教工作领导小组的直接领导，承担市委宗教工作领导小组的具体工作。市宗教事务局的内设机构根据工作需要承担市委宗教办相关工作，接受市委宗教办的统筹协调。

【宣传教育活动】 持续开展“遵行四条标准 争做先进僧尼”教育实践活动。全面贯彻落实习近平总书记对宗教界人士提出的“政治上靠得住、宗教上有造诣、品德上能服众、关键时起作用”的要求开展宣讲，2019年共开展宣讲活动100余场次，发放活动标语3.5万余份、各类宣传手册18万多份，发放五代领袖像胸章10.5万多枚。筹办2019年全市“遵行四条标准 争做先进僧尼”教育实践活动表彰大会。开展“送法进寺庙”。制订《昌都市2019年“送法进寺庙”活动实施方案》，统筹全市各级涉宗部门，成立“1拖N”片区宣讲团、高僧大德宣讲团等24个宣讲队伍，编印相关学习资料，开展“送法进寺庙”普法宣传活动，教育引导广大宗教教职人员牢固树立“国法高于教规、守法先于守戒”的法治观念，坚决自觉加强民族团结、维护祖国统一。组织开展“教义教规”阐释。充分发挥宗教界代表人士的作用，鼓励和支持爱国爱教宗教人士深入挖掘藏传佛教教义，作出符合时代发展进步要求、符合中华优秀传统文化的阐释，推动藏传佛教神学理论与社会主义文化融合发展。精心组织昌都市以强巴林寺登增元丁为代表的30名僧人参加自治区佛协在日喀则组织的教义教规阐释论文比赛，分别获得一等奖5名、二等奖1名、三等奖2名，昌都市佛协获得优秀组织单位奖。组织色登寺丁增松布等13名高僧参加中国佛协西藏分会第四届藏传佛教教义教规阐释暨坚持藏传佛教中国化方向研讨会，围绕“修行在于利众”这一主题交流研讨。组织开展“迎国庆”活动。隆重纪念中华人民共和国成立七十周年，全市各寺庙开展形式多样的活动，讴歌党、讴歌祖国、讴歌新时代。强巴林寺活佛、堪布宗洛·向巴克珠要求全体僧人深刻领悟“党的恩情比大海深、比泰山还重”的道理，要在关键时刻发挥作用，以鲜明的政治态度，勇敢地站出来深入揭批十四世达赖反动本质，用实际行动争做爱党爱国的模范僧人。洛隆县硕督寺、江达县青稞寺、色炯寺、江普寺等各寺庙通过开展升国旗仪式、在寺庙悬挂“伟大的中国共产党万岁”“祖国万岁”“热烈庆祝中华人民共和国成立七下周年”等各种横幅，讴歌中国共产党的辉煌历程，祝愿祖国繁荣昌盛，营造宗教领域喜迎中华人民共和国成立70周年大庆的浓厚氛围。举办2020年昌都市委领导与宗教界人士座谈会，发挥宗教领域高僧大德的典型引领作用，加深宗教界代表人士与党和政府的感情，引导广大僧尼和信教群众服从党和政府管理，始终保持与党和政府同心同德、同行同向。

【强化组织领导】　市宗教局结合《市扫黑除恶专项斗争实施方案》文件精神，召开宗教领域扫黑除恶专项斗争会议20余次，参会人数1300余人，多次传达扫黑除恶工作会议精神。按照属地管理责任，向广大寺庙僧尼宣讲党的民族宗教政策和国家法律法规，讲清深入开展“扫黑除恶、打非治乱”专项斗争的重大意义。通过多种形式畅通举报渠道，设立宗教领域扫黑除恶专项斗争举报电话，发动群众举报涉黑涉恶犯罪等突出问题。将此项工作与“遵行四条标准 争做先进僧尼”教育实践活动、“四讲四爱”群众教育实践活动同部署、同实施，坚持“有黑扫黑、有恶除恶、有乱治乱”的工作原则，在《高僧大德维护寺庙和谐稳定目标责任书》中充实“扫黑除恶”相关内容。

【佛协工作】　按照自治区的统一安排部署，2019年4月认真组织强巴林寺、八宿寺、烟多寺、香堆寺的13名考评委员、考僧前往拉萨参加西藏自治区2019年度藏传佛教晋升格西拉让巴立宗暨颁证仪式活动。2019年11月11日组织召开昌都市第一届佛教协会代表大会，选举新一届昌都市佛教协会领导班子。

【领导名录】

党组书记：杨　建　平（副地级）
党组书记、副局长：公秋次仁（12月任）
党组副书记、局长：公秋次仁（正县级）
　　　　　　　　　郭　繁　星（12月任）
党组成员、副局长：洛　尼　玛（3月离岗休养）
党组成员、副局长：扎西邓珠
党组成员、副局长：加永斯郎
党组成员、副局长：永花拉姆
党组成员、副局长：蔡　文　高（12月任）
党组成员、副调研员：雷　其　修
副调研员：蔡　文　高（3月任）

强巴林寺管委会

【概况】　2019年以来，强巴林寺管委会严格按照区党委“寺庙管理由偏重服务向教育优先转变，实现履职重点从看人守寺、提高服务基础工作到掌握深层次情况、实施精细管理、健全长效机制的转变”的指示精神和市委加强和创新寺庙管理工作部署和要求，全面贯彻落实习近平新时代中国特色社会主义思想和中共十九大精神，深入贯彻落实习近平总书记治边稳藏和宗教工作重要论述，以开展“不忘初心、牢记使命”主题教育和“遵行四条标准 争做先进僧尼”教育实践活动为抓手，深入推进依法管理寺庙，旗帜鲜明消除十四世达赖利用宗教所产生的负面影响，积极淡化宗教消极影响，促进寺庙管理法制化、规范化，实现寺庙僧人“五个认同”意识不断增强的良好成效。

【学习教育】　以“遵行四条标准 争做先进僧尼”教育实践活动为载体，突出抓好寺庙意识形态工作，凝聚思想共识、筑牢稳定基础，不断夯实党的意识形态阵地。紧紧围绕学习宣传贯彻习近平新时代中国特色社会主义思想这个首要任务，紧紧围绕庆祝新中国成立70周年这条主线，以开展“遵行四条标准 争做先进僧尼”教育实践活动为抓手，紧紧抓住寺庙堪布、活佛、格西、经师以及僧人中的人大代表、政协委员、佛协理事等“关键少数”，分层分批强化学习教育，强化僧人“五个认同”意识，使“四条标准”成为僧人思想和行动自觉；充分发挥寺庙活佛、高僧大德示范引领作用，结合实际在讲经过程中阐释“四条标准”深刻内涵，使僧众牢记戒律约束，争做爱党爱国模范；定期召开寺庙执事僧人会议、僧众大会，深入宣传党的宗教工作方针政策、《宗教事务条例》和区党委宗教管理五项意见等法律法规，深入揭批十四世达赖反动本质，明确国法大于教规、爱教必先爱国；结合实际大力开展升国旗唱国歌、文体比赛、知识竞赛、义务植树和助民收割等活动，不断提高“四条标准”教育实践活动鲜活性和生动性，进一步增强引领力和凝聚力。通过不断深化拓展“四条标准”教育实践活动，爱党爱国已成为强巴林寺僧人的精神主流，寺庙僧人对党的理论政策更加认同，对国家法律法规更加尊崇，对自身承担使命更加理解，自己应负责任更加清楚。强巴林寺经堂、僧舍领袖像做到了全覆盖，“加强民族团结、维护祖国统一”横幅在寺庙鲜艳夺目。2019年3月25日，为隆重纪念3.28百万农奴解放纪念日，强巴林寺520名僧人在寺庙广场站立形成“祖国万岁”字样，齐声合唱国歌；2019年7月1日，强巴林寺广场最显眼位置竖立起“伟大的中国共产党万岁”永久性标语；2019年9月22日，强巴林寺举行全寺僧人站队组成“祖国万岁”阵型及展国旗、唱国歌隆重庆祝中华人民共和国成立70周年活动。

县（区）情

卡若区

【概况】 卡若区位于昌都市北部，是昌都市委、市政府驻地，平均海拔3500米。卡若区境内地形复杂多样，地势高亢，切割明显，险峰峻岭，沟壑纵横，蔚为奇观；水资源丰富，江河纵横，主要有澜沧江、金河、扎曲、昂曲、柴曲、史曲流经卡若区；气候主要以寒冷为基本特点，属于半干旱气候带，降水分布受地形的影响较大，干季雨季分明，夏季温和湿润，冬季气候干冷，气温日差较大、年差较小，年平均温度7.5℃。卡若区下辖3个镇12个乡、167个行政村（居）、882个村民小组（自然村）33892户，总人口14.36万人。其中农村人口85502人，人口出生率9.86‰，自然增长率6.85‰，地域面积1079322.2公顷。农业包括青稞、小麦、马铃薯、元根等作物，畜牧业包括牦牛、犏牛、藏香猪、藏香鸡等。耕地面积7144.9公顷，粮食播种面积4728.99公顷，经济作物耕地面积1256.48公顷，其他耕地面积1159.43公顷。林地面积628027.75公顷，森林覆盖率49.9%。国家级野生保护动物有黑熊、藏狐、云豹、林麝、岩羊等44种，已探明矿产资源有铜、铅、锌、砷、钼、煤炭等六类，矿床27处。主要旅游景点有强巴林寺和嘎玛沟原生态藏艺谷，级别为AAA和AA。

2019年，完成生产总值715062万元，同比增长8.4%。其中，第一产业完成35891万元，同比增长6%；第二产业完成328473万元，同比增长6.2%；第三产业完成350698万元，同比增长11.7%。全社会固定资产投资460000万元，社会消费品零售总额244890万元。接待旅游88.45万人/次，实现旅游总收入72529万元，同比增长50.14%。地方财政收入22805万元，同比下降1.8%，地方财政支出243617万元。年末城乡居民储蓄存款余额114098万元。全年农村居民人均可支配收入12536元。农牧民转移就业17753人，城镇登记失业率2.5%。截至年底，参加机关事业单位养老保险2972人，征收保金9190.8万元、职业年金1691.19万元。参加城镇职工基本养老保险862人，征收保金1150.51万元。参加城镇职工医疗保险3232人，征收保金4357.05万元。参加失业保险2032人，征收保金191.13万元。参加生育保险3230人，征收保金262.12万元。参加城乡居民基本养老保险32070人，征收保金560.98万元。享受养老保险待遇10987人，拨付资金2384.38万元。参加新型农村合作医疗86729人，参合率98%。

【党的建设】 始终坚持区委理论学习中心组每周学习制度，卡若区委常委会班子带头学、带头讲、带头干，引领各级党组织紧跟学、党员干部个人学，做到带着问题学、联系实际学，切实推动习近平新时代中国特色社会主义思想和中共十九大精神同卡若区改革、发展、稳定、生态、党建、脱贫各项工作有机结合，并定期开展政策理论知识闭卷考试，真正实现以考促学、以考促知、以考促行。全年，共开展区委理论学习中心组集中学习34次，学习各类文章文件112篇，带动各级党组织开展学习1500余次。结合“四讲四爱”群众教育实践、“遵行四条标准 争做先进僧尼”教育实践等活动，全面加强习近平新时代中国特色社会主义思想和中共十九大精神宣传宣讲，领导干部亲自讲，高僧大德带头讲，针对不同受众开展各类集中宣讲，截至年底，开展各类宣讲共计1950余场，覆盖12万多人，发放各类宣传资料60000余本。

始终坚持统揽全局、协调各方，严肃规范党内政治生活。严格贯彻落实两个条例，持续加强基层党组织建设，对34个软弱涣散基层党组织进行转化升级，制定完善村级组织标准化活动场所管理办法，按照驻村“1+N”试点要求精准选派驻村干部，选优配强第一书记，并开展村（居）“两委”班子履职“回头看”和党员公开表态承诺活动，村级党组织的凝聚力、引领力、战斗力进一步增强；城市党建管理服务水平进一步提升，“楼宇党建”工作稳步推进。以“两个专项整治”和主题教育“十二个专项整治”为抓手，始终坚持反腐败高压态势，紧盯违反中央八项规定及其实施细则精神的行为和“四风”问题，持续加强干部作风建设，深化巡视巡察问题整改。

始终坚持把“守初心、担使命，找差距、抓落实”的总要求贯穿始终，推动学习教育、调查研究、检视问题、整改落实有机融合，扎实开展“不忘初心、牢记使命”主题教育。再开展第一批主题教育时主动跟进学习，将习近平新时代中国特色社会主义思想和相关必读书目列入区委理论学习中心组学习计划，做到思想认识到位、工作部署超前；第二批主题教育开始后，及时成立区委“不忘初心、牢记使命”领导小组，并抽调5名精干力量组成办公室，指导全区各级党组织开展主题教育，并针对农牧民党员主题教育制定针对性的工作方案。区委常委会班子以上率下，全面检视自身面存在的问题，带头整改落实，真正将主题教育的效果转化为推动全区发展的强大动力。截至年底，召开专题学习会14场次，开展专题研讨交流6次，组织县处级干部开展实地调研2次，形成调研报告54篇；卡若区四大班子检视问题76条，制定整改措施116条；班子成员检视问题252条，制定整改措施348条；梳理出为民办实事解难事事项88项，已落实52项。

【维护稳定】 一是建立由区委统筹指挥、国安指挥部具体负责、各维护国家安全成员单位分工配合的维稳指挥体系，将辖区划分为“一个中心、三个副中心、五大战区”，绘制社会面防控和维稳力量部署图，加强协调联动，强化整体防控。全年共召开专题会议20余次，编制维稳工作手册1套，报送简报、日报、专项报告65份，下发维稳文件48份。并完成“3·28”西藏百万农奴解放纪念日、三江茶马文化艺术节、昌都市迎接中华人民共和国成立70周年“我和我的祖国”快闪及篝火晚会、9月30日缅怀革命先烈活动、10月1日“升国旗、唱国歌”等20余次大型活动安保维稳任务，坚决打赢维护稳定整体战、协同战、合成战；坚持把中央扫黑除恶第13督导组督导反馈问题整改工作作为重要政治任务，针对督导反馈的23个问题和行业乱象6个方面问题，区委、区政府先后6次召开专题会议，成立整改工作领导小组，研究制定整改工作方案，细化任务分解，强化责任分工，逐级压实责任，确保督导反馈问题整改到位。

【项目建设】 全年，卡若区基本建设项目62个，开复工项目62个，开复工率100%，完成投资460000万元，同比增长15%。其中，投资4400万元的江苏援建昌都市卡若区俄洛镇第二小学项目竣工。投资7955万元的天津援建卡若区小学项目完成总工程量的50%。投资122418万元的卡若区2019年农村公路续建项目完成总工程量的94.4%。投资497000万元的G214线昌都至邦达机场公路新改建工程昌都至加卡段工程由卡若区协助管理，完成总工程量的81%。按照市直相关部门年初下达的卡若区目标责任书，涉及卡若区项目9个，截至年底完成投资12000万元，完成年度任务的100%。

【社会保障】 全年，卡若区参加机关事业单位养老保险2972人，征收保金9190.80万元、职业年金1691.19万元。参加城镇职工基本养老保险862人，征收保金1150.51万元。参加城镇职工医疗保险3232人，征收保金4357.05万元。参加失业保险2032人，征收保金191.13万元。参加工伤保险3834人，征收保金44.41万元。参加生育保险3230人，征收保金262.12万元。参加城乡居民基本养老保险32070人，征收保金560.98万元，发放养老保险10987人，拨付资金2384.38万元。完成被征地城乡居民基本养老保险补贴涉及2个村19人，涉及金额为66万元。发放社会保障卡96302张。

推动劳动监察工作，健全“治欠保支”四项制度。全年，开展扫黑除恶和劳动法律法规宣传服务28次，指导82个企业依法用工，涉及务工人员969人。依法仲裁化解矛盾纠纷，受理劳动争议仲裁案件20件，涉及金额260万元（结案15起，涉及金额104.8万元。3起转至法院，涉及金额80.4万元。2起转至公安立案，涉及金额74.8万元）；开展执法检查。累计排查建设项目工程82个，督促施工项目缴纳工伤保证金123.54万元，缴纳民工工资保证金2198.8万元，涉及969名农民工，签订劳动合同969份。加强与住建、交通、水利等部门联系，严格执行退还保证金制度，全年退还民工工资保证金3282.65万元，涉及工程项目111个。

持续创新就业创业工作体制机制。举办“春风行动、城区易地搬迁户”专场招聘会5场次、“转移就业暨企业对接座谈会”1场次、“就业创业宣传日”6场次，提供各类岗位999个，搭建企业与求职者之间供需桥梁，为富余劳动力提供“就业舞台”，完成农牧民富余劳动力转移就业17753人，转移就业55739人次，新增就业639人，城镇登记失业率控制在2.5%以内。高校毕业生实名制信息登记532人，通过开展高校毕业生专场招聘会、机关事业单位公开考试、乡村振兴专干考试、公益性岗位、见习岗位、自主创业等形式，实现就业529人，就业率达99.43%。

加大职业培训。全年，卡若区组织开展实用技术、农林、手艺及手工艺品、维修、驾驶、创业培训等七大类培训，参加培训人员达1860人，实现就业1154人，就业率达62.04%。开办大学生创业培训班，参加创业培训35人，完成创业3人，兑现创业扶持金15万元，水电费2.4万元。

【农牧业】 提升粮食生产能力。按照“集中连片、旱涝保收、稳产高产、生态友好”的要求，建设高标准农田1.7万亩。通过青稞良种投入、推行机耕机播机收建设青稞良种繁育基地3682亩，完成深松整地2000亩，落实补贴资金12万元。回收调运青稞“喜拉22号”“藏青2000”青稞良种15万公斤，调运发放化肥400吨。严格做好蝗虫、草地贪叶蛾监测防治工作，落实一周一报制度，全年未发生农作物大面积病虫害。提升畜牧业生产能力。设置沙贡乡果洛村、日通乡瓦列村、俄洛镇俄洛村、城关镇达荣村、埃西乡娘达村和蒙普村6个黄牛改良点，完成黄牛改良964头；以若巴乡、俄洛镇、日通乡瓦列村和温达村4个牦牛经济杂交点为重点，兼顾卡若镇、埃西乡、城关镇3个乡镇开展牦牛杂交工作，完成牦牛经济杂交863头。完成春季免疫牲畜32.35万头（只、匹、羽），完成秋季动物免疫298710头。做好草原生态保护补助奖励机制工作。经过牲畜清点统计，卡若区2019年度牲畜存栏18.84万头（只、匹），折合84.81万只绵羊单位，兑现2019年度草原生态保护补助奖励机制资金2547.4万元。加强农业技术推广。开展卡若区2019年春播工作现场培训会、农药使用培训会，参训农牧民群众、科技特派员110人次。同时结合蔬菜产业发展，邀请天津蔬菜种植技术专家赴日通乡、城关镇开展蔬菜品种选择、栽培、病虫害防控培训，参训农牧民群众250人次。依托北京市首农畜牧发展有限公司奶牛中心专家，先后在日通乡、若巴乡、俄洛镇开展牦牛经济杂交技术培训3次，为卡若区牦牛经济杂交提供技术保障。全年，卡若区粮食播种面积7.31万亩，粮食产量达2.22万吨；蔬菜播种面积8850亩，蔬菜产量达2.39万吨；肉类产量达到1.3万吨，奶产量达到1.31万吨。

【特色产业】 依托丰富的牦牛资源，推动牦牛育肥及出栏。建成卡若区左巴村蓝天圣洁牦牛育肥基地及面达、妥巴、嘎玛、约巴等乡镇4个短期育肥合作社，全年，收购各乡（镇）架子牛2454头，带动农牧民1095户增收1042.29万元，带动当地群众人均轮流务工增收5000元，解决昌都市场近8个月无新鲜牛肉供应的短板。从调整种植结构入手，立足“一江两河”流域农区耕种优势，在俄洛镇、沙贡乡等实施青贮玉米种植项目采取“六统一”（统一播种、统一施肥、统一除草、统一管理、统一传授种植技术、统一销售）的运作模式，着力在饲草产量、种植技术推广、饲草标准化加工等科研攻坚。全年，种植青贮玉米1466亩，总产量达5864吨，总产值达586万元，加之群众通过土地流转和务工实现增收219.9万元，227户群众可实现户均增收9600元，户均收入比2016年—2018年增长29%。截至年底共流转土地5000多亩，土地流转产生效益近500万元。三是卡若区蔬菜播种面积8850亩，蔬菜产量达2.39万吨，其中设施蔬菜1610亩，蔬菜大棚数量1224个，主要种植小白菜、大白菜、莴笋、芹菜等品种。

【教育事业】 全年，卡若区各中、小学校严格按照“严谨、高效、务实、奉献”的总要求，根据《西藏自治区义务教育管理标准化示范学校创建工作实施方案》《昌都市义务教育学校管理标准化示范学校创建工作实施方案（试行）》。以平促进，以评促改，全面提升卡若区义务教育阶段学校科学管理水平，促进学校科学管理，提高育人质量，促进教育优质均衡发展为工作目标，以卡若区教育工作“十化目标”为指引，教育行政管理能力不断提高；全年，在上级教育部门为卡若区分配104名教师的同时，组织50余名骨干教师和30名乡镇干部开展支教工作，有效解决卡若区教师缺编的现状。根据《天津市静海区教育局与西藏昌都市卡若区教育局中小学结对全覆盖协议书》相关规定，天津选派10名教师到卡若区开展为期30天的教学管理交流，其中选派2名教师在区一中开展为期一年的支教工作。全年卡若区派出30余名教师赴各省市、拉萨等地进行培训交流学习，进一步提升教师业务水平；2019—2020学年在校学生11597人，比上一学年增加590人。其中，初中1724人，小学7795人，幼儿园2078人；全年卡若区中（小）学升学考试总体成绩较往年有明显提高，中（小）学各省市西藏初中班和高中班考试学生总分平均成绩分别为225.6分和460.1分，同比分别提高27.48分和21.3分。26名考生达到各省市西藏初中班体检分数线，9名学生被各省市西藏高中班录取；全年投入教育项目建设资金16794.28万元，实施项目14项，涉及13所学校。其中，续建项目1项（即江苏援建俄洛镇第二小学建设工程），总投资5193.02万元，于7月竣工验收并投入使用。新建项目1项（即新建卡若区小学），总投资7955.23万元，在建，预计2020年8月完成并投入使用。国家下达学校暖廊工程5项（即拉多乡第二小学、拉多乡小学、面达乡小学、妥坝乡康巴村小学和约巴乡小学），累计新建暖廊4445.91平方米，总投资1325.86万元。查漏补缺项目7项（即面达乡小学学生宿舍及附属工程、约巴乡小学教学综合楼及附属工程、嘎玛乡小学食堂改扩建工程、面达乡德顿村小学查漏补缺工程、卡若区第一初级中学改造工程、约巴乡乃通村教学点改造工程、城关镇达野小学足球场建设工程），总投资2320.17万元。全年，投入教育资金27482.27万元，其中，教育事业经费17057.72万元，"三包"及营养改善金4618.8万元。本级财政配套5805.75万元（达到全区上年财政收入的25%）。全年，投入教育扶贫资金615.65万元。其中，投入资金250万元用于落实"暖心工程"；投入91.35万元作为2018—2019学年升学奖励基金，581名学生从中受益，兑现2018—2019学年卡若区建档立卡大学生资助资金274.3万元，涉及231名学生。

【医疗卫生】 *加强疾病防治。*切实做好免疫规划工作，规范疫苗计划、分发、管理和接种工作，与各乡镇卫生院签订目标责任书，加强对辖区疫苗接种点工作的督导，采取不定时下乡、下村开展抽样调查，疫苗接种率达到90%以上。全年，共接诊管理治疗结核患者59人，阳性患者1人，阴性患者58人。其中结核性胸膜炎19人、肺外结核2人、肺结核38人。完成疗程17人，治愈1人。做痰涂片244人/次，随访65人次。截至年底共确诊重症精神患者111例，危险评估：4级8人、3级7人、2级14人、1级29人、0级53人，全部完成网络直报；为2名先天性心脏病儿童、10名唇腭裂患者和125名白内障患者完成手术治疗；高度重视包虫病防治工作，截至年底，药物治疗112人，治愈（手术）35人；积极开展各类义诊、巡诊活动17次，参加活动的医务人员合计83人/次，就诊群众达11000余人，免费发放各类药品价值7万多元；定期开展水质监测工作，全年完成2次水质采集工作，分别在枯水期（4月）、丰水期（9月）对城市及农村生活饮用水监测工作；严密监测鼠防工作，于6月12日至8月26日在卡若区埃西乡约巴乡、妥坝乡鼠疫自然疫源地进行历时两个多月的监测。

*积极推动妇幼计生工作。*为降低出生缺陷发生风险，提高出生人口素质，区卫计委积极开展孕前优生健康检查和出生缺陷干预工作，全年完成孕前优生健康检查任务166对，出生缺陷干预155对；有序推进"两降一升"工作，全年卡若区孕产妇住院分娩率85%，婴儿死亡率1.51‰，孕产妇死亡率101.26／10万。

*医疗卫生队伍建设。*卡若区通过以政府购买服务的形式，从中等职业学校招聘44人，人才引进19人，充实到卡若区医疗卫生服务工作中。选派1名全科医生、1名妇产科医生、1名胃肠镜医生和1名B超医生到静海区挂职锻炼，5名骨干乡村医生到西藏自治区人民医院、重庆医科大等地参加规培。

*严格执行医疗保险制度。*全年，城镇居民参加基本医疗保险14585人，共收纳保费44.65万元（其中，学龄前儿童、普通人员、学生参保8999人，个人缴费39.44万元。一般僧尼868人，个人缴费52080元。低保人员、孤寡老人、重度残疾、60岁及65岁以上、自治区先进僧尼这五类不缴费人数参保共4718人）。农牧民参保86725人，个人共缴

费144.22万元（其中，一般农牧民参保72108人，缴费144.22万元，建档立卡贫困户不需缴费14617人）；报销城镇居民医疗费用1271人/次，金额977.7万元。报销农牧民医疗费用8372人/次，报销金额5069.86万元（其中建档立卡户1882人/次，金额1397.25万元）。报销城镇职工医疗费用143人次，金额174.83万元；兑现城镇居民、农牧民医疗救助共4112人次，金额1438.85万元，其中建档立卡贫困人口1882人次549.90万元。

【文化事业】 基层公共文化服务建设扎实推进。投入31.33万元用于卡若区综合文化活动中心改造，有效解决民间艺术团排练场所紧缺问题。在15个乡镇文化站167个村居文化室全覆盖基础上结合村级组织活动场所标准化建设和“十项提升工程”工作，完成6个乡镇文化站和51个村居文化室的设备补充更新和升级改造工作；群众精神文化生活不断丰富。全年，卡若区利用昌都市举办的大型文艺演出平台，扩大乡村文艺队的参与度，在春节、藏历年和庆祝民主改革60周年期间组织民间艺术团和妥坝乡、城关镇乡村文艺队参与大型文艺演出活动。结合卡若区“文艺进基层”“六下乡”活动，区民间艺术团以文艺小分队的形式分别前往15个乡镇开展文艺巡回演出活动。并开展文化进万家、送欢乐下基层、文化艺术志愿服务等一系列活动，庆祝西藏百万农奴解放纪念日暨“五下乡”活动，不断丰富人民群众的精神文化生活。全年，卡若区各类文艺演出活动达61场，覆盖群众达41800余人；进一步完善广播电视覆盖工作。全年，配送广播电视设备213套、高频头143个、线圈56个。确保把党和政府的声音和形象传到千家万户，切实解决广大群众“最后一公里”问题；投入人力和物力做好艺术节各项筹备工作。先后参与开幕式筹划工作和协调组织各方力量，认真落实筹备办安排的各项工作任务，开展主题为“幸福新时代、辉煌新成就”锅庄展演和锅庄高峰论坛等系列活动。期间，先后组织250多名农牧民群众参加各类大型文艺演出。其中俄洛镇农牧民锅庄队表演的《嘎！昌都》取得锅庄展演第一名，区艺术团和妥坝康巴村锅庄队表演的锅庄《高天》取得第二名。在锅庄高峰论坛上，卡若区上报五篇论文并发言，得到在场领导的一致好评；开展庆祝中华人民共和国成立70周年系列活动。组织区艺术团前往卡若、城关、俄洛、妥坝、芒达、日通、如意等7个乡镇开展《共产党来了苦变甜》文艺巡回演出活动。组织区艺术团演员和干部职工参加昌都市喜迎新中国成立70周年“我和我的祖国”演出及群众性篝火晚会。

【生态保护】 开展植树造林，推进国土绿化建设。全年，卡若区开展义务植树2900亩。在主城区及214国道沿线种植格桑花18.53亩。在柴维乡嘎日村、拉多乡西那安置点、日通乡、若巴乡干部周转房及俄洛镇水源地实施生态修复项目约90亩，投资331.28万元。在俄洛镇俄洛村、沙通村、加林村、曲尼村，城关镇小恩达村、生达村，柴维乡古强村、差达村、嘎日村，如意乡约日村，卡若镇卡若村，芒达乡扎玛村等6个乡镇12个行政村开展人工造林345亩和封山育林655亩，投资300万元。在如意乡桑多村、面达乡诺通村、日通乡向达村3个易地搬迁安置点进行绿化植树80亩，投资240万元。在俄洛镇孔玛村、卡若镇波乃村和妥坝乡康巴村易地搬迁安置点进行植树造林235亩，投资400万元；护林巡山，做好森林和草原防火。结合卡若区实际，年初召开森林和草原防火专项会议，并成立森林草原防火工作小组。定期前往各乡镇宣传《中华人民共和国森林法》《森林防火实施条例》等相关法律法规200

次，发放防火宣传手册3500本，受教育人数达30000人次，切实增强林区群众和管护人员的林（草）防火意识和火灾防控能力，确保林（草）防火家喻户晓。完善护林员、生态岗位管理办法，明确岗位职责、奖惩制度，细化各岗位的考核办法，督促各乡镇专业管护员、护林员每天巡查管护区域，填写巡山日志，认真履行“八防”职责。截至年底，卡若区林业系统护林员共计3149人，专业管护员120人，生态岗位19752人。联合市林草局、市森林防火支队组织卡若镇、城关镇护林员217名，在野堆村进行森林、草原防火演练，提升护林员火灾应急处置能力；合理采集虫草，让群众“靠山”持续增收。做好2019年度卡若区冬虫夏草采集交易管理等相关工作，制定下发《关于印发〈卡若区2019年度冬虫夏草采集与交易管理工作方案〉的通知》，安排专项工作人员统计虫草采集相关数据，要求虫草采集人员保护草原生态环境及区域内林区森林、草原资源，严禁非法破坏采集点草原植被，严禁乱砍滥伐林木，严禁采挖其他野生珍稀植物及猎杀野生保护动物。同时安排工作人员前往各采集点宣传《中华人民共和国森林法》《西藏自治区陆生野生动物造成公民人身伤害或财产损失补偿办法》《西藏自治区冬虫夏草采集管理暂行办法》《西藏自治区公益林管护办法（试行）》等相关法律法规。全年，卡若区派出工作人员319名，在采集点开展宣讲24场次，发放宣传单1400余份，覆盖群众1800余人。全区共有采集点152个，累计采集人员29555名。

【领导名录】

卡若区委书记：王　伟

卡若区人大常委会主任：泽　仁

卡若区政府区长：泽　仁

卡若区政协主席：白玛扎西

江达县

【概况】　江达县位于西藏自治区东部，昌都市东北部，素有“西藏东大门”之称。东与四川省甘孜州石渠、德格、白玉县以金沙江为界，北与青海省玉树县毗邻，南接贡觉县，西靠昌都卡若区，地理位置为北纬31° 00′ ~32° 36′ ，东经97° 53′ ~98° 53′ ，平均海拔3600米。江达处于青藏高原三江流域东部、横断山脉上段的高山峡谷之间。地势西北高，东南低。整个地貌景观呈山原类型，分为高山原面、高原山原宽谷和高原山原峡谷三部分。全县地貌分别受东部矮拉山、中部然青藏歌山、西部达玛拉山控制，随山脉走向决定河流的流向，造成山间河谷深切、沟壑纵横、峡谷众多、坡向分明的特点。县内三条山脉构成诸峰重叠、山势陡峭的骨架。全县最高处为波罗乡古色村的载迷提山峰，海拔5436米；最低处为波罗乡的热多村，江面海拔2780米。境内属金沙江和澜沧江水系，分布的河流主要为金沙江，及其一级、二级支流藏曲、盖曲、独曲、字曲等，水利资源蕴藏量十分丰富。江达县属于高原气候区，为内陆干燥气候类型。年均气温2° C左右，年均降水量575.5毫米，霜期初终间日期280天，日照时数年均为2300小时，年均地面温度6℃~10℃之间，年均降雹日10天，年蒸发量1630毫米，平均气压660毫帕。主要物产青稞、小麦、土豆、元根、豌豆、胡豆等。县政府驻地江达镇，距昌都市223公里。下辖2个镇11个乡、94个村民委员会、1个居民委员会、314个村民小组（自然村）、17227户，总人口93812人。其中农业人口88333人，人口出生率1.6%，自然增长率1.01%。地域面积1314640公顷，主要以农牧业为主，农业包括青稞、小麦、土豆、元根、豌豆等作物，畜牧业包括牦牛、羊等。耕地面积74007.25公顷，粮食播种面积4006.6867公顷，经济作物耕地面积290公顷。森林覆盖率36.95%，林地面积463778.982公顷。国家级野生保护动物有虎、云豹、白唇鹿、普氏原羚、金雕、眉雕等。已探明矿产资源有铜、铅、锌、铁、银等。主要旅游景点有吉荣峡谷国家AA级景区，岗托十八军红色遗址、果普白宗神山等景区创建工作稳步推进。主要特色产品有波罗木刻、岩比金银铜器和卡贡唐卡等。

2019年，完成生产总值23.1532亿元，同比增长8.3%；其中，第一产业完成3.2931亿元，同比增长5.9%；第二产业完成12.0222亿元，同比增长4.8%；第三产业完成7.8379亿元，同比增长11.6%。全社会固定资产投资41.02亿元，完成邮政业务总量306万元，完成电信业务总量4200万元。固定电话用户480户，使用率100%；移动电话用户15000户，使用率80%；互联网用户5200户。社会消费品零售总额3.67202亿元。接待旅游35.307万人次，实现旅游收入4855.4761万元，同比增长21.57%。地方财政收入1.3695亿元，同比增长7.25%；地方财政支出24.2687亿元。年末城乡居民储蓄存款余额3.9081亿元。全年农村居民人均纯收入11455元，实现城镇就业再就业73人，城镇登记失业率3%。截至年底，参加城镇失业保险1212人，参加基本养老保险34511人，城镇职工参加基本养老保险648人。参加新型农村合作医疗83199人，参加新型农村养老保险33863人，已领取养老保险待遇9044人。城镇居民中有286人得到政府最低生活保障金。有寺庙、拉康、日追68所，僧尼1614人。

【农牧业】 紧紧围绕昌都市“五大养殖基地、七大种植基地”的农牧业特色产业布局和江达县“33423”发展新格局，坚持用市场化理念和工业化办法，大力发展各具特色、优势明显、竞争力强的特色产业。2019年，全县良种覆盖率达91%以上；完成农作物播种7.34万亩，粮食产量1633.82万公斤，青稞产量1442.42万公斤，蔬菜产量814万公斤；完成购机补贴农机具101台（套），补贴42.13万元；农业生产中组织投入大中小型拖拉机2100余台，完成机播面积2.1万多亩，机耕面积1.3万多亩，机收面积1.6万多亩；完成农机深松整地作业面积1000亩；共组织开展涉农培训10余次，培训农牧民群众2000余人次，发放培训资料2000余份。开展病虫草害防治4次，防治面积达8000余亩。开展农产品质量安全检查、农资打假活动20次。开展农业生产主导技术，推广高产创建和测土配方面积4.46万亩，主推“喜玛拉22号”1.33万亩、“藏青2000”3.5万亩，设立“3414”田间肥效试验田1个。完成黄牛改良工作，全年确定5个乡8个村黄改点，共改良黄牛1112头。全年牲畜存栏总数42.7168万头（只、匹），出栏7.0101万头（只、匹），纯增率0.6%。

【教育事业】 紧紧围绕自治区“五个100%”教育工作目标，按照“五个结合”的要求，实施“教育昌县”战略，始终坚持把上一年财政收入的23%配套投入教育事业，深化和完善“幼小一体”办学模式以及农牧区免费学前两年“双语”教育、提高小升初、内地西藏班升学率工作。制定《江达县深化教育改革实施办法》《江达县控辍保学工作实施意见》等5份文件，实行乡镇长主管教育责任制，建立激励机制，明确招生、“控辍保学”、整班移交工作责任，确保学生中途不辍学、不轮换，做好义务教育阶段1至9年级学生的整班移交工作。2019年，全县中小学师生比例分别达到1∶12.24和1∶16.35，超过国家规定比例，师生比例更趋合理，在加大招生力度的基础上，结合县委“组团式”帮扶，通过精准控辍、精准资助、精准帮扶等方式从根本上阻断贫困代际传递，实现所有适龄学生全部入学；发放建档立卡贫困家庭大学生免费教育补助221.3万元，大学生“圆梦基金”741.2万元，中小学生“东风润苗”奖学金60万元，减轻学生家庭经济负担；全县共有在校学生14796人，其中初中在校生3526人，小学在校生8782人，幼儿园在校生2488人；学前、小学、初中入学率分别为66.24%、99.84%、98.02%，较上一学年入学率分别增长5.06%、0.23%、37.73%。县小学、县一中分别取得昌都市考取内地西藏初中、高中班人数第一的好成绩，全县教育教学质量得到大幅度提升。

【医疗卫生】 围绕“三不出、双下降、一提升”目标，大力实施县创二甲、乡镇卫生标准化和村（居）卫生室提质改造工程。在援藏医师的技术指导下，全院职工的共同努力下，新开展多项诊疗技术，包括无痛分娩、无痛人流、肌腱缝合术，心脏彩超、颈部血管、甲状腺、乳腺、双下肢血管、浅表器官等检查项目，丰富诊疗项目，提升诊疗水平，使医院各项业务工作得到极大的提升。2019年，医院门诊32168人次同比2018年增长29.6%；住院3250人次，同比2018年增长53.1%；手术134台，同比2018年增长131%；组织业务考试5次，业务学习27次，召开院周、职代会、“三重一大”会议16次，专题会议5次、药事管理会议6次；新型农牧区合作医疗基金共报销58058人次、报销金额3003.63万元。医院门诊32168人次同比2018年增长29.6%；住院3250人次，同比2018年增长53.1%；手术134台，同比2018年增长131%；组织业务考试5次，业务学习27次，召开院周、职代会、三重一大会议16次，专题会议5次、药事管理会议6次，使医院业务及管理更上一层楼。

【文化事业】 实施“文化兴县”治江兴江战略，组织开展基层文化建设，且每逢“重大节日”期间组织开展节庆文艺演出，共组建村级文艺队43支，开展演出43场；围绕“不忘初心、牢记使命”主题教育文艺演出进村（居）的节目开展文艺演出60余场，覆盖13个乡镇及大部分行政村，受益人数6.8万人次；打造彰显江达特色的舞蹈、锅庄及音乐3个（《欢聚》、《吉祥村落》、江达长袖舞《幸福家园》），编排展现江达经济社会发展成果的小品2个，精心策划组织开展以“江达县庆祝西藏民主改革60周年文艺晚会”为主题的“3·28”文艺会演，充分展示中华人民共和国成立70年和西藏民主改革60年来，江达人民对美好生活的向往，向昌都各族人民展示用艺术传递幸福、文化改变生活的效果，体现江达艺术团政治功能。全县3座寺庙申报为江达县县级文物保护单位；发展非物质文化遗产8个，总投资1750.2万元，于9月竣工并投入使用，直接带动贫困户117户，324人增收。

【社会保障】 社会保障体系不断健全，建立实施《江达县建设单位工程款担保制度》《江达县欠薪农工法律援助工作制度》等一系列制度、办法、方案；以改善民生为主线，加大技能培训力度，就业工作稳中求进，就业培训力度不断提高，2019年开展致富技能培训1896人，实现转移就业1000余人，就业率达67%。通过设立就业服务窗口，为农牧民提供就业政策咨询、劳动保障政策咨询、就业指导和介绍、求职登记、岗位招聘信息发布、推荐等服务。通过多渠道开发就业岗位共计4954个；建立实施《江达县建设单位工程款担保制度》《江达县欠薪农工法律援助工作制度》等制度，完善劳动监察体系；共接待来信来访15起，结案14起，涉及劳动者149人，涉及金额853.55万元，共为民工追回工资756.75万元；完成年度目标。全县城镇企业职工基本养老保险参保人数651人，征缴养老保险费293.04万元；城乡居民养老保险累计参保人数40201人次，工伤保险参保人数2708人，征收工伤保险费73.56万元，为2名参保职工支付工伤保险费13万元。失业保险收缴34.12万元，参保人数达1256人；机关事业保险参保人数2649人，收缴金额9647096.73元；职业年金收缴人数2621人，收缴金额4787853.24元。

【旅游业】 依托国道317优势，以推进美丽乡村建设为抓手，开发旅游服务产业。打造红色旅游景区，以党建引领提升旅游行业服务水平和质量，增强旅游业发展软实力。开发十八军红色旅游遗址、雪巴沟景区、佛教康复道场、嘎斯温泉等自然旅游资源；新建旅游项目5个，2019年雪巴沟旅游厕所完成竣工验收。按照“旅游开发，规划先行”的原则，邀请规划公司编制《江达县全域旅游发展规划》以及4个景区专项，《江达县全域旅游发展规划（初稿）》均完成，待评审。并成功完成“跨越横断山脉·重走金珠玛米之路”活动，在活动中共获得6块授牌。

【生态保护】 实施“生态立县”治江兴江战略，建立“党政主要领导亲自抓、分管领导具体抓、职能部门配合抓、环保部门监督抓”的责任领导体系，对中央环保督察涉及江达县个性问题2个全部整改到位，共性问题29大项86小项，按照时序正在有序推进中；与乡镇、企业签订大气、水、土壤污染防治目标责任书14份，全县共组织召开县委常委会3次、召开专题会议5次研究生态环保工作，投入213.66万元建设昌都市第一座县级空气质量自动监测站；制定印发《昌都市江达县河长制工作方案》等8项制度，落实生态岗位人员1556名，县级河长巡河204次，乡镇级河长巡河710次，160名村级河长及1556名河湖管护员每周定期开展巡河工作，落实河长制“四个到位”工作要求；加大环境综合治理力度，按照《江达县环境综合治理工作方案》，每周动员全县干部职工、居民及农牧民群众，开展县、乡、村环境大整治，全县32个行政村获得“全区生态文明建设示范村”等荣誉称号，村内道路硬化历程达213公里，75个村庄基本采用村收集村处理的模式，以简易填埋的方式处理垃圾，组建保洁员队伍211人，农村户用卫生厕所普及率为4%；实施“厕所革命”文明工程建设，修建旅游厕所19座，公路沿线村级公厕13座，村级垃圾池32个，村级水源地保护工程3个，出动各类垃圾运输车辆300余辆，清运、处理垃圾90余吨，清理河流等40余处，清扫公路100余公里；推进“十三五”有条件的地方消除“无树户”行动，创建自治区级生态乡镇3个、生态村65个；加强全县22657人生态岗位管理工作，结合行业岗位类型制定对应岗位管理办法8个，并实行生态岗位履职季度考核，着力建设宜居美丽江达。

【维护稳定】 深入贯彻落实党的十九大，中共十九届二中、三中、四中全会精神，深入学习贯彻习近平新时代中国特色社会主义思想尤其是习近平总书记关于治边稳藏的重要论述和党中央的稳藏兴藏战略，增强“四个意识”、坚定“四个自信”、做到“两个维护”，始终把“维护祖国统一、加强民族团结”作为全部工作的着眼点和着力点，把“改善民生、凝聚人心”作为经济社会发展的出发点和落脚点，致力于维稳工作“七个提升”“八个转变”，明确工作主线和底线，群众“要我稳定”到“我要稳定”的意识显著提升，“大维稳”工作格局初步形成。全县在适应新形势下维稳工作的需要，制定实施《江达县“维稳员”队伍管理办法

（试行）》等3项规章制度，“维稳员”队伍达31927人，实现从“要我稳定”向“我要稳定”的转变；为发挥情报信息联动，构建大调解机制，建立村居人民调解委员会95个，人民调解指导中心14个，行业性专业性人民调解委员会7个，驻人民法庭调解委员会13个，驻派出所人民调解委员会13个，并分别在公安局、检察院、法院等部门设立人民调解室；排查出矛盾纠纷55起并全部成功调处，调处率达100%；按照“重点问题要防、难点问题要盯、热点问题要疏、一般问题要复”的原则，充分认识到未知的“黑天鹅”事件和已知的“灰犀牛”事件，按照“常委负责、行业监管、属地主体”“摸排调查、研判化解、巩固深化”工作机制和矛盾纠纷排查调处“月报”机制进行调处化解，2019年，全县各级调解组织共排查矛盾纠纷23起，调处23起，调处率达100%；立足寺庙管理实际，制定实施《关于聘请宗教界人士进入县级寺管会班子实施方案》，在全县12个县级寺庙中各考察推荐1名宗教界人士（活佛、堪布）进入寺管会班子；深化市委“1拖N”宗教活动场所管理机制，补齐“寺管会工作不平衡不充分”这个短板，确保新时期党的宗教工作方针政策在江达落地生根，持续推进宗教工作再上新台阶，淡化宗教消极影响；对回流人员及其家庭享受政策情况进行摸底调查及情况分析，稳妥做好910名亚青寺江达籍滞留人员“接、教、安”工作，先后召开县委国安委全体会议、全县维护稳定工作会议、中华人民共和国成立70周年安保维稳行动部署会议等10余次专题会议，确保中华人民共和国成立七十周年大庆期间全县社会局势和谐稳定。

【扫黑除恶】 做好中央扫黑除恶第13督导组和督导“回头看”各项工作，完成“兴江”案复核工作，成功打掉以扎西多吉为首的“兴江（农牧民）运输有限责任公司”恶势力犯罪集团，教育转化驾驶员423人，治安处罚22人，12名涉案人员受到法律制裁，侦破寻衅滋事、强迫交易、非法拘禁等刑事案件3起，取缔1个非法组织，批捕案件6件22人，起诉审判案件5件19人，整治治安乱点8处，收缴各类非法枪支27支、子弹212发、炸药22公斤，拆除蓝皮房8处，停业整顿娱乐场所2家，强势扫黑除恶，营造和谐环境，扫黑除恶工作成效明显。

【项目建设】 推动“10·11”“11·3”灾后恢复重建、玉龙二期工程、农村公路、旧城改造一期、国道317线县城过境改道工程等一大批重点项目加快建设，拉动县域经济总量的持续稳定。基本建设项目共196项，总投资24.55亿元，其中：续建项目99项，结转资金10.80亿元；新建项目97项，总投资13.75亿元；与市签订的目标责任书建设项目共计33项，全年计划完成总投资2.56亿元；开复工175项，总投资15.21亿元，完成投资11.37亿元。复工率与完成投资率分别为100%和75.63%；新开工项目76项，总投资4.42亿元，完成投资3.21亿元，开工率与完成投资率分别为78.35%和72.62%。

【精准扶贫】 紧扣“乡村振兴”战略“二十字”方针和主题，按照“领导不变、焦点不散、靶心不变、力度不减、措施不降、结对不变”原则，围绕全面建成小康社会总目标，着力解决“两不愁、三保障”方面存在的短板，全县先后召开县委常委会28次、县委专题会议26次，县脱贫攻坚指挥部会议10余次，认真学习习近平总书记关于脱贫攻坚工作系列论述精神，学习精准扶贫精准脱贫相关政策，制定实施《江达县2019年脱贫成效巩固提升工作实施方案》《江达县关于解决“两不愁三保障”突出问题的实施方案》

等文件，保持脱贫“摘帽”政策稳定、延续，坚决落实“四摘四不摘”工作体系和责任体系，全面落实巩固提升工作措施，不断提升乡、村基础设施和公共服务能力水平，提高贫困人口自我发展能力和收入水平，全方位推进实施脱贫攻坚巩固提升工作。全县2300余名干部累计为3370户建档立卡贫困户17339人提供各类帮扶资金140余万元，累计走访3900余人次，开展各类政策宣讲人数6000余人次；为12个乡镇、49个行政村落地建成“四扶激励”工程项目92个，总投资614.7万元，带动建档立卡贫困户207户599人。全年新建5个扶贫产业项目完工1个，投产1个，有59个项目实现分红共计1286.91万元，总计带动建档立卡户1330户4563人人均增收2500元，间接带动边缘户239户1098人人均增收1331元。在2018年全县脱贫摘帽基础上，完成剩余8户40人脱贫任务，农牧民人均纯收入达11541元，综合贫困发生率由17.13%降至0%，群众满意率达98%以上，脱贫巩固提升工作成果丰硕。

【援藏工作】　坚持智力人才与资金项目多措并举，将整体推进与突出重点有机结合，完善援藏工作思路，全方位、多层次、宽领域地开展援藏项目工作。主动适应经济发展新常态，注重发挥市场推动、金融撬动作用，盘活存量、优化增量，激活社会资本，促进自我发展能力进一步提升。以旅游为主的第三产业加快发展，旅游人数和旅游收入大幅增加。以合作开放增动力，2019年全县共引进项目8个，框架协议资金190.2亿元，到位资金7.86亿元。落实对口援藏项目23项，投资8897万元。其中计划内援藏项目15项，投资7367万元，计划外援藏项目8项，投资1530万元。县工商联与武清区工商联缔结友好商会，接受天津企业捐赠20万元和900套衣物用于精准扶贫工作，非公经济人士参与“百企帮百村”捐助活动，51家企业捐助资金38.34万元，受益群众37户127人。

【特色产业】　坚持把产业扶贫作为精准扶贫精准脱贫的必由之路和根本之策，牢固树立富民兴藏、产业富县、民富县富的理念，按照自治区“探索坚持‘一县一品’，做大做强特色产业，提升产业支撑能力，让贫困群众不离家、不离土就能融入产业发展”的要求和市委提出“五大养殖基地、七大种植基地”的产业发展思路，立足江达县“三园区三片区四特色”的产业发展格局，规划“十三五”产业扶贫项目92个，规划总投资7.86亿元；其中向5个深度贫困乡48个深度贫困村倾斜产业项目65个，投资6.75亿元，投资倾斜占比为85.88%，其中向13个乡镇23个易地搬迁点配套产业项目46个，投资5.74亿元，投资倾斜占比为73%。开工实施91个，开工率为98.9%；完工88个，完工率为95.65%，完成投资7.69亿元。2019年投产运营项目总发挥效益1637.24万元，其中分红资金1251.28万元，群众自产自销折算资金67.49万元，产业还款资金318.47万元。通过项目建设以及引导思想转变将我县2839户8721名建档立卡贫困户全部纳入直接带动，并间接带动3396户13587名群众长期增收。

【党建工作】　聚焦围绕“提升组织力，突出政治功能”和“遇事不糊涂，关键时刻起作用的坚强战斗堡垒”基层党组织建设目标，落实县委基层组织建设年工作任务，发挥党建专班职能，抓实“十二大重点、七个弱项、六块短板”党建类工作任务落实，注重对乡抓村级党组织“1531121”、县机关党委抓机关党组织“121415”工作机制的成效检验，做到思路明、重点清、措施实。在全面巩固提升现有基层党组织的基础上，注重加强“两新”领域党组织覆盖力度，采取单独组建、区域联建、行业统建等办法，对达不到单独成立党支部条件的“两新”组织，采取挂靠行业主管部门的方式延伸组织覆盖面，在“两新”领域中设置党小组46个，均归口到辖区内党支部进行管理，实现“两新”组织党组织工作全覆盖；注重在虫草采挖点党组织工作力度，成立临时党支部104个；结合党政机构改革工作，撤销机关党支部2个，新成立机关党支部13个，政府部门成立党组25个。严格按照区党委和市委关于大力推进基层党组织标准化要求，把党支部建设放在更加突出的位置，抓实《中国共产党农村基层组织工作条例》、《中国共产党支部工作条例（试行）》、区党委组织部各领域各系统党组织标准化建设手册，提升基层党组织“五种”能力，提高党支部建设质量。并以发展党员“精品工程”为抓手，坚持发展党员“十六字”方针，坚持把政治标准放在首位，严格执行发展党员25项程序，严把党员入口关，全县共发展党员188名，其中机关事业单位党员72名，农牧民党员116名；在农牧民党员中妇女党员28名，35岁以下党员65名，党员队伍结构不断优化。聚焦扫黑除恶打非治乱专项斗争工作通过村级自查，乡镇审查，县级复查的方式对软弱涣散基层党组织10类情形进行逐一排查，并对确定的29个软弱涣散党支部，按照“一支部一策”要求制订整改方案、挂单整顿；在常态化开展软弱涣散基层党组织整顿工作的基础上，遵循“先治乱治弱”原则，创新推行党委工作部门、乡镇党委抓软弱涣散薄弱村试点工作，制定下发《中共江达县委关于印发〈江达县抓软弱涣散薄弱党组织试点工作实施方案〉通知》，着重从政治纪律、脱贫攻坚、乡村振兴、班子队伍、党内政治生活、发展村级集体经济等方面对软弱涣散后进党组织进行帮扶整顿。2019年，县直机关单位联合乡镇党委抓软弱涣散后进党支部8个，党建专班召开专题会议2次，县直机关单位、乡镇党委开展督导联系28次，查找问题24个，解决22个。

【廉政建设】 坚持全面从严治党，深入推进党风廉政建设和反腐败斗争。在坚持把抓实思想建设作为上，严肃开展共产党员不得信仰宗教工作，做好对达赖集团进行长期坚决斗争的思想准备和工作准备，在与村（居）“两委”班子、农牧民党员形成共识的前提下，签订“关键时刻起作用”承诺书3137份，摸排出信教党员183人，给予党纪处分2人，纯洁党员队伍。通过严肃党内政治生活，狠抓“三重一大”和重大事项、重大问题请示报告等制度，党组织负责人书记、单位一把手的责任、第一责任的落实更加坚强有力，党组织班子成员的职能作用发挥更加凸显。2019年，完成九届江达县委第五轮、六轮巡察，对2个乡镇党委、5个县直机关、16个寺管会党组织开展巡察，发现问题120条，提出意见建议130条，移交问题线索10条；详细列出“六大纪律”的“负面清单”，真正让广大党员干部谨言慎行、严守底线、对党忠诚，让讲纪律、讲规矩成为一种习惯、一种常态；建立《关于进一步激励广大干部新时代新担当新作为的实施方案（试行）》及相关干部容错纠错机制，成立干部权益保障领导小组，充分调动干部干事创业的积极性，着力把严管与厚爱有机结合；选拔任用干部68人，其中提任8人，进一步使用19人，平职交流39人，免职2人；严格执行“中央八项”规定及其实施细则，牢牢扭住作风建设这个抓手，把整治不作为慢作为、文山会海等形式主义、官僚主义突出性问题摆上议事日程，制定出出台《江达县为基层减负十八项措施》等3份文件，努力改进学风、文风、会风，精简文件57份、精简会议43次，同比减少29.42%、25%；发现扶贫领域问题线索15起，给予党内严重警告4人，党内警告1人，诫勉谈话8人，提醒谈话4人，约谈2人，一体推进不敢腐、不能腐、不想腐，营造风清气正政治生态；发现受理问题线索56起，给予开除党籍4人、留党察看2人、党内严重警告12人、党内警告2人，政务撤职2人、政务降级3人、行政记大过1人；县委组织部对受到县纪委监委处分的7名党员干部进行谈话，帮助他们卸下思想包袱，重拾信心和勇气，焕发重新出发、干事创业的积极性和主动性。

【波罗乡灾后重建工作】 5月17日，江达县召开“10·11”“11·03”山体滑坡自然灾害灾后恢复重建工作指挥部第一次部署会，顺利完成波罗乡政府搬迁的选址、规划、搬迁所需的资料收集、地质灾害勘察、上报上级要实施建设的21个项目的可行性研究报告编制、初步设计和施工图设计工作以及项目建设所需用地的征地和拆迁初步协议签订等工作。根据自治区发改委下发的《西藏自治区江达县山体滑坡灾后恢复重建总体规划》，在广泛征求和听取各相关单位对灾后恢复重建工作的意见建议后，对项目方案部分内容提出修改意见建议并复函反馈，制定江达县波罗乡山体滑坡自然灾害灾后恢复重建工作倒排工期任务分解表，明确工作任务、责任领导、责任部门和完成时限，确保灾后恢复重建工作倒排工期、挂图作战，任务责任明确到位、时间节点把握到位，工作进度推进到位，安排市建筑勘察设计院和灾后重建涉项单位抓紧做好设计等项目前期准备工作，确保灾害重建项目如期开工。

【开展主题教育】 提高认知开展主题教育的重要意义，把“不忘初心、牢记使命”作为加强党的建设的永恒课题和全体党员、干部的终身课题。紧紧围绕学习贯彻习近平新时代中国特色社会主义思想这一主线，根据“守初心、担使命，找差距、抓落实”的总要求，认真贯彻落实中央、区党委、市委关于第二批主题教育的具体部署，坚持把学和做结合起来，把查和改贯通起来，把学习教育、调查研究、检视问题、整改落实四项重点措施有机融合、一体推进、贯穿始终，以学促研、以研促查、以查促改，做实规定动作，做亮自选动作，达到预期目的，收获满满成果，取得较大成效。常委会班子成员率先垂范、主动认领问题，认真履行主体责任、“一岗双责”，加强对主题教育的组织领导，以刀刃向内、眼睛向内的自我革命精神，以功成不必在我、功成必定有我的境界，立足办好群众看得见、摸得着、得实惠的实事，着眼为后人做铺垫、打基础、立长远的好事，不断用为民谋利、为民尽责的实际成效取信于民，坚定全县各族群众感党恩、听党话、跟党走的信心和决心，用实实在在的成绩为党尽职、为民造福，发扬斗争精神，剖析影响全县发展稳定改革的各项问题，并采取切实管用的措施认真整改落实，做到用工作成效来检视主题教育、用主题教育来推动各项工作。通过多举措的方式学习，深化习近平新时代中国特色社会主义思想特别是习近平总书记治边稳藏重要论述的成功实践的认识和理解，增强贯彻落实好总书记和党中央、区党委和市委决策部署的自觉性、坚定性。全县各级党组织班子成员带头遵守政治纪律和政治规矩，带头做到言行一致、知行合一，始终在思想上行动上政治上同以习近平同志为核心的党中央保持高度一致，自觉维护党中央权威。全县各级党组织和广大党员的爱党爱国情怀和奋斗精神更加统一、解决影响全县发展稳定改革的能力更加提升、为民服务为民谋利为民尽责的氛围更加浓厚，全县各族群众感党恩、听党话、跟党走的信心和决心更加坚定，人民群众的获得感、幸福感和安全感进一步提升。全县相关基层党组织严格按照相关要求，也纷纷召开高质量的专题民主生活会和专题组织生活会，全县各级党组织通过“三会一课”、主题党日、周例会、新媒体等形式，认真学习《习近平关于“不忘初心、牢记使命”论述摘编》等必读篇目，调动党员干部工作的积极性主动性创造性。2019年，全县各级党组织集中学习791次，11858人次接受教育。相关的亮点做法，被人民日报、人民网、经济日报、西藏日报、市委“不忘初心、牢记使命”主题教育领导小组办公室编的简报、昌都报、昌都党建微信公众号、昌都智慧党建等平台采用或宣传报道30余次。2019年11月7日至2019年11月30日，江达县委“不忘初心、牢记使命”主题教育办公室派人在“不忘初心、牢记使命”主题教育官网、人民网·中国共产党新闻网举办主题教育话语征集活动中发表精彩话语23条。

【领导名录】

昌都市委常委、江达县委书记：黎 世 江

县委常委、县人大主任：王 玉 杰

县 委 副 书 记 、县 长：党昂扎西

县委常委、县政协主席、县委统战部部长：

戴 明 英

贡觉县

【概况】 贡觉县地处昌都市东部，金沙江西岸。东与四川省白玉县隔江相望，南与芒康县相连，西与卡若区、察雅县接壤，北与江达县毗邻，是连接国道318线与317线的重要枢纽。贡觉县属于大陆性高原季风气候，全县属半农半牧县。最高海拔5443米，最低海拔2570米，平均海拔4021米。县政府驻地海拔3640米。辖区面积6244.04平方公里，耕地总面积6.12万亩，草场面积595万亩，林地面积26.8万公顷，森林面积24.08万公顷，森林覆盖率38.1%，有高等植物5种，野生药用植物资源208种，野生动物列为国家一级保护动物的有3种，国家二级保护动物的13种。全县辖1镇11乡，1个副县级三岩管委会，149个行政村，295个自然村。全县行政事业编制总计1870名，实有干部职工总计2094人，其中占行政编制979人，占事业编制1090人，占机关事业编制人员25人。

全县共有各级党组织280个，其中党委22个，党总支9个，党支部249个，共有党员4126名，其中农牧民党员2481名。共有驻村干部596名，其中自治区驻村点14个，选派56名驻村干部；昌都市驻村点35个，选派70名驻村干部；本县各单位、乡镇选派470名驻村干部。全县共有学校38所（完小15所、幼儿园12所、教学点10个、中学1所），义务阶段学生5773（其中小学生4577人，入学率99.8%，中学生1196人，入学率98.44%，幼教阶段学生775人，入学率60.22%），现有教师473人。卫生机构17个，医务人员106名，村医294人。农牧区广播电视人口覆盖率100%。城镇人口登记失业率控制在2.5%以内。共有寺庙64座，教派4个（萨迦派3座、噶举派4座、格鲁派1座）。僧尼1481名。寺庙管委会27个，专职管理特派员机构37人，驻寺干部152名。

【社会事业】 推进义务教育均衡发展。教育体育项目建设工作稳步推进。2019年，全县教育体育基建项目14个，总投资7020万元，全部完工并投入使用。文化事业。开展贡觉县文化产业系列活动，扎实推动文化产业发展。新增县级文化产业6家，全县15家文化产业实现收入164万元，解决建档立卡贫困户183人。加强非遗文化保护力度。2019年，新增县级非遗项目6项、传承人市级8人，县级5人。筹备三岩民俗博物馆建设工作。收集三岩民俗生活用具彰显本地民族传统的生产工具、家具、宗教用品，特别是原始木质工具、石炊、石灶8000余件。卫生事业。全县共完成住院报销补偿2189人次，补偿金额1177.82万元，其中建档立卡户住院报销1291人次，补偿金额616.89万元。对建档立卡贫困人口重特大疾病救治费用兜底，确保建档立卡贫困群众费用个人自付不超过10%。共计27人享受到建档立卡贫困人口重特大疾病救治金28.37万元。县人民医院和妇幼保健院工程完工，藏医院投入使用。县人民医院装修工程完工，共投资990万元；县藏医院附属工程完工，总投资618万元。县人民医院传染病房改造和医疗废水处置系统工程，总投资500万元，完工投入使用。各乡镇卫生院标准化建设硬件完成。社会保障。农村低保从每人每年3840元提高至4450元，按照差额补助的方式，为1856户6660人兑现资金1443.21万元；兑现城镇低保资金232.15万元。登记入住五保对象191人，实有入住五保对象36人。特困供养对象356人，其中集中供养55人，集中供养标准由2018年的每人每年11700元提高到每人每年12480元，分散供养标准由2018年的每人每年5760元提高到每人每年7743元，共兑现资金274.05万元。就业工作。全县城镇新增就业357人，完成目标任务365人的97.81%，城镇登记失业率控制在2.5%以内。实现农牧区劳动力转移就业8154人，转移就业14843.45人次，转移就业收入3673.89万元，分别完成目标任务0.8万人、1.3万人次、3000万元的101.93%、114.18%、122.46%，全县就业形势总体保持稳定。

【生态保护】 落实生态环境保护责任。天然林资源保护工程二期管护面积338万亩，管护资金1690万元，落实护林员岗位971个；贡觉县森林生态效益补偿31.01万亩，发放管护人员资金100.44万元；2019年度贡觉县投资162万元完善森林防火及林业资源综合管理系统。抓好大气污染防治。严格按照源头预防，开展大气污染防治综合治理，制定《贡觉县大气污染防治工作方案》，完成足峰燃煤砖厂的淘汰、完成洗浴中心燃煤锅炉煤改气、改电5家、餐饮行业油烟整治110家。开展人居环境整治。建立完善农牧区生活垃圾收运处置体系，实施7个县乡垃圾填埋场工程，总投资9790.18万元。植树造林助力生态文明建设。投资8340.08万元完成国土绿化面积12106亩，为贡觉生态建设再添新绿。

【项目建设】 2019年，全县基建项目开复工项目161项，总投资347.59亿元，完成投资19.1亿元（其中：叶巴滩电站完成投资11亿元），比2018年同期增长6.7%，完成目标任务19601万元的100.3%，其中：续建项目55项，总投资342.34亿元，完成投资14.07亿元；新建项目106项，总投资5.25亿元，完成投资5.03亿元；完工项目144项，总投资12.39亿元，完成投资7.23亿元。

【基础设施建设】 县乡公路建设不断推进。全县续建交通项目40个，建设里程208.138公里，总投资55053.54万元。交通扶贫项目稳步推进。全县新建交通扶贫项目26个，建设里程47.45公里，总投资7955.1万元。加快城乡基础建设。全县新建城乡建设项目4个，总投资15034.46万元，其中贡觉县县城搬迁安置点工程、贡觉县县城搬迁安置点（公租房）二期工程预竣工交付使用。水利建设项目有序推进。全县新建水利项目5个，总投资10696.26万元，2019年完成投资10696.26万元。

【精准扶贫】 全县有建档立卡贫困人口3072户17572人，贫困发生率达41.79%，涉及12个乡镇、149个贫困村（其中深度贫困村131个）。通过全面夯实脱贫攻坚主体责任，多措并举宣传报道，严格落实督查考核以及“五个一批”“两不愁三保障”等举措，全县实现贫困人口全部脱贫［3070户17598人脱贫和149个贫困村（居）全部退出］，其中：2019年脱贫2220户12277人。“三率一度”和“两不愁、三保障”目标均达到国家脱贫“摘帽”标准；错退率0%，漏评率0%，群众满意度98%，达到贫困县脱贫摘帽的国家标准。2019年10月通过自治区第三方验收。

【援藏工作】 完成与援藏省市企业第九批援藏接力工作，新一轮援藏工作增强人员选派方面和针对性帮扶力度，加快本县社会事业发展的步伐。受援项目开展成效显著，东风援助320万元的则巴乡第一小学改扩建工程完工并投入使用，东风援藏每年注资20万元设立助学“润苗基金”完成资助发放工作；天津援助4400万元的贡觉县实验小学工程、天津援助3350万元的贡觉县人民医院改扩建工程全部完工并投入使用；天津市宁河区援助1628万元的贡觉县哈加乡曲卡新村示范工程完成房建工程，确保新村群众全部入住。

【特色产业】 打造“昌都阿旺绵羊”贡觉特色品牌，按照“企业+基地+合作社+贫困户”的产业发展模式，通过绵羊到户带动贫困户、人工种草引领贫困户、屠宰加工吸纳贫困户、公司兜底保障贫困户、商业分红覆盖贫困户、电子商务促动贫困户，带动建档立卡贫困户参与产业链各个环节，让贫困户多方位多途径增收。围绕“高原特色农畜产品开发基地、特色民族手工业传承基地”发展目标，培育以金银铜器加工、民族服饰、唐卡绘画、农畜产品加工和林下资源加工为主的农牧民专业合作社73家，带动236名建档立卡贫困户就业增收。

【维护稳定】 始终把维稳工作作为党中央、区党委、市委交给的首要政治任务和第一责任，坚持以防患于未然为原则做工作，以防止出事为目标打基础，以敢于担当落实责任为标准看干部，积极防范可能出现的不稳定因素和风险，谋长久之策、行固本之举，贯彻落实市委关于推进涉稳隐患摸排调处、维稳能力提升、长效机制健全“三大行动”具体要求，通过强化维稳隐患排查、强化矛盾纠纷排查调处、强化应急处突准备、强化严打整治和社会治安综合治理、强化党对意识形态工作的领导，以及系列维稳机制建设，社会治理能力和治理水平全面提升，实现“三不出”和“四无”目标，为全县经济社会发展提供安全稳定的环境。

【党建工作】 扎实有序推进“不忘初心、牢记使命”主题教育。牢固树立“四个意识”、坚定“四个自信”、做到“两个维护”，严格落实党中央、区党委、市委的安排部署，通过抓动员部署、方案制定、书记培训、学习教育、调查研究、问题查摆、问题整改、督导指导等规定动作和自选动作的落实，扎实有序推进主题教育。对查摆出来的7类60个问题，整改落实5个，正在持续推进整改的21个，需下步整改落实15个，需要建立长效机制3个，需要上级层面解决的16个。全面推进基层党建工作。按照“规范、创新、一流”的总体要求和工作要点，紧紧围绕全县工作大局，保稳定、强党建、促扶贫、打基础、抓班子、带队伍、强素质、提升力、增活力、立标杆、树形象、作表率，通过抓制度体系建设、压实责任，形成“党委管党建、书记抓党建”“书记抓、抓书记”基层党建工作责任体系；通过抓“1托N”管理机制、加大软弱涣散党组织整顿、实施“百村整治、千村提升”计划，研究制定33个软弱涣散党组织“一村一策”和整顿工作方案，对116个村（居）党组织制订村级党组织整顿方案；通过落实党内生活制度、加强256名村（居）党支部书记、村（居）委会主任党员干部培训、做好智慧党建平台管理使用等，强化党员思想教育认识，坚定党员理想信念；通过发展党员质量、排查诉清党员队伍力量、开展党内激励等，打造党的先锋力量，为巩固党的执政地位提供坚强的组织保障；通过对49个村（居）活动场所“四性三化”打造、42个村（居）级组织活动场所建设选址设计，赢取民心、凝聚人心、强化堡垒。全面推进机构编制工作。3月，统一完成涉改单位挂牌工作，制订下发涉改单位三定方案，为39家涉改单位更换统一社会信用代码证书，完成50名县级领导政治素质档案、454名科级干部政治素质档案“一人一档”建设，普通干部政治素质档案建设工作全面铺开，以每个季度20日，整理本季度干部职工增减情况、实名制数据核实，确保机构编制及实名制信息的真实性和可靠性。

【党风廉政】 坚持把惩治腐败作为加强党风廉政建设的主线和用力点，聚焦群众身边问题，强化监督执纪问责，持续有力形成震慑，对腐败问题敢于出手、敢于亮剑，以“零容忍”的态度，从严抓好反腐败工作。全年共受理信访举报及上级部门交办案件线索41件，正在初核34件，谈话函询3件，了结处理16件，结案7件，党纪政纪处分12人次，诫勉谈话16人，约谈20人，全县通报批评30人。

【巡察整改】 以完善工作机制为“根本点”。县委高度重视巡视巡察工作，认真贯彻落实中央、自治区、市委、县委关于巡察工作新思想新部署新要求、巡察工作重大问题和重要情况，县委书记认真履行第一责任人责任，成立以县委书记扎西为组长的巡察工作“五人小组”（书记专题会）和县纪委书记康军为组长的县委巡察工作领导小组，指导县委开展五轮巡察工作，建立巡察工作汇报机制，主持召开县委书记专题会5次，巡察工作领导小组先后听取12次巡察工作汇报会议，召开专题整改验收会议3次，批示指示79次，建立健全巡察制度，建立巡察“两库”管理办法、巡察成果运用办法等30余项巡察工作制度。针对整改创新“七个一”工作机制，完善一套机制、签订一份承诺、持续一个推进、深化一个加强、进行一次会诊、组织一次测评、形成一套资料，对深化政治巡察提出明确要求、作出具体指示。以坚持问题导向为“切入点”。县巡察办始终坚持问题导向，在每轮巡察进驻前，广泛收集问题和线索，对照巡察重点内容，科学划分巡察任务，深入“听、访、查、谈”，靶向查找问题，力求精准找出“病灶”，充分发挥政治体检作用。组织开展的五轮巡察工作中，完成对26个党组织涉及50个单位的巡察工作，发现问题167个，移交问题线索28条。采取“审核＋监督+指导”模式，持续推动巡察整改落实。以推进巡察整改为“落脚点”。贯彻落实市委书记阿布在市委第十次书记专题会议上的讲话精神，县巡察办着力做好巡察“后半篇文章”，在督促落实巡察整改方面，督促被巡党组织高标准严要求抓好巡察整改。被巡察党组织建立整改台账26份，针对性形成整改措施167条，建立完善规章制度32项。

【领导名录】

市委常委、贡觉县委书记：扎　西

县委常委、人大常委会主任：普布次仁

县委副书记、县长：杨玉斌

县政协主席：穆　忠

察雅县

【概况】 察雅县位于西藏自治区昌都地区东南部，地处横断山脉北段，介于北纬30° 04′ ~30° 59′ ，东经97° 11′ ~98° 29′ 之间。北连昌都县，东邻贡觉县，南与芒康县、左贡县接壤，西与八宿县毗邻。版图呈东西窄、南北长的菱形。察雅县山脉河流呈西北至东南走向，西北部（吉塘、卡贡）最高处海拔达5630米，巴日则松一带（澜沧江出境处）现代河床水面海拔高度2870米，平均海拔3500米。境内东中部为高原、丘状高原和山原地貌相依而成；西部是高山峡谷，沟壑纵横。百里澜沧江由西北而东南蜿蜒出境，麦曲作为澜沧江一级支流由东南向西北横穿县境腹部滋润两岸田园。因纬度、地势差异等影响，依次出现高原温带半干旱气候、高原寒温带半湿润气候等气候类型。年均气温8.2℃，年平均降水量472.4毫米，年平均蒸发量1653.6毫米。日均气温5℃以上持续期209.2天，0℃以上持续期278.8天，无霜期平均为130天。适于耐寒、耐旱、早熟作物生长，有利于林、牧、果树生产的发展。县政府驻地烟多镇，距昌都市90千米，辖13个乡镇、143个行政村、476个村民小组（自然村），总人口65659人，其中农牧业人口62078人。地域面积8255.59平方千米，主要以第二产业为主，农业主产青稞、春小麦、冬小麦、玉米、油菜、豌豆、马铃薯、大白菜、小白菜等，畜牧业主要有牦牛、黄牛、犏牛、绵羊、山羊、马、骡、猪、鸡等。耕地面积3345.3公顷，粮食播种面积3586.7公顷，粮食播种面积2953.3公顷。林地覆盖率41.8%，林地面积3451.69公顷。国家级野生保护动物有雪雉、藏马鸡等，已探明矿产资源有铜、钼、铅、锌、银、白云岩、石灰岩等。主要旅游景点有卓玛温泉、德玛雪山、仁达摩崖石刻等，特色产品有察雅干杏、察雅黑青稞、察雅苹果、阿孜绵羊等。

2019年，完成生产总值14.75亿元，同比增长8.2%，其中，第一产业完成21933万元，同比增长10.5%；第二产业完成73983万元，同比增长7%；第三产业完成51566万元，同比增长14.5%。全社会固定资产投资14.5亿元，同比增长18%。社会消费品零售总额完成3.74亿元，同比增长10.3%。地方财政收入6180万元，同比增长18%。农村居民人均可支配收入达到11245元，同比增长13.6%；城镇居民人均可支配收入达到31521元，同比增长10.8%。实现城镇就业14131人，城镇登记失业率≤3%。截至年底，参加城乡居民基本养老保险26377人，参加城乡医疗保险2357人，参加城乡养老保险2357人，参加城乡失业保险1237人，参加城乡生育保险2357人，参加城乡工伤保险2357人，2019年享受城乡居民基本养老保险60岁以上待遇51996人次，待遇支付9874955.9元。

【重要会议】 2019年3月23日，察雅县委经济、农村暨脱贫攻坚工作会议召开。昌都市政协副主席、察雅县委书记任厚明出席，察雅县委副书记、县长其珠多吉主持，在家县级领导、各乡镇党委书记、乡镇长，各寺管会负责人，部分驻村工作队，选派支部书记，县（中、区）直各单位参加会议。

2019年4月15日，中国人民政治协商会议第七届察雅县委员会第四次会议在雄壮的国歌声中隆重开幕。察雅县政协主席平措，副主席梅勇、格桑卓玛、达瓦扎巴在主席台前排就座。县委、政府领导到会指导。开幕大会由政协副主席格桑卓玛主持，应到政协委员54人，因病因事请假11人，实到43人，符合《中国人民政治协商会议章程》规定。邀请自治区政协委员和昌都市政协委员共8人列席会议。大会审议通过政协第七届察雅县委员会第四次会议关于常务委员会工作报告的决议；审议通过政协第七届察雅县委员会第四次会议关于常务委员会提案工作情况报告的决议；审议通过政协第七届察雅县委员会第四次会议政治决议。

2019年4月16日，察雅县第十二届人民代表大会第五次会议开幕，会议应到代表126名，因事因病请假16人，实到代表110名，出席人数符合法定人数。察雅县人大常委会主任党昂泽仁主持开幕会，第一次全体会议执行主席其珠多吉、杨鸥、巴桑扎西、美珠卓嘎、田杰、赵玉林、巴桑，县政协主席平措在主席台前排就座。

【重要活动】 2019年4月20日，察雅县人民医院隆重举行新综合大楼落成启用庆典仪式。察雅县副县长刘书获、边坝县人民医院参观交流团、察雅县各部门负责人、乡镇卫生院负责人、病员代表、县人民医院全体干部职工共计300余人参与，仪式由县卫健委主任主持。

2019年7月18日，察雅县召开决战决胜脱贫摘帽誓师动员大会，昌都市政协副主席、察雅县委书记任厚明出席会议并讲话，大会由县委副书记、县长其珠多吉主持。县委副书记、政法委书记、公安局党委书记、局长巴桑扎西，县政协主席平措，县人大副主任田杰等四大班子在家县级领导出席会议，大会由县委副书记、县长其珠多吉主持。13乡镇党政主要领导，县直各部门、各单位主要负责人，公安、教育、医疗系统，驻村工作队等800余人参加会议。

2019年9月30日，察雅县在澜沧江广场举行“不忘初心 牢记使命”主题教育活动暨热烈庆祝中华人民共和国成立70周年文艺会演。昌都市政协副主席、察雅县委书记任厚明，县委副书记、政法委书记、公安局党委书记、局长巴桑扎西，县委常委、人大常委会主任党昂泽仁，县委常委、常务副县长韩宝云，县人大常委会副主任美珠卓嘎，县委常委、宣传部部长晏启文，县人武部部长张运权，副县长蔺锡峰、古金容、次仁顿珠等在家县级领导观看演出。

【班子和队伍建设】 精准开展干部教育培训工作。2019年，紧紧围绕中心工作，聚焦重点业务，大力开展干部教育培训工作，选派干部参加区内外培训238人次，依托县委党校、县党员教育和干部测评中心开展培训12期，培训人数达1332人次，干部能力素质进一步提升。推动干部合理流动。根据《昌都市市直机关事业单位科级及以下干部公开遴选办法（试行）》，规范工作程序，38名干部参加市直机关事业单位公开遴选考试，4人通过测试，到市直单位工作，畅通基层干部向上合理流动的渠道。选好用好干部。按照习近平总书记提出的信念坚定、为民服务、勤政务实、敢于担当、清正廉洁的好干部标准，突出政治素质，把公道正派贯穿推荐、考察、遴选、确定人选的全过程，严格落实“凡提四必”和“双签字”制度，先后调整使用干部146名，专项审核干部档案146卷，干部选任的公信度、满意度越来越高。

【农牧业发展】 紧盯培育经济发展新动能的目标要求，深度对接昌都市“五大养殖基地”“七大种植基地”战略，依托河谷地带优势，坚持以特色农牧业、河谷种植业、特色旅游业等开发为依托，加大构建开放型、创新型、集约型工作举措，推动农牧业由自给型向产业型、规模化、标准化方向发展。2019年，实施经济林、牦牛育肥等产业项目26个，总投资3.2亿元。全县粮食播种面积完成4.42万亩。实施二级种子田项目2009亩，积极推广“藏青2000”“喜拉22”等优良品种。全年粮食产量达到1149.25万公斤，蔬菜产量达到1347.55万公斤。实施高标准农田建设项目1.9万亩，黄牛改良、牦牛育肥有序推进，牲畜存栏23.11万头（只、匹）。新种杂交构树1379亩，桃、苹果等4817亩，“苗圃—种植基地—生产加工—市场销售”产业链和“农户—公司—市场”利益联结模式作用发挥明显。

【教育事业】　总投资2.8亿元，占财政总支出16.34%。推进城乡办学条件均衡化发展，推广学前教育集团化办园模式，新建第二小学、第二幼儿园，在高海拔学校实施集中供暖项目，新建公共体育场馆1座。为18所学校补充完善学校信息化教学设备，争取重庆援藏投资500万元建设县中学数字化校园，全县各类学校办学条件得到持续改善。紧紧围绕实现“五个100%”教育工作目标和质量提升计划，全面推进控辍保学工作，努力促进全县教育事业健康和谐发展。组织130多名教师赴重庆南岸区、綦江区参加培训，10余名幼教教师参加“粤藏同心”幼教教师和保育员培训，全县校长、教师交流人数达到54人次，教师队伍建设不断加强。

【医疗卫生】　包虫病综合防治和“六病”筛查圆满完成，荣获“全市包虫病防治先进单位”“昌都市卫生健康工作先进集体”。全县孕产妇住院分娩率提高到87.67%，同比增长15.3%；新生儿死亡率降低到11.28‰，同比下降9.7‰。县级公立医院医疗服务能力不断提升，投资1.02亿元，县人民医院综合大楼、传染科病区、妇幼保健楼等投入使用，成功完成二级乙等综合医院创建工作。“组团式”医疗援藏取得重大突破，上海复旦大学附属中山医院、綦江区人民医院、大足区人民医院、巴南区人民医院、广东中山大学附属第三医院等对口支援医院派出65名医疗专家来察援助，组织培训200余场次，帮助建章立制300余条。全年累计开展义诊7121场次，实施抢救214人次，治愈病人2400余人次，手术数、救治数远超往年，群众生命安全得到保障。

【文化事业】　完成文艺演出活动20场，开展各类文化惠民活动60余场，创编舞蹈8部。完成《察雅年鉴（2018）》《精准扶贫在察雅》《美丽察雅》出版工作，《察雅县志》顺利通过终审。基础公共文化设施进一步完善，察雅县电影院建成投运，13个乡镇文化站功能更加完备，38个行政村配齐文化设备（包括26个安置点）。非物质文化遗产传承工作更进一步加强，格萨尔铠甲颂和勉唐画派绘画技艺列入市级非物质文化遗产项目名录，金属锻制技艺（麦堆金银锻制技艺）、面具制作技艺（烟多羌姆面具制作技艺）、羌姆（烟多德穆贡羌姆）、藏靴制作技艺（吉塘藏靴制作技艺）列入自治区级非物质文化遗产项目名录。仁达拉康纳入全国重点文物保护单位。

【社会保障】　全县城乡居民基本养老保险参保人数达到1.91万人次。完成社保卡信息采集5.89万人。新型农村合作医疗保险参保人数达5.72万人。累计兑现城乡医保、残疾人两项补贴、临时救助、特困救助等社会救助资金2557万元，保障13273名困难群众基本生活；在中华人民共和国成立70周年之际向9465名困难群众增发救助资金168.74万元。基层政权建设探索推进，有序推进6个大中型易地搬迁安置点增设村（居）民委员会工作。

【旅游发展】　《察雅县全域旅游发展规划》通过终评。依托察芒公路，打造香堆景区。累计开发旅游业就业岗位720个，直接带动农牧民群众增收496.5万元。全年累计接待游客5.77万人次，实现旅游收入968.5元，同比分别增长1.4%、3.8%。

【生态环保】 污染防治攻坚战成效显著，全年生态建设累计投入2196.74万元。建设一支117人的强力环卫队伍，改善县城卫生环境。为各乡镇、易地搬迁安置点购置环卫设施，实施农村垃圾收集设施建设工程，新建17座垃圾池。完成8个水源地保护工作，全面落实生态保护红线划定工作，完成察雅县第二次污染源普查，普查污染源企业82家，处罚8家，罚款26万元。完成37条县级河流“一河一策”和“一河一档”编制工作，完成全县河道采砂规划编制，维护河湖水域健康。中央、自治区环保督察反馈问题整改均达到时序要求。完成自治区生态环境考核，荣获2019年度全区生态环境保护优秀等级。完成4197亩集体林权外业勘界工作，持续推进生态安全屏障巩固工程和藏东横断山脉造林绿化工程，21665个生态补偿岗位开展“一人一年五棵树”环境绿化活动，全面落实消除“无树单位”和提质增绿行动，生态立县、生态文明化持续推进。

【乡村振兴】 立足产业振兴，鼓起群众“钱袋子”。以“五个一万”［万亩良种青稞基地、万亩饲草料、万亩经济林、万头（只）牛羊、万吨花岗岩］产业为载体，以“六个千万级”（吉塘镇藏东现代农牧业科技示范园、县扶贫开发产业园、阿孜乡阿旺绵羊养殖基地、宗沙乡牦牛育肥场、烟多镇帮嘎村杂交构树种植基地、烟多镇如给村蔬菜基地）工程为龙头，按照大、中、小、微类型产业项目分别带动县、乡、村、户工作机制，严格执行“五定三统一”（严格执行规划定项目、项目定人员、产业定收入、收入定增幅、增幅定目标，切实做到标识公示牌、明白卡、信息档案三统一）机制和“三个一”（一个项目一个法人、一个项目一套利益联结机制、一个项目一套档案资料）制度，紧抓县委、县政府既定的发展经济林果、苗木、蔬菜、牛羊育肥等特色主导产业不放松，加快产业项目实施，确保扶贫产业项目成效。截至2019年，投入产业资金5.56亿元，实施建成产业项目95个。立足人才振兴，筑巢引凤“搭台子”。强化村级活动场所建设，使村级活动场所成为议事办事、发展创新的坚强堡垒；深化“支部+协会”发展模式，积极探索“支部+公司+合作社+农户”形式，鼓励村居党支部创办领办集体经济、农牧民专业合作社；坚持“狠抓河谷经济、破解瓶颈制约，扩大对外开放、统筹城乡发展”战略，积极整合涉农单位资金，集中扶持基础较好、有合适项目的村居发展集体经济，利用集体经济的引擎作用，增强党员群众自我发展的能力，培养农村致富带头人，培育新型职业农民。立足文化振兴，宣传教育“富脑子”。通过探索举办夜校、讲习所等形式，讲好惠民政策，让“安贫可耻、勤劳光荣”的观念耳濡目染，以“身边人讲身边事，身边人讲自己事，身边事教身边人”形式，让群众受到教育、懂得感恩，增强脱贫致富的道德自觉；围绕勤俭节约、反对迷信、健康娱乐等开展移风易俗，培育文明新风，加大先进典型表彰和宣传力度，传播正能量；探索建立激励机制，增强群众发展动力和信心，营造“谁干支持谁，大干大支持，小干小支持，不干动员干”浓厚氛围。立足生态振兴，美化环境“优面子”。结合“七城同创”、“七边四美四化”和农村人居环境整治工作，推进“三清一改”（清理农村生活垃圾、清理村内塘沟、清理畜禽养殖粪污等农业生产废弃物、改变影响农村人居环境的不良习惯）。开展清理村集体活动场地、农牧户房前屋后和村内巷道积存垃圾、塑料袋、易拉罐和柴草杂物，投入140万元清理国道、省道沿线垃圾，农村生活垃圾得到有效治理，全县城乡环境卫生整治工作取得明显的成效；投资4380万元，分别新建县城、吉塘两座污水处理厂，加快推进污水处理厂项目建设进度，多管齐下提高污水收集效率，大幅提升城镇污水收集处理能力；推进“厕所革命”工作，制发《察雅县关于“厕所革命”户厕改造工作实施方案》，配套建设卫生户厕3142户，在吉塘和肯通两个乡镇14个村（居）开展改厕整村推进试点工作，有效满足群众日常生活需要。

【强基惠民】 立足两个维护，强化思想引领。各驻村工作队结合实际制定中共十九大精神学习宣讲工作方案，定内容、定时间、定宣讲人员，努力在学懂弄通做实中共十九大精神上下功夫，把学习宣传好、贯彻落实好中共十九大精神作为驻村工作的首要政治任务，通过开展民俗活动、拉家常、设立生动形象的宣传专栏等把中共十九大精神讲清楚、讲明白，把中央的特殊关怀、特殊关心、特殊支持和习近平总书记的重要指示、亲切问候传达到基层、传达到各族群众心中。各驻村工作队用“藏汉”双语向群众宣讲习近平新时代中国特色社会主义思想和中共十九大精神687场次，受教育群众4.4万多人次；举办专题讲座252次，发放宣传材料2422份，开辟专题宣传栏150期。立足脱贫攻坚，助力脱贫摘帽。各驻村工作队紧密结合全年脱贫攻坚目标任务，按照“五个一批”“六个精准”“七个强化”“八个到位”“九下功夫”的总要求，全力协助相关部门，开展易地搬迁工作、推进产业脱贫、抓实教育脱贫、抓稳生态补偿脱贫、抓好社会兜底工作。帮助村（居）“两委”制定实施年度脱贫计划171个，协助村（居）两委制定扶贫资金和项目公示制度181个。向驻地村（居）群众宣传精准扶贫、精准脱会政策1508场次，受教育群众4.8万余人次，印发扶贫宣传资料1.5万余份，开辟宣传栏167期 。组织开展贫困群众技能培训99次，帮助贫困群众转移就业611人。立足乡村稳定，促进社会和谐。逐级签订维稳目标责任书、综治责任书，调整充实维护稳定队伍，更新值班表，制定维稳方案和应急预案，明确措施和要求，建立重点人员管控台账、矛盾纠纷调处台账、安全隐患排查台账，主动加强重要时间节点的维稳值班和治安巡逻工作，在矛盾化解、社情民意收集、突发事件报告等方面主动担当、勇为先锋。驻村工作队协助村（居）“两委”制定维稳工作方案和应急预案507个，建立健全农牧区维稳工作机制138条，建护村队、护路人、护校队、护厂队138个；组织召开抵制十四世达赖集团的分裂渗透破坏活动、与十四世达赖集团划清界限、宣传党的民族宗教政策等宣讲会426场次，参会群众5.9万人次；召开村情民意群众会议440场次，化解和妥善处理各类社会矛盾115件，排查调处与邻乡、近村之间草场、水源、矿产等矛盾纠纷33件。立足基层党建，筑牢战斗堡垒。各驻村工作队坚持把政治建设摆在首位，组织群众、村（居）“两委”班子成员全面加强政治学习。严格“三会一课”制度，强化理想信念教育和党性教育，加强对信教党员的思想教育，坚定不移地拥护党的领导，不折不扣的执行党的决定，确保党的路线方针政策和决策部署贯彻落实。各驻村工作队组织党员开展“不忘初心、牢记使命”主题教育活动136次，参与党员1426人，培训村“两委”班子成员和后备干部1.7万余人次。驻村工作队协助村（居）“两委”开展活动212场次，召开各类会议674次、上党课690余次，村（居）“两委”干部主持召开日常会议257场次。立足观念转变，塑造文明乡风。各驻村工作队坚持把提高农牧民群众思想素质，树立科学健康的生活理念、生活态度、生活方式为出发点，开展“四讲四爱”群众教育实践活动和“神圣国土守护者、幸福家园建设者”“爱国主义影视展播”“民族团结在身边”“讲美德故事、学道德模范”等一系列宣传教育活动，让群众在文化熏陶中受教育。协助相关部门开展“两降一升”和包虫病综合防治工作、“六病”筛查工作，引导群众改变不良生产、生活方式，提高群众防病意识和自我保护能力，筑牢群众健康防线。帮助村级组织健全村规民约234条，针对农牧民群众中存在的不良习惯和陈规陋习行为开展教育活动260场次，受教育群众13500人次。举办“争做神圣国土守护者、幸福家园建设者”专题讲座310场次，参与群众12290人次，发放宣传资料3860份；宣传“厕所革命”、“两降一升”和包虫病、结核病、肝炎、风湿病、大骨节病等地方病综合防治工作270场次、覆盖群众20805人次。

【重点集体经济简介】 2015年，察雅县充分利用地理、自然、区位三大优势，科学规划，在迪嘎纳山、德日那山，澜沧江沿线3个片区启动万亩经济林产业项目，栽植经济林总面积10624亩，种植杂交构树、苹果、蜜桃、山杏等经济苗木52万余株。项目实施以来共计吸纳群众425户2471人，其中建档立卡户158户1006人，发放工资性收入190余万元，户均增收4500元左右，实现群众不离乡不离土在家门口就业的愿望。根据规划，经济林项目建成3~5年后，将移交给当地群众作为集体经济，采取“公司+基地+农户”的模式为群众脱贫增收。

【宣传工作】 根据中央、区、市“不忘初心、牢记使命”主题教育安排部署，县委牢牢把握主题教育的主题、主线、目标和任务，围绕“守初心、担使命，找差距、抓落实”的总要求，坚持把“学习教育、调查研究、检视问题、整改落实”四项工作贯穿主题教育全过程，同安排、同部署、同推动、同落实。各级党组织及时成立主题教育工作领导小组和各类工作专班，形成了一把手抓总、一级抓一级、合力抓落实的工作格局。全县各级党组织结合实际制定“不忘初心、牢记使命”学习计划和安排表284份，制定个人学习计划1430余篇，县级干部带头学纲要、学重要论述、学法规汇编。扎实开展“七个专题”学习研讨，先后召开专题研讨会议620余场次，撰写研讨发言材料1860余份，849名党员干部在会上进行了交流发言。各县处级干部围绕“脱贫摘帽”总目标，带头主动深入联系点乡镇、村居、分管部门开展调查研究工作，形成高质量调研报告48份。通过现场问政，收集有针对性的意见建议520余条，对照习近平总书记指出的4个方面20个问题、吴英杰书记强调的4个方面23个突出问题、昌都市查摆的4个方面14个具体问题，全县各级党组织及班子成员认领问题325条，并全力抓好整改工作，拉近干群距离，融洽干群关系。广大党员干部通过主题教育有效增强党性意识，强化初心和使命。

【产业发展】 围绕“五个一万、六个千万”产业发展布局，培育壮大优势产业集群。精准扶贫产业方面。累计投入产业扶贫资金4.84亿元，实施精准扶贫产业项目85个，覆盖建档立卡贫困群众5431人，扶贫收益累计达1379.34万元，贫困群众增收效果逐步显现。农牧林业方面。实施荣周、香堆等高标准农田1.9万亩，加大“藏青2000”等良种推广工作，完成粮食播种面积4.42万亩，全年粮食产量达到1149.25万公斤，全年蔬菜产量达到1347.55万公斤。达成万亩经济林目标，种植经济林木1.17万亩，构树茶、构树饲料初具规模。延长苹果产业链，实施苹果醋加工，注册“雪域菓源”苹果醋饮料品牌，取得QS食品认证。实施宗沙牦牛育肥、阿孜绵羊育肥等重点养殖项目，全县牲畜存栏23.11万头（只、匹），出栏4.23万头，奶产量0.93万吨，肉产量0.9万吨。

【维护稳定】 坚持把维护社会稳定作为首要政治任务，扎实开展社会综合治理。累计投入150万元补齐基础设施短板，发放“双联户”户长工资149.6万元，建立健全奖惩制度，投入表彰资金75.49万元，优化整合群防群治力量，构筑起县、乡镇、村（居）三级维稳防控网络，荣获2019年度昌都市先进双联户创建活动先进集体荣誉。深入推进“扫黑除恶打非治乱”专项斗争。摸排各类线索27条，受理刑事案件39起、行政案件39起。推进“缉枪治爆”专项行动，集中整治行业乱象，建筑施工、娱乐场所、旅游市场等领域11个类19个突出问题得到有效治理。强化扫黑除恶宣传力度，受教育群众6万多名，凝聚社会共识。“七城同创”加快推进。“七城同创”各项创建指标达标257项，达标率66.4%。调整充实县“七城同创”组织机构，严格按照年度工作路线图狠抓落实，聘请第三方对符合条件的村（居）进行水质、噪音等指标监测，成功创建自治区级生态村（居）34个。推进民族团结“九进”工作，打造县城藏戏广场民族团结主题墙，民族团结进步示范县通过自治区验收。严格落实环境卫生长效管理责任制、门前“三包”责任制，集中整治机动车乱停乱放、违规行驶等问题，道路装灯率达到100%，亮灯率达到96%以上。健全完善应急管理体制机制。道路交通、建筑施工、危险化学品、消防火灾、食品药品、特种设备等重点领域治理成效明显，开展应急演练30余次，全年无重大安全事故和受灾情况发生。

【项目建设】 全县开复工项目共13大项208个子项，总投资38.73亿元，累计完成投资14.5亿元。重点项目有序推进，投入3.2亿元，实施巴日、吉塘输变电工程及中低压配电工程等项目。全年累计完成供电量2238.76万千瓦，同比增长43.97%；全县新续建交通建设项目115个，总投资11.64亿元，新增公路里程478公里。川藏铁路察雅段前期团队全面入驻，可研编制方案完成并上报国家发改委。全县水利工程续建在建工程13个，总投资1.396亿元。荣周灌区、烟多镇给如村、吉塘镇居委会等防洪工程全部完工。总投资1.7亿元，修建公共租赁住房1220套，建筑面积5.06万平方米，解决新进就业无房职工和在城镇稳定就业的外来务工人员、未就业大学生的住房问题。向城镇低保户64户106人、低收入家庭237户312人发放资金127.91万元，解决城镇低保户、低收入家庭的住房困难。总投资2.7亿元，建成标准化村级活动场所94个，建强凝聚人心、服务群众的前沿阵地，确保党在农牧区的执政根基得到全面巩固。

【脱贫攻坚】 2019年实现138个贫困村退出，4161户20852人脱贫。建档立卡贫困人口实现“两不愁、三保障”，基本告别绝对贫困。2019年12月23日，西藏自治区对外发布公告批准察雅县退出贫困县。

围绕“两不愁、三保障”，紧盯2019年全县脱贫摘帽目标，全面完成安全饮水工作。总投资5991.42万元，对306个自然村290个工程点，采取新建、改造、升级等措施实施安全饮水巩固提升工程，高寒区域采取水井、暖箱等有效措施，解决冬季供水难题。完成358个水源点水质检测，全县农村饮水均达到《西藏饮水安全评价准则》标准，保障农牧民群众饮水安全。住房安全得到有效保障。投入资金7.89亿元，建设易地扶贫搬迁安置点26个，入住群众2406户12751人，入住率达100%。投入资金3980万元，对全县1328户（含建档立卡户374户）群众实施农村危房个性化“六改”工程，困难群众住房安全得到有效保障，群众通过靠投工投劳，每户增收9300元。医疗保障实现全覆盖。将1271人纳入全县大病集中救治、慢病签约服务管理、重病兜底保障。家庭医生签约服务率达100%。累计投入资金1.4亿元，实施县人民医院、藏医院、疾控中心和11个乡镇卫生院的基础能力提升、新建、改扩建工程，对138个村卫生室提质改造，每个村卫生室配备2名村医，全县医疗条件显著提升，将群众“因病致贫、因病返贫”风险降到最低。教育保障扎实有效。加强建档立卡户在校生管理，做到一生一档。建档立卡户中小学生2617人，入学率100%。落实“县、乡、村、户”“局、校、班、户”双线控辍责任制和控辍保学“四书制”，疑似失学儿童复学率100%，义务教育阶段“三残”适龄儿童义务教育入学率100%。投入“三包”经费3031.88万元，营养改善计划经费552.28万元，推进义务教育城乡一体化均衡发展，完成农村薄弱学校提质改造，坚决切断贫困代际传递。政策保障落实到位。针对残疾人、单亲母亲、一孩双女等易返贫的弱势群众制定并实施帮扶方案，累计为2782名残疾人办理残疾证，累计发放价值50万元的辅助性器械771件。累计投入589余万元，成立察雅县福志商贸有限公司，第一期40个“短平快”项目全部投入使用，累计带动1420余人就业增收。协调各方扶持资金2900万元，新建集体经济54个，在全县138个村（居）建立劳务输出合作社，消除集体经济“空壳村”。

【招商引资】 全年招商引资项目10个，协议总投资5.55亿元，到位资金3.62亿元，荣获昌都市2019年度招商引资先进单位荣誉。察雅县扶贫开发产业园、“双创”孵化池引入各类企业25家，带动扶贫建档立卡户186人就业增收，年产值达到3000万元。筹措资金1100万元加快推进产业园二期项目建设。总投资1.06亿元的麦曲综合产业城建成并投入使用，县域营商环境进一步改善。完成昌都市第五届“三江茶马文化艺术节”特色产品展销工作，销售业绩达17万元，察雅县构树茶获得“最佳产品创新奖”。

【特色产业】 因地制宜，大力发展经济林产业促脱贫。察雅县落实“群众就业与就近就便不离乡不离土，能干会干”的关系，利用地理、自然、区位三大优势，科学规划，总投资10105万元，在嘎纳山、德日那山，澜沧江沿线3个片区启动万亩经济林产业项目，栽植经济林总面积11720亩，种植杂交构树、苹果、蜜桃等经济苗木52万多株。项目实施以来积极吸纳当地群众投工投劳，共计吸纳群众311户1843人，其中建档立卡户149户956人，预计发放工资性收入190余万元，户均增收6000余元，实现群众不离乡不离土在家门口就业的愿望。根据规划，经济林项目建成3~5年后，将移交给当地群众作为集体经济，采取“公司+基地+农户”的模式为群众脱贫增收。

大力发展苗圃，拓宽就业渠道增加收入。2017年，投资2800万元实施邓雪苗圃项目，流转土地309亩，培育当地云杉、核桃等苗木93万株，年出圃苗木4万株以上。每年兑现群众土地流转费用30.9万，全村33户197人（含建档立卡贫困群众21户104人）户均增收9363元，人均增收1568元。通过苗圃建设项目，当地贫困群众有了致富门路，真正实现在家门口就业致富。察雅县坚持“培训一人，就业一人”的原则，对贫困群众开展育苗、苗圃管理等技术培训100人次，并吸纳20人为苗圃工人，参与育苗、管护等工作，累计发放劳务收入10万余元。

科学实验高原新树种，生态产业助力精准扶贫。依照国家十大精准扶贫工程部署，察雅县通过阶梯式、科学性论证种植杂交构树的可行性，利用荒山荒坡进行种植，引进龙头企业建立种植示范点，带动当地贫困群众增收致富，实现杂交构树精准扶贫项目的规模化、产业化和杂交构树“林—料—畜”一体化的产业扶贫目标。2018年以来，察雅县投资1000余万元，种植“中科一号”杂交构树达到2500亩。

【党建工作】 抓严党建责任落实。树牢“抓好党建是本职、不抓党建是失职、抓不好党建是不称职”的观念，逐级签订党建目标责任书260余份，形成县委统一领导、组织部门牵头协调、成员单位具体指导、乡镇和村（居）具体抓的基层党建工作领导机制。健全基层组织体系。调整优化涉改单位党组织，合并、更名、新建党支部15个。坚持问题导向，按照“一支部一方案”“一问题一对策”的工作原则，完成31个软弱涣散基层党组织晋位升级。加强村居干部队伍建设。按照“一村一档”要求，建立村情档案138套，完善村（居）干部档案1150份，储备后备干部2484名。552名驻村干部与村“两委”班子成员结成帮扶对子，积极开展驻村干部传帮带工作。先后培训村（居）干部600余人次，党务工作者250余人次，村居干部能力得到有效提升。加强党员队伍建设。依托远程教育信息平台，实现“远程教育固定学习日”与“主题党日”有效结合。严格规范党组织关系转接，做好党费收缴使用管理，各级党组织2019年共缴纳党费27.47万元。排查解决发展党员违规违纪问题。成立排查解决发展党员违规违纪问题试点工作领导小组，制定《察雅县排查解决发展党员违规违纪问题试点工作实施方案》，组成5个调研组对发展党员工作进行全面摸排，发现不合规的内容10项，逐项进行整改。推进村级组织活动场所标准化建设。按照“四性三化”“八个阵地”要求，改扩建村级组织活动场所，优化功能设置，建成标准化村级活动场所94个，16个正在基础施工，28个完成选址工作。

【廉洁建设】 县委始终牢牢把握全面从严治党政治责任，旗帜鲜明惩贪治腐，从严从实正风肃纪，奋力营造清廉、务实的政治生态。加强组织领导，明确责任目标。调整充实党风廉政建设工作领导小组，签订《2019年度察雅县委落实党风廉政建设“一岗双责”目标责任书》12份，结合“两个责任”制定下发《2019年度党风廉政建设和反腐败斗争工作计划》，细化重点任务12项。深入学习中共十九届中央纪委三次全会、九届区纪委四次全会、一届市纪委七次全会精神和吴英杰书记在全区“两个责任”培训班上的讲话精神，以高度的思想政治行动自觉做好党风廉政工作。加强作风建设，从严执纪问责。持续抓好中央八项规定精神贯彻落实，深入开展不作为慢作为集中整治，坚持“一案双查”和责任倒查，坚决查处发生在群众身边的“微腐败”，深化扶贫领域腐败和作风问题专项治理，推动党员干部信仰宗教问题专项治理以及开展领导干部利用名贵特产类特殊资源谋取私利问题专项整治工作，持续正风肃纪。2019年共受理各类问题线索44件。运用“四种形态”对80名党员干部进行提醒、约谈或诫勉谈话，给予党纪政务处分28人，移交司法2人。办理违反中央八项规定精神问题2件。县委班子带头查摆不作为慢作为问题12条，制定整改措施40条。释放失责必究的强烈信号，营造风清气正的干事创业环境。加大巡察力度，做好风险防控。县委严格按照“四落实”工作要求，聚焦“全面从严治党”核心，紧扣“六项纪律”标尺，紧盯党的领导弱化、党的建设缺失、全面从严治党不力“三大问题”精准发力，先后开展6轮巡察工作，巡察单位党组织51个，覆盖率达68%。延伸至村（居）138个，覆盖率达100%。县委前6轮巡察发现并反馈问题539个，移交纪委监委18件，结案11件、立案1件、正在核实6件，5人受到党纪政务处理，巡察工作的“探头”作用发挥明显，起到震慑、遏制腐败的良好效果。

芒康县

【概况】 芒康县地理位置藏语意为“善妙之地”。位于西藏自治区昌都市东南部，川、滇、藏三省交界处，横断山脉腹地，著名的金沙江、澜沧江流域，介于北纬28°5′~30°4′、东经97°9′~99°1′之间，川藏公路（国道318线）和滇藏公路（国道214线）穿越芒康，并在县城交汇。芒康县最高海拔6434米，最低海拔2200米，平均海拔4313米，县政府驻地海拔3870米。地势北高南低，西突东夷，并自西北向东南倾斜，且谷地自北向南显著加深。水资源有澜沧江、金沙江。属高原温带半湿润季风气候区。主要山川有东达山、红拉山。距昌都市政府驻地440公里。辖16个乡镇，61个行政村（居），362个村民小组，辖区面积11576平方公里，主要以农牧业为主，农业包括青稞、小麦、豆类、土豆等，畜牧业包括牛、羊。耕地面积5835.437公顷，粮食播种面积8.88万亩。森林覆盖率35.94%，林地面积635374.53公顷。国家一级重点野生保护动物有滇金丝猴、云豹、雪豹、野牛等，国家二级重点野生保护动物有小熊猫、猞猁、马来熊、马鹿、獐子、水鹿、岩羊、猕猴、藏酋猴、藏马鸡、秃鹫、黑鹳，鹦鹉、白腹锦鸡、红腹锦鸡等。已探明矿产资源有铅、锌、钖、镁、金、银、铜、铁等金属矿和食盐、石灰岩、煤、硫、脉石类、石膏、磷、砷等非金属矿。主要旅游景点有红拉山滇金丝猴国家级自然保护区、莽错自然保护区、尼果寺自然保护区、澜沧江大峡谷、曲孜卡温泉、觉龙桃花沟、达美拥雪山—藏东神女峰、雄伟壮丽的角龙坝大桥、觉巴山。特色产品红酒、盐、核桃、花椒、蜜橘、石榴。2019年完成生产总值25.7935亿元，同比增长8.3%，其中，第一产业完成34448万元，同比增长5.4%；第二产业完成122585万元，同比增长6%；第三产业完成100902万元，同比增长11.5%。全社会固定资产投资41.3亿元。社会消费品零售总额59300万元。接待旅游60万人次，实现旅游收入8400万元。全年县级财政收入13667万元，比2018年增长1127万元，增长8.99%；上级各项补助收入共完成293979万元，比2018年增长105434万元，增长55.92%；总支出为306707万元，比2018年增长107463万元，增长53.94%。农牧民人均可支配收入达11847元、同比增长13.2%；城镇居民人均可支配收入达33391元、同比增长10.5%。新型农村合作医疗报销达1549.43万元，大病保险惠及68人次，重病兜底保障187人次，建档立卡贫困户慢性病签约覆盖率达到100%，建档立卡贫困群众医疗报销比例提高5%。累计实现转移就业1.35万人，转移就业收入7102万元；城镇新增就业2625人，2019年高校毕业生326人就业320人；城镇登记失业率控制在2.5%以内。

【农牧业】 种植业。2019年全县农作物播种面积10.54万亩，其中：粮食作物播种面积8.83万亩（其中青稞6.25万亩），经济作物1.3万亩（油料作物0.54万亩，蔬菜面积0.76万亩），青饲料0.41万亩。共调运化肥1432吨，其中尿素842吨、磷酸二铵299吨、复混肥291吨；调运农药1.5吨，其中杀虫剂（铁证）0.06吨、除草剂（爱秀）0.64吨、（千里寻0.8吨）；调运良种12万斤，其中“喜玛拉22号”3万公斤、“藏青2000”3万公斤。二级种子田建设情况。实施二级种子田4246亩，“藏青2000”3360亩，在帮达乡毛尼村安排1000亩，帮达乡加嘎村安排“藏青2000”1500亩，在帮达乡帮达村安排“藏青2000”860亩；“喜玛拉22号”686亩，嘎托镇“喜拉22号”186亩，洛尼乡“喜玛拉22号”500亩；昌都小油菜200亩，安排在嘎托镇。耕地保护与质量提升项目。实施耕地保护与质量提升项目6.6万亩，其中在帮达乡毛尼村多日组实施“3414”田间肥效试验1.6亩，包含1个完全实验、一个不完全实验，配套两个校正实验，为进一步了解和掌握氮、磷、钾肥料对全县主要粮食作物产量的影响提供科学的数据及基本参数，为配方施肥提供依据打下坚实基础。粮油绿色高质高效创建。实施粮油绿色高质高效创建面积6.6万亩。综合考虑海拔、气候、耕地质量等情况，在嘎托镇1万亩、措瓦乡1万亩、宗西乡0.6万亩、如美镇0.7万亩、洛尼乡0.3万亩、莽岭乡0.7万亩、徐中乡0.5万亩、帮达乡1万亩、曲登乡0.4万亩、朱巴龙0.4万亩。“喜玛拉22号”等新品种示范推广0.98万亩。畜牧业。全县各类牲畜存栏452891头（只、匹），新生仔畜138720头（只、匹），仔畜成活135285头（只、匹），仔畜成活率达到97.5%，成畜死亡2850头（只、匹），成畜死亡控制在1.8%以内，适龄母畜比率达48.5%，牲畜出栏头数49560头（只、匹），全年共完成接羔育幼138720头（只、匹）。截至年底，全县无重大动物疫病疫情发生。

【教育事业】 全县现有各级各类学校共101所。其中，初级中学2所、乡镇小学28所、幼儿园71所。共有正式教职工875人（含工人一名），其中幼儿专任教师88人，小学专任教师512人，中学专任教师243人，教研室32人。共有在园学前幼儿3152人，入园率80.51%；小学在校生7679人，入学率100%；初中在校生3373人，入学率100%。

【医疗卫生】 2019年，新型农村合作医疗报销1549.43万元；大病保险惠及68人次，兑换资金247.1万元；重病兜底保障187人次，惠及资金70.6万余元；建档立卡贫困户慢性病签约覆盖率达到100%，建档立卡贫困群众医疗报销比例提高5%。

【文化事业】 强化基层文化设施。突出示范工程。先后在曲登、索多西、徐中、曲孜卡、纳西民族等5个乡镇成立乡镇文艺表演队示范点，按照每乡镇2万元的标准实施乡镇文艺表演队建设标准化措施，并组织专人，深入相关乡镇进行专业指导，确保取得实效。截至年底，5个乡镇文艺表演队示范点均挂牌、规范到位，同时争取资金15万元购买道具，发放给5个示范点使用。巩固文化扶贫项目。按照《昌都市文化局关于2018年至2020年文化精准扶贫产业项目实施方案》的总体要求和文化产业发展需要，成立2个文化产业项目，即芒康县善妙之地特色文艺工艺品公司、芒康县罗永民族手工艺制作有限公司。截至年底，共研发产品26项，带动建档立卡贫困户39人，年利润190余万元。加大17个易地扶贫搬迁安置点村级文化室文化设施建设力度。完成17个点的配套建设，投入资金53万元。

【社会保障】 推进五大保险征收，社保卡信息采集人数达7.8万人，社保卡发放人数达64931张，持卡率达82%；2019年养老金发放达73701人次，发放金额共计1368.56万元，县城集中供养中心服务机制更加健全，社会保障服务水平明显提升。

【旅游业】 推进旅游业发展，如美镇游客

集散中心、如美百年藏寨等重大旅游项目建设完成，盐井古盐田景区进入国家创建AAAAA级景区名录，全年共接待游客66.1万人次，实现收入8400万元，同比分别增长38%和39%。

【生态保护】 严格环境监察执法。按照年初安排，对重点矿山企业开发活动半月至少检查一次，对重点建设项目一月检查一次的要求，全年共出动车辆65台次、人员140余人次，累计进行现场执法检查72次。重点就苏洼龙水电站、巴塘电站、拉洼电站、国道318线海通沟至觉巴山段整治项目、徐中公路建设项目、水泥厂、东郊屠宰场、协和新型墙体材料厂、卫生服务中心、藏东珍宝酒业有限公司、熙坤巴达铜金矿业、宗西乡色措铜矿、察芒公路、饮用水水源地、垃圾填埋场、产业园区、顺达加油站、中石油芒康加油站、如美加油站、嘎托110千伏变电站、如美卡均35千伏变电站等21家企业（项目）。在检查过程中下发责令改正违法行为通知书11份（涉及中凯矿业有限公司宗西乡色措铜矿、水泥厂、徐中公路、国道318线整治项目觉巴隧道段、国道318线整治项目海通沟段、徐中砂石厂等6个企业项目）、无关闭违法企业、无行政处罚案件。持续开展自治区级生态村创建工作。芒康县共有行政村60个、居委会1个。截至年底，全县累计申报生态村48个，成功创建26个。

【维护稳定】 突出宣传教育，要稳定盼发展。以“3月综治宣传月”、“4·15”全民国家安全教育日、党风廉政宣传月、6月综治宣传周、“9·16”平安西藏宣传日等节点为契机，结合正在开展的扫黑除恶打非治乱专项斗争、普法、精准扶贫等工作，采取集中宣传、集中宣讲、法治讲课、主题班会、知识测试、视频滚动播放等形式，深入广泛宣传各类法律法规、惠民政策。2019年以来，组织各成员单位开展大型集中宣传活动4场次，各单位、各乡镇、村（居）自行组织开展各类宣传活动共320余场次，参与群众达8万余人次，发放《关于西藏自治区网络通信活动“二十禁”的通告》、《关于举报网络通信领域违法犯罪信息线索的通告》、《芒康县公安局关于举报黑恶势力违法犯罪线索的通告》、《中华人民共和国国家安全法》、普法手册等各类宣传资料5.7万多份。在各学校开展“法制第一课”活动16场，开展“三官”讲法活动1场，开展法制教育主题班会1场，通过引导宣传和健康的文娱活动，有效转变群众的思想观念，教育引导群众认清“动乱是祸、稳定是福”的道理，群众的思想观念和维护稳定的意识进一步加强。突出队伍建设，强素质促提升。以政法系统开展“全面加强政治建警、打造过硬政法队伍”专题教育整顿活动、“不忘初心、牢记使命”主题教育为契机，以“学习强国”“青年大学习”为平台，深入学习习近平新时代中国特色社会主义思想、《习近平扶贫论述摘编》、《中国共产党政法工作条例》等政治理论和法律法规，加强学习，武装头脑，不断提高政法干警“四个意识”特别是核心意识和看齐意识，持续推动政法队伍正规化、专业化、职业化建设，广泛开展忠诚政法事业教育，积极参与政治教育培训工作，确保各项工作依法、公正、便民，政法干警法律政策运用、防控风险、群众工作、实战能力和舆论引导能力进一步提高。政法系统在政治建警、“不忘初心、牢记使命”主题教育活动中，组织开展各类学习活动200余场，开展专题研讨会15次，党支部书记讲党课活动5场，知识测试活动2场，举办以爱国主义教育为切入点的文娱活动3次，组织干警观看警示教育篇10次，参观学习2次，开展红色革命系列活动、志愿服务活动各1场。

【项目建设】 全年共开复工190个，芒康段投资9.09亿元的察芒公路实现通车，总投资6.62亿元的徐中公路完成投资5.7亿元，国道318线整治工程（海通沟段、觉巴山段）快速有序建设，全县公路总里程达2583.557公里；投资1.33亿元实施水利项目12个、安全饮水工程点151个，扎仓嘎水库、盐井灌区等重点项目有序推进；曲孜卡特色小城镇建设基本完成，如美镇新城、竹卡新村、纳西新村、帮达新村等新农村建设进展良好；县城污水处理厂工程和曲孜卡污水处理工程分别完成40%、60%。推进农网新一轮升级改造工程，认真做好农村电网改造和新建工作，新增保障3个乡镇、6个行政村用电。

【精准扶贫】 全县实现3075户18360人脱贫，累计脱贫5063户29738人，退出60个村，以优异的成绩脱贫摘帽，基本消除绝对贫困。

【特色产业】 实施第二批“短平快”产业项目35个，新增合作社4个，新增商标注册282件；持续扩大“四大种植”“四大养殖”规模，干鲜果基地面积达2.79万亩，辣椒种植面积1500亩，新建饲草基地4000亩，阿旺绵羊存栏7.5万多只、卡若香猪存栏2.6万多头、红拉山鸡存栏2.5万多只、牦牛存栏20万余头。

【党建工作】 全县党组织共计211个。其中：有党委21个，党组5个，党工委2个，党总支7个，党支部176个。全县党员共计5148名。其中正式党员4564名，预备党员584名；女性党员1182名，占党员总数的23%；少数民族党员4547名，占党员总数的88%；农牧民党员3778名，占党员总数的73%。抓紧理论武装。持续深化“两学一做”学习教育，召开18次县委理论学习中心组学习会、7次主题教育专题研讨、县级党员领导干部上党课88次，发挥县委党校主阵地作用，开办党组织书记培训班4期，以原原本本学、结合主题教育学、深入思考学、主动对照学等形式提升政治本领。抓紧政治教育。县级举办党员政治教育培训班2期，在“学用”实践中开展“缅怀十八军、重走进藏路”等活动，开好“不忘初心、牢记使命”主题教育专题民主（组织）生活会，并以党员积分制管理做好民主评议党员工作，依规完成年度党组织书记抓基层党建工作专项述职评议考核、选派村（社区）党支部第一书记任期和年度考核、村（居）“三委”年度业绩考核奖励。聚力抓乡促村。有力开展“百村整治、千村提升”，建立“一村一档”和制定“一村一策”，结合扫黑除恶、分析研判逐一对照38项审查项目，完成643名村（居）“三委”干部政治联审，撤并村级党总支16个，动态调整撤换“三委”干部13人，整顿完成软弱涣散党支部15个，聘用乡村振兴（社区工作）专干57人。聚力强基惠民。成功举办全市干部驻村“传帮带”工作现场推进会，选派61名干部职工充实到村（居）担任第一书记，向上级申报7个易地扶贫安置点拟建制村，完成向村级组织拨款1895万多元，排查解决2014年5月以来发展党员违纪违规问题，2019年发展党员584人，建立机关工委和16个乡镇党委党费专户，2019年收缴党费27.52535万元。聚力脱贫攻坚。以“支部+合作社+基地+农户”的“4+N”脱贫攻坚模式，投入资金1260万新建养殖种植、旅游服务等各类农牧民专业合作社47家，在实现“一村一社”的基础上，分两批投入959万元，发展“短平快”集体经济项目70个，划拨中组部50万元扶持项目10个，索多西辣椒、徐中大蒜、红拉山鸡、卡若香猪、阿旺绵羊等生态种养资源得到有效开发和利用。

【领导名录】

市委常委、县委书记：齐 应 海

市政协副主席、县长：泽仁顿珠

县委常委、人大常委会主任：卓玛曲西

县政协主席：扎　多（2019年1月正式选举为政协主席）

左贡县

【概况】 左贡县位于西藏东南部，318、214国道交汇贯穿全境，历史上是茶马古道的重要驿站，现在更是现代川藏旅游黄金线路上的一个重要节点，具有承东启西、联接南北的区位之便。属于“两江一河”流域，怒江、澜沧江、玉曲河由北向南呈“川”字型纵贯全境，年径流量约286.49亿立方米，怒江流经境内175公里，澜沧江流经境内120公里，玉曲河流经境内240公里。平均水资源总量为2915.462万立方米，人均水资源占有量502立方米。县城驻地平均海拔3780米，属于高原温带半干旱季风气候，气温偏低，降水分布不均，干湿季分明。夏、秋季降水集中，相对湿度大，冬春季气候干燥寒冷，年平均气温5.6℃，年平均降水量369.5㎜，年平均日照时数773.7小时，年无霜期150天。主要山川有梅里雪山，主要物产有青稞、小麦、玉米等粮食作物，以及核桃、葡萄、石榴、花椒、油菜等经济作物，虫草、松茸、贝母、红景天、獐子菌等林下资源也较为丰富。距昌都市278公里。128个村（居），303个村民小组（自然村），11132户，总人口5.2万人。其中农村人口49459人，人口出生率4.18‰，自然增长率-0.55‰。地域面积11839.8006平方千米，主要以农业为主；农业包括青稞、玉米、小麦、油菜等作物，畜牧业包括牦牛、黄牛、藏香鸡、藏香猪、羊等。耕地面积2673.33公顷，粮食播种面积3600公顷，经济作物耕地面积391.33公顷。森林覆盖率38.03%，林地面积523876.305公顷。国家级野生保护动物有雪豹、白唇鹿、野牛、金雕、斑尾棒鸡、黑颈鹤、鹦鹉等。已探明矿产资源有铜矿、石墨矿、钼矿、铀矿等。左贡县有景点10处，茶马古道沿线有梅里雪山（北坡）、帕巴拉神湖、梅里雪山儿女峰、吾沙温泉等，318国道沿线有东达山垭口（川藏线最高海拔垭口）、美玉草原景区（2A级景区）、东坝民居、洒咧营地等。特色产品有碧土松茸、波科人参果、拉茸蜂蜜、木龙藏香、左贡藏红花、左贡野生獐子菌、牛羊头挂饰等。

2019年，完成生产总值131445万元，同比增长8.1%；其中，第一产业完成19920万元，同比增长5.8%；第二产业完成41082万元，同比增长8.3%；第三产业完成70443万元，同比增长11.4%；全社会固定资产投资15.04亿元；完成邮政业务总量223万元；完成电信业务总量1356万元，固定电话用户3760户，使用率96%；互联网用户3605户；移动电话用户10597户，使用率100%；互联网用户1500户。社会消费品零售总额31700.3万元。接待游客32万人次，同比增长7%；实现旅游收入4800万元，同比增长8%。地方财政收入5480万元，同比增长19.99%。地方财政支出201022万元。中国农业银行左贡县支行年末城乡居民储蓄存款余额33744万元；中国邮政储蓄银行股份有限公司左贡县汪达营业所年末城乡居民储蓄存款余额4438万元。全年农村居民人均可支配收入11301元，实现城镇就业382人，城镇登记失业率控制在2.5%。截至年底，参加城镇失业保险1063人，参加机关事业单位基本养老保险2286人。参加新型农村合作医疗46531人，参合率98.6%。参加城乡居民养老保险3.2万人，已领取养老保险待遇3929人。城镇居民中有106人得到政府最低生活保障金，农村居民中有6619得到政府最低生活保障金。有寺庙34座，僧尼771人。

【重要会议】 县委议军会议（2019年1月19日），左贡县委3月份维稳工作及近期重点工作安排部署会议（2019年3月1日），左贡县委2019年度意识形态工作会议（2019年3月1日），左贡县委2019年度统战民族宗教工作会议（2019年3月1日），九届县委书记专题会议听取第四轮巡察工作情况汇报会议（2019年3月5日），左贡县双拥工作专题汇报会（2019年3月5日），

左贡县委2019年度维护稳定工作专题会议（2019年3月20日），左贡县委2019年脱贫攻坚工作专题会议（2019年3月25日），县委2019年度安全生产工作会议（2019年3月26日），2019年全县基层党建工作会议（2019年1月17日），县委九届四次全委会（2019年4月8日），左贡县委2019年度经济、农村工作会议（2019年4月8日），中国共产党左贡县第九届纪律检查委员会第四次全体会议（2019年4月9日），全县宣传思想文化工作会议暨“四讲四爱”群众教育实践活动动员部署会议（2019年4月3日），政协第三届左贡县委员会第四次会议（2019年4月11日至13日），左贡县委2019年度“扫黑除恶、打非治乱、扫黄打非”专项斗争安排部署会上的讲话（2019年4月18日），左贡县第十二届人民代表大会第五次会议（2019年4月12日至14日），九届左贡县委第五轮（第三轮县委交叉）巡察工作动员部署会议（2019年5月5日），左贡县“扫黑除恶打非治乱”专项斗争领导小组会议（2019年5月24日），左贡县脱贫攻坚指挥部2019年第四次成员单位全体会议（2019年5月31日），左贡县脱贫攻坚指挥部2019年度第六次成员单位全体会议（2019年6月13日），左贡县生态环境保护督察整改工作推进会议（2019年7月10日），左贡县2019年上半年安全生产工作专题汇报会议（2019年7月11日），左贡县2019年上半年扫黑除恶工作专题汇报会议（2019年7月11日），左贡县2019年上半年环境保护工作专题汇报会议（2019年7月11日），左贡县2019年上半年“遵行四条标准争做先进僧尼”教育实践活动表彰大会暨“1拖N”宗教活动场所管理机制推进会议（2019年7月15日），九届县委第五次书记专题会议（2019年6月），全县公安工作会议暨庆祝新中国成立70周年安保维稳动员部署会议（2019年8月28日），

左贡县召开脱贫攻坚成效巩固提升工作安排部署会议（2019年12月5日）。

【重要活动】 2019年1月12日至14日，2018年脱贫攻坚成效省际交叉考核工作河南省考核组莅临左贡进行脱贫攻坚成效考核。2019年7月，空军军医大学政委季志宏少将、中央军委后勤保障部卫生局刘阳处长一行，在卓嘎副市长和自治区卫健委有关人员陪同下，到左贡县人民医院，就医院条件建设及等级评审等进行专题调研。2019年7月26日自治区党委书记吴英杰前往左贡县万亩葡萄园、珠然新区开展调研活动。2019年9月同步开展第二批“不忘初心 牢记使命”主题教育。2019年10月1日—7日，左贡县顺利通过2019年自治区第三方考核评估验收。2019年10月，左贡县2676户13423名建档立卡贫困群众全部脱贫退出，贫困发生率降至0%。2019年12月9日，经自治区人民政府研究，左贡县退出贫困县。2019年10月1日上午9时，左贡县举行庆祝新中国成立70周年暨2019年国庆节升国旗奏国歌仪式，昌都市人大常委会主任贡秋江村，市政府副市长欧珠达瓦，市政协副主席赤来，自治区2019年贫困县退出第三方专项评估检查队队长赵仕波及全体成员，县委书记李雨雷，县委副书记、政府县长罗松吉村及“四大班子”其他在家县级领导，县（中、区）直各单位干部职工、公安干警、退休干部代表、驻左部队代表、县中小学代表、个体工商户代表、农牧民代表等参加。

获得2019年度昌都市脱贫攻坚成效考核综合评价好。

【班子和队伍建设】 2019年，围绕贯彻落实党政机构改革决策部署，扎实做好机构改革人事配套，更好服务全县改革发展稳定大局，严格遵循《党政领导干部选拔任用工作条例》，在认真分析各级领导班子运行和干部队伍建设情况的基础上，根据机构设置、岗位空缺和履职条件等情况，对181名干部进行了调整使用，其中，提拔78人，进一步使用25人，平职调整52人，免兼职26人；乡镇机关（含派出所、寺管会）99人，县直部门82人。县乡两级干部队伍结构不断优化，各领域工作力量不断加强，同时按照市委组织部有关要求，对13名非公务员身份驻寺干部及乡镇班子成员兼职驻寺干部进行清理，切实提高干部选拔任用工作规范化水平。

【农牧业发展】 农业生产。2019年，农作物包括青稞、玉米、小麦、油菜和蔬菜等，全县耕地面积4.01万亩，总播面积5.6万亩，其中：粮食播种面积5.4万亩（冬小麦1.05万亩，春青稞2.89万亩，冬青稞0.1万亩，玉米1.36万亩）；经济作物面积0.587万亩，其中：油菜0.05万亩，蔬菜0.537万亩；饲草料0.313万亩。全年粮食产量14798.25吨（其中：青稞产量7400.37吨），蔬菜3185.94吨，有力确保了全县粮食安全。畜牧业生产。严格按照“早安排、早动员、早落实”的原则，积极引导动员群众储备饲草料，添制修补暖垫、维修加固棚圈，接羔育幼工作开展顺利，保持牲畜高成活的生产态势。左贡县牲畜存栏17.9万头（只、匹），出栏率达31%。新生各类仔畜2.7万头（只、匹），成活2.7万头（只、匹），成活率达96%。完成肉产量0.6万吨，奶产量0.42万吨，黄牛改良638头。同时，强化动物防疫检疫工作，切实做好非洲猪瘟防控等重大动物疫情防控工作，加大驱虫及普通病、地方病防治力度，2019年春季共对91399头牛、11462只羊、15212头猪、11594只鸡进行免疫工作，免疫进度达到97.9%；秋季共对97663头牛、19845只羊、15403头猪、14010只鸡进行免疫工作，免疫进度达到98%，并加大动物检疫工作，屠宰检疫禽类3077只、牦牛142头、冷鲜猪肉124.31吨，全年未发生重大动物疫情。

【教育事业】 2019年，左贡县有各级各类学校55所，（其中，初中1所，县城小学2所，乡（镇）小学16所，县幼儿园2所，乡（镇）附设幼儿园10所，村级幼儿园24所）。现有小学在校生4789人，适龄儿童毛入学率为113.08%；现有中学在校生1586人，初中毛入学率为98.69%，现有学前幼儿1792人，毛入园率为64.81%；全县共有专任教师613人，小学专任教师345人，初中专任教师134人，幼儿园专任教师86人，教育局48人，学历合格率为100%。

2019年实施教育项目32个，共投入资金23848万元，已全部完工。全县学校标准化建设完成100%。2019年顺利通过自治区义务教育均衡发展督导评估初验。内地西藏初中班报考人数达200人，较去年153人增加47人，总平均分位列全市第三。

【医疗卫生】 健康扶贫方面。2019年度左贡县按照“三个一批”行动计划，大力实施大病集中救治一批，慢病家庭医生签约服务管理一批、重病政策兜底保障一批工作。一是大病集中救治一批。全年，共救治建档立卡贫困人口1033人，共报销医疗费用850万元。二是慢病签约服务管理一批。全县建档立卡贫困人口家庭医生签约13409人，签约率达100%。三是重病兜底保障一批。全县建档立卡贫困人口新农合参保率为98.6%。全年建档立卡贫困人口重大疾病医疗救助资金受助53人，共报销费用22.9万元。健康教育方面。2019年，左贡县卫健委结合“不忘初心、牢记使命”主题教育工作，积极开展为民服务活动。联合空军特色医学中心、人民医院、疾控中心开展健康教育宣传义诊活动8次，发放各类健康教育宣传资料5000余份，咨询义诊3000余人，发放免费药品60余种。进一步提高了群众对健康扶贫相关政策和健康教育相关知识的知晓率，促进了广大群众对自身身体状况的了解，增强了自我保健意识。能力培训方面。一是县、乡、村三级层层培训模式。左贡县卫健委对各乡（镇）卫生院开展培训6次，参训人员80人；全年，各乡（镇）卫生院对村医技能培训已经完成两次，累计培训508人次；二是“请进来、走出去”方式。制定基层医务人员培训方案，邀请厦门各医疗机构专家赴左贡县对基层医务人员进行专业技术培训和业务指导，针对新生儿复苏、妇幼保健、呼吸内科、基本仪器的使用等进行专业培训；2019年10月，选派13名卫生医疗系统人员前往厦门进行为期1—3个月的专业培训，进一步提高了左贡县卫生系统医务人员医疗服务能力和水平。创建“二级”医院方面。左贡县人民医院与左贡县妇幼保健院整合新建，总投资4692.97万元，建设面积12504.52平方米，床位130张。2019年8月31日，由空军特色医学中心医疗科科长王向荣同志带队的帮扶专家组一行17人进驻左贡县开展医疗援助和创建“二级”医院工作。目前，已统一具体操作模式，医院各科室根据分解工作任务正在逐步开展工作，完善创建二级医院资料和临床实践工作。

【文化事业】 完善公共文化服务体系，推动基本公共文化服务均等化，为全县128个行政村（居）配备了电视、音响、跑步机等各类文体设备。推进文化广电惠民工程，组织县艺术团和村级文艺演出队开展文艺演出活动520场次，放映爱国主义影片1600场次，开展全民阅读活动30次，惠及农牧牧民群众19万余人。更新农家书屋和寺庙书屋书籍2万余册。创作了环境保护歌曲《青山绿水就是金山银山》和脱贫攻坚歌曲《为了精准扶贫》，以及以幽默的风格讽刺个别落后群众喜欢抢当贫困户，以“等靠要”为荣的小品《贫困不是光荣》，在演出期间受到了观众的一致好评。积极参加昌都市第五届三江茶马文化艺术节庆祝活动，在艺术节开幕式和闭幕式上表演了左贡特色的锅庄舞，展示了左贡的特色服饰；推选左贡县2名业余歌手参加昌都好声音比赛，其中左贡县田妥镇热尼村村民阿旺扫巴获得了优秀奖；在昌都首届锅庄展演期间，左贡县民间艺术团表演的原生态左贡锅庄《牧民的幸福生活》《和谐家园》获得了第三名的好成绩；在昌都首届锅庄论坛，左贡县发表了两篇论文《左贡卓麻谐》和《浅析左贡“美玉卓舞”的音乐风格特征》，左贡县圆满完成了第五届三江茶马艺术节期间的参演任务，并获得最佳团队奖。左贡县民间艺术团应邀参加德钦县举办的第二届香格里拉梅里雪山弦子节暨首届中国藏族弦子舞大赛，表演了具有左贡特色的弦子舞《白色玉石》《幸福左贡》，荣获卡瓦格博金奖，演员益西江措荣获优秀表演奖。

在“文化和自然遗产日”开展非遗宣传展示活动，积极选派非遗作品参加昌都市非遗展销，为非遗宣传营造了浓厚的社会氛围。成功申报了8个市级非遗和1个自治区级非遗传承人。将采录的左贡博话的语音、词汇、语法、口头文化的音视频数据以数字化的方式存入国家和区市语言资源有声数据库中永久保存，为保存展示方言提供支撑。

【社会保障】 2019年，左贡县人社局紧紧围绕年初确定的社会保障体系建设各项工作任务，进一步强化工作措施，落实工作责任，层层签订目标责任书，保基扩面，固本强基，不断扩展社保覆盖面和收益面，提高了广大群众幸福感、获得感。1.机关事业单位养老保险工作。县人社局积极与县公安、教育等相关部门协同配合，及时开展养老保险和职业年金征缴工作，全年共2286名干部参加了机关事业单位养老保险，征缴保费4800余万元，征缴率达100%。2.工伤保险工作，全县机关事业单位干部购买工伤保险人员达到2286人，征缴保费45万元，征缴率达100%。另外，3家建筑施工单位573人参加了工伤保险，征缴保费76万元。3.城乡居民养老保险工作。全县城乡居民参保人数达3.2万人，其中60岁以上3818人领取待遇，征缴养老金300余万元，发放60岁以上养老金810余万元。4.失业保险工作。2019年，全县参加失业保险共有1000人，征缴基150余万元。5.城乡低保。全县享受农村低保共有1842户6619人，全年共发放了农村低保资金1732.419887万元，城镇低保共有91户106人，全年发放资金62.9388万元。6.特困人员。全县五保户共有279人，其中已集中供养的有86人，分散供养的有193人，全年分散集中供养特困人员发放生活补助金153.246875万元。7.临时救助。全县共计救助人410次，救助资金达192.8万元。8.社会兜底。2019年全县建档立卡贫困户中符合纳入社会兜底保障的共有1606人，通过政策保障，均达到脱贫标准。

【旅游发展】 一是2019年左贡县全年接待游客32万人次，旅游收入4800万元，同比增长6%和7%。二是积极推进文化旅游提升项目建设，有序开发全县旅游资源，推进乡村旅游发展，完善旅游基础设施建设。今年中央预算内投资的昌都市左贡县东坝文化旅游景区项目和昌都市左贡县美玉草原景区项目均已按计划完成项目建设进度。三是结合“318”国道优势，依托乡村振兴战略，全县乡村旅游得到有效发展。打造藏家乐、家庭旅馆200余家、民俗体验点2处，实现农牧民转移就业260余人次，人均增收2000元。左贡县夯达村成功红房车营地，带动当地7名农牧民就业，人均增收1800元。四是强化行业监管，优化旅游市场环境秩序。2019年开展旅游市场联合执法行动10余次，A级景区旅游安全检查行动5次，旅游行业乱象问题摸排8次，重点加强宾馆酒店是否存在违规擅自营业、恶意哄抬物价入住人员规范登记等方面的检查，同时兼顾服务质量和旅游安全，持续优化和提升区域整体环境。

【生态环保】 严把建设项目准入关，严禁“三高”企业进入左贡县，2019年指导152个建设项目开展网上备案；全年累计发现污染防治措施不到位并要求限期整改企业（项目）20余家，受理群众信访举报案件4件，办结4件；持续推进大气、水、土壤污染防治工作，完成10蒸吨以下燃煤锅炉以及散煤销售淘汰整治工作，解决1个县级集中式饮用水水源地突出环境问题，开展交通沿线、旅游景区和乡（镇）白色垃圾环境综合治理，持续巩固“禁白”成果；继续做好县域大气、地表水环境质量监测和集中式生活饮用水水源地水质监测三项常规监测，全年共获得环境质量监测数据232个，全部达到国家环境质量标准；顺利完成第二次全国污染源普查，累计普查排污单位27家；生态保护红线划定工作取得阶段性成果，自治区自然资源厅核定左贡生态保护红线面积4201.42平方公里，占县域国土面积（11840平方公里）35.48%；2017年在藏期间向左贡反馈个性问题8个，目前，所有案件全部办结销号。2018年中央第六环保督察组反馈自治区共性问题29大项86小项，截至目前，左贡已认定销号备案6批次79小项问题，剩余7小项按照市相关部门及整改办的要求稳步推进。西藏自治区第二环境保护督察组反馈问题13大类25项41个措施，认定销号备案3批次35个具体措施，其余6个措施稳步推进。

【乡村振兴】 乡村振兴方面。开展农村人居环境整治，积极争取整合利用中央支持“三区三州”人居环境整治建设，通过人畜分离、户厕改造、垃圾收集、入户道路等4个方面对左贡县10个乡（镇）政府所在地进行人居环境整治。自然资源局整合资金1000万元支持田妥镇田妥村开展人居环境整治。先后6次组织县直各单位开展环境卫生大扫除工作，共有干部群众17162人次参与村庄清洁行动，动用车辆82台次、清理垃圾628.8吨、疏通沟渠河道907.9公里、清理卫生死角602处，有力增强广大干部群众爱护环境、文明发展的意识。并结合区、市、县有关乡村振兴工作部署安排，结合实际，编制左贡县乡村振兴规划初稿。

【强基惠民】 自第七批驻村工作开展以来，左贡县强基办认真贯彻落实各级党委、政府的决策部署，学习领会区、市强基办的会议指示精神，紧紧围绕新时代干部驻村“七项重点任务”，理清思路、找对方向、突出重点、创新举措，不断在强基上下功夫，在惠民上下苦心，确保左贡县强基惠民工作顺利开展、取得实效。

创新工作载体，提升工作质量。县强基办坚持每天更新公众号，把时下最热点、要点内容分享给大家，并把优秀简报进行转载学习，同时用微信群宣传相关政策、驻村工作开展情况，调动大家工作的积极性和主动性。各驻村工作队继续坚持开展村干部群众夜校培训工作，提高干部群众文化素质。优化制度举措，激发工作活力。充分发挥驻村干部“传帮带”作用，持续推行驻村工作“五步法”，采取“三颜色”通报制度及流动红色精选制度，以切实有效的制度举措，把驻村工作队打造成遇事不糊涂、关键时刻起作用的坚强战斗堡垒。同时，对10乡镇强基惠民工作实行季度考评和有效管理，加强驻村干部管理工作。完善督导机制，提高工作质效。县强基办采取明察暗访、巡回检查、重点抽查、电话询查、突击检查等方式对驻村各项工作进行督导检查。在“三大节日”期间加大督导检查力度，尤其是督促落实好维稳各项任务，发现问题及时纠正，逐渐形成常态化督导机制，确保全县实现“三不出”“三稳定”。

【重点集体经济简介】 2019—2020年中央组织部、财政部、农业农村部扶持壮大村级集体经济项目，左贡县共16个，每个村50万元，共计800万元。2019年项目分别是：碧土乡碧土村的特色产业发展项目、碧土乡扎郎村的农牧民专业合作社（荞麦加工）、东坝乡军拥村的干果加工项目、东坝乡普卡村的水果综合加工厂、绕金乡贡日村的荞麦加工项目、田妥镇德达村的古民宅特色旅游项目、田妥镇德勒比村的宾馆及洗车加水点项目、田妥镇格如村的洗车场项目、旺达镇波科村的农牧民合作社项目、扎玉镇瓦巴村的藏香猪养殖场项目、中林卡乡嘎宗村的花椒种植项目。

【宣传工作】 不忘初心、牢记使命主题教育开展情况。9月12日，左贡县委以理论中心组学习形式启动“不忘初心、牢记使命”主题教育。一是及时成立了由县委书记为组长的左贡县“不忘初心、牢记使命”主题教育领导小组，组建主题教育领导小组办公室，下设综合组、联络组、宣传组、专项整治组4个工作小组。二是研究制定了工作计划、实施方案和工作流程图，并呈报市委第一巡回指导组、市委主题教育领导小组办公室和区党委第五巡回指导组审定后，及时下发至各级党组织。三是对各级党组织党员组织关系进行了排查，全县参加“不忘初心、牢记使命”主题教育的党组织共233个，其中：党委17个、党总支3个、党支部213个；参加主题教育的党员4668名，其中，县级领导干部38名，普通党员4630名。

【产业发展】 按照“五个注重”（注重资源优势、注重援藏优势、注重风险规避、注重经济效益、注重利益联结）。“依托‘两江一河一路’资源，发挥‘龙头示范带动’作用，大力培育‘五大支柱产业’”的工作思路，紧密结合资源禀赋，坚持市场导向，并积极借助援藏力量，聘请厦门市属国企厦康公司对全县产业项目进行综合分析，全面论证，在实地调研的基础上，通过论证筛选，最终确定河谷种植业、河谷养殖业、资源加工业、旅游业、“三产”服务业五大类产业项目。项目总数为66个，其中：县“十三五”规划内项目47个，计划总投资54590.51万元（其中：政策资金45512.31万元，金融贷款5187.54万元，自筹资金3890.66万元）；深度贫困项目19个，计划总投资9331.63万元（其中：政策资金6601.63万元，金融资金1560万元，自筹资金1170万元）。已建成产业项目48个（包括13个深度贫困项目），总投资37621.93万元，其中：政策资金34213.73万元，企业资金1460.66万元，金融资金1947.54万元；在建项目16个（包括4个深度贫困项目），计划总投资24595.22万元，其中：政策资金16195.22万元，自筹资金3600万元，金融贷款4800万元。

全县已实施的64个产业项目中，48个产业项目已建成，建立利益联结机制48个。2016—2019年，全县累计实施项目分红656.47万元，覆盖贫困户2292户11960人（其中：建档立卡1786户9422人，分红资金241.33万元；非建档立卡506户2538人，分红资金415.14万元）；累计就业增收1415.77万元，覆盖贫困群众4229人（其中：建档立卡1416人，就业增收681.89万元；非建档立卡2813人，就业增收733.88万元）。

【维护稳定】 （一）强化领导责任，全力抓好维护稳定工作。一是各级领导督导检查到位。自治区、昌都市先后派驻7个工作组进驻全县10个乡镇、70%的村（居）、寺庙等进行维稳工作的督导检查，为全县做好维稳工作提供强有力的保障，对全县维稳情况进行分析、研判，对全县下一步维稳工作提出具有建设性的指导意见和建议，督促整改有力，确保了全县维稳各项工作落到实处。二是严格落实县包乡、乡包村、干部职工包户的工作机制。县级领导干部及时带队深入各自联系乡镇蹲点，安排指导维稳工作的同时做好了乡镇的经济社会发展工作。三是及时调整充实联防力量，形成了机关单位内保、民兵组织和基层干部群众共同参与、齐抓共管的群防群治机制，全面加强对重点部位防控工作，从而达到了一个指令、信息畅通的“金字塔”型的维稳指挥系统，确保了万无一失。

（二）强化防控措施，筑牢维护稳定铜墙铁壁。一是完善对社会面管控措施。加大了对旅店、出租屋、建筑工地、公共娱乐场所和特种行业的治安管理力度，严格落实登记制度和责任制度。二是严格落实敏感期24小时巡逻工作，加强设卡巡逻，强化对重要目标、重点人员、重大活动的安全保卫。为防止敌对势力、违法犯罪分子的干扰破坏，全县还组织干部职工、民兵、治安积极分子成立县乡村三级群防群治队伍，县机关成立了联防护卫队，对党政机关、广播电视、金融、通讯、水电厂、油站及桥梁等重要目标落实安全防范，个体工商户也组成个体户巡逻小组护街护铺；三是加大交通秩序整治力度，重点治理酒后驾车、无证驾驶、人货混装等严重违章行为，预防交通事故的发生，对进出全县的车辆、人员和物品进行严格登记，四是按照“有案必查、有案必立、大案小案并重”的工作要求，共立刑事案件24起，破获16起。五是严厉查处各类治安案件，坚持以教育和调解相结合的治理手段，使全县社会治安持续好转，使人民群众的安全感明显提高。受理治安案件51起，结案51起，查获违法人员120人。

（三）加强情报主导，全力提升预知预警能力。一是做好体制机制保障。全县进一步充实国保、特情耳目、密干等人员，保障工作经费，完善工作奖励机制，稳步推进情报信息搜集工作。二是充分发挥民生信息员、“双联户”户长、驻村、驻寺力量的作用，及时发现和掌握苗头性动向，把可能出现的问题解决在萌芽状态，掌握工作主动权。

（四）深化专项斗争，保持严打高压态势。1.深入推进扫黑除恶打非治乱专项斗争。严格按照“有黑扫黑、有恶除恶、有乱治乱”的工作原则，在县委、县府的领导下，全面部署、积极谋划、狠抓落实。一是按照“一年一计划、一年多安排、一年多阶段”的工作方式，扎实有序推进专项斗争各项工作。共召开4次部署推进会、2次联席会。制定下发多个方案；与十乡镇、各成员单位签订扫黑除恶打非治乱专项斗争承诺书40份；二是加强宣传，营造浓厚氛围。利用3月综治宣传月、4.15国家安全日、6月综治宣传周、9·16平安西藏宣传日为契机通过悬挂横幅、发放通告、LED显示屏等方式，广泛开展宣传。三是突出重点，强化工作整治。各乡镇、各单位严格按照要求，采取多种形式深入各自辖区内开展综合整治、重点治理等工作。查获吸毒人员3人；清理非法从业人员17人。四是做好整改落实。根据中央第13督导组反馈意见及问题，全县抓好整改工作，及时召开整改动员部署会议，对整改内容进行详细安排部署，并制定符合实际的整改方案，五是部门联合，进行督导检查工作。县委纪委监委、组织部、公安局、县扫黑办深入10个乡镇、128个村居开展督导检查工作，通过实地走访、听取汇报、询问群众等方式，对各乡镇、各村居宣传发动情况、线索摸排表、群众知晓率等进行检查，对个别乡镇在专项斗争工作中出现资料信息不归档、线索摸排台账不完善、举报箱未设置、宣传氛围不浓厚、线索摸排表未留底等问题，已进行批评教育，并责令限期整改。2.继续推进严打整治专项行动。一是快速打击、精准打击、重拳打击，不给违法犯罪分子任何可乘之机，不给违法犯罪分子任何流窜之地。二是对严重刑事犯罪、多发性财产犯罪、电信诈骗犯罪、经济犯罪、禁毒缉毒、治安领域违法犯罪，坚持始终保持高压态势，形成犯罪分子不敢来、不敢犯的震慑效应。

（五）强化矛盾化解，全力促进社会和谐。以创新发展新时代“枫桥经验”为契机，坚持“重点要防、难点要盯、热点要疏、一般要复”原则，以“三级矛盾纠纷调处机制”为抓手，深入排查化解各类矛盾纠纷和涉访隐患，主动化解各类苗头隐患，从源头上根本上化解矛盾纠纷。管控好重点信访人员，最大限度地把各种矛盾和问题解决在基层、处置在萌芽状态，切实维护了全县社会局势的持续稳定。全县共排查纠纷隐患1269次，发现纠纷60起，调处纠纷60起（其中劳资纠纷7起）；受理初信初访案件41件，上级转送案件5件，未处理件1件（已报备市级信访部门）。

（六）提升执法公信力，稳步推进司法体制改革。围绕“三项任务”“四项改革”“规范化建设”，严格遵循中央、自治区、昌都市明确的目标方向、政策导向和工作要求。县法院积极推进以审判为中心的诉讼制度改革、审判机制改革和法院组织机构改革，继续巩固立案登记制、多元化纠纷解决机制、人民陪审员制度等改革成果。县检察院着力抓好诉讼制度改革，深化人民监督员制度改革、检务公开改革、涉法涉诉信访机制改革，进一步完善行使监督权的制度机制。县公安局深化落实《关于全面深化公安改革的实施意见》，进一步优化公安机构编制管理，理顺基层公安管理体制，改革公安交通管理模式，大力推进户籍制度改革。县司法局积极做好牵头和参与的各项改革工作，健全社区矫正工作和刑满释放人员救助管理工作机制，完善律师制度和法律援助制度，积极开展清理规范改革试点工作。

（七）狠抓“七五”普法，提升全民法制意识。一是积极协调公安局开展法制宣传进校园活动。深入学校开展师生自防、自卫、自救知识宣传教育，增强师生自我防范能力。二是协调公检法司及各部门积极开展全民性法制教育活动。结合今年法制宣传日、宣传月、严打宣传活动时机，组织各部门联合上街设点进行宣传。三是政法系统各部门宣讲员先后深入乡镇宣讲法制课程。累计共开展各类法制宣传59次，接受法律咨询230余人次，受教人数达7100余人次。

（八）加强政治建警专项整治、提升政法干警能力素质。为深入推进“全面加强政治建警、打造过硬政法队伍”专项教育整顿活动，确保取得实效，根据区党委政法委、市委政法委关于深入开展专项教育整顿活动指示精神和工作部署，左贡县专项办公室坚持以打造信念过硬、政治过硬、责任过硬、能力过硬和作风过硬的政法队伍为目标，切实履行职责，严格根据《左贡县政法系统开展“全面加强政治建警，打造过硬政法队伍”专项教育整顿活动实施方案》要求，从严从实做好政法队伍问题查摆阶段工作，切实做到既定动作不走样，自选动作有创新。政法各部门累计学习共50场次，培训12场次，讨论20场次，政法干警撰写心得160余份。

【项目建设】 左贡县2019年计划实施项目共90项176个子项，新增6项7个子项，总投资32亿元，累计完成投资27.43亿元，其中2019年完成投资12.45亿元。开复工项目168个子项（完工140个子项），完成：可研审批4项，初步设计（实施方案）2项，概算审批（实施方案审批）3项，招投标3项；取消2项，停工1项。

项目完成情况1.民宗局，共6项6个子项，总投资1837万元，全部完工，完成投资1837万元，其中2019年完成投资1310.6万元。2.文化局，共3项3个子项，总投资700万元，完工1项1个子项，待开工1项1个子项，完成投资100万元，其中2019年完成投资30万元。设备采购1个子项（为左贡县广播电视台制播能力建设，由市广电局统一采购，目前已完成采购）。3.民政局，共1项6个子项，总投资955万元，全部完工，完成投资955万元，均为2019年完成投资。4.林业和草原局，共6项9个子项，总投资4369.85万元，完工5项8个子项，完成实施方案审批1项1个子项，完成投资4289.85万元，其中2019年完成投资3060.05万元。5.易地搬迁组，共1项4个子项，总投资1309.96万元，全部完工，完成投资1309.96万元，均为2019年完成投资。6.强基办，共1项7个子项，总投资512万元，全部完工，完成投资512万元，均为2019年完成投资。7.商务局，共3项5个子项，总投资6069.12万元，开工建设2项2个子项，完成概算审查1项2个子项，完成可研审批1项1个子项，完成投资2203.016万元均为2019年完成投资。8.旅游发展局，共3项6个子项，总投资2760.37万元，完工2项2个子项，完成开工建设1项2个子项，取消1项2个子项，完成投资1560.37万元，其中已取消2个子项（无资金来源，为左贡县东坝乡军拥村乡村旅游项目、左贡县东坝乡普卡村乡村旅游项目）。9.教育局，共21项21个子项，总投资18772.94万元，全部完工，完成投资18772.94万元，其中2019年预计完成投资6658.841万元。10.卫生健康委员会，共5项5个子项，总投资7267.97万元，完工4项4个子项，完成实施方案审查1项1个子项，完成投资7067.97万元，其中2019年预计完成投资5120.47万元。11.住建局，共18项23个子项，总投资80622.96万元，完工12项14个子项，完成开工建设3项4个子项，完成招投标2项2个子项，完成初步设计1项1个子项，完成可研审批2项2个子项，完成投资62280.56万元，其中2019年完成投资26449.627万元。12.公安局，共1项2个子项，总投资242万元，完工1项2个子项，完成投资242万元，均为2019年完成投资。13.交通局，共4项51个子项，总投资142753.38万元，完工4项39个子项，完成开工建设3项12个子项，完成投资128163.7755万元，其中2019年完成投资55822.2455万元。14.昌都市生态环保局左贡县分局，共1项1个子项，总投资1550万元，完成可研审批工作（为左贡县田妥镇管网及污水处理厂项目）。15.农业农村局，共9项22个子项，总投资26380.82万元，完工7项16个子项，完成开工建设3项5个子项，完成招投标工作1项1个子项，完成投资23353.079万元，其中2019年预计完成投资10507.469万元。16.水利局，共7项7个子项，总投资20652.73万元，完工6项6个子项，完成投资19399.69万元，其中2019年预计完成投资6854.37万元，其中停工1项1个子项（为左贡县玉曲河美玉段防洪工程）。17.田妥镇，共2项2个子项，总投资2080万元，全部完工，完成投资2080万元，均为2019年完成投资。18.扎玉镇，共3项3个子项，总投资240万元，全部完工，完成投资240万元，均为2019年完成投资。

【脱贫攻坚】 产业扶贫方面：项目总数为66个，（其中县“十三五”规划内项目47个），计划总投资54590.51万元（其中：政策资金45512.31万元，金融贷款5187.54万元，自筹资金3890.66万元）；深度贫困项目19个，计划总投资9331.63万元（其中：政策资金6601.63万元，金融资金1560万元，自筹资金1170万元）。已建成产业项目48个（包括13个深度贫困项目），总投资37621.93万元，其中：政策资金34213.73万元，企业资金1460.66万元，金融资金1947.54万元；在建项目16个（包括4个深度贫困项目），计划总投资24595.22万元，其中：政策资金16195.22万元，自筹资金3600万元，金融贷款4800万元。建立利益联结机制48个，2016—2019年，全县累计实施项目分红656.47万元，覆盖贫困户2292户11960人（其中：建档立卡1786户9422人，分红资金241.33万元；非建档立卡506户2538人，分红资金415.14万元）。

生态扶贫方面：2019年，全县共招收完成森林生态效益管护人员和生态岗位共计15282人。其中，专业管护人员53人，1—4批原有护林员1379人，“东西”回流护林员6人，村官替换护林员人员404人，生态岗位11322人。共计兑现资金：6759.42万元。其中，兑现生态岗位（11322人）专项补助资金共计3962.7万元；兑现中央森林生态效益补偿资金2796.72万元（3960人）。

易地扶贫搬迁方面：左贡县十三五期间共易地搬迁1345户6978人，左贡县所有搬迁群众搬迁入住，2019年以来易地搬迁组积极推进各项易地扶贫搬迁工作，进一步完善美玉乡斜库村、田妥镇亚中村、旺达镇四方祥和新村、扎玉镇吾同村4个易地搬迁点附属工程建设，各搬迁点新增的附属工程已于2019年5月开工建设，目前已经全部完工。进一步归纳整理易地搬迁档案资料，特别是对7个点20个标段易地搬迁工程资料进行系统梳理，查找问题，将有关资料退回各承建方补充完善。

社保兜底方面：全县享受农村低保共有1842户6619人，全年共发放了农村低保资金1732.419887万元。城镇低保共有91户106人，全年发放资金62.9388万元。全县五保户共有279人，其中已集中供养的有86人，分散供养的有193人，全年分散集中供养特困人员发放生活补助金153.246875万元。全县共计临时救助救助人410次，救助资金达192.8万元。2019年全县建档立卡贫困户中符合纳入社会兜底保障的共有1606人，通过政策保障，均达到脱贫标准。

教育脱贫方面：左贡县有各级各类学校55所，（其中，初中1所，县城小学2所，乡镇小学16所，县幼儿园2所，乡镇附设幼儿园10所，村级幼儿园24所）。现有小学在校生4789人，适龄儿童毛入学率为113.08%；现有中学在校生1586人，初中毛入学率为98.69%，现有学前幼儿1792人，毛入园率为64.81%；全县共有专任教师613人，小学专任教师345人，初中专任教师134人，幼儿园专任教师86人，教育局48人，学历合格率为100%。2019年实施教育项目32个，12月底已全部完工。全县学校标准化建设完成100%，在2019年顺利通过自治区义务教育均衡发展督导评估初验。

【招商引资】 2019年，昌都市对左贡县下达招商引资全年目标任务为2亿元，全县实际到位资金达2.8058亿元，超额完成全年招商引资工作任务的140%。全县招商引资项目共有10个：其中续建项目4个，新建项目4个，洽谈项目2个。

【特色产业】 左贡县中林卡乡万亩葡萄园区自2012年投入建设以来，累计投资1.1亿余元，占地面积7100余亩，种植葡萄5832亩。在该项目的辐射带动下，左贡县充分结合怒江、澜沧江沿线乡（镇）气候优势，分别在扎玉镇然巴村、下林卡乡旭日村、松古村、绕金乡左巴村实施小规模的葡萄种植项目，项目建成后可种植葡萄900余亩。同时，根据当地农牧民群众传统的种植方式和习惯，以房前屋后的形式种植葡萄32万株，实现碎片化葡萄种植1800亩，综上可实现2700余亩种植规模，覆盖怒江、澜沧江沿线6个乡镇40％以上农户。

带动贫困群众增收情况。左贡县中林卡乡万亩葡萄园区采取“企业+园区+农户”的经营管理模式，邀请专家长期在园区开展技术指导，并积极动员当地群众参与园区建设、田间管理等工作，为投工投劳的农牧民群众兑现工资累计1000余万元。同时，按照昌都市“七大种植基地”产业布局，左贡县采取“政府+企业+援藏+农户”的发展模式，坚持走高端化、绿色化的融合发展之路，将葡萄产业与生态保护、文化旅游相结合，目前实现稳定就业40人、人均增收5000元以上。按照左贡县人民政府与厦门成功红实业有限公司签订的资金扶持合同内容，成功红企业按照投入的产业资金2.5%的比例，每年向县扶贫创业投资有限公司偿还一定的产业资金，用于建档立卡群众分红。同时，酒庄每卖出一瓶葡萄酒，拿出5元钱作为土地流转收益，可辐射带动6个乡镇贫困群众1724户稳定增收。

新型经营主体培育情况。为做大做强左贡县葡萄产业，在县委、县府的不懈努力下，县人民政府和厦门成功红实业有限公司在2018年签订协议的基础上，就中林卡万亩葡萄基地打造成集高原葡萄园种植、红酒酿造和销售为一体的发展战略目标达成了合作共识，并签订了《左贡县中林卡乡葡萄基地及加工厂项目资金扶持合同书》。根据合同内容，西藏成功红天麓酒庄项目正式落户左贡县旺达镇夯达村，计划总投资1.36亿元，已于2019年4月动工建设，预计2020年6月建成投产。

产品开发和品牌建设情况。得天独厚的地理优势、广袤洁净的土地资源、传承创新的生产技术、强劲有力的政府支持，为左贡县特色葡萄产业的发展开辟了快车道，而左贡县人民政府与夏康经济发展有限公司签订的《三方合作共建框架协议》，每年解决了天麓酒庄葡萄酒50%的销售渠道，更是为这县特色产业"列车"插上了腾飞的翅膀。目前，左贡县葡萄产业已成功注册商标"成功红天麓"，其经营主体西藏成功红天麓酒庄有限公司已取得葡萄酒类生产许可证。

【党建工作】 全县共有基层党组织247个，其中党委17个（寺庙党委2个、县直党委5个、乡镇党委10个）；党总支4个（寺庙党总支2个、教育局党总支1个、医院党总支1个）；党支部226个（县直机关党支部58个、乡镇机关党支部10个、寺庙机关党支部10个、片区寺管会党支部1个、乡镇小学党支部16个、村居党支部128个）。左贡县共有党员4645人，其中在岗职工党员1192人，农牧民党员3212人，离退休党员137人，"两新"组织党员17人，其他党员87人。女性党员868人占18.4%，汉族党员418人占比9.0%，35岁及以下党员2712人占57.6%，大专及以上学历党员926人占19.6%。

【廉洁建设】 加强扶贫领域监督执纪问责。紧盯扶贫项目资金管理风险隐患、扶贫政策落地、项目安排、资金使用、责任落实和工作作风等方面实施精准监督，坚决查处贪污侵占、虚报冒领、截留挪用、优亲厚友等问题。抓好脱贫攻坚专项巡视巡察整改工作，督促整改落实不到位的问题，严肃查处扶贫领域形式主义、官僚主义问题。2019年，共受理扶贫领域问题线索11件，立案审查4件，给予党内警告2人，党内严重警告2人，开除党籍1人，共追缴违纪款39600元。聚焦扫黑除恶，抓好"打伞破网"工作。把扫黑除恶同基层"拍蝇"结合起来，加强与县扫黑办和县委常规督导检查组的协调配合。对移交的问题线索全面摸排、重点督办，严格按照"一案三查"和"两个一律"要求，追究涉案单位和人员的责任。针对中央扫黑除恶打非治乱督导组反馈问题整改落实情况认真开展监督检查，整改扫黑除恶打非治乱专项斗争问题12件。受理公安机关移送的个案1件（中林卡乡敲诈勒索案），坚持"一案三查"，处理涉案农牧民党员13人，其中给予开除党籍1人，诫勉谈话3人，罢免村委员3人，提醒谈话6人，追究领导责任5人。坚持日常监督与专项监督相结合。紧盯重要节点加强明察暗访和县（区）交叉检查，一个节点一个节点坚守，严查公车私用、公款吃喝、违规发放津补贴等突出问题，深挖细查顶风违纪、隐形变异问题，抓住典型问题通报曝光，坚决防止"四风"反弹回潮。2019年，共查处违反中央八项规定精神问题线索2件，给予党内警告1人，党内严重警告1人，释放越往后盯得越紧、执纪越严的强烈信号。深化整治形式主义、官僚主义。紧盯党中央决策部署贯彻落实情况，坚决整治不敬畏、不在乎、空泛表态、应景造势，不作为慢作为甚至假作为等问题。严格落实“基层减负年”要求，深入各乡镇、各单位开展集中整治不作为慢作为、文山会海等形式主义官僚主义突出问题开展监督检查，共发现问题线索12件，提醒谈话12人、约谈2人，诫勉谈话2人、党纪政务处分2人，全县通报批评4个乡镇。综合运用“四种形态”。2019年全县纪检监察机关共受理问题线索38件，立案审查12件，给予党纪政务处分13人，约谈5人，提醒谈话47人，诫勉谈话13人，下达纪律检查建议书21份，为国家挽回经济损失464140元。我们坚持惩前毖后、治病救人的原则，用好用足第一种形态，约谈函询、批评教育65人次，占比83.3%；运用第二种形态，给予轻处分、组织处理11人次，占比14.1%；运用第三种形态，给予重处分、重大职务调整2人次，占比2.6%；第四种形态0人次。

【援藏工作】 在福建省厦门市、中国一汽集团的无私援助下，左贡县经济发展取得了喜人的成绩，全县受援工作也按照年初确定的既定目标顺利推进。2019年规划内建设项目15项，总投资6748万元，其中教育项目5项，总投资3270万元，卫生项目4项，总投资1210万元，其他项目6项，总投资2268万元。同时，接受中国一汽集团捐赠红旗HS7车辆一辆，价值45万元，蓝舰皮卡车6辆，总投资120万元；完成了第九批福建省援藏工作队、第六批中国一汽援藏工作队为期三年的援藏任务。

【领导名录】

县委书记：李　雨　雷

县委副书记、政府县长：罗松吉村（藏）

县委常委、人大常委会主任：宋　彦　卿

县委常委、县政协主席：珠　　扎（藏）

八宿县

【概况】 八宿县位于西藏自治区东部、昌都市中南部，东北部为他念他翁山，西南部是伯舒拉岭。318、214国道贯穿县境内，县政府驻地白玛镇，距西藏自治区首府拉萨市政府驻地866公里（318国道），距昌都市政府驻地265公里（经318和214国道）。

八宿县东与昌都市察雅、左贡县接壤，南与林芝市察隅县相连，西与林芝市波密县、昌都市洛隆县交界，北与类乌齐县、卡若区毗邻。县政府驻地海拔3260米。

地形从西北向东南稍倾。县域板块成橄榄型向南北延伸，最高点在与察隅县交界处的伯舒拉岭白日嘎峰，海拔6882米；最低点在林卡乡叶巴村，海拔2680米。八宿地处怒江河谷，怒江上游段自西北向东南流经县境。

地貌伯舒拉岭将全县分隔为2大水系，其北为怒江水系，以河谷地貌为主；其南属雅鲁藏布江水系，以高山、极高山冰川缓坡地貌为主。全县可分为3大地貌区即南部高山冰川地貌（包括伯舒拉岭以南地区）、怒江高山深切割峡谷地貌、东北部高山原地貌，构成“七山二水一分地”的地形特点。

县域内水资源丰富，全县有水域面积达119.85万亩，占全县总土地面积的6.34%，可供开发利用的水能资源蕴藏量达3105万千瓦。主要河流有怒江、冷曲河、玉曲河、瓦曲、八曲河、帕隆藏布江、德曲河。其中冷曲河和玉曲河为怒江在八宿县境内的主要支流。怒江从洛隆县流入八宿县境内，县境内流长117公里，最大流量达6200立方米/秒，平均流量602立方米/秒；冷曲河发源于八宿县吉达乡果绕村境内的苍日山西麓，河长92公里，在八宿县怒江大桥附近注入怒江；玉曲河发源于类乌齐县与洛隆县交界处的山岭，在八宿境内流长163.6公里，沿川藏南线流入左贡至碧土与怒江交汇；瓦曲河是冷曲河右岸一支支流，源于八宿县林卡乡查卡境内，河长50公里；八曲河发源于瓦合山南端达吉南坡，源头海拔4880米，经同卡、梅朵流入怒江，全长37.9公里；帕隆藏布发源于阿扎贡拉冰川，河流上段名比玛确曲，下段名巴曲，县域流长62.5公里，为雅鲁藏布江重要支流；德曲河发源于洛隆县境内，经八宿县拥巴乡流入怒江，在八宿境内流长18.9公里。

境内气候基本属于高原温带半干旱季风气候，空气稀薄，日照充足，日温差大，年温差小，太阳辐射强烈，干季、雨季季节分明，立体型气候明显，谷地无霜期180天左右，受伯舒拉岭和他念他翁山（怒江山）的屏障作用影响，年平均气温10.4℃，年降水量250毫米左右，主要集中在5—9月，每年的9月至次年4月处于风季，每日持续时间达10小时以上。年日照2699.8小时，日日照时间7.5小时，地温达13.4℃，地温高于气温。重霜冻期（气温低于零下2℃）在11月至次年4月初，4000米左右海拔地带无绝对霜期。随着海拔高度的增高和地理位置的变化，依次出现峡谷暖温带，高原温带和高原寒带三种不同垂直气候带。主要山川自东北至西南依次分布有他念他翁山、娇拉山、伯舒拉岭、岗日嘎布等四大平行分水岭。

八宿主要物产有青稞、小麦、荞麦、玉米、豌豆、油菜、花椒、核桃、水蜜桃、苹果等。县辖14个乡镇，109个行政村（居）、316个村民小组（自然村）、10643户，总人口48989人。其中农村人口44626人，人口出生率1.57‰，自然增长率8.03‰。地域面积12563.55平方公里，主要以农牧产业为主，农业播种小麦、荞麦、豌豆、玉米、扁豆作物，畜牧业饲养牦牛、黄牛、山羊、绵羊、马、藏毛驴、藏鸡、藏猪等。耕地面积2700.27公顷，粮食播种面积2941.27公顷，经济作物耕地面积221.61公顷。森林覆盖率22.97%，林地面积310637.294公顷。国家级野生保护动物有黑颈鹤、黑熊、盘羊、猕猴等，已探明矿产资源有煤、铁、铅、锌、锡、金、银、锑、石灰石等。主要旅游景点然乌湖和来古冰川。特色产品有苹果、荞麦、葡萄、油菜籽、藏梨、核桃、水蜜桃、花椒等。2019年，完成生产总值107257万元，同比增长8.2%（可比价增速），其中，第一产业完成15632万元，同比增长6%；第二产业完成43359万元，同比增长39%；第三产业完成48266万元，同比增长2.5%；全社会固定资产投资297079万元，完成邮政业务总量邮务数出口7838件，进口10000件。完成电信业务总量1100万元。固定电话用户4320户，使用率70%。移动电话用户9800户，使用率90%；互联网用户2100户。社会消费品零售总额达到29915万元。接待旅游322246人次，实现旅游收入1.126亿元，同比增长19.9%；地方财政收入5964万元。同比增长9%：地方财政支出223190亿元。年末全县居民储蓄存款余额36672万元。全年农村居民人均纯收入11294元。城镇新增就业429人，城镇登记失业率在2.5%以内。截至年底，参加城镇失业保险1800人，参加机关事业基本养老保险2211人，企业职工参加基本养老保险716人。参加新型农村合作医疗43524人。参加新型农村养老保险22224人，已领取养老保险待遇3828人。城镇居民中有86户205人得到政府最低生活保障。

【重要会议】

1. 2020年4月1日，中国共产党八宿县第九届委员会第六次全体会议暨县委经济工作会议在县党政会议中心一楼召开。

出席九届县委委员应到22名，实到16名，超过三分之一，符合《中国共产党地方委员会工作条例》相关规定。列席会议的有不是县委委员、县委候补委员的县级党员干部，离退休干部代表，各乡镇党委书记、乡镇长，各驻村八军（衔）部队主管，县（中、区）直各单位负责人及副科级以上干部。

会议认真学习中央经济座谈会议、九届区党委七次全会暨区党委经济工作会议、一届市委第九次全会暨市委经济工作会议精神，表彰2019年度工作先进集体，听取县委常委会的工作报告，总结2019年经济工作，分析当前经济形势，部署2020年经济工作。会议由县委常委会主持。县委书记吴应海讲话并代表县委常委会向全会作工作报告，县委副书记，县长尼玛江村安排部署2020年全县经济工作。

4月2日上午，中国共产党八宿县第九届纪律检查委员会第四次全体会议在党政会议中心一楼召开。

会议深入学习贯彻习近平新时代中国特色社会主义思想，中共党的十九大、中共十九届二中、三中、四中全会和中共十九届中央纪委四次全会，九届自治区纪委五次全会，一届市纪委八次全会精神。县委副书记、常务副县长林谋东出席会议并作讲话，县委常委、纪委书记、监委主任邹鸣宏主持会议并作工作报告。

4月2日上午，八宿县召开2020年组织工作会议，参加会议的有在家县级领导，退休干部代表、“两代表一委员”、各乡镇党委书记、乡镇长，各驻八军（警）部队主管，县（中、区）直各单位负责人参加会议。

会议传达学习全国、全区、全市组织部长会议精神，总结2019年组织工作，安排部署2020年组织工作重点任务。县委副书记、常务副县长林谋东出席会议并讲话。县委常委、组织部部长王文昌主持会议并安排部署2020年全县组织工作。此次会议以视频会议形式开至乡镇。

4月2日上午，为贯彻落实好全国、全区、全市教育大会精神，打赢疫情防控阻击战，打好春季学期各项工作筹备战，打胜控辍保学攻坚战，确保2020年教育工作稳步推进。4月2日上午，八宿县教育工作会议在党政会议中心一楼召开。县委副书记、常务副县长林谋东主持会议并讲话，副县长林巍安安排部署2020年全县教育工作。参加会议的有在家县级领导，退休干部代表、“两代表一委员”、各乡镇党委书记、乡镇长，各驻八军（警）部队主管，县（中、区）直各单位负责人。

下午，县委农村暨脱贫攻坚工作会议在党政会议中心一楼召开。会议传达学习了中央农村工作会议、中央决战决胜脱贫攻坚座谈会、区党委农村工作会议、全区脱贫攻坚工作以及昌都市委农村暨脱贫攻坚工作会议精神，县委书记吴应海主持会议并讲话，县委副书记、县长尼玛江村安排部署2020年全县农村和脱贫攻坚工作。

2. 4月24日，中国人民政治协商会议第三届八宿县委员会第五次会议在党政会议中心一楼召开。来自全县各界别的52名委员怀着对党和人民高度负责的态度，齐聚一堂、共商大计。会议共有两项议程：一是听取中国人民政治协商会议第三届八宿县委员会第五次会议常委会报告；二是听取中国人民政治协商会议第三届八宿县委员会第四次会议以来提安工作情况报告。

县政协副主席罗丽萍受政协委托作了中国人民政治协商会议第五次会议常委会工作报告。由政协党组成员副主席卓永作提安工作情况报告。

4月26日下午，中国人民政治协商会议第三届八宿县委员会第五次会议选举大会，补选中国人民政治协商会议第三届八宿县委员会主席、副主席和常务委员。

县委书记吴应海等主要领导出席会议，县政协副主席卓永主持会议。

会议采取无记名投票的方式和等额选

举的办法进行。根据大会选举办法和计票结果，伍先利当选为中国人民政治协商会议第三届八宿县委员会主席，美珠卓嘎当选为中国人民政治协商会议第三届八宿县委员会副主席，阿旺群培、次旺罗布补选为中国人民政治协商会议第三届八宿县委员会常务委员。

会议审议通过《中国人民政治协商会议第三届八宿县委员会主席、副主席、常务委员选举办法（草案）》《中国人民政治协商会议第三届八宿县委员会第五次会议监票人、总监票人（草案）》。

4月26日下午，中国人民政治协商会议第三届八宿县委员会召开表彰大会。县委书记吴应海等主要领导出席会议，县政协副主席江措主持会议。

下午，中国人民政治协商会议第三届八宿县委委员会第五次会议在党政会议中心一楼胜利闭幕。政协主席伍先利作总结讲话，副主席罗丽萍主持会议。会议审议通过《中国人民政治协商会议第三届八宿县委员会第五次会议常务委员会工作报告的决议（草案）》《中国人民政治协商会议第三届四次会议以来提案工作情况报告的决议（草案）》《中国人民政治协商会议第三届八宿县委委员会第五次会议政治决议（草案）》。

3. 4月25日，八宿县第十二届人民代表大会第六次会议在党政会议中心一楼开幕。县委书记吴应海，县委副书记、县长尼玛江村，县委常委、人大常委会主任党昂泽仁，县政协主席伍先利（人选），人武部政委罗长虹，县委常委、白玛镇党委书记唐永才，县委常委、常务副县长扬帆，县人大常委会副主任次仁顿珠，县人大常委会副主任、邦达镇党委书记高志豪出席会议。

会议的执行主席为：吴应海、党昂泽仁、扬帆。党昂泽仁主持会议。

会议应到代表98人，因事因病请假20人，实到78人，符合法定人数。

根据会议议程，尼玛江村代表县人民政府向大会作政府工作报告。

会议书面审查《八宿县2019年国民经济和社会发展计划执行情况与2020年国民经济和社会发展计划草案报告》和《八宿县2019年预算执行情况和2020年财政预算草案的报告》。

在家的县级领导，出席政协三届五次会议的政协委员，乡镇，县（中、区）直部门、企事业单位负责人，驻八军（警）部队和部分退休老干部列席大会。

4月26日，八宿县第十二届人民代表大会第六次会议举行第二次全体会议顺利召开。

县委书记吴应海，县委副书记、常务副县长林谋东，县委常委、人大常委会主任党昂泽仁，县委常委、白玛镇党委书记唐永才，县委常委、常务副县长扬帆，县委常委、统战部部长阿旺群培，县委常委、吉达乡党委书记杨朔强，县人大常委会副主任次仁顿珠，县人大常委会副主任、邦达镇党委书记高志豪出席会议。

会议的执行主席为尼玛江村、阿旺群培、次仁顿珠。次仁顿珠主持会议。

党昂泽仁受八宿县第十二届人大常委会委托向大会作工作报告。

县人民法院院长杨秀代表县人民法院作工作报告。

县人民检察院检察长扎西巴宗代表八宿县人民检察院向大会报告工作。

4. 八宿县召开脱贫摘帽百日会战动员会议。2019年7月24日，八宿县召开脱贫摘帽百日会战动员会议在党政会议中心一楼召开。

参加会议的有县委副书记、县长尼玛江村，县委副书记、常务副县长（人选）林谋东等在家县级领导，以及县（中、区）直单位负责人在主会场参加会议，各乡镇设分会场。

县人大常委会副主任、县脱贫攻坚指挥部副指挥长、县脱贫攻坚指挥部副主任四郎尼玛主持会议。

会上，林谋东通报全县脱贫攻坚工作情况，四郎尼玛宣读《八宿县脱贫摘帽百日会战实施方案》。11月8日，八宿县扶贫开发领导小组会议在县党政会议中心一楼召开。县委副书记林谋东，县委常委、县委组织部部长王文昌，县委常委、县委宣传部部长罗和平，县人大常委会副主任肖成斌，县人大常委会副主任次仁顿珠，副县长阿旺群培，副县长嘎松旺姆，吉达乡党委书记杨朔强出席会议，县脱贫攻坚指挥部各行业责任单位负责人及部分乡镇扶贫负责人参加现场会议。

会议由县委常委、常务副县长、县脱贫攻坚指挥部常务副指挥长白建军主持。县委副书记、县长、县脱贫攻坚指挥部指挥长尼玛江村出席会议并讲话。

会议传达学习昌都市脱贫攻坚指挥部第10次会议精神和《昌都市脱贫攻坚指挥部办公室关于履行行业监管职责开展脱贫攻坚行业自查自验工作的通知》（昌脱贫指办〔2019〕79号）文件精神；白建军汇报八宿县扶贫对象动态管理交叉检查情况，并向会议提交审议《八宿县脱贫攻坚指挥部关于审定边缘户脱贫户纳入动态监测范围的报告》。

5. 八宿县组织召开“不忘初心、牢记使命”主题教育工作推进会。

9月19日，八宿县组织召开“不忘初心、牢记使命”主题教育工作推进会，会议在党政会议中心一楼设主会场，乡镇设分会场，县委书记吴应海主持，然乌镇、白玛镇、拥巴乡、瓦乡、夏里乡负责人和县（中、区）直机关事业单位领导干部，党员干部共计300余人参加分会场会议。

会上，传达学习《中共昌都市委主题教育领导小组印发〈关于开展“不忘初心、牢记使命”主题教育的工作方案〉的通知》（昌教组发〔2019〕4号）《中共八宿县委员会关于调整充实“不忘初心、牢记使命”主题教育领导小组的通知》（八委〔2019〕81号）《关于成立县委“不忘初心、牢记使命”主题教育巡回指导组的通知》（八教组发〔2019〕2号）《关于印发“不忘初心、牢记使命”主题教育专项整治工作任务分工方案〉的通知》（藏教组发〔2019〕6号）《关于在“不忘初心、牢记使命”主题教育中开展专项整治工作的通知》（藏教组发〔2019〕7号）《关于开展“不忘初心、牢记使命”主题教育的工作方案》（八教组发〔2019〕1号）等文件以及9月19日昌都市“不忘初心、牢记使命”主题教育工作推进会会议精神。

6. 2019年12月23日，共青团八宿县第一次代表大会，在县委党政会议中心开幕。

县委书记吴应海，团市委副书记扎西卓玛，县委常委、宣传部部长肖成斌，县人大副主任次仁顿珠，县政府副县长马玉魁，县政协副主席罗丽萍出席会议，123名团代表参加会议，县（中、区）直、企事业单位主要负责人列席会议。会议由团县委书记永青卓嘎主持。

团县委书记永青卓嘎代表共青团八宿县第一届委员会向大会报告。报告详细介绍共青团八宿县委员会五年来工作开展情况，进一步明确之后5年工作的奋斗目标和主要任务。在政府办公楼与会全体代表合影留念。

12月24日上午，在共青团八宿县第一次代表大会全体代表的共同努力下共青团八宿县第一次代表大会圆满完成各项议程后胜利闭幕。县委常委、宣传部部长肖成斌，副县长马玉魁出席会议，123名团代表参加会议。会议由团县委书记永青卓嘎主持。

会上，团县委副书记次仁卓嘎向大会作共青团八宿县第一届委员会人事安排说明，县人社局副局长益西拉姆向大会宣读《选举办法（草案）》，团县委书记永青卓嘎宣读《监票人、总监票人建议名单（草案）》，县教育局副局长莱珠措姆向大会宣读《关于工作报告的决议（草案）》，全体代表审议并一致通过草案。

会议按照《选举办法（草案）》，在监票人、计票人的全程监督下，在各位代表的庄严投票下，顺利选举出共青团八宿县第一届委员会委员24名，候补委员16名。

7. 12月31日，八宿县召开“四讲四爱”第四节点工作总结会。

会议由县委书记吴应海主持会议并作讲话，县委副书记、县长尼玛江村通报了第四节点活动开展情况并对“回头讲”相关工作进行了安排部署。在家县级领导、各乡镇主要领导、县直单位负责人等，共计100余人。

【班子和队伍建设】

1. 四大班子建设

县委书记：吴 应 海

县人大常委会主任：益西旺加（2019年11月22日）—党昂泽仁于2019年12月30日，在八宿县第十二届人民代表大会第五次会议当选为人大常委会主任。

政 府 县 长：尼玛江村

县政协主席：顿　　珠

2. 党组织基本情况：全县共派出行业系统党工委7个（县直机关党工委、“两新”党工委、国资监管党工委、卫生党工委、教育党工委、互联网党工委、离退休干部党工委）；共有基层党组织235个，其中：基层党委18个（公安局党委、教育局党委、14个乡镇党委、2个寺管会党委），党总支3个（3个寺庙管委会党总支），党支部214个（110个村居党支部书记，14个学校党支部，14个管会党支部，9个非公党支部，6个国企党支部，2个老干党支部，2个居民小区党支部，1个援藏党支部，56个机关党支部）。

3. 干部队伍情况。全县共有机关事业单位干部职工1629人（不含教师512人）。其中县级干部50人，科级干部391人，科办员级干部1188人；男性887人，女性742人；汉族干部457人，少数民族干部1172人；研究生学历13人，本科学历589人，大专学历772人，中专及以下学历255人；35岁以下1375人，36—45岁172人，46—54岁61人，55岁及以上有21人。

【农牧业发展】　一是农业综合生产能力明显提升。畜牧业。2019年，继续贯彻执行《中华人民共和国动物防疫法》以及自治区、市的相关法规，加大该辖区以及周边的疫情检测力度，加强出入险境检疫、产地检疫、市场检疫工作。全县春秋重大动物疫病强制免疫牛249887头次、羊15483只次、猪1121头次、禽311羽次，免疫密度达96.6%。种植业。2019年，全县实施粮油绿色高质高效创建项目、良种试验示范推广、耕地质量保护与提升促进化肥减量增效示范推广、青稞二级良种繁育田建设、“3414”田间肥效试验，取得效果显著。2019年完成播种面积5.2万亩，其中：粮食作物4.305万亩、经济作物0.65万亩、饲草料0.245万亩。二是科教兴农兴牧，农业科技含量不断提升。大力推广良种种植、配方施肥、粮油绿色高质高效创建、农牧民防灾减灾等节本增效技术，促进农牧民增收；组织县、乡、村农技人员、农牧民群众6800余人次参加区、市举办的农技人员知识更新培训；开展县、乡、村农技人员、农牧民科技特派员及农牧民群众培训30余场次，参加人数达3000余人次；开展田间地头农技实地示范指导培训200余次，参加人数达4000人次，提高农户种植技术。三是草原监测同牲畜养殖产业结合。全年完成全县25个样地、75个样方的草原监测工作，其数据为当地畜牧业生产提供指导依据，合理开展放牧，保护草原生态。四是高新技术应用，良种繁育取得突破。2019年，全县共改良黄牛691头，其中自然交配改良426头、人工冷配265头，顺利接生改良牛犊85头。黄牛改良初生的牛犊可按照1头1500元标准，兑现参与黄改群众奖励资金，牛犊顺利长成后，预计每头可为群众带来0.7—0.9万元收入。

【教育事业】 2019年全县有各级各类学校51所，其中：各级各类幼儿园36所（其中：县级幼儿园3所，乡镇幼儿园11所，村级幼儿园22所），小学14所（其中：县小学1所，乡镇小学13所），县中学1所；全县共有在校生7766人（其中：学前教育1537人、小学4485人、初中1744人）；全县共有专任教师554人（其中：学前教育专任教师77人，小学专任教师345人，中学专任教师132人）。2018—2019学年建档立卡大学生251人，自治区级资助金91.866万元，县级配套70.8万元，共计273.966万元，兑现非建档立卡大学生资助金84.75万元，受资助学生171人。

【医疗卫生】 围绕“三不出”和“双下降、两提高”工作目标。一是采取“先诊疗、后付费”报销方式，支付定点医疗机构2624486.04元。完成14个乡镇的参保缴费工作，为8203户共计43277名农牧民群众完成参保上账工作，并按规定减免15878名建档立卡贫困户的参保费用，共计减免317560元。二是加强基层卫生人员队伍建设。全县卫生专业人员达214人，卫生专业人员紧缺的现状得到缓解，包虫病等地方病防治工作持续有效推进。三是全县村级医疗卫生场所实现全覆盖。全县109个行政村共建成村卫生室77个，剩余村卫生室因靠近县人民医院和乡镇卫生院的实际而没再建立村卫生室。

【文化事业】 积极筹备元旦、春节、藏历新年、“3·28”西藏百万农奴解放纪念日节庆日演出活动。艺术团共开展13场文艺演出活动。各乡镇开展各类文艺演出18余场。民间艺术团深入乡镇村开展文艺下乡演出活动，共计26场。

【社会保障】 全年完成上解八宿县机关单位2018年5—12月，养老保险，职业年金，医疗保险，失业保险，生育保险，工伤保险，上解八宿县乡镇、医院、公安、企业、个体完成社保卡信息采集47418人，已收到社会保障卡31160张，共计发放社会保障卡25908张，社保账户已全部激活。八宿县参加机关事业养老保险单位56家2139人，参保率达114%；参加企业基本养老保险单位8家588人，参保率达140%；参加城镇职工基本医疗保险单位63家2319人，参保率达104%；参加失业保险单位64家1626人，参保率达138%；参加工伤保险单位64家2636人，参保率达117%；参加生育保险单位63家2283人，参保率达117%。

【旅游发展】 制定八宿县全域旅游创建方案，细化工作任务，发挥援藏优势编制《八宿县全域旅游规划》和《八宿县乡村旅游扶贫规划》。按照全县旅游产业总体布局，全面推进怒江峡谷观景台项目建设，已完成钢结构加工，完成工程总量的85%。项目运营合同已完成拟定。截至11月底，全县共接待游客322246人次，接待收入1.126亿元，同比增长19.9%。

【生态环保】 中央环保督察反馈共性问题共29个大项86个小项，无个性问题，根据《昌都市环境保护督察整改总任务清单》要求，本县对所涉及每条整改措施进行细化和分解，并以“近期（2018年6月底前及立即启动）、中期（2018年12月底前）、远期（2019年底前）、长期（2020年底前及长期坚持）”4个时间节点，逐一明确每项整改任务的具体措施和目标要求，建立总任务台账。2019年，对时限中期的材料进行收集整理。已销号40个小项，剩余46小项均按照整改进度达到昌都市时序要求。环境整治强力推进。对邦昌公路、318、214国道沿线，然乌湖、业拉山七十二道拐等景区沿线进行环境整治，设立生态环境标志标牌，在各观景台附近修建旅游厕所，设立垃圾箱，定期组织专人对重要旅游景区及国道沿线垃圾进行清理。开展县域生态红线划定、污染源普查、饮用水水源地保护、环评监管工作。全县的生态红线面积为4920.57平方公里，红线比例为39.9%；2019年对全县污普工作中涉及到的工业源、农业源、集中式、移动源、行政村、入河排污口等六大项内容进行审核及核算，工业源共19个，审核通过率100%，核算通过率94.74%；农业源2个，审核率100%；集中式4个、移动源4个、行政村110个，核算率及审核率均为100%；入河排污口5个，审核率100%。八宿县已完成了54个农村饮用水水源地保护工程。2019年上半年，八宿县建设项目网上环评备案51份。积极与铁路、公路及重大施工项目进行配合，对照建设项目环境影响评价分类管理名录，对于审批权限在县级的及时审查批复，对审批权限在上一级的生态环境部门的，认真详细解释工作流程，预审建设项目环境影响报告表10个。污染防治全面推进。打好蓝天保卫战。全县餐饮行业和沿街烧烤摊进行专项检查，并做到定期清理维护，确保正常运行。严格控制施工扬尘、道路扬尘，《制定扬尘污染防治方案及管理办法》，建立健全扬尘管理机制。打好净土保卫战。全县土壤环境质量总体保持稳定，开展土壤环境质量评估和污染源排查。落实企业责任，对造成土壤污染的企业，应承担调查评估、治理与修复、损害赔偿等方面所需资金，污染企业负责人或相关责任人需承担相应的法律责任。打好碧水保卫战。2019年，县域集中式饮用水水源达到国家《地表水环境质量标准》（GB 3838—2002）II类标准。按不同流域、不同区域、不同行业，将水污染防治细化到各排污企业，明确责任到人，未达到污水排放目标要求的企业，明确防治措施及整改时限。

【乡村振兴】 2019年，为推进全县农村人居环境整治工作，切实改善农村人居环境，县人民政府与各乡镇签订《八宿县农村人居环境“脏乱差”整治工作目标责任书》，明确农牧区环境整改重点；成立县农牧区人居环境整治工作领导小组，下设办公室在县农业农村局。制定《八宿县农牧区人居环境整治三年行动实施方案》和《八宿县人畜分离实施方案（试行）》等，明确成员单位责任，统筹落实各项工作开展。全年，不断推进农牧区人居环境摸底调查、同卡镇等生活垃圾无害化处理设施项目开工、农牧区水资源管理和维护、村组道路建设、村庄绿化、政策宣传等各项重点工作开展。

【强基惠民】

1. 精神文明不断升华。各驻村工作队以开展“四讲四爱”群众教育实践活动和“不忘初心、牢记使命”主题教育为契机，深入田间地头、牧场帐篷，向农牧民群众宣传贯彻习近平新时代中国特色社会主义思想和中共十九大精神，大力开展法制教育、“五观”“两论”教育等工作，引导农牧民群众将社会主义核心价值观转化为自觉行动，引导农牧民群众自觉摒弃陈规陋习，淡化宗教消极影响，更加自觉的树牢“四个意识”，坚定“四个自信”，自觉做到“两个维护”，增强“五个认同”，凝聚起维护祖国统一、加强民族团结、建设美丽西藏的共同思想基础。在县、乡镇强基办的统一安排部署下，深入开展“四讲四爱”群众教育实践活动，经常性组织农牧民群众开展赛马节、锅庄比赛等群众性文艺文化活动，组织召开讨论会、宣传会、学习会、演讲比赛等各类方式，用“接地气”、充满“泥土香”“酥油味”的群众语言，用群众身边的新发展、新变化，喜闻乐见的方式开展反分裂斗争教育，让农牧民群众深刻了解党中央对西藏各族群众的优惠政策，让农牧民群众在实践活动中得到转化。2019年以来，各驻村工作队组织党员干部群众开展各类宣讲1万场次，举办专题讲座1000余场次，发放各类宣传资料3.2万余份，开展各类实践活动2500余场次，受教育群众4万多人。区国资委驻吉达乡郎宗村工作队组织农牧民群众观看《榜样3》，学习优秀共产党员的典型事迹，引导农牧民群众自我提升道德素质；区自然资源厅驻郭庆乡岗塔村工作队组织党员群众观看纪实影片《农奴》，增强党员群众的感党恩意识；瓦乡瓦巴村驻村工作队依托西藏先锋公众号为群众普及法律及各类技术知识；林卡乡旺珠村驻村工作队在走村入户了解农牧民群众生活情况时，大力宣讲时代楷模卓嘎央宗姐妹事迹，让卓嘎央宗姐妹事迹在潜移默化中影响每一个人；然乌镇阿日村驻村工作队经常性组织农牧民群众开展文艺演出活动，演出中既有藏式传统节目，也有现代新兴节目，既使八宿传统文化艺术得到传播，又使农牧民群众了解到现代文化艺术。

2. 精准脱贫不断深入。各驻村工作队结合国家第三方评估验收的要求，认真开展自查自纠工作，特别是对重点部位、重点问题进行重点攻克。2019年以来，各驻村工作队宣讲扶贫政策3.5万场次，发放扶贫宣传资料5万余份，解决影响“两不愁、三保障”突出问题2000余件，直接服务群众2700余人次，解决群众实际困难520余件，发放帮扶慰问物资193.96万元。吉达乡同空村驻村工作队从派驻单位争取资金，购置螺旋榨油机开设榨油厂，并邀请西农集团农机专业人士对建档立卡户进行培训，让其在榨油厂工作，既解决了建档立卡户收入问题，又为村内增加集体收入；区国资委驻同卡镇然多村工作队在西藏甘露藏药股份有限公司的帮助下，投资150万余元建设牦牛养殖基地，在西藏中心集团的帮助下投资400万余元建设冷链配送一体的冷链库，为当地后续发展注入新鲜“血液”；林卡乡孜嘎村驻村工作队充分利用种植荞麦、葡萄等经济作物的优势，发挥主产区功能，帮助农牧民群众利用家庭作坊经营模式，酿制荞麦酒葡萄酒，确保户户有产业，2019年预计出售荞麦酒、葡萄酒收入30余万元；然乌镇然乌村驻村工作队积极组织农牧民群众参加然乌首届非公经济酒店从业人员服务技能培训班，提高农牧民群众就业技能，扩宽致富渠道；区民航驻益青乡索那村工作队广泛发动各方力量，收集各界爱心人士捐赠衣物2000余件，并及时发放给70余户家庭困难的农牧民群众，改善贫困群众生活条件；昌都报社驻拉根乡列日村工作队收集湖北黄石老年体协登健委员会捐赠的3450件衣服发放到全村505名群众，让列日村的群众感受到来自内地的温暖。

3. 乡村振兴不断推进。各驻村工作队始终把解决“三农”问题作为当前工作重中之重。2019年以来，各驻村工作队组织党员干部群众宣传各类绿色环保政策1.2万多场次，参与群众3万多人次；开展“三清一改”整治活动1600余场次，清理农村生活垃圾数量131.135吨，清理村沟塘泥140.86吨，清除村内残垣断壁4处；宣传免费就业政策和就业创业政策3000余场次，覆盖农牧民群众1.5万人，帮助60余名贫困群众实现稳定就业。林卡乡略觉村群众在驻村工作队的协助下，集资132万多元，购买挖机、装载机及其他机械设备为专场提供服务，2019年预计营收150余万元；市委办驻拉根乡拉根村工作队通过整合资源招商引资，吸引到400万元资金在拉根村建设以汽车旅馆为中心的集饮食、住宿、娱乐、旅游观光于一体的“莫扎驿站”，为农牧民群众更好融入旅游产业发展搭建了平台；然乌镇来古村驻村工作队充分利用来古冰川和然乌湖旅游资源，大力发展旅游民宿、骑马观光、特色美食等服务，为游客提供“一条龙”服务，将旅游优势资源利用最大化；白玛镇乃然村驻村工作队以新城区建设、西巴村易地搬迁安置点建设、八宿县海螺水泥厂建设为契机，组织农牧民群众参与施工、运输等各个环节，促使农牧民群众转变就业观念，提高就业技能。

4. 基层组织不断夯实。2019年以来，各驻村工作队帮助村党支部建立健全各类规章制度300余项，协助村党支部开展各类组织活动8000余场次，召开支部党员大会450余场次、党支部委员会1300余场次、党小组会2600余场次、上党课350余场次；举办党员培训班20余期，培训农牧民党员600余人次；开展“传、帮、带”活动6700余场次，454名驻村工作队员与588名村“两委”干部结成帮扶对子。

5. 维稳防线不断巩固。2019年以来，各驻村工作队协助村（居）“两委”制定维稳工作方案和维稳预案400余个，调整充实护村队、护路队110个；组织召开维稳宣讲大会1300余场次，组织群众宣讲系列重要讲话精神2000余场次，入户宣传850余次，举办专题讲座30余场次，发放宣传材料20000余份；调处矛盾纠纷12起，完善流动人员的服务管理制度12条，开展重点人员的教育谈心活动123人次，帮助完善维稳工作机制128条。白玛镇旺比村驻村工作队深入农牧民党员家中，对供奉经堂、悬挂佛像等情况进行逐一摸排，并在调查过程中教育农牧民党员要严守党的纪律；吉达乡同空村驻村工作队要求村“两委”班子时刻佩戴党徽，做好表率作用；夏里乡各驻村工作队在乃然易地搬迁点定期对农牧民群众用电用气安全进行排查，消除安全隐患；吉中乡卡穷村驻村工作队邀请吉中乡派出所干警开展“增强法制观念，共建平安卡穷”专题普法讲座，提高农牧民群众法治观念。

【重点集体经济简介】 2019年制定夏里三乡乃然易地搬迁点村集体经济项目方案，投入资金农村转移支付资金280.9万元，涉及的3个乡9个行政村。项目实施时间为2020年4月。

【宣传工作】

1. “四讲四爱”主题教育开展情况。抓好教育引导，深化“四讲四爱”群众教育实践活动。严格按照自治区“十个更加”的教育目标和“五个不能”的工作总基调，切实在宣讲上下功夫，着力在教育引导上下功夫，不断将“四讲四爱”引向深入。安排有力，动员部署快。4月12日，组织召开2019年“四讲四爱”群众教育实践活动动员部署会议后，乡镇、村（居）按照工作要求，层层动员部署，明确各级党委主体责任和书记第一责任人责任，形成党委领导、书记挂帅、各负其责、齐抓共管的工作机制，推动活动在全县14个乡镇、110个村（居）、22座寺庙、16所学校全面铺开。覆盖广泛，宣讲教育实。在宣讲环节，紧盯“讲”这个关键，成立以各级书记为团长的宣讲团18个。在充分发挥宣讲团成员、驻村驻寺干部、农牧民宣讲员、学校德育老师等宣讲主体力量的基础上，把各级领导干部、政协委员、老干部、老党员、双联户户长、致富能手、爱国爱教僧尼等作为宣讲补充力量，并通过送训上门、以会代训的形式对其进行集中培训40余场次，受训300余人，进一步充实和加强宣讲力量。同时把中华人民共和国成立70周年、西藏民主改革60周年、新旧西藏对比、包虫病防治、脱贫攻坚、教育“三包”、惠寺利僧、扫黑除恶、法治宣传等充实到宣讲内容，分阶段、按节点深入田间地头、牧区草场、课堂教室、寺庙僧舍、厂区工地中面对面向农牧民群众宣讲，让宣讲带有“酥油香、糌粑味”。全县共开展宣讲1100余场次，受教育农牧民群众9万余人次。寓教于乐，实践活动多。在实践环节，狠抓“做”这个基础。充分利用“3·28”百万农奴解放纪念日、“五四”青年节、“七一”中国共产党建党节、“十一”国庆节等节点契机，深入开展文艺演出、重温入党誓词、爱国歌曲大家唱、清洁环保行动、演讲比赛、“我和我的祖国”等主题实践活动600余场次，参与群众5000余人次，教育群众结合社会主义核心价值观教育，大力开展国旗飘起来、国歌唱起来、领袖像挂起来、爱国电影放起来、新旧西藏对比故事讲起来，利用群众爱听、爱看、爱参与的方式将“讲党恩爱核心、讲团结爱祖国、讲贡献爱家园、讲文明爱生活”的理念融入群众思想深处。

2. 学习强国学习情况。推动“学习强国”建设使用。“学习强国”学习平台是强化理论武装和思想教育的重要阵地，八宿县把推进学习平台的建设和使用作为重大的政治任务，以全县党支部为基本组织单元，积极动员每一位党员干部下载安装APP，经常性下载学习情况来督促各级党组织学习，保证入驻率、活跃率，促使广大党员干部学习热情日益高涨。构建出有点有面、联结成网的学习格局。在学习氛围浓厚的同时，通过“不忘初心、牢记使命”主题教育来克服出现的比分不比学、会学不会用等形式主义作风，进一步增强广大党员干部学习的自觉自愿性。全县干部职工均已下载注册“学习强国”，每天活跃学员均在1700余人，入驻党员干部学习活跃度达90%，人均积分均在30分以上。

【产业发展】 2019年，全县组织实施农牧业基本建设项目2项（2019年人工种草与天然草地改良工程、2019年高标准农田建设项目），涉及总投资2640万元。2019年，八宿县补充完善《八宿县“十三五”产业精准扶贫规划》，八宿县计划实施产业精准扶贫项目共计24个，其中列入《八宿县“十三五”产业精准扶贫规划》项目18个，列入《八宿县深度贫困地区产业扶贫规划》项目6个。涉及总投资13.198亿元（其中产业资金6.525亿元、金融投资1.39亿元、社会资本投资5.283亿元），截至2019年底，八宿县组织实施产业资金配套项目24个，开工20个，完工17个，在建7个。

【维护稳定】 围绕中心、服务大局，全力八宿社会稳定。深入推进“扫黑除恶”专项斗争。积极组织开展宣传活动，组织干部深入全县14个乡镇、110个村（居）、22座寺庙开展宣传，各乡镇、成员单位有效推进“扫黑除恶”专项斗争工作，进一步增强农牧民群众获得感、安全感、幸福感。深入开展反分裂斗争。牢固树立稳定压倒一切的思想，切实提高政治敏锐性和政治鉴别力，把维护社会稳定作为硬任务和第一责任，严密防范和严厉打击十四世达赖集团分裂渗透破坏活动。

【项目建设】 改革招商体制，完善项目评审机制，出台《八宿县招商引资优惠政策（暂行）》，对正在洽谈且有明确投资意向的项目，指定专人密切联系，及时宣传本县招商引资优惠政策，确保在谈项目尽快落户；对已经注册开工或正在办理注册手续，即将开工建设的项目，组建专门服务班子，明确专人事前指导、事中帮办、事后监督，有力确保项目平稳落地，力促已批项目尽早到账。深入企业走访调研，及时了解和掌握企业生产经营的第一手资料，帮助企业解决困难。平台扩展更有力。用好用足援藏省市及各类招商平台，充分利用援藏省市企业资源，强化文化交流和人员互访，积极构建、拓宽八宿招商引资新平台。同时，积极组织企业参展布展、推广宣传、拓展市场、提升八宿企业知名度，拓展产品销售新渠道，增强企业竞争力，为企业走出去搭建平台、提供先机。项目建设更强劲。海螺水泥项目，生活区及主厂区工作前期已完成，矿山隧道正在施工，预计2020年投入运营；中核英利、天晶、天康光伏发电项目已建完并网发电，国家电投和西藏开投光伏发电项目正在建设，预计11月份建设完成。八宿交通大酒店正在装修，预计年底投入使用；漫江酒业和物理农业项目已入住产业园区，正在进行厂房装饰和设备安装，已完成50%；协合风电投资有限公司已与八宿县初步签订风电场开发和测风协议，正在郭庆、同卡区域进行测风工作；西藏睿恒原生态温泉酒店、吉达加油站、益青加油站、白玛镇液化气站、邦达加气站等项目前期手续已办完，待土地审批后开工建设。八宿县邦达镇、然乌镇和郭庆乡农机维修合作社工程以及八宿县产业园物流仓库工程、第二产业园工程均为续建项目。邦达镇、然乌镇和郭庆乡农机维修合作社工程已于年初完成建设并投入使用；产业园物流仓库工程已于2019年7月完成建设并投入使用；第二产业园主体工程已完成，预计年底完工。

【脱贫攻坚】 2019年，全县脱贫攻坚工作取得重大成果。通过紧盯脱贫目标，强化组织领导、尽锐出战，配强保障脱贫干部队伍，不断压实全县各级脱贫攻坚主体责任。2019年，在前三年脱贫成果的基础上，全县共继续实现1903户9661名群众脱贫，4年累计实现3113户15894人建档立卡贫困人口全部脱贫，109个贫困村全部出列，顺利通过全县脱贫摘帽自治区第三方评估验收和自治区脱贫攻坚成效地市交叉考核，全县综合贫困发生率降至0。

2019年，八宿县继续紧盯脱贫关键项目推进。一是强化造血功能，狠抓产业支撑。列入计划产业扶贫项目24个，总投资157140.61亿元，已建成的产业扶贫项目带动7846名贫困群众增收，累计实现增收571.99万元。二是稳步实施易地搬迁。完成白玛镇西巴村易地扶贫搬迁安置点657户3343人搬迁，圆满完成了全县易地搬迁任务。三是持续加强生态保护。2019年，安排生态补偿岗位14551人（其中建档立卡贫困群众7262人），兑现年度生态补偿岗位工资5092.85万元。四是突出教育扶贫。强化“控辍保学”抓招生，切实加大控辍保学力度，累计投资3.59亿元实施村级幼儿园建设，乡镇小学改扩建，中学迁建工程等教育项目，为全县672人次在读贫困大学生累计兑现生活补助达736.398万元。落实兑现教育“三包”经费2291.25万元，资助在校贫困大学生251人，资助金额273.966万元。五是强化社保兜底。全县认定农村最低生活保障对象1606户6143人，实施临时救助49户次，发放救助资金24.139万元，实施医疗救助1212人次，发放医疗救助资金311.15万元。

【招商引资】 1. 主要指标完成情况。社会消费品零售总额。2019年，八宿县消费品零售总额的目标任务为3.2亿元，增速18.1%。1—10月份，社会消费品零售额完成2.7亿元，增速7.51%，年底可完成增速18.1%的目标任务。招商引资资金。2019年招商引资资金目标任务为9亿元，截至10月底，全县共实施招商引资项目13个，协议资金22.63亿元，累计到位资金8.23亿元，完成年度目标任务的91.44%。总投资1亿以上的项目有7家。预计

12月份可完成9亿元的目标任务。

2. 商贸活动有声有色。分管领导多次率队赴北京、上海、珠海、成都等地考察拜访企业，洽谈合作事宜，邀请企业到八宿县投资兴业。大力实施“走出去、引进来”战略。八宿县党政代表团先后参加然乌冰雪节、昌都茶马艺术节、福建“5·18”“6·18”“9·8”等各类展会活动，召开招商引资推进会，签约项目2个，投资协议达10.8亿元，发放宣传手册1000余册，同时组织拉鲁卡荞麦加工厂、服装加工厂、雪源宝合作社等本地农特产品企业在展会上展销各种特色产品，助力企业走出去发展，引进来合作，不断加强对外合作。

3. 营商环境不断改善。强化政策引导。借鉴自治区及昌都市出台的招商引资优惠政策，召集了相关部门，制定出台《八宿县招商引资优惠政策（暂行）》。改善人才环境。2019年4月，借助昌都市和援藏平台，赴上海、江苏、山东、杭州等地参加招商引资业务培训，不断提高招商人员整体业务素质。创新工作机制。制定项目进度表，每个项目每月进行进度更新，有力促进服务跟踪工作。

4. 全力保证各类商务大检查持续推进。全力推进安全生产大检查。商务、工商、食药监等单位联合开展诚信营商宣传教育1次，发放宣传资料200余份；配合县农牧局开展农村假冒伪劣食品专项整治宣传活动1次，发放宣传资料300余份，接受群众咨询100人次。今年以来，商贸领域安全生产检查20次，检查商贸企业50余家，排查隐患6起，整改率100%；开展成品油市场检查25次，排查隐患4起，整改率100%，再生资源回收检查4次，检查企业6家，均不存在隐患。加强农村假冒伪劣食品整治。组织成员单位对商品集散地、批发市场、物流渠道、超市、农牧区和城乡接合部小卖部、餐饮店等重点商品领域开展专项执法检查3次，检查商店、超市、餐馆等食品经营主体86家次，没收销毁过期食品37类，数量65.2公斤，货值2754.5元。清除市场上存在的假冒伪劣食品，规范市场经济秩序。

5. 电子商务持续推进。共开展不同层次的电商培训共计1837人次，其中两场领导干部外出考察培训共计27人。对白玛镇、吉达乡、林卡乡、吉中乡、益青乡、郭庆乡等6个乡镇级电商服务站和38个村级电商服务站进行了重新装修及站点服务人员培训，村站销售额均超过500元，较好的村站销售额可达到3000元。八宿电信智慧Wi-Fi工程正在施工建设，旅游APP及区域O2O电子商务平台已开发使用，内容涵盖电商村级站点配货、八宿县当地旅游餐饮资讯，旅游资讯板块中涵盖了邦达草原、七十二道拐、怒江峡谷、来古冰川、然乌湖、仁隆巴冰川等当地景点的旅游攻略，同时能够实现当地产品及时线上交易。已上线销售10个品牌产品。2019年1—9月，八宿县电子商务销售额累计共117.32万元。电子商务交易保障体系日益成熟。电商承办企业已完成追溯体系建设，并已投入使用。承办企业以乡镇、村为单位，已完成48个区域品牌logo设计，已上线销售品牌10个（野生当归、野生羊肚菌、野生松茸、野生獐子菌、野生人参果、野生牛肝菌、野生金耳、野生苹果、淘易黑苦荞全株茶、淘易黑苦荞全胚芽茶）。承办企业对这些产品进行针对性的策划包装及宣传推广，在八宿县境内主要景点设置产品专柜，如：然乌湖、72拐观景台、来古冰川、邦达机场。并协助八宿县同空村菜籽油进行产品检测及QS认证。

【特色产业】 2019年，继续增强荞麦特色产业对群众增收的带动。通过采取优化品种结构、及时灌水旋耕等农艺措施，增加复种面积，全年荞麦复种面积达0.7万亩。2019年12月25日，农业农村部农产品质量安全监管司发布《中华人民共和国农产品地利标志登记公示〔2019〕第1号》，拟对“八宿荞麦”实施国家农产品地理标志登记保护。“农户+基地+公司”的生产经营模式更加巩固，荞麦标准化高产栽培示范基地辐射带动下，基本实现荞麦标准化高产栽培技术，荞麦收购价保持稳定，达到10元/公斤。所收荞麦由市级农牧业龙头企业八宿县拉鲁卡荞麦加工厂加工，2019全年实现加工产值208万元。荞麦产业基本形成“供产销一条龙”发展模式。

【党建工作】 1. 以提升基层党组织组织力为重点推进基层党组织全面进步。（1）加强党的全面领导落实基层党建工作责任。一是及时调整充实基层党建工作领导小组专班，印发《八宿县基层党建工作思路》，与各级党组织签订《2018年八宿县党建工作目标责任书》200余份，召开党的建设工作会议4次。二是将基层党建工作述职评议由半年述职调整为季度化述职，定期听取各级党委（党组）书记抓基层党建工作情况，打破固定述职模式，采用PPT现场展示的方式，以图文并茂的形式现场脱稿述职。三是建立健全县、乡、村三级党建工作会议制度和清单制度，对全县各级基层党组织通过实地走访、查看资料、集中座谈等方式开展基层党建督导检查工作，把问题查全查透，把任务压紧压实，把责任分清分细。四是印发《八宿县基层党建督查工作日志》笔记本，明确县级领导工作职责，定期调研指导基层，做好全程纪实。（2）规范党内政治生活推进基层党组织扩面提质。一是制定下发《三会一课主题内容指引》（八党组发〔2018〕50号）等系列文件，坚持和运用好“三会一课”、“主题党日”、组织生活会、民主评议党员等基本制度，严肃党内政治生活。二是理顺全县236个基层党组织隶属关系，新成立行业系统党工委2个，新成立党支部10个，采取“自我推荐和组织推荐”的方式，配好配强全县党建专干200余名。三是印发《八宿县关于集中整顿软弱涣散基层党组织工作方案》（八党组发〔2018〕128号），确定软弱涣散基层党组织26个，实现晋位升级党组织21个。四是纵深推进基层党组织标准化建设工作，编印《基层党组织标准化建设工具书》，进一步规范各领域党支部活动开展。（3）以政治标准为首位推进党员发展教育管理。一是结合全县实际制定《2018年发展党员工作计划》（八党组发〔2018〕134号），规范发展党员和党员组织关系转接流程，共发展党员166名，转接党组织关系152名。二是根据《昌都市流动党员管理办法（试行）》的要求，集中摸排出流动党员203名，采取建立流动党员教育管理服务工作微信群的方式，进一步加强流动党员教育管理工作，实现“离家不离党”。三是制定印发《八宿县2018年党员教育培训计划》（八党组发〔2018〕174号），先后将247名年轻骨干送到重庆、天津、福建等地进行培训交流和挂职锻炼，依托县委党校举办村（居）党组织书记培训和党务工作者培训。四是集中进行党员信教问题摸排，制定印发《八宿县关于开展严守党的政治纪律和政治规矩妥善解决共产党员信仰宗教问题专项活动的实施方案》（八委〔2018〕129号），深入开展严守党的政治纪律和政治规矩妥善解决共产党员信仰宗教问题专项活动，进一步严肃共产党员不得信仰宗教纪律和淡化宗教消极影响，深入强化全县党员的身份意识和责任意识，加强党员党性教育。（4）创新工作载体强化党组织学习宣传引导。一是在网络党建上着力，充分依托“八宿党建”微信平台和五大工作交流微信群，开设“党建知识微课堂”板块，每日推送两至三条中共十九大精神应知应会知识和党建党务相关知识，积极打造“指尖课堂”。全年微课堂发布相关知识300余条，专人在线答疑解惑200余次。二是在宣传上发力，创办《八宿县基层党建与强基惠民旬报》，及时发布基层党建和强基惠民工作的新动态、新亮点，搭建互相学习、互相交流的平台，全年印发33期8000余份。三是在平台使用上完善。制定《远程教育设备管理制度》和远程教育“固定学习日”制度，下发《终端站点学习清单》，发放“双百双语”教材。2018年以来，依托远教平台，采取“阶梯式”的培训方式，对100余名农业科技人员开展专项培训，关注“共产党员”“西藏先锋”“西藏组工”“昌都党建”“八宿党建”等微信公众号和下载“西藏党员教育”APP，达党员总数的80%，通过福州市援藏工作队援助远教设备20余万元。（5）端正政治态度切实做好巡视巡察整改工作。针对区党委巡视八组反馈意见、九届八宿县委第三轮巡察组和市委第二轮“提级+交叉”巡察一组反馈意见，主动认领涉及基层党建问题33条，规范相关制度17项，参加党委（党组）巡视整改专题民主生活会28场次，指导开展整改46次。（6）深入开展抓党建促脱贫攻坚乡村振兴工作。一是在集体经济上突破，2018年新增村集体经济2个。全县共有村级集体经济39个，年利润达200余万元。二是深入开展组织部长与村（居）党支部书记抓党建促脱贫攻坚谈心谈话工作，完成110个村（居）支部书记与选派支部书记共145人谈心谈话。三是深入开展结合结对帮扶工作，巩固“党员干部进村入户、结对认亲交朋友”活动，向贫困群众送去慰问金及生活补助56.9万多元，发放物资折合14万多元，开展政策宣讲2600余场次。四是党建扶贫项目“绕巴村高原生态鹅养殖基地”和“邦达镇平安旅社”年收益95万元，2018年已按期按比例偿还资金31万元。（7）大力实施村级组织活动场所标准化建设。一是重视程度“高”，县委主要领导多次组织召开专题会议及早谋划，成立领导小组，明确职责分工，及时研究协调问题，加强工程监督。二是基础工作“实”，确定了2018年修建56个、2019年修建51个的工作目标，按照“两避让、一靠近”原则综合选址，凸显“四性三化”，坚持一室多用、集中办公、综合利用。三是推进措施“强”，对56个建设点逐村制定施工进度横道图，倒排工期，挂图作战，实行“县、乡、村”三级联督联检，截至2018年12月，建成村级组织活动场所54个。（8）深入开展党内帮扶工作。2018年对全县困难党员开展党内激励帮扶65人39700元，制定下发《八宿县关于对未担任选派第一书记的聘用干部开展党内帮扶的方案》（中共八宿县委组织部〔2018〕38号），对聘用干部开展专项慰问8人16000元。

2. 坚持用习近平新时代中国特色社会主义思想和中共十九大精神武装党员干部。（1）坚持理论学习。以学习贯彻习近平新时代中国特色社会主义思想、深入推进“两学一做”学习教育常态化制度化为主线，依托“干部讲堂、指尖课堂、异地课堂”等平台为党员干部经常性、全方位、系统化“充电”；将“不忘初心、牢记使命”和“四个合格”纳入主题党日，使党员学有方向、做有目标。2018年以来，八宿“干部讲堂”共开课19次，邀请中央党校、市委党校讲师授课5次，县级领导上讲台8次，各级党组织书记上党课277场次。（2）打造政治教育新高地。积极与福建省第八批援藏工作队福州分队协调援助投入21.6万元，依托益青乡尼琼村村级组织活动场所阵地，建立益青片区党校和益青片区乡村荣誉室，打造农牧民“讲习所”，开展各类培训6场次，培训农牧民党员群众600余人次。

3. 营造良好氛围助力发挥作用促使基层党组织提档升级充满活力。（1）着力打造“党建品牌”，营造争优创先的良好氛围。坚持典型带动和示范引领，以“党建促脱贫”为主题的党建品牌《支部引领破难题 生态养殖促脱贫》、以“非公党建”为主题的党建品牌《非公企业党旗飘，党建引领增实效》已经在昌都市电视台《藏东党建》栏目播出，以“援藏党建”为主题的党建品牌《党建引领提效能，招商引资促发展》的脚本定于2019年拍摄。（2）全面推广“1+2+X”工作模式，助力村（居）“两委”发挥作用。制定《关于发挥村（居）“两委”班子作用的通知》（八党组发〔2018〕140号），以干部驻村为契机全面推广“1+2+X”帮带新模式，发挥驻村工作队和选派第一书记作用，通过“结对帮、实践练、规范做”等方式，让村干部掌握日常工作的方式方法和独立完成工作任务的能力水平，为村（居）留下一支“永不走”的工作队。（3）强化“两个覆盖”推动“两新”组织发挥作用。一是2018年9月成立八宿县“两新”党（工）委，与各非公党组织和成员单位签订党建工作目标责任书30份，选派非公有制经济组织党建指导员9名，进一步加强党的领导和工作指导。二是积极开展“双找活动”让26名“隐形”和“口袋”党员亮出身份回归组织，开展“双培养工程”吸收入党积极分子6名，接收预备党员1名，预备党员转正1名。三是深入开展“百企帮百村”助力脱贫攻坚活动，蓝湖驿站总店等4个非公党支部为农牧民群众培训实用技能9次；多拉神山温泉宾馆党支部与白玛镇5个贫困户13人结成对子进行帮扶，同时党支部书记卿太平自2014年起每年拿出10万元，实施贫困学生圆梦计划，资助贫困学生上学；民族工艺服装加工厂致力于帮助白玛镇因残致贫家庭，解决残疾人就业40人，荣获“全区‘百企帮百村’精准扶贫行动‘先进民营企业’”；好客山东宾馆、益兴建工等非公企业党支部为当地解决就业岗位86个，社会公益捐款达30余万元。

【廉洁建设】 一、持续加大查办违纪案件工作力度，认真践行监督执纪问责“四种形态”。2019年以来，八宿县纪委监委办理2018年遗留问题线索共23件。其中，初核了结18件；立案办结2件，给予党纪处分2人，政务处分1人；提级办理1件；正在办理2件（等待上级批复2件）。2019年，收到各类问题线索共29件。其中，初核结14件；立案办结2件，给予党纪处分1人，政务处分1人；提级办理4件；正在办理9件（立案审查调查2件，等待上级批复2件，正在初核5件）。二是八宿县纪委紧紧围绕“四种形态”，突出抓早抓小，勇于揭短亮丑，敢于动真碰硬，针对乡（镇）扶贫领域“零线索”问题，及时约谈了14个乡镇党委书记和13个乡镇纪委工作负责人。2019年，全县共提醒谈话9人，约谈61人，诫勉谈话17人；运用第一种形态处理87人，第二种形态处理5人。

二、集中整治不作为、慢作为、文山会海等形式主义、官僚主义突出问题取得明显成效。八宿县纪委监委按照《关于推进集中整治不作为慢作为、文山会海等形式主义官僚主义突出问题工作深入开展的通知》（藏纪办发〔2018〕10号），制定印发《八宿县推进集中不作为、慢作为、文山会海等形式主义、官僚主义突出问题工作深入开展的方案》《关于在纪检监察系统内开展集中整治不作为、慢作为、文山会海等形式主义、官僚主义突出问题工作的实施方案》，2019年，全县各级各单位深入开展自查自纠，县级领导带头开展自查自纠，梳理出54条问题，并及时建立问题清单，制定整改措施，确保逐条整改。同时，1019年以来，县级发文1794件，与2018年同期发文2343件相比，减少549件，减幅23.43%；县级召开会议303次，与去年同期开会363次相比，减少60次，减幅达16.53%；县级开展督导检查考核117次，与2018年同期132次相比减少15次，减幅

11.36%，基层负担明显减少。

三、扎实开展“不忘初心、牢记使命”主题教育。自“不忘初心、牢记使命”主题教育开展以来，八宿县纪委监委积极谋划，扎实开展此项工作。一是统筹协调，抓好12项专项整治工作。县纪委监委成立县委“不忘初心、牢记使命”主题教育领导小组办公室专项整治工作小组，协同8个巡回指导组和牵头单位，适时对专项整治情况开展督导，并制定下发《“不忘初心、牢记使命”主题教育专项整治工作任务分工方案》，建立专项整治工作督导检查相关台账，每周收集上报专项整治周报。开展督导检查2次，开展“四项”专项整治工作自查1次，全县撰写自查报告72份。二是主动抓好自身“不忘初心、牢记使命”主题教育工作。支部召开部署会1次，自行组织开展各类活动4次，观看警示教育片2次，学习10次，交流研讨2次，签订承诺书15份。

四、深入推进扫黑除恶专项斗争取得实效。2019年，八宿县纪委监委严格贯彻落实中央、区、市各级纪委监委关于“扫黑除恶”专项斗争的指示要求，紧密配合县“扫黑除恶”专项斗争领导小组办公室，深入开展监督执纪问责工作、深入开展线索摸排工作、扩大宣传范围、强化宣传力度，2019年，八宿县纪委监委建立各类台账9册，制定并印发《八宿县纪委监委关于扫黑除恶专项斗争线索双向移送办法（试行）》。全年开展“扫黑除恶、打非治乱”督导检查40余次，出动人次80余人，深入乡镇开展线索摸排工作7次，其中，县委常委、县纪委书记、监委主任邹鸣宏带队开展3次，八宿县纪委监委专门制作了15种黑恶势力“保护伞”类型的藏汉双语等宣传海报80余份，其中向乡镇发放宣传海报70余份，组织干部在县城重要地段和人员集中点张贴10余份。

五、扎实开展扶贫领域腐败和作风问题专项治理。2019年，县纪委监委针对扶贫领域“零线索”问题，及时对14乡镇党政主要领导和纪委书记进行约谈。2019年，共开展扶贫领域督导检查3次，下发整改督办通知34件，收到扶贫领域问题线索共14件，初核了结7件（其中，诫勉谈话4人，约谈3人，提醒谈话2人）；正在办理7件（其中，立案调查1件，正在初核4件，等待上级批复2件）。

【援藏工作】 按调整后“十三五”援藏项目规划方案，乃然易地扶贫搬迁安置点工程完工，资金1693万元已到位；县人民医院，进行医院二期装修与附属，一期施工完成，援藏资金5000万元已到位4007万元，并已按昌都市受援办要求提交验收资料申请剩余993万元资金，郭庆乡卫生院项目，总投资1000万元，施工有序推进中，援藏资金300万计划于2020年申请。援藏工作队积极争取到福州市计划外援藏资金5172万元，其中：福州市政府专门另拨3500万元（2000万元用于西巴村精准脱贫小康示范新村建设、1000万元用于新建八宿县中学项目、500万元用于旅游厕所建设）；联系福州市九县（市）区分别于八宿县14个乡镇签订结对帮扶协议，共争取到帮扶资金840万元；根据八宿县实际需要，计划外资金用于八宿县干部职工活动中心、八宿县旅游星级厕所工程、八宿县瓦巴村党建服务点等项目已建设完成并投入使用。

洛隆县

【概况】 洛隆，藏语意为“南谷”或“南川”。位于西藏自治区东北部、昌都市西南部，东与八宿县相接，西与边坝县相邻，南与波密县连界，北与丁青县接壤，东北与类乌齐县相连。平均海拔3700米。洛隆县东西长129公里，南北宽110公里，辖区面积8108

平方公里。县政府驻地孜托镇，东距藏东门户昌都市政府驻地302公里。洛隆县境内地势南北高，中部较低，呈扇形向东北方向倾斜，地势起伏大，河流密布，湖泊众多，地形地貌复杂多样。怒江自东向西横穿6个乡镇121公里。洛隆县辖4个镇7个乡，66个行政村（居）332个自然村。

县境内有大小河流100余条，湖泊50余个。洛隆县境内主要河流有怒江、惹曲、玛曲、卓玛朗错河、达曲等，总河长1142公里。怒江在境内长达100余公里。洛隆县河流年径流总量27亿立方米。县域属高原温带半干旱气候，空气稀薄，气温偏低，具有日照长、降水分布不均匀、昼夜温差大等特点。主要物产有虫草、贝母、知母、雪莲、核桃及高原畜产品等。美食主要有：蛋插人参果、贝母鸡块、酥酪糕、生肉酱、香酥猪血糕、燕麦粥、乳猪、奶品、糌粑、酥油茶、风干牛肉等。县境内分布国家级野生动物金钱豹、马鹿、獐子、岩羊、盘羊、棕熊、猕猴、贝母鸡、鹿、猴、狼。矿产资源有金、铜、铅、铁、锌、汞、砷锡、寒水石、大理石。县境内森林面积20.79万公顷，森林覆盖率36.7%，木材总储蓄量1622.10万立方米，主要有松木、柏木、桦木等。有天然草场436.60万亩，已开发利用418.58万亩。经济作物以农牧业为主，多种经济并重，洛隆县11个乡镇均属于半农半牧区。主要农作物有春小麦、冬小麦、春青稞、冬青稞、豌豆、油菜、土豆、芫根等；畜牧业产品主要是牦牛、绵羊、山羊、黄牛、猪。

2019年，洛隆县地方生产总值完成12.4亿元，同比增长10.6%。农村居民人均可支配收入完成11180元，同比增长13.3%。城镇居民可支配收入完成31306元，同比增长10.2%。社会消费品零售总额3.12亿元，同比增长18%。居民消费品价格指数同比上涨2.1%。地方财政收入完成6182万元，完成年度目标任务的84.6%。税收收入完成8068万元，完成年度目标任务的133.9%。县农行共有各类存款5.4亿元，贷款余额5.2亿元。发放涉农贷款3.3亿元，占各项贷款的63%，同比增长17%。有各类市场主体1680户，注册资本12.42亿元；新增个体工商户358户，同比增长32.42%；新增注册资本4266.2万元，同比增长38.88%。新增企业25户，同比增长16.23%；新增注册资本5070万元，同比增长4.92%。新增农牧民合作社17户，新增注册资本349.6万元，同比增长63.35%。全年采集虫草508.87公斤，实现虫草收入5088.75万元。

【农牧业】 实施“藏粮于地”“藏粮于技”战略，粮食播种面积达9.51万多亩，农作物总产量达4403.25万吨，奶产量达995.36吨，肉产量达9650吨、禽蛋产量达0.4吨。创建粮食绿色高效示范区和测土示范区分别达6.37万亩。收购青稞良种51万公斤，为全市提供良种47.5万公斤，总收入285.6万元，群众户均增收1830元。牲畜存栏189860头（只、匹），牲畜出栏53800头（只、匹），出栏率达28.3%。完成草畜平衡户7694户，平衡面积达410.65万余亩，兑现资金1062.24万余元。投资600万元的5000亩人工种草项目完工并通过验收。投资500万元的肉牛育肥基地建设项目完成总工程量的20%。投资1.14亿元的3.8万亩高标准农田建设完成总工程量的40%。完成土地确权8409户，颁证率达100%。

【教育事业】 落实五个100%工作要求，实施教育优先发展战略，财政投入教育资金达2645万元，占财政收入的41.3%。落实教育“三包”、营养改善、交通补助、德育专项经费2799.7万元。筹集爱心款物140余万元，帮助贫困群众子女就学。设立125万元的教育教学质量专项基金和教育特殊贡献津贴奖金。选派24名教师赴泉州进修学习，学校学生人数和中小学升学率均实现稳中有升。开展干部支教活动，选派18名优秀干部到学校支教一年。

【医疗卫生】 安排资金150万元，聘请藏医专家、妇产科专家2名，提升洛隆县藏医和妇产服务水平。落实“两下降双提升”工作要求，为32名危重症孕产妇开通绿色通道。住院分娩率提升9.4%，孕产妇死亡率同比下降十万分之六十一，新生儿死亡率下降2.6‰。投入资金507.43万元，完成包虫病阳性患者手术治疗31人，免费药物治疗155人。完成脊柱侧弯免费救治、膝髋关节置换手术23人。智慧医疗平台建成后，家庭医生网上签约实现全覆盖，信息化健康档案建档率达95.7%。免费发放居民健康保障卡51568张，县域内公立医疗机构实现持卡就医和即时结算。投资30万元建成县人民医院血库，成为昌都市11个县区中第一个建成县级标准血库的县，县人民医院迁建项目有序推进。

【文化事业】 2019年，投资578万元完成硕督镇清代汉墓群、硕督寺维修三期工程和义章寺文物安全输电线路改造。义章寺烈士纪念碑和甲义扎嘎保泰题词保护工程完成前期调研和施工设计。投资60万元为10个偏远村配备文化娱乐设施。全面完成易地搬迁点文化站建设。挖掘非遗项目5项，完成5项市级非物质文化遗产申报工作。洛隆县广播电视光纤干线里程达105公里，同比增长200%。广播、电视覆盖率均达到100%。“光网城市”、宽带网络覆盖工程、“光进铜退”“三网融合”建设加快推进，行政村通信覆盖率达100%，光纤通达覆盖率达98.43%，设置邮乐购网点4个，乡镇快递网点覆盖率达100%。

【社会保障】 2019年推进“五险统征”，机关事业单位养老保险制度改革稳步推进，洛隆县养老、失业、工伤保险参保人数达33210人次，征缴基金1.05亿余元。完成社保卡信息采集53123人，发卡43198张。新型农村合作医疗参保人数达50790人，职工生育保险、城镇职工、城乡居民基本医疗保险参保工作加快推进。截至年底，新型农牧民合作医疗报销3109人次，报销金额达1963.61万元。申报大病医疗保险、农牧民商业保险报销40人次，报销金额达56.58万元。在新农合简化报销平台报销达634人次，报销资金达460.6万元。特困人员集中式供养和孤儿集中收养机构功能进一步完善，开展农村留守儿童“合力监护相伴成长”专项行动，落实各型各类资金达1833.74万元，惠及群众达9796人。对1687名社会兜底保障群众实现应兜尽兜。县“三农”保险服务站共受理理赔案件16起，结案16起，赔付1359.76万元。受理车险事故50起，赔付43万余元，赔付医疗保险30起，赔付84.53万元。

【旅游业】 全年接待旅游人员4.7万人次，完成旅游收入240.1万元。卓玛朗错景区项目于10月11日召开景区设计比选会，年前完成招投标。景区导示牌、简介牌的建设使用。完成8个简介牌建设（其中市级简介牌3个，县级简介牌5个），建设地为卓玛朗错景区、硕督古城墙、怒江大转弯等地。珠姆马鞍山、朗拉寺、卓玛朗错、硕督古城墙、怒江转弯等景区的5个导示牌全部投入使用。

【生态保护】 2019年投资7398.15万元完成“两江四河”流域植树造林22940亩，带动护林员和建档立卡贫困户增收800余万元。实施“无树村居”“无树户”“无树单位”消除面积达1200亩。完成义务植树3200亩，种植旱柳、川西云杉、金叶榆等绿化苗木166万株，当年成活率达88%以上。投资120余万元实施县城绿化工程，种植各类树苗4420株。在俄西乡、腊久乡和达龙乡推广车厘子、水蜜桃和黄桃等经济林木150亩。充分发挥11500名护林员职能作用，实现有效管护公益林504.69万亩。兑现2018年森林生态效益补偿基金和公益林管护人员工资2447.75万元，惠及洛隆县1179名护林员及兼职管护人员。全面完成15049亩集体林权勘界确权工作，签订集体林权改革合同1129份。新建旅游厕所10座。中央、自治区、昌都市环保督导组涉及全县39个大项128小项问题整改完成115项。开展重点流域环境治理和集中式饮用水水源地污染防治，征收水源地保护区内土地5.18亩，投入89.37万元，为9个村建成垃圾集中收容池。实施42个村（居）饮用水保护工程，完成4个乡镇和12个村的生态村创建工作。认真落实“环境整洁”战略部署和“三整治、三提升”工作要求，开展城乡环境整治120余次。洛隆县共有河流76条，湖泊6条，设置区、市、县、乡、村“五级”河长112名，开展自治区级河长巡河1次，市级河长巡河4次，县级河（湖）长巡河18次，乡级河（湖）长巡河61次，乡级湖长巡湖6次，村级湖长巡湖145次。对7条主要河流实施“一河一策”，规范沿河排污口27处、城乡水环境明显改善。

【项目建设】 2019年，洛隆县共计划实施项目163项，计划投资14.45亿元，开复工163项，完成投资12.46亿元，完成计划投资的87%。其中：续建项目50项，累计完成投资3.84亿元。新建项目113项，完成投资8.62亿元。按照“民之所需、政之所向”工作要求，广泛征求各乡镇、各单位意见，精心编制“十四五”发展规划，规划共涉及项目699个，项目涵盖城市建设等多个领域，涉及资金361.6亿元。精心编制援藏工作项目，编制规划项目57个，援藏投资4.48亿余元。提前布局2020年项目，涉及资金13.2亿元。实施招商引资项目10个，其中续建项目3个，新建项目7个，到位资金0.61亿多元，完成目标任务的123%。

【精准扶贫】 2019年，洛隆县脱贫111户484人，全面消除绝对贫困。2019年，产业分红达569.05万多元。投资2.91亿元新续建产业项目28项，促进产业带动就业3366人。培育龙头企业1家，辐射带动贫困群众3000余人，户均增收800余元。以消除空壳村为目标，探索“党建+产业+合作社”利益联结机制，将阿托卡门面房无偿配置给乡镇，带动40名群众脱贫致富。成立农牧民合作社42家，辐射4000余名群众实现增收致富。在“双11”期间，开展“四城联谊”活动，销售产品达140余种，实现线上线下产业收益25万元。建成卡若香猪（生猪）繁育基地1座，存栏卡若香猪、生猪共2468头，其中养殖生猪2276头，卡若香猪192头，出栏200余头，猪肉价格稳控在28元以内。在易地搬迁工作中，坚持将“挪穷窝”与“拔穷根”有机结合、将“可发展”与“能致富”无缝衔接、将“科学发展”与“循环经济”强效对接，21个安置点全部实现搬迁入住，安置建档立卡贫困群众9087人。投资99.37万元，完成危房改造106户，惠及群众520人。21个安置点内“十项提升”工程基本建设完成并投入使用。动员群众实施迁出地复垦，完成复垦90亩。兑现2019年生态补助脱贫专项资金6086.85万元，覆盖17391名贫困群众。发放建档立卡大学生“三免一补”资助金373.75万元，惠及347名建档立卡及农村低保大学生。筛查疑似失学儿童552人，核减424人，应劝返128人，实际劝返128人（送教上门33人），劝返复学率达100%。新型农牧区合作医疗参保率100%，建档立卡贫困群众个人缴纳部分由县财政承担。投资160.4万元，实施大骨节病换粮工程，受益儿童达1613人次。开展白内障免费手术180人，完成严重精神障碍远程会诊42人。落实“五大培训工程”措施，开展各型各类培训28期，培训人数达1268人，结业699人，就业405人。实现转移就业1.25万人次，转移就业收入达3090万元。加强应届毕业生就业工作，洛隆县共有应届毕业生288人，就业278人，就业率达96.5%。落实社会保障兜底政策，健全完善应保尽保、应退尽退工作机制和农牧区低保补助机制，落实2019年农村低保、城镇低保、特困人员供养等补助1177万元，保障8186人次。开展2019年农村低保动态调整工作，调整后洛隆县农村低保对象为2171户7814人。

【援藏工作】 2019年实施福建援建项目7个，总投资3581万元。其中：投资1742万元实施洛隆县人民医院迁建项目。投资799万元实施3个新农村建设项目。投资500万元实施洛隆县藏医院二期工程。投资270万元实施康沙镇卫生院新建项目。投资190万元实施7个乡镇卫生院标准化建设。投资50万元实施洛隆县卫生人才培训项目。投资30万元实施洛隆县教育专业人才培训项目。按照“万名援藏援疆计划”要求，福建省泉州市选派5名优秀教师赴洛隆县开展援教工作。实施中远海运援建项目6个，总投资1970万元。其中：投资1100万元实施县城自来水改扩建项目。投资600万元夏玉村易地搬迁点项目。投资200万元分别注入中远海运格桑梅朵助学基金和中远海运色钦美朵医护人才培养基金。投资40万元实施干部培训项目。投资30万元实施洛隆县贫困人口帮贫济困项目。在上海复旦大学附属华山医院援洛隆县工作队的协助下，县人民医院建成全市首个规范化血库，提升洛隆县重大疾病特别是血液疾病救治能力；为县人民医院建成远程会诊中心，与上海复旦大学华山医院、北京尤迈健康扶贫公益基金会建成远程会诊平台，开展重大疾病远程会诊2次；与北京海鹰脊柱健康公益基金会、北京厚爱关节公益基金会分别签订5年对口支援协议，完成脊柱侧弯免费矫正手术5人，援助资金80余万元，在中国留学人才发展基金会的帮助下，完成18人25例膝髋关节免费置换手术，援助资金达100万元。

【特色产业】 洛隆县30余个种养殖产业发展良好，牲畜存栏量发展到7148头（只、匹），其中：牛1600余头、鸡3000余只、猪2548头，禽蛋产量达到8000余枚，饲草种植面积达到4000余亩。2019年，蔬菜产量38.2225万公斤，毛收入达179.7854万元。洛宗公司2018年以每斤高于市场价格0.3~0.6元与洛隆县1500余户（其中建档立卡户242户）青稞种植户签订供销合同，户均额外增收达800余元。2019年10月，洛宗公司与本县三乡三镇1000余户青稞种植户（其中建档立卡户308户），签署青稞收购协议，2019年收购青稞35至40万公斤，收购金额达160余万元，户均增收1000余元。洛隆坚持在产业谋划上下功夫，初步形成县有龙头企业、乡有扶贫基地、户有增收门路的工作格局，洛隆县卡若香猪（生猪）养殖基地通过一年多的发展，2019年出栏生猪200余头，产值72万多元，年底出栏量达500余头，产值达144.9万多元。充分发挥产业带动作用，基地提供就业岗位12个，人均月收入3300元，年底实现分红20万元，发放本地群众民工工资33.6万元，带动建档立卡群众211人，人均分红947元，真正实现产业带动就业分红双丰收。洛隆县高效温室共240座，种植面积共115.2亩（320平方米/座），2019年生产辣椒、茄子、白菜、黄瓜等30余种蔬菜共38.2225万公斤，毛收入达179.7854万元，有效带动群众1203人（其中：建档立卡779人）人均增收1200余元。产业组协助销售到本县学校、施工单位、机关食堂、蔬菜市场等。其中，俄西乡蔬菜大棚基地8月从市里聘请专业团体进行长期合作，通过公司+合作社+基地+农户的模式完成种植任务并产生效益，让合作社和建档立卡户增加现金收益，将150座温室大棚租赁给公司，将租金10.5万每年用于年底分红。该基地提供就业岗位15个，人均收入4000元/月。

【党建工作】 2019年，全年开展民主生活会23场次，组织生活会190余场次，民主评议党员4218名，“三会一课”、主题党日5230余场次，各级党组织书记讲党课300余次。使用36个村级组织标准化活动场所，统一配备价值626万元的办公用品。结合“扫黑除恶打非治乱”“百村整治 千村提升”计划，完善村（居）“一村一档”材料66份，建立一支部一策66份，完成14个软弱涣散基层党组织。开展帮扶2批次，投入帮扶资金45.42万元；完成“三大节日”、“七一”中国共产党建党日、“十一”国庆节期间生活困难党员、“三老”人员、因公牺牲人员遗属等走访慰问工作，落实慰问资金37.4万元。各乡镇扶贫专干、驻村（居）工作队和村（居）“两委”班子成员共计2800余人次开展13期培训，为巩固脱贫攻坚和开展乡村振兴工作提供坚强的组织保障。开展活动90余场次，1000余名机关党员到村（居）报到参加志愿服务活动。组织开展联合处突演练180余场次。截至年底，各驻村工作队累计走访群众1896余户，发放慰问资金12.5万元，开展集中政策宣讲工作650余场次，洛隆县开展以“守纪律、讲规矩、做表率”为主题的党风廉政建设集中宣传活动，54家单位、11个乡镇设24个宣传点共集中开展宣传活动2批次，制作宣传展板50余块，发放宣传资料600份，悬挂宣传横幅13条，设立法律咨询点2个，接受干部群众咨询50余人次。

【廉政建设】 2019年，系统内组织纪检监察干部学原文、学论述、学讲话等集中学习活动13次，鼓励支持干部利用“学习强国”等APP载体积极开展个人自学，同步开展洛隆县学习贯彻中共十九大、中共十九届二中、三中全会精神及习近平新时代中国特色社会主义思想监督检查7次。县委推动案件查处31件，先后召开常委会6次，传达学习中央、自治区和市有关党风廉政建设文件和领导讲话精神，听取专题汇报6次，督办重要案件18次。定期不定期对各乡镇党政一把手和县直单位主要负责人进行约谈。开展政治纪律监督检查16次，覆盖11个乡镇、12座寺庙、询问21人。向县委专项报告工作6次，向县委书记呈报8次处理决定事项，向县委常委会提交典型案例、文件精神等传达学习提纲7次。年内派员参与民主（组织）生活会监督80余次。对开展安保维稳、脱贫攻坚、重大项目实施等重点领域工作情况进行专项检查70余次，确保各项工作的有效落实。严格把好干部廉政关，疏浚干部源头，全年共计开具廉政意见74次700人。重要节点下发重申纪律通知5次、发送廉政短信800余条，对“四风”问题开展专项监督检查工作3次，并联合县公安局、县委组织部对全县11个乡镇、23家县直单位、5家娱乐场所、4家超市、3个干部住宿小区和7家饭店进行监督检查，作风建设持续巩固。全年先后转发上级下发违反中央“八项规定”精神典型案例25期，答复8名干部结婚举行婚礼仪式，查处违反中央“八项规定”精神问题线索2起，处理意见报市纪委协审。组织观看警示教育片7次，受教育人数2700余人次，收集心得体会400余篇，转发上级下发的违纪通报29次。订阅并发放廉政书籍1700余份。紧盯重要节点，通过发送廉洁短信、微信公众号转发廉洁纪律等方式，做好廉政预防。2019年以来，通过微信公众号转载信息7次17条。扎实开展党风廉政宣传月各项活动，组织宣传活动3场次，悬挂党风廉政横幅20余条，制作宣传栏17个，发放党风廉政宣传手册1200余份。全年共收到问题线索33件，比2018年同期下降5.71%；初核33件，比2018年同期上升30%，其中立案9件，比2018年同期下降18.19%；了结21件，比2018年同期上升23.52%；给予党纪处分11人，比2018年同期下降15.39%。运用第一种形态56人，占比82.35%；第二种形态10人，占比14.7%；第三种形态1人，占比1.47%；第四种形态1人，占比1.47%。选拔专业骨干人员组成扶贫领域常态化督导检查组，洛隆县纪委监委实现扶贫领域监督检查11个乡镇、县直职能部门的全覆盖，对产业项目建设监督检查达80%以上，向5个乡镇反馈可立行立改问题11条，向县直单位职能部门反馈可立行立改问题2条。查处扶贫领域问题线索19件（其中：了结5件，立案2件，正在初核8件，组织处理2件涉及14人，党纪处分2件涉及2人）。

【维护稳定】 投资579万元实施雪亮工程，健全完善县、乡、村三位一体的打、防、控体系，确保中华人民共和国成立70周年、西藏民主改革60周年期间社会局势的持续稳定。平安乡镇、单位、村（居）、学校、寺庙、家庭、边界、医院、景区创建工作实现应创尽创。以“扫黑除恶”专项斗争为统揽，开展洛隆县维稳工作，洛隆县共立刑事案件23起，破16起，抓获犯罪嫌疑人17人。查处治安案件33起，破33起。受理审查逮捕案件10件10人，依法批准逮捕10件10人。受理审查公诉案件14件16人。依法提起公诉13件15人。受理案件78件，办结59件。扎实开展“七五”普法工作，发放宣传资料1.2万册，办理纠纷调解案件3件，审查规范性文件、合同8份，提供法律援助550余人次。突出“防风险、除隐患、遏事故”主题，认真落实“党政同责、一岗双责、齐抓共管、失职追责”要求，开展各类检查398次，排查隐患695条，督促整改695条，罚款3.9万元。建立食品药品日常监管与重点领域专项整治长效机制，检查经营单位2000余户，食用农产品抽检8698批次，合格率达99.91%。立案查处2起，结案2起，没收变质过期食品200余公斤，有效确保洛隆县人民舌尖上的安全。扎实推进“七城同创”，各项创建工作严格按序时推进，创建指标完成率达98.5%。

【领导名录】

县委书记：吴　剑

县委副书记、县长：群泽巴登（藏族）

县人大主任：次仁卓玛（女，藏族）

县政协主席：任青达瓦（藏族）

边坝县

【概况】 边坝，藏语意为“吉祥光辉、火炬、祥焰”。边坝县位于西藏自治区东部，昌都市西北部，念青唐古拉山脉北麓，介于北纬30°4′～31°5′，东经93°7′～95°3′之间，距昌都市政府驻地489公里。其南部与林芝市波密县毗邻，西部、北部与那曲市嘉黎县、比如县、索县接壤，东部与丁青县、洛隆县交界。边坝县地形地貌为高山峡谷地貌，平均海拔4000米，气候属高原温带半湿润类型。主要山川有夏贡拉山、怒公拉山、折拉山等。主要物产有知母、贝母、虫草、雪莲花、牦牛、绵羊、山羊、雪豹、藏雪鸡、铜矿、铅矿、水晶矿等。边坝县辖2个镇9个乡，81个村民委员会，1个社区居委会、215个村民小组（自然村）。地域面积8894平方公里，属典型的半农半牧县，农业包括青稞、小麦、豌豆、油菜等作物，畜牧业包括牦牛、犏牛、黄牛、马、驴、绵羊、山羊等。边坝县有珍稀动物22种，其中属于国家一级保护动物有4种，属于国家二级保护动物有18种，已探明矿产资源有金、铜、铅、锌、水晶、脉石英、白云母、蓝宝石、花岗石等。主要旅游景点三色湖为自治区级风景旅游区。特色产品有边坝白青稞糌粑、藏红麦面粉、边坝藏油5号菜籽油、藏香猪、藏香鸡、黑山羊等。2019年，全县完成生产总值103475万元，同比增长8.1%，其中第一产业22454万元，同比增长5.7%；第二产业29190万元，同比增长1.7%；第三产业51831万元，同比增长11.1%，实现产业结构“三产超二产”，服务业对经济发展支撑作用进一步增强。农村居民人均可支配收入达到11123元，同比增长13.3%；城镇居民人均可支配收入达到31209元，同比增长10.14%；全社会固定资产投资完成65266万元（500万元以上投资）；社会消费品零售总额完成31760万元，同比增长10.3%；地方财政一般预算收入完成5485.48万元，同比增长16.46%。全县11个乡镇实现国网通电，11个乡镇交通通达率、通畅率达到100%。82个行政村通达率100%、通畅率85.4%，215个自然村通达188个，通达率87.4%，通车里程达1640.925公里，82个行政村网络通信实现全覆盖。

【农牧业】 2019年推进高产创建示范田、良种繁育基地（二级种子田）、测土配方“3414”试验田建设，农作物良种推广面积达5万亩，覆盖率达94%。全县春播总面积5.3万亩，农作物总产量1994.95万公斤，其中粮食产量1181.33万公斤，同比增长2.4%。春、秋两季疫苗注射免疫率100%，全县牲畜存栏达153125头（只、匹）。

【项目建设】 2019年开复工项目125项，总投资91082.73万元，其中，新建项目60项，完成投资16975.23万元；续建项目65项，完成投资74107.5万元。开工建设国道349线边坝至嘉黎段改扩建工程、民族路旧城区改造、人民医院等一批重点项目。

【特色产业】 按照“五大养殖基地、七大种植基地”产业布局，持续推进藏香猪、藏香鸡、黑山羊等养殖基地以及芫根、藏红麦种植基地建设。截至年底，建成藏香猪养殖基地4座，藏香鸡养殖基地5座，黑山羊养殖基地1座，林麝养殖基地1座，种植藏红麦5000亩，芫根1500亩。搭建全国电子商务进农村示范项目，建立引进招商项目库7个，招商引资项目到位资金5195.25万元。边坝县公共服务中心建成并投入运营，搭建完成村级物流配送站、县分拨中心、全国其他省份物流中心的三级物流体系，累计实现线上销售额102万元，线下销售额420万元。

【生态保护】 开展“碧水、蓝天、净土、宁静”行动，“三整治、三提升”加快推进，水、大气、土壤环境质量指标持续达标。全面推行河长制工作，有序推进全国第二次污染源普查工作，完成全县畜禽养殖禁养区划定。建成乡镇垃圾填埋场4个、垃圾中转站2个。全县生态村创建达42个，占行政村总数的51%。落实主体功能区规划和国土空间用途管制战略，核定全县生态红线国土面积3758.42平方公里。2019年完成退耕还林4000亩、“两江四河”流域造林612亩、防护林体系建设5897亩、防沙治沙285亩、经济林350亩。开展消除“无树村、无树户”造林活动植树5万多株，完成义务植树11800余株。重点区域生态公益林建设966亩。

【深化改革】 “放管服”改革不断深化。626项县级申请政务服务事项和173项公共服务事项全部录入“互联网+政务服务”系统，完成政务服务网上可办率“9050”目标。“多证合一、一照一码”和“两证整合”改革全面推进，营商环境不断优化，市场主体不断增多，全县市场主体达1068户，非公经济主体达1045户，成为全县经济的主要增长点和经济建设的主力军。全面规范政府债务管理，制定出台《边坝县政府性债务风险应急处置预案》，牢牢守住不发生系统性金融风险的底线。不良贷款余额继续保持为0，被评为自治区“信用县”。

【教育事业】 全县44所学校“薄造”工程完成率100%，标准化建设完成率100%。建设4所乡镇小学供暖工程、县中学“数字校园”等项目。发放468名在校大学生助学金209.506万元。“五个100%”目标全面实现，全县疑似失学适龄儿童少年劝返率达100%，小学适龄儿童入学率达99.87%，初中适龄少年入学率达98.94%，九年义务教育阶段巩固率达96.81%。

【医疗卫生】 组建由县、乡、村医务人员组成的家庭医生签约服务团队82个，实现建档立卡贫困户慢病患者1152人，家庭医生签约服务100%覆盖；农牧区合作医疗建档立卡户报销448人341.14万元，医疗救助建档立卡贫困户937人，累计报销230.39万元。大病保险建档立卡户8人，赔付38.19万元。政策兜底保障43人，发放资金25.33万元。全面推行医疗报销“一站式”服务，与西藏自治区人民医院、西藏自治区藏医院、昌都市人民医院、昌都市民安医院四家区内定点医院签订边坝县就医“先诊疗、后付费”绿色通道协议书，有效缓解农牧民群众“看病难、看病贵、看病累”的问题。集中免费手术复明白内障患者37人。筛查先天性心脏病60人，确诊5人。唇腭裂免费手术1人，集中送诊精神病患者到拉萨市第二人民医院救治2人，药物治疗精神障碍患者11人；新建拉孜乡卫生院和金岭乡卫生院完成项目验收并投入使用。完成76个村卫生室配套，其中完成标准化村卫生室建设44所，在老村委会设置村卫生室32所；全县活产数1016人，住院分娩率76.57%，免费发放儿童营养包11095盒，补服叶酸599人，孕产妇住院分娩补助项目实现本地户籍孕产妇的全覆盖。

【文化事业】 围绕“不忘初心、牢记使命”主题教育活动，开展专题巡回演出活动。全年共开展大小型文艺演出、文体娱乐活动、下基层文艺演出50余场，参加自治区、市、兄弟县文化交流演出5场，乡镇、村（居）开展文艺活动37多场。筹备参加第五届三江茶马文化艺术和昌都市锅庄展演暨首届锅庄论坛，参选节目《捡石舞》获得首届锅庄展演原生态二等奖。制定《边坝县推进公共文化服务体系建设实施方案》，完善图书馆、乡镇文化站、村文化室的各项规章制度和明确岗位职责，全年县文化活动中心免费开展各类培训人次3000余人、图书馆接待读者800余人次、健身房接待7000余人次。开展边坝县“一普”可移动文物普查工作，复查采集登记14处文物收藏单位的文物藏品2894件（套）。成功申报并公布为自治区级非遗项目《边坝锅庄》代表性传承人1人，市级非遗名录5项。编辑出版自治区级非物质文化遗产首部《边坝锅庄》专辑，共收录12首、收录曲令22种、长达70分钟。全年接待自驾游游客1万余人，旅游纯收入达5万元以上。

【社会保障】 2019年城乡居民（新农合）参保38648人，参保率98.45%。新农合基金核报销1895.08万元，其中新农合大病统筹报销2879人1602.78万元；构建“8+1”社会救助体系、社会养老和社会治理服务体系，统筹推进公益慈善和扶老、助残、救孤、优抚等事业发展，实现有意愿特困人员集中供养率、孤儿集中收养率100%。完成农村低保户资格审核，全县农村低保对象6362人，全年兑现低保金1975.71万元，临时救助困难群众152人次，发放救助资金45.50万元。

全年开展农牧民技能培训15期1090人，实现就业621人。农牧区劳动力转移就业8008人，增收5328.29万元。城镇登记失业率控制在2.5%以内。认真落实解决企业拖欠民工工资联席会议制度以及民工工资保证金制度，征缴民工工资保证金1101.20万元，签订劳动合同500余份，受理举报投诉案件6起，追回工资230余万元。

“七城同创”完成创建指标245项，占总指标的53.96%。先后获得自治区拥政爱民模范单位、自治区级民族团结进步模范集体、市级民族团结进步模范集体等荣誉称号。

【维护稳定】 坚持组织领导与责任落实相结合，制订相关预案方案，安排部署维稳工作，完成中华人民共和国成立70周年和西藏民主改革60周年等系列庆祝活动。构建县、乡、村和寺庙管委会、驻村工作队整体联动、立体防护维稳防控网、形成战备执勤、信息收集、舆情分析、应急处突、社会管理等维稳机制。延伸拓展城镇网格化管理，全面做好矛盾纠纷排查调处、流动人员服务管理、“雪亮工程”建设等各项工作。开展“扫黑除恶打非治乱”专项斗争，加大对黑恶势力、非法组织和治安乱点的整治和打击力度。全年开展矛盾纠纷排查627次，化解矛盾隐患198起，法治宣传800余次。

【脱贫攻坚】 2月6日，经自治区人民政府批准，边坝县退出贫困县。43个易地扶贫搬迁点全部完工并组织入住，搬迁点“水电路讯网、科教文卫保”十项提升工程同步实施，通电、通信设施、广播电视、科技配套、教育设施全部覆盖。改造巩固提升建档立卡四类重点对象667户危房。累计实施产业项目79个，共计分红和发放工资性收入1118.23万元，累计实现增产增收值2414.6万元，带动建档立卡贫困户2844户7528人实现增产增收。兑现生态岗位补偿资金4508万元。凝聚社会各方力量参与扶贫工作，开展“百企帮百村”活动、“党员干部进村入户结对认亲交朋友活动”，按照“4321”结对模式，党员干部与困难群众结成帮扶对子3042个，走访慰问困难群众3万多人次，送去帮扶物资及资金累计278.10万元。

【援藏工作】 完成第八、九批援藏工作队轮换工作。广东中山大学附属第一、六医院、福建龙岩市第二医院、福建永定区坎市医院先后选派16名医疗技术专家赴边坝县开展医疗援助，邀请北京大学人民医院医疗专家开展多指畸形儿童手术。与福建漳州市律师协会就法律援藏工作签订《法律服务合作框架协议书》。2019年，福建省援助边坝县项目4项，共计投资8897万元，累计完成投资7807万元。中国电信援助边坝县项目7项，共计投资6420万元，累计完成投资6270万元。

【党建工作】 推进全县各级党组织理论学习制度化、规范化，以推进“两学一做”学习教育常态化制度化、开展“不忘初心、牢记使命”主题教育为抓手，结合支部学习制度落实、“主题党日”常态化开展，全年各级党组织开展理论学习达5300余次，县委理论学习中心组集中学习24次；完成县直党支部隶属关系调整、撤销、成立工作，根据昌都市机构改革方案，完成党政机构改革，挂牌组建单位34个，其中新成立单位12个。完成49个村级组织活动场所标准化建设。坚持发展党员“十六字”方针，全年共发展党员172名。选派224人次参加区内外培训，县委党校自主举办各类培训班16期1191人次，开展各类宣讲活动达210场次。开展党员致富星火工程，累计培养和发展党员致富带头人176名，培养农畜科技员246名；各级驻村工作队围绕“七项重点任务”，组织开展各级党委精神学习宣传活动1000余场次，受教人数32000余人次。调处化解矛盾87件，为民办实事难事230余件，组织开展感党恩类宣讲活动570余场次，开展各类文娱活动130余场次。召开精准扶贫宣讲大会730余场，组织群众外出务工5783人次，实现增收3115.52万元。

【廉洁建设】 持续加强对党风廉政建设和反腐败斗争工作的组织领导，积极推动县监委与执法机关、司法机关工作的磨合，推动监察职能向基层延伸，推动纪检监委机关“三转”（转职能、转方式、转作风），深入开展形式主义、官僚主义以及扶贫领域腐败和作风问题专项治理，全面开展党员不得信仰宗教排查处置，完成县委第五轮暨市第三轮交叉巡察，启动县委第六轮暨市第四轮县（区）委交叉巡察。2019年，全县纪检监察系统共处置问题线索37件，办结26件，立案处置7件10人。立足脱贫攻坚中央专项巡视第三巡视组反馈的问题、自治区审计发现的问题、昌都市第三轮交叉巡察发现的问题以及2016年以来各类监督检查发现问题，推动各项问题一体整改，全面完成整改任务。在自治区党委开展的巡视整改“回头看”工作中，以整改完成率100%、整改测评满意率100%，通过自治区党委巡视整改第一督察组实地督查。

【领导名录】

县委书记：同敏玺绕

县人大主任：陈友华（12月免）

江勇泽培（12月任）

县　　长：夏　冰

县政协主席：江勇泽培（12月免）

张安平（12月任）

丁青县

【综合指数】 2019年，全县地方生产总值完成16.36亿元，同比增长8.3%；固定资产投资完成9.13亿元，同比下降32.8%；县级财政一般预算收入完成5398万元，同比下降36.6%；农村居民人均可支配收入完成12200元，同比增长13%；城镇居民可支配收入达34597元，同比增长10.5%；社会商品零售总额完成53695.4万元，同比增长10.4%。

【农牧业】 2019年，紧紧围绕区、市、县农业农村工作会议精神，结合实施乡村振兴战略，推动产业转型升级。继续稳定传统农牧业。全年粮食作物种植面积9.78万亩，经济作物种植1.79万亩，实现粮食产量2.85万吨。储备和发放饲草料600余吨，母畜和接产崽畜成活率达90%以上，年末牲畜存栏数21.04万头（只、匹），出栏率达30.5%。开展深松整地418亩，完成协麦村、党恩村“3414”“商品有机肥”肥效试验田开播工作，建设高标准农田3.9万亩。积极发展现代农牧产业。试点开展云朵玫瑰种植，规模化开展饲草、油菜、红土豆、良种青稞种植。建成并投入运营木塔、布塔、嘎塔、甘岩、巴达等8个牦牛育肥养殖基地，养殖规模2440头；在当堆、桑多、沙贡、协雄、丁青等乡镇积极开展红拉山鸡、阿旺绵羊、肉质奶牛、商品猪等规模养殖试点工作。

【教育事业】 教育事业稳步发展，投资7441万元用于教育基础设施建设，江苏援建丁青县实验小学及丁青县第二初级中学、丁青县公共体育场等项目投入使用。加强教育师资队伍建设，巩固深化组团式教育援藏机制，着力提高教育教学质量，考入西藏内地班学生37人，综合测评居全市第一。加大控辍保学力度，全县小学净入学率达到99.85%，初中毛入学率达98.07%，劝返疑似失学适龄儿童复学1370人。

【医疗卫生】 投入资金1125万元新建县疾控中心综合楼，投入资金5124万元改扩建县人民医院住院部，改造提升8个乡镇卫生院。为13个乡镇卫生院配备6辆公务用车，组织6批70名包虫病患者赴解放军总医院第五医学中心进行免费手术，县医院累计成功完成13例包虫切除手术。住院分娩人数2310人，发放分娩补助215.3万元、待产补助3.5万元、护送费21.53万元。推进组团式医疗援藏工作，加大卫生人才培养力度，送出去培训医护人员16人次。

【文化事业】 建成县级民俗博物馆、图书馆、新华书店，规范乡镇综合文化站、村级综合文化活动室，挖掘整理传统技艺、传统药医等224项文化资源，16个县级非遗申报市级非遗保护名录，2个自治区级非遗申报国家级非遗保护名录，举办“首届农牧民运动会暨农民丰收节”等文化活动，大型民族歌舞“梦回溯源——琼热巴”成功在天津完成2场巡演，文化引领作用不断凸显。

【社会保障】 农牧区劳动力转移就业1.1万人，转移就业创收6000余万元；新增城镇就业400人，城镇登记失业率控制在2.5%以内；高校毕业生100%实名信息登记，就业率达到94.6%。211名特困老人享受集中供养生活保障政策，210名孤儿得到妥善安置，医疗保险与生育保险基本覆盖城镇全体居民，发放社保卡7万余张。

【旅游业】 按照“两线三圈四园”（两线是指国道317线、全县南北的省道204线；三圈是指布托湿地圈、怒江生态圈、布迦冰川圈；四园是指四大主题公园：布托湿地公园、布迦冰川公园、怒江峡谷公园、藏东红山脉公园）总体思路，编制丁青县全域旅游发展总体规划。坚持先布点后布局，开工建设孜珠山、布迦雪山2个游客服务中心及配套设施建设，积极探索孜珠山景区开发运营模式，谋划国道317沿线民宿经济发展，规范住宿、餐饮等行业，全年各类市场主体4736户，同比增长20.76%，注册资金2549.9万元，同比增长14.29%，全年接待游客83240人次，旅游收入达到1270万元。

【生态环保】 牢固树立绿色发展理念，守住丁青生态底线、红线、高压线，推进中央、自治区环保督察组交办、市转办等环境问题整改工作，建立丁青县环境保护督查整改长效机制。投资4000万元建成觉恩乡、尺牍镇2个苗圃基地共1000亩；投入300万元义务植树造林1622亩12万株；投入80万元全面落实“河（湖）长制”（中国各级党政主要负责人负责组织领导河湖的管理和保护工作）工作，县、乡、村三级河湖长常态化开展巡河巡湖。开展河道采砂专项整治工作，下发限期整改通知书16份，关停取缔12家。开展环境卫生大整治行动75场次，出动人员约6.8万人次、运输车辆68辆，清理垃圾220吨；全面完成丁青县第二次全国污染源普查工作。

【项目建设】 坚持把项目建设作为推动发展的重要突破口，加快补齐基础设施的欠账和短板，全年实施国家投资基础设施建设项目107个，其中：续建项目61个，新建46个，总投资25.79亿元，完成投资9.13亿元，完成招商引资2亿元。交通运输条件持续改善。配合区、市重大交通项目建设，斜拉山隧道正式建成通车。实施县管交通项目31个，建设完工26个，建设里程218.949公里，全县公路总里程达1824.3公里。开工建设丁青县农村客运中心及巴达乡、嘎塔乡2个客运站点，县城至巴达、嘎塔、尺牍、觉恩覆盖12个乡镇的客运班线投入试运营。县城投放出租车20辆并全部进行更新。水利电力建设顺利推进。续建水利项目4项，总投资2.14亿元；新建水利项目6项，总投资1.21亿元。全面完成2018年小型农田水利设施工程和农村饮水安全巩固提升工程。三区三州国家电网巴达乡、木塔乡、布塔乡、绒通村35千伏输变电工程开工建设，其中巴达乡、绒通村35千伏输变电站成功带电，木塔乡、布塔乡35千伏输变电站计划于2020年6月中旬投入运营。巴登电站线路延伸工程及变电站成功带电，实现尺牍镇、嘎塔乡、甘岩乡主电网覆盖。市政及人居环境项目加快实施。投资2000万元对县城老区道路、照明、管网等基础设施进行一体化改造。投资3300万元完成90套周转房、270套公租房及附属工程。新建标准化村级活动场所2个。“5·11”地震灾后重建全部投入使用，基本配套功能基本健全。棚户区改造新建房屋94户，建成各类公共厕所20座。

【精准扶贫】 聚焦“两不愁三保障”（不愁吃、不愁穿，义务教育、基本医疗、住房安全有保障），2019年减贫280户908人，全县建档立卡贫困人口实现“清零”。累计投入3.78亿元实施产业项目56个，带动6308名建档立卡贫困人口增收。累计投入7.8亿元建设易地搬迁安置点31个，组织1640户6525名贫困群众搬迁入住，完成贫困群众危房改造3011户，农牧民住房问题得到保障。投入资金3036.31万元建成农村安全饮水工程68处，解决5079户2.8万名群众饮水安全问题。全年共投入教育经费3.7亿元，4105名贫困家庭适龄少儿义务教育全部保障，落实建档立卡在校大学生“三免一补”（免除学费、住宿费、书本费、补助生活费）资金113人136.1万元。全县13723名建档立卡贫困人口参加居民基本医疗保险，建档立卡户大病115人、慢性病721人全部建立救治台账，实行签约服务，设立80万元医疗救助垫资基金，为76名建档立卡群众住院前期医疗垫资131.95万元。发放20597名生态岗位工资7208.95万元。全年按季度为6907人兑换农村低保资金1258.95万元，为382名僧尼兑换低保资金169.99万元，将409人纳入农村特困人员范围并兑现生活补助资金232万元，对遭遇突发事件、意外伤害、重大疾病或其他特殊原因导致生活陷入困境的153户进行救助，并发放救助资金66.19万元。为637户建档立卡户办理小额信贷3001.7万元。中央专项巡视及各类督导检查反馈的问题得到有效整改。

【社会治理】 坚持把维护社会安全稳定作为首要政治任务，实施网格化管理，用好十种力量，落实群防群治，推动形成“一盘棋”格局，确保社会整体稳定。扎实开展重点领域专项斗争。把开展扫黑除恶、打非治乱、扫黄打非作为深化反分裂斗争的根本任务来抓。针对黑恶势力，不断强化宣传攻势，全面开展线索摸排。梳理各类案件16起，破获9类个案1起，移送1起，正在侦办1起。群众主动上缴各类枪支13支、子弹118发、防雹火箭弹117枚、炸药620公斤，收缴管制刀具320把、汽（柴）油23000公升。严厉打击反宣渗透，抓实网络空间治理，搜索发现不良信息183条，处理舆情12起。切实加强各领域安全生产和应急管理。坚持安全第一、预防为主、综合治理，制订完善总体及分项应急预案，加强应急物资保障，加强灾害天气预报预警，开展滑坡逃生应急演练3次，积极应对处置木塔乡、布塔乡冰雪灾害。落实安全生产主体责任和监管责任，排查并消除安全隐患40处，处罚款3.5万元，全年未发生重大安全生产事故。

【廉洁建设】 扎实开展“不忘初心、牢记使命”主题教育，开展“丁青为家、政府为业”大讨论，县政府班子共检视发现问题89条，完成整改89条。加强法治政府建设，完善行政决策程序，落实“三重一大”（三重一大：重大事项决策、重要干部任免、重大项目投资决策、大额资金使用）集体决策制度，推动行政权力运行规范透明，自觉接受人大法律监督、政协民主监督和群众社会监督，办理人大代表建议、政协委员提案105件，办复率100%。完成2019年第四次全国经济普查工作。全面推进“互联网+政务服务”平台建设工作，实现行政许可事项网上申报、咨询等审批目标，累计注册用户22462个，入库办件量25727件，签发电子证照655个，编制政府部门权力清单和责任清单，加强政务服务大厅建设，入驻行政审批和公共服务单位11家，累计办理婚姻登记、农机购置补贴、出生医学证明等23项业务共12569件。开展法治宣传活动210场次，依法调处各类矛盾纠纷46起。落实“减税降费”各项政策，普惠性政策减免税款186.27万元，征前减免税款2595.12万元，兑现各类涉农保险1386.87万元。落实中央八项规定精神和区、市各项规定要求，整治形式主义、官僚主义突出问题，推进精文简会、基层减负，加强政府系统廉政建设，强化审计监督和巡视巡察整改，严肃查处违法违纪问题。与此同时，国防教育、民兵预备役、征兵和优抚工作扎实推进，妇女、儿童、老年人、残疾人等事业健康发展，工会、科协、工商联等团体、协会作用得到良好发挥，统计、物价、气象、邮政、档案、编译、地方志等工作取得新成效。

【领导名录】

县委书记：晋　美

县委副书记、县长：罗广前

县委常委、人大常委会主任：巴桑次仁

县委常委、县政协主席、县统战部部长：四郎尼玛（2月免）

类乌齐县

【概况】 类乌齐在藏语意为“大山”，位于西藏自治区东北部，昌都市北部，地处念青唐古拉山余脉伯舒拉岭西部，唐古拉山余脉他念他翁山东端，三河（紫曲、格曲、昂曲）流域。地理坐标为北纬30° 58′ ~31° 58′，东经95° 49′ ~96° 58′。东南与卡若区、八宿县相邻，西与丁青县相连，北与青海囊谦县接壤。东南部分为高山峡谷地形，西北部属高原地形，南北宽110公里，东西长112公里，辖区面积6147平方公里，平均海拔4500米。县域东部属典型的高山峡谷地貌，西部属高原地貌类型。沿澜沧江支流吉曲、紫曲和格曲由西北向东呈西高东低状，气候属高原温带半湿润气候类型，空气稀薄，光照充足，年温差小，日温差大，年降雨量550毫米左右，年平均气温2.6℃，无霜期50天左右。县政府驻地桑多镇热扎卡，地处国道317线和214线交会处，距自治区首府拉萨市政府驻地947公里，距离昌都市政府驻地105公里，距邦达机场109公里，距青海省囊谦县政府驻地230公里，距四川省成都市政府驻地1400公里。全县辖有2个镇8个乡80个行政村2个居委会290个自然村。截至2019年底，全县12835户，总人口为58285人，其中城镇人口3828人，农牧民54457人，其中：农业人口26572人，牧业人口27885人，人口出生率19.55‰，自然增长率14.69‰。男性30891人，女性27394人。地域面积633792.87

公顷，主要以牧业产业为主的半农半牧县，农业包括青稞、元根、白菜、土豆、油菜作物等，畜牧业包括牦牛、绵羊、山羊、马、藏鸡、藏猪等。耕地面积48846.8公顷，粮食播种面积2405公顷，经济作物耕地面积575公顷。森林覆盖率35.18%，林地面积222978.85公顷。国家级野生保护动物有豹、雪豹、白唇鹿、金雕、胡兀鹫、白尾海雕、白肩雕、斑尾榛鸡、黑颈鹤、绿尾虹雉、马鹿、猕猴、豺、黑熊、棕熊、石貂、黄喉貂、水獭、小灵猫、猞猁、兔狲、金猫、马麝、林麝、藏原羚、岩羊、斑羚、白琵鹭、苍鹰、大鵟、高山兀鹫、猎隼、红隼、燕隼、灰背隼、藏雪鸡、血雉、藏马鸡、白腹锦鸡、灰鹤等，已探明矿产资源有铅锌矿、铜矿、菱镁矿、银矿、煤矿等。主要旅游景点类乌齐寺查杰玛大殿、长毛岭马鹿自然保护区、茶马古道恩达遗址、恩达红色旅游景点、格萨尔舞“岭卓舞”、甲桑卡铁索桥、卡玛多曲亚玛塔林、玛尼堆、伊日温泉、伊日峡谷、崩勒神山、崩勒溶洞、唐柏林、益吉神山、色吉雪山、措嘎玛神湖、德钦颇章神山及其转山节、海市蜃楼湖等。特色产品有牦牛肉、虫草、贝母、獐子菌、红景天、大黄、雪莲花、手掌参、羊肚菌、龙胆花、人生果、知母、酥油、奶渣、牦牛酸奶等。

2019年，完成生产总值12.32亿元，同比增长8.2%，其中第一产业完成2.58亿元，同比增长5.2%；第二产业完成4.2亿元，同比增长3.3%；第三产业完成5.54亿元，同比增长11.3%，全社会固定资产投资6.03亿元。社会消费品零售总额4.15亿元，同比增长10.3%。地方财政收入7278万元，地方财政支出177985万元。城镇居民人均可支配收入达到33179元，同比增长10.5%；农村人均可支配收入达到11724元，同比增长13%；全县在职职工参加基本医疗保险参保职工2099人，征缴基金为2902.9万元（含医疗保险个人缴费部分、医疗保险单位缴费部分和公务员医疗补助缴费部分），城镇居民基本医疗保险参保居民2882人，征缴基金为10.437万元，农牧民群众参加新型合作医疗参保52799人，征缴基金为104.16万元，建档立卡脱贫户参保17564人，政府代缴资金为35.128万元。县财政新型合作医疗配套资金原有每人每年2元提高32.5元，现农牧民群众新型合作医疗县级配套资金为每人每年34.5元，共计186.6381万元全部打入医疗基金专户。各项社会保险参保人数达35023人，发放城乡低保资金1041.42万元，其中农村低保发放841.88万元，占81%，保障农村低保对象4748人；城镇低保发放199.54万元，占19%，保障城镇低保对象257人；落实城乡医疗救助资金1115.32万元，惠及农牧民群众2332人。

【农牧业】 全年完成耕地播种面积4.71万亩，其中粮食作物播种面积3.75万亩，粮食产量达到0.93万吨，产量与2018年持平；蔬菜播种面积0.52万亩，蔬菜产量达到0.54万吨，产量较2018年增加0.03万吨。2019年内完成10个乡镇82个行政村（居委会）的清产核资工作，资产清查结果为账面资产总额741.6710万元，其中：经营性资产总额146.80万元，非经营性资产总额594.8710万元。资源性资产全县集体土地总面积5084976.55亩。其中：农用地总面积5044040.24亩，建设用地40936.31亩。牲畜存栏达到18.96万头（只、匹），其中牦牛存栏为17.21万头，成畜死亡率控制在1.6%以内，仔畜成活率98%以上。完成春秋两季疫苗注射工作。全年完成牲畜出栏5.02万多头（只），其中出栏牦牛4.78万头。肉类总产量达到0.87万吨，较2018年肉产量增加0.08万吨；奶产量达到0.76万吨，较2018年奶产量增加0.06万吨。

产业扶贫项目78项，带动3552户、4971人通过产业脱贫增收。截至2019年底，开工产业扶贫项目72项，投入产业发展资金45163.756万元，其中完工68项，完工项目全部建立利益联结机制。2019年实施农牧业项目6项，总投资8865.23万元，其中续建项目4个，投资7630.53万元，新建项目2个，投资1234.70万元。截至2019年底，完成投资7325.73万元，占总投资的82.63%。

类乌齐县结合县域实际，利用龙头企业，扶持发展特色产业，带动群众脱贫增收。以“种草养畜深加工”为抓手，不断做大做强做优“三万工程”，着力打造“种草—养畜—加工—销售”的产业链，有效带动贫困群众实现增收。通过万亩饲草料基地带动1100余户参与种植，其中建档立卡280户，户均增收2000元；通过滨达乡央宗村、类乌齐镇觉思卡村、岗色乡岗达村3个牦牛育肥基地，培育牦牛到户育肥示范户2400余户，参与到基地入股集中育肥和到户育肥的建档立卡户720余户，户均实现增收3000元以上；通过投资入股藏家牦牛股份有限公司，每年入股分红资金直接用于帮扶建档立卡贫困户170户，户均增收5000元。

结合类乌齐县的农牧业资源优势，选择滨达乡作为兴村强县示范乡，并把牦牛产业作为产业融合发展切入点，通过牦牛短期育肥、加工、主题餐饮等，完善产业链，加快建设特色农产品生产区、农产品加工物流区、休闲农牧业功能区，培育乡土经济、乡村产业，采用“公司+基地+合作社+农牧户”的经营方式，规范壮大产业生产经营市场主体，示范带动小农户共同发展。创新利益联结机制，提升公共服务，加快构建现代农牧业产业体系、经营体系和服务体系，推动农牧业产业转型升级，带动牧区全面进步，打造主导产业突出，特色鲜明，城乡融合发展的宜业宜居农牧业产业强镇，把滨达乡建设成可借鉴和示范性强的产业强镇，辐射示范全县。通过利益联结共享机制的建立，乡域内农牧民收入持续稳定增长。一产抓牦牛短期育肥，种草养畜环节带动农牧户649户，其中带动建档立贫困户112户367人，户均实现增收2010余元。在牦牛育肥基地，农牧民将牦牛、草场和耕地入股到基地，农牧民摇身变成了股东；二产抓牦牛肉深加工，年内将实现牦牛肉深加工500吨以上，带动就业55人，其中建档立卡12人，人均工资1500元以上。三产抓牦牛主题餐厅，主题餐厅是末端环节，也是最能体现附加值的重要环节，餐厅带动就业42人（其中建档立卡12人，未就业大学生8人），人均工资2000元以上。

2019年高标准农田建设项目，项目总投资1500万元，其中中央财政投资1067.77万元，自治区财政投资116.93万元，群众自筹315.3万元。建设规模：新建高标准农田0.5万亩。建设地点为甲桑卡乡瓦日村、乌然村、吉多乡香巴村、达如村。2019年年底已完成49%。2019年内兑付涉农领域惠农资金3758.67万元，其中农牧民补助政策（草奖政策）资金2591.98万元，农机购置补贴资金107.74万元，农业支持保护补贴123.70万元，退耕还草补助539.25万元，棚圈建设补助300.00万元，科技特派员补助96.00万元。

【教育事业】 全县各级各类学校共47所，其中初级中学1所，完全小学14所，幼儿园29个。全县在校生10624人（其中初中在校生2625人，小学在校生6533人，在园幼儿1466人，初中入学率99%，小学入学率99.98%，学前入园率76%），同比增加1297人，学前和初中分别比2017年提高11%、2.7%。2019年考入内地西藏班27人，考入内地西藏高中班1人。

县教育局聚焦“五个100%”教育目标工作，并以此为契机，推进义务教育均衡发展，巩固素质教育成果。2019年，类乌齐县中小考实现“三稳定、三不出”目标。共有1015名小学毕业生参加小学毕业班质量检测考试，其中72名学生参加内地西藏初中班考试，共有29名学生考取，录取人数在昌都市各区县和地直学校中排名第四。县中学有856名毕业生参加“西藏自治区高中阶段学校招生全区统一考试”，其中33人参加内地西藏高中班考试，有1名学生考取内地西藏高中班，中考各科总平均分较2018年均有不同程度提高。县中学职教中心实行“9+X”（9为已完成九年义务教育，X为学制）职业教育办学模式。“9+2”和“9+3”办学模式，即学生九年义务教育后在职教中心接受2年或3年的中职学历教育。根据社会需求和师资水平，中学职教开设社会文化艺术专业，招收2个班，开设藏语、汉语、数学、政治等文化课。县中学职教中心根据《关于做好2018年脱贫攻坚中等职业教育专项工作招生通知》文件精神，推进职业教育富民行动计划，开设社会文化艺术专业、家政缝纫、民族美术。

【医疗卫生】 2019年底，全县设有1所人民医院，1所藏医院，10个乡镇卫生院，82所村卫生室。派驻专人成立县中学校医务室1所、县城集中供养中心医务室1所（药品由桑多镇卫生院提供）。县人民医院设有内科、外科、妇产科、急诊科、儿科、五官科、检验科、影像科、B超室、藏医科、妇幼保健科等科室，是一所集医疗、急救、预防、保健、突发公共卫生事件的医疗救治及康复于一体的县级综合医院，县藏医院暂时与县人民医院共用业务楼。县人民医院完成“二级甲等”医院创建，县藏医院完成“一级甲等”藏医院创建。类乌齐县人民医院迁建项目占地面积35000平方米（52.5亩），建筑面积23000平方米，其中，门诊楼10500平方米、住院楼5800平方米、业务楼3000平方米及其他业务用房和附属设施。该项目土建计划投资12200万元，其中，援藏投资4035万元（广东省援建县卫生服务中心建设项目3150万元、广东省援建县疾控中心建设项目885万元）、中央预算内投资3315万元（县藏医院建设项目1250万元、妇幼保健院建设项目215万元和县人民医院建设项目1850万元），“十三五”期间投入资金合计7350万元。长毛岭乡卫生院和类乌齐镇卫生院各有车载流动医院1辆；桑多镇、尚卡乡、卡玛多乡卫生院各有思源救护车1辆；10个乡镇卫生院各有皮卡车1辆；除桑多镇外，其余9个乡镇卫生院各有北京牌流动服务车1辆。

完善县乡村三级妇幼保健队伍建设，各乡镇卫生院、各村卫生室各设置妇幼专干一名，为类乌齐镇等4个重点乡镇卫生院配置胎心监护仪、一次性产包、空调等产科设备，提高乡镇卫生院住院分娩接生能力。选派县、乡、村三级医疗机构共14名医务人员参加昌都市第三期助产士培训班。1月至12月，全县孕产妇人数1330人，活产数1336人，死胎死产1个，双胞胎7个，其中住院分娩1199人，住院分娩率90.19%。孕产妇死亡0人，孕产妇死亡率0/10万，5岁以下儿童死亡2人，死亡率1.49‰，婴儿死亡2人，婴儿死亡率1.49‰。2019年，共对6—36月儿童营养基线调查共筛查282人，免费发放儿童营养包13092盒，受益儿童630人。为计划怀孕或孕早期妇女免费发放叶酸4889盒。实施免费孕前优生健康检查暨出生缺陷一级干预项目，委托县人民医院承担该项目。共完成免费孕前优生健康检查174对，出生缺陷一级干预项目检查24对。为孕产妇开展艾滋病病毒、梅毒和乙肝检测466人，其中乙肝阳性孕产妇44例，为乙肝感染孕产妇所生婴儿免费注射乙肝免疫球蛋白35人份，注射率79.5%。1月至12月免费发放避孕药具2208盒，提供免费技术服务800人次。2019年，类乌齐县救治急性心肌梗死患者1人，报销2.01万元。免费筛查并救治儿童先心病2人、白内障患者60人，筛查唇腭裂患者10人。全县包虫病患者签约管理93人，实施手术治疗28人，药物治疗65人，救治率100%。

【文化事业】 类乌齐县共有文物点72处。其中，古遗址22处，古墓葬5处，古建筑21处，石窖寺及石刻19处，近现代重要史迹5处。全国重点文物保护单位1个（查杰玛大殿），自治区级文物保护单位6个（宗洛寺、乃唐寺、甲桑卡铁索桥、曲雅玛塔林、甲桑卡寺、乃登德庆久美林），县级文物保护单位4个（郭庆寺、茶马古道遗址、堆江古遗址、嘎吉寺）。全县非物质文化遗产项目有19项，其中自治区级3项，市级1项，县级16项。传承人有22人，其中自治区1人，市级传承人4人，县级传承人17人，非遗专干1人。文艺创作共10个，其中舞蹈4个、歌曲6个。歌曲分别为《情醉类乌齐》《援藏天使》《我的家在类乌齐》《最美类乌齐》《美好家园》《大美类乌齐》。舞蹈分别为《孔雀饮水》《吉祥的日子》《幸福生活》《普天同庆》。

类乌齐县文物工作认真贯彻落实国家、自治区、市有关文物保护的法律、法规，坚持“保护为主、抢救第二、合理利用、加强管理”的工作方针，加强文物的保护工作和文物保护单位的申报工作。县文物局积极与上级文物部门联系，申报甲桑卡乡堆江古遗址、尚卡乡的解放桥与曲雅玛塔林遗址三处文物点的野外看管人员，并落实。对全国重点文物保护单位查杰玛大殿，自治区级文物保护单位宗洛寺、乃唐寺、甲桑卡铁索桥、曲雅玛塔林、甲桑卡寺、乃登德庆久美林、县级文物保护单位各级文物保护单位郭庆寺、茶马古道遗址、堆江古遗址、嘎吉寺建立微型消防站，总投资200余万元。完成非物质文化遗产文字材料有30多套材料，图片资料1000余张，视频资料有30盘左右。

2019年，申报3项国家级非物质文化遗产项目：类乌齐齐吾岗派唐卡；类乌齐日巴寺岭卓舞；类乌齐查杰玛寺格萨尔羌姆舞。申报10项市级非物质文化遗产项目：类乌齐县雅仓嘎赤手工锻造技艺；类乌齐县藏纸藏墨制作技艺；类乌齐县甲桑卡乡热巴舞；类乌齐藏族传统勉唐旧画派唐卡绘制工艺；类乌齐传统皮匠工艺；类乌齐银匠家族手工艺；类乌齐县尼泊尔画派唐卡绘制工艺；类乌齐县格萨尔歌剧表演节日（德色节）；类乌齐黑陶制作技艺；类乌齐卡推制作技艺。

2019年，类乌齐县以“三大节日”为契机，组织艺术团演出队伍于1月1日至2月3日分别在茶马广场、重庆广场、养老院、桑多镇、甲桑卡乡、岗色乡、长毛岭乡、滨达乡、卡玛多乡等开展共计13场文艺演出活动；以西藏民主改革60周年暨“3·28”百万农奴翻身解放纪念日为契机，市群艺馆与类乌齐县艺术团于3月27日至4月1日在昌都市茶马广场；类乌齐县重庆广场、卡玛多乡、滨达乡、丁青县虫草广场、觉恩乡、色扎乡、尺牍镇等场所开展共计10场文艺演出活动；以喜迎中华人民共和国成立70周年、西藏民主改革60周年为契机；文化局组织艺术团于4月23日至4月26日在尚卡乡、伊日乡、长毛岭乡仁青卡小学、德塔村、岗色乡等开展共计7场文艺演出；7月7日，艺术团赴长毛岭乡协塘村开展1场外文艺演出；7月17日至19日，县艺术团参加类乌齐县康巴花都艺术节开幕式、专场、闭幕式等三场演出；8月19日至25日，类乌齐县艺术团参加昌都市第五届茶马文化艺术节开幕式、锅庄展演、闭幕式等3场演出；9月15日，以中秋节和德色节为契机赴卡玛多乡1场演出；在中华人民共和国成立70周年来临之际，类乌齐县艺术团于9月20日至23日前往吉多乡、香迁小学、科查日追等3场演出；9月27日，在重庆广场参加1场类乌齐县隆重庆祝中华人民共和国成立70周年文艺演出。

以统筹城乡发展，推动基本公共文化服务均等化为目标，公共文化服务面向基层、面向农村，实现重心下移，组织县艺术团、村级文艺队，开展农村文化服务活动。依托传统节日、重大庆典活动和民族民间文化资源，开展群众喜闻乐见、丰富多彩的文体活动，人均参加文艺活动的时间每周多于2小时。县文化综合站实现免费开放。县综合文化站室每周开放时间多于10小时。实现每个行政村每月看2场以上电影、每年看60场以上文艺演出，每年组织4次以上规模较大的群众文体活动。并以文化站为主阵地，开展送文化、送电影下基层等各类文化活动。通过文化活动提升服务水平，年初以来，共开展广场文化艺术节专场演出、送戏送节目下基层演出、村文艺演出共56场次，放映电影360场次。

【社会保障】 类乌齐县2019年应届高校毕业生319名，登记实现就业311名，就业率达到97.5%；农牧民劳务输出12460人，完成年初目标任务的124%，实现增收4000.09万元，完成目标任务的133%；城镇新增就业393人，完成年度任务的103%，失业率控制在3%以内。开展就业专题宣传活动，发放宣传手册2832份，悬挂宣传横幅7条，以邀请全县创业典型、致富能手现身说法的形式，组织高校毕业生及学生家长开展就业创业工作座谈会2期，在巴仁巷、冬孜巷纪委会各开展1次高校毕业生“五进一”活动。

结合全县实际，制定高校毕业生联席会议制度，定期研究高校毕业生创业就业问题，形成合力引导就业。政府开发见习岗位17个，重点用于高校、中职毕业生就业安置工作。结合高校毕业生专场招聘会工作，开发县域市场就业岗位45个，吸纳高校毕业生25个。安排专人负责就业一对一服务工作，建立全县大学生微信群，有770人次进群，积极与市就业局沟通衔接，公布就业岗位，确保就业信息畅通。积极上报申请大学生创业启动资金40万元，惠及大学生3名、中职毕业生5名。政府扶持2名往届大学生和8名中职毕业生创业，扶持产业资金380万元，带动26名困难群众稳定就业。

严格落实各项建设项目使用当地民工达到总用工量30%。有计划、有组织地将有意愿农牧民输送到建筑施工地就业，带动当地农牧民群众学技能促就业，在工程项目中实现就业2520人次。以市场为导向，以实用技能为重点，以贫困农牧民转移就业为突破口，以各乡镇资源开发、县域商贸零售服务业、招商引资企业、农村合作社以及县域内各类企业经营等为重点，加强与各部门间的协作配合，实现城镇就业达到393人。以产业开发为载体，由产业项目提供就业岗位，通过产业带动、能人带动、创业带动、企业代包、村集体经济发展等为抓手，带领周围贫困农牧民群众就业，提供稳定就业296个，其中建档立卡户156人，辐射带动农牧民劳务输出2200余人。积极与县翔晨镁业有限公司对接，成立类乌齐县菱镁矿开发协调指挥部，有序指导农牧民运输队，实现劳务输出990人次，增收871.2万元。落实生态岗位安置就业政策，招收补偿岗位人员20164人，其中建档立卡7877人。与民族特色产业挂钩，开展各项旅游手工艺产品、民族文化特色产品加工培训，先后组织农牧民开展皮具、绘画、民族服装加工、陶瓷等培训，助推产业发展。举办各类培训班25期，培训1380人，实现就业714人。2019年，完成全县核定岗位总量1231人，其中岗位设置792人，农牧技术推广系列89人；图书、艺术、新闻系列48人；卫生系列134人；学前教育系列36人；后勤系列18人；其他系列10人；管理岗位63人；机关后勤41人。

【旅游业】 2019年，类乌齐县共接待访客为83861人次，实现旅游收入1092万元，同比增长分别为9.9%，9.5%。2019年7月，开业的伊日温泉酒店解决农牧民就业人数10人，共接待3818人次，收入24万元。桑多镇阿尤卡建成2户具有民族特色的民宿，带动就业人数共7人，平均每月每人增收3800元。滨达乡玛古通洒咧营地安置精准扶贫户10~15人就业，洒咧营地目前收益户数达251户、1065人。景区建设经营还带动当地村民参与劳动获取劳务收入，全村建档立卡户均参与景区临时性用工；促进当地牦牛肉、元根、牛奶、酸奶、人参果、獐子菌等农畜产品的销售，为群众带来较为可观的现金收入。伊日乡水提村家庭旅馆建设项目参与的农牧民5户为建档立卡户5户为致富带头人，通过此项目能直接带动建档立卡户20户123人增收，实现人均增收1500元以及带动其他增收。类乌齐县伊日峡谷景区项目、康巴花都景区项目解决农牧民转移就业22人；组织乡村旅游扶贫专干、农牧民群众共6人参加旅游相关培训共2次，开展旅游相关培训培训3次，其中送内地培训2次，提高旅游管理人员与旅游从业人员技能。

在《西藏航空》杂志上宣传类乌齐县旅游景点。围绕“保护绿水青山 发展旅游经济 主力脱贫攻坚”为活动主题，对全县旅游景点、路线、旅游维权、旅游相关法律法规宣传活动，分发旅游相关宣传册共计200余册。

【生态保护】 2019年，类乌齐县开展形式多样的宣传活动，提高广大居民的环境意识。联合相关部门开展“6·5”世界环境日宣传活动、“虫草采集点环境宣讲”活动、“禁白”活动等。共组织参加集中宣传活动8次，共发放宣传单2000余张、环保购物袋1500余个，环保知识手册900余本。利用“网信类乌齐”“生态类乌齐”“类乌齐县环境保护局”等公众号助推环保的宣传工作，参与环保的热情和积极性，解决群众关心的环境问题。完成县城燃煤锅炉淘汰工作，确保县城燃煤锅炉一律“煤改气”“煤改电”“煤改生物质燃料”；全县餐饮行业基本完成油烟净化器的安装工作，并对县城3家加油站推进油气回收整治；针对街道扬尘问题，争取平均每周4次对县城主次干道进行洒水作业，并对县城周边施工工地现场设置围挡墙，对工地料堆实现封闭式储存或采取防风抑尘措施，确保全县大气污染防治工作取得实效。持续巩固“白色污染”整治工作。结合“三整治、三提升”工作开展，对全县22家超市、72家餐饮服务单位、37家农产品销售商户和92家小商品店开展“白色污染”整治工作，要求各商铺、各摊位统一使用PE（聚乙烯）食品保鲜袋、无纺布袋或纸袋，倡导使用可循环使用购物袋，推行可降解型“绿色”替代产品。

2019年，多次开展河道环境整治活动，对格曲、紫曲河道两侧进行垃圾清理，安排运输车辆20车，处理白色垃圾30余吨。国道沿线各乡镇组织干部职工、各村驻村工作队以及行政村农牧民清理沿线及村庄周围环境卫生；旅游局开展伊日峡谷、查杰玛大殿、玛古通洒洌营地等旅游景区环境卫生整治，水利局河长办开展格曲等河流河道两侧垃圾清理。其中桑多镇出动干部及群众300余人，类乌齐镇200余人，卡玛多乡150余人，甲桑卡乡100余人，滨达乡200余人，吉多乡100余人，处理白色垃圾30余吨。

按照第二次全国污染源普查工作相关要求，成立类乌齐县第二次全国污染源普查领导小组，每个乡镇至少配备一名普查员，全县配备14名普查员和2名指导员。对117个企业单位、1个入河（海）排污口、5个集中式污染治理设施展开清查。涉及清查的工业企业为76家，包括国家名录库中登记在册的15家和新增61家。其中，未实施16家，关闭17

家，停产7家，9家不属于污普名录范围。最终纳入普查范围的工业企业有27家。涉及清查的规模化畜禽养殖场有41个，包括自治区名录库在列的40个和新增1个。其中，32个未实施，1个停产，4家未达到普查规模，故最终纳入污染普查范围的规模化畜禽养殖场有4个。新增市政入河（海）排污口1个，排污规模为规上，纳入污普范围。涉及清查的新增集中式污染治理设施为5家，其中3个停产，故纳入普查的集中式污染治理设施为2家。

推进生态文明村乡创建工作，实施以“神圣国土守护者、幸福家园建设者”为主题的乡村振兴战略，推动创建国家级生态文明建设示范村，根据《西藏自治区级生态村、生态乡镇、生态县申报及管理规定（试行）》。类乌齐县有44个行政村被命名为自治区级生态村，2019年申报36个行政村和4个乡镇为自治区级生态乡镇及生态村。

【维护稳定】 社会和谐稳定是经济发展的重要保障，没有社会的和谐稳定，经济发展就无从谈起。要始终把维护社会和谐稳定作为首要政治任务，高度重视风险隐患化解，加强系统治理、综合治理、依法治理和源头治理，努力构建人人参与、共建共治共享的社会治理格局，确保社会局势持续长期全面稳定。要强化维稳防控。深化反分裂斗争机制，做好城市社区、单位行业、虚拟社会、“双联户”管理、网格化管理、民生信息员等方面的防控措施，确保社会大局稳定。要守牢安全底线。持续强化应急管理能力提升和装备建设，加大对道路交通、建筑施工、消防、非煤矿山、危化品等重点领域以及规模企业的重点部位安全监管力度，加强隐患排查治理和风险分级管控措施，拓展村居群众兼职应急力量培训覆盖面，化解重大安全风险。盯紧盯牢学校及周边、旅游景区等人员密集区域，开展食品、药品等领域安全隐患排查，确保食药品领域安全。要创新社会治理。推进城乡社区治理和服务创新，提高基层社会治理体系和治理能力现代化水平，深化“七五”普法和“法治类乌齐”建设。推进“扫黑除恶”“三打击一整治”专项行动。把公安部部署开展的“扫黑除恶”、打击传统盗抢骗、电信网络新型犯罪、重点区域整治作为重点工作，切实落实领导挂钩、督导检查、定时通报、倒查追责等工作制度，采取超常规的措施推进行动的开展。推进立体防控网络建设，提升防控效能。加快“天网”工程建设，推进昌都“雪亮”工程体系建设，全时空、多层次、宽领域的立体化、信息化、现代化社会治安防控体系网覆盖农村。推进“昌都警用”APP系统应用，推广应用巡逻盘查系统，有效对接基层接处警、街面巡逻、治安检查、安保执勤等工作。

以社会治安整治为依托，做到以打促防，以防促打，维护全县社会治安秩序。对校园及周边开展安全整治专项行动，检查学校幼儿园11所，共出动警力1800余人次，出动车辆750余辆次，开展集中教育活动35场次，发放各类宣传资料2000余份，受教育师生1000余人次。对全县3家加油站落实安全措施和设施情况进行安全大检查40余次，及时发现和堵塞漏洞，消除安全隐患。出动警力1356人次，车辆90台次，共排查建筑工地、厂房车间100余处次、出租房屋1234余间次、集贸市场32家次、娱乐服务场所145家次、宾馆旅店433家次；家电及车辆维修点212处次，废旧收购站点126次，网吧64家次。共查处过期食品5桶花生牛奶饮料交食药监进行处理，3处非法销售牛肉摊点，收缴各类“三无”（无生产日期、合格证、生产厂家）、超保质期、变质及不合格食品39箱（价值4500余元），并集中销毁处理。查获涉赌案件3起17人，收缴赌资17648元，追缴非法所得240元，赌博点“丽侨台球室”责令停业整顿3个月。其间，查处6处消防安全隐患，均责令整改。全面落实“三个100%”工作措施，对辖区物流寄递单位3家开展安全大检查54次。

【项目建设】 2019年，类乌齐县计划内外建设项目共计87项，总投资18.89亿元，2019年度计划完成78135.84万元。完成投资6.03亿元。其中：计划内重点项目建设情况。根据《昌都市2019年基本建设项目目标责任书》内容，类乌齐县重点建设项目22个（续建11个、新建10个、取消1个），总投资28650万元，全年计划完成投资15567万元。截至2019年，开复工项目21个，1个取消，开复工率100%，完成投资16255万元，完成年度任务的100%。计划外项目建设情况。类乌齐县计划外项目共计65项（续建57项、新建8项），总投资160295.81万元，2019年度计划完成投资62568.84万元，开复工项目65个，开复工率100%，完成投资44070.65万元，完成年度计划的71%。

【精准扶贫】 2019年，类乌齐县坚持精准方略，聚焦“两不愁三保障”，实施“十项提升”工程，坚持问题导向，补齐短板，巩固脱贫成果，提升脱贫质量。依托类乌齐牦牛“国家地理保护标志产品”的品牌优势，把“三万工程”项目做大、做强、做优，即“万亩以上饲草基地建设、万头以上牦牛育肥基地建设、百万斤以上牦牛肉加工基地建设”。挖掘类乌齐县特色产业优势，鼓励支持脱贫户发展特色种养业、农牧家乐、民族特色手工业等，发展绿色、生态、有机、品牌畜牧业，发挥藏家牦牛、华银集团、卡诺圣、达多阳关合作社等龙头企业、合作社辐射带动和基地示范引领作用，多渠道增收致富。推进旅游扶贫，在查杰玛大殿、马鹿自然保护区、康巴花都、伊日温泉等地实施乡村旅游扶贫工程，完善旅游基础设施配套。挖掘优秀的民族民俗文化、红色文化和历史文化，提升康巴传统文化的魅力和旅游吸引力。2019年，完成农村饮水安全巩固提升工程，解决6101户，33682人的安全饮水问题。257户C、D级农村危房全部完成改造。实施完成71个产业扶贫项目，直接带动建档立卡贫困群众3335户4029人，辐射带动14900余人次，累计实现资金分红800余万元、人均分红1989元。3705户17564人建档立卡贫困人口全部实现稳定脱贫，无返贫情况。

【援藏工作】 2019年类乌齐县共实施援藏项目5个，分别为重庆援助类乌齐县医疗专业人员培训20万元；类乌齐县滨达乡热西村美丽乡村项目1000万元；类乌齐县桑多镇阿优卡村美丽乡村项目1000万元；类乌齐县扶贫开发区项目（广东资金2100.82万元、中远海运集团572.37万元）；类乌齐县产业引导资金300万元。重庆援助类乌齐县医疗专业人员2019年批次医疗人才培训，其余项目均完工。

【党建工作】 2019年，类乌齐县委坚持把强化理论武装作为筑牢信仰之基、补足精神之钙、把稳思想之舵的基础工程，组织县委班子和各级领导干部认真学习党的方针政策，不断提高思想觉悟和理论水平。组织引导党员干部认真学习贯彻中共十九大，以及中共十九届二中、三中、四中全会精神，深入学习贯彻习近平新时代中国特色社会主义思想和治国理政新理念新思想新战略，特别是习近平总书记治边稳藏重要论述和系列重要批示指示精神，在理论与实践结合中进一步增强“四个意识”，坚定“四个自信”，做到“两个维护”，始终听党话、跟党走。开展第二批“不忘初心，牢记使命”主题教育，坚持以上率下引领学、突出重点集中学、专家讲座辅导学、专题研讨交流学、典型教育对标学，依托“学习强国”“西藏党员教育”等APP认真扎实开展线上学，按照学习教育、调查研究、检视问题、整改落实四项重点措施，召开专题民主生活会，全年共主持召开理论中心组学习27场次，组织各级各类应知应会测试2次，2100余人次参与测试，专题研讨交流14场次，组织专家讲座2场次，县处级领导干部带头讲党课38场次；全县上下各级党组织采取集中学习、个人自学和接受党性教育、廉政教育等灵活多样的方式，认真学习领会中共十九大和习近平新时代中国特色社会主义思想等，共开展主题教育学习会1550场次，县处级领导干部制定调研课题41个，开展走访调研120余场次，撰写调研报告38篇，各党支部围绕“十个一”要求开展重温入党誓词、志愿服务、交流发言等活动1000余场次，持续深化理论学习成效。坚持践行抓党建就是最大政绩的理念，自觉落实管党治党主体责任，强化责任意识，把抓好党建作为最大的政治任务。制定印发2019年党建工作要点，逐级签订党建工作责任书，细化工作人数，明确工作职责，靠实党建工作责任，推动工作落小落细落实。定期听取党建工作汇报，对党建工作进行安排部署，坚持示范引领，带头参加双重组织生活会2次，带动班子成员双重组织生活会制度和支部“三会一课”制度的落实，全年召开研究部署党建工作4次，听取党建工作汇报12次，开展党建工作督促检查3次，整改问题9项。

采取党支部书记领办示范点建设项目的方法，以机关党支部活动场所“九有”，村级党组织活动场所“四性三化”要求，按照“树标杆、明职责、亮身份、做表率”的工作思路，积极培育选树身边党员和党组织先进典型，打造特色“品牌”示范党支部，通过支部之间观摩学习交流，以点带面强势推进支部标准化规范化建设工作。建成示范支部15个，规范支部42个，在全县范围内评选表彰先进党组织10个，表彰优秀共产党员、优秀党务工作者30，选树先进典型10人，党支部战斗堡垒作用凸显。紧紧围绕稳定、发展中心任务，充分发挥党建引领作用。按照脱贫不脱帮扶的要求，持续深化开展干部结对帮扶活动，通过政策宣传、思想引导和提供就业信息等方式让贫困户“等靠要”思想有了一定改观，也使党员干部自觉奉献、主动服务成为习惯、成为常态；把发展壮大村集体经济作为提高村级党组织组织力、引领力的有力抓手，与巩固扶贫成果结合，强力破解空壳村难题，通过成立劳务输出、合作社、房屋租赁等多种方式，壮大村集体经济。全县有村集体经济93个，其中10个年收益在5万元以上，消除无集体经济村；开展扫黑除恶工作，充分发挥基层组织政治功能，组织发动群众积极参与扫黑除恶专项斗争，按情节轻重分别对4名村干部和17名农牧民党员进行约谈，对9个村级和2个机关软弱涣散党组织进行专项整治晋升，成功教育转化69名信仰宗教党员；坚持一切工作到支部的理念，党组织覆盖非公企业新增6家，“两新”党组织党建基础不断得到夯实；把党的政治优势、组织优势和资源优势转化为社会稳定发展的优势。

【廉洁建设】 严格落实中央八项规定及其实施细则精神，继续紧盯重要节点，坚持日常监督和专项监督相结合，深挖细查顶风违纪、隐形变异问题，严肃查处以学习培训、调研考察等为名公车私用、违规吃喝、违规发放津补贴等突出问题，坚决防止“四风”反弹回潮，全县查处违反中央八项规定精神问题6起，处理9人。推进领导干部利用名贵特产类特殊资源谋取私利问题整治，督促各级党组织主动检视问题，对自查自纠和检查发现的问题及时处置、督促整改，对瞒报漏报的严肃处理，严肃查纠违规违纪行为。整治形式主义、官僚主义，紧密结合第二批“不忘初心、牢记使命”主题教育工作安排部署，统筹推进“12+1”项专项整治，围绕牵头主抓的4项任务，精准施治、持续发力，督促相关职能部门履职尽责，开展自查自纠，集中整治空乏表态、应景造势，不担当不作为、脱离群众等问题；落实“基层减负年”要求，推动解决文山会海、督查检查考核过多过频、过度留痕等问题，督促全县各级党组织认真开展自查自纠工作。

贯彻落实区纪委加强新时代监督工作的意见、政治生态分析工作办法等制度规定，坚持以高质量监督促进高质量发展，注重发挥纪律监督、监察监督、巡察监督的权力监督格局作用，综合运用各类监督形式，提升监督工作的系统性、科学性、实效性。加大对函询结果抽查核实，对如实说明问题的予以采信，对欺瞒组织的严肃处理，让监督“带电”“长牙”。严肃党内政治生活，对调整、提拔使用和因机构改革重新任命的69名科级干部进行集体廉政谈话，抓实近距离常态化监督。深化运用“四种形态”，坚持惩前毖后、治病救人，综合考虑事实证据、思想态度和量纪执法标准，精准适用每一种形态特别是“第一种形态”，做到抓早抓小、严管厚爱。全县共处置问题线索32件次，同比增长88.2%，运用监督执纪“四种形态”批评教育帮助和处理36人次，同比增长2.9%。运用第一种形态，约谈函询、批评教育27人次，占75%，同比下降12.9%；运用第二种形态，给予轻处分、组织调整5人次，占13.9%，同比增长150%；运用第三种形态，给予重处分、重大职务调整4人次，占11.1%，同比增长300%，第一、二种形态占比达88.9%。

全县开展好县党风廉政建设宣传月活动及“不忘初心、牢记使命”主题教育党风廉政警示教育活动，全县各单位共开展党规法律学习130余次，开展宣讲活动40余次，受教育干部群众1.467万人；开展交流研讨70余次，参加人数750余人；引导广大党员、公职人员关注“雪域清风”“廉洁昌都”微信公众号并参与党风廉政知识网络测试，覆盖率达100%；下发《全面从严治党专辑》，组织观看警示教育片《贪欲·黑洞—黄羽天违纪违法案件警示录》《决不饶恕》，营造崇廉拒腐的良好氛围。

【领导名录】

县委书记：达　瓦

县委副书记、县长：潘　毅

县人大主任：温云春

县政协主席：伍先利（12月免）

益西旺加（12月任）

大事记

1月

1日 “新时代 新昌都 新辉煌”元旦文艺演出在茶马广场举行。有独唱、合唱、小品、群舞等14个节目。

1日至2日 市委书记阿布参加重庆·西藏对口支援座谈会，介绍昌都市经济社会发展情况。还考察重庆西藏中学，看望慰问重庆市援藏干部代表、家属代表。

2日 副市长泽仁俊美率领相关部门负责人乘坐公交车，调研市区公交车运行情况。

同日 昌都市闽昌众创空间、康巴明珠众创空间、昌都市科技创客中心以及芒康县高原特色产业科技孵化器成功获批自治区级众创空间（科技孵化器），获批的数量在全区名列第二，并根据其孵化企业户数、吸纳就业人数等条件，给予300万~800万元的一次性建设资金扶持，建成后每年最高给予200万元的运行管理费用补贴。

3日 昌都经开区举行利美藏药新品发布会。市西藏利美藏药健康产业股份有限公司、云南云药生物产业股份有限公司、昌都市利美傲思健康产业发展有限公司等负责人介绍利美藏药牙膏等新产品。日通藏医院、大慈藏医院等藏医专家交流口腔健康问题。市委常委、市新区管委会党组书记梅方权，市人大常委会副主任晏启初，副市长卓嘎，市政协副主席赤来出席。

3日至4日 3日，市委宣传部、市委统战部、团市委等单位联合主办，卡若区、江达县宣传部联合承办的昌都市2019年文化、科技、卫生、法律和爱国爱教育宣传“五下乡”集中服务活动在卡若区俄洛镇俄洛村拉开序幕。共发放棉衣、鞋子、藏汉图书、药品等价值40余万元的物资，各类宣传资料8000余份。4日，市委宣传部、市委统战部、团市委、福建省第八批援藏工作队等单位联合主办，江达县委宣传部承办的昌都市2019年文化、科技、卫生、法律和爱国爱教宣传“五下乡”集中服务活动在江达县波罗乡康扎西安置点开展，发放手电筒、茶碗、毛巾、雨伞、藏中西医药、平板电脑等各类生活、休闲物资价值52.62万元。

4日 昌都市召开水利改革发展“十四五”规划编制启动会。传达自治区水利厅“十四五”规划大纲的任务及要求，宣读《西藏昌都市水利发展“十四五”规划编制工作方案》。副市长赵明讲话。

4日至13日 4日，昌都市集中培训驻昌自治区“两会”代表委员。市委副书记周青松讲话。市人大常委会主任贡秋江村主持。泽仁俊美通报2018年全市经济社会发展情况。市中级人民法院、市人民检察院相关负责人分别通报2018年“两院”工作开展情况。卓嘎出席。6日，自治区“两会”的昌都市64名人大代表、49名政协委员在拉萨驻地报到。8日，西藏自治区第十一届人民代表大会第二次会议的昌都代表团在拉萨举行第一次全体会议。阿布主持。会议推选阿布为昌都代表团团长；市委副书记、市长陈军，贡秋江村为昌都代表团副团长。审议西藏自治区第十一届人民代表大会第二次会议主席团和秘书长名单（草案）、西藏自治区第十一届人民代表大会第二次会议议程（草案）。成立以阿布为支部书记，陈军、贡秋江村为支部副书记，市委常委、纪委书记、监察委员会主任郑连武，市委常委、组织部部长李斌、卓嘎，副市长高学文，市政协副主席泽仁顿珠、扎西江平，市人民检察院党组书记、检察长贺建军、泽仁、王玉杰、普布次仁、党昂泽仁、卓玛曲西、毛刚、益西旺加、次仁卓玛、陈友华、巴桑次仁、温云春的昌都代表团临时党支部。8日，自治区人大常委会党组副书记、副主任丹增朗杰，自治区人大常委会副主任纪国刚、巨建华等看望慰问参加自治区十一届人大二次会议的昌都代表团代表。8日，西藏自治区第十一届人民代表大会第二次会议昌都代表团第二次会议召开，审议《关于设立自治区十一届人大社会建设委员会的决定（草案）》。陈军传达吴英杰书记在“两会”党员干部会议上的重要讲话精神；贡秋江村传达学习代表团召集人和工作机构负责人会议精神。阿布主持并讲话。自治区人大常委会副主任许雪光等自治区领导参加。10日，区十一届人大二次会议昌都代表团审议《政府工作报告》，审查自治区人民政府关于自治区2018年国民经济和社会发展计划执行情况与2019年国民经济和社会发展计划草案的报告、自治区人民政府关于自治区2018年财政预算执行情况和2019年财政预算草案的报告，就下一步工作提出意见和建议。自治区十一届人大代表、区党委副书记、区政府党组副书记、常务副主席庄严强调，昌都要切实抓好政府工作报告的学习贯彻；坚决打好打赢脱贫攻坚战；坚持实施就业优先战略；大力发展实体经济；打通服务群众“最后一公里”；坚持生态优先绿色发展；坚决扛起维护稳定政治责任。区党委常委、自治区常务副主席姜杰，许雪光，自治区副主席坚参、汪海洲、张永泽、江白等出席。阿布主持并发言。11日，昌都代表团继续审议政府工作报告，审查计划报告和预算报告。自治区人大代表、区党委副书记、自治区主席齐扎拉强调，昌都要全力做好脱贫攻坚工作；大力发展清洁能源产业；做强做精旅游产业；突出抓好园区经济；积极发展“互联网＋”产业。许雪光等代表参加。阿布主持。12日，昌都代表团联组审议人大常委会报告、法院报告和检察院报告。自治区人大代表、自治区人大常委会主任洛桑江村强调，昌都要提高政治站位，强化政治担当；牢牢把握改善民生、凝聚人心这个出发点和落脚点；坚持精准扶贫精准脱贫基本方略；坚守生态安全底线；坚持稳定压倒一切，全力确保社会和谐稳定。姜杰等参加。阿布主持。13日，昌都代表团继续审议相关草案和各项决议草案。贡秋江村主持。陈军、郑连武、李斌、卓嘎、高学文、泽仁顿珠、扎西江平、贺建军参加以上审议。

5日 昌都市举行《己亥年》生肖邮票首发仪式。市委常委、宣传部部长赵建国，副市长胡登孚为《己亥年》生肖邮票揭幕，并将市文艺界联合会书法家书写的对联及相关书籍赠送给现场群众。此次发行的《己亥年》生肖邮票一套2枚，邀请著名艺术大师韩美林担纲设计。

10日 自治区农业农村厅副厅长金文成率农牧民工和促进农牧民转移就业调研组与昌都市座谈。胡登孚主持并讲话。与会人员观看就业创业工作专题片；市发改委、教育局、人社局等单位负责人作交流发言。

11日 驻昌都的陆军医院便民服务医疗队（15人）携带血压血糖仪、心电监测仪及多种仪器设备，分成内科、外科、药械等三组免费为当地群众体检、问诊、发药、宣传高原常见病防治常识。共接诊群众290人次，发放药品37个品种价值8000余元，受教育群众200余人次。

11日至14日 第十八届中国国际西部（重庆）农产品交易会在重庆国际会展中心举行。昌都展团由15家农畜产品加工企业、合作社组成，参展团队30余人，参展产品30余类别、100余类单品。其中包括青稞系列产品、牦牛肉系列产品、荞麦系列产品、高原红葡萄酒系列、林下资源产品、藏药材、土特产品、虫草、贝母、藏红花、干鲜果等农畜产品。销售额近34万元，前来洽谈合作厂商20余家，达成合作意向400余万元。

13日 昌都市召开依法管地用地自查自纠专项行动督导检查汇报会。自治区自然资源厅厅长梁建平讲话，赵明主持。自治区自然资源厅执法监督部门，市委组织部、宣传部，市发改委等部门负责人参加。

同日 洛隆县俄西乡第一小学校长平措扎西获“马云乡村校长奖”。

14日 2019年昌都安置在拉萨的离退休人员“迎新春”座谈会召开。阿布要求各相关部门要围绕老干部在工作和生活上的需求，主动做好服务工作；向老干部学习，做到一个“实”字；充分发挥好离退休老干部党支部的作用，调动老干部做贡献的积极性。老干部代表作交流发言。

同日 市经开局、体育局、经开区管委会主办，成都远伯体育发展有限责任公司承办的2019年“卓卓康巴·传奇昌都”体育产业发展论坛在市新区举办。邀请前国脚、原全兴队队员刘斌，成都远伯体育发展有限责任公司董事长蒲文、昌都市业余足协负责人嘎玛作演讲。

15日 重庆市第八批援藏工作队领队、昌都市委副书记黎勇，重庆市第八批援藏工作队副领队、昌都市委常委、常务副市长蔡家林，昌都市人民医院党委委员、常务副院长滕苗，昌都市人社局专技干部杨晓东参加重庆市第八批援藏干部座谈会，汇报援藏工作总体情况并作为援藏干部代表发言。重庆市委组织部副部长陈全讲话。重庆市委组织部部务委员张翱主持。2016年7月，重庆市第八批211名援藏干部人才到3个县及22个部门开展援藏工作。争取计划内外资金10.18亿元，顺利实施项目71个，招商引资落地21.8亿元，完成干部人才培训13000余人次，协助市人民医院成功创建“三甲”，市一高组团援藏教师中，93%的老师教学成绩处于中上水平。

16日 昌都市与自治区工商联调研组座谈。赵明主持。西藏烹饪餐饮饭店业协会、成都相关企业负责人，市妇联、工商联、人社局等单位负责人交流西藏本土特色餐饮发展与前景规划、藏区特色餐饮与旅游相融合、草本科技创新与发展等内容。

19日 市委宣传部主办，市文化局、市广播电影电视局承办，市康巴文化艺术团为演出单位的“哈达献给新时代·携手共建新辉煌”昌都市2019年藏历新年电视联欢晚会在康巴文化演艺推介展示中心举行。阿布、陈军等领导观看。

20日 阿布主持召开中共昌都市第一届委员会常委会。听取市委一届八次全会和市委经济、农村暨脱贫攻坚工作会议筹备情况；2018年度全市扫黄打非专项斗争工作开展情况；2018年度全市党风廉政建设和反腐败工作开展情况；2018年全市第四季度暨全年基层党建工作开展情况；昌都市年终考评领导小组办公室关于2018年度年终综合考评的情况；昌都市2018年度脱贫攻坚成效考核情况等汇报；研究《阿布书记在市委一届八次全会上的工作报告》《阿布书记在市委经济、农村暨脱贫攻坚工作会议上的讲话》《市政府党组关于提请审定〈昌都市乡村振兴战略实施方案（2018—2022）〉的请示》；传达学习区党委领导在《中共昌都市委关于2018年上半年履行意识形态工作主体责任的情况报告》《昌都市2018年度维稳工作总结暨2019年维稳工作要点》等上的批示。阿布要求，全市上下要结合工作实际，分解落实责任，强化齐抓共管，从严督查落实，确保按时限要求完成各项工作任务。各级各部门要着眼统筹推进“五位一体”总体布局，协调推进“四个全面”战略布局，锐意进取、总揽全局、协调各方，进一步加强和改进新形势下发展稳定改革生态党建各项工作。陈军，市委常委、市人大常委会、市政府、市政协等领导列席。

21日 中共昌都市第一届委员会第八次全体会议召开。阿布主持并代表市委常委会向大会作工作报告。全会深入分析昌都当前经济社会发展面临的形势和任务。他强调，要全面加强党对一切工作的领导，继续把反分裂斗争摆在维护稳定工作的首位，强化落实各项维稳措施，持续推动社会治理从“要我稳定”向“我要稳定”转变；紧紧围绕改善民生、凝聚人心这个出发点和落脚点，扎实做好稳增长、促改革、调结构、惠民生、防风险工作；紧紧围绕推进美丽昌都建设，打好打赢蓝天、碧水、净土保卫战，推动生态文明建设再上新台阶；紧紧围绕新时代党的建设总要求，坚决维护习近平总书记党中央的核心、全党的核心地位，坚决维护党中央权威和集中统一领导，努力把党的政治优势、组织优势转化为发展优势。陈军、市委常委等领导出席。市委委员、候补委员、市纪委委员、中共十九大代表及部分基层代表；不是市委委员、候补委员的市（师）级领导；市（中、区）直各单位负责人参加。

21日至24日 自治区人社厅副巡视员、专项考核组组长洛旦率自治区保障农民工资支付第四考核组前往八宿、察雅、卡若三个县（区），从六个方面64项指标内容核查农民工工资支付情况。24日，专项考核组与昌都市工作意见交流会召开。洛旦讲话，赵明主持并作表态发言。市人社局负责人汇报全市2018年保障农民工工资支付工作开展情况，考核组反馈相关意见。

22日至23日 昌都市委经济暨农村、脱贫攻坚工作会议召开，总结2019年工作，分析当前形势，安排部署2019年工作。会议传达中央经济工作、农村工作、全国扶贫开发工作会议和农村工作暨脱贫攻坚工作会议精神。周青松宣读《中共昌都市委员会 昌都市人民政府关于表彰2018年度工作先进县（区）和先进单位的决定》。黎勇宣读《中共昌都市委员会 昌都市人民政府关于表彰2018年度脱贫攻坚先进集体和优秀个人的决定》。阿布强调，全市上下要大力实施民生改善提升行动；大力实施投资消费提升行动；大力实施脱贫攻坚提升行动；大力实施乡村振兴提升行动；大力实施生态富民提升行动；大力实施优势产业提升行动；大力实施改革开放提升行动。陈军主持。市委常委等领导向受表彰的先进集体和先进个人颁奖。22日，参加昌都市委经济暨农村、脱贫攻坚工作会议的与会人员代表参加贡觉组，讨论阿布书记在市委经济暨农村、脱贫攻坚工作会议上的讲话。陈军强调，做好三岩整体易地扶贫搬迁工作，贡觉县思想统一、组织领导、宣传教育引导、政策落实、维稳防控要到位，瞄准既定各项目标任务，扎实做好经济、农村和脱贫攻坚各项工作。蔡家林，市委常委、贡觉县委书记扎西，高学文提出意见和建议。23日，昌都市委经济暨农村、脱贫攻坚工作会议继续召开。陈军作具体工作部署。市委常委、市人大常委会、市政府、市政协、强巴林寺管委会以及市（中、区）直相关各单位负责人参加。

23日 昌都市县（区）委书记、行业系统党（工）委书记抓基层党建工作述职评议会召开，进一步推动全市各级党组织和党组织书记落实全面从严治党主体责任和第一责任人责任，找准工作短板、剖析问题原因、拿出真招实招，不断提升基层党建工作水平，夯实党在农牧区的执政基础，为推动新时代昌都长足发展和长治久安、全面建成小康社会提供坚强组织保证。阿布主持并点评述职人员，全市各级各部门在讲政治、明规矩上要持续用力；在抓主业、聚合力上要持续用力；在抓班子、带队伍上要持续用力；在抓基层、打基础上要持续用力；在抓落实、提质量上要持续用力。自治区党委组织部组织一处赵克亮到会指导。黎勇，市委常委、芒康县委书记齐应海，市委常委、卡若区委书记王伟，市委常委、江达县委书记黎世江，市委常委、贡觉县委书记扎西，赵建国，市政协副主席、察雅县委书记任厚明等17家行业系统党（工）书记作基层党建工作述职报告；参会人员现场测评述职对象履职情况。陈军、市委常委等领导，市直各相关部门负责人，市委组织部部务会成员，部分基层“两代表一委员”代表等参加。会议以电视电话形式召开至县（区）。

同日　强巴林寺管委会举行“遵行四条标准 争做先进僧尼”模范寺庙优秀僧尼表彰资金兑现暨2019年寺庙和谐稳定目标责任书签字仪式。传达学习区、市“遵行四条标准争做先进僧尼”模范寺庙优秀僧尼表彰大会精神，特别是区党委常务副书记丁业现、市委书记阿布的重要讲话精神。强巴林寺管委会与寺庙民管会签订《强巴林寺2019年维护寺庙和谐稳定目标责任书》，现场向强巴林寺持证僧人兑现自治区及昌都市下半年“四条标准”模范寺庙优秀僧尼表彰资金。自治区政协副主席宗洛·向巴克珠出席，寺庙僧人、驻寺干部等800余人参加。

24日　中共昌都市委常委班子召开2018年度民主生活会。会议通报市委常委班子2017年民主生活会整改措施落实情况和2018年民主生活会会前准备情况。阿布主持并代表市委常委班子作对照检查，认真查摆常委班子存在的突出问题，剖析问题产生的原因，有针对性地提出努力方向和整改措施。陈军、市委常委领导逐一作个人对照检查。自治区纪委监委、区党委组织部指导组有关人员到会指导。

同日　市政府党组理论学习中心组2019年度第1次学习会召开，传达学习近期中央和自治区一系列重大会议、重要文件精神。蔡家林及泽仁俊美、卓嘎，副市长旺堆、欧珠达瓦、高学文、赵明，市政府秘书长贾新雨参分别传达学习《习近平在中央政治局第十次集体学习时的讲话》《中央经济工作会议精神》《中央农村工作会议精神》《全国扶贫开发工作会议精神》《自治区党委经济工作会议精神》《自治区党委农村工作暨脱贫攻坚工作会议精神》《〈中共中央关于加强党内法规制度建设的意见〉贯彻落实情况的督查报告》《关于推动高质量发展的意见》。陈军主持并强调，市政府党组及全市政府系统要全面贯彻落实新时代党的组织路线，突出德才标准，切实做好干部培养、选拔、推荐、任用工作；要培育高质量发展新动能，筑牢高质量发展底色，守住高质量发展底线，补齐高质量发展短板，推动全市经济高质量发展；要真正把党内法规制度鲜明地“亮出来、立起来、严起来、实起来”；要坚定不移地做好各项维稳工作，改善民生，打好污染防治攻坚战，扎实推进全市经济社会发展各项工作。市政协副主席、市发改委党组书记杨瑛以及市政府各部门主要负责人参加。

25日　昌都市举行消防救援支队迎旗授衔和换装仪式。阿布提出要求。陈军主持。昌都消防救援支队负责人宣读授予消防救援衔的命令并带领全体消防救援人员集体宣誓。仪式结束后，阿布、陈军，市委常委、政法委书记张文生，旺堆等与部分市消防救援人员合影留念。

同日 市政府党组2018年度民主生活会召开，对照《中国共产党章程》《中国共产党纪律处分条例》等有关党内法规，进行自我检查和党性分析，严肃开展批评和自我批评，进一步加强领导班子自身建设，并进行民主生活会质量测评。陈军主持，并代表市政府党组班子通报2017年度民主生活会整改落实暨2018年民主生活会准备情况和对照检查情况。陈军、蔡家林、泽仁俊美、卓嘎、旺堆、欧珠达瓦、赵明、贾新雨等市政府党组成员逐一对照检查，作批评和自我批评。副市长刘文德、高学文、胡登孚由与会人员代替发言，开展批评。市纪委、市委组织部有关负责人到会指导、点评。市人大常委会副主任齐飞，市政协副主席赤来，自治区第九次党代会代表扎西，自治区第十一届人大代表郭迎亚，自治区第十一届政协委员边巴扎西列席。

同日 陈军主持召开2019年市政府第一次常务会议，研究讨论用地处理意见、商业网点规划等事宜。会议研究、讨论并原则通过《昌都市达玛拉广场景观工程用地处理意见的请示》《关于申请批准昌都市重庆·三江源生态文化城市政道路用地处理意见的请示》《昌都市商业网点规划（2016—2030）》的请示，按照会议意见修改完善后，履行相关程序。他要求，各相关部门要进一步摸清底子，明确目标，超前规划，提高土地利用率；要按照国家各项土地政策规定，依法依规，合理规范建设；要认真落实主体责任，整合各类资源，确保工程项目顺利推进；要加强管理监督，强化土地管控，加大对土地的执法监查力度，切实优化用地环境。蔡家林、泽仁俊美、卓嘎、旺堆、欧珠达瓦、赵明、杨瑛及贾新雨提出意见和建议。

同日 市政协举行2019年新年茶话会。李斌讲话。图嘎主持。市政府、市政协等领导出席。各界人士代表作交流发言。

同日 昌都市召开2018年“四讲四爱”群众教育实践活动总结暨优秀宣讲员表彰会。会上宣读自治区党委宣传部《关于表彰全区“四讲四爱”优秀宣讲员的决定》《昌都市关于表彰全市优秀宣讲员的决定》，表彰40名优秀宣讲员，通报《昌都市2018年“四讲四爱”群众教育实践活动开展情况》。晏启初讲话。卡若区、国资委分别代表各县（区）、各单位作交流发言。

26日 阿布率队前往昌都军分区、武警昌都支队、昌都西路中段便民警务站、解放广场看望慰问驻昌援昌部队、广大官兵、公安干警和环卫工人。王伟、张文生、旺堆陪同。

27日 昌都市召开2019年脱贫攻坚指挥部第一次会议。欧珠达瓦传达学习全国扶贫开发工作会议和区党委农村工作暨脱贫攻坚工作会议精神，安排部署全市脱贫攻坚工作。研究聘请第三方评估机构开展评估检查的相关事宜、脱贫攻坚宣传报道事宜及脱贫攻坚工作其他事项。陈军主持并要求，全市要按照党中央已经明确的目标标准和政策举措，聚焦“两不愁、三保障”，对标对表推进；要坚持问题导向、目标导向、效果导向，抓好问题整改，做好同步部署工作；要严格程序，科学有序退出。卓嘎、旺堆、欧珠达瓦，市脱贫攻坚指挥部相关成员单位负责人提出意见和建议。

同日 张文生前往分区生产团、强巴林寺消防中队、武警二大队、消防中队等开展慰问活动。

28日 自治区党委常委、秘书长、区直机关工委书记刘江到贡觉县调研，看望慰问结对帮扶群众。在阿旺绵羊产业园区，刘江实地查看藏东生物科技有限公司的电子信息室、饲料加工车间、绵羊育肥车间，详细了解阿旺绵羊的产业建设情况、运营模式和带动群众脱贫致富等方面的情况。

同日 陈军听取市经开区、投资公司、开源公司汇报2018年工作开展情况、2019年重点工作计划以及急需解决的困难和问题等，并明确相关事项。针对市经开区、投资公司、开源公司当前面临的困难和问题，他强调，各相关部门尤其是三个单位要充分考虑园区发展的前瞻性、功能性，明确自身的发展方向，找准功能定位，补齐短板，不断完善园区基础设施建设，完善机制体制，练好自身内功，以更优的服务、更实的举措、更多的优惠政策、更加开放的姿态，积极吸引更多的优质企业来昌投资兴业，为实现政府、企业互利共赢、共同发展搭建好平台。赵明以及市发改、财政、国土、住建、交通、水利、环保、农牧、教育、国资委等单位负责人提出意见和建议。

同日　李斌率队前往蓝天公司、昌都花园小区等地，看望慰问困难群众。

同日　昌都市委、市政府在成都举办2019年离退休干部职工代表迎春座谈会。部分老干部代表作交流发言。

31日　贡秋江村率市场安全专项检查组，前往顺康客运站、格桑梅朵公司、昌蜀液化气站、市民安医院、世纪格萨生活超市等地，通过检查粮油肉等生活必需品价格和节日期间供应以及生活服务业、交通出行和液化气收费等情况，开展节前市场安全专项检查。

同日　陈军前往武警总队机动第三支队、武警森警支队、消防救援支队看望慰问驻昌援昌部队官兵。赵明，市国土、人社局负责人陪同。

同日　陈军主持召开环保工作专题会，安排部署全市环保工作。他要求，各相关部门特别是市环保局要加强环保治理规范化、制度化建设，坚决打好打赢污染防治攻坚战；要深入实施大气、水、土壤污染防治，全面实施网格化监管；要立足标本兼治，注重源头管理；要增强责任意识；要抓好监测监察垂管和机构改革工作。市环保局负责人通报2018年环保工作开展情况以及存在的困难和问题。市直有关单位负责人提出意见和建议。

2月

1日　市委副书记、市长陈军实地调研了解察雅县党的惠农政策的落实、脱贫攻坚、民生改善等情况，看望慰问结对帮扶群众、公安民警、驻村工作队等，并送上大米、面粉、食用油、大茶等年货和慰问金。市政府办公室和察雅县相关部门负责人陪同。

1日至20日　福建省文化和旅游厅主办，昌都市文化局和福建省艺术馆（福建省非物质文化遗产保护中心）承办的“雪域之光·昌都唐卡艺术展”在福州三坊七巷“福建省非物质文化遗产博览苑”展出。

2日　陈军主持召开全市维稳视频会议，传达学习区党委常委会议精神，传达学习吴英杰书记等自治区领导的指示批示和讲话精神，安排部署春节、藏历新年期间全市维稳工作。市委常委、卡若区委书记王伟，市委常委、政法委书记张文生，市人大常委会、市政府等领导参加昌都主会场或各县分会场。

同日　市非洲猪瘟防控指挥部组织各职能部门开展“节前市场非洲猪瘟排查”工作。分别由市商务局牵头排查冷鲜猪肉供应商仓库；市食药监局牵头排查冻猪肉及其制品供应商的仓库；市发改委牵头排查市场零售商户销售猪肉。共排查1家冷鲜猪肉供应商、5家猪肉冻制品仓库、5家猪肉及其制品零售商户，未发现不合格猪肉及其产品，市场猪肉平均价格34元/公斤左右，储备冷鲜猪肉291头。

同日　昌都市新区国家农村产业融合发展示范园进入首批国家农村产业融合发展示

范园名单。

3日 昌都市举行2019年离退休干部职工代表迎新春座谈会。陈军，市委常委、组织部部长李斌，自治区政协文史和学习委员会副主任、市政协副主席图嘎，市人大常委会副主任公嘎泽仁与昌都离退休干部参加。

同日 市人大常委会主任贡秋江村前往仁达日追寺、嘎来寺、向达寺看望慰问寺庙僧人和驻寺干部。

5日至8日 5日，陈军前往卡若区城关镇四川桥社区居民委员会，看望、慰问社区居民，以及节日期间坚守岗位的基层干部职工。王伟陪同。6日，陈军实地调研卡若区芒达乡经济社会发展情况，看望慰问基层干部群众、驻村工作队，详细了解芒达乡脱贫攻坚、“两降一升”、控辍保学等经济社会发展、民生改善和维稳工作情况。8日，陈军走访慰问在昌十八军老战士赵钦贵、十八军战士遗孀四郎曲措，送去慰问金。市政府办公室、市委老干部局相关负责人陪同。

6日 经自治区人民政府批准，昌都市江达县、洛隆县、边坝县退出贫困县（区）。

7日 2019年昌都市春节、藏历新年广场文艺演出在茶马广场举行。

8日 副市长高学文前往市第二儿童福利院，了解福利院儿童住宿、食堂、活动场所，看望福利院孩子和工作人员。

15日 阿布以不打招呼、随机暗访的形式，前往强巴林寺派出所、沙嘎格派出所、茶马广场便民警务站以及市民宗局、人社局、卫计委等单位部门，实地调查研究各单位、各公安执勤点的值班备勤情况和维稳措施落实情况，督促指导各相关单位部门进一步强化维稳能力建设，理顺维稳体制机制。他强调，政法公安等维稳部门要居安思危，不断总结过去的经验教训，提炼好的经验做法，提前做好维稳保障，将各项工作做深做细做实，确保没有盲区、没有缝隙、没有空白点。卡若区和市委政法委、市公安局等相关单位部门要加强创新，认真分析研究强巴林寺派出所、卡若区公安局、城区派出所、城区便民警务站等维稳力量的整合、指挥、协调、联动等问题，进一步理顺体制机制，构建指挥有力、运转高效、无缝对接、行动迅速的协同联动体制机制。王伟、张文生，副市长旺堆，市委秘书长文涛陪同。

19日 市图书馆开展猜灯谜、庆元宵活动。活动涉及汉字成语、地名、动物、植物等，既有经史辞赋内容，又涵盖科学知识。

20日 昌都召开2019年脱贫攻坚第二次调度会，督促落实第一次调度会安排的各项工作，安排部署下步工作。副市长泽仁俊美讲话。市脱贫攻坚指挥部通报昌都市关于落实中央第三巡视组脱贫攻坚专项巡视反馈意见会的整改落实推进情况；11个县（区）就中央第三巡视组脱贫攻坚专项巡视反馈会意见整改进展情况发言。会议以电视电话形式召开至各县。

同日 类乌齐紫曲河国家湿地公园（试点）顺利通过验收，并正式挂牌国家湿地公园，标志着昌都市首个国家级湿地公园顺利建成。类乌齐紫曲河国家湿地公园总面积916公顷，位于214国道类乌齐县城南部，共有各种类型湿地761.62公顷，湿地率达83.1%。

20日至21日 一届昌都市委第九轮巡察组常规巡察市人大办（各专门委员会）党组和市政协办公室（含政协专门委员会）党组反馈会召开。

23日 市公安局以视频会议形式召开全市公安机关队伍管理风险大排查大整治专项活动动员部署会。张文生讲话。旺堆动员部署专项活动。

25日 福州市相关县（市）区与昌都市八宿县结对帮扶仪式在闽举行。福州市委副书记、市长尤猛军，昌都市委副书记周青松出席。根据协议，2019年2月至2020年12月，福州市六城区和福州市、闽侯县、连江县结对帮扶八宿县14个乡镇，全面加强在产业、就业、消费、旅游、人才、公益事业等方面的合作。

同日 中共昌都市人民政府党组理论学习中心组召开学习会。传达学习《习近平扶贫论述摘编》（摘选）、《中共中央国务院关于全面加强生态环境保护坚决打好污染防治攻坚战的意见》、《中共中央国务院关于打赢脱贫攻坚战三年行动的指导意见》、《习近平同志在河北阜平县考察扶贫开发工作时的重要讲话》、《习近平同志在贵州贵阳部分省区市扶贫攻坚与“十三五”时期经济社会发展座谈会上的讲话》、《习近平同志在打好精准脱贫攻坚战座谈会上的讲话》、《关于保持基础设施领域补短板力度的指导意见》、《中共西藏自治区委员会办公厅关于坚持创新发展时代“枫桥经验”的通知》的重要讲话、文件精神。泽仁俊美主持并讲话。副市长旺堆、欧珠达瓦出席。

同日 昌都市落实中央第三巡视组脱贫攻坚专项巡视反馈意见整改工作领导小组召开第三次调度视频会。欧珠达瓦，市（中、区）直各单位、驻昌企业主要负责人出席。会议以电视电话形式召开至各县。

26日 阿布主持召开常委会议，传达学习习近平总书记关于扶贫工作的重要论述、习近平总书记在省部级领导干部坚持底线思维着力防范化解重大风险专题研讨班开班仪式上的讲话精神，传达学习吴英杰书记在全区领导干部坚持底线思维着力防范化解重大风险专题研讨班开班仪式上的讲话精神及区党委领导在昌都相关工作报告上的批示精神，听取昌都市落实中央第三巡视组脱贫攻坚专项巡视反馈意见的整改推进情况汇报，研究召开一届市纪委第七次全体会议的相关事宜。他强调，要坚定脱贫信心，落实脱贫举措，狠抓整改落实，做到“稳”字当头。市委常委、市人大常委会、市政府、市政协、强巴林寺管委会市级领导，市（中、区）直相关单位负责人参加。

同日 市政协（办公室）党组理论学习中心组召开学习会。传达学习《习近平谈精准扶贫：开对了“药方子”，才能拔掉“穷根子”》、《习近平谈治国理政（第二卷）》、《坚持精准扶贫、精准脱贫、坚决打赢脱贫攻坚战》、《习近平新时代中国特色社会主义思想三十讲第三十一讲决胜全面建成小康社会》的重要论述；与会人员作交流发言。市政协党组副书记、副主席杨建平主持并讲话，市政协副主席赤来、扎西次仁、杨瑛出席。

27日 昌都市在康巴文化演艺推介展示中心召开维护稳定工作会议。阿布要求，要聚焦隐患排查，在精准治理上持续发力；要聚焦宗教领域，在“导”字上下功夫；要聚焦专项斗争，在打击整治上持续发力；要聚焦面上管控，在联防联动上持续发力；要聚焦意识形态，在巩固阵地上持续发力；要聚焦情报信息，在搜集研判上持续发力；要聚焦能力提升，在一体推进上持续发力；要聚焦基层基础，在夯实根基上持续发力；要聚焦公共安全，在防范事故上持续发力；要聚焦责任纪律，在措施落实上持续发力。市委常委、纪委书记、监察委员会主任郑连武主持。市委常委、市人大常委会、市政府、市政协、军分区、强巴林寺管委会市（师）级领导，市（中、区）直各单位负责人参加。会议以电视电话形式召开至乡镇。

同日 昌都市召开扶贫开发工作会议，安排部署2019年扶贫开发工作。欧珠达瓦讲话。市扶贫办负责人作扶贫开发工作报告。

28日 中国共产党昌都市第一届纪律检查委员会第七次全体会议在康巴文化演艺推介展示中心开幕。阿布强调，要在加强党的政治建设、学懂弄通、转作风聚民心、净化政治生态、加强监督检查、扶贫领域整治、全面从严治党、加强自身建设上绵绵用力，久久为功。郑连武主持并作《提高政治站位，深化标本兼治，推进党风廉政建设和反腐败斗争高质量发展》的工作报告。下午，会议审议通过《中国共产党昌都市第一届纪律检查委员会第七次全体会议工作报告决议（草案）》《中国共产党昌都市第一届纪律检查委员会第七次全体会议公报（草案）》。市委常委、市人大常委会、市政府、市政协、军分区、强巴林寺管委会市（师）级领导参加。会议以电视电话形式召开至乡镇。

同日 昌都市召开卫生健康工作会议，总结2018年卫生健康重点工作，安排部署2019年卫生健康工作。副市长卓嘎讲话。市卫生计生委相关负责人宣读2018年度计生先进集体表彰决定并颁奖；作全市2018年度卫生计生工作报告；与各县（区）代表签订2019年卫生健康工作目标责任书。

同日 昌都市召开三江水电开发工作会议。会议通报2018年度昌都市“三江”水电开发进展情况；宣读昌都市资源开发建设协调领导小组关于表彰2018年度“三江”水电开发先进集体和先进个人的决定。副市长赵明讲话并与贡觉县和华电金上公司签订目标责任书。贡觉县和华电金上公司作交流发言。

3月

1日 区党委常委、自治区常务副主席、自治区赴昌都市维稳督导组组长姜杰率督导组召开会议，明确督导任务、强调工作纪律，并与昌都市委交换意见。2日上午，姜杰前往昌都市维稳指挥部进行视频调度，听取各县（区）维稳工作安排部署情况汇报，再部署再强调昌都市维护稳定各项工作。指出做好当前维稳工作是重要的政治责任和使命。昌都市各级各部门树牢“四个意识”、坚决做到“两个维护”，全面贯彻党中央和区党委的决策部署，切实增强忧患意识和防风险意识，防患于未然，以敢于担当落实责任为标准看干部，高度警惕“黑天鹅”事件和“灰犀牛”事件，积极排查化解矛盾纠纷和苗头隐患问题，打好维护稳定主动仗，强化维稳责任落实、做深做细做实各项工作，确保社会大局持续和谐稳定。下午，姜杰一行到强巴林寺管委会，详细了解人员在岗、工作开展、值班备勤以及僧尼医保社保办理报销等情况。自治区副主席、督导组副组长江白，自治区政协副主席、督导组副组长卓嘎一同调研，自治区政协副主席宗洛·向巴克珠参加有关活动。姜杰看望奋战在维稳一线的广大工作者。他要求，各级各部门和广大干部职工要牢记职责和使命，恪尽职守、主动担当，坚决贯彻落实好区党委的各项部署要求。要切实增强忧患意识和防风险意识，始终绷紧维护稳定这根弦；要突出重点、抓住关键、盯住薄弱；要坚持各方联防联控。姜杰一行还前往卡若区和察雅县调研精准扶贫、加强和创新寺庙管理等工作，并出席昌都市维稳力量动员誓师暨拉动演练活动。江白、卓嘎分别带队前往左贡县和察雅县开展维稳督导工作。

同日 昌都市以电视电话形式召开2019年度安全生产工作会议，各县（区）设分会场。副市长旺堆出席昌都主会场并讲话。市安监局相关负责人传达全国、全区安全生产工作会议主要精神；通报2018年全市安全生产工作，对2019年工作提出建议；与会人员作交流发言。

同日 昌都市森林消防支队和市林业局、民安医院等多个单位联合开展森林防火灭火实战演练。该支队挑出20名专业技术过硬的教员，围绕斯蒂尔风力灭火器和水泵等灭火装备的基础操作，对200名护林员代表进行培训。积极协调市委、市政府、市林业局等相关单位，紧紧围绕“藏东森林火灾特点规律、火情报送体系建设、依托林业局111个森林管护站进行森林消防站建设”三个方面开展森林防火灭火工作现场研讨会，有效形成一套关于藏东林区森林防火灭火的理论成果，护林员技能培训、华为视频系统火情报送体系建设、森林消防站建设三个实践成果。

2日 市委书记阿布主持召开专题会议，安排部署近期重点项目、脱贫攻坚和“双拖欠”等工作。他强调，各级各有关部门要在抓好稳定的前提下，加强统筹、同步发力，切实抓好经济发展、项目建设、民生改善、环保整改、七城同创、“智慧昌都”等各项工作，进一步明确“时间表”和“路线图”，加快工作进度，高标准、高质量、高效率地完成各项既定任务，确保稳定与发展两手抓、两不误、两促进，不断提高各族群众的幸福感、获得感和满意度，夯实维护稳定的物质基础。各项目主体单位统筹安排、科学规划、加快推进，按照市委、市政府既定目标要求，细化分解任务，倒排工期。千方百计加快项目建设进度，使项目实现早竣工、早出效益；要切实防范化解金融风险，科学处置“双拖欠”问题，市直有关部门要切实发挥作用，帮助各县（区）共同解决好“双拖欠”问题，确保农民工能及时足额拿到工资，在提前实施的项目中，要选择有实力、信誉好的企业来实施，避免出现资金链断裂风险。要积极主动做好脱贫攻坚巡视整改、环保巡视整改等工作，将各项工作做深做细做实，做到经得起历史和人民的检验。市委常委、常务副市长蔡家林，市委常委、统战部部长泽仁俊美，副市长欧珠达瓦、赵明出席，市直相关单位部门负责人参加。

同日 昌都市召开2019年农牧、科技暨气象工作会议，赵明为做好当前和今后一个时期农牧业、科技和气象工作，提出要求。2018年全市农牧业总产值达42.81亿元，同比增长5.4%，粮食、蔬菜、肉、奶、蛋农畜产品分别达到18.75万吨、13万吨、8.73万吨、9.01万吨、500吨。

同日 市委理论学习中心组举行专题学习会，学习习近平总书记关于脱贫攻坚重要论述——从第三方评估角度谈西藏扶贫工作感悟与心得。市委副书记黎勇主持昌都主会场学习会，并总结讲话。西藏民族大学张玉荣教授围绕学习主题作报告。市委、市人大常委会、政府、政协在家市级领导以及市（中、区）直各单位相关负责人参加，各县（区）设分会场。

3日 3日至13日，全国政协委员、市委副书记、市长陈军在北京出席全国政协十三届二次会议。十三届全国人大二次会议开幕会在人民大会堂举行，习近平等领导出席大会。国务院总理李克强代表国务院向十三届全国人大二次会议作政府工作报告。昌都市各级各部门各单位组织广大党员干部群众、僧人，通过电视、网络、手机等多种途径收听收看大会直播盛况。

同日 2019年是中华人民共和国成立70周年，是全面建成小康社会的关键之年，也是西藏民主改革60周年。昌都市举行纪念西藏民主改革60周年暨决战决胜脱贫攻坚大型采访出征仪式。黎勇为采访团授旗，采访团记者代表发言。市委宣传部紧紧围绕市委中心工作，从11县（区）广泛收集相关新闻线索，组织西藏日报、西藏电视台、康巴卫视等驻昌记者站和市网信办、昌都报社、昌都市电视台等市级媒体采编人员组成大型采访团，与3月3日开始赴11个县（区）开展为期一个多月的纪念西藏民主改革60周年暨决战决胜脱贫攻坚蹲点式采访活动。

4日 昌都市召开宣传思想工作汇报会议，总结2018年宣传思想文化工作，安排部署今年工作要点。黎勇讲话。市委宣传部相关负责人汇报2018年全市宣传思想文化工作开展情况。

4日至10日　陆军第九五五医院开展“学雷锋周”活动，在此期间到院就诊群众，减免门诊相关医疗费用，以此减轻群众看病就医的费用负担。还优化了群众就医流程，使群众看病更加方便。5日是全国第56个“学雷锋纪念日”，第20个“中国青年志愿者服务日”，为大力弘扬“奉献、友爱、互助、进步”的志愿精神，昌都市举行以“学雷锋 昌都志愿者在行动”为主题的活动。此次活动由市委宣传部（市文明办）、团市委、市妇联等单位联合主办，陆军医院、市人民医院、市藏医院、协和医院以及市属3家服务行业个体工商户协办。活动设置涵盖法律、扶贫、就业、消费、金融、旅游、消防、卫生等政策咨询和义诊、义剪、义卖17个集中服务点，发放《雷锋精神》《志愿服务条例》和各类政策法规图书、海报、光碟、宣传单14600余册（本、张），发放伞、笔、环保袋等宣传品10000余件，服务群众3000余人次，悬挂横幅标语30余次，电子屏滚动播出雷锋故事宣传片。全市各级志愿服务组织发起志愿服务项目200余个，招募实名志愿者10000余人。

5日　昌都市与自治区市场监管局副局长马吉军带队的招商考核组座谈。市委常委、市新区管委会党组书记梅方权主持。市经合局主要负责人汇报全市招商引资考核自查工作。

6日　阿布主持召开专题会议，安排部署经济发展、民生改善、重点项目建设等工作。他要求，全市各级有关部门要切实增强责任感和使命感，抢抓大好施工机遇期，加快项目进度，确保按照既定目标要求完成工作进度；要认真梳理项目中存在的“双拖欠”问题，着力加以解决；要选择有实力、信誉好的企业来实施，避免出现资金断裂风险；要切实抓好“10·11”“11·3”灾后恢复重建工作；要着力解决好中央巡视组脱贫攻坚专项巡视反馈问题整改和中央环保巡视反馈问题整改。蔡家林以及市直相关单位负责人参加。

同日　市总工会组织全市200余名困难女职工在市协和医院开展为期3天的“两癌”检查活动。

同日　昌都市召开2019年经济合作、工业信息化暨产业园区发展工作会议，赵明讲话。市经合局、市工信局以及市新区管委会负责人分别作2019年招商引资、工业信息化、产业园区发展的工作报告。

同日　昌都市司法局及卡若、芒康、边坝3个县（区）掌上公共法律服务平台正式投入使用。

7日　昌都市维稳力量誓师动员大会在武警西藏总队机动第三支队一大队训练场举行。姜杰强调，全市各级维稳力量牢记职责，不辱使命，继续巩固好、维护好安全稳定的发展环境；要练好内功，勇挑重担，筑牢维护稳定、反对分裂、打击犯罪的铜墙铁壁；要坚定信心，誓保稳定，做到决战决胜。江白、卓嘎出席。阿布宣布拉动演练开始，他要求，全市各级维稳力量要听党指挥，以实际行动践行维护昌都和谐稳定的庄严承诺；要高度戒备，全面落实各项维稳部署要求；要文明执勤，以优良的作风和形象赢得群众的尊重和支持。武警昌都支队支队长薛建军带领参演维稳力量集中宣誓。市委常委、政法委书记张文生主持。自治区赴昌都督导组成员、昌都市在家市（师）级领导出席。

同日　阿布前往市综治委和公安局，调研“智慧昌都”中的“雪亮工程”和“平安昌都”项目建设进展情况。张文生，市委秘书长、市直机关工委书记文涛陪同。

同日　市委办赴昌都市特殊教育学校开展“巾帼暖人心”庆“三八”国际妇女节志愿服务活动，体现市委、市政府对广大妇女同胞的关心关爱。

8日　阿布前往卡若区沙贡乡和俄洛镇实地督导检查维护稳定各项工作，并看望奋斗在基层一线的广大妇女，向她们表达节日的祝福和慰问。在沙贡乡温达村，阿布书记看望慰问向秋、次仁、次嘎三位结对帮扶“亲戚”并送上“母亲邮包”。市委常委、卡若区委书记王伟，文涛一同督导调研。

同日　昌都市837名县处级干部分别在康巴文化演艺中心和11个县（区）进行脱贫攻坚政策知识考试。

同日　昌都市召开落实中央第三巡视组脱贫攻坚专项巡视反馈意见整改工作调度会，督促各项工作的落实，研究解决巡视整改工作推进过程中存在的问题和困难，强调、再部署相关工作。会议传达自治区专项巡视整改领导小组办公室第三次调度会议精神提纲；通报关于落实中央第三巡视组脱贫攻坚专项巡视反馈意见的整改落实推进情况；各县（区）就中央第三巡视组脱贫攻坚专项巡视反馈意见整改进展情况发言。蔡家林主持并讲话。各县（区）设分会场。

同日　福建援藏队福州工作组在八宿县召开座谈会。福建第八批援藏领队、市委副书记周青松讲话。福州工作组负责人汇报工作进展情况及下步工作计划。工作组队员积极发言，畅谈工作建议和援藏感悟。

9日　由市综治办牵头，联合卡若区综治办组织市、区两级65家综合成员单位350余名干部职工，在解放广场、茶马广场、津昌体育场开展3月综治宣传月活动集中宣传服务活动。阿布到解放广场检查指导综治宣传活动开展情况，张文生陪同。旺堆，市委政法委、市综治办等相关领导到解放广场、茶马广场、体育场检查指导宣传服务活动开展情况。全市各个宣传服务点上，以各种方式提供各类便民为民服务，共计发放宣传资料8000余份，宣传品2000余份，提供法律政策咨询300余人次，接受义诊100余人。

10日　市直机关各单位在社区、广场、街道开展宣传政策、法律咨询、便民服务、文明宣讲、健康义诊、送医送药、环境整治等“以服代勤”活动。在茶马广场，市森林消防支队指战员为市民发放森林防火消防安全知识宣传册，加强和提升市民的森林防火意识和保护生态环境及森林防火的责任感；在深圳路海南街，市纪委40余名干部身穿红色志愿服，有的打扫卫生，有的发放《中央八项规定中国共产党问责条例》《禁止领导干部借婚丧喜庆事宜大操大办收财敛财的暂行规定》等宣传资料。此次“以服代勤”活动主要贯彻落实区党委关于做好全国“两会”和3月维稳安保工作系列决策部署，展示全市各族干部群众共谋发展、共促稳定、共享成果的强大合力，凝聚各方力量，强化社会全面整体防控，打牢维稳群众基础，确保社会大局持续和谐稳定。

12日　昌都市公安局扫黑办组织全市公安机关集中开展“三个专项斗争”宣传活动。此次宣传活动共出动警力30名、车4辆，发放宣传单、海报1万多份，发放购物车、购物袋、扑克牌、笔、手推车、钥匙扣、保温水杯、围裙、打火机、台历等宣传小礼品1600余件，受教育群众达1万多人。

13日　昌都市召开一届人大六次会议代表建议、批评和意见交办会。市人大常委会办公室向“一府一委两院”及相关部门转交人大代表提交的书面建议、批评和建议87件以及各代表团在审议各项报告时提出的建议、批评和意见203条。市人大常委会副主任公嘎泽仁主持并讲话，赵明出席。

15日　昌都市（中、区）直各单位、驻昌各部队、寺庙僧尼、各人民团体、群众学生、个体工商户3000余人在卡若区孜通坝片区野堆村开展全民义务植树活动，共种植6500余株云杉。

同日　由昌都市工商局和卡若区工商局

联合举办的“3·15”国际消费者权益保护日宣传咨询活动在茶马广场举行。活动共发放法律法规、维权小知识等宣传单4000余份，现场受理投诉6起，提供咨询服务200余人次，受益群众达4000余人。

16日 阿布主持召开一届昌都市委常委会会议，传达学习习近平总书记在全国“两会”期间参加代表团审议时关于脱贫攻坚工作的重要论述，听取全市落实中央第三巡视组脱贫攻坚专项巡视反馈意见整改推进情况汇报和全市机构改革工作汇报，并安排部署相关工作。周青松、黎勇、市委副书记于树民、蔡家林，市委常委、芒康县委书记齐应海、王伟，市委常委、江达县委书记黎世江，市委常委、纪委书记、监委主任郑连武、梅方权、扎西，市委常委、宣传部部长赵建国，市委常委、组织部部长李斌，张文生，泽仁俊美分别出席，市人大常委会、政府、政协、检察院、强巴林寺管委会市级领导分别列席，各县（区）设分会场。

同日 昌都市举行脱贫攻坚政策宣讲。蔡家林主持。特邀国务院扶贫办政策法规司副司长、自治区脱贫攻坚指挥部办公室副主任曾佑志以《脱贫攻坚是头等大事——以习近平总书记重要论述指引西藏脱贫攻坚》为主题，重点宣讲习近平总书记在关于扶贫工作的重要论述，介绍全国和全区脱贫攻坚的形式任务，解读西藏脱贫攻坚安排部署及有关政策。

18日 由中宣部新闻局副处长张振国带队的“西藏民主改革60周年”中央媒体采访团抵达昌都市，集中采访西藏民主改革60周年的发展成就。《西藏日报》党委副书记、副总编辑赵永琦，赵建国、区党委宣传部机关党委副书记黄海燕陪同。

19日 阿布在会见“西藏民主改革60周年”中央媒体采访团时介绍川藏铁路昌都境内的控制性工程将于2019年6月开工建设。

同日 自治区政协党组成员、副主席桑杰扎巴在强巴林寺督导检查维稳安保工作，并代表区政协党组、代表区党委常务副书记、区政协党组书记丁业现，看望慰问寺管会干部和广大僧众、公安干警、消防指战员。市政协副主席杨建平，市政协党组成员、强巴林寺管委会主任泽仁罗布陪同。

同日 昌都市召开2019年生态环境保护工作电视电话会议，总结2018年环境保护工作，安排部署2019年环境保护工作。会上书面传达2019年全国、全区生态环境保护工作会议精神；市环保局负责人作2018年全市环保工作报告和2019年全市环保系统全面从严治党工作安排。蔡家林讲话。会议以电视电话形式召开至各县（区）。

同日 中央媒体采访团前往市实验小学参观了解该校基本情况，传统文化教育及现代化建设等；实地对比走访如意乡达若村新老村居，了解乡村建设、村集体经济和基层党组织建设。用镜头和笔触记录下西藏民主改革60周年来昌都市经济社会的发展和民主的改善。其间，陈军就昌都市脱贫攻坚工作答记者问，并接受中央电视台采访。赵建国陪同。

20日 姜杰在昌都市专题调研绿色矿业发展情况并召开座谈会，研究解决昌都市绿色矿业发展中遇到的困难问题。他要求，绿色矿业要坚持生态优先原则，对环境破坏严重，环保措施不落实的矿业项目，不论有多大的经济利益都不能开发；要符合规划，不能随便设置矿权；要坚持科学有序开发，对小型矿权原则上不再开发，要采用最先进的科学成果和技术手段，最大限度降低对环境的影响，最大程度提高对资源的利用率；要注意筛选矿产开发企业；要把矿产资源开发与脱贫攻坚、脱贫后的成果巩固结合起来，尽量吸纳当地群众就业。各县（区）各部门要高度重视，认真履职，密切配合；各有关职能部门要强化监督管理，建立责任追究制度，确保全市绿色矿业在依法合规的前提下健康发展。陈军补充汇报近年昌都矿业发展情况。蔡家林汇报昌都市矿产资源开发工作情况。自治区工作组成员、市直相关单位负责人、11个县（区）的分管副县长和国土局局长就有关事宜作补充发言。

20日至24日 郑连武率流动巡察组，前往卡若区妥坝乡、江达县青泥洞乡、贡觉县相皮乡和哈加乡、芒康县昂多乡和莽岭乡、察雅县吉塘镇等5个县（区）7个乡镇和芒康县城德吉康萨社区、龙松沟、嘎托镇加它村3个易地扶贫安置点、江古寺、县维稳指挥中心、海通沟公安一级检查站、盐井公安一级检查站、莽措湖水系，督导调研脱贫攻坚、维护稳定、寺庙管理、易地搬迁安置点建设、一级检查站建设及乡镇纪委作用发挥等情况。

同日 贡秋江村前往左贡县田妥镇然尼村洛松贡秋、次仁多吉、拥宗3家结对帮扶联系户家中，了解他们的生产生活基本情况和存在的实际困难，并鼓励他们转变思维，增收致富、主动脱贫、实现小康。

同日 昌都市举行涉及机构改革单位挂牌仪式。陈军分别为市生态环境局、市广播电视局、市广播电视台揭牌并讲话。蔡家林分别为市市场监督管理局、市林业和草原局揭牌并讲话。揭牌仪式上，市委组织部相关负责人宣读涉及机构改革单位的任命决定。根据《昌都市机构改革方案》，按照“政府系统新组建（更名）的部门和单位应挂牌”的要求，昌都市农业农村局、市粮食局和物资储备局、市城市管理局和综合执法局等机构改革16家单位举行挂牌仪式。机构改革后，昌都市主要机构及其职能同中央保持基本对应、以自治区级机构改革有效衔接。共设置党政机关47个；党委机构12个，其中纪检监察机关1个，工作机关11个；政府工作部门35个。

21日至23日 21日，区党委副书记、自治区常务副主席庄严前往扶贫联系点八宿县调研脱贫攻坚巡视整改落实情况。在与八宿县委、县政府就巡视整改情况座谈时强调，八宿县委、县政府要切实提高政治站位，从实际出发，实事求是分析和解决问题，做到举一反三、标本兼治；针对易地扶贫搬迁群众就业问题，要科学论证、系统谋划、分期分批，确保能干、会干、长期干、稳得住。要严格按照规定时限做好整改工作，以最严的要求去部署、最严的标准去落实、最严的考核去检验，整改不到位不放过、整改不彻底不销号，确保整改工作经得起历史、人民和实践的检验。还调研怒江河长制工作和寺庙维稳工作情况。

22日 昌都市召开财税金融暨国资监管工作会。会议总结2018年财税金融暨国资监管工作，安排部署2019年工作。蔡家林讲话。2018年全市总财力达243亿元、增长21.2%。市财政局负责人作2019年度财政工作报告；市国资委负责人作2019年度国资监管工作报告；中国人民银行昌都市中心支行负责人作2019年金融工作报告；市税务局负责人作2019年税务工作报告。会议以电视电话形式召开至各县（区）。

25日 江白率督导调研组调研昌都市国土绿化、生态脱贫等工作，看望慰问卡若区基层干部职工和群众。到如意乡桑恩、雅格、永嘎苗圃和昌都军分区后山造林点实地察看昌都市造林工作进度、苗木长势等情况，并同基层工作人员现场交流苗木选种、培植等工作。在昌都市宏远商贸有限公司、卡若区山杏种植基地，了解产业脱贫、生态脱贫等工作推进情况，并与相关部门负责人、一线工作人员交流。副市长欧珠达瓦陪同。

同日 昌都市召开脱贫攻坚指挥部第三次会议，传达学习习近平总书记在全国

"两会"期间参加代表团审议时关于脱贫攻坚工作的重要讲话精神，听取近期全市脱贫攻坚工作的情况汇报，研究脱贫攻坚资金、项目、产业等有关事宜，部署、调度全市精准扶贫工作。陈军主持并要求，全市各级各部门要贯彻习近平总书记扶贫思想，履职尽责，真抓实干；要毫不动摇贯彻精准扶贫精准脱贫基本方略；要毫不动摇扛起巡视整改政治责任；要毫不动摇发扬连续作战的作风。全市各级各部门必须要瞪起双眼、挺起胸膛，切实增强责任感、使命感、紧迫感和压力感，强化大局意识，牢固树立"一盘棋"的思想，各司其职、恪尽职守，密切配合、通力协作，狠抓措施落实，切实形成强大合力推进各项工作，加快补齐全面建成小康社会的突出短板，巩固脱贫成果防返贫，高质量打好打赢脱贫攻坚战，决不让一村落伍、决不让一人掉队。蔡家林以及市脱贫攻坚相关成员单位负责人就相关事项提出意见和建议。市政府秘书长贾新雨传达学习习近平总书记在全国"两会"期间参加代表团审议时关于脱贫攻坚工作的重要讲话精神。

同日 由自治区党委组织部副部长索朗玉珍率工作组在边坝县开展党务知识测试、实地调研等工作。

同日 市委组织部联合市直机关工委在康巴演艺中心举办一期党务业务知识专题讲座，特邀区党委组织部组织二处处长平措旦增授课。全市70余个市（中、区）直单位党委（党组）书记、党支部副书记、副书记、组织委员参加讲座。

同日 400余名僧人在强巴林寺广场上排队列出"祖国万岁"的字样，用此特殊方式庆祝中华人民共和国成立70周年和纪念西藏民主改革60周年。

同日 由市政府主办，八宿县人民政府、市旅游发展委员会以及市相关部门共同承办的"首届昌都然乌·来古冰雪节"在"然乌·来古冰川国家公园"景区举办开幕式。签订《旅游文化资源开发战略合作与招商引资协议》，市旅游发展委员会与《中国国家地理》杂志、CCTV等知名媒体和企业签订六项合作协议。该届然乌·来古冰雪节以歌唱新时代美好和谐生活、庆祝西藏民主改革60周年为主题，展示昌都民族团结、凝心聚力奔小康的良好精神面貌。冰雪节活动内容包括民族歌舞展示、文化艺术及风景走廊展示、康巴特色产品展销、"抖动然乌"抖音挑战赛、卓卓康巴篝火晚会和攀岩体验赛等，吸引游客广泛参加，让更多媒体和游客了解昌都的民俗文化和旅游资源。

26日 昌都市召开落实中央第三巡视组脱贫攻坚专项巡视反馈意见整改工作督导汇报会。区人社厅副厅长、区脱贫攻坚专项巡视整改第五督导组总协调人邵昌反馈昌都市落实中央第三巡视组脱贫攻坚专项巡视反馈意见整改督查情况，陈军作表态发言。副市长胡登孚，贾新雨以及市（中、区）直相关单位负责人参加。

同日 陈军与光大银行拉萨分行党委书记、行长周江涛一行工作组座谈，交流洽谈加强合作，共同服务昌都发展稳定。

同日 由市委政法委牵头，组织市（中、区）直70家单位近400名干部职工，在解放广场、茶马广场、津昌体育广场开展三月综治宣传月第二次集中宣传服务活动。阿布到现场，检查指导宣传服务活动开展情况。张文生，旺堆陪同。此次活动共计发放各类宣传资料8000余份，宣传品3000余份，提供法律政策咨询和义诊服务400余人次。

同日 市妇联举行2019年工作会议暨一届四次执（常）委会会议，总结2018年度全市妇联工作，安排部署2019年全市妇联重点工作。于树民讲话。市妇联负责人作2018年工作报告；市政府办公室相关负责人宣读《关于表彰2018年昌都市妇联系统目标责任制考核、信息和新媒体工作、妇联系统改革先进集体和个人的决定》；并为代表们颁奖。江达、左贡、洛隆三县妇联代表作交流发言。

27日　郑连武出席昌都市新任职干部集体谈话会，并对新任职干部做集体廉政谈话。

同日　市政协召开纪念西藏民主改革60周年座谈会。泽仁俊美讲话，市政协副主席图嘎主持，市政协副主席赤来、多嘉出席。

28日　昌都市各族各界代表在解放广场举行"升国旗·唱国歌"仪式，隆重纪念西藏百万农奴解放60周年。江白，桑杰扎巴以及督导组市级领导出席；阿布，陈军以及市委、市人大常委会、政府、政协、武警昌都支队、强巴林寺管委会等市（师）级领导出席。王伟致辞。市（中、区）直各单位干部职工、部队官兵、群众代表、僧尼代表、学校师生代表共计700余人参加。

同日　自治区纪念西藏民主改革60周年大会在拉萨举行。江白以及赴昌都督导组成员，阿布，陈军，以及市委常委、市人大常委会、政府、政协等市级领导在市维稳指挥部与市直单位干部代表一起观看大会直播盛况。

同日　郑连武主持召开市纪委理论中心组第四次学习会，组织委机关各部室（中心）负责人、市委巡查机构县处级干部及11家派驻纪检监察组组长共计33人，认真学习十九届中纪委三次全会、九届区纪委四次全会、一届市纪委七次全会精神，并就做好下一步纪检监察工作提出了明确要求。

同日　纪念西藏民主改革60周年专场文艺演出在康巴演艺中心上演。阿布，陈军，周青松、黎勇、贡秋江村、王伟、郑连武、梅方权、赵建国、李斌、图嘎等市（师）级领导和全市各族各界干部群众共同观看文艺晚会，共同纪念西藏民主改革60周年。

同日　市人大常委会召开纪念西藏民主改革60周年座谈会。公嘎泽仁主持并讲话。11个县（区）市人大代表作交流发言。

29日　市委理论学习中心组召开专题学习会，传达学习西藏民主改革的重大历史意义。阿布主持并讲话，他要求，全市各级各部门和各族干部群众要牢记历史、铭记党的恩情，树牢"四个意识"、坚定"四个自信"、做到"两个维护"，要强化宣传引导、增进"五个认同"上绵绵用力；要在改善民生、凝聚人心上绵绵用力；要在维护祖国统一、加强民族团结上绵绵用力；要在践行新发展理念、推动高质量发展上绵绵用力；要在坚持党的领导、全面从严治党上绵绵用力。部分中心组成员结合自身学习和工作实际作了发言。陈军、周青松、黎勇、于树民、蔡家林、齐应海、王伟、黎世江、郑连武、梅方权、扎西、赵建国、李斌、泽仁俊美，市人大常委会、政府、政协、检察院市级领导，以及市（中、区）直相关单位部门负责人参加。

同日　阿布主持召开市委常委会议，传达学习十九届中央纪委第三次全体会议和九届区纪委第四次全体会议精神，研究贯彻落实意见。他强调，全市各级党组织和广大党员干部要站在坚决维护党中央权威和集中统一领导的高度，增强"四个意识"、坚定"四个自信"、坚决做到"两个维护"，以党的政治建设为统领持续推进全面从严治党、深入推进党风廉政建设和反腐败斗争，确保党中央的大政方针和区党委的各项部署在昌都落地生根。要强化思想武装，学透会议精神；要加强党的建设，提高政治站位；要坚定理想信念，严守纪律规矩；要履行主体责任，做到言行一致。会议还研究其他事项。陈军、周青松、黎勇、于树民、蔡家林、齐应海、王伟、黎世江、郑连武、梅方权、扎西、赵建国、李斌、泽仁俊美出席，市人大常委会、政府、政协、检察院市级领导，以及市（中、区）直相关单位部门负责人列席。

同日　昌都市政府党组理论学习中心组学习会召开，集中传达学习近期中央和自治区一系列重大会议、重要文件精神。蔡家林，副市长欧珠达瓦，贾新雨分别传达学习《习近平扶贫论述摘编》摘选、《脱贫攻坚不获全胜决不收兵》《中共中央 国务院关于坚持农业农村优先发展做好“三农”工作的若干意见》、《全国“两会”精神传达提纲》。书面传达学习部分中央、自治区文件。市直单位部门负责人参加学习会议，并就本单位有关事宜作交流发言。陈军主持并强调，各级各部门要切实把思想行动统一到习近平新时代中国特色社会主义思想上来，坚决落实中央和区党委的系列重大决策部署和市委的各项工作要求，原原本本、认认真真学习，要用理论武装头脑，注重转化学习成果，咬定既定目标不放松，持续推动全市各项工作再上新台阶。要深入学习习近平总书记系列重要讲话精神，始终把打赢脱贫攻坚战作为重大政治任务和第一民生工程，树牢“四个意识”，坚定“四个自信”，做到“两个维护”，践行和发扬“老西藏精神”“两路精神”；要坚持以人民为中心，全面落实农牧民十大增收措施，有序推进农牧区人居环境整治三年行动计划，大力发展乡村产业，推动农业农村优先发展；要践行绿色发展观，坚持落实环境保护“党政同责、一岗双责”责任制，将环保工作纳入重要议事日程，着力推进生态文明建设。

同日　公嘎泽仁带领11个县（区）和市直机关的30余名市人大代表，在市区视察市政工程。

同日　市委统战部，市司法局、宗教事务局，强巴林寺管委会、市普法办联合组织强巴林寺1100余名宗教教职人员进行法律知识考试。考试内容主要以“七五”普法法律进宗教场所为载体，以爱国守法为目标，以淡化宗教消极影响为主线，着重围绕党的宗教工作方针、宪法、国家安全法、反恐怖主义法、反间谍法、环境保护法、网络安全法、宗教事务条例等相关内容。

30日　全市召开宣传部长会议，深入学习贯彻习近平新时代中国特色社会主义思想，贯彻落实全国、全区宣传部长会议和市委一届八次全会精神，总结2018年宣传思想文化工作，分析当前形势，研究部署2019年宣传思想文化工作。黎勇出席并讲话。公嘎泽仁传达全国、全区宣传部部长会议精神。赵建国作安排部署。图嘎宣读《中共昌都市委关于表彰2018年度全市宣传思想工作先进县（区）的决定》，会议表彰卡若、芒康、江达、左贡、八宿5个宣传思想文化工作先进县（区）。

同日　全市网信工作会议召开。会议学习贯彻习近平总书记网络强国重要思想和治边稳藏重要论述，贯彻落实全国、全区网信办主任会议精神，总结工作，分析形势，安排部署网络安全与信息化工作。会议传达学习全国、全区网信办主任会议精神；通报昌都市2018年网信工作情况。

同日　位于四川白玉县与西藏贡觉县境内的金沙江干流上，华电金沙江上游水电开发有限公司叶巴滩分公司负责开发建设的国家“西电东送”接续基地先导工程、以发电为主的特大Ⅰ型水电工程，总装机容量224万千瓦的大型水电工程——叶巴滩水电站截流成功。

31日　市交通运输局、公安局按照市政府办公室下发《关于依法集中打击非法从事道路旅客运输经营的紧急通知》，三月以来，两单位联合开展打击道路旅客运输专项整治行动，从交通、公安、路政、运管、交警等部门抽调70名执法人员，设立10个执法站点参与打击非法运营活动。全市共检查过往车辆2321台，依法查扣非法营运车辆82台。

4月

1日 市委党校（昌都行政学校）举行2019年春季开学典礼。市委副书记黎勇讲话。

1日至6日 1日，自治区政协党组成员、副主席桑杰扎巴率调研组到昌都开展民营经济政策落实情况调研工作。调研组前往左贡、芒康、察雅县和卡若区调研民营经济政策落实情况。6日，调研组与昌都市座谈，副市长赵明汇报昌都市民营经济政策落实情况，市工商联相关负责人作补充汇报；民营企业家代表作补充发言，自治区政协调研组与市直相关部门互动交流。市政府、政协、发改委、工商联、财政局等相关单位负责人，卡若区政府、区政协负责人及区、市、县三级政协委员代表、民营企业家代表参加。

2日 副市长卓嘎前往天津广场警务站、特警茶马广场执勤点、卡若区沙嘎格派出所等地，看望维稳一线干警。

同日 市总工会召开一届五次全委会（扩大）会议，总结2018年全市工会工作，安排部署2019年工作任务。传达《昌都市委一届八次全委会和市委经济、农村暨脱贫攻坚工作会精神提纲》《中国工会十七大会议精神提纲》《西藏自治区工会十大会议精神提纲》，听取《昌都市总工会一届财务工作报告》。市总工会相关负责人作市总工会一届经审委《关于2018年工会经费审查工作情况和2019年工作安排的报告》。

同日 昌都市召开2019年水利工作会议。会议全面总结2018年昌都市水利工作，分析水利发展面临的形势，安排部署2019年全市水利工作。会议传达2019年全国水利工作会议精神；作2018年水利工作报告；宣读《关于表彰2018年度昌都市水利工作先进单位的决定》。赵明讲话。卡若区、江达、边坝等县分别签订全面推进河长制湖长制工作目标责任书、昌都市实行最严格水资源管理工作目标责任书、农村饮水安全巩固提升工程目标责任书。

3日 昌都市召开2019年国家综合性消防救援队伍消防员招录工作动员部署会。副市长旺堆讲话。此次工作1月26日开始，已有282人报名，4月1日开始资格审查、体格检查、政治审核、特能测试和岗位适应性测试、心理测试和面试。

同日 昌都市与国家水电矿产资源开发资产收益扶贫改革试点督导调研组座谈。国家发改委地区振兴司副调研员刘通要求，自治区和昌都市做好研究，加快工程进度的推进，完善方案并及时上报，在2020年1月前完成项目总结报告，展现亮点和成就，建立长效机制。市委常委、常务副市长蔡家林主持，市政协副主席、发改委党组书记杨瑛汇报水电矿产资源开发资产收益扶贫改革试点项目有关工作开展情况；西藏开投金河流域水电开发有限公司负责人汇报勒珠水电站项目前期工作进展情况；卡若区政府汇报扶贫改革试点项目工作开展情况。国务院扶贫办、国家能源局以及自治区发改委、扶贫办、能源局的调研人员参加。

4日 市人民检察院召开全市检察长会议，表彰2018年度全市检察机关先进集体和先进个人。市检察院党组书记、检察长贺建军讲话。

同日 昌都市公安机关与全市31家物流寄递企业负责人签订物流寄递行业禁毒责任书。

5日 昌都市举行清明节纪念革命烈士活动。市委书记阿布参加。黎勇宣读祭文，市委常委、卡若区委书记王伟主持。市委、市人大常委会、政府、政协、驻昌部队官兵等市（师）级领导，市（中、区）直各单位干部职工、部队官兵、群众代表、学校师生代表共750余人参加。

5日至7日 自治区党委副书记、主席齐扎拉在昌都市芒康、左贡县，实地考察清洁能源产业规划设计、前期工作推进等情况。并到左贡县田妥镇，和当地商户、务工群众面对面交流脱贫攻坚、乡村振兴、教育卫生、特色旅游文化产业发展、农牧民培训和转移就业工作等，与基层干部探讨，听取意见建议，结合当地实际支招致富路。自治区副主席张永泽，市委副书记、市长陈军陪同。

6日 芒康县在纳西乡觉龙村举行以“相约盐井·抖动觉龙”为主题的第三届桃花艺术节。特邀全国主流媒体、区内外企业家代表、旅行社、旅游大咖、抖音网红以及来自全国各地的游客共2000余人。活动为期3天，其间举行文艺会演、摄影和加加面比赛、体验千年古盐田制盐过程、参观盐民居旧址等活动。

8日 自治区召开“三岩”片区跨市整体易地扶贫搬迁领导小组2019年第1次会议，总结2018年“三岩”片区跨市整体易地扶贫搬迁工作，听取情况汇报，安排部署下步工作，细化实化工作措施，确保保质保量完成搬迁任务。自治区副主席江白要求，各级各部门要精准聚焦目标任务，着力在强化教育引导、加快项目建设、主动服务、抓好搬迁上下功夫；要抓住重点关键环节，压紧压实责任，狠抓工作落实，强化监督检查，加强协调配合，注重群众教育，扎实抓落实，坚定不移推动各项工作措施落地落实。

同日 蔡家林率队前往市区重点项目建设工地督导调研现场工作。杨瑛陪同调研。蔡家林前往昌都市重庆·三江源生态文化城、昌都市体育馆和昌都市第二中等职业技术学校施工现场，实地查看项目实施进展情况，听取项目投资、建设情况汇报。

9日 昌都市召开2019年度全市统战民族宗教工作会议，书面传达学习全国统战部部长会议、全区统战民宗宗教工作会议等会议精神。黎勇讲话，市委常委、统战部部长泽仁俊美总结2018年统战民族宗教工作分析当前统战民族宗教工作面临的形势，安排部署2019年统战民族宗教工作。表彰2018年度统战民族宗教业务工作先进县（区）和先进个人、2018年度寺庙教育管理服务工作先进寺管会和驻寺工作先进个人、2018年度理论研究和信息宣传工作先进集体和先进个人。11县（区）统战部部长、分管民族宗教工作的副县长、民宗局局长，各县（区）正县级寺管会主任，强巴林寺管委会、市宗教工作领导小组各成员单位负责人，市委统战部、市民委、市宗教局在家县处级干部参加。

同日 2019年昌都市双创发展高峰论坛暨“两路精神”创新创业大赛启动仪式在经开区举行。市委常委、市新区管委会党组书记梅方权，市人大常委会副主任罗松益西，市政协副主席赤来出席，赵明致辞。

同日 昌都市召开深入开展“遵行四条标准 争做先进僧尼”教育实践活动第二阶段动员部署会，传达自治区深入开展“遵行四条标准 争做先进僧尼”教育实践活动领导小组第3次会议精神。泽仁俊美讲话。11个县（区）统战部部长、分管民宗工作的副县长、民宗局局长，各县（区）正县级寺管会主任、市委统战部、市民委、市宗教局、强巴林寺管委会在家县处级领导参加。

10日 团市委牵头，联合市卫健委、华南师范大学研究生支教团昌都分队，在卡若区第二初级中学开展健康卫生课堂农牧民子女预防传染病活动，发放预防常见传染病的防治知识书本，共160余人参加。

同日 昌都市在解放广场举行由自治区红十字会开展的“光能灯、慈善情、亮千村”光能路灯捐赠仪式，广东正翔科技照明科技有限公司为11个县（区）1142个行政村（居）捐赠价值860万元5710盏光能路灯。

11日 昌都市召开组织部部长暨老干部

局长会议。会议深入学习贯彻全国全区组织部长会议和老干部局长会议精神，落实区党委九届四次、五次全会和市委一届七次、八次全会决策部署，总结2018年工作，安排部署2019年全市组织工作和老干部工作，表彰全市基层组织建设、组织编制信息、调研和统计工作等51个先进集体和12名先进个人。市委常委、组织部部长李斌讲话。

11日至14日 自治区人大常委会内务司法工作委员会主任布尼玛率检查组，先后前往察雅、江达、卡若等县（区）公安局派出所、便民警务站、市公安局办证大厅和指挥中心、市看守所的办公场所，检查执法规范化建设情况的报告审议意见落实情况。14日，检查组与昌都市座谈，市人大常委会副主任齐飞主持。旺堆汇报昌都市公安机关执法规范化建设情况；与会人员观看昌都市执法规范化建设工作汇报专题片，并作交流发言。

同日 卡若区举行首届“万步有约”健走激励大赛启动仪式，以“三减三健、健康卡若”为主题，参与人员沿着昂曲河，按照既定路线，完成3公里的“万步有约”健走活动。卡若区2019年首次被选为活动举办示范区，是推进卡若区创建慢性病防控示范区工作的重大举措。

12日 市人大常委会召开第39次主任会议。会议研究市人大常委会第二十七次会议相关事宜，常委会第二十七次会议时间、建议议程和日程。研究市人大常委会2019年工作重点、市人大法制委员会、财政经济委员会、教育科技文化卫生委员会2019年监督工作计划，市人大常委会2019年代表工作计划。研究市人社局、民政局、住建局局长述职报告。研究市第一届人民代表大会常务委员会代表资格审查委员会关于昌都市第一届人民代表大会个别代表资格的审查报告。研究通过市人大相关制度。市人大常委会主任贡秋江村主持。市人大常委会副主任邓文昌、罗松益西、公嘎泽仁、晏启初出席。

同日 昌都市召开文化（文物）工作会议，传达学习自治区文化工作会议精神和全市宣传部长会议精神，回顾总结2018年工作，安排部署2019年工作任务。通报2018年全市文化（文物）工作报告和广播电视工作报告；宣读《关于表彰2018年度全市文化（文物）工作先进单位的决定》和《关于颁发2018年度全市优秀电视新闻奖的决定》。副市长胡登孚讲话。2018年，市文化局（文物局）被评为“全国文物先进单位”“全区文化市场监督工作先进单位”；成功举办第二届“书香昌都”读者节、三江茶马文化节和首届全区热巴舞展演暨热巴高峰论坛；开展文化交流推广活动10余次，组织开展各类文化惠民活动2899场，受益群众达40余万人次。继续抓好卡若区嘎玛丹萨寺、卡若遗址公园二期、芒康盐井古田二期等14个文化（文物）维修保护项目建设。

同日 市委宣传部机关党支部召开“学习强国”平台学习应用工作推进会。会议安排部署和培训学习在部机关广大党员干部中推广运用、建好用好“学习强国”学习平台。市委常委、宣传部部长赵建国讲话。市委宣传部党支部通报部机关干部截至4月11日在平台上的积分情况，介绍“学习强国”APP下载、注册登记、推广使用等事项，以及部机关抓学习平台的具体举措。

13日 昌都市第四届“达美拥”杯业余足球联赛在昌津体育场开赛。足球联赛由市教育局（体育局）主办、市足球协会承办，此次联赛为期3个月，12支代表队来自市各行各业、200余人参加，开展70余场比赛。

14日 昌都市召开2019年虫草采集与交易管理工作会。旺堆讲话。市林业局和草原局负责人总结2018年虫草采集交易管理工作，安排2019年虫草月工作。会议以电视电话形式召开至各县（区）。

15日　阿布主持召开市委常委会会议，传达学习汪洋主席参加西藏代表团审议时的讲话精神，传达学习徐令义在四川扶贫领域腐败和作风问题专项整治工作座谈会上的讲话精神及吴英杰书记相关批示精神等，听取“三岩”片区跨市整体易地扶贫搬迁工作进展情况汇报，安排部署相关工作。他要求，全市各级各部门和广大党员干部，要聚力“两不愁三保障”存在问题、聚力基本消除绝对贫困、聚力扶贫巡视整改、聚力强化组织建设，形成整体工作合力，高质量打好脱贫攻坚战。树牢“四个意识”、坚定“四个自信”、做到“两个维护”，深入开展扶贫领域腐败和作风问题专项治理，为打好打赢脱贫攻坚战提供有力保障。市脱贫攻坚指挥部、三岩办、贡觉县、芒康县、各有关部门要进一步提高政治站位、增强政治自觉，在取得阶段性成就的基础上，积极主动把精力、时间、智慧投入到“三岩”片区跨市整体易地扶贫搬迁工作上来，推动“三岩”片区跨市整体易地地平搬迁各项工作，确保如期完成目标任务。会议还研究其他议题。陈军，市委副书记周青松、黎勇、于树民，蔡家林，市委常委、芒康县委书记齐应海，王伟、梅方权，市委常委、贡觉县委书记扎西，赵建国、李斌，市委常委、政法委书记张文生，泽仁俊美出席，市人大常委会、政府、政协市级领导，以及各县（区）、市（中、区）直相关单位部门负责人列席。

同日　阿布主持召开市委理论学习中心组学习会，传达学习党中央关于全面加强生态环境保护、坚决打好防治污染攻坚战的重大决策部署。他强调，全市各级各部门和广大党员干部要坚决打好污染防治攻坚战。要着力在推动绿色发展上下功夫，要着力在推进脱贫攻坚上下功夫，要着力在优化生态环境上下功夫，要着力在落实河长制上下功夫。部分中心组成员作交流发言。陈军、周青松、黎勇、于树民、蔡家林、齐应海、王伟、梅方权、政协、赵建国、李斌、张文生、泽仁俊美出席，市人大常委会、政府、政协市级领导，以及各县（区）、市（中、区）直相关单位部门负责人列席。

同日　市委国家安全委员会召开第一次会议，贯彻落实区党委国家安全委员会第二次会议的部署安排，特别是吴英杰书记重要讲话精神，总结3月维稳安保工作，分析形势任务，安排部署各项维稳工作。传达区党委领导相关批示精神；汇报3月全市维稳工作情况和扫黑除恶、打非治乱、扫黄打非专项行动开展情况。阿布主持并要求，全市各级各部门要坚持学习在前，坚定斗志定力。要坚持典型引路，总结推广经验。要坚持问题导向，消除隐患不足。要坚持目标要求，确保安全稳定。要坚持抓住重点，加强寺僧管理。要坚持多措并举，防范化解风险。要坚持超前部署，谋划大庆安保。要坚持建强能力，夯实工作基础。陈军、周青松、黎勇、于树民、蔡家林、齐应海、王伟、梅方权、扎西、赵建国、李斌、张文生、泽仁俊美出席，市人大常委会、政府、政协市级领导，以及市（中、区）直相关单位部门负责人参加。

同日　昌都市在康巴文化演艺推介展示中心举行市委组织部主办的2019年第一期领导干部大讲堂，特邀中共重庆市委党校、重庆市人民政府应急管理专家组专家段先义，以“提高领导干部应对突发事件能力”为主题授课，结合昌都突发事件应急管理工作实际，重点从“突发事件的基本理论”“突发事件的应对能力”“突发事件的应对策略”三方面讲解。市直各单位在家的县处级领导干部和部分科级干部共300余人参加。讲座以电视电话形式召开至乡镇。

同日　市委政法委牵头组织全市各有关部门在解放广场、茶马广场、津昌体育文化中心等地开展主题“坚持总体国家安全观，着力防范化解重大风险，喜迎新中国成立70周年、西藏民主改革60周年”的国家安全教育活动。工作人员以发放宣传单、宣传手册、讲解等方式向群众广泛宣传《中华人民共和国宪法》《中华人民共和国国家安全法》《中华人民共和国反间谍法》《中华人民共和国反恐怖主义法》等法律法规，宣传政治安全、国土安全、军事安全、文化安全、科技安全等11个领域的国家安全任务，以及国家安全制度，国家安全保障，公民、组织的义务和权利等内容。

16日 昌都市召开安全生产工作电视电话会议，贯彻落实习近平总书记近期关于安全生产和应急管理工作的重要批示精神以及全区安全生产工作会议精神和自治区政府办公厅关于进一步加强安全生产的紧急通知要求，安排部署全市安全生产工作。市安委办相关负责人传达习近平总书记重要批示指示精神和全区安全生产工作电视电话会议精神。旺堆讲话。会议以电视电话形式召开至各县（区）。

17日 自治区民政厅厅长陈凡彦带队的工作组在昌都调研民政工作。工作组先后前往昌都市第一儿童福利院、第二儿童福利院和市救助站，通过实地查看、现场询问等方式调研昌都市民政工作开展情况。胡登孚陪同。下午，工作组与昌都市座谈，陈凡在听取市民政局负责人对民政工作情况的汇报后，就做好下步工作提出要求。

同日 市藏医院召开创建“三级甲等”民族医院情况汇报会。卓嘎讲话。市藏医院负责人汇报创建“三级甲等”民族医院工作推进情况和面临的问题及困难。

18日 昌都市召开“学习强国”学习平台推广使用推进会，旨在深入学习贯彻落实习近平新时代中国特色社会主义思想，贯彻落实中央、自治区领导人重要指示精神。赵建国讲话。通报11个县（区）5家牵头单位及市直机关的单位学习情况；卡若区、教育局、检察院3家单位交流发言。3月初“学习强国”学习平台在昌都推广。现完成全市一级节点“市委宣传部学习管理组”和二级节点的创建工作，三级节点800余个，实现注册2万多人，日活跃人数在1.1万人，参与度56%。

21日 茶马广场举行以“促进转移就业、助力精准脱贫”为主题的昌都市2019年“春风行动”暨农牧民转移就业增收专场招聘会。招聘会采用“线上线下”同步服务的方式，依托“藏东人社”微信公众号、公交站台等平台，实现点对点信息推送，“线上”帮助求职者和企业实现精准对接。设立服务业企业招聘、工业企业招聘、农牧民就业服务、政策咨询、军人家属就业服务等特色服务专区，开展劳资双方洽谈、农牧民就业推介、就业创业扶持政策解答等“面对面”精细服务。招聘会共有40余家用人单位，面向全市贫困农牧民群众、高校（中职）毕业生、城镇失业登记人员，提供财务类、文秘类、管理类、服务类、操作类等五大类工种600余个岗位。

21日至30日 自治区人大常委会副主任维色率领水污染防治执法检查暨2019年“中华环保世纪行——西藏行”活动检查组，在昌都进行为期10天的执法检查。检查组先后前往左贡、芒康、江达、贡觉、卡若、察雅、八宿等县（区），重点执法检查市县乡村四级河长制落实情况、水源地保护、污水处理系统建设、养殖及屠宰废水处置情况和金沙江沿岸水土保护及水电开发情况等工作开展情况，实地查看45个点，听取市政府、各县（区）工作情况汇报，并提出具体意见。检查组还调研大学生就业、基层医疗卫生建设和基层人大财经工作开展情况。29日，维色率调研组调研昌都市财经工作，并召开昌都市人大财经工作汇报会。调研目的是了解基层人大特别是人大财经工作的开展情况、存在问题以及下一步工作开展情况。听取市人大财经委员会相关负责人关于昌都市人大财经工作情况汇报，维色讲话。贡秋江村主持并讲话。

22日　区党委巡视八组到昌都市投资公司、市开源投资有限公司开展提级巡视。巡视组召开昌都市开源投资有限公司动员会。巡视八组组长和忠华讲话。市开源投资有限公司负责人作表态发言。

同日　市推进“双创”工作领导小组办公室、市科技技术局主办，联合青岛致远方略创业服务有限公司、市科技创客中心承办的“昌都市第一期创新创业大咖面对面”活动在市科技创客中心举办。青岛保税区蛙声一片创客社区联合创始人、2018年山东省省级创业型城市评审专家组组长刘江友作题为《“双创”典型案例分享及创业赋能路径介绍》专场讲座。市推进“双创”工作领导小组成员单位负责人、市闽昌众创空间、市科技创客中心、市科技企业孵化器等“双创”平台负责人、入驻企业（创客团队）负责人和市科技局全体在家干部等30余人参加。

22日至26日　22日至25日，昌都组织170名市县两级巡察机构干部，从党的宗教政策法规、寺管会职能解读、寺管会党建工作中存在的问题及对策、如何巡查寺管会党组织意识形态工作、寺管会在执行党的纪律方面存在的问题及案例分析等内容进行授课。25日，市委巡察办组织召开昌都市县巡察工作推进会，听取县（区）委巡察工作推进情况，总结县（区）委巡察工作经验及分析突出问题，安排部署县（区）委第三轮交叉巡察工作。26日，昌都市召开巡察工作会暨一届市委第十轮巡察动员部署会，会议宣布《一届昌都市委第十轮巡察工作组授权任职及任务分工决定》，传达全区巡视巡察工作会议暨九届自治区党委第五轮巡视动员部署会讲话精神，总结近年巡察工作，安排部署一届市委第十轮巡察工作。市委常委、纪委书记、监委主任郑连武讲话，李斌主持。

22日至28日　自治区政协文化文史和学习委员会副主席李映洲率调研组，先后前往左贡、芒康、察雅、江达、卡若五县（区）调研非物质文化遗产传承保护，红色革命文化保护、开发，扶贫攻坚中文化的作用，以及如何淡化宗教消极影响、引导农牧民群众过好今生幸福生活。28日，调研组与昌都市在政协会议室座谈。图嘎主持。卓嘎介绍市民族文化工作；市文化局、宗教局、扶贫办负责人汇报相关工作。

22日至28日　市图书馆举办“好书伴我行、书香满昌都”为主题的“读书周”系列活动，分别在市图书馆3楼阅览室、茶马广场、市实验幼儿园等地进行。

23日　人社部社保中心副主任胡劲松率工作组来昌都调研督导社会保险扶贫工作，并召开“三区三州”深度贫困地区西藏贫困人员参保工作座谈会。自治区人社厅社保局相关负责人作工作汇报。赵明，市财政局、扶贫办以及市人社局相关科室人员参加座谈。

同日　昌都市召开民政工作会议，会议总结2018年全市民政工作，安排部署2019年工作。会议传达全国、全区民政工作会议精神；汇报2018年全市民政工作；表彰2018年度全市民政工作先进集体。旺堆讲话。

同日　团市委一届五次全委（扩大）会议召开，总结2018年全市共青团工作，安排部署2019年工作。

24日　自治区副主席罗梅率工作组前往昌都市妇幼保健院（妇产儿童医院）、市中心血站等调研卫生健康工作，了解相关项目进展和运行筹备工作情况。下午，召开座谈会，听取市相关单位汇报卫生健康工作。卓嘎出席。工作组成员以及市政府办、市委组织部、市卫健委、市医保局等相关部门负责人参加。22日、23日工作组分别到左贡、芒康、贡觉、江达四县调研基层医疗卫生工作。

同日　昌都市与川藏铁路公司总经理徐建军率领的工作组座谈，交流沟通加快推进川藏铁路规划建设相关事宜并达成共识。陈军主持并讲话。设计单位汇报新建川藏铁路雅安至林芝段澜沧江特大桥设计概况，川藏铁路公司有关负责人汇报川藏铁路公司项目的前期相关工作开展情况，昌都市水利、交通、住建、自然资源局和生态环境局等与会单位负责人分别结合本单位职能提出意见和建议。杨瑛，市政府秘书长贾新雨出席。川藏铁路位于四川省及西藏自治区境内，东起新建天府站，经新津、蒲江介入成雅铁路朝阳湖站，新建双线80千米，利用成雅铁路至雅安，向西经康定、昌都、林芝至拉萨，运营长度1568千米。雅安至林芝段新建正线长度1005.62千米。

同日　市人大常委会召开第二十七次会议。会议应到市人大常委会组成人员34人，实到23人，符合法定人数。会议通过《昌都市第一届人民代表大会常务委员会第二十七次会议议程》，传达学习第十三届全国人民代表大会第二次会议和西藏自治区第十一届人民代表大会第二次会议主要精神，听取昌都市人大常委会2019年工作要点，昌都市人大法制委员会、财经委员会、教育科技文化卫生委员会2019年监督工作计划，昌都市人大常委会2019年代表工作计划，昌都市本级2019年财政预算调整方案的报告，市人大常委会相关制度的修改说明，市人社局、民政局、住建局局长述职报告，昌都市第一届人民代表大会常务委员会代表资格审查委员会关于昌都市第一届人大代表大会个别代表代表资格的审查报告，人事任免事项的说明。贡秋江村主持。邓文昌、齐飞、陈启亮、晏启初出席，旺堆列席。下午，分组审议，贡秋江村、邓文昌、齐飞、陈启亮、晏启初分别出席各小组审议。

26日　昌都市脱贫攻坚指挥部召开第四次会议，传达学习习近平总书记关于扶贫工作的系列重要论述，安排部署下一阶段工作。卓嘎传达学习习近平总书记在重庆召开解决“两不愁三保障”突出问题座谈会时的重要讲话精神、习近平总书记在主持召开中共中央政治局会议听取2018年脱贫攻坚成效考核等情况汇报时的讲话精神；贾新雨传达学习习近平总书记给云南省贡山县独龙江乡贫困群众的回信和吴英杰书记在区党委91次常委会上关于学习总书记回信时的讲话精神、吴英杰书记在脱贫攻坚专项整改专题民主生活会上的讲话精神。会议研究市财政局、教育局、医保局相关工作事项。陈军主持，他强调，各级各部门要在规划选址、测量水质、保暖设备上加大力度，着力解决饮水安全短板问题；要在控辍保学、落实教育“三包”政策、加强基层教师队伍和标准化建设上加大力度，着力解决义务教育短板问题；要在提升医疗卫生水平、家庭医生签约服务、重大疾病预防治疗上加大力度，着力解决医疗保障短板问题；要在易地扶贫搬迁上加大力度，着力解决住房安全短板问题；要在科学制定规划、培养优势产业、壮大农牧民合作社上加大力度，着力解决产业扶贫短板问题。同日，昌都市召开包虫病综合防治及“六病”筛查工作第六次推进会，强调部署全市包虫病综合防治及“六病”筛查工作。陈军要求，要健全源头管控机制，阻断病源传播途径，要健全药物发放机制，按时按量发放到位，要健全随访跟踪机制，及时分析治疗成效，要健全档案管理机制，准确建立患者信息，要健全教育引导机制，提高全民健康水平。全市各级各部门要勇于担当、落实责任、强化督导，扎实做好包虫病及“六病”综合防治工作。市卫健委负责人汇报近期全市包虫病综合防治及“六病”筛查工作情况；市公安局、农业局及各县（区）主要负责人汇报相关工作开展情况。卓嘎、市直单位主要负责人、市包虫病防治指挥部办公室人员参加，各县（区）设分会场。

同日 市人大常委会（办公室）党组理论学习中心组召开学习会，专题学习《西藏日报》5篇揭批十四世达赖集团反动本质的评论员文章。贡秋江村主持，邓文昌、齐飞、晏启初、祝正国作交流发言。

26日至27日 昌都市举行“四讲四爱”群众教育实践活动培训。活动中开展农牧民宣讲员试讲，并针对宣讲技巧、内容、方式等学习成果进行点评。

28日 市政府召开党组理论学习中心组学习会。会议摘要传达学习《习近平总书记在十九届中央政治局第十二次集体学习时发表重要讲话》《习近平总书记在十九届中央政治局第十三次集体学习时发表重要讲话》《习近平、赵乐际同志在第十九届中央纪律检查委员会第三次全体会议上的讲话和报告》《吴英杰、王拥军同志在自治区纪委第九届四次全体会议上的讲话和报告》《西藏自治区党委常委会2019年工作要点》《关于印发〈西藏自治区打好农业农村污染治理攻坚行动方案〉的通知》。陈军主持并要求，全市各级各部门要主动适应和准确把握媒体融合发展的大趋势，科学认识网络发展和传播规律，强化互联网思维，让正能量更加强劲，为凝聚共识、决胜脱贫攻坚、同步建成全面小康社会奠定思想和群众基础；要增强“四个意识”，坚定“四个自信”、做到“两个维护”，贯彻落实好党中央关于金融工作的方针政策和决策部署；要坚持把党风廉政建设和反腐败工作贯穿到经济社会发展的全过程、全领域；要坚持把高质量贯穿到经济社会发展的全过程、各领域，着力推动经济发展质量变革。增强学习的主动性、积极性，紧盯市委、市政府的重大工作，落实好“两个责任”，转变工作作风，依法行政。市人社局、住建局、农业局、旅发局、退役军人事务局、宗教局、医保局、信访局等单位作交流发言。卓嘎、旺堆、杨瑛出席。

同日 陈军主持召开市政府常务会议，研究昌都市林业局关于《昌都市城市绿化管理条例》立法的请示等相关事项。听取《昌都市全域旅游发展规划》等事宜的情况汇报，昌都市用地相关事宜情况汇报，研究同意昌都市林业局关于《昌都市城市绿化管理条例》立法的请示。他要求，相关部门必须在思想上高度重视，精心组织，完善机制，依法依规管理城市，强化事中事后监管，切实加大对破坏园林绿化行为的处罚力度。卓嘎、旺堆、胡登孚出席，贾新雨就相关事项提出意见和建议。杨瑛列席。

同日 昌都市召开2019年度市直机关党的建设工作会议，安排部署2019年机关党建工作。李斌讲话。会议表彰2018年市直机关党内统计先进个人，市直机关工委与各单位签订目标责任书。

同日 昌都经济开发区举行“两路精神”创新创业大赛。赤来出席活动。此次大赛由西藏科技厅全程指导，西藏昌都经济开发区建设管理委员会主办，市人力资源和社会保障局、市科技局、团市委共同支持，昌都市科技企业孵化器、青岛致远方略创业服务有限公司和昌都仟佰度众创空间运营管理有限公司联合承办。该届大赛于3月启动，历时一个半月，共计报名47个创业项目，先后经过大赛启动仪式、报名、海选、新生代创业加速营、筑梦之旅公益扶贫、初赛、尽职调查、决赛8个环节。

30日 郑连武听取各县（区）关于中央第三巡视组脱贫攻坚专项巡视反馈问题及2016年以来扶贫领域存在的问题整改落实情况汇报。

同日　昌都市召开全市精神文明建设工作部署会。此次会议主要任务是，以习近平新时代中国特色社会主义思想为指导，学习贯彻全区宣传部部长会议、精神文明建设工作部署会议精神，贯彻落实全市宣传部部长会议精神，总结2018年工作，安排2019年工作。会议传达吴英杰、阿布关于精神文明建设工作的重要批示精神。宣读自治区文明委《关于表彰第五届自治区文明村镇、文明单位的决定》、市文明委《关于表彰第一届昌都市文明村镇、文明单位的决定》，并为获奖单位颁奖。赵建国讲话。卡若区城关镇夏通村、市税务局、果多水电有限公司、昌都一高、扎西曲珍家庭等相关人员分别在会上作交流发言。会前，与会者到市税务局实地考察升国旗仪式、餐厅文明、走廊文明、道德讲坛、大院绿化美化、体验中心、办税大厅等文明单位创建情况。类乌齐县委、芒康县委、卡若区人大有关领导，8个县县委常委、宣传部部长，各县（区）文明办主任，卡若区、丁青县创文办负责人，市文明委成员单位、全国文明单位、第五届自治区文明单位分管领导参加。

同日　茶马广场举行2019年西藏昌都市第二届“卓卓康巴文化旅游月”开幕式。赵明致辞并宣布开幕。晏启初、赵明等领导共同按动启动球，市城市管理和综合执法局相关负责人宣读共建共创倡议书，市领导、嘉宾代表、游客及群众参与明信片邮寄活动。本届“卓卓康巴文化旅游月”由市人民政府主办，卡若区人民政府、市旅游发展局、市文化（文物）局、市教育局、市商务局、市公安局、市工商业联合会、中国邮政集团公司昌都市分公司等单位和部门牵头承办，于4月30日至5月30日开展全域旅游讲座、摄影大赛、卓卓康巴美食节评选美食品牌、文化旅游产品创意大赛、招商引资及特色商品展示、商贸活动、昌都城市定向赛、环城昌都自行车赛、昌都足迹十公里长跑赛、藏东杯业余篮球赛、昌都业余足球赛和昌都市民警职工“卓卓康巴杯”运动会等12大系列主题活动。

5月

2日至14日　2日，自治区党委副书记、人大常委会主任、区党委农村工作领导小组组长洛桑江村率工作组前往察雅县开展调研。实地调研察雅县城棚户区改造现场、县第一小学、烟多寺、唐琼孜易地扶贫搬迁安置点、扶贫产业园吉塘镇等地脱贫攻坚、维护稳定、民生事业发展、特色小城镇建设等情况。在唐琼孜易地扶贫搬迁安置点，视察群众生产生活情况。市政协副主席、察雅县委书记任厚明陪同。6日至9日，前往市经开区，卡若区城关镇，贡觉县相皮乡、莫洛镇、雄松乡、敏都乡、阿旺乡，芒康县嘎托镇、曲子卡乡、纳西乡等地实地调研，并看望基层干部、人大代表、贫困群众和寺庙僧尼。他强调，全市上下必须牢固树立稳定压倒一切的思想，严格落实维稳各项决策部署。要落实维稳责任；要夯实基层基础。深入开展矛盾纠纷排查化解，把问题隐患消除在萌芽状态。考察经开区康藏鸡养殖场、君亲青稞深加工企业，贡觉县相皮乡桑珠荣玛中村民族手工艺展示中心、阿旺绵羊育肥基地、民族手工艺传承园，芒康县产业园区等产业发展情况后，他强调，市县两级要因地制宜统筹发展壮大区域特色产业；要做大做强民族手工业；要大力发展旅游产业；要在有条件的地方实施乡土品种、乡土苗本为主的大规模国土绿化行动；要不断培育壮大农牧业新型经营主体；要不断发展推广增收前景好、带动脱贫效果明显、符合当地自然条件的产业。视察市人民医院和藏医院建设后，他强调，各级各有关部门要坚持把改善民生、凝聚人心作为一切工作的出发点和落脚点，加快推进市创三甲、县创二甲、乡镇卫生院标准化建设和村居卫生室提质改造工程，让各族群众享受更优质的教育资源和医疗卫生服务保障。前往市人大代表之家和贡觉县莫洛镇人大代表之家视察指导并提出要求。还视察经开区、孜通坝片区、野堆村片区、达因卡片区、芒康县城、曲孜卡特色小镇规划建设情况。11日至14日，前往左贡县珠然新区、旺达镇和八宿县白玛镇实地调研维护稳定、脱贫攻坚、“三农”工作、人大工作等情况。他强调，各有关部门和广大党员干部要增强“四个意识”，坚定“四个自信”，做到“两个维护”，攻坚克难、狠抓落实，坚决打好打赢脱贫攻坚战，与全区一起基本消除绝对贫困。要坚持脱贫攻坚目标导向，着力解决“两不愁三保障”，补齐产业扶贫短板，让资源优势产业变成富民产业。要推进易地扶贫搬迁后续工作，确保群众搬得出、隐得住、能致富，巩固提升脱贫攻坚成果，切实提高脱贫质量。全面建成小康社会，最艰巨、最繁重的任务在农牧区。各级人大常委会要牢牢把握人大工作正确政治方向，把习近平总书记关于坚持和完善人民代表大会制度的重要思想贯彻落实到人大工作的全过程各方面，要充分发挥人大代表的积极作用，听取人民呼声愿望，畅通社情民意表达和反映渠道；要切实加强人大专门委员会建设，发挥好地方国家权力机关职能作用。自治区农业农村厅厅长杜杰，自治区人大常委会副秘书长周亦峰等领导参加调研。市委书记阿布，市人大常委会主任贡秋江村陪同，市委常委、芒康县委书记齐应海，市委常委、贡觉县委书记扎西，市政协副主席、芒康县委副书记、县长泽仁顿珠分别陪同。

3日至23日 3日，阿布前往察雅县荣周乡、香堆镇和芒康县措瓦乡，实地调研脱贫攻坚、维护稳定和民生改善等工作，并看望慰问干部群众和僧尼代表。在实地调研易地扶贫搬迁和产业项目建设等情况时强调，要统筹做好精准脱贫，要全力推进“三农”工作。阿布在八宿县主持召开市委专题会议，听取八宿海螺水泥生产项目建设进展情况汇报，研究解决项目推进过程中存在的困难和问题。他强调，八宿县和市直各有关部门要加快项目建设进度，要扎实推进就业培训工作，要切实转变工作作风。市直相关部门和八宿县及相关部门负责人参会。并前往八宿县白马镇乃然易地扶贫搬迁安置点，调研了解安置点建设、群众入住、配套产业、解决就业等情况。到贫困户觉阿次仁家中了解群众家庭状况和生产生活情况。他强调，八宿县要全力抓好入住收尾、产业配套、就业帮扶、技能培训和社区建设等后续工作，多措并举解决就业和增收，确保群众搬得出、留得下、稳得住、能致富。13日，在调研芒康县措瓦乡中心小学和卫生院基层教育及卫生事业发展时，他要求，全市各级各相关部门要深刻领会习近平总书记关于教育和医疗卫生事业发展的一系列重要讲话精神，切实把教育和卫生事业发展摆到优先发展的重要地位，切实解决广大基层群众上学难、看病难的问题。要深入推进标准化寄宿制学校建设，加快推进互联网+教育，实现优质教育资源共享，不断提高教育教学质量。推进“健康昌都”建设，强化兜底保障、精准救助救治、简化报销流程，让贫困群众看得起病、看得好病，享受更好的医疗服务。市政协副主席、芒康县委副书记、县长泽仁顿珠，市政协副主席、察雅县委书记任厚明分别陪同。21日，阿布在贡觉县主持召开“三岩”片区跨市整体易地扶贫搬迁推进会时强调，各级各部门特别是贡觉县各级干部，要切实把思想和行动统一到自治区党委的重大决策部署上来，要增强“四个意识”、坚定“四个自信”，做到“两个维护”，要提高政治站位，注重方式方法，抓住重点。市委常委、贡觉县委书记扎西作汇报并表态发言，贡秋江村、欧珠达瓦出席。在贡觉县“三岩”片区调研期间，一边做群众宣传引导工作，为广大群众讲解政策、解疑释惑、转变固守僵化观念、打消搬迁顾虑，一边为基层干部鼓足干劲、增添信心、传授作群众工作方法。实地调研跨市整体易地扶贫搬迁工作进展情况时，他强调，要深入践行以人民为中心的发展思想，深入贯彻区党委的决策部署，以破釜沉舟、背水一战的决心和勇气扎实做好“三岩”片区跨市整体易地扶贫搬迁工作，确保“三岩”片区群众与全区各族人民一道进入小康社会，做到全面小康道路上一个人也不掉队。还调研贡觉县和江达县维护稳定、精准扶贫等工作开展情况。阿布实地考察贡觉县相皮乡桑珠荣片区，民族手工艺产业发展情况，详细了解产业带动群众增收情况。阿布强调各县（区）、各相关部门要充分把握产业发展规律，以效益为方向，以带动群众增收为目的，选优选准产业，因地制宜统筹发展壮大区域特色产业，特别是在发展民族手工业时，一定注重挖掘和培养致富能人，形成一批能人带动型的规模化扶贫产业。进一步完善产业扶贫的利益联结机制，让贫困群众通过参与扶贫产业实现稳定增收。要夯实基层基础，全面加强基层党组织建设，强化村居两委班子建设，始终做到听党话、跟党走，善团结、会发展，能致富、保稳定，遇事不糊涂、关键时起作用；要深入开展矛盾纠纷排查化解，把问题隐患消除在萌芽状态。还实地考察江达县旧城改造工作开展情况。贡秋江村、欧珠达瓦陪同，市委常委、江达县委书记黎世江，扎西，市委常委、统战部部长泽仁俊美分别陪同。

4日　市委常委、市新区管委会党组书记梅方权率队赴美之臣·嘉大控股集团考察调研；美之臣·嘉大控股集团董事长陈公颜陪同。工作组参观广东省大埔商会、美之臣·嘉大控股集团旗下的每日鲜生生鲜食品社区微超市样板店，详细了解美之臣·嘉大控股集团及集团旗下业务版块。集团计划引进藏区特产进入嘉大广场设立藏区特产嘉大广场旗舰店，并把藏区特产分布到集团旗下每个每日鲜生社区门店，支援西部地区经济发展。

同日　共青团昌都市委员会主办，市教育局、市公安局、市应急管理局、市金融团工委、市直青年文明号集体协办的以“青春心向党·建功新时代”为主题的颁奖晚会在康巴文化演艺推介展示中心举行。市（中、区）直各团（总、支）委青年代表，各中小学师生代表观看文艺晚会。

5日至11日　市委常委、纪委书记、监委主任郑连武在拉萨参加全区纪检监察系统执纪监督业务培训。

7日　自治区退役军人事务厅巡视员陈来尼玛率队的调研组，到昌都市调研退役军人事务工作开展情况并座谈。副市长赵明主持。相关负责人汇报市退役军人事务局工作开展情况。

同日　市委党校举行昌都市2019年度干部职工驻村工作示范培训班。学员在为期2天的培训中，集中学习新时代如何做好基层党支部书记工作、深入实施乡村振兴战略落实“三农”任务、农牧区基层党建基础知识解析、扎实开展“传帮带”工作夯实的执政根基等课程。

9日　昌都市召开2019年1—4月重点项目建设调度电视电话会，总结上一阶段工作并部署下步工作。市委常委、常务副市长蔡家林主持并讲话。市政协副主席、发改委党组书记杨瑛通报2019年1—4月全市重点项目建设进展情况；县（区）相关负责人汇报重点项目建设情况。市直单位主要负责人、市政府相关科室成员参会。会议以电视电话形式开至各县（区）。

10日　昌都市人大常委会（办公室）召开党组理论学习中心组专题学习会，学习党风廉政建设相关内容。会议集中观看西藏自治区纪委监委《全面从严治党在西藏》和《反腐追逃在西藏》党风廉政专题纪录片。市人大常委会副主任齐飞主持并讲话，市人大常委会副主任晏启初，市人大常委会秘书长祝正国参加学习。与会人员围绕学习内容作交流发言。

同日　昌都市召开招商引资推介会。参会人员观看昌都市招商引资宣传片，市商务局相关负责人介绍招商引资政策，在昌投资的企业家代表对如何更好地营造昌都市招商引资政策环境、服务环境以及怎样因地制宜开展好招商引资工作作交流发言，并提出意见建议。

同日　昌都市召开学校安全工作电视电话会。市教育局相关负责人宣读《2018年度校园及周边综合治理和平安学校建设工作先进单位和个人》，汇报学校安全工作情况并安排部署工作，市直各相关部门负责人汇报学校安全工作，副市长卓嘎讲话。市直各相关单位主要负责人参会。会议以电视电话形式召开至各县（区）。

同日　昌都在全市范围内开展学校食品及周边食品经营企业安全大检查专项整治工作。组织食药监、教育、卫生等部门，抽调32名工作人员组成6个专项检查组，全面摸排辖区各级幼儿园、小学、中学及学校周边各类餐饮单位、食品销售企业，对部分学校食堂标准化建设改造工作尚未完成和食堂操作间简陋、没有明显区域划分及消毒设施内摆放密度过大、未达到消毒要求等问题，提出相关整改意见，停业整顿检查中问题较严重的餐饮企业，并对量化分级评定进行降级处理。共检查530余家食品经营企业，96家学校食堂，整顿餐饮企业3家。

10日至14日　市政府主办，市商务局、市场管理局、雪源实业共同承办，昌都市自主品牌及地产产品展示展销活动开幕。市场监管局相关负责人介绍地产产品、品牌商标等相关知识作介绍。为期5天的活动在茶马城二台地开展，期间有昌都本地25家企业参展，展销本地名特优产品100余种。

13日　重庆市总工会对口援助昌都市工会干部培训班在重庆市委党校开班。为期5天的培训中，学习习近平新时代中国特色社会主义思想等理论，工会业务知识辅导和现场参观教学。昌都市部分单位、企业的工会干部共30人参加，培训结束后，两地工会召开对口援助座谈会，并签订援助协议。

14日　昌都市召开未成年人思想道德建设工作会，通报中央文明办2018年文明城市年度测评未成年人思想道德建设工作中存在的问题，提出下步工作要求。市委常委、宣传部长、市创文工作领导小组副组长、市创文办主任赵建国讲话。市教育局、市委宣传部（市文明办）、团市委、市妇联、市文化局、市民政局、卡若区负责人汇报未成年人思想道德建设工作开展情况。

15日　自治区政协党组成员、副主席，中国佛教协会西藏分会党组书记、常务副会长索朗仁增率调研组与昌都市政协座谈。市政协副主席图嘎主持并讲话。16日，调研组前往卡若区第二初级中学和昌都市实验小学调研。

同日　昌都市召开2019年农牧区劳动力转移就业增收工作和治欠保支工作联席会。蔡家林主持并讲话，副市长胡登孚作工作部署并与各县（区）和市相关单位签订《2019年就业创业工作目标责任书》《2019年昌都市治欠保支工作目标责任书》。市人社局通报全市1—4月农牧民转移就业增收、治欠保支等有关情况；芒康县、市发改委、察雅县、市住建局分别就1—4月农牧民转移就业增收、治欠保支工作经验作交流发言。根据农牧民实名制系统统计，全市共实现农牧民转移就业1.2万人，实现劳务收入0.9亿元；各行业部门统计，实现农牧民转移就业2.64万人；开展农牧民职业技能培训3206人，培训后实现转移就业1783人，就业率为55.61%。

同日 市纪委监委牵头，全市65家市（中、区）直单位分别在解放广场、茶马广场、体育场街道两侧开展党风廉政建设“赶场日”宣传活动。活动以习近平新时代中国特色社会主义思想，以及《中国共产党章程》《中国共产党宪法》《中国共产党监察法》、党风廉政建设知识等为主要内容，采取发放宣传资料、悬挂横幅、制作宣传广告、设立法律咨询点、播放警示教育片等方式宣传，共发放宣传资料15000余份，接受干部群众咨询600余人次，回答干部群众对纪检监察工作提出的问题130余个。

16日 市委理论学习中心组举行集体学习，传达学习习近平总书记在《求是》杂志上发表的重要理论文章《推动我国生态文明建设迈上新台阶》。阿布主持并强调，全市各级各部门和广大干部要提高站位，主动作为，重拳治污，加强领导，坚决扛起生态文明建设和生态环境保护的政治责任。市委理论学习中心组部分成员作交流发言。市委副书记周青松、于树民，市委常委、常务副市长蔡家林，市委常委、芒康县委书记齐应海，市委常委、江达县委书记黎世江，市委常委、纪委书记、监察委员会主郑连武，扎西，市委常委、宣传部部长赵建国，市委常委、组织部部长李斌，市委常委、统战部部长泽仁俊美出席。市人大常委会、政府、政协、强巴林寺管委会市级领导，以及市（中、区）直各单位负责人列席。

同日 阿布主持召开市委常委会会议，传达学习习近平总书记在中央政治局第十、十一、十二、十三次集体学习时的重要讲话，以及习近平总书记在纪念五四运动100周年大会上的重要讲话精神和全区纪念五四运动100周年座谈会精神，安排部署全市贯彻落实意见，听取昌都市食品安全工作开展等情况汇报，并安排部署相关工作。他要求，全市各级各部门要深入学习贯彻习近平总书记在中央政治局集体学习会上系列重要讲话精神，增强“四个意识”、坚定“四个自信”、做到“两个维护”，以思想上更加重视、措施上更加精准、落实上更加有力、责任上更加务实，把自己摆进去、把职责摆进去、把工作摆进去，用对以习近平同志为核心的党中央绝对忠诚的实际行动做好新时代昌都长足发展和长治久安各项工作。要坚定贯彻习近平总书记关于青年工作的重要论述，坚定贯彻吴英杰书记关于青年工作的具体要求，把青年工作作为重要工作，充分信任青年、热情关心青年、严格要求青年，不断提高青年工作质量和水平，激励全市广大青年在推动新时代昌都长足发展和长治久安的进程中坚定不移跟党走、砥砺奋进勇挑重担。各级党委、政府要深刻认识食品安全工作的重要性、长期性、艰巨性，全面落实“四个最严”要求，加强领导、密切配合，突出重点、强化监管，落实责任、消除隐患，加大宣传、营造氛围，不断完善监管体制机制，充实基层监管力量，让人民群众吃得放心、吃得安全，切实承担起促一方发展、保一方平安的政治责任。会议研究其他议题。周青松、于树民、蔡家林、齐应海、黎世江、郑连武、扎西、赵建国、李斌、泽仁俊美出席。市人大常委会、政府、政协、强巴林寺管委会市级领导，以及市（中、区）直各单位负责人列席。

17日 阿布主持召开“七城同创”指

挥部会议，听取各创建小组工作开展情况汇报，对更好更快更高效推动“七城同创”各项工作进行再安排再部署再强调。他强调，“七城同创”不是形象工程、政绩工程，而是德政工程、民心工程；是市委、市政府顺应时代需要、群众愿望和经济社会发展规律作出的一项重大决策，对于提升城市功能和品位、完善基本公共服务、改善投资环境、巩固民族团结、提升城市文明程度、建设美丽昌都等具有十分重要而深远的意义。全市各级各部门特别是指挥部和各创建职能小组要思想认识再深化，组织领导再强化，任务分工再细化，重点工作再突破，创建措施再加力，责任担当再用劲，形成合力再升级。周青松、贡秋江村、蔡家林、郑连武、赵建国、李斌、泽仁俊美，市人大常委会副主任齐飞，副市长卓嘎、欧珠达瓦、胡登孚出席。会议以视频形式召开，昌都市设主会场，卡若区设分会场。

同日 市人大常委会召开党组理论中心学习组学习会，专题学习《中国共产党党组工作条例》《中国共产党重大事项请示报告条例》《党政领导干部考核工作条例》《中共中央关于加强党的政治建设的意见》。齐飞作专题学习辅导。祝正国作交流发言。

18日至19日 市人民政府主办，市教育局（体育局）、市旅游发展局承办的2019西藏昌都市第二届“卓卓康巴文化旅游月”系列活动在昌都举行。4月30日至5月30日期间，陆续开展全域旅游讲座、摄影大赛、卓卓康巴美食节、文化旅游产品创意大赛、招商引资及特色商品展示、商贸活动、第三届环昌都城自行车骑游、传奇昌都10公里欢乐行、藏东杯业余球赛、昌都业余足球赛和昌都市民警职工“卓卓康巴杯”运动会等十二大系列主题活动，以此助推“昌都市国家全域旅游示范区城市”创建工作，做大做强“旅游+”产业，重塑昌都旅游的核心价值，倡导全域文明旅游，提升昌都旅游的美誉度、影响力、吸引力。18日，“一梦藏东 骑乐无穷”暨第三届环昌都城自行车赛活动和19日的“卓卓情昌都行”暨传奇昌都10公里欢乐行徒步活动，吸引众多来自昌都甚至全国各地的骑行、徒步爱好者参与。环昌都城自行车赛活动线路从茶马广场出发，经卡若遗址折返，返回茶马广场为终点，全程20公里，设2小时关门时间。10公里欢乐行徒步活动线路从茶马广场出发，沿噶东桥下进入沿河路，经茶马桥路口—水上广场—林业局路口，折返回茶马广场，全程10公里，限时3小时。两次活动均不计名次，凡是参与活动并在规定时间内完成活动线路的选手，均可获得完赛纪念牌和完赛证书。茶马广场主会场内通过慢骑自行车、知识抢答等互动游戏，现场抽奖派发纪念品，让现场市民参与到活动中来，感受运动乐趣，增添城市活力。

19日 市残工委27家成员单位在茶马广场开展宣活动。副市长旺堆参加。活动共发放宣传资料2500余份，现场免费适配轮椅10台，坐便器8个，腋拐40支，手拐50支，盲人语音指针报时表20个，助听器10个，总价值29700元。活动现场设立咨询台，为有装配假肢意向的肢体残疾群众，登记造册，安排具体制配时间；为脑瘫、偏瘫患儿有康复需求的安排康复理疗日程。活动期间，旺堆前往社区走访慰问10户贫困残疾群众家庭，为每户家庭送去500元慰问金。

20日 西藏自治区党委网信办网络安全和信息化建设督查检查组听取市网络安全和信息化建设工作情况汇报。区党委网信办副主任索朗顿珠出席。市委副书记黎勇汇报昌都市网络安全和信息化建设工作。旺堆主持，昌都军分区参谋长董锋出席。市委网络安全和信息化委员会成员单位负责人，市属新闻媒体、网络运营商负责人参会。

同日 昌都市与重庆市援藏办工作组座

谈。重庆市经信委党组成员、纪检组长时琳琳讲话，蔡家林主持。市发改委相关负责人汇报重庆市“十三五”时期对口援助昌都项目的相关情况，重庆援藏工作组3年援藏期间工作开展情况。与会人员作交流发言。

20日至26日　福建省委常委、宣传部部长梁建勇在福建省福州市，会见由昌都市委常委、宣传部部长赵建国带队的昌都市宣传思想工作与融媒体建设学习考察团。福建省委宣传部常务副部长蔡小伟，福建省委宣传部副部长、福建日报社党组书记、社长张宗云，福建省省广播电视局党组书记、局长李强等领导参加会见。赵建国率领的市文联、昌都报社、广播电视局、昌都广播电视台，及部分县委宣传部负责人组成考察团，赴福建省福州、厦门、泉州、三明等地考察学习。考察团到福建省委宣传部、福建报业集团、广播电视台、广电网络集团，以及厦门、泉州等市级媒体，考察融媒体建设情况并座谈。考察期间赵建国出席福建奔驰启明星计划新闻发布会，代表昌都接受捐赠，并代表受赠方致辞。

同日　市市场监督管理局在茶马广场开展以“安全用妆、点靓生活”为主题的宣传活动，向广大群众宣传普及化妆品基本知识。工作人员为消费者解答有关化妆品引起的皮肤损害、如何科学护肤、染发、正确使用面膜及抗皱祛斑类护肤品及部分消费者使用化妆品引起维权等问题，并发放相关宣传资料。

22日　市委副书记、市长陈军前往通夏村市妇幼保健院、野堆村党校改扩建、野堆村棚户区改造二期工程、卡若区供水提升改造工程、孜通坝三江源生态文化城演艺中心、孜通坝昌都市体育场、孜通坝一期土地开发整理项目以及昌都镇垃圾填埋场、瓦约村殡仪馆搬迁项目、昌都市实验小学经开区分校等重点项目建设现场，详细了解项目规划、施工进度，并就项目建设中遇到的困难和难题提出意见建议。他要求，各有关部门要强化大局意识、责任意识、服务意识，以“狭路相逢快者胜”的精神和软服务的昌都优势，积极招商引资，推动企业在昌都经济发展中发挥更大作用。要切实转变工作作风，帮助企业解决生产建设过程中的具体问题和实际困难，努力为项目建设、企业发展创造良好环境，进一步推进项目力度。要切实履行职责，进一步完善和细化项目规划设计，加快征地拆迁、水电路讯网、项目审批事项办理等相关工作，加强配合协作，积极协调解决困难和问题，全力支持和保障项目建设。要高标准建设项目，高效率推进项目，严把工程质量关，助推各项目按照既定时间节点强力推进，以优质精品工程惠及民生、赢得民心。施工单位要科学安排施工，精心组织施工队伍，按图施工，在确保安全生产、工程质量的前提下，加大施工力量投入，加快施工进度，着力打造精品工程、榜样工程、民心工程，争取项目早日竣工。蔡家林、梅方权、杨瑛陪同调研。

24日　党委副书记、自治区常务副主席庄严在扶贫联系点八宿县调研脱贫攻坚工作。在乃然易地扶贫搬迁安置点调研搬迁群众就业情况时强调，就业是易地扶贫搬迁头等大事，要把乃然易地扶贫搬迁安置点的就业工作作为突破点来抓，狠抓脱贫攻坚巡视反馈重点问题整改，抓出成效，为全县脱贫攻坚转移就业树立标杆。要针对住宿餐饮、建筑、运输等行业的用工需求，精准对接、精准服务，加大培训力度，为更多农牧民群众转移就业创造有利条件。要抓住规划建设川藏铁路的历史机遇，围绕海螺水泥就业点，提前谋划、抓紧推进、加快建设。要坚持以人民为中心的发展思想，落实包保任务、压实工作责任，县党政主要领导要定期不定期调研就业工作，研究就业问题，形成抓就业、促脱贫的强大合力。

24日至25日 国家发展和改革委员会副主任胡祖才，铁路总公司副总经理黄民率调研组，在自治区调研川藏铁路规划建设工作。区党委副书记、自治区主席齐扎拉与调研组在昌都市座谈，就做好川藏铁路规划建设等工作交换意见。区党委副书记、自治区常务副主席庄严介绍全区经济社会发展及重大交通设施建设情况。25日，齐扎拉在昌都市调研脱贫攻坚、产业发展、园区建设等工作开展情况，并看望慰问基层干部群众。在察雅县扶贫电子商务中心和扶贫产业园，齐扎拉进厂房、看产品，与致富带头人、务工群众谈增收、话发展；在察雅县人民医院，他与组团式援藏的医疗专家和医护人员聊家常、问情况；并实地查看察雅县万亩经济林产业建设项目——杂交构树片区种植情况。在市经开区，齐扎拉调研双创基地、昌都市第二中等职业教育学校建设项目时强调，要深入推进“放管服”改革，狠抓各项推进就业创业政策措施的落实，教育引导学生、家长、社会积极转变就业观念，鼓励大家敢想敢闯敢干，实现人生价值。要牢牢抓住国家发展职业教育的契机，以稳就业、服务发展为目标，强化实践教学，把教学重点放在提高人力资源素质和劳动者技能水平上，进一步提高教学的针对性和有效性，办好新时代职业教育。还实地调研吉塘镇特色小镇建设、察雅县步行街，及昌都藏药厂、国道214线改造路段。

25日 市扫黑除恶打非治乱专项斗争工作领导小组办公室组织市直各政法部门在茶马广场开展扫黑除恶打非治乱专项斗争集中宣传活动。活动以发放宣传单、扫码领宣传物品、现场讲解等方式开展。市委常委、政法委书记张文生，旺堆现场指导。此次活动共发放宣传单5000余份，雨伞500把，杯子800个，围裙400个，布袋10000个，推拉车200个，广告拉笔2000支。22日至24日，还组织人员在居民小区、酒店宾馆、街面商店、饭馆等公共场所张贴《昌都市扫黑除恶打非治乱专项斗争领导小组关于举报扫黑势力非法组织违法犯罪线索的通告》藏汉双语200份，粘贴宣传挂图200张，在天桥、体育馆、茶马广场等地悬挂宣传横幅共4幅。

26日 市委宣传部举办的“我的昌都我的情”为主题的援藏干部人才演讲比赛在康巴演艺中心举行。福建省、重庆市、天津市、中国铝业、武钢集团等援昌工作队选拔8名援昌干部参与，经过现场评分，评选出一、二、三等奖，一等奖一个、二等奖两个、三等奖五个。重庆援藏工作队的演讲《天下没有远方 渝藏都是故乡》获得一等奖，福建援藏工作队的演讲《一次援昌行 一生援昌情》和天津援藏工作队的演讲《神奇昌都、卓卓康巴》获得二等奖。黎勇、晏启初、旺堆、市政协副主席张宏军等领导为获奖选手颁奖。

27日 昌都市在茶马广场举行“百企帮百村”精准扶贫捐助活动。欧珠达瓦讲话。近三年来，全市300余家企业主体积极响应号召，主动参与“百企帮百村”活动，通过就业帮扶、公益帮扶、技能帮扶、产业帮扶等多种形式，深入乡镇、村居开展精准扶贫行动，累计投入资金、物资5000余万元，帮助贫困村271个，帮扶群众15000余人。截至本日，39家企业共计捐款75万元现金，捐赠物资价值34.32万元，提供就业岗位60人。各县（区）也在开展“百企帮百村”捐助活动。

同日 市气象局和中国民用航空昌都站在康巴文化演艺推介展示中心会议室举行昌都民用航空气象服务中心成立揭牌仪式。宣读昌都民用航空气象服务保障工作协议内容和昌都民用航空气象服务中心工作方案；双方负责人签订昌都民用航空气象服务保障工作协议。

同日 市第三幼儿园小朋友欢聚一堂，举行以“金色童年有滋有味”为主题的第二届亲子美食节活动。

28日至29日 昌都市举办党风廉政建设“两个责任”落实情况成效展，活动共展出52块展板。

29日 福建省直机关工委工作组与福建省直援藏干部人才座谈会在福建援藏公寓会议室召开。福建省直机关工委副书记林江玲出席，市委副书记、福建省第八批援藏工作队领队周青松主持并汇报。3年来，先后有289名援藏队员对口支援八宿、左贡、洛隆、边坝等4个县和32个市单位，共投入资金8.4亿元，实施170个项目，争取社会支持1.8亿元，福建对口支援的4个县2019年将全面实现脱贫。与会者观看福建援藏工作汇报片。福建省直机关工委工作组成员，昌都市直机关工委负责人，在昌都的市直援藏队员参加座谈。

同日 昌都市召开农牧民增收工作会。会上，传达学习自治区农牧民增收工作办公室印发的《2019年全区农牧民增收工作要点》，市农业局相关负责人通报《昌都市2019年1—4月农牧民增收工作开展情况》，11县（区）相关负责人汇报2019年1—4月农牧民增收工作情况。欧珠达瓦讲话。会议以视频形式召开至各县（区）。

30日 阿布会见赴昌都市开展手足畸形患儿免费救治活动医疗救治专家组。周青松出席。此次初步筛查手足残患儿为264人，目前具备手术条件的近100人，专家们将开展数天的集中治疗。会上，北京厚爱关节健康公益基金会、中国留学人才发展基金会负责人作表态发言。北京积水潭医院、重庆医科大学附属儿童医院、拉萨市人民医院、中国社会科学院、中央电视台中文国际频道（CCTV-4）、福建日报社、福建省广播影视集团、《福建支部生活》杂志社等参与活动的相关人员，及市委办、市委宣传部、市教育局、市卫健委、市医疗保障局、市人民医院等相关负责人参加。

同日 阿布前往卡若区公安局、中路派出所、茶马广场警务站和市公安局，采取听取汇报、实地察看等方式了解扫黑除恶打非治乱专项斗争工作以及存在的问题等情况。他要求，各有关部门要按照扫黑除恶打非治乱专项斗争的工作要求，进一步做深做细做实各项工作，进一步规范宣传标语，切实查找和打击在现实社会中影响社会稳定、影响社会秩序、影响老百姓生产生活、影响工程正常开展的黑恶势力，扫除宗族势力、恶霸、村霸、行霸等维稳隐患，扫除赌博、放高利贷、吸毒等违法行为，切实打掉背后“保护伞”，进一步增强各族干部群众的幸福感，获得感和安全感。调研中，前往茶马广场，了解正在开展的扫黑除恶宣传情况，与现场的群众面对面交流沟通，了解居委会的网格化管理工作情况，听取群众对“幸福指数”和“安全指数”方面的感受和意见建议。观看全市扫黑除恶的专题片和宣传栏，听取全市公安系统的扫黑除恶专项斗争汇报。张文生、旺堆陪同。

同日 赵建国带队前往卡若区城关镇夏通街居委会、启齿街社区安康家园、第一综合农贸市场、深圳路等地督导检查创文工作。对检查中发现的问题要求及时整改。

31日 阿布前往俄洛镇中心小学，和孩子们共同庆祝属于孩子们的节日。向小朋友赠送书包、文具、书本等节日礼品，观看孩子们自编自演的节目并与他们交流。黎勇陪同，市委秘书长文涛，以及卡若区、市直相关部门负责人陪同。

同日 市人力资源和社会保障局联合市商务局，共同举办2019年招商引资企业暨农牧民转移就业增收人力资源招聘会。招聘会共组织昌都市招商引资企业和在昌企业共40

余家进场招聘，提供各类就业岗位600余个，涉及会计、文秘、客服、文案、主管等20余类，招聘会进场求职人员达800余人，现场达成意向性用工协议130余人次，累计发放各类宣传资料1000余份。

同日 昌都市卫健委与重庆市九龙坡区委常委、区政府常务副区长宋泓率领的党政代表团座谈，双方交流探讨继续深化医疗援藏工作。黎勇出席。九龙坡区政府向昌都市卫健委捐赠10万元。“十二五”以来，重庆市先后选派医疗人才188名赴昌开展智力支持。“十五”及“十三五”时重庆市共援助卫生资金11634万元，卫生项目28个，特别是“十三五”期间，援藏总投资达10669万元，援助19个卫生领域项目。

6月

1日 昌都市召开重点项目调度会，总结1月至5月重点项目工作开展情况，查找存在问题。市委副书记、市长陈军要求，相关单位要加快项目前期工作，充分发挥技术力量；要明确主体责任，建立清单、细化任务、强化落实，尤其是行业主管部门要担负起牵头责任；要加快项目落地，努力形成更多的实物工作量；要加大招商引资力度，深入推进“放管服”改革和创新；要加大督导检查力度，协助解决项目谋划、立项、开工、施工等流程中存在的困难和问题，进行全方位、全过程管理，确保项目建设计划如期进行。市政协副主席、发展改革委党组书记杨瑛通报2019年1月至5月全市重点项目建设进展情况。市教育局、经信局、住建局、交通运输局、水利局、农业农村局、商务局、经开区等相关部门负责人汇报1月至5月重点项目进展情况以及存在的困难和问题。市委常委、常务副市长蔡家林主持，副市长赵明出席。

同日 陈军主持召开市政府第四次常务会议，研究讨论有关议题。会议研究《昌都市党政领导干部安全生产责任制规定实施细则》《昌都市安全生产党政同责实施办法》《关于实施昌都市污水处理厂二期改扩建项目》等请示，以及研究讨论其他议题。他强调，各相关单位和部门要密切配合，主动服务，及时协调解决遇到的困难和问题；要加快推进项目开工前的各项准备工作，确保项目早日开工建设。蔡家林，副市长卓嘎、胡登孚、赵明，杨瑛提出意见和建议。

同日 昌都市教育系统举行庆“六一”国际儿童节暨“藏东儿童心向党 祖国发展我成长”文艺会演。市委副书记黎勇，市委常委、宣传部部长赵建国，市人大常委会副主任邓文昌、卓嘎，市政协副主席赤来，昌都军分区副政委徐洪刚，市委教育工作领导小组成员单位负责人，市（中、区）相关单位负责人，师生代表、家长代表共计3000余人观看此次演出活动；金太阳幼儿园、爱心幼儿园、哈尼舞蹈室等民办教育机构受邀参演。

同日 上午，国家艺术基金2018年度资助项目国家级非物质文化遗产——藏族唐卡“勉萨画派”当代代表性作品西藏区内巡展昌都展开幕。自治区文化厅党组书记、副厅长龙志刚致辞，赵建国主持，市人大常委会副主任晏启初，政协副主席扎西次仁出席。展览4天，共展出“勉萨画派”唐卡作品52幅，其中42幅为昌都市本地画师的精品之作，10幅为西藏唐卡画院提供。下午，在市图书馆一楼报告厅，西藏唐卡画院院长、国家级非遗代表性传承人罗布斯达举行“勉萨画派创始人追古·曲英嘉措诞生地及其人绘画艺术研究”公益性讲座。此次唐卡展成为昌都市历史上第一次举办的规模最大、专业化最强、艺术水准最高、观赏性最强的一次大型唐卡展。

4日 副市长、市招生考试委员会主任胡登孚带领招委会成员单位负责人到市一高、二高、三高、四高4个考点进行考前综合检查工作。实地检查各考点食品安全，考场环境、电力供应、应急保障措施、试卷安全保密以及监控、信号和听力播放等系统。

4日至5日 自治区卫健委率队的等级医院评审督导组和专家组对昌都市藏医院进行现场系统评审创建“三级甲等”藏医院工作。卓嘎讲话。预评审汇报会上，评审组专家组介绍评审工作基本要求，宣布评审工作纪律；评审督导组与专家组签订评审廉洁协议书；市藏医院负责人与专家组签订评审廉洁协议书；自治区卫生健康委藏医药管理局相关负责人讲话；市藏医院相关负责人介绍评审情况报告。5日，召开藏医院创建“三级甲等”藏医院预评审反馈会，评审专家反馈总结医院的创评工作，并提出整改意见和建议。会上初步确定市藏医院创建“三级甲等”藏医院终审时间。

同日 昌都市政府新闻办组织召开“昌都市2018年环境状况公报”新闻发布会。市生态环境局负责人介绍2018年全市生态环境保护工作的有关情况，并回答记者提问。昌都市环境空气质量优良率达99.7%；主要江河干流、流经各县城镇主要地表水体和县级以上集中式饮用水水源地水质全部达标；完成“两江四河”造林24681.8亩，重点区域造林4000亩，义务植树26697.7亩，天保工程公益林建设22000亩（其中人工造林2000亩，封山育林20000亩），退耕还林16536亩；完成全市海拔4300米以下368个村36122户“无树村、无树户”消除工作，共栽植苗木130余万株；超额完成2017年财政专项资金察雅县和边坝县400亩防沙治沙项目，栽植云杉、榆树、江孜沙棘等共计53000株。全市共设立市级河湖长43名、县（区）级河长231名、乡镇级河湖长669名、村级河湖长1612名。2018年，全市市级河湖长共计巡查河湖23次，县级河湖长巡河湖314次，乡镇级河湖长巡河湖2311次。排查辖区流域面积50平方千米以上河流和水面面积1平方千米以上湖泊“四乱”问题165处，现已整改完成130处。组织群众40000余人次清理河道3000余公里，清理垃圾800余吨。

5日 市委书记阿布主持召开市委常委会会议，传达学习习近平总书记的重要批示指示精神和李克强总理关于全国安全生产工作的批示精神及《地方党政领导干部安全生产责任制规定》等文件精神，听取全市扫黑除恶打非治乱专项斗争工作开展情况汇报，安排部署全市相关工作。他强调并要求，全市各级各部门要层层压实安全生产责任，全力以赴抓检查、除隐患、防事故；要建立健全规范工作机制，不断提高全市安全生产水平；要认真开展隐患排查整治，挂牌督办、紧盯不放、全面整改；要加大安全生产宣传力度。要统一思想、提高认识，坚持底线思维、发扬斗争精神，全力以赴做好扫黑除恶打非治乱专项斗争。要压实责任，切实加强组织保障，强化分工协作，具体任务落实到岗、细化到人；要依法严惩，认真做好涉黑涉恶犯罪的摸排、打击等工作；要综合治理，形成整治突出问题的强大合力；要深挖彻查，深挖黑恶势力、非法组织背后的“保护伞”；要整顿软弱涣散基层党组织，夯实党的执政根基。副书记黎勇、于树民，蔡家林，市委常委、卡若区委书记王伟，市委常委、江达县委书记黎世江，市委常委、市新区管委会党组书记梅方权，市委常委、贡觉县委书记扎西、赵建国，市委常委、组织部部长李斌，市委常委、政法委书记张文生分别出席主会场或各县分会场会议。市人大常委会、政府、政协市级领导分别列席主会场或分会场会议。

同日 阿布主持召开市委财经工作委

员会2019年度第一次会议，听取市政府和市发改、交通、水利、商务、投资公司、经开区重点项目建设情况汇报，安排部署相关工作。他强调，各级各相关部门要牢固树立大局意识、协作意识和“一盘棋”思想工作导向，全面提高工作执行力和落实力。各县（区）、各部门要把重点项目建设当成重要政治任务来抓紧推进，要夯实责任、压实担子，要加快项目建设进度，要加强沟通协调，要积极吸引社会资本参与投资，要强化责任追究。市纪委、市发改委以及市委、市政府督查室要加强项目建设督查督办，对工作中推诿扯皮、缺乏担当精神、影响工程进度的人或事要严肃追责问责，进行相应处理。黎勇、于树民、蔡家林、王伟、黎世江、梅方权、扎西、赵建国、李斌、张文生分别出席主会场或各县分会场会议。市人大常委会、政府、政协市级领导分别列席主会场或分会场会议。

同日 第48个联合国世界环境日，昌都市生态环境局联合发改委、教育局、自然资源局等15家单位、7家企业，在茶马广场举行以“美丽昌都 我是行动者”为主题的世界环境日集中宣传活动。活动采取横幅悬挂、展板展示、设立咨询台、宣传品分发、法律知识宣讲等多种形式宣传，共发放环保宣传册5000册、环保宣传帽2000顶、环保袋2000个及环保宣传杯、手机卡扣等各类环保物资1000件。在“绿色创建”活动中，广大市民积极参加“万人签名活动”。昌都市将围绕世界环境日主题陆续开展“环保公共开放日”、昌都市第二届小学生“环保”绘画比赛等活动。

同日 昌都市图书馆一楼报告厅举行市文化局（市文物局）、市文明办主办，市图书馆承办的端午节诵读经典活动，市（中、区）直15家单位26名干部职工参加诵读活动。

6日 昌都市召开对口援昌省（市）、企业吸纳昌都籍高校毕业生就业工作会。黎勇、胡登孚讲话。各相关单位负责人交流发言，讨论修改《昌都市2019年高校毕业生就业创业工作实施方案（征求意见稿）》和《关于进一步做好2019年高校毕业生区外就业创业工作的实施方案（征求意见稿）》。会议以电视电话形式召开至各县（区）。

同日 昌都市召开卫生健康“两下降、双提高”工作推进会。蔡家林主持，卓嘎为市人民医院“危急重症孕产妇婴幼儿急救绿色通道医院”授牌并讲话，市卫健委相关负责人通报全市卫生健康“两下降、双提高”工作情况。会议以电视电话形式召开至各乡（镇）。

同日 市委宣传部在职党员、团员、妇委会成员，开展“浓情端午粽飘香，凝聚爱心进社区”主题服务群众活动。赵建国以普通党员身份参加活动。

同日 黎世江前往江达县公安局视察“扫黑除恶打非治乱”专项斗争工作开展情况。观看县公安局“扫黑除恶打非治乱”专项斗争专题汇报片，查看县公安局专项斗争文化走廊，询问案件和线索办理情况等。

7日 2019年高考拉开序幕，昌都市共有考生3518名，其中，藏族3383人，汉族135人。文科1427人，理科2091人。全市设四个考点，分别在一高、二高、三高、四高，共121个考场。并安排300余名监考教师和400余名考务工作人员。

8日 中国第三个“文化和自然遗产日”。市政府主办，市委宣传部、市文化局（市文物局）承办的昌都市“文化和自然遗产日”系列宣传活动在茶马广场举行。赵建国致辞，晏启初主持。11个县（区）非遗展区，向广大群众展示文化和自然遗产。

同日 福建援藏队举行“不忘初心 牢记使命”第六次主题论坛，弘扬先进、树立典型、鼓舞士气，表彰一批优秀援藏工作者，授予王建华等78人“优秀援藏干部人才”称号，授予丁昌德等105人“优秀援藏教师”称号，授予马雪洁等18人“优秀援藏志愿者”称号，授予黄晓湄“闽八援”荣誉队员称号。会前，福建省第八批援藏工作队全体党员在昌都革命历史博物馆小礼堂前集体重温入党誓词。

8日至15日 为扎实推进昌都扫黑除恶打非治乱专项斗争工作，根据昌都市扫黑除恶打非治乱专项斗争领导小组安排部署，贡觉县、卡若区及市（中、区）直各单位部门分别开展扫黑除恶打非治乱专项斗争集中宣传活动、巡回宣讲和线上统一考试。贡觉县活动现场，各成员单位共发放宣传资料2000余份。

10日 陈军主持召开市政府专题会议，听取全区对口援藏扶贫工作会议对接情况及工作安排建议、全市招商引资工作汇报，研究部署下一阶段相关工作。他要求，各相关部门一要高度重视，精心准备，细化方案，以不变应万变，做好精细化服务、保姆式服务，确保全区对口援藏扶贫工会议开得安全有序、顺利舒心。二要进一步明确市直单位和各县区承担的责任，建立项目台账，强化精准对接、统筹调度、工作衔接，做到主动跟踪、快速处理、督促督办，强力推进招商引资工作。三要坚持“弹钢琴”原则，明晰产业招商重点方向，算好成本账、长远账，统筹经齐效益、社会效益和生态效益，转变招商引资理念，调整招商组织方式、方向和内容等，促进招商引资工作科学化、制度化、程序化、规范化。招商引资工作人员要有信心有定力有韧劲、有担当有激情讲奉献，承当起招商引资工作的责任与使命，主动作为、迎难而上，为昌都经济社会发展做出贡献。副市长欧珠达瓦、赵明，秘书长贾新雨以及市发改委、商务局、国资委、统计局、扶贫办等单位负责人参会，就相关事宜提出意见和建议。

11日 在收听收看完中央扫黑除恶第13督导组督导西藏自治区工作动员会后，阿布主持召开昌都市迎检动员部署会。他要求，各级各部门要坚持问题导向，围绕政治站位，开展自查自纠；围绕依法严惩，深化专项斗争；围绕综合治理，形成强大合力；围绕深挖彻查，挖背后“保护伞”；围绕组织建设，夯实基层基础；围绕组织领导，确保要素到位。各级各部门要强化组织领导，深入细致推进扫黑、除恶专项斗争纵深开展。要逐级压紧压实责任，具体分工落实到岗、细化到人；要熟知熟透扫黑除恶相关政策精神，全力支持配合，督导组开展好工作；要营造扫黑除恶打非治乱浩大声势，持续掀起专项斗争宣传热潮；要以中央督导组进藏督导为契机，扫除黑恶势力、铲除非法组织、消除治安乱点，筑牢长足发展和长治久安的根基。陈军、黎勇、蔡家林、齐应海、王伟、黎世江、梅方权、扎西、赵建国、张文生出席。市人大常委会、政府、政协、检察院市级领导，以及市（中、区）直相关单位部门负责人参会。

同日 昌都市与重庆媒体采访团座谈，黎勇从“资金援藏、招商引资、产业项目、人才培训和教育医疗组团式援藏”五个方面介绍重庆第八批援藏工作队，坚持“输血”与“造血”并重，全力推进援藏工作。自2016年7月12日进藏，重庆市第八批211名援藏干部人才先后到对口援助3个县及22个部门开展援藏工作，援助资金10亿余元、招商引资21亿元、人才交流培训3000余名干部；昌都市人民医院成功创建“三甲医院”。此次重庆媒体采访团包括重庆市委宣传部新闻处、重庆日报、中共重庆市委当代党员杂志重庆广播电视集团（总台）融媒体新闻中心和华龙网五家单位9名成员。将用笔触和镜头展现重庆市第八批援藏工作队取得的成果。市委宣传部相关负责人、重庆市第八批援藏干部等参会。

11日至12日 昌都市干部驻村“传帮带”工作现场会在芒康县举行，交流学习、相互借鉴、共同提高和挖掘推广先进、学习宣传典型，全面总结干部驻村“传帮带”工作经验。市委常委、芒康县委书记齐应海，市委常委、市委组织部部长李斌出席。市委组织部、强基办及各县（区）委组织部部长、强基办负责人等现场观摩。

12日 阿布主持召开会议，听取全市重点项目推进情况汇报，安排部署相关工作。他强调，全市各级各相关部门要牢固树立“抓项目不是简单的推动经济增长，最终是要改善民生、凝聚人心，让群众得到实惠，进而引导各族群众反对分裂、维护祖国统一、加强民族团结”的理念，充分认识加快推进项目建设的重要性和紧迫性，进一步强化大局意识和协作意识，坚持重实绩、重实干的工作导向，提高工作的执行力和落实力，以不争论、不议论、不动摇、不松懈的工作态度，以时不我待的劲头和“钉钉子”的精神，抓好项目建设各个环节，确保完成全年的既定投资任务。要进一步压紧压实责任，加强沟通衔接，加快项目进度，强化跟踪问效。陈军，黎勇出席。市委、市人大常委会、政府、政协、检察院市级领导以及各单位部门负责人参会。

同日 阿布主持召开市委专题会议，安排部署2019年全市高校毕业生就业创业工作。他强调，全市各级各部门要把高校毕业生就业创业工作摆在突出位置，作为检验“不忘初心、牢记使命”主题教育活动的具体举措，作为重要政治任务和最大民生工程，以“正确处理高校毕业生政府就业和市场就业的关系”为遵循，进一步强化组织领导、压实主体责任，细化工作措施、优化政策保障，确保全市2019年高校毕业生就业创业各项工作落到实处。要强化教育、扩大宣传，教育引导高校毕业生树立正确的择业观、就业观，积极面向区外就业、合理确定就业预期、科学规划职业生涯。精准岗位、拓宽渠道，多渠道开发就业岗位，完善待遇保障和职业发展政策，鼓励更多毕业生下基层、走出去。会议研究《昌都市2019年高校毕业生就业创业工作实施方案（征求意见稿）》和《昌都市关于进一步做好2019年高校毕业生区外就业工作的实施方案（征求意见稿）》。陈军、黎勇、于树民、蔡家林、齐应海、王伟、黎世江、梅方权、赵建国出席。市人大常委会、政府、政协市级领导，以及市（中、区）直单位部门负责人参会。

同日 市政府党组理论学习中心组召开第5次学习会，会议传达学习《习近平总书记在中央政治局第九次集体学习会上的讲话精神》（新闻通讯稿，《加强领导 做好规划 明确任务 夯实基础 推动我国新一代人工智能健康发展》）；《习近平总书记在解决“两不愁三保障”突出问题座谈会上的讲话》；传达学习习近平总书记关于全国违建别墅问题的重要批示，以及《韩正副总理在全国违建别墅清查整治专项行动电视电话会议上的讲话精神》《关于党的十九大以来自治区党委贯彻执行中央八项规定及其实施细则精神情况的报告》。书面传达学习《西藏自治区关于解决形式主义突出问题为基层减负的若干举措》《吴英杰、齐扎拉同志在全区教育大会上的讲话》。陈军主持并要求，各级各部门一要提高政治站位，牢固树立“四个意识”、坚定“四个自信”、践行“两个维护”，坚持以党的旗帜为旗帜、党的方向为方向、党的意志为意志，坚决落实党中央、区党委政府和市委的部署要求。二要坚持以上率下，从严正风执纪，严肃执纪问责，在持续抓好中央“八项规定”及其实施细则落实上进行再动员、再强调、再部署。三要深刻理解和把握解决形式主义突出问题为基层减负的重大意义，坚持问题导向，树立正确的政绩观，强化落实的执行力。四要结合昌都实际，坚持规划引领，加强系统布局，推动智能化信息基础设施建设，为全市经济社会高质量发展提供新动能。五要毫不动摇坚持党中央和区党委实现脱贫攻坚目标和标准，坚决贯彻落实精准扶贫、精准脱贫基本方略，紧盯脱贫攻坚重点工作和薄弱环节，全力抓好脱贫摘帽、基础设施提升、产业发展等各项工作。六要认真贯彻落实好全区教育大会精神，立足全市教育实际，深刻把握教育事业发展的内在要求，明确努力方向、理清工作思路、夯实工作责任、狠抓措施落实，努力开创昌都市教育事业发展新局面。蔡家林，欧珠达瓦作交流发言。赵明，贾新雨及市（中、区）直各单位负责人参会。

同日 市政府召开2019年廉政工作会议，回顾总结去年政府系统党风廉政建设和反腐败工作，安排部署今年工作。陈军强调，各级各部门要旗帜鲜明讲政治，全面加强政治建设，推进“两个维护”具体化和思想建设常态化；要深化改革优服务，推动政府职能转变，不断深化“放管服”改革和重点领域改革，持续优化营商环境；要强化资金统筹使用管理，防范化解金融重大风险，加强审计监督，确保公共资金安全；要紧盯重点强监督，坚决预防惩治腐败；要持之以恒转作风，推动法治政府建设，推进政政系统党风廉政建设和反腐败工作向纵深挺进。严格落实责任，加强廉洁教育，主动接受监督，强化担当落实，以党风廉政建设和反腐败工作新成效，保障服务经济社会高质量绿色发展。蔡家林主持。市交通运输局、市税务局、卡若区人民政府主要负责人作交流发言。欧珠达瓦、赵明，市（中、区）直各单位负责人参会，各县（区）设分会场。

14日 阿布前往经开区和市区周边调研重点项目建设进展情况。在经开区A-B坝区连接桥、加卡南路、孜通坝片区和重庆三江源生态文化城等项目建设现场，调研了解项目建设进展情况，并现场办公，解决存在问题，督促项目进度。他强调，各级各有关部门一要进一步压实责任，要各司其职、各负其责，把工作任务时刻记在心上、扛在肩上、抓在手上，全力以赴推进项目建设进度；二要确保工程质量、优化投资效益，提前完善基础设施配套工程，一次性投资，一次性建成，避免重复投资和不必要的投资；三要切实保护好生态环境，项目建设中要严格环境保护各项措施，不能因建设而破坏生态；四要强化督查督办，市纪委要加大对庸政、懒政、怠政的查处，市委、市政府督查室要加大对项目建设的督办，以严明的纪律保证工程质量和进度，让项目早日建成使用。还前往卡若区波妥村综合检查站了解检查站治理超载超限工作开展情况。并要求，市交通、公安等相关部门要加大联合执法力度，切实整治超载超限行为，以实际行动确保道路交通安全，维护好广大人民群众生命财产安全。蔡家林，王伟，梅方权，赵明分别陪同。

同日 昌都市政府妇女儿童工作委员会召开全体电视电话会议，安排部署全市妇女儿童工作。卓嘎讲话。市妇联负责人作2018年工作报告。市中级人民法院、市卫健委、江达县政府妇儿工委作交流发言。各县（区）设分会场。

同日 市人大常委会（办公室）党组理论学习中心组召开学习会，专题学习中央、区党委“不忘初心、牢记使命”主题教育工作会议主要精神；《中国共产党党员教育管理工作条例》《习近平总书记关于扫黑除恶的重要论述（摘选）》；中央扫黑除恶第13督导组督导西藏自治区扫黑除恶工作动员会主要精神；昌都市扫黑除恶迎检工作动员会主要精神。贡秋江村主持并讲话。

同日 市卫健委、市中心血站主办以

"人人享有安全血液"为主题的"2019世界献血者日"暨市中心血站开展无偿采供血活动。这是市中心血站获取资质后首次举办无偿献血采集和首次举办全要素"世界献血者日"活动，标志着昌都市血液保障工作迈入新的起点。作为昌都市唯一的法定采供血机构，市中心血站发出《2019年"6·14"世界献血者日献血倡议书》，号召广大干部群众特别是青年朋友要树立"无偿献血·终生荣耀"的理念。卓嘎带头无偿献出200毫升的血液。截至下午6点，共有59人无偿献血11800毫升。市中心血站将设立固定采血点及流动献血车，定时不定点的开展流动血液采集。

15日 福建省寿宁县优秀驻村干部在八宿县开展"我的驻村故事"巡回演讲，为八宿县打赢脱贫攻坚战传经送宝、指点迷津、加油鼓劲。

16日 市安委办牵头，市安委会各成员单位、重点企业等46家企事业单位在茶马广场举行昌都市"安全生产月"暨"安全生产昌都"活动，全面拉开以"防风险、除隐患、遏事故"为主题的宣传教育活动。各部门、各企业通过悬挂标语、摆放警示教育展板、发放宣传资料、现场解答、模拟演练等方式，向群众宣传安全生产法律法规、安全技术、安全常识、应急救援及职业卫生等知识。共悬挂横幅57条，发放宣传手册10300余份，发放各类安全生产宣传购物袋、水杯、雨伞、围裙等13000余个，受教育群众达1300余人。各县（区）同步开展"安全生产月"咨询日宣传活动。

同日 重庆市荣昌区委常委、常务副区长唐毅率考察组在类乌齐县考察对接第九批援藏工作。考察组实地查看前八批部分援藏项目，参观类乌齐县重庆援藏中心，看望慰问荣昌区派援类乌齐县的援藏干部，并与类乌齐县召开第九批援藏工作对接座谈会。

17日 宁夏回族自治区非公有制经济组织和社会组织工委专职副书记霍丽率中央扫黑除恶第13督导组第七下沉督导小组，赴昌都以听取汇报、个别谈话、调阅资料，深入基层一线明察暗访等多种方式开展督导调研工作。下午，督导组在市委14楼会议室听取阿布代表市委、市政府所作的昌都市扫黑除恶专项斗争工作情况汇报。会议结束后，督导组前往市公安局参观昌都市"扫黑除恶"成果展。李斌、张文生，市检察院党组书记、检察长贺建军出席汇报会并陪同参观。20日至22日，中央扫黑除恶第13督导组副组长、最高人民检察院副部级专职委员张志杰率督导组赴昌调研督导扫黑除恶专项斗争工作开展情况。督导组前往左贡、芒康、察雅、卡若4个县（区），深入乡村、寺庙、社区和公安派出所，看望奋战在扫黑除恶一线的工作人员，详细了解各县（区）、乡镇、社区等扫黑除恶专项斗争工作开展情况，认真听取基层干部群众的意见建议，并在昌都市委召开座谈会，听取昌都市扫黑除恶专项斗争工作、开展情况汇报。自治区人民检察院党组书记、检察长朱雅频，阿布、陈军陪同调研督导。市委常委、纪委书记、监委主任郑连武，张文生、贺建军参加以上活动，王伟在卡若区陪同调研督导，郑连武、赵建国、旺堆参加座谈。

同日 邓文昌率调研组前往丁青县专题调研基层卫生医疗队伍建设情况。调研组前往丁青县当堆乡卫生院、沙贡乡卫生院以及县藏医院、县卫健委、疾控中心等地，通过实地查看、查阅资料、听取汇报、召开座谈会等方式，调研基层医疗卫生队伍人员的构成情况，队伍建设存在的问题和困难，服务能力提升情况，农牧医保政策、绩效考核政策落实情况以及乡镇卫生院基础设施改善情况，并对工作中的具体做法提出针对性的建议意见。县相关单位负责人陪同调研。

同日 昌都市路政局召开全市出租车创文

工作推进会，市创文办、交通局等相关部门的负责人参会。格桑梅朵、帮锦梅朵出租公司共同出资，为每辆出租车发放统一座套。

18日 国家卫健委副主任王贺胜率工作组调研昌都卫生相关工作。调研组先后实地察看察雅县卡贡乡邓学村、卡若区人民医院和昌都市人民医院，以深入现场、查阅资料、走访贫困户等方式，全面了解健康扶贫政策落实情况，详细了解当地群众就医问诊、医疗报销、住院分娩、村卫生室建设、村医待遇以及医疗人才培训、远程医疗技术教学以及昌都市健康扶贫工作开展的基本情况，并看望慰问村民和医护人员。在市人民医院和卡若区人民医院，调研组实地查看公共卫生服务、科室建设、病人病房管理情况。自治区副主席罗梅，卓嘎，市政协副主席、察雅县委书记任厚明分别陪同。

18日至21日 区党委常委、宣传部部长边巴扎西到卡若区、洛隆县、边坝县，深入乡村、学校、寺庙，与农牧民群众、青少年学生、寺庙僧人面对面交流，实地调研“四讲四爱”群众教育实践活动，详细了解县级融媒体中心、乡镇新时代文明实践中心试点建设情况。在边坝县拉孜乡过查村、洛隆县硕督镇、察雅县吉塘镇，走村入户，了解教育实践活动在脱贫攻坚、转变群众思想观念、淡化宗教消极影响等方面所发挥作用情况，与群众拉家常、话变化，面对面宣讲“四讲四爱”；在边坝县中学和边坝镇小学，了解学校思想政治工作开展情况，要求各级各类学校要切实加强教职员工日常的政治理论学习，以政治建设为统领规范学校德育室建设，建强校园思想文化阵地。还调研昌都市红色遗迹保护和爱国主义教育基地建设情况。

18日至21日 市商务局主办的“西藏昌都市招商引资专场推介会”在福州顺利举办，共有32家企业50余人参会。推介会上，左贡县和八宿县分别同夏康经济发展有限公司和协合新能源集团西藏公司就夯达村高原农特产品加工厂和八宿县郭庆乡风力发电项目签订战略合作协议，签约金额达2.35亿元。还推介三江源生态文化城项目、江达县青泥洞乡觉拥温泉项目、类乌齐县物流园区、休闲食品工业园项目、卡若区通夏片区商业商务中心开发项目、察雅县温泉开发项目、左贡县旺达镇乌雅温泉度假酒店、昌都经开区生物医药产业园项目8个招商引资重点项目。

18日至21日 在市农业农村局与天津市对口支援西藏工作前方指挥部积极协调对接下，天津市农委组织天津市农科院专家团队赴昌都开展蔬菜种植技术培训。78名来自市农业技术推广总站、市农业科学研究所、卡若区农业农村局及卡若区附近乡镇农牧综合服务中心的农业技术人员、科技特派员等学员参训。

19日 福建省委常委、宣传部部长梁建勇率福建省赴藏考察组在昌都开展考察调研指导工作。自治区党委常委、宣传部部长边巴扎西陪同。阿布，周青松，贡秋江村，赵建国分别陪同。八宿县由福建省福州市对口支援，益青乡由连江县凤城镇对口支援，尼琼村由凤城镇仙岳村对口帮扶。调研组前往尼琼村，听取福州市对口支援八宿县的情况介绍和村级组织活动场所建设情况，考察尼琼村综合文化服务中心、便民服务中心、新村荣誉室，看望慰问建档立卡贫困户拥巴。调研组还前往强巴林寺、市博物馆、市实验小学、福建援藏公寓、市革命历史博物馆，考察强巴林寺加强和创新寺庙管理工作情况、市博物馆建设情况、福建援藏项目“福建书屋”建设情况、新建福建援藏公寓建设情况以及昌都市市政建设等，以及福建援藏干部生活工作学习情况。下午，召开福建省对口支援昌都市宣传文化工作座谈会，座谈对口支援工作。梁建勇讲话，边巴扎西出席。阿布主持，周青松出席。赵建国汇报昌都市宣传思想工作开展情况和福建省对口支援昌都市宣传文化工作情况；胡登孚汇报昌都经济社会发展和福建省对口支援昌都市工作情况。杨瑛及市直相关单位负责人、福建省第八批援藏干部代表参加座谈。

同日 昌都市召开第五届三江茶马文化艺术节筹委会第一次会议暨动员部署会。王伟讲话，胡登孚主持。筹委会相关负责人传达《昌都市第五届三江茶马文化艺术节总体活动方案（送审稿）》。该届艺术节以“中国梦·昌都红”为主题，于8月19日至25日举行。

20日 西藏自治区中考时间为6月20日至22日。昌都市中考报名人数为7834人，比2018年增加846人，全市共设4个考点，74个考场。其中一高26个考场，724人参考；二高10个考场，291人参考；三高25个考场，727人参考；初级中学13个考场，389人参考。市教育局安排监考老师200余名。

22日 昌都市组织80余家单位350余名干部职工，在解放广场、茶马广场、津昌体育场周边开展六月“综治宣传周”暨扫黑除恶集中宣传服务活动。大力宣传法律法规和相关政策，提供现场解说、咨询等服务，广泛宣传反宗教极端思想、安全生产、文明规范执法等知识。开展扫黑除恶、打非治乱、扫黄打非、反邪教、维护国家安全等知识宣传，并将“先进双联户”创建评选优惠政策、平安建设、法律常识印制在毛巾、小手包、购物袋、帽子等物品上面进行宣传。共发放宣传资料8000余份，宣传品4000余份，提供法律政策咨询300余人次，提供义诊服务200余人。

23日 214国道昌都至邦达机场公路新改建工程昌都至加卡段第四合同段捏大桶隧道左线顺利贯通。捏大桶隧道左线全长702米，围岩级别为Ⅴ-Ⅳ级，其中Ⅴ级围岩总长280米、Ⅳ级围岩总长180米。

24日至28日 陈军带领集团式包县专项督导组，深入贡觉县“三岩”片区六乡开展跨节整体易地扶贫督导检查和宣讲活动，看望慰问基层干部群众、驻寺干部和僧人。他先后前往克日乡冲录村、敏都乡马觉村、台西寺。在台西寺时他要求，全体管委会干部要进一步增强“四个意识”，强化易地扶贫搬迁宣传教育，大力弘扬藏传佛教基本义理，自觉维护祖国统一和民族团结，为促进社会和谐做出积极贡献。扎西，图嘎，贡嘎泽仁陪同。

25日 市政府2019年度第五次常务会议在市政府14楼会议室召开。会议传达学习《习近平总书记向2019中国西藏发展论坛的致贺信》《习近平总书记发表的重要文章——坚定文化自信，建设社会主义文化强国》《习近平总书记关于防灾减灾抗灾救灾的重要论述》；听取《关于审核〈江达县波罗乡政府搬迁重建方案〉的请示》《江达县波罗乡政府搬迁重建方案》的情况汇报。在审核《江达县波罗乡政府搬迁重建方案》时，陈军在贡觉通过视频主持并强调，要按照自治区领导的批示精神，起草关于波罗乡政府搬迁的请示。同时要按行业归口，加大网上申办的力度，抓好地勘、地灾、基本农田调整、土地报备预审等各项前期工作。相关部门要列出灾后重建清单，召开抗震救灾领导小组会议，做好金沙江沿线物资补充和设备摸排，查漏补缺，做好堰塞湖灾区综合防治工作。发改委要做好灾后重建项目的追踪到位。波罗乡政府搬迁重建工作是“一张白纸好画图”，在整体设计中要综合考虑地下管网、污水和垃圾处理等工作；要与乡村振兴结合起来，将特色小城镇建设、新型城镇化功能考虑进去；要建产城融合之地，将产业发展和抗震抗灾结合起来；要多方征求意见，与人民群众的意愿结合起来；要压实责任，梳理清单，做好再清理，再核实工作，加大项目的办理力度。蔡家林、旺堆、欧珠达瓦、胡登孚、赵明、贾新雨，以及市政府秘书长班子在家成员，市监察委、市委宣传部，各议题有关部门主要负责人参会。

同日 集团式包县和督导贡觉县精准扶贫、"三岩"片区跨市整体易地扶贫搬迁座谈会在贡觉县召开。陈军主持并要求，各级各有关部门一要提高认识，切实把思想行动统一到区党委、政府和市委、市政府的决策部署上来，保持一个声音、一个步调、一个提法，紧盯目标任务，坚定坚决如期完成"三岩"片区跨市整体易地扶贫搬迁任务。二要按照吴英杰书记提出的"三岩"片区"八条宣传口径"，深入做好集中宣传、入户宣传、"一对一"宣传，做深做实做细搬迁群众的思想教育和引导工作。三要聚焦"两不愁三保障"，精准施策，做好顶层设计，统筹兼顾、两手发力，实现"三岩"片区跨市整体易地扶贫搬迁与贡觉县年内脱贫摘帽"两不误、两促进"。四要加强沟通协调，建立周调度、日报告的制度，切实加强与自治区三岩办、各迁入地的汇报沟通协调，加大对贡觉县的指导帮助力度，形成全市上下心往一处想、劲往一处使的整体工作合力。五要认真落实各项维稳措施，守牢底线、守住原则、严明纪律，与扫黑除恶专项斗争工作相结合，做好防范化解重大风险，确保跨市整体易地扶贫搬工作顺利推进，坚定不移维护好社会大局和谐稳定。贡觉县县长杨玉斌汇报"三岩"片区跨市整体易地扶贫搬迁相关工作情况。市直相关单位负责人、贡觉县各部门负责人作补充发言。图嘎、公嘎泽仁出席。27日，三岩跨市整体易地扶贫搬迁现场推进会在贡觉县敏都乡召开。陈军要求，贡觉县委、县政府特别是"三岩"片区的广大党政干部要加大工作推进力度，高效率推动三岩跨市整体易地扶贫搬迁工作。要坚定信念，坚持政策目标不动摇，不折不扣落实好各项政策措施，确保搬迁工作按既定时序推进。要坚持问题导向，精准施策，对已经确定搬迁意愿的群众和对尚未确定搬迁意愿或思想摇摆的群众坚持"两步走"统筹推进，以点的突破带动面的突破，确保整个搬迁工作有序有力推进。要强化宣传教育，统一口径，坚决摒弃各种杂念、消除各种杂音，增强群众搬迁的积极性，为顺利推进搬迁工作打牢群众思想基础。要压实责任，层层传导，切实做到县级干部包乡、乡级干部包村、村级干部包户，一级抓一级，层层抓落实，确保搬迁工作的落实。要切实增强担当意识，履职尽责，做好搬迁工作，用忠诚干净担当的实际行动坚定坚决如期完成三岩搬迁任务。市政协副主席图嘎、市人大常委会副主任公嘎泽仁出席。克日、罗麦、沙东、敏都、雄松、木协乡主要负责人以及贡觉县相关单位负责人汇报搬迁工作情况。

同日 市自然资源局和卡若区自然资源局联合在昌都市茶马广场开展以"严格保护耕地，节约集约用地"为主题的宣传活动。活动现场通过发放宣传资料，张贴宣传挂图、悬挂横幅、现场解答等方式，讲解自然资源相关法律、法规和耕地保护、不动产权证书办理程序、地质灾害防治常识。共发放各类资料2100余份，悬挂横幅8条，现场为群众答疑解惑、接受土地政策法规咨询200余次。

同日 贡觉县"三岩"片区跨市整体易地扶贫搬迁第四批赴林芝市的木协、罗麦、敏都、沙东4乡88户群众523人在贡觉县委县政府的组织下前往易地扶贫搬迁安置点—林芝市巴宜区百巴镇。陈军、图嘎、公嘎泽仁为搬迁群众送行。

26日 郑连武主持召开市纪委第六次常委会暨监委务会。

同日 第32个国际禁毒日，市公安局禁毒支队联合团市委、市公安局扫黑办、法制支队在茶马广场开展以“健康人生 绿色无毒”为主题的大型集中宣传活动。禁毒委工作人员和青年志愿者发放宣传手册和物资，宣传国家的禁毒方针和《中华人民共和国禁毒法》等法律法规，并向咨询的群众进行禁毒知识宣讲和答疑解惑。旺堆在宣传现场进行指导，向群众宣讲禁毒常识、发放禁毒宣传品。活动共张贴毒品违法犯罪举报奖励办法海报50余张，发放各类禁毒宣传手册500余份，禁毒笔记本300本，禁毒宣传鼠标垫500余个，其他禁毒宣传纪念品8000余份，向广大市民展示禁毒仿真样品14块、展板20块，1000余人受益。

同日 市委宣传部主办、市文联和市博物馆承办，以“新时代·新昌都”为主题的书法、美术、摄影作品在市博物馆开展。此次精选出书美影作品188幅参展，其中书法作品75件、绘画类26幅、唐卡10幅、摄影作品77幅。赵建国、李斌、胡登孚、扎西次仁出席开展仪式。展出时间6月27日至7月3日。

26日至27日 昌都市第一届人大常委会第二十八次会议召开。会议应到市人大常委会组成人员33人，实到21人，符合法定人数。会议通过《昌都市第一届人民代表大会常务委员会第二十八次会议议程》；听取并审议昌都市人大常委会执法检查组关于检查《中华人民共和国水污染防治法》和《中华人民共和国治安管理处罚法》实施情况的报告；听取并审议昌都市基层医疗队伍建设情况和昌都市市直有关部门预算执行情况、全市法院基本解决执行难工作、全市检察机关公益诉讼检查工作、义务教育均衡发展情况等调研报告；听取并审议昌都市水利局、市藏医院关于预算执行情况的报告，昌都市中级人民法院关于解决“执行难”工作报告，昌都市人民检察院关于公益诉讼工作的专题报告，《昌都市本级2019年财政预算调整情况的报告》的审查结果报告；听取和审查昌都市本级2019年财政预算调整方案；听取评议个别代表的述职报告；表决通过有关人事任免事项。贡秋江村主持。齐飞、陈启亮、晏启初出席，赵明，市法院院长扎西江平，贺建军列席。

28日 陈军在江达县青泥洞乡玉龙铜矿主持召开玉龙铜矿重点项目推进会。他要求，市县各相关部门、玉龙铜矿一要充分认识重点项目对全市经济社会发展产生的巨大拉动作用，切实提高思想认识，把握机遇，全力以赴抓项目建设，推进玉龙铜矿改扩建工程绿色发展。二要深入践行习近平总书记的“绿水青山就是金山银山”发展理念，加大对生态环境的资金投入，加强生态环境保护力度。三要严格按照项目规划和工期安排，制定出每个项目的倒排时间表，细化工作量，强力推进工程工期。四要建立务实管用的调度机制、简报信息制度，压实主体责任，完善协调机制，形成一盘棋思想。五要加大依法管理监督力度，强化矿区的社会稳定，营造良好的施工建设环境，及时研究解决制约项目进度的瓶颈问题，全力支持项目建设。六要强化建设、人员、土地管理等各项工作的安全生产，强化安全生产责任，树立安全意识。七要切实发挥项目的带动和辐射作用，积极发挥企业的社会效益，助推地方社会经济高质量发展。玉龙铜矿、参建各单位负责人分别汇报项目建设进度、节点目标及存在问题。市环保、自然资源以及卡若区主要负责人就相关事宜作补充发言。陈军还前往诺玛弄沟尾矿库工程项目现场勘察项目进展情况，听取项目的相关介绍。

同日 郑连武参加市纪委党员干部重温入党誓词宣誓活动。

同日 昌都经开区联合卡若区、驻昌部队开展以“献歌新时代，共筑中国梦”为主题的文艺会演，庆祝中国共产党建党98周年。

梅方权，市政协副主席赤来出席。

同日　昌都报社举行“进社区 送温暖”主题党日活动，引导报社全体干部职工“不忘初心、牢记使命”，推动报社各项工作再上新台阶。

同日　市委老干部局组织昌都市离退休干部在市老干部活动中心通过重温入党誓词，观看党建专题片《延安精神——穿越历史时代传承》，庆祝中国共产党建党98周年主题党日活动。

同日　强巴林寺管委会通过再宣誓、唱红歌等方式开展庆祝中国共产党建党98周年主题党日活动。

同日　市人大常委会在康巴演艺中心举办“昌都红色基因西藏革命摇篮 不忘初心、牢记使命”主题讲座，邀请中国藏学研究中心当代研究所研究员王小彬博士授课。邓文昌主持，贡秋江村，赵建国，李斌出席，大常委会副主任陈启亮、晏启初，贺建军以及部分全国人大代表、自治区人大代表、市人大代表、卡若区人大代表，市中（区）直单位各级干部398人听讲座。

同日　市食品安全委员会成员单位、食品经营企业、食品生产企业等10家单位在茶马广场开展以“尚德守法食品安全让生活更美好”为主题的食品安全宣传“一条街”活动。采取悬挂宣传标语、大屏幕滚动播放食品安全宣传小知识、发放食品安全宣传资料、食品安全法律法规现场解读等方式，出动宣传人员391人，悬挂宣传横幅286条，发放宣传资料10000余份，小礼品600余份，为5600余人解读食品安全相关注意事项和法律法规等知识，并利用各类微信平台宣传食品安全知识28条。11个县（区）同步以此为主题开展食品安全宣传活动。

同日　“爱满昌都 微笑未来”2019昌都唇腭裂公益救助行动启动，微笑明天慈善基金会联合市人民政府、卫健委共同组织。胡登孚出席启动仪式。6月28日至7月2日来自复旦大学附属儿科医院、重庆市九龙坡区人民医院、南京鼓楼医院、郑大二附院、杭州整形医院等的医疗专家团队在昌都市人民医院为100名唇腭裂患者和手足畸形患者免费实施整形修复手术。这是微笑明天慈善基金会组织的专家医疗团队第四次远赴昌都，已为254名唇腭裂患者解除病患。

29日　区党委常务副书记、区政协党组书记丁业现利用4天时间，前往昌都市卡若区、江达县、贡觉县和察雅县26个点，调研开展“不忘初心、牢记使命”主题教育，聆听各族干部，群众心声，直面问题、研究对策，并看望慰问长期奋斗在基层一线、为改革发展稳定做出积极贡献的各族干部群众。考察脱贫攻坚工作时，他强调，要深入贯彻习近平总书记关于扶贫工作的重要论述，坚持精准扶贫精准脱贫基本方略不动摇，坚持脱贫攻坚与乡村振兴、新型城镇化、城乡融合发展紧密结合，聚焦“两不愁三保障”，继续在“六个精准”“五个一批”上下功夫，健全稳定脱贫长效机制，确保2019年与全区一道消除绝对贫困。在专题会议上，他强调，各级各部门和党员领导干部要立足党和国家建设发展史、复杂多变的国际形势、当前处于重要历史交汇期的实际，深刻领会“不忘初心、牢记使命”主题教育“正当其时”的内涵，增强战略定力、加强理论武装、强化政治担当，团结带领各族群众坚持用习近平新时代中国特色社会主义思想武装头脑、指导实践、推动工作。区人大常委会副主任丹增朗杰参加活动。区党委副秘书长、政研室主任许珠武，区党委组织部部务委员管云平，区公安厅副巡视员德庆洛桑，区财政厅副厅长卢明秀，区宗教局局长拉巴次仁参加调研。阿布，陈军，黎世江，扎西，市委常委、统战部部长泽仁俊美，旺堆，任厚明陪同调研。

同日 郑连武参加市纪委党员干部重走十八军进藏路活动。

同日 市直机关工委组织举办“党员作表率机关走在前”党的知识竞赛决赛。本次知识竞赛活动自5月10日启动以来，共有60余家市（中、区）直单位参加。决赛采取必答、抢答和风险题三种形式，9支代表队进行激烈角逐。李斌，邓文昌，赵明，扎西次仁出席决赛现场。

同日 市财政局牵头开展“昌都市打击和防范非法集资宣传活动”，市委宣传部及人行昌都中心支行、市税务局等26家单位参加。通过设立咨询台、发放宣传资料等方式向群众宣传并讲解防范非法集资知识，充分利用电视、广播、报刊、互联网等媒体，张贴宣传海报，宣传相关法律、法规和政策，投资风险警示、典型案例解读，着力宣传“非法集资不受法律保护，参与非法集资风险自担”的理念，教育广大人民群众自觉远离非法集资。并普及与非法集资相关的金融知识，向群众介绍非法集资的基本特征、表现形式和常见手段等，揭示非法集资的风险及社会危害。2000余人参加活动，发放宣传资料4000余份。

30日 昌都市与华电金沙江上游水电开发公司座谈，交流探讨深化清洁能源合作、推进项目建设等有关事宜。华电金上公司党委副书记、副总经理汪良汇报华电金上公司清洁能源项目建设情况。陈军主持并要求，各级各部门要高度重视生态红线、自然保护区、农田等在清洁能源项目开发中的影响，坚持生态优先，集约节约用地。要坚持规划先行，合理利用，明确目标，分批实施，建设清洁能源示范工程、样板工程。要立足当前，着眼长远，领会吃透各项政策，把明方向，善于、敢于用好用足政策，积极推动项目进展。要做好顶层设计，统筹推进项目建设。要履行央企的社会责任，发挥社会效益，助力地方政府实施精准扶贫，精准脱贫。要加强领导，成立工作专班。赵明、贾新雨以及市水利、发改、环保、财政、自然资源、商务等部门负责人就有关事宜提出有针对性、建设性和可操作性的建议和意见。

同日 团市委在茶马广场举办“‘青春心向党建功新时代——昌都笑脸’喜迎中国共产党建党98周年、中华人民共和国成立70周年摄影展”主题活动。活动参展的摄影作品共计263张，通过现场投票的方式评比，20张入围“昌都最美笑脸”，后续将在新媒体发布进行最终的公开网络投票。

6月30日至7月1日 自治区巡演团在市职业技术学校操场和茶马广场举办两场《共产党来了苦变甜》主题文艺演出，共6000余人观看。自治区文化厅副巡视员、计财处处长马琳，自治区党委宣传部文化艺术处调研员达娃次仁，市委常委、宣传部部长赵建国、市人大常委会副主任晏启初观演。

7月

1日 昌都市庆祝中国共产党成立98周年，在康巴文化演艺推介展示中心举行由市委宣传部主办，市委办公室、市委组织部、市直机关工委、市教育局、市文化局、市广电局、团市委承办“不忘初心跟党走，牢记使命创辉煌”文艺晚会。自治区党委常务副书记、自治区政协党组书记、区党委党校校长丁业现，自治区人大常委会副主任丹增朗杰，市委书记阿布，市委副书记、市长陈军，自治区党委副秘书长、政研室主任许珠武，自治区党委组织部部务委员管云平，自治区公安厅副巡视员德庆洛桑，自治区财政厅副厅长卢明秀，自治区宗教局局长拉巴次仁，市委常委、常务副市长蔡家林，市委常委、卡若区委书记王伟，市委常委、纪委书记、监察委员会主任郑连武，市委常委、市新区管委会党组书记梅方权，市委常委、宣传部部长赵建国，市委常委、组织部部长李斌，市委常委、政法委书记张文生，市委常委、统战部部长泽仁俊美，市人大常委会主任贡秋江村，市人大常委会副主任邓文昌、齐飞、晏启初，副市长赵明，市政协副主席赤来、多嘉、扎西次仁，市政协副主席、市发展改革委党组书记杨瑛，市检察院检察长贺建军，市政协党组成员，强巴林寺管委会党委书记、主任泽仁罗布等观演。

同日　昌都市召开脱贫攻坚指挥部第6次会议，传达学习自治区脱贫攻坚指挥部会议纪要精神；全区深度贫困地区脱贫攻坚现场推进暨深化对口援藏扶贫工作会议精神。研究昌都市脱贫攻坚指挥部政策保障组《关于2019年中央财政农业生产发展资金（支持深度贫困地区资金）分配的请示》和扶贫领域审计发现问题整改方案。全面总结上半年脱贫攻坚工作，安排部署下步工作。市委副书记、市长陈军主持并强调，要强化理论联系实际的优良作风，认真学习习近平新时代中国特色社会主义思想，特别是习近平总书记在重庆考察并主持召开解决“两不愁、三保障”突出问题座谈会精神，把学习成果转化为做好本职工作、助力推动脱贫攻坚的生动实践，做到知行合一、学以致用。要聚焦“两不愁、三保障”，按照“缺什么补什么”的原则，突出问题导向和目标导向，加大工作力度，努力改善提高医疗、水利、交通、电力等各方面的条件。要全力以赴做好扶贫领域问题的整改，边梳理边整改，标本兼治，举一反三，深入剖析问题产生的原因，细化实化整改措施，建立问题台账和整改台账，压紧压实责任，做到问题整改见真章、动真格、求实效。要持续加大产业扶贫力度，按照市场化经营，规范产业收益与群众的连续性，完善对口援藏省市企业与受援县（区）结对帮扶、扶贫协作机制，不断巩固扩大援藏扶贫成效。要加强基层党建建设，积极与维护社会稳定工作相结合，压实县、乡、村各级责任，努力发挥帮扶作用，加大教育宣传力度。要精准落实脱贫攻坚政策标准，全力以赴做好扶贫领域问题整改，巩固和扩大脱贫攻坚战果。要加强组织领导，强化责任担当意识，发挥好脱贫攻坚指挥部的主体责任，强化统筹协调机制，杜绝不作为、慢作为，确保推动脱贫攻坚各项工作落实。市扶贫办负责人汇报昌都市2019年度上半年脱贫攻坚工作，并对昌都市2019年度下半年脱贫攻坚工作提出建议。市委常委、常务副市长蔡家林出席，市政府秘书长贾新雨以及市脱贫攻坚相关成员单位负责人参会。

同日　市政府办公室（研究室）召开党员大会，重温入党誓词，传达学习《中国共产党党组工作条例》《中国共产党支部工作条例（试行）》。市委副书记、市长陈军，副市长胡登孚参加。

同日　昌都市与福建省卫健委工作组召开座谈会。福建省卫健委党组书记、副主任黄如欣讲话，副市长卓嘎主持。市卫健委相关负责人汇报昌都市卫生健康工作情况、援藏工作情况，与会人员作交流发言。6月30日，工作组前往市疾控中心和市妇幼保健院实地调研。

同日　市退役军人局开展“庆七一，话共建，爱党爱军爱人民”活动。前往驻昌某部队营地，看望慰问驻训官兵和困难党员，与官兵一起重温入党誓词，参观部队团史馆，观看部队“颂党恩、听党话、跟党走”主题歌咏比赛。

同日　福建省第八批援藏队医疗成员在茶马广场开展医疗义诊活动。现场设置义诊台，为昌都群众进行量血压等检查，并向群众宣传常见病、多发病的诊治及预防知识。共

2000余人接受义诊和健康咨询，发放1000余份宣传资料，免费发放价值2万多元的药品。

2日 市委书记阿布向自治区党委常务副书记、自治区政协党组书记、区党委党校校长丁业现汇报工作，市委常委、纪委书记郑连武参加。

同日 市委退役军人事务工作领导小组第一次会议在市政府会议室召开。会议传达学习习近平总书记关于退役军人工作的重要论述及重要批示精神、吴英杰书记对退役军人事务工作指示要求和自治区党委退役军人事务工作领导小组会议精神，审议通过市委退役军人事务工作领导小组工作规则及其办公室工作细则，安排部署全市退役军人工作。市委常委、政法委书记张文生讲话。副市长胡登孚主持。

同日 昌都市召开生态环境保护督查整改工作推进会。市委常委、常务副市长蔡家林主持并讲话。市生态环境局相关负责人汇报全市环保督察反馈问题整改工作进展情况。全市中央环境保护督察反馈的29个大项整改任务，86项具体措施，自治区环境保护督察反馈的13项41个具体问题，均较好地完成整改。各相关单位主要负责人参会，会议以电视电话会议形式召开至各县（区）。

2日至4日 自然资源部党组成员、副部长凌月明率调研组赴昌都调研地质灾害防治工作。调研组前往昌都市野堆村、昌都军分区后山和江达县波罗乡和白格滑坡体，以实地查看、听取汇报等形式，检查调研野堆村1号、2号支沟泥石流治理和后山滑坡地质灾害工程治理建设情况，以及滑坡残留体应急处置情况。市自然资源局负责人详细介绍全市地质灾害防治等工作开展情况。自治区副主席坚参，自治区政府副秘书长潘旭春，自治区自然资源厅厅长梁建平，市委副书记、市长陈军，市委常委、江达县委书记黎世江陪同。自治区、市、县有关部门负责人参加调研。

3日 市创文办组织召开创建全国文明城市工作培训会。市委常委、宣传部部长赵建国出席。培训会逐项解读创建全国文明城市材料申报、实地测评的项目内容和标准要求，实地考察、问卷调查等实地测评内容等，包括资料报送流程、资料收集范围、资料整理规范、资料格式等方面内容，详细指导图片资料、正式发文、说明报告、数据表格的报送要求。会上就《昌都市创建全国文明城市工作督导考核试行办法（征求意见稿）》征求各单位意见建议。卡若区、市（中、区）直各单位分管创文工作的负责人和工作人员参训。

同日 昌都市召开双拥工作领导小组2019年度第一次全体会议。会议传达学习吴英杰书记在双拥工作会议上的重要批示指示精神。市退役军人局相关负责人宣读市双拥工作领导小组成员名单，汇报双拥工作开展情况。市委常委、政法委书记张文生讲话，副市长胡登孚主持，昌都军分区副政委、市双拥工作领导小组副组长徐洪刚出席。

同日 市政协副主席赤来带领市政协委员前往昌都军分区后山、如意苗圃视察山地造林绿化工作情况。

4日 昌都市与重庆市人力资源社会保障局赴昌援建慰问工作组在市政府12楼会议室召开座谈会。重庆市人力资源社会保障局党组副书记、副局长周平出席，市委副书记、重庆市第八批援藏工作队领队黎勇讲话，副市长胡登孚主持。

同日 昌都市创建全国文明城市实地测评发现问题会商交办会在市委宣传部召开。市委常委、宣传部部长赵建国主持。市创文办负责人就创建全国文明城市实地测评发现问题清单作说明。通过与问题责任单位当面交流、现场会商，研究分析创文工作短板弱项，落实整改责任，逐项交办下阶段重点工作任务。

4日至5日　自治区党委常委、秘书长刘江前往贡党县哈加、阿旺、木协、雄松、拉妥乡调研维护稳定、脱贫攻坚等工作。并围绕开展“不忘初心、牢记使命”主题教育和为基层减负广泛征求意见。在哈加乡然果寺，刘江详细了解寺庙管理方面的情况；实地查看阿旺乡蔬菜扶贫基地、易地搬迁安置点和木协、雄松、拉妥乡贫困群众生产生活情况。到结对户次仁巴姆和冲罗布家中，了解他们的生活情况以及子女上学、就业等情况。

5日　自治区纪委常委、监委委员高宏生召开调研座谈会，市委常委、纪委书记、监委主任郑连武参加。

同日　昌都市立法工作协调会暨《昌都市市容环境卫生管理条例》和《昌都市人大常委会讨论决定重大事项的规定》颁布实施座谈会在市人大常委会会议室召开。会议贯彻落实宪法和中共十九大精神，总结全市立法工作经验，研究部署全市2019年度立法工作。市人大常委会主任贡秋江村讲话，市人大常委会副主任齐飞主持。副市长卓嘎参会。市人大法制委员会及市司法局、市生态环境局、市文化局、市城市管理和综合执法局、市住房城乡建设局、市卫生健康委、卡若区创文办等相关负责人发言。

同日　市委网信办召开2019年新媒体网络安全培训会，通报市属新媒体现状及存在的突出问题，提出具体要求，并安排部署下一步全市网络安全和新媒体工作。昌都广播电视台有关负责人围绕“用网建网管网”主题讲解。市属新媒体主办单位分管领导、编辑，市属商业网站和重点新媒体运营人及市委网信办全体干部职工参会，各县（区）委常委、宣传部长和网站等新媒体主办单位负责人参会。培训会以视频会议形式召开至各县（区）。

8日　福建省第八批援藏队公交车捐赠仪式在市农科所公交客运停靠站举行。市委副书记、福建省第八批援藏队领队周青松，副市长赵明签订捐赠合同。此次捐赠的7辆新能源公交车总价值为280万元，于8月抵达昌都。

9日　市委书记阿布主持召开市委常委会会议，传达学习《赵乐际同志在市县巡察工作推进会上的讲话》精神及自治区领导相关批示指示精神；听取全市2019年上半年党风廉政建设和反腐败工作开展情况汇报，安排部署相关工作。他强调，各级各部门要自觉用党的创新理论武装头脑、指导实践、推动工作；要压紧压实责任，坚持“三个牢固树立”，增强管党治党意识，认真履行全面从严治党主体责任；要坚持问题导向，坚决扛起巡视整改政治责任，针对问题改问题，做到举一反三，主动认领、瞄准病灶、剖析原因，集中力量，把各项整改工作有序推进，努力做好全市党风廉政建设和反腐败工作。市委副书记、市长陈军，市委副书记周青松、黎勇，市委常委、常务副市长蔡家林，市委常委、芒康县委书记齐应海，市委常委、卡若区委书记王伟，市委常委、江达县委书记黎世江，市委常委、纪委书记、监委主任郑连武，市委常委、市新区管委会党组书记梅方权，市委常委、贡觉县委书记扎西，市委常委、宣传部部长赵建国，市委常委、组织部部长李斌，市委常委、政法委书记张文生，市委常委、统战部部长泽仁俊美分别出席主会场或各县分会场会议。市人大常委会、市政府、市政协等市级领导分别列席主会场或分会场会议。

同日　昌都市在昌都大厦一楼多功能厅举行重庆市第八批援藏工作为主题的32万字报告文学《藏地心迹》新书捐赠暨读书沙龙活动。市委副书记黎勇讲话，市委常委、宣传部部长赵建国主持。中国作家协会会员、重庆日报社主任记者、《藏地心迹》作者周鹏程以《向援藏人致敬》为题，介绍他创作《藏地心迹》的心路历程。并以个人名义向昌都市捐赠1000余册新书，价值10万余元；重庆作家协会副主席蒋登科等嘉宾分别点评新书。重庆组团式援藏教师朗诵《藏地心迹》中的精彩段落。《藏地心迹》已获得2019年度重庆市第十五届精神文明建设“五个一工程奖”，是唯一一件获奖报告文学作品。重庆援藏工作队代表，昌都市宣传思想文化系统各单位干部职工，昌都市教育局部分干部职工参加。

同日 昌都市卫生系统召开第八批组团式援藏干部人才表彰大会。市卫健委相关负责人宣读第八批组团式援藏干部和三级医院对口帮扶援藏人才表彰决定，市卫生健康委负责人为援藏干部人才代表颁发荣誉证书，重庆市、天津市、福建省援藏干部人才作交流发言。天津市、重庆市、福建省第八批组团式援藏干部及三级医院对口帮扶援藏干部人才，市卫生健康委、市人民医院、市藏医院负责人，各县（区）卫生健康委主任、人民医院院长参加。会议以电视电话会议形式召开至各县（区）。

11日 昌都市召开2019年上半年经济运行情况通报暨重点项目推进会，总结全市上半年经济运行和重点项目推进情况，查找问题、分析原因、研究对策，动员部署下一步工作。市委副书记、市长陈军要求，各级各部门要立足实际、全面总结，理性看待上半年取得的成绩；要把准问题、积极应对，深入分析全市经济社会发展面临的问题；要主动担当、狠抓落实，全力以赴完成全年各项目标；要切实改善民生，全面提升公共服务水平；要坚持问题导向，持续打好“三大攻坚战”；要紧盯投资拉动，加快推动项目建设；要狠抓重点难点，全力优化发展结构；要做大特色产业，奋力夯实发展基础；要深化改革开放，进一步激发内生动力；要注重顶层设计，谋划好高质量发展新篇章；要强化底线思维，不断优化发展环境。市委常委、常务副市长蔡家林主持。市政协副主席、市发展改革委党组书记杨瑛通报全市上半年经济运行和重点项目进展情况，各县（区）负责人汇报相关工作情况。上半年全市生产总值同比增长9.7%（可比价），城镇和农村居民人均可支配收入分别增长10.4%、13.5%，城镇登记失业率控制在2.4%以内，全市组织各项税收收入14.82亿元、同比增长12.8%，社会消费品零售总额完成31亿元、同比增长10%。上半年全市生产总值预计完成84.49亿元，同比增长9.7%（可比价）。全市268个易地扶贫搬迁安置点已全部完工，实现入住安置点260个；“三岩”片区跨市整体易地扶贫搬迁已搬迁至拉萨市249户1639人、林芝市206户1271人；审批建设项目报告表（书）65份。截至6月底，全市共举办各类专场招聘会35场，累计开发就业岗位5370个，实现城镇新增就业2461人；严格落实“十五年”免费教育政策，分别下拨“三包”经费、营养改善计划经费4.6亿元、0.76亿元；养老、失业、工伤保险参保人数达到54.01万人次，基金收入2.87亿元，待遇支出3.77亿元；完成社会保障卡信息采集67.28万人，制卡40.96万张；农村居民人均可支配收入达到3432元，同比增长13.5%；城镇居民人均可支配收入达到17171元，同比增长10.4%；开展检查执法行动490次，检查企事业单位4702家次，排查隐患3739处，完成整改3532处。农林牧渔业总产值完成9.31亿元，同比增长6.8%；全市乡及乡以上工业企业总产值完成14.8亿元，同比增长12.1%；共接待各类游客110.35万人次、实现旅游收入9.05亿元，同比均增长26.88%。全市一般公共预算收入完成8亿元，与去年同期基本持平；税务部门组织各项收入14.82亿元，同比增长12.8%；一般公共预算支出完成98亿元，同比增长3%；客运量完成75万人次，同比增长10.3%；安全保障航班起降1700架次，同比增长6.5%；完成旅客吞吐量17万人次，同比增长10.1%；已完成11个县（区）100个乡镇616个行政村的划定工作，共划定面积64.15万亩。全市各类市场主体达到31299户、注册资本（金）758.49亿元，同比分别增长21.16%、11.36%；累计到位招商引资资金22.34亿元，新建项目15个；社会消费品零售总额预计完成31亿元，同比增长10%；“三省三市六企”援藏资金到位10亿元，实施援藏项目126个、完成投资7.5亿元。副市长卓嘎、旺堆、赵明出席。副市长欧珠达瓦出席洛隆县分会场会议。会议以电视电话形式召开至各县（区）。

同日　昌都市召开农牧民增收工作领导小组会议。总结上半年全市农牧民增收工作开展情况，研究分析农牧民增收工作面临的形势和存在的问题，动员全市各级各有关部门坚定信心，加压奋进，全力推进农牧民增收工作再上新台阶。市委副书记、市长陈军要求，各级各部门要聚焦重点工作任务，切实做好农牧民增收各项工作；要加快现代化农牧业发展，不断夯实增收基础；要拓宽就业创业渠道，想方设法增加农牧民收入；要强化利益联结，不断健全现代化农业新模式；要强化政策支持，加快推进农牧区保障服务；要转变观念改进方式，确保农牧民增收各项工作落到实处；要拓宽思路、齐抓共管，建立机制不断保障农牧民增收。市委常委、常务副市长蔡家林主持。市农业农村局负责人汇报2019年上半年农牧民增收工作情况。会议以电视电话会议形式召开至各县（区）。

同日　市委副书记周青松前往卡若区特困人员集中供养服务中心、昌都市第二儿童福利院开展慰问捐赠活动。向卡若区特困人员集中供养服务中心捐赠160件罐头和10万元资金。

同日　昌都市召开创建全国文明城市工作推进组调度会。市委常委、宣传部部长赵建国主持讲话。各推进组代表汇报本推进组创文工作开展情况，与会人员围绕工作推进中存在的问题困难及整改措施进行讨论。

12日　昌都市召开“12345”政府服务热线工作推进会。市政府秘书长贾新雨安排部署全市“12345”政府服务热线工作。市政府办有关负责人就政府服务热线需要部门配合事项作说明，中国移动昌都分公司汇报政府服务热线工作进展情况并培训参会的有关技术操作人员。“12345”政府服务热线7月15日正式启动试运行。由中国移动昌都分公司承接该项目建设，中心使用面积100平方米。完成1条2M语音中继线与“12345”昌都市政府服务热线语音网关对接，完成三家运营商语音数据交换，实现全网号码呼入“12345”昌都市政府服务热线平台。

同日　昌都市召开福建组团式援藏教师座谈会。市委副书记周青松讲话。市第三高级中学校长、福建组团式援藏教师代表、市教育局负责人分别作交流发言。会前，为福建援藏项目——昌都三高周转房项目揭牌。

同日　市委宣传部召开欢送第八批宣传思想文化系统援藏干部座谈会，市委常委、宣传部部长赵建国主持。会上观看宣传思想文化系统视频寄语；市委宣传部、昌都报社、昌都广播电视台、市广电局、市文化局援藏干部分别作在昌援藏期间工作总结发言；宣传文化系统受援单位负责人分别发言。

同日　昌都市第六期党员政治教育班在革命历史博物馆开展“不忘初心、牢记使命”主题教育读书班深化党员政治教育活动。学员们通过参观革命历史博物馆、重温入党誓词、集体学习、畅谈心得体会、研讨交流等多种形式，进一步坚定对“初心”“使命”的坚守，加深对习近平新时代中国特色社会主义思想的理解，增强贯彻落实习近平总书记重要指示精神的自觉性和坚定性。并进行“昌都市党员教育培训基地”

揭牌仪式。

13日 西藏自然科学博物馆“三区”科技服务队和西藏自然资源保护与科普发展基金会在昌都市第二高级中学开展“不忘初心、牢记使命”主题调研及科普进校园主题活动。西藏自然资源保护与科普发展基金会举行科普读物捐赠仪式，捐赠科普科教类、工具书籍类、励志类、文献法规类4类共77册科普书籍。区科技厅副厅长王俊杰参加。

15日 昌都市在康巴文化演艺推介展示中心召开第八批优秀援藏干部人才表彰大会。会议总结第八批干部人才援藏工作，表彰优秀援藏干部。市委书记阿布讲话，市委副书记、市长陈军主持。市委常委、组织部部长李斌宣读《中共昌都市委、昌都市人民政府关于表彰昌都市第八批优秀援藏干部人才的决定》，表彰593名优秀援藏干部。在主席台前排就座的领导为优秀援藏干部人才代表颁发荣誉证书。医疗援藏人才代表易文强、教育援藏人才代表钟平、援藏干部代表林启福结合各自工作生活实际作发言。市委副书记周青松、黎勇、于树民，市委常委、常务副市长蔡家林，市委常委、卡若区委书记王伟，市委常委、纪委书记、监委主任郑连武，市委常委、市新区管委会党组书记梅方权，市委常委、宣传部部长赵建国，市委常委、统战部部长泽仁俊美出席。市人大常委会、市政府、市政协、市法院、市检察院、强巴林寺管委会等市级领导出席。

15日至17日 最高人民法院党组副书记、副院长江必新赴联系点昌都市法院开展“不忘初心、牢记使命”主题教育调研活动。前往市法院和丁青、类乌齐、江达县法院以及觉恩、玉龙中心人民法庭，实地察看基层基础建设等情况并召开座谈会。自治区高级人民法院党组书记、院长索达，市委常委、政法委书记张文生，副市长旺堆，市法院院长扎西江平，全国人大代表泽仁永宗，自治区人大代表扎西曲珍、斯朗措姆参加座谈。

同日 区总工会党组成员、经审委主任徐俊琴率队慰问全市10名在档困难职工，共兑现资金10000元。并召开座谈会，听取汇报，交流发言。截至2019年，市总工会共走访慰问在档854户困难职工家庭，并向自治区总工会争取入户慰问金17.08万元。

同日 市政府召开落实中央扫黑除恶第13督导组第一、二阶段督导反馈问题中行业乱象整改工作部署推进会。市委副书记、市长陈军要求，各级各部门要严格按照中央和自治区的决策部署和工作要求，亲自决策，亲自部署，亲自推动，强力推进扫黑除恶专项斗争向纵深发展。要突出乱象，铁腕严打，重拳出击，主动作为，坚持举一反三，深入剖析问题成因，紧盯重点目标，聚焦问题清零，细化整改措施，推动反馈问题迅速整改、全面整改、彻底整改。要完善机制，巩固实效，建立健全线索发现移交机制，健全动员机制，加大宣传力度，动员全社会参与到扫黑除恶专项斗争中来，形成涉黑涉恶人人喊打的体制机制。要强化联动，形成各部门各司其职、齐抓共管、合理治乱的工作格局。要建强组织，筑牢根基，把扫黑除恶与加强基层党组织建设、基层政权建设结合起来，不断提升基层治理水平，巩固党的执政根基，为彻底铲除黑恶势力提供有力的基层组织保障。市委常委、政法委书记张文生出席丁青县分会场并通报《昌都市人民政府关于落实中央扫黑除恶第13督导组第一、二阶段督导反馈问题中行业乱象整改方案》。江达县、市公安局、市住房城乡建设局、市文化局负责人作交流发言。

16日 来自天津、重庆、福建的237名第九批援藏干部抵昌，分赴昌都市市直机关及各县（区）开展为期三年或一年半的对口援藏工作。福建省委常委、组织部部长、副省长杨贤金率福建省接送团与第九批援藏干部同机抵达。市委书记阿布，市委副书记周青松、黎勇、于树民，市委常委、常务副市长蔡家林，市委常委、组织部部长李斌在机场迎接。随后，杨贤金与福建省第九批援藏队领队魏东等前往八宿县益青乡尼琼村看望慰问困难老党员阿保，实地视察经济开发区建设规划展览馆，市妇幼保健院和昌都市福建公寓项目，看望慰问福建省第八批援藏干部人才，实地考察儿童门诊、儿科保健、产科门诊及妇幼保健院综合办公区、孕妇休息区及新院建设推进、对口援建成效等情况，听取市妇幼保健院相关负责人工作汇报并为昌都市妇幼保健院揭牌。阿布、陈军、周青松，市委常委、市新区管委会党组书记梅方权，李斌、卓嘎分别陪同。位于昌都市卡若区通夏村总投2.1679亿元、其中福建援助资金1亿元的昌都市妇幼保健院是福建省第八批援藏工作队投入的重点民生项目，规划300张床位，分两期建设，一期建设床位150张，总建筑面积36084平方米，于2017年3月开工建设，2019年7月建成投入使用。昌都市福建公寓项目总投资4000余万元，分昌都市福建援藏公寓（A栋）、昌都市直干部周转房（B栋）两栋，建筑层数13层，总建筑面积8934.69平方米，2019年7月交付使用。

同日 市委书记阿布在康巴文化演艺推介展示中心一楼会见厅先后会见天津、重庆、福建援藏干部人才接送团。天津第九批援藏工作队领队杨灏，重庆第九批援藏工作队领队廖传锦，福建第九批援藏工作队领队魏东，市委副书记、市长陈军，副书记周青松、黎勇、于树民，市委常委、常务副市长蔡家林，市委常委、组织部部长李斌，市政协副主席、市发展改革委党组书记杨瑛参加。

16日至20日 市委常委、纪委书记、监委主任郑连武在日喀则市参加全区市县巡察工作推进会。

17日 自治区党委副书记、自治区主席齐扎拉在昌都市与福建援藏干部人才座谈，共商深化援藏工作事宜，观看福建省第八批援藏工作专题汇报片。福建省委常委、组织部部长、副省长杨贤金讲话，市委书记阿布主持。市委副书记周青松，陈晓东作交流发言；福建第九批援藏工作队领队魏东作表态发言。市委副书记、市长陈军，市人大常委会主任贡秋江村，市委常委、组织部部长李斌，市政协副主席图嘎，副市长赵明、市政协副主席、市发展改革委党组书记杨瑛出席。其间，齐扎拉在昌都市调研民生保障、产业发展、脱贫攻坚、乡村振兴等情况。在调研察雅县吉塘镇特色小镇建设、类乌齐县产业发展及合作社建设时，同当地干部群众一起算细账、长远账。对于群众反映生产生活中遇到的问题及工作建议，齐扎拉现场办公逐一回应解答。

17日至25日 昌都市召开第九批援藏干部人才欢迎会。市委书记阿布主持。他要求，各级各部门要不忘初心、牢记使命，主动融入担当作为，在新时代援藏工作实践中经风雨见世面壮筋骨长才干；要铸好政治信念，提高政治鉴别力和政治敏锐性；要学好理论知识，不断提高干事创业敢担当的本领；要筑好民族团结，维护和谐稳定；要练好过硬作风；树立援藏干部人才良好形象；要当好桥梁纽带，实现优势互补、互惠互利、合作共赢；要激励约束并重，严管厚爱结合，为第九批援藏干部人才施展才华创造更大平台；要对援藏干部人才高看一眼、厚爱三分，做到政治上充分信任、工作上大力支持、生活上热情关心、管理上严格要求，积极为援藏省市党委及组织部门建言献策，推荐政治素质过硬、工作实绩突出、符合任职资格条件的援藏干部人才，全力为援藏干部人才搭建发挥才智、干事创业、人生出彩的平台。市委副书记廖传锦，市委副书记、常务副市长魏东、杨灏作表态发言。市委常委、卡若区委书记王伟，市委常委、宣传部部长赵建国，市委常委、统战部部长泽仁俊美，市政协副主席图嘎，市人大常委会副主任邓文昌、晏启初，副市长卓嘎、旺堆、胡登孚、赵明，市政协副主席赤来、张宏军、多嘉、扎西次仁，市政协副主席、市发展改革委党组书记杨瑛出席。17日，召开天津、重庆两市第九批援藏干部人才座谈会。市委副书记黎勇主持，市委常委、常务副市长蔡家林讲话，市委副书记廖传锦作表态发言，市委副书记、常务副市长杨灏讲话。新入藏的56名干部人才从姓名、原单位、工作内容和援助任职的单位、工作内容作自我介绍，并作表态发言。18日，举行第九批援藏干部培训会。市委常委、统战部部长泽仁俊美讲话并向到场的援藏干部详细介绍全市统战民族宗教工作情况。副市长赵明介绍昌都市经济社会发展现状。市公安局工作人员讲解全市当前维稳形势与重点任务。19日至20日，重庆市委副书记、市长唐良智率考察组在昌都市实地考察指导对口支援工作，召开重庆·西藏对口支援工作座谈会，深化两地交流合作。自治区党委副书记、自治区主席齐扎拉转达吴英杰书记的诚挚感谢。重庆市委常委、组织部部长胡文容，自治区副主席江白参加。市委书记阿布介绍昌都市经济社会发展情况。西藏自治区、昌都市有关负责人，重庆市有关部门负责人参加相关活动。24日，在福建省委组织部和昌都市委的统一安排下，福建省第八、九批援藏干部人才完成压茬交接。24日至25日，福建省泉州市检察院赴藏考察团赴昌都市洛隆县考察检察援藏工作。考察团现场考察泉州检察院对口援建项目实施情况，对下一步如何更好地对接进行交流并召开座谈会暨捐赠仪式，向洛隆县检察院捐款40万元。2016年7月起，根据中央统一部署，泉州对口支援西藏的地区从林芝市工布江达县调整为昌都市洛隆县。

17日 市委第十轮巡查九组召开“回头看”机动巡查市发展和改革委员会党组、公安局党委、农业农村局党组、人民医院党委反馈会。向4家被巡察单位党组织反馈问题共计35条（其中公安局党委10条、人民医院党委9条、发展和改革委员会党组9条，农业农村局党组7条），针对发现的问题提出22条整改意见建议。2019年4月至7月，市委第十轮巡察九组进驻市公安局党委、人民医院党委、发展和改革委员会党组、农业农村局党组等4家被巡察单位党组织开展“回头看”机动巡察。

同日 昌都市召开农村饮水安全工作推进会。副市长赵明讲话，11个县（区）水利局负责人汇报2019年上半年农村饮水安全工作开展情况；市水利局负责人通报2019年农村饮水安全工作开展情况。

同日 昌都市农民工工资银行代发启动仪式在孜通坝土地整理一期施工项目现场举行。副市长胡登孚讲话并为农民工代表发放实名制银行代发工资卡；项目业主单位、施工总承包方和金融机构签订《西藏昌都市工程建设领域人工费用（农民工工资）专户专款管理协议》。

同日 市教育局组织市第一小学30余名优秀学生开展“我和我的祖国”高原学子红色之旅活动。

20日 昌都市开展防汛应急演练。演练共分为预警发布、先期处置，应急响应、展开抢险，协调联动、舆情应对，应急终止、总结讲评4个阶段，检验全市交通运输部门应急通信、联动和处置能力。此次演练共出动应急抢险人员50余人，应急车、救护车、装载机、挖掘机等应急抢险设备6台。

22日 市委常委、纪委书记、监委主任郑连武参加中央组织部调研组关于干部队伍建设座谈会。

同日 昌都市召开2019年退役军人事务

工作会议。会议全面总结上半年退役军人事务工作，安排部署下半年工作。副市长胡登孚讲话。各县（区）退役军人事务局负责人作工作汇报。

22日至28日 自治区政协党组成员、副主席王亚蔺带领自治区政协“不忘初心、牢记使命”主题教育调研组前往洛隆、边坝、卡若等地开展专题调研。28日，调研组与市政协举行座谈会。市政协提案委员会、经济资源环境社会教科文卫委员会、文史民族宗教法制委员会等部门负责人分别汇报相关工作开展情况及意见建议。市政协副主席赤来、张宏军、扎西次仁参会。

23日 人社部助力健康扶贫首都医疗专家昌都服务行启动仪式在市人民医院举行。自治区人社厅党组成员、巡视员刘莉，人社部留学人员和专家服务中心服务处处长陈平平讲话，副市长胡登孚主持。参加此次活动的首都医疗专家共7人，分别来自解决军战略支援部队特色医学中心、北京大学人民医院、北京友谊医院等。医疗专家围绕妇科、骨科、心内、胸内、影像等基层迫切需要的医疗项目，分别与市人民医院、藏医院、妇幼保健院等项目需求单位进行准对接，确定帮扶的方式和内容。

23日至25日 市双拥领导小组、陆军第955医院和市退役军人局联合为市（中、区）直单位退役军人开展健康体检公益活动。

24日 自治区人社厅“不忘初心、牢记使命”主题教育事业单位人事人才工作调研昌都市座谈会在市人力资源社会保障局举行。区人社厅党组成员、巡视员刘莉讲话，副市长胡登孚主持。市人力资源社会保障局有关负责人汇报全市事业单位人事人才工作情况；市组织、教育、卫生、农牧、文化等行业主管部门的参会人员，围绕事业单位岗位设置管理、专业技术职称评聘、人才引进等有关事宜交流发言；自治区人社厅相关处室负责人按照业务归口，解答和交流参会人员提出的问题。

25日 昌都市召开2019年上半年安全生产和应急管理工作会。会议总结上半年工作情况，安排部署下半年工作。副市长高学文讲话。市应急局负责人通报2019年上半年安全生产和应急管理工作情况。

25日至26日 中央政治局委员、天津市委书记李鸿忠，天津市委副书记、市长张国清，市委副书记阴和俊率天津市党政代表团赴昌都市考察调研，加力推进对口支援各项工作，助力决胜脱贫攻坚战。25日，代表团前往丁青县觉恩乡金卡村易地扶贫搬迁安置点。此项目总投资1857.55万元，其中天津援助解决资金669万元，修建村级组织活动场所、便民超市、卫生室。天津企业津鹏农业发展有限公司2016年入驻丁青县农业生态产业园，投资1250万元，升级改造新建棚室，引进当地从未种植过的圣女果等品种，已取得成功。26日，天津市党政代表团与自治区座谈交流。在昌都期间，李鸿忠还看望民族团结亲戚西绕永青一家。自治区党委书记吴英杰，自治区党委副书记、区常务副主席庄严，自治区党委常委、秘书长刘江，市委书记阿布陪同考察。

25日至27日 自治区党委书记吴英杰采取“四不两直”方式前往昌都市八宿县益青乡尼琼村实地调研，指导“不忘初心、牢记使命”主题教育，看望慰问最基层的干部群众。在益青片区乡村荣誉室、尼琼村便民服务室、电子商务进农村综合示范点，吴英杰与基层干部交谈，详细了解基层党组织建设和便民服务工作开展情况，帮助村“两委”班子找差距、抓落实。区党委副书记、自治区常务副主席庄严陪同。26日，吴英杰前往左贡县、芒康县，结合开展“不忘初心、牢记使命”主题教育，专题调研脱贫攻坚、产业发展、乡村振兴等工作。到左贡县旺达镇夯达村成功红天麓酒庄考察工厂规划建设情况、视频观看万亩葡萄园种植情况。到芒康县产业园区，查看沃福农副产品有限公司芫根和食用菌厂房，了解芒康绿野食品有限公司索多西辣椒产品生产加工情况和俄江农副产品青稞加工销售情况。左贡县、芒康县有关负责人陪同。27日，前往芒康县、贡觉县、察雅县，专题调研脱贫攻坚、产业发展等工作，听取广大基层干部群众关于“不忘初心、牢记使命”主题教育意见建议。到芒康县纳西民族乡纳西村看望自治区第八、九、十届人大代表，纳西村党总支书记贡秋扎西，征求他对主题教育的意见建议。到芒康县加色村隧道，考察318国道海通沟公路整治项目；调研指导基层依法管理宗教事务有关工作。到贡觉县阿旺乡了解搬迁群众生产生活就业等情况。抵达察雅县直奔烟多镇产业扶贫车间，调研金银器加工厂、嘎央齐民族手工艺品有限公司、琼吉民族手工艺制作有限公司、央青唐卡传承有限公司、吉祥农林建设投资有限公司吸纳当地贫困户就业等情况。区党委常委、秘书长刘江，市委书记阿布陪同。

26日　昌都市与自治区财政厅调研组座谈。自治区财政厅党组副书记、厅长云丹讲话。市委副书记、市长陈军主持并讲话。市财政局负责人汇报工作情况，与会人员交流相关事项，自治区财政厅调研组成员发言。市委副书记、常务副市长魏东，市政协副主席、市发展改革委党组书记杨瑛参会。调研组前往芒康、左贡、卡若调研基层财力保障情况、少数民族发展和边境地区建设等保障服务情况，了解现有政策落实存在的困难和问题，听取基层政府及财政部门意见建议，为下一步制定政策提供支撑。并就有效应对经济运行下行压力和适应引领新常态、减税降费、基层财政运行、县级基本财力保障、民生政策及保障情况等工作提出具体工作要求。

同日　昌都市在茶马广场举行市双拥办主办的“军民同庆建军节，共筑双拥模范城”活动。陆军第955医院的医务人员免费为现场群众体检、诊断、发放药品。驻昌部队的官兵代表分成几路，为群众免费剪头发、免费修电器、开展征兵宣传活动、街头打扫卫生。此次活动共免费送药3万多元，累计接诊500余人次，为75人免费理发，发放征兵宣传册1000余份，打扫昌都市区所有卫生死角。

28日　市委常委、纪委书记、监委主任郑连武在重庆援藏公寓为重庆市第九批援藏干部开展任职前集体廉政谈话。

同日　来自福建、天津等地的150余名大学生志愿服务西部计划西藏专项志愿者抵昌。并经过为期一周的西藏区情、高原保健、人文交流和志愿服务培训后，于8月2正式派遣至11个县（区）服务地开展为期1年的志愿服务。

29日　昌都市召开扶贫领域审计发现问题整改落实部署视频会议。市委副书记、市长陈军主持并强调，要聚焦突出问题，针对性抓好具体问题整改落实，重点抓好方案修改完善工作，切实解决“两不愁三保障”突出问题，统筹推进产业项目带动群众增收，加强易地扶贫搬迁后续管理，加大贫困人口转移就业，强化扶贫资金项目监管。要认真履职尽责，全面压实审计反馈问题整改责任，做到履行主体责任、强化监督检查、严肃追责问责、加强作风建设。副市长卓嘎、高学文、胡登孚、赵明，县（区）长、副县（区）长，市脱贫攻坚指挥部相关成员单位负责人出席。以视频会议形式召开至各县（区）。审计署长春特派办、广州特派办、沈阳特派办分别审计卡若区、察雅县、芒康县自2016年以来的扶贫政策落实和资金管理使用情况。市脱贫攻坚指挥部办公室、市扶贫办负责人通报卡若区、察雅县、芒康县扶贫领域审计发现问题情况；卡若区、察雅县、芒康县分别作表态发言。

29日至8月5日 市农业农村局举办11县（区）138个乡镇农牧综合服务中心专业技术人员培训班。培训为期7天，采取集中讲授方式，培训草地贪夜蛾活动规律及防治措施、耕地质量保护与提升、农牧业技术推广员职称评定与考核讲解、测土配方施肥与化肥减量增效、农产品质量安全检测等技术和产业帮扶指导员工作要点等内容。

31日 市委书记阿布前往昌都军分区，看望慰问广大官兵。市委常委、昌都军分区司令员胡小柏，市委常委、政法委书记张文生，市人大常委会副主任罗松益西、公嘎泽仁，副市长欧珠达瓦、胡登孚参加慰问。晚上，在昌都军分区举行由昌都市双拥工作领导小组、昌都军分区政治工作部，卡若区双拥工作领导小组主办，以“红色昌都共创辉煌”为主题的庆祝“八一”中国人民解放军建军节文艺演出。演出后，阿布等市（师）级领导上台为最美退役军人、最美现役军人、最美军属颁发奖状并合唱歌曲《歌唱祖国》。市委、市人大常委会、市政府、市政协等市级领导观演。

同日 市人大常委会组织部分人大代表及市住房城乡建设局、生态环境局等相关单位监督检查及调研市区公共厕所建设运行管理情况，并前往广场、街道、小区等地通过采取实地调阅资料、走访查看、听取汇报、群众交谈等方式，检查公厕规划设计、点位布局、管理机制、卫生保洁等情况，对施工中的细节问题提出整改意见。并召开座谈会，听取全市“厕所革命”推进情况汇报，针对检查过程中发现的问题提出意见建议。市人大常委会副主任罗松益西出席。

同日 市妇联组织召开全市巾帼志愿者禁毒工作专题培训会。特邀山西警察学院范斌教授作专题培训。市（中、区）直单位妇委会、卡若区9个社区的27名巾帼志愿者，及市妇联、卡若区妇联干部共计104人参训。

8月

1日 市委书记阿布前往三江源生态文化城、孜通坝片区、市委党校等地调研。了解项目建设情况，听取工作汇报，协调解决对接过程中遇到的问题，并督促项目建设进度。在卡若区野堆村施工现场，听取项目负责人汇报三江源生态文化城、孜通坝片区等项目的规划设计、项目投资、建设进度等情况。他强调，各相关部门要统一认识，调整思路，强化责任，强化措施，不折不扣地完成项目各项指标任务；要突出城市特色，加大自然景观保护力度，科学规划好道路交通、管网、园林绿化建设；要强化服务意识，积极协调好各方关系，着力实现水电路网讯全覆盖；要坚持保护与发展并重，着眼长远、创新机制、科学规划，实现绿色高质量发展；要在规划设计中切实做好自然灾害的风险评估，切实提高安全防范意识；要精心施工，认真研究解决建设中存在的问题，确保工程建设顺利实施。规划设计好体育馆项目建设工作，加快推进好孜通坝片区第三条隧道的规划、申报、落地工作，切实将野堆村和孜通坝片区打造成全市集教育、文化、旅游、休闲娱乐等功能于一体的城市副中心。实地查看市委党校校园绿化、教学设施等，听取学校负责人和项目建设负责人汇报。调研卡若区野堆村棚户区改造工程、康巴商贸大厦、夏通街茶马路棚户区改造工程等项目。市委常委、卡若区委书记王伟，市政协副主席、发改委党组书记杨瑛，市住房城乡建设局、市发展改革委、市水利局、市城投公司等单位负责人参加调研。

同日 副市长旺堆带队前往昌都军分区某营、武警支队某大队、陆军九五五医院开展“八一”中国人民解放军建军节慰问活动。

同日 昌都市在昌都大厦前举行东风汽车集团有限公司捐赠车辆仪式，共捐赠19辆皮卡车。捐赠仪式前，东风集团与昌都市签订职业教育援助协议，涵盖市职业技术学校汽修基地建设、师资培训、学习交流、资源共享、实训设备等，涉及资金260万元。东风汽车集团有限公司总经理、党委副书记李绍烛出席，东风汽车集团有限公司（党委）办公厅副主任毛静代表东风集团捐赠，副市长赵明代表昌都市接受捐赠。

同日 市消防救援支队协同市森林消防支队举办2019年“火焰蓝”比武竞赛活动，进一步传承“老西藏精神”和“两路精神”。双方各派出20名精兵角逐100米跑、单杠卷身上、双杠杠端臂屈伸、4×100米接力跑、5000米跑三项单兵科目和两项班组科目等项目。

1日至2日 四川省阿坝州马尔康市召开以“融合·创新·发展”为主题的川滇藏青交界地藏区州（市）长第五次联席会议。市委副书记、市长陈军作交流发言，并参加阿坝通史展，藏羌彝走廊美术、书法、摄影展，马尔康第八届嘉绒锅庄文化旅游节开幕式，马尔康第二届嘉绒原创音乐季等活动。与云南省迪庆州委副书记、州长齐建新座谈，双方就加快推进滇藏铁路、滇藏高速公路的建设事宜达成共识。两地发展改革委、交通运输局等部门负责人分别介绍项目前期情况。2日，滇藏青交界地藏区州（市）长第五次联席会议州（市）长峰会在四川省阿坝州红原县召开。阿坝州委副书记、州长杨克宁主持。峰会讨论通过《阿坝倡议》，从生态保护、脱贫攻坚、文旅融合、乡村振兴、交通建设、民族团结、社会治理等方面，提出进一步深化区域合作的具体路径、举措和办法。进一步完善联席会议制度，经成员单位提议、联席会议通过，可适当增加联席会议成员单位。建立跨区域部门联动机制，深化专项协作，实现优势互补，构筑多渠道、深层次、宽领域、全方位合作的新局面。阿坝州委副书记、州长杨克宁代表阿坝州向各州（市）长赠送国家级非物质文化遗产、羌族刺绣作品《中国卧龙大熊猫》。市委副书记、市长陈军率团在红原县考察月亮湾开发情况，参加州（市）长新闻采访、第五次联席会议专项协作会、阿坝非物质文化遗产精品展、第五届川滇藏青交界地藏区特色产品展销会、第三届雅克·藏羌彝原创音乐盛典等活动。同日，昌都市雪源实业有限公司、江达县境界天然饮用水有限责任公司、洛隆县洛宗特色产品开发公司、丁青县岗翁布商贸有限责任公司、昌都市藏家牦牛股份有限公司、昌都市君亲科技开发有限公司6家企业，首次组团到阿坝州参展，现场推介洛隆糌粑、类乌齐藏家牦牛肉、丁青象牙玉、江达雪岩泉、君亲青稞深加工等100余种产品。

2日 昌都市召开2019年市食品安全委员会第一次全体会议。传达学习《地方党政领导干部食品安全责任制规定》《关于深化改革加强食品安全工作的意见》主要内容，以及自治区、昌都市领导关于食品安全工作重要讲话精神；副市长卓嘎讲话。食安委相关负责人汇报全市上半年食品安全工作开展情况。

同日 昌都市2019年国家统一法律职业资格考试工作会议在市司法局召开。副市长旺堆讲话。市司法局主要负责人宣读《昌都市人民政府办公室关于调整充实昌都市国家统一法律职业资格考试领导小组的通知》，汇报2019年昌都市国家统一法律职业资格考试工作准备情况；各成员单位审议《昌都市国家统一法律职业资格考试组织实施方案》，并结合各自职能对协助配合昌都市国家统一法律职业资格考试工作提出意见建议。昌都市国家统一法律职业资格考试领导小组各成员单位和市司法局各相关负责人以及昌都市国家统一法律职业资格考试领导小组办公室工作人员参会。

同日 2019年第二期领导干部大讲堂开讲。四川省委党校经济学教研部主任、经济学教授、经济学学科带头人，四川省政府特邀研究员文大会应邀作专题辅导报告。市人大常委会副主任罗松益西主持。在家市级领导干部、市直各单位县处级领导干部以及部分科级干部参加。讲堂以电视电话会议形式召开至各乡（镇）。

同日 市法院前往卡若区城关镇达吉街社区居委会，开展在职党员进社区志愿普法主题活动。宣讲法官从身边发生的故意杀人、故意伤害案件等真实案例出发，从定罪量刑、刑事附带民事赔偿等法律条文入手，从部分群众对案件量刑的认识误区落脚，详细讲解犯罪种类、刑事责任年龄、犯罪手段情节、认罪悔罪情况等不同因素，所产生的不同法律后果及量刑结果。活动现场还向群众讲解全国“扫黑除恶”专项斗争和自治区“扫黑除恶打非治乱”专项斗争以及昌都市专项斗争提出的28类重点打击对象；向社区群众发放《中华人民共和国宪法》《中华人民共和国刑法》《中华人民共和国监察法》《中华人民共和国合同法》《未成年人保护法知识读本》《中国共产党廉洁自律准则》《中国共产党纪律处分条例》《昌都市中级人民法院扫黑除恶打非治乱专项斗争应知应会手册》《农牧民工法律维权手册》等法治资料和法治扑克230余份；受教育党员干部群众共40余人，现场解答刑事附带民事赔偿、民间借贷等法律咨询3人。还慰问达吉街社区困难党员、残疾群众3人，送去米、面、油、茶等生活物资。

2日至6日 中国水利水电科学研究院副主任、教授级高级工程师宁堆虎，自治区水利厅党组成员、总工程师周建华率调研组前往昌都市芒康、江达、贡觉等县，通过实地检查、查阅资料、发放调查问卷、随机抽查等形式，调研金沙江流域生态保护工程规划相关工作，并召开座谈会，对存在问题提出对策和建议。副市长赵明讲话。市水利局负责人介绍金沙江流域西藏段生态保护工程规划的由来；贡觉、江达和芒康县等工程规划负责人发表意见和建议。

5日至9日 昌都驻拉萨办事处组织20名拉萨安置离退休人员代表重返昌都，参加“观变化、探亲友”活动。先后参观昌都城市规划展览馆、革命纪念馆、博物馆、卡若区北京新村、机场快速路项目、经济开发区等地。

6日至7日 福建、天津、重庆三省（市）第二轮组团式援藏教师55人、万名援藏援疆支教计划教师45人、第九批援藏专技人才（教育）12人，顺利抵昌，开展第二轮教育人才组团式援藏和万名援藏援疆教师支教计划工作。

7日 昌都市召开扫黑除恶工作汇报会。中央扫黑除恶第13督导组组长朱维群讲话。自治区党委常委、政法委书记何文浩主持。市委书记阿布作汇报。中央扫黑除恶第13督导组赴昌督导调研组和自治区党委政法委有关领导，市委、市人大常委会、市政府、市政协、市法院、武警昌都支队市（师）级领导，市直机关部门负责人参会。次日，朱维群一行前往强巴林寺、市公安局、市委政法委等地视察扫黑除恶工作智慧昌都和雪亮工程建设等情况。市委书记阿布，市委常委、政法委书记张文生陪同。

同日 市委常委、卡若区委书记王伟带队前往邦达街社区、达玛拉花园、通夏街、四川桥、第一综合农贸市场等地开展创卫工作督导检查。观摩学习达瓦小区、启赤街社区安康家园的经验做法。副市长卓嘎，市住房城乡建设局、市政府国资委、市商务局、市城市管理和综合执法局、交警支队、市林草局等单位负责人陪同。

7日至8日　中央纪委委员、中央纪委国家监委驻人社部纪检监察组组长、部党组成员耿文清率人社部“不忘初心、牢记使命”主题教育调研组赴昌都调研。7日，调研组与昌都座谈，副市长胡登孚主持。8日，调研组前往卡若区就业创业培训中心、市人力资源社会保障局等地调研。

8日　市政府召开第五届三江茶马文化艺术节新闻发布会。副市长赵明介绍艺术节情况。市委、市政府分别召开市委常委会和市政府专题会，成立由市委副书记、市长陈军任名誉主任，市政协副主席图嘎任总顾问，市委常委、卡若区委书记王伟任主任的筹备委员会。本届艺术节由市政府主办，卡若区政府、市文化局承办。

同日　市创文办在卡若区新时代文明实践中心·卡若大讲堂举办昌都市创建全国文明城市工作专题培训会。会议学习总结山东省日照市在创建全国文明城市工作中的先进做法和典型经验，并要求以此次培训会为契机，结合自身工作实际，抓好工作落实，确保昌都市全国文明城市创建工作再上新台阶。创建全国文明城市各责任单位参与培训。

10日　市直机关工委、市总工会、市体育局联合举办的昌都市直机关“全民健身促健康 同心共筑中国梦”2019年干部职工运动会在市第一高级中学运动场举行。市委常委、组织部部长李斌致辞并宣布开幕。市委书记阿布，市委副书记、市长陈军，市人大常委会、市政府、市政协等领导出席开幕式。市直机关各行业系统14支代表队共600余名运动员参加，比赛项目有第九套广播体操、跳绳、10人11足竞跑、协力竞走、旱地龙舟等。

同日　昌都市举行庆祝川藏、青藏公路通车65周年暨主题纪念邮票发行活动，缅怀在修建川藏、青藏公路献出生命的3000余名烈士，向付出辛勤劳动的1万多名先辈和65年来奋斗在交通一线的工作人员表示衷心的感谢。市委常委、宣传部部长赵建国向基层交通工作人员代表赠送主题纪念邮票。副市长赵明致辞。《川藏、青藏公路建成通车六十五周年》纪念邮票1套2枚，邮票图案名称分别为：川藏公路、青藏公路，全套邮票面值为2元。1954年12月25日，全长4360公里的川藏、青藏公路同时通车拉萨，两路并驾齐驱，世界屋脊从此结束没有公路的时代。

11日　福建省艺术馆与市文化局联合主办的闽藏漆画技艺培训班结业仪式暨学员成果展在昌都举行。10名藏族学员完成的20幅唐卡漆画作品在市博物馆亮相。此次培训7月开班，为期35天。

12日　市委书记阿布主持召开市委常委会。会议传达学习吴英杰书记在昌都调研期间的重要指示和王卫东同志在全区市县巡察工作推进会上的讲话精神；研究市政府党组关于审定印发《关于昌都籍高校毕业生稳就业有关措施的实施办法》和《昌都市解决形式主义官僚主义突出问题为基层减负的具体措施》等请示，安排部署相关工作。他要求，全市各级各部门要坚持把维护稳定作为首要政治责任，认真做好中华人民共和国成立70周年大庆、三江茶马文化艺术节的维稳安保，持续推进涉稳隐患摸排消除、维稳能力提升、长效机制健全“三大行动”，大力实施“六个三”举措，不折不扣贯彻执行区党委各项维稳部署，确保全年“三不出、三稳定”；要坚持把改善民生作为根本保障，正确处理好国家投资和社会投资、重大项目和民生项目、发挥优势和补齐短板、央企在藏资源开发和解决当地农牧民增加收入等关系，不断做好稳增长、促改革、调结构、惠民生、防风险工作，持续保持经济健康发展的良好态势；要坚持把脱贫攻坚作为重中之重，紧盯“两不愁三保障”目标，完成好芒康、贡觉、察雅、左贡、八宿5个县脱贫摘帽任务，全力以赴打好脱贫攻坚战，与全区一道基本消除绝对贫困；要坚持把乡村振兴作为重要工作，加快建设“五大养殖基地”和“七大种植基地”，着力建设“产业兴旺、生态宜居、乡风文明、治理有效、生活富裕”的社会主义新农村；要坚持把基层党建作为重要抓手，持续加强基层组织建设，干部队伍建设和作风建设，全面提升基层党建水平，为推动全市各项事业发展提供坚强组织保证。市委、市人大常委会、市政府、市政协等市级领导，各县（区）、市（中、区）直单位负责人列席。会议以电视电话会议形式召开至各县（区）。

同日 市委书记阿布主持召开市委理论中心组学习会。传达学习习近平总书记在“不忘初心、牢记使命”主题教育工作会议上的重要讲话和内蒙古考察调研并实地指导开展“不忘初心、牢记使命”主题教育时的重要讲话精神，吴英杰书记在全区“不忘初心、牢记使命”主题教育工作会议上的讲话精神。他要求，全市各级各部门要切实把党中央、区党委关于主题教育的部署要求，全面贯彻落实到反分裂斗争、维护社会稳定、推动经济发展、保障改善民生、建设美丽昌都、加强民族团结、加快边境建设和全面从严治党等各个方面，用主题教育来推动各项工作；要把以人民为中心的发展思想贯穿主题教育全过程；要站稳人民立场；要带着感情解决好高校毕业生就业、教育、医疗卫生、社会保障等群众最关心、最现实的利益问题；要教育引导各族群众自觉感党恩、听党话、跟党走，旗帜鲜明反对分裂，维护祖国统一和民族团结的具体行动；要改进工作作风，坚持把锤炼政治品格贯穿主题教育全过程；要始终保持为民务实清廉的政治本色，努力营造风清气正的政治生态；要对照初心查找差距和不足，把自己摆进去、把职责摆进去、把工作摆进去，不断增强党员领导干部党的意识、党员意识、纪律意识，确保主题教育取得实际成效。市委常委、江达县委书记黎世江，市委常委、贡觉县委书记扎西，市委常委、宣传部部长赵建国分别围绕“树立以人民为中心的思想，整顿工作作风，争做忠诚干净担当合格党员干部”作交流发言。市委副书记、市长陈军，市人大常委会、市政府、市政协等市级领导及各单位负责人参加。会议以电视电话会议形式召开至各县（区）。

13日 市委副书记、市长陈军现场审查昌都市第五届三江茶马文化艺术节筹备情况。审查昌津体育文化活动中心开幕式节目排练、舞台搭建、相关保障措施落实情况，并召开现场会，研究解决开幕式筹备工作存在的困难和问题。检查夏通街片区、四川桥片区环境综合整治情况；检查卧龙街昂曲东路“卓卓康巴文化旅游·音乐·灯会·美食街”活动现场商家入驻、舞台搭建、灯会现场布置等情况。对发现的一些细节问题提出整改要求，再次强调安全注意事项。市委常委、卡若区区委书记王伟，市委常委、市新区管委会党组书记梅方权，市委常委、宣传部部长赵建国，市政协副主席图嘎，副市长旺堆、欧珠达瓦，胡登孚、赵明参加审查，艺术节筹委会各成员单位负责人陪同。

同日 昌都市召开健康扶贫攻坚、基本公共卫生、妇幼健康推进工作电视电话会议。副市长卓嘎讲话。洛隆县就健康扶贫工作、基本公共卫生工作作交流发言；贡觉县就基本公共卫生工作作交流发言。市卫生健康委健康扶贫领导小组、市“两下降、双提升”工作领导小组、市卫生健康委的有关负责人汇报全市健康扶贫、基本公共卫生、妇幼健康工作情况。

14日　昌都市召开创建全国文明城市工作第三轮约谈会，约谈未启动网上申报材料报送工作的单位。市委常委、宣传部部长赵建国讲话。市纪委、市委组织部、市创文办有关负责人参加约谈。会议通报截至8月12日未启动创建全国文明城市网上申报材料报送工作的单位。被约谈部门主要领导作表态发言。会议决定对主要领导未参加约谈的单位进行再约谈。

同日　副市长卓嘎带队前往市人民医院、市藏医院、市妇幼保健院及幸福社区，走访慰问医疗一线的医疗卫生精英、优秀援藏卫生工作者，以及曾经为昌都卫生健康事业作出卓越贡献的医疗卫生退休干部代表。

同日　市卫生健康委联合市人民医院、市藏医院在茶马广场开展"'不忘初心、牢记使命'弘扬崇高精神，聚力健康中国"为主题的医师节免费义诊活动。医护人员为患者检查身体、测量血压，提供健康咨询等服务。共计发放药品1.5万多元，宣传单500余份，接受群众咨询1000余人。

15日　昌都市召开全市"十四五"规划编制部署电视电话会议，标志着昌都"十四五"规划编制工作全面启动。市委副书记、市长陈军主持。他要求，编制好"十四五"规划，必须紧紧结合全市经济社会发展的重点任务，做到全面系统、重点突出，科学谋划总体目标任务、重大项目支撑、特色优势产业、保障和改善民生、城乡协调发展、生态文明建设、重点领域改革等。全市各级各部门要加强组织领导，强化上下联动，坚持调查研究，广泛征求意见，确保"十四五"规划高质量顺利完成。市委副书记、常务副市长魏东传达《自治区发改委关于做好"十四五"经济社会发展基本思路和规划编制工作的通知》；市政协副主席、发改委党组书记杨瑛汇报昌都市"十四五"规划编制的前期工作情况。市委副书记、常务副市长杨灏，副市长旺堆、欧珠达瓦、高学文、胡登孚、赵明参会。各县（区）设分会场。

同日　昌都市召开脱贫攻坚工作安排部署会议。市委副书记、市长陈军主持。他要求，全市上下要全面如期完成脱贫攻坚各项任务；要把握时间节点，蹄疾步稳减贫摘帽，市直各相关部门要按照责任分工，全面解决"两不愁三保障"突出问题；各县（区）要做好迎检准备工作，实化细化迎检方案；要坚持问题导向，触类旁通解决到位，针对中央脱贫攻坚专项巡视反馈意见、审计发现问题、九届自治区党委巡视反馈意见和2016年以来省际交叉考核、国务院扶贫办脱贫攻坚督查、自治区脱贫攻坚督导等反馈问题，按照领导包干负责制的要求，整改一个、销号一个，确保每一项整改任务都落地落实，并对已经完成的整改任务组织"回头看"，确保问题整改清仓见底；各县（区）、各部门要全面总结经验，稳扎稳打提升成效，在全市形成一批可复制、可推广、可借鉴的模板。副市长欧珠达瓦汇报脱贫攻坚近期工作安排部署的意见。会议以电视电话形式召开至各县（区）。

同日　昌都市召开创建全国文明城市工作推进组调度会。市委常委、宣传部部长赵建国讲话。各推进组汇报本组2019年以来创文工作进展情况。

同日　昌都市召开创建国家卫生城市攻坚动员会。副市长卓嘎讲话并与相关部门签订《昌都市创建国家卫生城市目标管理责任书》。

同日　昌都市举行"不忘初心，牢记使命"主题教育党风廉政警示教育展厅首展活动。展厅由市纪委主办、市文化局协办，设在市革命历史博物馆（市党员教育培训基地）小礼堂。市委、市人大常委会、市政府、市政协等市级领导参展。

同日 昌都市召开庆祝第二个“中国医师节”表彰大会，表彰27名“优秀基层医务工作者”和“优秀骨干医师”。

同日 昌都市开展应急救援队培训成果展示演练。演练内容包括备灾、消防安全、灾难医疗、现场医疗急救、搜索与营救、灾害心理、应急演练的组织与实施等技能。自治区应急管理厅组织西藏平安应急救援公司、市应急办、卡若区应急办前往马草坝、邦达等9个社区开展全区社区业余应急救援培训。培训现场，应急救援队工作人员针对辖区居住特点，为居民们讲解日常生活中用水用电用气安全防范知识及居民在日常生活中安全生产等注意事项，并采取理论讲座与实际演练相结合的模式，让居民们系统掌握自救互救。

15日至16日 市城乡规划委员会召开2019年度第一次会议，听取具体项目的规划汇报，并提出意见建议。市委副书记、市长陈军主持。他要求，要科学编制规划，统筹考虑全市经济、社会、人口、资源与环境等因素以及水、电、路、气、通信等要素，着力提升城乡规划的协调性、整体性和长远性，坚决避免重复建设、浪费资金等现象；要严格规范审批，遵守“先规划、后建设”的原则；要严格规划管理，确保各项建设内容有序进行，切实把违法违章建设消除在萌芽状态，坚决维护规划的权威性和严肃性；要注重听取民意，充分征求社会各界意见，让广大群众关心规划、了解规划、维护规划，真正形成全社会共同支持规划工作的良好氛围。市委副书记、常务副市长魏东，副市长欧珠达瓦、高学文，胡登孚、赵明，市政协副主席、发改委党组书记杨瑛参会。

17日 昌都市举行自治区人大财经监督综合调研座谈会。自治区人大常委会委员、人大财经委副主任委员达瓦讲话，自治区人大财经委副主任委员党根参会。市人大常委会副主任邓文昌主持，副市长赵明作表态发言。市政府相关部门负责人分别作昌都市2019年上半年经济运行情况报告、预算执行情况报告及国有资产管理情况报告，自治区人大调研组询问有关问题并提出建议意见。会后，调研组前往边坝县、卡若区、经开区、左贡县开展人大财经监督工作综合调研。

同日 自治区农业农村厅副巡视员王冠杰率队前往八宿、左贡、芒康等县，通过实地检查、查阅资料、随机抽查等形式，调研农牧区产业振兴相关工作。并召开座谈会，对存在问题提出对策和建议。副市长欧珠达瓦作表态发言。市农业农村局等相关单位负责人对本领域产业发展中存在的问题提出发展思路及意见建议。

18日 市委书记阿布看望特邀出席昌都市第五届三江茶马文化艺术节的自治区人大常委会原副主任江措，自治区人大常委会原副主任向巴嘎登，自治区政协原党组副书记、副主席白玛朗杰等省级老领导。市委副书记、市长陈军，市人大常委会主任贡秋江村，市政协副主席图嘎陪同。

19日 第五届三江茶马文化艺术节在市体育文化活动中心开幕。市委书记阿布宣布艺术节开幕，市委副书记、市长陈军致开幕辞，市人大常委会主任贡秋江村主持。自治区政协副主席宗洛·向巴克珠，自治区人大常委会原副主任江措，自治区人大常委会原副主任向巴嘎登，自治区政协原党组副书记、副主席白玛朗杰，自治区有关厅局，迪庆、阿坝、甘南等友邻地州，拉萨、日喀则、山南、阿里、林芝等兄弟地市，天津、重庆、福建、江苏等对口援昌省（市）企业，友好单位的领导，专家学者，以及市委、市人大常委会、市政府、市政协等在家市级领导、离退休老干部，国内外知名新闻媒体和社会各界代表出席。

同日 市委书记阿布前往特色农畜产

品展销区，视察产品展销情况，了解各县（区）、经开区和各企业特色农畜产业发展情况。市委副书记、市长陈军，市委副书记、常务副市长魏东，市委常委、卡若区区委书记王伟，市委常委、纪委书记、监察委员会主任郑连武，市委常委、市新区管委会党组书记梅方权，市委常委、统战部部长泽仁俊美等一同视察。

同日　昌都市委、市政府主办，市委宣传部承办，各县（区）、市（中、区）直各单位协办，以“幸福新时代辉煌70年”为主题的成就图片展在解放广场举行。此次展览共分12个版块，由137块展板组成。通过文字、照片、图表等形式，记载党中央、自治区、援藏省市和社会各界的关心和支持下，全市各族儿女团结一心、不懈探索的奋斗足迹；全面展示中华人民共和国成立70年、西藏民主改革60年，特别是中共十八大以来，昌都在经济发展、社会稳定、民生改善、生态保护、党的建设等方面取得的辉煌成就。市委书记阿布，自治区人大常委会原副主任江措，自治区人大常委会原副主任向巴嘎登，自治区政协原党组副书记、副主席白玛朗杰，市委副书记、市长陈军参观展览。此成就展由11个单位牵头，48个单位协办，共59个单位。

同日　市政府主办、市文化局承办、福建省艺术馆与市博物馆协办的昌都市三江茶马文化艺术节特色文化产品展在市博物馆举行。共分漆画与扶贫唐卡、百幅精品唐卡、昌都民俗体验、特色文创产品等4个展览区。自治区党委宣传部巡视员、文明办主任仁青罗布出席，福建省发展改革委党组成员、总规划师江智光，市委副书记、常务副市长魏东代表福建援昌方向市文化局捐赠两幅唐卡漆画作品。副市长胡登孚致辞。

同日　第五届三江茶马文化艺术节“卓卓康巴文化旅游，音乐·灯会·美食街”活动开幕。西藏航空公司乘务员、卡若区民间艺术团带来精彩表演。云南迪庆州州委副书记许洋、人大常委会副主任陈俊明、副州长和丽萍、政协副主席杨凤喜出席，市委常委、卡若区区委书记王伟参加，市委常委、市新区管委会党组书记梅方权致辞，副市长赵明主持并宣布开幕。

20日　昌都市第五届三江茶马文化艺术节招商引资项目推介会在昌都大厦一楼多功能厅举行。市委常委、市新区管委会党组书记梅方权致辞。副市长赵明主持。各县（区）、新区管委会重点推介招商项目，并与西藏圣凯矿业有限公司、昌鑫水电开发有限公司、西藏鸿瑞实业有限公司等多家企业成功签约11个项目，资金16.166亿元（其中，台上签约6个项目，签约资金13.98亿元；台下签约5个项目，签约资金2.18亿元）。此次签约项目涉及绿色矿山、清洁能源、农产品深加工、房地产、材料加工等产业。天津市企业代表团、四川省乐山市政府代表团、昌都市直相关部门、各县（区）分管领导以及各地商会、区内外企业等160余人参会。

同日　茶马广场举行首届锅庄舞展演。11个县（区）600余人参加，邀请33名专家及5名评委。自治区人大常委会原副主任江措、向巴嘎登，自治区政协原党组副书记、副主席白玛朗杰，市政协副主席图嘎，市人大常委会副主任公嘎泽仁、晏启初，副市长胡登孚出席。昌都市召开首届昌都锅庄艺术高峰论坛。来自北京、天津、四川、青海等地的专家和学者，探讨锅庄艺术渊源、传承保护和发展。市政协副主席图嘎等12位专家学者结合自身丰富经验，讲述昌都锅庄源远流长的历史和研究价值。

21日　昌都市与天津市工作组座谈。天津市合作交流办副主任王东，昌都市委副书记魏东讲话。天津市工作组协同中国农科院农经所专家们到昌都，进行“十四五”规划相关调研和开展对口支援产业帮扶课题研究工作。

同日　天津市合作交流办副主任王东率队前往卡若、察雅、江达等县（区）考察“十三五”以来天津市援昌工作有关情况并召开座谈会。市发展改革委（受援办）汇报天津市受援工作情况；市财政局、市商务局等相关部门对天津援建项目建设、人才智力建设、审计巡视发现问题整改、主题教育开展及下步亟待解决事项等内容作交流发言。市委副书记、常务副市长杨灏，副市长赵明出席。

同日　市林草局主办的以“礼赞新中国，建设美丽昌都”为主题的昌都市第二届全民养花评选活动在茶马广场举行。共有40名选手参加活动，评出一等奖2名，二等奖4名，三等奖8名，四等奖16名。

22日　昌都市创建全国文明城市工作座谈会在市委宣传部会议室召开。自治区党委宣传部巡视员、区文明办主任仁青罗布讲话，市委常委、宣传部部长赵建国主持。市委宣传部相关负责人汇报昌都市创建全国文明城市工作开展情况、新时代文明实践中心工作情况。自治区文明办综合处相关负责人作辅导。

23日　昌都市启动首届城市定向赛。共有90支队，270名参赛者。卡若区公安局组成的“好嗨呀”队以1小时20分钟的成绩，夺得冠军。

25日　昌都市在昌都大厦举行“昌都发展战略2035”研究及其八个专项研究评审会。市委副书记、市长陈军主持并要求，各级各部门要充分结合昌都实际，科学提出符合昌都实际的发展目标，精准确定适合昌都高质量发展的路径，充分发挥昌都经济社会发展的特色优势；要抓好研究成果运用，坚持通过深化改革增强发展动力和活力、创新驱动推进经济转型升级、加大统筹力度实现乡村振兴发展、扩大对内对外开放增加竞争新优势、绿色循环低碳发展提升生态文明建设水平、创新社会建设和社会治理，促进人的全面发展。重庆市综合经济研究院汇报《“昌都发展战略2035”研究——早日建成藏东经济强区，基本实现现代化》及其八个专项研究编制情况及主要内容，与会部门提出意见建议。市委副书记、常务副市长魏东、杨灏，副市长高学文、赵明，市政协副主席、发展改革委党组书记杨瑛出席。

同日　市体育文化活动中心举行第五届三江茶马文化艺术节闭幕式。副市长胡登孚主持并宣布闭幕，市委常委、卡若区委书记王伟致闭幕词。闭幕式演出分为开场《幸福昌都》、第一篇章《吉祥卓舞》、第二篇章《展望未来》和尾声《我和我的祖国》，重点突出昌都锅庄元素。市委副书记、常务副市长杨灏，市委常委、宣传部部长赵建国，市政协副主席图嘎，副市长旺堆，昌都军分区参谋长董峰，武警昌都支队政委杨功法出席。

同日　昌都市公布“昌都特色美食由你来选”评选结果并举行颁奖仪式。市委常委、市新区管委会党组书记梅方权致辞，副市长赵明宣读获奖商家与企业名单。昌都市通泰实业开发有限公司获最佳贡献奖，阿旺绵羊主题餐厅获最佳美食奖，华仔烧烤获最佳销量奖，小黄鱼铁板烧获金牌服务奖，德马塘藏餐获最具本地特色奖，周二福冷淡杯获最佳口碑奖。

26日　市政府落实中央扫黑除恶第13督导组第一、二阶段督导反馈问题中行业乱象整改工作推进会议召开。市委副书记、市长陈军主持并要求，各级各部门思想认识要到位，行业乱象整改是扫黑除恶重点领域，思想认识不能停留在口头表态、材料汇报上，要落实到工作岗位、工作职责上；工作责任要严实，形成治理合力，加大治理力度，畅通举报渠道，紧抓典型案例，形成上下联动机制，按照时间节点完成各项整改任务，结合信访问题寻找突破口，力争对行业乱象问题做到标本兼治；管理制度要健全，在行业乱象整改过程中，发现问题要举一反三、寻找根源，查清行业监管存在哪些漏洞，把漏洞补齐，不能一堵了之、一封了之，要担当起行业部门的应有职责；典型宣传要加强，要体现各级党委政府、行业部门对行业乱象治理的信心决心，要报道行业乱象治理的有关部署，要依靠群众、发动群众，曝光一些典型案例，激发群众的参与感、自豪感、获得感。昌都市全面清理排查全市行政领域存在的行业乱象问题，梳理归纳出11大类（包括生态环境、公安监管、自然资源、安全生产、市政管理、文化执法、市场监管、旅游管理、卫生医疗、劳动保护、交通运输）共19个涉及面广、影响较大、群众反映强烈的行业乱象问题，汇总成《昌都市行业乱象问题整改任务清单》。各牵头单位汇报落实整改工作进展情况。市委副书记、常务副市长魏东、杨灏，副市长旺堆、高学文、胡登孚、赵明，市政协副主席、市发改委党组书记杨瑛出席。

同日　昌都市召开迎接新中国成立70周年环境卫生大整治工作部署电视电话会议，贯彻落实自治区相关会议精神，动员全市各级各部门严格按照市委、市政府的部署要求，开展环境卫生大整治行动。市委副书记、常务副市长魏东强调，要不断提升环境治理水平，促进广大人民群众安居乐业的具体行动；要紧扣重点任务，深入推进环境卫生整治工作扎实开展；要压实责任，不折不扣推动环境卫生整治落地见效。副市长赵明主持。

27日　市委副书记、市长陈军主持召开市政府2019年度第七次常务会议，学习贯彻《政府投资条例》，进一步促进政府投资科学化、精准化；研究《关于核销报损（毁损、盘亏）固定资产与登记盘盈固定资产入账的请示》，部署国有资产监督管理工作；审批《昌都市公安机关情报信息工作奖惩办法》，助推情报信息工作发展；批准昌都市三江源重庆幼儿园建设项目等六宗用地处理意见。他要求，各级各部门要认真落实党中央、国务院关于固定资产监督管理的重大决策部署，全面彻底摸清全市行政事业单位固定资产底数，坚决防止国有资产流失。市财政局要加强综合管理，深入分析资产规模、结构、使用等情况，进一步完善顶层设计，建立科学的监督管理机制，提高资产使用效率和运营效率；各主管部门要加大监管力度，严禁超标准配置资产、随意处置资产等行为；各行政事业单位要履行好主体责任，做到厉行节约、核算规范、账实相符；市纪委监委、审计等部门要强化监督检查，尽快按程序完成土地出让相关工作；在项目开工建设前对用地进行地质灾害评估；严格按照土地通平要求，抓紧开展土地整治相关工作，确保早日达到供地条件；严格按照土地性质使用土地，不得擅自改变土地用途。

同日　市委常委、统战部部长泽仁俊美率队前往卡若区向达寺，现场观摩该寺在开展"遵行四条标准、争做先进僧尼"教育实践活动中的做法及亮点。

同日　市创卫办邀请国家爱卫办专家库成员、襄阳市创卫办专家组组长、襄阳市疾控中心主任盛明在市藏医院学术厅开展创卫工作培训。市住房城乡建设局、城市管理和综合执法局、市场监管局等56家单位80余人参加。

28日　昌都市在康巴文化演艺推介展示中心召开公安工作会议暨庆祝中华人民共和国成立70周年安保维稳动员部署会。市委副书记廖传锦传达全国公安工作会议主要精神、全区公安工作会议暨庆祝中华人民共和国成立70周年安保维稳动员部署会主要精神。市委书记阿布要求，全市公安机关要讲政治守忠诚，坚持党对公安工作的绝对领导；要履职责担使命，全力维护社会和谐稳定；要惩犯罪强治理，保障人民安居乐业；要严执法促公正，维护社会公平正义；要深改革严治警，打造高素质公安队伍。针对打造高素质公安队伍，他要求，要深化强警改革，加快构建职能科学、事权清晰、指挥顺畅、运行高效的公安机关机构职能体系，全面铺开大数据战略，扎实推进政法机关内设机构改革。要练就过硬本领，培养一批适应新时代要求的专门性人才和复合型人才。要加大激励关爱，增强公安民警的职业荣誉感、自豪感、归属感。要打造严明纪律，使公安民警知敬畏、存戒惧、守底线，让人民群众真正感受到清正干警、清廉政府、清明政治就在身边。市委副书记、市长陈军主持。11个县（区）主要负责人围绕庆祝中华人民共和国成立70周年安保维稳作表态发言。市委、市人大常委会、市政府、市政协、昌都军分区、武警昌都支队在家市级领导出席。会议以电视电话会议形式召开至各乡（镇）。

同日 昌都市召开昌都古盐田民俗旅游区创建国家AAAAA级景区专题工作会。副市长赵明主持并讲话。

同日 上午，昌都市统战宗教部门在社会主义学院召开藏传佛教界喜迎中华人民共和国成立70周年教规教义阐释交流暨优秀藏文书法表彰会。为获得教规教义阐释优秀论文僧人、优秀藏文书法僧人、优秀组织县（区）颁奖。优秀论文僧人和优秀藏文书法僧人代表作交流发言。下午，在市委统战部举行藏传佛教教规教义阐释论文交流会。10名优秀论文获得者就论文的主要内容进行交流发言。市委统战部、市宗教局、市民委、市工商联、强巴林寺管委会干部代表，各县（区）统战部部长参会。

同日 自治区政府办委派人员前往各地市开展业务培训。昌都市参加“互联网+监管”第一批、第二批200余名参训人员，于8月28日至9月20日在中国电信集团有限公司昌都分公司培训。参训人员为市直各部门及各县涉及“互联网+监管”业务的相关部门业务负责人、相关科室业务人员；培训内容包括监管系统事项认领和新增、事项业务梳理及检查实施清单的填报、各单位业务数据的填报及汇聚等。

29日 为期两天的昌都市一届人大常委会第二十九次会议完成各项议程并闭幕。会议表决通过关于批准昌都市本级2018年财政决算的决议，通过市法院提交的人事任免事项，听取和审议市人大常委会关于非公有制经济发展情况的调研报告和关于“中华环保世纪行——西藏行”活动、传染病防治法、预防未成年人犯罪法及自治区实施办法、交通安全法及自治区交通安全条例的跟踪检查情况报告。市人大常委会主任贡秋江村主持，市人大常委会副主任邓文昌、罗松益西、公嘎泽仁、齐飞、陈启亮、晏启初出席。

同日 市水利局在马草坝桥附近商铺和居民中开展“讲究食品卫生，保障身体健康”为主题的食品安全卫生知识宣传志愿服务活动。水利局志愿者向市民认真讲解不吃垃圾食品、饭前便后要洗手、“三无”食品莫食用、过期食品不要吃等食品安全知识。同时向餐饮业经营者劝导做好经营食品的保质期等事宜的自查工作。

30日 市委书记阿布主持召开市扶贫开发工作领导小组会议，研究市扶贫办党组《关于审核2019年第二批贫困人口脱贫、贫困村（居）退出和2019年贫困县摘帽的请示》。他强调，全市已有6个县（区）已经脱贫，剩下的5个县也在等待验收。对于已经摘帽的，要认识到绝不是摘帽就完事了，精准扶贫永远在路上，特别要防止区域性反弹，防止出现重大短板。对于尚未摘帽的，更要走好最后一步路，要拿出硬招、实招、狠招、快招，真正意识到这项工作的系统性、复杂性，齐心协力推进精准扶贫。要以为党和国家负责的态度，紧紧围绕“两不愁三保障”目标，强化“5+N”脱贫举措，全力以赴精准施策，按照更高的标准，强化责任担当，巩固脱贫成果，扎实做好精准扶贫工作，坚决打赢脱贫攻坚战。市委、市人大常委会、市政府、市政协等领导出席。

同日 全市启动迎接中华人民共和国成立70周年昌都城区周边环境大整治专项行动。活动持续至9月14日，分为集中整治、督导检查和整改提升3个阶段。此次行动划分为G214线天津广场昂曲交汇口至俄洛镇加林村桥头段，G317线天津广场扎曲交汇口至如意乡邛卡村桥头段和G214线澜沧江源头至卡若镇瓦约村与察雅县交界段等三个整治片区，对昌都城区、城乡接合部及G214、G317沿线统一开展环境大整治工作。市委副书记廖传锦，市委副书记、常务副市长魏东，市委常委、卡若区区委书记王伟，市委常委、纪委书记、监察委员会主任郑连武，市委常委、组织部部长李斌等参加。

8月30日至9月3日 市委常委、纪委书记郑连武前往洛隆县、边坝县、八宿县、察雅县开展巡回督导工作。

31日 福建援藏大讲堂在昌都开讲。第一期主题为廉政教育，市委副书记、常务副市长魏东主持，市委常委、纪委书记、监察委员会主任郑连武受邀作廉政专题辅导，为援藏干部开展任职前集体廉政提醒谈话，福建省第九批援藏干部人才及福建第二轮组团式援藏教师参加。大讲堂采取专题报告方式，主要邀请福建、西藏等地各级领导干部、知名专家学者，围绕习近平新时代中国特色社会主义思想、党史国史、党中央治藏方略和福建省以及西藏自治区党委决策部署等开展讲座。原则上每2个月安排一次讲座，一般安排在周末。

同日 昌都市举行2019年度国家统一法律职业资格考试。副市长旺堆巡考。此次考试在市职业技术学校设一个考点，7个考场，共245名考生参考。

9月

1日至11日 福建省职业病与化学中毒预防控制中心主任技师黄丽华率福建省卫生健康委职业病与化学中毒预防控制专家组5人在昌都市开展放射卫生和职业卫生检测项目对口支援工作。专家组前往卡若区人民医院、市藏医院、民安医院、市人民医院、八宿县人民医院、察雅县人民医院、玉龙铜业、昌都高争水泥厂、民典汽修维护中心、昌都汽车站等单位，开展放射诊疗设备检测、职业卫生检测以及非医疗机构放射性危害因素检测、调查等工作，并为当地疾控中心的工作人员授课，全面介绍放射卫生工作及基本知识。

1日至18日 福建省委党校举办昌都市第一期县处级干部培训班，教学点涉及福州、厦门、泉州、龙岩、平潭等地。此次培训紧紧围绕追寻习近平总书记工作过的足迹，结合“不忘初心、牢记使命”主题教育要求，采取异地培训的模式，现场教学与专题教学相结合。昌都市38名县处级干部参加学习。

2日 市政府党组举行“不忘初心、牢记使命”主题教育活动专题讲座。福建省委党校党史教研部副教授、博士江俊伟受邀作《始终坚持中国共产党的初心和使命》专题辅导。市委副书记、市长陈军主持，他要求，市政府党组及组成部门各级党员干部要以此次专题辅导为契机，深入学习贯彻习近平总书记在“不忘初心、牢记使命”主题教育工作会议上的系列重要讲话精神和党中央、区党委、市委关于开展主题教育的安排，深刻领会主题教育的重大意义，认真贯彻总要求，准确把握目标任务，精准落实重点举措，高标准、高质量开展好主题教命。市委副书记、常务副市长魏东、杨灏，副市长旺堆、胡登孚参加。

同日 市委党校举行2019年秋季学期主题班开学典礼，市委副书记、市委党校校长廖传锦讲话。他要求，广大干部职工要勇于担当负责，扎实做好各项工作；要勇于直面风险挑战，强化政治担当，保持战略定力、发扬斗争精神；要敢于斗争、善于斗争，下好先手棋、打好主动仗，善于在实践历练中增长才干；要带着学习的收获，学以致用、活学活用，在实践历练中增长经验智慧、增长才干。

3日 市委书记阿布主持召开市委常委会会议，传达学习自治区扶贫开发工作领导小组会议精神，研究市级领导赴县（区）督导工作方案；传达学习《中共中央办公厅关于贵州省认真贯彻习近平总书记重要指示批示精神深入开展领导干部利用茅台酒谋取私利问题专项整治情况的通报》《关于贯彻习近平总书记重要批示精神深入落实中央八项规定精神的工作意见》，以及全区“不忘初心、牢记使命”主题教育自治区纪委监委牵头负责的四项专项整治工作推进会精神；传达学习《党政领导干部选拔任用工作条例》，安排部署下一步工作。他指出，结合“不忘初心、牢记使命”主题教育活动，市委、市政府决定综合督查全市11个县（区）维护稳定、脱贫攻坚和重点工作开展情况。全市成立4个由市级领导带队的综合督导组，于4日至16日，分别前往各县（区）开展督导工作。督导工作要以习近平新时代中国特色社会主义思想为指导，紧紧围绕年初市委经济暨农村脱贫攻坚工作会议、全市维护稳定工作会议和全市公安工作会议暨庆祝中华人民共和国成立70周年安保维稳动员部署会明确的目标任务，以市委、市政府主要领导批示指示落实的重大事项为重点，督促指导各县（区）落实责任，推动市委、市政府重大决策部署落实到位，确保全市维护稳定、脱贫攻坚和重点工作有力有序扎实推进。他强调，全市各级党委（党组）要深入学习领会《党政领导干部选拔任用工作条例》精神，坚定不移贯彻落实新时代党的建设总要求，坚定不移贯彻落实新时代党的组织路线，着力培养忠诚、干净、担当的高素质干部队伍，培养选拔对党忠诚、堪当重任、作风优良的优秀年轻干部，为推进新时代昌都长足发展和长治久安提供坚强政治保障和组织保障。市委副书记、市长陈军，市委副书记廖传锦，市委副书记、常务副市长魏东、杨灏，市委常委、昌都军分区司令员胡小柏，市委常委、芒康县委书记齐应海，市委常委、卡若区委书记王伟，市委常委、江达县委书记黎世江，市委常委、纪委书记郑连武，市委常委、市新区管委员会党组书记梅方权，市委常委、贡觉县委书记扎西，市委常委、组织部部长李斌，市委常委、政法委书记张文生出席。市人大常委会、市政府、市政协、市法院等市级领导列席。

4日 市委国家安全委员会召开第二次会议。会议审议研究《昌都市委国家安全委员会2019年工作要点（审议稿）》《中共昌都市委国家安全委员会工作规则》《中共昌都市委国家安全委员会办公室工作细则》。市委书记阿布主持。他要求，各级各部门要以人民安全为宗旨，以政治安全为根本，坚持“稳”字当头、稳中求进做好各项工作；要把维护祖国统一，加强民族团结作为着眼点和着力点，做好反分裂和维护国家安全工作，确保昌都和谐稳定；要按照工作要点，结合各自实际，形成合力，主动作为，落实好各项任务，特别是市委国安委要全面加强党对国家安全工作的领导，严格按照工作规则规定，统筹协调全市涉及国家安全的重大事项和重大工作，充分发挥好国家安全工作议事协调机构作用；市委国安办要严格按照工作细则要求，认真履行市委国安委办事机构的职能，具体负责做好市委国安委和市国安指挥部日常工作，有效发挥衔接协调的指挥中枢作用，确保市委国安委和维稳班子高效运转，确保国家安全和昌都和谐稳定。市委副书记、市长陈军，市委副书记、常务副市长魏东、杨灏，市委常委、组织部部长李斌，市政协副主席、发展改革委党组书记杨瑛，武警昌都支队支队长薛建军出席。

同日 市委机构编制委员会召开第一次会议。市委书记阿布主持。市委副书记、市长陈军传达学习《习近平总书记在中央机构编制委员会第一次会议上的讲话》精神。阿布要求，各有关部门要深入学习领会习近平总书记在中央机构编制委员会第二次会议上的重要讲话精神，准确掌握新时代机构编制工作的战略定位、目标方向、基本原则、主要任务和实践要求，进一步主动适应机构编制工作新形势，更加科学有效地做好机构编制工作；要强化工作举措，稳步推进直属事业单位和部门所属事业单位改革，科学设置事业单位，合理调配机构编制；要科学统筹资源，在创新管理上下功夫，积极探索技术服务事项、政府履职所需辅助性服务事项、后勤服务事项等向社会购买服务，从“以财养人”向“以财养事”转变，尽可能压缩财政供养人员编制，激发有限的编制最大效益；要坚决贯彻党中央对机构编制工作的决策部署，把加强党的领导贯穿到机构编制工作的全过程、各方面，充分发挥党委统揽全局、协调各方的作用，全面体现机构编制的严肃性、权威性、约束力，以更饱满的热情，更务实的作风，更扎实的举措，推动全市机构编制工作迈上新台阶。市委常委、组织部部长李斌汇报《中共昌都市委员会机构编制委员会工作规则》和《中共昌都市委员会机构编制委员会办公室工作细则》起草情况。

同日 2019年昌都市委理论中心组召开第9次学习（扩大）会。市委常委、宣传部部长赵建国主持。中国社会科学院国际法研究所所长莫纪宏受邀作专题报告。市委副书记、常务副市长杨灏，市委常委、纪委书记郑连武，市人大常委会副主任罗松益西，市政协副主席图嘎，市（中、区）直各单位副县级以上干部出席昌都主会场会议。会议以电视电话形式召开至各县（区）。

同日 市残联牵头举办的昌都市首届残疾人就业培训班在市职业技术学校开班。来自各县（区）的50余名学员参加。此次培训为期1个月，邀请专业老师授课，内容涵盖摩托车维修、服装制作、房屋绘画等技能培训。培训班培训费、教材费、来回交通费、食宿费等都由市残联承担，学员个人不承担任何费用。截至2019年，全市共实现492名残疾人就业，其中，38名为自主创业。

同日 洛隆县中学举行泉州市第十六中学援助洛隆县中学爱心衣物捐赠仪式。7月，由泉州派出的援藏支教老师蒋先忠利用返乡休假时间，积极走访泉州市第十六中学校友，共筹措资金35万余元，购买2105套运动服，捐赠给洛隆县中学。自2018年8月到洛隆县中学支教以来，福建援藏支教洛隆分队全体成员累计为受援学校捐赠各类物资达70余万元。

9月4日至10月17日 市委常委、纪委书记、监察委员会主任郑连武对11个片区86家单位主要负责人进行“点穴式”谈话。

5日 昌都市与教育部调研组座谈，交流探讨全市教育精准脱贫和教育信息化工作。教育部科技司副司长李楠，自治区教育厅副巡视员李志鹏讲话。副市长胡登孚主持。调研组听取市教育精准脱贫和教育信息化工作情况汇报。市直有关部门负责人，部分学校校长、教师代表作交流发言。

同日 普惠金融专员讲解“云税贷”产品，并对两家小微企业进行现场发放贷款62.7万元。市税务局负责人致辞。截至8月31日，建行昌都分行已为170余家小微企业发放贷款2.26亿元，比年初净增1.25亿元，2019年已累计发放1.72亿元。建行昌都分行在“云税贷”全面上线后，已为17个客户发放“云税贷”贷款2800万元。

5日至9日 市委常委、市新区管委会党组书记梅方权率队前往洛隆县玉西乡、孜托镇督导检查脱贫攻坚、维稳、党建、环保、教育、卫生等工作。他实地查看玉西乡巴村易地扶贫搬迁安置点、玉西乡人民政府、小学、卫生院、派出所、日许村委会等地，走访仁青群培、四朗群培、洛桑巴登等农牧民群众家庭。还到洛隆县孜托镇夏果村、俄多寺、尼亚村、然昌村，了解寺庙的学习环境建设情况和农牧民群众的基本生活情况，并帮扶慰问尼亚村老党员。洛隆县相关负责人陪同检查。

6日 市委书记阿布前往野堆村三江源生态文化城、孜通坝体育场、达因卡人民公园、通夏村市妇幼保健院等重点项目建设现场详细了解项目建设情况，听取工作汇报，协调解决建设过程中遇到的问题，并督促项目建设进度。在卡若区野堆村和孜通坝片区施工现场，阿布进工地、看展板，边走边问，听取项目负责人关于三江源生态文化城、体育场等项目的规划设计、项目投资、建设进度等情况汇报后，他强调，各有关部门要高质量、高效率推进重点项目建设，推动昌都经济高质量发展，不断满足人民群众的新期待。特别是要按照全民健身的要求，规划设计好建设好体育馆项目，切实将野堆村和孜通坝片区打造成全市集教育、文化、旅游、休闲娱乐等功能于一体的城市副中心。在听完达因卡人民公园、通夏村市妇幼保健院项目规划情况汇报后，他要求，各级各部门要牢固树立社会主义生态文明观，保护好生态环境，实现项目建设与生态文明建设有机统一；要切实履行职责，加强配合协作，进一步完善和细化项目建成后的水电路讯网等相关工作，协调解决好建设中存在的困难和问题，确保工程建设顺利实施；要定期实地监督和检查项目施工规范行为、工程质量、安全生产、工程进度等情况，严格把关工程质量，助推各项目早日竣工、早日造福于民。市委副书记、市长陈军，市委常委、卡若区委书记王伟陪同。市自然资源局、市住房城乡建设局、市水利局等相关单位负责人参加调研。

同日 福建省第九批援藏工作队举行向市实验小学捐赠VR设备仪式。市委常委、宣传部部长赵建国讲话。此次捐赠的设备包括VR消防触控一体机，Ⅵ（禁毒触控一体机和101VR科普角等，价值29万元。

7日 市委副书记、常务副市长、天津市第九批援藏工作队领队杨灏率队调研京东北京总部和新发地市场，进一步推动昌都市产业对口援藏工作，推进津藏深入交流合作。杨灏一行听取京东集团公共事务部总监王硕介绍京东在无人超市、无人机、无人仓等领域的业务发展情况的介绍，以及京东智能养殖方案汇报。参观京东智能分拨机器人、无人超市、无人餐厅等重点项目。昌都市相关单位负责人陪同调研。

同日 借助京东集团在天津市良好合作的基础，天津援藏前方指挥部积极推进京东商城昌都扶贫馆上线工作。在大力协调昌都蓝天圣洁公司和天津食品集团达成战略合作协议，联合京东集团合作建立京东商城中国特产·昌都扶贫馆，并于日前正式开馆上线运行。天津市援藏前方指挥部将继续协调相关企业，陆续组织更多的农特产品在天津销售，进一步拓宽昌都市特色农特产品销售渠道，努力把昌都市农特产品推向全国市场。

8日　团市委在昌都大厦一楼多功能报告厅举办第二届“爱在三江 缘定昌都”青年联谊活动。来自全市各单位的150余名单身青年积极踊跃参加“击鼓传花”等游戏。活动中有五对青年牵手成功。

9日　昌都市召开“庆祝新中国七十华诞 弘扬新时代尊师风尚 重铸昌都教育辉煌”为主题的第35个教师节表彰大会，表彰346名优秀教师和48个先进集体。副市长胡登孚讲话。会议以电视电话形式召开至各县（区）。

9日至17日　天津举行“昌都特色非遗文化产品展”，来自昌都17家特色文化扶贫企业的100多种具有鲜明地域特色的铜制佛像、各类金属手工艺饰品、藏香、藏瓷、象牙玉、木刻、木制品、民族箱包、佛珠等民族手工艺产品及其他文化旅游创意产品与景区游客见面。为期15天的活动由昌都市政府、天津市南开区政府联合主办，天津市政府合作交流办公室、天津第九批援藏工作队共同协办，昌都市文化局（市文物局），天津市南开区、古文化街管委会承办。

10日　昌都市召开志愿服务工作座谈会，会议总结全市志愿服务工作经验，研究部署志愿服务站点建设等重点工作任务。市委常委、宣传部部长赵建国讲话。卡若区委宣传部（文明办）、团市委、市公安局等各单位负责人作交流发言。市委宣传部有关负责人就《昌都市志愿服务站点建设实施方案（征求意见稿）》作说明，传达学习《习近平总书记致中国志愿服务联合会第二届会员代表大会的贺信》精神。截至2019年，全市实名注册志愿服务者共3.4万名，占全自治区52.22%。2019年，全市共发起志愿项目660个，服务时长达20.3万小时，占全自治区28.99%。

同日　副市长卓嘎前往洛隆县腊久乡第一小学、阿托卡村双语幼儿园调研教育教学工作。通过听取学校汇报、座谈、实地查看等方式对校园维稳安全、劝返复学、办园行为、学生宿舍、校园及食堂卫生、教师办公条件、学校管理、后勤保障等各方面工作的开展情况进行了解。洛隆县相关负责人陪同调研。

11日　市委书记阿布前往正在建设中的昌都市第二中等职业技术学校、第五高级中学等重点项目工程施工现场，看望慰问建设者，调研工程进度和建设情况。阿布详细查看项目规划图纸，听取有关负责人情况汇报，了解规划方案和工程进度，现场协调解决存在的困难和问题。他要求，各有关部门要始终坚持教育优先发展战略；坚定不移加大支持力度，全力以赴推动全市教育事业高质量发展，不断满足人民群众对教育工作的新需求；要依托“五高二职”学校，努力打造现代化教育产业园；要立足实际，按照实用性原则和标准化办学要求，全面做好规划设计和科学实施，为师生创造良好的生活和工作环境；要按照市委、市政府的工作安排部署要求，压实责任，增强质量意识、安全意识、时间意识，科学合理倒排工期，精心组织实施好每个环节，全面推进重点项目建设，确保项目早日建成投入。还调研入驻经开区相关企业的基础设施建设情况。昌都市第二中等职业技术学校于2018年初开始建设，总投资6.0775亿元（其中天津市援助8630万元），总建筑面积为144610.74平方米。目前已基本完成主体建设，预计2020年6月全部竣工。市委副书记、市长陈军，副市长胡登孚陪同。市住房城乡建设局、教育局等单位负责人参加调研。

同日　昌都市召开创建全国文明城市工作第四轮约谈会，约谈网上申报材料报送工作未达到8月15日市创文工作推进组调度会所定目标的单位。市委常委、宣传部部长赵建国讲话。

12日　市委书记阿布主持召开市委常委会。会议传达学习区党委宣传部《关于进一步营造隆重庆祝中华人民共和国成立70周年浓厚社会氛围的紧急通知》精神，研究《昌都市隆重庆祝中华人民共和国成立70周年近期重点工作方案（送审稿）》和《庆祝昌都解放70周年文艺活动筹备工作方案（送审稿）》，会议还听取国务院扶贫开发领导小组2019年脱贫攻坚督查巡查反馈问题涉及全市相关情况汇报；研究市委统战部《昌都市关于全面深化“1托N”宗教活动场所管理机制实施办法》等。他要求，各级各部门要以庆祝中华人民共和国成立70周年为统领，精心组织各类庆祝活动，广泛开展群众性宣传教育活动，充分展示中华人民共和国成立70年来的光辉历程和伟大成就，充分展示昌都解放以来经济发展、社会稳定、民族团结、人民幸福的大好形势，突出展示中共十八大以来习近平总书记治边稳藏重要论述在西藏的成功实践和取得的丰硕成果，夯实各族干部群众共同团结奋斗、共同繁荣发展的思想基础，动员各族干部群众更加紧密团结在以习近平同志为核心的党中央周围，不忘初心、牢记使命、永远奋斗，为决胜全面建成小康社会、谱写中华民族伟大复兴中国梦昌都篇章凝聚强大正能量。市委副书记、市长陈军，市委副书记廖传锦，市委常委、芒康县委书记齐应海，市委常委、江达县委书记黎世江，市同委常委、纪委书记郑连武，市委常委、市新区管委员会党组书记梅方权，市委常委、贡觉县委书记扎西，市委常委、宣传部部长赵建国，市委常委、组织部部长李斌，市委常委、政法委书记张文生，市委常委、统战部部长泽仁俊美出席主会场或各县分会场会议。市人大常委会、市政府、市政协、市检察院等市级领导，市（中、区）直单位负责人参加。

同日　市委理论学习中心组召开集体学习暨“不忘初心、牢记使命”主题教育第二阶段第一次专题研讨会。会议传达学习中国共产党西藏自治区第九届委员会第六次全体会议精神，《习近平关于“不忘初心、牢记使命”重要论述选编》中《维护党中央权威，贯彻民主集中制》内容，《习近平新时代中国特色社会主义思想学习纲要》中《习近平新时代中国特色社会主义思想是党和国家必须长期坚持的指导思想》内容。市委书记阿布主持。他强调，各级各部门一要突出提高政治站位，强化理论学习武装；突出增强政治担当，推动精神落细落实；突出强化政治能力，抓好深化消化转化。二要认真贯彻总要求，做到坚守初心不忘本、勇于担当敢作为、刀刃向内勇革新、埋头苦干见行动。三要把握目标任务，实现理论学习有收获，思想政治受洗礼，干事创业敢担当，为民服务解难题，清正廉洁作表率。四要落实重点措施，做到学习教育“深”，调查研究“实”，检视问题“准”，整改落实“严”。五要切实履行职责，抓好组织领导，坚持从实际出发，针对不同层级、不同领域、不同对象特点，科学合理作出安排，改进组织指导方式，保证学习教育全覆盖，增强主题教育效果。市委副书记、市长陈军，市委副书记廖传锦，市委常委、芒康县委书记齐应海，市委常委、江达县委书记黎世江，市委常委、纪委书记郑连武，市委常委、市新区管委员会党组书记梅方权，市委常委、贡觉县委书记扎西，市委常委、宣传部部长赵建国，市委常委、组织部部长李斌，市委常委、政法委书记张文生，市委常委、统战部部长泽仁俊美出席主会场或各县分会场会议。市人大常委会、市政府、市政协、市检察院等市级领导，市（中、区）直单位负责人参加。

同日　福建省国资委、昌都市政府、福建省第九批援藏工作队共同主办的西藏昌都·福建省国有企业招商引资推介会在福州举行。福建省国资委党委成员、副主任林立，昌都市委副书记、常务副市长、福建省第九批援藏工作队领队魏东出席。福建省国资委党委成员、副主任刘宝和主持。福建省投资集团、冶金控股、能源集团、交通集团、电子集团、建工集团、机电控股、石化集团、轻纺控股、水投集团、国资公司、旅游集团及其相关下属企业参加。昌都市商务局、左贡县、八宿县有关负责人分别作项目推介。

同日　上午，强巴林寺管委会举行2019年“科普援藏”科普物资捐赠活动。科技部、中国人民革命军事博物馆、重庆市科技局、上海市科委、自治区科技厅、市科技局、强巴林寺管委会等相关单位负责人参加活动。此次活动针对强巴林寺僧人的实际情况，捐赠笔记本电脑、电子阅读器、健康宣传手册等科普物资。捐赠结束后，中南民族大学民族学博物馆副馆长林毅红、广东科学中心主管杨帆用简洁生动的案例为僧人们普及寺庙防火方面的科普知识。下午，强巴林寺管委会组织全寺800余名僧众召开“科普知识、扶贫政策进寺庙”集中宣讲大会。宣讲围绕国家安全、消防安全、食品安全、自然灾害应对、日常生活常识等内容、精准扶贫意义、政策、形式、要求、感恩党的好政策等方面。通报强巴林寺在学习践行“四条标准”过程中查摆出的一些问题和不足向全寺僧众。会议传达自治区党委常委、统战部部长、区政协党组副书记、副主席旦科关于“讲立场、坚守政治底线，讲政治、坚守道德底线”重要讲话精神。还召开庆祝中华人民共和国成立70周年僧众大会。自治区政协副主席宗洛·向巴克珠，市政协党组成员、强巴林寺管委会党委书记、主任泽仁罗布出席讲话。

13日　中秋节之际，市委书记阿布前往重庆援藏公寓，看望慰问重庆市第九批援藏干部人才。市委副书记、重庆第九批援藏工作队领队廖传锦陪同。

14日　市委副书记、市长陈军前往天津市、福建省援藏干部公寓，看望慰问天津市、福建省第九批援藏工作队。市委副书记、常务副市长、天津第九批援藏工作队领队杨灏，市委常委、市新区管委会党组书记梅方权，市委常委、组织部部长李斌，市委常委、统战部部长泽仁俊美等陪同慰问。

15日　天津第九批援藏工作队召开党员大会，动员部署天津第九批援藏工作队“不忘初心、牢记使命”主题教育。会议传达党中央和天津市委、西藏自治区党委关于开展第二批主题教育的有关要求。传达学习市委书记阿布在市委理论中心组集体学习暨“不忘初心、牢记使命”主题教育第二阶段第一次专题研讨会上的讲话。市委副书记、常务副市长、天津第九批援藏工作队领队杨灏主持并讲话。他要求，工作队一要提高站位，不忘初心和使命；二要精心组织，认真查找差距；三要知行合一，聚焦整改落实。

16日　市委理论学习中心组在市博物馆举行“不忘初心、牢记使命”主题教育活动，参观“感恩共产党、奋进新时代”、西藏百万农奴解放纪念馆巡展，并集体重温入党誓词。市委副书记、市长陈军，市委副书记、常务副市长杨灏，市委常委、纪委书记郑连武，市委常委、市新区管委员会党组书记梅方权，市委常委、宣传部部长赵建国，市委常委、政法委书记张文生，市政协副主席图嘎，市人大常委会副主任罗松益西、齐飞、晏启初，副市长卓嘎、高学文，市政协副主席赤来、张宏军、扎西次仁，市政协副主席、发展改革委党组书记杨瑛，市法院党组书记、院长扎西江平，市政协党组成员，强巴林寺管委会党委书记、主任泽仁罗布参加。

同日　天津第九批援藏工作队队员从前方指挥部办公室领取有血压计、血氧仪、温度计等常用医疗设备的健康包，以及心脑血管系统、消化系统、呼吸系统等常见病非处方药品。中新药业集团生产的速效救心丸、胃肠安、牛黄上清丸等近万元药品，免费捐赠给援藏干部。

同日　由科技局牵头举办，市科协、农学协会、教育协会等9家学（协）会参加的以“礼赞共和国，智慧新生活”为主题的全国科普日宣传服务活动在茶马广场举行。活动共发放宣传资料3000余份，环保袋、雨伞等礼品700个，蔬菜种子200袋。

同日　茶马广场、解放广场等地举行昌都市“9·16”平安西藏宣传日暨“民族团结月”宣传活动，70余家单位或部门结合各自工作职责，广泛宣传藏汉双语《中华人民共和国刑事诉讼法》《中华人民共和国劳动合同法》《中华人民共和国担保法》《中华人民共和国消费者权益保护法》等法律法规，并提供现场解说、咨询等服务。市、县（区）共出动10辆宣传车，悬挂横幅300余条，播放户外电子显示标语3300余条，制作宣传展板挂图90幅，为群众发放宣传资料24000余份、生活实用物品10000余件，提供法律政策咨询320余人次。

16日至17日　自治区党委巡视办副巡视员强巴欧珠、自治区党委巡视八组组长和忠华率巡视八组巡视市投资有限公司党组和市开源投资有限公司党支部，并召开反馈巡视情况会议。市委常委、纪委书记郑连武讲话。自治区党委巡视工作领导小组测评巡视组纪律和作风状况；两家公司主要负责人分别就做好整改工作作表态发言。

17日　区党委主题教育第五巡回指导组与昌都市委班子成员召开见面会，会议主要向区党委主题教育第五巡回指导组汇报全市“不忘初心、牢记使命”主题教育进展情况，听取指导组意见建议。区党委主题教育第五巡回指导组组长、区党委党校（行政学院）常务副校长（常务副院长）熊刚毅讲话。市委副书记、市长陈军主持并强调，全市各级各部门一要按照区党委安排部署和区党委主题教育第五巡回指导组的具体要求，进一步提高政治站位、落实举措，推动主题教育走深走实、取得更大成效。二要自觉接受指导，着力破解工作难题。三要加强沟通协调，全面做好服务保障。市委副书记廖传锦汇报全市主题教育进展情况。市委副书记、常务副市长杨灏，市委常委、芒康县委书记齐应海，市委常委、江达县委书记黎世江，市委常委、市新区管委会党组书记梅方权，市委常委、贡觉县委书记扎西，市委常委、宣传部部长赵建国，市委常委、组织部部长李斌，市委常委、政法委书记张文生，市人大常委会主任贡秋江村，市政协副主席赤来，以及退休老干部仁青措姆、布土丁出席会议。区党委主题教育第五巡回指导组成员，市委“不忘初心、牢记使命”主题教育领导小组成员、市委各巡回指导组成员参加会议。

同日　昌都市隆重召开庆祝中华人民共和国成立70周年重点活动协调推进会。市委副书记廖传锦讲话，他强调，各牵头部门在思想上要高度重视，强化领导，精心组织，周密安排，鼓足干劲，确保各项工作落到实处；要坚持“加强领导、落实责任，统筹协调、形成合力，加强督查、严格问责”原则，确保筹备工作扎实推进；要细化工作方案、周密策划，突出政治性、思想性、实效性、群众性，确保活动的质量效果；要营造良好的庆祝氛围，充分协调利用中央、自治区和市内媒体宣传阵地，整合宣传资源，创新宣传方式，多角度、宽领域、深层次、全方位加强宣传；要做好安保维稳工作，确保各项工作有序开展。市委常委、宣传部部长赵建国主持。昌都市隆重庆祝中华人民共和国成立70周年活动成立协调小组，负责庆祝活动的领导、组织统一协调。协调小组下设庆祝大会会务组、升国旗仪式组、理论研讨组、缅怀革命先烈组、群众游园组、文化活动组、专场演出组、巡展组、氛围营造组、社会宣传组、网络引导组、新闻报道组、安全保卫组等。

同日 市人大常委会及机关党员干部职工集体参观市革命历史博物馆，重温入党宣誓词，正式启动“不忘初心、牢记使命”主题教育。市人大常委会主任贡秋江村讲话，市人大常委会副主任邓文昌、公嘎泽仁、齐飞、晏启初参加活动。

同日 市中心血站工作人员成功分离制备出悬浮红细胞73.5个单位、血浆7350毫升。标志着昌都首次批量制备成分血获得成功，将有效缓解制约昌都医疗卫生事业发展的血源紧张问题。2019年6月6日，血站通过西藏自治区卫健委审核。8月30日，拿到血站执业许可证，正式具备血液采集与制备等资质。17日，市中心血站组织“军民情深，血脉相连”献血活动。共采集65人合计14700毫升血液。

18日 昌都市召开未成年人思想道德建设工作会议，市委常委、宣传部部长赵建国讲话。市教育局负责人汇报未成年人思想道德建设工作，市文明办、卡若区负责人对未成年人思想道德建设工作进展情况发言，与会人员围绕未成年人思想道德建设工作推进中存在的困难问题及措施建议进行讨论。

同日 市人大常委会开展“不忘初心、牢记使命”主题教育读书班专题学习会。指导组副组长、区人大机关党组成员、区纪委监委驻区人大机关纪检监察组组长加措带队的区党委第五巡回指导组参加学习会。市人大常委会主任贡秋江村主持学习会并讲话，市人大常委会副主任邓文昌、公嘎泽仁、齐飞、晏启初出席。

19日 昌都市城乡规划委员会召开第二次会议，研究审议并原则上通过《昌都市民族特色文化区产业园项目》《昌都市卡若区桃花沟片区棚户区改造工程》《昌都市野堆村保障性住房项目》等5个规划设计方案，并研讨和完善规划方案。市委副书记、市长陈军主持。他强调，在规划原则上要立足现状、着眼未来，分析现状和建设发展条件，从高起点、高标准、高效益出发进行规划，把好容积率、绿地率、建筑密度等各项建设指标，严格按照相关政策法规，使规划具有现实可行性。设计单位要加强与相关部门的政策对接，加强工作协调，进一步优化设计方案，科学布局基础设施，着力完善功能配套，满足群众对美好生活的需要，提升城市宜居品质。各个职能部门要明确工作任务，压实工作责任，不能推诿扯皮，坚持高品质、高要求，以超前意识加强工作保障，发挥督导、监管作用，确保各项工作顺利完成。副市长卓嘎、旺堆、高学文、胡登孚就相关事宜提出意见和建议。市规委会成员单位和相关企业负责人提出具体意见建议。

同日 昌都市召开全市“不忘初心、牢记使命”主题教育宣传工作部署会。市委常委、宣传部部长赵建国主持并讲话。会议要求，主题教育宣传工作要高举习近平新时代中国特色社会主义伟大旗帜，以习近平新时代中国特色社会主义思想为指导，严格落实市委主题教育领导小组的部署要求，坚持正确的政治方向，牢牢把握正确的舆论导向，突出针对性、实效性，齐心协力做好宣传工作，为主题教育高量开展营造良好的舆论氛围。

20日 市政府党组理论学习中心组召开“不忘初心、牢记使命”主题教育第二批学习会。副市长胡登孚传达学习《中央“不忘初心、牢记使命”主题教育领导小组关于开展第二批“不忘初心、牢记使命”主题教育的指导意见》和《西藏自治区党委九届六次全会精神》。市政府党组成员、秘书长贾新雨传达学习区党委第五巡回指导组组长熊刚毅《在区党委第五巡回指导组与昌都市委领导班子成员见面会上的讲话》和《中共昌都市委主题教育领导小组印发〈关于开展“不忘初心、牢记使命”主题教育的工作方案〉的通知》。市委副书记、市长陈军主持并要求，市政府党组及市政府办公室党组一要自觉对标对表，聚焦目标要求，严格按照区党委、市委的工作部署要求，切实把学习教育、调查研究、检视问题、整改落实贯穿始终，落实好主题教育措施要求，大力弘扬优良作风，立足实际、把握实质、务求实效，以壮士断腕的勇气开展好“不忘初心、牢记使命”主题教育，努力实现理论学习有收获、思想政治受洗礼、干事创业敢担当、为民服务解难题、清正廉洁作表率的目标。二要强化分级分类指导，针对不同层级、不同领域、不同对象特点，科学合理作出安排，改进组织指导方式，切实加强分管政府系统行业部门的指导督导，增强主题教育的针对性和时效性。三要把握好重点措施，聚焦主体主线，聚焦“发展、稳定、生态”三件大事特别是脱贫攻坚、维护稳定两项重中之重工作，突出问题导向，真正把问题找实、把根源找深、把方向找准，切实解决群众最关心最直接最现实的利益问题，以为民谋利、为民尽责的实际成效取信于民。四要加强对主题教育的领导，强化主体责任，切实履行职责，统筹推进四项重点措施，把学和做结合起来，把查和改贯通起来，推动学习教育、调查研究、检视问题、整改落实有机融合、贯穿始终。

同日 市委组织部主办、市强基办承办的2019年度“不忘初心、牢记使命·我的驻村故事”演讲比赛决赛在市委老干部局举行。区党委主题教育第五巡回指导组组长、区党委党校（行政学院）常务副校长（常务副院长）熊刚毅，市委常委、组织部部长李斌，区党委主题教育第五巡回指导组副组长、区人大机关党组成员、区纪委监委驻区人大机关纪检监察组组长加措，市人大常委会副主任齐飞，市政协副主席张宏军出席活动。此次活动的参赛选手是从11县（区）第八批1095个驻村（居）工作队4463名驻村（居）队员中产生，推选出的33名参赛选手在9月19日举行预赛，前10名顺利进入决赛。

同日 昌都市召开巡回指导组座谈会。区党委第五巡回指导组组长熊刚毅讲话，市委副书记、市委主题教育领导小组副组长廖传锦主持。

同日 昌都市召开庆祝中华人民共和国成立70周年、纪念西藏民主改革60周年理论研讨会。市委常委、宣传部部长赵建国讲话。会上表彰昌都市庆祝中华人民共和国成立70周年、纪念西藏民主改革60周年优秀理论文章和组织单位。获奖代表作交流发言。

22日 市委常委、宣传部部长赵建国和自治区公安厅反恐怖特别侦察队副政委李文强率工作组，前往茶马广场开展2019年“扫黄打非”第二次联合专项检查。工作组对昌都城区部分网吧、广告公司、复印店、邮政快递企业、歌舞娱乐场所、民族宗教用品店等地及卡若区委宣传部“扫黄打非”、文化执法、网信等相关工作进行指导。

同日 强巴林寺以唱国歌、展红旗的方式举行中华人民共和国成立70周年庆祝活动。自治区政协副主席宗洛·向巴克珠讲话。市政协党组成员，强巴林寺管委会党委书记、主任泽仁罗布出席。

23日 卡若区日通乡雄达村的村民以及“三农”工作者身穿盛装，载歌载舞共度“中国农民丰收节”。市委副书记、常务副市长杨灏出席并致辞。

24日　昌都市召开创建国家卫生城市工作会议。市委常委、卡若区委书记王伟讲话，副市长卓嘎主持。

同日　市总工会、市人力资源社会保障局主办，昌都报社、昌都广播电视台协办的首届“昌都工匠”年度人物发布会在茶马广场举行。市委副书记廖传锦讲话。纯正天然藏香制作冠军益西加村、巴尔玛佛像造像技艺传承人嘎玛次仁朗加、藏民族陶瓷技艺集大成者泽旺曲加、嘎赤手工艺及传统皮匠工艺传承人其美次丁、察雅县麦堆金银锻制技艺传承人邓巴多吉、唐卡勉萨画派传承代表根秋江村、丁青热巴鼓制作技艺传承人次仁扎西、藏文书法艺术家琼拉，获评为首届“昌都工匠”年度人物。

25日　昌都市委理论学习中心组召开学习会暨“不忘初心、牢记使命”主题教育第二批第二、三次专题研讨会，重点学习研讨“学习贯彻习近平总书记关于治边稳藏的重要论述，提升稳藏兴藏能力”和“严守反分裂斗争纪律，淡化宗教消极影响”专题。市委书记阿布主持。他要求，全市广大党员领导干部一要补钙铸魂讲忠诚，二要刀刃向内找差距，三要守土尽责保稳定，四要导之有方促和谐，五要汇聚人心固团结，六要永葆初心惠民生，七要尽锐出战脱真贫，八要坚守底线护生态，九要强基固本抓党建。自治区党委主题教育第五巡回指导组组长、区党委党校（行政学院）常务副校长（常务副院长）熊刚毅，自治区党委主题教育第五巡回指导组副组长、区人大机关党组成员、区纪委监委驻区人大机关纪检监察组组长加措到会指导。市委副书记、市长陈军，市委副书记廖传锦，市委副书记、常务副市长魏东、杨灏，市委常委、昌都军分区司令员胡小柏、市委常委、芒康县委书记齐应海，市委常委、卡若区委书记王伟，市委常委、江达县委书记黎世江，市委常委、纪委书记郑连武，市委常委、市新区管委会党组书记梅方权，市委常委、贡觉县委书记扎西，市委常委、宣传部部长赵建国，市委常委、组织部部长李斌，市委常委、政法委书记张文生，市委常委、统战部部长泽仁俊美分别围绕主题，结合各自工作和分管领域发言或书面交流。市人大常委会、市政府、市政协，市法院，市检察院，强巴林寺管委会等市级领导，市（中、区）直各单位主要负责人参加主会场会议。会议以电视电话会议形式召开至各县（区）。

26日　昌都市卡若区和类乌齐县交界处的国道317线珠角拉山隧道顺利通车。自治区交通运输厅党委副书记、厅长永吉宣布通车；自治区交通运输厅党委委员、副厅长陈朝，市委副书记、常务副市长杨灏讲话。珠角拉山隧道主洞全长4605米，导洞全长4636米，相比原越岭线，路程缩短19.6公里，时间缩短近1小时，总投资达8.84亿元，在西藏公路网规划“三纵、两横、六个通道”主骨架中，同属“东纵”和“北横”。

同日　市委常委、宣传部部长赵建国带队前往卧龙街商业广场、西藏银行营业大厅、互惠互利超市等地实地考察，并召开全市创建全国文明城市工作现场推进会。截至8月31日，全市创文指标体系网上申报材料报送初审通过率为54%。未成年人思想道德建设指标体系网上申报材料报送初审通过率为67%。

27日　市委宣传部主办，市文化局（市文物局）承办，重庆、福建、天津第九批援藏工作队、卡若区人民政府协办的庆祝中华人民共和国成立70周年“祝福祖国”主题演出在茶马广场上演。市委书记阿布，市委副书记、市长陈军，市委副书记廖传锦，市委副书记、常务副市长杨灏，市委常委、卡若区委书记王伟，市委常委、纪委书记郑连武，市委常委、政法委书记张文生，市人大常委会副主任邓文昌，副市长卓嘎、旺堆，市政协副主席、发改委党组书记杨瑛等与老干部代表、部队官兵、僧人、学生等观看演出。

同日 市委书记阿布走访慰问在昌十八军老战士和退休干部。

27日至29日 全国政协人口资源环境委员会副主任、湖北省政协原主席杨松率全国政协工作组到昌都调研。杨松实地考察新建川藏铁路昌都车站、达因卡、孜通坝、野堆村等地规划项目建设情况和卡若区小恩达水厂水源地生态环保情况，询问工程进展状况并认真听取施工单位的工作汇报。还视察昌都市革命历史博物馆，茶马广场、水上广场、昌庆街等地。自治区政协副主席桑杰扎巴，市委书记阿布，市委常委、卡若区委书记王伟，市政协副主席图嘎，市人大常委会副主任邓文昌，市政协副主席、发改委党组书记杨瑛分别陪同。

同日 市政府党组理论学习中心组召开学习会暨“不忘初心、牢记使命”主题教育第二批第1、2次专题研讨会，专题研讨“学习贯彻习近平新时代中国特色社会主义思想和中共十九大精神，做到“两个维护”“学习贯彻习近平总书记关于治边稳藏的重要论述和中央第六次西藏工作座谈会精神，提升稳藏兴藏建藏能力”。市委副书记、市长陈军主持。他要求，市政府党组及各级各部门一要强化思想武装，聚焦问题，突出学原文、读原著、悟原理，突出率先学、带头学、深入学，突出学以致用、学用结合，切实加强政治理论学习，不断提升理论修养和理论水平，着力提高理论指导实践、推动工作的能力。二要强化政治建设，坚决弹去思想上的灰尘、淬炼政治上的坚定、砥砺共产党人的初心使命，筑牢理想信念之基、补足精神之钙、把稳思想之舵，自觉做马克思主义信仰和中国特色社会主义信念的忠实践行者。三要强化使命担当，以舍我其谁、敢于担当、勇于担当的作风，深化供给侧结构性改革，大力发展支柱性产业，补齐基础设施短板，防范化解重大金融风险，激发经济发展活力，全力推动经济社会高质量绿色发展。四要强化民本思想，聚焦就业、教育、卫生、社保、扶贫等民生领域热点难点问题，坚决打赢脱贫攻坚战、全面提高就业创业水平、办好人民满意的教育、加快健康昌都进程、健全完善社会保障体系，切实增强群众的获得感幸福感安全感。五要强化绿色理念，着力打好污染防治攻坚战，加快推进美丽昌都建设，加强生态环境保护，着力推动生态文明建设再上新台阶。六要强化依法行政，加强法治政府、效能政府、廉洁政府的建设，努力建设人民满意的政府。市委副书记、常务副市长魏东、杨灏出席。区党委主题教育第五巡回指导组成员、区党委文明办综合处处长曲邵东到会指导。市政府副秘书长泽仁卓嘎代副市长卓嘎，副市长旺堆，市政府副秘书长刘宏杰代副市长欧珠达瓦，市政府研究室主任刘军旗代副市长高学文，副市长胡登孚，副市长赵明，市政府党组成员、秘书长贾新雨结合各自工作和分管领域分别作交流发言。

同日 昌都市与天津市农牧业产业项目考察组座谈。天津市农业农村委党委委员、总经济师杨青松讲话，市委副书记、常务副市长杨灏主持，市委常委、市经新区管委会党组书记梅方权出席。市农业农村局负责人介绍昌都市农牧业产业项目情况，与会人员在昌都农牧产业项目方面作交流发言，相关市直单位代表参会。

同日 昌都市卫生健康委员会联合市藏医院、日通民办藏医院、夏通藏医院在茶马广场、强巴林寺、天津广场、水上广场开展藏医药助力健康扶贫义诊活动。22名医务人员参加，免费发放40余种药品达22500余元，宣传资料800余份，义诊1300余人次。

同日 省道203线察雅县香堆镇至芒康县城新改建工程，顺利完成全部建设任务。察芒公路香堆镇至芒康县段起点位于察雅县香堆镇当佐村，终点位于芒康县城，全线里程共计157公里，项目总投资14.6亿元，设计标准为三级公路。察芒公路的全面建成通车，连通察雅县和芒康县5个乡镇，将芒康县至昌都市区的行车里程缩短130公里，行车时间从10个小时缩短至5个小时。

28日 市委副书记、市长陈军前往在昌退休干部仁青措姆、布土丁家慰问。市委常委、组织部部长李斌，市民政局负责人陪同。

同日 昌都市与西藏银行工作组座谈，交流衔接昌都政银企合作事宜。市委副书记、市长陈军主持并讲话。西藏银行总行党委副书记李瑞冬讲话。副市长赵明以及市发展改革委、市财政局、市教育局、市环保局等单位负责人就相关事宜作补充发言。

29日 昌都市召开2019年全市主要经济指标分析会，通报2019年全市主要经济指标完成情况，听取各单位加快项目建设进展情况汇报，分析工作中存在的困难和问题，并安排部署下一步工作。市委副书记、市长陈军主持。他要求，各级各部门开展好“不忘初心、牢记使命”主题教育，切实把主题教育成果转化成为推动经济社会高质量绿色发展的实际行动。要紧盯薄弱环节，突出围绕脱贫攻坚、产业发展、资源开发、招商引资等重点领域项目建设，力争完成各项指标。要结合“不忘初心、牢记使命”主题教育，改进工作作风，明确责任，苦干实干，完善体制机制，做好沟通协调工作，切实把责任扛在肩上、任务放在心上、措施落实到行动上，确保各项工作取得实效。要把项目投资工作作为一项重大政治任务来抓，进一步增强工作的责任感、紧迫感和使命感，迎难而上、主动作为，全面完成今年各项目标任务。市委副书记、常务副市长魏东，副市长卓嘎、旺堆、高学文，市政协副主席、发展改革委党组书记杨瑛以及各相关单位负责人参会。

同日 市委常委、纪委书记郑连武主持召开全市纪检监察系统“不忘初心、牢记使命”主题教育专题党课暨全市纪检监察工作推进会。

同日 昌都市召开2019年第三次高校毕业生就业创业工作联席会。副市长胡登孚讲话。会议传达全市高校毕业生就业创业工作开展情况，各县（区）汇报高校毕业生就业创业工作开展情况和存在的主要问题。市高校毕业生就业创业工作联席会议领导小组、市部分企业、市高校办等相关负责人参加会议。会议以电视电话形式召开至各县（区）。

同日 自治区党委常委、政法委书记、自治区赴昌都维稳督导组组长何文浩率督导组前往昌都军分区、强巴林寺、市公安局等重点行业、基层一线，通过明察暗访和视频调度的形式开展维稳督导工作。自治区政府副主席江白，市委副书记、市长陈军等市委、市人大常委会、市政府、市政协等领导分别陪同。

同日 全市纪检监察系统召开“不忘初心、牢记使命”主题教育专题党课暨纪检监察工作推进会。市委常委、纪委书记、监委主任郑连武讲话。会议以电视电话会议形式召开至各县（区）。

30日 国家法定的第六个烈士纪念日，昌都市在解放广场举行向烈士敬献花篮仪式。市委常委、卡若区委书记王伟主持。市委书记阿布，市委副书记、市长陈军，市委副书记廖传锦，市委副书记、常务副市长魏东，市委常委、昌都军分区司令员胡小柏，市委常委、宣传部部长赵建国，市委常委、组织部部长李斌，市委常委、统战部部长泽仁俊美，市人大常委会副主任邓文昌，副市长卓嘎、旺堆，市政协副主席、发展改革委党组书记杨瑛，驻昌某部政委杨永开，市政协党组成员、强巴林寺管委会党委书记、主任泽仁罗布，市人大常委会、市政府、市政协、强巴林寺管委会等市（师）级领导，干部职工、部队官兵、群众、学生和僧尼等代表以及各族各界代表参加仪式。

同日 市委副书记、市长陈军主持召开环保迎检整改工作碰头会，听取全市环境保护督察反馈意见整改落实情况汇报，安排部署迎检中央环境保护督察“回头看”工作。他要求，各相关部门一要提高政治站位，充分认识到加强生态环境保护、筑牢永续发展基础是一项重大政治任务，并以此次迎接中央环境保护督察“回头看”为契机，认真落实环境保护主体责任，加强环境保护与建设，继续抓好问题整改落实，全面提升全市生态文明建设与环境保护水平。二要加大整改力度，认真整改问题，坚持以中央环保督察组反馈问题为导向，健全问题清单和整改销号台账，明确具体整改内容、整改措施和整改时限，紧盯聚焦中央环保督察组反馈的突出问题，重点攻坚，切实把各项整改工作抓紧、抓细、抓实、抓好。三要加强组织领导，充分发挥组织协调和监管职能，全力做好上下协调沟通工作，切实形成全市上下狠抓环境问题整改工作的强大合力，确保各项存在问题及时按要求整改到位。四要加强机制建设，继续发扬中央环境保护督察工作中好的经验和做法，不断健全完善生态文明建设和环境保护工作的长效机制，推动全市环境保护规范化、制度化、常态化建设。市生态环境局负责人汇报环境保护督察反馈意见整改落实情况。市委副书记、常务副市长魏东出席。市发展改革委、市自然资源局、市林业、市住房城乡建设局、市交通运输局、市水利局、市农业农村局、市商务局等部门负责人就有关事宜提出意见和建议。

同日 市委副书记廖传锦前往解放广场慰问卡若区环卫工人，在西路南段便民警务站、昌庆街便民警务站、东大桥便民警务站、人民医院便民警务站、达因卡便民警务站、生格宗便民警务站等维稳一线执勤点、妇女儿童维权岗开展慰问活动，同时了解各站点建设情况和维稳各项工作开展情况。

同日 国道317线（西藏境）丁青至斜拉山公路整治改建工程正式通车。改建工程完工后，将缩短原路线里程10.6公里，可节省翻山时间40分钟。项目起点位于丁青县城西，途经斜拉山特长隧道等多处地理环境复杂区域，止于巴达乡西。全线总长112.886公里，新建大中小桥共计30座，涵洞共计303道，隧道主洞全长4092米，主线采用三级公路标准，总投资17.9亿元。

9月30日至10月3日 市委常委、纪委书记、监察委员会主任郑连武前往边坝、洛隆、八宿三个县调研维稳巡回督导及党员信仰宗教问题。

9月 市林业和草原局被授予“全国绿化模范单位”称号，市林草局园林局局长巴桑荣获全国绿化奖章。全国绿化模范单位是全国造林绿化工作评比表彰中的最高奖项。2016年以来，完成“两江四河”造林绿化、重点区域造林、防护林体系建设、森林抚育等营造林建设79万多亩，组织开展全民义务植树活动达66万多人次，栽植各类苗木330余万株，造林面积达7万多亩；完成“无树村、无树户”消除368个、36122户，参与人数达16.9万多人，栽植各类苗木130余万株，完成“无树单位”消除和提质增绿372个；开展市区周边森林围城建设和市区绿化美化，新增城市绿地面积21.5万平方米。

10月

1日 昌都市在解放广场举行庆祝中华人民共和国成立70周年“升国旗·唱国歌”仪

式。市委常委、卡若区委书记王伟致辞。自治区党委常委、政法委书记何文浩，自治区副主席江白，自治区政协副主席宗洛·向巴克珠，市委书记阿布，市委副书记、市长陈军等领导出席。昌都市各族各界干部群众代表参加。

1日至4日 自治区党委常委、政法委书记、自治区赴昌都维稳督导组组长何文浩率督导组前往昌都市卡若、八宿等10个县（区）国安指挥部和部分机关企事业单位、乡（镇）、村（居）、公安检查站等地，以听取汇报、实地查看、座谈走访、查阅资料、协调指导、重点督办等形式，开展全领域、全要素、深层次、有重点的综合督导。4日下午，召开自治区维稳督导组督导意见反馈会。何文浩讲话。市委书记阿布主持并作表态发言。自治区副主席张永泽出席左贡县分会场，对脱贫攻坚、环境整治、发展清洁能源产业方面提出意见建议。市委副书记廖传锦，市委常委、昌都军分区司令员胡小柏，市委常委、卡若区委书记王伟，市委常委、政法委书记张文生，市委常委、统战部部长泽仁俊美，副市长旺堆、胡登孚、赵明，市委国安委部分成员单位负责人出席。会议以电视电话会议形式召开至各县（区）。

1日至5日 福建省第九批援藏工作队、共青团福建省委、福建省少工委主办的“感党恩 庆国庆 增团结”闽藏少年儿童手拉手交流活动在福建福州、莆田、泉州、龙岩和厦门举行。昌都市40名藏族少年和福建省20名少先队员代表参观海峡现代农业示范园、福建奔驰汽车有限公司、福建云计算中心、莆田市青少年宫、中国闽台缘博物馆、泉州海外交通史博物馆、古田会议会址、永定土楼民俗文化村、厦门诚毅科技探索中心、鼓浪屿等。

2日 西藏自治区商务厅主办，七市（地）承办的第三极精品文化旅游产品展销中心暨第三极跨境商品商城开业庆典在西藏自治区会展中心举办，昌都展馆首次亮相。此次展馆以“传奇昌都·卓卓康巴”为主题，重点打造“红色昌都、魅力昌都、旅游昌都、文化昌都、多彩昌都”五大版块，共有19家企业参加，展销150多种名特优产品，包括芒康达美拥、藏红甘露、洛宗系列、丁青象牙玉、藏医药、雪岩泉、唐卡等各类昌都特色产品。

3日 市委副书记、市长陈军率市政府党组及办公室全体干部职工前往昌都革命历史博物馆，开展“不忘初心、牢记使命”主题教育实践活动。通过参观红色革命旧址、观看廉政教育图片展和警示教育情景剧、爱国主义影片《我和我的祖国》，重温入党誓词，学习贯彻习近平新时代中国特色社会主义思想，继承和发扬老一辈革命家的优良作风和革命精神，锤炼党性，践行宗旨。市委副书记、常务副市长魏东，副市长卓嘎、旺堆，退休老干部代表布土丁等参加实践活动。

同日 市委第四巡回指导组在康巴文化演艺推介展示中心举办“不忘初心、牢记使命”主题教育专题辅导讲座。市委党校讲师秦澜英授课《不忘初心、牢记使命、永远奋斗》。市委常委、宣传部部长赵建国，市强巴林寺管委会党委书记、主任泽仁罗布，市委“不忘初心、牢记使命”主题教育第四巡回指导组成员参加。

4日 市委副书记、市长陈军率市自然资源局、市环保局以及卡若区、江达县主要负责人，督导检查玉龙铜矿改扩建工程推进情况。陈军分别前往改扩建工程破碎站项目现场，看望慰问正在加紧施工的工作人员，并要求企业和施工单位既要高度重视，提高政治站位，又要按照相关要求高标准严要求做到无尘施工、清洁生产、安全生产，加快工程建设进度。还到矿区观景台、矿石尾矿输送隧道工程、1800万吨/年选矿厂建设现场。西部矿业股份公司副总裁，玉龙铜业公司党委书记、董事长青岩陪同。玉龙铜矿改扩建工程选厂海拔约4600米，是高海拔世界级超大规模选矿厂。截至9月底，处理原矿190.19万吨，生产铜金属量2.33万吨，实现营业收入8.34亿元，上缴地方税收1.1亿元。在返昌途中，看望慰问卡若区拉多乡政府基层干部。

同日 市委副书记、市长陈军与中国建设银行西藏分行党委书记、行长查克健一行座谈，双方就深化合作事宜交流意见。市委副书记、常务副市长魏东以及市发展改革委、市财政局、市住房城乡建设局等相关单位负责人就相关事宜作补充发言。

4日至5日 市委副书记、常务副市长杨灏率队赴江达县江达镇、岗托镇、卡贡乡调研对口支援和援藏项目进展情况，并召开座谈会。杨灏前往岗托镇雪巴祥水山庄、岗托镇香菇种植基地、天然饮用水厂、嘎通村村委会、扶贫开发区（天津新村）易地扶贫搬迁安置点、卡贡乡易地搬迁点、卡贡文化产业基地调研了解产业发展、项目推进情况，交流探讨存在的困难和问题。他强调，要持续巩固脱贫攻坚成果，坚持摘帽不摘责任、摘帽不摘政策、摘帽不摘帮扶、摘帽不摘监管；要加大对特色产品、产业品牌的推介力度；要立足资源优势打造好支柱产业；要借助317国道沿线的区位优势，结合当地实际情况，认真梳理、归纳，编制好“十四五”发展规划，推动江达县社会经济各项事业发展。市委常委、江达县委书记黎世江陪同。

6日 昌都市召开庆祝昌都解放70周年活动工作推进会，市委副书记廖传锦主持并讲话。他要求，全市各级各部门要统一思想、提高站位，进一步增强加快推进各项筹备工作的责任感和使命感；要突出重点，明确责任，切实抓紧抓实各项筹备工作；要勇于担当，真抓实干，确保各项工作任务不折不扣地落到实处；要以强烈的事业心和责任感，以只争朝夕和团结奋斗的干劲，以务实进取和实实在在的业绩，全力以赴做好各项工作，以实际行动向昌都解放70周年献礼。市委常委、卡若区委书记王伟汇报大庆环境卫生整治工作情况，市委常委、宣传部部长赵建国汇报大庆宣传文艺活动情况，市政协副主席、发展改革委党组书记杨瑛汇报大庆项目实施情况。市委副书记、常务副市长魏东出席，市（中、区）直各单位负责人参会。

同日 市纪委监委开展庆祝中华人民共和国成立70周年暨“不忘初心、牢记使命”主题党日活动。市委常委、纪委书记、监察委员会主任郑连武主持。党员高唱红色歌曲、自导自演《歌唱祖国》《唱支山歌给党听》《心中的昌都》《说说纪检工作》《新时代的纪检监察人》等文艺节目。市委副书记廖传锦，市委“不忘初心、牢记使命”主题教育第四指导组组长、原地委副书记、政协原主席仁青措姆出席。

7日 市妇联举行“不忘初心、牢记使命”主题教育征求意见暨重阳节慰问离退休女干部职工代表座谈会。市委副书记廖传锦要求，市妇联领导班子和班子成员要团结带领全市各级妇联组织认真抓好学习贯彻，要坚定政治信仰和政治方向，要强化政治领导，要坚持正确政治立场，提高政治能力，要坚持将“学习教育、调查研究、检视问题、整改落实”贯穿主题教育全过程，确保“不忘初心、牢记使命”主题教育取得实实在在的成效。

同日 市委副书记、常务副市长魏东主持召开福建援藏队市直工作组“不忘初心、牢记使命”主题教育专题学习会，深入学习贯彻习近平总书记在中央第六次西藏工作座谈会上的重要讲话精神，研究部署下阶段援藏工作。他要求，要立足本职工作，积极创先争优，着力办实事、惠民生，着力抓引资、兴产业，着力保稳定、促和谐；在做好本职岗位业务工作的同时，全力抓好维护稳定、脱贫攻坚、产业发展、民族团结、教育援藏、医疗援藏、技能援藏、自身建设等重点工程。

8日 昌都市召开前三季度经济运行暨重点项目推进工作视频会议，通报前三季度经济运行情况，研究部署第四季度经济工作。市委副书记、市长陈军要求，全市各级各部门要高度重视，进一步增强工作的责任感和使命感，以第二批“不忘初心、牢记使命”主题教育为抓手，紧紧围绕年初确定的目标任务，自觉对标对表，坚持目标导向、问题导向，突出重点、攻坚克难，全力以赴抓好各项工作落实。要集中精力、高位推进，持续用力保障和改善民生；要集中攻势、精准发力，坚决打好打赢三大攻坚战；要集中要素、优化配置，扎实推进项目建设，不断夯实经济发展支撑；要集中力量、协调联动，全力以赴抓好财税收支工作、经济数据核算统计工作等各项重点工作。市委副书记、常务副市长魏东主持。市政协副主席、发展改革委党组书记杨瑛通报全市前三季度经济运行暨重点项目推进工作情况，前三季度全市生产总值完成142.86亿元，同比增长9.6%。市旅游发展局、国网昌都供电公司和左贡县、洛隆县就加快工作进度作表态发言。市委副书记、常务副市长杨灏出席芒康分会场。副市长卓嘎、高学文、旺堆、胡登孚以及市（中、区）直各单位负责人参加。会议以电视电话会议形式召开至各县（区）。

同日 市政府召开2019年度第九次常务会，听取昌都市“十四五”规划编制衔接落实情况、近期七城同创工作进展情况等汇报，研究讨论并原则上同意《昌都市芒康盐井古盐田民俗旅游区创建国家AAAAA级景区工作实施方案》的请示和关于提请核减昌都市市级河湖的请示等有关议题。市委副书记、市长陈军主持会议，他要求，各级各部门要提高认识，积极发挥各自职能作用，形成工作合力，统筹协调开展好各项工作。要明确职责，确保各项工作有人抓、有人落实。要吃准吃透创建指标体系和考核办法，将“七城同创”工作纳入年终考核，克服推诿扯皮思想，高标准完成创建工作，达到创建目标。市委副书记、常务副市长魏东，副市长卓嘎、旺堆、高学文、胡登孚，市政协副主席、发展改革委党组书记杨瑛出席会议。市委副书记、常务副市长杨灏出席芒康分会场会议。会议以电视电话会议形式召开至各县（区）。

9日 市委书记阿布主持召开市委常委会会议。会议传达学习新修订的《中国共产党问责条例》的主要内容及吴英杰书记的批示；中共中央办公厅 国务院办公厅印发《中央生态环境保护督察工作规定》等；听取全市迎接自治区2019年脱贫攻坚成效考核工作准备情况，全市中央扫黑除恶第13督导组反馈问题整改工作进展情况和迎接中央扫黑除恶第二、三轮督导“回头看”工作准备情况，庆祝昌都解放70周年活动筹备情况的汇报；研究《庆祝昌都解放70周年活动工作方案》等事项；安排部署下步工作。他强调，各级各部门要提高政治站位，着力在专项整治、重点地区、重点案件、重点问题上持续攻坚；要聚力线索核查，着力在线索摸排、彻底核查、管理规范、依法办结上持续攻坚；要强化法律意识，着力在打财断血、斩断勾连、摧垮基础上持续攻坚；要严肃执纪问责、着力在深挖根源、铲除根基、净化政治生态上持续攻坚；要压实监管责任，着力在源头根治、漏洞补治、标本兼治上持续攻坚；要强化组织领导，着力在组织领导、统筹协作、责任落实上持续攻坚。市委副书记、市长陈军，市委副书记廖传锦，市委副书记、常务副市长魏东、杨灏，市委常委、芒康县委书记齐应海，市委常委、卡若区委书记王伟，市委常委、江达县委书记黎世江，市委常委、纪委书记、监察委员会主任郑连武，市委常委、市新区管委会党组书记梅方权，市委常委、贡觉县委书记扎西，市委常委、宣传部部长赵建国，市委常委、政法委书记张文生，市委常委、统战部部长泽仁俊美分别出席主会场或各县分会场会议。市人大常委会、市政府、市政协、市检察院、强巴林寺管委会市级领导，市（中、区）直相关单位负责人参加。会议以电视电话会议形式召开至各县（区）。

同日 昌都市召开迎接自治区脱贫攻坚成效考核安排部署会，研究、安排、部署相关工作。市委副书记、市长陈军主持并讲话。他要求，各相关部门和5个县要从脱真贫、真脱贫的高度，围绕“问题整改要见底、长效机制要建立、各项工作要上台阶”的整改目标，再次梳理问题整改情况，抓紧整改落实到位；要做好项目资料、资金兑现资料、各类管理办法、政策文件、档案资料的梳理，加强沟通协调，确保市县乡村一个标准、一种声音、一致步调；要高度重视，全员迎检、全员参与，认真学习考核方案，领会文件精神，准确把握考核各项要求和指标；要完善各类资料台账，全面挖掘典型亮点，紧盯各项重点工作，全力做好后勤保障，拧成一股绳、劲往一处使，切实做好迎检各项准备工作，确保年底实现整体脱贫。市委副书记、常务副市长魏东出席。市发展改革委、市财政局、市人力资源社会保障局、市教育局、市住房城乡建设局、市水利局、市农业农村局、市林草局、市民政局、市卫生健康委等单位负责人参加会议。

10日 市委理论学习中心组在康巴文化演艺推介展示中心举行“不忘初心、牢记使命”主题教育观影活动，集体观看电影《孔繁森》。市委副书记廖传锦，市委常委、卡若区委书记王伟，市委常委、纪委书记、监察委员会主任郑连武，市委常委、市新区管委会党组书记梅方权，市委常委、政法委书记张文生，市委常委、统战部部长泽仁俊美，市人大常委会副主任邓文昌、齐飞、晏启初，副市长旺堆、高学文、胡登孚，市政协副主席赤来、扎西次仁，市政协副主席、发展改革委党组书记杨瑛，市检察院党组书记、检察长贺建军等参加。

同日 市卫生健康委、市中心血站在解放广场举办献血活动。此次活动共采集24人5400毫升血液。这是市中心血站首次批量制备成分血后第一次举行献血活动，并于每周二、周四在解放广场定期举行。

10日至11日 市人大常委会（办公室）党组理论学习中心组分别召开“不忘初心、牢记使命”主题教育第一、二次专题研讨会。学习习近平总书记在庆祝中华人民共和国成立70周年大会上的重要讲话，区党委关于开展第二批“不忘初心、牢记使命”主题教育的实施意见以及熊刚毅同志在区党委第五巡回指导组与昌都市委领导班子成员见面会上的讲话精神。市人大常委会主任贡秋江村主持并作交流发言，区党委巡回指导组成员曲绍东，市委第四巡回指导组组长仁青措姆到会指导。市人大常委会副主任邓文昌、公嘎泽仁、齐飞、晏启初围绕党的政治建设、宗旨性质、党性修养等方面，结合自身学习工作实际作交流发言。11日，市人大常委会（办公室）党组理论学习中心组围绕“学习贯彻习近平总书记关于治边稳藏重要论述，提升稳藏兴藏能力”专题，进行主题教育第二次专题研讨。集中传达学习《习近平总书记在全国民族团结进步表彰大会上的讲话》《自治区党委九届六次全会主要精神》《中央第六次西藏工作座谈会精神百题问答》选学篇目相关内容。市人大常委会副主任公嘎泽仁、齐飞、晏启初分别围绕专题作交流发言。

11日　市委理论学习中心组召开学习会暨“不忘初心、牢记使命”主题教育第二批第四、五次专题研讨会，重点围绕“力戒形式主义、官僚主义，保持为民务实清正廉洁的政治本色”和“学习贯彻习近平总书记在中央和国家机关党的建设工作会议上的讲话精神，全面提高机关党的建设质量”专题进行集中学习研讨。市委副书记、市长陈军，市委副书记廖传锦，市委常委、卡若区委书记王伟，市委常委、纪委书记、监察委员会主任郑连武，市委常委、统战部部长泽仁俊美分别传达学习《习近平在庆祝中华人民共和国成立70周年大会上的讲话》《习近平在全国民族团结进步表彰大会上的重要讲话》《习近平总书记在中央和国家机关党的建设工作会议上的讲话》《中共中央政治局会议精神》《习近平在国家勋章和国家荣誉称号颁授仪式上的讲话》等。市委书记阿布主持并要求，全市各级党委（党组）和党员领导干部一要坚持把政治建设放在首位，坚决做到“两个维护”。二要坚持补钙铸魂，持之以恒用习近平新时代中国特色社会主义思想武装头脑。三要坚持党管干部，建设高素质专业化干部队伍。四要坚持强基固本，推动基层党组织全面进步全面过硬。五要坚持驰而不息纠治“四风”，不断密切党群干群关系。六要坚持标本兼治，巩固反腐败斗争压倒性胜利。市委副书记、常务副市长魏东，市委常委、芒康县委书记齐应海，市委常委、江达县委书记黎世江，市委常委、纪委书记、监察委员会主任郑连武，市委常委、市新区管委会党组书记梅方权，市委常委、组织部部长李斌分别围绕主题，结合各自工作和分管领域作交流发言。自治区党委主题教育第五巡回指导组组长、区党委党校（行政学院）常务副校长（常务副院长）熊刚毅，自治区党委主题教育第五巡回指导组副组长、区人大机关党组成员、区纪委监委驻区人大机关纪检监察组组长加措到会指导。市人大常委会、市政府、市政协、强巴林寺管委会市级领导，市（中、区）直各单位负责人参加。昌都设主会场，芒康县、江达县、贡觉县设分会场。

同日　市政府党组理论学习中心组召开学习会暨第二批“不忘初心、牢记使命”主题教育第4次专题学习会，围绕中国梦、斗争精神、民族团结、国家治理等专题开展集中学习。市委副书记、常务副市长魏东传达学习“中国梦的本质是国家富强、民族振兴、人民幸福”（《习近平新时代中国特色社会主义思想学习纲要》）；习近平总书记在庆祝中华人民共和国成立70周年大会上的讲话；习近平总书记在国家勋章和国家荣誉称号颁授仪式上的讲话精神；习近平总书记对“最美奋斗者”评选表彰和学习宣传活动作出的重要指示精神。副市长旺堆、高学文、胡登孚分别传达学习习近平总书记在全国民族团结进步表彰大会上的讲话精神；习近平总书记在中央政治局第十七次集体学习会上的讲话（新闻稿）《继续沿着党和人民开辟的正确道路前进 不断推进国家治理体系和治理能力现代化》《习近平总书记2019年9月3日在中央党校（国家行政学院）中青年干部培训班开班式上的重要讲话精神（传达提纲）》。市委副书记、市长陈军主持并要求，各级各部门要保持清醒头脑，坚定立场，发扬勇于敢于斗争精神，在严峻复杂斗争中经受严格的思想淬炼、政治历练、实践锻炼，做到在各种重大斗争考验面前“不畏浮云遮望眼”“乱云飞渡仍从容”，树牢斗争意识、增强斗争本领。要坚定走中国特色解决民族问题的正确道路，坚决贯彻党的民族理论和民族政策。要坚定“四个自信”，着力推进治理体系和治理能力现代化建设，加快推进法治政府、高效政府、廉洁政府建设，切实把制度优势转化为治理效能，更好为全市经济社会发展服务。市委副书记、常务副市长魏东出席。区党委主题教育第五巡回指导组成员王全宪、旦增曲培到会指导。

同日 昌都市与重庆市召开助力西藏脱贫攻坚产销对接工作座谈会。市委副书记廖传锦，重庆市供销社党委委员、副主任张海清讲话，副市长赵明主持。

同日 昌都市与福建省供销代表团召开产销对接座谈会。福建省供销合作社联合社党组成员、副主任占飞豹，市委副书记、常务副市长魏东讲话，副市长赵明主持。

同日 自治区人大常委会副主任其美仁增率可再生能源法执法检查组在昌都市开展执法检查活动。检查组听取全市关于贯彻落实可再生能源法的工作情况汇报。市人大常委会副主任罗松益西主持，副市长卓嘎作汇报。昌都市共规划梯级电站62座，规划总装机3746.28万千瓦，规划静态总投资6388.7亿元；12个大型太阳能电站项目取得自治区发展改革委备案批复。

12日 市政府党组理论学习中心组召开学习会暨“不忘初心、牢记使命”主题教育第三、四专题研讨会，围绕“严守反分裂斗争纪律，淡化宗教消极影响”“践行为民宗旨、履职担当尽责”专题进行集中学习研讨。副市长旺堆、高学文、胡登孚、赵明分别传达学习《中华人民共和国民族区域自治法》《宗教事务条例》《习近平关于“不忘初心、牢记使命”重要论述选编》——解决好人民群众最关心最直接最现实的利益问题，不断增强人民群众获得感、幸福感、安全感，《习近平关于“不忘初心、牢记使命”重要论述选编》——着力践行以人民为中心的发展思想。并分别围绕主题，结合各自工作和分管领域作交流发言。市委副书记、市长陈军主持并强调，各级各部门一要科学准确把握当前全市反分裂斗争和维护稳定工作面临的新形势新问题，牢固树立维护稳定是最大的政治责任，切实增强忧患意识、责任意识，切实把思想和行动统一到总书记和党中央的决策部署上来，坚定政治立场，严肃政治纪律，紧紧依靠群众，牢牢掌握反分裂斗争主动权，构筑起反对分裂、维护稳定的铜墙铁壁，时刻绷紧维护稳定这根弦，狠抓各项既定维稳政策措施落实，确保社会大局持续长期全面稳定。二要提高政治站位，坚持底线思维，坚持正面引导，强化服务管理，旗帜鲜明消除十四世达赖利用宗教所产生的负面影响，做到“导”之有方、“导”之有力、“导”之有效。三要坚持以人民为中心，践行为民宗旨，以为民谋利的实际成效取信于民。四要勇于担当作为，忠诚履职尽责，树立起新时代党员干部的良好形象，要增强责任意识、担当意识，认真履职尽责，为加快推进各项工作奠定坚实基础。区党委主题教育第五巡回指导组组长、区党委党校（行政学校）常务副校长（常务副院长）熊刚毅，区党委主题教育第五巡回指导组副组长、区人大机关党组成员、区纪委监委驻区人大机关纪检监察组组长加措到会指导。

13日 昌都市与天津市供销代表团召开产销对接座谈会。天津市供销合作总社副主任刘焕虎，副市长赵明讲话。并与天津市供销合作社签订战略合作协议，与天津金仓科技和昌都藏家特贡签订产销合作协议。

14日 市政协党组、办公室党组理论中心组举行第11次学习会暨“不忘初心、牢记使命”主题教育第四、五专题研讨会，学习研讨习近平总书记关于加强和改进人民政协工作的重要思想，力戒形式主义、官僚主义，保持为民务实清正廉洁的本色。市政协副主席赤来主持并讲话。市政协副主席扎西次仁出席。自治区党委主题教育第五巡回指导组成员王全宪、旦增曲培到会指导。

15日　市委副书记廖传锦在康巴文化演艺推介展示中心会见唐卡·巴哈杜尔·吉雷尔市长等5人的尼泊尔吉日市访问团，副市长赵明陪同。廖传锦简要介绍全市基本情况。代表团与卡若区代表签订建立友城关系备忘录。在为期两天的交流访问中，代表团走访市人民医院、市文化博物馆、卡若·北京新村、市教育局、市职业技术学校、经开区建设规划展览馆等地。

同日　市藏医院召开创建三级甲等藏医医院评审工作汇报会。市委常委、组织部部长李斌讲话，西藏自治区卫健委副主任胡学军带队的评审督导组，四川省甘孜州藏医院副院长江吉村率队的评审专家组参加会议。江吉村介绍参加评审的专家和督导组成员、评审专家组工作基本要求，宣布评审工作纪律，签订评审廉洁协议书。市藏医院负责人从医院基本情况、创建工作开展情况及存在的问题3个方面进行工作汇报。评审专家组分成党建组、管理组、护理组、临床组、民族药事管理组及医技科室质量管理小组，进行为期3天的评审工作。

同日　昌都市与自治区“互联网＋政务服务”调研组座谈。全市“互联网+政务服务”各项工作推进有序，电子政务外网、互联网等配套迎检设施基本成熟，已具备网上办理所需条件。自治区统一建设的西藏政务服务平台“一网通办”部分业务达到网上办理条件，已投入使用并开展接件办理。截至2019年，全市注册西藏政务服务“一网通办”平台自然人15363人，企业法人346家，网上办件量22587件。全市市民服务中心入驻20家单位，开设51个窗口，可办理145个服务事项；11县（区）政务服务大厅入驻106家单位，开设160个窗口，可办理服务事项363项。

15日至18日　市委书记阿布率队赴边坝、洛隆、八宿，结合“不忘初心、牢记使命”主题教育开展调研。15日至16日，阿布先后到拉孜乡、边坝镇、草卡镇、尼木乡、沙丁乡、马秀乡等，走村入户，访民情、问民意、听民声、讲政策，进乡（镇）政府、学校、寺庙、检查站及县直相关单位，实地察看各项政策措施落实情况，听取基层意见建议，指导“不忘初心、牢记使命”主题教育开展。在拉孜乡福建新村和尼木乡苗圃基地、林麝养殖基地，详细了解易地搬迁和产业发展、带动群众增收等情况。在边坝镇显俄村、尼木乡许巴村，阿布参观藏香加工厂、民族手工艺作坊、电子商务点、扶贫商店等村集体经济项目，详细了解村集体经济发展、基层党组织作用发挥、便民服务工作开展等情况。在边坝镇中心小学，阿布详细了解学生人数、教师队伍以及教育教学情况。在拉孜乡拉孜寺管委会、尼木乡公安一级检查站和县维稳中心，阿布看望慰问广大驻寺干部和一线民警，了解维护稳定工作开展情况。到边坝县拉孜乡政府所在地，在乡镇与基层干部交流谈心，了解各项工作开展情况，听取基层存在困难问题，征求大家对主题教育的意见建议；前往拉孜寺，了解维护稳定工作与“遵行四条标准、争做先进僧尼”主题教育活动开展情况；深入贫困户益西卓玛家，访民生、问需求、谋对策、讲政策。17日至18日，阿布前往洛隆县俄西乡、达龙乡、新荣乡、孜托镇、玉西乡、白达乡、马利镇等调研。到洛隆县俄西乡第一小学了解学生的伙食和生活情况。在洛隆县新荣乡卫生院，了解到群众看病拿药、大病住院报销情况。视察洛隆县俄西乡蔬菜大棚基地，他要求要发挥好龙头企业的带动作用，以“建一个基地、带一方致富”为宗旨，把企业的资本、管理、技术与群众的土地、劳力、资源等结合起来，不断壮大产业链条，形成互惠互利、合作共赢的产业化经营组织形式，实现企业有利润、群众能增收。在洛隆县达龙乡，了解基层党建工作开展情况，他强调，要按照乡村振兴战略，着力打造“产业兴旺、生态宜居、乡风文明、治理有效、生活富裕”的新农村，大力加强村级组织标准化建设，在村委会设金融网店、商店、医务室等，增强村委会的服务功能，让群众信任村两委、有事找村两委、最终离不开村两委，不断夯实党的执政根基。看望自治区政协委员、自治区级民族团结先进个人达娃僧人。18日，阿布前往深度贫困地区联系乡（镇）八宿县郭庆乡和同卡镇，访农家、问发展、听民意，调研脱贫攻坚、“不忘初心、牢记使命”主题教育、维护稳定、民生事业等工作情况，并在郭庆乡组织乡村干部召开“不忘初心、牢记使命”主题教育座谈会。他强调，广大基层干部一要紧扣主题、突出重点，不断把主题教育引向深入。二要坚定决心、攻城拔寨，聚力“两不愁三保障”，高质量打赢脱贫攻坚战。三要守土有责、守土尽责，切实维护当地社会大局持续和谐稳定。阿布先后前往近20个乡（镇）、40个调研点，行程2000余公里。

16日　昌都市召开巡察整改督查工作安排会。市委常委、纪委书记、监察委员会主任郑连武讲话，市委常委、组织部部长李斌主持。

同日　市人大常委会（办公室）党组召开理论学习中心组专题学习会暨“不忘初心、牢记使命”主题教育第三、四次专题研讨会，重点围绕“严守反分裂斗争纪律，淡化宗教消极影响”“践行为民宗旨，履职担当尽责”专题集中学习研讨。研讨会集中传达学习《中央第六次西藏工作座谈会精神百题问答》选学篇目相关内容，《解决好人民群众最关心最直接最现实的利益问题，不断增强人民群众获得感、幸福感、安全感》《习近平关于“不忘初心、牢记使命”重要论述选编》之着力践行以人民为中心的发展思想。市人大常委会主任贡秋江村主持并讲话。市人大常委会副主任邓文昌、晏启初、祝正国等结合自身实际交流发言。区党委第五巡回指导组成员王全宪、旦增曲培到会指导。市人大常委会副主任齐飞参加会议。

同日　昌都市召开天津市北辰区对口帮扶丁青县座谈会暨药品捐赠仪式。双方就两地特色优势资源、进一步加强两地部门深入合作、如何深化对口帮扶等方面事宜深入交流。天津市北辰区副区长庞镭出席会议，副市长赵明主持。庞镭代表天津市北辰区分别向全市和丁青县捐赠价值27万元和10万元药品。

17日　市藏医院召开创“三甲”藏医医院评审反馈会。自治区卫生健康委员会副主任胡学军出席，副市长卓嘎讲话，评审专家组组长江吉村作交流发言。

同日　全国第6个扶贫日、第27个国际消除贫困日。昌都市在解放广场和茶马广场同时举办以“脱贫攻坚 你我同行”为主题的扶贫日系列宣传活动。市扶贫办、财政局、发展改革委、市纪委等74家单位通过设立宣传咨询台、悬挂横幅、发放宣传手册和纪念品、现场解答疑问等形式，向广大市民宣传精准扶贫、精准脱贫等相关政策，向过往群众讲解教育扶贫、健康扶贫、产业扶贫等相关知识。11个县（区）同步开展扶贫日系列宣传活动。

18日　市政府召开2019年度第十次常务会议，传达学习中央系列文件精神，听取并研究全市《食品安全大检查工作方案》有关情况，安排部署生态环境保护和食品安全工作。市委副书记、常务副市长魏东传达学习《习近平总书记在内蒙古自治区考察调研时的讲话提纲》。市委常委、市新区管委会党组书记梅方权，副市长卓嘎、胡登孚、赵明分别传达学习习近平总书记关于食品安全工作重要批示、《中共中央国务院关于深化改革加强食品安全工作的意见》、《中共中央办公厅 国务院关于印发〈地方党政领导干部食品安全责任制规定〉的通知》。市委副书记、市长陈军主持并针对如何加强全市环境保护工作要求，各相关单位部门一要提高政治站位，充分认识加强生态环境保护、筑牢永续发展基础是一项重大政治任务。二要结合“不忘初心、牢记使命”主题教育，检视生态环境保护各项工作中存在的问题，深入调查研究，对标对表中央和区党委对环境保护工作的要求，进行督导检查、整改问题、改进措施。三要深入贯彻习近平总书记生态文明思想，以中央对西藏对昌都生态文明的要求为抓手，坚定不移走生态优先、绿色发展之路，以生态文明建设体系为主，构建“五位一体”的生态环境保护理念，推动全市生态文明建设。四要加大生态文明的宣传力度，总结亮点经验，通过宣传让广大人民群众支持生态环境保护工作，发挥群众监督作用。五要强化组织领导，充分发挥组织协调和监管职能，切实形成全市上下狠抓环境问题整改工作的强大合力，切实把生态环境保护各项工作抓紧、抓细、抓实、抓好。对做好全市食品安全工作，他要求，各级各部门一要进一步提高思想认识，增强思想自觉、政治自觉、行动自觉，抓紧抓好，抓出成效。二要突出重点，明确责任目标，通力协作，压实责任，建立健全长效机制。三要强化措施落实，加强督导检查，增强食品安全监管的统一性和专业性，切实提高食品安全监管水平和能力。四要加强宣传引导，充分营造群众参与、群众监督、群众评判、群众受益的良好舆论氛围，严防、严管、严控食品安全风险，确保人民群众“舌尖上的安全”。

同日 市委副书记、市长陈军前往市就业创业服务中心开展农牧民转移就业和高校毕业生就业创业调研工作，并看望慰问干部职工。到市就业创业服务中心，仔细查看服务中心各窗口、高校毕业生就业创业领导小组以及数据统计一览表等情况，随机抽查全市2019届高校毕业生就业情况，听取高校毕业生就业创业和农牧民转移就业的工作汇报，了解就业创业工作中存在的困难和问题。就做好高校毕业生就业创业和农牧民转移就业下步工作，他要求，市人力资源社会保障局等相关部门一要提高政治站位，切实增强责任感和使命感，严格按照工作要求，众志成城、齐心协力攻坚克难，扎实推进就业创业各项工作。二要做好政策解读，扩大政策知晓度，推动创业就业政策落地落实，强化扶持力度，立足实际，因地制宜，充分运用教育、卫生等民生领域的公益性岗位，以及驻昌企业、援昌省市的就业信息，加大区外就业力度，加强资源整合，实行动态管理，千方百计促就业。三要加强跟踪服务，实行“一对一”跟踪帮扶，建立“一对一”帮扶台账，加强“一对一”指导，做到精准服务、暖心服务，帮助其解决实际困难。四要积极落实市委、市政府“四业工程”决策部署，大力实施就业扶贫，按照“有什么岗位培养什么人”的原则，有针对性、时效性地推动“五大培训工程”，组织构建框架体系，发挥就业辐射作用。五要加大宣传教育引导的力度，以现身说法宣传就业创业的典型人物、典型事迹，加强就业形势、就业创业政策、思想观念的宣传，转变“铁饭碗”观念，引导广大未就业大学生树立起自食其力、劳动光荣的理念，不等不靠，通过个人努力、政府扶持帮助来创造幸福生活。市委常委、市新区管委会党组书记梅方权，副市长胡登孚，市委组织部、市人力资源社会保障局、市教育局、市财政局等部门负责人陪同。

同日 市政府党组理论学习中心组召开学习会暨“不忘初心、牢记使命”主题教育第二批第五、第六、第七、第八、第九次专题研讨会，围绕“力戒形式主义、官僚主义，保持为民务实清正廉洁的政治本色”“学习贯彻习近平总书记在中央和国家机关党的建设工作会议上的重要讲话精神，全面提高机关党的建设质量”“防范化解重大风险攻坚战”“精准脱贫攻坚战”“污染防治攻坚战”“乡村振兴战略”专题集中学习研讨。副市长卓嘎、赵明以及市政府秘书长贾新雨分别传达学习《习近平总书记关于反对形式主义官僚主义论述摘录》《中央纪委办公厅关于集中整治形式主义官僚主义重点整治四个方面12类突出问题的意见》《习近平总书记在中央和国家机关党的建设工作会议上的讲话精神》《中共中央关于加强和改进中央和国家机关党的建设的意见》《习近平总书记在省部级主要领导干部坚持底线思维着力防范化解重大风险专题研讨班上的重要讲话精神》《习近平总书记在解决“两不愁三保障”突出问题座谈会上的重要讲话》《习近平总书记在黄河流域生态保护和高质量发展座谈会上的讲话》《中共中央、国务院关于实施乡村振兴战略的意见》，并分别围绕主题，结合各自工作和分管领域作交流发言。陈军要求，市政府各部门单位一要力戒形式主义、官僚主义，持之以恒整治“四风”，树立为民务实清正廉政的良好政府形象。二要坚持党要管党、全面从严治党，强化党的全面领导，努力把市政府及组成部门建成“三个表率”模范机关。三要妥善化解存量、严格控制增量，坚决打好防范化解重大金融风险攻坚战。四要聚焦目标任务、持续精准发力，不获全胜决不收兵，坚决打赢精准脱贫攻坚战。五要践行绿色理念、突出环境保护，推进美丽昌都建设，坚决打好打赢污染防治攻坚战。六要坚持农牧区优先、农牧业发展、农牧民增收，深入实施乡村振兴战略，推动昌都各项事业再上新台阶。市政府各部门单位负责人参加会议。

同日　昌都市召开创建全国文明城市系列主题活动暨创建全国文明城市集中宣传月活动部署会。市委常委、宣传部部长赵建国作动员讲话。

同日　市人大常委会（办公室）党组召开理论学习中心组学习会暨“不忘初心、牢记使命”主题教育第二批第五、六次专题研讨会，围绕“力戒形式主义、官僚主义，保持为民务实清正廉洁的政治本色”“学习贯彻习近平总书记在中央和国家机关党的建设工作会议上的重要讲话精神，全面提高机关党的建设质量”专题集中学习研讨。集中传达学习《习近平总书记关于反对形式主义官僚主义重要论述摘录》、《中纪委办公厅关于贯彻落实习近平总书记重要指示精神 集中整治形式主义、官僚主义的工作意见》主要精神、《习近平总书记在中央和国家机关党的建设工作会议上的讲话主要精神》、《习近平总书记在庆祝全国人民代表大会成立六十周年大会上的重要讲话精神》、《习近平总书记关于坚持和完善人民代表大会制度的重要思想》主要内容和《习近平总书记对地方人大及其常委会工作作出的重要指示精神》。市人大常委会主任贡秋江村主持并讲话。市委第四巡回指导组成员张志和到会指导。市人大常委会副主任齐飞、晏启初交流发言。

同日　市委组织部、市“不忘初心、牢记使命”主题教育领导小组办公室、市直属机关工委联合举办“不忘初心、牢记使命”主题教育——学原文、忆初心、话担当、践使命知识竞赛初赛在康巴文化演义推介展示中心举行。市（中、区）直66家单位198名党员干部参加考试。自治区主题教育巡回指导组巡考。

同日　市委老干部局组织安置在昌都离退休干部读书志趣班实地参观考察珠角拉山隧道、云南坝隧道、野猪坝隧道、野堆村隧道和市委党校新校区等重大工程项目。并举行昌都市离退休干部特困帮扶资金发放仪式，向

33名生活困难的离退休干部发放27.3万元。

19日　重庆市第九批援藏工作队在市革命历史博物馆开展革命传统教育和廉政警示教育。在昌都地区人民解放委员会办公旧址，详细了解昌都解放的历史，更深刻理解“老西藏精神”和“两路精神”，全体党员重温入党誓词。在廉政警示厅，工作队参观各类典型腐败案例的展示并观看《警示教育片》。

21日　昌都市召开2020年县级“三保”预算部署会，在深入贯彻落实中央、自治区关于做好当前财政收支预算管理、严格落实减税降费政策等文件精神，研究部署2020年全市县级“三保”预算编制工作，改革完善县级基本财力保障机制；为全市县级“保工资、保运转、保基本民生”工作顺利开展奠定坚实基础。市委副书记、市长陈军主持并强调，各县（区）各部门要突出重点、强化措施，不折不扣做好2020年县级“三保”工作任务；要强化保障、压实责任，严格遵守财经工作纪律，科学预算“三保”经费，确保县级“三保”保障工作取得实实在在成效；要统一思想、提高站位，在思想和行动上同中央、自治区和市委、市政府保持高度一致，主动肩负起县级“三保”工作主体责任，扎实做好财政“三保”预算工作，努力为昌都财政工作做出积极贡献。市教育局、市人力资源社会保障局、市税务局、市财政局等部门负责人作情况汇报。11个县（区）财政局长作交流发言。市委常委、市新区管委会党组书记梅方权出席。

同日　昌都市召开“遵行四条标准 争做先进僧尼”教育实践活动问题查摆暨深化“1拖N”实施办法工作推进会。市委常委、统战部部长泽仁俊美讲话。会议以电视电话形式召开至各县（区）。

22日　市文化局（市文物局）组织开展“不忘初心、牢记使命”主题教育党员进社区志愿服务活动，看望慰问启齿花园和启齿街居委会的困难群众，并到启齿街打扫清理卫生死角和各类垃圾。

23日　市委理论学习中心组召开学习会暨“不忘初心、牢记使命”主题教育专题党课。市委书记阿布围绕“坚守初心使命，展现担当作为，推动党的治藏方略在昌都落地生根”主题，为各级党员领导干部上了一堂党课。他根据自身学习和基层调研情况，谈了对初心和使命的认识及体会。一是守初心、担使命，找差距、抓落实，增强“四个意识”、坚定“四个自信”、做到“两个维护”，让不忘初心、牢记使命成为每一名党员干部的精神追求和自觉行动。二是坚定不移贯彻落实习近平总书记关于治边稳藏的重要论述，按照区党委稳藏兴藏建藏的系列决策部署，用践行初心使命的责任担当做好新时代昌都长足发展和长治久安各项工作。三是坚持“四个统一”“四个到位”，突出问题导向、效果导向，以真抓实干的实际行动确保主题教育取得实效。他要求，全市各级各部门和广大党员干部要秉承初心、坚守初心、垂炼初心，以饱满的政治热情和良好的工作作风，全力推进主题教育深入开展，用坚定的理想信念、高尚的为民情怀、强烈的责任担当，奋力推进新时代昌都长足发展和长治久安，以优异成绩向党中央、区党委和全市各族人民交上一份满意的时代答卷。市委副书记、市长陈军主持。

同日　昌都市与自治区脱贫攻坚成效考核组召开座谈会，听取昌都市脱贫攻坚工作开展情况和反馈考核情况。自治区水利厅党组成员、巡视员，自治区脱贫攻坚成效考核组组长扎西平措讲话。市委副书记、市长陈军主持。副市长欧珠达瓦汇报全市脱贫攻坚工作开展情况。自治区脱贫攻坚成效考核组成员，市脱贫攻坚指挥部相关成员单位负责人参加。

同日　市委理论学习中心组召开学习

（扩大）会暨“不忘初心、牢记使命”主题教育辅导报告会。重庆市中国特色社会主义理论中心秘书长、中共重庆市委宣传部理论处处长周廷勇紧密结合习近平总书记关于宣传思想工作的重要思想和精神文明建设的重要论述，围绕《中国共产党宣传工作条例》，从重大意义、总则、主要任务、全面领导等方面讲解。市委常委、宣传部部长赵建国主持并讲话。市委常委、纪委书记、监察委员会主任郑连武，市委常委、组织部部长李斌，市人大常委会主任贡秋江村，市人大常委会副主任邓文昌、罗松益西、公嘎泽仁、齐飞、晏启初，市政协副主席多嘉，市政协副主席、发展改革委党组书记杨瑛，市法院、市检察院、强巴林寺管委会、市（中、区）直各单位主要负责人参加会议。会议以电视电话形式召开至各县（区）。

同日 福建省残疾人联合会党组成员、副理事长陈强率队到昌都市开展残联对口帮扶工作，召开座谈会并举行捐赠仪式，双方就进一步加强互助合作、拓宽帮扶渠道、创新帮扶模式等情况进行交流。市残联负责人汇报全市残联扶贫工作开展情况和福建省残联帮扶资金使用基本情况。陈强代表福建省残联向市残联捐赠30万元。

24日 市委书记阿布前往卡若区沙贡乡，看望结对帮扶联系户，走村入户，进学校、卫生院，入寺庙、乡政府，访民情、听汇报、讲政策，与基层干部群众谈稳定、话发展，看望慰问基层干部群众、寺庙僧尼，调研基层产业发展、社会稳定、民生事业、党的建设等工作。阿布到沙贡乡温达村结对帮扶户向秋、次仁、次嘎家中看望慰问，帮助解决实际困难。在调研沙贡乡卫生院时，详细了解该院人员编制、工作开展等情况。他强调，要按照“小病不离乡、中病不离县、大病不离市”和缺啥补啥的要求，扎实做好基层卫生院软硬件建设，配齐配强医务人员，切实解决基层群众看病难的问题。在沙贡乡中心小学，看望广大教师，详细了解该校教育教学开展和“三包”物资采购等情况。到沙贡寺，看望寺庙僧人和驻寺干部。市委常委、卡若区委书记王伟，市委秘书长文涛陪同。

25日 昌都市在康巴文化演艺推介展示中心举行“不忘初心、牢记使命”主题教育——学原文、守初心、话担当、践使命知识竞赛决赛。此次知识竞赛决赛由市委“不忘初心、牢记使命”主题教育领导小组办公室、市委组织部、市直属机关工作委员会联合举办，共有市（中、区）直各单位9个代表队参加，活动分个人必答题、团队必答题、抢答题、风险题和观众答题、抽奖等。市人力资源社会保障局获一等奖，市财政局、市科技局获二等奖，市政府办、市民政局、强巴林寺管委会获三等奖。市委常委、组织部部长李斌，市人大常委会副主任邓文昌，副市长高学文，市政协副主席多嘉，自治区巡回指导组成员旦增曲培为获奖代表队颁奖。

同日 市政府党组理论学习中心组召开“不忘初心、牢记使命”主题教育专题研讨会。学习《贯彻落实〈习近平新时代中国特色社会主义思想在改革发展稳定中攻坚克难案例〉提要》以及经济建设、文化建设、社会建设、生态文明建设、党的建设、防范化解重大风险、乡村振兴战略等相关专题。副市长高学文、胡登孚讲话。

同日 市政府召开重点工作推进视频会。副市长高学文主持并讲话。市发展改革委通报2019年前三季度未开工项目情况；市教育局、市自然资源局、市住房城乡建设局等7家单位作表态发言，介绍项目基本情况，分析未开工的原因以及下一步的工作计划；市经信局汇报“互联网+政务服务”工作情况。截至2019年，全市注册自治区政务服务“一网通办”平台自然人达15851人，企业法人达384家，网上办件量达26905件。副市长胡登孚出席。

同日 市政府党组理论学习中心组召开“不忘初心、牢记使命”主题教育专题讲座。副市长胡登孚主持并讲话。重庆市第九批援藏干部、重庆市南岸区委党校教研室主任、副教授王玥受邀作主题为“牢记初心使命 增强奋斗动力——习近平总书记的知青岁月”的讲座。

26日 市委书记阿布率队到卡若区如意乡谷布山脚下，参加“不忘初心、牢记使命”主题党日活动，弘扬长征精神，传承红色基因，用双脚实地踏勘谷布山的旅游规划线路。市委常委、卡若区委书记王伟，市委秘书长文涛等参加活动。

同日 昌都市创建全国文明城市集中宣传月活动启动。卡若区、市直各单位志愿团队围绕“崇德尚礼·唱响文明”主题，前往各自结对的社区开展集中宣传活动。

26日至28日 2019年成人高等学校招生全国统一考试开考。昌都市共有2074名考生参加，其中专升本1526人，高中起点升专科523人，高中起点升本科25人。全市共设市第一高级中学和市初级中学2个考点73个考场。

27日 市宗教局举行藏传佛教教职人员第三、四期培训班，组织105名学员前往市博物馆和市第二福利院，开展“了解昌都历史变化感党恩”主题活动。学员们向福利院儿童捐款达7500元。

28日至29日 市一届人大常务委员会召开第三十次会议。市人大常委会主任贡秋江村主持。会议应到常委会组成人员32人，实到28人，符合法定人数。会议审议《昌都市人民政府关于提请审议〈昌都市城市绿化条例（草案）〉的议案》《昌都市本级2019年财政预算调整情况的报告》《昌都市人大常委会调研组关于昌都市就业促进工作开展情况的调研报告》《昌都市人民政府关于昌都市本级企业国有资产管理情况的综合报告》《昌都市国资委监管企业国有资产管理情况的专项报告》《昌都市人大常委会调研组关于昌都市本级企业国有资产管理情况的调研报告》《昌都市人大常委会调研组关于昌都市主城区公共厕所规划建设运行管理情况的调研报告》《昌都市人民政府关于“十三五”时期昌都市基本医疗保险基金管理情况的报告》《昌都市人民政府关于昌都市“十四五”时期国民经济和社会发展规划编制情况的报告》《昌都市人民政府减税降费有关政策落实情况的报告》《昌都市人民政府关于昌都市2018年环境状况和环境保护目标完成情况的专项报告》《昌都市第一届人民代表大会常务委员会代表资格审查委员会关于昌都市第一届人民代表大会个别代表代表资格的审查报告》。会议对市林草局局长格桑巴珍、市审计局局长益西群培进行述职评议。会议表决通过《昌都市第一届人民代表大会常务委员会关于批准昌都市本级2019年财政预算调整情况的报告的决定》《昌都市第一届人民代表大会常务委员会关于接受蔡家林辞去昌都市副市长职务请求决定》《昌都市第一届人民代表大会常务委员会关于接受林洑辞去昌都市旅发局局长职务请求的决定》《昌都市人民代表大会常务委员会任免名单》。29日上午，举行宪法宣誓仪式。贡秋江村主持并监誓。新任命的市人民政府副市长魏东、杨灏、梅方权依法进行宪法宣誓。经市委批准。市一届人大七次会议将于12月24日至27日召开。会后，与会人员参观昌都市人大发展历程展厅。

29日 市委书记阿布主持召开市委专题会，听取昌都解放70周年大庆筹备工作进展情况和创建全国文明城市工作进展情况汇报，安排部署相关工作。市委副书记、市长陈军汇报昌都解放70周年大庆项目建设组工作进展情况；市委常委、宣传部部长赵建国汇报昌都解放70周年宣传文艺组工作进展情况以及创建全国文明城市工作进展情况。市委副书记廖传锦，市委副书记、常务副市长魏东、杨灏，市委常委、常务副市长、市新区管委会党组书记梅方权，市政协副主席图嘎，副市长卓嘎、高学文参加会议。

同日　市委议军议警暨人武部党委第一书记述职会召开。会议深入学习贯彻习近平新时代中国特色社会主义思想和中共十九大精神，贯彻落实习近平总书记强军思想和治边稳藏的重要论述，聚焦稳内御外使命任务，着力深化国防动员领域改革，拓宽军民融合发展路径，健全政策制度和体制机制，解决全市国防和后备力量建设中存在的困难问题，不断增强党管武装工作和应急应战动员能力，持续巩固军政军民团结，努力实现经济社会发展和国防建设双赢。市委书记阿布主持并讲话。11个县（区）人武部党委第一书记作述职报告或提交书面述职报告；昌都军分区政治委员王晓军和武警昌都支队政治委员杨功法分别汇报议军和议警提案。市委副书记、市长陈军就议军议警提案进行答复。市委常委、昌都军分区司令员胡小柏传达《中央政治局第十六次集体学习会精神》，并讲评11个县（区）人武部党委第一书记党管武装履职尽责情况。阿布强调，各级各部门一要立起根本指导，筑牢强军之魂。二要聚焦治边稳藏，夯实强军之本。三要军地同向发力，共谋强军之策。四要落实政治责任，扛起强军之责。市委副书记廖传锦，市委常委、江达县委书记黎世江，市委常委、纪委书记、监察委员会主任郑连武，市委常委、宣传部部长赵建国，市委常委、贡觉县委书记扎西，市委常委、统战部部长泽仁俊美，市政协副主席图嘎、泽仁顿珠，市政协副主席、察雅县委书记任厚明等分别出席昌都主会场和分会场会议。会议以电视电话形式召开至各县（区）。

同日　昌都市与中国地质调查局水文地质环境地质调查中心主任文冬光率队的调研组座谈。市委副书记、常务副市长杨灏要求，各相关部门要加强与自然资源部和自然资源厅的对接沟通；要根据当前地质灾害防治监测预警工作的需要理清监测预警思路。市自然资源局相关负责人汇报全市地质工作相关情况，与会人员交流发言。

同日　市人大常委会主任贡秋江村为全体机关党员干部上了一堂以“坚守初心使命、检视问题差距、强化工作落实、努力开创新时代人大工作局面”为题的主题教育党课。市人大常委会副主任邓文昌、罗松益西、公嘎泽仁、齐飞、陈启亮、晏启初参加。

30日　市委书记阿布会见中国农业发展银行西藏自治区分行党委书记、行长冯学率领的调研组，交流衔接政银企合作事宜。市委副书记、市长陈军主持座谈会，并详细介绍全市在政策、区位、资源、经济发展等方面的特殊优势和巨大潜力，并表示对农发行西藏分行与昌都深化政银企合作、推动携手发展充满信心。市委常委、常务副市长、市新区管委会党组书记梅方权，副市长欧珠达瓦，市政协副主席、发展改革委党组书记杨瑛以及市财政局、市自然资源局、市住房城乡建设局、市交通运输局、市水利局、市农业农村局等单位负责人参会。

同日　市委理论学习中心组举行“不忘初心、牢记使命”主题教育讲座暨2019年第三期领导干部大讲堂。市委副书记廖传锦主持。福建省委党校公共管理教研部主任肖文涛教授作主题为“践行习近平总体国家安全观，着力防范化解重大安全风险”的讲座。廖传锦要求，各级党员干部要真正把自己摆进去、把职责摆进去、把工作摆进去，践行初心使命，找准自身差距，着力提升防范和化解重大风险能力，坚决与分裂势力作斗争，以扎实的作风投入到昌都改革发展稳定的各项事业当中。市人大常委会副主任罗松益西、陈启亮，副市长高学文，市政协副主席、察雅县委书记任厚明参加主会场或分会场。会议以电视电话形式召开至各县（区）。

同日 昌都市召开中央环保督察迎检暨2019年度全区生态环境保护考核工作部署会。市委副书记、常务副市长魏东要求，环境整改要针对发现的问题，认真梳理，对已完成整改或基本完成整改的问题要进行“回头看”，坚决防止问题反弹；对未按期完成的问题，要从速从快整改到位，确保问题得到彻底解决；治理重点要突出，要针对污水、垃圾、渗滤液处理、建筑工地扬尘管理；水土流失、青山挂白、非法采砂制砂、畜禽养殖污染整治等环保督察重点领域，加强摸排整改；部门督查要加码，加强督查，党委、政府主要领导特别是分管领导要亲自到一线去，实地察看、督促指导问题整改。发挥好督查室、效能办的作用，加大督查的频次，推动问题整改落实；问责要到位，对环保督察迎检工作落实不力、推诿扯皮、不作为、慢作为的单位和个人适时启动问责程序，该处理的要处理到位，以问责推动工作落实。市生态环境局负责人通报近期环保督察迎检准备工作情况及存在的问题，并提出下步工作意见。市直有关部门负责人，各县（区）政府分管领导参加会议，会议以电视电话会议形式召开至各县（区）。

31日 市委书记阿布在茶马广场，就“为民服务解难事”进行现场群众接访。自第二批“不忘初心、牢记使命”主题教育开展以来，帮助群众解决衣、食、住、行、教育、医疗等热难点问题1050余个；同时围绕影响昌都长足发展和长治久安的突出问题，以及基层党建、脱贫攻坚、环境保护、产业发展、就业创业等1100余个课题开展调研；通过“六个对照”、“六个找一找”查摆问题440个；已整改138个；制定干部请销假权限下放、网上行政审批、限时结办等15项具体措施。截至2019年，已征集到200余条意见建议，主要涉及住房、就业、物价等内容。

同日 昌都市举行“传奇昌都·卓卓康巴”昌都第四届然乌来古旅游峰会。市、县旅发局负责人通过真实案例分析，剖析目前全市旅游市场存在的服务质量问题之根源，解读如何促进全市旅游产业的高速、健康发展，为昌都市旅游产业发展把脉，共同寻求全面提升旅游服务质量的破局之道，为提升全市的旅游服务质量献言献策。市委副书记、常务副市长杨灏要求，市、县旅发局要把握机遇，狠抓旅游规划体系建设，构建一个网络化、开放式的基础设施体系，为昌都旅游的长足发展打好基础；要整合资源，整合中央预算内资金、财政专项资金、援藏资金、招商引资、融资以及相关部门各自专项资金等资源，加快完善各旅游景区（点）、线路和旅游城市之间道路网络系统、通信系统、医疗等配套设施；要后发赶超，走差异化、品质化、小众化发展道路，与拉萨、林芝以及毗邻州（市）错位发展，重点打造秘境摄影、登山探险、温泉休闲等精品线路定制旅游，以小众旅游的发展来带动大众旅游。

同日 市人民医院儿科（新生儿病房）成功开展首例新生儿PICC置管术，实现藏东地区零的突破。该项技术的成功开展，标志着昌都市新生儿科护理水平迈上新的台阶。

国庆期间，昌都市卡若遗址公园建成开园。卡若遗址属于新石器时代聚落遗址，距今有4000—5000年的历史，是考古界公认的西藏三大原始文化遗址之一，也是西藏历史上首次科学发掘的古文化遗址，在中国考古学和西南边疆考古研究中具有重要意义。自1977年遗址发现后，在1978年、1979年、2002年、2012年进行过四次发掘，遗址面积约3.8万平方米，出土文物3万多件，被国家文物局认定为全国新石器时代大遗址之一。该遗址公园已初步建设成以遗址展示、模拟考古、场景复原等三大主线为基础，集文物展示、利用、研究、教育、休闲于一体的新型古遗址保护区。

市市场监管局以“不忘初心、牢记使命”主题教育为契机，依照机构改革后的新职责，针对市场监管盲点，结合扫黑除恶整治行业乱象和“七城同创”工作对昌都市卡若区昌林液化气加气站、江源液化气加气站、昌蜀液化气储备站三家企业存在的不执行政府定价违法行为进行立案查处，依法对三家企业各处以5万元罚款；对昌都市卡若区澜沧江液化气加气站未明码标价的违法行为处以罚款5000元，并责令整改。市民用罐装液化气政府定价为8.8元／公斤。

10月31日至11月2日　市委副书记、市长陈军结合“不忘初心、牢记使命”主题教育，赴贡觉县莫洛镇、拉妥乡、阿旺乡专题调研维护稳定、经济发展、脱贫攻坚、民生改善、产业发展等工作，走访结对帮扶认亲的贫困群众，查找检视问题，倾听群众心声，广泛征求意见。在贡觉县委“不忘初心、牢记使命”主题教育领导办公室，他强调，要全面把握“守初心、担使命，找差距、抓落实”的总要求，始终把学习教育、调查研究、检视问题、整改落实贯穿主题教育全过程，始终把调查研究与履职尽责、做好当前各项重点工作结合起来，努力查摆问题、解决问题，推进主题教育与生态保护、脱贫攻坚、党的建设等各项工作紧密结合、相互促进；要坚持规定动作和自选动作相结合，强化学习，深刻领会习近平新时代中国特色社会主义思想和习近平总书记关于治边稳藏重要论述的科学内涵，以及中共十九届四中全会精神，用以武装思想、指导实践、推动工作；要坚持麻烦困难由政府解决，把方便实惠送给群众，切实解决好就业、就学、就医等群众最关心最直接最现实的利益问题，教育引导群众知道惠在何处、惠从何来，坚定坚决地感党恩、听党话、跟党走。到贡觉县西泊寺、达莫寺管理委员会，调研加强和创新寺庙管理。在阿旺乡、拉妥乡政府检查民兵训练情况。还前往阿旺乡温泉、达律王府旅游开发项目、阿旺绵羊扩繁基地、贡觉县东智文化发展有限责任公司调研。他强调，要正确处理好发挥优势和补齐短板的关系，立足自身资源禀赋、阶段性特征和区内外市场需求，统筹规划设计高端路线，打造精品产品，让产品展示出去、走出去、销售出去，切实把资源优势转化为经济优势，带动群众增收致富，有力助推脱贫攻坚。在县城搬迁安置点工程现场，他强调，相关部门单位要高度重视，各司其职，对照目标任务和工作进度，对项目建设中存在的突出问题和实际困难及时交办，确保项目如期完工。

11月

1日　市委书记阿布主持召开一届市委常委会（扩大）会暨市委理论学习中心组学习会，传达学习中共十九届四中全会精神和区党委第109次常委会（扩大）会议精神，安排部署全市学习宣传贯彻中共十九届四中全会精神。市委副书记廖传锦传达学习中共十九届四中全会精神。阿布强调，各级各部门和广大党员干部一要把握好重点，做到理论学习有深度。二要把握好导向，做到宣传教育有热度。三要把握好基调，做到贯彻落实有力度。四要把握好关键，做到真抓实干有强度。市委副书记、市长陈军，市委副书记、常务副市长魏东、杨灏，市委常委、芒康县委书记齐应海，市委常委、江达县委书记黎世江，市委常委、纪委书记、监察委员会主任郑连武，市委常委、贡觉县委书记扎西，市委常委、宣传部部长赵建国，市委常委、组织部部长李斌，市委常委、政法委书记张文生，市委常委、统战部部长泽仁俊美分别出席主会场或分会场。会议以电视电话会议形式召开至各县（区）。

同日 市委副书记、市长陈军在贡觉县召开“三岩”片区跨市整体易地扶贫搬迁工作专题会议，听取贡觉县三岩搬迁工作情况汇报，了解工作推进中存在的困难和问题，安排部署下步工作。他要求，贡觉县及市直各有关部门一要充分认识“三岩”片区跨市整体易地扶贫搬迁是全市脱贫攻坚的重要组成部分，事关全市全区乃至全国脱贫攻坚大局，事关年底基本消除绝对贫困这一重大政治任务的全面完成，事关“三岩”片区广大贫困群众民生福祉。二要坚定信心决心，继续保持政治定力、战略定力、发展定力，坚定贯彻区委、政府关于三岩搬迁的各项决策部署，严格按照搬迁方案加快实施。三要始终坚持一个声音、一个步调、一个提法，加大宣传力度，改进宣传方式方法，让搬迁政策在群众中入心入脑，引导广大群众感党恩、听党话、跟党走。四要加强沟通协调，统筹协调各级三岩办、派驻联络组、过渡期管理干部，进一步加强与迁入地的对接，随时掌握各安置点房屋建设、耕地配备、基础设施、产业配套、就业增收等工作进度。五要充分发挥基层党组织在三岩搬迁工作中的战斗堡垒和领导核心作用，依靠迁出地和迁入地村“两委”班子成员、人大代表、政协委员、双联户户长、三老人员等积极开展群众工作。六要以防患于未然为原则做工作、以防止出大事打基础做准备、以敢于担当落实责任为标准看干部，进一步摸排各类矛盾纠纷隐患，优化完善各项稳控方案预案，做好搬迁运输全过程安全防范，与迁入地互相建立警务通报机制，加强舆情网情监控，全力确保社会大局稳定。市委常委、贡觉县委书记扎西出席。市三岩办、市财政局，贡觉县有关负责人参加会议。

同日 市委宣传部召开理论学习中心组学习会，传达学习《中国共产党第十九届中央委员会第四次全体会议公报》。市委常委、宣传部部长赵建国主持会议。

2日 统战系统召开传达学习十九届四中全会精神暨工作安排部署会。市委常委、统战部部长泽仁俊美主持会议。

同日 昌都市“119”消防宣传月在茶马广场举行启动仪式。市、区两级消防安全重点单位全程参与。副市长高学文现场观摩指导。

4日 市政府党组理论学习中心组召开学习会暨“不忘初心、牢记使命”主题教育第二批第六次集中学习会，传达学习中共十九届四中全会精神，安排部署政府系统学习宣传贯彻中共十九届四中全会精神。市委副书记、常务副市长魏东传达学习《中国共产党第十九届中央委员会第四次全体会议公报》。市委副书记、市长陈军主持并要求，政府各系统党员干部要着力在理论政策学深悟透上下功夫，切实推动中共十九届四中全会精神落实到基层一线；着力在推动经济高质量发展上下功夫，以供给侧结构性改革为主线，大力培育支柱产业，促进经济持续快速健康发展；着力在保障和改善民生上下功夫，树牢以人民为中心的发展思想；着力在维护社会和谐稳定上下功夫，完善健全社会治理共同体制度；着力在加快生态文明建设上下功夫，坚决贯彻习近平总书记生态文明思想和新发展理念；着力在持续加强基层治理上下功夫，以乡村振兴战略实施为抓手，健全自治、法治、德治相结合的乡村治理体系。市委副书记、常务副市长杨灏，副市长卓嘎、欧珠达瓦、高学文、胡登孚，秘书长贾新雨和市直单位主要负责人参加会议。

同日 市政府党组理论学习中心组召开“不忘初心、牢记使命”主题教育专题党课。市委副书记，市长陈军围绕“以英雄模范为榜样守初心担使命做一名新时代合格共产党员”为主题，讲述张国华、刘胡兰、谭冠三、张福清、焦裕禄、孔繁森、雷锋、周恩来以及援藏官兵等系列动人事迹，为市直各单位部门党员领导干部上党课。陈军强调，市直各单位部门党员领导干部一要对标英雄模范坚定的信仰、对党无限忠诚、甘于奉献、一心为民和清正廉洁，敬仰学习英雄模范，涵养初心、牢记使命；二要做好勤学善思、政治坚定、敢于斗争、改革创新、为民服务、依法行政、勤政务实、善于团结等“八个表率”，时刻牢记和践行为中国人民谋幸福、为中华民族谋复兴的初心使命。三要找准发展、民生、环境、乡村、稳定等差距，切实担负起高质量发展、改善民生、保护环境、乡村振兴、维护稳定的使命，履行好责任担当，推动各项事业再上新台阶，奋力推进新时代昌都长足发展和长治久安。市委副书记、常务副市长魏东主持。区党委主题教育第五巡回指导组成员王会宪到会指导。市委副书记、常务副市长杨灝，副市长卓嘎、欧珠达瓦、高学文、胡登孚以及市政府秘书长贾新雨出席，市直单位主要负责人聆听报告。

同日 全市各级各部门认真学习贯彻中共十九届四中全会精神。市人大常委会党组召开扩大会议，传达学习中共十九届四中全会精神。市纪委监委理论学习中心组召开学习会，传达学习中共十九届四中全会精神。市妇联组织召开学习会，专题学习中共十九届四中全会精神。

5日 市委书记阿布主持召开市委常委会会议，传达学习习近平总书记关于生态文明建设系列重要指示和生态环保部西南督察局与自治区对接第二轮生态环境督察工作座谈会精神，全国全区扫黑除恶专项斗争第二次推进会精神，习近平总书记近期关于脱贫攻坚工作的重要指示和李克强总理的批示，以及全国脱贫攻坚奖表彰大会暨先进事迹报告会精神；听取市整改办关于第二轮生态保护督察工作准备情况，迎接中央扫黑除恶督导“回头看”工作进展情况，市脱贫攻坚指挥部关于第三方专项评估检查和脱贫攻坚成效考核有关情况，全市“不忘初心、牢记使命”主题教育工作开展情况等汇报；安排部署相关工作。西藏被纳入第二轮第二批环保督察对象，中央督导组将赴藏开展全面的督查工作和“回头看”。阿布强调，各级各部门要持续发力，不能松劲，要全力做好迎接中央督导组“回头看”工作，以中央督导组“回头看”为新的起点，与开展“不忘初心、牢记使命”主题教育结合起来，严格按照中央督导组提出的“黑恶积案清零、问题线索清零”目标，认真对照督导反馈问题清单，结合自治区党委提出的整改部署要求，对问题再梳理、再细化、再巩固、再部署、再发力、再整改，坚决防止松懈自满、盲目乐观情绪，做到“五个绝不允许”，不折不扣抓好中央督导组反馈问题整改落实，全力以赴做好迎接中央专项斗争督导“回头看”各项准备工作。安排部署下一步脱贫攻坚工作时强调，各级各部门要坚持精准发力，抓重点、补短板、强基础，为全面建成小康社会收官打下决定性基础；要按照市委确定的目标、要求和原则，保质保量、按时完成易地扶贫搬迁各项任务；要做好搬迁点各项配套基础设施和产业发展工作，真正让贫困群众搬得出、稳得住、能致富；要深刻理解全市脱贫攻坚工作同实现全面建成小康社会、实现长足发展和长治久安的关系，深刻认识如期完成深度贫困地区脱贫攻坚任务的艰巨性、重要性、紧迫性，全力加快推进全市脱贫攻坚。就做好全市“不忘初心、牢记使命”主题教育下一步工作时强调，各级各部门要认真对照检查、对标整改，要继续围绕

"守初心、担使命，找差距、抓落实"的总要求，围绕实现"理论学习有收获、思想政治受洗礼、干事创业敢担当、为民服务解难题、清正廉洁作表率"的总目标，把学和做统一起来，把查和改贯通起来，把主题教育和做好当前各项工作结合起来，不断推动全市主题教育走深走实、善作善成。市委副书记、市长陈军，市委副书记、常务副市长杨灏，市委常委、芒康县委书记齐应海，市委常委、江达县委书记黎世江，市委常委、纪委书记、监察委员会主任郑连武，市委常委、贡觉县委书记扎西，市委常委、宣传部部长赵建国，市委常委、组织部部长李斌，市委常委、政法委书记张文生，市委常委、统战部部长泽仁俊美出席昌都主会场或各分会场。市人大常委会、市政府、市政协等相关单位负责人参加。会议以电视电话形式召开至各县（区）。

同日 市委书记阿布主持召开昌都市委财经委会议，传达学习中央财经委员会第四、五次会议精神及《中共中央办公厅 国务院办公厅关于做好当前财政收支预算管理支持落实减税降费政策的通知》，研究全市贯彻落实意见；听取1—10月经济运行及重点项目建设情况汇报，安排部署下一步工作。阿布要求，各级各部门要建立健全减税降费和财政收支预算管理协调机制，细化责任分工、强化协同配合，确保减税降费在不影响财政收支平衡的情况下发挥最大效益；要严格落实社保资金管理有关规定要求，及时采取有效措施，确保社保资金安全和完整；要按照中央、区党委关于脱贫攻坚的一系列决策部署，紧盯产业扶贫，围绕"七大种植""五大养殖"基地布局，紧盯"两不愁三保障"，持续巩固已脱贫摘帽6个县（区）成果，持续做好2019年5个县的脱贫摘帽任务，加快完成"三岩"片区跨市整体易地扶贫搬迁工作；要坚持把发展经济的着力点放在实体经济上，紧紧抓住川藏铁路等重大项目即将开工、之后几年建材市场需求猛增、发展进入"黄金期"的有利时机，用足用活自治区相关扶持政策，开发本地建材，支持本地建材企业扩大规模、提高产能、做大做强；要继续加大招商引资力度，严格落实减费降税政策，加大"放管服"改革力度，尽快研究户籍制度改革配套政策，持续改善营商环境，争取引进一批大项目、好项目，带动一批关联企业、配套企业落户昌都，增添发展新动能，提升自我发展能力。市委副书记、市长陈军，市委副书记、常务副市长杨灏，市委常委、芒康县委书记齐应海，市委常委、江达县委书记黎世江，市委常委、纪委书记、监察委员会主任郑连武，市委常委、贡觉县委书记扎西，市委常委、宣传部部长赵建国，市委常委、组织部部长李斌，市委常委、政法委书记张文生，市委常委、统战部部长泽仁俊美出席昌都主会场或各分会场会议。市人大常委会、市政府、市政协等相关单位负责人参加。会议以电视电话形式召开至各县（区）。

同日 昌都市召开川藏铁路建设领导小组2019年第一次会议，传达学习自治区相关会议精神，听取市县相关部门关于川藏铁路昌都段前期工作情况的汇报；研究川藏铁路昌都段中间站场站建设及配套设施方案、土地综合开发及料场设置方案、永临结合方案、征地补偿方案；安排部署相关工作。市委副书记、常务副市长杨灏传达自治区相关会议精神。市委副书记、市长陈军主持并要求，各相关县各部门以及中铁一院、中铁二院一要深入贯彻落实习近平总书记生态文明思想，充分认识国家重点工程建设与生态环境保护的关系，确保在定标之前完成红线调整规划，使川藏铁路规划建设依法合规。二要加强领导、强化配合，参照川藏铁路建设领导小组成立相应的领导机构，指定专人协调解决本辖区内的各种困难和问题，确保上下左右沟通联系顺畅，增强工作的主动性、积极性和前瞻性，及时准确了解掌握铁路建设相关政策及工作要求，共同推进川藏铁路昌都段各项工作。三要充分吸纳、完善方案，做到各设计方案和重大工作既符合国家政策要求，与地方经济社会发展相一致，切实调高方案的针对性、实效性、指导性。四要坚持早部署、早安排、早着手，主动作为，全力推进川藏铁路昌都段前期各项工作。五要始终坚持川藏铁路建设作为推动全市经济高质量发展、社会长治久安的一项重大工程，把服务保障好川藏铁路建设作为践行初心使命的实际行动，做好服务保障，积极营造良好的建设环境，以高度的责任感和使命感确保川藏铁路昌都段顺利开工建设。川藏铁路有限公司、中铁一院、中铁二院、市中（区、直）各相关单位负责人就有关事宜提出意见和建议。贡觉、察雅、八宿、洛隆四县设分会场。

6日 市委书记阿布主持召开市委理论学习中心组学习会暨“不忘初心、牢记使命”主题教育第二批第6次专题研讨会。会议传达学习《中央政治局第十五次集体学习会精神》《发扬斗争精神增强斗争本领》《中央办公厅关于做好党的十九届四中全会精神学习宣传工作的通知》《实现伟大梦想必须进行伟大斗争、建设伟大工程、推进伟大事业》《中国共产党义无反顾肩负起实现中华民族伟大复兴历史使命》等内容。阿布要求，各级各部门一要增强维护稳定的斗争本领，在反分裂斗争上敢于担当。二要增强科学发展的斗争本领，在建设藏东经济强市上敢于担当。三要增强为民服务的斗争本领，在持续增进民生福祉上敢于担当。四要增强保护生态的斗争本领，在筑牢国家生态安全屏障上敢于担当。五要增强自我革命斗争本领，在全面从严治党上敢于担当。市委副书记、市长陈军，市委副书记、常务副市长杨灏，市委常委、统战部部长泽仁俊美分别作交流发言。市委常委、芒康县委书记齐应海，市委常委、江达县委书记黎世江，市委常委、纪委书记、监察委员会主任郑连武，市委常委、贡觉县委书记扎西，市委常委、宣传部部长赵建国，市委常委、组织部部长李斌，市委常委、政法委书记张文生分别出席昌都主会场或分会场会议。市人大常委会、市政府、市政协、市法院、市检察院、强巴林寺管委会市级领导，及市（中、区）直各单位负责人参加。会议以电视电话形式召开至各县（区）。

同日 市委副书记、市长陈军会见国家开发银行西藏分行党委书记崔晓峰率队的调研组，交流探讨进一步深化政银企合作，实现互利共赢等。市委副书记、常务副市长杨灏，市政协副主席、发展改革委党组书记杨瑛出席；市政府办、市财政局、市住房城乡建设局有关单位负责人参加。

7日 市委书记阿布实地调研经开区藏家特贡加工厂、阿旺绵羊胚胎中心、津昌大健康产业园、卡若区特贡果蔬园等地特色优势产业发展、园区建设、带动群众增收等情况；视察经开区污水处理厂。市委常委、组织部部长李斌陪同。

同日 市政府召开2019年度第十一次常务会议，传达学习中央系列文件精神，听取市林草、生态环境、住建、发展改革委等相关单位落实书记办公会议、市委常委会安排部署事项工作的思路和措施，研究项目用地等议题，安排部署近期相关工作。市委副书记、常务副市长杨灏传达学习《深入学习贯彻党的十九届四中全会精神提高社会主义现代化国家大都市治理能力和水平》。副市长卓嘎、欧珠达瓦、高学文分别传达学习《坚持不懈推进“厕所革命”努力补齐影响群众生活品质短板》《持续不懈推进三北工程建

设 巩固和发展祖国北疆绿色生态屏障》《习近平向生态文明贵阳国际论坛2018年年会致的贺信》；习近平总书记对全国脱贫攻坚奖表彰活动的重要指示精神及李克强总理的批示精神；《共同构建人类命运共同体——在联合国日内瓦总部的演讲》《坚持可持续发展 共创繁荣美好世界——在第二十三届圣彼得堡国际经济论坛全会上的致辞》。市委副书记、市长陈军主持并就做好全市脱贫攻坚工作强调，各级各部门要咬定目标、一鼓作气，坚决攻克深度贫困堡垒，在聚焦“两不愁、三保障”目标，扎实做好巩固提升工作，认真整改存在的问题，做好脱贫攻坚与乡村振兴相衔接以及“三岩”片区整体易地扶贫搬迁工作，确保全市同全国人民一道迈入小康社会。就做好全市生态环境保护工作，陈军强调，各级各相关部门要继续践行绿色发展理念，推进问题整改销号，加快生态文明建设，严守生态安全底线红线高压线，加强污染防治，积极倡导简约适度、绿色低碳生活方式，坚定不移推进美丽昌都建设。就做好扫黑除恶专项斗争工作，陈军要求，各级各部门要进一步提高思想认识，强化政治担当，落实政治责任，主动对标对表，坚持问题导向，细化整改措施，严肃组织纪律，以高度的政治自觉、思想自觉和行动自觉强力推进扫黑除恶专项斗争工作进度。市委副书记、常务副市长魏东，副市长旺堆、胡登孚，市政协副主席、发展改革委党组书记杨瑛出席，市直各单位负责人列席。

8日　昌都市召开社保基金清缴暨治理拖欠民工工资工作会。市委副书记、常务副市长魏东要求，各相关部门要坚守民生底线，切实抓好社会保险基金清缴工作，强化组织领导、政策宣传、经办服务管理，充分认识做好社会保险费征缴工作的重要性和紧迫性，从讲政治和顾大局的高度，切实担负起本地区、本部门社会保险费征缴的主体责任，统筹协调，履职尽责，确保做到应缴尽缴。副市长胡登孚主持。

同日　昌都市召开安全生产暨森林草原防灭火工作会。市委副书记、常务副市长杨灏强调，各级各部门要紧紧围绕市委、市政府关于切实加强森林草原防灭火工作的意见，采取断然举措，集中精力、集中人力物力开展大排查大整治，坚决遏制森林草原火灾等安全事故发生；要切实做好组织、调度、宣传、督导各项工作，统筹协调联动，守土有责、齐抓共管、形成合力，确保安全生产各项要求落到实处；要全面落实防灭火领导责任、工作责任、监管责任，严格落实火源管控和预警监测机制，突出重点区域、重点部位，深入排查各类安全隐患，确保社会大局持续安全稳定。副市长高学文主持。

同日　昌都市召开庆祝第20个中国记者节座谈会。市委常委、宣传部部长赵建国讲话。市政协副主席图嘎传达市委书记阿布对全市新闻工作者的寄语。会议表彰昌都市2019年度“十佳记者”“十佳编辑”及42件优秀新闻作品获奖者。“十佳记者”“十佳编辑”及优秀新闻作品获奖者代表发言。西藏日报、西藏广播电视台、康巴卫视驻昌记者，昌都报社、昌都广播电视台及十一县（区）宣传部及电视台优秀新闻工作者代表参加座谈会。

9日　第29个消防日，市委副书记、市长陈军率队到市消防救援支队培训基地，视察救援能力建设和装备情况。实地参观支队车辆器材装备情况，认真听取市消防支队指挥员的情况汇报，询问了解各项消防设备的用途和使用情况，观看消防战士的演练情况。他要求，市消防支队要进一步完善应急管理机制，提高突发事件的预防预警、应急处置和应急保障能力，落实应急管理工作各项措施，要不断加强安全

隐患排查和应急实战演练，通过加强安

全知识宣传教育，提高全社会的安全防患意识，增强自防自救能力，努力营造“全民参与、预防为主、全力防灾”的工作氛围，为人民群众正常生产、生活创造安全稳定的外部环境。副市长高学文陪同。

同日 昌都市召开控辍保学工作视频会，会议全面总结全市控辍保学工作，深入分析存在的困难问题，研究部署下一步工作。市委副书记、市长陈军主持并强调，全市各级各部门要总结成绩、分析问题，准确把握控辍保学形势；要加大教育经费投入力度，加大贫困学生资助力度，加快素质教育步伐，提升教学质量；要提高站位、压实责任，聚焦问题、精准施策，确保控辍保学工作取得更大更好的成绩；要聚焦短板、精准发力，扎实做好控辍保学工作；要认真贯彻落实国家和自治区关于加强控辍保学提高义务教育巩固水平的决策部署，切实把思想和行动统一到市委、市政府的工作要求上来，以对昌都未来负责的政治态度，努力推动全市控辍保学工作实现质的转变；要加强领导、落实责任，确保各项工作落实落地，要强化督导、严格考核、营造氛围，把控辍保学作为一项政治任务，主要领导亲自研究、亲自部署，各有关部门要积极配合、大力支持，形成合力推动控辍保学深入开展；要把人民群众期盼有更好的教育、孩子们健康成长作为努力方向，切实增强做好控辍保学工作的信心和决心，把思想和行动统一起来，进一步增强责任感、使命感和紧迫感，克服各种困难，以攻坚克难的精神坚持不懈抓好控辍保学工作，努力推动全市教育工作再上新台阶。副市长胡登孚通报全市控辍保学工作情况，全市疑似失学儿童已全部劝返复学，并完成学籍注册工作。市中区直相关单位负责人参加会议，会议以电视电话形式召开至各县（区）。

同日 昌都市2019年度特种设备管理人员暨作业人员培训班开班，市市场监管局邀请四川省特种设备安全管理协会培训老师为100余个特种设备使用单位300余人开展为期两天的培训。培训班设特种设备安全管理人员培训、锅炉司炉及压力容器作业人员培训、起重机械作业人员培训、气瓶充装作业人员培训等四个班，采取“理论学习+现场互动+座谈交流+疑难解答”等方式，针对性地分类别培训。

11日 昌都大厦举行昌都市与全区农牧民增收工作专题调研组座谈会。国家统计局西藏调查总队党组成员、副队长武建华讲话，副市长欧珠达瓦主持。1月至9月，全市农村居民人均可支配收入达6895元，同比增长13.5%，增幅居自治区七地市第一位。其中，工资性收入2909元，同比增长12.4%，占人均可支配收入的42.2%；经营性净收入2801元，同比增长12.2%，占40.6%；财产净收入217元，同比增长36.5%，占3.1%；转移净收入968元，同比增长16.4%，占14.1%。全市农牧、水利、交通、住建、林业等项目开发岗位8077个；举办专场“春风行动”招聘会18场，累计帮助3300余人实现就业。全市新开工产业项目81个，完成投资6.51亿元，实现产业脱贫13118人；依托蓝天圣洁品牌产品展销会和自治区扶贫成果展等平台，累计完成特色产品销售2151.1万元。全市各行业项目共吸纳农牧民转移就业21072人、51570人次，农牧民劳务用工51570个工日，增加农牧民收入2.92亿元，本地农牧民用工量占工程总用工量的42%，超额完成年初目标任务。22家农牧业产业化龙头企业实现产值9800余万元，带动农户8000余户，户均增收1800余元；310家农牧民专业合作社实现收入1.01亿元，带动农户9300余户，户均增收3700余元。

11日至12日 11日，昌都市佛教协会召开第一次代表大会。自治区政协副主席、昌都地区佛教协会第五届理事会会长宗洛·向巴克珠代表昌都地区佛教协会第五届理事会向大会作《昌都市佛教协会第一次代表大会工作报告》，市政协副主席图嘎出席，副市长旺堆讲话。12日，昌都市佛教协会召开第二次全体会议和第一届一次理事会议。会议审议通过《昌都市佛教协会第一次代表大会选举办法》和《昌都市佛教协会章程修改说明》，选举产生昌都市佛教协会第一届理事会理事59名、常务理事21名。会长1名，常务副会长1名，副会长5名，秘书长1名。

12日　市人民政府党组“不忘初心、牢记使命”主题教育调研成果交流暨对照党章党规找差距专题会召开，总结交流调研取得的收获和成果，对照党章党规查摆不足。副市长卓嘎、欧珠达瓦分别传达学习《中国共产党章程》《关于新形势下党内政治生活的若干准则》《中国共产党纪律处分条例》《杨晓渡同志在专项整治漠视侵害群众利益问题工作推进会上的讲话要点摘要》。市委副书记、市长陈军主持并要求，市政府党组各成员一要着力在学习遵守党章党规上下功夫，强化党章党规意识，严肃政治生活，自觉做守初心担使命的践行者。二要着力在检视问题上下功夫，即知即改、立行立改、马上就改，确保存在问题全部整改落实到位。三要着力在深化调查研究上下功夫，建立健全调查研究长效机制，不断丰富调研内容，创新调研方法，持续改进调研研究、建立健全调研制度。四要着力在成果转化运用上下功夫，坚持把成果转化与改善民生、高质量发展、生态文明建设、维护稳定和“十四五”规划编制结合起来，推动各项工作迈上新台阶。市委副书记、常务副市长魏东提交调研成果交流材料和对照章党规找差距检视剖析材料。副市长卓嘎、欧珠达瓦、胡登孚、赵明，市政府秘书长贾新雨分别围绕调研成果交流和对照党章党规找差距作交流发言，并相互提醒，互相检视存在的差距和不足，明确下一步工作方向。区党委主题教育第五巡回指导组成员王全宪到会指导。因公未能参加会议的市委副书记、常务副市长杨灏，市委常委、常务副市长、市新区管委会党组书记梅方权，副市长刘文德、高学文等提交书面交流发言材料。市（中）直单位主要负责人、市政府相关科室成员参加会议。

13日　昌都市召开庆祝昌都解放70周年活动宣传文艺组工作推进会。会议具体安排庆祝昌都解放70周年文化文艺活动、新闻宣传、社会宣传等。市委副书记、市长陈军主持并讲话。就抓好当前宣传文艺组的工作，他要求，相关部门及负责人要明确工作思路，通过系统筹划，整体推进准备工作，保证每个环节做细、做实；要突出“庆祝昌都解放70周年”宣传主题，营造喜庆热烈、全民欢庆的欢乐氛围，着力激励和鼓舞昌都各族人民群众的奋斗精神；要不断优化工作方法，注重集智集力、创新创造和多元交流，确保各项活动有序开展；要彰显活动效果，按照声势浩大，影响深远的定位，达到科学组织、有效传播、安全圆满的目标；要用心挖掘体现昌都各族人民爱国主义和民族精神的生动故事，真正让文艺活动走到人民群众的内心，从而产生灵魂深处的思想共鸣，确保把昌都解放70周年庆祝活动暨第11届康巴艺术节和第6届三江茶马文化艺术节办成昌都市及广大藏区与全国人民一道齐歌共舞的欢乐节日。市委常委、宣传部部长赵建国汇报庆祝昌都解放70周年活动宣传文艺组工作进展情况。参会人员讨论庆祝活动日程安排、总体方案、策划创意、具体执行，并提出相关建议和意见。市委副书记廖传锦出席。市委宣传部、市发展改革委、市住房城乡建设局、市文化局、市广电局等相关单位负责人参加会议。

14日　市委常委班子召开“不忘初心、牢记使命”主题教育调研成果交流暨对照党章党规找差距专题会，主要任务是交流调研情况、分析研究问题。会议传达学习《中国共产党章程》《准则》《条例》《杨晓渡同志在专项整治漠视侵害群众利益问题工作推进会上的讲话要点摘编》；汇报主题教育检视（征求意见）问题的整改落实情况及下一步主题教育工作安排。市委书记阿布主持并要求，各级各部门要提高政治站位，扎扎实实做好调查研究；要围绕中心工作，突出问题导向，用调研成果推动全市各项工作再上新台阶；要坚定坚决地遵守党章党规，在奋力推进昌都长足发展和长治久安上作表率；要始终对党绝对忠诚，让“两个维护”入骨入髓；要始终坚定理想信念，让习近平新时代中国特色社会主义思想入脑入心；要始终永葆政治本色，让昌都政治生态持续向好；要继续围绕“守初心、担使命，找差距、抓落实”的总要求，对照、检查、改进、提高自己，推动全市主题教育走深走实、善作善成，确保主题教育取得实实在在的成效。市委副书记、市长陈军，市委副书记廖传锦，市委副书记、常务副市长魏东，市委常委、芒康县委书记齐应海，市委常委、江达县委书记黎世江，市委常委、纪委书记、监察委员会主任郑连武，市委常委、贡觉县委书记扎西，市委常委、宣传部部长赵建国，市委常委、组织部部长李斌，市委常委、政法委书记张文生分别围绕主题，结合各自工作和分管领域发言或书面交流。自治区党委主题教育第五巡回指导组部分成员，全程参与和指导交流会。市人大常委会、市政府、市政协、市检察院、强巴林寺管委会市级领导，市（中、区）直各单位主要负责人参加。会议以电视电话会议形式召开至各县（区）。

15日　市委书记阿布，市委副书记、市长陈军等市级领导以志愿者身份率领市委、市政府办干部职工前往启齿街、天津广场、三江大道等地开展“不忘初心、牢记使命”主题教育环境卫生整治志愿服务活动。市委副书记廖传锦，市委副书记、常务副市长魏东，副市长卓嘎、旺堆、欧珠达瓦，自治区党委主题教育第五巡回指导组部分成员参加活动。

同日　市委书记阿布前往卡若区孜通坝综合体育馆、野堆村三江源生态文化城等重点项目建设现场，详细了解项目建设进展情况，听取工作汇报，协调解决对接过程中遇到的问题和困难。在孜通坝片区施工现场，阿布进工地、看图纸，听取项目负责人汇报市综合体育馆、三江源生态文化城以及道路交通基础设施的项目建设进度等情况。他要求，各级各部门要提高政治站位，实现项目建设与生态文明建设有机统一；要切实履行职责，加强配合协作，进一步完善和细化项目建成后的水电路讯网等相关工作，协调解决好建设中存在的困难和问题，确保工程建设顺利实施；要定期实地监督和检查项目施工规范行为、工程质量、安全生产、工程进度等情况，严格把关工程质量关，助推各项目早日竣工、早日造福于民。调研天使花园等地的违章建筑整治工作情况时要求，各有关部门要科学规划城市发展方向、人口规模、功能布局等，制订方案，统筹协调，充分发挥属地管理作用，着力解决好社区内私搭乱建问题，为昌都市容市貌提升改造工作奠定良好基础，为创建国家卫生城市做出一份贡献，让广大市民享受到更好更高水平的基本公共服务。市委副书记廖传锦，市委副书记、常务副市长魏东陪同。市住房城乡建设局、市城市管理和综合执法局等相关单位主要负责人参加。

同日　市国土空间规划委员会召开2019年度第三次会议，研究审定并原则上同意市“四坝、一区”建筑风貌改造、市级摩托车停放点、孜通坝建设项目等规划议题。市委副书记、市长陈军主持并强调，各相关部门要立足实际、着眼长远，遵循城市发展规律，用超前的意识和战略的规划设计建设项目，确保设计方案更加科学合理；要牢牢把握地域特征、民族特色和时代风貌三个核心要素，注重建筑物外观风貌、色彩风格和功能布局等细节，确保项目施工设计符合昌都实际；要按照统一规划、统一设计、统一建设、统一管理的原则，强化管控，以高标准、严要求执行相关规定，加大对城市规划的管控力度，确保规划执行不走样、工程建设合法合规，推动全市城乡规划建设管理工作迈上新台阶，以优异成绩向昌都解放70周年献礼。副市长卓嘎、旺堆、欧珠达瓦以及市规委会成员单位负责人就相关具体项目议题提出意见和建议。

同日 市监委召开第一届特约监察员聘请大会。市委常委、纪委书记、监察委员会主任郑连武讲话。郑连武等领导为15名特约监察员颁发聘书，2名特约监察员代表作表态发言。

同日 市政协召开专题协商会，围绕“在加强生态环境中进一步发挥护林员作用”专题协商议政。市政协副主席扎西次仁主持并讲话。市生态保护局、市人力资源社会保障局、市林草局等相关部门负责人参加会议。

16日 市脱贫攻坚指挥部召开第11次会议暨重点项目推进工作会议。会议传达学习自治区领导批示和《中共中央关于追授黄文秀同志“全国优秀共产党员”称号的决定》；通报《纳入2020年基本建设项目的前期工作计划》和亟须开工但暂无资金来源需积极争取的项目表。市委副书记、市长陈军主持并要求，各级各部门要高度重视，压实各级迎检责任，充分认识做好这次考核工作的极端重要性；要牢固树立“四个意识”，聚焦“两不愁 三保障”“三精准”“三落实”等突出问题，扎实推进脱贫攻坚各项工作；要加强学习，深刻把握考核重点，针对考核重点做好各项考核内容；要统筹协调，各司其职，提前完善好收集、整理、考核所需的相关资料；要紧盯各项重点工作，检查好饮水安全、义务教育、基本医疗、住房安全、产业扶贫、就业扶贫、生态扶贫、易地扶贫搬迁、农村危房改造等政策是否落实到位；要强化各类问题整改，抓好整改落实的跟踪问效，确保各类问题整改有人管、有人抓、有落实，切实做好迎检各项准备工作，全面如期完成脱贫攻坚各项任务，确保在省级交叉考核中取得优异成绩，携手全市各族人民与全区一道迈入全面小康社会。市委副书记、常务副市长魏东，副市长卓嘎、旺堆、欧珠达瓦、胡登孚，市政协副主席、发展改革委党组书记杨瑛出席会议。会议以电视电话形式召开至各县（区）。

同日 市委、市政府、北京厚爱关节健康公益基金会、中国医学基金会、中国留学人才发展基金会主办，福建省第九批援藏工作队等承办的“爱在昌都 杏林送暖”昌都市2019年第二批手足畸形患儿免费救治大型公益活动启动。

同日 昌都市被生态环境部命名为“第三批国家生态文明建设示范市”。

18日 市委副书记、市长陈军在中国电信昌都分公司调研“互联网+政务服务”工作。听取工作汇报后，他强调，各级各部门一要增强政务服务意识，创新服务方式，优化服务环境，运用信息化技术办好办实群众的事情，着力打造便民利民的政务服务环境。二要努力建设让群众满意的“互联网+政务服务”一体化平台，做到政务服务事项“应上尽上、全程在线”，确保信息安全、网络畅通、界面友好、使用方便，真正让数据多跑路、群众少跑腿，实现群众办事便捷。三要高度重视数据安全和网络畅通，充分整合运用电信、移动的数据资源，提升平台硬件的运行质量，确保平台平稳高效运行。四要强化组织领导，压实责任，梳理细化权责问题清单，统筹各级各部门相关信息，在昌都报、昌都发布、昌都电视台等媒体上，大力宣传西藏政务平台，规范程序，强化注册事项，提高网上办事能力和效率。五要大力推动政务信息共享和公开，发挥好市政府门户网站的宣传、引导功能，提高权力运行的透明度，方便群众监督，提高“互联网＋政务服务”的社会认知度和群众认同感。

同日 昌都市第一届人民代表大会常务委员会第45次主任会议召开，会议研究市一届人大七次会议筹备事宜和第三十一次常委会相关事宜。会议研究、通过《昌都市人民代表大会常务委员会主任会议关于提请审议〈昌都市人民代表大会常务委员会关于召开昌都市第一届人民代表大会第七次会议的决定（草案）〉的议案（稿）》《昌都市人大常委会主任会议关于提请审议〈昌都市第一届人民代表大会第七次会议主席团和秘书长建议名单（草案）〉的议案（稿）》《昌都市人大常委会主任会议关于提请审议〈昌都市第一届人民代表大会第七次会议列席人员名单（草案）〉的议案（稿）》《昌都市第一届人民代表大会第七次会议大会秘书处工作机构及主要任务（稿）》；研究昌都市第一届人民代表大会常务委员会第三十一次会议建议召开时间、建议议程；听取昌都市第一届人民代表大会常务委员会第三十一次会议相关议题准备情况的说明。市人大常委会主任贡秋江村主持。

18日至21日 市委常委、纪委书记、监察委员会主任郑连武在自治区纪委参加七地市纪委书记履行扶贫领域监督执纪问责工作职责汇报会。

19日 昌都市召开政协工作会议暨庆祝昌都政协成立60周年大会。全面回顾和总结昌都政协60周年来的辉煌成就和实践经验，安排部署新时代加强和改进昌都政协工作。市委副书记、常务副市长魏东传达学习《习近平总书记在中央政协工作会议暨庆祝中国人民政治协商会议成立70周年大会上的重要讲话精神》和《自治区政协工作会议暨庆祝自治区政协成立60周年大会精神》。市委书记阿布强调，就做好新时代昌都政协工作，一要坚持党的领导，在做好政协工作中践行“两个维护”。二要聚焦中心工作，在服务昌都改革发展稳定中献计出力。三要围绕团结民主，在加强思想政治引领中凝聚共识。四要强化责任担当，在提高履职能力中勇于作为。五要完善领导体系，在助推政协事业发展中形成合力。市委副书记廖传锦主持。自治区政协副主席宗洛·向巴克珠宣读自治区政协向大会发来的贺电。市政协副主席图嘎讲话。昌都政协老领导代表仁青措姆、布土丁，老委员代表章松，新委员代表于希英发言。市委副书记、市长陈军，市委副书记、常务副市长杨灏，市委常委、组织部部长李斌，市委常委、宣传部部长赵建国，市人大常委会主任贡秋江村，自治区政协副秘书长王新会出席。四级政协委员代表，市政协常委，各县（区）政协主席和各相关单位负责人参加会议。

同日 中国人民政治协商会议第一届昌都市委员会常务委员会第十九次会议召开。会议审议通过政协第一届昌都市委员会常务委员会第十九次会议议程（草案）；传达学习党的十九届四中全会精神、习近平在中央政协工作会议暨庆祝中国人民政治协商会议成立70周年大会上的讲话精神、汪洋在中央政协工作会议上的总结讲话精神和在全国地方政协工作经验交流会上的讲话精神以及区党委政协工作会议暨庆祝自治区政协成立60周年大会精神、丁业现在全区基层政协工作座谈会上的讲话精神和自治区政协办公厅

《关于重申政协委员依照章程正当履职的通知》的函。市政协副主席图嘎主持。市政协副主席赤来、张宏军、多嘉、扎西次仁、泽仁顿珠，市政协副主席、发展改革委党组书记杨瑛，市政协副主席、察雅县委书记任厚明等出席会议。

同日　最高人民检察院政治部干部二级巡视员、副部长丁旭涛率领中央政法委联合调研组与昌都市召开工作座谈会。市委常委、政法委书记张文生主持并讲话。市中级人民法院党组书记、院长扎西江平，市人民检察院党组书记、检察长贺建军出席会议。市委组织部（编办）、市法院、市检察院、市公安局等相关部门负责人参加座谈会。

20日　市委理论学习中心组召开学习会暨“不忘初心、牢记使命”主题教育第二批专题研讨会。会议传达学习《习近平同志在党的十九届四中全会第一次全体会议上关于中央政治局工作的报告》《习近平同志在党的十九届四中全会第二次全体会议上的讲话》《中共中央关于坚持和完善中国特色社会主义制度推进国家治理体系和治理能力现代化若干重大问题的决定》。市委书记阿布主持并要求，各级各部门一要深刻领会习近平总书记在全会上的报告和讲话精神实质，更加坚定学习习近平新时代中国特色社会主义思想的政治自觉。二要深刻领会党的十九届四中全会的重大意义，更加坚定增强“四个自信”、坚定“四个意识”、做到“两个维护”的政治自觉。三要深刻领会中国特色社会主义制度发展和国家治理的历史性成就，更加坚定维护中国特色社会主义制度的政治自觉。四要深刻领会中国特色社会主义制度和国家治理体系的科学内涵、本质特征和显著优势，更加坚定走中国特色社会主义道路的政治自觉。五要深刻领会坚持和完善中国特色社会主义制度、推进国家治理体系和治理能力现代化的总体要求、总体目标、重点任务，更加坚定推进新时代昌都长足发展和长治久安的政治自觉。六要深刻领会坚持和完善中国特色社会主义制度、推进国家治理体系和治理能力现代化必须加强党的领导，更加坚定推进全面从严治党、夯实党在昌都执政基础的政治自觉。市政协副主席、察雅县委书记仁厚明，江达县江达镇嘎通村党支部书记拉措围绕学习内容交流发言。市委副书记、市长陈军，市委副书记廖传锦，市委副书记、常务副市长魏东、杨灏，市委常委、芒康县委书记齐应海，市委常委、江达县委书记黎世江，市委常委、贡觉县委书记扎西，市委常委、宣传部部长赵建国，市委常委、组织部部长李斌分别出席昌都主会场或分会场会议。市人大常委会、市政府、市政协等相关单位负责人参加昌都主会场。会议以电视电话形式召开至各县（区）。

同日　市政协召开纪念昌都政协成立60周年理论研讨会。市委副书记、市长陈军要求，各级政协组织、政协各参加单位要牢牢把握团结和民主两大主题，紧紧围绕党委和政府中心工作，服从服务于昌都改革发展稳定大局，广泛团结各方面力量，认真履行好政治协商、民主监督、参政议政职能；要在履职尽责，争取作为上发挥作用，把懂政协，会协商，善议政，记在心头，扛在肩上，严格遵守宪法法律和政协章程，按时参加政协的视察、调研、学习等活动，努力做到会调研、会提案、会反映社情民意、会建言立论，为昌都的改革发展稳定贡献自己的力量。市政协副主席图嘎主持。市政协及11县（区）政协分别从人民政协的性质定位、协商民主、民主监督、参政议政、发挥作用、自身建设等多个方面、多个角度作交流发言。市政协副主席赤来、张宏军、多嘉、扎西次仁、泽仁顿珠，市政协副主席、发展改革委党组书记杨瑛参加会议。

同日　昌都市召开农牧业产业发展及

品牌工作专题会，听取《关于落实全区〈关于加快推进高原特色农牧业产业发展及品牌建设的意见〉实施方案（初稿）》汇报，并围绕当前农牧业产业形势、发展瓶颈，以及促进农牧业产业提质增效、全面实施品牌建设等讨论发言，提出意见建议。并安排部署下一阶段工作，推动全市经济社会高质量绿色发展。市委副书记、市长陈军主持并要求，各有关单位部门一要认真研究分析，进一步明确目标任务、工作重点、时间节点、工作要求等，确保方案符合昌都实际。二要把农牧业产业发展及品牌建设与“十四五”规划、乡村振兴战略总体规划和脱贫攻坚、就业、农牧民群众增收工作结合起来，科学合理测算相关数据，做到既实事求是、又适度超前。三要抓住自治区打造“地球第三极”区域品牌有利机遇，按照“五大养殖基地”“七大种植基地”的规划布局，创新体制机制，坚持连片规模发展、引进培育龙头企业，细化、实化、精准推动农牧业产业发展及品牌建设各项措施；四要统一规划、宣传“蓝天圣洁”品牌，制定完善品牌标准目录，强化品牌整合、品牌运营、品牌传播。五要发挥园区经济作用，依托援藏优势，建立市场开拓的根据，明确发展定位、完善基础功能、优化服务供给，吸引好企业入驻，大力培育产业集群，强化物流建设，推动产品走出去，推动昌都高质量绿色发展。六要加强科学技术创新，着力激发微观主体活力，利用技术创新提升产业链水平，提高产品附加值。七要加强政策引导支持、人才支撑、科技支撑、金融保障、机制保障，进一步深化“放管服”改革，优化营商环境。市委副书记、常务副市长杨灏，副市长欧珠达瓦，市政协副主席、发展改革委党组书记杨瑛出席。

同日 天津市委宣传部副部长杨君毅率队与昌都市委宣传部就援助扶贫宣传工作座谈。市委常委、宣传部部长赵建国讲话。昌都报社、市文物局、市广电局、昌都市电视台等相关部门负责人参加座谈会。

20日至23日 福建对口支援的昌都市卡若区第二初级中学，携教学成果《西藏寄宿制中学感恩教育实践与探索》，代表自治区在广东珠海参加第五届中国教育创新成果公益博览会。福建援藏教师余荣和刘斯现场解说。

21日 昌都市召开创建全国文明城市工作调度会。观看昌都市2019年10月份城市文明程度指数模拟测评报告视频。市委常委、宣传部部长赵建国讲话。

同日 昌都市召开2019年度市直机关基层党建工作推进会，观看《市直机关党建工作专题片》。市委常委、组织部部长李斌讲话，市纪委监委、市检察院、市人力资源社会保障局、新区管委会作交流发言。市（中、区）直单位党组（党委）书记，机关党委、机关党委（总支、支部）书记参加。

同日 昌都市召开包虫病综合防治暨“互联网+政务服务”工作推进会，全力推进全市包虫病综合防治和“互联网+政务服务”工作。市委副书记、市长陈军主持并要求，市各相关单位部门一要肯定成绩、认清形势，切实增强包虫病综合防治工作的责任感和使命感，坚持问题导向、目标导向，持续用力做好包虫病综合防治各项工作。二要聚焦问题、精准发力，继续抓好防控措施落实、犬只收容管理、病患筛查救治和资料管理，以及抓好宣传教育引导，打好“组合拳”，推动包虫病综合防治工作纵深挺进。三要压实责任、强化督导，形成工作合力，把包虫病综合防治作为事关人民群众身体健康、事关长足发展和长治久安的大事要事抓紧抓实抓好，坚决打赢包虫病综合防治攻坚战。就做好“互联网+政务服务”工作，他要求，各相关单位部门一要提高站位，切实增强推进“互联网+政务服务”的责任感和紧迫感，把企业和群众的难点、堵点作为政府服务的重点，大力推行涉企涉民事项网上可办、“一网通办”，让信息多跑路、群众少跑路。二要理清把握阶段性进度要求，理清思路；要优化再造服务流程，规范标准；要整合共享信息系统，筑牢基础；要加强政务中心建设，夯实平台；要系统集成整体推进，强化支撑，突出抓实抓好“互联网+政务服务”各项重点工作。三要明确责任，加强组织领导，强化统筹协调，着力构建“互联网+政务服务”长效工作机制，确保全市“互联网+政务服务”工作加快推进，推动政务服务水平再上新台阶，为全市经济社会发展营造良好的政务服务环境。市卫生健康委负责人汇报全市包虫病综合防治工作情况；市公安局、市农业农村局、察雅县、丁青县分别汇报本单位、本县的包虫病综合防治工作；市经信局负责人通报全市“互联网+政务服务”工作情况。市委副书记、常务副市长魏东、杨灏，副市长卓嘎、旺堆、欧珠达瓦、胡登孚、赵明出席。截至10月30日，累计完成包虫病筛查662985人。在包虫病筛查结果中，确诊阳性3054例，其中符合手术患者为1101人，累计完成手术救治874例（含建档立卡户119人）；适宜药物治疗患者1953人，实际服药患者1823人（除禁忌患者）。从传染源源头防控情况分析，昌都市共建成流浪犬收容站11个，收容流浪犬926只；家养犬登记2.80万只，已完成犬只挂牌和植入芯片2.70万只，管理率96.42%；饮水安全计划开工1497个点，已开工1451个点，已完成881个点建设任务，落实资金5.34亿元，已解决15.60万人（其中建档立卡户5.46万人）安全饮水问题；家畜和犬只驱虫分别累计达到133万多头（只）和35万多只。

22日 市委书记阿布主持召开一届市委第156次常委会会议，传达学习习近平总书记在上海考察时的重要讲话精神，吴英杰书记在区党委常委会会议传达学习习近平总书记在上海考察时重要讲话精神时的讲话精神，王卫东在全区纪检监察系统“不忘初心、牢记使命”主题教育专项整治工作推进会上的讲话精神；听取市委办公室等5家单位专项整治工作开展情况及昌都市2019年民族团结进步暨“遵守四条标准、争做先进僧尼”教育实践活动模范寺庙优秀僧尼表彰大会筹备情况汇报等。为做好专项整治工作，阿布要求，各级各部门要压紧压实主体责任，将专项整治作为主题教育整改落实的重要抓手，抓深抓实抓出成效；要压紧压实协作责任，统筹协调、上下联动、左右配合，扎实推进专项整治工作；要压紧压实督导责任，切实强化规矩和服务意识，带动广大党员干部自觉尊崇党章党规党纪，切实解决人民群众最关心最直接最现实的利益问题，确保主题教育取得实实在在的成效。市委副书记、市长陈军，市委副书记廖传锦，市委常委、常务副市长魏东、杨灏，市委常委、芒康县委书记齐应海，市委常委、纪委书记、监察委员会主任郑连武，市委常委、贡觉县委书记扎西，市委常委、宣传部部长赵建国，市委常委、组织部部长李斌分别出席昌都主会场或各分会场会议，市人大常委会、市政府、市政协市级领导及相关单位负责人参会，会议以电视电话形式召开至各县（区）。

同日 市政府召开2019年度第十二次常务会议，听取审议并原则上同意市农业农村局、市应急管理局、市财政局、市商务局、市发展改革委等相关单位关于“厕所革命”、国有资产管理、招商引资优惠政策等议题，并安排部署有关工作。市委副书记、市长陈军主持并讲话。就全市农村“厕所革命”工作，他要求，各级各部门一要强化主体责任，将任务层层分解，落实到具体人员，并加大督办力度，严格落实属地管理责任，真正做到有人建、有人管、有人用。二要本着先有重后优原则，统筹规划资金使用、技术指导，分步有序推进建设。三要积极向上、向援藏省市沟通衔接，积极吸取经验，提升自身建设能力和水平。各级宣传部门要通过多种渠道不断加大政策宣传，调动广大群众的积极性，努力形成群众由“要我改”向“争着改”的良好工作氛围。就扎实做好岁末年初安全生产各项工作要求，各级各部门一要针对全市交通运输、建筑施工、森林草原防火、自然灾害应急处置、消防安全、校园安全、食品安全等重点行业领域安全生产工作再督促，全力以赴查风险、除隐患、保安全。二要抓紧梳理全市道路，交通危险路段情况，有针对性地开展危险路段改造，建设生命防护工程。三要压实属地管理、行业监管责任，进一步强化安全生产发展理念和责任意识，建立健全定期不定期排查体制机制，抓紧对本行业、本县（区）开展安全生产自我督导检查，确保符合国家、自治区安全生产各项工作要求。市政协副主席、发展改革委党组书记杨瑛就有关议题提出意见和建议。市委副书记、常务副市长杨灏，副市长卓嘎、旺堆出席。

同日　市政府党组理论学习中心组召开学习会暨“不忘初心、牢记使命”主题教育第二批第八次学习会。市委副书记、常务副市长杨灏传达学习《习近平同志在党的十九届四中全会第一次全体会议上关于中央政治局工作的报告》。副市长卓嘎传达学习《习近平同志在党的十九届四中全会第二次全体会议上的讲话》；副市长旺堆，市政府秘书长贾新雨分别传达学习《中共中央关于坚持和完善中国特色社会主义制度 推进国家治理体系和治理能力现代化若干重大问题的决定》。市委副书记、市长陈军主持并强调，市政府党组班子各成员以及政府各组成部门党委（党组）要坚持把学习贯彻中共十九届四中全会精神与学习习近平总书记的系列重要讲话精神，特别是治边稳藏重要论述紧密结合起来，与学习贯彻中共十九大精神和中国特色社会主义理论体系紧密结合起来，与正在开展的“不忘初心、牢记使命”主题教育紧密结合起来，坚持先学一步、快学一拍，精研细读、深入思考、学深悟透，当好示范和表率，毫不动摇坚持和巩固中国特色社会主义制度，加快推进昌都治理体系和治理能力现代化进程，为昌都经济社会的长足发展和长治久安提供根本制度保障。

23日　自治区中共十九届四中全会精神宣讲团在昌都开展宣讲。区党委宣讲团成员、自治区党委组织部副部长、编办主任仲崇东作宣讲报告。市委书记阿布主持并强调，全市各级各部门一要在把握精神实质上下功夫。二要在深入宣传贯彻上下功夫。三要在学以致用上下功夫。报告会结束后，仲崇东与市委组织部、市委党校、市委宣传部等单位的干部代表互动交流。市委副书记、市长陈军，市人大常委会主任贡秋江村，市委常委、纪委书记、监察委员会主任郑连武，市委常委、宣传部部长赵建国，市人大常委会、市政府、市政协等领导参加。

同日　市委副书记、常务副市长魏东率福建援藏工作队员，前往卡若区第二初级中学，结合“不忘初心、牢记使命”主题教育，开展“一对一”结对帮扶活动。工作队员向结对帮扶的贫困学生捐赠书包等学习、生活用品，与贫困学生一对一交流，了解学生的家庭情况、学习情况、生活情况及帮扶需求。

同日　市纪委监委召开专项整治漠视侵害群众利益问题工作调度会。市委常委、纪委书记、监察委员会主任郑连武主持并讲话。各单位、11个县（区）负责人就专项整治工作开展情况作交流发言。会议以电视电话形式召开至各县（区）。

24日　市委副书记、市长陈军前往市环保督察迎检办，检查全市迎接第二轮中央生态环境保护督察工作推进情况，听取有关工作情况汇报，推进督察交办问题整改落实工作。陈军看望慰问迎检办的工作人员，仔细察看并详细询问全市迎接中央生态环境保护督察来电来信转办案件办理情况，听取全市迎接第二轮中央环保督察工作推进情况，以及存在的困难和问题。他要求，市有关部门、各区（县）一要把迎接中央生态环保督察作为开展“不忘初心、牢记使命”主题教育的重要举措，作为解决生态环境突出问题的重要契机，推动全市生态文明建设取得更大成效。二要对照第一轮中央环保督察调研组的督察清单，进一步梳理好各类资料台账，做到条理清晰、问题清楚，文字、影像等各类资料齐全。三要聚焦人民群众身边突出生态环境问题，紧盯重点领域重点区域，从严整改问题，把问题查实查透查准查深，对督察组发现和转办群众举报问题，要边督边改，限时整改，同时做好自纠，摸清问题底数，制定整改措施，落实整改责任，做到立知立改、立行立改。四要建立完善规章制度，健全长效机制，强化团结协作，形成工作合力，确保各项工作部署到位、人员到位、责任到位、落实到位，迎接第二轮中央生态环境保护督察。五要按照区党委政府主要领导的指示批示精神和市委、市政府的工作部署要求，主动扛起生态环保问题整改的政治责任，并对各类已完成整改的问题进行“回头看”，切实加大对突出问题和薄弱环节的查漏补缺工作力度，并以迎接第二轮中央环保督察为契机，推动全市生态环境保护工作迈上新台阶。市政府办公室、市水利局等相关部门负责人参加。

同日　昌都在全市十一县（区）范围内同步开展政务服务户外宣传活动，引导全体市民和社会各界广泛了解、注册、使用西藏政务服务平台。副市长赵明与各单位分管领导带队上街开展引导群众注册，干部职工每2人一组进入预先划定好的片区，发放宣传单和引导广大群众注册。此次活动共614名志愿者参加，发放传单12000份，新增注册用户18746人。

24日至26日　中央第十巡回督导组组长、十三届全国政协农业和农村委员会副主任、黑龙江省政协原主席杜宇新率督导组赴昌都调研“不忘初心、牢记使命”主题教育工作开展情况。中央第十巡回督导组副组长、云南省人大常委会原副主任张百如，中组部干部教育局二级巡视员张国发，中央纪委国家监委驻商务部纪检监察组办公室主任张震参加调研。自治区党委组织部副部长、编办主任仲崇东，自治区党委党校常务副校长、区党委主题教育工作第五巡回指导组组长熊刚毅；市委书记阿布，市委副书记廖传锦，市委常委、组织部部长李斌分别陪同。24日下午，召开座谈会。阿布汇报昌都市“不忘初心、牢记使命”主题教育工作开展情况；熊刚毅汇报自治区督导组在昌都开展工作情况。

25日　庆祝昌都解放70周年活动宣传文艺组召开第二次工作会议，研究讨论庆祝昌都解放70周年活动日程安排方案和重要节点文艺活动方案，讨论部署下阶段工作。市委副书记、市长陈军主持并要求，相关单位部门要统一思想、提高认识，高度重视此次活动，切实提高做好各项工作的责任感和使命感，真正把思想和行动统一到市委、市政府的部署要求上来，全力以赴、狠抓落实，切实推动各项工作再上新台阶；要明确工作思路，在做好舞台设计、曲目编排、观览线路安排等工作的基础上，精准把握各个时间节点、活动流程、环节，把控表演形式，体现昌都文化内涵，确保节目质量，出精品、出人才；要加强宣传、营造声势，官方媒体、网络媒体、新媒体报道需跟上，积极打造昌都文化品牌，进一步扩大昌都的对外影响力，加强意识形态工作的把控，确保风清气正的舆论环境，激励和鼓舞昌都各族人民群众的奋斗精神；要强化安保、落实措施，公安、消防、交通、安监等部门要发挥各自工作职能，做好各项活动及各个场所安全保卫工作；要加强保障、优化服务，各工作组之间要密切联系沟通，积极做好后勤保障对接工作，为参加活动的各位来宾、各界人士提供优质服务；要明确责任，严肃工作纪律，按照日程倒排时间任务表，确保昌都解放70周年庆祝活动顺利举行。市委副书记廖传锦出席。昌都报社、市文化局、市广电局、昌都电视台等主要负责人就具体事宜提出意见和建议。

同日 市委副书记、常务副市长魏东赴洛隆县调研指导主题教育各项工作，听取主题教育开展情况汇报，并对下一步主题教育各项工作提出指导意见。魏东强调，一要提高政治站位，认真把握党中央部署和区党委、市委部署要求，进一步增强思想自觉、政治自觉和行动自觉，以思想上的统一确保步调上的一致。二要按照“县委主责、主题教育办主推、县组织部主抓、巡回指导组主导”的要求，做好专题民主生活会前期谋划筹备等相关工作，确保专题民主生活会开出质量、开出水平。三要按照“精准”要求，继续完善好“五个清单”，针对整改事项安排专人进行集中整改落实，确保整改事项见底到位全部销号。四要按照“发力求准、推进求深、整改求实、效果求明”的要求，研究制定主题教育成果转化方案，确保主题教育成果更好地转化为指导实践、推动工作的有力抓手。五要按照“总结全面、突出亮点、剖析具体、部署有力”的要求，抓好主题教育工作总结会的统筹谋划，确保按时、高质量、高标准召开。六要对照“五个清单”整改事项和专项整治方案，一项一项抓好“回头看”，一条一条抓对照过关，一点一点抓梳理进展，确保整改事项精准走实、不流形式，见底到位、取得实效。

同日 昌都市召开“互联网+政务服务”工作电视电话会议，贯彻落实习近平总书记关于“推进服务办理快捷化、优化办事流程、减少办理环节，加快政务信息系统资源整合共享”的重要指示精神，贯彻落实自治区党委、政府开展“互联网+政务服务”工作的重要决策部署，加快推进西藏政务服务平台注册工作。市经信局负责人通报全市11月24日政务服务平台工作开展情况。副市长赵明出席。

26日 昌都市召开《昌都地区志（2001—2010）》终审会，听取终审稿的基本情况以及编纂过程的汇报，进一步修改完善志稿。市委副书记、市长陈军要求，各级各部门特别是承编单位和参与编修的人员要切实提高编纂地方志重要性的认识，坚持高标准高质量编纂昌都地方志，压紧压实地方志编纂工作责任，严格按照要求加快地方志编纂进度，切实做到增强“四个意识”、坚定“四个自信”、做到“两个维护”，把思想和行动统一到习近平总书记的重要指示精神和市委、市政府的部署要求上来，深刻认识编纂《昌都地区志（2001—2010）》的重大现实意义和深远历史意义，切实把编纂地方志作为一项重大政治工程、战略工程、文化工程和固边工程，主动担当作为，扎实做好编纂各项工作，努力编纂出版可“资政辅治”“堪存堪鉴”的地方志成果，更好地服务昌都长足发展和长治久安。会议原则同意《昌都地区志（2001—2010）》通过终审。市委副书记廖传锦主持。市委常委、宣传部部长赵建国，市人大常委会副主任邓文昌、齐飞，副市长赵明，市政协副主席图嘎，市政协副主席、发展改革委党组书记杨瑛提出具体的评审意见和建议。

同日 昌都市召开创建全国文明城市工作调度会，安排部署创建全国文明城市年度实地测评点位整改工作。市委常委、宣传部部长赵建国讲话。与会人员围绕实地测评点位存在问题整改进行讨论并提出意见建议。

同日 昌都市召开创建全国民族团结进步示范市工作汇报会。自治区民委党组成员、副主任，自治区考核验收组组长黄云素讲话；副市长卓嘎主持，副市长旺堆汇报昌都市创建工作开展情况。截至10月，昌都市创建指标完成率已达97.56%。

26日至12月2日 市委常委、纪委书记、监察委员会主任郑连武在自治区党委党校参加第一期全区地厅级领导干部学习贯彻中共十九届四中全会精神专题研讨班。

27日 副市长卓嘎率调研组实地查看第一综合农贸市场、强巴林寺垃圾中转站、通夏路、污水处理厂、达玛拉花园和邦达街等地，听取相关部门介绍创卫和创园工作进展情况。

28日 昌都市举办中共十九届四中全会精神专题讲座。市政协副主席张宏军主持。中央党校国际战略研究院副教授、盘古智库高级研究员、中国国际交流协会理事梁亚滨博士以《党的十九届四中全会精神解读》为主题，围绕世界面临百年未有之大变局，在新世纪新阶段经济和社会发展的战略目标，国际治理体系和治理能力建设等方面内容解读全会精神。自治区党委党校常务副校长、区党委主题教育工作第五巡回指导组组长熊刚毅，市委副书记廖传锦，市直各机关单位负责人参加专题讲座。

同日 市委常委、宣传部部长赵建国率市创文办前往卡若区政务服务中心、卡若区新时代文明实践中心、卡若镇、如意乡、卡若区城关镇四川桥居委会、建筑工地等督导检查创文工作。在督导检查中发现部分地方仍有脏乱差现象：垃圾乱丢乱扔、违规停车、街上有牲畜粪便、部分乡镇没有悬挂宣传标语；乱扔烟头、垃圾等，市民素质有待进一步提高；志愿服务覆盖面不够，建筑工地无围挡或围挡上无公益广告，施工车辆停车不规范等情况。

28日至30日 市司法局联合市委党校组织开展辖区内全区民主法治示范村（届）党支部书记法治培训活动，进一步加强村（居）普法队伍建设。邀请市委党校专家学者及律师等法律服务工作人员，以座谈交流形式，重点讲解中国特色社会主义法律体系以及社会治安管理、农村土地保护和利用、基层矛盾纠纷化解技巧及典型案例等与广大农牧民群众日常生产生活息息相关的法律法规及政策常识，使参训人员对各类法律法规常识有了更深、更透彻地理解。

29日 市委副书记、市长陈军率市自然资源局、市住房城乡建设局以及卡若区等部门负责人督导检查主城区违章建筑集中整治工作以及就业创业工作推进情况。在昌都市主城区违章建筑集中整治工作领导小组办公室，陈军听取整治工作推进情况的汇报，详细了解工作进展及存在问题。他强调，市直各相关部门和卡若区一要掌握、熟悉相关政策，实事求是，摸清底数，千方百计做好群众工作，讲明、讲透、讲全政策法规。二要深入开展入户教育宣传，持续掀起宣传声势，为深入推进主城区整治工作营造更加浓厚的舆论氛围。三要坚持依法依规，采取有力措施坚决开展整治，做到整治一项、验收一项、销号一项。四要严肃组织纪律，加强部门联动统筹协调，强化工作调度，各负其责、形成合力。五要摸排风险，制定应急处置方案，确保整治工作稳妥实施、社会和谐稳定。六要加大后勤服务保障力度，以时不待我、只争朝夕的干事激情，坚决完成整治工作任务目标。在市就业创业服务中心，陈军仔细查看服务中心各窗口，听取高校毕业生就业创业工作推进情况汇报。2019年，全市应届高校毕业生共计2866人，截至11月24日，已实现就业2810人，就业率98.05%。陈军强调，各相关单位要把推动就业工作作为事关全局的大事来抓，积极发挥专班机制，提供精准时效的“一对一”“多对一”服务，提升就业创业服务水平，努力在开发就业岗位、拓宽就业渠道、搭建创业平台上下功夫、出实招，谋划好2020年的就业创业工作。要做好政策解读、宣传，扩大政策知晓度，推动创业就业政策落地落实；要借鉴援昌省市就业工作的好做法好经验，加大区外就业力度；要加大宣传教育引导的力度，宣传就业创业的典型人物、典型事迹，引导广大未就业人员通过个人努力、政府扶持帮助来创造幸福生活。陈军还前往卡若区夏通街社区以及澜沧江生格村段，查看了解滨河路改造工程项目和河长制工作，对澜沧江河道的垃圾清理、拦截以及污水的排放、净化等情况。他要求，相关部门要按照环保要求，强化问题导向，抓住枯水季节优势，强化治理措施；要充分利用各媒体加大对环境保护、河湖治理法律法规的宣传，增强公众对河湖保护的责任意识和参与意识，在全社会形成爱水惜水的浓厚氛围，努力打造良好的经济发展环境和人居生态环境。

同日 住建部住房改革发展司副处长屈丹峰率住建部干部周转房调研组赴昌都调研，并召开座谈会。副市长胡登孚主持会议。市公安局、市教育局、市卫生健康委，卡若区政府汇报干部周转房相关情况。

同日 昌都报社、市中级人民法院、市应急管理局等单位在卡若区城关镇达吉街居委会开展“崇德尚礼 唱响文明”志愿服务活动。志愿者向社区群众讲解创建文明知识以及创建文明城市对居民生活及经济社会和谐发展的现实意义，教育引导社区居民积极参与创建文明社区、文明城市、文明社会。此次活动共发放创建全国文明城市知识问答宣传单和《中华人民共和国宪法》《中华人民共和国劳动合同法》等资料300余份，标有“法治千里行”的雨伞、纸杯、笔袋等奖品300余份。

12月

1日 昌都市卡若区召开主城区违章建筑集中整治工作动员会议。市委副书记、市长陈军作动员讲话。他要求，全市各级各部门和广大干部群众要切实增强做好违章建筑集中整治工作的责任感和使命感，主动参与、积极支持、全力配合，坚决做好整治工作。要咬定目标、坚定信心，再强化舆论宣传、再深化调查摸底、再细化工作方法，坚决打赢打好违章建筑集中整治攻坚战。要加强组织领导、坚持部门联动、严肃工作纪律、全力支持配合、建立长效机制，确保违章建筑集中整治工作顺利推进。市人大常委会主任贡秋江村主持。市委常委、政法委书记张文生对《昌都市卡若区主城区违章建筑整治方案》有关情况作说明。副市长旺堆，市政协副主席赤来，市中级人民法院党组书记、院长扎西江平出席。整治工作领导小组成员单位、相关单位、县（区）负责人参加会议。

同日 市政府召开2019年度第十三次常务会议，传达学习习近平总书记系列重要讲话精神，研究审议相关议题。市委副书记、常务副市长杨灏传达学习加快建设幸福美好新甘肃——习近平总书记甘肃考察重要讲话引发热烈反响会议。副市长旺堆、欧珠达瓦分别传达学习习近平在参加首都义务植树活动时强调：发扬中华民族爱树植树护树好传统，推动国土绿化取得实实在在的成效；习近平总书记在河南考察时的重要讲话。市委副书记、市长陈军主持并强调，各级各相关部门要继续深入贯彻落实习近平生态文明思想，深刻认识昌都生态环境保护工作的重要性、紧迫性、长期性，准确把握新形势、解决新问题、完成新任务，保持定力、久久为功，以实际工作成果回应广大群众热切期盼，推动全市生态环境保护工作再上新台阶。再强化制度意识，带头维护制度权威，严格遵守和执行生态环境保护一系列制度，研究切合全市生态环保护工作实际的各类补偿机制。副市长卓嘎、胡登孚、赵明以及市直相关单位负责人就有关议题提出意见和建议。

2日　昌都市第一期县处级领导干部学习贯彻中共十九届四中全会精神专题研讨班在市委党校开班。此次培训为期五天。市委副书记廖传锦出席开班仪式，他要求，全市各级各部门和广大党员干部要结合“不忘初心、牢记使命”主题教育，以中共十九届四中全会的鲜明主题把舵定向，提高政治站位抓学习、广泛深入宣传抓教育、注重结合实际推工作；迅速掀起学习宣传贯彻落实中共十九届四中全会精神热潮，引导各族干部群众把思想和行动统一到全会精神上来；要把智慧和力量聚到实现全会确定的各项目标任务上来，毫不动摇坚持和巩固中国特色社会主义制度，与时俱进完善和发展中国特色社会主义制度，充分发挥中国特色社会主义制度优越性，为新时代推进治理体系和治理能力现代化、全市长足发展和长治久安提供坚强思想保证。

同日　市委组织部、市司法局、市普法办联合举办以“弘扬宪法精神 树立宪法权威”为主题的宪法讲座。市委党校高级讲师梁长海授课。

3日　市政府党组召开“不忘初心、牢记使命”专题民主生活会。会议书面通报此次专题民主生活征求意见建议情况。市委副书记、市长陈军主持并代表市政府党组班子作检视剖析，开展自我检视剖析。他强调，市政府党组班子一要带头全面加强政治建设，更加坚决做到“两个维护”，在思想上政治上行动上始终同以习近平同志为核心的党中央保持高度一致，不折不扣地贯彻落实党的路线方针政策和党的治藏方略，确保政令畅通、令行禁止。二要带头强化党的理论学习，不断提高工作能力和水平。三要带头践行党的根本宗旨，切实保障和增进民生福祉。四要带头履职尽责担当作为，推动经济高质量绿色发展。五要带头保持清廉政治本色，牢固树立清正廉洁的形象。六要带头发扬自我革命精神，强力推进问题的整改落实。市委副书记、常务副市长魏东、杨灏，市委常委、常务副市长、市新区管委会党组书记梅方权，副市长卓嘎、旺堆、欧珠达瓦、高学文、胡登孚、赵明，秘书长贾新雨作个人检视剖析，开展批评和自我批评。区党委主题教育第五巡回指导组组长熊刚毅作点评，副组长加措和指导组成员曲邵东、王全宪出席。市政府秘书长班子、“两代表一委员”以及基层群众代表列席会议。

同日　市委网信办、市脱贫攻坚指挥部主办的昌都市2019年网络扶贫手机捐赠公益项目启动仪式在察雅县澜沧江广场举行。该项目已向贫困农牧民捐赠1278部网络扶贫手机。

4日　市委宣传部召开部务会班子“不忘初心、牢记使命”专题民主生活会。市委常委、宣传部部长赵建国主持并讲话。市委宣传部部务会班子成员作检视剖析，其他成员开展批评并提出意见建议。

同日　市委组织部（编办、市强基办）召开“不忘初心、牢记使命”领导班子专题民主生活会，通报2018年度民主生活会整改措施落实情况和此次民主生活会会前准备情况。市委常委、组织部部长李斌主持并代表部机关、市强基办领导班子聚焦“六个对照”“六个找一找”的要求，对照中央提出的18个是否和自治区提出的五个是否，从五个方面作深刻检视剖析，分析问题成因、提出持续深化理论学习、持续强化信念教育等整改措施。班子成员对照检视，开展批评与自我批评。

同日 第六个国家宪法日，市委宣传部、市司法局、市普法办组织开展以“弘扬宪法精神，建设法治昌都，推进国家治理体系和治理能力现代化”为主题的宪法宣传周集中宣传活动。79家市（中、区）直单位分别在解放广场、茶马广场、津昌体育广场等地设立集中宣传点。活动共设宣传咨询点94处，发放宣传资料9万多份，LED显示屏滚动播出260余次，摆放宣传展板82块，解答咨询135次，现场提供法律服务18件。

5日 市委常委班子召开“不忘初心、牢记使命”专题民主生活会。会议通报市委常委班子及其成员在主题教育中征求意见和建议的情况。阿布代表市委常委班子作检视剖析和作个人检视剖析。其他常委逐一检视剖析，开展批评与自我批评。市委书记阿布主持并作总结讲话。他要求，一要持续夯实“两个维护”的思想根基。二要持续提升干事创业担当的履职本领。三要持续整改落实检视发现问题的不足。四要持续推动主题教育成果的转化运用。自治区党委主题教育第五巡回指导组组长熊刚毅作点评讲话；自治区党委主题教育第五巡回指导组副组长加措和其他成员到会指导。

同日 第34个国际志愿者日。团市委志愿服务站联合市藏医院志愿服务站，组织10名青年志愿者在市特殊教育学校开展以“爱心助残 情暖昌都”为主题的志愿服务活动。4名藏医院医生为80名特校师生体检，并发放处方药品共计5000余元。此次活动共发放5650元的爱心物资，包括105顶冬季帽子和40个团市委制作的宣传社会主义核心价值观的文创产品。截至4日，全市利用全国志愿服务信息系统登记注册志愿者40430人（其中实名注册志愿者3771人）、志愿服务团体267个，实施志愿服务项目1800个，志愿者累计服务时长289631小时。

6日 昌都市与由天津市人民政府合作交流办公室党组书记、主任张庆恩率队的天津扶贫协助和支援合作工作领导小组座谈，探讨研究对口援藏事宜，进一步加强津昌两地交流合作。市委副书记、市长陈军主持并讲话。市委副书记、常务副市长杨灏作补充汇报；市政协副主席、发展改革委党组书记杨瑛汇报天津市援助昌都工作情况。市直相关单位负责人参加会议。

同日 昌都市召开卡若香猪产业小组团工作推进会。分析卡若香猪的保种、扩繁、屠宰加工、冷链运输、保供销售等全产业链关键环节。市委副书记、常务副市长魏东主持并讲话。市直相关部门负责人、供销企业家代表以及卡若香猪产业小组团成员参加会议。

同日 昌都市第一届人民代表大会常务委员会举行第三十一次会议。会议应到常委会组成人员32人，实到27人，符合法定人数。会议审议通过市人大常委会主任会议关于提请审议《关于召开市一届人大七次会议的决定（草案）》的议案、关于提请审议《市一届人大七次会议主席团和秘书长建议名单（草案）》的议案、关于提请审议《市一届人大七次会议列席人员名单（草案）》的议案，听取和审议《市政府关于2018年度国有资产管理情况的综合报告》，审议通过《市人大常委会代表资格审查委员会关于市一届人大六次会议以来代表资格变动情况的审查报告》，讨论通过《市人大常委会工作报告（稿）》，表决通过一批人事任免事项。市人大常委会主任贡秋江村主持。市委常委、常务副市长，市新区管委会党组书记梅方权，市人大常委会副主任邓文昌、罗松益西、公嘎泽仁、齐飞、晏启初，副市长高学文，市中级人民法院党组书记、院长扎西江平出席。

6日至8日　福建省第九批援藏工作队、市新区管委会、市科技局、市人力资源社会保障局联合在闽昌众创空间举行科技企业特训营（一期）。邀请山东大学、青岛致远方略创业服务有限公司、青岛蓝海股权交易中心济南分中心等专家学者，分享如何寻找创业启动资金、创业企业如何3倍速增长、商业模式设计与以色列创新之道、产业互联网时代创新创业与企业商业模式升级等课程。

6日至8日　自治区文物安全目标责任制考评组组长、区消防救援总队防火部副部长扎西江措率队的考评组前往昌都市抽查芒康县、察雅县、卡若区，实地检查7个文物点，2个博物馆。8日，召开考评工作意见反馈会。市委副书记、常务副市长杨灏主持并讲话。他强调，各级各部门要提高政治站位，强化责任意识，切实承担起法律法规赋予的文物保护职责，坚持依法保护与科学保护相结合，切实提高对文物保护工作的认识；要梳理问题反馈，做到立行立改，针对此次考评过程中发现的隐患问题和薄弱环节，要督促相关职能部门限期整改，确保全市文物安全保护工作万无一失；要加大工作力度，巩固拓展成果，引导和调动社会力量广泛参与，逐步建立健全文物保护的长效机制，确保全市文物保护工作再上新台阶。市文化局负责人汇报文物安全目标责任制工作情况。

7日　市脱贫攻坚指挥部召开2019年第12次会议，传达学习中央通知精神，安排部署近期脱贫攻坚工作。副市长欧珠达瓦传达《国务院扶贫开发领导小组关于印发〈2019年脱贫攻坚成效考核工作方案〉的通知》主要精神。市委副书记、市长陈军主持并要求，全市各级各部门要聚焦脱真贫、真脱贫，聚焦“六个精准”、“五个一批”，聚焦突出问题整改，尽锐出战、合力攻坚。要全面掌握国家考核的要求、内容和特点，建立返贫监测预警机制，监测预警脱贫不稳定和边缘人口等，对返贫人口和新发生贫困人口及时提供帮扶。要紧盯脱贫措施质量高不高，问题整改成效实不实，建立稳定脱贫长效机制，促进贫困人口稳定脱贫和可持续增收情况，确保贫困人口脱贫的真实性、稳定性和可持续性。对发现的问题，对标对表、全面排查、查漏补缺，对完成整改的逐一销号，健全完善问题整改台账，梳理汇总相关材料，及时更新问题整改内容数据，对于需长期整改的要有完成整改的时限、目标、措施，切实做到事事有回音、件件有着落。市委副书记、常务副市长魏东、杨灏，副市长胡登孚、赵明以及市脱贫攻坚指挥部相关成员单位参加会议。

同日　昌都市在茶马广场举行2019年就业创业补贴资金兑现仪式，为符合条件的25家企（事）业单位和60名高校毕业生发放就业创业补贴资金共504.34万元。副市长胡登孚致辞。全市共实现城镇新增就业5006人，其中高校毕业生就业2815人，全市高校毕业生就业率达到98.02%。

8日　福建省第九批援藏工作队以视频会议形式举办第二期福建援藏大讲堂。市委副书记、常务副市长魏东主持，市政协副主席图嘎为援藏队员作“西藏昌都历史文化发展史略”专题讲座。

9日　市食品安全委员会召开第二次全体会议。副市长胡登孚讲话。市市场监管局负责人汇报全市食品安全联系行动工作开展情况。

10日　市委书记阿布同新任职干部进行集体谈话。他要求，一要旗帜鲜明讲政治。二要干事创业敢担当。三要齐心协力讲团结。四要清正廉洁做表率。市委常委、纪委书记、监察委员会主任郑连武作廉政讲话。市委常委、组织部部长李斌主持并宣读区党委、市委干部任免职决定。

同日 昌都市在康巴文化演艺推介展示中心召开2019年昌都市民族团结进步暨“遵行四条标准争做先进僧尼”教育实践活动表彰大会。表彰20个民族团结进步模范集体、30名民族团结进步模范个人，48座模范寺庙、4271名优秀僧尼、48个先进寺管会、48名优秀驻寺干部。市委书记阿布要求，一要立足着眼点、着力点，构筑中华民族共同体意识，不断开创新时代昌都民族团结进步事业新局面。二要坚持“导”字方针，持续加强和创新寺庙管理，积极促进宗教与社会主义社会相适应。三要加强党的全面领导，认真履职尽责主动担当作为，提升新时代做好民族宗教工作的能力水平。市委副书记、市长陈军主持。市委副书记廖传锦宣读表彰决定。在主席台前排就座的领导为获奖代表颁奖；获奖集体和个人代表作交流发言。市委副书记、常务副市长魏东、杨灏，市委常委、纪委书记、监察委员会主任郑连武，市委常委、常务副市长、市新区管委会党组书记梅方权，市委常委、宣传部部长赵建国，市委常委、组织部部长李斌，市委常委、政法委书记张文生，市委常委、统战部部长泽仁俊美；市人大常委会、市政府、市政协等市级领导出席。会议以电视电话形式召开至各乡（镇）。

同日 市政府召开2019年度第十四次常务会议，传达学习习近平总书记重要指示批示精神，安排部署工作。市委副书记、常务副市长魏东、杨灏分别传达学习中共中央政治局会议——分析研究2020年经济工作，研究部署党风廉政建设和反腐败工作；《求是》杂志发表习近平总书记重要文章《坚持、完善和发展中国特色社会主义国家制度和法律制度》。市委常委、常务副市长、市新区管委会党组书记梅方权传达学习《中华人民共和国宪法》第一章总纲、第二章公民的基本权利和义务。副市长欧珠达瓦传达学习中共中央全面依法治国委员会第二次会议精神。市政府秘书长贾新雨传达学习法治政府建设与责任落实督察工作规定。市委副书记、市长陈军主持并要求，各级各部门要把《方案》作为实施乡村振兴战略的重要抓手，因地制宜、分类施策，确保各项重点任务及时落地见效。要深刻认识实施乡村振兴战略的重大意义，压实责任，高度重视，完善规划，把规划与现行政策结合起来，把推动乡村振兴作为重要职责，认真做好专项推进、重点攻关等工作，要吃透政策，认真领会上级精神，积极争取并用好国家、自治区各项惠农政策，以政策扶持带动乡村产业发展。市政协副主席、发展改革委党组书记杨瑛出席会议。

11日 市藏医院成功创建三甲。6月4日至5日自治区藏医药管理局组织专家督导和预评审；10月14日至17日自治区藏医药管理局组织督导组和区内外21名专家现场评审。经自治区卫生健康委员会2019年第16次委会务研究同意并报国家中医药管理局备案。

12日 市委书记阿布主持召开市委常委会会议，传达学习中央政治局第十九次集体学习会议精神；听取昌都市第一届人民代表大会第七次会议和政协第一届昌都市委员会第七次全体会议筹备工作汇报，昌都市2019年第三批贫困人口脱贫退出暨省级党委政府脱贫攻坚考核迎检情况汇报等；研究市纪委监委关于《昌都市落实〈西藏自治区纪委监委关于对昌都市政治生态及昌都市纪委监委工作开展情况的调研报告〉整改落实任务分解方案》等相关工作。他要求，各级各部门要深刻认识应急管理是国家治理体系和治理能力的重要组成部分，以强烈的政治担当、历史担当、责任担当，紧密结合昌都各类自然灾害频发多发和公共安全领域的风险隐患，切实压紧压实应急管理责任，持续提升应急管理能力，深入细致开展隐患排查，建立完善应急管理体制机制，不断推进应急管理体系和应急能力现代化，有效防范化解重大安全风险，主动应对处置各类灾害事故，切实保护人民群众生命财产安全，坚决维护社会稳定，为推进新时代昌都长足发展和长治久安提供良好的社会环境。市委副书记、市长陈军，市委副书记廖传锦，市委副书记、常务副市长魏东、杨灏，市委常委、纪委书记、监察委员会主任郑连武，市委常委、常务副市长、市新区管委会党组书记梅方权，市委常委、组织部部长李斌，市委常委、统战部部长泽仁俊美出席，市人大常委会、市政府、市政协等市级领导以及相关单位负责人参加。会议以电视电话形式召开至各县（区）。

同日　市委副书记廖传锦前往市康巴文化艺术团，审查市“三区人才”声乐培训结业汇报和2020年元旦新年音乐会节目，慰问广大演职人员。他要求，广大文艺工作者要坚持“三贴近”原则，充分展示全市科学发展、和谐稳定、民生改善、民族团结、生态文明、边疆稳固的大好局面；在内容上，要充分体现地域特色、藏民族特色、先进文化特色，充分体现群众性、联欢性、趣味性、娱乐性；在形式上，不追求声光电、大场面，多在思想性、艺术性和观赏性上下功夫，既要大胆突破创新，又要保留传统节目，凸显极具地域特色的原生态节目，切实做到灵活多样，干部群众喜闻乐见。元旦即将来临，编排音乐会时间紧、任务重、标准高、程序多，主创和演职人员要全身心投入到整台晚会的编排工作中，听从指挥、服务大局、凝聚力量，使编排的节目连贯协调、精益求精、尽善尽美，确保现场演出效果；各参与单位要分工负责，密切配合，尽快落实人员、场地、经费、设备等事项，确保晚会筹备各项工作顺利进行；要严格按照中央、自治区关于节俭办晚会的要求，坚持精打细算、厉行节约。

13日　昌都市组织各单位志愿者集中开展环境卫生综合整治志愿服务活动，先后清扫启齿街、天津广场、三江大道等地。市委书记阿布，市委副书记、市长陈军等市级领导身着红色文明志愿服务与各单位志愿者一起带着扫帚、簸箕，开始清理街道上的垃圾杂物。阿布边扫边与周边居民、店铺老板交谈，引导他们要做到人人讲文明、改陋习、爱清洁，增强爱护环境的意识，为创建国家卫生城市做出贡献；要落实“门前三包”责任制，并呼吁他们积极参与到环境卫生整治活动中来，共同建设干净美丽昌都。

同日　福建省第九批援藏队市直队员聚集在昌都驻地的会议室，聆听福建省委党校教授陈新的坚持和完善中国特色社会主义基本经济制度——学习贯彻中共十九届四中全会精神专题讲座。陈新教授从中国特色社会主义基本经济制度的演进、成功经验、持续完善等三个方面深度剖析，全面阐述全国基本经济制度的改革路径、科学内涵。

13日至14日　西藏字节跳动信息科技有限公司相关团队受福建省第九批援藏队邀请来到昌都，为福建援藏队员以及市委宣传部、市委网信办、市旅游发展局、市文化局、昌都报、昌都电视台等干部职工，分别做输送力量传递真实、藏东明珠遇见昌都新媒体专题辅导讲座，指导如何运用抖音、今日头条等新媒体平台打造全新舆论宣传阵地。

14日　自治区党委网信办副主任王月海率督查组前往类乌齐县、芒康县和卡若区督查宣传思想文化工作，并听取昌都市宣传思想文化工作汇报。市委副书记廖传锦主持并要求，全市各相关部门要以此次督查为契机，确保把会议精神传达给全市宣传思想文化战线每一名干部职工，切实把思想和行动统一到自治区关于宣传思想文化工作部署上来，结合工作实际，制定具体的贯彻落实措施；要列出问题清单、制定工作台账，细化目标任务、明确时间节点，把责任分解到人，落实到具体岗位上，确保各项工作常抓不懈、取得实效；要增强执行力度，守好宣传思想文化的“主阵地”和“责任田”，不断提升工作能力和水平，为全市经济建设和社会发展提供坚实的思想保障和健康的文化环境。会前，督察组检查全市市委理论学习中心组学习情况，“四讲四爱”群众教育实践活动落实情况，全市各级党委（党组）意识形态责任制落实情况等相关资料。

同日 福建省教育、检察系统援藏干部人才总结表彰大会在市教育局举行。市委副书记、常务副市长魏东参加颁奖并讲话。2018年秋季，福建省选派20名优秀教师，对口支援昌都市左贡、八宿、洛隆、边坝4个县中学。一年半以来，共有111人次受到各级表彰，收获社会各界赠送的9面锦旗。通过实施“青蓝工程”，援藏教师与91名当地青年教师开展结对帮扶。邹方云老师在昌都市第三届初中发展联盟活动中，给全市上公开课，为全市30名物理教师作专题报告；江伙忠老师、刘岷晶老师悉心指导语文组2名青年教师，帮助备战西藏自治区语文学科教学技能大赛，2人均获二等奖。4名援藏检察官，分别对口援助昌都、八宿、左贡3个检察院。在藏半年，他们帮助联系落实福建三级检察院对口援助昌都两级五院资金370万元；帮助修订检察官绩效、书记员管理、检察委员会议事规则等政策性文件，推动昌都检察工作制度化、规范化。

同日 副市长胡登孚率队前往八宿县检查指导工作，并看望吉达乡中心小学、吉达乡大骨节异地育人幼儿园教师。在吉达乡中心小学（大骨节异地育人幼儿园）“三区三州”项目施工现场，实地查看项目规划建设、设施配套建设情况，听取项目负责人汇报项目施工进度。在座谈会上，详细询问教师的生活和工作情况。

15日 市政府召开2019年度第十五次常务会议，传达学习中央经济工作会议精神，研究贯彻意见，并研究《关于落实全区〈关于加快推进高原特色农牧业产业发展及品牌建设的意见〉的实施方案》《中共昌都市人民政府党组“不忘初心、牢记使命”主题教育各类检视问题整改情况报告》。市委副书记、常务副市长魏东主持并讲话，市委副书记、常务副市长杨灏，市委常委、常务副市长、市新区管委会党组书记梅方权，副市长欧珠达瓦等市领导出席。

17日 市经信局机关党支部牵头组织6家重点监管企业及4家通信企业在实验小学开展“结对共建进校园·情暖寒冬献爱心”主题党日活动。参观校史陈列馆，详细了解实验小学的建校办校历程。并为60名贫困学生捐赠价值1.8万元的生活及学习用品。

18日 市委书记阿布主持召开专题会议，听取各创建小组工作开展情况汇报，对更好更快更高效推动“七城同创”各项工作进行再安排再部署。他要求，全市各级各部门一要正确判断当前的形势，咬定目标不放松。二要集中力量，精准发力。三要形成合力，攻坚拔寨。四要明确目标，抓好落实。市委副书记、常务副市长魏东、杨灏，市委常委、江达县委书记黎世江，市委常委、纪委书记、监察委员会主任郑连武，市委常委、常务副市长、市新区管委会党组书记梅方权，市委常委、组织部部长李斌，市人大常委会主任贡秋江村，副市长欧珠达瓦、胡登孚出席。

同日 自治区消防救援总队防火部副部长扎西江措率第五考核巡查组前往芒康县、察雅县、贡觉县、卡若区以及相关企业考核安全生产和消防工作。昌都市召开安全生产和消防工作汇报会。市委副书记、常务副市长杨灏主持并要求，全市各级各部门要认真分析问题，抓好整改落实；要加强重点领域隐患排查，实施企业全员排查、落实行业专业排查、强化区县综合排查，做到全覆盖、无死角；要全面严格执法，挂牌督办一批重大隐患、严惩一批违法行为、曝光一批典型案例，扎实开展安全大执法；要认真听取考核巡查组意见，全面落实考核巡查组要求，进一步改进全市安全生产和消防工作，确保全市社会大局平稳向好。副市长高学文汇报全市2019年度安全生产和消防工作开展情况。

同日 昌都市开通卡若区至日通乡5路公交车（试运营）。单程40公里，每日两班，早上8：30和15：00。途经市人民医院、水上广场、藏医院、如意村村口等31个停靠站点。

19日 昌都市在康巴文化演艺推介展示中心召开教育大会，传达全国、全区教育大会精神。市委书记阿布要求，一要把牢方向、立德树人，努力培养德智体美劳全面发展的社会主义建设者和接班人。二要夯实基础、建强队伍，不断增强广大教师的事业心和责任感。三要补齐短板、多点发力，积极破除制约教育事业发展的体制机制障碍。四要围绕中心、服务大局，不断提升教育服务经济社会发展的能力。五要落实责任、形成合力，全面加强党对教育工作的领导。市委常委、常务副市长魏东主持并要求，要强化党的领导，把牢政治“根本”；要强化均等发展，建强质量“核心”；要强化队伍建设，抓实师资“关键”；要强化统筹推进，突出育人“宗旨”；要强化认知共识，形成合力“格局”。市委副书记、常务副市长杨灏宣读《中共昌都市委昌都市人民政府关于表彰全市教育工作先进集体和先进教育工作者的决定》，表彰全市3个教育工作先进县，3个教育工作进步县，5个教育工作先进单位，25个教育工作先进学校，100名先进教育工作者。在主席台前排就座的领导为获奖代表颁奖。教育工作先进县代表、先进教育工作者代表作交流发言。市委常委、江达县委书记黎世江，市委常委、纪委书记、监察委员会主任郑连武，市委常委、常务副市长、市新区管委会党组书记梅方权，市委常委、组织部部长李斌，市人大常委会、市政府、市政协等市级领导出席。会议以电视电话形式召开至各县（区）。

同日 市政协副主席图嘎、赤来、张宏军、多嘉、扎西次仁到驻地看望慰问市政协委员，勉励委员们围绕市委、市政府中心工作和人民群众普遍关心的热点难点问题，谏真言、谋良策、出实招。

20日 昌都市领导与宗教界人士共迎新年座谈会召开。阿布等市领导向在座的宗教界人士敬献哈达，向获得“爱国爱教遵规守法”寺庙代表授予流动红旗。市人大常委会主任贡秋江村主持。4名宗教界人士代表作述职述责发言。

同日 市人大常委会主任贡秋江村，市人大常委会副主任罗松益西、公嘎泽仁、陈启亮、晏启初到驻地看望市人大代表，勉励代表们以饱满的精神状态，认真履行好代表职责。

21日 市人大常委会主任贡秋江村主持召开市一届人大七次会议预备会议。会议应到代表258名，因事因病请假35名，实到223名，符合法定人数。会议表决通过市一届人大七次会议议程草案，选举大会主席团和秘书长；会议选举门娜等42名代表为大会主席团成员，选举邓文昌代表为大会秘书长。会后，贡秋江村主持召开大会主席团第一次会议。会议应到主席团成员42人，因事因病请假5人，实到37人，符合法定人数。会议听取关于设立市一届人大社会建设委员会的决定草案的说明并决定将决定草案交各代表团审议，推选大会主席团常务主席、大会全体会议执行主席，决定大会日程、大会副秘书长、大会表决议案办法、代表提出议案截止日期等。会议推选市委书记阿布，市委副书记廖传锦、市人大常委会主任贡秋江村，市委常委、芒康县委书记齐应海，市委常委、江达县委书记黎世江，市委常委、宣传部部长赵建国，市委常委、组织部部长李斌，市委常委、政法委书记张文生，市人大常委会副主任邓文昌、罗松益西、公嘎泽仁、齐飞、叶国荣、陈启亮、晏启初代表为大会主席团常务主席。

同日 中国人民政治协商会议第一届昌都市委员会第七次会议在康巴文化演艺推介展示中心开幕。会议应到委员230人，实到185人，符合《中国人民政治协商会议》规定。市政协副主席张宏军主持。市政协副主席图嘎代表中国人民政治协商会议第一届昌都市委员会常务委员会向大会作工作报告。市政协副主席赤来代表政协昌都市第一届委员会常务委员会向大会作一届六次会议以来提案工作情况报告。市委书记阿布，市委副书记、市长陈军出席。市委副书记廖传锦，市委副书记、常务副市长魏东、杨灏，市人大常委会主任贡秋江村，市委常委、芒康县委书记齐应海，市委常委、江达县委书记黎世江，市委常委、纪委书记、监察委员会主任郑连武，市委常委、常务副市长、市新区管委会党组书记梅方权，市委常委、组织部部长李斌，市人大常委会副主任邓文昌、罗松益西、公嘎泽仁、叶国荣、陈启亮、晏启初，副市长欧珠达瓦、胡登孚、赵明，市中级人民法院党组书记、院长扎西江平，市检察院党组书记、检察长贺建军，退休老干部布土丁等在主席台就座。应邀列席本次会议的有在昌的全国政协委员、自治区政协委员，不是市政协委员的县（区）统战部部长，市（中、区）直单位主要负责人。

21日至22日 参加政协第一届昌都市委员会第七次会议的委员们围绕政府工作报告、政协常委会工作报告和提案工作情况报告展开分组讨论。市委副书记廖传锦，市委副书记、常务副市长魏东、杨灏等市委、市人大常委会、市政协领导分别参加讨论。

同日 天津第九批援藏工作队临时党委在天津广场组织开展“重温入党誓词”主题党日活动。市委副书记、常务副市长杨灏讲话，全体援藏队员要进一步提高政治站位，树牢“四个意识”，坚定“四个自信”，坚决做到“两个维护”。要振奋精神，明年援藏工作再出新成绩，不辜负组织信任和津昌人民的重托。

22日 昌都市第一届人民代表大会第七次会议在康巴文化演艺推介展示中心开幕。本次大会应到代表258名，实到代表216名，符合法定人数。大会主席团常务主席、市一届人大常委会主任贡秋江村主持大会。市委副书记、市长陈军作《政府工作报告》，报告共分两个部分：一是2019年工作回顾；二是2020年工作安排。大会审查昌都市2019年国民经济和社会发展计划执行情况与2020年国民经济和社会发展计划（草案）的报告；审查昌都市2019年财政预算执行情况与2020年财政预算（草案）的报告；表决关于设立昌都市一届人大社会建设委员会的决定（草案）。市委书记、大会主席团常务主席阿布，市委副书记廖传锦，市委副书记、常务副市长魏东、杨灏，市委常委、芒康县委书记齐应海，市委常委、江达县委书记黎世江，市委常委、纪委书记、监察委员会主任郑连武，市委常委、常务副市长、市新区管委会党组书记梅方权，市委常委、组织部部长李斌以及大会主席团成员，市政协副主席图嘎、赤来、张宏军、多嘉、扎西次仁、泽仁顿珠，副市长欧珠达瓦，市政协副主席、发展改革委党组书记杨瑛，市政协副主席、察雅县委书记任厚明，市中级人民法院党组书记、院长扎西江平，市人民检察院党组书记、检察长贺建军在主席台就座。出席市政协一届七次会议的政协委员，不是市人大代表的在昌全国人大代表、部分自治区十一届人大代表，不是市人大代表的市委各部委、市政府组成部门负责人、市直工作部门和事业单位负责人、市人民团体负责人，不是市人大代表的县（区）委书记、县（区）监察委主任、各县（区）人民法院院长、人民检察院检察长，不是市人大代表的中央、自治区在昌单位和企业负责人、部分市属国有企业、外来投资企业和非公有制企业负责人，不是市人大代表的驻昌部队负责人列席开幕会。

同日 市委书记阿布参加市一届人大七次会议丁青、八宿两县代表团会议，共同审议政府工作报告、经济社会发展计划报告、财政预算报告。阿布认真听取代表们发言，并与代表们交流。市委副书记廖传锦，市委常委、纪委书记、监察委员会主任郑连武，市人大常委会副主任公嘎泽仁、晏启初，副市长胡登孚分别参加。

同日 市委书记阿布来到政协第一届昌都市委员会第七次会议教育、妇联、工会共青团、科学技术、社会福利和社会保障、医药卫生、文艺体育、新闻出版界委员小组讨论会场，看望政协委员并参加小组讨论。他要求，政协委员社会各阶层、各组织、各党派、各民主团体、各行各业一线的工作者，反映的都是老百姓最直接最现实最关心的问题。一要始终坚持以习近平新时代中国特色社会主义思想为指导，进一步增强“四个意识”，坚定“四个自信”，做到“两个维护”。二要切实履行职责，发挥政协组织参政议政作用，围绕脱贫攻坚、民生改善、社会稳定、经济发展、乡村振兴等中心任务，做好调研、视察、议政等专题活动，积极建言献策，更好地发挥专门协商机构作用。三要发挥政协桥梁纽带作用，要在其位、谋其政、负其责、尽其力。深入基层群众，搞好调查研究，了解基层群众思想意愿、倾听群众呼声，及时反映群众的意见和要求。四要加强党对政协工作的领导，按照习近平总书记“有事多商量、遇事多商量、做事多商量”的要求，进一步增强做好人民政协工作的政治自觉、思想自觉、行动自觉，切实加强思想政治引领、努力寻求最大公约数、画出最大同心圆，不断提高政治协商、民主监督、参政议政水平。市委副书记廖传锦，市政协副主席图嘎，市政协副主席、发展改革委党组书记杨瑛，市政协副主席、察雅县委书记任厚明参加讨论。

同日 市委副书记、市长陈军到市政协一届七次会议农业、经济界第五组委员讨论会场，看望政协委员并参加小组讨论。陈军与大家一起讨论，一一回应教育、医疗、就业等民生事项。他强调，全市各级各部门一要牢固树立以人民为中心的发展思想。二要坚决打赢脱贫攻坚。三要大力实施乡村振兴战略。四要加快产业发展。市委副书记、常务副市长杨灏，市委常委、芒康县委书记齐应海，市政协副主席赤来参加讨论。

同日 市委副书记、市长陈军主持召开脱贫攻坚指挥部2019年第13次会议，安排部署中央脱贫攻坚专项巡视“回头看”和省际党委政府脱贫攻坚成效考核迎检等相关工作。研究讨论市财政局《关于2020年脱贫攻坚统筹整合资金分配方案的请示》。他要求，全市各级各部门要把做好迎检准备作为检验“四个意识”强不强、“四个自信”坚定不坚定的试金石。高度重视，扎实做好迎检各项准备工作，确保以过硬的脱贫攻坚质量成效，接受中央巡视组和省际交叉考核组的实地检验。要强化组织、细化措施、加强保障、查漏补缺。要把好时间节点，倒排工期，突出重点问题和关键环节，抓好落实；要组织人员制定迎检服务保障工作方案，把问题想在前、工作做在前，周密部署，制订预案，狠抓落实，确定好联络人员，做好“一对一”服务，实现无缝对接，不留盲区，做到调度有方、有条不紊，确保交叉考核组完成考核。市脱贫攻坚办、市发展改革委、市财政局等相关单位负责人参加会议。

22日至23日 市委副书记、市长陈军分别参加昌都市一届人大七次会议类乌齐、贡觉两县代表团的分组审议，并作发言。陈军与代表们交流讨论，要求类乌齐、贡觉两县县委、县政府要按照市委、市政府的部署，特别是政府工作报告提出的各项工作任务，认真谋划做好2020年经济社会发展各项工作。一要始终坚持稳中求进、进中向好工作总基调，按照自治区党委、政府以及市委、市政府的工作部署要求，全面提升县域经济均衡发展水平。二要补短板，强弱项，始终把改善民生、凝聚人心作为工作的出发点和落脚点，继续投入大量人力物力财力，着力补齐教育、卫生、文化、社会保障等重点民生领域基础设施短板，不断推动服务水平明显提升，确保广大农牧民群众享受到更多更好更公平的改革发展成果。三要加强产业建设，走绿色发展之路，加快推进类乌齐县菱镁矿深加工项目，提高产品附加值，积极推进绿色矿业发展；要充分发挥区位交通和人文景观优势，大力发展绿色旅游业。同时，要牢固树立“绿水青山就是金山银山，冰天雪地也是金山银山”的理念，保护好青山绿水，推动生态环境保护工作再上新台阶。市委常委、政法委书记张文生，市人大常委会副主任齐飞、叶国荣，市中级人民法院党组书记、院长扎西江平等分别参加类乌齐、贡觉两县代表团分组审议。

23日 昌都市及四大班子召开“不忘初心、牢记使命”主题教育情况通报暨测评会，向广大党员、干部、群众及社会各界人士代表通报全市及四大班子主题教育开展情况和取得成效，并进行满意度测评。市委书记阿布要求，一要提高政治站位，认真组织开展评估。二要坚持实事求是，确保评估结果真实。三要抓好收尾工作，持之以恒抓好抓实。市委副书记、市长陈军主持。市委副书记廖传锦通报昌都市及四大班子“不忘初心、牢记使命”主题教育开展情况和取得成效。自治区党委主题教育第五巡回指导组组长、区党委党校（行政学院）常务副校长（常务副院长）熊刚毅，自治区党委主题教育第五巡回指导组副组长、区人大机关党组成员、区纪委监委驻区人大机关纪检监察组组长加措到会指导。市委副书记、常务副市长魏东、杨灏，市委常委、芒康县委书记齐应海，市委常委、江达县委书记黎世江，市委常委、纪委书记、监察委员会主任郑连武，市委常委、常务副市长、新区管委会党组书记梅方权，市委常委、组织部部长李斌，市委常委、政法委书记张文生，市人大常委会、市政府、市政协等市级领导参加会议。市直单位党政负责人，市人大专委会、市人大常委会工作委员会负责人，市委主题教育巡回指导组代表，在昌都的中共十九大代表，自治区、市、县级基层一线“两代表一委员”代表、党员和群众代表等参加测评。

同日 昌都市第一届人民代表大会第七次会议举行第二、三次全体会议，听取市人大常委会工作报告、法院工作报告和检察院工作报告。会议应到代表258人，实到217人，符合法定人数。市人大常委会主任贡秋江村作市人大常委会工作报告，市中级人民法院党组书记、院长扎西江平作法院工作报告，市人民检察院党组书记、检察长贺建军作检察院工作报告。第二次全体会议由大会主席团常务主席、执行主席邓文昌主持，第三次全体会议由大会主席团常务主席、市人大常委会副主任罗松益西主持。大会主席团常务主席、市委书记阿布，市委副书记、市长陈军，市委副书记廖传锦，市委副书记、常务副市长魏东、杨灏等市级领导和大会主席团成员在主席台就座。市人大常委会、市政府、市政协、昌都军分区、强巴林寺管委会等单位领导出席。不是市人大代表的市政府组成人员，出席市政协一届六次会议的委员，在昌的自治区人大代表、市有关部门和县（区）人大、政府负责人以及市（中、区）直有关单位和企事业负责人、民营企业代表列席。

同日 政协第一届昌都市委员会常务委员会第二十一次会议召开。会议以举手表决的方式，审议通过中国人民政治协商会议第一届昌都市委员会常务委员会第二十一次会议议程，政协第一届昌都市委员会秘书长、常务委员候选人名单，《选举办法》，总监票人、监票人名单，政协第一届昌都市委员会常务委员会工作报告的决议，政协第一届昌都市委员会常务委员会关于一届六次会议以来提案工作情况报告的决议，政协第一届昌都市委员会第七次会议政治决议，政协第一届昌都市委员会第七次会议提案审查情况报告；市委组织部作有关人事事项情况的说明及各小组讨论情况。市政协副主席图嘎主持，市政协副主席赤来、张宏军、多嘉、扎西次仁，市政协副主席、发展改革委党组书记杨瑛，市政协副主席、察雅县委书记任厚明及一届市政协常委出席会议。

24日 政协第一届昌都市委员会第七次会议举行选举大会，补选政协第一届昌都市委员会秘书长、常务委员。市政协副主席赤来主持。会议采取无记名投票和等额选举的办法进行。会议通过《中国人民政治协商会议第一届昌都市委员会第七次会议选举办法》《中国人民政治协商会议第一届昌都市委员会第七次会议总监票、监票人名单》。根据大会选举办法和计票结果，曲丁当选为政协第一届昌都市委员会秘书长，泽仁俊美当选为政协第一届昌都市委员会常务委员。市人大常委会副主任叶国荣，市政协副主席图嘎，张宏军、多嘉、扎西次仁，市政协副主席、发展改革委党组书记杨瑛，市政协副主席、察雅县委书记任厚明出席。

同日 市政协召开优秀提案、提案工作先进组织单位、提案办理先进单位和先进工作者表彰大会。市政协副主席扎西次仁主持。市政协副主席多嘉宣读《政协昌都市委员会关于表彰优秀提案、提案工作先进组织单位、提案办理先进单位和先进工作者的决定》，表彰5个提案工作先进组织单位、10个提案办理先进单位、15件优秀提案和10名提案办理先进工作者。主席台前排就座领导为获奖先进单位和个人代表颁奖，获奖代表作交流发言。市政协副主席图嘎、赤来、张宏军，市政协副主席、发展改革委党组书记杨瑛，市政协副主席、察雅县委书记任厚明，市政协秘书长曲丁出席会议。

同日 政协第一届昌都市委员会第七次会议圆满完成各项议程在康巴文化演艺推介展示中心胜利闭幕。会议审议通过《政协第一届昌都市委员会第七次会议关于常务委员会工作报告的决议》《政协第一届昌都市委员会第七次会议关于政协一届六次会议以来提案工作情况报告的决议》《政协第一届昌都市委员会第七次会议政治决议》《政协第一届昌都市委员会提案委员会关于政协一届七次会议提案审查情况的报告》。市政协副主席图嘎作闭幕讲话。市政协副主席杨瑛主持。市委副书记寥传锦，市委副书记、常务副市长魏东，市人大常委会主任贡秋江村，市委常委、江达县委书记黎世江，市委常委、纪委书记、监察委员会主任郑连武，市委常委、常务副市长、新区管委会党组书记梅方权，市委常委、组织部部长李斌，市委常委、政法委书记张文生，市人大常委会副主任邓文昌、罗松益西、公嘎泽仁、齐飞、叶国荣、陈启亮，副市长胡登孚，市中级人民法院党组书记、院长扎西江平出席大会，市政协副主席赤来、张宏军、多嘉、扎西次仁、任厚明，市政协秘书长曲丁在主席台前排就座。应邀列席此次会议的有在昌都的全国政协委员、自治区政协委员；不是市政协委员的县（区）统战部部长；以及市（中、区）直单位主要负责人。

25日 昌都市第一届人民代表大会第七次会议完成预定的各项议程，在康巴文化演艺推介展示中心举行闭幕会。此次大会应到人大代表258人，实到210人，符合法定人数。大会主席团常务主席贡秋江村主持闭幕会并讲话。会议表决通过关于政府工作报告的决议、关于昌都市2019年国民经济和社会发展计划执行情况与2020年国民经济和社会发展计划的决议、关于昌都市2019年财政预算执行情况与2020年财政预算的决议、关于昌都市人大常委会工作报告的决议、关于昌都市中级人民法院工作报告的决议、关于昌都市人民检察院工作报告的决议。市委副书记廖传锦，市委常委、江达县委书记黎世江，市委常委、纪委书记、监察委员会主任郑连武，市委常委、宣传部部长赵建国，市委常委、组织部部长李斌，市委常委、政法委书记张文生，市委常委、统战部部长泽仁俊美和大会主席团其他成员，副市长旺堆、胡登孚，市政协副主席图嘎、赤来、张宏军、多嘉、扎西次仁，市政协副主席、发展改革委党组书记杨瑛，市政协副主席、察雅县委书记任厚明，市人民法院党组书记、院长扎西江平，市人民检察院党组书记、检察长贺建军等市级领导在主席台就座。不是市人大代表的在昌都全国人大代表、自治区十一届人大代表，不是市人大代表的市委各部委、市政府组成部门负责人、市直工作部门和事业单位负责人、市人民团体负责人，不是市人大代表的县（区）委书记、县（区）监察委主任，各县（区）人民法院院长、人民检察院检察长，中央、自治区在昌单位和企业负责人；部分市属国有企业、外来投资企业和非公有制企业负责人，不是市人大代表的驻昌部队负责人列席。

同日 以“歌唱祖国”为主题的昌都市2020年新年音乐会在卡若区政府演艺中心上演。由市委宣传部主办，市文化局（文物局）承办，重庆民族乐团、卡若区人民政府协办。市委副书记廖传锦，市委常委、宣传部部长赵建国，市人大常委会副主任叶国荣出席。

26日 天津市委办援藏干部受天津市委办综合调研党总支的委托，前往八宿县拉根乡拉根村泽旺贡嘎和白玛拉姆家中，向他们转达和转交中央政治局委员、天津市委书记李毅等领导的问候以及天津市委办综合调研党总支15名党员的3000元“特殊党费”和慰问信，并详细了解他们的收入状况和生活情况。

27日 昌都市召开“四讲四爱”群众教育实践活动工作交流会。市委常委、宣传部部长赵建国讲话。市委宣传部有关负责人通报《昌都市2019年“四讲四爱”群众教育实践活动开展情况》，宣读《关于表彰全市理论宣讲先进典型的决定》；各县（区）、牵头单位代表、优秀宣讲员代表发言。

同日 昌都市举行融媒体建设发展座谈会，传达学习习近平总书记关于媒体融合发展的重要论述及自治区推进媒体融合发展和县级融媒体中心建设工作座谈会精神，研究部署全市媒体融合发展及县级融媒体中心建设工作。市委常委、宣传部部长赵建国主持。市委网信办负责人汇报全市网络宣传工作整体开展情况，昌都报社、昌都广播电视台就新媒体发展作交流发言。11个县（区）委宣传部部长参加会议。

同日 昌都市召开2019年度“先进双联户”创建活动表彰大会，表彰全市45个“先进双联户”创建活动先进集体，66个联户单位642户先进双联户，11名优秀气象信息员，41名“先进双联户”创建活动优秀工作者，20名优秀民生信息员。市委常委、政法委书记张文生讲话。市委常委、统战部部长泽仁俊美主持。副市长旺堆宣读《中共昌都市委员会 昌都市人民政府关于表彰2019年度“先进双联户”创建活动先进集体和个人的决定》。市人大常委会副主任叶国荣，市政协副主席赤来出席。各级各部门共举办户长培训3061场次，受训户长3.9万多人次；全市联户单位参与治安巡逻45.8万多人次，排查化解矛盾纠纷601起，排查整治社会治安重点地区1923处，消除各类安全隐患2369起，协助联管联教重点人员8941人次，搜集社情民意1.1万多条。

28日 团市委联合市总工会、市交警支队以及市邮管局在市图书馆开展“昌都市新兴群体青年交通安全知识竞赛”活动。活动由市邮政、申通、中通、圆通、宅急送、天天、百世、韵达、顺丰等九家快递公司青年代表参加。经过角逐，中通快递代表队荣获一等奖，宅急送、天天快递和韵达快递三个代表队荣获二等奖，圆通快递、顺丰快递以及百世快递代表队荣获三等奖。邮政快递、申通快递代表队荣获优秀奖。

同日 市图书馆举办2019年度阅读达人表彰暨数字体验活动。市图书馆工作人员宣读市图书馆阅读推广倡议书。此次活动分为阅读达人少儿组和成人组，选出冠军2名，亚军2名，季军3名，优秀奖6名，分别奖励500元、300元、200元和100元现金。文化系统、团市委、市一幼代表分别为一等奖、二等奖、三等奖和优秀奖获奖读者颁奖；市文化局（市文物局）负责人为图书馆“2019年度阅读推广最佳合作单位”团市委、市一幼颁奖。

30日 昌都市消防救援支队挂牌。市委副书记、常务副市长魏东，副市长高学文以及市消防救援支队有关负责人共同揭牌。2018年，根据中央改革部署，公安消防部队集体退出现役，成建制划归应急管理部，组建国家综合性消防救援队伍。2015年1月25日，昌都市举行消防救援支队迎旗授衔和换装仪式。

31日 市委机构编制委员会召开第2次会议。会议审议《关于设立交通运输等6个领域综合行政执法队的意见》《关于市纪委监委等50家单位所属事业单位机构编制调整的意见》。市委书记阿布主持并要求，各有关部门要提高政治站位，切实把思想和行动统一到党中央、区党委的部署要求上来；要坚决服从改革要求，组织好事业单位人员划转、工作交接、职责调整等具体工作，使涉改事业单位人员尽快运转起来，让有限的机构编制资源发挥最大的效益；要扛好政治责任，推动行政执法机构和事业单位改革落实落地；要严守政治规矩，以铁的纪律确保机构改革顺利实施。市委副书记、市长陈军，市委常委、组织部部长李斌出席。

同日 市委书记阿布主持召开一届市委第159次常委会会议，研究部署市委一届九次全会筹备工作等有关事宜。会议传达学习区党委领导对《中共昌都市委书记阿布同志关于落实寺庙管理责任制的专项述职报告》《中共昌都市委员会关于听取宗教界代表人士向市委述职述责和授予爱国爱教遵规守法寺庙流动红旗的情况报告》《昌都市成功告破贡觉县“10·11”命案的情况报告》《中共昌都市委员会关于扎实推进重大社会积案攻坚行动的情况报告》的批示精神；听取市委一届九次全会暨市委经济工作会议筹备情况汇报，决定2020年1月3日至4日召开市委一届九次全会暨市委经济工作会；研究《阿布书记在中国共产党昌都市第一届委员会第九次全体会议上的工作报告》《阿布书记在中国共产党昌都市第一届委员会第九次全体会议暨市委经济工作会议第一次全体会议上的讲话》《中共昌都市委员会贯彻落实〈中共中央关于坚持和完善中国特色社会主义制度、推进国家治理体系和治理能力现代化若干重大问题的决定〉的若干具体措施（谈论稿）》。阿布要求，全市各级各部门要更加自觉地把增强“四个意识”、坚定“四个自信”、做到“两个维护”体现在坚决贯彻落实党中央大政方针和区党委各项决策部署的行动上，体现在履职尽责、做好本职工作的成效上，体现在用党章党规规范日常言行上，在思想上政治上行动上始终同以习近平同志为核心的党中央保持高度一致，坚定不移贯彻、毫不迟疑执行、千方百计地落实区党委的决策部署，始终与党中央、区党委保持一个声音、一个步调、一个提法。市委副书记、市长陈军，市委副书记、常务副市长魏东、杨灏，市委常委、芒康县委书记齐应海，市委常委、江达县委书记黎世江，市委常委、纪委书记、监察委员会主任郑连武，市委常委、常务副市长、新区管委会党组书记梅方权，市委常委、宣传部部长赵建国，市委常委、组织部部长李斌，市委常委、政法委书记张文生，市委常委、统战部部长泽仁俊美分别出席昌都主会场或分会场会议。

同日 昌都市召开2019年度市（中、区）直单位党组（党委）书记，抓基层党建工作述职评议会。市委常委、组织部长李斌讲话。会议按照“现场述职、现场答问、现场点评、现场打分”的流程，市委宣传部、市教育局、市公安局等10家单位依次述职，述职既围绕党建全局工作，结合自身业务工作，突出亮点工作，又深刻查摆存在不足与问题，理清以后努力方向，达到讲履职不推责、讲成绩不夸大，讲问题不回避、讲整改不漂浮的目标。李斌点评每名述职对象，市直机关工委班子成员提问述职对象，与会人员填写评议表，严格落实会议规定动作。市直机关工委委员、市（中、区）直各单位党组（党委）书记、区市“两代表一委员”、基层群众代表参加会议。

2019年，昌都市共有国家级星创天地1家，自治区级“双创”试点单位1家。昌都市闽昌众创空间、康巴明珠众创空间、昌都市科技创客中心和芒康县高原特色产业科技孵化器等4家众创空间（企业孵化器）成功获批自治区级众创空间和科技孵化器，获得自治区一次性建设补贴1200万元，培育储备市级创新创业平台7家，初步形成龙头带动、层次分明、数量较多的创新创业平台建设体系。还积极开展各类培训活动，包括转移就业技能培训、实用技术培训、企业代包培训、就业技能提升培训等。全市共培训500余人，创业成功120余人，创业带动就业360余人。此外，昌都市充分利用对口援藏渠道，协调重庆市选派优秀师资，为昌都市培训40名创业师资，并筹集500万元创业基金，用于扶持参加创业培训后的人员自主创业。

2019年，昌都首座法治文化主题公园建成开放。该项目分别建在市区明珠公园和天津广场，共投资153万元。在不破坏原有布局和园林景观的基础上，借用石雕和铁艺等设施，以藏汉两种文字形式，采用雕刻、喷绘、安装等技术充分注入法治宣传元素，共建造普法宣传栏69个，普法宣传口号67个、法家名人名言10个，法家名人简介4个等。

2019年，昌都市共采购化肥6844.31吨，现全部调运完成。并采购农药20.939吨。3月底前完成农药招投标及调运工作。计划调运青稞良种97万公斤，玉米良种2.535万公斤，马铃薯原种58万公斤，油菜种子2.5万公斤，并于春播前调运到各县（区），确保农牧民生产用种。

2019年，昌都市落实市级山洪灾害防治非工程措施运行维护费441.77万元，新购价值160余万元的防汛抗旱物资，投资1006万元对县级监测预警平台进行改造完善。投资30余万元新建的25000余米防洪堤，16项防洪堤工程和河道治理工程投运。投资1950万元的西藏防汛抗旱物资储备库昌都市邦达镇代储点、贡觉县代储点已进入物资调拨准备状态。

昌都市累计普查出可移动文物3万余件，调查文物收藏单位240余处，调查区域覆盖率达95%。顺利完成芒康、左贡两县48处收藏单位文物藏品档案柜防滑、标准化建设工作，将3223件（套）馆藏可移动文物藏品档案资料录入文物信息数据库，实现文物藏品名称、尺寸、重量、质地、现状、来源等文字描述、专家鉴定意见、流传经过详细记录及藏品照片记录等信息随时调度查阅，为下一步顺利开展其余9个县（区）文物藏品档案规范化、标准化建设工作和实现全市文物资源档案标准化、动态化管理奠定坚实基础。

附 录

文献辑录

昌都市关于全面加强生态环境保护坚决打好污染防治攻坚战的实施方案

为深入贯彻落实自治区《关于全面加强生态环境保护坚决打好污染防治攻坚战的实施意见》（藏党发〔2019〕1号），切实加强生态环境保护，坚决打好污染防治攻坚战，不断提升生态文明，努力建设美丽昌都，结合我市实际，制定如下实施方案。

一、总体要求

（一）指导思想。以习近平新时代中国特色社会主义思想为指导，全面贯彻党的十九大、十九届二中、三中全会和中央第六次西藏工作座谈会、全国生态环境保护大会精神，贯彻习近平总书记关于治边稳藏的重要论述和加强民族团结、建设美丽西藏的重要指示精神，贯彻新发展理念，落实高质量发展要求，处理好发展与保护的关系，深化生态文明体制改革，加快构建生态文明体系，坚决打好污染防治攻坚战，坚定不移走生产发展、生活富裕、生态良好的文明发展道路，努力建设天蓝、地绿、水清的美丽昌都，不断满足人民日益增长的优美生态环境需要。

（二）工作目标。到2020年，环境治理体系不断健全、治理能力不断提升、环境基础设施大幅改善，绿色发展指标进一步提升，主要污染物排放总量和资源消耗水平控制在自治区核定范围内，生物多样性保护网络初步建立，重要物种得到有效保护，生态环境质量持续保持良好，生态环境保护水平同全面建成小康社会目标相适应。具体指标：全市环境空气质量持续保持优良，市区空气质量平均优良天数比率不低于95%，市政府所在地城镇空气质量优良天数比率不低于2015年；水环境质量全面改善，全市主要江河湖泊水质达到或优于Ⅲ类标准，地下水环境质量满足相应水域功能区要求，重要城镇无黑臭水体，城镇集中式饮用水水源地水质达标率达到100%；土壤环境质量持续提升，白色垃圾污染防治取得明显成效，化肥农药施用量实现零增长，生态保护红线面积占比达到44.8%，森林覆盖率达到35.6%，草原综合植被覆盖率达到79.2%，生态系统质量和稳定性不断提升。

（三）基本原则

——坚持保护优先。落实生态保护红线、环境质量底线、资源利用上线硬约束，坚持以自然保护为主，减少自然保护地人类活动扰动，规范各类开发建设活动，保护宁静、和谐、美丽的自然生态。

——坚持绿色发展。牢固树立绿水青山就是金山银山、冰天雪地也是金山银山的理念，坚定不移走生产发展、生活富裕、生态良好的文明发展道路，推进绿色低碳循环发展，加快形成绿色发展方式。

——坚持生态惠民。推进全民共治共享，坚持生态惠民、生态利民、生态富民，正确处理好生态保护与富民利民的关系，统筹推进生态保护、生态补偿和生态搬迁，以生态富民实现从“绿色贫困”向“美丽富饶”的转变，让人民群众享有更多的获得感、幸福感、安全感。

——坚持优化协同。深化生态环境保护体制机制改革，统筹兼顾、系统谋划党政机构改革与生态环境保护综合行政执法改革、生态环境机构监测监察执法垂直管理制度改革有机衔接，坚持强化协调、整合力量，区域协作、条块结合，提升生态环境治理的系统性、整体性、协同性。

——坚持依法监管。完善生态环境保护法律法规体系，加快推进机构、职能、权限、程序、责任法定化。加大生态环境违法犯罪行为的制裁和惩处力度，服务保障打好污染防治攻坚战。

二、推动形成绿色发展方式和生活方式

（一）优化国土空间开发布局

一是强化国土空间管制和资源环境承载力管控，加强自然保护区、森林公园、风景名胜区、饮用水水源地、重要湿地、永久基本农田管控，强化限制开发和禁止开发区域监管，将自然生态系统扰动控制在国土面积的0.5%以内。

责任单位：市自然资源局牵头，市生态环境局、市林业和草原局等相关部门

二是根据生态保护红线、环境质量底线、资源利用上线，制定生态环境准入负面清单，建立分区环境管控体系。

责任单位：市生态环境局

三是划定永久基本农田，确保耕地红线不动摇，实行耕地保有量、基本农田保护面积总量控制，严格管控占用耕地项目审查、审批。

责任单位：市自然资源局

四是科学确定城镇开发边界，合理布局城镇各类空间，科学确定城镇开发强度，推动经济社会发展、城乡土地利用、生态环境保护等规划“多规合一”。

责任单位：市住房和城乡建设局

（二）不断优化与资源环境承载力相适应的产业布局

一是以资源环境承载力为基础，以环境质量改善为目标，对重点流域、重点区域、重点行业和产业布局开展规划环评，调整优化不符合生态环境功能定位的产业布局、规模和结构。

责任单位：各县（区）人民政府

二是对市经开区、工业园区等区内不符合规划布局、治污设施不完善的工业企业进行集中整治，限期完成达标改造。加快推进工业绿色转型升级和质量提升，以最严格的制度、最严密的法治倒逼生产方式绿色转型。

责任单位：市经济和信息化局、市商务局

（三）大力倡导绿色生活方式

一是加强生态文明宣传教育，组织好“世界环境日”“世界水日”“植树节”“全国节能宣传周”等主题宣传活动，开展节约型机关、绿色学校、绿色商场、绿色社区、绿色家庭等创建活动。

责任单位：市委宣传部牵头，市生态环境局、市水利局、市林业和草原局、市发展和改革委员会等相关部门

二是积极引导居民绿色消费、绿色出行；深入开展反对过度包装、反对过度消费行动，推动形成勤俭节约的社会风尚；限制使用一次性用品，鼓励消费者购买和使用节

能环保产品。

责任单位：市委宣传部牵头，市生态环境局、市交通运输局等相关部门

三是强化能源和水资源消耗、建设用地等总量和强度双控行动。推进节水型社会和节水型城市建设，到2020年，全市用水总量控制在5.15亿立方米以内。

责任单位：市水利局、市住房和城乡建设局

（四）加快推进绿色经济发展

一是大力实施青稞增产、牦牛育肥专项行动，积极发展绿色、有机农畜产品和特色种养业、经济林种植与林下经济，让群众能干会干、不离乡不离土融入当地产业发展，实现增收致富。

责任单位：市农业农村局、市林业和草原局

二是大力发展生态文化旅游产业，着力打造一批森林、草原、历史遗迹、文化体验及乡村民俗旅游区，推动旅游发展。

责任单位：市旅游发展局

三是有力推动清洁能源产业发展，在电力、有色金属、建材等行业推行清洁生产和循环经济。

责任单位：市发展和改革委员会、市生态环境局

四是推动报废汽车回收拆解行业无害化、资源化、绿色化、集约化。

责任单位：市商务局

五是努力提升伴生矿、矿山尾矿、建筑垃圾等一般工业固体废弃物综合利用率。

责任单位：市经济和信息化局、市生态环境局

三、坚决打赢蓝天保卫战

（一）加强工业企业大气污染综合治理

一是全面整治“散乱污”企业。深入开展“散乱污”企业综合整治专项行动，根据产业政策、产业布局规划以及土地、环保、安全、能耗等要求，全面整治砂石、汽修、家具等“散乱污”企业，实行拉网式排查，建立管理台账，分类实施关停取缔、整合搬迁、整改提升等措施，2019年年底前全面完成。

责任单位：市生态环境局牵头，市自然资源局、市发展和改革委员会

二是加强工业企业无组织排放管控。强化工业企业无组织排放管理，重点对建材、有色金属、水泥制造等行业污染物排放情况进行排查，建立问题清单，并按照“一企一策”要求制定整改方案，明确规范化整治要求和完成时限，确保废气污染物稳定达标排放。建立覆盖所有固定污染源的企业排放许可制度，2020年年底前，完成排污许可管理名录规定的行业许可证核发。

责任单位：市生态环境局

（二）大力实施燃煤锅炉综合整治

加大燃煤小锅炉淘汰力度，全面淘汰每小时10蒸吨及以下燃煤锅炉及茶水炉、经营性炉灶等燃煤设施，逐步实施去煤行动，到2020年，去煤化工作取得明显成效。同时按照《关于划定高污染燃料禁燃区的通告》（昌政办发〔2017〕124号）要求，做好高污染燃料禁燃区管控工作，禁燃区内禁止销售、燃用高污染燃料，禁止新建、改建、扩建任何燃用高污染燃料的项目和设备。

责任单位：市生态环境局

（三）严格扬尘监管

一是规范施工工地管理。加强工地施工扬尘监管，推动城市建成区施工现场按照工地周边围挡、物料堆放覆盖、土方开挖湿法作业、路面硬化、出入车辆清洗、渣土车辆密闭运输要求规范管理，建立实施工地扬尘控制责任制度。大力推进道路清扫保洁机械化作业，提高道路机械化清扫率。

责任单位：市住房和城乡建设局、市生态环境局、市城市管理和综合执法局

二是大力推进沙尘防治。按照防沙治

沙规划，采取封闭保护、封沙育林育草等措施，开展土地沙化和荒漠化防治工作，提高植被覆盖率和地表稳定度。推广保护性耕作方式，鼓励开展作物轮作、合理密植等种植技术试验示范，防治季节性裸地农田扬尘对大气环境的影响。

责任单位：市林业和草原局、市自然资源局

（四）强化机动车污染治理

一是加大生产、流通领域油品质量抽查检测力度，严厉打击销售和使用非标车用燃料行为，坚决杜绝黑加油站点，严格实行机动车国六排放标准和非道路移动机械大气排放标准，2019年1月1日起，全市供应符合国六标准的车用汽油和车用柴油。严厉打击生产销售不达标车辆、排放检验机构检测弄虚作假等违法行为。

责任单位：市商务局牵头，市公安局、市生态环境局等相关部门

二是全面清理黄标车，加快淘汰老旧车，鼓励淘汰老旧工程机械和农业机械，推广使用清洁能源车辆。

责任单位：市公安局、市交通运输局、市农业农村局

（五）有效应对重污染天气

及时制定或完善重污染天气应急预案，明确各级政府、部门及企业的应急责任，科学确定重污染期间管控措施和污染源减排清单。指导公众做好重污染天气健康防护。强化环保、气象等部门联动，加强业务合作和信息共享，不断提高预报预警准确度，及时预警重污染天气。

责任单位：市生态环境局、市卫生健康委员会、市气象局

四、着力打好碧水保卫战

（一）打好水源地保护攻坚战

一是从饮用水水源保护区规范划定、立标定界等方面入手，“一源一策”开展集中式饮用水水源地环境保护专项行动，对全市县级及以上城市水源地开展全面摸底排查，建立问题清单，制定饮用水水源保护区环境违法问题整改方案，并实施清理整治、逐一核查销号。定期公开问题清单和整治进展情况，接受社会监督。2020年年底前，全面完成县级及以上城市水源保护区内环境违法违规问题的排查和整治。

责任单位：市生态环境局、市水利局

二是各县（区）要强化水源地巡查，加大巡查频次，重点排查饮用水水源保护区内污染源和风险源状况，依法查处各种人为破坏水源地工程设施与污染环境的违法行为。进一步完善饮用水水源地管理与保护体系，加强水源水、出厂水、管网水、末梢水的全过程管理。定期监（检）测、评估集中式饮用水水源、供水单位供水和用户水龙头水质状况，2019年起，县级及以上城市的相关信息至少每季度向社会公开1次。单一水源供水的县城应当建设备用水源或应急水源，以保障应急状态下的饮用水供应，确保群众饮用水安全。

责任单位：各县（区）人民政府

（二）实施水资源消耗总量和强度双控行动

实施最严格水资源管理制度，控制水资源消耗总量，强化水资源承载能力刚性约束，促进经济发展方式和用水方式转变；控制水资源消耗强度，全面推进节水型社会建设。到2020年，水资源消耗总量和强度双控管理制度基本完善，双控措施有效落实，万元国内生产总值用水量、万元工业增加值用水量分别比2015年下降20%和25%，农田灌溉水有效利用系数提高到0.45以上。

责任单位：市水利局

（三）打好农业农村污染治理攻坚战

一是结合实施乡村振兴战略，以建设美丽宜居村庄为导向，持续开展农村人居环境

整治行动。扎实推进“厕所革命”，开展农牧民户用卫生厕所改造普及，因地制宜改造农牧区公共卫生厕所。到2020年，农村人居环境质量明显改善，有较好基础的地区力争实现90%左右的农村人居环境得到治理，卫生厕所普及率达到85%左右，生活污水乱排乱放得到有效治理。

责任单位：市住房和城乡建设局、市生态环境局、市农业农村局

二是实施化肥农药使用量零增长减量化专项行动，严格执行化肥农药等农业投入品质量标准，严格控制高毒高风险农药使用。推进有机肥替代化肥、测土配方施肥、病虫害绿色防控替代化学防治。坚持种植和养殖相结合，就地就近消纳利用畜禽养殖废弃物。到2020年，全市化肥农药使用量实现零增长，测土配方施肥技术推广覆盖率提高到60%，规模化畜禽养殖场粪污综合利用率达到75%以上，畜禽粪便基本实现无害化处理和资源化利用。

责任单位：市农业农村局

（四）完善城镇污水处理设施

开展环境基础设施监管专项行动，保障环境基础设施正常运营。全面推进城镇垃圾污水处理设施建设与改造，特别是城中村、老旧城区和城乡接合部，尽快实现全覆盖。新建城区（园区）垃圾污水收集处理设施与城市（园区）发展同步规划、同步建设。深入研究适合不同区域、不同特性的城镇生活污水处理技术，实施城镇污水处理“提质增效”三年行动，推进污水处理系统建设，到2020年，90%以上县城所在地城镇污水处理设施开工建设，昌都镇污水处理厂生活污水集中处理率达到85%以上。

责任单位：各县（区）人民政府、市住房和城乡建设局

五、扎实推进净土保卫战

（一）加强土壤污染管控和修复

完成农用地土壤污染状况详查，查明农用地土壤污染面积、分布及对农产品质量的影响；2020年年底前，编制完成耕地土壤环境质量分类清单并实施分类管理。严格管控重度污染耕地，严禁在重度污染耕地种植食用农产品。完成重点行业企业用地土壤污染状况调查，建立建设用地土壤污染风险管控和修复名录，列入名录且未完成治理修复的地块不得作为住宅、公共管理与公共服务用地。建立污染地块联动监管机制，将建设用地土壤环境管理要求纳入用地规划和供地管理，严格控制用地准入，强化暂不开发污染地块的风险管控。严格土壤污染重点行业企业搬迁改造过程中拆除活动的环境监管，加强受污染地块的修复。

责任单位：市生态环境局、市自然资源局

（二）加快推进垃圾分类处理

启动实施生活垃圾分类回收处理，提高城镇生活垃圾处理能力，到2020年，基本完成非正规垃圾填埋场和堆放点排查整治。鼓励各县（区）开展垃圾分类收集、资源化利用试点。推进农村垃圾就地分类、资源化利用和无害化处理。严把一次性塑料制品生产、运输、销售关，按照限制一批、替代一批、规范一批的原则，有步骤、有目标、有时限的推进白色污染防治工作。

责任单位：各县（区）人民政府

（三）强化固体废物污染防治

深入开展固体废物大排查活动，调查摸清固体废物产生、贮存、转移、利用、处置情况，推动固体废物规范处置，逐步提升一般工业固体废物综合利用率。严格执行危险废物经营许可、转移等管理制度，加强危险废物产生、处置全过程监管，严厉打击危险废物非法跨界转移、倾倒等违法犯罪活动。落实国家严格限制高风险化学品生产、使用、进出口相关要求，并逐步淘汰、替代，保障环境安全。同时强化医疗废物处理设施的维护和运行管理，确保处理工艺和技术达

标，进一步加强医疗废物分类、收集、暂存、转运、处置等全过程监管，严禁医疗废物非法处理处置。

责任单位：市生态环境局牵头，市公安局、市卫生健康委员会等相关部门

六、加快生态保护与修复

（一）划定并严守生态保护红线

建立协调有序的生态保护红线划定工作机制，按照应保尽保、应划尽划的原则，全面推进生态保护红线落地。到2020年，完成生态保护红线划定、勘界定标。加强事前事中事后全过程监管，制定实施生态保护红线管理办法，保护修复方案，确保生态功能不降低、面积不减少、性质不改变。

责任单位：市生态环境局

（二）实施国土绿化行动

坚持节约优先、保护优先、自然恢复，推进整体保护、系统修复、综合治理。着力推进三江流域、重要公路、城镇造林绿化。主动作为、见缝插绿，宜草则草、宜林则林，确保2019年有条件的地方全部消除“无树户”。实施新一轮退耕还林，加大土地沙化和荒漠化防治力度，加快地震、山洪、泥石流灾区及水土流失易发区植被恢复。大力实施西藏生态安全屏障保护与建设规划，编制实施重点生态功能区生态修复工程规划，积极实施山水林田湖草综合治理和退耕还林还草、退牧还草工程，加大草原、森林、河湖、湿地、荒漠生态系统保护力度。

责任单位：市自然资源局牵头，市生态环境保护局、市农业农村局、市林业和草原局等相关部门

（三）坚决查处生态破坏行为

加强自然生态空间用途管制，各县（区）人民政府全面排查本辖区内违法违规挤占生态空间、破坏自然遗迹等行为，制定治理和修复计划并向社会公开。持续开展“绿盾”自然保护区监督检查专项行动，全面排查自然保护区内违法违规问题，严肃查处各级各类自然保护区内违法违规开发行为，依法依规分类进行整改。

责任单位：各县（区）人民政府

七、加快推进生态文明体制改革

（一）完善生态环境监管体系

一是改革生态环境监管体制。整合生态环境保护职责，强化生态保护修复和污染防治统一监管，建立健全生态环境保护领导和管理体制、激励约束并举的制度体系、政府企业公众共治体系。全面完成生态环境机构监测监察执法垂直管理制度改革，推进综合执法队伍特别是基层队伍的能力建设。完善农村环境治理体制。建立独立权威高效的生态环境监测体系，配合做好生态环境质量监测事权上收工作。强化“三线一单”刚性约束，在地方性法规和政府规章制度、政策制定、规划编制、执法监管中不得变通突破、降低标准，不符合不衔接不适应的于2020年年底前完成调整。实施生态环境统一监管。推行生态环境损害赔偿制度。

责任单位：市生态环境局

二是严格生态环境质量管理。生态环境质量只能更好、不能变坏。生态环境质量达标县（区）要保持稳定，并持续改善；生态环境质量不达标地区的县（区）政府，要制定实施限期达标规划，向上级政府备案并向社会公开。

责任单位：各县（区）人民政府

三是加快推行排污许可制度。按照国家统一安排部署，规范有序核发排污许可证，到2020年，完成固定污染源排污许可证的核发工作。推进排污许可制度与各项环境管理制度的衔接融合，开展固定污染源清理整顿和已发行业执法检查，对无证和不按证排污企业实施严厉处罚，强化证后监管。逐步实现系统化、科学化、精细化、信息化的排污

许可证“一证式”管理新模式。

责任单位：市生态环境局

四是建立健全环保信用评价、信息强制性披露、严惩重罚等制度。将企业环境信用信息纳入信用信息共享平台和企业信用信息公示系统，依法公开企业环境违法信息，引导公众参与环境监管。强化排污者责任，督促企业在“守信激励、失信惩戒”信用机制约束下，持续改进环境行为，主动加强环境管理，自觉履行环境保护法定义务和社会责任。

责任单位：市生态环境局

（二）健全生态环境保护经济政策体系

一是加大财政投入力度。坚持投入与污染防治攻坚战任务相匹配，各级财政持续加大节能环保财政投入力度，逐步增加用于大气污染、水污染以及土壤污染防治、农村环境改善等污染防治攻坚战领域资金。积极争取国家与自治区生态环保专项资金支持，逐步建立常态化、稳定的财政资金投入机制。

责任单位：市财政局

二是推进社会化生态环境治理和保护。采用直接投资、投资补助、运营补贴等方式，规范支持政府和社会资本合作项目；对政府实施的环境绩效合同服务项目，公共财政支付水平同治理绩效挂钩。鼓励通过政府购买服务方式实施生态环境治理和保护。调动更多社会资金投入生态环保领域，大力推行环境污染第三方治理，鼓励支持环保产业发展壮大。

责任单位：各县（区）人民政府

（三）健全生态环境保护法治体系

依靠法治保护生态环境，增强全社会生态环境保护法治意识。加快建立绿色生产消费的相关制度和政策导向。建立生态环境保护综合执法机关、公安机关、检察机关、审判机关信息共享、案情通报、案件移送制度，完善生态环境保护领域民事、行政公益诉讼制度，依法严厉打击生态环境违法犯罪行为。加强涉生态环境保护的司法力量建设。整合组建生态环境保护综合执法队伍，统一实行生态环境保护执法。将生态环境保护综合执法机构列入政府行政执法机构序列，推进执法规范化建设，统一着装、统一标识、统一证件、统一保障执法用车和装备。

责任单位：市公安局、市检察院、市法院、市生态环境局、市自然资源局

（四）构建生态环境保护社会行动体系

一是抓好党政领导干部教育培训，强化领导干部的环境保护责任意识，牢固树立社会主义生态文明观，把生态环境保护纳入党政领导干部培训体系，常态化开展生态文明建设和生态环境保护宣传教育。公共机构尤其是党政机关要带头使用节能环保产品，推行绿色办公，创建节约型机关。

责任单位：市委组织部、市生态环境局，各县（区）人民政府

二是加强生态环境保护宣传力度，健全生态环境新闻发布机制，充分发挥各类媒体作用，及时报道生态环境保护工作动态、成效做法、存在问题及整改情况。2020年年底前，符合条件的环保设施和城市污水垃圾处理设施向社会开放，激发公众环境责任意识，引导公众理解环保、支持环保、参与环保。坚持群众信访举报和办理机制常态化，着力解决群众关心的突出环境问题。强化排污者主体责任，积极推进重点排污单位全部安装自动在线监控设备并同生态环境主管部门联网，依法公开排污信息。

责任单位：市委宣传部牵头，市住房和城乡建设局、市生态环境局

昌都市“藏东英才”评选表彰暂行办法

2019年12月22日

市委副书记、市长　陈　军

第一章　总则

第一条　为大力实施昌都人才发展战略，不断优化人才环境，完善人才激励机制，营造“尊重劳动、尊重知识、尊重人才、尊重创造”的良好氛围，结合昌都实际，制定本办法。

第二条　“藏东英才”是市委、市政府设立的人才表彰最高荣誉称号，旨在表彰和奖励为昌都经济社会发展做出突出成绩和积极贡献的各类人才。

第三条　“藏东英才”每2年评选表彰一次，每次表彰原则上不超过50人。

第四条　“藏东英才”的评选遵循“公开、公平、公正、择优，德才兼备、注重实绩、社会公认”的原则。

第二章　评选范围和条件

第五条　凡在我市范围内，为我市经济社会发展做出突出成绩和积极贡献的各类人才，均可参加“藏东英才”的评选。党政机关、人民团体中除专业技术岗位人员外，纳入公务员序列管理的干部不参加评选。

第六条　热爱祖国，遵纪守法，拥护中国共产党的领导，拥护党的路线方针政策，具有良好的职业道德和敬业精神，年龄原则上不超过50周岁。

第七条　“藏东英才”按企业经营管理类、专业技术类、高技能类、农村实用类、社会工作类、文化创作类六个类别进行评选。具备下列条件之一者均可参加。

（一）企业经营管理类：具有较强的经营战略眼光、市场开拓精神、创新管理能力和社会责任感；企业有较大的规模和发展潜力，经济效益和社会效益好，在业内有较大影响；在解决就业、参与社会公益事业和活动等方面有积极贡献，得到社会公认。

（二）专业技术类：享受国务院特殊津贴人才；国家“千人计划”“万人计划”人选；中央或自治区直接掌握和联系的专家；对国家有突出贡献的中青年专家；新世纪百千万人才工程国家级人选；市级及以上学术技术带头人；具有副高级及以上专业技术职务，在本专业、本领域有重大贡献、突出业绩或重大创新成果，得到市内外同行的公认。

（三）高技能类：在本职业（工种）中具有绝招绝技，业内推崇，社会公认；开展技术革新、技术改造并做出重要贡献，具有同行业领先的技术技能水平，以及在某一生产工作领域总结出先进的操作技术方法，取得了显著的经济效益和社会效益。

（四）农村实用类：具有丰富的农业实用知识和技能，在农业新技术、新产品、新品种的研制、开发、推广、应用等方面贡献突出，取得显著的经济效益和社会效益；在种养殖、农产品加工等方面形成较大规模的农业产业带头人；在引领带动农牧民共同致富、推动村级集体经济发展壮大、推动乡村振兴取得显著成效的村级致富创业能手。

（五）社会工作类：具有较高的社会工作专业素质，在社会福利和救助、特殊教育、慈善事业、基层治理、志愿服务、中介服务等领域从事专门性社会服务活动，有较强的服务意识，无私奉献、社会认同。

（六）文化创作类：在文化专业领域发挥引领带动作用，对基层宣传文化事业和文化产业做出重大贡献，在音乐、美术、书法、摄影、文学、民间文艺等方面获得过自治区级以上奖励或荣誉，入选全区宣传文化系统文化名家暨“五个一批”人才。

第三章　评选方法和程序

第八条　为做好“藏东英才”的评选表彰工作，经市委、市政府批准，在市人才工作协调领导小组指导下，由市人才工作协调领导小组办公室组织实施。

第九条　采取组织推荐与个人自荐相结合的方式，按照隶属关系，通过自下而上、逐级推荐的方法进行，每人每届只参加一个奖项的评选。

第十条　评选程序

（一）宣传发动。通过网络、电视、报纸等公共媒体在全市范围内进行宣传。

（二）申报推荐。根据评选条件，个人自荐的由本人向所在单位或组织提出申请，所在单位或组织审核同意后报主管部门初审；组织推荐的由推荐单位直接报主管部门初审。

（三）初审。国有企业经营管理人才由市政府国资委牵头负责；非公有制企业经营管理人才由市工商联牵头负责；专业技术人才和高技能人才由市人力资源社会保障局牵头负责；农村实用人才由市农业农村局牵头负责；社会工作人才由市民政局牵头负责；文化创作人才由市文化局牵头负责。初审结果报市人才工作协调领导小组办公室复审。

（四）复审。市人才工作协调领导小组办公室组织专家对建议人选进行统一复审，确定人选。

（五）公示。将审定后的候选人名单向社会公示，公示期为5个工作日。

（六）表彰。对公示无异议的人员进行表彰。

第四章　表彰奖励

第十一条　“藏东英才”以市委、市政府名义表彰奖励，并在市级媒体上公布名单。

第十二条　对“藏东英才”给予2万元的一次性奖励。

第十三条　优先推荐为各级党代会代表、人大代表、政协委员；优先纳入党委联系服务专家和高层次人才范围；在同等条件下，优先评聘专业技术职务、审批申报的科研项目、安排扶持经费。

第十四条　由市人才工作协调领导小组办公室委托各主管部门每年组织免费体检一次。

第十五条　凡弄虚作假、徇私舞弊者，一经查实，取消其荣誉称号和有关待遇，并追究相关责任人责任。

第十六条　评选表彰活动及每年体检所需经费由市财政解决。

第五章　附则

第十七条　市政府国资委负责制定本领域初选细则；市工商联牵头，联合市“两新”工委负责制定本领域初选细则；市人力资源社会保障局牵头，联合市教育局、市卫生健康委、市住房城乡建设局等相关单位制定本领域初选细则；市农业农村局负责制定本领域初选细则；市民政局牵头，联合市“两新”工委负责制定本领域初选细则；市文化局负责制定本领域初选细则。

第十八条　本办法由市人才工作协调领导小组办公室负责解释。

第十九条　本办法自2019年9月4日起施行。

健康昌都2030规划

推进健康昌都建设，是实现昌都全面建成小康社会的重要保障，是全面提高昌都各族人民健康素质，促进经济社会协调发展的重大战略。当前昌都正处于经济飞速发展的重要阶段，健康领域的改革发展将为全市社会经济建设提供新契机、打造新引擎、注入新动力。根据《健康西藏2030规划纲要》精神，结合昌都实际，特制定《健康昌都2030规划》。

一、总体战略

（一）指导思想

高举中国特色社会主义伟大旗帜，以习近平新时代中国特色社会主义思想为指导，全面贯彻落实党的十九大和中央第六次西藏工作座谈会精神，贯彻落实习近平总书记关于治边稳藏的重要论述和加强民族团结、建设美丽西藏的重要指示，增强“四个意识”，统筹推进“五位一体”总体布局和协调推进“四个全面”战略布局，坚持依法治藏、富民兴藏、长期建藏、凝聚人心、夯实基础的重要原则，坚持正确的卫生与健康工作方针，按照全国、全区、全市卫生与健康大会的部署要求，以提高人民健康水平为核心，以体制机制改革创新为动力，以普及健康生活、优化健康服务、提升健康保障、共建健康环境、创新健康产业为重点，把健康融入所有政策，加快转变健康领域发展方式，全方位、全周期维护和保障人民健康，大幅提高健康水平，显著改善健康公平，努力推进健康昌都建设，为推进昌都长足发展和长治久安提供健康保障。

（二）基本原则

坚持健康优先。树立大卫生、大健康的理念，把健康摆在优先发展的战略地位，立足昌都实际，将促进健康融入公共政策制定实施的全过程，逐步形成有利于健康的生活方式、生态环境和经济社会发展模式，实现全民健康与昌都经济社会协同发展。

坚持需求导向。逐步从以治病为中心转变为以健康为中心，更加注重预防为主和健康促进，更加注重工作重心下移和资源下沉，更加注重提高服务质量和水平，优化健康服务供给模式，推动全周期、全方位健康服务，满足人民群众日益增长的健康需求。

坚持改革发展。坚持政府主导，发挥市场机制作用，加快关键环节改革步伐，构建与昌都经济社会发展相适应的健康领域新体制、新机制。坚持预防为主、防治结合、藏西医并重，转变服务模式，构建整合型医疗卫生服务体系，推动藏西医协调发展，发挥科技创新和信息化的引领支撑作用，提升健康服务水平。

坚持公平共享。以农牧区和基层为重点，推动健康领域基本公共服务均等化，维护基本医疗卫生服务的公益性，逐步缩小城乡、地区、人群同基本健康服务和健康水平的差异。坚持政府主导，坚持市场在卫生资源配置中的决定作用，推动人人参与、人人尽力、人人享有，实现全民健康覆盖，促进社会公平。

（三）战略目标

到2020年，建立较为完善、覆盖城乡居民的基本医疗卫生制度，持续提高健康素养水平，逐步完善健康服务体系，明显提升医疗卫生服务水平，实现“三不出”（大病不出自治区、中病不出地市、小病不出县区）和“两下降、双提高”（降低孕产妇、婴幼儿死亡率，提高孕产妇住院分娩率、提高人均预期寿命）目标，人人享有基本医疗卫生服务和基本卫生健康服务，基本形成完善合理的健康产业体系。

到2030年，医疗卫生资源总量持续增加，医疗服务环境明显改善，医药卫生体制改革明显见效，基层医疗卫生服务能力明显提高，群众医疗费用负担明显减轻，人民健康水平明显提升，医疗卫生服务的公平性、可及性和满意度明显增强，医疗卫生总体水平全面提升。基本解决群众“看病难、看病贵、看病远”的问题。

健康昌都2030建设主要指标

指标分类	指标	2016年	2020年	2030年
健康水平	人均预期寿命（岁）	68	70.0	73.0
	婴儿死亡率（‰）	16.09	12.0	7.0
	5岁以下儿童死亡率（‰）	20.22	16.0	8.0
	孕产妇死亡率（1/10万）	152.08	80.0	30.0
	孕产妇住院分娩率（%）	76.02	95	>95
	城乡居民达到《国民体质测定标准》合格以上的人数比例（%）	—	80	>80
健康生活	居民健康素养水平（%）	—	16	26
	经常参加体育锻炼人数（%）	—	30	35
健康服务与保障	重大慢性病过早死亡率（%）	—	23.29	20.70
	每千常住人口职业（助理）医师数（人）	—	2.20	2.80
	个人卫生支出占卫生总费用的比重（%）	—	持续下降	持续下降
健康环境	地市级以上城市空气质量优良天数比率（%）	—	95	保持95
	地表水质量达到或好于Ⅲ类水体比例（%）	—	95	>95

二、普及健康生活

（一）加强卫生与健康教育。建立健全以卫生行政部门为主导，健康教育宣传机构为龙头，城乡基层卫生计生机构为基础，包括医院和其他卫生计生机构、机关、学校、寺庙、社区、企事业单位在内的健康促进与健康教育体系，不断加强健康教育专业人员能力建设。依托机关、学校、寺庙、社区、企事业单位建立健康教育场所和基地，完善工作网络。以健康素养为核心，编写推广适合昌都特点和适应农牧区居民生活习惯的健康教育科普材料，组织发布科学防病知识，严厉打击各类不实和牟利性误导宣传行为。开展包括学龄前儿童、老年人在内的各年龄段居民的健康教育活动，普及健康知识，通过各级各类媒体对农牧民群众、青少年学生、寺庙僧侣等人群加大健康科学知识宣传力度，重点加强对常见病、多发病、传染病疾病、地方病和住院分娩的宣传教育工作，积极建设和规范各类广播电视健康栏目，充分利用互联网、移动客户端等新媒体传播健康知识等措施，提高健康教育的针对性和时效性。开展联寺健康、知名专家进寺庙等形式多样的健康教育活动，加强寺庙健康教育，实行健康知识和技能核心信息发布制度，基本建立覆盖全市的健康素养和生活方式监测体系，推动健康素养监测结果应用，全面推进健康昌都建设。加强慢病管理和健康教育，结合创建全国文明城市工作，加强精神文明建设，发展健康文化，培育良好的卫生习惯。（责任单位：市委宣传部、市文明办、市卫生健康委，配合单位：市教育局、宗教局、广电局、总工会、公安局、市场监管局、昌都报社、昌都电视台）

加大各级各类学校校医人才引进和配备力度，进一步充实校医队伍。将健康教育纳入国民教育体系，把健康教育作为所有教育阶段素质教育的重要内容。各级各类学校要有序推进健康促进学校建设，将健康教育内容纳入教育课中，做到教师、教材、教案、课时、考核“五落实”。培养青少年树立健康意识，坚持健康知识、健康技能传播并重的原则，突出重点、循序渐进，不断强化和促进青少年健康知识的掌握和健康技能的提高。中小学阶段以健康行为与生活方式、疾病预防、心理健康、生长发育与青春期保健、安全应急与避险等5个领域为主，通过课堂教学和班会、专题讲座、墙报、板报等多种形式开展健康教育；高中阶段，采取知识讲座形式积极开展健康教育工作，共同构建相关学科教学与教育活动相结合、课堂教育与课外实践相结合、经常性教育与集中式宣传教育相结合的健康教育模式。加大对学生常见病和传染病防治知识的宣传教育，严格执行学校疾病信息报告制度，建立健全传染病预防工作长效机制，做好学生体质健康指导工作。将健康教育纳入学校教师职前教育和职后培训内容，积极开发健康教育的教学课件、教学图文资料、音像制品等教学资源。2020年实现我市学生健康知识知晓率≥90%、健康行为形成率≥80%，2030年实现指导学生在生长发育过程和日常生活中坚持有利于健康行为的目标，有意识从“治”转“防”，自觉采取有益于健康的言行，并影响其家庭和周围人员。（牵头单位：市教育局，配合单位：市人力资源社会保障局、卫生健康委）

（二）培育良好健康行为。以合理膳食和吃运平衡为重点，强化生活方式指导及干预，组织开展减盐、减油、减糖等专项行动，实现县（区）全覆盖。落实国民营养计划，普及合理膳食营养知识，推进健康饮食文化建设，逐步改变我市居民高热、高盐的饮食习惯。建立健全居民营养监测评价制度，对农牧区等重点区域和孕产妇、儿童等重点人群实施营养干预，并进行营养健康工作指导。开展示范健康食堂和健康餐厅建设，组织开展健康生活方式进家庭、进社区、进单位、进学校、进寺庙、进医院等活动，强化宣传教育和技能指导服务，形成健康自我管理、人际互助的社会氛围。（牵头单位：市卫生健康委，配合单位：市委宣传部、市教育局、广电局）

逐步推行禁烟控烟限酒工作。禁止公共场所和公共区域设置烟草广告或者利用新闻媒体发布烟草广告，控制烟草促销活动。积极推进无烟环境建设，强化公共场所控烟监督执法，制定《昌都市控制吸烟条例》，推进公共场所禁烟工作。开展无烟学校、无烟医院、无烟餐厅、无烟家庭创建活动，逐步实现室内公共场所全面禁烟。严格落实不向未成年人售烟等有关法律规定，将青少年作为吸烟预防干预的重点人群，努力减少新增吸烟人群，开通戒烟咨询热线和戒烟问诊等服务，提高戒烟干预能力。加强限酒健康教育，控制酒精过度使用。针对高原高寒居民饮酒过多习惯，倡导合理、适量、科学饮酒，特别是节假日以及各种民间重大活动，避免醉酒、酗酒等行为。（牵头单位：市委宣传部、市卫生健康委、市烟草专卖局，配合单位：市教育局、广电局、市场监管局）

加强心理健康服务体系建设。发挥我市优秀传统文化对促进心理健康的积极作用，广泛运用传统媒体和门户网站、微信等新媒体开展心理健康知识传播，全面普及心理健康教育，提升公众心理自我调节能力，培育良好社会心态，推动形成安定和谐的社会氛围。加大对重点人群心理问题早期发现和干预力度，加强对抑郁症、焦虑症等常见精神障碍和心理行为问题的干预，设立心理卫生援助热线，提高公众对抑郁症等常见精神障碍的认识和主动就医意识，提升医疗机构识别抑郁症的能力。推进严重精神障碍患者救治救助，逐步实现所有贫困严重精神障碍患者免费救治。强化市人民医院精神科能力建设，每个县（区）1所公立医院开设精神科（心理门诊），并增设相应人员和病床，逐步构建精神卫生服务体系和网络。积极开展严重精神障碍患者康复治疗，2030年争取严重精神障碍患者管理达到80%以上，确保应治尽治、应管尽管、应收尽收。加快组建专业化、社会化心理救援队伍，加强灾害和事故等突发事件心理危机干预机制建设。（牵头单位：市委宣传部、市卫生健康委，配合单位：市财政局、市人力资源社会保障局、广电局、扶贫办、医保局、昌都报社、昌都电视台）

（三）倡导和引领全民健身。进一步加大健康体育投入力度，力争到2020年创建1—2个市级全民健身特色品牌、2—3个县级全民健身特色品牌，创建5个市级全民健身示范县、3个自治区级全民健身示范县，创建国家级青少年体育俱乐部20个、国家级体育传统项目学校5个、自治区级体育传统项目学校10个、青少年户外活动营地学校5个，实现县（区）级全民健身活动中心（包括“雪炭工程”）和农牧民体育健身工程全覆盖，实现全市人均体育场地面积达到1平方米的建设目标。加强城市体育设施建设，推进城市建设规划科学化，形成城市社区15分钟健身圈（县城社区10分钟健身圈），实现11县（区）县城所在地和30%以上的乡（镇）有体育健身组织或队伍，全市拥有社会体育指导员1000名，每750人拥有1名社会体育指导员，建立1个市级国民体质监测点和3个县（区）级国民体质监测点。坚持办好市全民运动会、“园丁杯”“体彩杯”足球联赛、“康巴杯”篮球联赛和“全民健身日”等体育活动，丰富全市人民文化体育活动，提升全市人民体育素质和竞技水平。重点抓好青少年体育活动，结合优秀竞技体育人才培养“苗圃计划”，加强体育传统项目学校、体育特色学校尤其是校园足球特色学校、青少年体育俱乐部、体育后备人才基地建设，开展“一校一品”“一校多品”创建和评选，培育青少年学生体育爱好，培养学生熟练掌握1项以上终身受益的体育运动技能，确保学生校内每天体育活动时间不少于1小时，到2020年学生达到《国家学生体质健康标准》的人数明显增多，到2030年学校体育场地设施与器材配置达标率达100%，学生每周参与体育活动达到中等强度3次以上。加大对全民健身助残工程的支持力度，推动残疾人康复体育和健身体育广泛开展。（牵头单位：市教育局，配合单位：市发展改革委、财政局、总工会、残联）

三、优化健康服务

（一）等级医院创建。到2020年，完成市藏医院三级甲等综合医院创建工作，11县（区）人民医院完成二级甲等综合医院创建。（牵头单位：市卫生健康委，配合单位：市委编办、市发展改革委、财政局、人力资源社会保障局）

（二）标准化乡（镇）卫生院创建。到2020年，全市138个乡（镇）卫生院建成标准化乡（镇）卫生院。普通卫生院每个至少配备1名藏医、2名全科医生、2名助产师和1名其他卫生技术人员，到2020年达到6名卫生技术人员。中心卫生院每个至少配备1名藏医、2名全科医生、2名助产师和3名其他卫生技术人员，到2020年达到8名卫生技术人员。（牵头单位：市人力资源社会保障局，配合单位：市委组织部、市委编办、市卫生健康委）

（三）规范村卫生室建设。到2020年，依托村级组织活动场所建设完成1119个村卫生室改造，达到规范化要求；建立健全村医激励考核和准入考核退出机制，到2030年实现每个村卫生室通过培训并获得相应资格证书的村医2名，力争实现有1名藏医。（牵头单位：市卫生健康委，配合单位：市财政局、人力资源社会保障局）

（四）打造区域医疗中心。将市人民医院建设成为自治区医疗副中心，市藏医院打造成藏东藏医药区域诊疗中心，重点将丁青、芒康、江达分别建设成为昌都西部、南部、东部市级区域医疗卫生中心，选择洛隆、八宿、类乌齐人民医院重点打造成为县级区域医疗中心。（牵头单位：卫生健康委，配合单位：市发展改革委、市财政局、人力资源社会保障局）

（五）创新卫生管理体制机制。深入推进公立医院综合改革和县乡一体化建设，加强县（区）级公立医院对乡（镇）卫生院的管理。切实落实公立医院独立法人地位，市县各级公立医院自主任免中层及以下干部，自主聘任专业技术人员。落实管理权，将业务机构设置权、编制使用权、医护人员引进权下放至各级公立医院，管理机构设置权下放至同级卫生健康行政主管部门。推进公立医院人事薪酬制度改革。（牵头单位：市卫生健康委，配合单位：市委组织部、市委编办、市财政局、人力资源社会保障局）

（六）完善公共卫生服务体系。加强疾病预防控制、妇幼保健、采供血、综合监督执法、食品安全技术支持等专业公共卫生服务体系建设，各县（区）单独设置妇幼保健院。推进市精神病医院、市传染病医院建设，县级人民医院设置传染病门诊和储血库。加强市级医院院前急救体系建设，县（区）人民医院依托市人民医院设置1个急救中心（站），重点提高县（区）级和部分乡（镇）卫生院急救医疗服务能力，健全流动医院运行机制，提升突发事件和突发急性传染病紧急医学救援能力，到2030年，突发事件卫生应急处置能力和紧急医学救援能力达到全区平均水平。（牵头单位：市卫生健康委，配合单位：市委组织部、市委编办、市发展改革委、人力资源社会保障局）

（七）加强人才队伍建设。分期分批将长期聘用（含公益性技术岗位）的乡（镇）卫生专业技术人员通过考试录用为乡（镇）卫生院事业编制工作人员。探索建立紧缺和特殊岗位的单独职称序列。完善县、乡卫生专业技术人员职称优惠政策，完善引进、考录和培养机制。落实自治区昌都工作会议精神，全面实施订单定向医学生培养和定向分配。到2030年，建设一支数量适宜、质量较高、结构合理、满足需求的医疗卫生队伍。（牵头单位：市委组织部，配合单位：市委编办、市财政局、人力资源社会保障局、卫生健康委）

（八）发挥组团式医疗援藏作用。聚焦重点任务，提升工作格局，坚持借势借智借力，推进卫生援藏工作向纵深发展。依托组团式援藏、三级医院对口帮扶贫困县、北京国家级医疗卫生人才“师带徒”等援藏资源建立有效的市、县、乡医疗卫生人才带教培养机制，到2030年，将市人民医院神经外科、神经内科、妇产科、儿科、重症医学科、肠胃外科、骨科、心内科、麻醉科、检验科、放射科打造成自治区级重点专科；为各县（区）人民医院培养一批业务骨干，组织县（区）人民医院完成全部乡（镇）卫生院及村卫生室技术人员轮训。充分发挥医疗人才组团式援藏工作的辐射带动作用，提升基层医疗卫生服务能力，把内地三级医院先进的管理理念、管理经验带过来，到2030年，力争各县（区）医院的管理模式从经验性管理逐步向现代化、规范化、制度化管理转变。（牵头单位：卫生健康委，配合单位：市委组织部、市发展改革委、人力资源社会保障局）

（九）加快全民健康信息化建设。落实“互联网+健康”，以全员人口信息、健康档案和电子病历三大数据库共享为基础，依托智慧昌都建设，发展“互联网+”医疗服务，强化人口、公共卫生、医疗保障、药品供应、综合管理等数据采集，畅通部门、区域、行业之间的数据共享交换和业务协同，促进全民健康信息共建共享。到2020年，二级以上医院建立健全医院信息平台，整合院内各类系统资源，提升医院管理效率，三级医院实现院内医疗服务信息互联互通。建立健全农牧区医疗保险实时结算和异地就医结算系统。推进远程医疗服务，整合市内远程医疗平台、医技直通车等资源，建立市级远程诊疗中心，实现与区、市外远程医疗平台及市级远程医疗服务中心对接，实现全市远程影像诊断、病理诊断、会诊、培训等医疗服务互联互通。依托市人民医院建立区域内远程医疗服务中心并延伸到所有县（区）人民医院。探索“基层检查、上级诊断”服务模式，促进跨区域、跨机构就诊信息和大型医用设备共享共用。强化信息安全和标准规范管理，加强防护能力建设，建立数据标识、风险审核、分类开放和应用评估制度，推动数据融合开放，依法有序安全使用。（牵头单位：市卫生健康委、医保局，配合单位：市发展改革委、经济和信息化局、智慧办）

（十）全面推进藏医药事业发展。到2020年，实现人人基本享有藏医药服务，藏医医疗、保健、科研、教育、产业、文化等各领域得到全面协调发展，标准化、信息化、产业化、现代化水平不断提高。符合藏医药发展规律的标准体系、监督体系和政策体系基本建立，藏医药管理体制和运行机制更加健全。巩固藏医药在全区发展的重要地位。藏医药健康服务加快发展，初步形成一批健康服务新业态。藏医药服务体系进一步完善，实现藏医药服务县乡村全覆盖，藏医药服务的可得性、可及性明显改善。藏医药在医改中的作用进一步增强，藏医药特色优势发挥的体制机制更加完善，藏医基础理论研究及重大疾病攻关取得明显进展，藏医药防治水平明显提高。遵循藏医药特点的人才教育培养体系更加健全，凝聚一批学术领先、医术精湛、医德高尚的藏医药人才。推动藏药材的科学保护和可持续利用，藏医药特色产业发展水平明显提高。藏医药文化建设更加深入，对外交流合作更加广泛，藏医药在全市经济社会发展全局中的地位和作用进一步凸显。到2030年，藏医药治理体系和治理能力现代化水平显著提升，服务领域实现规范化、规模化和标准化，健康服务能力显著增强，在“治未病”中的主导作用、在重大疾病治疗中的协同作用、在疾病康复中的核心作用得到充分发挥，科技水平显著提高，人才队伍不断壮大。公民的藏医药健康文化素养大幅度提高。藏药工业发展水平显著提升，对经济社会发展的贡献率进一步增强。（牵头单位：市卫生健康委，配合单位：市发展改革委、财政局、教育局、科技局、经济和信息化局、文化局、民政局、旅游发展局、市场监管局）

（十一）实施母婴健康工程。加强市、县两级妇幼保健机构能力建设，提升乡（镇）卫生院、社区卫生服务中心孕产妇和婴儿保健工作水平，大力实施农牧民孕产妇住院分娩奖励补助、“降消”、增补叶酸、儿童营养包改善、出生缺陷干预、免费孕前优生检查、“两癌”筛查、预防“艾滋病梅毒乙肝”母婴传播等重点妇幼健康项目。努力降低孕产妇死亡率和婴儿死亡率，提高住院分娩率。到2030年，市妇幼保健院（妇产儿童医院）达到三级医院水平，县（区）妇保院能够完成常见病的住院和康复治疗，乡（镇）卫生院具备孕产妇综合服务和全程管理水平，村卫生室实现妇女儿童的基础保健与管理工作能力。（牵头单位：市卫生健康委，配合单位：市发展改革委、财政局、妇联）

（十二）建立健全优生优育工作机制。坚持计划生育基本国策，健全人口与发展的综合决策体制机制，逐步调整生育政策和改革生育服务证制度。完善农牧区“一孩、双女”和全市“特殊子女”家庭扶助制度，建立健全出生缺陷综合防治体系，做到婚前医学检查、孕前优生健康检查、产前筛查、产前诊断、新生儿疾病筛查，加大出生缺陷防控力度。实现免费计划生育技术服务农牧区育龄夫妇全覆盖。加强政策引导和宣传倡导，引导适龄青年自觉参加婚前医学检查，逐步提高婚检率。完善出生统计监测体系，以出生医学证明和住院分娩为切入点，全面实施出生实名登记制度，建立部门间出生人口信息收集和共享机制。同时，以青少年、育龄妇女、流动人群为重点，开展性健康、性道德和性安全宣传教育和干预，加强对性病传播高危行为人群的综合干预，减少意外妊娠和性病、艾滋病等疾病传播。针对重点地区不良婚俗和性生活习惯，通过减少性伴变动、使用避孕用品等干预手段，增强安全性行为。（牵头单位：市卫生健康委，配合单位：市财政局、公安局、民政局）

四、完善健康保障

（一）完善医疗保障制度。建立以基本医疗保险为主体、其他多种形式补充保险和商业健康保险为补充的多层次医疗保险体系。整合城乡居民基本医保制度和经办管理机构，加强医保基金的风险评估，按照分级管理、责任共担、统筹调剂、预算考核的基本思路，加快提高基金统筹层次，到2020年建立医保基金调剂平衡机制，建立城乡居民基本医疗保险稳定可持续筹资和待遇水平调整机制，实现基金健康平衡发展。完善经办机构，强化内外部监督制约机制，规范管理运行，改进服务手段和管理办法，优化经办流程，提高管理效率和服务水平。改进参保人员个人账户，开展门诊统筹。巩固和完善城乡居民大病保险制度，加强城乡基本医保、大病保险、医疗救助、疾病应急救助、商业健康保险等政策的有效衔接。完善重特大疾病医疗保障机制，研究探索个人自付封顶线政策。鼓励商业保险公司参与经办基本医疗保险业务，以及与医疗机构合作，发展健康管理组织等新型组织形式。到2030年，昌都全民医保体系基本健全。（牵头单位：市卫生健康委、医保局，配合单位：市财政局）

严格落实医疗保险基金预算管理。积极推进医保支付方式改革，探索按病种付费、按人头付费、按病种分组付费、按服务绩效付费等，形成总额预算管理下的复合式付费方式，健全医保经办机构与医疗机构的谈判协商与风险分担机制，推动形成合理的医保支付标准。建立健全基金运行风险预警机制，防范基金风险。强化基金内部审计和外部监督，坚持基金运行情况信息公开和参保人员就医结算信息公示制度。加强临床路径管理、疾病技术规范等工作，控制医疗费用不合理增长，减轻群众就医负担。全面实现医保智能监控，将医保对医疗机构的监管延伸到医务人员。稳妥实施医保关系转移接续和异地就医结算工作，实现跨省异地安置退休人员住院医疗费用直接结算和符合转诊规定的异地就医住院费用直接结算。做好老年人异地养老就医结算。加快推进医保管办分开，提升医保经办机构法人化和专业化水平。积极发挥商业健康保险机构在精算技术、专业服务和风险管理等方面的优势，鼓励和支持参与医保经办服务，逐步引入社会力量参与医保经办，形成多元经办、多方竞争的新格局。各级医保经办机构要根据大病、中病目录清单，加强转诊管理，引导病人合理就诊。实现到2030年，全民医保管理服务体系完善高效。（牵头单位：市医保局，配合单位：市卫生健康委、民政局、财政局、人力资源社会保障局、人保财险公司）

大力普及商业健康保险知识。增强人民群众的健康保险意识，鼓励引导企业、个人参加商业健康保险及多种形式的补充保险。鼓励商业保险机构积极开发与健康管理服务相关的健康保险产品，支持商业保险机构针对不同的市场设计不同的健康保险产品。巩固和完善城乡居民大病保险制度，促进商业保险公司与医疗、体检、护理等机构合作，发展健康管理组织等新型组织形式。加快发展医疗责任保险、医疗意外保险，探索发展多种形式的医疗执业保险，分担医疗执业风险，促进化解医疗纠纷，保障医患双方合法权益。到2030年，现代商业健康保险服务业进一步发展，商业健康保险赔付支出占卫生总费用比重显著提高。（牵头单位：市医保局，配合单位：市卫生健康委、人保财险公司）

（二）建立科学合理的分级诊疗制度。优化分级诊疗制度，推动医联体建设，加快推进城市医院专业人员及高级职称人力资源有效下沉。坚持居民自愿、政策引导、创新机制，推动形成基层首诊、双向转诊、急慢分治、上下联动的就医新秩序，到2030年，基本形成“小病基层首诊、中病转诊县级、大病市级确诊、康复转回基层”分级诊疗模式，基本建立符合我市实际的分级诊疗制度。（牵头单位：市卫生健康委，配合单位：市发展改革委、财政局、人力资源社会保障局）

（三）开展家庭医生签约服务。以乡（镇）为单位，辖区内的服务人口为签约服务对象，由乡（镇）卫生院与辖区居民建立相对稳定的契约服务关系，为签约居民提供方便可及的基本医疗服务、基本公共卫生服务和全程健康管理。起步阶段以重点人群为主，逐步实现参保人员全覆盖。优先覆盖建档立卡贫困人口、计划生育特殊家庭、孕产妇、儿童、残疾人、慢性病患者、60岁以上老年人、慢性传染病患者和严重精神障碍患者等重点人群。到2020年，签约服务扩大到全人群，形成长期稳定的契约服务关系，实现家庭医生签约服务制度的全覆盖。到2030年，为辖区居民提供4种以上的有偿服务。［牵头单位：市卫生健康委，配合单位：各县（区）］

（四）加强疾病和传染病的防控。加强免疫规划，完善传染病监测预警机制，提高传染病疫情监测敏感性和疫情报告质量，加强预防接种门诊标准化建设，规范疫苗使用和冷链管理，保障预防接种安全。做好预防接种异常反应监测，持续实施扩大免疫规划，到2020年适龄儿童免疫规划疫苗接种率达到95%以上。做好昌都防控传染病工作，对艾滋病、结核病等传统流行重大疾病，广泛开展宣传教育、检疫治疗随访，坚持因病施策、各个击破，有力控制传播渠道，确保疫病保持在低流行水平。到2030年新涂阳肺结核患者治愈率保持90%以上，结核患者规范化治疗率达到85%以上，涂阳肺结核患者密切接触者筛查率达到80%以上；艾滋病高危行为人群有效干预措施率达到85%以上，符合治疗标准的感染者和病人接受规范抗病毒治疗比例达到85%以上。完善重点地方病监测体系，加强碘缺乏病、大骨节病、饮茶型氟中毒、布病等监测防治工作，抓好源头预防，加强环境整治，引导群众养成健康的生活方式，保持防控强度，做到逐步消除。力争到2030年碘盐覆盖率保持在95%以上，消除大骨节病标准的病区村达到90%以上，麻风病患病率控制在3/10万以下或新发病人数控制在3例以内，患者密切接触者年检查率达到95%以上，规范化治疗率达到95%以上。全面实施包虫病综合防治，强化慢性病筛查和早期发现，开展慢性病高危人群预防性干预，大力开展健康教育，加强对高血压、糖尿病、肿瘤等疾病的防治，力争到2030年控制麻风病等重大疾病危害，人民群众慢性病核心信息知晓率平均达到85%以上。〔牵头单位：市卫生健康委，配合单位：各县（区）〕

五、建设健康环境

（一）深入开展爱国卫生运动。充分发扬爱国卫生运动优良传统，加强健康家园建设，推动城乡环境整洁行动向纵深发展，提升城乡环境卫生规范化和精细化管理水平，统筹治理城乡环境卫生问题。以垃圾处理、污水整治和改厕为重点，推进生活垃圾和污水的城乡统筹治理，着力改善人居环境。全面加强农牧区垃圾治理，加快无害化卫生厕所建设，实施农牧区生活污水治理工程，大力推广清洁能源。开展饮用水水源地规范化建设，加强水源地保护区整治。实施农牧区饮水安全巩固提升工程，大力发展规模化集中供水，推动城镇供水设施向农牧区延伸，进一步提高农牧区集中供水率、自来水普及率、水质达标率和供水保证率，全面建立从源头到龙头的农牧区饮水安全保障体系。加强饮用水监测能力建设，保证供水水质达到饮用水卫生标准要求。加强乡（镇）政府所在地、中小学、乡（镇）卫生院、社区综合服务中心（站）、公共场所、集贸市场、旅游景区（点）、公路沿线等区域无害化卫生公厕建设工作，实施以环境治理为主的病媒生物综合预防控制策略。推进国家卫生城市创建工作，力争到2020年成功创建国家卫生城市，在全市形成全民参与爱国卫生运动，人人崇尚健康生活新风尚。（牵头单位：市卫生健康委、农村农业局，配合单位：市发展改革委、住房城乡建设局、生态环境局、水利局）

（二）建设健康城市和宜居城镇。把健康城市和宜居城镇建设作为推进健康昌都建设的重要抓手，保障与健康相关的公共设施用地需求，加强城镇市政公共设施建设，完善市政道路、生活污水和垃圾无害化处理设施，加强建设地下管网，建设城镇供暖和排水防涝工程。针对本地居民主要健康问题，编制实施健康城市、健康村镇发展规划。稳步推进医用高压氧舱配建工程，降低因高寒缺氧带来的健康危害。广泛开展健康社区、健康村镇、健康单位、健康家庭等建设，加大宣传力度，提高社会参与度。重点加强健康学校建设，加强学生健康危害因素监测与评价，完善学校食品安全管理、传染病防控等相关政策措施。加强健康城市、健康村镇建设监测与评价。（牵头单位：市住房城乡

建设局、卫生健康委，配合单位：市委宣传部、市发展改革委、财政局、广电局、自然资源局）

（三）加快健康环境建设。落实环境保护法律法规，深入开展大气、水、土壤等污染防治，实行环境质量目标考核。严格建设项目环评审批，强化源头预防。深化面源污染治理，抑制城市和矿山扬尘污染，严禁露天焚烧生活垃圾、秸秆等固体废物，健全垃圾分类管理制度，治理餐饮业油烟污染。加强河湖、地下水、湿地水生态保护，科学划定河湖岸基湿地保护红线，严厉打击水源涵养区内的违法建设项目。持续开展河流湖泊、重要水库水质监测工作。全面推行河湖长制，落实河湖管理保护责任，严厉打击涉河湖违法建设项目及行为。持续开展重要江河湖泊水功能区水质监测工作。实施工业污染源全面达标排放计划，加大水污染企业的污染治理力度。制定有色金属、食品加工等行业专项治理方案。建立健全环境与健康管理制度，建立高风险区域重点项目健康风险评估制度和环境健康风险沟通机制，实施环境与健康风险管理。全市环境质量持续保持优良，到2030年，全面完成国家、自治区下达我市的大气、水、土壤污染防治目标任务。深入开展水污染防治工作，全市涉及的河流、湖泊等地表水和地下水环境质量满足相应水域功能区要求，主要城镇无黑臭水体。主要江河湖泊流域生态系统及湿地生态系统得到保护，林草植被有所增加。主要城镇集中式饮用水水源地水质达标率达到100%，按照国家和自治区“十三五”规划要求，到2020年城市污水处理能力力争达到85%左右。节水指标和主要污染物排放总量达到国家要求。到2030年，全市地表水、地下水质量均保持稳定，城乡集中式饮用水水源水质达标率为100%，主要江河湖泊流域生态系统及湿地生态系统进一步改善，水土流失得到有效治理。（牵头单位：市水利局、生态环境局，配合单位：市发展改革委、住房城乡建设局、经济和信息化局、自然资源局、农业农村局、林草局、市场监管局）

深入开展土壤污染防治工作，到2020年全市土壤环境质量总体保持稳定，农用地和建设用地土壤环境安全得到基本保障，土壤环境风险得到基本管控。到2030年，全市土壤环境质量全面改善，农用地和建设用地土壤环境安全得到有效保障，土壤环境风险得到全面管控，生态系统实现良性循环。（牵头单位：市生态环境局，配合单位：市住房城乡建设局、自然资源局、农业农村局）

加强大气污染综合防治，深化大气污染治理联防联控，探索建立常态化区域协作机制。制定高标准预警预报要求和应急响应措施。强化重污染天气预警、预报和会商，建立日常会商、应急会商和信息通报机制，严格控制扬尘污染，加大点源污染治理力度，减少污染排放物，强化移动源污染防治，减少机动车污染排放，提高科技创新能力。推动并完善污染天气预警预报系统建设，提升预测预报准确度，及时预警极端不利气象条件对空气质量的影响。加快能源机构调整，大力推广并普及太阳能、风能等在内的清洁能源。到2020年昌都市区空气质量优良天数比率达到95%，并持续改善。（牵头单位：市生态环境局，配合单位：市发展改革委、住房城乡建设局、交通运输局、气象局）

（四）保障食品药品安全。完善食品安全标准体系，建立特色食饮品的地方性质量标准。开展食品安全标准跟踪评价和质量追溯体系建设，突出特色食品的地方标准和企业标准的制定与执行的有效衔接。加强食品安全风险监测评估，到2030年，食品安全风险监测与食源性疾病报告网络实现全覆盖。建立食用农产品全程追溯协作机制，落实属地管理责任，实行党政同责。推进“四有两责”，建立基层监管机构，加强基层监管力量，完善统一权威的食品安全监管体制，全面强化食品生产经营企业监管，深化食品安全专项整治，食用农产品源头污染得到治理，食品安全生产经营秩序得到规范；建立职业化检查员队伍，加强检验检测能力建设，逐步建立起以自治区检验检测机构为主导，市检验检测机构为基础、县（区）级快检为前哨，科学、公正、权威、高效的食品检验检测体系。强化日常监督检查，扩大产品抽检覆盖面，加强对食品原产地指导监管，完善农产品市场准入制度。建立健全从源头到生产、流通、餐饮消费全链条的食品安全监管体系，严守从农田到餐桌的每一道防线，让人民群众吃得安全、吃得放心。掌握全市主要食源性疾病的发病及流行趋势，及时发现食品安全风险和食源性疾病暴发隐患，逐步达到对食品中未知风险能够早发现、早确认、早预警的监测目的。全面推行标准化、清洁化农业生产，深入开展农产品质量安全风险评估，推进农兽药残留、重金属污染综合治理，实施兽药抗菌药治理行动。（牵头单位：市市场监管局，配合单位：市卫生健康委、农村农业局）

深化推进药品（医疗器械）审评审批制度改革，研究建立以临床疗效为导向的审批制度。规范基层藏药制剂管理。实施国家药品质量提高计划，做好药品监管工作。建立药品监管网络，完善监管部门、行业协会、医药企业沟通机制，严格实施药品安全监管问责追究。加大联合执法力度，打击生产销售假药劣药等违法犯罪行为。加强藏药知识产权保护，建立惩罚性赔偿制度。依据风险管理原则，建立健全医疗器械分级分类监管制度，全面加强监管和问责追究。加强化妆品监督抽检工作力度。（牵头单位：市市场监管局，配合单位：市卫生健康委、公安局）

（五）完善公共安全体系。加强安全生产，加快构建风险等级管控和隐患排查治理双重防控体系，切实降低重特大事故发生频次和危害后果。健全完善安全生产和职业健康监管责任体系，强化行业自律和监督管理职责，建立“党政同责、一岗双责、齐抓共管、失职追责”责任体系。加强对矿山、危险化学品、烟花爆竹、道路交通、建筑施工、特种设备、民用爆炸物品、消防火灾等重点行业领域安全监管，努力遏制重特大事故发生。进一步完善职业安全卫生标准体系，健全有针对性的健康干预措施。开展重点职业病监测和职业健康风险评估，建立完善危害因素监测、报告和管理网络，加强职业健康检查、职业病诊断与鉴定服务能力建设，开展职业病防治情况统计和调查分析，逐步降低职业病危害。建立分级分类监管机制，对职业病危害高风险企业实施重点监管。开展重点行业领域职业病危害专项治理。强化职业病报告制度，开展用人单位职业健康促进工作，预防和控制工伤事故及职业病发生。加强医疗机构放射性同位素、射线装置的使用管理，对可能产生职业病危害的放射诊疗工作场所要设立醒目的警示标识，提供相应的危害告知内容。增强从事职业性放射性危害因素工作人员和患者的防护意识，对接触放射线的医务人员要进行个人剂量监测、职业健康检查和辐射防护。加强对放射卫生技术服务机构、放射性职业健康检查机构和放射性职业病诊断机构的监督管理。（牵头单位：市卫生健康委、应急管理局，配合单位：市经济和信息化局、公安局、住房城乡建设局、交通运输局、市场监管局、民政局、人力资源社会保障局、应急管理局、总工会）

利用国家重点伤害干预技术指南和标准，推行教育预防策略、环境改善策略、强化执法策略以及评估策略。采取加大公共场所设施安全防护、合理配备救生器械等一系列干预措施，降低儿童和老年人因不安全设备或危险物质受到伤害的风险。通过社区管护、提供安全物理环境、个性化卫生服务、子女密切配合等一系列干预措施，预防和减少老年人意外跌落。通过教育引导预防和减少儿童交通伤害、家庭暴力、校园暴力。提高识毒防毒能力，加强食品、药品、化学品监管等一系列干预措施，预防和减少意外中毒。加强维稳、强化监管，深入开展矛盾纠纷排查，严厉开展打击整治工作和火灾防控工作，切实提高维护公共安全的能力。（牵头单位：市民政局、公安局，配合单位：市委宣传部、市教育局、住房城乡建设局、旅游发展局、应急管理局、民政局、卫生健康委、广电局、市场监管局）

六、发展健康产业

构建多元办医格局，进一步放宽准入标准，加大社会办医引进力度。定期公开公布区域内医疗机构数量、布局以及床位、大型设备等资源配置情况，并将社会办医纳入相关规划。减少对社会办医的运行审批限制。加强对社会办医的政策扶持，执行与公立医疗机构同等补助政策。社会资本可以举办综合医院、藏医院、专科医院等，鼓励社会资本举办血液透析净化中心、医学影像诊断中心、医学检验试验中心、病理诊断中心、体检中心，大力发展康复、精神病、老年病、慢性病和临终关怀等紧缺医疗机构。到2020年，按照每千常住人口不低于0.98床位为社会办医院预留规划空间，到2030年，并逐年适当增加比例，同步预留诊疗科目设置和大型医用设备配置空间。加强政府监管、行业自律与社会监督，促进非公立医疗机构规范发展。鼓励医师利用业余时间以及退休医师到基层医疗卫生机构就业或开设工作室，支持有资质的藏医专业技术人员特别是名老藏医开办藏医门诊部和诊所。加大政府购买服务力度，民办医疗机构提供的基本医疗服务可由政府进行购买。（牵头单位：市卫生健康委，配合单位：市发展改革委、财政局、民政局、市场监管局、医保局）

推进老年医疗卫生服务体系建设，推动医疗卫生服务延伸至社区、家庭。积极推进医养结合试点，鼓励具有一定规模、床位使用率偏低的医疗机构转型为老年养护、临终关怀或老年护理等机构。通过开展医疗养老联合体、签订机构间协议合作机制或老年居民契约服务等多种形式，推动医养结合，为老年人提供治疗期住院、康复期护理、稳定期生活照料、安宁疗护一体化的健康和养老服务。加强老年常见病、慢性病的健康指导和综合干预，强化老年人健康管理。（牵头单位：市卫生健康委，配合单位：市民政局）

积极促进健康与养老、旅游、互联网、健身休闲、食品融合，催生健康新产业、新业态、新模式，发展基于互联网的健康服务，鼓励发展健康体检、咨询等健康服务，促进个性化健康管理服务发展，培育一批有特色的健康管理服务企业。推进母婴护理、养生美容等规范发展，完善行业标准体系，打造连锁服务品牌。加快发展心理健康服务，培育专业化、规范化的心理咨询及辅导机构，引导发展专业的医学检验中心、医疗影像中心、病理诊断中心和血液透析中心等，支持发展第三方医疗服务评价和健康管理服务评价。结合创建全国旅游城市工作，加快发展健康旅游，大力开发集运动休闲、健康疗养、文化娱乐等功能于一体的旅游项目，以“藏医治病、康复理疗、养生保健”为重点，积极发展藏医药生态保健旅游产业。加快开放体育资源，进一步优化市场环境，培育多元主体，引导社会力量参与健身休闲设施建设运营，创新健身休闲运动项目推广普及方式。深入挖掘我市独特的民族传统体育表演业，积极培育时尚休闲运动项目，促进体育与旅游、文化、教育、科技、藏医、养老等产业融合，打造具有昌都特色、比较优势和发展潜力的健身休闲产业体系。（牵头单位：市发展改革委、卫生健康委、教育局，配合单位：科技局、文化局、经济和信息化局、旅游发展局、市场监管局）

七、强化组织实施

（一）强化组织领导。全市各级党委、政府要把卫生与健康事业放在优先发展的战略地位，将健康昌都建设纳入经济社会发展总体规划，健全党委统一领导、党政齐抓共管的工作格局。各级党政一把手对卫生与健康工作要亲自抓、负总责，对重大问题、重要环节、重点任务要亲自调查研究、亲自部署安排、亲自督促落实，带头推行健康文明的生活方式。要加强部门联动和政策协调，完善上下联动、左右协调、各负其责、协同推进的工作机制，形成政策上支持、工作上配合、信息上共享的强大合力。

（二）强化宣传引导。各级宣传部门要充分用好各类媒体媒介，发挥舆论引导的主阵地、主推手作用，深入宣传习近平总书记关于卫生与健康工作的重要论述，宣传全国、全区、全市卫生与健康大会精神，宣传推进健康昌都建设的重大意义、总体战略、目标任务和重大举措，宣传昌都卫生健康事业发展的新经验新成果，最大限度凝聚精气神，最大限度传递正能量，促进“大健康”理念广泛普及、深入人心，凝聚起推进健康昌都建设的强大合力。

（三）强化监督评估。各县（区）、各单位要做好与本规划与各级经济社会发展规划、城乡规划等规划的衔接，确保规划上下协调统一，增强系统性和权威性。成立专门的评价评估工作小组，组织开展规划实施进度和效果评价，及时发现实施中存在的问题，并研究解决对策。评价过程中要实行公开评议、公平竞争，运用法律、经济和行政手段规范、管理和保障规划的有效实施。

2019年国民经济和社会发展统计公报

2019年，在市委、市政府的坚强领导下，全市上下坚持以习近平新时代中国特色社会主义思想为指导，全面贯彻党的十九大和十九届二中、三中、四中全会精神，认真贯彻习近平总书记关于治边稳藏的重要论述和一系列重要指示批示精神，贯彻落实自治区第九次党代会，九届三次、四次、五次、六次全会和市委一届六次、七次、八次全会精神，坚持稳中求进、进中求好、补齐短板、提高质量、改善民生工作总基调，聚力实施“七大提升行动”。全市经济社会保持快速健康持续发展，呈现出更有质量、更有活力、更加健康的良好态势，和谐富裕美丽昌都建设取得明显成效。

一、经济总量与结构

经自治区统计局核算，2019年实现全市生产总值220.96亿元，按可比价格计算，同比增长8.3%。其中：第一产业增加值为29亿元，同比增长5.9%；第二产业增加值为91.57亿元，同比增长5.2%；第三产业增加值为100.39亿元，同比增长11.5%。人均GDP达到27844元，同比增长15.4%。在全市生产总值中，第一、二、三产业增加值比重分别为13.1%、41.5%、45.4%。

二、农牧业

农牧业生产稳步发展。全年实现农林牧渔业总产值48.02亿元，同比增长7.2%。其中：农业产值20.42亿元，同比增长8.4%；林业产值1.44亿元，同比增长4.3%；牧业产值25.1亿元，同比增长6.4%；农林牧渔业服务业1.06亿元，同比增长8.2%。全市年末总播种面积54289.43公顷，粮食作物种植面积45653.42公顷。其中：青稞播种面积36586.77公顷；小麦播种面积5425.1公顷；油菜籽播种面积2762.01公顷。蔬菜播种面积3207.83公顷。全年粮食产量19万吨；油菜籽产量3840.04吨；蔬菜产量57176.72吨；虫草产量21550.22公斤。

年末牲畜存栏总数为220.91万头（只、匹），比上年末减少10.92万头（只、匹）。其中：牛147.78万头，减少0.92万头；羊49.83万只，减少9.62万只。全年猪牛羊肉产量达7.61万吨，同比增长2.3%；奶类产量9.1万吨，同比增长22.8%。

三、工业

全年完成工业总产值32.4亿元，同比增长11.3%。其中：规模以上工业总产值完成23.4亿元，同比增长7.3%；规模以下工业总产值完成9.0亿元，同比增长23.3%。从产品产量来看:铁矿石原矿产量153183.5吨，同比增长206.7%；水泥产量1259716.3吨，同比增长21.2%;发电量39222.7万千瓦时，同比增长30.7%；精炼铜（电解铜）产量8722.1吨，同比下降10.7%；啤酒产量28308.6千升，同比增长1.7%；铜金属含量产量21812吨，同比增长4%。

四、固定资产投资和建筑业

全年固定资产投资保持平稳快速高质量增长，全市固定资产投资比去年同期增长14.5%，民间投资同比增长67.4%。全年建筑业实现增加值77.14亿元，按可比价比上年增长4.8%。

五、国内贸易和旅游

消费市场稳步提升。全年实现社会消费品零售总额61.85亿元，比上年增长10.4%。其中：城镇消费品零售额50.24亿元，增长9.9%；乡村消费品零售额11.61亿元，增长12.4%。按消费形态分：餐饮收入12.48亿元，增长17.9%；商品零售49.37亿元，增长8.6%。

旅游市场健康发展。全年接待国内外旅游者286.25万人次，比上年增长20.83%。全年实现旅游总收入23.47亿元，比上年增长20.98%。

六、交通和通信

交通运输发展平稳。全年完成公路运输货运量252.3万吨，比上年增长6.77%；全年完成公路运输客运量169.8万人次(不含市区客运)，比上年增长1.95%。航空运输全年完成航班4175架次，比上年增长26.09%；实现旅客吞吐量37.3万人次，比上年增长14.77%；完成货邮量0.133万吨，比上年增长33%。全市全年公路通车总里程18366.887公里。

全市通信业务快速发展。全市邮政局（所）141个；全年完成邮电业务总量收入62695.3万元，其中：邮政业务总量收入3769.62万元，电信业务总量收入21489.65万元，移动业务总量收入36127.7万元，联通业务总量收入1308.33万元。年末全市固定电话用户达到7.02万户（电信固定电话用户达到6.63万户，移动固定电话用户达到0.16万户，联通固定电话用户达到0.23万户），移动电话用户达到39.33万户（电信移动用户15.82万户，移动移动电话用户22.08万户，联通移动用户1.43万户）。

七、财政和金融

财政收入平稳增长。全年地方一般公共预算收入完成180334万元，比上年增长2.8%。其中税收收入完成113021万元，同比下降2.5%，占地方一般公共预算收入的63%。增值税完成67580万元，减少10.5%；企业所得税完成13938万元，增长141.6%；个人所得税完成8254万元，增长3.5%。

全市一般公共预算支出3091185万元，同比增长33.7%。其中一般公共服务支出348967万元，同比增长33.4%。公共安全170832万元，教育424441万元，科学技术3266万元，文化体育传媒67759万元，社会保障和就业131237万元，卫生健康163598万元，城乡社区事务199021万元，农林水事务973002万元，交通运输245464万元，住房保障163342万元。

八、教育

教育事业协调发展。全市中等职业学校1所，学生数3653人。中学21所，其中高级中学4所，高中生数11535人；初级中学17所，初中生数31212人。小学200所，学生数77911人。年末幼儿园（学前2年）403所，在园幼儿23414人。全市小学学龄儿童入学率达99.85%，初中入学率达100.38%，高中阶段入学率65.9%。特殊教育学校1所，在校学生134人。“两基”覆盖率100%。

金融业稳步发展。年末全部金融机构各项存款余额389.05亿元，较去年同期增长5.1%。全部金融机构各项贷款余额384.15亿元，较去年同期增长9.05%。

九、文化和卫生

公共文化服务水平稳步提高。年末全市共有群艺馆1个，博物馆2个，公共图书馆12个，乡镇文化站138个，农家书屋1142个，寺庙书屋516个，专业文艺演出团体1个（市康巴文化艺术团），非专业文艺演出团体14个（11县民间艺术团、市三江茶马艺术团、三江少儿艺术团、三江寿星艺术团）。市及县级以上广播电视转播台33座，市及县级以上中波转播发射台4座，市广播电视台1座，县广播电视台10座。广播、电视人口综合覆盖率分别达98.7%和98.72%。

卫生事业加快发展。年末全市共有医疗卫生机构1489个(含村卫生室)。其中：市级医疗卫生机构5个，县级医疗卫生机构11个，乡级卫生院138个，民营医院12个、个体诊所37个。医疗机构床位数2765张，每千人拥有病床数3.5张。卫生专业技术人员数3314人，每千人拥有卫生技术人员4.2人。农牧区医疗制度政府补贴标准555元/年，农牧民参保率100%，僧尼健康体检经费标准200元/年。

十、人口和就业

人口总量基本稳定。全市总人口为798067人，其中：农牧区人口为691143人，非农业人口为106924人。人口出生率为13.92‰，死亡率为6.22‰，自然增长率为7.69‰。

就业形势保持平稳。全市城镇新增就业5153人，开发就业岗位8319个，农牧区富余劳动力转移就业20.78万人次。开展军旅式技能培训人数13172人，城镇登记失业率控制在2.5%以内。

十一、人民生活和社会保障

居民收入持续增长。全市农村居民人均可支配性收入为11545元，比上年增长13.4%。城镇居民人均可支配性收入为32650元，较上年增长10.9%。

物价总体运行比较平稳。2019年昌都市居民消费价格较去年上涨2.5%。调查的八大类商品及服务项目价格同比呈“七涨一降”格局，其中，食品烟酒、衣着、居住、交通和通信、教育文化和娱乐、医疗保健、其他用品和服务类价格分别同比上涨2.7%、4.5%、3.0%、0.3%、0.4%、3.9%和4.7%，生活用品及服务类价格同比下降0.3%。

社会保障体系不断完善。到2019年底，城镇职工参加基本医疗保险人数为44329人，城镇居民参加基本医疗保险人数40984人，参加失业保险人数为20360人，参加工伤保险人数41377人，参加生育保险人数36145人，参加城乡居民基本养老保险人数420243人。全市城镇居民共有5329人享受政府最低生活保障，农村居民有78431人享受政府最低生活保障。全市有五保集中供养中心11个，公办儿童福利院2所，集中收养1680人。有意愿的五保老人、孤儿集中供养率为100%。全年销售社会福利彩票7781.1万元。

十二、安全生产

安全生产总体形势稳定向好。全年共发生各类生产安全事故5起，共造成10人死亡，7人受伤，事故起数同比下降16.6%，死亡人数同比下降37.5%,受伤人数同比持平。直接经济损失1407.79万元，累计受灾人口14623人，农作物受灾面积336.73公顷，房屋受损327间。

十三、环境保护

环境保护建设取得新进展。成功创建118个自治区级生态村、6个生态乡镇。全市累计创建自治区级生态乡镇6个、生态村349个。卡若区大气环境质量自动监测站有效监测天数363天，其中优良天数363天，大气环境质量优良率100%。全市主要江河干流、流经各县（区）城镇地表水体和集中式饮用水水源地水质均达到《地表水环境质量标准》Ⅲ类及以上水质标准。国家生态环境部于11月16日正式将我市评为“第三批国家生态文明建设示范市”。

十四、生态保护

2019年，森林面积5730万亩，森林蓄积量2.61亿立方米，森林覆盖率34.78%，林地面积445.8万公顷。完成造林69195.5亩，封山育林2万亩，森林抚育20.8万亩，退耕还林9.68万亩。新增城镇绿化面积1.3平方米，国家级自然保护区2个，国家级森林公园1个，国家级湿地公园5个，自治区级湿地保护区1个，自治区级保护区总面积44.82万公顷，占全市国土面积的4.1%。

十五、妇女儿童发展情况

推动全市基层妇联改革，11县（区）召开“妇女第一次代表大会”，覆盖率达到100%，1142个村（居）中已完成近100%。县（区）、乡（镇）、村（居）妇女人头经费由2元提高至4—10元的标准，范围扩大到辖区流动妇女，同时解决专项工作经费1—10万，并列入同级财政预算。召开执委由35名增加至51名，常委由7名增加至13名，执委、常委中由基层一线优秀妇女代表得比例分别提高至51%和12%。通过层层推荐、线上线下评选、网络公示等方式，全市35户各类优秀家庭被授予2018年度昌都市“最美家庭”、“五好文明家庭”、“文明家庭”“平安家庭”“廉洁家庭”荣誉称号。

先进名录

2019年西藏自治区级民族团结进步模范集体

序号	单位
1	中共昌都市委办公室
2	昌都市公安局
3	中共江达县委员会、江达县人民政府
4	昌都市实验小学
5	昌都市初级中学
6	洛隆县小学
7	中共贡觉县克日乡委员会、贡觉县克日乡人民政府
8	中共卡若区沙贡乡委员会、卡若区沙贡乡人民政府
9	类乌齐县吉多乡达孜村村民委员会
10	察雅县烟多镇烟多社区居民委员会
11	左贡县拉吾寺管委会
12	昌都市蓝天运输有限公司
13	昌都市壹捌陆伍藏秘实业有限公司
14	西藏自治区公路局昌都公路分局江达公路养护段二工区

全区五四红旗团委

序号	集体名称
1	中国共产主义青年团昌都市人民医院委员会
2	共青团类乌齐县委员会
3	江达县第一初级中学团委
4	昌都市芒康县盐井中学团委
5	中国移动通信集团西藏有限公司昌都分公司团委

全区五四红旗团支部

序号	集体名称
1	昌都市住建局团支部
2	类乌齐县桑多镇桑多村团支部
3	察雅县公安局团支部
4	芒康县嘎托镇普拉村团支部

昌都市获得西藏自治区2019年度优秀家庭

序号	获奖家庭	地址	家庭类型
1	索郎拉姆	洛隆县	最美家庭
2	白 海 云	贡觉县公安局	最美家庭
3	泽仁卓玛	察雅县	最美家庭
4	余 江 葵	卡若区	最美家庭
5	洛松次成	公安局	五好文明家庭
6	张 红 花	藏医院	五好文明家庭
7	扎西次旦	类乌齐县	最美家庭
8	达瓦卓玛	边坝县拉孜乡	最美家庭

昌都市获得西藏自治区2019年度“三八”红旗集体

序号	单位名称
1	昌都市特殊教育学校

昌都市2019年度民族团结进步模范集体

序号	单位
1	中共昌都市委党校
2	昌都市广播电视局
3	武警西藏总队机动第三支队
4	福建省第九批援藏工作队医疗卫生组

续表

序号	单位
5	中共卡若区卡若镇委员会 卡若镇人民政府
6	卡若区教育局
7	察雅县小学
8	中共察雅县烟多镇委员会 烟多镇人民政府
9	中共左贡县旺达镇列达村村民委员会
10	中共芒康县曲孜卡乡达许村村民委员会
11	中共芒康县曲孜卡乡委员会 曲孜卡乡人民政府
12	洛隆县义章寺管理委员会
13	中共边坝县马秀乡委员会 马秀乡人民政府
14	类乌齐县类乌齐寺管理委员会
15	丁青县小学
16	贡觉县民政局
17	八宿县福州市援藏工作队
18	八宿县八宿寺
19	江达县电视台
20	中共江达县岗托镇委员会、岗托镇人民政府

昌都市青年五四奖章集体

序号	集体名称	集体人数	35岁以下青年数	团员人数
1	昌都市委国安办（市国安指挥部）	18	11	3
2	共青团丁青县布塔乡委员会	46	42	11
3	昌都市疾病预防控制中心	52	32	16
4	洛隆县孜托镇加日扎村	1171	733	28
5	中国人民银行昌都市中心支行货币信贷统计科	14	11	5
6	昌都市公安局特警支队	167	139	56
7	昌都市脱贫攻坚指挥部办公室	12	10	2

续表

序号	集体名称	集体人数	35岁以下青年数	团员人数
8	昌都市青年志愿者协会大学生分会（昌都大学生公益团队）	52	52	51

昌都市2019年度“三八”红旗集体

序号	单位名称
1	昌都市察雅县人民医院
2	昌都市卡若区财政局
3	昌都市疾病预防控制中心
4	昌都市贡觉县人民法院
5	昌都市民安医院
6	昌都市住建局

昌都市五四红旗团委

序号	团委名称	所属类别	团员总数（人）
1	丁青县沙贡乡团委	党政机关	55
2	贡觉县莫洛镇团委	党政机关	323
3	类乌齐县类乌齐镇团委	党政机关	144
4	江达县岗托镇团委	党政机关	86
5	八宿县中学团委	普通中学	125
6	卡若区一中团委	普通中学	196
7	卡若区卡若镇团委	党政机关	160
8	芒康县纳西民族乡团委	党政机关	42

昌都市五四红旗团支部

序号	团支部名称	所属类别	团员总数（人）
1	中共昌都市委员会办公室团支部	党政机关	7
2	类乌齐县卫健委团支部	党政机关	24

续表

序号	团支部名称	所属类别	团员总数（人）
3	边坝县沙丁乡东地村团支部	农村	39
4	中国民用航空昌都站团总支	国有企业	70
5	察雅县委组织部团支部	党政机关	4
6	八宿县吉达乡同空村团支部	农村	24
7	卡若区城关镇达野小学团支部	其他	26
8	卡若区城关镇启赤街团支部	街道社区	5

昌都市第二届“十佳少先队集体”

序号	类别	序号	类别
大队		大队（学校）	
1	昌都市第一小学少先对大队	7	昌都市类乌齐县类乌齐镇第一小学
2	昌都市特殊教育学校少先队大队	8	昌都市左贡县田妥镇一汽希望小学
3	昌都市察雅县小学少先队大队	9	昌都市洛隆县俄西乡第一小学
4	昌都市边坝县小学少先队大队	10	昌都市边坝县拉孜乡小学
5	昌都市八宿县小学少先队大队	中队	
6	昌都市洛隆县中学少先队大队	1	昌都市实验小学五年级3中队
7	昌都市卡若区城关镇达野小学少先队大队	2	昌都市第一小学邦金梅朵中队
8	昌都市丁青县协堆乡中心小学少先队大队	3	昌都市第二小学格桑花中队
9	昌都市类乌齐县长毛岭乡第二小学少先队大队	4	昌都市察雅县香堆镇第二小学梅朵中队
大队（学校）		5	昌都市八宿县吉达乡小学五年级二班中队
1	昌都市实验小学	6	昌都市贡觉县哈加乡中心小学向日葵中队
2	昌都市第二小学	7	昌都市江达县同普乡朝阳中队
3	昌都市贡觉县中心小学	8	昌都市洛隆县硕督镇小学少先队中队
4	昌都市丁青县小学	9	昌都市芒康县纳西乡小学五二中队
5	昌都市芒康县嘎托镇小学	10	昌都市左贡县中学小学部雄鹰中队
6	昌都市察雅县吉塘镇中心小学		

昌都市获得西藏自治区2019年度“三八”红旗手

序号	姓名	职务
1	邓　曲	察雅县人民医院护理部主任
2	扎西卓玛	昌都市藏医院心血管科护士
3	泽曲措	江达县德登乡嘎戌村妇联主席

昌都市获得西藏自治区级2019年度“三八”红旗手标兵

序号	姓名	职务
1	毛　拥	江达县教育局党组书记、局长

2019年度西藏自治区级民族团结进步模范个人

序号	姓名	性别	民族	单位及职务
1	次　仁	男	藏	昌都市教育局（体育局）党委书记
2	党曲永措	女	藏	昌都市人民检察院刑事执行检察局局长
3	国　庆	男	藏	中共昌都市委组织部副部长、老干局局长
4	周　涛	男	汉	昌都市广播电视局党组成员、副局长
5	普布次仁	男	藏	边坝县人民医院院长
6	德青巴珍	女	藏	昌都市妇幼保健院妇产科医师
7	尼玛卓嘎	女	藏	左贡县卫生服务中心护士
8	尼玛赤列	男	藏	洛隆县义章寺原民管会主任
9	向　勇	男	汉	昌都市商务局信息中心九级职员
10	罗布玉加	男	藏	丁青县丁青镇茶龙村村民
11	贾士博	男	汉	丁青县津鹏农业发展有限公司总经理
12	陈　利	男	汉	昌都市民安医院副院长
13	四郎尼玛	男	藏	江达县江达镇嘎通村村民
14	扎西次措	女	藏	类乌齐县桑多镇冬孜巷居委会居民
15	久美江村	男	藏	贡觉县雄松乡巴洛村村党支部书记
16	次仁旺堆	男	藏	芒康县纳西民族乡纳西村洛仁组组长

续表

序号	姓名	性别	民族	单位及职务
17	西饶永青	女	藏	卡若区卡若镇达修村村民
18	斯朗措姆	男	汉	八宿县公安局冷曲河警务站科员
19	阿　罗	男	藏	西藏昌都市察雅县卡贡乡邓学村村党支部书记、民族宗教委员
20	卿太平	男	汉	八宿县多拉神山温泉宾馆法人代表

全区优秀共青团员

序号	姓名	工作单位及职务
1	扎西德西	卡若一中学生
2	李叔贤	昌都市公安局交通警察支队
3	刘尚佳	西藏昌都市第三高级中学教师
4	四朗卓嘎	昌都市税务局第一税务分局 科员
5	邓巴曲登	昌都市职校学生
6	白玛多吉	类乌齐县公安局类乌齐镇派出所辅警
7	洛松向巴	八宿县中学学生
8	张　旭	昌都市妇联志愿者

全区优秀团干部

序号	姓名	工作单位及职务
1	兰　欣	昌都市第二小学少先队大队辅导员
2	万郡兴	共青团昌都市委员会学少部副部长
3	次仁卓嘎	卡若区日通乡团委书记
4	龙　君	昌都市第四高级中学团委书记
5	阿旺拉措	共青团江达县委员会 副主任科员
6	戴丽娟	团西藏类乌齐县委员会书记

昌都市2019年度民族团结进步模范个人

序号	姓名	性别	民族	职务
1	泽仁罗布	男	藏族	昌都市政协党组成员、强巴林寺管委会党委书记、主任

续表

序号	姓名	性别	民族	职务
2	永花拉姆	女	藏族	昌都市宗教局党组成员、副局长
3	莫可洋	男	布依族	昌都市交通运输局政工人事科四级主任科员
4	李洋群	女	彝族	昌都市文化局办公室志愿者
5	珠　顿	男	藏族	昌都市司法局律师工作科科长
6	仁增久美	男	藏族	昌都市卡若区第二初级中学年级组长、二级教师"
7	鞠　王	男	汉族	昌都市藏医院针灸推拿科主任
8	颜　强	男	汉族	华润雪花啤酒（西藏）有限公司财务总监、工会主席
9	泽永拉姆	女	藏族	卡若区日通乡瓦列村宗嘎秀然牧场
10	叶晓琴	女	汉族	卡若区民宗局副局长
11	凌云彪	男	汉族	察雅县人民医院副院长兼外科主任
12	彭小伟	男	汉族	察雅县第一小学教师
13	李东州	男	汉族	左贡县土卡寺管理委员会党总支书记、主任
14	洛桑白玛	女	藏族	左贡县民族宗教事务局副局长
15	洛松拉姆	女	纳西族	芒康县民族宗教事务局科员
16	张正军	男	汉族	中共芒康县委办公室副主任
17	格桑生格	男	藏族	洛隆县孜托镇中松村选派第一书记
18	米玛次仁	男	藏族	洛隆县民族宗教事务局局长
19	刘　凯	男	汉族	边坝县边坝寺管委会治安管理科副科长
20	杨秀春	男	白族	边坝县拉孜乡党委副书记、组织委员
21	布　嘎	男	藏族	类乌齐县人民医院藏医科医生
22	曾雄辉	男	汉族	类乌齐县公安局党委副书记、政委、甲桑卡一级检查站站长
23	巴桑次仁	男	藏族	丁青县巴达乡党委书记
24	德　吉	女	藏族	丁青县特困人员集中供养中心高级工
25	杨　超	男	汉族	贡觉县果青日追管委会党总支副书记主任
26	单增格列	男	藏族	贡觉县人社局局长
27	桑　吉	男	藏族	八宿县中学教师
28	林谋东	男	汉族	中共八宿县委副书记、常务副县长

续表

序号	姓名	性别	民族	职务
29	嘎玛明久	男	汉族	自治区、昌都市、江达县政协委员、昌都市佛教协会副会长、江达县瓦拉寺民管会副主任
30	戴 明 英	女	藏族	中共江达县委常委、政协主席、统战部部长

昌都市2019年度“三八”红旗手

序号	姓名	职务
1	洛桑白玛	边坝县达孜乡人民政府副乡长
2	白玛康卓	丁青县觉恩乡卫生院技术员
3	谭 景 群	昌都市做左贡县人大办主任
4	达娃卓玛	昌都市洛隆县公安局法治大队队长
5	鲍 成 心	昌都市军分区勤务保障营72分队六班班子
6	次仁旺姆	八宿县吉达乡党委委员、组织委员、妇联主席
7	次成卓玛	江达县岗托镇党委委员、人大主席、妇联主席
8	格桑德庆	丁青县特困人员集中供养中心负责人
9	扎西卓玛	昌都市妇幼保健院妇产科医生
10	林 艺 岚	昌都市公安局政治部四级警长

昌都市2019年度“三八”红旗手标兵

序号	姓名	职务
1	其美曲珍	类乌齐县小学教师

昌都市优秀共青团干部

序号	姓名	性别	民族	政治面貌	工作单位及团内职务
1	张 明 文	男	汉族	共青团员	洛隆县中学团委副书记
2	扎　　桑	女	藏族	中共党员	边坝县马秀乡团委副书记
3	央金拉姆	女	藏族	中共党员	贡觉县阿旺乡团委书记
4	向巴曲珍	女	藏族	中共党员	察雅县吉塘镇中心小学少先队辅导员

续表

序号	姓名	性别	民族	政治面貌	工作单位及团内职务
5	刘　雷	男	汉族	中共党员	共青团丁青县委员会一级科员
6	李菊生	男	汉族	中共党员	八宿县林卡乡团委副书记
7	嘎松曲珍	女	藏族	中共党员	江达县公安局团委书记
8	次仁卓玛	女	藏族	中共党员	左贡县少先队总辅导员
9	格勒群培	男	藏族	中共党员	芒康县曲孜卡乡团委副书记
10	颜璐茜	女	汉族	积极分子	昌都市第二高级中学团委组织委员

昌都市优秀共青团干部—驻村团干部专项

序号	姓名	性别	民族	政治面貌	工作单位及团内职务
1	次仁拉姆	女	藏族	中共党员	共青团贡觉县委员会三级主任科员
2	卓嘎永青	女	藏族	积极分子	共青团卡若区委员会一级科员

昌都市优秀共青团员

序号	姓名	性别	民族	年龄	工作单位
1	范登飞	男	汉族	27	昌都市纪委监委
2	扎西群措	女	藏族	19	江达县第一初级中学
3	益西次仁	男	藏族	27	察雅县圣成凯广告公司
4	谢　渊	男	汉族	25	中共昌都市委党校
5	王　昊	男	汉族	28	洛隆县中学
6	李玉雪	女	藏族	26	贡觉县相皮乡文化服务中心
7	根嘎次真	男	藏族	27	中国人民银行昌都市中心支行
8	达瓦卓玛	女	藏族	17	昌都市第四高级中学
9	布　仁	男	藏族	19	卡若区一中
10	益西曲培	男	藏族	17	芒康县盐井中学

昌都市青年五四奖章个人

序号	姓名	性别	民族	年龄	工作单位
1	侯　霞	女	汉族	39	昌都市人民政府办公室
2	杨吉云	男	汉族	38	昌都市委组织部
3	常　伟	男	汉族	33	昌都市住建局
4	卢金星	男	汉族	25	八宿县吉达乡人民政府
5	洛松克珠	男	藏族	29	昌都市烟草专卖局（公司）
6	鲁茸达瓦	男	藏族	28	芒康县藏医院
7	嘎松丁达	男	藏族	34	昌都市卡若区嘎玛乡人民政府
8	赵俊杰	男	汉族	28	芒康县措瓦乡人民政府

2019—2020年度大学生志愿服务西部计划西藏专项优秀志愿者

姓名	性别	荣誉
于国莉	女	2019—2020年度大学生志愿服务西部计划西藏专项优秀志愿者
杨　鑫	男	2019—2020年度大学生志愿服务西部计划西藏专项优秀志愿者

昌都市第二届“十佳少先队辅导员”获得者名单

姓名	职务
郎　加	昌都市实验小学少先队辅导员
兰　欣	昌都市第二小学少先队大队辅导员
斯　郎	昌都市卡若区城关镇达野小学少先队大队辅导员
德　庆	昌都市类乌齐县小学少先队大队辅导员
西　嘎	昌都市察雅县香堆镇第一小学少先队辅导员
普　穷	昌都市丁青县小学少先队辅导员
王春健	昌都市贡觉县中心小学少先队大队辅导员
普　布	昌都市江达县第二初级中学少先队大队辅导员
洛　松	昌都市洛隆县小学少先队大队辅导员
拉　姆	昌都市芒康县朱巴龙乡第二小学少先队大队辅导员

昌都市第二届“十佳少先队员”获得者名单

姓名	职务
贡桑多吉	昌都市实验小学少先队员
斯朗拥宗	昌都市特殊教育学校少先队员
丁增宗珠	昌都市卡若区卡若镇小学少先队员
洛松巴姆	昌都市卡若区俄洛镇小学少先队员
扎西永措	昌都市察雅县小学少先队员
泽嘎措拥	昌都市丁青县小学少先队员
永　　庆	昌都市芒康县小学少先队员
泽巴江措	昌都市江达县小学少先队员
白玛益西	昌都市类乌齐县卡玛多乡小学少先队员
贡桑曲达	昌都市边坝县沙丁乡小学少先队员

2019“中国好少年”

姓名	学校
次仁罗布	昌都市第二高级中学
次仁卓嘎	昌都市第二高级中学
拉　　嘎	贡觉县中学
次　　吉	昌都市第二高级中学

昌都市2015年度“三八”红旗集体

序号	单位名称
1	卡若区卫生服务中心
2	江达县卫生服务中心
3	贡觉县中心小学
4	察雅县教育局
5	芒康县公安局
6	左贡县中心幼儿园

续表

序号	单位名称
7	八宿县妇女联合会
8	洛隆县孜托镇人民政府
9	边坝县马秀乡人民政府
10	丁青县城管执法大队
11	类乌齐县卫生服务中心妇产科
12	昌都市第三幼儿园
13	昌都市公安局便民警务管理支队
14	昌都市人民医院内二科
15	中国电信集体公司昌都分公司女工委

昌都市2016年度“三八”红旗集体

序号	单位名称
1	市委组织部妇委会
2	市财政局妇委会
3	市文化局妇委会
4	市妇幼保健院妇委会
5	市交警支队女子大队妇委会
6	市特殊教育学校妇委会
7	丁青县公安局妇委会
8	类乌齐县市政大队妇委会
9	左贡县住房和城乡建设局妇委会

昌都市2017年度“三八”红旗集体

序号	单位名称
1	江达县妇女联合会
2	八宿县卫生服务中心
3	边坝县尼木乡妇联办公室

续表

序号	单位名称
4	丁青县妇女联合会
5	类乌齐县机关后勤服务中心
6	昌都市人民检察院妇委会
7	昌都市公安局便民警务管理支队西路客运警务站
8	昌都市实验幼儿园
9	昌都市人民医院妇产科
10	昌都市鑫盛水务投资有限公司妇委会

昌都市2017年度巾帼文明岗

序号	单位名称
1	察雅县人民医院
2	左贡县旺达镇人民政府
3	边坝县公安局治安大队户籍室
4	丁青县公安局
5	昌都市公安局交警支队女子大队
6	昌都市人力资源与社会保障局就业局
7	昌都市妇幼保健院
8	昌都市国家税务局纳税服务科
9	西藏昌都电信分公司企业信息化部
10	昌都协和医院

昌都市2017年度优秀志愿服务队

序号	单位名称
1	左贡县东坝乡巾帼志愿服务队
2	中共昌都市纪律检查委员会（监察委员会）巾帼志愿服务队
3	昌都市青年志愿者协会礼仪服务队

昌都市2018年度“三八”红旗集体

序号	单位名称
1	边坝县人民医院
2	丁青县人民法院
3	贡觉县司法局
4	洛隆县马利镇妇联
5	中共芒康县嘎托镇委员会
6	察雅县公安局指挥中心
7	八宿县夏里乡妇联
8	卡若区特困人员集中供养服务中心
9	左贡县东坝乡妇联
10	类乌齐县藏语委办（编译局）
11	江达县岩比乡妇联
12	昌都市卡若区第二初级中学
13	中共昌都市委党校
14	中国人民银行昌都市中心支行

昌都市2018年度巾帼文明岗

序号	单位名称
1	察雅县人力资源和社会保障局
2	卡若区人民法院妇女儿童维权合议庭
3	昌都市华协医院护理部
4	昌都市住建局住房资金管理中心

昌都市2015年度“三八”红旗手

序号	姓名	职务
1	勇　勇	卡若区拉多乡仁达日追寺常务书记、主任
2	斯郎措姆	卡若区五保集中供养服务中心院长

续表

序号	姓名	职务
3	毛　拥	江达县教育局党总支副书记、局长
4	嘎　珍	江达县色炯寺管委会党总支书记、主任
5	索郎曲珍	贡觉县委办公室副主任
6	卓　嘎	察雅县公安局户籍室负责人兼烟多镇派出所副教导员
7	次仁卓玛	芒康县妇女联合会干部
8	阿　尼	芒康县昂多乡卫生院
9	扎阿群措	左贡县旺达镇夯达村妇女主任
10	斯郎曲珍	八宿县教育局干部
11	四朗德青	洛隆县硕督镇硕督村村委村妇女主任
12	阿旺曲珍	边坝县草卡镇格吉村村民
13	加永旺姆	丁青县人大常委会主任
14	达瓦仓决	类乌齐县民政局主任科员
15	李影平	市直机关工委副书记
16	布　亚	昌都市中心血站主任
17	斯郎央宗	昌都市公安局治安管理支队主任科员
18	秦　洁	昌都市政府国资委监事会九级职员
19	丁措姆	昌都市第三幼儿园园长
20	德吉央宗	昌都康巴文化艺术团、四级演员

昌都市2016年度“三八”红旗手

序号	姓名	职务
1	拉　措	江达县嘎通村妇代会主任
2	扎　珍	洛隆县妇联科员
3	泽永拉姆	卡若区日通乡致富女能手
4	向巴拉姆	卡若区城市管理和综合执法局西路片长
5	罗　宗	左贡县旺达镇孟琼村支部书记
6	索　次	八宿县综合执法大队职员

续表

序号	姓名	职务
7	其美曲珍	类乌齐县小学教师
8	泽仁措姆	贡觉县委组织部副部长、老干局局长
9	德吉卓嘎	芒康县宗西乡多拉日追寺管委会办事员
10	邓 曲	察雅县卫生服务中心主管护士长
11	向巴曲珍	市鑫盛水务投资有限公司员工
12	德吉卓玛	边坝县尼木乡尼木村居委会妇女主任
13	王 雪	市澜沧缘实业有限公司总经理
14	格桑德庆	丁青县养护段机械设备股股长
15	刚 组	丁青县色扎乡汝化村驻村工作队队员

昌都市2016年度最美格桑花

序号	姓名	职务
1	卓 玛	左贡县中学教师
2	玉 珍	农行洛隆县支行职工
3	毛 拥	江达县教育局党总支副书记、局长
4	达瓦卓玛	边坝县加贡乡卫生院医生
5	次成卓玛	昌都市委政法委政治处科员
6	泽 宗	芒康县人民医院B超室医生
7	陈家芬	芒康县人民检察院党组副书记、常务副检察长
8	晓 红	左贡县委常委、纪委书记
9	赵 晶	昌都市人民政府机要秘书科九级职员
10	斯朗永宗	江达县统战部副部长、民宗局局长
11	向巴群措	察雅县人民法院党组成员、民事审判庭庭长
12	斯朗德珍	丁青县教师
13	斯朗措姆	八宿县基层民警
14	次仁卓吉	丁青县人民医院护士
15	阿 姆	贡觉县中心小学教师

昌都市2017年度“三八”红旗手

序号	姓名	职务
1	扎　措	昌都市编译局综合科高级工
2	扎西卓玛	昌都市藏医院心血管科护士
3	达娃仓决	左贡县东坝乡人民政府副乡长
4	次仁拉姆	芒康县妇联主席
5	赤列卓嘎	昌都市扶贫办农发科副科长
6	杨亚鸽	昌都市委组织部公务员科科长、副调研员
7	杨彩容	察雅县公安局法治大队队长
8	周　君	昌都市实验幼儿园党支部书记
9	周丽娜	贡觉县人民法院立案庭科员
10	侯　霞	昌都市市民服务中心副主任

昌都市2017年度“三八”红旗手标兵

序号	姓名	职务
1	索郎曲珍	贡觉县委巡察办副主任

昌都市2017年度优秀巾帼志愿者

序号	姓名	职务
1	永青卓嘎	芒康县人民检察院公诉科科长
2	卓玛曲宗	中共昌都市委办公室副主任科员

昌都市2017年度“双学双比”女能手

序号	姓名	职务
1	白玛旺姆	芒康县帮达乡加嘎村妇代会主任
2	尼玛卓玛	卡若区俄洛镇加林村村民
3	央青卓嘎	丁青县沙贡乡沙贡村妇代会主任
4	曲　拉	边坝县草卡镇东托社区居民

续表

序号	姓名	职务
5	曲英拉姆	贡觉县莫洛镇林通村妇代会主任
6	亚　嘎	类乌齐县滨达乡热西村妇代会主任
7	泽仁拉姆	江达县波罗乡热多行政村妇代会主任
8	卓玛央金	八宿县白玛镇乃然村村民
9	索朗卓嘎	洛隆县孜托镇加日扎行政村村民

昌都市2017年度最美格桑花

序号	姓名	职务
1	邓　措	察雅县幼儿园教师
2	毛　拥	江达县教育局党总支副书记、局长
3	达瓦卓玛	边坝县加贡乡医生
4	旦增白姆	贡觉县东风西路警务站副站长
5	玉　珍	农行洛隆县支行职工
6	次成卓玛	中共昌都市委政法委政治处科员
7	次仁德吉	昌都市公安局茶马广场便民警务站民警
8	次仁卓吉	丁青县人民医院护士
9	曲　拉	边坝县草卡镇东托社区居民
10	向巴群措	察雅县人民法院党组成员、民事审判庭庭长
11	阿　姆	贡觉县中心小学教师
12	陈 家 芬	芒康县人民检察院党组副书记、常务副检察长
13	泽　宗	芒康县卫生服务中心医师
14	卓　玛	左贡县中学教师
15	赵　晶	昌都市人民政府办公室机要秘书科九级职员
16	晓　红	左贡县委常委、纪委书记
17	斯朗措姆	八宿县公安局科员
18	斯朗德珍	丁青县职业技术学校教师
19	斯朗永宗	江达县委统战部副部长、常务副检察长

昌都市2018年度“三八”红旗手

序号	姓名	职务
1	扎　桑	边坝县马秀乡人民政府文化站技术人员
2	扎西拥宗	丁青县沙贡乡人民政府人大主席兼妇联主席
3	扎措姆	贡觉县敏都乡人民政府党委副书记、乡长
4	卓嘎次措	共青团洛隆县委员会书记
5	向巴曲措	芒康县妇联副主席
6	拉　姆	察雅县双语幼儿园教师
7	珍　措	八宿县邦达镇邦达村妇代会主任
8	朱　芳	卡若区财政局局长
9	曹丽云	左贡县中心幼儿园园长
10	措加卓玛	类乌齐县利美藏医院副院长
11	扎西卓玛	类乌齐县人力资源和社会保障局局长
12	泽曲措	江达县德登乡嘎戎村妇联主席
13	泽仁措姆	昌都高争建材股份有限公司工会主席
14	布　措	昌都市民政局党组副书记、局长

昌都市2018年度“三八”红旗手标兵

序号	姓名	职务
1	周丽娜	贡觉县人民法院立案庭科员
2	毛　拥	江达县教育局党委副书记、局长

昌都市2018年度巾帼建功标兵

序号	姓名	职务
1	巴桑拉姆	八宿县吉达乡党委委员、政府副乡长
2	米　娜	昌都市公安局卡若区分局国保大队教导员
3	魏红丽	昌都市藏医院护理部主任
4	尼玛卓玛	昌都市农牧局畜牧科科员
5	泽西卓玛	昌都市人大办副调研员

组织机构与负责人

市　　　委：阿　　布　回族　市委书记
陈　　军　市委副书记、市长
周 青 松　市委副书记（福建省援藏，8月免）
黎　　勇　市委副书记（重庆市援藏，8月免）
于 树 民　市委副书记（天津市援藏，8月免）
廖 传 锦　市委副书记，党校校长（重庆市援藏，8月任）
魏　　东　市委副书记（8月任）、常务副市长（10月任）（福建省援藏）
杨　　灏　市委副书记（8月任）、常务副市长（10月任）（天津市援藏）
李 文 建　市委常委、军分区政委（8月免）
胡 小 柏　市委常委、军分区司令员（8月任）
蔡 家 林　市委常委、常务副市长（重庆市援藏，8月免）
齐 应 海　市委常委、芒康县委书记
王　　伟　市委常委、卡若区委书记
黎 世 江　藏族　市委常委、江达县委书记
郑 连 武　市委常委、市纪委书记，监察委员会主任
梅 方 权　市委常委、常务副市长（11月任）、市新区管委会党组书记
扎　　西　藏族　市委常委、贡觉县委书记
赵 建 国　市委常委、市委宣传部部长
李　　斌　市委常委、市委组织部部长
张 文 生　市委常委、政法委书记、国安办主任（11月任）
泽仁俊美　市委常委、统战部部长（2月任）

市人大常委会：贡秋江村　藏族　市人大常委会主任
邓 文 昌　藏族　市人大常委会副主任
罗松益西　藏族　市人大常委会副主任
公嘎泽仁　藏族　市人大常委会副主任

齐　　飞　藏族　市人大常委会副主任
叶 国 荣　市人大常委会副主任
陈 启 亮　市人大常委会副主任
晏 启 初　市人大常委会副主任

市　政　府：陈　　军　市委副书记、市长
廖 传 锦　市委副书记，党校校长（重庆市援藏，8月任）
魏　　东　市委副书记（8月任）、常务副市长（10月任）（福建省援藏）
杨　　灏　市委副书记（8月任）、常务副市长（10月任）（天津市援藏）
蔡 家 林　市委常委、常务副市长（重庆市援藏，8月免）
梅 方 权　市委常委、常务副市长（11月任）、市新区管委会党组书记
刘 文 德　副市长
泽仁俊美　藏族　副市长（2月免）
卓　　嘎　藏族　副市长
卫　　强　副市长（2月任）
旺　　堆　藏族　副市长
欧珠达瓦　藏族　副市长
高 学 文　藏族　副市长
胡 登 孚　副市长
赵　　明　副市长

市　政　协：图　　嘎　藏族　自治区政协民族和宗教委员会副主任、市政协副主席
杨 建 平　藏族　市政协副主席（8月退休）
赤　　来　藏族　市政协副主席
张 宏 军　市政协副主席
多　　嘉　藏族　市政协副主席
扎西次仁　藏族　市政协副主席
泽仁顿珠　藏族　市政协副主席
杨　　瑛　市政协副主席
任 厚 明　市政协副主席

索 引

说 明

一、本索引采用主题分析法编制。索引范围包括大类、小类、条目等。

二、本索引按主题词首字汉语拼音音序（同音按音调）排列，若首字拼音相同则按第二字音序排列，以此类推。

三、索引款目后的数字表示内容所在的页码，数字后的拉丁字母（a、b）表示栏别（从左至右）。

四、大类、小类用黑体字。

C

D

E

H

J

K

L

Q

R

S

T

W

X

Y

Z

区县风采

倚身山水　魅力昌都

西藏 | 昌都新区开发建设管理委员会

2019年5月24日，主席齐扎拉考察昌都经开区

2012年10月，区党委、政府召开昌都工作会议，制定出台破除昌都瓶颈制约、释放经济活力的一揽子政策，特别是提出要大力支持昌都设立经济开发区的决策。昌都市委、市政府审时度势、科学部署，按照自治区昌都工作会议精神，立即着手启动昌都经济开发区建设，于2012年12月批准设立昌都新区开发建设管理委员会，2018年3月，经自治区人民政府批准为第一家自治区级经济开发区。8年来，在市委、市政府的正确领导下，在援藏省市企业的无私援助下，经开区广大干部职工按照市委、市政府的部署要求，以全新的思路、开放的理念、创业的勇气，一心一意谋发展，聚精会神抓建设，实现了从无到有、从小到大，从落后村落到投资热土的大突破、大跨越，成为昌都经济发展新的增长极。

一、园区基本情况

昌都经开区在卡若镇的基础上整体规划建设，位于昌都东南部，下辖4个行政村，距昌都主城区30公里、距邦达机场90公里，规划中的川藏铁路、机场快速通道和现有国道G214线穿园而过，交通便利。昌都经开区规划用地面积818.383公顷，其中城市建设用地414.505公顷。规划空间布局结构为“一廊、一带、两心、多片区”。

“一廊”：即沿澜沧江的生态景观廊道。以澜沧江沿江自然景观为纽带，联系各坝区城市景观，形成城市与自然有机融合、和谐一体的生态格局，构建山水林湖为一体的是哪个台空间。

“一带”：即以交通主道为载体，形成的联系各坝区的发展纽轴带，具备串联各个片区的功能。

2019年5月6日，自治区人大常委会主任洛桑江村考察昌都经开区

2019年11月7日，昌都市委书记阿布考察经开区

“两心”：生活服务中心：即A、B坝区城市中心。在A坝区两侧集中规划以经开区管委会、公安警务中心、居民委员会、街道办、体育场馆、图书馆、档案馆、文化馆、文化活动中心、会展中心、商业商务、学校、医院等为主的政务中心、文化中心、商业经济中心和教育中心，共同形成经开区的城市中心，带动周边乃至整个经开区产业的发展和经济的活力，为居民提供更健全、更科学和现代的生活服务。产业中心以C、D、E坝区现代高原产业为核心，打造经开区产业中心，上下承接各坝区，带动其产业高精尖、现代化、生态化发展。

“多片区”：是指山体和河流分割围合自然形成的五个坝区，根据位置和自然条件布置相应的功能。

A坝区：综合服务片区，涵盖行政管理、文化体育、教育科研、商业商务、工业仓储、市政公用、公园广场等各类工程，形成功能完善、配套齐全、设施现代、多产协调、产城融合的城市发展环境；

B坝区：教育配套服务片区，主要规划高职学校等教育配套设施，另规划部分居住；

C坝区：现代化工业片区，以现代化工业为主，另配套部分科创、商住等功能；

D坝区：高新技术产业片区，以高新技术类工业为主，配套少量商业、居住；

E坝区：科研科创产业片区，以科研科创功能为主，配套部分工业、商住。

二、发展现状

2019年以来，昌都经开区始终坚持以习近平新时代中国特色社会主义思想为指引，深刻领会新发展理念，贯彻落实区党委、政府的决策部署，高起点规划、高标准建设，以创新驱动、绿色发展为切入点，着力打造园区“八大产业”“四大双创基地”，下大力气开展招商引资，不断完善园区产业布局，加快创新融资方式，重点推进基础设施建设，持之以恒践行社会责任，助力精准扶贫攻坚战，在经济发展、基本建设、民生保障和社会管理等方面实现新突破。

（一）落实全面从严治党主体责任，锤炼忠诚干净担当政治品格。一是认真开展“不忘初心、牢记使命”主题教育，引导党员干部深学践悟，共开展专题学习会9次，专题研讨7次。领导班子成员带头讲党课6次，围绕落实习近平总书记重要指示批示和党中央、区党委、市委部署正在做的

2019年4月19日，常委梅方权带领新区管委会干部职工到西藏武警总队机动三支队开展主题党日活动

2019年6月28日，在经开大厦一楼组织庆“七一”文艺会演活动，图为常委梅方权带领管委会、企业党员重温入党誓词

2019年10月15日，尼泊尔代表团考察昌都经开区，图为考察经开区A坝区经开大厦规划展馆合影

2019年8月11日，主任美朗松布赴洛隆县白达乡白托村驻村工作点考察指导工作

2019年6月11日，自治区工商联领导考察昌都经开区

2019年5月29日，福建省工委领导调研经开区

工作以及重点改革任务，紧扣产业提升瓶颈、制度机制障碍、改革关键环节、社会治理短板等难点痛点问题，深入开展调查研究，形成调研报告9篇，并切实抓好问题整改。二是严肃党内政治生活，增强党性修养。组织召开“三会一课”20余次，组织开展国防知识教育、廉政专题学习、“献歌新时代，共筑中国梦”、“支部下村、助推脱贫”、村居报到服务、集中整治不作为慢作为组织生活会、红色教育等主题党日活动10余次，谈心谈话40人次，领导干部上讲台讲党课6次，科室工作交流5次，切实增强党内政治生活的政治性、时代性、原则性、战斗性，引导广大党员干部时刻牢记自身党员身份，充分发挥先锋模范和战斗堡垒作用。三是充分利用党组理论中心组学习、支部学习及每周五集中学习，科学安排学习内容，用习近平新时代中国特色社会主义思想武装干部职工头脑。组织召开理论中心组学习14次，集中学习31次，深入学习党章党规、《习近平新时代中国特色社会主义思想学习纲要》《习近平关于“不忘初心、牢记使命”重要论述选编》、上级重要会议精神、优秀党员干部先进事迹等内容，进一步增强广大党员干部“四个意识”，坚定“四个自信”，切实做到“两个维护”。

（二）实施招商引资提质工程，推动企业发展“规模化”。用足用活《西藏自治区人民政府关于印发西藏自治区招商引资优惠政策若干规定（试行）的通知》《昌都市加快非公有制经济发展实施意见》《西藏昌都经济开发区招商投资促进优惠政策（试行）》等优惠政策，大力推行领导拜访招商、全员招商、以商招商、展会招商、网络招商等模式，积极鼓励各单位和社会各界人士引荐更多符合经开区产业规划要求的实体类、总部类企业入驻，充分利用津洽会、渝洽会、海交会、西博会、藏博会、三江茶马文化艺术节等展会平台，加大宣传推介力度。截至2020年3月，经开区共接洽考察投资企业1828家，完成注册手续企业789家，注册资本223.12亿元。园区实体企业完成固定资产投入14.93亿元。入园企业完成入库税收29.9亿元。其中，2019年新增注册企业167家，同比增长15.2%，注册资本22.84亿元；园区实体企业完成固定资产投入2.82亿元；投产企业实现营业收入45.65亿元；完成入库税收8.77亿元，同比增长16.6%，占全市税收总额的32.9%。

（三）实施产业发展提质工程，推动园区发展“绿色化”。一是强化实施产业提质，从企业落地转变为产业链

2019年9月24日，重庆市团委考察昌都经开区

2019年6月25日，重庆两江新区康美街道办事处援助昌都经开区40万元

2019年6月25日，重庆两江新区总工会援助昌都经开区100万元

2019年1月28日，新区管委会领导与瓦约村村委、驻村工作队、8路公交车驾驶员合影

2019年1月3日，中华藏医口腔健康昌都论坛在经开区C坝区扶贫展馆召开

2019年1月28日，昌都市区至经开区公交专线正式开通

落地。坚持以绿色环保、和谐共享的理念为指导，大力推动以生物医药、环保建材、农特产品深加工、文化旅游、民族手工业等八大产业为主导的高原产业发展。注重产业链前端、中端、后端一条龙服务及运营，促进企业在经开区落地生根，开花结果。二是大力发展扶贫产业。2017年以来，共实施产业扶贫项目8个，总投资共计2.7亿元。其中万吨速溶青稞片（粥）加工项目、昌都新区医创园仓库建设项目、万吨自动化糌粑粉加工项目、昌都文化双创基地产业扶贫项目等5个项目已完成建设，并投入运行。产业扶贫项目实现建档立卡贫困户分红资金共计485万元，已分红至卡若区15个乡镇的建档立卡户，覆盖脱贫人口17300余人，辐射带动310余名群众增收。

2019年4月9日，昌都经开区双创发展高峰论坛暨“两路精神”创新创业大赛启动仪式在经开区C坝区扶贫展馆举行

2019年4月28日，昌都经开区“两路精神”创新创业大赛颁奖典礼在康巴演艺中心举行

卡若区

倚身山水 魅力昌都

2019年2月7日，市委常委、卡若区委书记王伟前往俄洛镇加林村慰问驻村工作队干部及村两委干部

2019年5月17日，卡若区委副书记、区长泽仁（左一）在机场快通道（卡若镇段）视察调研

2019年，是中华人民共和国成立70周年，是西藏民主改革60周年，是决胜全面建成小康社会的关键之年。一年来，在习近平总书记和党中央、国务院的亲切关怀下，在区党委、政府，市委、市政府及区委的坚强领导下，坚持以习近平新时代中国特色社会主义思想为指导（指引），认真贯彻中共十九届二中、三中、四中全会精神以及中央第六次西藏工作座谈会精神，认真贯彻区党委九届六次、七次全会精神，认真贯彻市委一届八次、九次全会精神，紧紧围绕区委二届三次全会的部署要求，全面贯彻新发展理念，坚持稳中求进、进中求好、补齐短板、提高质量、改善民生工作总基调，科学处理经济社会发展“十三对关系”，大力实施以“神圣国土守护者，幸福家园建设者”为主题的乡村振兴战略，凝心聚力、主动作为，圆满完成区二届人民代表大会第四次会议确定的各项目标任务。

——经济发展持续向好。2019年，全区生产总值（GDP）完成715062万元，同比增长8.4%。其中，第一产业完成35891万元，同比增长6%；第二产业完成328473万元，同比增长6.2%；第三产业完成350698万元，同比

11月13日，卡若区召开2019年度“先进双联户”创建评选工作总结表彰大会

2019年7月1日，卡若区召开“庆七一”暨“幸福卡若·新时代楷模”脱贫攻坚先进事迹报告会

2019年10月25日，公安局、信访局就外地人员落户问题，进行面对面沟通答复

2019年12月4日，卡若区举办2019年第一期“精扶扶贫、转移就业”美容美发技能培训

增长11.7%。城镇居民人均可支配收入达到36781元，同比增长10.1%；农村居民人均可支配收入达到12536元，同比增长13%。社会消费品零售总额完成24.49亿元，同比增长10.5%。社会固定资产投资完成46亿元，同比增长15%。地方财政一般公共预算收入完成244890万元。接待旅游88.45万人/次，实现旅游总收入72529万元，同比增长50.14%。完成自治区下达的年度目标任务。

——脱贫巩固成效明显。认真落实“四个不摘”工作要求，切实按照区委二届三次全会提出的“4466”工作思路，以“拾遗补阙、固强补弱”为目标，认真开展各项工作，取得明显成效。2019年经过动态调整后，全区3404户15077名建档立卡贫困群众全部实现脱贫退出；421户1560名边缘贫困人口全部纳入动态监测范围，贫困群众家庭人均纯收入中的政策性收入占比从2016年的78%降至24.02%，实现从注重脱贫速度向提高脱贫质量的转变。

——民生福祉持续增进。2019年，提质增效112个村卫生室，打造完成15个藏医馆。报销农牧民群众医疗费用8260人次，报销金额5022.64万元；兑现城乡居民医疗救助4112人次1438.85万元。“组团式”医疗援藏工作有序开展，孕产妇住院分娩率87.36%，婴儿死亡率1.927‰，孕产妇死亡率38.55／10万。区人民医院顺利通过昌都市“二级乙等”综合医院评审初评工作。投入教育资金共计27482.27万元，其中：教育事业经费17057.72万元，“三包”及营养改善金4618.8万元，本级财政配套5805.75万元（达到全区上年财政收入的25%），疑似失学儿童劝返复学工作全面完成。城乡居民人均可支配收入同比分

3月8日，卡若区综治委、妇女联合会在昌庆街开展“巾帼心向党·喜迎十九大‘三八’维权周”法治宣传活动

2019年5月20日，卡若区日通乡农牧民在用新型除草农药为青稞地喷药除草

2019年3月14日，卡若区人民医院在俄洛镇约达村开展义诊活动

2019年5月31日，卡若区开展以“争做好少年・礼赞新中国”为主题的喜迎中华人民共和国成立70周年暨国际“六一”国际儿童节活动

别增长10.1%和13%，广大人民群众获得感、幸福感、安全感不断提升。

——深化改革持续推进。坚持统筹规划、撤建并举、政府机关机构改革、管理体制和职能体系更加科学、运转更加高效；农村改革工作序时推进，完成全区15个乡（镇）、167个村（居）农村集体资产清产核资工作，清查集体资产18.77亿元。截至年底，全区农牧民专业合作社达到50家，有力地促进农牧民群众增收；“放管服”持续推进，“互联网+政务服务”实现网上可办事项达98.46%，全面深化改革蹄疾步稳、砥砺前行。

2019年9月，卡若区公安分局参加卡若区开展中华人民共和国成立70周年维稳安保誓师大会

2019年10月21日，卡若区发改委工作组前往卡若区小学建设工程检查项目进展情况

2019年8月18日，卡若区农推站在日通乡开展新型农药除草效果培训

——社会治理有力有效。全力开展扫黑除恶，按照“有黑扫黑、有恶除恶、有乱治乱”的要求，持续在强化宣传引导、行业乱象治理上下功夫，排查行业乱象2933次，整治969处，排查整治治安乱点401次，全区社会安定有序、人民群众安居乐业；食品药品安全形势稳定向好，全年检查“四品一械”市场主体4509户，共查处各类安全隐患问题285处，当场整改258处，责令限期整改27处，当场行政处罚7件，共罚款0.7万元，共销毁过期、“三无”食品价值6468元，立案查处各类案件6件，结案2件，其余4件正在办理中，罚没款5.11万元，确保全区各族人民群众“舌尖上的安全”；安全生产形势总体稳定可控，全年开展执法检查2418次，排查整改隐患4005处，停业整顿20家，罚款13.26万元，全年未发生重特大生产安全事故。

2019年6月19日，卡若区政协办联合统战民族宗教部门在俄洛镇小学开展“饮水思源、富而思进‘感党恩、爱核心’做爱国守法公民”宣讲活动

2019年8月，昌都市第五届三江茶马文化艺术节在卡若区举办，图为卡若区公安分局安开展保执勤工作

2019年6月5日，昌都市、卡若区两级生态环境部门以“美丽中国 我是行动者”为主题，联合开展“6·5”世界环境日宣传活动

江达县

倚身山水　魅力昌都

2019年6月30日，区党委常务副书记、政协党组书记丁业现，昌都市委书记阿布在江达县检查指导工作

2019年10月3日，市委常委、县委书记黎世江在字嘎乡日木村开展精准扶贫调研

11月12日，县委副书记、县政府党组书记、县长党昂扎西就《以五大发展理念为引领、推动全县经济高质量发展》为题，为政府系统党员领导干部作党课辅助

【概况】江达县位于西藏自治区东部，昌都市东北部，素有“西藏东大门”之称。东与四川省甘孜州的石渠、德格、白玉三县以金沙江为界，北与青海省玉树县毗邻，南接贡觉县，西靠昌都卡若区，地理位置为北纬31°00′~32°36′，东经97°53′~98°53′，平均海拔3600米。江达处于青藏高原三江流域东部、横断山脉上段的高山峡谷之间。地势西北高，东南低。整个地貌景观呈山原类型，分为高山原面、高原山原宽谷和高原山原峡谷三部分。全县地貌分别受东部矮拉山、中部然青藏歌山、西部达玛拉山控制，随山脉走向决定河流的流向，造成山间河谷深切、沟壑纵横、峡谷众多、坡向分明的特点。县内三条山脉构成诸峰重叠、山势陡峭的骨架。全县最高处为波罗乡古色村的载迷提山峰，海拔5436米；最低处为波罗乡的热多村，江面海拔2780米。境内属金沙江和澜沧江水系，分布的河流主要为金沙江，及其一、二级支流藏曲、盖曲、独曲、字曲等，水利资源蕴藏量十分丰富。江达县属于高原气候区，为内陆干燥气候类型。年均气温2℃左右，年均降水量575.5毫米，霜期初终间日期280天，日照时数年均为2300小时，年均地面温度6~10℃之间，年均降雹日10天，年蒸发量1630毫米，平均气压660毫帕。主要物产青稞、小麦、土豆、元根、豌豆、胡豆等。距昌都市223公里。下辖2个镇11个乡、94个村民委员会、1个居民委员会、314个村民小组（自然村）、17227户，总人口93812人。其中农业人口88333人，人口出生率1.6%，自然增长率1.01%。地域面积1314640公顷，主要以农牧业为主，农业包括青稞、小麦、土豆、元根、豌豆等作物，畜牧业包括牦牛、羊等。耕地面积74007.25公顷，粮食播种面积4006.6867公顷，经济作物耕地面积290公顷。森林覆盖率36.95%，林地面积463778.982公顷。国家级野生保护动物有虎、云豹、白唇鹿、普氏原羚、金雕、眉雕等。已

9月22日至24日，县人大常委会主任王玉杰带队前往江达镇、同普乡、卡贡乡、青泥洞乡及所辖部分村（居）开展扫黑除恶专项斗争工作阶段性成效调研

4月2日，县委常委、政协主席、统战部部长戴明英前往卡贡乡宗扎寺督导调研“遵行四条准 争做先进僧尼”教育实践活动开展情况

探明矿产资源有铜、铅、锌、铁、银等。主要旅游景点有吉荣峡谷国家2A级景区，岗托十八军红色遗址、果普白宗神山等景区创建工作稳步推进。主要特色产品有波罗木刻、岩比金银铜器和卡贡唐卡等。2019年，完成生产总值23.1532亿元，同比增长8.3%；其中，第一产业完成3.2931亿元，同比增长5.9%；第二产业完成12.0222亿元，同比增长4.8%；第三产业完成7.8379亿元，同比增长11.6%。全社会固定资产投资41.02亿元，完成邮政业务总量306万元，完成电信业务总量4200万元。固定电话用户480户，使用率100%；移动电话用户15000户，使用率80%；互联网用户5200户。社会消费品零售总额3.67202亿元。接待旅游35.307万人次，实现旅游收入4855.4761万元，同比增长21.57%。地方财政收入1.3695亿元，同比增长7.25%；地方财政支出24.2687亿元。年末城乡居民储蓄存款余额3.9081亿元。全年农村居民人均纯收入11455元，实现城镇就业再就业73人，城镇登记失业率3%。截至年底，参加城镇失业保险1212人，参加基本养老保险34511人，城镇职工参加基本养老保险648人。参加新型农村合作医疗83199人，参加新型农村养老保险33863人，已领取养老保险待遇9044人。城镇居民中有286人得到政府最低生活保障金。有寺庙、拉康、日追68所，僧尼1614人。

【农牧业】江达县紧紧围绕昌都市“五大养殖基地、七大种植基地”的农牧业特色产业布局和江达县“33423”发展新格局，坚持用市场化理念和工业化办法，大力发展各具特色、优势明显、竞争力强的特色产业。2019年，全县良种覆盖率达91%以上；完成农作物播种7.34万亩，粮食产量1633.82万公斤，青稞产量1442.42万公斤，蔬菜产量814万公斤；完成购机补贴农机具101台（套），补贴42.13万元；农业生产中组织投入大中小型拖拉机2100余台，完成机播面积2.1万多亩，机耕面积1.3万多亩，机收面积1.6万多亩；完成农机深松整地作业面积1000亩；共组织开展涉农培训10余次，培训农牧民群众2000余人次，发放培训资料2000余份。开展病虫草害防治4次，防治面积达8000余亩。开展农产品质量安全检查、农资打假活动20次。开

6月13日，县兽防站组织专业技术人员巡诊汪布顶卡松多养鸡场鸡掉毛病例

4月24日开始，县农业农村局与西藏大学农牧学院的专家老师们联合举办新型职业农民种植业实用技术培训会

2019年7月6日，江达县人社局举行高校毕业生创业启动资金发放仪式

10月6日，生达乡在鲁色村会议室举行扶贫产业分红发放仪式，为易地搬迁群众发放分红资金

10月19日，江达县农业农村局围绕“不忘初心，牢记使命”主题教育“十个一”活动开展党员志愿服务

展农业生产主导技术，推广高产创建和测土配方面积4.46万亩，主推“喜玛拉22号”1.33万亩、“藏青2000”3.5万亩，设立“3414”田间肥效试验田1个。完成黄牛改良工作，全年确定5个乡8个村黄改点，共改良黄牛1112头；全年牲畜存栏总数42.7168万（头、只、匹），出栏7.0101万（头、只、匹），纯增率0.6%。

【教育事业】江达县紧紧围绕自治区“五个100%”教育工作目标，按照“五个结合”的要求，大力实施“教育昌县”战略，始终坚持把上年财政收入的23%配套投入教育事业，深化和完善“幼小一体”办学模式以及农牧区免费学前两年“双语”教育、提高小升初、内地西藏班升学率工作。制定《江达县深化教育改革实施办法》《江达县控辍保学工作实施意见》等5份文件，实行乡镇长主管教育责任制，建立激励机制，明确了招生、“控辍保学”、整班移交工作责任，确保学生中途不辍学、不轮换，切实做好义务教育阶段1至9年级学生的整班移交工作。2019年，全县中小学师生比例分别达到1：12.24和1：16.35，超过国家规定比例，师生比例更趋合理，同时，在加大招生力度的基础上，结合县委“组团式”帮扶，通过精准控辍、精准资助、精准帮扶等方式从根本上阻断贫困代际传递，实现所有适龄学生全部入学；发放建档立卡贫困家庭大学生免费教育补助221.3万元，大学生“圆梦基金”741.2万元，中小学生“东风润苗”奖学金60万元，进一步减轻学生家庭经济负担；全县共有在校学生14796人，其中初中在校生3526人，小学在校生8782人，幼儿园在校生2488人；学前、小学、初中入学率分别为66.24%、99.84%、98.02%，较上一学年入学率分别增长5.06%、0.23%、37.73%。县小学、县一中分别取得昌都市考取内地西藏初中、高中班人

2019年6月16日，江达县集中整治劝（接）返教育基地的全体僧尼学员进行以“同心同德，爱祖国”为主题的升国旗仪式活动

2019年10月24日，江达县检查督导打击医疗骗保行为

2019年10月23日，生态环境部执法局工作组赴江达县检查水源地保护工作

数第一的好成绩，全县教育教学质量得到大幅度提升。

【医疗卫生】江达县围绕“三不出、双下降、一提升”目标，大力实施县创二甲、乡镇卫生标准化和村（居）卫生室提质改造工程。在援藏医师的技术指导下，全院职工的共同努力下，新开展了多项诊疗技术，包括无痛分娩、无痛人流、肌腱缝合术，心脏彩超、颈部血管、甲状腺、乳腺、双下肢血管、浅表器官等检查项目，丰富诊疗项目，提升诊疗水平，使医院各项业务工作得到了极大的提升。2019年，医院门诊32168人次同比上年增长29.6%；住院3250人次，同比上年增长53.1%；手术134台，同比上年增长131%；组织业务考试5次，业务学习27次，召开院周、职代会、三重一大会议16次，专题会议5次、药事管理会议6次；新型农牧区合作医疗基金共报销58058人次、报销金额3003.63万元。医院门诊32168人次同比上年增长29.6%；住院3250人次，同比去年增长53.1%；手术134台，同比上年增长131%；组织业务考试5次，业务学习27次，召开院周、职代会、“三重一大”会议16次，专题会议5次、药事管理会议6次，使医院业务及管理更上一层楼。

【文化事业】江达县深入实施“文化兴县”治江兴江战略，积极组织开展基层文化建设，且每逢“重大节日”期间组织在本地开展节庆文艺演出，共组建村级文艺队43支，开展演出43场；围绕“不忘初心、牢记使命”主题教育文艺演出进村（居）的节目在江达县开展文艺演出60余场，覆盖13个乡镇及大部分行政村，受益人数达6.8万人次；打造彰显江达特色的舞蹈、锅庄及音乐3个（《欢聚》、《吉祥村落》、江达长袖舞《幸福家园》），编排展现江达经济社会发展成果的小品2个，精心策划组织开展以“江达县庆祝西藏民主改革60周年文艺晚会”为主题的3.28文艺会演，充分展示中华人民共和国成立70年和西藏民主改革60年来，江达人民对美生活的向往，向昌都各族人民展示用艺术传递幸福、文化改变生活的效果，进一步体现江达艺术团政治功能。全县3座寺庙申报为江达县县级文物保护单位；发展非物质文化遗产8个，总投资1750.2万元，于2019年9月竣工并投入使用，将直接带动贫困户117户，324人增收。

【社会保障】江达县社会保障体系不断健全，建立实施《江达县建设单位工程款担保制度》《江达县欠薪农工法律援助工作制度》等一系列制度、办法、方案；以改善民生为主线，加大技能培训力度，就业工作稳中求进，就业培训力度不断提高，2019年开展致富技能培训1896人，实现转移就业1000余人，就业率达67%。通过设立就业服务窗口，为农牧民提供就业政策咨询、劳动保障政策咨询、就业指导和介绍、求职登记、岗位招聘信息发布、推荐等服务。通过多渠道开发就业岗位共计4954个；建立实施《江达县建设单位工程款担保制度》《江达县欠薪农工法律援助工作制度》等制度，不断完善劳动监察体系；共接待来信来访15起，结案14起，涉及劳动者149人，涉及金额853.55万元，共为民工追回工资756.75万元；已完成年度目标。全县城镇企业职工基本养老保险参保人数651人，征缴养老保险费293.04万元；城乡居民养老保险累计参保人数40201人次，工伤保险参保人数2708人，征收工伤保险费73.56万元，为2名参保职工支付工伤保险费13万元。失业保险收缴34.12万元，参保人数达1256人；机关事业保险参保人数2649人，收缴金额9647096.73元；职业年金收缴人数2621人，收缴金额4787853.24元。

2019年3月19日，江达县统战民宗部门联合县委政法委、县司法局等相关部门，开展民族团结进步创建宣传活动

2019年8月21日，江达县建档立卡户贫困群众工艺画制作（手工编织）技能培训班

贡觉县

GONGJUEXIAN

倚身山水　魅力昌都

2019年7月，市委常委、县委书记扎西督导寺庙工作

2019年9月，市委常委、县委书记扎西赴莫洛镇检查指导脱贫攻坚问题整改工作

【概况】贡觉县地处昌都市东部，金山江西岸。东与四川省白玉县隔江相望，南与芒康县相连，西与卡若区、察雅县接壤，北与江达县毗邻，是连接川藏线国道318线与317线的重要枢纽。贡觉县属于大陆性高原季风气候，全县属半农半牧县，辖区面积6244.04平方公里，耕地总面积6.12万亩，草场面积595万亩，林地面积26.8万公顷，森林面积24.08万公顷，森林覆盖率38.1%，有高等植物5种，野生药用植物资源208种，野生动物列为国家一级保护动物的有3种，国家二级保护动物的13种。最高海拔5443米，最低海拔2570米，平均海拔4021米，县城海拔3640米。全县辖1镇11乡，1个副县级三岩管委会，149个行政村，295个自然村，全县行政事业编制总计1870名，现有干部职工总计2094人，其中占行政编制979人，占事业编制1090人，占机关事业编制人员25人。

2019年10月，市委副书记、市长陈军在贡觉县调研

全县共有各级党组织280个，其中党委22个，党总支9个，党支部249个，共有党员4126名，其中农牧民党员2481名。共有驻村干部596名，其中自治区驻村点14个，选派56名驻村干部；昌都市驻村点35个，选派70名驻村干部；我县各单位、乡镇选派470名驻村干部。全县共有学校38所（完小15所、幼儿园12所、教学点10个、中学1各），义务阶段学生5773（其中小学生4577人，入学率99.8%，中学生1196人，入学率98.44%，幼教阶段学生775人，入学率60.22%），现有教师473人。卫生机构17个，医务人员106名，村医294人，农牧区广播电视人口覆盖率的100%；城镇人口登记失业率控制在2.5%以内。共有寺庙64座，教派4个（萨迦派3座、噶举派4座、格鲁派1座）。定编僧尼1481名。寺庙管委会27个，专职管理特派员机构37人，驻寺干部152名。

【社会事业】推进义务教育均衡发展。教育体育项目建设工作稳步推进。2019年，县教育体育基建项目14个，总投资7020万元，已全部完工并投入使用。文化事业稳步推进。积极开展贡觉县文化产业系列活动，一是扎实推动文化产业发展。新增县级文化产业6家，全县15家文化产

2019年8月，县委副书记、县长杨玉斌在县生产连慰问

2019年5月，县委常委、组织部部长罗布江村出席机构改革涉改单位揭牌仪式

4月10日，贡觉县召开2019年度经济、脱贫攻坚暨农村工作会议

业实现收入164万元，解决建档立卡贫困户183人。二是加强非遗文化保护力度。2019年，新增县级非遗项目6项、传承人市级8人，县级5人。三是积极筹备三岩民俗博物馆建设工作。现已收集三岩民俗生活用具彰显本地民族传统的生产工具、家具、宗教用品，特别是原始木质工具、石炊、石灶约8000余件。着力提升卫生事业。截至2019年年底，贡觉县共完成住院报销补偿2189人次，补偿金额1177.82万元，其中建档立卡户住院报销1291人次，补偿金额616.89万元。对建档立卡贫困人口重特大疾病救治费用兜底，确保建档立卡贫困群众费用个人自付不超过10%。共计27人享受到建档立卡贫困人口重特大疾病救治金28.37万元。县人民医院和妇幼保健院工程已经完工，藏医院已经投入使用。县人民医院装修工程，共投资990万元，目前已完工；县藏医院附属工程，总投资618万元，已经完工。县人民医院传染病房改造和医疗废水处置系统工程，总投资500万元，完工投入使用。各乡镇卫生院标准化建设硬件已基本完成。完善社会保障体系。农村低保从每人每年3840元提高至4450元，按照差额补助的方式，为1856户6660人兑现资金1443.21万元；兑现城镇低保资金232.15万元。登记入住五保对象191人，现实有入住五保对象36人。特困供养对象356人，其中集中供养55人，集中供养标准由去年的每人每年11700元提高到每人每年12480元，分散供养标准由2018年的每人每年5760元提高到每人每年7743元，共兑现资金274.05万元。全力抓好就业工作。全县城镇新增就业357人，完成目标任务365人的97.81%，城镇登记失业率在2.5%以内。实现农牧区劳动力转移就业8154人，转移就业14843.45人次，转移就业收入3673.89万元，分别完成目标任务0.8万人、1.3万人次、3000万元的101.93%、114.18%、122.46%，全县就业形势总体保持稳定。

2019年6月，中国共产党贡觉县第九次纪律检查委员会第四次全体会议召开

2019年7月，贡觉县迎接天津援藏工作人员

2019年8月，贡觉县召开脱贫攻坚第三次调度会

2019年9月，贡觉县召开产业扶贫分红大会

2019年9月，贡觉县召开中华人民共和国成立70周年大庆安保维稳动员部署会

2019年10月，贡觉县贫困县退出专项评估检查行业部门座谈会、第三方评估对接会

【生态保护】一是落实生态环境保护责任。天然林资源保护工程二期管护面积338万亩，管护资金1690万元，落实护林员岗位971个；贡觉县森林生态效益补偿31.01万亩，发放管护人员资金100.44万元；2019年度贡觉县投资162万元用于对森林防火及林业资源综合管理系统进行完善。二是抓好大气污染防治。严格按照源头预防，开展大气污染防治综合治理，制定《贡觉县大气污染防治工作方案》，完成了足峰燃煤砖厂的淘汰、完成洗浴中心燃煤锅炉煤改气、改电5家、餐饮行业油烟整治110家。三是深入开展人居环境整治。建立完善农牧区生活垃圾收运处置体系，实施7个县乡垃圾填埋场工程，总投资9790.18万元。四是植树造林助力生态文明建设。投资8340.08万元完成国土绿化面积12106亩，为贡觉生态建设再添新绿。

【维护稳定】县委始终把维稳工作作为党中央、区党委、市委交给的首要政治任务和第一责任，坚持以防患于未然为原则做工作，以防止出事为目标打基础，以敢于担当落实责任为标准看干部，主动应对“后达赖”向“达赖后”转变的重大挑战，积极防范可能出现的不稳定因素和风险，谋长久之策、行固本之举，深入贯彻落实市委关于推进涉稳隐患摸排调处、维稳能力提升、长效机制健全“三大行动”具体要求，通过强化维稳隐患排查、强化情报信息搜集研判、强化矛盾纠纷排查调处、强化应急处突准备、强化严打整治和社会治安综合治理、强化党对意识形态工作的领导系列维稳机制建设，社会治理能力和治理水平全面提升，实现了“三不出”和“四无”目标，为全县经

2019年10月，贡觉县贫困县退出专项评估检查行业部门座谈会、第三方评估对接会

2019年10月，贡觉县三岩片区跨市整体易地扶贫搬迁第八批搬迁群众启程

2019年10月，贡觉县"四讲四爱"群众教育实践活动第三节点总结暨第四节点安排部署会（宣讲培训会）

2019年11月，贡觉县"不忘初心、牢记使命"主题教育村（社区）党支部书记、村委会主任集中轮训班

2019年12月，贡觉县河长制工作推进会

济社会发展提供安全稳定的环境。

【项目建设】2019年，全县基建项目开复工项目161项，总投资347.59亿元，完成投资19.1亿元（其中：叶巴滩电站完成投资11亿元），比上年同期增长6.7%，完成目标任务19601万元的100.3%，其中：续建项目55项，总投资342.34亿元，完成投资14.07亿元；新建项目106项，总投资5.25亿元，完成投资5.03亿元；完工项目144项，总投资12.39亿元，完成投资7.23亿元。

【基础设施建设】县乡公路建设不断推进。全县续建交通项目40个，建设里程208.138公里，总投资55053.54万元。交通扶贫项目稳步推进。全县新建交通扶贫项目26个，建设里程47.45公里，总投资7955.1万元。加快城乡基础建设。全县新建城乡建设项目4个，总投资15034.46万元，其中贡觉县县城搬迁安置点工程、贡觉县县城搬迁安置点（公租房）二期工程预竣工交付使用。水利建设项目有序推进。全县新建水利项目5个，总投资10696.26万元，2019年完成投资10696.26万元。

【精准扶贫】中央吹响脱贫攻坚战冲锋号以来，贡觉县坚持把习近平总书记关于扶贫工作重要论述作为打赢脱贫攻坚战的制胜法宝，坚持把贯穿其中的科学思维方法运用到工作实践之中。县委、县政府站在讲政治的高度，深入贯彻落实中央、自治区、昌都市脱贫攻坚工作会议精神和各项决策部署，将脱贫攻坚工作作为"十三五"期间头等大事和第一民生工程，坚持精准扶贫、精准脱贫方略，以"两不愁三保障"为目标，以"四个切实""六个精准"为工作要求，以"五个一批"脱贫措施为抓手，重点解决"扶持谁""谁来扶""怎么扶""如何退"四个问题，凝心聚力、全力以赴推进全县脱贫攻坚工作。

2019年9月，贡觉县"敬老、助老、爱老——守初心、担使命、添动力"活动

2019年12月，贡觉县政府党组"不忘初心、牢记使命"主题教育专题民主生活会

2019年12月，中共贡觉县委常委班子"不忘初心、牢记使命"主题教育专题民主生活会

察雅县

倚身山水 魅力昌都

2019年9月，中央纪委常委、中央组织部副部长姜信治到吉塘特色小城镇调研指导工作，昌都市政协副主席、县委书记任厚明，县委副书记、县长其珠多吉等陪同调研

2019年8月，中央宣传部副部长蒋建国到察雅县调研指导工作，昌都市政协副主席、县委书记任厚明等领导陪同调研

2019年5月24日，自治区党委副书记、政府主席齐扎拉前往察雅县调研督导脱贫攻坚等重点工作，昌都市委书记阿布，察雅县委副书记、县长其珠多吉等陪同调研。图为齐扎拉主席一行在调研察雅县扶贫产业园后，与察雅县相关单位负责人及在产业园就业的工人合影

【概况】察雅县位于西藏自治区昌都地区东南部，地处横断山脉北段，介于北纬30° 04′ ~30° 59′ ，东经97° 11′ ~98° 29′ 之间。北连昌都县，东邻贡觉县，南与芒康县、左贡县接壤，西与八宿县毗邻。版图呈东西窄、南北长的菱形。境内东中部为高原、丘状高原和山原地貌相依而成；西部是高山峡谷，沟壑纵横。山脉河流呈西北至东南走向，西北部（吉塘、卡贡）最高处海拔达5630米，巴日则松一带（澜沧江出境处）现代河床水面海拔高度2870米。百里澜沧江由西北而东南蜿蜒出境，麦曲作为澜沧江一级支流由东南向西北横穿县境腹部滋润两岸田园。因纬度、地势差异等影响，依次出现高原温带半干旱气候、高原寒温带半湿润气候等气候类型。年均气温8.2℃，年平均降水量472.4毫米，年平均蒸发量1653.6毫米。日均气温5℃以上持续期209.2天，0℃以上持续期278.8天，无霜期平均为130天。适于耐寒、耐旱、

2019年7月，自治区党委常务副书记、政协党组书记丁业现到吉塘特色小城镇调研指导工作，昌都市委阿布，昌都市政协副主席、县委书记任厚明等领导陪同调研

2019年6月，自治区党委副书记、常务副主席庄严到察雅县吉塘特色小城镇调研指导工作，昌都市政协副主席、县委书记任厚明等领导陪同调研

2019年3月14日，自治区政府副主席江白一行到察雅县督导调研精准扶贫等工作。图为县委副书记、县长其珠多吉向江白副主席介绍佐通村安置点相关情况

2019年8月，昌都市政协副主席、县委书记任厚明前往卡贡乡督导调研脱贫攻坚等工作开展情况

2019年11月，昌都市政协副主席、县委书记任厚明前往察拉乡察多寺督导调研维护稳定等工作开展情况

早熟作物生长，有利于林、牧、果树生产的发展。境内除林地517.75万亩外，尚有天然草场747.46万亩，其中可利用草场达695.57万亩，为发展林牧业提供广阔的天地。乔木林以松树、柏树、桦树、榆树等树种居多，灌木林有杜鹃树、桃树、枸子等树种。林中产有虫草、贝母等数十种野生药材及松子、山桃、山杏、菌类等，为发展林副产品加工业提供了得天独厚的条件，而且有10多种常见鸟兽及鹰雕、麝、雉鸡等稀兽珍禽栖息林间。察雅县阿孜、扩大等乡镇拥有品质较好的牧场，牧草丰盛，牧业兴旺。其中牧养在阿孜一带的阿旺绵羊，常年食虫草等药材，饮高山雪山融水，其肉质鲜美，营养丰富，是察雅县著名的土特产品，已申请认证地理商标。矿产资源种类繁多，为经济开发展示巨大的潜力。截至2019年年底已探明的金属和非金属矿种有20余种，矿床（点）90处。矿床规模除铜、钼、铅、锌、银、白云岩、石灰岩规模较大外，其余多为矿点、矿化点。

察雅县距昌都市88千米，辖13个乡镇，138个行政村，2019年底总人口65649人，其中农业人口44753人，牧业人口17325人，非农业人口3571人。地域面积8255.59平方千米，主要以第二产业为主，农业主产青稞、春小麦、冬小麦、玉米、油菜、豌豆、马铃薯、大白菜、小白菜等，畜牧业主要有牦牛、黄牛、犏牛、绵羊、山羊、马、骡、猪、鸡等。

2019年，全县地方生产总值完成14.75亿元，同比增长8.2%（可比价）；一般公共预算收入完成6180万元，同比增长18%；固定资产投资完成14.5亿元，同比增长18%；农村居民人均可支配收入达到11245元，同比增长13.6%；城镇居民人均可支配收入达到31521元，同比增长10.8%；社会消费品零售总额完成3.74亿元，同比增长10.3%。

全县有寺庙、拉康、日追78所。

【脱贫攻坚取得历史性成就】2019年实现138个贫困村退出，4161户20852人脱贫。建档立卡贫困人口实现“两不愁、三保障”，贫困发生率从33%降至0%。2019年12月23日西藏自治区对外发布公告批准察雅县退出贫困县。

围绕“两不愁、三保障”，紧盯2019年全县脱贫摘帽目标，一是全面完成安全饮水工作。总投资5991.42万元，对306个自然村290个工程点，采取新建、改造、升级等措施实施安全饮水巩固提升工程，高寒区域采取水井、暖箱等有效措施，解决冬季供水难题。完成358个水源点水质检测，全县农村饮水均达到《西藏饮水安全评价准则》标准，切实保障农牧民群众饮水安全。二是住房安全得到有效保障。投入资金7.89亿元，建设易地扶贫搬迁安

2019年6月13日，察雅县委副书记、县长其珠多吉前往察雅县中学“小升初”考点检查指导工作，图为现场查看后勤保障准备情况

2019年1月31日，察雅县举行消防救援大队授衔和换装仪式，县委副书记、县长其珠多吉等领导参加

2019年8月26日至30日，重庆市地方志工作组一行到察雅县调研指导修志编鉴工作，并向察雅县捐赠志鉴出版经费16万元

2019年11月7日，《察雅县志》终审工作会议在县政府会议室召开，原则通过县志终审

掩映在桃花林间的新农村

澜沧江广场

置点26个，入住群众2406户12751人，入住率达100%。投入资金3980万元，对全县1328户（含建档立卡户374户）群众实施农村危房个性化“六改”工程，困难群众住房安全得到有效保障，同时群众通过靠投工投劳，每户增收9300元。三是医疗保障实现全覆盖。将1271人纳入全县大病集中救治、慢病签约服务管理、重病兜底保障。家庭医生签约服务率达100%。累计投入资金1.4亿元，实施县人民医院、藏医院、疾控中心和11个乡镇卫生院的基础能力提升、新建、改扩建工程，对138个村卫生室提质改造，每个村卫生室配备2名村医，全县医疗条件显著提升，将群众“因病致贫、因病返贫”风险降到最低。四是教育保障扎实有效。加强建档立卡户在校生管理，切实做到一生一档。建档立卡户中小学生2617人，入学率100%。全面落实“县、乡、村、户”“局、校、班、户”双线控辍责任制和控辍保学“四书制”，疑似失学儿童复学率100%，义务教育阶段“三残”适龄儿童义务教育入学率100%。投入“三包”经费3031.88万元，营养改善计划经费552.28万元，推进义务教育城乡一体化均衡发展，全面完成农村薄弱学校提质改造，坚决切断贫困代际传递。五是政策保障落实到位。针对残疾人、单亲母亲、一孩双女等易返贫的弱势群众制定并实施帮扶方案，累计为2782名残疾人办理残疾证，累计发放价值50万元的辅助性器械771件。累计投入589余万元，成立“察雅县福志商贸有限公司”，第一期40个“短平快”项目全部投入使用，累计带动1420余人就业增收。协调各方扶持资金2900万元，新建集体经济54个，在全县138个村（居）建立劳务输出合作社，消除集体经济“空壳村”。

【民生保障不断夯实】坚持以人民为中心的发展思想，着力补齐民生短板。教育方面。总投资2.8亿元，占财政总支出16.34%。推进城乡办学条件均衡化发展，推广学前教育集团化办园模式，新建第二小学、第二幼儿园，在高海拔学校实施集中供暖项目，新建公共体育场馆1座。为18所学校补充完善学校信息化教学设备，争取重庆援藏投资500万元建设县中学数字化校园，全县各类学校办学条件得到持续改善。紧紧围绕实现“五个100%”教育工作目标和质量提升计划，全面推进控辍保学工作，努力促进全县教育事业健康和谐发展。组织130多名教师赴重庆南岸区、綦江区参加培训，10余名幼教教师参加“粤藏同心”幼教教师和保育员培训，全县校长、教师交流人数达到54

察雅县吉塘镇藏靴

察雅特色手工艺产品—王卡秘制藏香

察雅石磨青稞糌粑

察雅县蜜桃

人次，教师队伍建设不断加强。医疗卫生方面。包虫病综合防治和“六病”筛查圆满完成，荣获“全市包虫病防治先进单位”“昌都市卫生健康工作先进集体”。全县孕产妇住院分娩率提高到87.67%，同比增长15.3%；新生儿死亡率降低到11.28‰，同比下降9.7‰。县级公立医院医疗服务能力不断提升，投资1.02亿元，县人民医院综合大楼、传染科病区、妇幼保健楼等投入使用，成功完成二级乙等综合医院创建工作。“组团式”医疗援藏取得重大突破，上海复旦大学附属中山医院、綦江区人民医院、大足区人民医院、巴南区人民医院、广东中山大学附属第三医院等对口支援医院派出65名医疗专家来察援助，组织培训200余场次，帮助建章立制300余条。全年累计开展义诊7121场次，实施抢救214人次，治愈病人2400余人次，手术数、救治数远超往年，群众生命安全得到保障。文化事业方面。完成文艺演出活动20场，开展各类文化惠民活动60余场，创编舞蹈8部。完成《察雅年鉴（2018）》《精准扶贫在察雅》《美丽察雅》出版工作，《察雅县志》顺利通过市级终审。基础公共文化设施进一步完善，察雅县电影院建成投运，13个乡镇文化站功能更加完备，38个行政村配齐一般文化设备（包括26个安置点）。非物质文化遗产传承工作更进一步，格萨尔铠甲颂和勉唐画派绘画技艺已列入市级非物质文化遗产项目名录，金属锻制技艺（麦堆金银锻制技艺）、面具制作技艺（烟多羌姆面具制作技艺）、羌姆（烟多德穆贡羌姆）、藏靴制作技艺（吉塘藏靴制作技艺）列入自治区级非物质文化遗产项目名录。仁达拉康纳入全国重点文物保护单位。就业创业方面。全年累计实现转移就业1.41万人次，人均年收入增长3958元以上。协调援藏省市、企业和实际资源，累计开发就业岗位170余个，城镇新增就业380人，实现295名高校毕业生就业创业。开办技能培训班21期，完成建档立卡群众863人技能培训，实现培训就业345人；新型农业经营主体不断增多，登记注册农牧民专业合作社45家，辐射带动349名农牧民群众。社会保障方面。全县城乡居民基本养老保险参保人数达到1.91万人次。完成社保卡信息采集5.89万人。新型农村合作医疗保险参保人数达5.72万人。累计兑现城乡医保、残疾人两项补贴、临时救助、特困救助等社会救助资金2557万元，保障13273名困难群众基本生活；在中华人民共和国成立70周年之际向9465名困难群众增发救助资金168.74万元。基层政权建设探索推进，有序推进6个大中型易地搬迁安置点增设村（居）民委员会工作。

万亩经济林

温室大棚种植

芒康县

倚身山水　魅力昌都

5月17日，市委常委、芒康县委书记齐应海讲廉政党课

4月8日，市委常委、芒康县委书记齐应海（中）察看易地搬迁点入住情况

【概况】芒康县地理位置藏语意为“善妙之地”。位于西藏自治区昌都市东南部，川、滇、藏三省交界处，横断山脉腹地，著名的金沙江、澜沧江流域，介于北纬28° 5′ ~30° 4′ 之间、东经97° 9′ ~99° 1′ ，川藏公路（国道318线）和滇藏公路（国道214线）穿越芒康，并在县城交汇。芒康县最高海拔6434米，最低海拔2200米，平均海拔4313米，县城驻地海拔3870米。地形地貌特征横断山脉腹地，地势北高南低，西突东夷，并自西北向东南倾斜，且谷地自北向南显著加深。水资源情况澜沧江、金沙江。气候条件属高原温带半湿润季风气候区。主要山川东达山、红拉山。主要物产青稞、小麦、豆类、洋芋等多种蔬菜。距市所在地昌都440公里。辖16个乡镇，61个行政村（居）。362个村民小组，辖区面积116322平方公里，主要以农牧业为主，农业包括青稞、小麦、豆类、洋芋等，畜牧业包括牛、羊。耕地面积5835.437公顷，粮食播种面积8.88万亩。森林覆盖率35.94%，林地面积635374.534公顷。国家级野生保护动物国家一级重点野生保护动物：滇金丝猴，云豹、雪豹、野牛等，国家二级重点野生保护动物：小熊猫、猞猁、马来熊、马鹿、獐子、水鹿、岩羊、猕猴、藏酋猴、藏马鸡、秃鹫、黑鹳，鹦鹉、白腹锦鸡、红腹锦鸡等，已探明矿产资源有铅、锌、钖、镁、金、

4月5日，市委常委、芒康县委书记齐应海（中），市政协副主席、芒康县委副书记泽仁顿珠（右一），芒康县委副书记王代兵（左一）清明扫墓

11月14日，市政协副主席、芒康县委副书记、政府县长泽仁顿珠召开不忘初心牢记使命主题教育

6月24日，市政协副主席、芒康县委副书记、政府县长泽仁顿珠结对帮扶

4月8日，市政协副主席、芒康县委副书记、政府县长泽仁顿珠察看易地搬迁点入住情况

银、铜、铁等金属矿和食盐、石灰岩、煤、硫、脉石类、石膏、磷、砷等非金属矿。主要旅游景点红拉山滇金丝猴国家级自然保护区、莽措湖自然保护区、尼果寺自然保护区、澜沧江大峡谷、曲孜卡温泉、觉龙桃花沟、达美拥雪山-藏东神女峰、雄伟壮丽的角龙坝大桥、觉巴山。特色产品红酒、盐、核桃、花椒、蜜橘、石榴。2019年，完成生产总值25.7935万元，同比增长8.3%，其中，第一产业完成3448万元，同比增长5.4%；第二产业完成122585万元，同比增长6.0%；第三产业完成100902万元，同比增长11.5%。全社会固定资产投资41.3亿元。社会消费品零售总额59300万元。接待旅游60万人次，实现旅游收入8400万元。全年县级财政收入13667万元，比上年增长1127万元，增长8.99%；上级各项补助收入共完成293979万元，比上年增长105434万元，增长55.92%；总支出为306707万元，比去年增长107463万元，增长53.94%。农牧民人均可支配收入达11847元，同比增长13.2%；城镇居民人均可支配收入达33391元，同比增长10.5%。社会保障体系更加完善。一是新型农村合作医疗报销达1549.43万元，大病保险惠及68人次，重病兜底保障187人次，建档立卡贫困户慢性病签约覆盖率达到100%，建档立卡贫困群众医疗报销比例提高5%。二是累计实现转移就业1.35万人，转移就业收入7102万元；城镇新增就业2625人，2019年高校毕业生326人已就业320人；城镇登记失业率控制在2.5%以内。有芒康县共有依法登记造册的53座寺庙，其中格鲁派34座，宁玛派9座，萨迦派8座，噶举派1座、天主教堂1座，未登记造册的临时宗教活动点82座，分布在芒康县16个乡（镇），共有编内持证僧尼843人，在寺编外僧尼389人。

农牧业方面：

（一）种植业

2019年全县农作物播种面积10.54万亩，其中：粮食作物播种面积8.83万亩（其中青稞6.25万亩），经济作物1.3万亩（油料作物0.54万亩，蔬菜面积0.76万亩），青饲料0.41万亩。共调运化肥1432吨，其中尿素842吨、磷酸二铵299吨、复混肥291吨；调运农药1.5吨，其中杀虫剂（铁证）0.06吨、除草剂（爱秀）0.64吨、（千里寻0.8吨）；调运良种6万公斤，其中“喜玛拉22号”3万公斤、“藏青2000”3万公斤。一是二级种子田建设情况。2019年芒康县实施二级种子田4246亩，“藏青2000”3360亩，在帮达乡

7月31日，部队慰问

9月30日，部队官兵重走十八军

庆祝“3·28”百万农奴解放日观看文艺汇演

拉乌山自驾营地

莽错湖

毛尼村安排1000亩，帮达乡加嘎村安排“藏青2000”1500亩，在帮达乡帮达村安排“藏青2000”860亩；“喜玛拉22号”686亩，嘎托镇“喜拉22号”186亩，洛尼乡“喜玛拉22号”500亩；昌都小油菜200亩，安排在嘎托镇。二是耕地保护与质量提升项目。实施耕地保护与质量提升项目6.6万亩，其中在帮达乡毛尼村多日组实施“3414”田间肥效试验1.6亩，包含1个完全实验、一个不完全实验，配套两个校正实验。为进一步了解和掌握氮、磷、钾肥料对我县主要粮食作物产量的影响提供了科学的数据及基本参数，为配方施肥提供依据打下了坚实基础。三是粮油绿色高质高效创建。实施粮油绿色高质高效创建面积6.6万亩。综合考虑海拔、气候、耕地质量等情况，在嘎托镇1万亩、措瓦乡1万亩、宗西乡0.6万亩、如美镇0.7万亩、洛尼乡0.3万亩、莽岭乡0.7万亩、徐中乡0.5万亩、帮达乡1万亩、曲登乡0.4万亩、朱巴龙0.4万亩。同时，进行“喜玛拉22号”等新品种示范推广0.98万亩，为芒康县实现粮食持续稳定增产奠定了基础。

（二）畜牧业

截至2019年年底，全县现有各类牲畜存栏452891（头、只、匹），新生仔畜138720（头、只、匹），仔畜成活135285（头、只、匹），仔畜成活率达到97.5%，成畜死亡2850（头、只、匹），成畜死亡控制在1.8%以内，适龄母畜比率达48.5%，牲畜出栏头数49560（头、只、匹），全年共完成接羔育幼138720头（只、匹），全县无重大动物疫病疫情发生。

教育事业方面：

全县现有各级各类学校共101所。其中，初级中学2所、乡（镇）小学28所、幼儿园71所。共有正式教职工875人（含工人一名），其中幼儿专任教师88人，小学专任教师512人，中学专任教师243人，教研室32人。目前共有在园学前幼儿3152人，入园率80.51%；小学在校生7679，入学率100%；初中在校生3373人，入学率100%。

医疗卫生方面：

稳步实施农牧区医疗制度。2019年，新型农村合作医疗报销1549.43万元；大病保险惠及68人次，兑换资金247.1万元；重病兜底保障187人次，惠及资金70.6万余元；建档立卡贫困户慢性病签约覆盖率达到100%，建档

藏传佛教中的圣托里尼

尼果寺

硕果累累的葡萄

索多西辣椒酱

梅里雪山第三个女儿——达美拥雪山　　觉龙桃花沟　　澜沧江W形大拐弯

立卡贫困群众医疗报销比例提高5%。

文化事业方面：

一是抓落实，不断强化基层文化设施。突出示范工程。先后在曲登乡、索多西乡、徐中乡、曲孜卡乡、纳西民族乡等5个乡（镇）成立乡（镇）文艺表演队示范点，按照每乡（镇）2万元的标准实施了乡镇文艺表演队建设标准化措施，并组织专人，深入相关乡（镇）进行专业指导，确保取得实效，5个乡（镇）文艺表演队示范点均已挂牌、规范到位，同时争取资金15万元购买道具，发放给5个示范点使用。二是抓产业，不断巩固文化扶贫项目。按照《昌都市文化局关于2018年至2020年文化精准扶贫产业项目实施方案》的总体要求和文化产业发展需要，积极成立了两个文化产业项目，即芒康县善妙之地特色文艺工艺品公司、芒康县罗永民族手工艺制作有限公司。截至2019年年底，共研发产品26项，带动建档立卡贫困户39人，年利润达190余万元。同时，加大17个易地扶贫搬迁安置点村级文化室文化设施建设力度。截至2019年年底，已完成17个点的配套建设，投入资金53万元。

盐田背卤水

盐田

芒康县城

远眺达美拥雪山

ZUOGONGXIAN

左贡县

倚身山水 魅力昌都

县委书记李雨雷，县委副书记、政府县长罗松吉村与厦门援左工作队讨论新农村建设工作

县委书记李雨雷查看了解易地搬迁点适龄幼儿受教育情况

县委书记李雨雷了解县城棚户区改造进展情况

2019年，在区党委、政府的关心关怀下，市委、市政府的正确领导下，县委、县政府团结带领全县各族干部群众，坚持以习近平新时代中国特色社会主义思想为指导，不断增强“四个意识”、坚定“四个自信”、坚决做到“两个维护”，切实贯彻落实党中央、区党委、市委的各项决策部署，抢抓机遇、迎难而上、不遗余力，以供给侧结构性改革为主线，深化市场改革，落实“六稳”要求，以处理好“十三对关系”为根本方法，统筹推进稳增长、促改革、调结构、惠民生、防风险工作，始终保持经济发展在合理区间，为全面建成小康社会奠定了坚实基础。

全年完成地方生产总值13.14亿元，同比增长8.1%；地方一般公共预算收入完成5480万元，同比增长20%；社会消费零售品总额3.17亿元，同比增长10.4%；一产、二产、三产分别完成2.3亿元、4.4亿元、6.35亿元，同比分别增长3.6%、15.7%、5.5%，产业结构调整为17.6∶33.7∶48.7，二、三产占主导地位，符合经济发展结构要求。社会固定资产投资同比增长25.4%。全县公路通车总里程1925公里。县城4G网络全覆盖，行政村覆盖率达85%，10个乡镇实现2G、4G全覆盖，覆盖率达100%，移动家用宽带用户累计达943户，在全区同等条件县（区）中排名第四。脱贫攻坚战取得决定性胜利，基本消除了绝对贫困。实现新增就业381人，农牧区富余劳动力转移就业8400余人；应届高校毕业生232人，实现就业230人，就业率达98%，城镇登记失业率控制在2.5%以内。城镇、农村居民人均可支配收入同比分别增长10.6%和13.4%。商事制度和登记注册便利化改革有序开展。全年减免各项税费2049万元，各类市场主体累计达1908户，累计引进招商引资项目10个，到位资金2.8亿元。完成福建省第八、九批援藏轮换、中国一汽集团第六、七批援藏轮换工作。实施2019年援藏规划内建设项目15项，落实投资6748万元，接受福建厦门、中国一汽集团捐赠165万元物资。

一是三大攻坚战取得跨步进展。脱贫攻坚成效明

县委副书记、政府县长罗松吉村查看了解珠然新区基础设施配套建设进展

县委副书记、政府县长罗松吉村在县城珠然新区了解2019年公租房建设进展

显，落实脱贫攻坚资金4.75亿元，建成44个产业项目，在建产业项目15个，建立完善单个已建成产业项目的利益联结机制，累计实施分红401.62万元。1345户6978人完成搬迁安置，排查鉴定农村危房户1121户，全面消除危房。全年实现减贫1467户8462人，累计减贫2676户13425人，顺利完成区、市两级脱贫“摘帽”实地核查，获得自治区党委政府和市委市政府的认可。蓝天保卫力度增强。县城空气质量符合《环境空气质量标准》Ⅰ类标准限值、县城地表水质量符合《地表水环境质量标准》Ⅱ类标准，全县环境质量总体保持稳定，自治区环境考核初步结果为合格，2017年中央环保督察8个转办案件均已办结，无反弹现象，西藏自治区第二环保督察组反馈问题中，5项个性问题已完成整改，16项共性问题达整改时序进度。“河（湖）长制”全面落实，各县级河长巡河达100余次，发现并督导解决各类问题30余条。主城区生活垃圾无害化处理率达85%，推动实现了“箱收集、车运送、第三方标准化填埋处理”的格局。金融风险有效稳控。建立健全了债务风险防范处置相关制度，清理盘活存量资金3391万元。各项存贷款分别达到20.2541亿元、6.3541亿元，同比分别增长25%，30%，金融机构不良贷款率管控在0.52%以内，金融形势持续良好。

二是基础设施条件得到不断改善。仁果灌区、扎玉碧土灌区、“12·08”山体崩塌地质灾害（河道综合治理）工程、高效节水灌溉工程、2019年农田水利设施运行维护工程顺利通过竣工验收，2016年、2017年棚户区改造项目已进入收尾阶段，一汽援建田妥镇果热村风貌改造、自来

县委副书记、政府县长罗松吉村在县中学巡考

建档立卡贫困户参与蔬菜种植管理

碧土乡木碗参加特色产品展销

传统民俗文化传承

水厂改造提升工程、2018年公共租赁住房建设等项目进展平稳。“三区三州”电力项目进展良好，扎拉水电站正在开展现场调查及规划报告编制工作，2019年深度贫困村农村饮水安全工程已完工待验，预计将解决3279户1.95万人的安全饮水问题。

三是深化改革局面得到逐步优化。机构改革全面完成，“放管服”改革持续深化，简政放权工作全面推进，“互联网+政务服务”体系加快建设，积极参与、不断推进实现政务服务网上可办率“9050”目标。“二江一河”投资有限公司、扶贫开发创业投资有限公司机构逐步完善、职权范围逐步分明，国有企业市场权威、规定原则、运行模式、实际成效等不断凸显。完成全县10个乡（镇）128个村居农村集体资产清产核资工作，核实资产总额6790.33万元、集体土地总面积695.2万亩，其中农用地总面积695.2万亩，截至2019年年底已通过自治区验收。

四是民生保障成效得到明显巩固。全县学校标准化建设全部完成，义务教育均衡发展通过自治区验收，“五个100%”教育目标全面实现，推行疑似失学儿童情况核查和劝返复学动态监测，制定印发《左贡县疑似失学儿童情况核查和劝返复学工作实施方案》，学前幼儿入园率、适龄儿童入学率、初中毛入学率分别达80%、99.82%、98.66%。坚持落实好疾病预防控制、“二乙”医院创建等硬性指标任务，成功推广实行“一站式”服务和在昌都市定点医院实施即时结算服务，县疾控中心已实现主体完工、藏医院完工并投入使用、县人民医院与县妇幼保健院整合新建已完成总体进度的90%，空军特色医学中心专门选派17名医疗专家在左贡县开展医疗援助，目前，已统一具体操作模式。乡镇标准化卫生院全部投入使用。艾滋病、结核病等传染病防治已基本完成血清采样检测、治疗治愈和问卷调查等工作，各项疫苗接种率均达到98%以上，儿童疫苗接种情况、新生儿数、疫苗流通、运输、疫苗库存、疫苗需求等数据按月定期统计上报，并对患有大骨节病808人进行管理，免费发放药品60人份。积极兑现合作医疗等惠民政策资金，新型农村合作医疗覆盖率达

群众在中林卡万亩葡萄基地修建苗木枝叶

草原使用权证让牧民定权定心

100%。投入68万元拍摄11个非物质文化遗产的视频资料，目前计划将10个县级、1个区级非遗分别申报为市级和国家级非物质文化遗产。研究制定《关于促进农牧民增收“十二项举措”的实施方案》《左贡县农牧民施工队发展壮大的实施方案》《左贡县人民政府关于成立各行政村农牧民专业合作社的实施方案》，全年开发就业岗位295个，实现新增就业381人，实现农牧区富余劳动力转移就业8400余人；2019年应届高校毕业生232人，实现就业230人。深入实施全民参保计划，城乡居民养老保险参保人数达3.2万人。“七城同创”严格按照指标时序，各专项创建小组将创建任务融入日常，主动落实市牵头单位具体安排部署，确保了既定成效。

五是产业发展水平得到显著提升。全年粮食产量达到1.47万吨，种植经济作物7100亩、饲草料2600亩。有力保障群众的“菜篮子”。和厦门成功红实业有限公司签订《左贡县中林卡乡葡萄基地及加工厂项目资金扶持合同书》，万亩葡萄基地、夯达（厦门）农畜产品加工厂、天麓酒庄初步形成从田间到餐桌的基本供销关系，“天麓”红葡萄酒品牌已在当地打响，正在完善对外销售规划。建成左贡县新区东坝风情民俗旅游文化街、左贡县旺达镇则巴村藏东第一赛马场等，全年未收到游客投诉，游客满意率达100%，接待游客32万人次，同比增长7%，实现旅游收入4800万元，同比增长8%。

开展免费义诊服务困难群众

农牧民群众在农村书屋学习知识

依山傍水的左贡新城

八宿县

倚身山水 魅力昌都

书记吴应海工作照

2019年，是中华人民共和国成立70周年、西藏民主改革60周年，也是八宿告别绝对贫困之年。一年来，在自治区党委、区政府，昌都市委、市政府和县委的坚强领导下，在县人大和县政协的监督支持下，我们坚持以习近平新时代中国特色社会主义思想为指导，全面贯彻中共十九大精神和中共十九届二中、三中、四中全会以及中央第六次西藏工作座谈会精神，贯彻落实区党委、政府，市委、市政府和县委各项决策部署，深入贯彻中央深化供给侧改革“八字方针”、区党委“二十四字要求”和市委“七大提升行动”，全力以赴决战决胜脱贫攻坚，坚定不移推动高质量发展，统筹推进稳增长、调结构、惠民生、防风险、保稳定各项工作，经济社会发展各项事业稳步向前，为“十三五”收官、同步建成小康社会奠定了坚实基础。

经济发展迈上新台阶。2019年，全县地方生产总值完成10.73亿元，同比增长10.1%；产业结构不断优化，三次产业结构由2018年的19：36：45调整为15：40：45，第二产业增速达到39%，发展势头强劲。社会消费品零售总额达到2.99亿元，同比增长10.4%；全社会固定资产投资完成29.7亿元，同比增长13.5%。一般公共预算收入完成5964万元，同比增长9.05%；税务收入完成8495万元，同比增长21.48%。经济林木效益显现，光伏产业具备一定规模，海螺水泥等重大产业项目顺利推进，产业园区扩容增效，旅游业健康发展，电子商务顺利推进，乃然新区已具雏形，发展支撑不断增强。

民生改善取得新成效。城镇和农村居民人均可支配收入分别达到31688元、11294元，同比分别增长10.8%、13.6%。全县贫困整体脱贫出列，基本消除绝对贫困。农牧区科教文卫保、水电路讯网等民生工程全面提升，同卡

书记吴应海工作照

县长尼玛江村工作照片

县长尼玛江村在施工现场调研

镇并网通电。建成村卫生室79座。全面实施素质教育，教育质量不断提升，办学条件持续改善。城镇登记失业率在3%以内。生态环境持续向好。

干事氛围得到新提升。坚持党的领导、守正笃行，始终把党的政治建设摆在首位，深入推进“两学一做”制度化、常态化，深入开展“不忘初心、牢记使命”主题教育，用党的创新理论武装头脑、推动工作，理论水平得到提升，为民宗旨更加牢固；牢树“四个意识”，坚定“四个自信”，坚决做到“两个维护”，营造了风清气正的政治生态、干事创业的良好氛围。全县干部职工在脱贫攻坚、抗战雪灾、保障重大项目建设等考验中苦干实干，精神面貌和能力素质得到提升，作风更加扎实。

一年来，我们主要抓了以下工作：

（一）切实聚焦脱贫摘帽，脱贫成效更加显著。一年来，我们埋头苦干，将脱贫攻坚作为压倒一切的头等大

县长尼玛江村检查指导吉中牦牛育肥工程项目

县长尼玛江村查看西巴安置点基础设施建设质量

县长尼玛江村在西巴安置点查看项目建设情况

西巴易地扶贫安置点

乃然易地搬迁点

事，围绕“两不愁、三保障”，大力实施“5+N”脱贫措施，全年减贫1903户9661人，2016年以来累计减贫3113户15894人，贫困发生率从34.52%降至0%，全县整体脱贫出列，基本消除绝对贫困，取得决定性胜利。年内实施产业扶贫项目9个，完工4个，兑现产业分红298.15万元，累计建成产业项目18个。顺利完成白玛镇西巴村易地扶贫搬迁安置点入住工作，全县16个易地搬迁安置点全部投入使用，累计1781户9509名贫困群众通过易地扶贫搬迁迁入新家、过上了幸福新生活。实施199个农村饮水安全巩固提升工程，累计完成C、D级危房改造442户，确保了群众住房安全和饮水安全。落实建档立卡户精准扶贫小额贷款1.15亿余元，累计2959户建档立卡贫困户受益。针对建档立卡群众开展就业技能培训578人，培训后实现就业421人。兑现公益林生态效益补偿资金338.3万元，安排生态补偿岗位14551人。认定农村最低生活保障对象1606户6143人，农村低保标准提高至每人每年4450元。结对帮扶和家庭医生签约实现建档立卡群众全覆盖。中央脱贫攻坚专项巡视反馈意见整改工作基本完成。

（二）切实加快产业培育，发展支撑更加厚实。一年来，我们乘势而上，立足资源优势，坚持以市场为导向，千方百计引资本、扩规模、提质量、增效益，产业供给质量和支撑作用显著增强。农业经济增质效。努力提高科技对农牧业的贡献率，大力发展和培育经济作物种植，全年完成农作物播种面积4.97万亩，实施粮油绿色高质高效创建3.1万亩，良种试验示范推广面积800余亩，青稞二级种子繁育1850亩，实施农机深松整地作业2000亩，全年粮食产量达1098.61万公斤，蔬菜产量达104.9万公斤。改良黄牛691头，牲畜免疫密度达到100%，牲畜存栏11.47万多头（只、匹），牲畜出栏率30.11%，肉奶产量分别达到5343.3吨、5805.13吨。严格落实草原生态保护补助奖励机制，全县13个乡镇实现了草畜平衡。全县流转耕地总面积76.66亩，流转效益每亩年均2580元。拉鲁卡荞麦加工厂年产值380万元、高原生态鹅养殖基地年产值19万元。建成同卡优质饲草基地和吉中乡牦牛短期育肥。工业经济扩规

八宿海螺水泥厂

八宿县第二幼儿园

产业园区

八宿县产业园区全景

八宿县产业园区

模。总投资约12.7亿元的八宿海螺水泥厂快速推进，累计完成投资7.45亿元，预计2020年下半年建成投产。水泥厂配套的道路桥梁工程、110千伏线路接入工程已完工，产业链下游的物流运输业已规划部署。中核英利、天晶、天康、国电投、西藏开投5个光伏项目建成发电，总投资达9.15亿元，总装机容量达到112兆瓦。产业园区物流园建成使用，西藏瑞慷农业科技有限公司已入驻园区，计划总投资6000万元。产业园区二期工程建成，正在对接入驻企业。鑫源建材实现年产值达9000万元；民族工艺服装加工厂年产值168万元。县电力公司全年完成供电量3585.5万千瓦时，同比增长19.64%。经济林木显效益。全力推动经济林木产业规模化种植、规范化管护、产业化发展，在西巴沟经济林木补植树苗9500株，全县经济林达面积到4285亩，年产值达391.22万元，生态效益和经济效益逐步显现。占地22.13公顷的八宿县拉根乡拉根村林木种苗基地建成使用。旅游发展提速度。全力推进全域旅游创建工作，编制完成《八宿县全域旅游规划》和《八宿县乡村旅游扶贫规划》，组织开展吉达乡乡村旅游、仁隆巴冰川、怒江峡谷等旅游节点规划。3座援藏星级旅游厕所建成竣工，多拉神山景区工程项目全面实施，怒江峡谷观景台、邦达自驾游服务中心落地建设，成功举办“冬游西藏 首届然乌来古冰雪节”和“第四届然乌来古旅游峰会”等活动，提升了八宿旅游曝光度和知名度。全年游客流量达143万人次，实现旅游接待收入1.17亿元，同比增长20.8%。

八宿荞麦酒厂房

西巴沟经济林

县城俯瞰图

LUOLONGXIAN

洛隆县

倚身山水　魅力昌都

2019年3月9日，自治区副主席江白（右二）一行到洛隆县检查指导民族特色产业

2019年3月14日，自治区副主席姜杰（左二）一行到洛隆检查指导工作

【概况】洛隆，藏语意为“南谷”或“南川”。位于西藏自治区东北部、昌都地区西南部，东与八宿县相接，西与边坝县相邻，南与波密县连界，北与丁青县接壤，东北与类乌齐县相连。平均海拔3700米。全县东西长129公里，南北宽110公里，辖区面积为8108平方公里。县政府驻地孜托镇，东距藏东门户昌都市302公里，洛隆县境内地势南北高，中部较低，呈扇形向东北方向倾斜，地势起伏大，河流密布，湖泊众多，地形地貌复杂多样。怒江自东向西横穿6个乡（镇）121公里。全县辖4镇7乡，66个行政村（居）332个自然村。

县境内有大小河流100多条，湖泊50余个。洛隆县境内主要河流有怒江、惹曲、玛曲、卓玛朗措河、达曲等，总河长1142公里。怒江在境内长达100多公里。全县河流年径流总量27亿立方米。县域属高原温带半干旱气候，空气稀薄，气温偏低，具有日照长、降水分布不均匀、昼夜温差大等特点。主要物产有虫草、贝母、知母、雪莲、核桃及高原畜产品等。美食主要有蛋插人参果、贝母鸡块、酥酪

2019年7月20日，自治区副主席张永泽一行到洛隆县检查指导工作

2019年8月4日，昌都市委副书记、常务副市长、福建省第九批援藏工作队领队魏东（左二）一行到洛隆县检查指导工作

2019年9月10日，昌都市副市长卓嘎在洛隆县检查指导工作

2019年9月10日，市委常委、常务副市长、新区管委会党组书记梅方权在洛隆县调研

2019年5月20日至5月22日，市政协党组成员、副主席多嘉（右三）在洛隆县开展脱贫攻坚调研

糕、生肉酱、香酥猪血糕、燕麦粥、乳猪、奶品、糌粑、酥油茶、风干牛肉等。县境内分布国家级野生动物金钱豹、马鹿、獐子、岩羊、盘羊、棕熊、猕猴、贝母鸡、鹿、猴、狼。矿产资源有金、铜、铅、铁、锌、汞、砷锡、寒水石、大理石。县境内森林面积20.79万公顷，森林覆盖率36.7%，木材总储蓄量1622.10万立方米，主要有松木、柏木、桦木等。有天然草场436.60万亩，已开发利用418.58万亩。经济作物以农牧业为主，多种经济并重，全县11个乡镇均属于半农半牧区。主要农作物有春小麦、冬小麦、春青稞、冬青稞、豌豆、油菜、土豆、圆根等；畜牧业产品主要是牦牛、绵羊、山羊、黄牛、猪。

2019年，全县地方生产总值完成12.4亿元。同比增长10.6%。农村居民人均可支配收入完成11180元，同比增长13.3%。城镇居民可支配收入完成31306元，同比增长10.2%。社会消费品零售总额3.12亿元，同比增长18%。居民消费品价格指数同比上涨2.1%。地方财政收入完成6182万元，完成年度目标任务的84.6%。税收收入完成8068万元，完成年度目标任务的133.9%。县农行共有各类存款5.4亿元，贷款余额5.2亿元。发放涉农贷款3.3亿元，占各项贷款的63%，同比增长17%。有各类市场主体1680户，注册资本12.42亿元；新增个体工商户358户，同比增长32.42%；新增注册资本4266.2万元，同比增长38.88%。新

2019年8月24日，洛隆县委书记吴剑（左二）一行到昌都市第五届三江茶马文化艺术节“蓝天圣洁”品牌产品展销会

2019年9月26日，洛隆县委书记吴剑（右二）前往硕督镇调研指导重点工作

2019年8月24日，洛隆县委书记吴剑一行莅临昌都市第五届三江茶马文化艺术节“蓝天圣洁”品牌产品展销会

2019年9月27日，洛隆县委书记吴剑到孜托镇调研

2019年9月13日，洛隆县委副书记、县长群泽巴登慰问环卫工人，并合影留念

2019年6月20日，中远海运集团纪检组组长、党组成员刘鸿炜一行到洛隆县洛宗特色产品开发公司考察

增企业25户，同比增长16.23%；新增注册资本5070万元，同比增长4.92%。新增农牧民合作社17户，新增注册资本349.6万元，同比增长63.35%。全年采集虫草508.87公斤，实现虫草收入5088.75万元。

【农牧业】大力实施“藏粮于地”“藏粮于技”战略，粮食播种面积达9.51万余亩，农作物总产量达4403.25万吨，奶产量达995.36吨，肉产量达9650吨、禽蛋产量达0.4吨。创建粮食绿色高效示范区和测土示范区分别达6.37万亩。收购青稞良种51万公斤，为全市提供良种47.5万公斤。预计总收入285.6万元，群众户均增收1830元。牲畜存栏189860头（只、匹），牲畜出栏53800头（只、匹），出栏率达28.3%。完成草畜平衡户7694户，平衡面积达410.65万

2019年3月22日，洛隆县第十二届人民代表大会第五次会议召开

2019年3月21日，洛隆县政协召开中国人民政治协商会议第三届洛隆县委员会第四次会议开幕大会

2019年11月14日，自治区党委宣传部四讲四爱负责人一行到洛隆县检查指导工作

2019年3月21日，县级人大代表视察县中学食堂

余亩，兑现资金1062.24万多元。投资600万元的5000亩人工种草项目完工并通过验收。投资500万元的肉牛育肥基地建设项目完成总工程量的20%。投资1.14亿元的3.8万亩高标准农田建设完成总工程量的40%。完成土地确权8409户，颁证率达100%。

【教育事业】认真落实五个100%工作要求，大力实施教育优先发展战略，财政投入教育资金达2645万元，占财政收入的41.3%。落实教育“三包”、营养改善、交通补助、德育专项经费2799.7万元。筹集爱心款物140余万元，帮助贫困群众子女就学。设立125万元的教育教学质量专项基金和教育特殊贡献津贴奖金。选派24名教师赴泉州进修学习，学校学生人数和中小学升学率均实现稳中有升。大力开展干部支教活动，选派18名优秀干部到学校支教一年。

【医疗卫生】安排资金150万元，聘请藏医专家、妇产科专家2名，有效提升了全县藏医和妇产服务水平。认真落实“两下降双提升”工作要求，为32名危重症孕产妇开通绿色通道。住院分娩率提升9.4%，孕产妇死亡率同比下降61/10万，新生儿死亡率下降2.6‰。投入资金507.43万元，完成包虫病阳性患者手术治疗31人，免费药物治疗155人。完成脊柱侧弯免费救治、膝髋关节置换手术23人。智慧医疗平台建成后，家庭医生网上签约实现全覆盖，信息化健康档案建档率达95.7%。免费发放居民健康保障卡51568张，县域内公立医疗机构实现持卡就医和即时结算。投资30万元建成县人民医院血库，成为昌都市11个县区中第一个建成县级标准血库的县，县人民医院迁建项目有序推进。

2019年4月9日，洛隆县举行“两会”议案、提案交办会

2019年5月8日，洛隆县召开人民政府与中国铁塔西藏公司工作协调会

2019年11月20日，洛隆县召开人民政府第九次常务会议

边坝县

倚身山水　魅力昌都

2019年10月15—16日，昌都市委书记阿布（右一）到边坝县就经济发展、社会稳定、民生事业、脱贫攻坚、环境保护、党的建设、乡村振兴、扫黑除恶、为基层减负等工作进行专题调研

【概况】边坝，藏语意为“吉祥光辉、火炬、祥焰”。边坝县位于西藏自治区东部，昌都市西北部，念青唐古拉山脉北麓，介于北纬30° 4′～31° 5′ 和东经93° 7′～95° 3′ 之间，距昌都市489公里。其南部与林芝市的波密县毗邻，西部、北部与那曲市的嘉黎县、比如县、索县接壤，东部与丁青县、洛隆县交界。边坝县地形地貌为高山峡谷地貌，平均海拔4000米，气候属高原温带半湿润类型。主要山川有夏贡拉山、怒公拉山、折拉山等。主要物产有知母、贝母、虫草、雪莲花、牦牛、绵羊、山羊、雪豹、藏雪鸡、铜矿、铅矿、水晶矿等。边坝县辖2个镇9个乡、81个村民委员会、1个社区居委会，215个村民小组（自然村）。地域面积8894平方公里，属典型的半农半牧县，农业包括青稞、小麦、豌豆、油菜等作物，畜牧业包括牦牛、犏牛、黄牛、马、驴、绵羊、山羊等。边坝县有珍稀动物22种，其中属于国家一级保护动物有4种，属于国家二级保护动物有18种，已探明矿产资源有金、铜、铅、锌、水晶、脉石英、白云母、蓝宝石、花岗石等。主要旅游景点三色湖为自治区级风景旅游区。特色产品有边坝白青稞糌粑、藏红麦面粉、边坝藏油5号菜籽油、藏香猪、藏香鸡、黑山羊等。2019年，全县完成生产总值103475万元，同比增长8.1%。其中第一产业22454万元，同比增长5.7%，第二产业29190万元，同比增长1.7%，第三产业51831万元，同比增长11.1%，实现了产业结构“三产超二产”，服务业对经济发展支撑作用进一

步增强；农村居民人均可支配收入达到11123元，同比增长13.3%；城镇居民人均可支配收入达到31209元，同比增长10.14%；全社会固定资产投资完成65266万元（500万元以上投资）；社会消费品零售总额完成31760万元，同比增长10.3%；地方财政一般预算收入完成5485.48万元，同比增长16.46%。全县11个乡镇实现了国网通电，11个乡镇交通通达率达到100%、通畅率100%，82个行政村通达率100%、通畅率85.4%，215个自然村已通达188个，通达率87.4%，通车里程达1640.925公里，82个行政村网络通信实现全覆盖。

【经济发展状况】农牧业。2019年，积极推进高产创建示范田、良种繁育基地（二级种子田）、测土配方“3414”试验田建设，农作物良种推广面积达5万亩，覆盖率达到94%。全县春播总面积5.3万亩，农作物总产量1994.95万公斤，其中粮食产量1181.33万公斤，同比增长2.4%。春、秋两季疫苗注射免疫率100%，全县牲畜存栏达153125头（只、匹）。

项目建设。2019年边坝县开复工项目125项，总投资188989万元，其中，新建项目60项，完成投资16975.23万元；续建项目65项，完成投资74107.5万元。开工建设G349边坝至嘉黎段改扩建工程、民族路旧城区改造、人民医院等一批重点项目。

特色产业。按照“五大养殖基地、七大种植基地”产业布局，持续推进藏香猪、藏香鸡、黑山羊等养殖基地以及芫根、藏红麦种植基地建设，至2019年底，建成藏香猪养殖基地4座，藏香鸡养殖基地5座，黑山羊养殖基地1座，林麝养殖基地1座，种植藏红麦5000亩，芫根1500亩。搭建全国电子商务进农村示范项目，建立了引进招商项目库7个，招商引资项目到位资金5195.25万元。边坝县公共服务中心建成并投入运营，搭建完成村级物流配送站、县分拨中心、内地物流中心的三级物流体系，累计实现线上销售额102万元，线下销售额420万元。

生态保护。深入开展“碧水、蓝天、净土、宁静”行动，“三整治、三提升”加快推进，水、大气、土壤环境质量指标持续达标。全面深入推行河长制工作，有序推进全国第二次污染源普查工作，完成全县畜禽养殖禁养区划定。建成乡镇垃圾填埋场4个、垃圾中转站2个。全县生态

2019年4月3—5日，福建省第八批援藏工作队领队、昌都市委副书记周青松（右一）到边坝县调研援藏工作

2019年9月10—11日，昌都市委常委、新区管委会党组书记梅方权（中）一行工作组到边坝县就脱贫攻坚、维稳、党建、环保、教育、卫生等工作开展情况进行督导检查

西藏自治区脱贫攻坚指挥部关于2018年25个县（区）退出贫困县（区）的公告

根据《中共中央办公厅 国务院办公厅印发〈关于建立贫困退出机制的意见〉的通知》（厅字〔2016〕16号）和《西藏自治区人民政府关于批准定日县等25个县（区）退出贫困县（区）的批复》（藏政函〔2019〕7号），经自治区人民政府批准，2018年度申请脱贫摘帽的日喀则市定日县、桑珠孜区、昂仁县、岗巴县、仁布县、仲巴县，山南市隆子县、浪卡子县、扎囊县、贡嘎县、措美县，林芝市朗县、墨脱县、察隅县，昌都市江达县、洛隆县、边坝县，那曲市嘉黎县、索县、安多县、聂荣县、班戈县，阿里地区日土县、札达县、普兰县共25个县（区）退出贫困县（区）。

特此公告。

西藏自治区脱贫攻坚指挥部
2019年2月6日

2019年2月6日，《西藏日报》第二版刊登西藏自治区脱贫攻坚指挥部公告，包括边坝县在内的25个县（区）实现脱贫摘帽

村创建达到42个，占行政村总数的51%。落实主体功能区规划和国土空间用途管制战略，核定全县生态红线国土面积3758.42平方公里。2019年完成退耕还林4000亩、“两江四河”流域造林612亩、防护林体系建设5897亩，防沙治沙285亩，经济林350亩。开展消除“无树村、无树户”造林活动植树5万余株，完成义务植树11800余株。重点区域生态公益林建设966亩。

深化改革。“放管服”改革不断深化。626项县级申请政务服务事项和173项公共服务事项全部录入“互联网+政务服务”系统，基本完成政务服务网上可办率“9050”目标。“多证合一、一照一码”和“两证整合”改革全面推进，营商环境不断优化，市场主体不断增多，全县市场主体达1068户，非公经济主体达1045户，成为全县经济的主要增长点和经济建设的主力军。全面规范政府债务管理，制定出台《边坝县政府性债务风险应急处置预案》，牢牢守住不发生系统性金融风险的底线。不良贷款余额继续保持为0，被评为自治区“信用县”。

【社会事业】教育事业。全县44所学校“薄造”工程完成率100%，标准化建设完成率100%。建设4所乡镇小学供暖工程、县中学“数字校园”等项目。对468名在校大学生发放助学金209.506万元。“五个100%”目标全面实现，全县疑似失学适龄儿童少年劝返率达到100%，小学适龄儿童入学率达到99.87%，初中适龄少年入学率达到98.94%，九年义务教育阶段巩固率达到96.81%。

医疗卫生。组建由县、乡、村医务人员组成的家庭医生签约服务团队82个，实现建档立卡贫困户慢病患者1152人家庭医生签约服务100%覆盖；农牧区合作医疗建档立卡户报销448人341.14万元，医疗救助建档立卡贫困户937人，累计报销230.39万元。大病保险建档立卡户8人，赔付38.19万元。政策兜底保障43人，发放资金25.33万元。全面推行医疗报销“一站式”服务，与西藏自治区人民医院、西藏自治区藏医院、昌都市人民医院、昌都市民安医院四家区内定点医院签订了边坝县就医“先诊疗、后付费”绿色通道协议书，有效缓解了农牧民群众“看病难、看病贵、看病累”的问题。集中免费手术复明白内障患者37人。筛查先天性心脏病60人，确诊5人。唇腭裂免费手术1人，集中送诊精神病患者到拉萨市第二人民医院救治2人，药物治疗精神障碍患者11人；新建拉孜乡卫生院和金岭乡卫生院已完成项目验收并投入使用。完成76个村卫生室配套，其中完成标准化村卫生室建设44所，在老村委会设置村卫生室32所；全县活产数1016人，住院分娩率76.57%，免费发放儿童营养包11095盒，补服叶酸599人，孕产妇住院分娩补助项目实现本地户籍孕产妇的全覆盖。

文化事业。围绕“不忘初心、牢记使命”主题教育

2019年7月12日，边坝县召开援藏工作座谈会，欢送第八批援藏干部

2019年10月29日，中国共产主义青年团边坝县第一次代表大会召开，大会选举边坝县共青团第一届委员会书记1名，副书记2名，常务委员会委员7名

2019年2月22日，边坝县召开中国共产党第九届委员会第四次全体会议。全会分析总结了九届三次全会以来边坝县在各方面取得的成绩，分析全县存在的问题与困难，就做好2019年的工作提出明确要求

活动，开展专题巡回演出活动。全年共开展大小型文艺演出、文体娱乐活动、下基层文艺演出50余场，参加自治区、市、兄弟县文化交流演出5场，乡镇、村（居）开展文艺活动37余场。积极筹备参加第五届三江茶马文化艺术和昌都市锅庄展演暨首届锅庄论坛，参选节目《捡石舞》获得首届锅庄展演原生态二等奖。制定《边坝县推进公共文化服务体系建设实施方案》，进一步完善了图书馆、乡镇文化站、村文化室的各项规章制度和明确岗位职责，全年县文化活动中心免费开展各类培训人次达3000余人、图书馆接待读者800余人次、健身房接待7000余人次。开展边坝县“一普”可移动文物普查工作，复查对14处文物收藏单位的2894件（套）文物藏品进行采集登记。成功申报并公布为自治区级非遗项目《边坝锅庄》代表性传承人1人，市级非遗名录5项。编辑出版自治区级非物质文化遗产首部《边坝锅庄》专辑，共收录12首、收录曲令22种、长达70分钟。全年接待自驾游游客达1万余人，旅游纯收入达5万元以上。

社会保障。2019年城乡居民（新农合）参保38648人，参保率98.45%。新农合基金核报销1895.08万元，其中新农合大病统筹报销2879人1602.78万元；构建“8+1”社会救助体系、社会养老和社会治理服务体系，统筹推进公益慈善和扶老、助残、救孤、优抚等事业发展，实现有意愿特困人员集中供养率、孤儿集中收养率100%。完成农村低保户资格审核，全县农村低保对象6362人，全年兑现低保金1975.71万元，临时救助困难群众152人次，发放救助资金45.50万元。

全年开展农牧民技能培训15期1090人，实现就业621人。农牧区劳动力转移就业8008人，增收5328.29万元。城镇登记失业率控制在2.5%以内。认真落实解决企业拖欠民工工资联席会议制度以及民工工资保证金制度，征缴民工工资保证金1101.20万元，签订劳动合同500余份，受理举报投诉案件6起，追回工资230余万元。

“七城同创”。完成创建指标245项，占总指标的53.96%。先后获得自治区拥政爱民模范单位、自治区级民族团结进步模范集体、市级民族团结进步模范集体等荣誉称号。

2019年11月1日，边坝县参赛选手在2019“传奇昌都、卓卓康巴”第四届然乌来古旅游峰会暨昌都市旅游形象大使总决赛中获得第三名和最佳才艺奖的好成绩

丁青县

倚身山水　魅力昌都

2019年2月3日，在县五保集中供养中心举办2019年春节、藏历土猪新年联欢会暨团拜会，县委书记晋美携县四大班子领导陪200余名孤寡老人一起过大年

【概况】2019年是新中国成立70周年、西藏民主改革60周年，也是决战脱贫攻坚、决胜全面小康、实现第一个百年奋斗目标的关键之年。一年来，在市委、市政府和县委的坚强领导下，高举习近平新时代中国特色社会主义思想伟大旗帜，全面贯彻中共十九大和中共十九届二中、三中、四中全会精神，贯彻落实自治区党委、政府和市委、市政府的各项决策部署，抢抓机遇、攻坚克难、砥砺奋进。

2019年，全县地方生产总值完成16.36亿元，同比增长8.3%；固定资产投资完成9.13亿元，同比下降32.8%；县级财政一般预算收入完成5398万元，同比下降36.6%；农村居民人均可支配收入完成12200元，同比增长13%；城镇居民可支配收入达到34597元，同比增长10.5%；社会商品零售总额完成53695.4万元，同比增长10.4%。

【农牧业】2019年，紧紧围绕区、市、县农业农村工作会议精神，结合实施乡村振兴战略，大力推动产业转型升级。继续稳定传统农牧业。全年粮食作物种植面积9.78

江西省丰城市代表团于2019年8月26日到达丁青县，在县委书记晋美的陪同下开展对全县各项工作的交流考察

2019年4月8日至9日，丁青县委副书记、县长罗广前率考察团到云南省祥云县考察学习农业农村、城市建设、工业发展、文化旅游等工作。图为考察学习祥云县人民医院医疗卫生建设情况

2019年10月14日至16日，丁青县委副书记、县长罗广前在县政府副县长顿珠及县民政、交通、水利、农业农村等单位负责人陪同下，在觉恩乡和沙贡乡，以“不忘初心、牢记使命”为主题教育为主线调研指导工作。图为调研途中与农牧民亲切交谈

万亩，经济作物种植1.79万亩，实现粮食产量2.85万吨。储备和发放饲草料达600余吨，母畜和接产崽畜成活率达90%以上，年末牲畜存栏数21.04万头（只、匹），出栏率达30.5%。开展深松整地418亩，完成协麦村、觉恩村“3414”“商品有机肥”肥效试验田开播工作，建设高标准农田3.9万亩。积极发展现代农牧产业。试点开展云朵玫瑰种植，规模化开展饲草、油菜、红土豆、良种青稞种植。建成并投入运营木塔、布塔、嘎塔、甘岩、巴达等8个牦牛育肥养殖基地，设计养殖规模2440头；在当堆、桑多、沙贡、协雄、丁青镇等乡镇积极开展红拉山鸡、阿旺绵羊、肉质奶牛、商品猪等规模养殖试点工作。

【教育事业】教育事业稳步发展，投资7441万元用于教育基础设施建设，江苏援建丁青县实验小学及丁青县第二初级中学、丁青县公共体育场等项目投入使用。加强教育师资队伍建设，巩固深化组团式教育援藏机制，着力提高教育教学质量，考入西藏内地班学生37人，综合测评居全市第一。加大控辍保学力度，全县小学净入学率达到99.85%，初中毛入学率达到98.07%，劝返疑似失学适龄儿童复学1370人。

【医疗卫生】投入资金1125万元新建县疾控中心综合楼，投入资金5124万元改扩建县人民医院住院部，对8个乡镇卫生院进行了改造提升。为13个乡镇卫生院配备6辆公务用车，组织6批70名包虫病患者赴解放军总医院第五医学中心进行免费手术，县医院累计成功完成13例包虫切除手术。住院分娩人数2310人，发放分娩补助215.3万元、待产补助3.5万元、护送费21.53万元。积极推进组团式医疗援藏工作，加大卫生人才培养力度，送出去培训医护人员16人次。

【文化事业】建成县级民俗博物馆、图书馆、新华书店，规范乡镇综合文化站、村级综合文化活动室，挖掘整理传统技艺、传统药医等224项文化资源，16个县级非遗申报市级非遗保护名录，2个自治区级非遗申报国家级非遗保护名录，举办“首届农牧民运动会暨农民丰收节”等文化

2019年8月16日上午，丁青县首届乙肝母婴阻断暨防治技术培训班正式开班

2019年6月20日，丁青县第一批12名手足伤残儿童赴重庆治疗

2019年9月30日，国道317线丁青县斜拉山隧道完工通车

活动，大型民族歌舞“梦回溯源——琼热巴”成功在天津完成2场巡演，文化引领作用不断凸显。

【社会保障】2019年，农牧区劳动力转移就业1.1万人，转移就业创收6000余万元；新增城镇就业400人，城镇登记失业率控制在3%以内；高校毕业生100%实名信息登记，就业率达到94.6%。211名特困老人享受集中供养生活保障政策，210名孤儿得到妥善安置，医疗保险与生育保险基本覆盖城镇全体居民，发放社保卡7万余张。

【旅游业】按照“两线三圈四园”（两线是指国道317线、全县南北的省道204线；三圈是指布托湿地圈、怒江生态圈、布迦冰川圈；四园是指四大主题公园：布托湿地公园、布迦冰川公园、怒江峡谷公园、藏东红山脉公园）总体思路，编制丁青县全域旅游发展总体规划。坚持先布点后布局，开工建设孜珠山、布迦雪山2个游客服务中心及配套设施建设，积极探索孜珠山景区开发运营模式，谋划317沿线民宿经济发展，规范住宿、餐饮等行业，全年各类市场主体4736户，同比增长20.76%，注册资金2549.9万元，同比增长14.29%，全年接待游客83240人次，旅游收入达到1270万元。

【生态环保】牢固树立绿色发展理念，守住丁青生态底线、红线、高压线，积极推进中央、自治区环保督察组交办、市转办等环境问题整改工作，建立丁青县环境保护督查整改长效机制。投资4000万元建成觉恩乡、尺牍镇2个苗圃基地共1000亩；投入300万元义务植树造林1622亩12万株；投入80万元全面落实“河（湖）长制”（中国各级党政主要负责人负责组织领导河湖的管理和保护工作）工作，县、乡、村三级河湖长常态化开展巡河巡湖。开展河道采砂专项整治工作，下发限期整改通知书16份，关停取缔12家。开展环境卫生大整治行动75场次，出动人员约6.8万人次、运输车辆68辆，清理垃圾220吨；全面完成丁青县第二次全国污染源普查工作。

【项目建设】坚持把项目建设作为推动发展的重要突破口，加快补齐基础设施的欠账和短板，全年实施国家投资基础设施建设项目107个，其中：续建项目61个，新建46个，总投资25.79亿元，当年完成投资9.13亿元，完成招商引资2亿元。交通运输条件持续改善。积极配合区、市重大交通项目建设，斜拉山隧道正式建成通车。实施县管交通项目31个，建设完工26个，建设里程218.949公里，全县公路总里程达到1824.3公里。开工建设丁青县农村客运中心及巴达乡、嘎塔乡2个客运站点，县城至巴达、至嘎塔、至尺

2019年6月28日，县卫健委组织丁青县唇腭裂、手足多指患儿赴昌都进行免费筛查救治

2019年8月27日至9月27日，丁青县庆祝中华人民共和国成立70周年，多措并举并结合“五下乡”活动在全县范围内开展为期1个月的系列宣讲活动。图为在尺牍镇瓦河村开展宣讲

2019年9月18日，丁青县庆祝中华人民共和国成立70周年首届农牧民运动会暨丰收节在丁青镇新建体育场开幕

2019年4月28日上午，丁青县举办第二届环城拉力赛活动

陡、至觉恩覆盖12个乡（镇）的客运班线投入试运营。县城投放出租车达到20辆并全部进行了更新。水利电力建设顺利推进。续建水利项目4项，总投资2.14亿元；新建水利项目6项，总投资1.21亿元。全面完成2018年小型农田水利设施工程和农村饮水安全巩固提升工程。“三区三州”国家电网巴达乡、木塔乡、布塔乡、绒通村35千伏输变电工程开工建设，其中巴达乡、绒通村35千伏输变电站已成功带电，木塔乡、布塔乡35千伏输变电站计划于2020年6月中旬投入运营。巴登电站线路延伸工程及变电站成功带电，实现尺牍镇、嘎塔乡、甘岩乡主电网覆盖。市政及人居环境项目加快实施。投资2000万元对县城老区道路、照明、管网等基础设施进行一体化改造。投资3300万元完成90套周转房、270套公租房及附属工程。新建标准化村级活动场所2个。5·11地震灾后重建全部投入使用，基本配套功能基本健全。棚户区改造新建房屋94户，建成各类公共厕所20座。

2019年12月24日，由丁青县创作的大型民族歌舞诗“梦回溯源——《琼热巴》”，在天津市北辰区工人俱乐部亮相

2019年3月26日，丁青县琼布广场成功举办“琼布·记忆—纪念西藏民主改革60周年影像艺术展”

类乌齐县

倚身山水 魅力昌都

2019年12月15日，自治区生态环境厅党组副书记、副厅长次仁央宗（右三）一行工作组到类乌齐县开展2019年生态环境保护工作现场调研。类乌齐县委副书记、县政府县长潘毅（右二）陪同

4月15日，昌都市委副书记、市长陈军（左二）到类乌齐县尚卡乡阿诺仓合作社对黑青稞深加工进行调研。县委书记达瓦（右一），县委副书记、县长潘毅（右二）陪同

【概况】类乌齐在藏语意为“大山”，位于西藏自治区东北部，昌都市北部，地处念青唐古拉山余脉伯舒拉岭西部，唐古拉山余脉他念他翁山东端，三河（紫曲、格曲、昂曲）流域。地理坐标为北纬30° 58′ ~ 31° 58′，东经95° 49′ ~96° 58′。东南与卡若区、八宿县相邻，西与丁青县相连，北与青海囊谦县接壤。东南部分为高山峡谷地形，西北部属高原地形，南北宽110公里，东西长112公里，辖区面积6147平方公里，平均海拔4500米。县域东部属典型的高山峡谷地貌，西部属高原地貌类型。沿澜沧江支流吉曲、紫曲和格曲由西北向东呈西高东低状，气候属高原温带半湿润气候类型，空气稀薄，光照充足，年温差小，日温差大，年降雨量550毫米左右，年平均气

8月9日，重庆市第九批援藏干部领队、昌都市委副书记廖传锦（中间）率队到类乌齐县调研经济社会发展稳定情况。县委副书记、县长潘毅（左二），县委常务副书记、常务副县长杨青松（左一），县委常委、常务副县长陆方（右三），县委常委、组织部部长李成光（左三）等陪同调研

8月17日，昌都市副市长、政法委副书记、公安局党委书记旺堆（右二）到类乌齐县公安局调研指导工作

7月17日，类乌齐县第二届康巴花都生态文化艺术节在桑多镇达日通湿地举行。县委书记达瓦致艺术节开幕词

7月1日，类乌齐县召开庆祝中国共产党成立98周年暨书记讲党课大会，并由县委书记达瓦带领新党员入党宣誓和老党员重温入党誓词等活动

10月30日，重庆市北碚区政府副区长王昱（右一）带队、县委书记达瓦（右二）陪同北碚区代表团一行赴类乌齐县对接考察援藏工作

温2.6℃，无霜期50天左右。县政府驻地桑多镇热扎卡，地处国道317线和214线交会处，距自治区首府拉萨市政府驻地947公里，距离昌都市政府驻地105公里，距邦达机场109公里，距青海省囊谦县政府驻地230公里，距四川省成都市政府驻地1400公里。全县辖有2个镇8个乡80个行政村2个居委会290个自然村。截至2019年底，全县12835户，总人口为58285人，其中城镇人口3828人，农牧民54457人，其中：农业人口26572人，牧业人口27885人，人口出生率19.55‰，自然增长率14.69‰。男性30891人，女性27394人。地域面积633792.87公顷，主要以牧业产业为主的半农半牧县，农业包括青稞、元根、白菜、土豆、油菜作物等，畜牧业包括牦牛、绵羊、山羊、马、藏鸡、藏猪等。耕地面积48846.8公顷，粮食播种面积2405公顷，经济作物耕地面积575公顷。森林覆盖率35.18%，林地面积222978.85公顷。国家级野生保护动物有豹、雪豹、白唇鹿、金雕、胡兀鹫、白尾海雕、白肩雕、斑尾榛鸡、黑颈鹤、绿尾虹雉、马鹿、猕猴、豺、黑熊、棕熊、石貂、黄喉貂、水獭、小灵猫、猞猁、兔狲、金猫、马麝、林麝、藏原羚、岩羊、斑羚、白琵鹭、苍鹰、大鵟、高山兀鹫、猎隼、红隼、燕隼、灰背隼、藏雪鸡、血雉、藏马鸡、白腹锦鸡、灰鹤等，已探明矿产资源有铅锌矿、铜矿、菱镁矿、银矿、煤矿等。主要旅游景点类乌齐寺查杰玛大殿、长毛岭马鹿自然保护区、茶马古道恩达遗址、恩达红色旅游景点、格萨尔舞“岭卓舞”、甲桑卡铁索桥、卡玛多曲亚玛塔林、玛尼堆、伊日温泉、伊日峡谷、崩勒神山、崩勒溶洞、唐柏林、益吉神山、色吉雪山、措嘎玛神湖、德

6月6日，类乌齐县扫黑除恶打非治乱领导小组办公室的统一安排下，县扫黑成员单位开展扫黑除恶打非治乱专项斗争宣传活动。县委书记达瓦（左三）现场指导宣传活动

3月28日，类乌齐县网信办在县重庆广场开展“促和谐、保平安，自觉抵制有害信息、共建安全文明网络”活动。县委书记达瓦（右一），县委副书记、县长潘毅（右三）参加此次活动并签名

8月19日，国家林业和草原局湿地管理司专家组赴类乌齐县考察湿地公园调整开展情况。县委副书记、县长潘毅（右四），县委常委常务副县长陆方（左一）

11月26日，由县委副书记、政府县长潘毅率领的类乌齐县党政代表团前往中远海运集团进行回访

2019年11月27日，类乌齐县委副书记、政府县长潘毅率领县党政代表团赴北碚区进行援藏回访

钦颇章神山及其转山节、海市蜃楼湖等。特色产品有牦牛肉、虫草、贝母、獐子菌、红景天、大黄、雪莲花、手掌参、羊肚菌、龙胆花、人生果、知母、酥油、奶渣、牦牛酸奶等。

2019年，完成生产总值12.32亿元，同比增长8.2%，其中第一产业完成2.58亿元，同比增长5.2%；第二产业完成4.2亿元，同比增长3.3%；第三产业完成5.54亿元，同比增长11.3%，全社会固定资产投资6.03亿元。社会消费品零售总额4.15亿元，同比增长10.3%。地方财政收入7278万元，地方财政支出177985万元。城镇居民人均可支配收入达到33179元，同比增长10.5%；农村人均可支配收入达到11724元，同比增长13%；全县在职职工参加基本医疗保险参保职工2099人，征缴基金为2902.9万元（含医疗保险个人缴费部分、医疗保险单位缴费部分和公务员医疗补助缴费部分），城镇居民基本医疗保险参保居民2882人，征缴基金为10.437万元，农牧民群众参加新型合作医疗参保52799人，征缴基金为104.16万元，建档立卡脱贫户参保17564人，政府代缴资金为35.128万元。县财政新型合作医疗配套资金原有每人每年2元提高32.5元，现农牧民群众新型合作医疗县级配套资金为每人每年34.5元，共计186.6381万元全部打入医疗基金专户。各项社会保险参保人数达35023人，发放城乡低保资金1041.42万元，其中农村低保发放841.88万元，占81%，保障农村低保对象4748人；城镇低保发放199.54万元，占19%，保障城镇低保对象257人；落实城乡医疗救助资金1115.32万元，惠及农牧民群众2332人。

1月28日，类乌齐县举行消防救援大队授衔和换装仪式，县委副书记、政府县长潘毅（前排中间），县公安局政委曾雄辉（前排右二）出席仪式，县消防救援大队全体指战员参加仪式

4月16日，类乌齐县开展义务植树活动。类乌齐县委副书记、政府县长潘毅（右三）参加此次活动

2019年12月31日，县委常委、政府常务副县长董建华（中间）在伊日乡开展“2019年冬日·暖心”帮扶物资捐赠仪式

1月2日，类乌齐县召开2018年度民族团结暨“遵行四条标准 争做先进僧尼”教育实践活动表彰大会

10月15日，类乌齐县举行2019年“中远海运—格桑梅朵”助学金发放仪式

【农牧业】全年完成耕地播种面积4.71万亩，其中粮食作物播种面积3.75万亩，粮食产量达到0.93万吨，产量与2018年持平；蔬菜播种面积0.52万亩，蔬菜产量达到0.54万吨，产量较2018年增加0.03万吨。2019年内完成10个乡镇82个行政村（居委会）的清产核资工作，资产清查结果为账面资产总额741.6710万元，其中：经营性资产总额146.80万元，非经营性资产总额594.8710万元。资源性资产全县集体土地总面积5084976.55亩。其中：农用地总面积5044040.24亩，建设用地40936.31亩。牲畜存栏达到18.96万头（只、匹），其中牦牛存栏为17.21万头，成畜死亡率控制在1.6%以内，仔畜成活率98%以上。完成春秋两季疫苗注射工作。全年完成牲畜出栏5.02万多头（只），其中出栏牦牛4.78万头。肉类总产量达到0.87万吨，较2018年肉产量增加0.08万吨；奶产量达到0.76万吨，较2018年奶产量增加0.06万吨。

9月1日，“重走唐蕃古道 筑梦高原丝路”——类乌齐县、丁青县旅游联合推介会在类乌齐县政府举行

2019年11月13日，中共类乌齐县委召开“不忘初心、牢记使命”主题教育调研成果交流会

3月30日，政协第七届类乌齐县委员会第四次会议开幕

2019年11月11日，类乌齐县召开贯彻落实中央脱贫攻坚专项巡视“回头看”挂牌整改部署会议

倚身山水 魅力昌都

昌都市 人民代表大会常务委员会

区党委副书记、自治区主席齐扎拉在自治区十一届人大二次会议上参加昌都代表团审议

区党委副书记、自治区人大常委会主任洛桑江村在自治区十一届人大二次会议上参加昌都代表团审议

自治区人大常委会副主任维色在昌都调研水污染防治法落实情况

2019年，在市委的坚强领导下，市人大常委会坚持以习近平新时代中国特色社会主义思想为指导，深入贯彻落实中共十九大和中共十九届二中、三中、四中全会精神，贯彻落实总书记关于治边稳藏的重要论述和关于西藏工作的一系列重要指示批示精神，按照市委一届六次、七次、八次全会的部署，创造性地以监督促进决定、任免、立法和代表工作，各项工作都取得了新进展新成效。

一、在依法履行各项法定职责中构建大监督格局

一是推动人大监督由“以程序性监督为主”向“程序性监督和实质性监督并重”转变。围绕开好每次常委会会议谋划部署阶段性工作，始终把开好常委会例会作为依法履职的中心环节，把会前调研作为听取专项报告的必备程序。

二是推动决议决定由“以程序为主”向“作出决议决定和跟踪问效并重”转变。颁布实施《市人大常委会讨论决定重大事项的规定》，完善常委会联系“一府一委两院”工作制度，推动相互支持配合更加紧密、更加规范。跟踪问效决议决定执行情况，积极推动决定落地落实。

三是推动人事选举任命由“以任命为主”向“任命和监督并重”转变。有效破解监督缺位、失位、不到位难题，一方面严防代表性、广泛性、先进性不强的人员进入代表队伍；一方面加强对被任命人员的全过程全覆盖监督，推动由单纯任命向任后监督转变。

四是推动立法工作由“以立为主”向“依法立法和跟踪检查并重”转变。成功颁布实施《昌都市市容环境卫生管理条例》，为推进“七城同创”创造有利条件。加快《昌都市城市绿化条例》立法步伐，督促市政府制定《昌都市爱国卫生管理条例》和《昌都市市容环境卫生管理条例》实施细则。

二、在推动问题解决和工作改进中提升监督实效

一是加强经济运行监督，致力于推动经济持续健康发展。加强对预算编制、预算执行、预算调整和决算的审查。听取“十四五”时期国民经济和社会发展规划编制情况报

市人大常委会党组书记、主任贡秋江村同书记阿布、常委扎西、副市长欧珠达瓦一起调研三岩片区整体搬迁工作

市人大常委会党组书记、主任贡秋江村主持召开常委会会议

市人大常委会党组书记、主任贡秋江村陪同东风汽车集团有限公司总经理、党委副书记李绍烛一行在昌都调研

告，首次听取审议昌都市2018年国有资产管理情况综合报告、市政府市属企业国有资产管理情况报告。

二是加强民生工作监督，致力于推动提升人民群众的获得感幸福感。开展道路交通安全法及自治区道路交通安全条例、传染病防治法、预防未成年人犯罪法及自治区实施办法等执法检查，分别提出整改建议。听取“十三五”时期全市基本医疗保险基金管理情况报告，开展就业促进工作、义务教育均衡发展等专题调研，提出26条改进建议。

三是加强执法司法监督，致力于推动维护社会公平正义。开展治安管理处罚法执法检查，建议提升执法水平、加大执法力度、维护执法权威等5条建议。依法听取法院破解“执行难”情况报告和检察院公益诉讼工作情况报告，分别提出对策建议，为促进司法公正提供有力支持。

四是加强生态环保监督，致力于推动美丽昌都建设。开展国家卫生城市和生态园林城市创建情况专题调研，组织水污染防治法、可再生能源法、草原法和“中华环保世纪行—西藏行”活动，促进美丽昌都建设。

三、在为人民谋利益中践行初心使命

一是强化代表意见建议办理服务人民。召开代表建议、批评和意见交办会，及时将87件代表建议和203条工作建议，转交市委有关部门和“一府一委两院”办理。

二是助力脱贫攻坚服务人民。组织市人大办扶贫集团召开对口帮扶推进会。广大基层代表踊跃参与矛盾纠纷排查化解、网格化管理、先进“双联户”创建等各项工作，在乡村治理上发挥了积极作用。

三是积极议政建言服务人民。大力推荐人大代表担任廉政监督员、特约监察员、脱贫攻坚监督员，使人大代表的监督作用不断显现。累计安排82名代表列席常委会会议，安排60多名代表参加执法检查和调研活动。

四是创造代表履职条件服务人民。组织33名人大代表和人大干部到云南丽江和香格里拉考察学习，组织40名代表视察经开区和市政建设。召开纪念西藏民主改革60周年座谈会，坚持每年组织代表进行健康体检，为各县区人大常委会支持3万元代表活动经费。

市人大常委会考察组观摩昆明市人大预算联网监督工作室

市人大常委会组织自治区人大代表集中视察重点项目

市人大常委会在开展“不忘初心、牢记使命”主题教育时在解委会举行入党宣誓仪式

倚身山水 魅力昌都

中共昌都市委员会政法委员会

中央督导组和自治区领导检查昌都扫黑除恶专项斗争工作

市委常委、政法委书记、国安办主任张文生慰问基层干警

【单位概况】中共昌都地区委员会政法委员会于1990年设立，1990年至2018年期间机关管理体制、职能配置、机构设置、人员配备进行了多次调整。2019年，机构改革为中共昌都市委政法委员会，内设6个行政科室，即办公室（政治安全科）；执法监督科（维稳指导科）；综治督导科（反邪教协调科）；基层社会治理科（双联户办公室）；政策研究室（法治科、市法学会秘书科）；干部科（政法队伍建设指导科）。核定行政编制17名，其中部门领导职数5名，科级领导职数11名，机关后勤编制8名。

【政法工作】2019年，昌都市委政法委坚持以习近平新时代中国特色社会主义思想为指导，认真贯彻落实习近平总书记关于治边稳藏重要论述和关于政法工作的重要指示精神，深入贯彻落实中央、区党委政法工作会议精神，坚持党对政法工作的绝对领导，牢固树立总体国家安全观，切实增强“四个意识”，自觉坚定“四个自信”，做到“两个维护”，立足底线思维研判形势，聚焦突出风险精准防控，全力保障了庆祝中华人民共和国成立70周年、西藏民主改革60周年等重大活动，深入开展了“不忘初心、牢记使命”主题教育；深入开展了维护稳定、扫黑除恶专项斗争、“全面加强政治建警、打造过硬政法队伍”专项教育整顿工作；深入开展基层社会综合治理、“双联户”服务管理、“雪亮工程”建设、民生信息员等重点工作，有力服务了全市发展稳定改革大局，扎实推进了全市政法各项工作，持续推动了昌都长足发展和长治久安。

市委常委、政法委书记、国安办主任张文生组织召开“雪亮工程”项目建设推进会

举办全市基层政法干部培训

开展“平安建设”“双联户”宣传活动服务活动

中共 昌都市委统战部

【机构人员】统战部是党委主管统一战线工作的职能部门，是党委统战工作的参谋机构、组织协调机构、具体执行机构、督促检查机构。职责主要包括了解情况、掌握政策、协调关系、安排人事、增进共识、加强团结等，牵头协调和监督检查统一战线工作。

市委统战部现有内设机构5个，办公室、干部人事科、统战科、民族宗教科、侨务科。所属事业单位机构编制4个，市归国藏胞接待中心、研究室（信息宣传中心）、宗教社情中心、社会主义学院。现有编制46名，行政编制15名。事业编制31名，其中参公编制10名。实有干部32人，其中行政17人，事业参公7人，事业8人。

【市委统战工作会议】2019年4月9日，召开全市统战民族宗教工作会议，市委副书记黎勇出席会议并作讲话，市委常委、统战部部长泽仁俊美作具体部署，市委统战部常务副部长泽仁欧珠主持会议，11个县（区）统战部长、分管民宗工作的副县长、民宗局局长，各县（区）正县级寺管会主任，强巴林寺管委会、市宗教工作领导小组各成员单位负责人，市委统战部、市民委、市宗教局在家县处级干部参加会议。

会议全面总结了过去一年的工作，要求高举习近平新时代中国特色社会主义思想伟大旗帜，加强党对统战工作的全面领导，聚焦凝聚人心和力量，推进习近平新时代中国特色社会主义思想学思用贯通、知信行合一，聚焦巩固扩大团结面，推进统一战线全面发展，聚焦民族团结进步创建，增强中华民族共同体意识，聚焦建立健全长效机制，不断提高宗教工作水平，聚焦“四条标准”，推进教育实践活动深入开展，聚焦“两个健康”主题，营造非公经济良好发展环境。

2019年12月20日，昌都市召开市领导与宗教界人士共迎新年座谈会

2019年8月12日，昌都市召开2019年上半年“遵行四条标准 争做先进僧尼”教育实践活动表彰大会

2019年5月17日，昌都市2019年度“1拖N”宗教活动场所管理工作深化部署会

2019年11月4日，昌都市委统战部举办“不忘初心 牢记使命 我的驻寺经历”首届主题演讲比赛

2019年3月20日，昌都市宗教事务局、民族事务委员会、侨务办公室挂牌仪式

中共 昌都市委组织部

倚身山水　魅力昌都

市委书记阿布到主题教育办公室

市委常委、市委组织部长李斌讲党课

【思想政治建设】制定下发《昌都市2019年党员教育培训计划》《昌都市2019年党员政治教育培训计划》。组织开展昌都市“不忘初心、牢记使命”主题教育，学习贯彻十九届四中全会精神，各级党组织组织开展各类教育活动8200余场次，教育党员干部12.5万余人次。

【基层组织建设】以深入实施“百村整治、千村提升”计划为抓手，建立“一村一档”，制定“一村一策”，招聘乡村振兴专干925名。围绕“四性三化”、打造“八个阵地”要求，稳步有序推进村级组织活动场所标准化建设。截至2019年底，村级组织活动场所完工670个。

【干部队伍建设】制定出台《昌都市干部政治素质考察评价办法（试行）》，组织全市900多名县处级干部填报《政治素质档案》。建立反映干部综合情况的干部信息“大数据库”，已完成420名县处级干部的数据录入工作。

【干部监督管理】制作《昌都市重点岗位干部考察工作规程》《昌都市组织人事部门对领导干部进行提醒、函询和诫勉的操作规程（试行）》《昌都市县级干部选拔任用流程图》等。2019年，共检查领导干部个人有关事项246人次。

【人才队伍建设】制定出台《昌都市“藏东英才”评选表彰暂行办法》，制定《昌都市专招生培养管理办法（试行）》，完成539名第八、九批援藏干部人才轮换。2019年，通过专招引进高校毕业生95人，引进4名博士到昌都创办高新技术企业。

慰问援藏工作队

敬老院

重温入党誓词

倚身山水 魅力昌都

中国

共产主义青年团昌都市委员会

2019年12月2日，团市委在昌都市中级人民法院大法庭开展第三期“青少年模拟法庭”活动

2019年12月28日，在市图书馆组织开展“昌都市新兴群体青年交通安全知识竞赛”活动

昌都现建成团组织2130个，其中县（区）团委11个，乡（镇）团委138个，村（居）团组织1121个，国有企业团组织51个，非公有制经济团组织12个，机关事业单位团组织208个，学校团组织600个，全市45岁以下青年35万余人，28岁以下青年177704余人，团员总数29108名（其中农牧民团员16766名），基层团干部配备达3029人，其中专职团干部47人，兼职团干部2982人。全市少先队大队194个，少先队中队1570个，少先队员共计66505人，少先队辅导员1951名。

2019年，昌都共青团扎实深入开展“不忘初心、牢记使命”主题教育，以“青春心向党 建功新时代”为主题，开展“3·28”快闪、“五四”表彰晚会、离队入团仪式等形式内容丰富的主题教育活动，选树各级各类青少年先进典型，深入推进青少年思想政治引领；组织开展“青春与法同行—三官进校园”、“阳光周末”、假期公益辅导班、农牧民技术技能培训、“希望工程·康饮计划”、“希望工程·暖餐计划”等特色活动（项目），同时推动“青春昌都”微博、微信、抖音平台高效运行，进一步增强共青团的影响力；开展“走转改”大宣传大调研，制定印发《团市委专职干部密切联系青年驻点实施方案》，引导专职团干部经常主动到基层去倾听青年心声，推动形成机关密切联系基层、干部密切联系团员青年的工作格局，团结引领全市广大青年助力脱贫攻坚、“七城同创”，以全面过硬的团建、鲜明的改革面貌和扎实的工作成效庆祝中华人民共和国成立70周年、“五四”运动100周年。

2019年7月19日至31日，在青少年活动中心开办为期12天的暑假辅导班

2019年10月1日至7日，“感党恩、庆国庆、增团结”2019闽藏少年儿童手拉手交流活动

2019年9月29日，在市康巴演艺中心举办“不忘初心 牢记使命”“昌都青年说——我与祖国共成长”主题演讲比赛

昌都市 民政局

倚身山水　魅力昌都

2019年3月3日，区党委常委、常务副主席姜杰到市儿童福利院检查指导工作

2019年4月17日，自治区民政厅党组副书记、厅长陈凡彦到第二儿童福利院检查指导工作

2019年11月12日，副市长高学文带队参加在云南省迪庆州召开的“滇藏线”第四轮行政区域界线总结会

市政府副市长高学文深入基层看望慰问困难群众

【概况】昌都市民政局属正县级单位，截至2019年底，市民政局内设办公室、规划财务科、社会救助科、基层政权建设和社区治理科（区划地名科）、养老服务和儿童福利科（市关心下一代工作委员会办公室）、社会事务和慈善事业促进科（社会组织管理局）等6个行政科室（因机构改革，原优抚安置科划转至市退役军人事务局，救灾科划转至市应急管理局）。下设市勘界领导小组办公室、市城市流浪乞讨人员救助站、市申请救助居民家庭经济状况核定中心、市第一儿童福利院、市第二儿童福利院、市殡仪馆、市民政福利旅社、市烈士陵园公墓管理站等8个事业单位。全局核定编制85名（行政17个，事业68个），有干部职工78名（含2名援藏干部），其中县处级干部7名，女干部33名，少数民族58名。

【脱贫攻坚】有序推进农村低保专项治理等各级各类巡视整改工作，建立长效帮扶机制，确保全市脱贫攻坚社会保障兜底工作兜得准、兜得住、兜得实。2019年，全市共落实民政各项资金39700万余元，惠及困难群众9.5万人次。其中：落实农村低保金26199.67万元，受益群众20021户77600人；落实城镇低保金4291.4万元，受益群众3058户

2019年11月，局党组书记、副局长瞿泽刚带队赴重庆、天津两市开展援藏回访交流学习考察活动

2019年10月，局党组书记、副局长瞿泽刚带队赴昌庆街社区、齐齿街社区调研

5408人；落实特困人员供养金6178.74万元，惠及4324人；落实孤儿基本生活保障金2044.8万元，惠及1765人；落实临时救助金957.95万元，救助5374人次；落实流浪乞讨人员救助金27.8007万元，救助529人次。

【社会福利】以完善“双集中”机构功能服务，加大资金投入力度为重点，打造出了“居家式”养老、“生态阳光走廊”、“藏药蒸汽浴”等具有特色亮点的服务品牌。2019年，投入供（收）养机构运行经费1874.95万元，办理收养登记证书8件；通过农村留守儿童“合力监护相伴成长”专项行动，帮助全市1136名留守、5827名困境儿童缓解了生活困难。

【社会事务】推进社会各项事务全面发展，全年办理结婚证7981对，离婚证533对，登记成立1家社会组织，火化尸体72具，其中8具进行政策减免费用。全年福彩销售额达7781.1万元，为昌都市262名孤儿每人每学年资助助学金1万元。

2019年9月，局党组副书记、局长布措慰问洛隆县硕督镇老人

局党组副书记、局长布措看望察雅县特困人员集中供养中心老人

昌都市民政局深入结对帮扶点开展“公益福彩 情满高原”活动

2019年10月1日，昌都市民政局在福利院举办庆祝中华人民共和国成立70周年活动

昌都市 商务局

倚身山水 魅力昌都

中华全国供销合作总社理事会副主席邹天敬（前排左二）、自治区商务厅党组书记李文革（左三）、昌都市政府副市长赵明（左四）参观昌都馆

2019年5月17日，副市长赵明带领昌都招商引资团队参展在重庆举办的“西洽会”

【概况】机构人员情况：2019年3月，昌都市机构改革重新组建昌都市商务局，市商务局内设办公室、市场运行和消费促进科（电子商务科）、市场体系建设科（流通业和商贸服务管理科）、对外贸易科（对外投资与经济合作科）、招商活动科、项目促进科（区域合作科）6个正科级行政科室和市商务局信息中心（市贸易促进会）、市投资服务中心2个正科级事业科室。全局编制共有36名，其中行政编制18名（部门领导职数5名，科级领导职数12名），事业编制7名（科级领导职数3名），参公编制9名（科级领导职数2名），机关后勤服务事业编制2名。全局实有37人，其中行政人员19人，事业（含参公）人员14人，机关后勤人员4人。另有援藏干部2人，公益性岗位8人，西部计划西藏专项志愿者3人。

主要职责：（一）贯彻落实国家和自治区国内外贸易、国际经济合作的发展战略、政策，贯彻执行国家和自治区国内外贸易、外商投资、对外援助、对外投资和对外经济合作的法律法规；拟订全市商务发展规划、年度计划并组织实施；研究经济全球化、区域经济合作、现代流通方式、开放型经济新体制和流通体制改革的发展趋势并提出对策建议。

（二）拟订全市国内贸易发展规划并组织实施，促进城乡市场发展，执行国内外资金投向市场体系建设的政

2019年6月20日，在福州召开昌都市招商引资专场推介会，左起分别是八宿县副县长姚伟，协合新能源集团西藏分公司总经理王郑峰、尤拉杰，左贡县副县长陈晓东，洛隆县政协副主席次旺，左贡县夏康经济发展有限公司总经理王建华

福建省供销社副主任占飞豹参观昌都馆

策，指导大宗产品批发市场规划建设和城市商业网点、商品交易市场（现货交易类）规划，以及商业体系建设工作；推进农村市场体系建设，组织实施农村现代流通网络工程。

（三）负责推进全市流通产业结构调整，指导流通企业改革、商贸服务业和社区商业发展，提出促进商贸中小企业发展的政策建议，推动物流配送、电子商务、流通标准化和连锁经营、商业特许经营等现代流通方式的发展。

（四）牵头推进商务领域信用体系建设，指导商业信用销售，建立商务诚信公共服务平台；规范商贸企业交易行为，牵头推动重要产品追溯体系建设；按有关规定对拍卖等特殊流通行业进行监督管理；执行有关规范市场运行、流通秩序的政策，负责推进商贸领域行政执法。

（五）组织实施重要消费品市场调控和重要生产资料流通管理；负责建立健全生活必需品市场供应应急管理机制，监测分析市场运行、商品供求状况，调查分析商品价格信息，进行预测预警和信息引导；统筹商务领域消费促进工作；按分工负责重要消费品（食糖除外）储备管理和市场调控工作；按有关规定对成品油流通进行监督管理；贯彻执行酒类、药品流通政策并拟订发展规划，对酒类、药品流通发展进行指导。

（六）研究提出推进全市电子商务发展的政策意见，会同有关部门拟订全市电子商务发展规划并组织实施；推进全市商务系统信息化建设。

（七）执行国家制定的进出口商品、加工贸易管理办法和进出口管理商品、技术目录；指导贸易促进活动和外贸促进体系建设；贯彻执行国家和自治区促进外贸增长方式转变的政策措施；推进出口品牌和出口基地建设；组织实施国家和自治区拟定的重要工业品、原材料和重要农产品后进出口总量计划；会同有关部门协调大宗进出口商品；负责对外贸易经营者备案登记初审工作。

（八）贯彻执行国家和自治区对外技术贸易、进出口管制以及鼓励技术和成套设备进出口的贸易政策，推进进出口贸易标准化与便利化工作；会同有关部门依法监督技术引进、设备进口、国家限制出口技术的工作。

2019年5月17日，在重庆“西洽会”期间，组织参加“昌都—綦江”飞地经济发展合作座谈会

2019年10月10日，地球第三极拉萨会展中心昌都馆合照

2019年10月10日，地球第三极拉萨会展中心昌都馆全景

2019年10月10日，地球第三极拉萨会展中心昌都馆

“6·18”福州海峡会会展中心昌都馆现场

昌都市 | 机关事务管理局

倚身山水 魅力昌都

2019年2月2日，机关事务管理局局长向巴江措春节藏历新年慰问卡若区卡若镇达布村驻村点

2019年2月2日，机关事务管理局局长向巴江措三大节日期间慰问退休老干部、老党员

2019年9月4日，机关事务管理局局长向巴江措带领全局干部职工参与“环境整治 喜迎新中国成立70周年”活动

【概况】昌都市机关事务管理局为正科级建制，核定事业编制40名，其中：部门领导取数4名（正科级1名，副科级3名），内设机构领导职数12名（正科级1名副科级11名）。经费来源为财政全额拨款。内设办公室、物业管理科、生活服务科、解放广场管理科、保卫科、接待科6个机构（其中接待科为正科级，其余均为副科级）。

【廉政建设方面】一是进一步规范财务制度。严把审批关，对财务账目严格的核算和监督；二是加强三公经费管理。认真落实中央八项规定，严格公务接待标准，截至12月底，公务用车运行费实际支出约为33万元（含大型工作组车辆运行费），公务接待费实际支出约为213万元。临时调剂车辆120余次，调配车辆850辆，保障了82个专项工作组的公务用车；三是加强廉政建设。全年开展共计廉政教育大会1次、廉政风险点评估会议1次，发放廉政风险点防控文件1份、谈心谈话17人次、工作提醒1人次；四是规范采购制度。严格执行财产购置的审批程序、公开招标和价格审核工作，全年共计完成采购任务43项，公开招标4项；五是会议中心招待所经营管理。截至2019年12月底，招待所总营业收入517.1万元，严格按照收支两条线运行。

【党建工作】深入开展政治理论学习，加强党的思想建设。截至12月底共计开展组织集体学习42次（其中主题教育学习9次）、支委会议12次、党课4次、党员大会4次、主题党日活动12次、主题教育活动18次、撰写简报34期、党员转正1名、发展预备党员2名、正在培养入党积极分子1名。

【精准扶贫工作】积极开展结对帮扶工作，根据市

召开2019年机关事务管理局干部职工教育学习暨国庆放假工作安排部署会

2019年7月16日，岗位培训现场

2019年7月24日，组织干部职工开展岗位能力培训班

委、市政府下达的帮扶任务，共计结对帮扶17户、帮扶总人数96人，帮扶资金物资折合人民币为1.53万元；对驻村点（察雅县烟多镇色嘎村）开展8次帮扶慰问活动，送去了资金和物资帮扶，根据色嘎村具体情况机关事务管理局积极联系相关部门解决2017年网围栏工程30万，2018年人畜饮水工程“一事一议”工程款30万；对我局村支部书记选派村（卡若镇达布村波先自然村），争取到了用于改善路况的维修款18万元。

【“双创”工作】一是在大院绿化带制作摆放公益广告牌30个，周转房楼道、电梯内张贴创建全国文明城市宣传画76幅，在解放广场LED显示屏上全天（白天）滚动播放爱国爱党、市创文创卫工作宣传标语，共计播放市直各单位宣传标语共计230余条，宣传活动20余次，做到全覆盖；二是“三合一”积极开展禁烟、控烟宣传活动。在市委、市政府大院公共露天区域设吸烟区，实行每周行政值班、日常保安巡逻、创文创卫禁烟劝导员三合一的形式，在院内及解放广场等公共区域进行禁烟劝导，在我局辖区的办公楼、会议室、招待所、食堂等室内区域张贴禁烟标识；三是截至2019年年底共计组织开展志愿服务活动12次，参与人员523人次，服务时长4810.5小时，创建文明城市问卷调查1次。

【后勤保障】强化安全保卫，提高物业管理水平。一是加强大院安保工作。二是保障院内职工生活环境。三是缓解大院停车难问题。

【节能降耗】结合全市“创文创卫”工作，进一步建立健全节制管理体系，扎实推进节约型机关建设。一是广泛开展节能宣传活动，全年共计开展宣传15次；二是加强对用水用电管理。定期维护、及时维修、随时巡检，防止跑、冒、滴、漏和长明灯、防流水，取得较好的节能效果。

【会务保障】一是会场服务。截至2019年12月底共完成会议服务2294场、大型演出6场；二是接待服务。2019年会议中心招待所顺利接待了大、中、小型工作组332余个，接待人数3113人次，其中国级1批（88人次），省级44批（600余人次）；三是完成了第五届三江茶马艺术节期间各项后勤保障工作，得到来宾、市委、市政府领导的一致好评。

2019年8月30日，召开“不忘初心 牢记使命”主题教育之“牢记使命严守纪律”的党风廉政建设专题学习会

开展消防知识培训

2019年3月15日，市机关事务管理局干部职工32人组成植树小组，前往卡若区野堆村开展义务植树活动

2019年4月11日，开展“主题党日+”活动慰问烟多镇雪冬村结对帮扶群众

昌都市 交通运输局

倚身山水　魅力昌都

2019年2月26日，召开昌都市2019年度住建、交通工作会议

2019年9月27日，省道203线察雅县至芒康县新改建工程交（竣）工通车

2019年开展扫黑除恶打非治乱专项斗争

【概况】昌都市交通运输局于1954年成立，是主管全市交通工作的职能部门。2019年，全局行政编制17名［其中部门领导职数5名（含总工程师1名）、科级领导职数11名］，内设办公室（政策法规监督科）、建设与养护管理科（综合规划科）、农村公路科、交通运输科（企业指导科）、交通执法监督科（安全监督管理科）、政工人事科6个（正科级）职能科室；全局事业编制110名（其中处级领导职数1名、科级领导职数16名），内设公路建设项目管理中心、总工办、交通战备办公室、公路养护管理办公室、公路工程质量安全监督与造价管理站、昌都市道路运输管理局（地方海事局）、昌都市路政管理局7个职能单位。

主要职责：1.贯彻落实国家、自治区、昌都市有关交通运输工作的方针、政策和法律、法规、规章；拟订并组织实施全市公路、水路等行业的总体规划、专项规划、中长期规划和年度计划；参与拟订物流业发展规划并监督实施；指导公路、水路行业有关体制机制改革。

2.承担涉及全市综合运输体系的规划协调工作，会同有关部门组织编制综合运输体系规划，指导市交通运输枢纽规划和管理。

3.负责监管全市公路、水路运输市场。监督实施交通运输有关政策、准入制度、技术标准和运营规范；负责城乡客运及有关设施规划和管理工作；监督指导出租汽车行业管理工作。

4.负责全市水上交通安全监督管理。负责水上交通管制和防止污染监督管理工作；负责通航水域水上交通安全事故、船舶及相关水上设施污染事故的应急处置；依法组织和参与事故调查处理工作。

2019年9月30日，国道317线（西藏境）斜拉山隧道正式通车

2019年12月22日，昌都交通运输系统赴福建参加专题培训交流

2019年9月26日，国道317线珠角拉山隧道及接线工程顺利通车

5.负责提出全市公路、水路固定资产投资规模和方向，财政性资金安排意见、建议。按照规定权限，审核、申报、核准国家、自治区和市规划内及年度计划规模内固定资产投资项目；提出有关财政、土地、价格等政策建议。

6.承担公路、水路建设市场监管责任。监督实施公路、水路工程建设相关政策、制度和技术标准；负责监督管理全市公路、水路工程建设、工程质量和安全生产工作；承担局管公路及农村公路的管理和维护；指导全市交通运输基础设施的管理和维护。

2019年8月10日，召开昌都市纪念川藏公路、青藏公路建成通车65周年暨主题纪念邮票发行活动

昌都市 自然资源局

倚身山水　魅力昌都

2019年11月，国家自然资源部地质勘查管理司副司长熊自力（左一）在昌都市检查指导地质灾害防治工作，自治区自然资源厅总工程师刘鸿飞（右一）陪同

2019年11月，西藏自治区副厅长周永顺听取昌都市永久基本农田占补平衡及增减挂钩工作开展情况汇报

2019年11月，市自然资源局党组书记、副局长李章国（左二）到八宿县督导检查违法违规用地工作

2019年12月，召开“不忘初心、牢记使命”专题民主生活会

【概况】昌都市自然资源局为市政府工作部门，正县级。内设办公室（政工人事科、财务与权益科）、政策法规科（执法监督科）、自然资源确权登记科（自然资源调查监测科）、自然资源开发利用科（国土空间用途管制科）、国土空间规划科、国土空间生态修复科、地质勘查与矿产资源储量管理科、测绘和地理信息管理科等8个行政科室和市地质环境监测站、市不动产登记中心、市土地储备中心、市城乡规划编审中心、市自然资源局信息中心、机关后勤等6个所属事业单位。核定编制58名，行政编制23名，事业编制35名。

昌都市自然资源局为市政府工作部门，正县级。市自然资源局贯彻落实党中央关于自然资源工作的方针政策和自治区党委、市委的决策部署，在履行职责过程中坚持和加强市委对自然资源工作的统一领导。主要职责：

（一）履行全民所有土地、矿产、森林、草原、湿地、水等自然资源资产所有者职责和所有国土空间用途管制职责；贯彻落实自然资源法律法规、地方性法规和政府规章；拟订地方自然资源管理的技术标准、规程、规范和办法并监督实施。

（二）负责自然资源调查监测评价；贯彻执行国家、自治区自然资源调查监测评价体系和统计标准，建立全市统一规范的自然资源调查监测评价制度；实施自然资源基

2019年5月，开展“党员走在前，机关做表率”党的知识竞赛测试活动

2019年5月，举办全市砂石土开展登记管理工作培训班

2019年10月，开展在职党员到社区（村、居）报到服务群众活动

础调查、专项调查和监测；负责全市自然资源调查监测评价成果的监督管理和信息发布；指导县（区）自然资源调查监测评价工作。

（三）负责自然资源统一确权登记工作；贯彻执行国家、自治区各类自然资源和不动产统一确权登记、权籍调查、不动产测绘、争议调处、成果应用等政策、标准、规范；建立健全全市自然资源和不动产登记信息管理基础平台；负责自然资源和不动产资料收集、整理、共享、汇交管理等；指导监督全市自然资源和不动产确权登记工作。

（四）负责自然资源资产有偿使用工作；贯彻执行全民所有自然资源资产统计制度，负责全民所有自然资源资产核算；编制全民所有自然资源资产负债表，拟订考核标准；贯彻执行全民所有自然资源资产划拨、出让、租赁、作价出资和土地储备政策，合理配置全民所有自然资源资产；负责自然资源资产价值评估管理，依法收缴相关资产收。

（五）负责自然资源的合理开发利用；贯彻执行自然资源发展规划和战略，组织实施国家、自治区自然资源开发利用标准，建立政府公示自然资源价格体系，组织开展自然资源分等定级价格评估和自然资源利用评价考核，指导节约集约利用；负责自然资源市场监管；组织研究市自然资源管理涉及宏观调控、区域协调和城乡统筹的政策措施。

（六）负责建立空间规划体系并组织实施；实施国家、自治区主体功能区战略和制度，组织编制并监督实施国土空间规划和自然资源相关专项规划；开展国土空间开发适宜性评价，建立国土空间规划实施监测、评估和预警体系；组织划定生态保护红线、永久基本农田、城镇开发边界等控制线，构建节约资源和保护环境的生产、生活、生态空间布局；严格执行国土空间用途管制制度，组织实施城乡规划政策，组织拟订并实施土地等自然资源年度利用计划；负责土地等国土空间用途转用工作；负责土地征收征用管理。

（七）负责统筹国土空间生态修复；牵头组织编制全市国土空间生态修复规划并实施有关生态修复重大工程；负责国土空间综合整治、土地整理复垦、矿山地质环境恢复治理等工作；牵头建立地方生态保护补偿制度并组织实施，贯彻落实地方合理利用社会资金进行生态修复的政策措施，提出重大备选项目。

（八）负责组织实施最严格的耕地保护制度；贯彻执行国家、自治区关于耕地保护的法律法规及政策，负责耕地数量、质量、生态保护；组织实施耕地保护责任目标考核和永久基本农田特殊保护；完善耕地占补平衡机制，监督占用耕地补偿制度执行情况。

（九）负责管理地质勘查行业和地质工作；贯彻执行自治区地质勘查规划；协助开展各级地质勘查项目和重大地质矿产勘查专项；管理市级地质勘查项目；监督地质资料汇交、保管和利用；负责地质灾害预防和治理，监督管理地下水过量开采及引发的地面沉降等地质问题；负责古生物化石的监督管理。

2019年11月，开展全国第三次国土调查实地核查

孜通坝一期土地整治项目

人民公园土地整治项目

昌都市 农业农村局

倚身山水　魅力昌都

昌都市2019年中国农民丰收节庆祝活动暨农机加油一卡通首发仪式在卡若区日通乡雄达村举办，昌都市委副书记、常务副市长杨灏出席活动现场

召开“开展好村庄清洁行动夏季战役”视频会议，常务副市长蔡家林、市农村人居环境整治工作领导小组办公室主任邱川明、昌都市农业农村局局长杨振林、市农村人居环境整治工作领导小组成员单位

6月4日上午，由昌都市农业农村局副局长白玛旺堆、市农推总站站长陈斌一行带队的市农推总站全体在家技术人员以及11县（区）农业技术人员和科技特派员等共70人在卡若区日通乡雄达村参加了昌都市新型农药安全使用技术现场观摩会

一、2019年农牧业经济运行情况

（一）种植业稳中有增。完成农作物总播种面积85.64万亩、同比增长1.64%。其中，粮食作物播种面积67.24万亩（青稞56.04万亩），同比增长0.16%（0.07%）；经济作物播种面积11.58万亩（油料作物5.35万亩、蔬菜6.23万亩），同比增长0.7%（1.13%、0.32%）；饲草料播种面积6.82万亩，同比增长21.14%。粮经饲结构比例为78：14：8。粮食产量18.85万吨（青稞16.6万吨），同比增长0.93%（0.61%）；蔬菜产量13.94万吨，同比增长7.23%；油菜产量0.64万吨，同比增长1.59%。

（二）畜牧业持续向好。2019年，新生仔畜90.02万头（只、匹），存活87.58万头（只、匹），成活率97.29%，成畜死亡3.76万头（只、匹）、死亡率1.4%，出栏牲畜88.45万头（只、匹），肉、奶、蛋产量分别达到9.24万吨、9.53万吨、557吨，同比增长5.8%、5.7%、11.4%。

边坝县召开粮食生产功能区划定初步评审会

农机化政策解读暨农机购置补贴辅助管理系统培训班

2019年4月18日至21日，市农业农村局会议室举办全市农村集体资产清产核资工作培训

洛隆县、八宿县开展良种收购工作

市农畜产品检验检测中心于3月27—29日开展例行检测工作

2019年渔业增殖放流活动于10月22日举行

（三）产业效益与日俱增。全市22家农牧业产业化龙头企业实现产值1.8亿多元、带动农户12300户、户均增收3500元；330家农牧民专业合作社实现收入1.37亿元，加入专合组织农户约17800户，户均增收7700元。

（四）加快推进项目建设。2018年在建项目总投资66230.12万元，其中国家投资54577.12万元，企业投资11653万元，已完成投资58876.47万元，完成率91.5%。2019年，新建项目共8类28项，国家投资52003万元，已完成投资21741万元、完成率41.8%，已完工7项、在建21项。高标准农田建设项目，国家投资40278万元、市政府配套资金12206万元，共建设17万亩，目前11个县（区）已全面开工建设。

（五）农牧民增收工作取得实效。2019年全市农牧民人均可支配收入为11559元，同比增长13.5%。累计实现农牧民转移就业12.64万人，20.72万人次，实现收入8.32亿元。项目开发岗位8077个，吸纳农牧民转移就业22041人、91633人次，农牧民劳务用工91633个工日，增加农牧民收入3.05亿元，本地农牧民用工量占工程总用工量的33%，超出年初目标3%。

二、主要措施

（一）种植业各项工作有序开展。一是完成农资采购。2019年，化肥采购6844.31吨，同比减少25.8%；农药20.939吨，同比减少38.82%。青稞良种调运97万公斤，玉米良种2.535万公斤、马铃薯原种58万公斤、油菜种子2.5万公斤、蔬菜种子20020袋；二是开展粮食“双增”行动。推广良种63万亩、同比增长0.19%，其中主导品种52.32万亩、搭配品种10.68万亩，良种覆盖率达90%以上；三是推进良繁基地及示范田建设。建设良种繁育田41059亩（一级良种繁育田3159亩，二级良种繁育田37900亩），同比增长6.29%。在10个粮食主产县（区）开展“3414”田间肥效试验20个，实施测土配方肥效试验示范48万亩、粮食绿色高质高效创建示范田48万亩；四是农机购置补贴有序实施。2019年度农机购置补贴总资金1578万元，已落实资金134.518万元，购买农机具206台，受益农户180户，实施进度8.52%；五是深松整地稳步开展。2019年实施深松整地25658亩（含2018年未完成的5658亩）；六是病虫害得到有效防控。2019年，昌都市芒康、左贡两县发生草地贪夜蛾灾害，危害玉米作物面积约7980亩。昌都市积极采取防控措施，累计防控面积16843亩，发放技术宣传资料800余份、喷雾器175部、喷壶100个、深入村组指导技术人员982人次，两县草地贪夜蛾危害均已得到有效控制。

8月5日，“西藏高原生态桑产业发展院士专家工作站”启动仪式在昌都市农业科学研究所举行揭牌仪式，标志着昌都市第一个院士专家工作站正式挂牌成立

市农业农村局以“追随红色足迹、缅怀革命英烈”为主题，组织局属单位、机关各科室负责人观看《西藏和平解放背后的故事》纪录片

昌都市 林业和草原局

倚身山水 魅力昌都

2019年，自治区副主席江白调研昌都市造林绿化及苗圃建设情况（姚志强 摄）

2019年度林业工作会议

2019年，是昌都解放70周年。一直以来，昌都林草工作始终坚持以习近平新时代中国特色社会主义思想为指导，深入贯彻落实习近平生态文明思想，在市委、市政府的坚强领导和自治区林草局的支持指导下、在各相关单位的有效配合下、在各级林草工作者的共同努力下，全市生态环境状况不断改善，生态富民成效日益凸显，生态安全屏障不断筑牢，美丽昌都建设持续推进。

2019年，昌都市森林面积382万公顷，森林覆盖率34.78%，草原面积571.46万公顷，草原植被综合覆盖度78.04%，草原覆盖率52.04%。现有自治区级及以上自然保护区、自然公园9个，总面积44.8203万公顷，占全市国土面积的4.1%。其中：国家级自然保护区2个，国家森林公园1个，国家湿地公园2个，国家湿地公园（试点）3个，自治区级自然保护区1个，重点保护动物滇金丝猴与马鹿从曾经的300余只和5000余头分别增长为800余只和8000余头，拥有县级自然保护区21个。

昌都市林业和草原局现下设行政科室8个，事业单位7个，全局干部职工74人。现配有公益林管护员18453人，天保工程天然林老管护员7651人，建成林业专业管护站111个，专业管护员580名，2019年落实生态补偿岗位204000个，2013年以来全市未发生一起重特大森林火灾。2019年，昌都市林业和草原局获得国家林业和草原局授予的“保护森林和野生动植物资源先进集体”荣誉称号；2019年，昌

市委书记阿布参加2019年度全民义务植树运动（姚志强　摄）

2019全民义务植树运动（姚志强　摄）

2019年昌都市林业和草原局揭牌仪式（姚志强　摄）

察雅县卡贡乡村帮村2002年度前一轮退耕还林成果（郭迎亚　摄）

洛隆卓玛朗措国家湿地公园掠影（王磊兴　摄）

都市林业和草原局获得全国绿化委员会授予的“全国绿化模范单位”荣誉称号；2019年，昌都市林草局森林公安局获得国家林业和草原局授予的“2016—2018年度全国森林防火工作先进单位”荣誉称号。2019年，共侦破办理非法杀害珍贵濒危野生动物刑事案件6起，抓获犯罪嫌疑人14名，缴获中华鬣羚1只、麝香25个、粉末状麝香4.5克，鉴定价值达106.099万元。

2019年，全市完成重点营造林项目建设27.7万亩，其中“两江四河”造林绿化28476.7亩，重点区域造林7295.5亩；森林抚育208000亩，实施义务植树27926亩，在2018年全面消除海拔4300

巾帼园林（巴桑　摄）

达玛拉公园（巴桑　摄）

米以下“无树村、无树户”的基础上继续巩固成效，完成补植补造5500亩；完成防沙治沙1000亩；完成城区绿化苗木栽植、提质增绿、花卉摆放等工作，栽植各类乔木2500余株，灌木、绿篱7000平方米，摆放时令花卉50万盆，栽植格桑花1.2万平方米，对二小、藏医院、妇幼保健院等9家单位实施拆墙透绿及绿化提质改造，栽植草坪灌木8500平方米，提供云杉、杨树、榆树等苗木6700株，草种3000斤；2019年，城市新增绿地面积1.3万平方米，建成区绿化覆盖率达36.76%、绿地率达35.51%，人均公园绿地面积达9.76平方米。

类乌齐马鹿自然保护区掠影（尼玛拉姆　摄）

昌都市 经济和信息化局

倚身山水 魅力昌都

2019年3月20日，在昌都市经济和信息化局举行昌都市大数据发展管理局揭牌仪式

2019年8月6日，市经信局开展“不忘初心、牢记使命”企业调研活动

2019年4月30日，市经信局开展结对帮扶入户走访

一、单位概况

根据《关于西藏自治区市县机构改革的总体意见》和《昌都市机构改革方案》，原昌都市工业和信息化局更名为昌都市经济和信息化局，于2019年3月正式挂牌成立，加挂市大数据发展管理局牌子，系市政府工作部门。内设6个行政科室：办公室、经济运行科、数字经济发展科（大数据发展管理科）、信息化推进科（智慧昌都工作领导小组办公室）、中小企业科（市盐务管理局）、工业科（产业园区发展科）。内设3个事业科室：市大数据管理中心、市电子政务技术中心、市中小企业发展促进中心。全局共有编制31个（其中：机关行政编制17个，事业编制14个）。全局现有在职干部职工27人，其中：机关行政干部13人（局长1人，副局长3人，四级调研员1人，科级及以下干部7人，离岗休养1人）；事业人员12人（事业管理人员9人、机关后勤服务人员2人、事业工人1人）。主要工作职责涉及工业数字经济、园区建设管理、中小微企业、信息化建设、盐务管理、大数据应用发展等方面。

2010年至2019年历任书记：徐惠蓉、冯全生、旺姆、泽旺德西、王治年。

2010年至2019年历任局长：旺堆、毛易武、益西次仁、泽旺德西。

二、2019年度工作成就

2019年，市经济和信息化局在市委、市政府的坚强领导下，在自治区经济和信息化厅的指导下，紧紧围绕全市经济、农村暨脱贫攻坚工作会议和《政府工作报告》确定的目标任务，立足稳中求进总基调，坚持新发展理念，深入实施“强工兴市”发展战略，聚焦重点、压实责任、狠抓落实，取得了一定成效。

（一）工业经济保持平稳健康运行。主要经济指标增长稳健，2019年，全市工业总产值达到32.4亿元，同比增长11.3%；规模以上工业产值达到23.37亿元，同比增长7.3%，规模以上工业增加值达到10.72亿元，同比增长13.9%。工业生产基本平稳。全年累计生产铜金属3.05万吨，同比减少0.67%；实现工业产值10.77亿元，同比减少4.21%；销售铜金属3.08万吨，同比增加0.91%；实现销售产值10.86亿万元，同比减少2.88%。生产水泥110.88万吨，同比增长6.55%；实现工业产值6.69亿元，同比增长9.54%；完成水泥销售110.09万吨，同比增长5.93%；实现销售产值6.64亿万元，同比增长8.89%。生产啤酒2.83万吨，同比减少0.5%；实现工业产值1.34亿元，同比增长5%；销售啤酒2.72万吨，同比减少2.98%；实现销售产值1.46亿元，同比增加2.56%。工业投资保持快速增长，重点工业项目加快推进，玉龙铜矿改扩建工程有序推进，类乌齐菱镁矿二期电熔镁项目进入试生产阶段，芒康海通水泥生产线、高争二线和八宿海螺水泥项目进展顺利，玉龙铜矿改扩建工程等5个重点工业项目累计完成投资41.59亿元，比2018年增长134%。

（二）园区规模效应逐步显现。“一区多园”发展模式日趋完善，昌都新区全年共接洽考察投资企业264家，完成注册手续企业167家，同比增长15.2%，注册资本22.84亿元。园区实体企业完成固定资产投入2.82亿元，投产企业实现营业收入45.65亿元；完成入库税收8.7亿元，同比增长16.6%。芒康园区累计入驻实体企业77家，开工建设39家，达到投产条件的17家。类乌齐园区累计入驻11家企业。八宿园区累计入驻实体企业2家，实现收入353.46万元、利润131.43万元，筹备入园企业2家。

（三）特色优势产业不断壮大。全市全年生产藏药51.09吨，同比增长111.73%；实现产值3742.94万元，同比增长30.43%；实现销售产值3343.22万元，同比增长177.13%。生产天然饮用水8549.53吨，同比增长1.54%；在厦门成功举办“西藏好水”专场推介会暨促销活动，江达县净界天然饮用水有限责任公司分别与福建省金杰食品有限公司、厦门夏商民心超市有限公司签订战略意向合同2份，协议金额达6000万元，拓展昌都市天然饮用水销售渠道。民族手工业实现产值8923.15万元，同比增长4.97%；实现销售收入7685.45万元，同比增长80.7%；总利润达2779.35万元，同比增长42.89%。同时，积极开展拖欠民营企业、中小企业账款清理排查工作，切实减轻企业负担，持续优化营商环境。

2019年9月17日，市经信局干部开展主题党日活动

昌都市 总工会

倚身山水　魅力昌都

2019年7月，自治区总工会副主席秦少相一行工作组前往昌都市调研

2019年9月，首届“昌都工匠”发布会现场

2019年，昌都市获得自治区第五届劳模和先进工作者人员合照

市总工会机关下设3个正科级内设机构、1个正科级事业单位：办公室（社会联络部）、组织宣传部（经费审查委员会办公室）、法律民管和权益保障部（劳动和经济工作部）、困难职工帮扶中心（事业）。

深化维权帮扶，促进劳动关系和谐稳定。一是依托“12351”职工维权热线和“12345”政府服务热线，坚持“职工群众利益无小事”原则，及时处理职工诉求，用心用情用力为职工群众解决困难。二是2019年年初拨付金秋助学、大病救助、生活救助等帮扶资金200.19万元，其中：金秋助学244人，发放助学金183.49万元；大病救助12人，救助金额14万元，生活救助6人，救助金额2.7万元。在“三大节日”期间，慰问困难职工303户，发放慰问金30.3万元；看望慰问一线环卫工人100人，发放慰问金10万元。三是为有效缓解昌运集团公司和蓝天运输公司等昌都解放后老牌企业困难职工解困脱困压力，在春节、藏历新年来临之际，慰问两家企业职工436人，遗孤遗属62人，送去慰问金23万元。四是充分利用福建省总工会和天津、重庆市总工会援藏资金183.2万元，慰问1832户困难职工。五是“三八”国际妇女节前期，组织6家困难企业100名女职工进行“两癌”（乳腺癌、宫颈癌）筛查体检。六是“五一”国际劳动节期间看望慰问林业公司一名因家中失火致困的职工，发放慰问金1万元；“六一”国际儿童节来临之际，前往实验小学看望慰问企业困难职工子女20名，发放慰问金1万元。七是喜迎中华人民共和国成立70周年之际，走访慰问2家警务站、集中慰问20名一线环卫工，看望慰问916户困难职工，合计发放慰问金94万元；主要领导带队前往卡若区和察雅县6名困难劳模家中走访慰问，同时在市总工会集中慰问12名困难劳模，发放慰问金共计2.1万元；为扎实开展强基惠民各项任务，走访慰问江达县娘西乡山岩村驻村点困难户19户，发放慰问金1.9万元。八是2019年困难职工帮扶中心平价粮店继续为居住在市区及周边的282户困难职工家庭提供平价大米、面粉，已投入购粮款8.74万元，购买大米8吨（8000公斤），面粉14吨（14000公斤）。

2019年10月，市总工会开展庆祝新中国成立70周年“礼赞新中国、致敬劳动者”劳模座谈会

2019年3月28日，昌都市总工会召开纪念西藏百万农奴解放60周年纪念日座谈会

2019年5月，市总工会开展货车司机等八大群体集中建会入会慰问困难职工活动

2019年3月26日，昌都市总工会开展综治宣传

昌都市 应急管理局

倚身山水　魅力昌都

昌都市应急管理局党组书记、副局长王泽培前往烟花爆竹企业开展检查

昌都市应急管理局党组副书记、局长索郎次仁前往左贡县扎玉镇德贡村慰问帮扶贫困户

昌都市应急管理局始终深入贯彻落实习近平新时代中国特色社会主义思想和习近平总书记关于应急管理、安全生产和防灾减灾的一系列重要论述和重要批示指示精神，将应急管理和安全生产工作作为保障社会稳定、推动经济发展的重要基础工作来抓。持续强化安全生产红线、底线、高压线意识，正确处理安全和发展的关系，牢固树立安全发展理念。始终做到应急管理和安全生产牢牢记在心上、紧紧抓在手上、责任扛在肩上。

昌都市应急管理局主动适应应急管理、安全生产和防灾减灾工作新形势新任务新要求，不断提升工作能力水平，积极推动应急管理工作与经济社会发展水平相适应。坚持把开展安全生产领域专项整治和隐患排查作为遏制安全事故发生、减少人员伤亡的重要抓手，紧密结合昌都实际，突出重点、攻克难点，持续开展了道路交通安全整治、消防安全整治、建筑施工领域安全整治、矿山安全整治、危险化学品安全整治和自然灾害隐患排查工作，有效提升了专项治理成效。

自治区安全生产和消防工作考核组到昌都市应急管理局开展年底考核

昌都市应急管理局召开“不忘初心、牢记使命”主题教育总结大会

昌都市应急管理局组织社区救援队伍培训

昌都市 退役军人事务局

倚身山水 魅力昌都

2019年7月3日，昌都市双拥工作领导小组2019年第一次全体会议顺利召开

2019年7月22日，2019年昌都市退役军人事务工作会议顺利召开

2019年7月2日，昌都市委退役军人事务工作领导小组第一次会议顺利召开

昌都市退役军人事务局于3月20日正式挂牌成立，紧紧围绕“让军人成为全社会尊崇的职业”这一目标，凝心聚力、攻坚克难，忠实践行初心使命，翻开新时代昌都市退役军人工作崭新篇章。

一、着力做好退役军人工作。截至目前接收军转干部，并集中组织开展了地方适应性培训。对2018年符合政府安排工作退役士兵、2019年符合政府安排工作退役士兵全部妥善安置上岗。按标准及时兑现落实优抚对象伤残抚恤金235.2余万元，更换军残证6本。全年昌都市共计46个慰问团队走访慰问驻昌官兵、烈士遗属、十八军遗属、企业困难退役军人等优抚对象，累计发放慰问资金87.81万多元。全年共发放光荣牌7519块，送立功喜报2次。完成烈士信息录入1161人。“八一”中国人民解放军建军节期间举办首届“红色昌都共创辉煌”军民联欢文艺晚会，评选出“最美退役军人”“最美现役军人”“最美军属”各10名。

二、持续推进双拥模范城创建工作。通过多次对标对表、逐项清理和问题整改，已将未完成指标范围逐步缩小、逐步完善，双拥创建整体工作向上向好。创建工作已完成74项，未完成指标4项，完成率94.87%。下阶段将采取有效措施，逐步完成其余项工作。市双拥办先后协调解决军人群体免费乘坐市内公交、机场大巴，部队训练场地和营区道路建设、571户免费安装有线电视问题。全力推动落实现役军人家属就业、子女入学入托等难题。

三、协调驻昌部队切实加强拥政爱民工作。共免费发放价值100余万元的药品、免费为全市退役军人进行体检，免费接诊11130人，为乡村共建医院医疗技术支持20余次，免费理发1000余人，免费修理电器400余件，助农收割农作物50余吨，出动上千人官兵打扫市区卫生100余次；与市农村农业局协作建立农业科技和家禽养殖示范基地，帮助传授农业技术46项，赠送优良种子1500余公斤；先后60余次慰问驻地孤儿、五保老人等困难群众，大力助推脱贫攻坚，为贫困户购买犏奶牛11头，发放价值12万多元的生活用品，资助现金36万余元；大力捐资助学，累计为中小学生捐赠各类文具1000多件、书刊300余册；积极参加驻地义务植树活动，累计植树2万多株。

“八一”中国人民解放军建军节期间，市委，市人大、市政府、市政协主要领导慰问驻昌部队官兵

昌都市“最美退役军人”“最美现役军人”“最美军属”颁奖典礼现场

“八一”中国人民解放军建军节期间举办首届“红色昌都共创辉煌”军民联欢文艺晚会

倚身山水 魅力昌都

昌都市 人力资源和社会保障局

2019年4月，举办“春风行动”暨农牧民转移就业增收专场招聘会

昌都市人力资源和社会保障局是昌都市人民政府工作部门，为正县级单位，主要承担全市就业创业、社会保障、人才人事、构建和谐劳动关系等职责。2019年机构改革后，昌都市人力资源和社会保障局内设正科级机构9个，正科级事业单位9个，核定编制共84个，其中行政编制23个，事业编制61个。现有干部职工75人（含2名援藏干部），其中县处级干部7名（含2名援藏干部）。少数民族干部39名，占干部职工总数的52%；妇女干部28名，占干部职工总数的37.33%；党员51人，占干部职工总数的68%。

昌都解放70年来，昌都市人力资源和社会保障事业逐步发展壮大。特别是中共十八大以来，深入贯彻落实习近平总书记系列重要讲话精神和治国理政新理念新思想新战略，深入贯彻习近平总书记关于治边稳藏的重要论述和加强民族团结、建设美丽西藏的重要指示，深入贯彻中央第六次西藏工作座谈会精神，以保障和改善民生为出发点和落脚点，砥砺奋进，主动作为，攻坚克难，坚持走有中国特色、西藏特点、符合昌都实际的人社事业发展路子，就业形势总体保持稳定，社会保险体系进一步完善，人才人事工作卓有成效，和谐劳动关系构筑有力，自身建设成效明显，圆满完成了各项目标任务。2019年，市人社局荣获“全国人力资源社会保障系统2017—2019年度优质服务窗口”“全国清理整顿人力资源市场秩序专项行动突出成绩单位”“全区2019年度治欠保支工作先进集体”“全市2019年业务工作先进单位”等荣誉称号。

▲ 2019年12月，举行高校毕业生就业创业补贴资金集中兑现仪式

◀ 2019年7月，举行昌都市农民工工资银行代发启动仪式

昌都市 | 脱贫攻坚指挥部

倚身山水 魅力昌都

国务院扶贫办主任刘永富在昌都市调研脱贫攻坚工作

区党委书记吴英杰看望三岩搬迁群众

脱贫攻坚战冲锋号吹响以来，昌都市脱贫攻坚指挥部以习近平新时代中国特色社会主义思想为指引，深入贯彻落实习近平总书记关于扶贫工作的重要论述，坚持把脱贫攻坚作为增强“四个意识”、坚定“四个自信”、做到“两个维护”的政治检验，聚焦“两不愁三保障”和饮水安全，按照“六个精准”“五个一批”要求，坚持靶心不变、焦点不散，尽锐出战，强力推动，确保脱贫攻坚、不漏一户，小康路上、不落一人，幸福生活、全民共享，决战决胜脱贫攻坚。截至2019年底，全市累计减贫3.84万户19.46万人，贫困村退出1127个，11县（区）全部实现脱贫摘帽，全市基本消除绝对贫困，为实施乡村振兴战略、全面建成小康社会奠定坚实的基础。

坚持规划引领明方向。“凡事预则立，不预则废”，规划是脱贫攻坚的龙头。坚持规划先行、规划引领，深入贯彻落实习近平总书记“四个不摘”重要指示，研究制定《关于巩固提升脱贫攻坚成果实施方案》，持续改善贫困地区和特殊贫困群体生产生活条件，更加注重提高脱贫质量，夯实脱贫基础，促进脱贫攻坚与乡村振兴战略有效衔接，确保全面建成小康社会。

坚持发展产业促增收。发展产业是经济稳定发展的根本之策，产业脱贫是解决贫困人口持续脱贫最有效的手段。立足资源禀赋、产业基础和市场需求，围绕“五大养殖基地”和“七大种植基地”产业布局，重点扶持深度贫困地区种植、养殖、加工、旅游文化、商贸流通、资源开发等产业项目。截至2019年底，累计实施产业扶贫项目782个，采取“企业+农牧民合作社+基地+农户”等方式，确保了户户有增收项目、人人有脱贫门路，实现产业脱贫8.12万人。

区党委副书记、自治区主席齐扎拉在昌都市调研脱贫攻坚工作

市委书记阿布看望学生

市委召开的昌都市委农村暨脱贫攻坚工作会议

坚持易地搬迁挪穷窝。易地搬迁挪穷窝，迁居安宅感党恩。注重易地扶贫搬迁与乡村振兴、新型城镇化等相结合，注重以岗定搬、以业定迁，持续加大后续产业发展和转移就业力度，确保了贫困群众“搬得出、留得住、有事做、能致富”。截至2019年底，建设易地扶贫搬迁安置点268个，9.9万名建档立卡贫困人口喜迁新居。

坚持生态扶贫助民富。绿水青山就是金山银山、冰天雪地也是金山银山。坚持扶贫开发与生态保护并重，大力实施国土空间绿化行动，探索“合作社+管护+贫困户”模式吸纳贫困人口参与管护，让贫困群众享受到生态保护红利，精准落实生态保护政策性岗位，使20余万名群众吃上“生态饭”。

坚持教育扶贫斩穷根。治贫先治愚，扶贫先扶智。把教育作为阻断贫困代际传递的治本之策，大力实施教育优先发展战略，严格落实“双线五级八包、四书制、八长制”，认真组织和督促适龄儿童少年入学，及时做好辍学劝返复学工作。严格落实15年免费教育、营养餐改善计划和建档立卡（含农村低保）贫困家庭学生“三免一补”政策，健全完善建档立卡等贫困家庭学生资助救助政策体系。截至2019年底，累计资助贫困学生25506人次，兑现资金1.16亿元。

贡觉县阿旺乡多热村

卡若区俄洛镇雄达村安置点

精准扶贫政策知识专题培训班

昌都市 信访局

倚身山水　魅力昌都

市委常委、政法委书记张文生主持召开全市信访工作联席会议

副市长、政法委副书记、公安局党委书记旺堆主持召开全市信访工作联席会议

2019年4月实施机构改革后，昌都市信访局撤销排查调处室，原人民群众来访接待室更名为市信访联合接待中心，原排查调处职能划入市联合接待中心。有内设机构5个，办公室、来信来访科、督查科、研究室、市信访联合接待中心。

2019年，昌都市信访工作在市委、市政府的坚强领导和高度重视下，在自治区信访局的正确指导下，在各县（区）信访工作联席会议和市信访工作联席会议成员单位的大力支持配合下，坚持以习近平新时代中国特色社会主义思想为指导，深入学习贯彻中共十九大，中共十九届二中、三中、四中全会精神，深入学习贯彻习近平总书记关于加强和改进人民信访工作的重要思想，深入贯彻落实区党委九届五次、六次全会和市委一届八次全会精神，深入贯彻落实全国全区信访局长会议精神，紧紧围绕市委市政府中心工作，周密部署，压实责任，严格落实，深入开展“不忘初心、牢记使命”主题教育，坚持底线思维，切实增强防范风险能力，坚持和发展新时代“枫桥经验”，深入推进信访工作制度改革，积极开展重点领域、重点群体、重点问题、重点人员攻坚战、初信初访办理、矛盾纠纷排查调处、督查督办回访和维稳值班值守等工作，化解一些疑难问题，持续打造“阳光信访”“法治信访”“责任信访”，全力维护好广大群众合法权益，维护好社会和谐稳定。全市共办理（接待）群众来信来访477批件1156人次，其中包括来访470批1149人次，来信7批7人次，办结454件，办结率为95.2%。共排查梳理各类矛盾纠纷共92批件，化解84批件，调处率为91.3%。

局党组书记程勇召集相关部门召开突出信访事项会商会

局党组班子成员一同赴卡若区夏通街开展党员到社区报到服务慰问群众活动

中共昌都市信访局机关党支部开展“不忘初心、牢记使命”专题组织生活会试点工作

组织开展“关爱牧区寿星老人、共创和谐美好生活”主题党日志愿服务活动

昌都市 市场监督管理局（昌都市知识产权局）

倚身山水　魅力昌都

2019年3月20日，昌都市市场监督管理局（知识产权局）挂牌仪式

2019年6月28日，市市场监督管理局召开局党总支及支部成立选举大会

2019年10月15日，市市场监督管理局在察雅县吉塘镇达布村驻村点与爱心企业举行砖茶、嘉施康护牙口含液捐赠仪式

2019年11月6日，市市场监督管理局在职业技术学校开展防范传销法律知识宣讲活动

2019年3月1日，颁发全市首张新版营业执照

2019年10月30日，昌都市市场监督管理局组建志愿服务队在昌都市第一高级中学开展食品安全知识宣传

【单位概况】昌都市市场监督管理局于2019年3月20日挂牌成立。3月底基本完成职能划转、人员转隶整合工作。4月完成“三定”方案编制工作，由市委办印发。

（一）部门设置情况。按照三定方案，市市场监督管理局内设15个科室和1个直属派出机构（均为正科级）。分别为办公室（财务室）、政策法规科、市场稽查协调科（网络交易监督管理科）、登记注册科（小微企业个体工商户专业市场党建工作办公室）、反垄断反不正当竞争和价格监督检查科（规范直销与打击传销办公室）、质量发展管理科（信用监督管理科）、产品质量安全监督抽查科、食品安全协调科（食品安全抽检监督管理科）、食品生产经营安全监督管理科、特种设备安全监察科、计量和认证监督管理科（标准化科）、药品、化妆品监督管理科（中药藏药监督管理科）、医疗器械监督管理科、知识产权科、政工人事科。直属派出机构为昌都经济开发区分局（正科级）。

（二）机改后人员干部队伍建设情况。机构改革后，原食药监、工商、质监3个部门人员进行转隶整合，市局共有在职干部职工93名，其中，行政编制人员49名，事业单位参公人员7名，事业编制人员31名，工勤编制人员6名。根据“三定”方案，行政编制为44名（含派出机构3名），局领导职数5名。所有人员转隶已经到位，实现集中办公，干部职工各司其职、各尽其责，相处融洽，形成了新的市场监管团队，实现了机改期间思想不乱、干劲不减、工作不断。

昌都市 文化局（文物局）

倚身山水　魅力昌都

第一届锅庄高峰论坛

昌都市与天津对口部门，企业家非遗文化座谈会

公共文化服务提质增效。2019年，全市开展各类文化惠民活动2900余场，受益群众达60余万人次。二是2019年，市博物馆、革命历史博物馆接待参观人数达80000余人次，市图书馆接待6000余人次。三是2019年，举办各类文化展览展示活动20余次，参与人数5000余人；送图书书刊3500余册（本）。

公共文化效能持续提升。一是投入资金289万元，实施了市博物馆珍贵馆藏文物预防性保护工程；二是投入资金60余万元，对市博物馆门禁系统及排烟系统进行升级改造；三是投入资金180余万元，对市革命历史博物馆陈列展示区域进行重新布展；四是投入资金280万元，对全市140个贫困村文化室设备进行全面升级配套；五是推出《阿酷卓巴》《心里歌唱昌都梦》《金沙江畔红旗扬》《茶马古道》等歌舞。为传承弘扬昌都“红色文化”“两路精神”，体现“康巴风情”，启动大型红色话剧《红色记忆》。

奋力弘扬传统民族文化。一是积极开展馆藏文物标准化档案建设工作，完成10个县区收藏单位30000余件/套可移动文物的档案规范化、标准化建设工作。二是完成边坝县“一普”可移动文物复查工作，对14处收藏藏品的2894件（套）文物藏品进行数据采集和藏品登记工作。三是完成全市20名自治区第四批代表性传承人及13项第五批国家级非遗项目申报工作。公布第二批市级非物质文化遗产代表性项目8个大类51项，左贡博话纳入中国语言资源保护工程。四是对卡若等6个县（区）下达扶贫专项资金843万元，实施唐卡工程。五是加快实施易地扶贫搬迁点“文化十项提升工程”，投入681万元，完成268个搬迁点文化设备配套

文化市场培育监管更健全。不断完善文化市场体系，强化文化市场管理。全年，年审娱乐场所17家、网吧24家、工艺品备案1家、场所设立10家。

2019年中国国际旅游产业博览交易会

首届昌都锅庄舞展演

2019年非遗日，主题是非遗保护，中国实践

昌都市 地震局

倚身山水 魅力昌都

昌都市防震减灾科普馆验收

【概况】2019年，昌都市地震局（地震台）为副县级参公事业单位，全局编制数10个，其中：参公事业编9个，机构后勤服务事业编制1个，科室领导职数6名。内设办公室、监测科、业务科3个正科级科室。设局党组、党支部，配有党组书记、局长1名，党组成员、副局长2名（正科级）。

【领导名录】2019年局党组书记、局长：嘎玛。

【职能职责】1. 根据有关法律、法规、规章的规定，监督、检查本行政区域内的防震减灾工作。

2. 编制本行政区域的防震减灾规划和计划并组织实施。

3. 负责建立本行政区域内地震监测预报工作体系。按照全区地震监测台（站）建设规划，负责本行政区域内的地震台网（站）及信息系统建设工作，实施资源共享；强化本行政区域内地震重点监视防御区震情跟踪；会同有关部门依法保护地震监测设施和地震观测环境。

4. 会同有关部门建立震灾预防工作体系。组织开展防震减灾知识的宣传工作，并按照有关规定审核防震减灾宣传报道。

5. 承担本级人民政府抗灾救灾指挥机构的办事机构的职能。

6. 会同有关部门建立地震紧急救援工作体系。组建本地区地震紧急救援队伍，组织、培训救援志愿者队伍；协助行署建立地震重点监视防御区的地震应急救援物资储备体系。

7. 组织开展水库地震的监测和研究工作；会同有关部门防范地震次生灾害。

8. 承担本行政区域内的地震行政复议、行政诉讼工作；负责地震行业质量与技术监督管理工作；负责地震技术标准的宣传、贯彻、实施和执行监督；管理地震计量工作。

9. 指导县防震减灾工作。

10. 承担同级人民政府和上级防震减灾工作业务主管部门交办的其他事项。

重庆援藏项目对接

2019年6月，召开昌都市地震活动断层探测和危险性评价可研报告咨询会

地震烈度速报系统试运行监控

昌都市 生态环境局

倚身山水　魅力昌都

执法大练兵执法现场

六五环境日获奖学生合影

【概况】昌都市环境保护局成立于2010年，经2019年3月机构改革，更名为西藏昌都市生态环境局，是市政府工作部门。职能是贯彻落实党中央关于生态环境工作的方针政策和自治区党委、市委的决策部署，建立健全生态环境基本制度，统筹协调、监督管理地方生态环境问题和行业安全生产，监督管理减排目标落实，监督管理地方环境污染防治，指导协调和监督生态保护修复工作，监督管理生态环境准入，环境监测，应对气候变化，开展生态环境保护对外合作交流，生态环境监督执法，组织指导和协调全市生态环境宣传教育，监督管理辐射安全。机关行政编制19名，内设办公室、法规与标准科、自然生态保护与生态环境监测科、水与大气环境科、土壤环境与固体废物管理科、环境影响评价与排放管理科、政工人事科7个科室；事业编制10名，内设环境监察支队、环境工程评估中心2个科室；在11县（区）设立生态环境分局，共核定33个行政编制，每县（区）行政编制3名；在经开区设立生态环境分局，核定行政编制2名；设立卡若、察雅、洛隆、江达4个片区监测站，共核定事业编制16名。

六五环境日宣传　　采取水样

昌都市 妇女联合会

倚身山水 魅力昌都

2019年3月8日，纪念“三八”国际妇女节109周年表彰大会

2019年9月11日，为察雅县卡贡乡小学贫困女学生发放“蓝天春蕾”助学金

昌都市妇联内设3个行政科室，下设1个事业单位，核定编制15名，其中行政编制9名，事业管理编制5名，机关后勤服务编制1名。截至2019年底，共有在编人员11名，其中少数民族5名，女性8名，党员8名。

一、思想引领 举办全市乡（镇）、村（居）妇联主席培训班。评选表彰42个“最美家庭”等优秀集体，51名“三八红旗手”等优秀个人。刊发4期《昌都妇女》杂志。开展亚青寺集中整治专项工作，向1700余名接返女性发放价值30余万元的“暖心包裹”。

二、巾帼脱贫 举办厨师、家政等妇女技能培训班，培训297人，就业率达80%。号召和组织基层妇女10.1万多人参与“乡村振兴巾帼行动”“美丽庭院”活动。为87名“两癌”贫困妇女争取到救助金88万元；为察雅县50名贫困女童申请“蓝天春蕾”助学金4万元。看望慰问警务站（妇女儿童维权岗）一线干警、困难家庭女环卫工、单亲母亲，送去慰问金4.8万元。通过全市各级妇联组织的共同努力，市妇联获得“2019年度全区妇联系统巾帼脱贫攻坚工作优秀奖”。

三、“不忘初心、牢记使命”主题教育 召开退休女干部职工代表座谈会。深入9个县（区）、10个乡（镇）开展“不忘初心、牢记使命”主题教育活动调研工作。组织开展廉政文化进家庭活动。

四、妇女儿童维权开展维权 开展维权宣传教育30余场次，发放妇联特色口袋书5万多册，开办“法律大讲堂”。建立健全妇女儿童维权服务岗。办理群众来信、来电、来访，共接待来信来访100余件，办结率达到100%。

2019年11月7日，昌都市妇联与重庆市妇联对接2019—2021年援藏工作

2019年11—12月，在贡觉县举办建档立卡贫困妇女厨师培训班

2019年10月11日，2019年度女大学生SYB创业就业培训班开班

倚身山水　魅力昌都

昌都 | 水文水资源分局

昌都水文水资源分局为西藏自治区水文水资源勘测局派出机构，是西藏解放后建立的第一个水文站。1952年9月，开始了西藏的水文科学观测；1955年6月经中华人民共和国水利部批准，同年7月西藏工委决定该站划归西藏工委财政部拉萨一等水文站领导；1980年4月经西藏自治区水电厅党组批准成立昌都中心水文站；1981年9月，更名为昌都水文分站；1989年1月，更名为昌都水文水资源勘测大队；2011年11月，更名为昌都水文水资源分局。

昌都水文分局事业在编人数为30名，现有在职职工29名，高级工程师2人，工程师9人，助理工程师11人，其中共产党员13人。内设综合科、业务科、财务科和水质化验中心。下辖站点分布在澜沧江、怒江及金沙江流域，现设2处中央报讯站（昌都站、嘉玉桥站）、4处国家基本驻测水文站（扎曲、类乌齐、洛隆、烟多）、26处中小河流（水位）水文站点及153处自动雨量站。单位成立68年来，一直从事水文测验、水文情报预报、水文分析计算、水资源评价、防汛抗旱、水质化验、水质监测、水环境评价、地形测量、工程测量等工作。

新进职工及测站委托员业务培训现场

昌都水文分局党支部组织分局干部职工，开展“初心永在，放歌祖国”主题歌咏会。庆祝祖国70华诞

庆祝中华人民共和国成立70周年集体合影

团支部组织青年团员到昌都市敬老院开展慰问活动

党支部开展“不忘初心，牢记使命”主题党日活动

2019年西藏自治区水文勘测技能比武开幕式

倚身山水 魅力昌都

昌都市 城市管理和综合执法局

泽仁现场强调宣传活动的重大意义

城区街面巡查前部署安排

2019年10月19日，深入基层调研，与城关镇各村居委会负责人、群众代表开展城市管理交流座谈会

2019年9月28日，城市管理和综合执法局在昌津体育馆参加慰问基层一线环卫工人活动

一是紧紧围绕一个中心。就是要紧紧围绕昌都解放70周年大庆活动，坚持以人民为中心，以解决人民群众反映强烈突出问题为突破口，聚焦“安全、清洁、有序、方便”城市管理目标，全面做好服务保障、市政设施维护维修、昌都市卡若区违章建筑集中整治等工作。

二是推进“三大体系”建设。要坚持目标导向、问题导向、创新导向、效率导向，不断完善法规体系、标准体系、组织体系等“三大体系”建设，强化管理，以“强基础、转作风、树形象”活动为抓手，在“管理精细化、执法规范化、服务人性化”上下功夫，加强标准制度建设，补齐管理短板，以标准制度建设为重点，夯实城市管理制度基础，扎实推进更高品质的城市精细化管理，具体就是要做好以下五项重点工作：一是顺体制。体制顺，百事顺，要坚持与城市管理执法专业技术要求相适应，充分认识到城市管理不是一个部门的事情，要强化城市管理综合统筹协调的职能，建立协调机制，调动各部门参与城市管理的积极性。要真正的理顺、厘清市局与卡若区人民政府以及与其他10个县的工作关系、职能职责。二是建平台。建立协调机制后，如何运转城市管理工作，还要紧紧依靠要平台建设来推动。通过平台强化综合统筹，提高管理效能。三是立标准。要补齐管理短板，要以标准制度建设为重点，不断完善法规体系、标准体系、法律文书等一系列标准规范，不断夯实城市治理制度基础。四是抓市容。市容市貌环境卫生正是城市管理工作的“牛鼻子”，城市运行的绝大多数问题，就是体现在市容市貌方面，以市容市貌环境治理为切入点，就能及时发现、有效解决许多城市运行方面的问题，从而促进城市环境品质提升。五是强队伍。深入抓好“强基础、转作风、树形象”活动，内强素质、外树形象，要加大法律、法规等业务知识的培训力度，不断拓宽城市管理系统人员的视野，抓好、抓强现有城市管理执法队伍，在机制、制度、标准上进一步予以完善，强化行为监管，推动城市管理体系化建设。

三是坚决打好两大攻坚战。即全国文明城市第三次实地测评以及国家卫生城市实地技术评估两大战役。要强化精细化管理，着重开展城市环境卫生综合治理、市容秩序综合治理、背街小巷整治、两拆一增、厕所革命、扬尘治理等一系列活动，要继续深化生活垃圾分类减量、违法建设整治、安全生产隐患问题等日常的监督管理，以创建全国文明城市、国家卫生城市等工作为抓手，坚持以“绣花”功夫推进城市精细化管理，做好城市管理“绣花人”。

昌都市 统计局

倚身山水 魅力昌都

2019年7月25日，自治区统计局副局长多吉占都（右二）到昌都调研指导

2019年1月，自治区统计局副局长多吉占都在昌都市召开学习贯彻《意见》《办法》专题会

2019年6月，自治区党建组到昌都市统计局检查指导党建工作

2019年9月12日，召开福建省统计局工作组与昌都市统计局座谈会

昌都市统计局作为地方统计机构，承担着贯彻执行国家、自治区关于统计工作方针政策和法律法规，组织领导和指导协调全市统计工作，拟订并组织实施统计发展规划和年度计划，监督检查统计法律法规实施，组织实施国民经济核算制度和投入产出调查，汇编提供国民经济核算资料，组织实施统计调查等职责，积极为昌都改革发展稳定建言献策，提供数据支撑。

昌都市统计局前身是发改委的下属部门，之前叫作西藏昌都地区统计局，自2008年起，统计局正式独立出发改委，与国家统计局昌都调查队实行合署办公，同属一个党组领导，即两块牌子一套人员。2014年10月，经国务院批准昌都撤地设市，直到2016年根据自治区下达文件，统计局与调查队分别成立自己的党组班子。2017年两家单位正式结束长达9年的合署办公生涯，正式独立成两家单位。根据《关于印发〈昌都地区统计局职能配置、内设机

2019年1月10日，开展昌都市第四次全国经济普查业务培训

2019年8月6日，举办重庆市统计局援助昌都市统计系统资金交付仪式

构和人员编制方案〉的通知》（昌委室〔2019〕79号），《关于市统计局所属事业单位机构编制有关事项的通知》（昌机编发〔2020〕44号）精神，昌都市统计局核定内设行政职能科室3个、参公职能科室2个，事业职能科室1个，分别为综合科（统计执法监督科）、社会科技统计科（能源环境统计科）、人口就业统计科（贸易外经统计科）、普查中心、数据管理中心、农业统计中心。核定昌都市统计局机关编制33名，其中行政编制10名，事业编制21名（含参公），后勤事业编制2名；核定处级领导职数4名，其中党组书记1名，局长1名，副局长2名；核定科级领导职数13名。

自统计局正式成立以来，曾获得2016年政务信息报送工作“先进单位”，2016年度全区统计调查工作先进集体“三等奖”，2017年度市（中、区）直单位党风廉政建设考核“第三名”，2018年度市（中、区）直定点扶贫“综合评价优秀”，2018年自治区创先争优强基础惠民生活动“优秀组织单位”，2018年昌都市庆祝改革开放40周年暨学习《习近平谈治国理政》（第一、二卷）理论研讨会“优秀组织奖”，2018年、2019年度昌都市“先进双联户”创建评选工作“先进集体”等荣誉称号，2019年度机关党建信息报送“先进单位”。

2019年11月28日，召开昌都市统计局年报暨定期报表制度布置培训会

2019年10月1日，开展精准扶贫结对帮扶慰问活动

2019年7月13日，昌都市统计局开展主题党日志愿服务

2019年7月1日，开展“不忘初心、牢记使命”重温入党誓词

2019年9月29日，昌都市统计局开展庆祝祖国母亲70华诞活动

倚身山水　魅力昌都

国家统计局昌都调查队

国家统计局西藏调查总队党组书记、总队长谢承渊（前排左三）一行督导中共国家统计局昌都调查队党组“不忘初心、牢记使命”主题教育专题民主生活会

国家统计局西藏调查总队党组成员、副总队长武建华（左一）在昌都市卡若区开展贫困边缘户入户调查

【概况】国家统计局昌都调查队于2007年9月设立，为正处级单位。是国家统计局的派出机构，由国家统计局西藏调查总队直接管理。内设办公室、综合科、住户调查科、价格调查科、产业调查科5个正科级职能科（室）。核定事业编制16名，领导职数3名，其中队长1名，副队长2名（含纪检组长1名）。机构、编制至2019年底无变化。

【城乡居民人均可支配收入】严格按照国家统计调查制度要求，对卡若、江达、类乌齐、察雅、左贡、芒康6个县（区）19个乡（镇）26个村（居）260户调查对象和6个县（区）36个调查点开展城乡居民可支配收入调查，高质量完成农村居民人均可支配收入和城镇居民人均可支配收入调查及对11个县（区）数据下算工作。2019年，昌都市农村居民人均可支配收入11545元，增长13.4%，增速位列全区第一；城镇居民人均可支配收入32650元，增长10.9%，增速位列全区第二。

国家统计局昌都调查队党组书记、队长和向阳（左一）率队前往左贡田妥镇金达村开展精准扶贫结对帮扶慰问活动

国家统计局昌都调查队党组书记、队长和向阳参加2019年昌都市发展改革暨统计调查工作会议

国家统计局昌都调查队党组书记、队长和向阳（左二）率队参观昌都市革命历史博物馆

国家统计局昌都调查队党组书记、队长和向阳（右一）率队前往昌都市卡若区嘎东街开展《中华人民共和国统计法》进社区宣传活动

国家统计局昌都调查队党组书记、队长和向阳（右二）率队前往昌都市爱国主义教育基地开展“重温入党誓词”活动

【居民消费价格调查】为进一步夯实价格调查基层基础工作，持续推进采价基础工作常态化、规范化、制度化、科学化，昌都调查队组织精干力量，对全市范围内已搬迁或失去代表性的采价点和规格品进行摸底调查，及时新增和替换了47家采价点和194个规格品。2019年，对上述新增和替换采价点和规格品定期进行了调查，切实保障居民消费价格数据来源的真实性和可靠性。2019年，昌都市居民消费价格指数（CPI）累计同比上涨2.5%。

【月度劳动力调查】为科学制定就业政策，保障和改善民生，切实增强劳动力调查样本代表性，进一步反映城乡劳动力资源，就业和失业人口总量、结构和分布等情况，根据国家统计局和西藏调查总队统一部署，全面有序推进月度劳动力调查工作，顺利开展2019年新增卡若、察雅、类乌齐3县（区）10个乡镇14个村（居）224户月度劳动力调查的培训和调查工作。完成小微企业、粮食播种面积、贫困监测边缘户等调查任务。

【统计调查法治工作】按照《关于深化统计管理体制改革提高统计数据真实性的意见》和总队要求，分别于3月14日和10月26日，组织干部深入茶马路、胜利桥、马草坝、卡若国际二期等街道、社区和民营企业，宣传昌都经济社会发生的巨大变化、《中华人民共和国统计法》、《中华人民共和国统计法实施条例》、《国家统计局统计执法检查规范》、全国月度劳动力调查、统计调查热点指标解读等内容，使群众对国家的法律体系、经济体制、方针政策的理解和认识有所提升，使民营企业依法上报统计调查数据的自觉性、主动性有所提高，有效确保了上报的统计调查数据真实、可靠、完整、及时。

【民生调查服务工作】民生调查工作进一步向决策核心、政策热点和社会民生领域延伸，认真撰写了《昌都市2018年农村居民人均可支配收入简析》《昌都市推进“互联网+”提高网络服务水平调查分析》《昌都市2018年度城乡居民收入稳步增收》《2019年一季度昌都市CPI运行情况分析 》《2018年昌都市城乡居民生活质量和消费水平持续提升》《2018年昌都市城乡居民交通通讯消费支出快速增长》《昌都市创建全国文明城市调查报告》《昌都市积极推进2019年春耕春播工作》《4月昌都市CPI环比情况简析》等业务调研文章，积极撰写业务调查分析、专题分析和西藏民主解放60周年专题分析；健全完善调查信息报送制度，对每月信息报送工作进行量化细化，明确信息报送的重点和目标，有效提高信息质量。1—11月上报各类信息和简报共146期，其中1—11月总队采用80期，1—11月市委采用1期，市政府采用4期。调查分析国家统计局内网采用3篇，总队内网采用14篇，《昌都政务参考》采用2篇。

国家统计局昌都调查队开展统计开放日活动

昌都市 | 畜牧总站

倚身山水 魅力昌都

"类乌齐牦牛"农产品地理标志通过农业农村部评审

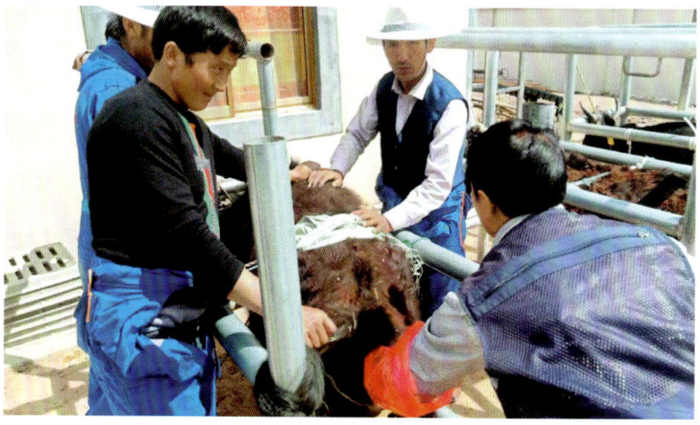

犏牛直肠把握人工授精现场培训

2019年，在市委、市政府的坚强领导和关心指导下，昌都市畜牧总站基础设施得到全面提升，各项业务职能得以系统性的恢复，单位制度进一步完善，工作开展更加规范和高效，为昌都市畜牧总站持续服务昌都市畜牧业发展奠定坚实的基础。

业务工作以推进昌都市特色畜牧产业发展为抓手，在卡若区、洛隆县试点以同期发情技术开展牦牛经济杂交，完成经济杂交1304头，在全市完成黄牛改良5280头；市果扎种畜场和市觉拥种畜场累计推广九龙牦牛种牛20头、阿旺绵羊180只；完成牦牛等特色畜种遗传资源调查；"阿旺绵羊"和"类乌齐牦牛"农产品地理标志顺利通过农业农村部评审，标志着昌都市正式拥有属于自己的畜牧类农产品地理标志，畜牧品牌建设跨上更高水平；兽医诊断实验室建成，已取得非洲猪瘟核酸检测资质并投入使用，累计开展非洲猪瘟检测1327头份（包括为昌都市支援武汉30吨藏香猪肉的实验室检验工作）；严格重大动物疫病防控，全年累计免疫牲畜622万余头（只、羽），继续保持清净无疫局面；坚定推进包虫病防治，完成家畜累计驱虫190余万头（只），月均犬驱虫3.1万只；激活专技人员服务意识，将全体专业技术人员充实到"六个畜牧产业"技术推进组，累计深入基层服务畜牧产业项目30余次，提升产业项目运行效益；以多种形式累计培训基层专技人员2000余人次。

开展驰援湖北的30吨藏香猪肉非洲猪瘟病毒核酸检测

康巴昌都香鸡蛋

春季重大动物疫病强制免疫工作

昌都市旅游发展局

倚身山水 魅力昌都

2019年3月22日，自治区党委副书记、常务副主席庄严（中）在然乌湖调研景区开发建设。昌都市旅发局党组书记黎世峰（右一）陪同

2019年10月1日，昌都市委副书记、常务副市长杨灏（天津援藏）出席“逛园林、赏藏戏”文旅活动明珠公园的开幕式讲话

根据《中共昌都市委员会办公室、昌都市人民政府办公室关于印发〈昌都市旅游发展局职能配置、内设机构和人员编制规定〉的通知》（昌委室〔2019〕43号）精神，2019年3月，昌都市旅游发展委员会改为昌都市旅游发展局，属市人民政府工作部门，内设5个机构（正科级）：办公室、旅游产业发展科、旅游促进与合作科、旅游计划与发展科、旅游监督管理科，两个事业科室：市旅游执法支队（正科级建制）和旅游宣介推广中心（副科级建制）。核定机关行政编制15名，其中委领导职数5名，科级领导职数9名；事业编制15名，其中市旅游执法支队有事业编制8名、科级领导职数3名；旅游宣介推广中心有事业编制3名、副科级领导职数1名；机关后勤事业编制4名。

截至2019年底，全市有可供旅游者游览的A级景区共有13处。其中，AAAA级旅游景区1个（芒康古盐田景区），AAA级旅游景区2个（强巴林寺、查杰玛大殿），AA级旅游景区10个（然乌湖景区、嘎玛特色文化走廊景区、吉荣峡谷、伊日峡谷、孜珠寺、多拉神山、美玉草原、莽措湖景区、尼果寺景区、卓玛朗措湖）。截至2019年底，全市建成16个点的“洒咧”营地建设。

2019年，昌都旅游再创新高，全年接待国内外游客286.2万人次，实现旅游收入23.5亿元，同比分别增长22.8%、22.7%，完成年度计划的106%、106.8%。

2019年10月5日，昌都市旅游发展局党组副书记、局长侯玉峰（重庆援藏）在给群众发放旅游宣传品

2019年10月5日，在茶马广场举行热烈庆祝中华人民共和国成立70周年、纪念西藏民主改革60周年“逛园林、赏藏戏”文旅活动闭幕式

2019年3月，然乌冰雪节与西藏旅发集团签订战略合作协议

倚身山水 魅力昌都

国家税务总局昌都市税务局

国家税务总局昌都市税务局党委书记、局长张增民与企业负责人交流

党委委员、副局长旦木琼与市残联工作人员交流

国家税务总局昌都市税务局党委委员、总经济师宁建军与企业负责人交流

2020年以来，昌都市税务局始终高举习近平新时代中国特色社会主义思想伟大旗帜，严格按照“稳中求进、进中求好、补齐短板、改善民生”工作总基调，不折不扣地把税务总局党委、自治区税务局党委以及市委市政府各项工作要求落实落细落到位，为全年税收各项工作圆满完成奠定了坚实基础。

一、加强政治建设，突出党建引领，全面巩固党对税收事业的领导基础。一是加强各级党组织政治建设。认真贯彻中央关于加强党的政治建设的意见，把坚决做到“两个维护”作为政治建设的首要任务；坚定不移深化政治巡察，均衡有序推进全系统中共十九大届期巡察全覆盖。二是加强党的制度和机制建设。全面开展“不忘初心、牢记使命”主题教育“回头看”，巩固主题教育成果；落实好“新纵合横通强党建”机制体系建设要求，推动党建和业务工作深度融合。三是加强基层党组织建设。落实《中国共产党党和国家机关基层组织工作条例》，不断推进党支部标准化、规范化建设；持续开展“百名党员进百企，服务发展强党性”活动，充分发挥党员先锋模范作用，教育引领干部群众在大战中展现作为，在大考中经受考验。四是加

昌都市税务局工作人员与政协委员交流

国家税务总局昌都市税务局党委理论学习中心组召开第4次学习会

国家税务总局昌都市税务局第29个全国税收宣传月启动仪式现场

强党的纪律建设。狠抓管党治党政治责任落实，一体推进“三不”机制，坚定不移深化全面从严治党。强化对权力运行的制约和监督，牢牢抓住监督这个基本职责、第一职责，精准监督、创新监督，推进政治监督、日常监督具体化、常态化，不断净化全系统政治生态。五是加强维稳驻村。始终将维护稳定作为首要政治任务，切实强化各项维稳措施落实到位，纵深推进扫黑除恶专项斗争，深入开展税务行业乱象整治，为昌都解放70周年大庆营造和谐安定的氛围。

二、找准职能定位，主动服务大局，统筹做好各项税收收入工作。一是加强落实优惠政策，全力助推企业复工复产。昌都市税务局精准聚焦市委一届九次全会暨市委经济工作会议提出新目标，紧紧围绕税务总局提出的“四力”要求，坚持问题导向，积极引导企业坚定发展信心，推进复工复产，促进快速发展。二是认清当前形势，统筹做好减税降费和组织收入工作。昌都市税务局进一步聚焦数据服务大局要尽力，坚持统筹兼顾、综合施策，既坚决巩固和拓展减税降费成效，促进经济与税收协调健康发展，又量质兼优把税费收入依法依规收到位。三是优化营商环境，转变纳税服务新思想。持续落实税务系统深化“放管服”改革和优化营商环境五年工作方案。加快完善金税三期和电子税务局建设，优化升级实名办税系统。四是履行职责使命，切实保障改革平稳过渡。继续推进社保费征管职责划转，进一步理顺业务流程，紧密结合各地工作实际，积极拓展多样化缴费渠道。深化对首次个税汇算工作重要性、复杂性、艰巨性的认识，紧扣时间节点推进任务落实。

三、立足人才强税，加快队伍建设，全面激发税收事业发展动力。一是加强领导班子建设。配齐配强下级领导班子，做好领导干部交流任职，进一步优化领导班子结构。二是激发干部队伍活力。稳妥推进职务职级晋升，精心组织，稳步推进，发挥好职务职级晋升正向激励作用。同时积极推进绩效管理、数字人事的制度完善和结果运用，不断激发干部队伍活力。三是厚植成长成才土壤。全面推广运用学习强国、学习兴税、智慧党建等平台，健全完善教育培训考核评价制度。推进素质提升“115”工程，继续开展岗位练兵比武活动，强化各类人才选育管用工作。

2020年是“两个一百年”奋斗目标的历史交汇点，是昌都解放70周年大庆之年，全市税务系统将在市委、市政府的正确领导下，担牢“为国聚财、为民收税”的神圣使命，弘扬“忠诚担当、崇纪守法、兴税强国”的税务精神，携手同心，砥砺前行、接续奋斗，为推进税收治理体系和治理能力现代化，坚决打赢疫情防控阻击战，服务昌都经济和社会发展大局而努力奋斗。

税务干部在日通藏医药研制中心了解药品生产情况

税务干部街头宣传政策

税务干部慰问残疾人

开展以“党建兴税企政策惠民生”的主题党日活动

CHANGDUSHI

昌都市 公安局

倚身山水 魅力昌都

2019年8月，中央扫黑除恶第十三督导组组长朱维群（右二）到昌都市公安局检查指导扫黑除恶打非治乱专项斗争工作

2019年10月31日，市公安局党委书记旺堆开展“不忘初心、牢记使命”专题党课

概况　主要职责：在市委、市政府的坚强领导下，在自治区公安厅和市委政法委的统筹部署下，认真落实重点领域国家安全政策，坚决维护国家安全特别是以政权安全、制度安全为核心的政治安全，深入开展反分裂、反暴恐专项斗争，维护社会治安秩序和社会稳定，保护人民群众人身安全和人身自由，保护公共财产和公民个人合法财产，预防、制止和惩治违法犯罪活动，服务经济社会发展和人民群众正常生产、生活秩序，提升群众获得感、幸福感、安全感。

机构人员：昌都市公安局设办公室、国内安全保卫支队、经济犯罪侦察支队、治安管理支队、特警支队、刑警支队、出入境管理支队、网络安全保卫支队、技术侦察支队、监所管理支队、看守所、交通警察支队、法制支队、警务督察支队、指挥中心、科技信息化支队、禁毒支队、机要科、政治部、警务保障处、情报中心、昌都新区公安分局、打击“两非”突击支队23个内设机构（其中：1个副

2019年9月24日，自治区“不忘初心、牢记使命”第五巡回指导组前往市公安局督导检查

2019年11月，市公安局召开全市公安机关“云剑”行动推进会，2019年，全市公安机关通过“云剑”行动抓获逃犯29人

2019年9月，市公安局组织开展“决心-2019”实战演练

2019年9月，市公安局组织开展“决心-2019”演练

处级“特警支队”，其余22正科级），内设机构下设1个正科级机构、17个副科级机构、3个股级机构。2019年，昌都市公安局共有民警698人（含工勤人员41人），警务辅助人员304人；全市公安机关共有民警4603人（其中工勤人员292），警务辅助人员1388人。

缉枪治爆专项行动 严厉打击制枪、贩枪、持枪以及涉枪违法犯罪活动，进一步强化枪爆物品管理，开展宣传引导，深化管控措施，全方位、多角度开展缉枪治爆专项行动，从源头上铲除涉枪涉爆隐患。全年共收缴各类非法枪支387支、子弹2243发、炸药822.85公斤、雷管2137枚、索类爆炸物品1456.85米、黑火药0.2公斤、手榴弹4发、易治爆化学品9240公斤、防雹弹10枚、弩40把、管制刀具1999把；共收缴非法散装汽油26840升、柴油83120升。

扫黑除恶专项斗争 全市公安机关在2018年扫黑除恶专项斗争取得阶段性成效的基础上，围绕中央10类、公安部11类、自治区21类、昌都市28类打击重点，强化组织领导，注重宣传发动，严查快处涉黑涉恶案件，并根据中央扫黑除恶第13督导组反馈问题，扎实开展整改工作。2019年，全市公安机关共张贴宣传海报6万多份，发放警民联系卡4万多份，设立大型广告牌133块，通过“两微一端”平台发布刊发相关信息500余条；中央扫黑除恶第13督导组交办的8条线索、公安厅扫黑办转办的26条线索、市扫黑办转办的5条线索、自行摸排掌握的25条线索均已全部核查办结；共侦办涉恶类个案11起，抓获违法犯罪嫌疑人113人；共抓获区内外涉黑涉恶在逃犯11人。

2019年8月12日，市公安局开展集中销毁枪爆物品活动

2019年12月11日，全市公安机关70周年大庆安保维稳工作表彰大会在市公安局召开

昌都市 人民检察院

倚身山水 魅力昌都

2019年3月，昌都市人民检察院党组书记、检察长贺建军赴类乌齐县慰问督查工作

2019年10月5日，昌都市人民检察院党组理论中心组2019年度第19次学习会暨“不忘初心、牢记使命”主题教育第二阶段第5次专题学习研讨会

【概况】西藏自治区人民检察院昌都分院自1979年元月10日开始筹建，7月1日正式挂牌成立，设两科一室，为正处级建制。2002年4月，经昌都地委批准，内设机构增至15个，核定机关行政编制60名，领导职数1正3副。2003年增加行政编制13名，2005年增加行政编制9名，2008年增加行政编制14名，2009年增加行政编制4名，2012年增加行政编制3名，核定行政编制103名。2013年，设立案件管理办公室。2014年12月撤地设市后更名为西藏自治区昌都市人民检察院。2018年3月，根据国家监察体制改革要求，昌都市人民检察院反贪污贿赂局、反渎职侵权局、职务犯罪预防处三部门转隶至昌都市监察委员会，截至2019年年底，昌都市人民检察院实有编制77个，在编人员79人。

【内设机构】2019年内设机构13个处室，办公室5人、政治部7人、侦查监督处5人、公诉处7人、民事行政检察处4人、控告申诉检察处3人、研究室1人、计划财务装备处17人、检察技术处2人、法警支队4人、刑事执行检察局3人、案件管理办公室5人、检察委员会办公室4人。

【职能职责】办公室：协助院领导处理检察政务，组织协调院重要工作部署、重大决策的贯彻实施，组织安排机关重要会议和重大活动；负责文件起草；管理秘书事务；处理检察信息；处理机要文电，负责领导同志批办事项的督察工作；负责检察统计、档案管理、保密工作；对

2019年4月4日，昌都市人民检察院召开2019年度昌都市检察机关党风廉政建设和反腐败工作会议

2019年11月6日，坚守为民初心，牢记检察使命——“不忘初心、牢记使命”主题教育专题党课

2019年9月19日，昌都市人民检察院刑事执行检察局约见在押人员，开展心理疏导，做好息诉工作，维护监管场所稳定

2019年9月29日，昌都市人民检察院举行热烈庆祝中华人民共和国成立70周年文艺会演

2019年8月1日，昌都市人民检察院在职党员到社区走访慰问

2019年9月16日，举行“9·16”平安西藏宣传日活动

下级检察院的相关业务进行指导。

政治部：协同主管部门负责全市检察机关党的建设和队伍建设；负责对全市检察机关司法警察警衔考核、晋升等工作；开展具有检察工作特点的思想政治工作，负责本院干警的教育培训，组织指导全市检察系统的干部教育培训工作；负责本院干警的人事任免事项；指导全市检察系统的干部人事管理工作；负责全市检察官的考评、晋升等工作；配合市老干局负责本院在藏退（离）休干部的学习、生活、医疗、福利等管理服务工作；承办党组交办的其他事项。

侦查监督处：负责对全市刑事犯罪案件的审查批捕，决定逮捕和立案监督、侦查活动监督工作的指导；负责全市检察机关开展社会治安综合治理工作的指导；负责指导和监督检察机关直接受理案件的侦查工作的内部制约；承办应当由检察分院办理的审查批捕、决定逮捕的案件；受理公安、国家安全机关和本院自侦部门要求复议、提请复核批捕案件的审查工作；承办下级人民检察院批捕案件工作中疑难问题的请示；指导未成年人涉嫌犯罪案件的审查批捕工作；对同级公安、国家安全机关的侦查活动是否合法实行监督，对违法行为提出纠正意见；研究制定审查批捕工作的有关规定。

2019年12月10日至11日，昌都检察院领导到类乌齐甲桑卡乡开展结对帮扶慰问活动

2019年7月1日，昌都市人民检察院庆祝中国共产党成立98周年暨主题党日活动

昌都市 中级人民法院

倚身山水 魅力昌都

2019年12月23日，市中院党组书记、院长扎西江平向人大代表、政协委员汇报法院工作报告（联络监督）

2019年10月3日，市中院党组书记、院长扎西江平在丁青县开展“865”基层调解工作（创新机制）

【概况】市中级人民法院内设办公室、政治部、立案庭、刑事审判第一庭、刑事审判第二庭、刑事审判第三庭、民事审判第一庭、民事审判第二庭、民事审判第三庭、行政审判庭、审判管理办公室、审判监督庭、执行局、监察室、司法行政管理处（司法技术辅助办公室、信息技术科）、司法警察支队、国家赔偿委员会办公室、研究室（翻译室）18个机构。2019年有编制108名，实有干警107人，本科以上学历78人，包括研究生5人；入额法官32人，公益性岗位16人，聘用制书记员10人。

【审判执行】全市法院共受理案件3801件，审执结3493件，综合结案率91.90%。其中，受理刑事案件277件，审结261件，结案率94.22%；受理民商事案件2374件，审结2202件，结案率92.75%；受理行政案件4件，审结4件，结案率100%；受理执行案件1109件，执结990件，综合结案率89.27%。累计公开被执行人信息879人，公开失信被执行人信息45人；发布限制高消费230人，通过公安机关监控失信被执行人86人次，抓捕失联被执行人24人，拘留12人。

【维护稳定】始终把维护稳定作为硬任务和第一责任，参与配合全市维稳督导工作，妥善处置信

2019年8月8日，联合民政助理员调解案子（中心人民法庭建设）

2019年12月26日，在约巴乡开展结对帮扶工作，向结对帮扶户宣讲党的政策、宣传法律知识（精准扶贫）

2019年4月12日，昌都市丁青县法院在该县当堆乡小学开展法治宣传（法治宣传）

2019年3月4日，开展昌都中院联防队组织演练（维护稳定）

访、诉访等矛盾纠纷的排查调解工作，强化防范措施，完善应急预案，提高应急处突能力。依法参与社会综治工作。以喜迎中华人民共和国成立70周年维稳安保为主线，围绕市委维稳工作和中心任务，参与社会治安防控体系建设和重点治理，强化矛盾纠纷和风险防范，组织开展安保检查，掌握并熟悉各类维稳安保处突防范应对措施。参加“以服代勤”、押解值庭、巡逻值班等7200人次，安检630人次，出车770台次，调解各类矛盾纠纷200件，投入维稳经费190万元。

2019年12月23日，昌都市中院立案庭工作人员向当事人介绍法院诉讼服务自助终端操作流程（审判执行）

2019年6月15日，在八宿县小学开展法治宣传千里行法治小品表演

昌都市 司法局

倚身山水　魅力昌都

2019年12月，全国法治政府建设示范创建第三方评估组在昌都市开展实地评估工作

2019年10月，天津市司法局援藏工作调研考察团来昌都市调研考察听取汇报

【概况】昌都市司法行政机构组建于1988年，时为昌都行署办公室下属科室——司法行政科。1992年设司法处，升格为县处级独立单位。2014年11月，随着昌都撤地设市，昌都地区司法处正式更名为昌都市司法局。2019年，昌都市司法局完成机构改革，顺利完成机关重组。重组后的司法行政机关承担着行政立法、行政执法、刑事执行、公共法律服务四大职能，职责定位、工作方式发生了深刻的变化，内设科室增加至14个：办公室（信息科技科）、法治调研科、法治督察科、立法科、行政复议与应诉科、行政执法协调监督科、普法与依法治理科、人民参与和促进法治科、公共法律服务管理科、律师工作科、法律职业资格管理科、装备财务保障科、社区矫正执法支队（指挥中心）、政治部（警务部），代管昌都市公证处、昌都强制隔离戒毒。11个县（区）司法局相继于2003至2010年成立。2019年末，昌都市司法局编制74名，实有78名，11个县（区）司法局（含司法所）编制143名，实有147人。

2019年，昌都市司法局坚持以习近平新时代中国特色社会主义思想为指导，深入贯彻落实中共十九大，中共十九届二中、三中全会以及中央政法工作会议精神，按照区、市关于政法、司法行政工作的部署要求，树牢“四个

2019年12月，举行昌都市2019年度行政执法人员培训大会

2019年10月，举办昌都市司法局“歌唱红歌·祝福祖国”暨庆祝中华人民共和国成立70周年座谈会

意识”、坚定“四个自信”、坚决做到“两个维护”，坚持党对司法行政工作的绝对领导，坚持以人民为中心的发展思想，坚持稳中求进、进中求好、补齐短板工作总基调，坚持底线思维稳字当头稳定优先，以推进法治昌都建设为统领，以法治政府建设为抓手，以加快公共法律服务体系建设、提高法治宣传和法律服务能力为重点，全力做好司法行政领域各项工作。

法律执行。稳步推进强制隔离戒毒工作。贯彻落实治本安全观，围绕“六无”目标，严格落实戒毒场所安全稳定各项措施，经常性开展安全隐患排查整治，及时消除、有效防范和妥善处置各种问题隐患。抓实敏感节点、重要时段安全隐患排查，特别是迎大庆安全大检查以及安全生产工作，保证场所安全稳定。同时，持续开展场所建设，不断加强干警业务培训，认真落实精细化管理措施，着力提升戒毒工作规范化、专业化水平。加大禁毒宣传，公开组织开展禁毒宣传活动5场次，受教育群众2500余人次。做好社矫人员管控工作。不断提高社区矫正工作质量，完善工作制度，加强机构队伍建设。积极推进社区矫正改革工作，整合矫正资源，构建监督管理、教育矫正和社会适应性帮扶“三位一体”管理模式。大力推进建设社区矫正信息化建设，推广运用GPS电子定位技术手段，提高社区矫正技防能力和水平。在大庆等重要节点期间，严密排查，加强重点人员监管，落实好“六对一”等各项管控措施，严防脱管漏管和重新违法犯罪。严格按照上级部署要求，依法开展了对部分社区服刑人员的特赦工作。加强刑释解矫人员帮扶管理。及时更新了刑满释放人员信息管理系统，确保全面、及时、准确掌握全市刑满释放人员信息，建立动态监测数据共享机制，做到定向精准管控。严格落实重点人员必接必送制度，加强对刑满释放人员的衔接管理工作，实现重点安置帮教对象衔接率达到100%，一般帮教对象衔接率95%以上。

2019年6月，机关党支部推进“不忘初心、牢记使命”主题教育“十个一”活动党员大会

2019年8月，举办“七五”普法宣传教育之群众法治宣传教育大会

2019年3月，举行昌都市司法局精准扶贫结对帮扶捐款捐物仪式

2019年9月，开展形式多样的社区志愿服务活动

2019年3月“以服代勤”活动现场

2019年5月，昌都市司法局举行纪念“五四”运动100周年党群活动

丁青县 人民检察院

DINGQINGXIAN

倚身山水 魅力昌都

县检察院检察长宋雨锋会见天津蓟州区检察院援助调研工作组一行

琼布检察官宣讲队前往各乡镇进行法治宣传，上门服务，为群众解答法律问题

公益诉讼检察干警使用公益诉讼科技勘察设备对受污染的土壤进行检测

【概况】1978年底，丁青县人民检察院（简称“县检察院”）恢复重建，为正科级建制，领导配备为一正两副。建院至2019年，县检察院践行“立检为公，执法为民”的工作宗旨，秉承讲政治、顾大局、谋发展、重自强的工作理念。2016年深化司法体制改革，按照党中央和区、市、县党委和上级院的统一部署，围绕司法责任制，人员分类、机构重塑性改革等方面进行司法改革。2018年3月按照国家监察体制改革要求，反贪污贿赂局、反渎职侵权局两部门转隶至监察委员会，2020年按照上级检察机关内设机构改革要求，设有3个内设机构，2个专业化办案组，截至2020年6月，县检察院实有编制15个，在编人员15名。集体和个人先后获得了国家级荣誉4个、省（自治区）级8个、市级15个、县级106个。

【维护稳定】围绕中心、服务大局，彰显检察责任担当。一是坚持总体国家安全观，全力维护社会稳定。3来来，投入警力1500余人次，出色完成各项维稳工作。二是严厉打击各类刑事犯罪，认真履行批捕、起诉职责。共审查批准逮捕案件36件75人，批准逮捕28件38人，不批捕8件28人。审查起诉案件38件50人，起诉31件39人，不起诉4件5人。提前介入重大案件引导公安侦查取证20余场次，实现案件“无超期羁押”，无违法办案，无漏捕、漏诉、错捕、错诉的“三无”目标。组建“琼布检察官宣讲队”、“雪莲花未检工作室”、担任法治副校长等方式，深入开展“法律七进”活动354场次，积极主动打造“枫桥经验”检察版。

【队伍建设】3年来，县检察院坚持在党的建设上持续发力，着力打造一支“三型四化”的高素质检察铁军。3年来共投入培训经费10余万元，制定《外出培训返岗授课制度》。以党建文化为核心，找准检察文化建设、党的建设工作同检察工作深度融合为结合点，因地制宜，寓教于乐，加强文化阵地建设，营造浓厚文化氛围，深化检察文化的感染熏陶，通过“百米文化走廊”“院历史馆”“传统法律文化”“院训”等为抓手，使社会主义核心价值观内化于心，外践于行，有力激发检察工作科学发展的“内生动力”。

丁青县检察院党员干警开展结对帮扶

丁青县检察院开展“与宪法合影，为宪法点赞”活动

开展“携手关爱·共护明天”检察开放日活动

倚身山水 魅力昌都

昌都市 科学技术局、科学技术协会

“2019年昌都市全国科普日”集中宣传服务活动

举办昌都市第一届“双创”发展高峰论坛暨“两路精神”创新创业大赛

【昌都市科学技术局、科协概况】机构改革后，分别设立昌都市科学技术局和昌都市科学技术协会。其中：昌都市科学技术局内设办公室（市外国专家局）、高新技术与社会发展科（成果转化与区域创新科）、农村科技科（市星火计划办公室、市科学技术协会办公室）3个行政正科级科室和市能源示范推广中心（市生产力促进中心）、市科技创业服务中心2个事业正科级科室，核定行政编制10名、事业编制10名，机关后勤服务事业编制2名；昌都市科学技术协会机关内设综合科1个行政正科级科室，核定行政编制4名。截至2019年底，实有人员25人。

【科技、科协工作综述】2019年，在市委、市政府的正确领导下，全市广大科技工作者紧紧围绕“建平台、攻专项、促转化、广普及”的科技工作要求，深入实施创新驱动发展战略，充分发挥科技特派员作用，全力推进“双创”工作开展，科技事业取得良好成绩。完成《江达县高寒地区设施蔬菜高产栽培技术示范》等6个科技计划项目的验收工作，总投资633万元；闽昌众创空间等4家科技创新创业平台获批自治区级众创空间（科技孵化器），认定6家科技创新创业平台为市级众创空间（科技孵化器）；成功举办昌都市第一届“双创”发展高峰论坛暨“两路精神”创新创业大赛、首届“昌都市创新创业大咖面对面”等活动；扎实开展科普宣传活动，“2019年昌都市全国科普日科普进寺庙活动”和“2019年西藏自治区昌都市全国科普日活动”同时荣获“2019年全国科普日优秀活动”荣誉称号；对口援藏工作得到有效落实，福建、重庆、天津科协分别通过物品捐赠、资金支持和举办科技活动等方式，帮助我市科技事业发展；昌都市高争建材股份有限公司被成功认定为国家级高新技术企业，全市高新企业数量达到3家；昌都市润美瑞生物科技有限公司被成功认定为国家级科技型中小企业，全市科技型中小企业达到4家；科技对经济发展的贡献率达到45%，对农牧业发展的贡献率达到50%，科学技术普及率达到92%。

2019年科普援藏活动

2019年市三高流动科技馆巡展活动

白灵芝试验成功

昌都市 教育局

倚身山水　魅力昌都

2019年12月18日，市委市政府召开全市教育大会，市委书记阿布出席并讲话

2019年9月16日，市委副书记、市长陈军在学生资助政策宣传点检查指导工作

【概况】2019年底，全市各级各类学校共有669所（含教学点43个），其中，中等职业技术学校1所，高级中学4所，初级中学17所，小学200所，幼儿园403所（含民办幼儿园2所），特殊教育学校1所。全市各级各类学校在校生达到147859人，其中学前在校学生23414人（含民办858人）、小学77911人、初中31212人、高中11535人、特校134人、职校3653人。学前毛入园率79.75%，小学适龄儿童净入学率99.85%，初中毛入学率100.38%，高中阶段毛入学率65.90%，分别比2018年提高14.27%、1.32%、6.18%、10.77%。

全市教职工总数12651人，正式在职教职工9756人（其中：学前1040人、小学4850人、初中2342人、高中1001人、特校40人、中职200人、其他教育事业人员283人），退休806人，职校外聘教师38人，临时工及代课教师1991人，民办幼儿园教职工60人。全市专任教师总数9355人，其中：幼儿园1019人（含民办幼儿园专任教师22人）、小学4838人、初中2306人、高中965人、特校35人、中职192人。

【党建工作】树立“大党建”工作理念，压实“书记抓、抓书记”主体责任，深入学习习近平总书记关于教

2019年1月8日，副市长胡登孚慰问教育系统困难教职工

2019年3月6日，市直学校开学工作汇报及3月维稳工作安排部署会

育工作的重要论述、特别是《致西藏民族大学建校60周年贺信》精神，深入学习全国、全区、全市教育大会精神，围绕“培养什么人、怎样培养人、为谁培养人”教育根本问题，坚守“为党育人、为国育才”初心，在学习教育上“加温”，在调查研究上“加深”，在检视问题上“加压”，在整改落实上“加劲”，高标准、高质量推动主题教育往心里走、深里走、实里走。深入11个县（区）、市直属各学调查研究，解决市直学校校园照明、饮用开水、爱心座椅等民生问题，不仅让学校风景美起来、师生心头暖起来，还让学生在校乐起来，涌现出以市第二幼儿园为代表、的党建标杆工程，极大地增强了广大师生的获得感、幸福感、安全感。

【德育工作】紧紧围绕重大纪念活动，深入开展爱国主义、民族团结教育和反分裂教育，社会主义核心价值观教育，“四讲四爱”主题教育实践活动，扎实推进学校德育、艺术、卫生工作，取得了较好效果。一是强化思政教育改革创新，学校德育工作有新气象充分利用法定节日，传统节日，革命领袖、民族英雄、杰出名人等历史人物的诞辰和逝世纪念日，重大历史事件纪念日，以及未成年人的入学、入队、入团、成人宣誓等有特殊意义的重要日子的思想道德教育资源。通过组织丰富多彩的主题班会、队会、团会，举行各种庆祝、纪念活动和必要的仪式，引导未成年人弘扬民族精神，增进爱国情感，提高道德素养。二是用好艺术教育资源，学校艺术教育有新面貌。从多渠道开发艺术教育的主要内容和途径，通过艺术教育活动，提高了学生审美和人文素养，促进学生健康成长，艺术教育在“以美育人”在实施全面素质教育中起到不可代的作用。在茶马广场成功举办“祖国在我心中，藏东儿童心向党”教育系统庆祝“六一”国际儿童节文艺会演活动，市直18所学校近3000名师生参加活动；“十一”国庆节开展庆祝中华人民共和国成立70周年教育系统大型文艺会演，教育系统3000余名师生参加文艺演出活动；组织各级各类学校举办校园文化艺术节；开展教育系统优秀原创歌曲CD光盘优秀词曲和MTV作品征集活动，制作教育系统庆祝中华人民共和国成立70华诞献礼光碟唱出心中的歌“梦开始的地方”专辑共收录我和我的祖国等15首歌曲，让校园学子唱自己的歌、唱健康向上的歌。三是落实健康昌都行动，学校卫生健康工作有新作为。落实公共卫生突发事件的防控工作，确保学校卫生安全，进一步加强学校突发公共卫生事件的防控工作，组织学校深入开展预防流感、

2019年7月26日，召开开学及控辍保学电视电话会议

2019年7月12日，昌都市城区学校兼职校医签约仪式

2019年10月16日，尼泊尔访问团到昌都市教育局座谈交流

2019年12月18日，市委市政府召开全市教育大会

2019年12月5日，局党组召开专题民主生活会

理论中心组开展学习

教育信息化培训

手足口病、艾滋病、包虫病、结核病、口腔疾病、近视眼等卫生知识宣传教育，发放了防控学习资料，部署学校开展相关的防控知识教育，促进了学生良好的卫生和行为习惯的形成，取得了较好的效果。四是扎实推进七城同创工作，七城同创工作有新举措。培养学生“爱祖国 爱家乡 懂感恩 知荣辱”的情怀，提升师生的文明素养，强化文明行为习惯，改善社会环境，更好地为昌都市“七城同创”工作舔砖加瓦，昌都市教育系统助力积极开展“七城同创”工作。通过举行升国旗、唱国歌仪式、大队辅导员介绍雷锋事迹、唱一首学雷锋歌曲、使学生认识雷锋精神，培养纯真感情，学习雷锋的精神品格，自觉践行雷锋精神。

【教育教学】落实立德树人根本任务，改革创新思想政治理论课，以校园文化建设为载体，以“爱核心、爱祖国、爱学校、爱学习、爱生活”为抓手，加强意识形态领域教育。紧紧围绕“五个100%”教育目标，根据《西藏自治区“五个100%”教育目标评价标准》，逐一对照检查，倒排工期，挂图作业，全市各学段顺利通过自治区“五个100%”落实情况验收。按照“四个统一”要求，推进语文、中学历史、道德与法治“三科”教材转型。持续推进学前、小学、初中、高中“联盟”办学，紧扣教育教学中的瓶颈和短板，选派教研员深入各县（区）面对面开展教学视导，帮助教师解决教育教学中遇到的困难和问题。2019年，全市四大考试报名人数达到24514人，比2018年增加3208人，高考上线人数达到2906人，上线率达到81.56%，比2018年提高3.12%。

2019年11月28日，昌都市二幼召开“不忘初心、牢记使命”主题专题民主生活会

2019年7月9日市直学校寝室改造工作座谈会合影

【教研教改】以教育科研为先导，不断优化教育科研管理机制、改善教育科研方法，提高教育科研队伍整体素质，全面加强全市教育系统教育研究工作。一是教学竞赛全面推进，市级活动有条不紊开展，先后举办昌都市第二届幼儿教师教学大赛、全市小学教师说课大赛、全市高中教师说课大赛、全市初中教师教学说课大赛，联合藏语委办（编译局）举办以“传承优秀传统文化，共筑精神文明家园”为主题的中小学学生藏文知识竞赛。自治区获奖稳中有升，在“全区第二届特殊教育教师教学竞赛”中，获得一等奖、二等奖、三等奖各1名；在“全区初中教师教学竞赛”中，获得二等奖2人，三等奖2人；在“全区2019年中小学实验教学说课”中，荣获一等奖1人，三等奖3人；在“全区第二届幼儿教师教学竞赛”中，荣获二等奖1人，三等奖2人；第36届全国中学生物理竞赛（西藏赛区）中，我市选派8名选手，7人获得二等奖、1人获得三等奖。二是教学视导深入开展。组织教研员和援藏教师，深入芒康县、卡若区、左贡县、贡觉县和江达县等五个县，采取随机抽取、随堂听课、调查问卷等方式开展教学视导，共听取555位教师课堂教学，听评课数达到2032节，答疑解惑交流2000余条，开展讲座200多场。

2019年6月1日，昌都市庆六一大型文艺演出

三是多渠道组织培训。请进来培训，邀请自治区教科院等专家赴昌开展培训，参与培训520人次。送出去培训，200多名教师到青岛、咸阳、四川等地参加培训。三课题管理重点突破，4项自治区级课题（2016年立项）的已顺利结题，《西藏高中地理教学方法优化研究》得到自治区立项批复。对38项市级课题开展中期督导，对199项第四期课题开展开题督导；第三期市级课题（2年期）评审38项，结题28项，评选市级优秀课题4项。

【教育扶贫】“三包”实行集中预算、定点采购、统一配送，全年落实“三包”和营养改善计划资金5.36亿元。委托成都合力达会计师事务所对贡觉县等县（区）“三包”资金使用情况等进行专项审计。修订印发《昌都市建档立卡贫困家庭子女接受高等教育实施免费教育补助政策实施细则》，专设学生资助和特别困难家庭学生临时救助窗口。全年落实资助金4516.524万元，资助学生6069人次，国家教育部网站新闻·一线采访栏目刊发《西藏自治区昌都市扎实做好学生资助工作》的文章。抓实中央第三巡视组反馈问题整改，分7个工作组赴11个县（区）开展督导调研，针对“江达县小学师生比1：27.4”个性问题，通过选派市直学校支教等方式进行整改，分配新教师1415人，优化全市义务教育阶段师生比。针对八宿、左贡、芒康、贡觉、察雅派出专门工作组，开展教育脱贫专项指导，在精准资助、精准帮扶、教育惠民政策落实上下功夫，确保教育脱贫不拖摘帽的后腿。

2019年7月12日，福建组团式教育援藏工作欢送会在市三高举行，图为欢送会合影

芒康县 教育局

倚身山水 魅力昌都

3月15—17日，自治区教育厅副厅长朱赟到芒康检查指导工作

10月17—18日，自治区教育厅基教处副处长唐勇一行到芒康检查指导重大教育工作落实情况

【概况】2019年，芒康教育在县委、县政府坚强领导和区市教育部门指导帮助下，全面贯彻落实习近平新时代中国特色社会主义思想，贯彻落实全国、全区教育大会精神，继续坚持市委“过一核、抓两头、促中间、四问责、一保障”教育工作思路，围绕抓牢“一个核心”、用好“两种资源”、建强“三支队伍”、营造“四种氛围”、落实“六长责任”、筑牢“六块阵地”，抓队伍、强管理，扩规模、提质量。

截至2019年底，芒康县共有各级各类学校101所。其中，初级中学2所、乡（镇）小学28所、幼儿园71所。共有正式教职工874人，其中幼儿专任教师102人、小学专任教师492人、中学专任教师243人、教研室37人。共有在园学前幼儿3152人，入园率80.51%；小学在校生7679人，入学率100%；初中在校生3373人，入学率100%。

3月16日，昌都市副市长胡登孚在芒康县召开教育工作座谈会

【党建工作】按照“围绕教育抓党建，抓好党建促教育”思路，围绕“支部建设年”目标，全面推进机关（学校）党支部标准化建设。出台《中共芒康县教育局总支部委员会抓党建九项举措》，抓实主题教育开展，成立教育局党总支和教育督导室联合工作专办，落实“八个督查”。通过强化党员政治纪律教育、抓实“两学一做”“四讲四爱”等主题教育、发挥党总支监督执纪问责作用，推进学校党支部建设和党风廉政建设持续上台阶。现有1个党总支、29个机关（学校）党支部，正式党员413人，2019年新发展党员10人。2019年，芒康县教育局支部委员会被中共昌都市教育工作领导小组、昌都市教育局评为“先进基层党组织”。

【德育工作】全面贯彻党的教育方针，坚持立德树人根本任务，持续狠抓师生“五观”“两论”教育、爱国主义、民族团结等教育，增强“四个自信”强化“五个认同”。各学校利用国旗下讲话、班会课、德育课，以及“3·28”西藏百万农奴解放纪念日、“五四”运

8月2日，芒康县召开控辍保学暨2019年秋季招生工作动员部署会

8月29日，芒康县落实“五个100%”教育目标暨中学理化生实验教师技能培训

5月14日，教育部“三区三州”调研组在芒康县调研教育脱贫攻坚工作

动、“六一”国际儿童节、“七一”中国共产党成立、“十一”国庆节等时间节点，通过多形式庆祝纪念活动不断强化德育工作实效；坚持将思政教育摆在更加突出的位置，通过“四讲四爱”“我的中国梦”“扣好人生第一粒扣子”主题教育实践活动、“红色基因传承行动”等，引导学生珍惜当下幸福生活；弘扬中华民族传统文化和社会主义先进文化；指导学校做好“学习新思想 做好接班人”“新时代好少年”“德润芒康·三小标兵创建”评选等活动，指导各学校德育室建设，打造特色德育走廊、文化长廊，完善德育课程设置，强化德育工作实效。

【教育教学】全面落实教育质量提升计划，推进“五个100%”实施。进一步加强教研员和兼职教研员队伍管理，规范教学管理。出台《芒康县教学常规管理理操作规程》，组织召开2019年芒康县中小学校长业务工作会、芒康县中小学毕业班工作研讨会、全县教学质量分析会等会议，探讨交流提升学校管理和教学质量好措施好办法。安排教研员和学科骨干送教送研到薄弱学校，上示范课，与学校教师面对面交流，检查指导课程设置、教学常规、教师备课、传帮带、培优补差等工作开展，推动学校教学管理向精细化靠拢。

【教师队伍】狠抓校长和教师队伍建设，严格师德师风考核，安排支教轮岗和教师合理流动。经芒康县委、县政府同意，教育与人社、财政部门协同配合，公开招聘106人充实到学前双语教师队伍。多举措提升教师业务能力素质，严格师德师风考核，做好教师职称评聘。2019年，组织3批次约300名校长、教师赴渝北、璧山两区培训学习。盐井中学、嘎托镇小学等5所学校与重庆巴南区鱼洞南区学校、世贸小学结对签约。组织18名教师到北部薄弱学校轮岗交流，安排2人赴巴南区挂职锻炼。完成140名教师初级教师职称材料审核和评审工作，强化档案规范管理，完成自治区2019年度乡村从教20年、25年荣誉称号人员资格评审与上报。

【教研教改】重视并推进教研课改，2019年5月4日至8日参加首届川滇藏毗邻地区学校初中学科教学观摩研讨活动，探讨交流提高初中教学质量的管理经验和教学经验。邀请西藏自治区教科院教授与重庆市教科院共6位专家开展为期4天的中学理化生教师实验操作技能培训，促进中学理化生教学质量提升。9月25—27日举办芒康县第五届小学教师优质课比赛，为教师间交流学习提供平台。同时在全县范围内征集课题，并指导课题申报、中期汇报、结题，以

8月10日，芒康县召开2019—2020学年秋季学期校长业务工作会议

11月1日，芒康县召开2019年两大考试总结表彰会暨质量分析会议

4月4日，重庆市巴南区 西藏自治区芒康县校际对口结对帮扶签约仪式

9月24—25日，芒康县举办第二十二届全国推普周活动中小学演讲书法比赛

及成果推广等工作。

【安全稳定】抓疫情防控，全面落实区市县疫情防控安排部署，落实“六级责任制”和“五级联防联控”机制，出台《芒康县教育系统应对新型冠状病毒感染的肺炎疫情联防联控工作方案》等系列文件，抓细抓实人员排查、物资保障、开学安排、场所准备、环境消毒、饮食安全、宣传培训、督导检查等工作。抓常态安全，健全安全稳定工作层层负责机制，完善安全排查整改等各类常规安全管理制度，指导学校交通、消防、食品等各类安全教育常态开展。全县有27所学校安装了校园监控安保系统，法制副校长到学校上法制课累计80余人次，教育联合消防、市场监督管理、公安、司法等部门开展专项督导及演练60余次。

【体育艺术卫生】围绕自治区“健康西藏”“美丽西藏”主题以及《昌都市全民健身实施计划》，狠抓学校体育和全民健身工作。指导学校围绕增强学生综合素质，改进学校体育美育教学，加强卫生管理和教育，让学生在体育锻炼中享受乐趣、增强体质，在美育和艺术学习中树立正确审美观念，塑造美好心灵。指导学生篮球队、足球队建设，建好徐中乡小学等学校学生弦子舞蹈队，传承和彰显芒康弦子非物质文化魅力。广泛开展全民健身活动，倡导全民健身锻炼和绿色健康理念。对徐中乡民间传统射箭特色品牌持续打造。

【教育信息化】积极推进教育信息化建设，投入16万多元统一维修各学校电教设备。实地到校指导和督促学校电教设备使用。落实县中学和盐井中学共计1000万元的组团式援藏信息化项目。积极开展城域网“降费提速”和中小学网络全覆盖工程，宽带网络“校校通”攻坚工程前期全面完成。重视学前“双语”教育信息化建设，积极为满足条件的幼儿园配备触控一体机。

【项目建设】做好教育基建项目科学规划、规范实施和严格监管，通过加强教育基建项目实地查看、召开项目进度会、协调解决建设中遇到的困难等，全力确保工程进度和质量安全，不断提升学校基础办学条件。2019年实施教育基建项目共13个，总投资1.566亿元。计划外援藏投资1450万元的重庆双语幼儿园顺利开园。

【教育经费】严格落实“三包”、义务教育免费补助政策、营养膳食改善计划，做好贫困学生资助等工作。严格经费预算到校，强化指导监督，确保经费管理使用规范透明。2019年，全县教育经费总指标32186.85万元，其中县级财政20%配套资金2508万元、“三包”经费4259.02万元、营养膳食改善资金808.72万元。

通过扎实工作、砥砺奋进，2019年芒康县荣获昌都市“教育工作先进县”等荣誉称号。

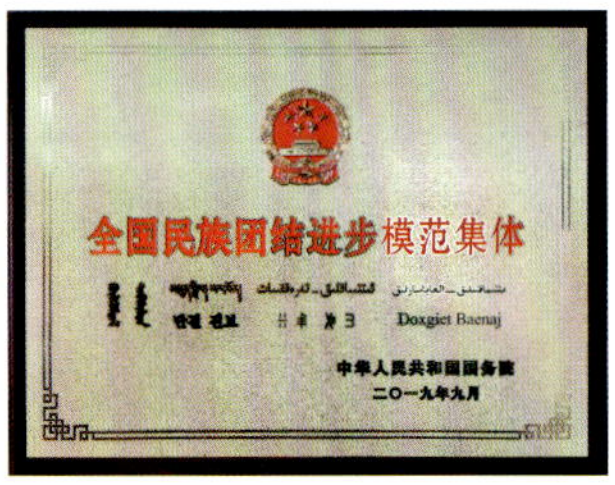

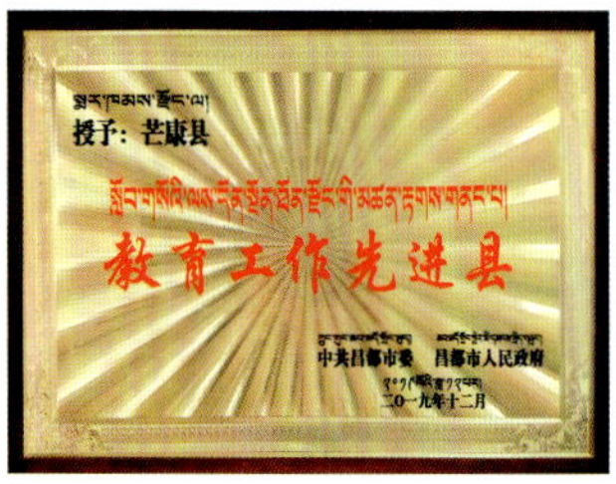

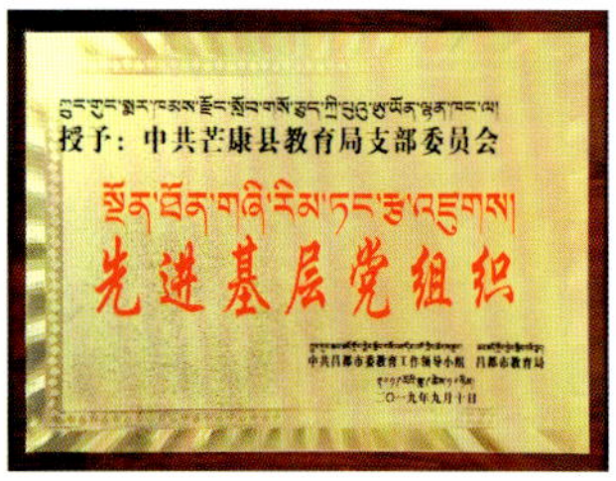

丁青县 教育局

倚身山水 魅力昌都

十三届全国人大常委会副委员长、自治区党委原副书记、自治区原主席白玛赤林在丁青县小学调研

自治区党委副书记、自治区主席齐扎拉走进丁青沙贡乡小学调研

历年来，丁青教育始终坚持全面贯彻习近平新时代中国特色社会主义思想和中共十八大、十九大会议精神，深入落实习近平总书记在全国教育大会和学校思想政治理论课教师座谈会上的讲话精神，落实全国教育工作会和自治区教育大会、昌都市教育大会精神；认真落实“巩固成果，扩大覆盖，提高质量，提升四率”的总体目标，全面落实“过一核，抓两头，促中间，问四责”的总体要求；落实立德树人根本任务，推进教育公平发展。丁青县四大班子历届领导始终把教育事业摆在“优先发展”的战略位置，按照“规划优先、投入优先、保障优先”优先发展教育工作，把教育工作纳入到县委、县府重要议事议程和顶层设计，逢会必谈教育，下乡常去学校视察工作；丁青县委在“7654”工作思路中，将“教育均衡发展”单独列为一项重要任务进行安排，全社会关心支持教育良好氛围逐步形成。

一直以来，上级领导关心教育，情系丁青。原西藏自治区党委副书记、区政府主席白玛赤林，自治区党委副书记、区政府主席齐扎拉，原自治区党委常委、昌都市委书记罗布顿珠，原自治区副主席、教工委书记房灵敏，昌都市委书记阿布，自治区党委常委、政法委书记何文浩等上级领导曾多次到我县调研视察教育发展情况，并作出重要指示。

【教育概况】2019年，丁青县有各级各类学校75所，其中义务教育阶段学校17所（中学2所，县级小学2所，乡小学12所，村完小1所）；各级幼儿园57所［县幼儿园2所、乡（镇）幼儿园14所，村级幼儿园41所］；丁青县职教中心1所；正在新建的学校1所（武钢青青幼儿园）。全县在校学生18846人，其中：学前在校生3540人、小学在校

自治区副主席、教工委书记房灵敏在丁青县中学考察教育工作

自治区党委常委、自治区常务副主席自治区常委、昌都市委书记罗布顿珠走进丁青县中学检查指导抗震救灾工作

昌都市委书记阿布走进丁青觉恩乡小学课堂调研

丁青县委书记晋美在县中学指导工作并与学生亲切交流

丁青县委副书记、政府县长罗广前走进学校考察教育工作

国家督导检查组在丁青县组织召开义务教育均衡发展督导评估汇报会

生11302人，初中在校生4004人。全县共有教职工1427人，其中正式在编教师971人、援藏教师5人、西部计划志愿者1人、临时工（含公益性岗位）450人。全县教育系统教育局党委1个，机关党支部1个，学校党组织21个，全县教师党员人数达到283人，占全县正式教师29.03%。

【义务教育】丁青县义务教育于2018年6月和9月，分别顺利通过西藏自治区和国家义务教育均衡发展督导评估验收；全县教育教学质量不断提升，教育规模不断扩大，教育办学水平不断完善。2019年9月，丁青县第二初级中学、丁青县实验小学顺利完工开学，很大程度上缓解丁青县城入学紧张的问题；同时丁青县正在积极申报新建朗通新区小学。2014年以来，全县各小学124名学生考上内地西藏初中班，县中学81名学生考入内地西藏高中班，其中2019年共计21人考入内地西藏高中班，升学人数位列全昌都市11县区第一名；学生规模不断扩大，小学生入学指标为11302人，相比往年提升15.83%；中学生入学指标为4004人，相比往年提升25.52%；全县15所中小学与天津北辰区学校建立“手拉手姊妹学校”。2019年，顺利通过自治区教育厅“五个100%”专项工作组的督导检查。

丁青县第二初级中学鸟瞰图

丁青县实验小学鸟瞰图

丁青县召开2020年全县教育大会

觉恩乡小学充满学习氛围的校园

丁青县职业教育培训中心举行开班仪式

学前教育开展电子琴培训

【学前教育】丁青县学前教育始终坚持在全县幼儿园推广“双语”教育，依法依规推广国家通用语言文字，提高藏汉双语教学水平。加强学前教育的管理，促进学前教育水平提升，努力促进我县学前教育稳步发展。同时集中力量办好县级幼儿园，以县级幼儿园作为培训基地，辐射到其他幼儿园，全面推进我县幼师岗前学习培训工作；全县所有幼儿园全部开园招生，提升乡、村两级幼儿园的入园率，推进教育起步公平。全县学前幼儿入园指标为3540人，相比往年提升10.07%；采取“请进来，走出去”的方式，邀请武钢优秀学前教育人才到我县蹲点视导学前教育工作，推进丁青学前教育与武钢青青幼儿世界联合挂牌，创立丁青幼儿品牌学校，进一步加强交流合作，促进共同发展。

【职业教育】丁青县职业教育培训中心采用产学融合和校企结合的办学模式推进职业教育，依托职教缝纫班，联合企业开办了民族服装厂；与丁青县扶贫汽修厂联合，在扶贫汽修厂设立丁青县职教中心汽修实践基地；与丁青县摩托车维修店联合，设立丁青县职教中心摩托车维修实践基地；开设文化课程，让学生能在学校学到基础的文化知识。丁青县职业教育培训中心共有教职工22人，其中在编正式教师5人，专业聘请教师6人，工勤人员12人；共有在校学生200余人；学校现设有绘画、缝纫、摩托修理、汽车维修、土陶制作、文化双语、藏文书法、藏医8个专业，其中9+3中职班设有藏医、绘画、藏文书法3个专业，共计招生9+3中职班学员69人。

（供稿人　戴勇）

武钢支教教师与丁青参训幼儿教师合影

丁青县朗通村幼儿园与武钢联合挂牌青青幼儿世界

察雅县 教育局

倚身山水 魅力昌都

2019年8月12日，教育部基础教育司调研员袁磊一行在察雅县专题调研教育脱贫攻坚工作。教育部基础教育司主任科员冯嵩参加调研。自治区教育厅基教处副处长耿喜哲，昌都市教育局（体育局）党组书记次仁，察雅县委副书记、县长其珠多吉，察雅县政府副县长四郎江村及昌都市、察雅县教育局相关人员陪同调研

2019年5月7日，昌都市人民政府副市长、市教工委副书记胡登孚赴察雅县第四届教师课堂教学技能大赛启动仪式会场并作重要讲话。察雅县人民政府副县长四郎江村出席会议并讲话。昌都市教育局教科所教研员张霞应邀参加活动并对赛事进行指导

【概况】察雅县委、县政府历来高度重视教育工作，全年新增校舍4.26万平方米。截至2019年末，察雅县各级各类学校总数39所，其中初级中学1所，小学18所，村教学点3所，县幼儿园2所，村级幼儿园15所。2018—2019学年，全县有在校学生9518人，其中小学在校生5940人，初中在校生1779人，学前幼儿在园1799人。全县现有专任教师674人，其中小学专任教师427人，初中专任教师139人，幼儿园专任教师100人，教研室8人；全县现有临时工和公益性岗位297人（其中公益性教师103人），重庆援藏教师11人。

【教研教改】加强教研队伍建设，按照《察雅县中小学兼职教研员管理办法》从全县中小学选一批教科研工作的一线教师聘请为兼职教研员，提高全县中小学教研工作水平。一是推进目标管理制度，强化县教研室及各校教研管理工作考核。二是进一步完善教研室及各校教研工作内部管理制度，科学规范教研工作管理。三是采取不同形式提高教研人员素质，加大教研员培训力度。四是实行教研员深入基层蹲点包校、包学科制度。五是加强各级教研课题的管理和研究，注重对有重要理论价值和实际指导意义的课题研究的推广。六是县教研室要扎实有效的进行教学质量调研、检测、分析工作，制定和落实教育教学质量奖

4月22日上午，在南岸区委党校举行教师培训班开班仪式。察雅县委副书记、常务副县长杨鸥出席开班仪式

2019年6月13日，县委副书记、县长其珠多吉在察雅县中学“小升初”考点指导检查工作，政府办、电视台等相关部门负责人随行

2019年6月20日，察雅县教育局党总支书记、局长土洛在察雅县中学召开2019年西藏自治区高中阶段学校招生全区统一考试考务工作会

2019年5月22日，察雅县教育局（体育局）党总支书记、副局长卢建波参加开班典礼。西藏察雅县45名参训学员参加开班典礼，典礼由邹景伦主持

2019年9月20日，察雅县教育局党总支副书记、局长出席察雅县第三届中小学生电脑制作大赛开幕式

2019年8月7日，察雅县2019年秋季学期校长工作会议在吉塘镇小学召开，会议由察雅县教育局局长土洛主持

惩制度，全面提高教育教学质量。七是察雅县教育局教研室于2019年5月7日举行全县第四届小学教师讲课大赛，落实“以赛促教，以教促研，以研促改”的目的。

【教育信息化】2019年，投入100余万元对各学校信息化教育设备进行补充和完善，争取资金500万元建设县中学数字化校园。协调平安集团投入180万元为18所学校建设同步互动教学平台。察雅县建有计算机教室12间，配备有学生计算机585台，配备有精品录播室1间，同步课堂设备8套，幼教一体机53套，电子白板113套。学校接入教育城域网，教师每人一台计算机。察雅县通过举办课堂教学大赛等形式加强教育信息化建设，提升教师信息化教学水平。2019年11月举行昌都市第三届中小学电脑制作活动暨第七届中小学电脑运动会中，察雅县取得总成绩全市第一的优秀成绩，荣获“最佳组织奖”荣誉称号。

【基建项目】2019年察雅县教育领域基础设施建设完成投资7775万元，完成新建2所，已完工投入使用。项目正在建设中：察雅县宗沙第一小学供暖工程；宗沙乡第二小学供暖工程；巴日乡小学供暖工程；阿孜乡供暖工程，投入高海拔义务教育学校集中供暖项目资金718万元。公共体育场馆建设资金850万元。香堆镇香堆居委会异地安置点幼儿园投入1800万元。县第二小学和第二幼儿园正在收尾验收阶段，预计2020秋季学期投入招生办学。

【教育督导】为进一步规范全县中小学校和幼儿园办学（办园）条件，提升教育教学质量，每年对全县各级各类学校进行常规督导工作检查不少于4次，每年争取对各类幼儿园进行一次专项督导工作。加大随机督导的次数，建立随机督导的常态机制，重视常态，反对突击，促进学校规范发展、科学发展，全面提升学校的办学品质。扎实开展综合性督导、专题性督导、随机性督导和需求性督导，确保学校办学行为得到进一步规范。学校的每一项工作都是督导检查工作的范围，督导检查除检查常规工作外，重点检查招生入学、整班移交、“五个100%”教育目标落实情况、控辍保学、0~18周岁人口信息库完善情况等内容。

2019年8月27日上午，察雅县教育局在教育局四楼会议室召开2019年第二批公招教师和调入教师摇号分配暨岗前培训会

2019年5月10日，察雅县教育局召开察雅县喜迎“建国70周年、西藏民主改革60周年”暨第四届小学教师课堂教学技能大赛表彰大会全体参赛教师在察雅县第一小学合影

类乌齐县 教育局

倚身山水 魅力昌都

2019年10月27日，自治区教育厅厅长尼玛次仁在类乌齐县检查教育教学工作

类乌齐县分管教育副县长欧珠检查学生用餐情况

【概况】类乌齐县教育局、类乌齐县体育局于2019年3月23日正式分开挂牌，是管理类乌齐县教育、体育事业的行政机构，直属类乌齐县人民政府领导。2019年，类乌齐县各级各类学校47所，其中义务教育阶段学校18所（中学1所，县级小学2所，乡小学12所，教学点3个）；各级幼儿园29所，在校（园）学生10624人，其中中学在校生2625人，小学在校生6533人，在园幼儿1466人。小学入学率99.98%，巩固率98%，初中入学率99%。全县共有教职工606人，男教师252人，女教师354人；汉族103人，少数民族教师503人；研究生学历1人，本科学历292人，专科学历270人，中专学历43人；高级教师21人，一级教师175人，二级教师253人。

【党建工作】类乌齐县教育局党委，下辖党支部17个，党员总数232人。其中，教育局机关党支部现有34名党员，全县中小学校（幼儿园）党支部有198名党员。2019年，类乌齐县教育局紧紧“围绕教育抓党建，抓好党建促教育，办人民满意的教育”，进一步贯彻落实“八五三四”党建工作模式，发挥党组织的战斗堡垒作用，全面履行党建主体责任，为全面推进教育改革发展提供坚强政治保障。

【德育工作】深入开展爱国主义、民族团结教育、社会主义核心价值观教育和“四讲四爱”教育实践活动。推进校园文化建设。上好《开学第一课》，主要上好爱国主义教育、新旧西藏对比教育、反分裂教育等。通过新旧西藏对比故事会、新旧西藏对比图片展、国旗下讲话、班队会课、团队活动、德育课程等载体和教育平台，不断筑牢五观两论。组织各学校认真开展“四讲四爱”教育实践活动，通过召开动员部署会、启动仪式、举办青少年学生宣讲特派员培训班、成立宣讲团等积极开展宣讲教育活动。

县教育局长仁青多吉检查学校各项工作

2019年11月16日，类乌齐县小学一师一课录制现场

2019年12月，类乌齐县被授予“教育工作先进县”称号

自治区教育厅工作组赴类乌齐县开展校本研修示范校验收工作

类乌齐县教育局专职教研员参加市级专题培训

积极组织全县各学校开展“扣好人生的第一粒扣子”、“新时代好少年”主题教育读书活动、“少年传承中华美德”等活动。组织全县各学校广泛开展庆祝“3·28”西藏百万农奴解放纪念日宣传活动，在清明节、国家公祭日、国庆节期间共组织学生参加烈士纪念日纪念活动和升旗仪式等7000余人，深入持久地开展爱国主义教育、“五观两论”、新旧西藏对比教育、反分裂斗争教育、民族团结教育、“三个离不开”教育和社会主义核心价值观教育。在中小学校普遍开展“崇尚英雄精忠报国”“红领巾相约中国梦”“过好当下幸福生活”等主题班队会、主题活动。

【教育教学】一是落实常规检查，促进学校发展。二是探索课改路子，提升教学质量。三是做好教育教学质量监测和分析。四是搞好高考备考，完成目标任务。

【教师队伍】以教师职称改革为契机，强力推进教师队伍建设。

一是强化师德建设。将师德师风考核结果作为教师常规管理、资格认定、职称评聘、评优评先等重要依据，在各种评优评先中，实行师德师风“一票否决”。二是提高教师队伍业务能力。做好国培、区培、市培、县培和校培等五级培训的选派和管理工作，全年完成教师培训300余人次，学员上线率及合格率均达到100%。组织101人赴重庆沙坪坝区、江北区进行为期15天的挂职跟岗实践。三是做好新分教师分配。2019年新分配教师124人，根据上级部门向乡镇学校倾斜的原则，31人补充至各乡镇学校。根据《昌都市选派非教师公职人员到薄弱乡镇学校支教的管理办法》，24名基层公职人员分配至我县相对薄弱的乡镇学校支教，有效解决了基层学校师资不足的困难。

【教研教改】开展“同课异构”、教学研讨、观摩交流、送教下乡等活动；采取“请进来”的办法对教师进行业务培训；开展了课堂教学、朗诵、演讲、书画比赛竞赛，有效促进青年教师的成长，和各学校学科教研活动的开展；鼓励教师积极撰写课后反思和教学反思；积极推行“传统文化进校园”活动，继续深入开展传统文化进校园活动，进一步提高学生思想道德素质和文化素养。

2019年，类乌齐县在小考中取得优异的成绩，小考数学单科成绩全市最高分，小考综合获全市第一名

2019年8月，为长毛岭乡第二小学修建50座学生用计算机教室1间

建设完成基建投入使用的类乌齐县第二小学

昌都市 第四高级中学

倚身山水　魅力昌都

师资队伍

昌都市第四高级中学自2015年8月建校招生，5年来，学校在上级教育部门正确领导下，依靠全体教职工，秉承“教学生一天，谋学生一生”办学理念和“共创和谐，齐享幸福”的办学目标，紧紧围绕“两年奠基、五年出彩、八年成名”的发展规划，认真扎实开展教书育人工作，学校的办学条件逐步优化、教学质量稳步提高、学校文化日臻完善、社会影响力日益增强。

党组织建设进一步夯实。

党建+学习，拧紧政治思想总开关，积极打造学习型组织。深入开展“不忘初心、牢记使命”主题教育活动，推进“两学一做”学习教育常态化制度化，开展“亮身份、做表率、树形象”活动，不断提升组织战斗力、凝聚力。党建+团建，培养祖国合格建设者。学校党总支高度重视团建工作，把团建工作纳入党建工作整体布局，创建业余党校平台。已经举办4期培训班，共有200余人结业。“党建+师德”，培养四有好教师。党总支以“师德师风建设”和“教育质量提升”为抓手，抓班子、带队伍、促校风、提质量，突出师德师风典型、业务标兵、党员先锋等标杆，加强模范引领，互帮互学，让教师真正能够静下心来教书，潜下心来育人。

“四色教育”文化品牌凸显。

学校以“正德启智，博学笃行”校训文化为依托，培育“四色教育”校园文化品牌（四色教育：红色爱国主义教育、灰色启蒙国学教育、蓝色文明礼仪教育、绿色自信人生教育），引领素质教育新格局，通过不断丰富红色爱国主义教育内容和形式，组织引导全校师生学习红色历史，体验红色历程，弘扬红色文化，追寻红色记忆，激励师生继承先烈遗志，努力学习，报效祖国，建设美丽西藏。通过开展国学熏陶言行，经典陪伴成长活动，营造浓厚的国学文化氛围，传承中华美德。开发国学校本课程《弟子规》《三字经》，推介优秀读物，探索国学教育与德育相结合，与汉语文学科教学相结合的教学模式，开展

国学启蒙

学校荣誉

第二课堂

第二课堂，延伸国学经典体验，加深学生对中华文化的体验与感受。道之以德，齐之以礼，不断深入文明礼仪教育，规范学生行为习惯，培养良好道德品质。着眼学生终身发展，强化自主管理，引导学生从自律前提下的自信走向自主，从自主走向自立，从自立走向自强，以适应未来社会的发展需要。四色教育特色品牌为学生的可持续发展奠定了基础。同时，也激发了全校师生奋发图强、积极向上的热情，有效提升了教育教学管理和内涵式发展水平，产生了良好社会效应，赢得社会各界的好评。

教育教学改革不断推进。

教学中心地位夯实，全面推动教学质量的提升，通过狠抓教学常规，提升教学质量，在上级教育部门的关怀下，在社会各界的支持下，在我校师生齐心协力、奋力拼搏下，该校2018届、2019届建校初连续两届的高考中均需获佳绩。2018届首获佳绩，文科145人参考，上线率100%，理科363人参考，上线率60.33，总上线率达71.65%，总录取率近79%，艺体生本专科录取共计69人，位列昌都市第一。2019届再传捷报，702人参考，不含艺体生，574人上线，上线率达81.77%，含艺体生，602人上线，上线率为85.75%，本科89人上线。在学生总平均分240分左右的低入口情况下，全体四高人锐意进取、砥砺前行，不抛弃不放弃每位学生，尽最大努力助其实现大学梦想。

师资队伍建设步伐加快。

全校220名教职工中，163名教师参加工作不足3年，占全校专任教师的80%，针对短板，学校聚焦课堂教学实践，抓师德、促信念，抓骨干、促提高，抓青年、促上进，抓基本、促技能，着力打造“有爱心、讲奉献、懂教育、善合作、会管理、能育人”的教师队伍。现已初见成效，学校有4人被评为自治区级名师，2人被评为自治区级教学能手，20人次被评为市级优秀及骨干教师。强化“科研兴教、科研强校”的意识，学校深入组织开展课题研究工作，认真做好自治区级、市级、校级课题申报工作，自治区级课题结题1项，研究中1项，市级课题结题8项，研究中7项，校级课题结题25项，研究中2项，同时鼓励教师开展微课题研究，为教育教学工作问诊把脉，促进教育质量提升。

学校党建

校园环境

倚身山水 魅力昌都

卡若区 城关镇达野小学

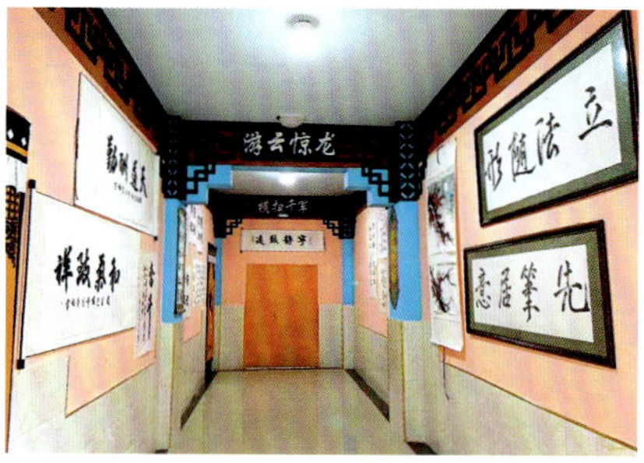

学校现有建筑面积3000多平方米，按照义务教育现代化学校的标准，正逐步配备多媒体教学设备。学校拥有标准教室18间，专用教室6间，几年来，学校秉持“全面贯彻教育方针、面向全体学生、对学生全面负责”的指导思想，贯彻“育人为本、服务社会、追求发展、勇于创新”的教育理念，确立“每天知道多一点的校训，形成了“科研先到、主体推进、质量保障”的管理模式。

学校本着“让每一位学生都有进步，让每一位教师都有发展”的办学理念，确立“乐群、善处、能成”的校风，倡导“乐教、善导、能研”的教风，培养“乐学、善思、能悟”的学风，以“让学生成才，让家长放心，让人民满意”为办学目标，突出校园文化，在教学质量上狠下功夫，注重教师专业素养的培养、规范教师师德师风的建设，落实各项安全措施，加强师生的安全教育。分别创办师生德育教育阵地、具有民族特色的藏文书法室、沉静闲适的汉文书法室，遨游知识海洋的图书室；为推进素质教育打下坚实的基础。

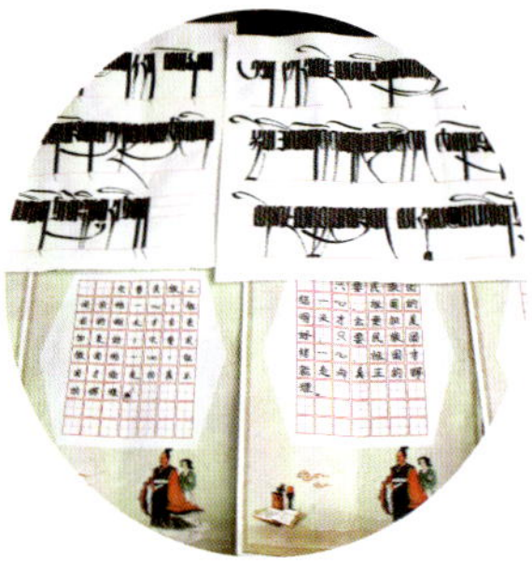

在全校师生的共同努力下，该校教学工作再上新台阶。先后荣获“2016年卡若区教学质量二等奖、2017年卡若区教学质量二等奖、卡若区小升初整班移交先进奖、卡若区质量检测考试一等奖、2018年卡若区教学质量先进学校、卡若区小升初整班移交先进奖、2019年卡若区教学质量先进学校、卡若区小升初整班移交先进奖”。

2015年，成立学校党支部，支部在上级党组织的正确领导下，全面贯彻中共十九大精神，深入学习贯彻习近平系列重要讲话精神和习近平治国理政新理念、新思想，学习领会习近平在全国教育工作会议上的讲话精神，紧紧围绕“创卡若区标杆示范学校，着力打造达野党建卓越品牌”两大任务，充分发挥党员的先锋堡垒作用，做实、做细党建常规工作，做精、做亮特色工作。校支部构建“支部主导、行政跟进、家校联动”的工作机制，以“四讲四爱、社会主义核心价值观教育为学校德育主要内容，坚持课堂为阵地渗透革命传统教育、爱国主义教育、社会公德教育等，”从小树立共产主义远大理想和中国特色社会主义共同理想。

学校党支部确立“党建引领促发展，全面过硬创一流”的工作思路，秉承素质教育之理念传承传统文化之精髓，以党建统领学校教育教学工作，办有质量的教育。先后荣获2015年西藏自治区民族进步模范集体、2017年卡若区先进学校、2018年卡若区先进基层党组织、2019年卡若区先进基层党组织、2019年卡若区教育系统党建工作考评第一名的优异成绩，同时荣获2019年昌都市先进基层党组织称号。

卡若区 俄洛镇小学

倚身山水 魅力昌都

扶贫路上

学校丰富多彩的各类活动

【学校概述】俄洛镇小学地处卡若区西部，距昌都15公里学校地处海拔3300米处，学校成立于1999年，前身是昌都师范附属小学。校园内划分为办公区、教学区、活动区、生活区等四个区域。学校现有教师50人，其中专任教师50人，党员教师14人，教职工平均年龄28岁。学校共有教学班级17个，有在校学生964人。教育教学质量一直稳居卡若区教学质量前茅，自1999年至2019年为西藏内地西藏初中班输送229名优秀毕业生。学校共获得各类荣誉奖牌、锦旗30余次。学校始终坚持“以人为本，教学相长”的教育理念，积极转变教育教学观念，努力提高教育教学质量，全面实施素质教育，努力创建特色学校

【学校办学宗旨】以德育人、以质兴校、办人民满意的教育

党建活动

缅怀先烈、爱心捐款活动

学校2019年所获部分荣誉

昌都市 实验小学

倚身山水 魅力昌都

校园

党员教师上一节优质课

昌都市实验小学前身为昌都小学，始建于1951年。是中国共产党在西藏创办的第一所现代学校，是西藏现代教育的起点，被誉为“雪域高原第一个人才摇篮”。学校紧紧围绕“红花向阳、舞动精彩”的办学理念，坚持社会主义办学方向，坚持在实验中探索前行，坚持“党建引领、德育先行、提高教育教学质量”为中心，全面实施精细化管理。

扬好旗帜，发挥党建引领作用。学校坚持以习近平新时代中国特色社会主义思想为指导，以“围绕教育抓党建，抓好党建促教育”为原则，全面推进党建“六个一”工程，狠抓党员队伍建设，发挥党员先锋模范作用。

求真务实，突出教学中心地位。学校咬定“教学常规”不放松，加大教学“六环节”的检查力度，推行分层和小组合作教学、课堂学习“四步法”，建立质量分析机制，不断提高教学质量，完成“两个确保”的教学目标。

与时俱进，全面推进信息化建设。签订电教设备管理责任书，明确责任，确保设备有效运转。同时，在不同时段安排相同内容的培训，实现教育信息化培训全覆盖。自主开发在线考试系统，利用网络数据库，随时随地对学生进行考试，大大简化传统考试的过程。

打造品牌，充实学校办学内涵。一是打造红色德育品牌，结合办学历史，以红色为主色调、五角星为基本造型，建设校园文化，营造校园氛围，让革命传统、民族精神渗透在每一个角落，通过良好的环境氛围滋养学生的心灵。二是打造艺术教育品牌，依据学生的年龄特点，将传统弦子舞进行改编，形成富有特色的课间弦子操，并通过不同形式让每个学生跳起弦子舞，让弦子舞成为学校文化的一部分，让孩子们充分感受优秀传统文化的魅力，强化爱祖国、爱家乡的情怀。

创新模式，深化学校素质教育。为进一步培养孩子兴趣爱好，拓展学生发展空间，丰富学生校园生活，让学生真正走在素质教育的路上，学校结合实际对第二课堂活动进行改革创新，将周一至周四下午第三节课作为第二课堂教学时间，确立“特色+大众普及+阳光体育1小时+减负相结合”的第二课堂教学新模式，将学生习惯培养、兴趣发展、健康运动与减负工作有效地结合在一起。

电脑拆装

手工制作

弦子舞传承

参观红色圣地

西藏

倚身山水　魅力昌都

昌都市职业技术学校

“不忘初心、牢记使命”主题教育

2019年，学校以习近平新时代中国特色社会主义思想为指导，全面贯彻党中央、国务院，自治区党委、政府，昌都市委、市政府决策部署，全体师生开拓进取，谱写职业教育发展新篇章。

【党建工作】“不忘初心、牢记使命”主题教育扎实开展，成果转化效果良好。“三助”（助贫、助学、助行）党建品牌活动广泛开展，助贫26人，助学34人，助行17人。开展结对帮扶慰问3次，送去价值129300元的生活用品和慰问金，免费为14名建档立卡户子女开展驾驶技术培训。

【教育教学】毕业生1158人，787人参加对口高职考试，录取696人，录取率88.44%，直接就业380人，招生1385人，在校学生3653人。学生思政教育、爱国主义、民族团结教育广泛开展。开展教师校本培训120人，选派20名教师外出培训。修订、完善了现有人才培养方案。成立护理、学前、藏医等专业建设和发展委员会。建成茶饮、物流、汽车美容等创业孵化基地。举办“昌都市职业教育宣传活动月”系列活动。“小教官”学生自主管理，“6S”（整理、整顿、清扫、清洁、素养、安全）宿舍管理标准试点有效。

【产教融合】与内地多所院校签订了援助协议，在人才交流、师资培训、实训室建设、国赛集训、资源共享等方面展开合作。与幼儿园、医院等签订合作协议，建立实训基地，合作单位已达35家。

【服务社会】开展函授教育1200人次，560余名学员顺利毕业。开展农牧民技能培训1419人次，1300余名师生暑假不放假，参加昌都市第五届三江茶马文化艺术节开幕式演出。

【取得成果】荣获“全国教育系统先进集体”、市级“教育工作先进学校”荣誉称号，以及昌都市第五届三江茶马文化艺术节“最佳贡献奖”，通过“全国第三批职业院校数字实验校”中期验收，“三区三州”职业技能竞赛获铜奖，“黄炎培杯”非遗创新大赛获一等奖1项，二等奖2项，三等奖1项。

国家奖学金颁奖仪式

与湖北东风汽车技师学院签订合作协议

尼泊尔吉日市官方代表团到校参观

成立专业指导委员会

昌都市 卫生健康委员会

倚身山水　魅力昌都

藏医院“三级甲等藏医医院”挂牌仪式

北京斯利安药业有限公司叶酸片捐赠仪式

昌都市卫生健康委员会为市政府工作部门，正县级，市卫生健康委员会设下列办公室（政策法规与体制改革科）、规划发展与信息化科、疾病预防控制与职业健康科（卫生应急办公室、市突发公共卫生事件应急指挥中心）、医政医管科（卫生健康对口支援科、药物政策与基本药物制度科）、基层卫生健康科、综合监督科（食品安全标准与监测科、宣传科）妇幼与老龄健康科（人口监测与家庭发展科、干部保健科）、市藏医药管理局、财务审计科、政工人事科（科技教育与人才科）等10个内设机构（正科级），委属市妇幼保健院（妇产儿童医院）、市疾控中心、市中心血站、市卫生监督局。全委在编人员163人。

2019年，在市委、市政府的坚强领导下，在上级有关部门的精心指导下，在援藏省市的大力援助下，全市紧紧围绕新时期卫生健康工作方针，认真贯彻落实区、市有关卫生健康工作的各项决策部署，大力推进各项工作的落

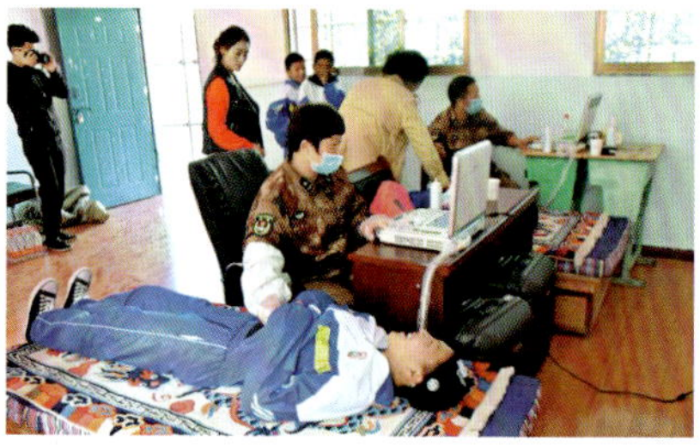

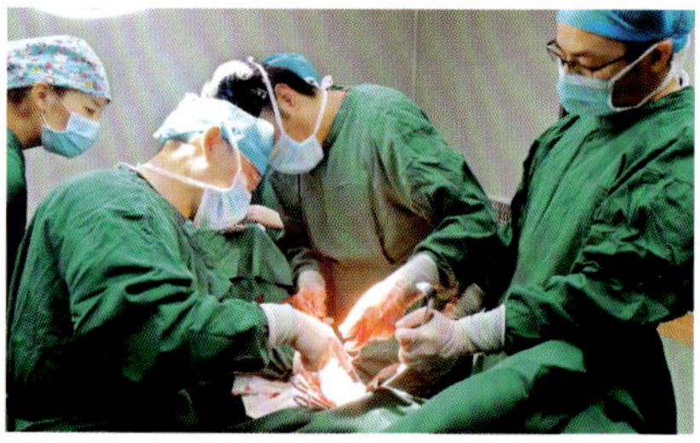

11个县区车载医院发放仪式

包虫病筛查

包虫病患者手术救治

实，不断提升全市医疗服务能力和水平，全市卫生健康工作取得了良好成效。全市孕产妇住院分娩率提高至87.6%，孕产妇和婴儿死亡率分别下降至31.88/10万、6.70‰。全市累计完成包虫病筛查662985人，筛查率102.2%，自愿手术治疗率100%，自愿药物治疗率100%，确诊患者建档立卡率为100%。传染病、地方病等防控工作扎实开展，全市共报告法定传染病16种4651例，报告发病率596.28/10万，无甲类传染病报告。市藏医院完成三级甲等民族医医院创建，卡若区、察雅县人民医院完成二级乙等综合医院创建。成立昌都市藏医药学会，察雅县级藏医医院完成建设，乡镇卫生院藏医馆建设基本完成。昌都市人民医院完成改扩建，昌都市妇幼保健院项目完成建设并投入使用，8个县人民医院改扩建基本完成建设，98个乡镇卫生院、691个村卫生室完成标准化建设和提质改造。全民健康信息化（试点）项目完成建设。全国健康扶贫动态管理系统贫困患者中大病救治管理100%，慢病救治管理100%，重病救治100%。完成城乡居民和在编僧尼体检522918人、8257人。组建巡回诊疗团队23个，巡诊315次211941人，组建家庭医生签约团队数667个，常住人口签约数251381人。卫生日常监督执法覆盖率达到100%。国家卫生城市创建完成暗访。健康教育与健康促进工作网络覆盖建城区61家单位。组团式人才医疗援藏和三级对口帮扶再获新成效，培训本地医务人员4114余人次，开展新项目新技术50余项。昌都红十字会率先在全区理顺市级管理体制。

巡回医疗服务

第二批手足畸形患儿免费救治公益活动

昌都市 人民医院

CHANGDUSHI

倚身山水 魅力昌都

重庆市市委副书记、市长唐良智，区党委副书记、自治区主席齐扎拉于2019年7月19日赴医院开展调研

2019年5月6日，区党委副书记、区人大常委会主任洛桑江村一行赴昌都市人民医院考察基础建设工作

昌都市人民医院是新中国在西藏建立的第一所综合性西医院，始建于1952年，前身为中央人民政府卫生部昌都民族卫生工作大队，其诞生与发展均具有鲜明优秀的红色革命基因传统特色。创建之初，不但开设有西医与中医，而且开设有藏医，后来，藏医科从医院分出，独立成院，即成为现今的昌都市藏医院。昌都市人民医院在各级政府的持续支持与关怀下，在一代又一代医务工作者的不懈努力下，历经近70年的传承与发展，医院目前已成为医疗环境优美、现代医疗高新设备齐全、医疗技术水平取得全面提升与进步的藏东地区唯一国家“三级甲等”综合医院。

医院位于“藏东明珠”昌都市主城区，占地面积86亩，建筑面积近10万平方米；规划床位640张。医院的环境优美，不但有规划设计一流、与交通要道平行连接为一体的院前绿化广场，还有通风、采光、流程均十分人性化、现代化、雄伟、壮观的门诊与住院大楼。医院集医疗、教学、科研、急救、保健为一体，为广大人民群众提供了专业、舒适的就医环境，也为众多基层医务人员提供了合理、适宜的学习条件。

医院设有临床科室11个，医技科室10个；现有员工727名。医务人员中，拥有正高职称2人，副高职称42人，中级职称81人，享受国务院政府特殊津贴1人。医院装备有目前西藏自治区最为先进的3.0T磁共振、DSA心血管介入操作系统、雅培全自动生化流水线成套设备，还装配有64排螺旋CT、高压氧舱、超高清腹腔镜、全套电子内镜、彩色多普勒、呼吸机、血液透析机等大型、精准、先进的诊断与治疗设备。医院不但拥有这些与内地发达地区接轨的高、精、尖医疗设备，还拥有经内地高水平医院进行培训与考核、技术过硬的医疗专门人才，通过这些各类高新设备的精确而熟练的应用，已经使既往很多不能在本区域内进行诊断的疑难病症，能够得到及时准确的诊断，从而

中央组织部相关领导与昌都市人民医院医护人员合影

10月16日，尼泊尔访问团到昌都市人民医院访问

解放军医院赴昌都市人民医院访问调研

2019年7月23日，开展人力资源社会保障部助理健康扶贫——首都医疗专家昌都服务行启动仪式

“不忘初心、牢记使命”主题教育调研成果交流会

6月28日上午，在昌都市人民医院举行脱贫攻坚 健康同行——肝炎防治与健康促进项目大型义诊活动

能够进一步及时有效的治疗。

医院早在1996年，即获批国家“二级甲等”综合医院，2013年，医院在市委、市府的大力支持与高度重视下，基础建设改造与扩建、医疗技术的提升开始进入发展快车道。2015年，获批国家“三级乙等”综合医院。因为有一代又一代“昌医人”的努力，因为有一批又一批包括天津、重庆等省市的倾情帮助，医院的医疗技术水平与服务能力的进步日新月异，有目共睹！尤其是在中组部重庆市医疗人才“组团式”援藏“以省包院”、“以院包科”等机制的支持下，医院的管理水平、技术能力，更是实现了跨越式的发展与进步，不但在2018年顺利通过了国家“三级甲等”综合医院评审，而且经过多年技术积累的绵绵不绝、久久为功、厚积薄发，目前医院对重症婴幼儿疾病、高危妊娠、急性多发性创伤、颅脑损伤、急性心衰、急性肺衰、脑卒中等疾病的治疗，以及妇科腔镜微创手术、泌尿及胆道系统结石微创治疗、人工关节置换手术等方面的技术能力，已经接近国内的先进水平。

2019年5月29日，医院老党员、退休老干部次仁贡布上缴2万元党费

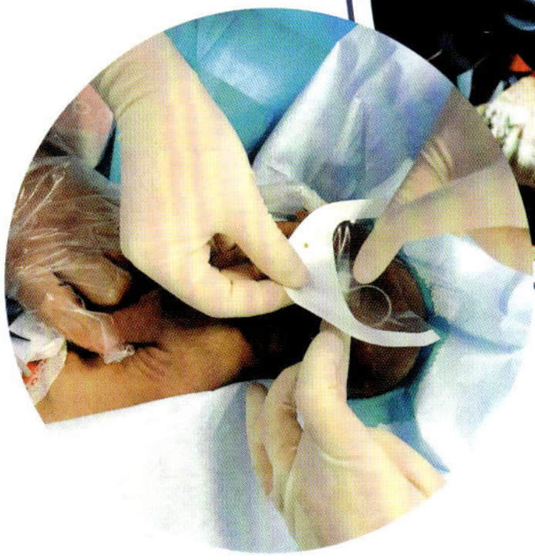

成功开展首例新生儿PICC

2019年7月9日下午3点半，在市人民医院行政四楼会议室举行重庆市第三、四批医疗人才组团式援藏工作压茬交接会

2019年7月1日，昌都市人民医院在茶马广场义诊

倚身山水　魅力昌都

西藏　昌都市疾病预防控制中心

市委书记阿布到西藏昌都市疾病预防控制中心慰问

市政市长卓嘎到西藏昌都市疾病预防控制中心慰问

昌都市疾病预防控制中心为正科级建制，经费来源为财政全额拨款。中心下设7科1室，分别为地病科、麻风病结核病防治科、流病计免科、检验科、艾滋病防治科、健康教育科、病媒生物防治科及办公室。核定事业编制55名，其中：科级领导职数4名。目前，中心在编人员为53人，其中专业技术人员47人（副高1人、中级8人、初级34人、员级4人），后勤管理6人。具有现场流行病学调查能力有22人达到现有专技人员的46%，专业人员编制达到92%、卫生专业技术人员达到88%。

昌都市疾病预防控制中心主要职责为：拟订全市疾病预防控制规划、方案并组织实施，完成上级下达的重大疾病预防控制任务；负责辖区内传染病、寄生虫病、地方病、慢性非传染性病的预防控制；负责辖区内艾滋病、梅毒等性的筛查、自愿咨询、自愿检测，落实艾滋病患者“四免一关怀”等政策，负责辖区内疫苗使用管理，指导预防接种工作；负责辖区内突发公共卫生事件的检测调查与信息收集、上报，落实具体控制措施；开展病原生物常规检验和常见污染物的检验；承担卫生健康行政部门委托的与卫生监督执法相关的检验检测任务；组织开展健康教育与健康促进；指导辖区内医疗卫生机构传染病防治工作；负责对下级疾病预防控制机构的业务指导和人员培训；承办市卫生健康委员会交办的其他事项。

昌都市疾病预防控制中心取得“西藏自治区地方病综合防治工作第一名”、“全国农村饮用水卫生监测十年成绩突出集体”、“心血管病高危人群早期筛查与综合干预项目承担单位全国优秀奖”、“全国十二五地方病防治工作先进个人”、“西藏大骨节病情、发病机制及换粮控制大骨节病流行的人群干预二等奖”、“全国计划免疫进行集体”称号等。

中心职工干部在米玛次仁主任带领下宣誓

中心消杀人员对公交车进行消杀

中心健教组人员对学校进行复学宣教

昌都 | 民安医院

倚身山水　魅力昌都

昌都民安医院获得“三八”红旗集团称号　　类乌齐下乡体检　　送医下乡

福利院送温暖

昌都民安医院大楼

昌都民安医院系昌都市政府2014年招商引资引进建成的第一家综合性民营医院（2014年首届藏博会集中签约项目）。医院位于昌都市区，毗邻城市核心——茶马广场，占地1000余平方米，业务用房一万余平方米（医院自购），累计已投入资金1.5亿元。医院为昌都职工居民医保定点机构、农牧民医保定点医疗机构、建档立卡贫困户定点医疗机构、昌都市职业技术学校实习基地。医院现有职工300余人，其中医护人员200余人（其中副主任医师以上21人）。各科室主任（负责人）、护士长由在内地二甲以上医院工作多年的中、高级技术人员担任。医院设有内科、儿科、普外科、胸外科、肝胆外科、泌尿外科、神经外科、骨科、妇产科、中医疼痛科、耳鼻咽喉科、急诊科、麻醉科、医学影像科、检验科等临床及辅助科室；开展了腹腔镜、胸腔镜、宫颈镜等系列微创外科手术。医院设施设备完善，配置了核磁共振（MRI）、CT、全数字进口超声诊断仪、DR自动摄片仪、麻醉机、超声刀、钬激光、等离子切割仪、腹腔镜、胸腔镜、膀胱镜、关节镜、电子胃肠镜、全自动生化仪、化学发光仪、病理诊断系统、多功能流动医疗车等先进医疗设备；建有层流手术间3间，能满足不同类型手术要求。发展至今，医院已经形成了“高、中、低”的人才梯队，能开展众多“高、精、尖”手术，正逐渐成为昌都地区卫生队伍的一支生力军。

医院建院五年来，秉承“树百年民安，创一流名院”的建院理念，经全院职工的不懈努力和开拓创新，医院逐渐发展壮大，各项工作平稳有序地开展，技术水平不断提升，得到了广大群众的肯定和认可，取得了良好的社会效益，为昌都市广大人民群众的身体健康做出了应有的贡献。

倚身山水　魅力昌都

恩威 | 医药股份有限公司

生产线

塑瓶车间

恩威医药股份有限公司是2005年5月在西藏昌都成立的医药贸易企业，2013年公司更名为“西藏恩威医药有限公司”，2017年更名为“恩威医药有限公司”。2018年，公司实施股份制改造，正式更名为“恩威医药股份有限公司”，注册资本5259万元。

恩威医药依托“恩威”的资源、品牌、渠道、网络、市场等优势，在全国26个省市地区设立了办事处，拥有1000余人的销售团队，销售涵盖妇科、儿科、感冒药等系列产品，年营收额达到6亿元。其中，公司生产的主打产品“洁尔阴洗液”已是全国家喻户晓的妇女洗液知名品牌，其品牌知名度和美誉度位居国内同类产品第一。依托“恩威”的品牌影响力，公司研发出了众多的子产品，包括栓剂、护理液、卫生巾、软膏剂、凝胶剂和软胶囊等系列产品。经过多年的发展，累计实现税收2.8亿元，为西藏经济发展做出巨大贡献。

① 拟建昌都总部大楼
② 恩威产品展示图
③ 成都生产园区大门

恩威成都总部办公大楼

昌都市 时代医药有限公司

倚身山水　魅力昌都

董事长　张勇

昌都市市场监督局陪同重庆市市场监督局工作组到公司检查指导工作

委托第三方仓库

昌都市时代医药有限公司于2015年12月10成立，注册于西藏昌都市昌都新区经济开发区A区营业执照统一社会信用代码：91540300MA6T12MF86。2016年6月29日通过西藏自治区食品药品监督管理局的《药品经营质量管理规范》（GSP）认证（药品经营质量管理规范认证证书，编号A—XZ16—380），同事获得了药品经营许可证（药品经营许可证，编号：藏AA89950070）2016年12月19日经过安徽省食品药品监督管理局和西藏自治区食品药品监督管理局批准，委托安徽省医药集团有限公司开张药品的第三方委托配送业务。公司以昌都为依托，拥有辐射藏区的营销网络体系，并获得了2019年药品集中招标采购两票制后的药品配送机构资格。力争在短期内成为藏东地区面积最大、功能最齐、智能化程度最高的医药商业物流配送中心。公司至开业至2019年，向昌都市供捐赠药品总计金额高达100万，舆情期间捐赠卫生局药品、口罩、消毒用品。并获得“助力昌都市脱贫攻坚优秀企业”荣誉称号。

倚身山水 魅力昌都

八宿 | 翔腾旅游发展有限公司

西藏然乌国际自驾房车露营营地

八宿翔腾旅游发展有限公司成立于2016年9月22日，注册资金伍仟万元整，注册地址为西藏昌都市八宿县然乌镇瓦巴村。西藏然乌国际自驾房车露营营地为八宿翔腾旅游发展有限公司所建项目，总投资达到8690万元。然乌国际自驾房车露营营地位于然乌湖拉热村，北侧318国道蜿蜒而过，南侧然乌湖如梦幻之境，是自驾旅行者观赏然乌湖美景的最佳停驻点。营地地形北高南低，最大高差约13米，地势相对平缓、开阔，景观视野极佳。

然乌自驾营地集旅游咨询中心、服务管理中心、简餐、中餐、咖啡厅、24小时便利店、藏药文化展览馆、藏地特产展销中心、高端度假酒店、休闲酒吧、休闲茶吧、BBQ自助烧烤、星级卫浴设施、车辆维修、帐篷露营、房车露营、观景平台、亲水平台等综合旅游项目为一体。据不完全统计，每天途径然乌并在营地停留的车辆旺季（5—10月）能达到600~800辆，淡季（11月至次年4月）能达到300~400辆。

然乌国际自驾营地占地5.33公顷，主体建筑面积约2400平方米，2016年开始建设，于2017年12月底全面完工，2018年3月14日开始全面营业，房间总数是124间，其中豪华全景观景套房1间，观景大床房8间，湖景星空大床房24间，星空标间47间，集装箱单间8间，集装箱标间14间，普通集装箱标间15间，三人间6间，棋牌室1间。

然乌国际自驾房车露营营地为中国自驾游协会会长级单位。从开业至2019年年底，然乌国际自驾房车露营营地招工优先录用本地员工，解决当地就业人数一直保持在20~30名，其中精准扶贫户为7~10名，并于2019年4月被西藏自治区旅游发展厅评为“2018年年度旅游脱贫攻坚先进企业”。

昌都市投资有限公司

倚身山水 魅力昌都

昌都市政府领导调研督导大庆项目现场

昌都市投资有限公司董事长现场安排指导工作

一、公司基本情况

昌都市投资有限公司成立于2005年4月，注册资本2亿元，目前是昌都市最大的国有独资企业，由市政府国有资产监督管理委员会履行出资人职责。昌都市投资有限公司主责主业为城市基础设施建设和房地产项目开发投资，并致力于地区企业股权投资，能源、交通、旅游、酒店、矿业、藏医药、食品、高新技术产业、房地产、物业管理、农牧业、民族手工业投资开发，城市基础设施和公共项目投资等各类业务。

公司经多年发展实践和规范管理，已形成一支组织计划严密、管理经验丰富、执行力强、凝聚力高的队伍。通过延伸产业发展链条，拥有建筑施工、互联网、矿业、交通、酒店管理等行业分、子、参、控股公司共29家，其中参股企业共8家，控股子公司、全资子公司共21家。

昌都未来城市发展过程中，公司将切实履行国有企业政治责任和社会担当，充分激发市场活力，发挥资金、人才、技术、管理等优势，通过捐助物资、选派驻村干部、开展公益活动、传授知识、提高技能、吸纳当地贫困群众就业等多种形式，帮扶农牧民群众脱贫致富。

二、大庆重点建设项目

（一）重庆三江源生态文化城

项目位于昌都市卡若区野堆村，项目规划总用地面积约为1830亩。目前正在推进全片区开发，已经建成市委党校、幼儿园、卡若区易地扶贫搬迁、棚户区改造一期和二期等项目，正在建设的演艺中心、供水供电及市政道路将于7月底全面完工。野堆村片区全部开发完成后将能容纳数万人置业与就业。

昌都市投资有限公司党员大会

（二）人民公园土地整治

项目位于达因卡达瓦村以北，原人民公园区域周边区域。项目整体规划用地红线约731亩，整治后可用于商业开发用地面积约573.6亩。项目建成后将与马草坝、达因卡等两城区有效衔接，形成市区内位置最佳的大型城市建设开发群体。

（三）昌都市综合体育馆

项目位于孜通坝，占地10.33公顷，总建筑面积3.28万平方米，批复概算总投资为2.3亿元。项目建设内容包括1座综合体育场（总座位7800个）、地下车库、篮球馆及羽毛球馆，共设置停车位357个。

（四）昌都市第二职业技术学校

项目位于昌都市经开区B坝区，规划用地面积28万平方米，建筑面积14.4万平方米。建设内容包括教学楼、学生宿舍、教室宿舍、实训楼、图文信息中心、综合办公楼、体育馆等数十栋建筑，并配套建设运动场、道路、铺装等场坪附属工程。批复概算总投资为6.1亿元。

昌都市投资有限公司年会暨表彰大会

倚身山水　魅力昌都

八宿 海螺水泥有限责任公司

2018年3月20日，昌都市阿布书记、市长陈军等领导出席八宿海螺项目签约仪式

2020年8月8日，熟料线顺利点火投产

八宿海螺水泥有限责任公司位于西藏自治区昌都市八宿县白玛镇西巴村，地处怒江上游，海拔3260米，毗邻318国道，东邻左贡、察雅，南接察隅，西靠洛隆、波密，北连卡若、类乌齐。

八宿海螺水泥有限责任公司隶属安徽海螺集团有限责任公司。海螺集团是安徽省国资委控股的大型国有企业，是我国最大的建材企业集团之一，下属390多家子公司，分布在24个省市自治区及境外20个国家和地区，经营产业涉及水泥制造、化学建材、节能环保、国际贸易、建筑施工、现代服务业等六大产业板块，控股经营海螺水泥和海螺型材两家上市公司和国贸集团公司，员工5.9万多人。

八宿海螺水泥项目是海螺集团在西藏地区首个投资项目，也是海螺集团奋力助推地方脱贫攻坚、践行产业援藏的重要载体。项目计划投资12亿元，规划建设1条日产2500吨新型干法熟料水泥生产线，年产110万吨水泥粉磨并配套4.5兆瓦余热发电系统以及必要的生产生活辅助设施，可有效解决当地群众就业，带动地方物流运输、餐饮服务等产业发展，间接带动1000多名群众增收，稳定向地方经济发展输血、造血。同时也将为优化地区水泥行业布局，缓解市场供需矛盾，推动昌都及八宿产业结构转型升级，实现八宿规模化工业“零”突破做出积极贡献。

2018年12月8日，项目厂前区工程正式开工建设

2019年4月29日，八宿海螺项目主体工程正式开工建设

宏伟的八宿海螺

倚身山水 魅力昌都

西藏玉龙铜业股份有限公司

2019年6月30日，自治区党委常务副书记、区政协党组书记丁业现（右一）到玉龙铜业调研，昌都市委书记阿布（左一）、玉龙铜业党委书记、董事长青岩（中间）陪同

2019年4月1日晚，西藏自治区政府与青海省政府就玉龙铜矿改扩建工程在拉萨举行座谈会（青海省副省长王黎明、自治区副主席汪海洲出席等并讲话）

地理位置： 西藏玉龙铜矿位于西藏昌都市江达县青泥洞乡境内。西距昌都145千米，距邦达机场276千米，距拉萨1198千米；东距江达县城89千米，至成都1150千米，经芒康至大理为1286千米，矿区沿317国道往东经四川甘孜、泸定至汉源接成昆铁路乌斯河货站，全长1030千米。

资源储量： 玉龙铜矿是一个特大型斑岩和接触交代混合型铜矿床。矿区海拔高度4560~5118米，矿区设备、物资主要由成都经川藏路到达玉龙矿区。矿区共有三个主要矿体，分别为Ⅰ号矿体、Ⅱ号矿体和Ⅴ号矿体，矿权范围内总资源量为10.27亿吨矿石量，铜金属量658万吨，钼矿40万吨。其特点是矿体埋藏浅，资源量大，品位较高，矿体的赋存条件和水文地质条件简单，适合于采取大规模露天开采。

股权构成： 西藏玉龙铜业股份有限公司作为玉龙铜矿的开发主体由西部矿业股份有限公司、紫金矿业集团股份有限公司、西藏自治区地质矿产勘查开发局第六地质大队、昌都市投资公司、西藏矿业开发总公司等五家企业于2005年5月28日在西藏昌都发起设立。目前，公司注册资本金为20亿元，股权结构于2019年10月28日变更为西部矿业股份有限公司占58%、紫金矿业集团股份有限公司占22%、昌都市投资有限公司占20%。

玉龙铜矿开发建设： 玉龙铜矿发现于20世纪60年代中期。经过半个世纪的探索、开发和建设，公司按照“全面规划、分步实施、滚动发展”的开发原则，一期工程于2013年正式建成，2016年9月通过验收。2015年科学研判、明确“123”规划，2016生产

2019年3月31日，西部矿业集团公司党委书记、董事长张永利（右二）一行到玉龙铜业检查工作

西部矿业集团总工程师、股份公司副总裁、玉龙铜业董事长、党委书记青岩在玉龙铜矿改扩建施工现场指导工作

2019年4月3日，玉龙铜业举行玉龙铜矿改扩建工程开工典礼，标志着该项工程全面开工建设

2019年12月14日，玉龙铜业获得西矿集团2019年度先进单位、创新创效先进单位

公司工会全年组织员工开展技能比武、劳动竞赛活动20余次（图为2019年电、钳工技能比武活动现场）

夯实基础、逐步盈利，2017年生产经营稳步向好、“123”规划完成，2018年生产经营巩固提升、各项指标创新高，2019年生产经营实现稳增长。目前，生产规模为铜精矿及阴极铜含铜3万吨/年。

2019年4月3日，玉龙铜业玉龙铜矿改扩建工程全面开工建设，力争确保2020年10月1日建成投产。该项工程是在一期工程的基础上进行的产能扩大，规划建设规模为1890万吨/年，设计年产铜精矿38.3万吨、钼精矿1.4万吨。该工程作为是《有色金属工业发展规划2016—2020》重点建设工程，也是《西藏自治区十三五国民经济和社会发展规划纲要》内的能源建设项目，其建成投产后，玉龙铜业将形成年产12.5万吨铜金属量的规模，实现年产值50亿元，上缴税费10亿元，并能有效缓解国家铜供需矛盾及铜冶炼的短缺问题，更有利于加快藏东有色金属基地的创建，推进昌都地区乃至全区经济跨越式发展，为国家经济和社会的可持续发展做出新的贡献。

安全环保：2019年，公司深入贯彻习近平总书记生态文明思想，严格落实“绿水青山就是金山银山”的环保理念，加大安全和环保风险管控，不断完善风险数据清单，持续提升双重预防机制建设工作。2019年全年无安全环保事故发生，被中华全国总工会评为“安康杯”优胜单位。公司生态环境保护工作得到了国家生态环境部的肯定；2019年10月玉龙铜矿顺利进入全国绿色矿山名录。

社会履责：公司一直秉承“开发一方资源，造福一方百姓”国企理念，自2005年成立至2019年，累计给当地群众各类帮扶和创收达3.76亿元；2018年3月，出资190万元配合卡若区政府为诺玛村实施了通电工程；出资5000万元支持昌都市美丽新农村建设；每年支付19.26万元为玉龙镇12名环卫工人工资；出资97万元为热拥村修建桥梁2座、打饮水井7口；出资30余万元对热拥村、诺玛村的道路、桥梁进行了修护；每年支付200万元作为觉拥村产业扶持资金。另，结合昌都市扶贫工作的安排，每年公司经营班子成员个人出资分批多次开展结对帮扶；并派4名员工长期驻村开展村级工作。累计帮扶资金5.2万元。

2019年7月，玉龙铜业党委被西部矿业集团评为先进党组织

2019年10月，以第一名的成绩纳入西藏自治区绿色矿山名录，12月24日被纳入国家绿色矿山名录

玉龙铜矿改建工程选厂鸟瞰图

中国石油天然气股份有限公司西藏昌都销售分公司

倚身山水 魅力昌都

向江达县政府捐赠100万元

安全生产月活动（副市长杨灏现场指导）

送油下乡，助力春耕

【概况】中国石油天然气股份有限公司西藏昌都销售分公司位于昌都市卡若区城关镇澜沧江路196号，机关设有综合办公室、业务营运部、投资建设与安全环保部4个职能部门；下辖18座加油站，其中昌都市区5座，分别为昌都一站、二站、城郊、新世纪、下加卡加油站；县站13座，分别为江达、贡觉、芒康、丁青、洛隆、边坝、类乌齐、察雅、左贡、八宿、德嘎纳、邦达成顺、边坝热玉加油站。销售网络遍及317、318、214三条国道干线及303省道。

【安全维稳】严格执行自治区“117”号主席令，积极推行实名制及散装油品管控等制度，严厉查处“三违”行为，全力强化安全维稳工作；在3月、昌都茶马文化艺术节、中华人民共和国成立70周年大庆及农历藏历新年等众多敏感节点，持续开展安全、环保、维稳领导分片包干制度，通过现场检查、远程视频抽查和加油站日常巡检等形式，确保加油站安全稳定无事故，保障各县、各交通道路油品供应。严格履行24小时值带班制度，密切配合驻派公安民警开展安全维稳，增强应急协调与应急联动，提升联防联控能力。先后组织召开安全生产委员会议2次，安全维稳专题会议10余次，总结分析和安排部署安全环保维稳工作。公司主要领导与部门、油站负责人签订安全环保责任书，与部门、油站员工签订安全环保合同，覆盖率保持100%。依托上级公司HSE体系审核与各级安全生产检查，共计发现问题291项，其中资料和记录方面存在208项问题，隐患方面存在83项，公司隐患整改领导小组及时制定隐患整改方案，逐一销项整改，整改率达87%，对暂不能整改的问题均已上报并制定风险防控措施。针对不同时期不同重点，累计组织防汛、防火、反恐演练180余次。全年公司未发生安全事故和伤亡事故。

【数质量管控】严格按照《质量管理手册》及“三条红线”要求，落实质量目标责任，推进数质量管理体系建设。强化南北两条油品进昌线路芒康加油站、江达加油站、类乌齐加油站辛烷值检测工作，配合辛烷值检测仪，对进入公司销售环节的油品严格施行检测，确保油品质量达标；积极协调所在地质量技术监督部门，做好加油机年度鉴定年检工作，确保油品销售计量准确；持续强化承运车辆铅封管理制度，实施源头监管，深化开展加油站盈亏盘点分析，查明盈亏原因，撰写盈亏分析报告，全年公司重大数质量事故为零。

【党建工作】以学习贯彻习近平新时代中国特色社会主义思想和党的十九大精神为主线，牢牢把握“围绕中心、服务大局”的党建工作思路，扎实开展“不忘初心、牢记使命”主题教育活动，持续推进“两学一做”学习教育制度化、常态化，着力夯实基层党建标准化、规范化建设，基层党支部战斗堡垒作用和党员模范带头作用发挥明显，工、青、妇工作活力有效提升，党建引领作用进一步增强。公司党委组织中心组理论学习12余次，学党章党规、学系列讲话等集中学习12次，结合“不忘初心，牢记使命”主题教育，组织开展专题学习7次，专题研讨2次，领导班子带头深入基层开展调研10余次，班子成员讲授主题教育党课4余次，组织各支部开展党建工作交流3次，增强政治引领，夯实党建基础。在“庆祝建党98周年”和“庆祝建国70周年”系列活动中，通过参观昌都市博物馆、观看《建党伟业》《我和我的祖国》、重温入党誓词、开展文体活动等，进一步丰富员工文化生活，提升职工幸福感、归属感，增强企业向心力、凝聚力。

【廉政建设】组织召开3次专题会议研究部署党风廉政工作，利用中心组学习、专题学习会强调党风廉政建设的重要性，组织党员干部学习贯彻集团公司、昌都市、西藏公司有关党风廉政建设决策部署、重要会议文件精神，深入学习《党章》、《准则》《条例》，召开以案说纪专题警示教育会2次，公司主页发布节前廉洁提醒5篇，多渠道、多形式开展廉洁教育，不断增强党员干部拒腐防变能力。制定公司《2019年纪委工作运行大表》《党风廉政建设责任清单》，下发《中国石油西藏昌都销售分公司意识形态工作明责履责问责机制》，年初组织公司中层干部及关键岗位人员累计签订党风廉政相关承诺书53份，实现任务责任层层分解，切实履行党风廉政建设责任制。

【精准扶贫】选派6名优秀担任驻村干部，深入驻村点对93户、617名群众，开展政策宣贯、精准扶贫、异地搬迁等工作，昌都公司荣获昌都市2018年度创先争优强基础惠民生活动“优秀组织单位”荣誉称号。切实履行央企“三大责任”，年内为江达县人民政府捐赠100万元，为察雅县卡贡乡邓学村捐赠20万元，助力农牧民群众脱贫致富；同时，结合公司中心工作需要，扎实开展就业扶贫，帮助解决属地就业问题，年内共招录当地毕业生25人。

加油站为运油车辆驾驶员测温、消毒

检查油罐车灭火器

冒雪加油

开展应急演练

中国石油西藏昌都销售分公司植树照片

倚身山水 魅力昌都

西藏 昌都高争建材股份有限公司

公司党委书记、董事长　大次仁

公司总经理　彭志安

设备安装中的二号窑预热塔

回顾2019年，西藏昌都高争建材股份有限公司在上级党委的正确领导下，全体干部职工勠力同心、拼搏奋进，超额完成年度经营业绩指标，再次获得安全生产先进单位称号，企业形象有效提升，职工收入明显提高，这些成绩的取得，是公司党委坚强领导的结果，是全体员工筚路蓝缕、千辛万苦奋斗的结果。

公司党委将以习近平新时代中国特色社会主义思想为指引，深入学习贯彻党的十九大、十九届二中、三中、四中全会精神，学习贯彻区党委九届历次会议精神，紧紧围绕“产销115万吨水泥、二线项目顺利点火试生产”的年度目标，以基层党组织规范化建设为抓手，全面加强党的建设，加强党委对企业的全面领导，促进党建与生产经营深度融合，发挥党支部的战斗堡垒和党员先锋模范作用，奋力推动党建工作和生产经营实现新发展、开创新局面。

西藏昌都高争建材股份有限公司二期2000吨/天熟料新型干法旋窑水泥生产线项目，是在自治区党委政府、昌都市委市政府及各级政府主管部门和项目各股东单位的大力支持下，为促进全区水泥工业产业结构调整，优化水泥产业布局，提高建材工业水平，缓解昌都市经济社

原煤储库

运行中的一号旋转窑

运行中的余热发电汽轮机

4.5兆瓦余热发电控制室

会发展对水泥的需求压力，按照自治区政府统一部署的扩建项目。

项目已列入《西藏自治区“十三五”建材产业发展规划》。项目总投资约10亿元，其中8亿元用于生产线建设，2亿元用于皮带廊道建设。主要建设内容为建设一条2000吨/天熟料新型干法旋窑水泥生产线（含备料系统、烧成系统、粉磨系统、水泥储存与输送及水泥包装等），设计年产熟料60万吨，水泥85万吨，同时，配套建设一条石灰岩矿区至厂区的皮带廊道。在建设一期水泥生产线时，公司按程序取得了“卡若区埃西乡邦迪矿区石灰岩矿”的采矿许可证，该矿山资源丰富、矿石品位较好，能够满足两条2000t/d熟料水泥生产线30年以上的生产需求，为公司二期项目建设提供原料保障。

项目建成投产后，将有效满足昌都市“十三五”固定资产投资项目建设对水泥的需求，提高昌都建材工业装备和技术水平，大幅度降低单位产品能耗和排放，是西藏建材工业转型升级、提质增效和“二产抓重点”的重要项目，符合国家产业政策、节能减排和环境保护等相关要求。

为谱写公司新篇章，再创发展新辉煌，全体职工一定会在公司党委的领导下，保持“万众一心加油干、越是艰险越向前”的实干品格和斗争精神，树牢“四个意识”，坚定“四个自信”，事不避难，义不逃责，务实担当，积极作为，以永不懈怠的精神状态和一往无前的奋斗姿态，以完成企业各项工作为己任，为全面完成2020年各项目标任务而努力奋斗，以优异成绩迎接昌都解放70周年。

公司综合办公大楼

CTAPC 中藏石油

中藏盟石油销售有限公司

倚身山水 魅力昌都

中藏盟石油销售有限公司，正式成立与2016年3月29日，最早于2000年以招商引资形式进入西藏昌都市，积极参与当地经济社会发展，在各级党委政府的大力支持帮助下通过十多年的艰苦奋斗，2019年公司现已形成一定规模，具备较为雄厚的实力，不仅积累了丰富经验也得到社会各界的认可，而且还拥有一批专业技术队伍，公司也从过去的民营加油站发展到今天的中藏盟石油销售有限公司（简称中藏石油，工商总局注册商标）。

【机构设置】中藏盟石油销售有限公司位于昌都市卡若区野堆村中藏石油总部楼，设综合办公室、业务运营部、安全部、财务部、人事部5个部门；下辖15座加油站，其中城区加油站4座，分别为顺通加油站、平安加油站、澜源加油站，俄洛桥加油站，同时又有卡若区妥坝乡、察雅县、洛隆县、边坝县、左贡县、贡觉县、如美镇、吉塘镇等县加油站11座；销售网络遍及317、318、214等国道干线及303省道。

【石油销售】2019年累计完成成品油销售5.68万吨，其中汽油2.23万吨，柴油3.45万吨，同比增幅12.19%。累计积累会员62207人，卡销比为38.5%；活卡量为15543，比例为25.05%。

【维稳工作】严格执行《西藏自治区零散成品油销售管理办法》，积极推行实名登记加油，有针对性、系统性展开维稳安全管理工作。建立日常巡检、公司远程抽查、领导分片包干的监管体系；针对特殊节日、维稳时期持续开展维稳措施，分管领导赴各县加油站进行蹲

资助左贡贫困学生

资助卡若区贫困生

点检查，形成维稳层层抓、责任意识人人有的氛围；严格履行值班带班制度，增强应急协调与应急联动，与当地政府、公安相互配合，全年未出现涉稳事件。全年组织应急演练139余次，参与人员达到100%.

【信息化建设】2019年实现全站智慧油站信息化建设，安装智慧加油系统15套，全油站实现SAAS系统全覆盖，全面实现线上线下系统数据互通，包含车牌付、ETC付、人脸付等多元化前沿技术，实现业务数据的全面信息化。同时，在维稳方面，公司上线“油管通”加油登记系统，加油员只需手持登记移动终端，通过NFC扫描身份证，车牌号识别即可完成加油自动登记，同时提供公安内网的通用油管通平台管理服务。属地公安部门无须再在内网新建针对属地加油站数据管理的专业应用平台。“油管通”可为属地公安部门提供公安网的数据查询检索服务、企业管理服务、从业人员管理服务、加油管理服务、数据导出服务、数据统计分析服务以及地图分析展示服务，从而实现远程监管。

【社会公益】公司在致力于发展的同时，不忘积极回馈社会，自成立以来连续每年积极参与社会公益活动，充分履行公司的社会主体责任，2019年公司领导深入察雅雅县察俄村、莫东村走访贫困户并发放2万元的慰问金；2020年资助左贡扎玉镇贫困大学生9名，资助金额1.8万元。

资助卡若区贫困生

公司成立之初

①

②

①②中藏石油总部

倚身山水　魅力昌都

洛隆县 联发建筑工程有限责任公司

联发公司董事长泽旺多加

昌都市福利院口罩捐赠

洛隆县联发建筑工程有限责任公司于2013年8月22日成立，注册于昌都洛隆县马利镇，注册资本8000万元，于2017年3月在互联网建立“西藏建筑产业网”并注册公司商标，同年建立“洛隆县联发建筑工程有限责任公司”微信小程序。

公司位于西藏昌都洛隆县马利镇，起初由退伍青年泽旺多加结合相关国家产业政策设立的。之前泽旺多加从一名工程施工员到公司管理员离不开他本人的创业精神和敢作敢当的奋斗精神，公司在建筑工程、公路工程、桥梁工程、建工建材等方面取得承接经营许可证，公司在近八年的经营过程中逐渐壮大稳步发展，坚实地走进企业化与现代化的发展之路。

洛隆县联发建筑工程有限责任公司董事长泽旺多加，一直致力于公益活动，2019年冬为昌都市第一、第二福利院孩子们捐赠棉被，让孩子们在寒冬里更温暖。

昌都市第一福利院棉被捐赠

昌都市福利院爱心帽捐赠现场

昌都市第二福利院棉被捐赠

中国人寿财产保险股份有限公司昌都市中心支公司

倚身山水 魅力昌都

【概述】中国人寿财产保险股份有限公司昌都市中心支公司筹备于2018年6月18日并于2019年2月28日取得两照并开始营业，自营业以来昌都中国人寿财险昌都中支始终坚持以习近平新时代中国特色社会主义思想为指导，深入贯彻落实党的十九大精神、中央和西藏经济工作会议、区分公司2019年工作会议精神，全面落实新时代党的建设总要求，深入贯彻落实习近平总书记“治国必治边，治边先稳藏”的重要战略思想和“加强民族.团结，建设美丽西藏”的重要指示，牢固树立“服务先行”的思想，动员公司所有干部职工锐意进取，埋头苦干，加快推动公司向高质量发展转型，不断强化对标市场意识，抢抓机遇，创新发展，加速对新领域新业务的探索，积极应对竞争日益加剧的市场环境。

【业务发展】2020年累计保费收入1176万元，完成年度计划的168%。

【制度建设】分公司加强对中国人寿财险昌都中支公司管理，强化工作督导落实，中国人寿财险昌都中支公司严格按照区分公司的规章制度统筹管理，具体有《中国人寿财产保险股份有限公司西藏分公司员工考勤与假期管理暂行办法》《中国人寿财产保险股份有限公司西藏自治区分公司支出管理办法》《中国人寿财产保险股份有限公司增值税进项税管理办法》《中国人寿财产保险股份有限公司西藏自治区分公司商务接待管理办法》《中国人寿财产保险股份有限公司西藏自治区分公司2019年度绩效考核办法》等。同时，中国人寿财险昌都中支按照工作实际要求各部门制定本部门工作台账，每日做好工作总结和工作行事历。每日进行晨会，每周进行周例会，不定期组织全体员工进行反洗钱培训，每季度参加区分公司组织的季度工作总结会议。中国人寿财险昌都中支成立反洗钱领导小组，就中国人寿财险昌都中支的依法合规经营保驾护航。

【车险业务发展】中国人寿财险昌都中支按照“服务先行”的思想理念，先后与多家汽修厂达成合作关系，在交警支队、便民服务中心设立出单网点，开通专业的车险团队，专人负责车险的报价出单及续保服务。

中国邮政集团公司昌都市分公司

2019年1月25日，区邮政分公司党组书记、总经理李柏平看望慰问昌都市分公司干部职工（图为江达县营业厅、左起第二位为李柏平总经理）（阳静　摄）

2019年1月14日，党委书记、总经理拉巴次仁（第一排右三）一行慰问结对帮扶点左贡县列达村、兵达村（阳静　摄）

【概况】2019年，是中华人民共和国成立70周年、西藏民主改革60周年，也是决战脱贫攻坚、决胜全面建成小康社会、实现第一个百年奋斗目标的关键之年，也是西藏邮政加快转型升级、推进高质量发展的攻坚之年。一年来，在集团公司、区分公司、昌都市委市政府的正确指导下，昌都邮政不忘初心、牢记使命，以“夯实基础、精准管理、协同创新、转型升级”为主基调，积极构建“一核双擎，协同共赢”的发展方略，持续加强全面从严治党，着力提升邮政普遍服务能力和水平，明确2019年为“精准管理提升年”，坚持问题导向，保障日常生产经营顺利开展并不断提升，促进各项业务及工作有序开展，总体发展态势喜人。

落实脱贫攻坚责任，发挥国有业务大局担当：2019年，党员捐款4.6万元购买各类生活必需品慰问结对帮扶点困难群众。专业寄递翼经营和管理：2019年，全市收寄标准快递8.01万件，快递包裹10.84万件。严格执行网运计划，做好网运支撑：2019年处理中心处理邮件195.87万袋件，邮运行驶里程203.5万公里，派发总车次2806趟次，派发加班车252趟次。加强投递作业管控，投递质量明显提升：2019年投递快递包裹225.15万件，投递过程中严格执行“五确保、五严禁”投递要求，及时妥投率82.4%，投递质量进一步提升。扎实稳步推进邮政绿色包装：在城区、各县营业点、揽收等环节（含乡镇网点）100%均

2019年1月5日，茶马广场举办“乙亥年生肖邮票首发仪式”昌都邮政党委书记、总经理拉巴次仁发表致辞（郑飞　摄）

2019年5月，拉巴次仁总经理（右起第二位）代表昌都邮政在昌都市第二福利院看望慰问儿童（毛瑞　摄）

2019年10月1日，区公司李柏平总经理（第二排右五）、区公司扎西顿珠副总经理（第二排右六）、昌都市分公司拉巴次仁总经理（第二排右四）前往贡觉县哈加乡慰问区分公司驻村队员（阳静　摄）

有绿色新标准箱的出售。农村电子商务推广力度进一步加大，为助农业务添砖加瓦。配合市创文办完成各项工作，完成各类创文相关的网上申报工作。

全市共设立有127个乡邮网点。其中，邮政自建的乡邮网点有10个（分别为江达县同普乡，贡觉县阿旺乡、哈加乡，芒康县如美镇、纳西乡，左贡县扎玉镇，八宿县邦达镇，洛隆县硕督镇，丁青县觉恩乡，类乌齐县类乌齐镇），在政府帮助下建设的有117个，补建了空白邮政乡邮网点。昌都市乡邮投递邮路，摩托班有投递段道243条，汽车班有61条，乡邮网点营业时间为每周一至五，每日营业时长6小时（夏季5月1日至9月30日上午9：00—12：00、15：00—18：00；冬季10月1日至4月30日上午9：30—12：30、15：00—18：00），农村投递乡到村周三班，县到乡周五班2018年9月1日开始执行）其中边坝、洛隆、丁青2018年12月1日执行。

【党建工作】2019年，昌都分公司党委始终牢记国有企业的政治属性，不断加强昌都邮政党的建设工作，以全面从严治党要求为指导，以“两学一做”制度化常态化工作要求，围绕习近平新时代中国特色社会主义思想和中共十九大精神，结合中央巡视反馈问题整改措施，严格落实主体责任，继续夯实昌都邮政基层党组织建设基础。

【普遍服务】建章立制，强化基础管理。认真履行普遍服务义务。乡镇网点营业时间均达到每周5天、每天6小时的服务标准，普服网点开全四项基本业务，城市网点全面开办国际业务。提升服务质量，积极推进制度建设，结合昌都邮政实际制定出台了普遍服务监督检查办法，进一步完善服务质量工作的考核措施。加强基础管理工作规范化，统一制作各种基础表薄，建立健全各类台账，完善各项基础信息，建立长效基础管理工作检查机制；组织各专业联合检查组，开展基础管理检查工作，对基础档案查漏补缺，进一步规范了服务管理工作流程。机要通信实现连续27年质量全红目标。

2019年8月10日，昌都邮政开展“庆祝川藏、青藏公路通车65周年暨主题纪念邮票发行活动”，总经理拉巴次仁发表致辞（郑飞　摄）

2019年10月18日，拉巴次仁总经理在左贡县邮政分公司开展“不忘初心 牢记使命”调研走访商户（郑飞　摄）

“八一”中国人民解放军建军节前夕，麦郎江村副总经理（右一）代表昌都邮政看望慰问驻昌都部队（邢建伟　摄）

2019年3月27日，昌都邮政在茶马广场开展“纪念西藏民主改革60周年”纪念封首发活动。图为昌都市委宣传部部长赵建国寄出首日封（郑飞　摄）

2019年4月24日，昌都邮政在昌都市左巴村、多然村开展金融保险服务宣讲进基层活动（杨秀兰　摄）

中国移动通信集团西藏有限公司昌都分公司

倚身山水　魅力昌都

5月22日，区公司党委委员卫红参加昌都分公司党委“不忘初心、牢记使命”主题教育第二次交流研讨并开展基层调研

5月13日，昌都分公司“利用Ka卫星实现昌都自然村4G网络覆盖”项目初步验收会取得成功

12月3日，昌都分公司承办昌都市“2019网络扶贫手机捐赠公益项目”启动仪式

6月20日，昌都分公司组织开展总经理接待日活动

中国移动西藏公司昌都分公司2019年依旧积极致力于昌都市基础通信网络建设和互联网信息化建设，为79万昌都人民架起了沟通世界的桥梁。

一、整体经营完成情况

2019年，公司累计收入超2亿元，客户数达30万户，宽带用户数近4万户。通信和信息化项目数十个，服务集团单位1997家，服务集团用户10万人。年内新增20余家乡镇渠道，新招入直销人员20余人，协助县政府共同解决就业问题。同时，昌都察雅县政府和昌都移动察雅分公司共同推行异地扶贫搬迁点“惠民家宽”项目。昌都分公司高度重视项目跟进和狠抓落实，第一时间成立“千户行动”小组，在签订项目合同后，全面配合察雅县分公司做好项目跟进和交付工作。于4月底成功签订4个异地搬迁点位共计1761户家宽统付项目，签订项目后昌都分公司各部门明确分工，在一个月完成4个异地扶贫搬迁点的建设；县、集协同加班加点做前台录入工作，积极响应政府打造家庭宽带信息化村，在指定工期内保质保量地完成了县委县政府下达的任务。

2019年，昌都移动积极响应国家互联网+行动，踊跃参与到智慧昌都、智慧交通、12345政务平台、公安监控、校校通等项目的建设，有效推动了本地智慧城市、大数据维稳等社会信息化进程。2019年下半，年积极申请移动“和直播”业务体验优惠，对市政府主办的茶马文化艺术节开幕式、团市委举办的纪念“五四”运动100周年主题颁奖晚会与进行了现场直播，累计观看人数达7.58万人次。

狠抓服务工作，坚持以人民为中心的发展理念。1. 加快渠道网点建设，拓宽客户服务触点

2019年，对全市30个还未覆盖渠道网点的乡镇进行渠道建设，目前全市乡镇网点覆盖率达到了94.2%，有效提升农村客户服务能力。

2. 提升窗口服务质量

严格落实《电信服务规范》等相关规章制度，优化服务流程，切实履行服务承诺，通过暗访调研发现问题，分析原因，聚焦短板改进，督促各厅责任人反馈整改结果；每周组织窗口服务人员进行业务服务学习，将营业厅服务流程中存在问题的员工进行一对一指导；强化巡检现场指导，每周对营业厅进行巡检，从服务形象到服务环境再到服务流程进行指导，针对各厅短板提出整改意见，多措并举，有效提升我公司窗口服务质量。

3. 规范渠道商经营行为

强化考核机制，加强渠道商经营行为管理，杜绝合作渠道在经营过程中以任何方式，在客户不知情下开通、变更各类业务等损害客户利益的行为发生，对渠道不知情定制业务行为进行严厉处罚。

4. 积极落实携号转网工作

严格按照工信部《携号转网服务管理暂行办法（征求意见稿）》文件要求，于11月10日至11月25日开始携号转网试商用，规范携号转网服务，满足客户自由转网需求。

二、通信网络建设情况

2019年，昌都分公司完成4G网络的延伸覆盖，提升客户感知度，同时开通2个5G网络实验站点，有效支撑市场业务发展。

10月26日，昌都市移动公司组织青年志愿者团队全力配合市文明办开展了“崇德尚礼·唱响文明”宣讲会系列活动

10月1日，昌都分公司开展“庆祝中华人民共和国成立70周年”主题系列活动

7月2日，昌都分公司开展“我为企业做贡献 我与企业共成长”暨“不忘初心 牢记使命”主题党日系列活动

8月19日，昌都分公司积极做好2019年第五届三江茶马文化艺术节网络通信保障工作

9月16日，昌都分公司组织开展网络安全宣传周电信日活动

7月18日，昌都移动与昌都邮政前往敬老院开展“党建和创”主题实践活动，现场签订“党建和创”倡议书

中国电信集团有限公司西藏分公司传输局昌都分局

倚身山水　魅力昌都

局长　洛松元登

昌都市区护线宣传及发放宣传品

各县“5·17”电信宣传日护线宣传

“5·17”电信宣传日军民联合护线宣传

昌都传输分局（原昌都地区长途线务局），位于美丽的昌都市马草坝茶马路2号，分局以内设昌都传输分局，现在职合同制员工16人、劳动派遣制员工6人、自招人员7人，看守中继站18人，共47人，各县下设12个综合维护点，维护范围覆盖整个昌都市各县。承担着滇藏一级干线光缆、北坏川藏一级干线光缆，南坏川藏一级干线光缆，军用1408光缆，拉林昌及拉那昌二级干线光缆、昌都市本地网光缆、一级，二级，军用，本地等16个通信中继机房维护保障职责。分局目前维护干线光缆线路总长度长达4189.79公里、维护中继机房达16个站点，是支撑昌都电信分公司各项业务顺利发展的坚强维护力量。

分局在区公司党组坚强领导、区传输局正确领导和昌都电信分公司大力支持和帮助下，高举习近平新时代中国特色社会主义思想，深入践行“不忘初心、牢记使命”主题教育，持续增强“四个意识”，坚定“四个自信”，坚决做到“两个维护”。全年紧紧围绕集团公司“三个三”战略目标，以“网优、保通”为工作主线，坚持党建统领，加强作风建设，持续深化改革，夯实基础管理，实现了网络安全平稳运行，各项重要运营指标完成良好贯彻落实科学发展观，严格遵循“科学管理、预防为主、防抢结合、确保畅通”的工作方针，尤其是在行业重组不断加快、维护工作量增长的情况下，分局全体干部职工积极发扬“特别能吃苦、特别能战斗、特别能忍耐、特别能奉献”的老西藏精神，充分认识到全业务发展的新形势、新任务、新使命，不断增强紧迫感、危机感、责任感、不畏艰辛为西藏电信发展做出应有贡献。

在新的形势下，昌都传输分局将牢固树立起“维护就是经营、维护就是效益、维护就是质量、维护就是服务”的理念，充分发挥专业化维护队伍和融合服务优势，强化精细化管理，扎实推进网络优化及应急通信保障工作，积极探索建立全客户群，全业务服务模式，为西藏电信又好又快发展做出新的更大贡献。

倚身山水　魅力昌都

察雅县 科园农业林业科技开发有限公司

生产车间流水线

“藏生源”牦牛肉，秉承“以质量求生存，以信誉求发展，实施品牌战略，只做良心食品”的管理理念，以优质西藏牦牛肉，打造出尊贵的食材精髓。精湛的加工制作工艺，多工序精工秘制出的天然牦牛肉产品：香辣牦牛肉、松茸牦牛肉、香菇牦牛肉、獐子菌牦牛肉。

公司秉承传统工艺，使用类乌齐牦牛肉，昌都本地特产的獐子菌，芒康的松茸，佐料以品质最高的调辅料，并从成都聘请川菜名厨、国家高级营养师等专家研发，只为在不加入任何防腐剂的同时又让西藏的特产发挥出最佳的味道和最美好的口感，让人回味无穷。

五香味（20%以上松茸，40%以上西藏牦牛肉）：采用正宗四川传统味型。精选西藏野生松茸，优质牦牛肉，再以传统天然香料配方精准的火候掌握精品。

香辣味（20%以上精选香菇，40%以上西藏牦牛肉）：川厨名师倾力打造，采用全国各地天然植物增味，精选优质香菇入料搭配优质牦牛肉细火慢熬终成良品。

酱香味（20%以上獐子菌，40%以上西藏牦牛肉）：獐子菌又称虎掌菌，产量极低。独特的酱烧风味让这种人间极品美味在融入牦牛肉之后更加可口。

联系电话：0891-6802428　150 8900 0900

生产厂家：察雅县科园农业林业科技开发有限公司

监制单位：西藏益德医药有限公司

生产地址：西藏昌都市察雅县卡贡乡竹卡村

地址：西藏自治区拉萨市柳梧新区察古大道柳梧大厦四楼

倚身山水 魅力昌都

西藏开投果多水电有限公司

西藏自治区环保厅到果多水电站检查指导工作

昌都市委宣传部与果多公司开展支部共建活动——鱼类增殖放流 保护生态环境

为贯彻落实第五次中央西藏工作座谈会会议精神，促进西藏社会经济跨越式发展和长治久安，加快西藏水电资源开发。在“矿电结合”思想的指导下，按照“优势互补、互惠共赢”的原则，西藏开发投资集团有限公司、西藏玉龙铜业股份有限公司、华能澜沧江上游水电有限公司共同出资成立西藏开投果多水电有限公司（以下简称果多公司），负责果多水电站的开发建设、运营管理工作。

果多公司是西藏开发投资集团有限公司下属的控股子公司，是国有独资企业，注册资本金6.6亿元，公司地址为西藏昌都市。目前设有综合部、财务部、安生部、运维部、工程部5个职能部门，共有员工36人。

果多水电站位于西藏自治区昌都市卡若区柴维乡，为扎曲规划的第二个梯级电站，工程等别为三等工程，工程规模为中型。坝址以上控制流域面积33470平方千米，坝址多年平均流量303立方米/秒，多年平均径流量95.7亿立方米。电站以发电为主，水库正常蓄水位为EL.3418米，死水位EL.3413米。正常蓄水位以下库容7959万立方米，调节库容1746万立方米，具有周调节性能。电站装机容量160MW（4×40兆瓦），保证出力33.54兆瓦，设计年发电量8.32亿千瓦时。

工程枢纽由碾压混凝土重力坝、坝身泄洪冲沙系

昌都市国土资源局与果多公司开展党支部共建活动

检修现场

日常巡检

统、左岸坝身引水系统、坝后地面厂房等永久建筑物组成。大坝顶高程为EL.3421米，坝顶宽8米，最大底宽75米，最大坝高83米，坝顶全长235.5米。

果多水电站预算投资38.33亿元，施工总工期计划为63个月，其中施工准备期19个月，主体工程施工期38个月，工程完建期6个月。

果多水电站作为《“十二五”支持西藏经济社会发展建设项目规划方案》的重点项目，是西藏建成投产的第二大水电站和昌都市建成投产的最大水电站，也是西藏第一个完全由企业独立投资兴建的水电站，对推动昌都乃至西藏社会经济跨越式发展具有十分重要的意义。

祝福祖国

向祖国表白

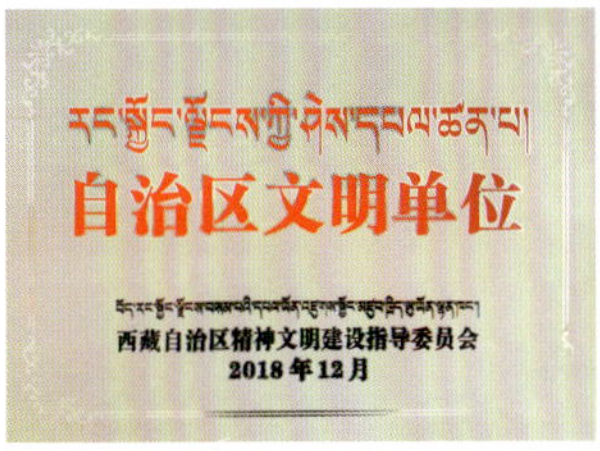

果多水电站

贡觉县供电有限公司

倚身山水　魅力昌都

昌都市委常委、贡觉县委书记扎西到公司检查指导工作

国网昌都供电公司总经理潘小廷到公司“三区三州”复工现场检查指导工作

一、公司概况。

贡觉县供电有限公司是国网西藏电力有限公司昌都市供电公司代管的县级供电企业，公司前身为贡觉县兴达电力有限责任公司，2015年9月17日正式成立为贡觉县供电有限公司。属于国有供电企业，负责全县的电力供应与服务。目前属于贡觉县供电有限公司的资产有11座水电站，2座变电站。营业区辖11个乡、1个镇149个行政村、680个自然村，拥有营业客户6274户。

截至2019年12月底，公司累计完成供电量2819.22万千瓦时，其中自发电量1335.53万千瓦时，同比增加416.87万千瓦时，增长率45.38%，购入电量1483.69万千瓦时，同比下降129.9万千瓦时，下降率8.05%；平均电价为553.99千瓦时。全面完成各项考核指标。

二、取得成绩。

为打赢脱贫攻坚战，哈加乡曲卡村是公司结对帮扶对象，曲卡村搬迁时公司免费安装了低压线路、电表等相关材料，保障了曲卡村各种用电需求。公司连续三年获得贡觉县“先进单位”的荣誉称号。

欢送国网湖北十堰公司第三批援藏帮扶领导

2020年4月29日，贡觉县35kV哈加哈加变电站扩建扩建工程竣工完成投运

办公产所及各电站开展防疫工作

安全大检查

强化隐患排查治理。以春、夏、秋、冬季安全大检查及重点时段特巡为抓手，有效防范和坚决遏制安全事故，确保用户安全用电。针对贡觉县实际情况，实行公司对贡觉县区域内所有输配电线路（主要包括35千伏、10千伏、0.4千伏、220伏线路）、室内线路、变压器、户表、各水电站和变电站进行统一管理，分级负责的原则，重点抓好关系到人民群众生命财产安全的设备、防火防灾及安全防范。加大对设备及重要、高危客户安全隐患排查整治力度。并积极开展社会根植项目活动，活动共计宣传服务走访1个镇5个乡97个行政村，惠及4万多名用电人口，得到各乡镇、村民的认可。

公司将继续把握机遇，应对挑战，加快国网的文化融入、管理融入、制度融入、技术融入，早日为实现国家电网公司直管做准备。为贡觉县经济社会发展和长治久安做出新的更大的贡献！

工作外线人员作业现场

2020年4月12日，开展以“多一片绿叶、多一分温暖”的植树活动

外线人员抢修现场

倚身山水 魅力昌都

华电 金沙江上游水电开发有限公司

【企业概况】历史沿革。华电金沙江上游水电开发有限公司（简称金上公司）成立于2006年4月28日，是由中国华电集团有限公司（简称集团公司）、华电四川发电有限公司（简称华电四川公司）和华电国际电力股份有限公司共同出资组建的有限责任公司。2007年10月，华电四川发电有限公司（中国华电集团公司四川公司）、金上公司实行“一个机构，三块牌子，合署办公”。2014年10月23日，金上公司与华电四川公司分开管理，为集团公司直属单位。2016年12月，集团公司将华电四川公司所持的金上公司全部股份无偿划拨集团公司。2018年4月9日，金上公司成功引入战略投资者，西藏开发投资集团公司和四川铁投康巴投资有限责任公司各参股20%。

机构设置。金上公司设办公室（法律事务部）、规划发展部、人力资源部、财务资产部、工程管理部、生产技术部、移民管理部、流域环境保护管理中心、党建工作部（工会办公室）、监督部（纪检办公室、巡察办）等10个部门，下属苏洼龙分公司（昌波分公司）、叶巴滩分公司、巴塘分公司（拉哇分公司）、波罗（岗托）水电站建设公司筹备处、昌都分公司和华电金藏物资成都有限公司。

主要职责。金上公司主要负责开发建设金沙江上游川藏段岗托、岩比、波罗、叶巴滩、拉哇、巴塘、苏洼龙、昌波等8级水电站共943.6万千瓦，以及沿江风光电资源。金上川藏段梯级电站已成为中央支持西藏经济社会发展的重大项目、国家“西电东送”接续基地的重要内容、“十三五”加快深度贫困区能源开发助力脱贫攻坚的重点水电项目，拉哇电站被列为保持基础设施建设领域补短板力度的重点工程。

发展战略。计划2021年核准昌波电站，2022年核准波罗电站，2023年核准岗托电站。2021年，苏洼龙电站投产；2023年，巴塘电站投产；2025年，叶巴滩、昌波电站投产；2027年，波罗电站投产；2028年，拉哇电站投产；2030年左右，岗托电站投产。沿江风光电初步规划已完成，将根据金上送出工程建设进度，按照水风光互补的原则有序开发建设。到2035年，基本建成总装机3000万千瓦的大型新时代可再生能源示范基地。

资产情况。苏洼龙、叶巴滩、巴塘、拉哇电站分别于2015年11月、2016年11月、2017年10月和2019年1月通过国家发改委核准，在建装机达到619万千瓦；波罗、昌波、岗托电站正在开展可研工作。截至2019年12月31日，公司资产总额211亿元。

【领导人员】党委书记、董事长：胡贵良

总经理、党委副书记：王鹤鸣

党委副书记、副总经理：汪　良

党委委员、副总经理：侯建刚

党委委员、总会计师：杜静芝

党委委员、副总经理：胥洪远

党委委员、纪委书记、工会主席：刘仕明

2019年5月9日，集团公司党组决定：王鹤鸣任金上公司总经理、党委副书记，汪良任金上公司党委副书记。

【工作业绩】国家能源局发文明确金上川藏段电力外送华中东四省消纳，国家电网公司正式启动金上川藏段电力外送方案研究和送出工程预可研工作。拉哇电站获得核准，首批330万千瓦光电项目前期工作全面启动。苏洼龙、叶巴滩、巴塘、拉哇电站完成建设计划，全年完成投资46.4亿元，同比增加4.9亿元，增长11.8%，累计完成投资211.3亿元，全面完成年度目标任务，荣获集团公司特殊奖励。公司连续9年保持安全生产零事故，“绿色金上”成为国家生态文明建设重点工程。白格滑坡体对金上开发的威胁基本解除。

【项目发展】落实开发配套条件取得实质性进

展。国家能源局发文明确金上川藏段电力外送华中东四省消纳，湖北、四川、西藏三省（区）能源局同意金上电力落地湖北。协调国网公司2019年11月18日正式启动金上水电外送方案研究和送出工程预可研工作。取得苏洼龙电站送出工程可研设计审查意见。

项目前期工作再创佳绩。2019年1月4日，拉哇电站获得国家发改委核准。岗托、波罗、昌波电站立项决策通过集团公司投资论证。波罗、昌波电站规划环境可行性深入论证报告通过生态环境部环评司审议，枢纽布置、正常蓄水位专题通过审查。昌波电站施工总布置专题通过审查。集团公司与西藏自治区政府签订战略合作协议，明确公司在西藏侧可开发光伏资源总量超过2000万千瓦，首批330万千瓦光电项目前期工作全面启动。

工程建设顺利推进。苏洼龙电站大坝填筑完成16%，引水隧洞、进水口和溢洪道开挖基本完成，机电设备安装全面铺开；叶巴滩电站顺利实现大江截流，巴塘电站左岸坝肩开挖692万方，拉哇电站完成洞室开挖支护21公里。国道215复建段成为行业首个完成交工验收的复建工程。叶巴滩电站建设用地手续通过四川、西藏两省（区）审核。巴塘电站全面完成枢纽工程区和库区移民搬迁安置。

苏洼龙电站生产准备工作全面启动。制定苏洼龙电站生产准备工作方案和工作计划，首批22名生产准备人员2019年8月到位开展工作，18名运行人员赴鲁地拉电站跟班实习，现场建章立制等工作同步推进。印发《机电设备安装标准化手册》，规范机电设备安装工作。

【经营管理】进一步优化贷款结构，综合融资成本再创历史新低。开展“物资管理规范年”活动，物资现场管理进一步规范。全年供应水泥38.9万吨，钢材5.2万吨，火山灰1.6万吨，物资价格得到有效控制。合理安排施工用电运行方式，节约用电成本。已完工项目造价控制在执行概算内。

【安全环保】“安全质量管理提升年”专项活动成效得到巩固，现场安全文明施工水平和质量工艺水平明显提升，安全体验馆和质量工艺示范厅全部建成投运，连续9年保持安全生产零事故，荣获集团公司“安全环保先进企业”称号，“绿色金上”成为国家生态文明建设重点工程。创建质量样板工程39个，拉哇电站公路隧道样板工程质量工艺达到行业先进水平。白格堰塞湖灾后重建于2019年3月底基本完成，保证了安全度汛。白格残留堰塞体和右岸滑坡体分别于2019年7月和9月处置完毕，金沙江上游地质灾害风险评估形成结论，对金上开发的威胁基本解除。

【改革创新】创新实施水电枢纽工程投资控制考核，逐级落实投资控制责任。推行《工程建设综合奖励考核办法》。全面应用流域工程管理信息系统，业务财务一体化基本实现，“三重一大”决策和运行监管系统上线运行。“信息化管理在流域电站建设中的创新实践与应用”获2019年度电力科技创新奖，4个管理创新和政策研究成果在集团公司获奖。联合开展16项重大关键科技项目研究，在苏洼龙电站引入智慧大坝建设技术，拉哇电站“复杂条件大型水电工程关键技术研究与应用”再次被集团公司列为年度十大重点科技项目。

【党的建设】高质量开展“不忘初心、牢记使命”主题教育，取得预期成效。“三基”建设切实加强，6个支部被评为“示范党支部”。全年调整厂级领导干部21人次，系统内招聘、调配16人，接收高校毕业生14人。公司领导赴重点高校开展专场招聘现场宣讲，校园招聘拟录用39人。“以考促学”全员培训率100%。“三清”企业创建工作积极推进。相关文件、会议数量同比压减43%。修订实施公司《企业文化理念体系》，连续2年发布《可持续发展报告》，公司荣获集团公司新闻宣传先进单位。流域劳动竞赛被确定为中国能源化学地质工会系统示范性、引领性重点劳动竞赛项目，叶巴滩电站劳动竞赛先进受到四川省总工会表彰。金上公司上报的《档案之光——白格堰塞湖抢险救灾档案利用纪实》获国家档案局建设项目档案微视频三等奖。

【助力脱贫攻坚】累计在西藏侧缴纳税费3.8亿元，出资7.39亿元在西藏侧修建117公里交通公路，向昌都市捐赠资金超过1亿元用于电力援藏和社会主义新农村建设，投入2000万元对口帮扶昌都市4个村建档立卡贫困户226户1360人，投入980万元帮助贡觉县发展阿旺绵羊产业。支持当地273辆车参工参建，在公益性岗位解决29人就业，为当地创造产值1.48亿元。创新举措，面向电站所在地建档立卡贫困户招收15名学生开展定向招生、定向委培、定向安置“三定培养”，精准帮助贫困户脱贫。对口帮扶7个县的8个村已全部退出，公司荣获2019年西藏自治区脱贫攻坚工作组织创新奖，再次荣获集团公司社会责任“十佳案例”和“最具责任品牌影响力”奖，扶贫案例获评全国电力行业优秀社会责任案例。

倚身山水 魅力昌都

中国铁塔股份有限公司昌都分公司

召开“不忘初心、牢记使命”主题教育暨党委理论中心组学习会

检查合作单位安全生产现场

庆祝新中国成立70周年观影现场

2019年，中国铁塔昌都分公司紧紧围绕“一体两翼”战略，以党建为统领，以建设“两型”企业为中心，以“执行有力、规范管理”提升年为抓手，加快转型升级步伐，按照市委、市政府、中国铁塔集团公司及区公司的各项工作部署，围绕一个目标、坚持双轮驱动、树立“三比三看”理念、锻造六大能力的“1236”工作思路，公司上下团结一心、攻坚克难，各项工作取得圆满成绩。

【党建引领】成立党委、纪委，组建行政党支部和生产党支部，公司现有中共党员16名、预备党员7名，占比47.9%。2019年，昌都铁塔以习近平新时代中国特色社会主义思想为指导，以党建为统领、以生产经营为中心，坚持强“根”铸“魂”抓党建、凝心聚力促发展的工作思路，坚持将党建和生产经营工作同步部署、同步落实、同步检查，做到党建生产两手抓两手硬。通过构建“业务管理、财务管控、经济审计、纪检监督”四道防线，完善廉洁风险防控体系，压实党风廉政建设责任。紧紧围绕“不忘初心、牢记使命”主题教育，结合分公司实际开展党委专题学习11次，纪委专题学习5次，组织研讨16次，党员覆盖率100%；组织党委班子讲课5次；开展“缅怀先烈、砥砺前行”、观看《我和我的祖国》、“红歌大合唱”、“党员突击队在行动”、“团员突击队保平安”、“推进七城同创，构建和谐昌都”等10次主题党日活动，全面做好氛围营造和宣传引导工作，强化党员意识和责任担当，提醒党员时刻牢记自己的党员身份，不忘党性宗旨和使命初心。

【企业文化】积极响应公司工会号召，踊跃组织并参加昌都市、区公司工会及分公司工会组织开展的各项文体活动。如茶马文化艺术节千人锅庄表演、新中国成立70周年篝火晚会，全区书法、绘画、摄影及征文大赛，我公司员工都取得了骄人成绩。开展了第一、二、三、四季度员工集体生日会，让每位员工感受到大家庭的温暖。在第69

"党员突击队"处理故障基站现场

员工集体生日会

个六一国际儿童节来临之际，组织在家全体员工赴昌都市第二福利院开展"我们和你在一起"党团工联建活动，给孩子们送去了生活文具用品和文艺节目，同孩子们一起进行欢快愉悦的游戏，让孩子们感受到大家庭的温暖。组织开展党团工联建系列文化活动，通过拔河比赛、足球比赛等多种活动形式展现员工的活力与风采。

【统筹共享】始终坚持融入和服务昌都市经济社会发展大局，始终牢记改革使命，深化资源共享，加快创新发展，有力地支撑和保障了全市信息基础设施建设和"网络强国"战略实施。通过变过去多家运营商自建自修自营为铁塔一家统筹规划建设、多家资源共享的模式。2019年，全市新建铁塔共享水平提升至43.64%，共减少铁塔建设量约307座，节约重复资金约6754万元，节约土地约1.53万平方米。同时，昌都铁塔加大网络建设投入，2019年共计投资5365.85万元，同步开展信息通信基础设施建设，新建铁塔类设施91个、改造铁塔420个，室内分布系统3个，发展成全市信息通信基础设施建设的主导力量。

【运维体系】建立健全通信保障和通信恢复应急工作机制，提高应对各种突发事件的组织指挥能力及应急处理能力。联合三家运营商开展通信应急演练活动，更大力度保证应急通信指挥调度工作迅速、高效、有序地进行，最大限度地降低危害和损失，确保网络和信息的安全畅通。配备了专业化的维护管理队伍，逐步建立了多层次、多维度的运行维护保障体系，以"日常维护规范化、应急保障无盲区"为目标，确保全市所有站点100%安全平稳运行，为广大手机用户提供优质的网络支撑保障服务。

参加"七城同创 构建和谐昌都"创卫活动

类乌齐县供电有限公司

倚身山水　魅力昌都

类乌齐县供电有限公司总经理、党支部书记　四朗旺加

类乌齐县人民政府副县长韦伟组织相关部门召开类乌齐县农电体制还转推进会议，为加快完成农电体制划转工作

结合2020年类乌齐县开展结对帮扶通知要求深入基层开展慰问活动

在国网昌都供电公司的正确领导下，类乌齐县供电有限公司不忘初心、牢记使命，以中共十九大为引领，不断推动企业党建工作科学发展、创新发展、和谐发展，促进企业安全生产态势平稳、电网建设加快发展、经营管理不断提升。

（一）领导重视，健全机制，确保维稳工作顺利开展

始终把社会治安综合治理工作摆上日常议事日程，成立类乌齐县供电有限公司综合治理领导小组，由公司总经理四朗旺加担任组长亲自抓，年初把综治工作写进年度工作计划，全年根据国网昌都供电公司和县委县政府的要求和时段特点认真分析企业的综治工作，坚持把综治工作与企业安全生产工作当作企业头等大事来抓，每季一例会研究和部署综治安全工作，并针对存在问题采取有效措施防范整改。

（二）创新支部建设，着力打造“标杆”

为充分发挥党员的先锋模范带头作用，先后深入卡玛多、桑多镇敬老院开展了以不忘初心、牢记使命《关爱敬老院老人》的党日活动，为老人们送去大米、面粉、棉被等日常生活用品，切实增强了党员队伍的凝聚力和战斗力，按照县委要求各安置点的用电需求，充分发挥党支部的战斗堡垒作用，党员和干部带头冲锋一线，发扬“老西藏精神”和“两路精神”，连续作战，攻坚克难，完成一项一项安置点通电任务，确保了类乌齐县各安置点用电，展现电力行业良好企业形象。

（三）抓好队伍建设，全员素质提升

加强员工职业生涯规划，充分发挥“传、帮、带”作用，促进了人才队伍建设，着力解决部分岗位人才断层和结构性缺员问题。

一是强化全员教育培训。二是制定“三年素质提升计划”。通过帮扶，加大新闻宣传人员写作能力培养，全年共完成昌都供电公司上稿40篇，生态类乌齐上稿16篇等，彰显“类乌齐电力”的良好品牌形象。

类乌齐县公司践行党建工作+业务开展支部书记讲党课

类乌齐县供电有限公司组织大山党员突击队深入类乌齐县基层开展义务用电安全检查

类乌齐县公司深入类乌齐县异地搬迁点，检查用户用电情况

倚身山水　魅力昌都

昌都市 祥瑞民族服装制造有限责任公司

服装生产车间

昌都市祥瑞民族服装制造有限公司成立于2015年10月28日，位于昌都市经济技术开发区C区，由股东阿麦及达娃顿珠、扎嘎共同创立。公司共投入资金2468万元，是昌都地区最大的一家集设计、生产、销售民族服装及各类工装和宾馆用品于一体的现代化民族企业。在过去5年的发展中，公司拥有了完整、成熟和先进的设计和生产线，企业积极响应政府号召，面向社会和技术学校招工，解决相当一部分建档立卡户（包含一部分残疾人士）及学校毕业生就业问题，培训他们的社会生存技能。

倚身山水　魅力昌都

洛隆县　洛宗特色产品开发公司

2019年10月16日，区党委副书记、自治区主席齐扎拉一行参观公司的相关产品

2019年8月20日，昌都市委书记阿布到公司考察并指导工作

2019年6月20日，中远海运集团纪检组组长、党组成员刘鸿炜一行人到公司参观考察

一、公司简介　洛隆县洛宗特色产品开发公司创建于2006年，专注于青稞精深加工，2017年11月开始进行公司改扩建，于2019年7月竣工。公司主打水磨糌粑、青稞挂面、糌粑饼干、青稞糕点、青稞米、泡菜、藏麦香堡等系列产品（产品种类50多种），拥有原材料检测、产品研发、生产以及销售为一体的现代化经营模式。在14年的努力中，洛宗特色产品开发公司成为西藏自治区的知名品牌，倍受内地市场的青睐。

二、产业定位　洛隆县洛宗特色产品开发公司充分发挥洛隆县的资源优势，推动洛隆县生产良性循环，扩大优化产业结构及社会经济结构的调整，促使青稞生产产业化经营有着促进作用和样板示范带动作用，对促进农牧民就业增收有着极其重要的意义。通过对优质青稞、荞麦、土特产加工，增加了附加值，把原来卖原粮转变为卖优质青稞挂面、糌粑饼干、水磨糌粑等产品，实行产、加、销一体化服务，以市场为导向、企业为龙头、基地为背景、农户为依托，企业受益，农牧民得益，从而促进洛隆县社会经济快速发展。

2019年12月17日，公司扩建项目对各乡镇建档立卡户进行分红仪式

2019年10月25日，公司与乡镇签订青稞收购协议

三、助力扶贫　洛宗特色产品开发公司的发展离不开社会的支持和帮助，公司应当积极履行企业职责来回馈社会，勇担国企责任，助力精准扶贫，努力塑造优秀企业。一是洛宗公司目前提供43个就业岗位，其中建档立卡户38人，公司依照对建档立卡户的扶持方案对建档立卡户进行工资补贴，月收入在2500元左右，年人均收入达30000元左右。二是公司按照“公司+基地+农户+市场”的产业化经营模式运营，实行专业化和标准化生产，通过土地经营权有效流转，2019年共与1000余名青稞种植户新签订青稞收购合同，收购价格高于市场价格0.8–1.6元/公斤收购，收购青稞约33万公斤，收购金额达136万多元，户均增收约800余元，增加青稞种植户和建档立卡户的经济来源。三是2019年底，公司分红38万元，覆盖11个乡镇388户939人，户均增收979元。按照区、市、县各级党委、政府脱贫攻坚战略部署，紧紧围绕建档立卡贫困人口增收脱贫，坚持公平、公开、公正以及实事求是的原则，将分红资金分配给最需要的贫困群众，确保产业脱贫一批建档立卡群众全覆盖。

西藏 丁青县琼布冬虫夏草商贸有限责任公司

倚身山水 魅力昌都

2018年，昌都市委书记阿布一行莅临琼布冬虫夏草商贸有限责任公司视察指导工作，公司负责人次仁扎巴向领导介绍精品琼布冬虫夏草

2019年，昌都市委副书记、市长陈军一行到琼布冬虫夏草商贸有限责任公司视察指导工作，公司负责人次仁扎巴向领导介绍精品琼布冬虫夏草

善谋善为，反哺社会。诞生于自我，突破于自我。自2000年左右，刚刚步入社会的次仁扎巴先生，凭借着康巴人天生敏锐的商业嗅觉，利用丁青县得天独厚的资源“冬虫夏草”做起了生意，通过几年的辛苦打拼，在丁青县社会各界赢得了良好的口碑。次仁扎巴先生身上那股强烈的社会责任感让他始终将贫困群众的疾苦放在心上，在科教文卫、扶危救困等方面投入大量的精力和资金，是丁青县随着国家“十一五”计划、中共十八届三中全会迅速成长起来的企业家、慈善家。

西藏丁青县琼布建筑有限责任公司举行发放农民工工资仪式

取之于社会，回报于社会。2009年，次仁扎巴所创的事业初具规模之时，细心的他发现，丁青县老城区内有一部分群众存在着住房困难的问题，面对此种情况次仁扎巴先生果断出资在丁青县老城区内修建11栋250平方米的二层楼房，然后以低于当时市场的价格，将修建的新房优先出售给了老城区住房困难的群众，并允许有经济困难群众提前入住，35万元房款承诺在10年内慢慢偿还。并且在前期房屋设计和建设之初，为了给群众增加一定的经济收入，楼层一楼都以门面形式设计建造，方便房屋出租以增加经济困难家庭的收入，所修建的11座房屋共有44个门面，平均每月为这批困难群众增收44000元，切实解决部分家庭面临的城区买房贵，孩子上学远、老人看病远等问题，截至2017年12月，该批修建于2009年的房屋，房价均上涨到150余万元，为该批受益群众创造直接利益高达1265万元。

倚身山水　魅力昌都

昌都市林业有限责任公司

公司发放地皮租金

公司慰问困难职工

昌都市林业有限责任公司始建于1966年8月，是集采伐、加工销售木材为一体的国有林场，至今已有54年经营历史。目前，第三产业建立加油站、加气站、森林公园、宾馆、林顺物流、温泉酒店等经营部门，同时随着生态文明建设大力推进，“绿水青山就是金山银山”的理念深入人心，公司紧紧围绕政府的工作部署和要求，自加压力，主动作为，按“精细、高效、促增收，生态、安全、可持续”的要求，做强做大林业产业建设，完成了从砍树人到造林人的巨大创新转变，这一转变不仅解决了公司职工的就业岗位和社会富余人员就业，也增加了公司职工的经济收入。

一直以来，公司合理规划种植区域、积极引进品种、扩大育苗范围、培育优质造林树、改善生态环境、加大苗圃建设力度，已初见成效。截至2019年，公司苗圃建设总面积为12780.1亩。结合昌都市产业扶贫相关决策部署，采用“公司+基地+农户”的模式，多渠道增加群众收入，扶贫产业苗圃自建设起已给参与苗圃建设的群众发放劳务费共计663.9989万元；发放土地地皮租金共计789.798万元，参与苗圃建设总户达820户，3906人；建档立卡267户，1197人受益，有力带动了群众脱贫致富。

苗圃造林情况

公司定期召开业务汇报会议

大同年鉴

DATONG YEARBOOK

2017

大同市地方志办公室 编

方志出版社
Publishing House of Local Records

图书在版编目（CIP）数据

大同年鉴．2017 / 大同市地方志办公室编．-- 北京：方志出版社，2017.11
ISBN 978-7-5144-2656-4

Ⅰ．①大… Ⅱ．①大… Ⅲ．①大同－2017－年鉴
Ⅳ．①Z522.53

中国版本图书馆CIP数据核字（2017）第273589号

大同年鉴（2017）

编　　者：大同市地方志办公室
责任编辑：冯　松
出 版 人：冀祥德
出 版 者：方志出版社
地址　北京市朝阳区潘家园东里9号（国家方志馆4层）
邮编　100021
网址　http://www.fzph.org
发　　行：方志出版社图书经销中心
电话（010）67110500
经　　销：各地新华书店
印　　刷：大同市海德印务有限公司
开　　本：889×1194　　1/16
印　　张：40.25
字　　数：1498千字
版　　次：2017年11月第1版　　2017年11月第1次印刷
印　　数：0001~1200册
ISBN 978-7-5144-2656-4　　定价：298.00元

《大同年鉴》编纂委员会

大同市政区图

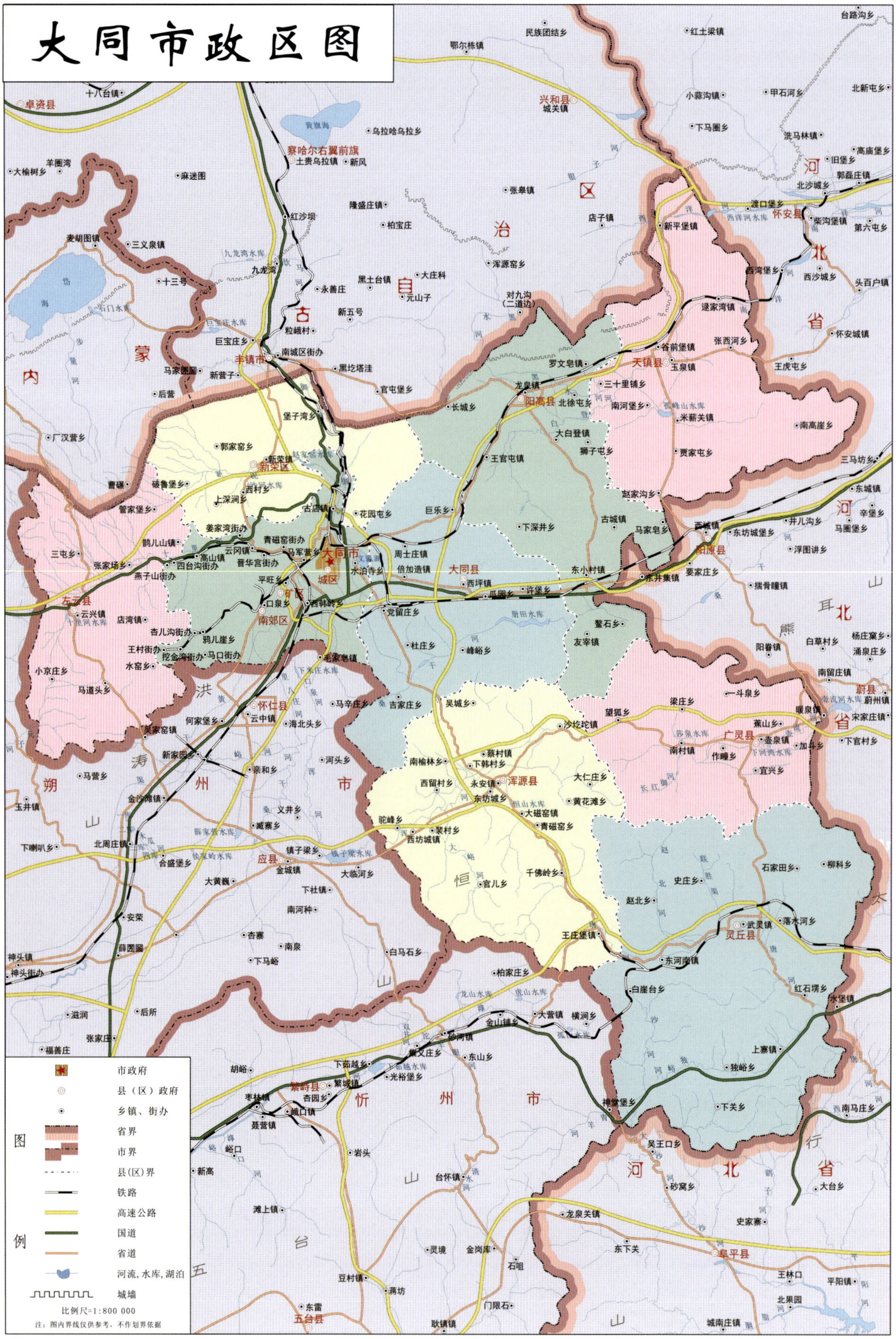

市政府
县（区）政府
乡镇、街办
省界
市界
县(区)界
铁路
高速公路
国道
省道
河流,水库,湖泊
城墙
比例尺=1:800 000
注：图内界线仅供参考，不作划界依据
大同市
城区
矿区
南郊区
新荣区
阳高县
天镇县
广灵县
灵丘县
浑源县
左云县
大同县
怀仁县
丰镇市
察哈尔右翼前旗
兴和县
卓资县
怀安县
阳原县
蔚县
涞源县
阜平县
五台县
繁峙县
应县
内蒙古自治区
河北省
朔州市
忻州市
恒山
五台山
洪涛山
太行山
黄旗海
岱海
册田水库
孤山水库
西洋河水库

大同市旅游交通图

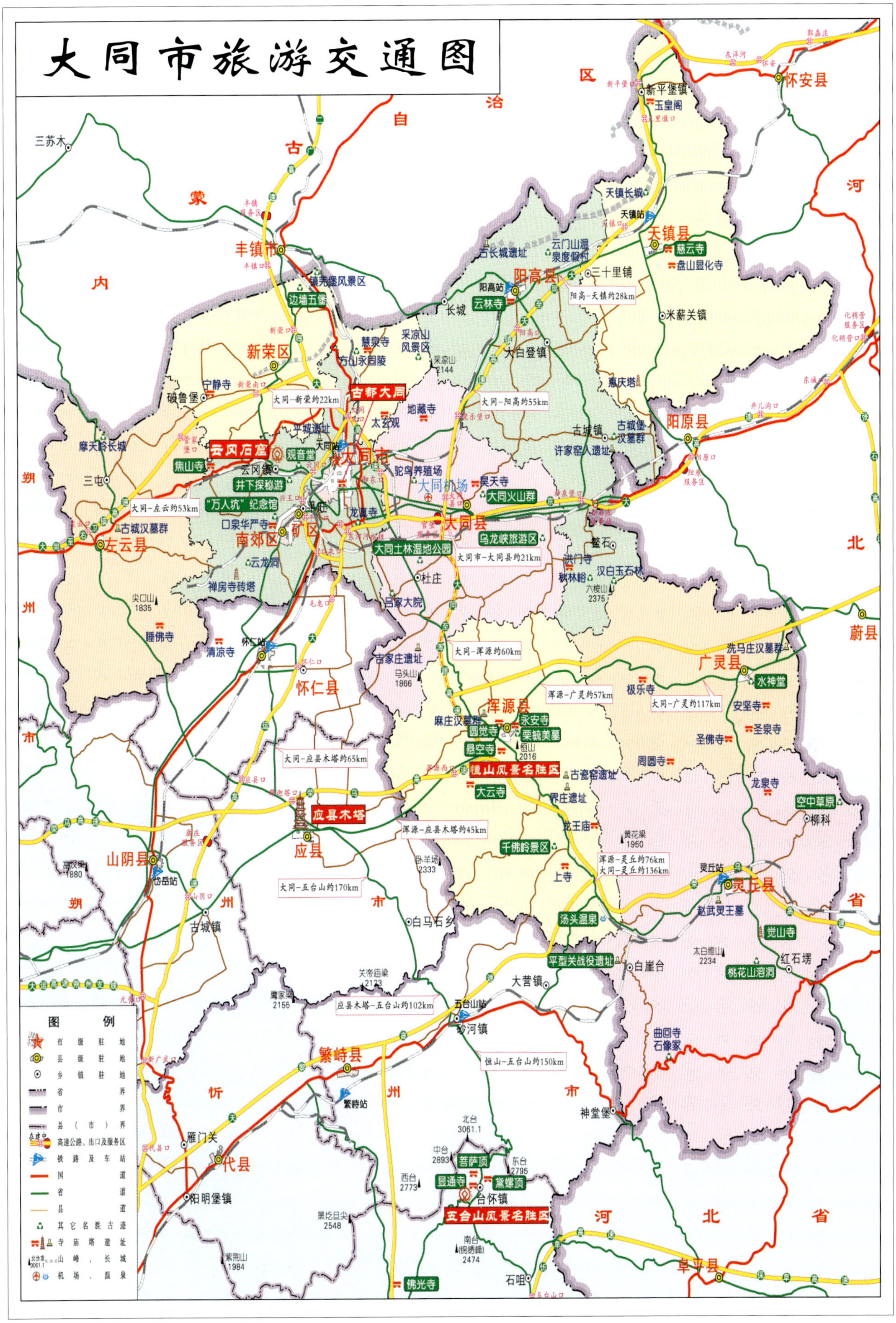

内
蒙
古
自
治
区
河
北
省
朔
州
市
忻
州
市
河
北
省
三苏木
丰镇市
丰镇服务区
丰镇口
镇羌堡风景区
边墙五堡
新荣区
新荣口
慧泉寺
方山永固陵
采凉山风景区
采凉山
2144
宁静寺
破鲁堡
大同—新荣约22km
古都大同
地藏寺
太宫观
平城遗址
云冈石窟
观音堂
大同站
大同市
焦山寺
云冈镇
井下探秘游
“万人坑”纪念馆
口泉华严寺
平旺
矿区
南郊区
龙泉寺
云龙洞
禅房寺砖塔
摩天岭长城
三屯
大同—左云约53km
古城汉墓群
左云县
尖口山
1835
睡佛寺
清凉寺
怀仁站
怀仁县
怀仁口
毛皂口
新平堡镇
新平堡口
玉皇阁
新平堡镇口
天镇长城
天镇站
天镇县
慈云寺
盘山显化寺
米薪关镇
东洋河
怀安县
郭磊庄
化稍营服务区
化稍营口
古长城遗址
云门山温泉度假村
阳高县
阳高站
云林寺
三十里铺
阳高—天镇约28km
长城
大白登镇
阳高口
大同—阳高约55km
聚乐堡口
鹿庆塔
阳原县
阳原服务区
阳原口
井儿沟口
东城
古城镇
古城堡汉墓群
许家窑人遗址
驼鸟养殖场
大同机场
昊天寺
大同火山群
大同县
乌龙峡旅游区
大同土林湿地公园
大同市—大同县约21km
鳌石
洪门寺
秋林峪
汉白玉石林
六棱山
2375
杜庄
吕家大院
蔚县
大同—浑源约60km
吉家庄遗址
马头山
1866
浑源—广灵约57km
洗马庄汉墓群
广灵县
水神堂
极乐寺
大同—广灵约117km
安坚寺
圣泉寺
圣佛寺
周圆寺
浑源县
麻庄汉墓群
永安寺
圆觉寺
栗毓美墓
悬空寺
恒山
2016
大同—应县木塔约65km
恒山风景名胜区
古窑窑遗址
大云寺
界庄遗址
应县木塔
应县
浑源—应县木塔约45km
龙王庙
千佛岭景区
龙泉寺
空中草原
柳科
黄花梁
1950
浑源—灵丘约76km
大同—灵丘约136km
灵丘站
灵丘县
赵武灵王墓
上寺
汤头温泉
觉山寺
太白维山
2234
红石塄
桃花山溶洞
平型关战役遗址
白崖台
大营镇
山阴县
岱岳站
1880
山阴口
大同—五台山约170km
白马石乡
卧羊场
2333
古城镇
关帝庙梁
2123
馒家梁
2155
应县木塔—五台山约102km
五台山站
砂河镇
恒山—五台山约150km
曲回寺石像冢
繁峙县
繁峙站
神堂堡
雁门关
代县
阳明堡镇
北台
3061.1
中台
2893
菩萨顶
东台
2795
西台
2773
显通寺
黛螺顶
台怀镇
五台山风景名胜区
黑圪旦尖
2548
紫荆山
1984
南台
(锦绣峰)
2474
石咀
佛光寺
阜平县
图例
市级驻地
县级驻地
乡镇驻地
省界
市界
县(市)界
高速公路、出口及服务区
铁路及车站
国道
省道
县道
其它名胜古迹
寺庙塔遗址
山峰、长城
机场、温泉

数字大同2016

综 合

全市地区生产总值1025.3亿元

人均地区生产总值30032元

居民消费价格比上年上涨1.1%

商品零售价格比上年下降0.4%

城镇新增就业人员4.28万人

年末城镇登记失业率2.9%

农 业

农作物总播面积312730公顷

粮食总产量112.66万吨

农村用电量3.65亿千瓦小时

工业 建筑业

规模以上工业企业工业增加值比上年下降14.5%

规模以上工业企业实现主营业务收入1767.6亿元

实现利税61.5亿元，实现利润11.3亿元

建筑业增加值71.9亿元

房屋建筑施工面积592.9万平方米

房屋竣工面积291.8万平方米

固定资产投资

全社会固定资产投资1212.8亿元

房地产开发投资167.7亿元

房地产开发施工面积1589.2万平方米

房屋竣工面积288.2万平方米

商品房屋销售面积143.4万平方米

固定资产投资施工项目2352个

全部建成投产项目2104个（不含房地产）

能 源

一次能源生产折标准煤0.6亿吨

二次能源生产折标准煤0.04亿吨

外输电力281.5亿千瓦时

全社会用电量132.2亿千瓦时

国内贸易

社会消费品零售总额609亿元

批发业零售额54.9亿元

零售业零售额476.9亿元

住宿和餐饮业零售额77.2亿元

对外经济

海关进出口总额236305万元

新批外商投资企业4家

外资实际到位20110万美元

交通 邮电 旅游

公路通车里程12574千米

公路密度89.2千米/百平方千米

民用车辆保有量60.83万辆

邮电业务总量51.22亿元

全市固定及移动电话用户431.22万户

计算机互联网络用户53.18万户

邮政局所145个，邮路总长度3322千米

成功承办山西省旅游发展大会

旅游总收入363.3亿元

财政 金融 保险

一般公共财政预算收入88.93亿元

税收收入66.2亿元

公共财政预算支出289.18亿元

全市金融机构各项存款余额2629.08亿元

全市金融机构各项贷款余额1225.71亿元

全市有注册保险机构36家

保费收入57.16亿元

支付各类保险赔款及给付21.34亿元

科学技术 文化 卫生

申请国家专利1371件

获国家授权专利887件

产品质量监督检验和计量检定技术机构16个

气象台站8个

降水量446.5毫米

年平均气温7.6摄氏度

群众文化艺术馆12个

艺术表演团体14个

公共图书馆13个

博物馆2个

档案馆13个

有广播电视台10座

有线电视用户42.3万户

数字电视用户31.5万户

卫生机构（含诊所、村卫生室）3227个

卫生技术人员21692人

环境保护

二级以上良好天数314天

空气质量综合指数5.21

主城区新增供热面积380万平方米

城市集中供热率99.7%

城市气化率98.6%

城市供水普及率99.6%

市本级污水处理厂处理生活污水6400万立方米

污水处理率91%

市区日处理生活垃圾1000吨

城市生活垃圾无害化处理率99%

建成区新增绿化面积117万平方米

造林面积21670公顷

人口 人民生活 社会保障

全市常住人口342.19万人

人口自然增长率4.54‰

居民人均可支配收入18594元

城镇居民人均可支配收入26273元

农村居民人均可支配收入8217元

企业养老保险参保职工人数56.8万人

城乡居民基本养老保险参保人数109.1万人

城镇基本医疗保险参保人数133.4万人

纳入城市最低生活保障的居民5.74万户

纳入农村最低生活保障的居民12.81万户

提供住宿的社会服务机构77个，床位8923张

销售社会福利彩票3.93亿元

筹集社会福利资金3313万元

2016年8月8日，省委书记、省人大常委会主任骆惠宁到新荣区新城新材料公司考察

2016年3月22日，省委常委、省委副书记、省长李小鹏到大同古城代王府综合体项目现场调研

2016年8月4日，省委副书记楼阳生到左云县台子山村调研

2016年5月26日，农业部部长韩长赋在副省长郭迎光等陪同下，到山西雁门清高食业有限责任公司调研小杂粮深加工项目

2016年8月9日，中宣部副部长孙志军，省委常委、宣传部部长胡苏平等到云冈石窟调研

2016年6月22日，省委常委、常务副省长高建民到城区振兴街旧住宅综合整治项目现场调研

2016年9月21日，省委常委、组织部部长盛茂林到中车大同电力机车有限公司调研

2016年3月26日，省委常委、统战部部长孙绍骋到大同法华寺调研

2016年2月4日，省委常委、副省长付建华到大同县生活困难的老村干部刘继先家中慰问

2016年8月30日，副省长王一新在市长马彦平、副市长张韬陪同下到大同方特欢乐世界调研

2016年10月28日，市委书记张吉福，副书记、宣传部部长高键，市委常委、秘书长部向华，到灵丘县实地调研检查易地搬迁、产业扶贫项目

2016年11月11日，市委副书记、市长马彦平到新荣区新城新材料公司现场办公

2016年7月15日，市委书记张吉福与市委副书记、市长马彦平，副市长刘振国、尚建军，到平城街中段检查宇鑫大厦征收拆除情况

2016年5月3日，市委书记张吉福，市委副书记、代市长马彦平到旧联通大楼拆迁现场检查拆迁工作进展情况

2016年9月9日，市委副书记、宣传部部长高键到广灵县调研

2016年4月15日，市委副书记刘国庆、市纪委书记卫洪平到云冈石窟美术馆参观“朝花夕拾——鲁迅的美术世界”展览

2016年12月24日，市委常委、组织部部长赵向东到社会福利院调研

2016年9月7日，市委常委、纪委书记朱晓东到广灵县调研党风廉政建设、巡察监督、经济社会发展和脱贫攻坚等工作，实地了解广灵剪纸文化产业

2016年10月12日，市委书记张吉福，市委常委、政法委书记卫国，副市长尚建军，到南郊区古店镇亮马台运动休闲主题公园调研

2016年11月2日，市人大常委会主任梁凤书调研全市法院未成年人案件审判工作

2016年10月10日，市政协主席柴树彬调研县（区）政协工作

2016年9月10日，市委常委、统战部部长黄芩丽到浑源三元宫宗教活动场所调研

2016年6月17日，市委常委、政法委书记卫国，副市长尚建军，到城区调研指导严打整治“百日行动”

2016年10月26日，市委书记张吉福到天镇县光伏扶贫村级电站项目处调研检查

广大驻村干部到脱贫一线，分类指导，逐户攻坚，图为第一书记在宣讲扶贫政策

广灵县“巧娘”利用玉米皮进行手工纺织

脱贫攻坚

浑源县恒山景区停旨岭村移民搬迁小区

灵丘县东河南镇小寨村

2016 年，大同市 321 个村级光伏电站全部竣工并网发电，直接惠及 6240 户深度贫困人口

食用菌产业成为广灵县贫困户脱贫致富的支柱产业，全县食用菌生产达到 1.2 亿袋

灵丘县花塔村贫困户发展“农家乐”乡村旅游

2016 年 11 月 18 日，大同市举行古城墙合龙、护城河贯通仪式

大同古城护城河贯通现场

大同古城墙合龙仪式现场

城墙合龙

施工队代表把城墙合龙砖砌筑在古城墙合龙处

西城墙上3块纪念砖砌筑安装完毕，大同古城四面城墙正式合龙

古城墙合龙、护城河贯通仪式现场

2016 年 5 月 9 日，市委书记张吉福倾情推介“天下大同”

2016 年 6 月 17 日，大同市获得山西省旅游发展大会主办权，副省长王一新与市领导马彦平、刘振国合影，共同见证山西旅游发展史上的精彩时刻

2016 年 6 月 15 日，大同市参加山西省旅游发展大会电视竞演决赛

2016年5月9日，相声表演艺术家姜昆、山西民歌王高保利和大同数来宝表演艺术家柴京海助力旅游发展大会主办城市电视竞演初赛

2016年5月9日，竞赛现场制作大同百年老字号“凤临阁”名吃——百花烧麦

2016年5月9日，大同市参加山西省旅游发展大会竞演活动

大同蓝

2016年，大同市二级以上良好天数达到314天，综合污染指数下降至5.21，连续四年创全省第一。“大同蓝”先后在新华网、人民网、光明日报等20余家新闻媒体进行报道，对经济社会发展、招商引资产生积极推动作用，成为大同市又一张极具影响力的名片。

云冈石窟大景区被国家质检总局命名为“全国知名品牌创建示范区”

御河公园

国家级风景名胜区——北岳恒山

浑源神溪湿地荷花绽放

大同古城墙景区入列国家 AAAA 级旅游景区

明堂遗址公园免费开放

雾锁古城

2016 中国大同古都灯会

2016年11月16日，大同市“冬季行动”暨项目建设“双环行动”内容之一的大同市国际会展中心奠基

2016年8月8日，压在规划道路上的总高96米的宇鑫大厦成功爆破，被称为“山西第一爆”

主城区城市公共自行车项目建成并运营

2016年11月1日，市区首座人行过街天桥——御河西路1号桥建成投用

2016年8月26日，横跨御河的北环桥建成通车

2016年6月29日，中国首个百万千瓦级光伏发电领跑示范基地在大同采煤沉陷区并网发电

2016年，大同云冈机场保障航班6111架次，旅客吞吐量突破50万人次

2016年5月27日，“云冈号”大同至太原城际旅游专列开行

2016年10月16日，大同市御东文瀛湖办公楼启用

2016 年 7 月 16 日，大同方特欢乐世界正式开园

2016 年 9 月 30 日，市党政军领导与全市社会各界代表向革命烈士敬献花篮

2016 年 8 月 30 日，中国房车展示展演会在文瀛湖生态公园举行

2016 年 8 月 4 日，山西（大同）云冈文化旅游招商系列活动启动

2016 年 4 月 17 日，大同本土电影《莫斯科离大同不远》参加北京国际电影节展映活动

2016 年春节庙会期间，铜火锅受市民青睐

2016 年 4 月 2 日，“大辽遗珍——辽代文物展”在市博物馆临时展厅开展

2016 年 8 月 26 日，“影像的力量”中国（大同）国际摄影文化展启幕，来自德国、奥地利以及中国的 6 位摄影家获得代表摄影界至高荣誉的“镜美尊”

2016年2月2日，乌大张春节电视文艺晚会在市工人文化活动中心一宫举行，图为张家口市演员表演歌舞《武越沧海》

2016年春节期间，来自南郊区的文艺表演队在古城内表演扭秧歌、划船等社火节目

2016 年 1 月 14 日，《河清海晏》演出现场

2016 年 8 月 28 日，复排后的大型民俗歌舞组画《想亲亲》中《喝喜酒》的演出场景

2016 年 2 月 16 日，春节文化庙会红火热闹，华严寺广场文化汇演活动吸引众多市民前来观看

2016 年 2 月 15 日，戏曲《打金枝》吸引众多戏迷观看

2016 年春节期间，街头挠搁表演吸引众多市民观看

2016 年 6 月 18 日，第三届中国（大同）环古城健步走活动暨蒙晋冀（乌大张）长城金三角合作区邀请赛活动在大同市古城内举行

2016 年 7 月 23 日，第三届大同国际骑游大会在大同市古城内举行，图为骑行爱好者从华严广场出发

2016 年 9 月 24 日，中国山地自行车公开赛（大同站）在南郊区古店镇亮马台运动休闲主题公园拉开帷幕

2016 年 12 月 10 日，第二届中国（大同）大型环保徒步“走长城”活动在市和阳门广场启幕

2016 年 9 月 12 日，全市健身气功爱好者在比赛现场表演

2016 年 6 月 22 日，大同县杜庄村旧石器文化遗址考古发掘现场

2016 年 8 月 8 日，全国热气球锦标赛开幕，参赛的热气球飞越大同古城

大同市城区

第三届、第四届、第五届平安中国防灾宣导系列公益活动优秀组织奖
省中小微企业创业创新基地示范区
省级妇幼健康优质服务示范区
山西经济环境创优县（区）
省计划生育基层群众自治示范区

2016年8月21，
府文庙举行开笔礼活动

2016年12月14日，城区人民政府与龙建集团举行框架合作签约仪式

2016年11月23日，城区通过全国义务教育发展基本均衡督导检查

2016年12月6日，城区举行大同大学附属小学挂牌仪式

2016年7月25日，台湾台东县丰里“国民小学”到城区参观交流学习

大同市矿区

矿区领导调研同煤集团塔山工业园区

矿区严打整治“百日行动”见义勇为表彰会

矿区换届选举投票现场

组织开展“爱我大同”投票活动

第八届职工文化博览会矿区拔河比赛

矿区职工首届健步走活动

迪迪科技集团总部迁回矿区新闻发布会

口泉公园

大同市南郊区

全国平安建设先进县（区）
山西省文物保护工作先进县（区）
全省20家“率先实现农机化示范区”
山西省农田水利基本建设“禹王杯”红旗县（区）

2016年10月12日，市委书记张吉福到马军营乡调研农村治保工作

全区法治宣传教育工作会议

北都农商行与山西省国新能源发展集团大同区域管理委员会签订战略合作协议

现代农业——蝴蝶兰种植

现代农业——观光游引来四方客

现代农业——奶牛养殖

大同市新荣区

省集体林权制度改革先进区

省双拥模范区

市委书记张吉福到华胜新成石墨材料公司调研

新荣区首届“魅力新荣”摄影系列活动启幕

徒步长城系列活动在新荣区举行

摄影活动启动仪式现场

新荣区首届职工健身运动会

左云县

全国造林绿化先进县
全国体育先进县
山西省历史文化名城
山西省文化强县
省级卫生县城

长城旅游路绿化工程

左云县夏都国际游客服务中心

施工建设中的左云县云文苑小区

左云县店湾—水窑片区 50 万千瓦光伏项目并网发电

通往五路山的旅游公路

大同县

中国黄花之乡
全国生态保护与建设示范区
全国燕山—太行山国家集中连片扶贫开发县
全国绿化模范县
全省休闲农业和乡村旅游示范县
国家全域旅游示范区
省级卫生县城

2016 年 6 月 17 日，省人大常委会副主任张建欣到大同县调研

乌龙峡

黄花丰收

西坪公园

泛舟小龙门

阳高县

全国最具投资潜力中小城市百强县
全国科普示范县
全国体育先进县
全国蔬菜产业重点县
全国粮食产业重点县
全国生态文明建设先进县
国家养生养老示范基地
中国二人台艺术之乡
中国最美养生休闲旅游名县
2013年度苏商投资中国首选亲商城市
省级卫生县城

大泉山展览馆

大张高铁（阳高段）建设工程

云林寺外景

天镇县

首批全国光伏扶贫试点县
电子商务进农村综合示范县
国家级出口食品农产品质量安全示范区

光伏扶贫项目

移民新村塔儿村

县委书记王建江到水磨口村调研山洪灾害防治工作

县长刘川楠检查消防安全工作

浑源县

国家全域旅游示范区
省禹王杯先进红旗县
省级卫生县城

凌云口架豆丰收，图为收购装运豆角现场

浑源中学秋季开学典礼

现代农业蓬勃发展

浑源县一德街

国家级神溪湿地公园荷花盛开

广灵县

国家级食品安全示范县
中国绿色名县
国家首批绿色能源示范县
国家首批有机产品认证示范创建县
中国食用菌优秀主产基地县
中国民间文化艺术之乡
中国剪纸艺术之乡
中国最佳文化生态旅游名县
省级无公害农产品认证整体推进县
省级卫生县城

广灵剪纸文化广场剪纸艺术展示现场

广灵县采取“公司＋贫困户”模式，实施食用菌产业扶贫

广灵“东方亮”谷子

灵丘县

中国最美生态宜居旅游名县

国家全域旅游示范区

省级卫生县城

2016年9月6日，全省转型综改交流会灵丘现场会召开

2016年11月30日，团中央书记处书记汪鸿雁到灵丘县调研脱贫攻坚工作

“阿姨帮”与灵丘县人民政府签署劳动力转移战略合作协议

2016年1月13日，灵丘县举行校园文化艺术节

灵丘县罗罗腔剧团排演大型现代剧《公仆》

编纂说明

一、《大同年鉴》由大同市人民政府组织，大同市地方志办公室编纂出版，是全面了解今日大同的一部综合性资料文献工具书。创办于1987年,《大同年鉴(2017)》是第22部。

二、《大同年鉴》作为一种地域性史册和信息载体，逐年记载大同市政治、经济、文化、社会、生态等各个领域的现状，及新成就、新进展和新经验，为全市科学发展提供决策依据和借鉴，为广大读者了解和研究大同提供信息和资料。

三、《大同年鉴（2017）》坚持以马克思列宁主义、毛泽东思想、邓小平理论、“三个代表”重要思想、科学发展观和习近平新时代中国特色社会主义思想为指导，认真学习宣传贯彻党的十九大精神，坚持辩证唯物主义和历史唯物主义的立场、观点、方法，求真求实，为大同的改革开放和社会主义现代化建设服务。

四、《大同年鉴（2017）》记述时限为2016年1月1日至2016年12月31日。

五、《大同年鉴（2017）》采用分类编辑法记述，全书分四个层次编排，即类目、分目、次分目、条目。全书共设“文献、年度关注、大事记、市情概览、中国共产党大同市委员会、大同市人民代表大会、大同市人民政府、中国人民政治协商会议大同市委员会、中国共产党大同市纪律检查委员会、民主党派工商联、社会团体、军事、法治、经济管理与监督、工业经济、农林水利、住房和城乡建设环境保护、交通运输、无线电通信邮政、商贸会展、财政税务、金融、科学技术社会科学、教育、文化、文物旅游业、新闻出版广播影视、卫生和计划生育、体育、社会生活、人物、县区概览、统计资料、附录”34个类目，总字数1498千字。

六、《大同年鉴（2017）》全书条目标题统一用黑体字加【】表示，该书前有中文目录，后有索引，特意增设书口要目，具有比较完善的检索系统，便于读者查找。索引采用主题词索引法编纂，主题词按首字汉语拼音音序排列。

七、《大同年鉴（2017）》框架在保持历年相对稳定的基础上作了适当增加和调整。“中国共产党大同市委员会”类目中增设分目“‘两学一做’学习教育”；“大同市人民政府”类目中增设分目“脱贫攻坚”“开展‘冬季行动’”；“法治”类目，把市人大的立法工作、政法委工作移入此类目中，以体现“科学立法、严格执法、公正司法、全民守法”的新形势新要求；“经济管理与监督”类目中增设分目“口岸管理”。调整“群众团体”类目为“社会团体”，“农业经济”类目为“农林水利”，“邮政信息业”类目为“无线电通信邮政”；“教育科学”类目分设为“教育”“科学技术社会科学”两个类目，“卫生体育”类目分设为“卫生和计划生育”“体育”两个类目，这样可使分类更加科学合理。

八、《大同年鉴（2017）》所载信息由全市各机关、企事业单位提供，经《大同年鉴》编辑部整理编辑、审查，出版社审核而成，具有权威性。所用“统计资料”由大同市统计局提供，正文中数据由各部门提供，因统计口径等原因，有关部门所用个别数据与“统计资料”中的数据不尽一致，引用时以大同市统计局数据为准。除“农林水利”“县区概览”类目及涉农条目外，所涉计量均使用法定计量单位。

《大同年鉴（2017）》编纂出版工作得到全市各级机关、企事业单位的大力支持，借此表示衷心感谢。由于成书仓促，水平有限，多有疏漏或者不足之处，敬请广大读者批评指正。《大同年鉴》编辑部地址：大同市御东新区兴云街2799号文瀛湖办公楼西楼740室，邮编：037300，电话：0352-7787740，电子邮箱：dt7559775@163.com。

《大同年鉴》编辑部

2017年11月

目　录

文　献

年度关注

大事记

市情概览

中国共产党大同市委员会

大同市人民代表大会

目录

大同市人民政府

中国人民政治协商会议大同市委员会

中国共产党大同市纪律检查委员会

民主党派　工商联

社会团体

军 事

法 治

目录

经济管理与监督

工业经济

农林水利

交通运输

财政　税务

目录

金 融

科学技术　社会科学

目录

教 育

文 化

文物 旅游业

新闻出版 广播影视

卫生和计划生育

体 育

社会生活

目
录

人 物

目录

县区概览

目录

统计资料

附 录

塑造美好形象 实现振兴崛起
为加快建设美丽富裕幸福大同而努力奋斗（节选）

——在中国共产党大同市第十五次代表大会上

中共大同市委书记　张吉福

（2016 年 9 月 27 日）

一、过去五年的工作回顾

过去五年，是大同发展历史上极不平凡的五年。面对错综复杂的经济环境和艰巨繁重的发展任务，我们以习近平总书记系列重要讲话精神为统领，在省委的正确领导下，团结带领全市人民，经受住各种困难和风险考验，顺利完成了市第十四次党代会和“十二五”规划的目标任务，经济社会发展上了新台阶。

——经济发展稳步提升。地区生产总值跃上千亿台阶，达到 1053 亿元，年均增长 9.4%；一般公共预算收入达到 92.4 亿元，年均增长 10.9%；固定资产投资累计完成 4750.7 亿元，实现翻番；规模以上工业增加值年均增长 12.1%；粮食总产连续三年突破 20 亿斤；社会消费品零售总额年均增长 13.4%；城镇常住居民人均可支配收入达到 24771 元，年均增长 9%，农村常住居民人均可支配收入达到 7708 元，年均增长 13.7%，发展质量明显提升。

——改革开放深入推进。转型综改试验区建设全面展开，行政审批、国有企业、商事制度、农村土地、户籍管理、煤炭电力等重点领域和关键环节改革成效显著。率先推行了光伏发电项目使用林地改革，公共资源交易平台建设、公车改革基本完成。对接京津冀、“乌大张”区域合作迈出实质性步伐，金融创新、科技园区、新能源基地建设取得突破性进展，跨区域开放型经济格局初步形成。

——城市建设成效显著。古城规划全面实施，保护修复全力推进，古都魅力逐步彰显，历史文化名城气质充分展现。御东建设加快推进，新区框架基本形成，城市功能不断完善，一座现代化新城焕发出勃勃生机。大张大西高铁全面开工，云冈机场扩建通航。城市供气、集中供热、垃圾处理、污水处理基本实现全覆盖，新增城市道路面积683 万平方米，建成区面积达到 134.2 平方公里，增加 1.4 倍。城镇化率提高 7 个百分点，达到 61%，高速公路实现县县通，行政村街巷硬化实现全覆盖，大气恢宏的城市形象成为古都大同的一张金色名片。

——社会事业不断进步。社会保障体系不断完善，城乡就业持续扩大，养老、医疗两项保险实现全覆盖，人民生活水平稳步提高，教育、科技、文化、卫生、体育等各项事业蓬勃发展。依法治市进程全面提速，安全生产形势总体平稳，公众安全感指数稳步提高，社会大局保持和谐稳定。军民融合深度发展，获得全国“双拥模范城”八连冠。社会主义核心价值体系积极践行，文化精品大量涌现，荣获“影响世界的中国文化旅游名城”等一大批荣誉称号，历史文化名城的美誉度、影响力全面提升。

——生态环境持续改善。生态修复治理工程全面实施，文瀛湖景观工程、东城墙和南城墙带状公园、十里河生态植物园全面完成，节能降耗、污染减排、造林绿化强力推进。城市绿化面积新增 1402 万平方米，建成区绿化覆盖率、绿地率分别达到 40.1%、36%，人均公园绿地面积达到 14.8 平方米，森林覆盖率达到 23.5%，二级以上良好天气和空气质量指数连续三年位列全省第一，获得国家园林城市、中华宝钢环境优秀奖和山西省环保模范城市等荣誉称号。

——党的建设全面加强。扎实开展党的群众路线教育实践活动、“三严三实”专题教育、“两学一做”学习教育和“学习讨论落实”活动，党员干部理想信念进一步增强；坚持好干部标准，树立正确选人用人导向，扎实推进“三个一批”，不断刷新吏治，圆满完成县乡换届任务，风清气正的选人用人环境初步形成；夯实基层党建基础，大力实施“一带三创”工程，全力推进“强腰行动”，基层组织战斗堡垒作用、党员先锋模范作用和干部表率作用充分发挥；认真履行从严管党治党主体责任，坚持挺纪在前，深入贯彻中央八项规定精神，驰而不息反对“四风”，党风政风和社会风气发生了积极变化；始终保持反腐败高压态势，查处了丰立祥等一批大案要案，处分违纪党员干部 4959 人，政治秩序逐渐恢复，政治生态有效净化。

五年的实践告诉我们，办好大同的事情，必须坚持以中央的大政方针和省委的决策部署指引全市工作，毫不动摇地在思想上政治上行动上同党中央保持高度一致；必须充分发挥党的领导核心作用，站在政治和全局的高度谋划和指导工作，做到心有大局、胸怀全局；必须牢牢扭住经济建设这个中心，坚持创新驱动，推动转型升级，破解“一煤独大”；必须牢固树立宗旨意识，践行党的群众路线，把为民造福作为出发点和落脚点，将依靠人民、为了人民贯穿工作始终；必须抓住干部队伍建设这个关键，从严治党治吏，充分发挥选人用人导向对净化政治生态最直接的引领作用，为事业发展提供坚强有力的组织保障。

在总结成绩的同时，我们还要清醒地看到存在的困难和问题：经济总量偏小，结构性矛盾突出，主导产业深陷困境，非煤工业带动不足，县域经济乏力；思想解放程度低，市场经济意识弱，非公经济滞后，对外开放不够；民生事业欠账多、负担重、压力大，尤其是脱贫攻坚任务艰巨；一些基层党组织软弱涣散，干部干事创业的积极性、能动性尚未充分发挥，不愿干、不敢干、不会干的现象依然存在；党风廉政建设和反腐败任务依然艰巨，加强党的建设还需要付出更大努力。对此，我们必须勇于面对，主动作为，扎实有效加以研究解决。

二、今后五年的指导思想和奋斗目标

全市各项工作的指导思想是：高举中国特色社会主义伟大旗帜，全面贯彻党的十八大和十八届三中、四中、五中全会精神，深入贯彻习近平总书记系列重要讲话精神，统筹推进“五位一体”总体布局，协调推进“四个全面”战略布局，积极践行新发展理念，按照省委“一个指引、两手硬”的重大思路和要求，把转型发展作为第一要务，把改革创新作为第一动力，把群众需要作为第一追求，把涵养生态作为第一要求，把安全稳定作为第一保障，把全面从严治党作为第一责任，全面构建良好政治生态，全力推动经济稳步向好，塑造美好形象，实现振兴崛起，为打造区域性中心城市，加快建设美丽富裕幸福大同而努力奋斗。

今后五年的奋斗目标：

——让区域性中心城市格局基本形成。重点打造“一个龙头、四个中心”，真正把大同建成东承首都、西接丝路、南贯三晋、北通蒙俄的区域性中心城市。“一个龙头”，就是完善城市功能，提高城市品质，提升服务水平，建成晋北城市群和晋冀蒙交界区龙头城市。“四个中心”，就是以强化国家综合交通枢纽城市地位为重点，加快构建高铁、公路、航空、轻轨等立体式网络体系，建成全国性综合交通中心；以当好山西对接京津冀先行城市为重点，用好转型综改试验区的政策优势，推动人才、资金、企业等优势资源的集聚，建成具有吸引力、辐射力、影响力的要素集聚中心；以释放商贸流通市场活力为重点，发挥传统商贸优势，创新商业模式，发展互联网经济，建成商品交易中心；以建设国际旅游城市为方向，加快旅游产品、旅游服务、旅游环境整体提升，推动旅游景点抱团运营，打造智慧旅游一卡通，构建周边旅游一体化发展链条，建设成为辐射周边、连通全国、接轨世界的区域性文化旅游中心。

——让美丽大同成为城市发展的主体色调。转变发展方式，坚持生态立市，把绿色发展放在更加突出的位置，实现绿色、低碳、循环、可持续发展。加大环境保护和环境治理，着力净气、洁水、治污、增绿，让爱护家园和保护环境成为全民自觉行为。全力建设绿色、生态、宜居的生活家园，地域特色、文化特质、区域特点充分彰显，城市之美、山水之美、环境之美充分展示，让百姓看得见青山绿水，感受到天蓝气爽，享受到鸟语花香，把大同打造成一座方式美、行为美、生态美的现代花园城市。到 2020 年，森林覆盖率达到 26%，城市绿化覆盖率达到 45%，全市单位地区生产总值能源消耗降低 15%，二氧化碳排放量降低 18%，城市污水处理率达到 95%，全市地表水水质优良断面比例提高一倍，县级集中式饮用水水源地水质全部达到或优于国家Ⅲ类标准。

——让富裕大同成为小康社会的真实体现。富裕大同的目标就是全面建成小康社会，实现经济强、企业壮、百姓富。经济强，就是实现创新驱动、转型升级，经济总量、财政收入大幅提升，产业结构更趋合理，民营经济快速发展，县域经济不断壮大，竞争力和综合实力显著提升。企业壮，就是全力打造体量大、质量优、效益高、动力新的经济体，大企业增多，形成一批有竞争力的龙头企业和企业集群。百姓富，就是多形式、多渠道增加就业，城乡居民收入大幅度增加，贫困人口全部脱贫，贫困县全部摘帽。到 2020 年，地区生产总值达到 1400 亿元，一般公共预算收入达到 125 亿元，非煤工业占工业比重达到 50%，接待游客人数和旅游总收入翻番，现代服务业增加值占 GDP 比重突破 20%，社会消费品零售总额增加 50%，民营经济占比 55%，县域经济占比 50%。规模以上企业数翻番，上市企业数翻番。城镇和农村常住居民人均可支配收入分别达到 34000 元和 10560 元，城镇新增就业人数突破 20 万大关。

——让幸福大同成为人民群众的直接感受。全力改善民生，使人民群众拥有更多的获得感、幸福感，实现学有优良教育、劳有就业岗位、住有宜居环境、购有便利商场、行有便捷交通、吃有安全食品、娱有健康文化、困有救助关爱、病有优良医疗、老有社会保障的“十有”目标。构建更加平安、更加法治、更加民主、更加公平、更加文明、更有活力的和谐社会环境。每年为群众办一批看得见、摸得着、感受得到的好事实事。到 2020 年，义务教育巩固率提高到 95%，高中入学率达到 90%，困难家庭助学金覆盖率达到 100%，新建改建幼儿园 40 所；1000 个村实现气化目标，完成 3 万户采煤沉陷重灾区搬迁治理，实施 16.6 万户农村困难家庭危房改造，农村垃圾无害化处理率达到 50% 以上；劳动者的职业健康监护率达到 75% 以上；人均预期寿命达到75.9岁；每千名老人拥有养老床位数达到35张，现代健康养老体系基本形成。

——让全面从严成为管党治党的常态长效。坚持全面落实党建责任，广大党员思想政治素质不断增强，理想信念更加坚定，党员标准牢固树立，忠诚干净担当成为思想自觉和行动自觉。全面从严治党的制度体系更加完备，党内政治生活更加规范，管党治党责任层层落实，制度真正成为治党、管权、治吏的硬约束，全面构建不敢腐、不能腐、不想腐的长效机制。各级领导班子能力和水平得到提升，广大干部素质和干事创业能力明显提高，专业化、年轻化结构占比提高30%。基层党组织建设全面加强，人员经费场所全部达标，空壳村100%破零。党的建设全面加强，良好政治生态全面形成。

三、今后五年的主要任务

按照中央总体部署，围绕省委“一个指引、两手硬”的重大思路和要求，全面推进“136”发展战略，努力开创大同各项工作新局面。

（一）狠抓经济发展，培育转型升级新优势

坚持发展第一要务，做好煤与非煤两篇文章，坚决打好经济结构调整攻坚战，加快构建以文化旅游为龙头、以非煤工业为主导、以现代服务业为支撑的现代产业新体系。

推进煤炭供给侧结构性改革。全面落实“三去一降一补”，积极稳妥去产能，科学合理组织煤炭生产，加快高产高效现代矿井和现代煤化工项目建设，大力发展煤炭循环经济。加快能源产业升级增效，促进煤电一体化深度融合，推动煤制天然气等重点工程。多种途径去库存，突出分类施策，实现供需两侧在更高水平上再平衡。通过减债务、换债务、延债务，全力去杠杆，化债务，控风险。持续简政放权，放管结合，优化服务，给企业直接松绑，减负解困，降低成本。围绕重点领域和关键环节，补齐制约提高发展质量和效益的突出短板，为全面建成小康社会提供强大动力支撑。

全力打造文化旅游产业。把文化旅游产业作为产业转型的战略性支柱和龙头。围绕增加游客、增加收入、增加美誉度三大目标，大力实施景点景区、精品线路、配套设施、旅游服务、营销推广“五环联动”战略，分层推进“3+3+3+1”景区建设工程。全力对接冬奥会，开发冰雪旅游项目。挖掘北魏元素，打响古都品牌。实施三年行动计划，改革旅游体制机制，引进战略合作伙伴，培育经营主体，搭建旅游投融资平台，开发特色旅游产品，推动旅游业与相关产业融合发展，实现大同旅游从景点旅游向全域旅游转变，从观光旅游向休闲度假转变，从传统旅游向智慧旅游转变，打造国际旅游城市。

大力发展非煤工业。把非煤工业作为转型发展的重中之重，做强存量、做优增量、做大总量，大幅提高占比。发展现实可能的产业，向资源要产业，向消费要产业，向投资要产业，向产业链要产业；发展有一定基础的产业，加快装备制造、医药食品、节能环保、新材料挖潜升级增效；发展有比较优势的产业，建设智慧能源产业园区和新型综合能源基地，大力发展新能源设施设备制造业、储能产业和大数据产业；发展有前景的产业，抓紧推动电动车、瓦斯发电、电供热、电储能、轨道交通设备、煤机制造、通用航空等新兴业态落地布局。积极打造产值各300亿元的晋北装备制造业基地、全球最大抗生素原料药生产基地、新能源制造基地，统筹布局产值各100亿元的食品、轻工、新材料产业。

积极培育现代服务业。夯实投融资平台，发展现代金融业和金融服务业，做大做强大同银行，完成农村信用社改制，建立“1+N”产业引导基金，构建现代金融服务体系。完善配送网络，培育龙头企业，打造集社会化、专业化、信息化、规模化运营为一体的晋北现代商贸物流基地和晋冀蒙区域物流枢纽。围绕城市公共信息平台、公共基础数据库、云计算中心等重点项目，加快建设区域性特色电商园区，打造“硬件＋软件＋内容＋服务”的电子商务应用示范基地。加快企业级云平台建设和发展，推动“互联网＋”创新运用。稳步推进现代健康养老产业发展，打造集健康休闲、养老养生、医疗服务等多位一体的康养基地。探索煤炭资源的期货化、证券化，建设集海铁联运、资本运营于一体的北方煤炭综合物流交易中心。

全力壮大民营经济。通过帮扶本地企业、引进外来企业，加快培育中小企业，力促民营经济快速发展。大力发展总部经济，以扩量、提质、增效为目标，把握产业导向，强化政策扶持，放宽民间投资准入领域，推动金融机构加大对企业的信贷支持，促进民间资本规范有序进入民营企业和实体经济，逐步形成百亿龙头、十亿骨干、亿元基础的企业梯队，打造10个大型、100个中型、1000个小型、10000个微型企业产业集群。发挥综改试验区先行先试优势，优化投资环境，吸引扶持在外地的大同企业家回乡投资创业。推动民营企业注册、投资、发展、重组、上市，争当龙头，快速提升民营经济的占比。

（二）推进改革创新，构建协同发展新高地

抓住市场机遇，全面深化改革，大力推进创新，扩大内外开放，为大同发展开辟新空间，注入新活力。

深化重点领域改革。以转型综改试验区建设为牵引，突出改革的系统谋划、顶层设计和综合配套，着力构建充满活力、富有效率、更加开放、利于转型的体制机制。加快行政区划调整，提升承载能力，为全面对接京津冀打下坚实基础。深化经济领域改革，实现市域经济市场化、经济运行方式股份化、国有集体资产资源证券化、基础设施和竞争性社会事业产业化。深化国有企业改革，支持同煤集团改革，剥离企业办社会职能，优化股权结构，引导国有资产和资源配置向优势产业集聚。深入推进开发区体制机制改革，全面激活这块改革开放的试验田。

大力实施创新驱动。坚持把创新摆在发展全局的核心位置，依托中国国际技术转移中心大同合作中心，加快装备制造、医药工业、石墨烯等科研产业园区建设，加大基础学科、产业共性技术、重点领域核心技术的投入力度，与中关村集团、清华科技园、农业科技城共建科技创新基地，联手打造“创业苗圃—孵化器—科技园—科技城”产业链条，构建以企业为主体、市场为导向、产学研紧密结合的技术创新体系。

全面构建大开放格局。积极参与国家“一带一路”战

略，不断强化“乌大张”区域合作，主动融入京津冀协同发展和环渤海融合发展，加大产业协作和项目对接力度。改进招商方式，通过小分队招商、会议招商、服务招商、以商招商、中介招商，广泛吸引企业来大同设立地区总部、研发中心、运营中心。大力发展商会和其他商业组织，加强内外企业家交流合作。加快建设综合保税区，实现航空、陆港口岸正式开放，当好全省对外开放的桥头堡和对接京津冀的先行城市。

（三）统筹城乡建设，构筑一体化发展新格局

围绕规划、建设、管理和环境，全力推进城乡协调发展，着力打造和谐宜居、富有活力、特色鲜明的历史文化名城和现代化城市。

完善城市规划体系。高水平、高规格编制城市规划建设导则，有效指导各类建设的科学实施。围绕活起来火起来的目标，坚持“化零为整、项目带动、片区联动、全景展示、五态合一、居游共享”的思路，全方位构建古城建设规划体系，形成展示大同城市历史文化特色与风貌的核心区。提速口泉地区规划建设，实施城镇提质计划，完善基础设施，改善城市环境，促进城矿融合发展。提升御东新区的规划水平，统筹人、地、产业要素，把御东新区打造成宜居宜业的现代化生态新城区。行政中心与大同大学周边建成集政治、文化、科技、新型服务为一体的科技文化创新区，文瀛湖周边建成景观优美、低碳绿色、宜养宜游的生态型景观区，高铁站周边建成布局合理、管理有序、业态先进的商贸富集区。

提升城市建设品质。全面实施古城复兴计划，建成代王府、城隍庙、府衙等一批文物保护修复工程，全面推动古城建设，真正让古城活起来、火起来，大同古城基本建成。新区建设提速，增加公共配套，加强产业布局，促进产城融合，成为发展的新亮点。大张大西高铁建成通车，推动大—鄂—银和大乌高铁规划建设，打通广蔚高速，连接京西直通走廊，打通出海通道，增加通航线路，形成立体式交通网络。完善基础设施，加快建设轨道交通，健全快速交通体系，打通断头路，修建停车场、公共厕所、人行通道。加快图书馆、大剧院、美术馆、体育中心、会展中心等城市标志性建筑的建设和运营。推进地下综合管廊和海绵城市建设，提高城市综合承载能力。实施新型城镇化，加大县城建设力度，推动扩规提质，加强乡村道路、街巷、文化场所、集贸市场等公共设施建设，提高城乡建设水平。

提高城市管理水平。构建“大城管”格局，改革综合执法体制，提高城市综合执法水平。加快智慧城市创建，实现精细化和数字化城市管理。强化城市空间立体性、平面协调性、风貌整体性、文脉延续性的管控，留住城市特有的地域环境、文化特色、建筑风格等“基因”。坚持协调协同，使政府有形之手、市场无形之手、市民勤劳之手同向发力，真正实现城市共治共管、共建共享。提高市民文明素质，尊重市民对城市发展的知情权、参与权、监督权，增强全体市民的归属感和自豪感。

全面改善人居环境。完成中心区内所有城中村改造任务，彻底消灭成片区的脏乱差。强力推进城市环境综合治理工程，以城市出入口、主干道两侧和车站、广场等公共场所以及城乡接合部等脏乱差现象比较突出的区域为重点，整顿规范广告牌匾、道路挖掘、占道经营、违法建设、乱贴乱画、乱停乱放、乱堆乱占等，为广大市民提供一个整洁、优美、舒适的工作生活环境。强力推进山水林田路环境优化美化工程，实施美丽宜居示范村（社区）“三级联创”，全面提升城乡环境建设水平。推进城乡安居工程，今后五年内，采煤沉陷区、贫困村易地搬迁和农村危房改造全部完成。统筹城乡一体化建设，推动供水、排水、供气、供热向乡村延伸，实现城乡市政公用设施统一规划、统一建设、统一管理。

（四）加快脱贫步伐，实现县域经济新跨越

以脱贫攻坚统领县域经济发展全局，闯出一条速度快、质量高、效益好的发展之路，推进民富县强。

抓脱贫富民。牢固树立以人民为中心的思想，把“五个一批”“六个精准”真正落实到村、到户、到人。坚持科学治贫、精准扶贫、稳定脱贫的基本导向，拉出“扶贫菜单”，抓好“需求侧脱贫”；突出“照单配菜”，抓好“供给侧扶贫”，帮到点子上，扶到关键处。探索扶贫开发长效机制，与当地发展紧紧结合，把农民组织起来，把资产经营起来，让企业参与起来，让收入多元起来，实现20.6万农村贫困人口全部脱贫，6个贫困县全部摘帽，与全国全省同期同步达小康。

抓产业强县。各县区要把发展工业作为县域经济发展的主要方向，全力实施工业强县战略，主动承接发达地区的企业转移和工业扩张，迅速壮大工业经济规模，大幅提高工业在县域经济中的比重。狠抓项目建设，大上项目、上大项目，抓投资引资，尽快挺起增强实力的经济脊梁。同时，坚持因地制宜的原则，宜农则农、宜工则工、宜商则商、宜游则游，做强主导产业，壮大优势产业。注重因势利导，抓园区促集聚、抓业态促增长、抓市场促生产，努力培育县域经济后发优势。每个县区至少建设一个独具特色的产业园。

抓农业固本。以新理念引领农业新发展，在优化农业结构上开辟新途径、在转变发展方式上寻求新突破、在促进农民增收上迈出新步伐，真正让农业强起来、农村美起来、农民富起来。紧紧抓住国家建设农牧交错带核心示范区与国家实施粮改饲战略机遇，坚持农牧结合、循环发展的思路，努力推动种植业由“粮经”二元结构向“粮经饲”三元结构转变。突出市场需求和农民增收，以生产、生活、生态“三生共赢”为引领，以规模化、集约化、集群化“三化统筹”为方向，大力发展现代都市型农业，打造京津冀都市圈农产品供应基地。加大无公害农产品、绿色食品和有机食品开发力度，建设食品农产品质量安全示范区。

（五）满足群众需求，开创人民幸福新境界

把为民造福作为始终不渝的目标，在居民增收上下更大功夫、在发展社会事业上花更大力气、在保障公平正义上做更多工作。

持续增加城乡居民收入。坚持把增加城乡居民收入作为民生之源。大力实施就业优先战略，进一步加强职业技能培训，健全就业服务体系。完善低保和公租房政策，提高失业保险、工伤保险待遇标准，提高最低生活保障

标准，帮助弱势群体更多地分享经济发展的成果。建立健全工资正常增长机制，适度提高最低工资标准，完善企业工资集体协商制度，推进机关事业单位工资和津贴补贴制度改革。完善农村社保体系，发展劳务经济，不断拓宽农民增收渠道。

着力提升公共服务水平。坚持教育优先发展战略，实施名校工程，着力强化校长和教师两支队伍建设。持续扩充公办幼儿园资源，支持普惠性民办幼儿园和公建民营幼儿园发展。高标准推进义务教育县域均衡发展。着力提升普通高中办学水平，健全完善以市级职业学校为龙头、县级职教中心为骨干的两级职教体系，加快普及高中阶段教育。积极探索扩大高等教育规模，大力支持高校在科技创新和社会服务方面发挥更大的功能。健全多层次的社保体系，不断扩大覆盖范围，稳步提高保障水平，实现应保尽保。继续推进基本公共卫生服务均等化，健全全民医保体系，巩固完善基本药物制度和基层医疗卫生机构运行机制，积极推进公立医院改革，加强重大疾病防治，提高人民群众健康水平。建立健全城乡一体化社会救助体系和救灾应急体系，统筹做好社会保障、社会救助、社会福利、社会慈善等工作。以我市列入全国首批医养结合试点城市为契机，完善养老服务体系，建设养生养老示范城市。加快信息化基础设施建设，推进城市百兆光纤和宽带乡村工程，实施“宽带大同”战略。

不断完善社会服务管理。强化政府社会管理和公共服务职能，落实企事业单位社会管理服务责任，引导各类社会组织增强服务社会能力，加强社会工作者和志愿者队伍建设，形成推动社会和谐发展、保障社会安定有序的合力。增强城乡社区自治和服务功能，完善基层社会管理和服务体系。加强基层网格化管理，创新流动人口、特殊人群、新社会组织、网络虚拟社会的管理和服务，做到在服务中管理、在管理中服务。

切实维护社会和谐稳定。健全维护群众权益机制，坚持畅通渠道、着力疏导、依法依规、协调合力，加强和改进信访工作。完善矛盾纠纷排查调处网络和多元化解体系，构建人民调解、行政调解、司法调解和社会调解衔接配合的工作格局。全面推行社会稳定风险评估，加快构建公共安全体系，严格食品药品安全监管，提高对公共卫生事件的预防和应急处置能力。强化社会治安综合治理，构建立体化社会治安防控体系，严密防范、依法打击各类违法犯罪活动。严格落实安全生产党政同责、一岗双责，坚决遏制重特大安全生产事故，切实保障人民群众生命财产安全。

（六）坚持生态优先，打造美丽大同新家园

按照“既要绿水青山、也要金山银山”的要求，全力建设美丽大同，着力打造天蓝、地绿、水清的宜居家园。

加快建设有为生态。用经济理念谋划生态发展，把生态建设与农业、工业、创意产业有效结合起来，以增绿量、增覆盖、增蓄积、增景观、增收入为目标，引进生态科技型、生态创新型企业，推动实施一批绿色金融项目，建设生态企业总部基地。以无盲区、全覆盖为方向，坚决打好“铺天盖地造林、见缝插针播绿”攻坚战，实现城市园林化、城郊森林化、道路林荫化、农田林网化、村镇林果化、市域全绿化。在多植绿的同时，要考虑经济性，多植经济林，在经营生态中、利用生态中、服务生态中，多有经济收益，真正走出一条生产发展、生活富裕、生态良好的绿色发展道路。

全面提速水域治理。坚决打好治污水、保供水、抓节水、防洪水“四水共治”组合拳。全面实施大流域治理工程，按照兴水、增绿、造景、治污并重的原则，抓好以御河、口泉河为重点的“两河”水环境治理，谋划实施桑干河跨流域修复治理工程。加强对工业废水的末端治理，逐步建立环境使用权和排污权交易市场，构建“排污者付费、治污者受益”的生态补偿机制。统筹推进地表水与地下水污染防治工作，强化水体保护和河流污染治理。

着力推动低碳发展。创新循环经济发展模式，推动传统产业绿色改造升级，促进煤矸石、粉煤灰、脱硫石膏等大宗工业固废综合利用。发挥同煤塔山国家级循环经济园区示范作用，抓好循环经济试点企业、试点项目和试点社区工作，大力发展循环型农业、循环型工业、循环型服务业，加快循环经济由园区化循环向区域化循环发展。

持续强化环境保护。以环境质量改善为核心，加强区域环境联防联控，全面完成主要污染物减排约束性指标。强化战略和规划环评，完善环保标准和技术规范体系，大力培育环保产业，推行环境污染第三方治理。创新矿山生态环境恢复治理机制，加快矿山和非煤矿山生态修复，推进资源开采与环境治理同步规划、同步实施。建立环保党政同责、一岗双责新机制，确保空气质量全省持续稳定领先。

（七）主打文化品牌，彰显文化名城新魅力

以高度的文化自觉和文化自信，提升文化的供给力、影响力和创新力，推动文化事业大发展大繁荣。

强化文化精神支撑。大力弘扬社会主义核心价值观，把社会主义核心价值体系融入到市民教育、文明城市创建和党的建设全过程，贯穿于全市转型发展实践各领域，体现到精神文化产品创作生产传播各方面，不断增强全市人民的精神力量。深入开展马克思主义世界观教育、理想信念教育、爱国主义教育、荣辱观教育，凝聚塑造美好形象、实现振兴崛起的精气神，在全社会形成知荣辱、讲道德、作奉献的良好风尚。

打响古都文化品牌。坚持保护利用、传承弘扬并重，深度挖掘古都文化元素，深刻提炼古都文化精神，重点研究北魏以及各个时期的文化遗存，大同特有的农耕文化、游牧文化、宗教文化、军旅文化、边塞文化、长城文化的积极元素，革命老区红色文化和现代工业文明蕴含的文化精髓。重点保护和发展以云冈石窟、悬空寺为代表的北魏文化，以华严寺、善化寺为代表的辽金文化，以九龙壁、代王府为代表的明清文化，唤醒弥足珍贵的大同历史文化记忆，打响“天下大同”古都文化品牌。

构建文化产业体系。坚持大企业引领，大平台承载，大投入保障，加快文化体制改革，推动文化产业向高端化、品牌化、专业化、特色化方向发展。做大做强文化艺术、非物质文化遗产、工艺品等传统文化产业，推动文化与旅游、科技的深度融合。加快发展文化创意、文博会展、影

视制作、大型演出等新兴文化产业。推进文化产业园建设，培育一批在全国、全省有影响的骨干文化企业，建设一批特色鲜明的文化产业基地，逐步形成门类齐全、富有创意、科学合理的文化产业体系。

丰富群众文化生活。推进文化惠民工程，加强城乡基层文化设施建设，广泛开展群众性文化活动，实施文化精品工程和重大文化项目，构建公共文化服务体系和现代传播体系，让群众广泛享有免费或优惠的基本文化服务。大力发展体育运动，广泛开展全民健身活动，促进群众体育和竞技体育全面发展。

重点推出一批以大型旅游实景演出为代表、在全国全省叫得响的文艺精品，精心组织一批以云冈旅游节为标志的大型节庆活动，广泛开展一批以地方民俗为内容的群众文化活动，让人民群众在丰富的文化生活中获得幸福感。

（八）推进民主政治，展现团结奋进新气象

高扬人民民主的旗帜，增进共识，凝聚力量，调动一切积极因素，共同谱写好“中国梦”的大同篇章。

坚持党的领导。充分发挥党委总揽全局、协调各方的作用，加强党的执政能力建设，深入推进决策科学化、民主化，增强决策的透明度和公众参与度，确保决策符合人民利益和愿望。完善党的领导方式和执政方式，支持人大、政府、政协和审判机关、检察机关依照法律和章程独立负责、协调一致地开展工作。支持工会、共青团、妇联等人民团体依照法律和各自章程参与社会管理和公共服务。坚持党管武装原则，大力加强国防后备力量建设，深入开展双拥共建和国防教育，实现经济建设和国防建设互促共进。

保证人民当家作主。坚持和完善人民代表大会制度，支持人大及其常委会依法履行职能，保障人大代表依法行使职权。坚持和完善中国共产党领导的多党合作和政治协商制度，支持人民政协履行职能，不断完善政协协商民主。大力发展基层民主，推行民主恳谈会、民主听证会、民主议事会和民情沟通制度，推进党务公开、政务公开、村务公开、厂务公开，扩大群众知情权、监督权，确保权力在阳光下运行。

巩固发展爱国统一战线。加强各级党委对政治协商和民主党派的政治领导和工作监督。积极推进与各民主党派、工商联、无党派人士和人民团体合作共事，巩固和壮大最广泛的爱国统一战线。把不同党派、不同民族、不同阶层、不同群体、不同信仰的人们凝聚起来，扩大团结面，发挥人才荟萃、智力密集的优势，同心同力发展大同。

全面加快依法治市步伐。加强和改进地方立法工作，积极推进科学立法、民主立法。全面推进依法行政，加快转变职能，强化行政问责，不断增强政府公信力和执行力。推动司法体制机制改革，加强执法规范化建设，促进公正司法。推进全民普法守法，努力使“办事依法、遇事找法、解决问题用法、化解矛盾靠法”成为全民的自觉行为。

四、加强和改进党的建设

始终把抓好党的建设作为最大政绩，不断提高党的建设科学化水平，为全市经济社会发展提供坚强的政治保障。

加强思想建设，始终与党中央在思想政治行动上保持高度一致。把深入学习习近平总书记系列重要讲话精神作为重中之重，突出抓好党员干部理论教育和党性教育，健全完善集中学习制度，建立定期培训和轮训制度，增强干部“四个自信”和“四个意识”，自觉做到信念坚定、对党忠诚。充分发挥各级党校的主阵地作用，完善培训基地建设，完成市委党校新建工程。加强革命传统教育，继承和弘扬平型关精神、大泉山精神，学习和宣传李培斌事迹，提高干部党性修养、思想境界和道德情操，做到心中有党、心中有民、心中有责、心中有戒。

加强班子建设，充分发挥党委在经济建设和社会发展中的领导核心作用。优化领导班子知识结构、专业结构和年龄结构，选优配强各级领导班子。坚持总揽全局，以上率下，发挥各级党委（党组）领导核心作用，把方向、抓大事、管全局。构建以“三分法”为主的领导班子和领导干部考核评价体系，突出科学发展导向和考核风向标功能，根据不同班子的职责要求，设置各有侧重、各有特色的差异化考核指标，既要看全面工作，又要看解决自身突出矛盾和问题的成效。

加强队伍建设，不断提升各级干部的综合素质和专业水平。坚持德才兼备、以德为先，坚持事业为上、公道正派，坚持五湖四海、任人唯贤，重实绩、重基层、重公论，真正把政治强、懂经济、善治理、敢担当、作风正的好干部用起来，形成激励干部作为的鲜明导向。大力培养选拔优秀年轻干部、女干部、党外干部和基层干部，带着感情和责任做好老干部工作。积极构建激励干部担当作为和合理容错机制，为敢担当的干部担当，对负责任的干部负责，最大限度激发干事创业的积极性。改进完善干部教育培训方式，不断提高干部的专业素养和履职能力。深化人才发展体制机制改革，健全完善人才培养、引进、使用、评价、激励机制体系，实施人才“凤凰计划”，加大与京津冀等区域人才对接交流力度，以人才集聚引领产业转型升级。

加强基层建设，筑牢一线战斗堡垒基础。加强党的基层、基础、基本能力建设，深入实施“12345”基层党建工程和基层党组织“强腰行动”，推进党建责任清单化、项目化、产品化，以“一带三创”为抓手，提升基层党组织单元战斗力。扎实推进“五在村”抓党建促脱贫工作机制，发挥基层党组织的政治引领和服务功能，加强带头人队伍建设，强化阵地和党建经费保障，整顿软弱涣散党组织，推进集体经济“破零行动”，切实把基层组织建成带领群众致富的坚强堡垒。统筹推进机关、社区、国有企业、非公有制企业和社会组织等领域党建工作，确保党的组织和党的工作全覆盖。全面引深完善三级书记联述联评联考机制，形成一级抓一级、一级带一级，横向联动、纵向贯通的基层党建新格局。

加强制度建设，实现制度约束的常态化。健全权力运行制约和监督体系，严格执行管党治党各类制度规定。坚决贯彻好党内监督各项制度，把党内监督和法律监督、民主监督、审计监督、司法监督、舆论监督等协调起来，构筑长效监督的“红网”机制。严肃党内政治生活，善于运用批评和自我批评的武器，贯彻落实民主集中制原则，完善全委会、常委会工作规则，提高班子决策的民主化、科学化水平。坚决维护制度的严肃性和权威性，做到制度面

政府工作报告（节选）

——在大同市第十四届人民代表大会第六次会议上

大同市人民政府代市长　马彦平

（2016 年 5 月 24 日）

一、2015 年和“十二五”时期工作回顾

2015 年是我市发展历程中极不平凡的一年。面对严峻复杂的经济形势和艰巨繁重的改革发展稳定任务，全市上下认真贯彻落实党的十八大，十八届三中、四中、五中全会精神和习近平总书记系列重要讲话精神，在省委省政府和市委的正确领导下，凝心聚力，攻坚克难，较好地完成了主要工作目标，实现了经济社会持续平稳发展，开启了建设美丽大同、富裕大同、幸福大同的新征程。

一年来，主要做了以下工作：

（一）积极作为稳增长。全市地区生产总值达到 1052.9 亿元，增长 9%；规模以上工业增加值增长 8.4%，全社会固定资产投资增长 6.8%，社会消费品零售总额增长 4.8%；城镇常住居民人均可支配收入 24771 元，增长 7.5%；农村常住居民人均可支配收入 7708 元，增长 8%。地区生产总值增速、规模以上工业增加值增速、二级以上优良天数和空气质量综合指数四项指标居全省第一。但受经济下行和结构性减税等多重因素影响，公共财政预算收入出现多年来首次负增长，比上年下降 12%。把千方百计稳增长作为首位工作来抓。制定并实施 56 条稳增长措施，为企业减负 52 亿元。推进大用户直供电，使 7 户用电企业减少电费 4400 余万元，3 户发电企业增加产值 2 亿元。全力支持大企业发展，以同煤集团为主的省属企业拉动全市工业增长 13.8 个百分点。下大力气解决融资瓶颈问题。采取“一对一”精准帮扶，为 296 户中小微企业协调信贷资金 48 亿元。扩大“营改增”试点，2403 户商企受惠。发挥农业示范园区带动作用，建成设施农业、标准化养殖和农产品加工园区 30 个，农产品加工龙头企业实现销售收入 77.8 亿元。统筹规划，制定政策，大力促进文化旅游、电子商务等新业态发展。电子商务园区投入运营，注册的电商企业达 1243 家。旅游总收入达到 281.2 亿元，增长 17.8%。

（二）加大力度调结构。坚持把项目投资作为调结构的重要抓手，完成全社会固定资产投资 1145.4 亿元。实施省市重点项目 940 个、工业调产项目 236 个。非煤产业投资和民间投资占比分别达 76% 和 63.8%。签订招商引资项目 264 个、总投资 1711.4 亿元。总装机 100 万千瓦的国家光伏示范基地项目全部开工建设，同煤塔山二期、同煤阳高、京能左云 3 个在建低热值煤发电项目进展顺利，同煤浑源 2×35 万千瓦热电联产、同煤大唐三期 1×66 万千瓦热电联产、国电湖东 2×100 万千瓦发电项目取得路条。中海油煤制气、同煤烯烃项目环评获批。全市人民热切期盼的大张高铁开工建设，大西高铁前期工作进展良好，大乌高铁列入铁总“十三五”规划。

（三）锐意创新添活力。关闭破产企业 4 户，安置职工 729 人。实行市属国有企业重大信息全面公开。大同商业银行改制为大同银行，新增村镇银行 2 家、“新三板”挂牌企业 1 家、Q 板挂牌企业 2 家。争取地方政府债券 60 亿元。中国国际技术转移中心大同工作站、晋投玄武岩院士工作站挂牌成立，7 家高新技术企业通过认定。全面推行“三证合一”“一照一码”，新增市场主体 2.5 万户。深化户籍制度改革，新增城镇户籍人口 1.3 万人。调整管理使用制度，释放住房公积金 41.5 亿元。医药、卫生、教育等改革稳步推进，农村土地确权登记颁证试点工作进展良好。党政机关公车改革基本完成。成功举办第二届乌大张联席会议。左云经济技术开发区获批为省级开发区。

（四）坚持不懈搞建设。着眼于统筹提质和联动联创，继续狠抓城乡基础设施建设和人居环境改善。新建续建城市道路 48.1 公里。推进城市管网工程，城市供水普及率、集中供热普及率和气化率分别达到 99.8%、99.7% 和 98.6%。北环桥、客运东站主体完工。全速推进制约城墙合拢的拆除、搬迁和建设工程。代王府中轴线、明堂公园修复工程主体完工。灵涞高速公路建成通车，京新高速公路天镇段主体完工，国道 108 线改建工程开工建设。改造县乡公路 183.5 公里，完成农村广播电视卫星户户通 5 万户，新建农村老年人日间照料中心 75 个。

（五）多措并举抓生态。深入开展大气污染防治，努力创建国家环保模范城市。完成淘汰黄标车和更新公交车工作。扎实推进水污染防治行动计划，扩大餐厨垃圾、污泥资源化处理能力，八条主要河流断面水质基本稳定。

前人人平等，执行制度没有例外。

加强廉政和作风建设，全面构建良好政治生态。全面落实从严治党主体责任，坚持把纪律挺在前面，做到真管真严、敢管敢严、长管长严，从严执纪执法，持之以恒纠“四风”，坚决查处腐败行为，准确把握和运用监督执纪“四种形态”减存量遏增量，充分发挥巡察制度的利剑作用，实现巡察全覆盖。大兴真抓实干为民服务之风，让想为、敢为、勤为、善为成为党员干部的鲜明标识，以良好的党风政风带好民风社风，全面构建良好政治生态。全市各级党员干部一定要讲党性、重品行、作表率，始终做到立身不忘做人之本、为政不移公仆之心、用权不谋一己之利，永葆共产党人立党为公、执政为民的政治本色。

狠抓重点领域节能减排，万元 GDP 综合能耗下降 5.5%，工业固废综合利用率 65.2%。实施重点生态建设工程，完成营造林 32 万亩。完成南城墙景观绿化、御东公共活动走廊建设和儿童公园改造一期工程，建成区绿化覆盖率、绿地率分别达 40.1%、36%，人均公园绿地面积达 14.8 平方米。

（六）综合施策惠民生。在经济下行和财政困难的情况下，改善民生的力度没有减弱，投入的资金没有减少。全年用于保障和改善民生的资金达 252.6 亿元，占财政支出总额的 86.9%。城镇新增就业 5.6 万人，农村劳动力转移就业 3 万人，减少贫困人口 5.9 万人。城乡低保、养老保险等提标工作全面完成。推动义务教育均衡发展，继续改善学校办学条件，各类校舍建设任务全部完成。全面启动分级诊疗制度，实现市县两级组建医疗联合体工作全覆盖，基本消除了卫生室空白村。开工建设保障性住房 7.9 万套，基本建成 1.6 万套。投资 36.6 亿元改善农村人居环境。高度重视安全生产工作，事故起数和死亡人数实现双下降。扎实推进平安大同建设，严厉打击各类违法犯罪，积极化解各种利益诉求，促进了社会和谐稳定。

（七）政府建设重实效。自觉接受人大法律监督和政协民主监督，认真听取社会各方面意见建议，113 件人大代表建议和 238 件政协委员提案全部办复。认真落实“六权治本”要求，率先在全省公布市级政府部门权力清单和责任清单，取消、调整、下放行政审批等权力事项 374 项，清理行政职权 3747 项，精减率 56.9%。强化综合协调，强力攻克项目手续办理难、工程竣工验收难，深度优化行政审批和政务服务。坚决执行中央八项规定，坚决反对“四风”，坚决落实“两个责任”。扎实推进依法治市，依法行政水平进一步提高。深入开展“三严三实”专题教育和学习讨论落实活动，政府系统干部作风持续好转。积极开展“同心同力发展大同”大调研大讨论活动，有力地促进了政府工作的科学化和民主化。

2015 年入冬以来，针对我市项目冬眠、工程冬休、工作冬闲的惯性特征，市委市政府以加快发展闲不起、推动转型等不起、振兴大同输不起的使命担当，在全省率先发起“冬季行动”攻坚战，得到了省委省政府充分肯定和大力推广。在五个月的时间里，我们党政齐上阵、干群共奋进，马上就办、真抓实干，取得了丰硕成果。完成的征收量相当于之前两年的总量，使 80% 的待安置户居有定所；手续办理时限平均缩短 79%，办结的审批事项是上年同时段的 2.2 倍；招商引资签约总投资是预定目标的 3.6 倍，10 亿元以上项目达 32 个；加快推进 11 项金融创新举措，融资百亿的目标基本完成；市直部门办结帮扶企业事项 148 项，县区办结 222 项；省交办的 269 件信访案件全部化解，40 件重点集体信访案件处置到位。“冬季行动”为今年乃至整个“十三五”的工作开好局起好步，争取了时间、赢得了主动、凝聚了力量。

——这五年，是大同综合实力明显增强的五年。地区生产总值年均增长 9.4%，总量由 2010 年全省第 9 上升到 2015 年第 5；公共财政预算收入年均增长 10.9%，总量由 2010 年全省第 8 上升到 2015 年第 5。累计新开工项目 3447 个，完成固定资产投资 4750.7 亿元，是“十一五”时期的 2.9 倍。

——这五年，是大同经济结构加速调整的五年。三次产业比由 2010 年的 5.2 ∶ 48.7 ∶ 46.1 调整为 2015 年的 5.3 ∶ 41.8 ∶ 52.9，三产超二产 11.1 个百分点。服务业增加值增长 1.7 倍，旅游总收入增长 2.1 倍。

——这五年，是大同城乡面貌深刻变化的五年。建成区面积达到 134.2 平方公里，是 2010 年的 1.4 倍。御东新区迅速崛起，古城内重点文物保护与修复基本完成。新增城市道路面积 683 万平方米、绿化面积 1402 万平方米。安置城市和工矿棚户区居民 20.3 万户，农村危房改造 10.5 万户，抗震房改建 2.1 万户，解决了 34.1 万人饮水安全。实现高速公路县县通、水泥路（油路）村村通，行政村街道全部硬化亮化。城镇化率提高 6.1 个百分点，达到 61%。森林覆盖率由 2010 年的 20.1% 上升到 2015 年的 23.5%。

——这五年，是大同知名度显著提升的五年。先后获得国家园林城市、国家新能源示范城市、全国性综合交通枢纽城市、中国十佳运动休闲城市、最具生态竞争力城市、区域流通节点城市等荣誉称号，实现了全国双拥模范城“七连冠”。成功举办了世界养生大会、国际太阳能大赛、国际自行车骑游大会、国际雕塑壁画双年展、云冈文化旅游节等大型赛事和节庆活动。云冈石窟、北岳恒山、大同古城等旅游文化景点景区的品牌效应不断放大，大同的知名度和影响力大幅提升。

——这五年，是大同人民群众得到实惠最多的五年。2015 年城乡居民人均可支配收入分别是 2010 年的 1.5 倍、1.9 倍，年均分别增长 9%、13.7%。企业离退休人员基本养老金人均待遇由 2010 年的 1350 元提高到 2504 元，城市低保标准由 2010 年的 256 元 / 月提高到最高 449 元 / 月，农村低保标准由 2010 年的 1080 元 / 年提高到 2658 元 / 年。21.1 万农村贫困人口脱贫，贫困发生率从 2010 年的 18% 下降到 2015 年的 12%。

回顾过去，成绩令人鼓舞；居安思危，形势不容乐观。我们清醒地认识到，我市经济社会发展中还面临着诸多深层次的矛盾、困难和问题。主要是：经济总量不大，结构不优，质量效益不高的矛盾仍然突出，“一煤独大”的格局没有改变；传统产业产能过剩，新兴产业短期内难以形成有效支撑，去产能、去库存、去杠杆、降成本、补短板的任务极为繁重；公共资源难以满足不断增长的群众需求，民生保障能力相对较弱，脱贫攻坚任务大，共享发展的水平亟待提高；对外开放的动能不足，创新资源集聚能力不强，招商引资精准性、有效性亟待增强；廉洁和安全理念还没有深入人心，全社会重视安全的大环境还没有形成，慢作为、不作为、乱作为问题比较突出，“四风”和腐败问题还时有发生。从近期看，煤炭价格止跌回升乏力，产能压减力度不断增大，致使占主体地位的煤炭行业产销量和效益指标呈急速下滑之势，稳增长、保收入面临着更为严峻的挑战。病之所在，治之所要；民之所望，施政所向。

文献

我们将牢记责任使命，进一步增强忧患意识和担当意识，扎实有效解决问题，绝不辜负人民厚望。

二、“十三五”时期总体发展思路和主要目标任务

“十三五”时期是我国全面建成小康社会的决胜阶段，也是我们同心同力发展大同的关键时期。我们既面临着挑战，也面临着机遇。最大的挑战是世界经济总体低迷、增长乏力，我国经济的外部需求尤其是能源需求持续减弱，经济下行压力有增无减。但我国经济发展长期向好的基本面没有改变，仍然处于大有可为的战略机遇期。经济发展步入新常态，新一轮科技革命和产业变革蓄势待发，“一带一路”战略深入实施，科技创新成为主流主导，供给侧结构性改革强力推进，结构性减税持续发力，投融资体制改革不断深化，社会保险缴费率大幅降低。这既是必须顺应的大趋势，也是不断释放的大机遇。更应该看到，融入京津冀、对接环渤海、参与乌大张等国家级区域发展战略体系，大张、大西、大乌高铁的陆续建成通车，将更加凸显我市独有的地缘优势和比较优势，成为我们加快发展速度、提升发展级次的长期利好因素。我们要审时度势、主动担当，知难而进、锲而不舍，奋力开创出大同发展的新局面。

根据市委十四届七次全体会议精神，“十三五”时期，我市经济社会发展的指导思想是：高举中国特色社会主义伟大旗帜，全面贯彻党的十八大和十八届三中、四中、五中全会精神，坚持以邓小平理论、“三个代表”重要思想、科学发展观为指导，深入贯彻习近平总书记系列讲话精神，按照中央“四个全面”战略布局和省委“五句话”总要求，牢固树立创新、协调、绿色、开放、共享、廉洁和安全发展新理念，以转型综改试验区建设为统领，以转方式、调结构、增效益、提速度为主线，紧紧围绕打造东承首都、西接丝路、南贯三晋、北通蒙俄“区域性中心城市”的基本定位，着力加快转型发展，着力推进改革创新，着力满足群众需要，着力强化涵养生态，着力维护安全稳定，着力加强从严治党，同心同力建设美丽大同、富裕大同、幸福大同，为全面建成小康社会、谱写好“中国梦”的大同篇章而努力奋斗。

围绕上述总体思路和发展战略，根据《中共大同市委关于制定国民经济和社会发展第十三个五年规划的建议》，市政府编制了《国民经济和社会发展第十三个五年规划纲要（草案）》，提交大会审议。

《规划纲要（草案）》提出，“十三五”时期我市经济社会发展的主要目标是：在提高发展平衡性、包容性、可持续性的基础上，实现“两中高”“两翻番”“两快于”“两突破”。即努力争取经济总量迈入全省中高位，产业发展迈向行业中高端；确保地区生产总值比2010年翻一番，城乡常住居民人均可支配收入比2010年翻一番；农村常住居民人均可支配收入增长快于城镇居民，贫困地区农民收入增长快于全市居民；到2020年，新型工业化、信息化、城镇化、农业现代化建设取得重大突破，美丽大同、富裕大同、幸福大同建设取得重大突破，大同与全国、全省一道同步实现全面小康。

实现上述目标，主要途径和举措有以下六个方面。

1. *推进创新发展，不断增强发展动力*。立足科技创新，实施创新驱动和人才强市战略，建设御东互联网产业园、科技孵化中心、技术创新中心和创客公园，培育一批具有竞争力的创新型领军企业，大数据、云计算、物联网广泛使用，科技与经济深度融合，研发经费投入强度超过2.5%，科技进步对经济增长的贡献率突破60%。“革命兴煤”工程取得重大突破，新产业、新业态和新增长点快速生成，多元支柱的产业格局基本形成。

2. *推进协调发展，着力优化发展布局*。统筹推进区划调整和新型城镇化，加快推进“数字大同”和“智慧大同”建设，到2020年，常住人口城镇化率达到65%，户籍人口城镇化率达到58%。加速推进产城融合，城市的宜居性、城乡的和谐度、居民的幸福感显著增强。全力推进新农村建设，大力发展都市型现代农业，培育建设一批辐射带动能力强的乡镇群和增长极，城乡一体化发展格局基本形成。

3. *推进绿色发展，倾心打造美丽家园*。推进能源资源“双控”，加快主体功能区布局和生态安全屏障建设，促进低碳循环发展，基本形成绿色低碳发展方式和生活方式。“十三五”期间，森林覆盖率年均提高0.5个百分点，建成区绿化覆盖率年均提高1个百分点，实质性推进生态涵养示范区和“首都后花园”建设。

4. *推进开放发展，大力拓展发展空间*。主动对接“一带一路”，务实参与“中俄蒙经济走廊”建设，不断深化与京津冀三地合作，全力打造京津产业转移重要战略区域，加快融入环渤海合作发展圈，拓展跨区域发展的深度和广度。推动乌大张跨区域合作和晋陕蒙能源富集区合作。积极承接发达地区产业转移，努力构筑晋北区域合作和对外开放新高地。

5. *推进共享发展，切实增进民生福祉*。不断加大对民生工程和社会事业投入，健全就业、住房、社保、教育、医疗卫生等公共服务体系，努力让发展成果更多更公平更实在地惠及人民群众。基本消除区域性整体贫困，实现农村贫困人口稳定脱贫，贫困县全部摘帽。城乡常住居民人均可支配收入年均分别增长6.5%左右和6.5%以上，新增城镇就业20.5万人。

6. *推进廉洁和安全发展，全面创优发展环境*。扎实推进“六权治本”，从源头上织密编牢制度的笼子。坚持不懈抓好安全生产。建设更有保障的质量安全体系和更加完善的公共安全保障体系，初步形成全民共建共享的社会治理格局，实现廉洁安全发展与经济社会发展的良性互动。

目标承载使命，任务考验担当。只要我们同心同力，苦干实干，宏伟蓝图就一定能够变成现实，全面建成小康社会的目标就一定能够如期实现！

三、2016年主要工作

2016年是实施“十三五”规划的开局之年，也是推进供给侧结构性改革的攻坚之年，做好今年的政府工作意义十分重大。

全年经济社会发展预期性目标是：地区生产总值增长6.5%以上，固定资产投资增长12%，社会消费品零售总额增长6%，公共财政预算收入下降6%，城镇常住居民人均可支配收入增长6.5%左右，农村常住居民人均可支配收入增长6.5%以上，新增城镇就业岗位4.1万个，城镇登记失业率控制在4.2%以内，居民消费价格涨幅控制在3%左右。全面完成省下达的安全生产和节能减排等约束性指标。

围绕实现上述目标，我们要重点抓好八方面工作：

（一）推动供给侧结构性改革，促进经济平稳健康增长。坚持稳定经济增长和推进结构性改革有机结合，优化存量、引导增量、主动减量。

积极稳妥去产能。严格控制新增产能，坚决淘汰落后产能，有序退出过剩产能。对资不抵债、扭亏无望的“僵尸企业”“僵尸项目”，妥善处置，市场出清。通过“五个一批”，自觉压减煤炭过剩产能，三年内退出7座60万吨以下煤矿，压缩产能360万吨。支持同煤集团改革，实现转型升级。

千方百计降成本。坚决贯彻落实各项减轻企业负担的政策措施，进一步抓实简政放权、放管结合、优化服务工作，建立完善收费清单制度，清理规范涉企收费，降低企业制度性交易成本。积极引导企业创新经营，强化内部管理，削减非生产性支出，降低成本费用。统筹用好各类政府性基金和专项扶持资金，促进银企对接，缓解企业融资贵问题。

多种途径去库存。重点是打通商品房、安置房、保障房转换渠道，积极消化房地产库存。引导和鼓励房地产企业开发养老、文化、科教、体育等新型房地产项目。支持装配式建筑产业发展。建立购租并举的住房制度，提高棚户区改造货币化安置比例。扩大公租房服务对象，发展住房租赁市场，促进房地产市场健康发展。实现住房公积金缴存异地互认和转移接续，推进异地房贷业务。

坚定不移扩投资。扎实推进“项目创新年”活动，紧盯国家投资七大重点方向和省十大重点领域，做好项目谋划，加快前期工作，狠抓项目落地建设。组织实施七大板块632个投资项目，完成投资1300亿元以上。重点实施总投资140亿元的现代农业项目、540亿元的新型工业化项目、195亿元的现代服务业项目、85亿元的大交通项目、130亿元的城镇化建设项目、130亿元的生态建设项目和80亿元的民生保障改善项目。通过加强组织领导、加快项目实施、加大考核督查，让有效投资发挥稳增长、调结构、惠民生的最关键作用。

（二）构筑项目支撑体系，促进产业结构调整。以项目为抓手，切实优化传统产业、培育新兴产业、壮大接续产业，做好煤与非煤两篇大文章。

加快工业转型升级。推动煤炭产业集约清洁高效发展。坚持有保有压，认真落实产能置换政策，加快推进同煤3个千万吨矿井建设，严格控制产能总量。实施煤电一体化战略，抓好坑口电厂建设。塔山电厂二期项目并网发电，3个低热值煤电厂尽早完工，打造千万千瓦级煤电基地。下大力气延伸煤炭产业链，加快发展新型煤化工产业。重点推进煤制气、甲醇、烯烃等项目，打造晋北煤化工基地。充分发挥比较优势，培育壮大新兴产业。支持高速列车受电弓、玄武岩深加工、碳纤维汽车骨架等项目开发建设，稳妥开发石墨资源和石墨烯产业，加快发展新材料产业。以中车、山柴、大齿等大型企业为依托，扩大北宇新能源电动乘用车产能产量，推进瓦斯发电机组研制生产，做好轻轨地铁研发生产基地项目，推进通航产业园建设，打造装备制造和轨道交通基地。依托两个医药园区，推进威奇达光明药业重组、好医生中草药、浑源黄芪科技开发等项目建设，努力建成全球最大的抗生素生产基地。抓紧落实国家光伏示范基地二期100万千瓦项目，推进风力发电项目建设，加快浑源抽水蓄能调峰电站项目开工建设，争创智慧能源产业园区，打造千万千瓦级新能源基地。

做大做强文化旅游产业。围绕景区景点、线路设计、基础设施、服务提升、营销推广“五环联动”，坚持扩容、提质、升级、增效，加快体制机制创新，形成以古城为核心、东南西北四线同步发展的“一核四线”旅游发展格局。实施“互联网＋旅游”行动，推广旅游企业在线服务，加大旅游营销力度，促进旅游产业转型升级，建设旅游休闲度假目的地、山西旅游北大门和全省旅游集散中心。加大火山群、平型关、大泉山等景点景区建设力度。开通大同—北京、大同—太原旅游专列，启动沿长城旅游公路、永固陵至208国道旅游专线建设。推进房车营地度假项目。积极申办全省旅游发展大会。深度开发民间工艺品。充分发挥节庆和会展的带动作用。推进文化产业与旅游业深度融合。加快推进市县两级公共文化体育场馆建设。打造煤气工业遗址文化创意园。方特欢乐世界主题公园暑期开门迎客。

大力发展现代服务业。加快电子商务与物流协同发展试点城市建设工作，全面推行电子商务交易，新增10家电商企业。推进万昌物流二期、上海文通等项目建设，争取华阳玛里纳陆港、晋北国际物流园区等项目年内开工。全力打造现代养老产业，建设御东新区、大同县火山群康养基地，实施阳高温泉养生镇综合开发项目。注重发展绿色、时尚、品质消费。

（三）聚焦脱贫攻坚，统筹做好“三农”工作。始终把“三农”工作作为重中之重，把脱贫攻坚作为重要政治任务和第一民生工程，完善政策，落实责任，大力扶持，统筹推进。

扎实推进现代农业发展。完成高标准农田建设18万亩，推广测土配方施肥350万亩，实施膜下滴灌1.3万亩。新增设施农业1万亩，发展道地中药材种植基地2万亩。支持小杂粮产业做大做强。新建扩建标准化养殖小区200个，整合带动个体养殖发展。推进原料生产、加工物流、市场营销融合发展。加大“三品一标”认证力度，打造面向京津冀、面向环渤海、面向全国的特色农业品牌。不断深化与顺鑫、中地、首农等京企合作，积极推进正大生猪全产业链和内蒙古香岛光伏设施农业等总投资上百亿元的大项目。突出大园区建设，新建 30 个规模大、效益好、带动强的现代农业标准园区。

全面提升农村建设和社会治理水平。以改善农村人居环境工程为抓手，促进城市基础设施向农村延伸、公共服务向农村拓展、城市文明向农村辐射。加大贫困地区自然村和采煤沉陷区村庄搬迁力度，加大传统村落民居和历史文化名村名镇保护力度。创建 10 个省市级美丽宜居示范村和 840 个省级达标村。继续深化农村改革。完成 48 个乡镇、1000 个村的农村土地确权登记颁证工作。扩大土地经营权抵押、担保试点，健全农村产权交易市场体系。

确保完成年度脱贫攻坚任务。积极开展贫困统计监测，加强贫困动态管理，实现扶贫台账与脱贫台账相衔接、相对应、可追溯，努力提高扶贫质量。以连片特困地区为主战场，把“五个一批”真正落实到村、到户、到人。对 3.2 万具有劳动能力的贫困人口，通过企业产业扶持和提供培训、金融支持等手段实现脱贫；对 1.3 万“一方水土养不起一方人”的贫困地区人口，分类引导群众向县城、重点镇和中心村搬迁脱贫；对 1 万名贫困户子女加大教育资助力度，阻断贫困代际传递；对 0.5 万丧失劳动能力以及符合低保、五保和残疾条件的贫困人口，通过光伏扶贫和社会保障政策兜底脱贫。认真执行脱贫攻坚目标、任务、资金、权责“四到县”制度，扎实开展驻村帮扶，深化市直部门对口帮扶，做到分工明确、责任清晰、任务到人、考核到位。构建扶贫资金多元投入机制，加大财政扶贫投入力度，引导更多金融资金和社会资本参与扶贫开发，形成专项扶贫、行业扶贫、社会扶贫“三位一体”的大扶贫格局，务必实现 210 个贫困村摘帽、6 万贫困人口脱贫的目标。

（四）增强服务人民理念，加快新型城镇化步伐。按照中央“一个尊重、五个统筹”的要求，围绕建设区域性中心城市目标，切实转变规划建设管理理念，推动城镇化由建房为主向以人为本转变，由重城轻乡向城乡统筹转变；城市发展由外延式扩张向内涵式提升转变，由产城分置向产城融合转变；城市建设由以建为主向建管并重转变，由政府投资向多元融资转变。

提高城乡规划管理水平。按照“一主三副，一轴一带”市域空间布局，完善重点区位控制性详规，推进“多规合一”。高度重视城市设计。稳步推进城市综合执法，实现城市分级分层管理。持续推动城乡清洁工程，开展达标创建活动，创建省级保洁示范街、容貌示范街。加快云计算和数据中心建设，全面推广数字化城管模式。

推动城市内涵式发展。统筹协调老城区、御东区和口泉区发展，积极谋划实施城市快速道路和轨道交通，加快实现功能对接、高度融合、同步发展。加大古城保护力度。全面推进代王府片区的修复和开发，钟楼、太平楼主体建成，明堂公园基本完工，西城墙主体合拢，护城河全线贯通，南、西、北城墙带状公园和平城街拓改工程全部完工。积极推进古城整体开发，进一步完善古城管理体制，努力把古城打造成最有实力、最显活力、最具魅力的大产业，延续文脉，提升功能，集聚人气，激活助火古城，实现广大群众多年的夙愿。加快旧城改造步伐。新建续建城市道路工程 154 项，北环路拓改竣工，北环桥建成通车，开源桥力争主体完工，畅通微循环，打通断头路，建设便民路。加快御东区功能配套。搞好公共服务，有效承接产业、人口和城市功能转移。积极探索以市场化手段推进大剧院、美术馆、体育中心的建设运营，图书馆年内投入使用。加快万达商业综合体建设进度。围绕高铁站场建设打造高铁商务圈。让御东新区尽快成为宜居宜游宜业和山水林田湖特色市区。加快推进口泉中心区建设。统筹协调，同步规划，大力推进生态环境综合整治工程，完善基础设施配套和公共服务功能，建设低碳、绿色、集约、智慧的现代化市区。

持续改善城乡人居环境。扎实推进城市人居环境改善工程，征收安置 1.7 万户、改造棚户区 5.5 万户。建成污泥干化处理厂，启动融雪剂熔化池建设。坚持地上地下并重，道路管网同步实施，启动建设地下综合管廊。加强大县城和重点镇建设。以提升承载能力为目标，强化中心城区各组团与县城之间的产业协作协同，逐步形成横向错位发展、纵向分工协作的发展格局。继续推进农村人居环境改善工程，圆满完成 2.9 万户农村危房改造和抗震住房改建任务，启动 9321 户采煤沉陷区和农村地质灾害治理搬迁工作。

（五）不断强化求新图变意识，切实加大改革创新力度。面对发展竞争格局的深刻变化，顺应经济提质增效的迫切需求，强化改革推动、创新驱动、开放带动，增添改革新动力，增强发展新动能，增创开放新优势。

坚持深化重点领域改革，多措并举增强改革的协同性。狠抓 2016 年转型综改行动计划落实。深化国资国企改革，组建国有资本投资运营公司，完善政府资产管理运营办法，基本完成市属国有企业股份制改造和脱钩改革工作。深化扩权强县、扩权强镇改革，扩大县域经济发展的自主权。健全县域产业合作发展和利益分享机制，鼓励县区共建产业合作园区，共同培育区域公共品牌和地理标志保护产品。创新开发区体制机制。完善林光互补一体化发展机制，保障光伏产业用地。优化集团校、联盟校办学机制。稳步实施行政区划、财政税收、不动产统一登记、国有林场、供销社等项改革。

强力推动三大突破，多层联动激发经济的创新力。推进金融创新。做大做实政府产业发展引导基金，组建旅游文化产业发展基金，增发定向企业债券。推进华晟果蔬、华林商贸、华泰餐饮等 7 家企业挂牌工作。完成大同农村商业银行和市级融资租赁公司组建。启动金融街二期工程。全面改革政府投融资和建设开发模式，大力推广 PPP，积极争取国家专项建设基金等长期限、低成本资金的流入。支持扩张保险险种、扩展担保公司担保续贷能力。探索设立民间资本投资服务中心、民间资本管理公司。推进科技创新。打造“创业苗圃—孵化器—科技园—科技城”链条。深化京同科技创新战略合作，争取建设大同中关村科技创新大楼，共建科技创新基地，承接科技产业转移。启动大同大学科技园创建工作。新发展高新技术企业5家，新建省级工程技术研究中心1个。力推众创、众扶、众包、众筹等新模式，打造众创空间5个。大力发展民营经济。全面贯彻落实促进民营经济和中小微企业发展的各项扶持政策，放宽准入条件，搞好跟踪服务，打造政府与民营企业良性互动的服务平台，推动全领域、全产业链向民间资本开放。

积极推动对外合作交流，多方出击提升市域的外向度。继续培育出口企业，扩大出口规模。积极发展蒙俄国际贸易和投资合作，重视参与国际产能合作。深化乌大张三市在基础设施、生态共治、文化旅游等重点领域的合作。全力落实对接京津冀行动计划，务求不断取得实效。广泛参加和全力办好各种引资引才引智活动。推动航空口岸正式开放，争取陆路口岸开放，增开国际国内客运航线，强化全国性综合交通枢纽城市地位，着力建设人尽其才、物尽其流、资尽其用的开放发展高地。

（六）持续推进综合治理，不断改善生态环境。牢固确立绿水青山就是金山银山的理念，始终把生态建设和环境保护融入经济社会发展的全过程，务必守住资源消耗上限、环境质量底线、生态保护红线。

提高资源利用水平。促进煤矸石、粉煤灰、脱硫石膏等大宗工业固废综合利用，加强废旧家电分类回收和再生资源回收利用。提高建筑节能标准，发展绿色建材，推广绿色建筑，完成现有住宅节能改造100万平方米。坚持公交优先，推动绿色出行。深入开展节能、节地、节材、节水活动，争创节约型机关、节约型企业。

加大环境保护力度。坚持源头严防、过程严管、后果严惩。抓紧完成新增供热能力1000万平方米的机组改造工程，加快燃煤锅炉升级改造，取缔10蒸吨以下燃煤锅炉。加强秸秆焚烧火点监控和扬尘污染综合防控。完成淘汰黄标车和老旧车任务。确保空气质量二级以上优良天数稳中有升。全面落实水污染防治行动计划，促进水质稳步提升。完成浑源县、大同县污水处理厂提标改造以及新荣区、大同县生活垃圾转运站和天镇县生活垃圾无害化处理场建设。超前筹划土壤污染防治行动，适时开展土壤环境监测。探索推行环境污染第三方治理。

加快生态建设进度。按照"三加三不减"的要求，抓好京津风沙源治理、退耕还林还草等重点工程建设，完成营造林32.5万亩。突出抓好生态保护与修复工作，抓紧组织实施御河、口泉河流域生态综合治理重大项目，积极谋划洋河、浑河、唐河等流域生态综合整治工程，开工建设明堂遗址公园景观、大同公园改造等项目。

（七）更加关注民生保障改善，全力维护社会和谐稳定。越是困难的时候，越要守住底线、突出重点，多谋民生之利，多解民生之忧。

扎实做好就业创业和社会保障工作。实施更加积极的就业政策，重点解决好零就业家庭、高校毕业生、复转军人、城镇困难人员等特殊群体就业工作，鼓励农民就地转移就业和外出务工人员返乡创业。推进医保、医疗、医药三医联动，实施全民参保登记计划，推动社会保障由制度全覆盖到人群全覆盖。全面实施困难残疾人生活补贴和重度残疾人护理补贴制度。落实经济困难的高龄与失能老年人补贴以及百岁以上老年人补贴新标准。继续提高城乡低保标准，推动农村低保标准与国家扶贫标准相衔接。推进医疗救助"一站式"即时结算服务，完善重特大疾病医疗救助政策。

努力提高城乡居民收入。依法推进企业工资集体协商，落实最低工资标准政策。完善机关事业单位工资制度，落实县以下机关公务员职务与职级并行制度和乡镇工作补贴。不折不扣地执行好各项强农惠农政策，拓宽农民增收渠道，夯实农民增收基础。

协调发展各项社会事业。办人民满意的教育。四个县区义务教育均衡达标通过验收，新改扩建农村幼儿园28所，加快新建小区义务教育学校配套建设，完成特教学校、二十一中等学校校舍或设施建设工程。加强职业教育市级统筹，整合资源，完善办学体系，加快培养实用技术人才。支持和规范民办教育发展。加快高等教育发展步伐。巩固扩大县级公立医院综合改革成果。全面实施两孩政策。完成市中心血站迁建、全科医生培养基地项目建设。加大社区建设力度，实行居民健康卡与其他公共服务卡一卡通用。落实全民健身计划，构建全民健身服务体系，提高人民健康水平。加强国防教育和国防后备力量建设，持续开展双拥工作，推进军民深度融合发展，巩固和发展军政军民团结。支持工会、共青团、妇联等人民团体更好地发挥桥梁纽带作用。做好外事、侨务、港澳、对台工作。加强民族宗教、参事、史志、文史、档案、测绘、防震减灾、对口援疆等工作。

创新社会治理。加大领导下访接访力度，强化信访责任落实，实行党政联席会议制度，共同化解处理信访积案，依法维护信访秩序，坚决遏制群体性上访势头。加强社会治安综合治理，强化应急管理体系建设，推进立体化社会治安防控体系建设，重拳打击各类违法犯罪活动。按照"党政同责、一岗双责、失职追责"的要求，落实各级政府安全生产监管责任，强化企业安全生产主体责任，采取"四不两直"方式，突出煤矿、非煤矿山、危险化学品、道路交通、消防安全等重点行业领域，加大隐患排查和打非治违专项整治力度，坚决防止重特大事故发生。加强食品药品安全监管，保障人民群众"舌尖上的安全"。

市委市政府确定，今年为人民群众办好十二件实事：一是开通运营公交自行车1万辆，二是新建城市人行过街天桥或地下通道10座，三是新建城市公共停车场10座，四是建成区建设100座水冲式公厕，五是新建和改造提升10个便民市场，六是新建80个农村老年人日间照料中心，七是组织开展千场大戏、万场电影文化惠民活动，八是改造老旧住宅小区346万平方米，九是推进公共安全监控全覆盖，十是推进公共场所无线网络全覆盖，十一是综合整治小街小巷50条，十二是通过易地搬迁改善1.3万贫困人口的居住环境，通过教育助学资助1万名贫困家庭子女完

关于大同市2015年国民经济和社会发展计划执行情况与2016年国民经济和社会发展计划（草案）的报告（节选）

——在大同市第十四届人民代表大会第六次会议上

大同市发展和改革委员会主任　马安全

（2016年5月24日）

一、2015年国民经济和社会发展计划执行情况

2015年是“十二五”的收官之年，全市经济社会发展形势严峻复杂，面对经济下行压力和艰巨的改革发展稳定任务，全市上下在市委、市政府的坚强领导下，全面贯彻落实中央“四个全面”战略布局和“五大发展”新理念、省“六大发展”理念精神，创新实施冬季行动，攻坚克难，砥砺前行，各项工作稳中有为，稳中有进，经济社会发展取得难能可贵的成绩。

（一）主要经济社会发展指标完成情况

地区生产总值完成1053亿元，增长9%，比计划的6%高3个百分点，三次产业比例5.3 ∶ 41.8 ∶ 52.9；公共财政预算收入完成92.4亿元，下降12%，比计划的–3%低9个百分点；全社会固定资产投资完成1145.4亿元，增长6.8%，比计划的16%低9.2个百分点；海关进出口总额完成25.8亿元，下降13%，比计划的3%低16个百分点，其中出口完成17.7亿元，下降4.7%，进口完成8.1亿元，下降26.9%；社会消费品零售总额完成567.7亿元，增长4.8%，比计划的10%低5.2个百分点；城镇常住居民人均可支配收入达到24771元，增长7.5%，比计划的7%的高0.5个百分点；农村常住居民人均可支配收入达到7708元，增长8%，完成了8%的年度计划；居民消费价格涨幅0.6%，超额完成控制在3%左右的计划。

（二）农业现代化扎实推进

粮食生产保持稳定，产量达20.7亿斤，连续三年突破20亿斤。设施农业有序推进，新增设施农业3万亩，累计达到25.3万亩。生态畜牧业建设进展顺利，新建、扩建标准化养殖小区201个，累计达到860个。天镇中地、新荣伊磊和南郊四方3个万头奶牛养殖园区建成投产，牧同乳业加工项目扎实推进。农业产业化发展跃上新台阶，新建、改扩建农业产业化项目82个，农业产业化龙头企业达158户，农产品加工龙头企业销售收入实现77.8亿元，增长13%。

（三）工业新型化稳步推进

晋北煤电基地建设取得新进展。同煤塔山二期2×66万千瓦、同煤阳高2×35万千瓦、京能左云2×35万千瓦低热值煤项目开工建设，同煤浑源2×35万千瓦、同煤

成学业。

（八）加强政府自身建设，着力提高行政效能。加快政府职能和作风转变，努力以政府的勤奋指数，提升城市的繁荣指数和人民的幸福指数。

不断深化行政改革。以行政权力瘦身为市场主体强身，及时承接国家和省取消下放的行政审批事项，抓好权力清单和责任清单动态管理。全面清理规范行政审批中介服务，推进行业协会、商会与行政机关脱钩改革，加强事中事后监管。完善政务服务和公共资源交易平台。推进电子政务建设，建成全市政务服务一张网。

大力推进依法行政。依法全面履行政府职能，加快建设法治政府。加强政府立法和规范性文件监督管理。做好行政复议应诉工作，启动“七五”普法，强化法律援助。健全完善重大行政决策公众参与、专家论证、风险评估等制度，逐步建立各级政府及其工作部门法律顾问制度。自觉接受人大法律监督、政协民主监督和社会舆论监督，认真听取民主党派、工商联和无党派人士的意见建议，充分发挥工青妇等人民团体的桥梁纽带作用。

持续转变工作作风。扎实开展“两学一做”学习教育，巩固“三严三实”专题教育、学习讨论落实活动和“冬季行动”的成果。严守政治纪律和政治规矩，增强政治意识、大局意识、核心意识、看齐意识，强化责任担当。筹划开展“发展环境优化年”活动，全面落实优化投资环境行动计划，把马上就办、真抓实干的作风固化下来、延续下去、形成常态。完善12345政府服务热线三级运行体系。积极稳妥开展政府绩效第三方评估试点工作。建立激励机制和容错纠错机制，对不作为、乱作为以及懒政、怠政干部严肃责任追究和问责处理。把督促检查贯穿于政府工作的全过程，完善“一报告、三清单”督查模式，打通政策落实中的“中梗阻”和“最先最后一公里”。

全面加强廉政建设。严格执行廉洁自律准则和党的纪律处分条例，切实履行“两个责任”和“一岗双责”，深入开展政府系统党风廉政建设和反腐败斗争。加强行政监察和审计监督，对容易滋生腐败和权力寻租的重点领域和关键环节严格监督。坚持不懈落实中央八项规定和国务院“约法三章”，驰而不息狠刹“四风”，厉行勤俭节约，反对铺张浪费，严控“三公”经费，切实做到为民、务实、清廉。

大唐三期 1×66 万千瓦等项目取得路条，全市火电总装机达 736 万千瓦。国家新能源示范城市建设再上新台阶。大同采煤沉陷区国家先进技术光伏示范基地获批，成为我国实施光伏产业“领跑者”计划首个获批的基地，一期 100 万千瓦的 13 个子项目全部开工。到去年底，全市已并网的风电总装机达 150 万千瓦、光伏发电总装机达 32 万千瓦。

接续替代产业方面，新成新材料股份公司电力机车受电弓滑板项目进展顺利。同煤中海油 40 亿立方米煤制气项目除环评外，其他核准所需批文都已取得。同煤 60 万吨烯烃项目环评已批。此外，文化旅游产业也取得新进展，全年共接待国内游客 3194.5 万人次，增长 16.1%；接待海外游客 6.6 万人次，增长 6.4%。旅游总收入实现 281.2 亿元，增长 17.8%。

（四）新型城镇化持续推进

大力推进交通基础设施建设，城市通达能力持续提升。高铁项目取得实质性进展，大同—张家口高铁项目已开工，大同—乌兰察布高铁项目列入铁总中长期规划，大同—西安高铁项目（原平段）前期工作有序推进。公路建设方面，北京至乌鲁木齐高速公路大同市过境项目完成投资 2.1 亿元，超额完成年度任务。2 条国防公路、183.5 公里的县乡村公路改造、400 公里的道路完善提质、18.3 公里的随士营至新佃旅游公路等项目，均已完成年度建设任务。新建城市道路 48.1 公里，开源桥、北环桥等道路桥梁新建、扩建项目按进度推进。

大力推进市政基础设施建设，市县承载能力持续提升。统筹推进中心城区供热、供水、供气工程，供水普及率达到 99.8%，供热普及率达到 99.7%，气化率达到 98.6%。富乔生活垃圾焚烧发电扩建工程完工，日处理能力增加 500 吨。同煤集团煤气置换天然气工程扎实推进。浑源县、新荣区、阳高县生活垃圾收集转运系统建设项目和广灵县城污水处理厂升级改造项目进展顺利。

（五）城乡生态化全面推进

污染减排措施有力，空气质量保持稳定。以控煤、治污、管车、降尘为工作抓手，不断加大大气污染综合整治力度。化学需氧量、氨氮、二氧化硫、氮氧化物、烟尘、粉尘等 6 项减排指标完成了省下达任务。全年空气质量二级以上良好天数达到 292 天，空气质量综合指数 5.4，两项指标排名均列全省第一。

生态兴市步伐不断加快，造林绿化工程持续推进。以国家和省重点生态建设工程为依托，开展 27 万亩京津风沙源治理工作，新增营造林面积 32 万亩，完成县乡通道绿化 147.6 公里。市域内造林绿化工程稳步推进，南城墙带状公园、北城墙带状公园、儿童公园改造等七项市重点工程进展顺利，新增绿化面积 216 万平方米。

（六）社会事业全面进步

1. 就业形势稳中趋好。认真贯彻落实各项就业扶持政策，加强公共就业服务，着力开发就业岗位，新增城镇就业人数 5.6 万人，全面完成省下达目标任务。城镇登记失业率 3%，低于 4.2%的控制目标。

2. 社会保障体系不断完善。各项保险均完成年度目标任务。大病医疗保险已覆盖所有城乡居民基本医保参保人群，报销比例提高到 50% 以上。城镇居民医保人均财政补助比 2014 年提高 60 元，达到人均 380 元。机关事业单位工作人员养老保险制度改革稳步推进。

3. 教育事业持续进步。教育基础设施不断强化，大同铁一中新校投入使用，二十二中初中教学楼、大同师范改扩建等项目完工，特教学校新校、二十一中综合教学楼主体工程完工。学前教育普及工作扎实推进，新建、改扩建 16 所公办幼儿园和 24 所农村幼儿园。职业教育体系建设取得新进展，完成市职教中心扩建项目，浑源、左云职教中心达到省级标准，7 个省级重点基地建设项目完成年度任务。

4. 卫生事业健康发展。扎实推进医改工作，全市 10 个县区 17 所县级公立医院综合改革实现全覆盖，组建了以市一医院为核心医院的医疗联合体，全市医疗联合体达到 4 个。全面落实基本药物制度，全市 140 家政府办基层医疗机构和 1810 个村卫生室全部实施基本药物制度，6 家县级公立医院试点和 8 个非政府办社区卫生服务机构试行基本药物制度。

（七）转型综改试验区建设进展顺利

建立健全综合协调、统筹推进、督促检查、考核评价“四位一体”工作机制，转型综改 2013–2015 三年实施方案确定的“3188”（30 项重大改革、100 项重大事项、80 项重大项目、8 个重大课题）任务全面落实。2015 年“2155”行动计划（20 项重大改革、10 项重大事项、50 项重大项目、5 个重大课题）进展顺利。尤其在重大改革方面取得积极进展。在简政放权方面，将 6587 项行政职权清理减少为 2840 项，精减率达 56.9%。权力清单和责任清单以两单一表形式向全社会公布。审批事项办理平均承诺时限从 9.7 个工作日降到 5.2 个工作日。在深化投资体制改革方面，精简前置审批条件，推行前置审批和项目核准并列办理。出台《大同市政府核准的投资项目目录（2015 年本）》，下放了审批权限，完善了管理办法，提高了行政效能。全面落实创新投融资机制精神，推出 4 个政府和社会资本合作项目。在深化农村产权制度改革方面，农村土地承包经营权确权登记颁证工作进展顺利，对全市九个农业县（区）的 291.9 万亩耕地做了清查摸底。农村土地流转稳步推进，累计流转农村土地 67.13 万亩。在深化金融领域改革方面，阳光小贷公司在“新三板”挂牌，绿苑饮品有限公司和上皇庄岗酒厂在 Q 板挂牌，同煤集团实现直接融资 158 亿元，柒柒金融服务公司开展互联网金融试点，线下融资 1.8 亿元。在深化科技体制改革方面，在双系煤层巷道安全高效成套支护技术研究、插电式气（油）电混合动力客车 AMT 自动变速器、节能发电机系统技术研究等方面取得积极进展。在深化非公经济领域改革方面，新认定 3 家省级中小企业技术中心，成功申报 15 家省级“小升规”重点培育企业，成功申报 7 个省级中小企业创业基地。在建立精准扶贫机制方面，全面完成建档立卡精准识别工作。完成了全市80个贫困村、5.9万贫困人口的年度减贫目标。企业产业扶贫项目完成投资15.2亿元。浑源县、阳高县的4个村被列入乡村旅游扶贫重点村试点，项目建设有序实施。“光伏扶贫”试点工作扎实推进，浑源、天镇两县光伏扶贫工程全部开工建设。在扩权强镇试点方面，灵丘县东河南镇、阳高县东小村镇开展了相关工作，下放事权、扩大财权、改革人事权、保障用地等扩权内容逐步对接下放。在公车改革方面，12月29日全市参改车辆全部封存停驶，公务交通补贴元月份开始发放，平台建设、司勤人员安置、公车处理工作有序推进。在住房公积金制度改革方面，推行“一站式”上门服务、开通绿色通道等惠民措施，有力地推动了公积金改革。减少公积金存量资金41.5亿元，完成全年任务的148.9%，新增住房公积金缴存职工20738人，完成全年计划的132.1%，新增归集资金19.6亿元，各项指标均居全省前列。在建立统一规范的公共资源交易平台方面，平台建设整合工作已基本完成，农业、林业、水利、交通等行业建设工程纳入平台。全年共为1336项建设项目提供了交易服务，总投资额85亿元。

在取得来之不易的成绩的同时，我们也看到经济运行面临巨大的压力，存在不少困难和问题。主要表现在经济下行压力仍然存在，产业转型进展较慢。从拉动经济的投资、消费、出口三要素来看，投资、消费都未完成目标任务，出口呈现负增长，这些问题进一步加大了经济下行压力。此外，我市还存在房地产市场调整影响加剧、资源环境硬约束日益趋紧等问题，需要在以后的工作中高度重视，谨慎防范，有效化解。

二、2016年国民经济和社会发展总体安排和主要任务

2016年是全面建成小康社会决胜阶段的开局之年，是“十三五”规划实施的启动之年，也是推进供给侧结构性改革的攻坚之年，做好全年的经济社会发展工作意义重大。今年我市发展环境依然严峻。受需求不足和去产能的影响，我市煤、电等主要工业产品极有可能出现量价齐跌的情况，工业经济将面临更大的压力，并由此引发收入和消费下滑的连锁反应，进而增大经济下行压力。同时，我市也有新的发展机遇。一是当前我国经济发展面向好的总体态势没有变，经济持续增长的良好支撑基础和条件没有变，仍然有较大的发展空间。二是国家京津冀协同发展、“一带一路”、乌大张跨区域合作、供给侧结构性改革等政策的实施，给我市带来更多的区域经济合作机遇和改革红利。三是我市对文化旅游、健康养老、现代物流等服务业态的支持力度不断加大，同时二产退出资金将转向三产投资避险，能够促进服务业发展，推动全市经济转型。面对严峻的挑战，我们要更好地把握发展机遇，增强底线思维，坚定发展信心，保持工作定力，正视困难问题，奋力应对化解，努力做好全年经济社会发展各项工作。

今年经济社会发展工作总的要求是：全面贯彻党的十八大和十八届三中、四中、五中全会精神，以邓小平理论、“三个代表”重要思想、科学发展观为指导，深入贯彻习近平总书记系列重要讲话精神，按照“五位一体”总体布局和“四个全面”战略布局，认真落实中央、省、市经济工作会议部署，适应经济发展新常态，坚持改革开放，坚持稳中求进工作总基调，坚持稳增长、调结构、惠民生、防风险，以推进供给侧结构性改革为主线，落实宏观政策要稳、产业政策要准、微观政策要活、改革政策要实、社会政策要托底的要求，去产能、去库存、去杠杆、降成本、补短板，提高供给体系质量和效率，提高投资有效性，加快培育新的发展动能，统筹推进创新发展、协调发展、绿色发展、开放发展、共享发展、廉洁和安全发展，紧紧围绕打造区域性中心城市的总体目标，同心同力，建设美丽大同、富裕大同、幸福大同，努力实现“十三五”时期全市经济社会发展的良好开局。

按照市委、市政府关于经济工作的总体要求，结合我市实际，初步安排经济社会发展主要目标是：

经济发展预期性指标：地区生产总值增长6.5%以上；全社会固定资产投资力争增长12%；社会消费品零售总额增长6%；公共财政预算收入下降6%，居民消费价格涨幅控制在3%左右。

民生保障性指标：城镇常住居民人均可支配收入增长6.5%左右，农村常住居民人均可支配收入增长6.5%以上，居民消费价格涨幅控制在3%左右，新增城镇就业岗位4.1万个，城镇登记失业率控制在4.2%以内。

安全环保约束性指标完成省下达任务。

为实现上述目标，要切实抓好以下工作：

（一）紧紧围绕“一个中心”建设，谋划大同发展新篇章

1. 抓好投资和消费，双管齐下推动大同发展。要把抓投资作为当前乃至今后一个时期驱动大同经济发展的强力引擎，围绕国家宏观调控政策导向，紧盯国家投资七大重点方向和省十大重点领域，积极争取政策支持，着力创新投融资机制，加快构建大项目支撑、新项目引领、好项目驱动的经济发展格局。巩固“冬季行动”全面开展的成果，围绕七大板块，做好项目谋划，推动前期工作，狠抓项目落地和建设，力争投资规模达到1300亿元。

围绕供给侧结构性改革，稳步扩大消费新供给，积极培育新消费，增强消费对拉动经济的促进作用。着力解决低水平、低端供给过剩和高水平、高端供给不足的矛盾，重点在健康、家庭、养老、长期护理等领域，努力扩大产品供给。把握好城镇化建设契机，抓好房地产去库存，打通供需通道，稳定房地产消费。

2. 抓好城市建设和交通基础设施建设，两手齐抓提升城市品质。把城市建设作为提升城市品质的重要抓手，高起点规划、高标准建设、高水平管理，全面构筑城市化的硬件基础和软件内涵，切实增强城市的生产性、生活性和服务性功能，倾力打造魅力之城和品质之城。抓好古城保护与修复。坚持“整体保护、重点修复、科学规划、分步实施”的原则，延续古城历史文脉。确保西城墙年内合拢，钟楼、太平楼复建项目力争完成主体建设。积极推动古城

内建筑设施商业化运作，鼓励和扶持文化旅游、商贸会展、住宿餐饮等产业在古城区域内发展，盘活古城资源。精心打造御东新区。有序推进御东区房地产、商业综合体、文化娱乐项目建设和设施利用，完善功能配套，搞好公共服务，推动市民分流，把御东新区打造成宜居宜游宜业的山水林田湖特色市区。不断完善市政基础设施。继续提高集中供热覆盖面，完成二电厂供热机组改造及配套管线、换热站项目建设。增强城市供水能力，抓好市区供水厂改造、供水管网和信息调度系统建设。抓好地下综合管廊工程试点建设，推动排水管渠改造。

把交通基础设施建设作为促进全市经济社会发展的重要抓手，大战略谋划、大手笔投入、大力气推进，努力打通我市向外辐射发展的快速交通通道。抓好铁路项目，加快推进大张高铁项目建设，力争开工建设北京至原平段铁路电化改造（灵丘段）项目，做好大西高铁（大同—原平段）、大乌高铁等项目前期工作，争取大乌高铁纳入铁总“十三五”规划。利用好现有线路，推动大同—太原火车提速工作，缩短两地间通行时间。积极谋划北京—大同直达铁路和旅游专列的前期工作。推进公路项目，建成北京—乌鲁木齐高速公路（大同段），抓好云冈石窟—万人坑等旅游公路项目建设。大力发展航空业务，争取航空口岸、陆路口岸正式开放，增开国际、国内客运航线。提高城市通行能力，实施154项城市道路新建续建工程，建成北环桥，完成开源桥主体建设，力争客运东站建成投用。抓紧谋划大同城市轨道交通项目，筹划构建以立交桥为重要通道的立体交通网络，加快推进前期工作。推动绿色出行，开通城市公共自行车绿色交通网。

（二）紧紧围绕“美丽大同”建设，打造蓝天碧水新环境

紧盯创建国家环保模范城市、国家卫生城市目标，大力开展生态修复治理。深入实施大气污染防治，强化电力、水泥等重点行业脱硫、脱硝工程，持续加大扬尘污染综合防控，大力推广清洁能源和新能源车，持续提升空气质量。推进水污染防治，全面落实“水十条”，启动御河、口泉河流域综合治理项目，改善“两河”流域水质。深入推进造林绿化工程，新增营造林32.5万亩、县乡通道绿化150公里。抓好太行山区绿化，广灵县新增造林面积1万亩，灵丘县新增造林面积0.4万亩。

（三）紧紧围绕“富裕大同”建设，开创转型发展新局面

1.促进农业提质发展。以园区、基地、品牌建设为抓手，立足“一村一品”“一县一业”，积极构建现代农业体系，促进农业增效、农民增收。提升农业综合生产能力，建设高标准农田18万亩，推广旱地玉米穴灌覆盖和膜下滴灌种植20万亩。稳定粮食生产，全市粮食产量稳定在15亿斤以上。抓好现代标准园区建设，新建30个左右现代标准园区，辐射带动农民家庭农场和专业合作社同步发展。抓好设施农业建设，新增设施农业1万亩，由量的扩张向提质增效转变。大力推进生态畜牧业发展，新建、扩建标准化养殖小区200个，扶持南郊区牧同乳业做大做强，打造成全省乳品龙头。推动农业产业化提档升级，重点抓好南郊特色玫瑰生态园、灵丘车河有机农业园、天镇同煤宏丰设施蔬菜示范园等项目建设，积极推进内蒙古香岛光伏农业项目前期工作。整合全市农业品牌资源，构建大品牌战略体系，推进农业产业化电子商务平台建设。争取农产品加工企业年销售收入达到80亿元以上。积极改善农村人居环境，全面推进农民安居、完善提质、环境整治、宜居示范“四项工程”，巩固2015年省市18个美丽宜居示范村建设成果，推进2016年新定示范村建设。

2.促进工业强基发展。做好煤与非煤两篇大文章，把稳增长和调结构双重任务融合在一起，整体把握，统筹推进，增强工业持续增长动力。打造国家综合能源基地。全面推动煤炭产业“六型转变”，深入实施煤电一体化战略。加快同煤塔山二期、同煤阳高、左云京能三个低热值煤电厂建设步伐，推进同煤浑源2×35万千瓦、同煤大唐三期1×66万千瓦、国电湖东2×100万千瓦、大唐国际御东2×35万千瓦、华电新荣2×66万千瓦等电力项目前期工作。深入推进新能源示范城市建设，抓好100万千瓦装机的国家采煤沉陷区光伏先进技术基地、60万千瓦装机的常规光伏发电和光伏扶贫、40万千瓦装机的风电等项目建设，力争浑源5×30万千瓦抽水蓄能电站项目批复可研。推进现代煤化工业发展，开工建设同煤中海油煤制气项目，力争开工同煤集团60万吨烯烃项目。培育壮大接续替代产业。继续推进新成新材料电力机车受电弓项目建设，做好瓦斯发电机组的推广营销，加快推进中车公司轻轨地铁研发生产基地、晋投玄武岩岩棉制造、“云中云”云计算基地等项目的前期工作。

3.促进现代服务业提速发展。突出文化旅游、商贸物流、健康养老等产业发展，推动全市服务业走现代化、高端化、品牌化的路子。把文化旅游作为非煤产业之首，把文化旅游产业培育成我市新兴支柱产业，把大同打造成旅游休闲度假目的地、山西旅游的北大门和全省旅游集散中心。深度开发火山群地质公园、大泉山旅游景区，升级扩建平型关大捷纪念馆，积极推进大同煤气厂文化创意产业园、大同县文化产业园区、阳高缘源文化园区等项目前期工作。围绕文化旅游配套产业综合升级开发，鼓励和引导餐饮住宿、会展娱乐等服务产业在打造特色品牌、提高服务质量上做文章，提升文化旅游产业对经济的带动和辐射作用。

抓好商贸物流项目建设，提升我市商贸物流竞争力和对周边的辐射作用。建成大同电商产业园区、玄辰广场等项目，百盛金街、深特广场二期、鸿晟广场等项目主体完工，加快推进万达广场、万昌物流二期、文通等项目建设，扎实推进华阳玛里纳陆港、华宇商业综合体、铁路物流园区等项目前期工作。做好和国药集团的对接合作，推动医药物流园区项目前期，尽快取得实质性进展。

推动健康休闲、养生养老、医药医疗等产业深度融合，打造多位一体的健康养老基地。发挥阳高国家养生（养老）示范基地的影响力，建设阳高润泽生态养老产业园，推进

阳高罗文皂温泉养生文化镇综合开发项目前期工作。做好规划，积极谋划建设大同县养老养生基地。加快医药医疗和养老养生产业的融合发展，扶持灵丘润生生物制药小牛血清等产品向下游延伸。

4. 着力推动三大突破。推动科技创新、民营经济和金融振兴“三大突破”，着力破解转型发展难题，为经济持续平稳发展提供强大支撑。大力抓好金融振兴。做实做大市政府产业发展引导基金，助力中小企业、潜力产业、文化旅游产业发展。实施企业上市培育工程，增强企业直接融资能力，加快华晟果蔬、华林商贸等 7 家企业挂牌前期工作。推动金融企业发展，支持大同农信社改制为农商行，新增 3 家村镇银行。丰富金融产品和投融资模式，成立市级融资租赁公司。继续争取中央预算内投资、企业债券和国家专项资金，鼓励社会资本参与基础设施、公共服务设施等项目建设，尽快完成文瀛湖存量项目的 PPP 改造。大力推动科技创新。加快培育各类创新主体，新增高新技术企业 5 家，力争新建 1 家省级、5 家市级工程技术研究中心。建成中国国际技术转移中心大同合作中心，启动大同中关村科技产业园创建工作。大力发展民营经济。全面落实优化投资环境行动计划，加大对来同发展总部经济企业的支持力度。力争培育 2 个省级创客空间，每个县区都要培育 1 个创客空间，努力形成大众创业、万众创新的氛围。

5. 推动转型综改向纵深发展。发挥转型综改试验区统领作用，聚焦我市转型发展面临的突出问题和体制机制障碍，根据“十三五”综改实施方案部署，抓好 2016 年“2333”行动计划的落实。

推进 20 项重大改革。包括深化行政审批制度、投融资体制、煤炭管理体制、国有企业、农村集体产权制度、用地管理制度、商事制度等改革。深入推进电力体制、国企薪酬制度、国有林场和光伏发电项目使用林地改革。完善民营经济发展促进机制，建立企业上市的扶持培育机制。完善转移支付制度，建立财政科技投入稳定增长机制。实施不动产登记制度。推进环境排污许可管理创新。全面深化供销合作社综合改革。建立统一的城乡居民基本医疗保险制度。推行行业协会、商会与行政机关脱钩改革。

推进 30 项重大事项。包括实施煤炭基地提质工程，实施燃煤发电机组超低排放，继续推进采煤沉陷区治理和大同采煤沉陷区光伏发电基地建设。加快推进优势产业发展，大力推进金融创新。推进投资项目在线审批。加快推进“互联网 +”发展，建设电子商务与物流快递协同发展城市。完成“三去一降一补”任务。推进省级低碳试点县建设。继续加大环境保护力度，推动御河、口泉河“两河”流域治理，推进大同县生态保护，建设示范区。推进行政区划优化调整。加快推进“五规合一”，推进智慧城市创建。实施“五个一批”精准扶贫工程，扎实开展国家光伏扶贫试点。加快实施城乡人居环境改善工程。继续推进扩权强镇试点。实施众创空间示范工程建设，加强职业教育实训基地建设，加强创业培训和服务。完善食品药品安全监管制度，推进浑源县、大同县县乡医疗联合体试点。推进公共资源平台建设，继续深化资源性产品价格试点。推进经济技术开发区扩容提质。推进乌大张区域交流合作。

推进 30 个重大项目。围绕产业转型、生态修复、城乡统筹和民生改善等领域，实施 30 个市级转型综改重大项目，创新和完善项目审批、投融资、建设运营等保障机制，确保重大项目顺利实施。

推进 3 个重大课题。包括供给侧改革促进资源型地区产业结构调整研究、新常态下城市治理创新研究、“互联网 +”与我市传统产业融合创新发展研究等，为全市转型发展提供政策储备。

（四）紧紧围绕“幸福大同”建设，开启大同人民新生活

打好脱贫攻坚战。以贫困村为主阵地，以贫困人口为扶持对象，落实“六个精准”，实施“六大行动”，构建“五大机制”，为“十三五”时期决胜脱贫攻坚起好头、开好局，力争全年减少贫困村 210 个、贫困人口 6 万人。巩固建档立卡成果，对建档立卡贫困家庭和贫困人口识别情况进行“回头看”，夯实精准扶贫基础。抓好产业扶贫，力争全年产业脱贫 2.6 万人。实施易地扶贫安居行动，改善贫困农民居住环境，对 1.3 万贫困人口进行易地搬迁。做好各类培训，提升农民素质，完成 1900 人的“千村万人”就业培训和 4400 人新型职业农民培训。实施社会保障兜底行动，对丧失劳动能力、无劳动能力的贫困人口，符合条件的低保、五保和残疾人口，通过光伏扶贫资产性收益扶持和社会保障政策兜底，年内实现 5000 人兜底脱贫。

千方百计扩大就业。坚持把扩大就业作为经济社会发展的优先目标，继续加大公益性岗位开发力度，加强对就业困难人员的就业援助。加强创业园区建设，开工建设大同市中小企业创业基地，扶持创业带头人，以创业带动就业。

持续推进教育事业建设。提升教育硬件水平，实施小初高学校基础设施建设及改造项目。推进市县学前教育，大力发展标准化幼儿园。强化县级职教中心建设，进一步提升市级龙头性职业学校的专业发展水平。继续做好农村中学教师周转宿舍建设工作。抓好大同大学综合教学实训楼建设。

大力推进医疗卫生工作。深化医药卫生体制改革，继续完善基本药物制度和公立医院药品采购机制，推动优质医疗资源下沉，在具备条件的县级医院推广应用适宜医疗技术，完成县级临床重点专科建设三年工作目标，启动县域专病中心建设。强化乡镇卫生院和村卫生室服务一体化管理。继续实施全民健身计划，提高人民身体素质和健康水平。

完善社会保障体系。做好社会保险扩面征缴工作，推动社会保障向各类经济组织从业人员覆盖。进一步完善社会救助体系，提高低保对象、医疗救助等补助标准。新农合人均筹资标准由 470 元提高到 500 元。

关于大同市 2015 年全市和市本级预算执行情况与 2016 年全市和市本级预算草案的报告（节选）

——在大同市第十四届人民代表大会第六次会议上

大同市财政局局长　魏继平

（2016 年 5 月 24 日）

一、2015 年预算执行情况和“十二五”时期工作回顾

2015 年，在市委的坚强领导下，在市人大的监督支持下，全市上下坚持稳中求进工作总基调，主动适应经济发展新常态，积极应对经济下行的严峻挑战，扎实做好改革发展稳定各项工作，全市经济社会发展取得来之不易的成果。在此基础上，各级财政部门努力发挥调控职能，积极推进财政改革，有效控制收入降幅，着力优化支出结构，全市财政预算实现平稳运行，民生和重点支出得到较好保障，为全市经济社会各项事业发展提供了坚强的财政支撑。

（一）公共财政预算执行情况

1. 全市预算执行情况

2015 年，全市预算经市十四届人大五次会议审查批准后，各县（区）人民代表大会相继批准了本级预算并经市政府汇总报送市人大常委会备案。根据全市和市本级财政决算草案，全年全市公共财政收入预算为 101.8 亿元，比上年完成数下降 3%。全市公共财政支出预算为 165 亿元，预算执行中，上级专项、地方政府债券、调入资金和各项转移支付等增加支出 190 亿元，安排预算稳定调节基金减少支出 22 亿元，全市公共财政支出预算调整为 333 亿元。

2015 年，全市公共财政预算收入完成 92.4 亿元，为预算的 90.77%，短收 9.4 亿元。主要是受宏观经济持续下行、煤炭价格大幅下降以及结构性减税和普遍性降费等影响。全市公共财政预算支出执行 290.8 亿元，为预算的 87.33%，同比增长 31.1%。其中，教育、医疗卫生、社会保障和就业、住房保障、文化体育与传媒、农林水事务、城乡社区事务、节能环保、粮油物资储备及交通运输等民生支出 252.6 亿元，比上年增长 44.56%，占公共财政支出的 86.9%。

具体执行情况如下：

（1）主要收入项目执行情况。税收收入完成 71.33 亿元，为预算的 83.8%，下降 10.9%。其中：增值税完成 16.84 亿元，为预算的 90.3%，增长 6.1%；营业税完成 15.71 亿元，为预算的 76.2%，下降 15.5%；企业所得税完成 13.2 亿元，为预算的 88.4%，下降 14%；个人所得税完成 2.95 亿元，为预算的 95.2%，下降 4.5%；资源税完成 4.09 亿元，为预算的 45%，增长 26.9%；城市维护建设税完成 5.38 亿元，为预算的 104.1%，下降 11.5%；房产税完成 2.43 亿元，为预算的 112.5%，下降 9.7%。非税收入完成 21.06 亿元，为预算的 126.2%，下降 15.2%。其中：专项收入完成 12.49 亿元，为预算的 156.1%，增长 12.4%；行政事业性收费收入完成 2.17 亿元，为预算的 54.3%，下降 52%；罚没收入完成 1.94 亿元，为预算的 88.3%，下降 61.4%；国有资源（资产）有偿使用收入完成 3.64 亿元，为预算的 181.8%，增长 47.8%。（2）主要支出项目执行情况。教育支出 56.18 亿元，为预算的 93.6%，增长 45.2%。医疗卫生与计划生育支出 21.67 亿元，为预算的 92.4%，增长 15.1%。社会保障和就业支出执行 35.83 亿元，为预算的 97.2%，增长 19.9%。住房保障支出执行 35.98 亿元，为预算的 86.23%，增长 65.5%。农林水支出执行 28 亿元，为预算的 79.85%，增长 40.6%。文化体育与传媒支出执行 8.7 亿元，为预算的 92.4%，增长 44.3%。城乡社区支出执行 29.03 亿元，为预算的 92.91%，增长 82.8%。科学技术支出执行 0.78 亿元，为预算的 83.7%，下降 39.5%，主要是 2014 年平城科技有限工程公司建设资金 3286 万元，2015 年无此因素。节能环保支出执行 7.55 亿元，为预算的 67.6%，增长 23.1%。国土海洋气象等支出执行 16.85 亿元，为预算的 89.8%，增长 110%。其他项目支出情况：一般公共服务支出执行 19.02 亿元，为预算的 94.8%，增长 8.4%；公共安全支出执行 12.85 亿元，为预算的 92.2%，增长 0.9%；交通运输支出执行 9.3 亿元，为预算的 77.8%，增长 33.3%；资源勘探信息等支出执行 2.7 亿元，为预算的 96.96%，下降 21.4%；商业服务业等支出执行 0.69 亿元，为预算的 60.9%，下降 4.3%；粮油物资储备支出执行 2.03 亿元，为预算的 95.63%，增长 231.6%；其他支出执行 1.41 亿元，为预算的 14.13%，下降 87.7%。

2. 市本级预算执行情况

2015 年，市本级公共财政收入预算为 68.1 亿元，比上年完成数下降 1.3%。市本级公共财政支出预算为 81.4 亿元，预算执行中，经市十四届人大常委会第三十次会议审议通过，新增地方政府债券安排支出预算 15 亿元，调入资金、上级专项拨款、中央企业分离办社会和其他补助等增加支出预算 30.4 亿元，安排预算稳定调节基金减少支出预算 10 亿元，支出预算调整为 116.8 亿元。

2015 年，市本级公共财政预算收入完成 58.06 亿元，为预算的 85.3%，下降 15.83%。市本级公共财政支出执行 106.3 亿元，为预算的 91%，增长 19.67%。

具体执行情况如下：（1）主要收入项目执行情况。税收收入完成 49.75 亿元，为预算的 83.6%，下降 10.8%。其中：增值税完成 13.17 亿元，为预算的 90.3%，增长 10.7%；营

业税完成9.61亿元，为预算的73.5%，下降19.2%；企业所得税完成10.85亿元，为预算的88%，下降15%；个人所得税完成2.02亿元，为预算的92.5%，下降6%；资源税完成2.34亿元，为预算的43.6%，增长14.2%；城市维护建设税完成3.47亿元，为预算的106.3%，下降14.4%；房产税完成1.48亿元，为预算的110.6%，下降11.4%。非税收入完成8.31亿元，为预算的97.3%，下降37.1%。其中：专项收入完成3.82亿元，为预算的105.6%，下降20.9%；行政事业性收费收入完成1.13亿元，为预算的38.8%，下降38.6%；罚没收入完成0.99亿元，为预算的82.2%，下降70.44%；国有资源（资产）有偿使用收入完成1.73亿元，为预算的452.6%，下降12.56%。（2）主要支出项目执行情况。教育支出执行14.41亿元，为预算的99.9%，增长55.7%；医疗卫生与计划生育支出执行6.15亿元，为预算的98.4%，增长10%；社会保障和就业支出执行11.6亿元，为预算的97.6%，增长11.1%；文化体育与传媒支出执行6.46亿元，为预算的96.5%，增长48.2%；节能环保支出执行1.78亿元，为预算的78.2%，下降12.5%，主要是东郊污水处理厂、农村人居环境生活污水防治等专项资金由市级改列县级支出所致；农林水支出执行4.37亿元，为预算的91.2%，增长46.1%；科学技术支出执行0.17亿元，为预算的100%，下降73.7%，主要是2014年平城科技有限工程公司建设资金3286万元，2015年无此因素；国土海洋气象等支出1.74亿元，为预算的89.1%，增长3.6%；住房保障支出执行18.06亿元，为预算的91.3%，增长8%。其他项目支出情况：一般公共服务支出执行6.18亿元，为预算的97.3%，增长8.1%；公共安全支出执行7.19亿元，为预算的99.3%，下降9.4%，主要是2014年集中安排消防支队购置费4200万元和公安局110大楼指挥中心工程款一次性投入5700万元；交通运输支出执行3.58亿元，为预算的98.2%，增长447.1%，主要是2015年更新公交车辆一次性投入7000万元；资源勘探信息等支出1.26亿元，为预算的97.7%，下降36%；商业服务业等支出0.22亿元，为预算的39.8%，下降36.5%，主要是省补助及上年结转留市级支出减少；粮油物资储备支出执行1.64亿元，为预算的99.1%，增长488%，主要是2015年集中支付农业开发银行粮食挂账利息补贴1亿元；债务付息支出执行1.61亿元，为预算的100%，增长11.9%。

3. 省对我市转移支付执行情况

2015年，省对我市转移支付153.55亿元，增长13.7%。其中：一般性转移支付57.31亿元，增长11.18%；专项转移支付96.24亿元，增长15.27%。

（二）政府性基金预算执行情况

2015年，全市政府性基金预算收入完成25.46亿元，为预算的75.7%，下降64.6%；预算支出执行29.73亿元，为预算的70.4%，下降61.4%。

市本级政府性基金预算收入完成21.98亿元，为预算的84%，下降61.8%；预算支出执行18.31亿元，为预算的74.4%，下降68.3%。

政府性基金收支下降较多主要是2015年煤炭可持续发展基金停征、9项基金转列一般公共预算及国有土地使用权出让收入大幅减收所致。

（三）国有资本经营预算执行情况

2015年，全市国有资本经营预算收入完成0.06亿元，为预算的103.4%，下降1.35%；预算支出执行0.06亿元，为预算的12.3%。

市本级国有资本经营预算收入完成0.06亿元，为预算的103.4%，下降1.35%；预算支出执行0.06亿元，为预算的12.5%，主要是厂办大集体改革上级补助资金下达较晚，当年未形成支出。

（四）举借债务情况

2015年，省下达我市地方政府债券60.8亿元，其中：新增债券16亿元，全部为市本级支出，主要用于基础性、公益性项目建设；置换债券44亿元，市本级留用42亿元，转贷各县2亿元，主要用于置换到期政府债务；在建项目后续融资债券0.8亿元，全部为市本级支出，主要用于城市地下综合管廊等在建项目。这对我市应对经济下行和政府债务压力、加快基础设施和民生项目建设、防范财政金融风险发挥了重要作用。

截至2015年底，全市政府债务限额263.19亿元。债务率为80.47%，从全市政府债务总额看，债务风险总体在可控范围内。

2016年，全市到期政府债券12.5亿元，将通过置换债券的方式，确保政府债券按期偿还。

（五）落实市十四届人大第五次会议预算决议情况

2015年，按照市十四届人大会议有关决议，全市各级财税部门认真抓好预算执行，切实加强宏观调控，全面落实稳增长、促改革、调结构、惠民生、防风险等政策措施，努力促进全市经济社会持续健康发展。

1. 创优财税政策环境，积极支持经济发展。一是全面落实结构性减税和普遍性降费政策，集中支持转方式调结构，减轻企业负担52亿元。主要是：全面完成煤炭资源税从价计征改革，进一步降低煤炭成本，减轻企业负担17.2亿元；继续扩大“营改增”改革试点，为2403户“营改增”纳税人减税3.8亿元；认真落实稳定工业运行60条要求，为企业减负12.3亿元；取消、停减行政事业性收费和政府性基金27项，为企业减负18.7亿元。二是创新财政投入和管理方式，强化财政资金政策的导向作用，支持资产资本化和债权股权化，大力推广政府和社会资本合作（PPP）模式，文瀛湖生态公园PPP项目进入实施阶段。支持开展政府购买服务，积极推动社会公共服务水平提升，御东污水处理厂、生活垃圾焚烧发电厂、餐厨垃圾焚烧发电厂、御东公共走廊保洁等购买服务工作顺利完成。三是着力推动供给侧结构性改革，致力于增强有效供给的宏观调控和提高供给结构的适应性，支持推进房地产加快去库存，促进人民群众住房改善需要，释放住房公积金52亿元。

2. 加大资金筹措力度，努力强化财力支撑。一是全力争取地方政府债券60.8亿元，其中置换债券44亿元，新增债券16.8亿元，有效缓解了政府偿债压力和在建项目的资金困难。二是全力争取中央和省级支持，上级转移支付资金达到148亿元，较上年增加18.7亿元，增长12.64%。

主要用于节能环保、保障住房、重大水利工程、城市基础设施、农村危房改造、京津风沙源治理、采煤沉陷区治理搬迁、黄标车及老旧车淘汰等支出，有力地促进了我市经济社会各项事业的发展。三是全面清理结余结转资金，市本级盘活各类财政存量资金49亿元，统筹用于保运转、保民生和防风险等急需支出。四是积极筹措专项建设资金23.2亿元，重点支持了古城保护、场馆建设、园林绿化、城乡清洁、教育基础设施、道路新改扩建等民生工程。

3.加强基本公共服务，切实保障改善民生。2015年全市民生支出达到252.6亿元，比上年增长44.6%，占全市一般公共预算支出总量的86.88%。一是加大强农惠农富农力度。全市农林水事务支出28亿元，比上年增长40.59%，有力支持了“百园立农”工程、设施农业建设、中低产田改造，新建和改扩建高标准农业示范园区32个，全面落实精准扶贫工作、继续扩大农业保险范围、支持土地承包经营权确权登记颁证、为低收入农户冬季取暖用煤发放货币化补贴。二是提高社会保障补助水平。全市社会保障财政补助支出35.8亿元，比上年增长19.87%。企业职工基本养老金连续五年以10%的幅度逐年提高；城乡居民基本养老保险、城乡低保、新农合和城居医保、基本公共卫生服务、城镇职工和居民医疗保险报销限额全面提高。三是支持教育优先发展。全市教育支出达到56亿元，比上年增长45.19%。主要用于中小学标准化建设、薄弱学校改善办学条件、职业教育重点专业培育，教育实践基地和实训基地建设；农村义务教育公用经费惠及学生16.6万人；城市义务教育免杂费惠及学生14万人。四是大力促进创业就业。落实小额贷款担保政策，支持创业就业融资担保服务体系建设，推动各类创业就业计划的顺利实施。五是农民工欠薪应急周转金制度稳步实施、机关事业单位人员基本工资调整如期兑现、机关事业单位养老保险制度改革顺利推进。

4.健全完善体制机制，着力深化财政改革。认真贯彻《关于深化预算管理制度改革的实施意见》，积极推进全口径预算管理，进一步加大公共财政、政府性基金、国有资本经营预算统筹力度。按照《预算法》的要求，建立了预算稳定调节基金，进一步健全跨年度预算平衡机制，推动实行中期财政规划管理。市县两级全部公开了政府预决算、部门预决算及“三公”经费预决算。全面完成煤炭资源税从价计征改革，逐步完善相关改革配套政策。扎实推进公务用车改革，做好党政机关公务用车缴存和货币化补贴工作。试编权责发生制政府综合财务报告，范围扩大到全市所有县级财政部门。

5.强化财政监督管理，促进资金高效安全。认真落实中央八项规定和国务院“约法三章”要求，全市“三公”经费支出比上年下降17.13%。继续扩大财政集中支付范围，市县所属1886个预算单位实现全覆盖。全面推进公务卡结算改革，市级预算单位已注册公务卡5736张。强化政府采购管理，全年采购金额16.5亿元，节约资金2.3亿元，节约率为12.3%。加大财政投资评审力度，审核投资项目1758个，审减投资14.8亿元，审减率17.9%。完善基本支出、项目支出标准体系建设，预算绩效管理开始步入常态化。建立健全政府性资金财政监督机制，提高依法理财水平，维护正常财经秩序。

2015年，面对复杂严峻的财政经济形势，全市财政运行平稳，各项财税政策有效落实，为“十二五”规划胜利收官提供了有力支撑。回顾“十二五”期间财政工作，全市各级财政部门在市委的坚强领导下，在各级人大的监督支持下，加强调控稳增长，深化改革促调整，统筹财力保民生，依法理财防风险，财政改革发展负重前行，不断取得新的进展。

1.财政综合实力迈上新台阶。全市一般公共预算收入由2010年的55.2亿元增长到2015年的92.4亿元，年均增长10.86%。一般公共预算支出由2010年的132.75亿元增长到2015年的290.8亿元，年均增长16.98%。

2.促进经济发展取得新成效。累计争取中央和省各项转移支付608.5亿元，年均增长17.39%。争取地方政策债券资金107亿元，综合运用基金引导、投资担保、贷款贴息、税费优惠、以奖代补等手段，切实加大基础设施建设、产业结构调整、生态建设和环境保护等方面的有效投入，为全市经济转型创新发展提供了有力支撑。

3.统筹城乡发展迈出新步伐。全面贯彻落实强农惠农富农政策，全市农林水事务共计支出103.3亿元，年均增长17.35%，农业综合生产能力显著提高，现代农业和特色农业步伐加快，农业产业化经营实现跨越式发展。启动实施了农村“五个全覆盖”、易地扶贫搬迁等重点工程建设，全面完成农村义务教育化解债务工作，农村社会事业大踏步发展，农民群众生产生活条件明显改善。

4.保障改善民生达到新水平。全市民生支出累计909.3亿元，年均增幅达17.75%。先后四次提高了农村中小学公用经费基准定额，建立起了从学前教育到中等教育阶段全覆盖的学生资助政策体系。全市企业离退休人员月人均基本养老金年均增长10%，城镇职工和城乡居民基本养老保险实现双向衔接，新农合试点和城镇居民基本医疗保险制度实现全覆盖，城乡低保补助平均保障标准逐年提高，广大群众共享财政改革发展成果。

5.财税改革管理取得新突破。全口径预算管理体系基本建立，“营改增”等税制改革有序推进，财政预决算公开力度不断加大，国库集中支付实现乡级以上全覆盖，预算绩效管理开始步入常态化，政府债务管理和财政财务管理不断规范，覆盖所有政府性资金和财政运行全过程的财政监督机制初步建立。

在总结成绩的同时，也要清醒地认识到财政面临的困难和问题，主要是：财政收入总量规模小，受宏观经济下行和政策性减收影响，财税收入在“十二五”末期出现负增长；新兴产业尚未形成稳定的税源，财政增收基础依然薄弱；支出结构刚性突出，收支矛盾进一步凸显；政府偿债压力大，风险防控任务艰巨；财政资金统筹还需持续发力，资金使用绩效有待进一步提高。财政资本与金融工具、社会资本的市场融合需进一步加强。这些问题都需高度重视，采取有效措施，认真加以解决。

二、2016年预算草案

2016年是“十三五”规划实施的启动之年，是全面建成小康社会决胜阶段的开局之年，也是全面推进“六大发展”的关键之年。编制好2016年预算，做好各项财政工作，对推动全市改革发展稳定具有重要意义。

2016年预算编制和财政工作的指导思想是：全面贯彻党的十八大和十八届三中、四中、五中全会精神，以马列主义、毛泽东思想、邓小平理论、“三个代表”重要思想、科学发展观为指导，深入贯彻习近平总书记系列重要讲话精神，按照“四个全面”战略布局，牢牢树立创新、协调、绿色、开放、共享、廉洁和安全发展新理念，适应经济发展新常态，坚持稳中求进工作总基调，认真落实积极的财政政策，以推进供给侧结构性改革为主线，全面深化财税体制改革，严格依法理财，优化支出结构，优先保工资、保运转、保民生，防风险，紧紧围绕打造区域性中心城市总体目标，同心同力建设美丽大同、富裕大同、幸福大同，为推动“十三五”全市经济社会发展顺利开局提供良好的财政环境。

根据全省统一要求，今年向市人代会报告四本预算，即：公共财政预算、政府性基金预算、国有资本经营预算和社会保险基金预算。

（一）公共财政收支预算安排

1. 全市公共财政收支预算安排

根据全市经济和社会发展主要指标和全省财政工作会议对收入预算安排的要求，全年全市公共财政预算收入安排86.85亿元，比上年完成数下降6%。

全市公共财政预算支出安排187亿元，比2015年向市人大常委会备案预算同口径增长13.3%。主要项目安排情况是：一般公共服务支出18亿元，下降3.8%；公共安全支出10.32亿元，增长7.62%；教育支出40.56亿元，增长18.81%；科学技术支出1.25亿元，增长0.63%；文化体育与传媒支出5.74亿元，增长55.88%；社会保障和就业支出27亿元，增长14.17%；医疗卫生与计划生育支出14.13亿元，增长21.92%；节能环保支出3.32亿元，增长0.18%；城乡社区支出15.25亿元，下降1.5%；农林水支出14.09亿元，增长1.26%；交通运输支出4.23亿元，增长39.89%；国土海洋气象等支出3.06亿元，下降49.6%；住房保障支出4.32亿元，增长32.74%；预备费2.4亿元，增长20%.

上述全市预算草案为市代编预算，待各县（区）人民代表大会批准后，将汇总报市人大常委会备案。

2. 市本级公共财政收支预算安排

2016年，市本级公共财政预算收入安排59.7亿元，比上年完成数增长2.88%，剔除政府性住房基金纳入公共预算管理不可比因素，同比下降3.7%。其中：税收收入48.1亿元，下降3.29%；非税收入11.6亿元，增长39.74%。市本级公共财政预算财力81.9亿元，其中：公共财政预算收入59.7亿元，上级返还性收入1.4亿元，一般转移支付9.2亿元，预算稳定调节基金18.8亿元，体制上解-7.2亿元。

市本级公共财政预算支出安排81.9亿元，比2015年预算增长15.1%。主要支出项目安排情况是：一般公共服务支出8.68亿元，增长22.7%；公共安全支出7.54亿元，增长46.3%；教育支出11.17亿元，增长32.3%；科学技术支出0.46亿元，增长5.9%；文化体育与传媒支出4.38亿元，增长0.1%；社会保障和就业支出11.44亿元，增长0.2%；医疗卫生与计划生育支出4.73亿元，增长15.0%；节能环保支出1.63亿元，增长4.6%；城乡社区支出6.98亿元，下降10.3%；农林水支出6.79亿元，增长16.9%；交通运输支出2.84亿元，下降10.8%，主要是去年一次性购置公交车，今年无此因素；国土海洋气象等支出0.56亿元，下降47.8%，主要是煤炭资源税从价计征改革，两权价款停征所致；住房保障支出5.1亿元，增长80.2%；预备费1.5亿元，与上年持平；其他支出5.82亿元，增长34.5%。

盘活财政和部门以前年度存量资金10.41亿元，全部用于还本付息和清理工程欠款支出。

（二）政府性基金收支预算安排

2016年，全市政府性基金预算收入安排18.7亿元，比上年下降44.3%；政府性基金预算支出安排18.7亿元，比上年下降44.3%。

市本级政府性基金预算收入安排16.4亿元，比上年下降25.39%；政府性基金预算支出安排16.4亿元，比上年下降25.39%。

盘活以前年度存量基金5.58亿元，统筹用于政府专项债务还本付息支出和城市基础设施建设。

（三）市本级国有资本经营预算收支安排

2016年，市级国有资本经营预算收入预算为12.07亿元。其中，国有独资企业利润收入189.7万元；大同银行股份有限公司上缴500万元；市文瀛湖生态园资产转让收入12亿元。

2016年，市级国有资本经营预算支出安排12.07亿元。具体支出项目为：产业引导基金2亿元；回购存量商品房资本金3.4亿元；清理国有资产项目欠款5.2亿元；弥补医疗保险收支准备金1亿元；文瀛湖PPP项目股权注册资本金4000万元；市属关闭、破产企业破产费用等189.7万元。

（四）社会保险基金预算

2016年，全市社会保险基金收入预算安排115.59亿元，社会保险基金支出预算安排112.16亿元，预计年底结余3.43亿元。

（五）转移支付项目安排情况

根据新预算法的要求，我们对中央、省、市提前下达县区的所有转移支付项目进行了认真的梳理汇总，共有182项，涉及金额101.2亿元，全部列入市县两级2016年度支出预算，其中：已提前下达县区的转移支付资金85亿元。

（六）“三公”经费预算安排情况

2016年，市本级行政事业单位和其他单位使用财政拨款安排的“三公”经费预算6525万元，比上年预算减少2398万元，同口径（下同）下降26.9%。其中：因公出国（境）经费103万元，增长87.3%；公务接待费1651万元，下降5.8%；公务用车购置及运行维护费4771万元，下降32.9%。

以上预算安排的具体情况详见《2015年全市和市本级预算执行情况及2016年全市和市本级预算（草案）》。

综合以上预算安排情况，由于公共财政收入和政府性基金收入下降，政府性债务累积余额大且进入还债高峰，当年还本付息46亿元，加上机关事业单位养老金并轨和新的民生支出调标等政策性刚性支出增长等因素，公共财政和政府性基金年初预算收支矛盾非常突出，我们面临的财政形势依然非常严峻。因此，必须切实树立过紧日子的思想，采取有力措施，确保当年财政预算的实现。

三、2016 年财政工作主要任务

“十三五”期间，我市正处于发展的重要战略机遇期。我们既要直面矛盾困难，更要看到有利因素：国家经济发展长期向好的基本面没有变，经济结构调整优化的前进态势没有变，提出创新、协调、绿色、开放、共享、廉洁和安全的发展理念，指明了发展方向；我省纳入京津冀、融入环渤海国家发展战略，正在全面实施“六型转变”、“三个突破”和“六权治本”等重大举措，带来了发展机遇；市委、市政府明确“打造区域性中心城市”，建设“美丽大同、富裕大同、幸福大同”的奋斗目标，全市开展“同心同力，发展大同”大讨论和“冬季行动”，激发了发展动力。这些积极因素的聚集，使我市具备了改革激发市场的红利、稳增长政策的含金量和推进区域协调发展的地缘升值等有利条件，我们必须抢抓机遇，主动作为，真抓实干，“善收善支”，扎实推动大同财政经济发展不断迈上新台阶。

（一）转变投入方式，增强经济活力

一是要创新财政支持方式。要进一步增强市场意识，充分运用市场机制，找准经济建设与社会资本投资需求的契合点，创新财政投融资方式，以财政资金为引导，着力推广和运用“财政 + 金融”的组合模式、“1+N”基金结构模式、PPP 模式等形式，充分发挥财政资金杠杆效应，由政府直接投入转向以间接投入为主，撬动民间资本更多地进入政府公共投资领域，推动资产资本化，债权股权化，搞活资本市场，放大社会投资规模，促进经济加快发展。二是充分利用国家供给侧改革各项政策，在国家重点突破的化解产能过剩、降低企业成本、消化地产库存、防范金融风险各个方面，结合我市产业结构和生产要素特点，会同有关部门积极向上争取政策和资金支持，承接产业政策，跟上改革节拍，促进发展动力顺利转换，支持经济增长质量的提升。三是进一步落实结构性减税和普遍性降费政策，“营改增”试点全面实施，扩大煤炭资源税扣除范围，切实减轻企业负担，增强企业活力，涵养和拓展财源基础。

（二）强化收入管理，拓宽财源基础

一是积极培植涵养优质财源。充分利用我市资源优势和比较优势，紧盯高端文化、优质旅游、高新科技等新产业，通过产业投资引导基金等方式，积极引进大集团、大财团投资我市，特别注重“总部经济”的落实，并向高附加值、高利税率项目倾斜，培育利税大户，不断拓展新的财源增长点。二是健全完善税收和非税收入征缴制度。密切关注经济走势、重点税源和税收变化趋势，加强收入预测和预算执行分析，既要依法加强收入管理，确保应收尽收，又要合理调度组织收入，防止虚收探收。进一步强化财税部门协调联动机制，全面加强重点行业、重点企业的税源监控，努力保证全年收入预算的实现。

（三）加大惠农力度，支持脱贫攻坚

一是全力支持脱贫攻坚。持续加大扶贫资金投入力度，加大对扶贫重点领域和重点项目的投入倾斜，按照我市“突出六个精准，实施五个一批，构建扶贫大格局”的要求，增强扶贫项目安排的针对性、精准性和实效性。按照“五个一批”精准脱贫攻坚行动路径，抓紧实施易地扶贫搬迁计划，积极做好与上级项目资金的衔接工作，承接好项目资本金、长期低息贷款，切实保障易地扶贫搬迁筹资需求，推进扶贫机制创新，强化扶贫资金监管。二是积极支持农村经济发展。要积极探索财政资金直接投向符合条件的村集体，依托村集体经济发展项目；探索财政投入到村的发展类资金，转变为村集体和农户持有的股金，建立村集体和农民按股比分享收益的分配机制；研究财政补助资金形成的公益性资产转交村集体持有等政策措施。加快设施农业发展，打造优势特色产业集群，提升农业综合生产能力。三是全面落实财政惠农政策，将农业“三项补贴”合并为“农业支持保护补贴”，支持耕地地力保护和粮食适度规模经营；深化农村综合改革，实施村级公益事业建设一事一议财政奖补，推进农业社会化服务体系建设，增强农村可持续发展能力。

（四）完善投入机制，着力保障民生

按照保基本、兜底线、可持续的原则，聚焦基本民生，增强政策实施和资金使用的精准性，让改革发展成果更好地惠及人民群众。一是保就业稳定。实施大学生就业促进计划和创业引领计划，落实好援企稳岗、社保补贴、税费减免等措施，推进农民工返乡创业、退役军人安置和就业困难人员帮扶，加快完善公共就业创业服务体系。二是保义务教育。建立城乡统一、重在农村的义务教育经费保障机制，统一城乡义务教育学校生均公用经费基准定额，提高特殊教育学校和随班就读残疾学生公用经费标准，改善贫困地区义务教育薄弱学校办学基本条件，落实家庭经济困难学生资助政策，促进义务教育均衡发展。三是保基本医疗。完善城乡居民基本医疗保险筹资机制，提高城乡居民医保人均筹资和基本公共卫生服务项目财政补助标准，落实大病保险和生育保险政策，推进基本公共卫生服务均等化。四是保基本养老。积极推进机关事业单位养老保险制度改革，完善城镇退休人员基本养老金正常调整机制。五是保民生底线。提高城乡居民最低生活保障标准，落实城乡低保和农村五保户供养制度，全面实施困难残疾人生活补贴和重度残疾人护理补贴制度。

（五）优化支出结构，加强预算管理

一是确保重点支出需要，支出安排优先保工资、保运转、保民生。二是深化全口径预算管理，进一步加大公共预算，政府基金预算、国有资本经营预算和社会保险预算的统筹力度，提高财政综合平衡能力。三是继续盘活存量资金，不断提高资金使用效益。四是强化政府性债务限额管理，加强政府性债务风险预警，有效防范财政金融风险。五是强化支出管理。硬化预算执行约束，预算未安排项目应在下年度统筹考虑；推进预算绩效管理，增强花钱的责任意识和效率意识；牢固树立过“紧日子”的思想，严格落实“八项规定”，从严控制一般性支出和“三公经费”支出，进一步规范财经秩序。

张吉福当选省委常委

2016年11月5日，中国共产党山西省第十一届委员会第一次全体会议在太原举行。会上，大同市委书记张吉福当选省委常委。这是大同市建市以来，首次市委书记兼任省委常委。

张吉福，男，汉族，1964年9月出生，天津市人，研究生学历，工学博士学位，1985年3月加入中国共产党，1989年9月参加工作。现任山西省委常委、大同市委书记。

2016中国（大同）古都灯会

2016年2月9日至28日，2016中国（大同）古都灯会在大同古城南城墙、东城墙、北城墙举行，由市委、市政府主办，主题为“来大同过大年·观灯会好梦圆”，旨在推动古城“活起来、火起来”，营造吉祥幸福节日氛围。灯会分五个主题区域、百余组大型彩灯，传统文化是灯组制作重要主题，彩灯中蕴含着祥瑞文化、年俗文化、生肖文化等。第一个区域为和阳门广场，以表现古城“活起来、火起来”和“同心同力，发展大同”为主线，在和阳门广场中央布展20.16米高的《和阳旺火》组合彩灯。第二个区域为南城墙瓮城、月城、耳城，及上下区域，以展示猴年文化、传统经典为主线，集中布展传统彩灯和现代声光电大型灯组，营造古都大同喜迎猴年、共度新春的喜庆氛围。主要灯组有：《凤舞新春》《观音赐福》《鹏腾九天》《龙翔古都》《凤舞福地》《吉祥如意》《金猴贺岁》《灵猴献瑞》《国粹流韵》《华彩古都大美大同》《生态名城休闲胜地》《绿色大同》《鼓舞大同》《古都神韵》《文化名城活力大同》《开放大同喜迎冬奥》等。第三个区域为南城墙关城，以3D户外投影灯光秀和时尚互动灯组为主线，推出梦幻灯光秀，设多个时尚互动类彩灯。第四个区域为南城墙东段与东城墙南段，以表现大同城市风貌、人文民俗为主线，展现大同文化名城魅力，以及大同人民精神风貌。主要灯组有：《节节高升》《鲤鱼跳龙门》《龙凤呈祥》《福临门》《龙腾盛世》《恭贺新春》《福寿绵绵》《生肖贺岁》《名城大同光耀天下》《中国梦大同情》等。第五个区域为东城墙北段与北城墙东段，以动画卡通造型、唯美浪漫场景为主线，营造童稚欢趣，传递亲情友情，点燃观灯游客参与热情。主要灯组有：《喜气洋洋》《吉祥泰平》《群猴迎春》《坐上马车逛大同》《大同九龙壁》等。

灯会活动有观灯抽奖、民间文艺制作表演、文艺演出、民俗活动、灯组互动、年货展销、主题摄影展等。市吹打乐团、市晋剧院、市耍孩儿剧团、阳高二人台剧团、北路梆子剧团等专业院团在南城墙东耳城演出文艺节目20场。现场有画糖画、捏面人、舞狮、抖空竹等文艺活动。灯会期间，有来自北京市、天津市、河北省、内蒙古自治区，以及省内的游客40余万人登城墙赏花灯。100余家国家级、省级和周边城市媒体报道灯会实况，其中有央视《朝闻天下》节目和新闻频道《共同关注》栏目，凤凰卫视中文台文化大观园栏目组拍摄近30分钟古都灯会专题。

大同—太原“云冈号”城际旅游专列首发

2016年5月27日，山西铁路史上首趟“Y”字头城际旅游列车从大同站开行，一站直达省会太原，山西省最大两座城市间的旅行时间首次缩短至3小时以内，旅游列车每日运行2列。列车车体喷有“云冈号”字样，车厢内海报集中展示大同文化旅游资源景区。“云冈号”旅游列车经北同蒲、韩原、石太、大西铁路线运行，列车为空调车，全车有6节硬座车、1节软卧车、1节硬卧车组成，载客量810人，每周五、六、日分别往返1趟，Y665次14:00从大同站发车，16:58到达太原站，Y666次17:58从太原站发车，20:56到达大同站，运行时长2小时58分。

太原铁路局局长赵春雷、副局长刘枫，大同市委书记张吉福，市委副书记、代市长马彦平，市委常委、市委秘书长部向华出席列车开行仪式，副市长杨勤荣主持开行仪式。

大同市政府和太原铁路局推出两地群众“双向八折”优惠活动：乘坐该趟旅游列车20人及以上团体，享受火车票价八折优惠；持该趟列车车票旅客，在大同市旅游景点现有优惠票价基础上，再享受八折优惠；由大同旅行社组织，乘坐该旅游列车的游客享受太原市各旅游景点门票八折优惠。

大同方特欢乐世界开园

2016年7月16日，大同方特欢

乐世界向公众开园。

大同方特欢乐世界坐落于大同市御东新区，由深圳华强方特文化科技集团与大同市政府联合建造。大同方特欢乐世界是方特家族第20个成员，是一座完全具有中国自主知识产权的大型主题乐园。

大同方特欢乐世界主要由飞越极限、海螺湾、魔法城堡、聊斋、唐古拉雪山、生命之光、熊出没历险记、火流星等20余个主题项目区组成，项目内容包含科技动漫、未来幻想、科普教育、神话传说、主题表演，涉及主题项目、游乐项目、休闲，及景观项目200余项。 大同方特欢乐世界是“一票制”主题乐园，购票入园后任何主题游玩项目不再另行收费。全价票220元／人，适用成年人、身高150厘米（含）以上未成年人；儿童票160元/人，适用身高120厘米（含）至150厘米之间儿童，身高未满120厘米的儿童和年满70周岁的老人（凭有效身份证件）免票，免票人士须有持全价票的健康成人陪同，每名持票成人限带1名免票人士。平日营业时间为9时30分至17时30分，周末、节假日，及暑期营业时间为9时至18时。

2016全国热气球锦标赛在大同举行

2016年8月2日至13日，2016全国热气球锦标赛在大同举行。赛事由国家体育总局航空无线电模型运动管理中心、中国航空运动协会、大同市人民政府主办，大同市寰通航空运动俱乐部有限公司承办，大同航空运动学校、长城国际体育（北京）有限公司、大同轻弄飞机制造公司协办。有来自全国50支热气球团队、200余名热气球运动员参赛。这届赛事每天的比赛项目根据气象情况调整确定，比赛执行国际航联《AX-7活动规则范例》。8月8日，2016全国热气球锦标赛选拔赛暨中国热气球俱乐部联赛在大同御东行政中心广场举行。市委书记张吉福宣布比赛开幕。市委副书记、市长马彦平，市政协主席柴树彬，国家体育总局航空无线电模型运动管理中心副主任丁鹏，省体育局副局长王福等出席开幕式。

比赛期间，参赛运动员在大同县火山群、文瀛湖、和阳门广场、旧一中院内等公共场所举行“飞越大同县火山群”“飞越文瀛湖”“喷火表演”“飞越古城”等飞行表演活动。8月13日，2016全国热气球锦标赛在大同落下帷幕，飞行员刘翔及助手刘忠羽以总成绩5362分获得冠军。

宇鑫大厦成功爆破

2016年，大同市委、市政府为推进城市建设总体进程，加快古城保护与修复工程，打通古城外交通主干道平城街，实现年内北城墙护城河注水目标，为最大限度缩短征收拆迁时间，经多次研究论证，决定爆破拆除宇鑫大厦。爆破由江苏长江爆破工程有限公司实施，采取双向折叠爆破技术，8月8日9时30分，宇鑫大厦起爆，5.5秒内，楼体倒入预定防护区内，爆破后遗留下7层~8层楼体是技术设计，经技术人员和市住建委工程人员检测，护城河桥体没有损伤，楼体北侧专门安置测震仪，所测数据符合安全要求。宇鑫大厦爆破成功，是大同市第一爆。

宇鑫大厦位于大同市北城墙武定西门外，地面以上28层、地下2层，2层~3层之间设计转换层，大楼总高96米、长95.6米、宽22.2米，建筑面积4.2万平方米。宇鑫大厦爆破凿钻炮孔22988个，使用雷管2.63万发，炸药1512公斤，塑料导爆管8000米。

10座人行过街天桥建成投用

2016年，大同市为缓解城市交通压力，提高道路通行能力，保障行人过街安全，建设10座人行过街天桥。这10座过街天桥分别是：位于源茂街与红旗街交叉十字路口的源茂街天桥、位于魏都大道长途客运站区域的魏都大道新南站天桥、位于迎宾街与红旗北街交会路口的迎宾街2号天桥、位于一中高中部南门与柳航新村小区之间的向阳街1号桥、位于一中初中部与水泉湾龙园西门之间的御河西路1号桥、位于迎宾街与友谊街交会路口的迎宾街1号桥、位于北都国际酒店南侧与御馨花都东北角之间的北都街1号桥、位于御馨花城东南角与大同银行之间的平城街1号桥、位于蓝天商城与华林新天地商厦之间的清远西街1号桥、位于恒源魏都与对面现状绿地之间的同泉路1号桥。

8月16日，首座人行过街天桥——御河西路柳泉街人行过街天桥开工建设，施工方为大同泰瑞集团，该天桥由同济大学建筑设计研究院有限公司设计，长66.6米，宽7.1米，净宽5米，栏杆造型高5米，两端分别用人行梯道连接地面。11月1日，该桥竣工通行。截至12月27日，位于大同市城区的10座人行过街天桥全部建成并投入使用。

▲ 2016全国热气球锦标赛比赛现场 （编辑部 供图）

北环桥北环路通车

2016年8月26日，大同市北环桥、北环路通车。市委书记张吉福、中铁十七局总经理文珂，以及上海同济大学建筑设计研究院的相关负责人等现场见证通车。

北环路御河桥工程西起武定北路，东至文兴路北延，全长3.73千米，红线宽50米，总投资9.41亿元，是大同市北部连接御东和御西交通主干道。北环桥跨河桥梁总长576米，主桥为钢结构，长256米，宽48米，主拱高54.8米，总用钢量8300吨。该桥以五岳之一的北岳恒山主峰——天峰岭与翠屏峰为造型元素，采用非常规结构的三角拱形式，结构体系为国内首创。

▲北环桥夜景　（编辑部　供图）

2016“影像的力量”中国（大同）国际摄影文化展

2016年8月26日至9月4日，2016“影像的力量”中国（大同）国际摄影文化展在大同市古城北城墙中国雕塑博物馆展出。这次摄影文化展主题为“影像世界 大美大同”，由中国公共关系协会与大同市人民政府共同举办，目的是落实“一带一路”战略构想，推动沿途文化经济合唱，促进中外文化交流。展览推出8个主题单元，其中有集中展示该届“镜美尊”6位得主代表作《“镜美尊”得主作品展》，以及《“蔚蓝的海洋”影像展》《“镜美华夏”主题展》《“华赛”2015获奖精品选》《“美丽中国·丝路新疆”摄影作品展》《“长城金三角，美丽乌大张”摄影作品展》《“人说山西好风光”摄影作品展》《2016“影像的力量”优秀征集作品展》，展出600余位作者1000余幅摄影作品。展览主色调突出“大同蓝”和“影像蓝”，以体现关注自然生态、蓝色海洋文化特色。

8月26日，大同市委书记张吉福等出席启动仪式，并观赏参展作品。中国公共关系协会常务副会长兼秘书长王大平，“镜美华夏”大型影像文化品牌组委会顾问、国家烟草专卖局原局长倪益瑾，中国公共关系协会新闻与传播委员会副主任、“镜美华夏”大型影像文化品牌文化总监胡颖，“镜美华夏”大型影像文化品牌组委会副主席、中国新闻摄影学会副主席丁伟，2015年镜美尊得主、中国艺术摄影学会副主席任国恩，清华大学继续教育学院院长助理林华，中国文化旅游摄影协会秘书长杨新丽，以及国内外摄影师、参展摄影家和新闻界代表出席开幕式暨颁奖典礼。

颁奖典礼上，来自德国的英戈·阿恩特、奥地利的伊尔明·凯克，以及中国的王玉文、郝远征、李石文、余海波6位摄影家，获摄影“镜美尊”奖。来自内蒙古自治区乌兰察布市的黄宝玺拍摄的《跃马扬鞭》获征集作品一等奖，李晓宁、杜亚平、钟黎明3人摄影作品获二等奖，汪佳欣、王世英等6人作品获三等奖，100件作品获优秀奖，10位摄影爱好者作品获“网络人气奖”。

9月4日，源·2016“影像的力量”闭幕式暨马爽云冈石窟音乐会在云冈大佛前举行，为期10天的2016“影像的力量”中国（大同）国际摄影文化展落幕。

2016山西省旅游发展大会在大同召开

2016山西省旅游发展大会（以下简称“2016省旅发会”）申办工作，由山西省旅游局与山西广播电视台合作，制作全省11个地市旅游品牌推介全程展演节目，节目设初赛、复赛、半决赛、决赛9场比赛和1场颁奖晚会。6月17日，大同市以决赛总成绩414.88分获2016省旅发会主办权城市和“最具文化旅游魅力城市奖”。

8月31日，2016省旅发会在大同召开，该会由山西省人民政府主办，大同市人民政府承办，会议主题为“全省大联欢，让旅游快乐起来”。山西省代省长楼阳生出席主题会议并讲话。国家旅游局副局长王晓峰到会祝贺并讲话。省人大常委会副主任张茂才、副省长王一新、省政协副主席张璞、省政府秘书长廉毅敏，省旅游改革发展领导小组成员和有关单位主要负责人，山西省其他市相关领导、沿黄九省市，以及北京、乌兰察布、张家口、广州等市有关嘉宾出席会议。全国百家知名旅行社、旅游企业负责人参加会议。王一新主持主题会议。大同市委书记张吉福出席会议并致辞，市委副书记、市长马彦平等参加会议。

这次大会由主题活动和系列活动组成，主题活动包括主题会议、山西精品旅游线路推介会和参观考察活动，系列活动包括中国旅游创新峰会、2016首届大同国际休闲体育旅游周、中国恒山登山节、方特欢乐世界狂欢节、2016中国（大同）国际汽车旅游文化嘉年华、中国古都非遗文化博览会和大同·理想音乐艺术生活节等。

会议要求，适应经济发展进入新常态，推进供给侧结构性改革的新形势新任务，抢抓经济下行倒逼转型和旅游消费需求提速升级的重大机遇，推进文化旅游业改革发展，打造旅游目的地，加快把文化旅游业培育成山西省战略性支柱产业，建设文化旅游强省。

2016省旅发会期间，大同市与四家企业签署《关于建设会展中心和其他城市公共事业合作协议》《文化旅游综合体和房车旅游露营地项目合作协议》《“天下大同”大型实景情境式旅游演出与文旅体验综合体项目合作协议》《潘家园（大同）古城文化商业项目合作协议》4个文化旅游产业招商引资项目。大会启动“大同旅游产业百千万亿工程”——邀请全国百强旅行社到大同参加2016省旅发会，促进山西省旅游项目在全国推广；抽取1000名幸运游客免费到大同三日深度游；拿出1万张大同经典景区门票以1元价格让游客在网上抢购；设立2亿元大同旅游发展扶持资金，激励与扶持到大同投资旅游的企业，以及为大同旅游产业作出贡献的企业和个人。向北京、天津、张家口、乌兰察布和山西11市发售“中国·大同旅游一卡通”。

山西精品旅游线路全国百家知名旅行社推介会上，与太原市郝庄镇旅游开发项目、山西张家河旅游文化发展有限公司等20个项目当场签约，签约资金166亿元。

中国共产党大同市第十五次代表大会

2016年9月27日至29日，中国共产党大同市第十五次代表大会在市工人文化活动中心一宫召开。

省委换届风气督查组组长、省委政研室副主任梁若皓等到会指导和监督。大会主席团常务委员、大会执行主席张吉福，市领导马彦平、高键、姚生平、赵向东、马斌、郜向华、黄岑丽、卫国、孙利仁、朱晓东在主席台前排就座。

27日，马彦平主持开幕式。市第十五次党代会代表480人，出席大会代表453人，符合规定人数。列席大会代表有十四届市委委员、候补委员、市纪委委员，担任过正市实职，及近三年退下来市级领导干部，市委直属党委主要负责人，市直委局办、市属正处事业单位、市管企业主要负责人和驻大同行政单位党组织负责人，以及各民主党派、工商联、侨联主要负责人和无党派人士152名。

张吉福代表中国共产党大同市第十四届委员会向大会作题为《塑造美好形象 实现振兴崛起 为加快建设美丽富裕幸福大同而努力奋斗》报告，报告分四个部分：过去五年的工作回顾；今后五年的指导思想和奋斗目标；今后五年的主要任务；加强和改进党的建设。

朱晓东代表中国共产党大同市纪律检查委员会向大会作题为《坚持全面从严治党 强化监督执纪问责 为建设美丽富裕幸福大同提供重要纪律保证》报告。

29日，张吉福主持中国共产党大同市第十五次代表大会，大会应到代表480人，实到473人，符合规定人数。大会以无记名投票方式，选举产生中国共产党大同市第十五届委员会委员51名、候补委员10名，中国共产党大同市纪律检查委员会委员31名，选举出大同市出席省第十一次党代会代表。大会通过关于中国共产党大同市第十四届委员会工作报告的决议、中国共产党大同市纪律检查委员会工作报告的决议。中国共产党大同市第十五届委员会第一次全体会议选举张吉福、马彦平、高键、赵向东、郜向华、黄岑丽、张韬、卫国、孙利仁、杨勤荣、朱晓东为市委常委，张吉福当选新一届中共大同市委书记，马彦平、高键当选中共大同市委副书记。

“冬季行动”暨项目建设“双环行动”誓师会

2016年11月16日，大同市在御东行政中心举行2016年“冬季行动”暨项目建设“双环行动”誓师会。

省委常委、市委书记张吉福，市委副书记、市长马彦平出席会议并讲话。市委副书记、宣传部长高键主持誓师会。梁凤书、柴树彬等市四套班子领导，及各县（区）、各有关部门、企事业单位负责人等参加会议。

会议动员全市各级用新发展理念统领经济发展全局，结合全省产业转型升级“六大工程”，弘扬“马上就办、真抓实干”优良作风，让发展观点通过项目来碰撞，让兴同理念通过项目来贯彻，让发展实绩通过项目来呈现，让干部作风通过项目来检验，让大同的冬季热起来、动起来、火起来、出成效，为明年各项建设项目开展打好提前量、赢得主动权，推动全市转型升级发展。

“双环行动”是“冬季行动”项目建设的重要内容，围绕古城这个城市“心脏”和文瀛湖这个城市“肺”为核心，总投资690亿元，实施27个重点项目。其中，环古城行动项目12个、总投资113亿元；环文瀛湖行动项目15个、总投资577亿元。

会上，城区、南郊区、市发改委、市国土局、泰瑞集团等项目审批、主管、法人单位代表宣誓：视项目为生命，确保质量、确保安全、确保进度，立说立行、群策群力、决战决胜！

誓师会后，山煤·凯德世家领阅综合体、晋北国际物流园、大同装配式绿色建筑集成产业基地、华岳电厂、两河生态湿地、大同市国际会展中心等项目开工奠基。张吉福、马彦平等与会人员到项目现场实地观摩，见证项目开工、投产。

大同古城墙合龙护城河贯通

2016年11月18日，大同市3块铜质“城墙合龙纪念”城砖在西城墙合龙处砌筑到位，护城河最后一罐混凝土浇筑完成，省委常委、市委书记张吉福宣布：大同古城墙全面合龙，护城河全线贯通！市委副书记、市长马彦平，省委党校常务副校长王联辉，市委副书记、宣传部长高键，市人大常委会主任梁凤书，市政协主席柴树彬等与大同市各界代表一起见证这一历史时刻。

2009年4月，市委、市政府实施一系列大同古城保护与修复工程，总

·链 接·

大同城墙建设记事

2009年4月，东城墙开工建设；

2010年9月21日，东城墙向市民开放；

2010年4月，南城墙开工建设；

2011年10月，南城墙建成交付使用；

2011年4月，北城墙开工建设；

2012年11月，北城墙建成交付使用；

2012年，西城墙开工建设；

2016年11月18日，大同古城墙全面合龙。

投资50余亿元，搬迁居民2.3万户。其中，古城墙修复工程由市文物局建设，山西达志古建筑保护有限公司设计，参与施工单位40余家，历时7年半，总投资10余亿元。城墙修复工程用砖1508万块、石材6630立方米、木材35290立方米、瓦110万件，修复后的古城墙城墙高14米、上宽12米、下宽18米、全长7.24千米，占地面积26.5万平方米；城设4门，东为和阳门、南为永泰门、西为清远门、北为武定门，4门之外建有瓮城、月城，南城墙外建有关城和耳城，瓮城、月城、耳城、关城占地面积约98900平方米，主城楼内侧建有广场4处面积约5650平方米，城墙上建有城楼、箭楼、望楼、角楼等木构建筑71座，建筑面积1.6万平方米，角楼外建有4座控军台。东城墙内部建有和阳美术馆，建筑面积2.3万平方米、使用面积1.9万平方米、展线长1100平方米，北城墙内部建有中国雕塑博物馆，建筑面积3.3万平方米、使用面积2.6万平方米、展线长2100平方米。2016年9月1日，古城墙免费向公众开放，全年接待游客49.15万人次，同比增长316.68%。

大同首建城市公共自行车存放点

2016年，大同市政府在自行车、电动自行车等非机动化出行方式所占比重23.3%的基础上，优化居民出行交通方式结构，建设城市公共自行车。

大同城市公共自行车项目总投资3.7亿元，投放3万辆自行车，建设1500个服务点，主要围绕公交点、医院、学校、公园、居民区、商业中心、行政机关和企事业单位、旅游景点等人流量大的区域建设存放点，主要覆盖城区、南郊区、矿区、开发区人口密集区域。采用“亭棚结合、智能管理、通租通还”建设模式，统一标准、统一设施、统一平台打造慢行交通系统，市区内按照500米左右服务半径设置服务点，方便市民短途出行。公共自行车自助管理系统采用物联网技术，市民通过传统IC卡、手机扫码，以及互联网新技术等即可实现自助租车、还车。公交自行车项目分三期建设。其中，一期建设到2016年10月底在城区和御东新区建设500个服务点，投放1万辆自行车；二期建设到2017年6月底，完善第一期服务点，新增600个左右服务点，投放1.2万辆自行车；三期建设到2017年底在学校、医院、旅游景点、居民小区、商场等地点，根据实际需要，再增加400个服务点，投放8000辆自行车，并投放部分电动自行车。

4月15日，大同市城市公共自行车项目首个存放点——位于城区东风里集贸市场西侧公共自行车存放点建设开工，项目实施方为国新能源公司。运营商由大同亿鑫公共自行车运营分公司运营管理，截至12月6日，公交自行车项目建设337个服务点，安装锁止器1.15万个，投放自行车1.05万辆，自行车IC卡办理2.53万张。

明堂遗址公园建成开放

2016年12月24日，大同明堂遗址公园向公众免费开放。大同明堂遗址公园是参照北魏平城明堂建筑布局形制而成，是一个集休闲、文化、旅游于一体的城市遗址公园。该遗址于1995年5月发现，文物工作者经过1995年、1996年、2015年三次科学发掘，探明北魏平城明堂遗址布局、覆盖范围。2008年，明堂遗址公园在城区向阳街原址建设，于2010年5月开工复建，历时6年。该工程上圆下方，建筑地下一层、地上二至三层，最大檐口高度20.32米，主体穹宇殿顶部全部覆盖琉璃瓦，殿基为石质护栏。明堂建筑高27米，占地600平方米，东、南、西、北四门均为二层阁楼式建筑，每门占地近300平方米，环绕水道为辟雍。（编辑部）

▲城区南环路新旺花园自行车存放点

（编辑部 供图）

大事记

2016年大同市大事记

1月

1日

●市委书记张吉福率相关部门负责人，到大张（大同、张家口）高铁建设现场办公，并看望慰问在施工一线的广大建设者，向他们送去节日问候。

●市公安局、大同武警支队在和阳门广场举行联勤武装巡逻启动仪式。

●大同月星国际家居广场开业。

4日

●市公共交通有限责任公司新开通16路公交线，并调整30路公交线，方便市民出行。

●由省综治办副主任姚鸿波带队的省综治考核组到大同，考核调研大同市2015年度综治（平安建设）工作。

4日至7日

●大同军分区开展冬季适应性训练。

5日

●市委常委会召开会议，传达学习贯彻省委书记王儒林、省长李小鹏在全省经济工作会议和脱贫攻坚大会上的讲话精神，安排部署大同市贯彻落实工作。张吉福主持会议。

●省科技厅通过组织申报和专家评审，市小微企业创业孵化基地成为大同市首家也是唯一一家省级众创空间。

●城区警方侦破公安部2015-2号目标案件。

6日

●省人大常委会副主任安焕晓率省人大常委会相关委室负责人到大同召开座谈会，提请省十二届人大五次会议审议的《山西省人民代表大会常务委员会工作报告（征求意见稿）》，向市人大常委会及部分驻大同省人大代表征求意见。

●市政府召开安委会第一次全体（扩大）会议，学习贯彻落实习近平总书记、李克强总理关于安全生产一系列重要指示批示精神，安排部署2016年重点工作任务及春节、“两会”期间安全生产工作。

6日至7日

●中国共产党大同市第十四届委员会第七次全体会议暨全市经济工作会议召开。

8日

●首届大同音乐冰雪嘉年华活动启动。

●省政协副主席、民革省委会主委张友君率调研组到大同，专题调研健康养老产业发展情况。

●灵丘县举行通用航空产业发展规划项目启动会。

●“平安大同七号”冬季严打整治专项行动在和阳门广场启动。

9日

●2015中国大同大型徒步“走长城”系列活动在新荣区得胜堡举行第二站开启仪式。

●大同市首部儿童英语音乐剧《花木兰》在工人文化活动中心一宫上演。

11日

●大同市春节期间群众文化活动之一的“三个文化”精品剧目展演，在市工人文化活动中心一宫启幕，并演出《看，大泉山变了样子》。

●由省科协、省食安办指导支持，山西省百姓放心食品品牌推选活动组委会、省科技传播中心和省社会事务调查中心共同发起并组织实施的“食品安全科普进校园”活动在大同启动。

●市食品安全抽检结果中，有4批次食品不合格。分别是：市啤斯食品有限责任公司生产的豆沙酥中过氧化值（以脂肪计）超标；南郊区健民净水屋生产的饮用纯净水、大同清矿泉纯水有限公司生产的纯净水、同煤集团金鑫开发公司生产的桶装饮用纯净水中均检出铜绿假单胞菌。

12日

●马彦平会见浙江深大智能科技有限公司董事长汪早荣一行。

●中央电视台《新闻联播》“治国理政新实践·脱贫军令状”专栏，以《内抓培训，外推品牌，天镇扶贫闯新路》为题，报道天镇县探索精准扶贫有效途径的经验和做法。

●山西省环保厅发布2015年1月至12月累计11个地级市环境空气质量排名情况，大同环境空气质量最优，全省排名第一。

13日

●张吉福到市委党校调研。

●天镇县农民发明家赵喜凭借着自己发明专利“高强无机复合型材隔墙板”，在全省“五小”竞赛活动中获优秀成果一等奖。

●南开大学社会实践团队、大同市平城知行社、大同一中校友会联合建立的“南开书屋”在南郊区实验中学揭牌。

14 日

●市人大常委会建设环保工委牵头组织部分常委会组成人员和市人大代表，督促检查大同市征收安置和项目手续办理情况。市人大常委会主任梁凤书等参加督查。

●大同市与北京平谷区、正大集团、北京华都峪口禽业有限责任公司负责人洽谈农业项目合作。

●省委宣传部副部长刘英魁到2016中国大同古都灯会现场，检查灯会前期各项工作。市委常委、宣传部长马斌陪同检查。

●国家安监总局特邀中央国家机关书法家协会、中央国家机关美术家协会的艺术家到广灵县，开展走访慰问及送春联书法创作交流活动。

15 日

●市人大常委会组织部分常委会组成人员及市人大代表，执法检查大同市相关部门及企业贯彻落实《中华人民共和国食品安全法》情况。梁凤书等参加检查。

16 日

●省委副书记楼阳生到大同，调研“冬季行动”推进落实情况。市领导张吉福、马彦平等陪同调研。

●由大同市政府与北京中关村发展集团共同主办，北京山西企业商会、软通动力信息技术有限公司协办的2016年大同（北京）招商对接会暨项目签约仪式在北京中关村展览中心报告厅举行。这次签订战略合作平台5个，签订项目战略协议6项，总投资94.4亿元；签约合作投资项目8个，总投资167亿余元。总计涉及投资261.9亿元。

17 日

●大同市广东商会一届三次会员会举行。

●山西省室内装饰协会大同设计委员会居然顶层（大同）设计中心成立。

●市委常委班子召开“三严三实”专题民主生活会，学习贯彻党的十八大，十八届三中、四中、五中全会精神和习近平总书记系列重要讲话精神，以及省委相关精神和要求，揭摆问题，寻找差距，开展批评和自我批评。省委副书记楼阳生全程参加会议并作重要讲话。省委副秘书长王纯，省纪委副书记郝权，省委组织部副部长、老干部局局长陈跃钢等到会指导。市委书记张吉福主持会议。市委副书记、代市长马彦平，市委副书记刘国庆，市委常委参加会议。市人大常委会主任梁凤书、市政协主席柴树彬列席会议。

18 日

●张吉福、马彦平会见中国农业发展银行山西省分行行长刘文平一行。市政府与省农发行签订“十三五”经济发展战略合作协议，省农发行为大同市六大领域重点项目提供授信额度300亿元。

●2015年下半年“山西好人”评选揭晓，来自天镇县东沙河社区的李燕青被评为“孝老爱亲”类别的“山西好人”；同煤集团四台矿清掏班班长刘更强被评为“敬业奉献”类别的“山西好人”。

●原阳高县信访服务中心主任、龙泉镇司法所所长李培斌获“冠云杯·2015‘感动山西’十大人物”称号。

●大同市召开2015年度目标责任考核大会。省委副书记楼阳生带队考核并作重要讲话。张吉福主持会议，并代表市领导班子和其本人向大会作述职述廉报告。

19 日

●张吉福督查“冬季行动”企业帮扶和信访维稳工作推进情况。

20 日

●大同市“冬季行动”重点项目之一的移动联通御西综合生产楼项目主体封顶。

●南郊区口泉乡杨家窑村与天镇县新平镇五里墩村结对帮扶启动仪式在五里墩村举行。

●中车大同电力机车有限公司生产的最新一批新型和谐2型电力机车抵达北京、西安等铁路局并交付客户。

20 日至 22 日

●张吉福、马彦平率大同经济技术开发区、发改委、经信委、食药监局、环保局、市政管委会等相关部门负责人专程到北京，拜访中国医药集团、中国中车股份有限公司、中国化工集团、中国国电集团公司、华北电网公司等部分央企，与企业高层座谈。

21 日

●在30名市人大常委会组成人员的见证下，市中级人民法院代理院长白永旺、市人民检察院代理检察长段运生在市人大常委会会议厅右手举拳，向宪法郑重宣誓。这是大同市首次举行向宪法宣誓仪式。

●由市新闻中心、市商务局主办的满天星点亮中国·（山西大同）农特产品防伪溯源质量安全体系项目发布会举行。

22 日

●大同市城墙景区入列国家AAAA级旅游景区。

●大同市第四届网络春晚在驻大同66173部队举行。

●大同首届书画春节联欢晚会在古城内的喜庆汇剧场举行。

23 日至 24 日

●大同市“冬季行动”金融创新的重要内容之一——首期资本运营与“新三板”挂牌实操培训班开班，来自全市百余家企业负责人等参加培训。

24 日

●大同市第一家老酒博物馆——山西老酒博物馆在鼓楼东街7号揭牌开馆，是山西省唯一以老酒为主的民营老酒博物馆。

26 日

●2016大同春节电视文艺晚会在市工人文化活动中心一宫内举行。

28 日

●马斌到大同数字电视有限公司、大同广播电视台七峰山转播台，看望慰问长年坚守在广播电视转播一线的干部职工。

29 日

●大同市会同大张高铁项目建设方、设计方和电力线路迁改涉及的产权方、设计方召开大张高铁500千伏电力线路迁改设计推进会，共同推进电力线路迁改协调、设计工作。

2月

1 日

●“天下大同·魏碑故里”第二届迎春魏碑大家书法展王树秋作品在市魏碑研究院启幕。

●市委常委会召开会议，传达学习省十二届人大五次会议、省政协十一届四次会议精神。张吉福主持会议。

2 日

●张吉福、马彦平会见到大同的中国科协副主席、中国工程院院士、中星微电子集团董事局主席邓中翰一行，双方探讨交流建设平安城市、智慧城市等事宜。

●张吉福走访慰问大同市部分困难群众、困难党员、离退休干部和驻大同部队官兵，为他们送上慰问金和慰问品，送去新春祝福，传递党和政府温暖。

●中国共产党大同市第十四届纪律检查委员会第六次全体会议召开。

●“金猴贺岁三地春”2016 乌大张春节电视文艺晚会在市工人文化活动中心一宫内举行。

2 日至 3 日

●市人大常委会组织部分常委会组成人员和市人大代表督查“冬季行动”中招商引资、金融创新和企业帮扶工作进展情况。梁凤书带队参加。

3 日

●大同市举行各界人士迎春茶话会。张吉福在会上讲话。马彦平主持。

4 日

●省委常委、副省长付建华到大同，走访慰问大同市困难群众、困难党员、老劳模、孤残儿童和困难企业，送去慰问金、慰问品及新春诚挚祝福。张吉福、马彦平等参加慰问。

●大同市千里骥骑行队入列“2015 全国十大超级俱乐部”。

6 日

●以“百姓生活”为主题的 2016 大同微春晚，在优酷视频、山西经济网、大同生活网、视界大同微信平台首播。

●中车大同电力机车有限公司制造的中白货运 2 型电力机车进入白俄罗斯。

9 日至 28 日

●2016 中国大同古都灯会在古城大同东、南、北三面古城墙举行。灯会期间有 40 余万人登城墙赏花灯。

14 日

●2016 年大同市全民健身大拜年系列活动在市体育馆启幕。

●张吉福到阳高县走访调研。

●马彦平到浑源县走访调研。

16 日

●中共中央组织部决定，追授李培斌“全国优秀共产党员”称号。

18 日

●中国企业家摄影学会“中国年摄影大赛”大同采风拍摄活动在大同启动，应中国摄影展览馆大同展览中心之邀，中国企业家摄影学会 50 名会员到大同，聚焦古都灯会及大同民俗风情拍摄活动。

●“和光同尘”古代匾额展在魏碑研究院开展，现场展出明清时期各种书法体裁的古代匾额 50 余块。

18 日至 28 日

●中国摄影展览馆大同展览中心第七届大型摄影展在北城墙雕塑博物馆举行。这次展览荟萃 9 大主题摄影展 600 余幅作品。

19 日至 28 日

●2016 中国大同春季房展会在东城墙和阳美术馆举行。

22 日

●中央电视台新闻频道卫星直播车开进古城墙内，央视新闻频道记者王宇现场直播古都灯会盛况，把大美大同的动人景致呈现给全国观众。

●凤凰卫视中文台文化大观园栏目组到大同，在灯会现场摄录专题节目。

24 日

●市委常委召开会议，学习贯彻习近平总书记在党的新闻舆论工作座谈会上的重要讲话精神，传达学习省委书记王儒林在全省省管主要领导干部专题研讨班上的讲话精神等，研究大同市贯彻落实意见。张吉福主持会议。

25 日

●市委召开全市市县乡领导班子换届工作会议，学习贯彻中央和省委关于换届工作的精神要求，动员部署全市换届工作。张吉福出席会议并讲话。

●马彦平会见北京网库互通信息技术有限公司总裁李军保一行，双方交流发展产业互联网、打造实体电子商务总部基地等事宜，并达成共识。

●市委政法工作会议召开。市委书记张吉福出席会议并讲话。市委常委、政法委书记卫国作工作报告。副市长刘振国主持会议。

26 日

●市委召开常委班子“三严三实”专题民主生活会情况通报会。

●中国医药集团总公司总经理佘鲁林一行到大同考察对接，并相互座谈多元合作、推进项目落地、拓展战略合作等事宜。张吉福、马彦平等参加座谈会。

28 日

●北京市投资促进局局长周卫民率中国创投融资担保有限公司、天壕节能科技有限公司、中国世界和平基金会、美国大都会人寿保险公司北京代表处、华盛燃气集团等企业和团体负责人到大同考察，寻求合作项目，相互座谈文化旅游、新能源、生态建设等方面合作事宜。张吉福、马彦平等参加座谈会。

3月

1 日

●大同市家庭暴力庇护场所成立，设在大同市救助管理站（城区北十府街 2 号）。因遭受家庭暴力而无家可归的受害者经自愿申请后，可接受 10 日以内的临时生活帮助。

3 日

●马彦平到左云县调研中海油大同煤制天然气项目建设情况。

4 日

●马彦平会见远景能源科技有限公司总裁张雷一行，双方交谈寻求风电等新能源项目合作、推动传统能源领域的智慧变革等事宜，并达成共识。

●大同市与内蒙古香岛光伏农业有限公司签订战略合作协议。

●云冈石窟旅游区创建“全国佛教文化与石窟艺术旅游产业知名品牌示范园区”通过专家组验收，成为全国首个佛教文化与石窟艺术旅游产业知名品牌示范园区。

5 日

●中宣部命名大同雷锋车队为全国学雷锋活动示范点。

7 日

●马彦平到广灵县调研产业扶贫、棚户区改造等项目建设情况。

8 日

●大张高铁项目推进会召开。马彦平主持会议。

9 日

●由省委统战部巡视员王宝生率领的省委民主党派工作调研组到大同，考察调研相关工作。

9 日至 10 日

●副省长王一新到大同，实地调研重大旅游项目、电商园区和小额贷款公司运营情况。张吉福、马彦平等参加调研。

10 日

●国家信访局副局级督查专员刘作凯率领中央信访工作专项督导组到大同，督促指导相关工作安排部署情况。

10 日至 11 日

●省纪委常务副书记迟耀云到大同调研。市委书记张吉福、省纪委纪检监察二室副厅级主任荣奋刚参加调研，市委常委、市纪委书记卫洪平陪同。

13 日

●大同本土电影《莫斯科离大同不远》入围北京国际电影节。

14 日

●张吉福到大张高铁大同段部分工程节点现场调研，并看望慰问参加大张高铁建设的干部职工。

●市消防支队联合工商、质监部门在红星美凯龙建材馆门前广场举行假冒伪劣消防产品集中销毁活动。

15 日

●中国自驾游行业“奥斯卡”——中国自驾游大会、中国自驾游线路评选颁奖典礼在上海国际时尚中心举行。北岳恒山、悬空寺获短线建筑类路线设计金奖，恒山景区管委会获短线建筑类资源管理银奖。

●市人大常委会组织部分常委会组成人员调研大同市体育工作情况。梁凤书等参加调研。

●儿童公园升级改造二期工程开工，总投资 1.2 亿元。

16 日

●大同市首个“二胎咨询门诊”在市一医院开诊。

●市检察院驻市公安局侦查监督检察室挂牌成立。

17 日

●全市项目投资、重点工程建设推进会召开。马彦平主持会议。

●市五医院成功为一名患者实施房颤射频消融术，在大同市尚属首例。

18 日

●市委常委会召开会议，传达学习全国“两会”精神和山西省关于全国“两会”精神的贯彻落实意见，安排部署大同市学习贯彻事宜。张吉福主持会议。

●大同市召开御河流域生态修复与保护项目方案汇报会，中国城市规划设计研究院水务与工程专业研究院副院长孔彦鸿率领的中规院专家组，评审 6 家单位的设计方案。马彦平等参加汇报会。

22 日

●由省妇联党组书记、主席王维卿率领的省妇联工作综合调研组到大同，采取听汇报、交流座谈、实地考察方式，调研指导相关工作。

●县乡换届工作汇报会召开。

22 日至 23 日

●省长李小鹏到大同调研。张吉福、马彦平等陪同调研。

22 日至 24 日

●民航山西监管局组织审定组审定大同云冈机场使用许可换证，经过审定，大同云冈机场以 99.42% 的符合率通过使用许可换证审定。

23 日

●大同煤矿集团同生安平煤业有限公司 8117 综采工作面发生一起顶板大面积垮落导致瓦斯爆炸重大事故，造成 20 人死亡，1 人受伤，直接经济损失 2804.37 万元。

24 日

●大张铁路客运专线管理公司主持召开《新建大同至张家口客运专线（山西段）永久性使用林地可行性报告》专家评审会，专家一致同意通过评审。

●全市脱贫攻坚暨农村工作会议召开。张吉福、马彦平出席会议并讲话。

●中共大同市委十四届八次全体会议召开，表决通过《关于召开中国共产党大同市第十五次代表大会的决议》。全会由市委常委会主持。

●大同市肺结核防治彻底告别“单干”，实现肺结核病“三位一体”防治服务模式全覆盖，即定点医疗机构、基层医疗卫生机构、疾控机构分工明确、协调配合的防治服务体系。大同市确定 11 家肺结核定点医疗机构。

25 日

●中央宣传部在中央电视台向全社会公开发布“时代楷模”黄志丽和李培斌的先进事迹。

●大同市首届中小学生书法大赛在中国书法家协会山西考级中心大同基地举行。

26 日

●山西省首张网上电子发票在大同市开出。

●全省超市联盟大会暨东小城项目推荐会在大同召开。

●“山西亿丰置业有限公司”与“东盟·中国经济贸易发展促进会”在大同召开双方合作新闻发布会，并举行签约仪式。大同隆马东盟企业管理有限公司与马来西亚创合集团签署拟投资 1.5 亿元的海洋馆合作协议。

●大同市首家心律失常联合诊疗中心在市五医院挂牌成立。

26 日至 27 日

●省委常委、省委统战部部长孙绍骋等一行到大同，调研大同市宗教工作。张吉福、马彦平等陪同调研。

27 日

●大同市民间团体“大同跑团”举行 2016 首届“远离肺癌 跑出健康”环城春季长跑活动。

29 日

●大同军分区党委全体（扩大）会议召开，传达学习省军区党委十届六次全体（扩大）会议精神，总结部署年度工作。市委书记、大同军分区党委第一书记张吉福出席并讲话。大同军分区党委书记、政治委员张弛作党委工作报告。市委常委、军分区党委副书记、司令员孙利仁就新年度工作作指导问题讲话。军分区政治部主任兼纪委书记杨文斌作纪委工作报告。

●灵丘黑鹳自然保护区工作人员在唐河水库发现 13 只迁徙天鹅，其中一只脖子上有环志（动物保护机构为进行研究在动物身上设置的标志），其环志为蓝底白字 E92，这是黑鹳自然保护区首次发现环志天鹅。

30 日

●市人大常委会分两组到南郊区、浑源县调研县乡换届选举工作。

●市委与民主党派、无党派人士 2016 年第一季度座谈会召开，听取市政府《关于大同市国民经济和社会发展第十三个五年规划纲要编制情况的汇报》。市委常委、统战部部长姚生平主持座谈会。

●全市消防工作第一次联席会议召开。会议通报 2016 年第一季度全市消防安全形势，宣读表扬通报，市政府和各县区政府、各行业部门签订《消防安全责任书》。

30 日至 31 日

●大同市召开“六权治本”工作推进情况汇报会，了解各县（区）、市直各单位和专项小组相关“依法确定权力、科学配置权力、制度限制权力、阳光行使权力、合力监督权力、严惩滥用权力”工作推进情况，并安排部署下一阶段具体工作。

31 日

●马彦平到市部分创业创新平台调研。

●政协大同市第十三届委员会举行季度报告会，市扶贫办和天镇县相关负责人应邀作市扶贫攻坚工作和贫困县扶贫开发工作情况报告。市政协主席柴树彬等出席报告会。

●大同市诚信文化教育基地在开源街民和社区成立。

●大同采煤沉陷区光伏送出工程获省发改委核准，成为全国第一个100万千瓦光伏“领跑者”示范基地。

4 月

1 日

●以“临床多学科协作、创新发展”为主题的市首届心胸外科高峰论坛在大同举行。

2 日

●“大辽遗珍——辽代文物展”在市博物馆临时展厅开展，展品是从辽宁省朝阳北塔出土的千余件文物中选出的百件具有民族特色的各类生活用品、佛教用品及辽金城垣博物馆藏品。

2 日至 4 日

● 2016 全国中小学生国际跳棋、五子棋锦标赛在大同举行。

3 日

●中国大同—韩国仁川国际航班再次通航。

4 日

●全国博物馆十大陈列展览精品推介活动由中国博物馆协会、中国文物报社主办，大同博物馆申报的陈展项目“天下大同——大同古代文物展”通过参评资格审核。

6 日

●省委政研室副主任梁若皓率领省市县乡换届风气第二督查组到大同，巡回督查换届工作。督查组听取市换届工作情况汇报。市委书记张吉福主持汇报会。市委常委、组织部长赵向东作汇报。市委常委、市纪委书记卫洪平及市换届办各工作组和督查组负责人等参加会议。

●云冈石窟研究院获山西省文物局颁发的“可移动文物修复资质证书”，业务范围包括玉石器、陶器、瓷器、铜器、金银器、铁器、石刻、砖瓦、壁画、漆器、玻璃器类文物修复。

●全市预防煤矿安全生产重特大事故工作会议召开。会议传达全省遏制煤矿重特大事故会议精神，通报同煤集团同生安平煤矿“3·23”重大事故经过以及教训。副市长杨勤荣参加会议。

7 日

●共青团大同市十五届五次全委（扩大）会议召开。

7 日至 11 日

●省经信委副主任朱鹏率领省政府督查组到大同，督查大同市 2016 年政府重点工作任务推进情况。

8 日

●市首家职业足球俱乐部大同车立方职业足球俱乐部成立。

●市首家体育产业孵化平台大超体育建立。

9 日

●大同市足球联赛在大同大学启幕，来自全市 22 支业余足球代表队参加比赛。

11 日

●山西省商务厅组织省直相关部门、企业和中央、省级媒体有关人员到大同，调研商务重点工作，并召开省商务厅“冬季行动”（大同）重点工作推进会。省商务厅党组书记、厅长孙跃进带队调研并主持推进会，市委书记张吉福在推进会上讲话。市委副书记、代市长马彦平致辞。副市长曹惠斌作全市商务工作汇报。

12 日

●市委常委召开会议，研究审议并原则通过《大同市 2016 年优化投资环境行动计划（草案）》《中共大同市委、大同市人民政府关于科技创新的实施意见（草案）》等。张吉福主持会议。

●马彦平会见太原铁路局局长赵春雷一行，双方交流推进现代物流园区建设、提升旅游运力等事宜，并达成共识。

13 日

●张吉福、马彦平、梁凤书、柴树彬等市党政军领导到阳高县大泉山义务植树基地植树。

14 日

● 3D 舞台艺术片《白毛女》在市工人文化活动中心二宫首映。

●数字云冈联合实验室创立并启动。

22 日

●中央媒体大同行主题采风宣传活动开启。

●本土电影《莫斯科离大同不远》在大同市上悦城智能生活广场举办首映式，导演倾海、女一号伊莉莎等剧组主创演职人员与观众见面，该片在全国院线同步上映。

23 日

●山西省第 35 届“爱鸟周”在大同市文瀛湖生态公园启动，该届爱鸟周主题是“依法保护鸟类 建设美丽中国”，来自全省 11 个市及 9 个省属林业局单位参加启动仪式。

25 日

●中车大同电力机车有限公司自主研制生产的中白货运 1 型电力机车累计行驶超过 663 万千米，相当于环绕地球 165 圈，创出中国高端大功率电力机车在欧洲运行的新纪录。

●中车大同电力机车有限公司立项攻关的“大轴重机车关键技术研究及和谐 2F 型机车研制”获中国中车科学技术一等奖。

●市委常委会召开会议，研究讨论并原则通过《政府工作报告（讨论稿）》和《大同市国民经济和社会发展第十三个五年规划纲要（送审稿）》，听取市人大关于召开大同市第十四届人民代表大会第六次会议、市政协关于政协大同市第十三届五次会议筹备情况的汇报，传达学习全省“两学一做”学习教育视频会议和工作推进会议精神，研究安排市“两学一做”学习教育工作，传达学习全省市县乡换届工作有关精神，听取全市信访维稳工作情况汇报。张吉福主持会议。

●市“庆五一·劳动美”文艺晚

会暨第八届职工文化博览会开幕式在市工人文化活动中心一宫内举行。

26 日

●大同市玄辰广场项目与上海红星美凯龙集团签约合作。

26 日至 28 日

●市人大常委会组织部分常委会组成人员执法检查全市贯彻实施《中华人民共和国食品安全法》开展情况。

27 日

●全市“两学一做”学习教育部署暨李培斌先进事迹报告会在御东行政中心举行。张吉福讲话，并向李培斌遗属颁发中组部授予李培斌“全国优秀共产党员”奖章、证书。马彦平主持会议。

28 日

●大同电商园建材家居城六大专业馆和灯饰城举行开市庆典。

28 日至 29 日

●省政协副主席、民建省委主委王宁率领省调研检查组一行到大同，实地调研检查部分民营企业，并与市部分民营企业家座谈和交流。

30 日

●大同市首届纯阳宫广场文化节启幕。

30 日至 5 月 2 日

●2016 大同春季汽车博览会在大同古城南城墙关城内举行。

5月

1 日

●大同市艾莱酒店开出住宿业第一张增值税专用发票。

●全省旅游业首张营改增发票在云冈石窟景区开出。

3 日

●大同市纪念五四运动九十七周年暨“诵国学经典，做文明青年”活动启动仪式在大同师范校园举行。

5 日

●张吉福到阳高县大白登镇大泉山村，调研脱贫攻坚工作。

6 日

●农工党中央主办的“走进基层、贴近党员、培育和践行社会主义核心价值观”百场宣讲活动到大同，农工党大同市委 120 余名成员听宣讲报告。农工党中央宣传部副巡视员刘保明主持宣讲报告。农工党山西省委专职副主委张李锁，市政协副主席许进娥、郭俊岗、杨硕平参加报告会。

●山西德威众创农牧科技公司现代化农牧高新科技项目在灵丘县农业科技园区举行奠基仪式。

7 日至 9 日

●云冈石窟保护专家委员会在云冈石窟研究院成立，并召开第一次会议。

9 日

●全市第二届全国职业教育活动周启动仪式在市一职中举行。

10 日

●市委常委会召开会议，传达学习《中共中央办公厅关于部分党员领导干部在谈话函询中不如实向组织说明情况典型案件及其教训的通报》，研究并通过《关于中共大同市第十五次代表大会代表选举工作的通知》《中共大同市第十五次代表大会代表名额分配方案》等。张吉福主持会议。

●市委中心组开展“讲政治、有信念”专题学习讨论。张吉福主持专题学习并作主题发言。

●市政府与太原铁路局共同签署物流战略合作框架协议。

●最高人民检察院影视中心《法治中国》栏目落户大同，是该栏目在山西省的唯一落脚点。

●大同至京津冀首趟白货快运专列发车。

10 日至 14 日

●山西品牌丝路行首站活动在韩国首尔举行。该活动由省政府主办。大同市组织天镇县通航粮贸有限公司、博城蔬菜有限公司和山西雁门清高有限公司等 9 家农产品企业参展，签订意向合同 406 万美元。

12 日

●市委召开“六权治本”工作推进会，传达学习省委“六权治本”情况汇报会精神，听取各专项工作组“六权治本”情况汇报，再动员再部署全市推进“六权治本”工作。张吉福主持会议并讲话。

●中车大同电力机车有限公司申报的“出口白俄罗斯宽轨耐高寒交流传动电力机车”项目（即中白货运电力机车），成功入选国家火炬计划产业化示范项目。

●“5 · 10”特大绑架案成功告破，被绑架人质安全解救，两名嫌犯被当场击毙。

●市工商联、省中小企业发展促进会联合主办的“首届（中国 · 山西）中小企业商业模式与金融创新高峰论坛”在大同举行。

13 日

●司法部在北京举行李培斌先进事迹报告会。李培斌妻子杜润梅等 4 位报告团成员在报告会上为来自司法战线的听众作报告，讲述李培斌生前的先进事迹。

●马彦平专题调研市传统工艺美术发展情况。

●市纪实文学研究会成立，揭牌仪式在《塞北文苑》编辑部举行，隶属于市文联、市作家协会。

16 日

●大同市御东新区首家社区卫生服务中心（同大社区卫生服务中心）开诊。

17 日

●市民营经济发展规划专家评审会召开。

18 日

●市委常委召开会议，研究并原则通过《大同市对接京津冀行动方案》《大同市第十四届人民代表大会第六次会议有关名单及选举办法》《政协大同市第十三届五次会议有关名单及选举办法》等。张吉福主持会议。

19 日

●国家中医药预防保健及康复与临床服务能力建设项目基地——市中医院中医养生保健治未病中心开诊。

●2016 首届全国微信鹰友运动风筝活动在市文瀛湖生态公园举行，来自全国各地 28 支代表队 150 名风筝爱好者参加活动。

●大同采煤沉陷区国家先进技术光伏示范基地——左云光伏发电项目首个成功接入大同电网 220 千伏南京庄变电站。

●大同一职中云冈乐舞第四次走出国门亮相韩国文化艺术节。

20 日

●2016 年全市中学生田径运动会在市示范性综合实践基地开幕，来自全市 39 支代表队近 1100 名运动员参赛。

21 日

●“静水深流——郭宝君中国画作品展”在市和阳美术馆开展，展出郭宝君画作 72 幅。张吉福等到场祝贺。

22 日

●由中国医师协会和同煤集团总医院联合主办的大同 2016 年生殖道感染诊疗一体化关键技术研讨会举行，全市妇产、计生、生殖医学、检验、病理等临床医务人员 200 余人参加研讨会。

23 日至 26 日

●政协第十三届山西省大同市委员会第五次会议在市工人文化活动中心一宫举行。

24 日

●省司法厅厅长崔国红、厅政治部主任翟新山一行到大同，向市委、市政府通报中央、省、部领导批示李培斌先进事迹重要指示精神，转达省政府对李培斌家属的慰问。市领导张吉福、马彦平、刘振国、李培斌妻子杜润梅及有关方面负责人参加见面会。

●由公安部治安管理局副巡视员温忠民带队的国家旅游市场综合监管专项督察小组到大同，专项督察大同市贯彻实施国务院办公厅《关于加强旅游市场综合监管的通知》精神，文化部文化市场司调研员尚玉祥、省旅游局副局长王琳随行，副市长杨勤荣陪同。

24 日至 27 日

●大同市第十四届人民代表大会第六次会议在市工人文化活动中心一宫举行。

●由国家文物局主办、中国文物交流中心与山西省文物局承办、大同市文物局和云冈石窟研究院协办的“2016年展览策划暨陈列设计培训班”在大同开班。

25 日

●副省长郭迎光到天镇县考察晋能集团 40 兆瓦地面集中光伏扶贫电站、迁安新村村级光伏扶贫电站和天镇保姆培训基地，传达全省脱贫攻坚推进大会精神，听取干部群众建议，共同研究增收脱贫出路。

26 日

●农业部部长韩长赋一行到大同，调研推进种植业结构调整工作。副省长郭迎光，市委副书记、代市长马彦平等陪同调研。

27 日

●“云冈号”大同—太原间首趟城际旅游列车开行。

●大同市召开市县巡察工作动员大会，贯彻落实省委《关于建立市县巡察制度的意见》，安排部署巡察工作。张吉福出席会议并讲话。

28 日

●“童心美塑”2016“银星杯”第二届大同市少儿彩塑艺术大赛颁奖仪式在中国雕塑博物馆举行。

●大同鼓楼美术馆开馆。

29 日

●市第八届职工文博会“五月风”职工文艺调演在市工人文化活动中心一宫启幕。

●中国大同汇林集团与马来西亚城市理工大学合作签约仪式在位于大同县的汇林国际教育基地举行。副市长张韬出席签约仪式，并与双方负责人一同为新成立的汇林国际教育基地暨“一带一路”医养结合研究院揭牌。

31 日

●全市项目投资、重点工程建设现场推进会走进广灵县、灵丘县。市委副书记、市长马彦平参加会议。

●大同富乔垃圾焚烧发电有限公司举办“大同市城镇污水处理厂污泥干化项目动土”仪式。

6 月

1 日

●“阳光下的花蕾”——同心圆梦·美丽中国行走进大同县西册田小学，用慰问演出形式与当地留守儿童共度六一儿童节，并为孩子们送去节日祝福和礼物。

2 日

●大同市绿苑饮品有限公司与山西金融控股集团、国泰君安证券公司签署战略合作协议。

2 日至 3 日

●农业部发展计划司副司长张辉率调研组到大同，调研种植业结构调整和农牧交错带农业发展等情况。省农业厅巡视员董希德，市委常委、副市长王克建等陪同调研。

3 日

●大同市举行严打整治“百日行动”誓师大会。张吉福出席并讲话，马彦平主持，刘国庆、梁凤书、柴树彬等出席。

●一年一届的中国广播影视报刊协会 2016 年年会暨理事会扩大会议在大同市举行。

●民革大同市委召开成立 60 周年纪念大会。

●市中小微企业“新思维、新模式、新发展”高峰论坛在御东行政中心举行。

4 日

●由中国广播电影电视报刊协会主办、大同广播电视台承办的“中国广播影视报刊协会 2016 年年会文化设施参观考察”活动在大同举行。

5 日

●马彦平到阳高县调研农业产业化发展。

6 日

●大同市公安局启动严打整治“百日行动”集中清查。

6 日至 7 日

●张吉福实地调研全市严打整治“百日行动”推进情况。

7 日

●山西出入境检验检疫局局长于洋带队省出入境检验检疫局调研组一行到大同，调研对外贸易、空港建设等工作。

●由省商务厅副厅长刘进带队省督查组一行 5 人到大同，督查指导外贸稳增长政策措施落实情况。

●市劳动竞赛委员会、市总工会走进大张高铁建设工地，表彰在“七比一创”劳动竞赛活动中涌现出的先进集体和先进班组，中铁十七局二工区综合一工班、中铁十二局架梁工区技术科等 26 个集体被授予“工人先锋号”称号。

●市委议军会议召开。会议传达学习习近平总书记关于加强国防和军队建设的重要指示精神，听取大同军分区工作汇报，重点研究大同市加强国防后备力量建设有关问题。市委书记、大同军分区党委第一书记张吉福主持会议并讲话。

●由云冈石窟研究院、北京建筑大学联合主办的“东方佛教的第一圣地——云冈石窟艺术展”在北京建筑大学（大兴校区）图书馆开展。

8 日

●市公安局经侦支队破获一起特

大诈骗案件，涉案金额 956 万元。

10 日

●开源桥人字形主塔合龙。

13 日至 14 日

●省人大内司委副主任委员韩和平、郭忠烈带队的省人大常委会调研组到大同，专题调研贯彻落实《山西省预防职务犯罪工作条例》情况。

14 日

●市首批 10 家“爱心救助志愿服务站”挂牌启用。

●大同国际陆港进口肉类指定查验场及海关监管区开工建设。

●市委副书记刘国庆到广灵县调研扶贫攻坚工作。

15 日

●由云冈石窟研究院与北京鲁迅博物馆共同举办的“朝花夕拾——鲁迅的美术世界”展览，在云冈美术馆开幕。

●天津日报传媒集团“每日新报采风团”到大同，30 余名摄影爱好者开展大同景区采风活动。

16 日至 17 日

●由省人大常委会副主任张建欣带队，省人大财经委主任委员赵建平、省人大常委会副秘书长汤俊权任副组长的执法检查组到大同，执法检查《中华人民共和国矿产资源法》《山西省矿产资源管理条例》《山西省地质灾害防治条例》实施情况。市人大常委会主任梁凤书，市委常委、副市长王克建，市人大常委会副主任何永强，同煤集团董事长、党委书记张有喜等陪同检查。

17 日

●大同获得 2016 山西旅游发展大会主办权，并获“最具文化旅游魅力城市奖”。

18 日

●市采煤沉陷区国家先进技术光伏示范基地首座汇集站——南郊区碾庄汇集站启动送电。

●中国大同第三届“同煤新苑杯”环古城健步走活动暨蒙晋冀（乌大张）长城金三角合作区邀请赛启幕。

18 日至 20 日

●第二届“乌大张”地区体育交流会暨邀请赛在大同举行。

19 日

●张吉福会见天津日报传媒每日新报大同采风团成员并接受采访。

20 日

●马彦平会见华强方特文化科技集团总裁刘道强一行，双方会谈推进方特欢乐世界暑期开园前的各项工作，并对今后合作事宜达成共识。

21 日

●由省人大常委会副主任周然带队的省人大调研组一行到大同大学、同煤集团职业技术学院，调研高等教育改革发展工作情况。市人大常委会主任梁凤书，市人大常委会副主任曹世平，同煤集团副董事长、总经理郭金刚陪同调研。

●纪念中国共产党成立九十五周年话剧《热泉》首演在市工人文化活动中心一宫举行。

●市委中心组举行“讲规矩、有纪律”专题学习讨论。张吉福主持专题学习并作交流发言。

22 日

●省委常委、常务副省长高建民到大同，实地调研固定资产投资、重点工程建设、保障性住房建设以及同煤集团改革等工作，座谈会商支持大同经济社会发展和同煤集团深化改革之策。张吉福、马彦平、张有喜、郭金刚等陪同调研。

●山西省政府公布第五批省级文物保护单位名单，全省 178 处保护单位上榜，这 178 处保护单位分为古遗址、古墓葬、古建筑、石窟寺和近现代五大类别，大同市有 35 处文物保护单位上榜。

23 日

●张吉福到阳高县大咀窑村调研脱贫攻坚工作。

●张吉福到阳高县、华北星城社区，走访慰问为党的事业作出贡献的贫困老党员，并实地调研社区党建工作。

●中国（宁夏）第四届回族舞蹈展演结束，一职中舞蹈团表演的《花儿红了》获全国舞蹈展演奖。

24 日

●市委常委召开会议，分析研究全市 2016 年经济运行情况，听取下一步工作部署汇报。会议研究并原则通过《大同市文化旅游产业发展三年行动计划（2016 年～2018 年）》《大同市水环境整治方案》《大同市环境保护大检查实施方案》等。张吉福主持会议。

●以“旅游＋避暑——休闲新动态，增长新动力”为主题的 2016 中国避暑旅游产业峰会在长春举行，大同市被评为“中国最具潜力避暑旅游城市”，被授予“避暑旅游城市”称号。

25 日

●马彦平到浑源县实地检查水库防汛工作。

●马彦平到浑源县走访慰问基层贫困老党员，实地调研基层党建工作。

●天镇县国家级出口小杂粮质量安全示范区通过国家质量监督检验检疫总局专家验收。

27 日至 29 日

●张吉福等到浑源县、大同县、灵丘县、广灵县、天镇县，实地调研脱贫攻坚工作。

29 日

●大同采煤沉陷区国家先进技术光伏示范基地并网发电，这是中国首个成功并网投运的百万千瓦级光伏发电领跑示范基地。

●在山西出席全国工商联十一届八次常委会议暨民营企业助推山西转型创新发展大会的部分山西商会和大同商会负责人到大同考察，双方交流合作、对接、发展等事宜。市委书记张吉福，市委常委、统战部长姚生平，市委常委、市委秘书长郜向华，市政协副主席、市工商联主席程廷龙及相关部门负责人参加座谈。

●大同市医联体远程医学中心启动。

30 日

●市委常委（扩大）会议召开，传达贯彻全省领导干部会议精神。张吉福主持会议。

●御东新区兴云街南一路竣工通车。

7 月

1 日

●大同市举行庆祝建党 95 周年大会。张吉福讲话，马彦平主持，刘国庆、梁凤书、柴树彬等参加。

●市公安局举行巡特警支队大巡逻启动仪式。

●大同市旧北环路维修改造工程竣工通车。

2日

●大同欧美同学会·大同留学人员联谊会成立大会暨第一届理事会第一次会议召开。会议审议通过联谊会章程，选举产生会长等。

●2016围产期窒息、新生儿复苏和新生儿危重症诊治学术会议在市一医院召开。

3日

●张吉福、马彦平到市部分工业企业和老旧小区改造工地，调研推进供给侧结构性改革。

4日

●云冈石窟第7第8窟后室40年来首度对外开放。

●全国百强社工专业机构之一——山西铸仁社工服务中心“落户”市救助管理站。

5日

●张吉福、马彦平会见交通银行董事长牛锡明一行。

●市政府与北京百度网讯科技有限公司签署战略合作框架协议。

●以“发展体育运动，增加人民体质，同心共筑中国梦”为主题的全国百城千村健身气功交流展示系列活动山西启动仪式在和阳门广场举行。

5日至6日

●由省人大常委会副主任张茂才带队的省人大常委会执法检查组到大同，执法检查大同市贯彻落实《中华人民共和国旅游法》《山西省旅游条例》《山西省促进旅游产业发展条例》及《中华人民共和国归侨侨眷权益保护法》情况，实地检查后，检查组与市相关部门负责人交流座谈。梁凤书等参加座谈会。杨勤荣汇报市贯彻落实旅游“一法两条例”有关情况。

6日

●大同市在和阳门广场召开全市严打整治“百日行动”阶段性战果展示暨新闻发布会。副省长、省公安厅厅长刘杰，省公安厅纪委书记周培斌出席会议。市领导张吉福、马彦平、刘国庆、柴树彬、尚建军等出席。

●市委中心组举行集中学习，专题学习贯彻习近平总书记在庆祝中国共产党成立95周年大会上的重要讲话精神，并结合“两学一做”学习教育作研讨交流。张吉福主持会议。

●晋北国际物流园建设项目现场推进会召开。省经信委副主任冀明德，太原铁路局局长赵春雷、党委书记江涛等参加现场推进会。马彦平出席会议并讲话，杨勤荣主持会议。

●2016“复明6号”流动眼科手术车在大同开展100例贫困白内障患者减或免手术启动仪式在和阳门广场举行。省残联副理事长刘晔出席启动仪式。

6日至7日

●副省长、省公安厅厅长刘杰到大同调研指导。市领导张吉福、卫国、尚建军等陪同调研。

7日

●2016年山西省健身气功交流比赛暨全国健身气功站点联赛山西省预赛在大同市启幕，来自太原、阳泉、长治、晋城等市的24支代表队近130名运动员参赛。

●由中国铁路总公司工程管理中心副主任邹振华带队，来自中国铁路总公司质监总站、全国9个铁路局、8个客专公司，以及大西铁路建设、设计、监理、施工等单位领导、专家组成观摩团到大同，观摩大张高铁站前三标路基CFG桩和螺杆桩工程建设质量与管理措施。

8日

●大同市根据全国优秀共产党员李培斌事迹创作、由市歌舞剧院排演的话剧《热泉》，参加全省纪念建党95周年优秀剧目展演。省委常委、宣传部部长胡苏平，省委宣传部副部长刘英魁，省司法厅厅长崔国红，省司法厅副厅长张玉良，省司法厅纪委书记张晓玲，以及市领导张吉福、马斌观看演出。

●大同市古琴学会成立。

10日

●首届大同玉石文化节在钟楼古街珠宝城开幕。中国曲艺家协会主席、中国文艺志愿者协会主席、大同申办2016山西省旅游发展大会义务宣传形象大使姜昆应邀参加开幕仪式。梁凤书等参加。

●山西省第十一届精神文明建设“五个一工程奖”颁奖仪式在山西大剧院举行，获奖作品同时揭晓。大同市选送的耍孩儿剧《布衣知府》、广播剧《“树痴”赵德清》、歌曲《枕着水乡一个梦》三部作品获优秀作品奖，市委宣传部获“组织工作奖”，大同籍广播剧编导权胜、歌手高保利获省精神文明特别贡献奖。

●“从平城到敦煌——甘肃与大同丝绸之路文物精品展”在市博物馆临时展厅开展。

●大同民建画院成立暨书画作品展在大同大学美术学院开幕。

11日至15日

●由省水利厅总工程师张建中带队的省政府督查组到大同，督查大同市2016年政府重点工作任务推进情况。

●山西电影制片厂制片人张乔珍一行到阳高县，挖掘关于拍摄李培斌先进事迹改编的电影《真情无限》（暂定名）资料。

12日

●大同市政协调研组到阳高县，考察调研该县康养产业发展。柴树彬带队参加。

●“山西医卫行业社会责任峰会”大同分会召开。

13日

●省人大常委会副主任高卫东率省人大调研组一行到大同大学，调研基层立法联系点运行情况，研究今后加强和完善立法联系点工作措施。市人大常委会副主任曹世平，大同大学党委书记常乃军、校长冯锋陪同调研。

13日至14日

●由国务院办公厅督查室督查专员傅卿德带队的国务院督查组到大同，回访督查大同市化解煤炭钢铁过剩产能、产业结构优化升级、棚户区改造情况。省政府副秘书长李秋柱，市委副书记、市长马彦平等陪同。

14日

●阳高县与正大集团合作的新型农牧食品绿色循环综合示范暨“产业扶贫”合作项目签约。

●由文化部财务司副司长燕东升带队的文化部调研组到大同，专题调研乡镇文化站建设，省文化厅副厅长郑中夏，副市长曹惠斌陪同调研。

●云冈石窟大景区被国家质检总局命名为“全国知名品牌创建示范区”。

16日

●大同方特欢乐世界开园。

18日

●马彦平与省国新能源发展集团

有限公司董事长梁谢虎一行座谈，现场协调解决国新能源公司在大同市投资建设项目推进过程中遇到的挡手问题，并交流加快气化大同及延伸产业链、强化多元合作等相关事宜。

20日

●山西首家装配式钢结构产业基地落户大同。

●省环保厅副巡视员刘西丹带队的省环保大检查巡查组到大同，巡查环境保护开展工作。

●副市长曹惠斌会见广东美涂士建材股份有限公司一行，相互座谈投资建设美涂士北方工厂、15万吨的水性胶黏剂厂等事宜。

●“大同网警”昼夜网上巡查执法启动。

21日

●市委常委召开会议，传达学习省委书记骆惠宁近期重要讲话精神，学习《中国共产党问责条例》，传达学习中共中央纪委《关于七起落实全面从严治党主体责任不力被问责典型问题的通报》。张吉福主持会议。

●由省地震局副局长田勇带队的省检查组到大同，检查大同市地震救灾应急准备及抗震设防工作。

22日

●2016山西旅游发展大会大同工作动员会召开。张吉福作动员讲话，马彦平主持。

●灵丘县第五届北泉荷花节暨乡村文化旅游节开幕。

23日

●全国名家书法展暨吴东民、胡金来书法作品展在中国雕塑博物馆西厅揭幕。

●2016第三届大同国际骑游大会在华严寺广场启幕。

24日

●2016中国健身名山·北岳恒山登山赛开赛。

25日

●市委常委会召开会议，专题学习传达习近平总书记关于防汛抗洪的重要指示精神，以及省委书记骆惠宁在省委常委会和运城调研时的讲话精神。张吉福主持会议。

●曹惠斌会见到大同参观访问的亚美尼亚驻华大使谢尔盖·马纳萨良一行。

26日

●大同站始发的环行夜间快速公交线开通。

●大同市公共交通自行车租用收费标准论证会举行。

26日至27日

●国家发改委黄河沿线及辐射城市融入“一带一路”调研组到大同调研。

29日

●大同市被全国双拥工作领导小组、民政部、中央军委政治工作部授予“全国双拥模范城”称号。这是大同市连续第八次获这一奖项。

30日

●2016全国中医儿科北岳论坛在大同举行。

8月

1日

●2016年大同市“八一”军政座谈会在驻大同66075部队举行。

●张吉福到市公安系统部分基层所、队和分局，看望慰问一线民警，调研指导“百日行动”工作。

2日

●大同市绿苑饮品股份有限公司正式挂牌。

3日

●云冈文化旅游品牌与数字化建设研讨会召开。省委副书记楼阳生，省委常委、宣传部长胡苏平，省委副秘书长王纯，省委宣传部副部长刘英魁，乌兰察布市委常委、宣传部长云淮等出席研讨会。张吉福出席会议并致辞。马彦平主持会议。

●省委常委、宣传部部长胡苏平率省委宣传部、省政府金融办、省人社厅、煤炭厅、国土厅、国资委、煤监局等相关部门的负责人到帮扶联系企业同煤集团调研，开展“一企一案、一业一策”精准帮扶，协调解决实际困难，支持国有企业发展。张吉福等陪同调研。

●市工笔画学会成立仪式在市工人文化活动中心一宫大厅内，并举行首届工笔画展。

●2016海外华裔青少年“中国寻根之旅”夏令营——山西大同营开营仪式在大同举行。

4日

●以“天下大同·大美云冈”为主题的“山西（大同）云冈文化旅游招商系列活动”在云冈石窟启动。

●省委常委、统战部部长、省促进民营经济发展工作领导小组组长孙绍骋带领省工商联、省中小企业局、省政府发展研究中心有关负责人到大同，调研华岳集团电厂项目推进情况。马彦平等陪同调研。

●省委副书记楼阳生到左云县，调研贯彻落实省委决策部署，抓好脱贫攻坚，推动经济社会持续健康协调发展等事宜。张吉福等陪同调研。

●马彦平会见华润电力控股有限公司北方大区总经理李向阳一行，双方交谈加强项目深度开发、促进多元合作、探索有效扶贫模式等事宜，并达成一致共识。

4日至5日

●省政协副主席李悦娥，省政协教科文卫体委员会主任刘文秀，副主任贾坚毅、倪生唐一行到大同，调研大同市大众创业、万众创新进展情况。柴树彬、曹惠斌、张小立陪同调研。

5日至7日

●省妇联、省城镇集体工业联合社和大同市人民政府联合举办的山西省第三届“三晋巧姐”手工艺品展评展销暨旅游创新发展推进活动在大同市雕塑博物馆举行。

●大同（浑源）抽水蓄能电站项目三方合作协议签订。

●2016环渤海区域政府法制工作研讨会在大同市举行。

6日

●第二届中国（大同）“净水鸟”大型公益环保活动举行。

●2016全国女画家作品展暨大同市女画家协会艺术创作年展在中国雕塑博物馆开幕。

8日

●2016全国热气球锦标赛在市御东行政中心广场启幕。

●大同宇鑫大厦成功爆破，这是大同第一爆。

●新建的大同市体育运动学校建设工程奠基仪式在御东体育中心东侧举行。

●中国（大同）工业时代音乐节开幕式演唱会在大同市煤气厂文化创

意产业园上演。

8 日至 9 日

●中宣部副部长孙志军、中宣部文改办主任黄志坚、中宣部办公厅副主任田雪平一行到大同，调研推动基层文化服务和文化产业发展。

●大同市首届“五征杯”农机手大赛在开发区滕顺公司举行。

8 日至 10 日

●山西省委书记骆惠宁到朔州、大同调研，并召开部分煤炭企业座谈会。省委常委、副省长付建华参加调研和座谈。在大同调研期间，张吉福、马彦平、张有喜、郭金刚陪同调研。

8 日至 12 日

●由省人大常委会副主任牛仁亮带队的省人大五级人大代表调研组到大同，调研大同市贯彻落实 2016 年省“一府两院”工作报告情况及县乡人大换届选举情况，并与相关方面负责人座谈。梁凤书陪同调研并主持座谈会。

9 日

●中央党校和省政协联合调研组到大同，调研“网络信息安全管理问题及对策研究”课题。省政协副主席朱先奇，调研课题组组长、中央党校出版社党总支副书记、教授周慧等参加调研。柴树彬、张韬等陪同调研。

●“寻路中国——丝绸之路主题系列展览”暨“平城—敦煌”学术研讨会在大同召开。

●中国工合国际委员会华北工委女子学院在御河九号社区文化活动中心举行成立仪式。

10 日

●马彦平会见中铁第六勘察设计院集团有限公司总经理张先锋一行，双方相互交流加强基础设施建设、发展轨道交通等相关事宜。

●大同市召开文化旅游产业发展座谈会。

11 日

●由中国教育电视协会主办、大同教育电视台承办的第二十一届中国教育电视优秀节目评选活动在大同启动。

●中国福利彩票双色球游戏第 2016093 期开奖，大同市一位老彩民中 554 万余元。

12 日

●大西高铁大同至原平客运专线开工建设。

●京同区域农业合作座谈会召开。

●《大同市综合交通规划》原则通过专家评审。

13 日

●2016 年全国热气球锦标赛落下帷幕，飞行员刘翔及助手刘忠羽以总成绩 5362 分摘下桂冠。

●由省肿瘤医院、市三医院共同主办的中国医师协会 MDT 专委会“百城行”大同站活动在市三医院举行。

●大同市城区首座人行过街天桥——御河西路柳泉街人行过街天桥开工建设。

14 日

●由中国农业大学新农村发展研究院、中国国际商会有机产业发展委员会、中国城市规划设计研究院、灵丘有机农业园区管理委员会联合举办的“第三届车河国际有机农业论坛”在灵丘县车河有机社区开幕。

●2016“中联金服杯”中国（大同）跆拳道邀请赛在市体育馆落下帷幕，宝龙跆拳道馆获团体总分第一名。

●大同农产品国际陆港项目开工建设。

16 日

●市委召开常委（扩大）会议，专题传达学习省委十届八次全会和全省市级经济发展推进会精神，并安排部署贯彻会议精神，统一思想和行动，做好全市下半年经济工作。张吉福传达并部署。

●市人大常委会组织部分市人大常委会组成人员、内司委委员和市人大代表，调研全市法院未成年人案件审判工作。

●国道 208 一级公路西韩岭收费站启动。

17 日

●市中级人民法院召开律师参与多元化解暨特约调解员聘用会议，启动律师参与化解纠纷及涉法涉诉信访矛盾工作，给 55 名特约调解员颁发聘书。

19 日

●张吉福与大同市佛教协会新一届领导班子成员座谈，相互交流弘扬发展佛教文化、推动文化旅游产业发展等事宜。

20 日

●2016（第五届）中国（大同）国际汽车旅游文化嘉年华在南城墙举行。

●“牧同乳业·爱在大同”迎省旅发大会音乐会在华严寺广场举行。

21 日

●“大同市第二届学龄儿童开笔礼”活动在府文庙举行。

23 日至 24 日

●蒙晋冀（乌大张）长城金三角合作区第三届联席会议召开，来自乌兰察布、大同和张家口三市的各界代表齐聚张家口，会商推进《蒙晋冀（乌大张）长城金三角合作区规划》实施，加快融入京津冀协同发展、开启合作发展新纪元等事宜。

24 日

●由北京市文物局主办、北京辽金城垣博物馆和大同市博物馆共同承办的“西京印迹·大同辽金文物展”，在北京辽金城垣博物馆开展。

25 日

●张吉福检查 2016 山西省旅发大会筹备情况。

●受 2016 山西省旅游发展大会承办方大同市人民政府委托，由新华网山西承建的大会 APP、官方网站、官方微博、官方微信经过试运营后正式上线。

●“二盟六市”森林草原防火联防委员会第四十三届全委（扩大）会议在大同召开。

26 日

●2016“影像的力量”中国（大同）国际摄影文化展开幕。

●北环桥北环路通车。

●大同市首届文博会暨第三届新泉文化艺术节在新泉文博广场开幕。

●省政协文史和学习委员会副主任陶功定带队的省督查二组到大同，督查调研上半年目标责任考核各项重点任务推进落实情况。督查组听取工作汇报。张吉福作汇报。高键主持汇报会。

●大同市第 6 次大规模集中销毁非法营运黑出租车现场会，在市报废汽车回收拆解有限责任公司院内举行，59 辆黑出租车被销毁。

26 日至 27 日

●大同市举办首届“引老乡、回故乡、建家乡”活动暨借力京津冀人才资源高峰论坛。

27 日

●“大美大同”首届中国画名家作品邀请展在和阳美术馆启幕。

●首届书香文庙图书展在大同府文庙开展。

28 日

●大型民俗歌舞组画《想亲亲》重登舞台。在工人文化活动中心一宫演出。

●以“拓展惠农服务渠道，助推粮食产业经济”为主题的“中国粮企山西行”大同对接会在天镇县召开。

●“朱世杰书法教学二十五年展”在中国雕塑博物馆举行。

30 日

●副省长王一新到大同，调研文化旅游产业发展情况。马彦平等陪同调研。

●2016 山西省旅游发展大会媒体见面会在云冈建国宾馆举行，并举行“大同旅游产业百、千、万、亿工程”启动仪式。

●2016 大同·理想音乐艺术生活节在南城墙开幕。

●“美丽山西 天下大同”2016 山西省旅游发展大会房车巡游露营活动在市御东行政中心广场启幕。来自全国各地的 130 辆房车驻扎露营，并巡游古城大同景色。

31 日

●由山西省人民政府主办、大同市人民政府承办的 2016 山西省旅游发展大会在大同召开。省委副书记、代省长楼阳生出席主题会议并讲话。副省长王一新主持主题会议。张吉福、马彦平等市四套班子领导及各县区、各部门负责人参加会议。

●2016 山西省旅游发展大会晋善晋美·山西旅游推介会在大同举行。会后，举行旅游项目签约仪式，全省 11 市分别与旅游投资方签订 20 个旅游开发项目，累计合同金额 166 亿元。

●大同市签约《关于建设会展中心和其他城市公共事业合作协议》《文化旅游综合体和房车旅游露营地项目合作协议》《“天下大同”大型实景情境式旅游演出与文旅体验综合体项目合作协议》《潘家园（大同）古城文化商业项目合作协议》4 个文化旅游产业招商引资项目。

●由省农业厅厅长关建勋带队的省农业厅调研组一行到南郊区杨家窑村，调研农业龙头企业发展情况。省农业厅总畜牧师姚继广参加调研，高键陪同调研。

9 月

1 日

●2016 大同·理想音乐艺术生活节在南城墙落下帷幕。

●山西省归侨侨眷职业技能培训班大同班开班。

●省农业厅厅长关建勋带队的省农业厅调研组一行到灵丘、广灵县，调研农业农村重点工作等事宜。姚继广、曹惠斌参加调研。

3 日

●由中国医师协会外科医师分会主办、市三医院承办的首届中国云冈普外腔镜新进展论坛举行，全市各级医院普通外科主任 200 余人参加论坛。

4 日

●2016“影像的力量”中国（大同）国际摄影文化展落幕。

●大同传统花馍文化研讨会召开。

5 日

●张吉福、马彦平会见国家统计局山西调查总队党组书记、总队长刘顺国一行。

●首届大同鼓楼静巷音乐节在古城内举行。

5 日至 6 日

●省政协副主席张璞率部分省政协委员及省政协人资环委一行到大同，专项调研农村污水厂建设情况。柴树彬等陪同考察。

5 日至 8 日

●省政协副主席卫小春，省政协经济委员会主任刘致远、副主任毛金明、专职副主任刘新平一行带领部分省政协委员到大同，调研大同市文化旅游产业发展情况，并与相关部门负责人座谈交流。柴树彬陪同调研。

6 日

●位于古城内鼓楼西侧的鼓楼古玩城开业。

7 日

●市委副书记高键到大同县调研。

●三北地区退化林分修复技术培训会在大同召开。

7 日至 9 日

●在太原召开的 2016 太原能源低碳发展论坛暨中国（太原）国际能源产业博览会上，大同市灵丘县与国电石家庄东方能源股份有限公司山西分公司合作 34 亿元的清洁能源供热示范工程项目签约。

8 日

●市委常委召开会议，研究大同市古城文化旅游产业项目发展事宜，听取并原则通过《关于改革完善大同古城管理体制的意见》《关于整合市级机关事务管理服务机构的意见》。张吉福主持会议。

●市委中心组举行“讲道德、有品行”专题学习讨论，并学习交流“学习贯彻系列讲话，解决若干突出问题”。张吉福主持会议并作交流发言。

●市第一高级职业中学举办《大美职教魂》——教学成果汇报演出。张吉福等与各界嘉宾观看演出，与师生们共庆节日。

●张吉福率相关部门负责人到新荣区，检查调研安全生产工作。

9 日

●高键代表市委、市政府走访慰问大同市一线教师，给他们送去节日祝福和诚挚问候，并到广灵县调研。

●“石墨镌华《北魏碑拓廿五品》首发式暨研讨会”在柒柒金融举行。

10 日

●“大美大同 绿色家园”2016 大同国际自然生态摄影展在北城墙中国雕塑博物馆启幕。

●北岳恒山三元宫修复竣工典礼暨北岳道文化研讨会在浑源县恒山景区举行。

●马彦平率市发改委、扶贫办、经信委等部门负责人到浑源县调研。

●国家宗教局副局长蒋坚永到大同调研宗教工作。省委统战部副部长、省宗教局局长刘国庆，市委常委、统战部部长黄岑丽等陪同调研。

●山西省医师协会癫痫和神经电生理医师分会第二届学术年会暨大同会诊中心成立大会在市五医院召开。

11 日

●中央统战部常务副部长张裔炯、中央统战部研究室副主任夏畦、中央台办交流局副局长王冰、民政部民间组织管理局副巡视员赵泳一行到大同，调研检查大同贯彻落实党中央关于统一战线系列重大决策部署情况，与市县两级有关人员座谈。孙绍骋、张吉福、马彦平等陪同调研。

●马彦平与慈溪家电制造业协会会员企业及其他拟在大同投资企业负责人座谈，相互洽谈项目落地、建设、运营相关工作，并达成发展共识。

●健康中国大同行·环游大同古城墙千人健步走活动举行，奥运冠军陈一冰与来自市各行各业30支代表队近千名徒步走爱好者一起在古城墙上行走。

●由国家工商总局办公厅副主任王茂卿带队的国家工商总局网络市场监管专项行动督查组到大同，实地督查市电子商务园区等处。

12日

●2016年全国健身气功站点联赛半决赛北部赛区比赛在大同大学体育馆启幕。

13日

●高键到新荣区调研。

●全省“信息化推进三晋行”活动在大同启动。

●大同市启动干部入企服务工作。

15日

●“千年窑火，生生不息——邯郸市博物馆藏磁州窑瓷器展”在市博物馆临时展厅开展。

●2016古都中秋赏月音乐会在南城墙上举行。

18日

●马彦平率大同县以及市经信委、国土局、规划局等部门负责人到装备制造产业园区部分企业调研。

●大同市首支社区应急救援队“睿和社区应急救援队”举行防空防灾人员疏散应急救援演练。

19日

●市委常委召开（扩大）会议，传达省委全面构建良好政治生态推进会议精神。张吉福主持会议。

●主题为“古韵大同 档案新篇”的大同市首届档案文史展开展。

●古城内环公园雕塑策划研讨会召开。

20日

●“大同旅游一卡通”面向京津冀蒙晋发售。

●2016年度“曾竹韶雕塑艺术奖学金”获奖与入围作品展在大同市北城墙武定门广场启幕。

●由辽宁省安监局副局长陈列率领的检查组到大同，代表国家安监总局检查大同市工贸行业有限空间作业条件确认和粉尘防爆专项整治工作。杨勤荣代表市政府向检查组作汇报。

●中车大同电力机车有限公司研制的智能化“高寒机车”亮相德国柏林轨道交通展。

20日至22日

●省委常委、组织部长盛茂林到大同市乡村、企业、社区，调研指导“两学一做”学习教育、基层组织建设、万名干部入企服务等工作。张吉福、马彦平、赵向东等陪同调研。

21日

●大同绿色金融发展高层战略研讨会在新华社新闻大厦召开。

22日

●大同市与同煤集团座谈对接煤炭供给侧结构性改革，促进同煤集团改革发展等事宜。

23日

●大同市召开推进社会治安综合治理暨严打整治“百日行动”总结表彰大会。

●“聚焦域美广灵”摄影大赛暨微视频大赛采风活动在广灵启幕。

●“魅力新荣——摄影创作系列活动”启动仪式在堡子湾乡河东窑村饮马河湿地举行。

●市缘源文化生态园在阳高县奠基。

24日

●全市农牧交错带核心示范区建设暨农业农村重点工作推进会召开。市委副书记高键、副市长曹惠斌出席会议并讲话。

●2016中国山地自行车公开赛大同亮马台站赛事在南郊区古店镇亮马台运动休闲主题公园拉开帷幕。

25日

●北京市人大常委会调研组一行到大同调研。

26日

●晋冀宁陕内蒙古五省区十一城市体育年会在大同举行。

26日至27日

●省委副书记、代省长楼阳生到同煤大唐塔山煤矿井下检查指导安全生产工作，主持召开安全生产座谈会。省委常委、副省长付建华一同调研。张吉福、马彦平、张有喜、郭金刚陪同调研。

27日

●古城东北隅文化旅游产业、大同市跨境电商产业园、承接东部沿海地区产业转移浙江智能制造产业园，以及宁波大松、慈溪轩豪、江苏锦友、天津蛋壳机器人、上海三岱锋5家企业搬迁驻大同等8个项目签约。

27日至28日

●全国人大环资委副主任委员王云龙到大同，调研大同有关桑干河流域生态环境的保护治理情况，实地考察桑干河流域御河段、文瀛湖生态环境治理。

27日至29日

●中国共产党大同市第十五次代表大会在市工人文化活动中心一宫举行。

28日

●市委常委会召开会议，专题学习《毛泽东〈党委会的工作方法〉》《习近平总书记关于加强党委领导班子建设论述摘编》《中国共产党地方委员会工作条例》，研究讨论《中共大同市委常委会工作规则》，安排部署市委班子自身建设。张吉福主持会议。

29日

●中国共产党大同市第十五届委员会第一次全体会议举行。会议选举张吉福、马彦平、高键、赵向东、郜向华、黄岑丽、张韬、卫国、孙利仁、杨勤荣、朱晓东为市委常委，张吉福当选新一届中共大同市委书记，马彦平、高键当选中共大同市委副书记。

●中国共产党大同市第十五届纪律检查委员会第一次全体会议举行。选举产生9名组成的中国共产党大同市第十五届纪律检查委员会常务委员会，并选举产生书记、副书记。朱晓东当选市纪委书记，方旭、张有苐、白玉玲当选市纪委副书记。

30日

●京同区域合作座谈会在大同市召开。

●烈士纪念日。张吉福、马彦平、高键、梁凤书等党政军领导与全市社会各界代表到市革命烈士陵园，向革命烈士纪念塔敬献花篮，缅怀为实现民族独立和人民解放而牺牲的革命先烈。

●市实验小学欢庆百年华诞。

10月

1日

●北环路御西北苑路至武定北路段主干道通车，北环路实现全面通车。

●灵丘县大型实景演出《山水北泉》在乌龙峡风景区启幕。

1日至7日

●2016大同市首届优秀油画作品展在东城墙和阳美术馆展出。

2日至6日

●2016中国大同首届中华文化艺术博览会暨天籁梵呗新佛乐音乐盛典在华严寺景区及南城墙关城举办。

9日

●中车大同电力机车有限公司研制的新型和谐2型电力机车分批次全部抵达沈阳铁路局，这是东北地区铁路首次运行八轴大功率交流传动货运电力机车。

10日

●大同市南郊珍洁工程队赵茂林在南郊区工商分局领取全市个体工商户营业执照和税务登记证“两证整合”首证。

10日至11日

●中国建筑设计院历史研究所专家组及省文物局工作人员组成考察团队，到大同市得胜口、新平堡、周士庄古堡址、华严寺、关帝庙5处“万里茶道”相关遗产点实地考察。

●市人大常委会建设环保工委组织部分市人大常委会组成人员和市人大代表，调研市城市重点项目建设及工程质量管理情况。梁凤书等参加调研。

11日

●市五医院被授牌为“大同大学附属医院”。

12日

●张吉福到南郊区，调研市第十五次党代会精神学习贯彻情况及县区今后发展思路措施等。

●市委副书记、市委宣传部部长高键到大同广播电视台调研。

12日至14日

●由省政协副主席王宁带队，省政协社会法制委员会副主任李忠康、省政协社会法制委员会巡视员傅银瑜、省政协社会法制委员会副主任王兴旺等参加的考察监督组到大同，考察监督大同市落实省委、省政府加快民营经济发展重大部署落实情况。

12日至15日

●应英国贝利市议会邀请，市政府代表团到英国友好城市——贝利市访问。

13日

●高键到天镇县调研。

14日

●北大汇丰商学院同学会到大同捐资助学。

●《镜美大同》图片展在日本大牟田市煤炭产业科学馆展出。

15日

●山西省医学会外科学分会第十四届学术年会在大同召开。

15日至16日

●全省第二届高校师范生教学技能竞赛在大同大学举行。大同大学白琳月、山西师范大学刘丹、晋中学院武才琳、忻州师范学院李悦、太原师范学院张严瀚等13名选手分获物理、生物、数学、语文、音乐等13个科目一等奖。

15日至19日

●山西品牌丝路行巴黎站暨2016法国巴黎国际食品展活动举行。山西雁门清高食业有限责任公司等大同市12家企业参展，与外商签订合同865万美元。

16日

●大同市生态文明建设规划和区域发展战略研究成果汇报会在御东行政中心会议厅召开，中科院专家组专家介绍规划编制成果。

●全国脱贫攻坚奖表彰大会在北京举行。市政协副主席王剑辉获全国脱贫攻坚奖“贡献奖”、天镇县扶贫办主任贾彪获“全国扶贫系统先进工作者”称号。

17日

●全市领导干部“读党书、论责任、抓落实”专题培训班（第一期）在市委党校开班。

●大同市首个校企合作体育孵化基地在城区三十五校成立。

●中国中车网侧高压电器研发中心在中车大同公司成立。

18日

●张吉福、马彦平到大同经济技术开发区调研。

●高键到大同日报社调研。

19日

●大同市启动市县乡三级干部进村入户促脱贫行动，同时开展扶贫攻坚大检查大督查、扶贫工作测评、清理滞留结转扶贫资金督导落实、社会保障政策到村到户督导落实、干部驻村精准帮扶督导落实五大专项行动。

●由华谊兄弟等出品、多名国内知名电影演员担纲主演的罪案动作影片《引爆者》在大同开机。张吉福、高键与剧组主创人员共同为影片揭机。

●中央电视台七套《农广天地》栏目组到大同，摄制《三晋美食·大同风味》专题片。

19日至23日

●中国长城学会专家到左云县、新荣区、大同县、阳高县、天镇县，实地考察长城遗迹和相配套的堡、烽火台保护，以及沿线景区景点开发建设等情况。并召开座谈会，中国长城学会专家与市相关部门人员座谈，探讨研究长城、宣传长城、保护长城、利用长城，打造“长城经济带”相关事宜。

20日

●大同市召开省市干部入企服务交办问题协调会。马彦平参加会议。

20日至21日

●张吉福到阳高县古城镇上辛庄村、下辛庄村，友宰镇友宰村，鳌石乡乱石村，东小村镇东小村等处，实地查看扶贫项目、移民搬迁等情况，走访贫困户，与县乡村三级干部及贫困户代表共商脱贫大计。

●中国博物馆协会、中国文物报社组织召开“十二五”文物保护科学和技术创新奖评审会议。云冈石窟研究院石质文物保护关键技术研究项目获一等奖。

22日

●2016云冈国际佛教雕塑艺术大展在和阳美术馆开展，并举行佛教雕塑艺术高峰论坛和3D打印技术高峰论坛。

24日

●张吉福到大同县，调研检查脱贫攻坚工作。

●市人大常委会组织市三级人大代表开展人民代表大会制度及相关法

律知识竞赛。

24 日至 25 日

●由省委统战部副部长王云龙带队的省委第二督查组到大同，专项督查大同市委贯彻落实《中国共产党统一战线工作条例（试行）》及省委《实施意见》等情况。

25 日

●马彦平到浑源县，专题调研脱贫攻坚工作。

●高键到灵丘县，专题调研脱贫攻坚工作。

●山西人民出版社（书海出版社）建社 65 周年暨围棋出版研讨会在大同召开，世界围棋冠军罗洗河等职业棋手及专业人士围绕围棋与成长教育主题展开研讨。

26 日

●张吉福到天镇县，调研检查该县落实中央、省委精神，推进全市市县乡三级干部进村入户促脱贫暨五大专项行动等情况。

●大同市发改、住建、规划、国土、财政等相关部门负责人与北京北辰实业集团有限责任公司人员座谈，对接研究开发建设会展中心相关事宜。市委副书记、市长马彦平，北京北辰实业集团有限责任公司常务副总经理、北辰会展集团董事长刘焕波等参加座谈会。

27 日

●市委常委会召开会议，传达学习省委书记骆惠宁在全省"学以致用，以用促学，把学习贯彻习近平总书记系列重要讲话精神引向深入"学习交流会上的讲话精神；落实省委、省政府关于脱贫攻坚工作的指示要求；传达学习省领导关于当前经济形势的讲话精神，分析全市 2016 年前三季度经济运行情况，研究部署第四季度经济工作。张吉福主持会议。

●市委中心组举行"讲奉献、有作为"专题学习讨论。张吉福主持会议并作交流发言。

28 日

●张吉福到广灵县和灵丘县，实地调研检查易地搬迁、产业扶贫项目等事宜。

●市委召开常委（扩大）会议，专题传达学习贯彻党的十八届六中全会精神。张吉福主持会议并传达，安排部署全市贯彻落实全会精神。

●全市"两学一做"学习教育工作推进会召开。

●2016"阳光杯"山西省优秀红色网络视听作品评选活动颁奖典礼在山西传媒学院举行。市京汣文化创意传播中心报送的非遗专题片《大同铜器》入选"原创网络视听节目单元"优秀作品。

●大同市南郊区京都村镇银行金茂支行开业。

29 日

●2016 大同"喜德盛杯"骑行友谊赛在御河生态公园东侧举行。

11 月

1 日

●市信访局开通"手机信访"和"微信信访"平台。

●市区首座人行过街天桥——御河西路 1 号桥建成投用。

3 日

●2016 年第一届波兰艺术圈中国行（大同站）活动在大同市示范性综合实践基地拉开帷幕。副市长曹惠斌会见 2016 年第一届波兰艺术圈中国行代表、波中工作小组顾问、波兰艺术圈基金会主席马耶夫斯基。

5 日

●中国共产党山西省第十一届委员会第一次全体会议在太原举行。会上，张吉福当选省委常委。

5 日至 8 日

●第十四届中国国际农产品交易会上，大同市 17 家参展企业销售金额 31.6 万元，并与 20 余家国内外采购商达成初步合作意向 2000 余万元。

6 日

●由大同市人民政府、北京航空航天大学主办，智慧能源投资控股集团承办，北京大同区块链技术研究院独家赞助的中国区块链技术创新与应用联盟成立大会暨区块链蓟门论坛举行。

7 日

●市五医院与市 120 急救中心签订合作协议，共同成立急救中心基地。

8 日

●北路梆子新编历史剧《平城赋》在市工人文化活动中心一宫内首演。

9 日

●市委中心组举行集体学习，专题传达学习习近平总书记《关于新形势下党内政治生活的若干准则》（简称《准则》）和《中国共产党党内监督条例》（简称《条例》）说明，安排部署学习宣传贯彻执行《准则》和《条例》事宜。省委常委、市委书记张吉福主持学习活动并讲话。

●第三届"林斤澜短篇小说奖"在温州揭晓，大同市作家王祥夫获"杰出短篇小说作家奖"。

10 日

●张吉福到大同市部分学校，专题调研教育教学工作。

●省侨联主席王维卿到大同走访慰问归侨侨眷，并到阳高县市侨联青少年农业科普教育基地调研。

11 日

●中国大同古都灯会领导组第一次协调会召开。

11 日至 12 日

●全省仁用杏综合管理技术培训现场会在广灵县召开。

11 日至 13 日

●2016 中国国际旅游交易会在上海新国际博览中心举行。市旅游局率领云冈石窟、北岳恒山景区、浑源县旅游局、华严寺、城墙管理处、大同机场、方特欢乐世界、大同市旅游集散中心等单位参加这次交易会。

12 日

●民革市委"中山画苑"揭牌。

14 日

●市中医医院被授牌为"大同大学附属医院"。

15 日

●张吉福到同煤一中调研，并与市教育系统部分代表进行座谈，听取大家对教育教学工作的意见与建议，共商教育发展大计。

●话剧《热泉》巡演国有企业职工专场在市工人文化活动中心一宫演出。

●华阳集团大同农产品国际陆港项目在北京与柬埔寨王国天睿农业经济合作开发区签约。柬埔寨王国农业部长文沙坤（vegsakhon）、副部长占苏卡等参加签约仪式。

16 日

●2016 年"冬季行动"暨项目建设"双环行动"誓师大会在御东行政

中心举行。张吉福、马彦平出席会议并讲话。

●灵丘县人民政府与中合三农集团有限公司举行养殖产业精准扶贫项目战略合作协议签约仪式。

●大同市首个高速公路电动汽车快充站（大同古店服务区电动汽车快速充电站）投运。

17 日

●左权花戏歌舞剧《太行奶娘》在市工人文化活动中心（一宫）上演。

●大同农产品国际陆港项目综合楼封顶。

●大同市第一批 11 所“关爱儿童之家”挂牌。

18 日

●大同市举行古城墙合龙护城河贯通仪式。

●由省委宣讲团成员、省委党校常务副校长王联辉，省委讲师团王勇伟组成的党的十八届六中全会精神宣讲团到大同举行宣讲报告会。张吉福主持报告会。王联辉作宣讲报告。

●由省委宣讲团成员、省发改委主任王赋，省委宣传部理论处处长杨建军组成的省第十一次党代会精神宣讲团到大同举行宣讲报告会。张吉福主持报告会。王赋作宣讲报告。

19 日

●全国乳腺疾病诊治规范化学术研讨会在市一医院学术报告厅举行，同时全国乳腺病诊疗规范化培训中国行（大同站）活动启动。

20 日

●全球首个熊猫光伏电站建设在大同启动。

21 日

●“2016 首届云冈国际佛教雕塑艺术大展”在和阳美术馆闭展。

24 日

●市委中心组举行“两学一做”学习教育专题研讨。张吉福主持专题学习研讨，并安排部署加强党的制度建设，推进全面从严治党等事宜。

25 日

●大同古城保护和修复研究会在和阳美术馆召开专题会议，讨论大同市参与万里茶道申办世界遗产的内容与方略。

26 日

●中国共产党山西大同大学第二次代表大会在该校开幕。

●在上海举办的“中国新旅游时代——2016 品牌推介暨旅游项目投融资大会”上，阳高县获“中国最美养生休闲旅游名县”称号。

29 日至 30 日

●团中央书记处书记汪鸿雁到灵丘县，调研脱贫攻坚工作。中国青年企业家协会秘书长许华平、团中央青年发展部副部长赵宝东、中国青旅控股股份有限公司副总裁李京参加调研。市委副书记、宣传部长高键，团省委副书记刘娟陪同调研。

30 日

●全市宗教工作会议在御东行政中心召开。张吉福出席会议并讲话。

●全市煤矿事故警示教育大会在同煤集团召开，马彦平主持会议。山西煤矿安全监察局党组书记、局长卜昌森作“只有改变才能重生——风雨过后是彩虹”专题报告。

12 月

1 日

●晋冀蒙（大张乌）长城金三角合作区税收合作第一届联席会议在市国税局召开，大同、张家口、乌兰察布市国税局、地税局负责人共同签署《晋冀蒙（大张乌）长城金三角合作区域税收协同共建框架协议》《跨区域税收管理协作实施意见》和《加强非正常户税收管理协作备忘录》。

2 日

●全市脱贫攻坚干部驻村帮扶工作会议在御东行政中心召开。

●以李培斌事迹再现的大型罗罗腔现代戏《公仆》在灵丘县剧场首演。

3 日

●云冈机场年旅客吞吐量首破 50 万人次。

5 日

●市不动产统一登记工作启动。

●大同国际绿色债券考察座谈会召开。

6 日

●2016 年“大地情深”群星奖获奖作品巡演暨“文化惠民在三晋”文化志愿者走基层活动在市工人文化活动中心一宫举行。

●马彦平率市扶贫办、发改委等部门负责人到左云县，实地调研光伏扶贫企业、农牧专业合作社、采煤沉陷区治理搬迁等项目。

●马彦平率市煤炭局、安监局等部门负责人，到山煤集团左云长春兴煤业有限公司检查煤矿安全。

7 日

●张吉福到天镇县，调研指导林业扶贫攻坚工作。

●省水利厅厅长潘军峰到大同，调研永定河综合治理与生态修复工作以及雁同灌区改扩建工程。马彦平等陪同调研。

8 日

●张吉福到城区，调研督查“冬季行动”、项目建设“双环行动”等推进落实情况。

8 日至 9 日

●大同市召开县区脱贫攻坚工作交流会和督查巡查情况通报会。

9 日

●中车大同电力机车有限公司在白俄罗斯新成立的子公司——中车中电轨道装备有限公司揭牌成立。

10 日

●第二届中国（大同）大型环保徒步“走长城”活动在市和阳门广场启幕。

11 日

●马彦平率市发改委、农委、扶贫办等部门负责人到大同县调研。

12 日

●国家安监总局规划科技司副司长席文海率领的督查组一行到大同，督导检查市煤矿安全生产工作情况。

●第一届全国文明家庭表彰大会在北京举行，孙秀兰家庭获全国文明家庭称号。

●中国曲协第十五次学习贯彻习近平总书记文艺工作座谈会重要讲话精神专题研讨班在大同开班。

13 日

●第八期全国曲艺创作高级研修班在大同开班。

●市政府与同煤集团在御东行政中心签署同煤集团首批职工家属区“三供一业”等企业办社会职能分离移交框架协议。

14 日

●市委常委会召开会议，听取 2016 年 1 月至 11 月考核指标完成情况通报，传达学习全国“推进移风易俗，树立文明乡风”电视电话会议精神，部署贯彻落实意见。张吉福主持会议。

15 日

●马彦平率市规划局、房管局、水务局、经建投公司等部门负责人到南郊区调研。

●市文化艺术学校庆祝建校 60 周年暨第十一届校园文化艺术节优秀节目汇报演出举行。

16 日

●大同市安徽商会成立。

●“笑语欢歌 笑动云中”——曲艺名家新秀志愿服务行动走进大同暨第八期全国曲艺创作高级研修班汇报演出在市工人文化活动中心一宫举行。

●全市首台自动体外除颤器（AED）投放仪式及全民急救知识培训在御东行政中心举行。

17 日

●马彦平率市环保局、交通局、煤炭工业局、安监局、林业局等部门负责人到新荣区调研。

18 日

●由市心连心艺术团承办的“欢欢喜喜过大年”全市首届幼儿园迎春电视晚会，由大同广播电视台录制完成。

19 日

●全国首个建筑垃圾资源化 CCER 碳交易示范项目在大同建设。

●市人社系统法律援助工作站挂牌成立。

20 日

●市政府召开安全生产委员会全体（扩大）会议。马彦平主持会议。

●深圳华大小米产业股份有限公司、山西省投资集团有限公司和山西东方物华农业科技有限责任公司三方签订战略合作意向协议。

●2013 年 ~2015 年度“赵树理文学奖”评选揭晓，大同市作家黄静泉小说《雪猫》获短篇小说奖。

21 日

●市人大市政府市政协换届工作会召开。张吉福出席会议并讲话。

●2016“山西最美村干部”评选结果揭晓，大同市阳高县龙泉镇副镇长、新和堡村党支部书记张守山获 2016 十佳“山西最美村干部”称号，灵丘县红石塄乡下车河村党支部书记、村委会主任王春获 2016“山西最美村干部”提名奖。

22 日

●由省高级人民法院党组副书记、副院长朱明，省人民检察院党组副书记、副检察长崔国红带队的省法检“两院”征求意见组到大同市召开座谈会，征求驻大同省人大代表“两院”工作情况的意见和建议。梁凤书等参加座谈会。

23 日

●大同市召开县区委书记抓基层党建工作专项述职会议。张吉福主持会议并点评讲话。

●省人大常委会副主任、省总工会主席田喜荣率省人大常委会相关委室负责人到大同召开座谈会，向市人大常委会及部分驻大同省人大代表征求省人大常委会 2016 年工作情况、工作亮点、存在不足以及 2017 年工作安排的意见建议。梁凤书主持座谈会。

●由省总工会党组书记、常务副主席王立业带队的省总工会对接帮扶企业联系组到大同，与相关企业负责人座谈并到企业实地考察，了解企业发展中遇到的问题和实际困难。

●山西出入境检验检疫局局长于洋一行到大同，与大同市交换进口肉类指定口岸查验场建设情况和近期国家质检总局批准在大同建设国家级杂粮重点实验室等相关意见，同时向天镇县政府授予国家级出口食品农产品质量安全示范区牌匾。

23 日至 24 日

●省委组织部常务副部长孙大军任组长、省人大法制委主任委员邓永明任副组长的省委走访组到大同，开展走访基层省人大代表活动，走访工作在基层一线的部分省人大代表，并与代表们座谈。梁凤书等参加座谈会并陪同走访。

24 日

●明堂遗址公园免费开放。

●由省民政厅党组成员、老龄委专职副主任吴建强带队的省脱贫攻坚督查组到大同，督导考核大同市脱贫攻坚工作。督查组听取市相关工作情况汇报。高键参加汇报会。

●纪念红军长征胜利 80 周年暨毛泽东诞辰 123 周年主题诗会在市图书广场举行。

24 日至 26 日

●马彦平率领大同县和市发改、国土、环保、住建、招商、规划等部门负责人到卓达集团，实地考察产业新城建设、新材料装备产业园、康养产业等。

26 日

●大同市首期“创客”实训营开班。

●“纪念毛泽东批示 61 周年暨阳高县首届红色旅游文化节启动仪式——看，大泉山变了样子！”大型主题活动在大泉山红色旅游景区举行。

27 日

●2017 大同市新年音乐会在工人文化活动中心一宫举行。

●市人大常委会组织市部分省、市人大代表，常委会组成人员和市人大财经委委员调研视察“两节”期间居民消费市场有关民生热点问题以及古都灯会相关筹备情况。梁凤书等参加调研考察活动。

28 日

●大同市重点公共场所“i–Shanxi”无线局域网开通。

●大同市无偿献血志愿者协会成立。

●市十四届人大常委会第四十一次会议举行联组会议，专题询问全市文化旅游产业发展工作。梁凤书等出席会议。

31 日

●大同市第一座“公共空间”在火车站附近竣工投用。“公共空间”是集公共卫生间、环卫工休息间和 ATM 存取款等多种功能为一体的公共服务场所。（编辑部）

市情概览

地理资源

【位置 面积】 位置 大同市地处山西省北部，位于北纬39°54′～40°44′，东经112°06′～114°33′。北以外长城为界，与内蒙古自治区乌兰察布市兴和县、丰镇市、凉城县毗邻，西、南与山西省朔州市右玉县、怀仁县、应县及忻州市繁峙县相连，东与河北省张家口市怀安县、阳原县、蔚县及保定市涞源县、阜平县连接。

面积 2016年，大同市东西距离136.9千米，南北189千米，全境总面积14176平方千米，市区面积2080平方千米，建成区面积134.2平方千米。
（编辑部）

【地质 地貌】 地质 大同市处于华北地台的山西台背斜与阴山隆起交接部位。北为北口隆地，西南为大同——静乐凹陷，东南为桑干河新断陷。该区域在多期地壳构造变动中形成一系列构造形迹，尤其以燕山运动和喜马拉雅山运动影响最为明显，新构造运动相当发育、地震活动也较为频繁。东部为世界地质奇观大同火山群，与云南腾冲构成南北两大火山群。

地貌 地貌构成上，大同市山地面积278平方千米，占总面积13.4%；丘陵面积1177平方千米，占总面积56.6%；平川面积626平方千米，占总面积30%。其中，山地、丘陵主要集中于西、北及东北部地区，而平川区位于东南部。构成大同市西北高、东南低，地形由西北向东南倾斜的主要特征。

大同地理环境处于南下阴山、东来燕山、北上吕梁山、太行山北方四大山脉交叉通道，是大雁为首的中部鸟类南迁通道。西北部山脉属阴山山脉和吕梁山脉，主要有白登山、双山、二郎山、云门山、采凉山等；东南部山脉属太行山脉，主要有恒山、太白山、六棱山等。全市一般海拔在1000米～1500米，最高处为阳高县境内六棱山黄羊尖（海拔2420米），最低处为灵丘县境内花塔村冉河出口处（海拔558米）。桑干河自西南向东北横贯全市，形成周围高、中间低、两山夹一川的槽型盆地。除桑干河外，境内主要河流有属海河水系的御河、南洋河、壶流河、唐河。（编辑部）

【气候】 2016年，大同市主要气候特点为：降水偏多，气温略偏高，日照正常，无霜期偏长，大风沙尘天气偏少。

降水 2016年，大同市年平均降水量446.5毫米，较历年同期平均值偏多15%，比上年偏多10%；8县区（市区、左云县、大同县、天镇县、阳高县、浑源县、广灵县和灵丘县）年降水量402.6毫米（阳高）～509.8毫米（灵丘），各县均偏多，尤其是市区、大同县、灵丘县、广灵县偏多20%～30%。四季降水均偏多；除1月、3月、6月、9月偏少外，其余各月偏多。各季降水特点：冬季（1月至2月，12月），全市1月至2月平均降水量10.9毫米，比历年同期平均值异常偏多122%；8县区降水量3.2毫米～18.9毫米，除天镇偏少外，其余各地均偏多。1月偏少37%；2月异常偏多223%，突破历史同期极大值；12月偏多10%。降水集中的2月中、下旬分别偏多343%和250%，其中中旬降水量突破历史同期极大值。春季（3月至5月），全市春季平均降水量76.1毫米，比历年同期平均值偏多20%，比上年同期偏多60%；8县区降水量59.2毫米～86.8毫米，左云县、灵丘县接近常年略少，其余各地偏多。春季降水前期少、中后期多，3月异常偏少94%，4月偏多30%，5月偏多45%；降水主要集中在4月中、下旬及5月中、下旬，其中5月中旬异常偏多107%。夏季（6月至8月），全市夏季平均降水量248.7毫米，比历年同期平均值偏多4%，比上年同期偏多36%；8县区降水量194.9毫米～320.9毫米，市区、大同县、灵丘县、广灵县偏多，其余各地偏少。6月偏少14%，7月、8月分别偏多11%和7%；降水主要集中在7月中、下旬和8月中旬，其中7月中旬异常偏多178%；8月中旬异常偏多189%，突破历史同期极大值。7月12日、19日至20日累计出现4站次暴雨。秋季（9月至11月），全市秋季平均降水量108.5毫米，比历年同期平均值偏多38%，比上年同期偏少33%；8县区降水量81.9毫米～134.4毫米，各县均偏多，尤其是市区、左云县偏多60%以上。9月偏少21%，10月异常偏多208%，突破历史同期极大值；11月偏多25%。降水集中的10月上旬、下旬分别异常偏多134%和523%，下旬降水量突破历史同期极大值。

气温 2016年，大同市年平均气温7.6℃，较历年同期平均值偏高0.6℃，比上年偏低0.1℃；8县区年平均气温6.5℃～8.7℃，除市区偏低

0.3℃外，其余各地偏高0.2℃～0.9℃。四季气温均偏高；1月、2月、5月、6月偏低，其余各月偏高。全市年极端最高气温34.2℃（5月30日出现在灵丘县），年极端最低气温-29.2℃（1月24日出现在浑源县）。各季气温特点：冬季（1月至2月，12月），全市1月至2月、12月平均气温-8.5℃，比历年同期平均值偏高0.1℃；1月偏低1.6℃，2月偏低0.8℃，12月异常偏高2.5℃。1月下旬、2月下旬分别异常偏低4.4℃和3.1℃，12月上、中旬分别异常偏高2.7℃和3.2℃。春季（3月至5月），全市春季平均气温9.8℃，比历年同期平均值偏高1.2℃；3月偏高1.8℃，4月偏高2.2℃，5月偏低0.3℃。3月中旬、下旬均异常偏高2.1℃，4月上旬、下旬分别异常偏高2.9℃和3.4℃。夏季（6月至8月），全市夏季平均气温21.1℃，比历年同期平均值偏高0.3℃；6月偏低0.5℃，7月偏高0.2℃，8月偏高1.4℃。8月上旬异常偏高2.6℃，突破历史同期极高值。秋季（9月至11月），全市秋季平均气温7.8℃，比历年同期平均值偏高0.8℃。各月气温均偏高，9月偏高0.6℃，10月偏高1.0℃，11月偏高0.9℃。10月中旬、11月中旬分别异常偏高2.9℃和4.6℃。

日照 大风 沙尘 2016年，大同市年平均日照时数2729小时，比历年同期平均值偏多18小时；8县区年日照时数2615小时～2857小时，大同县、天镇县、左云县、灵丘县偏少，其余各地偏多。

2016年，大风、沙尘天气偏少。8县区年大风日数1天～21天，平均大风日数10.8天，较历年同期平均值偏少6.1天，比上年偏少5天。全市无沙尘暴；除大同县、浑源县、灵丘县外，其余各地扬沙日数1天～3天。

霜冻 无霜期 2016年，终霜冻偏早，初霜冻偏晚，无霜期偏长。全市终霜冻日平均出现在5月8日，较历年同期平均值偏早5天；阳高县、广灵县分别出现在4月18日和23日，其余县区出现在5月13日至16日。初霜冻日平均出现在9月29日，较历年同期平均值偏晚4天；左云县出现在9月19日，大同县、灵丘县出现在10月8日，其余各地出现在9月28日。全市无霜冻期125天～162天，平均143天，较历年同期平均值偏长9天。

（梁进秋）

【土地资源】 2016年，大同市地处黄土高原东部边缘和太行山脉交接地带，地势高亢，境内受燕山运动影响，地貌类型复杂多样，山地、丘陵、盆地、平川兼备，自西北向东南呈“T”字形。大同市西北部为黄土高原丘陵区，面积54.51万公顷，占土地总面积38.60%；中部为河川盆地区，面积33.74万公顷，占土地总面积23.90%；东南部为土石山地，面积52.85万公顷，占土地总面积37.50%。全市土地总面积141.02万公顷，其中建设用地7.43万公顷，占总面积5.27%；农用地78.8万公顷，占总面积55.88%；未利用地54.79万公顷，占总面积38.85%。2016年，全市耕地面积37.62万公顷、基本农田面积32.28万公顷。（国土资源局）

【水资源】 2016年，大同市境内河道属永定河水系的有桑干河、壶流河、南洋河、御河等，属大清河水系的有唐河。永定河水系流域面积10831平方千米；属大清河水系流域面积2071平方千米。主要河道有一级河桑干河、南洋河、壶流河、唐河4条；二级河浑河、御河、口泉河、白登河、黑水河、段家沟、涧西沟、华山河、塌涧河9条，境内最大的河流为桑干河，自西向东北横贯全市，流经大同、阳高等县，长55.6千米，流域面积7262平方千米，年均流量7.34亿立方米。主要支流有浑河、御河、口泉河等。全市大小水库111座，其中中型水库6座，即册田、孤山、十里河、恒山、赵家窑、文瀛湖水库。总库容量6.79亿立方米。其他小水库库容1.06亿立方米。市内水资源贫乏，且区域分布不平衡，边境多水，盆地少水，山区缺水。人均水资源占有量仅为全国平均水平15%。

（编辑部）

【矿产资源】 2016年，大同市境内发现的矿产资源为能源、金属、非金属、水气4大类91种，占全省发现矿产118种的77.12%。其中，能源矿产6种；金属矿产23种；非金属矿产60种；水汽矿产2种。有查明资源储量的矿产49种（其中能源矿产2种，金属矿产11种，非金属矿产35种，水气矿产1种），占全省查明资源储量矿产63种的79.36%。上山西省矿产资源储量简表的金属矿产有11种，非金属有17种。全市查明矿产资源储量的矿产中，具有资源优势并在经济社会发展中占有重要地位的矿产有：煤、铁、锰、金、银、铜、铅锌、石墨、石灰岩、饰面花岗岩（辉绿岩）等；有良好开发利用前景的矿产有：冶镁白云岩、沸石、珍珠岩、膨润土、玄武岩、高岭岩（土）、塑性黏土等。尚有查明储量少或者资源储量不明但具有潜在优势的矿产，如铝土矿、铁矾土、耐火黏土和页岩气、地热、矿泉水等。大同矿产资源有其明显的时代性、地域性和成矿专属性。煤炭集中分布于左云县、南郊区、新荣区、矿区，其次是浑源县，阳高县、广灵县、灵丘县也有分布；石墨集中分布于新荣区，天镇县有少量分布；沸石、膨润土、珍珠岩、花岗石集中分布于灵丘县、浑源县一带；铁、锰、铜、铅、锌、金、银集中分布于灵丘县南、北山；地热集中分布于阳高—天镇北山山前一带等。在主要矿层（体）附近共生、伴生矿产多。含煤地层中有优质高岭岩、铁矾土、耐火黏土、软质黏土等共生；灵丘县的塔地珍珠岩与沸石、松脂岩共生；浑源县的膨润土与沸石共生。许多内生矿床中，常伴有多种组分，并可综合利用。（国土资源局）

人口 语言

【人口】 2016年，大同市常住人口342.19万人，比上年末增加1.6万人。全年全市出生人口3.61万人，人口出生率10.56‰；死亡人口2.06万人，死亡率6.02‰；自然增长率4.54‰。

（市统计局）

2016年大同市人口主要情况

指标	年末数（万人）	比重（%）
全市常住人口	342.19	100.00
其中：城镇	212.18	62.01
乡村	130.01	37.99
其中：男性	174.40	50.96
女性	167.79	49.04

【语言】 2016年，大同市下辖4区、7县，其方言主要为山西北区方言，属晋语，其中除广灵县没有入声，属北方官话外，其余各方言均有入声。山西境内与毗邻省份有入声的方言被称为晋语。大同市区方言跟大同县、天镇县、阳高县、左云县各县方言接近，属晋语大包片，浑源县、灵丘县方言属晋语五台片，这两片语音特点是有入声，入声不分阴阳，入声读音短促，韵母以喉塞音收尾。在韵母方面，大同方言没有鼻音韵母，“金银”=“经营”，“茄子”=“钳子”。东北部的广灵县属北方官话，其语音特点是无入声，古清入字今读阴平，古全浊入字今读阳平，古次浊入字今读去声。在词汇语法方面的特点，主要有：（1）有分音词、合音词和逆序词。例如：不浪=棒，不（pau）=不要，扎挣=挣扎。（2）有丰富的三字格、四字格俗语。例如：二把刀、凉胡子、猴眉洼眼、圆头杏脑。（3）有大量以“圪”“忽”“寡”“日”为前缀，以“达”为后缀构成的词语。例如：圪挪、圪挤，忽绕、忽颤，日能、日脏，蹦跶、试达。（4）保留许多古语词。例如：“蚍蜉”，指大蚂蚁，《礼记·学记》“蛾子时术之。”汉代郑玄注：“蛾，蚍蜉也。”（5）儿化音节较多。例如：动词后面如果带上“来了”，“来”字音就消失了，而前面那个动词（限于“上、下、进、出、过、回、起”七个动词）则变成儿化音，其他的动词后面嵌进的“张”字变成儿化音。例如：上儿啦（上来了）、下儿啦、进儿啦、出儿啦、过儿啦、回儿啦、起儿啦、端张儿啦（端来了）、送张儿啦（送来了）。第二人称代词的敬称式一定要说成“您儿”，第三人称代词也有敬称式，也要说成儿化音“他儿”。（6）名词、动词、形容词、量词的重叠形式非常丰富。例如：缸缸儿，盖盖儿，黑黑儿的，一道道。

（蒋文华）

民族 宗教

【民族】 大同市是一个典型的少数民族散杂居城市。2016年，全市有回族、满族、蒙古族、壮族、朝鲜族等46个少数民族，2万余人，占全市总人口0.7%，其中回族人口1.7万余人，占全市少数民族总人口85%。全市有少数民族聚居村四个：阳高县袁家皂村、南郊区田村、大同县三条涧村和马家会村。全市无民族社会组织。（宗教局）

【宗教】 2016年，大同市有信教群众约30万人。宗教活动场所348处。其中，寺观教堂330处；固定处所18处。佛教寺观教堂150处，固定处所11处，共161处；道教寺观教堂25处，固定处所2处，共27处；伊斯兰教寺观教堂3处；天主教寺观教堂11处；基督教寺观教堂144处，固定处所2处，共146处。全市宗教教职人员913名。其中，佛教教职人员305人、道教教职人员23人、伊斯兰教教职人员10人、天主教教职人员22人、基督教教职人员553人。有佛教协会、道教协会、伊斯兰教协会、天主教爱国会、基督教三自爱国运动委员会五大宗教团体。（宗教局）

历史溯源

【建制沿革】 *石器时代* 大同市阳高县古城镇许家窑村南发掘发现人类化石。许家窑人是北京人后裔，约10万年前西徙时，遇大同湖阻隔，在这里定居。在大同城西青磁窑、小站、左云贾家窑、广灵洗马庄等地先后发现多处旧石器遗址，有数千件打制石器制品（刮削器、尖状器、石球、石核、石片等）。有哺乳动物化石（野马、坡毛犀、羚羊、原始牛、赤鹿、野马象等）。在武州川、御河、桑干河两岸，大同高山镇、云冈南梁、镇川西村、镇川南梁、孤山、尚龙门、刘安窑、大同县吉家庄、左云县旧高山、天镇县楼子疃、广灵县惠花、大同县佛堂寺、浑源李峪等地都发现典型的新石器时代细石器和陶片，其中有打制石锥、石簇、石锛、石斧、石杵等。陶器有灰陶、红陶和彩陶，纹饰、器形、口形多种。远在10万年前，有人类就在这里劳动繁衍生息。

春秋 大同地区为北狄所居。北狄系指以狩猎为生的游牧部落林胡、楼烦。据《战国策·释地》载：“今山西岢岚州以北，故楼烦胡地也；大同、朔州以北。故林胡地。”大同至内蒙古河套一带，春秋时为林胡活动之地。（唐）尧帝封羲和氏子为北岳长老，其二子和叔来宅。《山海经》中古大同为古平国。商汤封同姓于此地，代子立国。

战国 大同地区为代国，后并入赵地。据《史记·赵世家》载：“子晰告赵简子曰，主君之子将克二国于北，皆子姓也。及简子卒，毋立，是为襄子。北登夏屋，使宰人操铜击杀代王，遂兴兵平代地。”又载：“（武灵王）二十六年（前300），复攻中山，攘地北至燕代，西至云中、九原。”《史记·匈奴传》载：“赵武灵王亦变俗胡服，习骑射，北破林胡、楼烦，筑长城。自代并阴山下，至高阙为塞，而置云中、雁门、代郡。”

雁门郡（治所在今朔州市右玉县南），因雁门山而得名。代郡（治所在今河北省蔚县东北），因代国而得名。其地为雁门郡，东属代郡。当时城邑有：平邑（今许堡村）、新城（又名小平城，在今朔州西南）、延陵（今天镇新平）、平舒（今广灵平城）、武州塞（今左云古城）、平城（今大同城北御河西岸，以祈福思安而得名）。大同其地由赵武灵王开辟，远在公元前300年，成为赵国边陲要地。

秦 秦始皇十八年（前229年），秦攻赵，次年破赵，公子嘉率其宗族数百人逃到代郡，自立为代王。公元前222年，秦派王贲攻代，虏代王嘉，赵亡。秦始皇二十六年（前221年），秦始皇统一中国，废分封制，立郡县，全国设36郡，今大同境内为雁门郡、代郡之地。其时见于记载的城邑有：平城、代、善无、延陵、平舒、武周塞、新城、班氏、马邑等。秦始皇派大将蒙恬率30万大军北击匈奴，并征集民众筑长城，在今左云高山以东，云冈以西十里河谷“筑城武周塞内，以备胡”。

西汉 沿袭秦郡县制，其地仍为雁门郡、代郡之地。雁门郡属并州刺史部，治所善无，辖14县：善无、沃阳、繁峙、中陵、阴馆、楼烦、武州、汪陶、剧阳、崞、埒、马邑、疆阴、平城，平城为东部都尉治。代郡

属幽州刺史部，治所桑干，辖18县，在今大同境内者10县：道人、高柳、班氏、示氏、平舒、延陵、灵丘、且如、平邑、参合。

东汉　各州置州牧，后改州牧为刺史。大同地区为雁门、代郡之地。雁门郡属并州刺史部，治阴馆，属县十四，今大同市境内有4县：繁峙、武州、崞、平城。代郡属幽州刺史部，治高柳，属县十一，在今大同市境内有6县：高柳、道人、班氏、示氏、北平邑、平舒。建武中，卢芳之乱，沿边八部并废，徙雁门、代郡之民于常山关、居庸关东。东汉建武二十七年（51），复置郡，自善无移雁门郡治阴馆，县仍属。代郡治高柳。“建安中省云中、定襄五郡，立新兴郡于太原界，郡为一县隶之，而别置平城县于句注陉南，往属焉。”汉末天下大乱，陉北之地弃为荒徼。建安二十年（215），曹操讨伐乌桓，平定代地。安集北边郡县之民，在今代县东五里置平城县，属冀州新兴郡。魏黄初元年（220），复置并州，平城属并州雁门郡。无论属冀州新兴郡平城，还是并州雁门郡平城，均为同名异地，非今大同。汉明帝时（58—75），在平城建通光寺，为大同最早佛寺。

三国　大同地区为乌桓、鲜卑所据。

晋　大同北部为鲜卑族领地，南部为雁门郡地，其时郡迁至广武，属县有：广武、崞、汪陶、平城、俊人、繁峙、原平、马邑。晋永嘉四年（310），晋并州牧刘琨，以拓跋猗卢有救援之功，上书晋怀帝，请封鲜卑拓跋猗卢为代公。西晋建兴元年（313），拓跋猗卢定盛乐为北都，修秦汉故平城为南都，平城复还故治，属代国。

北魏　天兴元年拓跋珪（398）自盛乐迁都平城，改号皇帝，并置司州、代尹，治代都平城。徙六州二十二郡守宰、豪杰、吏民三千家于代郡。“营宫室，建宗庙，立社稷”，进行一系列大规模的首都建设。次月“诏有司正封畿，制郊甸”，划定京畿范围：“东至代郡，西至善无，南及阴馆，北尽参合。郊甸范围：东至上谷军都关，西至河（黄河），南至中山隘门塞，北至五原，地方千里。”又设四方四维，置八部帅统兵镇守。

平城由宫城、京城（都城）和郭城组成。从天兴元年迁都平城，至太和十八年（494）迁洛阳，代有新建，规模宏大，增扩改建，使平城形成完整的宫殿群落。城郭外分四郊，建有苑囿。东南有“基架博敞，为天下第一”的永宁寺。南有明堂、辟雍。周边有籍田、药圃等。西郊有郊天坛，坛东侧有郊天碑，其东三里有崔浩《国书》《五经碑》。附近有西苑、洛阳殿、鹿野苑石窟等。北郊有“皎若圆镜”的灵泉池、白杨泉。东郊有白登台、崇光宫、东苑，苑内建太祖庙。北魏平城“京邑帝里，佛法丰盛，神图妙塔，桀峙相望”，京都内有寺庙百所，僧尼两千。有为太祖以下五帝铸像的五级大寺；有“镇固巧密，为京华壮观”的天宫寺，驰名中外的云冈石窟正是当时高僧昙曜主持开凿的。畿内建有造型惊险、结构奇巧的“天下巨观”悬空寺。还有建明寺、报德寺、皇舅寺等。道观有天师道场大道坛和静轮宫。北魏延和元年（432），改司州为万年尹。皇兴三年（469），在城西立平齐郡，旋废。北魏曾在平城南郊置鼓城县，属代郡，不久废。神麚二年（429）太武帝时，于平城以北，阴山以南，自西而东设置沃野（内蒙古五原县北）、怀朔（内蒙古固阳县西南）、抚冥（内蒙古四子王旗东南土城子）、武川、柔玄（内蒙古兴和县台基庙东北）、怀荒（河北张北县）六个军事重镇，用以拱卫京都，组成北部又一道军事防线。太平真君七年（446）六月，发司、幽、定、冀四州十万人，筑畿上塞围（北魏长城），东起上谷，西至河，广袤皆千里。北魏在平城建都97年，历经六帝七世，平城一直是中国北方政治、经济、文化中心。北魏平城时代又是“丝绸之路”东方起点。孝文帝实行班俸禄、行均田、立三长三大改革，促进生产力发展。北魏太和十八年（494），迁都洛阳后，置恒州，治平城，管辖6郡14县：代郡治平城，领平城，太平（大同西15千米）、武周（旧高山村）、永固（大同北镇川堡）。孝昌二年（526），六镇之变，平城陷废。北魏末分东魏、西魏。

北齐　天保元年（550），东魏被北齐所代，大同为北恒州、北朔州地，属县未有大的变化。天保七年（556），改北恒州为恒安镇（今大同），又名东州城，隶属恒州太平县，徙豪杰三千家以实之。翌年废镇，仍为北恒州。周齐之间，突厥渐强，为防御突厥、柔然、契丹，于天保三年（552），自西河总秦戍筑长城，东至渤海200余千米。天保六年（555），发夫180万人筑长城，自幽州夏口，西至恒州450余千米。天保七年（556），先自西河总秦戍筑长城东至海。

北周　天保八年（557），西魏为北周所代替。北周建德六年（577），灭齐后，州县并废，复置恒安镇，改朔州置北朔州总管府。改太平县为云中县（这是大同称云中之始）。灵丘属蔚州，为灵丘郡治。

隋　开皇元年（581），重新统一中国后，改诸州为郡，其地为马邑郡、雁门郡之地。马邑郡治善阳，辖善阳、神武、云内、开阳。雁门郡治雁门，辖雁门、繁峙、崞县、五台、灵丘。恒安镇隶属马邑郡云内县。开皇五年（585），置代州总管府。隋为防御突厥侵扰，隋大业三年（607），“发丁男百余万筑长城，西距榆林，东至紫河，一旬而罢”。大业十一年（615）八月，杨广巡游塞北，突厥得悉，率领10万兵攻入塞内，杨广被迫退到雁门，在各地军民增援下，杨广才解围而去。第二年突厥又犯，被李渊带兵击退。

唐　初依隋实行州县制。唐武德四年（621），平刘武周，复于故恒安镇置北恒州。武德六年（623），于雁门郡之灵丘别置蔚州。武德七年（624），北恒州废。贞观元年（627），分天下13道，云、蔚、朔等州属河东道。云州治云中，辖县云中。蔚州治兴唐，辖兴唐，飞狐、灵丘。朔州治善无，辖善阳、马邑。唐末，以浑源川为名，置浑源州；以雁门山、龙首山南北呼应为名，置应州。贞观十四年（640），于故云内县置定襄县，兼云州治。龙朔三年（663），置云中都护府。永淳元年（682），为东突厥默啜所破，州县俱废，移百姓于朔州。开元十八年（730），复置县，改定襄为云中县。废北恒州为东州城，复置云州。天宝元年（742），改云州为云中郡。乾元元年（758），改云中郡为云州。会昌三年（843），以云、蔚诸州为大同道，罢属河东，置都团练使，治云州。咸通十年（869），置大同军节度。中和二年（882），改大同节度为雁门节度。四年（884），云州复隶河东道。唐至德以后，中原运兵刺史皆管军戎，大同防御使由云州刺史领管，辖云、蔚、朔三州。唐末云州地区成为沙陀部和吐谷浑赫连铎部争夺主要地带，也是李克用父子发迹之地。乾符三年（876），大同军节度使李国昌子克用为云中守捉使，杀防御使，据州以闻。僖宗赦克用，以国昌为大同军防御使，不受命。广明元年（880），李琢攻国昌，国昌兵败，与克用奔北地。黄巢入京师，诏发代北军，寻赦国昌，使讨贼，克用率三万五千骑而南，收京师功第一，国昌封陇西郡王。国昌卒，克用取云州。唐末封建割据，云州陷入长期战争中，后李克用子李存勖灭梁，是为唐庄宗。唐开元年间，创建开元寺，为唐之国寺。

五代　其地为后唐所占，区划未有大的变动。云中县，为云州治，隶属河东道。李克用与契丹耶律阿保机相会于云州东城，易袍马为兄弟，因取“怀想仁人”之义，改名怀仁县；后唐同光二年（924），析蔚州兴唐县设置广陵县（今广灵县）。同光三年（925），复以云州为大同军节度。清泰三年（936），叛将河东节度使石敬瑭，拜契丹主耶律德光为父，借契丹兵灭后唐，称帝，国号晋。以契丹有助援之功，把燕云十六州割让给契丹。云中判官吴峦“闭门不受契丹命”，修整器械，昼夜守城，坚持半年之久，“峦求援晋，晋主召峦南归”，云州陷落。大同先后被契丹、女真、蒙古统治者统治433年，使中原汉族统治从此失去北方屏藩。

辽　后晋天福二年（937），辽进占云州。初为大同军节度，辽重熙十三年（1044），改云州为西京，设西京道大同府，重熙十七年（1048），析云中，置大同县，为辽之陪都。辽西京道所辖：大同府，治所大同。统2州7县：弘州、德州、大同县、云中、天成、长青、奉义、怀仁、怀安县。蔚州，治蔚州，统灵仙、定安、飞狐、灵丘、广陵。应州，治金城，统金城、浑源、河阳。朔州，治善阳，统善阳、武州、宁远、马邑、神武。

宋　大同地区为路、州、县三级制，全国设15路。宋宣和五年（1123），预置云中府路，治云中府，统云中及武、应、朔、蔚、奉圣、归化、儒，妫等8州与云州合称“山后九州”。为宋金联盟攻辽的预置版图。后金失约，除武、应、朔、蔚诸州于宣和五年（1123），一度归宋，旋为金人所取外，西京仅在雍熙三年（986），云州观察使杨业攻占云州3个月外，再未进入宋之版图。《读史方舆纪要》指出：“石晋归其地于契丹，宋不能复有，遂基靖康之衅。女真之亡辽，蒙古之亡金，皆先下大同，燕京不能复固矣。”

金　辽保大二年（1122），金宗翰攻占大同府，仍以大同为西京，改西京道为西京路，府治、县治未变。西京路辖2府、7节镇、8刺郡、39县，9镇。皇统元年（1141），以西京路隶属元帅府，旧置兵马都部署司。金天德二年（1150），改置西京路总管府，后更置留守司。置转运使及中都西京路提刑司。大同府辖大同、云中、宣宁、怀安、天成、白登、怀仁7县。省奉义县为镇，入大同。辽保大二年（1122），金攻打西京时“天兵一鼓，都城四陷，殿阁楼观，俄而灰之”，辽末以来，再罹烽烬，楼阁飞为埃坌，殿堂聚为瓦砾，前日栋宇所仅存者，十不三四。金占大同后，为医治战争创伤，大兴土木，修城修寺，规模宏大。经过修整加固的大同城池，南门改称奉天，东门改称宣仁，西门改称阜成。整修云冈石窟，“委烟火司差夫三千人改拔河道”，南移，以防水浸石佛。重建云冈十寺，重修华严寺、大普恩寺。金天会十五年（1137），诏建太祖庙于西京。大定五年（1165），在西京营建宫室，有保安殿、御容殿及西京宫苑。并设阁门使，掌管礼仪祭奠。还设有西京宫苑使。辽金时西京大同再度兴盛于北方，成为中原与北方少数民族交往的中转站，联系各民族的纽带，大同再度辉煌。

元　初大同仍称西京。元太祖七年（1212），置警巡院。至元二年（1265），省云中县入大同。元划为省、路、府（州）县四级制，至元二十五年（1288），改西京道大同府为大同路，隶属中书省河东山西道宣慰使司，管辖一领事八州。一领事是录事司，设在大同。属县有大同、白登、宣宁、平地、怀仁五县；八州为弘、浑源、应、朔、武、丰、东胜、云内。上都路管辖今大同和河北部分地区。顺宁府治所蔚州，领灵仙、飞狐、定安、灵丘，广灵。元改天城为天城县，隶属宣德府。后隶属兴和路。大德四年（1300），在西京黄花岭立屯田。大德六年（1302），立万户府。

明　洪武二年（1369），左副将军常遇春攻取大同。明行政区划为省、府、州、县四级制，洪武七年（1374），改大同路为大同府，隶属山西行中书省。洪武九年（1376），改为承宣布政使司。大同府治大同县，辖浑源、应、朔、蔚四州，大同、怀仁、马邑、山阴、广灵、灵丘、广昌7县。宣宁县并入大同县。明军事上实行卫所制，洪武四年（1371），置大同都卫治白羊城。洪武八年（1375），改为山西行都指挥使司。洪武二十五年（1392），徙治大同。初领卫二十六，管辖范围：东至北京居庸关；西起黄河转弯处偏关，北临丰州滩，南抵雁门关，东西延绵千余千米，南北亦有数百千米。其范围之大，实属九边之首。后领卫十四，有大同前卫、后卫、左卫、阳和、天成、威远、平鲁、云川、玉林、镇鲁、高山、宣德、东胜。洪武二十九年（1396），置分守冀北道，驻大同，嘉靖中移驻朔州。永乐六年（1408），置巡抚都御史。永乐七年（1409），置大同镇，设镇守总兵官，为镇之最高指挥官。成化七年（1471），设巡抚。正德八年（1513），设总制，辖13卫所，823堡寨，307座墩台。大同分4道，辖9路，驻军最多135778员，战马51654匹。时有“大同士马甲天下”之称。明王朝为防御蒙古、女真无休止侵扰，采用“高筑墙、广积粮”政策，各府、州、县城修筑得十分坚固，全部砖砌。尤以大同城“为肩背之地，镇守攸重”。明洪武五年（1372），大将军徐达“因旧土城南之半增筑”，东西长1.8千米，南北长1.82千米，周长7.24千米，面积3.28平方千米。城设四门，东曰和阳，南曰永泰，西曰清远，北曰武定。上各建重檐九级歇山顶、三层重楼一座，城墙四角各建角楼，西北角楼称“乾楼”，高大瑰丽，为“大同八景”之一。城墙四面还伫立着54座望楼，96座窝铺。城内以四牌楼为中心，136条街衢规整通达，保持北魏里坊格局。大街巷口多建二层小角楼。四大街路宽12米，两边人行道各6.56米，中段十字路口各建一楼，东有太平楼，西有钟楼，南有鼓楼，北有魁星楼。城中心建四牌楼。全城建各种牌坊56座，乐楼戏台26座，较大寺庙神祠70余座，还有朱衣阁、青龙阁、三官阁、赐福阁、县楼等楼阁10余座。大同府、帅府、都察院、户部分司、县治、山西行都司、卫所等公署都设在城内。明长城修筑工程浩大，为历朝之最。九边重镇大同镇，管辖的长城，东起镇口台（今天镇东北），西至丫角山（偏关东北清水河子村东山），全长335里。明王朝为加强中央集权统治，朱元璋先后派其皇子分藩于全国各地。派其十三子朱桂于洪武二十五年（1392）十月就藩大同，成为九塞王之一。代王府占地17.86万平方米，王城周长1.91千米，建宫殿坛庙司所30余处，房舍数百间。崇祯末年毁于兵火。九龙壁为王府照壁，代王府还在大同建玉皇阁、七佛寺、新寺、圣母庙等寺庙多处。

清 顺治二年（1645）五月，清廷派恭顺侯吴惟华攻大同，姜瓖把驻大同农民军将领张天琳等杀死，投降清军。清大同府治大同县，初因明治，领州四县七，隶属山西布政司，后改为山西省。顺治五年（1648），姜降而复叛。次年，多尔衮亲自督战围城9个余月，城破后，清军对大同进行最野蛮屠城，除杀献姜人头的杨震威等23员及其家属外，其他所有官吏兵民尽行杀戮，把大同城墙拆去5尺。大同变成一座荒城，大同废，不立官，府移治阳和卫，名阳和府。大同县移治怀仁县西安堡。直到顺治九年（1652），府县才复还故址，从附近移民逐渐复兴。顺治十三年（1656），裁宣大总督，置山西总督，驻大同。康熙四年（1665），裁总督，并入雁门道。雍正四年（1726），于右玉林卫置朔平府，并废除明代卫所，改天镇卫为天镇县，阳高卫为阳高县，左云川卫为左云县，右玉林卫为右玉县，平虏卫为平鲁县。大同府治所大同县，辖浑源、应州，大同、怀仁、山阴、阳高、天镇、广灵、灵丘二州七县和丰镇厅。清末，大同县辖580村，城东194村，城南177村，城西91村，城北118村。朔平府治所右玉县，辖右玉、左云、平鲁、朔州、马邑。顺治十三年（1656），全面修治大同城，大同总兵彭有德身先士卒，露宿城巅，“未十载而颓垣坏垒，易以屹屹金城矣！”顺治八年（1651），重修云冈石窟五、六、七窟窟前木构楼阁。顺治年间还重修鼓楼、观音堂、关帝庙、五岳庙、太宁观、三元宫等寺庙，兴建开化寺、劝忠祠及皇城、云冈等戏台。康熙二年（1663），建圆通寺；八年（1669），建马王庙；二十二年（1683），建武成王庙；嘉庆十年（1805），建灵感白衣寺、海藏寺；二十二年（1817），建清凉寺；道光年间建龙王庙、太平寺、天尊庙及火神庙等。清康熙三十五年（1696），亲征厄鲁特噶尔丹，冬十二月回銮，九日幸石窟寺，题“庄严法相”匾。十日幸大同。清光绪二十六年（1900），大同义和团和全国一样风起云涌，有四五百人，设4个团，杀洋鬼子，烧教堂。七月下旬被官府暴力扑灭，马正太等8名首领被杀。八国联军侵入北京后，慈禧偕光绪西逃，1900年8月30日到大同，驻跸4日，沿途狂奔乱逃，军令不行，所过州、县“十室九空”，给大同人民带来奇祸。

辛亥革命武昌起义后，大同人民于1911年11月30日午夜举义，攻下总兵府，成立军政府，后清军围城，太原革命军派续桐溪率忻代宁民团北上增援，与清军对峙。直到12月11日达成协议，革命军南撤。

民国 民国元年（1912），大同废府留县，大同县属北路观察使。民国2年（1913）五月，置雁门道，治大同，辖雁北13县、忻县地区13县，共26县。后晋北镇守使在大同驻扎。民国16年（1927），废道后，大同为县，直属山西省，县辖5个行政区，9街585村。

抗日战争时期，大同地区行政区划为三种。日伪行政区划：1937年9月13日，日本关东军侵占大同城，10月15日成立伪“晋北自治政府”，隶属伪“蒙疆联合委员会”，统辖雁北13县；1939年9月改为伪“晋北政厅”，隶属伪“蒙古联合自治政府”；1943年又改为伪“大同省公署”，隶属伪“蒙古自治邦政府”。大同县划为2街、22个联合村。

国民党行政区划 1937年9月至1939年12月为山西省第一行政区和第二行政区。第一行政区治所五台，属县十七，在大同地区有灵丘、广灵、浑源、应县、山阴、怀仁、大同、阳高、天镇9县。第二行政区治所岢岚，属县十三，在大同地区有朔县，平鲁、左云、右玉4县。

共产党领导下的行政区划 东雁北：1937年年底属晋东北十八县政治主任公署，1938年6月改为晋东北行政督察专员公署，1940年2月成立第二专员公署，属县有灵丘、繁峙、广灵、浑源、应山县。归晋察冀北岳区管辖。西雁北（大同以西）：1937年冬属晋西北根据地，1940年建立晋西北民主政权。1941年8月属晋西北行政公署，1943年11月，改为晋绥边区行政公署，归晋绥边区管辖。

1945年8月，大同被国民党阎锡山政府所统治，恢复事变前原县建制，仍属山西省，辖5个区，86个治村。成立卫戍司令部和城防司令部，建立雁北“第二战区长官司令部大同领导组”，管辖雁北各县，分第十、十一两个专署。第十区辖大同、怀仁、阳高、天镇、浑源、广灵、灵丘7县；第十一区辖右玉、山阴、应县、左云、平鲁、偏关6县。行政督察员兼保安司令。1947年军政分家，改为“山西省政府大同行政公署”，大同县辖4区、30街、70治村。“雁北专员公署”“雁北城防司令部”驻在大同城内。到1948年雁北13县政府流亡大同，大同城内集中国民党行政组织机关22个、党务机关7个、特务机关11个。

中国共产党领导下的根据地，改东雁北二专署为第五专署，属县有灵丘、繁峙、浑源、应县、代县、山阴、大同、阳高、怀仁。1946年5月，第五专署改为冀晋区第一专署，1949年2月，撤销晋绥边区，西雁北划为晋西北区，设置晋西北行政公署雁北分署。（姚 斌）

行政区划

【概述】 1949年5月1日，大同和

平解放，成立大同市，隶属察哈尔省直辖，大同市分5个区。1949年10月，东西雁北合并，划归察哈尔省，设雁北专署，属县有：灵丘、广灵、浑源、应县、山阴、大同、怀仁、朔县、平鲁、右玉、左云。1952年，察哈尔省撤销，大同市与雁北13县重归山西省，1952年12月，大同市辖一、二、三区和口泉矿区。1954年7月，大同县与怀仁县合并为大仁县。1958年6月，大同市隶属雁北专区。1959年1月23日，雁北与忻县合并为晋北专区，大同市隶属晋北专区。雁北合并为6个县：阳高、浑源、灵丘、左云、山阴、朔县。1961年7月24日，晋北专区撤销，大同市复归雁北专区领导，辖城区、口泉区、古城区、怀仁区。同年11月复归山西省直辖。1962年，雁北恢复13个县设置，1964年11月撤销古城区、怀仁区，恢复大同县、怀仁县，市辖两区、两县。1965年7月把大同、怀仁二县划归雁北专区。1966年2月把城区、口泉区所辖农业区划出，成立郊区，大同市辖三个区。1970年4月，大同市划归雁北领导，9月建立矿区，10月成立南郊区、北郊区和口泉镇。1971年，北郊区改为新荣区。1972年3月复归省辖市，辖城区、矿区、南郊区、新荣区4个区，17个街道办事处，287个居民委员会，22个乡，5个镇，252个生产大队，1125个生产队，351个自然村。1989年1月，朔州市成立，雁北管辖的平鲁、朔县、山阴划归朔州市。1993年7月10日，雁北地区撤销，地市合并，怀仁、应县、右玉3县划归朔州市，把天镇、阳高、广灵、灵丘、浑源、左云、大同7县划归大同市，实行市管县。大同市辖城区、矿区、南郊区、新荣区4区7县。下辖182个乡镇，2645个村民委员会，40个街道办事处，638个居民委员会，全市总面积14155平方千米，总户数726171户，总人口276.74万人。

2001年，市县（区）乡镇、村（居委会）撤并，全市7县4区，有乡镇街道137个（其中：乡66个，镇33个，街道办事处38个）。村委会1950个，社区居民委员会305个。2016年，大同市下辖4区7县，分别是城区、矿区、南郊区、新荣区、天镇县、阳高县、广灵县、灵丘县、浑源县、左云县、大同县。另设大同经济技术开发区（国家级）。全市下辖乡镇（街道）145个（其中乡66个，镇33个，街道办事处46个）。村民委员会1969个，社区居委会336个。 （编辑部）

2016年大同市行政区划

县 区	乡、镇、街道名称	村、社区
城 区	15个街道办事处：南关街道办事处 北关街道办事处 东街街道办事处 西街街道办事处 南街街道办事处 北街街道办事处 新建南路街道办事处 新建北路街道办事处 大庆路街道办事处 新华街街道办事处 西花园街道办事处 老平旺街道办事处 向阳里街道办事处 振华街街道办事处 开源街道办事处	138个社区
矿 区	28个街道办事处：新胜街道办事处 新平旺街道办事处 煤峪口街道办事处 永定庄街道办事处 同家梁街道办事处 四老沟街道办事处 忻州窑街道办事处 白洞街道办事处 雁崖街道办事处 挖金湾街道办事处 晋华宫街道办事处 马脊梁街道办事处 大斗沟街道办事处 王村街道办事处 姜家湾街道办事处 新泉路街道办事处 民胜街道办事处 口泉街道办事处 马口街道办事处 燕子山街道办事处 杏儿沟街道办事处 青磁窑街道办事处 平泉路街道办事处 四台沟街道办事处 和顺街道办事处 和瑞街道办事处 平盛路街道办事处 清泉街道办事处	116个社区
南郊区	3镇7乡：古店镇 高山镇 云冈镇 口泉乡 新旺乡 水泊寺乡 马军营乡 西韩岭乡 平旺乡 鸦儿崖乡	1个社区 190个村
新荣区	1镇6乡：新荣镇 破鲁堡乡 郭家窑乡 花元屯乡 西村乡 上深涧乡 堡子湾乡	5个社区 140个村
阳高县	7镇6乡：龙泉镇 罗文皂镇 大白登镇 王官屯镇 古城镇 东小村镇 友宰镇 长城乡 北徐屯乡 狮子屯乡 下深井乡 马家皂乡 鳌石乡	15个社区 262个村
天镇县	5镇6乡：玉泉镇 谷前堡镇 米薪关镇 逯家湾镇 新平镇 三十里铺乡 南河堡乡 贾家屯乡 赵家沟乡 南高崖乡 张西河乡	12个社区 222个村
广灵县	2镇7乡：壶泉镇 南村镇 一斗泉乡 蕉山乡 加斗乡 宜兴乡 作疃乡 梁庄乡 望狐乡	6个社区 180个村
灵丘县	3镇9乡：武灵镇 东河南镇 上寨镇 落水河乡 史庄乡 赵北乡 石家田乡 柳科乡 白崖台乡 红石楞乡 下关乡 独峪乡	13个社区 255个村
浑源县	6镇12乡：永安镇 西坊城镇 蔡村镇 沙圪坨镇 王庄堡镇 大磁窑镇 下韩村乡 南榆林乡 吴城乡 黄花滩乡 大仁庄乡 千佛岭乡 东坊城乡 裴村乡 驼峰乡 西留村乡 官儿乡 青磁窑乡	11个社区 315个村
左云县	3镇6乡：云兴镇 鹊儿山镇 店湾镇 管家堡乡 张家场乡 三屯乡 马道头乡 小京庄乡 水窑	7个社区 228个村
大同县	3个街道办事处，3镇7乡：湖东街道办事处 东街街道办事处 西街街道办事处 西坪镇 倍加造镇 周士庄镇 吉家庄乡 峰峪乡 杜庄乡 党留庄乡 瓜园乡 巨乐乡 许堡乡	12个社区 175个村

注：大同经济技术开发区管辖2个村

国民经济和社会发展

【概述】 2016年，大同市地区生产总值1025.3亿元，按可比价格计算，比上年增长1.0%。其中，第一产业增加值59.4亿元，增长4.2%；第二产业增加值374.6亿元，下降6.4%；第三产业增加值591.3亿元，增长6.5%。第一产业增加值占地区生产总值比重5.8%，第二产业增加值比重36.5%，第三产业增加值比重57.7%。人均地区生产总值30032元，比上年增长0.8%。

全年居民消费价格比上年上涨1.1%。其中，食品烟酒类价格上涨2.8%；衣着类上涨1.3%；居住类上涨0.3%；教育文化用品及娱乐类上涨1.3%；医疗保健类上涨2.5%；生活用品及服务类下降0.9%；交通通信类下降1.9%；其他用品及服务类上涨1.2%。全年商品零售价格比上年下降0.4%。工业生产者出厂价格比上年下降4.5%。

全年全市城镇新增就业人员4.28万人；下岗失业人员再就业2.44万人；就业困难群体就业0.68万人；转移农村劳动力2.52万人；创业带动就业1.25万人。年末城镇登记失业率2.9%。

（市统计局）

【农业】 2016年，大同市农作物总播面积312730公顷，比上年减少3170公顷。其中，粮食作物播种面积277130公顷，减少2960公顷。粮食作物播种面积中，夏粮播种面积190公顷，减少130公顷；秋粮播种面积276940公顷，减少2830公顷。全市油料作物种植面积16930公顷，比上年增加5100公顷；蔬菜面积13620公顷，比上年减少420公顷；饲草作物种植面积1660公顷，比上年减少550公顷。

全年全市农业机械总动力（不包括农用运输车动力）108.08万千瓦。机械耕地面积223540公顷，增长1.1%；机械播种面积182280千公顷，机械收获面积85800公顷，分别增长1.7%和11.7%。农村用电量3.65亿千瓦小时，比上年增长3.5%；化肥施用量26.05万吨，比上年减少0.4%。

全年全市粮食总产量112.66万吨，比上年增加9.16万吨，增长8.8%。其中，夏粮产量0.04万吨，下降30.0%；秋粮产量112.62万吨，增长8.9%。

2016年大同市主要农产品产量及其增长速度

产品名称	产量（万吨）	比上年增长（%）
粮食	112.66	8.8
其中：夏粮	0.04	−30.0
秋粮	112.62	8.9
油料	2.02	16.8
甜菜	0.91	−21.2
蔬菜	58.86	−3.3
水果	11.16	−2.3

全年全市生猪出栏102.4万头，比上年增长1.8%；牛出栏8.0万头，比上年下降1.4%；羊出栏177.8万只，增长15.9%；家禽出栏360.3万只，下降4.2%。猪存栏60.6万头，比上年下降6.9%；牛存栏17.9万头，比上年下降1.6%；羊存栏201.6万只，比上年下降6.0%。全市肉类总产量14.5万吨，比上年增长3.4%，其中猪羊肉产量12.5万吨，增长4.5%。牛奶产量24.7万吨，增长1.4%；禽蛋产量5.8万吨，增长5.7%。（市统计局）

【工业和建筑业】 2016年，大同市规模以上工业企业工业增加值比上年下降14.5%。

全年全市规模以上工业企业实现主营业务收入1767.6亿元，比上年下降16.7%。实现利税61.5亿元，比上年下降8.8%，其中国有控股工业企业实现利税51.5亿元，下降10.6%。实现利润11.3亿元，比上年下降31.8%。其中，国有控股工业企业实现利润6.3亿元，下降45.9%。

全年全市建筑业增加值71.9亿元，比上年增长6.1%。全市具有建筑业资质等级的总承包和专业承包建筑业企业投资建筑业总产值130.4亿元，比上年增长14.2%。房屋建筑施工面积592.9万平方米，增长16.7%；房屋竣工面积291.8万平方米，增长29.7%。（市统计局）

2016年大同市规模以上工业增加值增长速度

指标	比上年增长（%）
规模以上工业	−14.5
其中：国有及国有控股	−15.7
其中：轻工业	39.6
重工业	−17.3
其中：中央企业	−9.0
地方企业	−15.7
省属企业	−20.8
其中：煤炭工业	−27.4
冶金工业	33.5
化学工业	9.7
医药工业	16.2
机械工业	−26.3
建材工业	12.1
电力工业	18.9

2016年大同市规模以上工业主要产品产量及其增长速度

产品名称	单位	产量	比上年增长（%）
原煤	万吨	9560	−23.7
发电量	亿千瓦小时	361.0	−0.1
其中：风电	亿千瓦小时	27.4	11.6
烧碱	万吨	1.4	10.4
合成橡胶	万吨	2.1	16.1
水泥	万吨	501.7	27.0
生铁	万吨	16.9	133.5
粗钢	万吨	15.3	242.6
机车	台	55	−63.1
汽车变速箱	台	17216	20.0
化学原料药	万吨	2.5	16.4
精甲醇	万吨	37.9	26.2
洗煤	万吨	2.5	0.9
钢材	万吨	4864	−24.1

【能源】 2016年，大同市一次能源生产折标准煤0.6亿吨，比上年下降23.2%；二次能源生产折标准煤0.04亿吨，下降1.0%。

全年外输电力281.5亿千瓦时，比上年增长4.8%，外输电量占发电量比重72.1%。全社会用电量132.2亿千瓦时，比上年增长4.5%。其中，第一产业用电量2.2亿千瓦时，下降12.0%；第二产业用电量99.2亿千瓦时，增长5.2%；第三产业用电量15.7

亿千瓦时，增长1.9%；居民生活用电量15.1亿千瓦时，增长5.7%。

（市统计局）

【固定资产投资】 2016年，大同市全社会固定资产投资1212.8亿元，比上年增长5.9%。其中，国有经济单位投资317.3亿元，下降19.6%；民间投资883.5亿元，增长21.0%。分产业看，第一产业投资335.3亿元，增长17.2%；第二产业投资408.9亿元，下降13.3%；第三产业投资468.6亿元，增长21.0%。在第二产业中，工业投资407.7亿元，下降13.9%。

2016年大同市分行业固定资产投资及其增长速度

行 业	投资额（万元）	比上年增长（%）
总 计	12128208	5.9
农林牧渔业	3456326	18.0
采矿业	1008798	–39.1
制造业	1874196	32.7
电力、燃气及水的生产和供应业	1194381	–28.4
建筑业	47881	
交通运输、仓储和邮政业	474083	357.4
批发和零售业	499617	42.1
住宿和餐饮业	119979	1204.4
房地产业	1936188	23.7
租赁和商务服务业	51127	–13.9
科学研究、技术服务和地质勘查业	35732	–13.5
水利、环境和公共设施管理业	1019624	–22.0
居民服务和其他服务业	39668	495.0
教 育	105185	–30.5
卫生、社会保障和社会福利业	41935	133.3
文化、体育和娱乐业	114759	–28.6
公共管理和社会组织	53504	537.6

全年全市房地产开发投资167.7亿元，比上年增长20.5%，其中住宅投资112.4亿元，增长9.8%。全年全市房地产开发施工面积1589.2万平方米，比上年下降2.6%，其中住宅施工面积930.2万平方米，下降7.9%。房屋竣工面积288.2万平方米，下降2.6%，其中住宅竣工面积174.9万平方米，下降19.0%。商品房屋销售面积143.4万平方米，增长18.5%。

2016年大同市房地产开发和销售情况

指 标	单 位	绝对数	比上年增长（%）
投资完成额	亿元	167.7	20.5
其中：住宅	亿元	112.4	9.8
房屋施工面积	万平方米	1589.2	–2.6
其中：住宅	万平方米	930.2	–7.9
房屋新开工面积	万平方米	320.0	60.0
其中：住宅	万平方米	186.1	45.7
房屋竣工面积	万平方米	288.2	–2.6
其中：住宅	万平方米	174.9	–19.0
商品房销售面积	万平方米	143.4	18.5
其中：住宅	万平方米	127.0	6.8

全市全年固定资产投资施工项目2352个，其中新开工2070个。全部建成投产项目2104个（不含房地产），新增固定资产908.1亿元。

（市统计局）

【国内贸易】 2016年，大同市社会消费品零售总额609.0亿元，比上年增长7.3%。按经营地分，城镇消费品零售额497.9亿元，增长6.4%；乡村消费品零售额111.1亿元，增长11.4%。按行业分，全年全市批发业零售额54.9亿元，增长18.5%；零售业零售额476.9亿元，增长6.0%；住宿和餐饮业零售额77.2亿元，增长8.3%。

全年全市限额以上批发零售贸易企业零售额中，服装鞋帽、针织、纺织品类增长5.6%；石油及制品类下降15.7%；书报杂志类下降39.0%；汽车类下降0.7%。

（市统计局）

2016年大同市社会消费品零售总额及其增长速度

指 标	绝对数（亿元）	比上年增长（%）
社会消费品零售总额	609	7.3
分地域：城镇	497.9	6.4
乡村	111.1	11.4
分行业：批发业	54.9	18.5
零售业	476.9	6.0
住宿和餐饮业	77.2	8.3

2016年大同市限额以上批发零售业零售额及其增长速度

指 标	绝对数（亿元）	比上年增长（%）
汽车类	47.9	–0.7
石油及制品类	35.2	–15.7
文化办公用品类	1.1	31.2
家用电器和音像器材类	7.3	2.1
中西药品类	10.6	43.3
日用品类	1.6	5.4
粮油、食品	5.9	–11.3
饮料	0.6	9.3
烟酒类	1.0	–23.2
服装、鞋帽、针纺织品类	14.0	5.6
化妆品类	0.7	–6.1
金银珠宝类	7.1	–16.2

【对外经济】 2016年，大同市海关进出口总额236305万元，比上年下降8.3%。其中，出口194221万元，增长9.8%；进口42084万元，下降47.9%。

全年全市新批外商投资企业4家。外资实际到位20110万美元，比上年增长5.3%。

（市统计局）

【交通 邮电和旅游】 2016年，大同市公路通车里程12574.0千米，其中高速公路549.3千米。全市公路密度89.2千米/百平方千米。

年末全市民用车辆保有量60.83万辆，比上年增长20.6%，其中新注册汽车7.57万辆，增长31.2%；个人汽车49.99万辆，增长24.6%。年末载客小型车保有量43.71万辆，比上年增长25.4%，其中个人载客小型车42.05万辆，增长27.2%。年末轿车保有量30.34万辆，比上年增长25.9%，其中个人轿车29.42万辆，增长27.5%。

全年全市邮电业务总量51.22亿元，比上年增长34.1%。其中，电信业务总量47.74亿元，增长36.1%；邮政业务总量3.48亿元，增长11.9%。年末全市固定及移动电话用户431.22万户，比上年增长0.4%。其中，固定电话用户29.99万户，下降20.3%；移动电话用户401.23万户，增长2.4%。移动电话用户中，3G用户137.14万户，比上年增长2.2%。4G用户129.80万户，比上年增长20.4%。全市计算机互联网络用户53.18万户，比上年下降2.7%。全市邮政局所145个，邮路总长度3322千米。订销报纸3698.1万份，下降4.6%；订销杂志168万份，下降13.8%；国内函件62万件，下降26.1%。国内包裹88.0万件，增长206.6%。

2016年，大同市承办山西省旅游发展大会。全年全市旅游总收入363.3亿元，比上年增长29.2%，其中国内旅游收入360.7亿元，增长29.4%。全年全市接待国内游客4041.5万人次，比上年增长26.5%；接待入境海外游客6.97万人次，比上年增长6.0%；旅游外汇收入4023万美元，比上年增长7.0%。（市统计局）

【财政 金融和保险】 2016年，大同市一般公共财政预算收入88.93亿元，比上年下降3.8%。税收收入66.20亿元，下降7.2%。其中，国内增值税增长24.6%；企业所得税下降24.3%；个人所得税下降14.8%；资源税下降1.7%；房产税增长8.3%。

全年全市公共财政预算支出289.18亿元，比上年下降1.1%。其中，教育支出下降3.3%；文化体育与传媒支出下降11.9%；社会保障与就业支出增长8.0%；医疗卫生支出增长8.8%；节能环保支出增长7.7%；城乡社区事务支出下降17.3%；住房保障支出下降5.4%。

年末全市金融机构各项存款余额2629.08亿元，比年初增加210.02亿元，比年初增长8.7%。年末全市金融机构各项贷款余额1225.71亿元，比年初增加44.10亿元，比年初增长3.7%。

2016年大同市金融机构人民币各项存贷款及其增长速度

指标	单位	年末数	比年初增长（%）
各项存款余额	亿元	2629.08	8.7
其中：住户存款	亿元	1783.45	7.7
各项贷款余额	亿元	1225.71	3.7
其中：短期贷款	亿元	478.47	11.6
中长期贷款	亿元	559.11	−7.7

年末全市注册保险机构36家。全年全市保费收入57.16亿元，比上年增长16.0%。其中，寿险业务保费收入38.03亿元，增长18.5%；财产险业务保费收入19.13亿元，增长11.5%。全年全市累计支付各类保险赔款及给付21.34亿元，同比增长7.9%。其中，寿险业务给付10.20亿元，增长23.7%；财产险业务赔款10.06亿元，同比增长2.1%。（市统计局）

【科学技术和教育】 2016年，大同市完成国家申请专利1371件，其中发明专利312件，实用新型专利943件、外观设计专利116件；全市获国家授权专利887件，其中发明专利109件、实用新型专利731件、外观设计专利47件。全市获2015年度省科学技术奖20项，其中科学技术自然科学二等奖2项，科技进步二等奖9项、三等奖9项。获省2015年度农技承包奖4项，其中集体一等奖1项、个人一等奖1项、集体二等奖2项。年末高新技术企业有35家。

全市中等职业教育招生人数6492人，在校生人数21993人。其中，职业高中招生4814人，在校生人数16274人。全市基础教育招生人数11.54万人，在校生人数42.14万人。其中，初中中学招生人数3.12万人，在校生人数9.18万人；普通高中招生数2.09万人，在校生数6.20万人。

2016年大同市各类教育事业发展情况

指标	学校数（所）	招生数（人）	在校生（人）	毕业生（人）
普通高校	1	7111	28158	6976
普通中专	7	1678	5719	2581
职业高中	24	4814	16274	3484
普通中学	212	52183	153758	59721
普通小学校	436	32280	199172	30975
特殊教育学校	4	65	365	38
学前教育	499	30907	68145	27629

年末全市产品质量监督检验和计量检定技术机构16个。监督抽查330家企业15类112种425批次产品和商品。全年强制检定计量器具6.5万台件。全市有气象台站8个。开展121电话天气自动咨询台站1个。开展人工影响天气业务单位7个。防雹、增雨累计收益面积1.4万平方千米，增雨量0.6亿立方米。全市有卫星云图接收站8个。全年全市降水量446.5毫米，年平均气温7.6摄氏度，无霜期151天。（市统计局）

【文化 卫生和体育】 2016年，大同市有群众文化艺术馆12个，艺术表演团体14个，公共图书馆13个，博物馆2个，档案馆13个。全市有广播电视台10座，电视发射、转播台16座，中波发射台1座，调频发射、转播台14座，微波站14座，有线电视网13个。广播人口覆盖率98.99%，电视人口覆盖率99.49%，有线电视用户42.3万户，数字电视用户31.5万户。

全年全市有卫生机构（含诊所、村卫生室）3227个，床位19445张。其中，医院141个，卫生院146个，社区卫生服务中心（站）122个；疾病预防控制中心13个；妇幼保健机构14个；专科疾病防治机构1个。年末，全市卫生机构有卫生技术人员21692人。其中，执业医师和执业助理医师9389人，注册护士8390人；疾病预防中心卫生技术人员354人；妇幼保健卫生技术人员290人；农村乡镇卫生院卫生技术人员1096人。

全市输送两名运动员在2016年

巴西里约奥运会上获男子蹦床银牌，获世界摔跤锦标赛女子60公斤级赛事冠军。2016年省运会阶段赛16个大项（20个单项）比赛中，全市获114枚金牌、111枚银牌、128枚铜牌。承办第十五届省运会阶段赛体操、跆拳道、柔道三项比赛。全年组织举办全市青少年体育比赛7项次，有3600余名运动员参加比赛。组织举办第二届“乌大张”地区体育交流会暨邀请赛和五省区十一城市体育工作会议。研制《大同市全民健身实施计划（2016年~2020年）》工作。（市统计局）

【环境保护和安全生产】2016年，大同市二级以上良好天数314天，空气质量综合指数5.21。

全年全市主城区新增供热面积380万平方米，实际集中供热面积5780万平方米，燃煤锅炉集中供热面积90万平方米，城市集中供热率99.7%。天然气用户56.4万户，液化气用户10万户，城市气化率98.6%。城市供水管网810千米，城市日供水能力41万立方米，城市供水普及率99.6%，水质合格率100%；市本级污水处理厂处理生活污水6400万立方米，污水处理率91.0%；中水回用1750万立方米，中水回用率25.0%。市区日处理生活垃圾1000吨，城市生活垃圾无害化处理率99.0%。

全年全市建成区新增绿化面积117万平方米。城市建成区绿化覆盖率、绿地率、人均公共绿地分别达40.96%、36.84%和15.27平方米/人。

全年全市造林面积21670公顷，其中人工造林18670公顷。

全年全市发生各类生产经营性事故49起，死亡53人，同比事故起数减少10起，下降16.9%；死亡人数增加9人，上升20.5%。（市统计局）

【人民生活和社会保障】2016年，大同市居民人均可支配收入18594元，增长6.4%。按常住地分，城镇居民人均可支配收入26273元，增长6.1%；城镇居民人均消费支出11785元，增长3.9%。农村居民人均可支配收入8217元，增长6.6%；农村居民人均消费支出6292元，增长5.6%。城镇占调查总户数20%的低收入家庭人均可支配收入10608元，增长6.3%；农村占人口20%的低收入者收入2172元，增长8.1%。城镇居民家庭恩格尔系数（即居民家庭食品消费支出占家庭消费支出的比重）29.4%，农村居民家庭恩格尔系数33.7%。

全年全市企业养老保险参保职工人数56.8万人，比上年增加2.6万人。城乡居民基本养老保险参保人数109.1万人，增加0.5万人。城镇基本医疗保险参保人数133.4万人，增加0.5万人。失业保险参保人数45.1万人，增加748人。工伤保险参保人数43.0万人，增加0.8万人。生育保险参保人数43.9万人，增加0.2万人。

全年全市纳入城市最低生活保障居民5.74万户12.01万人，发放城市低保资金4.48亿元；纳入农村最低生活保障居民12.81万户16.09万人，发放农村低保资金3.37亿元。

年末提供住宿的社会服务机构77个，床位8923张，收养救助5241人。全市建立各种社区服务设施723个，其中综合性社区服务中心174个。全年销售社会福利彩票3.93亿元，筹集社会福利资金3313万元。

（市统计局）

机构设置和负责人名录

中国共产党大同市第十五届委员会

书　记　张吉福

副书记　马彦平　高　键

常　委　张吉福　马彦平　高　键　赵向东　郜向华　黄岑丽（女）张　韬　卫　国　孙利仁　杨勤荣　朱晓东

委　员（以姓氏笔画为序）

丁国华　丁振雄　卫　国　马安全　马彦平　王凤瑞　王东升　王丽萍（女）王建江　王继武　王德成　方　旭　邓志蓉（女）白永旺　冯晓雷　朱晓东　任希杰　任建刚　刘川楠　刘振国　孙利仁　苏　智　李有清　李春平　李润军　李继忠　杨亚丁　杨勤荣　张　强　张　韬　张吉福　张有喜　张清河　尚建军　罗永山　周聚德　赵　宇　赵向东　荆　虎　胡　勇　郜向华　段运生　高　键　高淑霞（女）唐　胜　黄岑丽（女）逯禾红　尉连生　董建中　雷雪峰　薛明耀

候补委员（以姓氏笔画为序）

于雅丽（女）仝春生　白雪峰　乔正南　刘国庆　李　霞（女）张海风　高　莹　曹　旭　魏丽雯（女）

秘书长　郜向华

大同市第十四届人大常务委员会组成人员

主　任　梁凤书

副主任　刘　美　张志伟＊杨人毅　曹世平　张翠萍（女）冯境城　何永强

委　员（以姓名笔画为序）

于化忠　马巍然　王自润　王惠箴　王德成　方淑坤（女）田　宏　史永强　史　峰　任建刚　刘汉先　刘志忠　刘　欣　苏　珍　李卫国　李志刚　李　栋　李颖宝　杨素卿（女）何永强　张燕威　武正河　林爱俊（女）赵富义　赵耀国　侯　文　贺向云（女）聂还贵　贾建强　柴京云　郭永钢

秘书长　冯境城

大同市人民政府

市　长　马彦平
副市长　王克建＊杨勤荣　曹惠斌　张　韬＊刘振国
　　　　尚建军　尉连生
秘书长　段建华＊荆　虎

政协第十三届大同市委员会

主　席　柴树彬
副主席　武保洲　刘俊雍＊陈昌辉　程廷龙　许进娥（女）
　　　　郭俊岗　张小立　杨硕平　王剑辉　赤建忠
常务委员（以姓氏笔画为序）
　　　　丁振雄　马洪山　王生忠　王宝林　王春珍（女）
　　　　王俊利　王海峰　王锁林　文志英（女）邢月飞
　　　　曲曙云（女）任丽娟（女）任美云（女）刘　东
　　　　刘　伟（女）齐俊斌　关　昭　汤　雄　安建新
　　　　许华彪　孙　中　孙一鸣　赤建忠　杜鹃华（女）
　　　　李安军　李林文（女）李海鸣　杨亚丁　杨法珍
　　　　杨俊杰　吴芳芳（女）何文平　沈颂华　张　晓
　　　　张兰萍（女）张宏斌　张海兵　张慧勇　陈广明
　　　　陈继国　陈奠友　幸有文　苑小军　周　谋
　　　　庞有力　赵建国　赵春义　赵鸿文　侯　泽
　　　　洪维英（女）姚建平　秦成贵　高　英（女）高　谦
　　　　高中元　高英利　郭　彪　郭占文　郭润利
　　　　崔建中　康巨文　智夏冰　释妙真　靳银枝
　　　　鲍亚东　解　谦　熊桂平
秘书长　李灵瑞

中国共产党大同市第十五届纪律检查委员会

书　记　朱晓东
常务副书记　方　旭
副书记　张有苇　白玉玲（女）
常　委　朱晓东　方　旭　张有苇　白玉玲（女）李春雨
　　　　赵存斌　许　慧　项鹏飞　陈建明
委　员（以姓氏笔画为序）
　　　　于　君　王利军　王建平　牛志刚　方　旭
　　　　白玉玲（女）朱晓东　刘怀民　许　慧　孙一青
　　　　李　霞（女）李义明　李文清　李江涛　李春雨
　　　　杨志文　张　军　张　炜　张有苇　张建恒
　　　　陈建明　项鹏飞　赵存斌　赵建军　姚　锦
　　　　袁润德　高　飞　高　伟　曹　辉　景　珍
　　　　魏宝成

大同市中级人民法院

院　长　白永旺
常务副院长　张必卿
副院长　车占山　王　发　苑春光　马　丽＊王永生（女）
纪检组长　孙一青
政治部主任　王永生（女）＊李长春

大同市人民检察院

检察长　段运生
常务副检察长　杨　波
副检察长　常向前　李　勇　韩　斌　姚　锦
纪检组长　赵建军
政治部主任　王文萍（女）
反贪局局长　李易恩＊张丽珍

市委工作部门

市委办公厅

秘书长　部向华
副秘书长　郑关定＊张忠义＊于雅丽（女）＊丁玉柱＊
　　　　王福明＊薛润生＊唐　胜　耿建举　来　彦
　　　　庞　君

市委组织部

部　长　赵向东
常务副部长　何永强＊李春平
副部长　孙　波　王建儒　李春平＊张　炜　薛利云

市委宣传部

部　长　马　斌＊高　键
常务副部长　苏　珍
副部长　王丽萍（女）＊赵建军　郝应府　徐海滨

市委统一战线工作部

部　长　姚生平＊黄岑丽（女）
常务副部长　李继忠＊丁振雄
副部长　高东森　靳银枝＊丁振雄＊张　团

市委政法委员会

书　记　卫　国
常务副书记　王德成
副书记　魏兴平＊柴　鑫　丁国华＊刘晋生　卫安运

市委政策研究室

主　任　王建江＊李安云
副主任　何永恩　梁晓东（女）侯　忠　刘利新

市机构编制委员会办公室

主　任　孙　波
副主任　李春雷　刘亮欢　李海亮

市直属机关工作委员会

书　记　王益民
副书记　张　林　张育新　钟建军　张志强
纪工委书记　张建恒

市委巡察工作领导小组办公室

主　任　郭　宪

副主任　周碧宇　闫海东

市社会管理综合治理委员会办公室

主　任　魏兴平 *

副主任　张力平(女) 刘继兴

市委老干部局

局　长　赵世亮

副局长　孔建勋 * 王　杰　刘鸿举

市委、市政府信访局

局　长　张忠义

副局长　李　斌　白开明　康　杰　张兴平

市委防范和处理邪教问题领导小组办公室（市防范和处理邪教问题办公室）

主　任　郑关定 * 王福明

副主任　侯新民　贾爱国

市委台湾工作办公室（市政府台湾事务办公室）

主　任　丁玉柱 * 来　彦

副主任　张平生　孙志远　刘瑞星

市人大及其常委会工作机构

市人大办公厅

党组成员、秘书长、办公厅主任　冯境城

副秘书长　李颖宝 * 吴瑞生　郝　福　赵　军

市人大法制委员会（法制工作委员会）

主任委员　刘　欣

副主任委员　王日春

市人大内务司法委员会

主任委员　李志刚

副主任委员　孟永胜

市人大财政经济委员会

主任委员　于化忠

副主任委员　杨　琳

市人大教育科学文化卫生工作委员会

主　任　赵富义

副主任　张燕琴(女)

市人大农村工作委员会

主　任　赵耀国 *

副主任　张玉蓉

市人大城乡建设环保工作委员会

主　任　田　宏

副主任　付　莉(女) 常志宏

市人大人事代表工作委员会

主　任　贾建强

副主任　穆福喜

市人大民族宗教侨务外事工作委员会

主　任　张燕威

市人大妇女儿童工作领导组办公室

主　任　高淑萍(女) *

市人大机关党委

专职副书记　马　达(女)

市人大信访办公室

主　任　张秋珍

市人大研究室

主　任　李颖宝

副主任　贾鸿铸

市政府工作部门

市政府办公厅

秘书长　段建华 * 荆　虎

副秘书长　张新平　王淑琴(女) * 马安全　梁全胜　王治军　张海风 * 刘法明 * 成国栋 *

市发展和改革委员会

主　任　马安全

副主任　赵　通　张兵年 * 牛瑞锦　鲁春江　王明生　刘少忠

纪检组长　张日斌

市经济和信息化委员会

主　任　李有清

副主任　刘　锋 * 陈守文　解守礼 * 韩雁春　冀兰友 *　马　海　丰志刚

纪检组长　张宏文

市教育局

局　长　吕生祉

副局长　兰成富　魏丽雯(女) 王希术　刘世勇

纪检组长　李裕富

市科学技术局

局　长　王秋生

副局长　许福林　连满仓

纪检组长　薛　坤

市公安局

局　长　王武道 * 尚建军

常务副局长　靳润喜 *

副局长　连耀平　张华荣　郭良战 *　杜建平 * 尉培军　曹居兰

纪委书记　魏宝成

政治部主任　任建国

市监察局

局　长　赤建忠 *

副局长　郭　宪 * 白玉玲(女) * 赵存斌

市民政局

局　长　王淑琴(女)

副局长　王　强　刘方茂　高　山

纪检组长　陈　友

市司法局

局　长　魏兴平

副局长　徐武才＊张晓雁（女）刘建军　张培文

纪检组长　武　力

市财政局

局　长　魏继平

副局长　郭福月　刘怀民　郭培新

纪检组长　张平义

市人力资源和社会保障局

局　长　李春平＊王东升

副局长　郭　书　王国明　李　坚

纪检组长　李和平＊

市环境保护局

局　长　赵晓宁

副局长　郝士扬　丁中华　白　福

纪检组长　王兴洲

市住房和城乡建设委员会

主　任　杨立新

党委副书记　任志强＊

副主任　郭玉珍＊李胜春　王春生　徐倬伟

纪委书记　胡保英

市市政管理委员会

主　任　杨立新＊张海风

党委副书记　刘向东＊

副主任　孟爱军　徐世平　赵　炳　刘向东

纪检书记　刘　凯＊

市交通运输局

局　长　丁玉柱

副局长　胡建业　姚胜利　高日勇＊邹嘉荟　李　旺

纪检组长　王立中

市水务局

局　长　杨立宪

副局长　呼润清＊解耀贵　王一飞

纪检组长　贾亦真

市农业委员会（市委农村工作领导组办公室）

主　任　麻树田

副主任　白雪峰＊高　飞　张晓林＊吴利生　马　忠

纪委书记　王　坤

市林业局

局　长　席有福＊张宏东

副局长　张书民　张卫星　武俊胜

纪检组长　李志权

市商务局

局　长　曹　旭

副局长　李　长＊项　军　王　庆　王　彦

纪检组长　王利军

市文化局（版权局）

局　长　刘广军

副局长　刘广军＊彭信轩＊郝　炜

纪检组长　李　吉

市卫生和计划生育委员会

主　任　刘国庆

副主任　沈小刚＊王海英（女）＊白　德＊师　卫　王　荣　杨　波

纪检组长　孙　团

市审计局

局　长　于雅丽

副局长　曹　锦　李毓智　李江涛

纪检组长　李　军

市政府外事侨务办公室

主　任　杨彦宝＊刘　锋

副主任　曹　南（女）＊赵加祥　仝学锋

纪检组长　马丽萍（女）

市煤炭工业局

局　长　仝　杰

副局长　石俊文　王　兴　苏春枝

纪检组长　张建同

市政府国有资产监督管理委员会

主　任　荆　虎

党委书记　柴　毅

党委副书记　任　帅＊

副主任　关　昭　郭天禄　张生平　马永前

纪委书记　胡成启

市工商行政管理局

局　长　武献民

党组副书记　卫　兵＊

副局长　曹　旭＊李雁山＊赵文武　黄　胜

纪检组长　曹　辉＊谢宏福

市质量技术监督局

局　长　李培德＊张渊启

党组书记　殷宝才＊张渊启

副局长　曹　颖　沈忠祥　管立江　王立坚

纪检组长　胡向东

市食品药品监督管理局

局　长　李卫东＊郝军生

副局长　于喜云　周正国　吴　金

纪检组长　王建新

市体育局

局　长　柴守吉

副局长　袁存杰　丁学华＊任　瑞　晋子顺

纪检组长　王　伟

市统计局

局　长　白永珍

副局长　蔺林安　任广全

市安全生产监督管理局

局　长　曾　彪

副局长　张海宁　王　江　池忠慧
纪检组长　李　叔
市旅游局
局　长　张佃生＊高　莹
副局长　韩雁林＊李跃平　刘义山　常增宝
纪检组长　练志强
市民族宗教事务局
局　长　高东森
副局长　李少忠＊王建中　张建春
市文物局
局　长　尉连生＊刘建勇
副局长　陈希明＊刘建勇＊王春生＊赵贵春＊于向东
纪检组　赵忠东
市粮食局
局　长　林　刚
副局长　昝文耀　高勇林　陈　瑛　高　波
纪检组长　樊立冰（女）
市人民防空办公室（民防局）
主　任（局长）　刘胜利
副主任（副局长）　田练珍＊黄晓林
政府法制办公室
主　任　刘友和＊赵耀国
副主任　张延银　张晨光
市城乡规划局
局　长　张渊启＊刘明君
副局长　李生祥　刘明君＊
纪检组长　苏耀林＊赵雁平
市房产管理局
局　长　杨　设＊范振凯
副局长　韩　岗　刘　部　杜文件
纪检组长　赵晓东
市机关事务管理局
局　长　郝军生＊
副局长　杨玉宝　张雁冰
纪检组长　段永明
市御东新区管委会
书　记　李有清＊
副主任　王　伟

市政协工作机构

市政协办公厅
党组成员、秘书长　李灵瑞
副秘书长　王海玲　张春生＊丁永胜　陈玉田　曹　晖（女）
市政协研究室
主　任　李安云＊
市政协提案委员会
主　任　崔建中
市政协经济和人口资源环境委员会
主　任　姚建平
副主任　刘立新＊
市政协农村委员会
副主任　李润新
市政协社会法制委员会
主　任　安建新＊
副主任　潘振岭
市政协学习文史委员会
主　任　文志英（女）
副主任　薛登科

市直属事业单位

市团校
校　长　杨亚丁（兼团市委副书记）
市委党史办公室
主　任　景　京
副主任　陈利云（女）刘　功　贾保权　王荣国
市委讲师团
团　长　文智军
副团长　白培枝（女）王玉梅（女）
市委、市政府新闻中心
主　任　白玉龙
副主任　刘月平　任　军
大同日报社
党委书记、社长，大同日报传媒集团董事长　胡怀生
党委副书记、总编辑　张　旭
党委副书记、大同日报传媒集团总经理　王晓雅（女）
党委副书记、纪检书记　王玉田
常务副社长　郝跃进
副总编辑　梁　赟　苗宜春（女）程晓天　张素英（女）高旭东
大同广播电视台
党委书记、台长　尹　谦
党委副书记、总编辑　刘怀光＊
常务副台长　王志强
常务副总编辑　张　萍（女）
副台长　韩生利
台长助理　孟日斌
市文化艺术中心
副主任　兰建国＊　雷雪松（女）
市档案局（馆）
党组书记、局（馆）长　曹　彬（女）
纪检组长　张万寿＊
副局（馆）长　王　悦（女）魏向东　白锦文
市地震局
党组书记、局长　赵　劲

副局长　任建国　秦永霄　谢日升　王爱全
纪检组长　高　原（女）

市城镇集体工业联合社

党委书记　刘　江
副主任　石文勇　董　军　郑　平
纪检书记　陈仁杰

市招商局

党委副书记、局长　王成舜
党委书记　葛德军
副局长　王建军　马祥元　靳桂英（女）

市农业机械化发展中心（市农机局）

副主任（副局长）　于应征*　付建柏　曹连章
李　飞
纪检书记　纪宇峰

市册田水库管理局

党委副书记、局长　马治宇（兼市水务局党组成员）
党委书记　贾　文
副局长　马文平　孟希平　任继宏　田生有

市农业综合开发办

党组书记、主任　王占福（兼市财政局党组成员）
副主任　牛江林　康玉梅*（女）杨永清　徐巨仁
李　情

市园林管理局

党组书记、局长　王建宝
副局长　杜雪松　李　平　赵璐玲（女）刘德日
纪检组长　车玉清

市政府发展研究中心（市政府决策咨询委员会办公室）

副主任　史　波（主持工作）侯同生　解江平

市绿化委员会办公室

主　任　李灵生
副主任　魏炳琦　苏莲英（女）

市扶贫开发领导组办公室

党组书记、主任　郭永忠*（兼市农业委员会党组成员）
副主任　付日平

市长城山林场

场　长　张　雪
副场长　王世华　许　平　王　伟　赵充胜

市恒山林场（恒山自然保护区管理处）

党支部副书记、场长　袁文钊*
党支部书记　李　日
党支部副书记　孙怀中
副场长　范德鑫　杨开胜
副处长　程　仕

市劳动服务公司

党委副书记、经理　张随儒*

市地方志办公室（市文史馆）

党组书记、主任（馆长）　李　勇
副主任（副馆长）　王爱民　金丽娟（女）

市接待办公室

党支部副书记、主任　于雅丽（女）（兼市委副秘书长）
党支部书记　屈俊良
副主任　侯振春　韩建强

市政务大厅管理中心

党委副书记、主任　王淑琴（女）（兼市政府副秘书长）
党委书记、副主任　吕　忠
副主任　史桃林　常永青
纪检书记　边学军

市投资担保中心

党组书记、主任　刘怀民（兼市财政局副局长）
副主任　苏凯涛　张秉文

市房屋交易权属登记管理中心

党支部副书记、主任　马玉泉（兼市房产管理局党组成员）
党支部书记　康　智
副主任　高　潮

市工人文化活动中心

党支部副书记、主任　丁淑君（女）
党支部书记　苏志兴

市节能监测监控中心（煤化设计院）

党支部书记　解守礼（兼市经济和信息化委员会副主任）
党支部副书记、副院长　赵立新

市建筑设计院

党委副书记、院长　靳春光
党委书记　张在玲*（女）（兼市住建委副主任）
纪检书记　武力文
总工程师　杨玉栋
副院长　李　建

云冈石窟文物研究院（云冈旅游区管委会）

党支部副书记、院长（主任）　张　焯
党支部副书记　王雁翔（主持党务工作）
副院长（副主任）　李立芬（女）刘多雄　卢继文

市供销合作社联合社

党委书记、理事会主任　王宝英
理事会副主任　白雪岷　郑建华　张　统　葛　华（女）
监事会副主任　李同生
纪检书记　冯玉胜

市治理非法超限超载车辆工作办公室

副主任　李东升（主持工作）

驻外办事处

市政府驻北京联络处

党支部副书记、主任　张新平（兼市政府副秘书长）
党支部书记　黄廷栋
副主任　袁振亮　陈雁南*白文明

市政府驻上海联络处

主　任　刘喜光（兼市政府党组成员、市长助理）

市政府驻深圳联络处

主　任　苑晓东

中专院校　正处级中学

山西电大大同分校

校　长　王希术（兼）

书　记　张志刚

副校长　孙　义　赵强柱

市现代教育培训中心

主　任　魏丽雯（女）（兼）

副主任　温月东

山西大同大学大同师范分校

校　长　皇甫世江

书　记　郝跃荣

纪检书记　吴福祥 *

副校长　王文珠（女）张乙界　苏　柳

大同幼儿师范学校

副校长　丰继武 *

山西大同大学浑源师范分校

校　长　王聪生

书　记　王煜国 *

大同一中集团校

校　长　刘　平

副校长　乔孝平　马　良　安振邦

大同二中

校　长　李志红（女）

副书记　任　杰 *

副校长　杨跃庭　王有才

大同三中集团校

校　长　王　录

副书记　孙　波

副校长　施建忠　刘同生

大同四中

校　长　赵继强

副校长　吕雁民

大同五中

副校长　杨项法　龙海晏　王　森

市实验中学

校　长　薛志文

副书记　邢雁俐（女）*

北岳中学

校　长　马宝生

书　记　杨占森

副书记　肖凤翔 *

副校长　王洪运

纪检书记　杨宇光

阳高中学

党支部书记　宋廷明 *

副校长　白志友　贾建中　季培富　邱志金 *

浑源中学

校　长　穆建福 *

书　记　粟淑琴（女）

副校长　陈修文　许建中

大同外国语学校

校　长　常健民

书　记　黄振宇

副校长　张俊超　张　瑜　王建军　曹艳玲（女）

同煤一中集团校

校　长　张建国

书　记　曹迎春（女）*

党总支副书记　赵习成

副校长　吴孟龙

北校校长　周国新

北校书记　张宝锁

同煤二中集团校

校　长　马昌兴

书　记　桑　桂

副校长　康建英　钱宏达　张大明

北师大大同附中

书　记　陈建平

市卫生学校

校　长　吴　昊

书　记　张智勇

副校长　张　伟　张绪业

纪检书记　杜桂平

市高级技工学校

校　长　荣　超（女）*

书　记　杨巨明 *

副校长　张润田　韩力军　苑存良

市公安局人民警察培训学校（山西警校大同分校）

副校长　杨红军　董永利 *

副书记　沈　宏

市体育运动学校

校　长　甄泽斌

书　记　宫　勇 *

副校长　刘建忠　解子冈　魏继雄

市财会学校

书　记　岳艺斌

副校长　于忠孝　孙友华 *

纪检书记　米德儒

市文化艺术学校

校　长　张　瑜

书　记　张　瑜（兼）

副校长　王和平　罗学琨（女）张继云

市农业机械化学校

副校长　杜宏智

市属医院

市第一人民医院

院　长　李奇海

书　记　韩　柱＊

副院长　张卫星　王建英（女）曲明旭

纪检书记　刘维国

市第二人民医院（市肿瘤医院）

院　长　贺永春

书　记　韩　琦＊

副院长　贾鸿飞＊朱利民　范文有　乔志霞（女）＊
任永福＊李　晋

市第三人民医院

院　长　马洪山

书　记　王海英＊

副院长　李海潮＊任旭东

市第四人民医院

院　长　邢福泰

副院长　张强世　王志刚＊冯金铭
王　萍（女）＊

市第五人民医院

院　长　王迎宾＊

书　记　臧天春＊

副院长　冀福林　吕　宪　李英明＊

市第六人民医院

院　长　母跃生

书　记　臧天春＊

副院长　刘海云　代卫红（女）

市中医院

院　长　郭俊岗（兼）

副院长　刘春力　葛德英

群众团体

市总工会

主　席　张志伟＊

党组副书记　柴京云

副主席　柴京云　李安军　王俊仁

共青团大同市委员会

书　记　李　纬＊杨亚丁

副书记　杨亚丁＊杨培宁　刘如岩

市妇女联合会

主　席　高淑霞（女）

副主席　熊桂萍（女）刘思萍（女）王月香（女）

市科学技术协会

书　记　任志强

主　席　周　谋

副主席　陆　芳（女）＊王金成　李素玲（女）

市文学艺术界联合会

主　席　聂还贵＊

党组书记　李大军

副主席　杨　旺　程文栋

市社会科学界联合会

主　席　武建中

副主席　李晓红（女）

中国国际贸易促进委员会大同市支会（中国国际商会大同商会）

会　长　刘红斌

副会长　张杰明

秘书长　赵文君（女）

市残疾人联合会

理事长　秦成贵＊辛学武

副理事长　冯　飞　武雁红（女）麻福斌＊

市归国华侨联合会

主　席　张兰萍（女）

党组书记　丁振雄＊

市老龄工作委员会办公室

主　任　郜德民

副主任　白志勇

大同军分区

司令员　孙利仁

政治委员　张　弛

参谋长　王一军

政治部主任　杨文斌

后勤部部长　蔡和军

副参谋长　常耐强＊

政治部副主任　刘友芳

武警大同市支队

支队长　赵学军

第一政委　尚建军

政治委员　张劲槐

副支队长　李建峰＊　唐东永＊　张振坡　陈喜军
副政治委员　李　强
参谋长　牛建军＊　李建峰
政治处主任　赵凤昌
后勤处处长　陈喜军＊　王　强

民主党派和工商联

中国国民党革命委员会大同市委员会

主任委员　刘　美
驻会副主委兼秘书长　杨素卿(女)
副主任委员　张　晓　高中元　杨小洁(女)　李喜柱　朱壮彦(女)

中国民主同盟大同市委员会

主任委员　许进娥(女)
驻会副主委　王惠箴
副主任委员　王仲文　杨彩霞(女)　解　谦　马建军　赵建国

中国民主建国会大同市委员会

驻会副主任委员　侯　文(主持全面工作)
副主任委员　汤　雄　刘　东　王　勤

中国民主促进会大同市委员会

主任委员　陈昌辉
副主任委员　周　谋　张宏斌　陈广明　杨　臣　王海平(女)　段军山

中国农工民主党大同市委员会

主任委员　郭俊岗
副主任委员　侯　泽　李海鸣　赵鸿文　郭润利　张宝成　王自润

九三学社大同市委员会

主任委员　杨硕平
驻会副主委　刘志忠
副主任委员　刘　伟(女)　郭　彪　孙学民　王兴武　段贵宏(女)

市工商业联合会

主　席　程廷龙
党组书记　靳银枝＊　张　团
副主席　杜志敏＊　赵　平＊(女)　王建平
秘书长　张贵田

县　区

城区

中共区委书记　张　韬
副书记　董建中　王丽萍(女)
区人大常委会主任　田培山
副主任　张　晓　费　勇　李培荣　刘鹏飞
区长　董建中
副区长　罗世彬　昝　斌　闫慧芬(女)　郭雁明　刘　顺　韩　杰
区政协主席　赵世彪
副主席　吴芳芳(女)　马少杰　田　夏(女)　白志强

矿区

中共区委书记　刘勇军＊　赵　宇
副书记　逯禾红　马曙光＊　郭普跃
区人大常委会主任　马曙光
副主任　李　源＊　裴启义　佘天彪　赵志英　张　毅
区长　刘勇军＊　逯禾红
副区长　幸学武＊　靳文军　何文平＊　王玉娥(女)　睢占文＊　马　翔　王玉璟　庞忠杰　孙　朝
区政协主席　李　钢＊　睢占文
副主席　王建民　赵鸿文　李翠兰(女)　曹彩云(女)

南郊区

中共区委书记　薛明耀
副书记　李广林＊　任希杰　张　团＊　周　灏
区人大常委会主任　李　杰
副主任　魏建新＊　郭永盛＊　王金焕＊　陶文秀＊　明海君　李所仁　王永兴　李鹏飞
区长　李广林＊　任希杰
副区长　明海君＊　李所仁＊　梁翼龙＊　王　玺　王义萍(女)　刘若亮　李　宏　刘巨平　杨建中　冯建奎(挂职)
区政协主席　梁翼龙
副主席　王建国＊　王永兴＊　管民涛　许世明　赵跃宇

新荣区

中共区委书记　董志刚＊　邓志蓉(女)
副书记　解廷师＊　李继忠　郝守农
区人大常委会主任　乔　成
副主任　岑秉昌＊　郭向东＊(女)　刘前旺＊　梁日山　田永明　张志军　魏守宇
区长　解廷师＊　李继忠
副区长　姚夏冬　乔　成＊　胡永祥＊　王美菊＊(女)　冀　勇＊　何文平　秦尚松　尹　奇　王晓媛(女)
区政协主席　李　成＊　胡永祥
副主席　张月娥＊(女)　苏　文＊　梁日山＊　袁　晏　张　斌　张桃枝(女)

左云县

中共县委书记　胡　勇
副书记　王东升＊　苏　智　魏智力
县人大常委会主任　王　璞＊　刘志强
副主任　王孝成＊　徐　悦＊　闫逸群＊(女)

李永红 刘 耀 龚 文 高 丽（女）
县　　长 王东升＊ 苏 智
副 县 长 马少杰＊ 胡世玲（女） 逯禾红＊
张颖龙 王俊云 黄 炜 张 俊
马 杰
县政协主席 张立波
副 主 席 李爱新 彭 贤 张 翠＊（女）
张 俊＊ 宋 海

大同县

中共县委书记 王凤瑞
副 书 记 周聚德 杨近源＊ 赫 瑞
县人大常委会主任 杨近源
副 主 任 白采堂＊ 王殿起＊ 王雪萍＊（女）
卫水玲＊（女） 乔 焕（女） 刘德选
周 发
县　　长 周聚德
副 县 长 宋晋利 夏静安（女） 刘义深＊
高 莹＊ 范晓强 苗泽田 郝明利
县政协主席 闫 军
副 主 席 张海兵＊ 李 军 陈秀凤（女）
张 翠（女） 张海波＊（女）

阳高县

中共县委书记 冯晓雷
副 书 记 邢 斌＊ 丁国华 李晓红＊（女）
李东升 郭 永（挂职）
县人大常委会主任 张 江＊ 李晓红（女）
副 主 任 冯 有＊ 王瑞平（女） 韩 旭
李培华 高桂德
县　　长 邢 斌＊ 丁国华
副 县 长 白 宝＊ 孟德昌 王 吉
王爱党（女） 张进才 郝贤颖
谢留强（挂职） 马 斌 项征武＊
闫慧芬＊（女）
县政协主席 项征武
副 主 席 王庭龙＊ 景瑞平（女） 董生义＊
孟 明 解秀成 杨占英（女）

天镇县

中共县委书记 姚振华＊ 王建江
副 书 记 刘川楠 范振凯＊ 王 伟
县人大常委会主任 刘世清
副 主 任 贾进山 姚 琛 高世国 王 耀
张云峰＊
县　　长 刘川楠
副 县 长 王继武＊ 吕广权＊ 刘德舜＊
白金义＊ 王剑辉＊（挂职） 梁 军
安洪涛 田 炯 杨景利（女）
郭立东 周永波（挂职）
县政协主席 原振武＊ 吕广权
副 主 席 齐世礼＊ 张福喜＊ 李玢瑛（女）
王 义 杨 智 张 凡（女）

浑源县

中共县委书记 张清河
副 书 记 王继武 文晓东 郭晓楠
郭延斌＊
县人大常委会主任 王维平
副 主 任 季玉祥＊ 尚桂明＊ 朱 选＊
陈学峰＊ 李春明＊ 韩玉明
杨 庆 王兴中 翟宝龙
县　　长 王继武
副 县 长 谢志海 王 银 张海波（女） 李跃新
钟志刚 陈利军
县政协主席 张振虎
副 主 席 孙海川＊ 韩玉明＊ 李海枝
熊开明 李锦平

广灵县

中共县委书记 郭占宝＊ 李润军
副 书 记 张宏东＊ 王丽萍（女） 李 纬
李满田＊（挂职） 付 强（挂职）
县人大常委会主任 李 满＊ 苑在雨
副 主 任 李中文 王维俊＊ 马富贤＊
班海霞＊（女） 温天银 周业贵
廉海义 李兴平 亢继军
县　　长 王丽萍（女）
副 县 长 刘宝贵＊ 耿建举＊（挂职）
王玉娥＊（女） 苏 坡＊ 赵晓周
刘德舜 王崇虎 刘尚文
刘玉清（女） 李永胜
县政协主席 苑在雨＊ 刘宝贵
副 主 席 焦广德＊ 王爱党＊（女） 王正忠
廉海义＊ 苑在银 许翠叶（女）

灵丘县

中共县委书记 张 强
副 书 记 罗永山 方 旭＊ 张学梅（女）
戎晓峰（挂职）
县人大常委会主任 张 枢＊ 索根生
副 主 任 贾成功＊ 宋建民＊ 孙振华＊
郝建锋（女） 张 文 董保林
王爱民
县　　长 罗永山
副 县 长 张学梅＊（女） 戴 陶 谢 兴（挂职）
郝建锋＊（女） 王瑞春＊ 张海兵
梁 介 张 禄 王怀忠
张秀丽（女）
县政协主席 冀连成＊ 王瑞春
副 主 席 杜春雷＊ 张联斌＊ 王振山＊
张永俊 燕 昱 刘文杰

注：2016年1月1日至2016年12月31日凡调离岗位人员在其姓名后右上角标注＊。

（市委组织部、市委统战部、市军分区、武警大同支队）

中国共产党大同市委员会

综 述

【骆惠宁到朔州大同调研】 2016年8月8日至10日，山西省委书记骆惠宁到朔州、大同调研，并召开部分煤炭企业座谈会。在大同期间，他分别到同煤集团塔山煤矿、大同新成新材料公司、中车大同电力机车公司调研。山西省委常委、副省长付建华参加调研和座谈。在大同调研期间，大同市委书记张吉福，市委副书记、市长马彦平，同煤集团董事长张有喜、总经理郭金刚陪同调研。骆惠宁强调，要贯彻“7·30”省委常委会议精神，坚持问题导向，做好下半年经济工作，实现经济稳步向好；推进煤炭供给侧结构性改革，抓住市场倒逼机遇，加快煤炭企业转型升级。 （小 霞）

【楼阳生到大同调研“冬季行动”】 2016年1月16日，山西省委副书记楼阳生到大同市，调研“冬季行动”推进落实情况。分别到移动联通御西综合生产楼项目、万达广场项目、兴云智慧城项目和市政务服务中心调研。他强调，全省各地各单位要讲政治、讲大局、讲责任，把开展“冬季行动”作为一项重大任务，推进中央和省委、省政府的各项决策部署，确保“十三五”开好局、起好步。（路 璐）

【“读党书、论责任、抓落实”专题培训班】 2016年10月17日至19日，大同市首期领导干部“读党书、论责任、抓落实”专题培训班（第一期）在大同市委党校举行。参加培训的主要是各县（区）委书记、县区长、县人大常委会主任、县政协主席，县区党政班子副职及各乡镇（街道）党（工）委书记。主要学习贯彻习近平总书记系列重要讲话精神，落实山西省委“一个指引、两手硬”的重大思路和要求，加强勤学善思、担当负责、真抓实干的干事创业意识，为贯彻落实市第十五次党代会精神，塑造美好形象，实现振兴崛起，打造区域性中心城市，加快建设美丽富裕幸福大同。

培训期间，大同市委书记张吉福围绕“读党书”“论责任”“抓落实”三个主题，大同市委副书记、市长马彦平围绕经济社会发展、聚焦形势、任务和落实，分别给参训学员作专题辅导。山西省社科院党组书记、院长、研究员李中元应邀作题为《践行新的发展理念 走出创新驱动转型升级新路》专题讲座。省委党校、市委组织部、市纪委等相关负责人围绕《学党章党规 学系列讲话 做合格党员》《守纪律讲规矩 做新时期合格的党员领导干部》等作专题辅导。 （晨 曦）

【“讲奉献、有作为”专题学习讨论】 2016年10月27日，大同市委中心组举行专题学习讨论。围绕“讲奉献、有作为”的主题。

大同市委书记张吉福主持会议并作交流发言。马彦平、高键、赵向东等分别作主题发言与交流发言。市人大常委会主任梁凤书、市政协主席柴树彬等参加学习。

与会人员结合各自工作实际、思想实际、岗位职责，畅谈对“讲奉献，有作为”学习的体会。

张吉福在学习发言中指出，讲奉献、有作为是共产党人的政治本色，是中国共产党先进性、纯洁性的具体体现。每一名共产党员，各级领导干部都把奉献作为一种信仰，为官须有为，做公而忘私的追求者。把奉献作为一种境界，为官须作为，做敢于担当的示范者。把奉献作为一种美德，为官须善为，做执政为民的实践者。把奉献作为一种标准，官须勤为，做求真务实的推动者。要坚持看齐干、目标干、务实干，贯彻习近平总书记系列重要讲话精神，践行新发展理念，按照山西省委“一个指引、两手硬”的重大思路和要求，紧盯“五让”目标，把大同市第十五次党代会确定的目标任务转化为具体可行的工作内容，转化为实实在在的工作举措，转化为看得见、摸得着的建设项目，推动大同振兴崛起。 （晨 曦）

【市委中心组专题学习《准则》《条例》】 2016年11月9日，大同市委中心组举行集体学习，专题学习习近平总书记关于《关于新形势下党内政治生活的若干准则》（简称《准则》）和《中国共产党党内监督条例》（简称《条例》）的说明，就学习宣传贯彻执行《准则》和《条例》作出安排部署。山西省委常委、大同市委书记张吉福主持学习活动并讲话。

马彦平、高键、梁凤书、柴树彬等市四套班子领导参加学习。

张吉福指出，党的十八届六中全会通过《准则》和《条例》是指导新形势下全面从严治党的行动纲领，是严肃党内政治生活、净化党内政治生态的根本遵循，是增强党内政治生活政治性、时代性、原则性、战斗性的强大武器。贯彻执行好《准则》和《条例》，对加强党内监督，落实把纪律和规矩挺在前面的要求，推进党风廉政建设和反腐败斗争，永葆党的先进性和纯洁性。全市各级党组织和广大党员干部要把学习贯彻《准则》和《条例》作为当前一项重要的政治任务，把《准则》和《条例》作为锤炼党性的“大熔炉”、纯洁党风的“净化器”，学深吃透、融会贯通，把握精髓，牢记在心，落实在行动上。要坚持问题导向，自觉对标，明确要求和标准，增强底线意识，查找不足，着力改进，形成人人知晓纪律、人人敬畏纪律、人人严守纪律的良好氛围。要认识学习贯彻《准则》和《条例》的重要性，以强烈的政治自觉、思想自觉和行动自觉，通过多种渠道和方式，迅速掀起学习宣传高潮。（晨　曦）

【省委宣讲团到大同宣讲十八届六中全会精神】 2016年11月18日，山西省委宣讲团成员、省委党校常务副校长王联辉，省委讲师团王勇伟组成的党的十八届六中全会精神宣讲团在大同市举行宣讲报告会。山西省委常委、大同市委书记张吉福主持报告会。王联辉作宣讲报告。

大同市委副书记、市长马彦平，市委副书记、宣传部长高键，市人大常委会主任梁凤书、市政协主席柴树彬等四套班子领导，市级离退休老同志、市直各部门主要负责人、国省属企业负责人、理论工作者、高校师生代表、市委宣讲团成员及基层群众代表等聆听报告。

报告会上，王联辉围绕习近平总书记在党的十八届六中全会上的重要讲话和全会审议通过《关于新形势下党内政治生活的若干准则》《中国共产党党内监督条例》，从党的十八届六中全会的重大意义、推进全面从严治党、全面加强和规范党内政治生活、全面落实党内监督责任、突出抓好领导干部特别是高级干部贯彻落实全会精神、构建山西良好政治生态等六个方面，深刻阐释、深入解读党的十八届六中全会精神。报告主题鲜明，内容丰富，具有很强的思想性、理论性、针对性、指导性，引起大家的强烈反响。（晨　曦）

【纪念建党95周年活动】 2016年，大同市在中国共产党成立95周年之际，结合“两学一做”学习教育，组织开展一系列纪念活动，通过专题党课、集体宣誓、表彰先进、回顾党史、主题教育、党日活动等多种形式，弘扬党的优良传统，重温党的光辉历程，讴歌党的丰功伟绩，增强各级党组织和广大党员的道路自信、理论自信、制度自信、文化自信。

主题教育，坚定理想信念。结合“两学一做”学习教育，开展集中党课和主题党日活动。6月30日，大同市委书记张吉福给全市党员干部讲专题党课，市四套班子党员领导干部分别到各自的联系点和基层支部，给广大基层党员干部讲党课。各县区、各部门组织学习习近平总书记系列重要讲话精神，城区、矿区、新荣区、大同县等县区以学党章为切入点，鼓励和指导基层党组织书记、普通党员运用身边事例，联系实际讲党课。阳高县、浑源县、灵丘县等县区利用“七一”时间节点，组织广大党员学习党史，南郊区、左云县、天镇县、广灵县等县区举行重温入党誓词、红歌赛、先进事迹报告会等主题党日活动。市统计局党员干部走进大泉山红色教育基地，开展主题为“弘扬大泉山精神，忠诚党的统计事业”的党性教育活动；市农机局组织党员干部到爱国主义教育示范基地平型关大捷纪念馆进行参观学习。7月1日，全市各县区、各部门组织党员干部，采取收看实况、讨论交流等形式，学习习近平总书记在庆祝中国共产党成立95周年大会上的讲话精神。

表彰先进典型，凝聚榜样力量。为激励全市各级党组织和广大党员创先争优、建功立业，7月1日，大同市委举行纪念建党95周年暨“两优一先”表彰大会，表彰150名优秀共产党员、100名优秀党务工作者和100个先进基层党组织，给全市各级党组织和广大党员树立标杆。各县区、各部门开展向身边先进典型学习活动，通过组织聆听李培斌先进事迹报告、学习《好党员李培斌》和纪实文学《忠魂》、观看话剧《热泉》等，掀起学习先进、崇尚先进的热潮。灵丘县、阳高县和市审计局、公安局、卫计委对照标准、突出典型，把推选和表彰作为激励先进、弘扬正气、展示成果的过程，选出一批围绕发展抓党建、抓好党建促发展的先进典型，推动基层党组织和广大党员围绕全市“136”发展战略，加强实践特色，创新工作方法，开创各项工作新局面。南郊区、左云县和市司法局、环保局举行庆祝建党95周年先进事迹报告会，邀请身边典型讲述自己在平凡岗位上的感人事迹，营造学先进、比先进、赶先进的浓厚氛围。

开展走访慰问，传递党的关怀。6月中旬，大同市委领导分组到各县区走访慰问老党员、生活困难党员，送上党组织的关怀和温暖。每到一处，市委领导了解他们的身体生活情况，勉励老党员发挥余热。鼓励困难党员坚定生活信心，勇于克服困难，在党和政府的帮助下，搞好生产，注意保重身体。各县区、各部门党组织主动对本单位老党员、困难党员进行走访慰问，帮助他们解决实际困难。市委老干局分别在干休所、活动中心组织离退休干部集体收看庆祝中国共产党成立95周年大会实况，市老年大学组织123名离退休干部参加“学党章党规，学系列讲话”知识测试，市商务局组织70名离退休党员参加建党95周年纪念活动，共同回顾党的发展历程，共话幸福美好未来。

举办文化活动，传承优良传统。开展丰富多彩的文化活动，为党的生日献礼。6月21日，话剧《热泉》首演，组织在各县区、市直机关、司法等系统进行巡演。全市开展“学党章党规、学系列讲话”知识测试，以考促学、以学促用。各县区、各部门举办故事会、主题演讲、征文比赛、文艺会演等群众性主题教育活动。新荣区围绕“如何做一名合格党员”开展主题征文活动，灵丘县举办“我身边的共产党员”纪实摄影作品展，广灵县举行“庆祝建党95周年专题文艺会演”，阳高县组织开展红色经典电影展播活动，市城区新建南路幸福里社区党支部开展“老党员讲党史”活动，市公安局举行“人民警察忠于党”诗歌朗诵会，市审计局举办“党在我心中——身边人讲身边事”主题演讲比赛，广大党员干部群众参与。

开展志愿服务，体现组织温暖。结合“在职党员进社区”等党员联系服务群众活动，广大党员以“戴党徽、亮身份、作承诺、当先锋”为主题，集中开展志愿服务活动。大同市委党校向扶贫联系点天镇县阳和塔村党员赠送《习近平总书记系列重要讲话读本（2016年版）》，并由党校教授给三十里铺乡机关党员和各村党员干部讲党课；大同市住建委党委班子成员看望建设工地流动党员，慰问扶贫村老党员，并送去慰问品；市卫计委组建医疗帮扶队，到联系点广灵县上林关村送医、送教，走访慰问困难群众；市档案局党员干部到结对扶贫村灵丘县柳科村开展帮扶活动；大同齿轮有限公司在大齿社区开展“共产党员便民服务活动”。（木　依）

【市委督导“两学一做”学习教育】 2016年11月23日，在“两学一做”学习教育中，大同市委各督导组根据中央组织部对督导工作提出的“进支部、见党员”新要求，把握工作重心，调整工作思路，转变工作作风，本着重实际、求实效的原则，在督导中积极创新，以督促改，以导促建，确保全市学习教育推进，取得实效。

用实策，加大督导力度。创新推行《整改通知书》，对于发现的基层党建重点工作不到位，学习教育履职不尽责，“三会一课”制度执行不严格等突出问题，当面指出，根据提出的整改要求和意见，填写并印发《整改通知书》，限期一周完成整改。落实整改，对于督查中发现基层党组织存在的突出问题，同时向被督查党支部、上级党组织印发《整改通知书》，督导组留存一份备案。由被督查党支部上级党组织指导完成整改，要求上级党组织在全系统全行业进行整改检查，并上报《整改情况报告》，推进整改落实。跟踪督查保实效。在整改时限内，定期通过电话回访、实地查访的方式了解整改进度，督促指正，整改时限期满后，要求上报整改落实情况报告，整改措施不到位、整改效果不明显的党支部，要求其上级党组织约谈被督查党支部主要负责人，确保问题整改到位。四个督导组印发《整改通知书》208份，下达整改意见800余项，收集审阅各单位《整改情况报告》65份。

求实效，突出督导重点。在各单位督导中，根据大同市委协调小组制定10个方面162项督导清单，明确督导重点，重点检查六项内容。该学习的内容没有完成，督促持续抓好习近平总书记系列讲话精神，把“七一”重要讲话与学党章党规、系列讲话结合起来学习，把习近平总书记纪念红军长征胜利80周年讲话、十八届六中全会、《中国共产党问责条例》以及山西省第十一次党代会和市第十五次党代会精神等内容的学习作为督查重点。该参加的党员覆盖没有，督促抓好非公有制企业和社会组织党员、流动党员、离退休党员等群体的学习覆盖。该整改的问题销号没有，督促抓好党员队伍“五个着力解决”等方面突出问题查摆整改。该补齐的短板解决没有，督促抓好党员组织关系排查等7项基层党建重点任务。该坚持的制度落实没有，督促抓好“三会一课”、民主生活会和组织生活会、党员领导干部双重组织生活等制度的严格执行。该履行的职责发挥没有，督促党组织及主要负责承担主体责任和第一责任人职责。

重实际，提高督导质量。提高督导工作质量，注重日常督导与集中督查相结合。建立工作报告制度，制定《督导组工作周计划》《周报》《学习教育每月督查台账》《经验交流》，下发至各督导单位，把学习教育各项任务落实到每周、每旬、每月。坚持每周收集了解一次各县区各单位开展学习教育情况、特色亮点、存在问题，进行跟踪指导，步步推进，久久为功。制定并印发《“两学一做”学习教育近期工作落实情况统计表》，针对各个单位规定动作开展情况进行梳理汇总统计，做好日常分析研判，对于进展缓慢单位，采取电话督导、派人督导等方式，及时提醒，确保各单位学习教育不掉队。督导过程中，坚持“不打招呼、不听汇报”的原则，采取明察暗访、随机抽查、定期调阅、直接进党支部见党员问情况等方式，了解各县（区）各单位学习教育开展情况，督促各县（区）各单位结合工作实际贯彻落实中央、省市各项要求，防止搞形式走过场。（晨　曦）

【市委举行中心组（扩大）集中学习】 2016年12月7日，大同市委在御东行政中心举行中心学习组（扩大）集中学习，邀请山西省委党校、山西行政学院国民教育本科部主任兼法学教研部主任、山西大学硕士生导师、教授呼旭光作题为《准确把握“四个全面”战略布局之全面依法治国》专题报告。

山西省委常委、大同市委书记张吉福，市委副书记、市长马彦平，市委副书记、宣传部长高键，市人大常委会主任梁凤书等市四套班子领导及大同市各级领导干部参加集中学习。高键主持。

为全面贯彻党的十八大和十八届四中、五中、六中全会精神，落实中组部、中宣部、司法部、人力资源和社会保障部《关于完善国家工作人员学法用法制度的意见》有关要求，提高大同市各级领导干部运用法治思维和法治方式深化改革、推动发展、化解矛盾、维护稳定的能力，按照市委中心组年度学法计划，大同市邀请呼旭光教授给全市领导干部作专题法治讲座。

呼旭光教授在报告中围绕“全面依法治国”这一主题，从坚持一条道路、明确一个目标、实现重大任务等方面，阐述全面依法治国的重大意义和体系建设等，语言生动，案例翔实，从多个方面呼吁领导干部要做尊法学法守法用法的模范。报告结束后，大家纷纷表示，学习领会党和国家的政策法规，处理好本职工作与学法用法的关系，做到办事依法、遇事找法、解决问题用法、化解矛盾靠法，为全市经济社会发展提供法治保障。

（刘　江）

【党建工作助力脱贫攻坚】 2016年，大同市围绕“抓好党建促扶贫、检验党建看脱贫”的思路，突出问题导向、突出政治引领、突出党建保障，在抓党建促脱贫攻坚上发力，推进基层党建融入扶贫、服务扶贫、推动扶贫。

大同市以“一带三创”为抓手，针对抓乡促村力度不足的问题，出台《实施“强腰行动”推动农村基层党建责任落实的意见》，发挥县区委“一线指挥部”作用，主动承担起抓党建促脱贫攻坚的主体责任，发挥乡镇党委“龙头”作用，抓好抓党建促脱贫攻坚具体组织实施，健全完善党建机制，层层压实责任，以点带面、示范带动引领脱贫攻坚工作。针对省市党建述职点评的问题，制定《突出问题导向全面加强基层党建的若干意见》，梳理出乡镇（街道）、农村、社区、机关、企事业单位、非公和社会组织等6个领域28个突出问题，对应提出76条破解对策；针对基层党组织无钱办事的问题，出台《关于实施村级集体经济“破零行动”的指导意见》，采取集中流转、合理经营、借助优势、服务增值、开发创收、政策推动、特色产业、优势互补八种途径精准发力，推进集体经济“破零行动”，集体经济5万元以上的村253个，50万元以上的94个。通过找根源、抓根本，建立齐抓共管、狠抓落实的整改机制，建制度、明规矩，建立覆盖面广、刚性强的长效机制，推动基层党建各项任务在直面问题、破解难题中落地见效。

出台《关于建立“五在村”工作机制扎实推进抓党建促脱贫行动的实施意见》，建立责任在村落实、组织在村建强、干部在村成长、资源在村整合、成效在村检验“五在村”工作机制，推动基层党建和脱贫攻坚深度融合，精准职责推进扶贫、锻造队伍服务扶贫、夯实基础引领扶贫、积聚力量助推扶贫、从严督查驱动扶贫，切实筑牢脱贫攻坚基础。结合县乡换届加强乡镇党委建设，择优遴选118名乡镇事业编制人员、优秀农村党组织书记、大学生村干部进班子，形成40岁左右为主体、老中青三结合、梯次配备合理、整体功能优化的乡镇干部队伍。加强农村带头人队伍建设，市县两级举办“领头雁”培训班170期次，培训农村（社区）干部15688人，提升农村带头人带领群众脱贫致富的能力。加大在农民专业合作社、专业协会等重点区域的党组织覆盖力度，采取“大村与小村、强村与弱村、产业相近村、村社相邻村”的模式建立联合党组织，完善村务监督委员会职能，深化“四议两公开”，加强村务管理制度建设，发挥农村党组织战斗堡垒作用。分类施策整顿软弱涣散党组织，采取领导干部挂点联系、市县部门结对帮扶、工作小组专项整治、第一书记驻村指导、乡镇党委具体实施的“五位一体”模式，有序推进196个农村基层党组织整顿工作。引深拓展“党员先锋行”、在职党员进社区、“三联五解”等活动，通过设岗定责、承诺践诺、志愿服务、结对帮扶，发挥好党员引领带富作用。

建立稳定的经费保障制度，形成与经济发展相适应的基层党建经费和基层干部待遇的增长机制，加大对基层党建的投入力度，市级财政配套党建经费3724万元，各县区将基层党建经费纳入财政预算，确保乡镇、村运转经费分别为30万元、8万元。落实村（社区）干部报酬待遇正常增长机制，按不低于上年度当地农民人均收入2倍，落实村“两委”主干基本报酬，比上年增长13.4%。坚持“建、管、用”并重，强化活动场所日常管理，县乡每半年对农村活动场所进行检查和保护性修缮，确保活动场所正常使用，年内彻底消除危旧和不能正常使用农村场所，使之真正成为村级组织集中办公议事、党群活动、服务群众、服务扶贫发展的综合阵地。统筹安排贫困县乡的项目、资金、人才等资源，做到集中用力、精准发力，为脱贫攻坚提供经费、人才和智力保障。

（小　霞）

“两学一做”学习教育

【概述】　2016年4月，大同市“两学一做”学习教育正式启动，大同市各级党组织贯彻落实中央和省市委部署要求，全市1.17万个基层党组织、21.5万名党员，开展“两学一做”学习教育。突出问题导向，贯彻从严要求，坚持以上率下，抓好5个关键动作。（1）围绕专题学习讨论。5月至11月，按照两月一专题进度，全市开展“讲政治、有信念”“讲规矩、有纪律”“讲道德、有品行”“讲奉献、有作为”4个专题研讨，按照山西省委安排，全市进行“七一讲话”“学用结合”和“十八届六中全会精神”3个专题学习讨论。（2）创新方式讲党课。轮流讲、专家辅导讲、典型示范讲、在线专题讲等“六讲”模式，基层党支部联系党员干部思想、工作作风实际组织党课普遍在3次以上，有的8次。（3）立足岗位作贡献。载体、搭建平台，开展“学习李培斌‘六个一’”“党员先锋行”“支部主题党日”等活动，引导广大党员对标先进标杆，在转型发展、项目建设、脱贫攻坚等主战场上争先锋、作表率，以先锋模范行动践行“四讲四有”合格标准。（4）加强整改落实。落实基层党建7项重点任为抓手，坚持边学边查边改，基层党组织和党员干部列出问题清单，一项一项整改，补齐短板、健全机制。（5）召开民主生活会和组织会。2016年12月至2017年2月，全市12个县区和148个市直单位、驻同单位召开民主生活会，1.17万个基层党组织召开组织生活会并开展民主评议党员工作，广泛听取意见，交心谈心，进行党性分析，开展批评和自我批评。

（组织部）

“两学一做”学习教育主要做法

【“两学一做”学习教育自觉“带”】
2016年，大同市开展“两学一做”学习教育，大同市委高度重视“两学一做”学习教育，山西省委常委、大同市委书记张吉福亲自指导、亲自推动，市委常委会带头开展学习教育、带头召开民主生活会，以“三个在前”给全市各级党组织作出示范、树好标杆，引领推动学习教育开展。（1）抓在前。大同市委常委会6次专题研究、推动落实，张吉福对重要方案、关键动作亲自上手、逐项把关。大同市委常委以普通党员身份到所在支部、联系点带学促学，到基层指导2轮，讲党课20余次。（2）学在前。大同市委常委班子围绕党章党规、系列讲话集中学习、研讨15次，习近平总书记发表重要讲话后，在第一时间组织学习。2月9日，大同市委常委班子围绕“学习贯彻十八届六中全会精神”召开民主生活会，各位常委提意见、真诚帮同志，以“真、准、严、实”示范全市各级领导班子从严从实开展批评和自我批评。（3）做在前。从大同市委班子做起，从大同市委常委严起，主动提标对表，牢固树立“四个意识”特别是核心意识、看齐意识。制定出台《十五届大同市委全会工作规则》《十五届市委常委会工作规则》《十五届市委书记专题会议工作规则》，严肃党内政治生活，落实民主集中制，带头改进作风，大同市委班子亲民务实清廉的形象树立。大同市委履行管党治党主体责任，换届后领导班子和领导干部思想政治建设和素质能力提升，举行“读党书、论责任、抓落实”专题培训班14期，参加学习领导干部3000余名，大同市委主要领导亲自授课、常委全程跟班，学员普遍感觉强化意识、明确责任、提振信心。“领导登台讲、学员务实谈、现场点将考”创新形式提高。（组织部）

【“两学一做”学习教育紧扣“学”】2016年，大同市坚持把“学”作为前提和基础，精准引导、创新方式，以“三个突出”确保每名党员都参加教育、学有所获。（1）突出分类指导。针对“两学”重点不突出、不系统等问题，结合领导干部和普通党员、农村社区和“两新”组织等不同群体党员特点，制定“1+2+6”（1个落实方案；制定市委常委会、县处级以上党员领导干部2个工作方案；机关、企业、农村、社区、非公有制经济组织、社会组织6个具体指导方案）分类工作方案，指导基层组织列出学习清单。每月向不同层级党员分别推荐必学篇目、精读篇目，促进党员结合实际真学深学。基层支部举行集体学习12.7万次，专题讨论7.2万次。（2）突出全员覆盖。开通“大同党员先锋号”微信公众学习平台，每天定时推送党章党规、微党课等学习资源，方便党员随时学、随地学。农村推行“三头会”（田间地头会、巷尾街头会、村民炕头会）学教模式，解决农民党员“工学”矛盾。采取建立流动党支部、邮寄学习资料、建立QQ群等方式保证流动党员不掉队、受教育。对年老体弱、文化程度低党员，采取“结对助学”、上门送学等等方式，不让一个党员漏学。（3）突出学习实效。全市推行“三加”模式（干部+专家、支书+党员、线上+线下）提升党课教育实效，变大水“漫灌”为精准“滴灌”，基层支部组织党课4.3万次。组织观看警示片《贪与悔》，1600余名党员领导干部汲取教训、增强敬畏意识。发挥本地红色资源优势，组织党员到大泉山、平型关体验红色精神、接受党性教育。加强以考验学、以考促学，组织开展党章党规知识考试，全市7万余名党员参与。（组织部）

【“两学一做”学习教育紧扣“改”】2016年，大同市坚持把“改”作为学习教育的根本，以“三个聚焦”瞄准靶心、真查实改，把解决问题贯穿学习教育全过程。（1）聚焦党员队伍突出问题。针对有的党员不像党员、不在组织、不起作用等问题，举行座谈会120余个，发放问卷4.1万余份，分层次分领域梳理列出61个方面172种不合格具体表现，引导党员对照查、认真找，从“两学一做”学习教育一开始就改起来。全市领导干部查摆问题1.6万个，整改1.5万个；全体党员查摆问题57万个，整改49万个。（2）聚焦基层党建工作短板。以落实基层党建7项重点任务为抓手，集中开展“五个专项排查”，建立“四个一”（制定一个方案、抓好一次轮训、建立一本台账、完善一套制度）工作机制，机关学习教育“灯下黑”问题得到解决。（3）聚焦党内政治生活。按照“一报告三规范”（基层组织生活向上级党组织报告、规范内容、规范程序、规范标准）要求，领导班子和基层支部广泛征求意见、查找问题，严肃开展批评和自我批评。建立“支部主题党日”制度，确定每月1日为全市基层党组织固定活动日，通过“五抓促五化”（抓规范，明确具体化要求；抓载体，突出主题化特色；抓覆盖，确保全员化参与；抓结合，注重实效化推进；抓机制，健全常态化保障）推动基层组织生活规范化、常态化。全市各基层党支部以“学党书、强党性、提能力”等主题开展活动近5万次，增强党支部活力，加强党员党性意识，解决组织生活不规范、不严肃、不经常等问题。（组织部）

【“两学一做”学习教育紧扣“做”】2016年，大同市坚持以学促做、以学促干，通过“三个结合”推动党员队伍立起合格标尺，树牢先锋形象。（1）学树结合加强典型引领。挖掘、宣传李培斌先进事迹，开展“六个一”（组织一个报告团、撰写一篇报告文学、拍摄一部纪录片、编写一册故事集、排演一台话剧、举办一个生平事迹展）活动，解决广大党员对标学什么、怎么学的问题，引导党员在学典型中细照笃行、激发动力。先进事迹报告团在全省各市县作巡回报告70余场，话剧《热泉》在全省各市巡演。市、县两级培育、选树基层“两学一做”示范点348个，全市11个县区召开基层党建现场观摩会，以点带面推动全市基层组织晋位升级、全面建强（2）学做结合树起先锋形象。创新载体、搭建平台，引导党员在“做”上见行动。在机关，开展党员进社区“三亮三服务一奉献”活动，132个市直单位与社区结对，2万余名党员到社区报到，走访慰问困难户3283户，给群众办好事实事2000余件。在农村，开展“设岗定责、承诺践诺”等活动，党员在爱心帮扶、带民致富、促进和谐中发挥先锋作用，给群众解决突出问题5900余个。在企业，开展“万名干部入企帮扶”活动，全市566名入企干部发现梳理解决各类制约企业发展的问题200余条。（3）学干结合推动中心工作。结合助力“冬季行动”十大战役，引深“党员先锋行”活动，以“五创一争”（创发展先锋、创富民先锋、创和谐先锋、创转型先锋，争做合格共产党员）为载体，引导党员在项目建设、脱贫攻坚、招商引资等急难险重主战场争先锋、做表率；以大同举办旅发大会为契机，开展“助力旅发大会 党员在行动”活动，近万名党员立足岗位，以“三亮三比三创”主题实践活动为载体，为大会举办奉献力量、增光添彩。在抓党建促扶贫工作中，派出1505支驻村工作队、995名第一书记、710名驻村帮扶干部，建立“125”工作机制，即“一图一表一书一平台”“四个一”工作规范，《驻村干部管理办法》和《驻村干部考核办法》两个办法和驻村干部“访、亮、帮、记、述”、组织推动“明、查、评、考、追”“双五”工作法，确保扶贫工作有成果见实效。（组织部）

【“两学一做”学习教育紧扣“督”】2016年，大同市坚持重心下移、力量下沉，把重点放到基层、放到支部，严督实导、倒逼推进，以“三个强化”确保学习教育推进。（1）加强组织领导。市县坚持上下联动，成立督导组313个，构建起横向到边、纵向到底学习教育督导体系。制定督导工作方案，梳理列出不同领域10个方面、162项督导内容“清单”，逐项划定时限、明确要求。（2）加强督促把关。坚持从严把关、从实指导，进支部、见党员，掌握动态、反馈问题，以经常性的督导将“严”的标准贯彻到“末梢神经”。大同市委协调小组先后召开推进例会8次，现场督导350余次，列席专题讨论230余次，抽查党课讲稿220份，民主生活会对照检查材料200余份。（3）加强问责问效。把学习教育纳入党组织书记述职评议考核和各单位绩效考评的重要内容，层层压实各级党组织主体责任、书记第一责任人责任。大同市委组织部牵头，采取随机查验、反向印证等方式，对县区和市直单位先后进行3轮集中督查，对责任缺位、工作落空的严肃指出、限期整改，并在一定范围通报。（组织部）

“两学一做”学习教育成效

【概述】2016年，大同市开展“两学一做”学习教育取得成效。（1）核心意识坚定，在主动对标看齐上有新提升。全市学习教育把学习习近平总书记系列重要讲话精神作为重中之重，党员干部通过学习，深刻领会到习近平总书记系列重要讲话的意义和内涵，自觉用系列重要讲话精神武装头脑、指导工作，党员领导干部“四个意识”核心意识和看齐意识得到增强，在思想上政治上行动上同以习近平同志为核心的党中央保持高度一致，坚决维护党中央权威，向党中央看齐、向党的理论和路线方针政策看齐的政治自觉得到坚定。（2）规矩意识增强，在构建良好生态上有新气象。通过学习党章党规，广大党员干部知规守矩意识增强，弄清楚哪些能做、哪些不能做，纪律和规矩成为不可触碰的底线和红线，做政治上的明白人更加自觉和坚定，解决一些党员党的意识不强、组织观念不牢、发挥作用不够等问题。通过学习十八届六中全会精神和《准则》《条例》，参加民主生活会和组织生活会，广大党员干部对严格党内政治生活，加强党内监督的重要性认识有新的升华，在思想上更加自觉、在行动上更加坚定。（3）主体作用强化，在建强基层支部上有新突破。全市学习教育注重发挥支部主体作用和基本功能，抓好党员组织关系排查、党费收缴工作专项检查等7项重点任务，坚持抓载体促创新，抓短板促提升，支部组织党员、教育党员、管理党员的主体作用得到体现。以学习教育为契机，健全完善“三会一课”等支部组织生活基本制度，提升基层党组织单元战斗力，激发基层组织创新活力，解决部分基层党组织政治功能不强、组织软弱涣散、从严治党缺位等问题。（4）为民宗旨树牢，在塑造良好形象上有新成效。全市学习教育在引导党员学做结合上用力见效，通过引深拓展“党员先锋行”等载体，为党员搭建履职尽责、发挥作用的实践平台，推动党员、干部对照党章党规、对照系列讲话、对照“四讲四有”标准，联系实际找差距，真学真做、积极担当，领导干部骨干带头作用、基层党组织战斗堡垒作用、党员先锋模范作用得到发挥，推动党风政风好转。群众普遍反映，党员干部作风更加务实，形象更加亲民，让群众感觉到变化，有获得感。（5）发展共识凝聚，在加快振兴崛起上有新作为。学习教育引向深入，大同市委以上率下，各级党组织和广大党员干部积极跟进，立发展之志、谋发展之策、鼓发展之劲、求发展之效，激发党员干部主动担当、积极作为的责任自觉，凝聚共识，提振信心，鼓舞干劲，形成合力。（组织部）

“两学一做”学习教育启示

【概述】2016年，大同市开展“两学一做”学习教育，为在全面从严治党中全体党员经常性思想政治建设和作风建设提供有益启示：（1）党员干部教育必须突出重点、明确主题，抓住学习贯彻习近平总书记系列重要讲话精神这个首要任务，促进党员干部真学真懂真信真用。（2）党员干部教育必须领导带头、以上率下，发挥领导干部这个“关键少数”引领作用，层层示范、立好标杆。（3）党员干部教育以知促行、学做结合，把学习教育和解决问题有机融合，以思想自觉引导行动自觉。（4）党员干部教育必须创新载体、典型引领，让党员干部学有榜样、做有平台。（5）党员干部教育严字当头、常态常效，在执行党内生活各项制度上严起来、实起来，融入日常、常抓不懈。（组织部）

重要会议

【市委第十四届七次全会暨全市经济工作会议】2016年1月6日至7日，中国共产党大同市第十四届委员会第七次全体会议暨全市经济工作会议召开。大同市委书记张吉福受常委会委托作工作报告，就《建议（讨论稿）》向全会作说明并讲话。市委副书记、代市长马彦平对2016年经济工作作具体部署。市委副书记刘国庆、市人大常委会主任梁凤书、市政协主席柴树彬出席会议。出席全会的市委委员36人，候补委员8人。会议学习贯彻党的十八届五中全会、中央经济工作会议和省委十届七次全会、全省经济工作会议精神，听取讨论通过《市委常委会工作报告》，审议通过《中共大同市委关于制定国民经济和社会发展第十三个五年规划的建议》和有关事项。

部分大同市委委员、候补委员的市人大、市政府、市政协负责人，市长助理，市委、市政府副秘书长，纪委副书记，组织部、宣传部、统战部副部长，政法委副书记，党群机关、政府工作部门主要负责人，市人大、市政协各专委主要负责人，市直事业单位、市属企业主要负责人，驻同行政、事业单位、国省属企业主要负责人，副县级行政事业单位主要负责人，各县（区）委书记、县（区）长、乡镇（街道）党政主要负责人，县区部分省市党代表，发改委主要负责人等列席会议。（路璐）

▲ 2016 年 1 月 6 日，中共大同市委十四届七次全体会议暨全市经济工作会议召开

（张燕伟 供图）

【市委议军会议】 2016 年 6 月 7 日，中共大同市委召开议军会议。会议传达学习习近平总书记关于加强国防和军队建设的重要指示精神，听取大同军分区工作汇报，重点研究大同市加强国防后备力量建设的有关问题。

大同市委书记、大同军分区党委第一书记张吉福主持会议并讲话。市委副书记、市长、市国防动员委员会主任马彦平出席会议并讲话。市领导刘国庆、梁凤书、柴树彬、赵向东、郜向华、刘振国，市法院院长白永旺、市检察院检察长段运生等出席会议。市委常委、大同军分区司令员孙利仁，大同军分区政委张弛、参谋长王一军、政治部主任杨文斌，驻同部队、市直单位等相关负责人出席会议。

会上，大同市委常委、军分区司令员孙利仁提交会议审议的议题提出意见建议。大同军分区政治委员张弛传达习主席关于加强国防和军队建设有关指示精神，总结军分区 2015 年度主要工作，2016 年工作如何更上一层楼。

（冯 雨）

【市委常委会专题研究大同古城文化旅游产业项目发展事宜】 2016 年 9 月 8 日，大同市委常委会召开会议。大同市委书记张吉福主持会议。市委副书记高键等参加会议。市人大常委会主任梁凤书、市政协主席柴树彬列席会议。会议研究大同古城文化旅游产业项目发展事宜，听取并原则通过《关于改革完善大同古城管理体制的意见》《关于整合市级机关事务管理服务机构的意见》。（小 霞）

【中国共产党大同市第十五次代表大会】 （参见该书 26 页《中国共产党大同市第十五次代表大会》）

【市委常委会（选登）】 2016 年 10 月 27 日，大同市委常委会召开会议。大同市委书记张吉福主持会议。市委副书记、市长马彦平，市委副书记、市委宣传部长高键等参加会议。市人大常委会主任梁凤书、市政协主席柴树彬列席会议。会议传达学习山西省委书记骆惠宁在全省“学以致用，以用促学，把学习贯彻习近平总书记系列重要讲话精神引向深入”学习交流会上的讲话精神；落实山西省委、省政府关于脱贫攻坚工作的指示要求；传达学习省领导关于当前经济形势的讲话精神，分析全市 2016 年前三季度经济运行情况，研究部署第四季度经济工作。

会议传达学习全省党委秘书长会议精神、全省宗教工作会议精神、省委“两学一做”学习教育协调小组第四次会议精神。研究并原则通过《大同市关于加强政党协商的实施意见》《大同市环境保护督查实施方案（试行）》《大同市环境保护工作职责规定（试行）》；审议《各县区、开发区 2016 年度目标责任考核指标》《市直单位 2016 年度目标责任考核指标》；研究《大同市委巡察工作实施办法》及关于成立大同市委巡察工作领导小组及其组成人员的事宜。会议还研究其他事项。（晨 曦）

【市委常委（扩大）会议（选登）】 2016 年 10 月 28 日，大同市委召开常委（扩大）会议，专题传达学习贯彻党的十八届六中全会精神。大同市委书记张吉福主持会议并传达，安排部署贯彻落实全会精神。市委副书记、市长马彦平，市委副书记、市委宣传部长高键，市人大常委会主任梁凤书，市政协主席柴树彬等四套班子领导参加。张吉福强调，全市上下要把学习贯彻党的十八届六中全会精神作为一项重要的政治任务，精心组织，认真学习、深刻领会，紧密团结在以习近平同志为核心的党中央周围，推进全面从严治党，在省委的坚强领导下，构建良好政治生态，推动经济稳步向好，迎接党的十九大召开。（晨 曦）

调研活动

【张吉福到大张高铁部分工程节点调研】 2016 年 3 月 14 日，大同市委书记张吉福到大张高铁大同段部分工程节点现场调研，并看望慰问参加大张高铁建设的干部职工。

在阳高县大白登村中铁九局 2 号拌和站现场。张吉福走上前去，询问拌和站的生产能力等情况。由中铁十七局承建的大梁山隧道位于天镇县境内，全长 7680 米，设三个斜井一个出口，七个施工作业面，由于地形复杂，施工难度大，大梁山隧道成为大张高铁的重点控制性工程。位置复核，边、仰坡测量放样，洞表坡面处理等前期准备工作完成，进行正洞掘进。大梁山隧道出口的第一个斜井（五号斜井）工程是大梁山隧道工程的姐妹工程，与隧道联合互动、肌理贯通，推进斜井拱门下开挖工作。

调研中，张吉福要求各工队在确保安全、质量的前提下，抢抓进度，加紧建设，为早日通车打下坚实基础。市县两级要把“冬季行动”变为常态化工作，面向项目、面向企业、面向人民群众，抓好征收、手续办理等各项工作，保障好、服务好项目建设，创造一切条件确保工程顺利推进，为大张高铁顺利完工、通车保驾护航。

市委常委、市委秘书长部向华，副市长张韬等参加调研。（红 远）

【张吉福到贫困县调研】 2016年6月27日至29日，大同市委书记张吉福率市扶贫、农业、发改、金融、国土、财政、旅游、审计、商务、民政等部门负责人到浑源县、大同县、灵丘县、广灵县、天镇县，调研推进脱贫攻坚工作。

张吉福一行走乡村进企业，了解贫困人口致贫原因、扶贫措施落实等有关情况；走访贫困户，与他们面对面交谈，询问家庭情况、收入来源，同他们一起分析致贫症结，探寻脱贫路径，细算增收前景。

张吉福强调，各级各部门要切实增强脱贫攻坚工作的责任感、紧迫感和压力感，把脱贫攻坚与发展、乡村治理、激发干部群众干劲结合起来，积极作为，不等不靠，在时间上争主动，在效果上争主动，加大研究和探索力度，力争走出新路子、创出新特色。要围绕脱贫目标，建立健全精准扶贫工作台账，确保底子清、情况明，责任到人、工作到户。要严明工作纪律，把脱贫攻坚当作一项重要的政治任务抓紧抓好，不折不扣落实到位。对工作完成不力的，要严肃问责、强化监督，严防各类问题发生。要及时跟进，全程介入，加强对扶贫开发政策、资金、项目的审计监督，重点揭示扶贫资金在管理使用上存在的挤占挪用、闲置滞留、骗取套取，以及在项目实施过程中不作为、慢作为、乱作为等问题，助推精准扶贫政策的落实。要通过帮扶结对子等方式，发挥好基层党组织的战斗堡垒作用和党员的先锋模范作用，团结带领广大群众，自强自立，攻坚克难，同时在脱贫攻坚中锻炼干部、识别干部、考验干部、重用干部的目的，让那些心里装着群众、行动为群众的干部真正成为脱贫致富的带头人。（冯 雨）

【张吉福到部分工业企业和老旧小区改造工地调研】 2016年7月3日，大同市委书记张吉福，市委副书记、市长马彦平到部分工业企业和老旧小区改造工地，调研推进供给侧结构性改革。调研中强调，要落实中央关于供给侧结构性改革的精神，坚定不移推进供给侧结构性改革，好“三去一降一补”，培育发展动能、塑造发展优势，确保供给侧结构性改革取得实效，提升大同市经济运行的质量与效益，促进全市经济社会的持续健康发展。

调研中，张吉福和马彦平等到一医药园区同药集团有限公司、国药集团威奇达药业有限公司，装备制造园区山西晋投玄武岩开发有限公司、中国重汽集团大同齿轮有限公司以及新荣区新成新材料有限公司，了解企业产品工艺、市场销售和技术研发等有关情况，勉励企业实施创新驱动战略，加强科技创新，开发新产品，扩大产品市场占有率，形成经济增长新机制。到城区振兴街小区和柳航里小区，听取城区负责人关于老旧小区综合整治的整体进展情况介绍，实地查看综合整治工程，对工作进度予以肯定，并强调，老旧住宅综合整治工作是一项民生工程，是大同市委、市政府2016年要给人民群众办好的十二件实事之一，要认真做好规划，精心组织实施，科学合理施工，创造精品惠民工程，补齐民生短板，给群众营造舒心文明的居住环境。（木 依）

【张吉福到经济技术开发区调研】 2016年10月18日，大同市委书记张吉福，市委副书记、市长马彦平到大同经济技术开发区专题调研。市委常委、市委秘书长部向华及市经信、国土、规划等部门负责人参加调研。

调研中，张吉福、马彦平一行到大同中车煤化有限公司活性炭“双十”建设项目、华岳热电项目等处，实地考察企业发展、项目建设等情况，了解开发区高新技术产业园区投资建设情况。

座谈会上，张吉福、马彦平听取大同经济技术开发区管委会主任雷雪峰作的工作汇报后，首先对开发区建设发展中的工作和成绩表示肯定，但也暴露出经济总量小、产业结构单一、体制机制不顺、投资产出效益低等问题。他们强调，大同经济技术开发区是大同市主要经济承载体，是全市技术创新主阵地。希望开发区抢抓机遇，直面短板，解放思想，知难而进，创新发展，发挥好改革开放排头兵作用，把开发区打造成为集聚先进生产要素的重要平台，打造成为转型发展的主战场和示范区。（晨 曦）

▲2016年6月28日，市委书记张吉福到广灵县北野食用菌业开发有限责任公司调研金融扶贫工作（张燕伟 供图）

【张吉福到阳高县调研】 2016年10月20日至21日，大同市委书记张吉福到阳高县古城镇上辛庄村、下辛庄村，友宰镇友宰村，鳌石乡乱石村，东小村镇东小村等处，进村入户，实地查看扶贫项目、移民搬迁等情况，走访贫困户，与县乡村三级干部及贫困户代表共商脱贫大计。

调研中，张吉福主持召开座谈会，听取阳高县关于脱贫攻坚工作的汇报，与县乡村三级干部、金融部门负责人、贫困户代表等就移民搬迁、扶贫资金使用、脱贫项目落地等进行交流，对脱贫攻坚进程中遇到的困难与问题与大家进行研究探讨。

张吉福强调，要以脱贫攻坚总揽经济社会发展全局，这是大同市各项工作的重中之重。各级要按照全市市县乡三级干部进村入户促脱贫暨五大专项行动的部署要求，做到“身子下去，走近群众”“心要下去，与民交心”“脚要下去，脚踏实地”“手要下去，帮扶到位”，推进脱贫攻坚各项任务的落实。要结合扶贫攻坚大检查大督查、扶贫工作测评、清理滞留结转扶贫资金督导落实、社会保障政策到村到户督导落实、干部驻村精准帮扶督导落实等五大专项行动，掌握运用好扶贫脱贫的相关政策，具体做好几项工作：（1）要摸清家底，核查财政专项扶贫资金滞留情况，对发现的问题及时提出化解办法，有效提高资金使用效率和效益；（2）要加快易地扶贫移民搬迁项目建设，尽快完善基础设施和配套服务体系，确保搬迁群众尽快入住，统筹解决好搬迁群众生活、就学、就业等问题，通过易地扶贫搬迁让群众搬出“穷窝”、斩断“穷根”；（3）要按照精准扶贫、精准脱贫的要求，大力推进光伏扶贫，利用符合条件的资源，建设村级光伏电站，帮助贫困村和贫困户建立增收渠道，加快扶贫对象脱贫致富步伐；（4）加强与邮储、信用联社等金融机构的联系与对接，推动精准扶贫小额贷款工作，提高扶贫小额贷款的精准度及财政贴息资金的使用效益；（5）以群众满意为第一追求，把群众的满意度与驻村工作队的考核挂钩、与双联单位的考核挂钩、与村“两委”的工作业绩挂钩、与市县乡三级的扶贫工作业绩挂钩，完善脱贫攻坚成效考核制度，让工作经得起群众的检验；（6）强化驻村干部对精准扶贫工作的认识，关心支持驻村扶贫工作，把结对帮扶工作作为年终综合考评、评优评先的重要依据，确保帮扶成效，做到村不漏户，户不漏人。（晨　曦）

市委办公厅

【文字起草】 2016年，中共大同市委办公厅完成市委十四届七次全体会议暨全市经济工作会议、市委工作会议、市县乡领导班子换届工作会议、全省旅游发展大会、市第十五次党代会、冬季行动暨双环行动誓师大会等全市性会议的讲话、发言材料、工作汇报、署名文章等材料150余篇，成稿200余万字。贯彻落实中央、省委和市委有关精简文件的规定要求，发文数量得到控制，6件拟发文件被精减掉。全年制发文件148件，其中市委文件20件，市委办公厅文件46件，市委报告、请示、函54件，市委办公厅报告、请示、通报、函28件，发文数量同比上年减少10%。2015年市委大事记编印完成、2016年市委大事记编写工作。《今日大同》出刊12期、120余万字，向外地交流《今日大同》杂志4150余册。

（市委办公厅）

【信息服务】 2016年，中共大同市委办公厅向中央办公厅、中共山西省委办公厅编辑上报信息852条篇，编发《大同信息》208期。全年编辑《大同工作情况月报》12期。

（市委办公厅）

【会务活动】 2016年，中共大同市委办公厅组织协调省部级领导考察调研活动14次，市级领导考察调研或现场办公45次；组织参与国家级电视电话会议2次、省级电视电话会议12次、市级电视电话会议4次；承办大型会议29次，市委常委会及扩大会议34次，市委中心学习组（扩大）集中学习7次，协助其他部门完成会议31次，组织协调会见、慰问、考察、开幕、项目对接、签约、培训等其他活动41次。（市委办公厅）

【应急突发事件】 2016年，中共大同市委办公厅每逢节假日和重要时段落实加强值班应急工作的通知和要求。其间，通过电话抽查、实地检查等方法，不定期对各县区和市直重点单位的带班、值班人员在岗情况进行督查，并通报检查情况。市委总值班室处置各类突发事件57件，编辑《值班快报》133期，其中报省委值班室35期。（市委办公厅）

【综合事务协调】 2016年，中共大同市委办公厅转办市委领导各类批示件617件，受理处办各类请示报告100件，印发明传电报36件。收发文件和内部资料14396份，市委、市委办公厅文件28940份，收发投递交换各类机要函件约8万件，为市委领导传阅文件287份，回收省以上涉密文件资料近3吨，接待到厅查阅档案17人次。全市订阅《中办通讯》5470份。

（市委办公厅）

【社情民意】 2016年，中共大同市委办公厅加大网民留言办理工作力度，对山西省委转办件做到批转，有力查办，按期回复；整合群众诉求通道，对网民留言做到关注，主动下载，自主办理，反馈，解决群众的诉求和民生问题。针对群众通过网络留言、信件及其他方式向市委领导反映问题、建议和个人诉求等反映件的受理和办理，制定并印发《大同市党委系统社情民意办理工作实施办法》（附《考核办法（试行）》），推动市委社情民意工作的规范化、制度化和常态化。全年办理网民留言198件（其中群众来信来访省、市委领导批示件43件，省委转办件55件，自办件100件；经山西省委社情民意办公室筛选，被评为“办得好”有68件），被人民网授予“人民网网民留言办理工作10周年贡献奖”。（市委办公厅）

【督促检查】 2016年，中共大同市委办公厅把抓好中心工作和突出问题作为推动工作落实的重要途径，深入一线，真督实查，开展督查活动21次，办理市委常委会会议纪要3期，转办政协提案10件，向山西省委督查室报送督查专报22期，向市委领导上报督查情况189期，向各县区和市直部门下发督查通报3期。中共大同市委办公厅围绕贯彻落实中央八项规定、冬季行动、百日行动、项目建设、脱贫攻坚等中心工作，督促各级各部门抓好落实，推动发展。组织开展决策督查21次。根据全市“冬季行动”实施方案进行阶段性督查，并对各县区征收安置工作进行跟踪督查；按照市委严打整治“百日行动”督导《工作方案》总体部署，组织开展三轮实地督查，并每日向市委领导报送战果；对各县区及部分重点企事业单位贯彻落实中央八项规定精神和党风廉政建设“两个责任”情况进行实地督查。抓好市委常委会议议定事项督办。中共大同市委办公厅对市委常委会议定事项的落实情况进行跟踪督办，确保得到落实。办理市委常委会会议纪要3期。对会议决定事项内容及时分解，整理出督查任务，制订督查方案，把党委决策快速转化为督查事项，杜绝决策变“空想”。到县区乡镇、水库及有关市直单位，对全市防汛抗洪工作进行实地督查；对驻文瀛湖办公楼各单位副处级以上领导干部的办公用房使用情况进行实地检查。抓好省、市领导批示件督办。中共大同市委办公厅按照“有批必查、有查必果、有果必报”的总体要求，坚持逐件登记，迅速转办，限定期限，定期催结，按照规定流程办理。办理省、市领导批示件198件。中共大同市委办公厅先后完成全市贯彻执行中央八项规定和“四风”突出问题、群团工作、“两个责任”落实情况、脱贫工作、“冬季行动”中不作为、乱作为情况等方面的专项督查。抓好市委领导交办事项的督查落实，实行重点工作日报制度，给市委领导提供全面、客观、翔实的“第一手材料”，推动各项工作落实。对新项目建设、城建工作、全市对接京津冀工作进展情况、交通拥堵等7个问题进行实地督查，解决社会、经济、民生等热点难点问题。配合各部门完成督查工作。

（市委办公厅）

【机要保密】 2016年，中共大同市委办公厅贯彻落实全省党政密码暨党委系统信息化工作会议精神，按期完成山西省委机要局“603-1”工程计划，结合全市工作实际，全面展开全省密码通信系统网络设备的领取、安装、调试和分发工作，实现新设备与省级和县级通信畅通的基本目标，进一步夯实机要密码和党委信息化发展基础。完成密码通信主渠道升级改造装备更新，对党务内网中的网络密码机实施在线更换秘钥，确保密码通信畅通和密码绝对安全。全年收发明密电报2048份，传输办理7818份。中共大同市委办公厅围绕“保密基础设施建设年”这一主题，推进基础设施建设，保密综合业务网和技术监管“三个平台”建设稳步推进。对全市15家单位5000余人进行保密培训授课。先后在国家级、省级刊物投稿20余篇。加强涉密人员保密管理措施，进一步形成涉密人员出国（境）保密审查审批的常态化，建立起全市涉密人员动态数据库。开展信息公开保密审查管理工作，对全市12个涉及全省重点骨干网络的相关单位进行摸底和检查，组织全市106家保密重点单位和各级党政机关开展自查，杜绝信息公开环节的失泄密发生。2月，大同市保密局被国家人力资源和社会保障部、国家保密局表彰为“全国保密工作先进集体”。

（市委办公厅）

【党组织建设】 2016年，中共大同市委办公厅结合办公厅工作实际，研究制定《市委办公厅关于开展“两学一做”学习教育的实施方案》，成立“两学一做”学习教育协调小组，制定“两学一做”学习教育计划，并给全体党员印发学习书籍，各党支部开展学习教育活动，报送周报27期，各类表格25张，综合报告8份。同时，邀请市委党校沈均明副教授讲党课，组织观看话剧《热泉》、电影《白毛女》《大火种》、反腐倡廉电教片《“贪”与“悔”》，在各党支部举办学习体会交流研讨会，开展集中诵读经典篇目和参加“学党章党规、学系列讲话”等活动，进一步提高认识。中共大同市委办公厅在加强政治理论学习和业务能力培养上，建立领导干部中心组学习制度，对党的重大方针政策、重要会议精神等组织开展集中学习。坚持“三会一课”制度、组织生活会制度、主题党日活动，使党员干部谈心交心活动制度化、经常化。举办全市领导干部第五期“读党书、论责任、抓落实”专题培训班，市委办公厅正科级以上干部46人参加培训，通过培训，个人思想政治水平和业务能力都得到提升；在全面落实基层党建上，开展党员组织关系集中排查，未发现失联党员和“口袋”党员；开展党代会代表和党员违纪违法排查，未发现违纪违法情况；开展党费收缴工作自查整改，根据新的工资收入重新核算党费基数，向市直机关工委上缴党费71857.5元；在加强组织管理上，严格党员发展工作程序，发展预备党员1名，转正党员1名；选送及表彰优秀共产党员，市委办公厅机关党委第一党支部被市直机关工委评为先进基层党组织，市委办公厅3名党员被市直机关工委评为优秀党员。组织干部职工参加全市第八届职工文化博览会职工象棋比赛，获团体第八名；参加的乒乓球、羽毛球比赛和“全民健步走”活动获优秀组织奖，丰富职工们业余文化生活。组织参加全市在职党员进社区活动，与柳港园社区结对共建，走访慰问特困家庭、离退休老党员。参加全市“博爱一日捐”活动，捐款5910元，在市委发起给困难职工李胜利募捐活动，募得善款17950元。向市直机关工委申请补助3300元，平均发给办公厅11名困难职工；向市总工会申请补助2000元，发给特困职工李胜利。

（市委办公厅）

【党风廉政建设】 2016年，中共大同市委办公厅加强干部职工的党性、党风和党纪教育。组织党员干部观看《“贪”与“悔”》等廉政警示教育片。通过观看党风党纪教育专题片，教育干部职工淡泊名利，乐于奉献，树立正确的世界观、人生观和价值观，推动机关作风建设。加强惩防体系建设。健全完善监督检查机制，落实党风廉政建设责任制；执行中央《廉政准则》及其他相关规定，贯彻执行党内监督条例；落实中央厉行节约八项要求，抓好艰苦奋斗精神的学习教育，增强党员干部勤俭节约、艰苦奋斗的意识。组织全体县级干部填写《党员领导干部廉政档案信息采集表》，建立廉政信息档案。

（市委办公厅）

组 织

【干部选任】 2016年，大同市组织部重点在“先、破、严”上精准发力。（1）早谋划早动手在“先”字上发力。先立规矩后办事，出台《关于全面贯彻好干部标准树立正确用人导向从严管理干部的实施意见》《在市管干部选拔任用工作中严格执行民主集中制的实施细则》《推进领导干部能上能下实施细则》《县区换届人事安排意见》《县区长选拔任用工作方案》等制度文件，形成严格的干部选任制度体系，严防“带病提拔”。先行开展“六查”。运用“三个一批”成果，年初对县乡换届可能涉及的5067名干部进行“六查”。提前分析研判。部务会成员分组开展“一对一”无任用谈心谈话，对每一个领导班子、每一名县处级干部进行分析研判，破解手中无人的问题。（2）明导向重引领在“破”字上发力。谈心谈话掌握干部。换届前，大同市委书记张吉福与市四套班子、县区委书记、县区四套班子其他成员、省市委表彰的优秀乡镇书记三个层级四个层面330名干部开展“一对一、全覆盖”谈心谈话。市委组织部、县区委书记也同步与干部谈话，掌握县乡领导班子的整体运行和优化方向。明确导向选用干部。坚持重实绩、重基层、重公论，明确敢担当能扛事、重点岗位用“重兵”、重视基层、培养年轻干部等“七种用人导向”，遏制拉票贿选、跑官要官、说情打招呼等不正之风。县区换届新提拔的77名副县级干部绝大多数是基层一线掌握的优秀干部，受到省市委表彰的22名优秀乡镇书记全部提拔重用。启用“脱贫攻坚”“冬季行动”中发现的想干事、能干事的干部182名，从市直机关选拔一批专业性强的年轻干部充实到县区领导班子。县区领导班子中45岁左右的干部占42.1%，有乡镇正职经历的占39%。乡镇领导班子中择优遴选“三类人员”118名，具有2年以上乡镇工作经历的干部占到乡镇班子总数的87.5%，破解班子老化、专业性不强、活力不足、流动不畅等问题。同时对因年龄、健康、届满、不适宜担任现职等原因的69名县级干部不再提名，干部能上不能下问题逐渐破解。（3）重预防强监督在“严”字上发力。坚持“五突出、五把关”（突出抓组织领导，严把责任关；突出抓思想教育，严把纪律关；突出抓人事安排，严把人选关；突出抓严督实导，严把质量关；突出抓查核查处，严把问责关），落实“五个责任主体”责任和“九个严禁、九个一律”要求，确保换届风清气正。（组织部）

▲2016年7月22日，市委常委、组织部部长赵向东参观老干部书画展（老干局 供图）

【干部教育管理】 2016年，大同市组织部注重分类培训与集中轮训、理想信念与能力提升、课堂教育与现场教学、网络组班与干部选学“四结合”，举办培训210个班次，培训干部2.7万人次。举办全市领导干部“读党书、论责任、抓落实”专题培训班14期，培训3000余人。培训期间，坚持“一把手”登台讲课，书记、市长亲力亲为；坚持白天学习、晚上研讨，注重成果转化；坚持创新培训形式，凸显鲜明主题；坚持全面覆盖，培训市县乡三级干部。在“一报告两办法”（《构建有效管用简便易行年度目标责任考核机制调研报告》和《县区年度目标责任考评办法》《市直单位年度目标责任考评办法》）的基础上，建立“三分法”（客观指标、主观评价和综合加减分）考核指标体系，注重差异化考核，突出“三改进一增加”（改进指标设置、改进计分办法、改进加减分办法、增加考核问责办法），解决考核指标庞杂、方法烦琐、考用分离等问题。68名县处级、832名乡科级超职数配备干部全部整改消化。建起全市领导干部管理信息化系统，全省率先建成智能化、信息化档案库房。（组织部）

【基层党建】 2016年，大同市组织部针对党建责任层层递减、压力传导不够的问题，出台《关于实施“强腰行动”推动农村基层党建责任落实的意见》，健全工作例会、调研走访、督促检查、齐抓共管、激励关怀等9项机制，配套实施“书记项目”102余个，制定基层党建问题清单、责任清单、任务清单2000余份，加强拓展“联述联评联考”，一级带一级、一级抓一级，加大抓乡促村的力度。坚持问题导向，补齐工作短板。针对教育实践活动、“三严三实”“两学一做”查出来的党建问题，针对省、市委抓基层党建联述联评联考会议点评的问题，由市委常委带队调研，梳理出农村、社区等6个领域28个问题，出台《关于突出问题导向全面加强基层党建的若干意见》，提出76条破解对策。采取领导干部挂点联系、市县部门结对帮扶、工作小组专项整治、第一书记驻村指导、乡镇党委具体实施的“五位一体”整顿模式，排查出的196个农村党支部、20个城市社区党支部、18个机关事业单位党支部的战斗力普遍提升。全市“‘四个精心’摸排督导、‘四个着力’对症下药、‘五位一体’综合施治”的做法10月8日中组部《组工研讨》进行刊发。坚持组织脱贫、群众脱贫同步，采取集中流转、合理经营、借助优势、服务增值、开发创收、政策推动、打造特色、优势互补等八种途径推进“破零”，全市集体经济空壳村由年初1674个减少到496个，减少59.8%。南郊区采取“三路并进探索机制、三型创建搭建平台、三模塑造拓宽渠道、三项机制确保成效”“四个三”的做法，村集体经济5万元的村100%。左云县采取“四个一批”的做法推动127个村集体经济“破零”，“空壳村”下降55.7%。矿区采取空壳学校改造、与同煤集团等驻街企业共驻共建等方式，全区116个社区活动场所全部200平方米以上，23个500平方米以上；城区采取建、购、要、并“四措联动”方式，138个社区全部达标。其他县（区）采取新建、改扩建、调剂使用、租赁等方式推进达标工作，全市新增200平方米以上的社区活动场所162个，场所达标率由51.6%提高100%；新增500平方米以上社区36个，达到49个。坚持建管并用的原则，投资238万元解决172个农村活动场所危旧狭小不能正常使用的问题。坚持“行业化组建指导、区域化兜底覆盖、常态化实践服务、融合化推进发展”原则，单独组建党组织553个，联合组建697个，选派党建指导员886名。正常经营的3471个非公经济党组织覆盖率69.2%，989个社会组织覆盖率为65.9%。统筹推进企业党建工作，选派566名干部组成199个入企服务小组，到152家规模以上和小微企业开展精准服务、共解发展难题。大同市级财政投入1.14亿元，每个乡镇、社区、村运转经费分别30万元、10万元、8万元；村“两委”主干年平均报酬农民人均纯收入的2倍，人均1.49万元/年，同比增长21.9%；社区主干人均2.59万元/年，增幅44.6%，解决基层干部干事动力不足的问题。围绕“抓好党建促扶贫、检验党建看脱贫”的思路，建立“五在村”（责任在村落实、组织在村建强、干部在村成长、资源在村整合、成效在村检验）工作机制，重心下移、力量下倾、资源下沉，推动党的政治优势、组织优势转化为脱贫攻坚优势，各级党组织落实扶贫资金8.7亿元、扶贫项目374个，推动210个村脱帽、6万贫困人口脱贫。加强农村带头人队伍建设。突出“三有三带”标准，坚持“内选”“外引”相结合，采取“优秀党员选任、能人回村任职、县乡机关派任、优秀书记兼任、邻村干部跨任”等模式调整充实贫困村党组织书记58人；市县乡三级联动，采取“领导干部带头讲、党校教师重点讲、农技专家精准讲、先进典型现场讲、电化教育辅助讲”五讲模式，实施“领头雁”工程培训干部1.6万人，解决农村带头人致富带富能力不强的问题。阳高县龙泉镇副镇长、新和堡村党支部书记张守山和灵丘县红石塄乡下车河村党支部书记、村委会主任王春分别获2016十佳“山西最美村干部”和2016“山西最美村干部”提名奖。在农民专业合作社、专业协会等重点区域的党组织覆盖力度，采取“强村带弱村、大村带小村、产业相近村、村社相邻村”的模式建立联合党组织35个。大同县设立中心村党总支，建立党建联盟推广“党建+”模式，抱团发展黄花产业助推脱贫，破解党建促发展合力不足的问题。聚焦脱贫任务，贯彻全省脱贫攻坚干部帮扶工作会议精神，调整驻村帮扶工作队员和第一书记，全市参加包村增收活动的各级领导干部2828名，派出驻村工作队798支，第一书记862名，市级层面调整充实驻村帮扶干部180支711名，做到领导干部驻村、工作队包村和第一书记到贫困村挂职全覆盖。建立“125”工作机制，即“一图一表一书一平台”“四个一”工作规范，《大同市驻村干部管理办法》和《驻村干部考核办法》两个办法和“双五”工作法（帮扶干部要求突出“访、亮、帮、记、述”，组织推动突出“明、查、评、考、追”），配套编发“四本手册”（政策解读手册、工作指导手册、日常纪实手册、督查指导手册），下派7个工作督查组，从制度机制上解决方法不明、任务不清、措施不实、监督不力等问题，确保帮扶工作见成效。（组织部）

【人才工作】 2016年，大同市组织部在人才工作方面，加大与“京津冀”“乌大张”等区域人才对接力度，在京成立“大同市招商引才基地”，形成京津冀招商引资与招才引智协同机制。在互联网+产业服务园区建立凤凰英才创新创业基地，与天津大学合作，在大同建立“清新新能源院士工作站”。组织开展“引老乡、回故乡、建家乡”活动，达成建筑垃圾资源化处理等多项战略合作项目。全年征集各类人才需求信息327项，为精准引才用才提供依据。持续实施“本土人才振兴工程”“专家服务基层工程”，在左云等9个县区建起10个“专家人才服务工作站”，在阳高县罗文皂镇等3县9乡镇建起“特色农业人才服务点”。（组织部）

【干部队伍建设】 2016年，大同市委组织部针对部机关新进人员多、年轻干部多、轮岗交流多实际，从加强制度建设入手，出台《从严加强组工干部队伍建设的实施意见》《从严组工干部日常管理40条》《建立工作联系督导机制》等系列制度，推行“1234”管理模式，就是“一督导”，年初定任务、年中督进度、年终总评价，抓好重点工作的督导落实；“二查找”，每月建立清单查找工作问题、开展学习研讨查找思想作风问题；“三通报”，对组工干部的工作业绩、工作纪律、服务基层情况进行月通报；“四考核”，对县区工作、个人业绩、组工信息和新闻宣传量化考核，以制度促规范、以制度严管理，破解组织工作执行力不强的问题。全市被山西省委组织部推荐为中组部信息工作调研点。从提升能力抓起，采取集中培训、专题学习、业务研讨、岗位练兵、参与换届、干部考察、年度考核等多种形式提升组工干部专业化能力，举办乡镇专职副书记、组织委员，市直单位组织人事科长参加的全市组工干部专题培训班，年轻

干部“悦读会”学传统学政策学业务学本领。（组织部）

【盛茂林到大同调研】2016年9月20日至22日，山西省委常委、组织部部长盛茂林到大同市乡村、企业、社区，调研指导“两学一做”学习教育、基层组织建设、万名干部入企服务等工作。

大同市委书记张吉福，市委副书记、市长马彦平，市委常委、组织部长赵向东等陪同调研。

调研中，盛茂林到阳高县大白登镇大泉山村，南郊区大路辛庄村、永定庄新村，左云县水窑乡大陆坡村、三屯乡，与当地干部群众交谈，询问村里的经济来源、村民收入、民生保障等，察看党建台账等材料，实地了解农村党建促脱贫攻坚、支部引领富民强村、村级组织活动场所建设、农村集体经济发展等情况。盛茂林指出，农村基层党组织是党在农村全部工作和战斗力的基础，在发展过程中加强班子建设，选好带头人，形成工作合力，让农村基层组织强起来，带领党员群众共谋发展；要创新思路，通过招商引资、土地流转、创办企业等途径发展壮大村级集体经济；要确保村务公开等各项制度落地到位，抓好村级活动场所建设，给群众提供优质服务。在华北星城社区，盛茂林听取党员义工联盟运行情况，要求把服务群众贯穿于社区党组织的全部实践，为居民群众搞好服务。

阳高县龙泉镇司法所原所长李培斌因过度劳累，于2015年10月因公殉职，被中组部追授为全国优秀共产党员。盛茂林到李培斌家中，看望慰问他的亲属。盛茂林说，要深化向李培斌的学习活动，把学习成效体现在贯彻落实省委的决策部署上来，体现在每名党员干部的工作实践中。

盛茂林到国药威奇达药业、中国重汽大齿公司、新荣区新成新材料有限公司、中车大同电力机车有限公司，调研干部入企服务情况。当了解到省、市干部到定点企业开展服务时，他强调，入企服务干部要帮助企业破解发展难题，协调解决几个突出问题，让企业和职工感受到帮扶成果。（小　霞）

【中央组织部追授李培斌“全国优秀共产党员”称号】2016年2月，中央组织部追授李培斌“全国优秀共产党员”称号。

李培斌，男，汉族，山西省阳高县人，1965年9月出生，1984年7月参加工作，1990年11月入党，党的十八大代表，中华全国人民调解员协会常务理事。曾担任阳高县马家皂乡农业技术推广员、司法助理员，龙泉镇司法所所长、阳高县信访服务中心主任。2015年10月15日，李培斌因连续工作，劳累过度，突发心肌梗塞不幸去世，年仅50岁。

李培斌是新时期共产党人的先进代表，是群众心目中的好党员、好干部。他始终把党的事业放在心中最高位置，在基层司法调解岗位上，用心维护着基层党员干部的形象，赢得群众的信任。30多年来，他先后调解矛盾纠纷数千起，化解群体性事件上百起，教育60余名刑释解教人员迷途知返，挽救50余个濒临破裂的家庭，被当地群众亲切地称为“李司法”。他始终把群众装在心中，关心群众疾苦，帮助群众解决困难，把党和政府的温暖送到群众心坎上。他对调解工作十分上心，对群众利益十分关心，对自己的地位、利益却看得很淡，从未向组织提过个人要求，坦坦荡荡做人，干干净净做事，始终保持一身正气、清正廉洁。

为表彰先进、弘扬正气，激励广大党员干部践行“信念坚定、为民服务、勤政务实、敢于担当、清正廉洁”要求，在推进中国特色社会主义伟大事业中作出新的更大贡献，经中央领导同意，中央组织部决定，追授李培斌“全国优秀共产党员”称号。

中央组织部号召广大党员干部特别是基层党员干部向李培斌学习。学习他对党忠诚、牢记使命的政治品格，做到心中有党，把牢政治方向，强化组织意识，时刻想着自己是党的人，始终把党的事业和人民利益放在首位；学习他一心为民、心系群众的公仆情怀，用真情真爱践行党的宗旨、赢得群众信任，用实际行动密切党和群众的血肉联系；学习他恪尽职守、迎难而上的担当精神，立足本职岗位，履职尽责；学习他淡泊名利、严于律己的道德情操，守纪律、讲规矩，甘于清贫、无私奉献，自觉维护党员干部的良好形象。各级党组织在开展“学党章党规、学系列讲话，做合格党员”学习教育中，要组织引导广大党员干部向李培斌学习，以先进典型为榜样，始终同以习近平为总书记的党中央保持高度一致。（青　青）

【七名乡镇党委书记获省表彰】2016年2月16日，在全省优秀乡镇党委书记表彰会上，对92名优秀乡镇党委书记进行表彰，大同市有7名乡镇党委书记位列其中。

2015年，山西省委组织部开展推选和表彰全省优秀乡镇党委书记活动。经过县（市、区）推荐、各市考察、省委组织部审核、媒体公示等程序，几上几下、好中选优，最终，全省1196个乡镇中有92名乡镇党委书记被确定为表彰对象。大同市受表彰7名优秀乡镇党委书记是：城区新建南路街道党工委书记刘顺，南郊区新旺乡党委书记刘中文，新荣区破鲁堡乡党委书记王利军，大同县吉家庄乡党委书记马斌，阳高县大白登镇党委书记徐碧洋，灵丘县赵北乡党委书记兼独峪乡党委书记王怀忠，广灵县壶泉镇党委书记李贵峰。（青　青）

【农村“领头雁”示范培训班】2016年3月7日至9日，大同市农村“领头雁”示范培训班在市委党校举行。来自9个农业县区的100名农村党支部书记、大学生村干部参加集中培训。

这次培训在教学内容的安排上围绕加强基层组织建设、助力“两学一做”学习教育和贫困村脱贫攻坚，涉及十八届五中全会、全国全省农村党建工作会议、扶贫工作会议、农村工作会议等相关会议精神，学习党章党规、学习习近平总书记系列重要讲话，学习全国优秀共产党员李培斌先进事迹，在突出理论性的同时，紧扣全市实际，开展现代农业发展、脱贫攻坚政策等专业知识。在教学形式上，采取邀请相关部门领导、党校教授集中授课，多媒体电教片观摩，开展学员分组讨论的办法，将所学知识与各村实际相结合，提高农村党支部书记学习的积极性和主动性。培训期间，大

同市委组织部工作人员跟班管理，严格培训纪律，学员统一住宿，统一就餐，确保起到示范表率作用。（红　远）

【督查县（区）学习教育和基层党建】 2016 年 11 月 10 日，大同市委组织部派出 6 个督查组，对各县（区）“两学一做”学习教育和基层党建 7 项重点任务进行第 3 轮集中督查，摸实情、查不足、促整改，推动各项任务落到基层、抓紧抓实。

这次集中督查采取直接进支部、见党员，“听、谈、查、核、访”相结合的方式进行。督查内容主要为“六看六促”：（1）看该学习的内容完成没有，督促持续抓好党章党规、系列讲话规定内容学习，推动各级及时组织党员深入学习贯彻十八届六中全会精神。（2）看该参加的党员覆盖没有，督促抓好非公有制企业和社会组织党员、流动党员、离退休党员等群体的学习覆盖。（3）看该整改的问题销号没有，督促抓好党员队伍“五个着力解决”等突出问题查摆整改。（4）看该补齐的短板解决没有，督促抓好党员组织关系集中排查等 7 项基层党建重点任务落实。（5）看该坚持的制度落实没有，督促抓好“三会一课”、民主生活会和组织生活会、民主评议党员、党员领导干部双重组织生活制度等的严格执行。（6）看该履行的责任发挥没有，督促县乡党委及主要负责同志切实承担主体责任和第一责任人职责，主动谋划、亲自上手，指导推动基层开展工作、帮助解决问题。

这次集中督查对县（区）120 余个基层党组织进行现场督促指导，针对 178 项督查清单内容提出整改建议 600 余条，推动“两学一做”学习教育和基层党建重点任务推进。（晨　曦）

宣传

【思想理论宣传】 2016 年，大同市宣传部组织开展学习 16 次大同市委中心组学习，其中有 7 次扩大到市级四套班子领导，有 3 次扩大到县处级以上干部。重点学习习近平总书记系列重要讲话精神、党的十八届三中、四中、五中、六中全会精神，学习省市“两会”、党代会，全省领导干部大会精神和骆惠宁书记重要讲话精神，学习党风廉政建设、换届工作纪律、“两学一做”学习教育、社会主义核心价值观、法治教育等。配合相关部门，对全市 2000 余名县处级干部分 13 期进行“读党书、论责任、抓落实”专题培训。在全市党员干部中开展中国特色社会主义基本理论和习近平总书记系列讲话精神学习宣传。组织报纸、广播、电视等媒体和网站，开辟专版、专栏进行理论宣传，利用市民大讲堂、培训班、研讨会、征文活动、文艺演出等形式，宣传党的理论、方针、政策，深化干部群众“中国梦”教育和理想信念教育。组织市委宣讲团，到各县区、市直单位宣讲党的十八届六中全会精神、省第十一次党代会精神和市第十五次党代会精神 30 余场。（徐海滨　金晓飞）

【新闻舆论宣传】 2016 年，大同市宣传部组织开展战役性、系列性宣传，重点宣传报道党的十八届五中、六中全会精神，山西省第十一次党代会精神、市第十五次党代会精神，“两学一做”学习教育、纪念建党 95 周年等重大会议和活动；宣传报道全市换届工作的准备、动态、进展等方面；全方位、多角度宣传各级各部门开展“冬季行动”、推动“六大发展”、保障改善民生、推进严打整治“百日行动”的政策措施及进展成效，宣传各级各部门建设美丽大同、富裕大同、幸福大同的生动实践、取得的成效。搞好对外宣传，全年在《山西日报》《人民日报》等省级以上主流媒体发表稿件 2400 余篇；面向全国征集城市形象旅游宣传口号，收到投稿 15659 条，评出 8 条获奖口号；举办“春满古都”—中央媒体大同行主题采风宣传活动和“洋眼看山西”大同行主题采风宣传活动，30 余家中央和首都媒体记者到大同，对大同进行宣传报道；在旅发大会期间，制作投放展现大同景点、美食、人文等方面 14 部作品，推出 20 余期拉票推介作品。（徐海滨　金晓飞）

【社会主义核心价值观宣传教育】 2016 年，大同市宣传部落实《关于在全市积极培育和践行社会主义核心价值观的实施意见》，在全市开展社会主义核心价值观、建设中国特色社会主义和实现“中国梦”的宣传教育。在全市 1756 块道旗、40 个公交站台、50 部公交车体、460 辆公交车载视频、18 块电子显示屏等载体上，开展以“三个倡导”为主要内容的社会宣传，营造浓厚的氛围。组织开展“争做最美大同人、共筑美好中国梦”主题实践活动、青年志愿者服务活动和义工联服务活动，大同市永安出租汽车有限责任公司“雷锋车队”被中宣部命名为第二批全国学雷锋活动示范点，大同市城区开源街民和社区被推选为最美志愿服务社区候选典型，华北星城社区获全国最美志愿服务社区荣誉称号。组织各级各部门参加“中国好人”“山西好人”“山西道德模范”推荐评选活动，大同市矿区徐文彪、任新平、陈玺、陶项 4 人和阳高县李培斌被中央文明办评选为“中国好人”。开展文明县城、文明村镇、文明单位、文明家庭、文明校园创建活动，大同市刘忠利家庭、张明义家庭等 4 户家庭入选 2016 全国“最美家庭”“五好文明家庭”，城区孙秀兰“环卫之家”被评选为第一届“全国文明家庭”。南郊区云冈镇、新荣区西村乡等 13 个乡镇，10 个村被省文明委评为“文明村镇”，大同市编办、民政局等 82 家单位被省文明委评为“文明单位”。（徐海滨　金晓飞）

【公共文化服务】 2016 年，大同市宣传部围绕文艺精品创作，排演大型话剧《热泉》，在全市开展巡回演出，到山西省城太原参加全省纪念建党 95 周年优秀剧目展演，参加全省巡演，获得好评；创排大型历史舞台剧《平城赋》，并接受国家艺术基金专家组的检查验收；提高晋剧《河清海晏》《看 大泉山变了样子》等精品剧目，在全市开展《河清海晏》、北路梆子《廉吏于成龙》、耍孩儿剧《血溅乌纱》、歌剧《党的女儿》等精品剧目展演；大同市本土电影《莫斯科离大同不远》参加北京国际电影节展映活动并在全国上映；大同市三位作家侯建忠、左世海、李进的 12 篇作品入选《当代闪小说精选》；在全省第十一届精神文明建设"五个一工程奖"颁奖仪式上，全市选送的耍孩儿剧《布衣知府》、广播剧《"树痴"赵德清》、歌曲《枕着水乡一个梦》三部作品获优秀作品奖，大同市委宣传部获"组织工作奖"，大同籍著名广播剧编导权胜、著名歌手高保利获山西省精神文明特别贡献奖。围绕开展各类文化活动，重点以"来大同过大年·观灯会好梦圆"为主题，举办2016中国大同古都灯会，观展人数50万人次，100余家国家级、省级和周边城市媒体报道灯会盛况，使大同的文化魅力和城市形象广泛传播；组织开展"天下大同·大美云冈——山西·大同云冈文化旅游招商系列活动"，举办2016乌大张三地春节联欢晚会、第六届春节文化庙会、新年音乐支、中国摄影家协会第七届大型摄影展、"静水深流——郭宝君中国画作品展""画说塞外·中国油画名家展"大同玉石文化节等40余场文化活动；开展千场大戏、万场电影文化惠民活动，完成送戏下乡1000余场，电影公益放映2.3万场。

（徐海滨　金晓飞）

【文化体制改革】 2016年，大同市宣传部围绕申办全省旅游发展大会和参加"人说山西好风光"节目，加大旅游城市宣传推介营销，并走出去发动乌兰察布市、张家口市，以及"五岳联盟"为大同市投票、加油助威，助力大同市成功夺得2016年全省旅游发展大会主办权。围绕古都、云冈、恒山三大旅游景区和晋华宫、广灵剪纸等7大特色文化产业园区建设，参与组织在北京举办的旅游推荐会，大同市云冈旅游区获"全国旅游系统先进集体"称号。围绕各种文化会展，组织参加第十二届中国（深圳）国际文化产业博览交易会，印制《大同文化产业项目册》和"大同文化产业宣传光盘"，大同市广灵县张氏染色剪纸、天艺昌铜器、宗银公司银制品、大同日迹坊煤矸石雕刻、钟楼古街珠宝城大同玉等5个系列80余个品种参展，晋银公司选送的纯银艺术品《夜读春秋》、日迹坊煤矸石雕刻选送的《山西大同云冈石窟第五窟佛造像》获中国工艺美术文化创意奖铜奖，广灵县政府与桃花源（北京）投资基金管理有限公司就广灵白羊峪和壶流河旅游风景建设项目签约，投资额13余亿元，是山西省22个重点签约项目之一。组织参加乌兰察布文博会，展示大同市文化产业的风采，展示大同悠久的历史文化，取得宣传效果。

（徐海滨　金晓飞）

【孙志军到大同调研】 2016年8月8日至9日，中宣部副部长孙志军、中宣部文改办主任黄志坚、中宣部办公厅副主任田雪平一行到大同，调研基层文化服务和文化产业发展。山西省委常委、宣传部长胡苏平，省委宣传部副部长刘英魁参加调研，大同市委副书记高键，市委常委、宣传部长马斌陪同调研。

在大同期间，孙志军一行到东城墙、云冈大景区、市博物馆等文化旅游场所。听取工作人员介绍各文化场所相关情况，与同行人员和工作人员探讨具有地方特色的历史文化典故、文化文物渊源、特色文化产品等。孙志军肯定大同市在基层公共文化服务和文化产业发展方面所做的工作。他指出，大同市历史悠久，文化积淀深厚，文化资源丰富，为发展文化产业奠定基础。利用好这些文化资源，提升基层文化服务水平，促进公共文化服务标准化、均等化，做大做强文化产业。在发展文化产业过程中，挖掘和利用当地历史文化、民间文化、旅游文化等资源优势，注重提升文化内涵，打造文化品牌，推出一批具有大同特色的文化产品，把大同地区丰富的文化资源、传统工艺、特色产品转化为文化产业优势，推动文化产业大发展、大繁荣。（小　霞）

【胡苏平到同煤集团调研】 2016年8月3日，山西省委常委、宣传部部长胡苏平率省委宣传部、省政府金融办、省人社厅、煤炭厅、国土厅、国资委、煤监局等相关部门负责人到帮扶联系企业同煤集团调研，开展"一企一案、一业一策"精准帮扶，协调解决实际困难，支持国有企业发展。省人社厅副厅长刘海芸，省煤炭工业厅总工程师武玉祥，省国资委副巡视员暴峰等参加调研，大同市委书记张吉福，市委副书记高键，市委常委、宣传部长马斌等陪同调研。

调研中，胡苏平一行视察晋华宫国家矿山公园，主持召开座谈会，听取同煤集团关于当前企业生产和面临的主要困难和问题的汇报，了解企业生产经营状况、存在的困难和问题，现场协调相关职能部门帮助企业想办法、寻对策、谋发展，解决实际困难。胡苏平肯定同煤集团在经济下行压力持续加大情况下，取得的成绩，并要求省直有关部门和大同市委、市政府贯彻落实省委"两关键、两着力、两手抓、两手硬"要求，提高领导经济工作水平和破解各种难题本领。

胡苏平要求，各职能部门要坚持政策最大化、扶持最大化理念，主动帮助企业破解转型升级、融资、税费、就业、社保等方面难题。新闻宣传部门加大正面宣传力度，为企业正常生产经营创造良好环境氛围和积极向上的正能量。同煤集团领导班子要坚定信心、振奋精神，团结带领广大干部职工想方设法谋发展、千方百计解难题，推动企业创新发展、转型升级，为塑造美好形象、实现振兴崛起作出新贡献。（小　霞）

【马斌到左云调研】 2016年9月18日，大同市委常委、宣传部部长马斌到左云县，实地调研文化旅游、长城保护和民生工程建设。

马斌在管家堡乡月华池写生基地、省级摩天岭风景名胜区、三屯乡夏都国际写生基地、云兴镇东延路社区"四德"文化墙、左云县北环路道路改造工程等地实地察看之后，他指出，左云要把推进文化旅游事业发展作为提升全县经济社会发展的新引擎，加强旅游基础设施建设，提升旅游服务品质，让游客进得来、玩得好、留得住、住得下。整合旅游资源，丰富旅游内涵，变资源优势为经济实力；推进旅游项目建设，优化旅游产业结构，挖掘历史文化内涵，推动旅游与文化等相关产业融合发展；抓住全省旅游大会在大同召开有利契机，按照全市生态文明建设和文化旅游产业总体规划部署，推动全县旅游业发展。加大古长城等文物保护力度，提升全民文物保护意识，把历史文化景点保护好、挖掘好、利用好。（小　霞）

统战

【多党合作】 2016年，大同市委统战部协助大同市委制定印发《中共大同市委关于加强政党协商的实施意见》，推动政党协商制度化、规范化建设。协助大同市政府制定《关于在政府工作中加强与民主党派和无党派人士联系的意见》，全方位促进党外人士知情明政、参政议政。协助市委召开市委与民主党派、无党派人士座谈会4次，分别就全市“十三五”规划、政府工作报告、市第十五次党代会报告、全市党风廉政建设等工作等进行通报，征求意见意见。在大同市委的领导下成立民主党派换届工作领导小组，制定《关于协助各民主党派市级组织做好换届工作的实施意见》，召开各民主党派换届工作座谈会，协商通过《全市民主党派换届工作座谈会纪要》。协助各民主党派市委开展届末述职、民主评议、民主推荐工作，多次到山西省委统战部、民主党派省委就新一届领导班子人选沟通情况、交换意见、反复协商，各民主党派顺利召开代表大会，完成换届任务。开展“坚持和发展中国特色社会主义学习实践”活动为抓手，全面加强民主党派思想建设，增进政治共识。在全市党外代表人士中组织开展“两学一跟”活动，举办全市统一战线“读党书、论责任、抓落实”培训班，组织统一战线成员深入学习习近平总书记系列重要讲话精神和省市党代会精神，坚持以科学理论武装头脑、指导实践、推动工作。组织民主党派开展调研活动，动员各民主党派和无党派代表人士紧紧围绕全市转型发展和改善民生等课题深入思考、实地调研，全年向省、市有关部门提交各类提案、议案、社情民意、调研报告200余篇，多项调研成果受到党委、政府和有关部门的重视、采纳。支持民主党派成员和无党派人士履行监督职能，召开全市特约人员聘任工作会议，50名党外代表人士受聘担任大同市检察院、市国土局等有关部门的特约人员。鼓励各民主党派利用自身优势，开展送药义诊、支教助学、文化下乡等社会服务工作，推动民主党派社会服务的制度化。 （刘　涛）

【统战助力民营经济发展】 2016年，大同市委统战部围绕“民营企业家与中国梦”主题，开展以“信念、信任、信心、信誉”为内容的非公有制经济人士理想信念教育实践活动，引导全市非公经济人士弘扬晋商精神，自觉践行社会主义核心价值观。在重庆大学举办全市非公经济代表人士培训班，组织非公经济人士参加“山西省优秀中青年民营企业家培训班”等活动。召开全市非公有制经济代表人士综合评价工作会议，全面部署和启动全市综合评价工作。在全市范围内开展学习贯彻习近平总书记关于建立“亲”“清”政商关系重要讲话精神的活动，开展构建亲、清新型政商关系调研活动，教育引导党员干部和广大民营企业遵纪守法、严守底线，共同营造风清气正的发展环境。贯彻《全市领导干部联系民营企业工作方案》，推动市级领导结对帮扶28家民营企业，到企业了解发展情况，帮助解决突出问题。开展“冬季行动”民营经济待批项目大起底活动，帮助25户民营企业办理用地手续，给6户民营企业办理房屋产权登记手续。完善“政银企”合作机制，开展“银税合作”，通过该渠道帮助54家民营企业办理贷款1.87亿元。加强商会建设，推动成立大同山东商会、大同广东商会、重庆大同商会，通过商会等渠道签订大同古城东北隅文化旅游项目、大同市跨境电商产业园等多项投资协议。开展全市民营经济发展规划编制工作，规划成果《大同市民营经济“十三五”发展规划》通过专家评审。开展民营经济统计监测，编印2015年《大同市非公有制经济（民营经济）统计调查报告》。 （刘　涛）

【民族宗教事务】 2016年，大同市统战部到城区善化寺社区宣传民族政策，向社区居民发放民族团结宣传画100余份，资料1000余份。到少数民族聚居村调研摸底，帮助四个少数民族聚居村落实省民委扶持发展资金60万元。调整全市宗教工作领导组，加强党委对宗教工作的领导。召开全市宗教工作会议，落实全国、全省宗教工作会议精神，分析形势，研究问题，部署工作。举办全市宗教干部和宗教界人士培训班，提升做好民族宗教工作的能力和水平。完善县乡村三级宗教工作网络和乡村两级责任制，形成宗教工作上下齐抓共管的良好局面。举办北岳恒山三元宫修复竣工典礼暨北岳道文化研讨会、五岳祈福大法会等活动，以及大同首届中华文化艺术博览会暨天籁梵呗新佛乐音乐盛典。开展宗教场所危房问题调研，协调有关部门给市天主教堂、圆通寺申请维修经费220余万元，消除宗教场所安全隐患。组织全市重点宗教活动场所负责人参加消防安全培训，开展全市百年以上天主教堂安全检查，确保信教群众宗教活动的人身安全。在“腊八”、开斋节、圣诞节等重要节点加强安全防范，确保全市宗教领域多年无事故、无险情。在中央统战部、国家宗教局举办的第三届全国创建和谐寺观教堂活动中，大同市基督教东堂被表彰为先进集体，大同清真大寺管委会主任杨法珍被表彰为先进个人。市领导走访宗教活动场所，看望宗教团体负责人，要求宗教团体加强领导班子建设和作风建设，发挥好团结、联系宗教界人士和信教群众的“桥梁”和“纽带”作用。开展宗教政策法规学习月活动，发放宣传资料4000份、书籍1000本，组织宗教界人士和信教群众学习党的宗教政策、法律法规，学会运用法律思维解决矛盾纠纷。加强爱国宗教团体建设，指导市佛教协会换届。开展“宗教慈善周”活动，引导各宗教团体和宗教界人士参与社会公益活动。 （刘　涛）

【党外代表人士“双学一跟”活动动员部署会】 2016年3月25日，大同市党外代表人士“学习讲话、学习作风、跟党奋进”活动动员部署会召开。大同市委常委、统战部部长姚生平参加会议并讲话。姚生平要求各级统战部门及党外代表人士要提高认识，理解开展“双学一跟”活动的重大意义；要把握内涵，体现特色，保证活动取得实效；要精心组织，全面推动，把相关工作抓紧抓好。（刘　涛）

【《大同统战志》出版发行】 2016年5月，大同市委统战部编修《大同统战志》由华文出版社正式出版发行。全书以大同市60多年来统一战线工作历程为轴，展现大同市统一战线工作的光辉历史和光荣传统。采用志、述、记、图、表等方式，以志为主，以事分类，以时为序，由序、总述、专志、大事记、后记等组成。用6章37节36万字，记述大同市自1949年5月和平解放以来，市县（区）统战工作，民主党派、人民团体、宗教团体等工作实录，全面而客观地反映大同市统一战线60多年的发展历史和当今现状。语言严谨，朴实，规范；内容结构完整，叙述详略得当，力求思想性和资料性的有机统一。（刘　涛）

【大同欧美同学会·大同留学人员联谊会成立】 2016年7月2日，大同欧美同学会·大同留学人员联谊会成立大会暨第一届理事会第一次会议召开。大同市委常委、统战部长姚生平，山西省委统战部副巡视员孙建军，市政协副主席杨硕平参加会议。审议通过联谊会章程，选举产生会长等。（刘　涛）

【市佛教协会第二届代表大会】 2016年8月19日，大同市佛教协会第二届代表大会召开，全市佛教界代表汇聚一堂，听取市佛协第一届代表大会工作报告，审议修改市佛协章程，选举产生市佛协第二届理事会理事、会长、副会长。山西省宗教局副局长侯文禄，市委常委、统战部部长黄岑丽，市人大常委会副主任曹世平，市政协副主席杨硕平出席会议。黄岑丽在讲话中希望大同市佛协第二届理事会要深入学习全国宗教工作会议精神，服务大同经济社会发展，提升自身建设科学化水平，以这次会议为新起点，引导正念、振奋精神、同心同德、开拓进取，团结佛教界人士和广大信众，为建设美丽大同、富裕大同、幸福大同凝聚强大的正能量，作出新的贡献。中国佛教协会副会长、省佛教协会会长释妙江参加会议。（刘　涛）

【北岳恒山三元宫修复竣工典礼暨北岳道文化研讨会】 2016年9月10日，大同市北岳恒山三元宫修复竣工典礼暨北岳道文化研讨会在浑源县恒山景区举行。国家宗教局副局长蒋坚永，中国道教协会会长李光富、原会长任法融，山西省宗教局局长刘国庆，市委书记张吉福，市委副书记、市长马彦平，市委副书记高键，大同市人大常委会主任梁凤书、市政协主席柴树彬，市委常委姚生平，市委常委、统战部部长黄岑丽，副市长曹惠斌等应邀参加活动。蒋坚永希望道教界贯彻落实全国宗教工作会议要求，弘扬道教优良传统，服务社会、造福人群。加强自身建设，挖掘五岳道文化的独特优势，使古老的道教名山焕发出新的生机与活力。张吉福在致辞中代表全市对长期以来始终关注支持北岳恒山道教文化建设与发展的领导和各界人士表示感谢。他强调，坚定文化自信，加强宗教团体建设，挖掘道教优秀传统文化，弘扬道教正能量，为塑造山西美好形象，实现山西振兴崛起作出贡献。下午，与会宗教界人士参加“上善若水·论道恒山”北岳道文化研讨会。（刘　涛）

【蒋坚永到大同调研】 2016年9月10日，国家宗教局副局长蒋坚永到大同调研宗教工作。山西省委统战部副部长、省宗教局局长刘国庆，市委常委、统战部长黄岑丽等陪同调研。蒋坚永先后走访纯阳宫、法华寺等宗教活动场所，调研宗教场所的管理、宗教活动的开展、宗教文化的挖掘等情况，询问佛道教寺观内文物的保存情况，他强调，各级各有关部门要全面贯彻落实党的宗教工作方针，重视和关心宗教工作，推动宗教依法有序健康发展。引导支持宗教界挖掘弘扬宗教优秀文化资源，阐释传统教义的当代价值，发挥我国宗教爱国爱教、服务社会的优良传统和作用。加强中青年宗教人才培养，提高教职人员的综合素质，开展公益慈善活动，以满足不同层次信教人群的需求。强化宗教活动场所管理，探索宗教场所管理的新思路、新举措，推进宗教场所规范化建设，把活动场所打造成信教群众的心理驿站和心灵家园。（刘　涛）

【张裔炯到大同调研】 2016年9月11日，中央统战部常务副部长张裔炯一行到大同，调研大同市贯彻落实党中央关于统一战线系列重大决策部署情况。山西省委常委、省委统战部长孙绍骋，大同市委书记张吉福，市委副书记、市长马彦平，市委副书记高键，市委常委、市委统战部长黄岑丽等陪同调研。张吉福在座谈中汇报全市统战工作情况。张裔炯听取大同市及大同县委、南郊区委统战部、市民革、大同留学人员联谊会和民营企业负责人等相关情况汇报。他指出，大同市各级党委和有关部门重视统战工作，贯彻落实党中央关于统一战线的一系列重要决策部署，构建统战工作格局，在民主党派、民营经济、民族宗教等方面的工作做探索。他强调，学习习近平总书记有关统战工作的重要讲话精神，重视统战工作，发挥统一战线服务大局的作用。坚持问题导向，破解统战工作中的重点难点问题。提高统战干部自身素质，加强学习，坚定理想信念，联系各界人士，拓宽自身知识面，增强应对复杂形势和工作的能力。张裔炯一行在大同期间，调研大同市同煤集团塔山循环经济园区、民主党派市委机关、民营企业参与古城建设的太平楼和钟楼等。（刘　涛）

【黄岑丽参加市委与民主党派无党派人士座谈会】 2016年9月23日，大同市委常委、统战部部长黄岑丽参加市委与民主党派、无党派人士座谈会，通报市第十五次党代会报告（征求意见稿）主要内容，征求党外人士对意见稿的意见和建议。（刘　涛）

【省委督查组到大同专项督查】 2016年10月24日至25日，山西省委统战部副部长王云龙一行到大同，专项督查大同市委贯彻落实《中国共产党统一战线工作条例（试行）》及省委《实施意见》等情况。大同市委书记张吉福会见督查组一行。大同市委常委、市委统战部部长黄岑丽，市委常委、副市长、城区区委书记张韬，副市长曹惠斌分别参加会见和陪同督查。在大同期间，督查组听取全市统战工作汇报，查阅相关档案资料，与全市各民主党派、工商联、相关部门负责人及无党派代表人士、新社会阶层人士座谈，了解大同市统战相关重点工作开展情况。督查组督查调研大同市民主党派、市工商联机关、清真寺、法华寺、万城集团“互联网＋服务”产业园、同药集团、华晟果蔬公司、泰瑞集团等。（刘　涛）

【宗教工作会议】 2016年11月30日，大同全市宗教工作会议在御东行政中心召开。山西省委常委、大同市委书记张吉福出席会议并讲话，市委副书记、市长马彦平主持会议，梁凤书、柴树彬、郜向华、黄岑丽、张韬、卫国等市四套班子领导及各县区、市直单位相关负责人参加会议。会议强调，全市各级各部门要深入学习领会全国、全省宗教工作会议精神，深入学习贯彻习近平总书记系列重要讲话精神，把思想和行动统一到中央和省委对宗教问题的认识和判断上来，统一到新形势下中央和省委关于宗教工作的决策部署上来，加强和改进新形势下全市宗教工作水平。（刘　涛）

【孙绍骋到大同调研】 2016年3月26日至27日，山西省委常委、省委统战部部长孙绍骋，省委统战部副部长、省宗教局局长高键等一行到大同，调研大同市宗教工作。

大同市委书记张吉福，市委副书记、代市长马彦平，市委常委、市委统战部部长姚生平，市委常委、市委秘书长郜向华陪同调研。

调研期间，孙绍骋一行到法华寺、华严寺、纯阳宫、帝君庙、恒山岳门湾道教活动场所和悬空寺等宗教活动场所。孙绍骋一行听取工作人员有关各宗教活动场所的基本情况、历史沿革、文化内涵、资源优势、日常管理等情况的介绍，了解每一处宗教活动场所的特色，并与宗教界代表人士进行座谈，听取意见和建议。（茗　泉）

【省委民主党派调研组到大同调研】 2016年3月9日，以山西省委统战部巡视员王宝生为组长的省委民主党派工作调研组到大同，调研相关工作。调研组一行与大同市统战部门负责人及各党派负责同志进行座谈交流。大同市委常委、统战部部长姚生平参加座谈会。

座谈会上，调研组征求与会人员对于市级组织换届文件的意见和建议，了解市级组织换届准备情况；全市统战部门落实全省统战部长会议精神情况；在党外人士中开展“双学一跟”活动进展情况及坚持和发展中国特色社会主义学习实践活动开展情况。（红　远）

【孙绍骋到大同调研华岳集团电厂项目】 2016年8月4日，山西省委常委、统战部部长、省促进民营经济发展工作领导小组组长孙绍骋带领省工商联、省中小企业局、省政府发展研究中心有关负责人到大同，调研华岳集团电厂项目推进情况。省委统战部副部长、省工商联党组书记杨临生参加调研，大同市委副书记、市长马彦平，市委副书记高键等陪同调研。

调研中，孙绍骋一行实地考察华岳集团电厂项目推进情况，在了解企业当前面临的主要困难，听取有关县区及部门情况汇报后，孙绍骋肯定省、市、县三级党委、政府和有关部门协调推动华岳电厂项目重新启动取得的进展。他要求各级各部门贯彻落实省委书记骆惠宁的讲话精神，统一思想、提高认识，落实和完善政策措施，营造民营经济发展的良好环境。主动作为、靠前服务，精准帮扶企业，敢于向积存多年的顽瘴痼疾开刀，为企业办实事、解难题，扶持民营企业发展。引导企业家主动适应经济发展新常态，依法诚信经营，做优做强企业，履行社会责任，做合格的中国特色社会主义事业建设者。构建“清”“亲”政商关系，政府要真心实意对待民营企业家，民营企业家要回报社会，共同推动经济稳步向好，逐步实现山西振兴崛起作出贡献。（小　霞）

【省委督查组专项督查统战决策部署落实情况】 2016年10月24日至25日，以山西省委统战部副部长王云龙为组长的省委第二督查组到大同市，专项督查大同市委贯彻落实《中国共产党统一战线工作条例（试行）》及省委《实施意见》等情况。

在大同期间，大同市委书记张吉福会见督查组一行。市委常委、市委统战部部长黄岑丽，市委常委、副市长、城区区委书记张韬，副市长曹惠斌分别参加会见和陪同督查。

在大同期间，督查组听取大同市统战工作汇报，查阅相关档案资料，与全市各民主党派、工商联、相关部门负责人及无党派代表人士、新社会阶层人士座谈，了解大同市统战相关重点工作开展情况。督查组到大同市民主党派、市工商联机关、清真寺、法华寺、万城集团服务产业园区、同药集团有限公司、华晟果蔬农业科技有限公司、泰瑞集团建设有限公司等处进行实地督查。

调研组认为，大同市上下要深入学习贯彻习近平总书记重要讲话精神和中央、省委统战工作会议精神，落实中央、省委关于“四个纳人”“三个带头”的要求，履行统战工作党委主体责任，整合各方资源，发挥统战工作服务大局作用。引导统战成员建言献策，创新创业，参与脱贫攻坚，聚焦各领域工作重点难点，发挥大统战工作格局优势，强化措施，落实责任。（晨　曦）

【全市非公经济代表人士综合评价会】 2016年11月17日，大同市非公有制经济代表人士综合评价工作会议召开，部署和启动全市综合评价工作。大同市委常委、统战部部长黄岑丽出席并讲话。

黄岑丽在会上强调，开展非公有制经济代表人士综合评价工作，是深入贯彻中央统战工作会议精神和《中国共产党统一战线工作条例（试行）》，推进非公经济健康发展、加强非公经济代表人士队伍建设的一项重要举措。认识开展综合评价工作的重要意义，增强做好工作的责任感。精心准备，把好入口关；严密组织，把好质量关；及时反馈，把好应用关。综合评价工作是一项政治性、政策性很强的工作，涉及面广、对象特殊、社会敏感，必须加强组织领导，明确工作责任，加强宣传教育，形成做好综合评价工作的强大合力。在市委的领导下，深化思想认识，夯实工作举措，强化组织保障，完成各项目标任务，为做好全市非公有制经济人士思想政治工作和政治安排打下坚实基础。会议还对参加会议的工作人员进行培训。全市统战、组织、工商联、法院、检察院、经信、公安、人社、环保、卫计、国税、地税、工商、安监、总工会等部门和单位的相关人员参加会议。

（晨　曦）

台湾事务

【对台交流】　2016年7月6日至11日，中共大同市委台湾工作办公室举办第六届海峡两岸中小学校长及中学生“名城古都——大同之旅”交流活动。来自中国台湾台南市、台北市、台中市等地的33名中小学校长及中学生代表应邀前来与大同市中学校长及学生代表进行学术研讨和参访交流。6日上午，中国台湾交流团一行到大同市示范性综合实践基地参访，到基地艺术教育中心、学生餐厅、拓展训练区、工科和农科体验区，实地观摩基地特色办学活动等。下午，中国台湾中小学校长参访团与大同市部分中小学校长及优秀教师代表共聚一堂，参加“海峡两岸中小学教书育人研讨会”，就海峡两岸中小学教育现状等方面的问题进行交流和探讨。中国台湾中小学生代表同市职业教育中心学生一起参与海峡两岸“家乡美、两岸情、中华魂”才艺表演活动。在大同期间，中国台湾参访团一行到大同市博物馆、文瀛湖生态公园、华严寺、云冈石窟、恒山景区、平型关大捷纪念馆等地参观。

7月24日至25日，来自中国台湾台东县丰里国民小学2016两岸体育交流团一行26人，在丰里国小校长、该交流团团长刘文龙的率领下到大同市进行参访交流活动。在大同期间，该交流团参观大同市城区机车一校。交流团的校长、老师与机车一校校长、优秀教师代表就学校管理、优质教育、课改等话题进行座谈交流。大同市委副秘书长、台办主任来彦出席欢迎晚宴并致辞。来彦在讲话中指出，青少年是民族的未来和希望，两岸青少年交流对两岸关系的发展有着重要作用和深远影响。大同市注重与中国台湾青少年的交流交往，大同台湾两地多所中、小学校建立校际交流长效机制，使大同市与中国台湾教育交流制度化、规范化。这次两校进行的师生交流活动，促进同台两地教育交流。他认为，台东丰里国小能与大同机车一小建立起长期互动交流机制，为大同中国台湾两地的青少年交流搭起桥梁，为将来的合作与发展奠定良好基础，为两岸教育事业的发展贡献力量。

10月30日至11月6日，中共大同市委台湾工作办公室邀请中国台北市信义区国民党部主委高艳秋女士为团长的台湾基层社区参访团一行50余人，到大同开展为期8天的交流活动。31日，中国台湾参访团走访大同市城区开源街民和社区及御锦源社区，通过参与书法、文艺表演等方式与社区居民进行互动。下午，就社区管理、服务、养老、文化娱乐活动建设、居民生活等方面与社区负责人进行座谈交流，加强了解沟通，增进感情。参访团前往大同博物馆、民俗博物馆、雕塑馆、古城墙等处参观，了解大同的历史文化、风土人情、民风民俗、生活方式。参观大同及周边县区的城市建设以及云冈石窟、北岳恒山、应县木塔等驰名中外的名胜古迹。

（台湾工作办公室）

【涉台教育活动】　2016年，中共大同市委台湾工作办公室结合大同市“在职党员进社区”活动，城区湾工作办公室向广大社区居民宣传党的对台方针政策。左云县印制百余份涉台方针、政策、宣传资料，发放到社区居民中，宣传党的对台方针政策。大同县首抓台情教育，向社区居民介绍台海形势的最新发展，同时在电视台开辟专栏向群众解读社会普遍关注的涉台热点焦点问题。浑源县、灵丘县和广灵县组织同台两地学生暑假夏令营等活动，激发学生们的爱国热情。矿区、南郊区、新荣区、大同县、阳高县等地台办也采取多种形式开展涉台宣传教育活动。（台湾工作办公室）

机构改革与编制管理

行政审批制度改革

【行政审批事项精简】　2016年，大同市在全省率先启动权责清单调整工作。印发《大同市人民政府关于取消、下放和调整一批权责清单职权事项的决定》《大同市人民政府关于新增和取消一批行政职权事项的决定》《大同市人民政府办公厅关于调整市政府部门权责清单职权事项的通知》，分三批取消38项，新增19项，下放1项，调整名称和依据等事项92项。调整后，权责清单行政职权事项由上年年底公布的2840项减为2819项。

（李万民）

【行政审批事项取消】　2016年，大同市承接三批上级取消下放行政审批等事项，分别印发《关于落实山西省政府第一批取消中央指定地方实施行政审批事项的通知》《大同市人民政府关于落实省政府取消行政审批事项和第二批取消中央指定地方实施行政审批事项的通知》和《大同市人民政府关于落实和承接省政府继续取消和下放一批行政职权事项的通知》取消54项行政审批等事项。（李万民）

【行政审批中介规范服务事项】　2016年3月，大同市印发《关于落实承接国务院和省政府第一批清理规范行政审批中介服务事项的通知》（同政发〔2016〕22号），清理规范行政审批中介服务事项17项。6月，印发《大同市人民政府关于落实承接省政府第二批清理规范行政审批中介服务事项的意见》（同政发〔2016〕54号），取消行政审批中介服务事项8项。两批清理行政审批中介服务事项25项。

（李万民）

【行政审批监管】　2016年10月，大同市印发《大同市政府部门权责清单动态管理试行办法》（同政发〔2016〕83号）和《大同市政府部门行政职权运行监督管理办法》（同政发〔2016〕84号）。两个《办法》明确大同市审改办、法制办、政务服务中心等部门动态管理和行政职权运行过程中的主要职责，提出根据法律法规设定依据变化和省政府取消、下放、调整行政审批事项等情况，对权责清单适时调整。明确权责清单动态调整的各类情形和工作程序，并对行政职权运行过程监管措施和违规处罚情形作明确规定，使行政职权运行规范、合规、高效。11月，印发《大同市关于深化行政审批制度改革加强事中事后监管的实施意见》（同政办发〔2016〕153号），健全相关监管制度，明确监管职责，加强监督考核。（李万民）

【行政职权项目电子信息系统建立】 2016年，大同市落实“互联网+”战略，把大同市级行政职权信息、行使依据信息、变更记录信息等集中存储，实行网络化、电子化管理，减少重复性梳理审核工作，提高工作效率。大同市机构编制办公室多次和中央机构编制办公室域名中心对接，两次参加实地培训。中央机构编制办公室域名中心将大同市列为全国22个“编制云”试点城市之一。11月，印发《关于全市行政职权项目电子信息系统基础数据录入工作的通知》（同编办字〔2016〕102号），要求市直部门和县区做好基础数据录入的准备工作。

（李万民）

【行政审批优化服务】 2016年，大同市按照省市要求，印发《关于开展取消无谓的证明和清理申报材料工作的通知》（同审改办〔2016〕8号），通过督导自查，会商审核，形成《大同市行政审批制度改革工作领导组办公室关于取消无谓的证明和清理申报材料的意见》，大同市审改领导组审议通过，这次取消117项无谓的证明和申报材料，简化办事程序，提高行政审批效率，减轻企业和群众负担。

（李万民）

【行政审批中介服务事项清单】 2016年，大同市召开会议安排部署市直各部门对行政审批中介服务事项的清理摸底工作。同大同市法制办、政务服务中心、财政局、物价局、民政局召开2次责任部门联席会议，并与相关部门进行对接，征求专家学者等意见，经大同市法制办合法性审查后，确定保留11家38项中介服务事项，形成《大同市政府部门行政审批中介服务事项清单》，大同市政府常务会审议通过，向社会公布。（李万民）

【编制随机抽查事项清单】 2016年10月，大同市政府召开“双随机一公开”监管工作推进会，市编办、市法制办就这项工作进行解读，联合印发《关于报送随机抽查事项清单的通知》（同编办字〔2015〕96号），明确方法步骤和有关要求，通过部门上报，编办和法制办审核审查，形成《大同市市级随机抽查事项清单》。印发《关于公布随机抽查事项清单和执法人员名录的通知》（同政办发〔2016〕156号），11月底，各部门通过门户网向社会公布本部门随机抽查事项清单，全市471项。（李万民）

【督导县（区）权责清单编制公布】 2016年，大同市根据《关于推行各级政府工作部门权力清单制度的实施意见》（同办发〔2015〕25号）要求，市编办对县（区）“两单两图”工作进行全程督导，3月，11个县（区）政府部门和经济技术开发区“两单两图”通过政府常务会和深化改革领导组会议确定，4月，全部向社会公布。

（李万民）

【乡镇（街道）村（社区）服务清单启动】 2016年，大同市编办在完成县（区）“两单两图”工作基础上，启动这项工作向乡镇（街道）村（社区）延伸。年内，印发《关于推进权力清单制度有关要求的通知》（同审改办字〔2016〕1号），确定各县（区）试点乡镇（街道）和试点村（社区），在实际推进中，考虑到乡镇一级权力事项少，服务事项多的特点，把权力清单和责任清单合二为一，加以推进，强化简明便民高效，确保按时完成。

（李万民）

综合行政执法改革

【综合行政执法体制改革调研】 2016年3月，大同市机构编制办公室组织召开行政执法机构调研部署培训会，全市50家执法部门的工作人员参加，印发《关于对全市行政执法机构进行调研的通知》（同编办字〔2016〕19号）。市编办组织相关人员调研全市综合行政执法机构，了解各部门的执法内容、执法方式，掌握执法内容相近的行政执法机构存在的职责交叉重叠情况，为全市综合行政执法体制改革做好前期准备。（李万民）

【综合行政执法体制改革方案】 2016年10月，山西省委省、政府印发《关于深化综合行政执法体制改革的指导意见》（晋发〔2016〕32号），大同市机构编制办公室在前期调研基础上，梳理山西省委文件主要精神及大同市实际情况，多次召开全市十大领域相关单位座谈会，征求市领导、市直相关部门、各县区意见，与省编办反复沟通，起草《大同市深化综合行政执法体制改革方案》，经大同市政府常务会议、市委深化改革领导组会议审议通过，报山西省批复。（李万民）

【机构配置编制资源】 2016年，大同市机构编制办公室对市县区法院、检察院的机构、编制、领导职数及人员情况进行调研摸底，为下一步法检两院的顺利上划打下基础。为解决恒安新区管理混乱、治安监管不到位的问题，在整合矿区、南郊、云泉分局的基础上组建大同市公安局恒安分局。加强对基层党组织和党员干部的监督工作，遵照上级精神，在市委设立巡察工作领导小组办公室，在县区及开发区设立党委巡察办、党委巡察组。根据政府机构改革精神，将市机关事务局相关职能、内设机构及人员并入有关部门。遵照上级精神，为加强非公经济组织和社会组织工作，在市委组织部设中共大同市非公经济组织和社会组织工作委员会，并明确领导职数。根据《关于规范开发区管理机构和派驻机构规格及领导职数的通知》（晋编字〔2016〕23号）文件精神，将大同市经济技术开发区土地分局隶属关系由山西省国土资源厅管理调整为大同市国土资源局管理，为大同市国土资源局的派出机构，开发区分局下属事业单位大同经济技术开发区土地事务中心调整为大同市国土资源局开发区土地分局下属事业单位。为加快把旅游业培育成全市战略性支柱产业，推动全市旅游产业加速发展，全面提升旅游工作水平，起草《关于创新大同市旅游管理体制机制的意见》，经大同市政府常务会议、市委深化改革领导组会议审议通过。贯彻中央和省委关于深化监察体制改革试点工作有关精神，大同市机构编制办公室配合市监察局，对市、县区检察院的反贪污贿赂局、反渎职侵权局、职务犯罪预防处三机构全面调研，

摸清涉改部门的编制、职数、人员等基本情况，为下一步推进深化监察体制改革试点工作奠定基础。（李万民）

事业单位改革

【事业单位整合】 2016年，大同市机构编制办公室贯彻晋政办发〔2015〕80号文件精神，成立市公共资源交易中心，牌子加挂在市政务服务中心，增加编制，充实人员，实行“一套机构、两块牌子”的管理体制。贯彻上级脱贫攻坚精神，对市扶贫工作机构进行加强，增加财政拨款事业编制，为大同县、阳高县、天镇县、浑源县扶贫开发办公室增加财政拨款事业编制。根据大同市市直机关集中办公实际，为优化资源配置，将市委、人大、政府、政协办公厅所属4个机关服务中心整合并入大同市机关管理服务中心。遵照上级整合不动产登记职责精神，按照“人随事走、编随人走”的原则，对市不动产登记中心机构和人员编制进行加强。为进加快大同古城保护修复和管理利用工作，推动全市经济社会特别是旅游产业加快发展，成立大同市古城管理委员会。为适应新形势下机构编制工作实际，11个县（区）成立机构编制电子政务中心。（李万民）

【事业单位分类】 2016年，大同市机构编制办公室按照山西省机构编制办公室安排部署，总结事业单位分类工作经验，梳理分析存在问题，为第二批事业单位分类改革工作做好准备。全市事业单位分类改革中存在的问题，承担行政职能类事业单位、生产经营类事业单位改革，会同有关部门做调研分析，完成第二批事业单位分类工作以及行政类事业单位、生产经营类事业单位的相关改革工作。

（李万民）

机构编制管理

【控编减编管理】 2016年，大同市机构编制办公室按照山西省机构编制办公室《关于认真做好控编减编工作的通知》（晋编办字〔2015〕60号）要求，全年大同市事业编制核减2%，印发《关于做好2016年度控编减编方案执行情况专项督查准备工作的通知》（同编办字〔2016〕69号）。结合事业单位分类改革，采取向整合要编制，向信息化要编制，向岗位要编制等措施，印发《关于2016年核减市直部分事业单位编制的通知》（同编发〔2016〕27号），核减市事业编制500名、县区事业编制1069名。

（李万民）

【实名制管理】 2016年，大同市机构编制办公室完善上年底启用的全省联网的“山西省机构编制综合管理系统（简称实名制系统）”各方面信息。完成市直机关事业单位各单位上报占编人员的照片导入工作，完善实名制系统数据，汇总成册《大同市机关事业单位机构编制统计资料汇编》和《大同市党政群机关、事业单位县处级领导职数表》，为机构编制管理决策提供基础依据。根据全省精神，核减公安自定编制，完成机构编制年检，《机构编制管理证》换发等工作。（李万民）

【法人统一社会信用代码管理】 2016年，大同市按照山西省机构编制办公室《关于实施事业单位法人统一社会信用代码制度的通知》（晋编办字〔2016〕9号）要求，结合事业单位法人年度报告、变更登记工作，换发新版“事业单位法人证书”，赋予其唯一的统一社会信用代码。推进市级机关、编制部门直接管理机构编制的群众团体统一社会信用代码赋码及证书发放工作。规范程序，简化手续，提供优质服务，为符合条件的机构发放“统一社会信用代码证书”，对442家单位的年度报告进行公示。

（李万民）

【机构电子政务管理】 2016年，大同市机构编制办公室做好中文域名的服务管理工作，修改域名相关信息，确保域名信息的真实性、准确性。开展党政机关事业单位新开办网站资格审核和开办网站资格复核工作，发放标识代码，督促网站加挂相应标识。

（李万民）

市直机关党的建设

【政治学习】 2016年，中共大同市直机关工作委员会坚持中心组月学习、党员周学习制度，以学习贯彻党的十八大和党的十八届三中、四中、五中、六中全会及习近平总书记系列重要讲话、省市委党代会精神为主要内容，以党员领导干部为重点，以党支部为单位，组织党员干部读原著、学原文、悟原理，做到学而信、学而用、学而行，教育和引导广大党员坚定理想信念，坚守精神追求，用特色理论武装头脑，把理论指导实践作为纵深推进机关党建的动力。加强中心组学习的示范引领作用，带头坚持“双学”、以上率下，组织开展“书记讲党课”、专题辅导、集中培训、开展“机关大讲堂”和“学习周”活动，通过撰写心得体会、专题研讨、学习交流等方式消化吸收，强化理论武装，促进党员的政治素养、理论水平和业务能力提高。工委处级干部全部参加市委举办的“读党书、论责任、抓落实”专题培训班，结合自己分管的工作撰写心得体会。11月28日至12月1日，中共大同市直机关工作委员会分两期对市直系统1220余名基层党支部书记和党办主任进行以学习贯彻习近平总书记系列重要讲话和在建党九十五周年、纪念长征胜利80周年上的讲话精神、十八届六中全会精神、省市委党代会精神、支部书记事务等为主要内容的集中培训。市直机关工会、妇工委、团工委组织各级群团组织通过报纸、电视、互联网、板报专栏、演讲、知识竞赛等形式学习宣传党的十八大和十八届三中、四中、五中、六中全会及习总书记系列重要讲话、省市党代会精神。（市直机关工委）

【机关工委“两学一做”学习教育】 2016年，中共大同市直机关工作委员按照大同市委安排（负责督导58家市直单位），采取召开座谈会、个别谈话等方式进行摸底调查，成立组织协调机构，制定印发机关工委“两学一做”《实施方案》和市直机关“两学一做”《实施方案》，分别对大同市直机关工作委员会自身及市直机关的学习教育进行了安排部署。学习教育正式启动后，先后给基层党组织购买《习近平总书记系列讲话》（2016版）1500册，《中国共产党的九十年》1500套，购买《党章廉政准则纪律处分条例（合订本）》《党费证》各3万册（套），发市直机关所有党员（包括离退休党员）。

学习教育展开后，中共大同市直机关工作委员按《方案》部署和市委协调组要求，采取“学、做、查、改、行”的方法推进。“学”即采取基层支部组织党员原原本本学、个人自学、安排县处领导干部讲党课专题学、专家学者辅导学、“四讲四有”专题研讨互学、走出去请进来学等形式，认真学习习近平总书记系列重要讲话、党的十八大、六中全会、省市党代会精神和学习教育必读书目、正反典型案例的学习。“做”即全体党员按照党章、准则、条例和中央、省、市委要求，在职党员进社区、全市“冬季行动党员先锋行、扶贫攻坚、入企服务、古城灯会”等大型活动及本职工作、日常学习生活中发挥先锋模范作用，做合格党员。“查”即督导、检查。工委成立由副书记带队的三个督导组，不间断对58家单位的学习教育情况进行督查；市直各大系统各自成立督导机构负责对本系统基层党组织学习教育情况进行督导；开展谈心、征求服务对象意见、召开“问题会诊会”，专门查找问题，列出问题清单。“改”即针对查找出的问题一项一项地整改。“行”即按照习近平总书记系列重要讲话和十八大精神、党章、廉洁自律准则、省市委有关要求，在思想上、政治上、工作上、学习上、生活上规范自己的一言一行，勇于担当，勤政廉洁，对党忠诚。

（市直机关工委）

【基层党组织规范化建设】 2016年，中共大同市直机关工作委员会制定《2016年度市直机关党建工作目标责任考核办法》，细化个性考核指标，与市直机关103个党组织签订《大同市直机关党建工作目标考核责任书》；工委组成五个组，对1428个基层党组织党员组织关系排查、党代会代表和党员违法违纪统计、基层党组织按期换届、党费收缴使用管理、抓严抓实机关党员干部学习教育等工作进行专项检查。有92名失联党员纳入组织管理，有328名排查前未收到组织关系介绍信回执党员落实，无法取得联系的党员592名；经过排查，工委所辖基层党组织有2名党代会代表终止代表资格、停止执行代表职务；有2人被终止人大代表资格、暂停执行人大代表职务；有20人受到刑事责任追究；有33人受到行政处罚。有41个基层党组织按期完成换届，换届的党组织中，行政一把手担任党组织书记的有37个，占换届党组织的90%。有641个基层党组织上报党费收缴相关数据，590个支部、总支规范党费收缴使用管理程序。2012名党员补交党费191.45万元。69个软弱涣散党组织通过集中整顿。组织开展“班子成员讲党课”活动，规范“三会一课”、主题党日等各项制度。“七一”前夕，对96个优秀基层党组织（其中先进基层党组织73个、与社区结对共建先进党组织23个）、15名优秀基层党支部书记、56名优秀基层党务工作者和172名优秀共产党员进行表彰，走访慰问老党员和生活困难党员546人，发放慰问金17.81万元。9月中旬，召开市直机关党员代表会议，选出122名出席市十五次党代会代表。12月，开展市直机关党组织书记履行党建工作责任“联述联评联考”工作，市直88个单位的机关党委、总支、支部书记进行书面述职，市直机关15个单位的党组织书记进行专项会议述职。

（市直机关工委）

【机关工委党风廉政建设】 2016年，中共大同市直机关工作委员会研究制定《市直机关工委关于2016年党风廉政建设工作责任实施办法》《市直机关工委落实党风廉政建设主体责任和纪工委监督责任清单及措施》《机关工委2016年度市直机关党建工作目标责任制考核办法》，市直机关党建工作与党风廉政建设工作，年初同布置、年底同考核。纪工委采取明察暗访、谈话了解、查阅相关材料及账务账目等方式对所属市直机关及下属单位落实中央八项规定精神纠正“四风”情况进行全覆盖监督检查。对违反规定发放各种补贴23.98万元问题线索移交市纪委进行处理。对工委12名科级党员干部廉政信息进行采集归档。推进“两个责任”的落实，加大对问题线索、纪律审查和查办案件力度。纪工委线索处置案件46件，立案审查23件，其中科级19件，其他4件，党政纪处分38人次。其中，纪工委自办案件9件，立案审查1件，给予党纪处分1人；组织处理15人。正在核查的2件。批复下级上报纪律审查案件4起。（市直机关工委）

【机关精神文明建设】 2016年，中共大同市直机关工作委员会以党建带群建，以群建促党建，党建群建并举，提升机关精神文明建设。通过开设“道德建设大讲堂”宣传“太行精神”“右玉精神”“大泉山精神”“晋商精神”，弘扬大同市法治文化、廉政文化、红色文化，开展“践行社会主义价值观”主题实践活动和“弘扬核心价值观 同心共筑中国梦”纪念红军长征胜利80周年系列活动，提高机关党员干部素质。

大同市直机关工作委员会组织开展慰问特困党员、救助特困职工和市级劳模、特困职工免费体检及“幸福起航 关爱困境儿童公益项目”“春雨助学”“博爱一日捐”“青年志愿者服务月”“青年志愿者集中服务日”等活动，慰问抗战胜利前参加革命的特困党员46人，救助特困职工117人，救助特困学生25人，发放慰问物品300余件、慰问金和救助款23.5万元。

中共大同市直机关工作委员会组织举办大同市“‘同煤新苑杯’全民健步走”活动和市直机关“迎‘七一’”第五届“威顺杯”羽毛球、迎“国庆”第五届“银星杯”乒乓球、首届职工体育舞蹈比赛、迎“新春”第四届职工棋类比赛。组织太极拳骨干培训、第三届“工会牵红线 缘系七夕”相亲会等活动。参加大同市第十八届职工文化博览会，有100余个单位的3260余人参加各类活动。组织市直机关250余名妇女组织负责人和女职工参加“网络新媒体培训会”和“十三五”规划专题报告会；组织市直机关民兵开展“军事日”活动，对“三战大队”进行重组并进行业务集训。丰富机关干部职工的业余文化生活。

（市直机关工委）

党校教育

【干部培训教育】 2016年，中共大同市委党校在主体班次强化马克思主义经典著作课教学，加强学员掌握马克思主义立场、观点和方法，构筑体现党校优势和特色，增强学员中国特色社会主义道路、理论、制度自信。强化党纪、党规、党章、党史作为党校学习主要内容的要求，学习习近平总书记系列重要讲话精神，突出十八大、十八届三中、四中、五中、六中全会精神专题教学内容。主体班次课程设置党性修养单元，除专题讲授外，年内专门组织学员到复旦大学、井冈山开展延伸培训，突出对学员理想信念、政治纪律、党性党风和反腐倡廉的教育。专门开设“弘扬大泉山精神”的现场教学，学习中央、省、市委关于廉洁从政各项规定的项目教学，组织学员到大同预防职务犯罪教育基地等进行警示教育，使学员感觉和认识从平面走向立体。适应形势任务发展要求，把市委、市政府的中心工作、重大决策、主要任务落实到党校的各项工作中，全面体现到教学内容中。无论是在上半年主体班次，还是下半年专题班次，每期都邀请大同市委领导、有关部门负责人就广大干部群众关心的热点、难点等问题，进行专题讲解。（党　校）

【党校教学改革】 2016年，中共大同市委党校在主体班次开展市情与经济社会发展教学，开展各类主题学员论坛、实践调研活动等，加强对中央和省、市委重大战略思想以及全市发展的理论和现实问题的学习研讨，提高学员立足大同实际分析研究问题、推动科学发展的素质和能力。对培训干部不同特点和需求分类施教，解决培训内容“大拼盘”和培训形式“一锅煮”的问题。对县处级领导干部进修班学员培训突出“广度”，把重点放在利用理论知识探讨、研究实际问题上，以促进实际工作的创新和发展。对中青年干部培训班学员培训突出“力度”，注重领导潜能的激发，开展形式多样的培训活动。在专家、教授互动式教学、领导干部上讲台的基础上，推行体验式教学、案例式教学，开展学员论坛、党性分析、读书会等主题活动，组织学员实地参观学习。推行教师登台前试讲、教师集体评价、教师授课内容审核、教学效果考评，规范教师管理；通过规范培训纪律，制定加强学员管理的若干规定，签订《学员培训承诺书》，加强在训期间考核管理；通过进行学员毕业鉴定，建立全市县处级干部培训档案，完善干部教育培训考核和激励机制。

全年，举办各类班次30期，培训各级各类干部4826人次。其中，县处级领导干部进修班、中青年干部培训班各1期，培训学员144人；全市领导干部“读党书、论责任、抓落实”专题培训班14期，培训学员2841人次；市纪检委、市委组织部、统战、工会、共青团、档案局等各类培训轮训班14期，培训轮训干部1841人次。（党　校）

【党校教师队伍建设】 2016年，中共大同市委党校先后集中师资参加中央党校、山西省哲学社会科学教学科研骨干研修班、全省党校系统师资培训、省社会主义学院培训、随主体班学员延伸培训，参加大同市委中心组扩大学习以及市民大讲堂专家讲座；组织教师到厂矿、乡村、社区、学校，围绕社会热点难点以及全市经济社会发展的重点问题进行社会考察，开阔教师的视野，丰富教研内容。6月，推动全市党校系统教学改革，加强教师队伍建设，提高教师业务素质和教学水平，增强教师之间的教学经验交流，校院组织全市党校系统教师赛讲活动。8月，组织参加全省党校行政学院系统教师赛讲活动。发现教学管理中的不足和问题，帮助解决实际困难，有针对性地采取改进措施。（党　校）

【党校科研成果转化】 2016年，中共大同市委党校完善科研工作机制，鼓励教师根据自身专长，开展课题申报研究。年内，市委党校申报并获得4个省党校、行政学院系统科研课题，获得1项大同市社会科学科研项目。6月，举办全市党校系统学习贯彻习近平总书记系列讲话理论研讨会。通过研讨活动，深化对习近平总书记系列重要讲话的学习理解，扩大全市党校系统科研协作和学术交流，提升科研学术水平。参加全省党校行政学院系统纪念建党95周年理论研讨会、第五次全省党校行政学院系统教学经验交流暨优秀教学研究成果表彰会，校院《深化教学改革，提升培训效果，打造党校教学精品》获一等奖。参与大同市第十五次党代会报告修改工作，就山西省国防教育委员会关于如何发挥国防教育作用的课题形成报告提出建议，对如何贯彻落实《统战工作条例》发表意见建议。（党　校）

【张吉福到党校调研】 2016年1月13日，大同市委书记张吉福到中共大同市委党校调研。大同市委副书记、市委党校校长刘国庆，市委常委、市委秘书长部向华参加调研。调研中，张吉福了解市委党校工作情况，实地察看教学设施、学校食堂、学员宿舍等办学保障情况。他指出，党校事业是党的事业的重要组成部分。中共大同市委党校要发挥传统优势，做到适应全市工作大局、促进市委中心工作落实，适应建设发展新要求、促进领导干部素质提高，适应理论建设要求、促进理论和实践创新，为全市经济社会稳定发展发挥重要作用。要找准工作切入点，深入思考和研究如何贴近全市中心工作来推进党校工作。要坚持改革创新，探索多形式办学模式。调研中，张吉福就市委党校下一步建设提出指导意见，明确市委党校就贯彻全国党校工作会议精神及下一步党校建设发展专题向市委常委会汇报。（党　校）

【党校举办全市第二十九期县处级领导干部进修班、第二十四期中青年干部培训班】 2016年3月25日，中共大同市委党校举行全市第二十九期县处级领导干部进修班、第二十四期中青年干部培训班开学典礼。中共大同市委党校常务副校长任建刚参加开学典礼。大同市委组织部常务副部长何永强，市纪委副书记武献民，大同市委党校校其他领导雷忠厚、张宝人、李彬参加开班典礼。会上，学员代表宣读在训承诺书。来自全市各单位新提拔、未经党校系统培训的80名县处级领导干部，64名中青年科级干部参加培训学习。（党　校）

【省委督查调研组到党校调研】 2016年8月15日，山西省委组织部

▲ 2016 年 12 月 24 日，全市领导干部第 14 期“读党书、论责任、抓落实”专题培训班开班　（党　校 供图）

干教处副处长薛炜为首的省委督查调研组到大同市委党校校督查调研。市委党校常务副校长任建刚，市委组织部副部长王建儒等参加督查调研活动。在督查调研座谈会上，督查调研组听取大同市委组织部贯彻《干部教育培训工作条例》和《关于进一步加强全省党性教育基地建设的实施意见》、市区两级党校贯彻全省党校工作会议精神有关工作情况，并就创新县级党校办学体制机制、如何更好发挥党校主渠道主阵地作用进行互动交流。（党　校）

【党校获教学研究成果奖】 2016 年 8 月 20 日，中共大同市委党校《深化教学改革，提升培训效果，打造党校教学精品》获第五次全省党校行政学院系统教学经验交流暨优秀教学研究成果一等奖。（党　校）

【马彦平到党校调研】 2016 年 10 月 22 日，大同市委副书记、市长马彦平在出席全市第二期“读党书、论责任、抓落实”专题培训班结业典礼后，在大同市委副书记、市委宣传部长高键，市委常委、组织部长赵向东，市委党校常务副校长任建刚等陪同下，实地察看基础设施情况，并就市委党校新址建设工作听取各方意见和建议。（党　校）

【党校举办全市领导干部“读党书、论责任、抓落实”专题培训班】 2016 年 10 月 17 日至 12 月 24 日，中共大同市委党校承办 14 期全市领导干部“读党书、论责任、抓落实”专题培训班。培训中，大同市委书记张吉福、市委副书记、市长马彦平及其他常委亲自登台为培训学员作专题辅导，大同市委常委分别参加学员的分组学习讨论。这次培训覆盖全市各行业、各级干部 3000 余人次。（党　校）

【党校举办全市领导干部第一期、第二期“读党书、论责任、抓落实”专题培训班】 2016 年 10 月 17 日至 22 日，大同市领导干部第一期、第二期“读党书、论责任、抓落实”专题培训班在中共大同市委党校举办。大同市委书记张吉福，市委副书记、市长马彦平出席开班仪式作专题辅导，分别在结业仪式上现场点评学员发言，作总结讲话。大同市委副书记、市委宣传部长高键主持两期开班仪式。各县区委书记、县区长、县人大常委会主任、县政协主席，县区党政班子副职及各乡镇（街道）党（工）委书记，全市市直机关和市直事业单位正处级领导、市管企业主要负责人，以及各县（区）人大、政协副职，党校常务副校长、经济技术开发区县处级干部 500 余人参加培训。培训期间，市委常委、组织部长赵向东，市委常委市纪检委书记朱晓东，山西省社科院党组书记、院长、研究员李中元，以及山西省委党校、山西省司法学校专家教授作专题讲座。（党　校）

【王联辉到党校调研】 2016 年 11 月 19 日，山西省委党校常务副校长王联辉一行到大同调研。在大同市委党校常务副校长任建刚、副校长雷忠厚等陪同下，王联辉一行先后到天镇、阳高、大同县委党校实地调研贯彻落实全省党校工作会议精神情况，到大同市委党校，与大同市委党校委班子成员进行座谈交流。（党　校）

离退休干部管理与服务

【离退休干部开展正能量活动】 2016 年，大同市委老干部局以“我看大同新变化”为载体，在全市老干部中开展“五个一”活动。即：一次主题宣讲，举办一次书画展、一次大型文体活动、一次征文、一次调研活动。各县区、市直各单位发挥离退休干部宣讲团、报告团、老干部文艺宣传团队、老年大学、老干部活动中心和老干部党校的作用，举办各类报告会、座谈会、文艺演出等，以学、讲、唱、谈、写等形式，汇聚和释放老同志正能量。全市围绕“纪念建党 95 周年和红军长征胜利 80 周年”，组织广大离退休干部开展形式各异、丰富多彩的文体活动大同市委老干部局举办离退休干部广场文化活动和书法绘画摄影作品展，与市老龄委共同举办为期一周的“今又重阳”书画展。南郊区、灵丘县、左云县分别举办规模不等的离退休干部书法绘画摄影作品展。阳高县开展红色电影展播、党的知识竞赛活动、大型文体展演、老年大学文艺演出、趣味运动会等系列庆祝活动。浑源县政法系统老干部党支部支部全体老党员集体佩戴党徽，重温入党誓词，合唱红歌，讴歌党的光辉历程和丰功伟绩。大同市城区、矿区、南郊区举行老年人体育健身大会和健步走活动。矿区老年大学阳光艺术团、左云县老干部艺术团、灵丘县老干部艺术团进军营、上矿山、进养老院和学校，进行慰问演出。在开展正能量活动中，注重对先进典型的培树和宣传，为老干部树立榜样和标杆，对受过中组织表彰的市农委蔬菜办原主任刘照和被誉为“绿化将军”的左云县籍军队退休干部张连印的先进事迹进行广泛宣传。10月20日和11月18日的《中国老年报》分别刊登他们的先进事迹。11月中旬，大同市委老干部局组织4名退休干部到山西省老干部局录制他们各自讲述的励志故事，将陆续在山西省委老干局网站播放，以激励更多的老同志投身到正能量活动中。（老干局）

【离退休干部生活待遇提升】2016年，大同市委老干部局召开全市地市级离退休干部情况通报会上，大同市委书记张吉福亲自向老干部通报全市经济社会发展情况和未来发展前景。全市各级各部门向老干部通报情况5次。春节、中秋两大传统节日，各级各部门对服务管理的离退休干部进行走访慰问。春节期间，大同市委、市政府领导带队分组慰问离退休干部78名。南郊区除去节日慰问之外，年内对全区21名离休干部老党员进行走访慰问，每人发送500元慰问金。大同市委老干部局组织市级老干部参观考察阳高县域经济发展情况；阳高县就近就地组织老干部考察观摩县域经济；南郊区组织县级老干部参观在建的万达文化广场、大张高铁项目及方特乐园等重大项目。全市组织老干部参观考察8次，280名离退休干部参加。大同市委老干部局自2015年给市直离休干部开通“一键通”手机服务后，满足老干部日常个体需求。为使这项服务更具保障性，多方协调将“一键通”服务费直接纳入财政预算，对使用情况进行定期回访，保证老干部畅通使用。年内，大同市委老干部局组织二、三、五医院和现代医院、新健康体检中心为市直802名离休干部和7957名退休干部进行体检。做好特困离退休干部帮扶工作，印发《关于开展2016年市直离退休干部及离休干部遗孀特困帮扶工作的通知》，对帮扶对象、帮扶资金的标准以及审核做详细规定，做到帮扶、精准帮扶，帮扶136名。先后对易地安置在北京、天津、河北、山东的离休干部进行走访慰问，送去慰问金，了解他们身体情况、思想和生活状况，向他们通报大同市经济社会发展状况，传达大同市委市政府的问候。（老干局）

【老年大学建设】2016年，大同市老年大学探索老年大学发展新模式，与企业、社区合作，继成立“大同市老年大学夕阳红分校”和“龙园社区分校”后，年内与大同市美夕阳红文化传播公司合作，成立夕阳红分校，教学场地面积1200平方米，开设8大系16门课程。龙园社区分校根据学员的需求，增加8门课程，学员增加到800余人。（老干局）

▲2016年11月14日，老干局举办全市离退休干部党支部书记培训班（老干局 供图）

【老干部创新宣传调研】2016年，大同市委老干局改变老干部工作宣传理念，创新宣传方式，利用新闻媒体宣传老干部工作。建立由33名来自全市老干部组成的网宣员队伍，选送5名老干部网宣员和2名网协员参加山西省委老干局举办“全省第二期离退休干部网宣员培训班”。在山西省委老干局网站网宣员原创展厅板块发表诗歌3篇，回忆录2篇。把微信、QQ、短信等新媒体运用到老干部工作宣传中，宣传老干部工作。全年编发信息50期，在各新闻媒体发表宣传稿件132篇。开展调研活动。围绕山西省委老干局下达4个调研课题，该局领导带头领题，组成6个调研组，到基层开展调研，撰写调研论文19篇。（老干局）

信访

【概述】 2016年，大同市市级信访总量22479件次。其中发生进京非正常上访314人次，与上年同期472人次相比下降33.5%；到山西省集体上访42批次686人次，同比分别下降38.2%和27.1%，大同市信访服务中心接待来访群众1259批次6153人次。全年进京重复非访103人次，占进京非访总量的32.8%，在京外围排查大同市上访群众309批次1312人次，其中集体进京上访59批次935人次。大同市信访服务中心来访接待群众集体上访240批次5134人次，集体访人次占群众来访总量的83.4%；在大同市委、市政府门前集体访人数14090人次。群众反映问题相对集中。城乡建设和劳动保障领域信访问题依然突出，城乡建设占信访总量42%，劳动保障占37%，主要集中在房地产领域、房屋征收、土地征用、建筑领域农民工讨薪问题等方面。一些利益诉求群体集体上访，主要是涉军群体、非法集资、民办教师、失独家庭、农电工、国税助征员等重点群体。（信访局）

【信访落实】 2016年，大同市委、

市政府多次召开常委会、政府常务会、信访联席会议安排部署信访工作，抓推动、抓落实、抓督办。省委常委、市委书记张吉福多次召集信访、国土、房产、住建等相关部门，就全市房地产领域信访问题进行分析研判，逐案推动化解9家企业的突出问题；大同市委副书记、市长马彦平召开政府常务会，集中研究解决29件进京、到省、到市集体访。推行市级领导定期接访制度，14位市级领导到信访服务中心接待来访群众48批次451人次，限期答复率100%。大部分群众合理诉求得到解决。大同市信访局加大信访督导力度，全国、全省“两会”、G20峰会、十八届六中全会等重大敏感节点派出督导组多次到各县区、各部门开展信访专项督查，层层把关，推动责任落实。（信访局）

【排查化解矛盾纠纷】 2016年，大同市信访局开展拉网式大排查4次，排查出11380件矛盾隐患，化解9855件，化解率86.6%。大同市各县区和市直各部门对排查出来的苗头隐患，逐一建立台账，逐一梳理分析，明确包案领导，并每周将排查出的台账报市联席办备案，实现滚动摸排和动态销案。（信访局）

【信访专项治理】 2016年，山西省信访局开展“一交办三治理”专项治理活动，通过网上交办大同市信访积案28件，化解27件，化解率96.4%。对中央交办大同市的13件长期在京滞留的重点案件，全部化解；对15件“三跨三分离”信访事项认定责任主体、稳控主体。对有违法信访行为的信访人依法追究刑事责任9人，行政拘留180人，训诫70人。

（信访局）

【信访渠道畅通】 2016年，大同市信访局按照山西省委、省政府的相关要求，在全市开展通过法定途径处理信访投诉请求工作，39家市直单位根据法定职责，明确各类法定途径的条件、主体、时限、操作程序和法律结果，规范有权处理机关的办理流程，成为全省首家完成并向社会公开本部门受理解决群众诉求法定清单的市。同时，10月全市率先完成手机信访系统建设，开通“手机信访”和“微信信访”平台系统，打造网上信访平台，做到“让数据多跑路、让群众少跑腿”，畅通信访渠道。（信访局）

【信访部门联动合作】 2016年，大同市信访局以公安为主的信访维稳预警平台，做到所有群体性非访100%预警；与维稳办合力加大对“八类人员”、涉军群体的教育稳控。加强与市直部门的联动配合，针对年底农民工讨薪信访案件高发，组织房管局、人社局、住建委等多部门成立督查队，对群众反映强烈、问题突出的部分房地产项目拖欠农民工工资问题进行调查核实、及时化解。大同市信访局与大同市综治办配合，加大对因信访工作失职失责问责干部力度。全年问责80人，其中诫勉谈话64人，通报批评4人，警告9人，免职1人，停职2人。（信访局）

党史

【《中共大同历史纪事（1914～2014）》出版】 中共大同党史办公室（简称“市党史办”）于2013年启动《中共大同历史纪事（1914～2014）》编写工程。该书以编年体为主，辅以纪事本末体，突破以往历史纪事单纯以文字记述的模式，采取以图片展现历史和文字叙述历史相结合的形式，记述一百年来中国共产党领导大同人民革命、建设、改革的重大历史事件。2013年，市党史办启动该书的编写工作，2015年相继完成第一卷、第二卷的出版工作。

2016年初，《中共大同历史纪事（1914～2014）》（第三卷）的编写工作启动，2016年8月底，正式出版印刷。第三卷分上下两册，132万字，收集珍贵图片36版、109张，记述1979年1月至2014年12月，大同地区在改革开放和社会主义现代化建设时期，各级党组织的重大活动和党领导大同人民在经济、政治、社会、文化、军事等各个方面的重要事件。《中共大同历史纪事（1914～2014）》（第三卷）的正式出版，标志着该书出版工程全部完成。（雷建宇）

【《山西红色旅游指南——大同卷》出版】 2014年，中共大同党史办公室启动《山西红色旅游指南——大同卷》的编撰工作。经过近两年的资料征集、核实编撰、征求意见、审核修改，2016年，由中共党史出版社正式出版。该书35万字，387幅图片，收录全市11个县区的168处主要红色旅游景点和其他旅游景点的资料，通过历史脉络、人物事迹、重大事件、文化记忆、美食特产等7个栏目，展现大同市丰富的红色文化资源和浑厚广博的文化内涵。（雷建宇）

【《中共大同执政实录（2014～2015）》出版】 2015年，中共大同党史办公室启动《中共大同执政实录（2014～2015）》的编撰工作。经过一年多的编撰，2016年，该书正式出版。全书170万字，采用分类编排法，全面记录2013年、2014年，中共大同市委率领大同各局委办党组织、各县区党委带领广大党员干部和人民群众，以经济建设为中心，推动经济、政治、文化和各项社会事业科学发展等方面取得的新突破、新成就和新经验，为各级领导干部了解当年工作情况、科学决策、指导工作提供借鉴。（雷建宇）

【《大同系列党史人物纪念文集》开展编撰工作】 2015年，中共大同党史办公室启动《大同系列党史人物纪念文集》编撰工作，首先编撰《薛凤霄纪念文集》，并于当年开展查阅档案、采访相关人士等资料征集工作。2016年，市党史办组织力量，撰写初稿，并将初稿寄给薛凤霄家属、原身边工作人员等人审阅，陆续收到修改意见，并对稿件进行修改。（雷建宇）

【《大同红色文化干部读本》出版】 2016年6月，中共大同党史办公室编写的《大同红色文化干部读本》由中共党史出版社正式出版。全书25万字，反映党带领大同地区人民走过的艰辛而光辉的历程，宣传革命烈士不怕牺牲、舍生取义的英雄事迹，用革命历史遗址见证奋斗的艰难历程，用饱含激情的诗歌反映党的丰功伟绩。

（雷建宇）

大同市人民代表大会

综 述

【概述】 2016年，大同市人大常委会召开主任会议15次，常委会会议9次，任免地方国家机关工作人员30人（次）。审查规范性文件3个，制定、修改地方性法规5件，听取和审议市“一府两院”专项工作报告17项，开展执法检查8次，向“一府两院”送达审议意见书11份，专题建议书1份。

加强预决算审查和审计监督，管好人民的“钱袋子”。按照新预算法要求，把一般公共预算、政府性基金预算、国有资本经营预算和社保基金预算全部纳入全口径预算审查范围，审批的部门预算99个。审查调整预算，批准新增政府债券16亿元，确保财政资金风险可控和安全运行。开展预算法执法检查，逐步提高依法理财水平。审议大同市政府2015年全市本级预算执行和其他财政收支审计查出问题的整改工作报告，常委会组成人员认为，国有土地出让金欠征数额大、财政资金收支管理不规范等审计查出的问题整改效果不明显，满意度表决未予通过。要求大同市政府分析原因，以问责“倒逼”整改，促进问题解决。

关注煤与非煤产业发展，拓宽结构调整新路径。（1）到煤炭企业和有关部门了解现状，听取多方意见，从资源禀赋、经营管理、安全生产和技术开发等方面提出煤炭产业“六型转变”的意见建议；（2）组织视察装备制造、医药、物流等产业园区，掌握招商引资和项目建设情况，给破解“一煤独大”出实招，推动新兴产业发展。围绕“十三五”规划编制到调研，提出全局性、战略性问题意见和建议。

支持科技创新和金融振兴，助推发展驶入“快车道”。大同市人大常委会围绕综改试验区建设、科技创新与成果转化、营造大众创业、万众创新的政策环境等问题，调研科技发展现状，为实施创新驱动发展战略、建设创新型城市建言献策。大同市人大常委会关注金融对实体经济的支持作用，征求金融机构和相关单位对金融改革工作的意见，建议政府制订金融业发展中长期规划，整合金融资源，开展金融服务，推进信用体系建设，增强金融服务经济的能力。

大同市人大常委会调研全市职业教育发展情况，了解专业、师资、就业方面情况，以市场需求为导向，推进职业教育全面发展。关注社区工作。视察社区建设情况，检查社区老年日间照顾中心、社区活动中心等，推动构建新型社区养老服务组织体系。

大同市人大常委会关注食品和饮用水安全。到货栈、超市、饭店、食品加工企业开展食品安全执法检查，组织视察孤山水库、万泉河等饮水水源地保护情况，建议政府加强监管，维护好人民群众切身利益。

大同市人大常委会开展以“碧水蓝天，共同守护”为主题的大同环保行活动，把执法检查与违法曝光结合起来，对环境违法行为“零容忍”。到城建重点项目工地检查，对工地扬尘防治和安全生产管理情况提出意见，防止城市污染。

围绕“平安大同”建设，大同市人大常委会专题调研全市“打黑除恶”专项斗争工作情况，对贯彻落实《山西省社会治安综合治理条例》开展执法检查，促进社会安定有序。

大同市人大常委会邀请代表参与常委会立法、监督等活动。全年组织代表列席常委会会议80余人次，参加常委会开展的执法检查、视察、调研等活动150人次，参加“一府两院”及市直机关征求意见座谈会100余人次，在“同心同力，发展大同”大讨论活动中提出意见建议689条。加强与代表的联系，多层次举办代表培训，集中学习党的政策、宪法和法律法规，订阅人大专业报刊，通报人大和“一府两院”工作情况，给代表知情知政提供服务，给代表依法履职奠定基础。

2016年，大同市人大常委会评选出大同市的“人大好新闻”30件，一批优秀新闻作品在全国和全省好新闻评比中获奖，人大宣传的渗透力和影响力提升。完成全国人大、山西省人大开展各种调研检查和意见征求活动。 （贾鸿铸）

重要会议

【大同市第十四届人民代表大会第六次会议】 2016年5月24日至27日，大同市第十四届人民代表大会第六次会议在市工人文化活动中心举行。应出席会议代表344人，实到313人。

会议听取和审议大同市人民政府代市长马彦平作的政府工作报告；审查、批准“十三五”规划纲要（草案）；审查、批准关于大同市2015年国民经济和社会发展计划执行情况与2016年

▲市十四届人大六次会议现场　（郭　平　供图）

国民经济和社会发展计划（草案）的报告；审查、批准关于2015年全市和全市本级预算执行情况与2016年全市和市本级预算（草案）的报告。批准大同市2016年市本级财政预算。听取、审议大同市人大常委会主任梁凤书作的大同市人大常委会工作报告、听取审议大同市中级人民法院代院长白永旺作的大同市法院工作报告；听取、审议大同市人民检察院代检察长段运生做的大同市检察院工作报告，对以上六项报告及“十三五”规划纲要做出相应决议。大会收到代表提出的议事原案6件，经审查把其中1件列为议案，收到代表对各方面的工作建议、批评和意见107件，加上转为建议5件议事原案总计112件，分别交由有关机关办理，在法定时间答复代表。

（贾鸿铸）

【人大常委会第三十二次会议】

2016年1月21日，该会议在大同市人大常委会会议厅举行，大同市人大常委会主任梁凤书，副主任刘美、杨人毅、曹世平、张翠萍，秘书长冯境城和委员30人出席会议。会议听取大同市人民政府关于提请审议批准2015年全市及全市本级政府债务限额分配方案的议案的说明；听取大同市人大财政经济委员会关于2015年全市及全市本级政府债务限额分配方案的审查报告；听取大同市十四届人大常委会代表资格审查委员会关于代表变动情况和补选代表的代表资格审查报告；听取大同市人大常委会主任会议提请审议关于接受张志伟辞职请求的决定（草案）的说明；听取大同市人大常委会主任会议提请审议关于接受霍永宁辞职请求的决定（草案）的说明；听取大同市人大常委会主任会议提请审议关于任命白永旺为大同市中级人民法院副院长、决定代理院长议案的说明；听取大同市人大常委会主任会议提请审议关于任命段运生为大同市人民检察院副检察长、决定代理检察长议案的说明；大同市中级人民法院拟任职人员与常委会组成人员见面，并作供职发言；大同市人民检察院拟任职人员与常委会组成人员见面，并作供职发言；听取大同市人民政府提请审议关于人事免职议案的说明。会议表决通过大同市人大常委会关于批准2015年全市及全市本级政府债务限额分配方案的决议；表决通过大同市十四届人大常委会代表资格审查委员会关于代表变动情况和补选代表的代表资格审查报告；表决通过关于接受张志伟辞职请求的决定；表决通过关于接受霍永宁辞职请求的决定；表决通过人事任免职事项；表决通过代理院长决定；表决通过代理检察长决定；向拟任职人员颁发任命书；举行宪法宣誓仪式。

（贾鸿铸）

【人大常委会第三十三次会议】

2016年2月29日，该会议在大同市人大常委会会议厅举行，大同市人大常委会主任梁凤书，副主任副主任刘美、杨人毅、曹世平、张翠萍，秘书长冯境城和委员29人出席会议。会议听取大同市人大常委会主任会议关于提请审议《大同市人大常委会关于加强城市园林绿化成果保护的决定（草案）》的议案的说明；听取大同市人民政府关于2015年国民经济和社会发展计划执行情况与2016年国民经济和社会发展计划安排情况的汇报；听取大同市人民政府关于2015年全市本级财政预算执行情况与2016年预算安排的汇报。表决通过大同市人大常委会2016年工作要点；表决通过大同市人大常委会关于加强城市园林绿化成果保护的决定。

（贾鸿铸）

【人大常委会第三十四次会议】

2016年4月20日，该会议在大同市人大常委会会议厅举行，大同市人大常委会主任梁凤书，副主任刘美、杨人毅、曹世平、张翠萍，秘书长冯境城和委员33人出席会议。会议听取大同市人民政府关于提请审议《大同市电动车管理办法（草案）》的说明；听取大同市人大内司委关于《大同市电动车管理办法（草案）》审议意见的报告；听取大同市人民政府关于大同市“冬季行动”工作情况的报告；听取大同市人民政府关于全市体育事业发展情况的报告；听取大同市人民政府关于提请审议人事任免职议案的说明和拟任职人员情况的介绍；大同市人民政府拟任职人员与常委会组成人员见面，并作供职发言。

会议对大同市人民政府关于全市体育事业发展情况的报告进行满意度表决，通过该报告；表决通过大同市人大常委会关于召开大同市第十四届人民代表大会第六次会议的决定；表决通过人事任免职事项；向拟任职人员颁发任命书；举行宪法宣誓仪式。

（贾鸿铸）

【人大常委会第三十五次会议】

2016年5月19日，该会议在大同市人大常委会会议厅举行，大同市人大常委会主任梁凤书，副主任刘美、杨人毅、曹世平、张翠萍，秘书长冯境城和委员32人出席会议。会议听取大同市十四届人大六次会议筹备处关于市十四届人大六次会议筹备工作情况的报告；听取大同市人大常委会人事代表工委关于市十四届人大五次会议主席团交付代表议案办理情况的报告；听取大同市人民政府关于市十四届人大五次会议代表所提建议、批评和意见办理情况的报告；听取大同市十四届人大常委会代表资格审查委员会关于代表变动情况和补选代表的代表资格审查报告；听取大同市人民政府关于提请审议人事任免职议案的说明和拟任职人员情况的介绍；大同市人民政府拟任职人员与常委会组成人员见面，并作供职发言。

会议表决通过大同市人大常委会工作报告（稿）；表决通过大同市人大常委会关于市十四届人大五次会议主席团交付代表议案办理情况的报告；表决通过大同市十四届人大常委会代表资格审查委员会关于代表变动情况和补选代表的代表资格审查报告；表决通过大同市人大常委会关于变更市十四届人大六次会议召开时间的决定；表决通过大同市十四届人大六次会议建议议程（草案）；表决通过大同市十四届人大六次会议主席团和秘书长建议名单（草案）；表决通过大同市十四届人大六次会议议案审查委员会建议名单（草案）；表决通过大同市十四届人大六次会议列席人员名单；表决通过大同市十四届人大六次会议旁听人员名单；表决通过人事任免职事项；表决通过关于接受赵耀国辞去市人大常委会委员职务请求的决定；向任职人员颁发任命书；举行任职人员宪法宣誓仪式。（贾鸿铸）

【人大常委会第三十六次会议】

2016 年 6 月 15 日，该会议在大同市人大常委会会议厅举行。会议听取审议大同市人民政府关于贯彻实施《中华人民共和中国刑事诉讼法》情况报告；大同市人民政府关于住宅专项维修资金收缴、管理与使用情况的报告；大同市人民政府关于大同市 2015 年市本级财政决算（草案）的报告；大同市人大财政经济委员会关于对 2015 年市本级财政决算（草案）的审查报告；大同市人民政府关于 2015 年市本级预算执行和其他财政收支情况的审计工作报告；大同市人民政府关于提请审议 2016 年市本级财政预算调整方案（草案）方案的说明；市人大财政经济委员会关于 2016 年全市本级财政预算调整方案（草案）的审查报告；市人民政府关于提请审议人事任免职议案的说明和拟任职人民情况的介绍；市人民政府拟任职人员与常委会组成人员见面，并作供职发言。

会议审议大同市人大常委会执法检查组关于大同市贯彻实施《中华人民共和国刑事诉讼法》情况执法检查的报告；大同市人大常委会调研组关于住宅专项维修资金收缴、管理与使用情况的调研报告。大同市人大常委会执法检查组关于大同市贯彻实施《中华人民共和国刑事诉讼法》情况执法检查的报告。大同市人大常委会调研组关于余额专项维修资金收缴、管理与使用情况的调研报告；大同市人大财政经济委员会关于对 2015 年全市本级财政决算（草案）的审查报告；大同市人大常委会关于批准 2015 年全市本级财政决算的决议（草案）；大同市人大财政经济委员会关于 2016 年市本级财政预算调整方案（草案）的审查报告；大同市人大常委会关于批准 2016 年全市本级财政预算调整方案的决议（草案）；大同市人大常委会调研组关于《中华人民共和国旅游法》《山西省旅游条例》《大同市旅游条例》执法检查跟踪监督报告；人事事项。

会议对大同市人民政府关于贯彻实施《中华人民共和国刑事诉讼法》情况的报告，关于住宅专项维修资金收缴、管理与使用的情况的报告和关于 2015 年全市本级预算执行和其他财政收支情况的审计工作报告进行满意度表决，均为满意。通过大同市人大常委会关于批准大同市 2015 年全市本级财政决算的决议；通过大同市人大常委会关于批准 2016 年全市本级财政预算调整方案的决议。通过人事任免职事项，决定免去王武道的大同市公安局局长的职务。决定任命尚建军大同市人民政府副市长、大同市公安局局长，颁发任命书后进行宪法宣誓。

这次人大常委会会议应出席 34 人，实到 29 人。（贾鸿铸）

【人大常委会第三十七次会议】

2016 年 7 月 25 日，该会议在大同市人大常委会会议厅举行。大同市人大常委会主任梁凤书，副主任刘美、杨人毅、曹世平、张翠萍、冯境城、何永强和委员 25 人出席会议。会议听取大同市人民政府关于提请审议人事任免职议案的说明和拟任职人员情况的介绍，大同市人民政府拟任职人员与常委会组成人员见面，并作供职发言；听取大同市中级人民法院关于提请审议人事任免职议案的说明和拟任职人员情况的介绍；大同市中级人民法院拟任职人员与常委会组成人员见面，拟任副院长作供职发言。会议表决通过人事任免职事项；举行任职人员宪法宣誓仪式。会议决定任命：荆虎为大同市人民政府秘书长；曹旭为大同市商务局局长；高莹为大同市旅游局局长。会议任命：王永生（女）为大同市中级人民法院副院长；李长春为市中级人民法院审判委员会委员、审判员。（贾鸿铸）

【人大常委会第三十八次会议】

2016 年 8 月 23 日，该会议在大同市人大常委会会议厅举行。会议听取、审议大同市人大法制委员会关于大同市电动车管理办法（草案）修改情况的报告；市人民政府关于 2016 年上半年全市国民经济和社会发展计划执行情况的报告；大同市人民政府关于 2016 年上半年全市财政收支预算执行情况的报告；大同市人民政府关于提请审议 2016 年全市本级财政预算调整方案（草案）议案的说明；大同市人大财政经济委员会关于 2016 年全市本级财政预算调整方案（草案）的审查报告；大同市人民政府关于大同市 2014 年全市本级预算执行和其他财政收支审计查出问题的整改工作的整改报告；大同市中级人民法院关于未成年人案件审判工作情况的报告；大同市人民政府关于提请审议人事免职议案的说明；大同市人民检察院关于提请审议人事任免职议案的说明和拟任职人员情况的介绍；大同市人民检察院拟任职人员与常委会组成人员见面。

会议审议大同市人大财政经济委员会关于大同市 2016 年上半年经济运行情况的调研报告；《大同市电动车管理办法（草案）》及修改情况的报告；大同市人大财政经济委员会关于大同市 2016 年上半年经济运行情况的调研报告；大同市人大财政经济委员会关于 2016 年全市本级财政预算调整方案（草案）的审查报告；大同市人

大常委会关于批准2016年全市本级财政预算调整方案的决议（草案）；大同市人大财政经济委员会关于2014年全市本级预算执行和其他财政收支审计查出问题整改工作的调研报告；大同市人大常委会调研组关于全市法院未成年人审判工作情况的调研报告；大同市人大常委会调研组关于全市农村低保工作情况的调研报告；大同市人大常委会农工委关于全市农村土地承包经营权确权登记颁证工作进展情况的调研报告；大同市人大常委会民宗侨外工委关于全市贯彻实施《中华人民共和国归侨侨眷权益保护法》《中华人民共和国归侨侨眷权益保护法实施办法》《山西省实施〈中华人民共和国归侨侨眷权益保护法〉办法》情况的调研报告。

会议表决通过大同市人大常委会关于批准2016年全市本级财政预算调整方案的决议。对大同市人民政府关于大同市2014年全市本级预算执行和其他财政收支审计查出问题的整改工作的整改报告、大同市中级人民法院关于未成年人案件审判工作情况的报告进行满意度表决，均为满意。通过人事任免职事项，决定免去王克建的大同市人民政府副市长职务。这次人大常委会会议应出席34人，实到31人。（贾鸿铸）

【人大常委会第三十九次会议】 2016年10月25日，该会议在大同市太阳宫2号会议室举行。会议听取、审议大同市人大法制委员会关于《大同市电动车管理条例（草案）》审议结果的报告；大同市人民政府关于全市文物保护工作情况的报告；大同市人民政府关于城市重点项目建设和工程质量情况的报告；大同市人民政府关于全市扶贫工作情况的报告；大同市人民政府关于提请审议人事任职议案的说明和拟任职人员情况的介绍；大同市人民政府拟任职人员与常委会组成人员见面，并作供职发言；大同市中级人民法院关于提请审议人事任免职议案的说明和拟任职人员情况的介绍；大同市中级人民法院拟任职人员与常委会组成人员见面；大同市人民检察院关于提请审议人事任职议案的说明和拟任职人员情况的介绍；大同市人民检察院拟任职人员与常委会组成人员见面。这次常委会会议应出席34人，实到27人。（贾鸿铸）

【人大常委会第四十次会议】 2016年11月30日，该会议在大同市太阳宫2号会议室举行。大同市人大常委会主任梁凤书，副主任杨人毅、曹世平、张翠萍、何永强和委员23人出席会议。会议听取大同市人民政府关于提请审议人事任免职议案的说明和拟任职人员情况的介绍，大同市人民政府拟任职人员与常委会组成人员见面，并作供职发言。会议表决通过人事任免职事项，决定任命尉连生为大同市人民政府副市长；颁发任命书；举行宪法宣誓仪式。会议决定免去张韬的副市长职务；决定免去尉连生的文物局局长职务。（贾鸿铸）

【市人大召开旅游产业发展座谈会】 2016年11月11日，大同市人大常委会召开座谈会，听取市政府相关部门负责人的建议，为全市文化旅游产业发展"把脉"。

大同市人大常委会主任梁凤书，副主任曹世平、张翠萍出席座谈会。

座谈会上，来自市旅游局、文物局、民宗局、商务局、发改委、规划局、市政管委会、人社局、交通运输局等市政府部门的负责人先后发言，大家结合实际，分析现状、指出问题、研究对策、提出建议。大家认为，要从体制机制改革创新上入手，增强文化旅游产业发展的动力活力；要构建旅游市场需求链条，完善服务旅游的基础设施；要加强文艺精品创作，提升旅游文化宣传效应；挖掘佛道教文化资源，丰富城市文化内涵；建设旅游商业中心，延伸旅游相关产业；尽快将规划变成行动计划，以具体项目带动规划落地；加快旅游精品线路打造，发展城市公共交通；建立部门合作监督机制，规范文化旅游市场秩序。（晨曦）

调研活动

【安焕晓到大同调研】 2016年1月6日，山西省人大常委会副主任安焕晓率省人大常委会相关委室负责人到大同召开座谈会，将提请省十二届人大五次会议审议《山西省人民代表大会常务委员会工作报告（征求意见稿）》，向大同市人大常委会及部分驻大同省人大代表征求意见。

会上，与会代表围绕山西省人大常委会工作报告（征求意见稿），结合实际，认为山西省人大常委会主动围绕全省工作大局，履行宪法、法律赋予的职责，统筹推进立法、监督、决定、任免等各项工作，抓常委会自身建设，为推进全省经济社会发展作出贡献。报告内容全面客观、文风朴实、实事求是地反映山西省人大常委会的工作特点和工作成绩；在肯定成绩的同时，与会人员对征求意见稿的架构内容、文字表述及如何加强和改进立法、监督、代表等方面工作提出建设性的意见和建议。

在听取大家发言后，安焕晓表示，山西省人大常委会有关部门会对大家提出的意见建议进行梳理、研究，吸纳到工作报告当中，修改、完善，凝聚集体智慧，总结上年和"十二五"工作，谋划好2016年和"十三五"任务。

安焕晓一行到天镇县征求意见，并看望所联系的驻大同全国人大代表和省人大代表。（路璐）

【梁凤书到南郊区调研县乡人大换届选举】 2016年3月30日，大同市人大常委会主任梁凤书率调研组一行到南郊区古店镇调研县乡人大换届选举工作，并与南郊区各级领导座谈，查看山底村选民登记工作落实到位情况。大同市人大常委会秘书长冯境城参加调研。

座谈会上，梁凤书听取大同市南郊区人大换届选举工作的情况汇报，了解人大换届选举的组织机构、宣传发动、选区划分和选民登记等前期工作开展情况及下一步工作安排情况，与大家进行交流换届工作中需要注意的问题。他指出，做好换届选举工作，直接关系到人民当家作主民主政治权利的实现，关系到加强地方政权建设，关系到基层人大建设，县乡两级要按照市委的统一部署，严格程序、依法选举，做好换届选举各个环节的工作，要落实"九个严禁"等纪律要求，守

▲ 2016 年 8 月 16 日，市人大常委会主任梁凤书到市法院调研未成年人案件审判工作

（法 院 供图）

纪律、讲规矩的氛围，确保县乡人大换届选举风清气正，人民满意。

（贾鸿铸）

【市人大常委会专题调研住宅专项维修资金】 2016年6月7日至8日，由大同市人大常委会建设环境保护工作委员会牵头，组织部分常委会委员和大同市人大代表专项调研大同市住宅专项维修资金管理工作。

大同市人大常委会主任梁凤书，副主任杨人毅、冯境城参加调研。

7 日，调研组一行到大同市惠民西城安置社区、睿和新城商品小区、柳港园安置社区调研。每到一处，调研组都与物业单位和房管部门负责进行座谈，了解物业管理中存在的问题和困难，关于住宅维修资金的收集、使用情况，记录相关问题，并查看社区实景和部分维修项目。

8 日，在大同市住房专项维修资金管理中心，调研组集中听取市房管局关于大同市住宅专项维修资金收缴、管理及使用情况的工作汇报。听取汇报后，梁凤书主任对相关部门在资金收缴、管理等方面所做的工作给予充分肯定。他要求，加大住宅专项维修资金的收缴力度，健全和完善资金管理和使用的相关制度，做好资金的监管工作，保证资金安全，提升资金管理水平，确保专项资金发挥效益，解决人民群众关心的热点、难点问题。

（贾鸿铸）

【省人大常委会调研《预防职务犯罪条例》落实情况】 2016 年 6 月 13 日至 14 日，由山西省人大内司委副主任委员韩和平、郭忠烈带队的省人大常委会调研组到大同，调研大同市落实《山西省预防职务犯罪工作条例》情况。14 日，调研组向大同市反馈意见。大同市人大常委会主任梁凤书、副主任刘美，市检察院检察长段运生参加反馈意见会。

调研组在大同期间，与大同市部分机关和企业负责人座谈，听取大同市预防职务犯罪工作领导组、市检察院、监察局、审计局等单位有关情况的汇报，抽查检察院、法院、公安局、团市委、环保局、国土资源局、大同大学、发改委、财政局、住建委等单位，初步掌握了解大同市贯彻落实《条例》、依法开展预防职务犯罪工作情况。

在反馈意见中，调研组对大同市贯彻落实《条例》、开展预防职务犯罪工作给予肯定，认为大同市在预防职务犯罪工作中，在党委的统一领导下，在人大监督支持下，在检察、监察、审计等执法机关的努力下，探索新路子，使预防工作在服务大局、促进和谐、维护社会稳定中发挥作用。调研组提出大同市工作中存在的问题后，建议大同市在今后的工作中，要统一思想，提高认识；贯彻《条例》，狠抓落实；依法履职，形成体系；采取措施，落实整改。使全市预防职务犯罪工作健康发展。

（冯 雨）

【周然到大同调研高等教育改革发展工作】 2016 年 6 月 20 日至 22 日，山西省人大常委会副主任周然带队的山西省人大调研组到大同市，调研大同市高等教育改革发展工作情况。大同市人常委会主任梁凤书、副主任曹世平陪同调研。

调研组一行到大同大学、大同煤炭职业技术学院进行察看，并与大同市有关部门、高校有关负责人，以及高校教师代表、科研人员代表进行座谈，听取并了解“十二五”期间大同市高等教育改革发展工作情况，面临的主要困难、问题和建议，以及今后高等教育改革发展思路等。

“十二五”期间，大同大学确立并实施“围绕一个中心，实施六大战略，实现三大突破”的发展战略，办学定位趋于合理；教育教学改革成效显著；学科专业建设得到加强；师资队伍结构优化；科研层次和水平提升。大同煤炭职业技术学院发挥企业办学优势，在校企合作、工学结合、产教融合等方面进行探索实践，在培养模式、专业建设等方面取得长足发展。

座谈会上，周然指出，各级党委、政府和全社会要认识教育改革发展的重要性，加快转变政府教育管理职能和方式，改革办学体制，坚持开门搞教育。要深化学校内部改革，完善学校内部治理结构，把握好教育事业发展中的重大问题，促进教育持续健康发展，提升高等教育、职业教育服务地方经济发展的水平，为富民强省提供智力和人才支撑。

（贾鸿铸）

【市人大常委会调研旅游工作】 2016 年 9 月 26 日至 29 日，大同市人大常委会民族宗教侨务外事工作委员会牵头组织部分大同市人大常委会委员和市人大代表组成调研组调研全市旅游工作，大同市人大常委会副主任曹世平参加调研。

通过听取汇报、开展座谈和实地考察等调研大同市景点景区提质升级、优化旅游精品线路、完善旅游配套设施、建立旅游服务标准、旅游营销推广等方面的情况进行调研。9 月 26 日，召开全市旅游工作调研汇报会。

会上，调研组听取市旅游局负责人的工作汇报，随后同参会的景区景点、旅行社、宾馆、旅汽公司等涉旅单位负责人展开座谈，从旅游发展理念、机制体制、经营管理、规划营销等方面献计献策，提出意见建议。（贾鸿铸）

【市人大常委会调研城市重点项目建设和工程质量情况】 2016年10月10日至11日，由大同市人大常委会建设环境保护工作委员会牵头，组织部分市人大常委会组成人员和市人大代表调研大同市城市重点项目建设及工程质量情况。

大同市人大常委会主任梁凤书、副主任杨人毅参加调研，副市长刘振国陪同调研。

调研中，调研组一行先后到世都伟业混凝土搅拌站、北环桥、太平楼、钟楼、西城墙护城河及带状公园、联通御西生产楼、文瀛东三路道路绿化工程、市体校新址、大同大学停车场项目、御河西路过街天桥、振兴街老旧小区改造、大张高铁智家堡御河特大桥等重点建设项目工程进行察看，了解全市重点项目建设进展和工程质量等情况，征求推进重点项目建设及竣工验收情况的意见和建议。

梁凤书主任在调研中强调，要按照中央城市工作会议"一个尊重、五个统筹"的要求，围绕建设区域性中心城市的目标，转变规划建设管理理念，推动城市建设由以建为主向建管并重转变，由政府投资向多元融资转变，增强服务人民的理念，推动城市重点项目建设和工程质量管理等工作。

（贾鸿铸）

【梁凤书到五里墩村调研扶贫】 2016年11月2日，大同市人大常委会主任梁凤书到扶贫联系点天镇县新平堡镇五里墩村调研，与村两委、驻村第一书记等一起研讨扶贫产业项目和发展规划，指导扶贫工作；与村里贫困户座谈，了解生产生活状况，想方设法解决贫困群众反映的实际困难。

梁凤书要求各级干部要把扶贫工作放在精准上，到贫困户，了解、掌握每一户贫困户的家庭收入、贫困原因等基本情况，填写好扶贫手册，做到情况清、底子明，并进行公开；要理顺扶贫思路，因人因地制宜，分类制定脱贫措施，做到精准施策；要立足本地资源优势，以小杂粮种植加工，中药材种植为特色产业，做好产业扶贫工作；利用新平堡这个中国历史文化名镇的品牌优势，发展乡村旅游。引导贫困群众发展特色种养，发展农家乐，形成吃、住、游、购的产业链条，发挥旅游扶贫作用；要解放思想，更新观念，运用现代经营理念，采取股份制等形式，利用土地承包经营权转让等手段，增加土地收益，发展集体经济，增加农民收入。（贾鸿铸）

【梁凤书到民营企业联系点调研】 2016年11月10日，大同市人大常委会主任梁凤书到位于装备制造园区的民营企业联系点——大同市同华矿机制造公司调研。

梁凤书一行参观企业机加工车间、装配车间等，并与企业负责人座谈，了解企业产品研发、销售等创新发展情况及生产经营中存在的困难问题。梁凤书指出，同华矿机制造公司作为大同市最大的煤机生产厂家，在全市民营经济中具有举足轻重的地位。希望该公司应对经济下行的压力，危中寻机，挖掘潜力，扩市场、提质量、降成本、保服务；要从效益最大化入手提升经营水平，强化技术研发，提升公司经济效益。针对企业在办理房产手续、产品营销、科研成果转化等方面遇到的困难和问题，协调解决，给予支持。（贾鸿铸）

【市人大常委会调研节日期间消费市场民生热点问题】 2016年12月22日，大同市人大常委会调研大同市消费市场民生热点问题。大同市人大常委会主任梁凤书、副主任张翠萍、部分常委会委员参加这次活动。

这次活动检查组要求大同市商务、工商、质监、发改、食药等相关部门先进行自查自纠行动。召集相关部门听取自查自纠行动的汇报，并确定检查的单位和企业。12月27日，检查组一行先后察看康园果疏批发市场、华林西环店、华联南环便民市场、王府至尊酒店等单位和企业，了解企业的生产经营及古城灯会筹备情况。

调研中，梁凤书要求企业要落实好安全主体责任，保障人民群众健康安全。政府相关部门要做好市场规划、建设，防止市场遍地开花；要加大监管力度，要将小摊、小贩等零散点列入监管视线，打击假冒伪劣产品；做好市场和质量的监督管理工作，加强对重点产品的日常巡查；要做好价格监管工作，规范市场价格秩序，防止节假日、古城灯会期间发生哄抬物价的行为。他强调古都灯会事关塑造旅游城市品牌形象，各相关部门一定要重视，树立大局意识、品牌意识，精心组织、协调联动，把古都灯会打造成大同响亮的品牌、亮丽的名片。

（贾鸿铸）

【田喜荣到大同调研】 2016年12月23日，山西省人大常委会副主任田喜荣率调研组就山西省人大常委会2016年工作情况和2017年工作设想到大同市调研并召开座谈会征求意见建议。

与会人员围绕改进立法工作、创新监督方式、加强议案建议督办、开展代表培训、强化常委会自身建设等方面提出意见和建议。

田喜荣在会上强调，山西省人大常委会将对大家提出的意见建议进行认真梳理、仔细研究，充分吸纳，更好地凝聚集体智慧，为即将召开的省十二届人大七次会议做好准备。

（贾鸿铸）

执法监督

【市人大常委会执法检查食品卫生和饮用水安全】 2016年1月15日，大同市人大常委会教育科学文化卫生工作委员会组织部分大同市人大代表就大同市食品卫生和饮用水安全情况进行执法检查。大同市人大常委会主任梁凤书、副主任曹世平参加检查。

检查组到大同市振华货栈、宾西园小区、华林新天地超市、市供水排水集团二水厂等地，实地了解食品卫生和饮用水安全情况，听取大同市卫计委、市食药局和市供排水集团的汇报，听取相关单位负责人对大同市食品卫生和饮用水安全的意见建议。到大同市大宗食品的进货产地进行实地检查，加大执法监管力度，营造起经营单位不敢卖假、执法人员不敢护假、原料产地不敢造假的局面；饮用水安全要从源头抓起，抓好饮用水源保护地及其周边地区的安全隐患排查和综合整治工作，控制污染源，同时整合资源，提高监测水平，确保人民饮水安全。（贾鸿铸）

【市人大常委会召开旅游“一法两条例”执法检查跟踪监督座谈会】 2016年4月21日，大同市人大常委会召开《中华人民共和国旅游法》《山西省旅游条例》《山西省促进旅游产业发展条例》（简称“一法两条例”）执法检查跟踪监督座谈会，大同市人大常委会副主任曹世平参会。

会议由大同市民族宗教侨外事工作委员会牵头组织，部分大同市人大常委、市人大代表，大同市旅游局、工商局、物价局、交通局相关负责人参会。会上，大同市旅游局负责人汇报关于全市“一法两条例”贯彻实施的情况，参会的其他政府部门负责人相继进行发言；大同市人大常委会上年旅游执法检查审议意见书落实情况、旅游消费市场监管、联合执法、带薪休假等促进旅游消费政策的实施情况进行座谈。审议意见书提出的相关建议中，建立旅游产业发展领导组、成立旅游产业发展基金落实；创新经营管理机制方面，古城墙开发运营已整体打包给北京传奇集团承包，其他7个景区景点正在逐步实现管理权与经营权分离，运用市场化手段经营，推动旅游产业转型升级。

（贾鸿铸）

【市人大常委会检查《中华人民共和国食品安全法贯彻实施情况》执法情况】 2016年4月26日至28日，大同市人大常委会教育科文化卫生工作委员会组织部分常委会组成人员、市人大代表到大同市城区、浑源、广灵等县区就《中华人民共和国食品安全法贯彻实施情况》进行执法检查。

检查中了解到全市有各类食品生产经营单位22545家。其中，农产品类664家，生产类135家，流通类17289家，餐饮服务类4060家，定点屠宰41家。设11个县级食药稽查队、139个乡镇（街道）食药监管站、7个县级食品药品综合检验检测中心，核定编制876名。

检查组对贯彻落实好食品安全法提出：（1）加大食品安全法宣传力度，提高全民食品安全认识；（2）加大食品安全监管力度，从生产、加工等环节杜绝食品安全问题；（3）加强食品安全监管队伍建设；（4）抓好小摊贩和城乡接合部的食品安全，把食品安全法落到实处。（贾鸿铸）

【省人大常委会开展“一法两条例”执法检查】 2016年6月16日至17日，以山西省人大常委会副主任张建欣为组长的山西省人大执法检查组到大同市，对全市贯彻实施《中华人民共和国矿产资源法》《山西省矿产资源管理条例》《山西省地质灾害防治条例》（简称“一法两条例”）情况进行执法检查。大同市人大常委会主任梁凤书，市委常委、副市长王克建，市人大常委会副主任何永强陪同检查。

检查组一行到同煤集团塔山循环经济园区、晋华宫国家矿山公园和大同县火山群地质公园，实地察看矿山资源保护项目实施情况和地质灾害治理项目。

17日，王克建代表大同市政府向山西省人大执法检查组作大同市贯彻实施“一法两条例”情况的汇报。他说，“一法两条例”自颁布实施以来，大同市各级政府重视，贯彻实施。在矿产资源开发利用和保护方面，提高全社会资源保护意识，推进煤炭企业兼并重组，逐步细化矿山许可证年检工作，打击违法非法采矿行为；在地质灾害治理方面，实施农村地质灾害区搬迁工作，推进地质灾害项目工程建设，开展采煤沉陷区综合治理，取得成效。

会上，检查组成员及随行的专家，就大同市矿产资源保护和地质灾害治理具体情况与大同市领导和国土资源部门同志进行交流探讨，提出建议。

（贾鸿铸）

【省人大常委会执法检查组检查旅游“一法两条例”和侨务“一法两办法”实施情况】 2016年7月5日至6日，由山西省人大常委会副主任张茂才带队的山西省人大常委会执法检查组到大同，大同市贯彻落实《中华人民共和国旅游法》《山西省旅游条例》《山西省促进旅游产业发展条例》（简称“一法两条例”）及《中华人民共和国归侨侨眷权益保护法》《中华人民共和国归侨侨眷权益保护法实施办法》《山西省实施〈中华人民共和国归侨侨眷权益保护法〉办法》（简称“一法两办法”）情况开展执法检查，大同市人大常委会主任梁凤书、副主任曹世平参加检查。

执法检查组先后到广灵县、天镇县实地检查广灵剪纸文化博物馆、古长城、新平堡古镇，听取当地相关部门负责人关于旅游产业发展的工作汇报。7月6日，召开旅游“一法两条例”和侨务“一法两办法”汇报会，大同市人大常委会主任梁凤书、副主任曹世平参加座谈会。大同副市长杨勤荣汇报大同市贯彻落实旅游“一法两条例”情况，外侨办负责人汇报大同市贯彻落实侨务“一法两办法”情况。大同市人大常委会民宗侨外工委、市旅游局、外侨办、发改委、财政局、人社局、公安局、教育局、交通局、工商局、商务局、侨联相关负责人参会，邀一名山西省人大代表参加座谈会。

在听取大同市相关工作汇报并与相关部门负责人座谈后，张茂才对大同市贯彻落实旅游“一法两条例”、侨务“一法两办法”情况及所做的大量工作给予肯定。他指出，大同市要发挥优势，创新体制机制，打造精品旅游品牌，扩大宣传和营销力度，助推旅游业全面发展。重视侨务工作，大同现有归侨、侨眷一万余人，摸清准确底数，发挥侨务工作的桥梁纽带作用，发挥归侨侨眷优势作用，激发爱国热情，为地方经济社会发展做出贡献。（贾鸿铸）

【市人大常委会法工委、市国教办检查调研基层国防教育工作】 2016年12月15日至16日，大同市人大常委会法制工作委员会、内务司法委员会和大同市国防教育委员会办公室组成国防教育工作检查调研组，调研大同市各县区国防教育工作自查情况，对浑源县、南郊区进行重点抽查。

调研期间，大同市国防教育检查调研组先后调研浑源县和南郊区国防教育基地、党校和部分中小学校、国防教育宣传社区和村委会及广场等地，并在县区人武部召开座谈会，县区国教委成员单位围绕《国防教育法》、省市《实施办法》，对单位系统开展国防教育工作情况进行汇报。检查调研组负责人对浑源县和南郊区国防教育工作投入大、基础设施建设完善、普及工作给予肯定。要求加强组织领导，加大经费投入，落实制度，改进和创新国防教育方法和手段，确保活动经常，确保国防教育多领域全方位的普及和推广。（贾鸿铸）

专门工作委员会

法制工作委员会

【概述】 2016年，大同市人大常委会法制工作委员会与有关专（工）委、大同市政府法制办等部门和单位，协调研究2016年立法项目。在调查研究、广泛征求立法项目建议、听取各方面意见和反复协调论证的基础上，拟定2016年立法计划草案（立法项目1件、修订项目1件、调研项目2件）。制定《大同市电动车管理条例》《大同市人民防空工程建设和管理条例》。4月20日，大同市十四届人大常委会第三十四次会议对《大同市电动车管理条例（草案）》进行初审；8月23日，大同市十四届人大常委会第三十八次会议对修改后的草案进行二审。9月，山西省人大法工委专程到大同电动车销售、维修企业实地调研，召开座谈会对法规提出指导性建议。10月25日，大同市第十四届人民代表大会常务委员会第三十九次会议，经过三审正式审议通过《大同市电动车管理条例》，2016年11月10日，山西省第十二届人民代表大会常务委员会第三十次会议批准，2017年6月1日施行。《大同市人民防空工程建设和管理条例》2016年1月20日山西省第十二届人民代表大会常务委员会第二十四次会议批准通过。修改与上位法不一致《大同市气象设施和探测环境保护条例》，经大同市第十四届人民代表大会常务委员会第三十一次会议审议通过，山西省第十二届人民代表大会常务委员会二十四次会议予以批准。（贾鸿铸）

【立法民主建设】 2016年，大同市人大常委会法制工作委员会坚持立法为民、民主立法、科学立法，突出立法的针对性、前瞻性和可操作性，防止和克服部门利益倾向，注重维护公民的合法权益。立法涉及的一些重大问题和专业问题上，通过多种渠道、多种形式征求人大代表、政协委员和有关专家学者的意见，实行科学论证。推进“开门立法”，拓宽立法渠道上，组织立法座谈会、论证会、听证会、协调会，倾听群众呼声，了解群众意愿，集中群众智慧。全年组织召开各类会议28次，向县（区）人大常委会和有关部门书面征求意见1000余份，到基层开展立法调研15次。（贾鸿铸）

【立法沟通审议】 2016年，大同市人大常委会法制工作委员会与大同市政府法制办等有关部门加强沟通联系，共同研究如何搞好地方立法的选项工作，对提高地方立法质量进行探讨，进一步统一立法工作认识，明确立法工作的指导原则。法规草案的审议进入二审程序后，继续加强与有关专（工）委、法规起草部门的工作联系，保证立法工作的顺利进行。按照立法工作制度，在统一审议法规前，法制工作委员会听取有关方面专家学者对法规草案的意见，为统一审议提供有力的支持，提高统一审议的质量。法规草案的论证、修改、审议等环节上，注重加强与（山西）省人大法制委的联系。（贾鸿铸）

【立法问效】 2016年，大同市人大常委会法制工作委员会承办起草《大同市民主法制领域改革实施方案》和《大同市民主法制领域改革实施工作要点》，为市委决策提供参考。并结合深化改革发展要求，实施法规立、改、废并重原则，对现行法规进行问效清理审查和完善配套工作。为提高专家学者在法规起草、立法论证、咨询、课题研究、立法评估工作中的参与度和立法实效，在山西大同大学法学院建立立法咨询研究基地，组建一支相对稳定的法规评估机构，以找准评估试点对象为突破口，不断改进立法工作，完善立法作用，推动大同市转型发展逐步走向常态化、规范化、制度化。5月中旬，山西省人大常委会调研组专程到大同大学调研基层立法联系点运行情况。（贾鸿铸）

【立法调研】 2016年，大同市人大常委会法制工作委员会按照全国人大及省人大常委会法工委的要求，法制委多次召开座谈会，就《中华人民共和国野生动物保护法（修订草案）》《山西省人民代表大会常务委员会工作报告（征求意见稿）》《山西省各级人民代表大会常务委员会监督司法工作办法（草案）》《山西省安全生产条例（修订草案）》《山西省环境保护条例（修订草案）》《山西省永久性生态公益林保护条例（草案）》《山西省通信设施建设与保护条例（草案）》《山西省实施〈中华人民共和国老年人权益保障法〉办法（修订草案）》等法律法规草案，征求有关方面的修改意见，并形成书面报告，为全国人大常委会及山西省人大常委会立法提供参考。（贾鸿铸）

内务司法委员会

【内务司法委执法检查司法行政机关】 2016年4月至5月，大同市人大常委会执法检查全市司法行政机关贯彻执行刑事诉讼法的情况。检查组听取大同市司法局关于全市司法行政机关贯彻落实刑事诉讼法的情况汇报，到新荣区、天镇县、阳高县、大同县司法局及基层司法所等地进行实地检查，并对山西华瑞、山西晨遥律师事务所和明鉴司法鉴定中心的相关工作情况进行查看。对其余7个县（区）司法行政机关贯彻落实刑事诉讼法情况进行书面审查。检查了解到，全市各级司法行政机关按照党的十八大提出的“加强法律实施，树立司法公信”的要求，围绕“要努力让人民群众在每一个司法案件中感受到公平正义”的目标，贯彻落实宽严相济的刑事政策，完善社区矫正制度，扩大法律援助适用范围，保障犯罪嫌疑人、被告人合法权益，统一和理顺司法鉴定管理体制，开创司法行政工作的新局面，维护社会和谐稳定，促进社会公平正义。但也存在法律宣传普及方面力度不够、司法所人员严重不足、律师刑事辩护工作规范、法律援助工作开展不够顺畅等方面的问题和不足。执法检查组提出加大对修改后的刑诉法的宣传力度、理顺社区矫正工作管理机制、加强律师刑事辩护工作的协调监督指导、完善法律援助工作机制等意见和建议。（贾鸿铸）

【内务司法委调研未成年人审判】 2016年8月，大同市人大常委会调研组调研全市法院未成年人审判工作情况。调研组听取大同市中级人民法院关于全市法院未成年人审判工作情况的汇报，到天镇县、阳高县大同县法院等地进行调研，对少年法庭的建设情况、未成年人综合审判庭和未成年人教育感化帮扶中心的运行情况进行实地查看。旁听2起未成年人案件的审理情况。对其余8个县区法院未成年人审判工作情况进行书面审查。调研中了解到，全市各级人民法院把未成年人审判工作放到对祖国未来负责的高度，把握未成年人审判工作的特点，严格执行未成年人审判的各项法律规定，坚持“教育为主、惩罚为辅”的原则，贯彻“教育、感化、挽救”的方针，立足本职工作，开拓创新，延伸审判职能作用，进行一系列尝试和探索，做到审判与教育并举，维护未成年人的合法权益，创新开展未成年人审判工作，取得法律和社会效果。但也存在未成年人审判组织机构和法庭建设有待健全、未成年罪犯的帮教工作有待深入、未成年犯罪嫌疑人的特殊羁押和诉讼程序有待落实、社会工作网络亟须加强等问题和不足。调研组提出完善未成年人审判工作的保障机制、探索未成年人审判工作新方法、整合资源，建立统一的未成年人社会工作网络、加强未成年人审判工作的宣传力度等意见和建议。（贾鸿铸）

【内务司法委调研监督检察机关立案】 2016年12月，大同市人大常委会调研全市监督检察机关立案工作情况。调研组听取大同市检察院关于全市检察机关立案监督的工作情况汇报，到矿区、天镇县、阳高县、浑源县、灵丘县和广灵县检察院进行实地调研，并对各县区在公安机关设立的侦查监督检察室的建设和工作情况进行察看，抽查部分案卷。对其余5个县区检察机关立案监督的工作情况进行书面审查。调研中了解到，全市各级检察机关深化司法改革为契机，把立案监督工作作为强化法律监督工作的突破口，立足自身实际；履行侦查监督职能；坚持规范司法；精细办案；不创新监督机制；强化监督措施；加大监督力度；端正干警的司法理念；规范司法行为；提升执法公信力和人民群众对检察工作的满意度，调研组结合存在执法理念滞后、运行机制还不够健全、立案监督类案件线索来源少等问题和不足，提出以执法办案为中心，提升办案质量、拓宽立案监督案件渠道、加大立案监督法治宣传力度等意见和建设。（贾鸿铸）

【内务司法委调研公安机关基层社会治安】 2016年10月，大同市人大常委会内务司法委员会调研全市公安机关基层社会治安工作的情况。调研组听取大同市公安局关于全市公安机关基层社会治安工作情况汇报，先后到城区、南郊区、大同县、浑源县的北关、云冈、西坪、永安等8个派出所进行实地调研，对其余7个县区公安机关基层社会治安工作情况进行书面审查。调研中了解到，大同市各级公安机关按照十八届四中全会“全面推进依法治国”的总体部署，紧紧围绕中央和省委常委会议精神以及全省开展“三大战役”的统一部署，结合大同市实际，面对发展速度快、维稳任务重、风险挑战多的新常态，坚持“发展是第一要务，稳定是第一责任”，围绕全市社会治安存在的突出问题，采取措施，牢固树立政治意识、大局意识、核心意识、看齐意识，履行“打击犯罪、维护稳定、服务民生、保障发展”的神圣职责，坚持“与发展同步、为发展服务”，实现社会治安持续稳定，确保人民群众安居乐业。也存在群体性事件仍然高发多发、传销活动仍在一定范围内存在、警力不足、相关保障不足、社会治安工作的积极性和主动性不够等方面的问题。调研组提出提高整体工作能力、夯实社会治安工作基础、查清治安隐患、扫除治安盲区、加强队伍建设、提升治安工作能力的意见和建议。

（贾鸿铸）

【内务司法委调研农村低保】 2016年7月，大同市人大常委会内务司法委员会调研全市农村低保工作情况。调研组听取市民政局低保中心关于全市农村低保工作的情况汇报，到灵丘、广灵、浑源县进行实地调研，并到红石塄乡下北泉村，武灵镇车河社区，壶泉镇翟疃村，下韩乡下韩村、中韩村等地进行现场察看。调研期间，走访低保对象11户。从2007年至2016年，15次提高农村低保标准，保障标准从2007年的360元/年·人提高到的2898元/年·人，保障人数由39725户67816人增加127685户158516人，占全市农业人口总数的9.02%，但也存在着宣传不到位；五保供养保障标准低；拨付和配套资金有限，贫困人口未能全部纳入低保范围；低保对象界定难，审查核实不科学；低保机构不健全，人员短缺，经费缺乏等问题和困难。调研组提出加大宣传力度、提高农村五保供养保障标准、村委会要承担起调查责任、完善农村各项保障政策的意见和建议。

（贾鸿铸）

【内务司法委执法检查“一法一实施办法”实施情况】 2016年9月，大同市人大常委会内务司法委员会执法检查“一法一实施办法”贯彻实施情况，召开交警、住建委、交通局、安监局、质监局、工商局、农机局等部门参加专题汇报会。检查组了解到，大同市认真贯彻执行《中华人民共和国道路交通安全法》《山西省实施中华人民共和国道路交通安全法办法》以及配套法律法规，以“保障道路交通有序、安全、畅通，预防和减少道路交通事故”为目标，依法管理道路交通安全工作，对道路交通安全领域的突出问题，加强调查研究，采取有措施，保障人民群众生命财产安全，促进全市经济全面协调发展，为人民群众和中外游客创造良好的道路交通环境。但也存在对道路交通安全法宣传重视不够、交通安全管理存在薄弱环节、道路交通基础设施建设还不够完善、超标农用车存在较多的安全隐患等问题和不足。提出以下建议和意

见：强化政府领导、加快城乡道路的规划和建设、加强车辆和驾驶员管理工作、对农用车进行综合治理。（贯鸿铸）

【内务司法委调研《大同市电动车管理办法（草案）》初审】 2016年，大同市人大常委会内务司法委员会调研《大同市电动车管理办法（草案）》初审。走访调研外地多个城市的相关立法和管理情况的基础上，召开立法协调座谈会，就法规的必要性和可行性征求交警、综警、法制办、大同大学等相关部门的意见，征求到各种不同的管理意见和法规修改建议多条，并在大同市第十四届人民代表大会常务委员会第三十四次会议上作关于《草案》的审查意见报告，为初审法规草案，把好可行关。（贯鸿铸）

【内务司法委执法检查《大同市人民防空工程建设和管理条例》】 2016年11月，大同市人大常委会内务司法委员会组织大同市政府法制办、大同市人防办对条例的贯彻落实情况进行执法检查。检查重点围绕人防机构设置、经费保障、建筑项目应建防空地下室的审批验收和使用管理等情况开展，先后走访检查9个县区，对全市人防工程建设和管理情况有全面了解和掌握，推动《大同市人民防空工程建设和管理条例》的贯彻落实。（贯鸿铸）

【内务司法委处理涉法涉诉问题】 2016年，大同市人大常委会内务司法委员会处理群众反映的涉法涉诉问题，有关部门报办理案件结果部分答复当事人。具体办理过程中，根据领导批示和当事人的诉求都作交办；以案件事实为依据，以法律为准绳，合法合理地处理申诉案件；对当事人不懂或对法律理解不深的案件，采取与当事人谈心的方式，讲清法律，说清事实，指出问题的根源，从而达到息诉的目的；加强对案件的督办力度，维护申诉人合法权益。（贯鸿铸）

【内务司法委助推法制建设】 2016年，大同市人大常委会内务司法委员会开展在大同市人民代表会前听取“两院”职能部门工作情况汇报的工作。“两院”接受大同市人大监督主动，给代表了解“两院”工作创造条件，为代表交流沟通搭建平台，紧密联系群众、传达百姓心声的创新举措。完成全市文化旅游产业发展情况专题询问分解任务的调研工作。11月22日，大同市人大常委会内务司法委员会召开大同市交通局、规划局、交警支队及公共交通有限责任公司参加的专题汇报会。对涉及大同市民政局的有关内容进行补充调研，并形成调研报告，为专题询问的提供支持。在山西省人大常委会召开的内务司法工作会议上，就新时期创新司法监督工作做经验交流。配合山西省人大常委会对《山西省预防职务犯罪工作条例》进行专题调研。11月至12月分两批次参加由山西省人大组织《山西省各级人民代表大会常务委员会监督司法工作办法》培训。

2016年2月，对《中华人民共和国保守国家秘密法》及其实施条例进行执法检查。4月，到高速交警二支队对危化品、客运车辆高速口管控管制问题进行调研。11月，在左云县法院参加由大同市中级人民法院组织的庭审观摩活动。并对十四届六次会议交办的代表议案、意见和建议进行答复和督办。（贯鸿铸）

财政经济委员会

【财政预算审查监督】 2016年，大同市人大常委会财政经济委员会走访政府有关部门，了解情况，并通过经济工作会议、财政及其他专业工作会议，全面了解国民经济和社会各项事业发展情况及财政运行情况，掌握国家关于本年度预算编制的原则和要求。开展调查研究，并根据《中华人民共和国各级人民代表大会常务委员会监督法》把对预算草案的初审时间，听取和收集教育、农业、科技、公安、卫生、社保等一些重要部门对预算草案的意见和建议。对审查中发现问题，与相关部门进行探讨、分析，提出可操作性的意见和建议，向人代会提交2016年大同市本级财政预算（草案）的审查报告。（贯鸿铸）

【财政决算审查监督】 2016年6月，大同市人大常委会财政经济委员会听取大同市财政局关于2015年全市本级财政决算情况的工作汇报，对2015年全市本级财政决算（草案）进行审查，并提交对2015年全市本级财政决算（草案）的审查报告。（贯鸿铸）

【财政预算调整审查】 2016年6月，大同市人大常委会财政经济委员会召开全委会议，听取大同市政府向市人大常委会提交的《关于提请审议2016年全市本级财政预算调整方案（草案）的议案》，并对2016年全市本级《预算调整方案（草案）》进行审查，向常委会提出审查意见。根据晋财预〔2016〕12号《山西省财政厅关于下达2016年政府债务限额的通知》精神，山西省财政厅下达大同市新增专项债券11亿元，相应增加全市政府性基金预算财力11亿元。按照《财政部关于印发〈2015年地方政府专项债券预算管理办法〉的通知》精神，地方政府新增债券的使用要求纳入全市级财政预算。调整后2016年全市级政府性基金支出预算由16.4亿元调整为27.4亿元。8月，听取大同市政府向大同市人大常委会提交《关于提请审议2016年全市本级财政预算调整方案（草案）的议案》，并向常委会提出审查意见。根据《山西省财政厅关于下达2016年政府债务限额的通知》（晋财预〔2016〕12号）精神，山西省财政厅下达大同市新增一般债券13亿元，相应增加全市公共预算财力13亿元，大同市人民政府把新增13亿元一般债券资金全部用于在建的公益性项目建设、扶贫攻坚和棚户区改造等民生项目。12月，为统筹用好债券资金，对大同市政府提出的预算调整方案进行审查，将一般债券调整46240万元、专项债券调整7349万元。6月，根据大同市人民政府提交《关于大同市2015年市本级预算执行和其他财政收支情况的审计工作报告》，大同市人大常委会财政经济委员会召开全委会议，进行审查，并提出整改意见。（贯鸿铸）

【财经委开展调研和督查】 2016年2月，大同市人大常委会财经委员会在大同市经信委、金融办、招商局、银监分局和市政务服务中心的配合下，对招商引资、金融创新、企业

大同市人民代表大会

帮扶等工作的进展情况进行重点调研和督查，到大同新发地农产品批发冷链物流园实地考察，并提交调研督查报告。1月，依法对大同市人民政府提交的《关于2015年全市及市本级政府债务限额分配方案的议案》进行调研，提出审查意见，建议大同市人大常委会批准《市人民政府关于提请审议批准2015年全市及市本级政府债务限额分配方案》。批准大同市上年政府债务限额为263.1亿元，其中大同市本级债务限额为228亿元。7月参加山西省人大财经委在晋城市召开的全省扶贫资金使用情况座谈会后，根据“十二五”时期大同市财政专项扶贫资金使用率低、结余资金额度大的问题，到广灵、灵丘等贫困县专题调研，督促相关部门及各县区盘活用好管好财政专项扶贫资金，并向主任会议提交调研报告。12月，专题调研大同市国有资产管理工作情况，并向常委会提交调研报告。根据13名人大代表提交的《关于优先发展公共交通事业的议案》，4月组织调研组到大同市交通局进行专题调研，与大同市公交公司等单位负责同志进行座谈。（贾鸿铸）

教育科学文化卫生工作委员会

【市人大常委会调研体育】 2016年3月至15日，大同市人大常委会教育科文化卫生工作委员会组成的调研组，调研全市体育工作情况。调研组一行实地察看大同市体校运行情况，了解训练场馆设施情况，听取大同市体育局关于全市体育工作情况的汇报。调研组督促相关部门尽快对全市的体育基础设施建设及体校危房改造等问题进行解决。并向市第十四届人大常委会第三十四次会议提交书面调研报告。（贾鸿铸）

【市人大常委会监督《中华人民共和国食品安全法》贯彻实施情况】 2016年4月26日至28日，大同市人大常委会教育科文华卫生工作委员会组织部分常委会组成人员、大同市人大代表到城区、浑源、广灵等县区就《中华人民共和国食品安全法贯彻实施情况》进行执法检查。检查中，检查组就全市贯彻落实食品安全法提出：加大食品安全法宣传力度，提高全民食品安全认识；加大食品安全监管力度，切实从生产、加工等环节杜绝食品安全问题；加强食品安全监管队伍建设等意见。并山西省人大常委会提交大同市人大常委会关于贯彻实施《中华人民共和国食品安全法》情况的执法检查报告。（贾鸿铸）

【市人大常委会开展文物保护调研】 2016年9月12日至21日，大同市人大常委会组织部分常委会组成人员和大同市人大代到大同市文物局、灵丘县、广灵县、浑源县，就全市文物保护工作情况进行调研。调研期间，调研组实地察看城区华严寺、法华寺、九龙壁，灵丘县觉山寺、平型关纪念馆，广灵县水神堂、东留疃安坚寺、殷家庄古民居建筑群，浑源县永安寺、麻家大院、悬空寺、恒山等文物单位，并听取大同市文物局和相关县文物主管部门关于文物保护工作情况的汇报。调研组对调研中发现文物周边环境管理混乱，与文物管理不相协调等问题提出：加大文物周边环境的整治；加大文物保护经费的投入力度等意见。并向大同市第十四届人大常委会第三十九次会议提交书面调研报告。（贾鸿铸）

【《云冈石窟保护管理条例》立法修改调研】 2016年11月6日至13日，由大同市人大常委会工作委员会和大同市法制工作委员会相关人员组成立法考察组，前往陕西省西安市兵马俑、华清宫，甘肃省天水市麦积山石窟，河南省洛阳市龙门石窟等地开展修改《云冈石窟保护管理条例》立法工作的考察活动。调研组围绕云冈石窟保护、管理、开发利用等主要内容进行，考察组通过实地察看和召开座谈会等形式，学习和研究几个调研地的立法经验和成功做法，探讨需要研究和改进的主要方向和重点内容。通过考察，调研组对修改《云冈石窟保护管理条例》的立法工作有认识。并由大同市人大工作委员会人员执笔，就考察具体情况向大同市人大常委会提交关于修改《云冈石窟保护管理条例》立法调研考察报告。（贾鸿铸）

城乡建设环境保护工作委员会

【环保检查】 2016年11月至12月，大同市人大常委会城乡建设环境保护工作委员会活动组一行到左云、浑源、阳高、南郊4个县区、9家企业、5处排污点，开展检查采访活动，听取大同市环境保护局关于全市环保工作总体情况的工作汇报。检查发现左云县张家场乡君欣煤炭洗选公司无环评手续，扬尘污染严重；阳高县污水处理厂污水处理能力不够，“治污”变“致污”；南郊区御河III段河道内大量倾倒建筑垃圾，污染水体，阻塞河道；南郊区马军营乡阳和坡旧村、市教育基地西南形成大型天然垃圾场，“白色污染”异常严重等污染点源7处，提出相关建议5条，并形成专题调研报告，在大同市第十四届人民代表大会常务委员会第四十一次会议上进行审议。（贾鸿铸）

【城建住宅专项维修资金专题调研】 2016年6月7至8日，大同市人大常委会城乡建设环境保护工作委员会牵头，组织部分人大常委会委员和大同市人大代表，对大同市住宅专项维修资金管理工作进行专题调研。调研组一行先后到惠民西城、睿和新城、柳港园小区实地查看住宅专项维修资金收缴、管理、使用情况，在大同市住宅维修资金管理中心查阅相关资料和档案，与房管部门、物业管理企业和业主代表进行座谈，并听取大同市房管局的专门汇报。针对调研发现的房屋质保期内的质量问题保修难、维修资金使用决策难、老旧小区维修资金追缴难等问题提出合理化的意见和建议，并对管理中心人员不足、办公场所不便等实际困难向政府作沟通和反映，促进大同市的住宅维修资金管理工作。（贾鸿铸）

【城建重点项目建设工程质量调研】 2016年10月10至11日，大同市人大常委会城乡建设环境保护工作委员组成人员和市人大代表，先后到世都伟业混凝土搅拌站、北环桥、西城墙带状公园、城区振兴街老旧小区改造等12处重点建设项目，进企业、

▲2016年10月11日，市人大调研组调研市重点项目建设　（人　大　供图）

下工地，对大同市城市重点项目建设和工程质量情况进行实地调研。通过调研走访，强化项目单位的责任意识和安全意识，为把重点工程打造成民心工程、放心工程、精品工程提出合理化意见和建议，针对混凝土行业举步维艰的困境进行分析，从市场和政策两个方面提出建议，引导产业健康有序发展；针对老旧小区改造慢，水、电、气、网施工统筹协调不力，老百姓怨言大等问题梳理，向大同市政府提出加强改造工作集中协调指挥力度，把对群众正常生活的影响降到最低的建议，优化和促进工程进度，维护老百姓的正当权益。（贾鸿铸）

农村工作委员会

【农村土地确权工作调研】2016年7月19日至21日，大同市人大常委会农村工作委员会组织部分常委会组成人员、大同市人大代表，到左云县、阳高县、天镇县调研全市农村土地承包经营权确权登记颁证工作。听取大同市农委和各县政府的工作汇报，实地察看左云县管家堡乡、云兴镇，阳高县下深井乡、长城乡，天镇县米薪关镇、张西河乡土地确权信息应用平台建设和确权地块资料归档情况。通过调研了解，先后出台市、县《农村土地承包经营权确权登记颁证工作方案》，市、县、乡、村都分别成立工作领导组，一级抓一级，层层抓落实，按照实施方案和工作流程推进。涉及全市土地确权的99个乡镇及开发区两个村的592万亩土地，完成51个乡镇295.9万亩土地的调查、公示阶段工作。年内启动48个乡镇289.6万亩土地确权，进入审核清册、权属调查阶段。截至2016年底，全市累计开展清查面积474万亩、村数1967个、承包户39.6万户，分别占全市任务的80%、100%、98%。

调研中也发现一些存在的问题，主要是部分农民对土地确权认识不到位、土地权属争议情况复杂，确权难度大、上级政策不明确，许多土地无法确权等问题。建议政府要加大确权工作政策宣传，让农民了解土地确权的目的、作用和意义，提高农民参与配合确权工作的性；加强县乡村领导干部的政策培训和中标测绘单位专业技术培训，夯实确权工作基础，确保各县区确权工作按计划时间表推进；对政策不明确的问题，根据实际情况，想实招、做预案，主动作为、有效应对，待政策明确后及时跟进、保质保量完成任务。按照调　研分析情况，农村工作委员会向大同市十四届人大常委会38次会议提交调研报告。（贾鸿铸）

【农村扶贫攻坚专题调研】2016年10月12日至14日，大同市人大常委会农村工作委员会调研大同市扶贫办和天镇县、大同县扶贫工作。听取大同政府大同市扶贫办关于全市扶贫工作情况的汇报，考察天镇县塔儿村易地搬迁、光伏产业扶贫项目，大同县三利农产品公司、西坪黄花基地，围绕两县产业扶贫、金融扶贫、旅游扶贫、就业培训等扶贫情况与当地县乡村干部进行座谈。

从调研情况来看，大同市按照中央、省市委的部署，以扶贫攻坚统领经济社会发展，各级、各部门以精准扶贫为重点，以农民增收为目标，多措并举、因地制宜、分类施策、精准发力。在产业扶贫、光伏扶贫、易地搬迁等方面取得成效，探索出具有自身特点的精准扶贫新模式，脱贫攻坚战役开局良好。

针对调研中发现的扶贫机构力量薄弱、贫困群众“等靠要”思想严重、贫困农民抵御市场风险能力弱等问题。经过分析研究，以大同市人大常委会调研组的名义向大同市十四届人大常委会第39次会议提交《关于全市扶贫工作情况的调研报告》。建议加强扶贫队伍建设，教育贫困群众树立致富意识，增强致富本领，不等不靠、自强自立，把政策动力转化为内生潜力；引导农民拓展思路，走农村产业化发展道路，把扶贫产业做大、做强、做优，更多惠及广大群众。

（贾鸿铸）

民族宗教侨务外事工作委员会

【市人大常委会调研旅游安全】2016年9月26日至29日，大同市人大常委会民族宗教侨务外事工作委员会牵头组织部分大同市人大常委会委员和大同市人大代表组成调研组，通过听取汇报、开展座谈和实地考察等多种形式对大同市景点景区提质升级、优化旅游精品线路、完善旅游配套设施、建立旅游服务标准、旅游营销推广等方面的情况进行调研。9月26日上午，召开全市旅游工作调研汇报会。会上，调研组听取大同市旅游局负责人的工作汇报，随后同参会的景区景点、旅行社、宾馆、旅汽公司等涉旅单位负责人展开座谈，大家从旅游发展理念、机制体制、经营管理、规划营销等方面献计献策，提出意见建议。会后，调研组实地调研、新荣区、左云县、浑源县、大同县。调研结束后，起草5000余字的调研报告，提出五个方面的意见建议提交常委会审议。开展文化旅游专题询问工作。12月28日，大同市常委会就全市文化旅游产业发展进行专题询问。民族民宗侨外事工作委员会作为牵头部门，负责这次专题询问工作方案、询问提纲、主持词等文件的起草和前期调研组织协调工作。先后组织大同市涉旅部门、旅游专家、企业和从业人员代表100余人次，召开三次座谈会，征集梳理重点意见建议31条；到大同市旅游局等涉旅单位对接、调研3次。（贾鸿铸）

【民族宗教监督检查】 2016年，大同市人大常委会民族宗教侨务外事工作委员会组织部分大同市人大常委、市人大代表和市旅游局、工商局、物价局、交通局召开座谈，听取常委会上年旅游执法检查审议意见书落实情况、旅游消费市场监管、联合执法、带薪休假等促进旅游消费政策的实施情况的汇报，审议意见书提出的相关建议意见中，建立旅游产业发展领导组、成立旅游产业发展基金；创新经营管理机制方面，古城墙开发运营整体打包由北京传奇集团承包，其他7个景区景点正在逐步实现管理权与经营权分离，运用市场化手段经营，推动旅游产业转型升级。上年在国家《宗教事务条例》《山西省宗教事务条例》执法调研中，发现由于城市供热管网改造从天主教堂建筑下穿过，造成天主教堂建筑物开裂，十分危险，把这一情况上报大同市人大常委会，并形成审议意见书转交大同市政府办理。跟踪监督中，了解到大同政府拨付150万元专项维修经费，对教堂进行修复，现完工。解决大同市上高速难的问题。民族民宗侨外事工作委员会连续多年对大同市旅游工作进行调研监督，调研中多家旅行社、旅游汽车公司反映大同市上高速难的问题，大同市市区周边有9个高速出入口，但规定只有魏都大道口和云冈口两个高速口允许7座以上客车驶入，其他高速口均不允许驶入，营运客车出行不便。把开放大同市全部高速口允许7座以上营运客车驶入作为重点意见，与山西省人大常委会沟通联系，并到山西省公安厅交警总队高速二支队专题调研。在山西省人大常委会的大力支持和帮助下，山西省公安厅交警总队高速二支队在7月18日作出“从即日起取消对营运客车指定入口驶入的工作机制，营运客车可以从大同市对辖区任意收费站驶入高速”的规定。（贾鸿铸）

信访办公室

【概述】 2016年，大同市人大常委会信访办公室受理人民群众来信来访176件，较上年减少34件，累计接待上访群众人数达300余人。其中：领导批示信访件14件，来信18件，来访110件，承办山西省人大交办信访件33件，大同市纪委转办信访件1件，均登记、转办、交办、督办。

群众来信来访中，按信访人的诉求目的分：申诉类152件，占86%，求决类22件，占12.5%，控检类2件，占1%。按信访问题所涉领域分：涉及行政信访案件有49件，主要反映劳动与社会保障、企业下岗职工工资发放、城市建设、拆迁补偿安置、控告举报等方面的问题。涉及审判机关的有104件，反映法院判决不公，认定事实不清，当事人对案件判决不服，多次申诉无结果；反映法院违反诉讼程序，侵犯当事人的诉讼权力，对应受理立案的，久拖不立，或对案件久拖不判；反映法院执行不力，多名上访人反映法院在执行时含糊其辞，推诿拖延，存疑办关系案、金钱案、人情案等问题。涉及公安机关的有18件，主要反映公安机关有不作为、乱作为等行为，该出警时不出警，该立案侦查时不立案侦查；少数公安人员滥用职权，粗暴执法，包庇犯罪，侵害群众合法权益等。涉及检察机关的有5件，主要反映检察机关不立案、不起诉；法律监督不力，该抗诉不抗诉。

（贾鸿铸）

【信访办理】 2016年，大同市人大常委会信访办公室安排常委会副主任到大同市信访接待大厅轮流值班接访，实行直接接访和预约接访相结合的工作机制，协调处理群体性上访事件和重大突出信访问题。

大同市人大机关信访工作人员接待上访群众，正确地把握其心态，以情感人，以理服人，对少数情绪激动、反映问题处理难度较大的来访群众，采取悉心倾听、促膝谈心等措施，在初访阶段化解矛盾。

教育疏导工作。对待上访群众的来访事项符合政策的登记转办；不符合政策的耐心为其解释上访程序和法律程序，疏导其到有权处理的部门依法逐级上访；对应息诉罢访的做好教育工作，宣传国家的有关法律、法规、政策，再耐心做好说服解释工作。年内给300余人次来访群众讲解有关法律、法规和政策的规定，指明诉求方法和诉讼渠道，妥善处理好各类信访矛盾。

规范来信到访办理。信访办公室坚持信访登记制度，编号登记，填写《来信来访登记表》，仔细记录来访人的联系方式、住址、个人情况，按照分级负责、归口办理的原则，15日之内全部转交有权处理的单位或上级。山西省人大转办案件和重点督办案件送交领导批阅后，转到相关部门处理，定期检查督促，不漏记，不登错，不误办。

加强督查督办力度。按照《信访条例》要求，加强重点案件跟踪督办，一般案件，自受理之日起在60日之内报结果，情况复杂的，经批准，适当延长办理期限，并告知信访人延期理由。采取下访、调研、组织召开协调会等形式，加强与“一府两院”各单位的联系和沟通，综合协调各级人大，多次听取有关部门办理工作汇报，分析案情，研究解决办法，提高办信接访效率，增强督办工作的实效性。

重视人代会期间群众信访工作。人代会期间接待群众信访67件。

（贾鸿铸）

大同市人民政府

综　述

【大同与百度公司携手推动“互联网＋大同”建设】 2016年7月5日，大同市政府与北京百度网讯科技有限公司正式签署战略合作框架协议，双方将在大数据产业发展和建设“智慧大同”等方面形成战略共识的基础上，依托各自优势，在“互联网＋大同”“大数据＋大同”“旅游服务”“云计算”“创业创新”等领域展开全面合作。

大同市委书记张吉福，市委副书记、市长马彦平等出席签约仪式。副市长杨勤荣主持并代表大同市签约。百度公司党委副书记、公司事务总经理、百度网总编辑赵承携公司相关部门负责人出席签约仪式。

作为全球最大中文搜索引擎，百度拥有世界领先的自然语言处理、大数据等技术，在大数据的处理、分析和价值挖掘方面具有极强的优势。结合大同市城市特点和优势，双方将以“互联网＋大同”产业为核心，重点融合并利用双方优势，在大数据分析应用、智慧城市、交通管理、政务便民等领域进行合作，实现百度相关产品技术在大同市的发展，并以“大数据＋大同”产业发展为基础，实现共同建设“智慧大同”战略目标。百度公司与大同市在“互联网＋”公共服务、智慧城市建设、战略业务合作与投资孵化等三个方面不断探索建立新模式。其中，在“互联网＋”公共服务方面，大同市推动公共数据资源开放，支持百度公司发挥平台核心技术优势，参与大同市政务服务资源整合，通过百度搜索、百度地图、百度知道等平台，建设高效、精准、个性化的便民服务入口，提供政策咨询、预约办事、行政审批、便民缴费、基于位置（LBS）的生活服务等多种类型的“互联网＋大同”、移动化服务，实现互联网与政府公共服务体系的深度融合。结合大同市旅游产业转型升级需求，百度公司规划“互联网＋旅游”推广方案，利用百度地图、百度旅游、百度糯米等互联网平台和海量用户资源、旅游团体等，为全市旅游产业发展提供统一的服务、运营和传播。

（木　依）

▲2016年7月5日，大同市人民政府与百度公司举行签约仪式　（李冬宾　张燕伟　供图）

【“六权治本”工作推进】 2016年，大同市加大简政放权力度，推行权责清单制度，深化行政审批制度改革，推动“六权治本”工作的开展。

为切实推进简政放权，全市落实承接行政审批事项，3月，取消中央指定地方实施行政审批事项9项。市政府明确要求，各部门对承接事项要制定和公开行政审批流程图，优化审批程序，提高审批效率。加大简政放权力度，精简行政审批项目，取消下放行政审批项目等事项73项，方便群众办事，减轻企业负担。为大幅减少前置审批，规范中介行为，全市对各部门行政审批涉及的中介服务事项进行全面清理，以破除中介服务垄断，切断中介服务利益关联。大同市政府明确发文要求，审批部门所属事业单位、主管的社会组织及其举办的企业，不得开展与本部门行政审批相关的中介服务，需要开展的应转企改制或与主管部门脱钩，规范中介服务收费，加强中介服务监管。1月，大同市编办对清理行政审批中介服务事项工作提前进行部署。3月，根据国务院和省政府通知精神，清理规范第一批行政审批中介服务事项17项。4月中旬，市直各部门对行政审批中介服务事项开展清理摸底，初步梳理汇总。

截至3月底，各县（区）政府部门权责清单编制完成，截至4月底，向社会公布运行。（赵　瑾）

【中国首个获政府专项支持的区块链联盟成立】 2016年11月7日，由大同市人民政府、北京航空航天大学主办，智慧能源投资控股集团承办，北京大同区块链技术研究院独家赞助的中国区块链技术创新与应用联盟成立大会暨区块链蓟门论坛举行。这是中国首个获得政府专项支持的区块链联盟，该联盟的成立对促进区块链技术在大同市社会经济建设各领域的推广应用有重要意义。

全国社保基金理事会副理事长王忠民，智慧能源投资控股集团董事局主席高坚，山西省委常委、大同市委书记张吉福，市委副书记、市长马彦平等出席成立大会。

中国区块链技术创新与应用联盟由北京航空航天大学、智慧能源投资控股集团和北京大同区块链技术研究院作为主体单位，联合清华大学、人民大学、天弘基金、包商银行、远光软件、山东省社科院、钜真金融等50余个企事业单位及行业组织共同发起成立。联盟成立后，将组建“大同区块链实验室”和“大同区块链创新中心”，协同创新，协同应用，合作共赢，形成一批典型的应用场景案例。成立大会现场，北京大同区块链技术研究院演示具有自主知识产权的区块链底层技术系统“大同链Uni-Ledger”，“大同链”开始在边贸、医疗和能源领域率先应用。

张吉福代表大同市对联盟的成立表示祝贺。他说，加快区块链技术成果产业化进程，促进区块链技术在社会经济建设各领域的推广应用。抓住这一战略机遇，贯彻落实省第十一次党代会精神，抢抓机遇，发挥优势，以区块链技术为基点，整合云计算、大数据、移动互联网等一系列信息新技术，推动智能制造、物联网、供应链管理、数字资产交易等领域融合发展。张吉福指出，区块链技术作为将来改变世界的一种新兴技术，其产业发展不仅需要整合行业资源，还需要多方参与。集人才、技术、资源于一体中国区块链技术创新与应用联盟将成为区块链技术的一个新高地。乘着联盟成立的东风，聚合区块链领域人才和资源，发展绿色金融创新、智慧能源发展、大数据、跨境物流、海铁空陆联运、文化旅游、健康养老、医疗教育等区块链产业，为做新做大做强非煤产业，实现转型发展提供机遇和技术支撑。在加快技术创新步伐和科研成果转化速度的基础上，发挥大同市在产业转型上积累的经验和特有的能源优势，满足区块链技术创新应用的需要。搭好区块链实际应用平台，通过创造一流的政务环境、法制环境、人文环境、市场环境和社会环境，提供优质的服务，让投资者在大同开心创业、舒心生活、放心赚钱，实现在区块链技术创新与应用上的共同发展、共赢发展。

会上，马彦平代表大同市与智慧能源投资控股集团董事局主席高坚签署区块链项目合作协议。

大会举办区块链蓟门论坛，毕马威合伙人张龙华、北京航空航天大学教授朱皞罡、钜真金融创始人&CEO孙立林、微软开发体验与合作事业部高级技术顾问黎超等分别作精彩演讲。

来自国家发改委、科技部、工信部、公安部、海关总署、工商总局、国家能源局、国家信息中心等部委单位代表，全国社会保障基金理事会等行业机构代表以及52家发起单位代表和160余家企事业单位代表等参加大会。（晨　曦）

【大同成为首批国家级医养结合试点单位】 2016年11月2日，全国第一批国家级医养结合试点单位名单“出炉”，有50个市（区）入选，大同市位列其中。

大同市引导养老机构探索“医养结合”。全市老人公寓、魏都颐养康复中心、口泉老年公寓、煤矿敬老院和厚德家园5家养老机构采用这种模式运营。其中，魏都颐养康复中心和厚德家园取得卫生部门颁发的老年护理院的资质。（晨　曦）

【大同市与同煤集团签署首批“三供一业”分离移交框架协议】 2016年12月13日，大同市政府与同煤集团在御东行政中心正式签署同煤集团首批职工家属区“三供一业”等企业办社会职能分离移交框架协议。

山西省委常委、大同市委书记张吉福，市委副书记、市长马彦平，省国资委副主任马进，市委常委、市委秘书长郜向华，副市长刘振国、尚建军、尉连生，同煤集团董事长张有喜、总经理郭金刚等分别见证签约并到同煤集团调研。

同煤集团是山西省煤炭企业深化改革试点之一，按照山西省委、省政府相关部署，大同市委、市政府与同煤集团确立共同建立工作机制、摸清底数、制定方案等“八个共同”的工作原则，多次沟通交流，加快推进移交接收工作，推进改革。框架协议表明，这次移交内容包括“两区改造”工程范围内的供排水、供电、供热涉及的

▲2016年12月13日，大同市人民政府与同煤集团举行首批职工家属区“三供一业”分离移交框架协议签约仪式（李冬宾 张燕伟 供图）

管网、电网、加压站、变电站、污水泵站等设备设施，以及这区域内的物业管理部门、市政办公场所、市容环卫、市政设施等。

签约后，张吉福、马彦平等一行到同煤集团实地调研，听取“两区改造”工程相关汇报，现场查看恒安新区水厂、供热集控中心、鹏城物业第24物业站、和顺派出所等单位运行情况。（刘　江）

蒙晋冀（乌大张）长城金三角合作

【蒙晋冀（乌大张）长城金三角合作区第三届联席会议】 2016年8月23日至24日，蒙晋冀（乌兰察布、大同、张家口）长城金三角合作区第三届联席会议召开，来自乌兰察布、大同和张家口三市的各界代表齐聚张家口，会商推进《蒙晋冀（乌大张）长城金三角合作区规划》实施，加快融入京津冀协同发展、开启合作发展新纪元。

国家发改委地区司副司长刘伯正、内蒙古自治区发改委副主任魏晓明、山西省发改委副巡视员胡瑞文、河北省发改委副主任张国洪，以及河北省、山西省、内蒙古自治区、北京市、天津市发改委、支援合作办等有关部门负责人参加会议。大同市委书记张吉福，市委副书记高键，市委常委、宣传部长马斌，副市长张韬、尚建军等出席会议。张家口市委书记侯亮，乌兰察布市委书记王学丰，张家口市委副书记、市长马宇骏，张家口市委副书记王景武等出席会议。

蒙晋冀（乌大张）长城金三角合作区成立以来，召开两届联席会，取得一些成果：（乌大张）长城金三角合作区列入京津冀协同发展规划纲要，正式上升为国家发展战略；三市共同签署《蒙晋冀（乌大张）长城金三角合作区共建协议》和有关专项合作协议，在打造现代农牧产业链、促进区域贸易合作、构建高效现代化物流联合体等方面取得实质性合作；签订多个专项合作协议，截至2016年8月，三市产业合作项目36个，总投资190亿元。

侯亮、王学丰、张吉福代表三市分别致辞。他们表示，三市以融入京津冀、参与一带一路为契机，完善协调机制，加强政策统筹，打造蒙晋冀长城金三角合作平台，形成新的经济增长极，参与2022冬奥会的筹备和奥运经济发展，持续提升区域综合实力、竞争力。

会上，乌大张三市进行区域合作签约。三市公安部门签署联防联控协作机制备忘录，三市交通部门签署基础设施建设协作备忘录，三市工信部门签署产业协作备忘录，三市环保部门签署环境保护与监测协作备忘录，三市人社部门签署异地就医结算协作备忘录，三市商务部门签署商务领域深化协作备忘录，三市邮政管理部门签署邮政行业区域协作备忘录，三市农牧部门签署动物疫病联防联控协作备忘录，三市体育部门签署冰雪产业及体育交流协作备忘录，三市旅游部门签署旅游市场监管联动协作备忘录。会上进行重点项目签约，大同市晨光建设有限责任公司与张家口市三义房地产开发有限公司、山西顺宇农业股份有限公司与蔚县人民政府、乌兰察布市目标行动汽车俱乐部与大同中国国际旅行社和张家口市蓝天国际旅行社等分别签署专项合作协议。蒙晋冀（乌大张）长城金三角合作区信息网开通。（小　霞）

▲图为蒙晋冀（乌大张）长城金三角合作区第三届联席会议现场　（报　社　供图）

重要会议

【全市经济发展推进会】 2016年9月6日，大同市经济发展推进会召开，会议听取大同市1月至7月经济运行情况，研究部署今后经济工作。大同市委书记张吉福，市委副书记、市长马彦平出席会议并讲话。市委副书记高键主持会议。市人大常委会主任梁凤书等市四套班子领导及各县区、各有关部门单位负责人等参加会议。

会议要求，2016年，面对复杂严峻的经济形势和持续较大的下行压力，全市上下落实党中央国务院、省委省政府决策部署，坚持稳中求进工作总基调，适应经济发展新常态，推进供给侧结构性改革，统筹稳增长、调结构、促改革、惠民生、防风险。上半年，全市服务业增加值、固定资产投资、社会消费品零售总额等指标实现平稳增长。旅游收入出现井喷式增长，招商引资取得突破，固定资产投资同比增长8.1%，房地产投资增长20.8%，消费市场稳步发展，社会消费品零售总额实现283.1亿元，同比增长6.6%。大同市经济仍处于困难时期，下行压力加大，形势依然严峻。

会上，大同市发改委、经信委、商务局负责人通报大同市1月至7月主要经济指标完成情况。城区、南郊区、浑源县、左云县负责人作表态发言。（小　霞）

【政府第66次常务会议】 2016年1月4日，大同市委副书记、代市长马彦平主持召开大同市政府第66次政府常务会议，研究2016年经济工作及迎新春群众文化活动等相关事宜。

会议原则同意《关于大同市2016年迎新春群众文化活动安排意见》，要求完善后提交大同市委常委会审议。（路　璐）

【政府第67次常务会议】2016年1月12日，大同市委副书记、代市长马彦平主持召开大同市政府第67次政府常务会议，研究人事任免等相关事宜。（路　璐）

【政府第68次常务会议】2016年1月18日，大同市委副书记、代市长马彦平主持召开大同市政府第68次政府常务会议，审议市监察局有关案件的请示。（路　璐）

【政府第69次常务会议】2016年2月2日，大同市委副书记、代市长马彦平主持召开大同政府第69次政府常务会议，传达学习山西省十二届人大五次会议、省政协十一届四次会议精神，安排部署春节期间有关工作等。

会议听取市水务局关于两河流域综合治理项目情况汇报，原则通过《御河流域生态修复与保护规划》（2016年～2030年）。会议要求，修改完善审定后上报。两河流域综合治理项目组织实施及建设原则上将采取“政府主导，法人运作”的方式进行。（青　青）

【政府第70次常务会议】2016年2月24日，大同市委副书记、代市长马彦平主持召开大同市政府第70次政府常务会议，传达学习省政府第111次常务会精神，研究部署全年重点工程建设、为群众办实事等工作。

会议原则通过《关于在政府工作中加强与民主党派工商联和无党派人士联系的意见》。

会议研究2016年财政预算安排等工作。（青　青）

【政府第71次常务会议】2016年3月17日，大同市委副书记、代市长马彦平主持召开大同市政府第71次政府常务会议，研究部署转型综改、脱贫攻坚、科技创新等工作。

会议审议并原则通过《关于贯彻落实全省农村工作会议的意见》《关于落实发展新理念实现全面小康社会目标的实施方案（讨论稿）》《大同市国家资源型经济转型综合配套改革试验实施方案》《大同市国家资源型经济转型综合配套改革试验2016年行动计划（送审稿）》《大同市2016年脱贫攻坚行动计划》《大同市“十三五”脱贫攻坚规划纲要》《关于2016年优化投资环境行动计划》《关于科技创新的实施意见》《大同市深化市级财政科技计划管理改革的方案》《关于落实承接国务院和省政府第一批清理规范行政审批中介服务事项的意见》《关于落实省政府第一批取消中央指定地方实施行政审批事项的意见》《大同农信社改制方案》等。会议还研究其他事项。（茗　泉）

【政府第72次常务会议】2016年3月28日，大同市委副书记、代市长马彦平主持召开大同市政府第72次政府常务会议，专题研究市国资委关于《大同文化科技主题公园合作项目补充协议的汇报》。

会议审议并原则同意市国资委关于《大同文化科技主题公园合作项目补充协议的汇报》（行　云）

【政府第73次常务会议】2016年4月1日，大同市委副书记、代市长马彦平主持召开大同市政府第73次政府常务会议，专题研究审议《大同市政府产业投资引导基金管理暂行办法》。

会议原则通过《大同市政府产业投资引导基金管理暂行办法》，要求在坚持依法合规、坚持市场化运作的前提下，修改完善。（行　云）

【政府第74次常务会议】2016年4月15日，大同市委副书记、代市长马彦平主持召开大同市政府第74次政府常务会议，专题研究人事任免相关工作。（行　云）

【政府第75次常务会议】2016年4月19日，大同市委副书记、代市长马彦平主持召开大同市政府第75次政府常务会议，专题研究人事任免相关工作。（行　云）

【政府第76次常务会议】2016年4月20日，大同市委副书记、代市长马彦平主持召开大同市政府第76次政府常务会议，研究审议并原则通过拟提请市第十四届人民代表大会第六次会议审议的《政府工作报告（讨论稿）》和《大同市国民经济和社会发展十三五规划纲要（讨论稿）》。

《政府工作报告（讨论稿）》《大同市国民经济和社会发展十三五规划纲要（讨论稿）》是经过前期调研、起草、多方吸纳征求意见建议、反复修改完善等过程形成的，与会人员对《报告（讨论稿）》和《规划纲要（送审稿）》进行讨论，提出有关修改意见建议。（行　云）

【政府第77次常务会议】2016年5月17日，大同市委副书记、代市长马彦平主持召开大同市政府第77次常务会议，研究部署行政体制改革、大同对接京津冀行动计划等相关事宜。

会议审议《关于加强政府存量国有资产管理工作的意见（送审稿）》，要求吸纳大家建议和意见，抓紧修订完善，细化拓展管理的内涵和外延，增强意见的可操作性。

会议通过8名领导干部的任命，按照《山西省组织实施宪法宣誓办法》规定，8名领导干部进行宪法宣誓。

（赵　瑾）

【政府第78次常务会议】2016年6月13日，大同市委副书记、市长马彦平主持召开大同市政府第78次常务会议，研究人事任免相关工作。

（赵　瑾）

【政府第79次常务会议】2016年6月23日，大同市委副书记、市长马彦平主持召开大同市政府第79次常务会议，研究部署大同市文化旅游产业发展、环境保护工作等相关事宜。

会议审议《大同文化旅游产业发展三年行动计划（2016-2018）（讨论稿）》。

会议审议《大同市水环境整改方案（讨论稿）》《大同市环境保护大检查实施方案（讨论稿）》。

会议审议通过《大同市人民政府关于落实省政府取消行政审批事项和第二批取消中央指定地方实施行政审批事项的意见（讨论稿）》《大同市

人民政府关于落实承接省政府第二批清理规范行政审批中介服务事项的意见（讨论稿）》和《大同市人民政府关于取消、下放和调整一批权责清单职权事项的意见（讨论稿）》。

（冯　雨）

【政府第80次常务会议】 2016年8月18日，大同市委副书记，市长马彦平主持召开大同市政府第80次常务会议，研究部署环保工作、京同区域合作、古城管理体制和文化旅游产业项目等相关事宜。

会议听取《关于市政府系统办理市人大代表建议、政协委员提案情况说明》《关于京同农业区域合作有关情况的汇报》，审议并原则通过《关于成立大同市环境保护工作领导小组的通知》《大同市环境保护督查实施方案（试行）》《大同市环境保护工作职责规定（试行）》《大同市市属企业负责人履职待遇、业务支出管理实施意见》《关于整合市级机关事务管理机构的意见》《关于改革完善大同市古城管理体制的意见》《大同市古城东北隅文化旅游产业项目合作协议》等。

（小　霞）

【政府第81次常务会议】 2016年10月14日，大同市委副书记、市长马彦平主持召开大同市政府第81次常务会议，研究部署万名干部入企服务等工作。

会议传达贯彻山西省委书记骆惠宁在全省万名干部入企服务工作座谈会上的讲话精神，审议《大同市人民政府关于积极发挥新消费引领作用加快培育形成新供给新动力的实施意见》《大同市政府部门权责清单动态管理办法（讨论稿）》《大同市政府部门行政职权运行监督管理办法（讨论稿）》《大同市电动汽车充换电基础设施布局与发展规划》《大同市电动汽车充电基础设施建设管理办法》《大同市人民政府关于废止部分市政府规章的决定（草案）》《大同市国有建设用地置换补偿办法》等。

（晨　曦）

【政府第82次常务会议】 2016年11月24日，大同市委副书记、市长马彦平主持召开大同市政府第82次常务会议，研究部署历史文化街区保护、文瀛湖环湖区域发展以及水资源保护等相关事宜。

会议审议并原则通过《大同市突发事件应急体系建设"十三五"规划》《大同历史文化街区保护规划》《大同市文瀛湖环湖区域概念规划与总体城市设计》《大同市人民政府关于废止〈大同市餐厨废弃物管理办法〉的决定》《关于调整大同市市区污水处理费收费标准》《关于深化供销合作社综合改革的实施方案》等。（晨　曦）

【政府第83次常务会议】 2016年12月20日，大同市委副书记、市长马彦平主持召开大同市政府第83次常务会议，研究部署：（1）学习贯彻中央经济工作会议精神，安排部署重点工作。（2）审议并原则同意市编办关于《落实和承接省政府继续取消和下放一批行政职权事项的意见》《新增和取消一批行政职权事项的意见》《公布市政府部门行政审批中介服务清单的意见》。（3）审议市旅游局关于《推进旅游景区（景点）体制机制改革创新工作的实施意见》。（4）审议并原则同意市农委关于《完善农村土地所有权承包权经营权分置办法的实施意见（讨论稿）》。（5）听取并原则同意关于《大同市经济发展投资有限公司组建方案》《大同文化旅游集团有限公司组建方案》《大同开发建设集团有限公司组建方案》汇报。（6）听取并原则同意市国资委关于《市级党政机关和事业单位与所属企业脱钩改革工作方案》汇报。（7）听取并原则同意市政管委会关于《支持同煤改革、加快推进分离移交工作情况》汇报（8）审议并原则同意市编办关于《创新大同市旅游管理体制机制的实施意见》。（9）听取并原则同意市商务局关于《开发区改革创新发展实施方案》汇报。（10）听取并原则同意市发改委关于《大同市供给侧结构性改革进展情况》汇报。（11）审议并原则同意市编办关于《改革整合大同市林业局所属国有林场机构编制等事项的意见》。（12）听取并原则同意市编办关于《大同市综合行政执法体制改革方案》汇报。（13）听取并原则同意市民政局关于《大同市行政区划调整方案》汇报。（14）审议并同意市监察局有关案件的请示。

（晨　曦）

政务交流

【马彦平会见浙江深大智能科技有限公司董事长】 2016年1月12日，大同市委副书记、代市长马彦平会见浙江深大智能科技有限公司董事长汪早荣一行，双方就加强交流合作，打造智慧旅游平台，加快旅游业发展，实现互利共赢等内容进行探讨。

会见中，马彦平对汪早荣一行到大同考察表示欢迎。他指出，大同旅游资源丰富，发展潜力大，但和全国其他旅游业发展先进的地区相比，我们的差距还很大。大同市旅游面临国家战略机遇、省里政策支持、市场融合发展及高铁、冬奥会等诸多有利机遇，加快旅游业发展正逢。深大智能集团作为行业的领军企业，有技术、有经验、有模式，希望双方能够加强战略合作，通过"互联网+旅游"模式，挖掘大同旅游资源，合理制定远近期目标，逐步把大同打造成理念领先、模式科学、特色鲜明的旅游度假目的地。他要求各相关部门要创优环境，搞好服务，主动对接技术、对接市场，寻求合作，实现互利共赢。

汪早荣介绍深大智能企业发展和智慧景区发展、区域旅游电商平台发展情况，希望双方在旅游票务管理系统、旅游景区票务分销、景区运营管理、智慧旅游等多方面展开全面合作，实现旅游目的地"游客数量增加、游客消费倍增、游客满意度增加"的目标。

（路　璐）

【马彦平会见北京网库互通信息技术有限公司总裁】 2016年2月25日，大同市委副书记、代市长马彦平会见北京网库互通信息技术有限公司总裁李军保一行，双方就发展产业互联网、打造实体电子商务总部基地等进行交流，并达成共识。副市长曹惠斌参加会见。

会见中，马彦平对李军保一行应邀到大同考察表示欢迎和感谢，并介绍大同市经济社会发展情况以及产业发展优势等。大同发展产业互联网，实现电商与实体经济融合，有历史和现实的诸多优势，发展潜力大，是大同转型发展、创新发展的一个重要途径。希望双方尽快进入实质性合作，实现互利双赢。

李军保表示，开展相关工作，在大同打造实体电商总部，并以此为支点，辐射山西乃至全国，实现共同发展。（青　青）

【马彦平会见远景能源科技有限公司总裁】 2016年3月4日，大同市委副书记、代市长马彦平会见远景能源科技有限公司总裁张雷一行，双方就寻求风电等新能源项目合作、推动传统能源领域的智慧变革等进行交谈，并达成共识。

马彦平在会见中对张雷一行到大同表示欢迎，并简要介绍大同市经济社会发展情况。远景科技公司致力于推动传统能源领域的智慧变革、实施新能源项目的风险管控，而大同是国家重要的能源基地，新能源产业发展突飞猛进，急需技术创新支撑。能源转型是大同“十三五”规划的一个重点，希望远景科技公司在原有合作基础上，扩大规模，寻求更多的新能源合作项目，借助远景公司的智慧平台，推动新能源领域技术创新、组织创新，全方位打造新能源制高点。大同市将一如既往地搞好服务保障和协调工作，实现双方互利共赢。

张雷在会见中对到大同扩大投资发展表现出浓厚的兴趣，表示将在大同投资、投智，通过产业模式、投资模式的优化，助推大同经济发展。（红　远）

【马彦平会见华强方特文化科技集团总裁】 2016年6月20日，大同市委副书记、市长马彦平会见华强方特文化科技集团总裁刘道强一行，双方就加快推进方特欢乐世界年内暑期开园前的各项工作进行会谈，并对今后的合作事宜达成共识。副市长杨勤荣等参加会见。

马彦平在会见中对华强方特集团总裁一行来大同表示欢迎，希望双方在现有合作的基础上，进一步深化合作，谋划未来，实现双赢。针对开园前需要完成的消防验收、道路交通指引标识牌制作安装、市场宣传等各项准备工作，要立即组织协调，进行点对点对接，尽快完善各项收尾工作，共同努力，力争方特欢乐世界早日开园迎宾。

刘道强在会见中表示，加快行动，加紧收尾，在确保安全、品质的前提下，尽早开园。（冯　雨）

【马彦平会见省国新能源集团公司董事长】 2016年7月18日，大同市委副书记、市长马彦平与省国新能源发展集团有限公司董事长梁谢虎一行座谈，现场协调解决国新能源公司在大同市投资建设项目推进过程中遇到的挡手问题，并就加快气化大同及延伸产业链、强化多元合作等相关事宜进行交流。

马彦平表示，国新能源公司在大同市投资的项目有序推进，尤其是10万亩黄芪种植基地及医药产业开发项目与扶贫致富精准结合，体现大企业心系贫困地区的情怀，这些项目的实施必将对大同能源结构调整、保护生态环境、增加民生福祉起到促进作用。公交自行车项目进展良好，希望加快进度，7月，实现主城区内投入运营，为大同市民和到大同游客提供绿色低碳的出行方式。（木　依）

【马彦平会见中铁第六勘察设计院集团有限公司总经理】 2016年8月10日，大同市委副书记、市长马彦平会见中铁第六勘察设计院集团有限公司总经理张先锋一行，双方相互交流基础设施建设、发展轨道交通等相关事宜。副市长刘振国等参加会见。

马彦平在会见中指出，大同经济走上综合发展、加速转型发展的道路，加强城市基础设施建设、发展轨道交通，符合打造美丽大同、富裕大同、幸福大同和以人民为中心的发展思想。大同期待结合城市建设、城市环境等要素，发展轨道交通，改善民生惠及百姓。张先锋希望结合大同实际，通过论证在技术可行的前提下，夯实新能源轨道交通项目前期各项基础工作，为项目实施创造条件。（小　霞）

【马彦平会见新昌控股（中国）文旅有限公司总裁】 2016年10月10日，大同市委副书记、市长马彦平会见新昌集团“一带一路”投资发展中心主任、新昌控股（中国）文旅有限公司总裁吴全东，双方相互交谈恒山大旅游投资开发、打造全域旅游等事宜，并达成共识。

马彦平欢迎和感谢新昌集团到大同投资文化旅游产业，表示大同市推进旅游产业发展，促进旅游与文化等产业深度融合，恒山位列五岳之中，其人文、自然、生态等旅游资源优势显著，有开发潜力。新昌公司发展势头好，打造恒山大旅游乃至浑源全域旅游，是互利共赢的好事。希望加快项目前期各项工作，把项目的发展轮廓理清、发展规划做实。市县政府按照景点景区打造需要，在基础设施建设等各方面予以支持。

吴全东在会见中对有效整合和深度利用浑源乃至大同市旅游资源表示出兴趣，他指出，文化旅游产业是新昌公司重点打造的支柱产业之一，尽快开展前期各项工作，在1年至2年内使恒山景区大变样，为大同旅游产业发展做出贡献。（晨　曦）

政务督查

【国务院督查组到大同回访督查】 2016年7月13日至14日，由国务院办公厅督查室督查专员傅卿德带队的国务院督查组到大同，对大同市化解煤炭钢铁过剩产能、产业结构优化升级、棚户区改造情况进行回访督查。在大同期间，督查组听取大同市情况汇报，与相关部门、单位和企业负责人座谈，到天兴煤业、同煤集团塔山煤矿、晋投玄武岩公司、振兴街老旧住宅区综合整治项目现场进行实地调研。

马彦平汇报全市历史文化、区位、交通、环境、资源、产业等比较优势及去产能、调结构、棚户区改造等情况。指出对大同来说，去产能主要是去煤炭产能，在落实供给侧结构性改革中努力做到四个结合，即去产能和稳增长相结合，做优煤炭产业与做大非煤产业相结合，支持同煤集团改革和推进地方发展相结合，淘汰劣供给和增强优供给相结合。调结构方面，以项目为抓手，优化传统产业，加快煤炭工业转型升级，培育壮大新兴产业，推进现代农业发展，做大做强文化旅游产业，发展现代服务业，做好煤与非煤两篇大文章。把解决群众住房困难作为保障和改善民生的头号工程，作为扩投资、稳增长的重要抓手，推进棚户区改造。截至6月底，5.5万套城市棚户区改造新开工任务落实59676套，落实率108.5%；基本建成10667套，完成投资12.06亿元，市本级棚户区改造货币化安置落实12222套。（木 依）

【省政府督查组督导政府重点工作】 2016年4月7日至11日，以山西省经信委副主任朱鹏为组长的省政府督查组对大同市2016年政府重点工作任务推进情况进行为期5天的督查后，于11日下午向全市反馈意见。

大同市委常委、副市长王克建参加，在大同期间，副市长曹惠斌、杨勤荣陪同下，省政府督查组一行到基层，督查3个县（区）、4个市直部门、15个项目点并召开企业与市直部门座谈会。

督查组认为，大同市在贯彻落实省委、省政府各项工作部署中，在以“冬季行动”为抓手，推动重大项目、重点工程，研究出台各项改革政策、举措，抓好征收安置、手续办理、招商引资、金融创新、企业帮扶等重点工作。

针对督查中发现的问题，督查组建议，解放思想，认真研究，做好整体区位战略研究谋划工作，采取措施，贯彻省委、省政府一系列稳增长政策措施，加强预警调控，加大企业帮扶，促进复工复产，破解融资难题，确保工业经济平稳运行，狠抓项目建设和达效，增强经济发展后劲，主动做好去产能与行政审批事项的承接等工作。

王克建表示，对督查组提出的问题、不足、差距，各县区、各部门要加强责任意识，坚持问题导向，对号入座，研究梳理、落实整改到位，确保完成省政府下达的全年目标任务。（行 云）

【省政府督查组到大同督查重大项目推进情况】 2016年8月15日至17日，以山西省住建厅副厅长姚少峰为组长的省政府督查组到大同，专项督查16项重大项目推进情况，听取大同市相关情况汇报。副市长杨勤荣等参加汇报会。

在大同督查期间，省政府督查组通过查阅资料、实地察看等方式，督查涉及大同市的重大项目，以促进项目顺利推进，确保下半年全省固定资产投资稳定增长。

这次督查涉及大同市的重大项目有7项。按照省政府采煤沉陷区治理工作部署，2014年至2017年，大同市计划实施南郊区、左云县、浑源县、新荣区、广灵县和矿区6个县区170个村庄3万户7.4万人采煤沉陷区搬迁治理工作，计划总投资36亿元，2016年，8个乡镇项目立项；省下达大同市企业产业扶贫年度投资任务16.5亿元，截至7月底，完成投资9.2亿元，占年度总任务55.76%，完成时序进度计划任务；大同市有3个开工的低热值煤发电项目，同煤塔山和同煤阳高项目进展正常；按照省政府统一安排部署，大同市推动城乡采暖煤改电工作；大同市被列入全省超低排放改造计划的有大同二电厂两台60万千瓦级机组，一台改造完成；大张高铁项目截至8月11日，全线完成总投资31.98亿元，占年度投资任务90%。针对项目推进过程中存在的问题，大同市要把握战略机遇和国家、省重大政策，倒排工期，做实项目，确保重大项目完成。

8月17日，向大同市政府反馈意见。副市长杨勤荣参加反馈意见会。督查组认为，这次督查的16项重大项目大同有7项，从项目进展情况看，同煤集团瓦斯管路更换、燃煤机组超低排放改造、大张高铁等项目进展较好，推进顺利；产业扶贫、低热值煤发电、城乡采暖煤改电等项目进展较好，但存在推进不平衡问题；采煤沉陷区项目进展较为滞后。针对存在的问题，督查组建议，要按照省政府重要工作部署，分解抓落实，确保各项工作落到实处；要围绕投资抓项目，围绕项目促投资，各级政府要加大项目协调服务力度，项目单位要精心组织、精心施工，确保完成全年目标任务；加大重大项目入统工作；对项目推进过程中存在的共性问题和重要事项要向省政府汇报，确保项目推进。

（小 霞）

【市政府督查农牧交错带示范区建设】 2016年11月4日，大同市贯彻落实全市农牧交错带核心示范区建设暨农业农村重点工作推进会及农业部、省政府一系列会议精神，加快推进大同市农牧交错带核心示范区建设，市政府从11月上旬，由市农委、水务局、林业局领导带队，从市政府督查室、市直农口单位抽调业务骨干组成三个督查组，对各县区农牧交错带核心示范区建设工作开展督查。

这次督查重点：（1）各县区贯彻落实全市农牧交错带核心示范区建设暨农业农村重点工作推进会精神情况，包括各县区是否成立工作领导组、政府常务会是否专题研究并安排相关工作、是否组织开展专门调研、是否编制完成农牧交错带示范区建设规划（2016年～2020年）等。（2）各县区粮改饲推进情况，包括各县区粮改饲文件制定出台，明年推进粮改饲思路、目标和举措；牧草基地建设，草业、农畜产品加工龙头企业及社会化服务组织等扶持建设情况。（3）特色农业发展情况，包括杂粮、中药材、黄花、食用菌、有机农业等特色主导产业扶持政策出台、落实，产业发展情况等。（4）产业扶贫情况，包括各县区“十三五”特色产业精准扶贫发展规划及修订完善，农业扶贫行动方案的制定出台，特色产业精准扶贫脱贫推进落实情况。四是项目推进、储备及预算计划情况，包括各县区围绕农牧交错带核心示范区建设引进项目推进建设，招商引资项目储备及项目规划编制等；督查采取听取汇报、召开座谈会、实地督查和查阅资料相结合的办法开展。（晨 曦）

政务调研

【李小鹏到大同调研】 2016年3月22日至23日，山西省委副书记、省长李小鹏到大同调研。大同市委书记张吉福，市委副书记、代市长马彦平，市委常委、副市长王克建，副市长曹惠斌、张韬、杨勤荣等陪同调研。

李小鹏到大同古城代王府综合体项目、北宇新能源汽车公司、方特文化旅游项目、同煤集团晋华宫矿和国家矿山公园煤炭博物馆考察调研。

调研期间，李小鹏主持召开两个

座谈会，与市及有关企业负责人、一线职工代表一起研究供给侧结构性改革等工作，听取基层意见建议。

调研中，李小鹏要求，各地各部门各单位要认真学习、深刻领会、贯彻落实全国“两会”精神和习近平总书记发表的一系列重要讲话精神，按照省“两会”的安排部署，牢固树立并切实贯彻新的发展理念，坚定信心、鼓足干劲，迎难而上、克服困难，做好安全生产、固定资产投资、工业经济运行、春耕备耕、脱贫攻坚和保障改善民生等当前重点工作，全力落实“三去一降一补”任务，加快推动“六大发展”，实现“十三五”良好开局。（茗　泉）

【楼阳生到同煤集团调研】 2016年9月26日至27日，山西省委副书记、代省长楼阳生到同煤大唐塔山煤矿井下检查指导安全生产工作，主持召开安全生产座谈会。省委常委、副省长付建华一同调研，大同市委书记张吉福，市委副书记、市长马彦平，同煤集团董事长张有喜、总经理郭金刚陪同调研。

在同煤大唐塔山煤矿，楼阳生到井下400余米深的8201综采工作面，看望慰问一线矿工，查看井下安全设施，检查领导带班下井制度落实情况。他穿过巷道，向通风工区瓦斯员和安检员了解工作面瓦斯浓度和安检设备性能。楼阳生实地检查采掘机械运行状况，了解安全操作规程，叮嘱综采队队长和党支部书记，要共同扛起安全生产责任，既要发挥业务技术专长，也要发挥基层组织的战斗堡垒作用，群策群力、群防群治保安全。他要求同煤集团负责人加强安全生产工作，扭转近两年来的事故多发势头。升井后，楼阳生调研塔山循环经济园区总体运行状况和煤矿调度指挥中心，了解园区在线监测系统运行、采煤工艺技术、工业废水回收利用和矿山生态修复治理等工作，要求企业走创新驱动、转型升级之路，做好煤炭资源低碳、绿色、清洁、高效、可持续利用这篇大文章。

在同煤集团，楼阳生主持召开座谈会，听取同煤集团安全生产工作汇报，与有关部门负责人一起分析全省安全生产形势，研究安全生产措施。他强调，各级各部门各单位要贯彻落实党中央、国务院决策部署，学习贯彻习近平总书记关于总体安全观的战略思想和关于安全生产的重要讲话精神，以对党、对人民负责的精神，以如履薄冰、如临深渊和永远在路上的态度，持续抓好安全生产，坚决守住不发生重大安全生产事故等“三条底线”。（小　霞）

【马彦平到装备制造产业园区调研】 2016年9月18日，大同市委副书记、市长马彦平率市经信委、国土局、规划局等部门负责人到装备制造产业园区部分企业调研。

大同北方机械集团是中国重汽大齿公司、山西煤科院、太重集团的骨干配套企业。山西泓泰隆工贸有限公司专业生产变压吸附制氧机设备、氮气纯化设备等。马彦平一行走进车间，察看询问企业生产经营、技术创新、市场销售及发展壮大存在的困难和问题，和企业负责人探讨今后发展思路。马彦平强调，面对经济下行压力，要把握好国家相关产业政策，研判市场形势，利用好企业有效资源，注重创新发展。根据市场需求调整优化产品结构，提升产品科技含量和附加值，延伸拓展产业链条，实现企业效益的最大化；整合现有闲置资产，寻求多种渠道，拓展合作空间，向研发要产能、要效益，为企业多元发展、可持续发展创造条件。

在大同广大民防设备有限责任公司产品陈列室，马彦平参观了解其自行研制生产的室内空气检测器的功能、销售、市场前景等情况，他希望企业加强市场导向，加大新技术、新产品研发力度，强化创新人才支撑，引进相关配套产品的生产，以抢占更大的市场空间，增强企业的核心竞争力。山西建泰输变电制造公司主要生产高低压开关柜、配电箱、箱式变电站、电力变压器等电气设备。马彦平了解企业发展理念、经营模式、投资规模等情况后，希望企业把握住承接沿海加工贸易产业转移的相关政策机遇，利用自身优势，以商招商，吸引有实力、有潜力的企业到大同投资，共谋发展大计。大同长兴电子有限责任公司是一家生产变频器的企业，得知企业产品有市场、销量好，马彦平鼓励企业发挥自身优势，扩大生产规模，做大做强。大同泰瑞集团和杭萧钢构集团合作共同打造的市装配式绿色建筑集成产业基地，进行场地平整、搭建临时性建筑物等前期工作。马彦平实地察看工程进展后要求，加大力度，加快速度，凝聚合力，力促早日开工建设、早日达产达效。（小　霞）

【马彦平到浑源县调研】 2016年10月25日，大同市委副书记、市长马彦平到浑源县开展脱贫攻坚专题调研时强调，要紧扣“精准”二字，落实工作责任，摸清底数，做到精准识别；对症下药，推进精准扶贫；多措并举，确保群众持续增收，早日实现精准脱贫。

浑源县东坊城乡荆庄村是全县典型的人口大村和贫困村，脱贫攻坚任务较重，马彦平走进村委会，查阅了解贫困户建档立卡情况。他强调，理解内涵，落实措施。精准识别是实现精准脱贫的前提，要以荆庄村为试点，集中力量，真正“沉”下去，进村入户，切实摸清贫困户的基本信息，找准贫困原因，制定帮扶措施，总结经验教训，在全乡推广。

发展产业是脱贫攻坚的关键举措，马彦平先后来到荆庄村北大街煤改电工程主体建设工地、东环养殖园区和龙泉山酿醋厂建设工地调研。在东环养殖园区，马彦平询问园区规模、投资、运作模式、市场定位等情况，当了解到园区乃至全县类似中小企业都存在因融资难而影响发展时，马彦平要求进行专题研究，制定切实可行措施，帮助企业解决贷款难等问题。得知园区17个合伙人中有4人是贫困户，马彦平叮嘱村负责人要做好水、电等公共服务设施保障，为企业发展创造条件，从而带动更多村民脱贫致富。

马彦平先后来到王有忠、张亮、晋福春等贫困户家中走访慰问，询问了解每个家庭的生产生活状况以及目前存在的困难、帮扶措施、脱贫办法等情况。要求县、乡、村干部在日常生活、就业增收等方面，主动为他们想实招、办实事，提高他们的生活质量，帮助他们尽快脱贫。

在荆庄村召开的座谈会上，马彦平听取了浑源县脱贫攻坚工作汇报。

他指出，脱贫攻坚事关全面建成小康社会，事关人民群众福祉，增强打赢脱贫攻坚战的责任感和紧迫感，精准发力，把脱贫重任扛在肩上、抓在手上、落在实处。脱贫攻坚推进基础设施建设，提升基本公共服务保障水平；通过发展产业等途径，多形式、多渠道增加群众的经营性收入、工资性收入和财产性收入；社会保障政策兜底脱贫是国家对困难群众给予救助的一种社会救助政策，兑现到位，把党和政府的阳光雨露落实到贫困户。加强职业技能培训教育，提高农民素质，引导农民自觉自愿走农业现代化发展的路子。要以全新的理念，推进农业规模化、产业化发展，形成利益共享、风险共担的组织形式和经营机制，以农业产业化发展带动农民持续增收致富。脱贫攻坚要严肃责任，加强督导，确保完成各项目标任务。（晨　曦）

政府办公厅

【政务事务】 2016年，大同市政府办公厅承办市政府常务会、党组会、办公会等各类会议310余次，安排现场办公、调研、走访慰问、会谈会见等370余次。完成40余次国家部委、省、厅领导到大同调研、督查、审计等接待任务和全省旅游发展大会等重大活动的组织、接待工作。增设科室数量，调整人员结构，加强学习培训，全面提高办公厅文字工作水平。发表政府领导署名文章11篇；起草领导讲话、总结汇报、工作报告等材料500余篇、230余万字；起草、印发市政府常务会、办公会、党组会会议纪要132期；形成各类调研报告20余篇、10余万字。办理各类文函电6479份，整理归档文件216卷。收集政务信息2800余条，约稿60余次，报送山西省政府办公厅政务信息367条，其中省政府《晋政信息》采用14条、《上报国办》采用21条，编辑《政府工作动态》249期、《大同政务信息》22期；编发《政务公开简报》6期、《政府信息公开网情舆情专报》4期；编报督查通报5期、督查专报53期；上报值班信息12期、应急管理动态信息24期，省政府采纳18期；印发12345政府服务热线工作简报47期；印发冬季行动工作简报17期。编制印发《大同市突发事件应急预案管理办法》和《大同市突发事件应急体系建设“十三五”规划》。全市各级各类应急预案2.7万件，纵向到底、横向到边、辐射到点的应急预案体系形成，覆盖全市各个方面的突发事件预警体系和监测网络基本建立。完善应急处置机制，大同市政府值班室协调处办群众反映问题、各类突发事件154件次。接待到原市政府上访人员143批次、5300余人次，其中成规模堵路入院上访人员20余批次，化解各类社会矛盾、协调解决群众诉求。加强电子政务软硬件建设。全年铺设外网光纤432条，新增450个接入单位，实现全市600余家乡科级以上单位与省、国家电子政务外网互联互通，成为全省首家将电子政务外网延伸至乡科级单位的地级市，开展新的全市性电子政务应用打下基础。强化技术服务保障，保障系统24小时正常运行；到县区部署网络设施设备1000余次，指导OA软件安装使用600余次；派出技术支撑队伍300余次，配合文瀛湖行政中心的搬迁工作。办理省长信箱、市长信箱等网情舆情事项100余件。加大政府信息公开力度。制定政府信息公开方面制度6项；主动公开政府信息9861条，其中报省2066条，办理依申请公开事项46件。加强对各县区、市直单位的学习培训和考核监督，推动政府信息公开工作再上新台阶。新版政府门户网站群正式运行，包含1个主站、100个子站，主站包括6个频道、44个二级栏目。政府服务热线网站回复群众诉求8610条，发布热线动态442条。（王晓敏）

【政务督查督办】 2016年，大同市政府办公厅围绕大同市委、市政府中心工作和各级指示部署，加强督查力度，创新督查手段，推动各项工作落到实处。上年11月，大同市办公厅专门组织18个督查组，采取明察暗访、实地督查等方式，在全市开展为期一个月的政府工作大督查。分解细化年度目标任务691项，录入全市经济工作项目化管理系统工作任务1165项，在各县区、各部门每周网上填报工作进度的基础上，实行网上跟进督查，全面掌握各项工作进度，并每季度组织一次全市经济工作项目化管理督查。全年组织相关单位召开各类督查协调会议20余次，并会同有关部门定期或不定期对重点项目建设情况进行督查，解决项目建设中的“中梗阻”问题。针对各级各类督查和审计发现的问题，统一建立台账，逐一进行督查，限期整改落实，推动抓整改、促落实常态化。全年对督查、审计发现的134项问题进行跟踪督查，整改105件。先后跟踪督查17次市政府常务会议、26次市长办公会议议定的167件事项，并每月汇总上报进展情况。督办省以上领导批示4项、市领导批示86项，办结率100%。对征地拆迁、拖欠农民工工资及复退军人、企业下岗人员安置等社会热点、难点问题，以及12345政府服务热线群众反映未解决的问题，督促相关部门落实，全年督查各类热点难点问题504件，办结498件，办结率98.8%。督办全市“两会”人大代表建议121件、重点建议11件；政协委员提案175件、重点提案16件，办复率均100%。（王晓敏）

【政务办理创新发展】 2016年，大同市政府办公厅在移动办公、优化流程、提高效率、节约成本等方面取得成效，处于全省领先地位，全年政府指OA（指办公室自动化或自动化办公室，实现无纸化办）协同办公系统处理各类文件9654件。拓展延伸政府OA协同办公系统应用。县区政府OA办公系统全部开发部署完毕，接入乡科级单位432家，完成接入总量的70%，处理公文2000余件。大同市委公文流转功能模块的开发完成，并且与市政府OA协同办公平台进行集成，正进行市委、市政府办公系统全面整合工作。市政府“13710”督查督办系统上线运行，县区政府“13710”督查督办系统于2016年1月18日正式上线，促进行政办公效率提升和政府工作快速落实。全年受理群众诉求347817件，日均受理1600余件，高峰时2036件；办结338395件，办结率97.3%。通过多种途径、利用多种形式广泛开展热线宣传，提高热线公众知晓率和社会影响力，做到服务无边界、沟通零距离。热线微博发布信息 1949 条，粉丝 121497 人。热线微信公众订阅号每天发布 1 期、微信公众服务号每月发布 4 期，全年微信发布信息 1160 条，微信关注 12177 人。全年为大同电视台第三直播室栏目提供新闻素材 950 条。12365 、12385 服务热线成功并入，新增 15 家成员单位，更新热线知识库 430 条，组织召开热线业务工作培训会 2 次。全年通过“两微”受理群众诉求 9135 件，全部转入热线处办系统办理。全省旅发大会前后开展的微信“随手拍”活动，受理诉求 264 件，全部落实。全年 28 次、121 名成员单位及部门负责人到热线受理中心，亲自接听电话 579 个，现场办结 431 个，转办办结 148 个，群众诉求全部得到解决。冬季供热开始后，协调市热力公司第一时间为用户答疑并现场办理工单，4 天时间办结工单 1000 余件。全年回访工单 10433 件，满意率 93.2%，其中 619 件工单发回重新核实并落实。通报批评成员单位 3 次，5 名经办人员受到问责。每月对办结率等指标进行排名，对不办理、办理慢的单位下发督查通报、跟踪督办，确保热线运行。召开 10 余次联席会议研究疑难工单办理，督查督办工单 400 余件。（王晓敏）

【帮困扶贫】 2016 年，大同市政府办公厅开展办公厅与阳高县大白登镇大泉山村扶贫点结对帮扶，发挥驻村扶贫工作队和选派第一书记作用，按照下得去、待得住、干得好的要求，与村“两委”一起，带领全村干部群众，理思路，抓规划，谋发展，促脱贫。帮助村两委配备办公器材，投资 2.1 万元建设村卫生室，先后组织慰问捐赠物资价值 20 余万元。发展红色文化游、绿色生态游，拥有 5 万余件红色藏品的“东方红”展览馆开张，投资 4 万元新建游客服务中心，投资 35 万元开通移动 4G 网络、接入光纤宽带，建成政务专网，申请开通大泉山微信公众号。全年接待游客 8000 余人次，村集体收入破零提升。全村“煤改电”任务完成，异地搬迁贫困户 3 户，投资 3 万元引进“飞天布艺”大泉山生产培训基地，培训周边 9 个村 200 余名妇女，解决就业 6 人，年人均收入 1 万余元。整村 26 户建档立卡户全部脱贫。（王晓敏）

政务审批

【概述】 2016 年，大同市政务服务中心全年受理审批服务事项 10.91 万件、办结 10.89 万件、办结率 99.9%；收取各类行政事业性收费 2.08 亿元。大同市政务服务中心工作被山西省政务改革和管理办公室评比为全省第一，获山西省五一劳动奖状、全省干部驻村帮扶工作模范单位。市政务服务中心党委被大同市委评为优秀党委。

（政务服务中心）

【审批项目手续加快】 2016 年，大同市政务服务中心推行“5+3”审批工作制，建立审批办内部并联审批机制，细化规范操作规程办理时限压缩三分之一，完善升级并联审批平台，建立项目台账。对于房地产项目，城市基础设施配套费实行“三三四”承诺缴费制。全年大同市政务服务中心新登记项目 158 个，预计投资总额 335.5 亿元；办结各类建设项目审批手续 1473 件，超年计划 23%；召开建设项目联席会议 11 次，集中议定 116 个项目 145 个审批事项，办结 143 个，落实 2 个，会议议定事项办结率 99%。（政务服务中心）

【政务服务平台升级】 2016 年，大同市政务服务中心在政务服务平台上开发网上预审和网上申报功能，并在部分窗口试行。在项目并联审批子系统中增加双告知功能。对原公共资源交易平台进行升级，并按山西省政务服务中心要求，实现省市平台数据交换传输。在全省率先将交通、水利、农业、林业、铁路等行业建设项目纳入平台交易。增设开通网上发布招标公告、投标企业网上报名和企业资信业绩自动搜索。制定开标区、评标区、监控室和专家抽取管理规定。

（政务服务中心）

【政务公共资源交易管理】 2016 年，大同市政务服务中心草拟《大同市公共资源交易管理办法（初稿）》，建立并推行项目统一进场、信息统一发布、场地统一调度、服务统一标准的运行机制。大同市政务服务中心与山西省政务服务中心平台完成对接，实现互联互通。截至 2016 年底，工程交易 513 项，总投资 121.12 亿元；政府采购 303 项，预算金额 3.6 亿元，采购金额 3.2 亿元，节约金额 4000 万元，节支率 11.11 %；土地交易 20 宗，交易面积 1547.81 亩，交易金额 19.6 亿元；产权交易 4 宗，交易额 12 亿元。

（政务服务中心）

外事 侨务

【外事接待】 2016 年，大同市接待外国来访团组 19 批 210 人次。3 月 8 日，纽约美中友好协会会长张锦平和常务副会长李丽在山西省外事侨务办公室新闻文化处处长张华禹的陪同下，到大同进行友好访问。大同市委书记张吉福和市委常委、宣传部长马斌在假日酒店会见来宾。下午，大同市政府副秘书长张海风主持会谈。美中友好协会的来宾主要介绍美国广播公司（ABC）和美国思迈勒传媒集团（CIMG）给大同制作的专题节目宣传策划方案，并邀请大同市参加美国梅西百货感恩节盛装大游行。（张 玮）

【对外交流合作】 2016 年 10 月 16 日至 20 日，大同市外事侨务办公室因公出国（境）团组 21 批 50 人次。大同市副市长曹惠斌为团长的大同代表团参加在巴黎举办的山西品牌丝路行巴黎站活动，大同市易德新奥进出口贸易有限公司、山西永翔食品有限责任公司、山西雁门清高食业有限责任公司等大同市 12 家企业参展，参展期间，山西永翔食品有有限责任公司与到会的英国、美国客商客签订 605 万美元出口脱水蔬菜合同、山西雁门清高食业有限责任公司与到会的韩国客商签订 23 万美元出口苦荞系列产品合同、天镇县通航粮贸有限公司与哈萨克斯坦客商签订 72 万美元出口红芸豆合同、天镇县博诚蔬菜有限公司与到会的印度客商签订 50 万美元出口小杂粮合同、山西华晟果蔬饮品有限公司成交 110 万美元，意向成交 150 万美元、山西东方亮生命科技有限公司与法国、英国、波兰客商签订5万美元出口小杂粮合同。大同市12家企业参展期间累计成交110万美元，并签订755万美元的进出口合同。活动期间，大同市政府代表团拜会中国贸促会法国代表团等机构，考察巴黎当地市场和法国著名食品企业，就山西品牌走出来进行多方位的对接。（张　玮）

【开展国际友城交往】 2016年3月24日至26日，马来西亚东盟—中国经济贸易发展促进会一行11人应大同市邀请，到大同进行投资考察。其间，就马来西亚霹雳州城市与大同市建立友好关系进行对接。7月5日至12日，日本大牟田市综合政策课国际交流担当池崎春树、日本大牟田市羽合小学校长宫下哲夫到大同访问，在大同期间，给大同市城区十八校师生开讲环保教育课，对大同市城市建设、古城保护等进行考察，并就两市下半年在大牟田市举办《镜美大同》图片展进行对接。10月12日至15日，应英国贝利市议会邀请，大同市外侨办刘锋主任为团长的大同市政府代表团到英国友好城市贝利市进行为期4天的访问。在英期间，贝利市议会议长肖瑞诗、行政长官麦克·欧文会见代表团一行。会谈中，双方回顾自2002年8月缔结友好城市关系以来在文化、教育、体育等方面开展交流与合作，进一步加强两市间的交流合作进行商谈，签署包括官方往来、经贸、旅游促进、媒体交流、教育环保等领域的两市交流合作谅解备忘录。访问期间代表团参加标志英国工业革命的蒸汽火车——苏格兰飞人号在贝利的启动仪式，分别拜会中国驻爱丁堡总领事潘新春和驻曼彻斯特副总领事赖波。这次访问恢复大同和英国贝利市中断6年的友城关系。10月14日至23日，为庆祝大同市与大牟田市缔结友好关系35周年，大同市与大牟田市共同在日本举办《镜美大同》图片展，《镜美大同》图片展精选60幅反映大同历史文化与现代城市魅力的图片作品在日本友好城市大牟田展出。（张　玮）

【侨务交流】 2016年5月11日至15日，以大同市副市长曹惠斌为团长的大同市政府代表团一行三人到马来西亚进行访问，就马方拟在大同开办东盟·亿丰国际商贸城和水族馆投资项目进行洽谈，考察并介绍大同市相关领域投资政策，开展招商引资等活动。曹惠斌拜访马来西亚霹雳州怡保市长和华都牙也议会会长，并与华都牙也签署协作意向书。与中东驻马来西亚贸易代表就大同市牛、羊、鸡肉出口非洲有关国家进行贸易洽谈。（张　玮）

【侨务信访】 2016年，大同市外事侨务办公室协调处理归侨侨眷来信来访。全年，处理归侨侨眷来电、来信、来访160件次(反映生活困难的112件、反映就业问题的19件、反映其他问题的29件)，未发生因侵权问题引发的上访案件。（张　玮）

【侨务政策落实】 2016年，大同市外事侨务办公室落实“三侨生”在中、高考给予加分的问题。给“三侨生”中高考加分9人（中考生2名、高考生7名）。（张　玮）

【侨务扶贫解困】 2016年，大同市外事侨务办公室给70名归侨侨眷发放救济金达8.96万元，给22名三侨生发放助学金3.44万元。春节前，对天镇、阳高、城区70余户特困、贫困归侨侨眷进行走访慰问，把慰问救济款逐户逐人落实。中秋节，重点走访慰问六户困难归侨，每户发慰问救济款1000元。（张　玮）

【外事侨务宣传】 2016年5月18日至23日，大同市外事侨务办公室落实文化产品和服务“走出去”政策措施，加强对外宣传力度，创新对外传播、文化交流方式，提升大同在国外的影响力。组织大同云冈乐舞艺术团和大同一职中舞蹈团到韩参加韩国星洲国际生命艺术节演出。先后编排表演《云冈六臂神舞》《云冈长袖飞天舞》《扇舞中国红》《茉莉花开》《顶碗》5个舞蹈，呈现出中华民族文化特色，促进大同市与韩国的文艺交流，扩大大同的知名度。6月12日，大同市外事侨务办公室给英国“耐力汽车协会”组织的“北京－巴黎汽车挑战”之旅采访活动提供英语口语翻译。6月，协助德国电视一台（ARD）在云冈石窟景区拍摄以长城为主题的旅游纪录片。9月，给2016年山西旅游发展大会短片解说词提供中英译文；给大同市《申办2018世界旅游城市联合会香山峰会陈述词》提供中英译文。10月，编辑印刷宣传折页《中国古都天下大同》（中英日文版）。10月17日至21日，协助泰国Rose频道在大同市悬空寺和云冈石窟拍摄纪录片《伟大的世界》。12月，给大同市政府网站一级界面“走进大同”专栏提供中英译文2万余字。（张　玮）

【华裔青少年“中国寻根之旅”夏令营开营仪式】 2016年8月3日，2016海外华裔青少年“中国寻根之旅”夏令营——山西大同营开营仪式在大同举行。大同市副市长曹惠斌出席开营仪式。活动由国侨办主办，山西省外侨办和大同市外侨办承办，来自美国李文斯顿华夏中文学校和全美中文协会学校的27名师生在大同开启4天寻根之旅。活动期间，他们参加汉语提高课程和文化体验活动，在大同市一职中教师指导下学习书法、绘画、音乐、舞蹈等，参观游览云冈石窟、悬空寺等景点。曹惠斌在开营仪式致辞中表示，欢迎美国华裔青少年到大同。向2016海外华裔青少年“中国寻根之旅”夏令营——山西大同营颁发营旗。（小　霞）

接待事务

【公务接待】 2016年，大同市接待来宾756批，14693人次。从接待情况看，总体表现为，来宾规格高，接待任务重，企业财团多，做到每承接一批任务都做到大同市政府接待办公室主任、副主任挂帅，重要任务挑选接待经验丰富的同志担当，确保每批任务不出差错，不出纰漏。在接待商务来宾工作方面，本着“节俭、大方、务实、高效”的原则，配合对口接待单位，落实就餐、住宿、会议安排等规定和要求。在接待外省市党政领导率团考察工作方面，本着“节俭、热情”的原则，搞好日常接待和后勤服务工作，宣传大同市在经济社会发展中取得的成就。（接待办）

脱贫攻坚

【概述】 2016年，大同市扶贫办以脱贫攻坚统领经济社会发展全局推进精准扶贫各项工作。全年全市减少贫困村159个，减少贫困人口4.9万人，完成企业产业扶贫新增投资24.9亿元，易地搬迁1.63万人，新型职业农民培训4400人，千村万人就业培训1900人，光伏扶贫项目村321个，旅游扶贫试点村6个。

易地搬迁 2016年，全市完成易地扶贫搬迁任务16300人，74个安置点开工率100%，投资37487.278万元，投资完成率117.15%。

农业扶贫 新发展黄花种植1万亩，面积达12万亩以上，接近实现户均1亩，实现产值4亿元，成为产业扶贫的成功范例。市县财政首次安排500万元杂粮产业专项扶持资金，重点发展谷子、苦荞、红芸豆等9大优势产品，创建省市高产示范区18个。种植各类中药材4万亩以上，有各类中药材24.7万亩，总产6406.1吨，产值2亿元。以广灵、浑源县为主的食用菌产业，成为贫困户脱贫致富的支柱产业，通过北野、凯龙等一大批食用菌规模企业带动，食用菌生产1.2亿袋的规模，实现产值3亿元。全市特色农业直接惠及贫困人口12200人。

光伏扶贫 2016年，山西省扶贫办给大同市安排54个村光伏扶贫项目，落实到300个村的建设指标。截至2016年底，大同321个村级光伏电站全部竣工。全市光伏扶贫走在全省前列，成为精准施策、精准脱贫的亮点工程，有6240户深度贫困人口直接惠及。

旅游扶贫 新增建设15个农家乐项目，200余人的贫困人口参与其中。灵丘县特色村庄城头会、车河、上下北泉等现雏形，首批1.6亿元贷款到位，并引进缘源文化生态园、红楼梦影视城、龙泉德丰利达革命战争影视基地等一批旅游项目。1717名贫困人口从农家乐、农家客栈、土特产旅游商品销售、景区清洁服务、旅游实施建设管护等旅游服务中受益。

生态扶贫 对居住在生态功能区的困难群众，通过种植经济林增加收入，发展经济林21814亩。全市6个贫困县组建191家扶贫造林专业合作社，加快大同市林业生态建设扶贫工作的进度。支持贫困群众参与生态工程建设，加大贫困地区环境治理力度，让有劳动能力的1757名贫困人口就地转成生态保护人员，增加收入1154万元。

电商扶贫 全市36个电商扶贫的终端网点全部建设完成，浑源县7个、广灵县6个、阳高县1个、左云县1个、大同县12个，灵丘县9个，每个末端网点受惠百姓约130多人，全市36个网点惠及4680人左右。

劳务扶贫 天镇县举办家政培训90期，培训人员6000余人，有3000余名农村妇女在北京、天津、太原等地签订用工合同，人均年收入3.5万元，成为山西省劳务输出的典范。形成“浑州餐饮服务员”“浑州搓澡工”“浑州美发师”“浑州保安”等各类劳务品牌，其中“浑州餐饮服务员”和“浑州搓澡工”注册。4月，灵丘县与互联网企业“阿姨帮”签署合作协议，成为中国互联网O2O行业与脱贫攻坚工作的首次联合，组织动员贫困户，参与互联网企业订单式培训，帮助贫困户精准就业。全市全年完成千村万人就业培训1900人，新型职业农民培育4400人。

产业扶贫 企业产业扶贫投资年度任务16.5亿元，大同市将任务具体分解到县区，县区结合当地实际分解到每个项目企业。全市企业产业扶贫项目75个，新增投资24.9亿元完成，占年度任务151.06%。给1.3万余农户提供就业岗位。

教育扶贫 教育助学资助1万名贫困家庭子女完成学业工作全部完成，其中资助建档立卡大学生903人，资助建档立卡高中生3724人，申报建档立卡贫困中、高职（专）学生6813人。

社会保障扶贫 制定出台《大同市卫生计生委健康扶贫工程实施方案》，5.7万名农村贫困人口因病致贫、因病返贫建档立卡调查工作完成，与55195名建档立卡贫困人口签订服务契约，免费为6052名60岁～64岁农村建档立卡贫困老年人进行体检，确认疾病的建档立卡贫困人口数29153人，确认疾病的建档立卡贫困人口签约服务数26536人，签约服务覆盖率91%。对400余名中专应届贫困毕业生免费培训，有30名学生取得国家医疗护理员（中级）合格证书，并进入北京大学肿瘤医院、解放军309医院、天津泰达国际血管医院等公立三级甲等医院。制定《大同市特殊群体关爱行动方案》和《大同市2016年特殊群体关爱行动计划》。（扶贫办）

【识贫精准退出】 2016年，大同市扶贫办按照“农户申请、调查摸底、民主评议、一次公示、乡镇核查、二次公示、县级审批、发布公告”八道程序，严把贫困户入口关。通过两次“回头看”，夯实贫困人口基础数据，部署贫困人口核查整改和扶贫对象动态调整工作，明确任务、细化措施，制定工作方案，组织县区扶贫办主任和工作人员开展业务培训，组织9个县区围绕建档立卡“八不进”和动态调整要求，解决信息系统中扶贫对象基础数据的相关问题。通过建档立卡“回头看”新增贫困人口5.05万人，原识别人口中按照“八不进”的原则出列5.03万人。组织3个督查组对退出的贫困户进行抽查验收，按照贫困户退出5项标准和“一公示一公告”流程，通过走访农户，了解退出贫困户认可度和帮扶工作满意度情况，杜绝玩数字游戏和搞数字脱贫，确保退出精准。对照“两不愁、三保障”标准，2016年前三季度，全市农民人均可支配收入5123元，同比增长6.4%，高出大同市城镇居民收入增幅0.9个百分点。（扶贫办）

【脱贫攻坚组织保障】 2016年，大同市委、市政府把脱贫攻坚工作摆在重要位置，健全体制机制，强化攻坚保障，市县均成立由党政主要负责人任组长的领导小组。大同市召开3次市脱贫攻坚领导小组全体（扩大）会议、4次全市脱贫攻坚现场会议以及脱贫攻坚工作交流和督查巡查情况通报会等会议，审议脱贫攻坚工作重点事项、重大政策和重要文件，研究部署脱贫攻坚各项任务。10月19日，全市市县乡三级干部进村入户促脱贫暨五项行动部署推进会后，全市的市级领导干部、帮扶单位到一线，走村访户，在一线发现问题、解决问题，帮贫困户出谋划策，使脱贫攻坚各项任务落实到位。12月1日，市委书记张吉福在给各县（区）党政主要负责人一封信中要求，重点抓好精准扶贫、易地扶贫搬迁、扶贫工作队、考核问责、机制创新、群众满意度六方面工作。

落实“责任双签”，压实主体责任。在全面落实脱贫攻坚主体责任的同时，在全市范围内组织进行“责任双签”活动，与调整主要领导职务的7个县区补签主体责任书，与186个市直单位签订帮扶责任书，34位联点领导与联系地签订帮扶责任书，帮扶单位深入县乡签，县乡也到帮扶单位签，形成一种互动帮扶。

加强队伍建设，充实扶贫力量。大同市委、市政府为市扶贫办新增6个编制。天镇县从财政、发改等相关成员单位抽调12名精兵强充实到扶贫队伍中。大同县成立脱贫攻坚乡镇工作站，安排一名副职专抓，每乡配备2至3名扶贫专干，村村建立脱贫攻坚工作室。灵丘县成立脱贫攻坚指挥中心，设11个办公室，从全县各单位抽调50余名业务骨干，集中办公、综合协调、统一指挥，做到机构、人员、经费、责任“四到位”，为精准扶贫和脱贫提供组织保障。

夯实基层组织建设，促进帮扶攻坚。全市到贫困村进行帮扶的中央、省、市、县四级驻村工作队有1744支，包村驻村领导干部894人，第一书记1042人，实现贫困村全覆盖。聚焦脱贫任务，贯彻全省脱贫攻坚干部帮扶工作会议精神，调整充实驻村帮扶工作队员和第一书记，制定《大同市驻村干部管理办法》和《驻村干部考核办法》，执行“一图、一表、一书、一平台、两办法”推进措施，实行“双五”工作法（在帮扶干部要求上突出“访、亮、帮、记、述”，在组织推动上突出“明、查、评、考、追”），解决帮扶干部责任不到位、措施不精准、成效不明显的问题，从制度机制上解决方法不明、任务不清、措施不实、监督不力等问题，确保帮扶工作见成效。

2016年，大同市级投入财政专项扶贫资金4685万元，是上年投入资金1170万元的4倍，总量和增幅实现“双增长”。在全市6个贫困县开展统筹整合使用财政资金工作，对9大类、83项财政涉农资金全部纳入统筹整合使用范围，提高财政资金使用的精准度和效益，全年统筹整合使用财政涉农资金1.9亿元。全市上年以前专项扶贫资金于年12月27日前全部清零，截至2016年底，专项扶贫资金剩余2454.52万元，占到全年扶贫专项资金的6.25%。

加大督查巡查，助推脱贫攻坚。大同市委、市政府成立3个综合督查组和2个明察暗访组，通过督查和巡查，推动全市脱贫攻坚工作提速，发现和总结基层脱贫攻坚的好经验、好做法、好典型，对进度缓慢、工作拖沓等情况进行通报、约谈、问责，及时纠偏矫正，督促整改落实，确保各项工作沿着精准的方向开展。（扶贫办）

【全市脱贫攻坚暨农村工作会议】 2016年3月24日，大同市脱贫攻坚暨农村工作会议召开。大同市委书记张吉福，市委副书记、代市长马彦平出席会议并作重要讲话。市委副书记刘国庆主持会议。市人大常委会主任梁凤书、市政协主席柴树彬等出席会议。市委常委、副市长王克建安排部署全市脱贫攻坚及农村工作。市委常委姚生平、赵向东、马斌、郜向华、卫洪平、卫国、孙利仁等出席会议。会议要求全市各级贯彻落实中央、省委扶贫攻坚及农村工作会议精神，凝心聚力，聚焦发力，精准用力，按照“六个精准”的要求，落实好“五个一批”措施，确保完成210个村4.6万人的脱贫任务，确保5年内贫困地区农村居民人均可支配收入高于全市平均水平，基本公共服务领域主要经济指标接近全国平均水平，确保6个贫困县全部摘帽，确保全市665个村20.6万贫困人口全部脱贫。

阳高县、灵丘县、天镇县相关负责人在会上作表态发言。

市级四套班子领导，法检两院院长，市委、市政府副秘书长，党群机关、政府工作部门、市直事业单位、市属企业主要负责人，市人大、市政协各专门委员会和工作机构主要负责人，9个农业县（区）县（区）委书记、县区长，副书记、分管副县（区）长，乡镇党委书记；部分贫困村第一书记、村支部书记和驻村工作队长；驻大同单位和企业主要负责人；社会扶贫单位及市农委、市扶贫办班子成员等参加会议。（茗　泉）

【市县乡三级干部进村入户促脱贫暨五大专项行动】 2016年10月19日，大同市召开会议，传达贯彻全省会议精神，推进全市市县乡三级干部进村入户促脱贫暨五大专项行动安排部署。

大同市委书记张吉福，市委副书记、市长马彦平出席会议并讲话。市委副书记、宣传部长高键主持会议。

张吉福在讲话中指出，脱贫攻坚是当前的头等大事和头号民生工程。全市上下要认识做好脱贫攻坚工作的重要意义，站在讲政治和全局的高度，把思想和行动统一到省委省政府的部署要求上来，真正把这项工作放在心里、抓在手上，扛在肩上，坚定信心，下定决心，对照目标任务和时序进度，落实好脱贫攻坚的领导责任，扎实工作，打好翻身仗，打赢攻坚战，向山西省委省政府和全市人民交一份满意的答卷。张吉福强调，各级党委政府，贫困县的党委政府，要突出工作重点，细化工作措施，抓好扶贫工作。要立即启动市县乡三级干部进村入户促脱贫行动，推动建立市、县、乡、村“四级书记联动”扶贫工作体系，通过进村入户、实地调研、了解情况、检查督促，在一线发现问题、解决问题，带动贫困群众脱贫，奠定打赢脱贫攻坚战的基础。要按照国务院和省委、省政府的要求，围绕易地搬迁、干部驻村、扶贫资金等重点工作和关键环节，拿出切实可行的方案，迅速开展扶贫攻坚大检查大督查、扶贫工作测评、清理滞留结转扶贫资金督导落实、社会保障政策到村到户督导落实、干部驻村精准帮扶督导落实等专项行动，确保脱贫各项任务不走过场、不搞形式，取得实实在在的成效，真正惠及百姓。

会议通报大同市脱贫攻坚各项任务推进情况。

大同市贫困县各级领导干部、市直有关部门负责人参加会议。（晨　曦）

【两人获全国脱贫攻坚奖表彰】 2016年10月16日，全国脱贫攻坚奖表彰大会在北京举行。表彰会上，大同市政协副主席王剑辉获全国脱贫

攻坚奖“贡献奖”、天镇县扶贫办主任贾彪获“全国扶贫系统先进工作者”称号。（晨 曦）

开展“冬季行动”

【张吉福督查“冬季行动”企业帮扶和信访维稳】 2016年1月19日，大同市委书记张吉福督查“冬季行动”企业帮扶和信访维稳工作推进情况。市领导王克建、姚生平、卫国、刘振国、杨勤荣及“冬季行动”企业帮扶和信访维稳两个分指挥部成员单位负责人参加督查汇报会。他强调，各级各部门要把思想和行动统一到省委、省政府和市委、市政府“冬季行动”工作要求上来，围绕大同市委十四届七次全会暨全市经济工作会议确定的目标任务，再动员，再鼓劲，再推动，积极主动，真抓实干，马上就办，办就办好，同心同力建设美丽大同、富裕大同、幸福大同。（路 璐）

【“冬季行动”司法服务和保障《意见》出台】 2016年3月，大同市中级人民法院开展调研和多次讨论修订的基础上，制订出台《关于为开展“冬季行动”提供司法服务和保障的实施意见》，细化实施举措，彰显法院作为。

《意见》立足审判实际，围绕全市“冬季行动”的重点工作，从三个方面提出18条具体措施，指导全市两级法院发挥职能作用，为全市开展“冬季行动”提供法律服务和司法保障。

《意见》提出，要准确把握服务和保障开展“冬季行动”的基本要求，找准切入点、结合点，按照《大同市开展“冬季行动”实施方案》和《关于进一步加快推进“冬季行动”的通知》确定的目标、方向、思路和重点，特别是围绕征收安置、项目准备和手续办理、招商引资、金融创新、企业帮扶及信访维稳等六个重点方面，发挥人民法院审判职能作用，依法妥善审理、执行好各类诉讼案件，为推进“冬季行动”提供司法保障。（红 远）

【“冬季行动”招商引资签约项目170个】 2016年4月21日，自“冬季行动”以来，大同市各部门各县区通过各种方式招商引资，全市签约项目170个，拟投资额1926亿元。

全市签约项目包括：装备园区与北京恒德远大汽车销售公司签约“建设生产汽车碳纤维车身结构项目”，总投资6.46亿元；城区与晋商联盟文化旅游有限公司签约“大同古城核心区文化旅游产业项目（代王府综合体）”，总投资12亿元；南郊区与北京旷世达科技有限公司签约“年产15万吨新型金属镁项目”，总投资16.5亿元等。（行 云）

【“冬季行动”暨项目建设“双环行动”誓师会】 （参见该书26页《“冬季行动”暨项目建设“双环行动”誓师会》）

【“冬季行动”促进经济增长】 2016年，大同市围绕打造“东承首都、西接丝路、南贯三晋、北通蒙俄”区域性中心城市的基本定位，坚持以项目建设为支撑，以改革创新为动力，加快产业结构调整步伐，推动经济平稳健康增长，同心同力建设美丽大同、富裕大同、幸福大同。

市县两级先后派出50余支招商引资小分队，分到北京、上海、广州等地与120余家企业进行对接。截至4月底，全市累计签约项目170个，总投资额1926亿元。针对项目推进过程中存在的土地征收难题，大同市在全市范围内打响征收安置速决战。在征收安置工作中，大同市大胆创新，把过去的先征收、再建设、后安置转变为先安置、再征收、后建设，并从方式上由单一的实物安置向实物和货币相结合的多元安置转变。针对安置房源不足的问题，大同市加快保障房建设进度，通过回购存量商品房加快安置。大同市征收安置工作进展顺利，截至4月底，全市累计征地29175亩，相当于之前两年的总和，80%的待安置户居有定所，所有这些都为确保项目落地打好提前量。

审批手续烦琐、建设资金短缺是制约大同市项目建设顺利推进的痼疾。针对这些问题，大同市加大改革创新力度，为项目早开工、早建设、早投产增添新的动力。大同市通过建立“一窗联动、五段实施、集中会诊、限时办理”的建设项目运行机制和政务大厅并联审批、部门内部并联审批双轨运行机制，加强行政审批制度改革，推行联席会议制度、首问负责制、跟踪服务等行之有效的办法措施，全力加快项目手续办理速度。截至4月底，全市办结各类项目审批手续1142件，手续办理时限平均缩短79%，办结的审批事项是上年同时段的2.2倍。加快项目手续办理，大同市坚持以金融操盘项目建设。推出政府产业发展引导基金增资、专项建设基金贷款、PPP项目融资、农信社改制以及“新三板”辅导平台等11项创新举措，实现融资百亿元的目标。

2016年一季度，全市地区生产总值211.15亿元，同比增长7.1%；规模以上工业增加值77.82亿元，同比增长9%；累计固定资产投资38.97亿元，同比增长8.1%。（冯 雨）

▲2016年11月16日，大同市召开“冬季行动”暨项目建设“双环行动”誓师大会

（李冬宾 供图）

中国人民政治协商会议大同市委员会

综 述

【政治协商】 2016年，大同市政协制定《政协大同市委员会2016年度协商计划》，提高政协委员参政建言的针对性和实效性。（1）围绕全市发展大局献计出力，发挥政协全会和常委会协商的重要功能。大同市政协组织召开十三届五次全会。会议期间，政协委员们围绕《政府工作报告》、计划报告、财政预算报告、法检两院报告等提出建议。常委会协商议政主要是围绕市委、市政府中心工作、经济社会发展的战略性问题和社会关注的重大问题等宏观层面的问题，组织政协常委开展视察调研，提出有针对性的见解和协商建议。市政协常委会围绕“大同灯会”的成功举办、培育发展康养游产业、加快家政服务业发展等议题，召开3次常委会进行专题协商讨论，提出《关于把“大同灯会”提升为古都文化旅游品牌“套餐”的建议》《关于及早着眼于把康养游产业作为重要接续产业培育的建议》《关于推进大同市家政服务业发展的建议》三个建议案，重点从科学制定产业发展规划、加大供给侧结构改革力度、研究出台扶持政策、加强人才培养、抓好督促落实等方面提出意见建议，为大同市委、市政府科学决策提供重要参考，发挥建言献策、服务大局作用。一些建议被作为“2017大同古都灯会”的重点参考内容予以采纳。（2）围绕社会普遍关注的热点难点问题，发挥专委会（界别）协商的独特功能。专委会（界别）专题议政主要围绕群众关心的热点行业和领域，选择一些带有普遍性和亟待解决的中观层面的问题，组织界别委员开展视察调研，提出协商意见和建议。全年，大同市政协组织政协常委、委员及社会组织代表，加强“小饭桌”管理、竞技体育发展、社会组织发展、小杂粮产业、精准扶贫、农业节水灌溉、活性炭行业发展、文化旅游发展、民营经济发展等重要课题，深入调研，科学论证，形成一批有分量、有见地的调研报告。如《关于加强小饭桌管理的调研报告》《关于推进大同市竞技体育发展的调研报告》等，（3）围绕群众“柴米油盐酱醋茶”的民生问题，发挥委员社区（农村）工作站协商的特殊作用。委员社区（农村）工作站协商主要“化解矛盾、促进和谐、理顺民意、维护稳定”的目标，大同市政协组织政协委员到社区、农村开展视察调研，进行协商，促进问题的解决。

（卢海军）

【社情民意】 2016年，大同市政协坚持开展提案和反映社情民意信息工作，创新工作思路，健全工作制度，制定一批履职制度和管理规定。大同市政协参照全国政协和山西省政协的做法，制定《市政协反映社情民意信息工作条例（试行）》，大同市政协反映社情民意信息工作的主要内容、主要形式、基本程序、保障措施和结果反馈等作明确具体的规定。全年收集报送单位的社情民意信息288篇，编辑、上报全国政协、省政协和市委、市政府信息166篇，其中《全面实施“营改增”后出现的问题及建议》《行政审批制度改革措施应进一步落细落实》等7篇信息被全国政协采用，《互联网金融业发展亟待规范》《精准扶贫工作需警惕的三个问题》等24篇信息被山西省政协采用，大同市政协社情民意信息工作在全国政协第二批直报点中排名第二，在山西省政协积分排名中位居第三。大同市政协利用山西省政协召开全会的机会，提交提案，反映涉大同市的一些重要问题，为推动大同市经济社会发展落实山西省委、省政府的支持，大同市政协给省政府报送的《实施桑干河清水复流工程，推进同朔地区生态文明建设》的提案，受到省委、省政府重视，省政府常务会议专题研究部署全省主要河流生态修复保护工作时，桑干河被列入第1位，推动晋北地区流域综合治理与生态环境的改善。全年征集提案214件，立案183件，提案回复率为100%。

（卢海军）

【协商交流】 2016年，大同市政协落实《关于加强与市级社会组织联系的意见》，社会组织成为政协收集社会舆情的重要渠道。专题调研中，大同市政协吸纳相关行业协会参加，听取他们的合理化建议，发挥社会组织作用。10月，大同市政协组织相关委员调研社会组织现状及问题，形成《关于大同市社会组织发展情况的调研报告》。

大同市政协贯彻落实大同市委办公厅、市政府办公厅、市政协办公厅联合出台的《关于加强党政部门与政协专门委员会联系的意见》，加强党政部门与政协各专门委员会的工作联系。委员知情明政，开展民主监督、参政议政。大同市政协邀请市扶贫办、天镇县政府就扶贫工作给委员做专题报告，给委员知情资政创造条件。加强与县（区）政协的沟通，提升政协工作的整体水平。年内，大同市政协召开县（区）政协秘书长座谈会。听取县（区）政协的意见、建议，帮助解决影响基层政协工作的主要问题与实际困难。市政协领导在各县（区）政协换届后，到县（区）政协，通过座谈会、实地走访等形式，了解基层政协现状，调研基层协商民主广泛多层制度化建设情况，协调县（区）党委、政府，帮助县（区）政协解决实际困难。在走访中，围绕供销社如何发挥作用，畅通农产品销售渠道进行调研，基础上，市政协与市供销社召开座谈会，全市供销系统负责人和市政协相关部门负责人围绕这一议题进行探讨，大同市深化供销社综合改革提出建设性的意见和建议。大同市政协召开各民主党派、工商联及政协参加单位联席会议。征求他们对市政协工作的意见和建议，听取他们工作中存在的困难和问题，协调相关部门帮助解决实际问题。大同市政协建立各级政协委员联系社区工作制度，把市政协委员按居住地编成24个委员联系社区（农村）活动小组，分别分配到24个街道办事处或乡镇，建立委员社区（农村）工作站。委员带着责任、带着感情，与所在社区（农村）的群众广交朋友，听取民意，反映民声，给政协组织到基层、联系群众搭建平台。委员们根据在社区（农村）了解到实际情况，撰写提案或反映民情民意，贴近群众，贴近民生。（卢海军）

【参政议政】 2016年，大同市政协围绕“冬季行动”目标任务，组织制定市政协视察调研计划，大同市政协先后就房屋征收安置、项目手续办理、招商引资、金融创新等工作，组织部分委员到城区、市金融办、市招商局和政务服务中心等县（区）和部门，开展调查研究和议政建言活动，形成《关于大同市金融创新工作的几点建议》《关于大同市房屋征收与安置工作视察情况的报告》等建议报告，促进经济社会发展难题解决。人民政协网《山西政协报》大同市政协开展“冬季行动”视察调研做专门报道。

（卢海军）

【政协宣传】 2016年，大同市政协与大同广播电视台联合举办《提案追踪》和《提案回音》栏目。《提案追踪》栏目对关乎社会热点和民生问题的12件提案进行报道。《提案回音》栏目选择50余件社会关注的热点问题的提案办理复文，在“大同晨光”节目中播发，实现民主监督与新闻舆论监督结合；编辑出版政协机关刊物《咨政建言》6期，印发《政协信息》40期，在《人民政协报》《山西政协报》等媒体发表政协宣传稿件20余篇。大同市政协配合全国政协征集《回族百年实录》中大同篇的资料，《大同抗战往事》一书的编辑出版工作完成。

（卢海军）

重要会议

【市政协十三届常委会第二十三次会议第二次全体会议】 2016年5月26日，政协第十三届山西省大同市委员会常务委员会第二十三次会议第二次全体会议召开。

大同市政协主席柴树彬，副主席武保洲，副主席、民进市委主委陈昌辉，副主席、市工商联主席程廷龙，副主席、民盟市委主委许进娥，副主席、农工党市委主委郭俊岗，市政协副主席张小立，副主席、九三学社市委主委杨硕平，秘书长李灵瑞与常委62人参加会议。会议由许进娥主持。

会议听取各组讨论政府三项报告、“十三五”规划纲要（草案）、“两院”工作报告等综合情况的汇报，审议通过候选人名单（草案）、政协第十三届山西省大同市委员会第五次会议选举办法（草案）、政协第十三届山西省大同市委员会第五次会议总监票人和监票人名单（草案）、政协第十三届山西省大同市委员会常务委员会工作报告的决议（草案）、政协第十三届山西省大同市委员会常务委员会关于十三届四次会议以来提案工作情况报告的决议（草案）、政协第十三届山西省大同市委员会第五次会议政治决议（草案）、提案委员会关于政协第十三届山西省大同市委员会第五次会议提案审查情况的报告（草案）。

（赵瑾）

【市政协十三届常委会第二十四次会议】 2016年9月13日，政协第十三届大同市委员会常务委员会第二十四会议召开。大同市政协主席柴树彬，副主席、秘书长及委员61人出席会议。

会议听取副市长张韬代表市政府所作《关于大同市康养产业进展情况汇报》；孙志强、郈德民、靳保利等8人分别围绕加快康养电子平台建设，推进大同市智慧养老服务发展，依托优势资源，推动康养产业；关爱老年生活，扶持康养产业等内容作大会发言。会议审议通过大同市政协《关于及早着眼于把康养产业作为重要接续产业来培育的建议》；审议通过人事事项。会议期间，常委会组成人员围绕会议议题展开讨论。（小霞）

【市政协季度报告会】 2016年3月31日，政协大同市第十三届委员会举行季度报告会，市扶贫办和天镇县相关负责应邀全市扶贫攻坚工作和贫困县扶贫开发工作情况作报告。

大同市政协主席柴树彬，市政协副主席刘俊雍、陈昌辉、武保洲、许进娥、郭俊岗出席报告会。报告会由武保洲主持。

报告会上，大同市扶贫办负责人回顾全市“十二五”期间扶贫工作，分析扶贫开发面临的形势及存在的困难和问题，介绍“十三五”期间全市脱贫攻坚的目标任务和具体措施；天镇县负责人介绍该县扶贫开发工作的主要做法和经验，指出该县扶贫开发工作存在的问题和困难。（行云）

委员活动

【中央党校和省政协联合调研组到大同调研】 2016年8月9日，中央党校和山西省政协联合调研组到大同市调研“网络信息安全管理问题及对策研究”课题。山西省政协副主席朱先奇，调研课题组组长、中央党校出版社党总支副书记、教授周慧等参加调研，大同市政协主席柴树彬、副市长张韬等陪同调研。

联合调研组与大同市网信办、公安局、政府信息中心、经信委等单位负责人座谈，征求网络信息安全管理部门的编制、职责，管理体制及存在的主要问题，安全监管的相关法规，网络信息安全、视频专网管理技术平台的研究和使用，政府网络信息安全应急管理体制及固化危机应对联动机制，以及构建符合国情的政府网络信息安全监管新体制的政策建议等有关内容意见和建议。调研组到城区数字化城管中心、御河9号智慧社区观摩，听取城区网络信息安全管理工作汇报，召开座谈会征求城区相关部门意见。

朱先奇代表联合调研组肯定大同市网络信息安全管理工作，推进资源整合、构建智能化城市基础设施体系，全方位创建智慧城市安全保障体系工作。数字化建设推动社会发展、进步，推动智慧城市建设，推动人类文明的发展，同时也带来许多难以控制的一些局面。要抓住其积极作用，扬优避劣，推动整个城市建设、社会建设和法制建设。重点研究依法治网，以“智”管网，以技管网，用情入网。只有面向未来，推动科学化管理，才能确保网络信息管理的安全。（小　霞）

【王宁到大同调研民营企业】 2016年4月28日至29日，由山西省政协副主席、民建省委主委王宁带队的省调研检查组一行到大同市调研部分民营企业，并与大同市部分民营企业家进行座谈和交流。

省人大常委会委员、民建省委副主委、太原市政协副主席薛维梁，市委常委、统战部长姚生平，副市长杨勤荣，市政协副主席程廷龙参加座谈会。

4月28日上午，王宁一行分别到位于御东新区的政务大厅和华青活性炭公司。在政务大厅，王宁了解建设项目并联审批流程等服务项目，参观全市政务服务中心网电子公务监察系统运行。在华青活性炭公司，王宁与该公司负责人交流活性炭产品的发展方向，并提出建设性的意见。下午，王宁等到阳光车城、同达药业、新成新材料公司3家民营企业进行实地调研。29日上午，调研检查组一行与大同市阳光农业、华林、新成新材料、华晟果蔬、利达环保、北野菌业、牧同乳业、红旗大饭店等15家民营企业的负责人和市经信、规划等部门相关负责人举行座谈会。

听取企业家们的发言后，王宁指出，民营企业要深刻认识自身担负的责任，学习贯彻中央、山西省关于发展民营经济的有关精神，提高自身认识，学习国家产业政策，把眼光放在全市、全省、全国乃至全世界的经济大局上来发展自身的企业，在文化、旅游等大同优势产业上做文章、下功夫，为地方经济发展作出贡献；传承好诚信经营的传统，用好现代企业管理方式，用好用足国家优惠政策，加强企业间的合作，运用互联网思维经营企业，拓展融资渠道，实现科学、合理、创新发展，为大同经济异军突起共同努力。（行　云）

【李悦娥到大同调研“双创”进展情况】 2016年8月4日至5日，山西省政协副主席李悦娥，省政协教科文卫体委员会主任刘文秀，副主任贾坚毅、倪生唐到大同调研大同市大众创业、万众创新进展情况。大同市政协主席柴树彬、副市长曹惠斌、市政协副主席张小立陪同调研。

调研期间，李悦娥一行听取大同市有关大众创业、万众创新有关情况，并到大同“清新有你”众创空间有限公司、市中小微企业创业孵化基地、市人社局大学生创业孵化基地调研。每到一处，李悦娥听取各单位负责人在推进大众创业、万众创新方面所做的工作、各自特色及工作亮点，以及遇到的困难，并与大家交流探讨。李悦娥肯定大同市在“双创”工作中所做出的成绩，她要求，以用户需求为导向，细分市场，细化服务，吸引人气，保证就业创业落地。整合资源，精准定位，突出特色，搭建各有所长的专业孵化平台，推进“双创”模式创新创优。（小　霞）

【卫小春到大同调研】 2016年9月5日至8日，山西省政协副主席卫小春，省政协经济委员会主任刘致远、副主任毛金明、专职副主任刘新平一行带领部分省政协委员到大同，调研大同市文化旅游产业发展情况，并与相关部门负责人座谈交流。市政协主席柴树彬陪同调研，副市长曹惠斌，市政协副主席武保洲、张小立参加座谈。

调研组听取大同市文化旅游产业发展情况汇报后，与发改、旅游、文物、文化、住建、农业部门及云冈石窟研究院、国旅、山水旅行社等负责人交流探讨发展文化旅游产业具体措施。卫小春肯定大同在推进文化旅游产业发展中所做的工作。他要求，继续转变理念，把文化旅游产业作为城市发展的支柱产业，加强发展文化旅游产业的决心。挖掘山西省及大同市的文化旅游资源内涵，延长、开发文化旅游产业链。引进、培养一批专业化、高层次的文化旅游人才队伍，科学、合理、系统地规划、管理、发展文化旅游产业。深化旅游体制机制改革，促进全省文化旅游产业长远发展。

调研组在大同期间，到浑源县、云冈石窑、善化寺、市博物馆、晋华宫国家矿山公园、方特欢乐世界、古城保护和修复工地等处实地调研。（小　霞）

专门委员会

提案委员会

【概述】 2016年，大同市政协提案委员会征集提案214件，其中党派团体集体提案27件，委员提案187件。经审查，立案183件，转为来信处理31件，分别占提案总数85.51%，14.49%。（卢海军）

【提案质量提高】 2016年，大同市政协提案委员会及早启动提案征集工作，通过新闻媒体向全市各界人士征集提案选题信息，向政协委员、各党派团体、各县区政协印发《提案撰写准备工作的通知》《提案选题导向》。大同市政协提案委员会召开党派、团体、各专委会、各县区政协提案征集协调会议，商讨和安排提案征集相关问题，就集体提案选题调研提出明确要求。全会前组织集中视察和调研，确保委员能够紧扣大同发展实际及民生诉求提出提案。大同市政协提案委员加大提案审查力度，在会前、会中和会后，对提案进行3次集中审查。邀请承办提案集中的单位，协商提案立案、重点提案确立、拟定承办单位

进行协商，征求意见，保证提案进入办理程序。（卢海军）

【重点提案督办】2016年，大同市政协提案委员会按照《关于重点提案产生和督办的规定》，规定中关于重点提案产生的条件，通过召开提案审查会议，征求相关单位意见，征求主席、副主席、专委会意见，转化大会发言，召开主任会议，提交主席会议审议等6个程序，形成重点提案16件。组织委员把大会发言转化为提案。坚持市领导领办督办重点提案。市委、市政府领导坚持对政协提案进行阅批，对办理复文进行审核把关，保证提案办理和答复的质量，就大同市加快民航业发展、二次供水系统建设与维护管理、发展小杂粮产业等提案进行领办，推动相关问题的解决。大同市政协主席、副主席、秘书长牵头督办重点提案，大同市开展精准扶贫、石墨烯产业发展、民营经济创新发展、医养结合发展康养产业、乡村旅游文化产业发展、以PPP模式推进御东场馆建设、在大同大学设立科技园区、规范家政服务市场、推进立体化治安防控体系、组建和完善保障性住房小区业主委员会等提案的办理取得成效。坚持重点提案督办与非重点提案督办相结合。大同市政协提案委员会及各专门委员会做好市政协领导督办重点提案的协调服务工作外，对有关综合性加油加气充电站规划建设、阳光车城项目周边配套道路建设、古城内古玩市场规划建设、加强食品药品监管、取缔黑校车扶持专业校车运营等提案进行重点督办。大同市政协提案委员在提案督办中，坚持听取汇报与实际调研相结合，协商办理与推进落实相结合，重点提案督办与督办重点提案相结合，注重办理过程与办理结果相结合。在具体督办中，首先与提案者和承办单位负责人分别进行协商，大同市政协提案委员与提案者和承办单位召集在一起进行面对面协商，到承办单位采取“听、看、察、评”的形式再次进行协商，最形成具体落实的共识和措施，推动提案落实。大同市政协提案委员对大同市物业管理进行延伸督办与城区政协联合召开加强棋牌室及“小饭桌”管理协商会议的基础上，结合兴国寺委员社区工作站基层协商工作，5月，大同市政协提案委员会组织部分政协委员与大同市食品药品监督局、城区政协、矿区政协、南郊区政协和兴国寺委员社区工作站联手开展为期5个多月调研大同市“小饭桌”管理情况。召集三个区政府、政协和市（区）有关单位负责人及南关街道办事处有关负责同志、部分市政协委员、学生家长和“小饭桌”代表，召开加强“小饭桌”管理协商会议。通过调研以及协商会议的召开，明确“小饭桌”管理中存在的诸多问题和不足，加强学生“小饭桌”管理的重要性和必要性。（卢海军）

【提案服务水平提升】2016年，大同市政协提案委员会通过报刊、网络等途径对外省市提案先进工作经验进行学习。加强与市委、市政府两办的沟通与协作，就提案的交办、提案答复、办理、网络管理进行多次沟通和协商。加强提案宣传工作，通过与大同市广播电视台共同举办的《提案追踪》《提案回音》两个栏目，对社会比较关注的提案的提出和办理进行报道，选择社会普遍关注的提案办理回复在《大同晨光》节目中播放，得到社会各界的关注与监督，推动提案落实。（卢海军）

经济和人口资源环境委员会

【建言献策】2016年1月，大同市政协经济和人口环境委员会与大同市教科文卫体委员会负责关于大同市金融服务创新的课题，两个委员会到大同市金融办、大同北都农村商业银行和大同银行等单位，大同市金融服务体系创新工作进行座谈和交流，了解和掌握大同市金融服务发展中存在的主要问题，形成《开拓大同市金融创新工作促进实体经济转型发展的几点建议》调研报告，并报送大同市委、市政府；3月，大同市政协经济和人口环境委员会与学习文史委组织部分委员到大同市招商局就大同市招商引资工作开展调研工作，调研中，大同市政协委员就大同市招商引资中存在的问题困难及创新招商引资工作提出意见和建议。（卢海军）

【协助教科文卫体委组织十三届二十四次常委会议题】2016年，大同市政协经济和人口环境委员会配合教科委工作，组织委员到阳高县、大同县、开发区进行调研，对适合康养产业发展的阳高县北农阳光都市农业示范园、大同县“黄花”农业产业基地、开发区东华集团中医药研究基地进行调研，听取阳高县、大同县、开发区、民政局、东华集团等负责人关于康养产业的汇报，大同市康养优势强，康养产业潜力大，在大同市政协十三届二十四次常委会上形成《关于及早着眼于把康养游产业作为重要接续产业培育的建议案》，报送大同市委、市政府。（卢海军）

【协助农村委组织十三届二十五次常委会议题】2016年9月，大同市政协经济和人口环境委员会，协助大同市农村委组织政协委员到大同市家政企业、市商务局、人社局等进行实地调研，并召开研讨会，形成《关于推动家庭服务业转型升级，促进全市经济多元化发展的建议案》，经政协大同第二十五次常委会通过后，上报大同市委、市政府。（卢海军）

【开展活性炭行业发展情况调研】2016年11月，大同市政协经济和人口环境委员会组织部分经企业委员到大同市华青活性炭有限公司、大同中车煤化公司，围绕大同市活性炭行业发展情况开展调研。调研中，了解大同市活性炭行业生产销售、技术创新等情况及面临的突出困难和问题，共同商讨促进活性炭行业发展的对策及措施。建立行业协会，规范市场秩序，杜绝恶性竞争；企业要立足市场需要，坚持走创新之路，发展新的应用领域；政府应加大扶持力度，确保原料煤稳定供应，促进企业转型升级。形成《关于全市活性炭行业发展情况的调研报告》报大同市委、市政府。（卢海军）

【专题协商】2016年，大同市政协经济和人口环境委员会根据山西省政协《关于开展“发展非煤产业，做强做大文化旅游产业”专题调研的工作方案的函》安排，提前调研全市文化旅游产业的发展，组织有关部门召开座谈会，形成《大同市旅游产业发展调研报告》上报山西省政协。9月5日至8日，山西省政协副主席卫小春带领部分省政协委员到大同调研，先后召开座谈会并考察云冈石窟、晋华工矿工业旅游、善化寺、古城改造、悬空寺、恒山风景区等景点，调研大同市文化旅游产业情况。大同市政协经济和人口环境委员会，根据山西省政协《关于赴大同市开展民营经济发展重大部署落实情况专项视察监督的函》安排，10月12日至14日，山西省政协副主席王宁带领部分省政协委员到大同调研，先后在市县（区）召开座谈会并到华晟果蔬饮品有限公司、同达药业有限公司和浑源县、城区民营企业进行实地视察监督。之后形成《大同市民营经济发展调研报告》上报山西省政协。（卢海军）

农村委员会

【农村委参政议政】 2016年12月，大同市政协农村委员会组织部分委员，到大同市水务局等地实地调研大同市农田灌溉的先进节水技术是否实现水资源高效利用，调研后委员们经过讨论研究形成调研报告。（卢海军）

【农村委专题调研】 2016年5月，大同市政协农村委员会组织委员围绕区域生态改善方面开展调研活动。到山西省杨树局调研大同市“小老树”改造实践中，创新并应用于沙区生态治理取得的成绩和存在的问题，北部风沙区杨树速生丰产林造林技术等方面的经验和做法。调研中委员们了解大同市生态改善方面的基本情况、防风固沙过程中存在的问题和困难等，给委员们撰写大会发言、政协提案提供思路。大同市政协农村委员会按照山西省政协下发的关于“实施精准扶贫、精准脱贫，加快全面建设小康社会”调研课题要求，大同市政协农村委员会组织委员到各县区，以及市农委，就大同市精准扶贫工作进行调研，围绕扶贫对象识别过程中存在的问题和对策、如何提高扶贫项目安排“精准度”、提高扶贫资金使用效益方式方法、扶贫措施到户面临的问题和困难等进行了解， 大同市政协农村委员会经过讨论、分析就大同市精准扶贫情况形成调研报告报送山西。1月，大同市政协农村委员会组织部分委员，到大同市农委、灵丘县等地调研，听取关于大同市小杂粮种植的情况汇报，视察灵丘县有机农业园等地。在这基础上通过分析、讨论和总结，形成调研报告。（卢海军）

【农村委基层走访活动】 2016年9月，大同市政协农村委员会与迎宾社区完成结对共建活动。活动中大同市政协农村委员会组织部分委员为社区送去笔记本、纸笔等办公用品。组织部分政协委员多次与柳港园社区开展社区活动，了解社区百姓关注的问题和困难。（卢海军）

教科文卫体委员会

【专题调研】 2016年，大同市政协教科文卫体委员组织调研队伍，把“十八大”报告及习近平总书记的一系列重要讲话精神中所提出的改革内容确定为大同市政协委员们这次调研会前题目，题目涉及医药园区建设、医疗改革情况、大同戏曲出版物、整合旅游资源、体育中心场馆建设等内容，在调研中市政协委员们掌握大量能推进全市社会经济发展方面的素材，部分委员准备会议发言材料，在“两会”联组讨论上进行交流。完成大同市政协十三届二十四次常委会议议题。10月12日向大同市委、市政府报送《关于及早着眼于把康养游产业作为重要接续产业培育的建议案》。7月，大同市政协第十三届二十四次常委会议议题，定为关于大同市康养产业发展题目，大同市政协教科文卫体委员会筹办会议，组织委员到阳高县、大同县、开发区进行视察调研，对适合康养产业发展的阳高县北农阳光都市农业示范园、大同县“黄花”农业产业基地、开发区东华集团中医药研究基地，进行实地观摩，听取阳高县、大同县、开发区、民政局、东华集团等负责人关于康养产业的汇报。为完善建议案，专委会组织大同市民政局、老龄委等相关产业负责人进行座谈，会上、会下进行交流，核实相关情况和数据，稿件经过修改后形成建议案草案。大同市政协教科文卫体委员会完成大同市委、市政府安排的“冬季行动”专题调研任务。1月，在同心同力发展大同的“冬季行动”中，大同市政协教科文卫体委员会与经环委负责关于大同市金融服务创新的课题，两个委员会配合，到市金融办、大同北都农村商业银行和大同银行等单位，就全市金融服务体系创新工作进行座谈和交流，金融办主任作汇报，银行负责人对政协委员提出的问题也作出明确回答，掌握全市金融服务发展中存在的主要问题，并向大同市委、市政府报送《开拓大同市金融创新工作促进实体经济转型发展的几点建议》的调研报告，3月，完成“冬季行动”计划。11月，调研组到大同市御东体育中心、市体校进行调研，调研队伍走进体校视察体育训练设施，观看柔道、举重、体操、射击、摔跤、篮球、足球、跆拳道、散打、拳击等运动员们的训练现场。并与市体育局领导和教练员们进行座谈，提出关于体育发展的问题。专委会根据调研情况，向大同市委、大同市政府报送《整合优势资源推进大同市竞技体育发展的调研报告》。（卢海军）

【社情民意撰写提案】 2016年，大同市政协教科文卫体委员会根据年初工作计划安排，社区工作站委员开展调研活动，撰写大量的提案和社情民意。“两会”上专委会界别委员报送提案23份，其中16份立案，郭俊岗副主席撰写的《关于筹建大同市旅游接待中心的建议》和马洪山常委撰写的《发挥公立医院龙头优势，医养结合，为大同康养产业发展奠定基础》2份提案，被列为重点提案，并进行重点督办。全年反映社情民意11篇，被省、市采纳2篇，其中孟兴莲委员提交《关于建立统一权威高效的食品药品监管体制的建议》被山西省政协采纳；皇甫世江委员撰写《关于推进大同市独立师范专科办学的建议》被大同市政协采纳。（卢海军）

社会法制委员会

【参政议政】 2016年2月23日，大同市政协社会法制委员会组织部分常委、委员，到城区及东街街道办事处，听取城区征收安置“冬季行动”指挥部关于城区房屋征收和安置情况的汇报；2 月 25 日，到南郊区对“万达广场”“兴云智慧城”“大张高铁”等项目的进展情况进行实地走访，听取相关单位、部门的情况汇报。通过考察，委员们了解到全市“冬季行动”情况，大家集思广益，分析梳理，形成《关于大同市房屋征收与安置工作考察情况的报告》，报送大同市委、大同市政府。（卢海军）

【城市管理工作调研】 2016 年，大同市政协社会法制委员会组织部分市政协常委、委员对西门外周边、福华园外围、迎泽街、红旗街、永泰广场等街道进行实地走访。大同市政协社会法制委员会 4 月下旬到大同城区开展调研。（卢海军）

【社会组织发展情况调研】 2016 年 10 月，大同市政协社会法制委员会调研大同市社会组织现状、社会组织发展存在的困难和问题，在发展社会组织方面有哪些好的做法和意见建议。大同市政协社会法制委员会邀请“水基金”、市青企协、市房地产和物业管理协会等相关社会团体十余家参与调研，对全市社会组织发展存在的问题进行剖析，形成《关于大同市社会组织发展情况的调研报告》，并报送大同市委、大同市政府。（卢海军）

【法院基层工作调研】 2016 年 11 月 9 日，大同市政协社会法制委员会组织部分政协常委、委员，调研大同市基层法院的队伍建设、设施建设、管理创新等方面情况，以及基层法院在工作中存在的困难和问题，有哪些好的做法和意见建议。调研组一行先后到南郊区法院、大同县法院，采取召开座谈会、实地走访相结合的形式，对基层法院的工作进行了解，形成《关于对大同市基层法院的调研报告》，报送大同市委、大同市政府。（卢海军）

【专题调研】 2016 年，大同市政协社会法制委员会按照山西省政协《关于开展联动调研的函》的要求，大同市政协社会法制委员会调研大同市深化行政审批制度改革，抓好简政放权等决策部署的贯彻落实情况。形成《大同市深化行政审批制度改革情况的调研报告》，报送山西省政协。按照山西省政协民族宗教委员会协同调研提纲要求，大同市政协社会法制委员会调研宗教界代表人士培养和宗教团体建设的情况，形成《大同市加强宗教界代表人士培养和宗教团体建设的情况的调研报告》，报送山西省政协。（卢海军）

学习文史委员会

【文史资料征集出版】 2016 年，纪念抗战胜利 70 周年，大同市政协学习文史委员会在出版《塞上抗日正气歌》基础上，又征集整理编辑补充部分抗战史料，充实原书内容。大同市政协学习文史委员会重新整理编排、编辑校对， 4 月出版。这书记载大同地区抗日战争中部分战役、英雄人物事迹。《大同抗战往事》作为《大同文史资料》专辑，记载留存，体现文史资料“存史、资政、团结、育人”的作用。大同市政协学习文史委员会根据《全国政协文史资料选题协作规划》安排，年内将征编出版《回族百年实录》，大同市政协学习文史委员会重视，给各县区政协及相关单位以及有写作能力的个人发征稿通知，将征集回来的稿件进行甄别、整理、审定、编辑、校对等工作，撰写《大同回族百年实录》7 万余字，上报山西省政协，11 月底，山西省政协对大同市学习文史委通报表彰。给山西省政协上报大同市政协成立以来的组织概况。给到大同调研的承德市政协文史委员会提供大同市关于“非物质文化遗产的挖掘、保护、开发和利用”的情况，5 万余字。给到大同调研的湘西土家族苗族自治州政协就如何创新开展文史工作进行交流探讨，提供经验材料。给到大同调研的大同市旅游产业发展情况的吕梁市政协，提供相关文字资料 3 万余字。（卢海军）

【文史社情民意】 2016 年，大同市政协学习文史委员会引导委员通过发挥自身的优势作用，撰写提案和反映社情民意。反映《社情民意》2 篇。11 月召开全市社情民意表彰大会上，大同市政协学习文史委员会被评为反映社情民意工作先进单位。大同市政协学习文史委员会根据山西省政协办公厅《关于协助开展城镇化与山西文化遗迹保护利用调研工作的函》的要求，组织部分委员，到大同市规划局进行调研，了解大同市古村落保护利用情况，邀请有关专家学者分析讨论提出关于加强古村落保护利用对策建议，上报山西省政协，并编入山西省政协界别协商会材料汇编内。 3 月 17 日，大同市政协学习文史委会与大同市政协经济和人口资源环境委员会对大同市招商引资的情况进行视察调研，调研中，大同市政协委员对大同市招商引资中存在的问题困难以及创新招商引资工作提出意见和建议，给大同市招商引资把脉。调研后形成社情民意信息上报。（卢海军）

研究室

【《咨政建言》质量提高】 2016 年，大同市政协机关刊物《咨政建言》创刊三年来，大同市政协研究室坚持“传递政协好声音、传播政协正能量”的办刊原则，宣传大同市政协的主要活动、重要会议及履职成果，与全国各地政协交流探讨开展工作的好经验、好做法，扩大人民政协的影响力，为开展工作、履行职能营造浓厚的舆论氛围。办刊中，大同市政协研究室坚持办刊质量，每期做到版式新颖、内容丰富、紧扣时政、紧联资政，反映委员的科学建言，传递中央的大政方针。全年编辑出刊 6 期，出刊 18 期。大同市政协研究室在《人民政协报》《山西政协报》《大同日报》等主要媒体发表反映政协工作的通讯稿件 10 余篇。（卢海军）

【研究室履职】 2016 年，“两会”期间，大同市政协研究室征集并审核 40 余篇委员的发言材料，组织 10 名委员在大会上发言，其余委员在全会联组和小组讨论会上发言。大同市政协研究室完成《大同市政协 2016 年工作总结》《大同市社区管理工作存在的问题及对策建议》《大同政协五年工作总结》等重要材料。（卢海军）

中国共产党大同市纪律检查委员会

重要会议

【市纪委第十四届六次全会会议】 2016年2月2日，大同市纪委召开十四届六次全会会议义大同市委书记张吉福在中国共产党大同市第十四届纪律检查委员会第六次全体会议上作重要讲话。他强调，认识当前党风廉政建设和反腐败斗争的重要性、艰巨性和长期性，把思想和行动统一到中央和省委的决策部署上来，准确把握“两个没有变”“四个足够自信”的科学论断，把握全面从严治党的新内涵新要求，紧盯目标任务，尊崇党章，严明纪律，坚决压实“两个责任”，持续保持反腐高压态势，驰而不息正“四风”，到推进“六权治本”，强化监督问责。

市委副书记、代市长马彦平，市委副书记刘国庆，市人大常委会主任梁凤书，市政协主席柴树彬，市委常委王克建、姚生平、马斌、郜向华、孙利仁出席会议。市委常委、纪委书记卫洪平主持会议，并作题为《忠诚履职，挺纪在前，坚定不移推进全面从严治党》的工作报告。

卫洪平主持召开大同市纪委十四届六次全会第二次会议，审议通过市纪委常委会《工作报告》，审议通过《中国共产党大同市第十四届纪律检查委员会第六次全体会议决议》。他强调，各级纪检监察机关要找准在全面从严治党中的职责定位，深化“三转”，聚焦主责主业，强化监督执纪问责，强化看齐意识，建设忠诚、干净、担当的纪检监察干部队伍。

大同市人大常委会、市政府、市政协领导出席会议。市纪委委员；各县区委书记、县区长、县区监察局局长，开发区纪工委书记、监察局局长；市直单位党组（党委）书记、纪检组长（纪委书记），驻同行政单位党组（党委）书记、纪检组长（纪委书记）；部分驻同企事业单位纪委书记（纪检组长）；市纪委监察局处级检查员、各厅部室和直属事业单位负责人等参加会议。（青　青）

【中共大同市第十五届纪委第一次全会】 2016年9月29日，中国共产党大同市第十五届纪律检查委员会举行。大同市纪委委员31人出席会议。受中国共产党大同市第十五次代表大会主席团委托，朱晓东主持会议。山西省委换届风气督查组和省委换届工作指导组的有关人员到会督导和指导。

会议以举手表决方式通过中国共产党大同市第十五届纪律检查委员会第一次全体会议选举办法，通过监票人名单，指定计票人。全体委员以无记名投票方式，选举产生9名中国共产党大同市第十五届纪律检查委员会常务委员会，并选举产生书记、副书记。朱晓东当选为市纪委书记，方旭、张有茀、白玉玲当选市纪委副书记。会议宣布中国共产党大同市第十五届纪律检查委员会第一次全体会议通过的中共大同市纪律检查委员会常委、书记、副书记名单。（小　霞）

纪检监察

【纪委加强守纪律讲规矩】 2016年，大同市纪检监察机关把严明政治纪律摆在首位，注重在纠正“四风”、执纪审查中，发现并严肃查处欺骗组织、对抗组织的问题，全市查处违反政治纪律案件7案7人，通报大同市环保宣教中心筹备组组长刘守文、市环保局新荣分局副局长赵华违反政治纪律、对抗组织审查的典型案件。开展纪律、警示教育，把学习贯彻党章

▲2016年9月29日，中共大同市纪委十五届一次全体会议召开　（张燕伟 供图）

党规党纪作为“两学一做”学习教育重要内容，纳入各级党组织生活和各级各类党员干部培训班，融入发展党员、培养干部各个环节，列入反腐倡廉“六个一”教学课程。组织全市纪检监察干部、督促各级党员干部观看中央纪委大型电视专题片《永远在路上》以及省纪委警示教育片《贪与悔》《镜鉴》。加强对党章党规党纪和重大决策部署落实情况监督检查，在大同市委部署开展“冬季行动”、严打整治“百日行动”期间，坚决纠正和查处上有政策、下有对策，有令不行、有禁不止等行为。冬季行动中问责不作为、慢作为 30 人。大同市县乡三级党委换届期间，多次强调“九个严禁、九个一律”纪律要求，选派 16 名纪检监察干部参加大同市委换届纪律督查组，开展严守换届纪律承诺、巡回督查、现场督导、随机询查，建立查核工作责任制、快速查处机制，把监督检查贯穿换届全过程。做好“党风廉洁意见回复”工作，审查 38 批 1834 人次。（监察局）

【纪委强化问责追究】 2016 年，中共大同市委把全面从严治党作为第一责任，大同市委常委会研究相关重要议题 22 个。大同市纪律检查委员会以“两级三责工作法”为抓手，细化大同市委领导班子及班子成员主体责任 136 项。大同市委书记张吉福 5 次集体约谈县区和市直单位党委（党组）书记，针对大同城区地税局遭网友吐槽事件，专门集体约谈大同市地税局领导班子成员。大同市纪律检查委员会委主动协助大同市委、推动下级党委落实主体责任，履行监督责任。组织召开“述纪述廉述作风述责任”会议，组织 3 名县区和市直单位党委（党组）书记向市纪委全委会进行“四述”。执行“签字背书”制度，督促各级各部门进一步列清列细责任清单并对照清单逐项抓落实。坚持“一案双查”，强化问责追究。综合运用检查、通报、诫勉、组织调整或组织处理、纪律处分等多种方式，既追究主体责任、监督责任，又追究领导责任、党组织责任。全市因“两个责任”落实不力问责党员领导干部 117 人，其中追究主体责任 98 人、监督责任 19 人，因主体责任被追究的一把手 71 人。

（监察局）

【纪委创新监督方式】 2016 年，大同市纪律检查委员会委坚持问题导向，创新监督方式，看住重要节点，聚焦“关键”少数，紧盯“四风”隐形变异。建立深挖细查“四风”问题联动协作机制，开展全方位、立体式监督；成立查纠“四风”问题机动小分队，对问题易发高发节点和部位精准监督；倒查账目、倒查发票、倒查痕迹，对纪律审查中发现的“四风”问题线索深挖细查；建立津贴补贴违规发放认定联审机制，对政策界限模糊、存疑的津贴补贴发放问题进行综合确认。全市查处“6·19”案件等违反中央八项规定精神问题 77 起 248 人，党政纪处分 121 人。中央纪委和省、市纪委网站先后对大同市食品药品监督管理局原党组书记、局长李卫东违规发放津补贴，左云县广播电视台原台长陈永权从单位加油卡中套取现金等 13 起典型问题进行通报曝光。

（监察局）

【纪委加强市县巡察】 2016 年，大同市委加强对巡察工作的领导，明确巡察的政治定位、工作任务和重点内容，组建领导机构和工作队伍，制定《巡察工作实施办法》《巡察工作流程》等巡察制度，大同市委书记张吉福主持启动大同市县首轮巡察并听取汇报。大同市纪律检查委员会指导完成对市县两级 55 个党组织的首轮巡察，重点了解被巡察对象遵守党的政治纪律、干部队伍建设和落实八项规定精神、贯彻执行干部选拔任用和监督制度、贯彻党风廉政建设责任制和执行廉洁自律规定等情况，在全面巡察的基础上，把扶贫领域作为重中之重。发现有关问题 237 个，发现问题线索 168 件，向被巡察党组织提出整改建议 166 条。（监察局）

【纪委自身监督】 2016 年，大同市纪律检查委员会把握改革的政治性、政策性，担起专责。对大同市县涉改人员摸底建档工作全面完成，试点方案、“三定”试行方案、人员转隶等监察委员会设立准备工作有序推进。落实“三个提名考察办法”，完成大同市县乡纪委换届。制定《关于加强市纪委常委会自身建设的意见》，修订《市纪委常委会议事规则》。开展“六查”，执行个人重大事项报告制度和外出报备制度，防止“灯下黑”，全市处分纪检监察干部 8 人，党政纪处分 8 人，免职 1 人。（监察局）

纪检活动

【迟耀云到大同调研】 2016 年 3 月 10 日至 11 日，山西省纪委常务副书记迟耀云到大同调研。

大同市委书记张吉福、省纪委纪检监察二室副厅级主任荣奋刚参加调研，市委常委、市纪委书记卫洪平陪同。

调研中，迟耀云指出，学习《准则》和《条例》要在学深悟透上下功夫，让干部从思想深处自觉向高线看齐。要强化警示教育，坚持挺纪在前，关口前移，使咬耳朵、扯袖子成为常态。追责问责要突出重点，辩证看待，树立正确导向，对那些因管党治党不严，不履行“两个责任”导致一个系统、一个区域反复出现、大面积出现问题的必须严肃问责。落实中央八项规定精神关乎人心向背，必须重视，这是对干部党性、纪律意识的考验；在执纪监督过程中要把握好政策，注意方式方法，注重发动群众，形成合力，不断释放越往后执纪越严的强烈信号。减少腐败存量，遏制腐败增量，把握运用好“四种形态”，“四种形态”不全是咬耳扯袖，不要有错觉，案子还要办，极少数还要抓，只是结构上要把握。通过惩治极少数，教育和挽救大多数，体现党对干部的要求和爱护。惩是为治，治要靠方方面面，不是纪委一家，主体责任和监督责任要互动起来。做好涉纪信访工作，做到精细化，有针对性地解决，让老百姓有更多获得感。重视换届工作，选好配强各级纪委班子。严明换届纪律，加强监督检查，营造风清气正换届环境。

他强调，山西省经济下行压力较大，完成“十三五”时期全面建成小康社会目标任务艰巨。全面建成小康社会，要靠全面深化改革、全面推进依法治国双轮驱动，而全面从严治党是根本保证。各级纪检监察机关和纪检监察干部要深刻认识党风廉政建设和反腐败斗争是全面从严治党的重要内容，围绕全面建成小康社会目标和全省发展大局去思考、去实践，找准职责定位，强化责任意识，发挥好保驾护航作用。要清醒认识当前面临的困难，把握方法与策略，具体问题、具体分析，实事求是，加以解决。运用好党的政策，讲政策要体现在结果上，更要体现在过程中。按照“五账”工作法的要求，解决扶贫领域虚报冒领等群众身边的腐败问题，为全面建成小康社会提供坚强纪律保证。

在大同期间，迟耀云到大同市党纪教育基地、市纪委机关、灵丘县东河南镇等实地调研。（红 远）

【朱晓东到广灵调研】 2016年11月24日，大同市委常委、市纪委书记朱晓东到广灵县调研督导脱贫攻坚工作。

朱晓东一行到梁庄乡和南村镇易地扶贫搬迁安置点、南村镇赵家坪村光伏发电场等地，查看扶贫工程质量和进展，了解项目建设规划规模，调研脱贫攻坚中存在的问题和困难，并与县、乡、村有关同志座谈。

调研中，朱晓东对广灵县脱贫攻坚工作阶段性成果给予肯定。他指出，全县各级各部门要把脱贫攻坚作为当前工作的重中之重，重点抓好易地搬迁、光伏电站建设等扶贫项目，落实、利用好各项惠民政策，创新方法，整合资源，借助外力，形成致富产业，促进农民增收。

朱晓东强调，按照“四个全面”战略布局要求，以全面从严治党推动全面建成小康社会加速。保护和调动基层干部干事创业的积极性，营造凝心聚力抓脱贫的工作氛围。树立典型，以先进带后进，形成驻村帮扶强大合力。强化村民自治，集思广益，助推脱贫攻坚。要严格扶贫资金管理使用，加强干部纪律、作风建设，对扶贫领域腐败行为严厉查处，绝不姑息。增强扶贫工作透明度，提升群众满意度。（晨 曦）

反腐倡廉案例

【腐败惩治】 2016年，大同市纪检监察机关注重抓早抓小，扩大谈话函询覆盖面，全市处置问题线索3411件次，谈话函询占比例29.11%；同时紧抓惩治不放，强化“不敢腐”的震慑效应，把纪律审查作为严肃的政治任务，以“三种人”为重点，坚持无禁区、全覆盖、零容忍，有腐必反、有贪必肃。改进执纪审查方式，让审查对象对照党章，触及灵魂、深刻反省、认识错误；审查和审理报告将违纪问题与违法犯罪问题分开表述，列明违纪事实，附上忏悔录和违纪事实见面材料，反映违纪者对所犯错误的认识；实行对违纪党员宣布处分决定时由其所在单位党组织召开专题民主（组织）生活会制度，强化治本功能。加强日常监督，完善179个单位的1340名在职市管党员领导干部个人廉洁档案信息，实行动态监督管理。严肃审查纪律，落实纪律审查安全责任，各项工作规范。全市立案642件，处分违纪党员干部639人，移送司法机关13人。（监察局）

【纪委查处群众身边腐败问题】 2016年，大同市纪律检查委员会对全市扶贫整体情况开展全面摸底，把扶贫项目实施和扶贫资金使用作为监督检查重点，加强一线督办，督促县乡党委发挥关键作用、县乡纪委发挥主体作用、职能部门落实监管责任。坚持“五账”（建账、对账、查账、销账、交账）工作法，对上年中央纪委、山西省纪委转办转送的涉及基层群众身边不正之风和腐败问题线索进行重点督办。全市查处侵害群众利益的不正之风和腐败问题212个，党政纪处分256人，其中查处扶贫领域违纪干部146人，对阳高县扶贫办挤占扶贫专项资金、左云县张家场乡胡家屯村原党支部书记周喜元贪污退耕还林补偿款等6起典型案件通报曝光。

（监察局）

【纪委通报5起违反中央八项规定精神典型问题】 2016年9月，大同市纪委通报5起违反中央八项规定精神典型问题。

1. 大同经济技术开发区环境监测站副站长门昌军违规接受宴请、收受礼品礼金问题。2013年3月至2014年11月，门昌军违规接受驻开发区某公司宴请十余次，消费4000元；收受香烟价值4500元；2013年中秋节、2014年春节和中秋节，每次收受礼金1000元，计3000元。2015年5月，门昌军把违纪款11500元主动上交。2016年2月，门昌军受到党内严重警告处分；环境监测站原站长陈文平，对门昌军违纪问题监管不力，同时因环境监测站向企业收取环境监测报告工本费25800元，未开统一收据，未上缴财政，违规用于发放工作人员加班餐费、交通费和补助，受到党内警告处分；因对门昌军违纪问题和环境监测站违反财务制度、滥发津补贴问题监管不力，区环保局局长郭刚被诫勉谈话。

2. 矿区党校副校长覃华信违规操办其子婚宴问题。2016年5月6日，覃华信在矿区同和大酒店为其子举办婚礼庆典，设宴17桌，违规邀请单位职工及区直相关单位公职人员20余人参加婚宴，并收取礼金10400元。2016年7月，覃华信受到党内严重警告处分。

3. 天镇县就业培训中心原主任王华违规列支招待费等问题。2012年至2015年，王华以加班名义违规公款吃喝，用单位经费列支招待费11921元；在下乡培训期间，以租用自己私家车名义违规报销1300元；在劳动服务公司大楼对外出租过程中，未经公示和职工大会商议，个人决定单位重大事项，违反组织纪律。2016年7月，王华受到党内严重警告处分。

4. 灵丘县总工会违规发放津补贴问题。2015年春节、五一、端午、国庆节和2016年春节，经灵丘县总工会常务副主席张霞同意，灵丘县总工会违规为张霞在内的6名工作人员发放值班补助3700元。2016年7月，张霞受到党内警告处分，县总工会副主席刘治才、会计李东明被诫勉谈话。

5. 广灵县市容管理中心职工公车私用问题。2016年6月30日，广灵县市容管理中心职工焦仲海、许清晨、秦鹏、李全尚4人，驾驶单位公车，到广灵县天赐缘婚庆酒店参加单位职工婚宴。2016年7月，焦仲海、许清晨受到行政警告处分；秦鹏、李全尚被辞退；县市容管理中心主任焦迎福、副主任亢守哲被诫勉谈话。（小 霞）

民主党派　工商联

民革大同市委员会

【民革基层建设】 2016年，民革大同市委员会通过推动“支部建设年”和“开展主题活动创建特色支部”活动，挖掘和树立基层组织和党员的先进典型，以点带面，激发基层组织活力。制定实施《基层支部工作条例》，对支部年活动情况、调研情况、发展新党员及联系人情况、参政议政情况、党费收支以及团结报订阅情况的进行量化考核并作为评选先进基层组织的依据之一。建立领导联系基层组织制度，民革大同市委员会四位副主委分别兼任四、六、七、八支部主委，市委主委、驻会副主委每年至少参加一次各支部活动，到基层支部开展谈心活动，掌握党员思想动态，广泛听取党员意见建议，帮助支部、党员解决实际困难。各支部在支部活动时组织党员集中学习，利用QQ或微信平台开展学习交流、进行理论研究、探讨提案、社情民意，开展、丰富多样的考察调研活动。一支部慰问灵丘县五个村的六户特困家庭和两位孤儿，给送去慰问金、食品、书包等生活用品和现金；二支部在城区29校开办书法兴趣爱好班，为爱好书法的孩子们免费辅导，自办支部小报；三支部利用支部科技农业活动基地优势长期关注农村生态环境建设并撰写调研报告；四支部集中力量关注文化旅游事业的发展，多次考察山西省、大同市历史文化遗产和旅游资源开发情况并撰写调研报告和社情民意，向浑源县沙圪坨学校捐赠足球、篮球、跳绳、毽子等体育用品；五支部邀请老主委蔡大平讲述支部发展史和创建民革中央先进支部的经验和做法，组织参加“第一届芦芽山为爱徒步大型公益活动”进行捐款，开展“绿色环保”垃圾回收宣传活动并发放环保袋；六支部长期关注天镇县石佛寺村的孤寡老人的同时参与“黄手环”帮助走失老人回家的公益活动；七支部全体党员多年捐款捐物给大同县峰峪乡堈场村小学的孩子们购买床上用品、蚊帐、学习用具，给大同县吉家会村的老人们和青海省民和县西沟乡西沟中学的孩子们捐赠过冬的棉衣；八支部关注留守儿童和孤残儿童，对中国乳娘村的育龄妇女健康和存在困难调研，发放科普宣传单，向大同市儿童福利院和乳娘家庭捐赠奶粉、纸尿裤、文具等必需品，向马辛庄幼儿园和小学的孩子们捐赠现金、校服和书包。九支部成立之后学习其他先进支部，组织党员参加社会服务和联谊活动，与六支部联合慰问天镇县石佛寺村孤寡老人，与温暖爱心公益团联合给大同县千千村贫困老人捐赠衣物，组织党员参观博物馆、书画院、摄影展等活动。

（民革大同市委员会）

【民革参政议政】 2016年，民革大同市委员会主要领导参加中共大同市委、市政府召开的党外人士协商座谈会、情况通报会、征求意见会，就大同市开展的“学习实践活动”“三严三实”活动、党风廉政建设和反腐败情况，以及全市经济运行、安全生产、职业教育、产业精准扶贫、“十三五规划”等方面工作进行协商研究提出建议。

两会期间，撰写大会发言、提案和社情民意的能力和水平提高。民革大同市委员会人大代表、政协委员提交提案29件，其中2件被列为重点提案；高中元、杨小洁、李喜柱、朱壮彦、申健、池卫东分别在两会上做大会发言；上报零讯2篇，社情民意124篇，参与撰写社情民意的人数和数量呈逐年提高之势。党员马建栋《关于加强中医药在社区卫生系统服务的建议》的社情民意被全国政协采纳，毛立新、王穆昌的社情民意被刊登在《人民代表报》《人民政协报》上，刘美、杨素卿、高晓娟、王穆昌的社情民意被民革省委采纳。（民革大同市委员会）

【民革大同市委成立60周年纪念大会】 2016年6月3日，民革大同市委召开成立60周年纪念大会，市委常委、统战部长姚生平出席大会并讲话，市人大常委会副主任、民革市委主委刘美回顾民革大同市委60年的风雨历程及取得的工作成就，市政协副主席、民进市委主委陈昌辉，市政协副主席、市工商联主席程廷龙，市政协副主席、农工党市委主委郭俊岗参加大会。

姚生平在讲话中指出，民革大同市委要继承和发扬老一辈的优良传统，开展坚持和发展中国特色社会主义学习实践活动，开展“双学一跟”主题活动，学习中央统战工作会议精神，学习习近平总书记系列讲话精神，增强理论自信、道路自信、制度自信，巩固共同思想政治基础；查找思想、组织、制度和领导班子建设中的薄弱环节，探索新形势下参政党建设的规律和方法；开展调查研究，建言献策，协助党委政府打赢脱贫攻坚这场战役。

大会举办《风雨兼程 砥砺前行》纪念民革大同市委成立60周年画册首发式以及精彩的文艺演出等。

（冯　雨）

民盟大同市委员会

【民盟参政议政】 2016年，民盟大同市委员会除每年一度的“两会”外，民盟大同市委员会领导班子成员参加大同市党政、人大、政协及有关部门召开的专题协商会、季度座谈会和情况通报会，在事先准备的前提下，提出建议和意见。在全市“两会”上，杨彩霞副主委代表民盟大同市委员作《关于大同市开展精准扶贫的建议》的大会发言。统一战线开展大调研活动中，民盟大同市委员会提出《深层推进大同市文化旅游产业》。民盟大同市委员会人大代表、政协委员提出议案、提案42件，集体提案4件，提案内容涉及软环境治理、职业教育、医疗改革、文化产业建设、市政建设、文化旅游事业发展、社会治安治理等问题，许多意见和建议得到政府有关部门采纳。全年上报社情民意信息47余篇，1篇社情民意信息得到山西省政协采纳，4篇得到民盟中央采纳，30余篇得到民盟山西省委员会采纳。（张理华）

【民盟服务社会】2016年8月17日，民盟大同市委员会到灵丘县三中支教，五中支部盟员魏云青老师给学校师生讲英语示范课。年内，有条件的支部开展不同形式的下乡义诊、义演、支教活动。民盟大同市委员会给大同县秦城村打井两眼。铁中支部慰问新华街卧虎湾小区低保户席芝新家，并送去米面油。（张理华）

【民盟组织建设】 2016年，民盟大同市委员会发展24名具有高学历、思想进步单位骨干的中青年盟员，优化盟员结构。年内，民盟大同市委员会完成两期《大同民盟》；在民盟山西省委员会刊物《山西民盟》上发表文章30余篇（件），另有80余篇（件）来稿刊在民盟大同市委员会主办的《大同民盟》上。（张理华）

民建大同市委员会

【民建基层组织建设】 2016年，民建大同市委员会本着交流合作、增进友谊、取长补短的宗旨，组织各支部开展形式多样、内容丰富的活动。民建各支部参与内蒙古考察，苏穆山踏青，大同县古城堡溯源、支部交流学习等形式多样内容丰富的活动。大同市城区支部开展迎端午节、国庆节和元旦等系列支部会员活动。矿区、南郊、同煤、综合二支部每年都组织会员进行义诊送药和捐资助学活动，累计捐资金额30余万元。

（民建大同市委员会）

【民建服务会员】 2016年，民建大同市委员会采取各区属支部、企业支部的老会员仍在所在支部活动，综合支部的老会员在老龄支部活动的办法，保证老会员参加活动的积极性和便利性。民建大同市委员会组织，每年重阳节和春节，市委委员，各会员企业单位和支部主委都参与慰问老会员的活动。与老会员交流，解决部分老会员的实际困难。民建大同市委员会慰问老会员210人次，征求老会员对民建大同市委员会工作的建议和意见30余条。对生病住院和生活困难的会员组织专门的慰问活动。大同民建会员中新的社会阶层人士有105名，其中个人有实体的57名，多为小企业，民建大同市委员会以民建大同企联会为载体，全年，召开企联会3次，专题讲座1次，参会会员互通有无，互帮互助。民建大同市委员会刊印《大同民建》画册，回顾大同民建60年来的风雨历程。（民建大同市委员会）

【民建会员到基层调查研究】 2016年，民建大同市委员会注重加强组织领导，指导所辖支部精心选题，深入实际，开展专题调研工作。民建大同市委员会从各支部所在县区、单位的实际出发，与支部所在地党委联系，取得党委和统战部门的支持、协助，发挥经济界的优势，紧扣所在县区、单位的工作中心、工作重点和社会经济生活中的重大问题及人民群众关注的热点、难点问题，服从和服务于大局，站好位置，选好角度，开展调研活动。在调研基础上把议案、提案提交当地人大、政协。民建大同市委员会先后组织民建大同市委员会和本会各级政协委员、人大代表先后到各县区，调研城市基础设施配套建设、大同餐饮行业转型升级发展、中小为企业贷款融资、社区管理等问题，与基层群众进行交流。（民建大同市委员会）

【民建撰写提案】 2016年，民建大同市委员会在大同市两会上提交议案、提案122件。民建界别的大同市人大代表、政协委员撰写并提交议案、建议和提案26件。（民建大同市委员会）

【民建撰写社情民意】 2016年，民建大同市委员会发文号召各基层支部围绕本会提出的课题，建言献策，要求各支部每年至少提出一份可操作性的意见和建议，各支部每年至少报送四份社情民意和信息。各支部到基层联系实际，撰写社情民意，参政议政能力得到提高。如：会员撰写并提交《关于解决退休老人领取养老金手续烦琐的建议》《禁燃烟花爆竹应抓出力度抓出实效》等社情民意，为党政领导了解新信息、掌握新动态，提供信息参考。（民建大同市委员会）

【民建服务社会】 2016年4月28日，民建山西省委委员会在大同市举行“思源救护中国行”芭莎公益基金（山西大同站）救护车捐赠仪式。这次活动捐赠救护车15辆，其中大同地区10辆，山西省其他地区5辆。2015、2016两年，大同地区5个国家级贫困县接收捐赠救护车15辆。

1月24日，大同市冬季行动中民建大同市委员会在广灵县梁庄九年制学校开展民建大同市委会支部联合关爱“农村贫困生”暖冬行活动，所有班子成员、支部主委参加给广灵县梁庄九年制学校捐赠教学物质活动，并给四名品学兼优的贫困生送去慰问金，把梁庄九年制学校作为民建大同市委定点助学单位。会员温海波担任校长的新火职业技术学校，民建大同市委员会的培训基地培训下岗职工2000余人，残疾

人士500余人。（民建大同市委员会）

民进大同市委员会

【民进组织建设】 2016年，民进大同市委员会围绕建设“六有”支部，制订《民进大同市委员会基层支部、专门工作委员会年度工作考核办法》，对基层组织自身建设和履行职能进行量化考核。实现“六有”支部建设。根据部分支部工作需要，进行调整，城区支部升格为总支，大同二中小组升格为支部，原大专支部更名为大同大学支部，原十四中支部更名为六中集团校支部。民进大同市委员会重视基层支部的换届工作，制定《民进大同市委换届工作方案》《大同民进全年基层组织换届工作意见和安排》，召开支部换届动员会和推进会，规范换届的“五个组织程序”、严肃换届纪律。13个到届支部完成换届工作，实现新老交替、政治交接的“三个提高”。民进大同市委员执行《会章》规定，坚持“三个为主”的原则，正确处理“三种关系”，从履行职能需要出发，拓宽视野，严格把关，优化组织结构。形成以教育界会员为主体（占62%），医卫、法律、科技、金融、文化、政府机关、民营经济等界别共同发展的队伍结构。

民进大同市委员会班子成员与基层支部“一对一”联系制度，开展各种有效的联系活动。年内，民进大同市委员会班子成员到基层组织参加学习和开展工作30余次。开展形式多样的活动，调动基层组织积极性。每年三八节、教师节、重阳节、元旦等节日，民进大同市委员会和支部组织开展诗歌朗诵比赛、观光活动、给老会员过集体生日、召开座谈会、讨论会等系列活动。民进大同市委员会发挥民进“大家庭”的特点，按照《会章》要求，就会员子女入学、就业、房屋拆迁补助以及工作中遇到的困难，帮助反映合理诉求，维护合法权益，给广大会员排忧解难。建立“离退休会员春节慰问制度”和“大病探视制度”，民进大同市委员会班子成员带头看望和慰问，将组织的温暖送到会员心中。（民进大同市委员会）

【民进参政议政】 2016年，民进大同市委员会参加中共大同市委、大同市委统战部举行的民主协商会、情况通报会、征求意见会、专题座谈会和视察活动，就古城修复、精准扶贫、“十三五”规划编制等重大问题建言献策，提出意见建议。民进大同市委员会先后组织会员到基层调研。组织6名会员参与民进山西省委员会“一带一路与山西改革开放新格局”专题调研。配合民进中央，到大同市城区、农村、城乡接合部的7所不同类型的学前教育机构，调研普惠性学前教育工作情况，针对存在的问题提出建议。组织部分从事教育工作的会员，围绕如何促进大同市教育均衡发展，到大同市教育局、大同一中、三中、六中、七中、十一中、十二中，采用与学校负责人、教师、家长座谈交流、填写调查问卷、实地察看的方式进行调研。民进大同市委员会蒋从发同志撰写的社情民意《基层落实“营改增”生活服务类行业类税负“只减不增”存在的问题及建议》被全国政协采用。民进大同市委员会集体提案《关于推动山西省贫困县农民增加收入的建议》，被民进山西省委员会评为“参政议政成果二等奖”。年内，民进大同市委员会被大同市政协评为“参政议政工作先进集体三等奖”。

（民进大同市委员会）

【民进服务社会】 2016年，民进大同市委员会鼓励有爱心的会员，合理应用会内的优质教育资源，重点推动贫困县教育发展，改善贫困学生学习条件。年内，民进大同市委员会会员何江海、段军山等，“一对一”帮扶望狐学校贫困学生完成九年义务教育，捐款3万元。樊亚武捐赠“汇林励志奖学金”3000元。吴巧云等捐赠书籍和学习用品。按照民进山西省委员会号召，组织10名擅长书法的教师会员为开源街社区居民书写春联700余幅。（民进大同市委员会）

农工党大同市委员会

【农工党政治协商】 2016年，农工党大同市委员会参加大同市委、市人大、市政府、市政协、市纪委等有关部门召开的各类协商会、通报会、座谈会、征求意见会，就会议协商的议题提出意见建议20余条。全市“两会”上，侯泽副主委代表农工党市委会作《认真落实新医改政策，解决群众“看病难、看病贵”的问题》大会发言。王自润副主委在大同市人代会上提交议案《加强全科医生培训 促进社区医疗发展》。（农工党）

【农工党视察调研】 2016年，农工党大同市委员会发动党员，到基层进行8次调查研究，建言献策。年内，农工党大同市委员会申报农工党山西省委调研课题《山西省民营经济发展面临的问题及建议》，农工党大同市委员会联合大同市部分民营企业家及党外企业家和部分党员，先后分批次到城区、南郊区、矿区等地进行调研。通过调研向山西省委报送调研报告。带领20余名来自全市各大医院的农工党员医疗专家，到大同煤矿集团公司二医院老年护理病区，开展“医养结合”推进养老产业发展调研活动。在市两会期间提交提案。根据农工党中央农村因病致贫情况大调研活动的安排，到灵丘县杨庄村、左云县农产品加工企业、大同县鱼儿涧乡就农村贫困人口脱贫致富进行调研，并报送相关调研报告，抽样调查，填写调查问卷50份。（农工党）

【农工党社情民意信息】 2016年，农工党大同市委员会在两会期间，提交集体提案5件、个人议案32件，其中《规划建设大同市沿长城景观路，助力沿线农民脱贫致富》的建议受到党委、政府的重视，向大同市政协、农工山西省委提交社情民意28条，被大同市政协采用16条。（农工党）

【农工党服务社会】 2016年12月6日，农工党大同市委员会在大同市南郊区妇联活动室为南郊区基层妇女干部开展体检义诊活动。8月11日，农工党大同市委联合中西医结合医院、大同市食品药品协会组织党员14人到大同县瓜园乡卫生院联合举办“同心·共铸中国心”系列义诊活动启动仪式。3月30日，组织来自全市医疗战线的28名党员医疗专家，到大同市迎宾路社区开展“双学一跟”义诊服务活动。7月1日，联合中共大同市委统战部到阳高县马家皂乡右所窑村组织开展一次“双学一跟”暨“第九届中国环境与健康宣传周”义诊活动。这次活动挑选大同市各大医院15名医疗专家组成，带着B超及血糖检测等仪器及价值2000余元药品。

年内，组织党员到基层开展医疗义诊活动7次，累计6000名群众开展服务活动，发放价值1.3万余元宣传资料和价值8000余元药品。（农工党）

【农工党组织建设】 2016年，农工党大同市委员会新加入的党员全部参加农工山西省委组织的全省新发展党员培训班。1月4日，农工党大同市委在大同宾馆举办第一期党员综合能力提升班，全市200余名农工党员参加培训。培训班上，播放纪录片《铁血丹心 邓演达》，缅怀农工党创始人邓演达英勇革命的一生。

10月25日至27日，推选十名市委会领导班子成员和基层支部负责人、农工党大同市委员会机关干部参加农党山西省委在全国干部教育培训武汉大学教育基地举办的“基层组织负责人培训班”的学习。11月28日至30日，组织基层支部积极分子及机关干部10人参加全市领导干部“读党书、论责任、抓落实”专题培训班的学习。

5月6日，“农工党‘走进基层、贴近党员、培育和践行社会主义核心价值观’百场宣讲”在山西大同举办；农工党大同市委员会委员及兄弟民主党派代表200余人聆听宣讲活动。3月4日，农工党大同市中医院支部换届选举会议在工人文化宫召开，选举产生第四届中医院支部委员会。农工党大同市委员会文教支部联合大同市科协、大同大学，在大同大学科技报告厅举办中医文化大讲堂系列活动，开展六讲活动；4月10日，农工党大同市中医院支部联合大同市电建医院、市二医院、四医院等多家单位，在恒安新区平盛路街道活动中心举办义诊活动；3月2日，农工党大同市委员会文教支部联合二医院支部，邀请国内著名药学专家王雅娟、旅美华侨资深营养学保健专家刘杰到大同举办慢性病防治健康养生知识讲座。（农工党）

【农工党中央宣讲团到大同作报告】 2016年5月6日，农工党中央主办的“走进基层、贴近党员、培育和践行社会主义核心价值观”百场宣讲活动到大同，农工党大同市委120余名成员聆听宣讲报告。宣讲报告由农工党中央宣传部副巡视员刘保明主持。农工党山西省委专职副主委张李锁，大同市政协副主席许进娥、郭俊岗、杨硕平参加报告会。

宣讲团成员、全国政协委员、农工党中央常委、中央研究室主任游宏炳以《农工党的历史选择与优良传统》为题，从农工党的酝酿成立、参加抗日战争解放战争到参与新中国成立，从思想探索到自觉接受中国共产党的领导的血与火的历史作讲解。宣讲团成员、农工党广东省委常委、中山大学基层委员会主委秦鉴以《做合格农工党员之——从新党员到主委都认真做》为题，从新党员、专家、主委的心路成长历程，以故事的形式作生动的讲解，给广大基层党员和主委参政议政和党务管理提供丰富的经验参考，增强广大党员对社会主义核心价值观的认识和理解。

（赵 瑾）

九三学社大同市委员会

【九三学社建设宣传】 2016年，九三学社大同市委员会做好机关能力建设试点单位工作的同时，年内，九三学社大同市委员会整理形成的文字、图片资料，组稿编印4期社讯和1期社刊。完成九三学社山西省委、大同市政协、大同市委统战部和大同市地方志有关信息的采集、录入、上报等工作。

（张天举）

【九三学社组织建设】 2016年3月，九三学社大同市委员会发展新成员14名，其中女性4名，研究生学历4人，本科学历9人，大专学历1人，高级职称3人，中级职称8人。包含医生、教师、工程师、公务员、企业家等各个行业中的优秀人才。九三学社大同市委员会所属10个支社全部进行调整换届，增加两个支社，12个基层组织。（张天举）

【九三学社参政议政】 2016年，九三学社大同市委员会组织两次调研活动。（1）7月19至22日，按照九三学社山西省委《关于九三学社山西省委到大同调研的通知》，九三学社山西省委调研组一行11人到大同调研。调研大同市城镇化建设中文化遗迹的保护与适度开发展，先后到阳高县、天镇县就古长城遗址与保护工作进行实地勘察，听取文物、旅游部门专家解说，了解大同市古长城保护中急需解决的问题和下一步对策。（2）两会前，九三学社大同市委员会组织骨干成员调研中车集团同车公司。“两会”期间，九三学社大同市委员会4位人大代表向人代会提交1个议案5个建议，九三学社大同市委员会向政协会议提交2份集体提案，分别是《加快大同城轨交通建设助推做大做强大同城轨交通制造业》和《关于树立海绵城市理念，让大自

▲2016年5月10日，九三学社大同市委城区支社成立大会召开　（张天举 供图）

然修复生态的建议》。12位政协委员提交个人提案15份。其中，九三社委员会委员、大同市政协委员梁旭升《加快大同城轨交通建设助推做大做强大同城轨交通制造业》提案被评为大同市政协第十三届五次会议优秀提案。（张天举）

【九三学社社情民意信息】2016年，九三学社大同市委员会召开社情民意信息工作会议，传达九三学社山西省委和大同市政协有关会议精神，提出九三学社大同市委员会关于加强社情民意信息工作的措施。按照九三学社山西省委和市政协的有关精神，执行《九三学社大同市委社情民意信息工作考核奖励办法》。九三学社大同市委员会全年向九三学社山西省委、大同市政协、大同市委统战部报送信息80余篇。（张天举）

【九三学社服务社会】2016年，九三学社大同市委员会联合同煤总医院、大同市五医院的医疗专家团队到阳高县鳌石乡进行义诊活动，给乡亲们带去检测仪器和保健知识，给80余位乡亲进行检查和治疗。12月中旬，九三学社大同市委员会组织大家到天镇县贾家屯乡袁家窑村进行帮扶，给村贫困户送去大米和白面150袋。（张天举）

大同市工商业联合会

【商业调研】2016年5月，大同市工商业联合会组织开展全市制造业民营企业发展状况专题调研，到部分相关民营企业发访调查问卷、组织召开座谈会，了解大同市制造业企业在创新能力、智能制造、质量品牌、投资和成本、人才队伍方面遇到的问题和困难，撰写《大同市制造业发展的调研报告》；大同市政协十三届五次全会召开前，组织工商联界别民营企业家的政协委员，到生产一线走访，撰写各类调研材料。民营企业家政协委员向大同市政协提交提案38件，会上作题为《新常态下大同民营经济创新发展的建议》《推进大同市小额贷款公司健康发展的建议》的大会发言材料。（工商联）

【工商联助力民企发展】2016年，大同市工商业联合会组织协调，参与组织召开民营企业家、商协会组织座谈会，给企业提供信息、政策等方面的服务；开展全国工商联民营企业信息和山西省“五大行业”民营经济运行观察点直报工作，征集30家第十二次私营企业调查表；组织民营企业参加劳动局、总工会组织的招聘周活动，提供就业信息3000余条，签订就业意向人数2000余人；在推进企业帮扶工作中，主动对接，跟踪服务。配合大同市委统战部在商、协会会员中开展民营企业困难诉求大起底工作。与大同市委统战部一道，推进“银税合作”，帮助企业解决“融资难、融资贵”问题。参加“冬季行动”银税合作推进会，组织15家金融机构审议银税合作框架协议。召开4次联席会议，研究银税合作中存在的问题，推动全市各金融机构参加“银税合作”。税务部门向金融机构推荐2015年度纳税信用优良企业5868户，建行大同分行通过“税易贷”向38户民营企业发放贷款5792万元。（工商联）

【工商联助力民企招商引资】2016年，大同市工商业联合会建立经贸交流合作服务平台，通过加强同全国各地特别是京津冀地区工商联、晋商组织的联系和合作，吸引更多的山西籍与外地企业家到大同投资，给会员提供政策和经济信息等实效性服务。多方协调大同矿区政府与重庆迪迪逛客科技有限公司接洽，促成重庆迪迪逛客科技有限公司总部回迁大同矿区并启动迪迪科技·逛客派项目，引进重庆大龙网跨境电商与市政府签约并入驻大同；先后组织部分民营企业家参加山西省商务厅临汾招商会、山东商会泰安招商会，大同市招商引资项目推荐暨大同四川商会成立庆典大会、山东企业家大同行招商引资推介会、大同国际同商总会暨重庆市大同商会成立大会与招商引资活动，西洽会、山西金茂源农牧开发有限公司主办的异业联盟－实现共赢－资源共享产品推介联谊会等。（工商联）

【工商联教育宣传】2016年，大同市工商业联合会利用《大同商会》和大同市工商联网站等载体，开设“守法诚信”专栏，开展对“守法诚信”先进典型、先进人物的宣传工作，树立民企良好形象；组织大同市部分企业家参加“2016年非公有制经济代表人士培训班”，组织开展“大牌家居购物节·关爱留守儿童”等活动。与“市民大讲堂”合作，2次组织260余名民营企业家参加由著名经济学家张玉杰主讲《供给侧改革的发展战略与创新研究》和著名教授朱岩主讲《互联网＋时代的转型创新》讲座。（工商联）

【工商联组织建设】2016年，大同市工商业联合会开展创建“五好”县级工商联和商会建设，组织部分县区工商联和基层商会参加县级工商联建设暨商会建设培训班，现场观摩先进县级工商联建设和商会工作情况，矿区、左云县工商联被山西省联授予“五好”县级工商联称号，城区工商联被全国工商联授予“五好”县级工商联称号。全市11个县（区）工商联落实“一个设立，五个有”工作目标，140个乡镇街道实现商会全覆盖。完善市、县工商联执常委数据库、商会数据库、组织数据库的建设和录入工作，全年发展新会员企业200余家。在发展商会组织上，抓住各商协会组织与政府行政部门脱钩的契机，吸纳脱钩后的经济类社团组织作为团体会员加入工商联组织，组建成立大同市四川商会、大同市山东商会、大同国际同商总会和重庆大同商会。（工商联）

【山西商会负责人到大同考察】2016年6月29日，在晋出席全国工商联十一届八次常委会议暨民营企业助推山西转型创新发展大会的部分山西商会和大同商会的负责人到大同进行考察，双方就合作、对接、发展等事宜进行座谈交流。

大同市委书记张吉福，市委常委、统战部长姚生平，市委常委、市委秘书长部向华，市政协副主席、市工商联主席程廷龙及相关部门负责人参加座谈。

座谈会上，来自重庆、山东、江西、甘肃、厦门、宁波、义乌等省市的大同商会负责人和企业负责人介绍各自商会涉及的行业、技术领先的产业，与大同市契合的产业结合点等。（冯　雨）

社会团体

大同市总工会

【劳动竞赛活动】 2016年，大同市总工会在北车集团同车公司和同煤集团召开“全市职工‘五小’竞赛活动推进会”，引导职工立足岗位谋创新，全年创建市劳模（职工）创新工作室30家，激发全市职工创新活力和创造动力。发挥劳模和先进典型的引领作用，在基层和一线评选推荐劳模先进，全市有2人获“全国劳动模范”称号，2家单位被评为全国“工人先锋号”，6家单位和24名个人获“省五一劳动奖状（奖章）”“省先进集体”称号。（市总工会）

【企业职工维权服务管理】 2016年，大同市总工会在全市范围开展“厂务公开、职代会建制专项行动”。出台《大同市总工会关于加强国有企业职代会制度建设的通知》，对国有企业职代会建设提出明确要求。参与山西橡集团等大型国企改革改制，监督改制方案提交职工代表大会或职工大会审议过程，尊重职工意见，做到从源头维护职工合法权益。迎接山西省总工会组织的厂务公开民生管理工作交叉检查。大同市总工会开展厂务公开民生管理工作先进单位评选，向山西省总推荐深圳沃尔玛百货零售有限公司大同永泰分店，山西仟源医药集团股份有限公司，大同新成新材料股份有限公司，山西大唐国际云冈热电有限责任公司，大同煤矿集团有限责任公司煤峪口矿，山西煤炭进出口集团左云长春兴煤业有限公司和大同市总工会民管部7家先进单位。全年，全市总年受理劳动争议调解、办理法律援助案件33件，给职工挽回经济损失48.5万元。发放普法宣传资料5100册，开展集体协商签订集体合同“集中要约”行动，签订合同4765份，覆盖4500余家企业，涉及职工73.9万人，建会企业集体协商建制率保持在84%以上。（市总工会）

【工会帮扶救助活动】 2016年，大同市总工会在“两节”期间，给3万余户困难职工发放送温暖款物1799.6万元。“春雨助学”活动资助困难职工子女894名，发放资助款178.8万元。开展帮扶救助，帮扶中心给413名困难职工提供大病、生活等救助33万元。（市总工会）

【职工文化建设】 2016年，大同市总工会市总举办大同市第八届职工文化博览会。组织16个大项100余个小项的比赛文体活动。全市15万名职工参加博览会的各项活动。新建市级职工书屋30家。（市总工会）

【工会基层组织建设】 2016年，大同市总工会开展“工会组建月”和“农民工入会集中行动”，坚持把农民工入会和服务作为重要基础性工作，落实党政支持，主动集合各方力量，推进农民工入会和服务工作。全年新建会企业87家，新发展会员4万余人，实现农民工入会数量和服务质量的同步提升。大同市总工会开展创建模范职工之家活动。全市有585511家基层工会参加创建活动，授予五星职工之家187个，四星职工之家2140个，三星职工之家2633个；举办各级工会干部、组织员培训2139人次。（市总工会）

【32项优秀成果参展全省企业职工“五小”竞赛】 2016年2月2日，在刚刚落幕的全省企业职工“五小”竞赛优秀成果展上，大同市展出32项优秀成果备受瞩目，获山西省“五小”竞赛一等奖的由天镇县喜祥建材有限公司赵喜发明的一种轻质隔墙板；获山西省“五小”优秀成果二等奖的由大同新成新材料股份有限公司采用新工艺制备的高速列车受电弓炭滑板。

“五小”竞赛是工会组织落实山西省委、省政府决策部署，在全省企业中开展的群众性“小发明、小创造、小革新、小设计、小建议”活动。这次，大同市参加展出32项优秀成果分别来自同煤集团煤峪口矿、四老沟矿、忻州窑矿、雁崖煤业公司、马脊梁矿、云冈矿、燕子山矿，以及中国重汽大齿公司、大唐国际云冈热电、中北大同电力、大同泰瑞集团等20家企业。截至上年11月底，全市近千家企业参加“五小”竞赛活动，参加活动职工10万人次，征集“五小”竞赛优秀成果1240项，评选出市级“五小”成果162项，预计创经济效益10653万元。发明创造551项，258项获专利，技术攻关项目597项，兴旧利废节约价值14303万元。（青　青）

【工会表彰女职工先进集体和先进个人】 2016年3月8日，大同市总工会对一批女职工先进集体和先进个人进行表彰。

同煤集团永定庄煤业公司机电科配电班组等10个班组被授予大同市十大明星女职工班组称号；冯建花等

10名女职工被授予大同市十大明星女职工称号；中车大同公司工会女职工委员会等15个女职工组织被授予大同市先进女职工组织称号；孙翠兰等26名同志被授予大同市先进女职工工作者称号。（红 远）

【“庆五一·劳动美”文艺晚会暨第八届职工文化博览会】 2016年4月25日，大同市工人文化活动中心一宫内，举行“庆五一·劳动美”文艺晚会暨第八届职工文化博览会开幕式。

大同市委书记张吉福，市委副书记刘国庆，市人大常委会主任梁凤书，市委常委、市委秘书长部向华，出席开幕式。

刘国庆发表致辞。他代表全市四套班子向辛勤工作在各条战线上的劳动群众，向为全市经济社会发展作出突出贡献的劳动模范和先进工作者致以敬意。

开幕式举办精彩的文艺表演，演出分《光荣时刻》《平城古韵》《大同新篇》3个篇章12个节目，精心编创，主题鲜明，精彩纷呈，高潮迭起，同煤文工团、工人艺术团、工人文化宫京剧队、阳高二人台剧团、文化宫合唱团，以及柴京云、柴京海、苑铁、安亚平、徐雁宾、柴帅等艺术家纷纷登台，说学逗唱，载歌载舞，歌唱新生活，礼赞劳动者。（行 云）

【第八届职工文化博览会总结表彰会】 2016年4月25日，大同市第八届职工文化博览会启幕，先后举办开幕式文艺晚会、五月风职工文艺调演、相约文化宫广场文化展演、世纪乐点职工艺术家专场音乐会、基层慰问巡演、相约七夕·爱在大同大型相亲联谊活动，以及多项美术书法摄影展览、体育赛事等。在5多月的时间里，开展16个大项百余个小项职工文化活动，参与人数15万余人。10月15日，大同市第八届职工文化博览会总结表彰会在市工人文化活动中心二宫举行，市总工会向获最佳组织奖、五一文化奖、工人艺术家、工人歌唱家、“五月风”职工文艺调演优秀节目等各类奖项的单位和个人颁发证书和奖章，从事职工文化40多年

▲“五月风”职工文艺调演（戏曲专场）（王 菲 供图）

的全市职工文化带头人柴京云获职工文化终身成就奖，市劳动竞赛委员会为获“五一文化奖”的张晋鸣、刘坤等10人荣记一等功。（晨 曦）

【第三届“相约七夕·爱在大同”单身职工公益联谊活动】 2016年8月6日，由大同市总工会主办，市邮政分公司和市华严寺文物管理所承办的大同市第三届“相约七夕·爱在大同”单身职工公益联谊活动在华严寺千手观音殿前举行，400余名单身青年在众多相亲者中寻找“另一半”。

“市总红娘”以及在场的工作人员都为前来相亲的单身青年送上祝福。现场设有“寻宝记”“牵线搭桥”“同桌的你”等互动节目，云海曲艺社的演员们现场表演节目为活动助兴。单身青年可通过设在现场的男（女）姻缘墙去寻缘，写下“寻缘卡”，通过现场红娘找到他（她）。与上两届相比，这届相亲会增加互动节目，每周六、日在华严寺门外设有“相亲角”。大同市总工会为单身职工建立QQ群、个人信息档案等。（小 霞）

【工会给农民工发放讨薪应急救助周转金】 2016年12月24日，大同市总工会给农民工讨薪应急救助周转金发放仪式举行，26名农民工领到应急救助周转金30万元。

省总工会“农民工有困难找工会，拿不到工资找工会”专项行动开展2年来，大同市总工会响应，成立农民工讨薪领导组，解决追讨欠薪的资金问题，市总工会按照省总工会和省财政厅联合下发的《关于建立市、县农民工讨薪应急救助金的通知》要求，从工作经费中拿出100万元，各县（区）总工会分别投入10万元，并分别争取市县两级财政的资金支持，建立讨薪应急救助周转金，帮助农民工解决欠薪问题。大同市总工会给部分建筑企业垫付拖欠农民工工资款，给26名农民工发放应急救助周转金30万元。省总工会副主席韩丽珍参加仪式。（刘 江）

共青团大同市委员会

【概述】 共青团大同市委员会是大同市委、大同市政府领导下的社会群众团体。内设九个职能部室，即办公室、组织部、宣传部、统战部、权益部、城青部、城农部、学校部、少年部兼少工委办公室。中国共产主义青年团共青团大同市委员会党组成员由5人组成，机关干部编制29人，实有14人。下属一个直属单位即青少年活动中心。

2016年，大同市有35岁以下青年60余万人，团员90131人。其中农村青年团员10786万人。全市有直属团委57个，基层团委313个，团支部4384个，专职团干133人，兼职团干4714人。

2016年，中国共产主义青年团大同市委员会以构建“凝聚青年、服务大局、当好桥梁、团要管团”四维工作格局为指引，推进全市青团改革。共青团大同市委员会到基层开展“走进青年、转变作风、改进工作”大宣传大调研活动，进行团中央改革方案宣讲工作，宣讲范围覆盖全市11个县区，直接宣讲对象870余人次，推动大同市青年提高理论修养、坚定理想信念，在大调研活动中了解基层青

年的所思、所想、所盼，收集意见和建议34条。加强“青年之声”互动社交平台建设。截至11月24日，“青年之声”–大同浏览量1871920人次，问题总数5523个，累计回答2941个，点赞数2317次，专家数217人。新浪官方微博@大同共青团影响力扩大。“青春大同”微信公众平台起步晚。落实“4+1”“1+100”等直接联系青年制度，团干部走进青年成常态。引领思想政治。五四前夕，在大同师范举行纪念五四运动九十七周年暨“诵国学经典，做文明青年”活动启动仪式；10月，举办“传承长征精神，走好青春征程”共青团大同市委纪念红军长征胜利80周年大会。年内，共青团大同市委员会在全市各类企事业单位建立青年就业创业见习基地，给广大青年提供具备一定技术技能含量的见习岗位，有600余名青年上岗见习；4月上旬，中国共产主义青年团大同市委员会在大同市二职中连续举办两场“彩虹人生”现代服务业职业技能大赛，来自汽修、机电、计算机等领域的27名选手脱颖而出，累计1000余名师生展示精湛的专业技能；5月中旬，中国共产主义青年团大同市委员会在大同大学开展专场招聘会，给即将毕业的大学生提供约30余个工种、270余个就业岗位。推动青年创业小额贷款发放工作，扶持363名青年获得创业小额贷款，2231.57万元。11月上旬举办的大同市首届青年微商大赛，陆续产生32个微商项目进入最终决赛，12月举办微商大赛总决赛产生个人奖10名，团体奖3名。利用“互联网+”思维助力扶贫脱困。11月，中国共产主义青年团大同市委员会举办大同市农村青年电商培训班，邀请农业部首席创业导师、人社部SIYB创业培训讲师李莉为参训人员提供为期2天的电商知识培训，参训人员120余人。开展关爱留守儿童活动。11月中旬，中国共产主义青年团大同市委员会到阳高县鳌石乡中心幼儿园开展“青春同行·伴我成长”捐赠活动，由社会爱心人士共同筹款4万余元，给107名留守儿童购置必需品。年初，通过帮助新荣区圪坨村村民拓展销售渠道，落实到购羊款30余万元，并与大同市城区振华货站协调，给村民提供一部分免租金的摊位，减轻村民的经济负担；11月25日，大同市青联、青企协共同举办“助力脱贫、青春闪耀”公益拍卖活动，现场拍卖所得全部用于新荣区花园屯乡圪坨村村民房屋的修缮及扶贫项目建设。引领青年投身大同发展事业。2016年，大同市举办山西旅游发展大会，共青团大同市委员会从申办初期至成功举办旅发大会，引领大同市青年参与其中。6月中旬，以动员市民为大同投票为主题，将网络投票微信公众号的二维码印制在30余幅宣传展板、50余条横幅及100余张手牌上，组成5支宣传小队100余人，现场给大同拉票，并帮助不熟悉投票方法的市民成功投票，给网络票选活动注入活力；大同市获得主办权后，共青团大同市委、大同市青年联合会截至8月底在文瀛湖广场共同举办“爱我大同 青春同行”大同青年助力旅发大会活动，参与活动的社会各界青年共同宣读助力旅发大会倡议书，在长达30米的“爱我大同 青春同行”长卷上按制个性手印，并在大会结束后举办千人环文瀛湖健步走活动。（张　媛）

【“诵国学经典，做文明青年”活动】 2016年5月3日，大同市纪念五四运动97周年暨“诵国学经典，做文明青年”活动启动仪式在大同师范校园举行。活动由中国共产主义青年团大同市委员会主办，大同师范、大同幼师协办，通过这次活动在大同市青年中弘扬普及优秀国学文化，引导和激励青年从国学中汲取丰富知识和智慧，培育和践行社会主义核心价值观，为建设古城贡献青春力量。活动的主要内容包括国学诵读，国学系列讲座，国学礼仪传承，国学文化展等系列活动。启动仪式青年代表们朗诵国学经典，展示国学才艺，并向全市青年发出“弘扬传统文化，争做有为青年”的倡议。（张　媛）

【“爱我大同 青春同行”大同青联助力全省旅发大会活动】 2016年8月31日，山西省旅游发展大会在大同市开幕。共青团大同市委员会、大同市青年联合会在大会开展期间，组织全市各届青年投身到大会活动当中，为盛会服务，为盛会助力，以富有激情、活力、阳光的青春气息迎接八方来客。开展“爱我大同 青春同行”，助力全省旅游发展大会主题系列活动。（张　媛）

【“青春与祖国同行”大型青年户外公益活动】 2016年9月24日，为庆祝新中国67华诞，共青团大同市委员会、市青联组织团员青年在大同航空运动学校开展“青春与祖国同行”主题活动。来自全市社会各界的1000余名青年参加活动并现场参观轻型飞机、汽车等展示，欣赏航模飞行表演和具有中华文化的传统表演。大同飞天模型俱乐部进行航模飞行表演，中国工合国际华北女子学院和大同大学舞度俱乐部进行包括手语舞、大合唱、民族服装等助兴演出。（张　媛）

【首届青年创业创新峰会】 2016年11月26日，大同市青年创业协会、大同市双创企业孵化基地和北京优客文化传媒共同举办大同中小微企业的首届创业创新峰会。第一期50余名来自大同市商业协会代表、中小微企业的负责人就企业转型、新商业思维、企业家修炼、企业营销实战管理等多方面内容接受培训、分享。首届“学习型大同”青年创业创新峰连续举办2年，有2000名创业青年、中小微企业负责人陆续得到培训，共同分享创业新经验、新思路和新思维。帮助大同市众多的中小微企业解决在经营管理中面临的各种压力和难题，首届“学习型大同”青年创业创新峰会主要内容包括“企业营销实战管理”“新商业思维与认知”“禅修智慧与现代生活和事业”“全员激励机制建设”四大板块。北京优客文化传媒有限公司创业导师刘志刚准备服务项目，开展为期1年，每月8次的培训分享和跟踪辅导。参加峰会的青年创业着可通过对中国传统文化、家庭教育、企业转型、新商业思维、企业家修炼、企业营销实战管理、禅修与现代生活和事业、全员激励等优质课程的全方位学习和咨询。（张　媛）

【“我是青年，我为大同代言”演讲活动】 2016年12月16日，共

▲ 2016 年 10 月 22 日，共青团大同市委纪念长征胜利 80 周年纪念大会在市示范性综合实践基地举行　（张　媛　供图）

青团大同市委员会主办的“我是青年，我为大同代言”演讲比赛决赛在大同师范体育馆举办。来自学校、企业、街道和社会各界的 20 名青年分学生组和成人组进行决赛。12 月，为贯彻落实大同市委、市政府关于《在全市范围内开展“人人都是形象代言人、人人都是旅游宣传员”活动的通知》要求，共青团大同市委员会决定举办这次演讲比赛，激发全市广大青年的主人翁意识，在建设大同、宣传大同的实践中发挥生力军和突击队作用，引导全市青年为打造区域性中心城市，加快建设美丽、富裕、幸福大同贡献青春智慧和力量。这次比赛吸引全市近 200 名各界团员青年报名，经过 14 日、15 日两天的初赛，角逐出成人组、学生组各 10 名选手进入决赛。成人组、学生组各评选出一等奖 1 名，二等奖 2 名，三等奖 3 名，优秀奖 4 名。（张　媛）

【团市委为企业挂牌“青创板”铺路搭桥】 2016 年 7 月，有意向挂牌“青创板”的企业可以向共青团大同市委城青部提交申请，团市委给符合条件的企业搭建平台。

“青年创业板”（简称“青创板”）由山西股权交易中心开设，旨在通过引入资本市场力量为青年创意企业、初创企业及成长型企业提供符合其特点的融资渠道和发展平台，提供股权融资、债权融资、资产证券化、股份制改造、并购重组及推送至全国更高层次资本市场等相关金融服务。成功申请挂牌“青创板”的企业暂免收取挂牌费和年度运行费，对创业者实行免费规范、免费培育政策，并根据企业需求提供相应融资服务。企业经过辅导，符合转板条件可实现内部转板，晋升到“培育板”和“晋兴板”，对在山西股权交易中心挂牌并融资成功的中小微企业，由省级财政给予 10 万元一次性奖励。（木　依）

【汪鸿雁到灵丘调研】 2016 年 11 月 29 日至 30 日，团中央书记处书记汪鸿雁到革命老区灵丘县就脱贫攻坚工作进行调研，现场解决脱贫攻坚工作中遇到的困难和问题，与老区干部群众共商脱贫攻坚大计。中国青年企业家协会秘书长许华平、团中央青年发展部副部长赵宝东、中国青旅控股股份有限公司副总裁李京参加调研。大同市委副书记、宣传部长高键，团省委副书记刘娟陪同调研。

汪鸿雁一行先后到大同调研宗银公司、灵丘县青年电商创业孵化基地、武灵镇韩家坊村、车河有机社区，了解该县经济社会发展情况和脱贫攻坚情况。

汪鸿雁指出，灵丘县在大同市委、市政府的领导下，通过全县干部群众的努力，产业经济发展朝气蓬勃。在扶贫工作上思路清晰，方法措施行之有效，在市场机制引入、产业扶贫带动方面成效明显，在项目引入中同步改进社会治理、基层党组织建设和农业土地机制的做法值得借鉴。她强调，团中央青年发展部作为扶贫牵头单位要做好具体衔接工作，在政策对接、招商引资、旅游宣传、人才引进等方面给予支持和帮助。（刘　江）

大同市妇女联合会

【“三晋巧姐”手工艺品展销活动】 2016 年，大同市妇联举办“三晋巧姐”手工艺品展销活动。来自山西省各市妇联、全国妇联手工编织协会、北京、天津、内蒙古、甘肃、陕西等 11 省（区、市）、新疆建设兵团妇联及省内外妇女手工艺就业创业带头人参加活动，有 137 家展商展出 1.5 万余件精美展品。（妇　联）

【“树清廉家风、创最美家庭”活动】 2016 年，大同市妇联组建“最美家庭”巡讲团到 11 个县区开展巡讲活动，将最美家庭故事传播出去，直接听众 2000 余人。在全市广大机关干部家庭中开展“树清廉家风、创最美家庭”活动，印发 6000 个环保袋；开展以女性在清廉家风中如何发挥作用为主题的讲座 6 场。开办女性健康专题讲座 3 场、家庭教育专题讲座 9 场，和市教育局联合在市委党校举办“大同市家庭教育骨干教师能力提升培训班”1 期。以“书香飘万家”为主题开展“我爱我家·同悦书香”亲子阅读活动；以“关注家庭·引领孩子健康成长”为主题，围绕儿童安全自护、家庭教育、家训家风编写家庭建设宣传读本一套 7200 册分发各县区进行宣传。（妇　联）

【妇联成立山西省首家家庭暴力庇护中心】 2016 年，大同市妇联在全市救助管理站挂牌成立山西省首家家庭暴力庇护中心；编印《中华人民共和国反家庭暴力法》简介 5000 册；借助媒体广泛宣传；到基层举办培训班 10 场，1000 余人参加。（妇　联）

【妇联信访接待】 2016 年，大同市妇联接待来访来电来信 107 件，受理率 100%，结案率 98% 以上。化解一起全国妇联、省妇联督办的信访案件。（妇　联）

【妇联加强技能培训】 2016 年，

大同市妇联举办妇女手工编织和草编培训班4期，帮助贫困女发展“炕头经济”。组织400余名妇女参加由中国妇基金举办“续蕊美”女性创业培训；组织230名妇女参加全国、省妇联举办女性就业创业刺绣、手工、编织、剪纸、技艺、家政服务、电子商务等培训12期，有6名县妇联主席参加全国妇联国家扶贫开发重点县妇联主席培训班。组织全市妇女参加中国技能大赛，获银奖1名，优秀奖4名，市妇联获优秀组织奖。（妇　联）

【妇联助推创业妇女贷款脱贫】2016年，大同市妇联给17名创业妇女申请到全国妇女小额担保财政贴息贷款158万元。为天镇县边城薯业专业合作社成功申报“全国巾帼脱贫示范基地”，获5万元的创建经费支持。全市各级妇联多渠道、多方式为妇女送信息、送岗位，组织妇女就业招聘会21场，发放宣传资料3万份，为妇女提供免费服务7000人次，涉及工种90余个。（妇　联）

【妇联爱心助力脱贫】2016年，大同市妇联凝聚社会力量，爱心助力脱贫。启动“关爱困境儿童，携手点亮生命”公益项目。借助省妇女儿童基金会平台，采取横向到边，纵向到底的募捐方式，发动全市之力：落实大同市委市政府的支持，以“两办”名义发文，号召全市机关、企事业单位“个人捐出一日工资，企业捐出一日利润”；建立微信公众号，增加微信、支付宝等网上捐助渠道；在《大同日报》上刊发《关爱困境儿童倡议书》，召开2016年“保护我们的孩子·绿丝带行动”新闻通气会，扩展活动知晓率；借全市“两会”、女企业家年会和《市民大讲堂》举办时机，动员市人大代表、政协委员、女企业家和广大市民参与募捐，扩大活动参与面；发动县、乡、村三级妇联组织参与项目，调动各县区的积极性。截至2016年底，募集困境儿童救助金突破130万元。项目启动的同时，制定困境儿童救助的实施方案，明确帮扶对象、帮扶方式、帮扶标准，年内完成第一批救助对象200名，救助金额21万元。承接其他公益项目。参与“贝因美与爱同行公益项目”，把价值20余万元的185箱婴幼儿奶粉发放到乳娘村及贫困家庭中；参与“爱心书箱·书香中国”公益项目，为六个贫困县1800名学生申请到每人一个爱心书箱；在大同市新荣区实施“安康计划”贫困弱视儿童治疗资助项目，给150名学生免费进行视力筛查和义诊，8名儿童到北京进行免费治疗；参与“爱视路”公益计划，为城区、浑源县1000名需配镜的贫困儿童免费验光配镜；参加“蓝天春蕾女高中生”公益资助项目，申请到50个贫困女生资助名额，每人每学年1200元，3年18万元；参与“恒爱行动—百万家庭亲情一线牵”公益项目，领取爱心毛线500斤，为新疆贫困儿童编织、赠送爱心毛衣；实施特困妇女、儿童资助项目，给17名特困妇女儿童申请省特困妇女儿童救助金5.1万元，给125名特殊困难家庭的小学生申请救助金10万元。开展各类慰问活动。到大同县“乳娘村”为三户贫困儿童捐助3千元现金和米粉；给浑源县困境儿童熊志成争取到基金1000元，并带去文具、奶粉等慰问品；到阳高县大白登希望小学为困境儿童、留守儿童送去价值5000元的慰问品；为市福利院、南郊区、新荣区、灵丘县、浑源县贫困婴幼儿捐赠爱心奶粉372箱，价值80余万元。开展关注健康活动惠及广大妇女。印制2000册《妇女“两癌”防治宣传手册》，给33名建档立卡贫困妇女申请到“贫困母亲两癌救助”基金33万元，实现全覆盖；给5名其他贫困妇女申请到“贫困母亲两癌救助”基金5万元。“三八”妇女节期间，携手大同和谐体检医院为获“三八红旗手”“巾帼建功标兵”“优秀妇女干部”等荣誉称号的百名女性免费进行健康体检；利用母亲健康快车开展“关爱母亲健康月”活动，5个项目县发放宣传手册1000余份，义诊咨询5场，相关培训4场。（妇　联）

【妇女干部素能提升】2016年10月，大同市妇联在复旦大学举办为期5天的妇女干部素能提升培训班。全市妇联常委、执委、女领导干部，各县区妇联主席和部分妇委会主任、乡镇妇联主席70人参加培训。全年组织推荐全市87名优秀妇女干部参加全国、省妇联组织的各类培训班6期。（妇　联）

【省妇联工作综合调研组到大同】2016年3月22日，以山西省妇联党组书记、主席王维卿为组长的省妇联工作综合调研组到大同，采取听汇报、交流座谈、实地考察的方式，调研相关工作。

省妇联副主席韩丽珍、刘一平，市委副书记刘国庆参加调研。

座谈会上，调研组一行与大同市妇联、组织部、文明办、扶贫办、发改委等部门负责人进行座谈交流，听取全市贯彻落实扶贫开发会议精神情况，并总结交流精准扶贫工作中的经验和做法，调研组了解市妇女精神文明建设工作情况、换届工作中妇女干部的选配情况、贯彻落实中央和省委群团工作会议精神等情况。

座谈会后，调研组一行到市家庭暴力庇护中心、城区开源街民和社区、唐情结飞天创意有限责任公司进行实地调研。（茗　泉）

【《中华人民共和国反家庭暴力法》普法宣传月活动】2016年3月1日，中国首部《中华人民共和国反家庭暴力法》正式实施，为让全市妇女了解这部新法，大同市妇联利用一个月的时间，邀请大同大学法学院法律专家分到全市各区县，开展反家暴法普法宣传月活动。

在普法宣传月活动中，大同大学法学院法律专家通过专题讲座的形式，解读新法，让更多妇女知法懂法，学会用法律维护自身的合法权益。此外，配合专题讲座，市妇联印制5000余册图文并茂的“《中华人民共和国反家庭暴力法》简介”宣传小册子，起到广泛宣传作用。（红　远）

【儿童权益法律宣讲活动】2016年5月20日，大同市检察院女检察官协会、全市未成年人刑事检察部门联合市妇联及南关街道兴国寺社区开展未成年人保护法、预防未成年人犯罪法、刑诉法未成年人刑事犯罪特别程序、反家暴法、妇女儿童权益保护法等相关法律的宣讲、宣传活动。

这次活动，市检察机关针对近年来青少年违法犯罪上升趋势及家庭暴力事件、校园暴力事件、性侵幼女事件频发的特点、规律，结合青少年及社区居民的需求，印制《花季护航——未成年人预防不法侵害自护手册》《十种不良行为是违法犯罪的前兆》《未成年人刑事诉讼程序及典型案例》等2000余份法律宣传资料。在活动现场，工作人员向社区居民讲解与妇女儿童及青少年权益息息相关的法律知识，以及青少年远离10种不良行为增强自控力的方法、儿童增强自我保护意识远离不法侵害的方法等，教育居民增强法治观念和自我保护意识，远离诱惑，培养健康的生活习惯和高雅的兴趣爱好。（赵　瑾）

【第三届“三晋巧姐”手工艺品展评展销暨“三晋巧姐＋旅游”创新发展推进活动在大同开幕】 2016年8月5日，由山西省妇联、省城镇集体工业联合社和大同市人民政府联合举办的山西省第三届“三晋巧姐”手工艺品展评展销暨旅游创新发展推进活动在大同市雕塑博物馆开幕。山西省妇联主席王维卿、省城镇集体工业联合社主任李荣钢出席开幕式，省妇联副主席韩丽珍主持开幕式，大同市委书记张吉福，市委副书记、市长马彦平，市委副书记高键等出席开幕式。

王维卿在讲话中说，山西省妇女手工艺品具有地方特色。全省各级妇联组织围绕党政所急、妇女所需，把发展“三晋巧姐”妇女手工艺品特色产业作为帮助城乡妇女实现就地就近转移就业、增收致富的重要途径，组织各类技能培训、传承传统技艺、挖掘市场潜力、培育创业典型，推进全省妇女手工艺品产业化、规模化、市场化发展，全省妇女建立手工艺品合作组织800余家，带动10万余名妇女实现就业增收。山西省各级妇联组织发挥妇联组织优势，抓住举行旅游发展大会契机，展示妇女手工传统技艺文化魅力，推进区域合作、商贸洽谈，延伸旅游产业链，拓展“三晋巧姐”市场，助推旅游产业发展，助力扶贫攻坚。

这次活动是展示妇女手工艺品传统产业的一次盛会，集比赛、展示、交流于一体，吸引全省、全国一大批热爱手工制作的妇女参与其中，使活动成为促进产品开发、加快信息交流、展示技艺才华的新窗口、带动妇女创业就业的新载体。广大妇女用自己的聪明才智，以手工制作的独特形式，创作一批各具特色、时尚实用的作品。

这次活动评出金奖3名、银奖6名、铜奖9名。评出最受欢迎的旅游产品奖10个、最佳手工技艺奖40名、最佳创意奖40名，大同市妇联等单位获优秀组织奖。（小　霞）

大同市文学艺术界联合会

【文艺交流活动】 2016年1月28日至2月5日，大同市文艺界联合会组织文联“你我他”志愿服务队，到大同市城区环卫处、新荣区、灵丘县，给社区居民、环卫工人、村民送去新春的问候和祝福，给环卫工书写春联500余幅。3月25日，组织大同市首届中小学书法大赛媒体见面会，全国30余家新闻媒体以及网站代表对这次活动进行报道。6月25日，组织主办“守拙·追韵”张谟书法作品展。7月，组织一职中舞蹈团到宁夏参加第四届全国回族舞蹈展演，舞蹈作品《花儿红了》获“优秀作品奖”。9月10日，组织承办“大美大同·绿色家园”2016大同国际自然生态摄影展。这次国际生态影像大展，推动大同市的生态建设与发展，大力提升宜居大同的知名度。作者包括来自中国大陆、港澳台及国外的600余名摄影师，活动邀请到国内外有影响力的生态摄影嘉宾到大同，让他们将生态大同、绿色大同、宜居大同的鲜活性、特色性、延续性转化为镜中的光影大同。12月12日至16日，大同市文艺界联合会筹办在大同举办第八期全国曲艺创作高级研修班和学习习总书记文艺座谈会讲话，国家级会员学习培训班及走基层送欢笑慰问演出活动。12月26日，主办幸福大同2017迎新年书画展，面对全社会征集美术作品335幅、书法作品375幅、摄影作品310幅。（文　联）

【文艺进社区】 2016年，大同市文艺界联合会给社区送去最新出版的杂志和报纸120余份。包括《小品文选刊》《印象大同》《云冈》《左云文艺》《左云文艺报》等刊物。组织书画家进社区，给社区居民送去新春的祝福，现场书写春联赠予社区居民。组织书法家进社区开画展，丰富群众的文娱生活。（文　联）

大同市科学技术协会

【科普活动】 2016年，大同市科学技术协会向各县（区）科协，各市级学会（协会），各企事业单位科协，各有关单位制订印发《关于举办2016年全国科普日活动的通知》，以附件的形式印发《大同市科协2016年全国科普日活动实施方案》（同科协字〔2016〕23号）。通过电话督导、召集开会等形式落实科普日活动开展进度。利用《大同晚报》登载公告，利用微信平台、LED显示屏、展板、传单等形式大力宣传。印制3000个宣传科普的手提袋连、宣传资料发放给参加活动的每一名公众。3月21日，大同市科学技术协会同大同市气象局举办气象科普基地公众免费开放日活动。大同市实验中学100余名学生在气象科普基地参观气象台、气象观测场、气象预报服务平台和影视制作中心，听取气象知识讲解，观看气象科普片，近距离了解天气预报影像制作过程。9月17至23日，大同市科学技术协会围绕“创新放飞梦想，科技引领未来”的科普日主题，在全市范围开展一系列主题鲜明、内容丰富、形式多样的群众性科普宣传活动，落实全国“科技三会”精神，向广大公众普及科学知识，倡导科学、健康、文明的生活方式，提高广大公众的科学素质，促进大同市崇尚科学、热爱科学、学习科学、运用科学的良好科普氛围的形成。9月22日，大同市科学技术协会在大同大学北校区举办大同市2016年全国科普日活动启动仪式。各学会、协会负责人和企事业单位科协负责人及广大科普志愿者参加启动仪式。约2000名大同大学学生、中小学生和社区群众参加。启动仪式把握“创新、协调、绿色、开放、共享”

的发展理念，围绕大同市经济社会发展的需求，以强化可持续发展、协调发展意识，强化节约资源、保护环境意识，强化公众共享科技创新的意识为立足点，增强公众参与创新创造创业的积极性。为大力倡导科学生活方式，使公众分享前沿科技成果，促进科技成果在生活中的转化应用。9月22日，大同市科学技术协会联合大同市中西医结合学会在大同大学报告厅举办中医文化大讲堂第六讲。聘请国家中医药管理局中医药文化科普巡讲专家、郑州市中医院业务副院长、国内知名中医专家薛玉珠主讲题为《秋季养生与营养》的讲座。吸引市内较多中医行业人士及关心这一专业的人士听讲，大同大学医学院的学生，大约900人听讲座。科普日活动期间，大同火山地质公园科普教育基地、晋华宫井下探秘游科普教育基地、大同植物园、大同市中小学社会实践基地、气象科普教育基地、大同大学（图书馆、文化长廊、炭材料研究所、有机化学研究所、应用化学研究所、分析测试中心、光电功能材料实验室）都各自推出与科普日主题相关的科普展览展示及科普宣传活动。向社会免费开放，吸引各年龄段的游客参观，吸引较多青少年参观。“中国流动科技馆”巡展活动由中国科学技术协会与地方科学技术协会，中国科技馆与山西省级科技馆协作，流动展示科普成果。年内，山西省科学技术协会给大同市申请2套100件展项。巡展通过声光体验、电磁探秘、运动旋律、数学魅力、健康生活、安全生活、数字生活7个主题展区的50件互动展品，与科学表演、科学实验、科普影视相结合，给大同市群众参与科普、学习科技、体验科学、激发兴趣、启迪智慧、了解原理提供平台。7月至11月，中国流动科技馆在大同市7个农业县区陆续开展巡展，参观展览的公众总计90717人次。科普日活动期间，中国流动科技馆巡展活动在浑源县和灵丘县组织开展。巡展通过内容丰富、形式生动的小型化互动展览与科学表演、科学实验等，开展广覆盖、多形式的科普宣传联合活动，向公众特别是青少年宣传科技发展成就，全面普及科学知识，促进公众理解高新科技，激发公众的创新创造热情。（籍志伟）

【学术交流】 2016年，大同市科学技术协会发挥学会基层组织的传播知识、繁荣学术等作用，开展学术交流活动。3月25日，大同市中医交流协会在泉派中医综合治疗中心开展主题为“现代新标准医学（养生）”交流活动。中医及从业者参与23位。现场交流演示太极手法推拿治愈病患实例。7月2日至3日，大同市科学技术协会同农工党大同市委员会、山西大同大学、山西门氏杂病流派研究会、大同市中西医结合学会在大同大学北校区科技报告厅举办大同市中医文化大讲堂暨首届“中医文化大讲堂——云中经方论坛”学术论坛。特邀国家中医药管理局首批学术流派之一、四代医学世家传人的门氏中医的门纯德先生的弟子及门氏流派的专家，和市内医疗机构的专家、学者、学术代表200余人参加。7月12日至13日，大同市科学技术协会同大同市中医养生保健学会在大同举办首届（中医）养生保健机构高级管理人员培训班。邀请世界中医联合会亚健康分会副会长、中华中医学会亚健康分会副主任委员、中合亚健康中心常务副主任朱嵘，主任医师、硕士生导师、大同市中医养生保健学会会长郭雁斌，主任医师、大同市中医养生保健学会副会长、大同大学附属医院中医科主任刘水清3位专家授课。培训亚健康概念及分类，健康管理要素及分类，中医体质学，中医预防保健相关政策、理念及中医适宜技术，中医养生保健基础理论知识和按摩、艾灸、刮痧等相关技能，市内50余家独立养生保健服务机构的高管人士参加培训。通过培训，提高全市中医预防保健与养生保健服务人员的技能水平，提升中医预防保健服务机构和社会养生保健服务机构的服务水平。9月28日，在大同市五医院学术报告厅举办题为“呵护医护心理，促进医患和谐”的科普讲座。200余名医护人员听取讲座。这次讲座由大同市科学技术协会和大同市心理学会主办，大同市五医院承办。特邀山西省行为医学分委会主任、山西医科大学医学心理学教授、硕士研究生导师、主任医师姜峰主讲。（籍志伟）

【科技表彰推荐】 2016年，大同市科学技术协会向中国科协、财政部推荐申报2016年“基层科普行动计划先进集体”，广灵县花卉协会和南郊区水泊寺乡马铃薯种植技术协会双双获“全国科普惠农兴村先进单位”并各获奖金20万元。推荐大同市新荣区科蕾农民专业合作社科普示范基地、灵丘县平板石农业种植科普示范基地、南郊区云中西瓜种植专业技术合作社科普示范基地，获“山西省2016年科普惠农兴村计划先进集体”，各获奖金10万元。推荐新荣区穆家坪村全明种养殖合作社，获“山西省科普惠农中心服务站建站单位”称号，获专项奖金15万元。举荐申报2016年度山西省科学技术协会“金桥工程”项目，其中同煤公司申报的27项技术、中国重汽集团大同齿轮有限公司申报的1项技术确定立项。按照山西省科学技术协会2016年度院士专家工作站建设项目的要求，推荐山西晋投玄武岩开发有限公司为院士专家工作站。推荐城区向阳里街道柳港园B区社区为山西省优秀科普示范社区，经山西省科学技术协会专家评审，给予表彰奖励，给予10万元人民币奖补资金用于社区科普建设。推荐大同大学化学与环境工程学院和灵丘县车河有机农业综合开发示范园区为第六批“山西省科普教育基地”，经山西省科学技术协会审查，命名大同大学化学与环境大学生社会实践科普教育基地和灵丘县车河有机农业综合开发示范科普教育基地为山西省科普教育基地。为推进科技成果转化，大同市科学技术协会在企业科协开展“讲理想，比贡献”活动，鼓励技术革新创新，鼓励创建科普车间，鼓励科技工作者提交合理化建议。通过评比，同煤集团、大同市供排水集团获山西省第十四届“讲理想、比贡献”竞赛活动先进集体，评出3个科技标兵，2个优秀组织单位，2个优秀组织者和1个院士工作站，获山西省科学技术协会表彰。在实施科普益民计划和科普惠民农兴村计划中，对上年市级社区、科普示范基地和协会的考察评比，对八个县区进行表彰，发放奖补资金40万元。组织中小学生参加第31届青少年科技创新大赛，收集作品96件，评出市一等奖项目 7 件，科幻作品 22 件，发明作品 6 件；评出二等奖 10 件，三等奖 6 件。报省作品 28 项，获省一等奖 2 项，二等奖 11 项，三等奖 13 项。其中 2 件作品获全国二等奖。论文拼比工作。为鼓励学术繁荣与创新，促进科技人才成长，推动学术为经济社会发展服务，按照《关于开展大同市优秀学术论文评选的通知》，开展 2016 年优秀论文评选活动。这次收到申报论文 195 篇，经过专家评审委员会评审，评出一等奖论文 38 篇，二等奖论文 60 篇，三等奖论文 87 篇。（籍志伟）

大同市归国华侨联合会

【侨联参政议政】 2016 年，大同市侨联加强参政议政能力建设。侨界政协委员参会期间，提出观点鲜明、有针对性、可操作的意见建议。侨界政协委员关乎民生问题进行发言。大同市侨联联系侨界人大代表、政协委员到基层，围绕归侨侨眷反映的重点、热点、焦点问题进行调研，撰写提案议案。年内，大同市侨联联系侨界人大代表、政协委员下基调研 16 次，撰写真实反映社情民意、具有可操作性的提案议案 29 份（提交）。（侨　联）

【侨联维护侨益职责】 2016 年，大同市侨联两次聘请市法顾委专家为侨界群众和侨联干部进行“两法一办法”（《中华人民共和国归侨侨眷权益保护法》《中华人民共和国宪法》和《中华人民共和国归侨侨眷权益保护法实施办法》）及有关法律、法规进行专题辅导、培训。大同市侨联利用社区“侨法宣传角”和社会媒体等宣传机器，在侨界群众中普及法律知识，为社区的归侨侨眷宣传侨法、宣传党的主张和中心工作；侨界群众学会运用法律武器，依法维护自身合法权益。（侨　联）

【侨联为侨服务】 2016 年，大同市侨联到社区，看望 50 年代回国的东南亚老归侨、老侨务工作者和 80 年代回国的蒙古归侨，为他们送去党的关怀和温暖，送去组织对他们的关心和问候，送上慰问金、米、面、油、春联和捐赠物品。大同市侨联领导到基层走访调研 32 次，侨联和基层侨联组织联系走访重点侨户 56 户。在 2015 年 ~ 2016 年的“送温暖、献爱心”活动中，慰问归侨、侨眷 220 户，发放慰问金、送米、面、油、春联、捐赠物品金额 82200 元。（侨　联）

【侨联提升为侨服务水平】 2016 年，大同市侨联贯彻中国侨联《关于在全国侨联系统开展“侨爱心 365 行动”通知》精神，年内，大同市侨联携大同消化病医院和三友眼镜公司，开展“健康救助、医惠百姓”和关爱青少年视力大型公益活动。免费给百姓体检送医送药开展健康咨询，投入上百万元为贫困归侨侨眷和居民群众减免医疗费用；响应大同市委、市政府开展“决胜冬季行动，争做有为青年”的倡议，大同市侨联、妇联、社会福利协会共同倡导，由大同凤凰妇产医院承办，拿出 100 万元医疗代金券开展“共享书香献爱心 凤凰慈善送健康” 闲置书籍捐赠的系列活动。大同市侨联全力支持侨界群众的创新发展。大同市侨联领导在走基层中了解到大同县侨属林场为新建树葬生态公墓的手续发愁时，联系大同市老龄委及部分县区侨界政协委员，到大同县吉家庄乡南山华侨农场考察、调研。在大同市侨联的关注、支持、协助下，侨属消化病医院主办“2016 大同内镜微创保胆学术大会”，会议的召开为提高消化道肿瘤检出率，降低消化病恶性肿瘤死亡率。（侨　联）

【侨联传播优秀文化】 2016 年，大同市侨联发挥大同合唱团体中的品牌团队“侨之声”艺术团传播优秀中华文化的作用。鼓励海外华人华侨和侨界群众登上大讲堂，施展个人才能。侨眷赵佃玺运用自己的国学知识，走进大同的魏都大讲堂讲大同故事十期，给大同市民、侨界群众和海内外华人用现实的事例传播中华文化。大同市侨联干部通过参加中国侨联举办的各类活动和培训，和兄弟省市侨联的学员开展联络交流活动。利用学习休息时间，对各自家乡的历史文化、美食文化、旅游资源、经济社会发展基本情况及侨情、侨联工作创新等工作进行交流探讨。（侨　联）

【侨联搭建服务平台】 2016 年，大同市侨联组织侨界负责人参加中国侨联在浙江大学举办侨界干部、新侨干部培训班。组织市城区天艺昌工艺品厂、山西普德食品有限责任公司参加中国·海拉尔第十二届中俄蒙经贸洽谈暨商品展销，加强大同涉侨企业跨境合作交流搭建平台。（侨　联）

【侨联创新为侨服务工作模式】 2016 年，大同市侨联把侨企服务工作落到实处。设立华人华侨商会联络处、侨商侨企联络处、华人华侨资讯平台、大同市侨联社会工作部、大同市侨联权益保障政策法规中心等为侨服务的平台；侨联社会工作部建立侨企所属部门联席会议制度；建立侨联社会工作部微信群，为侨企和部门间工作的相互沟通联系搭建平台。（侨　联）

【侨联注重侨企发展】 2016 年，大同市侨联关注市侨企的发展，把侨联工作主动融入大同十三五发展规划。支持侨企的转型发展。在阳高农业实业有限公司成立大同市侨联青少年农业科普教育基地，支持公司转型。成立大同市侨联三友眼镜视力矫治中心，塑造企业品牌。在侨属医院建立“侨之家”绿色康体活动中心，满足广大侨界群众健康养生需求。侨联建立组织侨企负责人每月两次集中学习交流的互动机制，实现侨企间的资源共享。到侨企调研，帮助企业解决发展中遇到的矛盾和问题。（侨　联）

【王维卿到阳高县调研】 2016 年 11 月 10 日，山西省侨联主席王维卿在大同走访慰问归侨侨眷，并到阳高县市侨联青少年农业科普教育基地进行调研。

市委常委、统战部部长黄岑丽等陪同调研。

王维卿一行到开发区山西普德食品有限公司，看望侨眷、公司董事长胡祖耘，并深入该公司生产车间进行调研，了解企业的生产经营情况。随后，王维卿到位于阳高县的市侨联青少年农业科普教育基地进行考察调研，并与科普教育基地、市侨联培训基地、“侨之家”绿色康体中心、“侨之声”艺术团、侨联“三友”眼镜视力矫治中心、市侨联法律顾问委员会的负责同志和市侨界父母学校的主讲老师进行座谈。阳高县委、县政府主要领导及县侨联负责人参加座谈。

王维卿在调研中对大同市侨联工作予以肯定，全市在今后的侨联工作中，学习贯彻党的群团工作会议精神，推动侨联组织和侨联工作不断改革创新；侨联工作更多地关注对外交流，关注对外资源的开发，整合各种社会资源，为侨企、侨界，为广大归侨侨眷服好务，为困难归侨侨眷提供就业帮助和就业技能。全市各级侨联组织继续当好党和政府联系广大归侨和侨眷的桥梁和纽带，做好为侨服务工作，以侨为桥，以侨搭桥，搭建对侨招商引资引智的桥梁和平台，把工作做得更好。（晨　曦）

大同市残疾人联合会

【残疾人托养服务业】 2016年，大同市初步建立残疾人托养服务体系。实施“阳光家园计划”。智力、精神、肢体重度残疾人为对象，开展需求调查，摸清底数，制定托养服务计划。发展居家托养服务。截至2016年底，大同市有残疾人托养机构2个，享受居家托养服务残疾人475人。（残　联）

【残疾人合法权益维护】2016年，大同市残疾人联合会按照山西省下达大同市91户贫困残疾人家庭无障碍改造任务，其中灵丘71户，天镇20户。通过入户回访上年度贫困残疾人家庭无障碍改造设施的使用情况，这些设施取得效果，给残疾人提供方便，拓展活动空间。设施的施工质量可靠，全部录入数据库。大同机场、新南客运站、中国电信等30余个单的营运网点实行无障碍改造。全市主要干道自人行道都铺设盲道、坡道。山西省补贴大同市残疾人机动轮椅车360辆，9.36万元，大同市残联把各个县区补贴下拨，全部发放到位，把有关信息录入中残联数据库中。全年接待来大同市残联咨询、求助、信访等人员1500余人次，办理省残联、市信访系统转办的信访案件16件。对全市20余名维权干部进行培训；市、县（区）换届工作的完成，大同市产生市、县两级人大代表12人，政协委员11人，全部登记入数据库。（残　联）

【残疾人教育】 2016年，大同市残疾人联合会贯彻《残疾人教育条例》《特殊教育提升计划》提出的任务和措施。掌握残疾学生义务教育状况，完善未入学残疾儿童少年调查统计通报制度，帮助未入学残疾儿童少年就近入学。支持特殊教育的发展。把残疾人义务教育纳入基本公共服务体系。实施残疾人事业彩票公益金和交通银行扶残助学项目。资助20名贫困残疾人家庭子女大学生，资助8名残疾学前儿童，受助残疾高中在校生52名。（残　联）

【残疾人就业援助】 2016年，大同市残疾人联合会落实残疾人就业促进和保护政策措施。开展多形式、多渠道，促进残疾人就业，在扶持残疾人集中就业、辅助性就业、灵活就业方面下功夫，推动残疾人就业创业，全年完成残疾人就业710人。开展残疾人职业技能培训，完成残疾人培训1575人次，其中城镇职业技能培训760人次，农村实用技术培训810人次。残疾人创业培训130人次。机构和基层残疾人就业指导培训22人次。市、县（区）公共就业服务机构和基层劳动就业社会保障公共服务平台免费为残疾人提供有针对性的职业介绍、职业指导、就业政策咨询等就业服务。把就业困难残疾人纳入就业援助范围。大同市新火、星光、民生、现代健康、圆梦学校，开设计算机、美容美发等九个专业，给1265名残疾人免费服务。

通过年审，党政机关、事业单位有100余家单位，安排65名残疾人就业。大同市残疾人联和会带头安置4名残疾人就业。加强与地税、财政部门合作征缴残疾人就业保障金，市县两级全年完成就业保障金征收1800余万元。推进“一店三基地”建设。组织按摩人员考取从业资格证考前审核工作。根据盲人实际需求，组织开展培训67人次，其中盲人电脑28人次，保健按摩27人次，医疗按摩12人次；就业扶持12人。市残疾人就业服务中心同大同市阳高县圆梦职业培训学校签订培训合同，有500名农村残疾人，分期分批接受种植业、养殖业方面的培训。建成盲人按摩示范店4个，就业创业基地6个，实训基地3个，扶贫基地6个，安置残疾人数145人，辐射带动残疾人数282人。（残　联）

【残疾人文化体育活动】2016年，大同市残疾人联合会促进残疾人康复健身，提高他们的社会参与能力。以“残疾人文化周”为载体，开展群众性文化活动。扶持发展特殊教育学校为主的残疾人特殊艺术人才培养基地。公共体育设施向残疾人开放。贯彻落实《全民健身计划（2011年～2016年）》，实施“残疾人自强健身工程”。参加省内、国内残疾人体育竞赛。

3月，大同市残联、市体育局、市教育局、市民政局四家联合发文同残联字〔2016〕11号，部署这项工作。选出年龄在12周岁～18周岁的各类优秀运动员11名。

推进残疾人康复体育关爱家庭计划，山西省彩票公益金项目给11个县（区）550户发放5.5万元为需要康复体育器材的残疾人配发合适的健身器材。

开展第二十六次全国助残日活动，大同日报刊登题为《关爱孤残儿童 让爱洒满人间》的评论员文章。

组织参加全省2014年～2015年残疾人事业好新闻奖评选活动。在山西省残疾人事业好新闻评选活动中，大同市选送的《史瑞一家过得越来越好》获文字类一等奖，《身残志坚成最受关注新青年》《聋哑店员用心语迎客》获文字类三等奖。2016年全国青少年校园足球特奥融合组竞赛山西省海选赛中，大同市运动员在全省6支代表队中取得亚军。

开展大同市残疾人文化周和健身周活动。5月至9月，开展形式多样的群众性文化活动。由浑源县残联、文化局联合主办2016年“残疾人文化周”惠民演出走进县特殊教育学校进行慰问演出，大同市的肢残人协会围绕“全民健身促健康 和谐融合奔小康”的主题组织活动，在文瀛湖行政中心、

市博物馆体验无障碍设施。（残　联）

【残疾人信息化建设】 2016年，大同市残疾人联合会完善残疾人人口综合数据管理系统；加强市残联和县区残联网站和无障碍建设；加大政务信息公开力度。提高数据质量，加强分析全面完成残疾人社会保障体系和服务体系统计工作。根据《山西省残疾人小康进程监测方案》，大同市矿区和灵丘县为指标县。矿区、灵丘县分别抽取两个社区和乡镇作为新的监测标本。矿区清泉街道的福禧社区72名残疾人和新胜街道的迎新街社区82名残疾人，灵丘县武灵镇庄头村134名残疾人和史庄乡兴旺庄村62名残疾人作为本次监测样本，工作人员全部参加全省培训，入户调查问卷，互相交叉检查等工作，完成《大同市残联志》编纂工作，加强残疾人事业的理论与实践研究。（残　联）

【残疾人就业渠道拓宽】2016年，大同市残疾人联合会举办大同市残疾人“互联网+”创业培训班，来自全市130余名残疾人参加创业培训。培训班邀请搜乐商城高级营销经理、搜乐商城金牌讲师付金垚女士为残疾朋友们讲解搜乐的营销模式。（残　联）

大同市红十字会

【红十字会三救活动】 2016年，大同市红十字会开展“三救”（救灾、救助、救护）活动。大同市红十字会2016“红十字博爱送万家”活动正式拉开帷幕，给2795户特困家庭的发放559158救助款物。截至2016年底，大同市红十字会“红十字博爱送万家”活动连续开展十九年，累计筹措救助款物2128万余元，救助特困家庭11.02万户、31.5万人。截至2016年底，大同市县两级接收捐款268.32万余元，与市直机关工委联合开展“博爱一日捐、温暖贫困家庭在身边”活动，对市直单位115户贫困家庭进行救助，发放3万元的助学款和价值3.6万元的救助物资。“红十字春霖助学行动”给200名贫困家庭大学生发放助学款40万元。从2009年至2016年筹款440.4万元，资助2202位贫困大学生。大同市红十字会开展的“献爱心、救助贫困白血病先心病患儿”活动，给41人次符合救助的白血病患儿发放助医款78330.5元。开展“园丁大病救助”活动，筹款38万余元，年内，给10位符合救助的师生发放助医款33.34万元。给左云县管家堡乡464户贫困家庭送去464件棉衣，给3户特困家庭每户送去500元现金。组织大同市级知名内外妇儿红十字志愿者医学专家到广灵县开展义诊慰问活动，给42户贫困家庭送去价值1.2万余元的救助款物，给100名村民免费进行义诊。开展扶贫工作，以养羊和经销小杂粮为主的10万元生计项目扶持5户贫困家庭；成立村旅游公司，无息为每一户贫困户贷款5万元，主要以开发旅游产品为主；开展“助学”脱贫，对贫困家庭考上大学和研究生的学生每年资助2000元；给全村316户贫困家庭在中秋节、元旦、春节期间发放价值11.47万元救助物资。落实到中国红十字会总会和中国红十字基金会五项救助项目。用于失能老人康复救助项目20万元，其中10万元给大同市魏都颐养康复中心购买失能老人康复器械，10万元用于对该中心36位贫困失能老人的救助；用于资助大同市500位贫困家庭112.9万元“看得见的幸福”项目启动。而价值26万元的ZH－6000全自动化学发光测定仪一台，转赠给大同市红十字博爱医院；落实到的“天使阳光”“小天使”基金助医款31万元，受益2例先心病、9例白血病和1例足内翻患儿。完善应急救援预案和分级响应机制，构建全市红十字备灾救灾物资储备管理网络体系，由大同市政府投资建设的面积1028平方米的山西省第一家市级储备库正式建成。修订《大同市红十字会自然灾害应急预案》，并被列入政府应急救援体系内。成立大同市红十字会赈济救援队，建立健全全市的应急救援体系。新建的大同市红十字会募捐衣物接受处，募捐棉衣1000件。给阳高县遭受水灾的70户灾民每户救护50斤白面、一床棉被。与大同市人民政府应急办、大同市安全救护应急办、大同大学联合举办应急救护现场演练，100名经过培训的红十字志愿者参加。邀请中国红十字会总会资深救护培训专家孙长怡教授，把救护知识走进市民大讲堂，在全市引起强烈的反响。向全民进行应急救护知识普及教育，“红十字掌上学堂”“五进”工作受益人数17万余人次。对市教育系统、企业、农村、机关进行应急救护培训，有1659人经过理论和实践考试，取得《山西省红十字会现场救护资格证》。（聂志英）

【红十字会三献活动】 2016年，大同市红十字会开展“三献”（捐献造血干细胞、捐献遗体器官、推动无偿献血）活动。完成1例造血干细胞捐献、4例高分辨采集和208例血样采集工作，对捐献者进行体检回访慰问，为家庭生活困难的捐献者发放困难款300元。开展器官捐献宣传活动，大同市红十字会开展各项大型活动和报刊、印刷宣传折页、在社区、车站等人流集中处张贴宣传画等形式宣传遗体及器官捐献知识，全年发放宣传资料5000余册，出专刊一期，张贴宣传画20副，完成2例器官捐献，使5位脏器衰竭患者获得新生，登记144例，咨询226例。为器官捐献家属王秀娥、贾建忠发放助学助困款2600元。参与大同市申报全国无偿献血先进城市和个人表彰工作。广播电台举办“三献”知识讲座20次，办专刊2期，利用“5·8”世界红十字日、世界急救日等纪念日和各项活动、会议等开展宣传20次以上。（聂志英）

【红十字青少年与志愿服务】2016年，大同市红十字在红十字青少年中开展应急救护培训工作，组织全市中小学校参加全国防震减灾知识竞赛活动和全省红十字应急救护知识专题教育活动，其中新荣区名列全省县区第一名，左云水窑中小学校位居全省中小校榜首。与大同大学红十字会联合开展“5·8”世界红十字日及“12·1”艾滋病日宣传活动。成立大同大学红十字志愿服务队、人道传播志愿者服务队、应急救护志愿者服务队和应急救援志愿服务队，明确各个志愿服务队的组成人员和职责，年内，这四支队伍志愿服务累计参与人数为700人次，人均服务时间97.5小时。（聂志英）

军　事

大同市军分区

【军分区政治思想建设】2016年，大同军分区坚持学习贯彻习总书记系列重要讲话精神，运用原原本本学、把握重点学、带着问题学、检查督导学、融入工作学的“五学”方法，抓党委中心组、机关和部队的理论学习。大同军分区坚持把学系列讲话与开展两项重大教育活动结合起来，全程跟踪问效，加强分类指导，山西省军区转发军分区关于抓好“两学一做”学习教育的两份经验做法。肃清郭徐流毒影响，抓学习教育、党内生活和整风整改，推动肃清工作引向深入。注重从政治上观察和处理问题，重视意识形态领域斗争，主动抓好舆论引导和涉军敏感问题处理。（傅三星）

【军事战备】 2016年，大同军分区坚持把主要心思和精力向战斗力聚焦，各项工作向战斗力使劲。抓日常战备常态化落实，定期讲评战备值班情况、组织战备值班演练，组织全区通信骨干集训，落实日报告、周要报、月简报和重要情况多级同时报告等制度，在各级的抽查检查中没有发生任何问题。坚持按纲施训、依法治训，结合群众性岗位练兵活动，抓好师团两级首长机关军事训练，两次参加山西省军区组织的集训考核。加大实战化练兵力度，先后参加完成全省地震救援应急指挥处置示范演练、全市地震应急救援联动演练、全市军警民联合反恐实战化临机拉动演练等任务。7月下旬，大同军区组织军分区首长机关和8个县区民兵应急连，在大同县册田水库开展防汛抢险演练，提升部队遂行任务能力。（傅三星）

【军民融合】 2016年，大同军分区注重把军地两种力量调动起来，合力解决后备力量建设难题。协调召开大同市委议军会议，研究解决事关全市军队和国防后备力量建设重要问题。坚持依法征兵、廉洁征兵，联合大同市政府办公厅在全省率先出台《关于进一步加强兵役行政处罚工作的实施意见》，综合采取军地召开廉洁征兵大会、举行全市新闻发布会、刊发《致应征青年和家长的一封信》等8条抓好廉洁征兵。加大部队机动过境保障力度，协调地方公安、交警、交战、铁路等部门。（傅三星）

【部团基层建设】 2016年，大同军分区抓帮建促落实，把部团为重点的基层建设发展基础更加牢固。大抓基层思想，实行常委分片包干，带机关工作组先后5次大下基层，与基层一道研究问题、破解难题、化解矛盾。抓好干部队伍建设，突出能力导向、纯正用人风气，上半年提拔使用×××名营以下干部，按规定、按原则、按程序办，强化靠素质立身、凭能力进步的鲜明导向。加强专武干部队伍建设，督导各级对年龄老化、能力素质与岗位要求不相适应的×××名专武干部作出调整，增强基层人才力量。抓好部队扶贫攻坚工作，协调保障山西省军区机关三部在阳高县的扶贫援建工作，大同军分区师团两级投资×××余万元，结合实际、因地制宜开展精准扶贫。（傅三星）

【后勤综合保障】 2016年，大同军分区紧贴作战需求做好后勤和装备工作，综合服务保障效能提升。坚持财力物力向战斗力聚焦，全年投入×××余万元用于军事训练、配套设施保障。推进后勤动员能力建设，全面规范医疗救护、饮食供应、交通运输保障等8类后勤专业队伍建设，与大同市工行、中石化等4家企业签订应急资金物资保障协议。推进大同军分区家属院老旧小区改造，协调推动5个家属院实行物业社会化保障管理，推行“指标包干、定点保障、实报实销”油料保障办法，协助大同市政府对接上级机关解决开源桥建设用地置换手续，投入70余万元为离退休职工缴纳养老保险。（傅三星）

【军事安全管理】 2016年，大同分军分区党委抓安全稳定，建立“常委挂钩负责、机关联合负责、主官全面负责、官兵按职负责”的安全机制，落实战备值班、警卫执勤、人员管控、车辆派遣、枪弹管理、安全保密和一日生活等制度，先后开展兵员、武器装备、军容风纪、信息保密等清查整治活动，常年派出一个督导组检查安全工作，解决排查各类问题和隐患60余项，投入×××余万元升级改造全区安全设施，确保部队安全稳定和集中统一，山西省军区工作组进行4次安全检查。（傅三星）

【冬季适应性训练】 2016年1月5日至7日，大同军分区组织首长机关和人武部、预备役工兵团带部分分队，开展冬季适应性训练。这次训练，以提高首长机关严寒条件下野战生存和组织指挥能力为核心，以机动为主线，按照“实案化、野战化、实战化”原则，突出组织指挥、综合保障、战斗勤务和野战生存等内容，采取计划导调和随机导调相结合的方法实施，重点演练指挥所开设、摩托化机动、徒步行军、按图行进、参观同煤集团塔山煤矿、观摩浑源县人武部正规化建设和精细化管理、野炊、露营与伪装、严寒条件下轻武器实弹应用射击等科目。训练期间，官兵开展“双服务”活动，组织重温入党誓词，进行十八届五中全会精神宣传，走村入户慰问困难军属。通过训练，磨炼战斗意志，培养顽强作风，全面锻炼和提高两级首长机关遂行多样化任务组织指挥能力和严寒条件下部队“走、打、吃、住、藏、通、供、修、救、管”的综合能力。（傅三星）

【军分区参加全省地震救援应急指挥处置示范演练课题】 2016年1月28日，大同军分区首长机关带阳高县人武部依托作战值班系统完成山西省军区组织的地震救援应急指挥处置示范演练。这次演练，大同军分区根据《大同市地震灾害抢险救援联动预案》，以模拟阳高县古城镇赵石庄村发生5.5级地震，震中25千米范围内出现人员伤亡、房屋倒塌、供水供电中断、道路破坏等情况为背景，本着练指挥、练流程、练处置的原则，采取不设脚本、实案演练、现场处置的方式，重点演练接收情况、受领任务，查明情况、下达预先号令，定下决心、下达任务等3个内容，军分区参谋长王一军代表大同军分区依图汇报决心要点。大同军分区部门以上领导全部参加，带机关部分人员及阳高人武部25人参演。（傅三星）

【国防教育】 2016年2月至9月，大同军分区政治部协同大同市国教委，按照“开展一次评比（量化考核），推动两项建设（团史馆、国防展厅），拓展三个平台（市国教网开设微信公众号，《大同晚报》、广播电台开设国防专题），抓好四项工作（召开国防教育工作、示范学校、示范村、示范社区建设现场会），达到国防教育六个融入（古城文化、道路文化、红色文化、互联网+、现代媒体、市民生活）”的思路，推动全市全民国防教育再上新台阶。2月，制定印发《关于进一步加强武装工作史馆（团史馆）、国防教育展厅的意见》，师团两级投资430余万元，新建改造武装工作史馆、国防教育展厅，市国教办在大同市中学生综合性示范基地设立军事单元，协调大同市政府投资300万元建设1000余平方米的国防教育展厅；市县两级把国防理论、国防政策、军事前沿知识列入党委中心组理论学习计划，组织国防教育学习50余次，近2000名科以上干部接受国防教育。7月27日，大同军分区专门邀请国防大学孟祥青教授就国家安全形势给全市300余名党政军领导干部授课辅导；拓展“互联网+”国防教育路子，开通“大同国防教育”“大同征兵”微信公众号；协调大同市公交公司在全市500辆公交车车载电视滚动播放国防公益广告，LED屏滚动播出国防教育宣传语，在公交站台建立国防宣传橱窗；“八一”前后在《大同日报》开设“大同局长国防谈”栏目，全市各局委办领导畅谈国防建设，加强国防意识。9月，举办全市“传承红色基因，延续红色血脉”国防教育图片展，制作展板28块，设置10个专题，分别在大同市委、大同市政府、市华严寺广场、中小学校、大同公园等地展出，邀请市民作为义务讲解员，在各处进行讲解。9月30日，市县两级分别组织党政军领导、工人、学生代表等瞻仰烈士陵园、聆听英雄故事，举行公祭活动，增强全民国防观念。（傅三星）

【军事通信骨干集训】 2016年3月1日至3日，大同军分区组织年度全区通信骨干集训，大同军分区机关干部、各团级单位主管参谋、担负技术保障的战士及部分职工40余人参加。这次集训以山西省军区组织指挥信息系统专项整顿有关要求为依据，以提高师团两级通信战备水平为目的，突出问题牵引与实践操作，解决技术操作不熟练、知识掌握不全面、战备制度坚持不经常等问题。先后组织2次座谈交流，对全区通信工作现状、存在问题及解决办法进行探讨；围绕通信法规、信息系统结构、基本技能操作等方面16个课题进行学习训练；邀请厂家技术人员对通信装备进行检查和维修，现场排除机动指挥信息系统故障，针对12个具体问题制定解决方案；组织所有参训人员对机动指挥车操作、会议系统连接组网等科目进行考核。（傅三星）

【大同军分区召开党委全体（扩大）会议】 2016年3月29日，大同军分区党委全体（扩大）会议召开，传达学习山西省军区党委十届六次全体（扩大）会议精神，总结部署年度工作。大同市委书记、大同军分区党委第一书记张吉福出席并讲话。大同军分区党委书记、政治委员张弛作党

▲2016年3月29日，大同军分区召开党委全体（扩大）会议 （傅三星 供图）

委工作报告。大同市委常委、军分区党委副书记、司令员孙利仁就新年度工作指导问题讲话。军分区政治部主任兼纪委书记杨文斌作纪委工作报告。会议表彰奖励一类部团、先进人武部、先进预备役团以及战备训练、安全管理等年度先进单位和个人。

（傅三星）

【征兵宣传活动】 2016年4月至9月，大同军分区以兵员质量为核心，以廉洁征兵为重点，推进兵员征集工作落实。完善兵役法规政策，5月，大同军分区协调大同市政府办公厅在山西省率先出台《关于进一步加强兵役行政处罚工作的实施意见》，建立完善相关政策法规，使新形势下征兵工作有法可依、违法必究，山西省军区转发军分区的做法。加大征集宣传力度，大同市征兵办投入8万元统一印制征兵宣传册和宣传海报，大同军分区联合大同市政府职能部门召开征兵宣传工作新闻发布会，16家新闻媒体进行宣传报道。抓好廉洁征兵，召开全市廉洁征兵专题电视电话会议，5名县区征兵办负责人公开承诺，11名人武部主官递交《廉洁征兵责任书》。全面落实征兵工作岗位责任制，落实“谁检查、谁签字、谁负责”制度。确保全市新兵征集任务完成。（傅三星）

【防汛抢险救援演练】 2016年7月20日，大同军分区组织全区民兵应急分队（工兵团战备值班分队）进行防汛抢险救援演练。这次演练，以模拟册田水库超警戒水位、大坝南岸鹅毛村遭突发山洪为背景，由军分区作战值班室统一导调，调动8个县（区）民兵应急连、预备役工兵团战备值班分队和军分区首长机关按照防汛抢险预案向册田水库大坝南侧机动，在水库及周边组织冲锋舟（橡皮艇）编队机动、物资输送、人员搜救、野炊保障等科目。全区出动抢险救援力量600余人、车辆70余台、冲锋舟（橡皮艇）10余艘、防汛救援器材1200余件（套）。（傅三星）

【军分区参加全省“太行－2016”演练】 2016年12月6日至8日，大同军分区根据《山西省军区关于组织年度战役集训的通知》要求，大同军分区参加演练。按照全区同步、上导下演、自导自演相结合的形式，采取理论辅导、想定作业、研讨交流的方法，区分理论辅导、想定作业、研讨交流、参观见学四个步骤，对战时综合防卫背景下大同市参加首都联合防空作战课题进行研练，重点演练分析判断情况、理解意图任务、确定作战构想、研究定下决心、组织协同保障5个阶段，组织召开碰头会、常委会、作战会、协同会等4个内容的演练，完成上报作业18份，大同军分区司令员孙利仁代表大同军分区进行汇报发言，参谋长王一军接受山西省军区分析判断情况抽点发言。通过演练，明确主要作战对象军事部署及对首都地区安全威胁，掌握辖区重要目标分布、民兵预备役和人防力量部署及国防动员潜力数据，熟悉参加首都联合防空作战基本指导、力量编组、行动战法、组织指挥和综合保障，发现和解决军事斗争准备的薄弱环节、对策措施等问题，提高师团两级首长机关战役素养，促进军事发展。（傅三星）

【群众性岗位练兵活动】 2016年，大同军分区根据军委国防动员部和山西省军区要求，在全区开展群众性岗位练兵活动。在训练对象上，纵向从师团首长机关到基层人武部、预备役营连，横向从现役、民兵预备役官兵到职工库工，全员覆盖、全面提高。在训练时间上，首长机关结合“日练百字、周标一图、月写一文”活动，落实每月4个训练日，每周二、四早操、每天第八课时统一组织体能训练，每周组织一体化机上标图、手工标图作业展评；骨干队伍，3月，组织一期通信骨干集训；民兵队伍以整组落实推动基础训练；职工库工和非现役警卫执勤人员，6月，组织一期集训。在训练方法上，采取岗位自训、集中统训、建制联训、外聘辅导、座谈研究等方法组织实施。在训练考评上，将考核贯穿学习、训练、研究的全过程，8月，在全省群众性岗位练兵骨干集训中，司令部参谋李小龙取得现役军官口述标图比武第一名；10月，在全省群众性岗位练兵比武竞赛中，预备役工兵团道桥1营营长张强取得分队军官比武第五名。在训练保障上，投入30余万元对原雁北军分区靶场进行修缮整修，军事训练保障能力有新突破。（傅三星）

【军事新闻宣传工作获表彰】 2016年，大同军分区在军地媒体刊发各类稿件37篇，其中《架起提升战斗力的“高速通道”》在《中国国防报》6月29日一版头条刊发。大同军分区被军委国防动员部表彰为“新闻报道先进单位”，军分区政治部干事刘国旗被山西省军区表彰“新闻报道先进个人”。（傅三星）

武警大同市支队

【概述】 中国人民武装警察部队山西省总队大同市支队（简称“武警大同市支队”），2016年从以下几方面推进工作的开展。

*看齐追随的意识自觉。*2016年，武警大同市支队以习主席系列重要讲话精神为指导，开展“两学一做”、改革强军两项重大教育。推进“带新促老”活动。突出“思想肃清”，坚持问题导向，大事大抓肃清郭徐流毒影响工作。宣扬先进典型，开展文化活动，拓宽新闻报道路子。

*练兵备战的力量聚焦。*武警大同市支队组织“三场战役”，坚决打赢卡点勤务、武装巡逻、临时任务、重大安保、固定勤务“五场战斗”，抓获犯罪嫌疑人6名，处置突发事件两起。推进新一轮执勤隐患治理，武警大同市支队连续二十年实现执勤无事故。按照“两个不经、一个保持”检验标准，推进“广西集训”精神贯彻落实。成立森林灭火、抗震救灾两支专业救援队，蓄足底气、备足底牌。以实战化训练为重要突破，深化“魔鬼周”训练、“卫士－16”演习和野营拉练成果，实战化训练成绩提升。

*抓安创安的氛围深厚。*武警大同市支队组织实行部门包大队、股室挂中队安全责任制，落实三餐前安全提示，安全员每天讲评，大队每周安全汇报等制度，重点关注8种倾向人员，加强机关干部“8小时”以外管控，官兵抓安创安意识牢固。用好安全大检

查和安全百日竞赛活动两个抓手，安全隐患整治有力，部队保持安全稳定。

抓基层导向更加鲜明。武警大同市支队组织贯彻武警党委1号文件，开展大练基本功、“岗位大练兵”和《纲要》培训，党员队伍、干部队伍、骨干队伍“三支队伍”能力提升，抓建秩序正规。采取“脱鞋下田”摸情况、“一队一案”定计划、“领导包队”定责任、“挂账销号”抓整改等方法精准帮建，六中队实现“转型”，阳高中队“摘帽”。做好发放困难补助，协调子女入学，组织官兵体检，完善设施改造等工作。

后勤前置的能力提升。武警大同市支队落实“后勤前置”要求，加强“一组五队”建设，常态组织保障演练，充实物资器材储备，保打赢能力提升。开展“伙食精细管理年”活动，落实“五项制度”，坚持司务长集体办公，规范饮食保障模式，伙食满意率98%。坚持党委（支部）理财，组织物资采购和财务大清查“回头看”，规范后勤财务管理。配备炊事器具，配发战备物资，维修营房营具，优化官兵工作生活环境。

组织功能发挥有力。武警大同市支队把学习习主席重要讲话和上级指示要求作为党委班子建设第一要务。学好用好民主集中制，规范党内生活，强化懂规矩守规矩的意识和能力。各级党委（支部）把“提振精气神，聚力迎大考”专题教育作为“发令枪”，确保精神状态昂扬。把贯彻总队表彰大会精神作为“开场戏”，确保工作平稳转换。把抓实帮带作为“第一课”，制订按纲建队计划，确保思想方向不偏。学习“三准则两条例”，落实“两个责任”，紧盯征接新兵、士官选取、干部任用、经费开支等具体事，全年在重大敏感问题上坚持公平公正、公开透明，没有不良反应。　（张兴国）

【先进典型表彰暨阶段性工作部署会】　2016年1月15日，武警大同市支队召开2015年度先进单位和个人表彰大会暨2016年第一季度工作任务部署动员会，学习贯彻武警大同支队总队会议精神，对上年在部队建设和完成任务中做出突出贡献的先进单位和个人进行表彰，对阶段性工作重点进行安排部署。会上，武警大同市支队副支队李建峰长宣读对上年度先进单位和个人进行表彰奖励的通令通报，武警大同市支队党委常委给先进单位和个人代表进行颁奖。武警大同市支队支队长赵学军“主动担当、聚力抓建，推进支队建设分层跨越全面发展”为题，围绕“对2015年工作的回顾和反思、对2016年工作的思考和谋划”两个方面作重讲话。武警大同市支队政委张劲槐围绕“用心干工作、用力抓落实，推动一季度工作见底见效”主题，就工作指导上应把握的问题作重要讲话。　（张兴国）

【武警党委二届十一次全体（扩大）会议】　2016年3月12日，武警大同市支队党委召开二届十一次全体（扩大）会议。会议学习传达武警党委二届八次全体（扩大）会议和总队党委三届十次全体（扩大）会议精神，总结分析上年度部队建设形势，安排部署2016年度工作任务。会上，武警大同市支队党委书记张劲槐代表支队党委常委会作题为“夯实基础、蓄势固本，按照六个基本要求加强部队全面建设”的工作报告。武警大同市支队党委副书记赵学军作题为“明清形势任务、强化使命担当，坚决打赢维护社会稳定攻坚战”的主题讲话。武警大同市支队党委常委、纪委书记李强代表支队纪委向全会作题为“坚持抓早抓小、强化刚性问责，坚定不移推进部队党风廉政建设向纵深发展”的工作报告。会上，司、政、后部门领导对上安排部署2016年度主要工作任务，对具体的抓建设思路、重点任务、方法步骤和相关要求进行明确强调。　（张兴国）

【曾友成到武警大同市支队调研】　2016年4月13日至15日，武警大同市支队总队司令员曾友成率司令部作战勤务处处长祁飞、参谋邵和平、政治部秘处秘书白涛、后勤部战勤处参谋闫晓军一行5人，到武警大同支队调研，看望慰问一线官兵，支队长赵学军、政委张劲槐全程陪同并汇报工作。曾友成员一行听取武警大同支队全面建设及年度工作推进情况汇报，对支队机关和各基层中队进行全面系统的检查指导，实地调研部队建设现状和当前重点工作。曾友成每到一个单位都到执勤哨位、作战勤务值班室、前置备勤室，了解联合作战指挥模式下的值班执勤、兵力部署、制度落实、设施建用及目标周边情况，现场检验哨兵情况处置能力，查看执勤隐患排查治理；到训练场，重点对训练思维理念、组训模式方法、教练员队伍及训练场地设施建设等问题提出具体要求和指导性建议；到各类库室，对官兵工作生活环境秩序、营区政治环境及安防体系建设、部队正规化管理等

▲2016年3月12日，武警大同市支队党委召开二届十一次全体（扩大）会议

（张兴国 供图）

进行了解；到饭堂、操作间、班排宿舍，查看后勤保障，与官兵一同打饭就餐，亲切交谈，关心询问官兵工作学习生活情况，听取意见建议，勉励官兵要勤奋努力，踏实工作，提高军政素质。（张兴国）

【武警“四会”政治教员比武活动】 2016年7月7日，武警大同市支队按照“应知应会测试、自选题目授课、模拟情况解答”三个步骤开展“四会”政治教员比武活动。评委组成员全程实行“阳光操作”，坚持现场抽签、现场打分、现场公布，评选出武警大同支队支队优秀“四会”政治教员，营造公开、公平、公正的评比竞赛氛围。这次“四会”政治教员比武给广大基层政治干部提供一个同台竞技、施展才华、互相学习、共同提高的平台，调动基层政治干部钻研本职业务、提高“四会”能力的积极性主动性，促进基层思想政治教育质量提升。（张兴国）

【警戒设卡和联勤武装巡逻】 2016年8月1日至25日，武警大同市支队支队把“北戴河暑期警卫勤务”期间的维稳工作作为“第二场维稳战役”核心之仗，以超强的决心、空前的力度、周密的措施，坚守“护城河”防线。配合公安机关排查人员47250名、车辆19754台，处置犯罪嫌疑人冲卡事件2起，抓获犯罪嫌疑人3名、吸毒人员2名，劝返上访人员24名，收缴违禁品173件，发挥滤网作用。通过对飞机场、火车站、汽车站、政府和广场、商场、学校等重点区域和部位的巡逻防控，对不法分子起到强有力的震慑作用。（张兴国）

【武警二届十二次全体（扩大）会议】 2016年8月16日，武警大同市支队党委召开二届十二次全体（扩大）会议。会议传达学习武警部队党委书记座谈会精神、武警部队基层建设暨士官队伍建设工作会议精神、军委“两学一做”学习教育工作推进会精神、总队“两学一做”学习教育工作推进会精神以及总队党委三届十一次全体（扩大）会议精神，总结分析上半年部队建设形势，研究部署下半年工作任务。会上，武警大同市支队党委书记张劲槐代表党委常委会向全委会作题为“认清发展形势、振奋精神状态，推动年度工作完成”工作报告。武警大同市支队党委副书记赵学军作题为“凝心聚力干事创业、抓住重点攻坚克难，推动支队建设全面过硬跨越发展”的重要讲话。（张兴国）

【李清涛到武警大同市支队调研】 2016年9月5日至6日，武警大同市支队总队政委李清涛率领政治部组织处公海桅处长、干部处崔健处长、党委秘书张孟松一行4人调研武警大同市支队。李清涛一行听取支队党委工作汇报，与支队党委常委、部门副职和机关股长进行座谈，调研年度工作落实和两项重大学习教育开展情况；视察支队机关和作战勤务值班室，了解勤务设置和兵力部署；到一、二、六等部分基层中队检查调研，慰问基层官兵。李清涛在听取支队党委汇报和个别谈心交流后，作重要指示，指出支队坚决贯彻总队党委的决策部署，在部队建设有起伏、有波折的状态下，采取“三步走”的战略，实现部队建设稳中有进、稳中向好。（张兴国）

【武警“三项活动”比武竞赛】 2016年9月6日至9日，武警大同市支队利用为期4天的时间依托支队教导队组织执勤分队军事训练实战化考核、执勤对抗竞赛和教练员评选活动。这次执勤分队“三项活动”比武，改变以往的固有模式，在人员上突出基层一线指挥员、教练员；在课目设置上突出专业性、重难点，增加技战术课目。全体官兵坚持把比体能、比技能、比战术与比思想、比作风、比形象有机结合起来。通过这次活动，全面检验各执勤中队干部年度实战化军事训练、执勤训练和教练员队伍建设成效，培养官兵血性虎气，使各级形成大抓实战化训练的高度自觉，推进年度军事训练向纵深落实、发展、推进，提升部队遂行任务的能力。（张兴国）

【联勤武装巡逻】 2016年8月29日至9月5日，为确保“G20峰会”“山西省旅游发展大会”期间大同市社会秩序良好，社会面安全稳定，根据市委、市政府要求，按照市公安局统一部署，经报总队批准，武警大同市支队协同大同市公安局组织联勤武装巡逻勤务。武警大同市支队司令部组织召开勤务部署会议，明确执勤要求与纪律，精心挑选执勤人员，明确执勤组织指挥与执勤编组，确保执勤部署周密、组织力量坚强。任务分队在支队动员部署的基础上，搞好教育训练，从严规范执勤人员执勤动作、执勤用语、执勤着装和情况处置。执勤过程中，各级干部靠前指挥、身先士卒，勤务编组科学、部署严密，枪弹管控严格；参勤官兵依法、文明执勤。（张兴国）

【“改革强军伴我行”演讲比赛】 2016年9月19日，武警大同市支队举行“改革强军伴我行”演讲比赛。经过各单位层层选拔，17名来自基层执勤、处突一线的选手最终入围。演讲内容前后衔接呼应，观点鲜明聚焦，讲稿结构严谨，文字简练流畅，言之有物、论证有力。通过比赛，深化主题教育效果，引导广大青年官兵响应时代召唤，自觉强化使命担当，从个人思想认识、工作生活、军旅经历等方面的成长中以小见大，坚定理想信念、提升素质本领、锻造虎气血性、纯洁道德品行，激发投身改革强军实践、争做“四有”新一代革命军人的热情动力，为推进支队新一轮发展提供精神动力和文化支撑。（张兴国）

【公安检查站警戒设卡及武装巡逻】 2016年10月22日至27日，武警大同市支队与大同市公安特警混合编组，担负京大高速孙启庄、荣乌高速驿马岭检查站警戒设卡任务及大同市区重点区域城市武装巡逻任务。武警大同市支队党委重视，召开会议部署勤务，武警大同市支队队长赵学军、政委张劲槐提出“严密组织、树好形象、灵活处置、确保安全”的具体要求。武警大同市支队司令部预想执勤中可能出现的突发情况，拟制执勤方案，科学部署兵力，与驻地相关部门协调，加强情报收集。任务分队精心挑选人员，开展形势任务教育和执勤法规教育，强化官兵战备意识和纪律意识，并针对任务特点，开展专勤专训，提高官兵应急处置能力。任务中，带队干部坚持模范带头、靠前指挥，做到上勤前提要求、执勤中勤报告、归队后细讲评；参勤官兵发扬连续作战精神，坚持依法执勤、文明执勤，树立武警部队良好形象，震慑各类违法犯罪活动，维护驻地社会稳定。（张兴国）

【纪相元到武警大同市支队调研】 2016年11月8日，武警部队参谋长助理纪相元率后勤保障部运输局副局长李琳光、参谋部装备局处长吴辉、装备局参谋胡英博、信息通信局参谋何千、后勤保障部军械局助理员黄艳平、运输局助理员张桃印，到武警大同市支队进行装备工作检查调研。总队副政委邹天剑、参谋长李善勇、后勤部副部长朱大勇，支队长赵学军、政委张劲槐及相关人员陪同检查。工作组一行先后到武警大同市支队一中队、二中队、六中队，采取查阅资料、实地检查、理论提问、清点实物、核对账目、实装操作等方法，对支队推进装备工作落实情况进行全面检查，对支队装备工作给予肯定。检查中，工作组重点围绕支队装备工作组织领导、装备编配落实、重点力量装备建设、装备日常管理、武器弹药管理专项整顿、超标车辆涂装等6个方面情况进行检查调研。（张兴国）

【武警野营拉练】 2016年12月5日，武警大同市支队组织首长机关带机动大队和新训大队拉开为期3昼2夜野营拉练的序幕，训练和检验部队“走、打、吃、住、教、训、管、保”八个方面能力。根据训练对象层次有所不同、强度难度大、安全风险高、组织保障难等特点，专门召开会议安排部署，成立相关组织领导，层层教育动员，组织风险评估，研究制定规避风险措施，反复进行现地勘察，科学选定路线，拟制方案，组织野外拉练相关知识培训和模拟拉练，有针对性的补充装备物资，确保拉练准备工作充分。围绕遂行任务需要，着眼于锤炼部队，练指挥、练战法、练官兵意志、练部队远程机动能力，在历练新兵的同时，夯实机动大队处突、反恐能力基础，提高首长机关的组织指挥能力。在课目设置上突出体能、战术、救护等内容；在遂行任务中突出指挥控制、战法研究、行动协同等重点；在处置行动中突出人员、装备、技能等优势的发挥。立足野战环境，强化指挥通联，针对分散条件、生疏地形、复杂气候，采取有线、无线、卫星等多种方式，确保“城市通、野外通、动中通、全时通”。坚持后勤变前勤，采取伴随保障、定点保障、社会化保障相结合的方式，挖掘后勤综合保障潜能，落实让官兵都能喝上热水和姜汤、吃上热饭，卫勤人员全程伴随保障，不间断组织巡诊和医疗，最大限度减少非战斗减员，为完成拉练任务提供保障。为确保这次拉练安全顺利进行，针对拉练人员多、车辆多、装备多、危险路段多、行军距离远等实际，坚持一任务一讲评、一阶段一总结，及时发现问题、堵塞漏洞。全程实施战场化管理，加强宿营点护卫、备勤等安全措施，严密布设警备调整勤务，组织车队编序、开进、转场和换乘，管好管各个环节，穷尽可能，提高部队行动安全系数。（张兴国）

【武警英模陈磊】 陈磊，男，汉族，山东菏泽人。1995年1月出生，2011年入伍，2013年入党，下士警衔，现任武警山西省总队大同市支队一中队六班班长。2013年被评为预提士官优秀学员，2014年参加总队特战队员比武中，狙击取得个人第三名的成绩。2014至2016年多次在总队参加特战队员集训，均取得好的成绩。2016年12月被武警山西省总队记二等功。

陈磊被武警大同市支队选派到总队参加狙击手集训和比武竞赛，取得第三名。2014年8月，参加总队特勤排比武，担负着狙击科目，为支队、中队争得荣誉。

强化“当兵打仗、带兵打仗、练兵打仗”的思想认识，在平凡的工作岗位上恪尽职守、踏实工作，为部队的建设奉献一切。（张兴国）

人民防空

【人防《规划》通过专家评审】 2016年，大同市人民防空办公室启动《大同市人防工程建设和地下空间开发利用规划》（以下简称《规划》）编制工作。6月中旬，大同市人民防空办公室主要领导带领相关工作人员，学习考察哈尔滨人防地下空间开发利用的经验。《规划》初稿通过初审，征求国土、住建、规划、发改委等部门的意见。11月下旬，《规划》通过专家评审。（人防办）

【人防项目建设】 2016年，大同市人民防空办公室经过前期评审论证、招标等程序，启动“大同市基于地理信息系统的人防数据库和智能化管控系统”项目建设。市人民防空办公室与市政府应急办、市地震局、市园林局协调，把市儿童公园、市御河生态园两处城市应急避难场所纳入市人民防空疏散地域，并挂牌投入使用。年内，与市地震局、市政府应急办配合，把人防工程纳入城市地震应急避难场所，张挂各类标识牌并投入使用。（人防办）

【防空信息检测演练】 2016年，大同市人民防空办公室根据山西省人民防空办公室《关于组织山西人防信息系统检验性演练通知》要求，由市人防指挥信息保障中心制订相关落实措施和总体实施方案。按省人防办要求，落实机动指挥人防通信性能检测，开展现场图像采集、短波通信及卫星传输演练，保障人防通信机动指挥为上级指挥所提供准确、实时的现场真实情况。1月至4月，大同市人民防空办公室分别到广灵、浑源、大同、左云和灵丘五县拉动检测演练。6月中旬，组织到内蒙古乌兰察布市集宁区开展拉动检测演练。（人防办）

【人防行政规范化建设】 2016年，大同市人民防空办公室推进行政体制改革，加大简政放权力度。市人民防空办公室行使2项行政权力，下放8项行政权力至县（区）人防办行使。3月1日，《大同市人防工程建设和管理条例》（简称《条例》）实施，市人民防空办公室专门印制2000册单行本《条例》，分发各县（区）、各单位，并协调市人大开展人防执法检查。（人防办）

法　治

人大立法

【地方性法规制定修改】2016年，大同市人大常委会制定、修改地方性法规5件。（1）加强立法工作组织协调。与市政府法制办协调研究，分析立法选项，谋划立法计划。到基层调研15次，征集立法建议，发挥公众参与、专家咨询与人大决策相结合的立法决策机制作用，保证社会急需、条件成熟、认识一致的项目优先列入立法计划。人大各专委、常委会各工委推进地方性法规多元化起草工作。对与上位法不一致、与改革发展不适应的全市制定的现行法规，和大同市政府沟通，征求山西省人大意见，修改《大同市地方立法条例》《大同市煤矿安全生产监督管理条例》《大同市气象设施和探测环境保护条例》。（2）加强立法调研论证。组织召开立法座谈会、论证会18次，收集各方意见和建议20条。对涉及的一些重大关系和专业问题，征求人大代表、政协委员和专家学者的意见，研究、处理各种利益关系，科学论证立法的必要性和可行性。推进“开门立法”，在制定《大同市餐厨废弃物管理条例》《大同市人民防空工程建设和管理条例》中，在大同日报等媒体公开法规草案内容，通过公开电子邮箱、联系电话等形式，扩大公民参与立法的渠道，提高立法工作透明度。（3）加强统一审议工作。完善立法审议机制，对部分修改的法规草案，实行一审制；对各方面意见比较一致的，实行两审制；对情况复杂、各方意见不一致、涉及人民群众切身利益的，实行多审制，把好质量关。《大同市电动车管理办法（草案）》是一项创制性立法，涉及绿色发展产业政策，关系百姓出行安全，社会关注度高，制订难度大，大同市人大常委会决定三审，通过初审。（贾鸿铸）

政法委与社会管理综合治理

【严打整治“百日行动”】2016年6月3日至9月12日，大同市政法系统在全市范围内组织开展打黑除恶、铲除黄赌毒、治爆缉枪、打击非法传销、打击侵财犯罪、整治道路交通秩序严打整治“百日行动”。破获刑事案件2510起，抓获刑事作案成员1262人，打掉各类犯罪团伙36个；破命案积案14起，抓获各类逃犯1073人；清查各类治安复杂场所72198家，受理各类治安案件6409起，行政拘留2072人。查处“黄赌毒”案件1592起，破获毒品刑事案件117起，查处吸毒人员1073人，强制隔离戒毒570人，社区戒毒406人。收缴各类枪支1710支，各类子弹12万余枚、雷管40344枚。开展集中打击传销行动20余次，破获传销刑事案件104起，取缔传销窝点977处，刑事拘留306人，遣散传销人员7083人。查处各类交通违法行为316720起。11月，全市开展以“打重点、严整治、建机制、保稳定”为主要内容的“冬季严打整治”专项行动，巩固严打整治“百日行动”成果。全市立刑事案件12262起，同比上升4.7%；破获各类刑事案件4473起，破案率为36.5%。立八类案件863起，同比下降12.3%，占刑事案件总量的7%；破案483起，破案率56%。立侵财案件11176起，同比上升4.4%，占刑事总量的91.1%；破侵财案件3558起，破案率为31.8%；抓获刑事案件作案成员2258人，刑拘2005人，批捕1254人。破20起命案，破案率95.24%；抓获各类逃犯2076名。其中抓外省逃犯509名，抓命案逃犯53名；全市发现受理各类治安案件24901起，同比上升1.4%，查处24824起，同比下降2.8%；查处违法人员29768人次，同比下降7.5%。

（政法委）

【社会治安风险隐患整治活动】2016年，大同市政法系统开展社会治安风险隐患大排查大整治活动，制定《实施方案》，划分政治安全类、矛盾纠纷类、公共安全类、内部安全类四类风险类型，梳理细化16项社会治安风险隐患，明确排查任务，建立17种工作台账，压实工作责任。加大宣传力度，通过在大同日报开辟“同心同力发展大同、综合治理共创平安”专栏、租赁户外广告大屏、公交站牌广告、公交车载视频等途径，专题报道大排查大整治活动。成立三个督导组，督导检查风险隐患突出、工作任务繁重，排查整治工作开展不力的县区和部门，推动工作落到实处。召开工作推进会，引深安全稳定和风险隐患排查。加强寄递物流、金融、交通、网络、消防等公共安全领域的安全排查整治，推进劳动社保、城建、房地产、环境保护、医患关系等行业的排查力度，发现掌握安全隐患。全市排查各类社会治安风险隐患 10397 处，建立整治台账的社会治安风险隐患 354 处。其中，政治安全类 6 处，矛盾纠纷类 55 起，公共安全类 288 处，内部安全类 5 处 。（政法委）

【政法安保维稳】 2016 年，大同市政法委系统加大社会面防控力度，创新工作机制，成立巡特警支队，坚持昼夜屯警街面，加强重点部门和人员密集场所安全保卫，严防公共场所、重点部门的暴力恐怖袭击和个人极端案（事）件。完善重点人员核查管控工作机制，把全市 5000 名重点人员及吸毒人员列为管控对象，运用信息数据分析，推送警情和人员信息，提升打击犯罪精准度。推进依法治访，引导信访工作在法治轨道内妥善解决群众合理诉求，依法打击非访、缠访、闹访行为。加强重要活动、重大节日安保维稳工作，完成中共十八届六中全会、省市党代会、省旅发大会等关键节点的安保维稳任务。（政法委）

【社会治安防控体系建设】 2016 年，大同市政法系统加强公共安全视频监控网建设，开展点位布局优化补强，累计建设前端 6144 个点位、19648 台摄像机，覆盖全市 272 条道路。建成治安监控子系统和智能交通子系统，具备治安监控、治安卡口、高点及点面联动、云存储、视频侦查、人像卡口、电子警察、交通卡口等功能，提高案件侦破和治安防控效率，提升防范和打击犯罪能力，加强交通智能化管理。实现全系统联网应用功能，构建事前预警、事中监控、事后取证的视频应用全覆盖体系，通过视频专网连接各县区的视频资源，实现视频资源整合和效益最大化。推进群防群治工作，以南郊区农村治保工作为试点，推动落实农村治保“十有”标准（有机构、有场所、有队伍、有装备、有台账、有保障、有制度、有网络、有考核、有成效），深化农村综治基层基础建设。专职巡逻队伍，各县区结合实际，整合资源，成立规模较大的专职巡逻队伍，健全工作机制，落实经费保障，配备巡逻装备，开展治安巡逻、法制宣传、线索收集等工作，维护社会稳定。开展寄递物流清理整顿专项行动，加强交通、商务等领域物流安全管理，落实邮件快件 100% 收寄验视、100% 实名寄递、100%X 光机安检制度和禁限运物品清单、货物受理验视、抽检抽查等制度，预防利用邮件、快件寄递渠道和物流渠道实施违法犯罪行为。推进铁路护路联防工作，开展“五查五创”活动和涉路矛盾化解，加大护路法规宣传教育力度，加强铁路护路联防队伍建设，全年未发生重大涉路案事件。建立健全网警常态化公开巡查执法机制，实行网上昼夜巡查管理，加大社会网站政策监管、技术管控和各类新型网络工具动态管控，发现、封堵、删除有害信息，打击网络违法犯罪活动。（政法委）

【矛盾纠纷化解】 2016 年，大同市政法系统推进矛盾纠纷多元化解中心建设，坚持“典型引路，以点带面”工作思路，创新工作机制，提炼总结经验，打造调解品牌，扩展调解工作知名度，增强实用性。培养选树城区老温调解工作室、广灵县矛盾纠纷多元化解中心、灵丘县矛盾纠纷多元化解中心等一批矛调工作先进典型，调解一些重大疑难信访案（事）件，化解一批矛盾纠纷隐患。全年全市排查各类矛盾纠纷 3.18 万起，调处 2.88 万起，调处率 90.57% 。深化基层社会服务管理，健全完善工作运行机制，优化网格长（员）奖惩考核制度，按照“疏密有度、减量保质”原则，淘汰补充网格长（员）。加大教育培训工作力度，各县区综合运用视频教学、专家授课、网络授课等形式，集中培训基层综治人员。全年受理网格长上报各类事件 32.96 万件，处置 29.12 万件，处置率 88.3%；采集公安、司法、民政等 12 个部门信息 14.43 万条，录入 138.76 万户 389.35 万人居民家庭基本情况。（政法委）

【政法服务保障活动】 2016 年，大同市政法系统以“防风险、排干扰、强服务”为主题，开展政法机关保驾护航专项行动，抓住全市“冬季行动”暨项目建设“双环行动”，推进“冬季行动”社会治理战役，针对综合治理、公共安全、信访维稳、民生保障、特殊人群等工作，抓落实，维护社会稳定。市政法各部门围绕各自职能，保障服务措施。法院系统发挥审判职能，建设社会诚信体系，落实失信被执行人名单公布制度，开展“执行积案集中清理”专项行动大会战，依法保障当事人胜诉权益。全年，全市法院受理各类案件 23863 件，审执结 22075 件，年终结案率 92.51%，审限内结案率 99.14%。检察机关把防控风险、服务发展摆在首位，在同煤广发公司等省重点项目中成立“服务重点项目工作站”，制订《关于依法保障和促进非公有制经济健康发展的实施意见》，查处各种违法行为，为企业发展营造廉洁高效政务环境。全年批捕破坏社会主义市场经济秩序类案件 104 件 131 人。公安机关实行重点企业、重点项目包联制度，研究分析建设发展过程中遇到的问题，协调解决各类难题，打击破坏企业发展和项目建设的违法犯罪行为。全年，破经济类案件 123 件，挽回经济损失 122 万元。司法行政机关整合律师、公证、法律援助等资源，制定《关于开展“律师服务六大发展”活动的实施意见》，开展服务保障活动，组织公证员到涉拆街道宣传公证法律知识，办理公证业务，为全市经济发展提供法律服务。全年办理各类法律援助案件 1401 件，办理各类公证 19642 件。（政法委）

【执法规范化建设】 2016 年，大同市政法系统执行全省《“阳光司法”工程五年规划》，市、县两级法院完善审判流程公开、裁判文书公开、执行信息公开三大信息公开平台，建成科技法庭 23 个，投入运行规范化电子诉讼档案。检察机关推行“阳光办案模式”，完善申诉案件公开听证、重信重访案件公开审查等制度，实现门户网站和“两微一端”全覆盖；推进“阳光百姓工程”，打造涉农职务犯罪预防新平台，借助“互联网 + 预防”信息平台，建立基础台账，形成县、乡、村三级联动涉农职务犯罪预防网络。公安机关推进办案信息公开、法律文书公开、服务窗口公开三项建设，通过大同公安便民服务在线平台加强与群众沟通，提升单位管理效能、服务水平和人民群众满意度。市司法局加强信息化建设，建立公证管理系统和公证办证系统，投入使用法律援助远程视频服务系统，完善便民、利民措施。

大同市政法系统贯彻落实中央和省委《关于进一步规范司法人员与当事人、律师、特殊关系人、中介组织接触交往行为的若干规定》《领导干部干预司法活动、插手具体案件处理的记录、通报和责任追究规定》和《司法机关内部人员过问案件的记录和责任追究规定》三个规定，推进“减刑、假释、暂予监外执行”治理专项行动，组织开展集中清理判处实刑罪犯未执行刑罚专项活动，规范执法行为。组织开展执法巡查工作，制定《实施方案》，围绕公正文明规范执法、贯彻落实上级工作情况、党风廉政建设、群众对执法状况反映等方面，执法巡查矿区法院、天镇县法院。开展涉法涉诉进京非访集中清理专项活动，清理完毕省委政法委交办的25个进京非访案件。制定《市县两级信访部门建立法律顾问制度参与化解重点信访案件的意见》，选备26名法律服务工作者参与全市信访案件化解。开展案件评查工作，成立案件评查组，集中评查9起重点信访案件。

大同市政法系统各级法院、检察院贯彻落实中央、省委关于深化司法体制改革总体部署，结合自身实际，推进各项改革工作。成立司改工作领导组及办公室，制定《遴选方案》《业绩考核实施细则》和《司改试点实施方案》，明确各阶段任务要求和工作重点，完善工作措施，确保改革任务落到实处。抓好法官、检察官入额遴选，严格报名、资格审查、业绩考核、民主推荐等工作程序，组织符合条件的人员参加考试。按照确定的员额数，向省里上报推荐入额人员名单。

（政法委）

【政法履职能力提升】 2016年，中共大同市政法委员会调查研究全局性、基础性课题。调动和发挥市法学会的作用，围绕司法体制改革、政法队伍建设、解决政法工作突出问题等，开展理论研究，提供决策依据。中共大同市政法委员会督促检查重点任务、阶段性工作，了解掌握情况，总结经验，考核评估工作质量，帮助政法机关查缺补漏，解决存在的困难问题。督导检查安保维稳、平安建设、矛调中心和四级平台建设、“阳光司法”工程、服务保障重点项目等工作，落实各项任务和工作措施。（政法委）

【政法工作会议】 2016年2月25日，大同市政法工作会议召开。会议主要任务是学习贯彻习近平总书记系列重要讲话精神、关于政法工作的重要论述和指示精神，按照中央、省、市工作要求，安排部署大同市政法工作。

市委书记张吉福出席会议并讲话。市委常委、政法委书记卫国作工作报告。副市长刘振国主持会议。市中级人民法院党组书记、代院长白永旺，市人民检察院党组书记、代检察长段运生，市长助理、市公安局党委书记、局长王武道等参加会议。

参加会议的还有市委政法委员会委员，市政法各部门班子成员，市综治委成员单位负责人，各县区委书记、政法委书记、综治办主任和法、检、公、司“四长”及省政法部门驻同单位负责人，市政法委机关负责人等。（青　青）

【李培斌先进事迹巡回报告团到县（区）作报告】 2016年6月，李培斌妻子杜润梅等5位报告团成员为各县（区）党员干部作报告，讲述李培斌先进事迹。

李培斌生前是阳高县龙泉司法所所长，28年来一直扎根司法行政基层，在平凡的工作岗位上，以突出的业绩和辛勤的奉献，展示一名共产党员和一名司法行政干警的时代风采。2015年10月15日，年仅50岁的李培斌因劳累过度，不幸殉职。李培斌生前曾被司法部评为全国模范司法所长、“全国人民调解能手”，当选中共十八大代表。他逝世后，中组部追授其为“全国优秀共产党员”，中宣部授予李培斌“时代楷模”荣誉称号，中央政法委印发《关于学习宣传李培斌同志先进事迹的通知》，司法部追授李培斌“司法行政系统一级英模”称号，作出向李培斌学习的决定。（冯　雨）

【“纪律作风百日大整顿”活动】 2016年6月1日至9月10日，市委政法委在全市政法系统开展“纪律作风百日大整顿”活动，落实全市严打整治“百日行动”誓师大会精神，解决政法队伍存在的纪律作风问题，提升政法队伍战斗力。这次纪律作风整顿主要内容是：整治有警不接、有案不立，出警不及时，治理不力黄赌毒、社会治安乱点和严重影响群众安全感突出问题；整治司法活动中滥用自由裁量权，徇私舞弊、贪赃枉法，办关系案、人情案、金钱案，违规办理减刑假释和暂予监外执行等问题；整治为黑恶势力、非法经营和黄赌毒违法犯罪活动充当保护伞，违规干预执法司法活动，充当司法掮客、进行权钱交易等问题；整治不遵守政治纪律、工作纪律、生活纪律，当自由人、说自由话、上自由班，违反中央八项规定，行为不检、顶风违纪，吃拿卡要、冷硬横推，在位不在岗、在岗不干事，作风漂浮、效率低下等问题；整治棘手案件不敢去接、复杂问题推诿扯皮、遇到矛盾绕道走、关键时刻冲不上去等问题；整治基层一线执法力量薄弱，街面治安防控措施不健全，对严重精神障碍患者、刑满释放人员、违法犯罪青少年等重点人群底数不明、动态不清、监管不力等问题。

纪律作风整顿分自查自纠、督导核查、评查验收三个阶段，与严打整治“百日行动”同步展开，整体推进。大同市成立由市委常委、政法委书记卫国任组长，市政法各部门主要负责人任副组长的纪律作风整顿领导组，负责组织领导全市政法系统百日大整顿。

（冯　雨）

法治政府建设

【法治建设】 2016年，市政府法制办制定出台《大同市人民政府关于加快推进法治政府建设的实施意见》《大同市重大行政决策规定》，为履行政府职能提供制度依据。制定印发《大同市2016年依法行政暨政府法制工作要点》，部署全年工作。把依法行政工作纳入年度目标责任考核体系，明确全年工作任务指标。评定各县区、市直各部门2015年度依法行政目标责任考核结果，制订2016年县区、市

直部门年度目标责任考核（法治建设）共性指标，按月上报工作进度。（法制办）

【法治制度建设】 2016年，市政府法制办制订印发2016年度政府立法计划；清理政府规章2次，制定《大同市人民政府关于废止部分市政府规章的决定》《大同市人民政府关于废止〈大同市餐厨废弃物管理办法〉的决定》，完成政府规章备案工作；起草部门完成规章立法后评估方案和评估报告工作；印发大同市人民政府立法计划征求意见函，向公众征求2017年度立法建议；编印《大同市法规规章汇编（1988年~2016年）》《大同市政府规章汇编（1991年~2016年）》；审查规范性文件合法性（前置）32件，规范性文件备案10件，办理上位法律、法规、规章征求意见法案审查16项，市政协委员提案2项。（法制办）

【执法检查和行政审批】 2016年，市政府法制办专项检查全市交通系统行政执法案卷评查情况，印发检查情况通报，专项检查全市执法单位贯彻《山西省行政执法条例》《山西省行政执法证件管理办法》实施情况；审核执法人员资格，资格审核2016年度申领证件的2135名执法人员的执法主体资格、学历、在编在岗情况等方面，组织公共法律知识专项培训；合法性审查全市落实承接上级取消下放行政审批事项、取消、下放和调整权责清单职权事项和清理规范行政审批中介服务事项；推进"双随机一公开"和综合行政执法体制改革工作。（法制办）

【行政复议】 2016年，市政府法制办发挥行政复议在化解行政纠纷和实现行政层级监督作用。市政府本级办理的行政复议案件48件。法定期限结案率100%，案件差错率为零；处理涉及市政府本级行政复议应诉案件9件，涉及市政府行政应诉案件198件。其中，一审行政应诉案件178件，二审行政应诉案件20件，行政应诉案件数量与上年同比增长500%。推进群体性矛盾争议化解工作开展。（法制办）

【法律事务】 2016年，市政府法制办组织政府法律顾问多次参加市政府有关会议，研究论证、协调处理市政府有关涉法事项，审查合同60件，出具法律意见文书55件。参与调处涉法信访案件300余件，参加涉法事项调查2件，参加涉法会议60次。大同仲裁委员会依法仲裁，解决经济合同纠纷和社会矛盾，全年办理仲裁案件78件，标的97910万元。（法制办）

【环渤海区域政府法治工作研讨会】 2016年8月5日，研讨会在大同举行。北京市政府法制办主任刘振刚、天津市政府法制办主任雷颖君、山东省政府法制办主任孟富强、山西省政府法制办主任王卫星、内蒙古自治区政府法制办副主任乔欣、辽宁省政府法制办副主任高凤龙、山西省政府法制办副主任李云涛等参加研讨会，副市长杨勤荣参加研讨会并致辞。

北京、天津、内蒙古自治区、河北、辽宁、山东，及山西省7个省、市、自治区法制办负责人和有关地市法制办负责人围绕"重大行政决策合法性审查制度研究""城市管理、文化旅游、文物保护等领域综合行政执法体制改革及行政执法监督工作"等内容研讨交流，提出新观点、新思路，政府法制工作面临的问题和困难的解决方法和工作思路。（小 霞）

公 安

【公安维稳】 2016年，大同市妥善处置各类群体性事件300余起，未发生有重大影响的案事件。落实重大节假日局领导"双人双值"、警力三分之一备勤、重要敏感期一级巡防、敏感区域武装屯警四项机制，确保重点领域、重要部位、关键环节的安全，完成"两节两会"、古城灯展、中高考和全省旅发大会、G20峰会、北戴河暑期安保等各类大型活动安保任务500余场次，中共十八届六中全会、省市党代会期间，北京、太原没有发生大同的负面影响和不稳定因素干扰。（公安局）

【公安机关开展打击整治行动】 2016年6月，根据市委、市政府统一部署和省厅要求，全市公安机关开展以打黑除恶、铲除黄赌毒、治爆缉枪、打击侵财犯罪、打击非法传销和整治交通秩序为主要内容的严打整治"百日行动"，实现省委常委、市委张吉福书记"刑事案件发案数总体下降、破案数上升、大要案件大幅减少、群众满意度有效提升"的目标要求。在全市范围内部署"七打四整治三建两确保"和集中打击"盗抢骗"冬季专项行动。截至2016年底，全市立各类刑事案件12262起，同比上升4.7%；破获刑事案件4473起，破案率36.5%，同比提升11.3%；抓获刑事案件作案成员2258人，同比提升59.4%；刑拘2005人，同比提升53.8%；批准逮捕1254人，同比提升46.5%；立危害严重的八类案件863起，同比下降12.3%，破获八类案件483起，破案率56%，同比提升24.7%。（公安局）

【公共安全管理】 2016年，市公安局坚持思想认识"零懈怠"，安全隐患"零容忍"，责任事故"零发生"，开展公共安全大检查，全市火灾形势平稳，道路交通秩序改善，危险物品管理规范。全年受理重大道路交通事故88起，同比下降19.3%；发生火灾事故1123起，同比下降1.1%；破获涉爆刑事案件13起，刑事拘留33人，抓获涉爆逃犯9人。打击干扰企业和重点项目工程建设各类违法犯罪，侦办涉企案件26起，为企业上门提供法律咨询等服务300余次；创新管理方式，推出预约服务、错时服务、延时服务等多项便民利民措施，提升行政管理效率和服务发展水平。（公安局）

【"平安大同七号"行动】 2016年1月8日，大同市公安机关冬季严打整治专项行动"平安大同七号"启动，大同市公安局在和阳门广场举行启动仪式。

这次行动根据市委、市政府"冬季行动"统一部署和省公安厅安排组织，专项整治以"除黑恶、清枪爆、打侵财、铲毒害"为主要内容，以"四严、四大"（严厉打击黑恶势力犯罪，严厉打击暴恐、涉枪涉爆和严重暴力犯罪，严厉打击"两抢一盗"侵财类犯罪，严厉打击涉毒犯罪；开展大巡逻、大整治、大收戒、大采集）为主要任务，专项整治行动至3月底结束。

启动仪式结束后，600名警力、100台警车进入指定位置，大巡逻、大整治、大收戒、大采集。各县区公安机关举行相应的启动仪式，全市出动5000名警力参加行动。（路　璐）

【“110宣传日”活动】 2016年1月10日是全国第30个“110宣传日”，市公安局在东信商业广场开展主题为“群众的110你我30年”的宣传活动。

大同市110报警服务台成立于1997年1月10日，“有危难找110”成为人民群众的共识。公安机关希望市民正确使用和拨打110，使110能够在维护社会治安秩序、保护人民群众生命财产安全方面作出贡献。

民警通过设立展板、播放视频、发放宣传资料等方式向市民介绍110的职能和报警范围等。110指挥中心、综警、交警、出入境、消防等警种的150余警力向市民发放宣传单、图册万余张，全市各县区公安机关在辖区内开展宣传活动。（路　璐）

【优秀女警和好警嫂】 2016年3月7日，为纪念三八国际劳动妇女节106周年，弘扬全市广大女警及警嫂爱岗敬业的精神，市妇联、市公安局表彰优秀女警和好警嫂。座谈会上，与会人员结合自身工作实际和内心体会发言。周萌萌等45名优秀女警和童桂林等20名好警嫂受到表彰。（红　远）

【集中打击非法传销】 2016年，大同市制订严打整治“百日行动”打击传销战役行动方案，形成由各级党委、政府统一领导，公安、工商部门牵头，综治、民政、房地产管理、税务、街道、交通等相关部门和单位协调联动的工作格局，增强打击传销工作的主动性和效果。

公安机关根据传销人员主要集中区域，设立五个重点区域打击小组，主要是城区、恒安、南郊区、御东、矿区公安分局辖区。城区公安分局捣毁窝点24个，刑拘2人，治安拘留33人，遣散44人；恒安公安分局捣毁窝点15个，治安拘留27人，遣散104人；南郊公安分局捣毁窝点6个，治安拘留18人，遣散15人；矿区公安分局捣毁窝点8个，遣散78人；御东公安分局捣毁窝点2个，遣散15人。2016年6月1日至10日，全市捣毁传销窝点55个，刑拘2人，治安拘留78人，教育遣散260余人。（冯　雨）

【刑侦支队推进“冬季严打整治”专项行动】 2016年“冬季严打整治”专项行动开展以来，市公安局刑侦支队结合打击“盗抢骗”多发性侵财犯罪专项行动，明确责任分工，强化措施推进。打掉各类犯罪团伙5个，抓获各类违法犯罪嫌疑人119人，行政处罚36人，刑事拘留16人，破获各类案件57起。

11月3日，刑侦支队根据群众举报线索，打掉御东新区水泊寺村一洗车场内聚众赌博窝点，现场抓获涉嫌聚众赌博组织者晋某、刘某、张某等92名现场参赌人员，查缴赌资19万余元及部分赌博工具。11月4日，刑侦支队打掉一特大非法吸收公众存款犯罪团伙，抓获犯罪嫌疑人3名。2013年～2015年期间，犯罪嫌疑人左某伙同左某超、罗某等人在城区万城华府小区D区2号商铺开办“山西金泰隆担保有限公司”，左某等人以投资理财名义对外宣传，以高额利息为诱饵，诱使吕某等120名受害人和其公司签订担保借款合同吸收存款，吸收公众存款2800万余元。11月13日，刑侦支队三大队侦破一起侵犯公民个人信息案，打掉一侵犯公民个人信息犯罪团伙，抓获团伙成员8人，查扣电脑、电话、“网关”等大量涉案物品。2015年5月以来，犯罪嫌疑人卢某等8人利用从事幼儿教育便利条件，获取客户上传信息，留存积累，多次通过互联网非法购买、出售、互换公民个人信息14.3万余条，非法获利累计2万余元。11月27日，刑侦支队三大队破获系列盗窃公共自行车电瓶案件，抓获犯罪嫌疑人11人，缴获被盗公共自行车电瓶30个。2016年9月以来，犯罪嫌疑人杨某盗窃公共自行车电瓶作案47起，把所盗电瓶低价销赃给吴某等10人，涉案价值达10万余元。（刘　江）

百日行动

【严打整治“百日行动”誓师大会】 2016年6月3日，大同市在全市范围内开展以“打黑除恶、铲除‘黄赌毒’、治爆缉枪、打击非法传销、打击侵财犯罪”为中心的严打整治“百日行动”。

市委书记张吉福出席会议并讲话。市委副书记、市长马彦平主持会议。市领导刘国庆、梁凤书、柴树彬、姚生平、赵向东、马斌、郜向华、卫洪平、卫国、孙利仁、曹惠斌、刘振国、杨勤荣、赤建忠，市中级人民法院院长白永旺、市人民检察院检察长段运生等出席会议。市委常委、政法委书

▲2016年6月3日，大同市召开严打整治“百日行动”誓师大会　（张燕伟　供图）

法治

记卫国作严打整治“百日行动”工作部署。市纪委、市委政法委、市公安局、市检察院、市法院、市司法局、南郊区、城区公安分局、矿区公安分局平旺派出所等相关负责人作表态发言。

6月3日，市委常委会召开会议，传达省委常委会会议精神，听取大同市近期治安情况及下一步工作安排部署汇报。市委书记张吉福主持会议并传达，市委副书记、市长马彦平，市委副书记刘国庆等参加会议。市人大常委会主任梁凤书、市政协主席柴树彬列席会议。（冯 雨）

【严打整治“百日行动”集中清查】 2016年6月6日，全市公安机关开展清查工作，这次清查是严打整治“百日行动”中的一项内容，主要针对“黄赌毒”、公共复杂场所等展开集中清查。市公安局综警支队、维稳处突队、云豹突击队、交警支队及城区公安分局、南郊区公安分局、矿区公安分局出动警力1810人、警车134辆、警用摩托车30辆投入行动。

市委常委、市委秘书长部向华，市委常委、政法委书记卫国，市政府党组成员、市公安局党委书记尚建军等出席启动仪式。

6月3日至6日，全市各级公安机关出动警力5570人次，出动车辆1758台次，破获各类刑事案件38起，刑事拘留30人，抓获各类逃犯11人，清查重点场所3920处，查处黄赌毒治安违法案件84起，处理涉黄赌毒人员52人，取缔黄赌毒场所373处，抓获涉毒违法人员44人、强制戒毒21人。收缴猎枪3支、仿真枪4支、各类子弹153发、管制刀具53把、废旧雷管27枚、废旧炸药18公斤。取缔非法传销窝点17处、治安拘留组织传销活动27人。（冯 雨）

【“百日行动”见义勇为表彰大会】 2016年6月15日，大同市召开全市见义勇为表彰大会，表彰奖励大同市严打整治“百日行动”开展以来涌现出的见义勇为市民及提供线索的积极分子。市委常委、政法委书记卫国，副市长、市公安局局长尚建军参加。

表彰大会上，大同市对勇斗持刀抢劫歹徒及积极提供“黄赌毒”案件线索的徐文彪等五位市民，授予“云冈义士”称号并予以5000元～10000元的奖金。见义勇为、协同作战成为广大干部群众的自觉行动，在全社会形成弘扬正气、惩恶扬善的社会氛围，为建设“平安大同”作出贡献。（冯 雨）

【全市打击侵财和毒品犯罪专题研判会】 2016年6月22日，市委常委、政法委书记卫国出席研判会并讲话，会议总结前一阶段打击成果，分析侵财和毒品犯罪形势，提出下一步工作要求。

全市严打整治“百日行动”以来，各级公安机关组织、部署、行动，打击侵财和毒品犯罪。截至6月21日，累计破获侵财案件488起，刑拘侵财案件犯罪嫌疑人93人；刑拘涉毒人员22人，强制戒毒190人，社区戒毒149人。（冯 雨）

【“百日行动”战果】 2016年6月3日至9月12日，大同市利用100天时间，在全市范围内组织开展严打整治“百日行动”。市公安局指挥中心110接警平台每日警情统计，6月至8月接警171170起，同比下降3.7%。其中，接刑事警情3369起，同比下降24.6%，与3月至5月环比下降21.6%。6月至8月，全市立各类刑事案件3123起，环比下降1.3%，同比下降7.3%；破获刑事案件1631起，环比增长100.6%，同比增长152.9%，破案率52.2%，环比提升26.5个百分点，同比提升33.1个百分点。其中，立八类案件233起，环比下降7.5%，同比下降24.1%；破获八类案件213起，环比增长99.1%，同比增长200%，破案率91.4%，环比提升49个百分点，同比提升68.3个百分点。立侵财案件2715起，环比下降8.8%，同比下降13.5%；破获侵财案件1255起，环比增长92.8%，同比增长159.8%，破案率46.2%，环比提升24.4个百分点，同比提升30.8个百分点。立“两抢一盗”案件2307起，环比下降11%，同比下降18.1%；破获“两抢一盗”案件1072起，环比增长83.6%，同比增长152.2%，破案率46.5%，环比提升23.9个百分点，同比提升31.4个百分点。抓获刑事案件作案成员928人，环比提升165.1%，同比提升147.5%；刑事拘留773人，环比提升148.6%，同比提升111.8%；批注逮捕437人，环比提升103.3%，同比提升98.6%。全市发现受理各类治安案件6409起，同比下降3.4%，查处6385起，同比下降3.8%；查处“黄赌毒”案件1592起，比上年同期多查处1266起；查处“黄赌毒”违法人员2646人次，比上年同期多查处2279人次。（小 霞）

【“百日行动”总结表彰会】 2016年9月23日，大同市召开推进社会治安综合治理暨严打整治“百日行动”总结表彰会，总结成绩，表彰先进，推进社会治安综合治理。大同市委书记张吉福出席会议并讲话。市委副书记、市长马彦平主持会议。市领导高键、梁凤书、赵向东、马斌、黄岑丽、卫国、孙利仁、朱晓东、尚建军，市检察院检察长段运生，市严打整治“百日行动”领导组成员，各县区、各有关部门负责人等参加会议。

截至9月12日，市公安局110接警平台接各类刑事警情3854起，同比下降24.6%。全市立各类刑事案件3623起，同比下降9.3%；立八类案件337起，同比下降24.1%；全市破获刑事案件2510起，同比提升33个百分点；破获八类案件308起，同比提升68个百分点。抓获刑事作案成员1262人，同比提升147.5%。全市清查各类治安复杂场所7万余家，行政拘留2072人；收缴各类枪支1710支、各类子弹12万余枚、雷管4万余枚，销毁各类废旧炸药4.8万公斤；查处各类交通违法行为32万起。

会上，市委常委、政法委书记卫国宣读表彰决定，市公安局等104个先进集体、姜越等212名先进个人受到表彰。副市长、市公安局局长尚建军作全市严打整治“百日行动”总结报告。（小 霞）

缉 毒

【怀孕妇女贩毒案】 2016年2月，市公安局禁毒支队在技侦部门的配合下，破获全市首例怀孕妇女贩毒大案，抓获犯罪嫌疑人薛某某，查获冰毒5公斤。

2015年10月，禁毒支队获得一条重要线索，犯罪嫌疑人薛某某（女，1978年8月出生）有吸贩毒嫌疑，为逃避打击，以有身孕为掩护贩毒。支队立案侦查，逐步掌握其从云南省大量邮购毒品的信息。2016年2月4日，办案民警获知其“上线”从云南省昭通市通过快递邮件把5公斤冰毒发到大同的信息后，立即张网布控，2月5日，在薛某某到顺丰网点取件时将其抓获，查获冰毒5公斤。

犯罪嫌疑人薛某某因怀孕4个月，被采取监视居住强制措施，有关“上线”线索移交云南省警方。（红　远）

【社区禁毒日宣传活动】 2016年4月28日，大同市社区戒毒（康复）试点单位城区大庆路街道办事处在同兴街社区居委会门前举行以“爱生命，不吸毒”为主题的大型禁毒宣传活动，加强禁毒戒毒宣传教育，调动广大人民群众参与禁毒的积极性。

这次宣传活动由城区大庆路街道办事处，城区区委政法委、宣传部，区禁毒委联合主办，这是城区根据禁毒工作实际，首次开展的社区禁毒戒毒日宣传活动。大庆路街道办事处作为社区戒毒（康复）试点单位对全市社区禁毒工作作有益的探索和尝试，该街道把每年的4月28日定为街道禁毒戒毒宣传日。

宣传活动中，主办方向社区居民宣传毒品危害等知识，发出履行禁毒工作职责的倡议。社区群众参观城区禁毒教育基地。（行　云）

【“6·26”国际禁毒日系列宣传活动】 2016年禁毒日宣传活动的主题是“无毒青春，健康生活”。6月15日，市戒毒所组织管教民警、党员30余人，在城区振华南街宾西路社区开展禁毒戒毒知识宣传教育活动。活动印发宣传资料500余份，现场接待群众咨询，宣传严打整治“百日行动”和国家禁毒戒毒方针、政策。6月23日，戒毒所干警到恒源一中开展“珍惜美好青春，远离合成毒品、拒绝毒品，健康人生”毒品预防宣传教育活动，2名接受教育矫治的戒毒人员进校园“现身说法”，以他们的亲身经历控诉毒品给社会、家庭造成的巨大危害，干警们为同学们讲解预防、抵御毒品侵害的知识。市戒毒所举办戒毒人员心理运动会、禁毒知识竞赛、队列操比赛、主题歌咏比赛及亲情帮教活动。

“6·26”国际禁毒日系列活动，把禁毒戒毒教育的思想性、趣味性和实效性结合起来，向社会普及防毒、拒毒知识。（冯　雨）

【禁毒“百日行动”战果】 截至2016年9月，大同市禁毒“百日行动”中破获涉毒刑事案件117起，抓获涉毒犯罪嫌疑人135人，缴获各类毒品8.04千克，环比和同比均上升；破获部、省目标案件6起；查处吸毒人员1073人，强制隔离戒毒570人，社区戒毒406人，环比和同比均上升。各级公安机关深挖涉毒人员，盗抢犯罪、侵财案件。行动中，全市公安机关破获这类案件96起。多起侵财案件均是通过深挖吸毒人员破获的。整治中，全市出动人员2万余人（次）、车辆1200余辆（次），投入资金125万元，发现铲除罂粟4912株，破案3起，处理3人。8月1日至10日，经国家卫星遥感监测未发现大面积非法种植罂粟，大同市取得连续十四年未发生大面积种毒问题的成绩。（小　霞）

【矿区警方打掉一特大贩毒团伙】 2016年5月中旬，矿区公安分局查获一起涉毒案件，通过筛选相关线索，办案民警发现一条在朔州、矿区等地团伙贩卖毒品线索。抽调警力组成专案组，初步掌握以陈某为首的特大贩毒团伙犯罪信息。由于该团伙成员居无定所、行动诡秘且有较强反侦查意识，办案民警多次组织跟踪抓捕均未成功。严打整治“百日行动”中，矿区公安分局组织召开专题会议，分析研判案情，加大案件侦办力度。9月，专案组民警获悉一个重要线索：陈某团伙驾车到大同。矿区公安分局组织警力，在口泉高速出口处，把涉嫌贩卖毒品的陈某、韩某、翟某抓获，现场查获毒品1.1公斤。专案组连夜突审，根据嫌疑人交待，在矿区安馨园小区把另一名团伙成员李某抓获。这次行动缴获的1.1公斤毒品均是从河南上线高某处购得。专案组民警5次到安徽、河南等地，把嫌疑人高某和高某某抓获，查获毒品700余克。

（小　霞）

【山威禁毒志愿者上岗培训】 2016年9月9日，大同市山威社会工作服务中心组织30余名禁毒志愿者，在城区禁毒教育基地培训禁毒业务知识。志愿者们在学习培训中，观看实物、图片、模型、案例及录像，接受“社区安全关系与国家安全战略”“社区治安管理”等业务知识培训。为进学校、进企业、进社区宣传禁毒知识，以及服务戒毒学员等特殊群体阳光创业打基础树信心。

大同市山威社会工作服务中心是一个民间组织。自成立以来，发挥社会组织窗口、平台、桥梁和纽带作用，服务全市禁毒工作和禁毒事业，参与禁毒警示教育基地建立和建设，创设戒毒心理咨询等机构。（小　霞）

【城区公安分局破贩毒大案】 2016年6月初，市公安局禁毒支队联合城区公安分局在办理一起贩毒案件时获得重要线索：有一名叫“二娃”的男子在城区、矿区、左云县等地多次贩卖冰毒给吸贩毒人员，交易频繁，数量较大，遂立案侦查。8月初，办案民警初步掌握其真实身份及活动轨迹。8月11日，办案民警在御河西路高速出口把“二娃”（赵某某，男，31岁，云南省绥江县人，暂住矿区）及其上线钟某某（男，47岁，重庆市永川区人）抓获，当场从钟某某身上查获冰毒4袋，重约200克。

为深挖上线，8月22日，专案组4名侦查员赴重庆市永川区开展侦查，初步掌握犯罪嫌疑人张某某（男，43岁，重庆市永川区人）经常跟邓某某（男，43岁，永川区人）一起驾车到四川成都，购买大量冰毒回永川分销、牟取暴利的犯罪事实。鉴于案情重大，该案被上报公安部并被列为部级目标案件。市公安局抽调禁毒支队、技侦支队、城区分局禁毒大队、刑警大队二十余名侦查员充实到专案组，开展破案攻坚。

9月25日，专案组派人再赴重庆，与永川警方分析研判案情，开展侦查布控。四名侦查员实地查看嫌疑人的居住地和车辆行车路线的周边环境，制定3套抓捕方案，确保在抓捕时做到人赃俱获、万无一失。

10月16日，在当地警方的配合下，专案组在成渝高速川渝交界处的渔箭收费站抓获从成都购买毒品返回的犯罪嫌疑人张某某、邓某某，当场从两人驾驶的汽车内查获冰毒5公斤，后从张的私家车内搜查出冰毒500余克、麻古200粒，从其住所内查大获量吸毒工具。12月，抓获该案嫌疑人4名，斩断一条重庆到大同的贩毒通道，相关案件线索通报给成都警方。（刘　江）

【禁毒支队侦破一起贩毒案件】2016年5月，市公安局禁毒支队在办理一起吸毒案件时获得一条重要线索，暂住南郊区周家店村的韩某某有重大贩毒嫌疑，立即会同南郊公安分局立案侦查，初步查清重庆人“六哥”（代某某）从广东揭阳市和普宁市大量进货，并依托大同市六个窝点分销冰毒的犯罪事实，锁定这个贩毒团伙。市公安局从禁毒支队及相关警种和南郊分局抽调四十余名警力，成立专案组，侦查取证。7月30日，获悉代理六从广东携毒品到大同，专案组兵分六路，开展收网行动，相继抓获犯罪嫌疑人代理六及团伙成员潘某某、李某某、耿某某、杨某某、刘某某、刘某某等。行动中，现场收缴毒品194.93克，作案汽车1部，手机7部，银行卡11张，毒资13109元。由于案情重大，且涉及山西、广东、辽宁、重庆等多个省市，公安部于8月15日确立该案为部目标案件。8月9日，专案组民警在大同市一酒店抓获到大同打探情况的代某某的儿子代某某。根据其交代的“上线”情况，专案组民警次日直奔广东普宁实施抓捕，在普宁发现“根哥”（陈某某，广东省番禺人）的真实身份，在广东警方的配合下，在珠海市香洲区南屏镇抓获陈某某。陈某某交待贩卖毒品给代某某父子的犯罪事实，并供述出上线“阿递”（陈某某）。经与揭阳市警方联系，9月2日陈某某在当地被抓获，揭阳警方同时捣毁陈少平所贩卖毒品的来源地——一毒品制造加工厂。10日，专案组民警携带缴获的毒品、毒资等到大同。

经讯问，专案组查明：2016年5月19日，代某某指使代某某乘飞机赴广东普宁，经陈某某介绍，从银行提现金34万元，购买冰毒10公斤左右，乘大巴车到大同，后把毒品分别卖到朔州市怀仁县和辽宁省辽阳市等处。7月27日代某某父子再次到达广东普宁，购买冰毒“三条”，代某某在怀仁县下车，卖给潘某某毒品800克，后乘坐出租车到大同。代某某在到大市内其所居小区时被抓获。

该案主要犯罪嫌疑人全部归案，警方刑拘14人，治安处罚4人，缴获冰毒、海洛因等毒品3.38公斤，银行卡27张，收缴毒资41万元，彻底打掉这个以大同为中心，毒品来源于广东，贩毒网络辐射重庆市、朔州怀仁、辽宁辽阳等地的特大贩毒团伙。

（刘　江）

【《大同市青少年毒品预防教育规划（2016年～2018年）》出台】2016年，由市禁毒委员会办公室会同市委宣传部、市公安局、教育局等12个部门联合制定的《大同市青少年毒品预防教育规划（2016年～2018年）》出台。加强青少年毒品预防教育工作，对保护和促进青少年健康成长，遏制和减少新吸毒人员滋生，有着重要的意义。《规划》以10岁至25岁青少年为重点。

《规划》包括五大任务要求：（1）提升学校毒品预防教育工作水平。落实毒品预防专题教育课时；建立毒品预防教育师资队伍；丰富学校毒品预防教育资料；创建毒品预防教育示范学校。（2）实现各类青少年群体毒品预防教育全覆盖。把就业青年毒品预防教育列入职业培训必修内容；落实城市社区青少年毒品预防教育责任；关注农村留守儿童和外出务工青年毒品预防教育。（3）拓展应用毒品预防教育社会资源。建设禁毒教育基地、园地；发挥国家和省级禁毒宣传阵地的作用；开展禁毒直观教育；组织禁毒社会实践和志愿服务活动；重视家庭禁毒宣传教育；营造禁毒舆论氛围。（4）完善青少年涉毒问题监测处理机制。建立青少年涉毒问题日常监测制度；制定学生涉毒事件处置预案；做好涉毒青少年帮教保护工作。（5）加强青少年毒品预防教育工作保障。健全青少年毒品预防教育工作队伍；动员社会力量参与青少年毒品预防教育工作；建立青少年毒品预防教育经费保障机制；开展青少年毒品预防教育效果评估；严格青少年毒品预防教育工作责任追究。（冯　雨）

交通管理

【防控交通事故风险整治行动】2016年4月21日至6月底，全市开展第二季度清除重点车辆交通安全隐患，依法查处重点交通违法行为，强化交通安全协同共治，防控重特大道路交通事故风险的专项整治行动。市公安交警支队把重点放在农村地区，整治五类重点车辆的交通违法行为。

五类重点车辆是指公路客运、旅游客运、危化品运输、校车、“营转非”大客车等五类重点车辆。全市机动车保有量50万辆以上，而五类重点车辆占机动车总数的35%左右，取得驾驶资格证的驾驶员70万余人。专项整治行动的主题为“清除隐患、严查违法、强化共治”。（行　云）

【交警集中查处交通违法行为】2016年5月4日，全市交警开展集中统一行动，查处各类交通违法行为3673起。其中查处五类车重点违法9起、酒后驾驶29起、农村道路重点违法5起。

这次统一行动日，全市交警部门出动警力1218人次，出动警车105辆次，市交警支队特勤大队查处一起毒驾且无证、酒后驾驶违法行为。

（赵　瑾）

【公安武警联勤武装巡逻】2016年1月1日，市公安局、大同武警支队在和阳门广场举行联勤武装巡逻启动仪式。由综警、武警、特警、消防等警种的300余名警力组成的巡逻方阵，以及出动的20余辆防爆处突车、通信指挥车、消防车、警用巡逻车等从和阳门广场出发，开赴城区主街道、广场、火车站、汽车站、机场等人员密集和治安复杂的各个重点地区和路段，按既定路线开展武装巡逻。

（路　璐）

【大同组建巡特警支队】2016年7月1日，大同市公安局组建巡特警支队，整合优化巡、特警职能，以“快节奏工作、高效率运转、无条件执行、高标准落实”为工作准则，昼夜屯警街面，打击犯罪、维稳处突、服务群众。巡特警按照“屯警于街，有警出警，无警巡逻，动态接警”的方针，开展重点复杂部位、重点路段、重点时段的巡逻工作；采取“巡”“控”相结合的勤务模式，以警务工作站为点，以主要街道为线，以巡防网格为面，守点、巡线、控面。

辖区各大队在工作中构建起动中备勤、相互呼应、整体防控的全时空防控网络，一旦某一区域发生重大案件，巡特警所有大队根据预案迅速作出反应，保证白天10分钟之内集结200名警力，夜班10分钟之内集结100名警力赶赴案发现场，实现快速反应和有效处置。（木　依）

【社会防控力度加大】 2016年7月至8月，大同市警方多措并举，全警动员，加强日常社会面巡逻防控，挤压犯罪空间，让各类违法犯罪分子无机可乘、无缝可钻，确保全省旅游发展大会期间大同社会治安总体稳定。截至8月22日，全市各级公安机关出动警力263062人次，出动车辆62534台次，破获各类刑事案件2145起，刑事拘留1012人，抓获各类逃犯822人，行政拘留1654人。巡特警支队发挥“屯警街头、武装巡逻、机动灵活、快速反应”的优势，全支队93%警力部署在街面一线，形成突出重点、覆盖全城的防控格局。截至8月20日，巡特警支队50天时间接警3622起，出动警力10116人次、警车3740台次；抓获并移交各类违法犯罪人员62人，当场抓获1名故意杀人犯罪嫌疑人，处置一起劫持人质案件解救受害人1人，抓获1名命案在逃人员，抓获其他逃犯4人，查获吸毒人员39人，抓获“两抢一盗”类嫌疑人15人，其中抓获2拨骑抢嫌疑人（2人），连带破案13起，收缴各类管制刀具25把；检查社会治安乱点32处；配合城区捣毁传销窝点21处，遣散涉传人员163人；处置各类群体性非访事件46起；支援一线执法单位处置执法受阻警情12次。全市街面“两抢一盗”案件下降43%，撬盗商铺案件、砸汽车玻璃盗窃车内财物案件均下降，社会面防控的高压态势初步形成。（小　霞）

公安网络宣传

【防范电信网络新型违法犯罪宣传】 2016年1月20日，大同市在东信广场3号楼门前举办防范电信网络新型违法犯罪宣传活动。活动按照公安部和省公安厅的统一部署举办，目的在于遏制电信网络新型违法犯罪，揭露新型违法犯罪的作案手段和伎俩，提高人民群众的防范意识，实现“发案数明显下降、人民群众财产损失明显下降”的两降目标。

活动中，市公安局刑侦支队民警、各大银行和电信运营商的工作人员联合向群众发放防范电信诈骗的宣传资料，解答群众咨询，利用宣传图板揭露常见的电信诈骗作案手段和诈骗话术，解析电信诈骗案例，以案说法，教授群众防骗措施，展示公安机关打击成效。20日，发放各类宣传资料一万余份，解答群众咨询近千人次。（路　璐）

【“大同网警”昼夜网上巡查执法】 2016年7月20日起，大同网警在网上昼夜巡查执法，发现各种违法犯罪线索，受理网友针对网络违法犯罪的举报，警示制止各种网上违法行为。网上违法犯罪信息举报网址为：http://www.cyberpolice.cn。

市公安局在推进公安机关网上社会管理创新、打击网络违法犯罪中，加强队伍建设，提高网上见警率。在百度贴吧、新浪微博、微信公众号、今日头条等网络重点社区论坛开展网警网上公开巡查执法工作，网警在各主要网络社区和平台进行昼夜巡查，发现网络谣言、暴恐、涉黄涉赌等违法信息，以及涉嫌网络违法犯罪线索严厉打击。对于在网上发布、传播涉及该地谣言、影响社会稳定的信息以及黄赌毒等违法信息，情节轻微的以网上警示教育为主，对于情节严重者，追究治安、刑事责任。网警与网民互动沟通，及时回复网民的咨询、求助，整理公布网络违法犯罪典型案例，开展网络安全教育，传授网民网络安全技术，提高网民网络安全防范意识。结合时政热点，发布网络辟谣、政策解读、防范宣传等内容，发布权威声音，维护社会稳定。（木　依）

【网络安全宣传活动】 2016年9月19日至25日，大同市在全市范围内开展主题为“网络安全为人民、网络安全靠人民”的国家网络安全宣传周活动。22日为宣传周法治主题日，市公安局集中开展法治主题网络安全宣传教育活动，通过街头发放宣传教育材料，在主流媒体、网站、微博、微信等多种载体宣传公安机关在互联网安全治理和打击网络安全违法犯罪方面的成效，向人民群众普及网络安全方面的法律常识。公安机关开展重要网络设施和大数据检查，发现修复安全隐患，加大防范打击力度。（小　霞）

危爆品整治

【“治爆缉枪”专项行动宣传咨询日活动】 2016年6月16日，大同市在华林新天地门前广场开展主题为“治爆缉枪人人有责和谐发展不忘安全”的“安全生产月”暨“治爆缉枪”专项行动大型宣传咨询日活动。

这次活动由市公安局危险物品管理处会同南郊公安分局、城区公安分局结合全市严打整治“百日行动”联合开展。活动中，民警向群众宣传《安全生产法》、危爆物品管理等法律法规以及在全市开展严打整治“百日行动”和治爆缉枪专项行动的实际意义。电子屏滚动播放市中级人民法院、市人民检察院、市公安局、市司法局联合发布的《关于深入推进严打整治“百日行动”敦促犯罪嫌疑人投案自首的联合公告》和《涉枪涉爆刑事犯罪刑罚标准》，提醒市民遵守有关法律法规，举报各类违法犯罪活动。（冯　雨）

【危爆物品安全隐患大排查大整治】 2016年，市公安局危管处开展危爆物品安全隐患大排查、大整治行动，堵塞安全漏洞，消除安全隐患。

行动中，市公安局危管处以各区县为检查单位，建立市、区县、派出所三级检查机制，逐领域、逐部位、逐环节拉网式安全检查所有涉爆从业单位。截至12月，检查涉爆单位47家，发现并整改安全隐患28处，下达隐患整改通知书28份；调动各级力量，对重点乡镇、矿区、城乡接合部的出租房、闲置院落、废弃窑洞、各类养殖场、仓库、花棚、出租厂房，包括车库、地下室等可能藏匿爆炸物品的场所、部位，特别是出租房屋和封闭式院落实行民警分片包干，依法严查非法制贩、私存爆炸物品行为。该处已排查矿区、猎区、林区、湖（水库）区、工矿居民等五区和建材化工农资、五金加工、小商品批发、大型集贸、物流配货五场16处，收缴单管猎枪1支，收缴各类子弹25发。全面摸排有条件接触爆炸物品的人员、因涉爆等违法犯罪被打击处理过的人员以及社会闲散人员，逐一谈话，逐一签订无非法私藏爆炸物品的具结保证书。清查摸排88人，签订具结保证书88份。

（刘 江）

【烟花爆竹专项整治行动】 2016年12月20日，大同市公安部门开展“冬季严打整治”烟花爆竹专项检查整治行动，遏制涉及烟花爆竹爆炸案件和事故的发生，消除社会公共安全隐患。

全市公安部门对辖区内尤其是城乡接合部、农村出租屋（院）、大型租赁仓库、大型集贸市场等易非法经营、储存烟花爆竹的重点区域集中开展拉网式清查。加强道口设卡检查和拦截临检，加强对非法储存案件多发、易发区域的排摸检查，排查、打击非法运输、储存烟花爆竹行为，掐断非法运输线路，杜绝非法储存行为。

12月26日，市公安局危险物品管理处根据群众举报线索和前期摸排情况，在南郊公安分局危险物品管理队及御东分局治安大队的配合下，查处3处非法储存烟花爆竹窝点。这3处窝点隐藏于水泊寺乡牛庄村民房内，四周是村民住房，向南距离大同大学1000余米，不具备任何储存安全条件，严重危及周围居民的生命财产安全。民警当场收缴非法储存的烟花爆竹533箱，把扣押的非法烟花爆竹转运到专用库房保管。嫌疑人马某、邢某、白某分别租用或利用自家房屋用于非法存放烟花爆竹，牟取非法利益。马某、邢某被南郊公安分局依法行政拘留，出租屋房主接受御东分局调查，依法追究其法律责任。

截至12月底，全市公安机关累计收缴非法烟花爆竹1700余箱，办理治安案件6起，行政拘留4人。（刘 江）

案件侦破

【综警破获系列飞车抢夺案】 2016年1月8日，大同市公安局综警支队抓获涉嫌抢夺犯罪嫌疑人赤某、苗某，连带破获飞车抢夺案件十余起。

元旦前后，大同市主城区接连发生多起骑摩托车抢夺妇女挎包及金银首饰案件，引起市公安局综警支队重视。几起飞车抢夺案件均发生在繁华商业区，受害人受到惊吓，无法提供有效线索。侦查人员通过深度回访受害人，初步了解到犯罪嫌疑人为两名中年男性，穿深色羽绒衣，驾驶蓝色无牌助力摩托车，一人负责驾驶摩托，另一人负责抢夺。专案组重点在魏都大道和御河西路布控。

对案情研判，专案组成员于8日全部进入预定位置，其中一队人员负责在固定的卡点守候，另一组人员在巡查中寻找目标。嫌疑人骑摩托车在御河西路某KTV门口附近出现。布控组便衣民警迅速跟上，快速出击，两名嫌疑人束手就擒。经突审，民警在嫌疑人家中收缴部分赃物，并掌握嫌疑人的销赃渠道。（路 璐）

【打掉六个涉黑涉恶犯罪团伙】 2016年第一季度，全市公安机关摧毁六个黑恶势力犯罪团伙，抓获团伙成员64名，缴获镐把、砍刀、棍棒等大量作案工具，扣押涉案车辆7辆及账簿100余册。

打掉的这六个黑恶势力犯罪团伙是：以王某某为首的以刑释人员和有前科劣迹人员为主体，纠集或雇佣社会闲散人员开设赌场、替人讨债要账的涉黑涉恶犯罪团伙。以曹某某为首的敲诈勒索、聚众斗殴、故意伤害涉黑涉恶犯罪集团和以闫某某为首的暴力垄断行业、暴力争夺庙宇经营权、插手房地产营销的涉黑涉恶犯罪团伙。以韩某某和王某某为首的在公共场所“硬碰硬”“黑吃黑”的两个涉黑涉恶犯罪团伙。以柴某为首的采取敲诈勒索、非法拘禁及“软暴力”等手段替人讨债要账的涉黑涉恶“地下出警队”犯罪团伙。（行 云）

【“5·10”特大绑架案侦破】 2016年5月10日，市公安局城区分局接到报案称：大同市华岳集团公司董事长昝某某被绑架，并索要巨额赎金。接警后，市公安局立即启动大要案件侦破机制，成立“5·10”特大绑架案联合指挥部，展开侦破工作。各级领导高度重视，公安部、省公安厅领导现场指挥，指导协调，500余名警力全网响应，协同作战。

经过10余个小时的艰苦工作，发现嫌疑人活动轨迹。指挥部当即指令，由市公安局领导带队合围缉捕。2辆可疑车辆相继进入视线，现场指挥迅速命令参战人员围追堵截，2名犯罪嫌疑人开枪拒捕，抓捕民警果断还击，2名犯罪嫌疑人被当场击毙，人质被安全解救，现场缴获作案交通工具2辆，仿“五四式”手枪2支，弹夹4个，子弹31发。

经侦查，两名犯罪嫌疑人仝某某、贾某某为大同市南郊区人。（赵 瑾）

【经侦支队破获一起特大诈骗案件】 2016年6月8日，市公安局经侦支队破获一起特大诈骗案件，抓获主要犯罪嫌疑人范某某。范某某自2015年5月14日以来，伙同李某、邢某某在原御河北路72号东信9楼9号商铺，注册成立晋城市沪行众筹汽车销售有限公司大同分公司，以众筹消费的形式与197名客户签订购车合同，诈骗受害人购车款956万元后在逃。

（冯 雨）

【破获一起非法控制计算机系统案件】 山西珞维特文化艺术有限公司到市公安局网安支队报案称：从2016年4月26日开始，有人盗用该公司多个主播ID号，并在其中的5个ID号中播放涉黄视频，导致该公司119个主播ID号全部被封号17天，造成直接经济损失100余万元人民币。接到报案后，鉴于案情重大，网安支队把该案上报局领导。组织精干警力成立专案组，展开侦破工作。专案民警兵分3组，一组梳理排查嫌疑人的上网海量数据，一组视频证据采集嫌疑人去过的多家网吧，另一组赴杭州米络科技有限公司，电子数据采集该公司的服务器。确定嫌疑人的真实身份和活动轨迹。6月12日，专案组民警出击，抓获犯罪嫌疑人何某。

（冯　雨）

【城区警方破获大同公园命案】 2016年6月23日，大同公园内发生一起持刀杀人案，接到报案后，城区公安分局组织重案中队、技术中队赶赴现场，在公园游玩群众、巡特警支队的协助下，当场抓获犯罪嫌疑人。

犯罪嫌疑人陈某（男，27岁，黑龙江肇东人，云冈建国宾馆工作人员）与受害者杨某（女，25岁）系恋爱关系。杨某向陈某提出分手。6月23日，喝一斤多高度酒的陈某约杨某在大同公园见面，并在途中到土产店购买一把水果刀。见面之后，双方因感情纠纷发生争执，醉酒的陈某情绪激动、丧失理智，用购买的水果刀朝杨某腹部连捅十余刀，致杨某当场死亡。

（冯　雨）

【刑侦支队抓获在逃嫌犯56人】 2016年，大同市公安局刑侦支队在严打整治“百日行动”中，开展追逃工作，截至8月8日，抓获各类在逃嫌犯56人，包括公安部督办的潜逃21年命案在逃嫌犯1人。

7月10日，市公安局刑侦支队一大队民警在河北省邯郸市临漳县把公安部督办命案逃犯叶某抓获。经查，1995年8月13日，犯罪嫌疑人叶某因与受害人池某发生纠纷，叶某等人携带猎枪等凶器把池某打伤后潜逃，池某经抢救无效死亡。2016年7月，犯罪嫌疑人叶某被批捕。

7月12日，市公安局刑侦支队新型犯罪侦查大队民警在山西省运城市永济虞乡把涉嫌抢劫的犯罪嫌疑人吉某抓获。经查，2015年7月16日，犯罪嫌疑人吉某伙同他人骑摩托车窜至大同市拥军南路菜市场，抢走受害人张某苹果5手机一部，并强行骑摩托车把受害人张某拖行约二三百米，多次殴打受害人后逃跑。2016年7月，犯罪嫌疑人吉某被批捕。

7月18日，市公安局刑侦支队一大队民警在山西省朔州市怀仁县把涉嫌贩卖毒品的犯罪嫌疑人孙某抓获。经查，犯罪嫌疑人孙某于2016年6月30日因涉嫌抢劫、走私、贩卖、运输、制造毒品罪被城区检察院批捕在逃。7月，犯罪嫌疑人孙某被批捕。（小　霞）

消　防

【概述】 大同市公安消防支队为正团职建制，下辖13个消防大队、12个执勤中队，编制人数600人（干部207人，士兵393人），实有官兵及合同制消防员750人（干部155人，战士341人，合同制消防员254人）；全市有7个政府专职队和5个企业专职队；有各类消防器材21443件，车辆102辆；消防安全重点单位757家，消火栓1284个，消防水鹤45个。

支队取得2016年全省公安消防部队夏季训练比武竞赛第三名和2016年全省公安消防部队队列会操比赛第二名的成绩。

2016年，全市火灾形势总体平稳，没有发生较大以上火灾事故。发生火灾1129起，死亡1人，受伤0人，直接经济损失590.22万元。全市公安消防部队接警出动1686起，出动车辆3535辆，出动警力18829人，抢救被困人员420人，疏散被困人员2485人，抢救财产总价值2684.2万元。

（吴　伟）

【消防隐患排查整治】 2016年，市公安消防支队开展冬春火灾防控、夏季消防检查等专项行动；协调民政、住建、科教等部门推广安装独立烟感报警器2722个；协调市政府投入156万元在全市建成社区微型站241家，建成率100%；建成重点单位微型站424家，建成率52%。落实“四长”包保工作责任制，支队级开展35家，大队级开展208家。截至12月14日，全市消防部门检查单位18381家，发现火灾隐患28428处，整改火灾隐患27948处，罚款505.8万元，拘留110人，责令“三停”217家，临时查封172家，执法数量和执法质量提高。（吴　伟）

【消防支队训练制度】 2016年，市公安消防支队坚持每周二、四为机关训练日，中队执行“每日一练、每周一测、每月一评”的长效练兵机制，支队先后4次全员考核和比武竞赛，组织3批基层指挥员轮训。全年累计熟悉重点单位1496家，组织演练968次，完善灭火预案1300余份，全勤指挥部熟悉12次，调研“四长”单位280余次，开展支队级演练9次。截至12月14日，全市发生火灾1089起，死亡1人，受伤0人，直接经济损失490余万元。同比上年，火灾起数下降0.64%，亡人数下降66.67%，伤人数持平，直接财产损失上升31.29%，灭火救援实战能力提升。

（吴　伟）

【消防先进人物乔冬丽】 乔冬丽于2010年大学毕业入伍。经过一段时间的培训，2011年被分配到大同市消防支队防火处监督指导科工作。在监督指导科任参谋期间，利用业余时间加强业务水平。先后参与“五大”专项行动、“清剿火患”战役、“今冬明春”专项行动等多个公安部消防局的专项行动，提请政府印发专项行动文件20余份，自国务院印发消防指导意见后，连续三年参与省政府消防责任制考核的工作准备，连续三次参与筹备市政府消防责任制工作会议，参与各项政府协调会议、行业部门协调会议20余次，工作期间荣立嘉奖三次。

2014年，由于表现突出，她被派到大同市公安局综警支队协助指导综警和消防文职雇员的消防业务工作。她和同事共同制订综警消防检查制度、检查台账、宣传台账等工作模版，通过实地检查、理论讲座等形式辅导综警干部和新入职的消防文员熟悉和掌握消防法律法规的理论知识和监督检查要点。经过督促指导，综警新入职的18名文职雇员通过岗位资格三级考试。

2015年因为工作需要，乔冬丽调任政务审批大厅消防审批窗口工作，负责工程受理工作。她制订各类申请表格示范模板，完善窗口的受理程序和各类台账，接待和解答群众各种问题、指导基层受理工作和参加大同市政府联审工作等六类十项具体工作。在大同市政府开展的“冬季行动”工作中，被评为“冬季行动”先进个人。

（吴　伟）

【销毁千余件假冒伪劣消防产品】 2016年3月14日，市消防支队联合工商、质监部门在红星美凯龙建材馆门前广场举行假冒伪劣消防产品集中销毁活动。

2015年以来，全市查处假冒伪劣消防产品1000余件，通过消防“96119”

法治

火灾隐患举报投诉热线平台受理并核查关于假冒伪劣消防产品案件90余起，罚款80万余元，打击假冒伪劣消防产品违法行为，净化消防产品市场环境。活动现场，消防人员采用产品展示、对比分析方法，向现场观众讲解防火门、应急灯等常见消防器材真伪辨别方法及选择消防产品的注意事项；随机抽取现场群众进行消防产品知识问答。该次活动之后，市消防支队联合相关部门，开展消防产品打假宣传、消防产品质量巡检、消防产品领域"回头看"等七大活动，打击消防应急灯具、防火门、消火栓等9类假冒伪劣消防产品，提醒市民通过"96119"举报投诉热线举报假冒伪劣消防产品，曝光消防产品侵权行为。（茗　泉）

【"3·24"火灾警示和"六加一"工作现场会】 2016年3月28日，大同消防支队在发生"3·24"火灾的同盛大酒店三部召开现场会，通报火灾情况，警示消防安全，城区、矿区、南郊区和经济技术开发区的消防大队官兵和消防重点单位负责人200余人参会。

3月24日，位于平城桥旁同盛大酒店三部地下一层厨房发生火灾，大同消防支队指挥中心接警后先后调集开源中队、北关中队和特勤二中队到场扑救，仅用1小时扑灭火灾。该次火灾过火面积400平方米，未造成人员伤亡。经过调查，火灾是由于油锅起火处置不当，致使火苗窜入烟道，引燃烟道内油烟引发的。火灾发生后，南郊消防大队行政拘留该起火灾责任人。现场会上，市消防支队通报"3·24"火灾情况，同盛大酒店负责人剖析反思，提出整改措施。市消防支队吸取该次火灾事故教训，做好人员密集场所火灾防控和"六加一"（进行一次消防安全评估，签订一份消防安全承诺书，清理一次油烟管道，进行一次消防设施器材的维护保养，开展一次电气和燃气线路检测，组织一次消防安全培训以及建立一支义务消防队）工作。（茗　泉）

【消防人员处置两起轻生事故】 2016年6月29日，大同消防支队云冈中队接到报警称，南郊区高山镇小窑头村附近一座高架线塔上有人轻生，且高架线塔上的电流为超高压电，稍有不慎就有生命危险。消防救援人员赶到现场了解到，轻生者8人，都是附近工地工人，因讨薪不成，情急之下爬上高架线塔。消防救援人员展开救援工作，一方面组织人员与现场民警劝说轻生者，另一方面疏散围观群众，轻生者被成功从塔上劝下。

2016年6月30日，大同消防支队云中中队接到报警称，在迎宾街附近一小区，一名40多岁的妇女爬上楼顶欲跳楼轻生。接警后，消防救援人员赶到现场，疏散围观群众，挑出几名身体素质好、有经验的救援人员携带救生工具随时待命。在得知该妇女因感情纠纷一时想不开选择轻生时，救援人员爬上楼顶安抚其情绪。经过劝说，该妇女同意下来，救援人员用登高平台消防车把该妇女安全救下。（木　依）

【消防支队开展大型游乐场夜间实战演练】 2016年7月13日，大同消防支队在方特欢乐世界开展大型人员密集场所灭火救援实战拉动演练，检验部队接警调度、力量集结、装备操作、通信保障和后勤保障等工作，提升基层部队各项消防救援科目的训练实用性。

演练假设方特游乐场一高空游乐设施突然发生故障，造成多人被困，并引发火灾。接警后，大同消防支队调集3个执勤中队、10辆消防车、60名消防官兵赶赴现场实施救援。10分钟后，各参演力量赶到事故现场，按照各自分工，从车辆停靠、进攻路线、水枪设置、人员搜救、供水方式等方面，展开灭火救援行动，完成作战任务。

（木　依）

【消防科普教育馆】 2016年11月8日，大同市首个消防科普教育馆建成。该馆坐落于城区消防大队一楼，总面积320余平方米，是集宣传性、教育性、观赏性、趣味性、科学性为一体的消防教育基地，同时容纳40人参观学习。消防科普教育馆分序厅、火灾案例展厅、火灾现场复原展区、多媒体学习展区、互动学习展区、尾厅7个功能厅。（晨　曦）

【消防安全检查】 2016年12月27日，市消防支队开展消防安全大检查，成立八个督导小组，到基层和社会单位督导。各县区消防部门组织开展消防安全检查行动。其间，全市消防部门检查单位126家，发现火灾隐患355处，督促整改隐患67处，印发责令整改通知书134份，临时查封单位2家，罚款4.5万元。

结合辖区实际，各县区消防大队、中队加强巡查，强化备战备勤。在重要节点，全市消防部队设置25个临时执勤点，出动执勤车辆27辆次，出动执勤警力145人次，对全市重点单位、重要场所动态执勤。241家社区微型站、424家重点单位微型站做好应急响应准备工作，确保一旦发生火灾，微型消防站可以出动扑灭火源。（刘　江）

检 察

【检察服务经济发展】 2016年，市检察院举办主题为"全面履行检察职能，服务大同经济发展"新闻发布会，落实矛盾排查化解、风险评估预警等制度，制定突发事件应急预案，做好安保维稳工作；贯彻落实省院服务和保障换届选举工作通知精神，到乡村和社区提供法律服务，浑源县院为农村"两委"干部和100余名农村"第一书记"举办3期法制讲座，营造风清气正的换届法治氛围；依法保障非公经济发展，出台《关于依法保障和促进非公有制经济健康发展的实施意见》；服务和保障市委、市政府"136"发展战略落实，制定《大同市检察机关关于服务和保障2016年全市"冬季行动"暨项目建设"双环行动"的意见》。全市审查受理破坏社会主义市场经济秩序类、诈骗类及职务犯罪案件308件436人，其中经济秩序案件104件131人。（检察院）

【检察维稳】 2016年，市检察院批捕各类刑事案件962件1428人，起诉1159件1625人，维护社会安全稳定；制定《大同市人民检察院严打整治"百日行动"实施方案》，打击黑恶势力、严重暴力、非法传销、涉"黄赌毒"等五类刑事犯罪，依法批捕柳港园附近持刀砍人犯罪嫌疑人侯某某，依法提起公诉李某等人绑架案，确保人民群众安居乐业；畅通群众控告申诉渠道，完善“12309”举报电话，受理各类控告申诉案件431件次，检察长接待日接待来访441人，制定《大同市检察机关全国“两会”期间处理涉检信访工作实施方案》，保证“两会”期间的社会稳定，组织150余名干警开展主题为“加强举报人保护，惩治群众身边腐败”的“举报宣传周”活动，市检察院通过远程视频接访系统，处理秦某诉大齿集团机械制造公司劳动纠纷的信访案件取，取得良好效果，矿区院召开涉案金额5548万元、受害群众395人的山西昌运投资管理有限公司非法吸收公众存款案公开答复会，促使被害方息诉罢访，全市检察机关连续八年保持重大敏感时期赴省进京涉检零上访的局面；落实宽严相济政策，作出轻微刑事案件221件352人不批捕决定，103件140人不起诉决定，其中7名附条件不起诉考验期满的未成年人不起诉决定，城区院附条件不起诉1名涉罪高中生，感化挽救其为大学生，全市进行“法制进校园”宣讲19次，矿区院未检科被最高检评为“全国先进集体”。（检察院）

【检察保障民生】 2016年，市检察院把人民群众的关注点作为检察工作的着力点，完善“两法衔接”机制，开展食品和环境保护领域立案监督专项行动，批捕破坏市场经济秩序案件63件102人，维护大同天蓝气爽和百姓“舌尖上的安全”；开展集中整治和加强扶贫领域职务犯罪专项活动，立查惠农资金、征地拆迁等领域职务犯罪34件63人，确保国家惠民政策落到实处；阳高县院办理御泉华府、阳高长神线项目部、中铁九局大张高铁一工区三起拖欠66名农民工30.7万元工资的案件，维护其合法权益。

（检察院）

【查办职务犯罪】 2016年，市检察院贯彻高检侦防工作会议精神，部署开展查办职务犯罪“百日大会战”活动，建立侦查预防全市一盘棋的大格局，保持惩治腐败的高压态势。立查职务犯罪案件105件174人。其中，贪污贿赂犯罪案件62件107人；渎职侵权案件39件63人；刑事执行检察部门查办4件4人。（检察院）

【智慧侦查】 2016年，市检察院强化智慧侦查的理念和方法，实现从粗放式初查向精细化初查、从依赖口供向全面收集证据、从人力密集型侦查向信息密集型侦查、从封闭对抗式侦查向开放透明侦查、从单打独斗办案向整体联动办案“五个转变”。立查原恒山林场场长袁某某涉嫌贪污案、同煤集团通讯有限责任公司徐某挪用公款200万元案、中国工商银行南郊支行行长宋某某涉嫌受贿案、中国银行大同市分行副行长郑某某贪污贿赂案、市看守所民警徐某、冯某某涉嫌滥用职权、市交警支队贺某某、赵某某涉嫌滥用职权、玩忽职守案等一批大要案，立查处级干部5人，科级干部31人；适应刑法修正案（九）及相关司法解释带来的变化，提高案件质量、结构、效率和效果，注意办案方式方法，慎重办理涉及企业的账目款物的扣押、冻结和查封，防止影响企业的正常生产经营活动，实现办案的政治效果、社会效果和法律效果的有机统一。（检察院）

【职务犯罪预防】 2016年，市检察院落实《山西省预防职务犯罪工作条例》，依托全市21个重点项目预防职务犯罪联络站，针对项目建设环节和岗位加强预防监督。以建设工程、政府采购和土地招标等领域为重点，围绕大张高铁建设、涉农领域扶贫项目等腐败易发多发环节开展预防工作，行贿犯罪档案查询13063个单位及个人，开展预防宣传教育221次，发出检察建议73份，促进诚信体系建设；召开“权力不可任性”渎职犯罪警示教育大会，组织全市30个单位负责人观看警示教育片；拓展预防工作的广度和深度，组织讲师团先后在市国资委、市国税局等单位开展专题警示教育，营造“不敢腐、不能腐、不想腐”的廉洁从政氛围；依托全市700余个预防职务犯罪联络处，开展法律宣传和警示教育活动。矿区院联合同煤纪委举办“反腐倡廉宣传月”活动，市院拍摄的微电影《抉择》分别获得省院三等奖和高检院优秀奖。（检察院）

【侦查监督和审判监督】 2016年，市检察院依托侦监部门驻公安检察室和“两法衔接”机制，开展食品药品领域和环境保护领域立案监督专项行动，强化对公安机关和行政执法机关有案不立、以罚代刑的监督，监督立案63件，监督撤案47件，纠正漏捕51人，纠正侦查活动违法487件，介入命案40起；适应以审判为中心的庭审改革，树立精准提抗理念，加强对刑事审判活动的监督，追诉漏犯66人，追诉漏罪155起，提出量刑建议1207件案件，法院采纳率100%，加强对审判程序、证据采信、附加刑、缓刑适用、法定、酌定情节的认定以及对扣押款物处理等细节的审查力度，提出抗诉40件（法院已改判和发回重审17），书面纠正审判活动违法88件次，城区院抗诉的郑某某过失致人重伤案被最高检评为“全国优秀刑事抗诉案件”。（检察院）

【民事审判和行政诉讼监督】 2016年，市检察院运用多元化监督手段，实现对国家利益和社会公共利益的司法保护，以开展“基层民事行政工作推进年”活动为契机，加强基层民事、行政业务指导，全市受理民事行政类案件766件，审查处理502件，提请抗诉13件，提出抗诉2件，提出再审检察建议6件，办理督促履行职责案件95件，支持起诉120件，对民事、行政审判违法活动监督纠正145件，对民事、行政执行活动监督纠正219件，审查息诉92件，保障当事人的合法权益；开展“查办虚假诉讼”和执行监督专项活动，与法院建立信息互通机制，做好执行案款清理工作，全市清理案款500万余元。矿区院联合矿区法院加大信用惩戒“老赖”们的力度，把“老赖”们纳入公布失信被执行人名单行列。（检察院）

【刑事执行和监管活动监督】 2016年，市检察院刑事执行检察工作适应由监所检察到刑事执行检察的理念转变，盯住减、假、暂、脱管、漏管、虚管环节，以专项检察活动等方式，开展清理私藏违禁品专项检察活动和留所服刑专项检察活动，开展“集中清理判处实刑罪犯未交付执行刑罚”专项活动，清理出审前未羁押判处实刑未交付执行罪犯47人，撤销暂予监外执行尚未收监2人，纠正刑罚执行和监管活动违法520件，纠正监外执行（社区矫正）违法839件，同步审查呈报减刑、假释、暂予监外执行713件，纠正呈报不当9人，开展羁押必要性审查61案61人。把查办案件作为监督方式，立查监管领域职务犯罪4案4人，查办阳高县看守所原所长孙某某涉嫌私放在押人员等案，整肃监管秩序；以社区矫正罪犯财产刑执行情况为突破口，监督矿区法院执行到位山西省煤炭地质115勘查院长达5年未执行的10万元单位罚金，监督矿区法院执行到位社区服刑罪犯白某某因诈骗被判处的3000元罚金，维护法律权威。（检察院）

【侦查监督检察室成立】 2016年3月16日，大同市检察院驻市公安局侦查监督检察室挂牌成立。各县区检察机关驻各公安分局侦查监督检察室全部成立运行。

成立“侦查监督检察室”目的是加强检察机关与公安机关的协作与配合，提高侦查机关规范执法水平，形成检警合力。检察机关侦查监督部门指派业务骨干担任派驻检察官，保证每周定期到检察室值班，开展引导侦查取证，适用强制措施监督、侦查活动监督、立案监督等工作。检察室坚持参与不干预、引导不主导、监督不失职、配合不越位的工作原则，通过信息共享和联席会议、提前介入、定期巡查、捕前分流等方式和制度，加强与公安机关交流合作，形成从立案到侦查终结的全方位监督模式。

（茗 泉）

【检察为“冬季行动”提供法律保障】 2016年4月，市检察院以市委、市政府全面推进的19项工作为着力点，把检察工作置于全市中心工作谋划推进，坚持打击和保护并重，维护各类市场主体合法权益，审查受理破坏社会主义市场经济秩序类19件28人。以人民群众的平安需求为导向，打击严重暴力犯罪、多发性侵财犯罪、毒品犯罪等，批捕227人，起诉290人；做好拆迁安置、非法集资融资、破产关闭企业、农民工讨薪等信访问题的化解工作，畅通渠道，受理各类控告申诉案件20件，全市检察长接待日接待来访108人；围绕“冬季行动”中征收安置、项目手续办理、招商引资、金融创新四个方面，立查贪污贿赂案件14件17人。其中大案2件2人，渎职侵权案件7件13人。

市检察院运用预防宣传、预防咨询、预防调查、预防检察建议、行贿犯罪档案查询等措施，开展个案预防、专项预防、行业预防，为“冬季行动”提供专项法律服务和咨询。出具2654份行贿犯罪档案查询结果告知函。其中，涉及单位数量2480份，涉及个人数量4940份。该院与市住房和城乡建设委员会、市交通运输局、大同公路分局、市水务局等5家单位联合签发关于在工程建设领域开展行贿犯罪档案查询工作的文件，与市发展和改革委员会共同签发关于在招投标活动中开展行贿犯罪档案查询工作的文件，确保“冬季行动”顺利开展。（行 云）

【检察“举报宣传周”活动】 2016年6月20日，检察“举报宣传周”活动启动，2016年活动的主题是“加强举报人保护，惩治群众身边腐败”。市检察院联合城区检察院、大同铁路运输检察院在儿童公园西门广场举行宣传咨询活动，现场受理群众举报。

2016年的“举报宣传周”活动，全市两级检察院在宣传周启动前期利用报纸、广播电视、网络等方式扩大宣传范围，提升宣传效果，利用警示教育基地丰富宣传内容。各检察机关结合实际，通过走上街头讲解法律，走入群众听取民意，走进机关预防警示，宣传党和国家惩治和预防职务犯罪的方针政策，展现检察机关反腐倡廉取得的成果。当天，全市两级检察机关设立11个宣传咨询场点，发放各类宣传资料手册3.5万份，现场接受群众法律咨询300余人次。（冯 雨）

【“检察开放日”活动】 2016年12月20日，市检察院举办以“加强侦查监督、维护司法公正”为主题的“检察开放日”活动，市人大代表、政协委员、特约检察员、人民监督员以及省市新闻媒体代表参加活动。

作为检察机关核心业务部门之一，侦查监督部门是检察环节打击各类刑事犯罪的“前沿阵地”和防范冤假错案、保障人权第一关的“把关人”。审查逮捕、立案监督和侦查活动监督三项职责构成侦查监督部门“一体两翼”工作格局。2014年以来，全市检察机关受理公安机关提请逮捕各类刑事犯罪案件3108件4723人，批准逮捕2431件3639人。监督公安机关立案153件173人，监督立案法院作出有罪判决76件90人，监督公安机关撤案99件；监督行政执法机关移送涉嫌犯罪案件线索34件，公安机关立案27件。书面提出纠正意见283件次，纠正公安机关侦查违法活动27次；纠正漏捕107人次。

活动中，受邀代表们听取该院侦查监督工作情况的汇报，观看省市检察机关工作专题片，围绕这次活动主题座谈。参观市检察院办案工作区。（刘 江）

法 院

【法院助推改革发展】 2016年，大同市中级人民法院把法院工作融入全市中心工作，保障和服务全市“136”发展战略大局。围绕全市“冬季行动”和项目建设“双环行动”重点工作，坚持能动司法，无缝隙对接经济社会发展战略需求，延伸法院审判职能作用，成立由市中级人民法院院长任组长、各区县法院院长任副组长的协调工作领导组，制定《关于坚持能动司法，为开展“冬季行动”暨项目建设“双环行动”提供司法服务和保障的若干意见》，发出7份涉拆迁安置司法建议和11起典型案例，指导两级法院发挥职能作用，为开展“冬季行动”和项目建设“双环行动”提供法律服务与保障。两级法院领导和相关审判人员到11个县区及经济技术开发区、大张大西高铁项目工地等处调研、指导工作，确保拆迁征收安置工作依法合规完成，为全市重点项目顺利推进保驾护航。（法 院）

【法院维稳】 2016年，大同市法院关注社会治安形势变化，参与全市严打整治“百日行动”，打击各类刑事犯罪活动。全市法院受理各类案件23863件，审执结22075件，同比分别上升18.67%和33.93%，年终结案率92.51%，审限内结案率99.14%。其中，市中级人民法院受理各类案件4161件，审执结3923件，同比分别上升24.02%和35%，年终结案率94.68%，审限内结案率98.83%，在全省中级人民法院排名第三。全市法院受理一审刑事案件1383件，同比下降19.09%，审结1298件，判处罪犯1776人，结案率93.85%；二审案件253件，审结234件，结案率94.66%。严打整治“百日行动”涉及的黄赌毒及涉枪涉爆、传销等五类重点案件106件157人全部依法审结。依法判处死刑、无期徒刑及五年以上有期徒刑142人，重刑率13.8%；对56人免于刑事处罚，对185人判处缓刑。依法保护公民、法人和其他组织的合法权益，为净化市场法治环境、推进“法治大同”建设提供司法保障。受理民商事案件15064件，审结13629件，同比分别上升2.28%和21.37%，结案率90.47%，标的额60.24亿元。妥善处理家事纠纷案件3644件，维护和谐稳定；审结买卖、借贷等合同案件7048件，保障经济活动规范运行。受理行政案件378件，同比上升16.41%，审结361件，结案率95.5%，落实行政机关负责人出庭应诉制度，化解“官”民矛盾，促进法治政府建设。（法　院）

【法院延伸未成年人审判职能】 2016年，大同市中级人民法院坚持“寓教于审、惩教结合”原则，贯彻“教育、感化、挽救”方针，依法判处57名未成年罪犯刑罚。回访帮教被判处缓刑的未成年人，使其得到矫治。实行近千名未成年罪犯犯罪记录封存制度，为其复学、升学、就业，顺利回归社会创造条件。建立未成年人教育感化帮扶中心和预防未成年人违法犯罪教育基地，有6000余人到基地接受普法教育；开展“送法进校园、乡村社区”活动，开设“法律守护、绿色关爱”公益大讲堂，听众2000余人。邀请1000余名大中小学校学生走进法院，举办“感受公正司法、争做护法少年”法院开放日活动。市中级人民法院未成年人综合审判庭被省法院、团省委联合授予山西省优秀“青少年维权岗”。（法　院）

【法院化解信访难题】 2016年，大同市中级人民法院实行“信访第一岗位”制度，信访窗口是所有新提拔法官、新调入人员的第一工作岗位。实行每周一“院长接待日”和领导干部带案下访制度，发现、控制和处理信访矛盾，接待群众到访1072人，群众满意度提升。办理各级机关转办案件，全部按要求答复当事人。完善申诉、申请再审启动程序条件，坚持实事求是、有错必纠原则，确保当事人合法权益不受侵害。受理申诉和申请再审案件156件，审结152件，结案率97.44%。（法　院）

【法院保障当事人胜诉权益】 2016年，大同市中级人民法院受理执行案件5804件，执结5584件，同比分别上升42.95%和107.74%，执结率96.21%，执限内结案率100%，执结标的额10.42亿元。开展“执行积案集中清理”专项行动大会战，加大反规避执行力度，依法采用拘留、罚款、查封、扣押、冻结等强制措施，加强与公安、工商、银行、交通等部门联动，构建社会化执行大格局。查询当事人存款2732件次，查询冻结扣划资金9500万余元；对情节严重、拒不执行判决的犯罪移交公安机关追究拒执罪63案71人，对52名“老赖”依法采取拘留强制措施。推进失信被执行人名单公布制度，公布失信被执行人1908名，促进社会诚信体系建设。（法　院）

【法院建立诉调对接机制】 2016年7月初，市中级人民法院与市司法局召开推进多元化解矛盾纠纷机制工作座谈会，共同制定《关于建立民事纠纷案件诉调对接工作机制实施办法》等文件，安排部署人民调解工作、建立健全诉调对接多元化矛盾纠纷解决机制。8月中旬，市中级人民法院召开专题会议，印发由法院、司法局和律协联合制定的《关于律师参与多元化解纠纷暨解决涉法涉诉信访矛盾工作实施办法（试行）》，启动律师参与化解纠纷与信访矛盾工作，为55名律师特约调解员颁发聘书。8月起，每个工作日都有律师进驻法院诉讼信访大厅开展工作。广灵县人民法院创新工作方法，推行“社区法官工作室”，把矛盾纠纷化解在社区，消灭在萌芽状态。截至2016年底，全市法院民商事案件调解、撤诉4134件，调撤率30.49%。（法　院）

【法院拓展司法公开新渠道】 2016年，市中级人民法院建成审判流程公开、裁判文书公开、执行信息公开三大平台，对当事人实行开放查阅，推行“阳光审判”。生效裁判文书在“中国裁判文书网”和官方网站统一发布，在中国裁判文书网公布裁判文书7922份，其中市中级人民法院上网2855份。在新浪网法院频道网络同步直播庭审2次，点击观看3000余人次。举办“12·4宪法宣传日”活动，发放法治宣传材料1000余份。全市法院在人民网、新浪网和腾讯网开通官方微博，发布微博487条，访问点击数1.6万余次。开通微信公众平台，发布案件审判等法治类信息200余条，点击量2万余人次，打开社会公众解法院工作的新“窗口”。创新宣传模式，以青年法官职业成长困惑为题材，摄制时长30分钟的微电影《坚守》，再现当代法官的工作和生活景象，剧组演职人员均由在任法官担任。官方网站新闻发稿量居全省前列，连续三年被最高人民法院评为“全国法院网络宣传先进单位”。（法　院）

【法院接受社会监督】 2016年，市中级人民法院向人大及其常委会报告重大工作部署和开展情况，配合人大开展各项执法检查活动。办理人大代表和政协委员建议、来信和议案、提案，及时反馈答复；邀请人大代表、政协委员旁听案件庭审45件。开展“人大代表法庭行”活动，邀请137名人大代表及部分政协委员参加活动，旁听案件庭审24件，观摩调解案件11件，参加点评案件11件，征求意见和建议96条。接受检察机关法律监督，实行邀请检察长列席法院审判委员会11次，参与讨论案件19件。加强与

新闻媒体的沟通，接受舆论监督。听取社会各界的意见和建议，接受社会监督。（法 院）

【七名罪犯执行死刑】 2016年11月4日，遵照最高人民法院执行死刑命令，市中级人民法院依法公开宣判侯存有等七名罪犯，并执行死刑。

故意杀人犯侯某某，男，55岁，汉族，浑源县人，初中文化，农民。与四婶姚某某相邻而居，两家因琐事积怨多年。2014年7月17日，侯某某酒后起意报复姚某某，进入姚家卧室，用酒瓶、圆凳砸击姚的头部，又持菜刀、劈斧猛砍姚头部、颈部，致姚某某死亡。抢劫犯王某某，男，45岁，汉族，广灵县人，初中文化，农民。罪犯王某某之妻系被害人马某的同学、下属，王认为马瞧不起王，并欺负其妻，对马怀恨在心。2013年3月30日，王某某携带尖刀到马某的住处，用花盆砸马的头部，持刀砍击、刺切马的颈部、左肋部等处，致马某死亡，劫得马某家银元、手表、项链、戒指等财物，价值人民币33274.99元。

被执行死刑的还有故意杀人、盗窃犯王某，故意杀人、放火犯孙某某，抢劫、强奸犯张某某，抢劫犯李某某，故意杀人犯韩某某。（晨 曦）

司法行政

【社区矫正】 2016年，市司法局开展社区矫正安全隐患排查整治工作，全市排摸暂予监外执行人员58人，提出不符合规定的1名“两类人员”收监建议，在全市建立“两类人员”定期上报思想动态分析机制，制定《大同市司法行政机关社区矫正工作突发事件应急处置预案（试行）》，消除社区矫正工作中存在的安全隐患。推进社区矫正工作科技化、规范化建设，建设全市社区矫正手机定位系统，监管社区矫正服刑人员。各县（区）司法局推进矫正人员增设指纹签到和人脸识别系统。城区司法局创新管理模式，引入微信管理，建立社区矫正学习教育平台。全市有8个县（区）建设完成社区矫正管理教育中心，其中灵丘县的管理教育中心被评为省级示范中心。截至12月底，全市在册社区矫正人员835人，累计接收社区矫正人员3022人，累计解除2187人。社区服刑人员累计撤销缓刑12人，累收监执行暂予监外执行罪犯21人，警告141人次，无脱管漏管情况发生。（陈海林）

▲2016年8月19日，市落阵营强制隔离戒毒所建设项目奠基 （陈海林 供图）

【安置帮教】 2016年，市司法局推进安置帮教基地建设，健全实战化平台。加强服刑人员出监后的就业培训，提升刑释解教人员社会适应能力，把安置帮教工作做到实处。市政府为大同市山威道路救援安置帮教基地划拨10套廉租房；做好服刑人员信息核查，在全市建立按月通报制度，对发现的问题及时纠正，信息核查成功率位列全省第一；对安置帮教人员开展服务活动，市安置帮教基地为服刑多年、年老体弱、不断上访的刑满释放人员开展帮扶活动，到社区开展禁毒、安置帮教、社区矫正等系列服务活动；建立《安置帮教基地台账》。年度审核全市16个安置帮教基地，建立安置帮教对象档案和电子信息库，做到一人一档。2016年度，各县（区）衔接总人数1103人。重点帮教对象44人，重点帮教对象接送率100%。安置总人数1022人，安置率93%。其中落实责任田138人，自主创业178人，从事个体经营123人，企业和经济实体容纳就业22人，其他安置方式安置542人，帮教总人数1046人，帮教率95%。（陈海林）

【司法调解矛盾纠纷】 2016年，市司法局开展“冬季行动”矛盾纠纷化解活动、“防风险、解纠纷、促发展、矛盾纠纷排查化解”专项活动和矛盾纠纷“大排查、大调解”活动。全市人民调解案件总数9216件，调解成功8251件，成功率90%。其中，防止民间纠纷引起自杀5件，防止民转刑57件，防止群体性上访91件，防止群体性械斗9件，化解医疗纠纷136件，道路交通事故纠纷301件，保险纠纷39件。城区司法局探索矛盾纠纷化解新途径，继“老温调解工作室”运行之后，筹建“老郭调解工作室”和“老曹调解工作室”，发挥人民调解领域的品牌效应。《大同市社会治安综合治理动态》第8期、《山西政法动态》第7期专题报道“老温调解工作室”的做法和经验；推进大同市民事纠纷诉调对接工作，制定《关于建立民事纠纷案件诉调对接工作机制的实施办法》，在市、县（区）两级人民法院、司法局、分别建立24个诉调对接联系办公室，聘用55名特邀人民调解员，在市中院信访接待大厅设立调解岗位，实现人民法院审判和人民调解的相互衔接，协同市中级人民法院和大同市电视台政法栏目组，拍摄制作诉调对接暨多元化解工作视频影像资料并在大同政法栏目播放；推动以案定补工作，对五类特大矛盾纠纷拟定不同的补助标准；组织全市38个基层法律服务所、216名基层法律服务工作者开展“法律服务

我争先”活动；人民检察院人民监督员选任工作推进，大同市王芬、侯文、杨兴香、袁君4人被选为山西省人民监督员。（陈海林）

【律师管理】 2016年，市司法局开展律师参与化解涉法涉诉信访工作，制定《市县两级信访部门建立法律顾问制度参与化解重点信访案件的意见》，在全市信访部门建立法律顾问制度，挑选26名法律服务工作者参与全市信访案件化解，北岳律师事务所进驻市信访大厅，每天安排2名律师解答群众法律咨询；制定《大同市司法局关于开展“律师服务六大发展”活动的实施意见》，组织全市律师开展服务保障活动，成立法律服务检查督导组，走访全市28家律师事务所，引导广大律师参与“冬季行动”，发挥律师在征收安置、项目手续办理、招商引资、金融创新四个方面的作用；推动“一村（社区）一法律顾问”工作开展，矿区司法局组织基层法律服务工作者担任辖区街道人民政府及各行政管理部门、中小企业、事业单位、个体工商户的法律顾问，推动各单位依法管理、依法经营、依法办事。全区116个社区全部聘请法律顾问。截至11月底，全市有40家律师事务所，律师450名。其中执业律师418名，公职律师9名，法律援助律师23名。（陈海林）

【公证管理】 2016年，大同市8家公证机构办理各类公证19642件，业务收费925.7万元。推动全市公证工作改革创新，制订实施意见、拓展业务领域、设立统一业务受理平台等方式，提供公证法律服务；组织全市各级公证机构开展服务，保障全市“冬季行动”拆迁安置工作，成立6个公证服务保障组，定期组织公证员到古城涉拆街道宣传公证法律知识，发挥公证预防纠纷、减少诉讼的职能作用；提升公证质量，做好公证信访投诉处理工作，建立台账，指派专人处理来信来访来电反映的情况，针对多起公证质量投诉问题，在全市范围内开展公证质量检查活动，完成全市8家公证机构和52名执业公证员的年度考核工作，考核出优秀公证处4个，优秀公证员15人；推进公证工作信息化建设，全市各公证机构开通公证管理系统和公证办证系统，完成账号分配及基础数据录入工作，健全公证从业人员信息库；便民、利民措施创新，组织8家公证机构在全市范围内开展为期一个月的“公证敬老公益服务月”活动，为70岁以上老年人免费办理遗嘱公证和遗嘱保管。（陈海林）

【法律援助】 2016年，市司法局组织全市法律援助中心开展“法律援助质量提升年”活动。受理法律援助案件1401件，与同期相比增加7.1%。其中，民事法律援助案件953件；刑事案件447件；行政案件1件。办结1003件；全市受援人总数1963人，与同期相比增加9.5%。其中，残疾人409人；老年人349人；未成年人59人；农民379人；妇女352人；军人家属4人；法律援助便民服务大厅接待咨询12732人次，与同期相比增加18.42%。12348热线接听7175人次，与同期相比增加8.17%；专项检查全市法律援助中心“中央、省级补助地方法律援助办案专款”管理使用情况，规范专款使用行为，提升专款使用透明度；为困境流浪人员提供法律援助。在市中级人民法院立案大厅、市劳动争议仲裁委员会、市公安局交警大队、市社会救助管理站、市武警支队等单位建立法律援助工作站，扩大法律援助渠道；法律援助远程视频服务系统投入使用，法律资源得到共享。法援远程视频系统启用30次，解决100余件疑难法律问题。大同县司法局整合法律服务资源，依托县司法局法律服务大厅，打造县城半小时、县域一小时法律服务圈，公布4条法律服务专线，为群众提供方便、快捷、通畅的法律服务。（陈海林）

【司法鉴定】 2016年，大同市8家司法鉴定机构办理司法鉴定案件1993件、收费284万余元。司法局考核全市8家司法鉴定机构，通报考核等次，提出改进意见；在规范化司法鉴定机构创建活动中，金盾司法鉴定中心被评为全省规范化司法鉴定机构；开展司法鉴定行业违法违规执业问题专项整治活动，成立组织机构，印发实施方案，规范司法鉴定人执业；开展司法鉴定案卷评查工作，抽查7家司法鉴定机构的160份案卷，除部分案卷装订顺序不合要求外，其余案卷委托和受理符合要求。参加第二届“宋慈杯”优秀司法鉴定文书评选活动和全省案例评选活动，收集优秀司法鉴定文书11份、案例8份。（陈海林）

【司法考试考务】 2016年，市司法局完成2016年国家司法考试大同考区考务工作，考生1856人（含忻州、朔州考生），设置62个考场，其中尾考场26人。考试期间各考场秩序井然，未发生泄密事件，实现“平稳、安全、顺利、有效”的总要求。（陈海林）

【司法严打整治“百日行动”活动】 2016年，市司法局成立以党组书记、局长魏兴平为组长的大同市司法局严打整治“百日行动”领导组，制订《关于在全市司法行政系统开展严打整治“百日行动”的实施方案》，召开大同市司法局严打整治“百日行动”动员大会，安排部署工作任务。成立五个督查小组，到11县（区）督促检查工作。成立大同市社区矫正和刑满释放人员排查管控工作领导组，清查整治全市社区矫正和刑满释放人员。在安置帮教方面，成立专门检查组，对各县（区）安置帮教档案进行检查，推进安置帮教工作开展。在人民调解工作上，组织全市各级人民调解组织开展矛盾纠纷大排查大调解活动，活动其间调解矛盾纠纷2800余件。在法治宣传工作上，市司法局向各县（区）及市直各单位印发关于开展严打整治“百日行动”专项法治宣传活动的通知，南郊区司法局出动干警800余人次，播放录音1200余次，到乡村开展法律咨询30余场次，设立法治宣传站点10余个，帮助群众解答咨询6500余人次，制订《南郊区严厉打击涉爆涉枪违法犯罪活动的通告》2万份，悬挂宣传横幅6000余条，发放宣传资料8万余份，张贴宣传标语5万余条，村广播3000余次，短信群发2.8万余条，设立举报箱600余个，在强制隔离戒毒工作上，专门检查“两所”严打整治工作。（陈海林）

经济管理与监督

发展与改革

【转型综改试验区建设】2016年，大同市发展和改革委员会制定《大同市国家资源型经济转型综合配套改革试验实施方案（2016年～2020年）》和《2016年行动计划》，2016年确定“2333”83项重点任务：20项重大改革、30项重大事项、30个重大项目、3个重大课题。20项重大改革中，18项深入推进，2项开展前期工作；30项重大事项进展顺利，采煤沉陷区光伏发电基地建设、电子商务与物流快递协同发展、“五规合一”规划、智慧城市创建、公共资源交易平台建设和投资项目在线审批等取得阶段性成果。市发改委牵头抓总的投融资体制改革、推进电力体制改革、推进大同采煤沉陷区光伏发电基地建设等12项工作取得进展，配合相关部门做好国家光伏扶贫试点、推进“互联网+”发展等5项工作。全市确定30个省市级转型综改重大项目，总投资1138亿元，全年计划投资223亿元，完成投资225亿元，占年度计划的101%。制定全市2016年转型综改考核办法。逐月对纳入市级重点跟踪的两项重点改革任务和省市30项重大项目情况汇总统计、跟踪服务，协调《行动计划》中重大改革和重大事项的牵头部门，制定工作方案，推进工作。上半年对各县（区）转型综改任务推进情况开展督查，总结分析各县区转型综改工作成果，协调解决推进中存在的问题。（发改委）

【发改委助推经济发展】2016年，市发改委按照政府主导、市场化运作方式，建立“三个一”（一个项目化管理机制、一套项目化管理工作方案、一张项目化管理表）工作机制和“1+2+5”（“1”是指要有一支项目策划团队，“2”是指要有一个前期支撑企业和一个专家团队，“5”是指要有一个责任部门、一个行业服务小组、一个属地服务小组、一个综合推进小组、一位市级包联领导）项目推进机制。1月至9月全市固定资产投资同比增长8.3%，1月至10月同比增长7.1%，1月至11月同比增长7.0%。一产、三产、非煤工业投资、民间投资占比提升，高技术产业、战略性新兴产业较快增长，以文化旅游、金融、互联网+等为代表的现代服务业快速发展，全年全市固定资产投资1215亿元，增速6%左右。

1.结合万名干部入企服务，对固定资产投资待批项目进行“大起底”，明确任务，落实责任，推进项目审批进程，推动符合条件的项目尽快开工、复工建设。代市政府起草《大同市关于贯彻落实创新重点领域投融资机制鼓励社会投资的实施意见》。督促土地、环评等要素保障，抓好项目跟踪服务。支持和促进民间投资。全年办理立项手续254项，总投资244.62亿元。其中，审批类167项，投资166.13亿元；核准类27项，投资33.62亿元；备案类60项，投资44.87亿元。招标投标核准文件184件。对于省、市重点工程新建项目，优先考虑PPP模式，推出12个项目，项目总投资174.8亿元，部分项目进展顺利。市县（区）完成投资项目在线审批监管平台项目录入数548项。

2.配合统计部门应统尽统、不留遗漏。对5000万元以上项目的入库工作加大督查考核力度。截至11月底，全市项目储备398项、投资总额15353.44亿元，超额完成储备项目投资总额动态保持11820亿元的目标任务。加强项目库动态管理，及时调整优化在库项目。全市各级各部门提出项目总数1051个，总投资2500亿元。

3.市发改委在项目推进方面发挥牵头作用，调动县区、行业部门、企业的积极性，在项目开发、储备、推进、开工四个方面下功夫，稳中向好的项目建设局面基本形成。联系国家、省相关部门，加强市级部门之间的横向沟通和对口部门的纵向联系，引进政策性、扶持性、投资性资金，全年落实上级资金37.11亿元。结合存量投资资源，响应国家、省战略，谋划一批引领转型升级、提升产业优势、补缺薄弱环节的产业项目。注重投资的有效性，从2016年10月谋划和布局2017年的项目投资。在“冬季行动”中谋划“双环行动”27个重大项目，牵头签约熊猫电站等3个项目建设，推动总投资2000亿元的“林水风光、城轨康装、山猪站房、气电纺港”16个百亿元级的大项目。（发改委）

【经济调控】2016年，市发改委发挥宏观经济管理部门职能，分析和研判全市经济运行情况，推动各项宏观经济管理工作。2016年前三季度地区生产总值705.5亿元，同比增长0.4%；低于省考核市指标（6.5%）5.5个百分点。1月至11月固定资产投资1086.7亿元，同比增长7%；低于省考核市指标（15%）9个百分点。1月至11

月民间投资796.9亿元，占比73.3%，超省考核市指标（57%）18个百分点。全市居民消费价格总体水平保持低位运行，居民消费价格指数1月至11月累计上涨1.1%。（发改委）

【发改委服务“三农”】 2016年，市发改委用农业供给侧结构性改革的办法破解“三农”发展难题，“十三五”开局之年农业农村经济稳健发展。继续实施农村饮水安全巩固提升工程。批复2016年农村饮水安全巩固提升实施方案，通过《大同市饮水安全巩固提升“十三五”规划》。解决阳高等6个重点贫困县35个建档立卡贫困(自然)村、3.3万人和4945头大牲畜的饮水安全问题，落实中央预算内资金1400万元，项目年底完工。推进水保生态工程建设。落实中央预算内投资14537.4万元，地方配套8314.6万元，建设规模15.2万亩京津风沙源治理二期工程。建设人工造林（乔木）9.7万亩，封山育林54万亩，工程固沙0.3万亩；人工种草0.2万亩，暖棚19.9万平方米，青贮窖13.3万立方米；水源工程423处，节水工程429处；易地搬迁2859人。天镇县坡耕地水土流失综合治理工程，2016年建设任务(坡改梯)833.34公顷，总投资1875万元。其中，中央预算内投资1500万元，县配套375万元。中央预算内投资计划分配到县，年底完工。发展现代牧场养殖。2016年实施大同县鸿易全牧场等6个奶牛标准化规模养殖小区（场）建设项目，落实中央预算内投资计划620万元，投资分配到各县，全部开工。完善农产品质量安全监管体系。县级农产品质量安全监管实现全覆盖，市农产品质量安全检验检测中心用地手续办结，中央预算内667万元剩余的267万元到位，陆续开工建设。推进两河流域生态修复与保护建设。参与御河、口泉河流域生态修复与保护规划编制，协调相关部门，完善项目前期工作，与上级部门对接，落实十里河入御河交汇处生态湿地工程国家专项建设基金5.6亿元，七通一平进展顺利，监理、施工已开标。对接京津冀农业部门，协助落实资金4000万元。实施“藏粮于地，藏粮于技”战略。全市安排高标准农田建设18万亩，立项和正在立项14.053万亩，总投资21951.4万元。延长畜牧产业链条。牧同乳业投资2.4亿元新建的乳品加工生产线一期工程投入生产，弥补乳业加工的短板，引领畜牧业升级换代。（发改委）

【发改委落实“三去一降一补”政策】 2016年，大同市关停同煤集团年生产能力300万吨的同家梁矿、30万吨的同生宏达煤矿、45万吨的同地北杏庄矿，去落后产能375万吨。同煤集团全年产量8000万吨左右，比上年产能减少近3000万吨。通过合理引导、政策回购、市场配置等方式房地产去库存工作进展顺利。截至11月底，全市商品住房374.89万平方米，化解库存需12.48个月。落实省政府给予大同市97亿元置换债券，新增债券24亿元。落实国开行32亿元棚改资金。全年减轻企业负担40亿元。签约直供电交易35.6亿千瓦时，全市19家大中型企业从中受益。围绕重大基础设施、产业转型、城镇化和生态环境治理、民生社会事业等领域谋划实施一批重大项目，补齐经济社会发展短板。（发改委）

【新型能源基地建设】 2016年，同煤塔山二期2×66万千瓦超临界燃煤空冷机组项目，并网发电。同煤阳高二期2×35万千瓦超临界循环流化床空冷供热机组项目，进行水压试验。京能左云2×35万千瓦超临界燃煤空冷机组项目，土建工程完成85%，三大主机招标，接入系统取得国家电网批复。国电电力大同湖东2×100万千瓦项目取得路条，同煤浑源2×35万千瓦热电联产项目、同煤大唐热电三期热电联产项目前期有序推进。2016年6月30日，采煤沉陷区国家先进技术光伏示范基地一期100万千瓦项目并网，一期项目获2016年度中国能源项目创新奖。按照光伏示范基地3年300万千瓦三步走战略，完成示范基地一期建设总结和验收，开展二期项目前期工作，向省发改委上报二期项目实施方案。光伏扶贫项目总规模8.2万千瓦中，6.2万千瓦地面电站并网发电；剩余2万千瓦具备并网条件。编制市级“十三五”综合能源基地发展规划及煤炭、电力、新能源、光伏扶贫等系列专项规划。编制《大同市2016年光伏扶贫实施方案》，建设321个村级电站，规模3.21万千瓦，具备并网条件，2万千瓦地面电站已备案。编制《大同市电动汽车充换电基础设施布局与发展规划》和《大同市电动汽车充电基础设施建设管理办法》，经市政府常务会通过并印发。推进能源综合利用、多能互补和“互联网+”智慧能源等工作，《大同新能源基地多能协同智慧管理项目实施方案》和全省唯一的多能互补项目上报国家能源局，能源局完成多能互补项目复核。大同市与智慧能源集团签署《区块链技术创新与应用合作协议》，注册成立“大同区块链技术有限公司”，开展电力体制改革，5个售电公司开展筹建工作，大用户直供电工作有序推进。截至2016年11月底，全市各类电厂总装机容量1065万千瓦。其中，火电736万千瓦；风电165万千瓦，占全省总装机717万千瓦的23%；太阳能光伏发电155万千瓦全省排名第一，占全省总装机292万千瓦的53%；余热发电、尾气发电、垃圾发电、秸秆发电等其他新能源发电9万千瓦。（发改委）

【发改委调整经济结构】 2016年，市发改委谋划推进总投资12亿元的西安隆基硅材料股份有限公司和招商新能源集团公司投资建设年产1吉瓦高效单晶光伏组件领跑项目签约，分两期建设全球领先的高效单晶光伏组件全自动生产线。设计规模100兆瓦，由招商新能源集团投资的全球首个熊猫光伏电站项目落户大同县，签署合作协议投资10亿元的浪潮集团云计算大数据产业项目，建设大同市云计算中心，搭建政府数据开放平台、数据交易中心、创客空间和创新应用平台，运营“爱城市”网，建设智慧大同，建设大数据人才实训基地。《大同市城区西花园老工业区调整改造实施方案》编制完成并报省发改委。国家环保部于2016年3月4日批复同煤中海油40亿立方米煤制气项目环评报告。牵头对接百度公司，与百度合作的“互联网+大同旅游”5月1日上线。借全省旅游发展大会在大同举办的契机，1月至10月，全市入境游客同比增长 6.5%，国内游客同比增长 27.9%，旅游外汇收入同比增长 7.2%，国内旅游收入同比增长 31.5%。主动承接东部产业转移，协调投资约 200 亿元的大同纺织园区（羊绒羊毛产业链生产基地）项目立项。方特欢乐世界开门迎客。大同农副产品国际陆港一期主体工程年底前竣工完成。绿色金融工作推进。智能制造、军民融合、轻工产业、新型建材、文化旅游等一大批转型项目落户大同。（发改委）

【基础设施建设】 2016 年，铁路交通方面，大张高铁年投资 30 亿元，累计投资 33 亿元。京原电气化改造投资 4.9 亿元。公路交通方面，京乌高速公路大同段投资 2 亿元，国省道投资 7 亿元，农村公路投资 5.5 亿元，公路客运东站投资 1.4 亿元。城市公共自行车项目一期工程完工并运营，投资 1.2 亿元。轨道交通在列入《山西省“十三五”综合交通运输体系发展规划》基础上，轨道交通线网规划完成。北环桥通车；2016 年市政府为民办实事涉及的 29 条小街小巷，实际完成 39 条，超额 34.4%。年内全市工程建设任务 71 项，道路建设工程 58 项，年度目标任务完成率 100%。全年市区老旧住宅小区改造 167.96 万平方米，公厕 100 所，10 所过街天桥交付使用。智慧城市建设取得阶段性成果。启动建成区公共安全视频全覆盖项目，智慧房产总投资 4000 万元，实现全域覆盖。推进大同富乔垃圾焚烧发电有限公司垃圾焚烧发电项目、超浓缩污水处理项目、城镇污水处理厂污泥干化等污染治理项目，协调推进大同市恒安新区生活污水处理厂工程等项目的前期工作。（发改委）

【绿色发展】 2016 年，市发改委编制《大同市生态文明建设规划》《大同市区域发展战略研究》。与中科院“院地合作”和“大同市智库”建设项目进展顺利，引进资金 3 亿元。市发改委和市经信委共同承担的 12.12 亿元。市 2016 节能环保投资计划，实际总投资 16.69 亿元，超额完成年度任务；市区生态建设累计工程量 5.3 亿元，占年目标的 107%，建成区新增绿化面积 116.78 万平方米，建成区绿化覆盖率、绿地率、人均公园绿地面积分别 40.96%、36.84% 和 15.27 平方米，比上年提高 0.87 个百分点、0.88 个百分点和 0.48 平方米。2016 年，全市二级以上良好天气数 320 天，提前实现年度目标，名列全省第一。生态文明建设年度目标任务完成。（发改委）

【民生改善】 2016 年，市发改委把教育、卫生的建设项目作为重点民生工程。为大同煤矿万人坑纪念馆落实中央投资 242 万元、灵丘平型关纪念馆 240 万元、灵丘平型关烈士陵园 800 万元、灵丘红石楞乡车河社区养老院 747 万元、大同火山群国家地质公园 960 万元、浑源悬空寺 960 万元、5 个贫困县广播电视 800 万元、市殡仪馆 50 万元。累计落实中央预算内投资 4799 万元。完成“十三五”时期旅游、残疾人托养等 12 类 173 个项目总投资 13.26 亿元的申报入库工作。推进康养产业项目前期工作。实施义务教育标准化建设工程，为城区 46 校落实资金 889 万元，建设规模 10232 平方米；落实国家投资 446 万元，支持 4 所边远艰苦地区农村学校教师周转宿舍建设，建设规模 2940 平方米，为特岗教师、支教和交流教师、离城镇较远的边远地区学校教师增加周转宿舍 84 套。上报义务教育标准化建设、边远艰苦地区农村学校教室周转宿舍建设（二期）、普通高中建设和产教融合发展工程 4 个专项 80 个入库项目。上报健康扶贫工程、妇幼健康和计划生育服务保障工程、公共卫生服务能力促进工程等 7 个专项 68 个入库项目。针对存在的问题，开展专项督查，督促中央预算内投资未开工项目加紧建设。落实 2016 年 26 个财政预算内以工代赈项目资金 4607 万元。编制完成 2017 年的以工代赈项目建设方案。充实驻村工作队和第一书记，增派 1 个工作队和 3 个第一书记共 6 人，精准扶贫灵丘县独峪乡 4 个村。采煤沉陷区省考核大同市指标 9064 户搬迁安置项目启动，完成全年指标任务。援疆任务完成。开展油气输送管道保护大检查、新能源行业安全生产大检查，监督企业落实主体责任，查找整改问题隐患，安全生产形势稳定。（发改委）

【市场价格监管】 2016 年，大同市发改委根据价格听证程序和规定，组织召开调整大同市市区污水处理费价格听证会。调价方案经市政府常务会审定后印发执行。制定全市电动汽车充换电服务费标准。出台全市范围内的加工贸易企业和承接加工贸易产业转移的园区用电用水用气优惠政策。疏导全市非居民用管道天然气价格。落实全省电价政策。试行居民用电峰谷分时电价政策。分两次降低全市一般工商业用电价格。完善明码标价制度，加强旅游市场价格监管，完成景区门票价格专项整治工作。从 2016 年 1 月 1 日起，在全市取消收费许可证制度，停止收费许可证年度审验。采取多项措施加强行政事业性收费和经营服务性收费事中事后监管。

制定《大同市发展和改革委员会关于落实加强政府定价成本监审工作方案》，依法开展成本监审工作。调整全市农产品调查点。完成全市 3 个农调县 15 个品种、56 户农调户农产品常规调查、专项调查、主要农产品成本预测、上下半年生猪直报、玉米直报、生猪月报、月询价等调查任务。2016 年成本监审教育培养、旅游景区、机动车停放、供水、污水处理、充换电服务、热力生产销售、课外培训、骨灰寄存 9 个行业 26 个单位，审核总成本 200171.47 万元，剔除不合理费用 14277.82 万元，为科学定价提供保证。

2016 年，全市各级价格监督检查机构依法查处涉及医疗、药品、电力、公安等行业、部门违规收费及市场未按规定实行明码标价等价格违法案件 53 件，依法实施经济制裁金额 1444.8 万元。其中，上缴财政罚没款金额 258.53 万元，退还用户金额 1186.28 万元。完成全市涉企收费、涉农价格和收费、环保价格政策、旅游价格整治、规范药品价格行为、商品房销售明码标价、文化旅游市场价格秩序等专项检查任务。通过各种方式开展价格提醒告诫，引导经营者价格自律，防范、遏制各类价格违法行为的发生。全省首创并完善网格化市场价格监管，贯彻落实“双随机一公开”价格监管工作，“12358”“12345”两个群众价格诉求渠道、平台实时畅通，保证及时受理、回复、处理，维护消费者合法权益。全年受理“12345”咨询 2000 余件，受理“12358”价格咨询及价格投诉举报 2550 件，办结 2469 件。（发改委）

国土资源管理

【基本农田保护和划定】 2016 年，大同市国土资源局完成耕地和基本农田保护任务。全市实际耕地面积 564.29 万亩、基本农田面积 484.21 万亩，超额完成省政府布置的耕地保有量 556.22 万亩和基本农田保护面积 480 万亩任务。开展基本农田建设工作：全市安排 9 个项目，整治规模 8.6 万亩。其中 1 个项目初步设计报告及预算书批复，3 个项目立项；3 个项目初步设计报告和预算书已评审，按专家意见修改完善；2 个项目进入可研编制阶段。推进历史遗留土地整理项目的验收报备入库。5 个历史遗留土地整理项目，3 个项目验收，建设规模 1.82 万亩；未验收的项目 2 个，其中浑源县西留乡、裴村乡土地开发项目整修部分损毁工程及完善图纸资料；新荣区堡子湾乡土地整理项目，因设计机井开凿至 79.8 米处遇到坚硬岩石层，经新荣区和水利、地质等有关部门调查，项目区不具备开凿深井条件，新荣区国土资源局与省厅协调，撤销该项目。推进基本农田划定工作。大同市中心城区永久基本农田划定工作完成，通过国土资源部、农业部论证审核。划入基本农田 5.31 万亩，占两部布置任务数的 40.07%；加上中心城区范围内规划的 2.9 万亩基本农田，划定后大同市中心城区基本农田面积 8.21 万亩，占中心城区内耕地总面积的 50.82%。不能划定为基本农田的图斑面积 7.95 万亩，占初步任务的 59.93%。全市除南郊区外，县城周边永久基本农田划定涉及 8 个县（区），分别是新荣区、大同县、天镇县、阳高县、左云县、浑源县、灵丘县、广灵县。布置 8 县（区）初步任务 12.46 万亩，划入基本农田 3.64 万亩，加上 8 县（区）中心城区有基本农田面积 12.78 万亩，划定后面积 16.42 万亩，占其耕地总面积的 65.04%。新划入的

▲ 2016 年 5 月 26 日，大同市召开基本农田划定工作促进会 （国土资源局 供图）

基本农田结合城市周边山川森林湖泊等天然生态边界，在各组团之间、组团与中心城区之间形成绿色空间，避免城市连片发展而影响生态、景观和城市整体环境水平。（国土资源局）

【国土资源规划管理】 2016 年，大同市国土资源局完成省厅对大同市各县区增减挂项目督查工作，督促批准增减挂项目实施方案县区的后续工作的推进。省厅批准大同市城乡建设用地增减挂钩实施方案 15 个，通过省厅整体验收 7 个项目区，推进实施 8 个，到期未完成的项目县区政府向省厅申请延期。完成天镇县、阳高县、新荣区、大同县土地利用总体规划修改方案，获省政府批准，南郊区口泉乡、左云县云兴镇土地利用总体规划修改方案取得市政府批准等工作；《大同市土地整治规划（2016 年～2020 年）》招投标完成，进入编制工作的前期准备阶段；完成《大同市 2016 年～2020 年度矿产资源规划》编制工作的前期准备工作。

（国土资源局）

【保障用地】 2016 年，大同市向国务院、省厅上报征地件 31 件（批次 22 件，单独选址 9 件），总面积 710.14 公顷。批回征地件 31 件（批次 23 件，单独选址 8 件），总面积 461.72 公顷。涉及“大张高铁”1 个项目的先行用地，总面积 111.67 公顷（其中耕地 55.91 公顷）。4 座特大桥用地 49.32 公顷、1 处隧道斜井用地 1.59 公顷、大同南站用地 60.76 公顷。

2016 年，全市供地 190 宗，面积 1329.34 公顷。其中，划拨方式供地 68 宗，面积 923.06 公顷；协议出让方式供地 19 宗，面积 33.56 公顷，应收土地出让金 32996.69 万元；公开出让国有土地使用权 95 宗，面积 370.41 公顷，总成交价 262472.58 万元。市本级供地 81 宗，面积 250.46 公顷。其中划拨方式供地 34 宗，面积为 78.04 公顷；协议出让方式供地 16 宗，面积 37.45 公顷，应收土地出让金 32822.61 万元；租赁方式供地 8 宗，面积 2.31 公顷，应收土地租金 346.4 万元；公开出让国有土地使用权 26 宗，总出让面积 138.95 公顷，总成交价 199332.05 万元。

根据冬季行动安排，对出让或拟出让的地块 33 宗，土地面积 166.67 公顷征收拆迁跟踪，完成拆迁征收面积 3 万余平方米。对符合供地条件的 43 宗，面积 166.67 公顷分别移交并实施供地。发放各类土地补偿、管线迁改等 27371.5 万元。推进文瀛湖周边土地整治项目，御东新区拟收储 333.33 公顷土地，涉及水泊寺乡 10 个行政村，39 宗地。项目总投资贷款规模约 10 亿元，农发行到位贷款 5.54 亿元（含 1 亿元财政配套资本金），收储地块中有 19 宗地，土地面积约 106.19 公顷，获省政府征地批复。根据《委托代建购买服务合同》，委托

乙方大同市御东建设工程管理有限公司启动土地补偿。对符合上报的9宗土地，面积77.33公顷组织报批，剩余11宗，土地面积97.61公顷不符合土地利用总体规划，待调规后再组卷上报。 （国土资源局）

【不动产登记】 2015年，大同市不动产统一登记工作启动，截至2016年9月底，市本级和各县（区）不动产登记职能整合完成；机构设立和窗口设置完成，人员到位；各类办公设备完成采购并安装登记发证系统；建立健全相关规章制度并制作服务手册、办事指南等必备资料；市本级不动产登记工作所需经费列入财政预算，各县启动经费划拨到位，能够满足阶段性工作需求；市本级和各县完成流程再造和不动产权证书的首发。11月16日，市政府出台《大同市人民政府办公厅关于大同市不动产登记资料移交工作的通知》（同政办发〔2016〕154号），成立过渡其间资料对接等协调小组并确定联络员，形成限制性资料及时交换和纸质档案共用、共享、共管及电子数据逐步移交机制，各县与房管部门建立资料共享机制。11月25日，市人民政府发布《关于在市区实施不动产统一登记的公告》，自12月5日起，启用全国统一的不动产登记簿证，不动产统一登记工作全面发新停旧。全市颁发不动产权证书88本（其中市本级49本）、不动产登记证明164份（其中市本级13份）。

（国土资源局）

【矿政管理】 2016年，市国土资源局受理审核上报事项51个：采矿权顺延18个，划定矿区范围批复延续5个，换发采矿许可证4个，采矿权延续20个，采矿权变更3个，采矿权抵押备案解除1个。

全市应征收（2015年缓缴，需在2016年缴纳）本金31168.14万元，应完成24135.45万元，完成579万元，欠缴23556.45万元。2015年度批准缓缴；2014年度欠缴23032.04万元；2013年度欠缴5693.17万元。

印发《关于开展2015年度矿产资源开发利用年度检查和“三率”考核工作的通知》（同国土资发〔2016〕18号）、《关于开展2015年度矿山企业年检、“三率”考核抽检工作的通知》（同国土资发〔2016〕116号）。

编制预查地质报告、“三合一”方案，采矿权价款评估的专项工作经费，上报市政府列入2016年财政预算；向市政府上报《关于落实“冬季行动”呈请批准2016年度市级采矿权公开出让计划的请示》（同国土资发〔2016〕85号）；编制上报省厅大同市矿产资源规划（2011年~2015年）—矿业权设置区划调整方案，并批复。

（国土资源局）

【储量动态监管】 2016年，市国土资源局完成各县区及同煤集团上报的234座部、省、市、县发证矿山固体矿产资源统计基础表的审核及数据库的录入汇总工作，报送省厅固体矿产资源统计基础表及储量数据；完成由县区局上报，市局组织的52座矿山《2015年度储量动态年报》的审查工作且专家组出具审查意见；上报省厅132座部、省发证矿山的储量年报审查登记表；审查及上报2座煤矿山储量核实报告的，审查及备案1座非煤矿山储量核实报告；办理7件建设项目压覆资源审查意见（其中2件出具压覆资源审查意见，5件出具未压覆资源审查意见），上报省厅。

（国土资源局）

【地质勘查管理】 2016年，市国土资源局上报并网上报备2015年有效期内探矿权年检工作总结；上报繁峙盛豪商贸有限公司申请天镇县张西河乡深沟夭铁矿探矿权新立的审查意见；对市局发证的拟公开出让的5宗采矿权通过招投标确定地勘单位，现场督察勘查单位；配合省厅检查全市有效勘查单位资质。 （国土资源局）

【地质灾害防治】 2016年，市国土资源局编制完成《2016年度地质灾害防治方案》，组织召开全市汛期地质灾害防治工作会议，与各县区政府、防治领导组成员单位签订地质灾害防治责任状。市政府列入市财政预算168万元作为地质灾害防治专门经费。全市各级签订地质灾害防治责任书262份，发放地质灾害隐患告知书193分；补发或重新发放工作明白卡265份、避险明白卡11693份。市局印发《大同市国土资源局关于积极开展2016年汛前隐患排查的通知》（同国土资发〔2016〕93号），安排全市汛前地质灾害隐患排查。汛期市局会同市委督查室督查大同、阳高、天镇县和城区政府汛期地质灾害防治等工作。市局与市气象局、市移动公司合作，建立地质灾害气象风险预警短信群发服务平台，与市气象局签订地质灾害气象风险预警工作合作框架协议，开展地质灾害气象风险预警预报工作。6月份起，通过电视、网络、电话、短信、微信、传真等方式方法向各县区政府、各相关部门及隐患点监测人员发布地质灾害预警信息短信1.39万余条，发布气象雷电黄色预警等各类信息18次，雨情雨量10余次。完善群测群防体系建设。11个县（区）建成800余人的县区、乡（镇、街道）、村（矿山企业）三级地质灾害群测群防监测网络，确定专门的隐患点监测人及监测责任人，可逐级追溯到相关村级监测责任人、乡级监测责任人、县级责任人等，重点监测威胁严重的隐患点。加强宣传培训和应急演练工作。按照省国土厅要求，印发《大同市地质灾害宣传培训和应急演练工作方案》。利用“4·22”地球日、“5·12”防灾减灾日、国际防灾减灾日等时机发放宣传画、宣传单、防治手册。累计发送500余份。通过短信群发系统向国土系统、所有隐患点群测群防人员发送宣传短信8000余条。从7月开始，大同电视台科普宣传片《认知地灾规律，科学防灾减灾》，在重要时段播放，利用广播、报纸、网络等媒体多角度、全方位普及地质灾害防治知识，增强全社会预防地质灾害的意识和自我保护能力，实现宣传教育全覆盖。结合地灾详调契机，组织作业单位防治专家到乡镇、村社、企事业单位、施工工地和学校宣传讲解“防灾、识灾、避灾”知识，使受威胁群众通晓防灾预案、预警信号、避灾路线和避灾地点，遇到险情有序避灾。累计组织地质灾害防治宣传培训116次，参加人数2.13万余人。7月份，大同市与阳高县政府联合开展市级突发地质灾害应急演练，参演人数300余人。浑源、灵丘、左云等县开展地质灾害应急演练，累计参演人数1000余人。提高全市对突发性地质灾害发生时的应变能力和处置能力。市局与山西省第十地质工程勘察院和山西省煤炭地质115勘查院签订大同市地质灾害应急调查与技术服务委托合同，为全市的地质灾害防治提供技术支撑。市局安排布置各县区的建设任务。各县区在制度建设、地质灾害预警预报、宣传培训及地质灾害防治效果上提高，基层地质灾害防治各项工作日趋规范。达标的6个县区完善各自存在的问题和不足，巩固提高建设水平。未达标县区不断完善，力争达到建设水平。2016年是实施农灾搬迁的第三个年头。国土资源局需完成2014年～2015年的搬迁入住，2014年度搬迁农户223户，145户搬迁入住，入住率65%；2015年搬迁农户256户，入住率100%；2016年度搬迁农户256户，竣工率100%。推进《矿山地质环境保护与治理恢复方案》修编、评审与审查工作。发文督促方案到期的矿山，企业按规定重新编制。9月2日至15日抽查11个县区36个矿山企业的方案落实情况。（国土资源局）

【国土局打击违法行为】2016年，市国土资源局配合钢铁、煤炭行业去产能工作，组织开展钢铁行业新建项目摸底、煤炭行业违法用地、采矿摸底排查工作。组织核查省厅挂牌督办的同煤集团金庄煤业公司非法采矿、违法建设生产问题。组织相关县区开展疑似违法图斑线上举证工作，接受国家土地督察北京局的实地核查。安排部署和督办、统计、报告国家土地督察北京局督察意见书交办的68件土地违法件整改工作。会同市煤管局、煤监分局制定《关于开展严厉打击违法违规生产建设煤矿专项整治行动的通知》（同国土资发〔2016〕304号），组织开展煤矿违法开采行为排查工作，通过煤矿自查、县区抽查，摸清全市煤矿生产、建设底数。配合市政府煤炭行业去产能工作，派员参与同煤集团同家梁矿、同升宏达矿、北杏庄矿关闭矿井验收工作。印发《关于印发严厉打击非法违法采矿行为百日行动实施方案的通知》（同国土资发〔2016〕409号），组织开展百日行动。市局监察支队3个包片小组，按月督查11个县区的日常巡查工作。督查中，听取县区执法监察大队和国土所关于巡查工作的情况汇报，查阅巡查台账，选定路线开展巡查，填写督查台账110份。督查过程中未发现违法占地、非法采矿行为。

（国土资源局）

【土地矿产卫片检查】 2016年，市国土资源局起草并以市政府办公厅文件印发《大同市2015年度土地矿产卫片执法监督检查方案》，成立以分管副市长任组长、相关部门参与的领导组。组织开展土地卫片数据核查认定、合法图斑材料汇总、违法占地立案查处、数据填报审核上报等工作，组织各县区到省厅接受审核。认真核实图斑。国土资源部指出大同市2015年度地籍变更图斑1811个，面积32734.06亩（耕地7402.05亩），通过变更成果数据可知：全市合法用地图斑430个，面积3471.25亩（耕地1793.03亩），违法用地图斑216个，面积1418.15亩（耕地738.19亩），伪变化图斑1166个，面积27847.32亩（耕地4874.2亩）。通过土地卫片执法监督检查，全市违法用地面积2110.02亩（耕地515.41亩），实际占用的新增建设用地面积6803.94亩（耕地3656.09亩）。2015年矿产卫片部指出大同市疑似违法图斑37个，其中疑似无证开采22个，越界开采15个，涉及6个县（区）。各县（区）局核查出实地伪变化14个，合法图斑1个，违法勘查开采22个。土地卫片查处情况：2015年违法用地涉及161宗，送达处罚决定书134宗（其中申请强制执行104宗）。收缴罚款123万元、没收建筑物面积18.15万平方米、拆除违法建筑物面积0.16万平方米、处分17人次，结案134宗。

（国土资源局）

【国土“冬季行动”】 2016年，市国土资源局关于同煤烯烃项目前期支付补偿款多年来遗留的问题，与财政局多次协调，财政资金落实到位。陕汽用地整合项目涉及7.6公顷集体土地，大同县国土局办理征地手续，组卷上报市局。关于御河西路东侧、永和路西侧、清远西街南侧、北环路南侧等拟出让地块上需拆除安置任务报市政府请示列入“冬季行动”，涉及土地面积约7.47公顷，政府批示拆迁主体实施征收。跟踪督促完成城区、南郊范围内南内环2号、万达广场20余宗土地，涉及面积约64.59公顷的征收（拆迁）工作。报请“冬季行动”涉及项目中电力、热力、燃气、通信、上下水改迁、树木移出、建筑垃圾清运工作进展较顺利。督促完成万达广场、中国移动等10余宗地块内的电力改迁、树木移出、建筑垃圾的清运。

“冬季行动”期间，市局窗口办理各类行政审批事项103件。其中，开采矿产资源审批事项28件；国有建设用地审查事项23件；建设用地预审事项52件。市局被评为全市先进单位。（国土资源局）

国有资产管理

【企业运营管理】 2016年，市国资委计划所监管的国有企业年度工业总产值4000万元，实际完成4287万元。计划所监管的国有企业劳动生产总值3亿元，实际完成30231万元。计划所监管的国有企业资产保值增值率100.5%，实际保值增值率100.6%。计划签约项目投资总额15亿元，实际完成307.7亿元，计划落地项目投资总额0.75亿元，实际完成107.7亿元。经济建设投资公司年内发行首批20亿元公司债，与国开证券有限责任公司签订公司债发行合同，募集资金30亿元。

开源一号文化创意产业园全年引进5户企业入园，完成投资1000万元，举办春节灯展、MG赛道音乐节、工业时代音乐节；大同方特欢乐世界7月16日开园，外围配建商业项目公开招商；市平城投资集团投资4000万元的万头生猪养殖基地正常运营，投资6000万元的聚宝同城通科技项目、生物有机肥项目办理立项和工商注册等手续；投资3000万元的新能源汽车租赁项目和电梯维修项目推进，举办中国国际虚拟现实产业博览会圣诞嘉年华活动；市国瑞资本控股公司建设的大同通航产业园完成投资1.5亿元，品控中心提前封顶，8000平方米厂房年底封顶；纺织科技园、绿色建筑集成产业基地、浙江智能制造产业园签约落地，三个项目引资6000万元；二手车交易市场改扩建项目一期工程完工；市煤机公司引进北京中科发展公司，生产煤矿综采设备和零配件，投资1000万元对厂房进行改造，于下半年投产；市云城乳业食用菌项目投资到位，进入项目实施阶段；市国顺公司打造汽车修理一条街，运营良好；工业国资公司承建的大同光伏示范基地13座电站年内并网发电。在投融资方面，市经济发展公司出资1775万元增资大同证券公司；市城建开发公司出资1000万元参与组建大同泰瑞杭萧绿建有限公司；市经济建设投资公司投资1.5亿元参与文瀛湖生态公园PPP项目；投资1.1亿元承接大同市科技园区研发中心项目；投资1.6亿元成立大同宜民产业发展公司，取得册田水库沿河两岸5933.33公顷旅游开发经营权；投资8000万元扶持民营企业大同县玉鑫农牧有限公司发展；与国开证券公司签订企业债发行合同，新增募集资金30亿元。（国资委）

【国资监管】 2016年，市国资委为理顺政府存量国有资产管理体制，实现存量资产的统一监管和利用，制定《关于加强政府存量国有资产管理工作的意见》，提出城市资产总体经营方案。按照省国资委的工作安排和要求，组织开展市属国家出资企业产权登记监督检查工作，摸底统计占有国有资产却未办理产权登记的市属企业，印发限期办理产权登记通知，做到“应登即登、应登尽登”。履行程序，依法依规开展国有资产审计评估、专家评审、核准备案等管理工作，审核与批复平城公司、国新公司、御东项目公司和城市发展开发公司等企业资产处置事项，确保国有资产保值增值不流失。

检查指导市属企业财务等重大信息公开工作，委托山西平诚会计师事务所对20户监管企业进行“一报告、两考核、三评价”综合考评。逐月公布和分析纳入快报范围的18户企业财务情况。审核批复企业4900万元资产损失核销申请。审计部门审计所属18户企业，审计项目18项。其中，专项审计14项，经济责任审计2项，破产企业安置费发放情况专项审计2项。

按照城市资产类型和现状，以资产划转的方式，把部分闲置的城市资产划转至相关公司进行管理运营。通过招商引资、合资合作、出租出售等多种途径，盘活城市资产。全年城市资产出租出售新增收入1000万余元。完成太阳宫资产从市经济建设投资公司划转到市机关事务管理服务中心的各项工作，推进柳港园地下车库启用，兴云桥地下空置场地完成项目规划、受让人征集和资产租赁价格评估工作，东城墙下沉广场商铺整体出租。

制定《大同市国资委关于加快推进国资系统法治建设的实施意见》，明确依法治企的有关规定和要求。市国资委印发的规范性文件以及重要合同、重大行政决策、国有产权转让、国有投资项目都进行法律审核把关。完善企业法律顾问制度，所监管企业配备法律顾问。举办机关干部和企业领导参加的法律知识培训。协调指导工业国资公司、交通建设国资公司等企业处理多起涉诉案件，保护国有资产权益不受损失。（国资委）

【国资国企改革】 2016年，市国资委根据省委办公厅、省政府办公厅《关于进一步深化党政机关与所办企业脱钩改革工作方案》的通知精神，市委办公厅、市政府办公厅联合印发《市级党政机关和事业单位与所属企业脱钩改革工作方案》，市国资委在调查摸底和联合督查的基础上，提出57户企业实行分类脱钩改革的实施意见，市政府常务会议研究通过，同意发文实施。为做大做强文化旅游、工程建设等优势产业，整合全市国有资源、资产、资本、资金，拟定《大同市经济发展投资有限公司组建方案》《大同文化旅游集团有限公司组建方案》《大同开发建设集团有限公司组建方案》，组建方案经市政府常务会议和市委深改领导组审议通过。为增强粮食企业的整体实力和市场竞争力，整合市粮食局所属9户脱钩企业，起草《关于组建大同市粮食产业集团有限责任公司方案》，拟讨论修改后，报市政府批复。市供排水集团与北控集团资产重组项目完成资产审计、评估，进行资产转让方案论证。市国瑞资本控股公司和大同投资公司共同出资8亿元，与北都农村商业银行和新荣区联社筹建大同市农村商业银行，完成注资。开展国有资本投资运营公司试点工作。按照所有权与经营权分离、政府引导与市场运作相结合的原则，选择市经济建设投资公司作为试点组建国有资本投资公司，试点方案经市政府批准下发执行。通过权利清单方式，把投资管理、部分产权管理和重大事项决策权等12项权利转移到市经济建设投资公司，使其成为实现市委、市政府战略意图的重大产业转型项目和公共服务项目的投资主体、以市场方式进行资本运作的融资主体、促进战略性新兴产业发展和企业科技创新的创投主体，服务全市经济和社会发展。实行工厂制企业公司制改革。按照《中华人民共和国公司法》《中华人民共和国企业国有资产法》相关规定，批复市变压器总厂、市城建开发公司等4户具备条件的企业公司化改制，进行资产审计、评估等前期工作。（国资委）

工商行政管理

【商事制度改革】 2016年，大同市工商局按照国务院“放管服”改革部署和省局安排，从9月1日起实施企业“五证合一”登记，从10月1日起实施个体工商户营业执照、税务登记证“两证整合”，分别比国务院要求的时间节点提前1个月和2个月。全市发放“五证合一”企业营业执照24967张，“两证整合”个体工商户营业执照10046张。推进工商登记注册便利化。6月15日，启动内资企业名称核准全程电子化，同步开展内资企业网上注册登记，企业领取营业执照的时间由改革前的15个工作日平均缩短为3个工作日以内。放宽登记条件，有效释放住所资源。推进“先照后证”改革。执行省局修订企业登记前置审批项目目录，工商登记前置和后置审批事项分别削减至64项和201项。实现工商登记审批事项目录的动态管理。落实“双告知”职责，实现工商登记和审批监管有序衔接。完善市场主体退出机制。根据《关于清理长期停业未经营企业工作有关问题的通知》精神，清理吊销全市3706户“僵尸企业”。作为全省个体工商户简易注销首批试点城市，为“让企业进得来出得去”进行有益尝试。

商事制度改革激发出创业就业热潮，对扩大就业、维护社会和谐稳定发挥重要作用。全市增加登记市场主体29507户，同比增长23.99%，日均增加登记117户。全市实有各类市场主体147178户。其中，内资企业29066户，外资企业220户，个体工商户110640户，农民专业合作社7252户。（工商局）

【工商体制机制创新】 2016年，大同市工商局完成年报任务。企业年报公示率87.25%，同比增长21.21%；个体工商户、农民专业合作社和外资企业年报公示率分别为69.5%、58.75%和98%。做好全市市场主体信用信息公示系统互联互通工作，举办业务培训会两期。全市各县区、市直相关单位认领市场主体88041户，归集行政许可59873条，失信记录317条。推进信用惩戒，累计锁定企业6473户，列入经营异常名录6108户，为联合协同监管奠定基础。落实“双随机、一公开”抽查机制，公布随机抽查事项清单，建立执法人员信息数据库，在南郊区、浑源县进行试点。（工商局）

【工商重点领域市场监管】 2016年，大同市工商局集中整治以供水、供电、供气、公共交通等行业为重点的公用企业限制竞争和垄断行为，发放各类宣传材料1200余份，建立《公用企业信息档案》和《联络员信息档案》各109份，调查处理公交公司涉嫌“补卡”违规收费、气象局指派下属企业滥收防雷技术服务费用等行为。开展2016网络市场监管专项行动，巡查网络经营主体977家，立案查处严重违法行为8件，代表全省接受国家工商总局督查，受到肯定。全市排查无证无照经营户1572户。其中，规范办照1410户，取缔162户，立案查处39起，罚没款9.26万元，无照率同比下降11.7%。推进诚信市场创建，8户商品交易市场被评为山西省诚信示范市场。开展互联网金融广告及以投资理财名义从事金融活动风险专项整治、涉嫌非法集资广告资讯信息排查清理和房地产广告集中整治行动。约谈重点媒体单位20家次。全市监测检查广告5409条次，违法率1%，广告违法查看率、办结率均100%。集中查处利用互联网非法开展旅游宣传和组织旅游活动的不法行为，净化全省旅游发展大会的宣传环境。以查处商标侵权和假冒伪劣商品为重点，出动执法人员1400余人次，检查市场经营户500余户次，立案查处假冒“正泰”电缆案等侵权案件，“双打”行动结案7件，罚款8.97万元。开展“冬季行动”、严打整治“百日行动”，保持打击传销高压态势，全年参加清理行动17次，清理传销窝点510个，课堂5个，遣返传销人员3533人，组织大型宣传活动4次。开展合同格式条款专项整治，走访企业120户次，备案格式合同224份。15家企业被国家工商总局公示为国家级“守合同重信用”企业。（工商局）

【消费维权】 2016年，大同市工商局强化流通领域商品质量监管。以家用电器、装饰装修、儿童用品、汽车用品等为重点，对186组流通领域重点商品实施质量抽查检验，向社会公示不合格商品，并一律下架处理。查处假冒伪劣及质量不合格商品，查办案件66件，为消费者挽回经济损失121.4万元。建设“12315”指挥平台，形成完善的“相对集中受理、分工协作办理、应急指挥调度、信息汇总分析”“12345”政府热线办理工作体系。全市“12315”平台受理消费者投诉6744件，调解成功率96.3%，为消费者挽回经济损失384万元。发挥消协组织作用。围绕“新消费—我做主”主题，开展“3·15”系列消费维权活动。聘请30名市人大、政协等社会各界人士担任“消费者维权监督员”，召开消费者代表座谈会2次。发挥社会监督作用，在公用服务、商业服务等热点行业，启动消费者满意度评议活动。为适应“互联网+政务服务”发展需求，在大同贴吧首页启动“消费者在路上”活动。市局公布2015年度十大投诉热点，市消协发布2016年度特别消费警示，全市各级消协发布消费警示52期，接受消费者咨询2000人次，受理投诉473件，投诉解决率为97%，为消费者挽回经济损失近67万元。（工商局）

【工商服务地方经济】 2016年，大同市工商局支持承接加工贸易产业转移和创业创新。对政府招商、产业转移企业实行特事特办、跟踪服务。为大同飞机（无人机）制造、大同华阳玛里纳无水港、泰瑞集团引进装配式钢结构产业基地等项目落户大同，做前期咨询、政策引导、注册登记等工作。参与大同市大学生创业孵化基地和大学生创业园区的筹建工作，免费为创业大学生提供“一站式”公共创业服务。在全省万名干部入企服务行动中，帮助恒岳重工有限责任公司解决融资困难、规范商标使用、畅通人才渠道等；实施商标品牌战略。发挥商标行政指导服务职能，全年商标申请量1038件，商标注册量537件，被省局认定山西省著名商标40件。至2016年底，全市驰名商标、著名商标、地理标志商标和有效商标总量分别达到4件、101件、3件和5038件；开展合同争议的行政调解。全年接受咨询180人次，调解合同争议3件。严格拍卖备案审查制度，全年拍卖活动审查备案35次，现场拍卖监管24场次，拍卖委托金额2336万元，拍卖成交额2359万元。规范动产抵押登记，办理动产抵押物登记15件，登记金额3.03亿元，主债权金额7.13亿元；推进非公党建工作。指导市直24家非公经济组织党组织开展“两学一做”学习教育，制定市非公工委书记基层党建工作责任清单，向省委组织部推荐“党建强、发展强”典型非公企业2家，完成中组部、省委组织部部署的大型调研报告2份，培养入党积极分子37名。（工商局）

【“两证整合”首证发放】 2016年10月10日，大同市南郊珍洁工程队的赵茂林在南郊区工商分局领取大同市个体工商户营业执照和税务登记证“两证整合”首证。

个体工商户“两证整合”改革及“五证合一、一照一码”登记制度改革是继2015年“三证合一、一照一码”改革后，大同市商事制度改革的又一项重大举措。9月1日起，大同市实行“五证合一、一照一码”登记模式。10月1日起，大同市推行个体工商户营业执照和税务登记证“两证整合”。

个体工商户“两证整合”，申请人办理个体工商户注册登记时只需填写“一表”，向“一个窗口”提交“一套材料”，由工商（市场监管）部门核发加载统一代码的营业执照，税务部门不再发放税务登记证。（晨　曦）

审　计

【概述】 2016年，大同市审计局人员编制110人。其中，行政编制102人，工勤人员8人。实有人员106人，其中公务员102人，工勤人员4人。设有22个职能科室，主管2个事业单位：大同市审计复审中心、大同市审计局计算机技术中心。

大同市审计局对297个审计项目进行审计和审计调查，审计及延伸审计单位518个，查出主要问题金额51.56亿元。其中，违规金额25.80亿元，损失浪费金额36万元，管理不规范金额25.76亿元，发现非金额计量问题251个，移送案件和问题线索26件，提出审计建议415条。省、市领导在大同市审计局各类报告、信息上批示14条。（田　河）

【财政预算执行审计】 2016年，大同市审计局审计10个单位预算执行情况，延伸审计33个二级预算单位。查出问题资金38.83亿元，盘活存量资金7146.35万元；下达审计决定5份，收回部门单位闲置的存量资金1028.64万元；出具审计移送处理书1份，为被审单位追回利息收入7.6万元。审计结果报告上报市政府后，市长马彦平作批示。6月15日，在大同市第十四届人大常委会第三十六次会议上，于雅丽局长受市政府委托向大会做《关于大同市2015年市本级财政预算执行和其他财政收支情况的审计工作报告》，在满意度表决中获高票通过。（田　河）

【财政决算审计】 2016年，大同市审计局审计广灵、灵丘、浑源、大同、南郊、矿区6个县（区）2014、2015年度财政决算。关注政策措施落实、预算管理和预算收支、存量资金、政府性债务及基层预算单位内部财务管理等八个方面的内容。查出问题资金17.13亿元。其中，涉及欠征社保基金7.74亿元，欠缴税款3.28亿元，应缴未缴预算收入0.16亿元，盘活存量资金2.55亿元，收回部门单位闲置存量资金6517.91万元。（田　河）

【经济责任审计】 2016年，大同市审计局收到组织部门审计105名领导干部的委托建议，审计67名领导，包括40名党政领导干部和11个县（区）27名公、检、法“三长”（公安局长9人、检察院检察长10人、法院院长8人）的审计。审计中发现的大同市市管干部离任职交接规定执行不力的问题，经审计信息揭示后，市委组织部部长赵向东作出批示，要求组织部采取措施，督查2015年以来离接任干部工作交接情况。印发《关于严格执行〈大同市市管干部离任职交接管理实施办法（试行）〉的通知》，强化管理。（田　河）

【金融审计】 2016年，大同市审计局审计阳泉市商业银行2014年和2015年度资产负债损益情况，涉及财务收支、业务经营等方面的各类违纪违规金额65.01亿元。（田　河）

【农业与资源环保审计】 2016年，大同市审计局审计大同市人民政府“十二五”期间各级财政投入的水污染防治专项资金管理使用情况，关注《重点流域水污染防治规划—山西部分（2011年～2015年）》有关海河流域在大同市的执行情况。审计抽查大同市及所属县（区）水污染防治项目130个，占总项目数181个的71.8%，审计财政资金金额145098.8万元，占财政计划总投入的78.7%，查处违纪违规金额8675.58万元，占审计总金额的5.98%。（田　河）

【固定资产投资审计】 2016年，根据市政府批示，大同市审计局移交市财政投资评审中心审定复核2008年以来政府投资项目31个，出具工程结算审计报告2个，送审金额11254.79万元，核减金额3605.79万元，平均核减率32.04%；根据市领导批示，审计大同机场T1航站楼竣工决算。根据市政府批示，配合市委、市政府“冬季行动”，通过核对合同等方法，核实“宇鑫大厦”房屋销售及未售出等情况，报送市政府核实结果。（田　河）

【保障性安居工程审计】 2016年，大同市审计局审计市本级政府所属发改、住建、建委、财政、国土、规划、民政、农业、林业、市住房公积金管理中心、南郊区棚户区改造办公室等部门和8家建设单位以及同煤集团、山西省桑干河杨树丰产林实验局、大同市吴官屯煤业公司，延伸调查29户廉租住房分配情况，检查26个安居工程项目的建设管理情况。审计总金额1102669.15万元，查出违纪违规行为金额37964.46万元。（田　河）

统计管理

统计局

【统计“三大行动计划”】 2016年，市统计局印发《大同市统计局关于印发〈保障统计数据客观权威2016年行动计划实施方案〉的通知》（同统字〔2016〕18号）文件，提出6个方面、22项工作措施，把好数据采集、生产、使用三个关口。执行《数据质量评估管理办法》，加强企业统计规范化建设和业务培训，开展清理纠正违背统计法精神的文件和做法“回头看”。在开展“八个全覆盖”和双基建设整改工作中，开展监督检查，一些有违文件精神的做法得到纠正。推进《创新统计监测服务2016行动计划》，每月由市政府牵头，分管市长参加，组织发改、财政、税务、经信、同煤等40余个主管部门和重点企业召开月度全市经济运行分析“模板”例会，研讨分析全市经济运行的特征、轨迹、趋势和存在的问题，形成全市经济运行分析报告，专报书记、市长，为市委、市政府主要领导把控经济运行脉络和决策，提供统计服务。开展重点企业、重点行业和重点领域统计监测预警，强化统计预判预警力度。每月定期召开由市政府主持各部门参加的固定资产投资项目入库联席会议，核对新进项目和拟入库项目手续，确保全市项目入库。推进《全国第三次农业普查2016行动计划》。农普机构、人员、场所、经费、设备“五落实”基本到位。11个涉农县区成立农普领导小组和办公室，108个乡镇和涉农街道设立农业普查办公室，1980个行政村和涉农居委会成立农业普查工作组。市级2016年普查经费到位，大部分县区落实普查经费。该次普查要求使用智能采集设备（PDA）进行登记，市级经费中对县（区）设备购置给予重点倾斜，各县（区）安排设备购置配套资金。“两员”选聘完成，大同需动用600名普查机构工作人员、近2000名普查指导员和7000名普查员（其中包括近3000名PDA操作员）。市农普办为“两员”办理为期3个月的人身意外伤害保险。市局采取“下挂两级”的培训方式，即市培训到县乡，县培训到乡村，确保普查员培训全覆盖。由市统计局统一组织指派专职辅导老师，在全局范围内抽调18人，统一口径、统一教材进行培训。由副局长、市农普办主任任广全负总责。局办公室、农业科、数管中心配合。市农普办、市委宣传部联合发文和召开专题会议部署全市农普宣传工作，梳理出台农普宣传任务清单。市农普办开通农普专题网页；印制农业普查宣传资料；发送农普短信；在主要街道、车站、集镇、主要交通路口设立宣传牌、宣传栏；在商场、邮电、农村信用合作社等经营场所张贴宣传画、悬挂宣传标语等。在“9·20”统计开放日，全市开展以农普宣传为主题的开放日活动。（朱　乐）

【统计监测预警】2016年，市统计局把投资、工业、贸易、能源等与国民经济核算相关的专业统计工作摆到突出的位置，寻找经济增长点，发现亮点。提供投资运行、亿元投资监测报告；突出重点行业、重点产品、重点企业运行监测和预判，客观反映工业企业运行；开展调研督导、新商业模式监测分析，反映市场消费运行，为市政府出台有关政策提供监测建议。每月组织调研督查组，由局领导带队，到全市11个县（区）调研经济形势，督查全市统计工作会议精神贯彻落实情况。调研督查县区、企业经济走势和经营状况，供给侧改革、转型升级、动能转换等政策效应情况，为准确判断经济运行情况提供依据。（朱　乐）

【第三次全国农业普查】2016年12月15日，启动仪式举行。市农普领导小组组长，市农普领导小组副组长，市发改委、财政局、农委、宣传部、文化局和国家统计局大同调查队等农业普查领导小组成员单位的领导，各县（区）农普领导小组组长及农普办主任，市统计局领导和全体农普办工作人员参加该次活动。《大同日报》和大同电视台记者宣传报道该次活动。（朱　乐）

▲2016年12月15日，大同市举行第三次全国农业普查全面启动仪式　（朱　乐　供图）

国家统计局大同调查队

【概述】2006年12月11日，根据《国务院办公厅关于印发国家统计局直属调查队管理体制改革方案的通知》（国办发〔2005〕14号）精神，中央编办《关于国家统计局各级调查队机构设置和人员编制的批复》（中央编办复字〔2005〕149号）和《国家统计局关于山西地区国家统计局市级调查队组建方案的批复》（国统字〔2006〕165号）规定，按照《国家统计局山西调查总队关于设立国家统计局大同调查队的通知》（晋调字〔2006〕165号）规定撤销大同市城调队、企调队；设立国家统计局大同调查队，为正处级机构，是国家统计局垂直管理的政府统计调查机构。国家统计局大同调查队既是政府统计调查机构，也是统计执法机构，依法独立行使统计调查、统计监督的职权，独立向国家统计局山西调查总队上报调查结果，是一支从事社会经济及社情民意的专业调查队伍。国家统计局大同调查队内设11个科室，在编调查人员及聘用的辅助调查员60余人，承担着大同市城乡居民收入、居民消费价格（CPI）、工业生产者价格（PPI）、采购经理监测指数（PMI）、规模以下工业和服务业、主要畜禽监测等统计调查任务。受地方党政部门委托，承担重大专项调查任务。

2016年，国家统计局大同调查队主动作为、提升调查信息服务水平。开展两次经济社会发展大调研活动，撰写报告，报送的《旅游业发展对大同经济发展的拉动作用及影响》《对120户居民供暖情况的入户调查》引起大同市政府副市长重视并作出批示。做好以“两个收入”“两个价格”为龙头的动态监测工作，向市委市政府每月报送《居民收入调查信息专报》，每10天报送《居民基本生活必需品价格监测专报》，每季印发《大同民生调查信息》200余册。全年撰写调查报告63篇。其中，国家局采用3篇次，总队内外网采用19篇次，《中国信息报》采用1篇次，报刊采用13篇次，市委采用9篇次，共采用45篇次，采用率71.4%；调查快报

237篇，总队内外网采用32篇次，《中国信息报》采用3篇次，报刊采用50篇次，市委采用16篇次，共采用101篇次，采用率43.2%；工作信息115篇。其中，国家局工作交流采用10篇次，总队内外网采用36篇次，总队工作交流采用10篇次，完成率139%，超额完成总队下达的信息采编任务。2016年国家统计局大同调查队，被大同市委考核办评为2015年度目标责任考核“优秀”等次驻同单位第一名。（曹宝义）

【工业生产者出厂价格运行情况】 2016年1月至12月，大同市平均重工业出厂价格同比下降4.5%，影响全市工业生产者出厂价格总体水平下降约4.4个百分点。其中，采掘工业价格同比下降3.3%；原材料工业价格同比下降5.3%；加工工业价格同比下降0.9%。轻工业出厂价格同比下降2.5%，影响全市工业生产者出厂价格总体水平下降约0.04个百分点。其中，以农产品为原料工业价格同比下降3.0%；以非农产品为原料工业价格同比下降0.7%。生产资料出厂价格同比下降3.4%，影响全市工业生产者出厂价格总体水平下降约3.0个百分点。其中，采掘工业价格同比下降3.3%；原材料工业价格同比下降3.8%；加工工业价格同比下降1.1%。生活资料出厂价格同比下降14.3%，影响全市工业生产者出厂价格总体水平下降约1.4个百分点。其中，食品类价格同比下降1.8%；一般日用品价格同比下降16.9%。（曹宝义）

【工业生产者出厂价格运行特点】 2016年，按照对总指数的影响程度由高到低看，大同市工业生产者价格（PPI）指数依次受到煤炭开采和洗选业、电力、热力的生产和供应业、医药制造业、铁路、船舶、航空航天和其他运输设备制造业、非金属矿物制品业。

1月至12月，煤炭开采和洗选业产品平均出厂价格同比下降2.3%，影响全市工业生产者出厂价格总体水平下降约1.2个百分点。电力、热力的生产和供应业产品出厂价格同比下降7.6%，影响全市工业生产者出厂价格总体水平下降约1.6个百分点。医药制造业产品出厂价格同比下降16.6%，影响全市工业生产者出厂价格总体水平下降约1.4个百分点。铁路、船舶、航空航天和其他运输设备制造业出厂价格同比下降1.5%，影响全市工业生产者出厂价格总体水平下降约0.08个百分点。非金属矿物制品业出厂价格同比下降1.9%，影响全市工业生产者出厂价格总体水平下降约0.06个百分点。黑色金属冶炼和压延加工业、食品制造业、化学原料及化学制品制造业、有色金属冶炼和压延加工业等其他17个行业产品价格变动共同影响全市工业生产者出厂价格总体水平下降约0.1个百分点。（曹宝义）

【城镇居民收入增长】 2016年，大同城镇常住居民人均可支配收入26273元，同比增加1502元，比上年增长6.1%，增速高出全省（5.9%）0.2个百分点，增幅排山西省第六位。从绝对量看，比全省平均水平（27352）低1079元，在全省11个市中居第八位。比最高的太原市低3359元、比毗邻的朔州市低2716元，比最低的吕梁市多2093元。从收入构成看，四大项收入全面增长。

工资性收入稳步增长，是居民收入的主体。大同市城镇居民人均工资性收入15416元，同比增长2.8%。工资性收入对城镇居民可支配收入增长的贡献率28%。工资性收入占城镇居民收入的59%，是居民收入的主体。

经营性收入增速居首，成为居民增收的重要途径。大同市城镇居民人均经营净收入4017元，同比增长11.3%，经营性收入增速位居四大项收入首位，拉动城镇居民可支配收入增幅1.65个百分点。经营性收入占城镇居民收入的15.3%，比上年同期（14.6%）增加0.7个百分点。在城镇私营经济较快发展的前提下，经营性收入逐渐成为城镇居民收入增长重要途径。

转移净收入大幅增长，贡献率最大。大同城镇常住居民人均转移净收入5421元，同比增长11.1%。对可支配收入的贡献率36%，在四大项收入中贡献率最大。

财产净收入平稳增长，增收空间大。大同市城镇常住居民人均财产净收入1419元，同比增长9.9%。随着居民理财观念转变和理财渠道的拓宽，财产性收入得到快速增长，增收空间大。（曹宝义）

【城镇居民消费结构渐趋合理】 2016年，大同市城镇居民人均消费支出11785元，同比增长3.9%，八大类消费支出呈现“五升三降”的态势。从绝对额来看，食品烟酒、居住和交通通信是构成城镇居民消费支出的重要组成部分，此三项支出占到消费总支出的59.7%；从增幅来看，交通通信、医疗保健和教育文化娱乐支出位居前三，增速分别为22.3%、19.3%和5.8%；居住、食品烟酒及其他用品和服务支出分别下降0.7%、1.1%和4.3%。八大类消费“五升三降”，消费结构渐趋合理。

发展型消费支出比重加大。2016年，大同市城镇居民消费支出中属于发展型消费的交通通信支出、教育文化娱乐支出、医疗保健支出位居八大类消费支出增幅前列，计3566元，占生活消费支出的比重30.2%，比上年的27.4%上升2.8个百分点。2016年，全省城镇居民消费支出中属于生存型消费的食品烟酒、衣着和居住类支出6990元，占整个生活消费支出的比重为59.4%，比上年的62%下降2.6个百分点。

交通通信支出领跑城镇居民消费增长。2016年，大同市城镇常住居民人均交通和通信支出1429元，同比增长22.3%，增幅居八大消费支出之首，影响生活消费支出2.3个百分点，对生活消费支出增长的贡献率为59%。

医疗保健支出快速增长。2016年大同市城镇居民人均医疗保健支出为771元，同比增长19.3%，增幅居八大类消费支出第二。其中，人均保健器具消费同比增长17倍。

网上购物热情不减。2016年大同市城镇居民通过互联网购买商品或服务的人均支出81元，增长22.1%。

文化娱乐“舍得”花钱。2016年大同城镇居民人均文化娱乐支出410.1元，同比增长12.6%。其中文娱耐用消费品支出同比增长3.6倍，旅游景点门票支出同比增长5.5倍。（曹宝义）

【农村居民收入增长】 2016年，大同市农村居民收入稳步增长，农村常住居民人均可支配收入 8217 元，比上年增加 509 元，比上年名义增长 6.6%，扣除价格因素实际增长 5.4%。名义增幅与全省平均水平（6.6%）持平，居全省第 6 位。农村居民人均收入名义增速高于城镇居民 0.5 个百分点。城乡居民收入比由上年 3.21:1 缩小到 2016 年的 3.20:1，城乡居民的收入差距继续缩小。从收入结构看，工资性收入、经营净收入、财产净收入和转移净收入均呈增长态势。20% 低收入居民人均可支配收入 2172 元，同比增长 8.1%，增幅高出平均水平（6.6%）1.5 个百分点。低收入居民收入增速大于平均水平。

工资性收入是农民收入增长的主要因素。2016 年，大同市农村居民人均工资性收入 4199 元，同比增加 246 元，增长 6.2%。拉动可支配收入上涨 3.2 个百分点。工资性收入占可支配收入的比重为 51.1%，在四项收入中占比最高，对全年农村居民可支配收入增长的贡献率为 48%，工资性收入仍是农民收入增长的主要因素。工资性收入增长主要得益于：各县区加快产业集聚区建设，新项目建成投产，为农村居民提供更多的就业岗位，农民工返乡和就近务工人员增加；最低工资标准提高，为稳定农民务工收入提供保障。

经营净收入平稳增长。2016 年，大同市农村居民人均经营净收入 2477 元，比上年增加 90 元，增长 3.8%。其中人均第三产业经营净收入增加，同比增长 15%。经营净收入拉动可支配收入上涨 1.2 个百分点。占农村居民人均可支配收入的 30.1%。对全年农村居民人均可支配收入增长的贡献率 18%，经营净收入占可支配收入的比重比上年下降 0.9 个百分点。

转移净收入增速加快。2016 年，大同市农村居民人均转移净收入 1434 元，比上年增加 167 元，增长 13.2%。转移净收入对农民可支配收入增长的贡献率 33%，拉动可支配收入上涨 2.2 个百分点。转移净收入增加的主要原因是：各县区扶贫攻坚力度加大，企业离退休人员基本养老金上调，新型农村养老保险的全面覆盖，低保、医疗报销标准提高。在转移净收入中，全市农村居民人均养老金或离退休金收入同比增长 20.7%；人均社会救济和补助收入同比增长 12.4%。

财产净收入稳步增长。2016 年，大同市农村居民人均财产净收入 107 元，比上年增加 6 元，增长 5.9%。财产净收入占可支配收入的比重 1.3%，与上年持平。在财产净收入中，转让承包土地经营权租金净收入的增长带动财产净收入快速增长。全市农村居民人均转让承包土地经营权租金净收入 55 元，同比增长 63.8%。

收入与全省其他城市相比差距较大。从收入绝对值来看：2016 年，大同农村居民人均可支配收入 8217 元，绝对额排全省 11 个市的第 9 位，与全省平均水平（10082 元）比相差 1865 元，比全省最高的太原市（14591 元）少 6374 元，是太原市的 56.3%，比全省最低的忻州市（7025 元）高 1192 元，比朔州市少 3261 元。（曹宝义）

【农村居民支出增长】 2016 年，大同市农村居民人均生活消费支出 6292 元，增加 331 元，同比增长 5.6%。八大类生活消费“六升二降”。教育文化娱乐、交通通信消费快速增长；衣着消费趋于理性；居住和生活用品及服务消费保持稳定增长态势。恩格尔系数（食品烟酒占消费支出比重）由上年的 35.1% 下降到 2016 年的 33.7%，农村居民生活质量提高。（曹宝义）

【农村人居环境改善】 2016 年，大同市投入 35.1 亿元，推进完善提质、农民安居、环境整治、宜居示范“四大工程”，加快美丽宜居示范建设。其中，完善提质工程 15.41 亿元，农民安居工程 13.25 亿元，环境整治工程 1.43 亿元，宜居示范工程 5.04 亿元。在巩固提高杨家窑、车河、大泉山、麻庄、夭沟等 50 个省市美丽宜居示范村建设成果的同时，推进 7 个省级和 10 个市级示范村建设，涌现出灵丘觉山村、阳高镇边堡、大同县营坊沟等典型。天镇新平堡村作为全省 5 个村之一，入选 2016 年全国美丽休闲乡村。天镇县塔儿村、大同县三府坟村等 8 个农村公共浴室建成使用。全市农村基础设施建设与居住条件不断改善，生活配套条件更加方便，人居环境得到改善。（曹宝义）

【居民消费价格总体情况】 2016 年，大同市居民消费价格指数上涨 1.1%，涨幅比上年同期扩大 0.5 个百分点。其中，食品烟酒价格累计上涨 2.8%，非食品烟酒价格累计上涨 0.4%，消费品价格上涨 1.3%，服务价格上涨 0.8%。从全国、全省及其他城市情况看，全国累计上涨 2.0%，全省累计上涨 1.1%，全省 11 个城市累计涨幅最高是运城 1.5%，最低是临汾 0.5%，大同累计上涨 1.1%，比全国累计指数低 0.9 个百分点，与全省累计指数持平，居全省第 4 位。（曹宝义）

【八大类商品累计指数变动情况】 2016 年，大同市八大类累计指数呈现“六升两降”态势，食品烟酒类、医疗保健及个人用品类、教育文化和娱乐类、衣着类涨幅居前四位，涨幅分别为 2.8%、2.5%、1.3%、1.3%，拉动总水平上涨约 1.3 个百分点；居住类、其他用品及服务累计指数分别上涨 0.3%、1.2%，交通通信类、生活用品及服务类价格累计指数分别下降 1.9%、0.9%。（曹宝义）

【居民消费价格累计指数变动原因】 2016 年，大同市食品类价格累计上涨 3.8%，拉动居民消费价格总水平上涨约 0.77 个百分点。其中，粮食价格累计下降 0.5%；猪肉价格累计上涨 20.2%；牛肉价格累计上涨 0.6%；羊肉价格累计下降 5.1%；水产品价格累计上涨 0.9%；干鲜瓜果价格累计下降 4.8%；奶类累计上涨 2.1%；鲜菜类价格累计上涨 13.5%。食品类价格低位运行是 CPI 温和上涨的首要因素。服务价格累计上涨 0.8%。其中课外教育、车辆使用费、鞋类加工服务、家庭服务等价格累计涨幅分别为 10.1%、17.5%、3.8%、1.0%，人工成本上升是推动物价上涨的原因之一。资源型产品价格上调直接或间接会对大同物价的上行产生影响，其他燃料价格累计上涨 9.4%。（曹宝义）

质量技术监督

【概述】 2014 年 8 月，大同市质量技术监督局管理体制改革后，成为市政府工作部门，正处级建制。市局领导职数1正5副，人员编制44人，实有42人，离退休人员36人。局领导1正6副，正副调研员各1名。内设科室14个。设置科级领导职数18名，正科级职数14名，副科级职数4名，实有科长14名，副科长1名。

大同市质量技术监督局派出机构5个，分别为大同市质量技术监督局开发区分局（副处级），大同市质量技术监督局城区分局（正科级）、大同市质量技术监督局矿区分局（正科级）、大同市质量技术监督局南郊区分局（正科级）、大同市质量技术监督局新荣区分局（正科级）。派出机构分别负责辖区内质量技术监督工作。

大同市质量技术监督局直属事业单位3个，分别是大同市质量技术监督局稽查分局、大同市质量技术监督检验测试所、大同市特种设备监督检验所，均为副处级建制。稽查分局，负责查处违反质量技术监督法律法规的违法行为、质量技术监督执法检查及各类综合性或专项打假活动；检验测试所（综合所），负责对依法管理的其他计量器具进行检定、校准、测试，对重点产品质量进行定期监督检验，承担政府产品质量监督抽查检验工作，提供第三方公正检测、质量鉴定等；特种设备监督检验所，负责特种设备监督检验和定期检验，提供特种设备检测服务等。

市质监局履行质量技术监督综合管理、行政执法、技术服务三大职能，主要的职责有：拟定并组织实施有关质量技术监督的地方性法规、规章、制度；负责全市宏观质量管理工作，贯彻落实《质量发展纲要》，实施质量提升工程，加强质量统计分析，建立质量诚信体系，实施工业产品生产许可证获证企业证后监管；负责全市生产领域产品质量监督检查，组织市级产品质量监督抽查，开展打击假冒伪劣产品工作，组织各类专项执法打假；管理和指导全市标准化工作，推进标准化发展战略；负责统一管理全市计量工作，管理量值传递，规范和监督商品量和市场计量行为；负责统一管理、监督和协调全市认证认可工作，开展实验室、检验检测机构的监督管理；承担全市特种设备从生产、安装，到使用、管理直至报废全过程的安全监察和监督管理，指导特种设备事故应急救援，依法查处特设违法行为；加强节能减排领域的质量技术监督工作；建立健全全市质量技术监督工作体系等。2016年，市质监局强化规划引领，编制《大同市“十三五”质量发展规划》，列入《大同市“十三五”发展规划》，现场核查和年审全市31家生产许可证获证企业。完善生产企业信息数据库，摸底调查全市290家生产企业的分析报告。支持行业性、区域性品牌建设，帮助云冈石窟景区创建“全国知名品牌示范区”。起草《大同市政府质量奖管理办法》并上报市法制办。（质监局）

▲2016年1月21日，大同市质监系统权责清单宣贯会召开　（质监局 供图）

【计量服务】2016年，市质监局拓展计量检测项目，为地方招商引资项目和重点投资项目建立绿色通道，2016年对大张高铁建设项目三个项目部，高速公路路基项目部、市政工程、民生工程、搅拌站的大型设备780台/件计量仪器实行提前介入，上门检定。开展“诚信计量进市场、健康计量进医院、光明计量进镜店、服务计量进社区”及“一车一站一开放”活动，2016年免费检定集贸市场和社区的电子计价秤、血压计等计量器具1432台，对眼镜店、医院列入强制检定目录的1528台件计量器具，及全市1402台出租车计价器、415台加油机、120台加气机进行强制检定及防作弊检查，重点计量器具受检率和覆盖率100%。在世界计量日宣传其间向公众开放“民用四表”检定实验室，免费为市民提供检测服务和咨询。（质监局）

【认证认可管理】2016年，市质监局强化认证监管力度，完成全市检验检测机构、3C认证企业监督检查和自愿性体系认证企业的抽查任务，督促检验检测机构100%依照《检验检测机构资质认定评审准则》进行转版。数据采集和汇总分析全市53家检验检测机构的基础建设和基本能力，形成大同市检验检测机构调研分析报告，提出全市检验检测机构存在的问题及发展方向建议。（质监局）

【产品质量安全】2016年，市质监局强化重点产品质量安全监管，针对性开展监督抽查，按照产品质量监督抽查和定期监督检验工作部署，把监管重心放在农资、建材等重点消费品上，为区域产品质量升级助力，2016年抽样检验农资、定配眼镜、中小学校服、建材等共计181个批次。强化稽查执法和打假治劣工作，组织“质监利剑”重点产品专项执法打假和“双打”行动，开展以儿童用品、家用电器为重点的日用消费品专项执法打假行动，以汽车及其配件、汽柴油等为重点产品的专项整治行动，以钢材、水泥、电线电缆等为重点的建材专项打假，以化肥为重点的农资打假行动，以加油机、电表、气表、水表为重点的民生计量专项行动。2016年执法打假出动执法人员656人次，检查企业289家次，查办案件5起。加强对安检机构的监督管理，监督检查全市13家机动车安检机构16条安检线，规范机动车检验行为。（质监局）

【特种设备安全】 2016年，市质监局强化特种设备使用单位安全主体责任意识，组织全市使用单位签订《特种设备使用单位安全承诺书》。推进特种设备安全“三大攻坚战”，进行安全隐患排查治理，开展15年以上老旧电梯专项整治，逐项分解全市58家使用单位的100部电梯的更新改造和综合治理任务，明确整改任务；对动态监管系统内运行状态不清、安全状况不明的电梯、锅炉开展“清网行动”，现场核查清理出112家单位的80台电梯、114台锅炉，根据核查情况对上述设备督促检验、数据完善或注销、停用等措施。坚持“重大问题通报”制度，通报134家使用单位559台存在重大问题的设备并明确落实监管责任，整改完成率98%以上。加强学校、商场、餐饮场所等公众聚集场所以及重大节日、重要活动和重点部位的特种设备的日常安全监管，全年检查使用单位412家。在方特欢乐世界、新荣区政务审批中心、国药威奇达中抗制药有限公司进行大型游乐设施运行骤停、电梯困人及锅炉断电等有代表性的安全事故应急救援演练活动。探索通过地方性立法解决电梯安全这一突出问题，起草的《大同市电梯安全管理办法》列入市人大2017年立法计划。（质监局）

【质监技术指导和帮扶】 2016年，云冈景区创建“全国知名品牌示范区”，市质监局从景区质量标准化建设、质量保障基础建设、强化旅游行业质量意识等方面入手，帮助景区完善创建资料，制定服务标准和景区质量管理制度，建立质量考核系统，完成品牌示范区创建的验收工作。提前介入、上门服务，为装备制造园区人防工程门、玄武岩产品、雪花啤酒等重点项目提供从原材料进货到产品出厂全过程的贴身检验检测服务，提高检验检测质量效率。（质监局）

【法定计量单位使用情况检查】 2016年3月，市质监部门与文化部门联手检查全市新闻、出版、电视领域各单位使用法定计量单位的情况。

提高全社会法制计量意识，促进新闻、出版、电视领域正确使用法定计量单位，受检对象为全市新闻、出版、电视领域的机构，检查内容包括两项：本次专项检查通知发布前1年，电视节目中使用计量单位情况，重点为新闻报道（包括图表及字幕，不包括被采访人口语表述）；本次专项检查通知发布前1年，正式发行的出版物中使用计量单位的情况，重点为报纸、科技图书、大中小学教科书等。本次专项检查从1月25日启动至4月30日结束，以自查和抽查相结合的方式进行。（茗　泉）

【治超站点计量监督检查】 2016年6月17日起，市质监局组织市质量技术监督检验测试所技术专家、南郊质监分局等相关部门的计量监管和执法人员，监督检查大同高速公路云冈超限检测站、大同高速公路平旺超限检测站等5个治超站点的治超计量工作。

按照省、市治理非法超限超载车辆工作领导组工作要求，结合质监部门工作职能，质监人员检查在用的动态电子汽车衡6台，重点检查治超站点的计量管理制度、在用计量器具的强制检定情况、计量器具的准确度情况以及计量器具的操作使用情况等。计量技术专家现场指导计量器具的使用、维护保养等技术问题，为建立监管电子台账进行计量器具的信息采集。（冯　雨）

安全生产监督管理

【概述】 2016年，大同市安全生产保持稳中趋好的态势，全市发生生产经营性事故49起，死亡53人，同比事故起数减少10起，下降16.9%；死亡人数增加9人，上升20.45%；与“十二五”期间平均数相比，死亡人数减少15人，下降22.06%；与山西省其他市相比，安全生产总体情况位列前茅。煤矿、非煤矿山、烟花爆竹、农机等行业没有发生生产安全事故，其他行业没有发生一次死亡3人以上较大生产安全事故，完成省政府布置任务。（白　鑫）

【安全管理】 2016年，大同市安全生产委员会办公室通过市委常委会、市政府常务会、市政府安委会、安全生产工作例会，传达学习习近平总书记、李克强总理、省委书记骆惠宁、省长楼阳生的重要讲话和指示批示精神，贯彻落实全国、全省安全生产电视电话会议精神，贯彻落实全省安全稳定隐患风险大排查大整治工作推进会议精神。领导带头督导检查。9月8日，张吉福书记率市煤炭、安监、发改等部门负责人到新荣区宇林德石墨设备股份有限公司、山西中新甘庄煤业有限公司、华胜新成石墨矿业股份有限公司项目建设工地，实地检查安全生产工作。12月6日，马彦平市长率市煤炭、安监等部门负责人，到山煤集团左云长春兴煤业有限公司检查煤矿安全，要求各级各部门清醒认识煤矿安全生产形势，汲取重庆永川“10·31”、江西丰城“11·24”、黑龙江七台河“11·29”、内蒙古赤峰市宝马煤矿“12·3”多起重特大事故教训，细化方案，明确责任，开展自查自纠，彻底消除各类事故和风险隐患。做好安全生产党政同责“五个全覆盖”工作。全市12个县区、143个乡镇（街道）制定党政同责实施意见，落实“一岗双责”制度，政府主要负责人担任安委会主任，安委办每季度向组织部门报送安全生产工作，督促企业落实主体责任，推进“五落实五到位”工作。全市12个县区、143个乡镇、属地有矿山、冶金等企业的426个行政村做到“五覆盖”。分管副市长按要求每月组织召开一次安全生产工作例会，传达省政府安委会和工作例会精神，安排部署“两节”“两会”期间的安全生产工作、工商注册企业排查、预防煤矿重特大事故、国家旅游日安保工作、安全生产大检查、汛期安全生产工作，要求各级各部门，决不能麻痹大意，要居安思危、警钟长鸣，抓好煤矿、非煤矿山、危化、道路交通、人员密集场所等重点行业领域的安全生产工作，杜绝重特大事故。市安委办印发《关于开展2016年“安全生产月”活动的通知》，安排部署安全生产宣传咨询日活动。各县区、各部门、各企业发放宣传资料15万余份，受众18万余人次。（白　鑫）

【安全监管责任】 2016年，分管副市长安排部署，市安委办指定一名副主任专门负责，3次与工商部门对接、2次召开推进会、3次召开座谈会，协调沟通，研究解决企业分类模糊、监管职责不明、监管范围交叉等问题，通过集体研讨、一对一培训、手把手帮带等方法，推动工商注册企业摸底工作。全市在工商部门申报的30443家企业，逐一明确到市煤炭、发改、经信、住建、交通、商务、公安、质监、安监、旅游、消防、水务、文物、房管、供销社等35个责任部门，按要求完成工商注册企业摸底工作。（白　鑫）

【“反三违”行动】 2016年，市安委会印发《关于在全市安全生产领域集中开展“反对违章指挥、违章作业和违反劳动纪律”专项行动的通知》，成立马彦平市长任组长，各位副市长带队，各有关部门领导任副组长的5个“反三违”专项行动检查组。县（区）、部门、企业按要求制定细化实施方案。活动其间，市、县（区）组织282个检查组，检查企业1823家次，排查治理一般隐患2352条，整改率100%。（白　鑫）

【安全大检查】 2016年，市政府制定《大同市安全生产大检查方案》（同安发〔2016〕2号）、《大同市进一步加强安全生产大检查工作方案》（同政办发〔2016〕164号），成立市长马彦平任组长、各位副市长担任副组长、各行业主管部门主要负责人参加的安全大检查领导组和督查检查组。市、县（区）领导落实“一岗双责”，按照职责分工，组成381个督查检查组，出动2432人次，采取“四不两直”的方式，重点突击检查煤炭、非煤矿山、危险化学品、道路交通、长输油气管道、城镇燃气、建筑施工、人员密集场所等行业领域的安全生产工作。（白　鑫）

【油气管线隐患排查】 市发改委两次组织召开油气长输管道安全保护工作会议，部署2016年油气长输管道监督保护工作，印发《2016年油气长输管道监督保护工作实施方案》和《大同市石油天然气长输管道保护大检查方案》，市发改委联合县区发改局6次检查督查辖区内长输管道安全保护工作，未发现安全隐患。（白　鑫）

【应急管理】 2016年，政府及部门修订专项预案3部，市安监局部门预案修订2部，企业按新《导则》在市安监局登记备案73部。市直有关部门组织预案演练5次，县区政府及相关部门演练115次，生产经营企业演练124次；动用装备车辆60余台，器材6600余件（套）、投入演练费用160万余元，直接参加演练人数1万余人。（白　鑫）

【安全生产月宣传咨询日活动】 2016年6月是第15个全国“安全生产月”。6月16日，由市安委会主办、市安监局承办的大同市2016年安全生产宣传咨询日活动在迎宾广场举行。

该次活动主题为“强化安全发展观念，提升全民安全素质”，通过集中开展安全生产系列活动，宣传普及安全生产法规常识和技能，弘扬安全文化，推动全民安全意识和素质提高，促进经济社会科学发展、安全发展。

活动现场，市安委会涉及全民安全的21家成员单位120余人通过布置展板、悬挂横幅、发放资料和现场解答等形式，宣传安全发展理念、安全生产法律法规、职业安全健康等安全生产知识，来自市山威紧急救援科技研发服务有限责任公司的工作人员还在现场进行机动车辆交通事故紧急救援示范演练与紧急情况下如何自救示范演练。（冯　雨）

食品药品监督管理

【《食品安全法》落实】 2016年，市食品药品监督管理局组织力量研读新修订食品安全法，结合监管实际工作情况强化对新修订食品安全法的理解，落实地方政府责任，健全食品安全责任体系。通过召开全市食品安全工作会议及食安委工作会议，专题研究全市食品安全突出问题的解决途径和应对策略，部署全市食品安全工作；把食品安全纳入对地方党委、政府年度目标责任考核，向各县（区）政府印发《食品安全工作目标责任书》，市委、市人大和市政府领导坚持不定期带队到市场检查食品安全工作。检查幼儿园食堂、学校食堂、食品小作坊、食品超市、便民市场等行业80余家次，责令相关部门现场解决检查中发现的问题。制定《食品药品应急预案》，处理突发情况；出台《信用档案工作制度》和《“黑名单”管理制度》，强化企业主体责任；抓检验检测能力建设。2016年8月开工市食品药品检验检测中心大楼的改扩建工程。11月下旬工程主体完成，大楼投入使用后具备食品、药品、保健食品、化妆品检验检测能力。市政府把建立食品安全防控体系，实现过程管理、风险管理、信用管理和应急管理作为目标，创新监管方式，从肉制品、乳制品等高风险品种入手，加快市场追溯体系建设，食品生产经营企业实现可追可溯，在大同牧同乳业、夏进乳业推进电子追溯系统建设。

（食品药品监督管理局）

【食品监管】 2016年，市食品药品监督管理局开展食用植物油、酒类、乳制品专项整治工作。监督抽检5家食用油、11家酒类生产企业、2家乳制品生产企业工作。日常监督检查督查督导全市44家重点企业工作。组织生产企业分析研判全省监督抽检结果反映的包装饮用水出现不合格现象，进行相应的业务培训。为提高基层监管人员和从业人员素质，开展3次较大规模的培训活动。开展“冬季行动”专项整治；农村食品市场、酒类市场百日整治；校园及周边、生鲜肉及肉制品专项整治行动。“冬季行动”专项整治，检查批发市场38（个）次，集贸市场27（个）次，大型食品销售经营场所59（个）次，其他709（个）次，查处案件（立案）2件。农村食品市场专项整治下达责令整改书123份，移交公安机关案件线索1件。酒类市场整治中发现存在问题的经营户

41家，查货假冒白酒768瓶。肉及肉制品专项整治中责令整改526家台账建立不规范的经营户。学校及周边食品销售专项整治检查食品销售户132家，罚没款0.5万元。在9月份接受国家质检总局开展的2015年~2016年省级政府质量工作考核中获得满分(共4分)。（食品药品监督管理局）

【餐饮服务监管】 2016年，市食品药品监督管理局开展规范"年夜饭"餐饮服务食品安全、春季和中高考及秋季学校食堂、建筑工地食堂、火锅类餐饮单位食品原料和调味品的专项整治、旅游景区餐饮服务单位的专项检查、重大活动餐饮服务食品安全保障、山西省旅发大会期间食品药品风险隐患"大排查大整治"行动。在规范"年夜饭"整治中实行"年夜饭"承办备案制，签订《餐饮服务食品安全承诺书》，该次专项行动申请备案餐饮单位206家，签订食品安全承诺书206份。在学校食堂专项整治中检查学校食堂267家，托幼机构食堂457家，学校周边餐饮单位210家，责令整改198家，约谈单位5家。按照市委、市政府的要求，保障乌大张春晚会议、高速公路建设会议等餐饮食品安全重大活动任务11项次。山西省旅游发展大会期间组织检查食品生产加工企业98家次，检查食品加工小作坊390家次；检查销售环节食品经营户2469家次；检查餐饮服务单位532家次。推进餐饮服务单位"明厨亮灶"工作。全市建设"明厨亮灶"的餐饮服务单位116家，其中实施"开放式"厨房26家，"橱窗式"厨房61家，"视频式"厨房29家。

（食品药品监督管理局）

【保健食品化妆品监管】 2016年，市食品药品监督管理局开展保健食品化妆品安全"冬季行动"、保健食品等三类食品非法添加非法声称问题专项治理、化妆品集中整治等。全市检查生产经营企业335家次，责令检查中发现的存索证索票不完整、台账记录不符合要求等问题的176家企业限期整改，立案1起。检查美容院7家次，责令整改4家次，移送公安部门1起，与省局联合抽检化妆品40批次。组织举办保健食品化妆品日常监督检查能力培训班。通过培训，使全市保化品基层监管人员熟识日常监督检查的54个一般项目检查要点和16个关键项目检查要点，掌握日常监督检查的适用范围、检查频次、检查方法和处罚依据，提高监管人员的业务水平。全市各县（区）按照格式化检查表检查企业651家次，录入"山西省食品药品监管信息化平台"行政执法检查总次数2040次。（食品药品监督管理局）

【药品监管】 2016年，市食品药品监督管理局监督未换证药品生产企业（生产车间、生产线）停止生产相关药品。巡查相关停产企业70家次。检查各未按期换证企业均保持停产状态。以整治非法购进原辅料、质量检验不严格、记录不真实等问题为重点，开展药品生产企业日常监督检查。检查药品生产企业74家次，对检查中发现的问题监督企业整改到位。配合省局注册处核查新药注册8家次，品种恢复生产现场核查5家次，确保企业质量标准、处方生产工艺执行的一致性。按规定频次巡查辖区特殊药品经营企业。按要求检查相关企业，检查24家次。对巡查中发现的问题，监督企业整改到位。开展第二类精神药品原料药和药品类易制毒化学品原料药使用企业监督检查。检查企业14家次，对1家企业发现缺陷整改情况进行核查整改。开展药品高风险品种执行新版药典专项监督检查。核查涉及高风险品种的7家药品生产企业执行新版药典情况，核查241个高风险品种执行新版药典情况，按照省局分配231个品种任务，完成率104%。开展药品生产领域安全风险隐患排查大整治活动，完成31家药品生产企业的风险隐患排查整治工作，完成率100%。药品不良反应监测工作收到药品不良反应病例报告3461份。每百万人口平均病例报告数量1049份。全市收到医疗器械不良事件报告数量729份，每百万人口平均病例报告数量221份。

开展药品流通环节"冬季行动"，检查药品批发企业20家次，责令限期整改5家，未通过新版GSP认换证批发企业2家；检查药品零售企业1239家次，责令限期整改413家，核实注销零售企业41家；检查医疗机构485家，责令限期整改125家；检查疫苗接种单位198家次，责令限期整改49家。各县（区）局立案34起。开展打击购销"回收"药品专项整治行动，监督检查药品流通环节企业1139家。查处问题品种311批次、5863盒，立案查处企业42家，收回3家药品零售企业的GSP认证证书。开展疫苗处置工作和监督检查，检查各级疾控中心12家和疫苗接种单位163家。开展药品流通领域违法经营行为集中整治，县（区）局检查批发企业29家，送达责令改正通知书6家，约谈存在问题较多的5家批发企业。检查药品零售企业818家，责令整改237家，立案查处25家，移交公安机关6起。开展重点品种监督检查，监督检查药品批发企业38家次。开展GSP认证后的跟踪（飞行）检查，结合《药品医疗器械飞行检查办法》开展检查。安排跟踪检查药品零售企业106家，限期整改20家，建议收回GSP证书6家。（食品药品监督管理局）

【医疗器械监管】 2016年，市食品药品监督管理局加强日常监管，对生产、经营企业执行分级分类监管规定，对使用单位采取分级监管和属地监管相结合的监管方式，加强医疗器械生产、经营、使用单位的日常监督检查，确保生产企业每半年检查一次，经营企业年度检查一次。开展各类专项监督检查工作。组织开展注射用透明质酸钠专项检查、定制式义齿生产企业集中排查、无菌和植入性医疗器械及低温、冷藏医疗器械监督检查、流通领域违法违规经营行为集中整治、医疗器械领域安全隐患大排查大整治、打击非法经营装饰性彩色平光隐形眼镜行为、加强避孕套质量安全管理等专项监督检查工作。市、县（区）两级监管部门上下联动、协调行动。检查医疗器械生产企业20家次，经营企业786家次，使用单位363家次，责令整改174家，立案5起，注销医疗器械经营许可证7家。完成医疗器械专项监督抽验任务，抽验一次性使用配药用注射器、手术刀片、自动测量血压计、电子体温计等8个品种20个批次，按规定时限送检。市局组建市级医疗器械专项检查员队伍，确定

47 名市级医疗器械专项检查员，解决基层医疗器械监管人员缺失、监管能力相对不足的问题。

（食品药品监督管理局）

【食药局打击违法行为】2016 年，市食品药品监督管理局与市检察院、市公安局联合印发《大同市打击食品药品违法犯罪专项整治行动方案》，在全市范围内开展为期 5 个多月的打击食品药品违法犯罪专项整治行动。把大同市涉案山东省庞某非法经营疫苗案的下线人员“郭康涛”定位，依法给予涉案人员郭康涛 3.6 万元的行政处罚，其供述的非法购进疫苗的流向及时向市卫计委通报，确保非法经营疫苗处置各项任务完成。移送司法机关查处大同市药材有限责任公司雁东药品经销部涉嫌经营假药案、大同市上河农副产品交易中心远洋水产店销售甲醛超标鱿鱼案和大同凤凰妇产医院涉嫌使用假药案 3 起案件。全年立案查处各类案件 418 起，移送涉刑案件 26 起，协助完成涉案物证检验鉴定 10 批，出具认定证明 10 份。

（食品药品监督管理局）

【食药局监督抽检】 2016 年，市食品药品监督管理局投入抽验经费 168.87 万元。完成国家、省级食品抽验 24 类 180 批次，完成市本级食品抽验 18 个品种 250 批次，问题发现率 4%；专项抽检鲜面条、纯牛奶等八类产品，抽验 180 批次，问题发现率 0.5%。全年发布食品安全监督抽检信息公告 9 期，向社会公布 412 批次抽检结果。针对省、市抽检发现的亚硝酸盐超标、铝含量超标、微生物超标、农药残留超标、糖精钠超标等问题，开展集中整治，消除安全隐患。全年完成药品监督抽验 650 批次，问题发现率 1.8%。依法查处所有不合格产品。各县（区）投入抽检经费 147.5 万元，完成食用农产品抽检 1757 批次，问题发现率 2.7%。

（食品药品监督管理局）

【食药企业监管】 2016 年，市食品药品监督管理局到市牧同乳业有限公司，从工艺流程、制度管理、资料建立、化验管理等环节帮助企业进行改进完善，使企业具备申请食品生产许可的必备条件，通过省食品生产许可证现场核查。针对全省监督抽验反映的桶装水、重点食品等不合格现象，市局召集相关企业负责人进行质量管控培训，到企业现场指导，帮助企业降低不合格产品风险。对大同县玉鑫农牧资源开发有限公司在许可办理中遇到的困难，及时到企业帮助解决具体问题。利用监管业务优势，帮助 7 家药品生产企业完成高风险品种执行新版药典的核查。帮助山西普德药业、山西同达药业等 5 家企业部分或全部生产线接受并通过 GMP 认证现场检查，全市有 18 家药品生产企业、130 余条生产线通过认证。促成山西优胜美特药业有限公司投资 3500 万元建设冻干粉针车间。帮助山西制药有限公司建造 23280 平方米的制剂车间规划、认证，投资 3300 万元完成工程主体建造。帮助大同县玉鑫农贸有限责任公司完成食品生产前期准备工作。发挥部门职能，在企业落实“两票制”和“仿制药一致性评价” 工作中提供政策指导和技术支持。到企业进行调研指导，帮助企业解决在实施“两票制”和“仿制药一致性评价工作中”遇到的困难和急需解决的问题。全市涉及“仿制药一致性评价”的 12 家企业确定重点评价品种，4 个品种与科研机构签订协议，开展相关研究工作。开展调研，制定全市医药发展规划。加强政企沟通，了解企业需求，召开制药企业负责人座谈会，与企业座谈交流如何加强生产质量管理，提升监管效能，推动大同医药产业发展等。2016 年 6 月，市局组织调研全市道地药材“黄芪”产业，形成“大同市黄芪种植加工产业发展现状”调研报告上报省局，为全市中医药资源发展争取相关优惠及资金扶持。推行阳光政务，助推产业发展。贯彻实施修订的行政诉讼法，组织召开 2015 年涉及大同市南郊区健民净水屋、大同清矿泉纯水有限公司、大同煤矿集团金鑫开发公司、大同市啤斯食品有限责任公司抽检不合格食品案听证会，出具听证意见书 4 份。简政放权，深化审批制度改革，落实政务公开、限时办结等各项工作制度，坚持“一个窗口”受理办结的“一条龙”服务，办结行政审批事项 664 件，其中药品类认可变更事项 531 件，第三类医疗器械经营许可事项 93 件，食品生产许可 20 件，食品经营许可 20 件，按时、依法办结。

（食品药品监督管理局）

【食品类投诉举报居首位】 2016 年上半年，市食品药品投诉举报中心受理群众投诉举报 556 件，食品类投诉举报居首位，占总投诉举报量的 38.9%。其余依次为药品类、保健食品类、化妆品类、医疗器械类举报，分别占到总举报量的 18.7%、6.4%、3.6%、2.4%，其他投诉举报占总举报量的 30%。食品类投诉举报反映的主要问题有：食品质量问题、疑似无证经营问题、食品过期问题、饭菜卫生以及就餐环境问题等。 （木 依）

【首批流动早餐车亮相】 2016 年 7 月 5 日，首批 20 辆标有“大同市放心早餐工程”流动早餐车在城区、矿区、南郊区的一些居民区，以及人流量大的火车站、医院亮相。汉堡、三明治、包子、馄饨、豆浆等 30 余个品种早餐搭配满足不同购买者的需求。首批流动早餐车提供的早餐均由大同市“放心早餐”工程承办单位大同方便家配餐有限公司提供，早餐的采购、加工，以及销售环节均遵守食品安全生产要求，从业人员参加岗前培训，且持有“卫生健康合格证”。流动早餐车投入运营标志大同市“放心早餐”工程开始实施，7 月底前又投放 20 辆流动早餐车，2016 年投放 60 辆，根据市民消费实际需求，建设 3 个 ~ 5 个固定早餐门店。 （木 依）

【食药局专项检查水发食品甲醛含量】 2016 年 10 月 12 日，大同市食品药品监督管理局专项监督抽样检查水发食品甲醛含量。监测市红旗集贸市场金宝水产店，南郊区红旗集贸市场志刚水产店、渔满仓水产店、庞志水产店，南郊区新发市场杨杨水产、小杨水产，城区梁素娟水产店，城区迎泽市场拥军水产品摊点，城区平城集贸市场鱼满仓海鲜和银河鱼店销售的鱿鱼、海参、毛肚、百叶 4 种水发食品，抽检 20 批次样品，除城区平城集贸市场银河鱼店销售的鱿鱼甲醛含量超标外，其他 19 批次样品合格。市食品药品监督管理局按照《中华人民共和国食品安全法》规定依法处置该起案件，并追根溯源。 （晨 曦）

口岸管理

出入境检验检疫

【概述】 2016年，大同出入境检验检疫局检验检疫出入境货物1476批，同比减少6.58%；货值17349.6万美元，同比增加17.53%。其中，出境货物1361批，同比减少6.7%，货值4762.2万美元，同比减少18.9%；入境货物115批，同比减少5.7%，货值12587.4万美元，同比增加41.5%。（检验检疫局）

【检验检疫质量管理】 2016年，大同出入境检验检疫局协助市政府完成省政府对大同进出口商品质量考核。向市委市政府上报质量分析报告和专项工作报告11次，市长马彦平2次、分管副市长曹惠斌4次做出批示。与农业、商务、海关、工商、食药等部门合作。联合大同市农委在巩固天镇县省级出口小杂粮质量安全示范区的基础上，创建山西省唯一一个国家级出口小杂粮质量安全示范区，推动天镇县杂粮产业发展，带动扶贫工作。与市质监局帮助云冈石窟创建“全国佛教文化与石窟艺术旅游产业知名品牌创建示范区”获批；与大同开发区管委会、市食药监局共同创建大同市出口医药质量安全示范区工作推进；与市农委、大同县政府联合创建的出口黄花质量安全示范区于2016年12月18日通过现场考核，成为省级质量安全示范区。帮助中车集团大同机车有限公司和中国重汽集团大同齿轮有限公司分别申报“中国质量奖”和“全国出口质量安全示范企业”，相关材料经省局上报到总局。天镇胡麻油申报国家地理标志产品保护通过总局初审并受理。借助全国质量月、法制宣传日、认证认可日、食品安全宣传周、质检科技周等，营造群众性质量创建的良好氛围。（检验检疫局）

【口岸安保】 2016年，大同出入境检验检疫局保障口岸卫生安全。大同航空口岸在直飞香港的基础上，4月份再次开通直飞韩国仁川航线4个月。市检验检疫局检疫出入境航空器118架次、旅客12722人次（其中仁川航班48架次、6824人次），查验旅客行李11490件，截获禁止进境携带物131批，首次在旅客携带的橙子中检出有害生物蚜小蜂科和肾圆盾蚧属各一批。2016年5月11日在口岸发现一例疑似传染病患者时立即启动应急程序，联合市疾控中心、传染病医院进行妥善处置。保障国门生态安全。开展以打击非法携带、邮寄种子种苗为重点的“绿蕾”专项行动和国门生物安全“进社区、进校园、进课堂”活动。加强进出境动植物检疫，检疫进境集装箱101批919标箱，木质包装1188件，截获有害生物2批共6种。保障进出口商品质量安全。实施出口食品竞争力提升工程，完善出口食品生产企业、出口食品的风险评价和分级监管及防护体系。严格进出口危险货物及包装和进口成套设备、医疗器械检验监管，检出同煤集团从德国进口的刮板运输车（价值1177.54万美元）零部件严重短缺，帮助企业索赔回价值108.5万美元的零部件。（检验检疫局）

【检验检疫为地方服务】 2016年，大同出入境检验检疫局配合航空口岸开放工作，提供检验检疫服务，完成服务大同进口肉类指定查验场建设工作。市检验检疫局多次向市政府汇报工作，并与市商务局、海关等有关部门和承建单位山西华阳公司协调推进项目工作。省局领导和市政府领导到查验场施工场地现场办公。查验场综合大楼、检测中心、查验冷库于2016年11月17日封顶。服务出口企业。为企业提供通关便利，尤其对开验企业，指定专人上门服务，先后有硫酸锰、邓钾盐、酰化酶、酚醛树脂、葵花籽、麻籽等产品实现首次出口。帮助企业利用普惠制政策，签发原产地证书金额2912万美元，企业获得145万美元左右的关税优惠。（检验检疫局）

【首批硫酸锰出口】 2016年3月，经大同出入境检验检疫局检验合格，由灵丘县兴光矿业公司生产的54吨价值2.2万美元的工业用硫酸锰顺利出口智利和乌克兰，这是大同出入境检验检疫局首次检验该类出口产品。

该次出口的硫酸锰用于工业，为帮助企业出口，大同出入境检验检疫局缩短检验流程，便利企业出口，通过联系广西、湖南检验检疫机构，复制当地检验出口经验，提前到企业现场，指导加强质量管控、满足出口要求，使企业少走弯路；确保质量安全，开展硫酸锰的危险性鉴别，确认硫酸锰危险类别及特性，组织研究讨论国际标准，研究制定硫酸锰检验方案及验收标准，对出口货物实施严格检验，确保质量合格；该局运用技术手段，帮扶企业提高质量管理，派出专业技术人员指导企业化验室完善管理制度、规范化验过程等，同企业进行样品检测能力比对，提高企业化验准确性，并引入ISO9000管理理念，提高企业质量管理能力。（茗　泉）

【邓钾盐首批出口】 2016年5月，经大同出入境检验检疫局检验合格，由大同市某医药企业生产的价值40万美元的邓钾盐在天津顺利通关，出口至中东，这也是山西省首次出口该类产品。

邓钾盐为白色结晶粉末，易溶于水，主要用于制备青霉素和头孢类药物等。为帮助这家医药企业实现邓钾盐出口，大同出入境检验检疫局针对该企业首次出口邓钾盐产品对相关政策规定不熟的情况，在提供各类政策辅导和检测技术支持的同时，多次派出专业人员到企业上门指导，研究规范检测标准，制定检验方案，确保出口产品质量合格，引导企业创建出口质量安全示范，完善质量安全控制体系，提升管理水平，为企业产品走出国门打好质量基础。（赵　瑾）

【新增一家出入境检验检疫信用管理AA级企业】 2016年6月，大同市的金宇高岭土化工有限公司名列国家质检总局公布的2016年增加的279家出入境检验检疫信用管理AA级企业，其中，这也是大同市第二家出入境检验检疫信用管理AA级企业。

金宇高岭土化工有限公司创建于

2008年，主要利用塔山矿井开采煤炭和加工洗选煤炭过程中废弃的煤矸石为主要原料，对矸石中伴生的优质煤系高岭岩进行深加工，生产出附加值高、国内市场紧缺的煅烧高岭土，使煤田中与煤伴生的高岭土资源得到合理利用，年产5万吨6250目和4000目两种超细煅烧高岭土。AA级企业在享受A级企业智能化通关、无纸化放行等政策的基础上，可优先办理进出口货物报检、查验和放行手续，优先安排办理预约报检手续，优先办理备案、注册等手续，优先安排检验检疫优惠政策的先行先试等措施，获得出入境检验检疫信用管理AA级的企业在产品出口的过程中获得极大的便利，推动产品扩大出口。（冯　雨）

【青霉素酰化酶出口】 2016年7月，经大同出入境检验检疫局检验合格，由大同市医药园区某企业生产的价值2.46万美元的青霉素酰化酶，经首都国际机场顺利出口印度，这是山西省首次出口该类产品。

大同出入境检验检疫局根据实际情况，急事急办、主动作为，联手出口企业研究产品生产工艺和化学性质，帮助制定产品标准，确定酰化酶检验方案及验收标准，到企业生产现场，实地宣传贯彻出口相关政策和规定，帮助企业了解国内外该产品行业要求，研究制定出口检验检测工作方案，优化检验流程，缩短验放时间，为企业提供便利。（木　依）

【大同截获三批禁止入境月饼】 2016年9月，大同出入境检验检疫局工作人员在云冈机场口岸入境旅客携带物查验中，连续截获三批禁止入境月饼15盒、重约13.86千克。

这三批月饼均是旅客从香港购买回来的，有蛋黄白莲蓉月饼和奶黄月饼两个品种，均含有蛋、奶成分，《中华人民共和国禁止携带、邮寄进境的动植物及其产品名录》规定，含有肉类、蛋类等成分的月饼，存在携带禽流感、口蹄疫及其他检疫性疫病传播风险，禁止携带、邮寄入境，大同出入境检验检疫局工作人员在向旅客解释国家相关法律规定及私自携带入境可能存在的检疫风险后，按照有关规定开具《出入境人员携带物留验/处理凭证》，截留这三批月饼，要求旅客7日内按规定把月饼退运出境。（小　霞）

【出口医药质量安全示范区创建】 2016年9月，大同市出口医药质量安全示范区创建工作动员会在市经济技术开发区召开，标志着大同市出口医药质量安全示范区创建工作启动。

开发区医药产品在全市出口产品中占比提升，国药集团威奇达公司的克拉维酸钾全球产销量第一，7-ACA、6-APA出口全国第一；同药集团重组人促红素进入印尼、菲律宾等东亚市场。上年，开发区医药产品出口额占全市出口总额69.7%。1月至7月，全区重点医药企业生产原料药12724吨，同比增长7.6%，出口各类药品356吨，同比增长25%。

大同经济技术开发区管委会、市出入境检验检疫局、市食药监局共同牵头启动大同市出口医药质量安全示范区创建工作，制订《创建大同市出口医药质量安全示范区的实施意见》，明确该项工作总体要求、工作目标、主要任务、组织机构和保障措施，提出具体的实施意见。（小　霞）

【出口企业获关税优惠】 2016年11月16日，大同出入境检验检疫局为辖区各出口企业签发各类优惠性原产地证书388份，签证金额2912万美元，按平均5%的关税优惠率，全市出口企业获145.6万美元的关税优惠。

原产地证书是各国根据相关规则签发的、证明货物生产或制造地的一种具有法律效力的文书，利用优惠原产地证书能够帮助企业在竞争中获得更多主动，全市出入境检验检疫部门签发的原产地证书主要涉及活性炭、石材、变压器油箱外壳、火车轮对、镁锭、石墨电极等商品，出口国包括欧盟各国、东盟、智利、亚太贸易协定成员国等。大同出入境检验检疫局提醒进出口企业提高对优惠原产地证的重视程度，关注区域性双边协定，用足用好原产地政策优惠。（晨　曦）

海　关

【概述】 2016年，大同海关深化业务改革，推进通关作业无纸化和区域通关改革，支持和服务大同市重大项目推进，服务大同市开放型经济发展。大同市进出口总值23.6亿元人民币。其中，出口19.4亿元，增长9.8%；进口4.2亿元，下降47.9%。大同市进出口总值居全省第4位，增速在全省11个市中排名第6位。同期，全省进出口1099亿元，增长20.5%，大同市进出口较全省平均水平低28.8个百分点。截至2016年底，大同海关全年征收税款8881亿元，完成全年税收目标。办理减免税项目备案5个；审批征免税证明34份；审批货值2011万美元；减免两税2178万元，主要为种子种源、科免和重大技术装备。办理加工贸易货物手册1份，货值12万美元，加工贸易货物核销4份，到期核销率100%。增加注册企业56家，接受企业年报13家，巡查减免税企业完成16家。办结常规企业稽查5家，专项稽查1家，稽查作业完成率100%，其中移交缉私部门1家。开展企业注册信息核对2家。报送风险信息6件，风险信息转稽查作业4件，有效应用率66.7%。（大同海关）

【海关推动口岸开放】 2016年，大同海关支持地方政府，推动航空口岸开放列入“十三五规划”，5月20日，国家口岸办同意大同云冈机场列入国家口岸开放“十三五”规划。成立专项工作组，参加各类工作协调会，推动大同云冈机场于9月6日第八次获批临时开放。派员随同大同云冈机场、大同市口岸办等部门走访呼和浩特和石家庄机场，考察增加的“呼和浩特—大同—香港”航线国内段的模式，提出合理化建议，力促航线获批。保障现有国际航班的旅检秩序，加强业务培训、提升工作人员业务技能，由分管副关长带队到口岸兄弟海关跟班作业，提高业务水平。抽调全关人员开展旅检工作，完成12班“红眼航班”的监管任务。（大同海关）

【海关扶持地方开放型平台建设】 2016年，大同海关领导和相关人员5次参加市政府推进“两场”建设协调会，阐明海关支持该项目建设的态度，

▲图为大同海关工作人员走访保税仓库　　（大同海关 供图）

报送进出口贸易统计分析，分析文章力图详细，主要涵盖进出口贸易概况、月度进出口走势分析、贸易国别分析、重点进出口商品类别分析、重点企业进出口分析，预测分析当期进出口面临的形势和未来一段时间的走势运行，提出合理化建议。大同海关报送4篇贸易统计分析，提出10余条合理化建议，为大同市政府领导提供统计服务和决策支持。根据国家统计局在大同市开展供给侧改革调研活动的要求，大同海关向市政府报送5篇外贸领域的经济分析材料。定期为企业开展政策宣讲服务、为企业开展对外贸易知识讲座，引导企业用足用好优惠性政策，帮助企业渡过难关。

（大同海关）

向市政府领导和企业负责人讲解海关的政策规定；3次关于项目建设方案和场地布局设计同企业负责人交换意见，提出改进意见，大同海关向华阳玛里纳无水港物流有限公司制发《关于进口肉类指定查验场及海关监管场所项目综检楼海关卡口及检验检疫中心设计方案的复函》，在监管场所占地面积、办公用房空间布置等方面提出三个方面的建议，力保该项目如期开工建设。（大同海关）

【保税仓库验收】 2016年，大同煤矿集团公用型保税仓库建成，大同海关从审批到设计方案、开工建设全程跟进服务，协助企业建设一个高标准、现代化的大型保税仓库，该保税仓库通过海关验收，具备运营条件。截至2016年底，大同海关辖区共有3家公用型保税仓库，属于太原关区正常运营的3家保税仓库。完善保税物流基础设施和场所建设，促进大同和朔州两市保税物流业健康成长、支撑两市开放型经济发展提供坚实基础。（大同海关）

【旅检查验】 2016年，大同海关把旅检工作列入重要议事日程，执行总署对旅客行李物品监管的各项规定和具体要求，查找出进出境旅客行李物品中存在的问题，落实对进出境旅客行李物品原则上实施100%过机检查，核对运输工具。服务人员携带行李物品实施100%过机检查的工作要求，确保各项规定要求落实到位，对机检发现有疑问的行李物品，一律实施100%开箱（包）彻查。加强对进出境旅客行李物品随机抽查力度，保证进出境旅客开箱（包）查验比例原则上不低于3%。合理调配人力资源，科学设置工作岗位，增加旅检现场人力，用足用好各类监管查验设备，加强设备维护使用管理，建立X光机等设备人机联动岗位工作责任制，确保每台设备有人值守和满负荷正常运行。加强政策宣传引导，通过在旅检现场发放旅客通关手册等方式，宣传介绍海关对进出境旅客行李物品监管规定和要求，引导进出境旅客依法主动申报和纳税，增强旅客依法通关意识。在旅检现场设置申报单证发放台，合理设置旅客通关行走路线，为进境旅客填写申报单提供便利。推进旅检通关作业模式改革，提升监管效能。2016年，监管进出境航班117架次，出境59架次，进境58架次；监管进出境人员13755人次，其中出境7221人次，进境6643人次；随机查验351人次，查验率5.28%，征收行邮税8票，征收税款2.5万元。（大同海关）

【海关统计监测】 2016年，大同海关加强贸易统计监控分析工作，开展进出口监测预警工作。每季度正常

【违法违规案件查处】 2016年，大同海关发挥业务现场查发走私违规行为的基础性作用，坚持“以打促税”，行政案件侦办数量增加。注重业务一线线索挖掘，关警融合，全关参与打私，侦办行政案96%以上案件线索都是缉私分局与业务部门在经过风险分析研究后开展专项核查时查获的；按照法律法规办事，增强法律意识，提高办案素质，保证案件办理工作合法、合规，案卷材料齐整完备，每个案件做到事实清楚，证据确凿，程序合法，定性准确，依法有据，处罚适当。全年集中力量办结行政案件8起，总案值3934.5万元罚款、没收违法所得1.05万元。调查取证的案件线索1起。

（大同海关）

【海关税收分析监控】 2016年，大同海关税收8881万元。年初安排税收摸底调研，每季度一次常规走访，了解企业通关困难，掌握新问题、新动态；坚持服务当先，促回流，提升服务水平、提高通关效率，解决企业难题，赢得企业信赖；加强业务练兵，审单质量出效益，全年保持较高的报关单数据质量，经报关单批量复审的检验，差错率小于0.5%；指定专人专责，税款入库保时限，每一笔打印的税单做专门登记，并且迅速处理超过三个工作日的税单；确保完成全年税收目标。（大同海关）

工业经济

经济和信息化

【概述】 2016年，大同市经济和信息化委员会围绕“三去一降一补”，推动产业结构调整，提升传统产业动能。全市规模以上工业增加值同比下降14.5%，比省布置年度指标低16.5个百分点；非煤产业增加值占比51.1%，超省布置年度指标25.1个百分点，非煤产业增速全省排名第一；新兴产业投资占比42.3%，超省布置年度指标4.3个百分点；工业固废综合利用率66.18%，超省布置指标0.18百分点；万元GDP综合能耗同比下降3.54%，超省布置目标0.34个百分点。（经信委）

【经信委落实国家减免政策】 2016年，大同市经济和信息化委员会落实省政府“工业20条”“减负60条”、大同市减负60条等政策措施，加大对实施营改增、小微企业减半征收企业所得税、暂免征收部分小微企业增值税和营业税、固定资产加速折旧税收，以及对困难企业减免土地使用税和房产税等政策落实情况的检查力度。为企业减负60余亿元。开展“冬季行动”“干部入企服务”，提振企业信心。在“冬季行动”中，为36户重点企业办结帮扶事项41项，帮助企业融资3.53亿元。在干部入企服务工作中，发扬真抓实干、马上就办的精神，在短短的两个月时间，市县两级入企服务小组梳理出需职能部门解决的问题202个，帮助解决和承诺办结190个，办结率94.1%。开展大用户直供电交易。组织全市19家企业分三批次参加全省大用户直供点交易，签约交易额度37.1亿度，直接为用电大户和高新技术企业降低生产用电成本约3亿元。（经信委）

【工业项目建设】 2016年，大同市经济和信息化委员会强化规划引领。制订出台中国制造2025大同行动纲要，编制完成全市工业和信息化“十三五”发展规划以及配套的重点行业专项规划，制订实施装备制造、新材料、节能环保、信息等七大新兴产业2016年行动计划。2016年全市重点工业项目预计完成投资400亿元。其中，以新能源、新材料、新能源汽车、生物医药、新型装备制造、信息产业为代表的战略新兴产业，累计投资152亿元，占全市工业投资的38%。主要有：新成新材料公司10万条电力机车受电弓碳滑条项目、晋投玄武岩耐高温除尘袋等项目建成投产；推进同车公司城市轨道交通、乡镇污水处理环保产业及住宅产业化项目建设；山柴公司研发的煤层气发电机组样机试运行，具备产业化条件；陕汽大同新能源专用汽车项目一期建成投产、北宇新能源纯低速电动汽车项目检测线和总装线建成，进入整车试验阶段等。对接京津冀产业项目，引进总投资21.3亿元联绿科技公司建筑垃圾处理项目，投资7.4亿元的一期项目开工建设。2016年全市重点中小企业固定资产投资项目43个，投资35.1亿元。会同市金融办和相关金融部门加强与省、市产业投资基金的对接，省战略性产业投资基金完成对新成新材料公司受电弓炭滑条项目的立项，中小企业创投基金考察金源高岭土、宇林德公司、广灵北野菌业、利达环保等4家企业，初步确定投资意向。搞好上市辅导，推动中小企业上市融资。联合举办四期中小企业上市辅导培训，推动宇林德石墨公司在“新三版”挂牌，落实上市奖励资金150万元。与建行签订战略合作协议，“助保贷”工作取得进展。（经信委）

【工业技术创新体系建设】 2016年，大同市经济和信息化委员会推动构建以国家、省级技术中心为主导，市级技术中心和高新技术企业为两翼的工业技术创新体系。新增省级企业技术中心1户、市级企业技术中心3户，全市拥有工业技术中心46户（其中，国家级2户、省级13户、市级31户）和高新技术企业17户，落实工业技术中心奖励资金40万元。实施中小企业技术提升工程。推荐矿区富达昌煤机等4户企业获得省级中小企业技术中心，落实省级奖励资金140万元；为26户企业的28件省著名商标，落实省级奖励资金140万元。提升创新能力。组织全市重点工业企业申报省重点研发项目13项。其中中车公司的大轴重货运电力机车关键技术开发和研制、山西同达药业有限公司的缬沙坦氨氯地平片的评估开发等5项研发项目，被列入全省“百项重点项目技术创新计划”。为企业与高校、科研院所开展产学研合作牵线搭桥，大同市多家企业与高校或科研院所签订合作协议和意向，建立长期合作关系。大齿公司与北京理工大学等院校联合开发变速箱项目；威奇达药业与华东理工大学联合开发原料药发酵新工艺项目；大同新成新材料有限公司与大同大学、湖南大学，大同泰瑞集团与大同大学签订技术合作协议等。

（经信委）

【信息化建设】 2016年，大同市经济和信息化委员会推进“宽带大同”建设。截至2016年底，全市移动电话用户总数320万人，其中3G和4G用户占45.3%；电信、移动、联通的基站数1.21万个，其中4G基站占37.2%；固定宽带接入用户59.6万户，其中光纤到户家庭41.23万户，全市20兆以上宽带用户25万户，占总用户数的42%，固定宽带家庭普及率54.2%。推进公共场所无线网络全覆盖是市政府确定2016年为民办的十二件实事之一。“i-Shanxi”公共场所无线局域网建设任务涉及全市62处重点公共场所（其中，市域35处，县域27处）。年底全部完成，在这些场所的市民可通过“i-Shanxi”网络享受每天2小时免费上网。组织推荐山纳等企业申报“两化”融合管理体系贯标试点企业。制定“互联网+工业”实施方案，督促三大运营商按照要求降低网络资费，推进三网融合，大同市被省三网融合办确定为双向进入业务推广城市。（经信委）

【节能推广】 2016年，大同市经济和信息化委员会抓好节能降耗攻坚。组织评价考核12个县区及62户省千家企业2015年度及“十二五”期间节能任务落实情况。启动第四批高耗能落后机电设备（产品）淘汰工作。开展企业供配电系统节能监测和电力电能数据信息采集系统推广工作，全市26户重点能耗企业完成供配电系统节能监测；国药威奇达、威奇达中抗、冀东水泥等6户企业纳入电力电能数据信息采集系统，实现与省经信委联网运行。推进节能环保重点项目，大同市27项（市经信委13项，市发改委14项），列入2016年省级节能环保重点推进项目，总投资21.67亿元，其中2016年计划投资12.12亿元。提高工业固废综合利用率。编制资源综合利用和清洁生产2016年行动计划，加大对煤矸石、粉煤灰、工业废渣的利用。推进燃煤机组超低排放改造。按照省燃煤电厂超低排放改造计划，2016年超低排放改造大同二电厂两台60万千瓦级机组。推进“煤改电”试点工作。大同市被确定为省“煤改电”试点市后，先期在阳高县、浑源县选择5个贫困村进行试点，涉及2000户，投入使用。推广新能源汽车应用。编制出台《大同市人民政府办公厅关于加快推进电动汽车产业发展和推广应用实施意见》及《考核办法》；推进陕汽大同燃气专用车和北宇新能源电动车两个生产基地建设，推进充电桩及配套电网等基础设施建设，全市登记燃气汽车5783辆、电动汽车262辆。

（经信委）

【两户企业上榜两化融合管理体系贯标试点企业名单】 2016年6月，工业和信息化部公布2016年两化融合管理体系贯标试点企业名单，山西省有8户企业入选，大同市山西漳电大唐塔山发电有限公司、广灵金隅水泥有限公司榜上有名，广灵金隅水泥有限公司在全国入围的7户水泥企业中位列第一。

两化融合是指信息化和工业化高层次深度结合，两化融合管理体系贯标旨在针对工业企业特别是传统产业工业企业两化融合管理水平亟待提升的实际，通过借鉴ISO9000、ISO14000的做法，制定两化融合管理体系标准，推动两化融合管理体系贯标，引导企业以融合和创新的理念推进两化融合，打造企业在信息化环境下综合竞争能力，是全国工业和信息化系统贯彻落实“中国制造2025”战略、促进互联网等新一代信息通信技术与工业融合创新、推动中国特色新型工业化进程的举措。（冯　雨）

【八户煤机制造企业签订抱团发展协议】 2016年11月10日，经大同市第八入企服务小组牵线搭桥，市经信委协调，市8户煤机制造企业正式签订抱团发展协议。

受煤炭市场疲软、经济下行压力加大等不利因素的影响，大同市煤机制造行业陷入产能过剩、发展乏力的困境。前三季度，全市10户规模以上煤机制造企业累计完成现价产值69697万元，同比下降6.23%。在市经信委以及市第八入企服务小组努力下，大同特威尔机械有限公司、大同北方煤机设备有限公司、市同华煤机有限公司、大同菲利普斯有限公司、市金华机械有限公司、市煤机制造有限公司、市矿山机械有限公司、市东方机车配件有限公司等8家企业达成协议，合作发展。按照协议，这8家企业通过资源共享、优势互补，共同发展和培育销售市场，利用各企业技术特长、优势资源和闲散资金进行项目合作、入股投资等。建立统一网络信息平台，统一宣传营销方略，统一网上发布资源信息，落实与企业有关的国家、省、市相关政策、法规及企业内部管理办法等。

市矿山建设总公司、市煤矿建井公司、市西郊污水处理厂及市东郊污水处理厂等4户企业，与各煤机制造企业签订提供装备制造委托加工业务的长期合作意向，为全市煤机制造企业送去首份“大单”。（晨　曦）

民营中小微经济

【概述】 2016年，大同市经济和信息化委员会加强顶层设计。编制《大同市民营经济“十三五”发展规划》，搭建中小微企业创业创新平台。城区、矿区、南郊区、新荣区、大同县、广灵县累计在建设创业孵化基地方面投入5200万余元；城区被命名为省级创业创新示范区，获得900万元的资金支持；新认定云中购、新光大两个省级创业孵化基地，帮扶5家省级创业基地申请省级扶持资金390万元。实施“小升规”培育工程。2016年初，全市28户企业进入“小升规”培育库，年末30户（省定11户）企业成功升规，完成营业收入13.9亿元。实施“3个1”经营者素质提升工程。采用“请进来”和“走出去”，在阳高、天镇、矿区举办优秀经营者高端人才、小微企业自主创业能力提升和中小微企业管理人员专题培训，培训500余人次。2016年全市新增中小微企业2584个，中小企业增加值232.5亿元，同比增长2.46%，上缴税金41.39亿元，同比增长1.91%。（经信委）

【小微企业创业孵化基地成为首家省级众创空间】 2016年1月，省科技厅通过组织申报和专家评审，认定35家省级众创空间，市小微企业创业孵化基地名列其中，是大同市首家也是唯一一家省级众创空间。

大同市小微企业创业孵化基地自2014年12月投入运营以来，通过联合办公社区＋创业服务平台的“双创”服务模式，为入驻基地的小微企业和初创公司提供零成本办公空间和学习交流空间，定期举办创客实训营、项目路演、主题沙龙、产品研讨会、职介会等“双创”活动，为入驻企业提供产品发布、业务拓展、投融资对接以及信息共享平台。该基地入驻企业43家，举办1期创客实训营、40余场创业主题活动，承办“大同市首届互联网金融领袖峰会”，孵化大学生创业公司3家。（路　璐）

【“新三板”挂牌首期实操培训班】 2016年1月23日至24日，大同市“冬季行动”金融创新的重要内容之一——首期资本运营与“新三板”挂牌实操培训班开班。

为提高大同市中小企业在资本市场的融资能力，市金融办举办该次资本运营与“新三板”挂牌实操培训班，培训班由市金融办主办、大同智远企业管理咨询公司和中能至远（北京）节能技术培训有限公司等承办，培训内容包括“新三板”挂牌路径优化及顶层设计、新三板业务介绍及其发展趋势、新三板挂牌前后应注意的财税问题、法律问题解决路径与风险防控、企业战略转型与商业模式创新、新三板挂牌成功企业经验分享、打造企业核心竞争力、企业融资技巧等，主讲人有全国著名新三板讲师程晓明博士等。全市100余家企业的负责人及财务管理人员和国内40余家企业的负责人聆听讲解。（路　璐）

【华青活性炭登陆“新三板”】 2016年5月10日，山西华青活性炭集团股份有限公司举行全国中小企业股份转让系统（俗称“新三板”）挂牌上市仪式，成为大同市第三家、大同县第一家登陆“新三板”的企业。

华青活性炭股份有限公司成立于2005年，专业从事煤质系列精制活性炭的研究、开发、生产和销售，年生产煤质压块活性炭2万吨，产品包括水处理炭、气体净化炭、脱硫脱硝专用炭、脱色炭等6大系列60余个品种。该公司凭借高档压块活性炭高新技术产品优势，产品远销国际、国内市场。大同县委、县政府把该公司作为煤炭转型发展的试点企业来抓，为企业解决挡手难题，提供科技创新的便利条件。2015年，该公司累计销售收入8898.37万元，创汇154.36万美元，实现煤炭就地深加工转化近10万吨。

为进一步拓宽融资渠道，加大新产品研发和技术改造投入力度，该公司启动实施“新三板”挂牌上市工作。市经信委、金融办等部门跟踪服务，帮助企业开展上市培训辅导、完善公司治理结构、材料整理申报等工作，为企业加快上市步伐提供服务。2016年2月，华青公司取得全国中小企业股份转让系统有限责任公司同意挂牌函，于4月12日完成股转系统录入，登陆资本市场。（赵　瑾）

【首届中小企业商业模式与金融创新高峰论坛在大同举办】 2016年5月12日，由市工商联、省中小企业发展促进会联合主办的“首届（中国·山西）中小企业商业模式与金融创新高峰论坛”在大同市举办。

在论坛上，与会的省中小企业发展促进会、市工商联、市小微企业创业孵化基地等部门和企业负责人围绕加快中小企业转型发展，推动以“新产品、新技术、新业态、新模式”为主题的“四新”活动等话题进行探索性讨论，与企业家互动。企业战略与商业模式设计专家、北大EMBA总裁班客座教授苏建作《来自美国的EHC数字化管理系统》专题讲座，围绕助推企业管理升级、产品升级和产业升级，实现绩效突破，进行阐述。

12日，还举行山西省中小企业发展促进会大同分会启动仪式。新成立的中小企业发展促进会大同分会以联接全国中小企业平台、服务中小企业为宗旨，为大同市中小企业搭建学习、交流、合作、共赢的平台，引导资金、技术、人才等资源要素向企业集聚，从而推动全市中小企业转型发展、安全发展、和谐发展。（赵　瑾）

【大同新增4家省级中小企业技术中心】 为加快推进中小企业技术创新，提高科技创新能力和企业、产业核心竞争力，2016年初，山西省中小企业局在全省开展中小企业技术中心认定工作。大同市经信委配合认定工作组织专人到企业实地考察，帮助企业完善申报材料，完成推荐申报工作。2016年7月，经过省中小企业局评审、公示后，市富达昌煤机有限责任公司技术中心、市金源高岭土有限责任公司技术中心、大同大源药业有限责任公司技术中心、山西好医生药业有限公司技术中心4家企业技术中心被认定为2016年山西省中小企业技术中心，获得共计140万元奖励资金。至此，大同市省级中小企业技术中心达到15家。（木　依）

煤炭工业

【概述】 2016年，大同市地方煤矿生产煤炭1694万吨，工业总产值36.73亿元，工业增加值16.8亿元，销售收入32.58亿元，同比下降4.25%、增长45.6%、46.6%和41.6%，全行业扭亏为盈，实现盈利0.8亿元，同比增加盈利3.57亿元，增幅128%。3座矿井竣工投产，新增产能330万吨，5座矿井被省煤炭厅命名为现代化矿井，22座矿井建成安全质量标准化矿井。所监管煤矿未发生死亡事故，事故总起数、事故总死亡人数和百万吨死亡率均为零，完成省市布置各项安全控制指标。市煤炭工业局2016年度被省煤炭厅评为优秀单位，在全省排名第一。

存在问题 大同市地方煤矿资源破坏严重，多数重组整合矿井水、火、积气等灾害并存，安全监管压力和责任大。建设资金短缺，煤矿融资困难。地方煤矿受到资金、人才和项目制约，出煤卖煤现状没有得到实质改变。（煤炭工业局）

【煤炭安全管理】 2016年，市煤炭工业局，落实“党政同责、一岗双责、齐抓共管、失职追责”责任制，“管行业必须管安全、管业务必须管安全、管生产经营必须管安全”责任要求，落实煤矿安全挂牌、分片包矿、重大隐患督办、年度安全目标考核和

“一票否决”等安全生产目标责任制。制定大同市煤矿安全生产专项整治实施方案和大同市煤矿安全生产行政执法计划，执行276个工作日制度，组织开展以“三超三违”为重点的“打非治违”专项整治、隐患大排查、专家大会诊、安全生产大检查和“一通三防”、机电运输等专项检查。运用“四不两直”法、综合执法、联动执法、交叉检查、突击检查、夜间抽查、各级五人小组包保检查、杀“回马枪”检查、驻矿盯守和行政执法与刑事司法相衔接等方式方法，全程督导检查。对监管检查中发现的问题进行严格执纪，严肃问责，严厉处罚。定期召开安全反思会、学习讨论会、月度安全例会和季度安全座谈会等，认识煤矿安全长期性、复杂性和艰巨性；进行“三敬畏”“三个决不能过高估计”和与矿长谈心对话等活动，抓好安全生产政治意识、大局意识和担当意识；制定贯彻年度安全教育培训计划，实施全员培训、岗位技能培训和三项岗位人员培训，举办三项岗位人员培训班20起，培训人员1432人，为安全生产提供智力支撑。组织各类执法检查活动634次，检查煤矿1479座次，送达执法文书686份，查整隐患问题7645条，促进煤矿安全健康稳定发展。自2014年4月9日以来，累计生产煤炭4400万吨，一直未发生死亡事故，是新中国成立以来全市地方煤矿连续安全生产时间最长的。（煤炭工业局）

【煤炭监管信息平台建设】 2016年，市煤炭工业局利用市政府下拨的200万元资金，推进市级煤炭监管信息平台建设。主要完成局信息中心设施设备利用改造工程和云数据中心租用工程，市、县、矿三级平台网络带宽扩容和备份线路施工、22座煤矿数据接口开发，11座煤矿终端一体机和可视化安全设备到货，左云和南郊两个重点产煤县区平台建设项目进入设备购置招标和方案审批阶段。

（煤炭工业局）

煤矿安全监察

【概述】 2016年，大同辖区内有90座煤矿，生产建设能力13990万吨/年，遍布9个县（区），其中生产矿井56座，建设矿井34座，涉及9个主体。56座生产矿井中正常生产37座，注销安全生产许可证8座，持证但不生产的11座；34座建设矿井中正常施工的3座，其余31座建设矿井均处于停建、缓建及未开工状态。2016年发生1起安全生产事故，死亡1人，事故起数和死亡人数分别比上年同期下降3起、24人。截至2016年底，市监察分局监察矿井178矿次。其中，三项监察109矿次，其他监察69矿次。查处隐患1254条，整改1243条，依法送达执法文书358份，行政617万元，其中监察罚款505万元，收缴505万元。安全许可现场核查19矿次，换发和领取新的安全许可证12个，组织安全设施设计审查4矿次，监督核查竣工验收3矿次。召开检查指导会21次，形成会议纪要18份。

2016年，市监察分局监察矿井47矿次（同煤集团15矿次，左云县12矿次、南郊区18矿次、中煤大同公司2矿次），查出问题750余条，送达执法文书160余份，罚款219万元。

出台《关于对煤矿重大非法违法行为进行约谈的通知》，约谈矿井19座，形成会议纪要8份、通报5份。人数最多的一次约谈会在11月14日举行，涉及同煤集团矿井12座。

大同辖区煤矿自然灾害严重，监察分局通过分析、疏理，确定水害矿井15座，蹬空开采矿井7座，厚煤层放顶煤矿井21座，老空积气积水严重矿井22座，对每个类型的矿井，要选择管理好、技术水平高的矿井作为示范企业，召开现场会，下井参观、经验介绍，邀请其他企业工程师在会上授课。

11月30日组织大同市各产煤县县区长、煤炭管理部门有关人员、全辖区煤矿负责人和相关管理人员600余人在同煤集团会议中心召开“全市煤矿安全警示教育大会”。（监察分局）

同煤集团

【概述】 2016年，同煤集团生产煤量10420万吨，超计划570万吨。煤炭销量18547万吨，超计划1149万吨。发电量333.43亿千瓦时，高出省调火电机组平均利用小时200小时。工业总产值668.88亿元。工业增加值275.03亿元。营业收入1702亿元，完成国资委布置指标。利润2亿元，完成国资委布置指标。上缴税费66.3亿元。投资141.86亿元。员工收入人均6.06万元。2016年，同煤集团同家梁、宏达、北杏庄三座矿井关闭，化解落后产能375万吨；取得同发东周窑、马道头、北辛窑、梵王寺四座千万吨矿井产能置换批复，释放先进产能3000万吨以上，促进煤炭主业转型升级。执行276个工作日制度，统筹调配无效产能与先进产能供给，全年生产煤量降幅15%，千万吨级矿井商品煤量占比达到48.98%，创造效益24亿元，煤炭产业结构优化。发挥金融路演作用，争取金融机构支持，化解企业债务风险，保障企业运行。漳泽电力通过定向增发，实现股权融资30亿元，资本运营有突破。“特厚煤层沿空掘巷千万吨综放面安全保障关键技术研究与应用”等3个项目，同时获得2016年煤炭工业协会科技进步一等奖。同煤大同矿区、漳电太原工业新区110千伏输变电工程增量配电试点，获得国家发改委、能源局批准，同煤是第一批入围单位，全省煤炭企业仅此一家。集团公司排名居世界财富500强第322位、中国企业500强第71位、山西企业100强第1位。

（同煤集团）

【同煤培育先进产能】 2016年，同煤集团塔山矿进入首批先进产能序列，同忻、晋华宫、刘家梁完成申报。4座矿井合计产能2880万吨，占集团公司总产能27.6%。麻家梁、四台、云冈矿3座矿井完成资料上报。千万吨级矿井与水平接替矿井推进。10座千万吨级矿井中，7座建成投产，3座推进。千万吨级矿井主动适应去产能和276个工作日要求，发挥增产、增运、增效的支撑作用。8座水平接替矿井中，永定庄、燕子山、马脊梁、挖金湾4座矿井投产，同家梁（同忻南二盘区）、四老沟基本建成，大斗沟（同忻三盘区）、四台推进。资源枯竭矿井战场收缩进展顺利。全年收缩7个盘区。国内首创智能化、程序化综放成套装备在同忻矿投用，实现增产增效。推广无定期不停产检修，强化班检、交接班动态巡检和预见性检修。全年增加有效生产时间1836小时，净增煤炭产量286万吨，创收8亿元。

（同煤集团）

【同煤项目建设】 2016年，同煤集团塔电二期项目并网发电，实现工期短、质量优、投资省目标；阳高热电、朔州热电具备水压试验条件；漳泽百万项目开工建设；漳电阳泉西上庄热电项目完成前期工作；采煤沉陷区光伏、平顺光伏等7个新项目，47万千瓦装机投产发电；适应电力体制改革和市场变化，加强内外协调，增发电量创造效益。发挥大机组高效率、低成本优势，全年实现利润4亿元，抵御发电量、上网电价“双下降”的风险。以推进“煤电一体化”建设为平台，加强指标跨省合作、微电网建设、大用户直供电工作。全年在计划指标基础上，抢（增）发电量113.5亿度，创造经济价值8亿元以上，推进对标管理、挖潜增效。全年供电煤耗完成332.3克/千瓦时，同比降低3.4克/千瓦时。河津、王坪发电机组完成供热改造，向热力市场挖掘效益；以漳泽电力为平台，实地调研蒙古、印尼、柬埔寨、斯里兰卡等9个“一带一路”海外项目，开展前期论证，为集团公司实施国际产能合作开辟道路。（同煤集团）

【同煤煤化工产业】 2016年，同煤集团60万吨甲醇项目生产甲醇38万吨，实现销售收入6.78亿元；10万吨活性炭项目全年生产活性炭6900吨；60万吨煤制烯烃项目具备开工条件；40亿立方米煤制天然气项目具备核准条件。煤机产业发展。全年自主研发产品19个种类，制造设备近3万台（套），完成工业总产值14亿元，设备“一体化”服务扩展至外部市场。发挥四个煤运公司和煤炭经营公司销售渠道优势，全年完成销量7300万吨。企地共建，产业扶贫项目推进。天镇宏丰现代农业园区125栋日光温室大棚建成投运，产业扶贫取得成效。

（同煤集团）

【同煤中央机厂跻身全国煤机制造业30强】 2016年8月，中国煤炭机械工业协会颁布2015年度50强企业排序名单，同煤集团机电装备公司中央机厂以煤机产品年销售收入7.00585亿元业绩，位列排行榜第30名，较2014年度上升6位。

中央机厂通过市场定位、产品转型、技术升级、装备更新，年工业产值由最初2.8亿元增到2015年7.0075亿元，人均效率38万元，年制造产量3.75万吨，产品综合合格率99.6%。2012年~2015年，全厂减亏6100万元。中央机厂加大工艺改进、技术创新、产品升级等创新驱动力度，完善15条液压支架制造专业化配套生产线，为制造1万千牛以上级别的大型液压支架奠定基础。

中央机厂科技人员围绕生产环节，研发制造ZZ10000、ZF10000、ZF13000、ZF15000、ZFZ20000型液压支架，年生产液压支架能力1500架。2016年5月，由中央机厂自主制造的支护高度6米的新型ZZ13000/28/60型液压支架一次性通过质量验收，交付使用，这是中央机厂依托15条液压支架专业化生产线实现的突破。

（小　霞）

中煤集团国投大同公司

【概述】 2016年，中煤集团国投大同公司原煤产量252.22万吨；发电量8.87亿度，上网电量7.87亿度；掘进进尺3414米；商品煤销售238.41万吨；铁路发运169列，铁路销售商品煤141.5万吨；实现利润1.73亿元。

（国投大同公司）

【中煤成本管理】 2016年，中煤集团国投大同公司组织各单位对各项材料消耗情况进行统计分析，调整21项定额，严格考核兑现。基层区队出现成本管理由被动接受到主动关注局面。煤矿材料消耗比定额降低320万元，电厂材料消耗比定额降低156万元。公司一季度累计亏损1176万元，4月6日，公司制定“提质增效”方案，共32条56项，4月10日党委扩大会议逐条讨论，4月11日公司召开“提质增效”动员会，紧盯“提质增效”方案落实。产、洗、销有序衔接；三个二级单位压缩可控成本10%已经完成；外委合同（除绿化合同下降6%外）均完成10%以上降幅；14项降低费用措施落实到位，为公司在5月底扭亏为盈，8月份完成预算，全年利润超1.7亿元奠定基础。开展“两金”压控工作，达到压控目标，提升公司运营质量和盈利能力。强化预算管理，实现事前、事中、事后控制。聘请中介机构，开展内控评价。找出风险点，止住出血点。加强税收管理，防范税务风险。（国投大同公司）

【中煤企业发展】 2016年，中煤集团国投大同公司结合铁路开通和煤炭市场变化，销售工作主动应变。与浙江浙能富兴燃料有限公司和中煤秦皇岛进出口公司签订长期协议；发展以铁路销售为主、地销为辅的模式。

煤矿优化水力致裂设计方案及放煤工艺，在提高顶煤冒放性的同时，寻求工作面回采率、精煤产率、每米推进产量之间的最佳平衡点。通过近

▲中煤集团国投大同公司全景图　（国投大同公司 供图）

四个月的优化调整，三项指标达到交汇最佳点，延长首采面服务期，增大采出量，对延长矿井整体服务年限奠定坚实基础。

电厂2016年计划基础电量为4.44亿度，在电力产能过剩、用电需求偏弱市场背景下，最大限度争取外部市场电量成为电厂生存发展关键。公司抽调精兵强将成立电量营销攻关小组，与省内外多家用电企业沟通洽谈，在2016年首次进入售电交易市场情况下，通过各方协同配合，增加4.3亿度电量，年度发电指标近9亿度。

选煤厂改扩建项目于2015年12月底进入联合试运转，结合试运转过程中暴露出的问题，选煤厂通过技术改造等举措，在原设计基础上，使用旧系统动筛淘汰机，使原设计日处理能力由1.5万吨提高至2万吨。新增精煤泥分离刮板机，使精煤泥与细煤泥、末原煤有效分离，提高精煤综合回收率2个百分点，实现整套系统高产高效。

2016年完成铁路专用线、铁路装车系统、煤矿3号～5号煤层接续工程竣工财务决算工作。铁路专用线、铁路装车系统上报国投煤炭公司备案。煤矿3号～5号煤层接续工程竣工财务决算完成。清产核资基础工作完成。

（国投大同公司）

山煤国际能源集团大同有限公司

【概述】 山煤国际能源集团大同有限公司截至2016年9月28日收入4.39亿元，贸易量71.9万吨，利润总额减少3435.51万元。营业成本4.37亿元，销售费用12.89万元，管理费用1101.29万元（其中业务招待费13.23万元，车辆运行费24.1万元，会议费0.98万元），财务费用2498.24万元，投资收益33万元。

存在问题 山煤国际能源集团大同有限公司应收账款因其时间跨度长、欠款额度大，欠款产生过程复杂，存在的纠纷突出。大同公司成立时间较长，是“山煤”成立最早的企业之一，与“新企业”相比，大同公司清欠工作面临着更为严峻的形势和更加艰巨的考验。根据山煤国际“关于进一步规范劳动用工管理的通知”要求（山煤国际人发〔2016〕174号），大同公司通知合同到期的劳务派遣人员不再续签合同，根据劳动法规定，停止续签劳务合同时，企业必需向劳动者支付经济补偿金。人员经济补偿金支付问题有待解决。

（袁风光）

【山煤清欠资金】 2016年1月，山煤国际能源集团大同有限公司清回旧高山现金2000万元；截至3月底清回应收账款余额148584.77万元，4月至11月累计清回欠款589.52万元。第二阶段清欠任务5.99亿元，计划5.33亿元。大同公司主要清欠总户数36家。其中拟质产质押3家，清理现金3家，法律手段9家，胜诉强制执行1家，集团关联4家，其他16家（平账7家、无法收回6家、利息分摊1家、不列入清欠2家）。4月14日，大同公司按集团清欠工作专题会总体要求，本着“全员参与，团结协作，加强督导，确保成效”的原则，成立清欠领导组，以公司经理、书记为组长，下设4个清欠小组，四名副经理分别任小组长，另设监督执纪组、清欠法律组和清欠综合部三个辅助小组及清欠办公室，分别制定相应的工作制度，完善工作职责，并建立考核机制，形成“人人头上有指标、个个肩上有担子”的清欠氛围。

大同公司落实省政府、国资委、集团公司清欠会议精神，以“现金清收为主、资产质押为辅”。摸查情况，掌握信息，运用多种手段，确保清欠成效。按照要求，做好数据统计、材料收集、账档整理等工作，行之有效、把清欠工作做细、做实、做出成效。

（袁风光）

电力工业

【概述】 2016年，大同市电力工业总产值1506287万元，占全市规模以上分行业工业总产值（现价）总量19.23%；电力工业增加值754855万元，占全市规模以上分行业工业增加值总量29.65%。截至2016年底，大同地区各类电厂共66座，总装机容量1201.6085万千瓦，全省占比15.73%。其中，火电868万千瓦、风电169.95万千瓦、太阳能光伏发电154.8935万千瓦、垃圾发电3万千瓦、秸秆发电2.4万千瓦、余热发电1.8万千瓦、尾气发电1.2万千瓦、小水电0.365万千瓦。全年全市发电量378.74亿千瓦时，同比上升3.98%，其中外送电量281.51亿千瓦时，同比上升3.38%。

2016年，风电和光伏发电投运装机分别占地区总装机容量14.97%和13.64%。

（经委电力科）

2016年大同地区各类电厂按属地分类

单位：万千瓦

种类 地域	火电	风电	光伏发电	垃圾发电	秸秆发电	余热发电	尾气发电	小水电	合计
城区	868		52.3915	3		1.8	1.2		926.3915
左云		16.95	50.0179						66.9679
天镇		29.7	24.7006						54.4006
浑源		44.6	2.1008						46.7008
广灵		44.25	0.0005		2.4				46.6505
阳高		9.9	10					0.1	20
新荣		9.7	5.6696						15.3696
灵丘		14.85	0.0003					0.265	15.1153
大同县			10.0123						10.0123
合计	868	169.95	154.8935	3	2.4	1.8	1.2	0.365	1201.6085

国家电网大同供电公司

【概述】 国网大同供电公司成立于1979年，是山西省电力公司直属大型一类供电企业，以电网规划、建设、运行管理及电力调度、经营等为主营业务，承担大同4区（城区、南郊区、新荣区、矿区）7县（大同县、阳高、天镇、浑源、灵丘、广灵、左云县）工农业生产和331.8万人民生活供电及电力建设任务，供电面积1.4万平方千米。

国网大同供电公司（以下简称“大同供电公司”）下设11个职能部门、7个业务支撑和实施机构、9个县公司；固定资产原值96.72亿元；供电服务网点1241个（其中自有网点98个，代收网点1143个），供电用户70.95万户。网内拥有35千伏及以上变电站111座，变电容量1248.77万千伏安，输电线路290条、4103.81千米，全网最大负荷155.8万千瓦。2016年，大同电网地处华北500千伏环网的西部，山西电网北部，是山西电网与京津唐电网相连的枢纽，担负着西电东送和北电南送的重要职责。500千伏为本地区的主要电源支撑，500千伏雁同站主变和大同二电厂5-2联变为本地区提供变电容量2000兆伏安，大同二电厂房山3回500千伏线路外送华北。220千伏电网是大同电网骨干网架，结构以双环网为主，阳高、天镇、区域220千伏网架为链式供电结构。110千伏网络结构在七个220千伏双环网及直配的220千伏变电站下形成辐射网络运行。农网35千伏网络以各县区220、110千伏变电站为电源双回路或单回路直配运行。截至年底，大同电网输变电设备及线路总体情况：500千伏变电站2座（省检修公司运维），变压器4台，容量3500兆伏安；220千伏变电站15座，主变32台，容量4770兆伏安；110千伏变电站42座，主变88台，容量3599兆伏安；35千伏变电站52座，主变104台，容量926.6兆伏安。输电线路290条（4103.81千米）。其中，220千伏线路49条（1283.16千米），110千伏线路118条（1549.47千米），35千伏线路127条（1271.18千米）；10千伏配电线路661条（8113.08千米），配变5759台（1538.37兆伏安）；大同电网总装机13637.28兆瓦（包括王坪电厂2×200兆瓦和内蒙古京隆电厂2×600兆瓦）。其中，华北分调直调机组容量4920兆瓦、省调直调装机容量8584.5兆瓦、地区调度小电厂容量132.78兆瓦。省调调度机组按性质划分，风电场18座，容量1699.5兆瓦，占省调装机19.79%；光伏电站27座，容量1568.5兆瓦，占省调装机17.76%；火电机组20台，容量5360兆瓦，占省调装机62.43%。2016年，大同供电公司安全生产保持长周期2435天，售电量91.15亿千瓦时，电费回收率100%，综合线损率4.78%。公司获国家电网公司先进集体、山西省省直机关文明单位标兵、百佳模范基层工会、省公司安全生产、电网规划、企业管理先进单位等18项荣誉。

（大同供电公司）

【电网项目建设】 2016年，大同供电公司10千伏及以上电网建设项目15项。其中，续建10项，新建5项。基建项目总投资11569万元。

全年投产项目9项，其中：110千伏及以上项目4项（包括：大同浑源县北京东方宇华官儿乡风电220千伏送出、大同左云变电站110千伏主变增容、大同阳高—金光110千伏线路、大同天镇220千伏变电站110千伏送出工程），35千伏项目5项（包括：大同天镇—新平线路工程、大同天镇马家沟变电站主变扩建及南河堡—马家沟线路、大同天镇220千伏变电站35千伏送出工程、大同阳高古城变电站1号主变扩建及南河堡—古城线路工程、大同左云110千伏变电站10千伏送出工程），投产线路长度119.28千米，变电容量7万千伏安。220千伏浑源官儿乡风电送出工程于2016年11月1日投产，比计划提前3个月。

2016年度农网建设与改造工程9个批次68项，投资2.7769亿元，涉及开关站2个，10千伏线路28条496.15千米，配变898台，低压线路384.5千米，截至年底，工程量完成率100%。其中，中央预算农网工程3项，投资815万元，竣工3项；第一批企业自筹农网工程12项，投资5021万元，开工12项；第二批企业自筹农网工程7项，投资2294万元，开工7项；第一批中心村、机井通电工程14项，投资7183万元，开工14项；第二批中心村、机井通电工程4项，投资2140万元，开工4项；第三批中心村、机井通电工程13项，投资4659万元，开工13项；煤改电配套电网建设项目5项，投资3142万元；高速公路充换电站外接电源项目（古东线）投资201万元。阳高公司通过省新农村电气化建设领导小组和省公司组织的电气化县验收。完成1个新农村电气化县（浑源县），6个电气化乡和103个电气化村的建设任务。累计完成电气化县6个，电气化乡39个，电气化村772个的建设。

（大同供电公司）

【供电经营管理】 2016年，大同供电公司每月定期召开经济活动分析会议，从指标和费用两条主线进行剖析，注重会议实效性，为公司经营决策提供科学、合理的依据。组织营销、计量等相关部门不定期到基层一线，调研各县（区）公司经营工作，了解当地经济形势，掌握地方电量、负荷增长点等信息，促进经营工作提升。2016年售电量91.15亿千瓦时，同比上升4.96%；综合线损率4.78%，比省公司布置的年计划下降0.22%；电费回收率100%。

加快工程进度，专变用户实现采集10355户，覆盖率100%，专变采集成功率99.64%。全年安装50560只低压智能电表，完成省公司布置2016年合表打开任务，完成率101.12%，新荣、广灵公司实现全县“零合表”。累计安装智能表896533只，低压采集成功率99.68%。全年电费回收率、到账率实现两个100%。完善《国网大同供电公司电费回收风险预警及奖励考核指导意见》（同供电营销〔2016〕44号），强化电费回收责任，落实考核与激励，奖励先进单位112万元，处罚落后单位27.6万元。解决历史难题，协调政府回收东方罗马城小区全部陈欠电费726.9万元。推广自有线上缴费渠道，开展“掌上电力”APP、电e宝宣传，拓展业务应用。推广多元化收费方式，开拓第三方代收等19种缴费渠道，在全市范围内设置各类收费网点1241个。开展线损异常台区整治，提高台区线损合格率。开展台区专项用电检查和互查活动，核对整改采集系统与营销系统档案数据，实现合格台区占比72.20%，台区监测率96.34%。

（大同供电公司）

【供电安全】 2016年，大同供电公司开展输电线路通道专项治理。砍伐修剪树木47414棵，加固线下大棚287个，基础护坡筑坝80基。以“七防”为主要抓手，提升线路本质安全水平。防倒塔断线：点焊铁塔螺栓2813基，采空区治理25基，LV塔改造14基，单Ⅰ串改造25基。防雷害治理：安装避雷器246支；防雷侧针400基；接地电阻测试2175基。防外力破坏：对55处线下施工点建立一患一档。完成跨越高铁线路迁改16处。防覆冰治理：线路OPGW铰接式线夹改造6条，完成地区覆冰图绘制和观冰站站内设备安装。防鸟害治理：补装、更换鸟刺17818支。防污闪治理：轮换10年以上合成绝缘子99支。防风偏治理：完成220千伏线路通道内205处固定建筑物的风偏校核工作。力推变电站综合整治。220千伏阳高等3座变电站220千伏母线轮停，更换220千伏电压互感器7台，母线避雷器24台，110千伏上寨等4座变电站半站轮停，更换35千伏及以上开关10组，更换110千伏避雷器4台，消缺31项。开展变电站精益化查评，完成110千伏及以上变电站自评18座，发现问题14410项，整改13110项。加强五防直流治理。解决遥控过程中五防不通、系统不兼容问题17站；开展122组蓄电池充放电试验及直流系统维护工作，更换不合格蓄电池20组。推进带电检测，带电检测避雷器742台，主变油色谱分析、铁芯接地电流检测122台，开关柜超声局放及暂态地电压检测582面，GIS组合电器超声波及特高频检测3站，绝缘子探伤8站，发现异常19项，全部消除。

2016年大同公司城市用户供电可靠率99.9%，城市用户平均停电时间9.18小时/户，排名全省第一，领先全省平均值13.46小时/户；农网用户供电可靠率99.62%，农网用户平均停电时间33.31小时/户，排名全省第二，领先全省平均值21.26小时/户。

（大同供电公司）

【电力市场建设】 2016年，大同供电公司电能替代电量4.56亿千瓦时，完成计划的142.77%，11个项目分布在4个电能替代类别中：电锅炉技术3个，电窑炉技术1个，电（蓄）制冷技术2个，电力交通牵引技术3个。2016年度传统电能替代主要项目电锅炉和电窑炉替代电量占比有所下降，联合电器企业对居民家庭电气化及厨炊中电能替代宣传及推广，发掘电蓄冷、轨道交通，增加替代项目类别。电力需求侧管理工作中，实际节约电量3235.06万千瓦时，占计划124%，节约电力0.88万千瓦，占计划191%。在推动节能减排方面，推动新能源和可再生能源应用，除传统火电厂外，其他能源有华能天镇武家山风电场、大唐左云风力发电厂、山西泽清岭风电场等风电169.95万千瓦（18座）、余热发电3万千瓦（2座）、垃圾发电3万千瓦（1座）、秸秆发电2.4万千瓦（1座）、小水电0.37万千瓦（3座）、太阳能光伏发电154.89万千瓦（34座）等7种类型，风电和光伏发展势头迅猛，占全市新能源产业的主导地位。

智能充电服务网络建设推进。大同首座高速公路电动汽车快充电站、古店服务区快充站10月25日成功送电。与大同市公交公司等企业，完成“用户供地、服务费分成”模式的充电站共建商谈，签署协议10份，建成充电站5座，拓展电动汽车充换电市场。提前超额完成“多表合一”任务。累计完成恒大绿洲、睿和锦城小区4152户“多表合一”试点任务，超省公司计划1590户，完成率163.79%。

（大同供电公司）

【农电管理】 2016年，大同供电公司开展供电所基础设施建设情况排查，清查盘点所辖75座供电所营业厅、办公用房、生产工器具及生产服务用车，结合供电所“十三五”服务发展方向，编制《“十三五”小型基建项目规划书》《2017年非生产性技改、大修项目储备库》。汇总供电所建设项目内容48项，编制投资估算1.44亿元。开展图数治理星级供电所建设专项工作，延伸2015年营配贯通工作实效，制定图数治理星级供电所建设任务，完成10千伏线路图绘制（含地理信息核对）138条，完成台区及低压设备信息录入1250台。推进星级供电所建设。完成所辖75座供电所的市、县两级评价工作，核查评定三星级供电所34座，二星级供电所20座，一星级供电所13座，无星级供电所8座。8月份，大同公司获批2016年度省级四星级供电所4座（灵丘东河南供电所、广灵蕉山供电所、口泉马军营乡供电所、口泉高庄供电所）占全部供电所的5.33%，全省排名第四。总结提炼四星级创建经验，以“树标杆、强典型”工作思路，开展口泉马军营乡供电所星级建设工作，以创建国网公司五星级供电所为目标，实现供电所标准化建设常态化执行。

（大同供电公司）

【供电服务】 2016年，大同供电公司保障大张高铁建设，架设施工电源72处，迁改运行线路74条，垫资特殊地段供电，保障国家采煤沉陷区先进技术光伏示范基地百万装机按期并网。落实省政府光伏扶贫政策，天镇、浑源县62兆瓦项目并网运行，完成2017年6县300村项目可研设计。提前完成2县5村2917户“煤改电”供电工程。开展“供电服务，榜上有我”星级员工竞赛，以243名星级员工为引领，服务质量提升。问需求、送服务、促发展，走访县乡政府、发电企业和重要用户，征集建议或意见20条，促进政企、社企关系紧密。拓展便民缴费渠道，开展电e宝、掌上电力APP、95598网站“进社区”推广活动，在全市累计设置收费点1241个。携手创维集团开展“电网连万家，共享电气化”活动。大同公司围绕中心任务和重点工作，提前跟踪，向广大用户和社会公众展现公司服务举措；与省、市、行业等主流媒体建立沟通机制，主动输出企业价值。（大同供电公司）

【“煤改电”试点工作方案出台】 2016年8月，大同市正式出台《大同市2016年“煤改电”试点工作实施方案》（以下简称《实施方案》），确定2016年全市“煤改电”试点范围为阳高县大白登镇大泉山等村、浑源县东坊城乡荆庄等村，试点改造总户数2000户。

“煤改电”是用电力设备取暖的

方式取代煤炭、蜂窝煤、锅炉供热，可优化城乡供热能源结构，减少环境污染，提高电力消纳能力，促进相关装备制造业发展。为推动“煤改电”试点工作，按照《实施方案》要求，大同市落实改造、运行优惠政策。大同供电公司安排实施“煤改电”区域电力增容，居民住户电表的外网改造费用由供电企业承担；安装高效节能电取暖设备费用由省、市财政和居民住户各承担三分之一，省市两级最高补贴上限不超过2万元/套；改造房屋外墙保温工作由涉改县、乡（镇）统一安排，由市财政给予补贴。对安装高效节能电采暖设备的居民用户执行用电峰谷分时电价政策，省、市两级财政对采暖季低谷时段电价各补贴0.1元/千瓦时，每个采暖季每户补贴最高不超过1.2万千瓦时用电量。大同市根据实际推进情况，选择其他县区农户及学校、养老院等非营利性公益事业单位列入“煤改电”试点范围。（小　霞）

【大同（浑源）抽水蓄能电站项目签订三方合作协议】 2016年8月5日，大同（浑源）抽水蓄能电站项目签订三方合作协议。大同市委副书记、市长马彦平，国网新源控股有限公司总工程师、副总经理任志武等见证签约，副市长刘振国代表市政府与浑源县政府、国网新源控股有限公司签订三方合作协议。

大同（浑源）抽水蓄能电站项目由国网新源控股有限公司独资，电站规划站点位于浑源县官儿乡红岭村，电站枢纽工程包括上水库、水道系统、地下厂房及其附属建筑物、下水库挡水及泄水建筑物等。（小　霞）

火力发电

◆华电大同第一热电厂有限公司◆

【概述】 2016年，华电大同第一热电厂有限公司围绕电量、供热、燃料、政策和资金等关键要素，发挥市场营销、供热增容研探、资金保障等各攻关组职能，形成以点带面、相互支援的内部小环境。成立市场营销部，争取市场电量。在电力市场需求下滑、机组容量和指标不占优势的情况下，全年取得电量计划7.96亿千瓦时。其中，基础电量5.37亿千瓦时，大用户直供电量1.98亿千瓦时，外送电量0.73亿千瓦时。在11月份煤炭市场急剧攀升、边际利润较小情况下，转让6000万千瓦时基础电量，创收388万元。在热力市场紧俏、同煤供热机组稳定运行的情况下，取得同煤集团580万平方米的供热面积，保住供热市场份额。燃煤管理方面，上半年煤炭市场呈现买方市场情况下，推进燃煤“零门槛”挂牌采购，入厂标煤单价比邻厂大唐云电公司低22元/吨（不含税）；四季度煤炭市场呈现卖方市场时，调整进煤策略，与同煤集团签订长期供煤协议，每月底结算70%煤款，保障保电保热用煤。资金链安全方面，在资产负债率高等不利条件下，新增贷款3.02亿元，续贷2.17亿元，归还贷款4亿元，贷款规模与年初持平，缓解资金压力，保证公司的正常运营。电、热费回收率达到100%。争取政策方面，获得山西省人社厅、财政厅特困企业认定，免缴各项保险费约230万元；获得国家财政部央企“三供一业”预拨资金990万元，为家属区“三供一业”分离提供支持，减轻企业负担。大同新能源完成企业所得税三免三减半备案工作，实现新能源项目政策收益。（一电厂）

▲2016年6月20日，华电大同左云秦家山10万千瓦光伏项目并网发电成功

（一电厂　供图）

【一电厂环评备案验收】 2016年，华电大同第一热电厂有限公司成立环保技改项目攻关组，根据难易程度、职责分工，确立各项目前期申报、实施阶段详细分工计划书、进度表，推进煤厂封闭、烟囱防腐、废水利用、灰场建设各阶段工作。煤场全封闭改造9月15日完工并通过竣工验收，烟囱防腐改造9月20日完工并通过竣工验收。废水回收工程12月5日通过集团公司批复，进入设备招标阶段；灰场建设前期工作只剩环评一项。12月20日，公司2×135兆瓦机组现状环评报告通过专家组验收，取得大同市环保局颁发的备案证。机组环保备案验收完成，机组投运10年来环评验收未通过这一历史形成的畸形问题解决。（一电厂）

【一电厂光伏项目】 2016年，大同左云光伏项目作为华电集团公司首个单体容量最大的光伏项目。大同第一热电厂有限公司全体干部员工围绕工程建设、项目投运、机组运维，建言献策。工程部一班人法德并举破解阻工难题。在整体用地不足、项目贷款不到位等工作中，抽专人应对坟地纠纷、村民阻工等复杂问题，为工程建设推进扫平障碍。并网前三个月即动手组织发电部、计划部、财资部等各相关部门负责人，加强与省经信委、能监办、省电力公司以及省物价局等政府部门的沟通联系，使华电成为大同采煤沉陷光伏基地首家取得并网手续的企业，成为基地并网手续办理的示范点。运行员工全员进行光伏运维培训学习，合格一批、上岗一批，在调试阶段已全部进入角色；电气检修人员在反送电前夜全部上山进行启动

前检查，发现并消除影响并网启动的缺陷，解决本该由施工单位解决的重大问题，为6月20日一次并网成功、华电成为左云片区第一家并网投运企业，做出贡献。公司员工以增发电量、安全运行为己任，加强巡视、消缺工作力度，确保各类缺陷无处遁形，年度赢利3200万余元，较预算增利1200万元，居左云片区六家企业首位。

（一电厂）

◆国电电力发展股份有限公司大同第二发电厂◆

【概述】 2016年，国电电力发展股份有限公司大同第二发电厂发电量176.73亿千瓦时，供热量1254万吉焦；供电煤耗314.18克/千瓦时，综合厂用电率8.88%，入炉综合标煤单价315.96元/吨。被中共中央授予“全国先进基层党组织”荣誉称号，获集团公司五星级企业和先进单位，国电电力先进单位及总经理奖励基金一等奖。

（二电厂）

【二电厂节能减排】 2016年，国电电力发展股份有限公司大同第二发电厂改造10、8号机组超低排放，推进废水零排放改造和三期煤场封闭改造，改造200兆瓦机组超低排放，度电污染物排放量同比下降27.5%，通过国家环保核查。变频改造2、3、6号炉引风机电机，组织开展8号机组汽轮机通流改造、燃烧器改造等节能项目，10、9、8号机组获全国能效对标一、二等奖。实施标准化检修。全年，完成8号机组A修、2台B修和6台C修，截至2016年底，9号机组大修后实现长周期运行380天。推行运行标准化。落实运行人员职责，重大操作到位制度，“两票三制”管理，提升运行调整质量。9、10号机组全年利用小时5724小时，同比增加1251小时。

（二电厂）

【二电厂经营管理】 2016年，国电电力发展股份有限公司大同第二发电厂应对煤炭去产能政策，提升燃煤控价能力建设，拓展煤源，完善“两级掺配，三个模型”管控，掺烧劣质煤，引进煤泥掺烧。推行燃煤标准化建设，建立燃料一体化智能管控系统，开展阳光采购，实施精准调运。强化成本费用管控，强化预算管理、票据化结算、成本对标和优化贷款结构、引进低成本资金，降低成本费用。完善营销组织体系。成立营销部，跟踪研究电改政策，应对复杂多变的电力市场，参与市场电量竞争，强化利用小时“四维”对标，全年落实大用户直供5.08亿千瓦时、替代电量5.7亿千瓦时，机组利用小时五大“三同”对标第一。开拓大同周边商业供热市场，增加供热效益。发挥绩效创效作用。根据年度目标责任和五星级企业评审要求，提炼出20个厂级核心绩效指标，完善绩效管理体系。创新激励机制。制定电量营销、责任落实、长周期运行等奖励办法，创新安全、环保、营销、燃煤、成本效益与员工利益联动的16项激励机制，调动员工积极性、创造性。创新全面风险管控方式。结合绩效管理和五星级企业创建，开展风险管理，通报预警指标异常和报警情况，落实整改，提升风险防控能力。依法治企推进。制定五年法治规划，使法律管理与生产经营管理融合，强化经济合同法律审核和“三重一大”法律把关，落实法治国电要求，获集团公司法治工作先进单位。

（二电厂）

▲2016年10月11日，国电电力大同第二发电厂（公司）检修8号机组发电机转子

（二电厂 供图）

◆山西大唐国际云冈热电有限责任公司◆

【概述】 2016年，山西大唐国际云冈热电有限责任公司发电量37.66亿千瓦时，供热量1236.35万吉焦，全口径利用小时3621.21小时，标煤单价331.49元/吨，供电煤耗278.7克/千瓦时。完成事故灰场；完成二期雨污水分离处置和一期炉渣储运方案等项目；首次实现无后备热源“黑启动”、全年无非停的目标。4号机组获全国30万千瓦等级亚临界供热空冷机组能效对标一等奖、3号、4号机组分别获省内火电机组能效对标“先进机组”和“标杆机组”称号。在中电联组织的信用企业评价中一次性通过AAA电力信用企业认证，在省内电力行业首家取得“国家能源管理体系”认证。

（云冈热电）

【大唐热电经营管理】 2016年，山西大唐国际云冈热电有限责任公司实施内部改革，组建计划与市场营销部和成本—利润核算中心，组织制定相应管理制度，参股大唐山西分公司组建的售电公司，建立电力协作供应体，实现企业由管理型向经营、管理并重的转变。探索提升适应市场、降本增效、运行优化的柔性生产能力。确定效益最优生产时段；提高机组的可调、可控水平；开发供热能力，热电比1.2，日供热10万吉焦以上，年实际供热1236万吉焦，具备年供热1500万吉焦的供热能力。进行热网的资本关联。把公司汽轮机乏汽余热利用供热技术改造项目中，安装在市区热网的热泵设备，通过大同市政府协调，转换确认成公司对热网的投资项目。把这一遗留大量矛盾、风险和争议的出资项目，成功转换为公司一个战略投资项目，奠定“做实供热”的战略基础。借助节能减排、超低排放技术改造和持续优化，保持全部机组国内领先的节能减排优势。（云冈热电）

【大唐热电科技创新】 2016年，大唐云冈热电有限责任公司把科技创新作为云电破解困境、推动企业进步的手段。用“全员大营销”理念制订《增发电量行动计划》，开展规范化管理体系在大用户直接交易中应用的课题研究，开拓市场。发挥领头羊作用，制定《中层干部作风专项监督工作方案》，激发干部进取、担当、廉洁勤政带头示范作用，继300兆瓦机组首创省内超低排放机组后，2016年改造一期两台220兆瓦机组的超低排放工作，结合绑定市区供热，规避小机组淘汰的政策性风险。针对生产问题开展攻关。探讨与研究供热期投入ACE的可行性，结束每年大额度的考核，实现“零”的突破；为降低夏季运行能耗，实施二期尖峰冷却改造工程，降低机组夏季满发背压7000帕斯卡以上。开展柔性化生产研究。开发乏汽余热利用效率，优化四台热泵机组运行方式，乏汽利用率46.2%。实现状态检修，机组检修费用同比减少350万元；机组停备期间，优化空压机运行方式，节约厂用电每小时约110度，每天节约电费1317元；通过调整水处理、制氢站、脱硫石膏楼集中启停，每月较上年同期少运行573小时，节约电费10.8万元；根据运行情况调整化学制水各床体、过滤器反洗和正洗时间，节约生水4500吨左右，节约除盐水2500吨，节约酸碱50吨。回收利用废水，累计回收生活污水1.5万余吨，回收工业废水1.8万吨。

2016年取得专利6项，获省电力行协创新成果与调研成果一等奖各1项、二等奖1项；获大唐国际科技与创新成果一、二等奖各1项、三等奖3项；获北京市企业管理创新成果一等奖1项；科技论文分获一等奖1项、二等奖3项、三等奖5项。（云冈热电）

【大唐热电三期列入省“十三五”电力发展规划】 2016年1月，大唐热电有限公司三期1×660兆瓦低热值煤热电联产工程项目获省发改委批复。

该工程是省重点工程，为矿区、恒安新区扩建工程供热。细化、转换和利用塔山煤矿、同忻煤矿等千万吨级洗选后的低热值燃料，对于保护市区、矿区城市环境、优化城市结构、解决地区供热供电紧张、深化煤电联营、提高资源综合利用效率、促进地区经济发展和建设和谐社会起到作用。省发改委把该项目列入《山西省低热值煤发电专项规划》和《山西省“十三五”电力发展规划》。（路　璐）

风力发电

◆大唐山西恒山风电有限公司◆

【概述】 大唐山西恒山风电公司于2010年10月由集团公司注册100万元（现为1.56亿元）在大同市浑源县成立，是具有独立法人地位的经营实体。2012年5月，集团公司无偿划拨给大唐山西新能源有限公司（简称“新能源公司”），主要负责分公司在浑源投资建设的风电项目的生产运营管理工作。

截至2016年底，该公司有职工410人，其中在岗职工64人，内退职工44人，退休职工302人。设四部一室（综合管理部、计划财务部、安全生产部、思政监审部、离退休办公室），两个所属风电场（泽清岭、凌云口）。

2016年，恒山风电公司发电量16096.22万千瓦时，完成全年计划电量的91.90%。其中，泽清岭9533.3万千瓦时，完成全年计划电量97.92%；凌云口6562.92万千瓦时，完成全年计划电量的84.37%；综合场用电率泽清岭11.07%；凌云口2.98%；泽清岭93.46%；凌云口97.64%；等效利用小时1650.89小时。其中，泽清岭1986.10小时，凌云口1325.84小时；平均风速泽清岭6.67米/秒；凌云口4.33米/秒；利润196.30万元。电费回收累计上网电量15564.92万千瓦时，应收电费7678.35万元。累计回收电费6642.28万元。其中，回收2015年12月标杆电费480万元，2015年12月新能源补贴290.07万元；资产负债率82.64%。

存在问题 恒山风电公司风电弃风限电情况突显，企业外部环境日益严峻。2016年，两风场限电损失电量2695万千瓦时，较上年的792万千瓦时高出1903万千瓦时，限电比升高至16.7%。部分新能源补贴电价到位迟缓，企业经营压力面临一定困难。公司凌云口风电场自2014年投产以来，新能源补贴应回收4218.89万元。其中，2014年1075.21万元，2015年1495.95万元，2016年1833.87万元。凌云口风场新能源补贴列入国家第六批可再生能源补贴目录，收到2015年2月凌云口补贴1424.54万元，尚欠2980万元，影响企业正常的生产经营。风场已转入生产运营，而设备仍存在较多的遗留缺陷和设备隐患，凌云口风场风机选址存在不合理硬伤，给风场的正常生产运行、规避电网双细则考核以及全年各项指标的完成带来较大困难。公司大部分职工从火电生产转型而来，熟练胜任风电生产技术的专业技术人员仍然短缺，给公司安全生产和稳定运营带来一定困难，涉及有关民生问题有待解决。（恒山风电）

◆华电福新能源股份有限公司山西分公司◆

【概述】 山西华电广灵风力发电有限公司由华电福新能源股份有限公司与山西广灵润广风力发电有限公司按65%:35%股比共同出资组建，于2009年5月25日注册成立，注册资本2.5亿元。广灵甸顶山风电场一期49.5兆瓦风电项目于2011年3月第一台机组并网，4月17日全部机组并网发电，10月转入生产，二期49.5兆瓦风电项目于2012年11月转生产，三期49.5兆瓦风电项目于2013年10月转生产。截至2016年12月31日，山西华电广灵风力发电有限公司资产总额100381.99万元，同比减少9892.35万元，减幅8.97%；负债总额71064.89万元，同比减少12851.54万元，减幅15.31%；所有者权益总额29317.1

万元，同比增加 2959.19 万元，增幅 11.23%；营业收入 14044.01 万元，利润总额 3106.66 万元，净利润 2734.94 万元；资产负债率 70.79%。

山西华电广灵风力发电有限公司主要从事风力发电项目的开发、投资、建设和经营管理、风电场的综合利用及经营、风力发电技术咨询、服务、风力发电物质、设备采购、生产、销售电能等。广灵甸顶山风电场风电项目分三期建设，各期装机容量均为 49.5 兆瓦，总装机容量 148.5 兆瓦。

广灵公司 2016 年发电量 25821.34 万千瓦时，同比增加 881.32 万千瓦时，增幅 3.53%。售电量 25398.31 万千瓦时，同比增加 869.58 万千瓦时，增幅 3.55%。2016 年电力销售收入 13204.25 万元，同比减少 361.29 万元，减幅 2.66%。净利润 2734.94 万元，同比增加 1869.34 万元。

山西华电阳高风力发电有限公司由华电福新能源股份有限公司与山西广灵润广风力发电有限公司按 65%:35% 股比共同出资组建，于 2010 年 8 月 18 日注册成立，注册资本 8000 万元。阳高南顶山风电场一期（48 兆瓦）工程于 2013 年 12 月 30 日全部并网发电。截至 2016 年 12 月 31 日，山西华电阳高风力发电有限公司资产总额 44150.19 万元，同比减少 10.29%；负债总额 34294.6 万元，同比减少 15.12%；所有者权益 9855.59 万元，同比增加 11.84%；营业收入 5930.32 万元，利润总额 1658.45 万元，净利润 1658.45 万元；资产负债率 77.68%。

山西华电阳高风力发电有限公司主要从事风电项目的开发、投资、建设，阳高南顶山风电场一期风电项目装机容量 48 兆瓦。

阳高公司 2016 年累计发电量 114015.3 千千瓦时，利用小时 2375.32 小时。完成年度计划 10.5 亿千瓦时的 108.58%。电力销售收入 5930.32 万元，比上年同期增加 973.69 万元，增幅 19.64%。实现净利润 1658.45 万元，比上年同期增加 974.59 万元。

（华电福新分公司）

◆华能天镇武家山风电场◆

【概述】 华能天镇武家山风电场位于山西省大同市天镇县贾家屯乡武家山村附近，是中国华能集团公司在天镇县投资建设的唯一下属风电场。风电场总装机容量 119 兆瓦，其中一期工程 49.5 兆瓦，安装运达集团 1.5 兆瓦风机 33 台，于 2011 年 6 月 30 日并网。二期工程 49.5 兆瓦，安装运达集团 1.5 兆瓦风机 33 台，于 2012 年 10 月 30 日并网。光伏发电 20 兆瓦安装东方日升集团 300 瓦多晶硅光伏组件 66672 块，于 2014 年 12 月 17 日投产。武家山风电场年平均上网电量 2.4 亿千瓦时，年等效利用小时 2017 小时。与相同规模的火电厂相比，每年可节约标准煤 8 万吨，减少二氧化碳排放 20 万吨、二氧化硫 1583 吨。

风电场拥有运行人员 13 人。其中，场长 1 人，副厂长 1 人，值长 3 人。全体运行人员均为大专以上学历。每位运检员工均参加公司、国家电网公司和安监局组织的专业培训，并取得相关证书。

风机、光伏项目投产以来，设备可利用率保持在 97% 以上，安全生产指标、经济运行指标均在全省、全华能系统表现突出，风电场安全生产天数 2000 天。

2016 年武家山风电场风机发电 1.92 亿千瓦时，光伏发电 3503 万千瓦时。风电利用小时 1940 小时，光伏利用小时 1702 小时。全场总电费收入 1.51 亿元。其中，风电电费收入约 1.18 亿元，光伏电费收入约 3328 万元。全场净电费收入 5280 万元。其中，风电净收入 3091 万元，光伏净收入 2189 万元。

（武家山风电场）

◆新荣小窑山风电场◆

【概述】 新荣小窑山风电场隶属格盟集团新能源公司，位于山西省大同市新荣小窑山村，一期安装 JF77/1500 千瓦机组 33 台，二期安装 JF109/2500 千瓦机组 19 台，光伏安装 10 兆瓦。截至 2016 年 12 月 31 日，风电场完成上网电量 16788.54 万千瓦时。其中，一期上网电量 7316.08 万千瓦时，二期上网电量 7820.12 万千瓦时。光伏上网电量 1652.34 万千瓦时，其中限电损失电量 1990.61 万千瓦时。

（小窑山风电场）

光伏发电

【采煤沉陷区光伏示范基地 220 千伏汇集站投运】 2016年6月18日，大同市采煤沉陷区国家先进技术光伏示范基地首座汇集站——南郊区碾庄汇集站启动送电，顺利投运；17 时 15 分，基地首座 10 万千瓦光伏电站——大同中电辰光光伏电站（该电站由中电国际投资、山西电力勘测设计院总包实施）一次性并网成功。

该示范基地是国家能源局启动建设的首个 100 万千伏光伏“领跑者”示范基地。基地一期工程自 2015 年 9 月开工，建设 13 个电站、10 座汇集站。

为确保基地按期并网发电，大同市在加快建设进度的同时，启动实施“送出工程”，在市发改委（市采煤沉陷区光伏示范基地建设领导组办公室）统筹推动下，大同国投公司、上海电力设计院与省市电力公司用半年时间完成接入系统报告评审报批、220 千伏送出线路可研评审核准等并网前期工作。6 月 16 日，省电力公司正式下达并网启动计划，市发改委组织相关人员制定操作票、完善操作流程，6 月 18 日碾庄汇集站启动送电，顺利投运。基地另一座 220 千伏汇集站——左云县邵庄汇集站于 6 月 18 日早晨开始倒送电。6 月 29 日全部光伏电站并网发电。

（冯　雨）

【大同采煤沉陷区国家先进技术光伏示范基地建设大事记】 2016 年 3 月 9 日，省发改委王晓胜巡视员等在大同召开基地建设推进会，并现场检查施工安全工作。

3 月 23 日，市发改委协调由大同国投公司牵头成立并网工作企业协同推进工作组。

5 月 19 日、5 月 24 日，邵庄汇集站、220 千伏碾庄汇集站分别接入国网 220 千伏南京庄变电站、国网 220 千伏北郊变电站。

5 月 30 日，市发改委召开并网工作调度会，统一指挥并网工作；当日基地并网公开调度微信群建立，在并网工作中发挥作用。

5 月 31 日，大同供电公司成立基地并网推进小组，公司领导带有关处

工业经济

室人员与基地建设各方进行并网工作对接。

6月12日，张韬副市长率市发改委、大同国投、上海电力设计院、大同供电公司负责人拜访国网山西省电力公司领导，加速推进并网事宜。

6月13日至14日，省电力公司分别在左云片区、南郊片区进行现场验收，召开各电站企业并网启动会。

6月18日，220千伏碾庄汇集站启动送电，大同中电辰光光伏电站一次性并网成功；6月19日，220千伏郜庄汇集站启动送电。之后，各110千伏汇集站、电站相继并网。（冯　雨）

【村级光伏电站建设推进会】2016年7月8日，市委副书记、市长马彦平主持召开全市村级光伏电站建设推进会，具体安排部署光伏电站的指标分配、资金落实、建设方式等工作。2016年，大同市以贫困村尤其是移民新村为重点，在具备建设条件的6个贫困县300个贫困村，每村建设100千瓦的村级电站。（木　依）

【熊猫光伏电站建设在大同启动】2016年11月20日，联合国开发计划署山西大同熊猫光伏电站启动暨青少年熊猫夏令营奠基仪式在大同县举行，该电站是全球首个熊猫光伏电站。

联合国开发计划署国别代表处副主任何佩德，招商新能源集团董事局主席、首席执行官李原出席启动仪式。

11月4日，《巴黎协议》正式生效，这份开启全球气候治理的协定，是全球应对气候变化的关键一步。熊猫电站的启动，则是《巴黎协定》从倡议到落实、由概念到行动的实践，也是参与方应对气候变化、履行社会责任的体现。

大同熊猫光伏电站采用大、小熊猫结合的设计方式，体现温馨的“熊猫家庭”，熊猫黑色部分采用单晶组件，白色部分采用N型单晶双面组件和薄膜组件共同呈现，该电站装机规模为100兆瓦。一个100兆瓦的熊猫电站在25年内可提供32亿千瓦时的绿色电力，相当于节约煤炭105.6万吨、减少二氧化碳排放274万吨、减少二氧化硫排放2.6万吨、减少氮氧化合物排放2.4万吨、减少粉尘排放1600吨。（晨　曦）

◆大同县协鑫光伏电力有限公司◆

【概述】 大同县协鑫光伏电力有限公司、大同县鑫能光伏电力有限公司是协鑫新能源控股有限公司投资的全资子公司。协鑫新能源控股有限公司大同项目于2012年正式由国家能源局批准开展前期工作。本光伏发电站是山西省利用太阳能发电的新能源项目之一。大同光伏电站是山西协鑫新能源有限公司的直属子公司，是协鑫新能源有限公司在山西战略布局的桥头堡，是山西协鑫新能源在山西重点支持建设为A类企业的标杆。

截至2014年5月28日，协鑫大同光伏项目三期工程总量100兆瓦的地面光伏电站全部实现并网。其中一期（20兆瓦）项目由中环光伏系统有限公司总承包，二期（60兆瓦）项目场内光伏发电部分由南京中核二三能源工程公司总承包，三期项目（20兆瓦）由中环光伏系统有限公司总承包。项目工程主要组成部分包括光电转换系统、直流系统、逆变系统、交流升压系统、高压输电系统等。其中110千伏升压站由山西省电力勘测设计院负责设计，由大同新电电力有限责任公司负责设备采购、安装调试总承包。建设用地为大同二电厂原永久灰场，占地266.67公顷，光伏电站电气一次设计为单母分段，通过Ⅰ回110千伏出线至党留庄变电站，把洁净能源输送到电网。光伏电站的建设实现灰场用地的二次利用，带动当地就业，固定投资增加，创造利税，实现经济效益与环保效益的双丰收，体现协鑫新能源在光伏项目开发上与地方实现互利共赢的理念。

光伏发电以35千伏集电线路送至110千伏变电站，1回110千伏出线接入党留庄110千伏变电站并入电网。装设500千瓦南车逆变器20台、500千瓦宝威逆变器20台、500千瓦科士达逆变器40台、630千瓦科士达逆变器48台、630千瓦正泰逆变器47台，1600千伏安大全凯帆箱变27台、1250千伏安大全凯帆箱变17台、1250千伏安浙江正泰变压器20台、1600千伏安江苏宝胜变压器21台、800千伏安江苏宝胜变压器3台。升压变全部汇集到35千伏开关柜上。

一期工程分为20个子系统，包含20台1250千伏安升压变压器，40台500千瓦逆变器，396台直流汇流箱，91540块光伏组件，占地面积56.6公顷。二期工程包含110千伏升压站一座，配置100兆伏安主变压器一台，光伏区域分为49个子系统，包含46台1600千伏安升压变压器，3台800千伏安升压变压器，95台630千瓦逆变器，758台直流汇流箱，261954块光伏组件，占地面积2750亩。三期工程分为21个子系统，包含17台1250千伏安升压变压器，2台1600千伏安升压变压器，40台500千瓦逆变器，399台直流汇流箱，92780块光伏组件，占地面积56.6公顷。

100兆瓦项目建成后，在整个25年经济寿命期内，平均年上网电量14670.6万千瓦时。与相同发电量的火电厂相比，按照当前主力发电机组600兆瓦发电机组平均供电煤耗水平305克/千瓦时计，每年可为电网节约标煤约46900吨。在25年使用期内，该类光伏发电项目节省标煤120万余吨。该项目的建设，在节省燃煤、减少CO_2、SOx、NOx、烟尘、灰渣等污染物排放效果上，起到示范作用。每年减轻排放温室效应气体$CO_2$124525.5吨；减少排放大气污染气体SOx946吨、NOx320.65吨。

（协鑫光伏电力公司）

机械电子工业

中车大同电力机车有限公司

【概述】 中车大同电力机车有限公司始建于1954年，是由原大同机车厂2003年改制组建而成，是中国中车股份有限公司的全资子公司。2016年1月26日，公司原名称由“中国北车集团大同电力机车有限责任公司”正式更名为“中车大同电力机车有限公司”，简称“中车大同公司”，英文全称“CRRC Datong Co.，Ltd.”，英文简称“CRRC Datong”。公司注册资本6.56亿元，占地面积233.75万平方

▲中车大同公司新研发科技办公楼投入使用（郭鹏飞 供图）

米，是中国电力机车主要的研发制造基地。截至2016年底，中车大同公司在岗员工5587人。其中，具有硕士及以上学历134人，本科学历1261人。公司设20个行政部室（中心），6个党群部门，12个生产车间（分厂），7个控股（包括合资控股）企业。

公司主要业务范围包括：机车及机车车辆配件制造、销售及修理；机车租赁；进出口业务。公司与美国、瑞士、印度、法国等企业合作成立有多家合资企业。公司具备年造500台大功率交流传动电力机车、检修300台电力机车的能力，拥有国家级企业技术中心和国家级试验室、计量室，被认定为山西省高新技术企业，建有山西省电力机车工程技术研究中心和中国中车网侧高压电器技术研发中心，公司通过ISO9001质量管理体系、ISO14001国际环境标准、GB/T28001职业安全健康管理体系、IRIS国际铁路行业标准认证及能源管理体系。拥有中国铁路机车产品出口独联体国家的通行证——关税同盟国GOST标准体系认证证书，并在白俄罗斯境内建有合资公司。

公司在铁路重载货运、快速客运等领域处于行业骨干地位；制造的各型号大功率交流传动电力机车产品覆盖中国8大铁路局，并且两次出口白俄罗斯。公司拥有7家控股子公司和4家参股企业，形成以电力机车为主导，机车检修、铸钢车轮、牵引变压器、受电弓、中高压电器、车钩缓冲器、车轮车轴以及活性炭环保产业、非轨道交通机电装备制造为补充的发展格局。公司位列2016年山西企业100强第25名，列2016年山西省制造企业100强第10名，是山西省轨道交通装备三大制造基地之一。

2016年，国铁机车市场断崖式下滑，给公司新造预投和连续生产带来较大风险和困难。公司预投并穿插生产新八轴机车、HXD3D机车、中白2型机车、HXD2C机车等多种型号机车产品，生产组织难度成倍增加。全年公司生产完成新八轴机车21台、HXD3D机车28台、中白2型机车2台，投料生产HXD2C机车25台。机车检修业务较为繁忙，公司经过多年投入建成的检修生产系统形成的产能得到释放，完成87台HXD2B机车C4整车检修工作，穿插完成3台SS7E机车和5台SS4G型机车检修生产。厂外属地化检修工作同步开展，完成28台HXD2机车6A加改任务、60台HXD2C机车C4合作检修、50台HXD2B机车C4部件检修工作。实现销售收入30.08亿元。（郭鹏飞）

【中车大同分公司市场营销】2016年，国内铁路市场两次电力机车招标中，中车大同电力机车有限公司中标25台六轴160千米/时客运电力机车和25台六轴7200千瓦货运电力机车订单。交流机车检修业务，在保持HXD2C机车C4属地化合作修基础，承揽唐山段87台HXD2B机车检修服务业务；持续保有HXD2系列机车轮对检修业务，开发丰台段HXD2B机车C4部件检修业务，签订50台份订单。直流机车检修业务签订3台路内SS7系列机车检修合同，获地方铁路5台SS4G型电力机车大修订单。

提升机车产品在海外市场的影响力。9月，公司随中国中车参加柏林轨道交通展，以中白2型机车为代表向全世界展示公司大功率交流传动电力机车研制能力。加强与中电公司合作，推进在白俄合资企业组建进程，9月完成境外工商注册登记，12月9日，在白俄罗斯首都明斯克举行中车中电轨道装备有限公司成立揭牌仪式，该公司是大同公司首个境外企业，对于延伸拓展独联体地区机车产品市场，扩大中国中车品牌影响力具有重要意义。

多经业务方面。公司在长江三角洲地区建立活性炭仓储基地，强化活性炭营销力度；与国外活性炭直接采购商建立合作，完成首批订单销售。拓展农村污水处理市场，与湖北省麻城、张家口蔚县及大同市政府签订共同治理水务环境战略合作协议；12月27日，由公司作为牵头方组成联合体，正式中标广东省惠州市惠城区PPP模式整区推进农村生活污水处理设施建设项目，项目投资总额4.537亿元，公司污水处理业务取得突破。（郭鹏飞）

【中车大同分公司科技创新】2016年，中车大同电力机车有限公司与中车内部兄弟企业合作，消化吸收160千米/时动力车技术设计并投入试制。蓄电池电力工程牵引车年底完成样车试制。根据大同市城市轨道交通路网规划用车要求，调研空轨电车技术。开展17吨轴重动力集中动力车设计研发工作。

公司验证各项既有研发成果。200千米/时八轴客运机车轮轴驱动系统型式试验及地面联调、转向架动力学试验完成。2台HXD2F机车运行考核里程过半，各项技术性能表现优异。HXD2D机车型式试验完成主辅电路保护试验等97项静态试验，完成牵引特性、制动运行等17项动态试验项目。

中白 2 型机车完成 5000 千米综合运行考核，开展整车及部件认证试验。取得 160 千米 / 时客运机车生产资质，生产的 HXD3D 机车成为中国首个通过低温型式试验的客运机车产品。

由公司牵头、子公司北京中车赛德铁道电气科技有限公司承建的中国中车网侧高压电器技术研发中心通过评审验收，正式挂牌运营。在公司内启动建设微机网络控制系统逻辑功能测试台，搭建起网络构架和硬件平台。全年，公司申报专利 60 项。公司《出口白俄罗斯宽轨耐寒交流传动电力机车》项目列为国家火炬计划产业示范项目；《深度国产化八轴交流传动电力机车研制》《基于 fip 网络的 HXD2 系列机车网络及牵引系统》分别获山西省科学进步二等奖和三等奖；《大轴重机车关键技术研究及 HXD2F 型机车研制》《完全自主化 HXD2 机车综合试验及性能完善优化》分别获中车科学进步一等奖和三等奖；公司建设维护国家级企业技术中心和高新技术企业，山西省电力机车工程技术研究中心通过年度评价。申报省市年度重点研发计划项目，获得 340 万元经费支持。（郭鹏飞）

【中车大同分公司质量管理】 2016 年，中车大同电力机车有限公司试点实施“HXD2 机车合作修质量控制模式研究”等四个中车质量预防改进项目，推广“预防为主”的质量管控理念。召开监造联席会和两级质量分析会，查找问题、提升质量管控效果。制定《质量损失管理办法》，规范质量损失管理；实施《预生产机车质量管控方案》，强化制造过程质量监控；执行质量整改逐项销号检车制度，加强机车零公里整备质量管控。组织开展“质量安全月”和“质量月”活动，“质量第一”理念得到贯彻。换版修订质量管理体系质量手册程序文件，提升 IRIS 质量管理体系运行效力，在保持认证注册基础上，实现年度监督审核提分目标。公司国家“3A”级测量体系和试验中心、计量中心均通过年度审核评审。

以客户需求为己任，提升客户服务水平。公司组建成立技术服务处，加强厂段信息互通传递，加大技术支持服务力度；实施驻段服务责任包保制度，提升对机车运用故障发生的预判及解决能力，降低机车运用途中的故障率。年内，在“春运”等全路运量高峰时期，公司为各局段用户提供售后服务保障；在季节交替期，公司制定预案，加强机车运用维护，控制季节性常见故障的频发。

公司重视机车产品质量技术水平的改进提升。针对机车产品首次配属运用于沈阳机务段所暴露的质量技术问题，组织力量开展技术质量攻关工作，避免质量问题影响的扩大；落实改进厂内新造质量管理，杜绝类似质量问题的发生。年内，公司收到丰台机务段、迎水桥机务段等局段客户送来的锦旗，HXD2 系列机车在段运用技术质量及服务得到客户认可。

（郭鹏飞）

【央视聚焦中白机车】 2016 年 3 月 9 日，央视财经频道栏目《环球财经连线》播出“中国中车在海外”专题报道，聚焦中国中车海外之路，报道大同公司出口白俄罗斯的中白机车项目，呈现公司在海外市场的品牌价值。节目从中白机车项目实施的意义、机车产品的技术先进性和公司提供的服务等多个角度，展示公司在大功率电力机车领域的技术实力。

12 月 26 日至 27 日，中央电视台国际频道连续报道公司中白机车项目，央视国际频道栏目《华人世界》记者远赴白俄罗斯巴拉诺维奇机务段，通过实地采访，以“筑梦一带一路”为题，分别讲述公司驻白俄罗斯客户服务员工杨玉所和中车中电轨道装备公司商务副经理胡冰峰，在维护中白系列机车运营、为客户提供服务过程中的具体事迹，展现公司开拓白俄罗斯市场获得客户认可和赞许的过程。年内，包括中央电视台、中央人民广播电台、新华社、中新社等中央媒体多次报道公司中白机车项目，中白机车成为中国中车拓展海外市场的代表作，成为中国中车对外推荐的“明星产品”。（郭鹏飞）

【中车大同分公司被评为山西省功勋企业】 2016 年 8 月，山西省企业联合会、山西省企业家协会第六届会员代表大会暨企业家队伍建设推进会在太原召开，会上表彰山西省 2015 年度功勋企业和优秀企业、山西省 2015 年度功勋企业家和优秀企业家名单。大同公司获山西省 2015 年度功勋企业，公司董事长、总经理郭胜清获山西省 2015 年度功勋企业家称号。

（郭鹏飞）

【新款高寒机车亮相柏林】 2016 年 9 月，被誉为轨道交通“奥运会”的德国柏林国际轨道交通技术展览会，吸引 55 个国家近 3000 家参展商，展出各家最先进、最高端、最具代表性的产品，展览会（InnoTrans2016）期间，白俄罗斯铁路联盟拜访中国中车展台，并与中国中车董事长崔殿国，

▲ 2016 年 8 月 9 日，山西省委书记骆惠宁到中车大同公司调研　（郭鹏飞 供图）

大同公司董事长、总经理郭胜清交流中白机车项目及合作。（郭鹏飞）

【中白机车项目入选国家火炬计划】 2016年5月，由中车大同电力机车有限公司申报的“出口白俄罗斯宽轨耐高寒交流传动电力机车”项目（即中白货运电力机车），入选国家火炬计划产业化示范项目。

中白货运电力机车是中车大同公司针对白俄罗斯铁路运输需求，为其“量身订制”的大功率交流传动电力机车产品。该型机车作为耐高寒交流传动电力机车产品，能够在零下30摄氏度的极寒天气下保持良好的运行状态。该型机车有多项世界领先的设计技术，在智能化安全隐患检测、实时运营监控、节能环保等方面有明显优势。2010年，中车大同公司与白俄罗斯铁路联盟签署中白货运1型电力机车合同，于2013年再次签署中白货运2型电力机车合同。白俄罗斯铁路运输能力得到提升，东西欧物贸、亚欧过境货运等多条物流通道的运输效率得到提高，中白货运电力机车成为白俄罗铁路运输的核心牵引动力之一。（赵 瑾）

【和谐2型机车驶入沈阳铁路局】 2016年10月9日，中车大同电力机车有限公司研制的新型和谐2型电力机车分批次抵达沈阳铁路局，这是东北地区铁路首次运行八轴大功率交流传动货运电力机车。

中车大同公司研制的新型和谐2型电力机车单机车牵引功率较内燃机车提升50%以上，能在零下40摄氏度天气下正常运行。该机车实现“零”污染排放，具有“再生制动”技术，能把机车制动时产生的动能转化为电能回馈到弓网，更加节能环保。

这次投入东北地区运行的新型和谐2型机车主要用于京哈、沈山、沈大等铁路干线，承担普通快速货物以及粮食、煤炭等物资运输，加大长春、沈阳、大连等区域经贸往来。该型机车在东北重要的亿吨煤运通道——通霍铁路使用，实现该条铁路牵引动力升级换代，提升东北地区“西煤东运”能力。（晨 曦）

中国重汽集团大同齿轮有限公司

【概述】 中国重汽集团大同齿轮有限公司（简称“大齿公司”）是中国重型汽车集团有限公司的全资子公司，是山西省高新技术企业和“百强潜力企业”。有职工1800余人，于1997年通过ISO9002质量体系认证，2001年通过QS9000质量体系认证，2004年通过ISO14001环境管理体系认证，2005年通过ISO/TS16949质量管理体系认证，2013年通过ISO18001职业健康体系认证。主导产品重型汽车变速箱和汽车发动机齿轮均为山西省标志性名牌产品。经过产品引进和技术创新，公司成为国内唯一拥有日系、欧系、美系三大技术平台和全同步器、双中间轴、行星机构、AMT等多种技术路线的变速箱研发生产企业。公司先后获得“全国五一劳动奖状”“全国精神文明建设先进单位”“全国重合同、守信用企业”“全国环境优美工厂”“全国名优产品售后服务先进单位”“全国机械行业先进集体”“全国百家最佳汽车零部件供应商”、美国康明斯公司“卓越客户支持奖”“山西省五一劳动奖状”“山西省政府质量奖”“山西省优秀高新技术企业”等称号。2016年，公司在内部开展“改革创新升级年”和“创新精彩两件事”活动，在全公司形成创新、主动、担当、作为的氛围。销售变速箱总成62892台，同比增长18%；销售收入8.23亿元，同比增长26.3%；利润指标1716万元，同比增加1592万元。（大齿公司）

【大齿公司精品工程】 2016年，大齿公司实施“精品工程”战略，遵循“质量红线原则”，排查并整改影响产品一致性的问题，解决1427项影响产品一致性的问题；56条生产线、58种发动机齿轮CPK值达到1.33；关键项次合格率由年初96.18%提升到年末99.20%；一般项次合格率由年初95.29%提升到年末98.35%；现场工艺纪律执行率100%；变速箱一次装配合格率97%，开箱故障率下降50%；九个加工部责任师团队立项并完成典型整改项目32项，应用8D工作法分析、解决问题，验证效果，现场质量保障、控制体系日趋完善。通过实施“精品工程”和“质量红线原则”，提升产品的一致性和可靠性，企业的质量水平发生变化，三包净损失同比下降43.1%，经营效益提升。（大齿公司）

【大齿公司创新产品结构】 大齿公司自2015年为英国JCB变速箱工厂批量供货以来，秉承中国重汽“用人品打造精品，用精品奉献社会”的核心价值观，以缔造JCB齿轮精品工程为目标，把创新升级的理念和做法，渗透到JCB项目的工艺论证、试制生产、过程控制、质量检验、精益改善的全过程，2015年和2016年两年来交付JCB的8种工程齿轮，质量指标实现“0”PPM，获“卓越供应商”奖，成为JCB全球六家贡献突出的供应商之一。

2016年，公司销售HW13以上的大扭矩变速箱占销售总量的67.34%，销售收入占总销售收入的68.71%，结构调整取得成效。（大齿公司）

【大齿公司创新管理】 2016年，大齿公司推进和深化现场责任工程师制度，深化责任工程师现场工艺作业指导书编制工作，使确认的指导书可视化，现场工艺执行率100%；开展成本费用核算进班组工作，核算制造成本，提高一线职工的节约和降本意识，减少无效支出；推进精益生产线达标工作，91%的生产线达标，28%的生产线达到示范线等级；开展QCD改善，推动管理微创新，全年QCD改善2542项，节约显性成本559万元；出台“加工部人员自由组阁实施办法”，实现生产人员跨部门动态流动，提高人均劳效；每季度召开一次“部门工作汇报评价会”，相互交流，取长补短，提升基层管理水平，聚焦工作重点、目标及措施的落地，实现任务目标；挖潜各方资源，相互协调，使曼系列发动机齿轮的产能由60套/日提升至220套/日。（大齿公司）

【大齿公司研发项目通过验收】 2016年，大齿公司承担的国家国际科技合作项目——《机械式自动变速器

工业经济

（AMT）的联合研发》项目，通过科技部专家组的项目验收。公司累计申报9项专利（发明专利4项，实用新型专利5项），获计算机软件登记1项。该项目的验收，为公司AMT自主开发，实现产业化打下基础。（大齿公司）

陕汽大同专用汽车有限公司

【概述】 陕汽大同专用汽车有限公司始建于2011年，2013年正式投产，项目总投资13.6亿元，占地面积100余公顷，设计年产能为5万辆新能源重卡，位于山西省大同市装备制造产业园区，产品范围覆盖新能源LNG\CNG汽车、专用汽车（自卸车、半挂车、水泥搅拌车、油罐车等）、传统重卡油改气及服务性汽车业务等领域，是清洁能源专用重卡生产企业。公司2013年～2016年累计生产销售各类重卡9872辆，实现销售收入22.44亿元，利税总额5443.09万元，公司专用车生产列入国家工信部第268批《车辆生产企业及产品公告》。公司获“大同市市级企业技术中心”“国家安全生产监督管理总局安全生产标准化二级企业（机械）”“陕汽控股集团有限公司2014、2015、2016年度先进集体”等称号。

陕汽大同专用汽车有限公司作为陕重汽重点建设的子公司之一，以陕重汽资金、技术、管理为支撑，在技术发展方面拥有新能源、新材料的应用技术及工艺技术；机电气液一体化技术及微电子、智能化、自动化应用技术；模块化设计技术；专用装置设计及制造技术等，被列入国家“863重点项目”指定单位。

2016年，陕汽大同公司立足专用车，以市场为导向，以物流运输、新能源重卡、城建产品、增值后市场平台为发展战略，立足专用车，做全搅拌车，聚焦桥检车，发展半挂车，在“山西品牌丝路行”政策的指引下，内引外联，出口阿尔及利亚、埃塞俄比亚、菲律宾42辆搅拌车，实现海外市场的突破，形成竞争力。2016年累计销量3103辆，收入6.91亿元，净利润1002.05万元，税收2094万元，超额完成2016年预算指标。

（陕汽大同公司）

医药工业

山西振东泰盛制药有限公司

【概述】 山西振东泰盛制药有限公司成立于1993年7月，2007年10月加入振东集团，成为其旗下振东制药股份有限公司的全资子公司。是一家专门从事中西药制剂生产、研发的中型现代化企业。位于山西省大同市经济技术开发区第一医药园区，注册资金3.95亿元，资产总额8.43亿元，占地面积300427.47平方米，厂房总建筑面积266678.63平方米，主要建造小容量注射剂；大容量注射剂；冻干粉针化学、抗肿瘤；无菌粉针化学、头孢类、青霉素；中药材提取；原料合成车间；配备高架库、危险品库、质检研发中心等辅助生产项目及公用工程。

2016年，从内部选贤育能，完善组织架构，拥有高管人员9人，占职工总数的1.5%；中管人员18人；占职工总数的3%；主管34人，占职工总数的5.7%。公司员工595名。其中，离职（包括劝/辞退）68人，人员流失率11.39%；在公司连续工作7年以上的员工有285人，占职工总数的47.7%。结合公司发展和生产需求，从人才市场、网上招聘及校招新员工70名，通过考核筛选录用67人。其中，本科生5人，专科生31人，专科以下操作工人31人。药学相关专业技术人员164人，45.12%分布在生产系统，42.07%分布在质量系统。大专以上学历人员比例占总人数42%；40岁以下中青年骨干力量占总人数63.5%；专业技术职称人员44人，人力资源配置合理、整体结构稳定，呈现出年轻化、技术化和专业化的发展趋势。与山西省药科职业技术学院举办校企合作座谈会，取得人才引进、技术培养以及平台建设三方面的合作意向，为公司人才队伍建设拓宽渠道。

2016年公司的大事主要有：开展仿制药质量一致性评价，推进两个中药注射剂的安全性评价研究；举行2016年总结表彰大会暨迎新春联欢晚会；通过两个品种恢复生产省局的现场检查；取得山西省排放污染物许可证；启动5个原料药品种的认证工作；取得6项专利证书；山西省社会发展科技攻关项目通过省科技厅的验收；申报山西省重点研发计划项目，获省科技厅批复；申报2016年度山西省科学技术奖；启动FDA认证计划；取得四个品种的生产通知件；按照GMP要求完成直接接触药品员工的体检筛查；通过高新技术企业重新认定；大同市科技攻关计划项目获科技局批复；厂区预留地绿化种植树苗，面积超过2.2万平方米；开发区总工会《送文化下基层慰问演出》走进泰盛；税务稽查局党支部与泰盛党委联谊，进

▲图为振东泰盛质量控制部　（振东泰盛 供图）

行“两学一做”学习教育。

存在问题 山西振东泰盛制药有限公司的产能没有释放，生产线综合利用率仅为68%；产品的风险识别和管控能力有待提升；人均劳效与同行业比偏低；模式应用灵活性不足，缺乏创新；专业技能型人才储备不足；绩效考核未能完全激发员工的积极性和创造性；人员的专业素质与国际认证标准有差距；人员结构还需调整；市场服务意识不强；工作节奏不快等。

（振东泰盛制药）

【振东药业经营管理】 2016年，山西振东泰盛制药有限公司技改创新23项，设备类19项，工艺类4项，其中亮点项目6项。节约生产成本600万余元，实际费用比计划减少116万元。生产67个制剂品规，3个原料药，1343批次，同比增长8.27%。其中，固体制剂车间498.8万盒，无菌粉针1901.8万支，小容量注射剂5314.2万支，大容量注射剂110.8万支，冻干粉针1764.4万支，中药提取186吨。跟进分析21个产品的成本，寻找各产品生产成本影响因素，采取措施加以整治，为降本增效起到推动作用。

经济效益呈现稳中有进的态势，生产总值3.7亿元，同比增长23.3%；销售收入3.1亿元，同比增长3.7%；实现利税9122万元，同比增长15.25%；上年人均劳效44.53万元，同比增长5.42%。公司72个品种参加全国18个省级集中招标采购，保住广西、山东等主要地区的拳头产品中标；搜集整理学术资料，增加主要品种的中标机率；对氨基通过多轮竞标及价格评审，取得山东、江苏等15个省、自治区的销售资格。市场扩张为公司经济效益增长提供保障。

执行新版GMP管理规范，合格一批放行一批。全年完成1343批产品检验，1529批物料检验，产品总体合格率99.5%，比上年提高0.1%；完成各类环境监测5238批次；根据产品质量回顾趋势分析结果升级46个主要产品的内控质量标准；完成7个产品的恢复生产工作；27个品种原料药供应商变更备案；完成大量方法学验证，稳定性研究和质量对比；试验314个验证项目以及20次的无菌生产线模拟灌装；自检2次，专项自检9次，降低和消除质量缺陷；GMP文件修订和新订1261份，提升文件的可操作性，为产品质量的稳定和提升奠定基础。

技术中心把握全新法规要求，以85.5分的成绩通过高新技术企业重新认定审评；丰富项目申报途径，拓展与高等院校联合，申报省、市基金项目13项，其中山西省重点研发计划、大同市科技攻关计划等项目获批，获政府扶持资金230万元；挖掘产品工艺技术创新点，申报专利，获授权证书6件，实现重点产品从核心技术到外观包装全方位知识产权覆盖；把控政府扶持项目，实现进度、任务及资金收支科学规范，完成山西省社会发展科技攻关项目课题验收；优化项目进度绩效考核，研发效率提升，完成培美增加规格、增加适应症的注册申报，开展5个固体品种质量一致性评价研究，黄芪IIa期临床研究48例病例出组。项目研发的各项成果为公司可持续发展积蓄资源。

中药提取车间工艺设备技改，酒精回收塔循环冷却水增压技改，年提高效益或节约费用300万元；原料车间循环冷却水管道独立技改，与中药提取车间的循环冷却水分开使用，节省安装费用5万元；节能泵的使用降低能耗；锅炉燃烧器技改，提高热效能、降低煤耗；冻干和水针车间洗瓶水回收利用，节约水费1.19万元；签订“大电力用户与发电企业直接交易”协议，全年为公司节约电费56万元。工程和系统设备维保进行“危险品库、酒精库”以及中药原料浓废水收集池的规范管理；完成公用系统的维护保养；完成生产设备大检修，完好率100%，为公司正常生产经营提供保障。

（振东泰盛制药）

山西仟源医药集团股份有限公司

【概述】 2016年，山西仟源医药集团股份有限公司进行董事会的换届工作，形成新一届的公司经营管理团队。公司主要从事医药、保健食品的研发、生产、销售，医疗健康服务及商业；公司医药产品包括抗感染药、呼吸系统药、泌尿系统药、儿童用药、心脑血管药、抗抑郁药、中药饮片、医药原料及中间体等；医疗健康服务包括医学诊断、基因保存和孕环境检测服务等。2016年公司实现营业收入74607.69万元，同比增加9.09%；实现归属于上市公司普通股股东的净利润3014.77万元，同比增加31.65%。

（仟源医药）

【仟源药业技术创新】 2016年，山西仟源医药集团股份有限公司保持同科研院校机构和新药研发企业的合作与交流，利用社会资源支持公司技术创新，在人才培养、基础研究和产业化开发等方面进行专业合作，完善公司自主研发技术平台，加快自主知识产权新药和工艺技术的研发进程，推进科研成果的转化。公司根据产品品种的实际情况，按一致性评价项目的重要性与紧迫程度制定研究计划，任务分解，一致性评价第一梯队的项目顺利推进，完成包括中试研究在内的药学研究部分，其余二、三、四梯队产品依计划开展。在新产品研发方面，公司开展多项药品、保健品、中药饮片的研发，推进各项目进展。仟源医药母公司取得2项临床试验批件，1项发明专利；海力生制药增加1项欧洲发明专利；澳医保灵增加2项发明专利和1项外观设计专利。（仟源医药）

国药集团威奇达药业有限公司

【概述】 2016年，国药集团威奇达药业有限公司技术升级三大系列产品结构和产业，解决生产过程的难点问题，其中三大主导产品的发酵指数较上年提升，降低生产成本；头孢、青霉素类下游产品酶发工艺得到优化，实现重点产品的清洁生产；无菌头孢噻嘧钠、阿莫西林钠等产品质量提升。2016年共开展各类科研项目、技术攻关和技术合理化建议项目38项，创造效益约4000万元。其中研发成果应用于车间的重点科研项目：（1）头孢呋辛酸合成新工艺：简化生产操作流程，减少溶剂品种、降低原料消耗、提高产品质量，产品收率提高2%，形成批量生产。（2）克拉维酸发酵技术升级：通过调整和优化物料配比、过程控制，使克拉维酸发酵单位提高6.2%，降低生产成本，提高产品盈利能力。（3）无菌阿莫西林钠质量升级：通过优化结晶工艺参数，降低产品中

工业经济

三乙胺残留，改善产品流动性，产品质量达到国内先进水平；产品质量提高，扩大市场规模，2016年1月至10月产品产量比上年全年提高45%。（4）氨苄西林酸酶法合成技术：通过采用酶催化合成技术，简化生产流程、降低能耗和污染物排放，实现氨苄西林酸的绿色、清洁生产，产品回收率88%以上；形成批量生产。（国药威奇达）

山西普德药业有限公司

【概述】 2016年，山西普德药业有限公司在新产品更新方面，主要有盐酸法舒地尔原料药获生产批文，阿哌沙班、阿哌沙班片、丁酸氯维地平、丁酸氯维地平注射液、他达拉非、他达拉非片、依折麦布、依折麦布片获临床批件。在工艺改进方面，开展银杏叶提取物工艺的改进和质量标准的提高，提高提取物的水溶性和银杏内酯的含量，降低银杏酸和其他杂质，保持该产品市场占有率第一的地位；优化奥硝唑注射液的处方工艺。对左亚叶酸钙、注射用左亚叶酸钙、注射用克林霉素磷酸酯的质量标准开展提高研究。（普德药业）

同药集团有限公司

【概述】 2016年，同药集团有限公司注重技术创新工作，制定长期战略规划，根据集团“十三五”发展战略，在新产品研发中，“产学研”合作向自主研发过渡。实施大品种和专利产品为主的经营发展战略，淘汰一批落后的产品，优化公司产品结构，重点开发新剂型。开发抗生素、心脑血管疾病等制剂，提升自有产品的核心技术，提高主导产品的科技含量和制造能力。每年公司投入占销售收入4%的科研、技术和创新产品研发费用。根据国家关于以企业自主创新为主的政策精神，培养自身研发队伍，夯实自主研发基础，创新自主研发手段，使企业增长方式从资本积累投入向技术积累投入转型，让技术积累投入成为经济增长源泉，在“十三五”时期做大3类品种：化学药品、中成药品和生物药品；打造2个基地：中药材种植基地、抗生素药物研发基地；构建1个现代大型的医药配送商贸中心。（同药集团）

山西同达药业

【概述】 2016年，山西同达药业是以生产化药口服固体制剂为主的生产企业，生产剂型有片剂、硬胶囊剂、颗粒剂、栓剂等，拥有批准文号156个，年生产能力40亿粒（片）。是山西省口服固体制剂品种最多，产量最大的生产企业之一，公司产品以口服抗生素、抗感冒类及消化科、儿科类产品为主。在口服抗生素产品中，公司致力于抗生素类分散片的研究与生产。阿莫西林分散片为引进荷兰广播公司原研产品，质量检测指标中分散性、溶出度、有关物质等指标高于国家药品标准，被国家发改委授予优质优价产品称号，成为该剂型品种唯一的全国单独定价产品，也成为山西省唯一一家批准的化学类药品单独定价产品。柳氮磺吡啶栓为国内原研产品。

同达药业新产品更新研发主要以仿制药为主，但因申报周期较长及国家政策调整，在开展“缬沙坦氨氯地平片”等项目研发及工艺改进项目中，获临床试验批件1个。公司开发的“硫酸氨基葡萄糖”2016年9月投入试生产，2016年产值400万元，生产正常后该产品年产值可达2000万元，成为公司主打产品。（同达药业）

山西威奇达光明制药

【概述】 山西威奇达光明制药是山西省唯一的一家同时拥有细胞生物制药、冻干粉针、中药提取及固体综合制剂的企业。2016年有7条现代化生产线，拥有批准文号53个。其中重组人促红素注射液（EPO），商品名“宁红欣”为运用基因克隆和基因重组技术生产的生物制剂，占据国内15%的市场份额；疏风清热胶囊、益气固肾胶囊、补气和血胶囊为全国独家品种。

在新产品研发、工艺改进方面投入大量的人力物力，2016年新工艺研究改造累计投入380余万元，开展的主要研发项目有：蔗糖铁注射液、比伐卢定注射液等项目，研究改进生物制剂品种“重组人促红素注射液（EPO）”的工艺，该产品获发明专利1项，2016年实现产值3500万元，提升企业的竞争力。（威奇达光明制药）

同药集团大同制药

【概述】 同药集团大同制药是晋北地区唯一的一家中药制药企业，集传统剂型与现代中药剂型为一体。2016年拥有胶囊剂、片剂、颗粒剂、散剂、糖浆剂、丸剂（蜜丸、水丸、浓缩丸）六个剂型，批准文号127个。拥有四个国家中药保护品种，仲景胃灵丸、仲景胃灵片、癫痫康胶囊、新血宝胶囊。六个国家发明专利品种，仲景胃灵丸、仲景胃灵片、癫痫康胶囊、儿童感热清丸、复方胃蛋白酶散、芪参补气胶囊。

在新产品研发、工艺改进方面，主要针对中药的特性开展工艺改进提高的研究，近三年累计投入623万元，2016年在开展正常的工艺研究外，重点开展中药黄芪破壁饮片的研究，使公司的产品得到延伸。

（同药集团大同制药）

建材工业

【中国建筑节能减排产业联盟与大同对接洽谈】 2016年7月29日，副市长刘振国参加洽谈会。

洽谈会上，双方交流农业光伏基地及特色小镇建设等课题。中国建筑学会理事长宋春华作《加强统筹协调 坚持绿色发展 推进特色城镇建设》的演讲，中国建设科技集团城镇院历史文化保护规划研究所所长单彦名作《关于开展特色小镇培育工作的解读与认识》的演讲，北京节能环保中心可再生能源部部长唐艳芬作《国家新能源政策解读和北京情况介绍》的演讲，住建部专家张淑君作《太阳能让生活更美好》的演讲，与会的其他专家围绕新能源利用和特色小镇建设等话题作演讲。演讲后，中国建筑节能减排产业联盟的专家们与大同市招商、发改委、农委、林业、国土、住建委、市政、规划等部门的相关负责人进行现场互动。（木 依）

【山西首家装配式钢结构产业基地落户大同】 2016年7月20日，大同泰瑞集团建设有限公司与杭萧钢构股份有限公司在太原签订战略合作协议，共同建设大同装配式绿色建筑集成产业基地，山西省第一家装配式钢结构产业基地落户大同。

泰瑞集团是一家集建筑施工、房地产开发、物业管理、市政公用、装饰装潢、门窗制作、钢结构制作安装、工程检测检验、劳务管理等全方位发展的集团化公司，企业注册资本3.83亿元，年产值约20亿元。创建于1985年的杭萧钢构是全国钢结构行业首家上市公司，引领行业30年，2010年3月，被住建部批准为中国首个钢结构“国家住宅产业基地”，其产品服务全世界50余个国家和地区，资产总额66亿元。项目分期建设，打造成钢结构绿色建筑集成服务商，集钢结构住宅体系设计、生产、销售、安装为一体，加工的产品主要是钢结构住宅体系的核心部件，依托钢结构住宅产业化，带动门窗、螺栓、油漆涂料、厨卫设备、家用电器、装饰装修、家居用品及物流等配套产业发展，建成后年销售额约16亿元（20万吨钢构件，300万平方米楼板，500万平方米CCA板）。（木　依）

大同冀东水泥有限责任公司

【概述】 2016年4月，北京市金隅集团与唐山冀东集团进行战略重组（冀东集团整体并入金隅集团），重组后，金隅冀东作为金隅集团（股份）唯一的水泥、混凝土业务平台，有158家企业，86条新型干法生产线，熟料产能1.1亿吨，水泥产能1.7亿吨，分布在京、津、冀、渝、辽、吉、陕等全国十二个省、市、自治区，员工总数4.5万余人，成为中国第三、世界第五大的水泥企业和全国最大的综合型建材企业之一。战略重组后，大同冀东水泥有限责任公司成为金隅集团直属子公司。全年利润总额1050.95万元，实现扭亏为盈。2016年，大同冀东水泥有限责任公司累计生产熟料256.49万吨，生产水泥235.49万吨，正品石灰石产量345.75万吨，发电量7720.33万千瓦时。销售熟料88.23万吨，平均售价113.23元/吨；销售水泥232.83万吨，平均售价139.38元/吨；销量骨料17.68万吨，平均售价13.42元/吨。累计实现收入42748.75万元，同比增加17697.13万元，实现利润总额1050.95万元，同比减亏16592.20万元。石灰石综合分步电耗0.86千瓦时/吨，生料综合分步电耗20.19千瓦时/吨，熟料综合分步电耗28.74千瓦时/吨，水泥磨综合分步电耗32.59千瓦时/吨，熟料综合标煤耗103.92千克标准煤/吨，窑氨水消耗量6423.2吨，耗水总量123340吨，吨产品水耗52.38千克/吨水泥。（冀东水泥）

【冀东水泥矿山管理】 2016年，大同冀东水泥有限责任公司开展重点维修，提高石灰石产量及骨料销量。对一、二期破碎机锤头、布料机皮带进行更换，增加石灰石产量110万吨。对石料厂取料道路进行修建，缓解骨料生产压力，为骨料销售创造条件。针对西矿区竖井内料仓钢轨、钢筋脱落问题，做好安全防护及切排降段等检修准备工作。（冀东水泥）

【冀东水泥质量管理】 2016年，大同冀东水泥有限责任公司搭配使用煤泥煅烧、增加铸造废砂配料等方式，累计熟料综合单位成本降低2.15元。水泥配料中用石料厂2毫米～4毫米废料替代石灰石，全年使用10.84万吨，节约成本约82.64万元。水泥配料中掺加碎屑和粗粉煤灰，使PO42.5水泥配料成本与同期相比降低成本1.38元/吨，PC32.5R水泥配料成本与同期相比降低成本2.20元/吨。增加矿渣PSA32.5水泥、PC32.5R缓凝水泥、PO42.5（低面）水泥等品种水泥的研制开发，在满足国家标准指标要求和使用性能的前提下，利用工业废渣，节约资源，减少污染。（冀东水泥）

科技工业

中国北方发动机研究所

【概述】 2016年，中国北方发动机研究所营业收入5.83亿元，利润3579万元，经济增加值185万元，经营性现金净流量1583万元，成本费用占营业收入比率96.01%，劳动生产率26.91万元/人·年，实现年度经济指标。全年中国北方发动机研究所主要民品销售收入1.55亿元，民品回款1.65亿元。光整机产业2016年销售收入和回款分别比上年增长37%和26%，轮毂市场取得突破，研制铝合金轮毂光整无人生产线，实现轮毂生产“智能化”，单个项目实现订单2300万元。天宇公司获河北省“专精特新”中小企业称号。（李庭蕊）

【北方发动机研究所经营管理】 2016年，中国北方发动机研究所节创549万元。精益研发方面，以“团队级协同研发平台”建设为基础，优化改善科研项目管理模式、方法、工具。精益制造方面，完成8项精益改善课题，效果明显项比率87.5%，通过严控生产成本等手段，实现降本增效186万余元；实施合理化建议286条，取得经济效益101万元。强化预算边界管控，推进预算分析对经济发展的作用，在保证资金使用的基础上，节约财务费用50万余元，清理一年期以上应收账款200万余元；通过安全标准化复评、环境管理体系、GJB5000A二级年度审核等，未发生安全责任事故及失泄密事件；完善法律风险防控体系，通过动力集团的法律复核定级检查，达到B+++水平。（李庭蕊）

山西晋投玄武岩开发有限公司

【概述】 按照2016年生产经营计划，山西晋投玄武岩开发有限公司抓现场管理，把质量关口，生产经营指标稳中有升。全年公司累计生产原丝2032吨、无捻粗纱495吨、短切纤维1237吨、织布53140平方米、复合筋42吨、型材39308米。完成工业总产值2822万元，收入预算4500万元，实际1800.5万元，比上年1604.07万元增幅12.25%，完成全年预算的40.01%；2016年公司利润财务上报预算数24.5万元，集团公司考核任务指标360万元，实际完成利润总额38.06万元。投入研发经费504.37万元，占销售收入28%。

原丝车间通过完善考核机制，调整操作参数，优化人员配置，降低原辅料损耗等措施，克服熔炉超期服役，炉温不稳定，炉况波动大等不利因素，台班产量由上年的86.11千克提高到92.59千克，同比上涨6.48千克；天然气单耗0.92Nm3/kg（Nm3/kg，是天然气单位，即在标准大气压下每生产1千克产品需要的立方米天然气），同比下降0.01 Nm3/kg；浸润剂单耗0.38，矿石单耗1.32，同比基本持平。络纱车间和复合材料车间通过优化人员配置，在不增加人员情况下保证设备正常运转。通过优化改良操作工艺，完成15微米水泥短切纤维，13微米、11微米、9微米纺织纱的生产任务，试生产7微米纺织纱，确保络纱车间纺织生产以及其他单位试验需求。技术部与厂家合作开发出无网漏板、锥形漏板、小孔径漏板，降低铂铑合金的加工提纯成本；复合材料车间通过改进型材生产工艺及树脂配方，型材的生产速度提升30%左右，生产所需树脂价格从3.6万元/吨降到1.8万元/吨，实现胶液全部回收利用；络纱车间通过工艺改造，把13微米、350克/平方米布改进为9微米、100克/平方米，台班产量由初期15米增加到30米，生产效率提升50%左右；研发部通过改良浸润剂配方，配制出纺织纱浸润剂，为织造项目的推进奠定基础；机动部设计制作由电机带动液压千斤顶的工具，缩短因更换皮辊导致的设备停机时间，降低员工的劳动强度。原丝的合格率在线密度检测指标基础上增加外观（毛纱、无头纱和黑头纱）考核指标，线密度合格率较上年上升2个百分点，环氧原丝的强度平均值0.63牛/特，水泥原丝的强度平均值0.62牛/特，无捻粗纱的强度平均值0.57牛/特，试生产的9微米纺织纱的各检测指标良好，平均强度值0.67牛/特，每月抽检库存无捻粗纱，各项物理检测指标均正常。4月至11月，短切纤维、型材的一等品率100%，复合筋的合格率98%以上，硬度的数值稳定在60巴氏~70巴氏之间。

（晋投玄武岩公司）

【玄武岩培育重点市场】2016年，玄武岩公司按照集团公司布置的生产经营指标，去库存、盘活资产。拓宽应用领域。1月5日，组织17个单位的19名专家在太原召开“玄武岩纤维混凝土在地铁工程中应用”研讨会，议定在山西省科创城15千米地下管廊工程中应用玄武岩纤维混凝土，在地铁一、二、三号线的车站外围钢筋混凝土结构（临土侧墙、底板、顶板）和区间隧道建设中应用玄武岩纤维混凝土，产品应用于太原2号地铁线路小店站和西涧河站；先后4次，参加由6名工程院院士牵头召开“地下工程公共安全突发灾害防控技术对策”课题学术研讨会，介绍玄武岩纤维材料在地下工程公共安全领域的应用技术，形成结题报告，于12月初上报中办、国办，对提高政府高层对玄武岩纤维及制品的认知度和后续产品推广产生影响；建立售后服务体系。针对不同的客户和应用领域建立跟踪服务体系。产品销售实现突破。年初召开经理办公会议，研究制定公司2016年市场营销方案，收集山西、北京、天津、河北、陕西、甘肃、内蒙古等区域的市政道路、高速公路、铁路隧道、地下管廊和地铁的建设信息，筛选确定潜在用户，推广公司产品；与北京城建建材工业有限公司合作进行玄武岩短切纤维在城市地铁管片课题研究，水泥短切纤维在太原五一路高架桥，科创城地下管廊，卧虎山涵洞、高架桥，太原市图书馆内外墙装饰以及渝黔铁路陈家坡隧道中推广应用；组织市场部工作人员参加《中国（太原）国际能源产业博览会》《大众创业、万众创新》活动成果展，提升企业知名度和业界影响力。8月份，项目被山西省列为全省30个重点推进项目之一。2016年公司累计销售短切纤维998吨，无捻粗纱（纺织纱）2446公斤，纺织纱550公斤，方格布136平万米，复合筋和型材129公斤，副产纱222吨。实现销售收入1800万元。新建项目试产。2016年，该公司实施织造、型材以及岩棉等项目。织造项目前期1套捻线机、两套整经机、4台织布机投入生产，后期增购的织机完成设备招投标工作，操作人员已熟练掌握织造生产工艺，能够较好的完成退捻、并捻、整经、穿扣、织布等操作，成功生产出2.3米、2.8米、3.4米三种规格的平纹布、斜纹布、缎纹布，产品性能指标优于国家和行业相关标准。型材项目10套型材拉挤缠绕设备安装完毕，生产出规格为40毫米×25毫米管材、¢26毫米棒材、方形型材、矩形型材以及壁厚3毫米的角型材。岩棉项目完成备案、可研论证、可研修改、备案调整、工程设计、环评服务、岩棉设备采购、租赁以及三方合作合同签订，11月22日，公司与意大利岩棉厂家技术人员对接设备生产工艺和安装图纸等技术资料的交接事宜。结合岗位需求，组织部分人员进行岩棉岗位技能培训，为岩棉项目投产奠定基础。公铁联动项目推进。公司于9月3日、9月8日两次与铁三院相关领导和专家进行技术对接，达成在RPC盖板、声屏障、锚喷挂网、盾构管片、路基和护坡以及桥梁防护栏等领域使用玄武岩纤维复合筋、土工格栅、短切纤维以及型材等产品的意向。公司成立专门的“公铁联动”领导组，明确各节点工作任务和责任人，推进高铁联动项目。10月份，公司完成首批规格为30×30千牛、100×100千牛两种土工格栅的样品加工及检测工作。其中，30×30千牛加工5万平方米，100×100千牛加工3万平方米，产品经国家建筑工程质量监督检验中心检测，各项指标全部达标，公司制作完成道路、桥梁用玄武岩防护栏的样品。11月23日，该公司组织10个单位的14名军地专家在太原召开“玄武岩纤维系列材料在铁路工程局部应用”专题评审会，并形成专家意见：玄武岩纤维系列材料作为一种新型、环保高性能无机材料，与混凝土具有良好的亲和力，性能优越，产品可在RPC盖板、声屏障、铁路路基工程以及小型构件、隧道喷锚挂网、护栏、安全隔离防护栅栏等工程中应用，建议玄武岩公司加强玄武岩纤维系列材料在铁路工程中的推广应用。公司加大与铁路总公司等相关单位的沟通和交流，10余次到铁三院进行技术对接，大原客专完成初设，公司复合筋、短切纤维、土工格栅以及型材等产品设计其中；太焦客专的设计变更工作沟通、推进中。（晋投玄武岩公司）

【玄武岩产品研发】 2016年，山西晋投玄武岩开发有限公司坚持“创新驱动、军民融合，提质放量、高端突破”的发展理念，按照“引进一批专家、带动一批团队、引领产业振兴”的思路，打造创新平台，提升企业科技创新能力。制订产品企业标准和申报科研项目。在国内完成水泥用玄武岩短切纤维、玄武岩复合筋、土工格栅以及4种型材（方型材、矩型材、棒材、管材）性能检测工作，形成国家级产品检测报告10份；起草《结构用玄武岩纤维增强复合材料拉挤型材》企业标准，报大同市质监局备案，为产品应用建立技术支撑；完成ISO9001质量管理体系的二次认证以及前期产品企标的二次备案工作；申报《山西省重点研发计划重点项目》（申请省科技厅专项资金200万元）《大同市科技成果推广项目》（申请大同市科技局专项资金20万元）《山西省“新兴产业百强龙头工程”项目》《山西省重点研发计划（重点）高新领域项目》，与海南大学合作，共同申报“海南省重点科技计划项目”，在国家科技部计划申报中心进行注册，为科研项目的实施奠定基础；在国家标准委完成8种产品及企业的注册。完成玄武岩纤维型材抗紫外线性能检测，参与《纤维增强复合材料工程应用技术规范》（GB50608-2010）和《纤维混凝土结构技术规程》（CECS 38-2004）的修订工作；与铁路总公司合作，开展在铁路工程设计、建设相关标准中添加玄武岩纤维产品的设计和建设应用规范。加强应用技术创新研究。全年公司投入504万元研发经费。与北玻院合作开发出玄武岩复合材料太阳能光伏发电面板支架；与北京城建集团合作研制出玄武岩纤维盾构管片、玄武岩纤维砼、玄武岩纤维高强混凝土外墙板等产品；与浙江三力士集团和四川成都信诺佳科技有限公司合作，共同开展玄武岩纤维与橡胶制品合成的技术研究，进行5次实验，在同步带、输送带中的试验效果达标；与深圳某公司合作，生产玄武岩纤维防火服样品；与四川成都信诺佳科技有限公司合作生产滑板样品；与海军4808所合作生产潜艇隔热舱所需板材；与青岛军科复合材料有限公司合作玄武岩纤维布合成板材，板材样品送到中国核工业公司进行数据检测；与山东鼎盛公司合作开发玄武岩纤维、碳纤维、芳纶纤维混编纱和混编布；向国家专利局申报5项发明专利和14项实用新型专利，12项实用新型专利获得批准。公司推进的科研技术项目有7项，包括：与浙江三力士集团和四川成都信诺佳科技有限公司合作，试验在三角带中添加玄武岩纤维；与海南大学南海海洋资源利用国家重点实验室关于玄武岩纤维及后制品在南海岛礁建设、海洋生态修复以及海洋资源综合利用展开合作；与天津泽宝水泥制品有限公司和宝康公司合作，在水泥制品构件、注塑产品中掺加玄武岩短切纤维和复合筋，提高水泥制品和注塑产品的强度，改善防裂、抗渗性能；与北京惠诚基业工程技术有限责任公司合作开发BF-RPC高强度、高韧性、高耐久性新型高强混凝土材料，推动玄武岩产品在铁路、地铁、军事防护工程等领域的应用，项目组完成三次爆炸试验及数据采集工作；与中北大学合作，开展“玄武岩纤维复合材料整体一次成型风力发电机叶片”技术研究；与铁路咨询院关于玄武岩纤维在防沙治沙领域的应用展开合作；与军方科研机构合作，共同开展玄武岩材料在军用防护罩领域的应用技术研究。

（晋投玄武岩公司）

食品工业

华润雪花啤酒（大同）有限公司

【概述】 华润雪花啤酒（大同）有限公司隶属华润雪花啤酒（中国）投资有限公司所属全资子公司，是山西省内投资的第三家啤酒生产企业。公司成立于2011年3月21日，注册资金1.5亿元，占地面积13.62万平方米，总投资3.012亿元，其中一期投资2.326亿元，年生产能力1万万升，二期投资6868.7万元，最终形成年生产能力20万千升的现代化啤酒生产企业。2012年9月，工厂一期竣工投产。公司实行精益化管理，产品覆盖晋北及周边地区。

华润雪花啤酒（大同）有限公司厂址位于大同市东北采凉山脉水系的二十里铺水源保护带内，具有天然无污染的良好条件，为啤酒生产酿造和质量保证提供条件。啤酒生产装备自动化程度高，设备选型节能减排。核心控制部分采用世界先进水平控制元件，为生产优质的雪花啤酒提供保障。雪花啤酒的发酵度、苦味质、色度、瓶颈空气、氧含量等关键指标的控制处于领先地位，执行统一酿造生产标准，新鲜度管理操作理念，保证雪花啤酒既具有不同品牌的差异性又具有同一品牌质量的稳定性和一致性。

华润雪花啤酒（大同）有限公司有员工130余人。组织架构为财务部、人力资源部、行政部、采购部、生产部、安全环保部、技术品控部、包装部、酿造部、物流部十个部门。

2016年，公司年产量2995.8万升，销售收入7721万元，税收995万元，利润减少1131万元。

（华润雪花啤酒大同公司）

大同市绿苑饮品有限公司

【绿苑饮品签约战略投资联盟】 2016年6月2日，大同市绿苑饮品有限公司与山西金融控股集团、国泰君安证券公司签署战略合作协议。

大同市绿苑饮品有限公司是国家级扶贫龙头企业和国家级农业产业化龙头企业，累计缴纳税金5亿余元，安置就业500余人，带动全市杏树种植面积40万亩，带动180个村庄3.9万户农民增收。此次与山西金融控股集团签署战略合作协议，有助于该公司35万吨杏饮品加工项目投产达效。会上，该公司聘请国泰君安证券公司为企业财务顾问及主办券商，协助公司开展股份制改制和新三板上市工作。

（冯　雨）

【绿苑饮品股份制改革】 2016年8月2日，大同市绿苑饮品股份有限公司正式挂牌，标志着绿苑饮品完成公司的股份制改革，为进军新三板奠定基础。绿苑饮品公司按照“企业+基地+农户”产业链模式，坚持农业科技和农产品开发、加工生产，打破传统模式，构建“互联网+传统农业+股权众筹”运行模式，把互联网技术与农业生产、加工、销售等产业环节结合，创新经营模式，优化经营策略，打造“杏韵”品牌，实现农业发展科技化、智能化和信息化。公司生产的“杏韵”牌黄金杏仁露、核桃王、杏仁花生露、杏汁、杏韵五谷粥等系列产品在山西、内蒙古自治区、山东、河南、河北等地234个县、市上市。企业与农户签订杏产品购销合同，2016年涉及110余个村庄、3.9万户杏树种植户，户均年增收1万元。

2015年6月，绿苑饮品公司在上海股权交易中心Q板挂牌，扩股1亿股，增资3亿元。在股份制改革中，该公司推出以股权发展客户的营销思路，实现营销“三五八”招商体系，即在全国培养300家一级大型经销商、500家二级经销商和800家三级经销商，以股权奖励的方式推动企业产品走向全国。2016年6月，该公司在北京以股权奖励方式实现招商2.6亿元。

2016年8月，该公司进入新三板审核期。（小　霞）

山西华晟果蔬饮品有限公司

【华晟果蔬7500万株番茄苗栽进农家大田】 2016年，山西华晟果蔬饮品有限公司培育的60万盘7500万株番茄秧苗，全部移栽到农家大田。

该公司番茄种植基地3万亩，涉及1万余户农民，基地覆盖大同市大同县、阳高县、浑源县、南郊区、新荣区、天镇县，以及朔州市怀仁县、应县、山阴县和内蒙古丰镇市。从5月中旬派送秧苗，该公司基地技术人员到田间地头，指导农民进行番茄秧苗定植。按照番茄标准化种植要求，公司基地技术人员定期帮助农民田间管理，指导农民浇水、施肥，做好病虫害防治。

该公司是农业产业化国家重点龙头企业，是山西省果蔬加工行业领军企业和重点出口企业，形成果蔬加工全产业链，实现从育苗到大桶酱及分装产品的全覆盖。该公司采取“企业+基地+合作社+农户”利益联结机制，实行统一育苗、统一技术服务、统一收购价格。公司有占地200亩的工厂化育苗中心，年育苗能力达到1亿株以上，可满足5万亩蔬菜用苗需求。育苗中心投用以来，累计培育番茄秧苗2.7亿株。公司对签订合同的种植农户，在育苗成本276元基础上给予每亩36元优惠，每亩先收100元，余款待交售果蔬原料时结算。公司对种植户农药、化肥、薄膜实行补贴，年补贴400万余元，八年共补贴3200万余元。种植番茄与种植大田玉米相比，每亩可增收1700余元。

该公司生产的“塞北红”牌番茄酱被认定为山西省名牌产品，“塞北红”商标被认定为山西省著名商标。

（冯　雨）

城镇集体工业

【破产关闭企业职工安置】 大同市城镇集体工业联合社系统直属企业，从2008年起，累计实施关闭企业4户，破产企业31户，其中涉拆破产企业18户。在实施破产的31户企业中，破产终结程序的29户，塑料一厂、金属工艺厂2户企业未终结。

市联社在2016年的工作中，继续抓企业破产各项善后事宜，立足解决群众切身困难，维护稳定社会秩序，从政治的高度，协调劳动保险、国资委等部门，为破产企业职工依法享受破产安置政策、补发安置费用。截至2016年11月底，35户关闭、破产企业安置在册职工5206人。其中，领安置费的职工286人，享受提前退休的“4555”职工750人，享受失业金的“4353”职工541人，享受生活费的“4050”职工449人，保留三项保险关系的职工3180人，退休职工3265人。18户涉拆破产企业中，职工安置费用拨付到位16户，其中电石厂拨付90%，因故未拨付2户，为金属工艺厂和第一供销公司。涉及职工个人档案移交工作的30户企业全部移交；企业财务会计档案移交20户。

（城镇集体联合社）

【清产核资】 2016年，市联社对所有原直属企业中破产未终结、企业不涉拆的单位进行清产核资，抽调财务、审计、资产、改革等科室骨干组成工作机构，对各单位所有资产以及资产收益登记造册，防止资产在改革过程中流失。吸收联社纪检监察人员随工作组展开工作，从机制上、人员上、组织上为开展好清产核资工作提供保障。在清产核资的同时，通过组建二轻志编辑工作，挖掘整理联社无形资产，以便更好地指导系统内工作实践。（城镇集体联合社）

【城镇联社助力旅发大会】 2016年，按照市政府安排，市城镇集体联社和市工艺美术协会在全省旅游大会期间，承办“大同市文化旅游产品展”。展会设在全省旅游发展大会主会场外侧，占地面积700平方米，共设展位53个，特装展位9个，展台83个，特别设置农副土特产展位1个，邀请36个工艺美术产品生产单位和7户农副土特产单位参展。展出柏杨剪纸、大同铜器、煤雕、木雕、盘扣、刺绣、烙画、蛋雕、根雕、葫芦画、皮雕、泥人、鸟笼、煤矸石、玉石、活性炭雕、机车模型、广灵剪纸和晋银系列产品等200余件旅游手工艺品。大同工艺品做工精细、质量上乘，调动外地游客来同旅游观光的热情，为宣传古城古韵、展示古城风貌起到作用。为期三天的展示中，到会参观的各级领导和观光游客达上千人。（城镇集体联合社）

园区选介

大同装备制造产业园区

【概述】 大同市装备制造产业园区于2009年规划建设，规划总面积32.7平方千米，被山西省确定为“一市两园”中的“产业转型园”。园区定位为“山西省重要的装备制造业基地之一”。入园企业40户。其中，建成投产企业20户，建成待产企业1户，在建企业6户，选址在办理前期手续企业13户。园区累计投资56.45亿元。其中，企业累计投资47.82亿元，园区基础设施建设累计投资约8.6亿元。

2012年3月，大同市机构编制委员会批准设立大同市装备制造产业园区管委会，核定财政拨款事业编制30名，并由人事部门向社会公开招聘工作人员22名，安保人员10名。主要负责园区产业发展规划落实，对园区企业项目管理提供各项社会服务。

园区基础设施建设与企业项目建设配套推进，园区建成14条道路18.02千米，完成8条道路的路灯照明工程。解庄110千伏变电站、御东35千伏变电站投入使用。水、电、气、热全部接入各企业。2016年开工建设经三路，总长2.02千米。园区企业的污水处理由御东污水处理站负责处理，固体废物由市政机扫公司负责清扫和处理。

（装备园区）

【投产企业情况】 2016年，大同市装备制造产业园区20户投产企业实现销售收入24.6亿元，比上年同期增加5.1亿元，增长26.2%；实现利税1.32亿元，比上年同期增加3270万元，增长32.9%。其中，实现利润1366万元，比上年同期增加985万元，增长258.5%；实现税金1.18亿元，比上年同期增加2285万元，增长23.9%。各企业主要经济指标情况如下：

1. 中国重汽大同齿轮有限公司：生产汽车变速箱总成6.11万台，比上年同期增产8950台，增长17.15%；销售收入8.77亿元，比上年同期增加1.22亿元，增长16.2%；利润1716万元，比上年同期增加1613万元，增长156.6%；税金7029万元，比上年同期增加2528万元，增长56.2%。

2. 陕汽大同专用汽车有限公司：生产牵引车、自卸车、搅拌车2871辆，比上年同期增加1112辆，增长63.2%；销售收入6.9亿元，比上年同期增加2.74亿元，增长66%；利润1002万元，比上年同期增加894万元；税金2095万元，比上年同期增加835万元，增长66.3%。

3. 华润雪花啤酒公司：生产啤酒0.3万万升，比上年同期减产9597千升，下降24.26%；销售收入0.77亿元，比上年同期减少4636万元，下降37.5%；利润减少1131万元，比上年同期增亏1231万元；税金995万元，比上年同期减少207万元，下降17.2%。

4. 山西晋投玄武岩公司：生产短切纤维、复合筋1826吨，比上年同期减产252吨，下降12.1%；销售收入1800万元，比上年同期增加196万元，增长12.2%；利润38万元，比上年同期增加32万元，增长18.8%；税金109万元，比上年同期增加6万元，增长5.8%。

5. 大同北方机械公司：生产取力器、汽车配件、减速器32万件，比上年同期减产1.35万件，下降4%；销售收入6932万元，比上年同期减少575万元，下降7.7%；利润减少210万元，比上年同期减亏123万元；税金297万元，比上年同期减少39万元，下降11.6%。

6. 大同同华矿机制造有限公司：生产带式输送机3.39万吨，比上年同期增加775吨，增长2.33%；销售收入2.06亿元，比上年同期减少2005万元，下降8.9%；利润611万元，比上年同期减少137万元，下降18.3%；税金401万元，比上年同期增加30万元，增长8.1%。

7. 同煤机电装备制造有限公司：生产综采成套密封件2.09万套、密封配件19.61万件、制氮机6台、真空磁力启动器75台、高压开关柜174台、皮带机支腿5677架、中间架3440台、修理激振器8台，比上年同期综采成套密封件减产8491套，下降28.8%；制氮机减产15台，下降71.42%；真空磁力启动器减产46台，下降38%；销售收入2.2亿元，比上年同期减少1438万元，下降6.1%；利润减少90万元，比上年同期减亏214万元；税金208万元，比上年同期减少448万元，下降68.3%。

8. 大同市裕峰昌达汽车部件有限公司：全年未生产。

9. 大同长兴电子有限责任公司：生产变抗器6万套，比上年同期减产7000套；销售收入2481万元，比上年同期增加516万元；利润412万元，比上年同期增加97万元；税金217万元，比上年同期增加110万元。

10. 大同市精工建筑钢结构有限公司：生产钢结构115吨，比上年同期减产445吨；销售收入230万元，比上年同期减少50万元；利润1万元，比上年同期减少10万元；税金7万元，比上年同期增加4万元。

11. 大同菲利普斯采矿机械制造有限公司：生产滚筒134套，比上年同期减产64套；销售收入2467万元，比上年同期增加1269万元；利润75万元，比上年同期增加216万元；税金194万元，比上年同期减少295万元。

12. 大同市奥博欣空冷设备制造有限公司：生产空冷器钢架3616吨，比上年同期增产640吨；销售收入3616万元，比上年同期增加640万元；利润40万元，比上年同期减少1万元；税金33万元，比上年同期增加1万元。

13. 大同市大威皇食品有限责任公司：生产面包60吨，与上年同期持平；销售收入120万元，与上年同期持平。

14. 大同市东方机车配件有限公司：生产机车接地装置1796台，销售收入787万元，利润2万元，税金55万元。

15. 大同市玉鑫农牧资源开发有限公司：生产食用酒精1.42万吨，销售收入7754万元。

16. 大同市广大民防设备有限责任公司：8月投产，生产钢筋混凝土门3806樘，销售收入2774万元，利润减少2万元，税金182万元。

17. 山西建泰输变电制造有限责任公司：8月投产，生产开关柜730套，销售收入1320万元，利润12万元。

18. 山西正宇电器设备有限公司：9月投产，生产高低压、双电源成套设备3310套，销售收入5000万元，利润20万元，税金12万元。

19. 大同仁和铸造有限公司：11月投产，生产汽车变速箱2000台。

20. 山西泓泰隆工贸有限公司：12月投产，销售收入3615万元，利润344万元。（装备园区）

【建成待产企业情况】 2016年，大同装备制造产业园区中大同市紫光煤电配件有限公司主要生产重型汽车变速箱配套件、煤机配件。该项目占地4.94公顷，总投资9451万元，投产后年可制造重型汽车变速箱配套件223万件（套）、煤机配套件1.37万件（套）。（装备园区）

大同塔山循环经济开发区

【概述】 大同塔山循环经济开发区位于大同市南郊区口泉乡西南和西韩岭乡南部，北至泉运路和环城高速、塔山铁路支线，东至西万庄村和小太村，南至市域边界，西至七峰山山脚，总规划面积56平方千米，辖11个行政村、1.4万人。园区发展经历三个阶段，前身是大同市西万庄经济开发区，是1993年经大同市人民政府同政办函〔1993〕126号文件批准成立的经济开发区；2003年9月，由山西省经贸委以（2003）晋经贸外经便字3号函批准设立大同市南郊塔山工业园区；2006年由山西省经委以晋经合作字〔2006〕23号文件命名为山西省第一批示范工业园区。主要发展煤炭、冶金、电力、化工、建材等传统产业新型化、煤电一体化产业循环经济，成为山西省规模最大的循环经济园区。园区总规于2016年6月在市政府网站上公示，可研、环评已完成，市直八部门专题会议进行审议评估，具备升级为省级循环经济开发区的条件。

存在问题 大同塔山循环经济开发区只是成立园区整合升级工作领导小组，没有相应的园区工作部门，无法有效管理园区企业工作，企业违法建设和超范围占地、搭建违法建筑物的问题屡屡发生，消防、安全生产管理压力较大。受现有行政管理体制影响，园区没有土地审批权限，影响招商引资和项目建设进程。塔山工业园区是工业集聚区，主要污染物排放指标压力较大，给招商引资带来较大困难。园区停留在“五通一平”的基础设施配套上，为园区生产生活相配套的现代物流、公共交通、用工市场、文体娱乐、金融服务等公共服务平台建设不足。（塔山循环经济开发区）

【塔山园区空间布局】 2016年，大同塔山循环经济开发区形成“一带连三区，多廊镶九园”的产业空间布局结构。“一带连三区”即以生态绿廊划分形成三大循环产业核心区，北部城南片区、中部同忻片区和南部塔山片区，依托南北交通，共同构建循环经济产业发展带。“多廊镶九园”即以主干路、铁路、高压线走廊等市政设施通道为划分边界，把整个开发区划分为9个产业组团和2个综合服务组团，即中小型生产企业孵化园、热电循环产业园、煤电精细化工园、同忻矿循环产业园、建材工业园、静脉产业园、塔山矿循环产业园、南郊塔山矿循环产业园和煤炭科技创新产业园；2个综合服务组团位于同忻和塔山片区，以生活服务为主，为园区职工和居民提供多元化的居住和餐饮、办公、商业服务等城市次中心公共服务设施，培育高新农业生产、生态游览、生态保护等功能，把园区打造成为区域示范窗口、城乡统筹的范本。（塔山循环经济开发区）

【产业循环】 2016年，南郊区发展循环经济，形成“煤炭—电力—建材”“煤炭—化工”“种植—养殖—加工—粪污再利用”三大循环经济产业链。

“煤炭—电力—建材”“煤炭—化工”产业链，以同煤集团为龙头，以塔山、同忻、国投三座煤矿为主要煤源，配套建设选煤厂，实现动力煤的洁净生产；选煤厂生产的精煤通过铁路专用线装车外运，筛分煤进入坑口电厂，选中煤、末煤供资源综合利用电厂以及煤化工项目生产甲醇等，分选出来的煤矸石输送到煤矸石砖厂；坑口电厂排出的粉煤灰作为水泥厂的原料；采煤过程中采出的伴生物作为高岭土加工的原料。整个循环过程涉及煤炭、化工、建材、电力等行业，主要产品为煤炭、电力、烯烃、甲醇和建筑材料等。

“种植—养殖—加工—粪污资源再利用”农业循环经济产业链，良种奶牛和四方高科两个奶牛养殖园区存栏奶牛8000头，年产鲜奶3.25万吨，供牧同乳业加工乳制品。养殖场粪污经过无害化处理后，可生产有机肥约7万吨，处理废水5万吨，供杨家窑现代农业示范园区800亩杏树园、3公里有机葡萄走廊、300亩苹果园、3万平方米有机蔬菜园、兰花基地、木瓜基地、香蕉基地以及周边地区1.5万亩青贮玉米等施肥和灌溉；周边地区年生产5万吨青贮玉米可为四方高科、良种奶牛园区提供饲草。养殖场、加工厂、杨家窑现代农业示范园区可供游客参观、采摘、休闲和娱乐，2016年，8000余名游客观光。

（塔山循环经济开发区）

【塔山园区项目建设】 截至2016年底，大同塔山循环经济开发区引进项目28个，总投资461.5亿元，其中建成投产项目27个，分别为煤炭生产洗选加工及发运方面4个：同煤2000万吨/年塔山矿井及洗煤厂，总投资35.64亿元；同煤同忻井田1000万吨/年矿井及洗煤厂，总投资39亿元；国投大同能源有限公司塔山240万吨矿井/年及240万吨/年洗煤厂，总投资14.82亿元；韩杨铁路，总投资5亿元。电力方面6个：同煤大唐2×60万千瓦坑口电厂，总投资51.56亿元；国投公司2×13.5万千瓦煤矸石电厂，总投资13.83亿元；同煤4×5万千瓦资源利用综合电厂，总投资15亿元；同煤2×33万千瓦热电联产项目，总投资34亿元；2×66万千瓦塔山电厂二期项目，总投资50亿元；2万千瓦太阳能光伏发电项目，总投资2.1亿元。建材方面8个：冀东500万吨/年水泥生产线，总投资15亿元；七峰山水泥厂200万吨/年水泥生产线，总投资1.7亿元；兴旺集团云中水泥公司200万吨/年水泥生产线，总投资6亿元；金源微粉2万吨/年高岭土生产线，总投资1.2亿元；同煤金宇5万吨/年高岭土项目，总投资2.6亿元；同塔建材2.4亿块/年粉煤灰砌块砖生产线，总投资0.9亿元；光华活性炭3万吨/年项目，总投资0.9亿元；同煤建材200万吨/年水泥项目，总投资9.2亿元。化工方面4个：同煤集团10万吨煤基活性炭，总投资11.8亿元；同煤集团甲醇60万吨/年，总投资35亿元；同煤化工厂1.2万吨/年乳化炸药、4750万发/年雷管项目，总投资3亿元；液化空气项目160万吨/年，总投资4.7亿元。农业方面2个：四方高科奶牛养殖项目，总投资3.85亿元；大同市牧同乳业，总投资2.4亿元。市政方面3个：同煤集团4万立方米/日生活污水处理厂，总投资0.89亿元；塔山4000立方米/日污水处理厂，总投资0.34亿元；同忻15360立方米/日污水处理厂，总投资0.13亿元。在建项目1个：塔山园区年产60万吨甲醇制烯烃项目，是山西省2014年省级综改转型重点项目，也是同煤集团规划确立的“五大支柱产业”之一煤化工重点发展项目。项目总投资100.9亿元，完成投资3.33亿元，总占地124.73公顷。2016年园区产值190.7亿元，利税38.1亿元。

（塔山循环经济开发区）

阳高龙泉工业园区

【概述】 2016年，阳高龙泉工业园区工业总产值8.19亿元，同比增长25.3%；工业增加值7055万元，同比下降28万元；实现销售收入8.23亿元，同比增长15.2%；上缴税金2518万元，同比增长12.2%。入园企业13家。其中，建成投产和具备生产能力的企业11家，开展基础建设2家。推动瑞鑫塑业等中小企业发展壮大和通泰橡胶有限公司、金光铁合金公司等新建企业达产达效，园区规模以上企业增加到6家。园区年产值上亿元的企业有4家。（高 俊）

【龙泉园区项目建设】 2016年，阳高龙泉工业园区开展项目10个，总投资49.97亿元。建成投产的有3个，开展基础建设2个，推进前期工作有5个。累计投资24.94亿元。建成投产的3个项目：投资1.68亿元金光公司整体搬迁技改扩建项目，于2016年8月底全部建设完成，两台矿热炉投产运行。投资1.5亿元同泰废旧轮胎回用项目，一期工程已经建成，累计投资5000万元。项目于2016年8月取得环保局环评批复，设备调试结束，已生产出预期的产品。投资3800万元山纳公司2×6兆瓦背压发电项目，利用山纳公司锅炉余热余压发电，项目于2016年6月底建成发电。正在建设的2个项目：投资33亿元同煤低热值煤发电项目，累计投资22亿元，2016年投资10.68亿元。土建施工基本结束，进入设备安装高峰期。投资5500万元的晨昀碳素搬迁扩建项目，累计投资3800万元，生产车间主体工程完工，办公楼及附属工程封顶，开展设备安装调试工作。推进前期工作5个项目：投资6亿元的中科德汇生物质发电项目，选址、用地预审、节能评估、节能评估、水土保持方案等完成，开展环评手续办理工作。投资3.86亿元的紫中阳新型建材项目，完成工商、组织机构代码、税务登记等执照注册，以及备案、环评批复、规划选址意见报告等手续，开展土地征用工作。总投资3亿元的益国速生柳气化发电项目。完成立项、选址、并网，开展用地手续办理工作，并流转土地200公顷。投资6亿元的大同平城集团20万吨生物有机肥建设项目，项目完成可研立项、规划选址。投资1.2亿元的山西聚汇源环保科技公司废旧机油回收再利用项目落实各项前期工作。（高 俊）

【龙泉园区招商引资】 2016年，阳高龙泉工业园区采取“走出去”与“请进来”相结合的方式，到北京、天津、河北、江苏、深圳等地与大集团、大企业对接，寻找合作机会，联系承接产业转移项目。邀请加工贸易企业到园区实地考察洽谈，提高承接的针对性和有效性，探索两地园区之间采取“飞地经济”、合作共建园区等方式，推动产业有序转移。利用“扩权强县”优势，对新引进的项目，实行“一站式”审批，“一条龙”服务，为投资者提供优质高效的服务环境。按照国家和省出台的相关优惠扶持政策“对号入座”，确保政策落实到位。

园区2016年协议引资额达成29.6亿元。分别是：总投资5亿元的江苏波司登羽绒衣产业园项目；总投资2亿元北京帕斯博机械设备公司建筑垃圾、工业废料再生利用项目；总投资4.6亿元的河南矿山起重机减速器项目；总投资3亿元的北京龙舟地热开发公司建设温泉旅游开发项目；总投资10亿元的同煤实业公司下属企业搬迁项目；总投资2亿元的同煤集团养生养老疗养中心项目；总投资1亿元的园区污水处理项目；总投资2亿元以上的正大集团屠宰加工和饲料加工项目。（高 俊）

医药园区

【概述】 2016年，医药园区有医药企业11家，高新技术企业6家。各类药品生产批准文号1594个，产品涵盖化学原料药、化学制剂、生物制剂、中药饮片与制剂四大系列。全年规模以上医药企业工业产值59.45亿元，同比增长5%，高新技术企业工业产值45.75亿元，同比增长6.65%。其中：国药威奇达产值31.19亿元，同比增长8.54%，销售产值25.47亿元，同比增长4.18%，产销率81.64%。山西普德药业产值5.71亿元，销售产值5.49亿元，产销率96%。山西同达药业产值3.6亿元，同比增长20.76%，销售产值2.8亿元，同比增长21.55%，产销率77.29%。6家高新技术医药企业，全年申请专利59件，完成0.19亿元技术合同交易目标。获省级著名商标品牌四个，产学研合作平台在建科研项目五个，开发区管委会2016年通过科技三项经费投入企业扶持项目及奖励资金565万元。

医药园区获批国家火炬计划医药特色产业基地、全国创新力百强园区和山西省转型综改试验区科技创新园、全省首批示范工业园、省级新型工业化产业示范基地、全省首批省级外贸转型升级专业型示范基地等称号。

存在问题 企业规模不大，缺乏行业话语权。截至2016年底，产值超过10亿元的有2家，1亿元~10亿元的4家，其余均在1亿元以下。人才严重不足。企业存在高端技术人才，优秀管理人才少，高素质员工少的“三少”现象。园区规划不到位、招商引资项目缺乏对上下游产品关联度研究，不能实现资源配置的有效对接和共享，不能形成产业链条的整体发展，产品综合竞争力不强。扶持性政策不足。（医药园区）

【医药产业优势】 2016年，医药产业作为开发区支柱产业，具有以下发展优势：气候优势，大同地处温带大陆性季风气候，一年四季凉爽、干燥，在发酵过程中不易染菌，也适宜中草药种植；能源优势，大同煤炭资源丰富，生产成本低，能源供给能力强。原料优势，大同的玉米种植面广、产量大、淀粉含量高，是发酵生产的最佳原料，周边县区中药种植，给企业提供廉价足量的原料供给；区位优势，大同地处晋、冀、蒙三省交界，交通便利，原料及产品进出快捷方便。人才优势，大同制药历史悠久，制药在三十多年的发展中造就一批生产、技术、管理人才。平台优势，规划建设的医药园区为企业集聚发展搭建平台。产业优势。作为全省重要的药品生产基地，产业园的战略重点是依托1800吨/年7-ACA、9000吨/年6-APA、600吨/年克拉维酸钾原料药优势，

工业经济

▲图为振东泰盛质量控制部　（振东泰盛 供图）

做大做强三条下游产业链：头孢菌素C–7–ACA–头孢粗品–头孢无菌原料药–头孢粉针制剂；青霉素钾盐–6–APA–粗品原料–口服原料–无菌原料药–制剂；克拉维酸钾盐–克拉维酸钾原料–无菌原料药–阿莫西林克拉维酸钾片。（医药园区）

【医药园区高新技术企业】 2016年，大同市医药园区国药集团威奇达药业有限公司是由中国医药集团投资控股的以生产抗生素为主的综合型制药企业。该企业生产的克拉维酸钾产能全球第一、出口全国第一；7–ACA系列原料药产能、产量、出口量全国第一；中抗制药6–APA系列原料药产量全国第二、出口第一。威奇达与中国医药研究总院、华东理工大学共同研发的多个项目分别获得国家科技部“十二五”重大课题项目和山西省科技进步奖。威奇达药业与国药集团合作组建国药威奇达药业有限公司，国药威奇达兼并阿拉宾度药业组建国药大同威奇达中抗制药有限公司，打造全国抗生素生产基地，投资13.5亿元的企业搬迁项目实现当年建设当年投产。

山西振东泰盛制药有限公司是一家专门从事中西药各种剂型生产、研发的中型现代化制药企业。该企业拥有发明专利7项，外观专利10项。2013年申报“新药创制”国家科技重大专项课题“黄芪总皂苷氯化钠注射液的临床研究与产业化”入选科技部“十二五”实施计划，获中央财政资金支持，并作为牵头单位负责“中药注射剂安全性评价”整合课题的组织实施工作，为公司、集团赢得荣誉，为振东泰盛、国家火炬计划大同医药特色产业基地、大同市科技创新发展工作做出成绩。

山西普德药业股份有限公司是山西省专门从事注射剂生产规模较大的制药企业之一。该企业生产的“银杏达莫”销量全国第一，“门冬氨酸钾镁”和“脑蛋白水解物”销量居全国二、三位。拥有国家新药品种33项，冻干生产线拥有国内最先进的设备，企业综合实力位列全省同行前5名。普德药业2016年有23个药品进入国家药审中心评审，获批后即可生产销售，成为公司新的利润增长点。

山西仟源制药股份有限公司5个品种市场占有率居全国前三位，跻身全国青霉素市场和半合成青霉素复方制剂市场前十位，在该领域民营企业中排名第一。仟源制药收购浙江海力生制药有限公司60%股权，逐步实现向海洋药物方向拓展。

山西同达药业分别于2010年、2011年实施对亚宝药业和威奇达光明药业的收购。新厂占地27.67公顷，成立同药集团，完成同达药业8条生产线和光明药业3条生产线的整体搬迁。同药集团下属的三家企业，产品都以固体制剂为主，同达药业口服固体制剂是山西省品种最多、产量最大的药品生产企业。威奇达光明制药是山西唯一一家拥有细胞生物制药、冻干粉针、综合制剂的企业。（医药园区）

晋北国际物流园

【概述】 2016年初启动晋北国际物流园项目前期工作。晋北国际物流园选址位于京包铁路周士庄车站西北侧，占地面积157.53公顷，总投资23亿元。园区内主要规划建设铁路港、公路港、商贸港、多式联运港、仓储分拨港、信息服务港、国际保税港等七大功能区，可同时入驻商户上千家。园区建成后，借助网络平台，与百度建立合作共赢机制，采取“互联网+”模式，提供高科技化操作手段的科学、快捷、高效服务，并借助完善的铁路、公路、航空等现代化综合交通运输网络，成为通联京西、蒙西，辐射华北、西北的综合性、现代化、国际化枢纽物流中心。

为加快晋北国际物流园前期工作进程，市政府于2016年3月组建大同铁路建设投资有限公司，专门负责项目的前期工作对接。对接太原铁路局和大秦铁路大同指挥部完成图纸与实地踏勘、测量等工作，配合铁三院开展现场设计，协助深圳创新园科技发展公司完成基础性资料收集。6月23日，项目可研报告通过中国铁路总公司组织的专家审查。项目建设所需的规划选址、压覆矿产、地质灾害、水土保持、防洪方案等前置性文件完成，土地预审报告报送国土资源部。11月16日，项目正式奠基。

晋北国际物流园有助于搭建大同市与京津冀和环渤海经济圈的贸易桥梁，推进乌大张长城金三角合作区经贸往来的核心枢纽，强化与蒙俄边贸综合交流的前沿基地。（刘　江）

【晋北国际物流园项目社会稳定风险评估】 2016年12月30日，市政府组织召开该项目社会稳定风险评估报告评审会，围绕项目所做的社会稳定风险评估前期调查工作成果研究讨论。

晋北国际物流园是由省、市政府主导，太原铁路局主管，大秦铁路公司牵头，国有资本为主体投资，采用路地结合，多元投资结构推进，市场化运营，协力建设的综合性国有大型物流项目。

会上，北京华灵四方投资咨询有限责任公司负责人对项目社会稳定风险评估报告进行说明，大同县和规划、国土、发改、环保、水利等相关部门负责人结合各自实际，针对报告形成的结论讨论发言，并提出建议和意见。（刘　江）

农林水利

农 业

【概述】 2016年，大同市被农业部列入北方9个农牧交错带核心市之一。粮食产量11.25亿千克，比上年增长8.7%。全市农作物播种530.8万亩，同比增加15.3万亩。其中，粮食作物415.7万亩，同比减4.4万亩；经济作物99.5万亩，同比增7.5万亩；饲料作物15.6万亩，同比增12.2万亩，增加3.6倍。主要粮食作物中，玉米236.5万亩，同比减6.2万亩；豆类、蔬菜和青贮玉米达42.1万亩、67.2万亩和14.3万亩，同比增2.9万亩、4.4万亩和10.9万亩，粮经二元向粮经饲三元结构转变的趋势加快。农民人均可支配收入8217元中，同比增长6.6%，增幅高于城镇居民。 （农 委）

【农牧交错带建设】 2016年，大同市以粮改饲为突破口，促进种养结合、农牧结合，拓宽具有大同特色的农牧交错带现代农业发展之路。推进粮改饲试验示范。阳高、南郊、天镇、浑源4县（区）被列入国家粮改饲试点，中央财政各扶持500万元。市县两级编制实施方案，探索出中地、四方、农医生、首创、锦丰、政通等好的发展模式。力争整市享受国家粮改饲政策优惠。完成草地建设保护162.8万亩，其中粮改饲53.1万亩，全株青贮80万立方米，保障奶牛规模场需求；购TMR机、取草机等实用机械100余台，奶牛场青贮技术普及率95%以上，开展青贮、黄贮、微贮规模场增长。4个粮改饲试点县区全株青贮48万吨，超计划33%。

对接京津冀成果丰硕。引进正大集团总投资170亿元的新型农牧食品绿色循环产业综合示范暨产业扶贫合作项目，在阳高县启动一期投资60亿元的100万头生猪全产业链、30万亩有机农业和200兆瓦光伏产业扶贫项目，采取“政府+正大+银行+扶贫农民合作社”四位一体产业扶贫模式，规划、可研完成，注册成立大同正大畜牧投资、饲料两家公司，阳高县政府注资3000万元成立阳和国有资产经营公司，融资1.5亿元用于项目启动。引进推广北京华都峪口禽业养殖模式，在大同县合作建设30万套良种蛋鸡产业基地，首批入栏蛋鸡10万套，项目建成后成为晋北最先进的蛋鸡养殖生产线。灵丘县政府与中合三农签署养殖产业精准扶贫战略合作协议，计划投资8亿元，用3年分两期建成4万头肉牛和3万头肉驴有机养殖项目，采取政府+企业+农户（合作社）三位一体、分散与集中相结合的产业模式，促进精准脱贫。

▲图为广灵“东方亮”谷子 （姜成晋 供图）

推动草牧业转型发展。加强以草牧业“五项技术”“三大模式”为主导的科技支撑体系建设，推进以良种繁育、青贮利用和机械化生产为核心的提效降本，改良绵羊、山羊，推广三元优种猪、蛋鸡无害化达113.1万、38.8万只、98.7万头和54.1万羽，完成任务的125%、124%、135%和132%，落实生猪良种补贴45万元。加强马身猪、画眉驴2个国家级，广灵大尾羊、灵丘青背山羊、山西黑猪和晋汾白猪4个省级地方良种遗传资源保护。

延长畜牧产业链条。牧同乳业投资2.4亿元建设的乳制品、乳饮料等系列加工生产线一期工程投入生产，日产灭菌乳、巴氏乳、酸奶乳饮料等产品 180 吨，弥补乳业加工的短板。全市畜牧业稳健发展，建设扩建标准化养殖园区 200 个，累计 920 个；全年牛饲养量 47 万头，同比增长 1%，其中奶牛存栏 9.7 万头，同比增长 1.3%；猪饲养量 287.8 万头，与上年持平，羊、家禽饲养量 644.6 万只和 969 万羽，同比增长 0.6% 和 0.8%；肉、蛋、奶类总产 24 万吨、6.5 万吨和 22.5 万吨，同比增长 2.8%、3.2% 和 0.6%。（农 委）

【设施农业】 2016 年，大同市农业委员会促进设施农业提质增效，建好增量和盘活存量“两手抓”，全市增加设施农业 2.38 万亩。其中，建成日光温室、塑料大棚 0.58 万亩，生产食用菌折合 1.8 万亩（生产菌袋 9100 万袋），设施农业总量突破 27 万亩。推进栽培品种由大路菜向草莓、菌类、冬枣等稀缺品种，由主抓日光温室向智能温室、光伏大棚，由传统种植向绿色有机，由规模扩张向主向提质，由平川区发展向山川并重，由传统分散育苗向集约化、工厂化，由单纯注重生产环节向产供销并重，由行动推动向市场引导“八个转变”，改建设施农业 0.9 万亩，建设集约化育苗场 1.1 万平方米，建设产地冷链物流库 0.37 万平方米，整体效益提高。

培育标准化设施蔬菜示范园，建设扩建年产 200 万株的工厂化育苗中心 3 个，打造 1 个部级、5 个省级蔬菜标准园，推动观光农业、体验农业发展，促进一、二、三产业融合发展。

推进浙江露笑集团顺宇农业公司投资 135 亿元光伏设施农业项目，在大同市成立注册资本 6 亿元的顺宇农业公司以及阳高县分公司，阳高县规划选址完成。左云县店湾镇范家寺村作为全省入选 7 个村之一，被评为全国一村一品示范村镇（西红柿、黄瓜）。全年蔬菜播种 67.2 万亩，同比增长 7%；总产 212.6 万吨，同比增长 17%；亩产 3100 千克，同比增长 6.8%；总产值 36 亿元，同比增长 12.5%。（农 委）

【特色农业】 2016 年，大同市县财政首次安排 500 万元杂粮产业专项扶持资金，重点发展谷子、苦荞、红芸豆等 9 大优势产品，创建省市高产示范区 18 个。天镇县以通航粮贸公司红芸豆出口等为龙头，带动全县杂粮出口，全年 300 万美元，在 2015 年获得省级出口小杂粮质量安全示范区的基础上，通过国家级出口杂粮质量安全示范区验收。灵丘县国春苦荞食品公司投资 1.2 亿元，引进转化 2 项专利技术，建成冰苦荞谷物饮料生产线，填补国内谷物功能性饮料空白。全市杂粮面积 182 万亩，同比增加近 5 万亩，单产、品质和效益都有提高。扶持雁门清高、东方物华、通航粮贸等杂粮龙头企业，进行全产业链开发，引导与基金公司合作创新融资方式，其中东方物华公司股改重组，加快新三板上市。

中药材产业崛起。种植各类中药材 4 万亩以上，超出省任务 1 万亩，实有各类中药材 24.7 万亩，总产 6406.1 吨，产值 2 亿元。依托泽青芪业、万生黄芪等龙头，推进总投资 4 亿元、7.6 亿元的国新能源和安瑞黄芪种植、深加工等项目实施，投资 2 亿余元，带动中药材规模化种植、产业化开发。为保护浑源野生黄芪资源，规划建设 1.1 万亩的野生黄芪原生境国家保护区，形成可研报告，开展前期保护工作。

促进食用菌产业发展。以广灵、浑源县为主的食用产业，成为农民脱贫致富的支柱产业，通过北野、凯龙、养丽、裕隆祥等一大批食用菌规模企业带动，食用菌生产 1.2 亿袋的规模，实现产值 3 亿元。

促进大同黄花产业发展。依托大同县倍加造、西坪 2 个万亩黄花片区以及兴农、三利、黄花总公司、天特鑫等龙头企业的辐射带动，新发展黄花种植 1 万亩，面积 12 万亩以上，接近户均 1 亩，实现产值 4 亿元，成为产业扶贫的成功范例，创建黄花省级出口食品农产品质量安全示范区。全市发展及改造果园 5.2 万亩，总面积 23.7 万亩，总产 7.6 万吨，总产值 5.7 亿元。灵丘县举办第三届车河国际有机农业论坛，车河、城头会有机社区、思源有机农业建成投产，有机农业得到发展。（农 委）

【农业项目引进】 2016 年，作为京同合作的重要组成部分，京同农业区域合作协议签订，北京市拿出 1000 万元扶持大同市建立蔬菜等农产品产销、产业合作平台，共建蔬菜生产示范基地，助推大同市打造京津冀都市圈农产品供应基地。大同市农业委员会编制实施方案，落实自筹资金。大同市与北京吉奥金禾公司对接洽谈规划总投资 30 亿元、1.1 万亩的生态发展创意园项目。遴选储备总投资 36.8 亿元的 66 个项目，充实市级产业化项目库，加强银企对接。山西省唯一的牛血清研发生产销售企业——润生生物材料公司全年销售收入 5000 万元，上缴各种税收 1000 万元，依托中国军事医学院博士吴清法为核心的技术团队，研发出具有国际领先水平的 BHK-21 细胞低血清培养基和无血清维持液，年底投产。占地 700 亩的大同新发地农产品冷链物流市场累计完成投资 20 亿元，其中市场建设 8 亿元，投资 5000 万元购置配送车 70 辆、建成高低温冷库 3 万吨，为 63 个市场提供蔬菜等配送服务。参加第 14 届全国农交会和山西特色农产品北京展销活动，成功签约 26 亿元的顺宇光伏农业大棚、1.3 亿元的骏腾农牧肉鸡养殖屠宰和 1.3 亿元的顺鑫生猪购销等上亿元项目及供销合同，促进特色农产品走出去。全市农业产业化龙头企业发展到近 300 户，农产品加工龙头企业实现销售收入 85.4 亿元，同比增长 9.8%。按省农业厅口径核算，完成现代农业投资 215 亿元，达省任务的 135%。（农 委）

【农村土地确权】 2016 年，大同市农业委员会做好农村土地确权。强化领导，保障投入，扎实推进，截至 2016 年底，2015 年确权乡村完成调查、公示阶段工作，具备验收条件；1923 个村和 1872 个村分别完成权属调查和审核公示，占任务的 98% 和 97%，完成实测 582 万亩，占任务的 98%。推进产权市场建设。建成覆盖 9 县区、99 个乡镇的农村产权流转交易市场，信息管理平台建设推进顺利。促进经营权有序流转和新型经营主体发展。累计流转土地 67.8 万亩，占家庭承包面积 15%，涉及农户 6.5 万户，占承包农户 16.5%；新发展农民合作社 1020 家、家庭农场 83 家，总数 6820

家和639家，培育省、市示范社25家和51家，累计197家和355家，2个家庭农场被命名为省级示范家庭农场，累计5家。起草和不断完善《关于完善农村土地“三权分置”的实施意见》，市委全面深化改革领导小组、市政府常务会研究审议并通过。

（农 委）

【农村人居环境建设】 2016年，大同市改善农村人居环境“四大工程”计划投资33.41亿元，全年累计完成35.1亿元，达任务的105%。其中，完善提质工程15.41亿元，农民安居工程13.25亿元，环境整治工程1.43亿元，宜居示范工程5.04亿元。在巩固提高杨家窑、车河、大泉山、麻庄、夭沟等50个省市美丽宜居示范村建设成果的基础上，推进7个省级和10个市级示范村建设，涌现出灵丘觉山村、阳高镇边堡、大同县营坊沟等典型。天镇新平堡村作为全省5个村之一，入选2016年全国美丽休闲乡村。天镇县塔儿村、大同县三府坟村等8个农村公共浴室建成使用，完成农村改厕1.2万座，村庄绿化50个村，营造林32.5万亩，改扩建16所农村幼儿园和完工80处社区老年人日间照料中心，3.53万户广播电视卫星户户通完成；采煤沉陷区治理投资3.18亿元，开工12个乡镇，开工率86%；地质灾害治理投资3135万元，竣工并入住120户；农村危房改造投资4.3亿元，2.3万户竣工，农村住房抗震改建投资1.71亿元，5700户竣工；1.3万人易地扶贫搬迁投资3.75亿元，开工6882户、竣工3535户并入住96户。（农 委）

【扶持“三农”发展】 2016年，大同市安排专门资金扶持“三农”，主要包括：土地确权3189万元，现代农业示范园区建设1200万元，设施农业1000万元，畜牧产业发展1000万元，龙头企业1200万元，中低产田改造800万元，美丽宜居示范村建设500万元、动物疫病防控300万元，中药材产业发展和小杂粮基地建设各170万元等。（农 委）

【农业科技培训】 2016年，大同市农业委员会开展转作风抓落实服务“三农”系列活动。农业系统以“三服务三落实”（围绕春耕播种抓服务、围绕结构调整抓服务、围绕创新抓服务，转换思维抓落实、创新方式抓落实、规范监管抓落实）为主要内容，深入基层开展“三农”服务，出动农牧业专家、技术人员3000余人次，举办各类技术培训班560期，培训农民25万人次，发放技术资料40余万份，培育3815人新型职业农民，其中包括全省蔬菜产业青年农场主50名，组织71人新型职业农民师资、80人农村电商、560人产业扶贫及农村改革等培训。实施2个地膜覆盖项目158万亩，比上年增加29.5万亩；创建省级玉米高产万亩示范片3个，推广测土配方施肥374.6万亩、精准配方肥7万亩，主要农作物良种覆盖率96%以上，落实杂粮良种补贴134.8万亩；防治病虫害661.3万亩（次），占发生面积的85.6%。开展农资打假专项治理行动， 累计出动执法人员3869人次，整顿市场956个次，查获假劣种子、农药1240余千克，为农民挽回经济损失17.5万元。

组织开展“项目落地、规范监管”专项行动。从6月中旬起，在全系统组织开展为期4个月的农业“项目落地、规范监管”专项行动。围绕做大做强4大主导产业，抓好部、省、市各级扶持农业项目的争取、落地、实施和监管，促进项目建设。（农 委）

【农业监管】 2016年，大同市农业委员会坚持产出来和管出来“两手抓”，开展六大专项整治、生猪屠宰监管“扫雷行动”，强化农畜产品市场准出和质量安全追溯。总投资5000万元、建筑面积1.3万平方米的集农产品检验检测、畜禽防疫于一体的综合大楼开工。市质检中心通过省技术监督局检验检测机构资质认定和省农业厅考核“双认证”。省市从267个监测点抽检蔬菜、水果、食用菌农药残留和畜产品兽药残留23批次573个样品，检测12466项次，蔬菜合格率97%以上，水果、食用菌、畜产品和生鲜乳合格率均为100%，未发生重大农产品质量安全事故，确保“舌尖上的安全”。春、秋动物强制免疫密度均为100%，抗体监测合格率高于70%，加强动物检疫、疫病防控和病死动物无害化处理，确保未发生重大动物疫情。（农 委）

【春耕春播】 2016年播种其间迎来适时降雨，春耕春播进展顺利。截至5月上旬，全市备肥料28.1万吨、籽种1195千万吨、地膜4323吨，积造农肥5.07万吨。完成农作物播种面积234.3万亩，其中粮食作物212.5万亩，占计划的51.9%，主播作物玉米播种面积184.4万亩，占计划的83%。

全市出动农技人员3800余人，培训新型职业农民1200人，发放各种技术资料和书籍100万份；开展农资打假专项治理行动， 累计出动执法车辆220台次、执法人员1187人次，检查农资企业364家，净化农资市场，确保农民群众用上质优、放心的农资。

按照国家“镰刀弯”地区玉米结构调整政策，坚持“六调”，即适宜性地调、种养结合地调、生态保护地调、种地养地结合地调、有保有压地调、围绕市场地调，指导农户适度调减非优势区籽粒玉米种植面积，扩大马铃薯、小杂粮和中药材、食用菌、黄花等优势特色农产品种植面积，取得一定效果。全市种植结构调整力度加大，总体呈现“两减两增”特点，即粮食作物减，经济、饲料类作物增；籽粒玉米减，马铃薯、豆类等增。2016年全市粮食作物种植409.2万亩，同比减少近11万亩；经济作物种植62.4万亩，同比增加12万亩；饲料作物种植11.6万亩，同比增加8.3万亩。主要粮食作物玉米种植221.4万亩，同比减少21.2万亩，取而代之的是马铃薯、豆类、蔬菜和青贮玉米等作物面积的增加，分别增加8.2万亩、3.7万亩、12.23万亩和7.3万亩。全市总体由粮经二元结构向粮经饲三元结构转变。（赵 瑾）

【韩长赋到大同调研种植业结构调整】 2016年5月26日，农业部部长韩长赋一行到大同，调研推进种植业结构调整工作。

农业部发展计划司司长张合成、财务司司长陶怀颖、畜牧业司司长马有祥、办公厅巡视员陈邦勋、种植业司副司长何才文等参加调研。

副省长郭迎光，省政府副秘书长

刘星，省农业厅厅长关建勋，市委副书记、代市长马彦平，市委常委、副市长王克建等陪同调研。

山西雁门清高食业有限责任公司是一家集科研、加工、种植、贸易为一体的综合性小杂粮健康食品深加工企业，其“公司＋基地＋农户”的运行方式，直接带动5000余农户，户均增收2300元。韩长赋一行到该公司调研小杂粮深加工项目。了解企业发展面临的困难和问题。

中鼎牧业是一家以奶牛养殖业务为核心的新型牧业管理公司，通过“存量整合、全程托管”差异化的商业模式整合现有社会存量中小牧场。位于南郊区的新世纪牧场2015年被中鼎牧业接管后，实现“3个月扭亏，6个月盈利”。韩长赋强调，农业要向规模化、集约化、标准化、品牌化发展，要构建利益联合机制，深化“公司＋基地＋农户”的模式。实施精准扶贫，研究更加合理的措施，让更多的散户入园，实现农民增收、产业发展、企业盈利等多赢。带动周边农民种植青贮玉米、苜蓿草，推动粮改饲取得实效。

（赵　瑾）

【省市两级农民合作社示范社】 2016年7月，全市2016年省市两级农民合作社示范社申报工作启动。申报采取合作社申请，县区农业（农经）主管部门审核推荐的方式进行。

农民合作社示范社建设旨在规范和壮大一批农民合作社，提高农民的组织化程度、合作社管理规范化水平、产品竞争力、成员收入。通过示范社的带动作用，促进全市农民合作社规范健康发展，成为引领农民参与国内外市场竞争的现代农业经营主体。截至2016年底，大同市国家级农民合作社示范社39个，省级172个，市级304个。

基本量化条件是：申报省级示范社的农民合作社应领取“农民专业合作社法人营业执照”3年以上（“一村一品”专业村及示范村中与该村主导产业一致的合作社不限年限）、社员人数50人以上、出资额50万元以上；申报市级示范社的农民专业合作社应领取“农民专业合作社法人营业执照”3年以上、社员人数30人以上、出资额30万元以上。（木　依）

【华阳集团与柬埔寨王国天睿经济特区签约】 2016年11月15日，华阳集团大同农产品国际陆港项目在北京与柬埔寨王国天睿农业经济合作开发区签约。

柬埔寨王国农业部长文沙坤（vegsakhon）、副部长占苏卡等参加签约仪式。

大同农产品国际陆港项目是国家发改委物流业重大储备项目，其海关联检综合大楼主体年底建成。大同农产品国际陆港项目建成后，可保证国外产品快速进入中国市场、本地产品快速销往国外及港台，对促进大同市及周边地区农产品在全国快速流通，大同市及周边地区经济发展具有重要意义。

这次签约是大同农产品国际陆港与柬埔寨王国经济开发区的一次对接，双方约定按照有关法律承认所在国的检验检疫，在对方国家通关免检，指定大同农产品国际陆港为柬埔寨天睿开发区的指定口岸。（晨　曦）

【大同农产品国际陆港项目综合楼封顶】 2016年11月17日，大同农产品国际陆港项目进口肉类指定查验场及海关监管区综合楼封顶。大同农产品国际陆港项目是国家发改委物流业重大储备项目、省综改转型重点项目，是山西省、大同市融入国家“一带一路”战略规划的重要举措，是全市环文瀛湖行动重点项目。这一海铁空陆多式联运综合性口岸建成后，结束大同市没有国际贸易口岸的历史，对加速全市及周边地区经济发展具有重要意义。

大同农产品国际陆港项目计划总投资96亿元，占地10909亩，建设六大片区，分别为大同国际陆港进口肉类指定查验场及海关监管区、海铁空陆多式联运接驳区、安全食品加工园区、综合保税加工园区、大同电子口岸国际贸易单一窗口、商务服务配套功能服务区，分两期进行建设。项目一期工程核心功能区——大同国际陆港进口肉类指定查验场及海关监管区于6月14日开工建设。主要建设冷链查验储存一体化设施、H986查验区、检验检疫处理区、海关货物监管区（含冷库、普库、堆场）、海关扣留货物区（含冷库、普库、堆场）、冷冻（冷藏）集装箱堆场、视频监控系统、电子口岸“单一窗口”、跨境电商仓储、联检大厅及办公生活区等完善的配套设施。截至2016年底，综合楼、检验检测中心、查验冷库进出口监管库等主体工程约4万平方米封顶。（晨　曦）

【华大小米山投集团东方物华战略合作意向签约仪式】 2016年12月19日，深圳华大小米产业股份有限公司、山西省投资集团有限公司和山西东方物华农业科技有限责任公司三方在云冈建国酒店签订战略合作意向协议。副市长曹惠斌出席签约仪式。

深圳华大小米产业股份有限公司依托高新技术平台，着眼于谷子从育种、种植到深加工的完整产业链。山西东方物华农业科技有限责任公司是“中国杂粮十强企业”之一，主要经营小米、荞麦、燕麦、黑豆、英国红芸豆等。签约仪式上，曹惠斌看好三方的合作模式及合作前景，希望三方发挥各自优势，加强合作，实现共赢，为大同及至山西的杂粮产业发展作出贡献。（刘　江）

畜牧业

【兽药经营市场整治】 为加强兽药监管，规范兽药经营市场秩序，打击无证经营兽药及经营假劣兽药、违禁兽药等违法行为，2016年5月在全市范围开展兽药专项整治月行动，保障养殖业健康发展和畜产品质量安全。

这次专项整治重点解决养殖环节不规范使用抗生素问题。以畜禽养殖主产区、兽用抗菌药经营集中区为重点，查处生产经营使用非法兽药产品的行为，打击非法添加、违法使用违禁药物等行为。加大查处擅自改变兽用抗菌药组方、规格、用法用量等违法行为的力度。落实休药期制度，加强兽药安全使用指导服务工作，提升安全用药水平。

落实兽药经营准入制度，集中开展兽药经营清理和规范行动，推进兽药GSP认证，严格按兽药GSP规定的条件和程序从严审批，对不具备条件的进行限期整改，到期未通过兽药

GSP验收的兽药经营企业，清退、注销或取缔经营资格。

以“查隐患、严治理、保质量”为主题开展疫苗质量大检查。查找兽用疫苗流通使用环节存在的问题，执行“五不得”要求，即不得经营强制免疫用疫苗，不得经营未经委托的疫苗生产企业生产的产品，不得违法制售假劣疫苗，不得违法销售临床试验用疫苗，不得违规夸大宣传，误导养殖者。检查基层动物防疫机构的疫苗出入库台账记录、储藏管理是否规范，疫苗调拨、接收、领用、发放、报废手续是否齐全规范，冷链设施运转是否正常。（赵　瑾）

【草食畜牧业发展】 2016年，大同市利用农牧交错带区位特征，促进种养结合、农牧结合，发展草食畜牧业，拓宽具有大同特色的农牧交错带现代农业发展之路。

推动畜牧业招商引资项目落地建设。2016年6月，大同市政府与正大集团在全省“民营企业山西行”招商活动中，签订总投资170亿元的新型农牧食品绿色循环产业综合示范暨产业扶贫合作项目框架协议，成为全省单体项目最大的一个。由实施单位与正大集团签订并启动总投资60亿元的一期工程。项目采用正大集团“政府＋正大＋银行＋扶贫农民合作社”的“四位一体”产业扶贫模式合作建设。北京华都峪口禽业与大同县合作，以周士庄镇采凉山盛荣翔牧业公司为核心，建设30万羽良种蛋鸡产业推广基地。9月，首批蛋鸡10万羽入栏。

推动草牧业转型发展。围绕牧草、奶牛、肉牛、肉羊草食畜四大重点，发展现代牧场养殖模式，加强以草牧业“五项技术”和“三大模式”为主导的科技支撑体系建设，推进以良种繁育、青贮利用和机械化生产为核心的减本提档，全年粮改饲（人工草地）51万亩，全株青贮80万立方米，保障9.6万头奶牛青贮饲料需求。

延长畜牧产业链条。牧同乳业投资2.4亿元建成的乳制品、乳饮料等系列加工生产线一期工程投入生产，日产灭菌乳、巴氏乳、酸奶乳饮料等产品180吨。2016年上半年，全市畜牧业稳健发展，牛饲养量36.5万头，同比增长1%，其中奶牛存栏8.5万头；猪、羊、家禽饲养量176万头、408万只和729.8万羽，同比增长2.3%、2.3%和4.1%；肉、蛋、奶类总产10.1万吨、3.6万吨和10.9万吨，占全年计划42.2%、53.8%和48.4%。（小　霞）

【五项技术为草牧业发展注入新动力】 2016年，发展草食畜养殖是大同市立足市情、行情、民情实施的科学发展战略。全市围绕科技兴牧，实施“五项技术”，为畜牧业发展注入动力，促进全市畜牧业提档升级和转型发展。

五项技术，即以人工授精推广为核心的良种繁育技术革命、以全株青储为核心的饲草基地建设、以TMR机应用为核心的机械化生产、以科学免疫为核心的疫病防控技术和以分娩隔离为核心的分群饲养技术。通过机械化生产节约人力成本，通过TMR机和全株青储应用节约饲料成本，通过分群管理技术和科学合理的疫病防控降低死亡率，通过人工授精技术改良种群、降低繁育成本。这五项技术适合大同市畜牧业具体情况，资金门槛低，实用且易推广。（木　依）

农业机械化

【概述】 2016年，大同市农机局在农机购置补贴方面，全市补贴扶持农户数量目标任务1500户，补贴2040户，是目标任务的136％。补贴购置农机具数量目标任务1800台（套），补贴2557台（套），是目标任务的142%。

在农机专业合作社和农机大户培育方面，全市各类农机合作社161个，入社人数6739人，其中增加农机合作社17个，完成年初目标任务的340%；完成作业面积201万亩，增加农机大户27户，完成年初目标任务的135%，完成作业面积124.7万亩；农机维修网点146个，增加4个，是年初目标任务的200%；全市修理工人数441人，其中取得职业技能资格的195人。

在农机安全监督管理方面，全市未发生基层农机伤亡事件，农机安全生产呈现良好态势。

在推进电动农机发展方面，按照省政府的批示和市委、市政府要求，推进电动农机发展作为农机部门一项重点工作来抓。在工作中，开展专项调研。结合实际，起草《关于推进电动农机发展的实施意见》。在阳高县开展试点工作。成立由分管农业副县长为组长，县财政局分管副局长以及全县各乡镇乡镇长为成员的领导组，出台《阳高县电动农机奖补工作实施方案》。日光温室放风机售价3100元（奖补2500元，农民自筹600元），果园电动运输采摘机售价6900元（奖补3900元，农民自筹3000元）。在龙泉镇的青和村、和富村等日光温室大棚种植区安装日光温室放风机20台，在王官屯镇、古城镇等乡镇的杏果种植区投放果园电动运输采摘机10台。由乡镇提出日光温室放风机奖补申请计划，根据实际情况确定奖补对象，截至2016年底，销售日光温室放风机80台，果园电动运输采摘机20台。

在玉米生产机械化作业方面，全市种植面积229万亩，完成玉米机耕面积228.66万亩、机播面积207万亩、机收面积83.1万亩、机械化植保134万亩，增加玉米收获机347台，达到1338台。

在马铃薯生产机械化作业方面。全市种植面积52万亩，完成马铃薯机耕面积52万亩，机播面积21万亩，中耕植保15万亩，机收13万亩。

在机械化生态保护工程生产方面，增加保护性耕作实施面积2万亩，少免耕14.9万亩；实施农机深松面积17.788万亩，投入深松机具295台（套）。补助资金兑付工作在作业结束后进行。（农机局）

【农机六大工程建设】 2016年，大同市农机局创建农业机械化综合示范县3个，综合示范区建设2.3万亩，综合示范乡创建11个，综合示范村创建91个，超额完成“实施方案”中的计划任务。

农机化基础设施建设工程：把农村机耕道、农机具机库棚等基础设施建设作为农机化综合示范县建设项目的重要内容，修建、整修机耕道29.1千米，项目投资105万元。其中大同县6千米，左云县16千米，南郊区

2015年与2016年项目合并使用，修7.1千米（因提高建设标准，与实施方案不符，向当地区政府打报告，要求调整实施方案）。示范县信息网络系统建设，数据采集与规划设计，人员培训、农机卫星定位系统等建设，三个县投资93.5万元。大同县投资33.5万元，南郊区投资35万元，在玉米丰产方项目安装网络监控系统100台；左云县投资25万元，安装网络监控系统15台，配备电脑、打印机、照相机等设备39台。建设规范化机库棚及维修网点情况，投资73万元。大同县投资20万元扶持2个农机专业合作社机库建设，机库棚建设800平方米，厂院场面硬化800平方米。南郊区扶持15家农机专业合作社，投资23万元，建设2200平方米机库棚。新型适用农机装备的引进示范，投入资金30万元，3个县各10万元。南郊区投入10万元，购置华德双刀轴秸秆切割揉碎方捆压捆机1台，建立秸秆田间机械化收储运体系，配套秸秆收获、收集装备，开展秸秆机械化收获、收集、捡拾打捆作业。左云县投资10万元，引进自走式履带谷物联合收获机2台。

农机化经营主体培育工程：在全市开展农机化示范社场户创建活动，2016年确定4个农机合作社、4户农机大户、4个农机化示范社场户培育对象，从优先安排农机补贴资金、承担农机项目建设任务、管理技术培训等方面重点扶持发展。

机械化生态保护工程：对今后一个时期农机深松整地作业做规划安排，提出明确要求。督导检查2013年～2015年全市农机深松整地作业补助资金兑付情况。

农机工业转型升级工程：组织开展农机工业转型升级调研，了解全市农机工业发展现状和存在问题。

机械化农产品加工工程：在全市农业县（区）实施农产品产后处理及初加工装备技术示范项目4个；扶持引进农产品加工机械361台（套）；升级改造农村油坊、磨坊4个，全年农产品加工2.7万吨，农产品加工技术培训150人次。南郊区和大同县，玉米烘干1000吨，黄花烘干20吨。

（农机局）

【农机六大体系建设】 2016年，大同市农机局按照“一个衔接、两个全覆盖”的要求，理顺市、县两级农机推广机构职能。组织举办各类技术培训班12次，农机技术、机具现场演示培训活动9次，培训农机推广人员和农机操作手710人次。

农机质量监督管理体系建设：组织开展“3·15”农机质量维权宣传活动；联合工商、质监等部门开展农机市场打假专项治理行动。

农机安全监理体系建设：落实安全生产责任制，集中开展农机安全生产大检查、打非治违专项整治、“反对违章指挥、违章作业和违反劳动纪律”专项行动等活动，发送“一信三书”近万份，截至2016年底，注册登记拖拉机816台，是目标任务的136%；联合收割机91台；训考驾驶员620人次；年检拖拉机4316台，联合收割机278台。自5月1日起，免征拖拉机号牌费、行驶证费、登记证费、驾驶证费和安全技术检验费等5项收费。

农机化科技创新体系建设：研制的大棚节水痕量灌溉设施，进入试验推广阶段。改制研发的甜菜收获机，申报发明专利中。

教育培训体系建设：按照《2016年山西省新型职业农民（农机操作手）培育工作实施方案》，指导各县（区）开展农机作业人员培训。培训各类农机作业人员1500人，其中培训职业农民（农机操作手）451人。

农机化信息服务体系建设：重点围绕本系统本单位的年度任务和亮点工作，全年报送信息198条，是目标责任的132%，被上级媒体采用94条，其中：中国农机化信息网采用3条，中国农业信息化网采用9条，《山西农民报》刊登2篇，《大同日报》刊登3篇，大同电视台播放农机化信息一次，提交农机信息网站市级调研报告4篇，县区提交调研报告9篇。

（农机局）

【农作物机械化生产】 2016年，按照农业部和省、市关于推进主要农作物全程机械化的统一安排部署，大同市农机局结合实际，示范推广玉米、马铃薯、胡麻、莜麦等农作物耕、种、管、收等机械化生产环节急需机具和技术。玉米全程机械化生产：全程机械化面积83.1万亩，增加玉米收获机械347台。马铃薯全程机械化生产：全程机械化耕整13.9万亩，增加马铃薯全程机械化装备105台套。胡麻、莜麦、谷黍等杂粮全程机械化生产：机播面积29.4万亩，机耕面积58.35万亩，增加播种机76台，达到643台，增加联合收获机22台，达到44台。

（农机局）

【设施农业机械化】 2016年，大同市农机局为加快推进丘陵山区和高效设施农业机械化发展，在阳高县开展试点工作。具体情况为：阳高县丘陵山区农业机械化推进示范创建项目示范点设在罗文皂镇平山村，阳高县农机局与项目承担单位阳高县云门丰禾农机专业合作社签订项目落实协议，全程监督与管理项目的进程。按照“坡耕地机械耕整—机械净化—精量播种—机械收割—机械脱粒”的技术路线引导农机专业合作社在示范区实施玉米机械化播种1200亩；谷物、杂粮类机械化播种550亩；试验示范机收谷子200亩、黍子500亩、高粱100亩、豆类200亩。示范区引进约翰迪尔拖拉机1台；配套四铧深耕犁1台；旋耕灭茬机1台；丘陵山区残膜根茬土壤净化机1台；长发404拖拉机1台；配套双轴旋耕机1台；谷物精量播种机1台；玉米铺膜精量播种机1台；引进双向山地拖拉机1台；配套山地犁、小型旋耕机、播种机、中耕除草机、秸秆收获机。以上机具合作社投入资金21.02万元，县农机局使用项目资金17万元给予合作社机具购置补贴。

（农机局）

【春季农机化生产】 2016年，全市机耕面积294.82万亩；机播274.41万亩；机械浇灌地面积131.05万亩；机械耙耱镇压旋耕整地96.8万亩；投入农机具4.8万台（套）；检修农机具3.5万台；投入抗旱机具2万台；投入技术人员1013人。（农机局）

【农机事故应急演练】 2016年6月，事故模拟一台谷物收割机在收割时因秸秆缠绕使收割台停止工作，机手在未切断动力的情况下，一农民把手伸入收割台清理缠绕的秸秆，致使手臂被绞入到收割台中，造成左手手臂受伤。区农机监理站接到报案后启动应急预案，组织农机执法人员和事故处理人员赶到农机事故现场，协调医院、保险等相关单位进行救援和勘察。演练中，进行现场警戒、抢救伤员、勘查绘图、找寻目击证人、询问笔录、收集证物、拍摄取证、事故善后等一系列情况的处理。

通过该次演练，检验应急预案的可行性、农机监理人员应对突发事件的处置、协调能力，锻炼队伍，提高对事故处理和事故上报流程的实际操作能力，达到预期目的。（冯　雨）

【农机安全生产宣传】 2016年6月16日，市农机局和阳高县农机局在阳高县云林广场联合开展以“强化安全发展观念，提升全民安全素质”为主题的农机安全生产宣传咨询活动。

活动中，工作人员通过摆放宣传展板，发放宣传资料，解答群众咨询等形式，解答农机手和农民朋友提出的关于农机安全生产、购机补贴和农机化技术等方面的问题。活动接待群众现场咨询500余人次，现场发放农机安全生产宣传资料7种7000余份（册）。（冯　雨）

农业科技

【农科项目】 2016年，山西省农科院高寒区作物研究所承担各级各类项目73个，其中延续（转结）科研项目39个，包括国家各类课题10项。其中，科技部科技支撑项目4项，科技部农业成果转化1项，农业部现代农业产业技术体系综合试验站5个。省级各类课题10项。其中，攻关课题6项，成果推广项目2项，留学生项目2项。院级各类课题10项。其中，院育种基础项目3个，院攻关项目2个，院财政支农项目2项，院示范行动3项。大同市科技局项目6项，所级项目3项。2016年新上科研项目34项，总经费336万元。其中，省级项目5项，经费共计80万元，包括攻关项目1项，经费10万元，成果转化3项，山西省产业体系1项；院级项目25项，经费共计252万元，包括财政支农项目2项，示范行动项目3项，育种工程14项，一类重点项目2项，自主创新项目1项，种业项目2项，所长引导基金1项。所级项目4项，经费4万元。五个国家综合试验站总经费250万元。新上项目总经费586万元。（高寒所）

【高寒所获奖成果】 2016年，山西省农科院高寒区作物研究所获奖4项，省科技进步二等奖1项：“高产稳产广适国审大同系列谷子新品种选育与应用”；获省农技承包一等奖1项：“高油优质胡麻新品种晋亚12号推广”，获省农技承包二等奖2项：“旱地莜麦丰产稳产栽培技术”和“马铃薯水肥一体化高产栽培”。（高寒所）

【高寒所授权国家专利】 2016年，山西省农科院高寒区作物研究所授权国家专利12项。其中，发明专利2项，实用新型专利10项。

专利名称：种子风干晾晒平台，专利类型：发明专利，发明人：李刚，专利权人：山西省农业科学院高寒区作物研究所，专利申请日：2014年12月30日，授权公告日：2016年5月11日，专利号：ZL201410839403.5。

专利名称：晋西北丘陵坡地马铃薯整薯播种节水抗旱高产栽培方法，专利类型：发明专利，发明人：田宏先，专利权人：山西省农业科学院高寒区作物研究所，专利申请日：2014年2月14日，授权公告日：2016年6月1日，专利号：ZL2014 1 0053272.8。

专利名称：一种多功能马铃薯播种机，专利类型：实用新型专利，发明人：邢宝龙，专利权人：山西省农业科学院高寒区作物研究所，专利申请日：2016年4月1日，授权公告日：2016年8月17日，专利号：ZL2016 2 0286445.5。

专利名称：一种胡麻冲施肥用施肥器，专利类型：实用新型专利，发明人：郭秀娟，专利权人：山西省农业科学院高寒区作物研究所，专利申请日：2015年7月17日，授权公告日：2015年11月11日，专利号：ZL2015 2 0530658.3。

专利名称：一种胡麻整地镇压播种机，专利类型：实用新型专利，发明人：吴瑞香，专利权人：山西省农业科学院高寒区作物研究所，专利申请日：2016年3月11日，授权公告日：2016年7月27日，专利号：ZL2016 2 0190730.7。

专利名称：一种用于紫花苜蓿种子的精细筛选装置，专利类型：实用新型专利，发明人：郑敏娜，专利权人：山西省农业科学院高寒区作物研究所，专利申请日：2016年5月6日，授权公告日：2016年9月7日，专利号：ZL201620400975.8。

专利名称：一种荞麦脱粒机，专利类型：实用新型专利，发明人：王慧，专利权人：山西省农业科学院高寒区作物研究所，专利申请日：2016年5月6日，授权公告日：2016年9月21日，专利号：ZL201620401221.4。

专利名称：一种简易马铃薯挑选机，专利类型：实用新型专利，发明人：田宏先，专利权人：山西省农业科学院高寒区作物研究所，专利申请日：2015年6月3日，授权公告日：2015年12月9日，专利号：ZL 2015 2 0388923.9。

专利名称：一种小粒圆形种子作物播种器，专利类型：实用新型专利，发明人：王瑞霞，专利权人：山西省农业科学院高寒区作物研究所，专利申请日：2016年4月1日，授权公告日：2016年10月12日，专利号：ZL2016 2 0286443.6。

专利名称：一种试验田开沟器，专利类型：实用新型专利，发明人：田宏先，专利权人：山西省农业科学院高寒区作物研究所，专利申请日：2015年7月1日，授权公告日：2015年12月30日，专利号：ZL 2015 2 0505685.5。

专利名称：一种豆类作物精选机，专利类型：实用新型专利，发明人：田宏先，专利权人：山西省农业科学院高寒区作物研究所，专利申请日：2015年7月1日，授权公告日：2015年12月30日，专利号：ZL 2015 2 0505746.8。

专利名称：一种手动马铃薯点播器，专利类型：实用新型专利，发明人：杜培兵，专利权人：山西省农业科学院高寒区作物研究所，专利申请日：2016年3月23日，授权公告日：2016年10月19日，专利号：ZL 2016 2 0259285.5。

（高寒所）

【高寒所制定农作物技术标准】 2016年，山西省农科院高寒区作物研究所制定地方标准8项。其中，山西省4项，大同市4项。山西省地方标准《晋北区旱地黍子栽培技术规程》《紫花苜蓿主要病虫害防治技术规程》《燕麦秋深松抗旱播种保苗技术规程》《芸豆病虫害综合防治技术规程》。大同市地方标准《大同市马铃薯脱毒原原种繁育技术规程》《马铃薯品种大同19号》《晋薯24号马铃薯栽培技术规程》《无公害大豆生产技术规程》。（高寒所）

【新品种示范推广】 高产抗病马铃薯新品种示范推广。2016年，山西省农科院高寒区作物研究所项目组从4月25日开始，7次到项目区开展前期规划、技术培训、田间技术指导、测产评价等。聘请省内、所内著名专家5人次到项目区进行田间技术指导。编印马铃薯优良品种介绍及高产栽培技术等技术宣传资料5000份，编写《中国高原地区马铃薯栽培》。在娄烦县米峪镇下石村开展高产抗病马铃薯新品种"晋薯16号"密植高产创建示范，2016年9月25日邀请太原市农委种子管理站、山西省农业科学院科研管理处、山西省农业科学院果树研究所等单位的专家，进行田间测产，示范田平均亩产2275.45千克，比当地常规种植地块产量1579.3千克增产44.08%。示范田马铃薯的大薯个数占74%，比常规栽培地块大薯个数34%高一倍多。在高寒所开展"晋薯16号"原种繁殖综合高产栽培技术组装示范，2016年9月30日邀请省农业技术推广站、山西农业大学、山西农科院作物所等单位的专家进行田间测产，平均亩产1980.6千克。种薯质量达到优质。

胡麻丰产优质栽培技术示范推广。2016年项目组根据合同任务，按照各成员的特点进行工作安排，落实到人。落实胡麻高产栽培技术示范推广展示基地及重点推广区域，在神池县龙泉镇项家沟、东湖乡冯庄子村建立胡麻晋亚10号、晋亚12号示范基地900亩，神池县天池店乡窑上村建立100亩。实施其间各成员经常到田间地头指导农民整地、播种、田间管理和病虫草害防治。邀请技术专家，联系有关县乡技术推广的技术人员进行现场观摩和田间技术指导，田间技术指导项目区农民100余人次。2016年9月12日，山西省农业院技术推广处组织山西省农科院、神池县农委等有关专家在龙泉镇项家沟村胡麻示范点400亩胡麻地现场测产，亩产127.82千克，比当地胡麻品种前三年平均100千克增产27.82%，比合同目标产量120千克超出7.82千克。村里的干部希望继续合作，带动帮助广大农户科学种田，实现增产增收，走上富裕路。

高寒区玉米蔬菜立体高效种植技术示范推广。行首席专家负责制，组成人员梯队合理，分工明确，调动各自的主动性、积极性，实现各自特长及优势互补，为该项目的完成提供保证。在山西省农科院高寒所已有的作物品种推广机构的基础上，强化与县农委、乡技术推广站、专业合作社等部门的联系与合作，为项目建设服务。2016年在应县下社镇唐庄村建100亩的示范样板田，除示范"玉米＋甘蓝""玉米＋高莱""玉米＋芸豆""青椒＋花生"四种套种模式，还示范青椒育苗技术、甘蓝育苗技术、高垄覆膜机、小型中耕机等实用技术，在应县下社镇唐庄村、姜庄村、辛库联村建示范田1000亩，辐射带动下社镇、金城镇、南河种乡、大临河乡周围村1万余亩。项目组田间现场测产高产示范园的作物，玉米861千克/亩，甘蓝4130千克/亩，芸豆鲜豆荚1532千克/亩，高莱4135千克/亩，青椒4050千克/亩，花生87千克/亩；均超出合同预期。辐射推广田产量：玉米762千克/亩，甘蓝4002.6千克/亩，青椒4006.5千克/亩，芸豆1394.2千克/亩，高莱4007.1千克/亩，花生81.4千克/亩，均超出合同预期。示范推广1万亩，农民增收916.8万元。2016年在项目区玉米不同生长阶段实现农民技术培训1000人次，培养100名农民技术员或玉米种植能手。

（高寒所）

【大同与内蒙古香岛光伏农业公司签订战略合作协议】 2016年3月4日，市委常委、副市长王克建参加项目签订仪式。

内蒙古香岛光伏农业有限公司以设施农业开发、智能温室设计、花卉果蔬种植和加工、可再生能源技术开发推广、新能源项目开发应用管理为主营项目。该次与大同市签订战略合作协议后，在阳高县、天镇县、浑源县、大同县、灵丘县、广灵县等地，推广"农业＋光伏＋生态治理＋绿色养殖＋仓储物流＋互联网"的综合模式，利用先进的种植技术进行苗木、花卉、蔬菜、牧草等种植，加大特色农产品精深加工、发展绿色养殖，创建互联网销售平台促进农产品做大做强，创新光伏农业结合项目。（红　远）

林　业

综　述

【概述】 2016年，大同市营造林任务32.5万亩，村庄绿化50个，完成率均为100%；全市林业产业持续发展，产业规模扩大，产业结构优化，林业产业总产值153975万元。其中，第一产业产值101714万元，占总产值66%；第二产业产值29574万元，占总产值19%；第三产业产值22687万元，占总产值15%，与上年比较（2015年林业产业总产值139800万元），全市林业产业总产值增长10.14%。

（陈学飞）

【林业生态建设】 2016年，大同市营造林任务32.5万亩，村庄绿化50个。坚持荒山造林集中连片，大林业生态片区建设推进。2016年，全市规划完成1000亩以上集中连片工程22.77万亩，占全市人工造林任务28万亩的81%。坚持身边增绿，村庄、通道绿化工程全面铺开。在全市实施完成50个村庄绿化，县乡级、乡村级通道绿化注重乔灌结合进行提档升级，完成163.5千米县、乡、村通道绿化，提升绿色路网建设规模。坚持造管并重，造林绿化成果持续巩固。市财政安排235万元专项资金，作为近几年来实施的国家和省级重点工程未成林造林地管护配套补助，按照原标准补植补造，通过围网、除草、浇水、病虫害防治等专项管护，造林绿化成果得到巩固。坚持细化工程管理办法，规范工程项目实施全过程。随着各项营造林工程作业设计审批权限的下放，市局专门制定《大同市营造林作业设计编制与审查审批规定（试行）》，明确作业设计审批的流程，编制时间，规定设计的大纲和模板，规范工程项目的实施。（陈学飞）

【森林资源管控】 2016年，大同市林业局审核审批占用征收林地24宗，总面积4731.75亩，收缴森林植被恢复费319.17万元。其中，国有林地784.2亩、集体林地3947.55亩；临时性使用林地审批8宗，永久性使用林地的初审16宗。对大张高铁、光伏发电等重点项目占用林地审批设立“绿色通道”，实行领导帮扶责任制，指定专人与项目建设单位和各级林业部门对接、沟通，减少审核审查时间，加速重点项目工作进度。按照市审改办要求，建立随机抽取检查对象、随机选派执法检查人员的“双随机”抽查机制，把随机抽查事项清单及人员信息库通过门户网站向社会公布，为今后的“事中督查”工作奠定基础。全市对主要林业有害生物采取措施进行科学防治，推行无公害防治，防治面积12.52万亩。其中，无公害防治10.85万亩，无公害防治率86.67%；实施种苗产地检疫0.9万亩，种苗产地检疫率100%，均达到国家规定的“四率”标准。

在全市范围内开展为期1个月的森林防火宣传月活动，出动森林防火宣传车1230余台次，警力3500余人次，发放宣传资料10万余册（份）；加大重点时段、重点地区的巡查和重点人员监管力度，在入山人员高峰期开展野外火源专项治理行动，在防火期间，地毯式清查林区重点部位，森林防火“三查”制度得到落实；派出两轮督导组对各县（区）、市直林场防火工作进行督导检查，促使森林防火工作未雨绸缪，常抓不懈。全年没有发生大的森林火灾，确保全市森林资源的安全。针对县区换届后，任职的分管林业的副县区长和部分林业局局长业务不熟等情况，与国家林业局合作举办“森林防火指挥员培训班”，在新荣区举行全市森林防火实战演练。

全市各级森林公安机关组织警力开展“禁种铲毒”“清网”等专项行动，出动警力2750人次，警车1300台次，发放禁种铲毒、森林防火宣传资料5万余份，禁种铲毒踏查林地面积100万余亩，重点踏查可疑地块128处，办理刑事案件1起，林业行政案件40起，查处40起，查处率100%，保护森林资源，维护林区社会治安稳定。（陈学飞）

▲2016年10月28日，全市森林防火指挥员培训班开班 （陈学飞 供图）

【全市森林防火指挥员培训班】 2016年10月27日，全市森林防火指挥员培训班开班。各县区政府分管森林防火的副县区长、林业局局长、分管副局长、防火办主任、森林派出所所长、灭火专业队队长；市政府森林防火指挥部成员和市直属林场场长、分管副场长、直属派出所所长参加培训。培训班邀请国家森林防火指挥部办公室领导和相关学院专家学者进行授课。通过培训，提升各级指挥员对森林火灾的预防和扑救指挥能力。

（陈学飞）

【林业转型综改】 光伏发电项目使用林地改革试点工作取得成效。2016年，大同市“林光互补一体化”发展的思路与精准扶贫相结合、与增加就业相结合、与农民增收相结合，确保林地质量提升，使林农得到实惠。大同采煤沉陷区国家先进技术光伏示范基地13家光伏项目使用林业用地5万亩，实施就地生态恢复造林投资1.5亿元，2016年实施造林绿化面积4万亩，种植苗木500万余株（穴），完成总面积的80%，投资1.2亿元。南郊区、新荣区和左云县签订林光互补项目合同进行林权流转，涉及7个乡镇，48个行政村；流转48宗，流转面积3.78万亩。按年租赁补偿金450元计算，每年当地林农增收1701万元，安排当地林农就业岗位3000余个。光伏发电项目使用林地改革试点对推动全市非基地光伏发电项目起到引领作用，阳高县、天镇县、浑源县有多家光伏发电项目落地。

完成市国有林场改革任务。根据《关于印发山西省国有林场改革实施方案的通知》（晋发〔2016〕9号）和《山西省市、省直林局国有林场改革实施方案编制指南》（晋林办管〔2016〕6号）文件精神，市林业局与多个部门协调沟通相关问题，补充完善全市国有林场改革实施方案，并于9月14日山西省国有林场改革工作领导小组第二次会议上研究通过，10月30日，大同市委、市政府正式印发《大同市国有林场改革实施方案》（同发〔2016〕16号），12月20日政府常务会议听取并通过市编办关于国有林场改革机构整合的方案，国有林场全部定性为公益一类事业单位，纳入财政预算。12月22日市委全面深化改革领导小组第七次会议通过市编办关于《改革整合大同市所属国有林场机构编制等事项的意见》，标志着全市市级国有林场管理体制主体改革任务完成。（陈学飞）

【林业精准扶贫】 2016年，大同市林业局实施“五个一批”生态脱贫战略部署，推进全市林业精准扶贫工作。实施退耕还林脱贫项目。把省厅预布置大同市的1万亩退耕还林任务分解到全市5个贫困县，市局组织6

个督导组，督导贫困县开展林业脱贫工作和启动退耕还林工作情况，推动生态建设和脱贫攻坚工作。

实施生态保护脱贫项目。落实关于“利用生态补偿和生态保护工程资金使当地有劳动能力的部分贫困人口转为护林员等生态保护人员”这一惠民政策。全市聘用建档立卡的生态护林员1757名，发放管护补助1154万元，提升贫困户家庭收入。

实施生态治理脱贫项目。鼓励有造林技术经验的林业大户、造林公司、技术人员、村干部等创办扶贫攻坚造林专业合作社。全市6个贫困县成立220家扶贫攻坚造林专业合作社，合作社成员80%以上是建档立卡有劳动能力的贫困人口，6308名贫困人口加入到合作社中。

实施经济林提质增效项目。完成经济林提质增效2.7万亩，在适宜干果经济林种植6个贫困县，抓好基层林业工作人员和干果经济林种植户的技术培训，提高修剪和嫁接水平；利用闲置大棚，做好大棚冬枣、大棚桃、大棚梨等适合品种的引进工作，提升科技含量，增加林农收入。（陈学飞）

【三家公园被评为“国家沙漠公园”】 2016年2月，“国家沙漠公园”评选名单里，大同申报的三家名列其中，分别是西坪国家沙漠公园、左云管家堡国家沙漠公园和天镇边城国家沙漠公园。三地分别代表大同境内迥异的自然风光和人文景观，反映出晋北地理特点与历史沿革。

国家沙漠公园是以沙漠景观为主体，以保护荒漠生态系统为目的，在促进防沙治沙和保护生态功能的基础上，合理利用沙区资源，开展公众游憩、旅游休闲，进行科学、文化、宣传和教育活动的特定区域。本次评审工作由国家林业局治沙办邀请中国科学院、中国林科院、北京林业大学、国家林业局调查规划设计院、林产工业规划设计院、中国人民大学的有关院士、研究员、教授参加，新疆、甘肃、青海、陕西、山西、辽宁6省（区）申报的22家国家沙漠公园接受评审。

西坪国家沙漠公园，位于大同市东30公里区域，以大同县西坪镇为中心，包括南部桑干河沙地和北部黄花种植基地，公园范围内大河平缓，沙岸绵延，农田纵横，林木茂密，是露营休闲、户外运动的良好区域；左云管家堡国家沙漠公园，位于大同市西北方，隔长城与内蒙古自治区接壤，公园内的景观有东汉长城、明长城、睡佛寺等；天镇边城国家沙漠公园在三家国家沙漠公园中规模最大，面积覆盖天镇县中心区域，公园东起省道201，西至天镇县界，北上平远头村，南至水磨口村，规划区面积20.92万亩。

（青　青）

【乌大张长城沿线绿道项目规划】 2016年4月20日，由乌兰察布市、大同市和张家口市林业局三家联合发起的乌大张长城沿线绿道项目开始规划。

乌大张长城沿线绿道是乌兰察布、大同、张家口三市，对境内古长城沿线的自然景观、生态资源、风物遗迹、民居建筑等众多单体资源整体规划及开发，以森林生态景观的重新构建和营造为基础，以文化遗址保护为切入点，以产业开发为目的，串联起来的一个具有重大价值和多种用途的景观廊道。该项目的启动，对三市转型发展，打造绿色、生态、宜居的美好家园，推进经济结构战略性调整和发展方式战略性转变，起到推动作用。

座谈会上听取北京林业大学园林学院张云路博士关于乌大张长城沿线绿道建设前景和意义的报告，商定乌大张长城沿线绿道项目规划的前期调查相关事项，确定定期召开的联席会议制度。乌兰察布、大同与张家口市发改、林业等部门的负责人和天镇、阳高、新荣、左云等县区林业部门负责人参加会议。（行　云）

【三北地区退化林分修复技术培训会】 2016年9月7日，三北地区退化林分修复技术培训会在大同市召开，国家林业局三北防护林建设局副局长洪家宜，中国林科院研究员、中国治沙暨沙业学会秘书长杨文斌，山西省林业厅总规划师张云龙等出席会议。

2016年，大同市依托京津风沙源治理、退耕还林、太行山绿化、通道绿化、交通沿线荒山绿化等重点林业生态建设工程，抓好三北工程退化林分改造，营造林690万亩，全市有林地和灌木林地面积496.2万亩，未成林造林地353.6万亩，森林覆盖率23.5%。会议肯定大同市和山西省杨树局退化林分改造工作取得的经验和成绩，并通过室内授课、现场教学、讨论交流等形式，讲解山西省退化林分改造的理论与实践、三北工程退化林分修复项目管理、低覆盖治沙造林、退化林修复剩余物的综合利用等内容。讨论修改《三北防护林退化林分修复技术规程（征求意见稿）》，三北地区10个省区70余个县林业局的负责人参加会议。

在大同期间，与会代表到金沙滩林场、新荣区、采凉山、大同县现场观摩退化林分改造示范工程。（小　霞）

【三处公园被列为省级森林公园】 2016年10月9日，大同市灵丘县北泉森林公园、平型关森林公园和大同县火山群森林公园被列为省级森林公园。大同市省级森林公园增加到5处。

这3处省级森林公园经勘查均具有丰富的森林风景资源、内涵深厚的自然文化资源、良好的森林生物多样性，在全省范围内具有代表性、典型性和地域资源特色。北泉森林公园位于灵丘县东南山区红石塄乡北泉村，总面积16320亩，林木绿化率65.8%；平型关森林公园位于灵丘县东河南镇与白崖台乡交界处，总面积8925亩，林木绿化率88.8%；大同县火山群森林公园地处大同县西坪镇、聚乐乡、瓜园乡和省直杨树局九梁洼林场境内，总面积5万亩，林木覆盖率62.3%。（晨　曦）

山西省桑干河杨树丰产林实验局

【苗木改革】 2016年，山西省桑干河杨树丰产林实验局实施“固定苗圃调结构，林下育苗建基地，景观大苗提品质，种苗产业上台阶”的转型战略，推动种苗产业走出困境。全局固定苗圃规模达到2万亩，建设林苗一体化基地7万亩，取得优化结构，精细管理，以苗促林，林苗共赢的显著成效。实现小苗向大苗，裸根苗向容器苗转变。年内苗圃培育10×18厘米针叶树营养钵苗1100万株，10×25

厘米阔叶树营养钵苗木200万株，全局营养钵苗木总量3000万株，为提升造林质量奠定苗木基础。

实现单一针叶树向针阔并重转变。针对全局针多阔少苗木品种单一问题，全局推进一场一品阔叶树转型战略。建成油坊、云西林场“两个千亩”白桦、河北杨阔叶树培育基地。形成沿桑干河五个林场主打樟河柳、白蜡、金白杨、中金杨、金黑杨，沿外长城五个林场主打河北杨、白桦的阔叶树发展格局，总规模6000亩，解决造林阔叶树苗木短缺的问题。

实现单纯苗圃生产向林苗一体转变。全局集中使用资金，加大工作力度，优化工程布局，科学配置树种，推进林苗一体化建设，2016年选用本局培育的白蜡苗木，完成一体化基地建设4500亩。三年来，共建设一体化基地7万亩，栽植针阔大苗1600万株。一体化建设是苗木供给侧结构性改革的有力抓手，消化积存苗木，培养后备资源，优化林分结构，提升生态功能，实现生态和经济双赢。

实现低端苗木向高端苗木转变。坚持保护和利用并重，结合森林抚育，把非目标树归圃，培育造景树，年内完成1万株，2年共培育造景树2万株。此项工程的实施，把过去卖大树，转变为卖“艺术品”，提高苗木附加值，增强市场竞争力，展现经济效益和发展前景。 （杨树局）

【营造林工程】 2016年，山西省桑干河杨树丰产林实验局按照“全流域治理，全林分经营”的要求，坚持宜造则造，宜改则改，宜抚则抚，推进沙区生态建设。年内完成“天保”“治沙”“三北”“植被恢复”“双百”示范等造林任务12万亩，占计划任务100%。精品造林取得突破。全局围绕“科学造林、健康经营、创新协调、提质增效”的总要求，推进工程建设。年内精品造林2.65万亩。具体做到“两化”“两结合”。“两化”即：规模化。把工程布局到生态区位重要地段，打造油坊林场、云西林场两个万亩精品工程，做到集中连片、规模经营；科学化。以营造针阔混交林为突破口，在全局六个林场不同地类栽植白蜡混交林6000亩，成活率95%，阔叶树造林取得成功。“两结合”即：造管结合。管护站与工程建设同步规划、同步建设，共建成管护站8个，做到建站管护；有害生物防治与工程建设同步落实，采取种植蓖麻和人工捕杀等防治措施，严防中华鼢鼠危害，保护工程建设成果；点面结合。在做好点上精品造林的同时，常规造林利用零星地块和边头延脑，见缝插绿、拾遗补阙，构建起空间衔接、结构稳定的森林生态体系。

山地造林取得突破。在所购广灵山，采取一场治理一坡一沟的办法，全局克服山大沟深、石质山区土层薄、造林经验少的困难，科学整地、精心栽植，完成油松、落叶松造林5.9万亩。

退化林分修复取得突破。在“三北”地区退化林分修复现场会后，杨树局总结经验，推进退化林分修复，采取伐桩嫁接和林下植苗两种措施，修复退化林分1.5万亩，增强森林的稳定性。

森林抚育取得突破。从林情出发，采取生态疏伐与大树归圃结合，目标树修枝与干扰树清理结合，林中空地补植与树种结构调整结合的措施，完成中幼抚5.8万亩，提高森林质量。

（杨树局）

【森林资源管理】 2016年，山西省桑干河杨树丰产林实验局建立以专业管护为主体，信息托管员为补充的森林管护队伍，配备专职管护人员509人，落实信息员460名，建起定点看守、网格化巡查的责任体系。贯彻预防为主的方针，严控野外火源，年内安排森林防火资金510万元，建管护站8个，完成机耕防火隔离带3.06万亩，建设修缮防火通道877千米，开展坟盘、林缘、地边可燃物清除，全年未发生大的森林火灾。强化林地管理，打击各类破坏森林资源违法行为，全年查处林政案件89起，刑事案件2起，处理违规单位7家，违法人员82人，保护森林资源安全。

（杨树局）

【森林科研】 2016年，山西省桑干河杨树丰产林实验局坚持“科技面向生产、生产依靠科技”的方针，加强技术研究和推广。全年安排科研经费150万元，开展15项科技攻关和技术推广课题，取得三个方面成效：对原有杨树基因库进行整理分类，完善档案影像资料，对杨树基因资源进行复壮扩繁，收集保存杨树基因300个；培育抗逆性强、生长快的杨树新品种，中金杨、群众杨、金黑杨等13个良种在全省繁育推广；引种大果樱桃，建设集科普观光为一体的采摘园2000平方米；建设植物园100亩，栽植梭梭、大果榛子、长根扁桃、长白松、红松、沙地云杉、扁桃、文冠果等25种生态和经济树种。 （杨树局）

【国有林场改革】 按照省厅“落实改革方案，确保改革一次性到位”的要求，2016年，山西省桑干河杨树丰产林实验局推进国有林场主体改革。制定《山西省杨树局主体改革落实方案》，成立领导组，下设人员、财务、资产移交工作组，推进主体改革，完成机构整合。国有林场由10个减少到7个，机关职能科室由16个减少到13个，业务保障单位由5个减到4个，基本形成适应杨树局生态文明建设的国有林场管理体制。 （杨树局）

大同市长城山林场

【营造林】 2016年，大同市长城山林场结合实际，因地制宜，依靠科技，坚持高标准，完成工作任务。国家级华北落叶松良种基地：完成华北落叶松抚育管理5763亩；补植落叶松1.3万余株；种植落叶松容器苗1万余株；采集落叶松良种1970余公斤，母树截顶300亩；防冻花管理733亩；悬挂母树标记牌2万余块；采集选优系号华北落叶松接穗1万余条；林道维修1万米；完成1.5代种子园抚育管理435亩，补植落叶松1930余株，建小区简介牌3块，栽小区界桩3700根。苗圃地：管理油松留床苗70亩，补植杏树5730余株。彩叶树基地：种植油松苗6700株，管理苗圃地200余亩，修建蓄水池47个，修水管130米。造林任务：恢复植被造林1388.62亩。山西省长城山森林公园：林相改造25亩。 （长城山林场）

【防火安全】 2016年，大同市长城山林场把森林防火和安全生产工作当做头等大事来抓，坚持“预防为主，积极消灭”的方针，对防火工作做到“四早”（早发动、早部署、早安排、早落实），“五到位”（组织到位、宣传到位、措施到位、保障到位、责任到位）；实行森林防火包片责任制，逐级签订森林防火责任状，把森林防火责任落实到人，做到山有人管，林有人护，责任有人担。与辖区各乡、镇、村签订联防书30份。场长与分管副场长签订责任书1份，分管副场长与各管护队责任人签订责任书6份，各管护队责任人与管护队员签订责任书83份。

开展防火安全警示教育，把森林防火的法律法规送到千家万户，提高广大群众自觉防火的意识，形成整个林区齐抓共管的局面。全年出动森林防火宣传车30余次，发放宣传资料3000余份，发送宣传手提袋1000个，张贴防火通告300份、标语1200余条，悬挂彩旗300余面、条幅180条。

林场强化各项预防措施，执行“网格化巡查”和“定点看护”两项制度，控制野外火源。采用入山检查和林区巡护相结合的方法，严控火源。死看硬守重点林区，重要部位，禁止一切野外用火。在防火紧要期，增设防火检查站，强化检查，杜绝火种入山，消除火险隐患。

强化应急预案的培训和演练，提高灭火队伍预防和扑救森林火灾的综合能力，随时做好扑火准备。加大资金投入，补充扑火物资，检修保养扑火机具，维护防火基础设施，做好扑救准备。2016年，粉刷防火宣传碑90余块，开设防火隔离带1060余亩，开辟防火通道3.16万余米。开展安全生产大检查，成立专门的工作领导组，进行安全隐患排查治理，落实安全生产监管责任，强化安全生产措施，整改落实，遏制和杜绝安全事故发生。

执行领导带班制度和昼夜值班制度，规范值班行为，记录值班日志，坚持零报告制度，保证通讯联络畅通，注意动向，通报情况，应对处置火灾事件。（长城山林场）

【森林资源保护】 2016年，大同市长城山林场坚持“保护优先，自然恢复”为主的方针，树立生态红线观念，依法护林，多举措巩固生态建设成果。加强重点公益林管理。专门成立公益林管理领导组并下设办公室负责此项工作。区划45个管护责任区，配备管护人员45名，并与之签订管护协议，明确职责，落实到位、到人、到山头、到地块。每季度对管护人员进行考核并验收。提高管护人员素质，加强培训管护人员业务知识。在公益林重点区域、交通要道及林相较好地方设立永久宣传牌。把13.56万亩国家级公益林纳入森林保险范围，完成管护任务；管理难度较大的平川林区实施拉网围栏，总长9900余米；建管护岗亭1座。

按照省林业厅要求，实地调查林场森林资源，内外业调查整理，核实相关因子，依据成果完善和更新林地数据库资料，调整误差，保障数据的现实性和精准性，严守生态保护红线，提高林地监管能力。

全年多次开展保护生态环境及打击涉林违法治理行动，打击林区内违法占地建坟行为，打击破坏森林和野生动物资源的违法行为等，保护林地资源安全。

贯彻“预防为主、综合防治”的病虫害防治方针，适时对森林病虫害情况展开专门调查、检测，采取措施预防和防治，控制虫害发展和蔓延。（长城山林场）

水 利

综 述

【水利规划编制】 2016年，大同市水务局编制完成《大同市“十三五”水利发展规划》，6月20日该《规划》通过专家评审。2月，编制完成《御河流域生态修复与保护规划》和《桑干河流域生态修复与保护规划》，上报省水利厅及有关厅局审查，6月8日，按照省水利厅及有关厅局的审查意见修改完成，并于6月28日以政府文件（同政发〔2016〕51号）上报省政府。配合省水利厅、海河水利委员会编制《永定河综合治理与生态修复总体方案》，大同部分估算总投资34.01亿元，通过国家发改委、水利部、国家林业局批复。编制完成《大同市水资源评价及配置规划》，通过专家评审。（曹　忠）

【水源建设工程】 2016年，大同市水务局重点抓好守口堡水库建设。截至年底，2.43千米上坝公路、10千伏输电线路工程、310米枢纽导流隧洞、253米上游导流围堰以及临时住房全部完成。累计土石方开挖31.22万立方米，砂砾石开挖36.08万立方米，土石方回填12.49万立方米，大坝浇筑高25.5米；廊道完成308米。全年投资2152万元，超计划7.6%。推进灵丘县门头峪、浑源县王千庄2座小水库的建设工作。灵丘县门头峪水库完工。浑源县王千庄水库大坝建成导流洞工程、上下游围堰填筑工程、上坝道路石方开挖工程，左右坝肩开挖、灌浆平洞石方开挖和基坑开挖。（曹　忠）

【中小河流治理工程】 2016年，大同市水务局开工中小河流治理工程三项，分别是坊城河大同县西坪段河道治理、南洋河天镇县石佛寺段河道治理和白登河阳高县大白登段河道治理工程。（曹　忠）

【农村饮水安全巩固提升工程】 截至2016年底，4.28万农村人口饮水安全巩固提升目标完成，大同市水务局编制《大同市饮水安全巩固提升“十三五”规划》。（曹　忠）

【农业灌溉工程】 2016年，大同市水务局计划农田实灌面积225.41万亩。实际实灌面积226.1万亩。超额完成年度任务；实施的小农水重点县为天镇县。完工后可增灌溉面积0.68万亩，改善灌溉面积1.32万亩，主体工程完工；发展膜下滴灌面积1.17万亩，涉及大同、灵丘、左云、新荣4个县区，主体工程完成。（曹　忠）

【水保生态工程】 2016年，大同市水务局抓京津风沙源、坡耕地综合治理、重点小流域综合治理等项目建设。全市综合治理面积20万亩。为加强京同区域生态治理、环境保护等方面的合作，市水务局多次与北京市水务局对接沟通生态治理等方面，于

2016年9月30日签订《京同水源保护和生态治理合作协议》，北京市承诺给予1000万元资金支持，建设浑源县龙盆峪清洁小流域。设计报告编制完成。（曹　忠）

【水资源管理】 2016年，大同市水务局推进最严格水资源管理制度的考核工作，2月29日，2015年度最严格水资源管理制度考核工作的自查报告及大同市2015年度实行最严格水资源管理制度考核工作目标完成情况复核技术资料报送省考核办（省水利厅），抄送省考核工作组成员单位。根据《大同市人民政府关于实行最严格水资源管理制度的实施意见》《大同市人民政府办公厅关于印发大同市实行最严格水资源管理制度考核办法的通知》和市水务局等十委局关于印发《大同市实行最严格水资源管理制度考核工作实施细则》的通知，市水务局启动对各县区人民政府实行最严格水资源管理制度考核工作，于5月16日以市考核办（市水务局）出函各县（区）人民政府、开发区管委会关于开展2015年度实行最严格水资源管理制度考核工作，形成考核结果报告。

发挥地表水供水配置体系的调蓄功能，开展向文瀛湖和御河城区段蓄水工程补水的工作，全年补水量2370万立方米。开展“3·22世界水日”“中国水周”活动和水资源宣传活动。扩大水法规认知度，提高水政执法的执行力。（曹　忠）

【防汛抗旱】 2016年，大同市水务局在防汛上，主要强化以下几方面工作：明确责任，落实以行政首长负责制为核心的各项防汛责任制，实行层级管理，属地负责的原则，落实县、乡、村、组、户五级责任制体系；进行清障，全年全市主要河道清淤清障84.5万立方米；组织检查，检查各县（区）水库、淤地坝、河道、在建水利工程项目、山洪灾害防治非工程措施体系建设和运行管理及市直水库、河道蓄水工程。在主汛期前，检查水库15座、橡胶坝6道、河道堤防9段约23千米、9个县级平台运行管理情况及备汛情况。保障全市防汛工作的顺利开展。完善预案，要求各县（区）、各部门结合实际，组织修订和完善防洪应急预案和专项预案。各县（区）组织乡（镇）、村修订完善防汛应急预案。各有关部门研究制定辖区内各类园区、工矿企业、学校等的防洪预案。全市各类预案859套，形成市、县、乡、村四级预案体系；准备物料，全市有关防汛物资落实：抢险车辆24辆、草袋1.2万条、麻袋4.12万条、编织袋17.85万条、铅丝21.81吨、砂石料5.86万立方米、水泥30吨、汽油19吨；落实队伍，落实各类抢险队伍135支17826人；部署演练，全市各县区，累计组织30次，参与6000余人；进行水毁修复，2015年7月以来受暴雨袭击，使部分县（区）水利设施受损，修复受损堤防13处、人畜吃水工程2处。由于防汛措施得力，全市没有发生大的洪涝灾害，实现安全度汛。

抗旱上，大同市水务局要求各级各部门注意旱情发展变化，加强雨、水、墒、旱情监测预报和分析，做到早发现、早上报、早安排、早行动；结合实际完善抗旱预案，针对可能发生的缺水情况，提前考虑应对措施，增强抗旱的主动性和预见性，适时启动《抗旱应急预案》；抓好机井的维修管理和渠道维护，根据本地实际情况制定拉运水预案，保证人畜饮水安全。2016年全市春浇面积139.1万亩，超计划15.1万亩；夏浇面积110.95万亩，超计划18.95万亩，灌溉亩次301.62万亩，累计临时解决0.576万人、0.229万头大畜的饮水困难，抗旱挽回粮食损失709.7万千克。（曹　忠）

【水务执法】 2016年，大同市水务局完成权力事项流程定制表。组织相关科室单位对市水务局权力事项流程中所涉及的104项内容，逐项逐条把关，完成权力事项流程定制表的上报工作。

落实取水制度。对取用水总量达到或超过控制指标的区域，暂停审批建设项目新增取水；对取用水总量接近控制指标的区域，限制审批建设项目新增取水；对所有取水许可审批，全部进入行政审批窗口限时办理，接受社会监督。截至2016年底，全市发放取水许可证1471套。按照水利部要求，数据库录入全市取水单位的相关资料，入库1461套，录入率99.3%。

推进水产品安全整治活动。加强产地水产品药残监督抽查工作，强化水产品产前、产中、产后各个环节的质量管理，打击养殖场滥用抗生素、禁用药物和有毒有害物质等违法违规行为，通过检查，规范水产品市场。围绕水生态的保护和修复工作，11月初，举办大同市2016年渔业资源增殖放流活动，放流苗种25.51万尾，恢复放流区域原有的生态种群及改善水体环境，为渔业增收产业增效起到促进作用。（曹　忠）

【“世界水日”和“中国水周”活动】 2016年3月22日是第二十四届“世界水日”，3月22日至28日是第二十九届“中国水周”。22日，大同市举行宣传活动纪念“世界水日”和“中国水周”。

2016年“世界水日”的宣传主题是“水与就业”。中国纪念2016年“世界水日”和开展“中国水周”活动的宣传主题为“落实五大发展理念，推进最严格水资源管理”。

宣传活动现场，围绕宣传主题，通过布设展板、悬挂横幅、设立咨询台、发放宣传材料等形式，宣传水利政策、法规。不少群众围到宣传展板前观看宣传资料，询问水资源管理方面的知识，反映生活中用水碰到的种种问题。工作人员一边向群众发放宣传资料，一边耐心地向他们讲解有关法律法规，呼吁市民从一点一滴做起，节约保护水资源。

各县区也以多种形式举行纪念活动。（茗　泉）

大同市册田水库管理局

【概述】 山西省大同市册田水库位于海河流域永定河水系桑干河中上游，大同县西册田村北约2千米，北纬39°50′～40°00′，东经113°26′～113°56′之间，距大同市约60千米。册田水库始建于1958年3月，1960年开始拦洪，大坝为均质土坝，最大坝高42米，设计总库容5.8亿立方米。水库控制河长241千米，坝址以上控制流域面积16700平方千米，设计灌溉面积45万亩（其中山西境内30.04万亩）。

册田水库主要入库水量为桑干河干流来水，随着上游干旱少雨、水资源开发力度的加大，桑干河来水逐年减少，平均径流量由20世纪80年代的2.22亿立方米减少到不足5000万立方米，导致册田水库入库水量逐年减少，水资源短缺的矛盾依然存在。

册田水库原设计任务为防洪、拦沙、灌溉与发电。主要工程等级2级。水库设计防洪标准为100年一遇洪水设计，2000年一遇洪水校核，下游防洪标准为20年一遇洪水。1993年大同—册田引水工程竣工后，水库任务变为城市与工业供水、防洪、灌溉等。进入21世纪，按照《21世纪初期首都水资源可持续利用规划》安排，册田水库管理局又承担保障首都水资源可持续利用向北京市集中输水的任务。为官厅水库拦蓄泥沙2.19亿立方米，拦蓄较大洪峰1次，为45万亩农田提供灌溉用水保障，是大同市工农业用水的重要水源。其中农业用水和北京输水占总用水量的95%以上。从2003年开始，累计向北京市集中输水3.6亿立方米（包括东榆林水库8000万立方米），为首都水资源可持续利用作出贡献。（册田水库）

▲图为册田水库大坝（册田水库 供图）

【水库工程管理】 2016年，大同市册田水库管理局完善《册田水库调度规程》《大坝安全管理应急预案》、大坝观测制度和巡视检查制度以及重点岗位责任制、重点岗位操作规程等规章制度，以制度促管理。调整充实观测队伍，昼夜监控隐患部位；重点岗位、重点部位明确安全责任人；在枢纽设施、重点部位、主要林区设立保卫室，派专人值守；定期安全培训上岗人员，安全检查工程设施，汛期全局昼夜值班值守，带班局长每天带队检查，做到人防、技防相互补充，确保工程设施运行状况底子清、情况明。多方筹措资金维修整治大坝前坡，修建大坝后坡排水沟，维修南干渠穿坝引水洞，维修正常溢洪道、非常溢洪道地板，改造大坝监测系统电缆沟（因天气原因未全部完工）等工程，消除安全隐患，保证工程运行安全，全年未发生安全事故。（册田水库）

【水库防汛抗旱】 2016年，大同市册田水库管理局抓好安全度汛的各项工作。树立防大汛，抗大洪意识，让每位职工从思想上绷紧防汛责任重于泰山这根弦；落实行政首长负责制和重点坝段、隐患部位安全度汛责任制；坚持领导带班，科长跟班，科员值班的三级值班制度，坚持汛前大检查，汛期天天查，汛末回头查的三检查制度；执行批复的《度汛控制计划》和《防汛抢险预案》；做好水、雨、工、险情监测、检查、巡查工作和信息传递工作；做好防汛物资储备工作。坚持防汛与抗旱并重的原则，做好抗旱工作，通过抢蓄来水，拦蓄弃水等措施，提高水库蓄水量，全年拦蓄来水3500万余立方米，农业用水1200万立方米，农业灌溉10万亩次，为灌区农业发展、农民增收做出贡献。（册田水库）

【水库工程建设】 2016年，大同市册田水库管理局工程建设项目部、监理单位、施工单位合作，克服征地、施工不便等困难，按照市委“冬季行动”的要求，变冬闲为冬忙，完成年度工程建设任务。《山西省册田水库水轮泵站改电灌站工程》《山西省册田灌区续建配套与节水改造工程》，年内全部完工。两项工程改变灌区工程设施老化、灌溉效益低下问题，扩大可灌溉农田面积，服务当地农民。

《册田水库大坝除险加固工程》，委托省水利设计院编制《册田水库大坝安全鉴定报告》，通过省水利厅组织的审查和水利部大坝安全鉴定中心的核查，确定册田水库为三类坝。

《永定河综合治理与生态修复工程》，2016年2月，国家发改委会同水利部、国家林业局以及北京、天津、河北、山西四省市启动《永定河综合治理与生态修复总体方案》编制工作。山西省桑干河流域纳入国家《永定河综合治理与生态修复总体方案》，按照市水务局的安排和要求，管理局成立永定河流域生态修复工程前期工作领导小组，召开专门会议、抽调专业技术人员配合设计部门，推进工程项目的规划、设计等前期准备工作，为项目实施奠定基础。该项目通过国家发改委、水利部、国家林业局批复。

在北京集中输水工作中，管理局为贯彻落实国务院批复的《21世纪初期首都水资源可持续利用规划》和永定河干流水量分配方案，在水利部、海河水利委员会、山西省人民政府、山西省水利厅及大同市人民政府的统一领导部署下，制订向北京市集中输水实施方案，成立由局长、书记牵头的输水工作领导组，成立五个工作组，于2016年10月17日开闸放水，到2016年11月1日闭闸，历时16天，完成向北京市集中输水2292.6万立方米的任务。（册田水库）

住房和城乡建设
环境保护

住房和城乡建设

城乡规划

【规划编制】 2016年，大同市城乡规划局指导城市协调发展的“五规合一”方案通过专家评审会的评审，并按照专家意见完成该规划。历史文化名城保护规划获省政府批复；大同市城市总体规划修改并通过住建部部际联席会议审议；市域城镇体系规划编制完成。围绕古城，历史文化街区保护规划于11月24日经政府常务会通过，古城更新及建设指引完成评审稿并进行批前公示，大同古城十字大街沿街建筑景观及风貌整治设计和片区规划完成；围绕御东新区，文瀛湖环湖区域概念性规划编制，经市政府常务会审议通过；围绕口泉区，完成大同市口泉地区公共服务设施提质规划、大同市口泉城区市政公用设施提质规划和大同市口泉城区环卫设施提质规划，经专家评审通过，报市政府待批复；围绕开发区，配合开发区管委会完成《大同经济技术开发区总体规划》及重点片区《控制性详细规划》前期资料准备工作。2016年编制及调整地块规划55个。中小学用地布局规划、绿道系统规划、加油加气站布局规划、停车场站点布点规划、大同市综合管廊专项规划、供热专项规划和大同市绿色建筑集中示范区规划、城市色彩规划、户外广告专项规划设计和城市导视系统规划设计完成并经市政府批复；城市综合交通规划、大同市城镇质量研究和2017年度大同市城市规划实施计划、大同市城市地下管线综合规划完成并经专家评审会通过，待市政府批复；产业园区规划、近期建设规划完成征求意见稿；桑干河流域北部地区综合治理总体战略规划、大同市城市轨道交通线网规划完成；大同南站站前交通枢纽一体化设计完成中期成果编制；启动大同市中心城区总体城市设计、海绵城市规划、中国万里长城（大同段）保护与旅游开发规划、大同市城市地下空间利用规划、大同市城市道路优化设计项目、城市雕塑工作。七县一区（新荣区）控规覆盖率60%；完成左云县县域乡村建设规划编制；完成大同县大坊城村、阳高县安家皂村、广灵县殷家庄村、广灵县赵庄村、浑源县李峪村5个村庄规划编制；完成浑源县神溪村传统村落保护规划编制和灵丘县觉山村传统村落保护规划批复。（曾垚尧）

▲2016年5月31日，市规划局开展全市城建系统规划专家讲座　（曾垚尧　供图）

【规划管理】 2016年，大同市城乡规划局推进并完成“五规合一”信息联动平台工作，该平台具备初步验收的条件。推进基础地形图测绘工作，制作完成1:500、1:2000数字线划图以及0.05米、0.20米分辨率数字正射影像图；完成1:50000地形图购买工作。完成各种比例的地形图测绘工作，加强大同市城乡空间的统筹管理，推进城市现代化、信息化管理。启动大同市城乡规划局规划历史档案数据（地理信息化）整理入库服务工作。完成规划档案标准规范体系建设、规划档案数据整理辅助工具开发、扫描设备供应三部分。加强基础地理信息数据建设和更新维护，使信息化建设得到可持续发展。

围绕提高规划审批效率，优化审批流程。启用规管审批系统，规范审批。优化审批流程，压缩证件办理时限。对项目审批采取技术审查前置，有条件的进行合并审查，科学调整流程设置，整套手续办理时间从89个工作日缩短至68个工作日；对重大项目（例如“双环行动”项目）开辟绿色通道，不受审批时限制约。制定建设项目规划分期验收办法，为企业解决实际困难。推进行政审批权下放，加强对县区工作人员在规划工作上的指导。建立项目跟踪服务机制，建立2011年以来的项目台账，对每个在办项目根据办理阶段进行准确跟踪，提高项目办结率。建立健全房地产信息跟踪系统，把全市房地产项目信息分类录入，加强对全市房地产项目的把控和管理。出具规划设计条件72份，办理建设项目选址意见书107个，建设用地规划许可证109个，建设工程规划许可证124个，建设工程竣工规划许可证49个。

完善各项机制，提升规划管理工作水平。坚持集体决策和专家论证制度，提高审批的科学性和权威性。2016年，大同市城乡规划局充实专家团队，完善专家库，强化专家论证机制，明确所有建筑方案、各项规划和选址均需通过专家会评审。召开局规划业务会18次，行政处罚案件审理会6次，专家评审会73次。实行政务公开。通过政府信息公开网站、局网站、报纸及政务公示栏等形式对相关信息公示，完成对城市第五空间和高铁站房设计方案意见征集。对所有建设项目的工程规划许可证审批内容、地块控规调整，以“公示牌”的形式在项目现场公示，接受社会监督，完成总图及平面效果图公示56次。（曾垚尧）

【规划项目】 2016年，大同市城乡规划局围绕产业、招商项目：通过提供优质规划服务，推动招商引资项目落地。为包括兴云智慧城项目、万达广场和配套项目、古城东北隅项目和南城墙南侧文化设施项目、新发地物流园区配套设施等在内的多个项目提供服务，通过推进选址工作，完善审批手续，提供专家评审等方式，为项目落地提供保障。围绕城市基础服务设施项目：（1）大同市地下管线普查外业工作结束，进行权属单位审核数据的核实修改工作。综合管理信息系统建设开发完毕，待全部普查数据入库后检测运行。（2）配合政府重点工程，抓好变电站、充电站、开闭所、加压站、热力管线改线等市政设施的选址工作；完成大同市公共自行车项目公共自行车布点选址505处及公共自行车亭蓬选点工作，实施公共自行车点位344个，自行车数量超过1万辆；完成人行过街天桥位置选址15个，城市公共空间选址148处，公共停车场选址10处及便民市场的前期选址工作。（3）配合参与高铁线路规划选址工作、城区旧住宅区综合整治工作、大同市环城高压管网项目论证、大同市平城街中段道路建设工程方案选定等工作。（4）配合园林局提出26个街头绿地小景点、8条道路绿地和4个公园规划要求。围绕房地产住宅开发建设项目及保障性住房项目：（1）梳理并分类统计近九年房地产建设总量和逐年增量，建立中心城区房地产住房项目数据库。对房地产开发实施总量控制，完善相关审批与监管制度，促进房地产行业发展。（2）开辟绿色通道，推进开发区、口泉区城市棚户区改造、采煤沉陷区安置等各类保障性住房建设。围绕保障性住房项目：推进各类保障性住房以及开发区、口泉地区城市棚户区改造、采煤沉陷区安置项目，开辟绿色通道，强调主动服务，加快规划手续办理。完成开发区蔚洲疃村“城市棚户区改造项目”S7、S8地块建筑设计方案审查和S5、S6地块总平面布置图审批；完成“恒安新区公共设施需求分析”，与同煤两区对接。（曾垚尧）

【规划项目建设】 2016年，大同市城乡规划局经过对接，选定同济大学吴志强校长团队编制大同市旅游产业提升策划方案，大同市城乡规划局与该团队进行项目前期洽谈。城市景观夜景灯光照明工程：为打造层次清晰、明暗得当、富有特色、流光溢彩的夜间光环境，大同市城乡规划局通过公开招标，确定北京栋梁国际照明设计中心为编制单位，与其签订合同，把该工程打造成为大同市亮点工程、精品工程。完成前期基础资料调研。南瓮城广场及地下空间建设工程：为把古城南瓮城广场打造成大同新地标，补位和完善城市广场系统，大同市城乡规划局按照市委、市政府的指示开展工作，该项目初步设计方案经规划、住建、园林等部门审核基本完成，报政府批准，场地拆迁范围确定。2016年冬季由城区组织安排相关拆迁工作，进行项目立项和设计招投标工作，待规划方案确定后，进入广场地下空间和道路施工图设计。大同市中心城区总体城市设计：为从整体上控制引导城市空间形态和天际线，从宏观角度明确城市特色和整体风貌，大同市城乡规划局于11月22日与天津市城市规划设计研究院签订合同，开展《大同市中心城区总体城市设计》的编制工作，把总体城市设计中的控制要求与设计指引转化为总体城市设计导则和专项城市设计通则，直接用于项目审批与管理。设计单位进行前期基础资料调研。大同南站站前交通枢纽一体化设计：为把大同高铁南站片区打造成集商贸、旅游服务、休闲娱乐功能于一体的交通枢纽核心，大同市城乡规划局委托悉地（北京）国际建筑设计顾问有限公司为编制单位，考虑城市空间结构、功能布局、本地特色、景观环境、经营业态等多种因素，完成中期成果编制。城市快速路及畅通工程：为解决大同市道路交通拥堵等城市病问题，大同市城乡规划局委托同济大学建筑设计研究院和上海市政设计研究总院编制快速路设计方案，完成深化方案，跨线桥方面，实施云中路与迎宾街、云中路与南环路、平城街西延高架跨线桥畅通工程，拟设双向六车道。这一工程的实施，使主要交通干道的交叉口形成立体交叉，缓解交叉口的交通拥堵情况。大同市城市轨道交通线网规划：为实现城市综合交通发展战略目标，加强东西向城市组团间的快速联系，构建一体化交通发展模式，大同市城乡规划局委托中国地铁工程咨询有限责任公司启动《大同市城市轨道交通线网规划》，于6月与大同市畅通工程编制单位进行前期技术对接，分别于7月29日和8月11日向大同市城乡规划局汇报两次规划方案，于8月23日向市领导汇报深化方案，完成规划成果的编制。（曾垚尧）

【规划监管】 2016年，大同市城乡规划局建立和强化雇佣保安制度，解决监察人员不足的问题，加大对违法项目的查处和控制力度。依据处理违法项目实际需要，确定雇佣人数，采取“谁违法谁付款”办法，由违法建设单位支付雇佣保安人员产生的相关费用。推进监察执法全覆盖，运用无人机航拍等先进设备和技术手段，加大日常巡查力度。跟踪巡查大同市96个建设项目100余次，对无规划手续、手续不全或存在问题的29个建设行为送达《停工核查通知书》，对8个拒不执行的建设项目，采取上报政府执行断水断电措施。加大监管古城内违章建筑，拆除违建4处，400余平方米。根据市长现场办公会指示，强制拆除西河河村福盛园小区周边违章建筑，拆除违章建筑73户，183间。集中整治、拆除各类报刊亭、市容亭80余个，拆除各类违章建筑6200余平方米，房屋297间，拆除广告牌70余块，实收行政罚款1182.07万元（含以房抵罚）。实施放验线制度，实现建设项目全过程技术核查。办理建筑工程验线审查16项。整治街区景观，设计25个新建小区底商外立面牌匾；旅发大会期间按政府要求统一整治北都街南侧建筑物牌匾，集中拆除70余块牌匾，设计并发放商铺招牌；配合市委宣传部在18块大型电子显示屏宣传。 （曾垚尧）

【规划法规建设】 2016年，大同市城乡规划局加强法制宣传及培训，启动“七五普法”工作。8月20日会同市产权办在平旺公园开展年度普法宣传活动，利用展板、传单等方式向市民宣传城乡规划法及主要规划内容等。做好年度执法资格审查，完成67名行政执法人员执法证件到期换证，2015年14名执法人员申领执法证件网上注册审核。强化信访接待工作，设置信访接待室，由局长接待和安排处理。全年局长接待御东花园住户、华杰里住户以及凯德世家信访群众五次。召开中央美域和都市旺角居民听证会，听取信访群众诉求，按要求答复处理。大同市城乡规划局创新信访工作机制，制定“通过法定途径分类处理信访投诉请求工作清单”，制定举报与信访事项的受理登记、督办与转办的简明程序，做到早接访、早处置。接待来信来访人数500余人次，处办群众来信来访事项30余件，均书面答复，办结率100%。做好12345热线服务工作。“12345”热线受理各类工单2704个，处办完成1691个，其余均因不属于大同市城乡规划局工作范围按要求退单。 （曾垚尧）

建筑业管理与工程建设

【概述】 2016年围绕城市扩容提质，道路交通畅通，惠民便民和提升旅游形象等内容，大同市住房和城乡建设委员会调整城市建设工程目标任务，实施71项，总投资58.51亿元。其中，场馆工程3项，总投资26.72亿元；桥梁7项，总投资8.86亿元；道路工程58项，总长度56.5千米，总投资22.65亿元；其他工程3项，总投资0.28亿元，其中太阳宫项目验收移交；其他道路、桥梁工程11月前完工，年度目标任务完成率100%。2016年大同市住房和城乡建设委员会重点工程“六位一体”任务总量与上年相比总体表现为“两增两减两持平”。其中“两增”为：项目落地较上年增加309亿元，增幅高达45.11%，重点工程建设较上年增长65亿元，增幅7.21%；“两减”为项目开工较上年减少262亿元，项目投产减少8亿元；项目储备和项目签约任务量与上年持平。全市累计储备项目398个，总投资15353.44亿元，完成率129.89%。累计签约项目165个，总投资1625.4亿元，完成率114.1%。累计落地项目404个，总投资865亿元，完成率全省排名第二。累计开工项目475个，总投资696.6亿元，完成率102.9%，全省排名第三。省市两级重点工程累计完成投资784.31亿元，完成率全省排名第五。累计投产项目351个，总投资743.91亿元，完成率全省排名第七。（住建委）

【建委精简审批流程】 2016年，大同市住房和城乡建设委员会规范行政审批事项，简政放权，简化办事流程，确认行政许可类5项、行政处罚类91项、其他权力类5项，承接省住建厅布置的建筑施工特种作业人员操作资格认定，依法精减前置条件，规范申请材料，编制权力运行流程图，优化审批流程，缩短审批时限，行政审批事项办结时间均低于法定办结时间，制定行政审批事中事后监管办法，加强对权力的监督制约，解决监管缺失和滥用权力的问题。施工许可手续办理从法定的15个工作日压缩到4个工作日，前置条件24项减少到10项；建筑业企业资质从法定的60个工作日压缩到20个工作日；招投标办事流程10个环节优化为6个环节；建筑节能设计告知性备案由法定的5天压缩为1天；建筑节能专项验收告知性备案由15天压缩为5天；建筑工程质量监督注册登记手续办理前置条件由18项优化为5项，提升办事效率。在“冬季行动”暨项目建设“双环行动”中，学习借鉴外地改革经验，提前上手、主动服务，采取“双循环”“双并联”的模式，外部流程节省100天，内部流程节省53天，缩短施工手续办理时间。 （住建委）

【建筑业管理】 大同市住房和城乡建设委员会扶持建筑企业做大做强。2016年全市工程监理企业资质丙级升乙级1家，延期1家；建筑业企业资质升级2家，省厅核准优秀骨干建筑业企业1家。全年上报申请设计资质的1家，申请设计资质延续1家；9家勘察资质企业动态考核合格，9家设计资质企业合格；上报建设部换证的企业8家、省厅换证的企业101家、市内换证企业150家，完成建筑业企业资质换证工作。2016年建筑业企业，工程监理、工程招标代理、勘察设计企业年、季报上报的准确性、及时性，准确率均100%。建筑生产值87.2亿元，同比增长20.3%。做好各类执业资格人员的资格后审及注册工作。上报省住建厅注册执业资格人员：一级建造师55人；二级建造师150人；全国监理工程师82人；注册建筑师、勘察设计工程师60人次。做好施工手续办理。全年办理施工许可手续96项，办理建筑业企业三级资质19项，缴纳城市基础设施配套费1.25亿元。建筑工程施工图备案房建项目174项，含子项目696项，市政工程项目完成42项，备案率100%。每百项工程设计文件违反强制性条文不超过104条，勘察设计审查一次性通过率38%，达到目标责任制考核要求。规范建设领域保证金，清理拖欠工程款。2016年受理办结信访案件8项；清退建设领域保证金5243.78万元，解决拖欠工程款24223.36万元。（住建委）

【村镇建设】 2016年，大同市住房和城乡建设委员会开展农村困难家庭危房改造。省住建厅布置大同市农危改造任务23620户，开工率100%，竣工23620户，竣工率100%。推动农村住房抗震改建试点。省住建厅下达农村住房抗震改建试点任务5700户，竣工率100%。实施大县城建设。全市大县城建设投资30.75亿元，完成率100%。创建绿色村庄。全市绿色村庄创建申报45个。（住建委）

【建筑监管】 2016，大同市住房和城乡建设委员会按照“六权治本”制定的行政处罚流程，依法查处违法违规行为2起，罚款37098元。开展行政执法案卷评查工作，自查自评行政处罚案卷13份，行政许可案卷138份，达到合格以上标准。结合全市建成区违法违规专项治理工作五年行动，不允许开工手续不全的项目，遏制城市建成区内新增违法违规建设行为。全年开展建筑市场监督执法检查4次，抽查在建工程项目34项，向县（区）住建局下达执法建议书17份，通报16项违法违规行为和2家监理企业以及2名从业人员违规行为。（住建委）

【建设质量安全管理】 2016年，大同市住房和城乡建设委员会推进工程质量治理两年行动，落实工程质量终身负责制，开展起重机械脚手架模板支撑体系倒塌专项整治，多次组织安全生产大检查，全市工程质量和安全生产发生1起事故，死亡1人，事故起数和死亡人数均低于年度目标控制指标，与上年相比，事故起数下降1起，降低率50%；死亡人数下降1人，降低率50%。工程质量监督覆盖率、“两书、一牌、一档”均100%；全市工程项目获市优质结构工程7项，5项申报山西省优质结构工程；创建市级标准化工地20个，推荐申报省级标准化工地11个。组织召开2次全市质量安全工作会议，举行3次现场观摩会。在日常检查的基础上，开展3次大检查，5次专项整治，配合国务院、省、市检查15次，送达质量安全整改通知单551份，整改质量安全问题1557条，在全市范围内开展质量安全执法“铁拳一号行动”，保证全市建筑工地质量安全稳定的态势。（住建委）

【建筑节能】 2016年，大同市建筑节能申报省级科技成果鉴定1项，申报省、部级科技计划项目1项，取得科技创新成果6项。大同市实施既有居住建筑供热计量及节能改造，开工305.85万平方米，超额完成195.85万平方米，超额178%，同比增长659.5%，环比增长52.4%。新建建筑中可再生能源应用比例达到81%，可再生能源建筑应用面积同比增长238.4%，环比增长27.7%，超额完成省厅目标。政府投资类公益性建筑及大型公共建筑绿色建筑标准执行率100%，建筑面积同比增长239.4%，环比增长19%。其中45万平方米申报二星级以上绿色建筑设计标识，超额完成30万平方米，超额214.3%。全市获国家绿色建筑设计标识11项，达146.18万平方米。其中一星级设计标识2项，45.59万平方米；二星级设计标识8项，96.39万平方米；三星级设计标识1项，4.2万平方米。市中级人民法院审判法庭及附属办公用房是山西省第一个也是全国法院系统第一个国家绿色建筑三星级设计标识。（住建委）

【建设项目合作】 大同市住房和城乡建设委员会促进项目落地，抓好基地建设。2016年北辰正方集团（天镇）装配式建筑生产基地落户天镇县工业园区，该项目总投资1.88亿元，一期水平构件年生产能力100万平方米，主体厂房、搅拌站已建成。推动本地建筑企业与外地先进企业战略合作。按照“引进外地先进企业，培育本地龙头企业，引培结合双管齐下”的思路，吸引国内领先企业入驻大同，支持本地优势企业转型升级。大同市泰瑞集团与杭萧钢构达成战略合作，组建国家级装配式绿色建筑集成产业基地项目，在装备制造园区建设山西省首家集研发、设计、示范、生产、销售、物流为一体的装配式绿色建筑集成产业基地，占地66.67公顷，总投资20.15亿元。建成后，年产装配式建筑构件20万吨，预制装配式钢筋桁架楼承板300万平方米，环保复合内外墙板500万平方米，成为全省第一家拥有研发、设计、生产和施工为一体的钢管束混凝土结构装配式生产基地。（住建委）

【旧北环路改造工程】 2016年7月1日，大同市旧北环路维修改造工程竣工通车。大同市旧北环路五岔路口到教育基地路段920余米，因年久失修，路面坑洼不平，道路翻浆、雨季积水，车辆通行极为困难，位于这一路段的市示范性综合实践基地和市职教中心3000余名师生出行受到困扰。为保障周边居民出行安全和市示范性综合实践基地国家级交流活动的顺利进行，市政管委会组织施工单位对这一路段进行维修改造，维修总面积1.15万平方米，项目总投资约428.2万元，历时两个月。（木依）

【亲水湾·龙园通过国家康居示范工程达标验收】 2016年7月28日，翔龙集团打造的亲水湾·龙园迎接住建部国家康居示范工程评审组专家一行。经过评审组评审，亲水湾·龙园通过国家康居示范工程达标验收，获得全部金奖，成为大同市第5个通过国家康居示范工程达标验收的住宅项目。

经过实地检验和听取汇报，评审组专家们对该项目小区建设住宅产业成套技术、规划设计、建筑设计、施工组织管理四个方面的表现表示赞许，四个验评项目都以“优秀”标准通过。亲水湾·龙园是翔龙集团打造的第3个国家康居示范工程项目。2006年10月，金色水岸·龙园通过国家康居示范工程达标验收，成为大同市首个国家康居示范工程项目。2012年，水泉湾·龙园通过国家康居示范工程达标验收，获6项金奖。

（木依）

【开源桥主塔钢锚箱吊装】 2016年8月31日，大同市开源桥项目队完成主塔9节钢锚箱吊装。

7月4日开源桥项目队启动钢锚箱吊装，最重的第二节钢锚箱重76.7吨，最后一节（第九节）钢锚箱重39.6吨，完成主塔钢锚箱前8个节段焊接，完成钢锚箱混凝土封装两个节段，钢锚箱吊装后主塔高100.8米，与主塔总高度相差7米，主桥全长465米，其中大桥主跨276米，全靠这座主塔和由钢锚箱上的64根钢索来支撑。主塔施工以钢锚箱混凝土封装施工为主。（小　霞）

【清远门主路通车】 2016年9月26日，清远南门连接线和护城河桥主路通车，9月30日，清远北门连接线及护城河桥实现主路通车。

清远南北门护城河桥长68.6米、宽30米，中跨为1米~16米过水通道，边跨为1米~18米人行通道，桥梁结构形式采用三跨拱式箱构桥，桥面上机动车道宽度15米，两侧非机动车道和人行道宽度分别为7.5米。2016年5月初，清远南北门护城河桥开工，9月26日，面层沥青铺设完工，交警部门施划交通标线，当晚清远南门连接线及护城河桥主路通车；清远北门连接线及护城河桥的施工在连续铺设下面层和中面层沥青后，9月30日，清远北门连接线及护城河桥开始铺设面层沥青，下午施划交通标线，晚上实现主路通车。（小　霞）

【住建委综合整治小街小巷39条】 2016年11月8日，大同市住建委承担的市政府"为民办的十二件实事"涉及50条小街小巷中的29条，实际完成39条。

4月，按照市政府要求，由市住建委开工建设小街小巷29条，除梅园路、云中西一路、云州街北侧S5地块公共租赁房北侧配套道路、枫林逸景规划一路因房屋征收等因素受阻未完工外，实际完成25条，包括赐福庵街、西马市角、东马市角、金盾街、平城街西南角棚户区改造项目南侧配套道路建设工程、同泉里前街、云中西一路、文兴路东侧一路一期道路、西京街北一路二期道路、云州街北侧S5地块公共租赁住房建设项目南侧配套道路工程、北苑路联络线道路、育才街二期道路建设工程、宏洋美第配套规划一路、宏洋美第配套规划二路、同煤新苑规划一路、同煤新苑规划二路、同煤新苑规划三路、开源街北一路二期、柳泉南街二期、恒安街南一路道路、西京街北一路道路、兴云街南一路道路、兴云街南侧（华北星城后）、兴国寺街在内的各条街道均已完工。6月份，根据市政府安排，市住建委开工源兴街等14条道路，截至11月6日，源兴街（御西规一路二期）、开源街北一路三期（昌宁街）、红旗街东一路、西环安置区三期、武州西一路二期、五洲帝景配套道路规划一路道路、五洲帝景配套道路规划二路道路、新胜村棚户区改造项目规划一路、新胜村棚户区改造项目规划二路、花园里后街道路建设工程、育才街一期、开源街北二路二期、圆通寺街、万贯庙街14条道路全部完工。（晨　曦）

【前进街二期工程通车】 2016年11月8日，前进街二期项目工程实现通车，打通迎宾街的西出口，使迎宾街起到东通西达的作用。

前进街二期东承前进街一期连接迎宾街，起点企业街，西至市区西部南北向新通道庆新路，规划红线宽50米，道路全长772米，规划为城市主干道，按城市次干路标准设计施工，道路断面布置为"八快两慢"，采用四幅路、人非共板形式，机动车道路面结构总厚度72厘米，非机动车道路面结构总厚度48厘米，人行道路面结构总厚度29厘米；前进街二期从5月15日破拆旧路面，施工方克服房屋征收、地下管线复杂、周边工厂居民出行影响等多重困难，在全市住建部门的带领下，协调拆迁、地下管线、中车大同公司等，近180天终于打通"断头路"，同时打通惠民西城、惠民里、睿和新城、中车大同公司周边20万居民的西出口，通过庆新路解决市区西部北上南下通道狭窄的问题，缓解市区的交通压力。（晨　曦）

【六村庄拟被列入第四批中国传统村落名录】 2016年11月9日，住建部公布拟被列入第四批中国传统村落名录，山西省有150个村落入选，约占全国十分之一，其中大同市有6个村落入选。

公布的拟列入第四批中国传统村落的名录中，大同市新荣区郭家窑乡助马堡村、天镇县谷前堡镇水磨口村、广灵县蕉山乡殷家庄村、广灵县蕉山乡西蕉山村、大同县杜庄乡落阵营村、大同县许堡乡许堡村入选。大同市天镇县新平堡村、灵丘县觉山村、新荣区得胜堡村、浑源县神溪村入选中国传统村落名录。中国传统村落名录是由传统村落保护发展委员会评审认定，入选对象为民国以前建村，建筑环境、建筑风貌、村落选址未有大的变动，具有独特民俗民风的村落。传统村落是一种生活生产中的遗产，它兼有物质与非物质文化遗产特性，蕴藏着丰富的历史信息和文化景观，是中国农耕文明留下的最大遗产。全省有129个村进入中国传统村落名录，其中第一批48个，第二批22个，第三批59个，全省第四批传统村落的总数超过前三批的总和，山西进入中国传统村落名录279个。（晨　曦）

【老旧住宅小区改造】 2016年12月，作为市政府为民办的十二件实事之一，大同市全年完成老旧住宅小区改造346万平方米，超额完成目标任务。

大同市老旧住宅区综合整治计划实施346万平方米，当年开工409.83万平方米、49111套，超目标63.83万平方米，2016年开工和续建上年任务累计完成改造508.2万平方米、62142套。2016年市区旧住宅区综合整治项目82个小区、2.59万套，基本改造完成18678套，完工率72%。市政府下达的改造任务为2.2万套、基本改造完成1.61万套；实际开工2.59万套，开工率117%，实际基本改造完成18678套，完成率116%。为做好老旧住宅小区改造这件实事，城区抓进度、抓验收，做好项目改造过程资料的整理归档工作，加强项目安全质量管理，规范现场管理。城区旧住宅区综合整治指挥部组织施工单位回访已更换外墙窗约3.5万户居民，为住户更换或维修，从11月24日起组织监理、施工单位开展市区旧住宅区综合整治项目质量"回头看"活动，确保办好老旧住宅小区改造这件实事。（刘　江）

住房管理

【概述】 2016年，大同市房产管理局落实供给侧改革部署，推动银行信贷支持，落实公积金等政策措施，创新房地产开发营销策略，消化房地产库存。突出分类施策、精准施策，实施棚改货币化政策，争取国开行108亿元贷款，三年内有序推进3万套棚户区改造工程，促进供需动态平衡。截至2016年底，全市房地产开发企业投资154亿元，完成目标任务110%；2016年全市商品房销售385.1万平方米，同比增长26.7%。

重投入，确保资有所用。2016年市本级棚改货币化安置融资贷款108亿元，与国开行签订借款合同。截至12月底，全市棚改货币化安置落实11243套（市本级5424套；矿区4262套；南郊区600套；大同县355套；浑源县495套；广灵县107套），棚改货币化安置96.86%。棚改货币化安置6760套，货币化安置58.24%。

重开发，适应市场所求。“大同智慧房产”软件平台上线，市县两级商品房网签及存量房网签系统建设完成，为商品房销售构筑在线平台；招大引强，拉动房地产开发投资，万达广场签约投资5亿元，2016年计划投资2亿元，截至2016年12月13日，投资2.46亿元；推进御东区有预售许可证的9个房地产项目建设，截至12月底，政府回购御东区商品房9个项目，全部达到入住条件；制订《关于健全完善住房保障和供应体系促进房地产市场健康发展的意见》，引导房地产开发企业开发养老、文化、科教、体育等类型的房地产项目，推动房地产行业转型发展，“御河九号”和全国老龄委对接，准备把该项目发展成全市的养老产业。2016年房地产业增加值增速超过6.5%，房地产行业税收增幅增长23%。

重建设，推进住有所居。通过任务指标细化分解，15次保障性住房推进会安排部署，局长7次带头赴基层督查，《大同日报》每月通报，工作滞后县（区）专人驻点跟踪的办法，加快项目建设进度，确保保质保量推进。全市保障性住房开工59898套，开工率106.96%。其中棚户区改造58898套，开工率107.09%；公共租赁住房1000套，开工率100%；基本建成97869套，完成率203.89%；重点镇棚户区改造开工10910套；城中村改造开工4702套；年度投资70.09亿元，完成率100.13%。在此基础上，通过建立住房租赁信息政府服务平台、设立房屋租赁专门服务窗口等多种途径，解决群众的租房困难问题。

重整治，确保群众所需。按照全市“为民办12件实事”总体部署，坚持“市级主导、县区实施、社会共建、居民参与”，推进老旧小区改造工作，实施墙面、管网、道路等10个方面改造项目，为老百姓办实事、办好事。截至2016年底，开工409.83万平方米，49111套；基本完成改造584.62万平方米（部分新建和续建项目完工构成），72123套（部分新建和续建项目完工构成），完成投资173081万元。

重监管，满足住户所盼。组织150余家房地产开发企业、50余家中介机构召开专项整治会议，对房地产中介市场持续跟踪审查，引导企业诚信经营，规范市场秩序。加强房地产预售监管，保障消费者合法权益。2016年全市房价总体平稳，1月至12月，全市商品住房均价4269元/平方米，同比增长0.4%，均价比上年稳中有升，升幅不大。

重服务，推进物业发展。加强物业企业管理，开展物业资质普查工作，调研全市七县物业管理情况。围绕“物业服务”这个重点，结合安全管理，日常检查各物管小区，指导整改，提升物业服务工作水平。实地检查全市老旧住宅小区的物业管理情况，督促整改落实存在的问题，保证居民正常生活需求。帮助指导保障性住宅小区的物业管理，确保各安置小区物业管理活动有序规范。举办优秀企业评选活动，评选全市物业行业发展的领头雁，推动全市物业管理水平提升。（*房管局*）

【住房法治建设】 2016年，大同市房产管理局强化法治宣传。成立“七五”普法工作领导小组，制定七五普法规划、局领导干部学法计划，聘请成都法律专家，举办房地产领域专题法治培训2次，提高全局上下的法制观念和法律素质，引导党员干部依法办事、规范履职。举办2016年“依法行政宣传月”活动，组织机关干部到社区进行多种形式法制宣传教育，强化群众法治观念，营造遵法、守法、学法、用法的浓厚氛围。加强法治建设。聘请大同市云冈律师事务所作为法律顾问，提供法律咨询、行政复议、规范性文件审查和相关法治工作服务。实施依法治访，分类处理群众上访问题，答复、处置“12345”热线问题，化解58经租产等一些历史遗留问题，确保群众诉求件件有回音，事事有落实。推进依法行政。成立房管局依法行政工作领导组，制定《2016年依法行政工作计划》，完善权力清单、权力运行图、权力运行风险防控图，规范约束机关行政行为，要求机关工作人员按照法定权限和法定程序行使权力、履行职责。制定《房管局行政许可和行政处罚等信用信息公示工作实施方案》，促进权力公开、阳光运行。开展2016年行政执法案卷评查工作，涉及行政许可、行政执法案卷111宗，合格率100%。（*房管局*）

【大同房博会】 2016年2月19日至28日，由大同市房产管理局和大同日报传媒集团共同主办的大同春季房展会在大同市西城墙和阳美术馆展出。房展旨在配合全市“冬季行动”“惠民生、保安置、促发展”，在古城内征收安置户打造的选房一站式平台上，房屋征收户可以全面了解政府提供的ABCD四类安置房源，避免一家一家寻找的麻烦，邀请住房公积金、产权办等部门参展设立展台，提供政策咨询服务，帮助征收户做好配套服务工作。这次房博会观展人数近5万人次，7000余户住在古城棚户区里的房屋征收户举家到展会现场，了解自己满意的高楼新居，现场成交商品房百余套，达成商品房购买意向千余组、家装及建材意向数百人，实现深度服务古城内棚户区房屋征收户的目标，促进大同市房地产市场复苏和持续健康发展。（*报 社*）

【不动产统一登记】 2016年12

月5日启动。从2014年开始，国家开展不动产登记机构职责整合。截至2016年9月底，大同市市本级和各县不动产登记局和不动产登记中心相继挂牌，全市市、县区两级不动产登记机构职责整合到位。为做好发证工作准备和衔接，市政府发布《关于在市区实施不动产统一登记的公告》，自2016年12月5日起停办房屋、土地登记业务，在市区范围内实施不动产统一登记工作，启用全国统一的不动产登记簿证。

按照国家“不变不换”的原则，即权利不变动、证书不更换，之前依法核发的各类不动产权证书继续有效，办理不动产转移、变更等登记时予以换发新的不动产权证书。（刘　江）

【房地产中介专项整治】2016年，大同市开展房地产中介专项整治，整顿和规范房地产中介市场秩序，维护群众合法权益，查处房地产中介机构和从业人员违法行为。

这次专项整治通过现场巡查、投诉处理等方式，检查和整治房地产中介、房地产经纪行为，未备案的中介机构，向社会公开名单，发布交易风险提示，提醒广大群众审慎选择中介机构。查处的违法行为有：发布虚假房源、不实价格信息招揽业务，诱骗消费者；未把房屋抵押、查封等限制交易信息按时告知购房人；未在经营场所醒目位置标明房地产中介服务项目、服务内容、收费标准；强制提供代办服务、捆绑收费；未经当事人同意，擅自通过网签系统签订中介服务合同、交易合同；给不符合交易条件的房屋提供中介服务；对交易当事人隐瞒真实的房屋交易信息，低价收进高价卖（租）出房屋赚取差价；侵占或挪用交易资金；泄露或不当使用客户信息；中介机构及其分支机构未按规定到所在市、县房地产主管部门备案；房地产中介机构未取得相关金融资质，利用P2P网络借贷平台和股权众筹平台从事房地产金融业务行为，或虽取得相关金融资质，但违规开展相关金融业务行为。违法违规的中介机构和从业人员，有关部门责令其限期改正，并记入信用档案，直至清出市场。（小　霞）

公积金管理

【概述】 大同市住房公积金管理中心为市政府直属不以营利为目的的参公事业单位，负责全市住房公积金的归集、管理、使用和会计核算。中心设10个科室，11个管理部。从业人员112人。其中，在编72人，非在编（公益岗位和见习岗位）40人。2016年，住房公积金实缴单位4436家，开户单位192家，净增单位21家；实缴职工40.49万人，开户职工2.03万人，净减少职工0.44万人；当年缴存额27.85亿元，同比增长3.65%。截至2016年底，缴存总额204.37亿元，缴存余额48.49亿元，同比增长15.78%、5.5%。受委托办理住房公积金缴存业务的银行5家。

2016年，住房公积金当年提取额25.32亿元，同比降低69.01%；占当年缴存额90.92%，比上年同期减少213.10个百分点。截至2016年底，提取总额155.86亿元，同比增长19.39%。

个人住房贷款最高额度80万元。其中，双职工家庭最高额度80万元，单职工家庭最高额度80万元。2016年，发放个人住房贷款0.458万笔12.62亿元，同比增长9.11%、17.07%。其中，市中心发放个人住房贷款0.3778万笔10.3亿元，同煤分中心发放个人住房贷款0.08万笔2.32亿元。2016年，回收个人住房贷款3.35亿元。其中，市中心3.21亿元，同煤分中心0.14亿元。截至2016年底，累计发放个人住房贷款2.34万笔48.31亿元，贷款余额37.67亿元，同比增长24.34%、35.36%、32.69%。个人住房贷款率77.68%（其中，市中心个人住房贷款率85.57%，同煤分中心个人住房贷款率42.24%），比上年同期增加15.91个百分点。受委托办理住房公积金个人住房贷款业务的银行5家。

截至2016年底，住房公积金存款额17.7亿元（含5.385亿元住房公积金定期存单质押贷款）。其中，活期0.027亿元，1年以内定期（含）5.64亿元，1年以上定期10.63亿元，其他（协议、协定、通知存款等）1.4亿元。资金运用率136.23%，比上年同期减少207.91个百分点。（公积金管理中心）

【公积金财务数据】 2016年，大同市住房公积金管理中心业务收入18781.81万元，同比降低33.57%。其中，市中心16795.21万元，同煤分中心1986.6万元；存款利息收入8634.56万元，委托贷款利息收入10147.25万元。业务支出：2016年，业务支出10892.15万元，同比降低8.18%。其中，市中心9910.64万元，同煤分中心981.51万元；住房公积金利息支出6314.71万元，委托贷款手续费支出501.32万元，其他支出4076.12万元（含定期存单质押贷款利息支出4075.35万元）。增值收益：2016年，增值收益7889.66万元，同比降低52.01%。其中，市中心6884.57万元，同煤分中心1005.09万元；增值收益率1.24%（其中市中心1.72%，同煤分中心0.43%），比上年同期减少1.05个百分点。增值收益分配：2016年，提取贷款风险准备金941.5万元，未分配增值收益6948.16万元。2016年，上缴财政的城市廉租房（公共租赁住房）建设补充资金26128.66万元，其中市中心上缴26128.66万元。截至2016年底，贷款风险准备金余额5173.52万元。累计提取城市廉租房（公共租赁住房）建设补充资金39926.88万元，其中市中心提取39926.88万元。管理费用支出:2016年，管理费用支出1013.86万元，同比增长30.36%。其中，人员经费640.89万元，公用经费96.23万元，专项经费276.74万元。市中心管理费用支出901.03万元，其中人员、公用、专项经费分别为587.81万元、36.48万元、276.74万元；同煤分中心管理费用支出112.83万元，其中人员、公用分别为53.08万元、59.75万元，无专项经费。（公积金管理中心）

【公积金资产风险状况】2016年，大同市住房公积金管理中心个人住房贷款：逾期个人住房贷款685.5万元。个人住房贷款逾期率1.82‰。其中，市中心2.01‰，同煤分中心0.06‰。个人贷款风险准备金按贷款余额的1%提取。当年未使用个人贷款风险准备金核销，个人贷款风险准备金余额5173.52万元，个人贷款风险准备金余额与个人贷款余额的比率1.37%，个人贷款逾期额与个人贷款风险准备金余额的比率13.25%。

（公积金管理中心）

【公积金社会经济效益】2016年，大同市住房公积金管理中心缴存业务：实缴单位数、缴存额增长率分别为4.52%、3.686%。实缴职工人数减少1.03%。缴存单位中，国家机关和事业单位占57.55%，国有企业占16.21%，外商投资企业占0.11%，城镇私营企业及其他城镇企业占0.63%，其他占25.5%。缴存职工中，国家机关和事业单位占38.69%，国有企业占57.72%，外商投资企业占0.03%，城镇私营企业及其他城镇企业占1.74%，其他占1.82%。缴存职工中，低收入群体占55.12%，中等收入群体占44.72%，高收入群体占0.16%。提取业务:2016年，提取住房公积金14.52万笔25.32亿元。提取的金额中，住房消费提取占76.91%（购买、建造、翻建、大修自住住房占55.51%，偿还购房贷款本息占5.13%，租赁住房占9.65%，其他占6.62%）；非住房消费提取占23.09%（离休和退休提取占15.39%，完全丧失劳动能力并与单位终止劳动关系提取占0.36%，户口迁出本市或出境定居占0.72%，其他占6.62%）。贷款业务。个人住房贷款：2016年，支持职工购建房25.11万平方米，年末个人住房贷款市场占有率35.05%，比上年同期减少0.1个百分点。通过申请住房公积金个人住房贷款，节约职工购房利息支出32293.66万元。职工贷款所购住房套数中，90（含）平方米以下占12.71%，90~144（含）平方米占79.25%，144平方米以上占8.04%；新房占98.39%，二手房占1.61%。职工贷款笔数中，单职工申请贷款占51.93%，双职工申请贷款占48.07%。贷款职工中，低收入群体占50.19%，中等收入群体占48.42%，高收入群体占1.39%；异地贷款：2016年，发放异地贷款295笔8197.5万元。截至2016年底，发放异地贷款总额17390.5万元，异地贷款余额17268.1万元。住房贡献率：2016年，个人住房贷款发放额与当年缴存额的比率为45.31%，比上年同期增加5.19个百分点。（公积金管理中心）

【公积金提取政策】2016年，大同市住房公积金购建提取政策：凡购买商品房从未使用过住房公积金的缴存职工及其配偶，持“房屋所有权证”、购房合同和购房发票（或收据）提取住房公积金，提取额不超过当时所购房屋的价款。租房提取：缴存职工及配偶在大同市无自住住房且租赁商品住房的，提供无房证明，每年每户可提取1.5万元。首次提取可一次性提取5年租金。偿还住房贷款提取：职工及配偶贷款后提取公积金用于偿还贷款，提取额度可放宽至不超过购房贷款余额或当年还款额度。物业费提取：购买自住商品房支付物业费用的缴存职工凭物业费收款票据，可每年提取一次。（公积金管理中心）

【公积金贷款政策】2016年，大同市住房公积金管理中心放宽拆迁安置住房贷款条件，增加拆迁安置住房贷款担保方式。实现同城异贷政策。同煤职工、铁路职工愿意在中心申请住房公积金贷款，只要出具正常缴交的住房公积金缴存证明，中心即可受理，贷款条件和额度与中心正常缴存住房公积金的职工一样。增加购建、装修贷款房屋年限。1996年以后取得“房屋所有权证”的职工，可申请购房贷款和装修贷款。开通全国范围内异地个人贷款业务。全国范围缴存住房公积金的职工到大同购房贷款，均可享受本地购房贷款政策，贷款人需提供缴存地住房公积金管理中心开具的异地住房公积金缴存证明，担保方式只限房产抵押。取消辅助还款人的地域限制。单身职工辅助还款人必须是有稳定收入的直系亲属，取消地域限制。扩大抵押范围；借款人可以用自有、共有或第三人所有的住房进行抵押。缩短贷款放款时限，降低贷款阶段性保证金比例。降低贷款保证人的保证金比例。保证人住房公积金缴存余额合计由借款人借款总额的20%降低为10%；各保证人预计剩余缴存年限不少于5年。

（公积金管理中心）

【公积金缴存政策】2016年，大同市住房公积金管理中心根据建金管〔2015〕5号文件第二条“缴存住房公积金的月工资基数，原则上不应超过职工工作地所在设区城市统计部门公布的上一年度职工月平均工资的2倍或3倍。”根据2016年大同市统计年鉴公布的全市非私营单位从业人员年平均工资56201元，大同市月平均工资4683.42元。据此核定大同市住房公积金2016年度缴存工资基数上限14050元，住房公积金月缴存工资基数下限1320元。缴存单位（个人）缴存比例最高12%，最低5%；根据住房和城乡建设部、发改委、财政部、人民银行《关于规范和阶段性适当降低住房公积金缴存比例的通知》（建金〔2016〕74号）文件精神，中心从2016年5月至6月开展2016年全市住房公积金缴存情况专项检查。该次执法检查采取单位自查自纠和抽查相结合的方式，规范单位住房公积金缴存行为。经过专项检查：有4家缴交单位比例超过12%，全部整改；有5家单位申请调整缴交比例，13家单位申请缓缴，经住房公积金管委会审议确认，批准以上单位的申请。凡调整缴交比例在5%至12%规定范围内的，由各单位自行调整，中心不再审批，把单位申请文件及其职工代表大会会议纪要报中心备案。未在5%至12%比例规定范围内及缓缴的单位，由管委会授权中心予以审批办理，待召开管委会后予以确认。（公积金管理中心）

【公积金政策惠民】2016年，大同市住房公积金管理中心根据中国人民银行、住房城乡建设部、财政部印发的《关于完善职工住房公积金账户存款利率形成机制的通知》（银发〔2016〕43号），2月21日起，该中心把职工住房公积金账户存款利率由按照归集时间执行活期和三个月存款基准利率，调整为统一按一年期定期存款基准利率1.5%执行。住房公积金贷款利率5年期以内（含）执行2.75%，5年期以上贷款利率执行3.25%。根据国家住建部提出的“推进以满足新市民住房需求为主的住房体制改革”和“推动将农民工和个体工商户纳入住房公积金体系”改革的要求，按照市领导的指示，《大同市个体工商户、农民工和灵活就业人员缴存住房公积金管理办法（试行）》经管委会审议并通过，标志着大同市公积金制度的覆盖面扩大，更多的人享受到公积金制度带来的实惠。

（公积金管理中心）

【商贷可转住房公积金贷款】 2016年初，大同市开办商业住房贷款转住房公积金贷款业务。办理住房商业贷款且尚未结清的市民，可把住房商业贷款转为住房公积金贷款。“商转公”贷款办理方式有两种：先还后贷，借款人在住房公积金管理中心先行申请商转公贷款，住房公积金管理中心审批通过后借款人自筹资金还清商业贷款，住房公积金管理中心在收到借款人贷款还清证明后放款；以贷冲贷：借款人无力筹款还清商业贷款时，先在住房公积金管理中心申请商转公贷款，审批通过后，住房公积金管理中心放款至借款人账户，住房公积金管理中心严格管理借款人还款情况。“商转公”贷款担保方式有三种：无须新的担保方式，借款人贷款商业银行与住房公积金管理中心商转公贷款委托行一致，借款人商转公贷款在不超出原商业贷款期限与金额的情况下，抵押权人不变，无须变更抵押手续；借款人提供自然人阶段性保证加房产抵押；借款人提供自有、共有、第三人房屋作抵押。

（晨　曦）

市政公用事业

【市政工程建设】 2016年，大同市综合整治12条小街小巷。按照整治方案，大同市市政管理委员会负责平康里、通运街、新开西四路等12条小街小巷的综合整治任务，截至2016年11月15日，12条小街巷整治任务完成，维修道路路面24258.02平方米，更换人行道砖31868.46平方米，更换路缘石12462.46米。

10座过街天桥建设。为缓解城市交通压力，保障市民出行安全，市委市政府决定建设御河西路1号天桥（一中初中部与水泉湾龙园西门之间）、源茂街天桥（源茂街与红旗街交叉十字路口）、迎宾街1号天桥（迎宾街与友谊街交汇路口）等10座过街人行天桥。大同市市政管理委员会克服场地受限、地下管线复杂困难，多方协调挡手问题，推进天桥建设，截至12月27日，10座过街天桥建成并投入使用。

100座水冲式公共厕所建设。主要由城区、矿区、南郊区和开发区市政管理委员会建设，年底前建成5座并投入使用，其他完成地基建设，部分进行主体安装。

（市政管委会）

【城市基础设施建设】 2016年，大同市市政管理委员会为改善市政基础设施现状，提高城市“三供两处理”能力，在城市公共空间、城市供热、供水、垃圾处理、市政照明等方面寻找社会资金，参与市政基础设施建设。与北京环卫集团、北京英泰微、山东泰华、山西朗强、深圳天马进行接洽，寻求合作。签约的项目有城市第五空间项目、电供热项目、污泥干化处理项目、城市智慧照明项目，与山西朗强公司洽谈口泉组团集中供热项目，项目总投资约30亿元，投资协议征求各相关部门意见后，上报市政府。落地项目有电供热、污泥干化处理和城市智慧照明项目，总投资约2.05亿元，完成招商引资任务。全年市政基础设施建设投资11.329亿元，其中投资2.1亿元，建设和改造城市供水管网103.9千米；投资0.727亿元，建设和改造城市供气管网126.18千米；投资5.742亿元，建设和改造城市供热管网257千米、热力站25座，自动化控制系统改造100座热力站；投资1.2亿元，建设污水处理厂配套管网32千米，污水提升泵站2座，恒安新区污水处理厂开工建设。污水处理厂污泥干化处理项目总投资约0.7亿元，于2016年5月30日开工建设，完成建设任务。大同县、新荣区和天镇县生活垃圾处理项目投资0.86亿元，年初开工建设，主体工程均完成。

（市政管委会）

【城市保障服务】 城市供水。由市供排水集团承担，2016年供水量1.03亿立方米，日供水量28.2万立方米，水质综合合格率100%，城市供水普及率99.9%。完成老旧管网普查和《城镇供水设施改造与建设“十三五”规划》的编制。城市供热。市区范围内供热工作由市热力公司承担，截至2016年底，增加城市集中供热面积380万平方米，城市热电联产供热面积5780万平方米，城市集中供热普及率99.7%。完成206万平方米的既有建筑分户改造工作，实施计量收费的小区29个，全市热计量收费面积654万平方米。城市供气。城市燃气供应以天然气为主，煤气、液化气为补充，城市气化率98.6%。天然气用户56.4万户，年供气量1.4亿立方米。实施同煤集团煤气置换天然气项目，编制完成《城镇燃气“十三五”专项规划》。污水处理及中水回用。城市生活污水处理以东、西郊污水处理厂、开发区污水处理厂、同煤集团污水处理厂和御东污水处理厂等5座污水处理厂为主，日处理能力32万吨。2016年处理量8900万吨，污水处理率88.3%，均达到一级A排放标准。全年中水回用量1900万吨，中水回用率21.3%。编制完成《大同市污水处理及再生利用设施“十三五”规划》，启动省级节水型城市创建工作。环卫管理。大同市市政管理委员会编制完成《城市环境卫生专项规划》和环卫信息化管理平台一期建设，创建省级保洁示范街3条，建设垃圾转运站7座，增加垃圾转运车辆23台，实现城市生活垃圾日产日清、密闭收运，日处理量1000吨，生活垃圾无害化处理率99%。城市机械化清扫水平提高，拥有大型作业设备315台，清扫保洁车辆989辆，城市道路机扫率76.1%，比上年提高16%。餐厨垃圾处理厂日收运量70吨，全年征收生活垃圾费1000万元。市容管理。按照“服务—管理—执法”的程序进行城市管理，强调文明执法、亲和执法。组织开展“市容环境卫生专项整治”“户外广告规范整治”“野广告专项清理”和“夏季城市市容三项整治”“门前五包”等专项整治行动。创建3条省级容貌示范街。市政设施维护。市政管委会承担2482万平方米城市道路面积、71770盏路灯（含15566盏景观灯）、650余千米城市排水管网、13350座排水检查井、56座市政桥梁、21处地下通道、6座涵洞、10座雨水提升泵站等市政设施的养护任务。确保城市的正常运行，实现灯亮、路平、下水畅的目标，城市亮灯率96%。

（市政管委会）

【创建智慧城市】 作为国家智慧城

市试点城市，大同市从顶层设计入手，全局规划，实施智慧社区、智慧照明、智慧旅游、智慧养老等系列工程建设，推动城市向低碳、和谐、可持续的生态文明城市转化。截至2016年底，智慧照明完成单灯控制器12653台，RUT156台；智慧社区完成基础平台建设，2个社区服务网点具备营业条件；云计算御西数据中心投入使用，御东数据中心完成土建及配套硬件安装；智慧旅游建成云冈石窟全景博物馆，智慧旅游网内部测试完成，智慧养老御河九号小区项目建成并被列入国家级示范基地，城区完成八个街道的居家养老终端设备铺排工作；智慧房产项目中心机房硬件建设完成，21个模块运行8个；城市公共信息平台、公共基础数据库、网格化管理3个项目合并建设，进入可行性报告认证阶段，完成选址，立项请示上报市政府待批。

（市政管委会）

【同煤集团“三供一业”分离移交】 2016年，为保证接收工作的进行，由市政管委会班子成员、市房管局分管副局长、市供电公司分管副经理以及市政管委会相关业务科室负责人组成接收工作小组，负责同煤集团大同地区职工家属区的供水、供电、供热、供气、市容、环卫、市政和物业的前期接收事宜。工作小组多次赴同煤集团对接，收集数据，了解同煤“两区”供水、供电、供热、供气、市容、环卫、市政及物业管理的基础运行现状。各业务科室与同煤集团相关单位进行多次对接并交换意见，建立对接会议制度和定期工作进展情况互通制度。12月13日，大同市人民政府与大同市煤矿集团有限公司签订分离移交工作框架协议。（市政管委会）

【城乡清洁工程】 2016年，大同市市政管理委员会完成市级垃圾处理及县域农村生活垃圾治理专项规划编制，启动灵丘县“农村垃圾治理示范县”建设，落实市县两级配套资金5988万元，建成农村垃圾中转站，12座主体完工，创建省级达标村860个。加大督促检查力度，健全城乡清洁工程长效管理机制，印发督办卡300余份，限期督办整改500余个问题，整改率98%以上。（市政管委会）

【引污治污工程】 2016年7月，市政管委会组织实施的十里河流域引污治污工程启动。该工程是市政府的重点工程、惠民工程，是省政府的督办项目、问责项目，是落实“保障水环境安全，推进流域生态保护”任务的推进战略。管委会完成立项变更、初步设计的批复、施工设计招标、规划选址等前期手续，于2016年11月8日开工建设。投资7200万元，铺设管线（含顶管）12840米，建设检查井600余座，主体工程基本完工，待开源街西延污水泵站（由市住建委组织实施）建成后，一并投入运行。

（市政管委会）

【市政工程构筑“防汛安全网”】 2016年，大同市市政管理委员会接收管理的城市道路267条（481.89千米），雨水提升泵站10座，雨水管线（含箱涵、盖板渠、明渠、砼管等）536千米。为保障安全度汛，大同市市政管委会实施多项市政工程，构筑“防汛安全网”。

针对雨水提升泵站存在设计缺陷，从2015年开始，投资650万余元，续建10座雨水提升泵站，排水功能增强。鉴于城市道路低洼地带立式收水箅排水不理想，道路积水问题没有从根本上解决的状况，2015年，市政管委会投入60万余元，改造低洼处200余处立式收水箅。针对排涝明渠、盖板渠年久失修，淤塞严重，渠体上方和两侧违章建筑又较多的情况，市政管委会实施通渠工程。从2015年开始，通渠阳和坡村到十里河段，疏通300余米，2016年6月，又进行疏通，疏通到同泉路康圆货栈处。大同市还实施改线工程。2016年4月中旬起，市政管委会改线市政防汛设施70余米，改造市区西环路周家店岗区雨水箱涵。从2015年开始，市政管委会改造云冈路500余米的雨水边沟，完成90余米，2016年5月，继续施工，完成150米的改造任务。（木 依）

【建筑垃圾资源化CCER碳交易示范项目】 2016年12月20日，大同市在2016年“冬季行动”暨项目建设“双环行动”中，启动实施全国首个建筑垃圾资源化CCER碳交易示范项目——建筑垃圾资源一体化工厂项目。

该项目由大同联绿科技有限公司负责投资建设，总投资7.4亿元，分两期建设。其中，一期工程建设包括13个模块，即物理活化系统和微粉整形系统、再生混凝土生产配置系统、再生干拌砂浆生产配置系统、道路无机料生产配置系统、陶料生产配置系统、再生砖生产配置系统、沥青混凝土生产配置系统、骨料整形与饱和面干系统、分离分选系统、原材料储存等10个生产模块，再生资源技术创新文化园、实验室、综合办公室及中央控制等3个非生产模块；二期工程主要建设再生材料预制管片生产、再生材料新型PE复合板材生产等模块。项目建成投产后，年处理城市建筑垃圾150万吨、道路沥青混凝土垃圾50万吨，年销售收入5.6亿元，上缴税金3500万元，解决就业360人，年降低二氧化碳排放3万吨，并获得同等数量二氧化碳交易指标，可以生产再生骨料、再生活性微粉、公路用无机料、干混砂浆、高性能混凝土、混凝土制品、陶粒、园林土等。

2016年6月初，市政府与北京联绿技术有限责任公司签署《大同市建筑垃圾资源化处置利用项目框架协议》；7月，北京联绿公司完成“大同联绿科技有限公司”的注册、银行开户、税务登记等工作，与市政市容管理委员会签署《大同市建筑垃圾资源化处置利用项目特许经营协议》；10月1日，建筑垃圾资源一体化工厂项目开工建设。（刘 江）

城管监察

【城管“冬季行动”】 2016年，大同市市政管理综合执法支队出动3000余人次，组织集中搬迁行动21次，配合南郊区、矿区的5个乡镇11个村完成兴云智慧城、东小城二期、万达广场、庆新路等16个项目征收任务，累计拆除违章建筑165间、商铺289间、住户674户，征收蔬菜大棚8个、院落181处、耕地4块。2016年11月，支队开展以文瀛湖为中心的御东新区环境综合整治，针对违规店外经营、占道经营、违规户外广告、围挡广告，以及施工渣土污染进行集中整治，拆除各类棚伞架500余处，取缔占道经营商贩、游商游贩1800余家次，规范施工工地1处。支队整治古城东侧兴云桥出口商业区，拆除御鑫商贸城及万人商厦门前3处占用公共便道、城市隔离带搭建的临时铁皮房。

（综合执法支队）

【城市综合整治】 2016年，市政综合执法南郊大队对御东新区恒安街以北的路段，重点对文瀛湖周边地带、水泊寺安置区春和园周边地带、五医院大同大学周边、曹夫楼安置区太阳宫周边、齐家坡安置区周边、古城安置区周边展开集中综合整治，以点带面，全面推进。7月20日起，每日抽调100余人次，对文瀛湖景区周边的马路摊点，从早5点至晚12点，采用定岗定人、轮班督查、不间断巡查的管理方式，对御东新区文瀛湖周边、五医院周边展开集中整治。发放政府通告1500余份，拆除违规搭建的棚伞架等设施140余个，大同大学、文瀛湖周边马路市场不复存在，市容市貌面目一新。支队建立长效机制，定岗定责，落实任务，加大巡查力度，控制不反弹。（综合执法支队）

【户外广告治理】 2016年，大同市市政管理综合执法支队以治理“野广告”、软体广告、橱窗广告为重点，按照“治乱、减量、规范、提档”的原则，开展以规范工地围挡、整治大型户外广告、打击野广告为重点的户外广告整治，送达《责令限期改正通知书》200余份，主要包括77处墙体广告、11处围挡广告、18处医院广告、23处其他广告。管理违规张贴橱窗广告商家千余家，拆除违规设置的牌匾500余处，摘除广告条幅200余条，抓现行1处，追源擅自喷涂广告商家30余家。支队购买涂料300余桶，为队员配备小铲子、刷子等工具，要求巡查队员对围挡、墙体上存在“野广告”随见随清，集中清理野广告7000余条、同色覆盖3000余条，劳务处罚2家单位。

（综合执法支队）

【城镇督查管理】2016年春节期间，大同市市政管理综合执法支队联合公安、武警、消防、安监、质监、住建、交通、电力等部门联合执法为古都灯会提供服务，抽调100余人次，分东门、角楼、永泰门、南院、永丰门、迎晖门、关城马道7个队，负责安保工作，支队还安排监控组、设卡点和巡逻队等以便处理突发问题，保质保量完成任务。

支队通过督办、告知、图片反馈等形式督查城区、矿区、南郊区等市民反映集中的问题。关注、督办违章搭建、占道经营、马路市场等问题。支队与大同县、矿区、南郊区、新荣区等地联合执法，检查督导县区内关于城市管理、环境卫生、市容市貌等相关工作，其中培训授课大同县城市管理工作，取得良好效果。帮助清理违章搭建30余处，摘除广告条幅170余条，各类棚伞架20余个，取缔占道经营商贩、游商游贩240余家，管理店外经营、占道经营行为，管理规范商户千余户。（综合执法支队）

城市供水

【概述】 2016年，大同市供水排水集团有限责任公司细化企业管理，提升服务水平，推进工程建设，保障全市安全不间断供水。集团全年产水量10254.03万立方米，同比增加1.01%；有效供水量9637.29万立方米，同比增加1.02%；销售收入34224.61万元，同比增加0.24%；实现利润91.38万元。

（供水排水公司）

【供水节约能耗】 2016年，大同市供水排水集团有限责任公司控制能耗，加强设备运行状态及管网压力变化监控力度，分析运行数据，制定降耗措施和运行方案；严控产销差率，通过分析大用户水量的环比和同比，加大竣工、拆迁施工等区域的巡查和复查工作力度，减少水量损失。全年产销差率控制在6.01%，较上年同期降低0.01个百分点；加强水费催缴，做好大用户水费催缴工作，规范催缴流程，完善考核细则，把催缴清欠任务按区域、按流程落实到人，全年清缴欠费1218.43万元，水费回收率94.77%。严把成本费用支出，通过加强预算管控，制定经费计划，履行审批手续，在保障稳定的前提下，提高设备设施利用率，鼓励修旧利废，加强科技创新，推动节约型企业的建设。（供水排水公司）

【供水服务】 为满足城市供水服务需求，2016年，大同市供水排水集团有限责任公司加大科技投入，在原有供水报修、业务咨询、投诉举报功能的基础上，增加水费自助查询、水价资讯、停水信息公告等多元化服务，创建集多种功能于一身的供水服务对外平台，统一客服热线，完善客户服务系统，方便广大用户，提高供水服务工作时效性和准确性，提升工作人员的服务意识和工作水平。对于用户反映的供水水压不足等问题，通过现场查看、现场协调、现场处办，及时恢复供水。全年受理政府热线工单1988份（次），合理诉求的办结率100%，满意率95%以上。

（供水排水公司）

【供水工程建设】 2016年，大同市大面积实施城区旧住宅区供水、供暖、供气以及楼体防漏等设施整改工程，面对旧住宅区数量较多，情况复杂，设施陈旧，资料不全，邻里纠纷多，协调难度大，部分居民阻挠施工等困难。大同市供水排水集团有限责任公司提前做好基础准备，协调相关工作，确保工程顺利推进，全年完成77个小区约2.6万户供水设施改造。配合冬季行动办理相关工程的立项手续，配合城市建设和城市消防建设投资5026万元铺设32.11千米的城市管线，建设200个市政消火栓、30座消防水鹤，提升城市消防保障能力。

（供水排水公司）

城市节水

【用水管理】 大同市节约用水办公室制定大同市2016年度用水总量控制和定额管理。加强计划用水与定额管理，确定计划用水额度，坚持以水定城、以水定人、以水定产的原则，统筹节水。开展“严格落实用水总量控制和定额管理相结合制度”的专项工作。根据《大同市城市节约用水管理条例》（以下简称《条例》）相关规定，对城区、矿区、南郊区、开发区的2238户城市公共供水用户，采用动态管理模式，依据定额及实用水量，下调计划335户，对用水单位开展计划年审工作。全年受理办结调整计划174户。按照《条例》规定要严格基础建设用水计划管理制度的要求，

2016年节水办在市政务大厅办理施工用水证54户、临时用水证7户。对于新、改、扩建的工程项目，实施节水“三同时”审核，全年项目审核32个，其中含中水回用或雨水资源化利用项目15个，确保节水管材、设备、设施、器具、工艺与新、改、扩建项目同时设计、同时施工、同时投入使用。（节水办）

【节水宣传】 根据《关于做好2016年全国城市节约用水宣传周工作的通知》（建办城函〔2016〕351号）文件精神，2016年全国城市节约用水宣传周（5月15日至21日）的主题是“坚持节水优先，建设海绵城市”。大同市2016年全国城市节水宣传周（第25个）活动5月15日举行，活动由市市政管理委员会和市节水办共同举办。同时以多种形式开展“2016年全国城市节约用水宣传周”活动。印制3000（份套）节水宣传单，在宣传周当天组织人员向同煤集团等企业、医院、学校、各大饭店宾馆、党员挂钩的生活社区和街道的行人，发放《宣传周活动通知》文件100余份，节水宣传单2000份（套）。建立“大同市节约用水办公室·公益”网站和“大同节水网站域名”（1.www.dtsjsb.cn。2.www.大同节水办.cn）。内容包括节水政策、节水动态、节水公开、节水器具等。利用媒体优势，加强节水宣传。节水办与大同日报传媒集团合作《大同市推进全民节水宣传方案》。计划统筹新闻媒体，按时间节点，深化各类宣传工作，利用媒体优势搭建全民参与的互动宣传平台，通过电视、电台、报纸、户外广告滚动屏、公共汽车电子广告屏、生活小区灯箱（20余个）等形势，全方位、多层次宣传。利用新技术、新载体（如百度网站、搜狐网站、微信公众号，手机无线免费公众网等），进行占建网站（网页）方式，打造节水全新面孔，节水资料随时更新。（节水办）

【节水技术管理】 2016年，大同市节约用水办公室开展水量平衡测试。分行业召开专题培训会，通过授课讲解、电话咨询、现场指导，督促各企业单位完成水量平衡测试工作。大同煤矿集团、大同三医院等12家单位通过现场评审验收，达到省（市）级一级验收标准。开展节水型企业、单位、小区活动，组织召开“大同市创建节水型企业（单位）”培训会，公布规划区内水资源分布、用水状况、排水规划及达到的标准，通过节水网站推广创建经验，提供参考模板，确保创建活动的开展。根据大同市依法治市工作相关安排，对行政执法人员行政执法实务培训，采取案例分析、法条解读、专题讨论等方式与执法工作人员交流学习，对节水办规范执法程序、提高文明执法水平起到重要作用。

（节水办）

【节水大行动】 2016年冬季，大同市节约用水办公室派出监察人员40余人，拉网式检查约500余家洗浴（含宾馆饭店内洗浴）、洗车行业用水单位。长期水量控制监督这些用水场所。

（节水办）

【排水监察】 2016年，大同市节约用水办公室开展排水监测，基本实现规范化、制度化、法制化。按照《建设部关于国务院决定的十五项行政许可的条件的规定》和《城市排水许可管理办法》的要求，所有的城市排水强制实行“排水许可证”制度。排放污水的单位和个人均需办理相关检测手续，水质检测合格并获得有效期5年的排水许可证后，方可对外排污。明确重点排污工业企业和重点排水户，确定后向社会公布。监测执法人员电子检测所有城市污水，凡是不达标者要求限期整改，对限期整改后仍不合格者勒令停排或行政处罚。排水监测站担负全市各类排入下水道的污水（包括生活污水和工业污水）的水质监测任务，对建成的污水处理厂进行进出水水质日常检测，对全市实行排水许可制度提供技术上的保证，实现排水许可证管理工作，使排水管理走向规范化、制度化、法制化的轨道。构建水质监测、科技创新和人才培养三大平台，保障城市供排水行业安全。建设完成实验室监测、在线预警监控和流动监测等三个层次监测体系。

（节水办）

城镇供热

【供热工程建设】 大同市热力有限责任公司2016年主要实施六项工程：供热一次网工程。敷设供热一次管网31千米，增加供热面积380万平方米，截至2016年底，公司热电联产集中供热总面积5780万平方米。供热二次网工程。上级和本企业投资8000万元，为101个老旧小区改造庭院管网168千米，改造面积281万平方米。热力站建设及配套工程。建设热力站23座，投入使用的热力站总数416座。分户改造工程。完成分户改造156万平方米，截至2016年底，公司完成分户改造631万平方米。推进供热计量收费工作。对13个新建小区的353万平方米实施供热计量收费。截至2016年底，公司对29个住宅小区654万平方米实施供热计量收费。推进热力站自动化控制系统改造工程。2016年，公司完成100座热力站的自动化控制系统改造，并按时投入运行。（热力公司）

【供热保障】 2016年，大同市热力有限责任公司强化组织领导。成立冬季供热运行工作领导组，对供热工作职责层层分解、责任到人，做到一级抓一级，层层抓落实。每周召开供热运行例会，听取供热运行情况汇报，研究解决存在的问题，指导和推进供热工作安全稳定运行。供热以来，印发生产例会纪要11期。强化安全管理。坚持“安全第一、预防为主”的方针。落实安全生产目标责任制，与各供暖分公司及担负供热抢修任务的队伍分别签订《供热安全运行责任书》和《供热安全抢修责任书》，确保集中供热热网安全稳定运行。加强供热设施排查。每年供热前后组织专人普查和检修保养换热设备，确保供热设备安全稳定运行。执行生产岗位安全责任制，杜绝违章指挥、违章操作、违反劳动纪律问题发生。注重员工培训。对分公司所有科站长进行供热理论和实践操作专题培训，增强供热一线运行管理人员动手维修和解决实际问题的能力。选送50名青年职工赴山西建筑职业技术学院进行为期三个月的脱产培训，为企业长远发展积蓄后劲。强化运行管理。制定《2016年～2017年度集中供热热网运行大纲》，对热网调节实行科学调控。针对热源能力需大于供的实际，制定《2016年～2017

年度严寒期运行方案》，按照安全压力范围内增加流量的原则，保障居民用热。协调大唐、二电两家热源电厂，提供满足供热要求的热量。发挥供热自动化控制的技术优势，对供热流量科学调度、合理配置，确保供热质量均衡稳定。发挥环网联供的优势，当两家热源电厂的其中一家发生故障时，马上增加另一家的供热量，把因热源故障对用户造成的不利影响降到最低。坚持每月不少于3次入户测温并建立测温档案，根据测温情况合理调配供热流量，实现供热均衡。在规范要求的18±2℃的基础上，增加供热量，使居民室温普遍达到20℃以上，满足广大市民对居室舒适度的需要。加大对分公司和热力站的值守工作检查力度，凡违规违纪的，一经发现，严肃查处问责。加强维护抢修。按照热网运行大纲要求，4支抢修队伍做到思想到位、人员到位、机具到位，随时应对处置突发事件。供热排查岳翠园13栋楼的3288户住户，检查维修其中6栋楼的入户阀门，清洗370户不热用户的地暖管和过滤网、76个楼层的过滤器。按照《大同市城市供热条例》规定，对本应由小区物业承担的供热抢修，如物业不管，则公司完全承担起来，保障居民正常供热。供热初期50天，公司抢修老旧小区庭院二次管网1.65万次，投入费用1450万元，其中需要破路、调用大型机械设备抢修2400次。深化供热服务。实行昼夜值班制度，公开服务承诺，公布服务热线，及时处理和回复用户反映的问题。截至2016年12月底，本供热期，客服中心接待用户来访83523人次，接听用户来电90804个，受理“12345”政府服务热线下派工单3721个，及时办结率100%。为居民发放量身定做的用户信息卡，缩短用户到银行交费和办理各类供热业务的等待时间。公司发放用户信息卡20万张。组织10部供热流动服务车每日到社区，发放供热宣传资料，宣传用暖常识，现场解决居民反映的供热问题。从供暖开始至12月底，10部供热流动服务车到小区600余次，发放供热宣传资料3万余份，为居民解决各类供热问题近千个。针对群众关注的供热过程中的热点难点问题，及时通过《大同日报》《大同晚报》《大同广播电视报》供热专版或专栏，发布有关信息。在大同广播电视台一套节目晚间黄金时段，滚动播放有关供热抢修的实时信息。供热以来，公司与《大同日报》《大同晚报》联办供热专版5个，开办“供热连线”栏目6次，刊发新闻报道20余篇。10个供暖分公司从本供热期开始，坚持在问题反映集中的社区里经常召开用户座谈会，听取用户的意见和建议，改进和完善供热工作。工会供热宣传队到社区宣传供热常识和政策法规。

（热力公司）

【3696户热计量用户得实惠】 截至2016年10月，大同市实行供热计量收费用户600万平方米。2015年~2016年，在实行热计量收费用户中，有3696户热计量用户的实际热费低于以往按采暖面积收费的费用，获得抵顶退费，享受到实惠。

按照物价部门规定，供热计量收费采取“两部制”热价收费，即热用户热费＝固定热费＋计量热费。其中，固定热费＝现行面积热费×30%，计量热费＝计量热价×当年度实际耗热量，计量热价的单价为0.15元/千瓦时（也就是热量表的一个字）。在供热采暖期开始前，用户按现行面积热价预交费用，采暖期结束后，根据核定用户实际使用热量，按物价部门规定方法计算最终消费金额，如实际热费高于按现行面积热价预交费用，不再向用户补收；如低于按现行面积热价预收费用，则差额部分自动冲抵用户下一季采暖费用。（晨　曦）

华润燃气

【概述】 2016年，大同华润燃气有限公司围绕“学标杆、增效益、强管控”管理主题，创新思维应对内外部挑战，建章立制，完善基础管理水平，公司各项指标增长，供气量1.6亿立方米，完成全年目标100.45%，较上年1.45亿立方米增长10.98%；居民用户59.96万户，完成全年目标101.16%，较上年56.37万户增长6.36%；发展居民用户36034户，完成全年目标152.04%；发展工商业用户414户，完成全年目标147.33%；工商业用户2201户，较上年1875户增长17.39%；全年无安全责任事故。

（华润燃气）

【同煤燃气置换项目】 2016年8月1日，大同华润燃气有限公司启动同煤区域天然气置换项目，集中力量，严把工程质量，有计划、分批次地开展8.8万户的置换施工和通气工作，截至2016年底，完成总置换任务30%。（华润燃气）

【气源输配保障】 2016年，大同华润燃气有限公司改造门站，门站供气能力由0.7万立方米/小时提升至2.5万立方米/小时。实现左云、右玉与上游门站的对接，结束两县没有管道气的历史问题。建设城燃储气调峰闪蒸汽设备，缓解城燃管网供气压力。

（华润燃气）

环境保护

【概述】 大同市环境保护局是市政府主管全市环境保护工作的组成部门，主要对全市环境保护工作实行统一监督管理。负责拟定全市环境保护规划和计划，开展建设项目环境影响评价和“三同时”验收、排污费核定征收。负责大气环境、水环境、噪声环境、辐射环境等监测及信息发布。负责环境状况的调查、评价、污染源调查，组织制定地方环境质量标准和污染物排放标准与污染物控制标准，监督监察对生态环境有影响的自然资源开发利用活动、重要生态环境建设和生态破坏、恢复工作。监督检查各种类型自然保护区、风景名胜区、森林公园环境保护工作。监督管理农村生态环境保护和生物技术环境安全。

市环保局有人员450人。内设14个科室和监察室；垂直管辖城区、南郊、新荣、矿区四个环保分局；主管10个事业单位。

2016年大同市实施大气污染防治行动计划，落实水污染防治行动计划，实施土壤污染防治行动计划，打击环境违法行为，改善环境质量，取得显著成效。二氧化硫、氮氧化物、氨氮、化学需氧量四项减排约束性指标任务完成。空气质量提升，二级以上良好天数 314 天，空气质量综合指数 5.21，连续四年名列全省第一，形成“大同蓝”品牌。水环境质量逐步改善，优良水体比例 18.18%，优于省定目标，劣 V 类水体比例逐步下降，国务院“水十条”目标任务推进，2016 年全市水污染防治行动方案各项任务完成。土壤污染防治前期工作推进，编制《大同市土壤污染防治工作方案》。环境保护工作职责明确，市委、市政府出台《大同市环境保护工作职责（试行）》和《大同市环境督察方案（试行）》，建立党政同责、一岗双责、权责一致、齐抓共管的环境保护工作职责体系，环境督察常态化机制逐步完善。通过开展环境保护大检查、铁腕斩污、“蓝天行动”“净水行动”等环保专项行动，环保与司法衔接机制完善，打击环境违法行为增强，解决突出环境问题，维护公众环境权益成效显著。

存在问题 大同市环境保护局守护“大同蓝”成果，确保空气质量“好中向优”任务艰巨。水环境质量改善形势仍然严峻。环保能力建设不足。市县环保部门均呈现人员结构老化、技术性、专业性人才缺乏的问题，与环保工作日益精细化、数据化的发展形势不相适应。环保执法能力不足的问题突出，监测和执法设备落后的问题不同程度地存在。（赵　丽）

【污染减排】 2016 年全市污染减排工作扎实有效。废水工程减排项目完成大同市西郊污水处理厂建设管网收水重点工程、天镇县、浑源县、大同县、左云县及同煤赵家小村污水处理厂提标改造（扩容）减排重点工程、大同市开发区、广灵县、灵丘县污水处理厂二级管网建设增水工程等污水处理厂提标改造工程；完成同煤同家梁矿、大同市华昌化工有限公司、大同市新成炭素有限责任公司等 3 个结构调整工程；完成南郊区冷藏储运公司养殖场（生猪）等 17 个规模化畜禽养殖场治理工程。废气减排完成山西漳电大唐塔山发电有限公司（1 号、2 号）、大同煤矿集团同达热电有限公司（1 号、2 号）、山西大唐云冈热电有限责任公司（4 号）、广灵长青环保能源有限公司（3 号、4 号）、山西漳电大唐热电有限公司（1 号至 5 号）机组等五家电力企业超低排放改造提标改造减排工程；完成广灵金隅水泥有限公司等 3 个水泥厂 10700 吨 / 日熟料生产线脱硝减排工程；完成左云等 3 个县集中供热替代拆除锅炉减排工程和城区、南郊区洁净型煤推广工程、城区、新荣区集中供热替代平房户散烧原煤工程、浑源县、阳高县煤改电试点改造工程、浑源县煤改气工程、大同县“煤改油”改造工程。通过以上措施，省下达大同市的污染减排任务：二氧化硫排放总量下降 4%，氮氧化物排放总量下降 4%，化学需氧量排放总量下降 3.52%，氨氮排放总量下降 3.6% 均完成。（赵　丽）

【蓝天行动】 按照大同市大气污染防治 2016 年行动计划确定的 10 个方面 36 项工作任务，大同市环境保护局紧扣环境执法和监管两项重点，开展“蓝天行动”，狠抓控煤、治气、管车、抑尘、减排、治企、预警、取缔“土小”八项管控措施，确保执法无死角，无缝隙。严控燃煤污染，分类处置建成区燃煤锅炉，淘汰 41 台 10 吨以下锅炉，提标改造 20 吨以上燃煤锅炉安装污染物在线监控设施。大气综合防控方面，开展秸秆禁烧专项整治，分批通报各县区火点情况。拨付大气污染防治资金 1000 万余元，向古城未拆迁区域 1000 余户平房居民和城中村、城乡接合部 2.2 万户平房居民免费发放型煤，落实政府惠民政策，减排二氧化硫 246 吨，氮氧化物 80 吨，烟尘 527 吨。淘汰黄标车和老旧车方面，环保与公安、商务、财政、交通等部门共同行动，2016 年淘汰黄标车及老旧车 12586 辆。其中，黄标车 8325 辆（黄标车全部淘汰完毕），老旧车 4261 辆，完成省下达大同市淘汰任务的 116.62%。强化扬尘防控方面，环保部门配合住建部门启动全市铁腕治污“绿网”行动，整治建筑工地扬尘，检查工地 61 个，送达整改通知书 45 份，排查整改隐患 181 条。推进减排方面，实施山西漳电大唐塔山发电有限公司等五个电力企业超低排放改造减排工程，大同市云中水泥有限责任公司等 3 家水泥企业脱硝减排工程及县区集中供热替代燃煤减排工程等，减排目标完成。清洁生产审核方面，《大同市重点行业清洁生产实施方案》确定的 30 家企业清洁生产技术改造工作，清洁生产审核中高费方案实施率 93.2%，超额完成省目标任务。重污染天气预警会商方面，市环保局与市气象局建立联合会商机制，运用重污染天气预警平台，做好重污染天气预警预报工作，加强重污染天气会商，防控重污染天气，2016 年开展多轮不利气象条件会商，根据气象条件进行空气质量潜势分析，采取应对措施。取缔“土小”和“十小”企业方面，2016 年各类环保专项行动出动执法人员 924 人（次），检查企业 289 家（次）。发现并取缔“十小”企业 77 家。（赵　丽）

【净水行动】 围绕落实国务院水污染防治行动计划，针对北方城市生态补水不足，重点流域污水收集和管网建设不全的问题，市政府制定《大同市水污染防治 2016 年行动计划》《大同市水污染防治工作方案》和《大同市水环境整改方案》，以综合治水效果巩固大气污染防治成果，提高生态涵养能力。市委、市政府建立党政同责、一岗双责、权责一致、齐抓共管的工作机制，要求各流域“河长”按照水污染防治行动计划任务，控制流域污染物排放，强化城镇生活污染治理，推进农业农村污染防治，管控工矿企业，加强水环境综合整治和生态修复，做到整体保护、因地制宜、尽职尽责。各县区强化流域监管和综合整治。对全市涉水企业、污水处理厂进行执法检查，对集中式饮用水水源地安全隐患排查整治，贯彻落实“水十条”，取缔“十小”企业、重点行业专项治理、红黄牌制度、网格化管理等工作。排查涉水企业 84 家，其中分类处置 18 家。推动全市“两河”流域污水治理和湿地建设工程。通过同煤各煤矿污水处理厂建设和提标改造工程、西郊污水处理厂污水收集工程等中期工程措施及人工湿地建设持续改善水环境质量。2016 年各重点流域污水处理厂提标改造和西郊污水处理厂污水收集工程进展顺利，人工湿地工程开工。全年Ⅲ类及以上优良水体比例 18.18%，优于省考核的 16.6% 的目标，劣 V 类水体逐步退出，“水

十条”2016年行动计划各项任务完成。（赵　丽）

【生态文明建设规划】　2016年，大同市环保局与大同市发改委配合中科院地理所编制《大同市生态文明建设规划》和《大同市区域发展战略规划》，促进大同市国家生态文明示范城市建设，培育大同市新型业态产业，融入京津冀一体化发展当中，建设面向京津冀地区生态康养宜居地，促进全市生态景观化、环境友好化、风貌协调化，促进生产、生活、生态“三生”空间的和谐协调发展。中科院地理所于2016年11月完成两个规划初稿，2016年11月底两个规划通过环保部组织的专家评审。（赵　丽）

【环境督察】　2016年，大同市环保局开展环境保护大检查。坚持督企与督政相结合，强化水环境整治，清理取缔“十小”企业，严查环境违法行为，加大典型案件查处力度，抓好省挂牌督办案件督查工作，建立环境督察常态化制度。开展重点行业专项执法检查。按照“全覆盖、零容忍、明责任、严执法、重实效”的总体要求，把水泥行业6家、城镇生活污水处理厂12家、平板玻璃1家、钢铁行业2家企业以及4S店废机油处置作为专项执法检查的重点，检查企业建设项目环评制度执行、污染防治设施建设运行与污染物达标排放、大气污染物自动监控设施等情况。对危险废物产生和处置单位进行检查，查处非法处置危险废物等违法犯罪行为。开展“铁腕斩污”专项行动。查处环境违法行为企业34家，行政处罚157万元。贯彻执行《中华人民共和国环境保护法》及配套的实施办法，加强违法案件移送，环保和公安联合捣毁无证收储废机油窝点，没收废机油22.82吨。开展环境执法大练兵活动。查处各类违法案件。对群众举报、媒体曝光、社会影响大的案件、偷排偷放、非法排放有毒有害污染物、非法处置危险废物、不正常使用防治污染设施、伪造或篡改环境监测数据等恶意违法行为、依法严厉处罚。对涉嫌犯罪的，移送司法机关。（赵　丽）

【环保“冬季行动”】　2016年，大同市环保局围绕全市“冬季行动”任务，结合实际推进企业帮扶。建立内部协作机制，为企业办理环保手续提供政策咨询和主动服务。上门服务大同装备园区云中玻璃项目，督促企业编制环评文件；协调多个部门提前完成牧同乳业项目手续办理；审批全市2015年41条道路中最后12条道路的环评，完成沉陷区12个光伏项目的技术评估。完成投资50亿元的同煤塔山二期两台66万千瓦机组低热值项目环评；投资48亿元和33亿元的左云和阳高两个两台35万千瓦低热值煤电力项目环评。投资182亿元的大张高铁项目环评。大同煤矿集团有限责任公司建设年产60万吨烯烃项目批复。（赵　丽）

【农村生活污水防治】　2016年，大同市环保局落实大同市人民政府办公厅《关于印发大同市农村生活污水防治规划（2014年～2020年）的通知》要求，结合全省美丽宜居示范村建设和采煤沉陷区治理工作，竣工验收2015年实施天镇县玉泉镇唐八里村等19个行政村的生活污水防治工程，创建天镇县玉泉镇等3个市级生态乡镇、阳高县正边堡村等25个市级生态村。（赵　丽）

【土壤污染防治】　2016年，国务院印发《土壤污染防治行动计划》后，大同市推进制定《大同市土壤污染防治工作方案》，完成各项前期工作，根据山西省环保厅要求完成7个类型土壤例行监测任务。（赵　丽）

【机动车尾气检测新规】　2016年8月4日起，大同市机动车尾气检测执行6年免检新规，适用车型有非营运轿车（含大型轿车）、非营运小型和微型载客汽车。市环保局机动车尾气检测中心按照简政放权、放管结合、优化服务、便民惠民要求，依据环保部、公安部、中国国家认证认可监督管理委员会联合文件《关于进一步规范排放检验加强机动车环境监督管理工作的通知》（国环规大气〔2016〕2号）第二条第三款规定，机动车排放检验周期与机动车安全技术检验周期一致，免于安全检验上线检测的车辆不进行排放检验。按照公安部、国家质检总局关于贯彻实施《关于加强和改进机动车检验工作的意见》的通知规定，在6年内免于环保排放检验机动车的车型中，面包车、7座及7座以上车辆不属于免检车型，属于免检范围的车辆如发生过造成人员伤亡的交通事故的，6年内仍按原规定每2年检验1次。环保标志核发过程中，所有免检机动车，车主凭机动车行驶证原件、复印件领取环保标志，留存复印件；新购置机动车免检核发环保标志，不再查验留存合格证、发票，取消1个月内办理限制。（小　霞）

【突发环境事件应急演练】　2016年10月19日，大同市2016突发环境事件应急演练在阳高龙泉工业园区进行，减少或消除重大环境污染事故造成的环境影响，确保环境安全、公众安全。

应急演练模拟山纳合成橡胶公司甲苯罐区泄漏。该公司反应车间操作工发现甲苯罐液位非正常下降，视频系统显示甲苯罐区出液管道泄漏，甲苯流出围堰。工作人员逐级报告，相关人员穿戴防护服关闭雨水阀门，展开自救，公司应急指挥系统运行。市、县政府应急办启动《大同市突发环境事件应急预案》，环保、消防、卫技、安监、气象、水务等部门工作人员赶到现场，消防人员通过泡沫覆盖有效隔离泄漏甲苯；环境监测人员监测甲苯、展开事故调查、监测白登河水质；医护人员搭建临时救护所应对可能出现的伤亡情况；气象人员开展气象监测。现场成立指挥部并紧急召开会议，加强应急统一指挥。经过各部门配合处置，泄漏甲苯得到有效控制并成功回收，河流拦截的废水清运回企业处理，现场及周边环境监测未见异常，下游天镇县境内南洋河水质正常，事故现场没有人员伤亡。专家组认定：事故现场得到控制，污染消除，不会影响周边环境，应急响应终止，展开善后处置及评估工作，转入常态管理。这次演练提高市、县及相关部门和企业对处理突发环境事件的快速反应、综合指挥和协同作战的能力，为应对突发环境事件积累实战经验。（晨　曦）

园林绿化

【概述】2016年，大同市（不含县区）累计绿化工程量5.3亿元，占年目标的107%，建成区新增绿化面积116.78万平方米，建成区绿化覆盖率、绿地率、人均公园绿地面积分别达40.96%、36.84%和15.27平方米/人，分别比上年提高0.87个百分点、0.88个百分点和0.48平方米/人。

城墙护城河及带状公园建设。（1）北城墙带状公园建设项目：该项目是续建工程，2014年8月开工建设，受东西高差较大、通航方案不确定的影响，设计方案多次变更，2015年底，完成武定东门以东不足300米的护城河建设任务。2016年初，随着通航方案的确定，全线得以开工建设，截至2016年底，护城河基本建设完成，城墙与护城河之间绿化带完成栽植任务，完成工程量11755万元，增加绿化面积17.97万平方米。除瓮城周边和宇通大厦拆迁建筑影响外，其余场地平整完毕。（2）西城墙带状公园建设项目：该项目是新建工程，2016年5月开工，11月18日完成护城河建设任务，护城河全线贯通，完成展览馆周边铺装，3个停车场的建设，绿化场地平整及部分乔木栽植，地库封顶，截至2016年底，完成工程量20280万元，增加绿化面积22.2万平方米。（3）南城墙带状公园建设项目：该项目是续建工程，2012年8月初开工，由临城墙绿化带、护城河、护城河至北都街绿化带、水街、谐趣园几部分组成。全长约1.8千米，宽度约300米，总面积约57万平方米，2016年4月进行扫尾工程建设，6月底政府投资项目完工，投入使用。由社会投资建设的水街、谐趣园开工，建筑封顶。

御东公共活动走廊景观建设项目。为配合市委、市政府搬迁，园林局完善提质美术馆和御东行政中心周边景观，绿化建设会展中心、体育中心，雕塑公园空地，种植白蜡、国槐等乔木300余株，榆叶梅、丁香等花灌木10万余株，绣线菊、景天等地被植物30万余株，摆放花箱、花钵300余个，完成工程量7565万元，增加绿化面积18.1万平方米。

儿童公园改造工程项目。儿童公园改造工程是续建项目，在2015年完成一期改造工程的基础上，2016年进行二期改造工程建设，铺设园路1500余米，渣土外运10万余立方米，种植土内运5万余立方米，栽油松、国槐等乔木500余株，栽植水蜡、丁香等花灌木5万余株，完成工程量3207万元。

明堂遗址公园景观建设项目。该项目是新建工程，在文物局完成结构建筑基础上，2016年园林局对该项目景观建设，于11月完成，铺装石材2.1万平方米，栽植油松、榆叶梅等绿化树种1500余株，地被2.8万平方米，完成工程量2431万元，增加绿化面积2.3万平方米。

道路绿化工程项目。绿化建设武定北路、文瀛东三路、开源街东延等16条道路，累计完成工程量4868.22万元，增加绿化面积24.45万平方米，栽植国槐、油松等乔木1626株，金叶榆、丁香等花灌木11.12万株，绿篱1.02万平方米，地被1.79万平方米。建设宾西园东侧景观道路，总面积6700平方米，硬化全部完工，绿化乔木、灌木种植完成。

安置区公建单位庭院绿化项目。在上年绿化的基础上，完成魏都大道东侧棚户区改造项目、同泉路南侧廉租房项目、北环路北侧廉租住房项目等15个安置区和大同铁路职工子弟第一中学校建设项目、大同市第十七中学校等5个公建单位的绿化工程，截至2016年底，完成工程量2826.27万元，增加绿化面积31.76万平方米，清运渣土33.6万立方米，回运种植土25万立方米，石材铺装3.2万平方米，栽植油松、国槐等乔木1031株，金叶榆球、金银木等花灌木17.4万株，绿篱6229平方米，地被25549平方米。

存在问题 工程结算问题。由园林局负责实施的园林绿化工程193项未递交结算资料、未进行结算审计。安置区绿化移交问题。移交工作进展缓慢。绿化资金计划问题。每年最佳绿化季节在5月至6月，而绿化资金计划布置较晚，影响绿化计划的安排，不利于绿化工程项目的组织实施。前期工程款没有按合同支付，欠款较大，施工单位垫付资金较大，致使后续工程建设和管护跟不上。（园林局）

【京同区域园林合作】 2016年，大同市园林局按照“创新、协调、绿色、开放、共享”的发展理念，发挥北京、大同的比较优势，加强两地园林建设合作。经与北京市园林绿化局协调对接，确定双方的合作项目，市政府与北京市园林绿化局签订协议。园林局与北京市园林绿化局成立工作组，制定任务分工方案，明确每个项目的责任部门和责任人。（园林局）

【园林美化】 2016年，大同市旅游发展大会期间，市园林局坚持“节简、大方、美观”的原则，在全市组织开展摆花美化工作，在各公园、广场、城市主干道、桥梁及高速路出入口摆放花卉，市局、城区、南郊区、矿区、开发区共计投入100万余元，累计摆放花卉30余种近100万余株，营造良好氛围。（园林局）

【园林审批】 2016年，大同市园林局受理各类审批服务事项137项，办结137项，办结率100%。其中，建设工程项目附属绿化工程设计方案、用地标准审批21项，伐移和非正常修剪城市树木及在城市绿地内新建、改建各种管、线的审批88项，缺建绿地补偿审批9项，城市园林绿化企业（三级和三级以下）资质核准19件，实现无差错、无超时、无违纪的工作目标。在开展行政许可案卷评查工作中，对2015年7月1日至2016年3月31日所办理的行政许可案卷105件进行评查，无不合格案卷，综合评分平均达到90分以上。（园林局）

【园林执法】 2016年，大同市园林局查处损坏行道树、绿化设施、穿越绿带、乱倒乱扔废弃物、树上牵绳挂物等园林绿化事件40余起。其中，行政处罚案件在权力公开透明运行网上录入简易程序行政处罚1起，一般程序行政处罚6起，全部结案；在法制宣传中，发放宣传材料2000余份，发放城市绿化条例宣传册6000余册，设立警示牌、条幅30余块条，提高广大市民的爱绿护绿意识，营造良好的执法氛围。（园林局）

交通运输

交通管理

【交通运输规划】 2016年，大同市交通运输局委托交通运输部规划研究院编制的《大同市交通运输“十三五”发展规划》研究成果通过评审验收，研究提出规划建设“三纵两环一横”高速公路网、构建“四好农村路”、加快城市公共交通站场建设等发展目标。大同古长城旅游公路项目被纳入《山西省“十三五”农村旅游公路建设规划》，完成工可编制、立项批复和施工图设计。东纵脱贫攻坚路编制完成项目建议书，项目途经6个贫困县、21个乡镇、125个村，总里程357.8千米，估算投资近20亿元。大同综合客运枢纽项目已公开确定工可编制单位，并启动可研编制工作。规划建设王庄堡至阜平高速公路项目，并编制完成项目建议书。按时完成全市农村公路2017年~2019年三年滚动建议计划编制和2017年建议计划的编报。 （交通局）

【农村公路建设】 2016年，省交通运输厅下达大同市农村公路建设投资任务4.89亿元，涉及集中连片县乡公路改造、窄路基路面拓宽改造、撤并建制村通硬化路、完善提质、以工代赈、安全生命防护、国防公路、集中连片村通水泥路、旅游公路及其他县乡公路改造等10类工程项目。市政府和省厅领导重视农村公路建设，5月初，市长马彦平专门听取专题汇报；8月18日至19日，市政府组织召开全市农村公路建设推进会，省交通运输厅副厅长李贵顺和副市长刘振国参加会议，通过现场观摩、经验交流以及典型带动、政府表态等方式，推进农村公路建设。市交通运输局主要领导带领相关负责人，分赴各县区施工现场检查项目进展，与县区主要领导沟通解决存在的问题，加强制度建设，防止招投标环节出现围标、串标，防止施工环节出现转包、分包，从8月开始，组织3个督导组到9个县（区）督导检查。各级公路管理部门履行项目建设程序，加强巡查检查和重点监管，抓住有效施工时间，倒排工期，不间断督促，不定期检查，技术人员分项目指导，保证项目的顺利实施。全市完成农村公路建设里程600千米，完成投资5.74亿元，超省交通运输厅下达的目标任务17%。 （交通局）

【农村公路养护】 2016年，大同市交通运输局贯彻落实《大同市农村公路养护管理条例》，县区、乡镇公路管理机构责任明确，列养到位，日养到人，全市农村公路列养路率100%，县道、乡道、村道养护质量优良路率85.79%、76.22%、73.56%，综合值77.14%，超额完成省厅下达的养护目标任务。抓住重要时段，夯实基础工作，2016年上半年主要开展农村公路隐患路段排查和“平安公路”创建活动，下半年重点开展治理翻浆、处治路面病害、恢复水毁等养护工程，安排各县（区）委托专业检测机构检查评定农村公路危桥、大桥、中桥及隧道。全市农村公路路面翻修、加铺15.2千米，水泥路病害处理56313平方米，设置标志461块，画设标线258.47千米，设置防撞墩18503个，填补坑槽105071平方米，处理翻浆7020平方米，处理搓板路3996平方米，整修边沟571.3万千米，修整边坡62.64千米，修整路肩810.64千米，修补边沟69.18千米。开展路域环境整治，加强绿化美化，确保路面常年整洁无杂物，累计清理路面垃圾5241立方米，路侧垃圾15612立方米，其他垃圾5917立方米。 （交通局）

【道路运输管理】 2016年，大同市道路客运车辆1108辆。其中，班线客运车辆537辆，旅游客运车辆242辆，农村客运车辆329辆，一、二级汽车站10家。大同市交通运输局完成“春运”及国庆节等小长假其间的运输保障任务，为旅客营造温馨、舒适的出行环境。严把危货运输许可程序，责任到人，层层把关，从资料审核、标志灯安装、消防设施配备、GPS的安装应用等都有专人进行实车查验，确保车辆准入关，完善企业车辆档案，加强日常监管，确保安全运行。加强技术力量培训，提高从业人员综合素质，加大考核力度，机动车维修市场稳步发展。全市机动车维修企业发展到536户。其中，一类维修企业7户，二类维修企业210户，三类维修企业319户。全市有驾校38所。其中，一级驾校2所，二级驾校16所，三级驾校20所，拥有各类教练车1360辆，年培训能力9.52万人。大同市交通运输局推进驾驶员培训服务模式改革，2016年底，全市所有驾校实行计时培训计时收费、先培训后付费的服务措施。开展驾培市场非法培训整治，取缔黑培训点36处，查扣黑教练车22部。加强日常管理。政务大厅全年发放道路运输经营许可证6400套，IC卡16191张，合格证43984份，实施行政处罚912起，罚款157.7万元；推进12328交通运输服务监督电话系统建设和联网运行。接听、处办各类电话1100个。加大执法力度。市交通综合行政执法支队出动执法人员6500余人次，执法车辆1700余辆次，查扣非法经营车辆80余辆。其中，处罚65辆，罚款27.17万元，未接受处罚20余辆，警告1100余辆次。（交通局）

【城市客运出租】 2016年，大同市交通运输局开展车辆更新工作，全年更新500辆。树立行业文明形象，在全市客运出租行业开展文明优质服务暨“百名文明的哥”评选活动，以雷锋车队、敬老车队为代表的15支示范车队及行业标兵组织和参加爱心送考、扶贫帮困、一对一帮扶、照顾孤寡等社会公益活动；为出租车经营者免费制作短袖衬衣2件，座套一副并免费清洗一年。旅发大会期间，按照市委宣传部要求，出租汽车、中巴车后视玻璃张贴宣传标语5000条，出租车顶灯印制张贴宣传标语900条。加强路面稽查、巡查，加大打击非法营运力度，出动执法人员1.55万人次，执法车辆4280辆次，打击非法营运“黑车”73辆，查处其他违规经营的出租车65辆次；销毁59辆拒不接受处罚并超过先行登记保存期的非法营运车。（交通局）

【城市公共交通】 2016年，市公交公司打造一批文明线路、工人先锋号、先进车组等优秀集体，公交车司机冯冰被评为全国劳动模范、山西省“三晋”技术能手，被选为省第十一次党代会代表；加强调度管理，合理调配车辆，满足市民出行需求，全年新开线路3条，延伸线路7条，调整线路19条，站点总数2176个，比上年增加站点56个，线路长度923.05千米，比上年增加56.3千米，300米站点覆盖率62%，500米站点覆盖率91.98%。加快智慧公交发展建设，800台公交车实现智能监控调度，GPS智能定位自动报站器安装覆盖率100%，运营调度实现智能化、规范化、垂直化管理，快速公交、干线公交和支线公交互为补充的“三级公交网络”基本形成。加快车辆更新步伐，全市增加更新公交车辆265辆，其中新能源公交车120辆，其余均为清洁能源车辆。大同市交通运输局发挥组织协调作用，由山西国新能源发展集团有限公司投资的公共自行车建设项目，完成337个服务点的基础建设，安装锁桩1.2个，投放自行车1.05万辆。（交通局）

·链 接·

“的哥”8种违规行为处罚加重

旧规《出租汽车经营服务管理规定》第四十九条规定，出租汽车驾驶员有下列情形之一的，由县级以上道路运输管理机构责令改正，并处以警告或者50元以上200元以下罚款：拒载、议价、途中甩客或者故意绕道行驶的；未经乘客同意搭载其他乘客的；不按照规定使用计价器、违规收费的；不按照规定出具相应车费票据的；不按照规定携带道路运输证、从业资格证的；不按照规定使用出租汽车相关设备的；接受出租汽车电召任务后未履行约定的；不按照规定使用文明用语，车容车貌不符合要求的。新出台的《巡游出租汽车经营服务管理规定》，存在以上8种违规情形之一的，由县级以上地方人民政府出租汽车行政主管部门责令改正，并处以200元以上2000元以下罚款，2016年11月1日实施。（晨 曦）

【超限超载治理】 2016年8月15日至9月15日，大同市交通运输系统集中开展打击非法超限运输车辆的专项治理行动，遏制各种短途非法超限运输行为。组织“路政宣传月”活动，发放宣传单1万余份、印有“爱护桥梁、保障安全”的宣传袋3000余个，悬挂宣传条幅23幅。开展治超标准宣传贯彻和实施工作，采取到农村、进企业的方式进行巡回宣传，全市出动路政执法宣传人员2000余人次，车辆50余台次，发放宣传资料5000余份、宣传彩页5000余份、宣传袋3000余个，悬挂宣传标语和横幅30余幅，布设宣传展板近100块。加大对政府公示的595家货运源头企业的监管力度，从源头上遏制非法超限超载行为的发生，投入运管执法人员199816人次，巡查18689次货运源头单位，376次车辆维修企业，检查货运车辆77292辆次。全市交通运输系统检查货运车辆32.75万余辆次，农村公路车辆非法超限超载率控制在0.1%以内。（交通局）

【《电动汽车充电设施布局与发展规划》出台】 2016年11月4日，为加快电动汽车充电基础设施建设，推进电动汽车产业的发展和推广应用，大同市编制出台《大同市电动汽车充电基础设施布局与发展规划（2016年～2020年）》（以下简称《规划》），提出，到2020年底，建成由35座集中式充电站、1.2万个充电桩构成的完全覆盖、布局合理、智能高效的充电基础设施体系。

按照《规划》要求，全市充电基础设施的布局和建设，优先推进公交客运、出租、环卫等公共服务领域的充电设施建设，“十三五”期间规划建设的新南站、东王庄、马军营、太阳宫、白马城等五个调车场均按公交车位100%建设充电桩，在出租车运行密集和停靠集中的区域建设充电桩群，环卫车场站按照“一车一桩”原则配置专用充电桩；依托供电公司变电站等电力设施，就近建设充电站或充电桩群；依托县城公交场站建设充电站，每个县至少布局一个充电站；政府机关、医院、学校、场馆等政府投资的社会公益设施，率先建设安装充电桩；商业娱乐设施、居民小区等，采取政府引导、商业推动的方式，按照10%的比例布局充电桩；利用高速公路及城际交通道路服务区停车位建设城际快充站，形成覆盖全市、连接周边城市的城际快充网络。加快充电基础设施建设，同步推进充电智能服务平台建设，通过应用移动互联网、物联网、智能交通、大数据等技术，为用户提供充换电导航、设施状态查询、充换电预约、费用结算等服务，提升充换电运营服务的智能化水平。（晨 曦）

公路局

【路网改造工程】 2016年，山西省公路局大同分局负责建设的路网改造工程有3项，建设里程111.71千米，2016年度完成投资7.8亿元。分局监管地方实施路网改造工程有3项，建设里程36.27千米，2016年度完成投资3096万元。（公路局）

【公路养护】 2016年，山西省公路局大同分局小修保养投资4307万元，修补路面病害坑槽52343平方米；处理翻浆1850平方米；清理塌方22208立方米；修筑边沟9880米；建设隔离墙1740米；修挡墙333米；整修边坡21730平方米；更换桥梁伸缩缝106米；清理涵洞500道；里程碑145块；增设标志270块；百米桩362根；划标线960千米；年末干线公路优良路率85.81%，超计划的5.81%，公路技术路况指数值86。预防性养护。完成沥青路面灌缝492005米，贴缝42138米，刷油1206平方米，自筹资金完成罩面46千米，微表处23.6千米，投资1190万元。公路灾害治理。长神线水毁恢复工程完工，投资175万元；大灵线马走线清理落石、修建边沟完工，投资59万元。隧道专项治理工程。大灵线恒山隧道投资132万元，洗朔线大岭隧道投资96万元。（公路局）

【路政执法】 2016年，山西省公路局大同分局路政案件发现130起，查处130起，结案130件，路政案件的发现率、查处率、结案率均100%，依法收取路产赔（补）偿费17777836.5元；检测车辆380万台次，查处各类违法车辆105台次。其中，超载60台次，闯关41台次，无证运输4台次，卸载货物38.78吨，处罚款247960元。路政服务大厅与治超站点办理超限运输通行证5311个，收取路产赔（补）偿费466580元。（公路局）

【公路养护措施】 2016年，山西省公路局大同分局在学习晋中分局、临汾分局现场会先进经验和完成“八比八看”活动各项工作基础上，提出“一三五”养护工作规划。“一”是指完善各项制度，推进内业资料整理规范化。并选取一家单位为资料整理榜样段，向全局推广，形成基础资料规范化。“三”是指建设三个应急抢险储备库。在大同市段、大同县段、阳高段建三个应急抢险物资储备库，建立健全应急抢险储备的各项制度。“五”是指选取全长约275千米的五条线路作为重点进行统一规划。其中，国道208线市区一级路以地域特色景点设施建设和综合治理为主线，着重体现晋北独有的历史文化内涵；国道109线吴官屯至左云段以沿线绿化和路基修整为主，突出绿色公路、平安公路建设；省道马走线K140–K196段以预防性养护为抓手，保证超龄油路畅通；省道大灵线K5–K62段以安全设施建设为引领，提高山岭道路安全运营能力；省道积大线以规范化、标准化为目标，彰显畅行公路、人文公路、法治公路亮点。构建以机械化养护、预防性养护为主的现代养护机制，加大分局养护设备投入力度，按照各段管养路段实际有针对性购置养护设备，促进公路养护质量、效率的提升。以路况水平为依据把省局600万元养护奖励基金和自筹的590万元全部用于预防性养护，延长公路使用寿命。针对2016年集中连片路面改造工程实际情况，强化大中修项目管理规范化，对工程实行全方位、全过程管理，其中大灵线路面改造工程被中国公路学会授予“2016年度中国公路养护工程奖”。（公路局）

【公路管控】 2016年，山西省公路局大同分局成立路政治超指挥中心，分局所辖的11个路政大队全部编入指挥中心昼夜接警，打破地域限制，实现路域管控。完善与当地政府、公安交警部门区域联动，组织开展“路政宣传月”，路域环境专项整治和货运车辆超限超载集中治理等专项行动，加大路域环境综合治理和公路用地及建筑控制区的监管力度。加强收费管理。208线西韩岭收费站作为山西省最大的一级公路收费站，自2016年8月16日开站以来，化解地方矛盾，按照“创出一流的班子、带出一流的队伍、干出一流的成绩”的总体思路，内强素质，外树形象，抓队伍建设、思想建设、作风建设，提升服务水平。（公路局）

大同高速公路有限责任公司

【概述】 2016年，大同高速公路有限责任公司各项工作呈现“总体平稳、稳中向好”的发展态势，主要业务指标均处于预期可控范围，年通行费收入与同期相比增长46.87%，服务区营业总额较同期提高11.8%。（高速公路）

【畅通工程】 2016年，大同高速公路有限责任公司推行养护管理精细化，增强养护管理科学性，加强道路季节性、预防性养护，制定《公路工程项目管理办法（试行）》，按照规范要求设置养护及施工作业现场，确保过往车辆行车安全和养护人员自身安全；加大道路绿化、美化力度，依托周边地势环境，结合地区、季节特点，因地植绿，断档补绿，提升景观效果和生态效果，得大、环城高速种植紫穗槐、乔木、灌木等，打造层次分明、季相丰富、色彩缤纷的高速公路景观效果。2016年得大高速MQI值为93.7，大同环城高速MQI值为92.1。（高速公路）

【形象工程】 2016年，在文明礼仪服务上，大同高速公路有限责任公司全员推行“文明用语＋微笑服务＋礼仪手势”文明礼仪服务，把“微笑服务是我们最真诚的名片”的理念植根于整个收费环节中，收费员文明用语和礼仪手势使用率100%；收费系统助推“人说山西好风光”山西旅游发展大会创办活动，云冈收费站对接服务云冈石窟五星级景区，制作宣传画册，大同东收费站从细处入手，与大同飞机场建立信息共享平台，利用LED显示屏发布飞机场24小时服务电话、航班信息、气象信息等，满足司乘人员对航班信息等资讯的需求；落实国家鲜活农产品运输“绿色通道”和重大节假日7座及以下小型客车免费通行等惠民政策，集中连片贫困地区11条高速公路货车“新三减”政策效果明显。2016年通行费收入划后为9021万元，与上年同期相比增长

交通运输

46.87%，完成全年任务的143.2%。

（高速公路）

【阳光工程】 2016年，大同高速公路有限责任公司路政大队和养护建立“管养联动、按责分工、统一处理、监督查办”的联合巡查机制，每月月底例会总结巡查情况，反馈联合巡查情况；抓好基础基层管理，为全线10个治超站点更换标志标牌、增加爆闪灯，为一线巡查人员配备执法记录仪，在路政办证大厅安装LED彩色显示屏，全线十个超限检测站点检测车辆225万余辆，无一例非法超限超载车辆驶入所辖高速公路。查处简易案件7起，一般案件15起，重大案件13起，收取路产损坏赔偿费349048元，案件发现率100%、查处率100%、案件恢复率100%。（高速公路）

【便民工程】 2016年，大同高速公路有限责任公司加快“互联网+出行”交通运输领域的深度融合，做好大同高速微信公众服务平台和大同市交通广播电台建立的信息报送机制，发布实时路况、高速气象、事故信息、温馨提示，实施出行信息服务系统与服务区的可变情报板、触摸屏的链接。服务平台关注人数3万余人，做优做实高速公路惠民政策，构建多元化出行信息服务体系。（高速公路）

【温馨工程】 2016年，大同高速公路有限责任公司开展“服务区服务功能完善年”活动，提供差异化、人性化服务，古店服务区实现WiFi普遍覆盖，官堡服务区、古店服务区停车场区增设小型客车遮阳棚，完成古店服务区东区、官堡服务区路面麻面处置等亮化美化工程，在古店服务区东、西区建快速充电站2座，8个乘用车充电工位。2016年官堡服务区营业总额5949.9万元，比上年同期增长14.4%，古店服务区营业总额2998.32万元，比上年同期增长9.2%。

（高速公路）

【素质工程】 培训是企业送给员工最好的福利，2016年，大同高速公路有限责任公司制定《职工教育培训规划》，推进领导干部、机关管理人员和专业技术人员“三支队伍”建设，采取“请进来、走出去”的方式，加大员工培训力度，培训和外培人员700余人，培训费用20万元，为高速公路的可持续发展提供智力支持和人才保障，公司获交通运输部“2016年全国交通行业质量管理小组活动优秀企业”称号。（高速公路）

【京乌高速公路建设】 北京至乌鲁木齐国家高速公路山西段是国家高速公路网“G7”京乌高速公路的重要组成部分，路线主线长8.89千米，全线设天镇枢纽1处，分离式立交3处，大桥3座、中桥1座、小桥3座、通道（桥）7处、涵洞8道、停车区1处，占地总面积93.53公顷，建设工期两年，批复概算6.65亿元。2016年，大同高速公路有限责任公司探索建设与运营管理新模式，提出“在公司党委领导下项目部负责制”管理理念，确立“一手抓运营管理、一手抓工程建设”总体思路，成立大同公司京新高速公路山西段项目部，依法依规推进项目的工可报批、设计规划、项目评审、招投标和工程建设工作，路基、桥涵主体工程完工，完成路面（房建）、绿化、机电、交安工程前期施工准备工作，累计投资3.24亿元。2016年，公司取得全省高管系统2016年度目标责任制考核第五名的成绩。（高速公路）

【公路节能减排】 2016年5月，大同高速公路有限责任公司自主研发的“收费栏杆抬起计数器”及“工具车外排废气余热再利用”两个项目参加省厅“十二五科技创新”优秀成果展。在展会上，参观人员对栏杆抬起计数器项目的工作原理、发明目的以及实际应用等话题交流。“工具车外排废气余热再利用”项目在科研阶段受到省厅、省局的大力支持。大南站研究出的智能聚光灯（改良版），小发明大用处，提高收费员夜间一次性录入车牌的准确率。（高速公路）

【九个高速出入口打通】 大同市市区周边有9个高速出入口，过去只有魏都大道口和云冈口两个高速口允许7座以上客车出行，营运客车出行极为不便，制约大同市旅游业的发展。旅游汽车公司、旅行社等涉旅单位和企业对此反映强烈。市人大常委会在对全市旅游工作和旅游法律法规执行情况进行调研监督中发现这一问题后，把开放市区周边全部高速口允许7座以上营运客车驶入作为重点意见，与省人大常委会沟通联系，赴省公安厅交警总队高速二支队专题调研。

在省人大常委会的支持和帮助下，2016年7月18日，省公安厅交警总队高速二支队作出“从即日起取消对营运客车指定入口驶入的工作机制，营运客车可以从辖区任意收费站驶入高速”的规定，营运客车可以就近选择高速口自由驶入。这对旅游汽车公司、旅行社等一系列涉旅单位企业意义重大。方便全市市民出行，也给外地游客来同旅游提供便利交通，解决束缚全市旅游高速交通不便的瓶颈问题，为大同市旅游发展创造良好的交通环境，对全市的旅游业发展起到推动作用。（木 依）

城市交通

综 述

【公共自行车租用收费标准论证会】 2016年7月26日，由市交通运输局牵头组织、消费者和经营者及社会各界人士共同参与的大同市绿色慢行智慧交通建设项目公共交通自行车租用收费标准论证会举行。市交通部门汇总分析此次论证会上各方代表的意见，上报市政府制定实施符合全市实际的公共交通自行车租用收费标准。

大同市公交自行车项目建设由大同亿鑫煤炭运销有限责任公司公交自行车运营分公司实施，项目总投资3.7亿元，设计投放3万辆自行车，建设1500个服务点，覆盖城区、御东新区、矿区、南郊区等区域，主要围绕这些区域的公交站点、医院、学校、公园、居民区、商场、行政机关办公区域、旅游景点等建设。由于公交自行车定价不在物价部门定价范畴之内，大同市交通部门根据市政府指示和市发改委建议，按照“企业投资、政府监管、彰显公益、适度有偿、总体规划、分步实施”的原则，立足城市实际情况、市民接纳能力、借鉴其他城市运营收费标准并确保该项目可持续发展的基础条件，邀请消费者代表9名、经营者代表4名、政府有关部门代表6名举行此次公交自行车租用收费标准论证会，与会代表在听取两套论证方案的介绍后，围绕两套论证方案提出质询，对方案的可行性、必要性进行讨论。公交自行车项目运营后，不论持大同市身份证的市民，还是持外地身份证的人员，或是持有大同市暂住证的人员，均可缴纳一定数额的押金办理公交自行车IC卡后使用公共交通自行车出行。（木　依）

【城市公共停车场】 2016年，大同市政府确定建设城市公共停车场10座，是为人民群众办的十二件实事之一。9月，10座停车场的前期筹备和建设工作开始，满足市民在出行、消费、休闲、娱乐过程中对停车位的需求。

10座城市公共停车场中，大同市经济建设投资有限责任公司前期推进的停车场6个，分别为：北岳中学西北角停车场为地下一层、地上四层的停车楼，设计停车位207个；昌泰街北侧（金牛市场附近）停车场为地下一层、地上四层的停车楼，设计停车位312个；平城街北侧停车场为地下一层、地上两层的停车楼，设计停车位143个；文兴路东侧（大同大学家属楼西侧）停车场为绿化带与停车场相结合的平面停车场，设计停车位200余个；文瀛湖生态公园停车场，公园西侧有4个停车场，可停放312辆机动车，这次建设根据文瀛湖景区的总体规划将其扩建为大型停车场，在原有基础上增加停车位，满足市民游玩文瀛湖公园的停车需求；恒安街北侧停车场（市政务大厅西侧）为地下一层、地上四层停车楼，设计停车位580个。西城墙带状公园内规划3个停车场，由市园林局结合西城墙带状公园项目建设统一实施；永祥路东侧与向阳街南侧分别规划便民市场与停车场相结合的建设项目，有意向单位进入实施阶段。

大同市经济建设投资有限责任公司负责实施的6座停车场完成规划选址，停车场设计方案落实。停车场包括小型汽车保养、维护、维修区域，方便市民在汽车出现小问题时得以解决，配套电梯、免费公共卫生间和小型环卫工人休息场所，以及电动汽车普及后需要的充电桩。截至2016年12月9日，完工7座停车场。（小　霞）

大同市公共交通有限责任公司

【概述】 2016年，大同市公共交通有限责任公司年客运量2.2亿人次，与上年持平。全年实现营运总收入1.42亿元，同比增长2.55%；完成运营里程4274万千米，同比增长9%；实际运营总成本2.85亿元，同比增长2%；营业利润亏损1.44亿元，财政补贴3500万元，燃油补贴1648万元，利润总额亏损9293万元。

存在问题 大同市公共交通有限责任公司工资低，职工队伍存在不稳定因素。欠缴社会保险费数额较大，直接影响职工切身利益。场站建设严重滞后。公交成本规制未建立，企业运行举步维艰。（公交公司）

【公交改革】 2016年，大同市公共交通有限责任公司以强化管理体系为依托，促进企业管理规范化、科学化。7月23日至26日，通过质量、环境、职业健康安全审核专家组对公司进行三体系的第二次监督审核，使管理规范化深入企业的各个环节，促进企业管理的提升。发挥GPS监控智能调度系统作用，促进运营调度管理科学化、智能化。在日常的运营过程中，企业依靠智能调度系统，从面对面的调度提升为远程智能调度模式，以GPS监控等手段实施动态管理机制。在交通拥堵时段和路段，合理调度车辆，疏散滞留乘客，提高运营效能。推行普及公交IC卡工作。1月1日起调整IC卡票价标准，A、B、G三类卡合并，优惠幅度统一调整为票价的8.5折，可享受带人乘车，月底不清零。2016年办理IC卡79662张，累计售卡充值额5638万元。截至2016年底，全市IC卡持有量59万张，其中免费群体IC卡持有量8万张。（公交公司）

【公交服务】 2016年，大同市公共交通有限责任公司以优质服务为重点，以《运营服务规范》为基础，开展“服务标准化”活动和“星级考评”工作。组织职工教育培训39期，148课时，培训3354人次，完善职工教育培训“一人一档”，通过培训提高全员素质。通过考核，全年车辆整洁合格率98%，车厢服务合格率90%，星级人员合格率80%以上，一星级晋升二星级5人，降星6人。参评驾驶员1103人、修理工273人。其中，一星612人，二星155人，三星15人，四星驾驶员3人。“12345”服务热线各类有效咨询和投诉4748起，回复率100%，回访满意率97%；有效回复网站市民信箱48条，同时对信访、网络舆情、社情民意等转办件，做到件件有回复。

2016年，17路线被山西省人力资源和社会保障厅、山西省妇女联合会评为“巾帼文明岗”。公司“12345”服务热线被评为2015年度大同市“12345”政府服务热线群众诉求办理工作“标兵单位”；三分公司优秀驾驶员、全国劳动模范冯冰被推选为省党代会代表，优秀驾驶员、“五一劳动奖章”获得者赵建新被授予“全省优秀共产党员”荣誉称号，被推选为大同市党代会代表；一分公司驾驶员冯建花被评为“大同市十大明星女职工”。（公交公司）

【公交运营管理】 2016年，大同市公共交通有限责任公司为配合城市建设的总体布局和市民出行的需求，适时调整19条线路的走向和站点，延伸7条线路，开通16路、61路和夜间快速公交3条新线，使全市公交线路达52条。1月21日更新10路线运营车辆为10米级纯天然气车，取消1元起价累进制全程4元的人工售票，采取3元一票制无人售票。旅游1号线更名为快速旅游603线，更换12部新车，票价调整为三元一票制。6月29日，更新最后一条采用柴油双层公交38路线全部车辆，并延长运营时间。全年增加站点56个，增加到2176座，300米站点覆盖率62%，出行分担率15.18%。截至2016年底，公交线路长度923.05公里，较上年增加31.9千米，保障市民日常出行的需求。（公交公司）

【公交场站建设】 2016年初，由政府主导，经规划部门摸底、筛选，新开里调度中心、新开里枢纽站、南环西延枢纽站、友谊街首末站、振兴街停车场、太阳宫枢纽站及高铁站换乘枢纽7个建设项目列入《2016年度大同市城市建设新建项目资金列表》。除高铁站、太阳宫公交枢纽属筹备项目外，年底前其余4个场站项目均通过立项审批，完成建设用地许可证。政府划拨900万元场站建设资金，初期投入30万元规划设计费用。2016年3月30日公交公司机关搬迁至红星写字楼办公，改善办公环境。6月21日，公交富力城调度站落成交接。公交富力城场站占地0.5公顷，建筑面积1726.23平方米，具备公交调度、生产管理、车辆维修、后勤服务等功能。在恒安新区公交场区建设围墙，并协调南郊区政府对口泉车场的地面及围墙进行整体修缮，对大修厂办公楼及车间外墙进行整体粉刷，并更换门窗。

（公交公司）

【公交车辆技术管理】 2016年，大同市公共交通有限责任公司完成179辆黄标车、老旧车的淘汰报废手续。在公交车辆采购工作中，由政府采购中心先后于8月23日、9月22日两次公开招标，政府投入4135.04万元采购厦门金旅气电混合动力公交车104台，自筹资金采购济南豪沃纯电动公交车150台，增加公交车254辆。截至2016年底，运营车辆达1009台。其中，纯电动车150台，插电式气电混动154台，非插电式气电混动80台，清洁能源车辆625台，新能源车辆占比38.1%，清洁能源占比61.9%，公交车万人拥有量9.12标台。为保证车辆技术状况，全年完成二级维护201辆，大修发动机49台，整修387辆，天然气系统维护保养568辆，车辆完好率98%以上。2016年，钢瓶检验中心通过省质监局评审的年度审验，检验公交车气瓶1909只，检验社会车辆气瓶1945只。为保障新购纯电动车辆的投入运营，公司与大同供电公司达成战略合作意向，位于恒安新区场站的大同市首座公交车充电站年底前完成调试，投入使用。（公交公司）

【大同公交官微升级上线】 2016年6月1日起，“大同公交官微”认证订阅号升级上线，在原有线路查询的基础上，增加客服、失物招领等功能，乘客拿着手机便可知道所乘公交几分钟后到达离自己最近的站点。

升级后的微信平台由走进公交、线路查询、便民服务3个模块集合而成，内容更加丰富、功能更加强大。通过微信端，市民可轻松获取公交最新线路相关信息。通过“线路查询”板块回复要查询的线路名称，在线了解线路详细站点信息。便民服务分为公交IC卡、客服新新、失物招领、乘车常识等内容。（冯　雨）

铁　路

大同站

【概述】 大同站始建于1914年，位于京包线370千米处，地处京包、北同蒲、大秦线及口泉、云冈支线的交汇点，为华北、西北物流和晋煤外运的主通道，技术性质为区域性编组站，业务性质为客货运站，是太原铁路局管内集客运、货运、编组、枢纽为一体的综合性特等站。管内营运里程为121.52千米。其中，北同蒲线21.25千米，京包线11.45千米，大秦39.86千米，云联支线8.38千米，同联支线4.53千米，湖大20.19千米，北环7.64千米，古大9.43千米。车站设10个行政科室。党群组织设党委、纪委、工会、团委，下设党群工作办公室。

车站管辖9个车间，1个湖东货运营销中心和11个中间站以及西韩岭线路所和二电厂、塔山、辛庄、同忻等代管地铁车站。车站管内有8个货运站、2个客运站。2016年末，全站干部职工3080人。干部465人。其中，行政干部367人，技术干部98人；工人2615人。其中，技师116人，高级工818人。大学本科以上学历238人、专科1043人、中专638人、高中及以下学历1161人。形成以大同、湖东两大编组站为中心，以各中间站为衔接点，以古大、北环、上引、下发、湖大、同联、云联等联络线为疏解，把大准、口支、云支、塔山等地方铁路沿线的矿产资源组流上线，形成连接京包、北同蒲、大秦三条干线的大枢纽格局。客货运输能力辐射北京、天津、山西、河北、内蒙古、陕西等省、市、自治区，是铁路北煤南运大通道的发动机。2016年，大同站发送旅客5316197人，较上年同比增加93226人，客票收入30937.1万元，较上年同比减少1782.1万元；发送货物10512.8万吨，较上年同比减少1020.5万吨，货运总收入1007789.3万元，较上年同比减少277478.9万元。（田乐平）

【大同站改革】 2016年，大同站按照有利于专业管理、现场安全的原则，把大西一场机1线道口划归大西三场管理，为塔山专用线配齐配强管理人员。结合作业实际，调查摸底各工种工作量，采取余缺调节与岗位兼并的方式，取消大同北站信号员岗位、东场车间南客封堵岗位、一场车间调车区长和机1线闸扳岗位，优化人力资源，行车岗位节约劳动力16人。通过对人员合理分流安置，实现工种岗位的优化，缓解部分岗位人员紧张问题，节约精简岗位后续人员配置成本。推行“管理人员以岗位责任制为主，生产人员以计件工资制为主”的内部工资分配模式，修订《工效挂钩工资内部分配计件考核办法》，推进分配制度改革，激发全站保安全、保任务、增效益的积极性。（田乐平）

【大同站经营管理】 2016年，大同站以“转观念、闯市场、增效益和创新创效创业”活动为载体，提升服务质量，加大营销力度，用好用活路局相关政策，帮助建设八年之久的国投塔山专用线开通运营，发运141.5万吨；用好“放开立户”政策，引进煤炭客户29家，增加运量466.2万吨；多次与大同市经信委组织12个区（县）经贸局和生产企业座谈对接，5月10日开行大同—京津冀间白货快运专列，10月25日开行平旺—城厢“点对点”货物快运列车，11月5日开行平旺—三水西“点对点”货物快运列车；增加平旺货场集装箱办理业务、晋宏专用线集装箱装块煤业务，丰富入箱品类，集装箱运量6591箱；利用钢铁议价政策，帮助古店钢厂走出困境，恢复生产，发运19.5万吨。优化运输组织，立足合署办公，实施湖东、大同两大枢纽互补和湖东、大同南、解家庄区域联动运输机制，协调联动装、运、卸各个环节，提升大秦线运输效率，为车站保量增收提供后厂保障。全年，车站货运任务实现减亏最大化，第三年货运量突破1亿吨、运输总收入突破100亿元。（田乐平）

【大同站安全管理】 2016年，大同站牢记安全是铁路的生命线，是铁路的“饭碗工程”。突出客车和人身安全，每月梳理旅客列车接发、客车底调动作业中易发生问题的环节，规章制度、卡控措施和现场作业标准落实，确保旅客列车安全；量化干部每月人身问题指标，月度安全例会专题分析，全站形成没有问题找隐患、没有隐患查标准的人身安全意识。研发《安全风险管理系统》，运用“大数据”分析安全生产风险发展规律，发现平稳时期的隐含风险，从管理源头超前防范安全风险。用好岗位检查二维码扫描，督促现场干部紧盯125个关键岗位，实现基层盯控作业自立。每月组织10个以上行车班组开展非正常应急处置演练、评比，在实战中提升职工现场风险控制能力。对照21个《安全风险控制表》和254个《安全检查表》，在日常查整基础上，开展安全意识疲劳、三项重点工作、安全大检查等专项查整活动，车站领导班子挂牌督办的17件突出隐患全部销号，形成“明确项点专项查整、带着课题专题查整”的常态化检查整治格局。车站实现第三个安全年，获全路优质编组站、全局先进单位等称号。

（田乐平）

【大同站科技创新】 2016年，大同站完善科技创新工作机制，建立人才使用、资金投入保障机制，以专业技术人员、工人技师、科技拔尖人才为核心的科技创新、科技攻关和技术改造机制，以全员参与合理化建议、小改小革发明创造的群众性技术创新活动机制，形成现场调研、发现问题、选择课题、专业讨论、立项申报、技术攻关、模拟测试、实践论证、推进实施等技术改进和科技转化工作流程。整合技术改进和科技创新资源，完善与铁路院校、生产厂家的技术合作，促进与路局有关业务处室信息沟通、资源共享和联合攻关。2016年，车站完成“客运上水管改造”“安全调度指挥系统现场检查终端”等合理化建议和技术改进成果65项，评选出的优秀成果择优向路局上报，其中“研究可控减速顶防止短路装置”“数字平调设备电池实时查询装置”等成果获得路局2016年上半年合理化建议和技术改进成果二等奖2项、三等奖1项、四等奖1项。客运车间QC小组的“降低客运售票废票率”获得铁道行业优秀质量管理小组成果，平旺站运转QC小组、职教科QC小组分别被评为大同市优秀质量管理小组、山西省优秀质量管理小组。（田乐平）

【大同站纪事】 2016年3月24日，车站管内塔山国投专用线举行首列开行仪式，站长罗万军在现场组织主管副站长、业务科室人员对列车运行、调车、装车、抑尘等全过程盯控，确保国投专用线首列作业安全。

5月10日11时28分，大同开往京津冀地区首趟白货快运专列在大同站1道发车。首趟“京津冀白货快运专列”装运果蔬饮料、乳饮料、活性炭等白货35车900吨。专列的开行，促进铁路与地方经济转型发展。

5月15日，基本列车运行图调整。增开2对、变更区段1对、33对始发及中转客车到发时刻、到发线运用、上水交路等发生变更，涉及旅客列车作业的10个车间（站）。

5月27日，大同—太原间开行“云冈号”旅游专列Y665次列车首发，这是山西铁路史上首次出现“Y”（游）字头一站直达的城际旅游列车。

10月1日至8日，湖东站一场开车日均128列以上，最高完成137列，湖东站二场开车日均87列，最高完成91列，大秦线持续保持110万吨以上运量，最高完成118.74万吨，受到路局两次通报嘉奖。

12月18日，在大西一场车间试用自行研制的新式智能铁鞋。（田乐平）

大同车务段

【概述】 大同车务段成立于1961年，是太原铁路局北部地区的主要运输站段之一。担负着大同煤矿集团15个本部直属大型煤矿、地煤集团和部分地方煤站的煤炭，以及大同市周边地区的煤炭运输、中间站行车组织工作，兼顾一部分零散货物的到发和客运业务的办理等工作。管辖大张线、口支线、云支线13个车站，1个生产车间（调度车间），1个区域性营销中心、1个多经公司（大同建鹏商贸有限公司）、1个集经公司（口泉劳动服务公司）和口泉房建分公司，线路总长211千米。京包线大张段是京包铁路干线的重要组成部分，担负着大同县、阳高、天镇、柴沟堡4个县区的客货运输、军特运列车运输安全任务，图定办理旅客列车14对，货物列车25对；云冈支线、口泉支线是大秦线煤炭源头装车基地重要组成部分，管辖专用线70条，万吨装车点15个，担负着大同煤矿集团15个大型煤矿和地方煤站的煤炭发运业务，口支线图定办理货物列车23对，云支线图定办理货物列车28对。

行政管理机构设8个科室。党群系统设党群工作办公室，履行党委、纪委、工会、团委的工作职能。截至2016年底，全段在册人数为2164人，包括干部403人，工人1761人。男职工2001人，女职工163人；设有党总支12个，党支部68个，党员952名。2016年，大同车务段推进全员大走访，各级客户代表走访企业7684人次，累计营销回煤炭货源86.4万吨，增加批零货源6300余吨。丰富货运服务产品，与大同市经信委、大同站及生产企业座谈对接，促成大同—京津冀间白货快运专列开行。支持有运输需求但资金困难的企业使用承兑汇票结算，全年签订承兑汇票合同13户，使用承兑汇票结算运费10179.7万元。推进项目化营销，九大版块营销小组立足精准营销，全年组织召开客户座谈会14次，发现有价值的营销信息42条，形成9个增量项目，实现收入4700万余元。拓展客运市场，主动与管内学校、旅行社、温泉休闲度假村建立长期合作关系，全年累计营销回客票11246张70万余元，提前2天完成全年运量指标。全年完成装车任务512409车（年计划622200车），货物发送3890.4万吨（年计划4700万吨），卸车9984车（年计划7320车），旅客发送108.5174万人（年计划108万人），运输收入388237万元（年计划499500万元），客票收入3490万元（年计划3450万元）。（白存荣）

【车务段改革】 2016年，按照太原铁路局活动方案，大同车务段推进创新、创效、创业活动。开展金点子征集活动，对32条优秀合理化建议进行表彰奖励、论证实施，举全段之力、集全员之智，为段经营创效献计献策。传递经营压力，加大收入利润、成本节支等经营项目在经营业绩考核中的比重，调动全员创收节支的主动性。按月组织召开经济活动分析会，动态控制成本支出，杜绝超支挂账、虚列支出，无预算、超预算行为，全年完成成本节支85万元，段连续四个季度被太原铁路局命名为经营业绩考核优秀站段。（白存荣）

【车务段安全管理】 2016年，大同车务段强化源头控制，把危及现场安全的28类132个风险项点、418个季节性风险项目分岗位细化明示，运用“二十查”、安全预警、挂牌督办等手段，源头阻断风险失控症结。全年下发安全预警通知书16期，定挂牌督办项目7件，各级干部下现场21326人次，发现解决各类问题20358件；突出过程管控，落实“常态化检查、项目化整治”，全年开展意识疲劳反思、三项重点工作、安全大检查等全局性活动，推进年度5项安全专项整治、38项阶段性专项检查，集中整治隐患问题413件。严抓闭环落责，组建运输、安全、职教等业务科室参与的“安全信息追踪小组”，对461件倾向性安全问题、134件安全重要信息予以全程追踪、回访销号，杜绝典型问题不整改、假整改、假考核的问题。截至2016年12月31日，段实现安全生产2832天。（白存荣）

【车务段科技教育】 2016年，大同车务段依托监控、通信、网络等设备设施，在视频监控指挥中心升级搭建远程应急处置指挥平台，制作30项非正常应急处置提示卡，在确保现场作业实时化监控的同时，对突发状况实现远程化协助。年内利用视频监控设备发现建立安全问题3126件，远程协助办理非正常行车20余次。全段发生设备故障等突发问题210起，干部职工应对有序，实战能力增强。（白存荣）

【车务段纪事】 2016年7月20日，大同车务段首家展览馆—口泉站印记“百年口泉站展览馆”开馆。

11月18日，大同车务段组织各站、货主召开中鼎物流园区及智慧物流云平台推介会。

12月31日，车务段实现第七个安全年。（白存荣）

大同电务段

【概述】 大同电务段始建于1935年。2004年12月8日生产力布局调整，由大同、湖东、朔州、茶坞四个电务段合并重组大同电务段，管辖范围横跨京、津、晋、冀“两省两市”。承担着大秦、北同蒲、瓦日、京包、韩原线等五条干线及迁曹、宁苛、口支线等二十余条支线108个站/场、25个中继站的信号设备和685台机车LKJ、118台轨道车运行监控装置（GYK）设备的管理维护工作，总计1633.98千米，折合换算道岔组数71970.45组。截至2016年12月31日，全段职工2150人。其中，段领导班子9名，干部481人，工人1669人，机关科室12个（包括行政科室11个、党委办公室1个）；设有生产车间26个（包括2个基地检修车间、2个车载设备车间、1个信号试验室、1个电子设备车间和20个现场信号维修车间）；班组157个。截至2016年底，大同电务段实现安全生产10837天。2016年全段发生D21事故5件、D9事故1件、D10事故1件，报太原铁路局定责任故障132件，总延时4773分钟，平均延时36.2分钟。同比上年D21事故增加4件、D9事故增加1件、D10事故增加1件，太原铁路局考核故障增加6件，故障总延时增加693分钟，平均延时增加4.1分钟。按类型分：道岔63件，占47.7%；轨道电路40件，占30.3%；电源屏5件，占3.8%；车载9件，占6.8%；信号机6件，占4.5%；闭塞设备1件，占0.8%；CTC/TDCS设备8件，占6.1%。按性质分：检修不良82件，占62.1%；材质36件，占27.3%；外界14件，占10.6%。按车间分：菱角山车间14件，遵化北车间11件，茶坞车间11件，涿鹿车间10件，阳原车间8件，卢龙北车间8件，朔州车间8件，大同车间8件，电子设备车间7件，柳村车间7件，曹妃甸车间6件，平旺车间6件，五寨车间6件，湖东车间5件，大西车载车间4件，湖东车载车间3件，怀仁车间2件，蓟县西车间4件，天镇车间2件，应县车间2件，（不包含茶坞检修车间、大同检修车间、试验室、驼峰车间、中修车间、兴县车间）。消灭火灾、爆炸、交通、设备、职工轻伤以上责任事故；路外伤亡事故；客车及军专用列车事故苗子，经营管理业绩和职工劳动保护等各项工作达标，实现全年安全生产“五杜绝、一减少、一压缩、两确保”目标，完成运输生产任务，职工收入增长，实现经营业绩考核优秀目标。（乔石云）

【电务段经营管理】 2016年，大同电务段干部职工坚持精细化管理，深化预算控制，加大增收节支力度，压缩非生产性支出，运输成本控制在有权支出范围内，实现太原铁路局定运输经营目标。统筹全段业务、资产及人力等可用资源，通过发挥各项资源在生产经营中的个体优势和资源间的协同效应，实现全段安全生产、职工利益和经济效益同步最大化。2016年全段运输总支出46273.5万元。其中，工资支出19152.96万元，工资附加费支出1931.5万元，职工福利费支出468.2万元，折旧费支出18663.7万元，大修支出215.1万元，直接费支出4406.1万元，间管费支出1170.9万元。其他业务收入1604万元，其他业务利润50万元，完成太原铁路局布置的预算指标任务。（乔石云）

【电务段科技教育】 2016年，大同电务段围绕安全保障、检测维护、应急抢险、新技术新装备等，完成技术成果2项，科研开发项目4项，科研推广项目1项，提报合理化建议217项，完成37个站TDCS/CTC软件升级，36个站信号集中监测升级改造；发布技术规章有效和废止目录4次，废止更新规章17个；组织实施车间、班组连接路局综合网工程，指导19个现场车间安装电子登消记系统，信息化管理水平提升。加大经营管理、专业技术和岗位技能人才培训工作力度.举办技术精英和后备工班长培训，储备现场实用技能人才，全年参加总公司、路局培训班107期371人次，自办脱产实作培训班32期894人次，编制标准化教学视频2个、故障实例教材16篇。选拔31名技术能手参加路局技能竞赛，取得1个第一、1个第二、4个第三的成绩。（乔石云）

【电务段安全管理】 2016年，大同电务段把设备运用质量达标作为安全工作的最基本单元。全年组织2次“集中修”和70次“天窗修”施工，完成自身施工70项，配合施工21项；对8794组道岔，9681架信号机，16170个轨道区段进行周期维修和218个机械室检查。梳理汇总作业标准7种13类122项947条，制作对照卡4类13张，提高职工标准化作业水平。围绕客车、人身、施工、占用丢失等专项整治，组织完成1031组车工电联合道岔整治，夯实设备基础。强化段、车间、工区三级微机监测网络作用，调阅分析电气特性曲线及报警信息，发现各类安全隐患2881件，实时掌握设备动态变化，防患于未然。LKJ车载设备方面：落实数据换装各项卡控制度，全年完成LKJ数据芯片换装10次，100%进行数据版本信息核对，防止LKJ数据错换、漏换的发生。全年检测机车60260台次（湖东入库4.97万台次，大西入库检测机车10560台次），检测良好60132台次，检测良好率99.79%；应生成文件480121个，实生成480121个，转储成功率100%。执行检修工艺要求，全年III级修38套，II级修307套，共345套，提高车载设备的运用质量。安装STP车载设备1台，DF8B-5074，累计安装42台。2016年GYK设备Ⅰ级修405台次，Ⅱ级修96台次，Ⅲ级修8台。配合2次集中修施工，检测更新GYK数据36台外局轨道车GYK设备。全年2次GYK数据换装工作，换装轨道车GYK设备59台（套）。（乔石云）

【电务段科研开发】 2016年，大同电务段组织完成科学技术成果评审2项：GYK轨道车远程管理系统、铁路信号电缆应急接续装置。完成4项科研项目：铁路信号设备移动监测装置、微机监测智能分析与故障诊断系统、电务物资电子化管理系统、液压转辙机智能数字压力装置。将“电缆应急接续装置”科技成果在全段17个现场信号车间进行示范推广。科研成果“电缆定位与安全防护方案研究及应用”获2016年路局科学技术进步奖三等奖。2016年上半年收集合理化建议115项，评选出21项申报路局，有12项合理化建议在路局获奖。其中，一等奖1项：加装高阻电抗器，解决25赫兹轨道电路“第三轨干扰”问题。二等奖2项：关于测试智能电源屏交流模块输出电源直流成分的建议、关于优化信号集中监测与灯丝报警总机CAN通信接口的建议。三等奖6项：关于进站信号机“黄闪黄”点灯电路修改的建议、关于大秦线电源屏CTC电源与方向电源分置的建议、关于优化整治大秦线18个无人中继站环境监控系统的建议、关于解决STP设备车载主机烧损问题的建议、关于对HX1型机车速度传感器进行改造的建议、关于制作驼峰减速器快排阀及风缸测试装置的建议。四等奖3项：关于设置TDCS/CTC和监测数据储存服务器的建议、关于优化现场ZPW.CC采集处理器故障返厂修的建议、关于完善解家庄站信号集中监测系统功能的建议。2016年下半年收集合理化建议102项，评选出24项申报路局。质量管理方面6个QC小组获2016年路局级优秀QC小组。其中，一等奖3项：大西车载设备车间LKJ车载设备QC小组“减少LKJ-2000型监控装置主机‘单机’故障件数”、劳动人事科QC小组“提升电务段高技能人才效能”和“践行‘机关服务、基层自立、各司其职、各负其责’工作理念，推进各项工作规范健康协调发展”。二等奖3项：驼峰车间QC小组“解决测长轨道电路数据变化影响使用的问题”、大同车间QC小组“加强大同站施工盯控，提高设备质量”、茶坞检修车间QC小组“消灭二元标签脱落，杜绝机械卡阻隐患”。段劳动人事科QC小组被评为2016年铁道行业优秀质量管理小组。（乔石云）

【电务段纪事】 2016年7月4日至8日，在全段范围内开展2016年技能演练竞赛活动并选拔出55名技术能手参加路局技术比武。

11月9日，段组织开展安全大检查活动，结合路局要求和段实际情况，细化制定33项73条重点检查内容，确保岁末年初安全稳定。

12月31日，段实现安全生产10837天，第30个安全年。（乔石云）

大同工务段

【概述】 大同工务段担负着大秦、京包、北同蒲、口支线等1595.30千米线路、1976组道岔的维修养护任务。其中，正线842.12千米、到发线306.63千米、站段岔特线326.61千米、非专线119.94千米，正线道岔454组、到发线道岔639组、站段岔特线道岔686组、非专线道岔197组；桥梁620座、涵渠981座、隧道11座；道口15处。其中，有人看守道口12处，段负责看守3处（口支上、下行2K，口支3K道口）。工务段有10个科室2个办公室24个车间127个班组。截至2016年底，全段在册职工2137人，男职工2014人，女职工123人；在岗2034人，定员1759人，其中集经16人、经营网点4人、长病长伤14人、退居二线67人；行管人员149名（不含退二线），党群干部31名，生产技术人员104名（不含退二线）。高级职称6人，中级职称60人，初级职称137人，高级技师13人，工人技师145人。

（曹海滨）

2016年工务段主要运输生产指标完成情况

序号	项 目	计量单位	计划	完成
1	线路保养质量评定合格率	%	100	100
2	道岔保养质量评定合格率	%	100	100
3	线路设备状态评定合格率	%	70	69.5
4	轨检车检测质量合格率	%	100	100
5	路基状态评定合格率	%	100	100
6	隧道状态评定合格率	%	100	100
7	涵渠状态评定合格率	%	100	100
8	桥隧涵保养质量评定合格率	%	100	100

【工务段改革】 2016年，大同工务段推进维修体制改革。根据路局维修体制改革的要求，按照人力资源配置合理、劳动组织优化高效的要求，把具备集中生产、生活条件的16个线路车间管辖的60个线路工区、4个维修工队、7个检查工区优化整合为54个线路工区、16个检查工区、15个维修工队。按照要求划分各工区的职能，明确维修工区、检查工区、维修工队的分工，制定相应的管理办法及岗位职责，使维修工区、检查工区、维修工队即共同协作、又相互监督。深化生产调度指挥中心作用。细化和完善施工安全管理的各个环节，实现施工安全、管理有序的目标。施工维修计划管理方面。结合实际印发《各类计划上报及审批工作制度》，规范各类计划的提报、审批程序，提高各类作业计划的兑现率、减少错误计划的提报。施工作业过程卡控方面。强化施工作业安全管理，细化和加强维修的组织领导工作，全年组织召开计划审批会议30次，提报施工日计划1208项、维修天窗计划5458项、发现各类计划问题118个，取消冲突计划195项，修改各类计划154项。推进安全文化建设。段党委用“为太原局好”这个最大公约数汇集共识、凝聚合力，聚焦“四强”目标、筑牢战斗堡垒，以安全文化助力创新发展。围绕太原铁路局和该段任务目标，开展“转观念、闯市场、增效益”主题教育活动，班子成员、党员干部宣讲形势任务2520人次，征集经营创效金点子、合理化建议452条，涌现出修旧利废、节支降耗典型事例29个。加强对内、对外宣传，围绕形势任务，编发各级各类会议精神、领导讲话、规章制度、案例教育等宣传内容50次，开展“亮、保、创、比、争”“践行党员标准、争当施工先锋”等一系列活动，选树20余名先进典型，段连续四年被太原铁路局评为宣传思想文化工作先进单位。大南线路工区被评为全局青年安全生产示范岗，王家湾线路车间团支部获得全局安全生产先进团支部、全路五四红旗团支部等称号，吉克被评为太铁十大青年领航之星。推进“三化”建设。修订完善《安全风险管理推进工作方案》，明确安全风险所涉及的管理和专业技术岗位、管控措施、检查标准和要求以及规章制度和管理办法等内容，制定领导、科室及车间等岗位安全管理职责347个、岗位工作标准310个、工作流程152个，编制《安全风险管控表》，确保实用可行。

（曹海滨）

【工务段经营管理】 2016年，大同工务段节支357.54万元，完成路局布置节支目标。段劳服公司开发的列车外皮清洗剂，完成供应5069桶/304吨，销售收入155万元。工务维修体制改革撤并工区后，对外出租闲置房屋4处，收入17万元。严把经营管理，路局经营业绩考核指标全部完成。

（曹海滨）

【工务段安全管理】 2016年，大同工务段加强春融设备检查与整修。春融其间整治冻害处所138处1.33千米、整治几何尺寸超限2677处、撤除超层超厚垫板3802头、处理问题绝缘69处、处理动检病害475处、插入短轨12根、无缝线路应力放散6段3.35千米、翻修道口1处。严抓防胀工作，全年无缝线路应力放散调整共计19段18千米。细化防断工作安全措施。探伤完成线路19335.26千米、道岔22033组，检测焊缝61175对，发现各类伤损轨件170根。其中，加固处理55根，更换115根。母材92根占伤损总数54%，焊缝78根（铝焊48根、气焊13根、厂焊17根）占伤损总数46%。钢支架人行道安全专项整治2座，π型梁托架改造8座，道口安全专项整治(北同蒲线K8+850)1处。防洪工作井然有序。汛前对管内排水设施进行彻底清理，利用天窗计划清理京包线K239–K259山体的危树、浮石、危石，清理浮石、危石30.3立方米10处，危树22359棵，清理桥梁淤积30立方米5座，涵洞淤积460立方米43座，清理侧沟55.0千米，天沟0.3千米。汛期，段防洪办及时转发路局、气象台公布的气象灾害预警12次。管内26台雨量计累计达到出巡警戒值134次，线、桥车间累计出巡检查1627人次，业务科室累计添乘检查43趟次。通过开展雨中、雨后设备检查，及时发现水害，采取应急处置，确保列车行车安全。为调动职工积极性，大同工务段对及时发现水害、水害抢险的人员奖励，累计奖励6.435万元。严格“红线”管理和销号管理。组织“红线”管控的专项检查，累计检查发现76个问题，签发通知书28张，纳入日重点追踪分析21个，考核责任人员24名。制订《大同关于通知书发放实行“双销号”制度的通知》，机关追踪复查各类通知书1087张，62张问题通知书未完成销号复查工作，问责考核超期未整改的7个车间。截至2016年12月31日，实现安全生产3239天。

（曹海滨）

【工务段维修生产】 2016年，大同工务段结合维修工作计划，重点对客车、重载通道岔区及小半径曲线等薄弱设备进行综合整修，线路综合维修491.47千米、更换异型接头176处，道岔打磨1672组、曲线补充轨撑1203个、更换补充加强型弹条13317个、清挖翻浆冒泥3936孔，焊联920头，胶粘绝缘142头，累计取消钢轨（焊缝）加固552处，无缝线路应力放散调整19段18千米。在维修天窗方面，全段上报天窗计划5112项，实际完成5112项，天窗利用率100%，杜绝无故停用天窗的现象。消灭设备病害。干部职工以“保安全为天职、保质量为己任”，围绕重载和客车安全，以提高设备质量为重点，组织“天窗修”“集中修”“封闭修”“专业修”，综合整治设备病害，整治超临修病害14568处，改善设备状态，消除安全隐患，使超临修病害随时发现随时处理；利用再用轨件、再用道岔对湖东电力机务段、大西二场等道岔设备进行改造，全段设备质量得到提升，全年轨检车优良率100%。完成大秦线集中修和大张线、北同蒲线综合整治施工、京包线180A号桥高压旋喷桩加固、大秦线2处高边坡路堤及路肩挡墙大修任务。大机清筛50.12千米、更换钢轨29千米、道岔换砟108组、隧道清污7座36.4千米、隧道排水沟清淤3座16千米、隧道漏水整治5座375米、人行道栏杆油漆7座5404米、更换隧道排水沟盖板3座2400米、更换步行板6座1960平方米。利用天镇道岔精整现场会、古店小半径曲线整治现场会、西站安全风险管理现场会暨安全文化建设现场会、湖东冬季维

修现场会，以点带面，在全段推进安全风险管理，落实安全管理“七项制度”，培养标准化作业习惯。（曹海滨）

【工务段科技创新】 2016年，大同工务段完成《工务安全监控管理系统》和《75千克/米钢轨18号道岔固定型辙叉的研究》《75–60千克/米异型钢轨的研究》《贝氏体钢AT尖轨的研究》《大秦线75千克/米钢轨18号道岔性能优化改进技术研究》《重载铁路隧道道床粉尘污染防治研究》六项局级科研项目的鉴定及上道试验及试验准备工作，在全段的安全运输生产、经营管理工作中发挥作用。

（曹海滨）

大同西供电段

【概述】 大同西供电段是太原铁路局的主要行车设备单位，历经两次生产力布局调整，由原大同西供电段、原大同水电段、原湖东供电段、原茶坞供电段四段整合而成。1982年筹备，1984年4月建段。主要担负着大秦线、北同蒲线北段、京包线、宁岢线、迁曹线、韩原线、瓦日线、平朔支线等牵引供电、企业供电、给水设备。管辖正线1647.7千米，牵引供电设备5949.62条千米；企业供电设备6530.92亘长千米。给水管道367.76千米。全段牵引供电和10千伏配电所（亭）178个。其中，牵引供电所亭116个，分别为变电所39个、分区所33个、开闭所11个、AT所33个。10千伏配电所（亭）62个，分别为配电所49个、企开所13个。轨道车44台。其中，带动力的38台，平板车6台。汽车104台。大同西供电段设置16个科室及办公室。经过生产力布局的不断优化、调整，设有28个车间，178个班组，分布在包括北京市在内的2省2市。截至2016年12月31日，全段干部职工4168人。职工3537名、干部631名。其中，党群干部41名，行政干部590名，行政干部中，专业技术人员358名。2016年，大同西供电段自用电指标同比降低79.48万度约8.9%，自用水指标同比降低5869吨约6.97%，节支54.3万元。与地方供电公司联系，推进变电所需量计费进度，全年增加5个变电所，11个变电所采取需量法计费方式，节约基本电费3173.37万元。协调核定家属购电量和购电单价结构，申请增加居民用电量10万千瓦小时，全年节支25万元。（宋慧文）

【大同西供电段安全管理】 2016年，大同西供电段被评为路局安全标杆单位。完善《大同西供电段安全监督检查管理办法》《大同西供电段安全管理七项工作制度》《大同西供电段安全风险控制“红线”管理办法（试行）》等风险管控办法，修订《大同西供电段安全风险管控表》，细化形成10类37个具体风险项点、212个管控环节、250条管控措施，从制度上保证风险管控的要求落到实处。对上级检查、段自查发现的苗头性、倾向性、典型性安全问题，采取日分析、周对话、深度分析、即时预警等办法有效防控安全风险，段领导挂牌督办14项安全突出问题，全年印发安全情况通报48期，针对集中修施工、典型故障、事故印发预警12期。全年常态化开展人身、行车、施工等安全专项检查，突出安全薄弱环节整治，查整243个安全管理和现场作业中存在的弄虚作假行为，针对作业中违章翻越护网等问题定性4起事故苗子，严肃考核相关责任人。坚持精细检修、全面检查和专项整治相结合的设备管理模式，开展接触网主导电回路、承力索交叉互磨、10千伏电力隔开等16项设备专项检查整治，利用两个阶段集中修围剿隐蔽性缺陷660处，提升设备运行质量。强化外部隐患治理，主动与地方政府、企事业单位沟通协调，联合整治一批突出影响供电安全的非路产危树；在上跨线管理方面，配合上跨电力线路拆改、检修，配合拆除废弃上跨线35处，检修加固12处，上跨线改下穿8处；针对线路周边复杂的运营环境，利用2C视频回放、地图街景查看等手段强化侵害源排查，设备周边环境得到治理。开展科室、车间岗位双向交流、实践活动，2016年，段班子成员29人次体验车间主任、总支书记岗位，车间班子成员352人次体验工长岗位，28个车间安全主管分批到段安全科进行为期一周的交流学习，提升关键岗位管理人员的业务技能和管理水平。优化作业组织，生产效能释放。率先在柳村和山阴供电车间进行试点，打破传统的“运检合一”管理模式，成立专门的检测工区和检修工区，检测工区巡视平均发现缺陷数量比传统步行巡视提高2.25倍，且隐蔽性缺陷比例提高。2016年集中修期间，在保证安全的前提下，明确配合工务项目，优化配合工务人员，配合工务施工项数由上年的1296项减少到984项，同比减少24.07%；配合人员由8265人次减少为6368人次，减少22.95%；接触网设备平推数量提高19.6%，处理缺陷数量提高24%。在第二阶段集中修期间，优化梯车推扶人员，缩减辅助人员2986人次，释放供电劳动力，提高检修效率。（宋慧文）

湖东车辆段

【概述】 湖东车辆段始建于1984年，1988年10月1日成立，2005年5月12日，由原大同车辆段、湖东车辆段、秦皇岛车辆段“三段合一”组建湖东车辆段，是大秦线上唯一的货车车辆段。管辖范围西起黄河边，东到渤海湾，横跨京、津、晋、冀“两省两市”，承担大秦、京包、北同蒲、韩原线4大干线和口泉、云冈、平朔、迁曹线等6条支线及部分专用铁路线运用车辆的维修任务，以及大秦线配属C80重载货车的检修任务，是全路唯一集厂修、段修、运用修、临修、集中整备、轮轴厂修（新组装）为一体的重载货车检修基地。有湖东、大同两大检修生产基地和大同、湖东、大新、茶坞、秦皇岛、迁曹线六大管理区域，干部职工4640名，下设12个职能科室、2个辅助生产机构、17个生产车间（其中：运用8个、定检6个、动态2个、设备1个）、34个列检作业场、2个5T集中检测中心，拥有检修台位90个、设备2095台（套），配属车辆33768辆（其中：C80系列33348辆，C76等系列420辆），C80E运用考验车5000辆。货车年厂修能力5000辆、段修1.8万辆、轮轴厂修（新组装）2.05万条。2016年，湖东车辆段厂修5400辆、段修17860辆、轮轴厂修（含新组装）20980条、临修11458辆。轮轴车间实现自2011年投产以来精检细修轮轴8万条大关。（李鹏飞）

【车辆段更新改造】 2016年，湖东车辆段修扩能改造厂、段，建设轮轴检修、配件检修基地。在原有厂、段修扩能改造的基础上，完成厂修转向架自动化分解线、直通式水射流除锈设备改造以及轮轴地下输送线建设等重点工程，完善新型C80E车辆检修工装，满足大秦线33768辆配属车辆的检修需求。发挥科技保安全、提效率作用，完成轮轴检修流水线数字化改造，通过图像自动识别、数据无线传输，实现轮轴检修数字化和全过程智能控制，推动重载货车检修由传统向高科技转型发展。（李鹏飞）

【车辆段专项整治】 2016年，湖东车辆段修订完善段4大类283条安全风险管控措施。总结摸索车辆故障规律，开展惯性故障、惯性问题、管理弱项“3+3+3”专项整治。更换故障轮对6758条、裂纹钩缓1530套、支撑杆8853条，处置关门车285辆，动态实现大秦线配属C80车辆定检“零过期”、轮对“零过限”、制动“零关门”“三零”目标，保证车辆运行安全，实现第九个安全年。（李鹏飞）

【车辆段经营管理】 2016年，湖东车辆段结合大秦线货运量下降、配属车周转率降低等实际，创新延长轴承退卸周期，增加轴承一般检修，大修轴承实行100%返还，高级修程下车配件供低级修程使用，发动全员参与修旧利废、技术攻关，实现岗位节支540万元，完成路局布置的3124万元的节支创效项目，取得成本节约与职工收入增长的双赢效果。（李鹏飞）

湖东电力机务段

【概述】 湖东电力机务段位于山西省大同市东南25千米处，生产作业区域以湖东为中心，沿线辐射至大同、朔宁岢、秦皇岛和京唐港等地区。截至2016年底，全段职工8555人。其中，干部703人，职工7852人；机车乘务员4359人，占全段职工总数50.9%；机车维修和整备人员2592人，占全段职工总数30.3%。全段设有生产车间21个（8个运用车间、3个检修车间、1个和谐机车高级修项目管理部、5个整备车间、1个设备车间、2个折返车间、1个救援车间），科室15个（行政科室13个、辅助生产机构1个、党委办公室1个），多集经部门2个（营销中心、艾普科贸公司），班组333个。配属机车645台（HXD1型250台、HXD2型150台、SS4型120台、8K型40台、内燃机车85台），担负大秦、北同蒲、迁曹3条干线、9条支线（云支、口支、湖大、宁岢、岢瓦、平朔、神朔、茶蓟、东港）的货运牵引任务和5对客车、1对通勤路用列车的牵引任务，以及215条专用线及多个枢纽、关键站场的调车任务，总运营里程1645千米。（曾煦卿）

【机务段基础建设】 2016年，湖东电力机务段实施京唐港内转电、北同蒲线8K型机车下线、客车机换型HXD3C的布局调整，规避内燃机车回送及老旧机车故障引发的安全隐患。在东港、曹西站增设内燃调车机，提高运输效率、降低机车乘务员作业辅时。以取得HXD1、HXD2型机车C4、C5修资质，SS4型机车大修资质通过审查为标志，机车检修能力迈上新台阶，全年完成HXD型机车C4修99台、C5修29台，完成SS4型机车大修10台。紧跟机车整备流程化、数据化发展趋势，实施湖东整备场标准化改造工程，完成股道改造95%、整备棚及三层作业平台建设50%。启动双模列尾和第二批6A系统的加装工作，累计加装6A系统289台、双模列尾266台，机车安全装备水平提升。（曾煦卿）

【机务段经营管理】 2016年，湖东电力机务段规范机车大修、备用金、修旧利废、低值易耗品等经营管理，确保全段整体经营活动有序可控，各项经营目标完成。加强预算管理，推进“创新创效创业”，围绕机车检修、机车运用、成本预算、物资管理、劳动用工、经营开发“六大板块”，细化29项具体措施，节支4807万元，100%兑现计划。段多元经营依托主业优势，内强基础，外拓市场，收入首年突破2亿元，在全局站段非运输企业创收中名列前茅。（曾煦卿）

【机务段科技创新】 2016年，湖东电力机务段98个攻关组瞄准安全生产难题，262项攻关成果通过段评审实施。获山西省优秀QC质量创新奖6项，获路局合理化建议和技术改进成果奖13项，科学技术进步奖9项。以“视频到车间、网络进班组”为契机，为全段134个班组接通网络，搭建网络远程教学平台。推广应用电子公文系统，持续强化视频、录音笔、STP等安全装备的用管修，科技促进生产、科技提升效率的作用明显。（曾煦卿）

【机务段信息化建设】 2016年，湖东电力机务段推广应用安全、质量、绩效三大信息管理系统，升级改造“运

2016年湖东电力机务段主要运输生产指标完成情况

项目	单位	计划	实际	完成%
总行程	千米	90600	86572	95.6%
总重吨千米	百万吨千米	408000	373946.21	91.7%
平均牵引	吨	8500	8232	96.8%
技术速度	千米/小时	47.0	49.9	106.2%
日产量	万吨千米	368.0	354.1	96.2%
日车行程	千米	685	683	99.7%
大修	台	--	10	
中修	台	--	139	
小修	台	--	561	
辅修	台	--	926	
成本总支出	万元	--	309761	
运输业生产率	万吨千米/人·年	--	6253.74	

用安全管理信息系统”，全段“大数据”平台初具规模，形成“用数据管人、管事、管安全”模式。启用段数据管理中心楼，设立风险研判、应急处置、LKJ 分析、视频分析、6A 数据分析、机车调度指挥等数据管理中心，整合全段信息资源，为数据共享应用和“智慧湖机”建设奠定基础。（曾煦卿）

【机务段纪事】 2016 年 2 月 29 日起，担当北同蒲、口支、云支线的 8K 型机车陆续下线封存，由 HXD2 型机车替换完毕。

5 月 5 日，湖东整备场标准化改造工程开工，搭建 BC 轴间整备棚、J13–J14 及 J15–J16 道间三层作业平台，完成 J8–J16 道整备检查坑改造、BC 轴间整备棚内外地面硬化及洗车库改建，铺设穿越整备场的电缆通道。

5 月 30 日，段数据分析中心楼启用。

11 月 26 日，魏家滩—五寨间试验开行 HXD1+HXD2+2 台内燃机车（DF4 型、DF8 型）单元万吨组合列车。（曾煦卿）

高铁客运专线

【大张高铁项目推进会】 2016 年 3 月 8 日，市委副书记、代市长马彦平主持召开大张高铁项目推进会。副市长张韬参加会议。

大同至张家口高速铁路起自山西省怀仁县，止于河北省怀安县，是贯通京、津、冀、晋、陕的重要客运通道。项目在大同市境内 123 千米，总工期 48 个月，涉及天镇、阳高、大同县和南郊区 19 个乡镇 68 个村。大张高铁是全国第一家由地方政府负责办理项目前期手续和报建的项目，2015 年 11 月 18 日开工建设，在全国路网铁路规划建设的 80 个项目中，办结时间最短，创造第一个实现开工、第一个全部办结 12 项前置支撑性文件手续等五个第一。春节后，沿线料场、工棚等工程开（复）工，进驻现场的施工技术人员 1000 余人，项目单位确定的 6 处先行开工工点做好施工准备。

会议听取大张高铁项目工程进展、用地征收拆迁、电力和通信线路迁改等情况汇报，安排部署各项工作。（红 远）

【“八纵八横”高铁网有两条经过大同】 2016 年 8 月，国家发改委印发新一轮《中长期铁路网规划》（以下简称《规划》），明确提出，构建“八纵八横”高速铁路主通道，其中有两条高铁经过大同。

“八纵”通道为：沿海通道、京沪通道、京港（台）通道、京哈—京港澳通道、呼南通道、京昆通道、包（银）海通道、兰（西）广通道。“八横”通道为：绥满通道、京兰通道、青银通道、陆桥通道、沿江通道、沪昆通道、厦渝通道、广昆通道。《规划》期限为 2016 年 ~ 2025 年，远期展望到 2030 年。

在“八纵八横”通道中，涉及大同市的有“两纵”，分别是呼南通道和京昆通道。其中，呼南通道为呼和浩特—大同—太原—郑州—襄阳—常德—益阳—邵阳—永州—桂林—南宁高速铁路，连接华北、中原、华中、华南地区，贯通呼包鄂榆、山西中部、中原、长江中游、北部湾等城市群。京昆通道为北京—石家庄—太原—西安—成都（重庆）—昆明高速铁路，包括北京—张家口—大同—太原高速铁路，连接华北、西北、西南地区，贯通京津冀、太原、关中平原、成渝、滇中等城市群。大同市加快推进大张高铁建设进程，大同至原平铁路客运专线开工建设，大同至乌兰察布快速铁路纳入国家中长期铁路网规划。（小 霞）

【大西高铁大同至原平客运专线】 2016 年 8 月 12 日，大同至西安铁路客运专线（以下简称“大西高铁”）大同至原平段客运专线开工仪式在朔州市举行。大同至原平客运专线位于山西北部，是大西高铁的重要组成部分，大同至原平段客运专线经过朔州市怀仁县、应县、山阴县、朔城区，忻州市代县、原平市，线路全长 147.15 千米。大同至原平客运专线有特大桥 9 座，桥梁长度 116.67 千米，占正线线路长度的 79.28%；隧道 1 座，为恒山隧道，总延长 14.99 千米。（小 霞）

【大张高铁工程建设 80%】 截至 2016 年 12 月，大张高铁建设工程累计投资 45.62 亿元，山西段全线土建桥基建设工程完成量 80% 以上，完成省政府以及铁路总公司下达的年度施工任务。

自 2015 年 11 月大张高铁奠基开工以来，承担站前工程施工任务的中铁十七局、九局、十二局抽调机械设备和施工人员进驻施工现场，三个标段 16 个工区各类施工技术人员 6000 余人，现场施工作业机械设备 8000 余台（套）。大张高铁站山西段主体工程进展顺利，全线桥梁桩基完成设计量的 94%，承台完成设计量的 80%，大梁山隧道累计掘进 3000 米，铁路桥架梁工程启动，土石方填方作业全线铺开。

在加快工程建设的基础上，大张铁路客专管理公司在沿线各县区乡镇的配合下，推进征地拆迁和线路迁改等工作，为工程建设扫清障碍。大同段涉及的地上附着物、建筑物、构筑物拆除工作完成，向施工方移交建设用地 95% 以上；“三电”迁改、路渠迁改工作加速推进，220 千伏以下电力线路迁改接近尾声，500 千伏电力线路迁改加紧实施，通信线路迁改完成，沿线路渠、地下管线迁改任务过半。（刘 江）

民用航空

【机场安全管理】 2016 年，云冈机场结合《2016 年目标责任状》，细化分解年度安全重点工作，落实到部门、岗位、人员，形成自上而下的安全生产目标责任体系；加强安全管理体系化建设，完成安保管理体系、危险品管理体系、服务管理体系的建设工作，使安保工作、危险品、服务等工作系统化、合理化、规范化；建立岗位安全生产责任清单制度，修订《安全生产职责汇编》，明确公司领导、机关部室、一线部门、部门负责人、主管及各岗位等 96 项安全生产职责，建立健全“党政同责、一岗双责、齐抓共管、失职追责”的安全生产责任体系；推进岗位安全标准化作业工作，通过编制岗位安全手卡，达到工作提醒的目的，防止“错、忘、漏”等现象发生；加大安全监管的力度，开展安全绩效考核工作，制定安全监察员管理规定，选聘安全监察员，促进运行安全，为完善安全闭环监管打下基础。加强“平安民航”建设工作，推进安全生产大检查和各项安全生产专项整治活动，开展鸟击防范、防跑道侵人、反三违专项、机坪运行安全管理等专项活动，夯实安全基础。通过换证审定。大同机场以99.42%的符合率通过局方组织的《机场使用许可证》的换证审定工作，对于提升安全运行保障能力、提高安全管理水平、完善安全运行保障机制打下基础。加强不停航施工管理。加强气象自观系统改造、排洪渠清淤、跑道灌缝、画线等项目施工其间的管理工作，按照《大同机场不停航施工组织管理方案》规范化管理不停航施工其间人员、车辆、机具和施工道口，确保不停航施工与机场运行安全。（云冈机场）

【机场服务】 2016年，云冈机场完善航线网络布局。增加武汉、银川两条航线，打通辐射中国中部、西部地区的航线网络，冬春季恢复海口航班，暑期加班增加大连、南京、烟台航线。全年运营航线由上年同期的11条增加至16条，通航城市由18个增长至21个（含地区城市香港）。挖掘潜力，运营好“短板”航线，开发北京、太原及厦门航线的团队产品，使客座率提升；加强与航空公司业务对接，提高航班收益，通过沟通协调，昆明、成都两条航线全年补贴节省150万余元；通过参加航线推介会、北方区域联盟理事会、中国国际旅游交易会等开展营销，扩大机场影响力。做好航空口岸开放工作。大同航空口岸开放列入国家口岸“十三五”规划，进行口岸开放建设总平面规划和可行性研究的编制。年内开通并加密大同—仁川航班，共执行24班，增加出入境旅客6800余人次。与国航协商并达成合作意向，优化香港航线为“呼和浩特—大同—香港”，航班加密至每周三班，并组织联检单位考察学习；与多家外籍航空公司达成初步合作意向，计划开通曼谷、普及、巴厘岛等东南亚地区航线。提升服务品质。推进“三转变、四文明”和相关部门的有效落实，借助“山西省旅游发展大会”开展服务质量提升专项行动，开通微信公众平台，开展“三亮三比三创”主题实践活动，推出“五分钟服务创新”“服务明星评选”活动，做好“首问责任制”建设工作，完善机场“窗口”服务功能，营造“服务我最优、作风我最实、形象我最佳、业绩我最强”的良好氛围。（云冈机场）

【机场制度管理】 2016年，云冈机场出台《竞争性谈判实施细则》《航空市场开发资金使用管理办法》《大同机场航线奖惩暂行办法》等一系列管理办法；规范公文办理流程，增强工作的规范性、程序性和有效性；加强三体系建设，通过三体系外审工作，促进管理升级。深化干部机构改革。完成三级管理岗位、机关缺编人员和机构定编后班组长的公开竞聘选拔工作，充实空缺岗位，建立干部梯队；推行重点岗位干部全方位交流，完成5名三级正干部交流任职，改善干部队伍结构，激发干部工作的活力和动力。部门管理调整公司职工食堂、停车场、扶贫工作队，理顺工作职能，提升管理水平。推进绩效考核。以安检护卫部为试点，在一线生产部门及航空市场部推进绩效考核工作，实现考核与绩效挂钩。创新挖潜增效。倡导“勤俭节约、开源节流”的理念，在加强成本费用、预算管理，节约运营成本的同时，调动职工通过合理化建议、技术革新、利旧、合理调配设施使用方式等方法，挖潜节流降本增效。全年，通过自制高杆灯防鸟刺、空调过滤器除尘拖架、洒布车改装高压加水车、车辆应急硬拖杆、恢复候机楼内通系统、升级离港系统等举措，为公司节约费用近70万元。加强航空公司本场训练的沟通协调，全年保障训练飞行6310架次，实现收入596万元，同比分别增加18%、33%。2016年通过向政府、向民航上级主管部门申请、寻求支持，减免税收748万元，落实16905万元的资金支持。强化教育培训。年内组织公司级内部培训12次，受训1250人次；送外培训127人次，涉及生产安全、专业业务管理能力等方面，其中15名送外专业技术人员取得相应资质或通过执照签注，缓解管制、气象、机务、通导等专业技术人员短缺局面。2016年，大同机场保障航班6111架次，旅客吞吐量544530人次，同比增长6.69%、15.64%，年旅客吞吐量首次突破50万人次大关。

（云冈机场）

【航班时刻变更】 2016年9月2日至10月29日，GCR7905（天津—大同—呼和浩特）航班时刻更改为15时25分从天津起飞，16时25分抵达大同云冈机场，17时10分从大同起飞到呼和浩特，每周五执飞，机型为E145；GCR7906（呼和浩特—大同—天津）航班时刻更改为18时35分从呼和浩特起飞，19时20分抵达大同云冈机场，19时55分由大同机场起飞到天津，每周三、日执飞。9月1日至10月29日，大同—北京南苑机场的航班时刻更改为19时05分从南苑机场起飞，20时05分抵达大同云冈机场，20时50分从大同云冈机场起飞到南苑机场，每日执飞一班。

（小　霞）

【云冈机场开通手机自助值机服务】 2016年12月，大同云冈机场在候机楼内增加一台手机自助值机设备，旅客通过手机客户端轻松办理值机手续，全程只需三分钟。

与在机场柜台前排队等候办理乘机手续不同，旅客在手机上下载“航旅纵横”软件，在应用主页下方点击“手机选座”或“手机值机”，按照提示，依次填写行程信息完成选座操作。待旅客抵达机场后，在手机自助值机设备上，点击应用主页下方“电子登机牌”执行打印程序，生成热敏纸登机凭证，旅客持该凭证和有效身份证件可以通过安检登机。手机自助值机服务的开通，满足旅客个性化出行需求，提高大同云冈机场的智能化服务水平。

手机自助办理值机手续，适合没有托运行李的出港旅客，如果有托运行李的旅客，仍需前往人工值机柜台办理行李托运手续。手机自助值机的热敏纸登机凭证打印截止时间为航班起飞前40分钟。（刘　江）

无线电　通信　邮政

无线电

【**无线台站管理**】　2016年，大同市无线电管理局规范频率台站管理，重点查处频谱评估工作及伪基站、黑广播。频谱评估监测里程3251千米，保存监测收据255G。（无线电管理局）

【**无线干扰排查**】　2016年，大同市无线电管理局排查干扰4起，干扰排查率100%。7月18日接到省监督管理处反映，民航华北空管局来电话及信函，称大同上空收到广播干扰信号，大同管理局把干扰源锁定在七峰山广播电台，降低调频广播发射功率，干扰减除。10月17日接电信大同分公司的申诉报告，请求查找严重干扰其公众移动通信CDMA（800兆赫）上行频段干扰源，该局把干扰源锁定在云冈石窟无线导游讲解器，因生产厂家对该批无线导游讲解器把关不严而产生漏洞，造成干扰。10月21日接到省监督管理处反映，民航华北空管局来电话及信函，称大同上空收到广播干扰信号，该局把干扰源锁定大同阳高县调频广播电台，因该调频广播杂散发射严重超标，关停发射机干扰减除。为弥补广播电台空缺，局办公会议决策，调用一台调频广播发射机并派出技术人员，助阳高县大泉山调频广播发射机恢复正常播出。8月，大同无线电管理局与移动运营商联合开展打击“伪基站”行动，移动运营商后台“伪基站侦测与追踪系统”出现无法准确定位技术难题，管理局技术人员帮扶其寻求解决方案，经两天监测与多方了解，确定为增设的无线电业务，安装、调测、试运行阶段，其技术协议、运行机制与伪基站类似，由于缺乏沟通，产生该设备无法准确定位，给排查“伪基站”工作带来误导，该局会同相关部门多次沟通、研讨、协调，协助移动运营商技术人员制定一套弥补方案。截至2016年底，大同市无线电管理局会同市文化局、公安局联合执法查处“黑广播”（含非法设台）8起。（无线电管理局）

【**非法无线排查**】　2016年，大同市无线电管理局根据单位职工居住地的不同，利用“8小时”之外时间收听可疑广播信号，9月9日，取缔非法设置调频广播88.9兆赫自制小型约3瓦广播设备一套。利用职工及配偶手机运营商不同，查看短信，掌握“伪基站”动向。排查民航干扰，排查大同七峰山调频广播，在同一铁塔上架设多数天线，产生交叉调制互调干扰案例。（无线电管理局）

▲图为市无线电管理局在城区南关南街开展条例宣传　（无线电管理局　供图）

【**《无线电管理条例》实施**】　2016年12月1日，修订的《中华人民共和国无线电管理条例》（以下简称“新《条例》”）实施，与1993年出版的《中华人民共和国无线电管理条例》相比，新《条例》修订主要侧重在科学规划、利用频谱资源，加强维护无线电波秩序以及简政放权、规范无线电管理三方面。新《条例》推进工业和信息化领域依法行政、简政放权、减少和规范行政审批事项，取消、下放和调整部分行政许可事项，加强事中事后监管，取消无线电发射设备研制用频审批，对于一些与群众关系密切、数量众多的无线电频率、台站和发射设备，取消审批，缩小许可制度适用的范围；下放无线电台（站）的审批权。在开发利用无线电频率管理方面，完善开发利用无线电频率的管理制度和措施，确立指配、招标、拍卖等方式并存的资源分配制度，规定频率资源收回制度，完善无线电发射设备管理、加强电磁环境保护、涉及人身安全的无线电频率予以保护、加强监管查处手段等方面的制度措施。

新《条例》加大对伪基站、黑广播的惩戒力度，加大非法设台的违法成本。新《条例》规定，对从事诈骗等违法犯罪活动的“黑广播”“伪基站”，无线电管理机构可暂扣无线电发射设备或者查封无线电台（站），必要时可采取技术性阻断措施。对于擅自设置、使用无线电台（站）从事诈骗等违法活动，构成犯罪的，依照刑法的有关规定追究刑事责任，尚不构成犯罪的，在没收从事违法活动的设备和违法所得的基础上加重处罚，并处20万元以上50万元以下的罚款，为打击伪基站、黑广播提供法律依据。（刘　江）

通　信

通信行业发展与监督

【互联网“清朗”专项整治行动】2016年4月至7月，市委宣传部、市网信办、公安局、文化局、工商局等多部门联合开展互联网“清朗”专项整治行动。

集中整治的重点任务是全面巡查市属地PC端和移动端，系统治理网上包括文字、图片、音频、视频等形式存在的危害国家安全、损害国家荣誉和利益的37类网民反映强烈、举报集中的淫秽色情、暴力血腥、赌博诈骗和虚假谣言等违法违规有害信息，集中解决新闻、论坛、跟帖、友情链接和网站合作的网页导航、弹窗、广告和游戏等环节存在的各类突出问题。通过集中专项治理工作，“大扫除”属地网上各类违法违规有害信息，集中查处关闭一批违法违规网站和网络账号，遏制有害信息反弹，营造属地清朗网络空间。（行　云）

【无线局域网建设】2016年，为方便群众办事情时查阅相关资料，市委、市政府在全市62处重点公共场所建设无线局域网，项目总投资约1200万元。建设项目由市移动、联通、电信三家基础电信运营企业负责承建，覆盖范围为重点机关、行政服务大厅、公立医院、交通枢纽、旅游景点、会展中心等区域和热点场所。按照规划，市域公共场所35处，分别位于政务审批中心、人才开发交流服务中心、车管所服务大厅等15处行政服务大厅，市一医院、二医院、三医院等8处公立医院，大同火车站、汽车站、大同机场等5处交通枢纽，云冈石窟、恒山、华严寺、悬空寺4处旅游景点，以及御东行政中心、和阳门、工人文化活动中心3处会展中心。（晨　曦）

大同电信分公司

【概述】2016年，大同电信分公司全业务收入2.58亿元，预算率103.6%，同比增长10.26%；全业务收入份额11.83%，累计提升0.61%。移动出账用户21.92万户，4G用户占比44.25%。宽带接入用户20.27万户，天翼高清渗透率14.3%。（电信公司）

【电信销售店建设】2016年，大同电信分公司实体渠道建设自有厅26家、社会代理渠道280家（其中专营店87家，开放渠道193家），实现城市、农村重点乡镇电信业务销售全覆盖。大同电信市场按地域属性分类经营，城市划网格、划商圈运营，农村划支局运营，自有营业厅作为区域内标杆店引领合作渠道。（电信公司）

【电信服务】2016，大同电信分公司投诉处理满意率94.38%，投诉处理率98.72%，全网投诉控制在0.29%。各项工作围绕“划小支持一线，互联网服务能力提升，夯实触点及窗口显性化水平”主线展开，通过“划小”手段整改创新服务及维系薪酬体系。通过学习“石家庄精神”，提升宽带、移动业务的服务能力。（电信公司）

【电信网络建设】2016年，大同电信分公司建设LTE基站204个，全部开通入网。增加LTE室分系统170个（其中合路系统12个），全部开通入网。与联通合作，为联通开通31个基站。联通为电信开通基站49个，主要为乡镇及驻地网区域。传输配套城区、矿区、南郊区、新荣区及各县（区）LTE 204个站点IPRAN网络全覆盖、当地网波分系统完成大同县、阳高、天镇及浑源、灵丘、广灵2个40X10G环的拆环工作，扩容各县163网出口为双10G上行，管道交付63孔千米。接应大客户电路940条、专线数据业务330条、渠道营业厅业务12条。LAN小区提速改造53个小区1.5万户，交付能力0.8万端口；代理商LAN改造23个小区0.5万户，交付能力0.3万端口；FTTB二次叠加覆盖351个小区10.5万户，叠加覆盖二级分光器端口数6.2万线；配合市政老旧小区改造104个小区4万户，改造端口数2.15万线；大同电信建FTTH小区60个2.93万户，建二级分光器端口数1.37万线；扩容增加端口数1万线；驻地网增加能力2.8万线。（电信公司）

【电信网络维护】2016年，大同电信分公司有城域网出口200G。宽带端口容量494037个，实有227936个，实占率46.14%。3G基站640个（新建35个），4G基站1114个（新建433个），3G室分112套（新建9套），4G室分576套（新建516套），WLAN覆盖点49个（开通45个AI-WIFI免费WLAN热点）。年内，中国电信启动LTE800M战略，在上年4G网络覆盖城区、郊区、重点乡镇的基础上，建设农村区域网络，截至年底覆盖农村460个，农村4G覆盖率27%。大同电信参加中国旅游日、复苏音乐节、山西旅游大会等活动通信保障，出动应急通信车47天次，保障通信安全。开展农村、交通干线、景区等无线网络专项优化，开展4G网络工程优化和系统优化，4G网络城区覆盖率98.3%，农村覆盖率27%，FTP（文件传输）下载速率47.7兆比特/秒，上传速率31.2兆比特/秒，同比上年增速15.8%和10.2%。全年在商业区、重点学校、交通枢纽等区域建设4G载波聚合点50个，相关区域的4G网络峰值速率由原来110兆比特/秒增加至260兆比特/秒。在“5·17”电信日，普及群众通信设施保护意识；在大张高铁和市政建设范围，把影响南郊区、大同县、阳高县和天镇县境内的二级干线、城域网、接入网线路，进行割接，迁改线路长度10千米，定期培训代维及监管人员。汛期增加地下室及平房区机房的巡检频次。整治6个C类机房。更换14个机房的蓄电池，8个机房的开关电源柜，6个机房空调。通过技术手段，监控各端口流量。分流扩容达到预定阀值的17条链路。大同电信分公司光改全市3个ADSL（非对称数字用户线路）小区，平移用户83个。PSTN（公共交接换电话网络）设备全部退网。割接25套PSTN设备端口缩容8975个，ADSL端口缩容8870个拆除560芯千米电缆。（电信公司）

大同联通公司

【概述】 2016年，大同联通公司主营业务收入5.6亿元，其中移网主营收入3.1亿元，增长1.46%。4G网络用户净增11.65万户，户均流量1962.54兆。全年投资2.59亿元，开通4G基站612个，宽带网新增FTTH端口7.64万个，数据网出省中继达400G，省内城域网中继达20G。（联通公司）

【通信枢纽楼搬迁】 2016年9月1日，大同联通整体搬迁全国首例地市级通信枢纽楼。御东生产大楼总投资2.3亿元。大同联通坚持“百年大计，质量第一”，成立搬迁割接工作保障领导组，制定搬迁割接计划及要求进度表，把控关键环节，部门联动配合，确保搬迁工作的推进：网络支撑部门，确保设备的送电、入网、割接，安装、调测、入网7个专业53套设备，搬迁割接12个专业240架、805台设备；市场客服部门关注客户感知，利用有关媒体和自有媒体宣传和告知用户，集团客户经理上门通知和走访，减少对用户的影响；综合支撑部门，完成503名员工的办公搬迁和办公环境整治，确保用户感知、西城墙恢复进度、业务发展不受影响。（联通公司）

【IDC机房建设】 2016年，大同联通抓住机房整体搬迁及大同列为全省IDC核心机房契机，建设IDC机房6425平方米，可用机柜126个，出口带宽360G，满足全市信息化建设需求。该分公司部门联动，配合市政府搬迁保障，涉迁单位139家，确保通信业务平滑过渡。（联通公司）

【联通服务】 2016年，大同联通梳理135个流程。优化“两网”，移动网开展室内分布、重要场景、无线环境、3G/4G协同创新等专项工作，4G驻留比由年初68.66%提升至90.83%，全省第二；数据网割接替换御西、振华NE5000E设备和升级扩容16台BAS、10个城域网节点设备。组织开展通信节点机房动力安全管理自查活动，整改不规范及隐患问题93处。调整运维成本结构，加大固网终端回收力度，累计回收13072台。推进铁塔资源清查工作，资源拍照15375个，全省第二。客户服务工作落实NPS提升、480服务承诺宣传与推广、装维人员满意度测评，移网和固网NPS值均为-9.2，同比自改善分别为8分和4分，移网自改善全省第二。加强服务KPI考核和工单管控力度，启动大服务工单运营机制，创新投诉派单流程，全年累计申诉67件，累计解决问题管理工单80件，员工工单578件，工单处理率90.01%。推进运维体制优化，梳理135个流程。

实施基层责任单元优化调整，公众营销线单元由116个调整为92个，集客线单元由36个调整为38个，驻地网基层单元实现营维分离，突出末梢维护人员装、移、修的核心服务职能，提升专业化服务能力。（联通公司）

大同移动分公司

【概述】 2016年，大同移动分公司收入13.3亿元，上缴驻地地税1029万元，同比增长32%。4G客户实现快速增长，年累计净增4G客户58.56万户，达117.69万户；宽带客户规模持续增长，净增1.55万户，达7.79万户。（移动公司）

【移动网络建设】 2016年，大同移动分公司建4G基站1146个，达3906个，VOLTE无线接通率99.7%；建宽带端口16.1万个，形成能力24.21万个，承接全市77个老旧小区光纤改造工程，改造50户以上农村293个，连接770个小区、农村和73万户家庭，迁移180个LAN小区用户。（移动公司）

【移动驻地服务】 2016年，大同移动分公司为新城的发展提供网络支撑，新区城市道路2G覆盖率99.93%，4G道路覆盖率98.64%。利用景区内资源，采用一系列与景区环境融合的新技术产品，解决云冈、恒山、华严寺等景区4G网络覆盖问题。设备开通后，景区内4G网络覆盖率由不足50%提升至98%以上。落地“宽带山西”战略，大同移动承接全市34个老旧小区光纤改造工程，光纤改造5400余户，上网带宽统一提升至10兆。在“i-Shanxi”第五批建设中，大同移动承接20个县级公共区域的热点建设，建设AP 534个，直接或间接惠民百万人次。（移动公司）

邮　政

【邮政规划发展环境】 2016年，大同市邮政管理局编制全市邮政业发展“十三五”规划，加大与地方规划的衔接力度，邮政业发展多项内容纳入《大同市国民经济和社会发展第十三个五年规划纲要》，促进邮政业专项规划与服务业、综合交通体系等地方规划衔接。配合市发改委等部门出台《关于加强物流短板建设促进有效投资和居民消费实施方案》，把“快

▲ 2016 年 1 月 26 日，大同市邮政管理工作会议暨邮政业安全生产工作会议召开

（邮政管理局 供图）

递下乡”“末端配送设施建设”“电子商务与物流快递协同发展”等邮政业相关内容纳入方案之中，助力行业发展。8 月，出席蒙晋冀（乌大张）长城金三角合作区第三届联席会议，与乌兰察布市邮政管理局、张家口市邮政管理局对接推进邮政业区域协同发展，在促进相关产业协同发展、建立健全区域联合执法机制、促进行业人才培养等方面达成合作意向，为推进三市邮政业协同发展奠定基础。

（邮政管理局）

【邮政管理】 2016 年，大同市邮政管理局落实全省邮政管理系统推进“放管服”改革工作实施方案，统筹开展各项行政审批。坚持预报对接，普遍服务“两项审批”。全市受理并批复同意撤销邮政普遍服务营业场所 1 处。快递业务经营许可实现全流程网上办理，许可审批率 100%，平均办结时限缩短。驳回 1 家快递业务经营许可申请，依法注销 4 家企业备案资质，退出机制完善。开展从业主体摸底排查，备案登记 276 家快递末端网点工作。开展普遍服务“合标”检查。全年累计开展执法检查 534 人次，检查范围覆盖全市邮政营业场所。印发通报 5 份，下达责令改正通知书 13 份，行政处罚 5 起。7 月，集中开展全市邮政普遍服务和特殊服务质量调查时限测试工作，调查范围覆盖市、县、乡、村四级。严格党报党纸投递专项检查，检查上级党委向基层党组织免费赠阅的报纸投递情况。开展机要通信专项检查，实现营业场所、处理流程、工作人员全覆盖，印发整改通知书 8 份，督导企业整改，提升机要通信工作。开展邮政专用车辆备案管理。首次检查邮政专用车辆高速免费通行。加强纪特邮票专项检查。开展社会治安风险隐患大排查大整治、违规收寄危险化学品专项整治和“反三违”专项行动，打击快递经营许可类违法违规行为和三个 100% 制度执行不到位行为。查处违法违规行为 13 起，下达整改通知 32 件，约谈 8 次。开展快递企业参与电商刷信问题专项检查，加强集邮市场检查。联合多部门开展“3·15”宣传活动。开展“安全生产月”宣传活动。加大普法力度，对邮政企业两次送法上门，通过专题培训等形式，宣传邮政业法律法规及安全相关法律法规。（邮政管理局）

【邮政服务】 2016 年，大同市邮政管理局解决空白乡镇补建遗留问题，邮政普遍服务网点 147 个。建制村通邮率 100%，实现“村村通邮”。建村邮站 210 个，累计达 420 个。“快递下乡”工程乡镇覆盖率 100%。建设、改（扩）建快递分拨中心场地 5 处，增加分拣作业面积 4000 平方米，营业网点标准化率 79.2%。建成全省首家第三方综合校园快递末端服务平台—大同大学快递综合服务中心，破解快递校园末端派送服务问题。“快递 + 京杏”销售模式，助力农产品销售。“快递 + 电商”融合，成立全省首家市级“快递 + 电商”培训基地—大同市圆通速递“快递 + 电商”培训中心。建立快递服务质量联席会议制度，组织召开全市快递服务质量提升第一次联席会议。创新社会监督月度通报机制，反馈存在的问题。完善“12345”政府服务热线、局长信箱、公众留言等申诉渠道机制，提升申诉处理质量。

（邮政管理局）

【邮政安保】 2016 年，大同市邮政管理局完善安防设施，落实过机安检制度，率先在全省实现安检设备配置全覆盖。编印《应急预案演练操作手册》，开展 2016 年度行业突发事件综合演练，提升行业应急处置能力。落实寄递渠道安全监管责任，加强执法检查力度，推进收寄验视、实名寄递、过机安检三个制度百分百落实。牵头召开全市寄递渠道安全管理领导小组半年工作会，开展“平安寄递”创建活动。配合市综治、公安、国安、交通、工商等部门开展寄递渠道安全、禁毒、反恐、打击侵权假冒、“扫黄打非”等工作。开展过期快递面单集中销毁活动，加强寄递信息安全管控。开展快递行业禁毒宣誓活动，提升寄递渠道识毒拒毒防毒能力。加强全国“两会”、博鳌亚洲论坛、杭州 G20 峰会、“双十一”“双十二”等重点地区、重大活动的寄递服务安全保障工作，开展寄递渠道安全专项执法检查，严把邮（快）件“出关口”，保障全市寄递渠道的安全平稳。（邮政管理局）

【快递场所改造】 2016 年，大同万昌快递物流园区根据快递企业分拨场地需求，改造场地，满足企业入驻条件，减免入驻企业搬迁费、房租，中通、申通、京东、顺丰等快递公司进驻园区。按照手续合法、位置合理、大小适中等标准，大同市邮政管理局标准化改造 10 家快递企业申报的 69 个营业网点，改造面积约 4000 平方米。

（邮政管理局）

商贸　会展

商　贸

贸　易

【概述】 2016年，中国国际贸易促进委员会大同市支会（简称“大同市贸促会”）根据《大同市人民政府关于参与省“一带一路”战略工作推进方案》以及《山西品牌中华行山西品牌丝路行、山西品牌网上行总体工作方案》，与有关部门配合，参加第27届巴黎国际食品展及同期举行的“山西品牌丝路行”巴黎站活动。通过与中国贸促会驻法国代表处牵线联系，由代表处出面帮助联系法国企业参加“山西品牌丝路行”巴黎站启动仪式暨中法企业交流会。这次活动中，天镇县通航粮贸有限公司签订72万美元的购销合同、60万美元的意向性合同，山西华晟果蔬饮品有限公司成交110万美元、意向成交150万美元。扶持中小企业参加国内外展览、洽谈会，帮助其拓宽贸易途径。在8月山西旅游发展大会期间，与市妇联共同承办由省妇联、省城镇集体工业联合社和大同市政府主办的第三届“三晋巧姐”手工艺展评展销暨“三晋巧姐+旅游”创新发展推进活动。9月组织4家企业参加第三届丝绸之路国际生态产业博览会暨绿色有机产品（张掖）交易会，参展的大同市牧同乳业有限公司、山西新宝源制药有限公司、天镇县通航粮贸有限公司三家企业获“优秀参展商”称号，大同市贸促会获“最佳组织奖”称号。组织大同市牧同乳业有限公司参加在乌兰察布市举办的2016乌大张暨俄蒙韩迎中秋特色商品博览会。10月组织大同市企业参加第六届“2016中国薯都·乌兰察布马铃薯展洽会暨晋蒙农副产品展销会”和无锡物联网博览会。所有展会均为企业提供租赁摊位或为企业申请摊位补贴费，制作展位宣传品等服务工作，为企业搭建国际经贸交流高端平台。9月，大同市贸促会推荐山西煤销集团大同晋银公司参加B20峰会（二十国集团工商峰会），成为山西省唯一一家参加B20峰会的企业。10月组织山西亿源升农业科技有限公司参加在人民大会堂举行的中国—菲律宾经贸合作论坛。11月推荐大同市南郊区京都村镇银行参加在秘鲁举办的2016APEC工商领导人峰会。全年签发原产地证666份，代办领事认证145份，办理国际商事证明书214份，共计1025份，比上年增长80%。

（贾峰涛）

【东盟携手亿丰走进大同】 2016年3月26日，“山西亿丰置业有限公司”与“东盟·中国经济贸易发展促进会”召开双方合作新闻发布会，并举行签约仪式。

“东盟·亿丰国际世贸中心”是山西省首个融入“一带一路”战略的重点项目，作为一个大型商业综合体，东盟·亿丰国际世贸中心融合当地与东盟十国、韩国、印度、蒙古国的众多商业元素。山西亿丰置业有限公司通过与东盟的合作，吸引晋冀内蒙古等周边地区消费者休闲娱乐，为城市发展增添活力。签约仪式上，山西亿丰置业有限公司与东盟·中国经济贸易发展促进会签署合作协议。大同隆马东盟企业管理有限公司与马来西亚创合集团签署拟投资1.5亿元的海洋馆合作协议。

马来西亚隆基马中国际集团董事局主席、东盟·中国经济贸易发展促进会创会总会长拿督吴国强参加签约仪式。

（茗　泉）

招　商

【概述】 2016年，山西省布置大同市招商引资项目年度签约任务1425亿元，其中省外民企签约项目任务808亿元。大同市招商局分10批上报招商引资签约项目，报省发改、国土、环保、规划四部门会审并组织签约项目206个，总投资1915.5亿元，占全年签约目标任务134.4%，其中投资主体为省外民企的签约项目82个，总投资955.21亿元，占目标任务118.2%。到位资金513.63亿元，占全年资金任务489亿元的105%。

（魏叶霞）

【招商推介会】 2016年，大同市招商局举办“2016大同中关村（北京）招商引资项目推介会”。为融入京津冀协同发展，承接北京非首都功能疏解和产业转移，大同市人民政府在北京举办“同心同力，发展大同”为主题的大同市招商推介会。签订5个平台类战略协议，战略投资协议6个，涉及金额94.4亿元，签订签约项目8个，投资金额167.5亿元，签约总投资额261.9亿元。市委、市政府同北京市投资促进局共同举办“驻京中外知名企业投资大同行”活动，有14个项目签约，总投资额116.44亿元。全年全市同京津冀地区签订合作项目57个，涉及投资额1013.8

亿元。（魏叶霞）

【招商对接项目签约】 2016年，大同市招商局以小分队形式到江苏、浙江、上海、山东等地开展招商对接活动，投资200亿元的江苏纺织园区项目、投资170亿元的正大集团新型农牧食品绿色循环产业综合示范项目。6月底，在省外民企入晋活动上，签约投资100亿元的浙江慈溪家电智能制造产业园项目和投资65亿元的古城东北隅文化旅游产业项目。9月28日签约投资20亿元的万达广场项目开工建设，投资30亿元的晋北物流园项目开展征地拆迁等前期工作。（魏叶霞）

【招商“冬季行动”】 2016年，大同市招商局配合市委组织部人才办举办国家“千人计划”专家大同行活动，市企业与专家签订7项技术合作框架协议。市招商局考察对接项目40多个；接待到访客商120人次，对接项目36个；储备项目95项，总投资993.26亿元；签约项目54个，拟投资305.03亿元，占签约总目标任务500亿元的61%。（魏叶霞）

【玄辰广场项目与上海红星美凯龙集团签约合作】 2016年4月26日，大同市玄辰广场项目与上海红星美凯龙集团签约合作。

山西金龟集团投资建设的玄辰广场坐落于大同市火车站西侧，建筑面积56万平方米，投资20亿余元，这次引进的上海红星美凯龙集团“爱琴海”购物公园是高品质购物中心，倡导精致生活和快乐体验的消费理念，引领全新的生活方式与消费潮流，以“红星美凯龙家居MALL”和“爱琴海购物公园SHOPPING MALL”的综合体形态呈现。（行　云）

【招商项目集中签约】 2016年9月27日，大同市招商局推动古城东北隅文化旅游产业、大同市跨境电商产业园、承接东部沿海地区产业转移浙江智能制造产业园3个项目签约落户。与宁波大松、慈溪轩豪、江苏锦友、天津蛋壳机器人、上海三岱雅5家企业完成投资项目搬迁到大同签约工作。

古城东北隅文化旅游产业项目总投资65亿余元，项目把大同古城建设成为以文化旅游产业为核心，兼具历史文化展示体验、商业、商务、居住、休闲、娱乐等居游共享的旅游目的地。大同市跨境电商产业园项目，把大同市定位为大龙网华北中心，打造跨境电商产业园、跨境电商双创平台、中国精品展示体验中心和进口商品体验中心，建立跨境电商学院，成立跨境电子商务产业发展基金，通过大龙网在国内、国外的落地布局优势带动山西特色农副产品和工业品及过剩产能走出国门。东部沿海地区产业转移项目浙江智能制造产业园项目采取“园中园”模式分期发展。项目计划投资约100亿元，规划总占地面积66.67公顷，项目一期投资20亿余元。

11月21日，大同市与招商新能源集团有限公司、西安隆基硅材料股份有限公司、浪潮集团3家企业分别签署《关于建设GW级光伏制造领跑基地的战略合作协议书》《发展云计算大数据产业战略合作框架协议书》和《熊猫电站投资开发协议书》。浪潮集团投资10亿元，在全市建设北方运营总部及研发中心，项目包括政府数据开放平台、数据交易中心、创客空间和创新应用平台，运营“爱城市”网，参与建设智慧大同，建设大数据人才实训基地，推动云计算、大数据及智慧城市产业创新发展。西安隆基集团、招商新能源集团投资建设年产1吉瓦单晶光伏组件全自动生产线项目，总投资额约12亿元，项目计划分两期建设。总投资10亿元的“熊猫电站”项目，建设电站、研发中心、联合国少儿夏令营营地和院士工作站。（晨　曦）

【山东商会成立】 2016年12月16日，大同市山东商会成立。

山东籍在大同人数5万余人，在大同经商办企业500余家，涉足房地产开发、建筑安装、餐饮旅游、文化艺术、电气机械、能源环保、集中供热、金融投资、商业零售及现代服务和物流产业等领域。大同市山东商会是由在大同山东籍商界人士及热心商会事业、有志奉献爱心的其他在大同山东籍人士自愿组成的非营利性社会组织，商会会员205人，会员企业116家。（刘　江）

商务发展

【概述】 2016年，大同市社会消费品零售人民币604.5亿元，占年度目标任务100.94%，同比增长6.5%，增幅较上年回升1.7个百分点。增速在全省排名第七，总量第四。全年对外贸易进出口总额3.55亿美元，同比下降14.7%，占年度目标任务39406万美元的90.1%。其中，出口2.86亿万美元，同比增长0.2%，占年度目标任务28533万美元的100.2%；进口6900万美元，同比下降52.6%，占年度目标任务10873万美元的63. 5%。出口总量位居全省第三。全年设立外商投资项目4个，增加投资项目1个，利用外资20110万美元，同比增长5.3%。电子商务与物流快递协同发展。建成1个电商快递物流园区、3个市内物流快递仓配中心、5个具有分拨配送办公功能于一体县级电商快递物流园和三级节点370个末端综合服务网点。（商务局）

【商务规划方案】 2016年，大同市商务局出台《大同市“十三五”开放型经济发展规划》《大同市商贸流通业发展“十三五”规划》《大同市成品油分销体系“十三五”发展规划》《市商务局法治宣传教育第七个五年规划》等专项规划。市政府出台《关于积极发挥新消费引领作用加快培育形成新供给新动力的实施意见》（同政发〔2016〕87号）、《关于全面扩大开放的意见》（同政发〔2016〕6号），市政府办公厅印发《关于加强进口的实施意见》（同政办发〔2016〕2号）、《关于促进外贸稳定增长的实施意见》（同政办发〔2016〕16号）、《关于对接省“一带一路”战略工作推进方案》（同政办发〔2016〕19号）。承接加工贸易产业转移，牵头起草出台《大同市人民政府关于承接加工贸易产业转移的实施方案》（同政发〔2016〕47号）、《大同市承接加工贸易产业转移目标考评办法》（同政办发〔2016〕76号），全市引入项目11个，总投资280.6亿元，注册资本认缴出资额16.27亿元，

固定资产投资额102.63亿元，吸纳就业人数1383人。（商务局）

【便民集贸市场建设】 2016年，大同市建造和改造10个便民集贸市场。其中，引入社会资本投资的有4个：南郊区周家店集贸市场、南郊区宋庄集贸市场、城区晓东集贸市场和南郊区齐家坡集贸市场；政府与社会资本合作（PPP模式）的有4个：华联·品鲜汇操场城集贸市场、华联·品鲜汇南环路集贸市场、华联·品鲜汇友谊街集贸市场、华联·品鲜汇平城街集贸市场；政府国有资本投资的有2个：七中便民市场和北岳中学便民市场。8个市场主体工程建成。（商务局）

【商务活动签约】 2016年，大同市商务局组织全市10余家企业40余个品牌产品参加“山西品牌中华行”合肥、济南、长沙、贵阳、沈阳、银川、拉萨、杭州等8站活动，参展企业累计销售20万余元商品，与国内50家企业签约意向，新签续签合同及意向金额800万余元。组织大同市33家企业参加“山西品牌丝路行”首尔、波兰、澳大利亚、巴黎、印度5站活动，其中巴黎站活动由市政府主办。与外商签订合同1298万美元，与85家国外企业达成合作意向，意向合同956万美元。（商务局）

【商务扩展消费活动】 2016年，大同市商务局完善城乡市场体系监测，监测样本企业增至48家。开展元旦、春节消费促进活动（1月1日至2月15日），组织大润发、华林、老四通、沃尔玛、蚂蚁超市等10家企业，通过打折、让利、发积分卡、消费卡、赠送礼品，预存现金等形式，销售8236万元，较上年同期增长4.2%。全国消费促进月大同促销活动（4月1日至5月3日），8家商贸服务企业累计销售2.4亿元，较上年同期增长6.1%。第二届“山西购物季”大同促消费活动（9月1日至11月30日），5家商贸服务企业累计销售30597万元，较上年同期增长6.7%。国庆期间，监测选取10家重点流通企业，7天实现销售额7831.71万元。全年商贸物流投资53.07亿元，占年度50亿元任务的106.15%。（商务局）

【商务管理】 2016年，大同市商务局年审30家店，全部评定为A类。年审12家拍卖企业，全部合格。年检6家成品油批发企业、263家成品油零售企业。开展黄标车淘汰工作，回收各类报废汽车3873辆。推荐特色商业街典型案例——市东信茶叶特色商业街。以浑源县一德街为中心，打造浑源县具有民俗特色的商业街，通过专家评审。推动天镇县获批国家级出口杂粮质量安全示范区（国家质量监督检验检疫总局第90号公告），这是山西省唯一获批的国家级出口杂粮质量安全示范区。启动“放心早餐”工程，出台《大同市放心早餐工程实施方案》（同政办函〔2016〕51号），大同方便家配餐有限公司市场投放餐车66辆，解决400余个就业岗位。（商务局）

【商务外贸发展】 2016年，大同市商务局增加进出口自营权备案企业35家，自营进出口权企业增至356家。进出口业绩的企业43家，其中首次出口的企业有3家。产业主要有药品、活性炭、电力机车、变速箱、石墨等10余种。推动大同市与20个“一带一路”沿线国家有进出口贸易往来。有7家企业向市外贸进出口企业助保贷管理办公室提出融资申请，其中天镇县通航粮贸有限公司通过合作银行审查，融资200万元。大同市与中国银行签订合作协议，增开助保金专户，为企业融资1500万元。全市累计转回出口额1940万美元。为大同市四板挂牌出口企业山西华晟果蔬饮品有限公司获省基金500万元投资。5月，挂牌新三板出口企业新成新材料股份有限公司市场增发5000万股，募集1.5亿元；华青活性炭有限公司5月8日挂牌，成为全市第二家新三板挂牌出口企业。鼓励企业申报2016年外经贸发展专项资金项目，通过上项目，促进企业转型升级。落实省级扶持资金419.51万元，市级扶持资金44.94万元。向省商务厅申报农产品检验检测公共服务平台项目，落实省商务厅扶持资金94.1万元。向省商务厅申报外经贸发展专项资金（2015年下半年剩余3家企业及2016年上半年企业提升国际化经营能力事项）157.41万元。向省商务厅申报省级出口信用保险扶持资金168万元，市级出口信用保险扶持资金44.94万元。支持外贸企业利用第三方网络平台，开展进出口业务，有39家外贸企业入驻省商务厅在诚商网和敦煌网建立的“山西馆”。培育大同市易德新奥进出口贸易有限公司、天镇县通航粮贸有限公司等外贸综合服务企业，为大同企业走出去搭建服务平台。（商务局）

【外商管理】 2016年，大同市商务局审批总投资额1亿美元以下鼓励类、允许类外商投资企业的设立及变更工作。审批大同市英伦风漫游咖啡有限责任公司设立、华润新能源（新荣）有限公司变更经营范围和延长经营期限等事项，在大同市行政权力公开透明运行系统中同步录入。批准设立2家商贸服务业企业，分别是大同市英伦风漫游咖啡有限责任公司和大同市泽熙贸易有限公司，累计投资4亿元，注册资本1.5亿元。外商投资企业联合年报37家，年报率94.87%，同比增长0.27个百分点。37家外商投资企业中，盈利企业16家，占参报企业总数43.24%，盈利额8.80亿元，同比增长36.43%。（商务局）

【商务市场监管】 2016年，大同市商务局增强单用途预付卡监管工作，增加一家备案企业，即大同市城区腾龙积德益有限责任公司，共备案16家。创建诚信经营示范企业。大同市浩海集团有限公司浩海国际酒店，大同市晨光国际酒店有限责任公司，大同市华林有限责任公司，大同市永和红旗美食城有限公司4家企业被评为全省“诚信经营”示范企业。开展打击侵犯汾酒集团商标专用权行动。查处假冒“正泰”电缆等5件商标侵权案件，抽检各类商品376组，涉及经营主体163户。其中，包括农资43组，车用汽柴油30组，校服、运动服等学生用品12组。查处图书类案件2件，收缴图书500余册；关闭被境外非法网站盗用名称的“大同广播在线”非法网站1个；取缔大秦佳苑小区内未经许可、登记、备案的黑电台1个。专利行政执法检查。检查商品186种。其中，有专利标识的商品26种，标识标注不规范商品2种。联合省种苗站监督抽查大同市油松等苗木质量，苗木苗批合格率96%。开展药品流通环节“冬季行动”和各项专项行动。检查各类药械生产经营及使用单位3673家次，查办案件25起，货值金额33.38万元。组织开展食品接触用不锈钢制品“质监利剑”专项执法打假行动，开展儿童用品、汽车配件、家用电器、电子产品、食品相关产品等标识标注专项检查行动。检查范围覆盖全市25家大型超市、23家家电专卖店，检查认证产品近850件。抽查98家加油站加油机计量情况，查办案件5起，涉案产品货值11万元。加强无害化销毁监督工作，烧毁假酒16车40吨；赌博机26台；假烟8车；处理药渣10吨。加强酒类市场监管执法，出动酒类执法人员928人次，检查酒类经营网点671个，立案调查17起。11月18日，在富乔垃圾焚烧发电有限公司集中销毁包括飞天茅台、五粮液、国窖1573、剑南春、汾酒系列、五粮春等知名品牌在内的10786瓶假酒，案值138.2万元。互联网领域侵权假冒治理。出动检查人员760余人次，网上排查网站10余家，检查网络文化经营单位和出版物经营单位400余家次，清除游商地摊3个，收缴非法和侵权盗版出版物4000余册。开展互联网金融广告专项整治。监测各类广告2963条次，违法率0.53%；排查网络经营主体710户，查获涉嫌违法线索31条；协助市银监局排查核实涉嫌经营P2P业务的企业注册信息2批次42户。“农资打假”行动。出动农业执法人员4245人次，执法车辆962辆（次），查获假劣种子1240千克、肥料5000千克、农药80瓶（支），取缔非法经营农资摊点19处，下达责令整改通知书70份，处罚金额1.73万元。打击“土炼油”和黑加油站、黑加油点、黑加油车，清除黑加油站（点、车）113处，罚款金额0.1万元，其中黑站（点）80个，黑车33辆。开展散装水泥和禁止现场搅拌混凝土专项行动。出动执法车辆364辆次，出动执法人员1426人次，检查建筑工地364处次。勘发“现场搅拌砂浆许可证”19份，生产预拌混凝土492万立方米，综合利用环境污染的煤炭灰59.04万吨，矿粉45.264万吨。推广散装水泥390万吨，减少水泥损耗19.5万吨，减少粉尘排放16.38吨，实现综合经济效益2.5亿元。（商务局）

【农特产品防伪溯源质量安全体系项目发布会】 2016年1月21日，大同市新闻中心、市商务局主办的满天星点亮中国·（山西大同）农特产品防伪溯源质量安全体系项目发布会举行。大同市农特产品防伪溯源质量安全体系，用手机扫一扫农产品上贴的溯源二维码标签，消费者可知该农产品的“身份”。

满天星农特产品溯源计划，是与全国各大企业和优质农产品原产地共享二维码技术，从生产源头截断不良商家造假售假行为。发布会上，山西爱伊家农业种植有限公司和杭州甲骨文科技有限公司签订“大同市—满天星县域‘农特’产品防伪溯源项目”战略框架合作协议。（路 璐）

【再生资源回收市场整治行动】 2016年8月15日至9日，大同市商务局综合执法大队集中人力、物力，专项整治大同主城区范围内的再生资源回收站点。市商务综合执法大队再生资源市场稽查队拉网式检查再生资源回收站点，提出部分站点占道经营、消防器材、经营证照、备案资料、货物堆码、环境卫生等问题整改意见，要求相关回收站点按照规定整改落实，并取缔违法回收站点。整治行动排查站点136处，取缔非法回收站点7处，停业整顿36家，清理回收牌匾16块，清理大型回收广告12块。

（小 霞）

粮食流通

【粮食收购】 2015年11月至2016年3月，大同市粮食局组织开展秋粮收购市场专项检查93次，检查经营主体154个，出动检查人员223人次，打击违法违规粮食收购行为，保护粮农的合法权益。2016年，全市收购粮食54.45万吨。（粮食局）

【粮食销售】 2016年，大同市粮食局组织企业参加北京国际优质农产品展销会和全省粮食（小杂粮、玉米）产销衔接会。全省粮食（小杂粮、玉米）产销衔接会签订产销协议3份，成交量2.05万吨，交易额4500万元。承办“中国粮企山西行活动”大同对接会，拓宽粮食商品的销售渠道。“中国粮企山西行活动”大同对接会特邀省外26家电商和粮食经营者参加会议，签订产销协议9份，成交量11.1万吨，交易额5020万元。（粮食局）

【粮食仓储管理】 2016年，大同市粮食局轮换储备粮1.3万吨。结合粮食库存检查和春季储粮安全检查，制定方案，抽调30余名业务骨干，组成3个检查组，分别由副局长带队，检查各县（区）和市区所辖单位的粮食库存。针对检查中发现的问题，下发整改通知书，督促企业整改，保证储备粮质量良好、库存真实。全年，全系统安全储粮“一符六无”粮仓达标率97%以上，承储或代储的三级储备粮油“三专四落实”率100%。

（粮食局）

【粮食市场监管】 2016年，大同市粮食局在全市建立25个粮油价格监测直报点。把主要粮食品种纳入监测范围，按时向省粮食局报送粮油价格监测周报和日报；督促辖区内粮食经营者建立粮食经营统计台账，检查统计制度落实情况。按照不少于万分之三的比例，确定固定居民479户。其中，农民163户，城镇居民316户；通过协调，落实应急供应网点111个、加工企业14个、粮食储运企业10个。市、县（区）粮食行政管理部门分别督促应急供应、加工、储运企业签订承诺书。经过协商，落实市级应急成品粮储备550万千克，应急小包装食用油储备150万千克；编制《大同市粮食应急预案》操作手册，举行百余人参加的全市粮食应急预案演练，完善安全生产应急预案，粮食局机关及所属6单位制定预案6种34个。11月30日，大同口泉国家粮食储备库举行粮食质量安全应急培训演练工作，提高粮食质量安全应急能力；建设粮食应急面粉厂，拟定《关于利用社会资本建设大同市应急加工面粉厂方案》，采取引进社会资金、政府补助的办法，运作投资1000万元，建设日产200吨的应急面粉加工厂。（粮食局）

【精食仓储设施建设】 2016年，大同市粮食局制定《大同市粮食仓储设施建设“项目创新年”工作方案》，开展粮库和粮食园区建设。建成0.1亿千克粮仓；在御东装备制造园区建设粮食园区，规划占地4.53公顷，计划投资5300万元。（粮食局）

【粮食安全管理】 2016年，大同市粮食局建成市级粮食质检中心。落实市财政60万元，投资建成大同市粮食质量检验中心，并通过国家粮食局的验收和认证。成立安全生产工作领导组。建立全市粮食行业安全生产工作“一岗双责”和领导联系点、包科室和单位安全工作的责任制，把安全生产工作分解到人。印发《关于做好春节、“两会”期间安全生产工作的通知》（同粮函〔2016〕7号）、《大同市粮食行业安全生产隐患排查专项整治“百日行动”工作方案》（同粮字〔2016〕15号）、《大同市粮食局安全生产大检查方案》（同粮字〔2016〕25号），制定《大同市粮食行业2016年今冬明春火灾防控工作方案》，组织安全生产检查。（粮食局）

供销合作

【概述】 2016年，大同市供销社销售438253万元，比上年同期的238395万元增长24.2%；农业生产资料供应26563万元，比上年同期的24103万元增长2.9%；农副产品收购总值57514万元，比上年同期的27014万元增长22.7%；实现利润总额1469万元，比上年同期的945.6万元增长10.17%；经营费用11848.8万元，比上年同期11264万元增长5.2%；管理费用5763.4万元，比上年同期5829.6万元下降1.1%；财务费用124.1万元，比上年同期168.9万元下降26.5%；上缴国家各种税金216.1万元；社会贡献总额3130.5万元。

存在的困难和问题 2016年，大同市供销社为农服务功能还不够强。项目的培育工作做得不好，很难发挥项目的带动作用。供销社因计划经济政策因素的影响，向国有的商业银行贷款无望，其他贷款缺少抵押担保，资金难以筹措。人才引不进来，原有的人才也留不住，对工作影响很大。（供销社）

【供销助农服务】 2016年，大同市帮助农民测土施肥420公顷，测虫配药146.7公顷，举办农民科技培训班2100人次，发放科技资料3000份，为农民调运籽种2.36万千克。各级供销社筹措资金，寻找门路，掌握和提供供求信息，采取以粮换肥等多种形式，为农民推销农副产品，解决农民卖难问题。（供销社）

【供销综合改革】 2016年，大同市供销社贯彻落实《中共中央国务院关于深化供销合作社综合改革的决定》（中发〔2015〕11号）和《山西省委山西省人民政府关于深化供销社综合改革的实施方案》（晋发〔2016〕8号）文件精神，推进供销社综合改革工作。市供销合作社成立综合改革领导组，根据中央和省、市要求，经11月20日市政府常务会议讨论研究初步通过《大同市委 大同市人民政府关于深化供销社综合改革的实施方案》。按照实施方案在总结灵丘、南郊两个综改试点县（区）相关经验做法的基础上在“构建农业社会化服务体系、改造提升基层社、创办农民专业合作社、开展电子商务、强化城乡社区综合服务功能、开展资金互助、社有企业改革”七个方面开展综改工作。（供销社）

【供销物流配送】 2016年，大同市系统建成物流配送中心13个。其中，日用消费品配送中心10个，生产资料配送中心3个。阳高县供销社提升农产品流通服务水平，升级改造便民连锁商店和物流配送中心，以兴嘉物流配送中心为抓手，购置配送车辆6辆，改造仓储库房3个1000平方米，增加员工22人，为周边100余个便民连锁商店配送商品。形成城乡连动、中心配送、网点承接，畅通农产品进城，工业品下乡，促进资源双向流通。（供销社）

【供销基层社改造】 2016年，大同市供销社改造基层社4个，分别是：南郊区西韩岭供销社、广灵县梁庄供销社、灵丘县赵北供销社和灵丘县史庄供销社。其中，灵丘县赵北供销社投资35万元，改造面积663平方米；史庄供销社投资5万元，改造面积200平方米；广灵县梁庄供销社通过自筹资金20万元，对基层社重建，累积改造面积300平方米，营业面积增加60%；南郊西韩岭供销社投资60万余元建成150平方米门面，综合服务超市筹备中，建成后可为周边三个村5000余人提供购物场所，对接电商平台，建设线下体验店，让农民足不出村享受网上购物便利。（供销社）

【供销项目建设】 2016年，大同市供销社落实灵丘、南郊两个综改试点县项目实施。灵丘县供销社开展农业社会化服务惠农工程项目建设。其中，投资80万元，建设改造上寨、赵北、武灵、柳科心4个为农服务中心，下设惠农服务站26个，建设庄家稼医院4个。南郊区供销社面向农业现代化、农民生产生活所需、延伸服务领域，建设、改建2个惠农服务中心，3个庄稼医院和25个惠农服务站，以南郊区口泉乡、西韩岭乡为中心，为周边500余户农民提供种植、收割、农机服务，助农增收500万余元。抓阳高、南郊县区社电商合作入股。年内，阳高、南郊两县区发展电子商务，申请总社供销e家电商项目扶持，根据项目要求，两县区相关资料和自筹资金准备完备，待补助资金到位后，与省社“农芯乐”平台办理入股手续。（供销社）

【农村综合服务社】 2016年，大同市供销社依托便民店创办综合服务社，拓展为农服务领域。全市农村综合服务社在农村便民连锁店所占比例20.5%。全年总投资238.2万元，改造面积15785平方米，增加经营品种496种，增加服务项目22个，实现利润94.5万元。（供销社）

【农民专业合作社】 2016年，大同市各县（区）供销社把规范提升农民专业合作社作为参与农业产业化经营和提升为农服务的主要内容，贯彻落实《农民专业合作社法》，利用人才、资产、设施、网络等资源，创建和规范农民专业合作社建设，使其服务功能、管理水平，以及从业人员素质得

商贸会展

到规范和提升。大同市供销社规范提升农民专业合作社、建设专业合作社示范社3个，分别是灵丘县乐龙苦荞专业合作社，新荣区高向台村荣鑫小杂粮加工农民专业合作社，以及左云县永成专业合作社。其中，灵丘乐龙苦荞专业合作社通过规范提升建成国家级示范社，新荣区荣鑫小杂粮加工农民专业合作社提升为省级示范社，左云县永成专业合作社改造提升成市级示范社。

南郊区供销社派人到基层，对接农民需求，领办农民专业合作社，助农增收。2015年10月成立大同市南郊区裕民专业合作社，注册资金500万元，流转土地6.67公顷，进行菌类加工种植，2016年投资75万元建成5个种植大棚，与韩国客商签订100万菌棒协议，安排农村劳动力就业100余人，带动周边农民200余人种植食用菌，每年增加农民收入1000余万元。2016年3月注册资金600万元，由南郊区供销社牵头，赵家小村供销社占股35%，社员占股65%，成立南郊富民农业农机专业合作社，开展土地托管、代耕代种、智能施肥、农机服务、农资直供、烘干仓储等惠农服务。

灵丘县供销社结合综改目标任务，以联合合作为前提，领办合办为手段，培育农民专业合作社示范社为目标。领办、合办专业合作社6个，入股80万元。专业合作社涉及种植、养殖、加工、农机服务等各个领域。入股24万元由上寨供销社领办上寨惠农农机专业合作社，购置农机具，成立农机服务大队，为周边农户提供农机服务。入股30万元，独峪供销社领办独峪路富专业合作社，结合扶贫工作及包村帮扶工作，在独峪乡河浙村，开发利用该村66.67余公顷荒山荒坡，拟种植经济林及中药材，帮助入股社员及该村贫困户脱贫致富。

（供销社）

【供销发展电子商务】 2016年，大同市供销社加快发展电子商务，除左云县外其他8个县（区）社（包括灵丘县、广灵县、浑源县、大同县、阳高县、天镇6个贫困县和新荣区、南郊区2个区）均注册成立电商公司或依托下属企业开展电商业务，与省供销社“农芯乐”电子商城签订协议，成立县级服务中心，发展乡、村体验店366家，对接基层社34个，对接农民专业合作社30个，为农民创造便利的网上购物渠道，采取灵活的促销手段，引导农民改变消费观念。其中，弘大商贸中心成立占地1328平方米的大学生电子商务创业基地，办理20余家体验店，为大学生提供创业机会。灵丘县由一把手带队，组织相关人员到河北涞源，山西长治、应县等地考察学习，交流取经。天镇县供销社转变思路，与县“金华农资有限公司”，本着平等、互利互惠的原则签订合作协议，投资1000万元，建设电商交易市场，县供销社占股35%，11月，在县供销社协助下，与省供销社“农芯乐”电商服务中心签订合同。（供销社）

盐业管理

【盐业经营管理】 2016年，大同盐业分公司针对工业盐市场价格波动大，食用盐面临政策改革的困难，适时召开经营工作讨论会，总结经营工作中的经验、教训，确定顺应市场趋势，服务客户的工作方法，理性经营。落实省盐业公司包挂制度，制定包挂工作方案，每个终端有责任人的服务管理方式；整理细化客户信息档案，收回公司业务科管理，确保业务信息资料的完整和对整个市场的掌握；加大宣传力度，抓住“5·15”碘缺乏病宣传日时机，在有关媒体宣传盐业相关知识政策，正面引导消费者，同时树立企业形象。12月，利用一个月时间解读宣传盐改政策，《大同日报》《大同晚报》、大同新闻网、新闻公众号进行正面宣传，客户经理发放宣传单，释疑解惑、稳定市场，为应对盐业政策改革做准备工作。（盐业公司）

【盐业市场管控】 2016年，大同盐业分公司和盐务管理分局联合整治管控盐业市场。组成司局联合组整顿所辖县（区）市场。检查市区农贸市场、零售商店，城乡接合部、饭店、学校、食品加工作坊。通过检查发现营销工作中的不足和问题，解决和跟进服务，满足市场和客户需求。（盐业公司）

【盐业开通网上消费】 2016年，大同盐业分公司开展互联网加快消品业务，顺应市场需求，利用互联网的便利条件和用户的使用习惯，搭建营销平台，培养与互联网相结合的营销人员，班子成员带头到基层，推进山西盐业城乡一体化工作。（盐业公司）

【非盐营销】 2016年，大同盐业分公司参与盐以外的其他商品社会化招投标。全年实现非盐销售收入92.9万元，利润15.1万元。参加大同新城环境卫生工程有限公司融雪剂投标两次中标。（盐业公司）

【春季查处多起假冒食盐】 2016年，大同盐务分局在春季盐业市场大检查中查获多起销售假冒食盐案。

3月24日，大同盐务分局执法人员在市六医院附近一对中年夫妇驾驶的三轮摩托车上查获5袋（20千克/袋）假冒深井海藻碘盐。3月29日，执法人员在灵丘县赵北乡赵北村检查时，发现一农用车主叫卖盐产品，查获假冒无碘精制盐550千克、假冒河北深井海藻碘盐160千克和湖北精制盐500千克。执法人员没收剩余违法盐产品并处其4200元罚款。4月7日，执法人员在恒安新区早市查获一辆三轮车主销售包装为400克/袋的假冒深井海藻碘盐，售价为5元3袋。执法人员没收剩余盐产品，并处当事人500元罚款。（行 云）

【查获近半吨假冒食盐】 2016年，大同市盐务管理分局联合大同盐业分公司和浑源县盐政管理站，走访检查浑源县食盐市场时，发现县集贸市场内一商铺销售假冒海水自然晶盐和深井碘盐。稽查人员现场初步测试，这批盐属于不合格劣质盐，随即检查整个集贸市场，查获假冒食盐产品，近半吨。执法人员依据《食盐专营办法》《山西省盐业管理条例》和《行政处罚法》等相关法律法规，责令商家停止其违法行为，没收近半吨假冒劣质盐产品，处以6000余元罚款。

（韩 莹）

烟草专卖

【概述】 2016年，大同市烟草专卖局销量卷烟12万余箱，实现含税卷烟销售收入 30 亿余元。卷烟电话访销和网上订货比率合计 100%，上缴驻地国税 51057.9 万元，上缴驻地地税 6362.82 万元。查处各类涉烟违法案件 1230 起，查扣各类卷烟 1519.35 万支，涉案总标值 818.96 万元。其中，查获真品卷烟 1395.78 万支，假冒卷烟 123.57 万支。捣毁假烟生产窝点 1 个。

3 月 15 日，该局开展国际消费者权益日系列宣传活动。现场展示 20 种常见品牌的假冒卷烟，悬挂宣传条幅，印制普法宣传手册 2000 份。该局专卖科长接受大同电视台民生节目采访，向电视观众简要介绍如何识别真假卷烟。（白　炜）

【烟草经济管控】 2016 年，大同市烟草专卖局销量同比下降 19.29%。二季度，全市经济下滑，市烟草专卖局应变调整，到 2016 年 6 月底销量同比下降 24.84%。到三季度，通过调整营销和品类布局，对症实施预测、采供、投放调控策略，促使卷烟销量逐步企稳，当季跌幅收窄到 11.94%，2016 年底销量 12.16 万箱，年度同比降幅控制到 13.2%，销量全省排名第七。全市退出品规 87 个，消化库存 1724.95 箱；引入新品规 71 个，销量 4237.62 箱；销品规净减少 16 个，2016 年底销品规控制到 200 个左右。全年一类烟销量下降 27.87%，占比下降到 13.97%；二类烟销量增长 19.9%，占比 11.89%；三类烟销量下降 7.35%，占比 38.9%；四、五类烟销量分别下降 17.54% 和 24.97%，比重分别占 25.99% 和 9.14%，品类格局逐步挤掉浮沫、贴近市场。全市系统累计消化超一年存期的滞销库存 260 箱，年末企业库存控制到 9259 箱，保持在合理水平。全市卷烟销售结构在最高线和最低线之间平稳回调，截至 2016 年底，销售条均价 101.75 元，同比下降 5.98 元，结构格局在促销量和上税利的“两难”选择中逐步趋于理性，全省排名第七位。（白　炜）

【烟草监督管理】 2016 年，大同市烟草专卖局改革行政审批制度试点工作，开展互联网广告投放排查整改工作，审查行政处罚案卷 800 余份，评查案卷 400 余份，审查经济合同 60 余份，全年未发生行政复议和行政败诉案件。开展县级局财务支出审计，落实省局“六项费用”专项审计调查和历年审计问题整改大排查大起底工作，全年审计项目 126 项，督促整改问题 63 个，通过审计直接经济收益 76.56 万元。参与审计课题研究，论文《关于实现审计全覆盖的几点思考》在《山西烟草》杂志发表。成立市烟草专卖局整顿办公室，落实人员编制、明确部门职责。开展采购管理监督，全过程参与采购执行，落实“三个保障机制”，保障采购过程规范高效。全年执行采购计划 22 项，金额 507.95 万元。根据实际暂缓或核减 40 项，减少开支 2397.4 万元。（白　炜）

石油供销

【石油营销措施】 2016 年，大同石油分公司加大 IC 卡的宣传力度，利用现有流动 IC 卡便民服务车，宣传、开卡、服务，助推 IC 卡销售。开展“开卡充值”等油非互促营销，加大网厅充值优惠活动，加强专兼职客户经理业务“一带多”团队培训，确保油站周边一公里范围客户开发及维系职责落实到位。出台“忠实用户卡”优惠客户及奖励员工措施。该公司领导班子根据加油站位置、周边市场潜力，选择南环、东环、西门、东风里、中心站作为大站培育对象。在选用站长上，起用年轻有为、经营思路新、营销手段活、敢担当的同志当站长。公开况聘上述 5 座站的站长，竞聘中打破地域限制和身份限制，选拔一批懂业务、会管理、善营销的大站站长。五个站的零售总量占到全公司零售总量 33.35%。以不足 5% 的网点实现 33% 的零售任务，市场控制率占到大同市区总量 70% 以上。该公司陆续与民生、邮储银行、中国电信、人保、太保等多家公司开展联合促销，即在特定时期使用交行、民生、邮储银行信用卡或翼支付在指定站点进行消费，可享受不低于 5% 的优惠，该年度与邮储银行、中国银行等多家金融机构开展交叉营销活动，第三方优惠累计 127440 元。该公司与第三方合作共享双方优质客户资源，刷信用卡带动汽油销售。通过借助宣传大同文化旅游活动，在市区、浑源、云冈旅游线等景区加油站开展“加油有礼，助力大同申办旅游大会”活动，开展油非互动实现汽油持续增量。2016 年，该公司通过制作移动广告牌、电子屏幕、刀旗、横幅、高标汽油常识贴及绶带等视觉传媒工具宣传播放，达到视觉营销的效果。加大现场员工开口营销力度，通过班前班后培训，让员工熟知高标汽油推销术语，熟记高标营销小知识，向客户宣传高标动力的功能，提高 97# 汽油销量。在考核激励方面，该公司重新修订《2016 年零售线条绩效考核管理办法》，核定加油站长和加油员工的绩效工资，根据当月实际零售量对应工资等级，核定当月绩效工资，调动员工的销售积极性。制定《大同公司“多卖一吨油”竞赛活动方案》，方案设立吨油奖、超任务奖、增量奖等，员工的观念从“领工资”转变为“挣工资”，每天都努力“多销一升油”。该公司每天对片区和加油站销售排名，分月考核，按月兑现，做到“以月保季，以季保年”。销售公司加大加油站督查力度。落实《山西石油分公司加油站站长管理办法》和《加油站站长在岗管理规定》有关要求，零管督查人员利用加油站现有监控设备，随时调取加油站现场管理情况，督导加油站站长的工作情况和员工状况，以便提高站长责任心和整体管理服务水平。2016 年 2 月，该公司在每个片区加油站安装 2 台 POS 机以满足客户刷卡需求，保证这部分客户没有流失。（石油公司）

【石油营销观念转变】 2016 年初，大同石油分公司以省公司直分销市场调研为契机，开展两次大规模的市场调查和终端客户调查活动。印发调研文件，分解调研任务到各片区，各客户经理，保证调查的真实、有效。通过市场调研，摸清大同及周边市场情况及客户情况，制订切实可行的经营策略，细分市场和客户垫定基础。加强县域市场开发力度，深挖县域市场潜力。县（区）市场客户数量少、销量低，稳定性差、县（区）之间销量不平衡，两极分化趋势明显。该公司在掌握实际情况的基础上有针对性地制订开发策略。开发一批等用油量较大的客户。挖掘区外市场客户。乌兰察布市国宏石化有限责任公司是一家规模较大的区外企业，用油量较大，是许多成品油经销商竞相争取的目标。为成功开发这家客户，从公司领导到商客部主任及客户经理多次，与企业主管开展座谈、了解其生产经营情况，最终达成购油意向。年内，省公司改变经营策略，汽油价格优势逐渐显现，发挥公司油品质量和中石化品牌优势，在价格贴近中石油、数量上尽可能让对方能接受的合理范围内，把秦嘉石化、宏鑫石化、三联石油、站东加油站、绿营加油站5家社会经营单位发展为公司的客户。（石油公司）

【石油安全管理】 2016年，大同石油分公司落实施工现场，油库、加油站设施设备安全管理，严查三违现象，确保安全经营无事故，全年改造增加油站监控94座。全天候视频监控的有74座加油站。加强安全队伍建设，落实安全问责制度，成立联合安全督查组，实行“集中培训，交错检查”的原则。加大安全知识和技能培训力度。组织油库、加油站综合应急演练，推进安全文化建设安全风险管控。（石油公司）

【油品质量管理】 2016年，大同石油分公司严把油品出入库关、运输关、销售关。加强车队油罐车监管力度，落实油罐车铅封管理制度。应对各级职能部门开展油品质量监督抽检，落实销售公司油品抽检制度，确保受检油品100%合格。全年，各级职能部门抽检加油站66座，油样139个，所抽检油样全部合格。加强进、出库油品质量监督管理力度，该公司质检室全年化验各类油品194批次。其中，配置油品178批次，外采油品16批次。检验项目1125余项次，抽检油库4座（次）、加油站110座油样220个。按时送检油品16批次，确保油品入库关。不定期检查所属加油站加油机准确度及防作弊功能，保证加油机的计量精确度符合国家标准。加强加油站库存油品损耗的管理，全年库存盘点107站，保证油品的出入库关和油品的数质量关。（石油公司）

会展

【大同春季汽车博览会】 2016年4月30日至5月2日，2016大同春季汽车博览会在大同古城南城墙关城内举行。

这次车展由大同广播电视台交通广播主办。车展展区面积2万余平方米，省内30余家汽车经销商、近40个汽车品牌、200余种车型参展。（赵　瑾）

【参展第五届中国国际养老服务业博览会】 2016年5月3日至5日在北京国家会议中心举行，大同市作为全省唯一的代表以“康养胜地 天下大同”为主题参加博览会。

该届博览会由民政部、全国老龄工作委员会办公室共同主办，10个国家和地区以及全国200余家养老服务领域的政府部门、养老服务机构、品牌企业参展参会。展会引进国际养老服务业的科研和实践成果，搭建国内外养老服务业的学习交流、促进融合平台，为致力于进入养老服务行业的企业开拓市场、寻找客户及合作伙伴、提升企业品牌和扩大产品销售提供平台与契机。

展会上，大同市把独特的气候条件、优越的空气质量、优良的地理环境、便捷的交通资源、丰富的人文历史等“长寿宜居 健康颐养”的城市特点向来自全国各地的养老服务相关企业、投资商以及北京的老年人做展示和推广。与会的大同市10余家养老机构和康养企业代表进行推介。（赵　瑾）

【参展第十二届中国（深圳）国际文化产业博览交易会】 2016年5月12日至16日，第十二届中国（深圳）国际文化产业博览交易会在深圳举行。

文博会上，山西代表团大同分团参加山西省重点文化产业项目推介会及签约仪式、城市形象推介活动等。大同市参展文化产品有5个系列80余个品种，包括广灵张氏染色剪纸系列产品、天艺昌铜器系列产品、宗银公司银制品系列产品、大同日迹坊煤矸石雕刻系列产品、钟楼古街珠宝城大同玉系列产品等。

签约仪式上，广灵县政府与桃花源（北京）投资基金管理有限公司签约广灵白羊峪和壶流河旅游风景建设项目，投资额13亿余元。晋银公司与五家客商达成合作意向，现场与三家客商签订金额130万元的产品销售合同。（赵　瑾）

【参展太原论坛暨能博会】 2016年9月7日至9日，太原能源低碳发展论坛暨中国（太原）国际能源产业博览会召开。该会以“黑色煤炭绿色发展、高碳资源低碳发展”为主题，交流展示煤基低碳新理念新成果新技术，探索煤炭清洁高效利用、能源工业绿色低碳发展新路。展区面积3.6万平方米，设8大展区，20余个国家和地区368家企业参展。在这届论坛和展会上，大同展厅有31家企业、500种产品参加展示，有新能源、新技术、新装备，突出低碳，抓煤与非煤，坚持循环利用，山西华胜新成公司生产的石墨烯、陕汽大同公司生产的燃气机组、山西晋投生产的以玄武岩为原料的玄武岩连续纤维等产品，都体现绿色低碳发展的成果。展会期间，山西省有关部门组织项目签约仪式，大同市灵丘县与国电石家庄东方能源股份有限公司山西分公司合作签约34亿元清洁能源供热示范工程项目，多家参展企业与中外客商签订合作协议。（小　霞）

【参展山西特色农产品北京展销会】 2016年9月23日至26日，山西特色农产品北京展销活动在中国农业展览馆举行。

展销活动以“展示成果、促进营销、开放交流、合作共赢”为主题，展区总规模约3000平方米，分四大板块，有运城市、临汾市、吕梁市与包括大同市在内的其他8个市特色农产品销售区。开展成果展示、产品营销、贸易洽谈、产销对接。山西省参展企业和合作社有365家，展销产品涵盖20个类别1000余种，均是农业产业化国家重点龙头企业、省级和市级重点龙头企业，及获得无公害、绿色、有机农产品认证和农产品地理标志的企业等。大同市有阳高县中驰发展有限公司、广灵县甸顶山林牧有限公司、山西白老大食品有限公司、大同市华建油脂有限公司、山西雁门清高食品有限公司等11家企业参展，展品涉及胡麻油、杏脯、干果、杂粮等110余个品种。大同市签约项目3个，总金额28.62亿元。其中，大同县政府与山西骏腾农牧科技有限公司签订的一期投资1.3亿元建设6000万只~9000万只肉鸡屠宰生产线和年出栏200万只商品肉鸡养殖示范建设项目，阳高县政府与顺宇农业有限公司签订的投资26亿元的阳高县光伏农业大棚项目，阳高县鹏程小店种猪繁育有限公司与北京顺鑫农业有限公司签订1.32亿元生猪购销合同。（小　霞）

【市会展中心建设座谈会】 2016年10月27日，大同市发改、住建、规划、国土、财政等相关部门负责人与北京北辰实业集团有限责任公司人员座谈。

市委副书记、市长马彦平，北京北辰实业集团有限责任公司常务副总经理、北辰会展集团董事长刘焕波等参加座谈会。

2016山西省旅游发展大会期间，大同市与北京北辰集团公司签订《关于建设会展中心和其他城市公共事业合作协议》。座谈会上，北辰集团人员汇报建设会展中心的基本方案、经营管理以及运行方式等情况，和相关部门负责人对接项目推进具体事宜。（晨　曦）

【参展2016中国国际旅游交易会】 2016年11月11日至13日，中国国家旅游局、中国民用航空局和上海市人民政府主办的2016中国国际旅游交易会在上海新国际博览中心举行。大同市旅游局率领云冈石窟、北岳恒山景区、浑源县旅游局、华严寺、城墙管理处、大同机场、方特欢乐世界、大同市旅游集散中心等单位参加这次交易会。

中国国际旅游交易会是亚洲地区最大的专业旅游交易会，一年一届。该届国际旅交会的参展国家及地区106个，展位总数2593个。旅游交易会关注旅游行业发展的新情况、新特点、新趋势，增加“中国特色旅游商品展示区”“旅游户外装备用品博览区”两个展区。为加强展会的旅游交易功能，开辟专业洽谈区。

交易会期间，大同市旅游集散中心立足大同，与忻州、乌盟、张家口旅游业开展合作，利用各自独特文化旅游资源优势，形成区域联盟，专为上海市场推出5条旅游精品线路，受到国内同业的关注。（晨　曦）

古都灯会

【古都灯会文艺演出节目单】 2016年农历正月初二（2月9日）至正月二十一（2月28日），中国大同古都灯会期间每天演出一场文艺节目，演出地点在南城墙东耳城，演出时间为每晚8时至9时。

灯会邀请到的演出团体有市吹打乐团、市晋剧院、市耍孩儿剧团、阳高二人台剧团和北路梆子剧团等专业院团。正月初二（2月9日）至正月初三（2月10日），市吹打乐团演出吹打乐《开门红》《打枣》等。正月初四（2月11日）至正月初七（2月14日），由市晋剧院孙岚岚等人担纲演出《走山》《忠报国》等折子戏。正月初八（2月15日）至正月初十（2月17日），由王斌祥领衔主演《打佛堂》《刘家庄》等传统耍孩儿戏。正月十一（2月18日）至正月十二（2月19日），由阳高二人台剧团和民间二人台剧团演出《压糕面》《卖菜》等剧目。正月十三（2月20日）至正月十七（2月24日）由北路梆子剧团张彩萍等人演出《探母》《雪山情》等传统北路梆子戏。正月十八（2月25日）至正月二十一（2月28日），由耍孩儿剧团演出《喜荣归》等剧目。（路　璐）

【灯会首开网络购票】 2016年2月2日，中国大同古都灯会售票不设置分售点和提前预售，采取现场售票的方式，每天限定观灯人数3万人，门票仅当日有效。为缓解购票窗口客流高峰，减少排队等待时间，保障游客安全观展，2月1日起，大同新闻网首次开启网络购票。

网络购票全天均可提交订单，灯会“当日门票”网络售票时间截至当日12：00，网购门票有效期为商品名称所示时间，如“2016中国大同古都灯会（2月9日）”，该门票有效期为2月9日当天；除正月十三、十四、十五3天门票价格50元外，其他时间段票价30元，支持微信支付、信用卡付款和储蓄卡付款，配送服务请选择“到店自提”项；网上设置可提前购票，最新出票信息请关注大同新闻网官方商城“大同HI购”（扫码进入），观展当日取票，网络平台发放单日门票500张左右，个人所购数量不限；取票时凭订单号（优先）或姓名、手机号码、身份证号、购票时生成的二维码电子凭证等，于门票

▲图为2016古都灯会夜景　（李冬宾　供图）

有效期当日14：30至19：30在古城和阳街（大东街）大槐树下数字报刊亭“大同古都灯会”指定售票点直接取票观展；如因不可抗力原因在该门票有效期内无法正常取票的，可选择退款，退款到账最长时间以购票商城规定为准，产生的退款手续费由用户承担。（青 青）

【大同古城3D光影秀】 2016年2月6日，大同古城3 D光影秀举办首映礼。

大同古城3D光影秀由城区区委、区政府主办，市古城管委会筹办。从猴年新春正月初一至正月十五，每晚8时在古城内清远门上演，为时30分钟。3D光影秀是近年来国内外兴起的一种把立体映像投影在建筑实体上，并配合灯光、音响、烟花等渲染效果，营造氛围的大型表演形式。该活动首次引入古城，为古城新春营造喜庆欢乐节日氛围，并通过文化创意活动推动古城繁荣发展。（青 青）

【名优土特产助阵古都灯会】 2016年2月9日，中国大同古都灯会启幕，灯会期间，众多名优土特产品、大同特色工艺品、小吃、热饮等参与展会。

古都灯会南城墙关城南端，分别为浑源、灵丘、左云、大同县等县（区）的名优土特产设置的展位，经营当地名优土特产品。在南城墙关城的东西两侧、东耳城、瓮城，都有灯会组委会设置的展销摊位，有近30个展销厂家入驻，均为当地的名优产品。在东、南、北三面城墙的10座望楼上，有展销区，有4座望楼内经营小吃、热饮，共12家摊位。还有民俗工艺品、纪念品等多个展位。（青 青）

【2016中国（大同）古都灯会】 （参见该书23页《2016中国(大同)古都灯会》）

2016中国（大同）国际汽车旅游文化嘉年华

【中国（大同）国际汽车旅游文化嘉年华】 2016年，中国（大同）国际汽车文化节是大同市人民政府与中国汽车工业国际合作有限公司签署的长期战略合作项目，由大同市人民政府与中国汽车工业国际合作有限公司主办，大同日报传媒集团等单位承办，连续举办5届。中国（大同）国际汽车文化节作为山西旅游发展大会活动内容的一部分，更名为2016（第五届）中国（大同）国际汽车旅游文化嘉年华。8月20日至29日（每天15:00～22:30）在大同市南城墙关城、瓮城、月城、耳城展出，活动内容集主流品牌车展、经典老爷车展、豪华摩托车展、汽车巡游表演、马戏杂技表演、主题文化活动、古都餐饮美食等为一体，吸引大同及周边省市游客10万人次观展。（报 社）

【马戏驯兽表演】 2016（第五届）中国（大同）国际汽车旅游文化嘉年华活动上，国际大马戏和驯兽表演区分别设置在南城墙西耳城和东耳城。国际大马戏表演为国内外杂技、马术等，节目涉及俄罗斯舞蹈、非洲特技、吉尔吉斯马队，中国吴桥杂技等；驯兽表演包括驯狮子表演、驯老虎表演、狗熊体操等。国际大马戏和驯兽表演每天下午和晚上安排多场演出，游客可根据自己时间选择不同场 次观看表演，还有异国风情的舞蹈。（小 霞）

【哈雷宝马摩托车巡游】 2016年8月20日，2016（第五届）中国（大同）国际汽车旅游文化嘉年华活动中有大同重机俱乐部组织的哈雷、宝马、美国胜利，以及重机摩托车队现身现场，与名车老爷车一起亮相汽车旅游文化嘉年华。大同重机俱乐部创建于2013年6月，截至2016年8月有会员车友150余位，骑手都受过专业训练。这次参展和巡游的哈雷、宝马、美国胜利，以及重机摩托价格不菲，价值在20万余元至83万元之间。哈雷、宝马等豪华摩托车展设置在南城墙瓮城，活动期间每天下午巡游活动，城市街景与行进车队共同构成一道风景。（小 霞）

【汽车旅游文化嘉年华期间美食汇城墙】 2016年8月20日至9月4日，2016（第五届）中国（大同）国际汽车旅游文化嘉年华期间，南城墙展区吸引近百种大同地区经典小吃美味与会。

嘉年华期间，“雪花啤酒古都味道美食汇”在东西耳城城墙上设立餐饮区。“雪花啤酒古都味道美食汇”的主力商家是魏同味美食城。活动中，“魏同味”为大同百姓和国内外游客奉上刀削面、莜面、油糕、烧麦、凉粉、拌粉、豆腐粉、油条、烧烤、烤红薯、特色凉菜、烤玉米、山药丸子等近百种大同传统特色美食。（小 霞）

【汽车旅游文化嘉年华互动项目多】 2016（第五届）中国（大同）国际汽车旅游文化嘉年华活动中互动项目：淘气堡长15米，宽8米，占地120平方米，同时可容纳70人玩耍，适合3岁~12岁的儿童；旋转木马占地50平方米，夜间旋转木马可亮灯，一次容纳10人玩耍；轨道小火车，占地50平方米，一次容纳8人玩耍。南城墙东耳城的轻客智慧电单车趣味有奖比赛项目有悠悠慢骑、杯水车运比赛、倒推车比赛和定车比赛等。悠悠慢骑比赛以4人为一组，最迟到达终点的为胜；杯水车运比赛，要求参赛者在赛道上，从起点用纸杯把水运到终点的瓶子中，并要绕过途中预先设置的障碍物以瓶中水多者为胜。倒推车比赛要求参赛者在环形赛道上，将自行车后轮朝前，前轮后置，双手握把前行，后轮压终点线用时最短为胜。定车要求比赛在直径3米的圈里，指令开始后参赛者同时上车，坚持时间最长为胜。（小 霞）

【铁壁飞车走钢丝表演】 2016年8月20日至9月4日，汽车旅游文化嘉年华表演中有铁壁飞车表演和高空走钢丝表演。铁壁飞车表演的地点位于古城东南角的文化广场，内容是专业特技演员驾驶摩托车和四轮汽车靠着惯性在铁墙上飞行。每场演出时长30分钟，每天表演6场。高空走钢丝表演的地点是南城墙关城，钢丝呈东西走向，长约100米，距地面高度20米。高空走钢丝表演是用钢丝铺成的“天路”，特技演员们驾着摩托车或骑着自行车或者徒步在钢丝上穿梭，进行人车高空造型表演、高空花样徒步走表演，每场演出时长约20分钟。（小 霞）

财政　税务

财　政

【概述】 2016年，大同市一般公共预算收入88.9亿元，占年度计划（86.9亿元）102.3%，超进度2.3个百分点，超收2亿元。收入总量全省排名第六，增速排名第七。年内，大同市财政局落实上级转移支付资金153.1亿元，比上年增加4.17亿元。落实地方政府债券121亿元，主要用于公益性项目资金支出，弥补全市基础设施建设和民生事业资金的短板。落实保障性安居工程和国有工矿棚户区改造资金17.3亿元。　（刘国鑫）

【财政政策创优发展】 2016年，大同市财政局贯彻落实财政政策，发挥财政促进经济社会发展的调控作用，克服经济下行压力，推进供给侧结构性改革，落实“三去一降一补”任务。（1）推进“营改增”改革，落实国家和省出台的一系列结构性减税和普遍性降费等减费降税调节政策，减轻企业负担60余亿元。（2）全市盘活各类财政资金108亿元，收回沉淀资金14.7亿元。其中，市本级盘活各类财政资金45亿元，收回沉淀资金10.9亿元，按规定用于经济社会发展亟须领域。（3）新增地方政府债务24亿元，支持地方稳增长、补短板；扩大地方政府债务置换规模，降低利息成本，减少支出3亿余元。（4）创新财政投融资方式，采取“财政+金融”、PPP等组合模式，加快政府产业投资基金运作，带动社会资本投入。成立大同市政府产业投资引导基金有限公司，对接项目24个，引导社会资金加大对基础设施薄弱环节投资，缓减政府投资和债务压力。（5）设立中小微企业融资专项资金和发展基金，出台管理办法，解决小微企业融资难、融资贵问题。（6）保障市委、市政府确定的各类招商引资活动经费，优化投资环境，保障招商引资优惠政策落实。（7）根据《大同市开展“冬季行动”实施方案》，配合各项目战役指挥部，筹措资金，保障“冬季行动”重点工作和任务完成。　（刘国鑫）

▲2016年2月5日，全市财政工作会议召开　（刘国鑫　供图）

【财政保障改善民生】 2016年，大同市财政用在教育、科技、文化体育和传媒、社会保障和就业、医疗卫生、城乡社区事务等民生支出240.3亿元，占全市一般公共预算支出总量84.04%。（1）提高民生类补助政策标准。调整机关事业单位人员工资水平，企业退休人员工资实现连续增长。提标城市义务教育阶段生均补贴、城乡最低生活保障、城乡居民医疗保险财政补助、残疾人生活和护理补贴等民生类补助政策。（2）支持“三农”发展。落实各项强农惠农富农政策，全市农林水事务执行34亿元；落实低收入农户冬季取暖用煤货币化补贴工作，推进煤改电试点工作；支持阳高、天镇、浑源和南郊4县区国家粮改饲试点示范建设；城镇居民基本医疗保险和新农合参保率98%；农村人居环境改善。（3）支持打赢扶贫攻坚战。财政扶贫资金投入增加，全年市财政扶贫攻坚扶持资金总量4685万元，是上年的4余倍。组建大同扶贫开发投资有限公司，承接省级易地扶贫搬迁资金2.83亿元。支持贫困县区特色农业精准扶贫工作；农村低保标准与国家扶贫标准并轨。（4）增进民生福祉。

支持大同市承办省旅游发展大会，文化旅游产业的龙头地位逐步显现；历时7年半，大同古城墙合龙；12件民生实事逐步推进；支持节能减排，“大同蓝”唱响三晋大地；支持落实积极的就业政策；促进教育均衡发展；促进公立医院改革，社会公共服务逐步完善。（刘国鑫）

【财政改革】 2016年，大同市财政局完善政府预算体系。市本级一般公共预算、政府性基金预算、国有资本经营预算和社会保险基金预算4本预算建立，把所有政府收支纳入预算管理范围。改进预算管理和控制，建立跨年度预算平衡机制，启动中期财政规划管理，试编2016年~2018年财政规划，建立预算稳定调节基金。细化预算编制，功能科目分类到项，经济科目分类到款，“三公”经费单独反映；公开预决算，政府预决算、部门预决算和“三公”经费预决算，公开率100%，《2016年度中国市级政府财政透明度报告》中大同市列入全国前100名。“三公”经费只减不增，全市“三公”经费预算安排1.29亿元，比上年减少5509万元，下降29.9%；支出9305万元，比年初预算减少3617万元，下降27.9%，比上年支出减少5109万元，下降35.4%。推进国库集中支付改革，国库集中支付制度涵盖全部市级预算单位；推进公务卡制度改革。加强非税收入征管，开展专项税费清欠，挖潜增收，全市非税收入22.7亿元，同比增长7.9%，增收1.7亿元；改革财政票据电子化工作。加强会计监管工作，出台《大同市行政事业单位内部控制建设实施方案》，完成全市行政事业单位内部控制建设；聚焦预算管理、资金分配和机关运转等核心业务环节，财政局制定机关内控基本制度、10个管理暂行办法和操作规程，形成财政部门符合自身特点的内控制度体系，开展会计监督检查工作，按要求重点检查《会计法》、会计准则和会计制度的执行情况。服务政府采购项目187个种类，全市政府采购预算19.1亿元，实际采购金额16.9亿元，节约资金2.2亿元，资金节约率11.13%。加强政府债务管理，规范政府举债融资机制，制定《大同市2016年政府债务风险控制和化解规划》，规范“借、用、还”要求，实行政府债务限额控制，分级落实偿债责任，健全风险预警和统计机制。清查全市行政事业单位国有资产；全市市直公车改革拍卖车辆581辆，拍卖金额1800万元，全部上缴国库。（刘国鑫）

【财政部门解决企业融资难】 2016年“冬季行动”中，大同市财政局根据《大同市“冬季行动”企业帮扶实施方案》和帮扶企业事项，组织各相关科室、市投资担保中心和市财信担保公司组成多个工作组，分别到26家企业对接，了解企业资金需求和融资困境。针对发展前景好和需长期资金支持的企业，提出股权、基金等直接融资方式；针对流动资金周转困难但反担保能力不足的企业，提出分割产权抵押、库存质押、应收账款质押、专利权质押、流转土地抵押和关联企业提供担保等反担保模式；针对条件具备但资金需求大，市级担保机构不具备担保能力的企业，向省级担保部门推荐。帮扶企业申请吸纳失业人员财政贴息贷款。

2016年2月，该局相关部门给山西华晟果蔬饮品有限公司申请山西省中小企业基金投资500万元，给浑源县恒山酿酒厂申请吸纳失业人员贴息贷款200万元，给大同市啤斯食品有限公司申请交行贷款700万元。在帮助企业解决融资困难时，市财政局与国土、国资监管等相关部门配合落实医药园区、装备制造园区征地搬迁，项目建设等方面困难及诉求，给晋投玄武岩开发有限公司解决项目资金1000万元。（青　青）

【行政事业单位国有资产清查启动】 2016年4月起，市财政局启动2016年行政事业单位国有资产清查工作。

这次行政事业单位国有资产清查旨在摸清行政事业单位“家底”，夯实管理基础，规范和加强行政事业单位国有资产管理等各项工作。这次资产清查以2015年12月31日为基准日，清查范围包括：2015年12月31日以前经机构编制管理部门批准成立的、执行行政、事业单位财务和会计制度的各类行政事业单位、社会团体，执行民间非营利组织会计制度、并同财政部门有经费缴拨关系的社会团体等单位。清查工作内容包括基本情况清理、账务清理、财产清理、损益认定、资产核实和完善制度等。清查工作为期6个月，分准备、实施、总结三个阶段，各单位、各县区在7月31日前把清查结果报送市财政局。（行　云）

【财政助力城乡居民基本医疗保险整合】 2016年11月7日，大同市印发《关于开展整合城乡居民基本医疗保险制度工作的通知》，旨在建立统一的城乡居民医保制度，实现城乡医保合并。筹集城乡居民医疗保险补助资金8.04亿元，缴费补助19.15万名参保居民，财政补助标准年人均420元。（晨　曦）

【财政扩大稳岗补贴范围】 2016年，大同市发挥失业保险在调整优化产业结构中预防失业、促进就业的作用，鼓励企业稳定就业岗位，失业保险基金支持稳岗政策实施范围由兼并重组、化解产能过剩、淘汰落后产能三类企业扩大到辖区内符合国家，及全市产业结构调整政策和环保政策，依法参加失业保险，连续两年足额缴纳失业保险费，且上年度未裁员或裁员率低于全市城镇登记失业率标准，财务制度健全，管理运行规范的所有企业，符合条件的企业可按照企业，及其职工上年度实际缴纳失业保险费总额的50%给予稳岗补贴。财政部门配合人社部门建立失业动态监测制度，提升失业动态监测数据分析应用水平，为准确研判就业形势提供科学决策依据。11月8日，大同市财政部门实施失业保险稳定就业岗位补贴政策，给59家企业拨付稳岗补贴6401.63万元。（晨　曦）

【财政出台乡村医疗补偿政策】 2016年11月23日，大同市财政部门出台一系列乡村医疗补偿政策。

乡村医生专项补助。给在村卫生室执业且承担公共卫生服务工作的乡村医生专项补助，具有乡村医生资格的普通乡村医生每人每月补助不低于800元，具有执业助理医师资格的乡村医生每人每月补助不低于1200元，具有执业医师资格的乡村医生每人每月补助不低于1800元，公开招聘的大学生村医每人每月不低于1500元。

基本公共卫生服务经费补助。明确乡镇卫生院和村卫生室公共卫生任务分工，把50%左右的公共卫生任务交由村卫生室承担，通过政府购买服务方式，根据核定任务量和考核结果，把相应的基本公共卫生服务经费拨付给乡村医生。

实施一般诊疗费规定。把符合条件的村卫生室纳入医保定点医疗机构管理，乡村医生提供的基本医疗服务，主要由个人和新农合基金支付，村卫生室一般诊疗费统一核定为每门诊人次4元（3天为一疗程），参合农民患者自付1元，其余3元纳入新农合支付范围。

落实基本药物制度补助。补助村卫生室执行国家基本药物制度后减少的收入，补助标准原则上按村卫生室所在村的户籍人口每人每年不少于5元的标准执行。

村卫生室运行经费补助。安排专项经费适当补助村卫生室日常运行发生的水、电、暖、信息网络维护费等公用支出，每个村卫生室每年补助金额不低于1000元，村卫生室用水、用电执行当地居民用水、用电价格；加大人口小村和偏远地区村卫生室补助力度，对国家有关部门规定的偏远、条件艰苦地区和连片特困地区，各县区在核算乡村医生补助经费时，按照服务人口核算的补助经费，服务人口不足800人的，县（区）财政按照800人的补助标准核定并补足。（晨　曦）

【省财政厅驻市财政监察处开展年度专项检查】 2016年，为推进地方预决算公开工作，建立健全预算管理制度，根据财政部和山西省财政厅工作安排，山西省财政厅驻大同市财政监察处联合市财政局从12月5日起至12月31日专项检查大同市及所属县（区）预决算公开情况，这次检查共涉及预决算编制的市级政府1个，市级部门101个，县级政府12个，县级部门1448个，检查范围覆盖全部负责编制政府或部门预决算信息的部门或单位。

这次专项检查主要检查大同市市县两级政府和部门2015年决算和2016年预算公开情况。检查的内容包括：重点关注预决算是否在批准（批复）后20日内向社会公开；重点关注经同级人大批准的政府预决算报告、报表，以及相关说明是否全部公开；政府预决算公开内容是否包括一般公共预决算、政府性基金预决算、国有资本经营预决算和社会保险基金预决算；除涉密信息外，所有使用财政拨款的部门是否都公开部门预决算；是否把同级财政部门批复的部门预决算报表及相关说明全部公开；各级各部门是否公开本级本部门“三公”经费财政拨款预决算总额和分项数额；聚焦2015年决算，重点关注是否存在预算空转、虚列收支问题；对各级政府决算，在收入和支出类别中，各选择抽查至少一个以上科目；对部门决算，至少选择抽查一个以上部门，被抽查部门的“三公”经费为必查项目，此外还应在该部门的收入和支出类别中，各选择抽查至少一个以上科目。其他检查中发现的以上问题，包括财政部驻各地财政监察专员办事处，以及审计等部门检查发现的问题，均可作为成果利用；重点关注各级各部门预决算是否全部公开到功能分类项级科目（涉密内容除外）；一般公共预算基本支出是否按经济分类公开；是否把“公务用车购置和运行费”区分为“公务用车购置费”和“公务用车运行费”；“三公”经费决算公开是否细化说明因公出国（境）团组数及人数，公务用车购置数及保有量，国内公务接待的批次、人数、经费总额；是否说明“三公”经费预决算增减变化原因；关注是否通过网络公开并长期保留；是否在本级政府或财政部门门户网站上设立预决算公开专栏，汇总集中公开。根据省财政厅相关要求，按照下查一级原则，市本级和市本级所在区由该处开展检查，辖区内其余县（区）（包括开发区），由该处牵头会同大同市财政局随机抽取检查被检查对象。采用在线检查和实地检查相结合的方式，在线检查主要关注预决算公开的及时性和完整性，实地抽查主要关注预决算公开的真实性。（刘　江）

税　务

【税务部门15项举措服务经济发展】 2016年3月起，市国税、地税部门加强国地税合作。为解决纳税人“多头跑”和“重复报”问题，市国地税部门进行多方面合作。市地税部门派出人员进驻国税办税服务厅的有10个县区，在国税部门为纳税人代开发票的同时征收地方税费。市国地税合作共明确44项合作事项。其中，基本合作事项34项，创新合作事项10项。在44项合作事项中，联合大厅办税服务、联合税收宣传、联合纳税信用评价、联合推进“银税互动”、合作征收税款、协同办理注销登记、协同管理非正常户、联合开展大企业税收风险管理、联合税务稽查、统一税务行政处罚裁量权基准、共享双方内部涉税信息、共享涉税信息应用、联合开展税收分析、协同落实税制改革任务、联合网上办税服务15项，被确定为市国地税重点合作任务，从便利纳税人的角度解决办税“多头跑”、执法“多头查”、资料“多头报”、政策“多口径”等问题。（茗　泉）

【第25个税收宣传月活动】 2016年4月是全国第25个税收宣传月，市国税、地税两部门联手以“聚焦营改增试点 助力供给侧改革”为主题，开展税企高层对话会、热点问题讲座等活动。

举办“便民办税春风E路行”摄影大赛，国地税部门利用门户网站、国税“12366”微信平台、地税纳税服务微信平台开设“便民办税春风在行动”摄影大赛宣传专栏，增进社会各界对税收工作的理解和支持。利用纳税人学堂免费举办纳税人培训班，举办“税收开放日”“你问我答”税收宣传咨询、税收政策宣讲“六进”、青少年税收信用宣传教育等活动，市县两级税务机关通过“12366”纳税服务热线、微信公众号、税务网站等平台答疑解惑纳税人关心的税收热点问题，税务工作人员到机关、企业、市场、社区、农村和学校，开展税收宣传服务活动，在大中专院校开展税收信用

宣传教育，为纳税人提供有针对性的政策宣讲和个性化纳税服务。（行　云）

【银税合作】 2016年，大同市加强银税互动信用体系建设。3月，大同市连续召开会议，推进金融机构加入银税合作行列，国税地税部门向建行推送纳税信用优良企业5868户，建行大同分行向38户企业发放贷款5792万元。4月1日，大同银行、农行、民生银行等11家银行与市国地税部门签订银税合作协议，共同支持小微企业发展。（行　云）

【“税收业务超市”开张】 2016年5月23日，大同市“税收业务超市”投放使用，分类后的税收业务二维码被印制成卡片，在展柜集中悬挂展示，供纳税人按需取用。纳税人在咨询税收政策的问题各式各样，通过搜集整理各类税收政策，按实体、程序、流程、操作等标准拆分分类，然后加载运用二维码技术，在线上线下同步建立“税收业务超市”。其中，线上超市通过官方网站、微信、微博向全体纳税人公开发布，纳税人通过网站检索，按需扫码可得到相应税收政策或办税程序；线下超市把分类后的税收业务二维码印制成卡片，在全市14个实体办税服务厅和2个政务大厅集中展示，像超市购物一样供纳税人按需取用。“税收业务超市”在内容上涵盖营改增在内的常用办税流程、税收政策、申报实务操作和办税软件应用等，首批确定6大类145项涉税业务。线下超市的6类税收业务卡片用不同颜色区分，经过三级分类，按流水号印制，便于纳税人识别。截至6月初，各类税收政策二维码卡片被取用2.4万张。（冯　雨）

【晋冀蒙（大张乌）长城金三角合作区税收合作第一届联席会议】 2016年12月1日，晋冀蒙（大张乌）长城金三角合作区税收合作第一届联席会议在市国税局召开。大同、张家口、乌兰察布市国税局、地税局负责人共同签署《晋冀蒙（大张乌）长城金三角合作区域税收协同共建框架协议》《跨区域税收管理协作实施意见》和《加强非正常户税收管理协作备忘录》。省地税局党组成员、副局长张澎湧参加会议。

三市国地税部门从深化税收征管体制改革和管理服务实际出发，围绕合作内容、合作方式、合作机制等事项交流和探讨。（刘　江）

国家税务

【概述】 2016年，大同市国税局入库税收103.55亿元，占山西省国税局年初计划100.5亿元的103.03%，超收3.05亿元，其中市县级公共预算收入29.32亿元，同比增长5.73%，增收1.59亿元。落实结构性减税政策和税收优惠政策，全年办理税收减免21亿元。其中，支持节能环保减免2.26亿元，支持金融资本市场减免6.27亿元，支持三农减免1.81亿元，支持小微企业发展减免8848万元，鼓励高新技术减免6657万元，改善民生减免1.32亿元。2016年9月，市国税局被山西省文明办授予“山西省文明单位标兵”称号。（国税局）

【税收征管】 2016年，大同市国税局加大税收征管程度，打击各类涉税违法行为，组织检查企业212户，查补入库税款6923万元。税警双方开展打击骗税、虚开专项行动，7起案件依法移交公安机关处理。风险应对省市县三级任务59批次，纳税评估220户企业，入库税款2.25亿元，纳税评估税款贡献率1.96%。（国税局）

【税收政策执行反馈机制】 2016年，大同市国税局以《税收政策执行反馈管理办法》为制度载体，以微信网络媒介为平台建立税收政策贯彻执行反馈新机制，开通“税收政策超市”微信公众号，把26个行业和类别的税收政策，向一线执法人员和全市纳税人推送，点击量4000余次。（国税局）

【国税改革】 2016年，大同市国税局对照时间表、路线图，推进四大行业“营改增”试点攻坚，四大行业整体税负均有不同程度下降，实现税制改革目标。《大同市国税、地税征管体制改革方案》代拟稿提交市委市政府，以《国地税合作事项3.0版》为主体内容的征管体制改革重点合作项目逐步落实，国税地税合作征收税款2607万元；左云县建筑业税收共治平台开启市国税地税合作加强营改增后续管理的新模式，左云县局获总局首批法治税务示范基地称号；以“对接京津冀、融入环渤海”为目标，乌大张跨区域税收合作起步，第一次联席会议召开，建立“三统一、三互助、两互认”为框架的合作机制；信息共享与社会共治，“三证合一”“两证整合”业务同步推进，截至2016年底，全市“三证合一”新办户1.32万户，国税部门登记6585户。金税三期优

▲2016年12月1日，晋冀蒙（大张乌）长城金三角合作区税收合作第一届联席会议在大同市国税局召开（国税局 供图）

化版上线运行，视频操作手册被全省各部门借鉴传播。开展增值税风险防控，建立和完善营改增行业风险监控指标新体系，加强营改增一般纳税人登记、注销以及发票限额的审批管理。引导同煤集团规范发票管理。创新所得税后续管理方式，构建“互联网+跨界采集+后续管理+深度应用”管理模式，自主开发跨界数据管理系统，自索2177条第三方股权转让信息，监控税源入库9025万元。实施金融企业贷款准备金等高风险事项前团队管理，查补入库税款4286万元。与省局太原联合行动反避税工作。落实《全国出口退（免）税管理工作规范》1.1版，受理审核出口企业免抵退税申报资料204次，通过企业免抵退税额1.74亿元。

（国税局）

▲ 2016年3月26日，山西省网上电子发票正式运行启动仪式在大同市举行

（李冬宾 张燕伟 供图）

【山西省网上电子发票运行仪式在大同举行】 2016年3月26日，山西省网上电子发票运行启动仪式在大同市国税局举行，这标志着增值税电子普通发票在山西省开通使用。省委常委、省委统战部部长孙绍骋，省委统战部副部长高键，省国家税务局局长胡军，市委书记张吉福出席启动仪式并共同触摸启动球，正式开启山西省网上电子发票运行。市委副书记、代市长马彦平主持仪式。市委常委、副市长王克建，市委常委、统战部长姚生平等参加启动仪式。当日，大同大润发商业有限公司给客户开具的一张发票成为山西省开出的首张电子发票。

电子发票是适应现代信息社会、加强税收现代化建设的有效途径，是落实国家“互联网+”行动计划、促进电子商务、内贸流通快速健康发展的重要举措。与传统纸质发票相比，电子发票具有便民、标准、高效、避险等特点，推行电子发票，可降低纳税人办税成本，节约社会资源。

大润发华北西区营运区、山西万昌商贸有限公司等电子发票试运行纳税人代表作现场发言。（茗 泉）

·链 接·

电子发票使用及优点

电子发票是通过增值税发票系统升级版开具、上传，通过电子发票服务平台查询、下载的电子增值税普通发票，这种发票与传统纸质发票最大的区别是在原有加密防伪措施上，使用数字证书进行电子签章后供购销双方下载使用，具有便民、标准、高效、避险等特点，而且降低纳税人办税成本。电子发票的适用范围，开具发票的纳税人均可使用电子发票，电子发票适合电商、电信、快递、公用事业、商场超市等行业，以及大量使用通用机打发票、自印衔头发票和增值税普通发票的纳税人。纳税人若想上线电子发票项目需向主管税务机关提出申请，办理电子发票的票种核定，办理流程、所需资料与办理增值税普通发票票种核定一致；申领则更为简便，纳税人只要通过省国家税务局综合申报服务平台足不出户就可实现网上申领电子发票。电子发票对于开票企业有五大优点：一是不需要印制纸质票，可网上领取电子发票、无需往返税务机关，大幅降低纳税人在发票上的成本；二是对于电商行业，解决货票分离的经营模式带来的发票开具与邮寄的额外负担；三是电子发票系统可与企业内部的ERP等多个系统相结合，发票资料全面电子化并集中处理，有助于企业账务处理和提升财务人员工作效率；四是发票作废与红字发票开具更简便易行，避免与消费者因丢失纸质发票产生退货或者售后维修的纠纷；五是电子发票在保管、查询、调阅时更加方便。对受票企业或消费者，电子发票有四大优点：一是在交易的同时即可取得电子发票并查验，降低收到假发票的风险；二是方便保存、使用发票，随时可登录平台查询、下载加盖电子签章的发票信息；三是发票随用随打印，对打印机和纸张没有限制，对打印次数没有限制，不用再担心发票丢失影响维权或报销；四是可报销、可入账，提升受票企业财务人员的工作效率。（行 云）

【便民办税活动】 2016年，大同市国税地税业务实现一厅办理，以大同县国税局为试点的国税进驻地税大厅模式，以浑源县国税局为试点的地税进驻国税大厅模式，以矿区国税局为试点的国税地税共建政务大厅模式，以左云县为试点的国税地税共同进驻政府政务大厅的模式在探索完善；同城通办工作不断扩围，升级为省内通办；

取消A、B类纳税人扫描认证在大同市施行并按上级要求惠及全体C类纳税人；增值税小规模纳税人实现按季申报。（国税局）

【“智慧税务”建设】 2016年，大同市国税局探索实施“智慧税务”建设。以大同县国税地税办税服务厅融合为基础，实现国税地税业务统一叫号，一窗通办；涉税事项繁简分流，简事速办；咨询辅导分类分流，专人帮办；疑难问题两家协商，会诊督办；日常重复事项，扫码自办。建成“两层架构，六区布局”的智慧税务体验区，并推动浑源县、左云县、矿区、开发区等县区国税地税合作，加快兴起“智慧税务”建设步伐。（国税局）

【智能涉税服务】 2016年，大同市国税局启动“税收业务超市”建设，把办税程序和税收政策等内容拆分归类，转换成二维码，在全市16个办税场所建成线下“税收业务超市”，供纳税人按需取用，线上通过官方网站、微信、微博向纳税人推送，提升涉税咨询的效率和效果，解放税务干部，方便纳税人。开发“表e填”智能涉税文书，破解困扰基层税务部门多年的涉税咨询、报送资料和税务文书填写的告知难题。（国税局）

【税务服务平台应用】 2016年，大同市国税局推行防伪税控升级版条件下的增值税发票“网上申领、邮政配送”服务，给741户纳税人配送发票28.9万份。全年发展3.35万户“e税客”用户，是上年的7.7倍；综合申报平台4月试运行以来，发展用户2.26万户；4月全省率先实现增值税网上电子发票打印；“银税互动”为72户纳税人提供贷款1.25亿元，其中为59户小微企业提供贷款1.21亿元；各类平台推广应用，给纳税人提供多渠道办税体验。完善纳税服务热线管理制度，按季开展分析，给征收管理和领导决策提供依据。2016年受理纳税人诉求1427个。其中，“12366”纳税服务热线346个，“12345”政府热线1081个，按期回复率98.39%。（国税局）

【银税部门支持小微企业发展】 2016年3月，市税务部门与金融部门联手加大银税合作推进力度，助力小微企业发展。

市国税局通过全市28个国税办税服务厅布置“税易贷”宣传资料，及在微信、网站等平台宣传银税合作的“税易贷”产品；该局加大银税合作推进力度，印发《关于向纳税信用优良企业提供“税易贷”服务项目的通知》和《关于开展银税合作有关事项的通知》，解决银税合作操作层面的挡手问题。国税部门向建行大同分行推送纳税信用优良企业近6000户，建行与其中部分企业对接，授信50余户企业，向其中35户企业发放贷款1180万元。（红　远）

【全省旅游业首张营改增发票在云冈石窟景区开出】 2016年5月1日，市国税局、南郊区国税局负责人在云冈石窟景区指导开具全省旅游业首张营改增发票。这意味着营改增在山西省旅游业全面推开，运行多年的营业税正式退出历史。

这次营改增工作明显降低各旅游景区税负，原5%的营业税率降低到3%的征收率。营改增可促进旅游景区财务规范，加强税收管理，增强旅游业的发展后劲。（赵　瑾）

【“营改增”试点全面推开】 2016年5月1日，“营改增”试点纳税人大同市五洲大酒店给市民刘先生开出住宿费增值税普通发票，这张发票票面金额224.53元，税率6%，税额13.47元，这标志着大同市全面推开营改增改革试点工作，省国税局相关负责人与市国税干部及酒店工作人员共同见证大同市首张住宿费增值税普通发票的诞生。

5月1日起，全面推开“营改增”试点，把建筑业、房地产业、金融业、生活服务业纳入试点范围，建筑业和房地产业适用11%的税率，金融业和生活服务业适用6%税率，这次全市4大行业纳入“营改增”试点范围的纳税人确认7631户。其中，一般纳税人1227户、小规模纳税人6404户。

截至5月1日9时，全市有45户纳税人开具增值税普通发票53份、增值税专用发票3份、地税代开增值税发票7份，开票范围覆盖建筑业、房地产业、金融业、生活服务业4大行业。（赵　瑾）

地方税务

【概述】 2016年，大同市地税系统累计各项收入67.93亿元。其中，税收收入60.01亿元，规费收入7.92亿元。税收收入中省、市、县级地方公共财政收入累计50.15亿元；市、县级地

▲2016年5月1日，大同市首份由地税部门代开的增值税普通发票诞生（地税局 供图）

▲ 2016 年 7 月 27 日，大同市地税局举办“学准则条例，守纪律规矩”知识竞赛

（地税局 供图）

方公共财政收入累计 36.93 亿元。

（地税局）

【地税“冬季行动”】 2016 年，大同市地税系统开展为期三个月的“冬季行动”。“冬季行动”的核心是开展营业税清查。全系统划定时间，清查欠税纳税户；跟进“营改增”移交管户后续管理，加强与国税征管信息比对，杜绝在“营改增”后遗留下“两不管”的“真空管户”。“冬季行动”期间，全系统税收专项核查营业税纳税人 1205 户，清查补交营业税及其他各类税款和滞纳金 1.09 亿元。（地税局）

【税收业务改革】 2016 年，大同市地税局落实《全国税收征管规范》，加快税收风险防控机制建设，列出 8 项主要税收风险指标，排查山西省地税局风险任务 3776 户，市地税局印发推送两批次风险任务 3112 户。顺应税制改革，实施“营改增”试点，涉及 4 个行业 7751 户的管户资料全部移交国税。清查税源总量，税源管户 40870 户，净增 5603 户。推行“三证合一、一照一码”登记制度，为省工商、税务“三证合一”企业登记信息交换平台传递的 2393 户企业、187 户农民专业合作社办理信息补录，缴纳税款 1806.67 万元。实现省级“金三”版全覆盖。加强契耕“两税”及房地产税收一体化管理，推进房地产“以户建档，项目管理”工作，调整更新存量房评估数据，确保存量房计税价格客观准确。重点税源监控，监控企业 1396 户，实现全市核心税源的经营和纳税状态的准确把握。加强土地增值税征管，提高清算工作质量和效率。推进城镇土地使用税“以地控税、以税节地”工作，推动土地使用税收入增长。加强企业所得税汇算清缴，年度汇算清缴 4877 户企业。年所得 12 万元以上自行申报人数 8493 人，申报质量提升。规费征管全部纳入“金三”系统，规费收入实现就地缴库。

（地税局）

【地税国税合作】 2016 年，大同市地税局推进国税、地税征管体制改革，与市国税局确定 15 项重点合作工作任务。加强信息化系统的运维管理和升级改造，改造 44 个四级网络节点，建成 13 个国地税合署办公节点。与国税部门协同管理非正常户，共同认定非正常户 2483 户；合作征收税款 311.27 万元；共同开展风险应对，应对 16 户纳税人，征收税款 321.69 万元；联合开展管户核实，核实全市 11539 户国税未登记和 20345 户地税未登记的核实比对工作，与市工商局联合核查长期不经营的管户 3678 户；联合共建办税服务厅，建成 12 个办税服务厅的窗口互设、1 个联合办税服务厅投入运行，实现纳税人“进一家门办两家事”。召开乌大张长城金三角区域税收合作第一届联席会议，三地六局税务部门共同签署有关合作文件，开展 8 方面 14 类涉税事宜的合作。

（地税局）

【依法治税】 2016 年，大同市地税局加强行政审批制度改革，调整取消行政许可项目 1 项，非行政许可 19 项，承接下发项目 2 项。落实各项结构性减税政策，取消契税、耕地占用税减免审核，加强优惠政策落实情况督查，服务经济转型升级。推行公职律师制度，设立公职律师办公室，受理并胜诉大同市地税系统首例税务行政诉讼案。严格稽查执法，落实随机抽查制度和案源管理制度，查结重点税源企业 72 户，入库税款、罚款、滞纳金 1579.08 万元。打击发票违法犯罪，整顿规范税收秩序，检查发票 38 户，查获非法发票 209 份，涉案金额 755.89 万元，移送公安机关案件 1 起。加强执法监督，市地税局设立督查内审科，开展税收执法监督。加强绩效管理工作，各级按省地税局要求配备专兼职人员，充实绩效办工力量，初步实现绩效管理专业化。设置三级考核指标 42 项，机考率 50% 以上，年度考核指标数占总指标数比例低于 30%。

（地税局）

【税收便民服务】 2016 年，大同市地税系统开展“便民办税春风行动”。在办税服务厅建设方面，以建设标准化办税服务厅为目标，完善办税服务厅硬件设备，提高办税人员服务素质，推行星级服务措施，形成“覆盖面广、布点科学、管理统一、服务标准”的办税服务网络。各办税服务厅开辟“营改增”纳税人绿色通道，配备专人负责导税解疑，设置代征增值税业务 AB 岗，全系统代征增值税 978 万元。与国税局联合举办“第 25 个全国税收宣传月活动启动仪式”，围绕“聚焦营改增试点，助力供给侧改革”主题，开展联合税法宣传。评选出信用等级为 A 级纳税企业 62 户。加强纳税信用评定等级的运用，与国税、银行联合推进“银税互动”，帮助 75 户纳税人获贷款 12097 万元。发挥“纳税人学堂”作用，培训辅导纳税人 5000 人次。全年办结 12345 政府服务热线平台转件 478 件，被市政府评为“大同市 12345 政府服务热线 2016 年度群众诉求办理工作先进单位”。（地税局）

金　融

金融监管

中国人民银行大同市中心支行

【概述】 2016年，大同市金融机构人民币各项存款余额2629.08亿元，较年初增加210.02亿元，增幅8.68%，同比多增60.84亿元。全市金融机构人民币境内存款余额2628.96亿元，较年初增加210亿元，增幅8.68%，同比多增60.80亿元。其中，人民币住户存款余额1783.45亿元，较年初增加128.11亿元，增幅7.74%，同比少增36.41亿元；人民币非金融企业存款566.91亿元，较年初增加84.94亿元，增幅17.62%，同比多增18.73亿元；机关团体存款余额204.70亿元，较年初减少1.74亿元，降幅0.84%，同比少降28.76亿元。全市金融机构人民币境内贷款余额1225.71亿元，较年初增加44.10亿元，增幅3.73%，同比少增104.42亿元。其中，人民币住户贷款余额194.44亿元，较年初增加13.30亿元，增幅7.34%，同比少增9.75亿元；人民币非金融企业及机关团体贷款余额1031.28亿元，较年初增加30.80亿元，增幅3.08%，同比少增95.01亿元。全市外贸进出口和跨境收支总额呈下降态势，结售汇总额呈弱增长态势。全市实现外贸进出口总值31966.44万美元，同比下降31.79%。其中，出口实现25789.05万美元，同比下降16.5%；进口实现6177.39万美元，同比下降61.34%。全市跨境收支总额31112.45万美元，同比下降21.88%；跨境收付逆差8911.01万美元，同比增长5920.73%。其中，货物贸易跨境收支总额13443.67万美元，同比下降16.76%，占跨境收支总额47.83%；服务贸易跨境收支总额13594.94万美元，同比增长14.13%，占跨境收支总额48.36%。货物贸易收入排名前2名的行业分别是药品、机械，支出排名第一的是机械产品。全市银行结售汇规模呈双下降态势，结售汇总额38047万美元，同比增长1.79%；结售汇逆差20017万美元，同比增长12.77%。其中，结汇9015万美元，同比下降8.13%；售汇29032万美元，同比增长5.33%。

（田晓宏）

【货币政策贯彻执行】 2016年，中国人民银行大同市中心支行开展辖内11家地方法人金融机构评估工作，召开“一季度MPA通报会”，反馈评估结果，引导地方法人金融机构合理安排全年信贷投放。运用存款准备金政策，普降地方法人金融机构存款准备金率0.5个百分点，释放流动性4.3亿元；给农业银行达标的3个“三农”金融事业部定向降准2个百分点，增强金融机构支持经济发展能力。全年办理再贴现业务527笔，16.9亿元；发放支农再贷款5笔2.5亿元，支持小微企业再贷款余额1亿元。推进跨境人民币结算业务，截至2016年底，全市办理人民币跨境收支业务1.27亿元。其中，出口货物贸易0.13亿元，进口货物贸易0.04亿元，服务贸易0.1亿元，资本项下1亿元。制定《关于做好2016年全市信贷政策工作的指导意见》，全年信贷工作从九方面部署25项工作任务。按照太原中心支行的文件要求，跟踪调研煤炭行业去产能情况，特别是同煤集团去产能情况、工作进度，以及地方法人金融机构煤炭行业资产质量和不良贷款处置情况，并为同煤集团办理再贴现业务312笔，13.76亿元，确保同煤集团在去产能过程中不引发新的信贷风险。与发改、财政、金融办、银监、扶贫办等部门联合制定《大同市金融助推脱贫攻坚联动协调机制工作方案》，多次组织召开金融助推脱贫攻坚工作，推动各项工作落实，全年发放扶贫再贷款4.65亿元，满足金融助推精准对接脱贫攻坚多元化融资需求。金融帮扶的296户中小微企业全部得到贷款支持，贷款余额49亿元。继续推进“一贷一票一链一押”工作，全年办理“流水贷”业1390笔5.09亿元；办理商业承兑汇票3914笔，金额60.2亿元；金融机构提供企业供应链融资19.92亿元；办理应收账款质押贷款91笔，发放贷款62.5亿元。全年发放下岗失业人员小额担保贷款136笔，金额2113.8万元；发放农村青年小额创业贷款395笔，金额1.15亿元。推动大同银行、北都农商行参加合格审慎评估，成为全国市场利率定价机制观察员，指导北都农商行发行同业存单2亿元，提升地方金融机构的综合竞争力。

（田晓宏）

【金融风险监测】 2016年，中国人民银行大同市中心支行完善金融风险指标体系和评估方法，执行风险监测定期报告制度。按旬、按月、按季重点监测高风险信用社，早发现、早提醒苗头性问题，消除风险隐患。在按季分析大同市金融稳定运行情况基础上，采用定量分析与定性分析相结合方法，编写《2016年大同市金融稳定报告》，研判全辖金融稳定情况，并提出预防措施。加强重点机构、重点企业、重点区域和领域风险监测，按时向地方政府、有关部门和机构提示风险，并向上级行报告排查结果和风险提示情况，印发《关于进一步加强银行业金融机构重大事项报告工作的通知》，要求各金融机构开展重大事项自查工作，并按时报送重大事项报表。印发《关于建立对农村信用社风险监测制度的通知》，建立8家农信社风险监测月报制度，掌握信用社风险状况。评级全市13家法人机构，科学、合理评价投保机构风险状况，并按照《存款保险费率管理和保费核定办法》，加强保费核定有关工作，全年为13家投保机构办理缴费710万元。排查评估3家高风险信用联社，现场评估2家行（社）不良资产真实性，要求其采取措施降低不良贷款比例，加强资产管理。关注农业发展银行、左云县农信社、灵丘县和大同县农信社的改制进展情况，反映改革中出现的新情况、新问题。修订完善《大同市金融机构突发事件应急处置预案》，明确突发事件处置的责任与分工，构建起分层防范和化解系统性金融风险的工作格局，提高应对金融机构突发事件的应急能力。（田晓宏）

【银行管控建设】 2016年，中国人民银行大同市中心支行梳理金融机构开业管理的内容、标准、程序等并公示。推行新设金融机构计划管理，规范新设金融机构开业申报管理，实行限时办结和责任追究，提高内部审核和审批效率，全年受理业务45家。（田晓宏）

【银行支付系统建设】 2016年，中国人民银行大同市中心支行推进“农村金融综合服务站”建设，建成农村“金融综合服务站”947家，覆盖行政村900个。加强农村支付环境，推动惠农卡、福农卡发放工作，为农村低保、农村养老金、农村合作医疗款项发放提供便利。结合“五证合一”改革，指导金融机构落实身份识别义务，落实账户实名制管理，确保过渡期业务的衔接和连续。分类评级非银行支付机构，接受24家非银行支付机构备案，促进其规范化运营。配合公安机关处理一起POS机骗售案件，加强电信网络新型违法犯罪交易风险事件管理平台推广上线工作，维护支付结算环境安全稳定。（田晓宏）

【反洗钱工作】 2016年，中国人民银行大同市中心支行考核和评价辖内53家义务主体机构反洗钱工作的合规性与有效性，评出A类机构9家，B类机构39家，C类机构5家，为实施反洗钱分类监管提供参考。现场检查辖内5家金融机构（银证保）反洗钱工作，检查出5大类10小类41个问题，提出30条监管意见。与大同市公安局经侦支队交流合作，会商接收的各机构报送的可疑交易报告。督促金融机构做好涉重点可疑交易报告的报送工作，全年接收各金融机构报送的可疑交易线索11份，通过分析研判向太原中支上报重点可疑交易报告9份。（田晓宏）

【金融统计管理】 2016年，中国人民银行大同市中心支行加大金融统计信息监测管理系统的研究和开发力度，把涉农、中小微、互联网金融、企业债等数据充实到《大同市金融统计快报》中，提高《快报》信息量和实用性。通过按月参加全市经济运行分析模板会，与全市经济部门、保险协会及证券机构建立联系，掌握全市经济运行及金融运行数据。开展金融统计执法检查，提高数据质量。按季召开经济金融运行形势分析会，分析、研判全市经济金融运行中的特点及趋势，为领导决策提供依据。（田晓宏）

【人民币管理】 2016年，中国人民银行大同市中心支行科学编制并做好全年调拨计划，通过合理调拨发行基金，调整流通中现金券别结构，确保全市现金供应。投放10元以下原封新券3.1亿元。开展反假和兑换残损币工作，提高流通人民币整洁度。推动金融机构冠字号码查询工作，全辖1071台自助取款设备，1176台点验机，202台清分机具实现查询功能。（田晓宏）

【人行经理国库】 2016年，中国人民银行大同市中心支行严保核算质量和效率，支持全市财政工作稳步推进，截至2016年底，全辖财政总收入218.24亿元，同比减少9.12亿元，全辖预算支出执行368.59亿元，同比增加8.3亿元。代理支库年检78家机构国库经收处业务、现场检查13家财政集中支付代理行代理业务。开展国库直接支付工作，截至2016年底，发放黄标车淘汰补助61笔、金额50.46万元，发放村干部工资935笔、金额355.71万元，发放农机补助9笔、金额42.19万元。（田晓宏）

【征信管理】 2016年，中国人民银行大同市中心支行建立个人信用报告查询监测制度。全年办理个人信用报告查询63373笔，企业信用报告查询547笔。推进应收账款质押融资服务平台推广应用工作，推动同煤集团成为全省首家在应收账款融资服务平台实现注册的企业。指导同煤集团财务公司通过应收账款融资服务平台为4家下游企业发放应收账款融资1300万元；大同各金融机构为中小企业在应收账款质押融资服务平台办理业务20笔，成交35.1亿元。联合城区区委、城区人民政府在魏都新城社区携手合作共建诚信文化教育基地，推进“一库一平台”建设。与大同市城区政府联合召开3次“大同市城区经济金融联席会暨政银企第一次项目对接会”，推广应用“大同市政银企网上自动对接融资平台”，银政企项目对接210个，其中22个项目融资34.21亿元。（田晓宏）

【外汇管理】 2016年，中国人民银行大同市中心支行加强政策宣传和指导，帮助企业拓宽融资渠道享受，享受“控流出，扩流入”政策红利。推动个人外汇业务监测系统在全市金融机构范围内上线，并制定《个人分拆信息推送、预分类审议办法》，堵塞分拆资金的跨境流动。按周非现场核查省局筛查的数据、每月不定期组织约谈购汇增长偏离正常水平、银行真实性审核不到位、规避外汇管理政策大额购汇等异常情况的银行和企业，组织8次约谈，约谈银行、企业34家次，引导金融机构合规经营。加强“重点主体外汇全情通工程”，探索一般主体和重点主体相结合监管模式，丰富重点主体监管方式，选择辖内典型

金融

性企业，充实重点主体监管内容，结合企业实际和市场情况提供个性化外汇服务。（田晓宏）

【金融信息调研宣传】 2016年，中国人民银行大同市中心支行关注国际、国内经济金融形势，分析研究辖区经济金融运行情况及宏观调控政策实施效果，抓调查研究和金融信息报送工作，有效服务决策参与。加强国家政策在大同地区执行情况的跟踪调研，分析全市经济金融运行情况，为上级行、地方党政提供有借鉴的信息调研报告。全年，在国家级、省级刊物上发表研究报告30余篇，调研信息被总行采用1期、被分行和太原中心支行采用29期。在地方党报、党刊发布政策解读类文章10余篇。（田晓宏）

【金融消费权益保护】 2016年，中国人民银行大同市中心支行根据金融机构自评估、现场核查、上年度金融消费权益保护工作监督检查以及金融消费者投诉受理处理等情况，评估金融机构消费权益保护工作。15家银行业金融机构A类3家、B类12家；4家证券类金融机构A类1家、B类3家，30家保险类金融机构B类30家。推进金融消费权益保护工作，全年受理金融消费者咨询120余起，均得到答复；受理12363投诉49起，12345政府服务热线转办投诉20起，均得到解决。（田晓宏）

【金融消费者宣传教育】 2016年，中国人民银行大同市中心支行在“3·15”消费者权益日、金融知识普及月活动期间，组织全辖区金融机构针对六类特殊群体，开展金融知识进福利院、进学校、进特殊教育学校实训基地、进矿区、进农村、进社区、进商户、进景区“八进”活动，活动形式有金融知识文艺会演、金融知识专家访谈等。建成金融知识普及示范点21家，覆盖全市4区7县，示范点建设满足社会公众对金融知识的需求，增强社会公众对最新金融政策和法律法规的把握。9月，在“山西省人民银行系统金融消费权益保护暨金融知识普及工作推进会”上做经验交流。（田晓宏）

【金融依法行政】 2016年，中国人民银行大同市中心支行审核执法检查立项20项，执法检查通知书158份，保证对外行政执法合规有序。审核全行集中采购、租赁等101份合同，出具法律意见书，确保各项费用支出的合规、合法。（田晓宏）

【个人征信查询收费降低】 2016年1月15日，个人到柜台查询自身信用报告，每年第三次起的收费标准由现行每次25元降低至10元，通过互联网查询及每年前两次到柜台查询继续实行免费。

这次个人征信查询收费降低，是依据《征信业管理条例》的规定，除执行个人查询自身信用报告每年前两次免费的政策之外，市民每年查询三次及以上的，自2016年1月15日起，按照《国家发展改革委关于中国人民银行征信中心服务收费标准有关问题的批复》（发改价格〔2016〕54号），每次收取查询服务费10元。（路　璐）

大同银监分局

【概述】 2016年底，大同银行业金融机构有八大类589个机构网点，从业人员10764人。其中，政策性银行网点6个，大型银行网点189个，股份制商业银行网点21个，邮政储蓄银行网点（含代理网点）97个，城市商业银行网点61个，农村合作机构（含农村商业银行）网点210个，新型农村中小机构4个，非银行金融机构1个。

2016年，大同市银行业资产总额2893.58亿元，较年初增加168.49亿元，增长6.18%，低于山西省平均增幅2.35个百分点。其中，贷款余额1227.62亿元，居全省地市第三位，较年初增加41.13亿元，增长3.47%，同比少增107.84亿元，增速居全省地市第八位，低于全省平均增幅0.6个百分点。

负债总额2783.88亿元，较年初增加162.77亿元，增长6.21%，低于全省平均增幅2.23个百分点。其中，各项存款余额2576.96亿元，居全省地市第二位，较年初增加214.24亿元，增长9.07%，同比少增0.6个百分点，增速居全省地市第六位，高于全省平均增幅0.79个百分点。

所有者权益合计109.71亿元，同比增加5.72亿元，增长5.5%，实现净利润23.44亿元，同比下降0.21亿元。（吕力波）

【银监制定支持实体经济发展文件】 2016年，大同银监分局结合大同实际，制定《关于银行业进一步支持实体经济发展的指导意见》《银行业精准扶贫工作指导意见》《关于加强和改进农村金融服务工作的意见》和《关于推进普惠金融发展工作的意见》，印发辖区银行业机构实施，以引领全市银行业金融机构回归本源，专注本业，加强支持实体经济的力度。（吕力波）

【银行业服务实体经济系列活动】 2016年，大同银监分局组织全市银行业金融机构开展以“支持重点、精准扶贫、助力小微、服务三农”为主题的银行业服务实体经济系列活动。（1）加强组织领导，健全工作机制。成立由银监分局局长任组长的系列活动领导组，该分局机关四个专题工作小组分别负责支持重点工程、实施精准扶贫、加强小微企业服务和三农服务四项工作，建立按月收集、统计报送专项工作进度表、报告系列活动总体进展情况和开展现场督导的工作机制，连续组织召开推进会、对接会、通报会等六次专题会议推进落实。（2）制定工作方案，签订合作约定。制定活动方案并印发《大同银监分局关于开展银行业服务实体经济系列活动的通知》。召开由市政府及相关部门、各银行业金融机构、新闻媒体参加的银行业服务实体经济系列活动暨组建债权人委员会推进会议，与市发改委、经信委等九部门达成七项支持实体经济发展合作约定，并签署《关于银行业服务实体经济支持供给侧结构性改革合作备忘录》。（3）开展宣传活动，促成项目对接。组织银行业机构开展服务实体经济集中宣传活动，银监分局四个专题小组分别对口联系市发改委、经信委、农业局、林业局、国税局、地税局、金融办、扶贫办、重点办，收集各条线2016年度有融资需求的项目228项，引导银行业金融机构主动对接项目主体，促进银行服务产品与融资需求主体的有效对接。（4）开展检查督导，推动取得实效。该分局成立专项督导组，到各机构通过召开座谈会、听取工作汇报、收集相关资料、填制《银行业服务实体经济系列活动督导表》等方式督导，并通报服务实体经济系列活动开展情况，促进银行业金融机构贯彻落实系列活动方案和相关政策。全市银行业全年对接重点工程 22 项，贷款余额 30.85 亿元；向 1429 户建档立卡贫困户和各类扶贫项目净投放贷款 12.85 亿元，落实银行业机构扶贫小额贷款按乡镇包干制；小微企业贷款较年初增长 10.09%，高于各项贷款平均增速 6.62 个百分点，申贷获得率 94.39%，同比上升 3.36 个百分点，7 家机构实现“三个不低于”目标，较上年增加 6 家，给 77 户小微企业发放银税合作贷款 91 笔 2.45 亿元，实现银税合作县域全覆盖。（吕力波）

【债权人委员会建立】 2016 年，大同市银监分局落实银监会和山西银监局要求，指导辖区符合组建条件的 5 家债权人委员会组建运行，各成员银行共进共退，与企业共渡难关，防范风险。全市银行业机构贯彻落实《山西银监局关于支持省属煤炭集团化解过剩产能 加快转型升级的指导意见》及全省推进会议精神，指导债权人委员会按照“一企一策”原则，研究制定可操作的增贷、稳贷、减贷、重组等方案。各银行业机构共同行动，支持煤炭转型发展，向省属煤企（同煤、山煤、晋能）发放短转长贷款 38 笔 76.88 亿元，约定转长 41 笔 62.17 亿元，缓减经营周期长与融资期限短的矛盾。（吕力波）

【金融普惠】 2016 年，大同市银监分局引导银行业机构下沉网点，发起设立村镇银行，加强城市社区、县域和农村金融服务。在市区开设 7 个新网点，开设 2 家社区支行和 1 家小微专营支行，在左云县、灵丘县、天镇县筹建 3 家村镇银行，在阳高县开设 1 家支行、在大同县筹建 1 家支行。支持薄弱环节，2016 年底，全辖银行业小微企业贷款余额 298.86 亿元，涉农贷款 340.12 亿元，推进“村村通”工程，基础金融服务行政村覆盖率 93.8%，较年初提高 9 个百分点。加强消费者权益保护。指导市银行业协会以改进基层网点服务为突破口，推动服务示范点建设；开展“金融知识进万家”宣传月活动，向金融消费者普及金融知识；协同大同市“12345”政府服务热线、大同市银行业协会解决各类消费者投诉咨询；完善消费者投诉接访渠道，推进消费者权益保护工作落实，开展银行业机构消费者权益保护考评工作，在全省首家启动银行业消费者权益保护服务区。（吕力波）

【银行风险防控】 2016 年，大同市银监分局组织排查辖内银行业机构信贷领域案件、借冒名贷款、抵质押贷款、票据业务、汽车消费贷款、钢铁煤炭行业贷款、银行业安全防范等领域风险。其中，全辖农村信用社借冒名贷款和抵质押贷款风险问题排查和整改成效明显，消除部分风险隐患。

开展“两个加强、两个遏制”检查回头看工作，组织分局内部自查及对银行业金融机构监管检查。督导辖内银行业机构自查工作，并重点选择 6 家机构开展监管检查，发现问题 147 个，违规金额 42 亿元，提出整改意见 52 条。督促银行业机构问责自查发现违规问题的相关责任人员。其中，通报批评 16 人，警告 11 人，记过 8 人，记大过 3 人，罚款 252 人 54 万元，减发绩效工资 7 人 18 万元，诫勉谈话 7 人，违规积分 16 人积 28 分，解除劳动合同 2 人。同时银监分局以开展案件防控检查为契机，推进“制度执行年”活动，重点从制度建设、内控执行等方面加强银行业机构的案件防控主体责任和法人机构董（理）事长、分支机构“一把手”案件防控第一责任人的责任，夯实全辖防控案件工作基础。

督导银行业机构排查与 P2P 网络借贷、融资性担保等融资中介合作及涉嫌非法集资等情况。银监分局作为大同市网贷整治领导组成员单位，与市金融办牵头完成全市 P2P 网贷风险摸底排查工作，确认 7 家公司涉及 P2P 网贷业务。

针对辖区信用社高风险状况，大同银监分局制定《关于农信社不良贷款风险化解的指导意见》，提出 15 条工作思路并推动落实，向山西银监局专题报告风险化解做法，受省局表扬，并在全省银监局系统推广。专题向市、县两级政府报告农信社风险，市政府在大同银监分局召开全市农村信用社风险处置化解推进会，增强地方政府作为风险化解第一责任人的责任，市政府主导相关企业出资 4 亿元支持农信社处置风险。指导信用社开展风险处置、借冒名贷款、公职人员逾期贷款三项专项整治活动，农村信用社 2016 年累计清理处置不良贷款成效显著，实现近 4 年来经济下行背景下不良贷款余额的首次下降；同时前移关口，处置大量本金未逾期但欠息达 90 天以上和本金逾期 90 天以内的风险类贷款，防范贷款质量继续恶化。（吕力波）

【农村信用社改制农村商业银行】 2016 年，大同银监分局加强改制工作督促指导，与上级监管部门、地方政府的汇报沟通协调，提请市政府把支持筹建大同农村商业银行列入金融振兴的重要措施，推动相关企业出资 4 亿元支持改制工作，各县级政府在不良资产清收、引进合格投资人、权证办理等方面为县联社提供支持帮助，山西银监局在改制审批和验收工作中提供指导意见和建议。截至 2016 年底，左云联社获批筹建农村商业银行，大同北都农商行与新荣联社通过新设合并方式组建大同农商行，并通过验收。大同县联社、灵丘县联社和浑源县联社列入 2017 年改制计划；阳高县联社、天镇县联社和广灵县联社在落实三年发展规划，改善条件，为改制农商行做准备。（吕力波）

【银监支持大同银行发展壮大】 2016 年，大同银监分局支持大同银行实施“走出去、沉下来”发展战略，通过跨区设立网点和向县域、社区下沉网点，稳步发展壮大。全年，大同银行太原分行及朔州平朔支行、平鲁支行获批筹建，阳高支行、开源街支行、清泉街支行、和详街支行及文瀛湖小微支行等获批开业，大同支行、永泰支行筹建通过初步审批。（吕力波）

【村镇银行发展】 2016 年，大同市银监分局支持符合条件的法人银行业机构发起设立村镇银行，加强县域和“三农”金融服务。全年在阳高兴都、浑源慧融村镇银行开业运营基础上，批准长子农商银行（位于山西省长治市长子县）和运城农商银行在灵丘、左云、天镇三县发起设立筹建三家村镇银行，支持开业的京都村镇银行设立分支机构——金茂支行。（吕力波）

【银行业机构服务创新】 2016年，大同银监分局推进银行业机构管理模式、业务品种和经营机制等改革创新和转型发展，完善转贷续贷机制，简化审贷流程，实行减费让利，降低企业融资成本，缓减融资难融资贵问题。2016年，农信社为714户借款人办理372笔续贷通业务，续贷金额53.52亿元，降低企业融资成本，降低银行信用风险。大同银行授权支行审批发放200万元以内创业等贷款，邮储银行整理10项贷前资料清单，小额贷款办理时限由7天缩短为3天~5天，提升借款人特别是小企业和个人贷款申贷时效。

推动银行业机构创新开发金融产品和服务。大同北都农商行开办针对商户缴纳商场租金的“租金贷”业务；各县区农村信用联社开发面向建档立卡贫困户和扶贫项目的“富民贷”和“强农贷”产品；邮政储蓄银行通过“平台分类管理”等措施，探索合作模式创新，推广“助保贷”、评分卡信贷业务及“五贷一透”等大数据产品；民生银行创新推广“绿农银”交易融资系列产品。全辖创新“银税通”“税易贷”等银税合作产品13种。各银行业机构通过加快网上银行、手机银行、微信银行等业务发展，拓宽金融服务渠道。部分金融机构探索实施以“网格化服务、网络化营销和网点式经营”为核心内容的“三网战略”，提升金融服务辐射能力和受益面。

（吕力波）

【银监信息建设】 2016年，大同银监分局信息调研在山西省以上采编20条，关于中小微企业融资难、金融扶贫、营改增、银担合作等调研被省委《山西信息》采编，为上级决策提供第一手参考资料。在《金融时报》《山西日报》《山西经济日报》等报纸及人民网等网络媒体刊登新闻报道22条，在全省10个地市分局中得分排名第三。加强舆情监测、值班月工作，发现负面舆情按时上报；舆情引导，按时在媒体发声，舆情跟帖被银监会采取1152条，在全省各分局中得分排名第二。（吕力波）

【银监政务信息公开】 2016年，大同银监分局在银监会官方网站公开行政许可事项28项、行政处罚事项55项，年报1项，在大同市政府网站发布公开信息400条，在大同市公众信息网公开1篇，在该分局办公场所门厅以四块展板形式公开信息。（吕力波）

【银行监管】 2016年，大同市银监分局规范审慎监管措施和行政处罚实施规程，按要求实施查处分离。监管部门负责实施检查、收集证据、提出处罚意见，法律审查部门审查监管部门提交的处罚证据和处罚意见，对不符合规定的事项退回重办，行政处罚委员会实行表决记名投票制，提升行政处罚的科学化水平。在实施处罚中，大同银监分局抓住主要矛盾，重点查处直接责任人和领导责任人，全年给予6名违规高级管理人员取消任职资格或罚款行政处罚，未发生被处罚人员提请行政复议现象。大同市银监分局规范准入监管，研究办结核准类行政许可事项94项。加强非现场监管，修订统计工作考核办法，建立健全统计工作联系制度，完善统计质量考核机制，开展源数据信息筛查，召开监管通报会19次，约谈65人次，印发监管意见书55份，提出监管意见202条。提升现场检查质效，全年派出检查组33个，开展10项现场检查，投入4721人（天）工作量，发现违规问题446个，违规金额49.24亿元。

大同银监分局结合辖区工作实际，研究编制《银监办工作手册》，规范监管办事处工作行为。手册采用台账式表格管理，便于操作，内容包括综合监管、基层党建及党风廉政建设、非现场监管、日常巡查、专项调查、上级部门现场检查发现问题、行政许可事项、突发事件、信息调研、银监分局或地方政府交办的其他工作任务10个方面内容，涵盖银监办日常工作的全过程。（吕力波）

【银监部门推进金融扶贫】 2016年4月，大同银监分局出台《关于银行业精准扶贫工作的指导意见》从九方面推动全市贫困地区经济发展。（1）建立完善精准扶贫金融服务工作机制，实施差异化信贷政策，用足用好优惠政策，提升精准扶贫脱贫有效性；（2）创新贫困地区信贷投向，加大贫困地区基建、特色种养业、优秀经营组织等方面的金融支持力度，提高贫困人口创收增收能力；（3）创新精准扶贫金融产品和服务，加强与县区政府合作，开办扶贫小额信贷、“三权”抵押、应收账款和仓单质押等信贷业务，提高扶贫金融产品和服务供给的多样性；（4）降低贫困地区融资成本，严格问责及行政处罚变相提高贷款利率、加重企业和个人负担的行为；（5）健全银行业服务网络体系，加强贫困地区金融服务体系建设，推进普惠金融发展，实现贫困村基础金融服务全覆盖；（6）开展精准扶贫结对帮扶，对接建档立卡贫困户，开展结对帮扶，探索“驻村金融指导员”的工作机制；（7）支持贫困地区就业创业，提供培训及信息服务，助推大众创业、万众创新，提升贫困人员就业创业能力；（8）实施智力扶贫工作，落实“雨露计划”等扶贫政策，优先招录农村贫困家庭的高校毕业生，开展金融、消保及诚信宣传，培育良好的信用环境；（9）建立健全监测评价机制，实行定期报告及综合评估，加强总结宣传，梳理、总结精准扶贫金融服务工作的典型经验、成功案例、工作成效，加强宣传推介和经验交流。（行 云）

【绿色金融发展高层战略研讨会】 2016年9月21日，大同绿色金融发展高层战略研讨会在新华社新闻大厦召开。研讨会由大同市人民政府、新华社经济参考报社、中关村新华新能源产业研究院主办。

中央党校原副校长李君如，中国银监会政策研究局巡视员叶燕斐，科技部办公厅巡视员、中关村新华新能源产业研究院院长胥和平，中央党校战略研究所副所长周天勇，中央财经大学绿色金融国际研究院院长王遥，中国人民大学国际货币研究所副所长宋科、国际绿色债券组织中国代表郭沛源、中央政策研究室经济局原局长白津夫、易水环境投资管理公司总经理梅永刚、北京人民汇金科技有限公司王立仁等出席会议。中关村新华新能源产业研究院副院长林玉主持会议。大同市副市长曹惠斌、张韬等参加会议。

会上，来自政府、学术机构、金融机构、主流媒体代表研讨大同市绿色金融发展的路径和方案，提出发展建议和意见，通过“关于支持大同绿色金融创新的共同声明”。（小　霞）

大同市政府金融办公室

【金融支持实体经济发展】 2016年，大同市政府金融办公室制定出台《关于银行业进一步支持实体经济发展的指导意见》《银行业精准扶贫工作指导意见》《关于加强和改进农村金融服务工作的意见》和《关于推进普惠金融发展工作的意见》，引导辖区银行业开展服务实体经济系列活动。多次召开银行业服务实体经济工作推进会、对接会、通报会等，激发银行业服务实体经济的内生动力。截至2016年底，全市金融机构各项存款余额2629.08亿元，较年初增加210.02亿元，增长8.7%；各项贷款余额1225.71亿元，较年初增加44.1亿元，增长3.7%。总结“一对一”帮扶工作，三年为296家企业发放贷款106亿元，帮助企业抵御经济下行压力，实现平稳发展。推进“一贷一票一链一押”工作，全年办理“流水贷”业务1390笔5.09亿元；办理商业承兑汇票3914笔60.2亿元；为企业提供供应链融资19.92亿元；办理应收账款质押贷款90笔51.2亿元。推进应收账款质押融资服务平台推广应用工作，全市金融机构通过该平台为中小企业融资35.1亿元，全省排名第一。依托“一库一平台”，与城区政府联合举办三次“银企项目对接会”，银企项目对接210个，其中22个项目融资34.21亿元。

（金融办）

【金融服务地方经济发展】 2016年，大同市政府金融办公室支持煤炭行业化解过剩产能。推动同煤集团全省首家在应收账款融资服务平台注册，并融资1300万元。通过同煤财务公司为同煤集团办理再贴现业务304笔13.1亿元，依据外债全口径宏观审慎管理政策为同煤集团借用外债1450万美元，化解同煤集团违约风险，实现全年375万吨去产能任务。连续四年推动同煤集团通过债券市场融资思路，使企业在降低杠杆率的同时，融资成本逐步下降。指导金融机构加大对补短板领域金融支持，为青年创业、大学生村官创业、下岗失业人员再就业提供信贷支持近2亿元。对接重点工程22项，贷款余额30.85亿元；向1429户建档立卡贫困户和各类扶贫项目净投放贷款12.85亿元；小微企业贷款较年初增长10.09%，高于各项贷款平均增速6.62个百分点，申贷获得率同比上升3.36个百分点，7家机构完成“三个不低于”目标，较上年增加6家，发放银税合作贷款2.45亿元，实现银税合作县域全覆盖。组建债委会，各银行业机构共同行动，支持煤炭转型发展，向省属煤企（同煤、山煤、晋能）发放短转长贷款38笔76.88亿元，约定转长41笔62.17亿元，缓减经营周期长与融资期限短的矛盾。金融精准扶贫服务工作初见成效。联合相关部门出台金融支持扶贫开发实施方案，建立联动协调和信息对接共享机制。向太原中支申请扶贫再贷款额度4.65亿元，通过组织座谈会、实地调研等方式多次指导扶贫贷款发放。截至2016年底，发放扶贫再贷款3.7亿元，惠及贫困人员2162名。（金融办）

【金融改革改制】 2016年，大同市政府金融办公室加强汇报协调，提请市政府把支持筹建大同农村商业银行作为金融振兴的重要措施，推动相关企业出资4亿元购买不良贷款，同时以市政府名义印发关于开展公职人员归还逾期贷款、借冒名贷款专项整治的文件，帮助农信社增强清收效果。各县级政府承诺帮助县联社在不良资产清收、引进合格投资人、权证办理等方面提供支持帮助。农商行改革取得初步成效，截至2016年底，左云联社获批筹建农商行，北都农商行与新荣联社通过新设合并方式组建大同农商行通过验收。大同县和灵丘县联社列入2017年改制计划；其他4家联社在落实三年发展规划，为改制农商行做准备。（金融办）

【资本市场建设】 2016年，大同市政府金融办牵头，魏都基金管理有限公司协办，大同智远企业管理咨询有限公司和北京致远商学院承办，新三板实操辅导班办班培训6期，并成立新三板培训基地。组织大同市13家优秀企业，参加省工商联培训以及参加省专业机构培训5次。市金融办诚邀省股权交易中心专家、学者，到左云县召开左云县金融知识与融资指导会议。

为充实大同市“新三板”后备企业资源库，实现库中企业有序培育发展，市金融办委托魏都基金管理有限公司联合券商，摸底排查，实地考察大同市企业。2016年11月，市金融办向各县区印发《关于做好全市“新三板”挂牌后备企业申报工作的通知》，以保证新增优质企业被吸纳到企业后备资源库中。

开辟上市工作绿色通道。市金融办与相关部门沟通协调，开辟企业在改制、上市过程中涉及的各项手续和证明的上市“绿色通道”，确定专人负责，特事特办，形成快速、便捷的服务机制，提高企业改制、辅导和发行上市效率和成功率。2016年下半年，为落实国家扶贫攻坚战略，领会《中国证监会关于发挥资本市场作用服务国家脱贫攻坚战略的意见》精神，培育贫困县优质企业和潜力企业，督促各县区跟进所属区域内重点企业，为证监会“专人对接，专项审核”“即报即审，审过即挂”“减免挂牌初费”政策落地做准备。并拟定《大同市鼓励企业上市奖励办法》报送至市财政局待审核。2016年，挂牌“新三板”2家，分别为山西华青活性炭集团：简称华青股份（836180）；大同宇林德石墨设备股份有限公司简称宇林德石墨（870170）。（金融办）

【融资担保业】 截至2016年底，大同市开业经营的融资性担保机构有21家（包括中联钢融资再担保公司大同分公司），准批筹建注册资本1亿元的1家。资产总额23.8亿元，注册资本20.597亿元，资产总额中货币资本15.14亿元，占资产总额63.6%。净资产23.06亿元，责任余额5.42亿元，同比增长45.3%，放大倍数平均0.25倍；在保企业户数400户，比上年同期减少369户，减少47.98%；2016年担保代偿额0.1亿元，担保代偿率2.41%；实现融资性担保业务收入4501.13万元；实现净利润2169.44万元；从业人员163人。

（金融办）

【资金链应急周转保障】 2016年，大同市政府金融办公室为86家企业办理86笔总计75639万元周转保障资金。这些企业涉及农林牧渔、制造、建筑、教育等行业。为发挥周转保障资金的短期融资效力，扩大周转保障资金规模，满足续贷企业需求，全年山西省财政拨付3000万元资金，大同市财政局拨付周转保障资金1000万元，暂借政府产业基金资金8600万元，企业资金链应急周转保障资金规模1.26亿元。资金平均利率5.73%，上下区间在基准利率1倍~1.5倍之间。

（金融办）

【非法集资警示宣传】 2016年，大同市政府金融办公室利用各种媒体加强宣传警示，以“珍惜一生血汗，远离非法集资，致全体市民的一封公开信”为标题在《大同日报》刊文。提醒市民增强理性投资意识，自觉抵制非法集资；专门制作非法集资公益宣传片，在人流集中的三医院岗、东信岗路段的户外LED循环播放；在城区、矿区100余个小区、200余块社区日报栏，普及金融知识、剖析非法集资危害、宣传互联网金融、提高居民防范意识。在全市130余辆公交车体、260余块车内灯箱喷印宣传标语，警示广大市民拒绝高利诱惑，谨防上当受骗，并公布举报电话；通过报纸、杂志、网络、微信等传统媒体和新媒体发布处非工作动态，在《大同日报》《今日大同》等报刊发表专题报道20篇；印制各种宣传资料分发到各县区、各部门、各金融机构、各大专院校以及大同火（汽）车站、大同机场等单位；2016年5月起，市处非办组织市公安局、市工商局、省保险行业协会大同办事处、市小贷协会、城区政府办、街道社区等，分别在城区永泰广场、柳港园、魏都新城、教场街、大同大学、大富翁广场、金融街、文瀛湖等人流密度高的小区、广场附近，开展8次宣传活动。

（金融办）

【金融风险整治】 2016年，大同市政府金融办公室组织风险排查，在以非融资性担保、投融资中介、私募股权投资、网络借贷、农民专业合作社和各类投资公司、典当行等案件高发行业为基础，风险排查和整治房地产、教育、林业、养老和高新技术企业等领域；组织工商部门在全市大小街道、各宣传媒体、部分印刷企业现场检查关于涉嫌非法集资广告资讯信息排查，经排查暂未发现相关涉嫌非法集资广告信息；根据《山西省互联网金融风险专项整治工作方案》等文件精神，制定印发《大同市互联网金融风险专项整治工作方案》。各县区、各有关部门按照排查任务、内容、重点和时限，通过采取查前培训、联席会议、听取汇报、填表自查、现场检查等方式，摸底排查，并培训相关人员3次，培训50人次。按照“谁审批、谁负责”的原则，各相关单位突出抓好行业监管，依据职责分工，落实P2P网络借贷平台、股权众筹、互联网保险、通过互联网开展资产管理及跨界从事金融业务、第三方支付和互联网金融广告，及以投资理财名义从事金融活动等领域的监管责任，在严把准入关的基础上，加强日常监测预警，实施跟踪管理，开展风险排查，掌握机构的经营、财务、风险情况，分析评估风险。把准入与监管挂钩，加大巡查力度，建立黑名单制度，依法纠正、查处违法违规行为。1月至9月，互联网金融风险整治活动中排查网络经营主体860余户，出动相关检查人员1万余人次。2016年初，大同市政府金融办公室根据《关于防范小额贷款公司和融资性担保机构出现非法集资和经营风险的通知》现场检查全市60家小贷公司、20家融资担保公司，遏制风险隐患的发生。公安机关从侦查取证、抓捕犯罪嫌疑人、追缴赃款赃物三个重要环节入手，展开侦查工作，2016年，非法集资案件立案2起，涉及集资参与者75人，涉案金额5129.66万元。剔除E租宝和泛亚有色公司后，扣押赃款2.9万元，冻结涉案资金492万元、房产2套（价值170万元），扣押涉案车辆10辆、价值3000万元珠宝和未估价金银饰品、珠宝玉器3500件，以及办公电脑98台、办公桌椅近百件等。1起（山西银瑞投资有限公司）返还集资款53%。全市检察机关受理审查起诉非法吸收公众存款案件19件30人，提起公诉6件17人。受理审查起诉集资诈骗案件4件4人，提起公诉2件4人。

（金融办）

【P2P网贷风险专项整治】 2016年6月起，大同市政府金融办公室开展辖区网贷风险专项整治工作。（1）制订并印发工作方案。6月20日，制定并印发《关于印发〈大同市P2P网络借贷风险专项整治工作实施方案〉的通知》和《关于印发〈大同市P2P网络借贷风险专项整治工作摸底排查方案〉的通知》，明确安排工作目标和原则、排查对象和内容、实施步骤及方式、组织领导及工作要求等。（2）召开联席会议部署整体工作。6月24日和7月18日，分别组织召开大同市P2P网络借贷风险专项整治工作第一次、第二次联席会议，讨论确定各成员单位报送各自渠道初步掌握的网贷机构名单、如何安排自查工作，以及分组实施现场核查等具体事宜。（3）初步筛选成员单位多方收集的信息。逐条分析各成员单位提供的40条初步信息后（剔除交叉重复信息后，省网贷办提供1条，市金融办提供19条，银监分局提供28条，市工商局提供40条），按照预留的联系方式尝试对接。其中，电话或网络联系上17家，包括2家接通后来又联系不上的机构，1家网址能打开但电话无人接听的机构，以及1家自己说撤销和1家表示准备撤销的机构；剩余23家失联公司中，省网贷办提供1家跑路，3家未查到工商注册信息，另外19家均属于联系电话不通或错误，以及网址链接不上的机构。（4）安排机构自查。对联系上的17家机构，9家机构（包括2家本土机构）派人领取表样并送回。根据调查表分析，有5家公司（包括2家本土机构）开办P2P网贷业务，另外4家因相关信息填制“0”或“无”，无法判断其性质。（5）分组现场核查。抽调业务骨干9人（大同银监分局3人、金融办1人、公安局1人、工商局2人、网信办1人、信访局1人），组成3个核查小组，在查前培训基础上，按40条初步信息不低于45%的比例，现场核查19家公司，确认有7家公司实际开办P2P网贷业务，其中本土公司2家：山西柒柒金融信息服务有限公司、大同市城区联乔互联网金融服务有限公司；总公司在省外的分支机构5家：善林（上海）金融信息服务有限公司大同大有分公司、大同市中融民信投资管理有限公司、民信阿里信息咨询（北京）有限公司大同分公司、浙江金岩控股集团有限公司大同分公司、北京恒昌汇财投资管理有限公司大同分公司。（6）实施重点机构现场检查。2016年12月28日至30日，大同市互联网金融风险专项整治领导小组派出10人检查组，现场检查山西柒柒金融信息服务有限公司（简称“柒柒金融”）现状、社会，贡献和创新发展、产品及业务运营，以及存在的主要问题等情况。发现其主要存在线上线下结合业务开展、贷款集中度过高、变相承担信用功能、居间服务费收入与营业收入不相匹配、信息披露机制不健全、档案资料有瑕疵等七个方面问题，并提出严守平台底线、加强风控工作、做实信息披露、健全档案资料、落实整改责任等具体要求。（金融办）

【金融办协调企业上市】 2016年，大同市金融办公室以“新三板”和区域股交中心为重点，开展小范围内企业上市挂牌培训20余次。全年拟挂牌企业5家，目标培育企业10家。华青股份（836180）登陆新三板；宇林德石墨完成股改，及各项内审程序，上报至股转中心；四方农牧、译林教育、绿苑饮品3家公司进行股改；华晟果蔬法律尽调、财务尽调及相关审计在进行中。（金融办）

【金融“去杠杆”措施】 2016年，山西省政府给予大同市97亿元置换债券的支持，置换当年本金85亿元全部到位，延长政府债务链。落实24亿元的新增债券，支持大同市在建工程建设。向国家开发银行落实32亿的棚改贷款。大同市落实金融“去杠杆”工作，“去杠杆”主要是化解和规范政府性债务，降低债务成本，化险为夷，确保债务率控制在安全区间。（金融办）

银行

综述

【“百名行长经理进煤企”助力融资脱困】 2016年，山西省邀请百名金融机构的行长、经理到煤企展开调研，“引进来”加强银企互信、推进合作互赢。2016年8月18日，40余家参加“百名行长、经理进煤企”调研活动的金融机构负责人在同煤集团分会场参加启动仪式并实地调研。

这次活动采取太原主会场和五大煤企驻地分会场同步启动、分地考察的形式，邀请各银行、证券、保险、基金等金融机构的有关负责人到煤企生产经营一线，实地考察调研。

调研活动中，与会的金融机构负责人到塔山电厂、塔山煤矿等处，亲眼见证同煤集团转型升级成效，亲身感受同煤集团巨大的发展潜力。他们表示，通过调研，增强对同煤集团走出困境、加速发展的信心，今后加大与同煤集团的交流与合作，并肩携手，共渡难关。（小　霞）

【京都村镇银行金茂支行开业】 2016年10月28日，大同市南郊区京都村镇银行金茂支行开业。

金茂支行是京都村镇银行开设的第二家分支机构，是大同市南郊区京都村镇银行实现网点扩张、拓宽金融服务领域、业务推进的新跨越。金茂支行秉承总行的立行原则，创新金融产品，提高服务水平，为永泰南路金茂园附近的居民和商户提供优质金融服务。（晨　曦）

中国银行大同市分行

【概述】 截至2016年底，中国银行大同市分行各项人民币存款余额262.60亿元，较年初新增14.40亿元。其中，储蓄存款余额216.10亿元，较年初新增10.19亿元，公司存款余额46.50亿元，较年初增加4.22亿元。各项本外币授信余额56.59亿元，较年初减少8.66亿元，不良授信余额1.50亿元，较年初增加1.09亿元，不良率2.65%，较年初上升2.02个百分点。中间业务实现净收入8392.59万元，同比减少518.39万元。实现考核利润9984.98万元，拨备前利润3.03亿元，占全年计划任务83.11%。

2016年，中国银行大同市分行为同煤集团发行私募债券20亿元、中期票据15亿元，办理二级市场福费廷业务3.6亿元，国内信用证福费廷二级市场买入业务2.5亿元，票据贴现业务规模超亿元，公司大额存单业务成功破冰。新增信用卡有效卡1.42万张，全省排名第二；ETC累计发卡1.56万张，全省排名第一。为大同市第五人民医院投放授信8500万元，与市医疗保险管理中心、山西省易联众信息技术有限公司签订社保卡项目合作协议，与大同地方铁路公司签订业务合作协议，与市医保中心签订医保贷合作协议。全年全行中间业务净收入在全省贡献率8.44%，排名第二。

存在问题 （1）思想作风层面，某些环节上存在“松软拖”的不良习气、“庸懒散”的惰性习气、“低慢差”的办事效率等问题导致决策执行不够、政令衰减、传导梗阻，影响全行正能量提升。（2）环节执行层面，部门与部门、部门与机构、机构与机构之间还存在着各自为政现象，缺乏网点转型后协同作战的意识和能力，一点接入、全程响应的服务理念和模式尚未真正形成。（3）内控工作在吸取教训中需要加强过程管理，内控优先的合规文化理念需落实到位。（4）党员干部的单兵作战能力有待提升。一些机构、部门和党员干部的担当意识、进取意识、创新意识和解决新情况下出现新问题的能力不足，过度依赖市行的怀抱，不找市场找市行，守土有责、能征善战的要求得不到很好体现。（中国银行）

【负债业务拓展方法】 2016年，中国银行大同市分行面对当地17家银行在存款市场的竞争，把省分行的工作部署转化为拓展负债业务的思路、举措、成果。（1）坚持以机制促进主动市场攻击力的提升。在优化网点物理设施配套建设同时，推进个人存款业务方面的组织保障、资源配置和激励机制。（2）以活动突破短板和瓶颈。针对个人存款的季节性特点、不同客户群的需求差异和发展中的弱项短板，组织针对性竞赛、冲刺活动，要求部门和机构用三比三看的视角拓宽和提高担当意识和竞争意识，与市场同业比，看自己的优势和差距，提高市场攻击力；与兄弟单位比，看自己在系统的位置，提高对系统的贡献度；与自己比，看自己的进步率，提高经营业绩的成长性。针对公司存款的短板先后部署开展一系列竞赛活动，加大资源配置、加强约束问责；审时度势、抢抓机遇，促使大张高铁项目落地，累计回款18亿元，日均新增近3亿元。（3）构建上下“双向互动”营销氛围。把首席客户经理作用发挥的好坏作为检验一把手“守土有责、能征善战”的重要标准，“一把手”都要作出负债拓展目标承诺，从基层到市行、从分管到行长在新客户的营销上和对二、三线的保障上都不同程度起到表率引领作用。强调队伍支撑和客户挖潜。加强专业队伍准入退出机制和宽带薪酬激励机制、坚实推进量化积分考核管理和公共资金池运用，调动一线队伍的抓存积极性。专业队伍实行客户领养制，把专业队伍对客户的日常维护作为履职能力的一项重要内容定期点评、督导，专业队伍对客户的综合挖潜意识在不断提高。（中国银行）

【中行内控案防风险排查】 2016年，中国银行大同市分行在省分行业务风险排查的基础上，开展内控案防风险排查。抽调全行50名条线骨干，成立5个检查组，风险排查全辖38家机构和业务条线部门，集中区别、分类、汇总、归纳、梳理、解决检查发现的1446个问题，并责令相关条线确定统一的48个操作流程，达到全行制度的统一规范执行。加强警示教育，在风险防控上关口前移，推动案防警示教育活动，维护全辖安全运行。全年累计发现并阻堵各类网络电信诈骗案件8起，帮助客户挽回经济损失286万元，16名员工受到省、市分行表彰奖励。（中国银行）

【中行业务风险排查】 2016年，中国银行大同市分行对照省分行业务风险排查发现的39个问题和基层网点风险管控50条措施落实情况意见，历时1个多月排查所有机构、产品、人员的业务风险，制定并印发51个《内控案防风险排查整改令》。38家机构第一时间认领对接，对照问题清单，查不足、定措施，抓整改，中国银行大同市分行以全问题整改、全机构规范、全过程督导、全方位问责为原则，全程对整改工作进行“回头看”。（中国银行）

【中行社保卡业务】 2016年，中国银行大同市分行的社保工作围绕“提质、增效、拓展”抓以下几项工作。（1）多次与大同市人力资源和社会保障局沟通，2016年7月底，与大同市医疗保险管理中心、易联众签订社保卡代收城镇居民医疗保险三方协议，签署协议后，全行加大金融社保卡发卡、应用的营销力度，成立社保项目领导组、工作组。（2）采购45台社保自助缴费终端，布放在大同市城区、矿区、县区各街道办事处；中国银行大同市分行80余台自助终端实现医疗保险缴费。（3）在全辖范围内公园、市场、商城等人群密集场所，集中宣传社保卡、代收热力费项目。（4）制订“百人下社区、助力医保通”活动服务方案，抽调各支行业务骨干，进驻城区、矿区、县区各街道办事处，助力街道工作人员收取医保费，要求全辖发卡网点为领卡缴费用户开辟绿色通道。全年发放社保卡68.75万张。（中国银行）

中国工商银行大同分行

【概述】 2016年，中国工商银行大同分行实现拨备前利润74343万元，实现净利润55519万元。人民币全部存款（不含同业）时点余额434.5亿元，较年初增加7765万元，四大行余额占比33.21%，位居第一位。全行各项贷款（含贴现）余额233.7亿元，较年初减少11.3亿元，四大行余额占比46.01%，位居第一位。全行实现中间业务收入1.95亿元，同比增加181万元，四大行余额、增量占比分别为37.45%和8.12%，分别位居第一位和第二位。全年，全行上缴驻地地税1712万元，较预定目标多缴112万元；上缴驻地国税22.9万元，较预定目标多缴2.9万元。全年未发生任何案件和重大事故，继续保持安全“三无”目标。（工商银行）

【工行支持地方经济】 2016年，中国工商银行大同分行为全市经济发展和重点企业、重大项目建设提供资金支持，支持全市企业发展，满足个人客户融资需求，全年给全市企业和个人融资86.25亿元。其中，投放各项贷款60.75亿元，票据融资25.5亿元。为煤、电、光伏、医药、制造等领域的大型企业和重点项目新增投放各类贷款53.96亿元，扶持多个风力发电项目，投放贷款金额2亿元；把按揭贷款业务作为个贷业务发展重点，

▲2016年3月9日，工行大同分行与大同银行举行战略及全面业务合作签约仪式

（工 行 供图）

加大全市个人客户资金支持力度，锁定20家规模较大、楼盘质量良好的楼盘作为重点支持项目。加强产品创新，发展个人商用车贷款业务和个人逸贷业务，实现个贷业务品种全覆盖。全年发放个人贷款6.79亿元，贷款余额占比稳居同业第一。

（工商银行）

【工行提升服务水平】 2016年，中国工商银行大同分行新建“自助+理财”轻型网点1个，建设14家离行式自助银行，其中9个投入使用。建成17家智能银行，并在28家支行投入运行智能机具，提高网点服务效能。全年投产ATM机25台，回单机15台，智能终端20台，网银自助机18台，产品领取机40台，配套投产平板电脑100台，缓解柜面压力，提升服务效率；改善客户用卡环境，净增特约商户2768户，方便全市牡丹卡用户；加大营业网点机具设备的配备和更新力度以及自助设备的运行监控与维护，为服务广大客户提供保障。

（工商银行）

【工行打造最安全银行】 2016年，中国工商银行大同分行组织做好新建、改建营业网点、金库和自助银行安全防范设施建设工作，全辖营业网点全部达到优秀等级；建立健全市分行月检查、支行周检查、营业网点日检查的三级安检制度，全年组织8小时外ATM巡查120余次，并发挥集中监控优势，坚持昼夜看守自助区等重点场所，保障全辖ATM、自助银行安全运行。发挥报警监控中心平台远程干预能力，防范1起ATM加装异物事件，利用远程报警监控和保安夜间巡查，阻止1起破坏ATM事件，处置自助银行留宿类事件26起、自助银行非业务长时间滞留事件10起、在自助机具张贴非法小广告22起、自助银行醉酒、斗殴、娱乐等事件2起，远程为客户提供服务及帮助244次。重视外部欺诈风险信息系统的应用与推广工作，创新外部欺诈风险事件内部处置流程，并与公安机关建立起快速联动合作机制，妥善处理各类外部欺诈事件。（工商银行）

【工行发展互联网金融】2016年，中国工商银行大同分行升级改造电子银行先锋队，调整和精简队伍成员，打造一支“懂业务、熟产品、善营销、能沟通”的电子银行专家团队。运用自身特有的营销技巧和专业知识，引导广大客户群体注册、体验电子银行产品。年内，中国工商银行大同分行力推工总行打造的三大电子核心品牌——“工银融e行”“工银融e购”和“工银融e联”，“融e行”移动端客户净增近12万户，“融e联”新增客户数27万余户，“融e购”B2C、B2C非金融商品交易额9亿余元。

（工商银行）

中国农业银行大同市分行

【概述】 2016年，中国农业银行大同市分行各项存款余额350.36亿元，较年初增加29.31亿元，各项存款余额和增量全省排名第二，其中个人存款增量全省排名第一，全市同业比较各项存款余额四大行排名第二，增量四大行排名第一，净增份额占比54.45%。其中，人民币个人存款余额273.20亿元，增量28.6亿元，增量全市同业四大行排名第一；人民币对公存款余额77.16亿元，增量0.71亿元，增量全市四大行排名第三。全行各项贷款余额105.98亿元，较上年增加7.28亿元，贷款存量全省排名第三、增量全省排名第六，全市同业比较四大行贷款存量排名第三、增量排名第一，增量市场份额占比69.12%。其中，绿色信贷余额9.9亿元，较年初净增2.3亿元，增长29.1%；个贷余额10.82亿元，较年初增加4.54亿元，同比多增3.5亿元，个贷占比由年初6.44%上升到10.19%，提高3.75个百分点；贴现余额10.2亿元，较年初增加9.91亿元，贴现占比由年初0.23%上升到9.62%，提高9.39个百分点；其他余额75.06亿元。全行实现中间业务收入12810万元，占省分行计划105.6%，同比减少790万元，总量全省排名第二；人民币结算业务收入同业比较、电子银行业务收入同业比较、投行业务收入同业比较3项指标名列全省第一，电子渠道交易量占比、信用卡业务收入同业比较2项指标名列全省第二。截至2016年底，自营不良贷款整体处置（含银行卡）1811万元，占省行计划109.74%，位居全省农行系统第五位，其中收回自营不良贷款本金（含银行卡）188万元，占省行计划522%，位居全省第二位，自营不良贷款（含银行卡）核销1623万元，占省行计划101.44%，位居全省第七位。核销贷款收回（含银行卡）26万元，占全年计划26%，位居全省农行第七位。委托资产整体处置26816万元，位居全省农行第一位。全年实现拨备后利润3.78亿元，占省分行计划3.68亿元102.74%，人均经济增加值全省排名第一，经济增加值、经济资本回报率名列全省第二。中国农业银行大同市分行在全省农行综合绩效考核位居前三，2016年10月，被山西省精神文明建设指导委员会授予“2014年~2015年度山西省文明单位”称号。

存在问题 （1）渠道建设滞后。在营业网点改造上，中国农业银行大同市分行52个营业网点中，实现装修改造、硬转型的有15家，网点转型步伐比较缓慢，在网点布局上也存在一些不合理的地方。（2）收入结构不尽合理。全年全行业务收入主要集中在贷款利息收入、系统内往来利息收入上，中间业务收入占比不高。总体看，收入结构比较单一，业务集中度比较高，新型中间业务的发展比较缓慢。（3）前台人员严重不足。前台客户经理的数量严重不足，后台管理人员较多，且这些人员的整体素质距现代商业银行的要求差距较大。（4）市区网点竞争乏力。大同市区营业网点业务发展与县域网点比，点均、人均产能效能都比较低，没有达到应有的水平。（5）营销理念相对落后。全行员工以客户为中心的营销理念没有完全形成，营销的前瞻性、主动性较差，手段方法欠佳，艺术技巧不高，拼劲韧劲不足，部分员工在市场营销中缩头缩尾，伸不开手脚，不能扑下身子真刀实枪的干，畏难情绪比较高。（6）同业存款总额小、增幅慢。2016年，大同农行同业存款总额2379万元，占四大行市场份额1.08%，与工行总额19.91亿元差距过大。同业存款较上年下降1542万元，赶超同业存款大行难度较大。

（农业银行）

【农行存款业务】 2016年，中国

农业银行大同市分行围绕“客户、渠道、项目”三个维度，抓好扩户提质增存工作。(1)做实客户。通过“寻找、筛选、营销”三个步骤，扩大客户数量，提升市场份额。中国农业银行大同市分行对公前台部门安排专人收集整理对公客户信息，把省分行印发的营销名单、当地工商部门和税务部门新注册客户名单，以及总分行核心客户上下游客户名单发送至基层行领导和客户经理，从源头上锁定客户。进驻市县两级政务审批中心，把账户营销服务嫁接到政务审批中心“一条龙”的服务体系中。明确专职客户经理每个工作日守候在政务审批中心大厅，一边跟踪客户证照的办理进度，一边现场受理银行账户开立申请，向客户宣传和推荐农行的各种金融产品和优质服务。年末，全行对公本外币有效结算账户净增2753户，占省分行计划152%。(2)做实渠道。推广“E商管家”平台，维护客户和绑定存款为核心争夺B2B市场，抓住销售性企业产业链，给客户提供完整视图和一致体验，形成重点行业可推广的解决方案。利用电子商务平台拓展三农客户，结合智付通业务，配合做深“惠农通”工程。各县域支行遴选农业龙头化企业、农村集贸市场以及农副产品批发市场，建设电子商务“服务三农”示范点。(3)做实项目。重点抓好三大群体的项目营销。“跟着政府政策走”抓大项目群。在重大项目营销上，把握“十三五”规划逐步落地，紧跟“国家投资”步伐，抓好“国家级、省级、地市级、区县级”重点工作、重点项目和民生工程。坚持围绕财税及行政体制改革，加强与“财政、工商、政法、社保、医保、学校、公积金”等系统性职能部门的合作。“跟着核心客户走”抓大客户群。逐行业、逐客户研究辖内存量对公客户，了解融资业务和金融服务需求，做到“一户一策”，提供综合性的服务方案。针对账户资金留存较多的“烟草、通信、部队、电力”等客户，通过优化存款产品价格和灵活性，吸引大额存款。“跟着行业产业走”抓中小客户群。以“园区、供应链、产业集群、商圈”四大集群为重点，围绕全省国家级与省级开发区、总分行级核心客户产业链上下游，以及各类专业市场等实行批量营销，逐户推进中小客户账户的提档升级。(4)做实产品。在组织个人存款上抓住IC借记卡、国债、理财、基金、贵金属等产品，通过分析每个产品，为客户服务好、算好账的同时，扩大各项产品的普及面，促使个人存款持续快速增长。

2016年，中国农业银行大同市分行个人核心存款时点净增28.6亿元，同比多增7.33亿元，占全省增量196亿元的14.6%，绝对净增额、贡献度全省排名第一。在对公存款的组织上，利用现金管理、对公网银、理财等渠道产品，以及对公账户透支、贸易融资、保函等融资工具和银行承兑汇票、信用证等结算工具，满足不同客户需求，增加银企合作的黏合度，有效绑定客户资金。（农业银行）

【农行贷款业务】 2016年，中国农业银行大同市分行在风险可控的前提下，对接实体经济融资需求，加大信贷投放力度。（1）发展绿色信贷。在煤炭行业不景气和国家供给侧结构性改革的大形势下，调整信贷投向，支持光伏发电、风力发电等新能源绿色信贷项目，营销三峡新能源（左云）发电有限公司6.9亿光伏发电项目、大同中电光伏发电有限公司7.3亿光伏发电项目、华电大同新能源有限公司6.94亿光伏发电项目，2016年分别出贷4100万元、7291.5万元、1.5亿元，截至2016年底，绿色信贷余额9.9亿元，较年初净增2.3亿元，增长29.1%。（2）发展个人贷款业务。抓住国家推出降低房地产库存的政策机遇，推进个人住房按揭贷款业务发展，满足城乡居民购房需求。年初提出“一行一楼盘、家家办个贷”的个人贷款发展思路，推动支行加大营销力度，同时加大支行的督导和问责力度。截至2016年底，累计发放个贷5.24亿元，余额10.82亿元，比2016年初净增4.54亿元，同比多增3.5亿元，四大行增量市场份额由年初9.88%上升到31.9%，个贷占各项贷款比例由年初6.44%上升到10.19%，提高3.75个百分点。（3）发展票据贴现业务。把贴现业务作为全行贷款保增长的新动力，降低经济资本占用的新引擎。2016年6月至7月，开展“贴现业务大发展，经济资本大回报”贴现业务专项营销活动。8月10日，参与省分行“80天80亿”贴现业务营销活动。通过活动推动，全行累计办理贴现业务12.57亿元，贴现余额10.2亿元，比年初净增9.91亿元，贴现占各项贷款比例由年初0.23%上升到9.62%，提高9.39个百分点。（农业银行）

【农行中间业务】 2016年，中国农业银行大同市分行按照扩大基础、挖潜增收、创新增效的要求，做大中间业务收入规模。(1)传统优势项目。以个金业务收入、信用卡业务收入、电子银行业务收入为重点，开展“用芯支付，我选农行”“农行大放价，在线消费立减优惠”“消费有礼”等借记卡促销活动，提升客户的用卡安全及用卡体验；开展“一月一户”信用卡特约商户专项营销活动，提升客户有效性；持续开展电子银行业务注册有奖、交易有奖、快e付有奖体验活动和“e时代 赢精彩”系列营销活动，采用“e动天地”慧摇、“e享社区”“e惠三农”三大O2O营销新玩法，以趣味游戏吸引客户互动，以奖品激励刺激客户参与，实现有效客户、客户活跃程度和客户体验感知的提升。（2）新兴业务。市县两级行重视“通用代缴费平台”推广工作，把这一平台作为“扩户提质”的重要手段，通过营销，与大同华润燃气有限公司签署战略合作协议，成为全省农行系统首家签约银行，也是大同市范围内唯一能够实时代收缴费的银行。在同煤总医院推广运行银医通业务，运行良好，为后续在一医院、五医院等市重点医院推广以及实现银医全面合作打下基础。（3）“网”业务。把掌上银行、消息服务和智付通作为电子银行增收的“三驾马车”，通过持续营销，扩大电子银行客户规模，增强创收基础。（4）国际业务。把国际贸易融资、国内证开立、结售汇交易量，以及对公国际业务收入纳入全行计价范围，调动营销人员的积极性。重点推进跨境人民币结算业务和国内信用证续融资业务，带动国际业务收入增长。给大同煤矿集团有限责任公司开立信用证5笔，金额1087万美元。（农业银行）

【农行不良资产“清零”工程】 2016年，中国农业银行大同市分行核销城区支行大同市华鑫实业有限责任公司和广灵县支行广宽农产品有限责任公司2户自营不良贷款工作，实现自营法人不良贷款零余额目标。年初，调查133户剩余委托资产，经省行批复同意转让后，市分行多次与资产公司谈判磋商，促成长城资产公司于9月19日以2170万元竞得资产包，实现手续费收入1085万元。12月28日，把剩余1370万元疑难委托资产全部处置完毕。全年整体处置委托资产26816万元，占省行下达年底清零计划100%，位居全省农行系统第一位。 （农业银行）

【农行网点效能提升】 2016年，中国农业银行大同市分行加强服务，提升网点效能。（1）构建“大服务”格局。实施市分行班子成员和机关部室包基层行工作制度，明确全辖14个支行由市行班子成员分组承包，市行17个部室承包全行53个网点，要求原则上全面包，重点包业务，核心包存款，在全行形成“机关服务基层、后台服务前台，全员服务客户”的良好格局。（2）推进网点标准化管理转型。在全行开展“6S管理”，匹配专项费用，实现全网点布放“两墙一架”，改变厅堂营销环境，提升社会形象。分设内部功能，增加高科技自助设备，提升网点品质。（3）加强网点文明服务。加强“客户至上、服务先行”理念，细化修订《大同市分行营业网点服务管理实施细则》，加大各网点文明服务奖惩考核，整合对接市政府“12345热线“和人行消费者权益保护投诉，让客户投诉和建议事事有答复、件件有落实；加大被投诉和违规柜员的处罚力度，促使农行的文明服务大为好转。（4）加强渠道服务。围绕物理网点、自助银行、惠农服务点、电子银行、移动终端“五位一体”渠道，合理布局、优化结构、提升功能，给客户提供优质服务。出台自助机具计价办法，制定《大同市分行自助设备运行监测考核方案》，明确各部门职责，加大考核奖惩力度。每月通报每台机具的运行和收入状况，按时兑现计价，确保自助机具的高效运转。（5）做细客户后续服务。经营行推行客户分户到人制度，要求管户人员定期开展“一次客户回访、一个节日祝福、一项产品推荐”活动，鼓励管户人员勤用P、C系统，提升农行品牌形象。 （农业银行）

【农行风险管理】 2016年，中国农业银行大同市分行防控风险的主要做法有以下几点。

防范信用风险。（1）在新增贷款上，严格新增贷款客户的准入。根据总分行的行业信贷政策，加强评级和客户分类工作，从源头上控制贷款风险。（2）在存量贷款上，加强信用风险日常监测。重点关注农行火电、煤炭两个重点行业的生产经营及风险动态，按期开展行业风险分析和全面风险分析工作，加强重点行和重点客户的信用风险管理。通过“调主体”化解山西煤炭运销集团大同有限公司4.84亿元贷款的信用风险，通过“调品种”为大同煤矿集团有限责任公司办理理财融资30亿元，为大同煤矿集团有限责任公司及其子公司办理贴现11.94亿元。（3）加紧清收处置不良贷款。2016年，通过直接清收、诉讼清收、贷款核销等方式清收处置法人不良贷款，核销法人不良贷款2户金额1605万元。对于自然人不良贷款（包括卡透支），主要采取电话清收、上门清收、报经侦配合清收以及贷款核销等方式。

防范操作风险。（1）加强重要岗位、重要环节管控，降低案件风险。加强重要空白凭证、现金管理人员管理，采取强制轮岗制，轮岗从事管库工作二年以上的人员。按季考评运营主管，考评结果作为个人绩效工资发放依据，指定专人通过视频监控系统、打电话查岗等方式监管主管在岗情况以及履职情况，确保运营主管“在其岗、谋其位、履其职”。通过远程系统监控柜员交接环节、柜员与押运人员尾箱交接环节合规情况，控制交接风险。（2）组织柜员跨行轮岗，降低操作风险。全行采取突击移交的方式跨行轮岗498名柜员。（3）加大运营条线检查力度，杜绝风险隐患。开展左云支行、云冈支行、天镇支行等营业机构柜员现金箱管理突击检查，开展“三化三铁”考评工作、存款风险滚动等专项检查，开展业务印章管理、个人大额可疑交易风险排查、支付结算等针对性检查，重点防控以业务印章替代行政公章，把临柜印章用于信贷业务以及参与民间借贷、担保等风险。

防范案件风险。（1）抓员工行为管理。员工行为管理实行“谁使用、谁主管，谁负责”的原则，明确从市行到网点三级单位的员工管理责任，员工出现问题，在追究相关人员责任时，还追究管理者失职责任。市行分管行长、机关部室负责人、支行行长、网点负责人都要按条线、按区域把自己的人管好。（2）推进“全员申报”工作。中国农业银行大同市分行是全省第一家推行“员工个人事项申报”的二级分行，通过员工个人申报、组织排查、群众监督等举措，重点排查员工个人从事第二职业、家属从事与农行有关联的第二职业、炒承兑汇票、参与民间借贷、个人及家庭关系异常的情况，有效防范风险。（3）推进内控检查。市分行抽调检查人员86人分成业务和管理两个联合大组，统筹尽职监督及其他专项检查，每个小组明确一名副总经理带队，按照“大联合、小自主”原则，统一进点，各负其责，以周报制推进整体进度。同时14个支行抽调104人根据市分行统一部署，开展自查自纠，彻查风险隐患漏洞，提高案件防控效能。检查发现问题61个、金额25666.72万元，全部整改到位，责任追究97人次。 （农业银行）

中国建设银行大同分行

【概述】 2016年，中国建设银行大同分行一般性存款日均余额255.39亿元，日均减少3.82亿元，系统排名第15位。其中，对公存款日均减少17.58亿元，系统排名第16位；个人存款日均新增13.76亿元，系统排名第2位。截至2016年底，对公类贷款较年初下降4.19亿元，系统排名第13位，个人类贷款较年初新增7.35亿元，系统排名第6位。中间业务收入1.47亿元，较年初新增1648.83万元；手续费及佣金收入1.31亿元，较年初新增1800.32亿元，系统排名第1位。

金融

▲ 2016 年 12 月 22 日，建行大同分行与亿鑫煤炭运销公司举行公共自行车项目合作签约仪式　（建　行　供图）

对公有效客户 2060 户，新增 121 户；加权有效客户 9588 户，新增 286 户。个人有效客户 22.21 万户，新增 1.97 万户；加权有效客户 98.25 万户，新增 11.36 万户。

存在问题　（1）转型发展需要加大推进。2016 年，大同分行取得等级行首次进入 A 类行业绩，但对经济下行和业务发展出现的困难从思想到行动上认识不足、准备不足。2016 年，省分行给大同分行分配的员工费用和业务管理费分别下降 11% 和 9%。政策传导机制不到位。传统的打法失灵，新的打法没有掌握，应对不够充分。业务传导上存在偏差，传导上级行相关政策制度不明晰，上下信息传导不畅。（2）市场竞争力需提高。与当地中行的社保业务、农行的县域业务、工行的同煤业务等强势业务相比，大同分行在业务发展上缺少优势业务，市场竞争力需要增强。一是客户结构存在问题。大同分行长期以来对同煤、大秦和公积金等少数客户高度依赖，近年来，随着同煤效益下滑并成立财务公司、大秦铁路资金归集到太原铁局等因素对大同分行存款造成影响。2016 年年初大同分行的公积金存款大量支取，致使 11 个公积金经办支行存款下降明显。二是机构业务发展缓慢，对存款的支撑严重不足。大同分行在社保、财政、军警等机构业务没有取得实质性的突破，是全省 2 家没有市级社保业务的二级行之一，也是全省地市行中没有市级账户的 3 家行（大同、忻州、晋城）之一。全省机构存款 560 亿元，而大同分行的机构业务存款长期徘徊在 10 亿元左右，四行占比不到 10%，在全行存款中占比不到 4%，全行系统内倒数第一，没有发挥带动存款的作用。三是渠道转型需要加速。大同分行有物理网点 41 个，全省最多，但网点分布不合理，在御东新区等新发展区域还有 1 家网点；大同市七个县中有 3 个（大同县、广灵县、天镇县）没有机构，4 个县支行一般性存款余额占比仅为全行 7.4%；左云四行占比 7.31%，浑源、阳高、灵丘三家银行四行占比分别 13.06%、13.49%、15.19%，达不到三分天下有其一；全行离行式自助仅有 29 家，物理网点与离行式自助之比 1:0.71，低于全省 1:1.09 的平均水平。（3）客户服务能力仍有差距。个人条线客户维护，仍停留在卖产品的层面，没有以“大负债”的工作思路，从产品简单销售向做好客户经营维护方向转变，未达到分层维护，给客户带来较好体验，客户对大同分行的依赖存在较大差距；对公条线针对客户需求，还是以传统的信贷给予客户支持，没有从信贷、投资、资产管理并重的“大资管”经营模式转变。客户服务上，客户等待时间长、分流引导不到位等等，都是大同分行营业网点现阶段存在最为突出的问题。　（建设银行）

【建行个人存款业务】　2016 年 7 月，中国建设银行大同分行开展“激情夏日，建行有礼”积分换礼活动。借助积分换礼活动，个人存款新增 4.94 亿元，同业排名第三；8 月新增 0.77 万元，四行排名第一；9 月新增 4.1 亿元，四行排名第二。个人客户及个人客户的金融资产总量也有明增长，8 月、9 月个人客户分别增长 10204 人、11892 人，比 7 月多增 6991 人、8679 人。8 月起，大同分行试行向网点下达周末存款目标任务，引导基层网点关注周末存款，9 月开展“周周冲刺，月月新高”个人增存竞赛活动。考核各网点每周末时点新增，并鼓励网点重视金融资产总量的新增，激励当月 AUM 值的增长。通过对基层网点“日日通报、周周督导、半月会见、月月约谈”的方式，奖罚先进和落后的行处，促进个人存款的快速增长。截至 11 月末活动结束时，大同分行个人存款时点比年初新增 9.37 亿元，其中，新增 5000 万元以上的网点增加 11 个，贡献全行增长 8 亿元，比年初负增长的网点减少到 7 个。　（建设银行）

【建行中间收入】　2016 年 7 月起，中国建设银行大同分行与太平公司合作，在山西省范围内第一家启动保险微沙龙活动。全年开展 61 场保险微沙龙活动，实现保额 82 万元，中收 11.38 万元。8 月，中国建设银行大同分行相继开展“清凉夏日，金彩随行”夏季实物黄金展销会、“中秋团圆日、建盏送祝福”专项营销、“暖冬四重礼”贵金属宣传营销等活动 16 场，实现贵金属交易额 635 万元，销售建盏 240 套，销售金钞 5119 张，实现中收 61.5 万元。为做好存量基金客户的维护，培育基金新客户，年内，大同分行陆续举办 20 余场基金健诊活动，权益类基金销售 1334.2 万元，实现中收 71 万元。大同分行推广“龙支付”。通过媒体宣传、加大培训，同时联动个金部、信用卡中心与电子银行部，做好线上、线下商户布设，依托手机银行业务，制定网点“一天一点十户”龙支付任务，并做好考核通报。12 月 24 日由分管行长带队，分组给商户宣传龙支付，当天激活商户 300 余户，龙支付签约 200 余户。截至 12 月 25 日，龙支付开户数 2406 户，全省排名 11，交易笔数 6502 笔，交易总金额 116.57 万元，全省排名第 10。龙支付商户开通 256 户，系统排名第 5，商户交易笔数 298 笔，支付总金额 5.29 万元。（建设银行）

【建行线上线下打造金融生态系统】 2016 年，中国建设银行大同分行与市政府合作，搭建互联网 + 旅游 + 金融移动互联网平台，发行大同旅游一卡通实体卡和虚拟卡，成为全省建行系统 2016 年仅有的两个个人金融生态圈建设成功项目之一，“大同旅游一卡通”平台微信入口于 9 月 1 日上线，整体运行较为平稳，手机银行入口于 9 月 29 日上线。11 月 1 日，“山西惠”界面上线；11 月 4 日开展“扫码支付，有奖参与”活动；12 月 15 日，华林公司、花园大饭店、易洋超市、灵宇公司、元亨汽车美容、贝兹塔披萨、湾仔米粥等一批商户率先入驻，标志着建行大同分行“山西惠”平台开始运营。12 月 22 日，与大同国新能源子公司亿鑫煤炭运销有限责任公司举办大同市公共自行车项目签约仪式，标志大同市公共自行车项目启动。（建设银行）

【建行个人贷款业务】 截至 2016 年底，中国建设银行大同分行个人贷款投放 10973 笔，金额 10.13 亿元，同业占比 45%；新增投放 7.72 亿元，同业占比 63%；不良贷款余额 190.5 万元，不良率 0.1%，均系统排名第一。其中，房贷投放 3651 笔，金额 9.44 亿元；快贷投放 7280 笔，金额 5375.28 万元。（建设银行）

【建行对公版块】 2016 年，中国建设银行大同分行调整同煤集团信贷支持方式。全年同煤集团及其成员单位在建行新增发放流动资金贷款 3 亿元，回收再贷流动资金贷款 26.9 万元，国内保理 6.7 亿元，融资租赁保理 3 亿元，融资租赁 1.5 亿元，累计可实现中间业务收入 1843.95 万元。与当地发改委及项目法人对接，有 11 个光伏项目法人基本户在建行开立。其中，大同市正泰光伏发电有限公司 2.45 亿元固贷全部投放，华电大同新能源部分投放 1.15 亿元。给国电朔州海丰新增贷款 2.66 亿元。经过全行各部门联动营销，与大同移动公司签订合作协议。代发大同移动公司 1000 余名员工工资，并办理建行信用卡、快贷和 ETC 业务；给大同移动公司 400 余家下属营业厅和合作商家安装建行 POS 机，给其中 100 余个大卖场开展大数据贷款和信用卡分期业务，在其大型网点安装建行自助设备，并与大同移动公司合作拓展助农取款业务；利用共同数据，对双方客户开展精准营销。5 月，制定《大同市古城改造基金服务方案》《大同市政府购买服务金融服务方案》，与相关部门对接。由分行行长带队拜访城区、南郊区、开发区、左云县、浑源县、阳高县、天镇县、灵丘县等各区县领导，宣传政府购买服务贷款产品，取得各县区领导认同，经过筛选，确定 12 个重点项目，总规划投资额 35.66 亿元。全市城市公共空间项目首笔 483 万元贷款于 12 月 27 日投放，随工程进度，固代逐步投放总额度 2800 万元。与大同市政府采购中心合作，开发招投标网上支付“新模式”，并承办大同市政府采购中心网上招投标系统培训会议，该网上招投标系统每年的采购金额约 1.5 亿元，招投标客户 200 余户。营销大同经济技术开发区社会保险管理中心在建行开立账户，与南郊区、新荣区、阳高县机关事业单位养老保险账户和职业年金账户达成合作意向。与武警大同支队、消防大同支队达成在建行开户意向。营销 10 家同业客户（大同北都农村商业银行股份有限公司、京都村镇银行及 8 家农村信用合作联社）开立上海黄金交易账户，获省分行中收奖励 105 万元；营销大同银行授信，大同银行在建行开立账户，且完成评级。持续做好公积金委托贷款业务，实现 2016 年投放公积金委托贷款 8 亿元，位居同业第一。（建设银行）

【建行物理渠道转型】 2016 年，中国建设银行大同分行升格 3 家分理处机构，更换 6 家机构迁址更名网点和 8 家变更负责人网点的营业执照，年检全辖 41 家机构的营业执照。网点装修 5 家。其中，迁址租赁装修 2 家（南关支行、操场城分理处），原址扩租 1 家（桥头分理处），原址装修 2 家（振华支行、铁道支行）。与大同市文物局合作，在大同市 15 家旅游景点布放建行离行设备，全年开通以往未使用离行自助银行 9 家，新上报离行自助银行设立 19 家。其中，4 家开通运行；11 家批复，等待开通；4 家等待批复。上报的离行自助银行全部开通运行后，建行离行自助银行 44 家，离行自助银行与网点比为 1.07:1。（建设银行）

中国农业发展银行大同市分行

【概述】 中国农业发展银行大同市分行成立于 1996 年 11 月，是全市唯一的政策性银行。2016 年，中国农业发展银行大同市分行下辖 1 个内设营业部，南郊区、大同县、阳高县、天镇县、浑源县 5 个县支行，广灵县、灵丘县 2 个客户服务组。累计营销获项目 9 个，审批金额 22.29 亿元，投放 13.05 亿元，涉及 7.96 亿元文瀛湖周边土地整治项目、左云县 2.75 亿元北环路道路改造建设项目、大同开发区 1.95 亿元蔚洲疃村土地整治（一期）项目、大同泉新路（校南街—五一桥）1.79 亿元道路改造工程、浑源县 1.25 亿元迎宾街道路改造工程项目、天镇县 0.99 亿元南洋河河道整治项目、开发区 3.3 亿元樊庄棚户区改造、广灵县 0.7 亿元城市公共停车场建设项目和灵丘县 1.6 亿元平型关革命老区易地扶贫搬迁项目。左云县 2.75 亿元基础设施建设中长期项目是该行首次在无机构县投放项目贷款。所辖 8 个行组中 7 个实现中长期贷款新投放，5 个实现项目贷款零突破。该行全年对接三批 16 个基金项目，获批 3 个，分别是大同市御河流域生态修复与保护项目之十里河入御河交汇处生态湿地工程、南郊区平旺乡平旺村城市棚户区改造和浑源县采煤沉陷区治理搬迁安置二期工程，累计投入资金 7.21 亿元。

截至 2016 年底，全行各项贷款余额 48.8 亿元，较年初增加 0.69 亿元，增长 1.43%。累计投放各项支农贷款 14.35 亿元。其中，投放中长期项目贷款 13.05 亿元（非经营性农村土地整治中长期贷款 5.64 亿元，其他城乡基础设施建设中长期贷款 4.97 亿元，易地扶贫搬迁项目贷款 1.6 亿元，一般水利建设中长期贷款 0.19 亿元，棚户

金融

▲ 2016年1月18日，农发行山西省分行与大同市人民政府签订“十三五”经济发展战略合作协议　（农发行 供图）

区改造贷款0.65亿元）；投放各类政策指令性粮食购销储贷款1.3亿元。收回各项贷款13.72亿元。其中，收回中长期贷款10.64亿元（农村路网贷款2.6亿元，农民集中住房贷款5.19亿元，土地整治贷款2.85亿元）；收回各类粮油贷款2.26亿元；收回其他政策性亏损挂账占用贷款0.75亿元；收回农业生产资料贷款660万元。不良贷款继续保持零占比。全市企事业单位和财政存款余额32.5亿元，较年初8.56亿元增加23.94亿元，增长279.67%；日均余额20.03亿元，较年初7.77亿元增加12.26亿元，增长157.79%，8个行组中6个成为存差行，突破存差空白；实现中间业务收入123.22万元，较上年100.96万元增加22.26万元，增长22.05%，连续两年突破百万大关；国际业务结算量760.92万美元，较上年同期的196.03万美元增加564.89万美元，增长288.2%；实现账面利润8029万元，同比增加3300万元（扣除历年清收利息影响利润因素）；资产利润率1.56%，同比减少1.098个百分点；成本收入30.78%，同比增加11.52个百分点。　（农发行）

【农发行中长期小项目贷款】 2016年1月18日，中国农业发展银行省分行与大同市政府签订《“十三五”期间经济发展战略合作协议》，2月26日，中国农业发展银行大同市分行与灵丘县政府签订“十三五”战略合作协议，为加强政银合作奠定基础。在调研基础上，专题向市委、市政府提交《关于农业政策性金融进一步加大力度支持大同市“十三五”期间经济发展的报告》，宣传农发行的信贷支持领域和政策优势，并提出政府关注的重点领域和重点项目实施方案；班子成员10余次到县（区）开展项目营销和政策宣讲，召开政银座谈会24次，并对市县项目开展帮扶指导。向市委、市政府起草上报《关于农发行全力支持全市扶贫开发工作的情况报告》和《关于政策性金融进一步加大力度支持全市基础设施建设助力脱贫攻坚的报告》2个专题报告；派出由班子成员挂帅的金融扶贫服务协调小组到6个国定贫困县，提出符合该区域实际情况的融资模式；灵丘县1.6亿元易地扶贫搬迁项目获批，并成为山西省第一批首笔易地扶贫搬迁项目贷款投放行；全市涉及易地扶贫搬迁任务的县（区）都与该行协商具体合作途径，编制易地扶贫搬迁实施方案，其中，大同县、灵丘县分别申请省分行易地扶贫搬迁专项贷款7770.24万元和3408万元，天镇县易地扶贫搬迁项目资料收集齐全，浑源县成立“浑源县恒山产业扶贫管理有限公司”，易地扶贫搬迁实施方案编制完成；市扶贫开发公司在农行开立专户，全市涉及专项扶贫和采煤沉陷区专项资金的7县2区均在农行开立财政共管账户。全行全年达成融资意向推进项目12个，拟融资72.11亿元，分别是总投资37.6亿元两河生态湿地项目建设；大同市5亿元沿长城旅游公路项目；南郊区6.3亿元时庄村棚户区改造项目；新荣区5.5亿元造林绿化项目；大同县5.8亿元采凉山造林绿化项目；阳高县0.98亿元棚户区改造项目和5.6亿元采凉山造林绿化项目；天镇县0.85亿元棚户区改造项目；灵丘县0.6亿元武灵镇城中村综合整治项目；浑源县1.06亿元永安镇城中村棚户区改造项目；6亿元恒山绿化造林项目和1.82亿元翠屏路交通局周边地段一期棚户区改造项目。（农发行）

【农发行粮油收储信贷业务】 2016年，中国农业发展银行大同市分行支持政策性收储，抓好贷款发放、库存监管、收贷收息等关键环节，累计投放各类政策指令性粮食购销储贷款1.3亿元，收购、调入粮油0.71亿公斤。加强商业性贷款管理。在风险可控前提下做好贷款结构和客户结构的改善优化，年内支持商业性贷款企业1家，投放农业生产资料贷款660万元。　（农发行）

【农发行基金投放与管理】 2016年，中国农业发展银行大同市分行累计支付基金2.69亿元，收取基金投资收益511.98万元，并全部按要求上划。同时，加强基金投后管理工作，全年开展系统性基金自查工作3次，做到基金管理有的放矢。针对浑源县采煤沉陷区治理搬迁安置一期工程1746万元基金项目后续资金无法到位的实际情况，与县政府沟通协调，并按程序向省分行请示，得到批复后收回该项目1746万元基金投资，保证基金投资的安全。　（农发行）

【农发行推动中间业务发展】 2016年，中国农业发展银行大同市分行加强代理保险管理。提高代理保险覆盖贷款企业比例，提高该行在贷款企业保险受益中的比重，全年全行实现中间业务收入123.22万元，比上年同期增加22.94万元，增长23%，占计划 170%。其中，人民币结算手续费收入 7.39 万元，代理保险手续费收入 35.6 万元，现金管理业务收入 0.8 万元,企业投融资顾问收入 79.43 万元。发展国际业务，研究全市国际结算客户行业分布和规模，班子成员多次走访市外汇管理局，摸底调查全市重点进出口企业的业务品种、结算量、结算方式和结算单位等信息，并把医药行业和活性炭行业确定为全年的营销重点，推行名单制管理，采用“一把手”亲自营销、班子成员重点跟进、承办行分层营销的工作机制。全年营销新客户 3 家，结算量 551.72 万美元，占全行总量 72.5%，尤其是广灵客户组营销的山西凌云聚氨酯有限公司和南郊区支行营销的国药集团大同威奇达中抗制药有限公司 2 家企业，累计结算量 549.44 万美元，占全市总量 72.2%。全年国际业务结算量 760.92 万美元，较上年同期增加 564.89 万美元，增长 288.2%，占省分行下达全年计划指标 422.7%。（农发行）

【农发行经营管理】 2016 年，中国农业发展银行大同市分行执行粮食收购资金封闭管理办法，保证库贷相符、银企账实一致。加大中长期项目监测力度，落实客户风险排查制度，加强收贷收息管理。截至 2016 年底，各项贷款运行平稳，贷款利息收回率 101.76%。其中，政策指令性贷款利息收回率 103.08%；政策指导性贷款利息收回率 101.25%；自营性贷款利息收回率 100%。加强财政补贴资金管理，全年累计到位各项财政补贴 62628 万元，其中利息补贴 23701 万元。市级储备、市级负担新增财务挂账、三轮挂账全年利息补贴 2273 万元全部到位，消化第三次粮食财务挂账本金 7554 万元。累计清收企业历年欠息 446.92 万元。（农发行）

【农发行专业条线管理】 2016 年，中国农业发展银行大同市分行组织开展 2016 年评级授信集中培训，通过 CM2006 系统实行无纸化办理，统一影像资料标准，开展 20 家客户评级工作。其中，评出 AAA 级客户 1 家、AA 级以上客户 7 家（其中有一家为省分行审批）、A 级客户 12 家；授信 22 家客户，最高综合授信额度 52.16 亿元。实行资金定价管理，利率定价审查政策性贷款的投放及展期，全年审查贷款利率定价 27 笔，金额 18075 万元；组织开展定期利率大检查，核查贷款借据利率 149 笔，所辖机构检查覆盖面 100%。组织开展内部控制评价工作，通过评价结果审核、分析和汇总，得分 93.93 分，为二类行 A。其中，市分行本级为一类行 B，市分行内设营业为一类行 B；南郊区、大同县、阳高县、天镇县、浑源县 5 家支行为二类行 A。（农发行）

【农发行案件风险防控】 2016 年，中国农业发展银行大同市分行分别与开户企业、干部员工签订《银企廉政共建协议书》《员工廉洁从业合规履职承诺书》《拒绝社会非法集资行为承诺保证书》，把案件防控工作延伸到多方面，多角度，构建全行上下齐抓共管格局。坚持定期召开案件防控汇报分析会议，研究案防面临的形势，提出具体措施；通过印发专题文件、通报、开展警示教育活动，加大责任追究力度，增强全员案件防控意识。坚持把案件防控贯穿到业务工作各环节，通过作风考评、走访企业、现场检查、社会治安风险隐患排查等措施，定期开展信贷业务、柜台会计结算类业务、非法集资、员工异常行为等各个方面风险排查，特别是加大重点人员、重点岗位、敏感环节的监管和排查力度，把风险管控制度规定落到实处，杜绝违规违纪现象发生。全年排查会计类业务 3767 笔，涉及金额 896881 万元，信贷类业务 40 笔，涉及金额 247553 万元，未发现案件风险隐患。（农发行）

晋商银行大同分行

【概述】 2016 年，晋商银行大同分行存款余额 41.16 亿元（不含保本理财），比年初增加 12.92 亿元，增长 45.74%。其中，单位存款余额 28.37 亿元，比年初增加 9.08 亿元，增长 47.12%；个人存款余额 12.79 亿元，比年初增加 3.83 亿元，增长 42.76%。全行各项贷款余额 31.41 亿元，比年初增加 7.46 亿元，增长 31.14%。其中，法人贷款余额 12.96 亿元，比年初减少 1.92 亿元；个人贷款余额 3.08 亿元，比年初增加 0.98 亿元，增长 46.88%；票据贴现余额 15.37 亿元，比年初增加 8.39 亿元，增长 120.20%。2016 年，晋商银行大同分行营业部被山西省银行业协会评为“山西省银行业文明规范服务单位”。

存在问题（1）资产业务发展动力不足。晋商银行大同分行的信贷业务好的项目不多，信贷投放的规模与投放速度不高。票据业务受到经济和政策因素的影响，受到一定冲击，与上年相比在规模和利润贡献上都有较大差距。个贷业务由于品种单一，波动幅度比较大，能拉动个贷稳定增长的支撑点还未形成。全行资产业务需寻找新的业务增长点，拓展新的发展渠道。（2）信用风险压力持续增加。在经济下行压力没有得到根本好转的情况下，企业经营越来越困难，存量客户贷款风险逐渐突显，贷款清收压力不断增加，清收手段方法不多，清收难度大。个人贷款逾期欠息较年初也有所上升。（3）客户结构不合理。客户数量不多，质量不高；法人贷款投向群体全部集中在私人控股企业。个人有效户中高端客户占比不足，虽然个人有效户任务完成率在总行考核中排名第一，但增速放缓；个人贷款有效投放不足，投放渠道单一。（晋商银行）

【晋商银行营销重点项目】 2016 年，晋商银行大同分行各支行、部室梳理确定 29 个重点项目。营销方特主题公园，投放贷款 1.3 亿元，拉动对公存款 5000 万元；支持芦芽山项目 2.66 亿元，支持其关联企业 3400 万元；给开发区城中村项目发放信托贷款 7472 万元。与御东万达广场项目签署合作协议，与大同市平城投资集团有限公司签订战略合作协议。（晋商银行）

【晋商银行百户小企业大调研】 2016 年 2 月起，每周四由晋商银行大同分行行长和市财信担保中心主任带队到小微企业调研，了解企业发展现状和金融服务需求，与企业共谋发展。调查范围遍及市内和各县区，调研小企业 70 余户，涉及零售行业、食品加工业、医药行业、教育行业等，并择优信贷支持15户发展前景良好的企业，贷款金额6500万元。

（晋商银行）

大同银行

【概述】 2016年，大同银行面向社会招聘9名总行中层管理人员及分支机构管理人员，77名分支机构员工，面向全国招聘100名硕士研究生，通过校园招聘签约60余名应届毕业生。截至2016年底，全行1242名正式员工中，本科学历以上员工占59%，研究生学历以上员工占22%，总行研究生占比41%，高于全国银行业硕士以上学历员工占比6.1%的平均水平。

大同银行总资产349.72亿元，比上年增加29.32亿元，增长9.2%。各项存款余额322.82亿元，比上增加26.16亿元，增长8.8%。其中，对公存款余额111.50亿元，储蓄存款余额211.32亿元。各项贷款余额165.07亿元，比上年增加12.15亿元，增长8%。全年获“全国支持中小企业发展十佳商业银行”“最佳风险管理中小银行”“2016中国普惠金融创新奖”“省文明单位标兵”“全省先进基层党组织”等。

票据业务 2016年，大同银行票据贴现量在全市同业中排名第一。累计贴现发放1941笔，发放额190.94亿元，比上年增长32%。其中，直贴发放1.6亿元，转贴发放189.34亿元，累计实现利息收入2.69亿元。贴现余额90.26亿元。其中，直贴余额7647.4万元，转贴余额89.49亿元。贴现累计收回179.44亿元，到期全部收回，无一笔逾期。

云冈卡业务 2016年，大同银行有云冈卡存量50.47万张，比上年增加7.13万张，增长16.45%；卡余额18.51亿元，比上年增加1.54亿元，增长9.07%；ATM累计交易212.47万笔，累计交易额38.68亿元，在山西省30家金融机构中单机交易强度排名第一；POS累计交易81.21万笔，累计交易额27.96亿元。全年卡业务实现综合收益361.04万元。

投资业务 大同银行实现投资收入3.33亿元，占全行总收入26%，比上年增长9.79%。其中，债券投资收入1.05亿元；理财产品投资利息收入1.11亿元；同业存款业务利息收入4983.04万元；质押式逆回购利息收入547.6万元；信用拆借利息收入695.99万元；其他投资业务收入5455.59万元。

（大同银行）

【大同银行资产质量】 2016年，大同银行实现经营利润2.86亿元，纳税1.7亿元，净利润2.01亿元；资产利润率0.61%，高于监管要求0.01个百分点，资本利润率12.10%，高于监管要求1.1个百分点。风险抵补能力保持稳定，拨备覆盖率270.57%，是监管要求的1.8倍；贷款损失准备充足率453.32%，是监管要求的4.5倍，大同银行流动性比例45.77%，高于监管要求20.77个百分点；人民币超额备付金率5.11%；存贷款比例52.19%。资产质量保持良好，全行资本充足率12.58%，核心资本充足率11.45%，单一集团客户贷款集中度、单一客户贷款集中度均为7.86%，单一客户关联度、单一集团客户关联度均为3.62%，全部关联度7.55%；不良贷款率1.17%。

（大同银行）

【授权经营管理体系建设】 2016年，大同银行董事会召开9次董事会会议，审议通过《大同银行股份有限公司2016年度机构发展规划》《大同银行股份有限公司2016年工作思路及经营目标》《大同银行股份有限公司2015年财务报表》《2015年大同银行股份有限公司年度报告》等15项议案，发挥董事会战略决策作用；董事会战略发展委员会、审计委员会等各专门委员会召开8次会议，把有关该行发展战略、人事任免、财务报告等事项提请董事会审议，发挥其辅助决策作用。监事会全年召开监事会会议4次、分别审议通过《大同银行股份有限公司2015年度审计报告》《2016年内部审计工作计划》等7项议案；召开审计与监督委员会会议4次，分别部署安排经济审计等工作，并通过监事会成员代表列席会议、组织专项检查等方式履行依法监督职权，贯穿全行各项工作。提升行长办公会和行长专题办公会的议事效率和效果，全行召开行长办公会、行长专题办公会41次，研究议题200余项；完善高管层项下各专业委员会设置和议事规则，各专业委员会召开会议45次，研究议题190项，给高管层做出科学决策提供合理依据，解决经营中的实际矛盾和问题。通过完善授权经营管理体系，明确总行相关部门的职责，规范各层级管理权限；确定总行直接管理分行与大同所辖一级支行，二级支行、小微支行等分别由所属分行、一级支行管理，管理条线逐步清晰；通过调研和分析辖内12家分支机构的组织架构运行情况，修订完善2013年制定的《大同市商业银行股份有限公司组织架构及部门基本职能、职责设置方案（试行）》中分支行组织架构，明确各层级管理权限，理顺总行与分支机构之间的条线、流程关系，提升全行运行效率。

（大同银行）

【大同银行风险管理体系建设】 2016年，大同银行实行全行风险集中管理，加强和改进风险管理工作，健全风险管理体制，并完善涵盖信用风险、市场风险、流动性风险和操作风险等各类风险的风险管理体系。全行风险管控能力不断提升，连续三年被金融时报主办的“中国金融机构金牌榜·金龙奖”评选为全国唯一一家年度“最佳风险管理中小银行”。开展制度与流程建设，加强风险管理基础。制定和完善包括《信息科技风险评估制度》《授信客户信用风险预警工作方案》《银行卡相关业务风险防控目标》等34项风险管控制度。通过建立有效的风险监测指标，按月监测信用风险、流动性风险等风险评价指标运行情况，风险预警超过标准值的指标，2016年累计印发风险提示书203期；完善风险指标监测结果的评估报告制度，定期向董事会、高管层报告全行整体的风险状况，以及风险管理执行情况。从风险控制环境、风险管理过程、风险控制结果三方面制定统一标准的风险管理考评指标，对照指标权重分值，风险管理考评总行部门与分支机构，并采取防控措施；继续把风险管理、合规案防及安保工作综合考评与风险抵押金挂钩，加强全员风险防范责任意识，防范各类风险发生。加强风险管理体系构建，应对各类风险。加强贷款“三查”制度执行情况的监督检查力度，加强风险流程管理，全流程控制每一笔信贷业务，从准入、运行和退出；加强信用风险的监测、评估与预警，提早识别信贷风险隐患，做好风险处置工作。加强市场利率走势分析与研判，利用各类信息渠道获取利率信息，按照市场价格计算交易头寸的市值及浮动盈亏情况，实时监控市场风险、头寸市值变动，并建立相应报告制度，应对市场风险。加强案防传导机制，转发监管部门相关案件防控制度、办法，通过举办案防合规知识培训增强全员防范操作风险意识；按季度实施重要岗位人员轮岗及强制休假，从根源控制各类操作风险。加强大额资金监测管理，按日统计各分支机构资金变化情况，按季考核并通报各分支机构大额资金预测预报执行情况；督促各分支机构加强资金计划管理，随时掌握资金头寸变化，提高资金使用效率；加强全行备付金管理，加强存贷比例调控，提高资金调度的频率，保证充足的流动资金储备，防范资金流动性风险。引入新技术对核心业务系统进行 7×24 小时改造，解决核心业务系统日终处理时间长、影响自助银行支持受理及银行卡正常交易成功率等问题，防范科技风险。加强融资平台贷款、房地产贷款和产能过剩行业贷款的风险管控；继续完善声誉风险管理体系，加强网络舆情管理，提前化解声誉风险；组织全行开展重要信息生产系统应急预案演练，提高应对突发事件的能力，防范业务连续性风险。（大同银行）

【大同银行发展市政金融和产业金融】 2016 年，大同银行加大省市重点产业支持力度，推行绿色信贷，发展市政金融和产业金融。支持包括“大张”高铁、热力公司、市重点商贸项目、管理咨询类企业等涉及市政建设、民生工程、文化旅游、古城复兴等一大批产业项目，全年累计发放贷款余额 24.45 亿元；2016 年成功代理城区财政集中支付业务；2016 年作为人民银行大同中心支行制定的三年“一对一”帮扶计划的收官之年，被评为“‘一对一’帮扶工作先进集体”。截至 2016 年底，大同银行“一对一”帮扶企业贷款余额 8.44 亿元，三年累计向帮扶企业发放贷款 26.87 亿元。（大同银行）

【大同银行拓展小微金融服务】 2016 年，大同银行小微贷款余额 45.19 亿元，较年初增加 3.404 亿元，高于全部贷款增速 0.2 个百分点，累计发放户数 222 户，比上年同期增加 20 户，小微企业申贷获得率 100%。同时小微企业续贷转贷、不良贷款容忍度和尽职免责政策，对依法合规经营、生产经营正常、信誉状况良好的小微企业继续提供续贷，截至 2016 年底，累计续贷 49 笔，金额 8.43 亿元。与税务部门建立银税长期合作关系，化解信贷融资中信息不对称问题，通过批量获取小微企业纳税信息，向诚信纳税小微客户推出特定融资产品，提升服务小微企业的能力。（大同银行）

【大同银行发展民生金融】 2016 年，大同银行围绕客户需求，加大产品创新力度，下岗再就业贷款累计发放 36 笔，金额 2541 万元，全年代收采暖费 104594 笔，金额 1.8 亿元；增强产品创新力度，开通云冈卡“闪付”功能，并与呼撒网采用联名卡的方式发行云冈系列卡—呼撒卡，申报筹备个人理财业务、贵金属业务、保管箱业务等新业务，增强大同银行的市场竞争力。

推进跨区域战略发展，合理布局网点。发展普惠金融，推进网点下伸、服务下沉，全行营业网点 51 家；新增自助设备 9 台，布放 POS 机具 326 台；按照电子银行项目实施计划，重点推进网上银行、手机银行、微信银行等现代支付系统建设，拓展支付渠道，提升综合竞争能力。

细化服务环节，创新服务措施。在部分网点试行设立公众教育区；提出优质文明服务“十个一”的服务文化建设；开展“金融服务礼仪”等多次专项培训；做好专席客服热线的接听解答工作，客户满意率 100%；新开通 24 小时内转账止付服务，上线电信网络新型违法犯罪交易风险事件管理平台，完善人民币冠字号码信息管理系统；加强总行机关和各营业网点现场与非现场检查，并通过与“神秘人”暗访相结合，督促全行服务工作改善；开展金融消费者权益保护和金融知识宣传工作，到学校、社区、商圈利用多种宣传方式，向市民宣传金融消费知识，累计活动 346 次、受众客户量 88.52 万人、发放金融知识宣传资料 157032 份、在各类媒体投放宣传片及公益广告 3960 次。

实施精准扶贫，服务“三农”。加大精准扶贫投入，提升服务“三农”水平，涉农贷款余额 7.79 亿元；发挥县域支行作用，在贫困县开设两家分支机构的贷款余额 1.03 亿元；重点扶持全省“百企千村”扶贫项目，发放 9000 万元贷款支持山西东方物华农业科技有限责任公司投资建设“万吨五谷功能米”新项目；推进农村金融服务“村村通”工程，布放 POS 机具 17 台；专门组建精准扶贫工作领导小组，制订精准扶贫工作实施方案，持续扶贫定点对象——天镇县唐八里村和广灵县板塔寺村；帮助唐八里村解决 1 万公斤蔬菜滞销问题。（大同银行）

【大同银行太原分行获批筹建】 2016 年 12 月 26 日，山西银监局批复同意大同银行筹建太原分行，这是大同银行继设立朔州分行之后的又一家异地分行。截至 2016 年底，该行筹建 6 个网点，全行现有分支机构总数 50 个，覆盖大同市、朔州市主要县（区）。（刘　江）

中信银行大同分行

【概述】 2016 年，中信银行大同分行一般性存款 26.11 亿元。其中，对公一般性存款时点余额 15.33 亿元，对公一般性存款日均余额 13.66 亿元，较年初增 0.66 亿元；个人存款 10.78 亿元，新增 0.53 亿元，增长 5.18%。各项贷款 11.59 亿元。其中，公司类贷款余额 9.53 亿元；零售类贷款余额 2.06 亿元。

存在问题 （1）新增授信难度大。2016 年，总、分行授信政策趋紧，对客户的准入、经营、财务、担保等条件趋于审慎和严格，获取符合准入条件的授信客户难度增大，作为中信银行公司业务大客户的同煤集团和国药威奇达公司均遭遇授信难关。（2）零售业务短板指标较难突破，个贷消

费贷总量不足。有价值的私行客户新增较少；POS 机新增有效户、信用卡新增有效卡及借贷关联、代发工资客户管资新增等指标排名靠后。未有效组织微信收单商户的营销工作，微信收单任务指标完成情况不佳。个人消费贷款发放额月均不足 400 万元，导致个人贷款发放量严重不足。（3）贷后管理水平需提升，风险管理人员培训学习需持续加强。初级的贷后管理不适应业务需要，需要在完善制度、梳理流程、明确岗位职责、跟踪到位等多方面提升。风险条线员工风险管理工作经验相对不足，风险把控能力有待提高。需加强各类风险知识学习和培训，提高业务技能，加强防范风险。（中信银行）

【中信业务产能创新】 2016 年，中信银行大同分行在大客户经营方面，主抓财政社保、南郊投资公司、市政管委会等机构客户，办理南郊投资协定存款，新开立市政道路建设专户 3 户；新增大同市政府产业投资基金托管专户，该基金前期设立 11.2 亿元，新增市政天网中星建设公司基本户。在战略客户方面，推进与同煤集团的合作关系，加强批复授信以续接到期流资，新增同煤集团结构化融资产品，拉动轻资本收入；首次落地同煤集团银行承兑汇票业务，以银承拉动保证金存款，首次落地同煤集团—同忻矿贴现业务、大同煤业金鼎活性炭跨境人民币业务。在同业客户方面，走访客户，推动新产品、新业务，巩固银银、银保合作；走访城农商、农信社、证保基金公司 15 家，营销同业理财（乐盈系列 + 天天快车），新增同业客户 1 户（山阴农商行）；落地首单企业年金业务（大同热力公司—平安养老），新增贴现客户 2 户（新宝源制药、御东凯龙商贸）。在大行业布局方面，落地首笔国药威奇达信贷委托业务，以信贷委托业务拉动活期存款；落地首笔票据池质押业务（陕汽）；新增国际业务客户 2 户（山西新宝源制药、天镇通航粮贸），给其办理福费廷业务；营销清洁能源行业，给富乔垃圾发电办理信贷承诺业务。在大项目推动方面，重点营销大同市政府民生改善工程，落地道路综合整治项目 3 个（市政建设西环路项目部）；投行业务上，营销华电大同一电厂，对接租赁公司、证券公司；在 PPP 项目方面，与大同市经济建设投资公司等客户合作，对接“两河流域治理”、教育 PPP 等项目；在市重点项目方面，对接左云煤制天然气、阳高产业扶贫、康养产业生命园、装配式绿色建筑、造林绿化等项目。

（中信银行）

【中信零售业务产能提升】 2016 年，中信银行大同分行管理资产日均净增 67722 万元，占任务率 95.38%，净增绝对额在全辖考核均排名第一。一般个人存款日均净增 6929 万元，占任务率 52.49%，净增额在全辖考核排名第五。结构性存款日均净增绝对额 11187 万元，占任务率 84.75%。个人贷款发放率 35.33%。中间业务收入绝对额 1730 万元，占任务率 70.90%，中间业务收入绝对额排名第一。（中信银行）

【中信资产质量改善】 2016 年，中信银行大同分行制订大同市区域授信政策，落实客户退出要求，开展北方通用动力集团有限公司、中国北方发动研究所等公司授信业务，降低授信业务风险；健全完善大同分行风险内控委、风险预警委、信审委等制度建设，加强流程管理，履行好信审委职能，发挥“第二道防线”作用。履行放款职能，全年各类放款均合规，无一例违规事件发生。加强贷后管理，抓日常首笔贷后、监督季度贷后，做到提前提示、督促；组织开展平行贷后，严防问题贷款新增。加大不良清收力度，加快处置问题贷款，保持资产质量在合理范围之内。全年现金清收不良贷款 836 万元，建立不良贷款催收督办台账及周例会机制，一户一策，推进不良贷款清收及诉讼进程，准入诉讼代理律所工作。（中信银行）

交通银行大同分行

【概述】 2016 年，交通银行大同分行各项存款余额 47.47 亿元。其中，对公存款 30.04 亿元，较年初增长 2.31 亿元；储蓄存款 17.43 亿元，较年初增加 2.11 亿元。全年实现经营利润 13835.56 万元，经济利润 7877.59 万元，分别占省行任务 107.11% 和 105.35%。（交通银行）

【交行公私联动】 2016 年，交通银行大同分行与山西省国新能源大同亿鑫煤炭运销有限公司签订战略合作协议，营销大同市公共自行车项目，成为大同市首家公共自行车发卡银行，公共自行车办卡数突破 2.8 万张；同煤集团工会联名卡、华润燃气批量代扣业务快速推进，工会联名卡提交 1372 张；华润燃气项目对接实现新增 10 万客户。大同市住房公积金管理中心、大同市住房公积金管理中心同煤集团分中心和太原市住房公积金管理中心铁路分中心大同管理部在交行存款余额 6.23 亿元，占全市总额 13.44 亿元的 46.3%，新增委贷发放 788 笔，金额 22967 万元；累计发放住房公积金贷款 3232 笔，金额 80736.2 万元。与民生总行签订福费廷业务合作协议，与大同民生银行对接办理福费廷业务。（交通银行）

【交行业务合作】 2016 年，交通银行大同分行通过与国开行等政策性银行的业务合作，拓宽批量获客渠道。棚改项目累计进款 25.5 亿元，留存资金 3.5 亿元。通过棚改项目累计新开对公客户 37 户。其中，达标公司有效客户 5 户，达标对公优质新开客户 8 户。通过推进集团内部国际信用证业务和大同煤业商票保贴等产品的应用，实现集群式获得优质客户。“彩虹桥”业务联动 35 个开发商、2 个拆迁指挥中心账户开户，累积资金流入 30.83 亿元，外汇对公存款日均 1460 万美元。（交通银行）

【交行拓展业务】 2016 年，交通银行大同分行金月亮理财、金太阳 B、C 款、报账通、久久养老理财、招标通、银校通、对公代理保险、福费廷二级市场买入业务、私募类投资基金保管业务、政采贷等多项业务实现破零。该行利用产品破零带动客户增长，对公新开户 235 户，较上年增长 62.3%；对公有效户新增 15.4 户，较上年增长 234.78%；对公优质新开户 46 户，较上年增长 21.05%；零余额客户较年初减少 31 户，提升率

12.35%。产品破零12项。其中，1项（福费廷二级市场买入）总行破零，2项（招标通、财务公司代开信用证）省行破零，9项（金太阳B款、C款、金月亮、报账通、久久养老理财、银校通等）市分行破零。全年办理票据贴现29.86亿元，较上年增长929.66%，实现贴现利息5200万元。撤机迁移绿园、大同大学等低产网点；通过普惠支行重点向小微企业客户、零售客户转移，实现“柜员走出柜台到厅堂，客户经理走出厅堂到市场”的服务新模式，设立普惠支行3家，筹备2家。北城支行创建“千佳”网点通过省银协验收。（交通银行）

【交行内控风险管理】 2016年，交通银行大同分行建立经营管理台账、业务发展台账及行长督办台账“三个台账”制度，每月把检查问题列入台账统一管理，按月召开督导会，指导整改工作推进不力的部门或经营单位，第四季度，该行收集各部门年末重点事项列入督办台账，按日跟踪，保证年末任务必成，全年梳理问题239个，其中整改220个，整改率92.1%。开展“制度执行年”“两加强两遏制回头看”、案件防控“长剑行动”等专项活动，加强业务风险及员工行为排查，发现各项问题53个，整改44个，整改率83%。以内外部检查为契机，加强内审及各类检查结果运用，利用轻微违规积分系统，加大责任人惩处力度，整改问题，接受内外检查20余次，轻微违规记分14人次，24分。（交通银行）

华夏银行大同分行

【概述】 2016年，华夏银行大同分行一般性存款余额40.25亿元，较年初增加16.04亿元，一般性存款日均26.98亿元，较年初增加3.58亿元。其中，对公存款余额37.2亿元，较年初增加15.69亿元，对公存款日均24.79亿元，较年初增加3.17亿元；储蓄存款余额3.05亿元，日均2.03亿元。各项贷款余额15.71亿元，对公贷款余额10.7亿元（包含中小企业贷款0.35亿元），较年初减少0.89亿元。营业收入6292万元，较同期增加2055万元，同比增长48.5%；营业利润4767万元，较同期增加1398万元，同比增长41.5%；人均利润实现101万元，较同期增加5万元，同比增长5.2%。不良贷款为零。全年获省银协“山西省银行业文明规范服务单位”，市人行“货币信贷工作先进集体”“一对一帮扶企业先进集体”，市银协“三星级文明服务星级单位”等称号，有5人获市级“先进个人”称号。

存在问题 管理模式按照同城异地支行管理，导致内部部室不健全，管理职责不清晰，不利于全面统筹管理；个人贷款业务全部移交至惠民西路支行办理，分行无审核、风险把关部门，用印仍使用大同分行印章，分行无法了解和把控相关业务风险，导致权责不对等，易造成风险隐患；太原分行对两家机构分别考核个人业务指标，导致在市场营销过程中，对外回馈客户口径不统一，易发生两家机构同时营销同一客户，使营销工作不能“一盘棋”统筹开展，并形成恶意竞争，在产品定价、成本控制、风险把控等方面容易出现不同的声音；人员短缺，业务管理和营销不能兼顾。（李 鑫）

【华夏银行个人业务】 2016年，华夏银行大同分行金融资产总量15.05亿元；理财销售34.71亿元，理财余额6.2亿元；贵宾客户数130户，有效客户数2670户；代发工资平均户数796户；三方存管开户数新增646户，三方存管交易户新增74户；手机银行新增客户数5555户，直销银行新增客户数2251户，ETC（不停车电子收费系统）有效客户数1280户，卡通POS客户163户。（李 鑫）

【华夏银行客户贡献度加强】 2016年，华夏银行大同分行在增加贷款投放同时，增加资金内部运转与滞留，使对公存款大幅度增长，同煤集团派生存款16.3亿元。践行“贴近政府找项目”营销理念，做好大同市经济建设投资有限责任公司及其关联公司的营销开发工作，给城投系公司办理基金托管业务8500万元，拓展业务产品种类，使业务发展呈现多元化，客户在该行沉淀存款10.2亿元。（李 鑫）

【华夏银行营销提升】 2016年，华夏银行大同分行通过开展“业务天天大讲堂”活动，每天班后组织全体员工“学业务、学产品、学政策”，提高各条线员工的业务技能和综合营销能力，使员工们“能营销、会营销、敢营销”，实现产品交叉销售。代发工资540余人、代发工资3000余笔、贵宾客户16户、POS机具13台、网银新增51户、手机银行408户，信用卡办理42户，ETC客户87户。（李 鑫）

▲图为华夏银行办公楼（李 鑫 供图）

中国邮政储蓄银行大同市分行

【概述】 2016年，中国邮政储蓄银行大同市分行获全省“经济效益杯”“资金安全杯”；阳高县、灵丘县支行列入全省“十强支行”，新华街支行获“十强网点”称号。全年零售信贷发放消费贷款1.75亿元，余额净增1.13亿元，同比增长22.92%。发放小额贷款3.49亿元，山西省排名第三位。其中，给家庭农场（专业大户）等新型农业主体发放贷款6406万元；发放小企业贷款1.17亿元，净增1857万元（同比增加3486万元），列全省第四位。全年公司存款日均余额15.35亿元，净增列全省第九位，新增天镇县、浑源县2家县支行代理国库集中支付系统上线；票据业务累计贴现18.62亿元，办理再贴现业务805万元、转贴4907.6万元、承兑3.05亿元；开通同煤财务公司票据大管家业务，并授信8亿元。投放同煤集团流动资金贷款7.5亿元；审批国电大同第二发电厂、大唐国际云冈热电公司贷款授信。全年累计销售公司理财9.8亿元，其中，给广发银行郑州分行定制理财产品3亿元；取得大同市中小企业发展基金托管资格，落地全省首笔私募基金托管业务。（邮政储蓄银行）

【邮政储蓄银行个金业务】 2016年，中国邮政储蓄银行大同市分行储蓄余额增长20.89亿元，同比增长71.79%，新增市场占有率列同业第二位，其中，自营网点储蓄余额增长3.32亿元，占省行计划195.45%，余额规模突破50亿元。发放信用卡17885张，同比增长40.57%，占省行计划105.21%，山西省排名第二位，交易金额和交易笔数分别同比增长92.91%、120.5%；个人理财类业务销售10.69亿元，全省排名第四位。开展“积分兑换”“名医面对面”“存款突破2000亿元客户答谢会”、电子银行“亿路有你”、信用卡“悦享”和“立减”系列等活动，落地“银联POS-易汇通卡”项目，合作特惠商户54户。全年建设总行级示范网点4个、省行级6个、市行级9个。（邮政储蓄银行）

【电子银行建设】 2016年，中国邮政储蓄银行大同市分行增设2处电子银行体验区；新增手机银行、个人网银客户24217户、18179户；手机银行、个人网银激活率居山西省前列；电子银行交易替代率87.87%，较年初增加9.57个百分点。设立离行式自助银行加钞中心，改网点托管为集中管理，保障离行渠道高效运营；推广应用移动展业系统，布放设备46台，实现支行全覆盖。（邮政储蓄银行）

【邮政储蓄银行风险管控】 2016年，中国邮政储蓄银行大同市分行制定风险与内控委员会工作计划和《风险化解督导管理办法》，分层分步落实，巩固风险管理体系。市行层面，以风险与内控委员会为发端，梳理明确委员会及其下辖组织履职内容与作用，重点提升各专业委员会运行效果和决策质量，保障委员会议事成果可以有效应用于基层机构；支行层面，以每一个风控岗位为体系基石，以保障岗位齐备、履职到位为原则合理兼职，并把基层风控岗位发现问题通过委员会通道反馈解决，形成委员会与机构、岗位的双向务实互动。完善内控合规工作机制。加强“三级尽职检查”和稽核发现问题分析机制；实施内控管理“上墙落地”工程，加强制度执行，把工作要点张贴上墙，规范台账表簿87个使之落地有痕；启动“内控合规建设年”系列活动。提升安全保卫工作能力。落实领导常态化管理机制，完善基础台账，把安全保卫工作列入各级行长议事重要议题，督导安全管理落地有痕；开展能力提升活动，细化《安全保卫人员和营业人员安全管理十项基本功》，组织员工反复学习和训练知识点，开展“安防知识微信答题季活动”，组织“安全保卫工作能力提升之我见”主题征文暨演讲比赛选拔活动，总结推广能力提升活动取得的经验。推进管理标准化建设，建设安全管理标准化达标网点1处，实现监控中心7×24小时值守、场地作业视频接入、预报警接入100%目标，加强非现场检查职能作用发挥。（邮政储蓄银行）

中国民生银行大同分行

【概述】 2016年，民生银行大同分行各项存款余额56.15亿元，较年初增加3.48亿元，增长6.61%；各项贷款余额29.83亿元，较年初减少4.59亿元，下降13.34%。（民生银行）

【民生银行业务发展】 2016年，民生银行大同分行业务由重资本向轻资本转化，针对同煤外经贸、同煤朔州矿业、国药威奇达等七家授信企业推广信用证、票据产品，实现轻资本业务质的突破；加强“三优一特”客户储备，储备项目取得阶段性进展；通过平台搭建夯实负债规模，搭建“同煤集团财务公司银企直联系统”，实现同煤集团系企业的资金统一管理。零售业务围绕“提升负债规模，改善资产结构，加强产品销售，聚焦目标客户”，提升零售业务创利能力。树立“存款立行”思想，在政策配套、资源配置、考核激励制定措施，人员考核采取创利和存款双线机制，推动负债业务发展；调整资产业务结构，主动转化、退出基金、联保等弱担保贷款，加大房抵贷款占比，小微贷款抵押率由年初20%提升至34%；注重客户金融资产、产品持有和级别提升，通过零售业务理财、基金销售、保险、贵宾体系的专业化营销，实现金融资产快速增长，理财、保险、基金、黄金销售实现翻番；以目标客户为中心，开启客群经营新模式，通过开展“薪悦生活”“乐收银二维码”活动，批量获客取得实质进展。实行行领导分片包干制，有重点、有目标地督导、清收；开展不良资产清收处置劳动竞赛，打破岗位束缚，多元化、大幅度激励，调动全员清收积极性；成立大同分行重点问题资产处置领导组及专业清收团队；利用风控预警系统，跟踪督导落实解决进度，化解不良资产。（民生银行）

【民生银行风险管控】 2016年，民生银行大同分行调整风险管理架构，出台《大同分行风险管理委员会工作制度》，完善内控管理机制，按周开展合规内控辅导，按月召开合规例会，按季分析工作，每半年开展合规管理评估，提升合规管理水平，建立案防工作长效机制；针对经济下行期风险管控重点，开展风险易发、多发的低风险业务、票据业务、小微信贷业务领域风险排查，防控各类风险苗头的萌发；结合“制度执行年”“两个加强、两个遏制”“两综合、两管理”开展各类主题检查25次，并整改查出问题，提升该行风险管控能力；通过开展2016年“弘扬合规文化、践行合规理念、实现核心价值”主题活动，开展《民生银行行内小法》系列学习活动6场，选标杆、树典型，增强全员风险防范意识和工作责任心。

（民生银行）

大同市农村信用社

【概述】 2016年，大同市农村信用社营业收入15.85亿元，占年度目标96.12%；经营利润2.55亿元，同比增长12.56%，占年度目标109.44%。各项存款净增36.27亿元，占年度目标35亿元的103.63%，其中储蓄存款净增19.34亿元，占年度目标25.9亿元的74.67%。不良贷款净压800万元。综合业务手续费收入239.16万元，占年度目标200万元的119.58%。IC卡替代率35.47%，占年度目标30%的118.24%；银行卡活卡率97.53%，占年度目标70%的139.33%；商户活动率77.75%，占年度目标70%的111.08%；银行卡手续费收入644.71万元，占年度目标600万元的107.45%。

存在问题 （1）资产质量差，拨备覆盖率低。截至2016年底，9家县级行社仅左云县联社、天镇县联社、北都农商行、新荣区联社实现不良贷款“双降”，其他5家行社不良贷款反弹6.13亿元；由于不良贷款余额居高不下，导致拨备覆盖率指标连续恶化，全市9家县级行社中，除北都农商行、左云县联社能够达150%以上外，其他县级联社距审慎监管要求相差很大。（2）资本实力差，资本充足率低。全年除北都农商行、左云县联社资本充足率为正数外，其他7家高风险社资本充足率都为负数。（3）基础管理差，经营质效偏低。全市农信社除北都农商行、左云县联社外，其他7家联社都存在借（冒）名贷款。（4）网点环境差，服务效率偏低。系统网点布局不合理，密度高，面对面、背靠背、肩并肩的现象普遍存在；抢占优势地段设置网点的能力不强。网点多、人员少、低产低效、功能分区不合理、安全保卫不达标等问题长期困扰网点建设工作。（5）执行能力差，业务素质偏低。政令传达不畅；执行效果不佳；受体制影响，信用社员工大多受教育程度不高，其文化素质和相关服务理念不够，与其他商业银行相比还存在一定差距。（6）思想观念差，创新能力偏低。创新观念缺乏，危机意识不强；金融服务品种单一，主要集中在传统存贷款业务上，满足农户信贷资金需求的信贷品种少；金融工具创新能力不足，由于科技人才缺乏，观念落后，电子化建设上投入少，导致金融工具科技含量低，竞争力不强。

（农村信用社）

【农信社资金营运】 2016年，大同市农村信用社营运资金136.37亿元，实现收入6.53亿元，同比增收1.74亿元，增长36.33%。全年资金业务资产收入率4.68%，超4%任务目标0.68个百分点；自有资金投资收益率5.2%，超4.5%任务目标0.7个百分点；代客理财手续费收入1495.65万元，占年度任务目标299.13%；创新理财事业部改革、债券借贷、同业存单三项资金业务。鉴于资金放量宽松，市场资金需求量明显降低情况，指导浑源县联社主动上门营销，把线上办理转为线下洽谈；指导广灵县联社坚持多方询价，逐一走访各同业合作行，建立统一定价与“一对一”定价相结合的价格模式，根据业务资金规模选择最适合的业务品种，实现资金效益最大化。

（农村信用社）

【农信社支企便民服务】 2016年，大同市农村信用社指导各行社从辖区实际情况出发，加强与各类担保中心等中介机构合作，推出“快信通”“税信快贷”“富民贷”等多项新型信贷产品，缓解小微企业融资难、融资贵的问题。全年全市农信社给中小微企业办理续贷通业务358户810笔、113.83亿元。大同农信社注重服务质量提升，在9个县（区）开展社区营销宣传服务活动，累计开展社区宣传活动近300场次。针对少年儿童群体开展大讲堂、银行体验日等活动。组织开展金融消费者宣传教育和金融知识进社区活动，提高公众金融风险认识水平。开展“延时”服务、差异化错时服务，延长营业时间，便于市民利用下班时间，解决家庭理财、资金划转等金融需求。

（农村信用社）

【农信社处置不良贷款】 2016年，大同市农村信用社处置不良贷款14.27亿元。（1）通过高管包户、中层包户、内部人员不良贷款的清理向各县级行社层层传导施压，全市县级行社高管包户清理处置不良贷款36472万元。（2）加强不良贷款监测管理，按月监测高管包户情况、抵押类不良贷款压降情况、内部人员逾期贷款情况、农户小额信用贷款等，随时以通报、工作督办函的形式督促，利用纪检监察部门的效能监察手段监督督查不良贷款压降行动缓慢的县级行社。累计印发《风险预警提示书》100份，印发《效能监察建议书》16份，约谈县级行社高管人员25人次。（3）逐户摸底全市范围社团不良贷款情况，牵头推动大同县天特鑫770万元不良贷款盘活。与山西省产权交易中心联系，采取抵押资产、抵押债权、担保债权挂牌交易方式清收处置不良贷款。（4）加大呆账核销力度，做到应核尽核，对暂未达到核销条件但认定损失的不良贷款，采取冲销手段，力求不良贷款实现快速压降。全市农村信用社通过核销冲销方式处置49263万元不良贷款。（5）整合借冒名贷款风险，通过动员部署，要求各县级行社加大整理借冒名贷款力度，并处理部分责任人。（6）针对辖内实际情况，风险处置重点放在“两大两小”（“两大”即社团不良贷款、大额不良贷款，“两小”即内部人员不良贷款、千元以下不良贷款）上，9月初，印发《关于进一步加大不良贷款清理处置力度的通知》，提出“四个明确”，即明确清理责任领导和清理责任人，明确具体清理方案，明确清理完成进度和清理完毕时间，明确清理考核奖惩措施。累计清理社团贷款9328万元，清理市

辖前20户及各县辖最大一户不良贷款38254万元。（农村信用社）

【农信社管理控险】 2016年，大同市农村信用社各项贷款余额200.37亿元，位居全市第二。（1）加强信贷管理制度建设。结合实际情况，制定并印发《大同市农村信用社关于加强信贷管理的若干规定》和《关于加强信贷管理的补充规定》，规范全市农信社的信贷业务，防范信贷领域风险。（2）加强贷款业务在线实时监测机制，责成业务管理部依照《加强信贷管理的若干规定》等制度，专人专岗逐日监测全市上一日全部信贷业务，印发在线实时监测意见书61份，处罚8人。其中，通报批评2人，经济处罚6人，金额0.33万元。（3）针对自身“短板”，增强制度、产品和工作方式的创新能力，指导信贷业务良性发展。（4）加大现场检查力度，开展信贷管理序时检查，打击信贷领域违规行为。（5）开展信贷合规业务专项排查治理和案件防控信贷条线风险排查工作，发现管理不足和制度漏洞，弥补短板，主动提高。（6）加快自助网点渠道建设，提高自助设备运行效率。要求各行社在空白区域布放自助机具，做好自助银行设备的日常维护和运行管理，排除设备网络故障，提高自助机具服务质量和使用率，增加农信品牌竞争力。（农村信用社）

【农信社十项举措促进金融创新】 2016年，大同市农村信用社抓住国家“供给侧结构性改革”宏观调控红利，针对自身“短板”，增强制度、产品和工作方式的创新能力。（1）通过优化存款结构，实现低成本存款和日均存款的增长。大同农信社要求各行社建立三年改变经营现状的长远目标和计划，把一线柜台打造成存款业务的主阵地，扩大资金规模。（2）全员分类，搭建起领导班子、机关中层和网点主任（行长）、一般员工“三位一体”的营销架构，形成“大、中、小”客户的分层营销机制。（3）有针对性地以优质客户为中心，向其上下游客户及周边资源辐射，形成客户链和客户网，实时掌握客户数量和质量变动及发展趋势，实行动态管理，进而实现存款稳定增长。（4）要求各行社实行存量存款全员认领制，并一对一维护存量存款，实行新旧划断考核，打破“一锅粥”局面。（5）关注财政拨付资金去向，实行精准营销。把新开户作为营销拓展新客户的重点，以账户锁定客户与业务，带动存款业务发展。（6）结合行社实际，开展诸如“存款兑积分”“存款有好礼”等个性化营销活动，吸引客户，增强黏性。（7）针对“互联网金融”的渗透，主动对接，开通微信公众平台，通过微信祝福、微信营销等方式，发布存款产品与利率优势等信息，并结合多种主题、客户群体特征，把业务营销与客户喜好巧妙融合，开展微信抢红包、猜灯谜、抽奖等活动，把一大批年轻、新潮客户从线上的朋友圈吸引到线下的农信网点。北都、广灵联社创建微信平台，走在全市前列。（8）本着“谁营销、谁受益、多营销、多受益”的原则，加大存款偏离度考核力度，以日均指标促稳定，以净增指标促发展，以结构指标促均衡，使得各项存款较快增长，波动幅度收窄，稳定能力有效提升。（9）借助客户管理系统，在城乡专业市场，打造一批特色化、差异化的专业精品店，让客户感受到“一站式”全新服务体验，凸显农信社本土银行的特色品牌。（10）在全辖推行薪酬向基层一线倾斜的机制，激发一线柜台人员的工作积极性。（行　云）

大同北都农村商业银行

【概述】 2016年，大同北都农村商业银行各项存款余额124.15亿元，较年初增加12.7亿元，增长11.39%，其中储蓄存款余额83.08亿元，较年初增加5.92亿元，增长7.67%；各项贷款余额77.45亿元，累计投放贷款142.29亿元，收回贷款148.05亿元。其中，涉农贷款（不含票据融资）余额58.79亿元，占各项贷款75.91%；小微企业贷款余额58.21亿元，较年初增加2.02亿元，增长6.15%。

全行全年资产总额168.03亿元，较年初增加17.42亿元，增长11.57%；负债总额156.59亿元，较年初增加17.08亿元，增长12.25%，所有者权益11.43亿元，较年初增加0.34亿元，增长3.05%。各项收入7.63亿元，实现经营利润2.46亿元。不良贷款账面余额1.75亿元，较年初减少2.25亿元，不良贷款占比2.26%，较年初降低2.54个百分点，实现不良贷款“双降”目标。全行资本充足率13.97%，比年初增加0.74个百分点，拨备覆盖率314%，比年初增加137.89个百分点。

存在问题 （1）存款方面，辖内各金融机构的存款增长水平不一，全行整体存款增长幅度不及上年，各类企业，特别是房地产企业等调控行业周转资金日趋紧张，同时，市内其他金融机构业务不断扩张，直接冲击组织资金工作。（2）贷款方面，受经济下行影响，当地企业经营活力下降，融资需求也呈下降趋势；随着信用体系恶化，违约事件不断发生，银行不良贷款反弹严重，在新增贷款投放方面比以前更加谨慎。（3）不良贷款方面，不良贷款余额和不良贷款比率持续攀升，不良贷款盘活难度加大，主要表现为：因涉诉和不良记录，企业续贷受阻，很多企业贷款的担保单位存在不良记录，给办理续贷业务造成困难；因其他银行抽贷，企业经营陷入困境；因企业公司治理出现问题，拖累贷款按期偿还，经济下行期，众多企业公司治理出现矛盾，对偿还贷款形成不利影响；因房地产行业低迷，企业陷入困境；因涉及民间借贷，引发贷款风险。（4）银行卡方面，手机银行、微信银行、网上银行等免费业务发展壮大，给银行卡转账手续费收入造成一定影响；北都农商行POS商户手续费扣率相对较高，导致商户数量逐年减少，商户POS机具使用率低，直接影响手续费收入；睡眠卡较多，活卡率偏低。（北都农村商业银行）

【北都商行改革】 2016年，大同北都农村商业银行围绕“改制化险”关键环节，推进改制工作。（1）成立筹建工作小组。（2）请进专业人员辅导。北都农商行多次邀请银监局、工商局、律师事务所和会计师事务所专业人员座谈，探讨合并工作中可能碰到的债务处理、组织架构、人员安排，股东利益、改制流程、执照申领、法律程序等相关问题。（3）召开董事会股东大会。北都农商行和新荣区联社召开董（理）事会，股东（社员代表）大会，通过组建大同农村商业银行股份有限公司的10项议案，以9月30日为基准日，聘请山西世纪会计师事务所清产核资；聘请山西双元资产评估有限公司资产评估；聘请山西晋城律师事务所全程指导改制事宜。（4）到全国第一家也是唯一一家农商行成功并购农信社的葫芦岛农商行学习考察，学习、交流和借鉴并购中的工作流程、财务问题、法律程序等相关事项。（5）提请市政府召开多次办公会议。11月11日，困扰改制的最大"瓶颈"——入股资金问题解决，市政府确定由大同国瑞资本控股有限公司、大同市经济建设投资有限责任公司两家公司入股大同农村商业银行。其中，大同国瑞资本控股有限公司出资3亿元（不含购买不良贷款资金），大同市经济建设投资有限责任公司出资1亿元（不含购买不良贷款资金），资金筹措由两家公司协商解决。（6）向山西银监局上报验收申请。年底购买不良贷款部分出表，改制化险工作取得实质性进展。（北都农村商业银行）

【北都商行支农支小服务】 2016年，大同北都农村商业银行向人民银行申请支农再贷款4500万元，支小再贷款1亿元，向大同新发地农产品有限责任公司发放支农贷款2500万元，向大同市泰和春实业有限责任公司发放支小贷款1亿元。与市国家税务局、市地方税务局、市南郊区国家税务局分别签订银税合作框架协议，制定《大同北都农村商业银行"信税通"小微贷款业务实施细则（试行）》，向市南郊区信瑞商贸有限公司发放"信税通"贷款600万元；与大同市财信融资担保公司对接，签订担保业务合作协议，通过财信担保发放贷款4笔，金额1260万元；与大同市政府金融办公室签订协议，通过具体承办单位大同市投资担保中心设立的"大同市企业资金链应急周转保障资金"为北都农商行贷款企业客户提供临时周转的短期资金，帮助其办理续贷手续，维护征信记录，全年给企业申请应急周转保障资金15笔，金额16614万元。

（北都农村商业银行）

【北都商行压降不良贷款】 2016年，大同北都农村商业银行累计不良贷款金额6.67亿元，采取各种措施清收处置8.92亿元（其中核销2.66亿元；盘活2.68亿元；股东购买3.4亿元；现金清收0.18万元）。现金清收表外不良贷款936万元。其中，核销699万元、置换30万元、股东购买贷款207万元。

大同北都农村商业银行围绕"转型提质"这一总要求，采取多种措施清收处置不良贷款。（1）加大呆账核销力度。核销符合《金融企业呆账核销管理办法》核销条件的不良贷款，按照"账销、案存、权在"原则，做到应核尽核。新印发财金〔2015〕60号文件（即：2015修订版），放宽核销条件，3000万元以下的涉农贷款和中小企业贷款可自主核销。北都农商行累计核销呆账贷款143笔，金额26625万元。（2）出台清收制度。出台《不良贷款定价管理办法》《不良贷款重组盘活管理办法》等7项制度。全年给12个企业办理挂息缓交业务，盘活贷款3.8亿元。对关停倒闭，由借款人和担保人以外的第三人愿意协商承接的贷款，采取减免利息方式清收老旧贷款530余万元。（3）加强诉讼案件管理。加大依法清收不良贷款力度，用法律武器维护合法权益，全年起诉案件有11件，金额2.46亿元，经过跟踪协调，进入执行程序的案件有46件，金额4.2亿元。（4）加大清收奖励力度。按照不良贷款形成年限、金额大小、难易程度制定奖励办法，奖励清收人员。全行现金收回表内外不良贷款本息2700余万元，按照奖励标准，支付奖励资金130万元。（5）加大听证问责力度。累计处罚责任人63人次，其中行政处分11人次，经济处罚金额2.36万元。（6）抓住转型提质契机。在确保不良贷款不再新增的基础上，利用与新荣联社合并新设大同农村商业银行契机，以股东购买的方式处置不良贷款3.4亿元。

（北都农村商业银行）

【北都商行加大金融扶贫力度】 2016年，大同北都农村商业银行向33户建档立卡贫困户提供扶贫小额信贷资金106万元，向7户具有带动作用的农业龙头企业、专业合作社、专业大户、扶贫项目类企业发放贷款20470万元。通过参与社团贷款形势发放扶贫开发项目贷款1.1亿元。新投放各类扶贫类贷款5065万元，占扶贫任务693.84%，其中向1户扶贫产业龙头企业和18户建档立卡贫困户的提供资金支持；新增扶贫小贷35万元，占省联社办事处下达任务117%。

（北都农村商业银行）

【北都商行银行卡业务】 2016年，大同北都农村商业银行发行银行卡量39.12万张，卡存款余额12.35亿元。其中，磁条卡30.13万张，较年初减少0.72万张；IC卡8.99万张，较年初增加3.14万张，IC卡替代率37.93%。卡均余额3156元，活卡率97.28%，睡眠卡较年初减少4.15万张，实现银行卡手续费收入202万元。截至2016年底，新增手机银行3691户，微信银行新增客户10279户，第三方快捷支付新增客户数22198户。

拓展中间业务，提高北都商行银联卡的使用频率和使用范围，9月底，开办包括日常存取款、网上银行、代收代缴、全市公共自行车刷卡等功能在内的"大同公共自行车卡"业务，全年办理"公共自行车"IC卡4199张。

（北都农村商业银行）

【北都商行业务创新】 2016年，大同北都农村商业银行与工商银行、民生银行、招商银行、兴业银行、晋城银行、尧都农商行、大同银行等多家商业银行建立同业合作关系。全年资金业务各项收入4.08亿元，收益率5.26%，自有资金投资收益率6.66%。发行理财25期，募集金额41.78亿元，实现收入1554.16万元。

6月，通过合格审慎评估，成为全国性市场利率定价自律组织观察员，获发行同业存单的资格。11月，面向市场发行银行同业存单2亿元。

（北都农村商业银行）

保险

综述

【概述】 2016年，大同保险市场市级经营主体有36家，财产险公司 22 家，人身险公司 14 家。全年大同保险行业实现保费收入 57.16 亿元，较上年增加 7.89 亿元，同比增长 16.01%。其中，财产险收取保费 19.13 亿元，较上年增加 1.96 亿元，同期增长 11.45%；人保财险以 33.57% 市场份额位居首位，保费收入 6.42 亿元；寿险收取保费 38.03 亿元，较上年增加 5.93 亿元，同期增长 18.47%。中国人寿以 26.59% 的市场份额位居寿险公司首位。

存在问题 山西保险行业协会大同办事处工作中存在主动创新少和提升开拓少的情况。自律工作需要加大力度，适应会员公司的新要求；协调服务创新能力有待提高；沟通交流应加大行业内外力度；行业宣传的覆盖面和深度需延伸和提高等。（保险协会）

【保险纠纷调处】 2016 年，山西省保险行业协会大同办事处受理各类纠纷调处案件 175 起，涉案金额 408.04 万元。其中，市人民政府“12345”热线转办 142 起，涉及金额 33.52 万元（其中，财险案件 74 起，涉及金额 9.58 万元；寿险案件 66 起，涉及金额 23.94 万元）；办事处直接受理 31 起，涉及金额 336.02 万元（其中财险案件 21 起，涉及金额 298.65 万元；涉及寿险案件 10 起，涉及金额 37.37 万元）。召开调解会 22 次，达成调解协议 21 份，涉及金额 335.92 万元，其中诉调对接案件 2 起，涉及金额 38.5 万元。

（保险协会）

【保险业宣传与交流】 2016 年，山西省保险行业协会大同办事处开展行业宣传与交流工作，发挥“两册、两报、一刊、一台、一网、一公众号、三微信群”的作用。（1）编印《稳健发展的大同保险业》宣传册，向山西保监局、山西省保险行业协会、大同市委、市政府、市人大、市政协、市中级人民法院以及人大代表、政协委员、媒体、友好协会以及 30 余家省级保险公司负责人分发寄送 1500 余册。向 36 家会员公司征集关于公司基本情况、企业文化、人员情况、产品特色、经营规模、管理、发展理念、总经理寄语以及政府相关政策性文献等 80 余篇文字资料和相关照片。印发《大同保险业通讯录》（2016 年）500 余册，方便行业交流，扩大行业影响。（2）在《大同日报》《大同晚报》以“弘扬保险正能量、服务美丽新大同”为主题开辟专栏，每周固定时间刊登保险咨询、保险常识、保险案例、保险理论等内容，办事处与各产寿险公司分别于每周四在《大同晚报》财富周刊刊发 40 期专稿，并向《中国保险报》投稿。（3）“3·15”消费者权益日活动期间，办事处印制 3 万份“明白消费依法维权，理性解决保险合同纠纷”彩色宣传折页，分发给 36 家会员公司，并要求各会员公司因地制宜开展一次现场集中宣传咨询活动，通过发放宣传折页、摆设展板、总经理现场接待以及公司开展保险知识讲座、咨询，以及各种公益活动宣传正确的保险消费理念。6 月 28 日，大同保险业在大同市文瀛湖北广场举行“‘7·8’全国保险公众宣传日”系列活动启动仪式，宣传各种保险改革有关情况。（4）在网站发布最新动态 46 篇、图片信息 20 余幅、会员公司动态 10 篇。通过电子邮箱、手机微信公众号，同步上传 16 期保险业工作动态。办事处综合办公室、财产险部、人身险部分别建立微信工作联系群，各会员公司对口工作负责人加入以上三群。（5）专门建立“大同保险业总经理”微信群，利用微信群新型快捷的联系方式发送行业动态与信息 500 余次。办事处继续巩固晋冀蒙三省行业协会工作与信息交流，与山西省忻州、临汾、晋中、阳泉等办事处，及河南省三门峡市保险行业协会建立起省内外地市保险行业协会信息交流平台，互相学习、借鉴提高，并促成更多的交流活动。

（保险协会）

【大同保险业“冬季行动”】 2015 年 12 月至 2016 年 3 月，山西省保险行业协会大同办事处参与市人民政府在全市范围开展的“冬季行动”。大同保险业在冬季行动中发挥保险经济补偿、资金融通、社会管理职能，在全市社会保障、防灾减灾、社会管理等方面作用，主要体现在以下五方面：（1）增加保险从业主体。年内安邦人寿大同中支公司、紫金财险大同支公司开业，都邦财险大同公司、幸福人寿大同中支公司相继开业。（2）扩大承保面，提高保险服务，行业保费实现大幅度增长。（3）金融创新有特色，推出保险新险种。新增保险险种 13 个。主要有：平安财险的财产诉讼保全责任险、小微乐享险、汽车延保险；国寿鑫福年年年金保险；太保寿的东方红两全保险；合众人寿的恒银一生分红保险等。（4）拓展农业保险服务范围，推进“一县一业”特色保险项目；开办农村小额意外伤害和农房等保险；开办安全责任、食品责任、校园责任等公共责任保险，得到市政府及金融办等相关部门支持。出台《蔬菜塑料大棚保险保费补贴试点实施方案》《关于做好全市普及推广农村小额意外保险工作的通知》以及《小额贷款保证保险实施意见》等相关文件。（5）配合政府搭建医疗保障平台，解决大病医疗难题。中国人寿大同分公司承保大同市城镇职工大病保险，城镇职工大病保险起付线 6 万元，保额 39 万元，承保人数 50 万人，每人 120 元，保费 6100 万元；中国人民财险公司大同分公司承保城镇居民大病保险，起付线 1 万元，保额 40 万元，承保人数 43 万人，保费 1440 万元；中国人寿大同分公司和人保财险大同分公司分别承保新农合 2100 万元，1970 万元，起付线 1 万元，保额 40 万元，承保人数 145 万人，保费 4070 万元；大同阳光财险公司承保大同中心血站输血人员意外险保费 30 万元，承担全市献血人员意外伤害责任保险。配合建立大同市道路交通事故快速处理中心，解决道路交通事故堵塞道路难题。快处中心设立有交警事故处理部门、保险公司查勘理赔柜面、保险纠纷人民调解室、法律援助机构（物价车损鉴定、社会公估公司）、交通法庭等多个服务窗口，快速处理和快速理赔在全市范围内发生的 5000 元、无人伤机动车小额财产损失事故。

（保险协会）

【互联网金融风险专项整治】 2016 年 5 月 25 日，山西省保险行业协会大同办事处召开大同保险业开展互联网金融风险专项整治暨防范和处置非法集资宣传工作会议。会上传达市处置非法集资领导组专项会议精神以及《大同市开展互联网金融风险专项整治工作方案》《关于开展 2016 年防范和处置非法集资宣传教育的工作方案》和山西保监局关于《山西保险业“慧眼·守信·明责”防范非法集资主题宣传月活动方案》等文件精神。6 月，大同办事处出台《大同保险业开展互联网保险风险专项整治工作方案》，并根据该方案，由该办事处会同市金融办工作人员组成互联网保险风险专项整治领导组排查全市保险公司互联网保险非法经营风险，并现场检查全市五家大型保险公司。通过摸底排查全市保险公司以及现场检查人保财险大同分公司、中国人寿大同分公司、国寿财险大同中支、太平洋人寿大同中支、太平洋财险大同中支的官方网站、官方微博、官方微信、官方 APP 及与工作人员的问询等内容，以及对开办互联网保险业务的机构是否经过授权排查，各级机构、从业人员未发现非法经营互联网保险业务情况；排查其他机构或个人，未发现违反规定非法经营互联网保险业务情况。（保险协会）

【“安宁 2016”区域专项行动】 2016 年 4 月，山西省保险行业协会大同办事处根据山西保监局《关于开展山西省“安宁 2016”反欺诈专项行动的通知》晋保监办〔2016〕21 号文件有关精神和要求，结合大同实际，经与大同市公安局协商，联合印发《大同保险业“安宁 2016”反欺诈专项行动方案》，以惩治团伙欺诈、职业欺诈为目标，开展一系列打击保险欺诈的“安宁 2016”区域专项行动，有两个疑似案件在城区公安局经侦支队立案处理。（保险协会）

中国人民财产保险股份有限公司大同市分公司

【概述】 中国人民财产保险股份有限公司（简称“人保财险公司”）是中央企业——中国人民保险集团公司旗下子公司。人保财险大同市分公司作为驻地市分支机构，是大同地区经营规模最大的财产保险公司，全市下设 22 个支公司。其中，县区 9 个，市区 13 个。该公司主要承办机动车辆保险、财产保险、工程保险、责任保险、意外伤害保险、短期健康保险、农业保险、货物运输保险、家庭财

▲ 2016 年，人保财险大同市分公司举行文体活动　（吴国凯 供图）

产保险、特殊风险保险、信用保证保险、综合保险等业务。2016 年，人保财险大同市分公司保费收入 64238.14 万元，同比增加 7868.77 万元，增长 13.96%。其中，机动车辆保险费收入 50861.31 万元，同比增加 6289.16 万元，增长 14.11%；健康保险费 4141.94 万元，同比增加 1877.43 万元，增长 82.91%；农业保险费 2887.61 万元，同比增加 286.58 万元，增长 11.02%；人身意外保险费 734.84 万元，同比增加 30.83 万元，增长 4.38%；货物运输保险费 569.76 万元，同比增加 13.63 万元，增长 2.45%；责任保险费 2009.9 万元，同比减少 94.82 万元，下降 4.51%；家庭财产保险费 184.16 万元，同比减少 11.04 万元，下降 5.65%；保证保险费 117 万元，同比减少 7.02 万元，下降 5.66%；企业财产保险保费 2599.7 万元，同比减少 533.71 万元，下降 17.03%；工程保险费 38.34 万元，同比减少 59.93 万元，下降 61%。全年累计处理各类赔案 58753 件，支出赔款 35168.84 万元，综合赔付率 64.33%，同比下降 3.89%；综合成本率 96.92%，同比下降 3.03%；综合费用率 32.59%，同比增长 0.86%，全年净利润 1869.64 万元；全年累计上缴大同市地税 1399.02 万元，同比增加 252.11 万元，增长 21.98%。（吴国凯）

【保险服务“三农”】 2016 年，人保财险大同市分公司累计承保玉米种植保险 5.66 万公顷，支付赔款 275.27 万元；承保能繁母猪 3.66 万头，支付赔款 584.68 万元；承保奶牛 11259 头，支付赔款 262.8 万元；承保森林 17.64 万公顷，支付赔款 33.57 万元；承保黄花 185.4 公顷，支付赔款 39.32 万元；承保育肥猪 23598 头，支付赔款 95.66 万元；承保肉牛 238 头，支付赔款 23.41 万元；承保小杂粮 1931.13 公顷，马铃薯 1924.53 公顷，蔬菜大棚 130 个。（吴国凯）

【保险服务民生】 2016 年，人保财险大同市分公司统保全市二级以上医院医疗责任险，缓解医患矛盾，为平安医院保驾护航。在校园方责任险方面，给全市 408 所学校办理责任保险，为 36 万名学生提供风险保障。办理全市的城镇居民及新农合大病保险，服务居民 462655 名，服务农民 694740 名。（吴国凯）

【保险创新产品】 2016 年，人保财险大同市分公司对接区域“一县一业”“一村一品”经济发展需求，尝试开办黄花菜、西瓜、小杂粮等种植业保险，开办肉牛、育肥猪、育肥羊等养殖业保险，拓展新领域，扩大承保覆盖面。创新开办黄花种植保险、黄花价格指数保险，被人保财险总公司列入“农网创新试验基地建设名录”。（吴国凯）

中国人寿保险大同分公司

【概述】 2016 年，中国人寿保险大同分公司总保费收入 10.23 亿元，占

年度预算 7 亿元的 146%，同比增长 26.5%，在全省系统增幅比例最高。长期险首年标保、新单保费、首年期交等核心业务均超额达成年度预算目标。其中，长期险首年标保 1.07 亿元，占年度预算 8820 万元的 122%；新单保费 5 亿元，占年度预算 3 亿元的 167%；首年期交保费 2.45 亿元，占年度预算 1.1 亿元的 220%，10 年期及以上期交保费 1.17 亿元，占年度预算 9800 万元的 120%；短期险保费 4100 万元，占年度预算 3800 万元的 108%。个险首年期交突破 2 亿元，总量 2.16 亿元，占年度预算 0.8 亿元的 270%，个险核心业务总量跃升亿元规模行列。续期业务 5.17 亿元，占年度预算 4 亿元的 129%。全年上缴驻地地税 1276 万元，占年度预算目标 300 万元的 425%，同比增长 85%。全年查实城镇职工大病保险虚假案件 9 件，涉及金额 42.85 万元；灵丘新型农村合作医疗保险虚假案件 2 件，涉及总金额 13.17 万元。重疾险风险预警排查 4150 件，解约保单 7 件，解约风险保额 65.27 万元。（中国人寿）

【人寿市场竞争实力增强】 2016 年，中国人寿保险大同分公司总体业务市场份额 27.1%，超年度预算 2.1 个百分点，较上年提升 1.85 个百分点，超主要同行 11 个百分点，总规模超 4 亿元。个险首年期交份额 38.9%，超同行 10 个百分点，总量超 7300 万元。团险市场份额 57%。个险营销人力 4285 人，同比增长 608 人，超同行 1580 人。（中国人寿）

【人寿参与社会保障体系建设】 2016 年，中国人寿保险大同分公司中标全市城镇职工和新型农村合作医疗保险两项大病医疗保险服务项目，累计参保人数 125 万人。其中，城镇职工 50.6 万人，新农合 74.4 万人。专门组建大病保险服务团队，招聘专职大病服务人员 42 名，并成立大病专职理算队伍和调查团队，受卫计委、人社局委托调查案件数 2794 件（其中，医保经办案件 1972 件，新农合经办 790 件，新农合外伤 32 件），协助医保中心成立驻院代表队伍，配备 7 名驻点合署办公人员，协作开展服务工作。给全市 43 万名城镇职工提供每人 4 万元的意外伤害保险保障，累计赔款支出 3556 万元。其中，长期险 820 件，赔款金额 2137 万元；短期险 4462 件，赔款金额 1419 万元。6 月 22 日、7 月 5 日与城区教育局联合召开"校园安全座谈会"，沟通学生保险保障事宜，9 月 20 日，城区教育局印发《城区学校体育运动风险防控暂行办法》的通知，明确学生保险保障相关事项，完善学生保险保障机制，城区 37 所小学全部统保，给全市 10 万余名学生提供保险保障。4 月 27 日，与市计生协联合召开全市 2016 年计生保险工作会，专项安排部署计生保险工作，5 月 9 日，市计生协印发《关于为计生家庭办理意外伤害保险的通知》，明确各区县计生专干和计生困难家庭，给全市 2 万个计生家庭提供 10 万元保险保障。借助总公司承保全国公安民警意外伤害保险契机，利用全省《公安民警人身意外伤害保险服务协议》平台，联系市公安局、城区公安局、矿区公安局等单位，把符合理赔条件的 3 名公安干警的 30 万元理赔款送至家属手中。（中国人寿）

证 券

山西证券股份有限公司大同分公司

【概述】 2016 年，山西证券大同分公司开户总数 48604 户（其中，云中路 44695 户，矿区 3909 户）；新增 6454 户（其中，云中路 5492 户，矿区 962 户）；客户资产总值 27.89 亿元（其中，云中路 25.89 亿元，矿区 2 亿元），其中保证金余额 3.75 亿元（其中，云中路 3.54 亿元，矿区 0.21 亿元）。全年证券交易量 451.43 亿元（其中，云中路 388.93 亿元，矿区 62.5 亿元）；实现佣金收入 1883.83 万元（其中，云中路 1719.58 万元，矿区 164.25 万元）。

截至年底，山西证券大同分公司累计实现手续费净收入 1806.5 万元（其中云中路 1663.13 万元，矿区 143.37 万元）；累计实现利润总额 1211.94 元（其中云中路 1262.24 万元，矿区 –50.3 万元）。日日添利 C 开通 1112 户（其中云中路 948 户，矿区 164 户），可用资金 7127.54 万元（其中云中路 6510.17 万元，矿区 617.37 万元）。财智慧新服务平台，注册 3200 户（其中云中路 2800 户，矿区 400 户），占公司目标任务 114.81%。IB 业务客户总数 290 户（云中路 286 户，矿区 4 户），其中，股指期货客户总数 52 户，累计手续费 30.47 万元，累计交易量 161.55 亿元。融资融券业务，双融签约客户 1240 户（云中路 1193 户，矿区 47 户），创造收入 1296.76 万元（云中路 1272.81 万元，矿区 23.95 万元）。其中，佣金收入 357.58 万元（云中路 352.38 万元，矿区 5.2 万元）；利息收入 939.18 万元（云中路 920.43 万元，矿区 18.75 万元）。约定购回，开立 58 户，无交易发生。股票质押式回购，累计 3 户。融易通业务开立 36 户，年度累计成交金额 25.33 万元，创造利息收入 20275.18 元。沪港通、深港通业务开立 154 户，其中云中路 136 户，矿区 18 户。产品销售，年内累计销售 219052.44 万元，其中主推基金类 2215.322 万元（云中路 1765.3 万元，矿区 450.02 万元），收益凭证类 205987.12 万元（云中路 57385 万元，矿区 148602.12 万元），资管产品 10850 万元（云中路：6050 万元，矿区 4800 万元）。个股期权开立 4 户。

存在问题 产品销售数据不错，但客户分布比较集中，和其他分公司相比产品销售储备不足。竞争加剧，佣金下滑速度快，面对线下与线上佣金战，该公司佣金下滑速度快且暂时没有更好的标准化服务提升佣金。员工梯队知识储备不足，员工后续学习跟进不足，没有形成良好学习氛围，员工缺少主动学习积极性。营销队伍扩充速度不达预期，营销考核与管理制度不能做到与市场相结合，竞争对手的营销队伍搭建速度快，管理模式成熟，对银行渠道网点进驻很积极，对大同分公司的渠道效应冲击很大。

（山西证券大同分公司）

【拓宽同煤融资渠道】 2016 年 6 月，同煤集团 200 亿元债券到期，加上同煤面临经营困难与还款压力，山西证券大同分公司支持矿区营业部给同煤集团建言献策，帮助其拓宽融资渠道。

矿区营业部开发同煤集团漳泽电力股权质押项目，给同煤集团筹资5亿元，质押该公司规模最大的单笔股权项目，给该公司创收3250万元。矿区营业部促成同煤集团财务公司与该公司签署财务顾问服务协议，把同煤集团的应收账款、采矿权和债权进行证券化，同时联系该公司资管三部、邮储银行，尽调同煤集团下属煤矿，沟通不良资产剥离及资产证券化业务，促成该公司首笔资产证券化落地项目。

（山西证券大同分公司）

【山西证券客户分包维护】 2016年是山西证券大同分公司分包客户维系工作的基础年，结合CRM服务平台中MOT的基础服务任务项，建立与客户的分包服务关系，建立重点核心客户的服务档案。甄别超核心客户，全年给6位客户上门安装万德资讯软件，提供差异化服务，重要节日上门拜访超核心客户。新股中签提醒服务，全年新股228支，累计电话通知客户2392户，其中上门通知10户，客户对中签提醒服务形成依赖，被戏称为新股闹钟。举办大型报告会，全年累计3次，给客户提供策略资讯服务。举办户外活动，增加客户黏度，夏季组织核心客户户外烧烤与文瀛湖健走活动，在户外放松身心的过程中增加与客户见面的机会，增进感情，加深与客户之间的彼此了解。做好投资者保护与教育工作，全年组织"3·15"宣传活动、"打非宣传月"活动、"12·4法制宣传月"，打击"非法集资"宣传月活动、"关于提醒广大投资者谨慎防范各种非法证券期货活动"，做好投教工作。给存量客户调佣，全年线下多家券商进驻大同，线上券商互联网开启佣金战，一人多户激化竞争，该公司选择主动为存量客户逐批降佣金，减少因佣金造成的客户流失，山西证监局数据，1月至9月，大同辖区营业部市场占有率分公司云中路营业部始终位居第一。

（山西证券大同分公司）

【山西证券营销宣传】 2016年，山西证券大同分公司保持与大同电视台、大同晚报社建立合作，"3·15"宣传、文瀛湖健走、阳高扶贫活动，均在大同电视台播出；产品信息、服务动态在《大同晚报》登载刊次42次、发布广告1次，扩大营销宣传力度与范围，提升企业形象。

（山西证券大同分公司）

大同证券有限责任公司

【概述】 1988年5月3日，大同证券有限责任公司前身为晋冀内蒙古地盟市大同证券公司，经中国人民银行总行（银复〔1988〕194号）文件批准成立，该公司注册地址山西省大同市迎宾街15号桐城中央21层。1991年5月10日，经中国人民银行总行批准，该公司名称变更为大同证券公司。1996年9月，获中国人民银行总行重新登记为专业证券公司，名称仍为大同证券公司。1997年，经中国人民银行总行批准，该公司名称变更为大同证券有限责任公司。2000年1月，根据中国证监会（证监机构字〔2000〕20号）批复，该公司增资扩股，注册资本由1665万元增加到1亿元，名称变更为大同证券经纪有限责任公司。2001年，该公司总部办公地由大同迁址太原。2013年12月30日，该公司增资扩股，注册资本增至人民币5亿元。2015年5月，经中国证监会山西监管局晋证监许可字〔2015〕6号文《关于核准大同证券经纪有限责任公司变更公司章程重要条款的批复》批准，该公司名称变更为"大同证券有限责任公司"，且注册资本由人民币5亿元增至人民币6.077亿元。2015年11月，经中国证监会山西监管局晋证监许可字〔2015〕12号文《关于核准大同证券有限责任公司变更注册资本的批复》批准，该公司注册资本由人民币6.077亿元增至人民币7.3亿元。2016年，证监会分类评价证券公司，被评为BBB级证券公司。

截至2016年底，该公司设有职能部门22个。设有3家分公司1家子公司，有太原分公司（设立时间2009年6月，营运资金人民币2000万元）、上海分公司（设立时间2015年10月，运营资金人民币1000万元）、北京分公司（设立时间2015年10月，运营资金人民币1000万元）和大证保险经纪股份有限公司子公司（设立时间2016年4月，运营资金人民币5000万元）。员工总数1320人。经中国证监会批准设立的证券营业部39家。其中，在北京、上海、重庆、深圳、河北邯郸、河南安阳、云南玉溪、内蒙古鄂尔多斯、江苏徐州、山东淄博、浙江台州、湖南衡阳、福建泉州、浙江杭州、四川成都各设立1家证券营业部外，其余证券经营机构主要分布在山西省太原、大同、晋城、忻州、运城、长治、阳泉、临汾、晋中、吕梁、朔州等地市、县区。 （小 霞）

【大同证券经纪及信用业务】 代理买卖证券业务 2016年，大同证券有限责任公司总交易金额6517.71亿元（含融资融券交易额），同比减少4279.09亿元，下降39.63%。其中，股票基金交易额5135.22亿元，同比减少4313.73亿元，下降45.65%；债券交易额18.82亿元，同比减少16.49亿元，下降46.70%；债券回购融资金额1363.67亿元，同比增加51.13亿元，增长3.90%。

代销金融产品业务 大同证券有限责任公司全年金融产品销售额72.27亿元（货币基金销售额42.74亿元），同比减少36.31亿元，下降33.44%。其中，公募基金销售额48.67亿元（包含货币基金销售额42.74亿元），同比减少45.81亿元，下降48.49%；私募基金交易额0.94亿元基金专户0.23亿元，同比减少2.69亿元，下降92.12%；资产管理计划10.48亿元，同比增加5.13亿元，增长95.89%；银行理财产品销售额5.59亿元，同比增加0.13亿元，增长2.38%；收益凭证销售额6.36亿元，同比增加5.99亿元，增长1618.92%。

证券投资咨询业务 截至2016年底，大同证券有限责任公司公司有282人取得证券投资咨询执业资格。主要通过与报刊、电台和电视台等媒体合作，以及举办投资报告会方式开展证券投资咨询活动。

信用业务 在融资融券业务方面，该公司40家营业部开通融资融券业务，年度新增信用资金账户828户，累计信用资金账户数8129户，2016年底存在未结债权债务关系的客户数量2501户，发生强制平仓的账户数量4户，强制平仓金额21.97万元。

金融

期末融资余额 11.70 亿元，融资融券交易额 163.18 亿元。期末客户担保物价值 38.17 亿元，期末总体维持担保比例 320.96%。融资融券业务实现利息收入 10050.20 万元，信用账户佣金收入 4910.09 万元。在股票质押式回购交易业务方面，该公司股票质押式回购业务存续项目 84 笔，待购回的质押证券市值 9.33 亿元，融出金额 4.10 亿元，融出金额市场占有率 0.0335%。股票质押式回购业务累计立项 119 笔，融出金额 41700.96 万元，回款金额 3098.61 万元，净融出金额 38602.35 万元。股票质押式回购业务整体履约保障比例水平 218.68%，全年股票质押式回购业务未发生不按期结息、强制补充质押、强制平仓等违约及违约处置情况。股票质押式回购业务实现利息收入 433.66 万元。

股票期权业务 2016 年 1 月 18 日，开展上海证券交易所股票期权业务；全年开立衍生品合约账户 53 户，总成交数量 8795 张，业务收入 60882.65 元（净佣金收入 47148.29 元）。

期货 IB 业务 期货 IB 业务开展于 2016 年 4 月。截至 2016 年底，取得期货从业资格人员 67 人，19 家营业机构具备展业资格，开立期货账户 185 户，净收入 22.61 万元。（小 霞）

【大同证券投资银行业务】 2016 年 5 月 26 日，大同证券有限责任公司取得保荐业务资格，于 2016 年 8 月 29 日，取得新三板主办券商推荐业务资格，经营业绩方面，全年投行债权类业务实现收入 3303.77 万元。其中，主承销业务实现收入 1679.24 万元，副主及分销、参团业务实现收入 1624.53 万元；股权类业务实现收入 477.74 万元（其中，新三板挂牌业务收入 168.31 万元，财务顾问业务收入 309.43 万元）。（小 霞）

【大同证券资产管理业务】 截至 2016 年底，大同证券有限责任公司存续资管产品规模 733992 万元。其中，存续集合资管产品 25 只，规模 171489.02 万元，同比增长 555.41%；定向资管产品 10 只，规模 562502.98 万元，同比增长 1277.34%；全年实现收入 4628.34 万元，同比增长 1269.74%，占公司营业收入 9.89%。存续集合资管产品中权益类产品 1 只，规模 4017.54 万元，占比 2.34%；固定收益类产品 7 只，规模 23376.65 万元，占比 13.63%；混合类产品 3 只，规模 17351.32 万元，占 10.12%；其他类产品 14 只，规模 126743.50 万元，占比 73.91%。从全行业来看，2016 年前三季度证券公司资产管理业务净收入 200.17 亿元，同比增加 22 亿元，增长 12.35%。贡献证券公司营业收入 8.27%，较上年 4.78% 上升幅度较大。（小 霞）

【大同证券交易投资业务】 2016 年，大同证券有限责任公司在公司级固定收益平台打造方面，固定收益业务实现净收入 156 万元。其中，安全垫资金自营业务收入 1608 万元，销售交易中间业务收入 –1602 万元，机构理财业务收入 150 万元。在股票自营业务开展方面，基于 2016 年股市走向以震荡为主、趋势性机会较少、部分时间点存在结构性机会等审慎研判，低仓位配置金融行业和新能源行业的投资品种，全年股票自营业务收入 –143 万元。在新三板做市业务开展方面，在人员到位、配套制度出台、外部合作关系建立、挂牌企业路演会参与、新三板股票估值体系设计等工作开展的同时，进行标的股票投资，且浮盈 170 余万元。（小 霞）

【大同证券履行社会责任】 2016 年，大同证券有限责任公司在发挥券商基础职能，支持当地经济建设方面，派出多名投行人员考察省内 27 家企业，其中，与爱格琉璃制品有限公司新三板项目和山西大德通科技有限公司新三板财务顾问项目 2 家企业签约项目，指导企业规范财务、法律以及经营方面的问题，帮助企业分析新三板挂牌及资本融资过程中存在的问题并提解决方案。公司作为分销商参团山西国际电力集团有限公司债券发行工作；通过了解相关企业需求和实际情况，研究和分析山西省当地通过债券市场融资的企业及拥有较多符合业务开展基础资产的企业（集团）情况，筛选较为优质的潜在目标客户，以探讨为其提供资产证券化服务的可能性。在解决就业方面，新增就业岗位 316 个，新招应届毕业生人数 23 人。在服务客户方面，建立昼夜网上开户业务，增强客户体验，满足投资者需求；在官网建立投资者教育园地，通过大证讲堂、投资者保护基地讲解投资知识、风险案例警示等，倡导公平交易、客户分类与产品或服务风险等级适当性匹配的理念；通过交易柜台、电话、网络、大证金管家 APP 等畅通客户查询渠道，客户可按时掌握到个人投资、账户信息；在官网、营业场所公示投诉电话，受理客户投诉，在可能引起客户投诉的事件上，该公司提前安抚投资者，维护证券市场的稳定；指定 2 名工作人员作为人民调解员，受理客户的纠纷调解；发送与打击非法证券活动、投资者保护相关的提醒短信 2 万余条，发放相关投保宣传资料约 8 万份，受众面 13 万人。在社会公益方面，推动与隰县确立的“一司一县”结对帮扶关系扶贫工作；部分营业部以捐资助困、关爱孤儿为抓手，主动发起并开展相关活动。在节能减排方面，通过公司自动化办公系统，采取无纸化办公；通过执行夏日不系领带等策略，减少空调使用；加强员工节能减排意识，节约水电等资源。在员工培训方面，接受培训员工 226 人，占员工总数 30%；全年投入员工培训资金 75.3 万元。（小 霞）

科学技术　社会科学

科学技术

科　技

【科技项目】 2016年，大同市科学技术局向省科技厅推荐申报优秀科技项目，落实大同市2016年度省科技计划立项项目18项。其中，应用基础研究项目1项，重点研发项目8项，软科学研究项目1项，众创空间发展专项项目3项，成果转化引导专项项目1项，专利推广资助专项1项，连续重大专项项目3项，落实到省科技研发专项资金1133万元。落实获2015年度省科技奖励项目24项。其中，科学技术自然科学类二等奖2项、技术进步类二等奖9项、技术进步类三等奖9项，农村技术承包集体项目一等奖1项、集体项目二等奖2项、个人项目一等奖1项。

（王　锦）

【科技项目立项管理】 2016年，大同市科技局加强科技计划立项管理，受理全市312项2016年度市级科技计划申报项目。经形式审查、现场考察、初审结果公示、专家评审、局办公会议审定、市财政局同意等程序，淘汰170项，立项142项。其中，工业攻关24项、农业攻关17项、社发攻关37项、成果推广21项、星火12项、基础研究4项、国际合作1项、软科学研究19项、科技基础条件平台7项，使用财政研发专项经费2397万元。在科技计划中期管理方面，通过组织专门力量组成6个检查组，分别到各个项目承担单位，按项目计划类别现场检查，纠正和解决检查中发现的问题。在科技计划后期管理方面，组织相关领域专家验收2013年以来立项的市级科技计划项目，验收各类计划项目66项，使用市财政科技研发专项资金1879万元，带动项目承担单位落实自筹资金24019.27万元，累计实现新增产值76396.38万元。利税1328.12万元，创汇216万美元。培养各类科技人才114名。申请专利149项。其中，发明专利43项，实用新型专利92项，外观设计专利14项，获授权发明专利21项，实用新型专利83项，外观设计专利9项；发表科技论文30篇，开发新产品12项，新增中试生产线10条，初步形成科技示范工程39个，试验基地29个，制定企业标准17项，新增就业岗位116个。

（王　锦）

【科技专利管理】 2016年，大同市专利申请1575件。其中，发明专利384件，实用新型专利1063件，外观设计专利128件。授权专利993件。其中，发明122件，实用新型813件，外观设计58件。截至2016年底，全市拥有有效发明专利438件，超额山西省知识产权局下达大同市380件专利目标责任考核指标，超额58件，超计划15%。

（王　锦）

【科技技术合同交易】 2016年，山西省考核指标大同市技术合同交易额9.6亿元，截至2016年底，实现技术合同交易额12.7亿元，占总任务132%。其中，输出金额3亿元，吸纳金额10.8亿元，市内交易额1.1亿元。

（王　锦）

【科技项目平台建设】 2016年，大同市科学技术局利用科技投融资平台，通过申报受理、初审、专家评审等程序，向晋商银行大同分行推荐科技贷款项目13项。其中，山西联创电子信息技术有限公司、大同市译林外语培训学校、山西利丰华瑞制药有限责任公司、大同新成新材料股份有限公司4项科技贷款项目通过银行审查，并获贷款2000万元。

组织认定山西大同大学医学院申报“分子细胞免疫学大同市重点实验室”、山西大同大学碳材料研究所申报“新型炭材料大同市重点实验室”和山西大同大学申报“化学生物传感器大同市重点实验室”3个市级重点实验室。分子细胞免疫学大同市重点实验室，是基于山西大同大学的脑科学研究所、免疫学研究所、呼吸病与职业病学研究所、神经病学与免疫学重点建设学科、大同市第五人民医院、大同同煤集团总医院等科技力量，形成资源整合，人才聚集的平台，实验室占地1200平方米、1200万元的仪器设备，为大同市医疗科技发展奠定基础。新型炭材料大同市重点实验室，主要研发领域为新型炭材料制备以及应用研究，占地面积800余平方米，拥有500余万元仪器设备，实验室以新型炭材料中的石墨烯、纳米碳管、炭/炭复合材料和纳米碳增效复合肥为研究方向。

（王　锦）

【煤基低碳重点科技计划立项】 2016年，大同市科技局凝练一批重点煤基低碳科技项目，推动申报市级科技计划项目工作，优选出“燃烧法制备纳米碳材料”“型煤黏结剂”2项煤基低碳科技攻关项目和“环保型型煤”1项煤基低碳成果推广项目，列入2016年市级科技项目计划，给予重点支持，资助财政科技研发专项资金100万元，项目立项实施。（王 锦）

【众创空间培育认定】 2016年，大同市科技局经多方征求意见并反复修改后，3月2日印发《大同市众创空间认定管理办法》，给认定众创空间提供政策依据。组织专门人员到各县区调研摸底，开展宣传指导，确定培育对象6家，5家市级众创空间通过认定。9月30日，山西茂凯威科技有限公司申报的“大同市美客创想孵化基地”和大同市清新有你众创空间有限公司申报的“有你众创”2家省级众创空间通过省科技厅组织的专家评审认定。（王 锦）

【京同共建大学科技园】 2016年3月，清华大学科技园部分专家到山西大同大学与校领导及各研究所所长调研“创业苗圃—科技孵化器—科技园”项目启动事宜。达成意见，大同大学提供土地和科技创新创业团队与市政府合作共建，清华大学提供管理和技术链条延伸服务支持，拟制建设规划。（王 锦）

【科技培育创新主体】 2016年，大同市科学技术局利用各种宣传培训方式，加大《高新技术企业认定管理办法》宣传培训力度。7月14日，针对高新技术企业申报、工程技术中心建设、众创空间组建、知识产权保护和技术合同交易额登记等内容，联合市委组织部共同举办150人的全市科技创新专题培训。到企业调研基础上，确定12家高新技术企业重点培育对象和5家高新技术企业资质到期需重新认定企业，从提高企业研发组织管理水平、科技成果转化能力、增加自主知识产权数量、提升企业经营成长性等方面引导和扶持，并按时把这17家企业申报高企认定材料上报省科技厅。经信息反馈，17家企业均通过省厅组织的专家评审获得认定，截至2016年底，全市高新技术企业达35家。引导支持国药威奇达药业有限公司和山西大同大学创建省级工程技术研究中心。两家单位分别以“生物发酵工程”领域和“石墨稀技术工程”领域准备申报材料，并上报省科技厅。6月15日印发《关于组织开展大同市工程技术研究中心认定工作的通知》，接收6家单位市级工程技术研究中心认定申请，全部通过市级工程技术研究中心认定。（王 锦）

【科技兴农】 2016年，大同市科技局组织全市110余名农技骨干组成农技承包组，开展9个县（区）、42个乡开展农技承包活动。承包粮食作物1.97万公顷、经济作物0.49万公顷、畜禽310.8万（只）头，实现粮食作物增产1183万公斤，经济作物增产1150万公斤，总增收21049万元。选派76名科技人员到大同县、天镇县、阳高县、浑源县、灵丘县、广灵县6个贫困县开展科技服务，组织13名本土科技服务人员和农村科技创新创业人员到山西农业大学培训，推动农村科技创新创业。组织科技人员到新荣区堡子湾乡马厂村开展科技下乡活动，农业专家讲授蔬菜种植、果树种植等实用技术，并给当地种植大户和日光温室农户答疑解难，现场发放科技宣传资料和农业实用技术资料，给贫困县农民群众送去农技知识。（王 锦）

【科技服务活动】 2016年，大同市科技局给全市企事业单位办理专利费用减缓证明90个；接待专利咨询43人次、科技投融资专项资金贷款项目咨询40余人次，到企业开展专利服务3次；与南郊区科技局联合编写

·链 接·

众创空间

众创空间是指由独立机构运营，通过市场化机制、专业化服务和资本化途径构建的低成本、便利化、全要素、开放式的各类新型创业服务平台。众创空间通过创新与创业相结合、线上与线下相结合、孵化与投资相结合方式，满足不同创业者需求的工作空间、网络空间、社交空间和资源共享空间。大同市范围内依据2016年实施的《大同市众创空间认定和管理办法》，申请认定众创空间应满足五个条件。（1）独立的运营机构，经验丰富的管理团队。运营管理机构可是独立法人或其他社会组织，也可是依托上述组织成立的相对独立的机构；服务团队和主要负责人要具备一定的行业背景、丰富的创新创业经历和相关行业资源，人员结构、综合素质、业务技能和服务能力能够满足大众创新创业服务需要。（2）完善的基础服务配套设施。众创空间应具备一定的可自主支配场地。高校内应不低于100平方米，其他应不低于300平方米。属租赁场地的，租期应在5年以上。其中，公共办公与服务场地面积不低于总面积90%，并提供开放共享式办公场地、宽带接入、互联网资源等设施，鼓励提供科研设施、仪器设备及简式餐饮、公寓等硬件设施。（3）完备的创新创业服务体系。设立有一定金额的种子基金，聚集天使投资人与创投机构，为创业者提供资金支持和融资服务。聘任由成功企业家、天使投资人和专业人士等为主的专兼职创业导师队伍，数量不少于3人，为创业者提供创业辅导、培训等服务。每月举办不少于1次创业沙龙、创业讲堂、创业训练营、项目路演等活动。整合并链接社会资源，为创业者提供研发设计、科技中介、金融服务、成果交易、认证检测等全方位、专业化服务。把上述服务及服务内容延伸至线上，实现线上与线下相结合。（4）低成本或免费的办公条件。建立新型市场化可持续发展商业模式，在利用现有设施的基础上，通过开放共享降低成本，向创业者提供灵活、低收费或免费的日常服务。（5）聚集一定数量的创客或创业团队。其中以服务创客为主的众创空间聚集的创客不少于20人，以服务团队为主的众创空间所聚集的创业团队不少于5个。

（木 依）

社会科学 科学技术

印发《专利法律法规汇编》《专利知识100问》《专利实用技术培训讲座》3种培训资料2000余册。培训中小微企业29家，培训人员152人次。平台代理申请专利123件。专利摸底调查南郊区271家企业、城区和矿区113家中小型科技企业以及全市161家工业企业，会同大同市南郊区中小企业局编制2012年~2014年三个年度的区域专利调查报告。（王　锦）

【科技活动周宣传】 2016年5月25日，大同市科技局与南郊区委、区政府联合主办，南郊区科技局举办以“创新引领 共享发展”为主题的科技活动周，启动仪式在万城华府社区举行。活动周首日悬挂宣传横幅及宣传标语8幅，展出图板45块，发放科技宣传资料630余份，科普类书籍1020册，现场参加咨询活动的医疗卫生、食品药品、应急避险、低碳节能、健康生活等科技人员40余人，现场接受咨询340人次。南郊区中心医院在活动现场设立医疗知识普及咨询台、义诊台，140余名过往群众接受义诊。科技活动周期间，市科技局邀请大同市新和医院参加社区服务义诊活动，在大同市天胜雅园、振兴街等5个社区开展免费义诊活动。（王　锦）

【“体验科学”——中国流动科技馆广灵巡展】 2016年7月，“体验科学”——中国流动科技馆山西大同广灵巡展在广灵县壶泉镇舒惠社区启动，是“体验科学”——中国流动科技馆山西大同巡展的第一站。

这次巡展旨在普及科学知识、弘扬科学精神、提高全民科学素质。展期一个月，以“体验科学”为主题，通过声光体验、电磁探秘、运动旋律、数学魅力、健康生活、安全生活、数字生活7个主题展区的50件互动展品，与科学表演、科学实验、科普影视相结合，给观众营造参与科学实践、体验科学魅力的场所，达到激发科学兴趣、启迪科学观念、培养实践能力的目的，促使公众，尤其是青少年感受“体验科学”快乐，提高自身科学素养。（木　依）

【科技项目绩效评价】 2016年12月上旬，大同市科技局绩效评价15个市级重点科技计划项目。

这次科技计划项目绩效评价涉及研发和转化两大类，包括2016年验收通过、市财政研发专项资金资助30万元以上（含30万元）以及具有行业代表性的重点项目。主要从绩效目标实现程度、综合效益情况、组织管理情况、经费管理使用情况、知识产权情况、人才培养情况六个方面绩效评价。绩效评价参照省科技厅对2014年省级科技创新计划项目实施过程评价制定的评价指标体系，并结合市科技计划管理实际，组织相关专家，对太阳能热发电聚热储能石墨材料研发、煤矿井下LED节能照明集成控制系统、苦荞全株营养粉技术推广、良种乳肉兼用牛繁育基地建设、珍稀食用菌肥鳞伞综合配套技术成果推广等15个重点项目开展项目绩效评价。（刘　江）

地质勘查

◆山西省煤炭地质一一五勘查院◆

【概述】 2016年，山西省煤炭地质一一五勘查院签订工程项目合同68份，合同价款5520万元。开动各类钻机16台，施工钻孔449个，钻探各类进尺50398米。其中，地质钻孔17510米，水文钻孔1456米，工程勘察孔31432米。地震物理点2272个，磁发点4288个，测井实测米20930米，编写各类地质报告60余件。全年货币总收入12881.38万元，财政预算经费收入5694.03万元，对外创收7187.35万元，占年度目标任务71.87%。其中，地勘主业收入4311.82万元，延伸产业收入2405.98万元，服务业收入469.55万元，分别约占对外收入的60%、33.48%、6.52%。全年发放工资总额4336.12万元，在册人均收入5.35万元，同比降低11%。全年节余与收益额1765.38万元。

存在问题 （1）项目储备不足。地质勘查市场份额大幅减少，地勘主业施工的大都是往年的储备项目，新项目储备严重不足。（2）回款难度加大。账内应收款大多是煤炭企业所欠，资金回笼难度大。（3）经营风险增大。受地勘市场萎缩影响，社会项目竞争激烈，中标价严重脱离和违背市场价格体系，单纯强调低价，造成中标上的“骑虎难下”——不中标是没项目，中标经营风险加大，其结果是没有利润甚至出现亏损。（4）人才资源缺乏。人才分布不均衡、队伍老化、断代，人才储备不足，高素质、高职称的专业技术人员和复合型管理人才匮乏。

（一一五勘查院）

【勘查院两权价款项目】 2016年，山西省煤炭地质一一五勘查院施工价款地质勘查项目有5个。其中，宁武中马坊煤炭预查和左云铀矿预查2个项目通过野外验收；地质填图和物探

▲2016年10月26日，山西省煤炭地质一一五勘查院举行应急救援安全技术培训

（一一五勘查院 供图）

社会科学 科学技术

磁测野外繁峙县四岔矿区铁矿预查和代县黄草院矿区铁矿预查2个项目，调整静乐县梁家沟煤炭普查项目方案，补充增加8个钻孔，钻孔3个。2014年度申报立项的南高埠煤炭详查和岢岚铝土矿预查2个项目，合计价款1848万元，实施方案经专家评审会通过并签订合同。（一一五勘查院）

【勘查院房产项目建设】2016年，山西省煤炭地质一一五勘查院平泉路西侧（S1）“土地开发项目”主体工程竣工，进入二次工程砌体及抹灰工程和墙面找平层、覆盖保温层工作阶段。2014年启动的平泉东侧（S2）“棚户区改造项目”，两年来因居民搬迁补偿等问题无法实施，2016年9月，经大同市矿区政府同意变更为“老旧小区综合整治”项目，变更手续通过审批，项目由政府部门主导一一五勘查院配合开展。（一一五勘查院）

【勘查科研项目】2016年，山西省煤炭地质一一五勘查院根据省局编制的《项目指南》，申请立项的《基于Googleearth（谷歌地图）自动生成地形图软件开发实施方案》通过招标采购程序，进入软件研发阶段；《航测遥感软硬件测量系统》通过实际考察。与知名大学院校联合研发的《矿山垂直救援生命探测装备研发》和《矿山垂直救援提升系统装备研发》两个科研项目，在山西华晋焦煤王家岭煤矿逃生井进行实验并取得成功，各项技术参数均达到设计要求。与太原理工大学共同研发的《矿山垂直救援提升系统装备研发》项目申报科技厅重大科技攻关项目获批。（一一五勘查院）

【勘查地质领域拓展】2016年，山西省煤炭地质一一五勘查院地质技术中心通过招投标等方式承揽9个《煤矿水患调查》和1个《采空区积水勘探工程》项目，合计价款538万元。测绘技术中心在上年建立的航测遥感系统基础上，专门成立航测遥感技术中心，通过增加倾斜摄影测量系统和信息安全管理体系认证等一系列措施，提升运行能力，拓展业务承揽范围，参与农村土地确权和省地面普查等项目的投标工作，中得10个县（区）约6万公顷土地的确权和地名普查任务，合计价款1819.9万元。物探技术中心在兰州市、合肥市、韶关市参加地下管线探测工作，探测管线600余千米，累计培养管线探测技术人员30余人次。与北京市水文地质工程地质大队联合，以268.5万元中标《广灵幅1:5万水文地质调查》国家财政项目，按工作比例分配，分得项目经费149.04万元。截止2016年底，项目野外物探通过验收。（一一五勘查院）

【勘查院拓展项目】2016年8月，山西省煤炭地质一一五勘查院“大同华瑞勘探实业公司”配4个职能部门及相关人员，经营走向正轨，并形成新的经济增长点，通过招标承揽《同煤集团东周窑铁路大桥地下采空区治理施工项目》合同价款1096万元，完成野外作业，等待验收。成功申办防腐蚀施工二级资质和防腐蚀安全证书，并成为中国工业防腐蚀技术协会会员，具备开展地埋管线外防腐蚀层检验检测评价和阴极保护有效性检测评价工作的能力。华瑞宾馆顺应服务市场发展，探索发展新路径，利用宾馆临街门面房地理优势，与大运国旅合作新成立旅游公司，扩大宾馆服务范围，形成集餐饮、住宿和旅游一体的运营模式。（一一五勘查院）

◆山西省地质勘查局二一七地质队◆

【概述】2016年，山西省地质勘查局二一七地质队（简称“二一七地质队”）签订各类合同447份，签订合同额2.24亿元，勘查合同额1.4亿元，占山西省地质勘查局下达二一七地质队年度经营收入目标1.8亿元的77.8%。回收资金1.02亿元，到账率73.0%。在册职工人均年收入8.8万元。钻探27.5万米。其中，岩心钻探3.37万米，工程勘察钻探10.58万米，钻探及井下钻探施工13.40万米，水井施工钻探1480米。

存在问题 经济下行压力不断加大，市场大项目日趋减少，全年既定产业经济收入目标任务艰巨；项目回款率较低，旧账清理难度大，形成不良循环状态；地矿国际商铺出租问题需尽快解决；产业结构需创新升级。（二一七地质队）

【地质勘查项目】2016年，二一七地质队实现产业经济收入8130.28万元，占全队产业经济总收入58.1%。全年实施2013年度地质价款项目7项。其中，山西省灵丘县腰站铁矿详查（续作）、山西省灵丘县东岐铁矿预查、山西省山阴县南寺铁矿预查3个项目通过野外验收，进行资料整理；预查山西省灵丘县野里北铁矿、预查山西省右玉县杨村铁多金属矿野外施工；山西省灵丘县驮石沟金、铁矿预查项目申请延期；山西省阳高县七墩铜多金属矿预查由于钻孔采样分析结果不理想，申请项目终止。山西省山阴北周庄—怀仁鹅毛口页岩气、煤层气预查项目，通过野外验收，进行项目验收；山西省山阴北周—怀仁鹅毛口煤层气预查（续作）项目二维地震工作全部结束，DY-3井达到设计层位，申请变更实施方案。实施合同额1880万元的同煤集团刘家窑千万吨级井田地质及水文地质补充勘探工程项目野外工作完成；承揽合同额800万元的同煤同忻井田补勘、合同额460万元的同煤金庄煤业补充勘探工程等项目。详查大同市3个县（区）地灾项目野外工作，在编制报告；承揽大同、朔州6个县区的地灾详查项目，进行野外工作；实施大同盆地地下水动态监测工程（水利部分）和大同盆地地下水动态监测工程（国土部分），结束野外工作，进行室内资料整理，等待验收；承揽设计编写山西省采煤沉陷区重要矿区永定庄、大斗沟、同家梁矿山地质环境专项调查，等待省国土厅审批；实施大同市周边县区土地确权等项目。大同断陷盆地沉积地层对比及构造演化研究、大同盆地油气成因及运移成藏研究2个省局地质科研项目有序推进。（二一七地质队）

【地质队产业经济】2016年，二一七地质队实现产业经济收入5043.0万元，占全队产业经济总收入36.0%。其中，工程勘察合同额1735.33万元；钻探及井下钻探合同额3039.43万元；水井施工合同额218.23万元；基础施工合同额50万元。

（二一七地质队）

【地质队矿业项目】 2016年，二一七地质队推进国内自有探矿权处置工作，天镇朱家沟金矿探矿权自动灭失，浑源县张旺金、多金属矿勘探在办理延续，灵丘下庄金、多金属矿详查（三次保留）在办理转让，相关材料报送山西省国土资源交易中心。马里共和国Bindiougoula金矿预查（续作）项目通过项目验收。坦桑尼亚4个金矿探矿权预查物探扫面和地质填图，进行钻探施工。

（二一七地质队）

气 象

【气候事件及影响】 极端气候事件 2016年，大同市极端气候事件涉及3类气象记录，累计6项气象要素突破极值。（1）月降水量。2月全市平均降水量9.7毫米，浑源县、灵丘县、广灵县降水量12.6毫米～16.9毫米，灵丘县及全市平均降水量突破历史同期极大值，浑源县、广灵县突破建站以来同期极大值。4月广灵县降水量44.9毫米，突破历史同期极大值。8月大同县降水量168.2毫米，突破建站以来同期极大值。10月全市平均降水量58.6毫米，全市平均及北部5县（区）均突破建站以来同期极大值。（2）月最低气温。10月31日，全市最低气温–12.4℃～–6.8℃，市区、大同县、阳高县、左云县均突破当地建站以来同期极低值。（3）月日照时数。10月大同县、左云县日照时数分别为184.2小时和179.2小时，突破当地建站以来同期极小值。

主要气象灾害 2016年1月至12月，影响大同市的主要气象灾害有：大雪、暴雨洪涝、冰雹、阶段性干旱、大风等。（1）大雪。2月12日下午到夜间全市普降中到大雪，最大降雪量9.3毫米，最大积雪深度6厘米；降雪过后48小时最低气温下降9℃～19℃，6站达到寒潮，积雪和道路结冰严重。这次降雪恰逢春运返程高峰，气象台发布寒潮和暴雪蓝色预警信号、连续确认9次道路结冰黄色预警，同时启动重大气象灾害（暴雪、大风、寒潮）Ⅲ级应急响应。（2）暴雨洪涝。6月13日至14日，灵丘县、广灵县两县部分乡镇出现短时强降雨，灵丘县史庄、广灵县唐山口最大小时雨强分别达41.4毫米和45.3毫米，引发洪涝灾害，造成灵丘县4个乡镇农田被淹、车辆漂流相撞，广灵耕地、水渠和道路被冲毁。7月19日至21日，全市迎来汛期最强降雨天气，8县（区）过程降水量13.3毫米～130.5毫米，浑源县、灵丘县、广灵县达暴雨到大暴雨。区域站50毫米～100毫米24站；100毫米以上19站，集中在灵丘县、浑源县和广灵县，最大为灵丘县下关184.1毫米。这次暴雨造成浑源县、灵丘县、广灵县31个乡镇受灾。7月24日，全市大部分地区再次出现强降雨，50毫米以上区域站25站，其中灵丘县下关（202.9毫米）、独峪（126.6毫米）超过100毫米，下关最大小时雨强84毫米，引发特大洪水，左云县、阳高县、灵丘县、浑源县4县再次受灾。8月11日，阳高罗文皂镇出现短时强降雨（最大小时雨强34.5毫米）和大风（极大风速31.9米/秒），致使河堤决口，道路瘫痪，农作物倒伏；天镇县3个乡镇农作物遭受洪涝灾害。8月中旬降雨特多，浑源县13个乡镇房屋倒损严重。（3）冰雹。6月13日至14日，大同县、广灵县、天镇县、浑源县多个乡镇农作物遭受冰雹灾害；6月17日，阳高县4个乡镇出现冰雹，农作物、蔬菜、杏树、温室大棚受损；6月27日至29日，大同县、广灵县、天镇县部分乡镇农作物、杏果遭受雹灾。9月4日，灵丘县东河南、上寨、石家田、落水河4个乡镇发生风雹灾害，造成32个村谷黍、豆子、玉米等农作物受灾；9月7日，大同县周士庄、杜庄2个乡镇9个村农作物遭受冰雹袭击；9月22日，大同县西坪等6个乡镇32个村农作物遭受雹灾。（4）阶段性干旱。夏季降水分布不均，7月上旬、8月上旬全市出现不同程度阶段性干旱。7月上旬，全市平均降水量仅1.7毫米，异常偏少95%，突破历史同期极小值，大部分地区整层土壤干旱明显。7月末至8月上旬，全市有效降水偏少，超过30℃高温日数达半月之久，尤其8月上旬多地平均气温突破极高值，晴热少雨加剧土壤水分蒸发，大部分地区再次出现明显旱象。（5）大风。9月7日，广灵县出现19.1米/秒大风，壶泉镇、蕉山乡大风持续15分钟，致使玉米、杂粮等作物被大风刮倒。

（梁进秋）

【气候影响专题评价】 气候对农业的影响 2016年，大同市农作物生长期内水、热、光等气象条件匹配合理，给粮食丰产起到促进作用；除冰雹、洪涝及阶段性干旱给粮食产量造成一定影响外，全市气候条件总体利于农业生产。（1）春季温高多雨，春播有序进行。初春干燥少雨，气温持续偏高，进入4月中旬后多降雨过程，春播期第一场好雨（≥10毫米）出现在4月26日至27日，土壤墒情达到改善，水热资源保障春耕春播有序开展；5月降雨特多，对作物苗期生长非常有利。全市终霜冻偏早，对作物幼苗总体影响不大。全年全市27.71万公顷粮食作物按照计划全部播种。（2）夏季降雨及时，解除阶段性干旱。夏季7月上旬和8月上旬出现阶段性干旱，7月中下旬、8月中旬强降雨集中，有效缓解或解除前期旱情，大秋作物生长关键期的水分需求总体满足，给粮食丰产奠定基础。夏季干旱期间，气象局抓住有利降水天气时机，适时组织实施飞机和火箭增雨作业。（3）秋季温高光足，利于作物成熟收获。秋季前期降水偏少，温高光足，墒情适宜，气象条件利于作物后期生长和产量形成；初霜冻偏晚，作物霜前成熟；秋收期间降水过程少，有利于作物收获晾晒。（4）灾害性天气造成农业一定损失。2016年，冰雹、洪涝和干旱造成农作物受灾面积51649公顷，绝收面积3523公顷。全年全市粮食总产量11.27亿公斤，比上年增产8.89%。

气候对其他行业的影响 降水偏多，大风天气少，树木、植被长势良好，水库蓄水较为充足；但局地强降雨造成房屋、树木和基础设施受损。冬季降雪寒潮造成道路积雪和结冰严重，对交通出行有不利影响。气温适宜、光照充足、空气质量优良，利于旅游业发展。

（梁进秋）

社会科学科技学术

【天气预报预警服务】 2016年1月至10月，大同气象台预报全市晴雨预报准确率90.55%，最高、最低气温准确率分别达86.99%和75.47%，晴雨、一般性降水、最高气温、最低气温技巧评分全省排名第一。召开重大气象新闻发布会4次，发布各类预警信号98次。利用电视、广播、报纸、手机短信、微博、网站等手段，向社会公众发布气象预报和预警信息。

（梁进秋）

【天气预测保障农业生产】 2016年，大同气象台加强农业气象条件分析，与县局、农委合作，服务春播、夏管、秋收工作。

初春温高少雨，不利于春播，为使各级领导和农业部门掌握土壤墒情变化情况，气象台在《气象旬报》中增加土壤墒情分析，并提出合理农业生产建议。4月至5月，春耕春播气象服务期间发布专题服务材料6期，分析前期气候特征、墒情与地温、春播进度、未来天气趋势及其对春播的影响分析评估和应对建议等，报传省局、市委、市政府，通过电视、报纸对外发布，让广大农民了解掌握相关气象信息，科学安排春耕生产。

4月15日至16日，全市出现小雨、局部中雨天气过程，气象台提前向市委、市政府报传的《重要气象信息》中指出：15日下午到夜间全市有小雨，对春播生产非常有利，建议做好良种筛选及化肥农药等农用物资的准备工作；4月26日至27日出现春播期第一场好雨，气象台把握有利天气时机，提前通知全市气象部门做好人工增雨作业准备，适时开展全市范围飞机和地面火箭增雨作业，前期旱情得到缓解，保障开展春播生产。

7月上旬、8月上旬全市有效降水偏少，气温偏高，尤其8月上旬多地平均气温突破极值，晴热少雨致土壤失墒迅速，大部分地区出现明显气象干旱，对需水关键期作物生长发育不利。针对两次阶段性干旱，气象台在中期旬预报中做出预测，建议各地做好抗旱工作，同时捕捉有利时机通知市县两级开展人工增雨作业。

秋收期间发布秋收专题4期，内容包括秋收进度、天气实况及影响、未来天气趋势及其对秋收的影响分析评估、农业气象灾害影响预评估及应对的措施建议等，并报送省局、市委、市政府相关部门。（梁进秋）

【气象决策服务发布】 2016年初，大同气象台制订大同2016年决策服务周年方案，制定每个季节的关注重点和每种产品的名称、发送时间、发送方式、服务对象及主要内容；大同决策气象服务产品主要以《重要气象报告》《重要气象信息》《节假日专题》《气象灾害预警》《气象旬报》《短期气候预测》《气候影响评价》《春耕春播气象服务专报》《秋收气象服务专报》《农业气象情报》等形式向市委、市政府等相关决策部门提供。全年向市委、市政府及相关部门报送决策服务材料190期。（梁进秋）

地 震

【概述】 2016年，大同市地震局制订印发《大同市2016年度震情监视跟踪工作方案》，成立震情监视跟踪工作领导组，从组织领导、任务分工、责任落实、保障措施等方面，开展全市震情跟踪工作。支持、指导大同县西水地地震观测站项目并通过省地震局验收，观测站由省、市、县三级地震局共同建设，站址位于大同县许堡乡西水地村南800米，地处大同盆地的团堡断裂，占地0.53公顷（租用20年），建设仪器室、观测室和办公值班室，总投资44万元；CDMA通信系统、数据传输系统及FHD－2B质子矢量磁力仪观测手段运行平稳，纳入省前兆台网；同车公司地震台水管观测仪改造项目、阳高县地震观测站上马数字倾斜仪观测项目、同煤一中上马电磁波观测项目投入24.6万元，更换仪器。整顿健全三群四级五网一员联络网，各县区调查摸底新建的规模性动物宏观观测点，完善宏观观测制度。全市地震监测预报人员执行震情值班、震情会商、异常落实、震情报告等监测预报制度，全年发现并报告、落实地震异常3次，召开各类会商会69次并编写《震情简报》，其中月会商12期，周会商54期，紧急会商3期。组织编写半年、年度地震趋势研究报告，参加省地震局组织的半年、年度地震趋势研究报告会。建立并执行危害地震监测设施和观测环境的建设工程审批制度，全年未发生破坏观测环境和观测设施的事件。组织地震监测预报业务培训班，配合、协助省地震局项目实施小组，开展辖区内地震烈度速报与预警工程前期相关准备工作。

（谢日升）

【防震减灾“法普科普”】 2016年，大同市地震局与大同市委宣传部联合发出《2016年大同市防震减灾“法普科普”宣传工作安排》，部署全市防震减灾“法普科普”工作。3月8日，在大同公园东门外举行防震减“法普科普”宣传咨询活动，发放防震减灾宣传咨询手册3000余本，解答知识询问300余次；5月12日，在大同市东城墙带状公园广场，由市地震局牵头，市应急办、市民政局、市安监局、市交通运输局、市国土局、市环保局、市红十字会、市公安局、市消防支队9个单位参与联动，以展板、条幅、电子显示屏，发放书籍、宣传画册、传单、现场答疑形式举行防震减灾“法普科普”集中宣传咨询活动，发放各类宣传资料约3万份，图件1000余份；7月28日，市防震减灾领导组办公室在东城墙带状公园广场，各县（区）防震减灾领导组成员单位，乡镇街道、农村社区的防震减灾领导组，机关企事业单位的防震减灾领导组分别举办防灾减灾“法普科普”图片展和知识宣传咨询主题活动；集中宣传活动期间，《大同日报》《大同晚报》在“5·12”汶川地震纪念宣传活动中连载地震知识百题解答及防震知识漫画一个月，“7·28”唐山地震纪念宣传活动中连载地震知识百题解答及防震知识漫画一周，《今日大同》连载地震知识百题问答。5月12日至17日，市地震局、阳高县地震局组织开展“平安中国”千城大行动活动，在阳高县云阳学校播放防震减灾专题电影2场，在阳高县县城健身广场播放防震减灾专题电影4场，观众1万余人次。南郊区防震减灾科普教育基地被评定为省级防震减灾科普教育基地，新创建2个省级防震减灾科普示范学校、1个省级

防震减灾示范社区；审报民和社区为国家地震安全示范社区和评定南郊区省级防震减灾示范区。（谢日升）

【抗震设防工程】 2016年，大同市地震局清理审核涉及该部门的政府规章《大同市建设工程抗震设防管理规定》（市政府第49号令）并提出保留意见。建立抗震设防联系会议制度，在市政务审批中心建设工程的并联审批中解决工作中的问题和难点，并开展事后监督管理。制定《大同市地震局'双公示'工作实施方案》，全年办理市级行政许可64项，无行政处罚。培训全市各县区地震局和市直各单位相关人员执行《中国地震动参数区划图》（GB18306–2015）工作。抗震性能普查城市老旧房屋，全市危旧平房222套，建筑面积7465.24平方米，危旧楼房包括54个小区，402栋楼房，建筑面积132.02万平方米。大同市改建农村住房抗震5700户。其中，大同县2700户，天镇县1000户，广灵县1000户，浑源县500户，灵丘县500户。开展《大同市震害预测与快速评估系统》和《大同市防震减灾科普教育基地》两个项目的建设工作，《大同市震害预测与快速评估系统》总投资220.45万元，公开招标，确定中标单位，大同市防震减灾科普教育基地位于大同市教育基地，建筑面积557平方米，总投资541万元，与市政府采购中心协商招标。2016年度行政执法证件申领、换发17人。其中，监督人员3人，执法人员14人。（谢日升）

【地震应急准备】 2016年，大同市地震局建立地震应急预案动态管理制度，整理、修订、报批、备案市、县政府地震应急预案、市内大型重点企业地震应急预案、市县政府地震预案九个联动组预案，印发《大同市破坏性地震灾害事件应急处置流程》和《大同市地震应急预案操作手册》。加强专业救援队伍建设，市政府投入800万元，购买医疗急救车10台，加强市120急救中心，并依托市各大医院开展医疗急救培训演练，提高地震应急救援能力。市政府依托大同武警支队组建大同市第三支地震救援队——"大同市抗震救灾专业救援队"。市民营山威救援队人员素质良好、装备比较齐全，参加2016年市县"5·12""7·28"地震应急联动实战演练，与市睿和社区（国家地震安全示范社区）结对共建防震减灾示范社区。加强市级应急物资储备，在原有储备的基础上，年初投入50万元新购买入库棉帐篷130顶、折叠床400个，利用市本级救灾专款又购买249万元的应急灯、急救包等应急物资。开展不同类型的地震应急演练，"'5·12'防灾减灾日"当天，市抗震救灾指挥部和阳高县抗震救灾指挥部以1989年大阳地震遗址旧西团堡村为主演练场开展市县地震应急联动实战演练。演练分应急响应、室内决策、野外救灾、市县乡村加武警、社会力量联动及总结和市政府主办的慰问老震区专场文艺演出等6个方面。市山威救援队102人、12台车参加演练。阳高县参加演练队伍16支、装备25台、约300人。市县救援队分别在山纳化工公司举行危化品泄露处置演练、阳高至广灵运煤专线举行道路抢通演练，在旧西团堡村举行指挥部决策部署和抗震救灾综合演练，大同市山威社会服务中心文艺演出队在旧西团堡移民新村举行"2016重回大阳地震灾区"慰问演出。"'7·28'防震减灾宣传周"期间，市抗震救灾指挥部和城区抗震救灾指挥部、市山威紧急救援队、预备役高炮团在原铁一中旧址举行"纪念唐山大地震40周年"市县地震应急联动演练，参演人员82人，机械装备10台。12月2日，开展市县地震系统模拟浑源和各县区县城发生4.4级地震应急联动演练。11月30日，市地震局在预备役83师高炮团训练基地委托市山威社会服务中心开展大同市地震局机关干部和山威紧急救援队应急救援培训，参训人员30余人。全市城镇的公园、广场、绿地、操场、体育场馆都纳入地震应急避难避险场所范围并挂牌。其中，达到Ⅲ类标准的市内避难场所11处，各县避难场所7处，简易应急避险场所133处，可利用面积1300余万平方米，可容纳城镇紧急疏散人口140余万人。全市有卫星电话75部（不含垂直管理的行业系统）。其中，市抗震救灾指挥部3部，各县区抗震救灾指挥部和市直部门31部，军分区人武部系统28部，武警支队13部，各县区抗震救灾指挥部视频会议系统依托政府和人武部全部实现互联互通。

（谢日升）

【"防震减灾"宣传咨询活动】 2016年5月12日是全国第八个"防灾减灾日"。为普及地震灾害自救互救知识，增强市民地震灾害风险防范意识，以"减少灾害风险，建设安全城乡"为主题的"'5·12'防震减灾"法普科普宣传月咨询活动在和阳门广场举行。

活动现场，由市地震局、卫计委、公安局等12家单位组成的宣传队伍，通过摆放展板、发放传单等方式，向群众宣传防震减灾法规和防震减灾知识。（赵　瑾）

【新建项目须按照新标准抗震设防】 2016年6月1日，国家强制性标准GB18306–2015《中国地震动参数区划图》（第五代）实施，地图于2015年5月29日经国家质量监督检验检疫总局和国家标准化管理委员会发布，6月1日以后新建、改建、扩建的建设工程均要求达到新一代区划图确定的标准。

新一代《中国地震动参数区划图》在技术上吸收国内外最新的研究成果和资料，实现全国设防区域全覆盖，明确四级地震作用及相应的地震动参数，首次给出精确到乡镇的全国城镇Ⅱ类场地的基本地震动参数。

在新一代区划图中涉及大同市的地震区划有较大变化。城区、矿区、南郊区、大同县设防烈度由七度强（0.15G）提高到八度（0.20G），新荣区、左云县、天镇县烈度没有提高，设防参数有所提高，设防烈度由七度（0.10G）提高到七度强（0.15G）。

（赵　瑾）

【市县地震应急综合演练】 2016年5月12日，全国第八个"防灾减灾日"，大同市在阳高县举行市县地震应急综合演练，副市长刘振国参加演练并现场观摩。

▲ 2016 年 5 月 12 日，市抗震救灾指挥部和阳高县抗震救灾指挥部开展市县地震应急联动实战演练
（谢日升　供图）

演练 9 时开始：模拟阳高县友宰镇西团堡村发生 6.5 级地震，震源深度 10 千米。阳高县立即启动地震紧急救援二级响应，并对县地震紧急救援队下达命令。市抗震救灾指挥部指挥长刘振国第一时间到灾区现场指挥，并召开现场指挥部会议，听取抗震救灾进展情况汇报，作出安排部署。这次综合演练分为桌面推演和现场演练两部分，在 5 个小时的演练过程中，市县出动 37 辆救援车，20 支救援队伍 300 余人，进行 9 个演练科目。

（赵　瑾）

社会科学

【社科研究课题】 2016 年，大同市社会科学联合会组织市社科学者申报山西省社科联重点社科研究课题，向山西省社科联科研部递交 10 项课题申请。其中，2 项被确立为山西省社科联重点社科研究课题，分别为《媒介地理学视角下山西省城市形象宣传片的提升策略研究》（主持：路金辉，单位：大同大学）和《大同市侧供给结构性改革研究》（主持：田国华，单位：大同大学）。

结题“山西省社科联 2015 年度重点社科研究课题”。大同市有 1 项社科研究课题被确立为省级重点课题，课题题目为《〈红楼梦〉粗俗语的英译研究》（主持：薛蓉蓉，单位：大同大学），2016 年 6 月该课题结题，并获课题评审奖励经费 1000 元。

（社科联）

【社科普及活动】 2016 年，大同市社会科学联合会配合市民政局，组织所属社科学会进驻社区开展社科普及服务活动，开展社科学会、专家进社区服务活动；3 月，协助市诗书画印研究会举办《画说大同》首发式；6 月，参加“蒙大张”哲学社会科学科研学术座谈会及乌兰察布市社会科学普及宣传周活动；7 月，向省科联推荐优秀社科普及专家、社会科学工作者、社会科学普及宣传作品各一项参加全国 2016 年度社会科学普及年会活动，大同市推荐的张日华获全国优秀社科普及专家、赵岷获全国优秀社会科学工作者、大同市二战历史研究会编印出版的《抗日战争时期大同煤矿“万人坑”》获全国优秀社会科学普及宣传作品；联合市学雷锋联组学会开展“雷锋车队”服务高考活动，向考生家长及考生赠送社科普及读物《哲学社会科学普及知识问答》；重阳节期间，组织结对社区七旬以上老人开展登高活动；12 月，在大同大学图书馆设立哲学社会科学普及基地。

（社科联）

【社会科学评审】 2016 年，大同市社会科学联合会开展山西省第九次社会科学优秀成果评奖活动后续工作。在评奖活动中，大同市社科学者有 12 篇（部）作品进入学科评审程序。其中，4 部作品获二等奖，4 部作品获三等奖，3 部作品获优秀奖。大同市社科联在这次评奖工作中获“山西省第九次社会科学研究优秀成果评奖优秀组织奖”。

申报收集与初评审核 2015 年度山西省社科联百部篇工程评奖活动在大同地区的工作。在 2015 年度山西省百部（篇）工程评奖活动中，大同市社科学者有 21 篇（部）优秀作品申报参评。其中，1 部获一等奖，5 部获二等奖，4 部获三等奖。大同市社科联在这项评奖活动中获“山西省‘百部（篇）’工程优秀组织单位”称号。

（社科联）

【张日华获“全国优秀社会科学普及专家”称号】 2016 年 12 月 24 日，全国第十八次社会科学普及工作经验交流大会上，大同市青年书画家张日华被全国社会科学普及工作组委会获“全国优秀社会科学普及专家”称号，这是大同市 2016 年度在全国由权威部门唯一评定的科普专家。

张日华现为大同市诗书画印研究会会长、山西大学美术学院客座教授、市国画家学会会长、大同雨花书院院长。多年来致力于文化、艺术的普及推广工作，以公益形式累计在学校、厂矿、部队等开展书法、绘画知识传习讲座一百余次，有数万人受益，曾被大同市委、市政府评为“355 优秀书画人才”“大同市精神文明建设先进个人”。张日华历时两年以绘画的形式创作反映大同历史、人文景观的国画系列“画说大同”，共 9 个系列 200 余幅作品，分古都佛韵、大同古代历史人物、云中八景、大同小吃、龙壁、民居、民俗、大同非遗等系列主题创作画。年内，由市新闻中心举办张日华《画说大同》系列作品新闻发布会，并举办“大美大同”系列作品全省巡回展，编辑出版《画说大同》作品集。其中部分作品被大同邮政制作成邮票、明信片，面向全国发行。

（刘　江）

教 育

综 述

【百校兴教工程】 2016年，大同市教育局投入2194万元，改造小初高学校基础设施项目；投入559万元，建设2016年农村中学教师周转宿舍，建筑面积2940平方米；投入2019.5万元，建设二十一中综合教学楼，并投入使用；投入840万元，建设特教学校新校建设主体工程；大同实验小学分校（御东联合体住宅区）主体完工；大同十八中二期开工；大同二中初中部实验楼、市第二实验中学综合楼、同煤一中初中部项目、大同实验中学集团校（交通苑东侧校区）等15个项目工程实行PPP模式，落实前期工作；大同十中体育场地建设开工，大同十八中、市第二实验中学体育场地建设办全招标手续。“教育资源公共服务平台”和“教育管理公共服务平台”两平台建设任务建成并投入使用，相关软件使用培训工作开始。在“校校通”方面，全市有390所乡镇以上学校、375所乡镇以下学校和13个教育行政部门（单位）铺设光缆，全市所有中小学校及教育行政部门接入大同市教育教育信息网；在“班班通”方面，有542所学校建设校园网，实现优质资源班班通的班级有9356个，占92%；在“人人通”方面，有23016名中小学教师建立个人网络学习空间，占86.6%，23.9万名学生建立实名制的网络学习空间，占75.5%。推进普通高中办学标准化评估工作，确定用三年时间，评估验收全市39所普通高中学校的办学基本条件，2016年评估13所普通高中办学条件。2015年以来，补充完善27所普通高中学校文理科教学设备、音体美卫器材、图书及信息技术等。（教育局）

【教育综合改革】 2016年，大同市教育局推进办学体制改革。通过兼并吸收和委托管理两种模式，组建17个义务教育集团学校。在实行横向集团、纵向联盟的“十字均衡”战略，实施义务教育阶段集团化办学模式改革和城乡联盟办学模式改革的基础上，开展“盟区制”和“对口帮扶”办学模式改革，山西省政府和省教育厅把大同市列为“义务教育办学模式改革”省级试点市。制定并完善《大同市办学模式改革实施方案》，确定“分步走、全覆盖”的改革思路，2016年以城区、南郊区、矿区、新荣区和左云县为重点统筹推进全市所有县（区）实施办学模式改革。其中，矿区在联盟办学基础上，重点推进“强校+弱校”学区化办学模式改革；城区巩固集团化办学模式改革，城区十八集团校兼并城区第九小学校，城区十四校分校脱离城区十四集团校，吸收御河九号校区组成城区十四校分校集团校（现更名为大同大学附属小学）；天镇县以四中为龙头学校，整合五中、六中、九中、实验中学初中部四所薄弱初中组成集团校。加强联盟校运行的监督管理。召开城乡教育联盟中心校阶段性工作会议，完善《大同市城乡教育联盟校工作评价量表》，新增创新型联盟活动的考核项目。给20对联盟校建立工作档案，包括协议书、实施方案、年度计划、活动图片及视频等，实行月总结动态管理。各联盟校开展专题讲座、报告、校本培训、大集体备课、听评课、统一测试和评价等教育教学活动。截至2016年底，全市联盟办学涉及学校362所。

教育教学改革逐步推进。推进课堂教学模式改革，开展“课改示范校”和“课改先进学校”评选工作，对65所学校评审，确定12所“课改示范校”、38所“课改先进学校”。评选2015年度先进中心校5所和优秀教师65名。启动全面深化基础教育教学改革创新项目试点课题研究工作，确立6个课题，涉及试点学校66所，各课题负责人到县（区）和学校中期检查和指导课题，定期召开课题组经验交流会，总结阶段性成果。（教育局）

【义务教育均衡发展】 2016年，大同市教育局推进县域义务教育均衡发展，灵丘县、广灵县、城区、南郊区四县（区）投入5.2亿元，集中加强学校软硬件建设，在义务教育学校办学标准、义务教育校际间均衡状况、县级政府推进义务教育均衡发展工作和公众满意度调查四个方面均达到国家标准，高分通过国家验收认定。改善贫困地区义务教育薄弱学校办学条件。2014年~2018年大同市逐年完成全面改薄各项工作，涉及7个县，中央和山西省投资专项资金8.13亿元，用于校舍规划建设和图书、计算机、教学仪器设备、课桌凳、学生用床等设施设备的配置。2016年，广灵、灵丘两县实施改薄工程项目，支出资金25956.15万元，涉及学校452所，在校学生102249人。（教育局）

【学前教育规模拓展和治理】 2016年，大同市教育局投资3766万元，新改扩建农村幼儿园16所，建设面积19102平方米，可容纳幼儿2180名。开展无证幼儿园排查整治，整改合格颁证29所，限期整改344所，取缔94所。安排新建、改扩建幼儿园12所，投资3292万元，建设面积13193平方米，可容纳幼儿1830名，10所完工。

（教育局）

【教师队伍建设】 2016年，大同市招聘各级各类教师556名。其中，招聘免费师范生81名，为5个贫困县招聘特岗教师265名，城区招聘小学教师120名，南郊区招聘中小学教师90名。实施人才培养和教师培训计划。在实施中小学教师培训三年规划（2013年～2015年）的基础上，启动校长、教师第二期三年培训规划。市级当年投入1500万元，采取外出高端培训、市县级专题培训等方式，对全市名师、学科带头人、青年教师、幼儿教师、班主任、教研人员，开展分层次、分学段、分类别、大规模、系列化的培训。全市举办各类培训40期，集中培训各级各类教师7000人次、校长704人次，校长、教师专业素养提升。推进义务教育学校校长、教师交流，出台《大同市教育局关于全面推进义务教育学校校长、教师交流轮岗的实施方案》，按照省定义务教育阶段学校校长、教师交流比例分别是省定标准10%以上要求，2016年9月开学，35名校长、664名教师全部交流到岗。

（教育局）

【校园安全建设】 2016年，大同市教育局加强制度和责任体系建设，市、县教育行政部门与所辖学校逐级签订安全责任书、承诺书，明确安全管理控制指标和安全管理工作目标。加强校园安全工作培训，邀请专家对510名安全管理人员进行全市校园安全管理责任主体培训。加强“三防”建设，加大校园安全检查力度，检查涉及10个重点部位、42个检查项目、211项检查具体内容，检查84次，发现安全问题和隐患976条，督促整改安全问题和隐患956处，整改率98%。加强安全教育和应急演练，开展防地震、防火灾、防拥挤踩踏等应急演练1253校园次，参加演练学生、幼儿人数47万人次，应急演练覆盖率100%。

（教育局）

【德育体卫艺建设】 2016年，大同市教育局组织开展纪念红军长征胜利80周年系列活动，开展“追寻红色根据地记忆”等社会实践活动。组织20个学校申报国防教育示范校。组织全市四大球类比赛并评选全国青少年校园足球特色学校16所。举办“美丽校园摄影比赛”，并与乌兰察布市、张家口市共同举办“蒙晋冀（乌大张）中小学师生书画摄影巡回展”。中小学校外活动开展，全面建成大同市示范性综合实践基地，搭建起集工科体验、农科体验、科技创客活动、民俗文化活动、生命安全教育、军体训练、拓展训练、艺术教育、综合培训、青少年夏令营等十大实践功能为一体的示范性实践教育平台，在2016年11月全国校外教育经验交流会上得到教育部的肯定。

（教育局）

【汇林国际教育基地揭牌】 2016年5月29日，大同汇林集团与马来西亚城市理工大学学院达成合作，签约仪式在大同县汇林国际教育基地举行。大同市副市长张韬出席签约仪式，并与双方负责人一同为新成立的汇林国际教育基地暨“一带一路”医养结合研究院揭牌。

签约仪式上，张韬介绍大同市的地理位置、气候条件、文化旅游资源、被纳入京津冀协调发展规划战略的发展机遇，以及“十三五”发展规划等，并希望汇林集团加强与马来西亚城市理工大学学院的交流与合作，为国家培育出更多优秀的职业技能人才，为两地教育及社会经济发展服务。

（赵　瑾）

【3.38万人参加中考】 2016年6月20日至22日，大同市33827名初三学生参加为期两天半的中考。

2016年中考全市设11个考区、29个考点、1133个考场，其中城区设大同一中南校区、大同一中北校区、大同三中、四中、五中、七中、十中、十一中、十二中、北岳中学、大同第二实验中学11个考点、384个考场。具体考试安排为：6月20日8:30～11:00语文，15:00～17:30理综（物理、化学）；6月21日8:30～10:30数学，15:00～17:30文综（历史15:00～16:10，思想品德16:20～17:30）；6月22日8:30～10:30英语。其中文科综合中的“历史”为闭卷考试，“思想品德”为开卷考试。英语听力考试采用播放录音的办法，开始播放的时间统一定为6月22日8:30。

（冯　雨）

【大同欧美同学会·大同留学人员联谊会成立】 2016年7月2日，大同欧美同学会·大同留学人员联谊会成立，成立大会暨第一届理事会第一次会议在大同举行。参加人员有大同市委常委、统战部长姚生平，山西省委统战部副巡视员孙建军，市政协副主席杨硕平。会议审议通过联谊会章程，选举产生会长等。

大同欧美同学会·大同留学人员联谊会是大同市归国留学人员自愿组成的、非营利性的人民团体，具有群众性、高知性、统战性的特点和优势，是中国共产党联系留学人员的桥梁和纽带，是党和政府做好留学人员工作的助手。其宗旨是遵守中华人民共和国宪法、法律、法规和政策，团结归国留学人员，为振兴中华、繁荣大同作贡献。

（木　依）

【台湾师生到大同参观访问】 2016年7月6日至10日，第六届海峡两岸中小学校长及中学生“名城古都——大同之旅”交流活动举行，台湾省台南市、台北市、台中市等地的33名中小学校长及中学生代表，在大同市进行学术研讨和参观访问。

6日，台湾交流团一行到大同市示范性综合实践基地参观访问。交流团一行到该基地的艺术教育中心、学生餐厅、拓展训练区、工科和农科体验区，参观基地环境，观摩基地特色办学活动等。交流团与部分中小学校长及优秀教师代表交流探讨海峡两岸中小学教育现状等方面的问题。双方表示，要发挥各自优势，加强交流，深化合作，推进两地基础教育工作。台湾交流团中学生代表同市职业教育中心学生一起参与第六届海峡两岸中学生“家乡美、两岸情、中华魂”才艺表演活动。

（木　依）

【2017年山西省高考报名】 2016

年11月18日，山西省2017年普通高校招生全国统一考试报名工作开始。网上报名时间2016年11月18日8时至22日18时。11月24日8时至30日18时现场确认。

2017年山西省普通高考报名采用“网上报名”“现场确认”的方式。应届高级中等教育学校毕业生在毕业学校所在县（市、区）招生办设立的报名点（站）报名、确认，其他考生在户籍所在县（市、区）招生办设立的报名点（站）报名、确认。

符合外省户籍进城务工人员随迁子女在山西省参加高考报名条件的考生，须在学籍所在县（市、区）招生办设立的报名点（站）报名、确认。

符合报考条件的考生报名时，须在网上填报个人基本信息，并持户口簿、本人二代居民身份证和高级中等教育学校毕业证书或同等学力证明，到县（市、区）招办设置的报名点（站）数码照相，身份证信息校验，办理报名信息确认。考生报名现场确认时，必须通过身份证阅读器校验身份证信息，未身份证信息校验的考生不能参加普通高校的招生考试及录取。

报考科类分为文史、艺术（文）、体育（文）、理工、艺术（理）、体育（理）、单独招生考试（运动训练、武术与民族传统体育、职教师资、残疾考生单招以及高职院校单独招生等提前单独招生）七个科类。考生报名时只能选报其中一类，报名信息一经确认就不得更改报考科类。选择单独招生考试科类的考生不得参加全国统考，选择其他科类的考生也可参加经教育部或省招委批准的单独招生考试。报考艺术（文、理）类的美术、音乐、舞蹈省统考专业的考生不能互相兼报，但可兼报播音与主持艺术、表演、广播电视编导及戏剧影视文学、书法学等艺术类其他专业。（晨　曦）

【送教下乡培训】 2016年9月至12月，大同市讲送教下乡培训送至各县（区）19个专题、29讲，给破解基层在党建工作、经济发展、扶贫攻坚、生态建设等方面的难题、提升干部基本能力作出贡献。

聚焦基层实际，提前研判分析。大同市委组织部年初摸底各县（区）干部的送教需求制定《2016年度全市“送教下乡”培训实施计划》，使各县（区）明确送教下乡培训的具体课程安排、相关送教基地的授课教师及主题等进度安排。同山西省委组织部协调，统筹省委党校和全省有关高校的优质教学资源，让专家学者“走出学校，走入县区”，以自身的学术背景和科研成果为基础，以《实施计划》所确定的课程主题和内容为导向，结合实际，给基层干部授课，保证培训针对性强、效果好。

聚焦发展难题，精选送教重点。2016年度送教下乡培训以干部“干什么学什么，缺什么补什么，选什么送什么”为主要原则，聚焦各县区在经济发展、基层党建、扶贫攻坚等方面的疑难问题，自选“习近平总书记系列重要讲话精神解读”“如何发展县域经济”“‘精准扶贫’政策解读”等22个重点送教专题。来自省委党校或有关省内高校5个送教基地的18名专家学者参与全市11个县（区）及经济技术开发区的送教工作，使广大干部通过“足不出县”的专题辅导，了解中央大政方针、省情市情和时事热点，强化党性修养，明确工作方法，破解发展难题，做好本职工作奠定基础。

聚焦能力提升，做好组织协调。市委组织部把做好送教下乡培训工作作为提升干部基本能力、推动各县区持久稳定发展的重要抓手，确定送教前摸底统筹、送教中严细管理、送教后信息反馈等工作机制，每期培训前，指导各县区提前同有关专家联系沟通，统筹安排送教时间；送教培训中，督促各县区委组织部组织副科级以上干部按时参加培训并做好相关考勤记录工作，确保历次送教培训组织有序、纪律严明。通过送教下乡培训基层干部5800余人，干部参学率98%以上。参加培训的干部一致认为，历次专题辅导使自身认清存在的差距和不足，更新理念，创新思路，明确方法，提升履职尽责、抓好本职工作的基本能力。

聚焦经验总结，注重宣传引导。在送教培训结束后总结经验和宣传报道，是送教下乡培训工作的重要内容。各县（区）坚持“课前有宣传，课中有记录，课后有总结”，注重收集整理历次培训影像资料，撰写培训有关信息，每月把送教下乡进展情况向市委组织部反馈。全年各县（区）报送图片资料115张，撰写培训信息5篇、报刊发表2篇，总结许多好经验好做法，为持续抓好今后的“送教下乡”培训工作、创新化全市干部教育培训内容、培训方式、提升干部基本能力提供路径。

（刘　江）

基础教育

综　述

【特殊教育学校实现“十免一补”】 2016年第一学期开始，大同市特殊教育学校在实现免费洗衣物、免费发放校服、免费发放床单、免费缝补衣物、免费理发及发放生活补贴‘五免一补’的基础上，增加五项免费，即免费发放教材、免费发放作业本、免收住宿费、免收陪读费、免收陪读住宿费，凡是在特殊教育学校读书的残疾儿童，全部可享受“十免一补”，全校220余名特教学生因此受益。

（青　青）

【北岳小学分校“电子图书馆”】 2016年5月4日，北岳小学分校引进智慧阅读系统，学生们在“校园电子图书阅读”设备上轻点屏幕，就可翻看自己喜爱的图书。老师和家长也可用手机“扫一扫”，把“电子图书馆”搬回家。

北岳小学分校校园阅读系统内收纳3000册图书。其中，2000册是适合孩子阅读的童话故事、诗歌、绘本等，还有适合老师和家长阅读的图书各500册。电子图书的触摸阅读，打破传统的纸质报刊阅读模式，填补学校数字阅读的空白。（赵　瑾）

【市实验小学校园文艺会演】 2016年5月31日，大同市实验小学“快乐六一，梦想起航”校园文艺会演上演。

会演由市实验小学一至四年级学生表演。演出的节目有架子鼓、印度舞、健美操、经典诵读等，每个节目都把少年儿童的天真烂漫、朝气蓬勃展现得淋漓尽致。（冯　雨）

【大同市特教学校举行庆六一活动】 2016年6月1日，大同市特殊教育学校举行庆六一学生兴趣活动汇报展示，有200余名师生和家长观看演出。

演出活动在初中16名聋哑学生表演的《跆拳道》中拉开帷幕，18名小学聋哑学生表演舞蹈《新生》，该舞蹈参加全省第七届特教学校学生艺术会演，并在全省第五届中小学生艺术展演中获得一等奖。各班同学们表演腰鼓、合唱、朗诵、独轮车、轮滑、花样篮球等节目，手工制作、剪纸、刺绣、丝网花、钻石画、雕刻等工艺展示学校课外艺术教育活动成果。

（冯　雨）

【“快乐六一 童心飞扬”文艺会演】 2016年6月1日，“快乐六一　童心飞扬”文艺会演在大同市华严寺广场举行，小朋友们以文艺表演的形式度过属于自己的节日。

活动由大同市教育局、大同教育电视台、大同日报文化周刊、大同市城区红领巾艺术团主办，山西汽运集团雁北运输有限责任公司、《童样精彩》栏目组协办，大同鑫源企业文化策划有限责任公司承办，旨在丰富少年儿童业余文化生活，促进少年儿童德智体美全面发展。

演出在舞蹈《欢天喜地》中拉开帷幕。演出的节目有舞蹈《俺们会跳花鼓灯》、情景舞蹈《嗨，大王》、器乐古筝表演《渔舟唱晚》，以及舞蹈《梦想拉丁》等。（冯　雨）

【牛素红获全国优质课比赛一等奖】 2016年6月，第二届全国小学数学文化优质课比赛暨课堂教学观摩研讨会在重庆举行，大同市矿区新平旺一小牛素红执教的《走进斐波那契》（指导教师石锐铳）获一等奖。

全国十八个省近200名选手参加讲课、说课、课件比赛。矿区参赛教师从预赛到决赛，平均每人听优质课和说课20节、聆听专家报告四场。通过听课、观摩、听报告，教师们感受到做一名优秀数学教师，需要有丰富的数学文化知识、深厚的数学实践底蕴灵活多变的问题设置、活动组织、思维碰撞等教育教学能力。（冯　雨）

【第二届学龄儿童开笔礼】 2016年8月21日，“大同市第二届学龄儿童开笔礼”活动在府文庙举行。活动由城区区委、城区人民政府、大同日报传媒集团、古城管委会筹备组、府文庙文物管理所联合主办，由山西盛世铭达房地产公司《盛世名都》项目冠名。

参加开笔礼的有60名孩子，他们身着传统汉服，跟随主礼官端正衣冠、参拜孔子、朱砂点痣、开笔描红，并齐声诵读国学经典《弟子规》。在大成殿前，敲响启智鼓，击鼓明智，许愿祈福。最后向父母行鞠躬礼，家长们回礼并把自己的希望和嘱托轻声告诉孩子。整个仪式古典、庄重，意义非凡。

开笔礼俗称“破蒙”，是中国古代在少儿开始识字习礼时举行的一种典礼仪式。通过典礼，让孩子们意识到上学是神圣的事情，进而珍惜学习机会并产生学习兴趣，继承尊师重教的传统美德，树立正确的人生观和价值观，在传统文化的承袭中树立报效国家的远大志向。（小　霞）

【30名学生获全国作文大赛奖】 2016年8月，由中国当代语文教学专业委员会主办的第十二届“希望杯”全国作文大赛总决赛获奖名单公布，大同市30名初中学生分别获这次大赛初中组特、一、二等奖。“希望杯”全国作文大赛是国家级的作文比赛，2002年~2016年举办过11届，每年参赛人数超过50万人。

总决赛中，大同一中史颜萍和北岳中学海紫曦获大赛初中组特等奖；大同一中刘雨秋、布依凡、吕萌、王一惠、张旭晨、崔晋铭，大同六中张颖，北岳中学邓睿婷，大同十三中王一萌、苏文胜、徐葭琦、薛寒、张梓怡、王钦、费佳伦、宋晓文16位学生获初中组一等奖，大同一中高语、庄芮、范佳一、任振婷，大同六中张鑫，大同十三中程远明、刘湘、刘天、薛瑞超、任新荣、高璇璇、陈佩琳12位学生获初中组二等奖。这次大赛高中组决赛特等奖、一等奖获得者的信息资料提交给北京大学、清华大学、中国人民大学、中国政法大学、中央财经大学、浙江大学、山东大学、南开大学8所院校作为高考录取参考。

（小　霞）

【市实验小学建校百年庆典】 2016年9月30日，大同市实验小学全校师生与新老校友举办建校百年庆典。市领导张吉福、郜向华、曹世平、刘振国、武保洲，实验小学老校友邹玉义及各有关部门负责人到场祝贺并观看文艺演出。

市实验小学1916年建校。2012年，搬至御东新址。2016年，学校通过实施教育体制改革，实验小学托管、启动分校建设，形成一校三区集团校的办学格局。

在《国歌响起》的旋律中，“百年实验，百年梦想——迎着国旗唱国歌”文艺演出开幕。师生们伴着《红旗飘飘》挥舞手中的红旗，表达对祖国的崇敬之情；鼓与诗的交织，喊出“少年强则中国强”的心声；《百年实验 光辉历程》的回顾中，10余位曾在实验小学工作过的老校长、老教师代表走上舞台，与大家共同祝愿学校生日快乐！（晨　曦）

大同一中

【概述】 2016年，大同一中集团化办学在克服困难中稳步建设发展，教学质量稳中有升，集团校运行平稳，高考再创历史新高，二本以上达线率91.26%，中考优生率再居全市前茅。被中国校园文学委员会评为全国校园文学特色学校，被教育部全国基础外语教育研究培训中心命名为全国优秀实验学校，被大同市教育局评为2013年~2016年度大同市名师培养特别贡献奖等，并继续保持全国文明单位殊荣。（大同一中）

【一中教学改革与管理】 2016年，大同一中推进教学改革，出台具体的方案、制度与规则，提出具体要求，对教学改革相关工作分工落实，教学改革深入实施。教务、教研部门围绕教学改革开展多项活动，学科中心组分专题研究和践行教学新模式，学校从教学各个角度加大改革推行，教学方法、教学形式等得到促进，课堂教学活力增强，教学质量稳中有升。结合教学实际强化教学落实与管理检查，实行部门检查与学生评价相结合，开展定期检查与不定时抽查，对存在问题通报批评与整改，对优秀典型培树宣传，改善和提高教案、作业批改、自习辅导等教学常规。加强教学听评课与指导，教学督导组发挥作用，学校领导分别到各组参与听评课，促进和提升课堂教学实效。加强校本研究，成立47个校本课题，课题研究资料完善、过程严格、结题管理严密，研究成效较好。组织新一届教学技能大赛，比赛内容革新以教学新模式为主题，并成立23个评审组，让上届一等奖获得者展示观摩课，提升教学技能大赛的水平与层次。创新实施新老教师结对子，对以前师徒签合同、结对考核，对新师徒召开专题座谈会创新形式让师徒加强交流、结对成长，推动新教师尽快成熟与胜任工作。组织一师一优课、一课一名师活动，进行技术培训，支持教师优课制作，专门建立微信交流群，全校注册179人，上传优课96节，三名老师获得奖项。加强名师培养，分别完成26个研修任务，第一期7名教师被授予“大同市中小学教学名师”称号，第二期12名教师在培养。2016年高考，二本以上达线率91.26%，中考优生率再居全市前茅。（大同一中）

【一中德育建设】 2016年，大同一中加强和拓深德育工作，打造和强化“一点头两弯腰”“入楼即静入室即学”等品牌养成，学校整体要求、职能部门检查考核、年级部具体管理、班主任平时约束、科任教师共同规范，全校上下共同联动，把养成要求细化到学生行为习惯的培养中、落实在学生的日常规范里，使之深入到师生的心中、脑中，取得师生情感认同，转化为具体行为，巩固提升阶段性成果，教育效果好。以育人为工作中心、以班级文化建设为突破口、以校园文化建设为重点，加强校风、教风和学风建设。加强兼职政教员作用的发挥，更替完善兼职政教员队伍，一部分上批兼职政教员培养成熟成为班主任。拓展、组织大量德育活动：科技文化节办至第22届，全集团8300余名学生参与、1200余人次获奖；组织开展每月德育主题活动，月月有主题、月月有活动、月月有落实；德育论坛三校并举、分别召开，班主任交流研讨德育工作，完善阳光体育跑操规范性、纪律与细则，每天专人检查、每周大会讲评、定期开展比赛；国旗班重新选建训练有素，演讲结合实际针砭时弊教育意义积极的内容，总结点评卫生、纪律；改选、换届学生社团，在原有15个社团基础上增设2个新社团，增加指导老师配备力量、加大支持力度，师生齐上趣味运动会、寓教于乐，锻炼身体，举行十八岁成人仪式；组织寒、暑假2次社会实践活动，学生到社会、社区开展活动，举行活动成果收集、评选、表彰；还举办校园摄影比赛、纪念红军长征胜利80周年演讲比赛、快乐阅读嘉年华、中国梦主题讲座、安全零距离法制讲座、课文朗读大赛等。（大同一中）

【一中集团化办学】 2016年，大同一中加强集团校的建设与发展，统筹规划与协调加强三个校区的功能建设与设施设置，集团整体发展建设不断深化、稳步推进。教学质量是集团改革后的重中之重，在教学的改革与管理、教学的研究与发展上下功夫，攻关和拓展集团整体教学建设，教学质量在集团改革发展中夯实强化、稳步提升：南校区加强初中入学教育、在基础教学上加大实践，开展教学研究和提升活动，实施教师能力提升行动，打基础、夯能力、提成绩。北校区初二初三年级分ABCD组小组化管理、竞争式考核，抓好课堂教学管理、开展教学拓展，教育教学在不断扩容和参差不齐的生源差异中逐步实施。高中三个年级分别改选、配备级部干部，给予自主管理权，级部管理灵活化；高一级部实施专题性集中建设，校规校纪专题、调整学生心态专题、初高中衔接专题、培养学生目标意识专题等效果好，拓深优质生源的生涯建设、激发优质生源的活力优势与发展潜力；高二年级进行文理分班后的专项培训、关注和培养各科差生和退步生；高三年级加大激励管理，灵活统筹三轮复习，实施月考和测试，强化卓越班建设。加强实施集团三个校区的硬件发展建设，操场的完善建设、主席台的整修建设、路面道路的硬化美化、校园工地建设、新公寓楼装饰投入使用建设等逐步推进，集团校发展成熟平稳、持续向好。（大同一中）

【一中北校区举办“绽放青春笑脸”活动】 2016年12月20，大同一中北校初二级部A组利用课余时间，组织一场“绽放青春笑脸”的校园文化活动。

活动通过征集A组各班同学的“最美笑脸”，展示一中学子风采。活动号召同学们从身边的每一件事做起，学会在学习生活中微笑，乐学好学，乐在其中；用微笑鼓励自己，用微笑关怀他人，用微笑沟通你我。通过活动，把同学们乐观、自信、积极向上的精神面貌传递到整个校园，传向整个社会。（刘　江）

大同二中

【概述】 大同市第二中学校（简称“大同二中”）是一所完全中学，创建于1946年，原校址为大同市城区仓门街4号。1980年被评为山西省重点中学，2009年被评为山西省示范高中。2006年~2009年，学校高初中陆续搬迁至御东新校区，校址为御东文兴路1号（即御东文兴路与重熙街交汇处）。学校占地面积20万平方米，建筑面积8.73万平方米。

2016年，学校有学生4219人，教学班78个。其中，初中有教学班26个；高中有教学班52个。学校高中部实行全日寄宿、走读制相结合管理模式，初中部则全部采取走读制管理模式。学校有教职工351人。其中，特级教师4人，高级教师94人，中级159人。教师中有硕士学位者38人，有国家、省、市级教学能手129人，有国家、省、市级学科带头人和学科骨干教师121人。高考升学率在上年增长11%的基础上，又增长10.36%，达线率76.37%，达二本B类以上人数724人（不含艺体类），达线增长率居全市第一。2016年，初中部通过义务教育均衡验收，学校被评为2014年~2015年度山西省精神文明单位。（大同二中）

【二中管理机制】 2016年，大同二中出台一系列规划和管理方案，完善校务公开制、绩效考核制和岗位聘任制，修订《大同二中专业技术岗位等级设置管理办法》。细化目标，细化分工，层层明确目标，级级明确责任；贯彻民主集中制，凡学校大事，做到事前民主协商、过程公开透明、结果通告公示。面对家长、教师、学生都关心的新生入学分班、高中文理分科、教师职称评审等问题，邀请上级纪检监察部门和相关人员代表，依据方案现场公开电脑操作方式，确保整个过程开放规范严肃公正；举办教学开放周，让家长走进学校、走进课堂，为学校各方面的建设和发展提出意见建议，2016 年的教学开放周，参加的学生家长 3800 余人次。

从 2014 年 9 月开始，推行高、初中分离，级部管理运行机制，级部制管理减少管理层级，提高管理效益，明确部门职责。

规范工作流程，强化考核管理，对聘用干部实行任期制，任期内目标考核，全面评价。办公室每周按时在校园网公布各级部各处室的下周工作安排；工会发挥优势，宣传学校的办学理念，提高学校师生的凝聚力和社会知名度；教学服务中心无条件保障网络和多媒体正常畅通，保障各种考试网上阅卷、各种活动正常进行，装设校园安全监控系统，建设学生机房，补充实验仪器设备，布局和装饰实验室、图书馆，在高一高二实施开放实验；总务处所有工作人员随时在岗，负责各处清理和维修，利用节假日更换学生桌椅，粉刷、检查、维修，保证各类活动正常进行。　（大同二中）

【二中课堂教学改革】 2014 年 9 月，大同二中开始推行学案导学制度。2016 年，在前 2 年基础上，多次组织教师培训会、编写与使用经验交流会、学生座谈会和问卷调查、评比反馈，并举办关于学案使用的研究课、示范课、专题研讨会，提升学案编写质量和使用效率，学案编写不断优化，结集成册。高效课堂构建以主题研讨课先行，组内听评课实践的方式，集中学科组全体教师智慧，初步形成“学—导—测”课堂模式，围绕教学实施中面临的瓶颈，确定高效课堂构建阶段目标“两针对，一关注”针对课标考纲，针对学情，关注学生。　（大同二中）

【二中教师队伍建设】 2016 年，大同二中以“周教研、月培训”为主线，备课组每周一次教研活动，学科组每月一次教研活动，构建主题化、系统化、全员化的校本研训体系，月教研围绕“备战中、高考”“构建高效课堂”两个主题，开展一系列教研活动，如“如何提高新授课效率”“如何提高试卷讲评课效率”“如何提高高三二轮复习课效率”等。组织学校特级教师、省市学科带头人、骨干教师、教学能手示范课，邀请在全国有影响力的 8 个学科专家到二中评课、讲座，促进全校教师的理念转变、技能提升，在主题赛讲中邀请市教研员加盟评委，浓化学校教研氛围，编辑印制《学生文集》《教师文集》，开发 17 种校本教材。实施名师工程，2016 年，有 14 名教师获得校骨干教师称号。强化青师培养，教龄不满 6 年的青年教师 59 人，约占全校教师总数 1/5，通过岗前培训、师徒结对、跟踪督导、专题讲座、自我反思、汇报展示等多种途径，帮助青年教师尽快成长成熟，2016 年，青年教师听课总次数 3000 节以上，举办专题讲座 7 场。完善听评机制，推动听评课全覆盖，形成分布于不同时段、针对不同群体、服务于一定主题的系列听评课制度，通过相互学习达到共同提升，全年干部、学科组长听课 232 节，组内听评课 1043 节次，督导性听课 87 节。重视教师外出学习交流，派出教师 306 人次到忻州一中、大同一中学习交流和跟岗学习，选派教师代表外出各类专项培训、研讨会、交流会、国培项目等，教师学习培训归来后为全校教师作学习心得汇报讲座，从而“一人外出，全校受益”；重视联盟校工作，邀请大同县二中老师到学校参加各种教研活动，4 月 6 日，初中 4 位教师到大同县二中进行示范课和讲座。　（大同二中）

【二中备考策略】 2016 年，大同二中通过 3 年努力，形成一套“研教学考”一体化备考体系，其主要内容包括：计划体系，整体把握，细化到天；研究体系，考纲考题，分类定向；训练体系，分段侧重，落实效益；分层体系，培优扶弱，临界边缘；调节体系，激励疏导，注重心态；引领体系，专家把脉，互动指导。中考备考注重教学研讨，研究把握中考命题方向，抓中促优带差，做好边缘生帮扶工作，落实“精讲、精练、精批、精评”课堂教学要求，提高复习效率；抓好文化课训练检测的同时，合理安排时间，强化体育素质训练、理化实验操作训练和视频观看学习、信息技术强化训练。　（大同二中）

【二中德育建设】 2016 年，大同二中通过课程育人、实践育人和文化育人的途径构建全面育人、全员育人的大德育体系。

1. 课程育人。组织社会主义核心价值观手抄报比赛、漫画比赛、演讲比赛、团会策划比赛，红军长征胜利 80 周年主题团会系列活动，在不同年级开设心理健康课程；初中开展安全教育课，每学期组织 2 次全校安全疏散演练和 2 次消防安全培训，通过发放《告学生家长安全书》、制作安全展板、手抄报、广播等多种形式，培养学生的安全意识。组织高一“经典诵读”知识竞赛，高二课本剧比赛，学生在参与中体会经典，初中实施诵读课程，统一内容，明确要求，加强指导，注重落实。在高二年级开设校本课程，有 18 位教师开设 17 门校本课程，上课 143 学时，涵盖 6 大门类；初中结合学段特点开设写字和心理健康课程，开展足球和乒乓特色课程，利用场地开设乒乓球训练营。

2. 实践育人。德育处修改完善《大同二中学生一日行为规范》《大同二中班级量化考核细则》《晚自习管理条例》等规章制度，高中抓好六个一管理，即抓好一个队伍塑造精神面貌，建立一种秩序文明有序，培养一种意识（安全），养成一种习惯，坚持一项制度（卫生责任包干），树立一个观念（遵规守纪）；初中以文明礼仪教育为主线，通过班干部集体培训、行为规范、纪律之星评比树立优秀榜样，通过主题班会、板报、展板、国旗下演讲、德育宣讲活动等拓展宣传角度，通过风纪大检查、问题通报加强教育矫正力度。组建各级部学生会，校学生会，提升学生自主管理意识，增强自主管理能力；进行班干部、舍长培训，明确职责，组织工作；设立晚自习班级管理负责人，管理反馈；引导学生保持自己周围的卫生情况，养成良好习惯。开展德育活动，有以发展、奉献、激情、公益为主题的百科知识竞赛、校园文化艺术节、全校春季趣味运动会、“雷锋月”活动、社区服务、义卖活动、拔河比赛、球类比赛、爱心基金会等。

3. 文化育人。教学楼外宣传栏与时俱进，传递正能量，展现新风貌；教学楼内各个楼层形成展示十大系列的特色育人文化环境。重视班主任队伍建设，坚持每月一次的班主任培训，让表现优异的班主任为大家介绍工作经验和方法，交流培训心得，通过撰写案例，鼓励班主任在工作中反思、总结、创新；通过制定特色的班牌、班风、班训，建立健全的班级制度，营造健康向上的班级文化氛围，约束学生言行。德育处牵头整修、布置学生宿舍，组织宿舍全体成员进行宿舍文化建设，加大宿舍的卫生纪律检查力度，每学期对文明宿舍和文明标兵进行表彰和奖励，加强生活老师培训。（大同二中）

【二中服务管理水平提升】 2016年，大同二中在硬件方面投入近600万元增加设施设备，用于专用教室建设，装设校园安防监控，丰富图书馆藏书，充实学科资源，更换教室桌椅黑板；初中部操场、围墙、道路及变电改造工程土建部分完工，投入资金940万元，4月维修高中部礼堂顶部轻钢结构，投入资金160万元。软件方面，规范账册登记、实验室管理登记、图书馆期刊借阅管理，布置专用教室，实验室、图书馆；完善国家课程开设、教师评价体系、学生评价体系、阳光体育、第二课堂等方面。校园文化建设方面，初中部教学楼内育人文化建设，主题鲜明，彰显级部特色、学校文化底蕴和办学特色；开放式阅览区，把图书馆设在学生身边，调动学生阅读积极性。在档案资料方面，梳理和整顿评估要求的8项一级指标、23项二级指标所涉及内容并通过省级督导评估。（大同二中）

大同三中

【概述】 大同市第三中学（简称“大同三中”），创建于1952年10月，2010年9月21日，市政府在魏都新城安置区延和路新建新校区，新校区总投资1.6亿元、占地10公顷、建筑面积7万余平方米，其中包括2幢教学楼和实验楼、综合楼、体育馆、学生宿舍楼、学生食堂、风雨操场，及400米标准化操场等，建成后可容纳5000余名学生就读。学校于2012年秋季整体搬迁到新校区。2016年，大同三中高考10个班491名应届高三毕业生，达二本B类分数线以上220人（不含艺、体类考生），较三中历史最好成绩提高30.2%，学校通过义务教育的国家验收，获“山西省文明单位”和“大同市平安校园先进单位”。（王　强）

【三中教学改革模式】 2016年，大同三中推广以“五步导学”模式为主的课堂教学改革，教师们在原有的“四步教学法”的具体实施中，结合不同年级、不同学科的特点，形成“注重学生的自学、助学和群学，以教导学，以学促学”的“五步导学”模式，即：课前的“目标导学”、课中的“组内助学”“精讲示学”“测评督学”、课后的“反思教学”。注重现代教育技术的运用，初中组织所有学科教师、学生都参加人人通云教学网络课程学习，并向家长宣传利用网络远程学习的优越性。加强校本教研和课题研究，开展学科和个人课题、微型课题研究，解决教学中的问题、课堂中的问题、学生中的问题，以课题促进教育教学质量的提高；2016年，大同三中申报3个国家级课题，13个省级课题，有139人次参加课题研究，其中高初中跨学科的国家级课题“问题式学习（PBL）理念下多学科融合课堂探究”进入研究展开阶段；高初中多学科提供的校本教材质量高，针对性强。（王　强）

【三中强化学生养成教育】 2016年，大同三中各任课教师针对本学科特点，在授课中有意识地对学生进行理想信念、革命传统教育、文明礼仪教育、科学教育、环保教育等，传播社会主义核心价值观；协调部队开展军民共建活动，对高一、初一新生进行为期一周的军训，邀请南郊消防支队举办消防知识讲座和消防演练，配合大同市疾控中心，举办急救讲座，开展卫生、秩序、仪容仪表等的评比，联合家长，举办高三年级十八岁成人宣誓主题活动。每周举行升旗仪式，在国旗下演讲，注重日常行为的倡导，课间跑操，更换班级板报，开展以“文明考风诚信考试”为主题的教育活动。开展课外活动，9月底举办校运会，每月按年级组织各项文体赛事，各年级以校园文化展板为阵地，展示自己独特的风采，把德育工作由教师简单机械的说教变成学生的自主道德体验。落实课程标准，开足上好体育

▲2016年9月8日，市三中召开庆祝第32个教师节暨优秀教师表彰大会　（王　强　供图）

课，推行“阳光跑操”活动，推广“快乐大课间”，确保学生每天体育锻炼一小时；开设健康教育和卫生教育课，建立晨检、因病缺勤病因追查与登记制度；预防传染病，防止传染病流行；加强心理咨询室建设，注重学生心理健康指导，2016 年，大同三中未发生一起校园欺凌案件。改变学生评价机制，从做事有始有终、活泼愉快、不任性、具有创新精神、愿意与周围人交往、与人和睦相处及主动关心帮助他人、能运用交流和沟通方法进行合作等七个方面，评价学生心理素质，从爱国爱校有礼貌、遵守学校纪律、诚实不说谎、团结同学不打人骂人、遵守交通规则、环保意识等六个方面，评价学生品德，从试卷分析，评价学生知识和技能的掌握；在评价过程中，采取学生自评、互评、教师评价相结合的方式进行。 （王 强）

【三中创设文明校园环境】 2016 年，大同三中按照《大同三中课程方案》，每学期必须留出 3 ~ 5 个课时对学生讲授各类安全常识，授课内容、授课教师、都有固定安排；以各种讲座、展览、板报、校园广播等活动普及安全知识，与市防疫站、市戒毒所、市消防队、市交警队等部门联系，为学生举办相关讲座，并配合讲座布置展览，尤其是 2016 年 3 月，结合学生视力筛查工作，在医务人员的指导下宣传急救知识；关注学生身心发展，开展学生心理辅导，测试全校学生体质健康；每月举行一次应急演练，3 月至 6 月，针对每月不同的安全教育重点，分别开展急救演练、紧急疏散演练、消防演练、防踩踏演练等，4 月，聘请南郊消防中队的潘副队长为全校师生讲解消防知识，并组织全校学生进行应急疏散和消防演练，全校 4200 余名师生按照提前拟定好的计划，在规定时间全部到达规定位置，2016 年三中未发生一起安全事故。在硬件建设上投入 300 余万元，改善升级学校监控设施，添置大量的实验器材和音体美教学设施教具等，购置图书资料，配置多媒体录播教室，安置校园文化展板展示窗，给初中教师全部配齐电脑，给高中教师的电脑配置提交申请。 （王 强）

大同四中

【概述】 大同市第四中学（简称“大同四中”），是一所普通完全中学，1956 年建校，坐落在城区操场城东街 31 号，占地面积 27110 平方米。学校曾被国家教育部表彰为“全国艺术教育工作先进单位”，被国家环保总局、教育部表彰为“全国绿色先进学校”，先后获得“省级爱国卫生标准单位”“山西省绿色学校”“山西省绿色学校标兵”“山西省民主管理模范学校”“山西省治安先进单位”“山西省依法治理示范单位”多项称号，多次获得市级文明单位，办学先进单位等奖励。2016 年，大同四中高考达一本线以上学生有 70 人，达二本线有 103 人，普通类达二本 C 类 53 人，中考一二中录取 43 人。 （大同四中）

【四中教育教学改革】 2016 年，大同四中缩小班额，降低生师比，使每位学生都受到最优质的教育；引导学生学会思考、学会提问、学会动手、学会创造；加大体育工作力度，体育课每周上 3 节，并提高体育课的质量，适时组织一些体育活动，抓实艺体特长教育。重视教科研工作，坚持科学与人文的统一，坚持“科研兴校”，遵循“教育科研校本化，教学研究课题化”原则和思路进行校本课题研究，鼓励成熟的课题申请市级以上“教师专项课题”，鼓励和各年级组、各部门合作。 （大同四中）

【四中教育教学质量】 2016 年，大同四中通过改革和完善《职称评审条例》《教职工绩效考核办法》《教师职称晋级条例》《教师工作量考核办法》《教师出勤坐班制度》，推行依法管理、民主管理、科学管理的理念，形成竞争而不拆台，合作但不包容缺点的工作氛围，促进教风好转；不再把教育质量等同于学生的学业成绩，提出学生的教育质量首先是思想品德教育提高，其次才是学业成绩的提高，在日常工作中，实践和寻找学生生命质量与教育质量的平衡点，确立学做好人的德育教育思路，融入传统道德要素，利用五四表彰会、期中期末考试等节点对先进班集体、三好生、品牌学生、学业成绩优秀学生进步生等表彰奖励，2016 年，大同四中没有发生一起学生严重违反校纪的事件。（大同四中）

【四中常规管理】 2016 年，大同四中在常规管理上注重抓好两条线，一条是抓好教师管理，加强和培养教师依法执教意识，严格教师出勤管理，规范教师教学行为，严格教师着装管理等，特别是针对教育领域极易发生的教育腐败和“三乱”问题，学校保持高压态势，加强监督管理，发现一起处理一起，把教育上的歪风消灭在

▲ 2016 年 12 月 2 日，大同市四中举办“宪法宣传进校园”中学生法治教育主题活动 （四 中 供图）

萌芽状态，提高教师的师德水平，净化学校的育人环境。另一条是抓好学生管理。学校优化生源结构，新高一年级近400名学生入学分数均达504分以上，高一、高二两个年级的生源质量得到改善。在学生管理上，学校通过加强日常管理工作，从早晨入校开始，到晚上放学回家，全程跟踪，全程管理，教导员工作分工明确，一个年级配备一名教导员，在日常教学的各个环节提供管理，为教学保驾护航；学校加强对学生的德育渗透教育，每周一在国旗下致辞和周会时间对学生主题演讲教育1次，每周五最后一节课的主题班会上各年级各班都有针对性地开展1次讨论活动，全年国旗下致辞活动开展40余次，主题班会开展38次，学校还加强与家长的沟通和交流，通过召开家长会，进行家庭教育知识讲座，家校联系函等形式，寻求家长的理解和支持，并引导家长关注家庭教育的重要，让孩子能在学校和家庭教育下，思想品质、学习习惯、行为习惯、学业成绩等综合素养都能得到提高和发展，共同促进学生成长进步。（大同四中）

【四中科研工作】 2016年，大同四中在全体教师中探讨课堂教学的有效性，加强科研研究，每周二全校各年级各学科都集体备课，每周安排多名教师进行课堂教学课改实验，并分析和评价。学校根据四中学生的不同学情，创新教学过程，提出贯穿整个教育全过程的教改模式，概括地讲是：（1）“三研三制”的课前准备模式。即：研究学生、研究教材、研究方法；制定目标与教学策略、制定活动方案、制定课外学习指导与反馈方案。（2）“三分一总、三合一悟”的课堂活动模式，“三分一总”即：分解目标、分开时段、分层落实，总结归纳；“三合一悟”即：自主学习、合作学习、教师助学有机结合，学有感悟。（3）“三批一改”的学生课外学习指导模式，即：学生互批、集体批改、教师批改，学生纠错改正。（4）“三说三议”的评课议课模式，即：评议目标设计、评议课堂活动、评议教学效果。在高中年级开展各个学科的第二课堂选修课活动，鼓励创新课堂授课模式，提高课堂教学效率和质量，把用课改推动教学质量提高逐步成为全体教师的自觉行动。（大同四中）

【四中文化建设】 2016年，大同四中把一些特色活动纳入到潜课程并挖掘整理和实施。每周一开周会，每周五开主题班会，开展五四表彰活动，初一年级迈入十四岁青春门活动，运动会，校园科技文化系列活动，高三年级的十八岁成人礼活动等等，都作为对学生施以全面素质教育的重要潜课程来开发。体育运动队初高中组保持全市前茅。参加全市中小学健美操比赛的初高中健美操队员都获得第一名，校园阳光体育大课间跑操活动坚持开展。举办第十九届校园科技文化活动周活动，全校800余名学生在文艺类、文学类、体育类、综合类、科技类五大类18个小项目的比赛中，展现学生的潜质和素养，广大学生的艺术才华得到展示。（大同四中）

【四中学生“好人教育”】 2016年，大同四中学校日常教育管理从三个方面全面抓好人教育工作：即爱党、爱祖国、爱人民为主的政治“三爱”教育；人生观、世界观、价值观为主的思想“三观”教育；社会公德、职业道德、家庭美德为主的道德品质“三德”教育。细分学生个人修养、评判认知事物、与他人相处交往、人生理想与实现等的主题教育，把学校确定下来的20字传统道德文化“诚实、善良、宽容、厚道、公平、正义、勤奋、吃苦、责任、担当”作为主要教育内容渗透到教育的各个环节，让好人教育深入人心。（大同四中）

大同五中

【概述】 大同市第五中学（简称“大同五中”），始建于1918年，其前身曾为山西省第五女子师范，1956年改为大同市第五中学，为一所初中“六规制”，高中“十规制”的全日制普通完全中学，山西省二级重点中学。2013年底，搬迁至同泉路新校区，新校区占地80亩，有初、高中学教学楼，学生食堂，学生宿舍，办公楼为一体的学校建筑。2016年，大同五中被评选为“大同市课程改革先进校”。（大同五中）

【五中德育工作】 2016年，大同五中逢重大节日组织学生参加专题教育活动、观看教育影片《邓小平上黄山》等；组织召开“中学生一日常规”主题班会，学习“中学生行为规范”、各项规章制度及学校活动的一些内容，对学生的文明礼貌、好的行为习惯的养成起到指导作用；举办校园艺术节，足球赛、眼保健操比赛，手抄报评比、书画展等一系列活动，提高班级的凝聚力，增强身体素质，陶冶情操；举行法制进校园宣讲报告会，让学生知法、懂法，教育学生反对邪教、远离毒品；提出“学习雷锋”主题活动，让学生学习雷锋的高贵品质。（大同五中）

【五中师资队伍建设】 2016年，大同五中搭建平台，组织活动，为教师互相学习、提升业务水平提供多种途径；组织教师参加上级教育部门安排的各类培训活动；多次组织教师参加大同市教研部门组织的新课程培训，片区课改观摩及研讨等活动，使广大教师尽快适应新课标的教学思想和教育理念，全年学校教师参加校际的各项教研活动6次（初中3次，高中3次），300余人次。（大同五中）

【五中教学管理】 2016年，大同五中以备课组为单位根据教学大纲、考纲和学生实际情况，制订学期教学进度，要求备课组组长坚持每月一次教学“六认真”检查，定期、定时、定点检查教师的备课和作业批改情况，发现问题与教师沟通，把教学工作落到实处；教务处制定考试制度，严格考试过程、考试纪律，营造公平竞争氛围，调动师生教与学的积极性，政教处在期中考试、高考、中考前夕均对学生进行诚信考试教育，以保障考试过程的严肃性和考试结果的真实性；按照教育部门颁布的课程设置和要求，开足开全各年级课程；教务处召开专门会议，对语文、英语学科教师提出早读具体要求，并派专人检查；开展学生社团活动，在市中学生运动会上取得初高中团体均第三名成绩，2016年中学生足球赛第一名，征集上报中小学校“美丽校园”摄影比赛和

"乌大张"中小学师生书画摄影作品百余份；执行学校《教师从教行为十条禁令》《教师教学常规十不准》《教师文明礼仪十提倡》，规范教师行为。

（大同五中）

【五中教研教改】 2016年，大同五中教研室整合教与学的关系，推进新型教学模式，建构理论体系，根据初高中不同的教学内容、学科特征和学生年龄、知识水平等特点推进两种教学模式，即：初中的"学导式情景教学法"和高中的"导学式探究教学法"。教研室利用学校教坛新秀、学科带头人、骨干教师的师资资源，开展示范引领，定期开展听评课，浓化教学教研氛围，教研室结合课程改革，布置大同市"三优工程"活动。

（大同五中）

【五中教学服务】 2016年，大同五中健全和完善各类规章制度；建立各类设备仪器台账、使用借用登记、损坏报废登记等制度，健全实验记录单、实验药器借还记录表、图书借阅登记表等；开包分类上架所有仪器设备，班班通工程改造所有教室用多媒体设备，并安装3个音乐教室多媒体设备；改造全校办公室的网线，实现千兆到桌面，并为全校教师配备办公用电脑，实现人手一机；把餐厅四层改建为学生图书、阅览室，综合楼四层改建为教师阅览室，创新学校图阅览室运营管理模式，丰富图书阅览资源，降低管理运营成本，开放图书室、阅览室，周一至周五全天开放，做好图书分类工作，把25200余册新图书分类、编号、造册、上架，做到分类合理，账目清楚，方便师生借阅，生均达标，征订2016年报纸并按时发放，为阅览室期刊报纸上架；做好教室用多媒体设备的日常维修工作，为各办公室的电教办公设备维修提供服务；改造化学实验室上下水；音体美教室配置及器材配套达标，满足常规教学工作。（大同五中）

北师大大同附中

【概述】 北京师范大学大同附属中学（简称"北师大大同附中"）是由北京师范大学和大同市人民政府合作共建的一所普通完全中学，2011年建校，坐落在大同市御东新区天祥街415号，校园占地面积9.73公顷，校舍建筑面积8.12万平方米。学校行政建制为正处级，财政拨款教职工事业编制300名，学校管理组织机构健全，分别设有党政办公室、教育处、教学处、科研室、总务处、安全管理处、工会及团委8个职能部门。2016年，学校设计办学规模为初中14轨42个教学班、高中10轨30个教学班。有61个教学班2926名学生，其中初中31个班1528名学生，高中30个班1398名学生。

2016年，有教职工257人，其中专任教师237人，本科以上学历100%，有硕士学历的教师86人，另有在读研究生16人，教师中"985""211"院校毕业生有153人。在教师人才结构方面，有高级教师10人，中级教师62人，有山西省名师、省级学科带头人、省级教学骨干6人，大同市名师、市学科带头人、市教学骨干、市教学（实验）能手10人。

2016年北师大大同附中在全国中小学生数码探科学比赛中，获2个一等奖、1个二等奖、5个三等奖，被教育部授予"2016年全国青少年校园足球特色学校"，这是大同市唯一一所获此称号的完全中学，被教育部评定为"全国学校体育工作示范校"。学校团委获由山西省人力资源和社会保障厅、共青团山西省委共同授予的"全省五四红旗团委"称号。在第14届"叶圣陶杯"全国中学生新作文大赛决赛中，获"全国新课程写作教学示范校"称号，26名学生获二等奖，62名获三等奖，34名教师获优秀指导老师奖。2016年高考，高三毕业生361人参加高考，97人达二本B类分数线。中考总均分列全市第三名，初三毕业生479人参加中考，其中640分以上的学生51人，600分以上153人，达省级示范高中录取线565分人数248人，超过50%。（北师大附中）

【教学管理】 2016年，北京师范大学大同附属中学，推行绿色教学生态系统，倡导新课改教学理念，践行"211"引学模式（提倡教师讲课时间为20分钟、师生互动10分钟、训练时间10分钟）；要求全体教师掌握四种基本教学技术（多媒体技术、考点技术、训练技术和微课技术）；课堂教学做到五为主（以学生发展为主旨，以学生为主体，以教师为主导，以课本和练习为主线）；教师要掌握五要度（复习旧课高效度，导入新课强力度，传授知识参与度，巩固练习多角度，课堂总结高浓度）；在复习过程中，遵循六步法（揭题、回忆、整理、训练、总结、作业的六步骤复习法）。规范和落实教学常规制度，执行集体备课、授课、辅导、作业、考试、评价等环节的具体要求，修订完善《北师大大同附中教学常规》和《班级教学日志规定》，加大日常教学的检查管理力度，制定《北师大大同附中听评课制度》，明确校领导及中层干部每周进班听课节数，把每周二上午第一节和周三上午第一节课确定为领导听课时间，听课后集体评课。加强毕业年级管理工作，制定2017年中考和高考奋斗目标，召开中考专家指导会和研讨会，邀请市教科研中心专家和大同市名师现场指导；召开高考专家指导会和研讨会，邀请省教科院专家到校指导；举办高三年级和初三年级百日冲刺动员会；初高三年级组织各轮复习课型展示课。加强考试管理制度，对考试命题、监考、阅卷、质量分析提出要求，规范化梳理。（北师大附中）

【教科研工作】 2016年，北京师范大学大同附属中学，采取"请进来""走出去"的方式，加强师资培训力度，有69人次分别到北京、天津、深圳、沈阳、呼和浩特、太原、衡水等地，参加全国、省市组织的各类培训、赛讲、学习活动，特别是参加由北师大基础教育合作平台举办的各类教学活动、研讨会；邀请北师大平台学科指导专家魏义钧给全校教师做《为成名师而拼搏》主题讲座，邀请北师大良乡附校学科骨干教师张磊等4名教师到学校指导高三年级教学。开办教学沙龙，把每周二16:10确定为教学沙龙时间，固定时间，固定地点，教师全员参与，以学习教育教学理念，研讨课堂教学和学生管理等内容为主。组织教师开发与实施校本课程，丰富学校课程体系，尝试非毕业年级学生全部打乱行政班级限制"自愿选课"、教师采用“集中走班制”的教学组织方式授课，学校开设校本课程88门，包括文化科目类70门和艺术体育技能类18门，参与教师92人。召开学校首届科研大会，围绕教师理念转变，探寻最适合学校学情的教学策略，推行优化课堂211三案引学模式，构建教育科研、课程改革为一体的工作平台，助推全体教师的专业成长。创建学校第一份教科研报《平城金声》，使老师们交流分享科研思想，整理教师教学反思汇编《穿石基》，选取编撰教师优秀论文选《闻道集》，编制学生作品集锦《春蕾集》，整体上提升学校教科研水平。（北师大附中）

【教育管理】 2016年，北京师范大学大同附属中学落实“一、二、三、四、五”德育要求。“一”指基于学生发展核心素养的德育理念；“二”指两个途径，即课程育人和管理育人；“三”指三个抓手，即常规管理、主题教育、实践活动；“四”指学科课程、传统文化课程、活动课程、习养课程“四位一体”的德育课程实施体系和环境育人、榜样育人、导师育人、合作育人“四位一体”的德育管理实施体系；“五”指德育工作原则，即德育目标有序化、渐进化，德育内容系统化、生活化，德育实施课程化、多样化，德育队伍全员化、专业化，德育评价科学化、个性化。把立德树人目标融入课程与管理之中，根植于学生的核心素养，使德育与智育、体育、美育等有机融合，实现课程育人与管理育人的有机结合。规范学生一日常规，开展三爱活动（爱祖国、爱劳动、爱人民），举行主题演讲活动，开展纪念长征胜利80周年系列活动，培养学生爱家、爱校、爱家乡和爱祖国的情怀。推进五有五无活动，每周从纪律、卫生、班容班貌、学生仪容仪表、文明礼仪等方面检查评价并表彰；改革创新升旗仪式，成立国旗护卫队，规范国旗下的讲话、每周工作总结、流动红旗颁发、师生齐呼校训等仪式。加强学生体质锻炼，完善阳光大课间，召开秋季运动会，举办“校长杯”校园足球赛。邀请大同军分区教官，对初一和高一新生进行为期各一周的军训。加强家校沟通，成立家长委员会，召开家长座谈会，举行校园开放日活动，家校合作，形成合力，共促学生成长。举办2016年“海外学年”师生交流访问活动和首届英语戏剧节。（北师大附中）

【校园文化建设】 2016年，北京师范大学大同附属中学加强学校宣传，制定《北师大大同附中宣传工作制度（试行）》，开办学校微信公众号，规范校园广播站运行，设立校长信箱，开通微信公众号，建立校园网站，网址：www.bnudtfz.com。宣讲北师大的校训、办学理念、核心价值观，建立教师对北师大的归属感和认同感。树立榜样、宣传榜样，召开教师节表彰大会，表彰做出优异成绩的8个集体和76名教师。加大硬件投入，营造文化氛围，按照校园文化建设总体规划、分步实施的原则，购置文化牌匾41块，宣传栏17块，教学楼班级名片61块，班级宣传栏61块，制作北师大大同附中赋1块，精工字名人名言及楼文化名言13处。文化布置学校正门周边、综合楼前广场，以及体育场等区域，重点展示北师大及合作办学平台的办学成果，学校办学理念、校训，优秀教师光荣榜等内容。（北师大附中）

中等职业教育

综 述

【概述】 2016年，大同市有高等职业院校1所，高职在校生4038人；其他院校2所（五年制师范前三年属中等职业教育），中等职业学校33所（其中市属职业高中学校22所，市属普通中专学校5所，市属技工学校1所，行业企业办技工学校4所，省属中专学校1所），中等职业教育在校生29294人。

大同加快职业教育改革和发展步伐，全市职业教育的面貌发生变化。

1. 构建三级职业教育发展格局，职业学校布局和专业结构全面优化。大同市构建市区、片区、县区三级职业教育格局，即在市区组建市级龙头性职业高中学校；在市域西北片区、东北片区、东南片区分别建设左云、阳高、浑源3个区域性职教中心；其他县区根据实际各自兴办有特色职业教育中心，从而形成以市区职业学校为龙头、区域性职教中心为骨干、县区特色学校为补充的职业教育体系。截止2016年底，市区、片区、县区三个层级的职业学校建设任务完成，初步构建起以市区职业学校为龙头、区域性职教中心为骨干、县区特色学校为补充的三级职业教育发展格局。加强对职业学校专业设置的统筹管理，适应产业发展和就业市场的需求，合理调整职业学校的专业设置。全市中等职业学校开设专业53个，涉及15个专业门类。其中，一批专业成为职业学校相对稳定的骨干专业，一些增加专业成为有发展前景的新兴专业。

2. 开展基础设施建设，职业学校面貌改观。市县两级投资建设职业学校。实施市卫生学校、市技工学校、大同师范、市职教中心、左云职教中心、阳高职教中心、市艺术学校等7个大型职业学校建设项目，连同一职中、二职中的实训大楼建设项目，浑源职教中心的转型建设项目，全市投资23亿元，职业基建工程62万平方米。加强职业学校实训基地和重点专业建设，各级投入职业学校实训基地建设和实训装备建设的资金1.21亿元，建成和在立项建设的国家级和省级实训基地、重点专业有13所学校、37个专业，职业学校的实训条件得到改善。

3. 加强职业学校内涵建设，职业教育服务经济社会的能力增强。加大职业学校师资队伍建设力度，教育、人社等相关部门通过统一招聘入编教师的办法为职业学校补充一批专业教师，职业学校聘用一批兼职专业教师，壮大职业学校教师队伍。市县教育行政部门和学校组织职业学校在职教师参加国家级和省级职业学校教师培训。通过采取一系列措施，大同市职业学校的师资队伍数量不断增加，质量不断提高，初步建立一支专兼职结合的高素质师资队伍。推进职业学校办学模式改革和教育教学改革，提高教育教学质量。职业学校主动联系合作企业，与省内外86家企业签订协议，引企入校建设校内实训基地，在企业建立校外实训基地和顶岗实习基地，实行“订单培养”，开展多种形式的校企合作。开展五年制“三二分段”教育，教育行政部门和职业学校联系合作高职院校，市区职业学校和区域性职教中心与多所高职院校合作开展“三二分段”教育。2016 年，全市中等职业学校毕业生就业率 91.90%，一些工科专业毕业生供不应求，就业率 100%，其中，一批优秀毕业生成为所在企业的中坚力量和技术骨干。（赵 瑾）

【大同市职业教育中心】 大同市职业教育中心坐落在城区西北部，占地 30.4 公顷，建筑总面积 10 万平方米，实训设备总投资 2800 余万元，是大同市中职学校工科专业的重点实训基地与普通高中通用技术教育的实训基地。

2016 年，学校有专兼教师 106 人，高级技师 48 人，全日制在校生 1496 人。开设有焊接技术应用、机电技术应用、数控技术应用、汽车运用与维修、会计、市场营销、高星级酒店运营与管理、社会文化艺术、计算机应用等 9 大专业。其中，数控技术与汽修是国家级实训基地建设项目，焊接与机电技术是省级示范专业。

学校实行军事化管理，注重培养团队意识，强化动手能力，加大实训力度，坚持校企联办，引企入校，实现学校与企业无缝对接，免去企业岗前培训的负担，发挥学校资源功能。

学校学生大量就业于北京首汽集团、北京现代汽车制造厂、北京京东方科技有限公司、北京联通公司、天津一汽、天津长城汽车制造厂，天津京瓷太阳能有限公司、大同工业制造园区等企业，实现订单式培养，所有毕业生就业稳定，企业信赖。（赵 瑾）

【职业教育转型发展】 2016 年，大同市教育局加大以市级职教学校为龙头、县区职教中心为骨干的两级职教体系建设力度。加快县级职教中心建设，大同县职教中心、矿区职教中心在完善校园校舍建设的同时，重点加强仪器设备配置、师资队伍建设和专业建设，通过山西省政府教育督导室的评估验收。开展重点专业和实训基地建设，全市 8 所学校、11 个专业被确定为省级重点专业和实训基地建设项目，落实省级专项资金 1750 万元、市级配套资金 1250 万元，大同市职教中心机电技术应用实训基地建设提前完成，其他重点专业和实训基地建设项目完成年度目标任务，设施设备的配置工作进入统一招标阶段。加强校企合作，10 所中职学校与省内外 86 家企业（其中省内企业 71 家、省外企业 15 家）签订合作协议。（教育局）

【机车学院案例入选省级案例】 2016 年 4 月中旬，国家中等职业教育改革发展示范学校典型案例省级评审结果揭晓，大同机车技师学院上报的“创设‘工学一口清’ 实现校企文化融合”典型案例入选。

“工学一口清”是大同机车技师学校结合学校实际，借鉴中国装备的名片企业中国北车“一口清”的管理理念和经验，以典型工作任务为单位，依据完成典型工作任务的企业岗位工作标准和学校课程标准策划、编写、实施。案例以背诵执行企业文化岗位工作标准与学校校园文化学习标准相融合的“工学一口清”为载体，解决产教结合工作过程诸多问题。（行 云）

【第二届全国职业教育活动周】 2016 年 5 月 9 日，大同市第二届全国职业教育活动周启动仪式在市一职中举行。

活动的主题是“弘扬工匠精神 打造技能强国”。活动周期间，各类职业院校开放校园，通过板报、广播、专题展板、发放宣传页等形式宣传展示职业院校校园文化、实验实训设施设备、实习实训活动开展情况、各专业教学改革及招生就业情况。通过召开学生家长会，邀请中小学生及家长、社区居民走进校园、走进课堂和实训室，通过教师讲解、学生示范、群众亲身体验等方式开展职业体验活动，让社会了解职业教育和各专业的育人过程，培养职业兴趣和职业意识，扩大职业教育影响力。举办优秀毕业生专题讲座，介绍优秀毕业生就业（创业）事迹，并通过举办优秀企业专题讲座，介绍企业文化、产业发展前景、企业产品研发，以及人才需求情况。各职业学校利用专业优势，联合相关企业，走进社区，走进市县初中学校，邀请社会各界人士走进校园，开展招生就业咨询、健康饮食咨询、汽车使用与保养知识推广、用电知识讲解、职业礼仪展示等为民服务活动，并利用校园网、微信等开展各类便民服务活动。

各职业学校结合学校实际，创新思维，突出专业特点，组织开展系列活动，确保把活动办出特色、办出亮点。加强职教活动周的内涵，把职教活动周和学校的招生就业、教育教学、实习实训有机地结合起来，做到活动与教学同促进，学生与活动共成长。

（赵 瑾）

【机车技师学院代表中国中车参加国际焊接技能大赛】 2016 年 6 月，中国中车“嘉克杯”焊接选拔赛落幕。中国中车大同公司参赛选手有 5 人入选中车代表队，参加在北京举行的“嘉克杯”国际焊接技能大赛。中国中车大同公司 5 名选手均系大同机车技师学院焊接加工专业毕业生。其中，4 人为 2006 届焊 3 班同班同学，另外 1 人系 2011 届焊 17 班学生。5 人中，杨洪和冯超分别获手工焊条电弧焊项目和焊接机器人项目第一名。

（冯 雨）

【第 24 届全国中学生英语能力竞赛大同区赛】 2016 年 11 月 13 日，“全国中学生英语能力竞赛”大同赛区初赛在大同思博教育学校开赛。

自 1991 年首届竞赛举办以来，全国中学生英语能力竞赛举办 23 届，其竞赛成绩长期以来得到全国各级教育行政部门、教研部门的认可和社会肯定，特别是国内外高校认定并接受为权威的社会英语考试，其竞赛成绩成为中学生升学、留学、高校优先录取、加分、面试等必备条件或重要参考依据。

这次比赛全国同步进行，11 月 13 日为初赛，12 月 11 日复赛。初赛山西赛区有近 4 万名考生参加，大同赛区有 1100 余名初高中学子参赛，分别在市思博教育学校诚益校区、洪泰校区、龙园校区进行。考试包括笔试和听力。（晨 曦）

大同市第一高级职业中学

【一职中办学模式改革】 2016 年，

大同市第一高级职业中学（简称“一职中”）增批美术实训基地、音乐重点专业建设两个项目，加强艺术类专业的软、硬件建设；以“0.5 + 2.5”模式分层教学，形成以音体美为主要专业的艺术类高考班，搭建高考平台；聘请6名领航专家，分别指导、训练军乐队、民乐队、舞蹈队、合唱队、模特队。5月中旬，由20名学生组成大同一职中舞蹈团代表中国应邀到韩国参加第五届国际生命文化艺术节，表演的5个舞蹈展现中国地域文化底蕴，赢得国际肯定。参加市总工会举办的“五月风”职工文艺会演。6月中旬，校舞蹈团代表山西省参加中国宁夏第四届回族舞蹈展演，在32支舞蹈作品中，一职中创作演出的《花儿红了》获“优秀作品”“优秀作品编导奖”“优秀作品表演奖”等多项称号，省舞蹈家协会授予一职中“山西省舞蹈教学基地”；8月4日，承担由省委宣传部，大同市委、市政府主办的“天下大同·大美云冈”山西大同云冈文化旅游招商系列活动启动仪式任务，创作云冈舞乐系列节目。9月8日，举办《大美职教魂——庆祝第32个教师节教学成果汇报演出》，市委书记张吉福率领四套班子领导到学校观看。

在体育教学上，外聘专家张守库训练的田径队在2016年大同市中学生田径运动会中职组比赛中，取得16个项目第一、9次破市运会记录成绩，并获男团第一、女团第一，8名学生获国家二级运动员称号。由张民训练的男子篮球队在2016年大同市中学生中职组篮球比赛中获第一名。9月底，学校一年一度的校运会举行。

（一职中）

【一职中计算机专业群导游专业群建设】 2016年，大同市第一高级职业中学把计算机应用、室内装潢、电脑艺术三个专业分别与太原旅游职业学院、山西青年职业学院的计算机应用技术、装饰艺术设计、动漫设计与制作专业对接，实现中职生直升大专的定向培养目标。把淘宝运营、电脑艺术两个专业180名学生安排到工作岗位顶岗实习。安排导游专业151名学生实践景点教学。提高导游专业教学实践能力。（一职中）

【一职中教科研工作】 2016年，大同市第一高级职业中学开展小课题研究，成立学科组，定期组织集体备课；邀请学者韩府教授、云天补校校长杨富举办专家讲座，邀请市教科研中心的教研员到一职中做现场指导；筹建学科网，与中学学科网签订协议，促进学校教学的网络化。组织部分中年骨干教师形成听课组，到教学一线，听课，评课，促进青年教师成长。

（一职中）

【一职中在山西省第十届职业院校技术大赛中获奖】 2016年，大同市第一高级职业中学在山西省第十届职业院校技能大赛中获奖，中文导游代表队获一等奖3个；英文导游代表队获一等奖1个、二等奖1个、三等奖1个；计算机代表队获二等奖2个、三等奖3个、优秀奖2个。

（一职中）

【一职中思想教育】 2016年，大同市第一高级职业中学组织召开38次班主任会议，加强班主任在班级教育、班级管理和班风建设中的第一责任人意识。组织开展“学雷锋活动月”活动、排球比赛、新生军训；开展文明班级、文明宿舍创建活动；开展纪念红军长征胜利八十周年系列活动等。组织开展优秀支部、优秀团干和优秀团员的评选活动，评出优秀支部4个，优秀团干26名，优秀团员84名；开展“优秀团支部、魅力团支书”活动，定期召开团支书会议，交流工作心得，评选出三名魅力团支书；举办“从我做起，做文明学生”黑板报设计活动。实施“一岗双责”，领导承包，逐级分解，分片包干，做到定期检查和随时检查相结合，建立一套安全工作制度。召开值班人员例会11次，发现问题、处理安全隐患5起，未发生一起安全事故。依据地震应急工作、重大安全事故应急处理、灭火和疏散应急、夜间停电应急、校园网络信息应急、校园防拥挤踩踏疏散应急、饮用水突发事件应急案、防洪水、冰雹、暴雪自然灾害应急等预案，每学期开展各类安全教育活动。（一职中）

【一职中畅通招就渠道】 2016年，大同市第一高级职业中学举办以“弘扬工匠精神 打造技能强国”为主题的大同市第二届全国职业教育活动周启动仪式，活动周期间，展示职业教育成果，开展毕业生就业指导和优秀毕业生报告会，设立校园开放周。与实习单位合作，巩固校外实习基地；安排顶岗实习学生177人，淘宝专业56人，电脑艺术设计60人，室内装潢设计61人。贯彻就业准入制度，组织313人参加普通话资格认证测试。有460人获国家助学金，使更多贫困学生受益。招生专业10个，划定分数线招生830人，生源质量提高。

（一职中）

【一职中参加第五届星洲国际生命文化艺术节】 2016年5月，大同市第一高级职业中学舞蹈团代表中国到韩国参加第五届星洲国际生命文化艺术节演出。大同一职中走向国际舞台，是学校艺术教育成果的一次良

▲2016年5月25日，一职中舞蹈团到韩国演出归来在大同机场合影（一职中 供图）

教育

好展示，是云冈系列舞蹈第四次走出国门参加国际文化艺术节，宣传大同文化，宣传云冈艺术。

第五届星州国际生命文化艺术节是由星州郡、艺术节组委会、韩国文化部、韩国体育和旅游部、韩国文化遗产管理部、韩国文化广播公司、亚韩地区民间艺术组织联合举办。来自韩国当地艺术团以及中国、马来西亚、斯里兰卡、泰国、俄罗斯等世界各国的民间艺术团在艺术节期间，分别上演具有本国特色的节目。

艺术节的举办地是庆尚北道星洲郡 Hangae 村世宗大王胎室遗地，有 20 万人观看艺术节的表演。演出从 5 月 18 日至 25 日，包含开幕式演出、四场舞台演出、一场巡演，《云冈长袖飞天舞》参加开幕式演出，《云冈六臂神舞》《花儿红了》《扇舞红云》《顶碗》等参加其他场次演出，《云冈六臂神舞》为观众们再现世界文化遗产云冈石窟造像艺术，以舞蹈的形式展现大同的历史人文底蕴。《云冈长袖飞天舞》把云冈神韵和中国文化的精粹表现出来。到韩演出舞蹈音乐由大同市音乐家杨为民创作。云冈系列舞蹈是大同市对外文化交流的重要符号，在国际、国内享有较高声誉。

（赵 瑾）

【一职中舞蹈团全国舞蹈展演获奖】 2016 年 6 月 23 日，中国 · 宁夏第四届回族舞蹈展演结束，代表全国十几个省、区、市最高水准的 32 个优秀舞蹈作品亮相银川。由山西省舞蹈家协会选送、大同市第一高级职业中学舞蹈团表演的《花儿红了》作为唯一一支代表山西省参赛舞蹈，最终获优秀作品称号。

中国 · 宁夏回族舞蹈展演自 2007 至 2016 年举办三届。与前三届相比，这届展演参加省份多、作品数量多，题材内容丰富。舞蹈《花儿红了》以“花”为主题，通过演员的表演和队形呈现出花朵绽放的姿态，表现出生活在晋北大地上的回族姑娘心灵深处的纯洁与美好，风格清新自然。舞蹈编导王和平和李莉，舞蹈音乐由大同市音协主席杨为民创作。在颁奖晚会上，《花儿红了》受邀进行压轴演出。

王和平、李莉获优秀作品编导奖。杨晓茹、李芳、薛涵睿、温馨等人获优秀表演奖。山西省舞蹈家协会获优秀组织奖。

（冯 雨）

【一职中八名学子获国家二级运动员称号】 2016 年 8 月 21 日至 22 日，在山西省田径锦标赛上，大同一职中唐彬、刘晓敏、景旭华、左锦烨、刘涛、郝亮、蒋一勃、牛志磊 8 名学生成绩达到国家二级运动员水平，获国家二级运动员称号。

获国家二级运动员称号的学生有资格参加各大院校体育特长生招生测试。大同一职中重视学生体育教学，给有体育特长的学生提供训练场所，并提升体育教学水平，加强体育教师队伍建设。2016 年，学校增设体育特长班，特聘国家一级运动员、二级教练员张守库为指导教师，常年在校授课，旨在为高等院校和国家输送体育人才，培养体育健将。学校注重教体结合体育特长生，在专业训练基础上不放松文化课程要求，给他们铺就成才路径。

（小 霞）

【一职中教学成果汇报演出】 2016 年 9 月 8 日，大同市一职中举办《大美职教魂》——教学成果汇报演出，为教师节献礼。市领导张吉福、高键、赵向东、马斌、郜向华、黄岑丽、杨人毅、何永强、杨硕平等与各界嘉宾观看演出，与师生们共庆节日。

教学成果汇报演出分《为美丽大同讴歌》《向光荣教师致敬》《扬帆为职教远航》3 个篇章，节目均由市一职中师生自编、自导、自演，向观众奉献一台音诗画。

（小 霞）

【一职中两节目在“文明风采”竞赛活动中获全国一等奖】 2016 年 12 月 15 日，在第十二届全国中等职业学校“文明风采”竞赛活动中，大同一职中被竞赛组委会授予优秀组织奖，学校民乐队《家和万事兴》与合唱队《掀起你的盖头来》两件作品获全国一等奖，也是山西省仅有的两个一等奖。“文明风采”竞赛活动由教育部、人力资源社会保障部、中央文明办、共青团中央等七部委联合主办，是全国中等职业学校档次最高、规模最大的综合性竞赛活动。这届竞赛活动以“践行核心价值观，激扬职校生风采”为主题，全国有 3974 所学校、283.5 万名学生、195.9 万份作品参加。

除两个全国一等奖之外，学校军乐队《载歌载舞的人们》、舞蹈队《云冈长袖飞天舞》、民乐队《云冈美》、管乐团《歌唱祖国》、合唱队《美丽中国梦》5 件作品获全国二等奖，舞蹈队《火样青春梦飞扬》《顶碗》《飞向蓝天》，以及管乐团《奥林匹克的号角》等 4 件作品获全国三等奖，舞蹈队《云冈六臂神舞》获优秀奖。学校李英明、王超、郁妍超、赵霞等 10 位教师获优秀指导教师奖。

（刘 江）

【一职中专业教学汇报演出】 2016 年 12 月 27 日，大同一职中 2016 专业教学汇报演出（民乐专场）在学校综合礼堂举行，展示学校坚持艺术引领教育的成果。

开幕节目是民乐合奏《大同记忆》，乐曲作曲者为市音协主席、作曲家大同一职中的校长杨为民。乐曲演奏的指挥是大同市演奏家李英明。汇报演出的节目有古琴齐奏《阳关三叠》、笛子独奏《扬鞭催马送粮忙》、扬琴独奏《映山红》、二胡齐奏《赛马》、琵琶齐奏《十面埋伏》、笛子合奏《我是一个兵》、民乐重奏《渔舟唱晚》，以及古筝与民乐的合奏《战台风》。

（刘 江）

▲ 2016 年 9 月 9 日，一职中举行教学成果汇报演出——大美职教魂 （一职中 供图）

大同市第二高级职业中学

【概述】 大同市第二高级职业中学校（简称“二职中”）是直属大同市教育局全额拨款事业单位，创建于1989年7月，是省级重点职业中学校、省级四星级管理学校。截至2016年底，设有教学管理职能部门7个（办公室、教务处、政教处、总务处、教研室、安全管理处、实习指导处），党群团2个（团委、工会），编制核定人员120人，实有114人，高级职称25人，专任教师92人，开设计算机、汽车运用与维修、机电技术运用、餐饮服务与管理、旅游服务、群众文化艺术5个专业。其中，省级示范专业2个（计算机、汽修），市级示范专业2个（机电、烹饪），在校学生人数1577名。

（二职中）

【二职中德育工作】 2016年，大同市第二高级职业中学加强以促进学生就业能力为主体的职业教育，构建工学结合模式，促进学生全面发展。开展德育课等公共基础课的改革。注重学生勤劳、友善、诚实、正义教育、创业教育和成功教育，突出以爱岗敬业、诚信敬业为重点的职业道德教育，把德育工作融入学生专业学习的各个学科。每周由一个班学生组成护旗队并担任升旗手，每一位学生都亲身参与升旗，感受庄严与神圣，增强班级凝聚力和荣誉感。通过师生同唱国歌，以及“国旗下演讲”的形式，引导学生树立起爱国主义和集体主义观念。9月5日至9日，对2016级新生集中开展入学教育，军姿军容、队列训练、内务整理、请销假制度都实行军事化管理，期间学校还对新生进行国防、法制、心理健康、专业通实、交通安全和学校规章制度等教育。9月9日，举行2016级新生军训汇报。举办“彩虹人生”现代服务业职业技能大赛，“我的成长路”青春分享会，建党95周年诗咏会，纪念长征胜利80周年演讲比赛等活动。11月4日，邀请台湾台南成功大学机械工程学系萧国鸿博士到校，举办“中国古代锁具之美”“文博知识进校园”讲座，社会文化艺术专业学生150余人参加。举办纪念“一二·九”运动歌咏大赛，勉励学生传承“一二·九”精神。开展艾滋病防治工作，在新生体检中向每位学生发放预防艾滋病教育处方，把艾滋病、性病预防知识纳入学校教学计划，与相关学科教育结合，把有关预防艾滋病健康教育知识渗透到思想品德、体育与健康、综合实践活动等课程中。在世界艾滋病日（12月1日）前后采取多种宣传教育方式开展活动，宣传艾滋病对个人、家庭和社会造成的危害，宣传预防措施。加强日常工作的督查，坚持一日两检查、一周一次大检查。加强学生的仪容仪表检查。举行学生会换届选举，检查和评比学校常规管理，做好班级纪律、卫生、出勤等情况记录。每周日晚自习的主题班会活动，讨论班级和学生中存在的问题，并提出解决方案。推行寄宿生“四项制度管理”即安全制度、请假制度、查铺制度、卫生责任制度。

（二职中）

▲2016年9月25日，市二职中举行纪念红军长征胜利80周年演讲比赛（二职中 供图）

【二职中教育教学】 2016年，大同市第二高级职业中以培养学生的职业能力为导向，调整各专业课程结构及标准、分层教学标准和专业方向，加大专业技能课程的比重，重视实践和实训教学，提高教学质量。突出学生专业基本技能，规范实训实习教学的每个环节，实行指导教师责任制，确保学生掌握本专业基本技能的规范化操作。重视学生实际操作能力训练，经过前期考察，调整专业教学计划，安排15旅1班学生到魏都酒店专业实操训练。组织参加2016年山西省第九届技能大赛，比赛获2个一等奖、7个二等奖，10个三等奖。5月下旬技能鉴定高二年级汽修、烹饪、机电、社会文化艺术等专业，涉及7个工种，鉴定人数401人。组织学生参加山西省第八届中等职业学校“文明风采”大赛，获2个一等奖，3个二等奖，6个3等奖。22名学生升入太原旅游、山西机电、山西省旅游3所高职院校；签订2016年“三二分段”招生协议书，与山西省旅游学院、长治机电学院、太原旅游学院和晋中职业技术学院等院校签订协议，涉及计算机、汽修、机电、烹饪等专业。10月27日，校长、相关部门领导、各升学班班主任到阳高县职业高中参观考察并交流工作经验，组织召开升学班教学研讨会，通过分析学生的知识能力水平、教学大纲、对口升学的考纲和考试情况，制订各科的教学计划和教学进度，对今后教学工作的开展和教学重难点的把握提出意见。开展“两操一活动”及拔河比赛等传统项目，在2016年的市运会上，学校派出4支男子和5支女子参赛队伍，获7个一等奖、6个二等奖、9个三等奖。更换28套教室多媒体触控一体机设备；依托2015年中央财政落实500万实训设备购置项目和市级地方配套财政支持的184万用于各专业实训设施设备建设，重新整合专业实训场所31个区域，满足实

训教学需要。建立起适合职业教育发展教学常规和实训实习管理制度，实现教学规范化管理。（二职中）

【二职中师资队伍建设】2016年，大同市第二高级职业中以“崇德、修术”为主题开展师德师风建设。开展“工作秩序涣散、纪律松弛”的专项整治工作，集中整治工作中出现的“松、散、懒、脱”等行为现象。严肃整治教育“三乱”，规范教师从教行为。加大教师培训力度，组织教师参加山西省中小学教师远程全员培训。11月8日至23日，组织学示范课活动，各个专业的9位教师参加这次展示活动，其中专业实训课教师4人，文化基础课教师5人。强化班主任队伍管理，健全完善班主任工作职责。选聘思想素质好、业务水平高、奉献精神强、身心健康的教师充实到班主任队伍中。定期开展班主任培训，完善班主任工作职责及班级管理职责，班级教育职责，班级文化建设职责，学生品德评定和奖惩的职责，关注每一个学生的全面发展、转化后进学生和处理突发事件的职责，学生的保护与安全教育职责，职业指导职责以及协调各方面教育力量的职责。

（二职中）

【二职中招生就业】2016年，大同市第二高级职业中在暑假招生工作的基础上加大招生力度，注册学生数541名。抓好实习管理。落实《大同市第二高级职业中学校学生实习细则》，加强在校学生职业指导。回访企业摸底落实毕业生就业情况，摸底调查、统计、分析2013级毕业生就业情况，掌握毕业生就业情况，处理毕业生在就业实习中遇到的问题，加强毕业生就业跟踪服务和毕业生实习检查、指导工作，为2014届毕业生就业夯实基础。利用关系网络和信息资源，多方联系更多专业性强的实习、就业基地。要求相关处室人员和实习班班主任经常性地走访和调研，把相关信息反馈给学校，为学校下一学年的专业设置及教学提供依据。加强实习学生的管理，做好跟踪调查。重视实习生生产、交通、生活等安全教育，做到每会必讲。掌握实习生的工作状态，就业意图及方向，和实习学生单位签订实习协议。（二职中）

大同电力高级技工学校

【概述】大同电力高级技工学校（国网山西省电力公司技培中心大同分部）成立于1978年，位于山西省大同市城区，占地面积15.33公顷。大同分部有三块牌子，分别是：国网山西技培中心大同分部；大同电力高级技工学校；山西电力行业大同国家职业技能鉴定所。大同分部是省公司的三大培训基地，分别是：电力营销培训基地、电网运行培训基地、电网调度自动化培训基地。大同分部有四大培训资质，分别是：“中电联电力行业变电仿真培训基地”资质、“中电联电力行业火电仿真培训基地”资质、“中电联电力行业调度仿真培训基地”资质和“山西省质检局计量检定（检验）人员操作技能培训基地”资质。三大培训基地，获省总工会颁发的“特殊贡献奖”和“工会女职工培训示范学校”称号。2016年，技培中心大同分部设综合管理室、后勤保障室、培训管理室、技能鉴定室、电力营销培训室、电网调控培训室和基础技能培训室7个室。技培中心大同分部有在职职工168人。学历结构：研究生学历8人，本科学历113人，大专学历31人，中专及以下学历16人。职业技术资格：高级职称82人，中级职称41人，初级职称45人。10月11日，国网山西省电力公司技培中心大同分部获得电力行业调度类仿真培训基地资质。10月18日至21日，由技培中心大同分部集训的山西省代表队在河南郑州举办的2016年中国技能大赛第十届全国电力行业职业技能竞赛（装表接电工）中，取得团体第四名，获大赛三等奖、优秀组织奖。

（王卫斌）

【电力技校教育科研建设】2016年，大同电力高级技工学校（国网山西省电力公司技培中心大同分部）通过梳理培训过程，有针对性的工作培训监督的薄弱环节，成立培训督导小组，在培训项目实施过程中，由专人督导检查教学质量和安全，反馈存在问题，保证培训质量不断提高。编制、修订、充实和完善部分培训管理制度、流程。在培训调研阶段应用“互联网培训管理平台”，调研过程中由培训管理系统生成调研、报名、签到、评估等项目内容的二维码，参培学员需手机识别二维码，填写培训需求、培训报名、签到、调研评估、考试答题等，系统把自动收集数据并汇总分析，技培中心大同分部全年撰写论文20篇，申请专利10项，授权发明专利2项（其中1项授权专利获省公司授权专利成果二等奖）。（王卫斌）

【电力技校技能培训】2016年，大同电力高级技工学校（国网山西省电力公司技培中心大同分部）组织各类培训184期，9246人次，87307人天。其中，完成省公司年度培训计划12个项目，97期次，3351人次，23788人天；外部培训87期，5895人次，63519人天，承担国网公司新进员工2016年第一期营销服务、营销技术两个专业299名学员的培训任务。（王卫斌）

【电力技校技能鉴定】2016年，大同电力高级技工学校（国网山西省电力公司技培中心大同分部）技能鉴定电力行业省公司职工1414人的（11个特有工种，36个工种等级）。其中，高级技师185人，通过率85.95%；技师791人，通过率85.21%；高级工438人，通过率84.25%。技能鉴定农网配电营业工高级工391人、在校生161人、复转军人装表接电初级工23人和京宁热电厂54人。（王卫斌）

【电力技校培训基地建设】2016年，大同电力高级技工学校（国网山西省电力公司技培中心大同分部）电力营销和电网运行培训基地；建成具有真实一、二次设备的220千伏智能实训变电站；获得“中电联电力行业调度仿真培训基地”资质；验收“调控一体化仿真培训系统改造”“220kV数字物理混合仿真培训系统改造”两项目的竣工；建成与现场同步的“D5000智能电网调控培训系统”；电能计量博物馆初步建成。（王卫斌）

【220千伏智能实训变电站改造项目通过竣工验收】2016年11月22日，由山西省公司人资部组织安质

▲ 2016 年 11 月 22 日，省电力公司验收大同电力技校 220 千伏智能实训变电站

（王卫斌 供图）

部、建设部、运检部、调控中心、后勤部、技培中心等相关部门（单位）专家在技培中心大同分部验收国网山西省电力公司 220 千伏智能实训变电站改造项目。验收组认为，项目完成设计文件及施工合同约定的内容，符合国家及电力行业规范和设计文件质量要求，满足变电各专业培训、竞赛、调考等功能需求，验收合格，同意通过。（王卫斌）

【刘宏新到技培中心大同分部调研】 2016 年 10 月 21 日，山西省公司刘宏新总经理到技能培训中心大同分部调研。调研期间，刘宏新实地查看大同分部电力营销培训基地、电网调控培训基地、调度自动化培训基地、220 千伏智能实训变电站等建设情况，了解分部培训师队伍建设情况，肯定大同分部在培训基地建设和培训工作中做出的努力和近期分部承担的省公司参加第十届全国电力行业职业技能竞赛（装表接电工）集训任务成果。

（王卫斌）

山西大同大学大同师范分校（大同市幼儿师范学校）

【大同师范校园工程建设】 2016 年，山西大同大学大同师范分校（大同市幼儿师范学校）项目是市政府 2010 年启动的重点工程项目。施工单位在工程进度、质量、安全方面按照设计和规范施工，全年 18 个主体建筑及围墙、体育场、外网、消防、弱电、道路、体育场、室外铺装均完工并投入使用，园林绿化完成 95%。经和同济设计院多次沟通和面商，自开工以来的技术变更、使用需求增项、方案调整等全部纳入设计总平面图，得到同济设计院的认可。（大同师范）

【大同师范专业设置】 2016 年，山西大同大学大同师范分校（大同市幼儿师范学校）高职学前教育专业，经国家教育部及省教育厅批准，申报成功，于 2016 年 9 月起招生，同时恢复音乐教育及计算机教育专业，并把中职学前教育专业列入省重点专业。4 月 7 日，学校专业设置经山西省教育厅文件获批，囊括学前教育、小学教育、语文教育等 10 个专业。学校通过引入国内外先进学前教育理念与技术建设学前教育重点专业、筹备现代教育技术专业实训基地，学前教育重点专业建设之项目 6 个实训室建设完工并投入使用。学习召开各类专业建设研讨会、选定教材、并分批开展教师实训室使用培训工作等为新增专业的招生和教学奠定基础。（大同师范）

【大同师范师资队伍】 2016 年，山西大同大学大同师范分校（大同市幼儿师范学校）与大同市政府、市教育局、市编办和医保中心报备、审批，21 位新教师、8 位教辅人员进入该校任教。学校以重点专业建设为契机，组织在职老教师、双师型教师和校企合作教师培训。（大同师范）

【大同师范招生就业】 2016 年，山西大同大学大同师范分校（大同市幼儿师范学校）毕业生就业工作实现程就业指导服务和职业规划教育。2016 届毕业生就业洽谈会上，92% 应届毕业生与 110 余家用人单位达成就业意向。与山西省教育厅沟通协调，落实招生计划，2016 年 9 月，招生数量较两年前翻两番，新生增到 1700 人，在校生 4000 余人。（大同师范）

【大同师范教学教研】 2016 年，山西大同大学大同师范分校（大同市幼儿师范学校）开办专升本辅导班、组织专升本报名考试。大同师范 108 名同学报名参加专升本考试，上线 42 人，上线率 40%，大同幼师参加对口升学，上线率 93%。组织专业人员对教师进行多媒体课件制作培训及比赛。收到参赛作品 101 份，经过评比，评出一等奖 2 名，二等奖 4 名，三等奖 6 名，优秀奖 18 名。定期向全体教师介绍当前教育改革的新信息和现代教育技术的新成果。给新生、毕业生打造系列讲座，推动教育科研工作的发展。在 2013 级三年制和 2011 级五年制学生 420 人的普通话报名、测试中，普通话合格率 80%，位居大同市同类院校榜首。与美国培普丹大学联合首次开展国际文化交流活动。参加省级相关大赛，教育技术系教师常瑾参加山西省第十届中等职业学校 2016 年计算机技能大赛暨职业院校教师课件大赛，获高职组二等奖；外语系学生张敏、王茜参加山西省第十届高教社杯英语口语技能大赛，分别获专业组三等奖和非专业组三等奖，教师王磊、周敏获优秀指导教师奖。

（大同师范）

【大同师范信息化建设】 2016 年，山西大同大学大同师范分校（大同市幼儿师范学校）发挥学校网站、学校微信公众平台和微场景及室外显示屏的作用，为学校对外宣传发挥作用。信息中心协助有关处室进行 3 次办公自动化培训，彻底清点和分类汇总原电教 300 余万固定财产；电子屏发布

教育

▲ 2016 年 6 月 16 日，大同师范举行第十届校园青春健身操大赛 （大同师范 供图）

信息 24 次 80 余条，学校网站发布信息 178 篇次，微场景和微平台发布信息 60 余篇，拍摄学校各类活动影视资料 83 次。 （大同师范）

【大同师范校园文化建设】 2016 年，山西大同大学大同师范分校（大同市幼儿师范学校）组织教职工开展“强壮体魄阳光生活”教职工工间操活动，观看《南平红荔》电影，开展“博爱一日捐”、校园“联通杯大美校园”手机摄影大赛、“共筑中国梦 携手向未来”2016 迎国庆文艺演出等活动，丰富校园文化生活。开展“大力推行和规范使用国家通用语言文字 助力全面建成小康社会”的系列主题活动。学生开展三走系列体育、五四评优及表彰大会、校园民谣天天唱、“铭记责任，放飞梦想”十八岁成人仪式、第十届校园健美操大赛、纪念长征胜利 80 周年系列活动等活动，提升校园文化品位。 （大同师范）

【纪念五四运动九十七周年暨“诵国学经典，做文明青年”活动】 2016 年 5 月 3 日，大同市纪念五四运动九十七周年暨“诵国学经典，做文明青年”活动在大同师范校园举行。大同市委副书记刘国庆参加启动仪式并讲话。

活动由团市委主办，大同师范、大同幼师协办，旨在通过活动在大同市青年中弘扬普及优秀国学文化，引导和激励青年从国学中汲取知识和智慧，培育和践行社会主义核心价值观，为建设古城贡献青春力量。活动的主要内容包括国学诵读，国学系列讲座，国学礼仪传承，国学文化展等系列活动。 （赵 瑾）

大同市文化艺术学校

【概述】 大同市文化艺术学校（简称“大同艺校”）属于艺术类中等专业学校，创建于 1956 年，是晋北及周边地区唯一的国办综合性艺术中专。学校有两个校区，占地面积 5.3 万平方米，设有音乐、舞蹈、美术、戏曲等专业，成人大专、本科设有音乐教育、美术教育、音乐学、历史学、小学教育等专业。大同市文化艺术学校曾被山西省政府授予“教书育人先进集体”，被山西省文化厅授予“育才有方”牌匾和“模范学校”称号，被大同市委、市政府授予“模范学校”等称号。2016 年，学校有教职工 146 人。其中，有高级讲师资格的 9 人，讲师资格的 49 人；有学生 570 人，历届毕业生 3000 余名。 （艺 校）

【艺校教学管理】 2016 年，大同市文化艺术学校抓教学管理，加强课堂教学改革，抓好学生日常学习和期中、期末的考试（考核），完善教学运行机制，逐步形成分管校领导负责、教务处牵头，学生处、班主任、教师多位一体的教学管理模式，通过完善大纲，拜师学艺，联班包生，艺苑讲坛，强化措施（即签到授课、定时查课、随堂听课、学生评课）等，抓好课堂教学，提高教学水平和人才培养质量。全年学校组织开展“艺苑讲坛”活动 10 余次，促进教师教学热情。注重教学剧目建设，抓具有适合对外演出效果演出剧目建设（在第十一届校园文化艺术节上，舞蹈、戏曲、音乐等专业完成一台教学剧目汇报演出，美术专业组织一次师生习作、创作作品展）。 （艺 校）

【艺校学生教育管理】 2016 年，大同市文化艺术学校形成分管校领导负责、学生处牵头，教务处、保卫科、团委、班主任多位一体的教育管理模式。加强学生的政治思想教育，引导学生健康成长。坚持育人为本、德育为先，让社会主义核心价值观进教材、进课堂、进头脑；加强校园广播、板报和校园文化活动设施建设，注重发挥校园文化的熏陶作用；组织学生参加力所能及的生产劳动和爱心公益活动、培养成为德智体美劳全面发展的社会主义建设者和接班人。在学生之间开展“一帮一”互助活动，使同学之间建立起亲密和谐的关系，抓典型、树榜样，弘扬正气，鼓励先进，表扬和宣传优秀的、典型的好人和好事。加大理想教育、校纪校规教育的力度。通过请宣讲法治知识，增强学生的法治观念。开展多形式、多渠道教育活动，发挥第二课堂的作用，达到寓教于乐的目的。 （艺 校）

【艺校招生】 2016 年，大同市文化艺术学校把招生就业工作作为中心工作来抓，多次召开招生会议，专门研究招生工作，在开设非物质文化遗产晋北小剧种专业方面做文章，走“校团合作”之路，拓宽招生渠道，探索新专业的设置。2016 年的招生任务，涉及音乐、舞蹈、戏曲、美术、社会文化艺术等专业。 （艺 校）

【艺校庆祝建校 60 周年】 2016 年 12 月 5 日至 15 日，大同市文化艺术学校庆祝建校 60 周年暨第十一届校园文化艺术节优秀节目汇报演出举行。

大同市文化艺术学校从戏曲班子起步，60 年一路走来，学校发展建设取得成就。2016 年有在校生 570 余人，教职工 146 余人，开设有戏曲、音乐、美术等十多个专业，是同朔及周边地区唯一的国办省部级重点艺术中专学校。学校坚守“围绕舞台，造就人才，依托文化，面向市场”的人才培养理念，为弘扬地方戏曲艺术、繁荣文化节艺术事业作出贡献，培养出众多“梅花奖”“杏花奖”获得者和艺术名家。学校曾被省政府授予“模范学校”“文明单位”，被省文化厅授予“育才有方”“模范学校”，被市委、市政府授予“模范学校”“精神文明建设先进单位”，被共青团大同市委授予“青年文明号”，被市劳动竞赛委员会荣记集体一等功两次。

大同艺校第十一届校园文化艺术节举办戏曲耍孩儿专场、器乐舞蹈专场、戏曲声乐专场、才艺展示专场等汇报演出及美术作品展，集中展示学校的艺术教育成果。（刘　江）

【李莉获国家艺术基金资助】 2016年2月16日，大同市舞蹈家协会副主席、大同大学音乐学院舞蹈系主任李莉获2015年度国家艺术基金青年艺术创作人才资助，这是大同市舞蹈艺术家首次获这项奖励。

国家艺术基金旨在繁荣艺术创作，打造和推广原创精品力作，培养艺术创作人才，推进国家艺术事业健康发展。其目标是通过资助出人才、出精品、出“高峰”。其中，还专门设立青年艺术创作人才资助项目，把培养青年艺术创作人才作为重要工作之一。2015年度国家艺术基金青年艺术创作人才资助项目舞蹈编导类，全国有4000余人申报，最后，有27人获得资助项目，专家评委有300人，山西有包括李莉在内的2人入选。

李莉毕业于大同艺校，2002年起，她和市舞蹈家协会主席、大同艺校副校长王和平创作出《云冈连珠纹舞》《云冈长袖飞天舞》《云冈六臂神舞》《云冈凤箫神舞》等作品，形成云冈系列舞蹈。云冈系列舞蹈在各大比赛中屡次获奖，成为大同重要的文化名片。是国家对外文化交流的重点节目，在推动大同走向全国、走向世界的进程中发挥重要作用。（青　青）

大同市卫生学校

【卫校教育教学改革】 2016年，大同市卫生学校（简称“大同卫校”）根据职业教育特点，从岗位能力和需求分析入手取舍教学内容，开发以工作过程为导向的课程内容，制订专业核心课程标准，在课程标准中明确课程定位、课程学时、课程目标、课程主要内容，并对课程教学进行整体设计、项目设计和情景设计等，使课程教学过程有“标”可依，有“据”可查。鼓励各专业利用教学条件和实训室、实训基地，理实一体化教学改革，学校2016年拥有实验实训基地7个，实验实训室96个，设备总值1400余万元，能满足基本工艺操作、技能训练要求（实训开出率达95%）。学校重视实训基地的建设，申报各种建设项目，助产、口腔修复工艺、老年护理、医学检验技术专业实训基地在建设中，项目建设实施以来，获省市财政支持资金877.76万元，购置对接产业生产和服务的先进设置。建立32个校外实训基地，所提供的实训岗位数量能满足各专业学生实习实训需要。学校与基地签有合作协议，引企入校，依靠义齿加工企业的专家现场讲座，开展理论教学和企业标准化操作相结合。推进教学方法与教学手段的改革，提高教学效果和课堂教学质量，在以理论知识为主的课程教学中，注重以学生自我发现为前提，以自我实践为根本的启发式、讨论式的教学方法。出台《大同市卫生学校学生学业考核评价制度》，构建适合中职教育及人才培养要求的具有可操作性的学生考核多样化模式。在考核内容上，注重以学生综合应用知识能力、实践能力、学习态度等方面的考核，力求做到既考课业知识，又考知识转化的能力和素质。根据学生和考核内容、特点，采用笔试、口试、演示、技能操作考核与开卷、闭卷考试相结合，提高考核评价的质量和可信度。推行考试方式的改革，学生成绩由平时成绩和考试成绩组成，其中平时成绩占总成绩40%（学习态度10%，课堂提问10%，实训成绩20%），期末考试占总成绩60%。（卫　校）

【卫校学生素质教育】 2016年，大同市卫生学校加强学生素质教育。坚持以爱国主义教育为主线，以行为规范养成教育为基础，加强道德素质的教育，加强学生思想政治素质。开展各种德育教育活动，丰富德育活动促进养成教育。

实施推进阳光体育活动。确保学生每天锻炼一小时。每学年至少举行一次校际运动会。加强学生体育社团建设，组织各种体育项目兴趣小组，定期不定期举办各类项目比赛、运动会、体育文化节等。通过活动，增强学生体质，磨炼学生意志，增强学生团队意识，激发学生生活热情，学生综合考评优秀率突破30%，特别是体质健康合格率突破95%，优秀率突破15%。（卫　校）

【卫校护士资格考试】 2016年，大同市卫生学校针对护理专业学生在备考“护士执业资格证”过程中出现的学生思想不重视问题，学生处要求班主任早做计划，加强对备考“护士资格证”学生思想教育。帮助其分析职业前景及职业要求，肯定学生的智力和学习能力，引导其走上自觉克服困难，主动学习的道路。2016年“护士执业资格”考试合格率突破66.6%，比上年提高29%。（卫　校）

【卫校学生资助】 2016年，大同市卫生学校国家资助情况：21个连片特困县的农村学生、农村医学专业学生全部享受国家助学金，其他县家庭经济困难学生也可享受。2016年春季有691名学生享受国家资助，资助额69.1万元；秋季有560名学生享受国家资助，资助额56.3万元。雨露计划：雨露计划实施县的农村学生，可向当地县扶贫办申请享受“雨露计划”，学校提供资助资料。校企奖助：学校和合作企业分别设立专项奖助学金，奖励品学兼优学生，资助特困学生完成学业，有39名学生获得一等奖学金，有79名学生获得二等奖学金，有171名学生获得三等奖学金，奖金总额4.46万元。

（卫　校）

【卫校师资队伍建设】 2016年，大同市卫生学校教职工编制数264人，有教职工253人（2016年新增8名），专任教师156人（含新增7名），高级职称44人，本科以上学历152人，专业教师88人，占专任教师56.1%，双师型教师74人，占专业教师84.1%，双师素质教师比率100%，外聘兼职教师35人。全年学校推进师资队伍“五大工程”建设，即师德师风建设工程、教师素质提升工程、教师学历提升工程、实训指导能力提升工程、管理队伍能力提升工程的队伍建设。完成校本培训4600人时，安

教育

排专业课教师86人次顶岗实践锻炼，达到7740人日。教师主编或参编国家统编教材25本，5人在全省职业院校“实训方案设计竞赛”中获二等奖，27人获全省职业院校优秀辅导教师、省卫生厅优秀教师等称号。建立“百名兼职教师资源库”，形成一支专业带头人和院企专家领衔、骨干教师和院企技术能手为中坚，青年教师为主要力量的结构合理、专兼结合、具有双师素质的优秀教学团队。实施人才引进，通过大同市人事局公开招聘，招聘教师8人，聘请兼职教师35人。岗位培训，聘请校外专家和校内经验丰富的教师开办讲座，加强岗位练兵，举办青年教师教学基本功比赛、组织中青年教师参加行业和全省组织的技能大赛，形成“比、学、赶、帮”的中青年教师激励机制，制定专业课教师企业实践锻炼管理制度，鼓励他们到医院企业参加实践锻炼。选派教师外出参加各级各类学术交流与培训，了解职业教育发展新动态和专业发展前沿知识。（卫　校）

【卫校学生就业】 2016年6月，大同市卫生学校毕业生933人，就业人数（直接就业人数110人、升学人数567人）677人，就业率72.56%。其中，女生就业率72.8%，略高于男生70.9%。就业率高于上年度68.46%，比上一年度提高3.9%。8个专业中中医（针灸推拿）就业率最高93.3%。2016年12月，933个毕业生就业783人，就业率上升到83.9%，高于上一年度75.6%，高出8.3%。其中，110名男生中有108人就业，就业率98.2%，823名女生中有599人就业，就业率上升为82%，男生就业率高于女生近16个百分点。药剂专业81人，就业率由80.2%提高到91.4%，医学影像技术24人，农村医学21，中医（针灸推拿）30人，就业率均为100%。

2016年度毕业生人数933人，对口就业628人，对口就业率80.2%，比之上一年度高出0.2个百分点。2016年度学校升入高等学校学生567人。其中，参加对口升学考试学生222人，录取199人，录取率89%，高于上一年度65%，占毕业生人数21.3%。另外，3+2高职学生完成三年制中专学习后升学到忻州职业技术学院288人，参加自主升学考试录取80人。

2016年，针对因贫困而升学困难、因学历低而在本地公立医院就业困难的现状，学校响应山西省政府“医疗护理员”培训计划，把护理专业中专毕业的109名贫困生纳入该计划中。经过12天的集中培训，通过理论和实践操作考核，全部取得国家医疗护理员（中级）合格证书。经过省卫生计生委和国家、北京市卫生计生委对接推送，首批32名学生走上北京安贞医院、北京清华长庚医院、北京大学肿瘤医院、解放军第309医院和天津泰达国际心血管医院等5家京津公立三级甲等医院的医疗护理员工作岗位。

用人单位普遍反映卫校毕业生岗位适应较强，能够吃苦耐劳，遵纪守法。毕业生就业总体满意度85.4%，女生就业满意度96%，男生就业满意度83%，女生高于男生。8个专业中护理、助产专业的学生由于护士资格证取得率66.6%、初次就业工资符合预期值、80%以上专业对口，就业满意度分别为94%和93%。（卫　校）

【卫校创新办学模式】 2016年，大同市卫生学校创新人才培养模式和课程体系改革，完善校院（企）合作、工学结合的育人模式，学生实践技能、升学和就业能力得到提高。

护理、药剂、口腔修复工艺是大同卫校的3个重点建设专业和养成教育特色项目。为此，学校制定人才培养方案，形成护理专业“技能为本、院校一体、随岗实习”；药剂专业“学岗融通、项目训练、顶岗实习”；口腔修复工艺专业“真仿结合、学训交替、随岗实习”等具有专业特色的培养模式。构建以职业活动为主线、能力结构为核心的新型模块化课程体系，以项目引领组织课程内容；强化理论与实践一体教学，推广实施项目教学法、模拟教学法、情景教学法、案例教学法，形成学训结合、仿真结合、完善数字化教学资源，完成122门课程教学课件，672个教学动画，896分钟教学视频，并通过校园网平台实施理论知识的信息化教学。

2016年，在与同朔地区31家公立和民营医院建立实习就业基地的基础上，与11家企业、6所高校签订订单培养、定向就业协议。把老年护理专业（方向）的开设作为2016年工作的一个重点，通过学校、社区、医院、养老院的工学融合、院校联动的方式，实现教学与工作岗位的无缝对接，为社会培养出合格的老年护理人才。

（赵　瑾）

山西省雁北煤炭工业学校

【概述】 山西省雁北煤炭工业学校（简称“雁北煤炭”）是一所全日制中等职业院校，始建于1981年，坐落在山西省大同市城区北苑路48号，占地8公顷，建筑面积4.7万平方米，固定资产7000余万元，实验实训设备总值1100余万元。

2016年，学校有在职教职工212名，教师162名，高级职称60名，中级职称87名，“双师型”教师78名，还从省内、外聘请多名知名专家、学者和行业技术专家做兼职教师。学校拥有多媒体双向教学系统，建设数字化校园网络，教学、行政办公实现自动化、信息化。学校有国家级实训基地1个（国家采矿实训基地），省级实训基地5个（地质与测量、计算机、建筑施工、机电设备与维修、汽车运用与维修），设有国家职业技能鉴定所、山西煤炭职业技能鉴定站，进网作业电工考试点、校内驾校等。建有26个专业实训室、1个实训车间、40个多媒体教室，48个校外实习基地。开设机电设备安装与维修、矿山机电、焊接技术应用、汽车运用与维修、计算机应用、计算机网络、建筑工程施工、工程造价、物流服务与管理、采矿技术、煤炭综合利用、地质与测量、矿井通风与安全、计算机平面设计、计算机与数码产品维修、建筑装饰、电子商务、会计、机电技术应用、电子技术应用20个专业。通过教育部验收的国家级重点建设专业3个，省级示范专业4个，有15个专业与省内高等职业学院联办“3+2分段”五年制大专班，占专业总数近75%。（雁北煤校）

【煤校教学改革】 2016年，山西省雁北煤炭工业学校申报建筑装饰、计算机平面设计、焊接技术应用、物流服务与管理、电子技术应用、机电技术应用6个专业。有地测、计算机应用、设备维修、建筑施工、汽修5个专业实训基地和汽修重点建设专业申报成功。2016年，建成地测与计算机应用实训基地，其余3个专业和1个专业重点建设专业推进建设。2016年8月，学校派出8名教师信息化培训，计算机专业全部专业课均在机房完成，采煤类、机电类、测量类专业，凡开发出课件的课程全部完成多媒体教学。2016年初，选派5名教师到山西交通学院进行汽修专业培训，2016年下半学期担任汽修专业老师。2016年底，上报学校质量年度报告和办学能力评估相关工作报告，申报职业教育专业教学资源库有关工作。（雁北煤校）

【煤校学生教育管理】 2016年，山西省雁北煤炭工业学校抓班主任、班团会教育、抓安全教育、抓普法禁毒戒烟宣传教育，落实校园欺凌专项整治；对日常检查、穿校服、出入校门管理等都加大要求。自查和互查学生资助管理，改革规范学生的日常考勤工作，依规定劝退个别严重违纪学生，办理学籍清退工作；班级考核和班主任工作绩效量化考核严格落实到实处，选派一些有责任心有经验的教师担任班主任，探索选聘机制，促进班主任学生教育管理水平提高；开展各项主题教育活动，“三好学生”“优秀班干”“优秀团员”的评选和表彰活动，普通话推广、学雷锋、五四表彰、体育比赛、“中华魂”主题系列活动、“防止校园暴力”“校园安全，我是主角”、阳光体育比赛等活动，通过活动增强对学生的吸引力、感召力和感染力，为学生成长和学生教育营造良好环境氛围。（雁北煤校）

高等教育

山西大同大学

【概述】 山西大同大学是一所省属全日制多科性大学，“卓越医生教育培养计划”试点高校。2006年3月经教育部批准，由原雁北师范学院、大同医学专科学校、大同高等专科学校、山西工业职业技术学院合并组建而成，办学历史可以追溯到20世纪50年代。学校坐落于历史文化名城大同，实行两校区办学，御东校区位于大同市御东新区的文瀛湖畔，新平旺校区位于大同市矿区平泉路。占地面积141.4公顷，建筑面积90.7万平方米。全日制在校生28142人，继续教育学生1万余人。教学科研设备总值3.7亿元，图书馆藏书232.8万册。下设18个学院，1个教学部，1所隶属附属医院，6所非隶属附属医院。2016年，有65个本科专业（含5个专业方向），涵盖经济学、法学、教育学、文学、历史学、农学、理学、工学、医学、管理学、艺术学等11个学科门类。学校重视学科专业建设，发挥区域优势，优化学科专业学科结构，形成煤炭化工、生物医药、教师教育、信息技术、现代化服务、文化艺术等专业群，多科性专业群优势显现。2016年，有3个国家级特色专业，5个省级重点建设学科和重点扶持学科，3个省级品牌专业，4个省级特色专业，1个省级服务转型综改试验区专项特色专业，7个省级示范实验中心（实验室），1个省级人文社会科学重点研究基地、1个省级重点实验室。

山西大同大学有教职员工2065人。其中，教师1659人，具有高级职称的教师668人，具有博士学位178人，硕士学位1129人。国家级“百千万人才”1人，教育部“新世纪优秀人才支持计划”2人，省级教学名师18人，省级学科带头人8人，省级“333人才”2人，省级“131人才”21人，省级学术技术带头人4人，山西省“百人计划”2人。学校加强与高校、企业的产学研合作，在联合培养、科学研究、对外交流等方面取得长足发展。与南昌大学、太原理工大学、山西师范大学、山西中医学院等建立研究生合作培养关系；与大同煤矿集团、阳泉煤业集团等大型重点企业建立多层次合作关系，联合建设一批产学研结合的技术创新平台。在科研项目立项、授权专利、论文论著、成果奖励等方面与美国培普丹大学、布鲁姆斯堡大学，英国贝利学院、伯尔顿大学，俄罗斯圣彼得堡国立大学、阿穆尔大学，韩国东国大学，日本京都女子大学等建立友好合作关系。（小　霞）

【大同大学首获教育部高等学校科学研究优秀成果奖】 2016年1月，教育部公布第七届高等学校科学研究优秀成果奖（人文社会科学）获奖名单。大同大学常乃军教授发表在《体育科学》2011年第12期的论文《社会转型视域下城市休闲体育生活空间的重构》获三等奖。这是学校首次获教育部奖项，实现学校在该层次奖项上零的突破。

高等学校科学研究优秀成果奖（人文社会科学）每三年评选一次，是中国哲学社会科学领域最具公信力和影响力的奖项，高校普遍将其视为哲学社会科学领域的最高奖项。山西省高校有6项成果获第七届高等学校科学研究优秀成果奖（人文社会科学），均为三等奖。其中，山西师范大学3项，山西大学2项，山西大同大学1项。（小　霞）

【大同大学学生获全省美展一等奖】 2016年2月1日，山西省“首届山西大学城学生美术作品展”中，大同大学美术学院选送的作品全部入选，张楠的素描《静物写生》获一等奖。

作品展由省油画协会、省高校油画教学研究会主办，展出山西省高校油画专业学生200余幅作品。大同大学美术学院除张楠获一等奖外，王云鹏的油画《画室》获二等奖，马乐乐的油画《煤球》获三等奖，杨涛、乔倩倩的作品《链》《网络》获优秀奖，得奖率在全省排名第一。（青　青）

【大同大学脑科学研究所获国家资助】 2016年2月16日，大同大学脑科学研究所获国家国际合作项目子项目资助，项目资金全部到位。

2015年6月，大同大学和山西振东制药有限公司签订合同，并报国家科技部国际科技合作司审批通过，加入国际科技合作专项“黄芪糖蛋白中试纯化和类风湿关节炎治疗作用及分子机制”的合作研究。项目由山西振东制药股份有限公司牵头，山西中医学院、山西大同大学脑科学研究所共同承担。大同大学主要承担黄芪糖蛋白对实验性自身免疫性脑脊髓

炎小鼠免疫调节作用研究。（青 青）

【大同大学校学生创新团队获2015年度全国大学生“小平科技创新团队”称号】 2016年3月，由共青团中央、中国青少年发展基金会共同开展的2015年度全国大学生“小平科技创新团队”评选结果揭晓。大同大学《“我们”大学生智能化装备创客平台》团队获全国大学生“小平科技创新团队”称号，获得4万元科技创新基金。全国有50支学生创新团队获这项称号（山西省2支），这也是大同大学学生创新团队首次获这项称号。

“我们”大学生智能化装备创客平台依托大同大学工程训练中心、实验中心和航模工作室，在乔栋、韩丙辰等老师的指导下，重点研发机器人智能化应用和无人机智能化应用。团队成员由76名本科生组成，专业涵盖物理学、数学、电子信息科学与技术、光电信息科学与工程、电气工程、采矿工程、机械工程等。团队曾获国家级、省级立项项目11项，国家实用新型专利7项，在全国航空航天模型公开赛、全国大学生工程训练综合能力竞赛、华北五省机器人大赛等赛事多次获奖。

中国青少年科技创新奖励基金是在2004年邓小平百年诞辰之际，根据小平的遗愿，小平亲属捐献出他生前全部稿费，委托共青团中央、全国青联、全国学联、全国少工委共同设立的。基金设中国青少年科技创新奖，旨在培养在科技创新方面有突出成绩或显示较大潜力的在校大学生团队，通过全国申报遴选，每年奖励和支持50支“小平科技创新团队”，获奖团队获得中国青少年科技创新奖励基金资助的研究经费，用于团队的学术科技研究和创新成果培育。（小 霞）

【李梦瑶获“中国大学生自强之星”】 2016年3月，由共青团中央、全国学联举办的2015年度“中国大学生自强之星”评选活动结果揭晓，大同大学学子李梦瑶被评为2015年度“中国大学生自强之星”。

这次活动旨在当代大学生中树立榜样，培育和践行社会主义核心价值观。活动最终在全国产生10名“中国大学生自强之星标兵”、100名“中国大学生自强之星”，山西省有3人获得此称号。

大同大学文学学院13级汉语言文学四班学生李梦瑶，是大同大学2013年～2014年度国家奖学金获得者、2014年～2015年度国家励志奖学金获得者、校三好学生、优秀共青团员。

（红 远）

【大同大学历旅学院举办文物保护教学实践成果展】 2016年4月18日，山西大同大学第十届校园文化艺术节主要内容之一，由历史与旅游文化学院举办的“文物保护教学实践成果展”在逸夫美术楼开幕。展览整合历旅学院文物保护技术专业与云冈石窟研究院、大同市考古研究所、西京文化博物馆等文博单位在文物保护方面的重要合作成果。展览以“发现·传承·保护”为主题，实践教学成果均由历史与旅游文化学院2013级文保专业学生及指导老师共同完成。整个展区分为四大部分。其中，传统壁画制作区展出摹作壁画70块，馆藏壁画修复区展出馆藏修复壁画18块，田野考察与考古发掘区展出左云县中海油煤制气项目则堺坡村明清墓葬群的部分考古发掘成果，未来合作远景区体现未来文保实践方向的拓展。四个展区显示历史与旅游文化学院在文物保护、人才培养等方面的努力和成果，也是大同大学与地方科研单位之间“互惠共赢、优势互补、资源整合、共同发展”战略合作成效的一个缩影。

（小 霞）

【大同大学举办“洼窑风景”文学讲座】 2016年5月13日，大同大学文学院新闻系主任郝春涛在逸夫楼科技报告厅举行“洼窑风景——雁北作家群的‘异类’特征”专题讲座，以提高大学生的读书意识，让当代大学生了解雁北文化。

郝春涛主要从群体特征、异类性质、洼窑风景3个方面梳解雁北作家群。在群体特征方面，“雁北作家群”是以张枚同、焦祖尧等为代表的近百位作家群，之后以土窑洞、黄土地貌向大学生展示雁北的自然环境特征，独特的自然环境和人文环境。在异类特征方面，郝春涛以“山药蛋派”赵树理的作品为例，指出该流派的特征。在洼窑风景方面，郝春涛讲述洼窑风景的7个特点。他以雁北作家的很多作品为例，阐释文学作品中的雁北方言。（赵 瑾）

【大同大学学子展示产学研科技成果】 2016年5月26日，大同大学与晋胶高新校企合作科技成果展暨颁奖典礼在大同大学明理楼二楼会议室举行。颁奖典礼上，大同大学化学与环境工程学院的部分学生代表向观展的企业代表们展示产学研科技成果，包括喷涂型防水材料、耐寒橡胶、水性胶黏剂等多项科研成果，其中有1项科研成果成功转化。

由晋胶高新技术有限公司出资20万元表彰奖励在科研中表现突出的12位学生。（赵 瑾）

【“信仰的力量”演讲比赛】 2016年5月26日，由大同大学文学院、学生处、校团委承办的第十届校园文化艺术节“信仰的力量”演讲比赛决赛在慎思楼报告厅举行。张策副校长、寇福明副校长到决赛现场。学生处副处长杨容、校团委副书记孙刚和李建华、文学院党委副书记刘德明和系书记李润民等出席活动。大同广播电视台主持人苏睿、党委宣传部副部长王娟、文学院新闻系主任郝春涛、文学院副教授宋东来、青年作家、校长办公室于立强担任这次比赛评委。演讲比赛决赛有12名选手参加，秉承“信仰的力量”这一主旨，经过比赛，最终10号选手曹徐婷等三名同学获一等奖。（小 霞）

【大同大学制定并参与“中国（山西）医学生人文素质行动”】 2016年5月，大同大学与山西医科大学、山西中医学院、长治医学院、山西医科大学汾阳学院、山西职工医学院6所学校，共同制定中国（山西）医学生人文素质行动方案，并组织实施。

活动的主要内容是走进医生、走进患者、走进社区、访“大家”“三走一访”。走近医生：跟随各科室医生开展一天的工作，学习一线医生的敬业精神，增强白衣天使的责任感和使命感。走近患者：与病人近距离接触，取得病人的信赖，体验病人的感受。走进社区：以关爱空巢老人、留守儿童、残疾人为重点，开展医疗卫生志愿服务活动，提高学生的奉献、感恩和责任意识。访“大家”：访谈身边的医学家，编辑访谈录。活动以举办交流“中国（山西）医学生人文素质行动”论坛、报告会和整理、编辑“中国（山西）医学生人文素质行动”相关资料等形式进行。（赵　瑾）

【大同大学申报课题入选全国学校共青团研究课题】 2016年8月，共青团中央公布2016年度全国学校共青团研究课题入选名单，由大同大学申报、校团委李红梅负责的项目《新媒体视阈下高校共青团引领社会主义核心价值观培育创新机制研究》入选，并被确定为重点课题。团中央学校部、全国学联秘书处委托全国学校共青团研究中心组织开展2016年度全国学校共青团研究课题评审工作。经过评审专家委员会初评、终评等环节，从1386项申报课题中选出5项课题确定为战略课题，15项课题确定为重大课题，200项课题确定为重点课题，300项课题拟确定为立项课题。山西高校有3项确定为重点课题。（小　霞）

【李洪儒到大同讲学】 2016年8月，大同大学外国语学院邀请《外语学刊》主编李洪儒教授到大同作以《语言学的现状与突破》为主题的学术讲座。

讲座中，李洪儒讲到，中国在语言学上面临的严重问题之一就是在引进国外语言学精华的过程中，由于过度地模仿别人，不知不觉丧失自己的东西。指出中国人要站在巨人的肩膀上成长，要探究本土化语言学。也要在实际生活中发现问题，落实创新人才培养。讲座最后，李洪儒与现场的教师互动交流，解答大家疑惑。

（小　霞）

【大同大学在全国高校测绘技能赛中获奖】 2016年9月，“天宇杯”第四届全国高等学校大学生测绘技能大赛，在内蒙古农业大学体育馆落幕。大同大学首次参赛，在四个比赛项目中获一级电磁波测距导线一等奖、数字测图二等奖和测量程序设计二等奖。

这次大赛是全国测绘类高等学校教学改革成果的一次大检验，为全国测绘工程专业大学生操作技能交流竞技提供平台。全国有武汉大学、同济大学、解放军信息工程大学等100所院校报名。每所院校选拔一支代表队参赛，参赛选手600余人。（小　霞）

【大同大学九项成果获省社科研究优秀奖】 2016年9月，山西省第九次社会科学研究优秀成果评奖获奖成果名单公示，大同大学有9项成果获奖。

在这次评奖中，大同大学张晓永撰写的研究报告《A省调查：政治生态优化的对策（行政区划调整和省直管县改革研究分报告）》等4项成果获二等奖，另有3项成果获三等奖，2项成果获优秀奖。（小　霞）

【大同大学参加2016中国（太原）国际能源产业博览会】 2016年9月6日至9日，2016年太原能源低碳发展论坛暨中国（太原）国际能源产业博览会在太原煤炭交易中心举行。大同大学校长冯锋、科技处处长刘宏、化工学院院长兼碳材料研究所所长赵建国、科技处副处长赵岷参加这届博览会并应邀出席博览会主论坛和科学家论坛。

赵建国的炭材料研究所团队和煤炭工程学院青年教师乔栋的“众创空间”机器人团队的部分科技创新成果作为学校的代表性成果，参加为期四天的博览会展出。炭材料研究所展出的成果有：炭/炭复合材料、石墨烯、石墨烯增效肥和石墨烯水性环氧漆。众创空间机器人团队展出的有：太阳能电池板清洗机器人、煤矿消防灭火机器人、煤矿井下安全检测机器人和全地形侦察机器人。在四天的展览过程中，学校展览平台通过视频宣传片、科技成果展板以及科研产品实物，展示学校在科研、服务地方经济和低碳环保等领域做出的成果。

中国（太原）国际能源产业博览会（简称能博会或CIEI EXPO），是由山西省人民政府、中华人民共和国商务部、中华人民共和国科学技术部、国家能源局共同发起主办的国家级、国际性、专业化品牌大型展会，每两年举办一届。山西省有七所高校参加这届博览会，大同大学是其中的一所。展会以“黑色煤炭绿色发展、高碳资源低碳发展”为主题，秉承“绿色发展、低碳转型、科技引领、合作共赢”理念，旨在推动绿色循环低碳发展，促进能源产业转型和低碳技术革命，构建清洁、低碳、安全、高效的现代能源体系，促进低碳生产方式和生活方式变革，节约和高效利用资源，实现文明发展。

博览会设8大展区。其中，新能源及清洁能源展区主要展示太阳能、风能、水能水电、核能核电、生物质能、地热能、海洋能等新能源及可再生能源的新技术、新设备、新产品。能源新技术新装备展区主要展示国内外能源领域在低碳绿色发展和节能减排等方面开发利用的新技术、新装备、新成果、新产品。电动汽车展区主要展示新能源电动汽车及其蓄电池、燃料电池、交换电设施、装备、电动汽车相关核心重要部件。低碳生活展区主要展示低碳技术在生活中的应用，宣传低碳生活对人类发展的作用。

（小　霞）

【大同大学在第二届山西省“互联网+”大学生创新创业大赛中获奖】 2016年9月10日，“建行杯”第二届山西省“互联网+”大学生创新创业大赛现场赛在山西大学举行。大同大学有13个项目晋级全省复赛。经过比赛，历史和旅游文化学院参赛项目《光宇私人订制农场》获一等奖，体育学院参赛项目《智慧山西全景3D虚拟旅游平台》获二等奖，并获三等奖4项，优秀奖7项。大赛还获大赛优秀组织奖。

山西省“互联网+”大学生创新创业大赛是由山西省教育厅主办的第二届中国“互联网+”大学生创新创业大赛省级选拔赛，全省有45所院校报名参赛。大赛由初赛和复赛组成，最终评选出省级一等奖24项，二等奖44项。

（小　霞）

【大同大学举办第二届“世界精神卫生日”现场心理咨询活动】 2016年10月10日，由山西大同大学心理健康教育与咨询中心主办，校心理委员会承办的以“心理健康，社会和谐”为主题的现场心理咨询活动在北区图书馆前广场举行。到场为学生做现场心理咨询的有心理咨询中心的9位专、兼职老师，大同大学2位辅导员老师高甜和侯雁伶，肖海雁教授的在读研究生杨笑，校外咨询师“北京大学附属中学”心理咨询师叶攀琴，以及“睿思心悦心理咨询公司”咨询师杨波。

“世界精神卫生日”由世界精神病学协会发起，时间是每年的10月10日。全国各地每年都为“精神卫生日”准备活动。大同大学开展这次活动旨在主动为在校师生提供服务。活动设立两个区域，分别是教师咨询区、朋辈咨询区。在教师咨询区，由到场咨询老师们为在校师生现场解答心中困惑；在朋辈咨询区，心理学专业的学生为同学解答心理问题。这次为期1天的现场咨询活动，主要是为大学生，提供一个专业的心理援助平台，并让大学生认识到心理健康的重要性，唤醒大家对精神卫生的关注，向学生传达一个重要信息，即在遇到心理方面的困惑时能够知晓去何处寻求心理援助，也是响应大同大学向应用型大学转型的政策方针。（小　霞）

【大同大学与三所医院举行附属医院签约授牌仪式】 2016年10月11日，大同大学与大同市第五人民医院、中国人民解放军三二二医院战略协作签字授牌仪式分别举行。11月14日，大同大学与大同市中医院举行附属医院签约授牌仪式。三所集医疗、教学、科研为一体的三甲医院成为大同大学非隶属附属医院。战略协作签字授牌仪式分别在大同市第五人民医院、中国人民解放军三二二医院、大同市中医院举行。校领导冯锋、张策、寇福明、姚丽英及大同市第五人民医院党委书记臧天春、院长王迎宾，中国人民解放军三二二医院政委丁茂春、院长石德光，大同市中医院院长田立圣出席。

仪式上，大同市第五人民医院院长王迎宾、中国人民解放军三二二医院院长石德光、大同市中医院院长田立圣分别讲话。他们表示，能够成为大同大学附属医院，标志着三所医院的建设发展将迈上一个新台阶，希望双方精诚合作，加强沟通交流，优势互补，实现双赢。校长冯锋代表学校分别与大同市第五人民医院院长王迎宾、中国人民解放军三二二医院院长石德光、大同市中医院院长田立圣签订战略合作协议，并授予两所医院“山西大同大学附属医院”牌匾。（小　霞）

【山西省第二届高校师范生教学技能竞赛在大同举行】 2016年10月15日至16日，山西省第二届高校师范生教学技能竞赛在大同大学举行。这次比赛由省高校教师教育联盟主办，大同大学承办，旨在更好地交流高师院校师范生培养经验，促进师范生教学能力提升，培养一批具有高尚师德、先进教学理念、教学技能的优秀教师后备力量。

这次比赛的参赛选手来自山西师范大学、大同大学、太原师范学院、忻州师范学院、运城学院、晋中学院、长治学院、吕梁学院8所高师院校的2013级、2014级本科师范专业学生96名，竞赛科目按中学课程设置，包括语文、英语、政治、历史、地理、数学、物理、化学、生物、信息技术、美术、音乐、体育13个科目。决赛中，参赛选手从教学设计、课件制作、模拟上课、即席讲演和书法技巧五个方面进行，现场抽取教材内容，在150分钟内完成教学设计，以及多媒体课件制作后，进行10分钟模拟上课。经过比赛，大同大学白琳月、山西师范大学刘丹、晋中学院武才琳、忻州师范学院李悦、太原师范学院张严瀚等13名选手分获物理、生物、数学、语文、音乐等13个科目一等奖。

（晨　曦）

【大同大学代表队在华北五省计算机应用大赛　机器人大赛（山西赛区）获奖】 2016年10月22日，华北五省计算机应用大赛、机器人大赛（山西赛区）在中北大学举行。大同大学众创空间参赛的3个项目：空中机器人挑战赛——“翼龙”队获一等奖；机器人创意赛——“独行者”队与舞蹈机器人比赛——“幻影舞者”队获三等奖。（晨　曦）

【大同大学师生在大学生机器人大赛获奖】 2016年11日至13日，第四届华北五省（自治区、市）大学生机器人大赛上，大同大学师生获奖。这次大学生机器人大赛是由北京市、天津市教育委员会，河北省、山西省以及内蒙古自治区教育厅联合举办的，设立机器人创意设计赛、类人机器人竞技体育赛、水中机器人比赛、丝绸之路机器人拉力赛和机器人武术擂台赛等15个项目。推动智能科技发展和创新人才培养，鼓励大学生在机器人结构、智能控制、通信等方面实践创新。

比赛中，大同大学机器人协会和众创空间的参赛队伍，获2个空中机器人一等奖、机器人创意设计赛二等奖和3个三等奖。史建华、张昊、乔栋获优秀指导教师。（晨　曦）

【大同大学校园舞蹈赛】 2016年11月27日，由大同大学校团委主办，大学生艺术团承办的大同大学第四届校园舞蹈大赛在大同大学音乐厅举行。

这次舞蹈大赛分专业组和非专业组。非专业组中，有古典舞《两生劫》《幻梦西游》等节目，在专业组中，有《嘎达梅林》《秦王点兵》等节目。经过比拼，最终非专业组的《茉莉花》和专业组的《毕业歌》分获一等奖，《两生劫》和《秦王点兵》分获二等奖。

（晨　曦）

【中国共产党山西大同大学第二次代表大会】 2016年11月27日，中国共产党山西大同大学第二次代表大会在大同大学慎思楼报告厅开幕。山西省委常委、市委书记张吉福应邀出席并讲话。

山西省纪委驻省教育厅纪检组长、省高校纪工委书记王晓鹏，省委组织部、省高校工委等相关负责人应邀出席开幕式。

大同大学第二次党代会应出席代表180名，因事因病请假5名，实到175名，符合法定人数。

大同大学党委书记常乃军代表中国共产党山西大同大学第一届委员会向大会做题为《坚持改革创新 加快内涵发展 为建设区域知名特色鲜明的综合性大学而努力奋斗》的报告。党委副书记、校长冯锋主持开幕式及第一次全体会议。校党委委员、纪委书记刘洪做纪委工作报告。（晨　曦）

【第一届校园戏剧曲艺大赛】 2016年11月28日，由大同大学校团委主办，社团联合会承办的第一届校园戏剧曲艺大赛决赛在音乐厅举办。中国曲艺家协会会员、大同市曲艺家协会副主席、中国快板艺术委员会委员、快板表演艺术家、曲艺作家王毅，戏剧戏曲专业博士、文学院副教授刘心丽，中国曲艺家协会会员、山西省诗歌朗诵艺术学会理事、大同市艺术教育学会常务理事贾俊杰以及文学院团委负责人周永军担任这次比赛评委。

比赛分初赛、复赛和决赛三阶段进行。最终有九组选手进入决赛，其中，外语学院的小品《后宫升职记》剧组获一等奖，《假行家》《三打白骨精》剧组获二等奖，《学跳舞》《爷仨的幸福生活》《一张饭卡》剧组获三等奖，《演员》《夸大同》《满腹经纶》剧组获优秀奖。（小　霞）

【大同大学获“镜头中的三下乡”4 项奖】 2016 年 12 月 6 日，共青团中央学校部、共青团中央网络影视中心联合发起的 2016 年“镜头中的三下乡”大学生志愿者暑期社会实践展示活动结果公布。大同大学获得 4 项奖项。

以“建功十三五 镜头传真情”为主题的 2016 年“镜头中的三下乡”活动，面向全国大中专学生暑期“三下乡”社会实践团队，征集实践照片、视频进行评选，将优秀的照片、视频进行总结整理，制作成更具传播力的内容产品，鼓励实践团队通过各类新媒体手段再传播。旨在展现“三下乡”社会实践活动的成果，展示学生践行“中国梦”，挖掘一批有价值、有成效的暑期社会实践事迹，传播“三下乡”正能量，用镜头记录、传达青年学子建功十三五的真情和实际行动。经过网络投票、作品审定等环节，大同大学被评为优秀单位；“明德敬老”志愿帮扶服务队获评优秀团队；周永军、杨娜被评为优秀指导教师；王浩获评优秀学生通讯员。（刘　江）

【大同大学教务处开展校际教学专向交流活动】 2016 年 12 月 8 日，大同大学教务处开展校际教学专项交流活动。太原科技大学电子信息工程学院院长孙志毅、山西农业大学工学院张淑娟、山西财经大学会计学院院长吴秋生，分别在大同大学煤炭工程学院、商学院作报告。报告会分别由副校长姚丽英、处长苏鹏主持，教务处副处长袁虎廷、各学院全体教师参加。

孙教授以自己的研究课题为例，结合多年的实践教学经验，从选题路径、开题方法、过程监控、评价标准等多个方面，阐述教师《如何指导工科类本科学生完成毕业设计》；张教授以申报精品课程、解决实际问题的亲身经历为例，作题为《我的大学教师之路》的报告，与大家分享自己多年来在人才培养、科学研究和社会服务方面的感受和成功经验；吴教授以《学士学位论文选题与写作》为题，从学士学位论文的特点、选题、开题，调查分析论文的撰写和案例分析论文的撰写等五个方面，介绍论文选题与写作的重要意义、基本原则、基本方法。3 位老师与参会教师交流和讨论。

邀请校外资深教授到大同大学作有关本科毕业论文（设计）工作的专向报告。旨在以实际行动落实中共大同大学第二次党代会精神，以具体抓手贯彻“强基础”“巩固一个中心”基本要求。这次校际教学专向活动的举办，对于加强校际交流，提高本科毕业论文（设计）工作的实效性，推动学校转型发展，具有重要意义。

（小　霞）

【大同大学校园能耗监测管理平台通过验收并投入运行】 2016 年 12 月 9 日，大同大学校园能耗监测管理平台项目通过山西省专家验收并投入使用。副校长寇福明出席验收会议。项目 2015 年 4 月启动，投资约 300 万元。平台可检测和智能化管理学校御东校区 95% 以上建筑的水电使用，全年智能数字化管理御东校区的 21 栋学生公寓楼、3 个学生餐厅、200 个教师宿舍和部分商业经销店的水电使用。平台通过构建能耗检测系统、数据分析系统、能耗应用系统，完善能耗责任管理制度，从而实现节约能耗的科学数字化管理和人性化管理，达到节约能耗开支 30% 以上。平台是大同市首家能耗监测管理平台，投入使用标志着大同大学后勤精细化管理工作迈上新台阶。（小　霞）

【大同大学化学生物传感器实验室获批为大同市重点实验室】 2016 年 12 月 13 日，由大同市科技局组织的大同市重点实验室评审专家组评审大同大学重点实验室化学生物传感器实验室。副校长翟大彤、科技处处长刘宏、化学与化工学院院长赵建国、分析测试中心主任刘永文，以及重点实验室全体成员参加评审会。

评审会上，以王美菊调研员为组长的专家组在听取白云峰代表重点实验室所作的工作汇报后，通过实地考察实验室仪器设施、质询、查阅相关研究资料、集中讨论、评议等程序审核评估大同大学化学生物传感器重点实验室建设情况。

在意见反馈会上，专家组肯定大同大学化学生物传感器重点实验室的建设、研究和管理工作。专家组一致认为，化学生物传感器大同市重点实验室符合大同市重点实验室建设条件和要求，同意成立化学生物传感器大同市重点实验室。（小　霞）

【大同大学生物工程试验中心成立】 2016 年 12 月 28 日，大同大学生物工程试验中心揭牌成立。这是大同大学人才培养模式转变的一项举措，也是大同大学加强校地合作的有益尝试。

生物工程试验中心是由大同大学生命科学学院新建成立的。生命科学学院创新实验教学模式，在实验教学理念、实验教学体系与内容、实验教学规划与实验室布局、实验教学队伍与管理、实验教学资源开放与共享等方面探索。生物工程试验中心的成立标志着该学院实践教学工作取得阶段性成果。

生物工程试验中心建筑面积 112 平方米，有 100L 教学实验原浆啤酒发酵工程系统、榨油机小型生产线和种子脱壳机小型生产线 3 套实践型教学设备，总价值 50 余万元。主要用于生物工程专业学生的实践教学活动。中心以培养高素质生物工程技术人才为目标，以培养学生的实践能力和创新意识为核心，使试验中心成为学生自主学习、独立探索的实践课堂，成为创新创业教育的重要基地。

（刘　江）

文 化

综 述

【文化惠民工程】 千场大戏、万场电影文化惠民活动是大同市文化局牵头的2016年重点任务之一。

千场大戏演出情况。2016年，大同市有国有文艺院团11个，其中市区5个，县区6个。注册民营文艺院团1个，民间戏曲班社约36个。这些文艺队伍一般在乡间地头、社区厂矿，演出形式多样。千场大戏由国有院团和民营院团共同完成。文艺演出有以下几个特点：（1）重点突出“两节”。每年的文艺演出从新年音乐会启幕，春节、元宵节期间进入高潮。（2）推出舞台精品剧目。全年推出4部原创大戏，分别是阳高县二人台《看，大泉山变了模样！》、晋剧《河清海晏》、话剧《热泉》、北路梆子历史剧《平城赋》。话剧《热泉》到太原参加建党95周年优秀剧目展演。（3）党员进社区文化活动开展。局机关组织文艺节目到基层、进社区、进军营，走进儿童福利院、养老院、特教学校，给社区群众送去演出23场。

万场电影惠民活动情况。大同市文化局承担着国家“2131”工程的放映任务，即全市1940个农村每村每月放映一场电影的任务。全年总任务是2.3万场，全市农村寄宿制中小学校放映公益电影任务是1440场。全市有农村数字电影放映队105支，市电影公司组建城市放映队3个，负责全市社区广场电影放映；组建“田野放映队”分7个放映小组，负责偏远农村地区公益电影放映。在放映技术监管方面，实现放映回执单和远程GPS卫星定位综合管理，保证公益电影放映工作完成。（张　岗）

【舞台艺术精品创作】 2016年，大同市市直艺术院团创排《河清海晏》《热泉》《平城赋》3部戏。年初，大同市晋剧院以大同籍的治河功臣栗毓美为原型创作晋剧《河清海晏》展示一代廉臣、能臣治理河工的故事，1月6日首演，全年全市巡演18场。年中，市歌舞剧院以全国优秀共产党员、中宣部命名的时代楷模李培斌为原型，创作排演话剧《热泉》，这部剧在全市巡演25场。年末，市北路梆子传习中心以北魏平城冯太后改制的历史故事为题材，落实国家艺术基金250万元，聘请创作团队，创排历史舞台剧《平城赋》，11月8日首演，接受国家艺术基金专家组检查验收。重点展示北路梆子高亢悠扬的唱腔和大同作为北魏都城的历史文化。（张　岗）

【落实全市经济工作分解任务】 2016年，在大同市经济工作目标任务中，大同市文化局作为牵头部门和责任部门的有2项，分别为阳高缘源生态文化园区、大同县文化产业园区建设。阳高缘源生态文化园区项目，总目标任务是5年内建设完工，2016年立项、总规、设计、环评等工作和部分土地征用手续、部分道路绿化工程完工。大同县文化产业园区项目，自录入经济工作项目化管理系统以来，一直没有填报，无实质性推进。

大同市文化局作为配合部门，协助其他单位完成的有4项，分别是：由安监局牵头，大同市文化局配合，落实安全生产责任制；抓安全生产隐患排查治理、打击非法违法生产经营建设行为；由市农委牵头，大同市文化局配合广播电视卫星户户通工程，工程的年度任务35263户完成；全局按照职责分工，安全检查局属单位和行业监管单位。（张　岗）

【文化活动】 2016年，大同市新年音乐会邀请总政艺术团团长李玉宁担任指挥，院团演奏实力提升。2016中国大同古都灯会从农历正月初二至正月二十一，在大同古城墙上举行，城墙上灯河长5000余米，彩灯近百组，20天的时间内，近40万人次的游客登古城墙赏灯。灯会期间，全国100余家媒体竞相关注，中央电视台新闻频道数次直播报道灯会盛况，新华社、人民网、光明网，及新浪、搜狐、网易、腾讯等4大门户网站、相关纸媒、电视媒体都进行报道。凤凰卫视文化大观园栏目组拍摄30分钟的专题片，文化学者王鲁湘以大同城墙为背景，诠释花灯的前世今生，通过文化视角，提升大同影响力。2016年春节文化庙会在华严寺广场、纯阳宫广场和关帝庙广场举行，从正月初二至正月十六，3个广场都有舞台演出，5个专业艺术院团、65个业余文艺团体，近千名演职人员参加舞台演出。正月十四到正月十六开始街头行进式群众文艺表演，120余支队伍，1.5万人（次）走上街头，用秧歌、耍故事、挠搁、彩车、霸王鞭等形式进展文化展示，观演群众30余万人。2016年的云冈文化旅游招商系列活动把文化活动、体育赛事和旅游景点融合推广，以文化宣传城市，以活动促进旅游。吸引社会投资6000余万元，组织各类文化活动44项，影响和带动京津冀及周边地区游客到大同旅游，文化助推旅游的规模效益凸显。云冈文化旅游活动还注重惠民亲民，复排歌舞剧《想亲亲》、举办中秋赏月音乐会，设计14项文化惠民活动项目，以华严寺广场为中心，连续演出27场。（张　岗）

【文化市场监管】 2016年，大同市文化局年度检查全市160家印刷企业、836个新闻记者证和8家出版物发行单位、27家内部资料、9家全市广播电视播出管理机构和12家境外电视节目接收单位。安排开展重要节点期间专项检查平安文化市场建设、“扫黄打非”“非法卫星电视综合整治”3项综治工作。“扫黄打非”方面，全市出动检查人员760余人次，网上排查网站10余家，检查网络文化经营单位和出版物经营单位400余家次，检查打字复印单位300余家次，查办案件14起，关闭非法网站1家，清除游商地摊20余个，捣毁非法黑电台8个，责令8家无证经营单位办理相关证件，收缴非法和侵权盗版物6003册，市场未发现销售政治性非法出版物。平安文化市场建设方面，全年出动检查人员9135次，车辆1100余台次，检查文化市场经营单位2197家次，对存在问题较多的93家单位提出整改要求。在非法卫星电视综合整治工作中，通过开展代号为“春雷”的专项整治活动，全年出动执法检查人员1310人次，执法车辆580台/次，查处、拆除、封存卫星设施74套，发放宣传资料3500份。与市广播电视台联合拍摄专题片《大同市整治非法卫视工作纪实》。

围绕全年重要节点开展安全生产检查。采取4项措施重点针对网吧、娱乐场所开展安全隐患整治行动。（1）市执法队和县区执法队、县区执法队和文化经营单位都签订消防安全责任书。（2）在批准举办演出活动或设立文化经营场所时，要求必须出具消防部门的消防合格证或意见书，必须注明消防合格，准予使用字样。演出活动要出具公安部门同意的相关证明，保证人群聚集场所不发生火灾及踩踏事故。（3）在演出活动中或经营场所运营中，不间断安全检查，发现安全隐患第一时间予以报告或消除。（4）整治网吧吸烟问题，严禁网吧吸烟，消除安全隐患。（张　岗）

【猴年春节群众文化活动】 2016年春节群众文化活动具体有12项活动，分别安排在春节的前后进行。“三个文化”精品剧目展演、2016大同市迎新春书法精品展在1月中旬进行。活动内容主要有：“金猴贺岁三地春”——2016乌大张三地春节联欢晚会、大同市2016春节电视文艺晚会、第六届春节文化庙会、2016中国大同古都灯会、古城春节光影秀等。

“金猴贺岁三地春”——2016乌大张三地春节联欢晚会，于1月29日在市工人文化活动中心一宫演出；大同市2016春节电视文艺晚会于1月28日在市工人文化活动中心一宫录制；春节文化庙会2月9日至23日在华严寺广场、关帝庙广场、纯阳宫广场、鼓楼东西街等地开展，内容有民族民间文艺会演、戏剧与非遗展演、工艺美术展、土特产展等；2016中国大同古都灯会于2月9日至28日在南城墙、东城墙、北城墙亮灯，活动内容有观灯抽奖、民间文艺制作表演、文艺演出、主题摄影展等多项。

古城春节光影秀于2月8日至23日在西城墙内侧进行；大同市第四届网络春晚于2月上旬举办；首届大同音乐冰雪嘉年华于1月上旬启幕，活动进行至3月下旬结束；大同第三届百姓春晚暨党员文化志愿团2016新春社区首演活动在春节前举办，社区群众文艺骨干、党员文化志愿者同台演出；灵猴转乾坤——2016大同市少儿春晚于1月23日在市工人文化活动中心一宫录制。（路　璐）

【心连心艺术团唱响文化庙会】 2016年2月11日至13日，大同市心连心艺术团参加大同市第六届春节文化庙会，用60个节目向市民献上春节祝福。

主要节目有舞蹈《春的祝福》、讲述艺术团事迹的《心连心艺术团喜事多》、歌曲《欢聚一堂》、太极表演《英雄》、特技《甩棍》、原生态歌曲《圪梁梁》和舞蹈《恭喜发财》等。

该艺术团演出节目取材于社区街道、乡村地头，展现大同人蓬勃向上的精神风貌。（青　青）

【春节庙会文艺表演】 2016年2月9日至2月23日，大同市2016年春节文化庙会在华严寺广场、关帝庙戏台、纯阳宫戏台三处进行，三处演出都于2月9日启幕，每日两场，分别是10时和14时30分开始。

在华严寺广场，有歌舞、武术、吹打乐等表演，演出团队都是大同市业余文艺表演团体。在关帝庙戏台，表演团队以大同市专业院团为主，来自市北路梆子剧团、市耍孩剧团，以及市实验晋剧院等院团表演经典名段、折子戏等戏曲节目，大同市名家

▲2016年2月14日，市民在关帝庙广场观看吹打乐表演　（于　宏　供图）

新秀也登台展艺献新春祝福。在纯阳宫戏台，演出以票友、专业团体、业余团体为主，节目有歌舞、戏曲、二人台等，其中一些团队来自大同市县（区），给市民献上当地文艺表演精髓。（青 青）

【云中书院开坛授课】 大同云中书院于2016年3月开坛授课。

云中书院是明嘉靖四十年创立，清乾隆二十六年在大同府署之西（原篷布厂址）重修云中书院。清道光九年（1829），因云中书院地狭窄，知府崔允诏把书院与经历司（原大同一中校园东南角）互易地址。云中书院一直是大同府办的年代最长影响力最大的书院，书院有书斋，藏书颇多。云中书院的恢复，是对国学传统文化的继承和发扬，给古城增添文化气息。

云中书院由市爱心企业家筹备恢复，姚斌、力高才、赵忠格等10余位专家学者共商各项事宜。书院地址设于关帝庙南一处四合院内，为营造书院学习氛围，聘请大同市各大名家讲学，书院添置各类传统文化书籍，成为弘扬国学的新场所和游客前来旅游感受古都文化的景点。（红 远）

【27个乡镇入列全省“乡村文化记忆工程”试点名单】 2016年5月初，山西省“乡村文化记忆工程”第二批试点名单公布。全省遴选出318个文化底蕴比较深厚、文化遗产遗存较多、文化基础设施较好、群众参与自觉性较高、基层管理能力较强的乡镇，大同市的27个乡镇位居其中。

这次大同市上榜“乡村文化记忆工程”第二批试点的乡镇为：南郊区的口泉乡、马军营乡、高山镇；新荣区的郭家窑乡、破鲁堡乡、新荣镇；浑源县的下韩乡、王庄堡镇、青磁窑乡；灵丘县的下关乡、柳科乡、独峪乡；广灵县的蕉山乡、一斗泉乡、作疃乡；大同县的许堡乡、周士庄镇、杜庄乡；阳高县的大白登镇、东小村镇、王官屯镇；天镇县的玉泉镇、逯家湾镇、南河堡乡；左云县的马道头乡、管家堡乡、云兴镇。（赵 瑾）

【文化部调研组到大同专题调研】 2016年7月14日，由文化部财务司副司长燕东升率队的文化部调研组在大同市进行乡镇文化站建设专题调研，山西省文化厅副厅长郑中夏，大同市副市长曹惠斌陪同调研。

7月15日，调研组一行到左云县云兴镇、三屯乡，南郊区云冈镇考察，了解乡镇综合文化站设施建设、服务开展、人员配置、资金管理和投入运行等情况。在阳光假日酒店洲际厅举行乡镇文化站建设专题座谈会，省文化厅、市文化局和左云县、南郊区分别介绍全省、全市和县区乡镇综合文化站建设、运行管理和效益发挥情况，以及乡镇综合文化站“建、管、用”的创新性做法和经验、存在的突出问题及原因。调研组肯定全省、全市乡镇文化站建设、运行取得的成果，并指出要巩固乡镇文化站建设成果，优化资源配置，加强运行管理，提升服务效能，避免闲置浪费。（木 依）

【市心连心艺术团展演】 2016年8月25日，大同市心连心艺术团在华严广场举办云冈文化旅游系列活动专场文艺展演。

活动由市文化局主办。市心连心艺术团专场展演节目有：韩世龙编排指挥合唱《中国军魂》，王占斌、冯桢创作配乐诗朗诵《大风歌》和旗袍走秀，赵佃玺和乔丽娟联袂出演节目《剑舞江湖》。（小 霞）

【首届文博会开幕】 2016年8月26日，由大同市委宣传部，市文化局，南郊区委、区政府，大同市传统工艺保护与发展协会，大同市收藏家协会主办的大同市首届文博会暨第三届新泉文化艺术节在新泉文博广场开幕。市人大常委会主任梁凤书，市人大常委会副主任杨人毅、冯境城、何永强，副市长刘振国，市政协副主席郭俊岗，市人大常委会原副主任、市传统工艺保护与发展协会会长王玉田出席开幕式。

文博会活动内容丰富，古玩专题展分别展出老玉、奇石、大同玉、黑瓷、钱币、邮卡币、连环画等；工艺美术品展展出大同铜器、剪纸、根雕、烙画等；书法绘画展展出老字画及现代画。2016年是红军长征胜利80周年，主办方推出相关纪念专题展及老电影、纪录片展映，以及万里商号大同老字号展。活动期间，举办“龙园杯”首届大同之声全民K歌大赛、名家签名售书等活动。

开幕后举行专场文艺演出，大同市晋陕蒙冀原生态民歌协会、市国企群星艺术团及云海曲艺社的艺术家表演二人台、原生态民歌、歌舞、大同数来宝、相声等文艺节目。（小 霞）

【首届书香文庙图书展】 2016年8月27日至31日，大同市首届书香文庙图书展在府文庙举行。在图书展期间，府文庙景区实行免费开放。

这次图书展由大同市文物局、文化局主办，市府文庙、帝君庙文物管理所承办。旨在助力全省旅游发展大会，倡导多读书、读好书文明风尚，推动全民阅读活动，发挥府文庙传承传统文化作用，丰富市民精神文化生活。

书展期间，展示市新华书店、内蒙古自治区卓资县图书大世界、内蒙古自治区卓资县图书大厦，以及民间藏书爱好者提供的图书2万余册。书展展览区域在府文庙棂星门内两侧布设14个大展台，在尊经阁两侧的东西配殿内有2个大展厅，展出的图书涵盖国学经典、文学名著、社会科学、经史子集、儿童读物、养生等10余个大类，适合不同年龄段、不同读书趣味的人。每日约有上万人进场参观。（小 霞）

【市缘源文化生态园暨红楼梦文化产业园项目奠基仪式】 2016年9月23日，大同市缘源文化生态园暨红楼梦文化产业园项目奠基仪式在阳高县六棱山脚下的鳌石乡南徐村举行。

阳高县历史文化厚重，区位优势明显，旅游资源丰富，获“全国蔬菜产业重点县”“粮食产业重点县”“生态文明建设先进县”“国家养生养老示范基地”“中国二人台艺术之乡”等称号。

缘源文化生态园区坐落在桑干河畔、六棱山自然保护区中、大同第一高峰号称“大同屋脊”的黄羊尖脚下，位于阳高县百里生态长廊干线南部山岳休闲旅游片区的中心位置。由山西净境文化旅游开发有限公司开发，项目总占地面积26.86平方千米，规划总建筑面积 47.5 万平方米，总投资 38 亿元。总建设期 5 年，一期建设 3 年，二期建设 2 年。园区定位旅游观光、休闲度假、科普教育、健身疗养和生活体验 5 大功能，分别打造“四园”（其中一园就是红楼梦文化产业园）及其他功能群体。（小 霞）

【“共和国之辉”少儿电视文艺晚会】 2016 年 9 月 25 日，大同市文化局、体育局主办，心连心艺术团承办的 2016 年“共和国之辉”庆国庆少儿电视晚会录制，600 余名观众观看晚会。

晚会内容有：古筝弹唱《厚德载物》、艺星艺校 30 名少儿表演的《中国少年》；舞蹈《舞动的精灵》《鼓舞飞扬》《青莲》；大同北都星幼儿园 15 位小演员演唱的歌曲《祖国祖国我们爱你》；竹笛合奏《小苹果》；欧韵音乐学校 45 人表演的萨克斯《黑与黑》等 16 个节目。电视文艺晚会国庆期间在大同广播电视台综合频道播出。（小 霞）

【首届中华文化艺术博览会】 2016 年 10 月 2 日至 6 日，2016 中国大同首届中华文化艺术博览会暨天籁梵呗新佛乐音乐盛典在大同市华严寺景区及南城墙关城举办。这次博览会以中华文化和佛教文化为载体，包括展览、会演等系列活动，参与者包括海内外的文化名人。

活动由市委、市政府批准，省民族宗教事务局、市委统战部、市民族宗教事务局指导，中华民族经济文化发展协会、中华民族文化工委、大同市佛教协会、中国圆明园学会民族传统文化发展研究会共同主办。10 月 2 日，以“祈福中华 · 天下大同”为主题的 2016 中国大同首届中华文化艺术博览会在华严寺举行。活动当天，大同及周边地区众多游客参加。3 日，“新大同 新梦想”音乐盛典在南城墙关城内举行，众多民族艺术家及 130 余名演员参加演出，数千名观众到场聆听。

展览期间，在华严寺景区大雄宝殿内，展出众多且珍贵的佛教文物，这些来自斯里兰卡、尼泊尔及雪域高原等地的佛教文物，其中很多为首次展出。“禅茶飘香”博览会在华严寺广场展出，有海内外众多佛教用品采购商、经销商，海内外佛教团体到展会参观、采购。（晨 曦）

【第二届书香文庙图书展】 2016 年国庆期间，第二届书香文庙图书展在大同市府文庙展出。图书展由市文物局、市文化局主办，市府文庙帝君庙文物管理所承办，展出图书 3 万余册，以及与图书相关的文化产品，如文玩珠宝、大同玉、剪纸等。府文庙每日接待游客近万人。（晨 曦）

【国庆旅游文化活动】 2016 年国庆期间，大同市组织各类文化活动。“祈福中华　天下大同”2016 中国大同首届中华文化艺术博览会暨百名大德高僧祈福开光法会在华严寺景区举行；首届旅游工艺雕塑展落户关帝庙，游客免门票游览关帝庙，“爱大同”文化艺术团在关帝庙广场和关帝庙景区表演汉服走秀和大同历史情景剧《昭君出塞》等；第二届文庙书香图书展在府文庙举行，给市民及游客开启文化智慧之旅；在中国雕塑博物馆，举行“曾竹韶雕塑艺术奖学金”获奖与入围作品展，展出作品 463 件；和阳美术馆，大同市首届优秀油画作品展举行，展示全市 70 余位画家 120 余幅作品；古城内魏碑研究院，刘记武镜片扇面小品展的 40 余幅作品让人领略到书法艺术的魅力；大同县乌龙峡风景区，上演实景剧《山水北泉》；天境国际油画展在鼓楼美术馆展出等活动。（晨 曦）

【万里茶道申遗前期选点在大同考察遴选】 2016 年 10 月 10 日，武汉联合申遗办工作人员、申遗预备文本编制团队即中国建筑设计院历史研究所专家组，以及省文物局工作人员组成的考察团队，到大同市得胜口、新平堡、周士庄古堡址、华严寺、关帝庙 5 处“万里茶道”相关遗产点实地考察、遴选。万里茶道申遗前期选点工作为期 6 天，首站为大同，考察路线由北至南为大同市、朔州市、忻州市、太原市、晋中市、吕梁市、长治市、晋城市。在大同考察期间，大同市委副书记、市委宣传部长高键专程会见考察组全体成员。

“万里茶道”是继丝绸之路之后，又一条连通亚欧大陆的国际商贸通道，南起中国福建武夷山，经江西、湖南、湖北、河南、山西、内蒙古向北延伸，途经蒙古国，抵达俄罗斯，全长 1.3 万千米。公元 17 世纪 ~19 世纪，“万里茶道”向欧洲输出中国农业文明同时，把西方工业文明带入中国腹地，成为一条中西文化对话之路。2012 年起，福建、江西、湖南、湖北、河南、山西、河北、内蒙古 8 省区成立“万里茶道”申报世界文化遗产联盟。

申遗推荐点的实地考察遴选是万里茶道申遗工作必经程序，是《万里茶道申报世界文化遗产预备名录文本》编制的保证。通过多次筛选，山西省有 24 处申遗推荐点 64 个遗产要素，涵盖万里茶道遗产的主要类型，分布在大同市、朔州市、忻州市、太原市、晋中市、吕梁市、长治市、晋城市 8 个市的 21 个县（市、区）。

（晨 曦）

【红楼梦文化主题金秋笔会】 2016 年 10 月 21 日，红楼梦文化主题金秋笔会在古城四合院同人国学馆内举行，以祝贺红楼梦影视基地落户大同，众多文化界人士参与这次金秋笔会。

笔会由大同红楼梦文化产业园、巨洲文苑主办。红楼梦影视基地位于阳高县六棱山脚下，规模与投资宏大，打造成一个集影视、休闲、旅游为一体，以红楼梦文化为主题的文化产业园。笔会现场，来自社会各界的文化人士独唱、合唱、器乐演奏、武术表演等，应邀到大同的外地书法家及全市众多书画家现场挥毫，写下一幅幅书作，赞颂大同文化之美，展现红楼文化之韵。（晨 曦）

【阳高九龙温泉首届民俗文化节】 2016 年 11 月 17 日，在国家级非遗项目确山打铁花的表演中，阳高县九龙温泉首届民俗文化节开幕。

这次民俗文化节由大同市文化局、阳高县政府、阳高县文化局主办。旨在丰富阳高当地旅游文化内涵，助力大同旅游产业兴起，引进国家级非遗项目确山打铁花民俗表演，增加旅游看点，丰富乡村旅游，拉动当地经济。民俗文化节从 2016 年 11 月 17 日持续到 2017 年 2 月 15 日，活动周期

3个月，而民俗文化表演的重点正是打铁花。

开幕式上，具有当地民俗特色的威风锣鼓、二人台、秧歌队演出，还有打铁花表演。河南确山打铁花是民俗焰火类国家级非遗项目，起源于北宋道士炼丹术，盛行于明清，有祈福五谷丰登、国泰民安之意。这次活动是该表演首次走进山西，众多游客前来观看。（晨 曦）

【参与万里茶道申报世界遗产专题会议】 2016年11月25日，大同古城保护和修复研究会召集大同市文史界多名专家学者，在和阳美术馆召开专题会议，讨论全市参与万里茶道申办世界遗产的内容与方略。

2016年，万里茶道确定申遗点清单，申遗办组织专家组专家重走万里茶道，考察确定文化遗产点。市文物局编写《申报世界遗产文本——万里茶道山西段大同市》，描述历史上大同市在万里茶路上的重要作用和历史遗存。

与会专家认为，在万里茶路的形成过程中，大同有着重要地位和作用，明清两代山西省内的商人及经山西周转对蒙俄贩运的商帮，均以大同为集散地，或入市场卖出，或转运蒙俄，大同是必经之地，因而使得大同“繁华富庶，不下江南”；而万里茶路的形成，给大同带来生机，茶路途经大同，直接地使大同的经济融入茶路经济，比如大同口袋业的制造，几乎全部用于晋商的茶路运输。大同得胜堡、守口堡、新平堡和大同古城内，留下许多与万里茶路有关的历史文化遗迹。与会专家在讨论中达成共识，应以大同古城作为申遗点参与申遗，对大同古城的历史文化传承与发展更有意义。大同古城保护和修复研究会专家安大钧、马维平等出席会议。

（晨 曦）

【首届大同长城文化节】 2016年，首届大同长城文化节于11月26日在华严寺广场启幕，文化节会持续到12月18日。这届长城文化节由大同市政府主办，市委宣传部、大同市文化局、大同市旅游局、大同市体育总会和大同长城学会承办。大同市多家社会团体、组织参与协办。

文化节期间开展大量文体活动：12月1日至18日，举办三场长城宣传、保护长城徒步长城行系列活动；12月4日至11日，在市民大讲堂举办两场长城古堡文化讲座；市民俗馆就民俗历史文化结合长城古城文化进行对外展览；举办长城摄影展，展出山西长城万里长卷及大同长城摄影作品；举办长城书画展；12月17日举办大同长城论坛，邀请中国长城学会、山西长城保护会及各级专家学者参加；12月17日举办“长城谣、大同颂”诗歌文艺晚会。

（晨 曦）

【“大地情深”群星奖获奖作品巡演】 2016年12月6日，“大地情深”群星奖获奖作品巡演暨“文化惠民在三晋”文化志愿者走基层活动在大同市工人文化活动中心一宫举行，这也是此次巡演的首场演出。

活动旨在展示第十七届“群星奖”评奖活动结果，扩大群星奖社会影响，让群星奖获奖作品惠及基层群众，发挥群星奖的引领、示范作用，推动全省群众文艺创作和群众文化活动的发展，同时推进“文化惠民在三晋”活动开展，满足广大基层群众的精神文化需求。

活动由山西省文化厅主办，各市文化局、省群艺馆承办。大同是巡演的第一场演出，随后在朔州、晋中、长治等地演出。巡演以群星奖获奖作品为主，与具有当地特色的文艺节目相结合，组台演出。其中有绛县舞蹈《扫街》、沁县曲艺《花馍情》、柴氏兄弟的大同数来宝等。（刘 江）

【首届斗茶主题文化活动】 2016年12月27日，由大同市文化局主办的“大古都 慢生活·大同市首届裕盛祥杯斗茶主题文化活动”在魏都国际酒店举行。活动是配合大同古都灯会、促进大同市冬季文化旅游的一项创意活动，也是一次以茶为媒、以茶会友的文化聚会，众多茶文化爱好者参与。

活动以斗茶文化为载体，以“传承晋商精神，倡导感恩情怀，打造有味道的健康慢生活”为主题，集知识性、观赏性、趣味性于一体，为大同市茶界搭建一个交流平台。经过3个多月的初赛复赛，裕盛祥大同、太原区域最终确定21位选手参加决赛。选手们在斗茶过程中蒙眼盲品，报出茶叶种类、产地、价格及品质特征等。

作家曹乃谦，大同大学教授、国家一级演员杨彩霞，大同市晋剧团国家一级演员、著名晋剧表演艺术家李蕊等大同市文化名人表演舞蹈《汉唐茶礼》、诗歌朗诵《闲倾荷露诗烹茶》、品茶游戏、茶艺表演等节目。（刘 江）

【文化影响力提升】 2016年，大同市文化局贯彻市党代会精神，执行市委市政府出台的促进文化事业文化产业发展的一系列政策措施，提升大同文化影响力。

市文化局挖掘古城内涵，引入各类活动，坚持办好春节文化庙会、书画名家展、雕塑展、非遗作品展、音乐节等，让古城活起来、火起来。

集中力量打造古城文化演艺品牌，引进大型专业文化公司为古城量身定做演艺活动。支持盈科旅游集团在南城墙打造实景旅游演艺剧目，与王潮歌团队联系，在大同市落户旅游演艺新型综合体，规划古城演艺街区，把大同特色文化品牌，如耍孩儿、数来宝、二人台等元素融合进去，实现古城文化活动天天演，吸引外地游客关注。

以打造国家级文化产业园区为目标，聚集文化艺术、休闲娱乐、美食文化、影视、民俗、动漫设计等多种业态，推动古城内文化园区化发展。完善古城公共文化服务体系，把文化和商业结合起来，鼓励文化企业有针对性地引进文艺演出、名人演讲、图书博览会、知名作家作品签售会、各类文化研讨会等文化活动，与文化演出互相补充，形成立体式多元文化消费空间。

打造文化精品，讲好大同故事，扩大大同文化影响。用舞台艺术演绎大同故事，聘请地方历史专家、文化学者和专业编剧，编写大同特色故事，把一个个故事转化成歌舞、戏曲等一部部舞台艺术精品；用影视作品讲述大同故事，发动社会力量，支持有实力、有能力的企业和机构投资，拍摄反映大同历史故事、风云人物、民俗文化和乡土人情的电影和电视剧，鼓励市民当“拍客”，构思创作微电影作品，用手机随手拍摄传播大同正能量的小视频上传网络，宣传大同特有的文化资源，扩大大同知名度；用文化专著传播大同故事，组织专家、学者撰写大同文化专著，扩大大同文化影响力；用美术创作描绘大同故事，鼓励本地画家集中创作表现长城古堡、边塞风光、黄土风情、民居村落、古城古街等大同特有的系列作品，通过评奖、画展、画作拍卖、出版优秀作品画集，召开作品研讨会等活动宣传造势，打造当代美术的“大同画派”。在报纸、杂志、电视和网站等媒体推出“大同画派”美术作品，宣传大同城市建设与自然风光的和谐之美、历史古迹与淳朴民风的厚重之美，把大同打造成知名的摄影、写生基地，吸引各地摄影爱好者、画家和美院学生到大同采风创作。（刘　江）

艺术

曲艺

【柴氏兄弟作客《中国大舞台》节目】 2016年4月3日19时30分至20时30分，中央人民广播电台107.6兆赫中国之声《中国大舞台》文艺专栏节目邀请柴氏兄弟作客直播间与听众互动。节目还转播《大同大不同——柴京云柴京海大同数来宝晋京专场》。

《中国大舞台》是一档文艺广播精品节目，节目涵盖音乐、戏曲、曲艺等多门类艺术形式。

上年12月，由中国文联、中国曲艺家协会主办的全国优秀曲艺节目汇报展演在北京举行，在《大同大不同——柴京云柴京海大同数来宝晋京专场》中，柴氏兄弟表演大同数来宝《大同大不同》《婆媳之间》《你幸福吗》等多个段子。《中国大舞台》在节目中播出这场演出的实况，让更多来自全国的听众了解大同数来宝的魅力。（茗　泉）

【云海曲艺社列车上送欢乐】 2016年7月28日，在大同开往杭州的K891次列车上，云海曲艺社的成员为旅客和乘务员送欢乐。活动是云海曲艺社开展的“走基层送欢笑”系列活动之一。最先表演的是曲艺家柴京海现编现说的脱口秀，随后，柴家班弟子们表演数来宝《夸大同》和《婆媳之间》等，还有方言相声《眉来眼去》，压轴戏是曲艺家柴京云表演的二人台《走西口》。

时值山西旅游发展大会举行之际，由大同市总工会和山西省曲艺家协会发起“云海曲艺社走基层送欢笑”系列活动，创作众多老百姓喜爱的相声作品，为观众送去欢笑。（木　依）

【柴氏兄弟作客《午间零距离》节目】 2016年10月20日，柴氏兄弟被西安广播电视台特邀参加《午间零距离》节目录制，在《群星耀古城　大同大不同》的直播节目中，柴氏兄弟通过现场表演和介绍，宣扬大同文化。

大同数来宝《工钱》由柴京云、柴京海共同创作，根据真实的维权事件创编。

柴氏兄弟在《午间零距离》20余分钟的直播节目录制中介绍，《工钱》是一部以问题为导向、以民工为戏核、以工钱为焦点、以呼唤公平正义为主题的作品，曾在全国进行百余场巡演，备受观众欢迎，也把山西省总工会为农民工讨要工钱的承诺告诉更多农民工。柴氏兄弟在节目现场表演大同话版的《大同大不同》片断，以及“同普话”版的《婆媳之间》片断。大同数来宝的艺术特点在于讲究人物塑造，表现百姓喜怒哀乐，说百姓最喜欢说的话、最喜欢的故事，在欢笑中传递正能量，实现娱乐性与教化性的统一。参演《工钱》的11位柴家班弟子，都深入农民工生活体验2个月时间。（晨　曦）

【第八期全国曲艺创作高级研修班】 2016年12月13日，第八期全国曲艺创作高级研修班在大同市开班，曲艺家董耀鹏、黄宏、徐沛东等人到大同授课。16日，与会曲艺家及与会学员在市工人文化活动中心二宫举办专场汇报演出。

举办高端曲艺创作研修活动，一方面源自中国曲艺家“柴氏兄弟”及云海曲艺社在国内曲艺界的影响力，另一方面，大同市深挖历史文化资源，加强城市文化建设，增强城市文化影响力。

这次全国曲艺创作高级研修班是由中国曲艺家协会、中国文联人事部、中国文学艺术基金会、省文联主办，省曲艺家协会、市委宣传部承办，市文联、市曲协、市文学艺术研究所协办。来自全国各地在曲艺创作表演领域颇有影响的学员60余人参加研修。研修班为期5天。由董耀鹏、徐沛东、黄宏等艺术家为学员授课，分享创作经验，探讨创作规律。其间，学员们进行分组讨论、打磨推敲作品、排演节目及观摩参观云海曲艺社、大同市博物馆等活动。（刘　江）

【中国曲协在大同举办研讨班】 2016年12月12日，中国曲协第十五次学习贯彻习近平总书记文艺工作座谈会重要讲话精神专题研讨班在云冈国际酒店开班，中国曲协会员和省曲协会员参加为期5天的专题学习研讨。

会议期间，省委常委、市委书记张吉福看望与会人员，就发挥大同文化优势，推进转型发展等与大家交流。中国文联党组成员、副主席李前光，中国曲协分党组书记、驻会副主席兼秘书长董耀鹏等人出席开班仪式。

中国曲协第十五次学习贯彻习近平总书记文艺工作座谈会重要讲话精神专题研讨班由中国曲艺家协会、省文联主办，省曲艺家协会、市委宣传部承办，市文联、市曲艺家协会、市文学艺术研究院协办。这次研讨班是中国曲协学习贯彻习近平总书记在文艺工作座谈会重要讲话精神，落实《中共中央关于繁荣发展社会主义文艺的意见》和繁荣发展社会主义文艺推进会议精神的具体举措，也是山西省、大同市重视文化艺术工作的体现。这次研讨班是全省近年来针对会员举办的最大规模的集中培训研讨，旨在引导广大曲艺工作者认识习近平总书记在文艺工作座谈会上讲话的重大意义，为实现中华民族伟大复兴的中国梦添彩助力。

（刘　江）

【曲艺新秀志愿服务行动走进大同】 2016年12月16日，曲艺家新秀志愿服务行动走进大同暨第八期全国曲艺创作高级研修班汇报演出在大同市工人文化活动中心（一宫）内举行，近千名观众到场，其中包括全市20名劳模代表和60名环卫工代表。

演出由中国曲艺家协会、中国文联人事部、中国文学艺术基金会、山西省文联主办，山西省曲艺家协会、中共大同市委宣传部承办，市文联、市总工会、市曲协协办。

演出在歌舞《百花争妍》中开幕，由吉林二人转表演艺术家闫淑萍、佟长江表演二人转《过河》，由柴氏兄弟创作，众弟子参与表演大同数来宝名段《工钱》，曲艺串烧《学员风采》由这次参加创作研修班的学员代表联合演出。相声表演艺术家石富宽携徒弟刘捷表演相声《爷俩好》，中国歌舞剧院一级演员高保利演唱《吉祥安康》，清唱《山丹丹花开红艳艳》，中国曲艺牡丹奖得主刘引红表演长子鼓书《腊月天儿》，压轴表演是由相声表演艺术家李金斗、李建华表演的相声《红灯记》。最后，2个余小时的演出在舞蹈《扎西德勒》中落幕。

中国曲艺家协会副主席马小平、崔凯、郭刚，市领导刘振国、郭俊岗、张小立观看演出。（刘　江）

摄 影

【50位国内摄影家到大同采风】 2016年2月18日，中国企业家摄影学会“中国年摄影大赛”大同采风拍摄活动在大同市启动，应中国摄影展览馆大同展览中心之邀，50位国内摄影家到大同进行采风活动。18日、19日，摄影家们到以“来大同过大年，观灯会好梦圆”为主题的古都灯会现场，捕捉灯会美景。

50位摄影家还奉献各自最得意的灯会摄影佳作，参加2016中国大同古都灯会实时摄影展，该展览也是第七届摄影展的一部分内容。古都灯会实时摄影展与古城灯展同步进行。

（青　青）

【凤凰卫视到大同拍摄古都灯会专题片】 2016年2月22日，凤凰卫视中文台文化大观园栏目组晚在大同古都灯会现场拍摄30分钟时长的专题，该节目于2月27日12:00首播，次日9:30和15:25重播。

2016中国大同古都灯会以古城墙为舞台、夜色为背景，长5000米的灯河营造出一幅人间春夜景。凤凰卫视中文台文化大观园是凤凰卫视中文台的一档文化类节目，主持人是王鲁湘，节目围绕社会与生活中的文化现象、文化思想和历史文化等种种课题寻找答案，抒发情怀。录制当晚，王鲁湘在城墙上引经据典带着观众一起游览各组花灯。从历史到当下，从过去到现在，诠释花灯的前世今生，古都灯会的美景也被摄像机从不同角度收录。

除美丽花灯外，南城墙东耳城阳高二人台剧团的文艺表演也受节目组关注。一段段二人台小戏，被摄像机全程拍录。（青　青）

【九大主题摄影展】 2016年2月18日至28日，位于北城墙中国雕塑博物馆内的中国摄影展览馆大同展览中心，再度成为影像艺术的殿堂，汇集九大主题摄影展。

九大主题展分别为：第25届全国摄影艺术展获奖作品展，该展为中国摄影最高展览，两年1次，从1957年开始至2016年举办到第25届；朱宪民大师精品摄影展，朱宪民是中国摄影界一代泰斗级大师，2016年1月1日至15日，朱宪民大师摄影展在中国国家博物馆展出，这是该展后移师大同展出；中国企业家摄影学会会员摄影作品展；北京艺术摄影学会会员摄影作品展，该学会在2015北京国际摄影周上，为大同城市形象展晋京展出提供帮助，这次到大同系双方影像交流活动的开端；中国鑫洋摄影家协会优秀摄影作品展；同煤摄影家摄影协会优秀摄影作品展；猴年赏猴——中国珍稀灵长类摄影展；柴京海《欧洲途图》摄影作品展，系这位以曲艺著称以摄影见长的本土摄影家拍摄的欧洲人文景观的个人摄影展；2016中国大同古都灯会实时摄影展，这是摄影展览的一种新尝试和新模式，灯展摄影展与古城灯展同步进行，随时更换优秀作品，让游客可以白天欣赏到灯展的摄影画面，晚上亲临灯展现场。

影展期间举办多项活动：有中国企业家摄影学会“中国年摄影大赛”大同采风拍摄活动，组织全国各地50名优秀摄影师来大同采风，拍摄大同春节期间的庙会、古都灯会及大同名胜、人文风情；朱宪民大师向中国摄影展览馆大同展览中心赠送馆藏作品仪式，到大同展出的35幅巨幅装帧作品；举办“人民摄影报大同工作站”挂牌仪式、“中国企业家摄影学会大同拍摄基地”和“中国企业家摄影学会大同展览基地”授牌仪式等。

（青　青）

【“年文化”摄影大赛获奖作品揭晓】 2016年3月5日，2016上悦城杯“年文化”摄影大赛颁奖仪式举行。安晋华的作品《和娘过年》获一等奖，王军的《彩灯辉映古城春》、姚波的《美》获二等奖，另有3幅作品获三等奖，11幅作品获优秀奖。这次大赛的获奖作品展在上悦城一层同步开展，展期到3月底。

大赛由中国摄影展览馆大同展览中心、市企业摄影家协会、上悦城智能生活广场、市智龙数码科技有限公司共同主办，206位摄影爱好者参赛，征集作品298幅，最终通过网络投票和专家评选，决出入围与获奖作品56幅。参赛作品贴近生活，紧跟时代，用镜头展现大同传统民俗、春节文化的生命力。（红　远）

【“兰光数码·过年看灯会　大家拍大同”主题摄影活动获奖作品评选揭晓】 2016年3月10日“兰光数码·过年看灯会　大家拍大同”主题摄影活动经过专家评选，获奖作品揭晓。李文艺的作品《星光耀古都》获一等奖，追风的《大同欢迎你》、何金春的《正月里来》获二等奖，强建雄、刘海、许长征的作品获三等奖，另有10幅作品获优秀奖。

这次主题摄影活动自发布征稿启事以来，收到120位摄影师的340幅作品。这些摄影师有大同本地的摄影爱好者，有来大同过年看灯会的全国各地游客，还有在外地工作回乡过年的大同人。他们的作品组成这次摄影活动的篇章，也成为宣传大同、宣传古都灯会的重要力量。

经过专家评审，最终从符合征稿要求、能反映古都灯会盛况、展现大同春节传统民俗文化的优秀摄影作品中遴选出一等奖1件、二等奖2件、

三等奖3件、优秀奖10件，组委会向获奖者颁发奖金及证书。（红 远）

【“就业创业杯”摄影比赛】 2016年3月20日，大同市聚焦大同为民生、畅想美丽中国梦“就业创业杯”摄影比赛开赛。

大赛由市委宣传部、市人力资源和社会保障局、市总工会、团市委、市妇联、市残联、市扶贫办、大同日报社、大同广播电视台、市摄影家协会主办，大同市职业介绍管理中心（市人力资源市场、市大学生创业孵化基地、市创业园区）、大同市人才交流中心（市人才市场）承办。

大赛旨在营造大众创业、万众创新的氛围，发挥“就业创业+”新业态，推动大同打造区域性中心城市。

大赛设五大主题，主题一：身边就业创业故事。要求作品突出反映外出务工人员返乡就近就地就业，零就业家庭、公益岗位、复转军人、下岗失业人员、高校毕业生、刑释人员、进城农村劳动力、“4050”和残疾人等就业困难群体求职之路或就业现状，或“就业援助月”“春风行动”等各类招聘活动现场场景。主题二：全民创业创新风采。要求作品突出反映各类就业创业人员的就业创业历程、优秀典型，或通过小额贷款担保政策发展壮大的创业个体或企业。主题三：用人单位招聘印象。要求作品突出反映用人单位招聘形象、人力资源管理风采、在职员工敬业创业风尚、企业文化建设展示、单位就业岗位特色等。主题四：职业技能培训印象。要求作品突出反映用人单位定向培训，或创业培训，或专业技术、家政服务、高级技能、电子商务、特色农业等特色就业创业培训。主题五：基层就业平台风貌。该主题作品突出反映市、县（区）、乡、村基层公共就业服务平台运行状况，或创业园区（创业孵化基地）、高校毕业生职业见习基地、公共实训基地运行情况及帮助就业创业事迹。

这次大赛设奖项100名，其中特等奖1名，奖金5000元；一等奖3名，奖金3000元/名；二等奖10名，奖金1000元/名；三等奖20名，奖金500元/名；优秀奖66名，奖金200元/名，对获奖者均颁发获奖证书，赠送获奖作品集。（茗 泉）

【市14位摄影家在2016中国年文化民俗摄影大赛上获奖】 2016年4月初，“2016中国年文化民俗摄影大赛”由中国企业摄影家协会主办，经过专家评委评比，评出一等奖1名、二等奖3名、三等奖6名、优秀奖130名，其中大同市14位摄影家获奖。大赛由中国摄影展览馆大同展览中心共组织投送大同市摄影师作品200余幅，其中董宁东拍摄的作品《大同欢迎你》获大赛二等奖，该作品以古都灯会期间的大同古城风貌一瞥为内容，展示大同的古都神韵和炫美华光。中国年文化民俗摄影大赛，大同市其余13位摄影家获得优秀奖，其作品多与大同古都灯会有关，分别是李文艺《光耀古都》、李雪琴《喜上眉梢》、周斌《古城夜色》、王喜文《新春倩影》、王军《彩灯辉映古城春》、潘文军《红灯高挂迎新春》、刘晋川《大同古都灯会》、刘海《飞雪迎春》、高玉兴《夜正长》、赵小同《相约风雪中》、李建新《众里寻她》、林玉红《良辰》、杨强强《侬》等。

颁奖仪式后，中国年文化民俗摄影大赛获奖作品在深圳展出。（行 云）

【摄影作品集《大舞台》出版】 2016年4月下旬，杨荣摄影作品集《大舞台》由北岳文艺出版社出版。

杨荣，中国摄影家协会会员，市摄影家协会副主席，长期以来把职工文化大舞台作为其摄影创作的“主战场”，曾获“工人艺术家”称号和“五一文化奖”等。《大舞台》作品集收录杨荣拍摄的100余张舞台艺术摄影佳作，拍摄时间跨度从2010年至2015年，反映的内容为大同市连年举办的职工文化活动，有职工文化博览会、职工艺术节、职工合唱节、五月风职工文艺会演、相约文化宫、世纪乐点、艺术家送文化到基层，以及各类大型职工文艺演出等。作品集中，除照片外，有近3万字的文字，中国摄影家协会副主席王悦和市工会副主席、表演艺术家柴京云分别作序，每张照片后附有文字说明和拍摄数据，成为作品集中最为独特的一面。

《大舞台》作品集是职工艺术形象的展示，亦是城市文化成就的展现。（行 云）

【中央媒体大同行主题采风宣传活动】 2016年4月23日至24日，由中国文化旅游摄影协会和市委、市政府共同举办“春满古都”——中央媒体大同行主题采风宣传活动。21家来自中央的主流媒体记者采风团兵分三路，到城区、新荣区、大同县、阳高县、天镇县等地，通过观赏自然风光、探寻文物古迹、感受民俗风情，记录这座城市独有的人文地理风貌，留下大量的摄影作品，同时进行宣传报道，让更多人感受到大同魅力。

第一小分队采风线路为云冈石窟—新荣区。摄影师们首先到中国古代雕刻艺术宝库云冈石窟，紧接去新荣区，开启边塞之行。助马堡、古长城森林公园、得胜堡、饮马河、万泉河，长城内外、田间地头，记者们用双眼、嗅觉捕捉好新闻。

第二小分队采风线路为大同县—大同古城—御东新区。杏花、火山群、东沙窝、桑干湖、峰峪湿地、南城墙、鼓楼东街、御东新区，到达目的地后便各自寻找最佳位置拍摄，拍摄晨曦下古村落的各种影像。

第三小分队采风线路为阳高县—天镇县。两天的采风中，采风团成员被阳高县守口堡、镇边堡、云林寺、大泉山，天镇李二口长城、新平堡、桦门堡等地的风光吸引，不论是古堡长城，还是花海，他们用镜头真实记录下细节和瞬间。（行 云）

【“生态大同”走进伊春自然生态国际摄影展】 2016年7月25日，“中国伊春首届自然生态国际摄影周”在黑龙江省伊春市开幕。大同市39位摄影师的62幅摄影作品组成“生态大同”展览版块应邀参展。

展览由中国摄影出版社和伊春市文学艺术界联合会主办，黑龙江省摄影家协会协办，友好林业局和全球摄影网承办，展示国内外自然生态摄影作品，参展作品规模大、品质高，参展摄影师名家云集。摄影周汇集1600余幅作品，36场摄影名家展，12个摄影组织展，“生态大同”摄影展是其中一个受邀参加的摄影组织展。

摄影周中外摄影名家众多，摄影家用自己独特的视角和视觉语言展示他们对世界的探索和发现，对野生动物的观察和研究，对山川、河流、森林、旷野的表达，用画面讴歌大自然对人类的慷慨馈赠，也表达出人与自然如何和谐相处的忧虑和探索。

这次参展的大同摄影作品主要是表现生态宜居城市的概念，让参观者看到一个崭新的大同。（木 依）

【“大美大同·绿色家园”2016大同国际自然生态摄影展】 2016年9月10日至15日，“大美大同·绿色家园”2016大同国际自然生态摄影展在大同市北城墙中国雕塑博物馆展出。市委书记张吉福宣布摄影展开幕，市人大常委会主任梁凤书、市人大常委会副主任张翠萍、副市长杨勤荣、市政协副主席郭俊岗出席开幕式，中国摄影家协会副主席王悦、张桐胜等众多摄影界嘉宾出席开幕式。

这次摄影展由山西省文联、大同市委、市政府、中国摄影出版社主办，省台办、市委宣传部、市总工会、省摄影家协会、人民摄影报社等协办，全球摄影网、市文联、中国摄影展览馆大同展览中心承办。30余个国家和地区的600余名摄影师2200余幅摄影作品参展，在北城墙中国雕塑博物形成长2500米展线，组成一道自然生态画廊。参展作品中，有南极北极的极地风光，欧亚美非洲的奇幻美景，有来自世界各地的各种珍稀鸟类，各类动物等。

摄影展有5项活动，其中9月15日展开“月满古都 天下大同”赏月活动，50余位来自世界五大洲多个国家的摄影师，在大同古城楼上与大同市摄影家一同听琴赏月，共叙天下大同。活动安排4个国外及港台地区摄影家给大同影友作摄影讲座、举行4场主题摄影论坛。（小 霞）

【新荣摄影创作系列活动】 2016年9月23日至25日，大同市新荣区联合中国摄影展览馆大同展览中心、大同新闻网组织“魅力新荣——摄影创作系列活动”，以宣传新荣，展示新荣的自然风光、生态环境、边塞文化，利用影像的力量塑造新荣的品牌形象。23日，活动启动仪式在堡子湾乡河东窑村饮马河湿地举行。来自北京、张家口、唐山、乌兰察布、太原和大同市的30余名摄影家参加采风创作活动。

活动期间，摄影家们分别在饮马河湿地黑土墩地段和堡子湾乡得胜堡、镇羌堡、助马堡、拒门堡、古长城森林公园、方山永固陵、镇川长城等地拍摄。（小 霞）

【“聚焦域美广灵”摄影大赛暨微视频大赛】 2016年9月23至25日，“聚焦域美广灵”摄影大赛暨微视频大赛采风活动在广灵举行。活动由广灵县委、县政府与人民摄影报社主办。来自全国各地30余家60名媒体记者与摄影爱好者在广灵游览壶流河湿地、甸顶山空中草原等景点，拍摄广灵秧歌、木偶戏、广灵大号等民俗。

大同市政协主席柴树彬，人民日报摄影部主任、中国摄影家协会副主席李舸，山西省农业发展银行行长刘文平，市人大常委会副主任曹世平，以及李涛、于文国、梁达明、刘英毅等摄影家出席启动式。

广灵素有“塞北江南”之美誉，有全国重点文物保护单位水神堂、空中草原甸顶山及国家级AAA级旅游景区——中国剪纸艺术博物馆等。广灵是“中国绿色名县”“中国最佳文化生态旅游名县”“国际剪纸艺术之乡”和“中国民间文化艺术之乡”。这次活动旨在让全国各地摄影爱好者了解广灵，感受其魅力，打造“宜居、宜业、宜游、宜养”的域美广灵。活动中，采风团在广灵县滨河公园秧歌广场、禾丰广场、剪纸广场观看广灵民俗表演；到广灵汉白玉石林、甸顶山空中草原、白羊峪、长江峪、圣眷峪、极乐寺、水神堂、中国广灵剪纸艺术博物馆采风。（小 霞）

【大同影像受邀亮相唐山世园会】 2016年唐山世界园艺博览会于5月至10月在唐山南湖举办，世界园艺盛会上设置一处图片视觉艺术馆，有大同摄影师的2个展览被邀请亮相。

唐山世界园艺博览会主题是“都市与自然·凤凰涅槃”，2016年是唐山大地震40周年，向世人展示唐山抗震重建和生态治理恢复成果的奇迹。唐山世界园艺博览会是首次利用采煤沉降地举办世界园艺博览会，会址是规划面积105平方千米的南湖生态城。中国摄影展览馆大同摄影展览中心成立以来，中国摄影家协会把重要的摄影展览的首展均放在大同，大同成为中国重要的摄影展览基地。展出过国家级展览12次，其他各种展览50余次，享誉国内摄影界。为此，唐山世园会负责筹备摄影展览的机构，在中国摄影展览馆大同展览中心春节期间举办展览活动时，专程派人到大同考察，肯定大同展览中心的策划运营能力，最终确定大同展览中心为2016年唐山世界园艺博览会唯一的策展与参展单位，大同市也成为除唐山外在世园会展示大美形象的唯一城市。

摄影展在世园会核心区域八大展馆之一的唐山群艺馆举行，除举办唐山抗震救灾浴火重生摄影展览外，同时进行的是由大同展览中心策展的两大展览：一为由大同8位摄影师拍摄的《华夏精灵》中国珍稀灵长类摄影展，一为以大同生态建设、文化旅游为主题的摄影展。大同展览中心搜集很多展示大同形象的好作品，向大同摄影家征集更多展现魅力大同的好照片。（赵 瑾）

【《镜美大同》图片展在大牟田市展出】 2016年10月14日，《镜美大同》图片展在日本大牟田市煤炭产业科学馆开幕。这次图片展是中国大同市与日本大牟田市庆祝缔结友好关系35周年系列互动活动之一。《镜美大同》图片展由大同市、大牟田市主办，市外侨办、市摄影家协会、大牟田市日中友好促进会承办，中国驻福冈总领事馆为主办后援单位。

大同市与大牟田市缔结友好关系35周年。大同市与大牟田市都是煤炭资源型城市，1981年10月16日缔结友好关系。两市在文化、体育、教育、医疗、农业、环境保护、园林绿化、古城保护等领域相互交流。《镜美大同》图片展展出反映大同传统文化底蕴与城市改造发生变化的图片作品60

幅，包括云冈石窟、悬空寺、古长城、城墙、御东新区、民风民俗等，主要反映大同市历史、文化、旅游资源底蕴，古城保护、新区建设成果等。

（晨　曦）

【非遗专题片《大同铜器》获奖】 2016 年 10 月 28 日，2016“阳光杯”山西省优秀红色网络视听作品评选活动颁奖典礼在山西传媒学院举行。大同市京汣文化创意传播中心报送的非遗专题片《大同铜器》入选“原创网络视听节目单元”优秀作品。

2016“阳光杯”山西省优秀红色网络视听作品评选活动由山西省新闻出版广电局主办，山西经济网、山西传媒学院、黄河新闻网和山西省微影协会承办。活动以“弘扬社会主义核心价值观 共筑中国梦”为主题，旨在鼓励山西省网络视听作品原创热情，促进山西省宣传文化事业发展。

这次优秀红色网络视听作品评选包括《原创“中国梦”单元》《“全民阅读微视频”单元》《“清风山西”单元》《原创网络视听单元》《原创网络视听节目单元》《大学生网络视听原创单元》等 6 部分，涵盖微电影、网络剧、纪录片、动画片、实验短片等多个门类。报送的 87 部参赛作品，在投票环节收到网友有效投票 15 万张，经专家评委评选，19 部优秀作品最终获奖。（晨　曦）

【“就业创业杯”摄影比赛颁奖】 2016 年 11 月 16 日，大同市“就业创业杯”摄影比赛活动颁奖，标志着这项长达半年多的活动结束。

由市委宣传部、市人社局、市总工会、大同日报社、市摄影家协会等单位主办，市职介中心、市人才中心承办的大同市“就业创业杯”摄影比赛，以“聚焦大同为民生，畅想美丽中国梦”为主题，全市众多摄影家和摄影爱好者参与，组委会收到近千幅作品。摄影大赛激发全社会关注市场、关心就业的热情，促进全市就业创业工作。

经过评委评选，李毅的作品获特等奖，王维等 3 人的作品获一等奖，何金春等 10 人的作品获二等奖，郭新纯等 20 人的作品获三等奖，另有 31 人获优秀奖。（晨　曦）

【蒙晋冀（乌大张）中小学师生书画摄影展（大同站）】 2016 年 11 月 17 日，首届蒙晋冀（乌大张）中小学师生书画摄影展（大同站）开幕，大同市副市长刘振国出席。

这次书画摄影展由大同市教育局、乌兰察布市教育局、张家口市教育局联合主办，筛选征集三地中小学师生书法、绘画、摄影 3 大类别 6 个系列的作品 360 幅。其中，全市师生参展的 118 幅作品是从全市各中小学校选送的3000余幅作品中筛选出来的。

蒙晋冀（乌大张）中小学师生书画摄影展（大同站）持续到 28 日。

（晨　曦）

【《城纪》陈雁秋摄影作品展】 2016 年 11 月 27 日至 12 月 11 日，由开源一号文创园、大同市摄影家协会、大同市企业摄影家协会主办，开源美术馆承办的“《城纪》陈雁秋摄影作品展”在开源一号文创园开源美术馆展览。50 余幅用 120 黑白胶片标准镜头拍摄的作品，用简单平和的镜头语言讲述城市记忆。

陈雁秋 1958 年出生，曾供职大同超高压供电公司。当过知青、工人、下过海，也做过企业管理干部。1974 年开始接触摄影，喜欢把镜头对准人，记录社会变化中人的众生态，用图像表达自己的思想、感情、喜怒哀乐，摄影成为生活密不可分的一部分。

陈雁秋用相机镜头记录生活中平凡而又鲜活的点滴。拍摄《城记》对他是一次新的全方位的挑战，用完全自然的生活手法，绝对纪实，忠实地记录发生在街头巷尾的一幕幕生活片段，不干涉拍摄对象，场景全部围绕大同标志性建筑，以显示这一时期大同人特有的生活状态。（晨　曦）

【五位大同摄影家作品参加《影缘境界》摄影联展】 2016 年 12 月 9 日，《影缘镜界》太原·大同十人摄影联展在山西省展览馆开幕。展览展出 10 位省内摄影师的 150 余幅作品，其中大同市 5 位摄影师的作品应邀参展。

展出的 150 余幅作品，通过摄影家独特的镜头，从自身生活经历和体验出发，关注社会生活现状。展览中，大同市 5 位摄影家的作品，都具有大同地方文化特质。（刘　江）

【“大同印象·古城随手拍”活动】 2017 中国大同古都灯会是大同古城墙合拢后的首届灯会，为宣传古城灯会，引导广大网民运用新媒体的力量，传播展示大同古城的风貌，激发广大市民热爱家乡的情感，团市委决定从 2016 年 12 月 10 日开始，举办“大同印象·古城随手拍”手机随手拍活动。

活动中，参赛者围绕“大同印象·古城随手拍”主题，用手机随手拍下大同古城的风貌，编辑文字内容后通过微博编辑一段不超过 140 字的文字、配以图片并带话题大同古城随手拍，并 @ 大同共青团，或者直接编辑文字内容和照片发送给微信公众号“青春大同”，可视为参与活动。所有参与活动的图片内容必须为手机拍摄，通过手机客户端发布。

活动通过微博、微信公众平台赠送参与用户手机充值卡，活动期间，评选优秀奖若干，每周会微信、微博投稿中，分别选 2 幅图文兼优的作品，赠送 10 元电信手机充值卡，奖品通过私信发送。在所有作品中选出 15 件作品参赛，由报社、电视台专业摄影记者投票评选，最终确定名次，活动设置一等奖 1 名，奖励华为 nova 一部；二等奖 2 名，奖励 Canon/ 佳能 SELPHY CP1200 打印机一台；三等奖 3 名，奖励富士拍立得 instax mini8 一部；入围奖 9 名，奖励 100 元面值联通手机充值卡一张。（刘　江）

【大同市摄影师在省摄影艺术展上获佳绩】 2016 年 12 月 19 日，山西省第 21 届摄影艺术展开幕式和颁奖典礼在太原美术馆举行。大同市摄影师刘海的《老城时光》（组图）、张伟的《古城大厦为之倾覆》（组图）分获记录类铜奖和优秀奖。刘海的《暖》、王建生的《云冈北魏艺术》获艺术类铜奖，杨晋荣的《八台晨夕》获艺术类优秀奖。

山西省摄影艺术展览创办于 1961 年，这届展览收到摄影作品 11258 幅（组）。经过专家评委评奖，最终评出获奖作品 201 幅（组），其中金奖 12 幅（组），银奖 23 幅（组），铜奖 46 幅（组），优秀奖 150 幅（组）。

这次大同获奖作品均取材于本乡

本土，有的记录大同发展历程的珍贵瞬间，有的则是呈现出大同这座历史文化名城独有的底蕴和内涵。作品艺术气息浓厚，地域特征鲜明。（刘 江）

戏剧

【“三个文化”精品剧目展演】 2016年1月11日至16日，作为大同市迎新春系列文化活动的一项，“三个文化”（廉政文化、法治文化、红色文化）精品剧目展演在市工人文化活动中心一宫、喜庆汇剧场连轴进行，大同市专业文艺院团以及柴氏兄弟携众弟子，每日为观众献上一场演出，以经典精品艺术演绎“三个文化”的内涵。

这次大同市迎新春精品剧目展演，展现“三个文化”的主题与内涵，集纳市文艺舞台的精品力作，有体现廉政文化的北路梆子《廉吏于成龙》、耍孩儿剧《血溅乌纱》，有体现红色文化的歌剧《党的女儿》。市晋剧院新排演的《栗毓美》，是一部以清代治河名臣栗毓美为主人公的新编历史剧，展现栗毓美事必躬亲、严于律己、廉洁奉公、受民爱戴的传奇一生；阳高二人台剧团排演的《看，大泉山变了样子》是第一次把大泉山的故事以戏剧的形式表现在舞台上，还原20纪50年代大泉山人不畏艰难，绿化荒山、治理水土、改善生态的场景，是一部弘扬主旋律、传递正能量的力作。

演出的具体安排为11日20时，在市工人文化活动中心一宫，演出《看，大泉山变了样子》；12日15时，在一宫演出大同数来宝专场；13日15时，在喜庆汇剧场，演出《廉吏于成龙》；14日20时，在一宫演出《栗毓美》；15日20时，在一宫演出《党的女儿》；16日15时，在喜庆汇剧场演出耍孩儿剧《血溅乌纱》。这次精品剧目展演为惠民演出，大同市广大党员、职工及市民免费观看。（路 璐）

【精品剧目《廉吏于成龙》上演】 2016年1月13日，“三个文化”精品剧目展演第三场演出在位于古城核心的喜庆汇剧场内演出。由市北路梆子剧团表演廉政文化大剧《廉吏于成龙》。

《廉吏于成龙》是市北路梆子传习中心于2013年从上海京剧院移植的经典剧目。该剧于2014年1月搬上舞台后，在大同市各县（区）及省城、朔州、呼和浩特等地进行展演，成为大同市廉政文化建设与艺术舞台繁荣的景致。（路 璐）

【市歌舞剧院综艺晚会】 2016年1月15日，“三个文化”精品剧目展演第五场在市工人文化活动中心一宫举行，大同市歌舞剧院演出的综艺晚会专场，通过13个排演的节目给现场观众带去视觉与听觉的双重享受。

演出的节目有管弦乐《红旗颂》、女声独唱《丝绸之路》、舞蹈《桃花红杏花白》、原生态表演唱《圪梁梁》、二人台表演唱《走西口》、男高音《大黄河》、歌舞《张灯结彩迎新春》等作品。

整场演出除有管弦乐演奏、独唱、对唱、舞蹈、二人台，还有红色经典歌剧选段。市歌舞剧院连续两年打造红色经典民族歌剧《党的女儿》、现代民族歌剧《野火春风斗古城》，这次剧目展演重现剧中经典唱段《万里春色满家园》《不能尽孝愧对娘》和《娘在那片云彩里》，分别由班晓英、王力、于海霞等演绎。（路 璐）

【精品剧目《血溅乌纱》上演】 2016年1月16日，位于古城核心的喜庆汇剧场内，“三个文化”精品剧目展演进行第六场耍孩儿传习中心演出《乌溅乌纱》。

耍孩儿剧《血溅乌纱》为新编历史剧，是市耍孩儿传习中心于2012年排演的移植剧目。剧中讲述新任河阳知府严天民，为官清正廉明。在审理一起行窃凶杀案时，因夫人调换证物而错判。真相大白后，严天民大义灭亲，为明其志，他饮剑伏法。剧中体现情与法的较量，正义与邪恶的较量，颂扬河阳知府严天民办案严明，不徇私情，廉洁自律、洒碧血殉国法的精神。该剧作为大同市廉政文化精品剧目，在全市各县（区）巡演，使大同市广大党员干部以人为镜，接受特别的反腐倡廉教育，让人感受到耍孩儿这一非物质文化遗产的艺术魅力。（路 璐）

【耍孩剧清明小长假专场演出】 2016年4月1日至5日，大同市耍孩剧团在位于鼓楼西北角的喜庆汇小剧场演出。

演出由王斌祥、薛瑞红、李青兰、李文仕、温桂芳、邢有武、连阳、王婷、王秀娟等市耍孩剧团的优秀演员担纲，具体时间安排为：4月1日演出传统剧目《刘家庄》，2日演出耍孩儿代表剧目《狮子洞》，3日演出传统剧目《血手印》，4日演出传统剧目《墙头记》，5日演出传统剧目《打佛堂》。

耍孩儿是大同一带的剧种，又名“咳咳腔”，独特的演唱发音方法、欢快火爆的打击乐、取材广泛的丰富剧目，使得耍孩儿这个古老的剧种被称作是戏曲史的“活化石”，被列为首批国家级非物质文化遗产。剧团团长、国家级非物质文化遗产保护项目“雁北耍孩儿”代表性传承人王斌祥出演，让观众欣赏到纯正的耍孩儿大戏。（行 云）

【《白毛女》首映】 2016年4月14日，3D舞台艺术片《白毛女》在市工人文化活动中心二宫首映，来自市纪委、市委办公厅、市委宣传部、市委政法委、市委统战部等单位的300名党员干部观看影片。从4月15日开始至4月底，该片每日9时30分在二宫放映一场，全市党员干部、职工、大中小学生陆续观看。

1945年4月，歌剧《白毛女》在延安首演，为纪念《白毛女》首演70周年，中央宣传部、文化部等五部门决定，组织全国广大党员干部、部队官兵、大中小学生观看3D舞台艺术片《白毛女》。《白毛女》是解放区文艺工作者在毛泽东《在延安文艺座谈会上的讲话》精神鼓舞下创作的一部作品，体现民族精神与民族气派、中国风格的统一。在纪念该片首演70周年之际，舞台艺术、电影艺术工作者用3D舞台艺术片的形式呈现《白毛女》舞台艺术的精髓，向观众奉献一部电影精品。

这次观看3D舞台艺术片《白毛女》的活动，旨在发挥教育群众、鼓舞群众的作用，传承好革命文艺的光荣传统，展现好中国民族歌剧的艺术魅力。市总工会把这部影片作为工会广大党

员干部“两学一做”的辅助教材，把组织观看影片与第八届职工文化博览会主题活动结合起来。（行　云）

【乡村实景《山水北泉》首演】 2016年，灵丘县北泉村推出以山水景观做舞台的实景演出《山水北泉》，从4月28日至5月2日，连演5场，现场观众近3万人。

为把北泉村打造成具有山水民俗特色的文化艺术景区，丰富该村观光旅游的内涵与精彩度，向游客推出山水实景演出《山水北泉》。表演舞台位于上下北泉村的交界处荷花塘，参演人员近200人，多是来自北泉村和附近红石塄村的妇女，年龄最大的64岁，最小的40岁，在舞台上，她们把日常生产生活实践，用艺术形式表现出来，带给人很强的艺术感染力。《山水北泉》分为《山风》《水赋》《绿韵》《荷趣》《泉梦》5个篇章。4月28日，《山水北泉》首演，乡亲和周边的游客近7000人观看。在连续五晚的表演中，每场观众都突破5000人，五一小长假期间，每天来北泉村游玩休闲体验的游客都有数万人，展现乡村文化游独特魅力。（赵　瑾）

【历史廉政剧《河清海晏》浑源上演】 2016年6月8日，历史廉政剧《河清海晏》在能臣廉吏栗毓美家乡浑源上演。

浑源为县区巡演的首站。《河清海晏》由赵爱斌编剧，雷守贞导演，市晋剧院院长孙岚岚主演，是大同市的“三个文化”精品剧目。全剧共分6场，时长120分钟。故事讲述栗毓美上任河东河道总督，触动长期以治河为名损公肥私的贪腐官员利益链条，栗毓美不畏强权，与之斗智斗勇，终以正气压倒邪风，并治水成功，造福后世。（冯　雨）

【话剧《热泉》首演】 2016年6月21日，话剧《热泉》首演在大同市工人文化活动中心一宫内进行。市领导张吉福、柴树彬、赵向东、马斌、郜向华、卫国、孙利仁、刘美、张翠萍、冯境城、何永强、尚建军、陈昌辉、程廷龙、杨硕平，省司法厅副厅长王化清、省文化厅副厅长赵银邦观看演出。《热泉》总导演宫晓东，市直各单位和驻同单位主要负责人，阳高县四套班子主要领导、李培斌生前同事和李培斌的家属观看演出。该剧先后到朔州、忻州、吕梁、临汾、运城、晋城、长治、阳泉、晋中等9市巡演，演出18场。

话剧《热泉》系大同市根据全国优秀共产党员李培斌事迹改编，由市歌舞剧院演出，该剧通过李培斌生前为百姓普法维权的真实故事，再现李培斌爱党、爱国、爱岗、爱家的高尚情操和道德情怀，并把二人台艺术完融合呈现于舞台，带给观众全新的、震撼的艺术观感。

话剧《热泉》分四幕，每幕都由二人台演唱开场。全剧将二人台、合唱、舞蹈、管弦乐等艺术表现形式呈现于舞台。（冯　雨）

【三部作品获省“五个一工程”优秀作品奖】 2016年7月10日，山西省第十一届精神文明建设“五个一工程奖”颁奖仪式在山西大剧院举行。大同市选送的耍孩儿剧《布衣知府》、广播剧《“树痴”赵德清》、歌曲《枕着水乡一个梦》三部作品获优秀作品奖，市委宣传部获“组织工作奖”，大同广播剧编导权胜、歌手高保利获省精神文明特别贡献奖。

山西省领导楼阳生、胡苏平、黄晓薇、盛茂林、张复明出席颁奖仪式，为获奖代表颁奖。大同市委常委、宣传部长马斌出席颁奖仪式，上台领奖。

原创新编历史剧《布衣知府》由市耍孩儿研习中心演出，李斌编剧，张树勇、张永太导演，王斌祥、梁长城、王婷、薛志花、连阳、梁志等主演。该剧讲述的是明弘治年间，胡汝砺任大同知府，上任初始即遇频频天灾，大同百姓忍受饥馑之痛。地方镇守官吏不思安境保民，却放纵部下为害一方。胡汝砺体察民情，惩治不法官吏，虽遭打击报复直至深陷囹圄仍不改初心。该剧是大同市为弘扬“三个文化”打造的一部廉政文化精品剧目，在全市各县（区）进行巡回演出，2015年3月，到太原参加“弊革风清三晋春”迎两节新创廉政剧（节）目展演。

广播剧《“树痴”赵德清》由大同广播电视台制作，编剧赵世恒、赵晓丽、张萍，导演王玮，演播者赵岭、腾腾、王林、任杰，该剧根据全国绿化先进模范、山西省“五一劳动奖章获得者”、大同县林业局长赵德清先进事迹改编，赵德清三十年如一日扎根山区，为改变山区恶劣自然环境付出自己全部青春岁月，把昔日黄沙弥漫、寸草不生的黄土高坡改变成全国的塞上绿洲。

歌曲《枕着水乡一个梦》由广东词人郑集思作词、大同市作曲家孙一鸣谱曲、中国音乐学院讲师施艳玲演唱。歌曲描绘梦境中南国水乡的迷人景色和对家乡父老的恋情。

这届山西省“五个一工程”获奖作品囊括各个文艺门类的精品力作，代表近年来山西省文艺创作最高成就。有科幻小说《三体》等6部作品获特别奖。评选出60部优秀作品，包括14部戏剧、8部电影、6部电视剧、电视动画片1部、电视纪录片4部、广播剧6部、歌曲11首、图书10部。（木　依）

【大同选手在“中华大家园”全国少儿艺术会演中获奖】 2016年8月初，由中国关工委公益文化中心、国家民委教育科技司、中华社会文化发展基金会、中国戏曲学院等单位联合举办的2016年“中华大家园”关爱各族儿童夏令营暨全国少儿艺术会演在北京落幕，大同市选手获3金5银。活动主题为“关心下一代，共筑中国梦”，来自全国45家单位600余名选手参加活动。大同市由市青少年活动中心选送的小学组配乐诗朗诵《红旗一角的故事》获金奖，中学组个人朗诵《中国梦》《不跪的中国人》《军礼》等7个节目分别获2项金奖和5项银奖，马晓俊获优秀指导教师奖，市青少年活动中心获优秀组织奖。（小　霞）

【音乐剧《火花》到杨家窑村演出】 2016年8月22日，由山西演艺集团表演的原创音乐剧《火花》在有“塞北第一村”称号的南郊区杨家窑村村委会前广场上演出。这次活动作为“牧同乳业·爱在大同”系列主题文化活动的一项，旨在丰富城市乡村文化生活，为山西省旅游发展大会添彩助兴。

活动由市文化局、大同广播电视台主办。《火花》是山西演艺集团重点打造的一部主旋律作品，入选上年国家艺术基金舞台艺术资助项目。《火花》通过追述革命先驱高君宇短暂一生，再现其如“火花”一般十年战斗历程，辅以高君宇和石评梅的爱情故事，再现20世纪初那一代人追求理想的心路历程。（小　霞）

【歌舞组画《想亲亲》重登舞台】 2016年8月28日，复排后的民俗歌舞组画《想亲亲》在工人文化活动中心一宫登台，二妹妹、钱贵贵的爱情故事在数来宝的串场中展现。大同市委书记张吉福，市委副书记高键等与观众一起观看演出。

《想亲亲》于2010年作为第八届中国民间艺术节暨第九届大同文化艺术节的重头戏首次在大同市展演，由市曲艺家柴京云领衔创意创作，由舞蹈名家、黄河派创始人之一的王秀芳担纲编导，由音乐人景建树、张维良作曲，全剧以一个爱情故事为主线，融合晋北民歌、二人台、晋北吹打、耍孩儿、大同数来宝、广灵剪纸、民间社火等诸多艺术元素，展现《挂红灯》《打樱桃》《蒸喜糕》《娶新娘》《喝喜酒》《闹洞房》《走西口》《回故乡》等场景。演出结束后，张吉福等与剧组主创人员座谈打造文化品牌等事项。（小　霞）

【《能臣廉吏栗毓美》获优秀作品奖】 2016年8月，由大同市纪委、市委宣传部及浑源县委、县纪委组织编写的《能臣廉吏栗毓美》一书，获山西省第十一届精神文明建设“五个一工程”优秀作品奖。《能臣廉吏栗毓美》的编写历时2年多，市委书记张吉福作序，由山西出版集团北岳文艺出版社出版发行。全书分三章，挖掘整理清代能臣廉吏栗毓美的功绩，把栗毓美的“能”与“廉”展现给广大读者。在编写过程中，编写组及浑源县栗毓美研究会的学者专程到河南、山东，寻访栗毓美遗迹。（小　霞）

【现代晋剧《玉兰飘香》】 2016年9月30日，由左云晋剧演艺有限责任公司全体演职员出演，以农村百姓生活为题材的现代晋剧《玉兰飘香》完成排练，到左云县各个乡村，开展为期40天、上百场惠民演出的送戏下乡活动。

《玉兰飘香》全剧六幕，时长135分钟，导演张永太。讲述一个原本幸福美满的家庭，丈夫下肢突然瘫痪无法站起，妻子玉兰克服困难艰辛，以自己的意志，照顾公婆、抚慰丈夫、关爱女儿，成为当地新时代最美女性的故事。（小　霞）

【地方戏曲剧种普查】 2016年4月初至10月，大同市文化局成立地方戏曲剧种普查领导小组，摸底调查全市地方戏曲剧种。

这次普查工作旨在推动地方戏曲传承发展，通过普查掌握全市地方戏曲剧种的数量、形成、发展历史、艺术特点、分布和流传地区、演出团体、人才状况、演出剧目、生存现状等，实现各级文化行政部门动态化、科学化管理地方戏曲文化资源，促进戏曲艺术繁荣发展。

大同市有国有、民营、民间戏曲班社等演出团体17个，有晋剧、北路梆子、雁北耍孩儿、灵丘罗罗腔、二人台，广灵秧歌、浑源弦子腔、阳高赛戏、碓臼沟秧歌、广灵皮影木偶戏等剧种10个，教育培训机构1家、创研机构1家，中高级以上人才118人，演出传统戏、现代戏，以及新编创剧目约1000部。（晨　曦）

【《中国梦·草原情》在大同演出】 2016年10月9日至10日，国家艺术基金2015年度传播交流推广项目《中国梦·草原情》晋冀蒙陕甘宁六省（区）少数民族题材戏剧及音乐舞蹈三联展在大同演出。

这次演出是该项目在山西省第一站。10月10日，进行3场演出，演员主要来自内蒙古民族艺术剧院二人台艺术团。二人台传统小戏《打金钱》《补鞋》，二人台对唱、歌舞小戏《挂红灯》，二人台现代戏《光棍汉与外来妹》等，主要演员有第十九届中国戏剧“梅花奖”获得者武利平、第四届中国曲艺“牡丹奖”获得者王占新等。

《中国梦·草原情》晋冀蒙陕甘宁六省（区）少数民族题材戏剧及音乐舞蹈三联展项目，主要立足于晋冀蒙陕甘宁六省（区）具有代表性地方戏曲和音乐舞蹈类优秀剧（节）目，以内蒙古自治区为发端进行“省对省、交互式”交流展演。除展演外，邀请相关艺术团体艺术家展示特色艺术，并辅以传统文化艺术资源专题展览，通过展演、展示和展览三种形式结合，促进文化惠民，推广地方精品剧目，搭建剧种间、艺术团体间交流学习平台。（晨　曦）

【北路梆子《平城赋》艺术研讨会】 2016年11月8日，国内文化戏剧界专家学者暨国家艺术基金管理中心检查验收组一行，在雁北宾馆举行《平城赋》艺术研讨会。

《平城赋》以北魏时期著名政治家冯太后的传奇一生为主线，反映北魏平城时代一段波澜壮阔的改制历史。该剧从上年7月开始排练，在舞台上以11幕150分钟的戏剧把平城改制进程中的历史风云展现在舞台之上。研讨会上，文化部艺术局原局长、省文化厅原厅长曲润海，文化部艺术司巡视员、艺术局原副局长姚欣，中国剧协分党组原副书记、秘书长王蕴明，《中国戏剧》原副主编安志强，中国艺术研究院戏曲研究所研究员包澄洁等发言，肯定《平城赋》的选材、立意、主要人物塑造，以及演员的表演。专家学者指出《平城赋》应强化改制主题，反映出两种文明的冲突，立主旨，去枝蔓，把平城改制对中华民族融合发展的伟大意义展现出来。（晨　曦）

【北路帮子《平城赋》首演】 2016年11月8日，历经4个月排演的北路梆子新编历史剧《平城赋》在大同市工人文化活动中心一宫内首演。

市委副书记、市委宣传部长高键，市人大常委会副主任曹世平观看演出。国家艺术基金管理中心检查验收组一行，文化部艺术局原局长、省文化厅原厅长曲润海，文化部艺术司巡视员、艺术局原副局长姚欣等文化戏剧界专家学者观看演出。

《平城赋》由天津国家一级编剧王卫忠编剧，戏剧导演石玉昆导演，于7月进入排练阶段，由市北路梆子剧种传习中心演职人员打磨，剧中冯太后一角由戏曲梅花奖得主张彩萍扮演。

《平城赋》于11朋22日开始巡演，走部队、进校园、到县区进行40余场演出，在市老城区进行惠民

演出。（晨　曦）

【歌舞剧《太行奶娘》在大同展演】 2016年11月17日，左权花戏歌舞剧《太行奶娘》在大同市工人文化活动中心（一宫）上演，市文化系统及全市各部门的干部群众近千人观看演出。这部由晋中市左权县开花调艺术团演出的歌舞剧，以山西开花调民歌为主要音乐形式，讲述抗战时期军民鱼水情谊和军民团结打击侵略者的英雄事迹。

市委副书记、市长马彦平，省委党校常务副校长王联辉，市委副书记、宣传部长高键，市人大常委会主任梁凤书，市政协主席柴树彬，市委常委、统战部部长黄岑丽，市委常委、副市长杨勤荣，副市长、市公安局局长尚建军，市政协副主席武保洲、郭俊岗观看演出。

左权花戏歌舞剧《太行奶娘》由《序幕》《社火》《燃烧》《重逢》《深情》《尾声》六部分组成，聘请中国铁路文工团总导演杨梅执导，由孟卫东作曲、杨启舫编剧。该剧以八年抗战期间辛勤哺育革命后代的“太行奶娘”为题材，讲述那个时期出生的八路军指战员的孩子，没有条件带在身边哺育，只能忍痛割爱送给当地老百姓抚养，当地一大批青年妇女冒着生命危险，在面临生死存亡的艰难选择时，舍弃亲生骨肉抚养革命后代，用生命和乳汁负起如山的重托，含辛茹苦哺育革命后代的故事。

该剧是一部传统的红色革命题材剧，是一个体现人性真善美的具有现实意义的故事。在艺术创作上，传承左权传统艺术形式“小花戏”“开花调”等演唱特色，还把交响乐与山西地方乐器晋胡、锣鼓、横笛等相结合，场面恢宏，效果震撼。（晨　曦）

【北路梆子《行路》惠民演出】 2016年11月29日，北路梆子小戏《行路》进行惠民演出，该剧是大同市首个获国家艺术基金立项资助的小型地方戏曲剧目。

该剧主要讲述北宋时，王桂英与林照德从小青梅竹马，两家商定婚事，后因王桂英之父王春华嫌贫爱富，强逼林家退婚。王桂英得知消息，命丫鬟深夜暗送银两，不料丫鬟被人杀死，县令错判杀人者为林照德，且把他打入死牢准备处斩，林照德之父林有安满怀悲愤前去法场祭桩，一路之上诉不尽的悲痛之苦，途中遇儿媳王桂英误以为她嫌贫爱富，错怪儿媳，王桂英与丫鬟向公爹说明情由后，一同前往法场祭桩的故事。

大同市北路梆子剧种传习中心为把《行路》打造成一部精品小戏曲，在音乐、舞美、灯光和演员上做提高。这次演出《行路》由市北路梆子剧种传习中心青年演员赵海雁、李峰合作演出。

通过国家艺术基金的资助，《行路》成为优秀精品保留剧目，也成为北路梆子剧种的教学剧目，为保护和传承北路梆子剧种起到重要作用。该剧进行10余场惠民演出，还将在县（区）进行惠民演出。（晨　曦）

【罗罗腔现代戏《公仆》首演】 2016年12月2日，以李培斌事迹再现的罗罗腔现代戏《公仆》在灵丘县剧场进行首场演出，当地数百名观众到场观看。

该剧由灵丘县委宣传部、县司法局、县文化局组织创作，灵丘县罗罗腔剧团与灵丘宝地文化艺术团联合演出，60余名演职人员参演。与李培斌一同获“山西省功勋人民调解员”的雷强担纲编剧，大同市晋剧院著名导演张永太担任导演，孟令绪任音乐设计。

《公仆》分六场，通过土地纠纷，离婚事件，农村脱贫，女儿生日，救助孤寡老人等一系列真实事件，以戏剧冲突、情感纠葛、人物形象，塑造李培斌恪尽职守、可亲可敬的优秀司法战士和人民公仆形象。该剧也是山西省唯一一部用戏剧形式再现李培斌优秀共产党员和功勋司法工作者的艺术作品。

该剧录制成光盘作为宣传资料发行，配合全县开展党员教育工作。剧组还到其他各县（区）巡演。（刘　江）

【童话剧《流淌到豆角地里的歌声》上演】 2016年12月22日，由左云文联、左云欣源学校出品的童话剧《流淌到豆角地里的歌声》排演完成上演。通过微信平台播放，让更多人欣赏。

由左云县“80后”女作家张叶平创作的童话剧本《流淌到豆角地里的歌声》曾获全国第三届张鹤鸣戏剧寓言大奖赛佳作奖。孩子们的表演充满童趣，四位小演员扮演的大大鼠、小小鼠、黄鹂鸟和锄豆角天真可爱，以动作、面部表情、性格特点，推动着剧情发展，把观众带到一个充满意趣的童话世界中。（刘　江）

书　画

【市书协组织书法家走进校园】 2016年1月14日，大同市书法家协会组织20位书法家到大同十八中，与学生共同交流学习书法心得，现场书写150副书法作品和春联。

这次活动旨在为中学生搭建一个与市书法家近距离交流的平台，提升中学生对书法艺术的鉴赏水平，而带动更多青少年喜爱书法并学习书法。（路　璐）

【内蒙古书画家到大同开展书画交流】 2016年2月25日，应大同市云冈书画院邀请，沿黄九省区书画家联谊会副会长兼秘书长、内蒙古金川书画院院长傅国强一行5人到大同开展书画交流。大同市书画家杨远雄、张超、孟守国、单建跃、雷玉海、王梅、胡维青等13位书画家参加。

这次在大同开展书画笔会，促进两地书画家交流。在笔会上，沿黄九省区书画家联谊会于7月20日举办九省区书画展。首展在内蒙古乌兰察布市举办，展出来自黄河两岸九省区20所书画院选送的作品，每市10件。活动推动大同市书画家在国内的影响。（红　远）

【郝志国应邀到法国办书画展】 2016年3月，郝志国应邀到法国昂热孔子学院举办个人书画展，展期2个月。

展览于法国当地时间3月9日开幕，由法国昂热孔子学院法方院长苏夏兰主持，卢瓦尔大区文化官员、昂热市副市长、昂热大学校长、昂热诗人协会会长、孔子学院理事会全体成员等出席开幕式。

郝志国是中国美术家协会会员、

中国版画家协会理事、大同大学美术教授、云冈画院名誉院长，曾获中国优秀版画家鲁迅奖。1985年、1999年，郝志国2次应邀到日本举办个人画展，1989年其简历入编《中国美术年鉴1949～1989卷》。（茗　泉）

【首届少儿公益绘画赛】　2016年3月7日，大同市首届“小区助手”杯少儿公益绘画大赛在红黄蓝大同春华园幼儿园落幕，5幅作品获一等奖。

这次大赛由市诗书画印研究会、市国画家学会等单位主办，以“展示大同时代风采、增强城市主人翁责任感”为主题，以“宣传大同、赞美大同”为宗旨，展现古城历史内涵和时代风貌。大赛于上年6月1日启幕，参赛者有幼儿园小朋友，也有中小学生，参赛者中年龄最大的14岁，最小的5岁。在半年多时间里，征集作品700幅，多数作品充满童趣，想象力丰富，选用色彩大胆，展现大同少年儿童的内心世界，以及他们对世界的关注。

经过初评、复评、终评三个环节，最终评出各个奖项。获一等奖的作品主题都很鲜明，有关注环保的，有描述内心世界的，构图、创意均出彩。获二等奖的作品有7幅，三等奖作品11幅。颁发十佳新星奖和优秀组织奖。（红　远）

【“春日墨语”女子书艺展】　2016年3月10日至31日，“春日墨语”杜鹃学堂女子书艺展在古城都司街的大同市魏碑研究院展厅内揭幕，这是市魏碑研究院奉上的一道文化雅飨。

参展作品40余幅，参展者均为女性，为魏碑研究院内杜鹃学堂书法学员。市魏碑研究院长期以来致力传承、弘扬魏碑书法，以魏碑书法见长的市青年书法家杜鹃创立杜鹃学堂，向众多爱好书法艺术、素心向美的女性传习书法艺术，有女性学员及少儿学员60余人，这次书展展示她们习练书法后的艺术收获，书体以魏碑为主，兼有真草隶篆，有的沉雄大气，有的流丽飘逸。（红　远）

【张日华《画说大同》系列作品新闻发布会】　2016年3月16日，张日华《画说大同》系列作品新闻发布会在大同市贵宾楼假日酒店举行，新闻发布会现场，举行《画说大同》作品集首发式，向市图书馆、城区图书馆赠送作品集。

新闻发布会由市委市政府新闻中心、市委对外宣传办公室主办。举行这次新闻发布会旨在褒扬张日华热爱家乡、宣传大同的艺术实践，鼓舞更多文化艺术工作者创作更多优秀作品，讲好大同故事，宣传大同文化。张日华是大同市一位青年书画家，是市诗书画印研究会会长、山西大学美术学院特聘教授、市国画家学会会长。《画说大同》有大美大同、大同历史人物、云中八景、大同古代十大女杰、古都佛韵、大同民居、大同民俗、大同龙壁、大同小吃等9个系列约200幅作品，每个系列在艺术构思、表现形式、作品风格上各有不同。

《画说大同》系列是全省首次以绘画形式全面系统反映当地人文、历史、景观、民风、民俗等，具有开创性意义。（茗　泉）

【首届中小学生书法大赛】　2016年3月25日，首届中小学生书法大赛在中国书法家协会山西考级中心大同基地举行启动仪式。

大赛由发展导报和中国书法家协会山西考级中心大同基地主办，市汇荣文化传媒和人民书城承办。

这次中小学生书法大赛的举办，旨在传承与弘扬中华优秀传统文化，落实《中小学书法教育指导纲要》精神，是一次激发孩子们书法热情与潜力的有益尝试，推动全市中小学“书法进课堂”书法教育。大赛营造的书法文化氛围，展示书法学习与创作成果，培养学生热爱生活、热爱本土文化的情怀，使其在实践中真正领悟书法艺术的魅力。（茗　泉）

【大同市评出24位工艺美术大师】　2016年3月，第三届市级工艺美术大师评审工作结束，24人上榜。

大同市传统工艺美术保护与发展协会组织举办这次评审工作。专门成立工艺美术大师评审委员会，以保证大师评审工人做到公开、公正、公平。分别从从业年限、专业职称、学历、参加社团情况、工艺美术作品及获奖情况、新闻宣传及专业文章、企业或工作室规模、社会效益及技艺传承、创新能力、技艺水平、参加行业活动等11个方面进行综合考核。报名的近40人中，初审刷下6人。

经过评审委员会评审，24人成为第三届市级工艺美术大师，刺绣类有尚海云、张富梅、张月娥；铜工艺类有张根喜、于小英、王海霞；玉雕类有赵永飞、李慧良、郭满福、左明春、孔昭君；煤雕类有盛开、丁立军；根雕类有王保才、仝世民；剪纸类有赵雪梅、王增荣；皮雕类有翟俊霖；石雕类有李军；蛋雕类有张凯；瓷雕类有昝永业；内画类有张建宏；书画艺术类有刘世新；金属丝编艺类有张世海。

全市有省级工艺美术大师8人，市级工艺美术大师66人。（红　远）

【国家画院研究员到大同采风】　2016年4月19日至20日，中国国家画院研究员、张公者工作室导师、著名书法家张公者率2015级学员在大同市采风。

张公者，号容堂，1967年生于辽宁兴城。工作于国务院参事室、中央文史研究馆，为中国书法家协会理事，中国美术家协会会员，西泠印社社员，中华诗词学会会员，中国国家画院研究员，张公者工作室导师，北京语言大学兼职教授、硕士研究生导师，北京大学书法研究所特聘研究员，中国艺术研究院中国篆刻院研究员，多次在全国书画大展中获奖，并多次策划主持学术论坛、书画活动与展览评选。

在大同博物馆，张公者一行解古城大同历史，欣赏馆中藏品。在云冈石窟北魏造像前，艺术家们观赏石造像；在大同华严寺，欣赏“东方维纳斯”合掌露齿菩萨的神韵；在北岳恒山，艺术家们追寻仰观古代摩崖石刻，并走进永安寺，观看元代壁画。采风期间，艺术家们对大同文化赞不绝口。（行　云）

【大同书画名家作品亮相巴西】　2016年5月17日，重走丝绸之路——“中国书画绘拉美”作品联展在巴西圣保罗议会大厅开幕，展览展出18位中国当代书画家创作的百余幅作品，其中包括3位来自大同的书画家——胡金来、赵雁鸿和胡新安，各有5幅作品参展，应邀到当地参加开幕式。

这次展览由中国文化信息协会、北京国墨天下书画院、国一金典、国墨美术馆连锁机构联合巴西圣保罗州议会共同主办，以“中国书画绘拉美”为主题。开幕式上，中国书画家现场挥毫泼墨，把最具中国特色的国画和书法艺术展现给巴西人民，促进两国文化的相互吸收和借鉴。展览期间，中国艺术家到巴西各地参观访问，以巴西最具地域特色的建筑，及伊瓜苏大瀑布、耶稣山、亚马孙河等旅游景观写生创作。

应邀参展的大同书画名家胡金来，是山西省书协副主席、大同市书协主席，书法作品曾入藏中国美术馆，书刻作品《苏东坡寒食帖》被中国博物馆典藏。赵雁鸿，山西省书协理事、大同市书协副主席，作品10余次在中国书协主办的大展中参展并获奖，书法作品被多家海内外美术馆、博物馆和多家机构及私人收藏。胡新安，大同市美协副主席、大同市书协副主席，工笔画作品《夜韵清心》入选“首届八大山人全国花鸟画展”，书法作品《三可堂》入选“第三届国际刻字艺术大展”，工笔画作品《夜韵清心》入选“第十二届全国美展山西展区”。这次展览持续到5月27日。（赵　瑾）

【郭宝君中国画作品展】 2016年5月21日，“静水深流—郭宝君中国画作品展”在大同市和阳美术馆开展，展出郭宝君画作72幅，展期1周。

市委书记张吉福，市委常委、宣传部长马斌等到场祝贺。北京画院副院长、北京画院美术馆馆长吴洪亮，北京画院副院长杜军山，北京雍阳文化发展有限公司总裁李明，北京画院院长助理、第二创作室主任莫晓松及国内诸多知名画家到大同参加开幕式。

这次作品展由中国美术家协会艺委会、北京市美术家协会、北京画院、大同市委宣传部、大同市文化局主办，北京雍阳文化发展有限公司承办。1965年出生于河北的郭宝君是北京画院画家、国家一级美术师、北京画院创作室主任、中国美术家协会会员，曾在日本中川美术馆、奈良美术馆等处举办个展和联展。出版有《郭宝君梦幻抒情展作品集》《当代名家山水精品·郭宝君》《郭宝君意象山水》。

作品展郭宝君选择甘南纪行——藏区人物、大同冬景、北京近郊小幅作品等系列，传达作者关于天地、自然、人生等诸多问题思索。大同市众多书画家及书画爱好者在和阳美术馆欣赏作品，近距离感受来自北京的艺术家们的艺术情趣。（赵　瑾）

【画说塞外·中国油画名家展】 2016年5月28日，画说塞外·中国油画名家展在位于鼓楼东街西端街口的鼓楼美术馆开展。

山西省委宣传部副部长刘英魁，大同市委常委、宣传部部长马斌，副市长曹惠斌出席画展开幕式。

中国国家画院油画院副院长、中国艺术研究院研究员、中国油画学会副主席张祖英，北京画院艺术委员会副主任、中国油画学会副主席、中国国家画院研究员闫振铎，北京画院油画创作室主任、中国国家画院研究员、中国油画学会理事白羽平，中央美术学院教授、硕士生导师王少伦等中国著名油画家到场观展。

画说塞外·中国油画名家展展出范迪安、张祖英、闫振铎等18位中国著名油画家的作品50余幅，均是画家在大同或周边地区以塞外风光写生创作的油画作品。画展开幕式后，刘英魁、马斌、曹惠斌与画家举行中国油画名家艺术研讨会，探讨如何利用大同具有地域历史特色和塞上自然景观，吸引画家到大同创作、生活，使大同成为文化艺术重镇。（赵　瑾）

【大同鼓楼美术馆开馆】 2016年5月28日，大同鼓楼美术馆开馆，大同鼓楼美术馆位于鼓楼东街西端南侧，是集收藏、陈列展览、创作、教育、交流为一体的社会公益性公共美术平台，总建筑面积1200平方米，设有3个绘画作品展厅、3个西洋古典艺术品陈列展馆、1个学术研讨创作工作室。博物馆以传统四合院的空间展开，室内陈设古典家具、雕塑、工艺品等。鼓楼美术馆通过每月举办高品位的国家级画展及名人个展，提升品质和影响力，塑造成为具有全国影响力的四合院美术馆，弘扬古都文化，打造大同文化精品，以文化的力量让古城更加“活起来火起来”。（赵　瑾）

【张谟书法作品展】 2016年6月25日，“守拙 追韵”张谟书法作品展在和阳美术馆开展。

展览由大同市委宣传部、省山西书法家协会、市文联、市书法家协会、市美术家协会、市青年书法家协会主办。张谟，为中国书法家协会会员、国家一级美术师、山西省书协理事、市书协副主席，其作品参加全国第五届书法篆刻展，全国第五、六、七届中青年书法篆刻家作品展等国内外书法大展及交流展等，作品获第二届中国电视书法大奖赛二等奖、全国首届神龙书法大奖赛金奖、全国第四届钢笔书法大奖赛一等奖等，作品及个人艺术成就被《中国书法》《书法》《现代书法》《中国书画》《书法报》《藏画导刊》等报刊专题介绍，出版有《张谟书法作品集》《张谟书法集》。

展览以“守拙 追韵”为主题，展出张谟近年来创作的书法作品120余幅，以行草为主，兼有楷书、隶书等，形式有斗方、扇面、条幅、中堂、对联等，集中展示张谟的书法艺术风貌。（冯　雨）

【市十位书画家作品入展“沿黄九省”书画展】 2016年7月，“沿黄九省(区)”书画家联谊会暨首届“黄河颂”书画展在内蒙古自治区乌兰察布市开展。来自黄河流域9省20余所书画院150余名书画家参加开幕式及笔会。大同市书画家杨远雄、孟守国、孔繁钰、胡维青、赵洪雁、胡振国、杨文祥等9人应邀参加这次展会。

大展是由沿黄九省（区）书画家联谊会、乌兰察布市生态文明建设和黄河文化经济促进会主办，乌兰察布书画院承办，展出书画作品170件。大同市书法家杨远雄、张超、柴勇、殷壮、雷玉海，以及画家孟守国、孔繁钰、杨峥峰、单建跃、刘凡的作品在展会上展出。（木　依）

【市美术家协会会员参观云冈美术馆】 2016年7月，大同市美术家协会组织部分会员到云冈美术馆参观“鲁迅的美术世界”展览，举行书画笔会，激发大同市画家以鲁迅的美术观、鲁迅精神创作更多接地气的作品。

2016 年以来，市美术家协会创新思路，以多种形式繁荣古都美术事业。加强各级协会的会员吸收和推荐工作，发展会员 50 余名；10 余名会员加入省美协，壮大创作力量。市美协组织以王玉峰、胡月英为联络员的工作组，建成“美协堡子湾美术工作站”“美协环卫工作站”等 10 余个工作站，为美术下基层打下基础。

这次到云冈美术馆参观，使会员对鲁迅进一步了解，增强其创作精品的信心。（木 依）

【全国名家书法展暨吴东民胡金来书法作品展】 2016 年 7 月 23 日，全国名家书法展暨吴东民、胡金来书法作品展在中国雕塑博物馆西厅揭幕。展览持续到 8 月 2 日。

大同市人大常委会主任梁凤书，市政协主席柴树彬，市委常委、统战部部长姚生平，市人大常委会副主任杨人毅、何永强，副市长杨勤荣，市政协副主席武保洲、许进娥、郭俊岗、张小立、王剑辉、赤建忠出席开幕式。

展览由市委、市政府主办，市委宣传部协办，市书法家协会、新建康医院集团、黄经世纪国医股份有限公司承办，是一次兼具学术性和艺术性的全国书法会，是“天下大同、魏碑故里”的一次具体展示。展出来自全国各地书法家的 180 余幅书法作品，代表中国当代书法艺术创作的水平与成就。展览旨在营造城市文化氛围，传承与弘扬中华传统文化，促进全市与异地的书法艺术交流与传播。

（木 依）

【卫言兵创大世界基尼斯纪录】 大同市书法家卫言兵，2008 年 8 月至 2016 年 8 月在草纸上（长 65 厘米，宽 45 厘米）用毛笔书写《中国书法大字典》《新华字典》等，保存 11.6 万张，有 500 万字，2016 年 8 月申报吉尼斯世界纪录，9 月上海大世界基尼斯总部为其颁发“保存自书书法习作数量之最”大世界基尼斯证书。卫言兵擅行书，他的书法作品曾在“兰亭杯”等书法大赛中获奖。（晨 曦）

【首届工笔画展】 2016 年 8 月 3 日，大同市首届工笔画展在市工人文化活动中心一宫展出，这是大同市艺术家迎接山西省旅游发展大会在大同举办的一项文化活动。

画展由市文联、市美术家协会和新组建的市工笔画学会主办，是市美术家协会开展的“大同人画大同”系列活动之一，有 75 幅作品参展，作品中有市工笔画家王彤、张秀萍、王旗、王文静、徐平代表作，有非职业艺术家热爱绘画艺术作者的作品。这次画展是大同市首次举办工笔画专题展览，是工笔画创作成果汇报和艺术交流平台。（小 霞）

【全国女画家作品展暨市女画家协会艺术创作年展】 2016 年 8 月 6 日，2016 全国女画家作品展暨大同市女画家协会艺术创作年展在中国雕塑博物馆举行。画展由市委宣传部主办，市文化局协办，市女画家协会等单位承办，来自全国各地女画家和市女画家协会会员 150 余人 200 余幅作品参展。这次展览把一年来大同市和全国各地女性艺术工作者代表性作品集于一堂，展现创作者创作热情、创作理念和精神风貌，传播当代中国价值观念、体现中华文化精神、反映中国女性审美追求。这是市女画家协会第 2 次举办艺术创作年展，展览期间活动有主题艺术研讨会、慈善拍卖会、文化艺术发展论坛、大同文化景观艺术创作等。（小 霞）

【王祥夫个人绘画作品展在北京开展】 2016 年 7 月 20 日至 8 月 11 日，“永遇乐”王祥夫个人作品展在北京恭王府安善堂展出，展出 30 幅具有代表性的绘画作品。

王祥夫，作家、画家，省作协副主席、云冈画院院长，作品曾获“鲁迅文学奖”“小说月报百花奖”“上海文学奖”“滇池文学奖”等。王祥夫的绘画作品，散发出的生活气息和乡野情趣，涌动着生命的欣喜与艺术的鲜活。这次展出的作品中，王祥夫笔上的水仙、紫藤、秋海棠，以及小蚂蚱、小蛐蛐、小蜜蜂、小蜻蜓等，充盈着他对生命的褒扬、对大自然的热爱、对乡村的眷恋，以及对美的追求和期待，展现一位作家、艺术家的人文情怀。（木 依）

【京城百名书画家水墨大同活动】 2016 年 8 月 11 日至 17 日，京城百名书画家水墨大同活动举行。活动由大同市委宣传部、北京国典书画院主办，华阳集团 · 大同国际陆港承办，市文化局、市文联、大同日报社、大同广播电视台、大同古城管委会筹备组、市美术家协会、大同城墙管理处、大同历史文化名城牌匾艺术管理中心、和阳美术馆协办。活动旨在助力旅游发展大会，增辉魅力大同，近百名京城书画家应邀到大同创作、交流、义卖。其间，共同创作百米长卷《天下大同》，与大同市书画家开展交流。大同书画家带来创作的书画作品近 200 幅，在和阳美术馆展示展览，把这些书画作品进行义卖，所得款项建立专项基金，为家庭贫困的优秀学子提供帮助。（小 霞）

【青海热贡龙树画苑唐卡展】 2016 年 8 月 19 日，青海热贡龙树画苑唐卡展在大同市云冈美术馆开幕。大同市委副书记高键，市委常委姚生平，市委常委、宣传部部长马斌，市委常委、统战部部长黄岑丽，副市长曹惠斌，国务院扶贫办中国扶贫协会副会长、中国扶贫杂志社社长曹金龙，中国非物质文化遗产保护协会理事、北京承露轩文化艺术有限公司董事长薛平，青海热贡文化生态保护区管委会副主任赵显祥，中国唐卡大师扎西尖措等出席开展仪式。

展览由市委宣传部、黄南藏族自治州委宣传部主办，云冈石窟研究院、热贡文化生态保护区管委会协办。展出 44 件作品，包括 1 幅金唐卡、3 幅清代老唐卡、5 幅星云大师的一笔字书法作品。其中 1 幅是由唐卡艺术大师扎西尖措、曲智用时两年半创作的《释迦牟尼佛生平图》，是巨幅彩唐作品，绘制出释迦牟尼佛从诞生、成佛到涅槃的生平故事。展出的 3 幅清代老唐卡是在寺院供奉数百年的珍贵老唐卡。热贡唐卡更是弥足珍贵的世界非物质文化遗产。（小 霞）

【李尔山家庭书画金石展】 2016 年 8 月 20 日，云冈石窟大景区内云冈美术馆，展出李尔山家庭书画金石展。大同市委书记张吉福，市政协主席柴树彬，市委常委、市委秘书长部向华，市政协副主席张小立等出席开幕式。

李尔山曾任大同日报社总编辑、社长，长于文史，精于绘画。展览分3部分，一厅展出李尔山家庭四人作品60件，其中包括李尔山佛教、山水、花鸟绘画作品，李尔山女儿李兮书法作品，李尔山爱人刘艾珍治印作品，李尔山父亲李苑林手书中国古代四大文学名著、文化经典14套等；二厅展出李尔山中国近代学术大家绘画作品100幅，包括鲁迅、章太炎、钱穆、闻一多等人物；三厅展出李尔山中国古代政治家绘画作品，作品包括从齐桓公到袁世凯等105位历史人物。

（小　霞）

【“大美大同”中国画名家作品展】 2016年8月27日至31日，“大美大同”首届中国画名家作品邀请展在和阳美术馆举行。大同市委书记张吉福出席开幕式并宣布启幕，市委常委、宣传部长马斌，市委常委、市委秘书长部向华，市人大常委会副主任杨人毅，副市长刘振国，市政协副主席郭俊岗和画家郭石夫、赵文元、胡永凯、田云鹏等出席开幕式。

展览活动旨在提升城市文化品位，促进文化交流，推进文化建设，弘扬大同古都文化，展示大同形象，让更多人了解大同，走进大同。这次展览是大同市首次与中国美术家协会合作举办。

作品展展出何家英、郭砯、苗重安、张孝友、田云鹏、赵文元等百位当代画家近400幅作品。展出作品有山水、人物、花鸟等，这些作品有鲜明的时代气息，展现出祖国各地的秀美山川和时代风范。（小　霞）

【朱世杰书法教学二十五年展】 2016年8月28日至9月1日，“朱世杰书法教学二十五年展”在大同市中国雕塑博物馆举行。这次展览由市文化局、市文联、世杰书法教育、中国雕塑博物馆主办，晋河宾馆、晋河中医养生院、月星集团·星港城、山西滨汾物业承办。

朱世杰为中国书法家协会会员、山西省书法家协会理事，1991年起从事书法教育，毕业于山西大学师范学院书法教育专业，是山西省第一批科班书法专业的大学生之一，1999年获中国书协“书法教育成绩显著奖”，连续十六届获教育部艺术教育委员会辅导老师一等奖，2009年获中国书法最高奖——第三届兰亭教育奖。

“朱世杰书法教学二十五年展”是朱世杰从事书法教育25年的一次成果展示。这次在中国雕塑博物馆展出的是从汇聚历届师生278人创作400余件作品中选出的160人179件作品。

（小　霞）

【首届油画作品展】 2016年10月1日至7日，2016大同市首届优秀油画作品展在东城墙和阳美术馆展出。画展由大同市文化局主办，市群众艺术馆承办。这次展览旨在展示大同市油画艺术家近年来创作的作品和学术探索成果，发现新人，鼓励创作，打造品牌。

油画展展出70余位油画家及油画爱好者作品120幅，其中有大同籍油画家、北京画院油画创作室主任白羽平的油画作品，大同市油画家孙日华、卢文勇、王占武、白晋等人油画作品，更多的是年轻一代画家的新作品。多数画家以大同的人文景观为题材，再现塞北风土人情和地域特色。

（晨　曦）

【王祥夫国画作品获奖】 2016年10月8日，“同心筑梦”第二届中国民族美术双年展复评揭晓，大同市作家王祥夫作品《贵州有奇观》在国画作品中入选并获奖。

这次画展由中国美术家协会、贵州省委宣传部主办，参展画作2万余件，其中提名作品6件，油画获奖作品130件，国画获奖作品140件。画展参选作品通过中国少数民族历史、风俗、生活、聚居地等特色题材，表达中华民族一家亲，同心共筑中国梦的美好愿景。

王祥夫，作家，画家，省作协副主席、云冈画院院长，作品曾获“鲁迅文学奖”“小说月报百花奖”“上海文学奖”“滇池文学奖”等。（晨　曦）

【云冈画院悟道书屋揭牌暨郝志国书画展】 2016年10月16日，云冈画院悟道书屋揭牌暨郝志国书画展在位于城区古城大十字街的历史建筑“赵宅”内举行。这次书画展由大同市委宣传部、大同日报传媒集团主办，云冈画院、青岛报业集团新闻书画院等单位承办。书画展到10月30日结束。山西文化发展基金会理事长、省文化厅原副厅长张建军等为悟道书屋揭牌。这次展览展出70幅国画、版画、书法作品，展现郝志国艺术成就与文化涵养。

12月28日，由大同大学主办，大同大学美术学院、悟道书屋承办，中国国家画院艺术品鉴定中心、山西省文化发展基金会、大同日报传媒集团云冈画院等协办的郝志国书画展在大同大学美术学院善美展厅举行。展览展示郝志国专为大同风光新近创作的《千秋云冈》《水神堂》《华严寺》等作品，以及鸡年美好寓意、竹林七贤等书画作品，全新的立意为高校美术教学注入生机和活力。画展为期7天。

（晨　曦）

【邓福星咏荷书画展】 2016年10月11日至17日，碧池清影——邓福星咏荷书画展在和阳美术馆举行，展出50幅咏荷赞荷书画作品。这次展览由中国艺术研究院、中国画学会、市委宣传部、市文化局主办。市委书记张吉福宣布展览开幕，市委副书记、市委宣传部长高键出席开幕式。

邓福星是中国艺术研究院研究员，博士生导师，美术学博士，曾担任中国艺术研究院美术研究所所长、名誉所长。由王朝闻任总主编，邓福星任副总主编，主持编写国家重点科研项目14卷本《中国民间美术全集》、历经17年完成的12卷本《中国美术史》获首届国家社科基金一等奖、中宣部“五个一工程”图书奖和国家出版署艺术类图书一等奖。邓福星策划主编大型系列丛书11部，出版个人著作14部。

展览现场，主要绘画作品有《鱼戏荷叶间》《花中君子》《芳姿照水》等，草书条幅《亭亭分玉井》、行书条幅《荷尽已无擎雨盖》、行书条屏《爱莲说》等。（晨　曦）

【“丝路明珠”复兴与创新美术作品展】 2016年11月1日，由中国美术家协会、敦煌研究院、清华大学美术学院、云冈石窟研究院、北京科印传媒文化股份有限公司主办的《从敦煌出发——“丝路明珠”的复兴与创新美术作品展》在云冈美术馆开展。

展览由“敦煌图案解密人”常沙娜、中国“界画第一人”张孝友、敦煌当代岩彩画家侯黎明、娄婕、韩卫盟联合展出。不同于传统壁画临摹展示，这次展品从应用创作的角度，探讨古代丝路文化艺术与现代环境的关联，通过比对引发参展者的思考。除画作与手稿外，展览还呈现一系列敦煌图案应用设计作品，作品结合现代工艺与敦煌艺术元素，体现展览强调“应用与创新”的核心理念。

这次展览也是敦煌莫高窟和云冈石窟，两大石窟文化的碰撞，一个是大漠边陲的驿站，是民间文化频繁交流的产物，一个是北魏帝王的艺术殿堂。两者呈现宗教与艺术、壁画与雕塑、平民文化与贵族文化的异同。

（晨　曦）

【纪念长征胜利八十周年连环画展】 2016年11月1日，城区图书馆在大同市帅府社区举办“纪念长征胜利八十周年连环画展”，展出600余册具有年代感的连环画。

这次活动旨在让市民重温党的光辉革命历程、继承先辈革命意志，展示中国红军长征胜利的功绩。现场展出的连环画是由大同市连环画收藏爱好者田德宏提供，全部以长征为题材，有“星火燎原”“万水千山”“过乌江”“渡赤水”“爬雪山”“过草地”“永远的丰碑”等系列。

现场，居民们参观各式各样的连环画，很多连环画都有他们童年的阅读记忆。大同市的一些民俗专家、书法家、作家也专程到场观展，他们向观众讲述自己了解研究的长征历史，带来有关长征的书法作品。（晨　曦）

【赵雁鸿作品应邀到澳大利亚参展】 2016年11月8日至12日，“21世纪海上丝绸之路中国当代书画名家作品邀请展”在澳大利亚的维多利亚州议会大厦女皇大厅举行。这次展览有30余位中国艺术家的60幅作品，以“一带一路”为主线。其中，大同市书法家赵雁鸿作为受邀艺术家，参加这次展览。

展览由北京国墨天下书画院、澳亚文艺中心主办，国一金典连锁机构承办。文化交流是中澳两国交流与合作的重要桥梁，中国书画作为承载中华五千年历史文化的重要艺术形式，对传承中华优秀传统文化、增进中澳两国友谊有着重大意义。

赵雁鸿，山西省书协理事、大同市书协副主席，作品10余次在中国书协主办的大展中获奖，书法作品被多家海内外美术馆、博物馆和多家机构及私人收藏。其书法艺术以篆书为胜，多年来，其对周鼎金文、秦汉碑版揣摩、效法，自领其奥，并在书写创作中展示雄厚、灵动、巧妙的特色。（晨　曦）

【王友谊张锡庚书法展】 2016年11月26日，“平常心”王友谊张锡庚书法巡回展在北城墙中国雕塑博物馆西厅举行。

这次展览由大同市委宣传部、山西书法院、市文联、市书法家协会等主办展出80余幅大篆、行草作品，浓缩中国篆书第一人王友谊、中国行草大家张锡庚的书法精髓。

王友谊，1949年出生，中国书协篆书委员会委员、中国书法院研究员、西泠印社社员、中国书协培训中心教授。作品多次入展全国书法展并获奖，多次担任全国书法展评委，出版有《联语书法篆书卷》《篆书基础教程》《篆书字帖》《当代书法家精品集·王友谊卷》《王友谊书法作品精选》《大匠之门·王友谊书法作品集》《中国最具学术与市场潜力书法八家王友谊卷》等，获2011中国书法十大年度人物，中国书法领域最高奖兰亭艺术奖。张锡庚，1957年出生，中国书协教育委员会委员、中国书协培训中心教授、国家一级美术师。作品多次入展全国书法展并获奖，获2006中国书法十大年度人物，出版《张锡庚书法作品集》《书法与文化》《行书经典十讲》《书法教与学》《古代名帖临摹》《难得糊涂·郑板桥和他的书法艺术》等。

（晨　曦）

【大同长城摄影书画展】 2016年12月10日，大同长城摄影书画展在和阳美术馆开展，展出近200幅有关长城的摄影与书画作品。

这次活动是2016中国·大同首届长城文化节系列活动之一，以“塞上古都，大美长城”为主题，旨在宣传大同长城，弘扬大同长城文化，保护大同长城遗产，发扬大同长城精神。展出作品是从大同市摄影家和书画家处征集而来，全部以长城为主题，其中，摄影作品时间最久远的15年，多数为近10年摄影家拍摄而成。

摄影作品或气势恢宏，或匠心独运；书法作品行、草、隶、篆、楷笔墨酣畅，气韵生动；绘画作品则视角独特，色彩丰富，《烽燧连绵映晚霞》《烽火台的无奈》《五十里铺的暖阳》等作品在作者的笔下呈现出大同长城的历史、现状、变迁，作者用光影、线条、色彩等艺术手法，表达出对大同长城的眷恋，对大同长城的深爱，以及对美好生活的追求和向往。这次展览为期1周，持续到12月18日。

（刘　江）

【《恒岳揽胜》百米国画长卷】 2016年12月25日，历时3年国画长卷《恒岳揽胜》创作完成。

《恒岳揽胜》长130米，宽0.8米，在空间处理上继承中国山水画“以大观小”“小中见大”的手法，丹青水墨，淡彩素绘，跨时空、跨地域、全方位展示北岳恒山风光。整幅长卷东起秀丽五峰，西至壮美龙山，绵延数百里，五峰寺、銮铃关、恒山前后山、县城永安寺、圆觉寺、文庙和栗毓美陵园、王庄堡古城、汤头温泉、千佛岭、莲花山、云峰寺、静居寺、李峪庙坡、大云寺、凌云山水、怀仁崮、龙山诸景等尽入画卷。从曼妙五峰到龙山风光；东部从早春起笔，经四季之时序变化，西部至晚冬着墨；核心部分恒山前山突出建筑景观，后山突出自然风光，烂漫山花、遒劲古松、边墙烽燧、山泉古寺、乡野人家，一幅大美北岳胜景和文化的全图诠释在读者面前。

该长卷作者张西，1954年出生，浑源人，山西省美术家协会会员，大同市美术家协会理事，恒山书画院院长，多年来潜心国画艺术，钟情山水，其作品多次参加国际、国内书画展并获奖，代表作有成套国画《恒山十八景》《神川八景》等。

多位书画名家以不同风格、不同形式为该长卷作题名、序跋等，长卷在2016年浑源县新春书画展上公开展出。这幅长卷是首次全方位、系统化展现北岳恒山全景的书画作品。

（刘　江）

【市民俗文化学会举行迎春笔会】 2016年12月26日，大同市民俗文化学会召集学会会员以及大同市书画家40余人共同举办迎春笔会，为书画艺术家和民间工艺美术家提供相互交流、切磋技艺的平台。

笔会上，大同市画家叶西林、书法家杨远雄等人现场挥毫泼墨即兴创作，有玉兰、金鸡、人物素描等画作，“鹰击长空，鱼翔浅底”等书法作品，大家以书画会友、以书画联谊。

市民俗文化学会荟萃众多的剪纸、根书、发贴画、烙画、盘扣等特色民间手工艺传人，一年来大家在各自的领域创新发展，不少民俗学会员的作品走出大同，受到瞩目。通过笔会切磋交流，学会会员得到书画艺术滋养，提高自己的创作技艺。（刘　江）

音　乐

【王宏天推出首张个人专辑】 2016年1月9日，大同市青年歌手王宏天新歌发布会在金地豪生酒店举行，数百名音乐爱好者参加发布会。

大同市青年歌手王宏天是流行乐坛中的新星，其独特的沙哑声线、深情的演唱风格受歌迷喜爱。这次推出的音乐专辑名为《生命中的那些人》，收录《生命中的那些人》《你在哪里》等多首原创歌曲，其中9首是他自己作词。

（路　璐）

【儿童英语音乐剧《花木兰》上演】 2016年1月9日，大同市首部儿童英语音乐剧《花木兰》在工人文化活动中心一宫上演。这部舞台剧把戏剧、音乐、歌舞融为一体，演出、对白、歌曲全部用英文，近千名家长及孩子观看。

《花木兰》作为大同市首部大型儿童英语音乐剧，从筹备到演出历时近2个月。主办方为新译林教育集团，花木兰这一中国古代家喻户晓的故事精髓，通过音乐剧这种方式表现出来，让孩子们感受到中国古典文化的博大精深与西方语言文化的兼容并蓄，体会学习英语和历史的乐趣，做一个忠孝、感恩、爱国少年，也让家长了解孩子的成长与收获。

（路　璐）

【原生态民歌手再登央视】 2016年1月31日，晋陕蒙冀原生态民歌协会9位民歌手到央视歌唱。

《群英汇》是央视三套推出的一档群体性、综合性文艺栏目。上年10月，晋陕蒙冀原生态民歌协会13位民歌手首次在该栏目放歌，原汁原味的原生态民歌，给人留下深刻印象。受央视邀请，于1月31日第二次进京录制节目。2次在央视登台展艺，让该协会会员更加坚定自己的梦想，就是让全国人民都了解原生态民歌，把流行于晋陕冀内蒙古的民歌、二人台唱响全中国。

杨文祥、昝爱叶、纪连生、张胜亮、李军等9位民歌手在《群英汇》上演唱《拜大年》等歌曲。与大同市歌手共同录制节目的还有内蒙古的二人台组合及河南的武术队等，整个节目时长约50分钟。

（茗　泉）

【大同籍歌手奥云格日乐到澳参加新春音乐会】 2016年2月11日，庆祝中国猴年新春的音乐会在澳大利亚的布里斯班市政厅内，当地时间晚7时许举行，千余名当地华人和市民，观看由昆士兰交响乐团与5位国际一流艺术家共同演绎的音乐会，感受中国文化的魅力，其中受文化部委托专程到布里斯班参加演出的大同籍歌手奥云格日乐，以女中音征服现场观众，受到欢迎。

奥云格日乐，虽为蒙古族艺名，却是土生土长的大同人，其毕业于中国音乐学院，是中国歌剧舞剧院著名女中音歌唱家，擅长歌剧表演，有美声基础，参加过各种音乐剧、歌剧、交响音乐会、歌舞晚会的演出，多次随团出国巡演，足迹遍及世界各地，所参演的歌剧与音乐剧有《图兰朵》《拉美莫尔的露琪亚》《阿依达》《罗密欧与朱丽叶》《杨贵妃》《刘邦大帝》《花木兰》《瑶姬的传说》等。但奥云格日乐是以演唱内蒙古草原风格歌曲而风靡乐坛，其歌声大气醇厚，雅俗共赏，在名家指点下，把美声、民族、通俗等多种唱法融为一体，在探索中形成自己的演唱风格。在猴年新春音乐会上，奥云格日乐演绎多首草原歌曲和音乐剧唱段。

（青　青）

【《中国好声音》海选大同赛区总决赛】 2016年6月30日，2016《中国好声音》城市海选大同赛区总决赛落幕。

2016年4月，2016《中国好声音》城市海选大同赛区开赛，报名学员超过1500人，海选场次超过30余场，多位工人歌唱家登台演唱，经海选、初赛、复赛、决赛层层选拔，进入总决赛。6月30日，总决赛开赛，经由评委团现场打分，最终，魏建华、段海晶、景静、师保军、关晓丽、田涛、王宏天、李姝钰、郭艳芳、孟醒、魏连平、孟静蕊、付函鹭、张庆丽、郭喜东等15位选手晋级，7月，他们代表大同参与在太原举行的山西省总决赛，有机会参加浙江卫视《中国好声音》。

（木　依）

【市古琴学会成立】 2016年7月8日，在大同市委、市民政局、市文联，以及市音乐家协会的共同指导下，大同市古琴学会在鼓楼美术馆熙悦琴舍挂牌成立，成为经市民政局注册的非营利性会员机构，吸收会员20余人。大同市首家古琴馆——熙悦琴舍开馆。

古琴有着3000余年的历史，是中国音乐的重要组成部分，也是中国传统音乐文化的代表。2003年11月7日，中国古琴艺术被联合国教科文组织授予“人类口述和非物质遗产代表作”称号，这是继昆曲被授予这一称号后，中国第二个入选的项目，古琴艺术的突出价值得到世界公认。

（木　依）

【词曲作家到大同县采风】 2016年7月13日，词作家、空政文工团创作室主任车行、作曲家李昕、民族歌手高保利一行到大同县，开展词曲创作采风活动。

车行、李昕是中国词作家和曲作家，二人共同创作的歌曲《好日子》《越来越好》获国家“五个一工程”奖、第19届中国电视金鹰奖音乐电视作品一等奖。车行作词的《常回家看看》获全国“五个一工程”奖和1999年度“华语榜中榜”最佳作词奖。

采风过程中，车行与李昕等参观西坪镇唐家堡村黄花种植观光园区、大同火山群国家地质公园，了解当地民风及经济社会发展情况。（木 依）

【中国（大同）工业时代音乐节】 2016年8月8日至10日，中国（大同）工业时代音乐节在大同煤气厂文化创意产业园举办。2016中国（大同）工业时代音乐节，是山西省旅游发展大会的特别活动，是中国大同云冈文化旅游节的前奏。

工业时代音乐节由市国资委、市文化局、市旅游局发起，大同市煤气厂文化创意产业园区等单位主办，大同市睿智文化传播有限公司等单位承办。汇集唐朝乐队、颠覆M乐队、杜哥、李晓杰、过江龙、蓝琪儿、王建、朱贝贝、金久哲等众多乐队与歌手。

（木 依）

【"牧同乳业·爱在大同"音乐会】 2016年8月20日，"牧同乳业·爱在大同"迎山西省旅游发展大会音乐会在华严寺广场举行，拉开"牧同乳业·爱在大同"系列主题文化活动序幕。这场音乐会系"牧同乳业·爱在大同"系列主题文化活动的一项。

活动由大同市文化局、市体育局、大同广播电视台主办，市牧同乳业有限公司承办，旨在迎接2016山西省旅游发展大会召开，丰富全市人民文化体育生活，向四海宾朋展示大同开放包容的文化魅力和宜游宜居的生态魅力。音乐会前半场为中国梵呗创作音乐家刘湘子带来的梵音音乐会。后半场为歌舞表演。（小 霞）

【2016大同·理想音乐艺术生活节】 2016年8月30日至9月1日，2016大同·理想音乐艺术生活节在南城墙关城、东耳城举行。活动以"理想世界、天下大同"为主题，分为理想论坛和音乐演出，旨在打造中国北部音乐交流集散中心，让音乐成为一种文化象征。

理想音乐艺术生活节的发起人是解晓东。音乐演出除解晓东外，还有孙楠、杭盖、戴玉强、刘力扬、陈楚生、唐朝、斯琴格日乐等音乐人，以及冷空气、二手玫瑰、锯、阿基耐等国内外乐队。演出设主舞台理想舞台和次舞台先锋舞台。歌手乐队们每日15时30分至22时30分为观众进行连续3天不停歇的音乐演出，歌曲有《别无选择》《停不下来》《等待》《对不公平说不》等。2016大同·理想音乐艺术生活节还有各种文化艺术展览，如复古汽车展、画展等等。

（小 霞）

【首届大同鼓楼静巷音乐节】 2016年9月5日，首届大同鼓楼静巷音乐节在古城内举行。音乐节由大同市文化局主办。在华严寺广场、纯阳宫广场、关帝庙广场、文庙广场、鼓楼东街，1000名演员、4个舞台汇集众多群众音乐团队、音乐爱好者和公益团体。

音乐节是一场融合混搭、穿越、跨界、快闪等时尚文化元素的公益性派对，由音乐会、鼓艺表演、戏曲表演、灯谜游园、面具狂欢、茶艺表演、广场舞等多种形式组成，是结合互联网新技术的一次不夜城活动。这次音乐节是大同首次把群众艺术与现代音乐以及街头艺术融合而进行的尝试。

（小 霞）

【张艳虹柴智峰独唱音乐会】 2016年9月5日，由大同市总工会主办的大同市第八届职工文化博览会"世纪乐点"之张艳虹柴智峰独唱音乐会在市工人文化活动中心二宫内举行。

张艳虹，青年女高音，山西省音乐家协会会员，大同市音乐家协会会员，曾获第三届全国希望之星歌手大赛山西赛区十佳新人奖、全国十佳新人奖，山西省首届文艺新秀电视歌手大赛银奖，大同市首届职工文化博览会声乐大赛特等奖并被授予"工人歌唱家"称号。

柴智峰，青年男高音，毕业于中国音乐学院声歌系，曾获山西省文艺会演比赛二等奖，大同市网络歌手大赛一等奖，大同市第五届职工文化博览会声乐大赛金奖并被授予"工人歌唱家"称号。

演唱会上，张艳虹演唱《爱在四季》、歌剧《野火春风斗古城选段》之《永远的花样年华》《看秧歌》《青春舞曲》《中国梦》等。柴智峰演唱《母亲》《格桑美朵》《故乡有话告诉你》《走壶口》《红红的太阳升起来》等。（小 霞）

【教育系统姜敏段晓芳演唱会】 2016年9月10日，大同市教育系统教职工庆祝教师节，姜敏、段晓芳演唱会在市工人文化活动中心二宫举行，二人演唱20余首歌曲。旨在巡礼全市教工艺术成果，展示教工艺术风采。

姜敏毕业于雁北师范学院音乐系，师从大同大学艺术学院副教授樊宇红，教授王凤云，任教大同市幼儿师范学校。上年大同市第七届职工文化博览会中获声乐大赛铜奖。

段晓芳毕业于大同大学艺术学院，师从大同大学艺术学院副教授姬红兵，任教大同市幼儿师范学校。上年参加大同市第七届职工文化博览会"五月风"声乐大赛获铜奖。

演出中，二人演出《我爱你中国》《桃花红杏花白》《红莓花儿开》《高山流水》等经典歌曲。（小 霞）

【2016古都中秋音乐会】 2016年9月15日，2016古都中秋赏月音乐会在大同市南城墙举行。由市歌舞剧院管弦乐团演奏的这次音乐会以红色经典、民族歌曲为主，内容有经典曲目演奏、原生态歌曲演唱、二胡独奏、诗朗诵等，参与演出的表演者有潘秋、班晓英、王力等大同市歌唱家，旨在为市民打造一场具有地方特色的音乐会。

音乐会现场，有红色歌曲联奏《颂歌献给毛主席》、管弦乐《激情燃烧的岁月》、原生态演唱《桃花红杏花白》《天下黄河九十九道弯》、配乐诗朗诵《相信未来》、女高音独唱《望月》和男高音独唱《今夜无人入睡》等节目。（小 霞）

【晋陕蒙冀原生态民歌手再上央视】 2016年9月，大同市晋陕蒙冀原生态民歌协会多位民歌手应央视《幸福账单》栏目组邀请，再次走上央视大舞台。

央视《幸福账单》由朱迅和周炜联合主持，是一档由荷兰引进的综艺互动游戏节目，节目集合情感故事、才艺秀、游戏、现场互动等多种元素，参与者现场展示生活中发生的不同账单，分享账单故事，参与根据账单故事量身打造的游戏。

▲ 2016 年 12 月 27 日，大同市举行 2017 新年音乐会 （张燕伟 供图）

这次应央视《幸福账单》栏目组邀请，晋陕蒙冀原生态民歌协会主席杨文祥等 5 位歌手演唱山西民歌《三天的路程两天到》，协会会员王常平、付彩霞演唱《桃花红 杏花白》，其他会员演唱陕北民歌、内蒙古漫瀚调等，他们的表演让更多人了解到晋陕蒙冀原生态民歌的魅力。 （小 霞）

【《共产党员廉洁自律歌》在《歌曲》期刊登载】 2016 年 10 月 26 日，由大同市矿区区委、区纪委约请国家一级作曲家、大同市音协副主席刘亚平作曲，歌词取自《中国共产党廉洁自律准则》八条规范的《共产党员廉洁自律歌》，发表在国家权威音乐期刊《歌曲》2016 第九期上。

《歌曲》月刊，是中国音乐家协会主办、中国文学艺术联欢会主管的文艺刊物，由印青、徐沛东、赵季平、王立平等 20 余位国内音乐家组成编委会，以发表声屏影视歌曲、获奖当红歌曲、创作新歌、专题组曲、优秀词作和介绍音乐家、发布征歌消息及音乐活动为主要内容，以各专业文艺团体、音乐院校、图书馆、群艺馆、机关事业、工矿企业、部队农村为服务对象的大众音乐期刊。

矿区区委邀请刘亚平对《准则》中规定的党员和党员领导干部廉洁自律八条规范配曲创作。歌曲的音频和视频录制完毕，在矿区范围内推广和学唱。 （晨 曦）

【新年音乐会】 2016 年 12 月 27 日，2017 大同市新年音乐会在工人文化活动中心一宫举行。

市领导张吉福、马彦平、高键、梁凤书、柴树彬、赵向东、郜向华、黄岑丽、杨人毅、尚建军、武保洲、张小立、杨硕平、王剑辉，市法院院长白永旺等观看新年音乐会。

新年音乐会由市委宣传部、市文化局主办，市歌舞剧院演出。2017 年的新年音乐会是大同市连续第 14 年举办，成为大同市的一个文化品牌，2017 年适逢长征胜利 80 周年，新年音乐会的乐曲多为红色经典，邀请指挥家、中央军委政治工作部歌舞团团长李玉宁执棒。

由歌舞剧院歌唱演员王力、高少杰带来的交响合唱《红军不怕远征难》《过雪山草地》中，音乐会辉煌开场，节目主要有管弦乐《热巴舞曲》、二胡演奏家韩瑞生领奏的二胡协奏曲《红梅随想》、陈媛媛的女高音独唱《映山红》、王力和于海霞的男女二重唱《跟你走》、管弦乐《节日序曲》、班晓英的女高音独唱《血里火里又还魂》、张胜亮和兰吉尔的原生态演唱和唢呐《打枣》、青年歌唱家李高阳的《玛依拉变奏曲》、刘少锋的男高音独唱《把一切献给党》、钢琴家崔鸿根领奏的钢琴协奏曲《黄河》第四乐章，还有交响合唱《我的祖国》。

演出结束后，山西省委常委、大同市委书记张吉福等走上舞台，慰问全体演职人员与大家合影留念。（刘 江）

美 术

【“和光同尘”古代匾额精品展】 2016 年 2 月 18 日，“和光同尘”古代匾额精品展在古城都司街魏碑研究院开展。

展览展出古代精品匾额 52 件，均为民间收藏家苏文义个人藏品。这些牌匾题词内涵丰富、意蕴深远，大多引经据典，其用典多出自先秦的四书五经、诸子百家，上下款用语、行文讲究，格式、章法规范，体现中国传统社会价值取向、礼法制度、伦理道德等。收藏家苏文义自 20 世纪 90 年代初开始从民间征集牌匾，至 2016 年有千余藏品，在全国匾额收藏界具有重要地位，其来源遍布山西各县市，年代从明中后期到新中国成立之初。

展览持续到 3 月 6 日，众多古代匾额中的作品，把辞赋诗文、书法篆刻、建筑艺术融为一体，集字、印、雕、色之大成。 （青 青）

【春季收藏艺术品拍卖会】 2016 年 5 月 8 日，2016 古城大同春季收藏艺术品底价拍卖会在喜庆汇举行。

这次拍卖会由山西旭日拍卖有限责任公司和大同日报传媒集团文化活动项目部联合主办。参与拍卖的艺术品种类丰富，有大同玉、珠宝、字画、木雕、翡翠、奇石等 6 大类 300 件拍品。

来自北京的拍卖师坐镇现场，拍品叫价起拍，买家举牌叫价。有几百元的，有千元的，拍品接地气，价格亲民，为大同市藏友提供“淘宝”机会。竞拍时长约 4 个小时，这次拍卖会成交率七成，成交金额 80 余万元。

（赵 瑾）

【第二届大同市少儿彩塑艺术大赛展览】 2016 年 5 月 28 日，“童心美塑”2016“银星杯”第二届大同市少儿彩塑艺术大赛颁奖仪式在中国雕塑博物馆举行。近 2000 件彩塑作品在该馆展出。

第二届少儿彩塑艺术大赛由中国雕塑博物馆、天津美术学院雕塑系等单位主办，大同银星金店独家冠名，大同市雕塑学会、大同居然之家、蕃茄田艺术等单位协办，大赛金银铜奖牌由大同晋银矿业公司提供，林文老师防近视笔大同总经销为一二三等奖提供支持。活动面向全市 3 岁至 12 岁的少年儿童及幼教机构，从 4 月 11 日报名工作启动以来，收到近 2000 件作品，参加人数多、作品创意新，色彩明快，制作精美，较往届皆有提升，选材上也更多样。大赛邀请大同市雕塑家和美术师担任评委，经过专家评选，503 件作品入围，接受大众网络评选。

这届大赛评出幼儿组和少儿组一等奖各 3 名、二等奖各 5 名、三等奖各 10 名，评出网络人气奖 30 名、团体金奖 2 名、亲子奖 10 名、伯乐奖 4 名、合作奖 9 名、优秀组织奖 9 名。颁奖仪式结束后，彩塑大赛作品展在雕塑博物馆二楼开展，参赛作品展现小选手对世界、对人、对未来的看法和憧憬，用童真的视角表达自己的内心语言。这次作品展持续到 6 月 5 日。（赵　瑾）

【万紫千画·欧洲当代艺术家作品展暨中国大同紫玉展】 2016 年 6 月 26 日，万紫千画·欧洲当代艺术家作品展暨中国大同紫玉展在位于古城鼓楼东街 20 号的一个四合院开展，众多欧洲当代艺术家的油画作品与传统的中国大同紫玉，在四合院内并美交辉。市委常委、宣传部长马斌出席开幕式。

现场展出的欧洲当代艺术家作品多来自法国，13 位艺术家的近 40 幅作品风格各异，或有古典主义沉稳格调，或具现代主义张扬风格，张挂于室内。在室内，展现的众多大同紫玉作品，与来自欧洲的油画作品形成混搭风。大同玉是大同市的特有文化资源，紫玉则是大同玉中的上品，现场展示的大同紫玉作品品质雕工精致。举办这次展览，旨在通过传统与现代、古老与新潮、西方与东方艺术的结合，为古城文化增色，为大同文化旅游发展助力。（冯　雨）

【刘记武镜片扇面小品展】 2016 年 10 月 1 日，由大同市委宣传部、市文化局、市文联、市书协主办，魏碑研究院承办的“刘记武镜片扇面小品展”在魏碑研究院开展。这次作品展展期 20 天，展出大同市书法家、篆刻家刘记武的篆书、行草，以及篆刻类作品近 40 幅。

刘记武系山西省书法家协会会员，曾于北京煤干院艺术系书法专业进修，书法作品连续入展山西省第四、五、六、七届书法篆刻展；篆刻作品入展山西省首届篆刻展、三晋印风展。其书法、篆刻作品曾在全省、全国大赛中获奖。（晨　曦）

【首届旅游工艺雕塑展】 2016 年国庆期间，首届旅游工艺雕塑展在大同市关帝庙展出。展会由市文物局、文化局和市传统工艺保护与发展协会主办，现场展出大同市 28 位手工艺人制作的工艺品 6000 余件，其中有根雕、蛋雕、烙画、葫芦画等旅游工艺品，现场手工艺人进行各种工艺品制作等活动。关帝庙每日接待游客 8000 余人。（晨　曦）

【2016 云冈国际佛教雕塑艺术大展】 2016 年 10 月 22 日至 11 月 22 日，2016 首届云冈国际佛教雕塑艺术大展在东城墙和阳美术馆展出。大展由中华文化促进会和市政府共同主办，分“传统佛教造像雕塑展”和“当代佛教主题艺术展”2 个板块。其中“传统佛教造像雕塑展”，旨在继承、延续传统佛教艺术，修复、重塑、创作体现地域历史文化特征的传统佛教造像雕塑作品。“当代佛教主题艺术展”则是当代文化理念，通过多元化艺术拓展，实现作品、艺术和人才资源的交流共享，实现当代艺术对佛教文化的多元介入与拓展。

10 月 22 日，市委副书记、市委宣传部部长高键宣布开幕，市人大常委会副主任杨人毅、副市长刘振国、大同大学校长冯锋，以及来自世界各地的雕塑艺术家、专家学者等出席开幕式。中华文化促进会秘书长陈钢为大同获“中华佛教文化艺术之都”授牌。雕塑家钱绍武把自己的《关公像》作品捐赠给大同市。

这次大展分为设计稿初评、作品送展、终评等环节。大展征集到来自韩国、西班牙、意大利、美国、土耳其、尼泊尔、俄罗斯、英国、日本、卢旺达、保加利亚等 14 个国家和地区的艺术大师近 800 件佛教雕塑艺术作品。最终 150 件艺术作品、50 件特邀作品入围初评。

展览分 5 个区域展出，分别是传统佛教雕塑作品区、当代雕塑作品区、云冈主题雕塑作品区、旅游纪念品区、当代雕塑名家精品区。大展期间举行佛教雕塑艺术高峰论坛与 3D 打印技术高峰论坛。旨在为参加雕塑展的专家学者们提供一个交流平台，推动雕塑艺术发展与提升。高峰论坛探讨的内容主要有大展本土意义及国家战略意义，如何营造“中华佛教雕塑艺术之都”及未来发展的重要性；3D 打印技术对未来社会产业的影响与雕塑产业的技术革新等。论坛除国内雕塑学者专家参加外，还有来自尼泊尔等的石雕大师。（晨　曦）

【2016 年度“曾竹韶雕塑艺术奖学金”获奖与入围作品展】 2016 年 11 月 20 日，为期 2 个月的 2016“曾竹韶雕塑艺术奖学金”优秀作品展落幕。展览期间 4 万余名来自全国各地的游客及雕塑爱好者参观，云南艺术学院、清华美院、中央美院等全国艺术院校到雕塑馆交流学习。

这届“曾竹韶雕塑艺术奖学金”收到来自全国 19 所艺术院校的 120 位毕业生的作品 463 件 / 组，最终在 120 件作品中选出 5 名获“曾竹韶奖”和 20 名获提名奖的作品。参展作品造型语言丰富，展现传统技法，又结合声、光、电等现代技术，以及影像、装置等手法，增强语言表达的形式多样性。从作品中可以看出各院校在雕塑艺术教学中融入各种艺术流派、各种造型方式、各种雕塑材料和各种雕塑技术的主张，各具特色。学生在作品中流露出对社会诸多问题的关注，体现出青年学子的使命感。

“曾竹韶雕塑艺术奖学金”成为集艺术水平、教育理念、社会风尚、科技水平于一体的综合平台，中国雕塑博物馆连续六年举办曾竹韶作品展，积累关注度和影响力。全国各地的院校师生到大同参展、学习，对大同这座城市形成全新的认识与期待。观展人数比上年提高，开展前期每天都有上千人到展馆欣赏作品。张有魁的《洗衣店》、黄山的《列传》等 6 组获奖作品，被中国雕塑博物馆收藏，长期展出。（晨　曦）

文 学

【张二棍作品获《诗刊》年度青年诗歌奖】 2016年3月，由中国作家协会《诗刊》社主办的“《诗刊》2015年度陈子昂诗歌奖”在北京中国现代文学馆揭晓。大同“80后”诗人张二棍的《暮色中的事物》，与福建诗人沈鱼的《我仍旧无法深知》同获《诗刊》年度青年诗歌奖。

张二棍本名张常春，是大同217地质队职工，2010年开始写诗，2012年和2013年，其作品专辑2次被《诗歌周刊》特别推荐，2014年4月被选为《诗歌周刊》2013年“年度诗人”（首届），成为《诗歌周刊》第104期封面人物。（茗　泉）

【市纪实文学研究会成立】 2016年5月13日，大同市纪实文学研究会成立揭牌仪式在《塞北文苑》编辑部举行，市纪实文学研究会是隶属于市文联、市作家协会的文学组织，会长为左良忠。研究会作为联系广大纪实文学作者桥梁和纽带，提供交流展示的阵地，组织、引领、推动创作，推出更多纪实文学佳作。

市纪实文学研究会揭牌仪式上，苏珍、聂还贵、张旭、柴京云、柴京海、赵忠格、力高才、张吉虎等文化界人士发言，寄语市纪实文学研究会的未来发展，在创作中，贴近时代、贴近生活、贴近群众，了解生活真谛，把握人物、事件的真实、真相，多写出有血有肉有温度的作品。（赵　瑾）

【《奇士王世襄》作者读者见面会签售会】 2016年8月27日，《奇士王世襄》作者、传记作家窦忠如大同读者见面会、签售会在云冈书城举行。

这次窦忠如受邀在大同举行的读者见面会和签售会，是“大同市首届文博会暨第三届新泉文化艺术节”重要活动之一。王世襄（1914—2009），字畅安，文物专家、学者、文物鉴赏家、收藏家、国家文物局中国文化遗产研究院研究员、中央文史研究馆馆员。王世襄在文博界和民俗界具有较高影响。

《奇士王世襄》作者窦忠如，中国作家协会会员，有“中国最具独立精神和践行能力的学者型青年传记文学作家”之誉。著有《王国维传》《梁思成传》《罗哲文传》《世间绝唱——梁思成与林徽因》《中国名楼》《中国名匾》《中国名关》等数10部，多次应邀做客央视和香港凤凰卫视等主流媒体传讲中国传统文化。（小　霞）

【八部作品获“赵树理文学奖”提名】 2016年11月2日，由山西省委、省政府设立，省作家协会承办的2013年～2015年度“赵树理文学奖”初评评选揭晓。大同市7人8部作品获提名。

赵树理文学奖评奖委员会根据《2013年～2015年度“赵树理文学奖”评奖实施方案》，本着公开、公平、公正的原则，评选参评作品，通过实名投票产生各奖项80篇（部）备选作品和18位提名人选。其中，大同市7名作家8部作品获得提名。中篇小说类有作家黄静泉《地层深处》、陈年《人鱼》，短篇小说类有陈年《九层塔》、黄静泉《雪猫》、侯建臣《房后有堵墙》，儿童文学类有冯丽琴《冯丽琴校园诗选》、侯建忠《鸭子笑鸡》、张叶平《云朵上的蜻蜓》。《小品文选刊》总编辑王兴德提名“优秀编辑”。（晨　曦）

【黄静泉获短篇小说奖】 2016年12月20日，2013年～2015年度“赵树理文学奖”评选揭晓，大同市作家黄静泉的小说《雪猫》获短篇小说奖。

黄静泉是中国作协会员、中国煤矿作协会员，坚持文学创作多年，出版有小说集《刮走世界的风》《一夜长于百年》《走向远方的河》等。《雪猫》讲的是一个行政处下设的粮油库发生的事情。围绕粮油库买来治鼠患的雪猫，产生的许多矛盾纠葛，归结点是一个社会问题。

“赵树理文学奖”系山西省具有最高荣誉的文学奖项。该奖项每3年评选1次，2016年是2013年～2015年度赵树理文学奖评奖年。这届“赵树理文学奖”的奖项分13项，有36部（篇、人）获奖。其中，有长篇小说奖、中篇小说奖、短篇小说奖、诗歌奖、散文奖、长篇报告文学奖、中短篇报告文学奖、儿童文学奖、影视戏剧文学奖、文学评论奖。另有2人获文学新人奖；3人获优秀编辑奖；2人获荣誉奖。（刘　江）

【纪念红军长征胜利80周年主题诗会】 2016年12月24日，纪念红军长征胜利80周年暨毛泽东诞辰123周年主题诗会在大同市图书广场举行，全市近百名诗歌朗诵爱好者参加活动。

这次活动是大同市全民读书月系列活动之一，诗会旨在追寻红色记忆，重温先辈们复兴中华的革命理想和百折不挠的红军精神。诗会主题为“而今迈步从头越”，参加活动者有大同市青年诗歌研讨会的诗人、市播音主持协会的播音名家等，朗诵的诗歌有名著名篇，也有诗歌爱好者自己创作的新作。由喙林儿和山西老解朗诵的《我的长征》拉开诗会帷幕，随后，史龙跃、杨俊芳朗诵的《有一种行走》，刘华煜的《长征·六盘山》，侯建臣的《长征》，以及其他朗诵者朗诵的《西江月·井冈山》《渔家傲·反第一次大‘围剿’》《沁园春·雪》把听众带入到诗歌的优美艺术境界中。大同大学雪野文学社部分社员朗诵诗歌《前进着的两万五千里长征——草鞋情结》，表达出“90后”大学生对长征精神的思考。（刘　江）

国学讲座

【大同书城读书会国学专场】 2016年1月30日，大同书城读书会国学专场演讲在大同书城三楼报告厅举行，演讲者为大同书城创办人，国学知行者、传播者张国锋。

大同书城是大同市一家有着较大规模和较强文化影响力的书店，曾承办数届大同读书节，其成立大同读书会，长期举办国学讲座，旨在带动大同的国学学习热潮，为众多喜爱国学的人士提供一个交流分享平台。首场讲座由大同书城创办人张国锋主讲，讲座中，他从国学的基础定义讲起，论述国学的基础核心为“道”，剖析何为“道”，什么是文明、文化，结合当前人们关注的问题，讲修行国学，重塑信仰、精神、思想的重

要性，进而讲到什么是真正的人生幸福等，展现其对国学精髓的理解与认知。大同读书会还以公益的形式每周开办讲座。（青 青）

【第二期国学知识讲座】 2016年3月5日，由大同读书会主办的第二期国学知识讲座《国学智慧与人生之道》在大同书城举办，百余名市民听讲。

大同读书会主办的国学知识系列讲座于2月启幕，每月推出两期，旨在弘扬中华优秀传统文化，践行社会主义核心价值观。主讲地址定于大同书城，讲座由大同市学者和来自各行各业的有国学造诣者担纲。

由张国锋主讲《国学智慧与人生之道》，内容是国学智慧与修身之道、国学智慧与做人之道。张国锋引经据典，通过阐释孔子等先贤的名言名句，讲授相关国学知识，教授大家如何从国学知识中塑造品格，从传统经典中领会内涵精神。（红 远）

【第三期国学知识讲座】 2016年3月19日，由大同读书会主办的国学讲座第三期讲座开讲，近百市民前往大同书城听讲，学习了解国学传统文化知识。

由张吉虎主讲《学习践行弟子规 同心共筑中国梦》。张吉虎大同读书会执行会长。讲座中，《弟子规》的作者、修订者是谁，其在当时的影响力怎样，张吉虎为听众一一解惑，从现代角度解读《弟子规》的要言妙义，针对一些听众是否还需学习国学知识的疑问，张吉虎表达自己的看法，讲述当今社会为何要学习《弟子规》，以及其现实意义何在。（茗 泉）

文化交流

【文化交流与合作】 2016年，大同市文化局在影视剧创作方面，与北京湍泷天吼文化公司合拍电影《莫斯科离大同不远》入围北京国际电影节，在全国院线公映。影片首演展映期间，大同市文化局组织工作人员到现场宣传大同的地理、古建、人文、美食、旅游等，在清华校园掀起一阵“大同风”。在文化交流方面，组织写作出版《史前的桑干河文明》，由商务印书馆以中英文出版，在北京举办多场相关讲座，加强大同与京津冀的文化联系，加深双方的文化认同，弥补这方面的文化空白，实现文艺理论创作的对话和互通。在会展交流方面，与北京画院、中国美协等单位在和阳美术馆举办郭宝君国画作品展；与北京雍阳公司合作举办邓福星咏荷书画展；与中国公共关系协会共同举办“影像的力量” 中国（大同）国际摄影文化展；与北京城市理想投资集团共同举办2016大同·理想音乐节；与中国书协合作举办第十二届国际书法交流大展作品收藏展，359件展品运抵和阳美术馆，进行布展和收藏。（张 岗）

【朱岩做客市民大讲堂】 2016年6月17日，清华大学经管学院管理科学与工程系教授、党委副书记朱岩做客市民大讲堂，以《“互联网+”时代的转型创新》为题，给观众阐述互联网和社会经济生活的各方面融合，寻求新的发展原动力。

讲座中，朱岩教授阐述“互联网+”时代的转型创新，让大同市民思考更多工作和生活中创新的可能。从经济的、商业的、历史的、社会的、政治的、哲学的角度整个解剖互联网对我们意味着什么，让大家对互联网有一个全新的认识，让在座的市民、企业家思考更多“互联网+”时代下创新的可能。（冯 雨）

【叶小文做客市民大讲堂】 2016年6月21日，市民大讲堂总第38期在贵宾楼假日酒店大同厅开讲，邀请到十八届中央委员、全国政协文史和学习委员会副主任叶小文，主讲《音乐点亮人生》。

叶小文从“礼乐文明”的角度切入，提出“礼乐”为中华民族的文化传承始终发挥着至和至顺的教化功能。叶小文分享他担任国家宗教事务局局长期间，以文化为纽带、沟通海峡两岸、促进统战建设的故事。讲述自己学习大提琴的经历，饱含着他对音乐的追求。出任满天星业余交响乐团团长的叶小文在日本、法国、美国等多地开办演奏会。讲座最后，叶小文现场演奏巴赫的《序曲》《天鹅》《鸿雁》。（冯 雨）

【大同优秀传统文化公益论坛】 2016年6月27日，大同优秀传统文化公益论坛在浩海国际酒店六楼国际厅举行，以“开启智慧人生 构建和谐社会”为主题，旨在丰富市民精神文化生活，提升古城品位格调。

论坛由市文化局、市招商局、市诗书画印研究会、市雍锦台雨花斋公益互助中心主办，由大同市众多爱心企业和爱心人士捐资兴办。论坛特邀国内国学讲师张选、田秀英、于建伟、谷爱林、王全平主讲，主讲题目分别为《道德》《如何获得好命》《笑对人生》《家和万事兴》《改过才能改命》等。在论坛现场，大同市书画家张日华向各位主讲老师赠送书法作品，主持人向大家讲授拜师礼，中国旗袍专业委员会大同分会、工合国际华北工委女子学院等表演《礼》等，现场充满传统文化氛围与尊师爱学之情。

举办这次论坛旨在弘扬中华优秀传统文化，践行社会主义核心价值观，传承中华传统美德，为建设美丽大同、富裕大同、幸福大同，凝聚正能量，丰富古城文化内涵，增加大同时代魅力。（冯 雨）

【“平城—敦煌”学术研讨会】 2016年8月9日，“寻路中国——丝绸之路主题系列展览”暨“平城—敦煌”学术研讨会在大同召开。由中国博物馆协会“丝绸之路”沿线博物馆专业委员会和大同市博物馆联合举办。90余位来自全国各省市博物馆的代表参会，其中包括省级博物馆20个、行业博物馆4个、地市级博物馆25个。中国博物馆协会“丝绸之路”沿线博物馆专业委员会秘书长李永平，山西省文物局副局长宁立新，中国博物馆协会办公室主任艾静芳，中国博物馆协会“丝绸之路”沿线博物馆专业委员会主任委员、甘肃省文化厅副厅长、甘肃博物馆馆长俄军等参加研讨会。

这次学术研讨会目的是通过交流、研讨、展览等形式，加强当地民众认识和了解“丝绸之路”，为业界同仁提供更加宽广的交流平台。研讨会上，北京大学历史系教授、北京大学中国古代研究中心主任荣新江，以《海外博物馆藏品所见的丝绸之路》

为题，山西省文物考古研究所研究员张庆捷以《丝绸之路的历史起源——兼论山西在古代丝绸之路中的地位》为题，进行学术讲座。西藏博物馆唐聪丽和大同市博物馆副馆长曹臣明对“丝绸之路”主题系列展策划、筹备情况作报告。全体与会人员参观市博物馆临时展厅展出的“从平城到敦煌——甘肃与大同丝绸之路文物精品展”。（小　霞）

【市民大讲堂第四十期开讲】 2016年8月26日，由大同市委组织部、市委宣传部主办，山西柒柒金融信息服务有限公司承办的大同市民大讲堂公益系列讲座上，呼伦贝尔民族博物院院长白劲松为市民呈现一场题为《呼伦贝尔和大同的千年之恋》的讲座，带领观众一起回顾鲜卑历史，解读文化大同。

讲座中，白劲松向大家讲述大同和呼伦贝尔之间故事。拓跋鲜卑人让呼伦贝尔与大同联系到一起。它的统治改写中华民族的融合发展史，从森林到草原，从草原入主中原，面对发达的中原文明，他们不断地改变自己，从那森林里手持弓矛的狩猎民族，经历改变，最终融入华夏民族之中，把北方民族优秀的因素注入整个中华民族血液之中。（小　霞）

【大同传统花馍文化研讨会】 2016年9月4日，大同传统花馍文化研讨会在大同花馍基地大同县康佳甜农家食府召开。力高才、赵佃玺、张东怀、李键、杨生茂、贺峰等专家、学者参加研讨。

花馍是山西的传统面食，历史悠久。与会专家、学者考证，花馍一词最早出现在元代《饮膳》之中，而作为食品出现时间更早。山西不少地区都有清明节前蒸“寒燕儿”吃的乡俗，以纪念介子推，寒燕就是花馍的一种。与会专家说，大同花馍历史悠久，大同花馍又叫面鱼儿或面人儿，花样讲究，有十二生肖等，婚丧嫁娶、生日圆锁等都蒸花馍，这是大同传统民俗之一。会议建议大同花馍申报非物质文化遗产，挖掘民俗风情和传统故事，解决好产品保鲜技术，扩大生产，作为特色旅游产品推向市场。（小　霞）

【《北魏碑拓廿五品》首发式暨研讨会】 2016年9月9日，由大同市委宣传部主办的石墨镌华《北魏碑拓廿五品》首发式暨研讨会在柒柒金融举行。市领导梁凤书、杨人毅参加研讨会。

《北魏碑拓廿五品》由齐开国和马巍然主编，齐开国作序，商务印书馆出版发行。研讨会上，齐开国介绍魏碑与大同的渊源，以及《北魏碑拓廿五品》的出版，弥补大同北魏文化平城石刻书籍的不足。他提出希望在大同建立魏碑书法基地和碑林等多项举措，促进大同魏碑发展和繁荣。

（小　霞）

【《北魏平城书迹研究》座谈会】 由大同市学者殷宪生前编著的北魏早期书法研究专著《北魏平城书迹研究》由商务印书馆出版。2016年12月4日，《北魏平城书迹研究》座谈会在云冈书城举行，与会人士从不同角度缅怀殷宪先生的严谨治学精神，评价该书对大同文化研究、传承、弘扬的重要意义。

中国古都学会副会长马维平主持会议，大同历史文化研究专家安大钧、董其高等殷宪先生生前好友、同学、同道、学生等出席座谈会。

这次座谈会系“全民阅读 书香南郊”系列活动之一，由南郊区文化局主办，南郊区图书馆承办，云冈书城、云冈茶庄协办。《北魏平城书迹》通过盛世碑铭、砖石墓志、砖文瓦迹、手书墨迹、造像题记、北魏遗踪六大板块，集中展示殷宪30余年来对北魏早期拓跋魏建都平城百年间各种书迹的研究成果。殷宪把碑文所蕴含的历史信息、碑铭文字的释读、考证，以及碑刻书迹的书刻风格结合起来考查，把一砖一石置于当时政治、经济、文化的大背景中阐释，展现平城魏碑的风貌，勾勒出北魏平城历史文化的图景。（刘　江）

档　案

【档案馆建设】 2016年，大同市综合档案馆新馆建设项目被市政府纳入“双环行动”系列建设项目，这是大同档案馆建设史上的一个里程碑。项目位于御东新区云州街北侧，属于市政府代建工程。各县（区）综合档案馆建设推进，天镇、广灵等5个县列入国家中西部县级综合档案馆建设规划。广灵县档案馆主体工程落成；阳高县具备搬迁条件；浑源县按要求如期开工，基础工程完工；大同县新馆建设列入建馆计划之中。城区、南郊区、新荣区和矿区筹集资金改造或新建。（池永清　纪海霞）

【档案数字化建设】 2016年，大同市档案局以全市电子网络建设为契机，推进数字化档案信息资源与电子政务网络的衔接、融入，落实市政府财政拨款355万元，启动档案数字化和网站建设工作。制定档案数字化前整理工作流程、工作操作规程、验收方法与标准等相关制度，保障馆藏档案数字化前处理工作规范开展，通过每周一次的档案数字化监理例会，解决工作中遇到的问题。2016年，加工馆藏档案案卷级目录65977条，文件级目录1612584条，档案全文数字化415831页。（池永清　纪海霞）

【档案室业务培训】 2016年，大同市档案局采用“走出去”和“引进来”的方式开展档案业务培训。首次采取全封闭式党校集中培训方式，分两批次全市400余名市、县档案人员，邀请上海档案专家和省档案局专家授课，培训内容有理论知识和实际操作；有行政执法和规范化管理，有数字化建设和修复技术；结合新形势下档案工作特点，抓住存在的薄弱环节。培训涵盖档案法制、档案数字化、档案修复技术等方面，课程设置具有针对性和可操作性。派出8名业务骨干参加由国家档案局组织的档案展陈培训班；派出5名骨干参加广州国家档案学会年会的学习，分批次组织机关干部到广州、沈阳、长春和安庆等档案馆参观学习，加强档案队伍建设，提升全市档案人员的业务水平和服务能力。（池永清　纪海霞）

【档案监督指导】 2016年，大同市档案局完善《大同市档案馆收集档案范围和接收标准及进馆时限的规定》和《大同市档案馆接收档案单位名册》，名册中增加进馆单位78个，全宗管理单位764个。督促各县（区）落实9号令，登记41个市属国有企业、61个县属国有企业。全年业务指导160家市直单位和11个县（区），其中南郊档案局规范化管理15个单位的档案工作。大同市档案局支持各县（区）档案部门做好农业农村档案工作，协同有关部门加大煤炭企业档案规范化管理，推动和指导非公有制企业建档工作。多次现场指导大同市康复医院、大同市送通电力安装有限责任公司、大同市泰瑞集团的档案工作规范化管理，颁发省AA级证书，把泰瑞集团设立为市级示范档案室。督促指导11个县（区）档案馆的规范化管理，天镇县、灵丘县档案馆达到省二级标准，城区、矿区、南郊区、新荣区、阳高县、大同县、浑源县、广灵县、左云县档案馆达到省三级标准。（池永清　纪海霞）

【档案征集】 2016年，大同市档案局加大到期应进馆档案接收力度，征集与大同市历史发展密切的档案资料，馆藏档案门类由单一型向多元化转变。2016年接收档案1893卷535件。征集市委组织部、大同政报、市委群众路线教育实践活动办公室等单位人事、文书、科技等门类档案进馆，征集回抗日战争时期大同煤矿《万人坑》、王平将军系列书籍相册，以及社会名人、民俗文化、省旅发大会等方面的书籍、照片等档案资料。山西省《重大活动档案管理办法》出台后，大同市档案局参与市政府“双环行动”的资料收集。（池永清　纪海霞）

【档案管理】 2016年，大同市档案局把接待查档作为服务群众、服务基层，展示档案部门形象的重要方式，创新服务理念，开展节假日预约查档、来电来函查档等方式，加强对窗口服务人员管理，提高公众满意度。全年市档案馆接待211个单位，查档人员322人次，调卷1078卷，复印5485页，为相关部门编史修志，工作查考提供支持，为地方经济发展提供参考，为解决土地资源、婚姻、工龄、学籍等民生问题提供数据。鉴定划控馆藏1986年的档案，涉及85个全宗计1512卷，划控页数16.8万页。天镇县档案馆划控1985年以前应开放档案。（池永清　纪海霞）

【档案编研】 2016年，大同市档案局挖掘馆藏档案，编写印制《大同抗日烽火》，影印出版《大同县志》民国手稿。按照国家和山西省档案局安排部署，开展《抗日战争档案汇编》的前期准备工作，成立大同市《抗日战争档案汇编》编辑出版领导小组及办公室、编纂委员会，清查摸底1931年～1945年抗日战争档案，制定工作方案和编纂规划。（池永清　纪海霞）

▲2016年9月12日，市档案局举办全市档案业务工作培训班（池永清　纪海霞　供图）

【档案安全】 2016年，大同市各级政府和档案部门重视档案安全工作，构筑人防、物防、技防相结合的“三位一体”综合防范体系，做到档案安全责任、制度、措施和设备“四到位”，确保档案实体和信息安全。大同市档案馆落实“八防”（防尘、防火、防盗、防潮、防高温、防光、防蛀、防腐）措施，更换防盗监控系统、更新86个新式灭火器等设施设备，安装9台调温调湿设备，改善库房温湿度，放置防虫、防霉药剂。定期安全检查档案库房，做检查记录，掌握馆藏档案数量和馆内硬件设施运行状况。各县（区）在执行安全责任制、加强安全检查等方面坚持安全第一，做到责任明确、常抓不懈。（池永清　纪海霞）

【全市“6·9国际档案日”宣传活动】 2016年6月9日是第九个国际档案日，是第四个全国档案宣传活动日，大同市副市长曹惠斌参加全市“6·9国际档案日”宣传活动。

这次国际档案日的宣传主题是“档案与民生”。民生档案涵盖生育婚姻、招生招工、土地房产、社保优抚等各个方面。在大同公园东门举办的宣传活动现场，市档案局和城区、矿区、南郊区档案局，以及217地质队、同煤集团、大同银行、供排水集团等企事业单位工作人员向过往市民发放宣传材料，为群众普及档案知识，提升市民档案意识。在活动现场，曹惠斌强调，全市档案系统要秉承“关注民生，服务大众，促进和谐，造福社会”的原则，把民生档案工作摆在突出位置，建立覆盖人民群众的档案资源体系，确保民生档案齐全完整，建立服务人民群众的档案利用体系，确保民生档案造福人民。（冯　雨）

【档案法制建设】 2016年7月，

文化

大同市档案局印发《关于做好各市直市涉迁单位档案管理工作通知》，8月，以两办印发《关于加强市直各涉迁单位档案管理工作的意见》，重点对市安监局、水务局、卫计委等85家市直机关单位开展主动上门指导。大同市档案局专项执法检查各县（区）贯彻落实情况和档案安全建设，检查领导重视情况、档案管理经费保障情况、档案队伍建设情况、档案安全建设情况等，抽查10个乡镇（街道）和23个县直单位，针对发现问题印发21份整改通知书，明确整改内容和期限。12月，出台《关于对市直涉迁单位开展档案安全专项执法检查的通知》，要求各搬迁单位周密部署、责任到人，登记造册和搬迁档案。12月底，抽查检查市农委、市林业局等6家单位，印发整改通知书2份。以“6·9”国际档案日和法制宣传月为契机，市档案局联合城区、矿区、南郊区档案局，以及同煤集团、市供排水集团、市公交公司等10余个单位在大同公园东门，举行以“档案与民生”为主题的档案宣传活动，通过展板条幅，向过往群众发放档案法律法规等宣传资料，普及档案知识。12月4日，开展“12·4”宪法宣传日暨全国法治宣传日法治宣传活动，活动现场通过摆放档案展板、发放两办《实施意见》宣传手册等方式，宣传档案法律法规。各县（区）结合自身实际，开展档案宣传活动。（池永清　纪海霞）

【首届档案文史展】 2016年9月19日至26日，主题为“古韵大同 档案新篇”的大同市首届档案文史展展出，以发挥档案存史、资政、惠民作用，开发利用档案馆藏资源。山西省档案局党组书记、局长阎默彧，市委副书记、市长马彦平，市委副书记高键，副市长杨勤荣等参加开幕式。展览内容主要包括名胜古迹基本情况介绍、修缮维护历程、文献资料（档案、诗文）、景观图片等，分府城、寺观、楼阁、龙壁、牌坊、文献6部分，主要介绍历年来云冈石窟、华严寺、鼓楼等文物古迹修缮。展览通过档案记录展示太宁观、文昌阁、四牌楼等拆毁古迹建筑的历史原貌。（小　霞）

地方志

【综合年鉴编纂】 2016年11月，《大同年鉴（2016）》由北岳文艺出版社出版，全书设32个栏目，总字数147.9万字，记载全市上年政治、经济、文化、社会和生态等领域的现状，及新成就、新进展和新经验。大同市地方志办公室被山西省地方志办公室评为“2016年度综合年鉴先进集体”。

2016年，大同市11个县（区）全部开展年鉴编纂工作。《大同市城区年鉴（2015）》由山西人民出版社出版，《大同市城区年鉴（2016）》书稿编完；《大同市矿区年鉴（2016）》书稿编完；《大同市南郊区年鉴（2016）》由北岳文艺出版社出版；《左云年鉴（2015）》内部编印，《左云年鉴（2016）》书稿编完；《大同县年鉴（2016）》书稿编完，保存电子版；《阳高年鉴（2016）》内部编印；《天镇年鉴（2010~2014）》书稿编完，《天镇年鉴（2015~2016）》资料收全；《浑源年鉴（2014~2015）》书稿编完，《浑源年鉴（2016）》资料收全；《广灵年鉴（2015~2016）》资料收全；《灵丘年鉴（2014~2016）》资料收全；《大同市新荣区年鉴（2014~2016）》资料收集60%。（编辑部）

【《大同年鉴（2014）》获国家级荣誉】 2016年7月15日，第一次全国年鉴工作会议在太原举行，会上中国社会科学院副院长、中国地方志指导小组常务副组长李培林宣读全国年鉴优秀成果获奖名单，《大同年鉴（2014）》获全国城市综合年鉴二等奖，这是《大同年鉴》获得的最高荣誉，是全省11个城市中获该项荣誉最高的城市，《大同年鉴》步入全国城市年鉴50强行列。《大同年鉴》编纂工作始于1983年的《雁北年鉴》编纂，是全省最早开展年鉴编纂的地市。1987年~2016年《大同年鉴》连续出版21部。（编辑部）

【地方志县（区）主任会议暨年鉴编纂培训会】 2016年1月26日至27日，大同市地方志县（区）主任会议暨年鉴编纂培训会在雁北宾馆举行。该会是市地方志办公室组织召开的“全市地方志‘冬季行动’”会议。市地方志办公室主任李勇、副主任金丽娟和11个县（区）志办主任、年鉴主编、副主编，以及年鉴编辑50余人参加会议。会议目的是为贯彻落实国务院《全国地方志事业发展规划纲要（2015年~2020年）》和《山西省地方志事业发展规划纲要（2015年~2020年）》，加强年鉴编纂规范化建设，促进年鉴事业健康发展，实现县（区）年鉴全覆盖，步入“一年一鉴，公开出版”轨道。在市地方志县（区）主任会议上，李勇传达国务院和省地方志事业发展规划纲要，各县（区）志办主任汇报上年方志工作及2016年修志编鉴

▲2016年1月12日，大同市地方志办公室召开县（区）主任会议暨年鉴编纂培训会

（编辑部　供图）

文化

工作打算；在培训课上，山西省地方志办公室年鉴处处长高生记讲授《年鉴框架设计与创新》，大同市地方志办公室年鉴科科长冯晋慧讲授《条目编写与规范》《年鉴稿件修改与常见问题》。 （编辑部）

【二轮《大同市志》初稿编纂三分之二】 2016年是开展二轮《大同市志》编纂工作第三年。市地方志办公室工作人员分组到各修志单位，督促、指导单位修志工作，服务收集资料、章节设置、撰写等方面工作。6月，市志科编印9万字《二轮〈大同市志〉编写学习手册》，内容设志稿质量标准、篇目设置、编写方法、语言运用、行文规则等。7月7日，市政府召开二轮《大同市志》推进会。35家撰稿工作滞后单位参加会议，副市长曹惠斌就修志意义、进度、详略等问题作重要指示。推进会召开，对大口单位修志工作促进较大。基层修志单位中，中国人民银行大同市中心支行、大同市气象局分别召开志稿编纂组稿会，布置安排撰稿任务，市地方志办公室派出编纂人员到会指导编纂业务。截至2016年底，全市承担二轮市志编修任务127家单位中，有89家交稿，占应交稿单位70%；正在编写的单位38家，占应交稿单位30%。其中2016年目标任务30家，实际编完33家，占任务110%。交稿单位中，由于单位重视、人员遴选得当、资料搜集齐全等原因，较好地完成编写任务的单位有24家：组织部、宣传部、统战部、市人大、政协、市纪委、军分区、财政局、审计局、安监局、公安局、检察院、中级人民法院、旅游局、人社局、煤炭局、园林局、民政局、环保局、档案局、科技局、残联、大齿公司、供电公司。 （王 林）

【二轮县（区）志编纂出版任务过半】 2016年，大同市有左云、天镇、广灵县出版二轮县志，加上《城区志》下限至2006年，《南郊区志》下限至1999年，《新荣区志》下限至2012年，一轮、二轮修志一并编完，全市二轮县（区）志出版6部，占11个县（区）的54%，任务完成过半；其他5个县（区），二轮《大同县志》于10月26日至28日完成省市联合评审，《阳高县志》于2016年12月完成市级书面评审；浑源县、灵丘县二轮县志开展编纂工作；二轮《大同市矿区志》编纂工作于2016年10月21日启动，12月28日举办全区修志人员培训大会，市地方志办公室派出编纂业务骨干到会做2个小时的地方志编纂业务培训。 （张 艳）

【二轮《大同县志》评审会】 2016年10月26日至28日，二轮《大同县志》评审会在大同县召开。出席会议的有山西省地方志办公室副主任刘益龄，大同市地方志办公室主任李勇、副主任金丽娟，中共大同县委副书记赫瑞，县政府副县长夏静安，省地方志办公室市县志处、市地方志办公室市志科审稿人员，大同县地方志办公室主任、主编及业务编纂人员，未完成二轮修志任务的4个县（区）地方志办公室编纂人员20余人参加会议。

二轮《大同县志》编修工作从2009年11月开始筹备，2010年启动。收集文字资料800余万字，走访座谈200余人次，征集、拍摄图片200余幅。志书编写，力求全面、客观地反映大同县改革开放以来各项工作和社会事业发展情况。编纂工作历时6年半，经过10余次反复修改补充完善，形成一部100万字的送审稿。作为首轮《大同县志》续志，二轮《大同县志》上限起自1996年1月，下限止于2013年12月。采用章节体结构，志前有序、凡例、概述，志后设大事记、后记及附录，设建置、自然、人口、农业、工业、人物等33编。

《大同日报》《大同晚报》分别在2016年11月8日、11月2日报道启评审会。 （古轶群）

【矿区召开二轮修志工作动员会】 2016年10月21日，大同市矿区召开二轮修志启动工作动员大会，部署《大同市矿区志》续修工作。市地方志办公室副主任金丽娟、大同市矿区副区长马翔、市地方志办公室志科科长王林、原同煤集团文委史志部部长郭林等出席会议，矿区政府办副主任孙振华主持会议，来自全区党群机关、职能（条管）局、街道系统、事业单位主管负责人等100人参加会议。

大同市矿区第一轮地方志编纂工作始于1997年9月，历时8载年，于2005年1月出版首部《大同市矿区志》。这次续修《大同市矿区志》上限时间1998年，下限时间2016年；用4年时间分启动准备、资料搜集、撰稿总纂、审定出版四个阶段。

会上，市地方志办公室副主任金丽娟就新一轮矿区志编修作指导讲话，坚持质量第一原则，树立精品意识，按期编纂出版二轮矿区志。矿区副区长马翔作动员讲话。马翔要求把修志纳入经济社会发展计划和政府工作任务之中，各部门加强领导，协作配合，建设高素质的修志队伍，按时高质量编完志书，确保如期编纂出版《大同市矿区志》。

《大同晚报》在2016年11月9日第六版报道启动会议。 （冯 雨）

【矿区召开二轮《大同市矿区志》编纂工作培训会】 2016年12月28日，大同市矿区召开二轮《大同市矿区志》编纂工作培训会。会议由矿区地方志办公室主任贾利生主持，市地方志办公室市志科科长王林为各单位撰稿主笔人进行业务培训，来自全区党群、街道、职能（条关）局、（企）事业单位100余人参加会议。

王林从地方志的定义、特征与功能，地方志的编纂原则，二轮《大同市矿区志》主要任务，撰稿要求，撰稿注意事项等方面系统讲解并举例说明。贾利生对二轮修志工作任务完成提出具体要求。 （杨燕燕）

【专志编修】 2016年，大同市地方志办公室推动各单位编修专志、部门志，派修志业务骨干到修志单位指导专志编修工作。2016年5月，36万字的《大同统战志》由华文出版社出版。《大同市体育志》《大同纪检监察志》《浑源文物旅游志》初稿推进撰写工作，《大同检验检疫志》《灵丘人物志》定稿。 （王 林）

文物　旅游业

文　物

综　述

【第一次全国可移动文物普查】 2016年，大同市文物局修改、审核上报国家平台文物数据，报送藏品数量37048件套，240768件；备份文物普查数字化照片；组织专家到文物收藏单位现场核查大同市三级以上珍贵文物；通过山西省普查办验收大同市第一次全国可移动文物普查。（文物局）

【文物数字化建设】 2016年，大同市数字博物馆建设推进；云冈数字中心形成以三维激光扫描技术、多图像技术、地理信息系统技术、计算机科学与网络技术为主的数字化技术路线，开展石窟数字化采集工作，建立可调整视角、可量测毫米级精度的洞窟数字档案；文物局通过数字化手段，把研究院收藏书籍、历史档案和照片等资料永久保存。（文物局）

【文物数字化建设荣誉】 2016年，云冈石窟研究院数字中心研发的“一种定量测量砂岩质文物表面风化速度的方法”获国家实用新型专利授权，参与的《大型复杂文物信息留取与虚拟修复关键技术研究与应用》获中国测绘地理信息学会2016年测绘科技进步一等奖，云冈石窟第9、10窟廊柱形变数字化监测研究获首届数字遗产最佳实践案例大赛入围奖。（文物局）

【文物安全工作】 2016年，大同市文物局制定完善《大同市文物局安全隐患排查整改制度》《大同市文物局闭环管理制度》等制度，并贯彻落实。组织全市文物安全检查9次，检查文保单位162处，发现并清除安全隐患35处，安全隐患整改率100%；通过思路调整和实践演练，完善各类突发事件应急预案；完善景区消防、安防设施建设，善化寺安防系统工程、兴国寺消防工程、法华寺消防工程均完工，并全部通过验收。通过在景区组织消防安全培训和现场演练、为考古发掘现场和临时文物库房安装监控设备等方式方法，提升安全保障，确保文物安全。（文物局）

【文物执法巡查】 2016年，大同市文物局展开拉网式的行政执法检查，打击破坏地下文物违法行为，查处群众举报的有关问题，遏止和打击文物违法行为。执法巡查全市11个县区市保以上的120余处单位和长城，整改发现的事故苗头和安全隐患；落实《大同市文物局2016年度文物安全行政执法监督检查计划》，执法巡查各级文保单位及文物修复工地363处次，巡查重点文物保护地点130处次。（文物局）

【各文物景区（点）基础设施建设】 2016年，云冈景区推进院史馆建设，修建木栈道、休息区，为游客增加体验内容。城墙景区更换百套垃圾箱、安装百套休息椅，维护和检修2.9万余组景观灯，在南城墙安装电梯两部。善化寺景区装修游客服务中心。纯阳宫、文庙、帝君庙、法华寺等均完善景区内设施，提升景区人性化服务水平。（文物局）

【博物馆修复馆藏文物运营状况】 2016年，大同市博物馆修复馆藏残损文物150余件；开展展厅空气净化、展柜恒温恒湿工程，采取措施强化馆藏文物保存工作；调整完善固定展览陈展方式，与省外博物馆合作，引进《大辽遗珍——辽代文物精品展》等6个临时展览，推出1个对外展览《西京印迹——大同辽金文物展》；通过安全警钟常敲不放松、安全常规性检查不放松、安全措施和制度建设不放松、开展消防安全培训和演练等方式，实现安全零事故；做好免费开放和讲解服务工作。（文物局）

【文物旅游】 2016年，大同市内文物景点参观人数398万余人次，同比增长28.2%；门票收入11762万余元，同比增长4.1%。文物景区旅游“一卡通”发行2.6万余张。（文物局）

【“万人坑”遗址清明迎来凭吊高峰】 2016年4月4日清明节是纪念馆每周一的闭馆日，为方便市民和游客到“万人坑”遗地凭吊，接受爱国主义教育，纪念馆继续开馆。

每年的清明节期间，“万人坑”遗址纪念馆都会迎来一个凭吊高峰。从2016年3月31日至4月4日，纪念馆接待831人。4月1日，同煤集团同家梁矿、煤峪口矿等单位的团员青年和矿区新平旺第一小学和矿区平盛第三小学的师生到纪念馆举行“大同煤矿‘万人坑’死难矿工2016年清明祭奠活动”。清明期间，社会各界凭吊者向遇难矿工敬献花篮、行默哀礼，参观纪念馆，听讲解员介绍大同煤矿“万人坑”的历史。

大同煤矿“万人坑”遗址纪念馆1963年8月开放，2005年3月开始实施改建保护工作，2010年9月18日重新开馆。展厅面积3500平方米，展出历史照片400余幅、文物百余件，馆内有大型雕塑3组、景观7处、影视合成2处，再现日本侵略者掠夺大同煤炭资源、迫害煤矿工人的历史。2005年，“万人坑”遗地纪念馆被列入全国30条红色旅游精品线路和百个红色旅游经典景区；2005年11月，被中宣部核定为第三批全国爱国主义教育示范基地；2006年5月，被国务院公布为第六批全国重点文物保护单位。（行 云）

【首届纯阳宫广场文化节】 2016年4月30日，大同市首届纯阳宫广场文化节启幕。活动旨在营造欢乐吉祥的文化旅游氛围，让大同古城“活起来、火起来”，活跃群众文化生活，普及大同文化旅游知识，打造经典文化旅游景区品牌，展示古都文化魅力。

这次文化节由纯阳宫文物管理所、市国瑞资本控股有限公司、市传统工艺保护和发展协会主办。文化节从5月开始，一直持续到10月结束。其间，主办方组织形式多样的活动，包括纯阳宫讲解员、文化学者主讲“纯阳宫文化讲坛”，挖掘纯阳宫旅游。由文史专家曹瑛编剧的14个《大同历史故事》系列情景剧轮番在纯阳宫广场上演，并由专业摄制团队拍摄。参加古城内主要街道和旅游景点行进式巡演以及京津冀旅游推介活动。

（赵 瑾）

【文物景区服务管理】 2016年5月，以云冈石窟景区为核心资源，辐射北京、天津、晋冀蒙等地区，以大同为中心、半径300千米为发展区域的目的地旅游联盟平台——“云冈云游旅行网”建立，在实现龙头景区对区域旅游经济的带动方面起到重要作用。为扩大大同市文化旅游产业的影响力与辐射力，9月1日起，文物局（旅游局）面向北京、天津、河北省张家口市、内蒙古自治区乌兰察布市和山西省11个市发售“中国·大同旅游一卡通”，发行量为每年20万张，每张面额100元，游客持“一卡通”可在一年内不限次数地免费游览云冈石窟、华严寺、恒山景区（只免入山费）、悬空寺（只免头道门票）等大同区域内15处景区景点。12345政府服务快车道是2014年大同市开通的一条便民热线，文物局2016年办结工单170件，诉求人满意率100%。（文物局）

【文物宣传活动】 2016年6月11日，在文化遗产日宣传活动中，大同市文物局以“让文化遗产融入现代生活”为主题，组织开展有奖遗产知识活动问答、发放宣传资料、非物质文化遗产公益展演等一系列文化遗产日活动。印制和发放《中华人民共和国文物保护法》《山西省文物管理条例》《世界文化遗产保护管理办法》等宣传资料2万余份，并邀请大同市电视台、大同日报社等主流媒体报道宣传活动。9月20日，《长城保护条例》颁布10周年纪念日当天，文物局在新荣区中学举办“长城公开课”专题讲座活动，向更多人传播长城保护的重要性，现场发放各种宣传资料2万余份。

2016年，大同市各文物景区（点）举办近100场文化展览活动，发挥文物景区（点）的公共文化服务和社会教育功能。城墙景区举办第三届2016大同古都灯会、2016大同·理想音乐节等多项活动，在东城墙和阳美术馆内举办“云冈风采”书画摄影雕塑展、大同市首届优秀油画作品展、2016云冈国际佛教雕塑艺术大展等优秀展览。重阳节城墙景区举办2016重阳节城墙登高活动，有2000余名游客参加。云冈石窟研究院举办“发现·传承·保护”大同大学历史与旅游文化学院教学实践成果展、“东方佛教的第一圣地——云冈石窟艺术展”“朝花夕拾——鲁迅的美术世界”“我是这流动的存在”青海热贡龙树画苑唐卡展、从敦煌出发——“丝路明珠”的复兴与创新美术作品展等一系列展览。文庙帝君庙文管所开展“圆锁”仪式、“学龄儿童开笔礼”等传统文化活动，两届书香文庙图书展活动有游客7万余人次；组织、联系接待阳光公益组织、希望美术学校等多个社会组织上千人免费参观，提供免费讲解服务，发挥公益作用。国庆期间，由大同市文物局与文化局共同主办的“关帝庙首届旅游工艺雕塑展”在关帝庙景区开展，展出古建模型、砖雕等多种工艺品，还增设工艺品现场制作环节。法华寺文管所成功举办腊八施粥活动、大年夜祈福活动、四月初八庙会等活动，开展为期三个月的上午诵经、下午抄经活动。市博物馆招募300余名志愿者参与到博物馆的开放中，“博物馆知识进校园”50余课时，“博物馆进社区”数10次，完成馆内社会教育活动40余场次，免费义务教育5000余人次；8月，“寻路中国—丝绸之路主题系列展览”暨“平城—敦煌”学术研讨会在大同召开。中国雕塑博物馆组织策划第二届“少儿彩塑艺术大赛”，网上点击率234万次；2016年，“曾竹韶雕塑艺术奖学金”优秀作品展于9月20日连续第六年在大同开展，活动是国内唯一针对雕塑专业毕业生作品的展览活动。（文物局）

【大同辽金文物在北京巡展】 2016年8月24日，由北京市文物局主办、北京辽金城垣博物馆和大同市博物馆共同承办的“西京印迹·大同辽金文物展”，在北京辽金城垣博物馆开展。这次展览由两个部分组成：“世俗生活”和“魂归之所”，展出大同市博物馆馆藏辽金文物70余件、壁画摹本10件。

北京城垣博物馆是以金中都南城垣水关遗址为基础结合历史陈列为主的考古专业性博物馆。大同市博物馆作为大同地区重要的文化窗口，多次引进其他省市博物馆展览。这次展览开启“走出去”策略，利于大同与其他地区历史文化交流。（小 霞）

【第五批省级文物保护单位公布】 2016年6月22日，山西省政府公布第五批省级文物保护单位名单，全省178处保护单位上榜。这178处保护单位分为古遗址、古墓葬、古建筑、石窟寺和近现代五大类别，大同市有35处文物保护单位上榜。

在这次公布的省保文物单位中，古遗址15处，包括大同市新荣区花园屯乡万泉庄村的新石器时代遗址等，古墓葬4处，包括大同市城区沙岭村的北魏沙岭墓群等，古建筑107处，包括大同市的北魏、辽金、明代大同古城墙，明代法华寺塔、明清玄真观、明清开化寺，以及朝阳宫、纯阳宫、清真大寺、大十字街砖雕五龙壁等。石窟寺4处，大同市占3处，为南郊区云冈镇吴官屯村的北魏吴官屯石窟，南郊区高山镇高山村的北魏焦山寺石窟，南郊区云冈石窟西北的北魏鲁班窑石窟。近现代48处，包括大同市灵丘县下关乡杨庄村民国二十七年（1938年）白求恩特种外科医院旧址、大同首善医院旧址、大同展览馆、赵承绶旧居、阳高县署旧址等。（冯　雨）

· 链 接 ·

古遗址

1. 万泉庄遗址：系新石器时代、东周、汉时期遗址，地址在大同市新荣区花园屯乡万泉庄村西南沟300米处，万泉河西岸的崖头之上。遗址东西宽约440米，南北长约660米，分布面积29万平方米。该遗址地面暴露物分别具有新石器时代、汉代两种文化遗存特征。遗址东边缘崖头发现新石器时代墓葬及新石器时代文化层2处。地面采集文物有夹砂红陶、夹砂灰陶、泥质灰陶，纹饰有篮纹、绳纹、交错绳纹等。器型可辩有罐、豆、瓶等。另有石斧2柄。1982年2月，被列为大同市文物保护单位。

2. 宣宁城遗址：辽、金时期遗址，在大同市新荣区堡子湾乡巨墙堡村堡子北墙以南区域。向东、西、南三向延伸。遗址呈长方形，东西宽约1000米，南北长约2400米，面积约240万平方米。宣宁县为金代名称，辽始建县，金大定八年（1168）更名宣宁县。城址内西部有南堂寺遗址。城中央原有木制牌坊一座，上有“宣宁县”题字。遗址内陶片、瓷片、砖、瓦残片遗物丰富。从盗掘的深坑看，文化层厚2米，地面采集遗物有灰陶残盏托、黑釉鸡腿瓶、白釉碗残底、表面剔花罐、里釉砂圈瓶等残片。1981年，被大同市确定为市文物保护单位。

3. 西册田遗址：北魏时期遗址，位于大同市大同县许堡西册田村西北1700米至2000米桑于河南岸的台地上，南北长约330米，东西宽约280米，面积约9万平方米。地表采集有细石核及红陶和灰陶的罐、盆、壶、沿、耳、底的残片。陶片纹饰为绳纹，经分析应属于细石器时代晚期文化遗存，陶片应属于新石器时代文化遗存。该遗址2010年被大同县政府公布为第二批县保文物。

4. 洗马庄遗址：旧石器时代期遗址，在大同市广灵县蕉山乡洗马庄村东北和加斗乡上恩庄村北。东西宽872米，南北长679米，分布面积59.2万平方米。采集的文物为旧石器时代晚期，遗址地处大砂沟西岸的台地上，俗称“花石头沟”，是晋冀两省的分界线。地表暴露的遗物有刮削、尖状器、石片等。石质为红白相间的燧石。1975年，山西考古研究所陈哲英进行调查并在《文物季刊》上发简报。1983年5月，广灵县政府公布其为第一批县文保单位。

5. 抢头岭冶银遗址：明代遗址，其地址位于大同市灵丘县柳科乡刁泉村的自然村抢头岭村东坡尖山脚下，直依山势堆积有堆冶炼银后留下的废渣，南北长约500米，东西宽约60米，占地面积约3万平方米。其初炼年代不详，据村中义勇庙碑记载，明代这里就有冶炼的矿场，可知最晚在明代这里是土法炼银之地。散失在山脚下的有废弃的矿渣、碾矿石的石碾、石磨盘、石碌碡矿渣装于高令土制作的圆柱筒，直径0.5米左右，高亦为0.5米，青石制。（姚　斌）

石窟寺

1. 吴官屯石窟：建于北魏时期，位于大同市南郊区云冈镇吴官屯村西约100米十里河北岸的峭壁上。东西长约60米，高约3米，分布面积约180平方米。坐北朝南，依山开凿。该石窟开凿于滨河悬崖峭壁之上，多为小型窟龛，现存窟龛32个，均系北魏晚期石窟造像遗存，但窟龛多残破，风化严重。在32个窟龛中，约有三分之一高、宽、深在1米以上，其中第19窟高、宽、深均在2米左右。窟龛形制多为方形平顶，左、右、后壁各凿一龛的三壁三龛式布局，龛内各雕一佛二菩萨。略圆的平顶中雕团莲，四周为飞天。龛式有圆拱、盝形、宝帐龛三种，楣内雕供养群像或过去七佛。龛内主像有坐佛、交脚弥勒菩萨、二佛并坐像。龛侧多雕有列龛，内雕菩萨、思惟菩萨、供养天人，还有维摩、文殊对坐像。下层为文殊、维摩对坐像。壁下层雕有男女供养人像，相对而立。有的壁面作上下重龛，上龛雕交脚弥勒菩萨；下龛雕释迦多宝并坐像。

2. 焦山寺石窟：建于北魏时期，位于大同市城西30千米的南郊区高山镇高山村北1000米处，十里河北岸的山坡上。石窟建于北魏年间，辽金时期在窟前增建窟檐。明代修复和增建。窟龛分布在东西长约60米，高约15米的崖面上。分布面积约900平方米。寺随山势由下而上分为五层。第一、二层为石券窑洞。第三、四层开凿有石窟，窟内有壁画、泥塑佛像，门拱上端据现存长方形孔洞，可知早年曾有窟檐；窟前左右壁面上雕刻有佛龛，从佛像造型及衣饰风格看，为北魏时作品。第五层（山顶）有一高十多米的六角砖塔，建于明代。塔分三层，仿木构建筑，檐下有砖雕斗拱。该寺结构严谨，布局合理，依山面水，景色宜人。2002年全面修复，使石窟寺重现当年风采。

3. 鲁班窑石窟：位于大同市南郊区云冈石窟西北，东距云冈石窟2千米处的十里河西岸的山丘上。创建于北魏时期，辽代曾有修建。洞窟坐西朝东，南北长约60米，高约4米，分布面积约240平方米。现存洞窟3座。都属于中型洞窟。为椭圆形平面，穹窿形窟顶，壁面满雕数层千佛像，均呈入定式。南窟千佛高50厘米，为隐刻龛形，著半袒右肩式袈裟；北壁千佛著通肩或半袒右肩式两种袈裟。洞窟壁面与窟顶连接处雕三角形垂幕，窟顶风蚀严重，雕刻内容不辩。窟门外侧的券面似雕尖拱形，两端各刻合掌跪姿供养天人像。该石窟开凿年代从窟形、造像风格上考证，其开凿时间应与云冈石窟中期接近，为北魏迁洛前的遗物。传说当年开创云冈石窟的工匠在此居住，故有鲁班窑之名。（姚　斌）

·链 接·

古建筑

1. 大同城墙：据明正德《大同府志· 营建》载，“明洪武五年（1372）大将军徐达因旧土城南之半增筑”。明大同府城是在唐、辽、金、元旧土城的基础上，形成东西长 1.8 千米，南北长 1.82 千米，周长 7.24 千米，面积 3.28 平方千米的城池。经实测：东城墙总长 1771.4 米，南城墙总长 1872.7 米，西城墙总长 1783 米，北城墙总长 1843.6 米，总周长 7270.77 米。城墙一律以规整有制的石条、石方为基础，墙体用“三合土”夯成，外甃青砖，砖分大、中、小三号。中号砖长 40 厘米，宽 20 厘米，厚 10 厘米，重 18 公斤，相当于现代砖的 7 倍。城墙高 14 米，垛墙上又砌长 5 米，高 0.8 米，厚 0.5 米的砖垛，垛间距离 0.5 米，垛间称垛口，为守御将士的瞭望孔和射击口。城墙上有 580 对垛子，代表着当时大同所辖村庄数目。城设四门：东曰和阳门，南曰永泰门，西曰清远门，北曰武定门，上各建城楼一座。城墙四角各建角楼一座，西北角四层八角重檐楼称“乾楼”，为“大同八景”之一，有“镇楼秋爽”之盛誉。城墙四面还伫立着 54 座望楼，96 座窝铺。位于乾楼东面的望楼称洪字楼，为望楼之最。城墙外轮廓呈凸凹相间，排列有序，凸出部分为城墙墩子，每边计 12 个，外加角墩 4 个，计 52 个。墩距 113 米，墩作梯形结构，底边长 23 米，顶边长 20 米，顶面积约 400 平方米。在四角墩外，各建控军台（望军台）一座，宽 16.6 米，纵 15 米，与角墩间距 6.6 米，上架踏板与城墙相通。这些墩台的设置，能更好地发挥侧射、策应与多角度的瞭望作用。四门各有登城马道（斜坡，可通车马）。南城楼东 670 米处，耸立一座 17 米高、八角七级砖构文峰塔，俗称雁塔。四门之外是瓮城，面呈方形。大同府城东南北门外各附小城（关城）。城内 4 大街、8 小巷，72 个绵绵巷，136 条街衢规整通达，中段十字路口各建一楼，东有太平楼，西有钟楼，南有鼓楼，北有魁星楼。城中心为四座牌坊称四牌楼。明清大同城各种防御设施配套自成体系，为中国古代军事建筑中颇具特色的重镇名城。

2. 大同开化寺：建于明、清时期，位于大同城区司校街 8 号。坐北朝南，东西宽 14 米，南北长 17.11 米，占地面积约 240 平方米。据清道光《大同县志》载，该寺院毁于姜瓖兵变，后又在遗址上重建，现仅存大殿一座，为清代建筑，面阔三间，进深八椽，硬山顶前带抱厦，殿内顶部铺设石膏板，梁架结构不明。大殿用材硕大，保存完整。后墙改建成玻璃窗。

3. 大同法华寺塔：建于明代，位于大同市和阳街塔寺街中心。系圆形喇嘛式砖石塔。东西长 11.9 米，南北宽约 10.8 米，占地面积约 120 平方米。寺院创建年代不详，现存白塔为清代遗构，通高 18 米，塔座为双层束腰八角须弥座，高 2.8 米，边长 1.7 米，西面卷洞设台阶可达上层。塔座之下是白色塔耳，下细中粗，形若宝瓶，塔耳四方各开一拱式小窗，窗上两侧各有一砖雕琉璃金刚，周设祥云装饰。塔顶为八重顶轮叠置间隔有黄、绿、紫琉璃装饰，刹座上置仰莲、宝珠塔刹，该塔是大同市内现存唯一的一座空心喇嘛塔。2009 年在法华寺修复工程中，该塔包在法华寺院北部。

4. 玄真观：位于大同市正殿街甲 12 号，坐北朝南，东西宽 21.08 米，南北长 15.32 米，占地面积 322 平方米。原有山门，东西配殿，二层正殿。一层为砖券窑房 3 间，正门砖券，高近 4 米，入窑洞分左右窑洞，二层正殿建在长 21 米，宽 10 米，高 5.3 米的砖石台上，从东北角有 32 级台阶，可拾级而上。大殿面阔三间（13.7 米），进深一间，顶为灰瓦悬山顶，正脊两边砖雕鸱吻。玄真观始建年代，据清道光《大同县志·寺庙》载，“真武庙，在王城街，明代府遗址”。该道观是在代王府的北门遗址上建起的。据玄真观现存碑有清雍正十年（1732）、道光四年（1821）、咸丰六年（1856）三碑考证，玄真观的始建年代为清雍正十年（1732 年）。

5. 朝阳宫：亦称朝阳寺。原为明代寺庙，现改为道院。位于城区朝阳寺街22号，坐西朝东，东西长24米，南北宽27米，占地建筑面积 664 平方米。原系佛教寺院建于明弘治年间，遭毁。后掘土得铁佛，又重建寺院。因寺院坐西朝东，故称朝阳寺。“文化大革命”中，该寺又遭破坏，19 尊铁佛像均遗失。1982 年，由住持张道姑重修。山门左右建钟鼓楼，过殿供太乙天尊。大殿为二层楼，上供三清。下殿为老爷殿，供关羽。重塑神像，彩绘壁画。更名为朝阳道院，过殿内供奉地藏菩萨和眼光寺移来的眼光娘娘塑像。

6. 纯阳宫：建于清代，位于大同市鼓楼西街 14 号路北。道观建筑，原称吕祖庙，因供奉纯阳吕祖而得名。坐北朝南，东西宽 18.52 米，南北长 23.9 米，占地面积 443 平方米。清宣统二年（1910）春天，同盟会大同支部，在吕祖庙秘密成立，李德懋、刘千臣等利用该庙聚会，发展会员，为大同辛亥起义做准备。民国年间，该寺成为大同大商号“恒丽魁”的家庙。恒丽魁的财东、掌柜祁魁牵头出资重修该庙。每逢农历四月初四吕祖圣诞、九月九日重阳节，吕祖庙大办道场，各处道士齐聚于此，诵经演忏。2009 年，纯阳宫修复，建有灵官殿、奶奶殿、祖师殿、三官殿、三清殿等，道园中还建有静思轩、听雨轩等景观，幽静古雅。

7. 清真大寺：位于大同市鼓楼西街九楼巷 19 号。坐西朝东，两进院落布局，东西长 111 米，南北宽 95.5 米，占地面积 1.06 万平方米。该寺始建于唐贞观二年（628），明清两代均有重修。现存建筑均为清代遗构。中轴线建有山门、省心楼、礼拜殿、附建石桥、渗水池、讲堂、浴室等。礼拜堂为寺内主要建筑，面阔 5 间，进深 4 椽，穹隆顶，殿顶

·链 接·

琉璃瓦覆盖。覆盆式柱础，前檐出卷棚式抱厦，殿内为伊斯兰教典型独特陈设，中设壁龛，西北墙设演讲台，正中有三个穹形门，是典型的阿拉伯风格。省心楼平面方形：下面为十字砖券门，上部檐下施栱，五踩重昂，重檐歇山顶。2009 年修复山门。

8. 大十字街五龙壁：建于清代，位于大同市城区大十字东街路南。原为县文庙对面，坐南朝北，单面砖雕，长 33.6 米，高 5.7 米，厚 1.2 米，占地面积 41 平方米。建于清雍正二年（1724）知县佟时华重修县文庙时补建。壁座为砖砌须弥座，壁身是由青砖镶嵌而成的五条高浮雕团龙。壁顶为仿木结构的庑殿顶。正脊两端砌有鸱吻，檐下施三踩斗栱 24 攒。龙壁两端建八字壁，上雕两幅鲤鱼跳龙门的图案。其构图成为清代大同唯一的砖雕艺术珍品。

9. 赵彦庄龙王庙：建于清代，位于大同市新荣区花园屯乡赵彦庄村南部。整体建筑布局，北为龙王庙正殿，南为戏台。院落东西宽 16.4 米，南北长 34.2 米，占地面积 540 平方米。龙王庙正殿面阔三间，进深五椽，六架前檐廊，单檐硬山顶。庙内东、西、北墙均有壁画，面积约 30 平方米。戏台坐南朝北，基石用玄武岩石条砌就，高 0.8 米，前沿用玄武岩围成低矮的栏杆，台上面阔三间，进深六椽，单檐前卷棚后硬山勾连搭。

10. 北宋庄龙母寺：建于清代，位于大同市南郊区古店镇北宋庄村。2007 年维修正殿和玄天殿。该寺东西宽 37.1 米，南北长 42.1 米，占地面积 1562 平方米。寺院建在高 3.5 米高的台基上，坐北朝南，一进院落布局。中轴线上有戏台、正殿、正殿两侧有垛殿，戏台东侧设山门两座。正殿、玄天殿为清代遗构。正殿面阔三间，进深五椽，六檩前廊式构架，硬山顶，隔扇门。明间为龙母殿，东次间为关帝殿，西次间为三官殿。殿内存有清代壁画 133 平方米。玄天殿台基高 3.5 米，面宽一间，进深二椽，硬山顶，殿内存清代壁画约 8.5 平方米。寺内现存石碑一通。

11. 辛寨龙王庙：建于清代，位于大同市南郊区口泉乡辛寨村。1989 年维修正殿、戏台。寺庙东西宽 28 米，南北长 50.5 米，占地面积 1400 平方米。坐北朝南，原为二进院落。一进院被毁，现存二进院。中轴线上依次建戏台、正殿。戏台两侧各设山门。正殿面阔三间，进深四椽，五檩前廊式构架，单檐硬山顶，黄绿色琉璃瓦正脊和脊兽。前檐出卷棚歇山顶抱厦。正殿两侧垛殿已毁。月台前有如意踏道，两侧设石旗杆一对。戏台面阔五间，进深二椽，硬山顶。

12. 直峪圣佛寺塔林：建于辽至清代，位于大同市灵丘县宜兴乡直峪村松林中。原有墓塔 14 座，现存 8 座。塔高 1.5 米～5 米，直径 1.5 米～2.5 米，均为砖砌须弥座，圆形塔身和相轮塔刹，为佛教禅师墓塔。

13. 安坚寺：位于大同市广灵县加斗乡东留疃村。坐北朝南，两进院布局，东西宽 23.6 米，南北长 41.1 米，占地面积约 970 平方米，建于明正德八年（1513），清嘉庆年间重修。原中轴线上有山门、过殿、正殿和东西配殿。现存正殿、过殿。正殿面宽三间，进深四椽，悬山顶，内墙四壁均绘有帝后、天龙八部和众鬼神组成的护法行列，计 63 平方米，绘人物 606 人。过殿为关公殿，面宽三间，进深五椽，六檩前廊式，硬山顶、内墙绘有为关羽歌功颂德的壁画 31 平方米。寺内现存明万历十一年（1583）碑一通。

14. 西蕉山古建筑群：建于明、清时期，位于大同市广灵县蕉山乡西蕉山村。西蕉山村以清代古戏台为中心，民居建筑群位于村子西北隅。走进村落，古堡屹立，深宅大院众多，门楼耸峙，通道幽长，照壁精美，院落民居对称，弥漫着古朴的气息。走进民居如进入雕刻艺术博物馆，门口的上马石、抱鼓石、雕花基石、木雕花门头、兽头、柁头、雕花窗格等各种雕饰都显示着古代建筑师的艺术。各大院的上房、厢房主次分明，功能齐全。村里保存完整的古民居有 3 处，房屋 40 间，门楼 4 座，便门 3 座，影壁 2 座，阁楼 1 座，占地面积约 1200 平方米。西蕉山古堡东西、南北各 200 米，占地面积 4 万平方米。

15. 翟疃三身寺：建于清代，位于大同市广灵县壶泉镇翟疃村。三身寺山门为抱厦大门，有门匾，蓝底金字，上书“山西省广灵县翟疃村”自右向左，横书字较小，下面 3 个大字“三身寺”，落款具“二〇〇〇年重修”。该寺坐北朝南，中轴线上有山门、过殿、大殿等。大殿面阔五间，外加抱厦穿廊，殿顶为歇山顶，顶上正脊中间有琉璃宝塔装饰，两边是两条对称的琉璃龙。殿内供“三身佛”。即释迦牟尼不同佛身，中间是法身佛——比卢遮那佛；左边是报身佛——卢舍那佛；右边是应身佛——释迦牟尼佛。

16. 殷家庄古民居：建于清代，位于大同市广灵县蕉山乡殷家庄村。呈北斗七星状分布，均以二进院和并列东西跨院为主。各院都有砖、石、木雕。其取材广泛，集人物、花卉、禽兽于一体，并缀以云纹、如意纹等雕饰。该宅院按北斗七星状设计，为山西之最。布局严谨，建筑考究，规范而有变化，浓缩着清代民俗底蕴，集中体现北方民居的独特风格。是大同地区木、砖、石三雕宝贵的实物资料。

17. 永兴北岳行宫：又称南宫、恒岳庙。位于大同市浑源县永安镇永兴社区南顺街路东。坐北朝南，东西宽 26.5 米，南北长 54.84 米，占地面积 1374 平方米。其创建于唐贞观十九年（645），明清时均有修葺。现存为明清时期建筑。据《浑源州志》载，恒岳庙位于南门外，为恒山的北岳大帝行宫，为三进院落。现存两进院布局，中轴线上有天王殿、太贞宫、后宫，东西两侧建配殿。天王殿面阔三间，进深四椽五檩前廊式构架，单檐硬山顶。太贞宫面阔三间，进深六椽

·链 接·

前出廊，勾连搭式架构前卷棚后硬山顶。行宫内现存唐贞观十九年（645）“天下第一宫”碑记1通。唐贞元胜会碑1通。清乾隆五十九年（1794）石经幢1通。

18.麻家大院：建于清代，位于大同市浑源县永安镇永安社区孙家巷北侧。麻席珍（1866—？）字同华，浑源县东坊城水磨疃村人。清光绪二十八年（1902）考取举人，出任河南旅汴中学监督，浑源中学校长。宣统二年（1910）考取法官，历任陕西长安、山西太原初级审判厅推事。民国7年，先后任闻喜、晋城、沁水等县知事。晚年辞职回家，著有《雪鸿录》一书。其大院坐北朝南，东西宽51.3米，南北长66.5米，占地面积约3400平方米，三进院带东西跨院布局，中轴线建有大门、二门、过厅、垂花门、正房。东西两侧建厢房。西跨院轴线上亦建有大门、二门、过厅、垂花门。正房，东西两侧建厢房。

19.杨塔村砖塔：位于大同市阳高县狮子屯乡杨塔村东北约1000米处。创建年代不详，现存建筑风格为辽塔。建筑占地面积16平方米，坐北朝南，属六角五级密檐式砖塔。通高8米，塔基平面呈六边形，边长2米。二层束腰须弥座重叠置，高约1米，上枭以仰莲瓣，束腰部每面都设倚柱，雕出四铺作斗栱，转角施45度斜栱。塔身平面呈六边形，每层塔檐砖砌叠涩，重叠密致，收分明显，不设门窗，檐下砖雕五铺作斗栱。塔刹、刹杆不存。

20.新平玉皇阁：位于大同市天镇县新平堡镇新平村中，创建于明万历十一年（1583）。清康熙二十七年（1681）、乾隆四十六年（1781）、1992年维修。现有建筑为明代遗构。东西宽10.4米，南北长14.3米，占地面积148.7平方米。坐北朝南楼身两层。建在高5.55米高的砖砌台基上。中部卷洞可四周通行。楼身平面呈方形，面阔三间，进深六椽，第一层阁内残存道教神众壁画，二层设勾栏平座。柱头额方垂直搭交，斗栱五踩重昂，梁柱直承撩檐坊，每间装六抹格扇门，内部梁架为平綦遮挡，重檐歇山顶，黄琉璃瓦覆盖，脊刹、吻兽俱全。各层设楼梯可攀登。（姚 斌）

古墓葬

沙岭墓群（北魏），在大同市城区沙岭村。2005年7月12日，大同市古建所在沙岭村北探掘，发现12座古墓葬，其中有2座砖石墓和10座土洞墓，出土文物200余件。7号墓是唯一保存纪念文字、漆画和壁画的一座砖石墓。北魏壁画其中主要壁画有墓主人夫妇对坐图、车马出行图、宴飲图、狩猎图、门吏图等。其装饰纹图有忍冬纹、树纹、云气纹、走龙纹等。（姚 斌）

近现代文物保护单位

1.白求恩特种外科医院：始建于民国27年（1938），位于大同市灵丘县下关乡杨庄村内，分布面积约5000平方米。1938年12月，白求恩大夫在晋察冀军区医院第一所驻地的基础上，创立特种外科医院。医院设在村内的一所院落中，东房四间为伤员接待室。南房三间为手术室、北房三间为处置室。医院南120米处处有砖木结构的二层小楼是白求恩的办公室兼卧室。医院周围有百余间瓦房，是当年病房。为纪念伟大的国际主义战士白求恩大夫，灵丘县政府于1976年重修医院旧址，并建立白求恩事迹展览馆，并被定为县文物保护单位。

2.首善医院旧址：始建于民国11年（1922），1924年竣工开业。位于大同市城区雁同西路。有门诊部、住院部、礼拜堂、办公室、宿舍等100余间房舍。其建筑风格是中西结合的典型建筑。院内设病床50张。总投资15万元，其中建筑费10万元，设备费5万元。定名为首善医院，内部亦称穆氏纪念医院，属中华圣公会华北教区医务部领导，经费由北京拨给，从北京调英国大夫2名，英国女护士2名，中国看护数名。该医院成为当时大同最早、最大、设备最完备的西医院。院长由英国人安化英担任，中国大夫裘祖元、李溉尘、李启元等。1937年被日军侵占。1945年为二战区军医院。后改名为山西省立大同医院，委李溉尘为院长。1946年人民解放军围攻大同时，医院迁入城内大北街路东，原医院成为兵营。1947年冬，中华圣工会派人把医院赎回，恢复首善医院，由李启元任院长，直到1952年交由人民政府接管，后改为职工疗养院，刘大恩任院长。不久改为山西省工人大同疗养院。后改为大同市第二人民医院。原门诊楼及小教堂等建筑尚存。

3.大同展览馆：建于1969年，位于大同市城区西门外红旗广场北侧。原坐北朝南，南北宽73.44米，东西长177.7米，高26米，占地面积约13050平方米。平面呈工字型，外观正面及两侧入口为圆形柱廊，主体四层，两翼三层。全部设4.55米高的半地下室。外观正面为夹层回廊，层高7.2米，饰以浮雕。中央大厅为两个层高，顶部为300座位的会议大厅，层高8.5米，厅内为厅柱、葵花向阳灯饰。建筑全部为钢筋混凝土混合结构。建筑外部多处书写有“中华人民共和国万岁！”“世界人民大团结万岁！”等标语。民间通称“万岁展览馆”。2008年，大同古城修复工程，把该楼平行移至魏都大道北面，成为大同市标志性的建筑之一。

·链 接·

4. 赵承绶旧居：建于民国 17 年（1928），位于大同市城区户部角街。赵承绶（1891—1966）山西五台县槐阴村人。辛亥革命曾参加忻代宁兵团，进入大同，任东城守备。1927 年任阎军师长。次年阎锡山进占平津，统辖晋、冀、察、绥四省，赵任骑兵司令，驻大同。期间他建立私家住宅。该院为二进两出的四合院。坐北朝南，大门为抱厦大门，顶为歇山顶，两扇红漆大门。外院东西长，南北窄。正北中间是一穿堂走廊，直通后院。该院建筑形式为中西合璧，上五间正房，带耳房，顶为歇山顶两出水。五脊六兽俱全，烟囱细长精巧，两边厢房灰砖、灰瓦整齐儒雅。院内青砖墁地，绿树成荫。室内设通风气孔，冬暖夏凉。室内所铺地砖，均从国外进口，历经 80 多年，完好如初。

5. 阳高县署旧址：位于大同市阳高县龙泉镇西街。1912 年淮军途经阳高，火烧玉皇阁和县衙等古建筑。民国十八年（1929），县长重修县衙，后经多次修缮，遂成阳高县政府办公大院。三进院落布局，南北长 125.9 米，东西宽 65 米，占地面积 8183 平方米。中轴线现存大门、照壁、过堂、中堂、正堂，两侧有厢房。大门面阔三间，进深四椽，五檩前后廊悬山顶。前院过堂面阔五间，进深五椽，六檩前后堂。中院中堂面阔五间，进深五椽六檩前后廊硬山顶。后院正堂面阔五间，进深五椽，六檩前廊硬山顶。

6. 刘庄“三一”惨案纪念地：发生于民国 32 年（1943），地点在大同市灵丘县上寨镇刘庄村，占地面积 1125 平方米。1943 年 3 月 1 日，驻上北泉据点的日伪军 80 余人包围刘庄村，强行把村民驱赶至刘檀院的东、西房，把门堵死，四周堆柴草，浇上汽油点火焚烧。多数人被烧死，个别冲出去的群众，亦被敌人的机枪扫射而死。1946 年 5 月 9 日，刘庄群众把死难者遗骨合葬于村西，并建立纪念碑楼，内立纪念碑 1 通，记当年惨案经过和死难者姓名。1971 年，村民和驻军重修碑楼，并在碑楼南侧新建纪念厅 1 座，内立汉白玉复制碑 1 通。“三一”惨案殉难者 243 人，县人民政府把刘庄“三一”惨案纪念地公布为首批县文物保护单位。

（姚 斌）

【大同古城民俗馆新址开放】 2016 年 7 月，位于鼓楼东街南的大同古城民俗馆，向广大市民及游客免费开放。

大同古城民俗馆原位于古城内县楼南街，面积 80 平方米，由大同城区区委、区政府和古城管理处兴办，于 2014 年 6 月建成开馆，由大同市知名民俗文化专家赵佃玺担任馆长。馆内陈列众多老大同人生活物件，大多是赵佃玺的个人收藏，也有部分展品来自大同市民间收藏家。

2015 年，大同古城民俗馆迁至鼓楼东街南小巷一个独立四合院内，面积 600 平方米，展厅 4 个，再现大同城中居民过去的生活场景，具游览与体验价值。

大同古城民俗馆院落内，4 个黄铜铸造的雕塑分别展现着老大同人打酱油、爆玉米花、剃头、梳头的场景。上房门头牌匾是“源远流长”，屋内有倒流壶、皮囊壶、白底描花瓶、马蹄壶等众多老大同人使用的实物，并以叠纸等手工艺展现着老大同街景；西房门头牌匾为“大同人家”，真实复原老大同人家的生活场景，有八仙桌、四扇屏、大炕、油布、锅台、风箱等，让人如同置身老大同人家的居家场景；东房门头牌匾是“蕴藏千古”，陈列着近代大同人用过的火炉、电影机、收音机、留声机、录音机、打字机、老自行车、老电话、老乐器和老钱币、旧烟标等，以及老字号留下的扎皮机、酒瓶、鞋帽、包装等许多老物件，讲述着过去的大同故事；南房门头牌匾是“文化传承”，是以抗战为主题的展览区，展示许多有关抗战的老照片、老电影等，并有许多老大同书籍。

（冯 雨）

【山西老酒博物馆古城内开放】 2016 年 1 月 24 日，位于鼓楼东街街口处的山西老酒博物馆挂牌成立，并开门迎客，这家以老酒文化为主题的民间博物馆面向广大游客免费开放。

山西老酒博物馆位于鼓楼东街一传统四合院内，其为二进院落，展厅面积 400 余平方米。不同年份的汾酒、五粮液、茅台酒等国内十八大名酒，以及全国各地的地方白酒、药酒等在这里均有收藏、展示，最早可追溯到 20 世纪 70 年代生产的老酒。在博物馆入口处，是一个能容纳 500 公斤白酒的瓷坛，这是 1983 年由大同酒厂生产的老酒。博物馆内还展出最早为唐代的历代酒具、酒器等多件。

该博物馆为山西省唯一以老酒为主题的民间博物馆，通过有关老酒文化的专题陈列，向公众系统展现中国酒文化，并通过专业论坛、品鉴、研究等，让公众了解老酒文化。

（路 璐）

文物保护修复

【古城保护工程】 2016 年，大同市文物局实施的古城保护工程 10 项。其中，续建项目 6 项，分别是西城墙保护修复工程、代王府中轴线复建工程、钟楼复建工程、太平楼复建工程、玄真观抢险加固维修工程、明堂遗址公园建设项目；新建项目 4 项，分别是朝阳宫修缮工程、开化寺修缮工程、鼓楼彩绘工程、张霱堂故居纪念馆项目。

大同古城墙保护修复工程主体工程全部完工，11 月 18 日实现城墙主体合拢，大同古城格局基本形成。代王府中轴线复建一二期工程完工。钟楼楼阁和太平楼楼阁主体建设完工。玄真观抢险加固维修工程和明堂遗址公园建设项目工程完工。朝阳宫修缮工程完成年度目标。开化寺修缮工程 6 月下旬开工，完成大殿大木立架、山墙砌筑，及后殿、西配殿大木立架。鼓楼彩绘工程完工。张霱堂故居纪念馆项目完成东配房基础工程在加工制作部分木构件。

（文物局）

【地下文物发现与保护】2016年，大同市考古工作者文物勘探万达广场等建设项目35万平方米，发现古墓葬100余座；文物勘探和监控前进街等城市道路建设工地，发现古墓葬50余座；发掘大同县西浮头村辽代壁画墓等100余座墓葬；清理发掘齐家坡菜市场北魏墓葬等30余座墓葬等；组织文物勘探大张高铁建设区域有可能埋藏文物的重点区域，勘探面积62万余平方米，发现古代墓葬52座。山西省桑干河流域旧石器调查和试掘项目启动。4月，山西大学考古系与大同市考古所共同开始野外调查工作，并启动大同县杜庄遗址的发掘，发现大量的石器、动物化石，及石器埋藏地点，为大同盆地中西部同样蕴藏着远古人类遗址这一观点提供佐证。

（文物局）

【文物保护单位】2016年，大同古城墙等35处文物保护单位被山西省政府公布为省级文物保护单位，大同市省保单位数量增至52处；大同市文物局公布全市70处市级文物保护单位保护范围和建设控制地带。

（文物局）

【文物保护单位加固维修】2016年，大同市各级文保单位抢险加固、维修工作推进。立项广灵县东石门观音庙戏台保护修缮工程等6处抢险加固维修工程；报山西省文物局《得胜堡群保护规划立项》等立项、设计方案、保护规划23项；批复灵丘禅庵寺修缮工程设计方案等14项设计方案；启动古城堡址东南角保护工程、艾庄戏台维修工程等11项工程；玄真观抢险加固工程、雨安庄全神庙维修工程、得胜堡玉皇阁及瓮城抢险加固工程等12项工程完工；张氏家庙围墙工程、财神庙正殿修缮工程2项工程完成招标，东石门观音庙戏台修缮工程、禅庵寺修缮工程、赵彦庄龙王庙修缮工程3项工程在招标中。验收和阳美术馆、大同古城墙乾楼复建工程等6项工程。起草并由市政府办公厅转发《关于加强我市长城保护工作的意见》，规范和保障大同市长城保护工作开展。（文物局）

【文物保护科研成果】2016年，大同市文物局开展大同城墙遗址调查课题，获取南小城和北小城城墙遗址较为完整、准确、翔实的调查数据和资料。沙岭北魏壁画墓保护方案通过专家评审。“北魏‘毛德祖妻张智朗’彩绘石椁保护修复报告”等多项重要保护修复项目总结编写完毕。云冈石窟研究院石质文物保护关键技术研究项目获“十二五”文物保护科学和技术创新奖一等奖。山西大同大学中国雕塑博物馆实践教育基地于8月20日建立。

（文物局）

【县（区）文物保护】2016年，大同市各县（区）推进文物保护工作。浑源县对悬空寺实施最大规模的一次搭架危岩处理工程，克服气候寒冷、施工困难等种种不利因素，处理存在安全隐患的危岩，保护文物本体安全；灵丘县觉山寺砖塔及寺庙维修工程、曲回寺石像冢保护设施项目、觉山寺塔保护设施建设项目逐步推进；阳高县维修秋林释迦寺、马家皂北寺、榆林戏台等，险情排除镇边堡东堡门、杨塔村塔，确保文物安全。（文物局）

【鼓楼油饰彩画保护修复】2016年3月1日起，位于城区永泰街中心位置的鼓楼围挡封闭，由文物保护专业单位利用省里批复的150万专项资金油饰彩画。鼓楼保护修复工程工期为3月至10月，主要内容可概括为“内檐保护，外檐修复”，即除尘内檐，修补龟裂、脱落部位，回贴起甲、翘起部位，并整体涂层清洗，清洗加固鼓楼内部楼梯、窗棂等；重新做地仗层外檐，重新彩画，彩画采用的是大同地方彩画风格，与同处一条轴线的魁星楼及永泰门城楼、武定门城楼风格一致。这次对鼓楼的油饰彩画保护工程，由山西云冈彩绘泥塑文物保护修复有限公司实施。（茗 泉）

【太平楼复建工程】2016年4月，大同市古城内重要标志性建筑太平楼复建工作做完主体基础和一层大木结构施工，柱础石做完。经过7个多月的施工修复，11月太平楼土建工程全部完工。

太平楼始建于明代初年，是大同古城内重要的标志性建筑之一，蕴含着大同人民对天下太平、安居乐业的美好愿望。太平楼是一座平面方形、腰缠平座的三层三檐木结构阁楼式建筑，其建筑风格体现晋北地区明代阁楼式建筑的艺术特征。20世纪30年代，太平楼被以其有阻碍交通、妨碍战时出兵为由拆毁，这次复建是大同市名城复兴工程的一项重要内容，由全民营企业家捐资复建。（行 云）

【古城护城河修建】2016年4月28日，大同市护城河通航方案采用“分段通航”方案修建，从北城墙瓮城东侧向西、向南至西城墙清远南门南侧为一段，这段护城河高于东城墙和南城墙护城河14米，建成后的护城河以此分段通航观景。

大同市城市建成区地形为西高东底，西北角护城河与东南角护城河相比最高落差21米，为确保城墙的安全性，西段护城河不宜开挖太深，为此，多部门专家从专业角度反复研究论证，选择“分段通航”方案。北城墙瓮城东侧向西、向南至西城墙清远门南门南侧为一段，这一段从北城墙瓮城东侧开始通过三级提升，其余的另一段护城河则保持东城墙护城河的水位修建，两段护城河高差14米。护城河建成后，东段护城河包括北城墙护城河东段、东城墙护城河和南城墙护城河全段、西城墙护城河南端约100米，总长6千米；西段护城河包括北城墙西段、西城墙大部分，总长近2千米。两条航段都在景观视线开阔的区域，保证游赏效果，减小护城河两侧的绿地坡度，利于游人和城墙安全，保证护城河及周边绿地的美观。

（行 云）

【代王府中轴线主体工程】2016年，代王府中轴线主体工程竣工。代王府中轴线建筑群占地面积约62500平方米，建筑面积约2.65万平方米，有7进院落、58座主要建筑、200余间房屋。所有建筑均依历史原貌采用传统工艺建造，为真材实料的木构。在代王府主殿承运殿，有32根柱子，所用原料为进口塔梨木或菠萝格，每根柱长12米、直径0.98米、围经3.12米，两个人都无法合抱。

代王府中轴的室内室外金砖铺墁工作中所用金砖均为苏州以传统工艺

烧造，该工艺曾用于故宫地面修复，2016年5月，室内铺装和门窗及屋顶天花木构加工完工，10月，室外院落铺装完工。综合管线工程于7月启动，年底前完成。代王府前导区的建设是2016年开工工程，其位于代王府正门，包括游客服务中心、售票处和一座棂星门、两座牌坊，以及代王府南城墙局部和南城门楼等，2016年底，全部完工。5月，设计代王府彩绘工程。（赵　瑾）

【明代钟楼铁钟吊装】 2016年7月8日，新铸铁质大钟被吊装在钟楼二层上。新铸钟楼大钟由浑源神溪铸钟匠人铸造而成，高2.35米，口径1.80米，重3300公斤，与历史上的钟楼古钟形制、重量等基本一致。原钟楼古钟被安放在华严寺院内，供游人观瞻，成为古寺一景。（木　依）

【乾楼广场开放】 2016年11月1日，位于北城墙带状公园、西城墙带状公园交会处的乾楼广场建成，向市民全面开放。

广场总面积8000平方米，绿化面积5000平方米，栽植海棠、枣树等大乔木200株，丁香球、卫矛球、榆叶梅等花灌木400余株，沙地柏等地被5000余平方米。园路、台阶等铺装3000平方米，树木栽植及地面铺装工作进入扫尾阶段。（晨　曦）

【魁星楼免费开放】 2016年12月31日，位于武定街与大十字街交会处的魁星楼对公众免费开放。是2008年大同古城重建时的重点项目之一。

魁星楼是供奉魁星像的楼阁，该楼为五层三檐、明三暗二的盝顶楼阁式建筑，底层四面通街，平面呈正八边形，总高31.24米。大同的魁星楼曾经出现过两座，都始建于明代，一座位于现大同市府文庙附近，一座位于现大同市五龙壁附近，后都毁于战火，清代虽有重修，但建筑终未留存。位于武定街与大十字街交会处的魁星楼是2008年大同古城重建时，依据左云县魁星楼的有关资料在明清大同县学的旧址附近复建的。魁星楼定开放时间为每周二至周日9时至17时，每周一闭馆，需凭个人有效证件免费参观。（刘贵斌　刘思祺）

考古发掘

【泥河湾盆地大同境内考古有新发现】 2016年，大同县、阳高县等地发现50余处旧石器时代及动物化石地点。

由山西大学和市考古所组成的联合考古队从2016年4月开始对大同、朔州境内的泥河湾盆地旧石器文化遗址、古人类化石遗迹进行为期3年的调查与发掘，在大同县、阳高县等处发现50余处旧石器时代及动物化石地点。这一新发现，对探索大同地区远古文化具有重要意义。

泥河湾盆地位于山西省北部和河北省西北部桑干河流域内的狭长地带，总面积约9000平方千米。其中，大同和朔州占到近70%。盆地原是一汪湖水，学界称其为大同湖。从数百万年到十几万年前，大同湖一直存在着，由此形成1000余米厚的河湖相沉积层。湖水逐渐消失后，这些沉积地层逐渐显露出来，学界称其为泥河湾层。

这次调查考古工作填补泥河湾盆地山西区域旧石器分布空白，构建“大泥河湾”旧石器文化的整体面貌特征，总结泥河湾文化起源、发展、消失的规律性认识，进而揭示泥河湾文化与周边文化，尤其是周口店北京人文化的关系，展现其在华北地区乃至东亚区域在人类起源和远古文化发展中的地位与作用。（冯　雨）

博物馆

【博物馆体系建设】 2016年，大同市博物馆申报备案大同市德聚老酒博物馆；推进明堂遗址陈列馆与魁星楼文化陈列馆建设；与大同市最大的民营博物馆——西京博物馆合作，在明堂遗址公园建设北朝艺术博物馆。这是大同市利用社会资金开展文物保护工作的尝试。（文物局）

【“文博知识进校园”活动】 2016年3月18日，大同市博物馆宣教部的讲解员们分别到市实验小学和大同一中，在两校同时开启新学期“文博知识进校园”活动，他们为不同年龄段的学生讲授大同历史文化知识。

大同市实验小学有70名四年级学生报名听讲。讲解员采用多图少文、增加适合小学生学习的文博知识内容等通俗易懂的方式，带领小学生认识博物馆、了解博物馆。在大同一中，讲解员与50名初一年级学生一起探寻博物馆的奥秘。以“瓷路撷珍”为题，为学生们介绍陶瓷的起源和形成、中国古代五大名窑、大同窑、浑源窑和市博物馆馆藏精品瓷器等内容。

2015年3月起，大同市博物馆与大同一中合作，通过运用幻灯片课件、播放电影资料片段、观赏三维数字展馆、展示文物复制品、分组讨论等多种形式，开展“文博知识进校园”活动。（茗　泉）

【“丝绸之路与古代山西”讲座】 2016年3月24日，山西省考古研究所研究员张庆捷在大同市博物馆多功能厅以“丝绸之路与古代山西”为题，讲述古代山西、北魏平城与丝绸之路的渊源，吸引历史文化学者、文博系统工作人员、预约市民游客等百余人听讲。讲座是市博物馆“文博大讲堂”系列讲座第三期。

讲座中，张庆捷从一个考古学家的视角，再现公元5世纪平城文化的多元与繁荣。他把山西现存丝路文物分为佛教遗存、金银钱币、日用器物、珠宝玻璃、人物衣着、胡商贸易、葬具墓志、舞蹈音乐、工艺制造等种类，通过这些文物介绍，他阐述古代山西，是民族融合之地，是文明互动的前沿、民族融合与文明互动的结晶，并孕育多民族大一统观念等对山西丝路文明的认识。（茗　泉）

【博物馆古代文物展通过参评资格审核】 2016年4月4日，第十三届（2015年度）全国博物馆十大陈列展览精品推介活动举办，大同博物馆“天下大同——大同古代文物展”作为山西省省申报的两个参评项目之一，通过参评资格审核。

全国博物馆十大陈列展览精品推介活动由中国博物馆协会、中国文物报社主办。

博物馆展览的框架以基本陈列《天下大同——大同古代文物展》为主，以“两汉要塞、北魏京师、辽金陪都、明清重镇”的历史脉络贯穿始终，突出北魏历史文化的地域特色优势，开辟“代地沧桑”“北魏平城”“辽金西京”“明清重镇”四个历史陈列，“大同恐龙”“瓷路撷珍”“妙笔丹青”“梵语清音”四个专题展览。（行 云）

【张复明到博物馆调研】 2016年4月20日，山西省副省长张复明到大同市博物馆，调研博物馆工作。张复明在调研中指出，博物馆作为宣传城市历史与文化的首要窗口，必须加强自身的科学研究建设，培养一支高素质的专业研究队伍，挖掘北魏时期在华夏民族融合中所起到的重要作用。（刘贵斌 刘思祺）

【贾平凹一行参观博物馆】 2016年5月18日，作家贾平凹一行参观访问大同市博物馆。在参观中指出，在华夏文明五千年的朝代更迭中，北魏是民族融合中重要的历史阶段，北魏的兴盛为隋唐盛世奠定基础。作为平城融合文化的发展传承之地，大同应挖掘研究北魏文化，依靠文化的大发展，促进旅游新繁荣，加快城市转型。（刘贵斌 刘思祺）

【大辽遗珍——辽代文物精品展】 2016年4月2日至5月30日，由北京辽金城垣博物馆、辽宁朝阳博物馆联合举办的《大辽遗珍——辽代文物精品展》在大同市博物馆临展厅开展。为让更多民众了解大辽王朝，走进契丹人的生活，展览展品从朝阳北塔出土的千余件文物中选出具有民族特色的各种生活用品和佛教用品，及辽金城垣博物馆藏品100件，展示契丹人的社会生活。（刘贵斌 刘思祺）

【指掌春秋——闽台木偶艺术展】 2016年6月1日至7月3日，闽台缘博物馆推出的《指掌春秋——闽台木偶艺术展》在大同市博物馆馆临展厅开展，由偶之源、偶之蕴、偶之艺、偶之趣、偶之衍五大部分组成，通过对提线木偶、掌中木偶、盔帽、戏服、戏棚模型、古戏本等近400件（套）展品，展示闽台木偶戏的源流与发展、艺术与特色、传承与创新等。

（刘贵斌 刘思祺）

【胡苏平到博物馆调研】 2016年8月3日，山西省委常委、宣传部部长胡苏平到大同市博物馆调研。她指出，博物馆应当举办更多的活动让不同年龄、不同层次、不同地域的游客参与进来，感受大同在多民族融合中形成的平城文化，弘扬与传播大同作为百年帝都的辉煌与荣耀。要求，重视传统产业的传承与发展，加强博物馆研究队伍建设，在扩大文化影响力的同时，与城市建设相辅相成，共同发展。（刘贵斌 刘思祺）

【孙绍骋到博物馆调研】 2016年8月4日，山西省委常委、统战部部长孙绍骋到大同市博物馆调研。参观调研中，孙绍骋肯定博物馆的陈展设计、公共服务，指出博物馆是展现一个城市文化底蕴的首要阵地，加大文物保护力度，发挥博物馆社会教育功能。（刘贵斌 刘思祺）

【孙志军等到博物馆调研】 2016年8月9日，中共中央宣传部副部长孙志军，文化体制改革办公室主任黄志坚，办公厅副主任田雪平，山西省委常委、宣传部部长胡苏平，省委宣传部副部长刘英魁一行到大同市博物馆调研。孙志军肯定博物馆公共服务和社会公共教育发展方面所做的工作并提出意见，指出大同文化积淀深厚，要利用好这些文化资源，做大做强文化产业。（刘贵斌 刘思祺）

【从平城到敦煌—甘肃与大同丝绸之路文物精品展】 2016年7月10日至9月10日，由甘肃省博物馆、大同市博物馆联合推出的《从平城到敦煌—甘肃与大同丝绸之路文物精品展》在大同市博物馆临展厅开展，以时间脉络为线索，分“前奏”“开拓”“繁荣”“延续”四个单元。来自两地的兽面纹银饰片、镶嵌绿松石彩陶罐、魏晋彩绘画像砖、武威出土铜奔马、带座铜立佛像、鎏金错银舍利铜棺等百余件展品，“讲述”自史前文化到元朝时期交流融合的故事。

（刘贵斌 刘思祺）

【京印记——大同辽金文物展】 2016年8月至11月，由大同市博物馆推出的《西京印记——大同辽金文物展》在北京辽金城垣博物馆展出。展览由“世俗生活”和“魂归之所”两个部分组成，展出大同市博物馆馆藏辽金文物70余件、壁画摹本10件，涵盖从日常生活至冥世丧葬的各个方面。（刘贵斌 刘思祺）

【千年窑火生生不息——邯郸市博物馆藏磁州窑瓷器展】 2016年9月10日至11月5日，由邯郸市博物馆主办的《千年窑火生生不息——邯郸市博物馆藏磁州窑瓷器展》在大同市博物馆临展厅开展。展览展出瓷器作品120余件，分为“古代部分”与“当代部分”，古今映衬，向社会民众展示其历史变迁及发展现状。在邯郸彭城镇，有一批磁州窑工艺大师传承磁州窑古老工艺，并使之发扬光大。（刘贵斌 刘思祺）

【骁腾万里——中国古代马文化展】 2016年12月25日至2017年2月28日，由陕西历史博物馆主办的《骁腾万里——中国古代马文化展》在大同市博物馆临展厅开展。展览汇集历代与马文化相关的文物精品100余件，展品的时代包括商周、秦汉、北魏、唐、元、清，质地有青铜、木、陶等多种。展览内容分五部分：“六畜之首，一马当先——马的驯养”“玉鞍金羁，车水马龙——马与交通”“金戈铁马，千乘万骑——马与战争”“健儿快马，戏舞翩跹——马与娱乐”“骐骥驰骋，天马悠悠——马与艺术”，从不同角度展示中国古代马文化。

（刘贵斌 刘思祺）

【两岸“无锁不谈”合作巡回展暨研讨会】 2016年11月5日，两岸“无锁不谈”合作巡回展开幕式暨研讨会在大同市博物馆举行。这次展览展出古代锁具、近代锁具、现代锁具233件。除展品外，山西博物院、台南艺术大学、北京科技大学、西北工业大学的文博专家还交流研讨博物馆藏品管理、新时期的藏品管理与保护、织品的预防性保护等话题。

“无锁不谈”两岸合作巡回展暨交流研讨活动是由大同市博物馆、山西省民俗博物馆、台湾高雄科工馆和晋城博物馆共同策划的，在太原、晋城等地巡展，大同是第3站。次大同展，

▲ 2016 年 11 月 5 日，两岸“无锁不谈”合作巡回展开幕式暨研讨会在大同市博物馆举行

（刘贵斌 刘思祺 供图）

是巡展的收官之作。

活动 11 月 4 日开幕，高雄科工馆副研究员萧国鸿在大同大学为该校师生做“中国古代锁具之美”主题讲座；6 日，在市博多功能厅，来自树火纪念纸博物馆、台湾和日本的专业修复师做造纸与保存修复的对话、文物保存修复用纸的经验、遭海水侵蚀的现代文书修复技术指导等专题讲座，还有现场修复实践操作等现场教学活动。巡回展展期持续到 12 月 25 日。

（晨 曦）

【博物馆儿童互动区对外开放】2016 年 12 月 31 日，大同市博物馆儿童互动区对外开放。儿童互动区位于博物馆负一层，场地面积 1300 余平方米，由互动游乐区、数字博物馆和 5D 影院构成。儿童游乐区配有模拟考古现场、恐龙模型、VR 技术太空舱体验、远古狩猎、古建筑拼搭等不同系列的体验项目 10 余种，集趣味性、科学性、知识性于一体。博物馆设有儿童互动区，使博物馆的展览内容得到延伸，使博物馆教育内容更加多元化。

作为御东新区地标性的建筑，融入大同多元的文化特色，吸收大同自然地貌——火山群与龙壁文化，整座建筑设计力图通过对空间的升腾动态，进行刻画。这座宛若腾飞的巨龙，昭示龙城大同和博大精深的文化呈龙腾虎跃之盛势。

（晨 曦）

【博物馆北魏贵胄出行图】2016 年，大同市博物馆展出北魏贵胄出行图，这幅壁画高约 15.5 米，宽约 50 米，是由中央美院的孙景波、王颖生二位教授，以大同沙岭村北魏壁画墓“出行图”为蓝本创作而成。作为全国室内单体壁画面积中最大的一幅，整幅壁画人物众多。出行队伍分为前、中、后三部分。前段为导骑队和吹号角的骑兵，后段为甲骑具装骑兵。中段正是地位级别较高的王、后车辆，他们的左右两侧排列着身着兽毛外翻皮衣、头戴风帽、手持长矛的步兵护卫。鼓乐队、仪仗队、伎乐杂耍队、近卫骑士护送下的引导车辆等等无奇不有，俨然带观众回到 1600 余年前的北魏王朝。整幅画面沿袭北魏壁画墓常见的题材，画中的人物服饰均以鲜卑服饰为主，与中原汉家穿戴截然不同，然而队列秩序和仪仗器物等又大量依据中原礼制，给人一种民族融合印象，堪称北魏时期社会生态的真实写照。

画面中心殿后的出行车辆均为牛车，而不是常见的马车。在古代人们以乘坐牛车来彰显自己高贵的身份，突显自己的地位和权势。牛拉车塑像 2000 年出土于大同雁北师院北魏宋绍祖墓，展出在市博物馆的雕塑由中央美院的吕品昌教授创作而成。此牛半睁双目，口微张，后腿弯曲作吃力行走状，形象敦实健硕，牛拉车顶形似鳖甲，所以被称为“鳖甲车”。车室开前、后门和侧窗便于出行，真实的反映北魏贵胄出行场景，这种缓慢优雅的绅士风度也是北魏贵族追求的时尚目标。

（晨 曦）

大同古城墙

【概述】大同古城墙位于大同市中心区域，是中国长城遗址的组成部分，为省级重点文物保护单位，国家 AAAA 级旅游景区。现存城墙是明代大将军徐达在汉、魏、唐、辽、金、元旧城基础上于明洪武五年（公元 1372 年）增筑起来的。在 2008 年开展南城墙局部城墙段保护修复试点工程的基础上，2009 年开始，拉开古城墙保护修复工程大幕。大同市政府投资 11.9 亿元，历时 8 年全面修复古城墙，搬迁周边居民商户 2 万余户。2016 年 11 月 18 日，大同古城墙主体城墙合龙。修复后的古城墙高 14 米，上宽 12 米，底宽 18 米，周长 7.24 千米，古城面积 3.45 平方千米，轮廓呈正方形，古城墙保护面积 26.5 万平方米。建有主城门四座，东曰和阳门、南曰永泰门、西曰清远门、北曰武定门，还建有护城河、吊桥、城楼、箭楼、月楼、望楼、角楼、控军台等一系列军事设施，是中国现存较为完整的一座古代城垣建筑。2016 年 9 月 1 日起，大同古城墙对中外游客免费开放后，游客接待量剧增，全年接待游客 49.15 万人次，同比增长 316.68%。（江伟伟）

【城墙景区提升旅游服务】2016 年 8 月，大同城墙管理处在大同城墙景区东、南门入口处，安置 LED 灯箱，播放大同风光片。景区维护完善 100 余个垃圾箱，增设 100 余个休息椅，维护景区说明牌。城墙管理处检查景区、展馆内的消防设备、用电、施工等，调整机房设施，加大巡查力度，排除隐患，确保安全，迎接山西省旅游发展大会。

城墙管理处全体员工更换工装，警卫、讲解员、售票员、保洁一线的工作人员等，做到服装整洁，佩戴工作牌，以文明用语礼貌待客，以优质服务笑迎八方来宾，迎接旅游发展大会。城墙管理处加强培训工作，提高

▲ 2016年11月18日，大同市举行古城墙合龙仪式　　（江伟伟　供图）

讲解员素质能力，使讲解融历史文化、民俗民风、经典故事于一体，丰富讲解内涵。景区制作图文并茂古城导览图，让游客明晓城墙构造布局，了解古城大同。　（小　霞）

【清远南门护城河桥主体竣工】 2016年8月26日，大同市清远南门护城河桥主体竣工。护城河桥东西两侧原来的临时道路开始破拆，为护城河桥主体两侧的道路连接线结构层施工创造条件。清远南北门护城河桥长68.6米、宽30米，中跨为1米~16米的过水通道，边跨为1米~8米的人行通道，桥梁结构形式采用三跨拱式箱构桥，桥面上机动车道宽15米，两侧非机动车道和人行道宽分别为7.5米。　（小　霞）

【大同古城墙对国内外游客免费开放】 2016年9月1日起，大同市人民政府决定取消大同古城墙门票收费制度，向所有登临古城墙的国内外游客全面开放。大同古城墙不再收取门票后，游客接待量剧增，截至2016年底，4个月免费接待中外游客40.65万人。

（江伟伟）

【西城墙主体框架封顶】 2016年10月22日，西城墙主体框架封顶，剩余的85米城墙修复进入尾声，进行墙体包砖，2016年底，西城墙墙体合拢。

西城墙全长1800米，城墙高14米，上宽12米，下宽18米，城楼、月楼、箭楼，以及相配套的灯光照明工程2015年完工。12座望楼有10个完工，剩7号望楼和8号望楼。2015年开工的联通大楼南侧90米城墙的修复工程于2016年9月20日全部完工。2016年开工的8号马面联通大楼后勤保障中心70米城墙主体段于10月初完工，8号马面主体完工。7号马面原联通大楼东厅北侧30米城墙主体段内侧墙体经砌筑完毕，7号马面墙体包砖接近尾声。　（晨　曦）

【大同古城墙合龙护城河贯通】 （参见该书26页《大同古城墙合龙护城河贯通》）

平型关大捷纪念馆

【概述】 平型关大捷纪念馆（平型关战役遗址）位于灵丘县白崖台乡，距县城30千米，遗址保护面积8.8平方千米。1937年9月25日，八路军115师在平型关前乔沟一线歼灭日军1000余人，取得出师抗战以来首次大捷。平型关景区内有平型关大捷纪念馆、乔沟主战场、平型关关口、乔沟门区广场、115师指挥所、林彪聂荣臻临时住所、老爷庙争夺战遗址、烽火台等11个景点。平型关大捷纪念馆，2005年被列入国家发展和改革委员会红色旅游重点景区基础设施第一批国债投资计划，总投资规模2000万元，主要有纪念馆扩建、改陈布展、新建门区广场及将帅广场等。2008年3月，免费对外开放。截至2016年底，平型关大捷纪念馆免费接待游客187523万余人次，讲解901次。

（平型关大捷纪念馆）

【平型关大捷纪念馆改造升级】 2016年，平型关大捷纪念馆展陈提升项目落实奖金310万元，新建平型关战役电子沙盘及半景画改造，通过对原有展板的合理改造和对声、光、电等现代科技手段的运用，形象传达当年战场氛围，再现平型关作为国共两党两军团结御敌、合作抗战的场面，发挥爱国主义教育示范作用。由大同市灵丘县发展和改革局协助申请的平型关大捷纪念馆智能化安防消防系统建设项目落实资金240万元，生成项目可研报告，2016年底完成初步设计及招投标工作。（平型关大捷纪念馆）

梁思成纪念馆

【梁思成纪念馆整体提升】 2016年3月10日至7月1日，梁思成纪念馆整体提升项目完工。提升后的梁思成纪念馆分为四个展厅，以图片、文物、模型、多媒体等手段展示梁思成先生的生平和主要功绩。在这次展览设计中，突出展览的文化意识，在布局上运用小空间来横向比较，以引起观众共鸣。　（刘贵斌　刘思祺）

【梁思成纪念馆重新开放】 2011年9月26日，梁思成纪念馆开馆。2016年3月，大同市博物馆委托北京技术人员重新设计装修纪念馆，7月1日竣工。2016年7月9日，升级后的展馆重新对外开放。

梁思成是中国建筑历史学家、建筑教育家和建筑师，毕生致力于中国古代建筑的研究和保护。1933年9月，梁思成一行到大同开展古建筑考察，考察开凿于北魏时期的云冈石窟，并在云冈石窟的建筑装饰上发现大量文化信息，认为云冈石窟是西域印度佛教艺术大规模进入中国的实证，他们调查华严寺、善化寺，揭出这些辽金建筑群所蕴含的粗犷豪放的民族风格。

▲ 图为梁思成纪念馆外景　　（刘贵斌　刘思祺　供图）

梁思成纪念馆位于大同市和阳门外下沉式广场北部，为一处二进仿古院落，是中国唯一的梁思成纪念馆。重新设计整修后的展馆更换褪色图片，丰富陈展形式，增加多媒体辅助手段，使展馆实现部分数字化，整体空间展示效果全面提升。纪念馆主题是“大师·大同”。第一展厅“一代宗师”，以油画、照片、文献介绍梁思成的家世和伴侣林徽因；第二展厅“不愧山河”通过图片、手绘、书籍资料展示梁、林在全国考察古建筑、四到山西的过程，和梁思成一生的成就；第三展厅“大同调查”则以图片展板和梁、林的著书展示梁思成一行在大同的考察；第四展厅“告慰先师”展出大同市近年实施古城保护工程的成果。（木　依）

旅游业

综　述

【概述】　2016年，大同市接待入境旅游者6.97万人次，同比增长5.95%；旅游外汇收入4022.87万美元，同比增长6.95%；接待国内旅游者4041.48万人次，同比增长26.51%；国内旅游收入360.71亿元，同比增长29.35%；旅游总收入363.33亿元，同比增长29.22%。（旅游局）

【旅游产业改革】　2016年，大同市旅游局召开座谈会，启动全市旅游景区景点体制机制改革工作，拟定大同市旅游景区景点体制机制改革创新工作实施意见并报政府常务会，确定云冈石窟、恒山景区、华严寺、善化寺、古城墙、晋华宫矿山地质公园、万人坑遗址纪念馆、广灵剪纸博物馆等8家A级景区和火山群国家地质公园、文瀛湖、大泉山等3家景区的改革方向和模式；起草并经市委常委会审议通过《大同市文化旅游产业发展三年行动计划（2016年~2018年）》；制定《大同市贯彻落实2016山西省旅游发展大会主要任务分工方案》，会同市编办制定《大同市旅游行政体制改革方案》；起草《关于促进旅游业改革发展的实施意见（草案）》，以及重点任务分工及进度安排；制定《大宗旅游奖励政策（草案）》，以拓展客源市场，奖励组团到大同的旅游企业；制定大同市创建《全域旅游示范区的意见(讨论稿)》。（旅游局）

【旅游城市品牌宣传】　2016年，大同市旅游宣传促销工作创新方式，加大力度，培育打造“天下大同”旅游城市品牌。在中央电视台播出大同旅游城市形象和主要景区宣传片；组织参加“晋善晋美·山西旅游”走进沪赣皖、云贵琼六地旅游宣传推介；组团参加第四届中国（北京）国际服务贸易交易会暨2016北京国际旅游博览会、第二十一届北方旅游交易会、2016年中国国际旅游交易会、山西旅游产业博览会和世界旅游城市联合会重庆峰会等旅游展，邀请香港航空、香港中旅等旅行商，及当地主流媒体到大同市考察踩线，邀请中国文化产业发展集团、港中旅集团、华谊兄弟文旅集团到大同考察双方开展旅游产业合作；9月1日开始面向京津冀蒙晋发售20万张100元的“大同旅游一卡通”，启动“大同旅游百千万亿工程”，推出“千人免费游大同”活动；邀请CCTV发现之旅频道《美丽家园》栏目走进古都大同，拍摄文化旅游宣传片；山西省旅游商会到湖北省宜昌市举行年会并“抱团营销”，大同市以此契机宣传大同旅游和古都灯会；组织参加“晋善晋美·山西旅游”走进青岛、深圳、珠海三地旅游宣传推介；编制印刷“天下大同”画册、大同旅游“一本通”等宣传资料；举办2016第三届大同国际自行车骑游大会等活动。2016年，云冈石窟创建“全国佛教文化与石窟艺术旅游产业知名品牌示范园区”，在人力资源社会保障部和国家旅游局举办的全国旅游系统先进集体、劳动模范和先进工作者评选活动中，被评为“全国旅游系统先进集体”；北岳恒山悬空寺获中国自驾游行业“奥斯卡”短线建筑类路线设计金奖；华严寺入选“中国最具价值文化（遗产）旅游目的地”。2016年，大同市成为世界旅游城市联合会会员城市，入列2015中国最具特色旅游城市排行榜，获“中国最具潜力避暑旅游城市”。（旅游局）

【冬令文旅战役】　2016年，大同市旅游局按照大同市委市政府开展2016年“冬季行动”暨项目建设“双环行动”的部署要求，贯彻《大同市开展“冬季行动”实施方案》精神，制订“冬季行动—冬令文旅战役”实施方案，召开协调会，协调部署“冬令文旅”工作目标任务。推动2017大同古都灯会宣传促销工作，制订出台2017大同古都灯会宣传营销工作方案和优惠政策；推动与盈科旅游合作的“天下大同”实景旅游演出和智慧旅游项目；与移动合作推出MAS短信平台，向到大同的外地游客推荐灯会情况；到宜昌参加全省旅行社联盟年会，向400余家旅行社推介大同古都灯会有关情况。灯会期间，针对不同人群推出“灯会+”模式，设计多条旅游线路产品，推出古城经典文化游、北国风景自然游、欢乐亲子乐园游、地质奇观探秘、登高祈福游等，满足到大同游客的旅游需求。（旅游局）

【大同国旅名列全国文明旅游先进单位】 2016年1月11日，国家旅游局发布通知，公示100家旅游行业全国文明旅游先进单位，大同中国国际旅行社入列。

全国文明旅游先进单位由各省级旅游部门逐级择优推荐，向国家旅游局推荐一批文明旅游先进单位候选单位，国家旅游局从中遴选出100家文明旅游先进单位予以公示，接受社会监督。

这次入选的大同国旅成立于1976年，前身是大同外事办接待科，业务产品包括国内旅游、国际接待旅游、出境旅游、赴台旅游，是山西省资质最全、成立时间最早的旅行社之一，连续多年获“山西省十佳旅行社”“山西省入境旅游外联接待突出贡献旅行社”和“山西省优秀国际旅行社”等。（路 璐）

【旅游产业发展座谈会】 2016年3月4日，大同市委副书记、代市长马彦平召集市宣传、文化、旅游、文物、商务、国资以及新闻媒体和部分旅行社、酒店、餐饮企业负责人召开座谈会，分析大同旅游产业出现的变化，共同为撬动旅游产业快速发展“支招”。副市长杨勤荣参加座谈会。

大同市历史悠久、文化厚重、景点众多，市委、市政府，把文化旅游产业作为突破口，实现资源型城市转型发展，推动大同全面振兴。座谈会上，大家围绕旅游产业发展定位、制约发展的主要因素、今后旅游产业发展的侧重点等方面问题，畅谈想法，明确诉求，并就加快发展旅游产业提出建议和对策。（红 远）

【“五一”旅游市场兴旺】 2016年“五一”小长假期间，大同市没有发生一起旅游安全责任事故和旅游质量投诉案件，全市接待旅游者195.26万人次，旅游综合收入77459.89万元。

“五一”小长假到大同游客多数以本地和周边城市游客为主，大同市各景点景区通过举办多项活动为游客及自驾游者创造更好的出行感受。云冈石窟景区把停车场收费前置，以缩短游客停车排队等候时间；华严寺景区举行文明旅游公益活动；恒山景区全程监控各景点客流路况；城墙景区白天可登城墙赏景，晚上可以赏花灯。

2016年“五一”小长假到大同过夜旅游者23.45万人次，一日游游客171.81万人次。龙头企业带动效应凸显，大同市几个龙头景区游客大幅度增长，直接带动全市游客总量增加。其中，云冈石窟接待游客5.73万人次、恒山风景名胜区接待游客4.72万人次、华严寺接待游客0.71万人次、古城墙接待游客0.64万人次。（赵 瑾）

【五景区“旅游日”接待游客27.66万人】 2016年5月19日是中国旅游日，大同市云冈石窟、恒山景区、晋华宫国家矿山公园、华严寺、善化寺5大景区迎来全国各地众多游客。全天5景区接待游客27.66万人次。

旅游日当天，云冈石窟、恒山景区、晋华宫国家矿山公园、华严寺、善化寺5大景区实行免头道门票优惠政策。游客有本地市民，有来自北京、天津、河北、内蒙古等周边省区市游客。

为做好旅游日接待工作，市旅游部门提前制订相关工作预案，要求各旅游管理部门和旅游经营单位通过各种渠道向广大游客做好安全提示和安全预警工作；各旅行社科学安排旅游团队行程，错时错峰出行，尽量避开热门景区。市旅游、文物、公安、武警、消防等部门互相配合力保安全，引导和疏散客流量，未出现旅游投诉和旅游安全事故。

19日当天云冈石窟接待游客14万人次；恒山景区接待游客4.6万人次；华严寺景区接待游客3.3万人次；善化寺接待游客1.08万人次；晋华宫国家矿山公园接待游客4.68万人次。（赵 瑾）

【大同两项目入列《2016全国优选旅游项目名录》】 2016年6月，国家旅游局发布《2016全国优选旅游项目名录》，大同市阳高县杏泉峪生态旅游区、北农阳光99旅游休闲度假区项目入列其中。

阳高县杏泉峪位于阳高县王官屯镇两家营村西沟，沟内奇树绕坡、花鸟相闻、泉水潺潺。由于人迹罕至，自然风光保存良好。风景区以杏泉峪休闲度假村为主体，利用旧河道形成的地质地貌，建起栈道、拦塘湖，放养家禽家畜，让度假村呈现出生机勃勃的北方绿洲风景。北农阳光99旅游休闲度假区地处阳高县罗文皂镇孤山村，占地33.33公顷，以养生为主题，容纳温泉理疗、康体保健、体育运动场、健身中心、30余个温泉泡池、高尔夫训练场、拓展训练实训基地、生态垂钓台、电影院、KTV等休闲设施，社团式兴趣小组等多重生活内容，是大同市首家拥有室外温泉泡池的水疗浴场。

《2016全国优选旅游项目名录》是国家旅游局与国家开发银行等10家银行共同组织专家从各省上报的旅游项目中，根据项目的成熟度、开工条件、市场前景和引领示范作用等因素评选而出。优选旅游项目优先获得旅游发展基金贷款贴息资金支持，解决优选项目投融资过程中实际问题。这次入选名录的旅游项目有747个，山西省入选项目31个。（冯 雨）

【“一德模式”为旅游产业发展注活力】 2016年6月5日，大同市旅行社到一德街踩点考察暨资源共享签约仪式在浑源一德街举行，市旅游局、浑源县委县政府、大同市30家旅行社及一德街投资方凯德世家股份有限公司的各方代表出席活动。6日，大同市30余家旅行社代表及多家媒体代表参观一德街“晋商往事”“民国风情”“浑源印象”三个主题街区，了解街区整体定位和业态规划以及发展前景。

签约仪式上，凯德世家股份有限公司董事长郭永钢解析一德街在全市文化旅游行业发展规划的作用和功能补位，以及一德街文旅特色商街、“一德模式”的构想和实践。大同市旅游界业内人士与凯德世家股份有限公司共同讨论一德街的前景。各方代表表示，大同市各方应坚持长期培育旅游产业发展，把旅游产业发展作为政府和旅游主管部门的分内之事，强化市场主体培育，强力开拓市场，以一德街项目完美呈现为契机，借鉴“一德模式”提升大同市旅游服务质量，完善旅游功能配套建设。

签约会上，大同国旅、大同中旅、四季山水、美程国旅四家具有出境权的出境旅行社负责人分别与一德街签订战略合作协议，达成战略合作共识，形成一德街与全市旅行社强强联盟的格局，实现优质旅游资源整合。

（冯　雨）

【大同被评为“避暑旅游城市”称号】 2016年6月24日，以“旅游+避暑——休闲新动态，增长新动力”为主题的2016中国避暑旅游产业峰会在长春举行，在大会上，大同市被评为“中国最具潜力避暑旅游城市”，获此称号的还有贵州安顺、辽宁葫芦岛、河北承德三城市。根据2016年“避暑旅游城市发展报告”研究成果，大同市进入避暑旅游城市排行榜，被授予“避暑旅游城市”称号。

峰会由中国旅游研究院、中国气象局公共气象服务中心主办，是国内最具权威性的关于发展避暑旅游产业的高端峰会。根据连续数年的研究报告，大同市连续进入中国避暑旅游排行榜，在每年6、7、8月间的空气洁净度、温度、湿度等指数方面，名列前茅，被授予“避暑旅游城市”称号，并获“中国最具潜力避暑旅游城市”称号。

（冯　雨）

【文化旅游产业发展座谈会】 2016年8月10日，大同市召开文化旅游产业发展座谈会，山西省、上海市的部分专家、企业家，为大同市文化旅游产业发展把脉支招、建言献策。市委副书记、市长马彦平，省人大内司委副主任、省文化旅游产业投资促进会顾问韩和平，复旦大学历史系教授、博士生导师韩昇，省文化旅游投资促进会会长、国信投资集团董事长郑富核、上海夏鼎资本山西合伙人刘永利，以及上海社科院、上海明心讲堂书院等专家出席座谈会。

座谈会上，与会专家、企业家结合大同市资源地域等优势，提出大同市文化旅游产业发展战略构想，以及发展寻根历史文化旅游、建立大数据中心等具体项目实施和运作模式等建议。

（小　霞）

【“大同旅游一卡通”向京津冀蒙晋发售】 2016年9月1日，京津冀蒙晋“旅游一卡通”开始在全省11个市发行实体卡，通过旅游互联网平台“大同旅游一卡通”平台发行虚拟卡。“大同旅游一卡通”平台入口有3个，分别为“大同旅游一卡通”微信公众号、建设银行手机银行及分销平台。9月8日，“大同旅游一卡通”微信公众号上线，9月20日，建行手机银行及分销平台线上支付开通。凡北京市、天津市、河北省张家口市、内蒙古自治区乌兰察布市和山西省11个市的游客持身份证到山西省内建设银行网点通过身份验证后，向大同市财政非税户缴纳100元，即可获“大同旅游一卡通”联名卡。通过关注“大同旅游一卡通”微信公众号（及其他分销公众号），结合微信虚拟会员卡工具，办理、激活“旅游一卡通”，同时享有其他大同特色服务。

大同市政府与中国建设银行大同分行联手，面向京津冀蒙晋发售“中国·大同旅游一卡通”，发行量每年20万张，每张100元，游客持卡可1年内不限次数免费游览云冈石窟、华严寺、善化寺、九龙壁、关帝庙、观音堂、府文庙、大同城墙遗址、法华寺、纯阳宫、帝君庙、市博物馆、中国雕塑博物馆、悬空寺、恒山（其中包含恒山进山费和悬空寺头道门票）15个景点。

（小　霞）

【“洋眼看山西”采访团到大同采风】 2016年9月26日，由中国日报社组织开展的2016年“洋眼看山西”采访团一行到大同，15名外国友人游云冈石窟、看九龙壁、观得胜堡长城，欣赏大同景色。

大同是2016年“洋眼看山西”境外旅游宣传推广活动的第三站。“洋眼看山西”分别于2016年6月和8月完成“晋商文化之旅”和“黄河风情之旅”。这次大同之行为“聚焦晋北之旅”，也是活动的收官之笔。参加“洋眼看山西”聚焦晋北之旅的有来自英国、美国、法国、印度、加拿大、匈牙利、西班牙、新西兰、印度尼西亚、菲律宾、尼泊尔、韩国、津巴布韦13个国家15名外国友人。他们作品在中国日报、网站、中国日报新浪微博账号、微信订阅号、Facebook、twitter等社交媒体发布。

（小　霞）

【国庆旅游情况】 2016年国庆期间，大同市各大景区景点接待海内外游客423.76万人次，同比增长21.25%，旅游总收入19.22亿元，同比增长19.16%。国庆期间，市旅游集散中心分布在古城、火车站、大同云冈机场、新南客运站、恒山悬空寺景区的营业厅，接待各类游客1.46万人次，日接待2000人次，日接待在线和电话咨询300余人次，免费发放大同旅游宣传资料3.4万份。到大同旅游75.9%的游客为自驾游或自助游，其中43.7%自驾游，32.2%自助游。大同市旅游发展还存在许多不足，如没有开往恒山的旅游直通车；古城内缺少停车场；如厕难，古城内没有几处可供游客使用的公共厕所；旅游产品单一，线路少，除云冈、恒山、古城外，缺少成熟的县区旅游产品和线路供游客游玩，以延长游客在大同逗留时间等。

（晨　曦）

【全市景区（景点）体制机制改革座谈会】 2016年11月5日，大同市景区（景点）体制机制改革座谈会召开，会议主要讨论“大同旅游怎么能做得更好”，参会人员有大同市副市长曹惠斌等人。

会议传达山西省委、省政府印发的《关于推进旅游景区（景点）体制机制改革创新的意见》通知，通知对全省旅游景区（景点）体制机制改革提出具体指导。座谈会上，市旅游局、文物局、园林局和云冈石窟、恒山、华严寺等景区相关负责人分别汇报各自区域内的旅游现状和存在问题，以及未来的发展规划。

（晨　曦）

【大同三县入选“国家全域旅游示范区”名单】 2016年11月13日，国家旅游局公布第二批创建“国家全域旅游示范区”名单，山西省有15个市、县、区入选，其中大同市灵丘县、大同县、浑源县入选。

在省旅发大会期间，全市提出推动大同旅游从“景点旅游”到“全域旅游”转变理念。“全域旅游”是指把一个区域整体作为功能完整的旅游目的地加以建设，实现景点内外一体化，做到人人是旅游形象，处处是旅游环境。进入“国家全域旅游示范区”的区域，要实现旅游交通便捷、服务便利，旅游厕所数量充足、质量达标，旅游标识完备、公共信息完善，旅游产品层次丰富、因地制宜、突出特色，全域景观化，景区内外环境一体化，市场秩序规范化，旅游服务精细化等。

这次入选创建“国家全域旅游示范区”名单的灵丘、大同、浑源三县，均自然风光优美、区域文化独特、历史人文遗迹和自然景观星罗棋布，具备发展全域旅游的良好基础条件。其中灵丘县历史文物丰富、革命遗址众多，以平型关战役遗址、赵武灵王墓、北魏觉山寺、曲回寺唐代佛冢群、桃花山天然溶洞、花塔村风景区、甸子梁空中草原而驰名；大同县境内大同火山群是中国境内最典型的火山集中分布区，为东亚大陆稀有的自然遗产，土林奇观、采凉积雪、马铺山白登之战遗址、昊天寺、吕家大院等景观独具魅力；浑源县旅游资源丰富，拥有北岳恒山、悬空寺、汤头温泉、神溪湿地、千佛岭风景林等风景名胜。

（晨　曦）

【大同国旅入列国家旅游局“红名单”】 2016年11月14日，国家旅游局公布首批668家公开承诺诚信经营旅行社名单，其中大同国旅入列，山西省有9家旅行社被列入首批“红名单”。

自愿承诺诚信经营的旅行社就是“红名单”，而开列“红名单”就是为打击“不合理低价游”，引导旅游企业诚信经营。国家旅游局号召全国旅游企业自愿承诺诚信经营，得到行业协会和广大旅游企业的响应。全国有23个省区市的668家旅游企业与各地旅游协会自愿签订《旅行社诚信经营承诺书》并公开承诺：诚实守信，守法经营；真实宣传，正确引导；合理定价，明码实价；规范合同，公平交易；化解纠纷，及时公正；规范服务，塑造品牌。（晨　曦）

【省旅游商会在宜昌宣传大同古都灯会】 2016年11月20日至22日，山西省旅游商会到湖北省宜昌市举行年会并“抱团营销”，大同市以此契机宣传大同旅游和古都灯会，吸引更多的游客了解大同，走进古都，受到与会各方关注。

这次在省外举行的省旅游商会年会，系山西省旅游商会与省自驾车联盟将年度总结会与省外旅游整体营销、业务对接结合，有全省近300家旅行社和部分景区的负责人以及自驾车联盟负责人约500人参与，会议集中推出山西旅游传统线路及新开发的线路产品近百条。全市旅游部门参与，并主题推介大同旅游和2017中国大同古都灯会。

年会推介活动中，全市展示古都灯会宣传片和现场发放大同旅游及古都灯会宣传册，受到与会山西省及湖北涉旅单位的评价，并向大同市旅游部门咨询相关情况，表现出对开展古都灯会旅游的兴趣。（晨　曦）

【“山西旅游品质榜”评选活动新闻发布会】 2016年11月28日，由山西省旅游发展委员会主办、山西日报传媒集团和各市旅游局共同承办的“山西旅游品质榜”评选活动新闻发布会在太原举行，该评选第一批次评选的品质旅行社、品质服务导游、品质旅游线路三个类别评选活动100进30大众复评结束，进入终评环节。其中，大同中国旅行社、大同华远国旅、同煤晋华国旅入围品质旅行社30强，大同华远国旅张亮、大同中旅麻晨琪入围品质服务导游30强，大同古建宗教二日游、大同方特世界、九龙温泉纯玩二日游等线路入围品质旅游线路30强，争夺各榜单最终十佳席位。

这次评选活动以“山西旅游品质榜，旅游服务大家评”为主题，2016年9月6日启动，要求在2年内，通过大众投票与专家评审相结合的评选方式，分三个批次，进行10个类别评选。11月28日，是第一批次评选，有135家旅行社、184名导游、150余条旅游线路参与第一批次评选。10月1日，第一批次评选投票启动，在为期6周的大众初评和100进30大众复评中，70余万人次参与微信投票，近600万人次访问微信投票端。这次评选，大众微信投票结果占比40%，纸质投票及《山西日报》投票结果占比30%，专家评审组投票结果占比30%，综合大众投票结果和专家评审结果，产生山西十佳品质旅行社、山西十佳品质服务导游、山西十佳品质旅游线路榜单及其他分榜。（晨　曦）

【旅游产业转型升级】 2016年，大同市旅游局围绕打造旅游目的地城市这个中心，以增加游客、增加收入、增加美誉度为三大目标，推动旅游产业转型升级，全市旅游业保持平稳较快增长态势。

旅游经济保持平稳增长。2016年1月至11月，全市接待入境旅游者6.71万人次，同比增长6.15%；旅游外汇收入3921.62万美元，同比增长7.06%；接待国内旅游者3954.46万人次，同比增长27.05%，国内旅游收入351.13亿元，同比增长30.24%；旅游总收入353.68亿元，同比增长30.1%。

12月，大同市开创文化旅游冬令时——冬令文旅战役。市旅游局推进2017中国大同古都灯会宣传营销工作，结合旅游工作实际，制订出台2017中国大同古都灯会宣传营销工作方案和优惠政策。按照安排，重点在京津冀蒙和全省各市以及大同市开通的直飞航线城市开展精准营销。灯会期间，针对不同人群推出“灯会+”模式，设计多条旅游线路产品，推出古城经典文化游、北国风景自然游、欢乐亲子乐园游、地质奇观探秘、登高祈福游等，满足到大同游客的旅游需求。

大同市培育“天下大同”旅游城市品牌取得成果。2016年，全市旅游宣传促销工作创新方式，培育打造“天下大同”旅游城市品牌。通过继续在中央电视台播出大同旅游城市形象和主要景区宣传片、组织参加“晋善晋美·山西旅游”走进沪赣皖、云贵琼六地旅游宣传推介等对外宣传活动，通过邀请众多国内知名旅行商到大同考察踩线，邀请中国文化产业发展集团、港中旅集团、华谊兄弟文旅集团等到大同考察开展旅游产业合作情况，以及面向京津冀蒙晋发售20万张100元的“大同旅游一卡通”，邀请CCTV发现之旅频道《美丽家园》栏目走进古都大同等，宣传大同旅游。

（刘　江）

【晋商联盟整体开发古城东北隅片区】 晋商联盟（大同）文化旅游有限公司投资65亿元，整体开发大同古城东北隅片区。2016年12月，古城东北隅文化旅游产业项目土地挂牌出让，并规划制定设计方案。古城东北隅文化旅游产业项目占地约37.53公顷（不含代王府），建筑规模约30万平方米，西至武定街，东至和阳门内街，南至和阳街，北至武定门内街。项目以古城文旅中心和旅居中心为主导定位，分为三个区，其中代王府文旅中心区是整个古城文化旅游活动聚集中心，柴市角旅居中心区是古城精品住宿休闲设施集中区，十府街社区中心区是居游共享社区配套服务设施区。9月27日，大同市政府与晋商联盟就大同古城东北隅文化旅游产业项目签署协议。晋商联盟控股有限公司成立于2012年初，是国内首家以投资并购为主营业务的民营企业集团。该公司专门成立子公司晋商联盟（大同）文化旅游有限公司负责古城东北隅项目的投资、建设和运营。

项目中的代王府项目总占地约18.07公顷，其中主轴线及建成部分为市政府投资建设（属政府资产），其余6.25公顷的后续施工建设、装修等均由晋商联盟（大同）文化旅游有限公司出资建设，代王府后续工程及代王府范围内的绿地、道路、广场和市政工程等要统一规划设计，报规划局审批后才能实施。（刘 江）

旅游行业管理

【规范旅游市场秩序】 2016年，大同市旅游局结合旅游行业管理工作实际情况，制订出台2016年行政执法工作计划，查处未取得相应的旅行社业务经营许可非法经营旅游业务等行为；在全市旅行社中推广使用旅游电子合同，推进恒山景区悬空寺整改；推动人文旅游景区导游讲解员自愿服务工作；举办2016年山西省导游大赛大同选拔赛和2016年度导游人员岗前培训。参加全省导游大赛，高级导游朱孟麟凭借其导游从业31年来零投诉的业绩获“终生荣誉奖”，3名参赛选手获山西省优秀导游奖；参加全省“颐景杯”旅游星级饭店职业技能大赛，在西餐服务、客房服务上取得佳绩；全市有15家旅行社自愿签订《旅行社诚信经营承诺书》。2016年大同国旅入选全国100家文明旅游先进单位。截至2016年底，受理旅游投诉77起，旅游咨询建议26个。其中，涉及旅行社的旅游投诉61起，涉及景区（点）9起，涉及星级饭店7起，为游客挽回经济损失1.8万余元。（旅游局）

【旅游安全管理】 2016年，旅游安全管理工作坚持安全生产例会制度，建立安全生产责任体系，实行安全生产责任制，推行企业法定代表人安全生产承诺制，以强化旅游企业安全生产主体责任和深化旅游安全生产专项整治、排查治理安全隐患、打非治违为工作重点，印发《关于做好春节和“两会”期间旅游安全工作的通知》《关于做好汛期旅游安全工作的通知》《关于深刻吸取“11.21”交通事故教训切实做好旅游安全工作的紧急通知》等安全工作文件，出台《大同市旅游局关于安全生产“党政同责、一岗双责”实施意见》和《大同市旅游局2016年安全教育培训计划》。全市未发生旅游安全事故。（旅游局）

【“2015中国好导游·中国好游客”名单公布】 2016年，为加强旅游行业建设，倡导文明旅游，树立一批身边好导游、好游客先进榜样，国家旅游局组织开展“2015中国好导游·中国好游客”推选征集活动。

2016年3月，国家旅游局在其官网上公布“2015中国好游客、中国好导游”名单，其中“2015中国好导游”1643名，“2015中国好游客”1003名。大同市的杨蕴婧、吕飞、朱建中、范海新、张亮、朱立国6名导游员获“2015中国好导游”称号；大同游客王桂香获“2015中国好游客”称号。（红 远）

【国家旅游市场综合监管督察小组到大同】 2016年5月24日，由公安部治安管理局副巡视员温忠民带队的国家旅游市场综合监管专项督察小组到大同，专项督察大同市贯彻实施国务院办公厅《关于加强旅游市场综合监管的通知》精神，文化部文化市场司调研员尚玉祥、省旅游局副局长王琳随行，副市长杨勤荣陪同。

督察组一行到大同市云冈石窟大景区，现场抽查、听取汇报，了解景区建设、文物保护、服务配套情况，以及大同市贯彻《关于加强旅游市场综合监管的通知》精神、旅游市场综合监管工作机制建立、旅游市场综合监管责任清单落实等情况，督察组一行肯定大同市开展旅游市场综合监管执法所取得的成效和以云冈石窟大景区为代表的旅游景点景区在景区建设、设施完善、游客满意度等方面的成果，并希望大同市推动旅游市场监管全覆盖，建立起旅游市场综合监管机制，推动大同市旅游市场健康良性发展。（赵 瑾）

旅游资源开发建设

【旅游项目建设】 2016年，大同市旅游局推动方特主题园区项目暑期运营；邀请中国长城学会大同“长城经济带”考察团到大同考察，推进长城（大同段）保护与利用；推动北岳恒山三元宫修复和旅游集散中心设立等项目建设。按照《山西省旅游厕所建设目标责任书》，2016年计划新建旅游厕所30座，改建旅游厕所1座，部分项目完工。加大对古城、火山群、内外长城的规划、招商引资和建设力度。2016年，大同城墙被批准为国家AAAA级旅游景区。阳高县杏泉峪生态旅游区、北农阳光99旅游休闲度假区两项目入列国家旅游局发布的《2016全国优选旅游项目名录》。（旅游局）

【乡村旅游建设】 2016年，大同市旅游局开展乡村旅游项目申报工作，浑源县、阳高县两县四村进入申报名单。组织部分县区和乡村旅游点参加山西省旅游局和扶贫办在浙江大学继续教育学院举办的山西省乡村旅游扶贫专题研修班。灵丘县北泉村推出《山水北泉》乡村实景演出节目，走出一条发展乡村旅游的路子。（旅游局）

【古城文化旅游综合项目规划汇报会】 2016年4月23日，大同市古城文化旅游综合项目规划汇报会在大同举行。市委副书记、代市长马彦平听取大同古城文化旅游项目规划汇报。

会上，晋商联盟控股股份有限公司专业人员从现状分析、规划路径、开发模式、发展战略、目标定位等方面，汇报大同古城文化旅游综合项目规划方案，城区及市发改、国土、住建、国资、旅游、文物、规划、经济建设投资公司等负责人围绕规划方案，提出意见。

（旅游局）

【四个文化旅游产业招商引资项目签约】 2016 年 8 月 31 日，在 2016 山西省旅游发展大会上，大同市 4 个文化旅游产业招商引资项目签约。大同市委书记张吉福，市委副书记、市长马彦平等见证签约。

签约的 4 个项目明确项目的合作目标、原则、内容、机制、双方权利和义务等。《关于建设会展中心和其他城市公共事业合作协议》规定，双方在大同市公共事业、现代服务业配套设施、文化旅游产业项目投融资、开发建设、运营管理和引入合作资源等方面开展合作。《文化旅游综合体和房车旅游露营地项目合作协议》规定，双方就大同市旅游资源的开发建设运营进行战略合作，提升大同市旅游知名度和满意度，在文瀛湖周边打造文化旅游综合体和房车旅游露营地项目。《“天下大同”大型实景情境式旅游演出与文旅体验综合体项目合作协议》规定，鼎盛盈科文化公司投资 3 亿元，进行古城墙大型实景情境式旅游演出与文旅体验综合体项目。《潘家园（大同）古城文化商业项目合作协议》规定，通过双方合作，构建文化商业综合服务平台。（小　霞）

【“百千万亿工程”之千人免费游大同活动】 2016 年 9 月 9 日至 25 日，1000 名幸运游客分三批免费应邀到大同开始古都大同三日深度游。

“大同旅游产业百千万亿工程”是大同市申办省旅游发展大会时所做出的承诺。在省旅游发展大会期间，全国百强旅行社到大同采风并对接全省 11 城市优质旅游资源，1 万张大同景区景点门票以 1 元特价被人们热抢，2 亿元大同旅游发展扶持基金到位，每年 20 万张大同旅游一卡通面向京津晋和乌兰察布、张家口等地发行。

这 1000 名幸运游客是从网上报名参与这一活动的全国各地 5 万余名网友中，在公证处公证人员监督下，由电脑随机抽取产生。他们分别于 9 月 9 日至 11 日、9 月 16 日至 18 日、9 月 23 日至 25 日到大同开始大同文化之旅，游程安排为悬空寺、恒山、云冈石窟、大同博物馆、大同古城墙、华严寺、善化寺、九龙壁等。（小　霞）

旅游发展大会

【2016 山西省旅游发展大会在大同召开】 （参见该书 25 页《2016 山西省旅游发展大会在大同召开》）

【姜昆担任大同形象推荐大使】 2016 年山西省旅游发展大会电视竞演初赛 5 月 9 日在北京启幕，相声表演艺术家姜昆作为大同形象推荐大使参加竞演活动。

姜昆是相声表演艺术家，从艺 30 余年，创作和表演上百段相声作品。《如此照相》《特大新闻》等作品。他创作的国内第一部相声剧《明春曲》，在国内外演出近百场，并搬上人民大会堂的舞台。（赵　瑾）

【高保利参与旅发大会竞演】 2016 年山西省旅游发展大会电视竞演初赛 5 月 9 日在北京启幕，大同籍原生态歌手高保利参与竞演节目表演，高保利曾是灵丘县罗罗腔剧团演员，后来被歌唱家王昆收为关门弟子，从此走上音乐之路，成为中国歌剧舞剧院一名独唱演员。高保利多次到大同参加公益演出。这次他参与竞演节目表演，用艺术形式把大同的美景呈现在舞台上。（赵　瑾）

【大同参加省旅发会主办城市初赛】 2016 山西省旅游发展大会主办城市电视竞演初赛 2016 年 5 月 9 日在北京东艺天弘演播大厅开始录制，全省 11 市的市委书记或市长登台推介，在与太原、吕梁、长治的同场竞演中，大同市以 406.42 分的高分名列第一，并在参加竞技的 7 个城市中名列首位，直接晋级复赛！

2016 山西旅游发展大会申办城市电视竞演设初赛、复赛、半决赛、决赛。比赛中，除市领导推介城市外，还邀请社会名人、营销专家助阵，通过多种形式、独特视角，展示当地的历史文化、特色美景、民俗民风、地方美食，以及未来的旅游发展规划。几轮比赛过后，最终胜出的城市获得主办权。这次活动专门邀请到四位嘉宾担任评委并现场点评，他们是中国著名导演、“印象系列”第一人王潮歌，被誉为“百科全书”的社会评论员梁宏达，携程网副总裁李阿红，中国第一律所盈科环球控股创始人梅向荣。另有 30 位业界评审和 100 位大众评审现场打分。初赛设置视频展示、5 分钟 TED 演讲推介、8 分钟自编自演节目等多个环节。录制由目主持人白燕升主持。初赛产生 8 个晋级名额。（赵　瑾）

【省旅发会主办城市电视竞演复赛在京举行】 2016 年 5 月 13 日，2016 山西省旅游发展大会主办城市电视竞演复赛在北京东艺天弘演播大厅举行。初赛时晋级的大同代表团与忻州、吕梁、长治同在 B 组，在复赛竞演中，大同市以展示城市深厚文化底蕴的节目《天地相生 大和天下》参赛。第一轮竞演以《大和天下之悬空寺》为主题亮相，100 位大众评审有 92 位为大同亮灯，媒体评审则全票通过，大同第一轮得分 392 分。第二轮的竞演主题是《大和天下之华严寺》，媒体评审全票通过，得到 383.5 分。最终，结合 5 月 12 日 24 时市民投票情况，大同市以 416.03 的总成绩位列复赛第一，进入半决赛。进入半决赛的还有忻州、运城、临汾三市，太原、晋中、长治、吕梁则被淘汰。（赵　瑾）

【大同市挺进申办山西旅发大会竞演总决赛】 2016 年 6 月 14 日，山西省旅游发展大会主办城市评选《人说山西好风光》电视竞演半决赛在北京东亿天弘演播厅拉开战幕。大同市与运城、忻州、临汾同场竞技，经过比赛，大同市晋级决赛。副市长杨勤荣在现场观看竞演。

与初赛、复赛赛制相同，半决赛依然采取现场展演、现场评分、场外投票的形式进行。大同市以复赛成绩排名第一的身份晋级半决赛的。与之前展现的历史文化不同，这场竞演大同市的表现风格突出“现代、活力、魅力”。在第一场的体验短片《我在大同等你》中，大同市曲艺家柴京海带领人们领略大同城市形象，亮出大同作为“雕塑之都”的旅游文化名片，美食、美景，非遗文化，呈现着“大同欢迎你”的热情与呼唤。5位导游用活泼现代的表现手法，5种不同语种推介大同的自然风情、文化古迹、旅游景点等。

半决赛第二场城市好风光环节的竞演是新老景区的推荐。大同市以诗配舞——《两片叶子的对话》参赛。竞演仍由白燕升主持，现场专家评审为导演娄乃鸣、《百家讲坛》主讲王立群、中国第一律所盈科环球控股创始人梅向荣、国家旅游局原副局长杜一力。竞演结束，综合场内两场得分和场外投票，大同市与运城、临汾晋级决赛，角逐山西省旅游发展大会的主办权。

6月14日，大同进入2016山西省旅游发展大会主办城市决赛。决赛得分规则是两轮平均分×90%+网络投票×10%，分数最高者获旅游发展大会主办权。

决赛进行两轮，第一轮是城市形象宣传片+营销专家演讲，要求城市形象宣传片侧重于城市旅游服务，旅游软硬件设施，时间为2分钟以内；演讲的内容则为城市旅游的未来规划及展望，时间为4分钟以内。第二轮是城市形象推介节目，把城市代言人为城市推介、助威融入节目中+市委书记或市长总结演讲，推介节目形式不限，但风格要轻松热闹，积极向上，彰显城市气质和胸怀，发挥城市代言人的作用，时间6分钟以内。市委书记或市长演讲内容包含旅游招商引资政策的介绍，时间为4分钟以内。每轮结束后要嘉宾点评，现场100位观众（总分100分）和30位评审（总分300分）打分。（冯　雨）

【大同获2016山西旅游发展大会主办权】 2016年6月17日，大同市以决赛总成绩414.88分拔得头筹，获得2016山西旅游发展大会主办权。山西省副省长王一新，市委副书记、市长马彦平，副市长刘振国等参加颁奖晚会。

2016山西旅发大会主办城市评选活动中，大同市委书记张吉福，在初赛及决赛出场推介大同；市委副书记、市长马彦平多次沟通协调，解决申办过程中遇到的各种困难和问题；副市长杨勤荣全程在京靠前指挥；全市人民为大同申办工作注入动力。5月9日，“人说山西好风光”电视竞演初赛，全省11个城市携手并肩到京城推介自己。经过初赛竞演，有8个城市进入复赛。6月14日，有4个城市参加半决赛，6月15日，运城、临汾、大同进行最后的对决。

6月17日，11个城市的导游小姐走上舞台，再次推介自己的城市。大同市参赛作品是舞蹈《两片叶子的对话》。在播放朔州、晋城、阳泉3个城市的参赛回顾之后，为其颁发“最具旅游潜力城市奖”；在回顾吕梁、长治、晋中、太原的参赛历程后，为这4个城市颁发“最具旅游活力城市奖”。回放忻州、运城、临汾、大同的参赛历程后，为进入半决赛的4个城市分别颁发“最具魅力全域旅游示范城市奖”“最具旅游影响力城市奖”“最具人文体验和历史价值城市奖”“最具文化旅游魅力城市奖”，刘振国代表大同市领取“最具文化旅游魅力城市奖”。最终，山西旅游发展大会主办权花落大同，上届山西旅游发展大会主办方太原市市长耿彦波把山西旅游发展大会标志物“晋侯鸟尊”传递给马彦平，主持人白燕升称大同是山西具有王者风范城市的“王中王”。（冯　雨）

【2016山西旅游发展大会大同工作动员会】 2016年7月22日，大同市举行旅发大会大同工作动员会，要求全市上下行动起来，发挥“主人翁”精神，以饱满的热情和有力的举措，提升城市品质、创优旅游环境、提高服务水平，喜迎八方宾朋云集大同，展示“天下大同”良好形象，把旅发大会办成山西全省的旅游大联欢，并以此为契机，把旅游产业作为转型发展的龙头，推动其振兴崛起，促进全市经济转型发展。

市委书记张吉福作动员讲话，市委副书记、市长马彦平主持，市领导马斌、部向华、刘振国、杨勤荣、尚建军等出席动员会。

会议宣读《2016山西旅游发展大会大同工作方案》，明确山西省旅发大会大同领导组的组成人员及成员单位，把各项任务分解落实到各部门各单位。2016年山西旅发大会定于8月29日在大同市开幕，系列活动从7月22日起展开，首届中国大同国际休闲体育旅游周、中国大同文化产业博览会、“三晋巧姐”手工艺品暨“三晋巧姐+旅游”创新发展成果展评活动、方特欢乐世界狂欢节暨首届夏季灯光秀、大同音乐·啤酒·美食节、中国（大同）国际汽车文化展、中国古都非遗文化博览会、古都夏季音乐节、大型传统歌舞音乐剧《想亲亲》、全国热气球锦标赛等主题活动让游客领略大同之美、山西之美。（木　依）

【“助力旅发大会·党员在行动”活动部署会】 2016年8月9日，大同市“助力旅发大会·党员在行动”活动部署会召开，会议就全市各级党组织和广大党员如何发挥好作用，为办好旅游发展大会提供坚强组织保障，提出具体要求。大同市委常委、组织部长赵向东出席会议并讲话。

旅游发展大会期间，全市各级党组织和广大党员会围绕大会各项工作任务，立足岗位实际，开展以“党员亮身份、岗位亮承诺、服务亮标准，比作风、比形象、比业绩，创岗位奉献先锋、创群众满意窗口、创优质服务品牌”为主要内容的“三亮三比三创”主题实践活动。

会议要求，全市各级党组织和广大党员要领会开展这项活动的重要意义，明确目标抓谋划，突出重点抓推进，统筹结合抓实效，确保活动有效开展。明确领导责任，加强工作督导，营造浓厚氛围，加强活动组织保障，以实实在在的工作成效为旅游发展大会的成功举办，为建设美丽、富裕、幸福大同作出贡献。（小　霞）

【张吉福检查旅发大会筹备情况】 2016年8月25日，大同市委书记张吉福率相关部门负责人检查大会各项筹备情况、进展情况。市领导马斌、部向华、张韬、杨勤荣、尚建军等参加检查。

张吉福一行到古城东南隅、南

城墙、华严寺广场、文瀛湖生态公园等处，实地查看群众文化活动广场、2016大同·理想音乐艺术生活节、古城“天天演”系列群众文化活动、房车游艇展示展演会、20公里越野赛等活动筹备推进情况，要求活动相关组织单位严把关口，确保场地安全、活动丰富、群众满意。张吉福到古城内环路，实地了解联通大同分公司旧楼的拆迁进展和宇鑫大厦拆除后的清理进度，要求有关部门克服困难，在规定时间内完成任务。为创造更加安全稳定的社会环境，大同市组织大同军分区，大同预备役师，市公安局反恐、巡特警及南郊区、矿区、云泉分局，市移动、联通、电信公司，市卫生、供水、供电、供气、供油等部门和单位千余人，在御东行政中心广场集中拉动演练。张吉福等观看演练。

（小　霞）

【省旅发会四大新媒体平台上线】 2016年8月25日，受2016山西省旅游发展大会承办方大同市人民政府委托，由新华网山西承建的大会APP、官方网站、官方微博、官方微信经过试运营后上线。

大会动态、山西旅游、大同旅游等大会相关信息都会通过这四个渠道向外传播。这四大渠道的开通，是山西省、大同市应用“互联网+”理念的具体体现。在构建大会官方指定信息发布网络平台的过程中，四大新媒体传播平台各有侧重：APP（在苹果APP市场或安卓应用商店搜索“山西旅发大会”）展示大会资讯、山西旅游等相关内容，为参会嘉宾提供会议议程、参会指南等服务；官方网站（http://sx.xinhuanet.com/2016sxly/index.html）定位为大会权威信息发布平台；官方微博（http://weibo.com/sxlyfzdh）主要定位为碎片化传播渠道，为网友提供互动平台，每日发布山西旅发大会最新信息，策划热点话题；官方微信（sxlyfzdh）力求为网友提供深度阅读文章，立足于传播山西省、大同市深厚的历史文化，传递关于大会的内容。围绕这次大会，新华网对大同主要景区进行无人机、VR拍摄。

（小　霞）

【2016山西旅游发展大会系列活动】 2016年8月29日，山西旅游发展主题大会在大同市召开，大会期间及前后举办系列活动，向世界展示“天下大同”形象和精神象征。

7月16日，由深圳华强方特文化科技集团与大同市共同打造的高科技主题乐园方特欢乐世界开园。7月23日，来自全国各地的40支车队2000余人相约华严广场，参加第三届大同国际骑游大会，这项活动成为大同市以体育休闲为载体，展示城市形象、开展多元交流的文化旅游品牌之一，骑游大会期间，还举办火山越野赛、长城越野多日赛等多项活动。7月24日，1500余名跑友跟随中国最大规模的主题巡回登山赛事“中国健身名山登山赛”相聚北岳恒山，挑战3999级最强“步阶赛道”。这两项活动，作为首届中国大同国际休闲体育旅游周的组成，拉开山西旅游发展大会序幕。8月5日至9日，2016“三晋巧姐”手工艺品暨“三晋巧姐＋旅游”创新发展成果展评活动，在中国雕塑博物馆举行。8月5日至13日，全国热气球锦标赛举行。8月中旬，2016中国古都非遗文化博览会在华严寺广场和华严街举行。8月下旬，中国（大同）国际汽车文化节在南城墙关城、月城、耳城举办。8月20日至30日，2016大同音乐·啤酒·美食节在华严广场举行。同期，2016中国大同文化产业博览会举行，是旅发大会的重头活动之一，包括在中国雕塑博物馆举办的中国陶瓷艺术学术高峰论坛暨80位大师精品作品展，在文瀛湖生态公园举办的中国房车、游艇展示展演会，在和阳美术馆举办的全国休闲文化旅游产业博览会，诸项活动皆展现文旅产业新理念。8月28日，2016古都夏季音乐节在古城南城墙关城举行；大型传统歌舞音乐剧《想亲亲》在市工人文化活动中心复排。从7月下旬至9月16日，2016方特欢乐世界狂欢节暨首届夏季灯光秀举行。（木　依）

【旅发大会万张门票“一元抢购”开启】 2016年8月30日，2016旅游发展大会首批4000张门票抢购活动开启。

参与一万张门票“一元抢购”活动的游客，可通过关注活动指定官方微信公众平台“玩在大同”；点击“旅发服务”进入“一元抢购门票”页面；抢购支付成功后，凭订单编号及手机号到各景点对应的景区服务台咨询取票，取票截止日期为2016年12月31日。

“一元抢门票”是2016山西省旅游发展大会重要惠民工程之一，面向全国发售一万张价值一元的旅游景区门票。这次活动抢购分3批进行，首批4000张抢购于8月30日16时30分开启，与“2016山西旅游发展大会”新闻发布会同步上线。每个微信ID限购一张，第二批和第三批3000张门票在2016山西省旅发大会期间上线。

（小　霞）

【省旅游发展大会媒体见面会】 2016年8月30日，2016山西省旅游发展大会媒体见面会在云冈建国宾馆举行，并举行“大同旅游产业百、千、万、亿工程”启动仪式。山西省委宣传部副部长刘英魁、省旅游局副局长王文保出席媒体见面会。大同市副市长曹惠斌向采访报道省旅游发展大会的全国、全省媒体记者介绍大同市筹备大会情况。

参加媒体见面会的有来自全国、全省各大媒体及网络媒体50余家新闻单位近百名新闻记者。曹惠斌在通报中向大家介绍大同市的历史文化和旅游文化资源，以及大同市旅游产业发展取得的成就。大同市立足大同实际，挖掘文化旅游资源，抓住依托乌大张、对接京津冀、融入环渤海区域合作，大张高铁开工建设，冬奥会申办成功和省委省政府出台的一系列支持旅游产业发展壮大的政策措施等重大机遇，依托历史人文和旅游资源优势，把文化旅游产业作为7大非煤产业之首，把其打造成为大同市新兴支柱产业和区域中心旅游产业龙头，把大同打造成旅游目的地、山西旅游的北大门、全省旅游集散中心。（小　霞）

【省旅游发展大会晋善晋美·山西旅游推介会】 2016年8月31日，2016山西省旅游发展大会晋善晋美·山西旅游推介会在大同贵宾楼假日酒店举行，推介会通过旅游宣传片，山西旅游整体推介，大同旅游推介，现场表演等形式把山西及大同丰富旅游资源展示推介给现场嘉宾。山西省旅游局副局长李贵、王琳出席推介会。

王琳在致辞中用“晋善晋美”概括山西旅游。2016年，山西省存国家级重点文物保护单位452处，位居全国第一，拥有云冈石窟、平遥古城、五台山三处世界文化遗产，有大同、太原、平遥、代县、祁县、新绛历史文化名城6个，有40个国家级历史文化名镇名村。全省有国家级风景名胜区5处，国家级森林公园18处。经过建设，山西旅游形成世界遗产、宗教古建、晋商民俗、寻根问祖、太行山水、吕梁风光、黄河风情、红色经典8条精品线路。

艺术家柴京海携众弟子带来大同数来宝《大同大不同》表演之后，《大美大同》旅游宣传片展现出古都大同的历史人文和旅游资源优势，以“千年古都·大美大同”为主题的现场推介，尽显古都大同魅力。

推介会后，举行旅游项目签约仪式，山西省11市与旅游投资方签订20个旅游开发项目，包括旅游景区开发建设、旅游基础设施建设和自驾车露营地等旅游新业态建设项目等，合同总金额166亿元。大同副市长刘振国代表市政府与旅游投资方签约。

（小　霞）

【2016省旅发大会房车巡游露营活动】 2016年8月30日至9月1日，以“美丽山西 天下大同”为主题的2016山西省旅游发展大会房车巡游露营活动在大同市御东行政中心广场启幕。来自全国各地的130辆房车驻扎露营，并巡游古城大同美景。

房车旅游是一种新兴旅行方式，这次活动有来自北京、上海、江苏、重庆、四川等省市的房车参加，价格从26万元到600余万元不等。现场，130辆房车分3条线路巡游。活动内容包括房车展示、车友互动等。

（小　霞）

【大同成为世界旅游城市联合会会员城市】 2016年9月，世界旅游城市联合会与重庆市政府共同主办的2016世界旅游城市联合会重庆香山旅游峰会举行，在这次峰会上，大同市成为世界旅游城市联合会会员城市之一。

2016世界旅游城市联合会重庆香山旅游峰会有全球89个旅游城市、47家旅游机构、6个国际旅游组织，以及近百家知名旅游媒体约400名嘉宾出席会议。这次峰会以“共享经济与旅游城市发展”为主题，设会员大会、理事会会议、峰会论坛、旅游推介会、旅游洽谈会、旅游项目投资洽谈会、世界旅游城市巡展等板块。大同市参加2016世界旅游城市联合会重庆香山旅游峰会，并作申办2018世界旅游城市联合会香山峰会陈述。

成立于2012年9月15日的世界旅游城市联合会，是北京联合柏林、洛杉矶、巴塞罗那等旅游城市共同发起成立的非政府、非营利国际组织，是世界上首个以城市为主体的全球性国际旅游组织，总部设在北京。主要会员遍布五大洲，2016年有会员174个。2016年香山旅游峰会是举办的第五届旅游峰会。

（小　霞）

【旅发大会法治宣传咨询活动】 2016年9月1日，以“弘扬法治精神，促进转型发展”为主题的助力2016山西省旅游发展大会法治宣传咨询活动在大同市迎宾广场举行。活动由市委法治办、市司法局、市普法办牵头举办。大同市委常委、政法委书记卫国，市人大常委会副主任刘美，副市长、市公安局局长尚建军，市政协副主席赤建忠等出席咨询活动。

这次活动以学习宣传宪法、中国特色社会主义法律体系和旅游相关法律法规为重点，宣传依宪治国依宪执政等理念，宣传宪法相关法、民商法、刑法、行政法、社会法、诉讼与非诉讼程序法等方面法律法规，宣传旅游相关法律法规。活动以现场法治宣传咨询和法治签名为主，来自党群部门、政府机关、企事业单位、律师事务所、法律援助中心等25家部门单位的工作人员，按照“谁执法谁普法”的要求开展活动。活动现场挂标语6条，设置宣传展板40余块，发放宣传资料3.5万份，接待群众咨询500余人次。

（小　霞）

【市旅游集散中心为旅游发展助力】 2016年10月21日，山西省旅游发展大会在大同举行期间，由大同市旅游集散中心招募的大会志愿者在古城内以及飞机场、火车站、长途汽车站等处拉上“大同市旅游集散中心”横幅给需要帮助的游客提供贴心服务，用橘红标准色调市旅游集散中心大巴载着游客游览古城。

大同市旅游集散中心2016年5月成立，集散客、自助、团队旅游、旅游咨询、旅游交通换乘，酒店、车辆、票务预订、电子商务等多功能为一体，是涵盖大同旅游吃、住、行、游、购、娱六要素的多功能智慧旅游综合体。该中心在古城核心拥有一个建筑面积约8000平方米的总部，在大同火车站、大同云冈机场、新南客运站、长途汽车站、恒山景区设有营业厅，为外地到大同旅游的散客提供短线旅游服务、旅游咨询、酒店预订、票务预订、景区景点交通换乘等服务。该中心还斥资配置30部新能源旅游直通车，从19座至55座不等，为游客提供全方位旅游服务。大同市没有直达恒山景区的班车，无车的散客只能乘长途车到浑源，再拼车打车去恒山，还有的游客想去方特欢乐世界游玩又不知怎么去，市旅游集散中心则提供游客落地后最后一公里的服务功能。

（晨　曦）

【省旅发大会督导组到大同调研督导】 2016年11月10日，由山西省发改委总工程师李肇伟担任组长的省政府2016省旅发大会精神督导组一行到大同，调研督导大同市对2016省旅发大会确定的旅游产业定位、体制机制改革、产业发展、旅游扶贫开发等精神贯彻情况。

副市长刘振国会见督导组一行并主持汇报会。

汇报会上，市旅游局、文物局负责人介绍大同市在省旅发大会后，学习贯彻省旅发大会精神情况。汇报中指出，全市重视文化旅游业发展，把文化旅游业确立为全市产业转型的支柱和龙头产业，古城保护修复持续推进，旅游服务功能完善，提升传统景区景点，开发新景区景点，游客与旅游收入实现持续增长，展现出广阔的文化旅游发展前景。督导组肯定全市贯彻省旅发大会精神取得的成绩，并提出要重视省委、省政府发展文化旅游业的信心与决心，通过树立新的资源观，把文化旅游业培育成全省战略性支柱产业，从旅游大省走向旅游强省。强化全域旅游理念，综合考虑社会效益与经济效益，开发利用大同历

史文化资源，注入吸引游客、留住游客的元素，推进大同文化旅游产业大发展。（晨 曦）

旅游景区

◆云冈石窟景区◆

【概述】 云冈石窟位于大同市西郊17千米处武周山南麓，依山开凿，东西绵延1千米。存有主要洞窟45个，大小窟龛252个，石雕造像51000余躯，为中国规模最大的古代石窟群之一，与敦煌莫高窟、洛阳龙门石窟和天水麦积山石窟并称为中国四大石窟艺术宝库。1961年，被国务院公布为全国首批重点文物保护单位；2001年12月14日，被联合国教科文组织列入世界遗产名录；2007年5月8日，被国家旅游局评为首批国家AAAAA级旅游景区。2016年6月29日，国家质检总局命名云冈景区为“全国佛教文化与石窟艺术旅游产业知名品牌创建示范区”。11月8日，云冈旅游区管委会被评为“全国旅游系统先进集体”，成为山西省唯一获该称号的单位。（谷 敏）

【云冈博物馆】 云冈石窟博物馆位于云冈石窟大景区西端，建筑面积6640平方米，属半地下式建筑，大跨度的拱形屋顶运用忍冬纹样形成大写意，多波浪形结构隐喻中外文化艺术的交流。下沉式广场四周环绕的数条放射状砖壁式通道，反映云冈多元文化的汇聚。

馆内设前厅、中央展厅和三个文物展厅，一个小影院以及多媒体展区，主要介绍鲜卑民族与北魏王朝的历史、石窟开凿与艺术源流以及云冈寺院的发展与演变。展览陈列云冈石窟及周边地区出土的北魏至明清时期的珍贵文物，展品主要有北魏佛教造像，北魏至辽金等各时代的建筑构件和生活用具400余件。该馆采用传统与现代并用，实物与图版文字结合等方式，通过视频播放、三维立体影像数字演示，向游客讲述云冈故事。（茗 泉）

【学术研究和交流】 2016年，云冈石窟研究院出版《云冈石窟研究院院刊》第三期，该刊主要刊发云冈学及其相关的宗教、历史、文保、艺术等学科的论文、资料、研究信息等。与辽宁有色勘察研究院签署战略合作协议，双方在文物保护理论研究、施工工艺研究、人员培训等方面开展合作，逐步解决云冈石窟存在的各种问题。邀请武汉大学教授黄先锋、童华，浙江大学副教授刁常宇、李志荣、赵磊，北京建筑大学副教授侯妙乐在云冈石窟研究院举办文物保护知识专题讲座。组织和承办“云冈文化旅游品牌与数字化建设研讨会”，中国社科院、敦煌研究院、北京大学、浙江大学、复旦大学、武汉大学、北京建筑大学、中国文化遗产研究、凤凰传媒集团、龙门石窟研究院、大足石刻研究院等科研单位的40余名专家学者参加这次会议。派遣陈列馆馆长、文博研究馆员刘建军到法国参加由法国科学院东亚文明研究所主办“佛教石窟：寺院、圣殿或者祖祠”的国际学术研讨会，做“北魏云冈石窟的开凿和9、10窟建筑的汉化”报告。派遣陈列馆馆长刘建军参加由中国社会科学院考古研究所、佛教考古与艺术学会（SBAA）和北京大学考古文博学院联合主办的“中国与南亚佛教考古国际学术研讨会（2016·北京）”，会上作题为“云冈石窟窟前遗址的初步研究——以典型洞窟为例”发言。中央美院、中国美院、鲁迅美院、天津美院、西安美院等高校师生定期到云冈写生、创作，通过定期开展美术作品展，提升云冈石窟的对外影响。（谷 敏）

【云冈石窟对外宣传】 2016年，大同云冈石窟管委会在和阳美术馆举办为期1个月的“云冈风采”——云冈石窟研究院职工书画摄影雕塑作品展，《山西日报》《大同日报》、大同电视台、大同新闻网等多家媒体作新闻报道。露齿酒窝菩萨亮相，引起新华社、中新社、人民网、光明网、中国新闻网、腾讯网、搜狐网、新浪网、网易网等国内几十家门户网媒的关注转发。参加旅游推介活动，派人员参加在四川、云南、贵州、上海、北京、广州、山东等地的旅游促销活动。承办“2016中国奥运冠军助力山西旅游发展大会·健康中国大同行主题系列活动——云冈站”相关活动。

除举办展览、参加旅游推介会、拍摄专题纪录片等传统方式外，还改版云冈石窟官网，与大同报业集团合作，开设云冈文化专栏，充实云冈官方微信、微博内容，每周一、三、五云冈官微定时推送原创作品，发布景区实时讯息，不定期发布云冈文化相关知识，普及云冈石窟历史文化。截至2016年底，云冈石窟官方微信固定粉丝3万，成为文物景区订阅号中影响力的微信公众平台。通过宣传促销，景区门票收入完成10200万元。（谷 敏）

【云冈旅游区管委会获“全国旅游系统先进集体”称号】 2016年，由人力资源社会保障部和国家旅游局举办的全国旅游系统先进集体、劳动模范和先进工作者评选活动中，云冈旅游区管理委员会作为山西省唯一一家，获“全国旅游系统先进集体”。（谷 敏）

【搭建智慧旅游平台——云冈云游网】 2016年，云冈旅游区管委会搭建大同市首家智慧旅游平台——云冈云游网，云游网以大同旅游为核心，依托云计算、数据信息、互联网和电子商务，打造“旅游营销、旅游咨询、旅游服务”三大体系互联互通的线上线下（OTO）一体化平台。游客可通过云游网，了解到云冈景区概况与相关活动，以及大同市周边的吃、住、行、游、购、娱等信息，方便其出行的同时，拉动大同市以及山西省的经济发展速度。2016年国庆期间，云游网与票务中心、检票口形成联动，首次推出微信线上购票、快速扫码入园，解决外地游客排队购票、检票等问题。（谷 敏）

【云冈石窟研究院获测绘科技进步一等奖】 2016年，由北京建筑大学牵头，云冈石窟研究院、中国文化遗产研究院、北京帝测科技股份有限公司、中国电子科技集团公司第十五研究所共同参与研究的大型复杂文物信息留取与虚拟保护关键技术的研究与应用课题获中国测绘地理信息学会的2016年测绘科技进步一等奖。研究过程中，联合团队获发明专利12项、专著3部、发表相关论文54篇，其中SCI及EI论文17篇，核心期刊18篇，

计算机软件著作权 16 项。（谷　敏）

【“云冈石窟艺术世界巡展”观摩展在北京举行】 2016 年，由一大批在京的老教授、老专家和中国油画学会的老艺术家们，自发组织筹办的“云冈石窟艺术世界巡展”内部观摩展，2016 年 2 月 27 日至 3 月 4 日在北京九华国际养生公馆云冈油画创作中心举行。

参展的有国内知名油画家詹建俊、闻立鹏（闻一多先生之子）、景玉书、钟涵、李天祥、赵友萍、孙景波等 60 余位老艺术家，创作的 80 余幅云冈石窟题材的油画作品。云冈石窟研究院的美术工作者还带去 6 幅油画和 20 张大幅油画图片，与老艺术家们的作品共同展出。

2011 年，这批老艺术家们到云冈石窟参观，云冈石窟的雕刻艺术，造像内容，中西文化交融的艺术表现，世界三大佛教石窟的地位，给老艺术家们以视觉和心灵震撼。于是，他们自发地组织起来，酝酿筹办一个表现云冈石窟艺术的油画大展，让云冈石窟艺术能够走出国门，走向世界。为此，老艺术家们开始筹备创作工作。

开展当天，老艺术家们观摩展出的油画作品，并进行座谈交流。

（红　远）

【佛教文化与石窟艺术旅游产业知名品牌示范园区】 2016 年 3 月 4 日，云冈石窟旅游区创建“全国佛教文化与石窟艺术旅游产业知名品牌示范园区”通过专家组验收，成为全国首个佛教文化与石窟艺术旅游产业知名品牌示范园区。

2012 年 12 月，国家质检总局批准云冈石窟筹建“全国佛教文化与石窟艺术旅游产业知名品牌示范园区”。2013 年至 2016 年，云冈旅游区加大佛教文化交流合作力度，挖掘云冈石窟文化艺术内涵，建立一套利于品牌建设工作的长效机制，构筑起良好的佛教文化和石窟艺术旅游产业发展平台。景区在基础设施建设、标准化管理、旅游服务、历史研究、文物保护、特色文化产品创新等方面都取得突出成效，提升旅游区质量管理水平，推动云冈佛教文化旅游产业的健康有序发展。

2016 年 3 月 2 日至 4 日，由国家质检总局组成的专家组考核验收云冈旅游区创建“全国佛教文化与石窟艺术旅游产业知名品牌示范园区”，在 3 月 4 日举行的验收工作情况反馈会上，专家组成员一致认为，云冈旅游区在佛教文化交流合作方面，以及挖掘石窟文化艺术内涵方面，建立一套有利于品牌建设工作的长效机制，构筑起佛教文化和石窟艺术旅游产业发展平台，成为业界标杆，具有示范效应，达到挂牌命名“全国佛教文化与石窟艺术旅游产业知名品牌示范园区”的标准，经国家质检总局审定合格后授牌。（红　远）

【云冈石窟研究院获“可移动文物修复资质证书”】 2016 年 4 月，云冈石窟研究院获由山西省文物局颁发的“可移动文物修复资质证书”，业务范围包括玉石器、陶器、瓷器、铜器、金银器、铁器、石刻、砖瓦、壁画、漆器、玻璃器类文物修复。

可移动文物修复资质早期是由国家文物局根据各保护修复单位的保护修复能力、修复设备配置及专业技术人员状况等相关条件而核定授予的。审核条件包括有 7 名以上具有 5 年以上文物修复工作经验，曾主持或主要参与 50 件以上珍贵文物的保护修复工作，且取得中级以上文物博物专业技术职称的主要技术人员，其中具有高级技术职称的人员不少于 2 人；文物保管场所安全条件符合文物系统博物馆风险等级和安全防护级别的规定；有健全的管理制度和质量管理体系等。该资质由省文物局批准并授予。

云冈石窟研究院从 20 世纪 70 年代起就开展石质文物的保护修复工程，2010 年起又开展可移动文物修复工作。院内设有专门的文物修复室，配备专业的修复工具，聘请山西省考古研究所原技师从事文物修复并担任专业技术指导。研究院修复完成的陶器、瓷器、石刻、砖瓦等可移动文物数百件。（行　云）

【数字云冈联合实验室创立】 2016 年 4 月 20 日，数字云冈联合实验室创立并启动。4 月 19 日至 20 日，云冈石窟研究院组织浙江大学、武汉大学、北京建筑大学、市勘察测绘院等单位发起创立“数字云冈联合实验室”，并研讨就“十三五”期间云冈石窟文物数字化工作规划。与会各方就共建数字云冈联合实验室达成共识，共同起草实验室章程，明确实验室发展目标、运行机制、近期工作计划等相关内容。以这为标志，数字云冈联合实验室启动。（赵　瑾）

【云冈石窟文物保护和研究】 2016 年，大同市云冈石窟研究院成立“云冈石窟保护专家委员会”，5 月 7 日召开第一次会议。编制《大同市鲁班窑抢险加固工程立项报告》《大同市南小城抢险加固工程立项报告》《恒山寝宫危岩加固工程立项报告》《悬空寺景区危岩体抢险加固工程一期立项报告》。编制《云冈石窟第 21–30 窟抢险加固工程方案》《云冈石窟第 3 窟抢险加固工程方案》；编制《山西大学毛主席像清洗加固方案》，并通过甲方论证。概念化设计《云冈石窟窟顶考古遗址及明代成堡保护及展示设施建设工程方案》。保养云冈石窟第 5 窟的，拆除脚手架并开放。实施五华洞专项环境监测工程，年内安装调度所有软件和硬件。制定《云冈石窟第 3 窟、第 21 窟 ~ 30 窟环境监测工程》，保养第 2 窟，加固 2 窟北壁、东壁及塔柱下部风化岩石和起翘开裂部位，年内完成 30% 工作量。与辽宁有色勘察研究院、辽宁工程技术大学达成全面战略合作并开展防风化前期研究工作，测试灌浆加固、地质勘查、岩性分析等。与大同大学合作，开展云冈石窟健康状况调查工作，并对大同大学 2014 级文保专业学生进行为期一个月的石质文物保护专项培训。与中央民族大学开展合作，调查第 1、2 窟病害，并编制调查报告。与陕西师范大学合作，就石质文物防风化、土遗址保护开展工作，在云冈石窟 5 窟、4 窟、2 窟 ~ 3 窟间的题记、山顶成堡、南小城等处开展现场实验。与西北大学开展合作，就土遗址保护达成初步合作意向，就南小城土遗址化学保护项目，编制立项报告。与中国地质大学（武汉）、中国地质大学（北京）合作开展第 9、10 窟列柱稳定性调查评估，评估报告通过专家评

文物 旅游业

审。与北京大学合作开展石质文物除盐方法研究，2次考察现场，采样分析盐分。与武汉大学达成意向，拟联合组建“数字云冈联合实验室”，实现产学研一体化研究，强化人才队伍建设，实施云冈石窟数字化保护工程，推动文物数字产业发展。承办国家文物局主办的“2016年展览策划暨陈列设计培训班”，派遣7名博物馆工作人员参加培训，全部取得培训证书。陈列馆工作人员参加由市博物馆举办的“无锁不谈——两岸合作巡回展暨交流研讨会”。云冈石窟研究院获由省文物局颁发的《可移动文物修复资质证书》，业务范围包括玉石器、陶器、瓷器、铜器、金银器、铁器、石刻、砖瓦、壁画、漆器、玻璃器类文物修复。派遣数字中心工作人员到北京建筑大学、武汉大学等院校参加无人机航拍及MP贴图、倾斜摄影模型正射影像图的制作、VR技术培训及“互联网+中华文明”三年行动计划培训等。接管国保单位——观音堂，委托专业机构制定《观音堂保护和展示规划》。

（谷　敏）

【云冈石窟保护专家委员会成立】 2016年5月7日至9日，云冈石窟保护专家委员会在云冈石窟研究院成立，并召开第一次会议。中国文化遗产研究院、辽宁有色勘察研究院、辽宁有色地质局、中国地质大学、辽宁工程技术大学、辽宁大学等相关单位的专家学者参加会议。

会议决定，成立云冈石窟保护专家委员会，并颁发云冈石窟保护专家委员聘书。与会专家实地考察云冈石窟的保存情况，听取《云冈9、10窟列柱稳定性分析与评价》及《云冈石窟“十三五”工作计划》等相关汇报，并分析讨论，为云冈石窟的文物保护事业建言献策。

（赵　瑾）

【云冈石窟多元文化发展】 2016年，大同市云冈石窟研究院完成云冈美术馆的建设任务，2016年，举办“朝花夕拾——鲁迅的美术世界”“我是这流动的存在——青海热贡龙树画苑唐卡展”“李尔山家庭书画金石展”及“从敦煌出发——丝路明珠的复兴与创新美术作品展”等专业美术展。加快院史馆建设步伐，完成内部装修。扩建景区停车场两侧道路，修建木栈道、设置石质双塔雕塑及休息区，增加游客体验内容。5月14日（农历四月初八），举办《缘聚云冈·祈福大同》浴佛节主题活动。利用五华洞窟檐保护工程的废木料，在灵岩寺环湖区周围铺设环湖木栈道，在景区参观道路两侧设置不同形制的原木茶桌及条凳。

（谷　敏）

【“云冈石窟艺术展”在北京展出】 2016年6月7日，由云冈石窟研究院、北京建筑大学联合主办的“东方佛教的第一圣地——云冈石窟艺术展”在北京建筑大学（大兴校区）图书馆展出，展览为期一个月。

展览以图片、实物、书籍、多媒体等为媒介的多元化展览方式，立体呈现云冈石窟的风貌，让参观者透过展览，了解云冈石窟的经典艺术魅力。其中，图片展示区展出云冈石窟景区40余张图片；实物展示区展出佛头像、飞天头像等40余件来自云冈博物馆和西京博物馆的文物藏品和复制品；多媒体展示区介绍云冈石窟的优美风光；书籍展览区陈列诸多介绍研究云冈石窟的专著。

展览期间，云冈石窟研究院还派2名讲解员，给大家现场讲解这处雕刻在石头上的北魏王朝。（冯　雨）

【云冈石窟举办世界文化遗产日主题活动】 2016年6月11日是中国第11个“世界文化遗产日”，2016年的主题为“让文化遗产融入现代生活”。云冈石窟研究院在景区内举办“保护文化遗产 创造美好生活”主题活动，通过遗产知识有奖竞答、非物质文化遗产展演、发放宣传资料等形式，向游客展示文化遗产魅力。在云冈石窟美术馆前开展文化遗产知识有奖问答活动，活动设置免费游湖、免费观看皮影表演、赠送云冈画册、获取北魏射艺体验票等丰厚的礼品，吸引众多游客踊跃参与。在景区内第四窟空地，为游客免费发放同声双语解说区域景区介绍《晋北游》5000份、云冈石窟简介（中、日文版）300份等资料。在景区南建筑群临时搭建的舞台上，耍孩儿折子戏《狮子洞·猪八戒背媳妇》、舞蹈《千手观音》、戏曲变脸、山西梆子清唱、剪纸艺术展示等，让游客近距离感受非物质文化遗产的魅力。

（冯　雨）

【云冈美术馆首展“鲁迅的美术世界”】 2016年6月15日，由云冈石窟研究院与北京鲁迅博物馆共同举办的“朝花夕拾——鲁迅的美术世界”展览，在云冈美术馆开幕。大同市领导刘国庆、马斌、卫洪平，北京鲁迅博物馆常务副馆长黄乔生等参加开幕仪式。

这次展览是云冈美术馆的开馆展，展期两个月。云冈美术馆位于云冈石窟景区内，占地约2000平方米。展览展品均为鲁迅博物馆馆藏的珍贵文物原件，展览主要围绕“翰墨丹青”“艺苑朝华”“书衣掠影”三个主题，呈现不同时期鲁迅先生的美术活动，展厅内还滚动放映胶片电影《鲁迅传》，反映鲁迅的艺术视野和精神世界。云冈景区面对全市各大中小学师生实行预约式集体免票观展。

开幕仪式后，纪念鲁迅诞辰135周年暨逝世80周年座谈会及讲座在云冈石窟研究院举行。鲁迅博物馆常务副馆长黄乔生主讲《鲁迅的美术世界》，中国小说学会副会长、茅盾文学奖、鲁迅文学奖评委王春林主讲《鲁迅是谁》，省作协副主席、鲁迅文学奖获得者葛水平主讲《黑塞小说的魔力》。省作协副主席、鲁迅文学奖获得者王祥夫、李骏虎参加座谈会及讲座。

（冯　雨）

【云冈石窟景区质量管理】 2016年，大同云冈石窟研究院举办“云冈钟声·祈福大同”除夕夜主题活动，百度大同贴吧同步直播。创建云冈景区知名品牌示范区。6月29日，国家质检总局命名云冈景区为“全国佛教文化与石窟艺术旅游产业知名品牌创建示范区”。岗前培训新聘讲解员，第一堂培训课程由云冈石窟研究院院长张焯主讲。张焯从大同的历史、中华佛教、云冈和云冈学、今天的云冈和未来的云冈等方面讲解，让新聘讲解员对大同、云冈石窟的开凿和历史变迁、佛教的历史和现状等有一个认识和了解。4月15日，召开云冈景区讲解人才社会化孵化基地建设暨讲解费价格调整听证会，推出专家讲解服务内容。强化环境保护工作，云冈景区连续三年获得“山西省卫生示范景区”称号。完善旅游管理服务相关制度，从游客停车秩序、旅游市场管理、从业人员服务水平、绿化美化过程等各个方面建立健全规章制度。12 月 12 日，云冈石窟研究院被国家人社部、国家旅游局评为“全国旅游系统先进集体”。（谷　敏）

【云冈石窟第 7 第 8 窟后室对外开放】 2016 年 7 月，云冈石窟拥有“六美人”和合掌露齿菩萨的第 7 第 8 窟后室 40 年来首度对游客开放。

云冈石窟第 7 第 8 号窟位于石窟群中部，是中期洞窟最早开凿的一组双窟，北魏孝文帝初期（471—494）设计完成的一组洞窟。窟内现存造像雕饰精美、构图严谨，是典型的佛殿窟。窟前采用双塔一碑设计，窟内分前后室、平面呈长方形的洞窟形制，与早期石窟相比有巨大变化，是北魏平城时期出现的洞窟样式。窟内四壁采用中国传统的对称均衡构图理念，分层分栏布龛雕像，窟顶雕平棊藻井，把中国建筑艺术与佛教造像有机融合。造像题材沿袭早期内容，特别突出“释迦”“交脚菩萨”“二佛并坐”等造像内容，开启佛教艺术中国化历程。最有特点的造像是第 7 窟的“六美人”及后室顶部的平棊藻井。第 8 窟后室明窗西侧的合掌露齿菩萨 2016 年初曾轰动全国。（木　依）

【云冈石窟被命名“全国知名品牌创建示范区”】 2016 年 7 月，云冈石窟大景区被国家质检总局命名为“全国佛教文化与石窟艺术旅游产业知名品牌创建示范区”。这是山西省首个全国佛教文化与石窟艺术旅游产业知名品牌示范园区，包括敦煌石窟、龙门石窟、麦积山石窟等在内的佛教文化与石窟景区中，大同云冈石窟是第一个入选。示范期至 2019 年 6 月。

自 2012 年 12 月国家质检总局批准云冈石窟筹建“全国佛教文化与石窟艺术旅游产业知名品牌示范园区”以来，云冈旅游区加大佛教文化交流合作力度，挖掘云冈石窟文化艺术内涵，把示范区建设与提升质量管理水平、强化品牌文化建设、创新特色文化产品等工作有机结合，构筑起良好的佛教文化和石窟艺术旅游产业发展平台。完成灵岩禅寺的规划建设任务，定期邀请举办各种佛教文化交流活动。石窟艺术挖掘和历史研究方面，申报“云冈石窟数字化及艺术资源库建设与应用”项目。与北京大学、浙江大学、敦煌研究院等建立合作关系。邀请中外专家学者，定期举办云冈学术研讨会。园区基础设施建设方面，建立云冈石窟研究院院史馆，改建云冈美术馆等。旅游市场开发方面，增加石兵美术馆、龙王庙、北魏射艺场、皮影演艺馆等景点。研发和推广石雕、木雕、煤雕、蛋雕、皮影等工艺品，开发北魏石砚、《平城魏碑十二品》《云冈石窟雕刻艺术特种邮票纪念册》等，推动云冈佛教文化旅游产业的发展。基础设施建设、标准化管理、旅游服务、历史研究、文物保护、特色文化产品创新等方面都取得成效。（木　依）

【山西·大同云冈文化旅游招商系列活动协调会】 2016 年 8 月 1 日，山西·大同云冈文化旅游招商系列活动协调会在大同举行。大同市委常委、宣传部长马斌参加协调会。系列活动由山西省委宣传部、大同市委和市人民政府主办，以“天下大同·大美云冈”为主题，是全省重点文化活动之一，是云冈文化旅游节的延续，活动包括 2016 中国（大同）“工业时代”音乐季、2016 全国热气球锦标赛、2016 中国古都非遗文化博览会、2016 中国（大同）国际汽车文化嘉年华、“影像的力量”国际摄影文化展等 30 余项，其中 8 月 3 日举行的研讨会和 4 日举行的启动仪式是整个系列活动的开端。会上部署云冈文化旅游品牌与数字化建设研讨会、山西·大同云冈文化旅游招商系列活动启动仪式两项活动，要求公安、交警、消防、电力、气象等部门统筹协调，形成合力。（小　霞）

【云冈文化旅游品牌与数字化建设研讨会】 2016 年 8 月 3 日，由山西省委宣传部、大同市委、市人民政府主办，大同市委宣传部、大同市文物局、云冈石窟研究院承办的“云冈文化旅游品牌与数字化建设研讨会”

▲ 2016 年 8 月 3 日，大同市召开云冈文化旅游与数字化建设研讨会（谷　敏　供图）

在大同召开。省委副书记楼阳生，省委常委、宣传部长胡苏平，相关科研单位的40余名国内知名专家学者，以及来自新华社、人民网、《山西日报》等国家、省内各大新闻媒体记者参加会议。会议要求全省要发展文化旅游产业，培育新的经济增长点，把文化旅游产业打造成山西经济发展的战略性支柱产业，促进全省经济持续健康发展。要强化品牌支撑，在抓好吃、住、行、游、购、娱六大产业要素的基础上，适应旅游发展的新趋势，围绕安全、顺心、诚信、特色、个性化需求，愉悦等内涵，提升旅游产业品质、突出文化特色、加强宣传推介，推动“旅游业+”发展。要顺应信息化发展要求，加大文化旅游产业发展中的数字化建设力度，加大文物数字化保护力度，加快数字化景区建设，提高数字化服务质量，让游客领略山西自然风光、感受中华传统文化。

会上，大同市委书记张吉福介绍大同市转型发展的思路、措施以及云冈石窟的历史、文化、旅游资源等。张爱林、罗卫东、杜晓帆、杭侃、张焯在会上分别作题为《多学科协同进行文物保护研究》《云冈石窟大数据平台建设构想》《文化景观的理念与石窟寺的保护》《数字测绘技术在石窟寺考古中的运用》《云冈文化旅游发展的思路与前景》的发言。专家们以不同的研究视角，以云冈的文化艺术价值为参考，谈多学科合作、数字化技术等在文物保护和智慧景区建设中的应用，及云冈文化旅游事业发展所取得的经验并展望云冈文化品牌和数字化建设的前景。（谷　敏）

【第四届《云禅·觉修》两岸文化交流主题活动】 2016年8月23日至26日，由云冈石窟研究院与台湾觉性地球协会共同举办的第四届《云禅·觉修》文化交流主题活动在云冈石窟举行。大同市政协副主席张小立，云冈石窟研究院院长张焯、书记王雁翔、副院长卢继文，台湾觉性地球协会心灵导师洪启嵩，台湾觉性地球协会会长龚玲慧出席活动。活动启幕后，出席活动的嘉宾共同开启画轴，洪启嵩为“世纪大佛”着彩，并为大同、为世界祈福。洪启嵩在云冈大佛前描绘《世纪大佛》的部分创作。这幅画长160米，宽62.5米，相当于24座篮球场的大小。采用高科技的画布，纺纱的原料、织布的技术，都是通过新科技研发特制。而用于作画的颜料均采用传统的矿物颜料。该画作筹备15年，2015年9月完成全图白描。画作创下三项世界金氏纪录，即世界最大的画、世界最大的手绘佛画、世界最大的一人创作手绘佛画。（谷　敏）

【云冈石窟研究院石质保护研究项目获“十二五”文物保护科学和技术创新奖一等奖】 2016年10月20日至21日，中国博物馆协会、中国文物报社组织召开“十二五”文物保护科学和技术创新奖评审会议。评审委员会由文物保护、考古、古建筑、博物馆、管理、地质岩土、化学、科技史、遥感等方面的17位专家组成。评审委员会分别听取20个参评项目的现场汇报。经过讨论，记名投票表决，评选出“十二五”文物保护科学和技术创新奖，云冈石窟研究院石质文物保护关键技术研究项目获得一等奖。

“石质文物保护关键技术研究”项目是国家文物局组织的、科技部立项、批准实施的“十一五”国家科技支撑计划项目。项目设置6个课题方向：课题一——石窟岩体稳定性分析研究；课题二——石窟水分来源综合探查技术研究；课题三——无损或微损检测技术在石窟保护中的应用研究；课题四——石窟文物表面有害污物清除技术研究；课题五——石窟危岩体治理关键技术研究；课题六——石质文物防风化保护和施工工艺研究。其中，云冈石窟研究院承担课题二“石窟水分来源综合探查技术研究”。水是影响石窟文物病害发生、发展的主要因素，解决石窟雕刻继续风化的根本路径是准确探测石窟内部水分的进入通道、运移、水量水质及可溶盐的分布规律。“十一五”国家科技支撑计划项目“石质文物保护关键技术研究”，专门设置“石窟水分来源综合探查技术研究”课题。课题组以承担单位云冈石窟为对象，通过跨学科联合攻关，石窟砂岩裂隙导水通道探查、凝结水监测与控制技术、石窟水分盐分聚散规律研究和石窟山体水汽循环转化研究四个方面的成果，研发出探查石窟水分来源的新技术。研究成果有技术上的进展，有理论上的突破，对于中国石窟文物防水保护具有重要意义。课题于上年获山西省科学技术进步奖。（谷　敏）

◆恒山风景名胜区◆

【概述】 恒山风景名胜区管理委员会地址在山西省大同市永安镇恒山南路，主要经营恒山风景名胜规划管理。恒山景区突破旅游门票收入5200万元，接待游客数量131万人次，均比上年减少，主要是由于1月至4月悬空寺落石关闭维修。（恒山管委会）

【恒山景区整改】 2016年，恒山景区增设、维修和完善悬空寺、岳门湾、恒山庙群等各景点旅游配套设施。修补停车场因老化存在的坑坑洼洼；画线停车场通道和车位；刷油处理所有栏杆、链索；更新、更换部分宣传牌匾，描绘一些年久脱漆的字、牌；增置部分垃圾箱，选用与景区协调的古朴格调；修剪景区内绿化景观；改进维修景区内厕所。

协调乡镇及相关部门，推行联动式“大服务”模式，多部门分工落实景区旅游和环境监管。统一规范景区摊点服务设施；粉刷道路沿线相关设施；统一价格牌；集中清理沿线和周边环境卫生，并落实责任，建立长效机制；分工落实责任加强监管黑出租、黑摩的、黑导游、假道士等。

贴近游客改进服务。景区所有员工全部挂牌服务，着统一工作服，并专门编制员工手册，规范服务用语和服务行为；推行“十项服务”，展示恒山旅游窗口良好服务形象；增设多个景区宣传品取阅点；推进智慧景区建设，推出微信扫一扫免费听悬空寺、恒山庙群讲解等服务；推出米奇和米妮卡通人物加强与游客互动。

注重细节展现文化。协调相关部门，在进入景区沿线增加北岳恒山、悬空寺大型宣传广告牌和宣传标语；

在景区内因势就形悬挂体现恒山文化内涵的彩旗；在推出微信扫一扫免费听景区讲解的基础上，景区小喇叭不间断播放中、英两种语言的景区介绍知识；描绘李白题写的“壮观”石刻；依据徐霞客赞誉悬空寺为“天下巨观”的石刻，布置“天下巨观”草坪。

（恒山管委会）

【恒山景区建设】 2016年，恒山景区通过五项工程完善景区基础设施。悬空寺保护项目工程计划实施悬空寺山体加固1500平方米、配套垃圾处理设施、污水处理设施等，山体加固2800平方米及其他配套项目完工，全部设计工程量完工，投资393.27万元。恒荫白龙王堂经南天门至恒顶人行步游道工程计划改造恒荫白龙王堂经南天门至恒顶人行游览路2280米，均宽1.2米，高差350.8米，其中271米的改造项目完工，投资100万元。恒山岳门湾景区山门牌楼建设工程计划建设22米宽、13米高的四柱七楼双牌楼一座，混凝土结构，主体工程建设完工，投资40万元。悬空寺水环境治理工程计划新建七道河堰坝155米、混凝土硬化蓄水池底11500平方米、浆砌石硬化河两岸2400立方米、河两岸条石贴面1800平方米等，完成项目的初步方案。恒山景区旅游厕所建设工程计划新建水冲厕所4座、环保厕所1座及配套设施等，完成项目初步方案。（恒山管委会）

【恒山悬空寺获路线设计金奖】

2016年3月，中国自驾游行业“奥斯卡”——中国自驾游大会、中国自驾游线路评选颁奖典礼在上海国际时尚中心举行。北岳恒山悬空寺获短线建筑类路线设计金奖，恒山景区管委会获短线建筑类资源管理银奖。

中国自驾游路线年度评选由爱驾传媒主办，通过专家评审与网络投票的方式，为中国自驾游爱好者（爱驾者）推荐年度自驾游路线。这次自驾游评选上年6月6日启动，1856条路线参选。经评选组委会审查产生182条入围线路。然后经过意见领袖推荐，上年9月公布72条提名线路。最后通过用户体验网络投票评选出36条年度极致线路。北岳恒山悬空寺经层层闯关，晋级自驾游36条年度极致线路之一。北岳恒山悬空寺也是全省唯一获金奖的自驾游线路。（红　远）

【恒山三元宫修复竣工典礼】

2016年9月10日，北岳恒山三元宫修复竣工典礼在浑源县恒山景区举行，三元宫庙群迎客。国家宗教局副局长蒋坚永，中国道教协会会长李光富、原会长任法融，山西省宗教局局长刘国庆、副局长侯文禄，大同市委书记张吉福，市委副书记、市长马彦平，市委副书记高键，市人大常委会主任梁凤书、市政协主席柴树彬，市委常委姚生平，市委常委、统战部长黄岑丽，副市长曹惠斌等应邀参加活动。

北岳恒山三元宫始建于明弘治二年，1958年因修建恒山水库被淹没。2016年恒山三元宫是参照相关历史资料设计施工，占地9.6万平方米，建筑面积9000平方米，总投资1.47亿元，2009年6月由山西古建公司施工，中央美术学院教授和福建莆田工艺美术师进行殿内彩绘和塑像，历时5年完工。整体建筑依原形制层层筑台，形成中轴线四座平台。（小　霞）

◆华严寺景区◆

【概述】 华严寺位于大同古城内西南隅，始建于辽重熙七年（公元1038年），依据佛教经典《华严经》而命名。寺院坐西向东，山门、普光明殿、大雄宝殿、薄伽教藏殿、华严宝塔等30余座单体建筑分别排列在南北两条主轴线上，布局严谨，规模宏大，占地面积6.6万平方米，是中国现存年代较早、保存较完整的一座辽金寺庙建筑群，1961年被国务院公布为第一批全国重点文物保护单位。2016年10月，华严寺景区被山西省精神文明建设指导委员会评为2014年～2015年省级文明景区。2016年，大同市华严寺景区接待游客36.38万人次，讲解服务8123批次，综合收入首次突破千万大关，收入1011万余元。（刘继伟）

【景区宣传】 2016年，大同华严寺景区入刊《2015最美中华游——中国最具价值文化（遗产）旅游目的地推介指南》《山西省旅游商会旅行社会刊》《生活朝》《中国旅游景区资讯通览》等。通过北岳文艺出版社出版发行《华严寺》一书，集合华严寺各大殿的内容，包含塑像、建筑、壁画等。山西省旅游局于2016年7月21日至25日举办第二届中国山西“一带一路”古城古镇国际文化旅游暨第三届国际旅行商采购大会，日本、韩国、泰国、越南、新加坡、亚美尼亚、俄罗斯、法国、美国、澳大利亚和港澳台等13个丝绸之路沿线国家和地区的100余名境外旅行商，丝绸之路沿线省市旅游局代表，以及国内旅行商组成的团队7月23日到华严寺景区参观。

（刘继伟）

【华严寺720°全景制作完成】

2016年，大同市华严寺管理所自主制作华严寺720°全景动画，着重拍摄未开放区域，拍摄场景60余处。游客可通过手机全方位无死角游览景区，解决文物保护与旅游开放之间的矛盾。截至2016年底，浏览数量40余万次。

（刘继伟）

【景区建设】 2016年，大同市华严寺在景区内建立小环境气象监测站，监测内容包括温度、湿度、风速、pm2.5、pm1.0、雨量、数字气压等，为文物保护提供翔实数据基础。与中国邮政大同分公司合作，在景区游客服务中心设立华严寺主题邮局，2016年2月运营。建设微型消防站并投入使用。完成景区西侧、北侧环境整治及道路铺装。景区绿化首次尝试外包维护形式，全年更换草皮2000余平方米。

（刘继伟）

【景区维护与修缮】 2016年，大同华严寺景区除尘清洗加固华严寺内普贤阁、文殊阁壁画，两处壁画面积295.72平方米。普贤阁和文殊阁俱为重檐歇山顶二层楼阁结构，由于二楼漏雨以及扬尘天气，致使两阁壁画均不同程度的灰尘覆盖、泥渍、裂隙和起甲，其中以泥渍病害为主。维护寺内山门、木塔、上寺小院、内外围墙等处红墙出现开裂，颜料脱落，细泥层空鼓等病害部分，面积约1755平方米。根据同文物函字〔2015〕37号《关于朝阳宫修缮及环境整治工程立项的批复》，华严寺管理所维护修缮管辖的朝阳宫，2016年5月9日评标该工程，最终山西杨氏古建建筑有限公司为中标单位，项目总投资119.19万元，建设规模约490平方米，2016年5月11日开工。截至2016年底，朝阳宫修缮及周边环境整治工程建设完成。根据同文物函字〔2015〕84号《关于开化寺修缮工程立项的批复》，华严寺管理所维护修缮管辖的开化寺，2016年7月1日评标，山西丹宇古建筑艺术有限公司中标，项目建设规模约2900平方米，总投资723.65万元，2016年7月18日开工，截至2016年底开化寺修缮工程完成大殿大木立架及山墙砌筑，后殿及西配殿均完成大木立架，完成全部工程量20%左右。打磨维护寺内建筑金砖地面，油饰维修上寺坡街牌楼、寺内北角楼、北配殿，更换及勾抿寺内各建筑屋顶瓦件。

（刘继伟）

【景区研究】 2016年3月，在大同市华严寺内嘉庆二十二年《重修下华严寺碑记》中发现“兴隆茂”的名字。“兴隆茂”是晋商“永聚祥”在山西大同的分号，佐证华严寺是万里茶道之上的一个历史节点，与万里茶道的兴衰有联系。寺内碑文里还发现“大德兴”“谦和成”等诸多茶庄、票号的名字。3月底，上报申遗材料。10月9日，山西“万里茶道”申报世界文化遗产前期选点工作启动。华严寺管理所作为申报单位，由武汉联合申遗办、中国建筑设计院历史研究所专家组与山西省文物局等工作人员构成的联合考察团实地考察华严寺景区。

2016年按月定时采集、记录、归档薄伽教藏殿内小环境温湿度变化规律；薄伽教藏殿内天宫楼阁与地面距离变化数据；普光明殿壁画裂隙变化数据。记录有效数据9000余条并分类保存，留作文物保护依据。

用“X”射线探伤华严寺薄伽教藏殿，由于塑像体量庞大姿势复杂及面铺金箔造成射线散射等客观条件，取得“合掌漏齿菩萨”下半部分的有效光片，对于文物保护数据及塑像内部构造的了解，具有重要意义，得到有效照片8张。

（刘继伟）

【景区活动】 2016年5月，大同市华严寺景区举办“首日封传递绿色火种 华严寺倡导文明出行”活动，发行限量版华严寺纪念封5000枚，吸引大量游客参与活动，在倡导文明旅游的同时，宣传景区的旅游理念和文化内涵。2016年10月2日，在华严寺举办“祈福中华 天下大同，2016中国大同首届中华文化艺术博览会暨百名大德高僧祈福开光法会”，约上万名信众参加活动。2016年5月14日，农历四月初八，华严寺文物管理所在华严寺门口举办“人说大同好风光，华严寺助力家乡梦”活动，借助浴佛节人气，华严寺助力家乡，表示凡是在“华严寺助力家乡梦”活动现场为大同投票的游客，均可免费获得华严寺辽塑明信片、华严寺宣传光盘等精美纪念品。山西省旅发大会期间，大同市践行申办时的承诺，启动“大同旅游百、千、万、亿工程”，让全省人民共享旅游事业发展成果，共同感受旅游的快乐。华严寺作为“千人免费游大同活动”的重点景区，9月11日，迎来首批300名游客参观华严寺。

（刘继伟）

【景区夜间消防演练】 2016年12月1日，大同市华严寺管理所联合大同市公安消防支队北关中队、云中中队、西街中队共同开展一场夜间古建筑消防演练。演练出动9辆消防车、调集消防官兵和华严寺警卫人员50余人参加。这是大同市首次在古建寺院举行夜间消防演练。（刘继伟）

【华严寺入选“中国最具价值文化（遗产）旅游目的地”名录】 2016年1月3日，在“2015第二届中国最具价值文化（遗产）旅游目的地”评定会上，大同华严寺以独特的建筑之美和契丹、佛教文化的魅力，入选“中国最具价值文化（遗产）旅游目的地”。

华严寺坐落于大同古城内清远街南侧，是一座始建于辽代，坐西向东的寺庙。华严寺因其历史价值、建筑价值、艺术价值突出，于1961年被国务院公布为全国重点文物保护单位。其依据佛教十大宗之一的华严宗的经典而建，故名“华严寺”。华严寺以其独特的建筑、布局、塑像和壁画成为辽金时期佛教文化的代表。

“中国最具价值文化（遗产）旅游目的地”的评选活动由中国文物保护基金会等主办，旨在推介最具历史文化和旅游价值的新景观、新线路、新产品，让游客走进文化遗产地，感受中华五千年文明的魅力。

这次评选和推介活动以“品鉴历史之美，彰显旅游魅力”为主题，目的是发挥桥梁纽带作用，搭建合作交流平台，布局“互联网+”，打造跨界营销O2O新模式，全媒体整合营销，提升旅游目的地在海内外知名度和影响力。1月中下旬召开“2016互联网+旅游目的地创新发展大会暨第二届中国最具价值文化（遗产）旅游目的地”推介会，把评选出的旅游目的地向海内外整体推介展播。（路 璐）

【华严寺净化景区环境】 2016年8月，为迎接山西省旅游发展大会在大同召开，华严寺景区提升服务质量、拓展游客体验、维护基础设施和加强安全保障，给讲解员、售票员等一线员工量身订做工衣，提升景区整体形象，在员工中开展文明用语、大同旅游基础知识培训工作，让每个人都当好大同文化、大同旅游的宣传员。印制华严寺新版宣传资料；出版印制《华严寺》旅游导览手册；利用新媒体技术手段，720度全景拍摄制作，让游客可通过手机720度全景游览景区内各景点，拓展游客深度体验。景区内增设休息椅30余处，并维修、保养景区内休息椅、垃圾箱、导引牌等游览基础设施，维护保养景区内各大殿地面金砖，在景区内建立可移动式自动喷淋系统，实现夜间自动化浇水，在不影响绿化维护工作的同时，保证白天游客的观赏度。景区把物业、绿化人员增加至64人，加强卫生保洁及绿化维护工作，利用废旧树枝，美化装饰树坑。景区开展周边环境整治工程，石材铺装景区西侧、南侧道路，增建生态停车场各1处。

华严寺景区通过自查方式排除安全隐患，针对旅游发展大会期间制定专门应急预案，建立围栏保护消防水池、供电设备等危险区域，张贴安全警示语，确保游客安全。（小 霞）

新闻出版　广播影视

新闻出版

综　述

【2015 年度山西新闻奖年赛评选】 2016 年 5 月 4 日，山西省新闻工作者协会组建评奖委员会，组织第二十五届山西新闻奖报纸要闻版、报纸副刊作品、新闻摄影、新闻漫画初评暨 2015 年度山西报纸要闻版、报纸副刊、新闻摄影、新闻漫画年赛的评选。每一项目的评选都经过评委评审及 10 余轮无记名投票，最终 45 件报纸要闻版作品、30 件副刊作品、45 件新闻摄影作品、6 件新闻漫画作品分别获金、银、铜奖。《大同日报》《大同晚报》有 5 件作品获奖。其中，米珍芳、穆亮编辑的《大同晚报》2015 年 11 月 11 日三版获报纸要闻版金奖；兰晓、刘利峰、薛保琳编辑的《大同日报》2015 年 8 月 1 日四版获报纸要闻版银奖；任小春、孙权、杨张军编辑的《大同日报》2015 年 8 月 23 日一版获报纸要闻版铜奖；温鹏毅采写的报告文学《铁甲 208，冲》获报纸副刊作品银奖；戎禹仁的摄影作品《246 户危旧房居民喜迎新居》获新闻摄影铜奖。（赵　瑾）

【“4·26 知识产权宣传月”活动】 2016 年 4 月至 5 月，大同市文化（版权）局、市“扫黄打非”办公室通过开展多项活动提升公众的版权保护意识。

活动期间，通过大同在线短信平台，分 3 次向文化、广电、新闻出版领域相关部门单位，图书、音像、电子出版物经营店、印刷企业、网吧等各类企业，以及社会各界群众发送 3 万条与知识产权有关的信息。在进社区活动中，与社区在职党员举办“拒绝侵权盗版，守护我们的精神家园”为主题的知识产权宣传活动；进机关活动中，市版权局把山西省版权局设计制作的版权宣传漫画（3 种 1000 余张）分发给市、县级政府机关；在进企业活动中，市、县联动，在全市图书、音像、电子出版物经营单位及印刷复制企业、影院、网吧张贴各类宣传海报 1000 余份，并对经营人员进行版权法律宣传教育。开展侵权盗版及非法出版物全省集中销毁活动。（赵　瑾）

【“三晋安全行”新闻采访团大同行】 2016 年 6 月 20 日至 22 日，由山西省安监局监察专员何瑞带队的“2016 年三晋安全行”新闻采访团到大同采访。3 天时间内，来自新华社山西分社、中央人民广播电台山西记者站、山西日报等 8 家媒体的记者围绕“强化安全发展观念，提升全民安全素质”的主题，采访大同市安全工作。

采访团一行分成两组到中车大同电力机车有限公司、华润雪花啤酒（大同）有限公司、同煤集团有限公司姜家湾煤矿、电厂、化工厂、中石化古店油库、山纳合成橡胶有限公司、灵丘县中石油北京天然气管道灵丘场站和山西金地矿业有限公司等地，通过听取汇报、提问、到生产一线实地查看等形式开展集中采访活动。采访团肯定大同市安全生产工作所取得的成绩，认为大同市委、市政府重视安全生产工作，组织到位，治理隐患的措施得力，特别是在汇报过程中敢于直面安全生产管理上遇到的问题。企业的安全意识整体有提高，安全管理工作更有针对性、更具可操作性，企业员工的安全素质提升，由外部推动变成自觉的行为，确保安全生产形势的逐年好转。（冯　雨）

【“三晋环保行”记者团向大同市反馈意见】 2016 年 6 月 24 日，以山西省人大常委会城建环保工委副主任高建平为团长的“2016 年三晋环保行”记者团在结束为期 5 天的采访后，向大同市反馈意见。

市人大常委会主任梁凤书参加反馈会，市人大常委会副主任杨人毅主持会议，副市长张韬向记者团介绍大同市大气污染防治工作总体情况。

6 月 20 日至 23 日，“三晋环保行”记者团一行到大同市矿区、大同县、天镇县、灵丘县、广灵县和浑源县，现场采访棚户区 6 万吨污水处理项目、同忻煤矿、矿区硅铝耐火厂等项目和企业。记者团一致认为，大同市以创建国家环保模范城市为目标，以加强源头防控为重点，推进控煤、治污、管车、降尘等各项工作，全市环境质量得到持续改善。大同的蓝天、白云给记者团留下深刻印象，肯定大同大气污染防治工作取得的成绩。针对采访中发现的个别项目进展缓慢，部分企业无防尘抑尘设施、未办理排污许可证、生产管理不规范、无环保手续等问题，记者团建议，要加强对新《中华人民共和国环境保护法》和新《中华人民共和国大气污染防治法》的学习宣传与贯彻实施，为改善空气质量提供法律保障；加强对工业企业堆场的扬尘污染控制，减少城市面源污染；加强环境监管，加大环保执法力度，对严重环境违法行

为保持高压态势。（冯　雨）

图 书

【市两作家创作长篇纪实文学出版】 2016年1月20日，由大同市作家任勇与庞善强分别创作的《冯太后传》《赵武灵王传》由北岳文艺出版社出版，这是三晋百位历史文化名人传记丛书的其中两部。

三晋百位历史文化名人传记丛书出版工程是山西省“双百出版工程”之一，该工程由省委宣传部牵头，省作家协会和山西出版传媒集团主办，北岳文艺出版社负责丛书出版。工程计划从2014年至2018年5年之内完成，丛书包括《晋文公传》《介子推传》《荀子传》《关羽传》《武则天传》《郭子仪传》《司马光传》《元好问传》《关汉卿传》《傅山传》《于成龙传》《陈廷敬传》等，由省内的知名作家签约创作。任勇与庞善强两位大同作家以“大同历史人物”创作的两部作品均在20万字左右，由作家经过历史资料查阅与甄别，进行文学性创作，把史书中的历史人物塑造成为有血有肉的文学形象，很有可读性。同列入该套丛书的、由大同市作家马海创作的《李克用传》也创作完成。（路　璐）

【《岁月有痕之流逝的青春记忆》出版】 2016年1月20日，阳高县青年作家董晓琼创作的首部长篇小说《岁月有痕之流逝的青春记忆》由新世界出版社出版发行。

《岁月有痕之流逝的青春记忆》一书以热爱文学创作的余露为中心，描写一群临近高考的高三学生的校园生活，刻画乐观、热爱生活、珍惜友情、对未来充满希望的学子群像。全书共18章近30万字，与传统的小说结构模式不同，该书用近似于“散文式”的写作手法把青春时代校园里的一些生活片段呈现出来，语言描写自然朴实、文笔细腻，呈现出高三学子的交流方式，以及由此而来的人物关系、情感性格等。该书由省作家协会主席杜学文作序。

董晓琼系阳高县作家协会副主席。他的作品曾在四川、湖北、山西、安徽等省市举办的全国性文学艺术创作征文大奖赛中获奖。主要作品有散文集《乡村炊烟》，电影文学剧本《雪情》《我的少年梦》《父母》《玉箫龙》《草根暴发户》等。2015年，获大同市“最美读书人”称号。（路　璐）

【《大同作家》创刊号出版】 2016年2月4日，纯文学期刊《大同作家》第一期即创刊号出版。

《大同作家》由小品文选刊杂志社主办、编辑，为双月刊，每逢单月中旬出刊，其栏目设置有《小说长廊》《散文天地》《云冈诗会》《作家微距》《精品品读》等。《大同作家》创刊号刊登石囡、侯建臣、于立强、左左、左世海、静子、胡晓云、王占斌、火狼、黑牙等16人的作品，有小说、散文、诗歌等，有锐度有质感的文字，有情感有温度的故事，集中展现大同市作家群新锐力量的创作实力，并在封二刊登青年画家王小平的国画力作。《大同作家》开放办刊，向大同市众多有文学爱好与追求的各界人士敞开园地，刊发作品。（青　青）

【李渊涛出版专辑】 2016年2月，《全国七十年代书家精选集》第二辑由湖南美术出版社出版面市，该丛书特别为大同市青年书法家李渊涛出版专辑。

李渊涛，1975年8月生，中国书法家协会会员、全国70年代书家艺委会委员、省书法家协会理事、市青年书法家协会主席，早在20世纪90年代初，李渊涛就在全国书展上崭露头角，其书法篆刻作品曾入选第二届中国书坛新人新作展，第五、六届中青年书法篆刻展，第六、七届全国书法展，中日篆刻交流展，中韩书法交流展等。其书法篆刻作品多次获全国大奖，出版有《李渊涛书法篆刻集》《当代书法十家李渊涛卷》《李渊涛刻心经》等。其以行书、行草、楷书见长，其字清健、畅快，并有雄浑、阔达之气，其章法自然，纵横、虚实、疏密、枯湿上皆见心意。该专辑收录李渊涛书法作品近50件，展示这位青年书家的厚实书功。

“70年代书家”是当代书坛承前启后的一代，《全国七十年代书家精选集》分两辑，计26册，收录来自全国26位70年代书家的代表作品。（青　青）

【《大同小说精选》出版】 2016年2月，《大同小说精选》由北岳文学出版社出版，这部50余万字的小说集，收录新中国成立以来，大同市作家创作的优秀短篇小说38篇，集中反映大同市文学界的创作风貌。

该书由王祥夫、任勇主编，于2012年编辑完成，在编辑出版过程中，得到市文联的支持，并得到省委宣传部专项资金的资助。全书收录39位大同作家的38部作品，其中一篇作品为两位作家合作。作者中有马骏、马海、曹杰、王祥夫、曹乃谦、聂还贵、任勇、王保忠等老一辈及中生代作家，也有雁阵、姚桂桃、蒋存发、左左等新锐力量。书中收录所有作品都曾在公开文学期刊发表，有的作品发表时期久远，无法查找所发表的时间与期号。作品反映的生活，纵跨2个世纪60余个年头，历史感很强。（青　青）

【《刘山人短篇小说选》出版】 2016年2月23日，左云县作家刘山人出版短篇小说选集，全书23万字，包括26部短篇作品。其中，多数获省级以上小说作品评选奖项。

刘山人出生在左云农村，从小喜欢文学。她曾打过工、经过商，在繁忙工作之余始终坚持写作，记录下生活的酸甜苦辣。她发表作品80万字，是大同市作家协会员。

这次结集出版的小说内容多反映普通老百姓的生活，情节生动，描写细腻，人物饱满，个性突出，读来让人不忍释卷。（青　青）

【《史前时代的桑干河流域》出版】 2016年3月，大同市文化学者赵忠格的《史前时代的桑干河流域》一书由商务印书馆出版。

全书24万字，分12章69节，是一本重新解读人类生存与发展的著作。作者立足桑干河流域，通过分析那里（小）细石器文化的流布，寻找“桑干河流域（小）细石器文化圈”的时空范围及其对人类进化与发展的推动作用。

赵忠格是市知名文化学者，其对中国古代货币史有研究，出版过

10余种钱币方面的著作。他在外出讲学之余又潜心研究桑干河文明，《史前时代的桑干河流域》是系列丛书第一部。（茗　泉）

【《听景识人》出版】2016年3月，大同市作家王庆新著《听景识人》由北京日报出版社出版。

王庆，中国报告文学学会会员，中国散文学会会员，山西省作家协会会员，从事过教师、新闻记者、文秘、编辑、主编等职业。出版《未竟的征程》《与大同名人面对面》《我心依旧》《写作在路上》等。主编人物传记《我的故事》和教学论文集《感悟教学》《离最好的老师有多远》《走好自己的风景》等。

《听景识人》全书分为“时代风景”“散文心情”“感恩成长”“苦口良药”“故土乡情”五部分，收录作者多年来创作的作品100余篇。该书告诫人们，不要从别人嘴里得到的信息去评价一个人的好坏。如果生活中不会察言观色，那就去旅行。这样，可以沿途听景，在融入自然的过程中结识更多高于自己的人，心会时时感到一种上升的温暖。（红　远）

【《大同市煤炭工业志》出版】2016年4月，《大同市煤炭工业志》由山西人民出版社出版，这是大同市煤炭行业的首部志书。全书107万字，内容上限至大同煤炭开采发端，下限至2010年底，比较全面客观地反映大同市地方煤矿的发展进程，为记录大同煤炭工业的发展填补空白。

《大同煤炭工业志》开篇概述全景呈现大同煤炭生产的历史与发展脉络，在随后章节中依次编撰大同煤炭发展大事记、管理体制与机构、煤田地质与勘探、煤矿建设、煤矿生产、煤矿安全、经营管理、煤炭加工与环境保护、教育、中共党组织、工会、共青团等章节内容，共9篇29章98节。体裁包括述、记、志、传、图、表、录等，以志为主。

《大同市煤炭工业志》由大同市煤炭工业局主导编纂，从2013年12月至2015年6月，历时一年半完成。其间，涉及大量资料与数据采集，全行业各部门各单位配合，保证《大同市煤炭工业志》资料翔实、数据准确。（行　云）

【《雁北地区志》出版】2016年4月，经过广大修志工作者近30年的编修，《雁北地区志》由北岳文艺出版社出版。

雁北地区，既是一个地理概念，即指山西省内雁门关以北、外长城以南的广大地区，也是1949年至1993年在这一地区存在的行政区划的名称。而雁北地区这一行政区划虽撤销，《雁北地区志》的编修完成并出版，但成为保存这一地区自然、政治、经济、文化和社会历史资料的文献。

《雁北地区志》上溯10万年前的许家窑人文化，下至1993年雁北地区、大同市合并，内容涵盖原雁北地区政治、经济、文化、科技、人物等众多门类。该志采用章节体结构，志前有序、凡例、概述及专记，志后设大事记及后记，设建置、自然、人口、农业、工业、人物等25章，分上下两册，260万字。该志内容丰富、资料翔实、科学严谨，其出版是大同文化建设的一件大事，是对雁北地区政治、经济、文化等发展历程的一次梳理和总结。（青　青）

【《三晋文化看浑源》出版】2016年4月，一部全面解读浑源县和北岳恒山文化的专著《三晋文化看浑源》由中国广播影视出版社出版。

该书由浑源县委、县政府组织编纂，前后历时3年，经过数10次的修改完善。全书从山岳文化、边塞文化、道教文化、建筑文化、彝器文化、古城文化、黄芪文化、水域文化、民俗文化9个方面，阐释和解读大美恒山、人文浑源的厚重底蕴和独特内涵。书中收录的李峪青铜器、浑源陶瓷、浑源古城、古长城等内容均为首次系统性全面展现。（行　云）

【《聚焦文学新潮流——当代闪小说精选》出版】2016年5月，由安徽文艺出版社重点打造的《聚焦文学新潮流——当代闪小说精选》出版。该书荟萃海内外66位当代著名作家、实力派作家与新锐作家的264篇闪小说名作，其中，大同市3位闪小说作家侯建忠、左世海、李进的12篇作品入选。

大同市3位闪小说作家侯建忠、左世海、李进的12篇作品入选，分别为侯建忠的《老人叹塔》《幸运的亚军》《最后的好事》《日子就该这样过》，左世海的《寿材》《父亲来电》《瞒》《穿袍子的女人》，李进的《关心》《一枚戒指》《心乱如麻》《五婆的心愿》。（赵　瑾）

【《永安寺壁画》出版】2016年6月9日，一部解读位于北岳恒山脚下、位列浑源县十大佛寺之首、全国重点文物保护单位永安寺的专著《永安寺壁画》由中国林业出版社出版。

永安寺位于浑源县城内鼓楼北巷，始建于金，后遭火焚，元初由浑源籍的永安军节度使高定及其子在原废墟上重建。整个寺院山门五开，殿宇雄伟，结构精巧，砖雕精美，是元代古建的杰作。其中，尤以主殿“传法正宗之殿”四壁上独特的水陆壁画最为珍贵，为研究宋元时期战争之后安抚边关、超度往古的大型水陆法会祭祀活动的珍贵实物。现存壁画面积186.9平方米，绘有各类人物895个，其绘制精美、保存完好。

《永安寺壁画》一书33.7万字，从永安寺建筑、寺院格局与文化、寺院与水陆法会、殿内塑像和壁画，并翔实地按照明王演法、化生天道、厚德载物、道化十方、虚空宝藏、转身成佛、省世长卷、永安长福八个部分，解读壁画和人物。

该书作者张建德，20世纪80年代起一直在恒山景区工作，2009年任职永安寺管理所所长以来，一直致力于永安寺历史文化、建筑文化和壁画研究工作。（冯　雨）

【夏榆两部书出版】2016年11月29日，中国作家协会会员、文化记者夏榆的《在时代的痛点，沉默》《在异乡的窗口，守望》出版。作为新闻记者和文学作家，夏榆多年来从事文学写作，著有长篇小说《我的独立消失在雾中》《我的神明长眠不醒》《黑暗纪》；随笔集《黑暗的声音》《白天遇见黑暗》等。他的中短篇小说刊于《收获》《今天》《花城》《十月》《作家》《天涯》等刊，曾获《人民文学》散文奖、新浪潮奖、在场主义提名奖、中国报人散文奖。2012年，告别记者职业的夏榆继续他的写作生涯。

集结夏榆10余年心血的两卷新书《在时代的痛点，沉默》《在异乡的窗口，守望》出版。《在时代的痛点，沉默》集结的是当下中国著名知识分子的访谈集，《在异乡的窗口，守望》汇聚大批国外政治文化精英人物的思想对话，以及纪念文字。莫言、史铁生、余华、黄永玉、崔永元、宗璞；希拉克、阿尔·戈尔、奥尔罕·帕慕克、伊凡·克里玛、阿多尼斯、阿摩司·奥兹、埃科、桑塔格、米沃什……这些闪亮名字的背后，是众多杰出的生命，是无数精彩动人的故事。在这些书卷中，作者钩沉历史，省察社会现实，聆听他们独异的心灵之声。他们以个体的生命经验，说出对世界的独立观察和思考，他们对重大公共问题发声，他们为沉默的群体代言，弥合着社会的裂痕，彰显公共情怀，展现人类珍贵的良知和智识品质。 （晨　曦）

报　纸

【新闻宣传】 2016年，大同报社宣传新形势下党治国理政的实践成果；围绕中央和省、市委中心工作，以重大题材报道配合社论、评论员文章、图片，大同日报、大同晚报策划连续性、组合式集群报道130余篇。宣传报道中央十八届六中全会精神和省、市党代会精神，以及全市各级各部门贯彻落实各项工作的动态和成绩；宣传全市同心同力，实干至上，建设美丽大同富裕大同幸福大同，共绘“十三五”宏伟蓝图的实践；宣传全市上下在打造东承首都、西接丝路、南贯三晋、北通蒙俄“区域性中心城市”，加快转型发展，推进改革创新等方面的工作实践和典型经验；宣传报道大同市让古城“活起来、火起来”各项文化旅游活动，跟踪报道大同申办全省旅发大会全过程，报道古城墙合龙、中国大同云冈文化旅游节、2016中国大同古都灯会等各项文化旅游活动；宣传全市“冬季行动”和“双环行动”进展情况，开设专栏“冬季行动进行时”“项目建设 双环行动”，《大同日报》刊发稿件294篇，图片专版5块，《大同晚报》刊发稿件43篇，图片专版1块，大同新闻网及公众微信号转发推送稿件337条；开设专栏“脱贫攻坚进行时”“打好脱贫攻坚战”，宣传大同脱贫攻坚工作的思路、举措和进展。宣传社会主义核心价值观，2016年《大同日报》一版报眼“二十四字”内容刊发294期；《大同日报》开辟专栏《践行社会主义核心价值观》刊发32期，《每周一星·大同好人》刊发20期，其他相关稿件刊发20期；《大同晚报》开辟专栏《践行社会主义核心价值观》刊登6期人物报道，《晚报早评》刊登5篇言论，专栏《凡人善举 德耀古城》刊发30篇稿件，其他相关稿件刊发26篇；公益广告《大同日报》刊登36期，大同晚报刊登49期。宣传报道全市“两学一做”学习教育工作。《大同日报》开辟《学党章党规 学系列讲话 做合格党员》《党旗下的风采》等专栏，推出系列言论评论，晚报也推出相关栏目。日报、晚报、新闻网宣传全市各级、各单位、各行业开展“两学一做”学习教育的进展情况、经验做法、取得成效，刊发相关报道（图片新闻）250余篇；宣传学习贯彻习近平总书记“七一”重要讲话精神、全市开展纪念建党95周年系列活动，刊发相关报道（图片新闻）39篇；学习宣传身边先进典型，两报每周都推出1个~2个先进人物典型报道。 （报　社）

【报网融合发展】 2016年，大同报社围绕“以报育网、以网养报”，推动传统媒体和新兴媒体在内容、渠道、平台、经营、管理等方面融合，推进各种媒介资源、生产要素整合，日、晚报弱化中心、部室职能界限，减少层级制约，促进资源有效利用、人员按需流动；强化党管媒体原则，落实政治家办报、办网的要求，传播党的声音；强化新闻媒体的社会责任和社会效益放在首位的意识，严格“三审”制度，健全内部管理机制，规范新闻采访活动；调整优化报网定位，实现主流媒体的“本地＋服务＋实用”功能。《大同日报》开设专栏《民生实事12件》，关注就业、住房、社保、教育、医疗卫生等领域的民生工程实施情况；组织记者经常到乡村、企业、社区采访报道，开设《新春走基层》等专栏，推出作品；《大同晚报》建立3部手机热线，行业类版面适应市场变化，内容多样化，形成稳定的风格，副刊版面推出个人专栏；增强两报与新媒体的互动、融合，微信公众号掌中大同用户量增加，部分稿件实现微信号首发。2016年，山西省旅游发展大会申办过程中，全社总动员，为大同申旅助力。除对各场电视竞演做报道外，5月初“人说山西好风光”微信投票平台开启后，在《大同日报》《大同晚报》、大同新闻网、掌中大同手机客户端及大同传媒等微信平台展开宣传，号召市民、读者、游客为大同申旅投票。纸媒不惜版面，开专栏、推广告，阐明大同申旅的重要意义，介绍投票方法，报道申旅投票的感人事、动人情；网媒创新形式，用各种方式为大同“拉票”。发挥媒体外联优势，请《乌兰察布日报》《张家口日报》等媒体发布消息倡议为大同投票。 （报　社）

【新媒体发展】 2016年，大同新闻网、掌中大同移动客户端和官方微信集群在“加强舆论引导、讲好大同发展故事、完善平台布局、建立内容生产基地、打造品牌活动和主题采访、促进媒体融合”等方面下功夫，实现从生产内容向提供产品和服务、优化用户体验转变。利用新媒体平台的传播和互动优势，开展重大主题报道。大同获山西旅发大会举办权当天，原创发布的《“普大喜奔”记住615！天下大同，胜券在握！》通过微信发布后，当天有“10万＋”的传播效果。跟踪房改政策、省市党代会、养老服务扩大就业等全市重大事件和社会关切的问题，特别是盐业公司详解盐业改革方案保障公民健康、同心同力建设美丽、富裕、幸福大同等网络专题和见证大同古城墙合拢、借音乐画面为“影像的力量”谢幕等网络直播，以实时图文音视频的创新模式体现，扩大传播的影响。大同新闻网多次组织开展公益活动；关注民生听民意，聚焦、讨论社会热点，网民与部门之间有问有答互动；开拓创新通民情，把话筒递给百姓，把镜头对准百姓。随着“掌中大同”APP和微矩阵的推广，从过去的单一网络发布形式，升级为网络、报纸、移动互联等多领域互联互通、融合发展的新阶段。微信粉丝从2016年初的近10万到2016年底近50万，微博粉丝15万，2016年的10万+微信资讯有5条，全国网站的微信公众号排名2016年最高第11名。

（报　社）

【大同日报社评出20名优秀小记者】 2016年4月，大同日报社小记者编辑部评出20名优秀小记者，送出60张灯会门票。

这次评审依据是是否连续三年是大同日报社小记者、提供历年小记者活动参加情况、作品投寄刊发情况及是否登“明星小记”等，综合评选下来，城区44校王楚，城区18校张凯然，铁一中丁宇奇、丁宇童，大同六中赵晨等20名小记者被选中，并把这次评选的具体详情发送到“大同日报社小记者”微信平台。（青　青）

【天津日报传媒每日新报采风团到大同】 2016年6月15日，天津日报传媒集团“每日新报采风团”到大同，30余名摄影爱好者在大同市拍摄云冈美景，探究煤矿井下奥秘，记录城墙夜色，进行为期5天的采风活动。

《每日新报》是天津市发行量和影响力最大的都市报之一，为天津日报传媒集团旗下子报。《每日新报》通过专门开设的读者摄影专版、“新报星期六摄影讲堂”等栏目与摄影爱好者建立联系，形成版上版下互动。

这次活动旨在宣传大同市文化旅游资源，扩大在天津的影响力，促进融入京津冀一体化。其间，他们到云冈石窟、古城墙、浑源悬空寺、恒山、大同火山群、大同土林、吕家大院、华严寺、善化寺、文瀛湖等处进行采风，品尝凉粉，刀削面，火锅等特色美食，并通过其微信公众号“新摄影”、美食公众号“新好吃哒”推荐出去。采风团还到云之翼航空俱乐部，实地了解未来空中体验观赏旅游的新模式，到文瀛湖拍摄夕阳美景。到左云拍摄长城、湿地、月华池写生基地等风景。

（冯　雨）

【高键到大同日报社调研】 2016年10月18日，大同市委副书记、市委宣传部长高键到大同日报社调研。高键一行到大同日报社的网络信息、新闻采编、经营管理等部室，了解报社新闻采编、运营管理、发行印务等方面基本情况和发展思路。在大同新闻网站，高键询问网站建设情况，浏览新闻网页内容，要求工作人员树立供给侧改革理念，做好综合数据分析，提供有针对性的服务，扩大对外宣传的覆盖面和城市影响力，吸引更多外地客人到大同旅游。

（晨　曦）

【大同日报社11件作品获山西新闻奖】 2016年11月18日，山西省新闻工作者协会主办的第二十五届山西新闻奖评选揭晓。大同日报社11件作品获奖。其中，一等奖2件、二等奖4件、三等奖5件。

山西新闻奖是山西省综合性新闻作品评选年度最高奖，每年评选一次。来自全省报社、电台、电视台和新闻网站55家新闻媒体选送的780件作品参加这届山西新闻奖的评选，有418件作品获奖。其中，特别奖5件、一等奖85件、二等奖123件、三等奖205件。大同日报社选送的通讯《孙秀林的“三转”》（刘培现）、系列报道《纪念抗战胜利70周年特别报道》（闫文平）获一等奖。消息《市二医院王振日援外工作为国争光 获吉布提共和国“总统勋章”》（任小春），通讯《谁来为环卫工的安全“护航”》（董芳）、《“大同女乒”：留一份芳香记忆在心底》（史涌涛）获二等奖。由米珍芳、穆亮担任责任编辑的大同晚报2015年11月11日第3版获版面作品二等奖。消息《聋哑店员用“心语”迎客》（曹飞），通讯《恒安警官热心相助 少女户籍如愿解决》（解中平）、《养老悄然走进“旅居时代”》（熊克芳　刘双红）、《火车驶来惊魂10秒铁轨救人》（龙中华）、《一位农民的环保发明情结》（邸东芳）获三等奖。（晨　曦）

广播影视

综　述

【电影《小虎》热映】 自2016年1月本土电影《小虎》在山西省大同市上映以来，有众多观众到影院观影，这部反映大同都市生活的励志悲喜剧得到观影者好评，不少人还在微信朋友圈推荐和分享观影心得。

电影《小虎》由大同翔龙集团联合千映目（大同）文化传媒有限责任公司、橘子（大同）工作室摄制，山西凯德世家股份有限公司联合出品，映目（天津）文化传播发展有限公司联合发行。影片讲述山西大同出租车司机王小虎在遭遇爱情事业双打击后发生的一系列妙趣横生、啼笑皆非的悲喜故事。影片于2015年夏季在大同开机，制作班底多数是土生土长的大同人，影片出品、监制王伟，曾在大同教育电视台、中央电视台任职，参与过电视剧《重案六组1》《重案六组2》《新三国》等多部影视作品的摄制工作，并参与出品多部独立纪录片和数字电影。影片导演、编剧是常然，他创作的《出租车囧事》《美囧》《抉择》《省》等本土影视作品。剧中的主要演员张中英、陈浩等均是地道大同人。（茗　泉）

【《新闻联播》报道天镇探索扶贫经验】 2016年1月12日，中央电视台《新闻联播》“治国理政新实践·脱贫军令状”专栏，以《内抓培训，外推品牌，天镇扶贫闯新路》为题，报道天镇县探索精准扶贫有效途径的经验和做法。

天镇县结合自身实际，依托国务院扶贫办“雨露计划”和山西省“千村万人”创业就业技能培训工程，以培训农村妇女从事家政服务为切入点，开展“万名巾帼闯京城，劳务增收创新业行动”，打造“天镇保姆”特色品牌，探索出一条带领当地百姓摆脱和消除贫困的新路子。开展培训当地妇女88期6000余人，输出近3000名贫困妇女到北京、天津、太原等城市就业，人均年收入约3.5万元，带动3000户贫困家庭近万人实现脱贫，走出一条成本低、见效快的劳务培训输出式精准扶贫、精准脱贫的路子，有示范与推广价值。

天镇县打造“天镇保姆”品牌、推进劳务输出得到国家人社部领导和省扶贫办支持。2015年12月11日召开的中央单位定点扶贫工作会议上，人社部扶贫干部、天镇县政府领导作典型发言，介绍工作情况。“‘天镇保姆’探索精准扶贫有效途径”获“2015中国十大社会治理创新”奖。（路 璐）

【市少儿电视春晚录制】 2016年1月24日，“月星家居之春”大同市少儿电视春晚录制完成，在月星家居家具馆上演。

“2016大同市少儿电视春晚”由大同市体育局、市文化局、团市委、市少工委主办，市心连心艺术团承办。经过节目组委会策划，历时1个多月的节目选拔，从艺术团推选的315个节目和5400余名演员中，最终选出24个符合春晚主题的优秀节目。2016春节期间，少儿电视春晚在土豆网、乐视网、优酷网、人人网、百度网、学艺网等网站与大同广播电视台综合频道同步播出。（路 璐）

【第三届百姓春晚】 2016年2月1日，大同市第三届百姓春晚在市群众艺术馆举行，有13个节目。周边社区的数百名观众观看。

连续三年，在春节期间推出的“百姓春晚”，是大同市春节群众文化系列活动之一，因办在社区，以群众为主角，党员志愿服务，晚会形式多样，有舞蹈，模特表演、数来宝、歌曲等。与往届相比，2016年“百姓春晚”规模更大、参与人数更多，表演者大多是来自各大社区的艺术团队、社会文艺团体以及专业艺术院团的党员志愿者，表演的节目都是受群众欢迎的本土原创精品，个别节目曾获市级奖项。（青 青）

【2016乌大张春节电视文艺晚会】 2016年2月2日，“金猴贺岁三地春”2016乌大张春节电视文艺晚会在大同市工人文化活动中心一宫内举行。

市领导张吉福、马彦平、梁凤书、赵向东、马斌、郜向华、卫洪平、杨人毅、曹世平、张翠萍、曹惠斌、程廷龙、郭俊岗、杨硕平，乌兰察布市委常委、宣传部部长云淮，市委常委、常务副市长史万钧，张家口市委常委、宣传部部长赵占华观看晚会。

晚会由大同市委、市政府主办，大同市委宣传部、大同广播电视台、乌兰察布广播电视台、张家口广播电视台承办。晚会分为“金猴奋”“塞上风”“长城韵”“春潮动”四个章节，表达出“春到乌大张、塞上一家亲、三地涌春潮”的主旨，节目涵盖歌曲、舞蹈、乐器演奏、戏曲名段欣赏、说唱、数来宝、武术表演等多种艺术形式，“云中笑星”柴氏兄弟、“内蒙古第一笑星”武利平、青年歌唱家王相周、民歌歌唱家王凤云、“西部歌王”高保利等参与演出。（青 青）

【第二届名师名家春晚现场录制】 2016年2月5日，由大同市体育局、文化局主办，市心连心艺术团承办的大同市第二届名师名家春节联欢晚会在浩海国际酒店举行并现场录制。

这次晚会节目有声乐、器乐演奏、舞蹈、戏曲、跆拳道表演和模特走秀等。舞蹈表演艺术家李兵、竹笛演奏家郭新旺、古筝演奏家张婵等一一登台献艺，节目有《盛世欢腾》《春天的芭蕾》等经典歌曲，有古筝合奏《打虎上山》，有歌舞《共筑中国梦》等。这次春晚于2月13日在大同音乐网、云微大同平台播放。（青 青）

【《千年古县灵丘》微电影获全国评比一等奖】 2016年2月23日，“地名情中国梦”全国地名普查微视频（微电影）征集活动获奖名单公布，由灵丘县民政局报送的《千年古县灵丘》获全国地名故事类微电影一等奖。

《千年古县灵丘》微电影以灵丘独特的风土人情、美丽山川、著名建筑、红色遗址等为拍摄题材，挖掘地名历史典故，叙述古今变迁历程，展示民风民俗，弘扬红色文化，较为全面地展示和宣传灵丘县的地域文化。

“地名情中国梦”全国地名普查微视频（微电影）征集活动，由国务院第二次全国地名普查领导小组办公室主办，中国地名文化遗产保护促进会承办。（青 青）

【《莫斯科离大同不远》展映】 作为第一部进入院线在全国公映的大同本土电影，故事片《莫斯科离大同不远》首度入围第六届北京国际电影节，2016年4月8日至23日在北京电影节展映。

《莫斯科离大同不远》是中俄青年友好交流年的献礼片，由大同市委、市政府、北京湍泷天吼文化传媒有限公司联合拍摄。影片讲述一位俄罗斯姑娘安娜，因一枚云冈石窟纪念金币的机缘，从北京来到大同，意外遇见一位石窟文化发烧友，单身厨师爸爸高同和他的可爱儿子高小晋，安娜被大同的山水人文和大同男人的执着追求所感动，云冈石窟这片佛教圣地，给她开启美好的文化神游之旅。影片展现大同人文景观风土人情、地方小吃等，云冈石窟、大同城墙、华严寺广场、九龙壁等古城景点在片中亮相，刀削面、广灵剪纸、耍孩儿等元素融

▲ 2016年2月2日，“乌大张”春节电视文艺晚会上乌兰察布市演员演唱《马背传奇》（于 宏 供图）

入其中，是一张全新的古都文化名片。（红　远）

【“电影下乡”活动】 2016年4月11日，大同市2016年“电影下乡”活动在大同县聚乐乡中学启动，之后各放映小分队到大同市乡村，为农民群众送上23400场“电影大餐”。

为更好地服务乡村，满足农民群众日益增长的文化需求，市电影公司逐步建立并完善公共服务与市场服务相协调的农村数字电影体系。2016年，所有数字放映机上都安装卫星定位系统，真实记录放映场次，避免偷演、漏演、虚报放映场次等行为。

2016年放映的公益电影种类依然以农民群众喜爱的故事片和科教片为主，市电影公司的田野放映队和全市各县区放映队承担为大同市1948个行政村，以及全市160余所寄宿学校的电影放映任务。（行　云）

【大同影像亮相深圳】 2016年4月16日，《古都新语》大同城市形象摄影展在深圳南山文体中心开幕，在“2016中国年文化摄影大赛”获奖作品展览中，14幅来自大同的作品参展，此外由大同摄影师拍摄的《猴年观猴》中国珍稀灵长类摄影展同期开展。

开幕的3个展览都是《百名摄影家走近大美南山暨中国企业摄影家学会主题摄影展》的一部分。其中，《古都新语》大同城市形象摄影展在全国14个城市巡展，深圳是第一站。这次展出的100幅摄影作品从多个侧面展示大同历史、文化、自然风光、民众生活，让人们通过大同本土摄影师的镜头，近距离感受大同城市翻天覆地的变化，展示大同这座历史文化名城的内涵与魅力。

这次摄影活动浓墨重彩的一笔当属“2016中国年文化民俗摄影大赛”颁奖及获奖作品展览。大赛评出一等奖1名，二等奖3名，三等奖6名，优秀奖130名。中国摄影展览馆大同展览中心这次组织投送大同市摄影师作品200余幅，其中14幅优秀作品获奖，占全部获奖份额的1/10，且把唯一的特别组织奖授予中国摄影展览馆大同展览中心。大同摄影师董宁东（追风）的作品《大同欢迎你》获二等奖，由中国摄影顶级大师朱宪民为其颁奖。

在文化摄影活动中，大同摄影师王志忠拍摄的《猴年观猴》——中国珍稀灵长类摄影展亮相。（行　云）

【微电影《杏花情缘》】 2016年4月20日，由大同微电影工作室拍摄的微电影《杏花情缘》在阳高守口堡完成拍摄，这部宣传展示大美大同景色的微电影在五一前后与观众见面。

《杏花情缘》以大同杏花为特色背景，以大同农村人的朴实情怀为形象，讲述一对青年男女的浪漫故事。女主角桂花在外求学，唯一的心愿是每年都回到家乡看杏花盛开，而每年这个时候暗恋喜欢桂花的大牛也总是在村口静静等候。影片展现大同的长城，以及长城脚下的盛放的杏花，片中不时还会出现大同人喜欢的民歌《桃花红 杏花白》，整个影片画面唯美，故事清纯。

大同微电影工作室成立于2014年，代表作品有《强子相亲记》《二胎囧事》《大同故事》《开心剧场》《想笑就笑》等30余部影视作品，全网收视点击率3500万。（行　云）

【中央媒体大同行主题采风宣传活动】 2016年，中国文化旅游摄影协会和大同市委、市政府以大同的杏花为媒，共同举办“春满古都”——中央媒体大同行主题采风宣传活动。2016年4月23日至24日，国内摄影家和中央各大媒体记者汇聚大同，赏杏花美景、观自然风光、拍文物古迹，记录独特的人文地理风貌。

采风活动邀请21家中央和首都媒体记者到大同。邀请的媒体包括《人民日报》、新华社、《光明日报》《经济日报》《中国青年报》《科技日报》《工人日报》《农民日报》《中国妇女报》《北京青年报》《北京晚报》《新京报》《京华时报》《中国旅游报》、搜狐网、人民网、新华网、光明网、凤凰网、千龙网等。活动期间，采风团兵分三路，分别到云冈石窟，新荣区助马堡、古长城森林公园、得胜堡、饮马河、万泉河、北魏皇陵，文瀛湖生态公园，大同县火山群、土林，阳高县守口堡、镇边堡、云林寺、大泉山等多处风景胜地采风。他们用手中的笔和镜头记录下一个个美好的瞬间。（行　云）

【微电影《妈，您辛苦了》上播】 2016年5月8日母亲节，由东山影视大同微电影工作室摄制的微电影《妈，您辛苦了》上线播出，礼献母亲节。

该片全长8分钟，剧情是上小学的儿子放学回家，学校老师告诉他们今天是母亲节，要懂得孝顺，回家为母亲做一件事。懂事的孩子回家后打一盆洗脚水，为妈妈洗脚。而这一举动，触动孩子的父亲，这位父亲在生活中却“不很孝顺”，总觉得向母亲索取是理所当然的，经常以各种理由向母亲要钱，很少体谅母亲的辛苦。而孩子回家后的言行感染这位父亲，他马上来到母亲家里，当他进门时，母亲非常惊讶，以为儿子又来要钱，却不料儿子说今天是母亲节，要为母亲洗脚，母亲在欣慰之余，告诉儿子：只要你们幸福，就是妈妈最大的欣慰……该片通过腾讯、优酷等上线播出。（赵　瑾）

【微电影《族谱》获国家级奖项】 2016年5月，由安徽省新闻出版广电局、安徽广电传媒产业集团、中国微电影产业联盟、中国传媒大学新媒体研究院等单位主办的“首届中国金花大学生微电影大赛”落幕。大同市京汣文化创意传播中心摄制的微电影《族谱》获奖，编剧段增发获“最佳编剧奖”。

“首届中国金花大学生微电影大赛”于2015年4月启动。“金花奖”组委会首次建立影视优秀人才库，在活动中晋级的优秀影视人才、演员、编导择优推选至安徽广电传媒产业集团下属子公司安徽五星东方影视投资有限公司作为签约优秀人才，重点培养，参与公司重点影视剧项目、网络自制剧等多项活动。

自2015年以来，《族谱》获平遥微电影节、山西省微电影大赛、深圳国际微电影节等奖项。（赵　瑾）

【李培斌先进事迹搬上银幕】 2016年7月11日，山西电影制片厂制片人张乔珍一行到阳高县，再挖掘、再编剧关于拍摄李培斌先进事迹改编的电影《真情无限》，电影于8月中旬开拍。

李培斌生前系阳高县龙泉镇司法所所长，在从事基层司法行政工作30多年间，开展人民调解、安置帮教等工作。他曾被司法部评为“全国模范司法所长”，获2012年度CCTV法治人物“年度特别贡献奖”，被誉为扎根基层的“民调战士”。2015年10月15日，他因连续加班工作，突发疾病去世。2016年2月，中组部追授李培斌为“全国优秀共产党员”，2016年3月25日，中宣部授予李培斌“时代楷模”称号。中央政法委、司法部、山西省委、大同市委都作出《关于开展向李培斌同志学习的决定》，阳高县委2次作出向李培斌学习的决定。李培斌的先进事迹形成电影剧本，在阳高县进行实地拍摄。（木 依）

【《大火种》首映】 2016年7月13日，建党95周年献礼影片《大火种》在大同市工人文化活动中心二宫首映，来自市纪委、市委办公厅、市政府办公厅、市政协办公厅、市委政法委、市委党史办公室等单位的300名党员干部观看影片。

影片《大火种》根据铁流、徐锦庚长篇报告文学《国家记忆》改编，再现20世纪20年代山东广饶地区的中共党员和人民群众，经过斗争，用生命保护中国首版《共产党宣言》，并使其如火种般传播开来的感人故事。影片反映共产主义理想在齐鲁大地扎根、发芽、成长的伟大历程，讴歌中华儿女追求真理、不屈不挠的奋斗精神和博大胸襟。

大同市总工会要求各级工会组织广大职工群众观看影片，并以观看影片为契机，开展“学党史、感恩党、跟党走”学习教育，引导广大职工群众坚定理想信念，立足本职岗位，为建设美丽大同、富裕大同、幸福大同作出新贡献。（木 依）

【德丰大同影视城“五墩古村”外景地揭幕】 2016年8月30日，北京德丰利达集团旗下的大同德丰影视基地有限公司项目、德丰大同影视城“五墩古村”外景地揭幕，连续剧《骑马扛枪打天下》开拍仪式在这同步举行。

德丰大同影视城位于山西省大同市阳高县东南方向，地处长城沿线边塞军旅文化特色区域内，辐射山体范围近100平方千米。影视城以阳高县龙泉镇鹿角沟村——阳光99温泉养生度假区——罗文皂镇五墩村为轴线，以云门山、古长城、烽火台等历史景观为拍摄本底，以百年古村、大地田园、生态农业等自然景观为拍摄衬底，以阳高县四季分明的气候条件及清新的空气质量为拍摄条件，加上地域独有的地理特征和稀有的火山温泉资源，打造成为国内规模最大的战争题材拍摄基地和影视主题旅游景区。

一部庆祝建军90周年的革命题材电视连续剧《骑马扛枪打天下》在五墩古村开拍。电视剧讲述抗日战争时期，冀东青年李二嘎等几位抗日英雄和敌人斗智斗勇的英雄事迹。（小 霞）

【影片《引爆者》在大同开机拍摄】 2016年10月19日，由华谊兄弟等出品、多名知名电影演员担纲主演的罪案动作影片《引爆者》，在大同举行开机仪式。这部投资7000万元影片全程在大同市拍摄，拍摄周期80余天。市委书记张吉福，市委副书记、市委宣传部长高键与剧组主创人员共同为影片揭机。

影片《引爆者》由华谊兄弟影视、21世纪威克传媒、星世纪影业及风月影视传媒出品，大同市委、市政府全程协助拍摄。影片由段奕宏担纲男主角，余男、王景春、成泰燊等加盟，由常征执导。《引爆者》讲述男主角赵旭东，无辜被卷入多派势力的利益争夺中，化身孤胆英雄进行自我救赎的故事，故事背景设定在大同市。（晨 曦）

【《农广天地》栏目组到大同拍摄节目】 2016年10月19日至25日，中央电视台七套《农广天地》栏目组到大同拍摄《三晋美食·大同风味》专题片，对大同市特色美食进行采访和录制。栏目组一行到大同“独一处烧麦”、国家级非遗传承人李安民的铜火锅手工作坊、销售手工铜工艺品的“天艺昌”、鼓楼东街老火锅、位于向阳西街的“东方削面”、主营各类杂粮主食的“四道沟”以及贺老人羊杂等处摄制美食节目素材。还到阳高县、大同县、浑源县探访县（区）美食。（晨 曦）

【土林在电影《封神传奇》中亮相】 2015年11月，电影导演许安带着摄制组一行200余人到大同土林取景拍摄。2016年7月29日，魔幻特效3D电影《封神传奇》在全国各大院线上映，大同土林作为影片外景地之一在片中亮相。影片开演30分钟时，寻找光明之剑的雷震子到大同土林，救出被困土林地层深处的哪吒，两人与看守哪吒的百足之龙展开一场恶战，这场戏约6分钟，全景式展示大同土林，上千个形态各异的土柱、土墙、土墩，影片中还有成片黄褐色的土柱。（小 霞）

【山西微电影创作研修班暨光影大同采风活动】 2016年11月16日，为期4天的山西微电影创作研修班暨光影大同采风活动在大同市启动，来自全省的多家微电影创作团队会聚大同，探讨微电影创作最新资讯，纵论微电影如何更好地发展。

山西微电影创作研修班暨光影大同采风活动由省文联、省旅游局、省新闻出版广电局联合主办，山西省新闻出版广电局网络视听节目管理处、山西省电影家协会承办，旨在与国内影视界资深创作专家交流，掌握微电影创作前沿资讯，推动微电影创作达到更高水平。研修期间，与会人员到文瀛湖、火山群、古城墙等地采风。（晨 曦）

【“我要上春晚”节目选拔活动】 2016年11月28日，由大同市文化局、市体育局、大同广播电视台主办，市心连心艺术团承办的2017大同市“我要上春晚”节目选拔活动启幕。

这次评选活动的主题是“和谐健康、出彩达人”，评选以推动和谐社会、推出优秀人才为目的，选市民喜闻乐见的艺术、体育形式和节目，让市民从中感受到健康、文明、愉悦、向上的艺术感染和文化熏陶，让有才华的市民得到锻炼和展示才艺的机会。活动分预选、复选、总决选、春晚演出等环节。在节目选拔中，体现公平、公正、公开的原则，展示全市艺术体育表演的水平。活动征集到节目315个。这些节目全部由市民、学生唱主角，除歌舞、相声、小品等传统类型外，还有魔术、杂技、模特表演、创意武术、跆拳道等内容。（晨　曦）

【“大地情深”群星奖获奖作品巡演】 2016年12月5日，“大地情深”群星奖获奖作品巡演暨“文化惠民在三晋”文化志愿者走基层活动在大同市工人文化活动中心一宫演出。

这次活动由山西省文化厅主办，大同市文化局、省群艺馆承办。巡演内容以群星奖获奖作品为主，旨在展示第十七届“群星奖”评奖活动结果，扩大群星奖社会影响力，让群星奖获奖作品更好地惠及基层群众。

大同是这次巡演的首个城市，首场演出的节目有器乐合奏《飞驰天路》、大同数来宝《工钱》、沁县曲艺三弦书《花馍情》、绛县舞蹈《扫街》等，还有模特表演、独唱《打开春天》《打酸枣》等节目，都由大同市、山西省群众艺术家表演。（刘　江）

【首届幼儿园迎春电视晚会录制】 2016年12月18日，大同市心连心艺术团承办的“欢欢喜喜过大年”全市首届幼儿园迎春电视晚会，由大同广播电视台录制完成。

以“和谐健康、快乐成长”为主题的这届迎春电视晚会由市文化局、市体育局、团市委、市少工委主办，是从2017大同市“我要上春晚”选拔活动中选出来幼儿艺术会。晚会以推动和谐社会、和谐家庭建设和幼儿健康快乐成长为目的，选择幼儿喜闻乐见的艺术形式和节目，让幼儿受到健康、文明、愉悦、向上的艺术感染和文化熏陶，让更多的孩子得到锻炼和展示才艺的机会。晚会分上篇《蓓蕾初绽》、中篇《花儿朵朵》、下篇《春色满园》3个篇章，26个节目，从全市各县区400所幼儿园中选拔出来，近千名幼儿参加。小朋友的表演形式多样，有歌舞、相声、音乐快板幼儿篮球、电声架子鼓等节目。（刘　江）

大同广播电视台

【概述】 2016年，大同广播电视台3个电视频道、4套广播节目播出广播电视节目时长累计4.8万余小时，播出各类新闻信息8万余条（次），全台近80档广播电视节目（栏目）所播节目弘扬主旋律、传播正能量，所播内容各具特色、丰富多彩。全年全台有《“大同机车”牵引“山西制造”重走丝绸之路》《十秒！生死援救！》《大张高铁开工　长城金三角架构黄金通道》《“冬季行动”助力项目建设从冬闲变冬忙》等29件广播电视作品分别获山西新闻奖和山西广播电视奖一、二、三等奖。（广播电视台）

【政治宣传】 2016年，大同广播电视台各部门学习贯彻习近平总书记“2·19”重要讲话精神，开展多种形式的学习深化、讨论交流和集中宣传。主要新闻节目及时开辟《学习贯彻习总书记“2·19”讲话精神》专栏，播出有关新闻报道100余条。学习采用自学与集中相结合，在自学的基础上，以业务部门、栏目组为单位，集中学习、讨论、培训。4月19日、20日、21日，台领导班子和业务骨干分别召开座谈会，围绕讲话精神，联系各自涉及的工作交流学习心得体会，并从3月起在大同广播电视台主办的内部刊物《广电论坛》开办专栏，选登部门负责人及业务骨干撰写的学习心得体会文章。结合“走转改”活动，开展“贯彻讲话精神　承担职责使命”主题采访活动，围绕“冬季行动”“县乡换届”“招商引资”“扶贫攻坚”等市委、市政府中心工作，组织有关部门编辑记者到基层一线，以“2·19”重要讲话精神和市委宣传部要求为指导，开展一系列集中采访活动，在实践中加强习总书记重要讲话精神的学习。

围绕党的十八大和十八届三中、四中、五中、六中全会精神以及习近平总书记系列重要讲话精神，推出各项宣传。推进党的群众路线教育活动的宣传；开展“三严三实”“两学一做”相关宣传活动；开办《每周一星　大同好人》栏目，从“助人为乐、见义勇为、诚实守信、爱岗敬业、孝老爱亲”五个方面，在全市范围内甄选大同好人，派出骨干记者采访；办好《行进中国·精彩故事》专栏，讲述大同市发展成就、大同人圆梦故事。（广播电视台）

【发展宣传】 2015年12月4日起，大同广播电视台广播电视新闻综合频率、频道推出专栏、专题，通过新闻报道、深度解读、专访、评论等，宣传市委、市政府从2015年11月至2016年3月在征收安置、项目手续办理、招商引资、金融创新四个方面开展的全市“冬季行动”。全台3个电视频道、4套广播节目，以及《大同广播电视报》和《广电论坛》杂志集中策划制作一大批“冬季行动”标语、口号，在广播电视节目、报刊版面中高频次刊播，通过广电媒体立体化、全方位的宣传，为“冬季行动”的开展营造舆论氛围，形成宣传声势。《大同新闻联播》推出专栏《“冬季行动”进行时》，《大同新闻》《今日新闻》《新闻说天下》3档主要广播新闻节目推出《同心同力　坚决打赢“冬季行动”攻坚战》专栏，政策解读全市开展“冬季行动”情况，并对全市上下“冬季行动”开展情况跟进并作报道，评论行动中涌现的普遍现象和典型事例。报道市直各单位、各县区活动开展情况，4个主要新闻节目栏目播出有关新闻报道578条；《民生大同》推出《百姓赞》和《动起来　促发展》2个板块，对加快征收安置，加快项目准备、手续办理和后期收尾工作，加快招商引资步伐，加快金融创新重点事项的组织实施等工作中涌现出的典型进行宣传报道，栏目播出有关报道55条。（广播电视台）

【新闻节目创新】 2016年，大同广播电视台加强信访梳理、积案清理和帮扶企业解难题2项内容宣传报道力度。元旦、春节期间，主要新闻节目联合策划推出“记者新春走基层”活动，集中报道全市各行各业“冬季行动”开展情况；电视公共频道策划推出《金猴贺岁三地春——2016乌大张三地春节联欢晚会》《灵猴转乾坤——2016大同市少儿春晚》；台大型活动中心策划推出《2016年大同市春节电视文艺晚会》《2016年大同市春节文化庙会——七天乐》；由中央电视台拍摄的五集电视纪录片《远方的家》于2月8日至12日在大同广播电视台公共频道播出。

主要新闻节目开辟“两学一做”专栏，根据活动具体部署，通过消息、专访、综述、通讯、侧记等多种形式，集中宣传市委的重要会议、重要活动和重要决策部署，报道全市上下学习贯彻动员部署大会精神的具体举措和进展成效。除转发《山西日报》、山西广播电视台评论员文章外，围绕学习教育的重大活动、关键节点以及苗头性倾向性问题，适时推出系列言论评论，传达中央、省委精神和市委部署，运用时评、短评、编后等多种评论形式宣传引导，推动活动开展。利用开设的专栏宣传学习教育中涌现出优秀共产党员、优秀党务工作者和先进基层党组织的先进事迹。组织编辑、记者到基层一线采访，宣传各县（区）各单位开展学习教育的好经验、好做法。

3月至7月，全市市、县、乡换届工作期间，《大同新闻联播》《大同新闻》2档主要新闻节目关注和报道换届工作的进展情况，并把播出内容向市委宣传部上报，播出有关新闻报道80余条次。电视《说东道西》栏目组全程策划承办大同申办山西旅游发展大会年会的宣传活动，3个电视频道和4套广播节目适时予以配合宣传。（广播电视台）

【全台网技术改造】 2016年，大同广播电视台改造UPS电源和民生新闻网存储设备，全台网主干汇聚平台项目、专栏节目制作网项目进入调试和培训阶段。10月，大同广播电视台自筹资金120万元，政府采购机房空调项目、视频监控项目、调频发射机及周边项目、摄制设备项目。增加广播中心技术区、发射区技术监控，更新音乐广播调频发射机，弥补电视中心摄制基础设备不足问题。配合市儿童公园亮化工程，亮化儿童公园发射塔。大同数字电视有限公司加快发展宽带网络业务，升级改造数据骨干网的设备，在主前端机房和5个分前端机房部署OLT设备，采购C-CMTS三合一设备675台，安装调试正常运行538台，且在财富官邸二期进行光纤到户试点工作，加大宽带业务的辐射范围，双向宽带网络覆盖用户数20万户，发展宽带上网用户7000余户。开工建设数字电视全IP互动平台，从单一的电视传输服务运营商向多业务、多屏运营商转变，并按照设计方案完成前端平台的搭建工程，即：综合布线工程、硬件设备上架及调试工程、基础平台软件部署工程、应用软件定制开发及部署工程、与第三方设备的对接联调工程等项目，系统进入到网络内测阶段。9月，总局和省局印发有关中央无线覆盖改造工程的文件，拨款460万元，大同广播电视台成立中央广播电视节目无线覆盖工程领导组，制订出改造及采购方案，报市财政局。其中，七峰山铁塔地质勘探、铁塔基础设计以及发电机安装完成，UPS电源和原数字电视发射机改造项目进行政府招标。（广播电视台）

【中国广播影视报刊协会年会在大同举行】 2016年6月3日，一年一届的中国广播影视报刊协会2016年年会暨理事会扩大会议在大同市贵宾楼假日酒店启幕。有来自全国百余家广播电视报刊社的社长、总编、广电报刊同仁参会。

中国记协书记处书记王冬梅，中国广播电影电视报刊协会会长梁刚建等出席会议。市委常委、宣传部长马斌致欢迎词。

这次大会由中国广播电影电视报刊协会主办，大同广播电视台承办，会议主要内容是学习习近平总书记在党的新闻舆论工作座谈会上的重要讲话精神，总结中国广播影视报刊协会2015年度工作，召开2015年度广播影视报刊优秀新闻作品评选会，探讨新形势下广播影视报刊面临的形势和任务，结合各广播电视报刊社改革和经营实践交流经验，推介承办地大同的可推广项目及企业。梁刚建代表大会作工作报告，他回顾和总结广电报刊协会的工作，并介绍年会的筹备情况。

马斌向来宾介绍大同的历史文化与城市建设及经济社会等各项事业的发展情况。在年会论坛上，来自中国广播影视报刊协会、大同广播电视报社、苏州广电报社、佛山广电报社、西部广播电视杂志社、重庆广电报社等代表围绕新闻宣传、体制创新、节目制作、产业经营等领域交流发言。年会设置项目合作推介环节，旨在搭建全国性广播影视报刊创收平台，发挥多元化经营优势。（冯 雨）

【文化设施参观考察活动在大同举行】 2016年6月4日，由中国广播电影电视报刊协会主办，大同广播电视台承办“中国广播影视报刊协会2016年年会文化设施参观考察”活动在大同市举行。

活动是借中国广播影视报刊协会2016年年会暨理事会扩大会议在大同市召开之际，邀请来自100余家媒体的参会者参观考察本地文化设施，旨在宣传和推广大同，提高大同市在全国的知名度和美誉度，为未来合作创造前提条件。大家参观考察大同市的城市建设、大同新成新材料股份有限公司、市博物馆、文瀛湖生态公园、中国重汽集团大齿有限公司、古城墙等。（冯 雨）

【高键到广播电视台调研】 2016年10月12日，大同市委副书记、市委宣传部长高键到大同广播电视台调研。高键一行到大同广播电视台电视演播厅、新闻编辑机房、虚拟演播室、总播控机房，数字电视有限公司、电台综艺广播直播室等处调研，了解广电系统新闻采编、运营管理、设备人员等方面基本情况和发展思路，并与台领导班子及中层干部座谈。

听取有关情况汇报后，高键肯定大同广播电视台近年来所取得的成绩，并与大家共同研究广电事业发展中存在的问题和面临的困难。高键指出，推动广电事业发展的关键是要转变观念、打开思路、不断创新，挖掘现有资源潜力，开创工作新局面；要提升广电系统干部队伍政治素养和业务水平，培育适应未来媒体发展人才，形成想干事、能干事、干成事的工作氛围。（晨 曦）

【“晋冀鲁豫内蒙古交通广播走进古都大同”采访活动】 2016年11月24日至27日，由大同广播电视台主办，大同交通广播承办的“晋冀鲁豫内蒙古交通广播走进古都大同”

采访活动举行。

为期4天的活动中，晋冀鲁豫内蒙古交通广播负责人与大同广播人共商广播创新发展大计。活动包括“魅力文化大同游——晋冀鲁豫内蒙古交通广播走进古都大同”系列采访活动；交通广播和车联网互动平台技术融合创新、合作共赢；融媒体时代如何打造个性化智能电台的研讨等。其中，交通广播与车联网技术融合创新主题研讨会，研讨交通传媒的转型创新之路，探索传统媒体与新兴媒体融合发展的新路径、新方法。

（晨　曦）

网络媒体

【《支书说事》栏目搭起党员电教平台】 2016年1月6日，大同市委组织部从大同市各县区选出13位优秀村党支部书记，以他们的事迹为基础，制作《支书说事》栏目，搭建党员电教工作新平台。

《支书说事》是在《大同党建》网站开办的一个栏目，栏目的开办是为巩固发展创先争优和基层组织建设年活动成果，延伸农村党组织“领头雁”培训工程，促进农村基层党组织建设长效机制建设。栏目自2013年策划开办以来，受到市委组织部重视，责成电教中心牵头确定选题，面向全市收集优秀农村党支部书记事迹材料，制定采访计划，由全市电教骨干面向全市各县区挖掘出具有典型意义的先进经验，推出《加强基层服务型党组织建设》《让“土地流转”使农民得实惠》《为梦想前行》《让生命融入绿色林海》等13部作品，挖掘一批具有本地特色的典型经验，增强党建工作宣传实效，初步形成围绕先进典型、突出经验推广、创造精品的栏目风格。

（路　璐）

【大同民营企业网络春晚】 2016年1月13日，大同民营企业网络春晚在大同贵宾楼假日酒店举行。

这次网络春晚由市工商业联合会、山西新闻网主办，市互联网信息办公室指导，山西新闻网大同频道承办，旨在丰富全市人民精神文化生活，展现大同市民营企业开拓奋进的精神风貌，提升民营企业整体品牌效应，体现网络新时代线上线下互动特点。

市歌舞剧院担纲晚会的主角，演出的节目有：开场舞《鼓舞》《鸿雁》、三人组合唱《黄土高坡》《山沟沟》《信天游》、歌唱家王凤云的独唱《大塞北》、女声独唱《九儿》、男高音《大黄河》、独唱《山丹丹开花红艳艳》、原生态表演唱《圪梁梁》、张倩云的独唱《春天的芭蕾》、二人台《走西口》、男女生对唱《想亲亲》、古筝二重奏《克罗地亚狂想曲》、舞蹈《桃花红杏花白》、歌伴舞《相亲相爱》、歌舞《张灯结彩迎新春》。

（路　璐）

【市第四届网络春晚】 2016年1月22日，大同市第四届网络春晚在驻同66173部队举行，大同市近百名文艺爱好者献上节目，迎接新春的到来。

这届网络春晚由市委宣传部、市文化局主办，主题为“华彩中国 天下大同”，来自各行各业的文艺爱好者登台展艺，为官兵献上节目。节目有：激光舞《炫》、模仿秀《JAM的困境》、反串表演《贵妃醉酒》等。晚会后期制作完成后上传网络与网民分享。

（路　璐）

【大同微春晚通过新媒体传播】 2016年2月6日，以“百姓生活”为主题的2016大同微春晚，通过新媒体传播。

2016年，大同微春晚利用电视制作手段，与互联网、移动终端结合，实现以“互联网+”为框架的文化推广途径，并以百姓生活为主题，以本土文化为诉求，展现“大同文化、大同百姓、大同生活、大同情怀”，实现突破传统、打破界限的传播。

在这次微春晚中，制作机构把大同的民俗风情、景点景致及风土人文，通过镜头语言，植入节目框架之中。晚会采用演播室舞台与外界联动的录制方式，全程以录播作为技术手段完成，主要节目采取舞台录制为主、外景辅助的方式，整体艺术感觉更类似于文艺专题。内容上，以歌舞器乐为主，涵盖大同风俗、大同旅游等，参演演员全部来自大同本土。晚会2月6日通过腾讯视频、山西经济网、大同生活网、视界大同微信平台等实现立体传播。

（青　青）

【大同微视频作品上榜央视网】 2016年4月，由大同市互联网信息办公室指导、大同新闻网主办的2016“新春·变化·乡愁”微视频随手拍征集活动中的11件人气作品，被推选参加全国微视频优秀作品评比，其中《大同震撼！航拍大同古城灯展！》《2016中国大同古都灯会美美哒》《正月十五大闹大同》《大同2016左云元宵文化活动》4件作品在央视网榜上有名。

“新春·变化·乡愁”微视频主题征集活动，由中央网信办网络新闻信息传播局指导、央视网主办。征集期间收到近1500部作品，内容聚焦春节期间网友的返乡见闻、家乡变化、乡恋乡愁、新年愿望等。主题征集活动中，200余件作品参与评选，截止4月14日24时停止投票，市民可登录活动官网投票页面（http://events.xiyou.cntv.cn/special/cjsp/toupiao/index.shtml），为反映大同的4个视频作品加油助力，每个IP地址24小时内最多可投20票。活动最终选出50部“最佳人气”作品，在活动官网及全国各主要网站展播和推荐。

（行　云）

【王伟入围“中国网事·感动2016”年度网络人物候选人】 2016年12月，“中国网事·感动2016”年度网络人物候选人评选启动。活动从60位（组）平民英雄候选人中选出10位（组）年度人物，山西省有3人和1个团队入选候选人，大同“励志哥”王伟名列其中。

王伟，36岁，大同市城区人。2013年被确诊为尿毒症，为治病花掉所有积蓄，有人倡议捐款却被他拒绝。为缓解家庭压力，他通过销售原浆纸为自己治病。

评选活动由新华社发起并主办，新华网为官方网站，中央重点新闻网站、主要商业网站等共同参与。评选投票于12月1日9时启动，12月20日11时截止，公众可通过新华网、新华论坛页面、“新华善举公益”微信公众号、新华社客户端、新华炫闻客户端、手机短信等方式参与投票。

（刘　江）

卫生和计划生育

综 述

【现代医院管理制度建立】 2016年，大同市10个县（区）成立以县级公立医院管理委员会为主要形式的政府办医机构，建立健全公立医院规划投资、院长选用、监督管理、绩效考核等制度体系，实行院长负责制。所有的县级公立医院中生育，实行聘用制度、岗位管理制度，人员由固定用人向合同用人转变，由身份管理向岗位管理转变。（沈文红）

【全民医保体系健全】 2016年，大同市卫生和计划生育委员会在城镇医保方面，出台《大同市城镇基本医疗保险付费总额控制的实施细则（试行）》，总额控制全市民营医疗机构城镇医保付费，测算市公立医疗机构医保付费总额控制指标，年底前签订协议。在新农合方面，制定《推进大同市新型农村合作医疗住院费用支付方式改革实施方案》，实行总额控制、收支平衡、合理支付、风险分担，综合考核、动态调整，强化监管，保证服务。全市9个县级公立医院改革按病种、按床日、按人头付费等为主的付费方式。全市职工、城镇居民参保率稳定在95%，新农合参合率98.16%。职工医保、城镇居民医保和新农合政策范围内住院费用支付比例分别为85%、75%和75.8%。（沈文红）

【医保扩面提标】 2016年，大同市病种范围在省定35种基础上增加7种，共42种，其中Ⅰ类35种，Ⅱ类7种。错过缴费期新生儿的住院费用随父亲或母亲享受当年补偿，与父亲或母亲合计一个封顶线；把恶性肿瘤、白血病（除慢性粒细胞白血病外）和器官移植术后抗排异用药的门诊费用纳入住院补偿范围。从2016年起，大同市在省定24种重大疾病的基础上，增加免疫规划疫苗异常反应（损害程度二级四等以上）、儿童重度感音性耳聋人工耳蜗植入术、胰腺癌、肝癌4个病种，28种纳入重大疾病保障范围。（沈文红）

【异地就医结算工作推进】 2016年11月1日起，新型农村合作医疗启动跨省异地就医结报工作，城镇医保把符合条件的异地安置人员、异地转诊人员、急诊人员的医疗费用纳入省内异地就医结算平台，实现持社保卡在省内异地协议医药机构就医、购药直接结算。（沈文红）

【城乡居民医保制度整合】 2016年，大同市卫生和计划生育委员会把市本级及9个县（区）新型农村合作医疗经办机构整体划转移交人社部门。市医疗保险管理中心投资建设“社保与金融自助服务终端互通共享系统”，城乡居民可持社会保障“一卡通”方便、快捷缴费，实现医保待遇发放等社会保障服务和金融服务“互联互通”。（沈文红）

【救助及商业健康保险】 2016年，大同市卫生和计划生育委员会建立疾病应急救助制度，制定印发《大同市疾病应急救助制度实施方案》；把疾病应急救助基金纳入财政预算安排；成立基金监督委员会，负责审议疾病应急救助基金管理制度及财务预决算等重大事项；组织开展一轮疾病应急救助基金申请、核准、支付工作，救助患者28人，发放救助资金25万元。（沈文红）

【基本药物配送管理】 2016年，大同市卫生和计划生育委员会基本药物配送率98.1%。二级医疗机构基本药物占比40%，三级医疗机构基本药物占比25%以上。监督检查辖区具备基本药物配送资质的8家药品批发企业，保证基本药物配送企业监督检查全覆盖。全年检查药品经营企业4579家次，检查医疗机构485家次，责令整改237家。全市140家政府办基层医疗机构和1810个村卫生室全部实施基本药物制度，17家县级公立医院和8个非政府办社区卫生服务机构试行基本药物制度，实行基本药物省级网上统一采购、统一结算和零差率销售。全市32家县级以上公立医疗机构高值医用耗材都实施网上阳光采购。（沈文红）

【妇幼健康】 2016年，大同市在市三医院建立危重孕产妇救治中心，在市一医院建立新生儿救治中心。全市10个县（区）成立危重孕产妇和新生儿救治中心，建设率90.9%。按照省卫计委安排，给农村妇女免费检查宫颈癌，全年检查9020人，占任务100.22%。（沈文红）

【重大疾病防控】 2016年，大同市卫生和计划生育委员会开展预防接种规范管理专项活动。山东问题疫苗发生后，大同市开展预防接种专项监督检查。重点检查疫苗接种单位和人员的资质情况，医疗卫生机构疫苗的接收、购进、分发、保藏、供应、使用登记等工作的记录、资料保存情况，疫苗接种单位第二类疫苗的品种和接种方法公示、告知情况，疫苗接种异常反应的处理、报告情况，疾控机构开展有关预防接种的宣传、培训、指导等工作情况。排查过程中与医疗机构签订承诺书、登记统计，排查过程中发现线索报送省卫生计生委。

开展严重精神障碍患者救治救助专项行动。成立大同市严重精神障碍患者救治救助专项行动专家组，技术指导各县（区）严重精神障碍患者管理，在7个空白县（区），设立精神科门诊。全年严重精神障碍患者报告患病人数10878人，报告患病率3.23‰；管理率86.03%；服药率47.93%。

开展艾滋病抗病毒治疗工作。对定点医疗机构进行艾滋病抗病毒治疗，进行不同层次卫生医疗机构专业人员讨论研究，制定大同市定点医疗机构艾滋病抗病毒治疗方案，2016年6月底，对艾滋病抗病毒定点医疗机构治疗举办启动培训班，进行艾滋病扩大检测培训。全年艾滋病抗病毒治疗在治人数217人，占任务113%（192人）。全市艾滋病检测人数27万人，检测268589人，占任务99.98%，超出指标任务9.9%。（沈文红）

【医疗联合体建设】 2016年，大同市医疗联合体内所有合作医疗机构开通门诊预约电话、微信、网络、手机APP等多种预约挂号方式，在合作医疗机构即可预约挂核心医院普通及专家门诊号，预约各种检查，医联体内检验检查结果互认。成立大同市医联体远程医学中心，以大同市三医院为核心医院，辐射周边19个县（区），免费给30家医联体合作医院提供远程会诊设备，为基层医院会诊170例。（沈文红）

【分级诊疗制度】 2016年，大同市卫生和计划生育委员会制定出台相关政策，明确医疗机构职责。大同市各县（区）出台本县（区）分级诊疗实施方案，结合县域内群众患病率、病种，以及就医流向等情况，制定100余种分级诊疗病种数；市级医院结合功能定位和服务能力、诊疗特色，制订本医院疾病诊疗目录并公开。建立签约服务机制。大部分乡镇卫生院、社区卫生服务中心开设全科门诊，建立家庭服务团队，与辖区居民开展签约服务，指导患者从首诊开始合理有序就医，为居民提供基本医疗和基本公共卫生一体化服务。建立转诊负责机制。各级各类医疗机构确定转诊服务机构和工作人员，根据接诊医生的建议，负责上下转诊的接洽联系，主动为患者提供连续诊疗和转诊服务。健全转诊信息报送制度。制定出台公立医院改革、分级诊疗、优质医疗资源下沉工作进展情况月报告制度，每月通报分级诊疗等工作进展情况。启动确定高血压、糖尿病分级诊疗试点工作。印发高血压、糖尿病分级诊疗试点工作方案，在大同县、南郊区、新荣区启动高血压、糖尿病分级诊疗试点工作。（沈文红）

【“平安医院”建设】 自2013年医疗责任保险投保工作实施以来，大同市5所三级公立医院（含解放军322医院）和12所二级公立医院参加医责险，全市二级以上公立医院医疗责任保险参保率100%。按照《关于加强医院安全防范系统建设的指导意见》，二级以上医疗机构在人防、物防、技防上强化责任，确保医院安全。市直各大医院都成立警务室，派驻警务长。90%以上的县（区）医院设立警务室和建立警医协调机制，加强对医疗治安秩序的整治巡查力度。各医院都配备保卫队伍，建立完善入侵报警系统、视频监控系统、出入口控制系统和电子巡查系统，实现四个系统互联互通。市直医院安装监控探头2584个，报警器84台，预防涉医案件的发生和维护医疗正常秩序。（沈文红）

【卫计委科技和人才队伍建设】 2016年，大同市卫生和计划生育委员会按照百千万卫生人才培养工程要求，划拨16万，培养高端领军人才4人（每人1.5万元），骨干精英人才70人（每人5000元），培训32名。省级与省市县共建医学重点学科建设经费58万元全部拨付到位，根据省卫计委要求，逐一评审申报市级医学重点学科的医疗机构，全年评审6家医院。19名全科医生转岗培训完成理论培训，分别在市三医院、市五医院、同煤集团总医院进行临床实践培训。参加规培人员35名，其中2011年农村订单定向免费培养医学生选派数17名，招录选派18名。2016年毕业的农村订单定向生全部由县级卫生计生行政部门安置，2016年度大同市招收19名农村订单定向免费培养医学生，其中天镇县6名，灵丘县2名，左云县6名，大同县5名。（沈文红）

【卫计委健康扶贫】 2016年5月，大同市卫生和计划生育委员会成立健康扶贫领导小组，出台健康扶贫工作方案、行动计划和责任分解，开展因病致贫、因病返贫调查工作。10月，印发《开展健康扶贫“五个一”活动实施方案》，全市组织12家医疗单位分别到12个县（区）进村入户、送医送药。结合大同市的“冬季行动”，制订脱贫攻坚战役行动方案和健康扶贫程考核方案，明确健康扶贫工作目标和具体任务，细化工作责任，确保健康扶贫工作有序开展，实现常态化医疗服务。为10.8万贫困人口建立动态管理的电子健康档案；与5.5万个建档立卡贫困人口签订服务契约；免费给6052个60岁~64岁农村建档立卡贫困老年人体检；确认疾病的建档立卡贫困人口数2.9万人，确认疾病的建档立卡贫困人口签约服务数2.6万人，签约服务覆盖率91%。（沈文红）

【健康服务业发展】 2016年，大同市引入社会资本2.3亿元，社会办医疗机构占全市医疗机构总数约1/3，其中社会办医院80家，占全市医院总数一半以上。11月24日，九鼎投资公司（上市企业）与大同现代医院达成合作协议，九鼎投资出资1亿元现金增资扩股。9月，大同市被确定为山西省国家级医养结合第一批试点城市。全国有50个市（区）入选，山西省有太原市、大同市被选中。（沈文红）

【28家基层医疗卫生机构获“群众满意的基层医疗卫生机构”称号】 2016年1月24日，山西省卫生计生委公布全省2015年度“群众满意的基层医疗卫生机构”名单，大同市有19家乡镇卫生院和9家社区卫生

服务机构位列榜单。

这次评选活动以功能定位明确，管理规范，服务水平较高，医改任务落实较好，群众满意度较高，能代表全省乡镇卫生院的管理和发展水平为标准，经自查整改、测评验收和现场复核、公示等程序评出。其中，大同市大同县党留庄乡卫生院、阳高县王官屯镇中心卫生院等19家乡镇卫生院被评为全省2015年度“群众满意的乡镇卫生院”；矿区同家梁社区卫生服务中心、城区东街社区卫生服务中心等9家社区卫生服务机构被评为“群众满意的社区卫生服务机构”。（路　璐）

【首家心律失常联合诊疗中心成立】 2016年3月26日，大同市市五医院联合上海交通大学附属胸科医院心脏中心成立全市首家心律失常联合诊疗中心。该中心是由市五医院心血管内科二病区、冠心病重症监护室专家组成，聘请上海交通大学附属胸科医院心脏中心专家长期指导工作，定期开展新技术。

心律失常是心血管疾病中的常见症状，发作时病情隐秘，并不广泛被患者熟知。临床上，按疾病严重程度不同可引发心悸、胸闷、头晕、低血压、出汗，严重者可出现晕厥，甚至猝死。慢性病患者，如果患病的同时伴有心律失常等症状，要尽早诊断，排除隐患。（茗　泉）

【医联体远程医学中心启动】 2016年6月29日，大同市医联体远程医学中心启动。该中心以市三医院为核心，向上联通中国人民解放军总医院、阜外心血管医院等40余家全国三甲医院，实现同步远程会诊，向下辐射到晋冀内蒙古三省区的18家县区医院和9家民营医院，让老百姓在家门口就能享受到全国三甲医院专家诊疗服务。

该中心采用智真系统，集远程会诊、影像数据传输、视频会议、双向转诊、健康管理、远程教育培训、数字资源共享等多种功能为一体，有机整合形成区域协同医疗综合服务平台，项目总投资450万元。主要依托市三医院各项优势资源开展远程医疗服务，打破时间、空间限制，实现优质医疗资源延伸和技术互通，使高端的优质医疗资源下移，让医务人员通过远程学习到更先进的医疗技术，让患者享受到三甲医院医学专家的诊疗服务。（木　依）

【疼痛医学专业委员会成立】 2016年9月25日，大同市中西医结合学会疼痛专业委员会成立。旨在推动大同市疼痛学专业快速发展、加强学术交流、推动疼痛医学诊疗技术提升，展示国内外疼痛医学领域的最新进展，增进各医院疼痛学科之间的横向交流与合作。

市疼痛医学专业委员会成立当天，邀请王福根、朱腾月、岳剑宁等专家分别就银质针导热疗、影像引导下射频治疗头面部疼痛、椎间孔技术、疼痛科建设与发展、癌痛的药物规范化治疗等话题做专题讲座。（小　霞）

【无偿献血志愿者协会成立】 2016年12月28日，大同市无偿献血志愿者协会成立。该协会由自愿从事无偿献血公益性活动的各界爱心人士组成，倡导志愿者精神，开展正能量活动。协会会员利用自己的时间、技能、资源和爱心为生命安全保驾护航，在全市开展无偿献血宣传工作，宣传血液知识，组织无偿献血；组织会员参加无偿献血，推广成分献血；在血源缺乏的情况下，组织会员参与重大事故及特重病人的血源应急供应工作；采取各种创新形式开展有关无偿献血的活动；开展与国内外志愿者组织和团体的交流等。（刘　江）

医药卫生体制改革

【公立医院制度改革】 2016年，大同市卫生和计划生育委员会核定县级公立医院编制，核定县级公立医院财政补助事业编制4106名；核定县级医疗卫生机构编制3134名，增加编制1142名；核定县区乡镇卫生院编制2235名。开展县乡医师一体化管理试点，通过县乡医师编制分别核算、捆绑使用，突破编制限制，实行县域医师统一招聘、调配、管理、培养，建立县域人才有序流动机制。建立完善以岗位管理为基础、聘用制为核心、绩效考核为重点的用人机制，推进人事制度改革。探索收入分配制度改革，制定县级公立医院内部运行绩效考核办法，把考核结果与财政拨付的绩效工资和医院发放的补助津贴相挂钩。（沈文红）

公共卫生

【公共卫生服务项目】 2016年，大同市人均基本公共卫生服务经费45元标准。城乡居民健康档案规范化电子建档人数255.16万人，电子健康档案建档率75%。投入2220万元改善6家社区卫生服务中心医疗条件。全市严重精神障碍患者登记入网8782例，管理6887例，检出率2.61%，管理率82.01%，服药率49.53%，全市设一所精神专科医院，10所二级以上综合医院设立精神科（心理咨询）门诊，有精神科职业（助理）医师107人，每10万人精神执业（助理）医师3.2名。（沈文红）

【卫计委创新宣传模式】 2016年，大同市卫生和计划生育委员会与大同广播电视台联合制作《医周刊》《名医堂》栏目。节目采用日播形式，每周一期新内容，把卫生计生惠民政策解读，卫生计生系统最新动态，健康知识普及等以电视节目的形式呈现给人民群众，形成特色宣传品牌。节目播出24期。（沈文红）

【免费健康体检项目】 2016年，大同市卫生和计划生育委员会为60岁以上具有农村户籍的农民提供免费健康体检项目。农村60岁～64岁老年人健康体检项目2年9.57万人，2年实际体检9.6万人，完成率100.3%。65岁及以上老年人免费体检，体检13.14万人，占全年总任务（13.06万人）100.63%。（沈文红）

【“世界高血压病日”宣传义诊活动】 2016年5月17日，第11个“世界高血压病日”，大同市科协、市高血压防控协会、市四医院和城区向阳里社区卫生服务中心联合组织20多名心脑血管病专家及医务人员，到柳港园B区举行“世界高血压病日”宣传义诊活动。

活动主题是“走出高血压认识的误区”。宣传义诊活动中，市四医院通过摆放展板和发放宣传单的形式，向居民们普及宣传高血压相关疾病防治知识。市高血压防控协会副秘书长、市四医院心脑血管专家徐丽英建议市民要走出凭感觉服用降压药、降血压只用保健品及和降压治疗有药治疗就行的认识误区，到正规医院就医，在医生的指导下，合理使用降压药，控制好高血压。当日义诊人数300余人，发放宣传防治相关指导资料1500余份。（赵　瑾）

【饮用水卫生安全宣传周活动】 2016年6月12日，大同市卫生监督所在全市开展以“关注饮水安全，创建卫生城市”为主题的饮用水卫生安全宣传周活动，以增强大同市广大城乡居民特别是农村居民饮用水卫生安全意识。全市各级卫生监督机构通过张贴宣传标语、媒体开办专题栏目、发送手机短信和宣传材料、制作横幅和展板，以及监督员进水厂、进社区、进学校、进繁华商业区等多种方式，营造关注、关心饮用水卫生安全氛围，以期达到“饮用水卫生安全你我参与、健康保障人人共享”局面。活动期间发放宣传资料5万余份，发送手机短信500余条，接受咨询300余人次。（冯　雨）

【世界献血者日宣传活动】 2016年6月14日是第13个“世界献血者日”，围绕“血液连接你我”活动主题，大同市举行宣传活动，带动更多市民加入无偿献血队伍，促进大同市无偿献血事业发展。326人献血127.6升。

大同市在永泰广场、清远西街华林新天地门前、东信购物广场，以及各医疗机构门前等举行宣传活动，市中心血站工作人员和志愿者们向过往行人发放宣传资料、招募献血者。九龙出租公司红旗车队、惜缘阁、大同大学、百度外卖、同煤工大等单位及社会团体的志愿者也参与无偿献血及献血宣传，号召更多人加入到无偿献血队伍。（冯　雨）

【“健康中国行”主题宣传活动】 2016年6月24日，由大同市卫计委主办的全市“健康中国行”主题宣传活动启动。活动为期1周，以“倡导健康生活方式，推进建设健康山西”为主题，向大同市居民传递“健康中国人人有责、人人参与、人人享有”理念，推动全市居民树立健康意识，提高健康素养水平。活动期间，全市二级以上公立医院、健康教育机构、社区卫生服务中心将通过健康大讲堂，巡回医疗、义诊咨询等方式，组织健康教育专家到基层、学校、医院、社区、企业等开展以科学就医、合理用药、烟草控制、慢性病防治、传染病防治、妇幼保健、优生优育、中医保健及“健康素养66条”等内容的健康巡讲活动。各级医疗卫生单位在门诊候诊区、观察室、健康教育室等场所开设健康知识宣传专栏，集中宣传相关疾病预防、健康保健等方面知识。开展“健康机关、健康学校、健康医院、健康社区、健康企业、健康家庭、健康村”等活动，提高社会参与度；开展全民健身活动，如健步走、登山、健身操（舞）、太极拳（剑）、骑行、跳绳、踢毽、篮球、足球赛等，引导群众参与健身活动。（冯　雨）

【“复明6号”项目在大同启动】 2016年7月6日，2016“复明6号”流动眼科手术车在大同市开展，为100例贫困白内障患者减或免手术启动仪式在和阳门广场举行。山西省残联副理事长刘晔出席启动仪式。朝聚安康眼科医院组织医务人员在现场义诊。

“复明6号”流动眼科手术车由亚洲防盲基金会、香港叶氏化工集团为山西省康复研究中心捐赠，价值248万港元，车上搭载有车载眼科检查设备及全套手术器械，为全市100名贫困白内障患者造福，使他们重见光明。该项目手术由市朝聚安康眼科医院承担，首批手术于7月10日开始，月底前全部结束。（木　依）

【全省“服务百姓健康行动”义诊活动】 2016年9月3日，山西省“服务百姓健康行动”义诊活动周活动启动。大同市13家医疗机构百余名医务人员在和阳门广场为市民义诊。

这次义诊活动，大同市派出市一医院、市中医院、322医院等13家医疗机构内、外、妇、儿、中医、肿瘤、肝病、心脑血管、心理等科室专家，进行常见病、慢性病的咨询、初步筛查、诊断和一般治疗，普及医学常识和健康知识。

活动期间，大同市承担城乡医院对口支援、三级医院对口帮扶贫困县县级医院任务的医院组派医疗队，在受援县级医院开展义诊工作，包括开设专科门诊、组织疑难重症的会诊，结合当地手术需求开展义诊手术，以及组织开展医疗技术、医院管理等相关业务培训。市卫生计生委组织协调辖区内二级以上医院，根据当地的疾病特点和医院的专科特色，组织专家走进学校、工厂、建筑工地、社区、党政机关，讲授、传播健康知识，增强人民群众的健康意识，掌握适用的健康生活常识和专科防病知识，培养正确的就医和用药理念。为纪念红军长征胜利80周年，各县（区）卫计局与当地相关部门沟通，了解全市红军老战士的医疗服务需求和困难，针对性地安排医院、社区卫生服务机构为红军老战士体检，开展送医送药等义诊活动。（小　霞）

【妇女疾病筛查公益活动】 2016年9月24日，同煤总医院、大同魏都医院、大同华兴疼痛医院、大同凯霖耳鼻喉医院妇科专家到城区开源街社区卫生服务中心，为100余名提前预约的妇女筛查妇科疾病。

2016年7月16日起，农工党大同市委、同煤总医院、大同魏都医院、大同华兴疼痛医院、大同凯霖耳鼻喉医院、城区开源街社区卫生服务中心联合开展“呵护妇女健康，关爱家庭幸福”妇女疾病筛查公益活动。每周六、日上午，妇科专家到社区给妇女筛查疾病，活动持续到11月底。检查项目包括宫颈癌、乳腺癌筛查，子宫附件阴道检查，耳鼻喉、口腔疾病筛查，心电图、彩超、阴道镜、骨密度检测，脊椎关节检查，血糖、血压、血色素检查。（小　霞）

【扶贫日健康义诊活动】 2016年10月17日是第三个全国扶贫日。大同市组织市、县两级医疗机构到医院定点帮扶贫困乡村或辖区内贫困乡村开展健康义诊活动。

市一医院、三医院、五医院和同煤总医院4所三甲医院，选派群众需求较大专科的医疗、药学、护理专家组成医疗队，分别到浑源县、天镇县，以及朔州市右玉县、山阴县开展健康义诊活动和送医送药活动，进行常见病、慢性病咨询，初步筛查、诊断和一般治疗，普及医学常识和健康知识；阳高县人民医院、大同县人民医院依托医疗精准扶贫工作队和县医院医务人员，组成医疗队在辖区内贫困乡村开展贫困日健康义诊活动。山西大医院和省中医院也派医疗队在大同市广灵县和灵丘县开展健康义诊活动。

活动期间，各义诊医疗队结合县域疾病谱举办健康知识大讲堂，培训县域内乡镇卫生院和村卫生室医务人员，走进群众，讲授传播健康知识，提高广大人民群众健康意识。各县医院组织医疗队，采取集中诊治和入户诊治相结合方式，诊治建档立卡贫困人口。（晨　曦）

【省直医院到大同开展健康扶贫活动】 2016年10月22日，山西省卫计委决定在全省开展为期1周的健康扶贫“五个一”活动。山西大医院、省中医药研究院、省眼科医院3家省直医院的医务人员24日到大同市阳高、广灵、浑源、灵丘、天镇、大同等6个贫困县开展帮扶活动。

活动在全省建档立卡贫困人口中的因病致贫、因病返贫患者中开展。“五个一”活动即赠送一套健康手册、开展一次疾病筛查、出具一份健康处方、签订一项服务协议、留下一个亲情号码，具体就是针对群众健康知识知晓率低、健康生活方式亟待改进问题，赠送一套健康知识手册，加强健康知识的宣传教育，促进其转变生活方式，降低患病风险；针对贫困地区患病群众心脑血管病高发，患病群众面广、多重疾病叠加等问题，开展一次量血压、测血糖等疾病筛查活动，针对快速检测结果，提出针对性指导、干预和治疗建议；以常见病、多发病为基础，出具一份科学且简单明了的健康处方，说明疾病的致病因素、发病机理、诊断标准、中西医治疗原则和保健措施等；基层医疗卫生机构、乡村医生与贫困人口或家庭签订一项服务协议，鼓励三级医院资深医生与贫困人口签约，实行定期随访、提供基本公共卫生服务、疾病诊疗及转诊、康复指导和健康知识宣传等服务；立足于就近、应急、便捷，为患者群众留下乡村医生、签约医生、医疗机构、卫生机构联系电话，便于患病群众问医问药、急诊急救，重点做好鳏、寡、独居老人和残疾人及留守儿童工作。（晨　曦）

【“无偿献血进校园”活动】 2016年11月5日，大同大学红十字会与市红十字会中心血站联合开展无偿献血进校园活动，同学们通过网上信息、海报以及微信相互通知，自愿参加无偿献血。

为方便大学生就近献血，大同市中心血站献血车从11月开始每周六进驻校园。大同大学红十字会与市中心血站联合开展“无偿献血进校园”活动得到大学生们的响应，11月4日众多学生报名参加献血，11月5日，120名大学生献血24200毫升。

（晨　曦）

【计生特殊家庭免费办理住院护理保险】 2016年，大同市计划生育协会为全市独生子女伤残和失独家庭免费办理住院护理保险，计生特殊家庭成员因意外、疾病住院日享百元护理补贴。65周岁以下计生家庭成员自愿自费参保。

计生家庭住院护理保险由省计划生育协会与中国太平洋人寿保险股份有限公司山西省分司合作开发。保险对象为独生子女伤残家庭（有残疾证，家庭成员年龄不限）；独生子女失独家庭（有子女死亡证明，家庭成员年龄不限）；65周岁（包括65周岁）以下计划生育家庭成员（有独生子女父母光荣证和再生育服务证，实行计划生育的夫妇双方及其子女）。其中，市计划生育协会为大同市独生子女伤残和失独家庭集体免费办理住院护理保险（独生子女伤残住院护理保险50元，独生子女失独家庭住院护理保险100元）。65周岁以下计划生育家庭成员住院护理保险，由各县（区）、乡镇、村（社区）统一组织自愿自费，集体办理。

保险责任包括意外身故、疾病身故、疾病住院补贴、意外伤害住院补贴和意外伤残。该保险以家庭成员个人为保险对象，保险期限为1年，从保单生效之日起计算，住院仅限公立医院。被保险人发生保险事故24小时内要向当地太平洋寿险公司或通过“95500”客户服务热线报案，咨询相关理赔流程。（行　云）

基层医疗卫生

【“建设群众满意的基层医疗卫生机构”活动】 2016年，大同市卫生和计划生育委员会申报国家卫生计生委2015年～2016年度“群众满意的乡镇卫生院”工作和山西省卫生计生委“2016年度群众满意的基层医疗卫生机构”工作。开展社区卫生服务提升工程，和瑞泰昌社区卫生服务中心和新平旺社区卫生服务中心接受省卫计委初审并被评为省级社区卫生服务提升工程示范单位；新平旺社区卫生服务中心接受国家级复核并被评为国家级社区卫生服务提升工程示范单位，成为全省两家国家示范单位之一。（沈文红）

中医药事业

【公立中医医院综合改革】 2016年，大同市卫生和计划生育委员会出台《大同市人民政府关于扶持和促进中医药事业发展的意见》，细化落实对中医医院投入倾斜政策，出台《大同市人民政府办公厅关于建立分级诊疗制度实施方案》，鼓励在基层推广中医药适宜技术，发挥中医药在常见病、多发病和慢性病防治中的作用。全市8所县级中医医院加入省三级中医医联体，签订医疗联合体合作协议。（沈文红）

【中医药适宜技术培训】 2016年，大同市有中医药特色医疗机构43所，19所基层医疗机构被评为“山西省中医药特色基层医疗机构”。30个中医馆建成，全市100%的社区卫生服务中心、98% 的乡镇卫生院、92% 的社区卫生服务站和 78% 的村卫生室能提供中医药服务。按照 2016 年基层医疗卫生机构中医诊疗区（中医馆）服务能力建设工作任务，各县（区）都开展中医药适宜技术培训，全市培训 1679 人。（沈文红）

【中医养生保健治未病中心开诊】 2016 年 5 月 19 日，国家中医药预防保健及康复与临床服务能力建设项目基地——大同市中医院中医养生保健治未病中心开诊。市中医预防保健服务工作领导组组长、副市长曹惠斌出席仪式。

市中医院中医养生保健治未病中心是国家中医药预防保健及康复与临床服务能力建设项目基地，也是全省最大的中医药预防保健机构。2013 年 11 月，大同市落实到这一项目，成为全国 175 个试点单位之一。2014 年 6 月，项目启动，经过 2 年建设，2016 年 2 月通过省卫计委验收，5 月 19 日开诊。曹惠斌要求，充分发挥市中医院龙头作用，加强管理与内涵建设，按照国家治未病学科技术要求，提高诊疗技术与服务能力，为百姓提供高层次、高品位的中医药养生保健服务。（赵瑾）

卫生管理

【卫生应急管理】 2016 年，大同市卫生和计划生育委员会编制应急预案 11 个，其中市政府专项预案 1 个，卫生部门预案 2 个，专项医疗卫生救援应急预案 5 个，专项公共卫生技术应急预案 3 个。制定印发《大同市突发事件紧急医学救援信息报送工作流程（试行）》5 个卫生应急制度。应对 5 起突发公共卫生事件，开展 6 次应急预案培训演练。（沈文红）

【开展医疗机构执业执法大检查】 2016 年，大同市卫生和计划生育委员会开展整顿医疗秩序打击非法行医专项行动，开展以医疗美容、医疗广告、单采血浆站，以及“两非”等为重点的打击非法行医专项整治行动。依法开展生活饮用水卫生、学校卫生专项整治。落实城乡日供水千吨以上供水单位和学校自建设施、学校二次供水监督覆盖率 100%，各县（区）建成一批二次供水卫生示范单位，二次供水水质合格率 80% 以上。开展职业卫生、放射卫生治理年活动。按照分级分类管理的原则，对全市职业健康检查、职业病诊断和放射诊疗、放射卫生技术服务机构进行专项整治、规范检查、治疗和技术服务行为，查处纠正不规范问题。监督检查本级监管的职业健康检查、职业病诊断和鉴定、放射诊疗、放射卫生技术服务机构，适量抽查下级监管单位。（沈文红）

【整治医疗器械违法违规经营行为】 2016 年 10 月 28 日，在医疗器械流通领域违法违规经营行为集中整治中，大同市 17 家医疗器械经营企业因逾期未按规定提交自查整改报告，被列为重点检查对象。

为规范医疗器械流通秩序，打击违法经营行为，按照省食品药品监督管理总局《关于集中整治医疗器械流通领域违法违规经营行为的通知》，要求所有第二、三类医疗器械经营企业对本企业是否存在违法行为开展自查，主要针对 2014 年 6 月 1 日以来的医疗器械经营行为逐一自查，对存在问题描述所用手法、经过、涉及医疗器械和人员，制定整改措施和计划，形成自查与整改报告，在规定日期前报送市食品药品监督管理局。企业法定代表人须在报告书上签字，加盖公章，对报告的真实性、完整性和整改情况作出承诺。

自查阶段结束后，浑源县岳华医疗器械有限责任公司、市晋福恒晟科技有限公司、市百康医疗器械有限责任公司、市益民医疗器械有限责任公司、大同荣森生物科技发展有限公司、山西康贝莱医疗器械有限公司、市谱新科贸有限责任公司、山西鸿诚金科商贸有限公司、市利谱捷诚科贸有限责任公司、市首善医疗器械有限责任公司、市创发医疗器械有限责任公司、市旭日高科医疗器械有限责任公司、市惟星科技有限责任公司、市博胜康医疗器械有限公司、山西健平九星生物科技有限公司、市陶然医疗器械有限公司和市兆祥商贸有限公司逾期未提交自查整改报告，被市食品药品监督管理局列为这次集中整治重点检查对象。（晨曦）

医药交流

【风湿病专家到大同开展学术交流】 2016 年 2 月 23 日，由国家风湿病数据中心（CRDC）和中国系统性红斑狼疮研究协作组（CSTAR）共同主办的“2015 携手征途，励志同行——CRDC&CSTAR 基层行大同站”活动开启。

活动由大同市五医院承办，北京协和医院、山西医科大学第二附属医院等知名医院专家、教授主要围绕《血管炎的诊治进展》《骨关节炎药物治疗——DMOADs 药物解读》等进行学术交流。活动把有丰富临床经验和优秀诊疗水平的风湿科专家带到基层，通过热点话题分享、典型病例讨论、医院参访等形式，对基层医院风湿科医生进行系统、长期培训和指导，提高其诊疗水平，加强基层医院风湿科的建设，以此推进风湿诊疗数据库的建立。（青青）

【首届心胸外科高峰论坛】 2016 年 4 月 1 日，以“临床多学科协作、创新发展”为主题的大同市首届心胸外科高峰论坛在国宾大酒店举行，来自大同及周边地区医疗机构的百余名心胸外科医务人员进行学术交流。

论坛由同煤总医院主办，邀请北京大学第三医院心脏外科主任万峰、北京朝阳医院胸外科主任李辉、山西医科大学第二医院心胸外科主任马捷等 9 位国内知名专家到大同，共进行 13 场专题讲座。

论坛现场，专家们多视角讲解冠状动脉搭桥新进展、微创小切口冠状动脉搭桥术、心脏生物瓣膜置换术、早期肺癌的诊疗、胸腹腔镜联合食管癌根治术等相关专业领域热点问题，解读不停跳冠状动脉搭桥术、煤工尘肺淋巴结的纤维化对肺癌手术的影响、急性心肌梗死新型区域协同救治模式等实用技巧。与会人员学习国际、国内心胸外科新技术、新进展，微创心胸外科手术等，结合地区疾病特点

进行专业性的全面探讨。（行　云）

【“H型高血压比较效果学（CER）研究”项目启动】 2016年4月，国家“十二五”重大科技专项“H型高血压比较效果学（CER）研究”项目，在大同市三医院启动。

该项目启动后，大同市所有符合该项目条件的H型高血压病患者均可在国家“十二五”重大科技专项H型高血压防治办公室（暂设市三医院门诊三楼心内科诊室）免费登记注册，使用依叶片（依那普利叶酸片）对H型高血压治疗，专业医护人员长期跟踪，随访病情发展，给予相应的指导建议。高血压病患者到医院空腹抽一点血化验同型半胱氨酸，就可以查出是否属于容易中风的H型高血压。

5年内，大同市登记注册的H型高血压病患者可在项目办公室获一半的免费药物依叶片赠送，如单一用药血压控制不理想，需要其他联合药物，根据医生处方，项目办公室一并免费赠送直至达标，减少诊疗费用和发病风险。（行　云）

【大同市麻醉学术会议】 2016年5月8日，大同市“贴近临床，面向基层”麻醉学术会议在市四医院举行，来自市直和各县区医院，以及忻州、朔州市的150余名代表参会。

交流会上，市五医院麻醉医师兰日明讲授《支气管封堵器在胸科手术中的应用》典型病例，市三医院麻醉科医师刘辉介绍《子痫患者剖宫产的麻醉》临床经验，市四医院麻醉科主任刘洁讲述《几种新型气道管理工具的临床应用》。学术交流以多媒体视频及图片形式，展示大同市麻醉领域在气道管理的新进展和新技术。通过病例展示、与会麻醉医师踊跃提问、特邀麻醉专家最后点评三个环节，与会学者进行典型麻醉病例学术交流。（赵　瑾）

【第一届困难气道管理实用技术培训班】 2016年5月21日，由大同市五医院麻醉科承办的大同市第一届困难气道管理实用技术培训班开班，以提高临床困难气道处理能力。

气道尤其是困难气道的管理是临床管理的重点和难点，气道开放的成败，关系到抢救的成功，甚至直接危及生命，是麻醉相关重大事故的主要因素，占比在90%以上。这次培训，注重理论与临床的结合，突出气道工具转化临床应用与研究方面的内容。受邀的山西医科大学第二附属医院、北京医院、广州中医药大学第一附属医院和天津医科大学总医院的教授，主要围绕《心脏的神经调节》《如何做好喉罩麻醉》《困难气道处理ABS流程与实践》及相关热点问题进行专题讲座和交流，临床演示。来自全省各地的300余名麻醉医师参加培训。（赵　瑾）

【全市生殖道感染诊疗一体化关键技术研讨会】 2016年5月22日，由中国医师协会和同煤集团总医院联合主办的大同2016年生殖道感染诊疗一体化关键技术研讨会举行，全市妇产、计生、生殖医学、检验、病理等临床医务人员200余人参加研讨会。

生殖道感染是最常见的妇科疾病，如不及时诊断治疗，可增加宫颈癌和艾滋病（AIDS）的发病率。全国生殖道感染防治培训项目是由中国医师协会会员部立项，以提升生殖道感染临床诊治技能为目的，面向全国妇产科执业医师的国家级继续医学教育项目。2016年，项目的重点是生殖道感染的综合评价与管理、宫颈病变的临床处理等领域，在全国30个中心城市举行专家研讨会，以促进生殖道感染诊治适宜技术在全国的推广应用。

研讨会上，中国医师协会生殖道感染项目主任张楠，北京大学第一医院赵健、张岩等国内5位知名妇产科专家与参会人员探讨和交流阴道镜图像诊断鉴别技术、生殖道感染诊断技术、宫颈病变与人乳头瘤病毒感染相关病理、病毒、临床技能等方面的问题。（赵　瑾）

【大同微创泌尿外科学术论坛】 2016年6月25日至26日，大同微创泌尿外科学术论坛暨首届山西医学会泌尿外科分会微创学组专题会议在大同市召开。

会议由山西医学会泌尿外科专业委员会微创学组主办，由市五医院泌尿外科承办，旨在以腹腔镜技术及腔内技术为主题，全面聚焦国内外泌尿外科最前沿领域。会上，国内专家授课、作学术报告，在市五医院手术室开展分体式输尿管软镜钬激光碎石术、3D腹腔镜前列腺癌根治术等手术演示，实时网络直播由中华医学会泌尿外科分会主办的走遍中国前列县（腺）——关爱老年健康公益行动平型关站的5台手术，来自山西、河北、内蒙古的200位医生直观地了解最新治疗技术。（冯　雨）

【婴儿食物过敏相关性疾病专家研讨会】 2016年7月，由大同市五医院主办的市级继续教育项目——市儿科专业委员会婴儿食物过敏相关性疾病专家研讨会召开。

过敏性疾病的发病率在全球范围内呈上升趋势，中国儿童的过敏性疾病的发病率也呈逐年上升趋势，世界卫生组织将其列为21世纪最严重的公共卫生问题之一。对孕期和婴儿期过敏高风险人群指导，可以减少过敏的发生；对出现过敏症状的婴幼儿早期干预，可以减轻或消除过敏症状，减少过敏并发症。研讨会上，北京医院二院、北京儿童医院和山西省儿童医院的专家作相关专题讲座，进行病例分享和交流。来自全市各医疗单位200余名相关医生参加这次会议。（木　依）

【“山西医卫行业社会责任峰会”大同分会】 2016年7月12日，大同市副市长曹惠斌出席“山西医卫行业社会责任峰会”大同分会。

会议由市卫计委联合新华网山西频道举办。会上，与会人员探讨和交流如何增强医卫行业责任意识、如何提高新媒体语境下信息发布和舆论引导能力及如何主动、正面塑造和展示医卫行业形象，消解公众对医院和医护人员的误解、误读和误会等方面的问题。曹惠斌在会上致辞，希望各级卫生行政部门和医疗机构能够利用峰会平台作用，建立完善网络舆情判研机制，开展医疗卫生舆情监测、数据分析和经验交流等各方面工作，增强事前判研能力和危机意识，合理应对医疗卫生舆情事件，避免对医院或相关部门产生负面影响，提升民众对医

疗行业信任。（木　依）

【晋北地区呼吸疾病诊治新进展研讨会】 2016年7月16日，晋北地区呼吸疾病诊治新进展研讨会暨全市第七届呼吸年会在大同市五医院学术报告厅举行，来自全市各县区、各大医疗机构呼吸科近300名医务人员参加研讨会。

这次研讨会由市五医院主办，邀请北京朝阳医院呼吸与危重医学科主任张黎明、首都医科大学附属北京胸科医院医学影像科副主任陈步东、省肿瘤医院呼吸科主任韩福才、山西医科大学第一医院呼吸科主任张新日等多位省内外专家就肺疾病介入治疗、哮喘的优化治疗、肺结节的诊断、间质性肺炎诊疗、ASCO非小细胞肺癌诊断、肺部非发酵菌感染治疗等呼吸领域的热点问题作专题讲座。与会专家解读最新诊治指南，结合具体病例讲解自己的经验体会。

研讨会上，与会人员还学习国际、国内呼吸科的新技术、新进展等方面的内容，结合地区疾病特点探讨和交流。（木　依）

【全国中医儿科北岳论坛在大同举行】 2016年7月30日，大同市政协副主席张小立、杨硕平出席在大同市举行的2016年全国中医儿科北岳论坛开幕式。

这次论坛为期2天，由中国中医药研究促进会综合儿科分会、全国中医药高等教育学会儿科教育研究会主办，大同大学医学院、市中医院、市中医药学会承办，旨在促进中国中医儿科发展，推动中医儿科医学进步与创新，提高中医儿科医务工作者的诊断水平。来自全国20余个省、市、自治区的200余名中医儿科医务人员参加这次论坛。论坛上，韩新民、虞坚尔、王雪峰、张士卿等10余位全国中医儿科专家教授分别就《海派中医儿科流派的传承与发展》《中医儿科常见病诊疗》《医道中和》《治疗小儿左肾静脉压迫胡桃夹综合征的临床经验》等方面作专题讲座。（木　依）

【全省血液病学学术年会在大同召开】 2016年8月20日，第十四届山西省血液病学学术年会在大同市二医院召开。中国工程院院士阮长耿、省医学会会长王峻，大同市副市长曹惠斌等出席学术会。

这届学术年会由省医学会、山西医科大学第二医院主办，市二医院（肿瘤医院）承办。曹惠斌在学术年会上致辞。学术年会为期3天，邀请中华医学会血液学分会侯任主任委员、中国医学科学院血液学研究所副所长王建祥，中华医学会血液学分会副主委、华中科技大学同济医学院附属协和医院副院长、华中科技大学血液病学研究所所长胡豫等12名国内血液病专业专家，专题讲座造血干细胞移植，白血病、淋巴瘤和骨髓瘤等恶性血液病，出血与血栓疾病的诊治进展及治疗难点等方面。（小　霞）

【第二届晋北内分泌论坛】 2016年8月21日，由大同市五医院承办的第二届晋北内分泌论坛举行，来自市区及周边县（区）近400名相关医生参加会议。

鉴于内分泌科新项目、新技术不断出现，市五医院内分泌科负责筹备这次论坛。论坛邀请天津第一人民医院、河北医科大学第三医院、北京协和医院、山西省人民医院、山西医科大学第二医院等多位省内外医学专家教授，围绕《心血管内分泌学——新视野，新启发》等进行专业培训和研讨。（小　霞）

【山西省医用三氧高峰论坛】 8月28日，2016山西省医用三氧高峰论坛暨“卡特三氧医学中心大同分中心”授牌仪式在大同举行。这次论坛邀请国内三氧治疗领域的专家授课，参加论坛的有来自大同市及周边地区医疗单位三氧治疗相关医务工作人员600余人。

大会由大同市科学技术协会、大同中西医结合学会、市卫生与健康协会主办，大同博康医院、大同市中西医结合医院承办。大会以“健康生活杜绝疼痛”为主题。会上，中国医科大学航空总医院麻醉科、疼痛与重症医学科主任安建雄，山西医科大学第一医院疼痛科主任医师薛朝霞，平遥长龄脑血管病医院院长于明胜，大同博康医院疼痛科主任孙化北等多位专家，分别就三氧技术特性、安全性、治疗效果、应用情况、适用人群等方面作讲解。会上安建雄为大同博康医院颁授卡特三氧医学治疗中心大同分中心牌匾，在晋北地区首家授予大同博康医院三氧治疗中心大同分中心。（小　霞）

【晋北地区肾脏病规范化诊治研讨会】 2016年8月27日，晋北地区肾脏病规范化诊治研讨会暨大同市肾脏病第二届年会在市五医院举办。

会议邀请西安交通大学第一医院、第四军医大学西京医院、山西省人民医院、山西省第二人民医院等专家，围绕《难治肾病综合征诊治新进展》《CKD患者的管理及营养治疗》《糖尿病肾病临床诊治新进展》《慢性肾脏病患者的钙磷管理》等专题讲座和学术交流。邀请大同市各大医院及周边县区近300名医师参加，共同探讨肾脏疾病临床上常见的热点、难点问题。（小　霞）

【首届中国云冈普外腔镜新进展论坛】 2016年9月3日，由中国医师协会外科医师分会主办、大同市三医院承办的首届中国云冈普外腔镜新进展论坛举行，大同市各级医院普通外科主任200余人参加论坛。

论坛上，首都医科大学附属北京朝阳医院教授陈杰、中国医学科学院肿瘤医院教授田艳涛、解放军302医院教授王光跃、北京世纪坛医院教授张能维等国内腹腔镜领域专家专题讲座“腹外疝的个体化治疗策略”“胃癌微创手术适应症的把握”“达·芬奇手术初步体会”“腹腔镜肠胃道手术的温和方法与技巧”等问题，参会人员交流和探讨国内腹腔镜领域最新理念、最新进展和前沿问题。（小　霞）

【山西省神经外科学术年会】 2016年9月3日至4日，由山西省医学会神经外科专业委员会主办，同煤总医院承办的山西省第十届神经外科学术年会在大同市召开。来自全省各大医院神经外科专业人员近300人参加会议。

会上，来自山西省内外25位神经外科专家，专题学术讲座和交流神经肿瘤、神经创伤、脑血病外科、神经介入、神经内镜等，分享各自在临床取得的进展、成就和经验。这次会议为神经外科专业人员搭建一个学习平台，促进山西省神经外科学界的交流与合作，达到知识升级、信息精准、人才培训和技术推广的目的，提高山西省神经外科领域的诊疗和研究水平。（小　霞）

【省医院后勤管委会第四届年会】2016年9月9日至10日，山西省医院后勤管理专业委员会第四届年会暨大同分会成立大会在市五医院学术报告厅举行，来自北京、杭州、重庆、长沙等地及山西省多家大医院专家学者300余人参加会议。会议由山西省医院协会主办、大同市五医院承办。

会上，专家们结合医院后勤管理实践，围绕医院后勤成本控制管理、医院后勤管理信息平台建设、医用污水处理达标排放的程序化研究、绿色医院室内环境建设和当前热点、前沿问题探讨，达到交流效果、促进医院后勤管理事业发展的预期目的。（小　霞）

【省癫痫和神经电生理医师分会第二届学术年会】2016年9月10日，由山西省医师协会主办，市五医院、省癫痫和神经电生理医师分会和省人民医院承办的“山西省医师协会癫痫和神经电生理医师分会第二届学术年会暨大同会诊中心成立大会”在大同市五医院召开。来自全省神经科学和神经病学方面的专家200余人参加会议。

这次学术年会邀请中国神经病学、神经电生理学专家和教授，分别就相关专业作讲座，进行病例讨论及答疑，推动山西省癫痫和神经电生理相关疾病诊治与国内外最新技术接轨，扩大临床视野，更好地服务患者。（小　霞）

【省小儿微创腔镜技术学习班在大同举办】2016年9月，由山西省卫计委批准的“医卫双优下基层”适宜技术推广项目小儿微创腔镜技术学习班，在大同市一医院学术报告厅举办，促进小儿微创腔镜技术的发展。

这次学习班邀请秦桂秀、席红卫等山西省儿科专家，通过讲座的形式阐述小儿微创技术在儿科常见疾病中的应用、小儿急危重症等知识，席红卫教授与市一医院小儿外科主任王永红施行小儿腹腔镜下疝气高位结扎术2例。大同、朔州地区700余学员参加这次学习班。（小　霞）

【全市肿瘤专科护理培训班】2016年11月5日，大同市肿瘤专科护理培训班在市二医院开班，来自全市各大医院的200余名护理人员参加培训。

培训班上，省肿瘤医院护理部主任王翠玲等7名护理专家分别就《护理质量管理与现状分析》《血管通路管理与服务》《护士分层管理》《疼痛病房创建与服务》《无呕病房创建与服务》《信息化护理评估与应用》等方面内容做专题讲座。省护理专家参加市二医院放疗二科护理质量安全分析会，指导点评肿瘤科护理质控重点和整改要求等诸多方面。

市二医院与省肿瘤医院为医疗联合体技术协作单位，这次帮扶讲学是省肿瘤医院优质医疗资源下沉帮扶市二医院的重点工作之一。（晨　曦）

【全国乳腺疾病诊治规范化学术研讨会】2016年11月19日，全国乳腺疾病诊治规范化学术研讨会在大同市一医院学术报告厅举行，全国乳腺病诊疗规范化培训中国行（大同站）活动启动。

这次研讨会由中国医药教育协会乳腺病专业委员会主办，市一医院承办，全市各级医疗机构相关科室的近200名医生参加学术研讨会。研讨会上，北京大学肿瘤医院的宋国红教授、北医三院的赵红梅教授、解放军307医院的张少华教授和郝晓鹏教授及北京医院的华彬教授等5位全国乳腺疾病领域的专家分别就“乳腺癌全程管理”“乳腺癌内分泌治疗策略”等乳腺疾病规范化诊治方面做专题讲座。（晨　曦）

【省级口腔专家团队到大同巡讲】2016年12月21日，由大同市口腔医学会、大同市口腔医学会民营分会主办的口腔医疗学术巡讲活动在大同美源口腔医院召开。

全市口腔医学会及其民营分会会员、各县区口腔门诊医务人员和社会各界热心人士200余人参加会议。

活动中，山西大医院口腔科主任刘青梅教授、山西医科大学第二医院杨连平教授等专家讲解“根尖孔开放年轻恒牙相关疾病的诊治”“口腔诊疗中的风险识别与质量安全管理”等当前学术热点和管理要点。（刘　江）

市直医院选介

大同市第一人民医院（妇幼医院）

【概述】2016年，大同市第一人民医院（简称“一医院”）门急诊人数61万余人次、出院患者人数3.62余万人次，分别同比增长20.7%和24.8%；分娩婴儿数13116名，同比增长69.0%；住院手术例数11863台，较上年增长14.4%，其中微创手术4060例，同比增长10.3%，居全市和全省前列。门诊病人和出院病人人均费用分别为196.92元和6033.22元。床位使用率和周转次数分别为100.7%和57.1；平均住院日6.33天；出入院诊断符合率和手术前后诊断符合率99.3%和99.6%；药品收入占总收入21.79%，其中抗菌药物和基本药物的药占比分别为24.2.%和22.9%，三项费用（医疗成本）占比53.10%，保持同级别医院全市最低和全省较低水平。获全国“流产后关爱优质服务医院”“2014年～2015年度山西省精神文明单位”和“2011年～2015年大同市法治宣传教育先进单位”等称号。（一医院）

【大型医院巡查】2016年10月12日至14日，大同市第一人民医院接受为期3天的巡查，这是考核一医院在公立医院改革、行业作风、医疗管理、经济管理等方面的一项重要活动。一医院成立大型医院巡查工作领导小组，制定印发实施方案，动员部署，明确责任分工，组织自查工作。经过3天巡查，巡查专家组总结一医院在领导重视、医疗优质服务“三部曲”等特色服务，以“道德讲堂”“九不准”为抓手的医德医风建设情况，以及在职工精神风貌，物资采购，财务管理，执行国家药品和医疗价格政策，环境卫生，医务人员培训，核心制度落实情况等方面存在的亮点，肯定一医院工作成绩。针对专家组提出的问题和建议，召开专题会议研究分析，任务分解，做到责任到科责任到人，把完成结果与月度绩效考核挂钩，确保所有问题整改。（一医院）

【医疗核心制度】 2016年，大同市第一人民医院建立健全首诊负责、三级医师查房、疑难病例讨论、危重患者抢救、会诊、术前讨论、死亡病例讨论、交接班等核心制度，保障医疗质量和医疗安全。规范病历书写行为，加强病历内涵建设，提高病历书写质量。制定《处方审核制度与程序》，以完善和落实处方点评制度、公示制度，建立不合理用药监测、干预和制约机制等措施，保障合理用药和毒、精、麻、放药品安全管理，院感保持较低水平。报告医疗不良事件，发现潜在的不安全因素和事故隐患。推行传染病预检、分诊制度，落实食源性疾病监测报告制度。加强医疗临床技术的管理，落实《医疗技术临床应用管理办法》和《医疗机构手术分级管理办法（试行）》，做到合理检查、合理治疗，保障医疗安全。加强应急能力建设，确保全院应急队伍过得硬、拉的出、打得赢。（一医院）

【规范诊疗行为】 2016年，大同市第一人民医院推行临床路径和单病种管理，扩大临床路径入选专业和病种，促进医疗质量向科学化、规范化、专业化、精细化发展，规范诊疗行为，控制医疗费用不合理增长。通过医学检验和医学影像两大类项目的同级别医疗机构检查、结果互认工作促进合理检查，降低患者就诊费用。全年全院有8个专业24个病种，11978例进入临床路径，完成病例数11407例，入径率83%，入径完成率95%，变异率2.7%，平均住院天数5天，平均住院费用6008.61元。“一单通”临床互认项目中，全年检验互认约1500例、影像互认约420例。（一医院）

【抗菌药物管理】 2016年，大同市第一人民医院抗菌药物使用率67.98%，其中Ⅰ类切口抗菌药物使用率25%，住院患者外科手术预防使用抗菌药物时间在术前30分钟至2小时符合率100%，接受限制级与特殊级抗菌药物治疗的住院患者抗菌药物使用前微生物检验样本送检率分别为72%和97%。（一医院）

【护理服务示范工程】 2016年，大同市第一人民医院通过落实《患者安全十大目标》、修订《护理工作制度》和护理质量考核标准，强化质控小组、护理质量管理委员会及护理部的定期检查、分析点评及督促落实整改力度，确保护理质量与安全管理的持续改进。通过集中培训全院护理人员业务知识，培训考核每季度不良事件讲评及应急预案等，提高护士的安全意识和应对突发事件的能力，保障护理安全。通过人才引进和培养，提高护理人员的整体素质。在全院开展空姐式服务、亲友式服务、牧师式服务。在病区护理单元实行整体护理，在妇科六病区启动“无陪护病房”试点工作。（一医院）

【日间手术】 2016年，大同市第一人民医院通过升级改造环境、制定术前评估流程、配置先进的手术条件和设备、配备专业及经验丰富的各类医师，制定更科学的就医流程和术后随访系统等措施在眼科、计划生育科、宫颈病变科和急诊科进行试点，全年完成日间手术1400余例。（一医院）

【人才队伍和学科建设】 2016年，大同市第一人民医院以百千万人才培养工程为抓手，选拔、培养和管理百千万人才工作，参加全省到粤“招才引智”活动，鼓励支持医务人员到北京、上海、天津、太原等医疗发达地区的医院进修培训。全年，2个省重点学（专）科、4个省市共建重点学（专）科和7个市级重点学（专）科通过考核。大同市新生儿、儿童重症急救中心在一医院设立，妇产重症医学科团队形成，血液净化中心具备开诊条件。主（承）办省级以上学术会议5项，4项市级会议。2016年全国围产期窒息、新生儿复苏和新生儿危重症诊治学术会议、全国乳腺疾病诊治规范化学术研讨会、山西省第三届儿科临床营养学习班等会议在一医院召开。有1项国家级和4项省厅级科研确定立项，发表43篇。引进以妇科3D腹腔镜技术、阴式广泛性全子宫切除术为代表的10余项高精尖技术。全院继续教育学分合格率92%。把医务人员的工资收入与医疗服务的数量、质量、技术难度、成本控制、群众满意等挂钩，修订《绩效管理考核方案》，执行编内编外工作人员“同工同酬”和各项社会保障制度，保障职工合法权益，调动医务人员工作积极性。（一医院）

▲2016年7月2日，全国围产期窒息、新生儿复苏和危重症诊治学习研讨会在市一医院召开（一医院 供图）

【财务管理规范年活动】 大同市

第一人民医院2016年的财务管理工作按照《会计法》《医院财务制度》《医院会计制度》《医疗机构财务会计内部控制制度》等规定要求，把医院的一切财务收支、核算工作全部纳入财务统一管理。一医院建立健全财务收支预算制度，加强财务分析，提高经济决策水平。建立健全价格公示制度和住院患者费用清单查询制度，对增加的医疗收费项目，按照规定程序审批，控制医药费用不合理增长。加强内审制度，完善内部监督制约机制，最大限度地降低运行成本。根据市财政局安排清产核资全院工作，确保国有资产安全、完整。（一医院）

【药品器械耗材阳光采购制度】 2016年，大同市第一人民医院加强对药品集中招标采购工作的监管力度。健全采购规章制度，所有药品、耗材都通过政府阳光采购平台采购，器械采购工作落实公开投标制度。完善采购流程，建立内部制衡机制，落实公开、公平、公正原则，防止发生腐败问题。发挥社会、群众的监督作用，形成监督合力，促进阳光采购。按照廉洁风险防控有关规定，重点加强对药剂、器械、后勤等部门采购活动的监督；运用“制度+科技”“人防+机控”模式，加强对医生处方权的监督和统方管理，严格处方权限和审批程序，严禁为商业目的统方。完善药品、器械购销廉洁协议书签订制度，医院与药品、器械商在签订购销合同时，必须签订廉洁协议书，并明确约定法律责任；落实医药购销领域商业贿赂不良记录制度，对经执法执纪机关认定存在行贿行为的企业和个人，列入不良记录，两年内不得采购其任何产品。（一医院）

【“全面二孩”生育高峰应对】 2016年，全面放开二孩政策和“猴年”生育高峰叠加效应显现，面对新一轮生育大潮，作为山西省唯一一所三级甲等妇儿专科医院，大同市第一人民医院优化服务，改善医院硬件环境挖掘医院潜力，实现产科现有资源与现实需求同步。成立由院长担任组长，主管副院长为副组长的工作领导小组，负责制定产科工作应急预案、危重孕产妇救治应急预案，以及各种工作流程，协调全院各科室为产科工作保驾护航。加强医疗质量管理。通过定期开展危重孕产妇急救演练，调整充实产科门诊医师结构，营养指导有高危倾向的孕妇，系统管理所有到一医院孕检的高危孕产妇，提高全院处理急危重症孕产妇的整体水平。利用产科8个病区资源，通过合理规划床位设置，利陪侍椅及在其他病区预留病床，缩短患者住院日（产妇条件允许的情况下），配备所需医疗设备，加快产科床位周转率等提高全院服务能力，满足孕产妇住院分娩需求，保证孕产妇安全。（一医院）

【信息化建设】 2016年，大同市第一人民医院建立现代化医院信息管理系统，实现挂号、就诊、检查、治疗、取药、结账“一卡通”服务，在方便患者的同时提高医院科学管理水平和工作效率。在门诊区域实现无线网络全覆盖，在全市市属医院首家开通省级预约挂号平台。全院形成网上预约、电话预约、诊间预约、窗口预约等预约挂号服务体系，实现门诊号源100%开放预约，让患者能自主选择就诊时间，缓解患者就医“三长一短”现象，为推进双向转诊和分级诊疗工作奠定基础。2016年，全院门诊预约挂号人数134652人次，占门诊挂号人数22.04%。（一医院）

【新型农村合作医疗保险】 2016年，大同市第一人民医院农合住院患者9372人次，住院总医药费用6104.18余万元，总补偿金额1821.86万元。完成全院传染病报告、死亡报告管理、慢五病、妇幼保健相关工作，实现无烟医院的创建目标。接待来自全市45个单位的工作人员，大同、朔州2市参加核试验的原8023部队退役军人，患者个人体检，全市放射工作人员专项体检，驾驶员体检及全院新入职员工和离退休人员的健康体检工作，参检人数6000余人次。（一医院）

【“平安医院”建设】 2016年，大同市第一人民医院，建立由党政统一领导，保卫科、法制办牵头，各有关职能科室、阳光警务室及医调委相互配合、共同参与的医疗纠纷应急处理工作机制。推行与医疗责任保险相结合的医疗纠纷调解制度，促进医患和谐。消防安全工作中，委托具有专业资质的消防维保公司对全院消防设施开展维保，经过近半年的消防安全隐患排查整改，完善消防设备管理信息系统监控平台，解决全院消防安全隐患，实现全院消防联动，建立消防微型站，强化消防应急能力。建立和完善医院安防体系，以人防为保障、物防为基础、技防为核心，加大安全防范力度。坚持水电气暖的集中供应和重大设备运行的日常维护，确保全院水电气暖安全运行。（一医院）

【首例3D腹腔镜宫颈癌根治术】 2016年8月8日，大同市一医院妇科完成一例3D高清腹腔镜下宫颈癌根治术，这在大同市尚属首例。8日，市一医院妇五妇六科主任高艳萍和她的团队成员在手术室里戴上“3D墨镜”，看着显示屏，手扶机械臂对一名宫颈癌患者进行手术操作，拟行3D腹腔镜宫颈癌根治术。显示屏中腹腔内各个脏器及血管层次分明。医生们眼中的手术画面变得立体，腔内组织高低远近清晰。用3个小时完成这例作为妇科手术中难度最大的宫颈癌根治术。使用这一技术开展手术，方便医生彻底切除目标病灶，也保护手术邻近器官的结构、功能的完整，减少出血及并发症的发生，提高手术成功率。（小霞）

【首次为新生儿实施脐膨出修补术】 2016年9月初，一名出生4个小时的新生儿在大同市一医院小儿外科实施脐膨出修补手术，这在大同市尚属首例。

这位患儿出生后被发现脐带根部有约5×4×4厘米大小的半透明肿块，囊膜内肠管等脏器依稀可见，小宝宝患上“巨大脐膨出”。由于婴儿刚出生4小时，各器官功能尚未发育成熟，做全身麻醉风险很大。市一医院麻醉科医师李红军给宝宝实施气管插管麻醉后，由小儿外科主任王永红、副主任医师杨军、医师赵志宏在全麻下给患儿急行“脐膨出修补术”。王永红把患儿膨出的肝脏、肠管内脏器官逐渐还纳腹腔，手术近2个小时。9月

6 日，患儿康复出院。（小　霞）

【首例输卵管吻合术】 2016 年 10 月 21 日，大同市一医院为一名输卵管结扎术后要求再育的患者实施 3D 腹腔镜下输卵管吻合术，这在全市尚属首例。

多年前，该患者做输卵管结扎手术，二胎政策放开后有再生育要求，找到市一医院妇一科主任王兴旺。经超声及输卵管造影检查，王兴旺决定为患者实施 3D 腹腔镜下输卵管吻合术。手术用时近 2 个小时，患者双侧输卵管通畅。输卵管可用于吻合部分的直径约 2 毫米至 4 毫米，肉眼不容易看清楚，在 3D 腹腔镜感知和放大效果下，可观察输卵管各层组织，切除病变组织，又不切除健康组织，应用无创伤缝线准确对合，使组织损伤减到最低限度，吻合率 100%，术后再孕率 95%。（晨　曦）

大同市第二人民医院（肿瘤医院）

【概述】 2016 年，大同市第二人民医院（肿瘤医院）（简称“二医院”）门诊 212901 人次，同比增加 0.036%；出院患者 12430 人次，同比增加 10.30%；床位使用率 99.91%，同比下降 0.13%；平均住院日 21.68 天，同比下降 5.29%；手术 2156 人次，同比上升 3.03%；急诊科危重症抢救成功率 88.70%。

病历质量管理 常态化检查、培训和规范病案首页填写和疾病编码，按病历书写规范评审、反馈、整改实际检查过程中出现的问题，全年抽查病历 1300 余份，病历质量提高。完善医疗质量考核标准，动态分析和技师考核科室各项医疗指标，奖优罚劣。加强检查督导各科室核心制度执行情况，把关基础医疗质量和环节医疗质量，保障医疗质量与医疗安全。

临床路径管理 针对 12 个临床科室，制定 25 个相关病种临床路径并纳入科室医疗质量管理体系。每月了解科室临床路径开展情况，根据工作量奖励。

临床用药管理 制定《抗菌药物临床应用管理规定》，加强医师对抗菌药物合理应用，依照抗菌药物分级管理制度，分别授予医师不同的抗菌药物应用权限，在系统上设置权限及预防使用抗菌药物时限，杜绝医师越权限使用及不规范的应用抗菌药物。定期对医师应用抗菌药物情况监督检查，通报检查情况。加大对 I 类切口预防使用抗生素使用的规范和合理性考核，预防用药时机正确率 100%，用药时限正确率 90.91%。I 类手术预防使用抗菌药物种类选择正确率 100%，抗生素使用更趋规范。

合理用血 建立科室和医师临床用血评价制度。要求科室严格掌握输血适应症，加强对输血前评估、输血过程及输血后疗效评价管理，把临床用血情况纳入科室和医务人员工作考核指标体系，发现问题，奖优罚劣，提高输血病历质量。通过每周发放的《输血周刊》宣传输血知识，全年二医院成分输血 100%；悬浮红细胞 2522U，冰冻血浆 92437 毫升，单采血小板 80 治疗量，冷沉淀 535U，用血量较上年有所增长。

完善医疗设备 更新引进部分医疗设备并增加检查治疗项目。磁共振购置全省首台美国 GE MR750 3.0T 磁共振成像系统，解决旧磁共振低场老化成像速度慢，图像质量差问题；放疗室新增菲利普治疗计划系统，缓解适形调强治疗紧张排队等候的问题；妇产科新增宫腔电切镜，改进妇产手术宫腔电切技术；彩超室新增百胜移动彩超、美国 GE-E8 四维彩超，开展四维超声诊断项目；增加病床及陪护椅各 180 套。（二医院）

【医联体建设】 2016 年，大同市第二人民医院与中国中医科学院眼科医院、山西省肿瘤医院两家上级医院，及城区、新荣区等 11 家下级医院和社区卫生服务中心合作建立并开展医联体工作。两所上级医院组织医护专家团队到二医院义诊、手术并做专业培训，在专科对口扶持、业务指导、远程会诊、信息互通等方面给予技术支持；二医院派出医护人员到省肿瘤医院进行中、短期进修学习，在享受三级医院专业优势的同时促进医联体之间双向转诊工作的推进。与下级医院建立医联体后，医联体内就医的便捷性更为突出，在加强社区卫生机构能力建设，构建分级医疗、急慢分治、双向转诊的诊疗模式，促进医疗联合体分工协作，合理利用资源，方便群众就医。2016 年底，二医院把更新后的旧磁共振仪无偿捐赠新荣区人民医院。（二医院）

【护理工作】 2016 年，大同市第二人民医院护理工作实现年计划达标率 100%。全年一级护理 43095 人次，同比增加 10.69%；病重患者 1577 人次，同比下降 2.29%；抢救病人 1308 人次，同比上升 2.19%；监护病人 8389 人次，同比上升 3.08%；呼吸机使用 212 人次，同比上升 35.03%；输液 172156 人次，同比上升 0.87%；静注 190316 人次，同比上升 22.99%；输血 1705 人次，同比上升 9.29%；PICC 置管（经外周静脉置入中心静脉导管）740 人次，同比上升 9.47%。

大同市第二人民医院扩大优质护理服务覆盖面，在门急诊、手术室、血透室、供应室开展优质护理服务基础上，病区开展优质护理服务 100%。门、急诊建立护理岗位责任制，安排临床护理经验丰富、专业能力强的老护士承担分诊工作，加强急诊急救管理，开展院前急救绿色通道，对急危重症患者优先诊治，专人护送，全程陪伴，对于无陪护、行动不便的病人，给予多方面照顾；血透室开展“四个一”温馨服务，完善健康宣教，制定宣教手册；手术室推行“一对一全程服务”，实行以老带新，层级优化组合，开展专科护理查房。抓手术配合、物品准备、体位摆放，术中管理、并发症预防等重点环节管理，注重细节服务，加强病人术前访视、术中照护，术后回访等，术前访视率 95%，术后访视率 98%；供应室围绕临床科室需求开展主动服务，制作敷料包、棉球包、口护包、拆线包，节约成本，降低消耗；在器械清洗、消毒、灭菌方面探索方法，清洗后待消包合格率 96%，保障无菌物品的质量安全。

加强专科护理内涵，促进专科护理制度化、规范化、程序化。工作中不断创新，推动护理新业务、新技术开展，在全市开展 B 超引导下的赛丁格尔穿刺 151 例，置管成功率 100%；PICC 置管 740 例，置管成功率99.72%，注重PICC置管维护，降低并发症发生率。加强专科培训方面，与省肿瘤医院对接，成为山西省肿瘤医院对口帮扶医院；邀请省肿瘤医院护理部主任王翠玲讲授“肿瘤专科与优质服务”；11月，组织肿瘤专科精准帮扶、优质资源下沉培训班，由省肿瘤医院护理专家授课，现场指导。专科护士培养方面，33名护士分别取得肿瘤专业、重症监护专业、经外PICC（周静脉置入中心静脉导管）专业、手术室专业、消毒供应专业资质。（二医院）

【院感制度和考核标准完善】 2016年，大同市第二人民医院修订部分《医院感染管理质量控制考核标准》，细化完善各项考核标准。按照标准对各科室医院感染管理工作检查，检查结果现场反馈并以质控信息反馈表的形式印发被检查科室，科室分析原因提出整改措施，医院追踪检查，对存在的问题督导科室持续改进。监管重症医学科、手术室、产房、血液净化科、消毒供应中心、消化内镜室、口腔科等重点部门、重点环节。对检查中存在的问题与科室沟通反馈，给予建议及指导，督导科室落实相应的感染预防与控制措施，预防医院感染发生。通过医院感染监控系统预警提示，现场流行病学追踪调查多重耐药菌医院感染患者，前瞻性风险评估。出现可疑医院感染流行趋势时，到科室现场，协助科室寻找感染发生原因，探讨感染防控措施，提出改进方案，指导科室落实防控措施。监管各科室消毒与隔离工作，执行国家有关规定，索证抽查管理医院购入的消毒剂、消毒药械、一次性使用医疗卫生用品。推进医院集中供应工作，根据消毒供应中心三个强制规范的要求，各科室重复使用的诊疗器械物品由消毒供应中心统一回收、集中清洗、消毒、灭菌、供应，保障手术器械的安全，延长使用寿命，节省科室自行消毒灭菌人力、物力方面的投入，提高服务水平。加强洗衣房的医院感染监督管理工作，规范分区及各项工作流程、加强工作人员相关感染知识及自我防护的现场培训，强化清洁与污染基本知识，对运送车辆要求明确标识并消毒。（二医院）

【感染管理】 2016年，大同市第二人民医院在医院感染监测方面，监测全院综合性、目标性和多重耐药菌、环境卫生学、消毒灭菌效果。完善医院感染病例监测、报告制度并加强考核。通过院感监测系统主动监测，调查发热、病原学送检病例、白细胞、降钙素原等感染指标异常病例，发现可疑医院感染病例并干预，做好前瞻性调查工作，减少漏报、迟报发生，提高确诊率。2016年监测出院患者12250人，发生医院感染病例321例，感染例次352例次，医院感染发病率2.62%，医院感染例次发病率2.87%。感染部位排在前三位的是下呼吸道181例，构成比51.4%，泌尿道80例，22.7%，上呼吸道36例，10.2%。

在医务人员职业防护方面，加强科室职业防护设施、设备管理，以及医务人员安全意识，定期查看防护用品，如洗眼器、防护服等是否保持在良好的备用状态，工作人员熟悉操作流程，保障医务人员职业安全。全年发生职业暴露6人，全部为针刺伤，发生后均局部处理，生理盐水冲洗，碘伏消毒液消毒伤口等，报院感科，对暴露者进行必要的抗体检验，并做相关咨询、指导、评估、处理工作，均未发生相关血源性感染。

在院感知识培训方面，组织医疗、护理、医技及工勤人员院感培训学习10次，每次培训均保存完整的影像文字资料，培训和考试资料留存科教科。通过培训学习，各级各类人员院感知识水平不断提高，推进预防控制工作。（二医院）

【学科发展和技术运用】 2016年，大同市第二人民医院加强精准医疗，拓展新技术应用，加强一线科室与北京中日友好、首都医科大学宣武医院、中国医科大学协和医院、北医三院、北京同仁医院和山西医科大二医院进行疑难危重病例远程会诊，临床疑难危重病人诊疗水平和急诊抢救能力提升。

内一科通过动态血糖监测技术弥补之前常规手段无法观察到的隐匿性低血糖和高血糖问题；消化科开展内镜下黏膜下切除术治疗胃肠道息肉；神经内科引进全省第一套多导睡眠监测系统开展各种睡眠障碍性疾病、周期性腿动、呼吸暂停、低通气综合征等疾病的监测，引进偏瘫治疗仪收治患者89例。

外一科开展二医院首例肝门部胆管癌联合右半肝切除术；开展胸腔镜下肺大疱切除、胸膜固定术，肺叶楔形切除；颈、胸、腹三切口中上段食管癌根治术；进行二医院第3例腹部外科最大手术，胆总管下段癌行胰十二指肠切除术。外二科开展输尿管镜下钬激光碎石术治疗泌尿系结石65例，无并发症发生，开展二医院首例腹腔镜下前列腺癌根治术和经皮肾镜气压弹道碎石术；全年为32例宫颈癌放疗术后肾积水患者行膀胱镜下输尿管置管术、肾穿刺造瘘术。外三科开展腹腔镜胃癌、直肠癌手术切除并开展直肠黏膜环切术治疗直肠黏膜松弛引起的顽固性便秘。骨科开展股骨粗隆骨折PFNA（一种股骨近端内固定系统）内固定术、膝关节置换手术，以及类风湿性关节炎全髋关节置换术。神经外科开展二医院第一例显微镜下胶质瘤切除手术。妇产科利用宫腔镜和腹腔镜检查、手术并开展宫颈冷刀锥切术及LEEP术治疗宫颈疾病，开展阴式子宫全切术、曼氏切除、阴道前后壁修补术、阴道纵隔成形术等阴式手术。耳鼻喉科实施在耳纤维镜下乳突根治术、鼓室成形术II到Ⅲ型高风险手术。皮肤科超脉冲二氧化碳点阵激光治疗系统和高能红蓝光治疗仪的临床运用取得良好效果；麻醉科开展神经刺激仪引导下腰丛联合坐骨神经阻滞，以及可视喉镜气管插管技术。

放疗室三维适形调强治疗是二医院治疗恶性肿瘤主要的手段之一，全年开展调强治疗10248人次，适形治疗261人次。

检验科开展过敏原12项、超敏-CRP和B族链球菌（学名无乳链球菌，能引起扣乳房炎，严重危害畜牧业）的检测，满足临床需要；门诊增加尿沉渣仪，方便患者需求；急诊化验室增加血气分析仪，缩短急诊标本检测时间。（二医院）

【岗位培训】 2016年，大同市第二人民医院每周四院内培训常态化。科教科全年组织培训42次，外请专家讲课17次。内容涉及医疗、护理、药学、管理、礼仪、器械维护等方面。培训部在强化护理技能操作培训方面加大力度，全年培训658学时，参加培训人员2057人次，其中培训新入职人员32人。培训强调服务的人性化，体现对病人的关爱，重视在操作中提高服务意识及服务艺术，保证临床工作中的医患和谐。成立领导组，围绕训练内容和工作实际开展训练，选派医护人员参加全省医护技能比赛，医疗、护理组分别获团体三等奖；智毅获护理个人二等奖并荣立个人二等功；何香芝获医疗个人三等奖；二医院授予何香芝、李清、陈斌“技能标兵”称号。（二医院）

【医学科研】 2016年，大同市第二人民医院申报市级科研项目立项3项，分别为血液风湿科申报的《益赛普联合玻璃酸钠关节腔注射治疗类风湿关节炎的临床研究》，骨科申报的《富血小板纤维蛋白（PDF）对大鼠骨组织工程骨修复实验研究》，信息科申报的《服务器虚拟化整合在医院信息化建设中的应用研究》。参加省级科研项目一项，为骨科马晓红的《接骨片联合鹿瓜多肽促进骨折愈合的临床研究》。申请市级继续医学教育项目4项，Ⅱ类学分9.5分，开展单位自管项目9项，学分7.5分。医务人员发表省级论文30篇；全年外出参会、进修75个项目，总人数139人，其中中长期进修、培训9人次；接收实习人员63人。

组织承办学术会议5次，其中2次为省级年会。血液科举办2016年山西省医学会血液病年会，肿瘤内科举办第三届山西省医师协会放疗医师分会年会。全国数十家医院专家教授应邀参加学术交流，会议的举办对二医院医务人员诊疗水平的提高和专业技术的发展起到推动作用。眼科邀请中国中医科学院眼科医院专家团队举办为期2天的义诊、手术活动。（二医院）

【药品集中招标采购】 2016年，大同市第二人民医院根据《山西省人民政府办公厅关于印发山西省完善公立医院药品集中采购工作实施方案的通知》和《山西省公立医院药品集中分类采购实施细则》有关精神，制定符合“一品、三剂型、两规格”要求的临床用药采购目录，优先采购集中招标中标的基本药物及符合临床路径的药物，依托山西省药品集中采购平台，监测基本药物使用，确保优先使用基本药物，加大对辅助用药、超常规使用药品的监控，加强医务人员合理用药的管理。（二医院）

【信息化建设】 2016年，大同市第二人民医院加大对信息化建设的投入，在原有系统的基础上拓展二期建设项目，增加门诊医师工作站。二期开发满足医院在电子病历、临床路径、输血、护理病历、院内感染、临床药学、体检管理和农合即时结报的功能要求，实现质量控制网络化管理。医院运营管理系统（HRP）的上线，实现医院成本核算、物流管理、绩效管理系统的综合运营，在满足临床日常运营业务和职能部门工作的前提下，实现“人财物”“医教研”“护药技”管理的科学化、规范化、精细化，提高工作效率，推动医院体制、机制创新。（二医院）

【院务公开】 2016年，大同市第二人民医院通过互联网、公告栏、电子显示屏、院内局域网等媒介把专业技术人员招聘、职称晋升、公务接待费用、车辆运行修理费用和物价信息向社会、患者和职工公开。通过院务会、周会和晨间交班会把医院的重要项目、重大决策、重要人事任免、大额资金使用情况、质控考评结果、绩效分配情况等内容全面公开。管理信息的透明强化职工群众对院务公开的参与意识，促进医院民主管理和民主监督。为准确掌握临床一线服务质量和后勤保障情况，院领导和相关职能科室利用行政查房到一线科室调研，具体指导工作。全年组织行政查房15次，实地解决一线问题。（二医院）

大同市第三人民医院

【概述】 2016年，大同市第三人民医院（简称“三医院”）门诊量719498人次，同比增加8.3%；急诊60174人次，同比增长8.1%。抢救危重患者1363人次，抢救成功率98.8%，处置重大突发公共事件15起；出院人数36358人次，同比增加15.8%。平均住院日10.95天，同比缩短0.75天；床位使用率92.1%，同比增加6.78%；床位周转次数：30.17次/年，同比增加4.31次；手术例数：10734台，同比增加8.47%，其中Ⅲ级手术3674台、Ⅳ级手术1114台，Ⅲ级、Ⅳ级手术占比44.6%，高于全省同级医院平均水平，疑难病例占比居全省第二。介入手术1513台，同比增加10.2%；成分输血比例100%，输血指征符合率99.67%；传染病上报率100%。

2016年，大同市第三人民医院被国家人民好医生评选组委会授予第二届人民好医生优秀组织奖；连续九年被中国医院协会授予“全国百姓放心示范医院”称号；被国家卫计委授予“全国高级卒中建设中心”；获国家卫计委医院感染横断面调查先进集体；在“全省医护岗位技能训练和竞赛活动”中，二医院医疗组获团体三等奖和个人二等奖；获山西省第二届“华仁杯”品管圈大赛先进集体称号。（三医院）

【医疗质量提高】 2016年，大同市第三人民医院落实“三甲医院评审标准”，应用PDCA循环法增强核心制度执行力。通过近两年的病历质控，病案质量提高，甲级病案率98.05%，出院病案三日归档率92.26%，七日归档率99.61%；引入DRGs管理工具，使出院病案首页由人工分析转化为全数据管理，全年质控病案首页18431份，首页合格率提升到92.82%。病案质控小组受山西省病历质控部邀请，在《等级医院评审病历质控论坛》上进行讲座交流。全年完成临床路径8544例，同比增加53%。平均入径率75%，平均完成率96%，全部实行临床路径信息化管理。全年重大手术28例，开展日间手术78例。重点突出救治重症患者，提高Ⅲ、Ⅳ级手术和一、二级护理比例。各类技术项目：全年开展三类技术肾移植手术2例；二类技术心血管介入治疗801例；临床科室申请“颈内动脉内膜剥脱术”“经皮内镜下胃造瘘术”“内镜下治疗食管胃底静脉曲张”等技术25项，检验科开展“亚甲基四氢叶酸还原酶（MTHFR C677T）基因检测”“胃泌素测定”等检验项目9项。全年召开6次药事管理与药物治疗学委员会会议。每月通过处方（医嘱）点评和有效实时干预，临床合理用药专项整治各项管理指标改进效果显著。抗菌药物临床应用11项指标达到国家考核标准，单床单日药费337元（规定值≤600元）、基本药物使用金额占总药品比例26.58%（规定值≥25%）、全院住院病人抗菌药物使用率45.54%（规定值≤55%）、使用强度每百人天38.22DDD（限定日剂量）、规定值≤40DDD，均达《2016年山西省临床合理用药专项整治工作方案》要求。感染管理工作坚持每月按照《院感质量控制考核标准》检查各科室，现场反馈，督导科室改进。通过开展培训及宣教，提高医务人员职业暴露防护意识，加强应急处置能力，加大消毒药械、一次性医疗用品和医疗废物管理力度。通过防控落实，使各项感染指标都控制在标准范围内，全年无感染暴发流行。感染率1.86%，漏报率2.90%，明显低于<10%的三甲医院标准。医疗安全方面，建立山西省医调委第三方人民调解机制。经山西省医调委直接参与介入，全年书面投诉医疗纠纷29例，同比下降6.5%，结案27例，结案率93.1%，无重大医疗事故及群体事件发生。加强全院职工的医疗安全教育培训，全年培训卫生法律法规3次、培训医疗纠纷防范及处理和医疗风险2次，培训率90%以上。（三医院）

【学科建设】 2016年，大同市第三人民医院调整普通外科4个病区科室功能、布局和人员，合并后建制床位200张，基础外科相关疾病由科间会诊转变为科内一体的标准模式，资源在科内有序流动，解决体制对学科发展的制约，成为山西省规模最大的普通外科。妇科和产科整合为妇产科，提升妇产专业整体治疗水平，突出体现在妇科微创技术及产科危重症产妇的救治上，被省卫计委确定为晋北地区唯一的危重症孕产妇救治中心，为医院建设妇儿生殖中心奠定基础。骨科在原有专业的基础上细分出4个亚专业，分批次外派人员到相应专业处于国内领先的医院学习。引进先进技术设备，购进脊柱内镜系统、椎体成形系统等微创技术的基础设备，开展相应技术，即把引入的手术机器人导航定位系统。组建耳鼻咽喉头颈外科。扩大科室诊治范围，成立眩晕及耳聋耳鸣治疗中心，为青年医生发挥自身才能搭建新平台，为学科发展增添内容。眼科开展全飞秒激光矫正屈光手术，使三医院成为山西省首家拥有这项技术的公立医院，2个月内给63位近视患者实施手术，远期效果良好。玻璃体激光消融治疗飞蚊症21例，是全省唯一拥有该项技术的医院。首次应用超声乳化技术治疗白内障370例，眼科门诊新开展眼科B超检查、UBM（超声活体显微镜）检查、眼底广角成像等12项检查。推动脑卒中防治工作，多次获国家卫计委表彰。筛查脑卒中4221例，溶栓78例，结合心血管病防治开展区域培训7场，完成国家卫计委的要求。推动社区筛查和防治工作，社区全年宣教2100余人，发放预防中风宣传资料3050余份，申报并参与国家级“脑卒中高危人群筛查和干预科研项目”2项。医学影像中心分为5个亚专业组（神经头颈组、胸部组、腹部组、骨肌组、造影组），是中国利于专业发展的影像分组方法。聘请原北大一院的唐光健教授为首席专家，年内院外会诊341例。消化内科、胸外科、呼吸内科、儿科、肾内科等学科，在医疗管理、医疗质量、疾病救治等方面，均有发展。（三医院）

【“扁鹊飞救”系统运行】 2016年“扁鹊飞救”系统运行，由大同市第三人民医院牵头的大同市胸痛中心成立，该中心拥有全市心脑血管疾病救治公共数据平台，首期与12家网点医院及120签署合作协议书共同救治胸痛患者。中心以网络和数据平台为基础，建立起全市区域内有效的心血管急症质控体系，并利用移动互联网开展到家庭的全民健康知识普及，在全市范围内开展心血管疾病早期筛查。研究大数据时代心血管疾病的公共卫生，为大同市政府今后在公共卫生领域的决策提供依据。年内，胸痛中心完成急性心肌梗死的急诊冠状动脉介入（PCI）手术246例。（三医院）

【医疗联合体建设】 2016年，大同市第三人民医院推进医疗联合体建设，成立以三医院为核心医院的大同市远程医学中心。项目总投资450万元，为晋、冀、蒙三省30家医联体单位免费安装远程终端设备。中心自2016年6月29日启动以来为基层医院远程会诊200余例，远程教育10余次。2016年8月17日，该中心被山西省各大媒体采访报道。12月9日，三医院马洪山院长应邀出席在北京召开的“心医国际分级诊疗高峰论坛”，在会上介绍经验，被作为典型案例向全国推广。远程中心走到全省前列，为区域内分级诊疗提供技术保障，畅通基于病种管理的双向转诊渠道。

（三医院）

【服务流程】 2016年，大同市第三人民医院门诊执行首诊医师负责制，实行弹性工作制。开通手机软件、微信、短信等平台预约挂号、支付，预约挂号率提高到33%。微信公众号关注人数3.5万余人次，微信支付结算资金200万余元。院前急救并入急诊科统一管理，达到院前急救与院内急救的无缝连接，实现救治流程一体化。急诊排班以小组为单位，发挥小组团队作战优势。护理服务推行“主动服务”、继续倡导“患者至上”的服务宗旨，引导护理人员主动与患者沟通，通过为患者提供“十项服务”，打造亲民、爱民、为民的“三医护理服务品牌”。设置护理岗位，建立护士岗位责任制。提高护士薪酬待遇，建立科学的护士绩效考核和薪酬分配制度，体现多劳多得，优劳优酬。护理质量安全委员会成立7个护理专业小组，通过业务查房、应急预案演练、护理会诊等多种举措提升护士的综合技术能力。举办首届护理品管圈汇报会，开展的7个品管圈结题率100%，提升护理质量。加快信息化建设，促进“互联网+”技术应用。上年初上线部署的25台柯丽尔网络自助打印机，成为三医院信息化建设的新亮点。自助打印系统通过网络可打印多种报告单，解决人工打印、排队打印耗时耗力问题。数字化手术室建设一、二期，投入到日常手术操作中，三期建设的同时开发病理协同模块。投入使用的手术室均安装数字化手术系统，全年举办手术直播10余次。建立二医院官方网站 dtssyy.com，搭建网络交流平台。对出院患者实行100%回访，回访36516人次，回访率97%。医院重视每一位出院患者提出的宝贵意见和建议，针对患者反映出的工作中的薄弱环节，找出存在问题，分析根本原因，制定对策，督促落实，让患者满意。全年收到表扬信386封，锦旗419面，拒收674人次39.44元。

（三医院）

【人才建设】 2016年，大同市第三人民医院多渠道、高层次引进、培养专业人才。全年引进国家级高端人才12名，成为三医院外聘首席专家。在人才选拔上，坚持公平、公正、公开的原则，优先选拔年轻有为的干部。在专业技术人才培养上，选派人员外出进修交流，全年派出各级各类医务人员外出学习进修及专项培训372人次。派出神经内科、影像科和口腔科4人到美国匹兹堡医学中心、意大利萨萨里大学和荷兰凯瑟琳医院研修学习；7月，马洪山院长参加"中国卫生管理干部赴哈佛大学研修项目"，把国际先进管理理念带回医院。加大继续教育投入，全年继续教育投资673767元，参加976人次，达标率96.9%。申报国家级继续教育项目4项，省级继续教育项目2项，承办国家及省市级各类学术会议33次。组建教研室，利用临床资源，把握规培契机，以带教老师一对一指导、教学查房观摩、专题讲座、疑难病例讨论等多种形式培训学生，多次选派教师走出去学习先进教学和规培经验，并督导教师进行理论与临床实践的结合，促进临床医生整体能力的提升和强化。

（三医院）

【教研水平提升】 2016年，大同市第三人民医院获省级科研立项4项，市级科研立项8项，申报市科研项目13项。发表学术论文57篇，其中国家级医学学术期刊16篇；统计源期刊11篇。16个学科被评为大同市医学重点学科（心胸外科、血液科、病理科、皮肤科、消化内科、普外科、烧伤整形科、口腔科、重症医学科、妇产科、神经外科、心血管内科、神经内科、泌尿外科、医学影像科、护理学）。心血管内科、普通外科被评为申报省级临床重点专科。住院医师规范化培训模拟教学培训中心投入使用，为全省首家符合美国心脏协学（AHA）认定标准的急救技能培训中心。基地全年举办公共教学讲座55次，临床技能培训36次，并派出95名带教老师到北京协和医院、上海瑞金医院、湘雅医院、山东大学齐鲁医院参加培训学习17次。在山西省医学会组织的评估检查中受到专家肯定。

（三医院）

【三医院外援服务】 2016年，大同市第三人民医院派出3名医护人员到阳高县人民医院实行精准扶贫。派遣34位医护人员到5个贫困乡为642名贫困患者健康体检，发放药品1200盒，宣传资料2000余份。医院投资7.6万元为阳高县王官屯镇芦窑村修建村卫生室，配备基本医疗设施，减轻村民看病难的问题。重症加强护理病房（ICU）、骨科和超声科的3名医师援疆，派遣普外科和口腔科的两位医师到喀麦隆援非。通过光纤专线连接完成三医院—新荣区人民医院电子病历系统的建设，成为全省首家把医院信息系统的核心内容实现"中心集成、终端外延"的信息化建设模式。建立"一患双管"信息平台，促进双向转诊和分级诊疗工作开展。坚持公益性，在"微笑列车"项目中，免费给10例先天性唇腭裂患儿实施手术。开展公益讲座18场，志愿者服务活动12场，开出健康教育处方1万余张，发放健康宣传资料1万余份。利用休息时间在病区及门诊大厅进行志愿者服务3231人次，9097小时。胸外科和普外四病区在门诊进行乳腺疾病免费筛查867人次。

（三医院）

【急救知识普及】 2016年8月6日，大同市三医院组织医务人员在文瀛湖景区通过现场模拟演示给景区游客普及急救知识，传授急救技巧，提高市民自救互救能力。

公益活动中，市三院医务人员向市民介绍如何正确拨打120急救电话，讲解急诊急救知识，演示演练溺水抢救、心肺复苏、紧急施救等急救处理方法，现场解答市民提出问题。市三医院组织心内科、呼吸科、神经外科等科室专家开展义诊活动。义诊项目有B超、心电图、量血压、测血糖、提供健康咨询等。医护人员针对夏季应预防的疾病，向群众宣教健康知识。

（小　霞）

【在省医院品管圈大赛中获奖】 2016年9月，山西省第二届医院品管圈华仁杯大赛在太原举行，大同市第三人民医院获这次大赛先进集体奖，由三医院选送的参赛作品泌尿外科的"U"护圈获大赛三等奖。

在现代医院管理中，品管圈是改进医疗质量、保障医疗安全的重要手段，市三医院"U"护圈由泌尿外科护理人员针对科室临床护理工作实际设定，旨在持续改进入院宣教质量，降低入院宣教缺失率。通过临床实际应用，"U"护圈使入院宣教的缺失率由21%降低至12.25%。（小　霞）

【国际慢粒白血病患者健康日活动】 2016年9月22日，国际慢粒白血病患者健康日，来自大同市及周边县（区）的慢粒患者在市三医院血液科听取医疗讲座，交流治病心得。

市三医院血液科主任冯雅青为与会者讲述"慢粒患者未达治疗目标和治疗不耐受及其治疗失败怎么办"课程，总结三医院慢粒白血病患者的疗效；副主任医师张利东讲述"慢粒患者分子学监测的重要性"。（小　霞）

大同市第四人民医院

【概述】 2016年，大同市第四人民医院（简称"四医院"）门诊病人110127人次，同比增加25912人次，挂号99870人次；出院病人7643人次，同比增加0.34%；甲级病案率99.73%；治愈率23.85%；抢救成功率86.08%；手术426台，同比增加28台；急诊病人7720人次，同比增加2815人次；临时输液4284人次，同比减少794人次；体检人次11245，职工813；预防接种10182人次（一类），42人次（二类），发表科研论文31篇，国家级2篇，省级29篇；外派学习4人。2016年，四医院有编制422人，在职职工296人，空编126人；聘用职工

340人；返聘专家15人。按照床位编制350张，实际开放床位430。

（四医院）

【“分级诊疗”模式】 2016年，大同市第四人民医院部署分级诊疗等医改工作，制定分级诊疗工作实施方案，以慢性病、传染病分级诊疗为突破口，完善运行机制和激励机制，引导优质资源下沉，探索建立医疗联合体建设及分级诊疗工作，形成以慢性病、传染病基层首诊、双向转诊、上下联动的分级诊疗模式。

四医院就医疗联合体建设、推进优质资源下沉展开部署。于2016年3月17日召开分级诊疗工作推进会，成立医院分级诊疗领导组，通过发放资料、展板等形式宣传分级诊疗等工作。和大同市城区向阳里社区卫生服务中心建立医疗联合体。不定期组织专家到向阳里社区卫生服务中心，开展健康教育大讲堂活动，讲授、传播健康知识，提高人民群众的健康意识，掌握实用的健康生活常识和专科防病知识，全年安排讲课5次。

与柳港园社区卫生服务中心、北关社区卫生服务中心、开源街社区卫生服务中心、新建南路社区卫生服务中心、向阳里工农路社区卫生服务站、向阳里源茂街社区卫生服务站，及南街福兴园社区卫生服务站等7家医疗机构签订医疗联合体协议。协议中四医院承诺：定期组织管理人员到社区，帮助建立健全各项规章制度；每季度组织相关人员到帮扶社区举办医院管理、常见传染病防治等知识讲座；举办管理或专业知识学习时，安排社区相关人员参加；根据社区需要免费接受社区医、护、技等人员进修。

与大同市7县2区签订双向转诊协议，建立服务承诺和转诊绿色通道，优先接受基层医院上转患者，对上转患者实行临床路径管理、合理用药监督，减轻患者负担。考核管理未按规定程序下转患者的医师。

初步建立与县级医院及医疗联合体医院之间的协作，提高转诊传染病及疑难病患者的救治成功率。

制定疾病诊疗目录并通过电子屏公开展示。制定《大同市第四人民医院检验检查结果互认工作实施方案》，利用卫生资源，降低患者就医费用，简化患者就医环节，改善医疗服务。实现城市医师在晋升中级职称或副高职称前到基层累计服务一年、在晋升主任医师前到基层医院服务6个月的晋升机制。制定普通药品和基本药品的采购目录，具体到通用名、剂型和规格；成立议价采购药品小组，开展相关工作。

（四医院）

【医疗质量管理】 2016年，大同市第四人民医院完善各项医疗质量管理制度、流程，根据等级医院评审要求结合医院工作实际，加强制度实施、考核及改进措施，加强医疗质量检查，落实检查考核与改进核心制度。制定医疗质量管理体系：完善流程、制度、标准。强化终末质控，考核病历1426份，达到甲级病历≥90%，无丙级病历出现，病历质量较前提高，病案7日内回收率接近90%。电子临床路径管理运行：2016年全院运行36种疾病的电子临床路径系统，入径率控制在65%～80.6%之间，完成率从上年的66.77%上升到70.5%。强化抗菌药物的管理：抗菌药物的使用率和使用强度全年均达目标值。重点加强危急值质控，不定期专项督导危机值，在原来危急值100%无漏登的基础上，强化医生接获临床危急值后的处置，要求在病程记录中体现处理过程。强化会诊工作，派相关科室医师3次到二医院、三医院、五医院外出会诊，组织全院大会诊18次，请外院会诊13次。医务科质控会诊的“及时性”，规范会诊流程。把输血质量管理列为质量管理的重点工作之一，执行输血适应症的管理规定，尤其是血浆的输血适应症，全年各成分血用量：去白细胞悬浮红细胞815 U，新鲜冰冻血浆225666毫升，冰冻血浆43696毫升，单采血小板7个治疗量，冷沉淀10 U。每季度检查输血病例，全年检查病例121份，抽查率53.3%，进行6次全院临床用血专项质控分析报告，并在医院工作简报公示，整改输血存在的问题，确保临床用血安全。针对存在的问题对全院医务人员进行输血全过程（包括输血前、输血中、输血后）培训，外请专家专项培训临床用血，做到科学、合理、规范用血。建立健全科学的考评考核机制：修订医疗质量与安全考核办法，每月严格按照考核标准对各科给予考核，把考核结果与科室绩效工资挂钩，把考核的具体内容反馈到临床及医技科室，使医院的管理更加科学化、规范化。（四医院）

【新技术新项目开展】 2016年，大同市第四人民医院开展的技术项目肝肿瘤射频消融术和超声引导下肝脏肿瘤的射频消融治疗；超声引导下脓肿穿刺抽吸和置管引流；超声引导下经皮经肝胆管置管引流（PTBD）；超声引导下胆囊造口术；超声引导下肾盂造瘘术；超声引导下肝、肾囊肿穿刺诊断及硬化治疗；超声引导下心包穿刺和置管引流；超声引导下肝血管瘤的硬化治疗；超声引导下乳腺肿块的术前定位。医务科组织技术伦理委员会讨论并准入、授权的技术、项目。

（四医院）

【医务人员在职培训】 2016年，大同市第四人民医院在职工继续教育方面，对新进医师、医技人员进行病历书写、医疗核心制度、医疗法律法规、医学基础知识等方面的岗前培训，并考核，10位住院医师根据医务科安排，轮转科室。对全院住院医师进行12次专题讲座，讲座内容内容涉及医疗纠纷典型案例分析、管理工具的使用、医院感染诊断标准和潜伏期、临床用血、关于医疗不良事件、药物性肝损伤、脂肪肝及肝硬化的中西医结合治疗、肝脏良性病变及恶性病变解析、分子生物诊断与临床应用、临床药物合理使用等培训。邀请院外的讲师，参加人员为全市的卫生技术人员2013人次。安排26个内容的院内培训，内容涉及法律法规、传染病防治知识、输血管理知识、医疗风险防范、药物的规范使用等的培训，参加人员为四医院医师、医技、护理人员，约6521人次。2016年9月，举办大同市医学会肝病专业委员会学术会议和大同市医学会结核病专业委员会学术会议，2016年5月8日，组织召开大同市第二届临床麻醉视频会议，主题是困难气道管理，11月主持召开大同市结核病标准化操作诊断治疗培训班，12月21日举办2016年合理用药培训班，参加学术会议人员是来自全市市属医院和基层医疗机构医护人员，有

750余人。（四医院）

【“平安医院”建设】 2016年，大同市第四人民医院成立以院长为组长、分管院长为副组长，12个职能科主任为成员的创建活动领导组。制定出台《大同市第四人民医院创建平安医院活动实施方案》。重新编印医院2009年编印的《大同市第四人民医院职工手册》，内容涉及《平安医院创建活动的九项规定》《加强医院治安管理的暂行规定》《医务人员职业行为守则》《山西医疗卫生行业廉洁从业若干规定》《大同市四医院文化建设手册》等。强化优质服务，构建和谐医患关系。开展提高医疗质量，和优质护理活动，优质护理服务覆盖率100%。抓医疗质量，促进医疗安全，减少医疗纠纷，杜绝医疗事故，维护医患双方的合法权益。预约诊疗，通过电话、短信、诊间、现场四种方式预约挂号服务，方便患者就医咨询，减少候诊时间。在医院治安保卫、消防工作方面，每月检查全院消防设施，对消防监控人员培训上岗，全部获省颁发的上岗证书，与各科负责人签订治安消防安全责任书。加强治安保卫工作，从健全制度，队伍建设，人员培训、责任落实，设备装备上狠下功夫，确保医院安保工作看得见、摸得着、用得上。组织安全检查12次，查出隐患16处，予以整改。修订全新灭火、疏散预案，组织全院职工防火演练2次，重点科室演练3次。加强消防控制室的管理，每月至少2次内部报警演练，让操控人员熟悉业务，检测消防预警系统工作状况，防止意外发生。各科室签订《安全生产管理责任书》，加强对各科室的消防安全管理。做好消防宣教工作，每年组织全院干部职工进行安全生产知识培训。（四医院）

【随访满意度调查】 2016年，大同市第四人民医院出院患者总数6834人，随访人数6834人，随访率100%，其中信件随访125人、电话随访1812人、短信随访4897人，全年出院患者满意度97.46%。其中每月满意度分别为：1月97.30%、2月97.88%、3月96.87%、4月97.89%、5月97.89%、6月98.70%、7月97.40%、8月98.17%、9月97.25%、10月96.03%、11月96.11%、12月98.31%。（四医院）

【关怀慢性病患者】 2016年，大同市第四人民医院通过回访慢性病患者，了解他们的病情和他们对医院的建议、意见。2016年，四医院慢性病出院患者6893人。其中，慢性病患者3944人，进入管理2053人，随访率52.05 %；普通病患者1928人，进入管理1171人，随访率60.74 %；特定病患者778人，进入管理：632人，随访率81.23%；单病种患者243人，进入管理：201人，随访率82.72%。（四医院）

【应急管理】 2016年，大同市第四人民医院成立由院长任领导组组长，分管院长分工合作，负责突发公共卫生事件应急处置的日常管理和综合协调工作。成立两支由医护人员组成的应急医疗救治队伍，为每个队员建立人员档案，负责突发公共卫生事件的应急处置工作。编制各专项事件应急预案，预案分工明确、责任到人，互相协调，确保突发公共卫生事件能得到处置。建立突发公共卫生事件联动机制，与大同市应急办、市卫生计生委、110系统、消防、出入境检验检疫局等部门建立联动机制，对于通报的异常情况，组织相关人员进行医疗救治。注重应急救援队伍的日常训练，组织开展卫生应急演练活动，提高队伍综合素质和处置突发公共卫生事件的应急救援能力。在急救车配备相应的必须应急设备之外，专门建立应急物资储备库，医疗药械类、后勤保障类、膳食类、保卫类4大方面进行准备，物资储备丰富，调取方便，保证发生突发公共卫生事件时的物资供应。

2016年5月11日，与大同市检验检疫局对一例“疑似输入型发热待排”患者进行演练。5月11日接大同市检验检疫局通知后，应急办启动应急预案，启动十七病区的负压病房及应急救治医疗组，给予患者单间病房隔离，抗感染、对症及支持治疗，同时标本送检至大同市疾控中心。每日将患者病情以书面形式上传至大同市卫生计生委。

2016年10月15日，大同县发现87例水痘患者，四医院作为救治水痘定点医院，即刻启动应急预案，应急各小组做好应急准备，十六病区做接诊水痘患者的应急准备，十七病区作为水痘重症救治病区。门、急诊做预检分诊。在做平时传染病救治的同时，做水痘救治工作。

2016年1月至11月，应急演练6次，分别针对“不明原因发热患者演练”“急诊科急诊抢救患者演练”“抢救会诊应急演练”“紧急抢救患者各

▲2016年9月30日，大同市四医院党员举行议诊活动（四医院 供图）

学科的协调应急处置能力演练”参加人员 78 人次，锻炼应急队伍，提高应急协调救治能力。（四医院）

【结核病防治宣传义诊活动】 2016 年 3 月 24 日是第 21 个“世界防治结核病日”。当天市四医院、城区向阳里社区卫生服务中心组织 16 名结核病专家及医务人员，到柳港园 B 区举行防治结核病日宣传义诊活动。

2016 年防治结核病日活动的主题是“社会共同努力，消除结核危害”。宣传义诊活动中，医务人员通过摆放展板和发放宣传单的形式，向居民们普及结核病防治知识，纠正患者的错误治疗观念。四医院结核病专家介绍说，得结核病并不可怕，应及时到正规医院接受科学检查、规范治疗。当天接受义诊人数 200 余人，散发防治结核病的相关宣传资料 1000 余份。

（茗　泉）

大同市第五人民医院

【概述】 2016 年，大同市第五人民医院（简称“五医院”）门诊 614824 人次（其中急诊 26468 人次，收住院 5551 人次，抢救 3921 人次），日平均 2449 人次，比上年同期对比率 5.56%；住院 39244 人次，比上年同期对比率 2.26%；病床利用率 87.37%，病床周转率 25.78 次，病人平均住院日 11.86 天，治愈好转率 97.08%。门诊与住院诊断符合率 99.65%，住院与出院诊断符合率 99.66 %。门诊手术 13632 例。住院手术与操作例数 15938 人次，比上年同期对比率 18.68%。手术前后诊断符合率 99.48%，无菌手术甲期愈合率 99.23%。危重病人抢救成功率 89.91%。急诊抢救成功率 87.43%。放射检查 54447 项次，日平均 227 项次；检验检查 65 万项次，比上年增加 17.5%；彩超检查 122120 例，比上年增加 3.695%；心电图检查 55479 项次；加大合理用药检查，促进合理用药。大多数科室的药品比例均控制在要求的比例以下，全院平均比例下降到 38% 以下。开展临床路径疾病专业 20 个，开展临床路径病种数 70 个，相关病种入院病例总数 1104 个，进入路径病例总数 916 个，入径率 15.07%，入组率 82.97%，入组率 73.47%。

2016 年，大同市第五人民医院获“山西省文明单位”“山西省医院后勤建设管理先进单位”“全国百姓放心示范医院”“节约型公共示范单位”“全国微生物监控哨点医院”、第二届山西省品管圈华仁杯大赛先进集体等称号，获省级科研项目 1 项、厅级科研项目 1 项、市级科研项目 10 项，位居大同市医疗单位之首。（五医院）

【医疗质量管理】 2016 年，大同市第五人民医院根据三甲评审细则要求，对医疗质量与安全委员会，病案质量管理委员会，伦理委员会等进行人员调整；医务科根据三甲评审细则，加强督导考核临床科室，制定考核进度表和重点考核项目，逐条监管落实情况，4 轮整体监管和多次日常不定期追踪整改检验科、放射科、药剂科等 15 个医技科室。建立三甲评审医务联络员制度，做到上传下达和科室跟进落实。《医疗质量与安全管理记录本》，督促科室人员自觉进行内部质控活动，并记录整改。

执行《医疗质量管理办法》“十八项核心制度”。医务科组织全院学习 2016 年 7 月 26 日国家卫计委通过的《医疗质量管理办法》。医院根据制度修订医技科室“危急值”报告范围，进行电子化质控，实现临床医师电脑客户端危急值自动报警提示，进而保证医师对患者的及时有效的治疗；重点质控死亡、危重、输血、住院日超过 30 天超长、非计划二次手术等病历专项检查，结合危重、死亡、非计划二次手术病历讨论结果及超长病历阶段小结，提出应对处理措施；规范授权，再授权流程，出台《大同市第五人民医院关于处方 / 签字权再授予决定》（同五医字〔2016〕87 号）文件需考核通过后才授予处方权，且对权限实行督导和动态调整，通过考核授权 18 名执业医师；为严格毒麻药品、精神类药品的使用、做好抗菌药物处方权 / 调剂权的分级管理工作和手术分级管理工作，出台《大同市第五人民医院关于抗菌药物处方权和处方调剂权授予的决定》（同五医字〔2016〕88 号），根据职称给 718 名不同资质人员授予相应权限。

手术安全管理。医务科修订全院外科系统各专业手术分级目录，制定《急诊科直入手术室规定》；建立健全第三方合作单位、外聘专家审核体系，把其资质材料进行备案，邀请外院专家到五医院参与手术、会诊等重要诊疗活动 255 人次。

合理用药。加强抗菌药物合理使用的督导与管理医院组织全院学习《全省临床合理应用实施方案》、制定《临床科室临床合理使用考核细则》，与各个科室负责人签订《大同市第五人民医院临床合理用药管理责任状》，强调工作重点，确立工作硬指标。多管齐下，多措并举，2016 年，五医院平均药占比保持在 38% 以下。

运用多种管理新工具、科学化提升医疗质量。医务科启动品管圈实践，选取 2016 年度受到省疾控中心督导的食源性疾病监测工作为主题。通过品管圈活动，制定总体实施标准流程和适合五医院现状的门诊、急诊、病区工作流程，制定医务科、防保科的监管流程。把五医院特定病原体食源性疾病工作流程化、规范化、常态化。（五医院）

【医疗联合体建设】 2016 年，大同市第五人民医院作为医联体核心单位与 8 个县（区）的 54 个合作单位建立医疗联合体，呼吸科与中日医院签订《国家呼吸临床研究中心·中日医院呼吸专科医联体合作协议书》。医院制订《医疗联合体管理办法》《医疗联合体建设管理考核实施方案》《医联体派驻人员管理办法》，从人才、技术、管理上帮扶合作单位。在具体实施工作中，加强对医联体合作单位急诊科进行业务指导，开展联合急诊、急救工作；加强对医联体医技人员进行业务培训，每年免费安排基层医院人员进修和参加各种培训学习；加强医技人员到医联体合作单位服务的长效机制。执行医生晋升中高级职称前到基层服务满 1 年制度；注重提高医联体合作单位技术水平和科研能力；坚持联合体内的医院实行检验结果互认制度；向医联体合作单位提供必要的仪器、设备；在医院组建医学专家队伍，常年为联合体内的合作单位提供巡诊、会诊、接诊等服务。（五医院）

【专项帮扶】 2016年，大同市第五人民医院医联体开展“百县千医牵手帮扶”工作，各县（区）医院遴选的外转率靠前的5个常见疾病为：糖尿病、高血压病、慢性胃炎、胆囊结石伴胆囊炎及前列腺增生。针对这5种常见疾病，制定帮扶计划：由内分泌科牵头配合省卫计委开展的“基石行动”糖尿病防治、健康宣教、糖尿病饮食控制及规范药物治疗，给380人次的免费糖尿病筛查工作；泌尿外科选择灵丘县配合全国“走进前列县（腺）行”，进行专项帮扶，开展2次学术交流，手术演示，提高灵丘县医院前列腺增生的治疗水平；普外微创外科与各家县医院开展技术协作，帮助山阴县医院、怀仁县医院、阳高县医院、天镇县医院、大同县医院开展腹腔镜胆囊切除术，填补各县医院的技术空白；心内及消化专业，帮助天镇县医院、天镇县中医院、大同县医院针对高血压病及慢性胃炎发病率高、病人多的特点，不定时派专家到县医院坐诊，指导当地医务人员规范诊治高血压病和慢性胃炎。

年内，派遣20余个专业的71名专家分别到天镇县、大同县、广灵县、右玉县及山阴县医院义诊帮扶，接待门诊病人48208人次，住院病人3649人次，参与骨科、普外科、产科等手术50余台；对口帮扶北关社区、北街社区、南关社区、东街社区、敬老院以及大同县医院、左云县人民医院、天镇县人民医院、天镇县中医院护理工作。派出护理管理者及护理骨干12人次进行现场指导8次和专题讲座3次；结合在职党员进社区活动，到全市20余个社区、广场、养老院、乡镇街头，给群众免费诊治1万余人次，发放卫生保健科普宣传资料1.5万份，多次组织医务人员送医下乡义诊服务，参加义诊医务人员250余人次。

（五医院）

【医疗护理服务】 2016年，大同市第五人民医院在全院全面开展优质护理服务工作，包括门急诊、手术室等，优质护理覆盖率100%。实施护士岗位分层管理，根据护士工作能力、技术水平、工作年限、专业技术、职称和学历等结合医院实际，层级竞聘N0～N4级护士72人。其中N0晋级N1的护士3人，N1晋级N2的护士41人，N2晋级N3的护士10人，N3晋级N4的护士18人。全年培训全院护士37次，培训护理管理者49次，单独培训考核院内专科护士，保证合格率100%。落实分级护理制度，根据患者的病情及自理能力进行护理分级。细化分级护理标准、服务内涵和服务项目，并在临床病区公示，接受患者和社会的监督；改变排班模式，根据科室工作量、患者病情需要、技术难度等因素，兼顾护士的意愿实行弹性排班，老、中、青护士相结合，合理排班，采取两班倒12小时制、双夜班等排班模式；建立人力资源应急储备库，根据护理人力资源、工作量等，随时调配护理人员，加床或者危重症患者较多时，增加护士数量，年内调配护理人员58人次3738天，落实责任制整体护理，确保临床护理工作安全。护理部重点加强优质护理服务工作，并开展无陪护病房试点工作，举办危重症、专科护士、护理管理培训班，并派出培训学习，提高护理人员整体素质。加强临床护理，履行护士职责，落实责任制整体护理；加强护理质量管理，发挥护理质控组作用，每月定期进行护理质量督导，护士总值班进行非正常工作时间督导；加强护理信息化建设，完善个人数字助理（PDA）系统，临床护理管理系统，护理部管理系统，实现排班系统、护理病历、临床护理路径、护理质量信息化管理。对口帮扶社区、敬老院以及部分县级医院的护理工作，派出护理管理者及护理骨干现场指导和专题讲座，成立糖尿病专科小组，定期组织活动，开设网络视频课程、专题讲座，给患者提供专业服务；成立“无陪护病房”工作领导组并制定试点病区工作实施方案及无陪护相关制度、无陪护范围、条件、规章标准、排班模式、考核标准、岗位职责等，选择保健二病区、骨科四病区开展“无陪护病房”进行试点工作。（五医院）

【医疗科教】 2016年，大同市第五人民医院成立科学技术管理委员会，修订科研奖励等制度；获2016年度省级科研项目1项、厅级科研项目1项、市级科研项目10项，取得科研拨款31万元，位居大同市医疗单位之首。其中省级1项为青年人才基础研究计划、厅级1项为省市共建学科——泌尿外科项目，市级9项为社会发展攻关计划、1项为基础研究项目。组织全院申报2017年度省级科研项目3项、市级科研项目48项（其中重点研发项目45项、基础研究项目2项、软科学项目1项），是大同市医疗单位中申报项目最多的单位；职工发表专业学术论文130余篇。其中选中13篇文章参加“第十八届山西省优秀学术论文”的评选及8篇文章参加“大同市优秀科技论文”的评选，有7篇文章获大同市优秀论文奖，一等奖1篇、二等奖4篇、三等奖2篇。百千万人才培养工程选拔8名，高端领军人1名，精英骨干人才7名，名列大同市卫生系统前列。加强学科建设、学术活动和对外交流，确立3个省级重点学科，2个省市共建学科，14个市级重点专科，组织各种学术交流30场，其中国家、省级以上学术活动14项次、地区级8项次、市级8项次。与北京的协和、301、302医院、上海同济医院、交通大学附属胸科医院的8名专家签订长年合作协议，与奥地利维也纳大学签订战略协作协议，进行学术交流。开展各种腹腔镜微创手术，关节镜、3D腹腔镜、椎间孔镜微创手术，先天性心脏病介入封堵术，脑血管造影术等新技术，以及无痛胃镜、肠镜，无痛人流，以及全麻下无痛支气管镜检查等手术。

与山西大同大学签署山西大同大学非直属附属医院协议，举行双方战略协作签字授牌仪式。双方在教学、科研、文化等方面合作，由双方工作人员共同申报3项科研课题。组织10名学科带头人与大同大学医学院共同创办老年医学科研协同创新中心。221人取得大同大学认定的教师资质。2016年度申报获批、举办国家级继续医学教育项目2项、省级4项、市级17项，邀请国内多位专家给参会者授课。继续教育对象人数1492人，参加人数1415人，学分合格人数1291人，达标率87%，其中中级以上专业技术职务卫生技术人员获取学分达标率89%，初级专业技术职务卫生技术人员获取学分达标率86%，继续医学教育对象覆盖率 100%。接收、安排长治医学院、大同大学医学院及其他院校实习学生 77 人；安排大同大学医学院临床、中医专业的见习安排 150 名学生到相关科室进行为期 8 周的见习学习。接收各兄弟医院进修医师 8 人。接收 2 名县级骨干医师及 4 名县级、社区卫生院医师进修，分别按其各自的学习计划进行学习轮转安排。

（五医院）

【院感工作完善】 2016 年，大同市第五人民医院对于院内感染工作采用系统追踪和个案追踪相结合的方法逐项检查落实评审标准，重点专项检查消毒隔离，手卫生，感染病例监测，多重耐药菌感染管理，医院感染暴发演练，医疗废物管理等，印发反馈单，限期整改并评价追踪整改效果。组织多学科、多部门人员参与医院感染暴发演练，全年组织全院院感知识培训 7 次。医院院感办加强对全院环境卫生监测的工作，突出重点，查找薄弱环节，加大监测力度，指导与整改监测不合格科室，直至合格。全年做各种监测 962 份，其中空气采样 132 份，物表采样 158 份（不合格 2 份），医务人员手采样 110 份，消毒液采样 51 份，透析液采样 89 份（不合格 1 份），内镜采样 22 份，其他物品采样 21 份，灭菌器生物监测 379 次。全年监测手术患者 6991 例次，其中Ⅰ类切口手术 3273 例次，发生 4 例次医院感染，Ⅰ类手术切口感染率 0.12%；Ⅱ类切口手术 2455 例次，发生 3 例次医院感染，Ⅱ类手术切口感染率 0.12%；Ⅲ类切口手术 251 例，发生 5 例次医院感染，Ⅲ类手术切口感染率 1.99%。（五医院）

【医疗保险】 2016 年，大同市第五人民医院医保科接待住院患者 15800 人次，转外地就医 945 人次，医保报销费用（包括市、县区职工医保，居民医保、铁路医保等）7000 余万元。市医保中心预拨 2016 年 39 位血透病人费用 234 万元。在加强外转病人和门诊慢性病病人管理上，坚持外转病人按程序审批，限在北京、上海、太原、天津 4 个城市的三甲医院就医。需转上级医院掌握 14 种慢性病的审批标准，全年转外地就医 945 人次。凡在五医院办门诊慢性病的患者，医院有的药品，不允许在外边购买，避免处方外流。

（五医院）

【药品采购实行阳光招标】 2016 年，大同市第五人民医院执行药品采购供应管理制度与流程，有固定的供药渠道，由药学部门统一采购，采购规范，无违规采购，与供应商签订绿色供应协议，包括《药品供销协议书》《体外诊断试剂供销协议》《廉洁协议书》，招标药品执行山西省医疗机构药品集中招标采购的有关规定，除麻醉药品、精神药品、毒性药品等，把应招标的药品全部纳入集中招标采购，做到公开、公正、透明。药品采购金额在 98% 左右。采购目录符合“一品、两规格”的要求，优先采购使用基本药物及符合临床路径的药物和集中招标的中标药品。2016 年 1 月至 9 月基本药物采购金额 26.2%，体外诊断试剂实现 90% 以上网上阳光采购。成立院内议价采购小组，制定议价制度，做相关工作记录。五医院高值医用耗材全部执行网上阳光采购，网采率 99% 以上，执行山西省卫计委限价，于每月 5 日前把上月高值耗材的数据报到市卫计委。

（五医院）

【医疗防治】 2016 年，大同市第五人民医院开展免疫规划管理年活动，为 1823 名儿童接种疫苗 7218 剂次，各种疫苗接种率均达 95% 以上；为管辖的社区儿童建卡 620 份，建卡率 100%，系统管理率 100%。加强考核各项工作，环节质控和终末质控相结合，按照三级甲等医院标准，确保工作质量，通过网络直报的传染病 18 种，442 人；按时监测特定病原体食源性疾病，全年采集 100 份样本。（五医院）

【实施房颤射频消融术】 2016 年 3 月 17 日，大同市五医院给一名患者实施房颤射频消融术，这在全市尚属首例。

患者 55 岁，10 年前出现过无明显诱因的心悸现象，大约持续半小时后自行缓解，经诊断为阵发性心房颤动，之后未做诊治。2016 年 2 月，患者心悸现象频繁出现，持续时间增长，入住市五医院心内科二病区。该科主任刘世芳评估患者手术风险及术后效果，决定给其实施房颤射频消融术。3 月 17 日，刘世芳带领全科医护人员为患者实施房颤射频消融术，填补全市一项医疗技术空白。

房颤虽然是一种很常见的心律失常病症，但是随着年龄的增长，房颤发生率会不断增加，会出现心悸、眩晕、胸部不适、气短等症状，严重时会危及生命。房颤射频消融术是治疗房颤最有效的方法。（茗　泉）

【五医院授牌为大同大学附属医院】 2016 年 10 月 11 日，大同市五医院授牌为大同大学附属医院。大同市政协副主席杨硕平，大同大学校长冯锋参加授牌签字仪式。

市五医院授牌为“大同大学附属医院”，依托大同大学免疫学、神经病学等省重点学科及脑科、免疫学、呼吸病研究所等机构，在科研申报、技术项目攻关等方面展开合作，提高医院科研水平，提升科技创新能力。大同大学临床教师到市五医院开展临床医疗，壮大医院临床医师队伍，解决临床一线人员不足问题；大同大学学生在市五医院进行理论教学、课间见习及实习等教学活动，实现教学相长，提高医院临床医护人员的医、教、研水平，改善学校医学办学条件和水平。（晨　曦）

【市急救中心基地成立】 2016 年 11 月 7 日，大同市五医院与市 120 急救中心签订合作协议，共同成立急救中心基地。根据协议，双方在人员培养、技术共享、急救基地建设上开展合作。

市五医院按照相关政策，在院前急救中心的基础上，成立高危孕产妇救治、新生儿救治、创伤急救、脑卒中救治和胸痛 5 个急救中心。为提高医院急救调度服务能力，市五医院与市 120 急救中心经过多次协商，签订人才医疗技术合作协议。依托市 120 急救中心密集的人才、设备及指挥系统资源给医院院前急救工作发展注入活力，市 120 急救中心结合市五医院的发展优势、专业特点和团队建设共同开展急救中心基地建设，通过合作，促进医护人员面对突发公共卫生事件应急处置能力的提高，实现改进全市

急救救助工作、保障患者生命安全的长久目标。（晨　曦）

【支架植入术】 2016年11月8日，大同市五医院为一名重症头晕患者实施椎动脉＋锁骨下动脉支架植入术，标志着五医院步入全市脑血管病介入治疗先进行列。

患者是一名男性，58岁，患有高血压疾病，药物控制效果一直不太理想，经常感到头晕，有时视物模糊。2个月前病情加重，视物旋转，站立困难。入住市五医院神经科后，脑血管造影显示左椎次全闭。该科大夫为其实施椎动脉＋锁骨下动脉支架植入手术，术后患者头晕症状消失，视物清晰，双臂血压均正常。

该科进行脑血管造影约100例，筛选出适合手术患者10余例，进行支架植入术治疗均取得良好临床治疗效果。（晨　曦）

【开展“医联体”工作】 2016年11月29日，大同市五医院组织医务科、感染办、儿科、妇产科、风湿科、护理部等重点科室的10余名专家到左云县人民医院，开展特殊病情会诊、提供医疗和信息技术支持等一系列帮扶活动。

左云县人民医院是一家二级甲等综合医院，是市五医院医联体成员单位。从2013年12月至2016年12月，以市五医院为龙头组建的医联体成员单位发展到54家，为开展疾病分级诊疗工作，提高基层医院医疗能力和服务水平，缓解群众看病难、看病贵发挥作用。各县（区）、社区在疑难病的转入、定期交流意见、建立健康档案等方面配合医联体工作开展。

市五医院与医联体各成员单位医院合作，开展医联体工作，当地百姓不出家门就能享受到市级三甲医院专家的服务。在市五医院的帮扶下，大同县人民医院和天镇县人民医院分别创建重症监护病房（ICU）和血液透析中心，跻身二级甲等医院行列。（刘　江）

【血液学医师论坛】2016年12月23日，大同市五医院举办血液学医师论坛暨继续教育项目，大同市及周边地区各医疗单位的400余名相关人员参加论坛。

论坛邀请山西医科大学第二医院血液科主任杨林花教授、中国医学科学院血液病医院刘兵成教授、山西大医院淋巴瘤科主任张巧花教授等多位省内外血液界专家讲学。围绕血液系统常见、多发疾病及疑难病例，以病例分享为主线，选择血液系统各类病例讨论分析，配合点评、讨论，专题研讨血液学领域的最新研究热点和进展问题，探讨治疗方案，学习诊疗新知，更新、拓展全市血液学专业人员的知识，提高其整体工作和业务能力。（刘　江）

大同市第六人民医院

【概述】 2016年，大同市第六人民医院（简称“六医院”）门诊人数35447人次，住院人数1703人次，床位使用率94.22％。全年医保农合住院人数753人次，住院费用748.33万元，补偿额452万元，住院天数54424天；慢性病的人数981人次，门诊费用15.60万元，补偿额内费用124.70万元，补偿额89.24万元。补偿额533.70万元。住院参合患者直接领到补偿率100％。接收民政患者17人，增加荣军患者2名；收治“110”和市救助管理站送来精神病患者38人，给城区、矿区168名低保患者办理医疗救助代金券，给城区低保患者113人次、矿区70人次、南郊区60人次办理“一站式”医疗救助。年内，大同市第六人民医院党委被中共大同市直属机关工作委员会评为“先进基层党组织”。（六医院）

【医疗管理组织建立】 2016年，大同市第六人民医院成立医疗质量管理委员会、医学伦理委员会，落实医疗质量管理与监督责任制。每周院长行政大查房，加强行政管理、医疗质量管理的检查与监督，发现医疗过程中存在的问题及隐患，提出整改意见，起到全程监督，管理医疗质量与安全作用。10月，成立领导小组、办公室并制定行动方案，实行风建设“九不准”规定，以规范医疗服务行为、减轻患者医疗负担为目标，从群众最期盼的事做起，从群众最不满意的地方抓起，通过严格自律、约束、监督、查处，遏制医疗卫生行业不正之风。（六医院）

【项目治疗】 2016年，大同市第六人民医院秉持“大医精诚 生命平等”服务理念，改进治疗手段，药物治疗与心理治疗相结合，还有康复治疗，多参数监测无抽搐（MECT）治疗，经颅磁刺激治疗等治疗手段，患者的好转率和治疗满意度提高。经颅磁刺、MECT这两项技术的运用，为患有重度抑郁、自罪、自杀倾向，及躁狂、拒食等精神病患者提供治疗方法。（六医院）

【人才队伍建设】 2016年，大同

▲2016年3月20日，市六医院举行世界睡眠日宣传活动（六医院 供图）

市第六人民医院组织全院医师观看“医学生临床技能操作指南”“医师实践技能应试指导”等操作技能视频；选配13名医生到河北省保定市精神病医院参加精神病理学培训；带教培训新招护理人员35人次；3名护理骨干参加山西省、河北省及中华护理学会举办的精神专科护士培训班；组织参加《中药不良反应培训》《山西省精神护理管理培训》《应用血液净化救治各种急性重度中毒患者培训》等管理类综合急危重症治疗护理类培训；164人次和53人次分别参加精神科暴力管理技巧与技能培训、应急预案专项培训，通过采取多种形式强化人才培养，提升职工队伍整体素质，医护质量提高。（六医院）

【公共卫生建设】 2016年，大同市第六人民医院为落实全市严重精神障碍信息管理工作，提高严重精神障碍信息系统各级用户信息数据收集与录入质量，培训大同市四区7县各乡镇及社区卫生服务中心（站）负责严重精神障碍信息管理系统的用户及村医1154人；推进686项目，病例筛查与诊断1449例，居家基本药物维持治疗266例，家属护理教育1334例，项目管理技术指导755例，项目质控502例。为左云县、广灵县、浑源县、矿区贫困精神病患者服药补助245例；为灵丘县、城区贫困精神病患者住院补助42例。（六医院）

【义诊宣传活动】 2016年，大同市第六人民医院在全国科普日、世界精神卫生日分别义诊宣传；面向社会做“高考家长心理辅导”“抑郁症的防与治”“心身医院基础”精神科普知识讲座；为市武警支队进行出国战士心理测评；到大同市下寨强制戒毒所和医院扶贫联系点浑源县官儿乡官儿村开展义诊宣传活动，为下寨强制戒毒所戒毒学员进行心理讲座和心理辅导，捐赠价值1000余元药品；在扶贫点为村里老人们进行血压、血糖、心电图等项目健康检查，讲解有关精神卫生预防知识和高血压、冠心病、糖尿病及常见骨病等疾病的预防、治疗和用药知识，赠送价值5000元药品。（六医院）

大同市中医医院

【概述】 2016年，大同市中医医院总诊疗92984人次，其中门诊（含急诊、药维）接诊患者70795人，住院1326人，健康体检、职业病体检等20653人，药维门诊210余人入住服用美沙酮，业务总收入2318万元。组织国家级义诊1次，省、市级义诊6次，到社区服务3次。

存在问题 后续建设资金不到位；人员扩编未落实，人才招聘效果不及预期；原有债务没有解决方案；消防工作存在隐患；医院管理制度仍有欠缺、制度执行不到位、绩效考核指标单一。（中医院）

【儿科】 2016年，大同市中医医院儿科有高级技术职称1名，中级1名，初级2名。其中硕士研究生1名，科室人员结构合理。中医院儿科应用中医中药并重视应用中医传统特色诊疗技术，治疗儿科常见病、多发病和疑难病，重点关注单纯西医治疗效果不佳且毒副作用大的病种。如小儿过敏性紫癜，过敏性鼻炎，感冒后期咳嗽，小儿泄泻，小儿腹痛，小儿厌食，扁桃体肥大等进行中药治疗。其中根据大同市周边地区小儿过敏性紫癜发病率高，单纯西药治疗难度大，复发率高的特点，采用温氏3d中西结合分期治疗的方法。该诊疗方法发挥中医药扶正固本，提高机体免疫能力的作用，能使患儿在治疗中缩短治疗时间，提高对该病的治愈率，降低并发紫癜性肾病的机率。（中医院）

【康复中心】 大同市中医医院康复中心，是山西省首个引入首都医疗优质资源，首个引入先进国际化康复技术与设备的专业康复机构，是英智康复集团在山西首个科室托管类合作项目；英智康复近10年在康复领域的运营经验与康复技术特色带到山西。通过引进瑞典先进的康复理念和模式在大同市中医医院建立专业的康复机构，应用中西结合的创新理念，为客户提供个性化、连续性的康复治疗和护理服务。包括运动治疗室、作业治疗室、语言治疗室、理疗室、中医治疗室、药房；内设老年康复护理、神经康复、骨科康复、神经修复康复、中医针灸等。提供无障碍通道、无障碍洗手间、个人助行器和扶手，24小时呼叫监护系统。英智康复致力于提高患者康复效果，提高生命质量，使患者最大化恢复机体功能。（中医院）

【小儿推拿科】 2016年，大同市中医院小儿推拿使用面积约500平方米，分医师办公区、小儿推拿治疗区、婴幼儿娱乐区、候诊区等4大区域。小儿推拿以中医理论和临床实践为指导，手法作用于小儿体表的特定部位，有扶正祛邪，调整脏腑功能，增强机体抗病能力，达到防病治病的目的。其适应症广泛，涉及小儿内、外、五官、神经等科疾病的治疗与预防。（中医院）

【“治未病中心”运行情况】 2016年5月19日，大同市中医院“治未病中心”开诊。治未病中心主要开展中医健康咨询、中医体质辨识、中医健康干预及中医健康宣传。中医特色疗法主要有针灸、刮痧、火罐、按摩、理疗、足底反射、中医经络检测、经络调摄、恒温电热针治疗、腿浴治疗、子午流注低频治疗、生物陶瓷热疗、亚健康综合调理、天然小分子芳香体疗、募疗调息等。开诊以来，应用中药饮片、中医针灸、推拿、刮痧、贴敷、小儿捏脊、音乐氧疗及饮食起居指导等传统中医适宜技术和非药物疗法开展中医药预防保健服务。治未病中心拥有大批专家，定期聘请山西中医学院专家在人员培训方面，加强中医适宜技术项目、治未病理论及实践。在科室学习培训的基础上，聘请山西中医学院专家对治未病进行基础理论和实践培训提高，培训24学时。在到基层开展中医药预防保健服务方面，发挥中医院医疗技术和指导中心功能，开展中医体质辨识评估服务，对广大群众进行中医体质辨识和健康状况评估，为个体进行自我保健和适当的健康干预提供依据。到城区开元社区、干疗院、浑源县授课咨询，受众人数500余人次。治未病中心是中医院的重点科室，是大同市中医药预防保健的督导项目。（中医院）

【设备采购】 2016年，大同市中医院购置1.5T核磁、C型臂等，投入使用，10万元以上设备采购总值约130万元，其中内镜中心的氩气刀（35.5万元）、骨科的无线C臂（47.5万元）、脑科的经颅多普勒诊断系统（20万元）、康复科的全自动智能蜡疗系统（14万元）、耳鼻喉科的中耳功能分析仪（13万元）等验收安装。64排飞利浦CT中标（796万元），支付80%预付款后提货；2013年市政府安排的4000万元医疗设备专项资金83%完成配置。2016年度政采招标设备总值207万元，挂网未招标的设备总值563万元，专项资金结余710万元，用于2017年部分补充设备采购。在设备采购工作中，中医院多次组织市级专家、省级专家、国家级专家召开评审会，所有设备采购计划均按照三级医院的配置标准由医院各科室提出配置计划，经过各级专家论证，逐级审批，审批后按照国家相关政策进行国际招标采购和政采中心采购。从投入使用设备的综合情况来看，达到同级别同档次同功能同参数设备最低价中标的初衷，资金利用率实现最大化。

（中医院）

【临床科室建设】 2016年，大同市中医院加大新学科、新技术的开发和对外合作力度。4月经院务工作会讨论，确定中医院小儿推拿专业开展。该项目通过刺激穴位，起到调整经络气血、阴阳平衡的作用。正气存内，则邪不可干，也就是抵抗力增强，得病的机会相应减少。从而保证小儿气血充盈，饮食不偏，食欲旺盛、发育正常等，对发热、感冒、咳嗽、哮喘、滞颐（流口水）、腹痛、腹泻、便秘、厌食、疳积（营养不良）、夜啼、遗尿、近视、小儿肌性斜颈等多种小儿常见病有良好的治疗作用。与北京英智康复医院合作的康复中心业务开展及患者反馈均超出预期，为满足更多患者的住院需求，年中扩展为2个病区，设置床位80张。

大同市中医院内镜中心引进国产OMOM胶囊内镜。胶囊内镜具有检查方便、无创伤、无导线、无痛苦、无交叉感染、不影响患者的工作等优点，扩展消化道检查的视野，克服传统的插入式内镜的缺点，可作为消化道疾病尤其是小肠疾病诊断的首选方法，被医学界称为21世纪内镜发展的革命与方向。不需任何麻醉，患者服下一粒小“胶囊”，就能代替胃镜检查，可检查胃部、大肠、小肠，清晰地拍到七八万张人体胃肠道病变情况的照片，避免传统胃镜检查的生理痛苦；检查结果更加精细精确，简便易操作；胶囊在体内检查时，可照常工作学习；胶囊胃镜可检查到以前根本检查不到的近7米长的小肠内壁情况；胶囊胃镜为一次性医疗用品，安全卫生。

（中医院）

【义诊活动】 2016年8月6日至7日，山西省中医院大同医院举行为期2天义诊活动，北京消化病专家坐诊，诊疗患者100余名。

这次活动是山西省中医院大同医院与中国爱老屋医疗服务平台合作成立的北京专家特需门诊的一项内容，为100余名患者减免挂号费，特需专家费，胃肠镜、心电图、碳13尿素呼气实验检查费，10余万元。活动期间，20余家社区卫生服务机构医务人员现场观摩学习。

（小　霞）

【中医院授牌为大同大学附属医院】 2016年11月14日，大同市政协副主席杨硕平参加市中医医院授牌为“大同大学附属医院”签字仪式。大同大学校长冯锋参加授牌签字仪式。

市中医医院专业人才、技术匮乏，制约着业务发展与服务能力提升。授牌为“大同大学附属医院”后，市中医医院使校、院资源共享，优势互补，提升大同大学的中医专业教学和实习能力，大同大学的专家教授在中医医院临床实践，为中医医院注入专业人才，增加医院临床服务与科研能力。市中医医院的几个服务项目依托大同大学的专家教授为业务骨干而开展。

（晨　曦）

民营医院选介

大同新建康医院

【医技水平】 2016年，大同新建康医院管理公司发挥医疗质控管理职能，各医院专业委员会学术带头作用，落实15项医疗制度。新建康医院新双源CT临床应用及心脑血管疾病培训班开设；新和医院“2016年大同市首届绿激光在泌尿外科应用高峰论坛”举办；康复医院“2016·大同妇产科学术技术论坛”召开等。新建康医院开展与北京安贞医院心脏外科手术的合作。9月18日，心胸外科与安贞刘愚勇主任协作完成首例心脏搭桥手术，确立晋北地区心脏介入手术领军地位。新和医院的绿激光治疗泌尿病技术，以其术后出血少、恢复快的特点受到患者好评。腹腔镜技术的龙头地位巩固和发展。内科为外科发展保驾护航，在科室特色上开始向诊治慢性病转化。康复医院以创建“爱婴医院”为助力，加大产科、儿科规范化建设力度，对新生儿血糖、胆红素全程监测，促进医护人员的责任意识和严谨作风。10月通过省里验收，成为大同市首家民营爱婴医院。大同电视台《名医堂》栏目开播，3家医院分别参与先期3次节目录制，向全市电视观众推出集团群英荟萃的新建康名医团队。11月1日，新建康医院以挂号条码化、检验结果、影像资料自助打印为标志的影像归档和通信系统（PACS）运行，宣告医院信息化建设、智能医院建设进入新阶段。连同体检APP的使用方便患者，加快检验、影像院内传输速度，为准确诊断，及时治疗赢得时间。医疗质控制度的落实、患者投诉分级修复机制的建立，各医院医疗责任事故、医疗纠纷的发生率降低，患者满意度98%以上。

（新建康医院）

【科室建设】 2016年，大同市三医院神经外科专家李继尧副主任医师入主新建康神经外科，邀请北京天坛医院神外科李学真教授，与原有神外技术力量汇合，形成强大神经外科阵容，完成开颅、微创钻孔引流、经鼻蝶垂体瘤手术、高颈段脊髓肿瘤、胸段脊髓内肿瘤等高难度手术41例。新建康门诊部7月1日启动“5·8”晚班门诊，通过流程管理和奖惩约束实现常态化，在内科、外科、妇科、骨科等8个科开诊，317名患者受益。实施请进来教，送出去学的人才成长战略。全年3家医院派出进修、培训18人次。新建康派7人到安贞医院进修，8名医师到晋中参加放射培训，6人到太原参加心脏介入质量控制培训，2人到上海练习新检验设备实操。康复医院派2人到北京参加北京妇产医院第一届妇产影像诊断及介入治疗论坛。公司及医院请安贞、阜外、积水潭、北京妇产等外地专家及大同卫生局等级医院专家组长张强世等本地行业精英举办讲座、培训，受众500人次以上，科室的核心竞争力增强。公司在固定资产方面尤其是高端设备投资继续增大，药品器械管理水平科学化、规范化，购置西门子检验流水线、血细胞分析仪、数字式十二道心电图机、双道微量注射泵、便携式多参数监护仪、血液透析滤过装置、单人透析机、心外科手术无影灯及手术床、婴儿辐射保暖台、西门子2000xpi肿瘤检测仪，更换氧气终端，满足各医院医疗诊治工作需要。与各耗材厂家供应联系，确保各医院耗材供应，规范收费标准，为所属医院设备保养维护提供保障。

（新建康医院）

【高颈段肿瘤手术】 2016年9月初，大同市新建康医院神经外科实施1例高颈段肿瘤手术。

患者张先生60岁，四肢僵硬活动受限1年，大便失禁，双下肢、左上肢无力3个月，颈部核磁共振显示：颈1~2段椎管内肿瘤。由于该患者肿瘤位置在颈部且高颈段，肿瘤2.5厘米×3厘米把脊髓压成线状，肿瘤周围紧贴许多血管和神经，要从结构复杂的区域完整切除肿瘤，难度很大。

经过手术前讨论和准备，新建康医神经外科医生在显微镜下一步一步分离肿瘤，直到把肿瘤完全切除，手术过程没有改变和损伤患者骨关系统的任何结构。肿瘤切除后，患者脊髓逐渐膨胀搏动，手术完成。术后患者肢体功能改善，大便失禁问题解决，不久后康复出院。（小　霞）

大同现代脑科医院

【概述】 2016年，大同市现代脑科医院门诊人次1.5万人次；总住院人数3000余人；在院慢性病人数1000余人。参加大同市卫生局大同市总工会联合组织的大同市医护知识技能大赛，获“医疗二级集体三等奖、护理二级集体三等奖”。参与由中国民营医院协会发起的“双创”活动，被评为“全国诚信民营医院”。经山西省社民满意度测评中心评定为“山西省百姓满意示范单位”。

存在问题 部分领导执行不力，工作不主动，落实不到位，有工作推诿现象，工作原则性不强；部分员工奉献意识较差，索取意识明显，团结意识较差，个人为正严重；市场工作有待加强，急诊病人、手术量逐年下降，全院收入不能如期增长。

（现代脑科医院）

【医保农合政策落实】 2016年，大同市现代脑科医院对城镇农村低保人员、农村五保供养人员实行三级医疗救助，除农合、民政报销后，个人自付部分由医疗机构救助，全年减免医疗费用30余万元。做好慢病管理工作，严格慢病鉴定和准入，全年鉴定病人108人，在院慢病病人1032人。多渠道进药，满足慢病患者所需，实行门诊慢病少量押金、门诊拿药，年终统一报销支付。全面落实分级诊疗制度的实施意见，明确运行机制、政策体系、形成科学合理的就医秩序，强化上下联系，确保双向就诊有序通畅。全年召开全院医生、管理人员、护士长参加的大型医保会议3次，学习医保政策，落实医保措施，加强医保管理，坚决杜绝冒名顶替、伪造病历、串改药品、以药易物、转嫁收费，坚持因病施治、合理治疗、合理用药，严格用药目录，把握适应征，遏制“小病大治，无病也治”现象，处理在医保、农合病人诊疗活动中，出现的违规现象，全年处理12人次，罚款近5000元。健全网络管理体系，上传参保病人住院信息，消费信息，适时网络结算，接受实时网络监控。（现代脑科医院）

大同现代医院

【概述】 2016年，大同现代医院门诊量5.2万余人，住院3000余人，手术700余台。糖尿病科初诊798人次，复诊21527人次；甲亢科初诊2516人次，复诊16270人次，减少2454人次；不孕科114人次，复诊1966人次。全年职工慢病3544人，较上年增加809人，其中市区2650人、城区100人、南郊区566人、矿区117人、新荣区88人、左云12人、大同县8人、阳高县3人、天镇县6人。农合慢病报销4181人次，较上年增加951人次。

存在问题 部分医务人员责任心不强，核心制度落实不到位，各项医疗不够规范，沟通交流不到位，医疗安全存在隐患；护理人员整体实力不过硬，急救应急能力差，基础理论知识不扎实，技能操作不熟练；行政管理方面缺乏系统化、标准化。

（现代医院）

【现代医院与九鼎投资公司签约】 2016年11月24日，大同市委常委、副市长杨勤荣，市人大常委会副主任张翠萍，市政协副主席郭俊岗、张小立出席昆吾九鼎投资控股股份有限公司与大同市现代医院管理公司签约仪式。

这次大同现代医院和九鼎投资公司双方达成战略合作，旨在以大同现代医院为平台，整合周边优质医疗资源，加大在医、康、养相结合产业上的投入，实现引资、引智、引制，打造“产业＋资本”的双重专业能力，短期内实现主板上市，通过资本市场带动大同市医疗产业和康养产业健康发展。全市落实国家社会办医政策，探索医养融合模式，立足康、养、游比较优势，打造康复与养老相结合的新兴战略性支柱产业。这次签约合作，推动资本和医疗联营、联姻及企业和金融的携手，促进上市企业和民营医院融合，有利于引进高端医疗资源，提升大同市整体医疗服务内涵，对改善民生福祉，推进健康大同建设具有重要意义。

昆吾九鼎投资控股股份有限公司是在上海证券交易所上市的私募股权投资与管理机构，是九鼎集团旗下控股成员企业，在世界各地设有上百家分支机构，连续七年获评“中国PE机构十强”。（晨　曦）

市中心血站

【微信公众平台开通】 2016年4

月 5 日，大同市中心血站为保障公众能更便捷、更及时地获准确采供血相关信息，推动全市无偿献血工作开通微信公众平台。

市民打开微信，通过扫描市中心血站二维码、查找公众号“市中心血站”和搜索微信号“dtxz5392578”3 种方式关注市中心血站微信公众平台。进入公众平台后，即可查阅到当天市中心血站推送的阅读文章，包括血液科普、用血报销、奖励办法等内容。（行　云）

【向无偿献血者赠送保险卡】 2016 年，大同市参加无偿献血者，均可获市中心血站赠送的“无偿献血者保险”，被保险人是无偿献血者本人及其父母、子女、配偶，保险期限 180 天（自参加献血次日零时起自动生效）。献血者在保险期内，如因意外事故身故或致残，最高赔偿 10 万元；因意外事故需要住院治疗，住院医疗费最高赔偿 1 万元等。

每年参加无偿献血者平均 2 万人次。采取为无偿献血者提供人身意外伤害保险的方式，使献血者的个人利益和人身安全得到更为有效的保障。2016 年以来，有 5 位无偿献血者因意外事故申请理赔。（赵　瑾）

【“献血夜市”开启】 2016 年 7 月 8 日起，大同市中心血站开启“献血夜市”，夜间流动献血车停靠地点有 2 个，分设在文瀛湖广场西门前、华严街南口，采血时间为 16 时至 20 时，方便爱心市民在晚间外出时献血。市中心血站提醒广大准备献血市民，献血前 1 天至 2 天内注意休息，适当补充水分，献血前最好饮用一些糖水，献血后可多喝些带盐分的饮料，不饮酒、熬夜，不吃油腻上火食物。（木　依）

【增加两个献血点】 2016 年 9 月，大同市中心血站在原有的华林新天地广场、永泰广场和矿区名都商厦前 3 个固定采血点基础上，又增设东信广场、华严街南口 2 个固定采血点，方便市民献血、满足临床用血需求、加大外采力度。1 辆流动爱心献血车每周循环开进恒安新区、南郊区、大同县、阳高县、左云县采血。市中心血站采取多种措施增加血液库存，保障全市各医疗机构临床用血，各类血型血液库存均告别一直短缺状态。（小　霞）

计划生育

【基层基础建设】 2016 年，大同市政府特批大同市卫生和计划生育委员会内设 25 个机构，成为山西省两家完全保留计划生育基层指导科、家庭发展科、流动人口科 3 个计划生育专项业务科室的地市之一，在编制紧缺的情况下，为每个科室配备 2 名工作人员。所有县（区）都至少设置 2 名计划生育专职工作人员，乡镇街道均有 2 名以上专职计生助理员，村村都有计生服务员。在机构整合的关键时期，市长办公会 2 次研究解决提高村级计生服务员工资补助，确定计生服务员补助由原来的 120 元提高至 200 元，稳定基层工作队伍，保证工作的连续性和稳定性。（沈文红）

【计划生育特殊家庭关怀开展】 2016 年，大同市有失独人员 345 人，其中城市 299 人、农村 46 人（父母均享受特殊扶助），独生子女伤残 265 人，其中城市 200 人、农村 65 人。大同市卫生和计划生育委员会制定《大同市计划生育特殊家庭亲情关爱健康服务工作方案》，确立 13 家计生特殊困难家庭定点医院，市级 2 家（市三医院、五医院，各县（区）一家综合医院），推进家庭医生签约服，建立“一户一档”个案资料，实行动态管理，保证个案资料及时更新。按照伤残、死亡每人每月 400 元、500 元特扶标准，市级配套 2016 年农村部分计划生育家庭奖励扶助资金约 1126 万元，全部发放到位。（沈文红）

【首个“二胎咨询门诊”开诊】 2016 年 3 月 16 日，大同市首个“二胎咨询门诊”在市一医院开诊，由专业医师坐诊，提供检查、评估、咨询及指导服务，为计划生二孩的家庭把关，科学备孕，降低大龄孕产妇健康风险及新生儿出生缺陷。（茗　泉）

【新版“生育”“再生育”服务证启用】 2016 年 4 月 16 日，大同市卫计委启用由山西省卫计委印制的“生育服务证”和“再生育服务证”，需要报销生育险的夫妻免费办理。

生育 2 个以内（含两个）子女的夫妻，实行生育服务登记制度。夫妻双方可在子女出生前后，持双方身份证（户口本）、结婚证到一方户籍地或现居住地乡镇（街道）、村（居）、各级医疗机构和妇幼计生服务等机构进行生育服务登记，还可到一方户籍地或现居住地乡镇（街道）计生部门免费办理“生育服务证”。未婚先育或早婚早育的，可先进行生育服务登记，在补办结婚证后，领取“生育服务证”。而再生育是指生育第三个及以上子女，符合规定的夫妻双方申请再生育，由乡镇人民政府或者街道办事处审批发证。

2016 年 1 月 1 日以后生育并自愿只生育一个子女的夫妻，不再领取“独生子女父母光荣证”。在国家提倡一对夫妻生育一个子女期间，自愿终身只生育一个子女、女方年龄在 20 周岁至 49 周岁之间的夫妻，可继续发给“独生子女父母光荣证”。领取“独生子女父母光荣证”的夫妻再生育或收养第二个子女的，在生育或收养之月收回“独生子女父母光荣证”。遗失或损毁的，持证人可向夫妻任一方现户籍地乡镇（街道）申请补领新证。（行　云）

【“全面两孩”政策实施情况】 2016 年 12 月 19 日，按照山西省卫计委相关规定要求，大同市各县区开展“全面两孩”政策实施情况综合调研。

这次调研采取与基层计生干部和育龄夫妇座谈会的形式进行。内容包括实施“全面两孩”政策有何规定；生育第二个孩子的夫妇需要办理什么手续；对“全面两孩”政策实施之前政策外生育两个孩子的夫妇，现在是如何处理的；市民、农民、公务员、企业职工、个体户等不同身份的人群对生育两个孩子的态度；一孩夫妇想或者不愿生育两个孩子的主要原因和一孩夫妇生育两个孩子面临的主要困难等，以期通过调研掌握更加具体的情况，为政策实施过程中需要完善的细则提供制度依据。（刘　江）

体　育

综　述

【千里骥骑行队入列“2015全国十大超级俱乐部”】 2016年2月4日，历时近两个月的致敬2015户外盛典“全国超级俱乐部评选”落幕。大同市千里骥骑行队入列“2015全国十大超级俱乐部”。

大同市千里骥骑行队成立于上年夏，有队员104人，是一支老年骑行队，队中年龄最大的69岁，最小的50岁，平均年龄63岁。队员均是多年热爱骑行的资深骑友。他们每周组织集体活动，增进骑友之间交流，锻炼身体和意志，丰富大家业余生活，多次参加各种社会公益活动，宣传大同文化，倡导绿色低碳生活。

这次“全国超级俱乐部”评选有超过百万人次的投票关注。全国800家俱乐部报名，最终，大同市千里骥骑行队，以及哈尔滨、广州等地的10家俱乐部当选“2015全国十大超级俱乐部”。（青　青）

【体育“三下乡”活动】 2016年4月16日，大同市城乡优秀健身项目联谊展示活动暨2016年大同市“体育三下乡”活动启动仪式在阳高县罗文皂镇正门堡村举行，大同市的100余名健身爱好者与正门堡村50余名健爱好者进行联谊展示。

活动由市体育局、市体育总会主办，市社体中心、市老年体协承办，旨在活跃农村体育文化生活，引导农民参加有益身心的体育锻炼，加快新时期农村体育事业发展。

由市体育局开展的以体育场地设施、体育健身指导和体育科普知识为内容的体育三下乡活动，从4月16日起，在一些农村展开，活动推广和宣传适合农村特点、农民喜闻乐见、科学、文明、有效的健身方法和健身知识，传授体育技能，指导农民科学锻炼，提高农民生活质量。工作人员向正门堡村捐赠全民健身路径一套，健身音响2台，科学健身书籍光盘30本。

活动现场，市空竹协会、同车公司活动站、市健身气功协会等代表队，向当地村民展示秧歌、健身球操、健身气功、柔力球、功夫扇等项目。

（体育局）

【第四次国民体质监测】 大同市体育局从山西省2016年4月中旬发布第4次国民体质监测结果，大同市市民体质合格率88.3%，女性体质优于男性。

国民体质监测每5年一次，山西省于2000年、2005年、2010年分别进行3次监测，2014年进行第4次监测为给“十三五”规划提供翔实数据。这次监测对象为3岁至6岁幼儿、7岁至19岁儿童青少年、20岁至59岁成年人和60岁至69岁老年人。体质检测指标涵盖人的身体形态、身体机能和身体素质三个方面。采用分层整群随机抽样的方法从全省机关、企事业单位、学校、幼儿园和行政村抽取4.6万人，有效样本45378人，其中太原、大同、运城三市作为国家抽样监测点，提供7560人的监测数据。

监测显示，山西省国民体质合格率93%，在全国排名第6位。大同市市民体质城镇居民合格率91.2%，乡村居民83.2%，女性体质优于男性90.2%，比男性高出3.7个百分点。3岁至6岁幼儿体质合格率92%；20岁至39岁成年人体质合格率85%；40岁至59岁体质合格率90.8%；60岁至69岁老年人体质合格率84.4%。（行　云）

【“乌大张”体育交流会】 2016年6月18日至20日，第二届“乌大张”地区体育交流会暨邀请赛在大同市开展。活动由市体育局主办，旨在推进“乌大张”区域合作，提高区域竞技体育水平，来自乌兰察布市、张家口市和大同市的300余名运动员参加。这次邀请赛设健步走活动、足球比赛（青少年）、网球比赛（成年人）、羽毛球比赛（成年人）、乒乓球比赛（青少年、成年人）5个项目。

足球项目比赛中，大同一队获第一名，乌兰察布市代表队获第二名，大同二队和张家口市代表队并列第三名。乒乓球项目比赛中，乌兰察布市代表队获男子甲组团体第一名，大同市代表队获第二名，张家口市代表队获第三名；大同一队获男子乙组第一名，张家口市代表队获二名，乌兰察布市代表队和大同二队并列第三名；大同一队获女子团体第一名，乌兰察布市代表队获第二名，张家口市代表队和大同二队并列第三名。网球比赛中，大同一队获第一名，乌兰察布市代表队获第二名，张家口市代表队和大同二队并列第三名。羽毛球比赛中大同一队获第一名，张家口市代表队获第二名，乌兰察布市代表队和大同二队并列第三名。（冯　雨）

【全国百城千村健身气功交流展示山西启动式】 2016年7月5日，

▲2016年7月5日，全国百城千村健身气功交流展示系列活动山西启动仪式在大同市和阳门广场举行 （体育局 供图）

以“发展体育运动，增加人民体质，同心共筑中国梦”为主题的全国百城千村健身气功交流展示系列活动山西启动仪式，在大同市和阳门广场举行，大同市2300名健身气功爱好者展示八段锦、马王堆引导术等健身气功。省体育局巡视员、省体育总会副主席郝晓峰，省防范和处理邪教问题办公室副巡视员、机关党委书记樊雅莉，副市长曹惠斌参加活动。

全国百城千村健身气功交流展示系列活动是国家体育总局健身气功管理中心组织开展的一项品牌活动，是中国唯一获国际奥委会大奖的群众体育活动。该项活动大同市承办7年，连续七年被国家体育总局授予“最佳展示奖”，大同市健身气功项目也被中国体育文化体育旅游博览会授予2015年度中国体育旅游精品赛事。大同市是全国四种健身气功推广试点城市。 （木 依）

【第三届大同国际骑游大会】 2016年7月23日，第三届大同国际骑游大会在华严寺广场启幕，全国各地40支代表队2000余人参加。活动现场，自行车骑行爱好者在华严寺广场走秀展示，随后，开始环古城骑行，从华严寺广场出发至和阳门，沿古城内环路，行经清远街，再回到华严寺广场。7月24日，设有火山越野赛、XCR长城越野多日赛等，并分为男子公开A组、男子公开B组、女子组和精英组等多场骑游赛事。

这次活动是山西省旅游发展大会系列活动之一，由山西省旅游局、大同市人民政府、国际自行车旅游协会主办，活动主题是“中国古都天下大同”。活动以竞赛为桥梁，以传播旅游文化、建立和谐社会为目的，通过竞赛活动反映时代精神，体现时代风貌。（木 依）

【八法拳武术研讨会】 2016年7月30日，八法拳武术研讨会在大同举行，大同市百余名八法拳爱好者，共同交流心得，研讨八法拳传承、八法拳实用技击、八法拳械的功法修炼、练习体会等。八法拳是由清末武术家、少林技击传人、大同辛亥革命领导人李德懋根据平生所学，四处结交武林志士，汲取各门派精华编创而成，八法拳汲取少林、形意、通臂、炮捶、劈挂、弹腿、功力、翻子等多家拳法精华，崇尚技击，主要流传在山西省大同、太原和内蒙古自治区河套一带，传到2016年有五代。2016年，学习八法拳的大同市民有800余人，多以强身健体、修身养性为主，习练者最大70余岁，最小4岁。 （小 霞）

【五省区十一城市体育年会在大同举行】 2016年9月26日，五省区十一城市体育年会在大同举行，来自晋冀宁陕内蒙古5省区的11城市的体育部门负责人，相互交流各市发展体育事业经验。

晋冀宁陕内蒙古五省区城市体育年会起源于1958年，为加速京包、包兰铁路沿线各城市之间的学校体育和职工体育交流与合作，提高体育工作水平，以“团结、友谊、促进、共建”为宗旨，由张家口市、大同市、包头市、银川市4个城市的体育部门、教育部门和工会联合发起。1964年，呼和浩特市、乌兰察布市、乌海市和石嘴山市加盟其中，2013年，巴彦淖尔市、延安市、榆林市加入，形成5省区11城市体育年会。体育年会从东到西每个城市轮流承办，2016年由大同市承办。

体育年会为期3天，除举行座谈交流会外，各城市代表在大同市考察调研体育产业、全民健身和业余训练。 （小 霞）

竞技体育

【体育运动管理】 2016年，大同市体育局组织训练单位和各运动队，完成第十五届省运会2016年阶段赛运动员的注册、确认、报名和参赛。注册运动员1104名。有635名运动员，104名领队、教练员工作人员参加2016年的省运会阶段赛的16个大项（20个单项）比赛，获114枚金牌、111枚银牌、128枚铜牌。年内审核、上报审批一级运动员23人，二级运动员149人。 （体育局）

【教练员 裁判员管理】 2016年，大同市64人参加由山西省体育局组织的业余训练教练员培训班学习。培训全市裁判员，规范裁判队伍派出、审批和管理。全年培训各项目年轻裁判员210余人。派出50名裁判员担任山西省第十五届运动会裁判工作。3人参加由国家体育总局组织的国际级裁判员晋级考试培训，11人参加由省体育局组织的一级裁判员晋级考试培训。完善大同市教练员、裁判员队伍的知识结构，更新理念，提升能力，促进业余训练和裁判员队伍发展。确认一级以上裁判员，注册一级以上裁判员160名。 （体育局）

【体育后备人才基地管理】 2016

年，大同市2所申报单位申报创建全国高水平体育后备人才基地（复评公示通过）；5所申报单位被命名为山西省高级体育后备人才基地；2所申报单位被命名为山西省初级体育后备人才基地。管理全市业余训练工作，实施《大同市体育后备人才基地认定办法》，建立大同市优秀运动员后备人才基地。（体育局）

【全国春季桥牌通讯赛大同赛】 2016年3月20日，全国春季桥牌通讯赛开赛，大同市桥牌爱好者分别在铁路体育馆、同煤集团老年活动中心与全国各地分赛场的选手比赛。

春、夏、秋、冬每季举办一次的全国桥牌通讯赛是一项传统群众性桥牌赛事，因参赛方便、形式灵活深受桥牌爱好者青睐。大同市桥牌爱好者王志勇获2015年全国桥牌通讯赛总成绩第13名。

这次大同赛区的比赛由市桥牌协会主办，来自大同大学、同煤集团和铁路等单位的50余名选手参赛。

（茗 泉）

【全国中小学生国际跳棋五子棋锦标赛】 2016年4月4日，全国中小学生国际跳棋、五子棋锦标赛在大同市落幕，全国15个省市80余个中小学校的450余名小棋手参赛，其中年龄最小的棋手7岁，最大的17岁。

这次比赛是由中国国际跳棋协会、中国围棋协会五子棋分会、市委宣传部主办，太原市迎泽棋牌协会承办，市教育局、市体育局、太原胡晓苓棋艺俱乐部协办。

国际跳棋比赛分100格男女个人赛；64格男女个人赛；100格混合团体赛和64格混合团体赛，按年龄分为8岁组、11岁组、14岁组和17岁组。五子棋比赛分个人赛和团体赛，按年龄性别分为中学男子组、中学女子组、小学男子甲组、小学男子乙组和小学女子甲组和小学女子乙组。经过3天比赛，北京育英学校的李奕乐、崔书畅分别获国际跳棋64格女子8岁组和11岁组第一名，太原十九中的李钰卿和高云凤分别获14岁和17岁组桂冠；胶州三里河小学李浩然获国际跳棋64格男子8岁组第一名，东营胜利四小的檀澄获11岁冠军，北京育英学校的师昊阳、太原十九中的罗泽伟获14岁组和17岁组第一名。奉贤明德外小的陈欣蕾获国际跳棋100格女子8岁组第一名，沈阳路小学的邬海澜获11岁第一名，南通五接桥杨丽璇获14岁组冠军，胶州市六中的刘玉蕊获17岁第一名；沈阳路1队的方泊钧获国际跳棋100格男子8岁组第一名，青岛智荣小学的张子睿获得11岁冠军，鞍山华育学校的刘昊炎获14岁第一名，胶州市六中的石舒元获17岁桂冠。

上海徐汇二少体的范宣佐和朱熠宸获五子棋比赛中女子、男子中学组第一名；浙江安吉安城小学的邢雨彤和北京够棒教育代表队的贺禹成分别获小学女子、男子乙组第一名；上海世界外国语中学的冷雨桐、唐旭东获小学女子、男子甲组冠军。

（行 云）

【“羽林争霸”大同首站赛】 2016年4月16日，“羽林争霸”2016城市羽毛球赛山西赛区的首战，在古都大同北方通用动力集团有限公司616厂体育馆举行。经过比赛，张家口市天意兄弟俱乐部获冠军。DS俱乐部聚羽队、乐羽羽毛球俱乐部、616羽毛球俱乐部分别获二到四名，大同站四强获晋级第二阶段城市赛的比赛资格。

山西赛区大同站有20支球队，约150名选手参赛。比赛采用5人制混合团体赛形式，包括男单、女单、男双和混双，均采用7场4胜制。

全市25个俱乐部，在羽协注册的会员有450余人。2016年度赛事分四个阶段：选拔赛、城市赛、大区赛和全国总决赛。山西赛区隶属于北部赛区，有四场选拔赛，先后在大同站、晋城站、运城站和太原站进行。5月初，四个站的优胜者集中在太原进行一场城市赛，获胜队伍进入到相应的大区赛环节。6月中旬，北部赛区比赛，争夺晋级全国总决赛的资格。7月初，全国总决赛在广州举行，冠军队球员到巴西里约热内卢的奥运会现场，为中国羽毛球队加油助威。（行 云）

【全国毽球赛大同代表队获佳绩】 2016年，首届“大峡谷”杯全国城市毽球邀请赛4月下旬在邢台落幕，大同市参赛的有4支毽球代表队，其中大同英雄队和大同宏洋美都队分别获混合组平推赛冠军和亚军。

比赛旨在推广和普及毽球运动，为全国各地毽球爱好者搭建一个增进友谊、促进交流、提高技艺的平台。来自北京、天津、河北、山西、辽宁、江苏、山东、河南20余个省市的101支男女代表队参赛，其中，27支代表队参加竞技赛、74支代表队参加平推赛。

（行 云）

【五省区毽球邀请赛大同队获佳绩】 2016年6月，第五届蒙宁陕甘晋五省区毽球邀请赛在内蒙古乌海市举行。来自内蒙古各盟市及宁夏、陕西、甘肃、山西的88支代表队460名运动员参赛。比赛设竞技三人赛、平推男子三人赛和平推女子三人赛。大同市代表队参加所有项目的比赛。最终大同市代表队获平推男子三人赛冠军和竞技三人赛亚军，在平推女子三人赛项目中大同市代表队获第四名。

（冯 雨）

【传统武术锦标赛】 2016年7月24日，“强健体魄·阳光生活·共享青运”2016年大同市第八届职工文化博览会第十二届传统武术锦标赛暨大同市第十八届老年人体育健身大会太极拳比赛，在市儿童公园老年门球场落幕。

比赛由市总工会、市体育局、市体育总会、市老年人体育协会主办，全市传统武术研究会、杨氏太极拳协会、天镇太极养生团等44支代表队700余人参赛。

这次比赛分个人项目、对练项目、集体项目和太极推手。按年龄分为儿童组、少年组、青年组、中年组和老年组。其中，个人项目中分传统拳术和传统器械，传统拳术有大众熟悉的少林、南拳、咏春、太极拳、形意等拳种；传统器械则有刀、剑、棍、枪、朴刀、扇子等，还有单器械、双器械、软器械等。

最终，同煤武术协会代表队、少林英雄武术队、云冈武术院二队分获团体总分前三名。云冈武术院、精英红拳培训中心、人民银行大同支行等15家单位获优秀组织奖。（木 依）

【云冈武术院三项武术赛事均获团体第一】 2016年8月4日，大同市云冈武术院举行表彰庆功会，向2016年暑期在中国、山西省和大同市级各类比赛中获优异成绩的教练员、运动员颁奖。2016年暑期，大同市云冈武术院组队参加大同市传统武术锦标赛、山西省武术锦标赛、中蒙韩国际青少年跆拳道邀请赛，均获团体总分第一名。其中，在市传统武术锦标赛中，市云冈武术院获22金22银14铜，获团体总分第一；在省武术锦标赛上，以13金3银6铜获团体总分第一；在中蒙韩国际青少年跆拳道邀请赛上，以10金18银9铜获团体第一名。在比赛中，市云冈武术院有5位同学获国家二级运动员资格证书，被山西师范大学预科录取，另有5位同学被体育类一本院校录取，刘鹏被选拔代表山西省参加全国传统武术比赛，双胞胎姐妹苏耀玲、苏耀敏获省运会青少年武术比赛第一名，成为山西省体育工作队候选队员。（小　霞）

【全国业余乒乓球锦标赛北部赛区比赛】 2016年8月26日至28日，2016全国业余乒乓球锦标赛北部赛区比赛在大同大学体育馆举行，经过比赛，大同市乒协女队以团体第8名的成绩获参加总决赛资格。

2016年全国业余乒乓球锦标赛分东部、西部、南部、北部4个赛区进行初赛，各赛区获男女团体前8名的代表队参加12月2日至4日在广州举行的总决赛。其中，北部赛区比赛在大同市举行。

在大同举行的北部赛区比赛，由中国乒乓球协会主办，山西省乒乓球协会、大同市体育局、大同市体育总会、大同市乒乓球协会、大同大学体育学院承办，设男子团体对抗赛、女子团体对抗赛。来自北京、河南、辽宁等8个省市的18支球队150余名运动员参赛。经过比赛，北京首钢、晓清环保集团和辽宁省乒乓球协会代表队分获男子团体前三名；北京乒协、北京首钢和太原民营区代表队分别获女子团体前三名。（小　霞）

【陈贵川获三项健身气功赛冠军】 2016年9月，第二届中国国际健身气功交流赛在安徽落幕，大同市选手陈贵川入选中国健身气功协会代表队，获两项团体赛冠军和一项个人赛冠军。

第二届中国国际健身气功交流赛由国家体育总局健身气功管理中心、中国健身气功协会等主办，来自中国、澳大利亚、加拿大、英国、古巴等21个国家和地区的53支代表队328人参赛。比赛为团体赛与个人赛，设易筋经、五禽戏、六字诀、八段锦四种功法。

大同市选手陈贵川入选中国健身气功协会代表队，参加易筋经、五禽戏集体项目和易筋经个人项目比拼，获3项冠军。（小　霞）

【参加全国健身气功站点联赛北部赛区比赛】 2016年9月12日至20日，全国健身气功站点联赛半决赛北部赛区比赛在大同大学体育馆举行，大同市3支参赛队代表山西省参赛，与其他省区市32支代表队角逐2016年全国健身气功站点联赛总决赛资格。

这次比赛由国家体育总局健身气功管理中心、山西省体育局主办，山西省健身气功管理中心、大同市体育局、大同大学体育学院、大同市体育总会承办，大同市社会体育管理中心、大同市健身气功协会协办。2016全国健身气功站点联赛分省区市预赛、分区半决赛和总决赛三个阶段，旨在为广大练功群众搭建交流展示平台，促进健身气功运动技术水平提高。在大同市举办的北部赛区半决赛，来自北京、天津、河北、山西、内蒙古、辽宁、吉林、黑龙江、山东、河南、陕西、甘肃、青海、宁夏、新疆、大连、青岛、新疆兵团等19个省区市的35支代表队近200名运动员参赛。

比赛采用国家体育总局健身气功管理中心2012年审定出版的《健身气功竞赛规则》和运动队代表评判标准，设团体赛与个人赛，比赛项目有易筋经、五禽戏、六字诀、八段锦。经过比赛，市铁路代表队获易筋经团体第一名和六字诀团体第二名；大同大学代表队获五禽戏团体第一名和八段锦团体第二名。这两支代表队获11月在云南昆明举行的总决赛资格。（小　霞）

【中国山地自行车公开赛大同站赛事】 2016年9月24日至25日，中国山地自行车公开赛中国大同亮马台站赛事在大同市南郊区古店镇亮马台运动休闲主题公园举办。

中国山地自行车公开赛由国家体育总局自行车击剑管理中心、中国自行车运动协会等主办，以“亲近自然，骑向未来”为主题，从2016年3月至12月分别在江苏南京、江西赣州、辽宁抚顺、山西大同、云南大理等8个城市举办。

大同亮马台站是这次赛事的第五站。亮马台运动休闲主题公园建有山地车专业赛道2条，业余赛道3条，小轮车赛场1个，长度约10千米的

▲2016年9月24日，中国山地自行车公开赛（大同站）在南郊区古店镇亮马台运动休闲主题公园拉开帷幕（报　社　供图）

体育

山地车赛道。

这站赛事有800余名运动员参加男、女专业组，男、女公开组，男子健身组、男子淘汰组等6个不同组别比赛。除专业组以外，公开组各个组别都会向业余车手开放报名，业余车手有机会和专业选手比赛。山西省的山地自行车爱好者可在大赛特设的男子体验组山地越野赛项目报名参与体验。（小 霞）

【门球等级赛】 2016年9月19日，大同市门球等级赛在市门球场举行，由大同市社会体育管理中心、市老年体协和市门球协会主办。这次比赛旨在丰富全市中老年人文体生活，提高门球竞技水平。来自全市各县区及厂矿企事业单位40支代表队500余名中老年人参赛。

这次比赛设甲、乙、丙、普4个级别，分三阶段进行，打118场球。其中，第一阶段采用循环赛，第二阶段采用交叉赛，第三阶段采用同名次决赛。最终，乙、丙、普级组前2名升级，甲、乙、丙后2名降级。（小 霞）

【首届中国大同攉轮扑克竞技团体大奖赛】 2016年10月14日至18日，大同市旅游局、市体育总会、大同广播电视台等单位联合举办的首届中国大同攉轮扑克竞技团体大奖赛大同开赛，来自全国各地34支参赛队200余人参加比赛。

这次比赛采取桥式·攉轮子队际复式赛法，按积分编制确定名次，前8名进入决赛阶段比赛，最终，上海姚记扑克代表队获冠军，浙江莎普爱思代表队获亚军，大同陆润商贸代表队获季军。（晨 曦）

【首届网球公开赛】 2016年10月19日，大同市首届“奥喜杯”网球公开赛在市体育馆网球场落幕。

这次活动是大同市“强健体魄·阳光生活·共享青运”系列活动之一，旨在推动全民健身运动开展，为全市喜爱网球运动的市民提供竞技平台。比赛由市体育局、市体育总会主办，市武术网球项目训练中心、市网球协会承办，来自全市80余名网球爱好者参加比赛。比赛设男子双打、女子双打，分两个阶段进行。杜燕山和闫立斌获男子双打冠军；宋叶和郝红梅获女子双打冠军。（晨 曦）

【同煤太极拳代表队获佳绩】 2016年11月5日，全国武术太极拳公开赛峨眉山站比赛中，大同煤矿集团太极拳代表队获7金、12银、4铜和集体太极拳二等奖的成绩。

这次比赛由国家体育总局武术运动管理中心、中国武术协会、四川省武术运动管理中心主办，来自全国各地的109支代表队1023名运动员参赛。比赛设个人项目、对练、集体项目三大类，60个大项、338个小项，分青年组、中年组、老年组三个组分别进行。

全国武术太极拳公开赛包含在国内普遍流行习练的陈、杨、吴、武、孙等各式太极拳，根据国家体育总局武管中心安排，有6个分站赛，峨眉山站是第六站，年度总决赛在河南温县举行。

全国武术太极拳公开赛峨眉山站比赛，大同煤矿集团代表队1名选手和1名教练分别获“武德风尚奖”。（晨 曦）

【大同市电子竞技公开赛】 2016年11月27日，大同市体育产业“尚客”杯电子竞技公开赛在大同大学体育馆落幕。

这次比赛由大同市体育发展中心主办，旨在促进全市电子竞技运动健康发展，普及和规范体育电子竞技运动，推动其职业化、产业化进程，进而培育全市经济新的增长点。

比赛为期2天，200名电子竞技爱好者参赛。比赛设英雄联盟、炉石传说、刀塔2表演赛、守望先锋表演赛、CS:GO表演赛5个项目。

比赛现场，在信息技术营造的虚拟环境中，进行智力与体力的对抗。经过比赛，英雄联盟项目中，来自市电子竞技运动协会的wHy战队获第一名；炉石传说项目中，吴泳洋获第一名。（晨 曦）

群众体育

【《大同市全民健身实施计划（2016年～2020年）》印发】 2016年，《大同市全民健身实施计划（2016年～2020年）》印发。《计划》提出五大工作任务：推进全民健身开展，力求活动多元化，引导群众参与；完善公共体育设施，多措并举，建设便民利民惠民健身工程；优化社会体育组织体系，创新发展模式，激发群众体育组织活力；营造科学健身氛围，宣传科学健身知识，提升国民身体素质；搭建多层次交流平台，拓展渠道，推动全民健身开放发展。（体育局）

【全民健身工程建设】 2016年，大同市体育局建成山西省体育局公园广场试点工程，在城市社区和农村安装77套健身器材；加强体育公园建设，使用市体彩公益金108万元购置健身器材，捐赠文瀛湖体育公园30套健身路径，御河生态公园50套，十里河公园20套健身路径，梓家村公园20套健身路径；落实城市社区“十五分钟”健身圈和县区社区“十分钟”健身圈建设，为各县区配置30套健身路径；利用市体彩公益金200万元和省体彩公益金300万元资助浑源县建设全民健身活动中心；落实国家体彩公益金转移支付资助项目360万元，用于资助大同多功能体育场、笼式足球场、乡镇体育广场建设；加强职工体育设施建设，使用市体彩公益金34.65万元为文瀛湖办公楼购置室内健身器材和乒乓球台；抓好农民体育健身工程的网络化管理和农村体育组织的建设，开展农民体育健身活动。（体育局）

【群众体育组织建设】 2016年，大同市体育局坚持城市体育以社区为重点、农村体育以乡镇为重点的原则，健全群众体育组织网络。加强社区体育活动站点和晨晚练点建设，开展公益性惠民培训10场，惠及群众2000余人。开展体育三下乡活动，加强对社会弱势群体的培训力度，送健康下基层。做好体育单项协会的业务指导及管理工作，成立大同市国际象棋国际跳棋协会，换届大同市竞技麻将攉轮运动协会、大同市大成拳协会、大同市网球协会、大同市摔跤柔道散打协会、大同市足球协会。调动各单项协会的积极性，开展社会体育活动。全年开展各单项体育

协会活动 120 余项。（体育局）

【健身气功站点管理】 2016 年，大同市体育局年检全市健身气功活动站点，增加健身气功活动站点 10 个，实现健身气功站点县区全覆盖，全年全市登记注册健身气功活动站点 155 个，练功群众近万人。选派健身气功社会体育指导员参加国家、省举办的各类培训，承办参加国家省市健身气功比赛培训工作。（体育局）

【全民健身活动】 2016 年大同市体育总会和各协会以满足群众多元化健身需求为起点，倡导科学健身的生活方式，利用广场、公园、商场等公共场所，开展多项体育活动，群众也参与身边的赛事，推动全市全民健身运动发展。全市登记注册的市级体育协会 48 个，各级各类体育健身辅导站 300 余个，全市民间体育组织有会员近 10 万人，经常参加体育社团、俱乐部活动的外围会员有 30 余万人。

这些体育活动有室内运动，也有室外运动，有专为老年人设置的比赛，有适合普通市民参与的赛事。受群众欢迎的广场舞、太极拳、足球、乒乓球、羽毛球、篮球等比赛主要集中在 4 月至 10 月期间举行，全国性和省级性的赛事或活动有近 10 项，如全国百城健身气功交流展示活动、全国健身气功站点联赛（北区决赛）等。针对不同人群开展“体育项目进课堂活动”“体育惠民直通车”公益培训。（红远）

【春节期间群众体育活动】 2016 年 2 月 11 日至 16 日，群众体育活动围棋赛、健身气功、瑜伽展示等依次进行。

各项群众体育活动由市体育局、市体育总会主办，是大同市“迎新年全民健身大拜年”系列活动，活动主题是“强健体魄·阳光生活”，旨在向市民倡导阳光向上的生活态度，引导更多群众参与到全民健身活动中来。活动内容有：2 月 11 日至 2 月 13 日，在御河九号举行大同市围棋棋王赛；2 月 14 日在市体育馆举行传统武术健身气功展示；2 月 15 日在市体育馆举行瑜伽展示；大同市中国象棋比赛于 2 月 15 日在卡西欧艺术学校举行；跆拳道展示于 2 月 16 日在市体育馆举行。（青青）

【庆“三八”全市妇女毽球赛】 2016 年 3 月 5 日，“庆三八·展风采”大同市妇女毽球赛在六一六活动中心启幕。

比赛为期两天，由市体育局、市妇联、市体育总会主办，市社体中心、市毽球协会、北方通用动力集团有限公司工会承办，来自全市 21 个单位的 40 支代表队近 200 名运动员参赛。

毽球运动因不受场地等方面的限制，众多市民加入其中，全市常年坚持踢毽球的有数万人。大同市毽球平推和进攻项目水平在全省位居前列，在全国比赛中也多次获冠军。

经过比赛，同煤二队获第一名，同煤一队获第二名，同煤三队获第三名。二电厂代表队、灵丘代表队、浑源代表队、阳高代表队等获优秀组织奖。（红远）

【“远离肺癌 跑出健康”环城春季跑】 2016 年 3 月 27 日，大同市民间团体“大同跑团”举行首届“远离肺癌 跑出健康”环城春季长跑活动，200 余名长跑爱好者参与。

这次活动旨在推动大同市能早日申办马拉松比赛，响应全国“全民健身”的运动理念，让更多人加入到健身队伍中。

活动当天，所有参加活动的长跑者从大同公园东门出发，沿着魏都大道、迎宾街、御河西路、铁牛里、西马路、魏都大道前行，最后回到大同公园东门，全程约 17 千米。（茗泉）

【大同市乒乓球甲级联赛】 2016 年 4 月，大同市乒协首届“梧桐苑杯”乒乓球甲级联赛落幕，兴国寺俱乐部队获比赛冠军。

这次比赛由市乒乓球协会主办，有二电厂俱乐部、兴国寺俱乐部、同威俱乐部、西花园俱乐部、际丰俱乐部、东关俱乐部等 20 支乒球俱乐部 120 名运动员参赛。比赛采用五局三胜制，获甲级联赛前 8 名的球队保级，第 9 名和第 10 名降入乙级。

经过比赛，兴国寺俱乐部、满江红俱乐部、同煤晨强俱乐部、梧桐苑俱乐部、起点幼儿园俱乐部、际丰俱乐部、御锦源乒羽俱乐部、东关俱乐部 8 支乒乓球俱乐部队保级，参加次年的大同市乒乓球甲级联赛。（行云）

【全市职工工间操培训】 2016 年 4 月 21 日至 29 日，大同市职工工间操培训在市体育馆进行，全市 50 个单位的 150 人参加第九套广播操培训。

培训活动是大同市第八届职工文化博览会系列活动之一，活动主题为“强健体魄·阳光生活”，由市体育局、市直机关工委、市总工会主办，市社体中心、市武术网球项目训练中心承办。

根据市政府同政发〔2016〕9 号《关于进一步加强新时期爱国卫生工作的实施意见》精神，大同市开展一系列符合单位特点、贴近职工生活的健身和竞赛活动。培训活动旨在让更多单位的体育骨干学习健身项目、规范健身动作，从而带回基层，达到全员都会的目标。（行云）

【“欢乐四季 舞动大同”广场舞大赛】 2016 年，由大同市文化局、市体育局、市市政管委会、市公安局主办，市心连心艺术团承办的“欢乐四季 舞动大同”广场舞大赛在华林生活广场举行。

全市 11 个区县 40 支广场舞代表队 1032 人参加。2016 年 5 月 2 日，32 支代表队参加决赛，有流行风格，也有传统舞蹈，还有少数民族舞蹈。参赛作品中《快乐广场》《时尚辣妈》、《中国美》《走向复兴》《俏太婆看大同》《家住大同城》等舞曲。经过比赛，口泉街道太阳花舞蹈队等 3 支代表队获大赛一等奖，4 支代表队获大赛二等奖，9 支代表队获大赛三等奖。赛后获奖队参加全市惠民展演。（赵瑾）

【全市定向越野赛】 2016 年 5 月 4 日，“高举五四火炬，传承大泉山精神”大同市定向越野比赛在阳高县大泉山森林公园举行，全市 7 支代表队 150 余名定向运动爱好者参加比赛。

由市总工会、市体育局、市勘察测绘院、市体育总会主办的这次比赛，是大同市第八届职工文化博览会体育赛事系列活动之一。

开赛前，主办单位组织全体参赛

人员参观大泉山纪念馆，学习大泉山精神。随后，大泉山及周边的村庄，参赛者开始“寻宝”历程。比赛设男子组和女子组，男子组比赛直线距离3.5千米，女子组比赛直线距离2.7千米，两个组别的定向越野方位与位置线路难易程度均不同。男子需要寻找13个“寻宝点”，女子需寻找10个“寻宝点”。经过比赛，张绪成以32分23.9秒的成绩获男子组的第一名，贾晓阳以37分01秒的成绩获女子组的第一名。5日，大泉山森林公园被市体育总会、市定向运动协会授予“大同市定向运动训练基地”称号。（赵　瑾）

【环湖长跑大赛】 2016年5月14日，大同市市各行业的300余位跑步运动爱好者在文瀛湖畔开跑，用实际行动助力大同市申办旅游发展大会。

这次环湖长跑大赛活动由触摸大同主办，全程10千米。活动旨在丰富市民业余生活，提高全民身体素质，向四海宾朋展示大同开放包容的文化魅力和宜游宜居的生态魅力。活动中，金牛家居广场连同金丝玉玛瓷砖还派出30余名志愿者，维持赛场秩序，免费为参赛选手提供饮用水、食物，补充能量。参赛选手大多是非专业运动员，有些市民更是“全家总动员”来参与。（赵　瑾）

【大同获全省老年人体育健身乒球赛女子单打冠军】 2016年5月16日，山西省第五届老年人体育健身大会乒乓球比赛在大同市城区少体校体育馆落幕，大同市代表队获女子单打冠军。

这次比赛男队员参赛年龄为59周岁至69周岁，女队员为54周岁至69周岁，大同市有4位女队员、8位男队员参赛。

经过比赛，省直乒专委民营区代表队、太原铁路代表队获男子团体冠、亚军；省直乒专委民营区代表队、煤炭代表队获女子团体冠、亚军；煤炭代表队的白闽光获男子单打第一名，太原铁路代表队的陈照明获第二名；大同市代表队的孙彩霞获女子单打冠军，省直乒专委民营区代表队的刘香卿获第二名。（赵　瑾）

【第三届环古城健步走活动】 2016年6月18日，中国大同第三届“同煤新苑杯”环古城健步走活动暨蒙晋冀（乌大张）长城金三角合作区邀请赛启幕，大同市以及张家口、乌兰察布市的万名参加者从华严寺广场出发，走城墙、观古城，全程5.6千米。

环古城健步走活动创办于2014年。这次健步走活动恰逢蒙晋冀（乌大张）长城金三角合作区邀请赛在大同市举行，为更好利用大同市现有的古城墙资源，打造全国知名品牌体育赛事，也为宣传大同、展示大同提供良好的平台，活动邀请来自张家口、乌兰察布市的300名市民参与，向外地朋友展示大同开放包容的文化魅力和宜游宜居的城市魅力。

6月18日，参加者步行从华严寺广场出发，经由清远街、四牌楼、永泰街，从南城门进关城并登城墙，沿南城墙、东城墙、从北城墙而下，再经由武定街、四牌楼、清远街回到华严寺广场，参加者在感受大同越来越美的古都魅力同时，享受运动带来的酣畅淋漓之感。（冯　雨）

【2016年城市毽球邀请赛】 2016年6月26日，“诸葛行者杯”2016年城市毽球邀请赛暨大同市第八届职工文化博览会职工毽球比赛在国营北方通用动力集团有限公司工会活动中心落幕。这次城市毽球邀请赛由市总工会、市体育局、市体育总会主办，市社会体育管理中心、市毽球协会、国营北方通用动力集团有限公司工会承办，来自北京、河北、内蒙古、宁夏、河南、重庆等地的59支代表队近500名运动员参赛。

比赛设男子平推组、女子平推组和男女混合竞技组。经过比赛，洛阳希望队、同煤同家梁队、诸葛行者一队分获男子平推组前三名，同煤一队、同煤同家梁队、洛阳翔翎队获女子平推组前三名，超越三队、超越二队，诸葛行者三队获男女混合竞技组前三名。（冯　雨）

【2016中国健身名山·恒山登山赛】 2016年7月24日，全国各地的1500余名跑友跟随中国最大规模的主题巡回登山赛事——中国健身名山登山赛在北岳恒山，挑战3999级最强“步阶赛道”，登2016米高峰。活动由中国登山协会、中国风景名胜区协会联合主办，浑源县人民政府和北岳恒山景区承办。

中华五岳之一的恒山主峰——天峰岭海拔2016米，比赛健身组、家庭双人组的赛道与竞速组的赛道规划一致，赛道总距离5.29千米，爬升856米，海拔高差868.1米，整个赛道全程3999级台阶。

比赛中，参赛选手身穿黄色比赛服，从后山的照壁处出发，途经和之门、玉带桥、白龙王堂、神泉，抵达终点恒顶，并切身感受名山赛史上最强“步阶赛道”。经过比赛，来自山东滨州的马明涛第一个冲破终点线，以37分33秒07的成绩获竞速组男子第一名，来自云南昆明的郑文容以44分36秒04的成绩获竞速组女子第一名。北岳恒山登山协会组织千余名会员参赛，被表彰为最佳团队。（木　依）

【“放飞梦想”围棋特训营开营】 2016年7月24日，为期8天的大同市第五届“放飞梦想”全国围棋少年特训营开营。开营仪式上，《最强大脑》满分获得者、围棋盲棋世界纪录保持者鲍云到大同助阵。

在江苏卫视播出的《最强大脑》中，鲍云因盲眼挑战“几乎无人能完成”的蜂巢迷宫而名声大噪，被誉为“世界围棋盲棋第一人”。2016年7月26日，鲍云与大同少年棋手班嘉明和高图南进行盲棋表演；鲍云携全国职业六段蔡竞、大同籍职业三段丁浩，分别与7名特训营学员及10名围棋爱好者进行多面打指导棋。

这届特训营由中国群众文化学会棋牌专业委员会和弈智棋文化教育培训中心主办，大同市夕阳红老年大学协办。由蔡竞亲自授课，学员都是国家业余四段以上的少年棋手。（木　依）

【第二届“净水鸟”公益环保活动】 2016年8月6日，大同市举行第二届中国·大同“净水鸟”公益环保活动，800名户外运动爱好者和公益团体在万泉河景区和方山永固陵景区进行捡拾垃圾活动。该活动由大同市户外运动协会倡导组织。

2016年是大同市举办“净水鸟”

公益活动第二年，旨在通过环保接力这种形式，共同打造和谐大同、魅力大同新环境，让环保深入到每一个人心中。活动中，清理垃圾死角、树林、河畔等处垃圾4吨。大家书写环保誓词做成大型环保指示牌，竖立在万泉河景区。（小　霞）

【2016大同跆拳道邀请赛】 2016年8月13日至14日，“中联金服杯”中国·大同跆拳道邀请赛在大同市体育馆举行。比赛由市体育总会主办，市跆拳道协会承办。比赛采用中国跆协审定的《跆拳道竞技和品势竞赛规则》，项目设置有品势比赛、竞技比赛、跆拳道舞。

来自内蒙古、山西等地30支代表队的400余名跆拳道爱好者参赛。经过比赛，宝龙跆拳道馆获团体总分第一名；汉武跆拳道馆、傲雪跆拳道社获团体第二名；振华跆拳道馆、天赐跆拳道馆获团体第三名。少林武术跆拳道馆、天赐跆拳道馆获最佳创意奖。（小　霞）

【中国大同第二届空竹技艺邀请赛】 2016年8月19日，中国大同第二届空竹技艺邀请赛在纯阳宫广场启幕，来自大同、太原、乌兰察布、张家口等市的24支代表队400余人参加比赛。

这次比赛由大同市体育局、市体育总会主办，是市“强健体魄·阳光生活·共享青运”系列活动之一。比赛设个人赛与集体赛，其中个人赛设捞月骗马、腰缠玉带、背脱、大鹏展翅、投靶比赛、双人舞等项目。比赛现场，来自太原的空竹大师马福喜表演空竹技艺，10米长的长杆、20米长的彩带，在大师手中飞舞旋转，给现场观众呈现空竹表演。有“滑稽空竹第一人”之称的河南高金柱，现场观众表演趣味空竹。高金柱在2014年7月的央视《体育人间》栏目“一技之长”空竹高手比赛中获“魔手王”称号。他的表演集健身、魔幻、滑稽于一体。（小　霞）

【2016中国大同长跑节开跑】 2016年8月21日，中国大同长跑节在文瀛湖风景区开跑，来自北京、天津、江苏、云南、河北、内蒙古自治区、山西的500余名长跑爱好者参加比赛。赛事由大同市体育局、市体育总会主办，旨在传播健康、生态、欢乐、向上的生活理念。中国大同长跑节以10千米环湖跑为核心项目，包括游跑大同、摄影大赛、户外运动装备展等多种活动形式。

经过比赛，来自云南刘禅获男子组第一名，大同市葛磊和朔州牛攀分别获二、三名。大同市韩林秀、庞东、曹小红获女子组前三名。（小　霞）

【五省区毽球邀请赛】 2016年9月，大同市体育局、市体育总会、大同大学体育学院主办，市社会体育管理中心、市毽球协会承办的晋冀宁陕内蒙古五省区毽球邀请赛在大同大学体育馆举行，大同市代表队获三项冠军。

这次比赛有118支代队500余名毽球爱好者参赛。比赛设男子平推组、女子平推组、男女混合竞技组三个组别。经过比赛，大同公园一队、太原毽联队、朔州平鲁队分别获男子平推组前三名；同煤同家梁队、太原毽联队、大同大学一队获女子平推组前三名；大同超越二队、大同超越三队、大同过江队获男女混合竞技组前三名。（小　霞）

【职博会羽毛球赛】 2016年9月，大同市第八届职工文化博览会职工羽毛球赛，在北方通用动力集团有限公司工会活动中心举行。

这次比赛由市总工会、市体育局、市体育总会主办，来自羽燕俱乐部、健乐俱乐部、快乐俱乐部、老董俱乐部、铁鞋俱乐部、豹王俱乐部、廷羽俱乐部的22支代表队参赛。比赛为混合团体赛。

经过比赛，简一俱乐部代表队获冠军，乐羽俱乐部代表队获亚军，北方通用动力集团有限公司俱乐部代表队获季军。（小　霞）

【大同职工象棋赛】 2016年9月8日至11日，第八届职工文化博览会“新成新材杯”职工象棋比赛在大同举行，来自大同市的百余名棋手展开比赛。比赛由市总工会、市体育局、市体育总会、市象棋协会主办，来自市委办公厅、矿区、同煤晋华宫矿、大同县、灵丘县、左云县等代表队及个人参赛。这次比赛竞赛项目设成年组个人赛和成年组团体赛，比赛采用电脑积分编排，下9轮。经过博弈，来自铁路代表队的胡红绪获个人冠军，矿区代表队马利平获亚军，大同县王小平获季军。矿区代表队获团体冠军，同煤忻州窑矿代表队获亚军，灵丘县代表队获季军。

9月11日，比赛中邀请象棋特级大师柳大华到大同，与大同棋手切磋棋艺，现场蒙目一对十象棋表演赛，以6胜4和的战绩，为大同市棋友奉献一场象棋大战。（小　霞）

【健康中国大同行主题系列活动】 2016年9月10日至11日，中国奥运冠军助力山西旅游发展大会·健康中国大同行主题系列活动举行。活动由市体育局主办，市文化局及市文物局协办。活动包含休闲体育产业发展研讨会、环游云冈景区健步走、奥运冠军及体育健儿环游大同古城墙健步走、奥运冠军百校公益行大同大学站等内容。10日，休闲体育产业发展研讨会在云冈石窟景区服务中心内召开。11日，健康中国大同行·环游大同古城墙千人健步走活动举行。奥运冠军陈一冰与来自大同市各行各业30支代表队近千名徒步走爱好者一起行走。（小　霞）

【市心连心艺术团千人广场舞赛】 2016年10月2日，由大同市心连心艺术团承办的海盛杯千人广场舞大赛在海盛东门广场开赛，来自全市基层社区的50支队伍1000名选手参赛。

参赛节目有南郊区代表队舞曲《中国美》、矿区代表队动感歌曲《少数民族大联欢》、城区舞蹈《站在草原望北京》、大同县代表队舞蹈《青春修炼手册》、社区志愿者舞蹈《丝绸西部放歌》等。（晨　曦）

【大同山地车骑行友谊赛】 2016年10月29日，大同“喜德盛杯”骑行友谊赛在御河生态公园东侧启幕，来自大同市的100余名骑行爱好者参加比赛。

体育

这次比赛由市体育总会、城区文化局主办，旨在弘扬大同自行车文化，提倡健康生活理念。比赛设男子组、女子组和大众组三个组别。

经过近3个小时的比赛，芦鹏飞、王俊、贾玉春分获男子组前三名，邵宁霞、石潘云、安江分别获女子组前三名，王旭峰、王日成、孟峰荫分别获大众组前三名。（晨　曦）

【市乒协俱乐部乒乓球赛】 2016年11月2日，大同市乒协俱乐部“际丰杯”乒乓球比赛在市城区少体校落幕。比赛由市乒乓球协会主办，来自全市28家乒乓球俱乐部的300余名运动员参赛。比赛为团体赛，按年龄设50岁以上组和50岁以下组两个组别。

经过比赛，在50岁以上组的比赛中，际丰俱乐部一队获冠军，平城俱乐部一队获第二名，云冈石窟俱乐部一队和云中商城俱乐部一队并列第三名。在50岁以下组的比赛中，兴国寺一队获第一名，际丰俱乐部八队获第二名，际丰俱乐部六队和同煤乒协一队并列第三名。（晨　曦）

【80名健身气功指导员晋级】 2016年12月7日，大同市健身气功二级社会体育指导员培训班在市体育馆举行结业典礼，来自大同市健身气功一线的80名社会体育指导员晋升为健身气功二级社会体育指导员。

这次培训由市体育局主办，市社会体育管理中心、市武术网球项目训练中心、市健身气功协会承办，旨在培养体育骨干，使他们在各健身气功站点进行推广传授健身气功时更专业、更科学，推动健身气功在大同市的发展。截至2016年底，大同市有健身气功活动站点155个，参与健身气功锻炼的人数1万余人，有健身气功社会体育指导员国家级4人，一级26人，二级309人。

这次培训由大同市健身气功国家级社会体育指导员沈大平和孙锦担任主讲。主讲人从理论和实践两个方面，对学员培训六字诀和八段锦。（刘　江）

【全市羽毛球俱乐部赛】 2016年12月20日，大同市第四届奥喜杯羽毛球俱乐部比赛在北方通用动力集团有限公司活动中心落幕。比赛由市体育局、市体育总会、市羽毛球协会主办，有全市16家俱乐部的200余名运动员参加比赛。比赛为混合团体赛，最终，乐羽俱乐部代表队获第一名，北方通用动力集团有限公司俱乐部代表队获第二名，简一俱乐部代表队、大二俱乐部二队获并列第三名。（刘　江）

青少年体育

【青少年体育管理】 2016年，大同市体育局加强对体育传统项目学校建设的指导力度，抓好体育传统项目学校的创建工作和学校体育场馆向公众开放工作。4名传统校体育老师参加省级培训。开展“阳光体育运动”，加强青少年体育俱乐部建设，2家俱乐部申报省级青少年体育俱乐部。培养青少年体育兴趣，提高青少年健康素质和运动水平。（体育局）

【小学生跳绳踢毽子比赛】 2016年4月13日，由大同市体育局主办、城区教育局承办的2016年全市小学生跳绳、踢毽子比赛在大同市际丰培训中心举行，全市有33所学校的近400名小学生报名参赛。

经过两天比赛，城区10小的赵文博和城区48小的袁俊捷分别获男、女踢毽子比赛第一名，城区29小获踢毽子团体冠军；城区10小的胡继忠和高洁分别获得男、女跳绳比赛第一名，城区10小获跳绳团体冠军。

（行　云）

【全市小学生乒乓球赛】 2016年4月24日，大同市小学生乒乓球比赛在市际丰培训中心落幕。比赛由市体育局主办，城区教育局承办，是大同市小学生阳光体育活动赛事之一，全市有32支代表队的146名小选手参赛。

通过近300场次比赛，最终，城区42小、矿区新胜1小获男、女团体冠军，城区14小和城区机车1小分获男子团体二、三名，城区47小和城区19小获女子团体第二、三名，大同市际丰俱乐部被市体育局评为本届赛事最佳组织奖。单打比赛中，机车1小的卫晨昊和矿区新胜1小的闫煦祺分获男、女单打冠军。（行　云）

【城区小学生篮球赛】 2016年5月6日，由大同市城区教育局主办的城区2016年度小学生“3+1”校园篮球赛在城区43小落幕，全区有12所小学100余名小选手参加比赛。这次比赛于5月3日开赛，采取的是小组单循环制和小组交叉决赛制，按照小学生的身体素质和特点，每场比赛分为上下半场，时间各为10分钟。

在5月4日进行的四分之一决赛中，每一个代表队都与对手展开比赛。最终城区42小以16:12的比分胜城区29小，城区33校以18:6的比分获城区41小拿到第二个名额；城区14小与48小比赛，城区14小获第三个名额；最后一个四强名额在城区23小和47小中产生，最后城区23小以3分胜对手。

经过4天的比赛，城区42小在拿下5次第二名之后，终于获第一名；城区14小获亚军；城区33小、23小获第三名。（赵　瑾）

【全市中学生田径运动会】 2016年5月20日，大同市中学生田径运动会在市示范性综合实践基地开幕，全市39支代表队的近1100名运动员参赛。

这次运动会由市教育局、市体育局联合主办，为期3天。比赛分为县区组、市直组和中专组，并按年龄分为初中女子组、初中男子组和高中（中专）女子组、高中（中专）男子组4个组别。比赛设短、中、长跑，跳高，跳远，三级跳远，铅球等项目，竞赛规则采用国家体育总局审定的《田径竞赛规则》。

中学生田径运动会大同市每年举行一届，是对全市中学业余训练工作的一次展示、检阅。这届中学生田径运动会是大同市历年来规模最大、项目最多的一届。（赵　瑾）

【全市中学生球类运动会】 2016年5月29日，在大同三中体育场，由市体育局和市教育局联合举办的全市2016年中学生球类运动会结束。

这届球类运动会比赛项目包括乒乓球、篮球、足球，全市的37支代表队，550余名运动员参加。乒乓球比赛分高、初中男、女四个组别，篮球比赛分中专、高中、初中男、女六个组别，足球比赛分高、初中两个组别。

乒乓球比赛，经过两天对决，同煤一中代表队获高中男子、初中男子、初中女子组的团体冠军，大同八中代表队获高中女子组的团体冠军；同煤一中的麻原、同煤二中的昝树桐、大同七中的李博然、大同四中的曾丹萍分别获高中男子、高中女子、初中男子、初中女子组的单打冠军。

5月7日，篮球比赛也在比拼中结束，大同大学浑源师范分校代表队、大同一职中代表队、大同八中代表队分获中专女子、中专男子、高中女子组第一名，南郊区实验中学代表队获初、高中男子组第一名。

足球比赛于5月26日开打，进行4天。经过比赛，大同五中代表队获高中组冠军，常青中学代表队获亚军，大同实验中学代表队和大同三中代表队并列第三名；大同第二实验中学代表队获初中组冠军，大同外国语学校代表队获亚军，大同一中代表队和大同八中代表队并列第三名。（冯　雨）

【第二届少儿广场舞大赛】 2016年6月1日，大同市第二届少儿广场舞大赛在海盛潮品汇广场举行，来自4区7县33支广场舞队伍的400余名选手参加比赛。比赛由市体育局、市文化局主办，星港城协办，市心连心艺术团承办。

经过比赛，最终33支参赛队伍中，李斌舞蹈工作室等5支代表队获金奖，10支代表队获银奖，15支代表队获铜奖。

各获奖代表队组合参加“海盛潮品汇华彩之夜”庆六一灯光晚会，千余名群众现场观看演出。（冯　雨）

【省青少年羽毛球锦标赛中大同获四个冠军】 2016年9月1日至4日，为期4天的山西省青少年羽毛球锦标赛落幕，大同市代表队收获4个冠军、2个亚军。

这次比赛来自全省9个市370余名运动员参赛。廷羽俱乐部21名运动员代表大同市征战比赛。经过比赛，大同市代表队王翊和杨钦获甲组男子双打冠军；张雨汐获甲组女子单打冠军；庞亦哲和杨欢获乙组混合双打冠军；杨欢和鲁嘉仪获乙组女子双打冠军。大同市代表队还获甲组混合团体亚军、乙组男子团体亚军等多个奖项。（小　霞）

【城区小学校园足球教练员培训班】 2016年12月1日，为期两天的城区小学校园足球教练员培训班在西花园小学开班，城区各小学的37名体育教师，以及大超体育20名足球教练员参加培训。

山西大超体育股份有限公司与城区教育局联合开展城区小学校园足球教练员培训班，通过动吧体育平台邀请荷兰国家沙滩足球队主教练苏利担任培训主教练，在12月1日至2日2天的时间里分别到西花园小学、城区第十小学、城区第一小学、机车厂第一小学现场授课。

这次培训班采取理论教学与实操训练相结合的方式，组织学员集中学习校园足球教练员的能力、校园足球特点、比赛规则、示范教学等知识，更新学员足球理念，提升实践水平。（刘　江）

【校园足球教练员培训班开班】 2016年12月19日，大同市校园足球教练员培训班在市示范性综合实践基地开班，来自全市及各县区小学的58名体育教师在该基地接受为期3天的培训。

这次培训班由市体育局、市教育局主办。主讲师特邀原中国国家男子足球队队员杜蘋，杜蘋为沈阳体育学院硕士、亚足联A级教练员、国际足联中国足球协会讲师、沈阳沈北足球俱乐部主教练；毕业于北京体育大学足球运动专业、大同大学体育学院院长、教授、硕士生导师的张育存担任主讲师；助理讲师孙超为太原理工大学运动足球专业硕士、亚足联B级教练员、大同大学足球队主教练、讲师、大同未来之星足球俱乐部技术总监。培训从12月20日至22日，培训内容为青少年足球训练理论和实践课程。（刘　江）

体育产业

【体育彩票】 2016年，大同市体育彩票销量1.4734亿元，同比上年同期增长4144万元，增长比例39.13%。增长率全省第一，总销量排名在全省上升一位。为大同市筹集公益金900余万元。电彩总销量过千万的网点2个，200万以上网点10个，100万以上网点40个。（体育局）

【电子竞技】 2016年，大同市召开大同市电子竞技体育产业发展研讨会。分析研讨电竞行业在大同市发展现状、发展方向及发展特性等，通过加强规范和引导、扶持和管理，转变电竞行业在大同市自发无序的发展状况。通过推动其职业化、产业化、专业化、市场化进程，培育专业的竞技队伍，在条件成熟的情况下承办国家性质的电竞赛事，促进大同电子竞技运动的健康发展，培育大同市新的经济增长点。（体育局）

【首家职业足球俱乐部成立】 2016年4月8日，大同市体育界、企业界、媒体界的部分代表和全市20余支业余足球队的领队，在王府至尊酒店会议厅，庆祝山西大超体育产业孵化平台在大同市落地生根，并共同见证大同市首家职业足球俱乐部大同车立方职业足球俱乐部的成立。

大超体育产业孵化平台是由浩海集团、山西亿来、关公国际、车立方汽车超市等联合发起的大同第一家体育产业孵化平台，它发挥金融、互联网、人才聚合等优势，推动全市体育产业创新发展。该平台有九大核心业务，其中重要的一项就是对职业俱乐部的投资孵化，大同车立方职业足球俱乐部就是在这样一种全新发展理念下应运而生，其汇聚大同市体育产业界、传统创投机构、互联网金融界及其他社会力量，加速推进大同市体育领域的产业化发展进程。

在俱乐部成立仪式上，大超体育与大同大学体育学院签署《战略合作框架协议》，成为“大同大学体育学院实践孵化基地”。（行　云）

【休闲体育产业发展研讨会】 2016年9月10日，大同市休闲体育产业发展研讨会在云冈石窟景区服务中心内召开。来自各县区体育部门负责人、市休闲体育产业的行业带头人，及奥运冠军陈一冰大景区服务中心，共同商讨大同市体育产业发展大计，以培育全市新的经济增长点。市休闲体育产业发展研讨会，由市体育局、市文物局、市天虹文化传媒有限公司、天津博艺教育咨询有限公司、北京型动体育发展有限公司共同举办。与会嘉宾研讨交流全市体育产业现状、前景，以及市休闲产业发展规划等，并形成共识。陈一冰希望能在大同成立一个关于体育产业综合性的培训基地，以大同为试点向山西省以及周边各地区输送体育人才。市天虹文化传媒有限公司与北京型动体育发展有限公司达成战略合作伙伴关系。（小 霞）

【首个校企合作体育孵化基地成立】 2016年10月17日，大同市城区三十五校举行“足球进校园”活动启动仪式。仪式上，爱心企业山西大超体育股份有限公司向该校捐赠足球，在该校成立大同市首个校企合作体育孵化基地。为开展“足球进校园”活动，企业专门成立校园足球办公室，推出“百校千球”爱心活动，启动与大同市各学校共建大超体育孵化基地计划，城区三十五校是首个合作学校。（晨 曦）

【电子竞技体育产业发展研讨会】 2016年11月26日，大同市电子竞技体育产业发生研讨会举行。这次研讨会由市体育产业发展中心主办，市社会体育管理中心、城区文化局协办，旨在普及、规范大同市电子竞技体育运动，推动其职业化、产业化健康发展。

电子竞技运动是利用电子设备作为运动器械，进行的人与人之间的智力对抗运动。2003年11月18日，国家体育总局批准，把电子竞技列为第99个体育竞赛项目。随着电子网络高新技术的发展，电子竞技体育运动成为一项有市场潜力和发展前景的体育产业。

研讨会现场，来自全市的电子竞技运动协会会员、网吧业主及全市电子竞技从业者、爱好者发言，大家从当前电竞行业现状、该运动的专业化、市场化、娱乐化、移动化以及在大同发展存在的问题、发展方向进行研讨。会议认为电子竞技运动发展潜力无限，应对该运动加强扶持和管理，转变自发而又无序的现状，培育专业的竞技队伍，并在条件成熟的情况下，利用大同市现有场馆，尝试承办国家性质的大型电竞赛事，打造华北电竞之都，带动相关产业发展。（晨 曦）

【市棋院成立】 2016年11月30日，经大同市体育局、市民政局批准，大同市棋院成立，这是山西省首家棋院。与大同市棋院同时成立的还有市国际象棋国际跳棋协会。

市棋院、市国际象棋国际跳棋协会成立后，开展围棋、国际象棋、国际跳棋等一系列交流活动与赛事，推动围棋、国际象棋、国际跳棋运动在全市的发展。

大同市棋院与岳权国际围棋道场结为合作单位，岳权国际围棋道场由全国冠军、职业围棋六段岳亮创办，曾培养出几十名职业棋手。（晨 曦）

大同市体育运动学校

【概述】 2016年，大同市体育运动学校在山西省青少年运动会中，获金牌90枚，银牌78枚，铜牌98枚，团体总分2772.5分的成绩，金牌数和总分数均为山西省第二名。年内，大同市体育运动学校被山西省委、省政府授予“山西省文明单位”称号。（体 校）

【体校训练营管理】 2016年，大同市体育运动学校加强教练员队伍建设，制定《教练员量化标准管理办法》《教练员工作职责》《训练成绩奖罚办法》等一系列制度。要求教练员制定和实施多年，年度、阶段、周及课时计划，钻研业务知识，提高训练水平。教练员的工作实行量化管理，一年中，能在节日中休息10天，病假、事假、旷训、迟到都与教练员的工资、训练费挂钩，训练课要求课前有计划教案，课中有训练负荷指标，课后有总结，按照国家高水平体育后备人才的评选标准要求每一位教练员。要求运动员写训练日记，心得体会。各项制度的实施情况由训练科不定时监督检查。在山西省青少年运动会中，金牌数和总分数均为山西省第二名。（体 校）

【体校教学管理】 2016年，大同市体育运动学校落实《深化改革的若干意见》，要求教师在备好课、上好课的同时，开展互相听课、互相研讨，以老带新，以新促老，共同提高的互教互帮互学活动，开展优秀教案评比、优秀教师、优秀班主任的评选活动，提高广大教师的业务水平和认识能力。在《教师职业道德》《教师岗位职责》《教学质量检查制度》《听课、评课制度》的基础上，建立《教师考核制度》，检查考核教师的教学态度、业务能力、工作实绩、教学效果等多方面。要求教师教案规范，认真、细致、全面、完整，作业全批全改。每学期都有教学计划和教学总结、教学进度表和教学论文。（体 校）

【裴星茹在2016年世界摔跤锦标赛上折桂】 2016年12月11日，在匈牙利首都布达佩斯举行的2016年世界摔跤锦标赛女子自由式摔跤60公斤级比赛中，山西省大同市体育运动学校女子摔跤选手裴星茹获金牌。这是中国选手自2013年以来在世锦赛上获的首枚金牌。有19名选手参加女子60公斤级比赛，裴星茹在战胜瑞典、匈牙利和日本选手后进入决赛。在决赛中，她以6:0战胜美国选手拉根并获金牌。裴星茹是首次代表中国队出征世锦赛。（体 校）

【体校新校建设工程奠基】 2016年8月8日，大同市体育运动学校新校建设工程在御东体育中心东侧奠基。大同市副市长曹惠斌、刘振国出席奠基仪式并为工程开工培土奠基。

市体校创建于1983年，是国家级重点中等职业学校，设有田径、体操、篮球等15个运动项目。建校以来，学校向国家队、八一队、省体工队各大专院校输送众多体育人才，培养输送奥运冠军董栋等多名运动员。新建市体校建设项目，由上海市复旦规划建筑设计研究院设计，由市城建开发公司承建，占地面积16.67公顷，总建筑面积4.6万平方米，包括训练馆、教学办公楼、宿舍、食堂及室外运动场等，总投资3.12亿元。（小 霞）

社会生活

妇女 儿童

【中国工合国际委员会华北工委女子学院成立】 2016年8月9日，中国工合国际委员会华北工委女子学院，在御河九号社区文化活动中心三楼举行成立仪式。中国工合国际委员会主席、国际友人柯马凯，中国工合国际委员会副主席李志明等出席女子学院成立仪式。

中国工合国际委员会，简称工合国际，是国内历史悠久的全国性社会组织和国际性社团组织，1939年为支援中国人民抗日战争，落实海外援助，促进中国工业合作社运动，由宋庆龄与国际友人发起，在香港成立。其多年来致力于农村合作社、工业合作发展、民间外交、妇女发展、公益援助等领域的促进和发展。工合国际华北工委女子学院系中国工合国际委员会华北工委在大同市设立的一个公益项目，致力于女性自我修为教育、女性健康的慈善公益机构，由大同市慈善公益联盟团体成员、女企业家、知名学者、艺术家等组成。工合国际华北工委女子学院坤德学堂、静悟学堂、秀雅学堂、舞韵学堂、童稚学堂、养生学堂等特色课堂，是专为女性创设的。（小　霞）

【儿童关爱】 2016年，大同市民政局、市教育局、市公安局联合印发《关于开展农村留守儿童摸底排查工作的通知》，在全市范围内开展农村留守儿童摸底排查，全市有农村留守儿童3655人，留守妇女2777人，留守老人13146人。为完善打拐解救儿童安置渠道，使查找不到生父母的打拐解救儿童能够通过收养回归家庭，联合市公安局转发《民政部、公安部关于开展查找不到生父母的打拐解救儿童收养工作的通知》。出台《大同市人民政府关于加强农村留守儿童关爱保护工作的实施意见》，建立健全农村留守儿童关爱保护机制。建立全市农村留守儿童关爱保护工作联席会议制度并召开第一次全体会议，联席会议由市民政局等27个部门和单位组成。

（赵登远）

【未成年人公益普及标志设置】 2016年，大同市救助管理站增加投放130块未成年人社会保护（留守儿童）公益普及标志，范围覆盖大同市周边区域，分布12条公交线路，具体为68路、29路、9路、22路、5路、19路、46路、601路、603路、7路、12路、10路，67辆车，全部投放，增强广大市民对困境未成年人（留守儿童）保护工作的重视和关注，营造一个全社会关心保护困境未成年人（留守儿童）权益的氛围。（赵登远）

【农村留守儿童关爱保护工作联席会议】 2016年11月9日，大同市农村留守儿童关爱保护工作联席会议第一次会议在市民政局召开。市政府副秘书长梁全胜、市编办、市综治办、市网信办、市人大常委会法工委、市中院、市检察院、市发改委、市教育局、市公安局、市民政局等27个部门和单位的负责人、联络员参加会议。与会人员收看民政部农村留守儿童关爱保护工作部际联席会议第二次全体会议暨“合力监护、相伴成长”专项行动视频会议。随后，召开大同市农村留守儿童关爱保护工作联席会议第一次会议，市政府副秘书长梁全胜作讲话，市民政局、市教育局、市公安局、市妇儿工委、团市委等结合部门职能，分别阐述农村留守儿童关爱保护工作开展情况。会议要求，深刻领会视频会议精神，按照这次会议的要求，开展“合力监护、相伴成长”关爱保护专项行动，建立健全关爱保护机制，把农村留守儿童工作落到实处，发挥职能作用和专业优势，共同做农村留守儿童关爱保护工作。

（赵登远）

【首批11所“关爱儿童之家”挂牌】 2016年11月17日，在大同市慈善总会的协调下，大同市第一批11所“关爱儿童之家”挂牌，让更多的留守儿童在生活、学习、成长中得到关爱和保护。

为开展城乡社会志愿者服务活动，为农村留守儿童和其他困境儿童健康成长提供形志愿服务，山西省慈善总会3月在全省启动实施“为明天——关爱儿童”慈善项目，通过组织社会捐赠、开展志愿服务等形式，让留守儿童得到关爱和保护。市慈善总会和各区县慈善总会，通过协调、多方筹措，投入善款23万元，在新荣区、阳高县、天镇县、灵丘县建立第一批11所“关爱儿童之家”。

（晨　曦）

老年人

【老龄济困】 2016年元旦、春节、“九九”老年节及“敬老月”期间，大同市老龄办公室筹集资金 50 余万余元，慰问 94 名百岁老人、250 名高龄老人和 350 名特困老人。全市在重大节日期间的助老济困送温暖活动中，发放慰问金、慰问品 380 余万元。

（杜启富）

【“敬老月”活动】 2016年“敬老月”期间，大同市组织各类老年文体活动 210 余场，走访慰问光荣院、敬老院 20 余个，为老年人赠送生活用品、医药用品总价值 150 余万元，直接或间接参与活动的老年人 40 余万人次。

（杜启富）

【“老年证”办理发放】 2016 年，大同市老龄办公室办理发放“山西省老年优待证”8168 本，其中城市老年证 5332 本，农村老年证 2836 本。全市办理城市老年证 156521 本，农村老年证 127056 本，实现老年证办理发放零投诉。《老年人权益保障法》所规定的所有优待政策在大同市落实。

（杜启富）

【绿色生态园林活动基地建设】 2016 年，大同市老龄办公室建设投资绿色生态园林活动基地，建成 6.67 余公顷、3000 棵树、600 只鸡的规模，发挥大同市老龄办公室在阳高县大白登乡杨官屯村创建的绿色生态园林基地的扶贫功能、老年人养生锻炼功能、筹措老年群团组织活动经费三大功能作用。（杜启富）

【老年人法律法规宣传】 2016 年，大同市老龄办公室发放《老年人权益保障法》文本 1 万余本，发放各类宣传资料 3 万余份，张贴制作各类宣传标语、宣传展板 4 万余份（块），在各类媒体发表稿件 30 余篇，老年人法律法规宣传普及率在 80% 以上。（杜启富）

【老年人法律服务和援助】 2016 年，大同市老龄办公室修订老年维权工作制度，如老年人来信来访工作制度、老年维权督促检查制度、涉老案件回访反馈制度等。全年办理涉老法律案件 25 件，接待老年人来信来访 1500 余件。对个别涉嫌诈骗老年人的不法单位，派人明察暗访，收集证据，与公安、工商部门取得联系，采取联合行动，遏制不良势头蔓延。

（杜启富）

【老年优待政策落实】 2016 年，大同市贯彻落实全国《关于进一步加强老年人优待工作的意见》和山西省《关于进一步加强老年人优待工作的实施意见》，老年人优待政策在大同落实。全年全市 50 条公交线路实行老年人免费乘车，年累计 8 万人次；市区 12 个景点、县区 16 个景点全部实行老年人半价及全价优待，年累计 30 万人次；市 10 所医院全部实行老年人免挂号费优待，年累计 3 万人次以上。（杜启富）

【老龄宣传工作阵地建设】 2016 年，大同市老龄办公室自办《大同老年》刊出 6 期，每期 5000 本，免费赠送老年人；《大同老龄网》全年更换条目 150 篇（条）。“山西省旅居养老合作与发展论坛”通过易网报道，10 余家网站转发，点击率 10 余万人次。中央电视台书画频道通过电视台和网络进行三组报道。市老龄办与市委宣传部、精神文明办、新闻媒体、社会组织等普遍建立老龄宣传工作通联制度。（杜启富）

【基层老年协会建设】 2016 年，大同市老龄办公室贯彻落实山西省老龄办、省民政厅《关于进一步加强城乡社区老年协会建设的通知》，抓基层老年协会建设。全年全市农村行政村中，建立老年协会的有 1596 个，覆盖率 81.2%，城镇社区建立老年协会 272 个，覆盖率 91%，870 个城市社区基层老年协会依法登记管理。巩固原有老年书画协会等三家老年群团组织，发展老年骑游协会、骑游公益联合会、老年三下乡服务队、老龄办春之声艺术团、老年锣鼓队、合唱团、民乐团、晋剧团、群众艺术团、广场艺术团等 10 家老年群团组织。（杜启富）

【“敬老文明号”创建活动】 2016 年，大同市老龄办公室印发《进一步引深“敬老文明号”创建活动的通知》，指导、督促、检查、调研各部门、各单位开展创建活动，召开有关单位和部门会议，再动员创建活动，参加全国第二届和全省第三届“敬老文明号”评选活动。截至 2016 年底，大同市被表彰确定为市级“敬老文明号”47 个，省级“敬老文明号”9 个，全国“敬老文明号”3 个。（杜启富）

【老年人服务】 2016 年 5 月和 10 月，大同市老龄办公室分别组织 5 个“银龄”服务队，到阳高县、大同县的山庄窝铺，进行银龄援农、银龄援医、银龄援教；组织老年志愿者服务队，进行“三下乡”活动，为农民演出 12 场，诊疗 800 余人次，理发 300 余人，修理农具 150 余件（套），修锁配钥匙 850 余把，修理摩托车、自行车 60 余辆。（杜启富）

【“12349”居家养老信息平台试运行】 2016 年 8 月初，大同市“12349”居家养老信息平台试运行，标志着大同市智慧养老时代到来。

大同市试运行的“12349”居家养老信息平台坐落在御河九号住宅小区，设 8 个座席，12 名接线员，3 名管理人员，预留 52 个座席的专线接口。平台拥有语音通话、可视对话、网络通信，以及短信、彩信、微信等全媒体接入功能，国内使用的所有通信手段，都能与其沟通联络。平台通过视频监控、卫星定位、便携式传感器等技术手段，感知老年人健康信息、安全信息和位置信息，为突发情况的老年人接受紧急救护，提供信息保障。平台有云储存、云计算功能，为全市康养产业的发展提供大数据支持。为加强服务监管，确保服务效率和服务质量，市老龄办在老年志愿者和机关工作人员中选拔出一批优秀人才，组建“12349”居家养老信息平台管理中心、居家养老服务管理中心，以及旅居养老协调管理中心。（小　霞）

【三家单位获“全国敬老文明号”称号】 2016 年 9 月 22 日，“全国敬老文明号”评选公示，大同市新华街卧虎湾社区、南郊区十里店家怡敬老院、灵丘县平型关义工联合会 3 家单位获“全国敬老文明号”称号。

全年大同市在各涉老部门、公共服务窗口行业（单位）、基层为老服务组织中开展以敬老爱老助老为主题，以创优为老服务环境为重点的创建“敬老文明号”活动，弘扬中华民族尊老敬老的传统美德。经过申报、评选，新华街卧虎湾社区、南郊区十里店家怡敬老院、灵丘县平型关义工联合会三家单位获“全国敬老文明号”称号。

大同市水基金爱心公益协会会长李白雪、敬老车队队长刘建国等4人获“全国敬老爱老助老模范人物”称号。

（小　霞）

【山西省循环旅居养老联盟总部落地大同】 2016年10月18日至20日，山西省首届循环旅居养老论坛在大同市召开。大同市委常委、副市长杨勤荣到会致辞，山西省老龄办副主任续爱峰、省老龄办各部负责人、全省各市老龄办主任、内蒙古自治区包头市、乌海市、乌兰察布市老龄办主任等40余人参加论坛。会议决定山西省循环旅居养老联盟总部设在大同。

“循环旅居养老”是指各地养老机构通过有效机制建立统一网络，把老年人市场需求资源和养老机构闲置资源整合起来，进行交换服务，相互交换客户资源，让老人在没有增加很多费用的情况下，享受来自不同养老机构的多样化服务。对于那些退休年龄偏低，与子女交流时间较少，而身体状况较好，又有一定经济基础的老人，循环旅居养老是一种很好的养老方式。

循环旅居养老这种模式的良性运作必须有本地养老机构组成的联盟和本地与全国多个养老机构联盟的“大联盟圈”两大联盟的支撑。本地养老机构组成的联盟，可做到资源的充分利用与互补，最大限度节约成本。本地与全国多个养老机构联盟的“大联盟圈”，使本地老年人有更大空间根据自己经济实力等因素选择外出旅游与养老。山西循环旅居养老联盟就是组建全省养老机构的“大联盟圈”。

（晨　曦）

【“公证敬老公益服务月”活动】 2016年11月14日，为期1个月的全市“公证敬老公益服务月”活动结束，期间办理涉及老年人公证100余件，发放各类图书、宣传资料2万余份，接待咨询4000余人次，减免公证收费1.01万元。

这次活动根据山西省司法厅和省老龄办的统一安排部署组织开展。活动中，全市司法行政机关和各公证机构开展敬老爱老主题活动，公证人员到居民社区、养老院，举办公证法律知识讲座，开展现场法律咨询，向老年人宣传遗嘱、继承等公证法律知识，提供现场咨询服务。还登上等待发车的长途客车，向旅客发放法律资料；开展“重阳敬老月，公证暖万家”等多项活动，宣传公证法律知识。活动中，为方便老年人办证，全市8家公证机构开辟老年人办证绿色通道，对老年人办理公证实行特殊服务措施，减少办证等待时间。各公证机构在各办证大厅摆放老花镜、饮用水、应急药品和办证须知等，为大同户籍的70周岁以上老年人办理遗嘱公证和遗嘱保管，实行减免公证费，减轻老年人经济负担。

（晨　曦）

【80个农村老年人日间照料中心建成】 2016年11月24日，大同市建成80个农村老年人日间照料中心，全市各县（区）民政部门组织各村做好中心运行前的准备工作。

农村老年人日间照料中心是以解决农村70岁以上空巢和高龄老人基本生活为目的，以满足老年人的吃饭、日间照料为基本要求，按照政府扶持、村级主办、自主参与、互帮互助、量力而行原则设立运行。农村老年人日间照料中心一般要设置四室一厅：即日间休息室、休闲娱乐室、图书阅览室、健身康复室和餐厅，面积在150平方米至500平方米左右。省市补助每个农村老年人日间照料中心维修改造资金10万元，运行费用主要通过财政部门补助和村集体自筹承担。

2016年新建农村老年人日间照料中心80个，其中南郊区11个、新荣区7个、天镇县6个、阳高县9个、大同县6个、广灵县8个、浑源县10个、左云县3个、灵丘县20个，所有项目改造工程完工。各县（区）民政部门按照计划，组织各村做好农村老年人日间照料中心运行前的各项准备工作。

（晨　曦）

【全市康养产业发展规划会】 2016年12月21日，由中国老龄战略研究所副所长王海涛带队，来自中国健康养老产业联盟和西南交通大学相关专家组成的调研组，到大同市实地调研大同市康养产业发展规划工作。市委常委、副市长杨勤荣参加座谈会。

为发挥大同市生态、资源、环境、产业、文化和区位优势，推进健康养老产业发展，率先形成康养业集群，带动大同生态养生养老农业及相关产品制造业发展，建设具有国内领先水准的康养产业园区，提升大同在京津冀区域城市系统中的层次，2016年9月，大同市委托中国老龄科学研究中心对康养产业发展战略规划展开研究。来自中国健康养老产业联盟和西南交通大学相关专家汇报规划的前期初步方案。

（刘　江）

【百岁老寿星94人】 2016年，大同市有百岁老人94人，其中年龄最大的是天镇县逯家湾镇袁家梁村张师道老人，113岁。

从性别看，女性百岁老人有74人，男性百岁老人有20人；从分布看，各县区均有百岁老人，其中有着“长寿之乡”称号的阳高县百岁老人最多，有19人；其次为天镇县和浑源县，分别有14人。

（晨　曦）

残疾人

【督查核发残疾人证】 2016年，大同市残疾人联合会根据山西省残疾人联和会《关于核查市、县级残联工作人员办理残疾人证情况的通知》（晋残联函〔2016〕78号）文件精神，市残联采取措施，进行排查。杜绝“假证”“人情证”等现象发生。注销29个残联工作人员办理的残疾证和因康复脱残、死亡等需要核销的1355人的残疾证。

（残　联）

【托养服务业】 2016年，大同市初步建立残疾人托养服务体系。实施“阳光家园计划”。以智力、精神、肢体重度残疾人为对象，开展需求调查，摸清底数，制定托养服务计划。发展居家托养服务。截至年底，大同市有残疾人托养机构2个，享受居家托养服务残疾人475人。

（残　联）

【康复服务】 2016年，大同市残疾人联合会落实全市本级康复经费96

万元。全年为18826名残疾人提供康复服务，其中2815名视力残疾人接受基本康复服务，1306名听力残疾人接受基本康复服务，9270名肢体残疾人接受基本康复服务，3490名智力残疾人接受基本康复服务，1945名精神残疾人接受基本康复服务。为贫困白内障患者免费实施复明手术400例，30名聋儿进行康复语言训练，训练脑瘫儿童10名，盲人定向行走训练550名，低视力配助视器53人，接受医疗救助的贫困精神病人202人。年内国家贫困成年听力残疾人（助听器）救助24人。培训社区康复协调员400人，全市康复机构在岗人员总数1919人。

11名国家“七彩梦”贫困聋儿康复训练项目完工，8名贫困聋儿每人免费配发2台全数字耳背式助听器、17名省政府贫困聋儿康复训练项目、5名国家人工耳蜗康复训练项目、7名2014年国家“彩票公益金”智力残疾儿童康复训练项目，6名聋儿进入普幼普小，2名智障儿童被正常幼儿园接收。36人验配2014年成人助听器验配。语训部每月开展一次家长培训会，全年有12名教师外出学习。在项目抽评中，抽评17名“2015年国家七彩梦行动计划”和“2015年省彩票公益金”项目；效果评估6名“2015年彩票公益金”成人助听器。

假肢装配任务省彩金项目18例，其中大腿假肢3例，小腿假肢15例。国家彩金项目30例，其中大腿假肢10例，小腿假肢20例。上肢假肢12例，特殊假肢7例，免费为残疾人维修假肢8例。发放辅助器具2015年省彩金项目2400件。2014年至2015年度就学就业项目辅助器具发放187件。采购2015年“七彩梦”残疾儿童辅助器具67件，低视力残疾人辅助器具335件。（残　联）

【残疾人合法权益】 2016年，大同市残疾人联合会完成91户贫困残疾人家庭无障碍改造任务，其中灵丘71户，天镇20户。通过入户回访2015年度贫困残疾人家庭无障碍改造设施的使用情况，设施取得效果，给残疾人提供方便，拓展活动空间。设施的施工质量可靠，全部录入数据库。大同机场、新南客运站、中国电信等30多个单位营运网点实行无障碍改造。山西省补贴大同市残疾人机动轮椅车360辆， 9.36万元，大同市残联把各个县（区）补贴全部发放到位，有关信息录入中残联数据库中。全年接待到大同市残联咨询、求助、信访等人员1500余人次，办理省残联、市信访系统转办的信访案件16件。对全市20余名维权干部培训；市、县（区）换届工作完成，大同市产生市、县两级人大代表12人，政协委员11人，全部登记入数据库。（残　联）

▲2016年7月6日，大同市在和阳门广场举行“复明6号”项目启动仪式（残　联　供图）

【为残疾儿童办实事解难题】 2016年5月15日是第二十六次全国助残日，主题是“关爱孤残儿童，让爱洒满人间”。

2016年，大同市有残疾人20余万人，其中0岁至14岁残疾儿童9700余人。同健全儿童相比，残疾儿童在生理、心理和社会适应能力发展等方面存在较大障碍，在就学和融入社会生活等方面面临着更大困难。全市把保障残疾儿童的基本权利作为一项责任，市县（区）政府和残工委经常召开专题会议，研究部署孤残儿童的帮扶工作，明确有关部门在促进残疾人事业发展、保护孤残儿童合法权益等方面的职责。残工委成员单位贯彻落实国家关于扶残助残工作精神，了解孤残儿童在医疗、康复、教育、社会保障等方面所面临的困难和问题，有针对性地为孤残儿童办实事、解难题。在推动残疾人教育方面，全市完善体系，健全机制，使残疾儿童能够普遍接受义务教育。通过完善未入学残疾儿童少年调查统计通报制度，帮助未入学残疾儿童少年就近入学。

在残疾儿童康复服务方面，探索政府购买服务智残训练模式，开展智力残疾儿童康复训练与服务。依托市聋儿中心等机构，训练7岁以下贫困智力残疾儿童。在全市开展儿童眼病筛查、救治活动。残联、卫生、教育、民政等部门联合开展关爱青少年眼健康公益活动，实施国家残疾预防行动计划。利用“爱耳日”“爱眼日”开展科普和残疾预防工作。

2016年，大同市落实残疾儿童康复救助等重点康复项目，促进残疾儿童康复救助制度建立，实现0岁至6岁视力、听力、言语、智力、肢体残疾儿童和孤独症儿童免费得到手术、辅助器具配置和康复训练等服务。各级残联会同民政、卫生计生等部门完善儿童福利机构康复设施，增强为孤残儿童提供各类康复服务的能力，做好0岁至6岁孤残儿童抢救性康复，通过早期干预，促进孤残儿童改善身体机能。（赵　瑾）

【助残日献爱心】 2016年5月15日，浑源县59岁的贫困白内障患者王玉莲和广灵县66岁的贫困白内障患者刘发顺等21名贫困白内障患者恢复视力、重见光明，在家人的陪同下回家。作为大同市为残疾人所办的实事之一，2016年全国助残日期间全市有200名贫困白内障患者接受免费复明手术。

2016年市残联为200名贫困白内障患者开展的复明手术面向全市各县（区）进行。为确保每一位贫困申请人受益，在2016年5月15日第二十六次全国助残日到来之前，市、县（区）残联先期进行宣传和摸底，确定大同朝聚安康眼科医院为手术承担医院。在市残联和各县（区）残联支持配合下，朝聚安康眼科医院组织医务人员到各县（区）筛查和准备。5月13日起，医院给37名贫困白内障患者施行免费复明手术。（赵　瑾）

人力资源·社会保障

综　述

【人才队伍建设】 2016年，大同市人力资源和社会保障局创新人才发展环境，鼓励和吸引更多高层次人才到大同创新创业。申报“山西清新新能源院士专家工作站”，实现大同市院士工作站零突破。培育本地人才，推荐大同一中夏跃武等4人享受政府特殊津贴，选拔推荐卫生、教育、工程、农业和社科系统5人参加2016年度山西省学术技术带头人评选；推荐选拔煤化工、新型能源、机械制造、化工等支柱行业4人参加2016年度山西省新兴产业领军人才评选；评选确定45名大同市学术技术带头人。（陈世权）

【部门联动查处功能加强】 2016年，大同市人力资源和社会保障局加强部门联动查处，发挥各自职能优势，联合开展人力资源市场秩序清理整顿、劳动用工百日行动等执法检查，维护劳动者合法权益。抓政府应急周转金建立和工资保证金缴存工作，全年全市政府应急周转金入账4462万元，动用1550万元，工资保证金预存余额2972万元，处置投诉争议纠纷，有机衔接监察、调解、仲裁工作机制，落实信访案件，无信访积案。（陈世权）

就业促进

【就业局势总体稳定】 2016年，大同市人力资源和社会保障局实施大学生促进就业创业引领计划，开展就业创业服务进校园等系列专项活动，推荐申报省级创业孵化基地2个。年内，大同市人才开发交流服务中心被国家人社部评为“优质服务窗口”。提升公共就业服务能力，11月，大同市新的人力资源市场投入使用，平台集成政策咨询、创业培训、创业实训及创业创新补贴资金申请等项目，实现“一条龙”“一站式”服务。开展就业帮扶工作，发放各类政策性补贴1000余万元。分流安置煤炭去产能职工工作，协助同煤集团安置职工6026人，安置率100%。实施职业培训全覆盖计划和新生代农民工职业技能提升计划，培训5.5万人，超出目标任务15%；城镇新增就业4.28万人，占目标任务104%；实现农村劳动力转移就业2.52万人，占目标任务105%；城镇登记失业率2.9%，低于4.2%的控制目标。（陈世权）

【新春专场招聘会】 2016年4月7日，大同人才市场新春专场招聘会落幕，385家用工单位携10415个岗位进场招聘，在近3万人次进场求职中，6000余人次达成用工意向。

该市场结合大同经济发展、企业需求和人才供给实际，制定专场招聘会计划，以大同市重点产业发展需求为导向，引导各类优秀人才向重点产业流动和集聚。

二本B类以下大中专毕业生成为求职“主流”，求职者整体素质提高。刚刚毕业的求职者，求职定位不明晰，达成用工意向较低；求职场上磨合3年以上的毕业生，绝大多数都能够做到理性求职，“有岗就上”。从提供的用工岗位而言，营销类岗位的需求量较大，如保险公司保险员，以及某种产品的销售人员等，这些岗位虽然与一些大中专毕业生心目中的“大企业，有发展前景”求职目标有一定心理差距，但对个人综合能力的提升提供求职平台。（行　云）

【高校毕业生就业服务月活动】 2016年9月1日至30日，大同市人才开发交流服务中心开展“大同市2016年高校毕业生就业服务月”活动，以促进高校毕业生就业创业，鼓励企业吸纳毕业生，落实各项优惠政策。

2016年服务月活动以“实名登记精准服务，帮助更多高校毕业生就业”为主题，综合运用各项政策措施和服务手段，为2016届及往届离校未就业高校毕业生提供有针对性的就业服务。对有求职意愿的，提供职业指导、岗位信息；对有创业意愿的，提供创业服务，帮助落实创业扶持政策；对有见习需求的，组织参加就业见习，帮助积累经验、提升能力。

2016年高校毕业生就业服务月提供“一对一”服务。活动期间，在人才开发交流服务中心服务大厅设立实名制登记柜台，对登记的高校毕业生实行“一对一”服务，即开展一次职业指导，提供一份政策清单，发放一本就业服务手册。宣传国家、省、市最新出台的促进就业创业相关政策，帮助高校毕业生掌握政策、用好政策。活动期间，举办一场免费的“高校毕业生专场招聘会暨就业见习对接会”，以及一场流动党员“带头创新创业”座谈会。（小　霞）

【市职介中心搬迁新址】 2016年10月9日，大同市职业介绍管理中心搬迁至新址大同市魏都大道8006号（原市展览馆北区），人力资源市场进入试运行阶段，服务窗口、“一柜式”服务、信息化设施，给广大求职者提供方便快捷服务。每周定期招聘会由原来的周三和周六变更到周三和周五，求职者需持身份证入场求职应聘。

该中心搬迁新址后，从10月28日至12月16日，帮助一些求职者和用工单位实现供需意向对接。从供需岗位监测数据看，排名前10位的求职需求岗位分别为：司机、保安、库管、保洁、文职、会计、夜间看护、行政文员、工程监理、人事专员；排名前10位的用工单位提供岗位分别为：业务员、服务员、销售人员、保洁员、保安、营销、导购、技术员、会计、文员。（刘　江）

【38家"创客"入驻大学生创业孵化基地】 2016年12月，大同市大学生创业孵化基地经过项目征集、海选、复选、终选，38个创业项目首批入驻该基地。

大同市从2014年开始投资筹建大同市大学生创业孵化基地，基地建筑面积2000平方米，可吸纳50个大学生创业项目入驻孵化。孵化基地为入驻项目提供"四免一补一贷款"优惠，"四免"指免场地租金、免上网宽带费、免费提供办公家具、免物业管理费；"一补"指为入驻创业项目提供一定额度的水、电、暖补贴；"一贷款"指为创业项目提供10万元贴息贷款。创业大学生可享受创业培训、开业指导、项目评估、落实就业创业补贴等服务。

首批"创客"入驻2个多月，创业项目包括科技研发类、互联网类、动漫设计与创意类等8大类。就创业项目而言，创业负责人及其团队以毕业不久的大学生为主，创意新、理念新，许多创业项目与未来市场节奏非常合拍。如天一水性涂料项目、手绘大同项目、"缘来是你"婚恋服务平台项目等多个项目都有很好的市场前景。从基地而言，通过"创客"实训营培训，引导创业负责人从创业项目上挖掘深度、寻找内涵、添加元素，直到未来市场孵化成功。12月初，基地通过工商上门服务的方式，为创业项目负责人办理工商营业执照，展开组织的"创客"实训营培训。

基地为创业项目负责人提供硬件及软件支持，规避许多创业前期的风险，使其在零压力的情况下，模拟、孕育、培植未来市场。入驻的"创客"之间可抱团取暖、资源互补、共同成长，最终孵化成功。 （刘 江）

社会保障

【社会保障体系完善】 2016年11月29日，大同市人力资源和社会保障局整体划转移交大同市新农合职能和经办机构等工作，促进大同市城乡居民基本医疗保险制度整合。推进机关事业单位养老保险制度改革，研究制定相关政策，充实工作人员、落实工作场地，各项准备工作就绪。在民营医院推行以总额控制为基础的医保付费方式改革，医保费用目标增速控制在−3%以内。调整机关事业单位、企业离退休人员待遇，各项社保待遇按时足额发放到位。各项社会保险参保人数、基金征缴完成全年任务。 （陈世权）

【城镇居民收入提升】 2016年，大同市人力资源和社会保障局通过促进就业创业、调整社保待遇、提高工资标准等11项增收措施，提高城镇居民收入水平。为20万企业离退休人员发放调整养老保险资金4.3亿余元，平均每人月增资180.6元；为10万机关事业单位工作人员发放调整工资待遇1.8亿元，平均每人月增资300元；帮扶困难企业，拨付稳岗补贴4894万元，惠及6.4万余人。全市城镇居民人均可支配收入26273元，增幅6.1%，高于山西省平均水平0.2个百分点，全省排名第六。 （陈世权）

【新农合受益农民34亿元】 截至2016年9月底，大同市新农合补偿人次数1922.87万人次，补偿34.09亿元。

自新农合制度在大同市推行以来，惠民利民作用凸显，缓解农民"看病难、看病贵"问题。新农合参合人数提高到142.31万人，参合率提高到98.04%；新农合受益人次数提高到253.64万人次。

大同市加大工作力度，提高补偿比例和住院补偿封顶线，政策范围内住院费用报销比例75%以上，全市平均住院实际补偿比提高到45.1%，住院补偿封顶线18万元。从上年开始，大同市推行新农合大病商业保险，降低参合农民个人自付费用，截至2016年9月底，大同市新农合大病保险补助2531人次。 （刘 江）

【《关于2016年新型农村合作医疗统筹补偿方案的意见》出台】 2016年，大同市出台《关于2016年新型农村合作医疗统筹补偿方案的意见》，调整新农合补偿政策，特殊病种大额门诊补偿病种范围在省定35种的基础上增加7种，共42种，其中Ⅰ类35种，每年封顶线1万元，Ⅱ类7种，每年封顶线2000元。补偿比例不低于60%；重大疾病补偿病种范围扩大到28种，其中包括省定的24种：儿童白血病、儿童先心病、重性精神疾病、乳腺癌、宫颈癌、终末期肾病、结肠癌、直肠癌、食道癌、胃癌、肺癌、急性心肌梗塞、Ⅰ型糖尿病、甲亢、脑梗死、唇腭裂、血友病、慢性粒细胞白血病、艾滋病机会性感染、耐多药肺结核、儿童苯丙酮尿症（治疗包括低/无苯丙氨酸配方粉和低/无苯丙氨酸蛋白粉，限国产）、尿道下裂（手术治疗）、儿童先天性巨结肠、儿童先天性肥厚性幽门狭窄。在此基础上，增加免疫规划疫苗异常反应（损害程度二级四等以上）、儿童重度感音性耳聋人工耳蜗植入术、胰腺癌、肝癌4个病种；

▲2016年11月8日，大同市召开新农合经办机构整体移交人社部门工作会议

（陈世权 供图）

住院正常分娩定额补助提高，提高到不低于600元。住院正常分娩费用补偿时，首先按照公共卫生项目财政专项经费补助政策有关规定执行，其余部分再按照新农合规定补偿；新农合大病保险参合农民当年住院补偿最高支付限额由55万元提高到58万元。

（红　远）

【新农合转诊管理】 2016年3月，大同市新农合严格转诊管理，参合农民转诊提供纸质转诊单，未提供的补偿比例下调20%；未按规定转诊或到非定点医疗机构就诊发生的医疗费用不予报销。

大同市新农合执行山西省统一格式的转诊单，省级定点医院住院就医全部实行纸质转诊单（包括分级诊疗病种）管理，患者在就医时出具由县级经办机构签署意见的转诊单，不能提供的，医疗机构履行告知义务，出院前仍未提供的，补偿比例下调20%。纳入分级诊疗范围的病种，各县（区）要按照诊疗标准和转诊要求管理。对跨省就医实行指定定点医疗机构转诊。患者未按规定转诊或到非定点医疗机构就诊发生的医疗费用不予报销。

长期外出务工、求学、居住人员发生疾病，原则上需到居住地新农合定点医院就诊，于出院后1个月内把相关材料递交所在县级新农合经办机构（特殊情况不应超过3个月），按同级别医疗机构补偿比例报销。具体办法由各县区结合实际制定。

全市完善省级定点医院即时结算工作，参合农民在实施即时结算的省级定点医院就医，只需支付个人承担部分，应由新农合基金补偿部分由省级定点医院直接垫付减免（急诊费用不纳入省级结算补偿范围）。

（茗　泉）

【御东新区首家社区卫生服务中心开诊】 2016年5月16日，大同市御东同大社区卫生服务中心（大同大学医院）开诊。御东同大社区卫生服务中心在选址、装修、设置方面，按照国家关于设立社区卫生服务中心的标准要求，设置布局，经市卫计委和南郊区卫计局验收挂牌，为辖区3万多名师生、家属、居民提供预防、医疗、保健、康复等服务。（赵　瑾）

【社保卡增加多项服务功能】 2016年9月7日，大同市医疗保险管理中心与中国银行大同市分行展开社保卡项目合作，合作建设“社保与金融自助服务终端互通共享系统”，大同市参保居民把社保卡插入到中国银行大同市分行在全市投放的自助设备中，便可享受以下服务：可查询和打印各类社会保险缴存记录、账户余额和待遇发放；可查询和打印社保卡银行账户的资金变动情况；可实现参保人群通过自助设备缴纳城镇居民医疗保险费；可实现社保卡挂失、注销等业务。中国银行大同市分行在城区、矿区范围内各网点增设45台社保服务自助终端设备，市民方便快捷享受各项服务。（小　霞）

【新农合经办机构整体移交人社部门】 2016年11月8日，大同市整合城乡居民基本医疗保险制度，新农合经办机构整体移交人社部门，整合后的城乡居民基本医疗保险由人力资源社会保障部门负责管理。卫生计生部门清理新农合基金、经办机构人员、资产等，11月15日，人社部门和卫生计生部门双方负责人在移交清册上签字盖章交接手续。

整合城乡居民基本医疗保险制度，涉及广大群众切身利益，政策性强、涉及面广、整合难度大。市政府成立城乡居民医保制度整合工作协调小组，负责协调解决机构移交、整合中的有关问题。按照“先划转移交、后审计整合”要求，市、县两级人民政府分级负责，同步划转移交。全市利用城镇居民医保、新农合经办资源，整合城乡居民医保经办机构和人员，实行城乡居民基本医疗保险统一管理、统一经办、统一医疗保险经办机构名称和能力建设标准。市、县两级新农合经办机构的编制、职能整体划入同级人力资源和社会保障部门；新农合经办机构的在编在岗人员随机构统一划转至人力资源和社会保障部门，人事档案及相关手续一并移交。新农合经办机构划转移交后，由审计部门牵头负责依法审计新农合基金及相关国有资产。对审计中发现的问题，由人力资源和社会保障部门、卫生计生部门依法依规整改。

全市结合城乡居民医保工作实际，立足全市经济发展水平、城乡居民负担和基金承受能力，在考虑城乡差距、地区差距的基础上，统一城乡居民医保的覆盖范围、筹资标准、保障待遇、医保目录、定点管理和基金管理等基本政策，推进全市城乡居民基本医疗保险制度整合工作。（晨　曦）

【22部门联合开展农民工工资支付专项检查】 2016年12月7日起，大同市人社局、发改委、经信委等22个部门联合组织开展全市农民工工资支付情况专项检查，确保农民工能够按时足额拿到应得的劳动报酬。

这次专项检查分为行业自查和专项检查阶段，突出行业主管部门履行行业监管责任。各级人社部门、各行业监管部门、各企业根据各自职责分别安排组织自查。住建、房管等部门规范房屋建筑和市政基础设施工程领域建筑施工企业项目，督促建筑企业落实工资支付主体责任和用工实名制等管理制度，牵头督办房屋建筑和市政基础设施工程领域因挂靠承包、违法分包、转包、拖欠工程款等造成的欠薪案件；交通、水务、煤炭部门负责组织本行业工程建设领域企业项目开展自查；教育、卫生计生、农业、林业、园林、文物等其他主管部门负责组织本部门所属单位和建设项目开展自查；发展改革、经信、公安、民政、司法、财政、国资、工商、总工会、人民银行等部门要根据各自职责做好农民工工资支付保障工作。

专项检查阶段由人力资源社会保障部门会同有关部门组成联合执法检查组，联合执法检查自查阶段发现的重点区域，重大案件会商，联动惩处。对恶意拖欠农民工工资情节严重的，依法责令其停业整顿，降低或取消建筑施工企业资质，直至吊销营业执照；对涉嫌拒不支付劳动报酬犯罪的，向公安机关移送；对重大劳动保障违法行为要依法向社会进行公布并计入违法失信黑名单；对采用非法手段讨薪或者以拖欠工资为名讨要工程款，构成违反治安管理行为的，依法予以治安管理处罚，涉嫌犯罪的，依法追究刑事责任。

（刘　江）

【市人社系统法律援助工作站挂牌成立】 2016年12月20日，设于大同市人社局和市劳动保障监察支队的两处法律援助工作站挂牌成立，工作站定期安排律师值班，为受援劳动者无偿提供法律服务。

为使经济困难职工发生劳动争议纠纷时能得到及时合理解决，经市司法局、市人力资源和社会保障局协商，决定在人社局和劳动保障监察支队设立两处法律援助工作站。工作站常设法律援助联络员一名，负责日常有关法律援助事务的联络协调，由市法律援助中心安排专业律师，定期到法律援助工作站值班，宣传法律援助制度及与劳动争议相关的法律法规；为受援劳动者提供法律咨询、代写法律文书等法律援助服务。

凡是由市劳动保障监察支队或市劳动人事争议仲裁委员会受理的劳动争议案件、当事人是城镇或农村低保户或者因家庭经济困难无力聘请律师的劳动者，当合法劳动权益受到侵害时，法律援助站的律师都可为其免费提供法律上的帮助。 （刘　江）

养老保险管理

【概述】 2016年，大同市参保企业职工人数36.5万人（其中市直21.6万人、县区14.9万人），占全年目标任务101.5%。征缴企业养老保险费24.16亿元（其中市直征缴9.9亿元、县区征缴14.26亿元），占全年工作目标任务130.6%。全市全年给20.3万名企业离退休人员按时足额发放养老金58.79亿元（其中市直为13.3万名企业离退休人员发放养老金41.35亿元、县区为7万名企业离退休人员发放养老金17.44亿元），发放率和确保率100%。市直企业离退休人员资格认证人数12.74人，96%以上。异地协查认证1341人；照片认证1374人，上门服务认证128人，视频认证124人。暂停养老金发放2421人；恢复养老金待遇1676人。新退休人员资格认证数据采集5392人。全年全市企业养老保险管理中心整理1992年至2005年业务档案1388卷，录入微机系统692卷。

存在问题 社保局和征缴局组建工作未果，导致中心干部队伍思想波动，始终处于观望等待状态。历史干部遗留问题（22人次），没有得到解决，几个科室负责人空岗多年得不到补充；中心干部职工在本岗位工作多年，轮岗问题无法解决。中心两地办公，人员无法统一管理。企业养老保险征缴困难。大同正常运营的参保企业产生跨年度欠费的现象越来越多，如地煤集团等企业欠费达亿元以上，企业养老保险扩面、征缴、清欠和发放的压力越来越大。

（企业养老保险管理中心）

【企业退休人员基本养老金】 2016年，按照大同市人社局、财政局关于转发山西省人力资源和社会保险厅、财政厅《关于2016年调整退休人员基本养老金的通知》的通知（同人社字〔2016〕239号）文件精神，大同市企业养老保险管理中心组织实施，测试调待软件程序、协调筹措调待资金等基础工作。市直企业退休人员养老金于10月14日全部发放到位，在10月20日前发放完毕，在大同日报、晚报等新闻媒体宣传报道调待工作。市直为13万人发放调待养老金26086.34万元，平均每人每月增资180.6元。

（企业养老保险管理中心）

【企业职工退休联审联批】 2016年，大同市企业养老保险管理中心为巩固完善联审联批制度，提高人社部门依法行政和为民服务的能力和水平，派3名工作人员参加市直关闭破产企业联审联批。全年审批职工退休4920人。其中，审批正常退休2301人，审批关闭破产企业提前退休1592人，审批特殊工种提前退休689人，审批因病提前退休98人，审批灵活就业人员退休160人，审批离退休（职）人员死亡待遇80人。

（企业养老保险管理中心）

【企业养老保险管理中心】 2016年，大同市企业养老保险管理中心建立完善“12345热线平台《诉求工单》”台账，解决群众反映强烈的热点问题；出台《大同市企业养老保险管理中心关于解决联系服务群众“最后一公里”重点强化窗口工作纪律的通知》，加强责任问责；改善便民服务设施，提高便民服务水平，在政务大厅、振华南街大厅设置饮水设施和一次性社会保险水杯，在政务大厅企业养老保险管理中心新设置业务经办服务指南栏、流程图，经办程序电视播放平台，方便办事群众办事。

（企业养老保险管理中心）

人事人才

【人事制度改革】 2016年，大同市人力资源和社会保障局推动落实事业单位工作人员竞聘上岗制度。核准备案县（区）事业单位公开招聘方案，开展各县（区）事业单位公开招聘。按照核定的岗位设置方案和竞聘上岗规定开展岗位聘用工作，制定规范全市事业单位竞聘上岗程序，明确空缺岗位、岗位资格条件，实行竞聘结果公示。按照规定结构比例和核准权限，开展事业单位岗位设置方案核准工作，全市99.7%的事业单位工作人员7.8万余人签订聘用合同。开展“五大发展理念”师资培训，为“十三五”期间全市公务员培训工作奠定基础。按照量化考核、积分选岗办法，安置军转干部101人。 （陈世权）

【微信公众服务平台推出】 2016年6月，大同市行政事业单位档案管理中心（原人事信息中心）在市人社局官网改版后，推出手机扫描二维码关注人社局微信公众号的形式，为公众提供信息服务。

市民可登录该局官网（www.dtrsrc.gov.cn），通过手机扫描大同市人力资源和社会保障局官网首页左侧的二维码或微信公众号，查找“大同市人力资源和社会保障局”的方式，登录微信公众服务平台。该平台开设有“个人中心”“网站内容”“信息交流”3个功能版块。其中，“网站内容”细化分为“人事考试”“公开招聘”“工作动态”“通知公告”“表格下载”5个信息模块。人社局在这个微信公众服务平台实时发送有关人事考试、公开招聘以及公开招考等各类信息，广大群众通过手机及时接收和浏览这些信息。对于参加公开招考的考生，能方便考生随时了解自己所参加考试的考务信息。 （冯　雨）

【党群系统录用公务员及选调生面试】 2016年7月22日至24日，

大同市党群系统录用公务员及选调生面试举行，594 名考生参加面试。

这次面试由市委组织部具体组织实施，采取结构化面试的方式进行，以百分制计分。面试重点测试应试者的心理素质、综合分析、宏观决策、逻辑思维、临场应变、语言表达和处理问题能力等基本素质。考前，面试考场、面试顺序都随机抽签确定，面试现场设候考室、备考室、休息室、考生休息区，每个区域进行封闭式隔离。面试现场计分，当场公布考生面试成绩，考生获悉自己面试成绩签字确认后离场，多项措施确保面试公开、公平、公正。

2016 年全市党群系统公务员考试，招录公务员 211 名，选调生 20 名。通过笔试、资格复审等环节，最终确定参加面试考生总人数 594 名。

（木　依）

【"引老乡、回故乡、建家乡"活动】 2016 年 8 月 26 日至 27 日，大同市举办首届"引老乡、回故乡、建家乡"活动暨借力京津冀人才资源高峰论坛，助力山西省旅游发展大会。

这次活动加快大同市融入"京津冀"协同发展和环渤海区域合作发展一体化进程，以血脉亲情为纽带，市委组织部与市人社局、市招商局共同组织，邀请 40 余位在外山西籍创业成功人士，回乡发展、创业投资，发挥各自优势，把创业成果带回家乡，把资金项目留在家乡，以实际行动支持和帮助家乡发展。回乡人才的创业领域广泛，涉及文化旅游、装备制造、生物医药、节能环保等多个行业。

活动中举办"大同市借力京津冀人才资源高峰论坛"，国家"千人计划"专家高强博士、北京农学院生物科学与工程学院院长师光禄博士、国杰老教授科学技术咨询开发研究院院长富志侠教授等高端人才作为特邀嘉宾，理论研讨和操作指导大同市对接京津冀战略规划、人才引进、产业承接、平台建设、政策配套、创业环境等课题。国务院发展研究中心中国经济年鉴社副社长张智祥、北京众利和康科技发展有限公司董事长杨增博士等在外山西籍企业家从地缘优势、城市定位、产业布局、资源开发利用、融入首都经济圈等各个角度，为大同的发展建设建言献策，把大同建设成为"国家新能源综合改革试验区""通用航空产业集群基地"等建议。

活动中，市委组织部介绍大同市引进人才优惠政策，市招商局播放宣传片并推介大同市紧缺特色产业人才项目需求。在外山西籍企业家，分享自己在外的奋斗创业经历，表达回报家乡的意愿，推介与大同特色资源相适宜的创业项目。通过商谈对接，建筑垃圾资源化处理、城乡采暖煤改电、镁业制造、国美在线大同特色馆、淘实惠等项目，现场与市招商局和相关单位签约并达成战略合作意向。

（小　霞）

【2016 年山西太原人才智力交流大会】 2016 年 11 月 12 日至 13 日，"2016年山西太原人才智力交流大会"在太原煤炭交易中心举行。大同市市县组织、人社系统组团参加大会。

山西省委组织部和省人社厅印发《2016 年"山西太原人才智力交流大会工作方案"》通知后，大同市委常委、组织部长赵向东要求相关部门加强对接。市委组织部专门印发通知，制定参会方案，成立 68 人组成的代表团，设立综合协调、招聘洽谈、项目对接、人才政策及人才需求宣传 4 个小组，具体协调活动相关事宜。

聘请专业广告公司设计制作 35 平方米的主展区大同展板，抽调业务骨干把关制作 20 个招聘展位展板，围绕市委第十五次党代会精神，"136"发展战略，宣传市委、市政府关于人才强市方面的政策举措、关于高层次人才和智力项目的需求信息，以及引进紧缺急需人才的优惠措施，展示古城特色文化和新环境、新气象、新机遇，搭建起大同吸引人才智力的展示平台。代表团现场发放《古都大同，邀您同行》招才引智资料 2000 余册，宣传大同古都人文环境和人才优惠政策。

这次大会，全市组织 97 家用人单位参会招聘，提供的 1810 个用人岗位涵盖医疗卫生、教育科研、生物化工、建筑制造、计算机、餐饮旅游等 20 余个行业，招聘条件宽泛，给出待遇适中，有不少高校毕业生咨询、应聘，登记各类人才 312 名，其中博士生 1 名、硕士生 52 名。全市组织 46 名困难家庭未就业大学生和流动党员参会求职，并为他们报销来往路费。大会期间，代表团成员服从统一调度，接待应聘、咨询人员，介绍大同市发展环境、产业人才需求和单位空缺岗位等情况，增强应聘人才对大同的吸引力。

（晨　曦）

民　政

综　述

【"民政服务机构安全管理月"活动】 2016 年 6 月全国"安全生产月"，大同市民政系统同步开展"民政服务机构安全管理月"活动。活动以"强化安全管理理念，提高安全管理水平"为主题，开展宣传教育培训、隐患排查、专项治理、巡查督查等活动，树立红线意识，普及安全知识，落实安全责任，提高民政服务机构安全管理水平。动员全市民政系统干部职工、服务机构工作人员、服务对象，以及社会公众参与"安全隐患随手拍"和"微信传安全"活动，党员领导干部发挥先锋模范作用。动员大家查找身边服务机构不安全行为和隐患，上传到民政厅"安全管理月"邮箱，做到及时拍及时传；聘请各类民政服务对象及其家属、志愿者，以及媒体记者等作为义务监督员，到服务机构监督检查，借助电视、报纸、互联网等媒体，发布民政服务机构安全管理情况，引导全社会关注服务机构安全工作，通过社会监督提高服务机构安全管理防范意识和能力。

（赵登远）

【冀晋线大同—张家口、大同—保定段联检工作对接会】 2016 年 5 月 13 日，冀晋线大同—张家口、大同—保定段第三轮联合检查工作对接会在大同市广灵县召开，大同、张家口、保定三市民政局及涉及联检工作的 3 市 10 县分管领导和工作人员 30 余人参加会议。与会全体人员学习冀晋两省民政厅制订的《冀晋两省行政区域界线第三轮联合检查实施方案》，联检工作涉及 10 个县的相关人员分别介绍分段界线情况，交流联检相关

资料，商定分段联检计划。（赵登远）

【清明节祭扫安全保障服务工作】2016年3月22日，大同市民政局召开殡葬管理所、殡仪馆和各陵园的负责人参加汇报会，各单位汇报2016年清明节殡葬管理和祭扫工作准备情况。汇报会邀请南郊区消防中队长为大家讲解消防知识防火方法和相应的法律规章。大家集思广益，把预防工作想到位做扎实，各单位主要领导亲力亲为，做好组织指挥。要求消防部门协助各殡葬服务单位做好消防工作，熟悉各陵园的路线；密集巡查时间；在清明节之前到各单位督查1次，帮助找问题，防患于未然。（赵登远）

【第六届“放歌民政”演讲比赛】2016年7月13日，大同市民政局举办“不忘初心、永跟党走”第六届“放歌民政”演讲比赛。来自各基层单位的19名选手，依次上台讲身边人、谈身边事。经过比赛，大同市殡仪馆选手张伟获一等奖，市六医院白雅丽、殡仪馆姜亚青获二等奖，市光荣院王叶、安睿、盲人按摩门诊部王俊华获三等奖。会上，市民政局表彰在“党员先锋行”活动中，4个优秀基层党组织、4个共产党员先锋岗、5名优秀党务工作者和38名优秀共产党员。（赵登远）

自然灾害·灾害救助

【救灾救济】2016年，大同市9个农业县（区）报灾情55次，直接经济损失4.58亿元，各级民政部门组织核灾、报灾、救灾。利用“5·12”和“7·28”开展全国“防灾减灾日”“国际减灾日”主题宣传活动，防灾减灾理念深入人心，提高社会各界风险防范意识。采取分片集中的方式培训全市基层灾害信息员。开展综合减灾示范社区创建活动，推荐报送4个“全国综合减灾示范社区”和17个“全省综合减灾示范社区”。（赵登远）

社会救助

【城乡低保保障标准提高】2016年，大同市人社局开展居民家庭经济状况核对工作，推进城乡低保工作公开公平与公正。全市保障城市低保对象57678户121546人，农村低保对象128546户160599人，发放城乡低保资金61044万元。从2016年1月1日起，全市城乡低保保障标准每人每月提高20元，提标后，城市低保标准为：城区、矿区、南郊区、开发区、大同县为469元/月·人，新荣区457元/月·人，左云县、灵丘县407元/月·人，浑源县379元/月·人，广灵县376元/月·人，天镇县375元/月·人，阳高县358元/月·人。农村低保标准统一为2898元/年·人，实现农村低保标准与国家扶贫标准的统一。在全市范围内开展为期1个月的进村入户走访活动，检查各县（区）落实“农村低保扶贫行动”和“特殊群体关爱行动”。（赵登远）

【农村五保供养标准调整】2016年10月1日起，大同市提高农村五保供养标准，调整后，集中供养标准5960元/人·年，分散供养标准3800元/人·年，全市有农村敬老院58所，可使用床位4584张，五保供养对象20430户，20512人，其中分散供养对象17530户，17609人，集中供养对象2900户，2903人，集中供养率14.2%。（赵登远）

【医疗救助】2016年，大同市11个县（区）和开发区全部纳入城乡医疗救助范围，加大重特大疾病救助力度，推行重特大疾病救助“一站式”即时结算服务。“一站式”即时结算医疗机构增加为市二医院、四医院、六医院、三二二医院、中医院、现代医院、新建康医院集团公司、大同魏都医院有限责任公司、中西医结合医院、大同市消化病医院十家，医疗救助比例由原来的60%提高到70%，重特大疾病年最高救助标准由1.5万元提高到2万元。全年发放医疗救助金3533.98万元，救助68168人次。（赵登远）

【临时救助】2016年，大同市民政局出台《大同市人民政府关于进一步健全完善临时救助制度的意见》，解决城乡贫困居民突发性、临时性生活困难。开展临时救助以及“救急难”试点工作，推进“救急难”平台建设，建立“一门受理、协同办理”工作机制。按照个人申请、乡镇审核、县级民政部门审批的程序实施临时救助，发放临时救助金768.02万元，救助10943户次。确定“春霖助学”资助对象192名，救助农村低保家庭困难学生665名，发放“春霖助学”资金133万元。（赵登远）

【流浪乞讨人员救助管理】2016年，大同市民政局加大流浪乞讨人员救助管理力度，落实全国生活无着流浪乞讨人员救助管理工作视频会议精神。开展“寒冬送温暖”和“夏季送清凉”专项救助行动。依托市救助管理站设立家暴受害者庇护场所。动员社会力量参与救助，面向社会征集首批10家“爱心救助志愿服务站”。借助出租车的平台和职业优势，建立爱心救助车队。采取爱心救助网、社区救助点、爱心志愿者、流动救助“四位一体”的救助方式对流浪乞讨人员开展主动救助。全市救助流浪乞讨人员9306人次，其中男8153人次，女1153人次。（赵登远）

【救助管理站通过国际标准质量认证体系】2016年1月，国际标准质量认证书送到大同市救助站，大同市救助管理站实现与国际标准质量管理体系接轨，成为山西省救助管理机构首家通过质量认证的单位。大同市救助管理站完善管理，优化质量，强化服务，结合实际工作，在接待大厅LED大屏公开承诺接待服务规范，滞留人员寻亲公告信息；设置接待人员满意度测评器、投诉意见箱，公布服务监督电话，为受助人员提供诉求通道。（赵登远）

【救助站105名滞留人员信息入网】2016年，为帮助滞留在该站的105名流浪乞讨人员早日回家，大同市救助管理站把这些人员的信息上传至全国救助寻亲网（http:xunqin.mca.gov.cn）。

105名无信息流浪乞讨人员均为智障人员或精神障碍患者，他们在站里滞留时间最长的有六七年，最短的在三个月以上。该站通过爱心救助网、微信平台，以及媒体发布寻亲信息，但这些寻亲信息传播局限于大同市范围，不易被异地的寻亲人员发现。把这些人员的信息上传至全国救助寻亲网站，扩大寻亲范围，通过与受助人员的DNA数据比对，帮助他们找到亲人。

全国救助寻亲网发布的寻亲公告内容包括受助人员照片、姓名、性别、年龄或目测年龄、身高、健康状况、智力状况、精神状态、体貌特征，以及发现时衣着特征、发现时间、发现地点、所在救助管理机构联系方式等基本信息。网站具备条件查询功能，寻亲家庭可以通过相关特征检索，寻找自己亲人。（路　璐）

【救助站启动深层救助模式】 2016年1月21日，大同市救助管理站的10余名滞留人员在站里社工科工作人员王慧峰的带领下，一起听音乐、涂鸦学画、做手指操等。该站的深层救助模式启动。

在传统救助模式下，救助站对于临时陷入困境的受助人员只满足其吃、住的需求和助其返乡。在实际救助工作中，一些受助人员由于智力障碍等原因，一时无法提供家人信息，成为站内的滞留人员，还有一些把乞讨作为生存手段的流浪乞讨人员。对于这两类救助人员单单满足其物质的需求显然是不够的，因而在经过1年的尝试后，市救助站2016年启动深层救助模式。

深层救助模式主要包括两个方面的救助。（1）开启受助人员的心智，给予其情感精神层面的救助。针对受助人员的具体情况设计心理辅导方案，对受助人员分组进行心理辅导和心理训练。通过每周安排的手指操训练、涂鸦学画训练等开启心智的训练，让其逐渐从懵懂封闭的心灵世界中走出，助其尽快找到家人回归社会。（2）矫正受助人员的行为习惯，改变其对社会的认识。由于没有监护人监管等原因，导致一些受助人员把乞讨作为一种生活状态，而无法融入社会。对于这类受助人员，该站通过每周不同内容的集中教育课，有针对性地对他们进行耐心解释、分析和疏导，指出他们在认知和行为方面需要改变的方向和方法，引导他们的改变。

对于以上人员的救助，市救助站每周统一安排良好生活习惯训练、健身体育活动、文体娱乐活动，每周播放一些励志电影，组织受助人员分享观看电影后的感想，引导他们学习和转变对生活、对生命等方面的认识和观念，培养积极向上的心态，树立对未来美好生活的追求。（路　璐）

【王维卿等考察市救助管理站】 2016年3月22日，山西省妇联主席王维卿、副主席韩丽珍、刘一平，市委副书记刘国庆一行到大同市救助管理站考察家庭暴力庇护和困境未成年人保护工作。现场参观并听取相关介绍后对该场所设立的意义、理念、工作程序、人文化的标志牌、室内的布置等给予肯定，对女区提供的母婴庇护室的人性化设置赞赏。他们到受助人员接待大厅、宿舍区、服务区、功能区等处，看望在站受助人员。参观救助管理站为受助人员提供的图书室、活动室、康复理疗厅、心理评估室、医务治疗室、心理宣泄室等。（赵登远）

【首批“爱心救助志愿服务站”启用】 2016年6月14日，大同市救助管理站向社会征集的首批10家“爱心救助志愿服务站”启用。首批10家“爱心救助志愿服务站”分布在大同市城区主干街道，救助空间宽敞。启用后，街头生活无着的流浪乞讨人员、因务工不着或被抢、被骗等原因临时陷入困境的群体可就近寻求救助。爱心救助志愿服务站会为困境人员志愿无偿提供饮用水、食物、短暂的防暑避寒场所、劝导或引导他们到救助管理站接受救助。（赵登远）

【“救助开放日”活动】 2016年6月17日，大同市救助管理站举办“救助开放日”活动，大同市爱心公益协会、天龙救援大同支队等公益组织代表、市民代表30余名，及多家媒体代表到该站，体会救助管理工作。这次活动，围绕“在站寻家，让爱回家”主题，向社会公众宣传救助管理工作政策，普及寻亲知识，公布寻亲公告信息，制作栏目介绍全国救助寻亲网的功能，全景式、多角度介绍寻亲服务的方法，让更多的人知晓救助管理工作，扩大寻亲信息传播渠道，提高社会公众对救助管理站寻亲服务的认知度和满意度。（赵登远）

【山西铸仁社工服务中心“落户”救助站】 2016年7月4日，全国百强社工专业机构之一——山西铸仁社工服务中心“落户”市救助管理站，以政府购买服务的方式，为该站日常工作中接触的各类受助人群，以及城乡未成年人群体开展为期1年的服务。

该站探索困境人员的深度救助，如每周安排困境人员进行良好生活习惯的养成、与人如何融洽相处以及智力开发等科目的培训，为困境人员回归家庭和社会做准备；不定期在困境人员中组织一些趣味运动比赛；组织困境人员游园、参观博物馆等户外活动。这次“落户”大同市救助管理站是该站2016年探索深度救助工作的重要举措，通过专业机构可对不同的困境人员给予更专业的服务，如对成年困境人员以个人良好生活习惯养成、协助回归家庭为主，对未成年人开展行为矫正、快乐读书、继续教育、生活技能培训、家庭回归及融入等服务。该站面向站内工作人员开展社会工作培训、社会公益项目和经验交流等合作。（木　依）

【大同山威救援队支援北京抢险】 2016年7月19日至20日，北京遭遇入汛以来最强一轮降雨过程，全市平均降雨量超过4年前“7·21”暴雨，北京市政、交通等多部门联动采取应急保障措施，全力应对。20日国家民政部紧急救援促进中心呼叫大同市山威紧急救援科技研发有限公司，请求支援。

大同市山威紧急救援科技研发有限公司是民政部紧急救援促进中心的联盟单位，有一支应急技能培训、应急产品研发和应急救援的专业队伍。接到求援电话后，公司经理荆良选拔队员，组织救援装备，补齐救援所需。组成一支10人应急救援队伍、4辆专业救援车到北京救援。21日，救援队与北京相关方面取得联系，被分配在海淀区和昌平区展开救援。10余人的救援队伍救出被困车辆60余台。（木　依）

【心理援助基地启用】 2016年10

月 10 日，大同市救助管理站心理援助基地启用。市救助站工作人员在救助工作中发现，简单提供果腹食物和返乡车票，不能满足受助人员实际需要，不少救助对象存在心理方面疾病。为让这部分人走出心理阴影，该站与大同市南郊知音心理工作室协商，在市救助站设立心理援助基地，心理志愿服务陷入困境，需受助人群特别是困境未成年人，维护其合法权益。

大同市救助管理站心理援助基地心理专家定期不定期开展讲座、活动，对救助站职工展开心理健康培训，对流浪儿童提供心理评估、个案辅导、特殊治疗、矫治教育等。（晨　曦）

【“寒冬送温暖”专项救助行动】2016 年 11 月 1 日，大同市救助管理站启动，“寒冬送温暖”专项救助行动。专项救助行动从 2016 年 11 月 1 日至次年 4 月 15 日，历时 5 个半月。通过主动救助、快速救助、分类救助、延伸救助、联动救 5 种救助方式，确保生活无着流浪乞讨人员等街头困难群众，及时得到救助服务，避免极端事件发生。市救助管理站发出爱心倡议和流浪乞讨人员知识问答，提示市民如在街头遇到流浪乞讨人员，拨打 110 或 24 小时救助热线 2832283、2029000 实施救助。（赵登远）

【联动救助行动】2016 年 12 月 2 日晚，大同市救助管理站联合 17 家爱心单位及公益组织开展两小时的冬季首次联动救助行动，3 名临时陷入困境人员获得及时救助。

市救助管理站连续三年开展联动救助行动，这次救助行动是历次参与人数最多的一次，17 家爱心单位及公益组织出动人力及车辆。在搜救中，搜救人员分别在魏都大道大同汽车站附近、沃尔玛麦当劳店内，以及华林新天地门口发现 3 名临时陷入困境的人员，本着自愿接受救助的原则，搜救人员对 2 名拒绝到站内接受救助的人员发放棉衣、棉被、棉鞋，以及方便面等物品，1 名身体不适人员送到定点救助医院治疗。（刘　江）

【滞站人员找到回家路】2016 年，大同市救助管理站通过多渠道构筑“爱心网”，为滞站人员寻亲，截至年底为 36 人找到家人。

2016 年以来，市救助站多渠道构筑“爱心网”，帮助滞站人员寻亲。（1）“身”“心”治疗。康复治疗有精神疾患的滞站人员，在其病情日渐好转的情况下，引导他们打开心扉。对于有智力障碍的滞站人员，着眼于其“心”的治疗，如组织这类人员进行游园、登城墙、参观博物馆等户外活动。全国百强社工专业机构 2016 年落户该站，社工人员通过每周安排这些人员进行良好生活习惯的养成、与人如何融洽相处，以及智力开发等科目的培训，让其重拾过往记忆。（2）沟通交流。站内工作人员每天与这些人员沟通，把其模糊记起的信息点甄别、串联，通过无数次的网上和电话查询，最终为其找到家人。（3）扩大寻亲范围。这些受助人员到站后，如果 24 小时之内找不到亲人，该站就把其失联信息通过全国民政救助寻亲网、宝贝回家网、今日头条信息网、大同救助寻人微信群等多个网上寻亲平台发布出去，扩大寻亲范围。2016 年该站收到表达感激之情的锦旗 17 面。（刘　江）

▲2016 年 11 月 15 日，市民政局局长王淑琴到市福利院看望孤残儿童（赵登远　供图）

优抚安置

【优待抚恤】2016 年，大同市有各类享受抚恤待遇的优抚对象 10708 人。山西省民政厅、财政厅拨付大同市抚恤事业费 6805 万元，医疗费 388 万元，老党员生活补贴 254.47 万元，所有优抚资金以社会化发放的形式按时足额发放到位。伤残鉴定 48 名提残、换证伤残军人。办理干部死亡一次性抚恤 82 人。为 26 名原 8023 参试退役人员和其他参试退役人员审核报送评残资料。审批“部分 60 周岁农村籍退役士兵”626 名享受待遇。组织全市 393 名参试人员在大同市第一人民医院体检。核查各类优抚对象入户和录入优抚数据库信息。（赵登远）

【退伍安置】2016 年，大同市安置退役士兵，发放一次性自谋职业补助金 723.8 万元，退役士兵自主就业一次性补助金省、市、县三级配套 1889.1 万元；开展技能培训和就业服务，组织 996 名自主就业退役士兵参加教育培训，推荐就业人员 180 人。接收军休干部（含士官）和军队复员干部，高标准落实军队离退休干部政治待遇和生活待遇，调整军休人员公勤费和护理费。（赵登远）

双拥工作

【双拥共建】2016 年，大同市四套班子慰问驻同团以上部队 18 家，优抚事业单位 5 家，发放慰问金 35 万元。“八一”期间，为大同舰官兵发放慰问金 5 万元。组织召开军地协调会和“八一”军政座谈会。利用报刊、广播、电视等媒体宣传全国双拥模范城命名表彰大会精神。为 13 名军人子女办理无学籍、入学和转学问题，3 名上初中子女调整学区。落实随军未就业家属困难补助政策，218 位困难家属发放 78.48 万元。与市公交公司协调年检军人 IC 公交卡，年检公交卡 2330 张。7 月 29 日，全国双拥工作领导小组、民政部、中央军委政治工作部授予大同市“全国双拥模范城”称号，实现“八连冠”目标。（赵登远）

【纪念革命烈士活动】 2016 年 9 月 30 日，张吉福、马彦平、高键、梁凤书等党政军领导与全市社会各界代表到大同市革命烈士陵园，缅怀为实现民族独立和人民解放而牺牲的革命先烈。市委书记张吉福发表讲话。市委副书记、市长马彦平主持仪式。市委、市人大、市政府、市政协和大同军分区的领导，部分参战老战士、革命烈士家属、双拥模范、驻同部队和社会各界代表等参加活动。活动开始后，全场人员向为中国人民解放事业和共和国建设事业英勇献身的烈士们默哀。敬献花篮。党政军领导和各界代表面向纪念塔三鞠躬，表达对烈士的怀念。（赵登远）

社会福利

【老年福利】 2016 年，大同市有养老机构 33 家，其中公办 1 家，民办 32 家，拥有床位数 5494 张，入住老人 2758 名，入住率 50.2%。发展康养产业，与中国老龄科学研究中心就《大同市康养产业规划》编制合作协议签约。加快湖东老年公寓建设步伐，印发行政指导意见书，办理民办非企业法人登记，投资 1500 万元。新建农村老年人日间照料中心 80 个，拨付省、市两级财政资金及省级福利彩票公益金 560 万元。拨付 960 万元新建城市社区老年人日间照料中心 40 个（其中城区 30 个、矿区 10 个）。3 月 31 日，印发《大同市人民政府关于建立经济困难的高龄与失能老年人补贴制度及提高百岁以上老年人补贴标准的通知》（同政办〔2016〕31 号）。补贴标准为全市城乡低保家庭中 80 周岁至 99 周岁的老年人，每人每月补贴 30 元；全市城乡低保家庭中 60 周岁至 99 周岁的失能老年人，每人每月补贴 60 元；全市 100 周岁（含）以上的老年人，每人每月补贴标准由 200 元提高到 300 元。（赵登远）

【儿童福利】 2016 年，大同市有孤儿 1860 人，其中机构集中供养 481 人，机构代养 31 人，社会散居 1348 人。供养标准为机构供养 1000 元 / 人 · 月，分散供养 600 元 / 人 · 月。配合省民政厅和泰达国际心血管医院免费复查全市贫困家庭先心病患儿。市社会福利院助推家庭寄养、寄宿工作城市化发展，同步推行医疗康复与特殊教育，加强对外交流合作，全年接收社会弃婴（儿）39 名。（赵登远）

【残疾人福利】 2016 年，大同市民政局与市残联联合拟制《大同市发放困难残疾人生活补贴和重度残疾人护理补贴实施办法》，4 月 6 日以同政发〔2016〕24 号文件印发。困难残疾人生活补贴标准由原来每人每月 40 元提高到每人每月 50 元，各县（区）负责发放；重度残疾人护理补贴标准由原来每人每月 40 元提高到每人每月 50 元，残联负责发放。（赵登远）

【福利彩票发行和公益金】 2016 年，大同市福利彩票发行实现平稳增长，全市 387 个投注站，5 个中福在线大厅，全年发行量 3.86 亿元，筹集市级公益金 3252 万元，与上年相比增幅 6.93%，销量山西省排第四，增长率山西省排第一。全年申请省级福利彩票公益金 456 万元，市财政福利彩票公益金专用账户可用资金 3802.98 万元。（赵登远）

【山西省社会福利工作推进会】 2016 年 7 月 4 日至 6 日，山西省社会福利工作推进会在大同市召开，全省各地市分管社会福利工作的副局长、社会福利科科长和社会福利院院长参会，省民政厅党组成员、副厅长李太平出席会议并讲话。与会代表参观大同市老人公寓、社会福利院、十里店家怡敬老院、御锦源社区老年人日间照料中心，以及阳高县古城镇赵家村和马家皂乡安家皂村的老年人日间照料中心，考察拟规划建设的文瀛湖康养产业园区。会议期间，各地市分别汇报上半年社会福利工作完成情况，会议总结上半年全省社会福利工作完成情况，部署下半年工作。专门聘请民政厅社会福利和慈善事业促进司巡视员王来柱培训《慈善法》相关内容，省发改委代表专门说明如何作好项目申报工作。（赵登远）

【肢残孤儿矫形工场】 2016 年 8 月，大同市社会福利院肢残孤儿矫形工场开始运行，主要为院内有康复需求的肢残孤儿（脑性瘫痪、马蹄内翻足等）提供专业康复矫形服务，这是山西省首家福利机构内设的矫形工场。矫形工场自成立以来，按照民政部儿童福利机构设施设备配置要求，配备打磨机、烘炉、平板加热器、台钻等专业设备，由工作人员自己制作矫形器具，用于治疗和改善残疾患儿肢体畸形和功能障碍。安排人员到广州等地参加矫形康复培训，引进国内先进生产工艺及技术理念，提升矫形康复专业化水平。工作人员筛查、评估、取型孤残儿童肢体残疾情况制作矫形器。在矫形器的制作工艺上，经过打制石膏模型、灌模、修模、板材成型、切割、打磨、组装等一系列工作，为脑性瘫痪、马蹄内翻足等患儿制作 AFO 型矫形足托。通过调试及跟踪随访患儿佩戴情况，所有患儿矫形足托佩戴情况良好，足部异常姿势得到纠正。（赵登远）

【大同彩民喜中 554 万余元】 2016 年 8 月 11 日，大同市一位老彩民在振华南街居民区 72 号楼楼下的 14020059 号福彩投注站购买彩票。中国福利彩票双色球游戏第 2016093 期开出的红球为 06、09、15、17、25、27，蓝球为 09，当期双色球头奖 18 注，这位老彩民所中头奖为山西省唯一一注。他当时购买 56 元“双色球复式 8+1”，所中一等奖 1 注、三等奖 12 注、四等奖 15 注，奖金总金额 554 万元。（小　霞）

【福利院获捐 50 万元“爱心奶粉”】 2016 年 10 月 27 日，大同市社会福利院的孩子们收到一份爱心礼物——232 箱配方奶粉。

旗帜乳业向市妇联捐赠 372 箱配方奶粉，发放给全市贫困和孤残儿童。26 日，由市妇联牵头将其中总价值 50 万元的 232 箱奶粉捐赠给市福利院，其余 140 箱奶粉捐赠给南郊区、新荣区、灵丘县和浑源贫困儿童。（晨　曦）

【“福利机构儿童养育及教育发展项目”华北区域培训会】 2016年11月14日至18日，由中国社会福利基金会主办、大同市社会福利院承办的福利机构儿童养育及教育发展项目华北区域培训会在大同举办，来自山西、河北、北京等地区的17家福利院参加培训。“福利机构儿童养育及教育发展项目”，经民政部社会福利和慈善事业促进司批准同意，提升儿童福利机构工作人员的教育水平和能力，推动儿童福利机构树立“养教并重”理念为目标，通过教研、培训、督导等方式为教师提供理念和实务支持。经多次考核认定，福利院被选为全国七大区域培训基地之一的华北区域培训基地，成为省级指导中心，未来3年督导该项目所属辖区福利机构的养教工作。启动仪式上，福利院被授予“福利机构儿童养育及教育发展项目”省级指导中心。（赵登远）

【社会福利院成为省级指导中心】 2016年11月25日，大同市社会福利院被确定为“福利机构儿童养育及教育发展项目”省级指导中心，督导项目所属辖区福利机构的养教工作。

大同市社会福利院在儿童福利机构养教活动实施与管理、教研活动及教学教法、行为矫正技术在儿童福利机构的运用等方面，走在全省乃至全国前列。该院沈园、高晓佳2位骨干教师被聘为“福利机构儿童养育及教育发展项目”省级督导员。（晨　曦）

基层政权

【社区建设】 2016年，大同市组织召开全市社区建设工作会。出台《关于深入推进农村社区建设试点工作的实施意见》，报送67个农村社区作为示范点开展农村社区建设。统一印制《“中国社区”标识规范应用手册》。合理规范社区办公和活动经费，专项检查各县（区）社区办公和活动经费管理使用及社区减负情况。分4个批次组织社区工作人员进行专题学习培训，参训人员223人，提高社区工作人员的能力素质。按照“一社一品”发展思路，引导全市各社区因地制宜创建特色社区，推进4个社区惠民项目工程。全市9个建设单位给9个社区无偿提供社区公用用房3122平方米，全市社区公用用房面积在1000平方米以上的城市社区5个，面积在500平方米至1000平方米的城市社区8个。（赵登远）

【社区工作会议】 2016年3月3日至4日，大同市社区建设工作会召开，现场观摩阳高县部分社区居民委员会和暄阳街社区老年服务中心。会上，部分社区工作人员对社区惠民项目开展情况交流经验，各县（区）分管领导围绕县（区）2015年度社区建设工作总结，2016年社区建设工作计划，社区建设工作中遇到的问题，社区经费及惠民项目资金使用情况，社区减负工作落实情况等5个方面分别作汇报发言。会议要求大同市各县（区）落实本年度工作计划，解决工作中遇到的问题，学习阳高社区建设先进经验，提升社区建设工作水平。（赵登远）

【“三社联动”项目落实座谈会】 2016年8月4日，大同市民政局组织召开全市社区设施建设推进和“三社联动”项目落实座谈会。会议阐述全市社区设施建设推进和“三社联动”项目落实情况需注意的问题，要求各县（区）民政部门向当地政府主要领导汇报工作，落实县（区）政府在设施建设中足额配套建设经费；社区设施建设工作中，按照县（区）政府规定程序执行，做到为领导负责、为个人负责、为工作负责结合。各县（区）增强社区设施建设工作的责任心和紧迫感，抓住旧城改造、新建小区建设等时机，申报扶持补助项目，早规划、早行动，力争到2020年使大同市每个城市社区的活动场所和公益性服务设施总面积500平方米以上。（赵登远）

【首个应急平安社区志愿服务队成立】 2016年9月，大同市首个应急平安社区志愿服务队在睿和社区成立。山威社会工作服务中心对数10名志愿者进行岗前培训和应急救援演练。

平安社区志愿服务队担负的任务是，社区一旦发生突发自然灾害、火灾等险情时，志愿队伍能够在第一时间予以响应，按照各自的专业分工上报请求支援，进行现场警戒、人员疏导、应急通道建立等工作，赢得救援时间。

建立社区应急平安队伍，依托社区组建志愿者队伍，通过紧急救援培训、配备必要救援装备，担起社区应急救援责任。这支队伍平时参加必要的业务知识学习，接受相关培训，担起社区各类灾害、隐患排查工作，消除危险隐患，与社区居民互动，开展安全宣传，构筑群防群治的社区“安全网”。（小　霞）

【睿和社区应急救援队举行实战演练】 2016年9月18日，大同市首支社区应急救援队“睿和社区应急救援队”在山威紧急救援队、应急平安志愿者、电建医院等单位指导和配合下，举行贴近实战的防空防灾人员疏散应急救援演练。

演练以睿和社区某号楼，遭敌机轰炸造成重大公共事件随即引发火灾，水电、通讯中断等系列突发事件为假想背景。演练开始后，数处着火点的浓烟顺楼道、窗口向外涌出。集结完毕的应急队员全副武装，迅速到事发现场按照分工展开应急救援，搜救组引导群众疏散撤离，医疗救护组急救发现的5名伤员，消防组用简易灭火器扑灭起火点。随后，应急救援队再次侦查搜索现场，把发现情况报告指挥部，接着社区救援队迅速反应，对水、电等损毁设施按照预案展开处理，局面得到控制。整场演练分人员安全疏散撤离、现场搜救、人员救护、现场抢险抢修、灾害心理安抚五部分。（小　霞）

【山西省城乡社区干部培训班】 2016年11月17日至19日，大同市组织农村社区工作人员118人到太原参加山西省城乡社区干部培训班。培训内容涵盖农村集体经济发展、城乡社区协商、农村社区治理、村务公开民主监督、信访工作等各个方面，其中，由阳泉市郊区民政局局长主讲的《“六议两公开”——乡村治理的一把“金钥匙”》，阐述阳泉郊区在“四议两公开”实践基础上，扭住“民事民议、民事民办、民事民管”这个关键，增加“动议”和“民议”环节，创立“六议两公开”工作法，从程序上夯实村民自治规范化的根基，源头上减少基层矛盾纠纷的形成，成为郊区强化基层民主管理、创新基层社会治理的一种模式。（赵登远）

【党组织队伍建设】 2016年，大同市坚持把打造一批党性强、能力高、素质硬的党建队伍，作为抓好社区党建工作的关键。书记主抓。确定72个“书记项目”，党组织书记亲自抓，采取“一个项目、一套方案、一支队伍、一笔经费、一抓到底”多级联动机制，解决部分党组织功能弱化、虚化，流动党员管理难等问题。整软提质。按照领导干部挂点联系、市县部门结对帮扶、工作小组专项整治、第一书记驻地指导、街道（社区）党（工）委具体实施的“五位一体”模式，整顿整改33个软弱涣散党支部，选优配强党支部书记及支委班子。培训提升。开展“读党书、论责任、抓落实”专题培训，结合“领头雁”培训和“两学一做”学习教育，举办培训班86个，培训社区干部3300余人次，提高队伍素质。开展“一带三创”活动，选树推荐省市先进集体4个、优秀党务工作者25人，营造良好氛围。（刘　江）

【党组织经费保障】 2016年，大同市坚持权随责走，费随事转，为社区党组织开展活动提供保障。办公经费预算化。建立社区党组织经费保障机制，把工作经费纳入财政预算，按每个社区10万元/年安排，2016年，社区年均工作经费10.35万元，保障党组织活动有序开展。服务经费项目化。设立社区党组织为民服务专项资金，通过确定项目、审核备案、资金拨付等项目化运作方式，扶持社区党建活动。年初，各社区党组织疏理居民需求，根据轻重缓急确定实施项目，报县（区）统一受理，划拨专项经费，监管经费使用，确保好事办好。工资增长同步化。按照社区工作者工资高于上年度社会平均工资的标准拨付，根据经济社会发展情况同步增长。2016年，社区工作者月平均工资2300元，党组织书记月平均工资2550元，落实五险一金政策，保障他们有奔头，有干劲。（刘　江）

【党组织阵地建设】 2016年，大同市推进社区活动场所建设，确保达标，建成党员服务中心、居民议事中心、文化服务中心。多点着力抓提升。年初，市委印发《关于突出问题导向全面加强基层党建的若干意见》，把场地建设作为社区党建重大任务，纳入考核范围，确保责任到人；多次召开协调会，印发《全市社区活动场所建设情况通报》，督促各县区加大力度推进工作。多种形式抓创建。投入4100余万元，由市、县区、街道三级协调联动，分类指导，一社一策，通过“改租扩建”等方式，加强社区活动场所建设，全部达到200平方米以上标准，有48个达到500平方米以上标准，为党员群众开展活动提供良好环境。（刘　江）

【党组织服务提升】 2016年，大同市坚持创新服务方式，通过零距离、无间隙服务群众，提升社区党组织凝聚力。网格联结。推行以社区党总支为中心、以社区网格支部为辐射、以楼栋党小组为结点的纵横交错网格党建，完善“横向到边、纵向到底”组织设置体系，每个社区干部负责1个至2个网格管理，满足群众多层次需求。“清单”联心。引导居民群众参与社区管理建设，对重大事项征求意见建议，列出群众“需求侧清单”，量身定做“供给侧服务”，全年收集群众微心愿1.2万余个，办实事1600余件。活动联搞。拓展延伸在职党员进社区活动，市直单位与社区“结对共建”，促进党组织互联互动，共同提高。全市6.48万名党员常态化到社区，赠送价值800余万元爱心物品，开展医疗义诊、志愿服务、创业就业帮扶等活动，组织“七一”“重阳”等联谊活动，经常与居民谈心，化解矛盾纠纷，疏解心理困惑。（刘　江）

社会组织管理

【概述】 2016年，大同市完善社会组织登记制度，简化社会组织审批程序，市级登记社会组织54家，注销社会组织13家，全市有市直社会团体231家，民办非企业单位289家。落实社会组织年检制度，建立联合执法工作机制，全年187家社会团体，231家民办非企业单位接受年检，均占社会团体和民办非企业应检数94%。给全市社会组织统一社会信用代码赋码，换证率96%。按照“五分离、五规范”要求，全市60家行业协会商会与行政机关脱钩。召开涉企社团收费清理规范工作部署会，清理规范和普查58家涉企社团，均无涉企违规收费行为。建立市县两级党建工作台账，对全市1015个社会组织做到“单位性质清、职工人数清、活动状况清、党员数量清、组织设置清、负责人身份清”。社会组织党建工作结合登记、年检、评估实行“三个同步”机制。（赵登远）

【统一社会信用代码改革】 按照民政部统一部署，2016年1月1日至次年12月31日为社会组织统一代码改革的过渡期，过渡期内，社会组织原来持有的法人登记证书、组织机构代码证、税务登记证可继续使用，过渡期结束后，一律使用加载社会组织统一社会信用代码的登记证书办理相关业务，未换发的登记证书不再有效。从2016年1月1日起，市、县（区）民政部门对新成立的社会组织赋予统一社会信用代码，制发证书。存量社会组织在办理变更和换证业务时，换发统一社会信用代码法人登记证书。社会组织在办理变更、注销登记或换证手续时，向民政部门交回原法人登记证书、组织机构代码证，社会组织换发加载统一代码的法人登记证书后，原法人登记证书、组织机构代码证失效。改革后，原由民政局部门、质监局部门核发的2本登记证，整合为民政部门核发的1本登记证。并在醒目位置标注18位的统一社会信用代码，取代原来的登记证号和组织机构代码。统一社会信用代码是社会组织在全国范围内唯一的身份识别码，社会组织变更或注销，统一社会信用代码保持不变。（赵登远）

【社会组织管理工作部署会】 2016年3月16日，本度社会组织管理部署会召开，主要工作有：行业协会商会与行政机关脱钩、社会组织年检、社会组织诚信自律建设、社会组织法人数据库建设、社会组织信息公开建设、社会组织党建等12项管理工作，会议要求各县（区）民政局加强领导、精心组织，规范操作、依法行政，加强协调、狠抓落实，认真工作、责任到人。（赵登远）

社会工作

【区划地名】 2016年，大同市民政局推进行政区划调整，市委书记张吉福、市长马彦平等领导6次听取市民政局关于大同市行政区划调整工作的情况汇报，多次修改和完善区划调整方案，方案起草完毕。联检一条省界（冀晋线）和两条县界（大同—浑源、新荣—南郊），命名小区11家，维修地名标志牌80余块，完成地名普查技术外包服务公开招标。（赵登远）

【第二次全国地名普查推进会】 2016年8月4日，大同市第二次全国地名普查推进会召开。会议传达山西省第二次全国地名普查推进会议精神；通报大同市地名普查进展情况，安排部署下半年工作；按省里统一安排，与各县（区）签订大同市第二次全国地名普查工作进度与质量责任书。会上，各县（区）领导就地名普查工作作经验交流和表态发言。（赵登远）

【第二次全国地名普查联络员业务培训会】 2016年8月24日，大同市市本级第二次全国地名普查联络员业务培训会召开。会议传达全省第二次全国地名普查有关会议精神及大同市地名普查情况；江苏速度中国信息科技有限公司技术人员讲解各成员单位的职责和任务，培训具体的业务知识和操作规范，安排部署下半年工作。（赵登远）

殡葬管理

【概述】 2016年，大同市民政局推进殡葬惠民政策落实，实施遗体冷藏前3天免费、农村户口免除火化费、第一时间联系殡仪馆免除遗体拉运费20%的惠民政策，上半年火化遗体2850具，接待治丧群众20万余人次，减免殡仪服务费用183.6万元。加强安全管理，5家陵园清明节3天接待祭祀群众64418人，确保文明祭扫、安全祭扫。开展“殡葬服务提升年”活动，深化殡葬系统行风建设。加大殡葬改革执法力度，出动执法人员1422人次，执法车243车次，查处违殡事件151起。（赵登远）

婚姻登记

【婚姻收养登记】 2016年，大同市民政局自查婚姻收养工作。各婚姻登记处在办事窗口（大厅）张贴公告，通过微信、微博、互联网等新媒体加大婚姻政策宣传力度。全年办理婚姻事宜36687件，其中结婚登记23349件、离婚5450件、补发结婚证7380件、补发离婚证329件。（赵登远）

社会道德

【王中华被授予革命烈士称号】 2016年2月，经省人民政府批准，浑源县沙岭铺治超临时卸载点被撞牺牲的执勤交警王中华，授予“革命烈士”称号。

2009年6月1日，王中华和队友在浑源县沙岭铺治超临时卸载点指挥一辆沿S303线由西向东驶来的绿色无牌解放载货汽车进入治超检测点接受检查时，被该车迎面撞倒，经抢救无效牺牲。

王中华自参加公安交管工作以来，扎根路面一线，以饱满的工作热情和忘我的工作态度，坚守保安全、保畅通第一线，在全省治超工作开展以来，远离市区，进驻在有一间简易房的交警执勤点，对过往超载车辆进行检查、卸载，直至付出生命。他模范践行“人民交警为人民”的承诺，以实际行动树立人民交警的良好形象。（青　青）

【省级“孝佳人”形象大使】 2016年3月，中国旗袍名媛“孝佳人”形象大使选拔赛（第一季）落幕。大同民俗文化体验馆馆主、中国旗袍会大同分会会长杨雪飞被评为省级“孝佳人”形象大使。

这次活动旨在传播中国女性爱父母、爱家人、爱事业、爱自己的理念，孝道修心，健康修身理念。杨雪飞多年来在传承民俗文化、树立公益大爱、成就女性就业等方面无私奉献，弘扬孝道，影响带动身边的人孝敬父母公婆，做快乐健康的阳光女人。杨雪飞以“天下女子爱小家，敬大家，忠国家”的孝心宣言得到活动组委会一致认可。（红　远）

【欧学联获“全国双拥模范”称号】 2016年8月，在北京召开的全国双拥模范城（县）命名暨双拥模范单位和个人表彰大会上，大同市拥军模范欧学联获“全国双拥模范”称号。

1963年冬天，在永定庄矿上欧学联看到一支部队野营拉练，官兵们训练刻苦，大冬天厚军服上都印出汗渍，她很心疼，给他们送去开水，给他们洗衣服，暗下决心，要把拥军工作坚持下去。从那以后，她采山茶、包粽子、绣鞋垫、写慰问信，送到各个部队战士手中，这一行动坚持53年。她认75个兵儿子，他们来自不同省份、不同地域、不同军种，都喊她“妈妈”。

53年的拥军路，欧学联把对子弟兵的情播撒到祖国的大江南北。南疆卫国的战士在猫耳洞里读过她的慰问信，喝过她的“学联茶”；北国拉练的健儿在行军途中听过她的演讲，吃过她的煮鸡蛋。她行程数万公里，到过全国7个省市的数百座军营慰问陆、海、空、武警官兵，老山前线、联合国维和部队、南京路上好八连、杭州硬骨头六连、沈阳和抚顺雷锋生前所在团、毛主席纪念堂、国旗护卫队等部队驻地，都曾留下她的足迹。

“我愿做高山岩石之松，不愿做湖岸河边之柳，愿在暴风骤雨中锻炼自己，不愿在平平静静的日子里度过自己的一生。”欧学联常常用雷锋的这句话激励自己，决心永远做子弟兵的好妈妈。（小　霞）

【第六届山西道德模范候选对象】 2016年10月11日，第六届山西道德模范候选对象公示，大同刘忠利、常勇、李培斌、李元连4位候选人上榜。

根据《山西道德模范评选表彰实

施办法》（晋文明委〔2015〕5号）精神，4月起，省委宣传部、省文明办、省人社厅、省总工会、团省委、省妇联等部门，在全省组织开展第六届山西道德模范推荐评选表彰宣传活动。经基层推荐、省文明办审核、组委会研究后，省文明委审定王亮明等53人为候选对象，并向社会公示。大同市有4人进入公示榜，他们分别是：助人为乐道德模范候选人刘忠利，男，1960年7月出生，中共党员，市人民政府办公厅节能科科长；诚实守信道德模范候选人常勇，男，1979年9月出生，市方园物业公司物管员；敬业奉献道德模范候选人李培斌，男，1965年8月出生，中共党员，生前系阳高县信访中心主任兼龙泉镇司法所所长；孝老爱亲道德模范候选人李元连，女，1943年3月出生，大同县党留庄乡党留庄村村民。（晨　曦）

【大同人家入选“最美家庭”“五好文明家庭”】 2016年“5·15”国际家庭日当天，全国妇联在北京举行2016全国“最美家庭”揭晓暨全国五好文明家庭表彰大会，会上揭晓961户全国“最美家庭”，表彰979户第十届全国五好文明家庭和98户全国五好文明家庭标兵，大同市刘忠利等四户家庭获表彰。

表彰大会上，获全国“最美家庭”称号的有扶危济困、热心公益的城区刘忠利家庭，替兄还债、诚信做人的阳高县张明义家庭，获全国“五好文明家庭”称号的有立足岗位、乐于奉献的矿区高新革家庭，夫妻恩爱、教子有方的广灵县李素梅家庭。他们的家庭从不同角度传承中华民族传统美德，弘扬当代文明新风，为在全社会传播正能量、激发正能量作出贡献。（赵　瑾）

【孙秀兰家庭获“全国文明家庭”称号】 2016年12月12日，第一届全国文明家庭表彰大会在北京举行，大同市孙秀兰家庭上榜。

2016年9月，中央精神文明建设指导委员会部署开展第一届全国文明家庭评选表彰活动。经过各地各有关部门宣传发动、筛选把关、社会公示、综合评定等环节组织评选。中央文明委决定，授予全国300户家庭第一届“全国文明家庭”称号，山西省有8户家庭获这项称号，大同市孙秀兰家庭是全市唯一获这项称号的家庭。

孙秀兰家庭是“环卫之家”，五口人中祖孙三人是环卫工。“吃苦不叫苦，甘于寂寞，乐于奉献”是孙秀兰家庭的传家宝，他们寒暑往来、刮风下雨，早上三更起、灯火夜归人，晴天一身灰、雨天一身泥，日复一日，年复一年，美化着大同市容环境。孙秀兰也曾获得“全国劳动模范”称号。（刘　江）

慈善事业

【民政慈善】 2016年，大同市民政局围绕“助学、助医、济困、安老”，落实慈善宣传、善款募集、项目开展等工作。开展“慈善情暖万家”济困项目，慰问困难家庭128户，发放救助物品37527元，发放羽绒服874件，价值41.1万元。协调华林公司出资150万元，实施古城美化亮化灯光工程。开展“易瑞沙”药品援助项目，救助易瑞沙患者34人次。开展“格列卫、达希纳”“天籁列车”助医项目。宣传“心新工程”“微笑列车”助医项目，免费矫治150余名唇、腭裂患者。慰问康乐养老院、惠民西城、大庆路社区部分困难群众，发放“爱心大礼包”13万元。（赵登远）

【社会福利院团委纪念“五四”青年节】 2016年5月4日，大同市社会福利院团委带领各科室共青团员到大同县散岔村（“乳娘村”）开展帮扶活动。青年团员参观散岔村儿童活动中心和6户寄养家庭。在活动中心，驻点的工作人员为大家介绍各个区域（康复训练室、活动室、图书室、医务室等）的功能与使用状况，使青年员工了解社会福利院的农村家庭寄养工作。青年团员把自己带来的儿童食品、衣物、玩具、文具等送到寄养家长和寄养儿童手中，献出自己的一份爱心。（赵登远）

【美国LDS慈善协会捐赠60台轮椅】 2016年8月30日，美国LDS慈善协会通过中华慈善总会，向大同市行动不能自理的贫困老人捐赠60台轮椅。

LDS慈善协会（LDS Charities）是美国一家非政府非营利性慈善机构，在中国主要帮助孤儿、老人、残疾人，紧急救助遭受自然灾害家庭。LDS慈善协会与中华慈善总会合作项目包括捐赠轮椅及助行器，项目自2006年起开展；改善卫生环境，自2009年起，LDS慈善协会配备该项目专业工程师，捐赠修建厕所大部分费用，地方再配套部分资金；饮水项目，从2005年起，LDS慈善协会通过提供资金和技术援助，与中华慈善总会共同帮助水资源匮乏或水质较差地区群众寻找干净水源，通过打深水井或者引用高山泉水方式，把干净水源引至村民家中；紧急灾害救助及其他，在遇到重大灾害的时候，双方共同开展紧急救灾工作。

美国LDS慈善协会通过近3000名志愿者，在全球150个国家和地区向需要救助的人们提供多种形式的救济与发展援助。（小　霞）

【北大汇丰商学院同学会到大同捐资助学】 2016年10月14日，北京大学汇丰商学院EDP同学会的企业家们到大同市，捐资助学6个贫困县300名品学兼优的贫困高中生。

市委书记张吉福，市委常委、市委秘书长部向华出席大同县一中捐助活动。北京常春助学慈善基金会创始人赵长春等22名企业家参加活动。

赵长春、邓江膺、胡兆文等企业家把每生1000元的助学金及《热爱生命》《老人与海》2本励志书籍，交到大同县50名贫困学子手中，分享自己求学和创业的奋斗心得，鼓励同学们在困难中磨炼意志，考上理想大学。（晨　曦）

【“御寒礼包”温暖环卫工】 2016年11月24日感恩节，在水泉湾龙园西门附近，喜人车友会的志愿者们为20名优秀环卫工人每人赠送一套内含帽子、手套、围巾、口罩、耳套等的御寒用品。喜人车友会准备300份御寒用品，志愿者们到御河西路、魏都大道，以及永泰南路等路段，沿路赠送给环卫工们。一家装饰公司看到志愿者们的爱心举动后，也主动加入到献爱心行列中，为环卫工赠送 20 件棉衣和 200 余份口罩、棉袜、脖套等御寒物品。

感恩节里传递爱心，操场城西街的一家幼儿园里承诺给环卫工提供休息和饮水场所。活动中，孩子们载歌载舞，为环卫工送去欢乐。（晨　曦）

【民营企业尊师重教献爱心】 2016 年 12 月 10 日，城区企业家尊师重教 33 协会收到爱心企业捐赠给城区 3000 名教育工作者价值 22.5 万元的饮用水，企业通过为教育工作者“送健康”公益活动，表达对教育事业的关注。

尊师重教 33 协会成立以来，社会各界涌现出一大批品德高尚、无私奉献的爱心人士和爱心企业，他们捐资捐物助力教育，截至 2016 年底协会接收到价值 97 万元的爱心物资。

大同市云冈食品有限公司开展主题为“送健康”公益活动，给城区 34 所小学的 3000 名教职人员免费提供 9000 桶、价值 22.5 万元的“塔乡山泉水”。企业“送健康”公益活动扩展到各个领域和各类人群。（刘　江）

民族　宗教

民族事务

【民族团结进步创建活动】 2016 年，大同市民族宗教事务局利用简报、展板、会议等形式开展民族团结进步创建活动。3 次到城区善化寺社区宣传民族政策，向社区居民印发发放民族团结宣传画 100 余份，《山西省清真食品监督管理条例》和《中国公民民族成分登记管理办法》1000 余份，增强民族团结意识和三个“离不开”思想。局领导组织 2 次机关党员民族宗教知识讲座，组织党员干部 5 次集体学习，学习内容包括中央和省民族工作会议精神。（宗教局）

【民族发展资金落实】 2016 年，大同市民族宗教事务局摸底全市四个少数民族聚居村户数、人口数、“两委”班子、建档立卡贫困人口，及经济社会发展情况。全年获山西省民委发展资金 60 万元，各县（区）根据各自实际情况，统筹安排资金使用。全年多次到聚居村，推进和监督少数民族发展资金使用，对未能按期使用的县（区），印发督办函，督促其加快少数民族发展资金使用。（宗教局）

【民族特需品定点生产企业考察评估】 2016 年，大同市民族宗教事务局按照全省扶持民族贸易和民族特需商品生产相关政策，健全管理体制和帮扶机制，考察评估相关企业，帮助少数民族特需用品定点企业做大做强，满足少数民族群众需求，摸底、培育、筛选“十三五”少数民族特需品定点生产企业，相关企业享受国家政策扶持做大做强。（宗教局）

【少数民族流动人口管理】 2016 年，大同市民族宗教事务局发挥善化寺社区“少数民族流动人口服务站”作用，加强对社区流动少数民族人口帮助和管理，注重宣传民族团结政策，引导社区工作人员自觉维护民族团结。8 月，局党员干部在善化寺社区召开专题组织生活会，党员干部和社区工作人员交流少数民族流动人口管理经验，做好帮扶、引导工作。

（宗教局）

【清真食品监督检查】 2016 年，大同市民族宗教事务局出台《关于进一步加强全市清真食品生产经营监督管理工作的意见》和《关于做好中秋，元旦等节期间我市清真食品安全专项检查的通知》，会同城区宗教局和市伊协人员、清真食品监督员检查全市清真饭店、清真牛羊肉专卖店和清真食品店，检查过程中发放《山西省清真食品监督管理条例》100 余册，未发生“清真不清”问题和案件。（宗教局）

【民族成分管理】 2016 年，大同市民族宗教事务局为保证少数民族考生中、高考优惠政策落实，为全市 175 名少数民族考生出具中、高考加分证明；按照《中国公民民族成分登记管理办法》为 1 名少数民族群众出具民族成分更改证明。（宗教局）

【民族工作调研】 2016 年，大同市民族宗教事务局配合国家民委、省民委、市政协等单位开展民族团结进步创建调研、少数民族聚居村精准扶贫专题调研、城市民族工作调研等工作。调研中，局领导协调市政府主要领导，征求有关意见；到少数民族聚居村，听取情况汇报，实地走访少数民族代表人士了解实际情况、解决实际困难，形成调研报告。（宗教局）

宗教事务

【宗教活动场所建设与修复】 2016 年，大同市民族宗教事务局对上年天主教教堂危房、道教朝阳宫危房等问题调研，向山西省宗教局、大同市政府落实天主教堂、清真大寺、圆通寺等场所维修经费 220 余万元，加强场所维修力度，改变这些场所的硬件设施和办公条件。（宗教局）

【和谐寺观教堂创建活动】 2016 年，大同市民族宗教事务局开展以“规范”为主题的和谐寺观教堂创建活动，各宗教活动场所本着“贯彻始终、区分阶段、突出重点、分步实施”原则，按照创建和谐寺观教堂活动各阶段的具体实施方案要求，学习动员、稳步实施、查找不足、整改提高、总结评估。各宗教活动场所建立健全各项管理制度，信教群众的公民意识、民主意识、安全意识、团结合作意识加强。

（宗教局）

【国家宗教事务局文件精神落实】 2016 年，大同市民族宗教事务局落实《关于开展整治违法违规设立功德箱等借教敛财问题专项工作的通知》（国宗发〔2015〕32 号）和《关于处理涉及佛教寺庙、道教宫观管理有关问题的意见》（国宗发〔2012〕41 号）文件精神，组织党员干部、各宗教团体学习文件要求，联合市委统战部、市文物局等有关单位，专项整治非宗教活动场所违规设立功德箱等借教敛财问题，全市宗教场所取缔 132 个。（宗教局）

【宗教文化艺术活动】 2016 年，大同市民族宗教事务局组织开展以“祈福中华，天下大同”为主题的中国大同首届中华文化艺术博览会暨百位高僧大德祈福开光法会、演唱会等系列活动，活动弘扬佛教文化，展现“佛国京华”大同深厚的中华文化底蕴，推动大同旅游文化产业提升。（宗教局）

【宗教“慈善周”活动】 2016年，大同市民族宗教事务局组织全市五大宗教团体开展“宗教慈善周”活动，王东、贺启明等民营企业家为大同市的民族团结、宗教和谐发展作出贡献。收到五大教慈善捐款29万元，慰问城区善化寺社区15名贫困大学生、30名困难户、南郊区南辛村20户困难户和部分少数民族群众。（宗教局）

【中国大同首届佛教文化艺术博览会】 2016年，中国大同首届佛教文化艺术博览会由中国佛教文化保护中心、大同市文化局主办，以“传承佛教文化，共享和谐之光”为主题，为佛教文化交流搭建平台。博览会包含刘湘子2016吉祥之声·梵音狮吼音乐会和中国大同首届佛教文化用品展览两项重要内容。

大同首届佛教文化用品展览于7月9日在华严寺广场开幕，7月10日至16日9时至14时在华严寺广场展出。这次展览是大同规模最大、展品最全、规格最高的佛教文化用品展，展览设礼佛用品展区、佛教文化旅游工艺品展区、佛教书画展区、禅茶展区、天然有机素食展区、贝叶经展和古佛造像展。邀请国内佛教书画名家现场挥毫泼墨，展示佛教文化的底蕴风采和艺术魅力，聘请养生专家为观众免费提供一对一养生计划，推广和展示佛教素食养生文化。（冯　雨）

【大同市佛教协会第二届代表大会】 2016年8月19日，大同市佛教协会召开第二届全体代表会议，山西省宗教局副局长侯文禄，大同市委常委、统战部部长黄岑丽，市人大常委会副主任曹世平，市政协副主席杨硕平，中国佛教协会副会长、省佛教协会会长释妙江和来自全市各县（区）、各寺院的118名代表参加会议。会议审议通过市佛协第一届理事会工作报告和章程修改建议报告。选举产生大同市佛协第二届理事会、常务理事会、会长及副会长，华严寺主持妙真法师当选新一届市佛协会长。（宗教局）

【张吉福与市佛协新一届领导班子座谈】 2016年8月19日，大同市委书记张吉福与市佛教协会新一届领导班子成员座谈，市委常委、统战部长黄岑丽，中国佛教协会副会长、省佛教协会会长释妙江等参加座谈。会上，相互交流弘扬发展佛教文化、推动文化旅游产业发展等。张吉福希望新一届佛协团结佛教界人士和广大信教群众，贯彻党的宗教工作基本方针，促进经济社会发展建设美丽、富裕、幸福大同。

张吉福指出，大同拥有云冈石窟、悬空寺、华严寺等多处历史遗存，被称为“中华文化瑰宝，佛教艺术殿堂”众多的“佛都”。希望大家处理好宗教与文物保护、与旅游的关系，为服务全市经济社会发展献计出力。（小　霞）

【蒋坚永到大同调研】 2016年9月10日，国家宗教局副局长蒋坚永到大同调研宗教工作。山西省委统战部副部长、省宗教局局长刘国庆，市委常委、统战部长黄岑丽等陪同调研。

蒋坚永到纯阳宫、法华寺等宗教活动场所，调研宗教场所管理、宗教活动的开展、宗教文化的挖掘等情况，询问佛道教寺观内文物保存情况。他认为，各级各有关部门要贯彻落实党的宗教工作方针，重视和关心宗教工作，推动宗教依法有序健康发展。引导支持宗教界挖掘弘扬宗教优秀文化资源，阐释传统教义的当代价值，发挥中国宗教爱国爱教、服务社会的优良传统和积极作用。注重加强中青年宗教人才培养，提高教职人员的综合素质，开展更多公益慈善活动，满足不同层次信教人群需求。加强宗教活动场所管理，探索宗教场所管理的新思路、新举措，推进宗教场所规范化建设，把活动场所打造成信教群众的心理驿站和心灵家园。（小　霞）

【宗教政策法规学习月活动】 2016年11月宗教政策法规学习月，大同市民族宗教事务局开展党的民族宗教政策、法律法规的学习宣传，加强普及宗教政策和法律法规知识，贯彻学习全国宗教工作会议精神和全省宗教工作会议精神，向市委、市政府专题汇报，于11月30日召开全市宗教工作会议。活动期间散发宣传资料4000份，宣传法律法规书籍和读本1000本。这次“宗教政策法规学习月”活动的开展，宗教界人士和宗教界群众认识到遵守法律是每个公民的义务，提高他们运用法律保护自身合法权益的能力，为宗教工作的开展营造良好法治环境。（宗教局）

【全市宗教工作会议】 2016年12月1日，全市宗教工作会议在御东行政中心召开。会议贯彻习近平总书记关于宗教工作的重要讲话精神，落实全国、全省宗教工作会议精神，分析形势，研究问题，部署工作。省委常委、市委书记张吉福出席会议并讲话。市委副书记、市长马彦平主持会议。梁凤书、柴树彬、郜向华、黄岑丽、张韬、卫国等市四套班子领导及各县（区）、市直单位相关负责人参加会议。

会议贯彻党的宗教工作基本方针，做好新形势下大同市宗教领域重点工作，推动全市宗教工作稳步前进。认识宗教工作的特殊重要性，坚持党的宗教工作基本方针，发展完善中国特色社会主义宗教理论，解决好宗教领域的突出问题，把广大信教群众团结在党和政府周围，为经济社会发展贡献力量。掌握宗教工作主动权，探索工作内容和形式，做到“导”之有方、“导”之有力、“导”之有效。提高宗教工作法治化水平，构建和谐的宗教关系，依法管理宗教事务上有新提升，在强化法治宣传教育上有新成效，在抓好重点工作上有新突破，在加强沟通交流上有新进展。全市各级提高认识，站在讲政治和讲全局的高度，加强和改进党对宗教工作的领导，完善工作机制，形成工作合力，做到主体责任落实有效到位、体制机制建设有效到位、基层宗教工作有效到位、政策理论培训有效到位、思想舆论引导有效到位、党的纪律执行有效到位，注重发挥宗教团体及代表人士桥梁纽带的作用，为做好全市宗教工作提供保障。（刘　江）

人　物

中共大同市第十五届委员会书记 副书记 常委

张吉福　男，汉族，1964年9月出生，天津市人，研究生学历，工学博士学位，1985年3月加入中国共产党，1989年9月参加工作。现任中共大同市委书记。

1989年9月，北京市对外贸易进出口公司业务员；1997年3月，北京市对外贸易进出口公司业务七部经理；1998年3月，北京市对外贸易进出口公司经理（其间：1997年9月至2000年7月，中国农业大学食品科学与工程专业在职研究生学习，获工学博士学位）；2001年11月，北京市投资服务中心副主任；2003年3月，北京市投资促进局（北京市外商投资服务中心）副局长；2006年6月，北京市投资促进局（北京市外商投资服务中心）党委副书记、局长；2010年3月，北京市平谷区委副书记、政府副区长、代区长（正局级）；2010年9月，北京市平谷区委副书记、政府区长；2013年3月，北京市平谷区委书记；2015年7月任现职。

北京市第十一次党代会代表，第十一届市委委员，第十四届人大代表；北京市平谷区第四次党代会代表，第三、第四届人大代表；大同市第十五次党代会代表，市第十四、第十五届市委委员，市第十四届人大代表。

马彦平　男，汉族，1965年4月出生，山西兴县人，研究生学历，经济学硕士学位，1984年12月加入中国共产党，1985年7月参加工作。现任中共大同市委副书记，市政府市长、党组书记。

1985年7月，山西财经学院财政金融系工作（其间：1985年9月至1987年6月，中国人民银行总行金融研究所货币银行学专业读研究生；1987年6月至1987年12月，中国农业银行总行借调工作）；1987年12月，山西财经学院经研所助教室主任；1989年3月，省政府办公厅财贸处科员；1990年9月，省政府办公厅财贸处副主任科员；1992年7月，省政府办公厅财贸处主任科员；1995年6月，榆次市委副书记；1996年8月，榆次市委副书记兼榆次经济技术开发区管委会主任；1997年9月，左权县委副书记、县长；2001年1月，左权县委书记；2005年6月，晋中市副市长，市国资委党委书记；2006年8月，晋中市委常委、副市长，市国资委党委书记；2009年12月，朔州市委常委、组织部长；2011年7月，朔州市委常委；2011年8月，朔州市委副书记；2013年3月，省政府副秘书长、办公厅党组成员，省无线电管理委员会常务副主任（正厅长级）；2015年7月，大同市委副书记；2015年8月，大同市委副书记，市政府副市长、代市长、党组书记；2016年5月任现职。

山西省第八次、第十次党代会代表，省第十二届人大代表；晋中市第一、第二次党代会代表，第一、第二届人大代表；朔州市第五次党代会代表，第五届人大代表；大同市第十五次党代会代表，市第十四、第十五届市委委员，市第十四届人大代表。

高　键　男，汉族，1969年10月出生，山西稷山人，大学学历，文学硕士学位，1991年1月加入中国共产党，1992年10月参加工作。现任中共大同市委副书记（正厅长级），市委党校校长，市行政学院院长。

1992年10月，山西师范大学团委干事；1995年3月，山西师范大学中文系团委副书记、书记；1999年3月，山西师范大学团委副书记、书记；2001年8月，共青团临汾市委书记、党组书记；2003年3月，团省委副书记、党组成员；2008年10月，团省委副书记、党组副书记、省青联主席；2011年7月，太原市委常委、秘书长；2013年3月，省委统战部副部长、省宗教局（省民委）局长（主任）、党组书记；2016年7月，大同市委副书记（正厅长级）；2016年8月任现职。

山西省第十、第十一届政协常委；

第市十五次党代会代表，第十四、第十五届市委委员。

赵向东 男，汉族，1961年12月出生，山西朔州人，中央党校大学学历，1984年5月加入中国共产党，1982年7月参加工作。现任中共大同市委常委、组织部长。

1982年7月，平鲁县技术站干事；1983年7月，平鲁县委宣传部支部教员（其间：1985年5月至1986年11月，山西大学党政基础理论专修班学习）；1990年6月，朔州市委办公厅信息科副科长；1990年9月，朔州市委办公厅信息科科长；1992年4月，朔州市委政策研究室副主任；1995年6月，朔州市委政策研究室副主任、正县级研究员；1997年3月，山阴县委副书记（正县级）；2001年8月，右玉县委副书记、代县长（其间：1999年8月至2001年12月，中央党校函授学院法律专业学习）；2002年3月，右玉县委副书记、县长；2004年8月，右玉县委书记；2006年9月，朔州市委常委、右玉县委书记；2008年4月，朔州市委常委、秘书长；2010年12月，大同市委常委、秘书长；2013年4月任现职。

山西省第九次党代会代表；朔州市第三、第四次党代会代表，第三、第四届人大代表；大同市第十四、第十五次党代会代表，第十三、第十四、第十五届市委委员，市第十三、第十四届人大代表。

郜向华 男，汉族，1963年2月出生，山西大同人，中央党校研究生学历，1985年5月加入中国共产党，1982年9月参加工作。现任中共大同市委常委、秘书长。

1982年9月，大同一电厂锅炉车间、总工程师办公室技术员；1984年5月，大同一电厂团委副书记；1985年9月，大同二电厂团委书记；1991年11月，共青团大同市委副书记、党组成员；1992年7月，共青团大同市委书记、党组书记（其间：1991年8月至1994年6月，中央党校函授学院政治专业学习；1994年8月至1996年12月，中央党校函授学院经济管理专业学习；1996年4月至1998年3月，中国社科院研究生院工业经济专业课程班学习）；1998年4月，大同市矿区区委副书记、区长；2001年7月，大同市矿区区委书记（其间：2004年3月至2006年1月，中央党校在职研究生班经济学经济管理专业学习）；2008年7月，大同市政府副市长，大同市矿区区委书记；2008年9月，大同市政府副市长、党组成员；2013年4月任现职。

山西省第七、第八、第九次党代会代表，山西省第八届政协委员；大同市第十至第十五次党代会代表，第十二至第十五届市委委员，市第十至第十四届人大代表，市第十届人大常委会委员。

黄岑丽 女，汉族，1965年2月出生，河北高阳人，研究生学历，工学博士学位，注册会计师，1987年7月加入中国共产党，1987年7月参加工作。现任中共大同市委常委、统战部部长。

1987年7月，山西煤田地质局计划处助理经济师、经济师；1997年12月，山西煤田地质局计划处副处长、高级经济师；2002年3月，山西煤田地质局计划处处长；2005年7月，省煤炭地质研究所所长（其间：2006年3月至2006年7月，省委党校中青班学习）；2008年7月，省煤炭地质局副局长、党委委员（其间：2007年9月至2009年7月，中国矿业大学普查与勘探专业硕士研究生学习；2009年9月至2013年7月，中国矿业大学矿产普查与勘探专业博士研究生学习）；2016年7月，大同市委常委；2016年8月任现职。

市第十五次党代会代表，第十四、第十五届市委委员。

张韬 男，汉族，1971年11月出生，山西定襄人，大学学历，经济学硕士学位，2000年12月加入中国共产党，1992年10月参加工作。现任中共大同市委常委、市政府副市长、党组成员，中共大同市城区区委书记。

1992年10月，太原磷肥厂干部；1994年5月，山西科技报社干部；1995年10月，山西科技报社发行部主任（正科级）；1998年7月，省政府办公厅研究室干部；1999年8月，省政府办公厅研究室主任科员；2002年11月，省政府办公厅秘书二处副处长；2004年12月，省政府办公厅副处级秘书（其间：2005年6月，山西大学学习，获经济学硕士学位）；2005年12月，省政府办公厅正处级秘书；2007年7月，省政府办公厅秘书一处副处长（正处级）；2008年7月，省财政厅副厅长、党组成员；2013年5月，大同市政府副市长、党组成员；2016年7月，大同市政府副市长、党组成员，大同市城区区委书记；2016年9月任现职。

大同市第十五次党代会代表，第十五届大同市委委员，大同市第十四届人大代表。

卫国 男，汉族，1961年7月出生，山西运城人，大学学历，1984年4月加入中国共产党，1984年8月参加工作。现任中共大同市委常委、政法委书记。

人物

1984 年 8 月，太原市委讲师团编辑；1986 年 5 月，太原市委办公厅行政处干事；1987 年 2 月，太原市委办公厅行政处副处长；1989 年 5 月，太原市委办公厅行政处处长；1994 年 7 月，太原市委办公厅副主任；1998 年 3 月，太原市委副秘书长；1999 年 12 月，太原市委副秘书长，市委、市政府接待办公室主任；2003 年 4 月，古交市委书记；2007 年 7 月，太原市迎泽区委书记；2010 年 12 月任现职。

太原市第八、第九次党代会代表，太原市第八、第九届市委委员，太原市第十一、第十二届人大代表；大同市第十四、第十五次党代会代表，第十三、第十四、第十五届大同市委委员，大同市第十三、第十四届人大代表。

孙利仁 男，汉族，1961 年 10 月出生，山西天镇人，大学学历，1979 年 12 月加入中国共产党，1978 年 12 月参加工作。现任中共大同市委常委、大同军分区司令员。

1978 年 12 月，六十五军一九六师五八八团三机连战士；1983 年 5 月，六十六军教导大队训练处正排职教员；1984 年 9 月，解放军南京政治学院学员；1988 年 8 月，雁北军分区后勤部仓库副连职主任；1989 年 4 月，雁北军分区后勤部仓库副连职参谋；1989 年 12 月，雁北军分区后勤部仓库正连职参谋；1991 年 7 月，雁北军分区后勤部仓库副营职参谋；1993 年 7 月，大同军分区后勤部战勤科副营职参谋；1994 年 7 月，大同军分区后勤部战勤科正营职参谋；1998 年 6 月，大同军分区后勤部供应科科长；1998 年 11 月，大同军分区后勤部战勤科科长；2001 年 3 月，浑源县人民武装部部长；2007 年 8 月，忻州军分区参谋长；2012 年 2 月，大同军分区司令员；2013 年 8 月任现职。

山西省第九次党代会代表，大同市第十四、第十五次党代会代表，第十四、第十五届大同市委委员，大同市第十四届人大代表。

杨勤荣 男，汉族，1965 年 7 月出生，山西新绛人，大学学历，1991 年 6 月加入中国共产党，1984 年 7 月参加工作。现任中共大同市委常委、市政府副市长、党组成员。

1984 年 7 月，运城地区水利水保局水利勘测设计室、水资办干事；1992 年 8 月，运城地区水利水保局水资办副主任；1994 年 7 月，运城地区水利水保局水资办副主任（正科级）；1995 年 5 月，运城地区水利水保局水资办党支部书记；1995 年 12 月，运城地区水利水保局工会副主席（正科级）；1996 年 11 月，运城行署秘书处正科级干部；1998 年 6 月，永济市委常委、政法委书记；2002 年 1 月，闻喜县委副书记；2003 年 8 月，闻喜县委副书记、纪委书记；2007 年 5 月，河津市委副书记、市长；2009 年 12 月，河津市委书记、市长；2010 年 2 月，河津市委书记；2011 年 4 月，大同市南郊区委书记；2014 年 5 月，大同市政府副市长、党组成员；2016 年 9 月任现职。

山西省第十次党代会代表，山西省第十二届人大代表；大同市第十四、第十五次党代会代表，第十四、第十五届大同市委委员，大同市第十四届人大代表。

朱晓东 男，汉族，1972 年 5 月出生，山西岚县人，大学学历，工商管理硕士学位，1996 年 6 月加入中国共产党，1996 年 7 月参加工作。现任中共大同市委常委、纪委书记。

1996 年 7 月，山西万家寨引黄工程宁武分指挥部实习；1996 年 12 月，山西万家寨引黄工程物资供应运销总站财务科科员、办公室主任；1998 年 10 月，山西省万家寨引黄工程管理局经营管理处职员（其间：1997 年 10 月至 1999 年 6 月，天津财经学院国际贸易专业研究生课程进修班学习）；2003 年 1 月，山西汇锦水利资源开发有限公司副总经理；2003 年 11 月，山西万家寨引黄工程物资供应运销总站负责人；2005 年 3 月，山西省万家寨引黄工程管理局物资管理中心副主任；2007 年 2 月，山西省万家寨引黄工程管理局物资管理中心支部书记（正处级）；2008 年 10 月，山西省万家寨引黄工程管理局计划财务处处长；2011 年 4 月，永济市委副书记、代市长；2011 年 6 月，永济市委副书记、市长（其间：2008 年 11 月至 2010 年 7 月，南开大学商学院工商管理专业学习，获高级管理人员工商管理硕士学位）；2013 年 5 月，曲沃县委书记；2016 年 7 月任现职。

临汾市第三届人大代表；大同市第十五次党代会代表，第十四、第十五届大同市委委员。 （编辑部）

新任市长 副市长

马彦平 男，汉族，1965 年 4 月出生，山西兴县人，1984 年 12 月加入中国共产党，1985 年 7 月参加工作，研究生学历，经济学硕士。

1985 年 7 月，山西财经学院财政金融系工作（其间：1985 年 9 月至

1987年6月，中国人民银行总行金融研究所货币银行学专业读研究生；1987年6月至同年12月，中国农业银行总行借调工作）；1987年12月，山西财经学院经研所助教室主任；1989年3月，省政府办公厅财贸处科员；1990年9月，省政府办公厅财贸处副主任科员；1992年7月，省政府办公厅财贸处主任科员；1995年6月，榆次市委副书记；1996年8月，榆次市委副书记兼榆次经济技术开发区管委会主任；1997年9月，左权县委副书记、县长；2001年1月，左权县委书记；2005年6月，晋中市副市长，市国资委党委书记；2006年8月，晋中市委常委、副市长，市国资委党委书记；2009年12月，朔州市委常委、组织部长；2011年7月，朔州市委常委；2011年8月，朔州市委副书记；2013年3月，省政府副秘书长、办公厅党组成员，省无线电管理委员会常务副主任（正厅长级）；2015年7月，大同市委副书记；2015年8月，大同市委副书记，市政府党组书记、副市长、代理市长。2016年5月27日在大同市第十四届人民代表大会第六次会议上当选为大同市人民政府市长。

山西省第八次、第十次党代会代表，山西省第十二届人大代表。

尚建军 男，汉族，1965年8月出生，山西绛县人，1985年10月加入共产党，1987年8月参加工作，大学学历。

1983年9月，山西大学中文系汉语言文学专业学习；1987年8月，山西省公安厅政治部教育处干部；1988年11月，山西省公安厅政治部教育处科员；1995年4月，山西省公安厅宣教处教育科科长（其间：1998年1月至1999年1月在五台县开展普法工作）；2000年12月，山西省公安厅人事训练处教育科科长；2001年12月，山西省公安厅人事训练处助理调研员；2002年5月，山西省公安厅人事训练处副处长；2005年11月，山西省公安厅反恐怖总队总队长（其间：2008年11月至2011年2月挂职繁峙县委副书记）；2014年6月，阳泉市政府党组成员、公安局长、党委书记；2016年5月，大同市政府党组成员、市公安局党委书记；2016年6月，大同市政府副市长，市公安局局长、党委书记。

尉连生 男，汉族，1962年10月出生，山西省阳高县人，1983年9月参加工作，1985年6月加入中国共产党，中央党校大学学历。现任大同市文物局党组书记、局长，市政府机关党组成员、副秘书长。

1983年9月至1990年7月，阳高县委政研室办事员、科员；1990年7月至1991年11月，阳高县委办公室副主任；1991年11月至1993年4月，王官屯镇镇长；1993年4月至1998年5月，王官屯镇党委书记；1998年5月至1999年7月，阳高县委常委；1999年7月至2001年11月，省委办公厅机关党委副书记（挂职锻炼）；2001年11月至2003年6月，阳高县委常委、办公室主任；2003年6月至2009年12月，阳高县政府副县长；2009年12月至2013年9月，大同市文物局党组副书记、局长，大同市民族宗教局党组书记；2013年9月至2016年8月，大同市文物局党组书记、局长；2016年8月，大同市文物局党组书记、局长，大同市政府机关党组成员、副秘书长；2016年11月，大同市人民政府副市长。 （编辑部）

新任市人大常委会副主任

冯境城 男，汉族，1960年6月出生，山西保德人，1979年3月加入中国共产党，1977年1月参加工作，大专学历。

1977年1月，51082部队战士、主任报务员；1979年9月，大同市矿区武装部正排级秘书；1981年9月，大同市城区武装部正排级秘书；1982年12月，山西电大雁北分校干事；1986年4月，山西电大雁北分校教研室副主任（其间：1986年9月至1988年2月，复旦大学中文系古典文学助教进修班学习）；1988年11月，雁北地委办公室工作；1989年12月，雁北地委办公室秘书科副科长；1990年11月，雁北地委秘书处督促检查室督促检查员（正科）；1993年7月，大同市委办公室正科级督查员；1997年12月，大同市委办公室综合一科科长；2000年2月，大同市人大常委会办公厅正科级干部；2001年3月，大同市人大常委会副秘书长兼办公厅主任；2003年7月，大同市人大常委会党组成员、秘书长、办公厅主任。2016年5月27日在大同市第十四届人民代表大会第六次会议上当选为大同市人大常委会副主任。

大同市第十三次、第十四次党代会代表，大同市第十二届、第十三届、第十四届人大代表。

何永强 男，汉族，1957年3月出生，山西山阴人，1982年10月加入中国共产党，1974年10月参加工作，大学学历。

1974年10月，应县粮食局工作；1981年9月，怀仁县里八庄公社干部；1982年1月，怀仁县人事局干事；1983年10月，雁北地委组织部干部科干事；1988年9月，雁北地委组织部干部一科副科长；1992年10月，雁北地委组织部青年干部科科长；

1993年9月，大同市委组织部青年干部科副科长（正科）；1997年2月，大同市委组织部干部综合科科长；2001年10月，大同市委组织部副部长；2003年11月，大同市委组织部副部长、正处级组织员；2007年6月，大同市委组织部副部长（正处）；2009年12月，大同市委组织部常务副部长。2016年5月27日在大同市第十四届人民代表大会第六次会议上当选为大同市人大常委会副主任。

第十四届大同市委委员，大同市第十三届、第十四届人大常委会委员。

（编辑部）

新任市政协副主席

王剑辉 男，汉族，1963年3月出生，黑龙江齐齐哈尔人，博士研究生学历，科学技术哲学博士学位，1988年1月加入中国共产党，1981年7月参加工作。

1981年7月，第四军医大学航空医学系临床医学专业本科学员；1986年7月，空军青岛疗养院医师；1992年12月，空军总医院主治医师；1994年8月，空军后勤部直属供应部卫生处副营职助理员；1995年12月，空军后勤部直属供应部卫生处正营职助理员（其间：1995年9月至1996年8月，挂职空军电子对抗团卫生队长）；1998年6月，空军后勤部卫生部医疗管理处正营职助理员；1998年12月，空军后勤部卫生部医疗管理处副团职助理员（其间：1999年9月至2001年6月，吉林大学哲学社会学院心理学系心理学研究生学习）；2001年12月，空军后勤部卫生部医疗管理处正团职助理员；2003年6月，空军后勤部卫生部航空卫生处正团职助理员（其间：2001年9月至2004年9月，吉林大学心理学系心理学专业博士研究生学习）；2005年8月，劳动保障部办公厅信访处正处级干部；2006年3月，劳动保障部办公厅信访处调研员（其间：2006年4月至2006年7月，中央党校劳动保障部分校学习）；2008年8月，人力资源和社会保障部办公厅信访处调研员；2012年4月，大同市天镇县委常委、副县长（正处级，挂职）；2016年5月在政协第十三届大同市委员会第五次全体会议上当选为大同市政协副主席。

赤建忠 男，汉族，1958年2月出生，山西大同人，中央党校大学学历，1982年9月加入中国共产党，1975年8月参加工作。

1975年8月，大同机车厂工作；1976年12月，大同市南郊区汽车修理厂团支部书记、工会主任；1978年12月，大同市公安局南郊区分局工作；1984年7月，大同市公安局南郊区分局刑警队队长；1987年6月，大同市公安局南郊区分局副局长（其间：1985年5月至1987年12月，北京人文函授大学法律系大专班学习）；1991年6月，大同市南郊区委政法委副书记兼综治办主任，市公安局南郊区分局副局长；1993年5月，大同市南郊区副区长兼区教委主任（其间：1992年8月至1995年6月，中央党校函授学院大专班政治专业学习）；1998年5月，大同市南郊区副区长（其间：1998年11月至2000年11月，中国社科院研究生院数量经济与技术经济系技术经济管理专业学习；1999年8月至2001年12月，中央党校领导干部函授本科班经济管理专业学习）；2001年12月，大同市南郊区常务副区长；2003年6月，大同市矿区区委副书记；2006年10月，大同市监委副主任、正处级检查员；2007年6月，大同市纪委常委、监委主任；2008年4月，大同市纪委常委、监察局局长；2008年9月，大同市纪委常委、监察局局长、市政府党组成员；2008年12月，大同市纪委副书记、监察局局长、市政府党组成员；2011年8月，大同市纪委常务副书记、监察局局长、市政府党组成员；2016年5月在政协第十三届大同市委员会第五次全体会议上当选为大同市政协副主席。

第十四届大同市委委员，第十三届、第十四届大同市纪委委员，大同市第十四次党代会代表，大同市政协第十三届常委。

（编辑部）

新任法院院长 检察院检察长

白永旺 男，汉族，1964年10月出生，山西和顺人，1996年9月加入中国共产党，1988年7月参加工作，山西省委党校研究生学历。

1988年7月，晋中地区中级人民法院干事；1990年1月，晋中地区中级人民法院业余法律大学助教；1992年4月，晋中地区中级人民法院助理审判员；1993年3月，省高级人民法院刑一庭书记员（科员）；1994年2月，省高级人民法院刑一庭书记员（副科级）；1995年6月，省高级人民法院刑一庭助理审判员（副科级）；1997年2月，省高级人民法院刑一庭助理审判员（正科级）（其间：1999年9月至2002年7月，省委党校政法专业学习）；2005年9月，省高级人民法院审监庭副庭长（副处）；2008年11月，省高级人民法院刑三庭庭长（正处）；2011年3月，省高级人民法院审判委员会委员、刑三庭庭长；2016年1月，大同市中级人民法院党组书记、副院长、代理院长。2016年5月27日在大同市第十四届人民代表大会第六次会议上当选为大同市中级人民法院院长。

段运生 男，汉族，1961年12月出生，山西稷山人，1991年5月加入中国共产党，1976年12月参加工作，大学学历。

1976年12月，中国人民解放军51013部队服役；1980年10月，原运城市人民检察院工作（其间：1985年5月至1987年7月，山西大学法律专业专科学习）；1991年3月，原运城市人民检察院副科级检察员、经济检察一科副科长；1994年2月，原运城市人民检察院经济检察一科科长；1995年6月，原运城市人民检察院反贪局局长（其间：1996年5月至1996年12月，中国高级检察官培训中心学习）；1997年3月，原运城市人民检察院党组成员、副检察长；1998年6月，河津市人民检察院党组书记；1998年7月，河津市人民检察院党组书记、检察长（其间：1990年10月至1999年12月，山西大学法律专业本科学习）；2000年8月，运城地区检察分院党组成员；2000年9月，运城地区检察分院党组成员、副检察长；2001年4月，运城市人民检察院党组成员、副检察长（其间：2000年10月至2002年6月，山西大学研究生课程进修班经济法学专业学习）；2003年2月，运城市人民检察院党组成员、副检察长（正处级）（其间：2003年12月至2004年12月最高检挂职）；2007年2月，运城市人民检察院党组副书记、常务副检察长；2014年3月，省人民检察院监所检察局局长（副厅长级）；2014年9月，省人民检察院监所检察局局长（副厅长级）、检察委员会委员；2016年1月，大同市人民检察院党组书记、副检察长、代理检察长。2016年5月27日在大同市第十四届人民代表大会第六次会议上当选为大同市人民检察院检察长。

（编辑部）

全国五一劳动奖章获得者

马淑芳 女，1960年9月出生，大学文化，中共党员，现任大同市南郊区十里店家怡敬老院院长。

2011年，马淑芳创办全省第一家公建民营养老服务机构——大同市南郊区十里店家怡敬老院，为推进公办养老机构管理体制改革闯出新路子，为公办养老机构面向社会开放探索新方式，为创新机构养老服务模式摸索新方法。她坚守的“真情服务、爱心护理、临终关怀”成为服务老人的特色品牌，入住率95%以上，创行业之首。她给2000余位半自理、不能自理老人提供医疗护理和生活护理服务，给300余位老人送终。她用孝心化解老人与子女的家庭矛盾90余人次。她用行动引领社会公益组织到敬老院开展尊老助老为老活动1300余人次。

多年来，她被评为“山西省劳动模范”；她参与以敬老院为个案的公建民营养老机构运营模式研究，获“2015年全国民政政策理论研究优秀奖”；所创办的敬老院被省民政厅和省老龄办评为“山西省公办先进单位”“山西省民政系统行风建设先进单位”“山西省养老服务工作示范单位”“山西省先进社会组织”“山西省敬老文明号”；2013年被山西省妇联评为“巾帼文明岗”；2014年被中国养老工作委员会评为“全国最佳养老机构”；上年被中国老龄事业发展基金会评为“全国爱心护理工程建设基地”；2016年获“全国五一劳动奖章”。

徐玉成 男，1971年6月出生，中共党员，中技文化，高级技师，现任中国重汽集团大同齿轮有限公司同步器加工部班组长，中国重汽集团首席技师，是享受山西省政府津贴的高级技师。

1989年参加工作，他一直工作在生产一线。他在现场工作站授课百余次，培训1000余人，培养出技师4人，高级工25人。他被聘为高级技工学校特聘技术专家，为厂校联合推广应用新技术、新工艺、新知识开辟新渠道。2014年，山西省总工会和大同市总工会分别为以他名字命名的创新工作室授牌。工作室成立以来，吸收高级技师3名，技师10名，在他的带领下，解决生产中遇到的难题10余项，他带头改善创新，改善项目61项，为企业节约资金80余万元；他在刀具改进中，创新实施的《“S”形刀片的应用》，给企业每年节约费用50万元，在行业内具有推广价值。

2009年获山西省第三届职工职业技能大赛数控车工第一名，全国第三届职工职业技能大赛数控车工第16名，被评为“山西省五一劳动奖章”和“三晋技术能手”；2010年获第四届全国数控技能大赛山西赛区数控车第二名；2011年被中国重汽集团公司授予“首席技师”称号；2012年被山西省政府再次授予“三晋技术能手”称号；2013年被山西省政府评为享受“省政府津贴”的高级技师，同年获中国重汽集团“劳动模范”；2014年山西省总工会、大同市总工会命名“徐玉成职工创新工作室”；上年被山西省机械冶金建材工会授予“金牌工人”称号，被中国重汽集团授予“感动重汽人”称号；2016年获“全国五一劳动奖章”。

（工会经济技术部）

省五一劳动奖章获得者

王　战 男，1974年9月1日出生，汉族，群众，大学本科，现任大同市实验中学高中物理教师、班主任，中学高级教师。

20年教学工作中，他探讨独特的班级管理方法，鼓励先进，鞭策后进，推动整体创优，取得优异成绩。近年来，转化后进生31人，教学改进3项，经验交流11次。2012年，在2012版《新课标高中总复习导与练》第一轮物理一书中担任编委。2012年、2015年，他带的班级高考二本B类达线分别为42人和59人，本科过线率77.7%和95.1%。2015年，第二届全国田家炳中学优秀班主任论坛中，他撰写的《在班级管理中学困生上进心的培养》在《中国教育报》登载。

2009年获大同市“百千万名师工程”教学骨干，2010年获大同市优秀教师，2011年获大同市优秀班主任，2013年被评为山西省第十二届“育人杯”先进个人，2014年被《高考领航》系列丛书高三物理学科评为优秀主编，2015年被评为大同市学术技术带头人，2016年获“山西省五一劳动奖章”。

吴美花 女，1966年出生，汉族，群众，大学本科，中学高级教师，现任大同市矿区恒安一中高三毕业班化学科教师兼班主任。

她在教学一线工作27年。在教育教学中，采用“三卡”教学法在教学中取得一定成绩。在最近三年所代的毕业班中，高考成绩连续三年取得较好成绩，考取二本以上院校总人数60余人。

吴美花是大同市学科带头人，连续多年评为大同市优秀班主任。2016年获“山西省五一劳动奖章”。

高立成 男，1969年12月出生，汉族，中共党员，大学本科学历，现任大同市南郊区畜牧局技术员，高级畜牧师。

结合自己多年学习和工作经验，撰写出《大同地区饲料资源》《大同地区野生植物最新名录》《山西大同地区野生植物图鉴与名录》等多篇具有学术价值文章。在报纸杂志发表过多篇通讯报道，客观地反映南郊当地农牧业发展的动态。他给山西大学、省生物研究所提供植物标本，为市林业局、北京农学校承担的同煤集团四台矿塔山矿植被恢复生态工程等工作提供咨询。在农业技术推广、少儿科普、生态、地方学术等方面都有创新。

2005年被评为“南郊区劳动模范”；2009年被大同市政府授予“大同市青年人才”称号；2010年入选大同市委、市政府“355”人才工程；2013年撰写的《大同市地区饲料资源研究应用》一书，获市科技进步三等奖；2015年被评为“南郊区劳动模范”；2016年获“山西省五一劳动奖章”。

李　春 男，1964年出生，汉族，山西省天镇县阳光高级职业学校校长，天镇县家政培训基地负责人。

2012年起，受省扶贫办委托，天镇阳光职业学校开展家政服务培训劳务输出工作，在校区设立“雨露计划”和“千村万人就业培训计划”培训基地。在四年时间里，天镇家政劳务从艰难起步到规模输送，“天镇保姆”成为一个特色品牌，一种经济现象，一项脱贫致富的主导产业。“天镇保姆”引起国家和省市主要领导关注，中央新闻联播、焦点访谈和山西省主要新闻媒体先后宣传报道“天镇保姆”。天镇县凭借“保姆输出”形成劳务品牌，劳务总收入逾一亿元，相当于全县一年的财政总收入。到上年底，李春和他的培训基地举办家政服务培训班90期，培训家政服务人员6000余人，3000名农村妇女在北京、天津、太原等地签订用工合同，实现就业。月工资2500元至6000元，人均年收入3.5万元，带动3000户贫困家庭近万人实现脱贫。

2008年被县委县政府授予“创业之星”称号；2013年被省教育协会授予“优秀办学者”称号；2016年获“山西省五一劳动奖章”。

朱　利 男，1965年10月出生，汉族，群众，初中文化，大同县西坪镇上榆涧村民。

近年来，大同县把黄花产业确立为“一县一业”的主导产业，朱利响应县委县政府号召，发展黄花产业，成为全县黄花产业发展的“领头雁”。在黄花生产经营上，研究新技术，引进新品种，探索黄花种植高效新模式。上年，他把黄花种植面积扩大到50亩，每亩收入1.1万元，投入3000元，纯收入8000元，仅黄花一项年收入40余万元。自行研究制作并推广黄花加工设备。在保证质量的前提下，缩短加工时间，提高生产效率，日均加工黄花近3000斤，是其他种植户加工能力的5余倍。致富不忘众乡亲。给周边村40余名暑期学生提供社会实践机会，每名学生可获2000余元报酬。他把自己十几年的种植经验介绍给同村及周边村百姓，把自己研究的加工技术传授给群众，接待周边群众参观150余人次，带动农户60户。

2004年被评为“山西省特级劳动模范”；2016年获“山西省五一劳动奖章”。

侯日华 男，1950年9月出生，汉族，中共党员，初中学历。现任浑源县千佛岭乡杨家庄村支部书记。

他围绕劳务输出、养牛等重点工作，出主意、想办法、谋思路、定措施。他在全村是最早修建圈棚、也是最先养肉牛的致富带头人。他筹资购买成为畜牧大户，带动一批具有实力的集牲畜贩运、良养、育肥大户，杨家庄村成为乡里的畜牧专业村。全村种植草玉米150亩。维修、清理现有青贮窖，扩大青贮窖规模，95%以上的农户都建有青贮窖，采取有力措施，把所有的青贮窖按技术要求填满、压实，2016年制作青贮饲料3000吨。2014年成立宝利种养有限责任公司，占荒滩24亩，建成牛棚5000平方米，现存栏肉牛243头，种黄芪1050亩。安置村剩余劳动力30余人。抓示范引导，建立牛羊养殖小组，加强科学管理，应用良种、良料、良养和科学防疫“四位一体”养殖技术，发展畜牧业，全村养牛10头以上有3户，养羊11户，现全村肉牛存栏285头，养羊2520只，种植黄芪1500亩。加大宣传、鼓励人员外出务工。现有外出务工人员36人。为解决全村吃水困难，铺设管道2000余米，使全村吃上自来水，修建文化广场700平方米。在粮食直补资金和低保金发放中，按时把各项补助资金发放到农民手中。通过多年工作，使全村人均收入6600余元。

1983年被县委评为“植树造林先进个人”；2016年获“山西省五一劳动奖章”。

贾　飞 男，1978年8月出生，汉族，中共党员，本科学历，现任灵丘县武灵镇城道坡村支部书记、总支书记。

他当书记以来，为改变村里长期以来脏、乱、差面貌，与村民同吃住同劳动，硬化街道3400米，栽植路旁风景树900余株，建活动垃圾箱120个。省吃俭用资助村内刘帅等3名濒临失学的儿童和王云现等多名孤寡老人。2008年上东北、到太原购回优质果类树苗5万株，建成占地1080亩的生态采摘观光园，改变过去单一生产粮食原始模式，在有限的土地上实现农业综合生产能力的提高，实现增产增收，使173户农民每年增收26万元，解决100余名闲散劳力的就业岗位。在新农村建设和县城棚户区改造拆迁的三年里，470户拆迁村民搬入新居。加快农业设施蔬菜集中连片建设，联合230余户村民于2014年9月成立大同市绿海金秋农林科技有机蔬菜生产基地，建成鸟巢式智能温室大棚3座，隧道式智能温室大棚1座，并建成智能日光温室大棚84栋，进行纯天然、无公害、无土栽培有机蔬菜种植。该项目被山西省委、省政府列为重点项目，该项目的设施，解决400余劳动力的就业问题，带动区域产业转型发展并带领周边农户和贫困村一起增收致富。

2011 年被中华环保基金会山西代表处评为“2010 年度环保公益事业先进个人”；同年被中共灵丘县委评为“十佳农村党支部书记”；2013 年在大同市劳动竞赛委员会“转型跨越杯”劳动竞赛中，立一等功；2015 年被灵丘县委、县政府评为“致富领头雁”；2016 年获“山西省五一劳动奖章”。

刘翠英 女，1960 年出生，汉族，初中文化，中共党员，大同市浑源县永安镇西顺村人，现在大同市我帮你家政服务有限责任公司工作，家政服务员。

8 年前，她从农村到城市做起家政服务员，为能在这个行当立足，她学习普通话、学习怎么用全自动洗衣机、怎么与城里人打交道等等。别的“阿姨”今天呆一家，明天换一家，可刘翠英在王云军家一干就是 8 年，这也是她从事家政以来的第一家。刘翠英常说：“我喜欢这个工作，我会更好地为老年人和需要我帮助的人服务，用我的热情、微笑和满意的服务让用户记住我。”经过 8 年的努力，从一个笨手笨脚的农村妇女到一个干净利索的优秀“阿姨”，她在“我帮你家政服务有限责任公司”找到自己的方向，实现自己的梦想。

2013 年评为“全国优秀家政服务人员”；2014 年评为山西省“优秀家政服务人员”；2015 年在市商务局和市总工会举办的“百名优秀家政服务员”评选活动中，被评为“优秀家政服务员”；2016 年获“山西省五一劳动奖章”。

李福祥 男，1965 年出生，汉族，大专，中共党员，阳高县东小村镇大咀窑村人。1984 年 7 月毕业于阳高县王官屯农中果树专业，现为农业技术员。

多年来，李福祥做一系列杏树种植发展的试验、示范和研究推广，有效解决杏树生产问题，大咀窑村成为远近闻名的杏树专业村，引领周边 5 个乡镇 56 个贫困村 1500 余户发展杏树种植 2 万亩，挂果树 1 万余亩，收入 3000 余万元，杏农走上规模化发展杏果产业脱贫致富之路。截至上年，大咀窑村杏树种植面积 800 亩，占耕地 88%；杏产业收入 180 万元，占经济总收入 70%；农民人均纯收入 7372 元，是全镇农民人均纯收入 4445 元的 1.65 倍，成为贫困县中为数不多的小康村。2013 年，大咀窑村被农业部农产品加工局评为最美杏园，位列果园景观榜首。

2004 年被大同市委授予“科技带头人”称号；2005 年被省人事厅，农牧厅授予“省级乡土拔尖人才”称号；2010 年被大同市评为“优秀共产党员”；2011 年当选为阳高县政协十三届委员会委员；2012 年获阳高县首届道德模范；2013 年在大同市劳动竞赛委员会“转型跨越杯”劳动竞赛中，立一等功；2016 年获“山西省五一劳动奖章”。

付日平 男，1962 年出生，汉族，中共党员，大学本科学历。现任大同市扶贫办副主任（主持工作）。

他从戎 30 年，先后立个人三等功 7 次。2010 年转业到地方，发挥部队“能吃苦、能战斗、能奉献”精神，常到贫困村解决贫困问题。在单位，他能够处以公心，按照党组议事规则，分配各类资金、项目，各项工作有记录可查、有章法可循。“冬季行动”开展以来，组织有关人员历时 2 个月编制成《大同市扶贫攻坚调研报告》。全省脱贫攻坚大会召开后，编制《大同市 2016 年脱贫攻坚行动计划（讨论稿）》《大同市“十三五”脱贫攻坚规划纲要（讨论稿）》为 2020 年全市现行标准下贫困人口全部脱贫，贫困县全部摘帽，解决区域性贫困提供纲领性文件。上年，在他的带领下，市扶贫办采用整村推进、易地搬迁、产业扶贫、光伏扶贫等 10 种方式，让全市 80 个贫困村摘帽，59365 人减贫。

2013 年、2014 年、2015 年在考核中被评为优秀；2016 年获“山西省五一劳动奖章”。

王来生 男，1969 年出生，汉族，大学文化，中国民主促进会成员，现任大同大张铁路客运专线管理有限责任公司总经理。

2014 年 4 月起，他参与筹备大张高铁项目，负责大同至张家口高铁项目前期具体办理工作。接受任务后，对接相关单位，三个月时间国家立项，获国家发改委批复文件（发改基础〔2014〕1795 号）；配合设计单位野外勘测，利用 7 个月时间完成大张高铁全线穿越 2 省 3 市 6 县区 21 乡镇 83 村三条线路的比选、测量、勘探、定线设计任务；从机构成立接受任务以来，通过 19 个月时间努力，大张高铁实现在全国“十二五”铁路规划建设的 80 个项目中，办结用时最短，连续获 5 个第一：第一个全部办结 14 项前置支撑性文件手续；第一个把报件上报至国家发改委、铁路总公司和国家铁路局审查；《可行性研究报告》第一个获国家发改委批复；《初步设计》第一个获部省联签会批；第一个实现开工的高铁项目。

多年来，他任大同市第十二届人民代表大会代表、大同市第三次文代会代表，大同市青年联合会第七届委员会委员，被评为第六届“大同市优秀青年”，立大同市个人三等功一次；2016 年获“山西省五一劳动奖章”。

梁宇波 男，1964 年 2 月出生，汉族，中共党员，学士学位，高级工程师，现任中国能源建设集团山西电力建设第一有限公司执行董事，总经理。

他到省电建一公司后，提出创建优秀“蓝领企业”管理目标，多方筹资和公司资金的整体调配，给职工缴纳各类社会保险 10125 万元（其中补缴历年欠账 7406 万元）。保持工资正常发放（9584 万元），职工人均收入同比增长 34.9%。

他通过推行新 OA 办公系统、推进集中招标管理和集采平台应用、成立会计核算中心、搭建云存储管理平台等手段，加强公司总部管控职能；他重新划分项目部与专业分公司的经营管理职责，突出项目部的组织协调和合同履约职能，打造专业分公司的专业实施能力，堵塞管理漏洞，实施降本增效，扭转公司生存困局。

多年来，他被国网公司评为“先

进个人”“山西省电力公司突出贡献奖”“山西省电力公司先进个人”“省产业工会先进个人”。2016年获“山西省五一劳动奖章”。

戴　新　男，1970年出生，汉族，中共党员，研究生学历，山西京能左云马道头低热值煤热电项目承建单位山西京同热电有限公司总经理，热动专业高级工程师，左云县省级园区建设的带头人。

他负责的项目位于山西省大同市左云经济技术开发区，规划建设2×350兆瓦超临界循环流化床双抽供热机组及3×420吨/时高压煤粉锅炉，可行性研究概算投资53亿元。为加快项目落地，带领团队抢抓机遇，分析和把握电力市场及山西省发展形势，克服“路条”文件取得较晚（最后一批低热值煤发电项目）且省内低热值煤发电项目竞争激烈的困难，确定前期工作原则及基本方法，协调各方，在短时间内解决环保总量指标、环评审查等多个问题。上年6月26日项目获山西省发改委核准，7月25日施工现场浇筑第一罐混凝土并开始施工。项目成为第一个落户左云、第一个获得核准、第一个开工建设的省重点项目。在项目建设及运营过程中，戴新促进项目实现“一厂多能”：中海油煤制气项目供汽、供电；左云县城和园区集中供热；发电上网、为山西省外送电力提供电源支撑。

他曾获全国电力职工技术成果二等奖；2016年获“山西省五一劳动奖章”。

薛俊滨　男，1977年出生，汉族，党员，本科学历，现任国电电力大同第二发电厂燃煤管理部主任。

薛俊滨在工作岗位上围绕标煤单价、结构调整和存储煤任务，组织部门员工开展燃煤采购“双提升”活动，燃煤采购取得成效。开发经济适用煤源，上年采购燃煤898万吨，全年无一起因煤炭供应紧张而使机组限负荷事件发生。开展对标工作，厂（公司）到厂含税标煤单价低于对标企业13.27元/吨。蒙煤铁路自备列直接进厂。2014年实现自备列铁路煤直接入厂，并成为全国铁路系统企业自备列车实现跨局运输的第一家企业。上年经过与国铁公司、神华公司等沟通与协调，大准线铁路运输开通，提高蒙煤铁路运输的经济性。

他曾多次被该厂（公司）评为“劳动模范”和“优秀干部”；2014年获“山西省优秀职工代表提案”“金点子优秀奖”；2016年获“山西省五一劳动奖章”。

侯文生　男，1971年出生，汉族，山西大同灵丘县人，中共党员，大学文化，1991年参加工作，现任中国工商银行灵丘支行党支部书记、行长。

他任行长以来，在工作中以身作则，实干的工作作风，带动、引导和激发全行员工的正能量，使灵丘支行成为一个具有战斗力的集体。分析不足，明确思路，采取针对性措施提高支行核心竞争力。每年年初确定全年工作思路，每季总结，每季分析，用不同的工作方式和方法调动员工的积极性。思维敏锐，紧跟形势，推进“大零售”“大资管”和“互联网金融”三大战略实施，支持实体经济发展。结合实际，完善机制，构建风险预防和管控机制、互联网观念和思维营销服务机制、全员绩效考核机制。存款市场重新夺回余额、增量占比“双第一”的位次；互联网金融四项拓户和产品营销指标，在全省工行系统名列前茅。

他多次被上级行评为“优秀党支部书记”“先进工作者”；2015年被山西省分行评为“先进集体”；2016年获“山西省五一劳动奖章”。

赵建新　男，1972年出生，汉族，共产党员，1991年12月转业到大同公交公司，现为大同公交三分公司4路线970号车驾驶员。

20年来，他对乘客服务周到、热情。利用各种途经了解车辆构造及技术性能，服务技能提高，成为一名修车技术能手。行车运营中，从未发生过大小事故，各项经济指标始终名列分队前茅。作为一名普通驾驶员，一名共产党员，他始终坚持一步一个脚印、干一行爱一行，默默地奉献着自己，点缀着社会。

2016年获“山西省五一劳动奖章”。

张凯华　男，1975年1月出生，汉族，中共党员，大学学历，现任大同广播电视台党群办副主任兼制片人，主任记者职称。

他创办电视专题节目《大同民营经济》，任制片人兼主策划、主撰稿，在全省属首创定；2013年任制片人兼主撰稿，摄制关注县域经济发展大型电视系列专题《希望的田野》。上年4月，他在全省11个地市中率先集中拍摄、制作当地的全国劳模及部分省特级劳模事迹的大型电视系列专题《中国梦 劳动美》，其中七位劳模事迹被山西卫视的《晚间新闻》连续播发，位居全省地市台同选题选送省台的前列。

他的作品《希望的田野》获中国电视艺术家协会颁发的全国电视节目三等奖；连续三年（2013年、2014年、2015年）被大同市考核为优秀；多次评为“优秀党员”和“优秀党务工作者”；2016年获“山西省五一劳动奖章”。

李　虎　男，1980年3月出生，汉族，陕西省丹凤县人，中专学历，现任国投大同塔山煤矿公司掘进二队生产三班班长。

李虎从国投大同公司开展“人人都是班组长”以来，搭建成长的平台，工作中创建“学习型、和谐型、安全型、创新型”班组，利用班前、班后会让每位员工展现自我，激发员工的工作热情，提高班组人员素质，运用“三全”管理模式，是班组历年来无安全事故发生，被公司及集团评为“标杆班组”。

在生产工作中，李虎让每位员工轮值当班长，让每位员工学会“换位思考”，增近班组的凝聚力、战斗力，让全员参与制订《班组精细化管理制度》，做到“以身作则”，让班组员工“以身边的人，身边的事”为题材写案例，提高班组在工作中的风险预控能力。

连续三年被评为该公司“先进工作者”；2014年所带班组被授予“山西省工人先锋号”称号；2016年获“山西省五一劳动奖章”。

芮聿杰 男，1981年出生，汉族，中共党员，大学本科，现任大同华润燃气有限公司灵丘项目部经理。

为公司总体战略有效实施。于2009年到灵丘县工作，在职期间，芮聿杰发挥不畏困难，敢于拼搏的精神，多次与县政府、环保局、住建局等相关部门联系，发展车河项目，为公司节省工程费用近500万元，发展铁路地区5000平方米采暖用户，有效提升气量。在灵丘县铺设中压管网50余千米，建成天然气门站1座，CNG加气站1座（具备母站功能），发展工商业用户180户，居民1.4万户，居民通气近7000户，2015年销售气量300万立方米，在8个县（区）分公司中连续四年业绩达到优秀。

2010年获大同华润燃气有限公司市场一体化开发贡献奖；连续五年被公司授予“优秀基层管理人员”称号；2015年授予“公司级学标杆优秀个人”称号；2016年获“山西省五一劳动奖章”。

杨继文 男，1964年出生，汉族，群众，初中，大同市城区环境卫生管理处清洁三公司副经理。

在环卫工作近20年里，从一名普通清运公司司机，成长为清洁三公司的一名副经理，虽然身份在变化，但始终没有离开一线工作岗位。环卫工作虽辛苦，但一身汗水换来一片清洁，他感到这是世界上最有意义的事情，这也是支撑他干好环卫工作的不竭精神动力。

2016年初，他所负责的府南街和红旗南街被评为精品街和示范街；同年获“山西省五一劳动奖章”。

贾美琴 女，1974年1月出生，汉族，大专学历，中共党员，初级经济师。现任中国农业银行金穗支行鼓楼支行行长。

2012年，贾美琴任鼓楼支行行长以来，提出在客户营销上数据化、在客户服务上标准化、在内部管理上系统化的“三化”创新理念。在其带领下，鼓楼支行和其个人均取得好成绩。在网点服务方面，连续评为“雷锋网点”、大同市职业道德“双十佳”标兵单位、巾帼文明岗、优质文明服务十佳网点、文明服务星级单位。在内部管理方面，连续评为达标合规网点、山西省农行信用卡示范推广网点、“三化三铁”先进单位、安全经营先进营业网点。在客户营销方面，2014年单笔销售农行货币型基金1800万元，2012年至2015年个人年均营销存款4500万元，上年累计营销大额存单业务3200万元，信用卡年均营销312张，个人贷款累计营销2300万元。对公业务，连续四年（2012年至2015年）营销对公贷款业务年均超过3亿元，银行承兑业务自2012年开办以来，累计发放39.3亿元，无不良记录，且中间业务收入连续多年在全省农行系统名列前茅。

2013年被评为“山西省优秀共产党员”；2014年被山西省农行评为“金钥匙春天之星”；2015年被大同市银行业协会评为“文明服务标兵”，同时评为“大同市优秀共产党员”；2016年获“山西省五一劳动奖章”。

管　霞 男，1967年出生，汉族，中共党员，大专学历，高级技师。现任大同煤矿集团有限责任公司管霞工作室负责人。

1986年8月参加工作，先后在四老沟矿运销站，1070皮带队，大采高队电气组任维修电工；2008年9月兼任矿业余电气攻关小组组长；管霞从事井下工作30年，技术革新和改造主皮带给煤机互锁及连锁控制装置、DS-3口型时间继电器、皮带机紧急停车电控系统等近百项，攻克机载变频器、PLC等多种电气设备维修技术难题，其中《CHV100-75G-12变频器直流回路故障处理》《应用计算机监控处理变频器故障》《采煤机控制中心程序重装》等多项技术成果在集团公司获奖。每年修复设备，抢修设备故障，节约外委维修费用300万元以上。20年来，他所带徒弟多数成为技术骨干，其中有3名在集团公司，矿技术比武中取得优异成绩，2名走向领导岗位。

他曾获“煤炭行业协会技能大师”“三晋技术能手”“山西省煤炭青年岗位能手”；大同市“优秀共产党员”“最美共产党员”；同煤集团“优秀共产党员”“劳动模范”“突出贡献优秀人才”“机电十佳技术能手”“首席技能大师”。2016年获“山西省五一劳动奖章”。

任旭红 女，1972年出生，汉族，中共党员，大专学历，高级工程师，现任大同泰瑞集团建设有限公司技术中心主任。

她是该公司新技术应用和创新的带头人，在科技研发工作，针对企业发展中核心技术薄弱问题，围绕解决和提高工程质量、消除工程质量通病、实施节能绿色施工等，带领团队开展科研工作。有22项成果取得国家、山西省的认定和奖励。内置防渗地漏科研成果，获国家发明专利和国家级施工工法。

以任旭红为带头人的科研工作室，带动和辐射该单位近80%的科技人员，在绿色施工、节能环保等项工作中取得好成绩。2015年，泰瑞集团被中国施工企业管理协会评为“科技创新先进单位”，落实到政府科研资金140万元；她被中国施工企业管理协会、中国建筑业协会等单位评为专家委员、QC诊断师等社会职务；2015年被中国施工企业协会评为“科学技术奖科学创新先进个人”；2016年获“山西省五一劳动奖章”。

赵　成 男，1968年8月出生，汉族，大本学历，现任大同市供排水集团兴业公司经理、党支部副书记。

兴业公司在他的带领下经营业绩提升，多次被集团公司评为“三创建”模范单位，固定资产、职工的工资福利待遇逐年增长。兴业公司第一批通过山西省建设厅安全认证，评为全省建筑施工安全生产标准化单位。在日常工作生活中，他非常关心每个职工疾苦，是大家值得信赖的领导和朋友，是兴业公司的模范带头人。他多次被集团公司评为文明职工、标兵、城市供水工程建设模范。兴业公司被市政管委会评为市政管理系统先进单位。他连续多年被集团公司评为优秀共产党员和党务工作者。

2009年获大同市城市供水工程模范；2016年获“山西省五一劳动奖章”。

（工会经济技术部）

县区概览

城 区

【概 述】 大同市城区位于北纬40°01′～40°08′，东经113°11′～113′19′。2016年，全区下辖15个街道办事处，138个社区居委会。常住人口742609人，无农业人口。全区总面积46.13平方千米。平均海拔1060米，御河（又称“浑水”）、十里河，分别由北向南，自西转东南，流经境内。河川径流量9000万立方米，地下水资源7000万立方米，全区水资源总量1亿立方米，人均250立方米。温带大陆性季风气候区。

全年全区生产总值144.85亿元，比上年增长7.5%。其中，第二产业增加值43.85亿元，同比增长0.2%，第三产业增加值101亿元，同比增长11.4%。二、三产结构比30:70。固定资产投资105.93亿元，增速12.7%；规模以上工业增加值12.11亿元；社会消费品零售额241.97亿元，增速7.8%；一般公共预算收入3.53亿元；城镇常住居民人均可支配收入29200元，增速7.1%。 （徐雅丽）

【城市管理】 2016年，城区推进76座公共空间建设任务，总投资4000余万元，地基建设全部建成。协助4个便民市场建设，西环便民市场、黄花街便民市场、南三环便民市场建成，泰昌园便民市场在建中。投资1340万元，购置大型洗扫车4部、清雪车4部、垃圾收集车2部、广告清洗车1部，新建垃圾转运站3座。投资450万元建设智慧环卫，监控大厅运转，229部车安装GPS。养护辖区绿地122万平方米、网格化管理396.5万平方米保洁任务，新植、补植乔木2020株。升级改造燃煤锅炉8台。重点控制区域推广使用环保型煤，发放“暖心环保型煤”680吨，发放专用炉具680台。市区细颗粒物（PM2.5）同比下降7.5%，空气质量优良天数314天。（徐雅丽）

【民生保障】 2016年，城区加强社区建设。推进社区办公场所和活动设施达标升级，协调办公用房18处1.2万平方米，建设用地32块，社区平均面积200平方米以上，消除50平方米以下社区。投入1500万元落实社区两委干部待遇。城区通过“全国义务教育发展基本均衡县（区）”国家验收。投资1.6亿元，新建或改扩建5所学校（校区）。投资380万元，加强2所幼儿园建设。招聘小学教师118人，招收一年级新生9225名。清理整治无证幼儿园，取缔10所，备案45所。开展文体惠民直通车社区行，进社区演出100余场，组织体育活动20余次。文化体育产业经营场所305家，从业人员近1万人。推进社保扩面，城镇居民养老保险参保人数2.48万人，职工养老保险参保人数3.21万人，城镇居民医疗保险参保人数15.6万人，职工医疗保险参保人数1.99万人，生育保险参保人数1.25万人，工伤保险参保人数1.22万人，失业保险缴费人数1.12万人。城市低保对象有1.58万户2.95万人，发放低保金1.3亿元。

实施素质就业工程，落实培训福利计划，累计就业技能培训1000余人。举办以“搭建供需平台，促进转移就业”为主题招聘会，参加招聘会活动民营企业22家，提供岗位信息289个。全年新增就业3151人，下岗失业人员

▲2016年12月6日，大同市城区举行大同大学附小挂牌仪式 （徐雅丽 供图）

再就业1537人，就业困难人员就业175人，创业带动就业428人，城镇登记失业率控制在4.2%以内。实施和谐劳动关系构建工程，推动劳动保障行政执法与刑事司法衔接，追回拖欠工资95万元，处理劳动人事争议案件25件。（徐雅丽）

【教育 卫生和计划生育】 2016年，城区有36所小学校，其中2所民办小学、1所特殊教育小学。在校学生54246人，教职工数2803人，其中专任教师2750人。

全区有医院1所，床位50张，卫生技术人员184人，其中医师88人。有直属社区卫生服务站5所，妇幼保健计划生育服务中心1所，疾病预防控制中心1所，卫生监督所1所。实施两孩政策，新出生人口3538人，人口出生率4.68‰。人均基本公共卫生服务经费补助标准从40元提高到45元。（徐雅丽）

【工业】 2016年，城区扶持实体经济，帮扶辖区规模以上工业企业，办结企业发展问题22件，确保全区18家规模以上工业企业，10家亿元级以上企业平稳运行。探索第二产业发展新途径，与兄弟县区联合成立城区工业园，发展非煤工业产业。有新材料制造项目、工业硅项目、国新能源天然气项目、矿用产品加工项目、宏达塑钢门窗加工有限公司、刻印厂、聚丙烯混凝土专用粗纤维、新能源物流配送8个项目落地。全区建筑企业拓展施工领域和外埠建筑市场，发展多元化经营，扩大资质，增加项目，全年建筑业增加值31.7亿元，同比增长6.9%。（徐雅丽）

【服务业】 2016年，城区社会消费品零售总额列全市第一位。批发零售业和住宿餐饮业分别增加值31.21亿元和13.56亿元，同比增长6.8%和10.1%。旅游收入103.27亿元，同比增长25.95%；接待游客1045万人次，同比增长23.85%。签约古城东北隅文化旅游项目、潘家园古城文化商业项目，落地博纳影业等4个项目。建成西环路、黄花街、南环路3个便民市场。全年实现服务业增加值101亿元，同比增长11.5%。（徐雅丽）

【新兴产业发展】 2016年，城区申报全省中小微企业创业创新基地示范区。清新有你众创空间、太和普众金融创客空间、大同助老服务中心产业基地等一批双创项目落户城区。创建万城中心互联网＋服务产业园区，入住迪卡侬中国有限公司华北总部、大龙网跨境电子商务平台、山西德辰同城配送数据中心等20个项目。创立桐城金域科技创新园区，入住天津大学新能源院士工作站、分布式太阳能发电站、智能设备开发等项目。发展“康养产业”，建成30个老年日间照料中心。工业硅、国新能源天然气等8个非煤工业项目。全年新增小微企业4074余户，小微企业创业基地1个，民营经济税收7亿元，同比增长2.04%。（徐雅丽）

【项目建设】 2016年，城区创新完善工作机制，成立城区重点项目办公室。加强各职能部门配合协作，开展固定资产投资百日攻坚，落实项目联点责任制，全年实施固定资产投资项目131项。魏都澜庭、久盛建材批发市场、供水管线铺设及改建工程等项目开工，大西街公园一号项目、大西街农贸食品批发市场、玄辰广场等项目加快建设，亨宇商贸楼、福寓苑综合楼改造、财富官邸二期等项目主体竣工，和汇百合湾、上河万家广场、大同市互联网＋产业园等项目交付使用。“六位一体”各项指标均完成年度任务。储备项目153项；项目签约30个，总投资额91.39亿元；项目落地31个，总投资额89.79亿元；项目开工9项，总投资额41.95亿元；项目建设51个，总投资额301.64亿元；项目投产46个，总投资额185.39亿元。（徐雅丽）

【招商融资】 2016年，城区推进投融资体制改革，成立有道城市发展有限公司。扩大合作领域，与大同大学、龙建路桥、同煤朔州煤电等高等院校和大集团签订战略合作协议。主动融入京津冀协同发展大局，组织企业参加各类经贸活动，加强跟踪对接，宣传城区。全年筹划、引进、落地项目126个，总投资596亿元，落地项目45个、总投资121.8亿元。集中谋划项目18个，总投资46.5亿元。其中，文化旅游类项目3个、现代服务业类项目10个、双创类项目4个、民生工程类项目1个。成立金融服务中心筹备组，推进金融服务业发展，召开3次政银企项目对接会，达成融资意向1700万元。落实中央、省、市投资和项目政策，上报符合国家、省产业政策项目2项，分别为：46校重建申请中央预算内资金889万元；开源街南侧城市棚户区改造建设项目申请中央预算内资金8500万元。（徐雅丽）

【房屋征收安置】 2016年，城区按照市委、市政府城市改造要求。全年征收9667户60万平方米，安置5990户55万平方米，货币化补偿688户。“冬季行动”中涉征收11205户，包括古城内平房2382户，古城东北隅楼房2170户，南广场项目2370户，振华街片区1347户，公产平房片区742户，平城街二期项目455户，大齿175户，御河西楼行署24号楼114户，东风里土楼片区289户，华祥里片区120户，大有广场净地59户，近年来遗留任务291户；征收5351户，征收率48%。做好廉租住房工作，全年实物配租392套，货币补贴875.64万元。（徐雅丽）

【社会治理】 2016年，城区安置2013年～2015年遗留的符合安置条件的65名退役军人，建立政府与退役军人联系制度，解决涉军信访人员诉求。坚持领导干部接访下访制度，区级领导接访60批316人，95%问题解决或当场答复。加强调解员队伍建设，建立4个民间人民调解组织。规范社区矫正工作，加强社区服刑人员教育和管理。打击违法犯罪活动，侦破各类刑事案件1259起，刑事拘留511人，行政拘留318人，抓获吸毒人员372人。严打整治“百日行动”中，出动警力3.9万人次、车辆1.7万台次，侦破刑事案件413起，刑事拘留341人，行政拘留234人，抓获各类逃犯165人。安全检查25家直接监管生产经营单位、12家烟花爆竹零售点、43家液化气站点；与21家重点行业企业签订安全承诺书，签订率100%。（徐雅丽）

矿 区

【概述】 大同市矿区位于北纬39°55′～40°08′，东经112°53′～113°12′。全区总面积90平方千米。2016年，全区下辖28个街道办事处，116个社区居委会。全年全区常住人口514611人，平均人口513104.5人。出生人口5770人，人口出生率11.25‰；死亡人口2757人，死亡率5.37‰；自然增长率5.87‰。总人口中，男性258290人，占总人口50.19%；女性256321人，占总人口49.81%，性别比100.77%。矿区城镇人口514611人，城镇化率100%。

全年全区生产总值23.01亿元，增长1.2%；规模以上工业增加值7529万元，增长2.7%；社会消费品零售总额945403万元，增长6.8%；城镇居民人均可支配收入28223元，增长5.4%；固定资产投资235101万元，增长12.5%；一般公共预算收入8123万元。全年民生支出7.32亿元，占财政总支出比例88.9%。（武新田）

【工业】 2016年，矿区9家规上企业实现产值3.45亿元，新增工业固定资产1.25亿元。年内，重点实施总投资1.13亿元的华能煤机截齿、富达昌防爆变频开关、百易通防爆电器开关、裕隆三网合一4个煤机扩建提质项目，其中华能煤机截齿、裕隆三网合一建成投产，其余两个项目主体工程竣工。矿区裕隆环保、百易通、富达昌等企业，与中科院、哈工大、同煤集团等科研院所建立技术创新联盟。富达昌煤机、大源药业两家企业技术中心被认定山西省中小企业技术中心。矿区山西省中小企业技术中心增至5家。（武新田）

【商贸服务业】 2016年，矿区发展购物、小吃、娱乐等特色街区，完善专业市场、购物中心等商业网络，培育产业特色。以矿区新平旺为中心，恒安、口泉为两翼，创新“1+2”商务圈。年内，限上商贸企业22家，销售额41.5亿元；商贸物流业重点项目投资4.36亿元。重庆迪迪逛客总部回迁矿区，引进北京怀亮互联网+教育、小麦苗电商等互联项目建设。（武新田）

【现代服务业】 2016年，矿区推广新发地易购、苏宁、华亿等线上运行模式，鼓励支持企业线上线下共同发展。投资2亿元新发地冷链物流项目，投入运营。新发地、同煤青年两个众创空间项目初具规模。投资2100万元大源药业小儿消食颗粒制药项目投产，全年实现产值2200万元。（武新田）

【项目建设】 2016年，矿区项目储备519.78亿元，项目签约39.24亿元，项目落地19.74亿元，项目开工15.9亿元，项目建设18.6亿元，项目投产14.87亿元。

2016年，矿区签约项目50个，其中亿元项目15个，引资39.24亿元。（武新田）

【干部入企服务】 2016年，矿区13个入企服务小组到企业，帮助企业解决问题31个，培育卓立机化和同安电线电缆两家“小升规”企业；协调邮储银行为501家微型企业和个体工商户融资8485万元，为富达昌煤机、华能煤机、龙鑫环保材料3家企业融资900万元；帮助富达昌煤机有限公司办理土地使用手续。隆达煤机、汇林煤运分别挂牌上海股权交易中心E板、Q板，云雁石化挂牌山西股权交易中心中小企业板。百易通科技、裕隆环保、卓立机化、富达昌煤机、大源药业5家企业获“省级技术研发中心”认证。围绕扩大就业建成：富达昌、新发地、同煤青年3个青年众创空间。（武新田）

【严打整治专项行动】 2016年，矿区受立刑事案件1051起，破318起，破案率30.3%，命案破案率100%；打掉犯罪团伙6个、打击处理刑事犯罪作案成员186人；查处治安案件2709起，查处违法人员5167人，治安拘留585人。打击非法集资、非法传销、禁毒，成为年度公安三大亮点工作。侦破4起非法集资案件，抓犯罪嫌疑人14人。清理传销窝点118处，抓获传销人员1056人；破涉毒刑事案件12起，其中部督案件1起，收缴毒品1.8公斤。（武新田）

【食品药品安全监管】 2016年，矿区出动执法人员20609人次，监督检查餐饮服务和药品经营企业5006户次，责令改正3819户，立案95起，行政罚没款25.09万元。成立大同市首家食品药品应急指挥中心，调阅各监管站执法视频、日常监管数据等资源，配合应用车载GPS定位系统。（武新田）

【独立工矿区】 2016年，国家执行全国部分独立工矿区参照资源枯竭城市转移支付政策，矿区成为政策支持的全国66个、全省5个独立工矿区之一，也是大同市唯一县（区）。被列为独立工矿区国家政策支持区后，到国家、省发改委对接工作，与市发改委征求意见、论证项目，在矿区范围内召开两次独立工矿区预报项目征求意见会，与同煤集团磋商项目

▲矿区口泉公园 （武新田 供图）

共建有关事宜。编制《大同市矿区独立工矿区转型发展行动计划（2016年~2018年）》，申报转型发展项目41项，总投资2.6亿元，通过省发改委评审，上报国家发改委、财政部。（武新田）

【教育】 2016年，矿区召开“教育兴区”研讨会，制定《大同市矿区“教育兴区”三年行动计划（2017年~2019年）（讨论稿）》。推进义务教育均衡验收示范学校建设，教育基础设施建设项目、信息化工程项目招投标工作；实施名校领航工程，开展联盟校办学，9所联盟中心校覆盖29所中小学；实施名师引领工程，年内分批次交互式多媒体应用与管理业务培训2800名教师，矿区有2人获“全国优秀教师”称号，5人获“省特级教师”称号，187人次被评为省、市级“学科带头人”“骨干教师”以及“市级名师”；矿区职教中心通过省级验收，职业技术学校在校生1300余人，投资147.8万元实训基地投入使用。（武新田）

【卫生】 2016年，矿区投资859万元改造矿区中医院项目，投入使用；建设5家社区卫生服务中心中医馆，创建中医药特色基层医疗机构1家，在49家社区卫生服务机构中开展中医药适宜技术推广培训；矿区50家社区卫生服务机构，34家与同煤总医院、二医院、三医院建立医疗联合体；引资2000余万元，在恒安新区建设3家民营医院。投资340万元，免费为33992名65岁以上老年人健康体检。（武新田）

【民生保障】 截至2016年底，矿区有16872户36719人享受低保，发放低保金13776万元，医疗救助低保对象1915人次284万元。全区首次集中52万余元，惠及1万户困难家庭。城镇居民医疗保险标准由41元提高到45元，矿区财政补助660万元。全年，矿区新增就业3171人，城镇登记失业率控制在4.0%。举办各类就业创业培训4期，培训860人。安置下岗失业人员再就业1516人，困难人员就业375人，公益性岗位安置699人，发放公益性岗位补贴533万元。年内，矿区把用工单位划为4个一级网格（云冈、口泉、平泉、恒安），按照街道办事处、社区标准建立28个二级网格和148个三级网格，人社、住建、公安、民政等多部门联动，开展拖欠农民工工资问题专项治理。矿区政府开设200万元工资应急周转金账户，执行山西省最低工资标准。全年受理举报投诉案件75起，涉及人数261人，涉及金额289万元；受理市政府12345热线208起，回复205起，回复率98.6%；检查用人单位75户，补签劳动合同355份，劳动备案479人；责令整改11起，行政处理决定4起。（武新田）

【政府自身建设】 2016年，矿区区政府班子成员召开19次办公会议，专题研究解决涉及经济社会53项重大及历史遗留问题。由矿区区政府班子到各街道办事处，区直各局、办，各事业单位，实行领导干部日志报告制度，开展3次全区性政府工作督查活动。修订完善《大同市矿区重大行政决策实施细则》《大同市矿区政府工作规则》《大同市矿区政务督查制度》等14项规章制度，汇编成册；制订《大同市矿区人民政府党组工作制度（讨论稿）》，完善工作例会和项目月排名、月通报、月考核等项制度，健全“人人都管事、事事有人管”责任体系。开展政府法律顾问和法治咨询工作，矿区政府法律顾问列席政府有关会议，开展行政决策合法性咨询论证以及招商引资、项目建设协议合同合法性审查，科学民主依法决策和依法调处行政矛盾纠纷。邀请人大、政协有关领导参加政府常务会议，办理人大代表建议意见38件、政协委员提案53件。开通“大同市矿区人民政府微信公众平台”，建立“矿区一家亲”政府系统微信工作群，建设政府协同办公系统，区政府门户网站上线运行。“三公”经费比上年下降26%。（武新田）

【全区经济工作会议】 2016年1月19日召开，矿区四套班子领导，矿区区委委员、候补委员，矿区纪委委员，街道书记、主任，区属企事业单位、民营企业和部分学校主要负责人参加会议。会议贯彻落实党的十八届五中会议、中央经济工作会议精神，贯彻落实省委十届七次全会、全省经济工作会议和市委十四届七次全会暨全市经济工作会议精神，审议《区委关于制定国民经济和社会发展第十三个五年规划的建议》，部署矿区“十三五”时期工作，动员矿区各级党组织，团结带领广大党员干部和人民群众，学习贯彻习近平总书记系列重要讲话精神，树立新理念、适应新常态、引领新发展，推进创新发展、协调发展、绿色发展、开放发展、共享发展、廉洁和安全发展，部署建成小康社会的主要任务和重点工作。会议讨论通过《区委常委会工作报告》，审议通过《中共大同市矿区区委关于制定国民经济和社会发展第十三个五年规划的建议》，安排部署2016年矿区经济社会各项工作。（武新田）

【出入境接待大厅对外运行】 2016年1月，矿区恒安分局出入境接待大厅举行揭牌仪式，山西省公安厅出入境管理局局长雷娜，大同市长助理、大同市公安局局长王武道等出席揭牌仪式。接待大厅位于恒安新区Q区和瑞街口往西300米处，占地面积800平方米，分受理区、等候区、填表区、咨询台和自助照相区等功能区域。（武新田）

【“打击传销”专项行动】 2016年3月2日，矿区开展集中打击传销专项行动，出动警力1440人次，出动车辆240台次，清查捣毁传销授课点16处。其中，捣毁新发地授课窝点10处（其中6处授课点位于新发地往东南方向500米处的自建房屋；4处位于新发地往东200米处高速公路附近树林里），捣毁云城花园附近授课窝点6处（其中4处授课点位于云城花园往北方向300米处的自建房屋；1处授课点位于云城花园往西北方向500米处的自建房屋；1处授课点位于云城花园往东北方向600米处的自建房屋），驱散传销人员6500余人，教育遣散43人，没收授课资料1000余本，采集SIM卡信息1000条、采集短信70条，DNA录入40人，采集血样43人。（武新田）

【农民工合法权益保障】 2016年，矿区推进劳动用工备案工作，实现企业劳动用工动态管理，劳动合同签订率98%以上，建工会企业集体合同覆盖率 92%，劳动用工备案率 90%。开展两次维护农民工合法权益专项检查行动，涉及 48 家（户）。全年受理各类劳动纠纷和工资投诉案件 55 起，结案 55 起，涉及金额 240 万元，涉及人数 189 人。开设农民工工资保证金账户，征缴两家建筑企业保证金 45 万元，政府开设 200 万元工资应急周转金账户，保障农民工按时领到工资。（武新田）

【民营经济帮扶发展】 2016 年，矿区开展企业专利辅导、专利代理等服务，帮助企业提高知识产权运用、保护和管理水平，1 家企业获“省级技术研发中心”资质，4 家企业获省“专精特新”资质。解决民营企业“融资难”问题，协调邮政储蓄银行，为 480 家小微企业累计发放贷款 10397 万元。帮扶 96 家企业（含个体工商户）办理相关手续 118 项，解决企业土地规划、供暖和银企对接等问题 62 项。出台《矿区加快民营经济和中小微企业发展的实施细则》。减免 5 家企业一半土地租金。取消行政审批等事项 92 项，取消行政事业性收费项目 2 项，改为后置审批工商登记前置审批事项 25 项，取消年检事项 4 项。（武新田）

【中小学生艺术展演活动中获奖】 2016 年 4 月，矿区在市第五届中小学生艺术展演评选活动中，矿区推荐的 12 个艺术节目、25 件艺术作品、10 篇教师科研论文、25 篇学生优秀征文参加评选，其中获市一等奖 3 个，二等奖 5 个，三等奖 16 个，2 名教师获优秀指导教师奖，矿区区教育局获“优秀组织奖”。（武新田）

【“12331”投诉举报热线主题宣传日活动】 2016 年 3 月 31 日，矿区食品药品监督管理局在大润发万家超市、梅香春大酒店、和顺卫生服务中心等地开展“12331”投诉举报热线主题宣传日活动，接受现场咨询 800 人次，发放各种宣传资料 5000 余份。活动采取现场解答和受理投诉举报、发放宣传资料、LED 屏播放活动标语等形式，重点宣传日常饮食用药基本知识、《食品药品投诉举报管理办法》、投诉举报渠道等，集中解答群众日常关心的食药安全问题，鼓励群众主动参与食品药品监管，运用法律武器维护自身权益。（武新田）

【行政审批制度改革】 2016 年，矿区调整规范审批窗口设置。通过整合职能、归并机构，社保中心、消防大队等新部门进驻矿区。14 个部门入驻矿区政务审批大厅。清理规范行政审批项目。会同矿区编办、法制办等部门，审核完善“两单两图”工作。各单位清理整合各自行政审批项目，把原有 2400 个项目精简至 1778 个，精简率 26%，全部实现审批项目名称、依据、要件、流程、时限、收费设置统一。创新审批流程。一般性审核事项即报即办；不能在窗口直接办理事项，按“窗口受理、部门首席代表到窗口直接审批、窗口发件”程序办理，做到授权到位，限时办结；比较复杂，必须部门领导亲自把关、上报市局事项，按“窗口受理、限时办结”要求办理。（武新田）

【中共大同市矿区第十次代表大会】 2016 年 8 月 6 日至 8 日，中共大同市矿区第十次代表大会在矿区举行。大会主席团常务委员赵宇、逯禾红、郭普跃、靳文军、王建平、赵雄、张田、姚文章、陈晓琳、杨培孝、杨琼圣、王丽娟在主席台前排就座。大会通过《关于中国共产党大同市矿区第九届委员会工作报告的决议》《关于中国共产党大同市矿区纪律检查委员会工作报告的决议》。结束各项议程，选举产生矿区第十届区委委员、候补委员、纪委委员和出席中共大同市第十五次代表大会代表。通过中共大同市矿区第九届委员会工作报告。大会期间特邀山西省委政研室副主任梁若皓，大同市委常委、宣传部部长马斌，山西省委组织部离退休人员管理处副处长、调研员赵玉龙，市委组织部副部长张炜，市委组织部正处级组织员穆义才等参加。（武新田）

【中共大同市矿区第十届委员会第一次全体会议】 2016 年 8 月 8 日召开，赵宇受中共大同市矿区第十次代表大会主席团委托主持会议。会议选举产生中国共产党大同市矿区第十届委员会常务委员、书记、副书记，通过中国共产党大同市矿区纪律检查委员会第一次全体会议选举结果报告。新当选区委常委为赵宇、逯禾红、郭普跃、靳文军、王建平、赵雄、张田、姚文章、陈晓琳、杨培孝、杨琼圣。赵宇当选矿区区委书记，逯禾红、郭普跃当选矿区区委副书记。（武新田）

【“矿区中华魂”读书演讲活动】 2016 年 11 月 25 日，“矿区中华魂”读书演讲活动在区实验小学举办，大同市关工委副主任董变英，常务副主任杨富春，及矿区领导马曙光、石忠等出席，560 余名学生参加活动。活动以“践行核心价值观，凝聚中华正能量”为主题，以自己亲身经历或理想励志故事为切入点，阐释社会主义核心价值体系，用自己言行凝聚中华正能量。通过基层推荐、预赛、复赛、决赛和组委会评审，评出教育局等 7 个先进集体，王简书等 3 名同学获演讲比赛一等奖，李畅等 6 名同学获演讲比赛二等奖，孙菡等 13 名同学获演讲比赛三等奖，张正博等 20 名同学获演讲比赛优秀奖。（武新田）

【网络泄密窃密培训教育技术演示会】 2016 年 12 月 10 日，由大同市保密委员会、大同市国家保密局联合北京智华天成科技有限公司开展的以网络泄密窃密为主要内容的保密教育培训技术演示会在矿区召开，矿区四套班子领导，区各单位负责人、办公室主任、保密干部、办公自动化管理人员及其他重要涉密人员参会议。这次培训活动以直观现场演示各种窃密泄密过程。会议要求全区各级领导干部及涉密工作人员增强防范意识和忧患意识，增强责任感和使命感，按照有关保密规定要求，严格规范，严加管理，完善并严格执行各项保密规章制度，筑牢思想防线，确保国家秘密绝对安全。（武新田）

南郊区

【概述】 大同市南郊区位于北纬 39°53′～40°17′，东经 112°53′～113°24′，全区总面积 1068 平方千米。2016 年，全区下辖 3 镇 7 乡，即高山镇、云冈镇、古店镇，新旺乡、平旺乡、口泉乡、马军营乡、西韩岭乡、水泊寺乡、鸦儿崖乡，190个村民委员会，新成立1个华北星社区居委会。辖区总人口400209人，人口中以汉族为主，有蒙古族、满族、回族、彝族、苗族5个少数民族。人口出生率5.05‰，自然增长率3.64‰，死亡率1.41‰。

全年全区生产总值333.9亿元；规模以上工业增加值190.5亿元；固定资产投资266.7亿元，同比增长8.7%；社会消费品零售总额105.7亿元，同比增长6.5%；公共财政预算收入8.1亿元，同比减少26.9%；城镇常住居民人均可支配收入23518元，同比增长5.9%；农村常住居民人均可支配收入13309元，同比增长6.1%。

（安 军）

【农业】 2016年，南郊区播种面积16481.4公顷。其中，粮食13938.27公顷，经济作物2191.46公顷，饲料作物351.67公顷。全年粮食总产量6870万公斤。其中，玉米6.1万吨，谷子0.16万吨，高粱0.12万吨，黍子0.27万吨，莜麦0.01万吨，荞麦0.01万吨，豆类0.11万吨，马铃薯（折粮）0.09万吨。经济作物油料产量0.03万吨，蔬菜9.2万吨，瓜类0.32万吨。

全年全区奶牛存栏2.5万头；肉牛存栏0.44万头，出栏0.4万头；生猪存栏8.2万头，出栏15.5万头；羊存栏25万只，出栏17万只；鸡存栏135万羽，出栏110万羽。肉类总产量1.82万吨；蛋类总产量1.55万吨；奶类总产量10万吨；农民人均畜牧业纯收入2000元，比上年增加50元。

（安 军）

【林业】 2016年，南郊区林地面积57.5万亩，森林覆盖率18.88%，林木蓄积量10.27万立方米。营造林0.77万亩，总投资448.78万元。其中，京津风沙源治理工程人工乔木林0.5万亩，投资400万元；巩固退耕还林成果工程薪炭林建设项目0.27万亩，投资48.78万元。

（安 军）

【水利】 2016年，南郊区建成饮水安全工程15处，涉及7个乡镇，15个行政村，人口21871人，工程形式均为提水形式，总投资261.93万元。其中，省级配套维修养护资金49.5万元，区级资金70万元，乡村自筹142.43万元。全区清淤清障5.84万立方米，依托国家中小河流治理项目，投资1800万元，建设全长6.565千米的十里河矿区吴官屯至云冈湾河道治理工程。全区出动抗旱人数1.2万人，动用机井780眼，大中小型泵站7处，出动运水车辆20辆，投入抗旱资金197万元，用油2.5吨，用电81万度，实灌面积23.3万亩，解决因旱饮水困难人口0.2万人。京津风沙源治理水利水保工程投资120万元，新打井5眼，蓄水池1座，盖井房5间，铺设输水管道6700米。全年发放库区移民后期直补资金307.215万元。（安 军）

【民营经济】 2016年，南郊区民营经济营业收入257.02亿元，占全市775.4.亿元的32.94%；增加值74.15亿元，占全市226.92亿元的32.68%；上缴税金11.63亿元，占全市40.61亿元的28.63%。

（安 军）

【脱贫攻坚】 2016年，南郊区5个贫困村1200人脱贫。易地扶贫搬迁涉及高山镇上碗沟、小蒜沟、南沟、万家嘴、白塘5个贫困村235户519人。年内，搬迁安置白塘村170人。整村推进脱贫项目涉及古店镇北榆涧村、赵家窑村、窨子沟村和西韩岭乡谢店4个村650户1405人。区农委与乡、村干部多方论证和考察，农民愿意采用集中养殖奶牛，到户分红的脱贫模式。主要与天和牧业股份有限公司合作，由企业托管养殖奶牛，每年每只奶牛分红2000元，合同期限为10年，10年后按原标准返还奶牛。区政府出资500万元，利用上年省扶贫办下拨扶贫切块引导资金120万元和2016年下拨扶贫切块引导资金80万元，合计700万元，推进奶牛养殖脱贫项目。教育扶贫。全年教育扶贫支出5万元，雨露支出10万元。社会保障兜底脱贫4个乡28户86人农村低保人口。贫困户大病医疗保险补助每人10元，意外伤害保险补助每人38元，全区补助2673人保险费用12.84万元。

（安 军）

【卫生和计划生育】 2016年，南郊区有7岁以下儿童12155人，健康管理10751人，健康管理率88.45%；3岁以下儿童4805人，系统管理42172人，系统管理率87.76%。办理一孩生育服务登记880份，二孩生育服务登记22份，办理独生子女证352份，再生育审批2份。给15位符合条件的居民申请特别扶助资金；给32户符合退二孩指标的计生家庭申请一次性10万元奖励资金。免费给符合孕前优生检查夫妇健康体检，确定检查目标人群1400对；免费给1320位纯居民及流动人口开展“三查”服务，发放免费药具、叶酸及宣传品2万余份。建立全区居民健康档案271513份，建档率66.22%，电子档案247203份，电子建档率60.29%。老年人和慢性病人体检率100%，免费给60岁至64岁参合农民健康体检，体检率100%。287户计划生育困难家庭办理

▲南郊区现代奶牛养殖场　　（安 军 供图）

家庭意外伤害保险。给52户计划生育伤残家庭计147人、7户计划生育失独家庭计13人，办理计划生育家庭住院护理保险。

全区财政投入计生事业经费（含配套费）1053万元。全区222名计生服务员按照每人每月240元标准补贴，其中区级配套37.3万元。全年投资264万元，改善卫生院医疗环境，提升医疗服务能力，全年卫生院就诊人次较上年提升21%。投入157.5万元，给全区卫生室配备63台健康一体机，250个公共卫生随身包。全区投资192.57万元硬化医院地面，改善医院硬环境。区医院采购药品种类480种，其中基药240种，占比50%；区医院药品使用额1407.6万元，其中基药采购额650.02万元，占比46%，拨付基本药物补偿款300万元。（安　军）

【社会保障】 2016年，南郊区新型农村医疗合作保险参合254455人，参合率99.6%，按参合人口计，农业人口255516，每人筹资额540元。其中，个人缴纳120元，县级配套45元，市级配套45元，省级配套90元，中央配套240元，筹集资金13740.68万元。全区住院补偿2080人次，补偿额2607.41万元，门诊统筹支出208045人次，补偿额904.62万元。全年剩余基金3539万元。

全年新增城镇就业2082人，失业再就业人1421人，实现农村劳动力转移就业654人，帮助困难人员就业345人，创业带动就业人数512人。城镇登记失业率控制在4.2%以内。全年新招及续签劳动合同备案6535人，解除劳动合同备案2870人，涉及用人单位95个。

全年城镇职工基本养老保险参保42957人，基金征缴32853万元。其中，城镇企业职工征缴保费21363万元，事业单位职工征缴保费4739万元。城镇基本医疗保险参保48023人，城镇职工基本医疗保险基金征缴3565万元，城镇居民征收基金322万元。失业保险参保8178人，基金征缴136.52万元。工伤保险参保36891人，基金征缴382.3万元。生育保险参保31340人，基金征缴240万元。城乡居民社会养老保险参保151631人，其中被征地农民参保人数6596人。全年征缴保费2264万元，为60周岁以上的老人28989人发放养老待遇2832万元。

（安　军）

【科技　教育】 科技　2016年，南郊区专利申请78件，是上年申请数的2.1倍，其中发明专利20件，是上年申请的1.5倍。

教育　全年有幼儿园55所，在园幼儿4631人，专任教师79人；小学41所，在校生13440人，专任教师1768人，小学适龄儿童入学率100%；初中16所，在校生4295人，专任教师689人，初中适龄儿童入学率100%；小升初升学率100%；九年义务教育覆盖率100%；普通高中5所，在校生4659人，专任教师347人；中等职业学校1所，特教学校1所，进修校1所。（安　军）

【文化　广播电视】 文化　2016年，南郊区开展每年一度的春节文化活动，参演人数上万人次，大同市春节文化活动指挥部授予2016年春节群众文化活动“优秀组织奖”。启动图书下乡活动，配送29640册图书到190个行政村农家书屋。送戏下乡（任务100场）120场，到全区10个乡镇120个村庄演出。下乡放映电影2100场。

广播电视　2016年，电视制播新闻214件，电台播发稿件988条，其中电视台记者采写新闻801条。围绕全区社会各项事业和重大主题活动，采编制作《荒山秃岭变新貌—永定庄》《林业生态建设》《葡萄大王尚成金引领大同葡萄业快速发展》《学习考察“美丽乡村”》4个专题片。开办“冬季行动”“普法”“金融知识”“知识产权”“路政知识”和“防蚊灭蚊”等专栏节目。播出“冬季行动系列报道”116条，《普法专栏》133期、《金融知识专栏》32期、《知识产权专栏》7期、《路政知识专栏》7期和《防蚊灭蚊知识专栏》3期。推出《科普大篷车》《致富故事汇》《每周文娱》《健康面对面》《乡村法制》《生活视觉》《快乐健康中国行》《普法小剧场》《致富巧有道》9档专题节目。制作播出纪录片《邪教的谎言》《忏悔之门》。制作播出《社会主义核心价值观》《我的梦中国梦》《梦娃系列》《消防安全》《防震减灾》《禁毒》《征兵》等系列公益宣传广告57条。反映重点工作动态的新闻稿件在省台播出3条，在市台播出193条。（安　军）

【社会治安】 2016年，南郊区立刑事案件1221起，同比下降11.84%；破获刑事案件510起，破案率41.77%。立八类案件203起，同比下降25.64%，占刑事案件总量16.63%；破案131起，破案率64.53%。立侵财案件1020起，同比下降19.74%，占刑事案件总量的83.54%；破侵财案件343起，破案率33.63%，抓获刑事案件作案成员381人，刑拘322人，批捕157人。全区发生命案8起，破8起；抓获各类网上逃犯287名，其中抓获外省逃犯59名，抓获命案逃犯14名。在严打整治“百日行动”期间，接警6294起，出动警力16708人（次），出动车辆4958台（次），接刑事警情853起，同比下降25.5%，打掉犯罪团伙20个，抓获逃犯193人。其中，立各类刑事案件643起，同比下降5.3%；破获刑事案件444起，同比增长117%，破案率69%，同比提升38.8%；刑事拘留291人，同比提升108.4%；逮捕73人，同比提升95.4%；受理各类治安案件513起，查处513起，同比上升26.61%，行政拘留398人，罚款9.22万元，没收赌资等非法所得2万余元。全区安置帮教总衔接人数279人，全部建立接管、登记、监管、帮教等制度，落实帮教责任，实现刑释解教人员网络化管理。

（安　军）

【质量监管】 2016年，南郊区质量技术监督管理局抽查产品23个批次，涵盖农资、服装以及彩钢产品。分类监管辖区内11家生产许可证证后企业。检查和专项检查辖区内5家检车线企业15次。年度检查204家涉及特种设备使用单位，检查10家特种设备使用单位的应急救援开展情况。开展全区使用老旧电梯、老旧压力管道、游乐设施、电站锅炉等专项检查活动。检查6处治超点的计量器具。证后监管5家3C认证企业，制作3C认证企业检查作业指导。年内，区农业标准化示范园区大同市华晟果蔬有限公司

县区概览

通过省级验收工作。（安　军）

【卫生计生综合监督执法】 2016年，南郊区在全区范围内开展卫生计生综合监督执法专项检查，检查各级各类医疗机构46家。其中，公立医院1家，民营医院9家，乡镇卫生院9家，村卫生室及个体诊所27家（其中无“医疗机构执业许可证”1家，没收器械1件），重点打击非法行医、规范传染病防控，预防突发性公共卫生事件、保障医疗安全。疫苗专项检查，重点检查医疗机构有无预防接种资格证和疫苗接种单位个人资格证、医疗机构疫苗的接收、购进、分发、保藏、供应、使用登记等工作的记录、资料保存情况，接种单位第二类疫苗的品种和接种方法公示、告知情况，疫苗接种异常反应的处理、报告情况。检查各级各类医疗机构266家。其中，检查乡镇卫生院10家，区疾控中心1家，区人民医院1家，民营医疗机构18家，村卫生室190家，个体诊所46家。其中，有预防接种资格证的16家，并都有疫苗接种人员资格证，疫苗购进、分发、使用登记及记录都有进货票和出入库登记，其他医疗机构无预防接种资格证，均承诺未开展过疫苗预防接种工作。（周立娟）

【结对帮扶】 2016年1月20日，南郊区口泉乡杨家窑村与天镇县新平镇五里墩村结对帮扶启动仪式在五里墩村举行。杨家窑村全村总人口1053人，耕地面积1575亩。2015年，全村生产总值6亿元，农民人均纯收入2.7万元，是全市闻名的富裕村。五里墩村位于新平堡镇正南方，全村有217户756口人，耕地面积250亩，主要以种植业为主，2009年，全村农民人均纯收入1230元。

“富村帮穷村”结对帮扶活动由市人大组织开展，从杨家窑村挑选60名致富能人进入60名贫困户家里进行对接，通过面对面交流，介绍和传授致富历程和经验，开阔贫困村农民发展致富思维，转变“等、靠、要”思想观念，引导贫困户走上致富之路。启动仪式后，杨家窑村党支部书记郭占君代表村委会向五里墩村赠送2万元帮扶金和自己村里生产的500箱牛奶。（周立娟）

【“3·15”农资打假宣传活动】 2016年3月15日，南郊区农委组织执法大队、种子、质监等站所工作人员，在西韩岭乡北村村开展“3·15”农资打假主题宣传活动。活动中，通过设立农资打假宣传点、专家答疑、发放宣传材料等方式，让农民了解如何识别假农药、农业生产技术以及高产栽培技术等，宣传消费维权知识，让广大农民特别是种植大户懂得如何依法保护自己的合法权益，增强农资经营者法律意识和依法经营理念。宣传现场，发放各类宣传资料3万余份，解答农民咨询100余次。（周立娟）

【食药安全维权宣传活动】 2016年3月15日，南郊区食品药品监督管理局在五一街开展“新消费我做主”为主题的“3·15”食药安全宣传活动。

活动现场，设置宣传咨询台，通过食品药品安全知识展板、宣传横幅等多种手段，现场向群众讲解《中华人民共和国药品管理法》《中华人民共和国食品安全法》等法律法规，向群众发放印有食品、药品、医疗器械监管法律法规有关内容和食品安全知识、真假药品鉴别、安全合理饮食用药等知识宣传册500余份，解答群众咨询20余人次。（周立娟）

【农村爱国卫生运动】 2016年4月底，南郊区组织开展以“清洁城乡、人人健康、共建美丽、幸福大同”为主题，以整治市容面貌及乡镇、单位环境卫生为主要内容的第28个爱国卫生月系列活动。全区各党政机关、企事业单位、学校、各乡镇人民政府组织全民义务劳动，全体职工400余人参加劳动，现场出动垃圾清理、清运车辆5台，在南郊五一路、泉落路，南郊区党政机关、事业单位出动200余干部职工参加清理道路两侧卫生义务劳动：清除野广告、清洗路边护栏、护网，拣拾垃圾袋。各乡镇机关、社会团体、学校出动人员，清理庭前院后、楼堂馆舍、田间地头的卫生死角。全区参加全民义务劳动1000余人，出动车辆及各类机械45台（次），清理卫生死角150余个，清除野广告1000余条，清运各类垃圾60余吨。（周立娟）

【“三网”建设】 2016年，南郊区扩大“天网”覆盖面。全区筹措资金1000余万元，建高清红外摄像机264台，治安监控探头3900个，整合前期300路社会视频资源，改建110指挥大厅140平方米。利用公安110指挥中心、社会服务管理中心等资源，实施区、乡、村三级视频监控系统联网互通。把各部门、行业场所、街面道路、治安卡口、居民小区等视频监控系统与区、乡、村视频监控上下联通，织密一张无死角全覆盖的治安防控视频监控网。马军营乡在全区率先实现区、乡、村视频监控网络互通。增强“地网”牵引力。完善覆盖区、乡、村、社区的基层社会服务管理体系网数字化、网络化建设。调整基层网格451个，网格员1274名。把网格内人、事、物、地、组织要素全部整合，按照“区—乡—村—两委—网格—农户”顺向模式管理和逆向模式信息反馈方法，形成区、乡、村、网格四级线上联动、线下互动。培养选树新泉村、杨家窑村、白马城村等一批示范点，大规模推广网格化管理体系。凝聚“人网”战斗力。全区按人口数量分类，建立专兼职巡逻队。千人以上的村专职人员5人至10人，千人以下的村3人至5人，城乡接合部村（社区）、重点商场不少于20人，全区专职巡逻队员1500余人。并根据各村自身特点，成立以“五老”（老干部、老教师、老劳模、老专家、老战士）、低保户、平安志愿者等为主的义务巡逻队。全区有平安志愿者1281名。其中，村（社区）846名；教育行业160名；青年团员75名；工商系统200名。兼职巡逻队员2500余人。（周立娟）

新荣区

【概　述】 大同市新荣区位于北纬40°07′~40°24′，东经112°52′~113°31′。全区总面积1018平方千米，耕地面积63万亩。2016年，全区下辖1镇6乡，即新荣镇、郭家窑乡、破鲁堡乡、西村乡、上深涧乡、堡子湾乡、花园屯乡，140个村民委员会，5个社区居委会。全区常住人口11.26万人，出生1123人，人口出生率10.12‰，死亡人口638人，死亡率5.75‰，人口自然增长率4.37‰，男性53243人，性别比108.97。城镇人口37518人，乡村人口73745人，城镇化率33.72‰。

全年全区生产总值24亿元，增长5.1%；固定资产投成81.6亿元，增长11.8%；第三产业增加值10.23亿元，增长4.5%；规模以上工业增加值3.81亿元，增长5.7%；社会消费品零售总额10.14亿元，增长6.2%；一般公共财政预算收入1.35亿元；城镇居民人均可支配收入22009元，增长6.4%；农民人均可支配收入8185元，增长7.3%。（贺雨顺 李淑娟）

【农业】 2016年，新荣区推进特色农畜产业区建设。依托新荣区农业产业发展独特的地理气候条件和全省优质羊肉、优质小杂粮产地优势，发展黍子、谷子、豆类、胡麻、莜麦等特色小杂粮种植和牛、羊、鸡、猪等畜禽养殖。全区粮食总产量5542万公斤，增长33.8%，其中特色小杂粮产量2100万公斤，种植面积20万亩。培育集体经济组织，建立农民专业合作社17个，省级示范社2个，市级示范社5个；建设棚圈2.5万平方米，建成标准化养殖小区20个，全区肉牛、奶牛、猪、羊、鸡饲养量分别达2.5万头、0.49万头、7.85万头、26.02万只、23.8万只。推进投资1.5亿元的利国种鸡养殖项目、投资1.5亿元的郭家窑万头肉牛养殖项目、投资6700万元的郭家窑乡油用牡丹籽皮推广项目、投资4990万元的郭家窑乡中药材种植、农产品加工等项目。农机深松作业1.5万亩，发放农机具购置补贴122万元。土地确权4个乡镇81个村，流转土地4.87万亩，增加农民财产性收入195万元。改善农村居住环境，建设八墩、畅家岭、刘安窑、安乐庄4个美丽宜居示范村。扶持伊磊牧业、华进薯业、森旺农林牧等公司，带动农业产业化发展，帮助3000余户农民增收8000余万元。开拓门店直销、展览促销、超市代销、电商营销、企业包销等渠道，农产品商品化程度提高14%。与华联超市合作，把新荣区农产品打入北京市场。精准实施产业扶贫项目，建成2个光伏扶贫项目和5个整村推进扶贫开发项目，惠及贫困户285户753人。实施教育扶贫“雨露计划”，506名贫困生享受政策补助资金127万元。通过电商扶贫、企业产业扶贫，受益贫困户570户1528人，增加收入300万元。社会扶贫中，为贫困村办实事135件，解决实际困难326件，落实帮扶款物520万元。全区未脱贫人口规模3931户8581人，到年底脱贫16个村2529户5464人。

（贺雨顺 李淑娟）

【林业】 2016年，新荣区发展规模化经济林产业。按照“林业增效、产业富民”思路，经济林建设以到农村、贴近农户、促进增收的途径和方式，先行试点在河东窑、二道沟、马厂、太平庄、杨窑、裴家窑、高向台、七里村、镇河堡、半坡店等村庄与10家农户和合作社签订种植协议书，种植杏树1000亩。加快培育林业专业合作社等新型林业经营主体。全区各类育苗面积5万余亩，注册林业专业合作社及个体苗木生产经营户120个。开展巩固退耕还林成果生态移民项目建设。协助大同中煤矿业发展有限公司实施采煤沉陷区治理棚户区搬迁改造安置项目建设，协调西村乡、上深涧乡使用林地审核、申报和生态移民工作。累计拨付生态移民资金961万元，其中西村乡439.5万元，上深涧乡521.5万元。全年累计造林1.1万亩，其中“两山”造林京津风沙源人工乔木林3000亩、工程固沙5000亩，巩固退耕还林成果灌木薪炭林1000亩；“两网”绿化交通沿线荒山绿化2000亩；“两林”富民巩固退耕还林成果干果经济林1000亩。省级村庄绿化5个，通道绿化20.5千米。省、市级造林投资762万元。（贺雨顺 李淑娟）

【水利】 2016年，新荣区水利工程任务主要有膜下滴灌工程、二期京津风沙源水利水保工程、中央财政补助县级以下国有公益性水利工程维修养护项目、水库移民后期扶持等项目。新荣区御河流域综合治理与生态修复项目，总投资37.89亿元；膜下滴灌工程，省级投资256万元，增加膜下滴灌面积3200亩；京津风沙源水利水保工程，建设水源工程33处、节水工程20处，工程总投资265万元（国补159万元，地方配套106万元），其中水源工程投资165万元，节水工程投资100万元；中央财政补助县级以下国有公益性水利工程维修养护项

▲新荣区饮马河（贺雨顺 供图）

目，维修养护拒门水库、镇和户水库、李花庄水库、施家洼水库、马厂水库、花园屯水库的坝体和溢洪道，批复总投资97万元；水库移民后期扶持项目，在拒门村实施水源保护工程，投资20万元，张士窑水源地建设工程投资45万元，解决区址居民供水问题；农田实灌和小流域治理，全区实灌面积6.68万亩，小流域治理1.5万亩。

（贺雨顺　李淑娟）

【农机】 2016年，新荣区农机总动力20.29万千瓦，拖拉机拥有量3511台，与大中型拖拉机配套的农机具4531台件，农副产品加工机械867台，畜牧业机械648台，全区农机固定资产原值11943万元。全区机播18万亩，深松整地1.5万亩，机收8万亩。在新荣区上深涧乡施家洼村和新荣区郭家窑乡北温窑村实施磨坊建设项目。全年农机深松整地作补贴项目15184.1亩，涉及3个乡7个村422户。柠条机械化平茬作业补贴项目涉及3个村299户，实施面积8000亩，退耕地柠条机械化平茬7310.19亩，荒山造林地柠条机械化平茬689.81亩。收获柠条3029.09吨。全年全区农机购置补贴资金122.38万元（上年结转资金0.376万元），补贴121.52万元，补贴率99.3%。涉及7个乡镇71户受益87台件。其中，购置耕整地机械23台，田间管理机械4台，收获机械5台，农产品加工机械1台，动力机械54台。

（贺雨顺　李淑娟）

【工业】 2016年，新荣区加强唐山沟、甘庄两座主体煤矿安全稳产，推动小梁沟、北辛窑、上深涧3座煤矿复工复产。发展煤炭洗选业，运泰煤业108万吨、屹玮煤炭180万吨洗煤项目建设，全区煤炭洗选企业15家，洗选能力近1400万吨。全区煤炭产量220.5万吨。依托炭素产业和石墨资源优势，培育壮大石墨、炭素、制造、新能源四大支柱产业。重点编辑全区石墨资源基础资料，制定石墨资源开发利用总体规划，启动石墨资源配置。与山西大同大学、同煤集团组团考察学习湖北、江苏等地国内先进的柔性石墨制备技术、石墨烯产业发展科技前沿、石墨烯园区建设等情况。建成新成新材料年产10万条电力机车受电弓碳滑条项目、投资2亿元的30万吨生物质洁净型煤建设项目、投资2亿元的堡子湾2万千伏分布式光伏发电等项目。推进投资5亿元的大同国际柔性石墨+石墨烯创新科研产业园项目、投资6亿元的镇川堡6万千瓦风电项目、宇林德石墨设备生产线和石墨电极机加工生产线项目、投资5亿元的天然气综合利用项目、投资2亿元的新成新材料年产2万吨锂电池电解液项目等项目。（贺雨顺　李淑娟）

【民营经济】 2016年，新荣区支持大同市田源酿造有限责任公司品牌建设项目5万元；中新小梁沟煤业有限责任公司"小升规"项目20万元。向省中小企业发展促进会申报两家"四新"（新技术、新产品、新业态、新模式）企业，即大同市新成新材料股份有限责任公司、大同市宇林德碳材料有限责任公司。10家中小企业被省局确定为重点监测企业，每月直报每个企业的经济运行情况。年内，全区民营经济增加值46204万元，同比增长2.25%。营业收入133046万元，同比增长1.81%。上缴税金7790万元，同比增长1.3%。新增小微企业（包括个体户）152个；建成"小升规"企业2个，即大同市宇林德炭材料有限责任公司、大同市新荣区新大科技有限责任公司。花园屯小微企业创业基地大同市明星门窗有限责任公司建成1个喷漆车间，总投资510万元。

（贺雨顺　李淑娟）

【交通】 2016年，新荣区开工建设西村至白庙煤炭运输公路15.54千米，投资2580万元，建设标准为三级公路，路基宽7.5米，路面宽6.5米，两侧路肩宽各0.5米。开工建设前井沟至下甘沟路面改造工程5.1千米，投资180.37万元，建设标准为四级公路，路面类型为水泥混凝土路面。农村窄路基路面拓宽改造工程42.52千米，投资1670万元。其中，中央车购税425万元，省成品油税467万元，区政府配套778万元。（贺雨顺　李淑娟）

【招商引资】 2016年，新荣区招商引资项目18个，投资总额约100亿元，其中落地项目16个，具体是：新安住宅商贸小区项目，利国种鸡养殖项目，郭家窑万头肉牛养殖项目，新荣区天然气综合利用项目，天然石墨深加工项目，新荣区30万吨生物质洁净型煤建设项目，新荣区堡子湾2万千伏分布式光伏发电项目，大同市新荣区镇川堡6万千瓦风电项目，郭家窑乡油用牡丹籽、皮推广项目，郭家窑农作物药材种植、农产品加工项目，郭家窑萝卜种植、腌制加工项目，郭家窑融盛畜、禽养殖项目，西村乡1800万块煤矸石、炉渣空心砖生产线项目，西村乡健康快餐食品加工项目，年产2万吨锂电池电解液项目，润吉能源180万吨洗煤项目，新四海能源180万吨洗煤项目，大同国际柔性石墨+石墨烯创新科研产业园项目。

（贺雨顺　李淑娟）

【商业】 2016年，新荣商业营业收入12956万元，比上年增长7.15%。建成综合服务社24个，帮助便民店扩大经营范围。建成专业合作社示范社1个，新荣区高向台村荣鑫小杂粮加工农民专业合作社利用当地盛产小杂粮优势，科学加工销售小杂粮，带动周边农户种植小杂粮5万亩，周边5000余户农户获利。领办狮村建林农民专业合作社，该合作社建羊舍1500平方米；饲料青储池3000立方米；饲料库500平方米；有种母羊450只；种公羊20只，育肥羊150只，购置养殖配套设施7台套，辐射和服务周边农户1000余户。（贺雨顺　李淑娟）

【教育】 2016年，新荣区加强三通两平台建设和应用工作，农村教学点接入大同市教育网，各个教学班安装班班通客户端教学软件，实现网络学习空间人人通。投资15万元，配置中考信息技术考试、实验操作考试监控设备，投资1万元购置化学药品。投资10万元，配备机关幼儿园、一小5套多媒体和100套课桌等教学设备。投资100万元，改扩建堡子湾乡得胜村幼儿园和花园屯乡镇川村幼儿园。加快职教中心建设步伐。为教学班级配齐桌椅150套、办公桌椅20套，购置打印设备3套、计算机7台等教学设备、器材；补充教师15人；秋季招生51人；开设农业观光、农村经济管理、计算机应用、旅游服务与管理、音乐、美术等专业；加强校企合作，选送42名中职学生前往河北保定长城汽车厂徐水分厂参加实习。提升全区教育教学质量。改革办学模式。选取6所优质学校（初中2所，小学4所）为“联盟中心校”。“结盟校”联合开展教育教学活动、学生统一考核评价等多种形式，实现软硬件资源共享、优势互补，实现教育联盟共同发展。加强中小学课堂教学模式改革，实行“三步走”课改规划，总结提炼出课改模式。（贺雨顺　李淑娟）

【卫生】 2016年，新荣区推进体制改革，加强重大疾病防控和卫生应急工作。区医院开展11个专业40个病种临床路径管理，较上年增加20余种；进入路径人数400人次，路径人数较上年增长42.7%；入组率98.8%。全年门诊急诊8889人次，出院人数899人次，住院手术59例，床位使用率34.13。加强防控，疾病控制工作。各免疫规划疫苗报告接种率均在98%以上。AFP监测报告病例1例，报告麻疹病例2例，疑似预防接种异常反应（AEFI）监测报告病例25例。全区新农合参合农业人口数74332，参合率97%。人均筹资标准540元，筹集资金4043万元；重大疾病病种增加为26种，补偿比例70%；常见慢性病种增加到42种，报销比例60%。年底，全区新农合补偿资金支付1890.97万元。其中，门诊补偿资金支付581.94万元；住院补偿资金支付1068.83万元；大病保险支出240.2万元。累计结余4103.47万元。公共卫生服务质量不断提升。到年底，全区城乡居民建立健康档案95448份，健康档案建档率86.2%，建立电子档案94750份，电子建档率85.5%。（贺雨顺　李淑娟）

【文物　旅游】 2016年，新荣区两次例行巡查全区30个文物保护单位，开展安全隐患专项检查3次，重点安全检查宁静寺、慧泉寺2个文物古建单位及明长城遗址新荣区段、宣宁故城、方山永固陵等文物保护重点单位。投资700余万元实施方山永固陵抢救性文物保护设施建设项目、得胜堡玉皇阁及瓮城城墙抢险加固工程。赵彦庄龙王庙文物保护修缮工程招投标。委托山西省古建筑设计有限公司、山西风光旅游规划设计院编制成《得胜堡群文物保护规划》初稿；普查全区30处古建筑险情摸底登记；委托山西省古建筑设计有限公司编制成《宁静寺保护修缮工程设计方案》；委托张家口鼎兴古建筑设计有限公司、大同市古建所编制成《赵彦庄龙王庙文物保护修缮工程设计方案》；委托市考古所开展北魏永固陵陵寝遗址考古工作计划项目申报工作，该项目获国家文物局网上批复；配合市文物局设立明长城遗址新荣区段29处长城保护标志碑。培育乡村旅游，打造旅游亮点，堡子湾乡河东窑村三实休闲农业与旅游项目组织申报省休闲农业与乡村旅游示范点；红石崖景区投资30万元，建设景区山门，并建农家乐1处；得胜村同丰古堡旅游观光有限公司农家乐项目具备接待能力。

（贺雨顺　李淑娟）

【社会保障】 2016年，新荣区有城市低保户1399户，参保人数3092人，月人均低保金457元，全年发放低保金1059万元。复核城市低保户，其中6户15人不符合低保标准的被取消低保资格。全区有农村低保户9592户，参保人数10243人，农村低保标准为2898元/年·人，全年发放低保金2887万元。核实农村低保家庭的生活现状，其中117户117人不符合低保标准被取消低保资格。全区有乡镇敬老院6所，农村五保户945人，截至年底，集中供养五保户81户81人，分散供养五保户864户864人，累计发放五保供养金210万元。建设农村老年日间照料中心7所。全年农作物受灾面积9382.96公顷，成灾面积9202.66公顷，绝收面积481公顷，7个乡镇不同程度遭受灾害，全区全年直接经济损失5943.99万元，其中农业损失3734.26万元，基础设施损失1081.2万元，家庭财产损失1127.9万元。全年接收上级救灾资金370万元，全部用于救灾救助。全年办理结婚登记900对，离婚登记133对，接待婚姻咨询2000人次，接待婚姻档案查阅510人次。（贺雨顺　李淑娟）

【法治建设】 2016年，新荣区公安分局刑事案件立93起，比上年下降25%，破案47起，破案率50.5%，比上年提高33.6%，刑事拘留17人，逮捕12人，移送起诉12人；抓获网上逃犯60人，比上年增加11.1%；强制戒毒31人，比上年增加34.8%，社区戒毒3人，治安拘留38人，罚款79人；法院受理民事案件232件，刑事案件22件，执行案件56起。区人民检察院受理审查批准逮捕案件14件15人；受理移送审查起诉案件32件44人，经审查提起公诉20件29人，不予起诉1案1人，公安机关撤回移送审查起诉2案3人，移送市院1案1人，在审查起诉8案10人；出庭支持公诉20次，提出量刑建议29次。区司法局人民调解各类矛盾纠纷198件，调处195件。办理法律援助10件，解答法律咨询137人次，代书法律文书51件，发放法律宣传资料6000余份，法律宣传挂图1000余张。

（贺雨顺　李淑娟）

【张士窑新水源地建设】 2016年，新荣区为缓解区址用水困难，水利局派驻技术人员，组织施工单位实施，建水源井4眼、安装机泵6台、建160吨蓄水池1座、输水管道5100米、配100千安变压器2台、高压线1500米、低压线1500米。工程总投资151万元。日供饮用水1000立方米左右。

（贺雨顺　李淑娟）

【第三产业发展】 2016年，新荣区推进旅游产业开发进程，举办“魅力新荣”摄影创作、“长城文化节”徒步走和“大同国际骑游大会越野赛”等系列活动，提升新荣知名度，扩大对外影响力。完善旅游基础设施建设，实施方山永固陵保护设施建设项目、得胜堡玉皇阁及瓮城抢险加固工程。开展电子商务，科蕾专业合作社等11家企业的特色农产品实现网上销售。畅通电商物流配送渠道，电商物流服务中心及20个末端网点基础设施竣工。金融、通信产业营业额2.4亿元，增长11.4%。现代服务业收入1.3亿元，增长53%。（贺雨顺　李淑娟）

【政府建设】 2016年，新荣区推进审批流程优化，行政许可项目办理时限由23.4个工作日压缩至8.79个工作日，缩短近2/3。投资项目在线审批监管平台实现与省、市部门实时连接。全年受理行政许可项目和行政权力事项1.98万件。通过政府门户网站发布各类政府信息2837条，受理处办各类事项1977件。执行区人大及其常委会决议，接受人大法律监督和政协民主监督，听取各民主党派、工商联、无党派人士和人民团体意见，办理代表建议意见和政协提案80件。加强行政监察和审计监督、绩效管理，开展行政问责。（贺雨顺 李淑娟）

【上深涧乡“三农”建设】 2016年，新荣区上深涧乡有耕地28553亩，粮食作物播种22946亩，粮食总产量206万公斤，油料播种4701亩，产量25万公斤。全乡猪出栏330头，存栏217头；羊出栏6700只，存栏8894只；牛出栏16头，存栏114头；家禽出栏1300只，存栏1356只；驴存栏39头。全乡有贫困户243户。根据每户实际情况制定帮扶措施，年底有163户贫困户脱贫。

全年全乡组织开展以“爱护环境卫生，创建清洁家园”为主题的环境卫生整治活动，美化村容村貌。成立“百日行动”环境综合整治组，在全乡范围内开展保护环境，清洁卫生活动，动用各村保洁员29名，清运垃圾车辆16台，各村配置公共垃圾桶429个，全乡范围内清理道路69.8千米。搞好移民搬迁。围绕“搬得出、稳得住”要求，辖区内几个村庄实施采煤沉陷治理搬迁。康乐佳园和欣荣花园为首批回购房源，先期确定新村村回购康乐佳园，北辛窑村、前郭家坡村回购欣荣花园。（贺雨顺 李淑娟）

左云县

【概述】 大同市左云县位于北纬39°44′～40°14′，东经112°32′～112°59′，全县总面积1314平方千米。2016年，全县下辖3镇6乡，228个村民委员会，7个社区居委会。全年全县总人口140811人，比上年下降0.04%。其中，女性人口69418人，占总人口比重49.3%。年末非农业人口42319人，占总人口比重30%；农业人口98492人，占全县人口比重70%。全县人口出生率9.62‰，死亡率5.51‰，人口自然增长率4.1‰。全县城镇化率47.96%。全年全县生产总值369038万元，比上年增长7.4%。其中，第一产业增加值27483万元，增长10.7%，占生产总值比重7.45%；第二产业增加值120835万元，增长5.6%，占生产总值比重32.74%；第三产业增加值220720万元，增长7.9%，占生产总值比重59.81%。人均地区生产总值22907元。

全年全县财政总收入84388万元，下降15.19%。公共财政预算收入33529万元，下降16.84%。税收收入23833万元，下降0.63%。其中，增值税、营业税、企业所得税、个人所得税、资源税和城建税税收20233万元。公共财政预算支出124789万元，下降1.58%。其中，农林水支出20820万元，社会保障和就业支出11717万元，医疗卫生支出12011万元，教育支出23339万元，其他支出56902万元。

全年城镇新增就业1123人，年末城镇登记失业率控制在4.2%以内。全年城镇常住居民人均可支配收入24215元，增长6.4%；农村常住居民人均可支配收入10714元，增长6.9%。全年从业人员平均工资46316元。（邵明仁）

【农业】 2016年，左云县农作物种植面积26613.6公顷，比上年增加526.6公顷。其中，粮食种植面积21881公顷，增加282.5公顷；油料种植面积3418.5公顷，增加426.5公顷。全年粮食产量35544吨，增加1775吨，增长5.3%；油料产量3740吨，增加1512吨，增长68%。全年造林面积1860公顷，四旁植树65万株，幼林抚育67公顷，育苗400公顷。全年猪牛羊肉总产量8803吨，增长25%。其中，猪肉产量2266吨，下降6.2%；牛肉产量720吨，增长22.4%；羊肉产量5817吨，增长44.6%。年末生猪存栏10156头，出栏20636头；羊存栏158716只，出栏348822头。牛奶产量4415吨，下降21.2%。禽蛋产量1068吨，下降22.3%。全年农林牧渔业总产值57207万元，增长68%。农林牧渔业增加值27757万元，增长1.4%。其中，农业增加值9536万元，下降1.6%；林业增加值3521万元，下降8.9%；牧业增加值13980万元，增长6.6%。年末全县农业机械总动力9.3万千瓦，下降25.6%，使用化肥6290吨，地膜83.6吨。（邵明仁）

【工业和建筑业】 2016年，左云县规模以上工业企业10家，全年规模以上工业增加值50838万元，增长11.8%。全社会原煤产量701万吨。其中，规模以上工业原煤产量501万吨，增长31.8%；发电量18484万千瓦时，增长8.69%。规模以上工业企业实现主营业务收入162773万元，增长99.5%。其中，煤炭工业实现主营业务收入150930万元，增长118%；电力工业实现主营业务收入10082万元，增长3.26%；食品工业实现主营业务收入1761万元，下降32.36%。全年建筑业增加值13169万元，下降2.2%。（邵明仁）

【固定资产投资】 2016年，左云县固定资产投资800138万元，下降26.3%。其中，第一产业投资217746万元；第二产业投资504147万元；第三产业投资78245万元。

固定资产投资中，国有经济单位投资402696万元，民间投资397448万元。全年在建固定资产投资项目132个，总投资2214950万元，累计投资1839407万元。其中，5000万元以上项目投资423236万元；5000万元以下项目投资357894万元。全年房地产开发投资35970万元。新开工面积60706平方米。（邵明仁）

【国内贸易】 2016年，左云县社会消费品零售总额232169万元，增长8.2%。按经营地分，城镇消费品零售额104681万元，下降1.6%；乡村消费品零售额127487万元，增长17.9%。按消费形态分，餐饮收入19890万元，增长21.8%；商品零售212278.7万元，增长7.6%。（邵明仁）

【交通和邮电】 2016年，左云县境内有铁路支线5条，铁路发运站9个，运输能力2910万吨。公路通车里程1344.862千米，其中高速公路32.64千米，全县公路网密度102.3千米/百平方千米。

年末全县拥有二级汽车站1座，四级乡镇客运站4座，客运企业4家，客车100辆，长途班线17条，通车行政村数220个，全年客运量48.8万人次，旅客周转量2839万人千米；全县货运大型企业3家，登记在册货车2288辆，货运量135.4万吨，货物周转量25712万吨千米。

全年全县邮电业务收入7263万元，增长7.2%。其中，邮政业务收入760万元，增长3.8%；通信业务收入6503万元，增长7.6%。年末固定电话用户17613户，移动电话用户109006户。全县宽带接入用户17865户。

（邵明仁）

【金融】 2016年，左云县金融机构各项存款余额930856万元，比年初增加67901万元，增长7.9%。其中，单位存款229875万元，比年初增加45200万元；个人存款696465万元，比年初增加26209万元；财政性存款4462万元，比年初减少3558万元；其他存款54万元。各项贷款余额192123万元，比年初减少58012万元，下降23.2%。其中，短期贷款104379万元，比年初增加13984万元；中长期贷款87277万元，比年初减少20229万元；其他贷款467万元。

全年保险公司发展到13家，保费收入11203.15万元，全年支付各类赔款及给付2673.8万元。（邵明仁）

【科教文卫】 2016年，左云县申报市级项目6项，落实资金170万元，发明专利申报33件。

年末全县普通中小学校31所，专任教师1459人，在校学生数13220人，其中小学生7120人，初中生2935人，普通高中生3165人。幼儿园（不包括学前小学校）6所，在园幼儿3230人。

年末全县有文化馆1个，综合公共体育场1处，公共图书馆1个，藏书13.8万册，农村阅览室228个。全县有报社1家，出版报纸5.5万份。年末有线电视用户4000户，电视综合覆盖率98%以上。

年末全县有卫生机构（含诊所、村卫生室）251个，床位395张。妇幼保健院（所、站）1个。全县卫生机构有卫生技术人员321人。（邵明仁）

【社会保障】 2016年，左云县城镇基本养老保险参保83101人，其中城镇职工基本养老保险参保19600人；城乡居民养老保险（新农保和城居保合并）参保63501人；城镇基本医疗保险参保44486人；失业保险参保8575人；工伤保险参保20725人；生育保险参保11668人。全年全县城市低保对象501户2442人，累计发放低保资金1077万元；农村低保对象8050户10069人，累计发放低保金2971.2万元。全年五保供养807户，集中供养72名，孤儿63名，优抚对象568名。

（邵明仁）

【产业转型】 2016年，左云县推进中海油煤制气、京同热电、引黄入左工程，50万千瓦采煤沉陷区光伏项目并网发电。推进煤炭产业供给侧结构性改革，关闭退出北杏庄煤矿。左云经济技术开发区临时供水项目主体工程竣工，新兴产业园区前期补偿土地征收600亩，启动水电路配套设施建设。现代仓储物流园区完成总规编制，开展土地手续办理等前期工作。生态文化旅游业发展取得良好开端，建成月华池和夏都国际书画写生基地，与北京潮尚户外俱乐部共同组织露营彩跑音乐节，举办首届“左云清凉艺术节”和“古塞风韵·魅力左云”绘画作品晋省汇展。全年招商引资签约项目28个，总投资218亿元，其中京津冀地区签约项目12个，总投资123亿元。（邵明仁）

【脱贫攻坚】 2016年，左云县选派443名干部进驻174个村开展帮扶，推进特色产业扶贫等8大工程20项行动。因地制宜发展养羊、马铃薯、中药材、小杂粮等特色农业产业，发挥雁门清高、云中紫塞等龙头企业引领作用，带动农民增收；依托月华池、夏都国际写生基地，辐射带动周边群众增收；依托采煤沉陷区光伏项目建设，带动店湾、水窑近1000名贫困人口脱贫。推进易地扶贫搬迁，涉及208户460人的3个搬迁安置点开工建设。累计拨付省市县财政专项扶贫资金536万元，动员12个农业龙头企业和专业合作社参与脱贫帮扶，产业扶贫新增投资1.14亿元，三兴农牧合作社对接贫困户建设的20个蔬菜大棚建成投用。全年全县12个村、2249户4381名贫困人口脱贫。（邵明仁）

【城乡建设】 2016年，左云县抓好国家城市棚户区改造、采煤沉陷区治理搬迁等政策机遇，启动城建史上规模最大的旧城整治和新区建设工程，实施道路、安居等6大项12个工程，其中北环路城市综合体项目中，全长5千米的北环路整体改造工程通车，实施城市棚户区改造、15个村采煤沉陷区搬迁以及“太阳城”商住开发项目。新建和泰路、615套公共租赁住房、85个小区297栋9089户县城老旧楼改造以及1455户农村困难家庭危房改造工程全部竣工。动员左云籍企业家投身到“热爱家乡、建设左云”

▲左云县城市新貌（邵明仁 供图）

热潮中，投资建设的云文苑项目主体封顶，“益晟城”写字楼按期竣工投用。109国道县城段改线工程现进入征地阶段。三屯至陈家窑旅游公路路基完工，4条便民公路和农村公路窄路面提质工程全部完工，县城公交车开通运营。综合整治县城群众反映强烈的小街小巷，实施北环路和高速公路连接线灯光工程。加大环境保护力度，实施碧水蓝天工程，造林2.6万亩，实施24.75千米长城沿线旅游路绿化工程、19千米县乡通道绿化、6个村庄绿化和6400亩生态治理项目。开工建设小海子综合整治项目，防治2个村生活污水和十里河湿地修复与保护工程。农村人居环境改善，创建1个省级和1个市级宜居示范村。县城空气质量二级以上天数313天，居全市各县（区）之首。（邵明仁）

【特色农业】 2016年，左云县农作物播种面积39.28万亩，扶持发展4个马铃薯种薯繁育基地，建设设施大棚100亩、旱作农业地膜覆盖3.18万亩、小杂粮高产创建示范1万亩，新增中药材种植面积5000余亩，实现农产品销售收入5.51亿元。发展农民专业合作社43家，培育家庭农场14家。建设15个标准化养羊小区，2.4万平方米圈舍。建成水源和节水灌溉工程16处、农村饮水安全工程12处，建成3000亩膜下滴灌和4500亩高标准农田灌溉工程，公示4个乡镇107个村18.7万亩土地确权登记工作。

（邵明仁）

【社会事业】 2016年，左云县民生支出占一般公共预算支出79.97%，同比增长7.6%。推进义务教育学校管理标准省级实验区创建工作，维修10所中小学校舍工程，建设高级中学标准化体育场、综合技校3个实训基地。普通高考二本B类以上达线284人。医药卫生体制改革持续加强，“两孩”政策全面落实。文化惠民工程中，电影放映2736场、乡村惠民戏曲演出156场，安装农村广播电视“户户通”17294套。整合城乡医保工作。政府转变职能，改革县级行政审批制度“两单两图”，办结35件人大代表建议和意见、74件政协委员提案。（邵明仁）

大同县

【概述】 大同市大同县位于北纬39°43′~40°16′，东经113°20′~113°55′，地处山西省东北部，大同盆地中间地带，平均海拔1050米。全县总面积1503平方千米。2016年，全县下辖3镇7乡，3个街道办事处，175个村民委员会，12个社区居委会。全年全县常住总人口192213人，其中男性98363人，占总人口51.17%，女性93850人，占总人口48.83%；总人口中农业人口114521人，占总人口59.58%，非农业人口77692人，占总人口40.42%。出生人口1971人，死亡人口890人，出生率10.28‰，死亡率4.64‰，自然增长率5.64‰。全年，城镇登记失业率控制在3.42%以内，年内城镇新增就业人数1105人。常住人口城镇化率（含市开发区）40.42%，户籍人口城镇化率28.37%。全年全县居民人均可支配收入11470元，比上年增加730元，增长6.8%。其中，城镇居民人均可支配收入18242元，比上年增加1177元，增长6.9%，农村居民人均可支配收入8189元，比上年增加514元，增长6.7%，在岗职工平均工资56058元，比上年增加4015元，增长7.7%，城乡居民储蓄存款余额433780万元，比年初增加62108万元，增长16.7%。截至年底，全县有16个村2142户4737人脱贫。

全年全县地区生产总值269206万元，比上年增长4.0%。其中，第一产业增加值76082万元，比上年增长1.9%；第二产业增加值59109万元，比上年增长6.6%；第三产业（服务业）增加值134015万元，比上年增长4.1%。三次产业结构比为28.3:21.9:49.8。人均生产总值15124元，比上年增加521元，增长3.6%。万元GDP综合能耗由上年1.2710吨标准煤降至1.2224吨标准煤，下降4.65%。（吉广仁）

【农业】 *农作物* 2016年，大同县农作物播种面积42005公顷，比上年减少1077公顷，下降2.50%。其中，粮食作物播种面积36807公顷，比上年减少1591公顷，下降4.14%；豆类面积6159公顷，比上年增加1801公顷，增长41.3%；薯类面积1227公顷，比上年减少113公顷，下降8.4%。油料面积153公顷，比上年减少56公顷，下降26.8%。甜菜面积121公顷，比上年减少22公顷，下降15.4%，蔬菜面积4128公顷，比上年增加455公顷，增长12.4%，瓜类面积780公顷，比上年增加127公顷，增长19.4%。

2016年，全县粮食总产量99709吨，比上年增长52.3%。豆类总产量5734吨，比上年增长269.9%。油料总产量178吨，比上年增长36.9%。蔬菜总产量80715吨，比上年下降22.3%。瓜类总产量20671吨，比上年增长23.1%。水果总产量9963吨，比上年增长6.9%。

畜牧业 2016年，全县奶类产量19675吨，比上年减少11781吨，下降37.45%；禽蛋产量15212吨，比上年减少4766吨，下降23.86%；肉类产量11122吨，比上年减少2792吨，下降20.07%；羊毛产量154吨，比上年减少189吨，下降55.1%。全县大牲畜存栏19229头，比上年下降7.1%，出栏9346头，比上年下降30.1%，其中牛存栏14216头，比上年下降2.6%，出栏7929头，比上年下降34.5%，其中，奶牛存栏4702头，比上年下降13.6%。驴存栏4735头，比上年下降17.5%，出栏1230头，比上年增长13.8%。猪存栏53662头，比上年增长29.8%，出栏57157头，比上年下降12.5%。羊存栏191173只，比上年增长12.7%，出栏99663只，比上年下降29%。家禽存栏1882980只，比上年增长14.1%，出栏1032394只，比上年下降19%。

林业 全年人工造林面积2148公顷，比上年减少382公顷，下降15.1%。按经济成分分：国有造林334公顷，比上年增加1公顷，增长0.3%；集体造林1647公顷，比上年减少83公顷，下降4.8%；非公经济造林167公顷，比上年减少300公顷，下降64.2%。按林种用途分：经济林167公顷，比上年减少300公顷，下降64.2%；防护林1558公顷，比上年减少85公顷，下降5.2%；薪炭林423公顷，比上年增加3公顷，增长0.7%。四旁零星植树60万株，年末实有封

山（沙）育林面积3201公顷，苗木产量800万株，育苗面积733公顷。

全年全县实现农林牧渔业总产值141308万元，比上年增长1.1%。农村用电量为3501万千瓦时，比上年增长8.3%；农用化肥施用量（实物量）18508吨，比上年下降8.1%；农用塑料薄膜使用量1154吨，比上年下降5.6%；地膜覆盖面积16051公顷，比上年增长3.0%；农药使用量108吨，比上年下降30.3%。全县农业机械总动力131979千瓦，拖拉机4060台，动力82298千瓦，其中大中型拖拉机2300台，动力63419千瓦，小型拖拉机1760台，动力18879千瓦。配套农机具6339台。（吉广仁）

【工业 建筑业】 工业 2016年，大同县有规模以上工业企业13家，实现增加值36020万元，按可比价计算，比上年增长8.3%，销售产值207334万元，比上年增长16.5%，销售收入183319万元，比上年增长8.8%，利税12017万元，比上年下降16.2%，利润7605万元，比上年下降24.2%。全年全县规模以上工业企业总产值202055万元，比上年增长10.5%。其中，水泥制品制造业6298万元，占全部产值3.1%，煤炭制品制造业22320万元，占全部产值11.0%，机械制造业80712万元，占全部产值39.9%，酒类饮料制造业7744万元，占全部产值3.8%，电力热力生产业16298万元，占全部产值8.11%，汽车制造业59052万元，占全部产值29.2%。全县有新能源汽车2471辆，比上年增长40.5%，活性炭产量11500吨，比上年增长79.8%，铝型材产量7800吨，比上年增长57.6%，商品混凝土产量25.8万立方米，比上年下降20.1%，矿山专用设备产量1960吨，比上年下降3.7%，啤酒产量4629.8万升，比上年增长10.6%。

建筑业 2016年，全县有资质以上建筑业企业7家，建筑业产值34502万元，比上年增长8.6%。（吉广仁）

【固定资产投资】 2016年，大同县固定资产投资874492万元，比上年增长12.6%。从三次产业结构看，第一产业投资236926万元，占全部投资27.0%，比上年增长13.2%；第二产业投资310806万元，占全部投资62.6%，比上年下降36.1%，全部为工业投资。在工业投资中，采矿业投资21310万元，占工业投资6.9%；电力生产与供应业投资20424万元，占工业投资6.6%；制造业投资269072万元，占工业投资86.5%，第三产业投资326760万元，比上年增长303.5%，占全部投资10.4%。从建设构成看：建筑工程565244万元，安装工程226897万元，设备工器具购置57745万元，其他投资24606万元。从建设性质看：新建投资774217万元，扩建97468万元，改建和技术改造2807万元。从经济类型看：国有投资150590万元，占全部投资17.2%，非国有投资723902万元，占全部投资82.8%，全年有固定资产投资项目247个，其中新开工项目212个。（吉广仁）

【贸易 交通和通信】 贸易 2016年，大同县社会消费品零售额159265万元，比上年增长7.0%。按销售地区分，城镇零售额41952万元，比上年下降2.5%，占全部零售额26.3%；农村零售额117313万元，比上年增长10.9%，占全部零售额73.7%。按消费形态分，餐饮业消费零售额15650万元，比上年增长13.6%，占全部零售额9.8%；商品消费零售额143615万元，比上年增长6.3%，占全部零售额90.2%。

交通 截至年底，全县境内公路通车里程1488千米，其中国道通车里程37千米、省道73千米、县道290千米、乡道731千米，村道357千米。公路密度100.7千米/百平方千米。全县十个乡镇175个行政村全部通水泥（油）路。年内投资4055万元，改造山西省集中连片特困地区（燕山—太行山片大同县县道西册田—渔儿涧公路改造工程）拥有牵引车5118辆，挂车5558辆，吨位183304吨。货运车1189辆，吨位5711吨。其中，大型371辆4408吨，中型13辆42吨，小型805辆1261吨。公路客运方面，拥有县际大型客车35辆1085座，村村通客车21辆233座，出租车250辆。

通信 截至年底，全县拥有固定电话用户3126户，比上年增长41.1%，拥有移动电话用户126525户，比上年增长7.7%，拥有互联网宽带用户18130户。（吉广仁）

【财政 金融】 财政 2016年，大同县公共财政预算收入16200万元，比上年减少1073万元，下降6.2%。其中，国税收入3408万元，比上年增加516万元，增长17.8%，地税收入6845万元，比上年减少1543万元，下降18.4%，财政收入5947万元，比上年减少46万元，下降0.77%。全县一般公共预算支出157096万元，比上年增长11.2%。其中，一般公共服务支出12629万元，比上年增长1.98%；公共安全支出7849万元，比上年增长5.31%；教育支出28750万元，比上年下降2.01%；文化体育与传媒支出2379万元，比上年增长38.39%；社会保障和就业支出13729万元，比上年下降2.78%；医疗卫生与计划生育支出13127万元，比上年下降3.19%；节能环保支出5263万元，比上年下降16.82%；城乡社区支出2406万元，比上年增长52.86%；农林水支出41440万元，比上年增长38.23%；交通运输支出10074万元，比上年增长226.65%；国土气象等支出966万元，比上年下降88.95%；住房保障支出9659万元，比上年增长6.29%。

金融 截至年底，全县金融机构存款余额635383万元，比年初增加104579万元，增长19.7%，其中单位存款180461万元，比年初增加41357万元，增长29.7%。各项贷款余额209988元，比年初增加21618万元，增长11.5%。（吉广仁）

【教育 卫生】 教育 2016年，大同县拥有幼儿园36所（不含无证园），小学24所，小学办学点35所，初中11所（九年一贯制学校2所），高中1所。幼儿园在园幼儿4655人（含民办园），小学招生人数1251人，在校学生8775人，毕业生人数1307人；初中招生人数1119人，在校学生3834人，毕业生人数1504人；高中招生人数798人，在校学生人数2462人，毕业生人数921人。专任教师人数，幼儿园337人（含民办园），小学975人（含民办），初中449（含民办）人，高中212人。

卫生 2016年，全县拥有县级医疗卫生机构6个，乡镇卫生院10个，卫生院分院6个，农村卫生室（点）159个，个体诊所11个。医疗卫生机构有卫生技术人员612（含村医）人，其中执业医师和助理执业医师259人，执业护士138人，疾病防治卫生技术人员47人，妇幼保障技术人员39人，农村乡镇卫生院技术人员140人，床位303张，其中县级160张，乡镇卫生院143张。（吉广仁）

【文化 体育】 文化 2016年，大同县拥有数字影院1座，县级文化馆图书馆各1个，乡镇文化站10个，村级文化（图书）室175个，拥有各类图书84625册。

体育 全年全县拥有篮球场113个，门球场1个，健身广场332个，健身路径1518件套。（吉广仁）

【社会保障】 2016年，大同县有敬老院6所，床位442张，集中供养205人，全年给集中供养的老人支付养老费用67万元，分散供养五保户1440人，支付养老费用302万元，支付优抚对象抚恤金545万元。全县为2446户5820人城镇低保对象支付低保金1793万元，为13185户15179人农村低保对象支付低保金3911万元，新型农村合作医疗参保人数113933人，全年为农村参保患者报销医药费4893万元。

截至年底，全县企业职工养老保险参保人数8162人，征缴养老保险费9581万元，城乡居民养老保险参保人数71360人，征缴养老保险费1251万元，机关事业单位养老保险参保人数4395人，征缴养老保险金3260万元，工伤保险参保人数11160人，征缴工伤保险金142万元，企业职工失业保险参保人数7615人，征缴失业保险金187万元，生育保险参保人数14602人，生育保险基金征缴83万元，城镇基本医疗保险参保人数30101人，征缴医疗保险金1724万元。（吉广仁）

【工业经济多元发展】 2016年，大同县推动装备制造、货运物流、光伏发电、医药生产、轻工纺织、通用航空、钢构建材等新型产业发展。总投资300.3亿元的十个大板块49个新建项目，建设投资48.5亿元；总投资13.3亿元的11个续建项目，建设投资3.61亿元。“六位一体”（储备、签约、落地、开工、建设、投产）重点工程项目分别为1334.34亿元、285.6亿元、86.03亿元、62.52亿元、66.03亿元、48.6亿元。建成总投资8.3亿元的森源激光再制造项目、誉瑞硅微粉加工项目、积德益食品加工项目、大同以琳盛驰矿泉水4个项目；总投资42亿元的骏腾屠宰项目、大同瑞城装配式绿色建筑集成产业基地项目、玄武岩岩棉生产项目、通用航空产业园4个项目在建中，投资3.6亿元；总投资4.5亿元的煜森铁路非标制造、LED项目、大连冰山冷冻维修3个项目，具备开工条件；大同纺织园区、晋北铁路物流园、国电湖东2×100万千瓦热电、大同联合熊猫光伏电站及太阳能板组件生产项目等新兴项目启动实施。（吉广仁）

【农业产业化】 2016年，大同县传统农业向以精品黄花、都市蔬菜、绿色林果、规模养殖为载体的特色农业、都市农业、休闲农业转型。“一县一业”黄花新增面积2.4万亩，加工企业12家。蔬菜、林果、杂粮、百栋以上日光温室面积分别达8万亩、10万亩、20万亩、3000亩；省、市重点农业龙头企业7家，一村一品专业村101个，农村专业合作社1094家；周士庄“双百万”蛋鸡养殖、南北两山肉羊规模养殖，分别达195万只、15万只。蛋鸡养殖成为全县农业发展又一可靠产业。（吉广仁）

【城乡建设】 2016年，大同县编制《大同县“十三五”近期建设规划》。全县投资2.93亿元改造城市棚户区，投资1.29亿元建设公租房基础；投资1.42亿元的县乡道路、火山地质公园旅游路建成通车；投资0.28亿元的污水处理厂提标改造和垃圾转运站建成投运；推进营坊沟、邢庄、北石山等7个省、市美丽宜居示范村建设，村庄绿化7个村、巩固绿化20个村、通道绿化20千米。（吉广仁）

【脱贫攻坚】 2016年，大同县脱贫16个贫困村4737名贫困人口。投资2.9亿元实施2700户抗震房改建、危房改造和4560名贫困人口易地搬迁；投资1508万元，实施万人就业培训、雨露计划、光伏扶贫等项目，建设73个村级光伏电站，成为全省两个贫困村村村有村级光伏电站的示范县之一；加大金融扶持力度，为建档立卡贫困户、龙头企业投放扶贫贷款1.67亿元。（吉广仁）

【生态旅游】 2016年，大同县生态游、乡村游、休闲体验游等新业态快速发展。全县造林3.72万亩。建设50千米火山天路景观带。入选国家生态保护与建设示范区和全域旅游示范县建设行列。推进大同火山群沙漠公园、桑干河湿地公园、大同火山群国家地质公园3个国家公园建设。落阵营入选中国传统古村落名录。开展“中国

▲大同县乌龙峡 （吉广仁 供图）

县区概览

诗词之乡”“国际长寿养生基地”申报工作。启动许堡古堡、三府坟康养示范点建设。举行大同火山群自行车环行赛和热气球赛。（吉广仁）

【社会事业】 2016年，大同县加固建设周士庄中学宿舍楼、党留庄中学教师周转宿舍、示范中学教学楼等5所学校和县一中多功能会议厅主体工程。城镇新增就业1105人，农村转移劳动力2110人。企业离退休人员养老金待遇，人均增资15%。城镇基本医疗保险和新农合基本医疗保险参保率95%，重特大疾病医疗保险实现全覆盖。落实各项惠农支农政策，发放农机补贴503万元，粮食补贴3471万元，冬季取暖补贴1393万元。（吉广仁）

阳高县

【概述】 大同市阳高县位于北纬30°49′~ 40°31′，东经113°28′~ 114°61′。全县总面积1678平方千米。2016年，全县下辖7镇6乡，即龙泉镇、罗文皂镇、大白登镇、王官屯镇、古城镇、东小村镇、友宰镇、狮子屯乡、长城乡、北徐屯乡、下深井乡、马家皂乡、鳌石乡，262个村民委员会，15个社区居委会。全年全县总人口285586人。其中，城镇人口78455人，乡村人口207131人；男性145446人，女性140140人，男女性别比103.8:100。

全县地区生产总值302967万元，按可比价比上年增长4.9%，增速比上年提高1.1个百分点。在生产总值中，第一产业增加值104170万元，占生产总值34.4%，增长4.3%；第二产业增加值56338万元，占生产总值18.6%，增长5.8%；第三产业增加值142459万元，占生产总值47.0%，增长5.1%，三次产业结构比34.4:18.6:47.0，第一产业增速提高2.5个百分点，第二、三产业增速分别比上年回落2.4、6.7个百分点。（张 雯）

【脱贫攻坚】 2016年，阳高县筹集资金9112万元，落实扶贫贷款3278万元，集中用于贫困村、贫困户发展脱贫产业，改善生产、生活条件，完善社会事业和政策兜底。建成6兆瓦光伏扶贫村级电站，保证60个贫困村1200户贫困人口脱贫解困。栽植寒富苹果1657亩、黄花843亩，购买优质种畜4217头，配套组建脱贫专业合作社111个，为4480户10345人脱贫提供产业保障。引进总投资42亿元的正大集团100万头生猪全产业链扶贫项目。开工建设东小村、鳌石、友宰3个乡镇易地搬迁工程，东小村镇移民住房主体工程建设60%以上。全年补助贫困家庭学生2135人、补助困难残疾人3422人。精准贫困户新纳入低保1381人，医疗救助4110人，落实贫困户子女上学、医疗、社会救助各项措施。吸收贫困人口130人参与造林，人均实现劳务收入5000元。吸收贫困人口200人参与林木资源管护，年人均工资6250元。全年全县退出贫困村28个、减贫4918户9890人。

（张 雯）

【工业经济】 2016年，阳高县规模以上工业总产值149306万元，比上年增长5.7%，工业销售收入149843万元，比上年增长2.4%。工业增加值41509万元，按可比价增长7.2%，工业增加值率27.8%。

2016年，阿特斯50兆瓦光伏发电公司投产达效，纳入规模以上企业。山纳公司2×6兆瓦背压发电项目于6月建成发电。奥盛兴铁合金公司9月点火复产。同泰废旧轮胎回用项目10月建成投产。同煤集团低热值煤发电项目和晨昀碳素搬迁扩建项目土建工程竣工。签约沈阳佳晔生物质有机肥及生物质天然气、国腾生物有机肥等5个上亿元项目。（张 雯）

【农业】 2016年，阳高县增加蔬菜大棚2056栋面积2040亩，栽植经济林1.35万亩，新建、改扩建标准化养殖园区24个、家庭牧场180个。建成马铃薯、蔬菜、果蔬科技试验示范基地3个，建成并运行畜禽无害化处理场。改造高标准农田1.28万亩，实施节水灌溉工程9288亩，全县粮食产量2.65亿公斤。（张 雯）

2016年阳高县畜牧业生产情况

指标名称	计量单位	数量	比上年增长(%)
大牲畜存栏	头	40906	-10.4
其中：奶牛存栏	头	12093	0.3
猪存栏	头	248719	-3.4
羊存栏	只	305239	7.3
家禽存栏	万只	42	16.7
猪出栏	头	382032	10.1
羊出栏	只	188024	8.4
家禽出栏	万只	31	-3.1
肉类总产量	吨	37936	-13.0
奶产量	吨	52811	0.1

【康养旅游】 2016年，阳高县启动大张高铁站、天大高速口周边及白登河公园建设一体化项目，云林寺修缮工程、阳和城墙抢险加固工程均完工。集旅游、康养、休闲、文化体验、现代农业科技示范为一体的佳润生态农林示范园项目主体工程建成。整治镇边堡、守口堡段长城周边环境，启动运营镇边堡明清一条街，开展六棱山、

▲阳高县云林寺 （张 雯 供图）

桑干河、大泉山风景区以及通用机场项目前期工作。举办杏花节、古韵长城摄影节等系列活动。杏泉峪、玉安度假岛、阳光99、九龙温泉游客人数增多，全年全县接待游客127.5万人次，同比增长15.8%；旅游收入9.69亿元，同比增长15.6%。全县百岁以上老人26人，比上年增加9人，被评为“中国最美养生休闲旅游名县”。（张　雯）

【生态环境】 2016年，阳高县实施堡子湾水库建设、白登河治理二期等重点水利工程，以及京津风沙源治理、巩固退耕还林、大泉山重点区域绿化等7个项目，绿化村庄5个，增加造林绿化面积4.53万亩。升级改造3家企业燃煤锅炉，推进农村采暖“煤改电”工程，开展环保大检查和“铁腕治污”等专项行动，环境质量得到改善，全县二级以上天数比上年增加13天。（张　雯）

【城乡建设】 2016年，阳高县累计投入1.4亿元，众和路和暄阳街道路改造、县文化馆改建、花园集贸市场建设、东关区域排水管网改造工程均完工；开工建设阳和公园，实施园林绿化5.2万平方米；硬化小街小巷24条1万平方米；按照“见缝插绿、缺绿补绿”原则，县城内增补绿地2.3万平方米。启动县城老旧平房成排成片置换搬迁。新建美丽乡村2个；建设乡村公路77千米；县城内购置垃圾清扫拉运设备71台，垃圾箱、垃圾桶3220个，增加环卫工人33名，有效改善城乡人居环境。（张　雯）

【社会民生】 2016年，阳高县文教卫生、社会保障、住房改善、道路交通、农林水基础设施建设等领域投入资金15.4亿元。改善阳高一中、阳高四中基础设施，建设太平堡小学和东册田、太平堡、柳家泉3所农村幼儿园校舍。招聘农村学校特岗教师50名，招聘阳高一中、县职业技术学校教师18名。改造县人民医院消毒供应室和建设43个贫困村卫生室。改造农村危房3840户，完善上年公租房建设工程，开工建设2016年公租房建设项目和棚户区改造安置房项目。开展就业技能免费培训6124人，城镇实现新增就业1154人，转移农村劳动力4582人，城镇登记失业率2.35%。新型合作医疗与城镇居民医疗保险合并，完善城镇医保信息系统和省内异地医疗费用结算，群众就医和费用报销明显便捷。为3565名新增灵活就业人员办理参保手续，调整符合条件的离退休人员养老金待遇。帮助590名农民工解决欠薪500余万元。实施卫星直播电视“户户通”工程近3万户，开展送戏下乡200余场次。（张　雯）

【转型综改】 2016年，阳高县以转型综改为统领，推进重大改革。加强商事制度改革，推行公司、个人独资企业、农民专业合作社“三证合一”，优化服务流程，实现“一照一码”登记注册和“一窗受理、互联互通、信息共享”。建立不动产统一登记管理体制，把部门分散承担的不动产登记职责予以整合，成立不动产登记中心。扩权强镇试点设在罗文皂镇和王官屯镇，把能下放的权限全部下放。探索供销合作社综合改革，成立阳高县乡情电子商务有限公司作为县级平台，开通电子商城平台和114个体验店。构建新型农业经营体系，增加注册家庭农场14家，全县总量60家。推进农民合作社“358”示范社建设行动，增加合作社67家，全县总量1000家。（张　雯）

【阳高二人台走进《文化大观园》栏目】 2016年3月12日，在凤凰卫视中文台播出的《文化大观园》节目中，以《塞外放歌 阳高二人台》为主题，讲述农耕文明与游牧文明碰撞交融的民间艺术——二人台。

2016中国大同古都灯会期间，2月23日，《文化大观园》摄制组走进古都灯会，为观众讲述花灯的前世今生，把灯会盛景收录在镜头之下，2月27日首播。摄制组专程到阳高县专题拍摄二人台，主持人王鲁湘对话阳高二人台非遗传承人王元，就二人台的诞生背景、艺术特点、文化现象等话题展开访谈。

拍摄当日，阳高二人台剧团在阳高县大白登村有演出，栏目组赶到现场，录制舞台演出。了解到最早的二人台是在田间地头唱给人们听时，摄制组邀请阳高二人台剧团演员王志卫在云蒙山下清唱二人台《走西口》。节目现场播放《挂红灯》《打金钱》等多个传统剧目。（张　雯）

【阳高县杏花节系列活动】 2016年4月10日，阳高县杏花节启动仪式在大同华严寺广场举行，为期4个月。4月23日，县人民政府、市文化局、市旅游局共同主办的2016阳高杏花节在阳高县守口堡村开幕。7月2日，阳高杏果采摘节在东小村镇、古城镇杏园开幕。（张　雯）

【云冈温泉水镇项目开工】 2016年4月20日，阳高县以“魏城”为主题的大同云冈温泉水镇项目开工。

阳高县拥有丰富的地热资源，日出水量1.2万立方米。阳高县与山西高新普惠旅游文化发展公司对接，签约大同云冈温泉水镇项目，在该县罗文皂镇共同打造以“魏城”为主题的旅游温泉水镇。该项目总投资30亿元，首期投资10亿元。项目与阳高县既有产业基础、休闲体验农场、花卉基地、古长城遗址、杏林基地、蓝天净水结合，计划通过5年时间把温泉小镇打造成国家级复合型康养旅游度假区。温泉水镇涵盖北魏文化，以“魏城”为中心，周边云冈石窟、五台山、恒山悬空寺及坝上草原等全域旅游相匹配，成为辐射这些旅游景区的中心之地。（张　雯）

【杏泉峪生态旅游区开园】 2016年6月11日，阳高杏泉峪生态旅游区入选全国优选旅游项目，新闻发布会在阳高县杏泉峪生态旅游区银龙湖畔举行，生态旅游区开园迎客。

国家旅游局发布《关于印发2016全国优选旅游项目名录通知》，大同市阳高杏泉峪生态旅游区名列榜中。该生态旅游区全长7.5千米，环绕一周15千米，占地面积200公顷，地处阳高县王官屯镇柳沟村、两家营村、鹅峰涧村之间的绿苑山、致富山、十二连山三座森林环抱的沟壑之中，自然风蚀、水冲切割成形状万千独特的黄土山形，南邻火山地质公园。（张　雯）

【阳高县与正大集团合作项目签约】 2016年7月14日，阳高县与正大集团合作的新型农牧食品绿色循环综合示范暨“产业扶贫”合作项目签约。

市委书记张吉福，市委副书记、市长马彦平，正大集团农牧食品企业中国区资深副董事长白善霖，正大集团农牧食品企业北方区副董事长董忠，北京市农委副主任左晓波，北京市投资促进局副局长于燕，市委常委、副市长王克建，市委常委、市委秘书长郜向华等见证签约。

正大集团新型农牧食品绿色循环综合示范暨“产业扶贫”合作项目总投资60亿元，主要内容为建设100万头猪全产业链项目，包括现代化养殖、饲料、屠宰加工、深加工等；建设30万亩蔬菜、水果、大田作物有机种植业示范项目；建设200兆瓦光伏产业扶贫项目。项目总建设期约4年。饲料、养殖、屠宰和深加工项目采用正大集团“政府＋正大＋银行＋扶贫农民合作社”的“四位一体”产业扶贫模式合作建设。（张　雯）

【阳高县入列“中国最具投资潜力中小城市百强县”】 2016年11月7日，中小城市经济发展委员会、中小城市发展战略研究院、中国中小城市科学发展指数研究课题组等单位联合发布的2016年度中国最具投资潜力中小城市百强县市榜单出炉，阳高县再度入围，是阳高县第八次获该荣誉，也是大同市唯一入列的县。年内，阳高县抓住国家“一带一路”建设、京津冀协同发展、乌大张地区合作等带来的机遇，创优发展环境，引进项目17个，其中投资上亿元的项目有14个。（张　雯）

【阳高县获“中国最美养生休闲旅游名县”称号】 2016年11月26日，大同市阳高县获“中国最美养生休闲旅游名县”称号。阳高县依托独特的生态旅游文化资源优势，打造“一核一带三圈”康养休闲边塞文化游格局，做大做强康养旅游产业。玉安生态度假岛、大泉山、古长城等吸引众多游客前来旅游度假。缘源文化生态园、大同德丰影视基地、和川旅游开发、北京蓝海易通休闲农业与乡村旅游融合发展等一大批项目落户阳高县，康养旅游产业成为助推阳高县发展的重要载体和支撑。（张　雯）

天镇县

【概述】 大同市天镇县位于北纬40°9′～40°44′，东经113°53′～114°32′，全县总面积1636平方千米。2016年，全县下辖5镇6乡，222个村民委员会，12个社区居委会。户籍总人口215821人，常住人口212610人。天镇县地区生产总值22.99亿元，比上年增长6.8％；固定资产投资84.07亿，增长11.9%；社会消费品零售总额9.56亿元，增长6%；规模以上工业增加值3.14亿元，增长3.2%；公共财政预算收入8077万元，城镇居民人均可支配收入19647万元，增长5.3%，农村居民人均可支配收入6060元，增长6.69%。（高志英）

【农业】 2016年，天镇县农作物播种面积60.9万亩。其中，粮食作物54.9万亩，经济作物5.67万亩，饲料作物0.33万亩。加强农业转型，建设夏家沟村干鲜果基地800亩，发展朱家沟村中药材基地500亩。上吾其建塑料大棚203栋、195亩；南河堡建塑料大棚150栋、150亩；孙家店建塑料大棚250栋、250亩；十里铺建塑料大棚100栋、100亩；唐八里建塑料大棚20栋、20亩；东沙河建塑料大棚100栋、100亩。滹坨店村建日光温室50栋、100亩。有5个乡镇，94个村开展土地确权，涉及农户2.77万户，二轮承包土地32.5万亩，二调农用地41万亩，建成土地确权信息化机房。加强林业工作，建设生态县，全县总投资3310.485万元，重点绿化荒山、村庄、通道、产业园区、机关企事业单位五大工程。全县重点解决群众反映强烈的饮水、灌溉、防汛排涝等问题。京津风沙源治理工程统筹实施，铺设史家窑等村节水管道27120米，投资147万元，打井配套9眼，配套井台9个、水泵9套；更新水泵3套，安装地埋线2292米，安装变压器3台，架高压线1186米，投资117万元；油房窑和上阴山2个村，新修水平梯田727.29公顷，修筑和改造道路29.40千米，投资1500万元。小型农田水利建设投资1862万元，灌溉面积20054亩，其中新增6819亩，改善灌溉面积13235亩，有渠道、管道、喷灌三种灌溉形式；建4座蓄水池、修滚水坝1座，打机井40眼，建控制室34座，修D40U型渠道11920米，铺设管灌14万米，配套545亩大田自动伸缩喷灌，安装变压器16台，架设高压线路4.2千米。农村安全饮水工程投资200万元，在4个乡镇8个行政村。主要有截潜流、维修截潜流各1处，集水池1处，打机井2眼，配套机泵4台，建蓄水池4座，建井房3间，变频2套，铺管道20.8千米，地埋线1000米，自来水入户700户。加大南洋河生态修复，投资12776.31万元，主要在县新南洋河桥上游750米至旧南洋河桥向下游1千米段，以防洪、蓄水、绿化工程为主，治理3.9千米。并清淤河道15万立方米，建成1号、3号、4号液压坝危封防渗工程。畜牧业不断发展，全年生猪饲养量41.9万头，其中出栏27.7万头；牛饲养量6.6万头，存栏3.96万头，其中奶牛存栏1.22万头；羊饲养量62.9万只，其中出栏40.1万只；鸡饲养量56.1万只，出栏23.5万只。肉、蛋、奶产量分别为31315吨、3824吨、32110吨。（高志英）

【农业园区】 2016年，天镇县同煤宏丰现代农业园区，建成高标准日光温室425栋，投入使用125栋。展示区、生产区、冷链加工物流区均开工建设。汇地果业园区，累计投资3000余万元，引进栽植温室冬枣300余栋，6.5万株，平谷蜜桃160栋，3.6万株，该公司在大同、太原、晋中设立体验店30个，实现销售收入500余万元。（高志英）

【工业】 2016年，天镇县工业坚持新型工业化发展方向，晋能二期沙屯堡6.5万千瓦光伏发电，华润夏家沟2万千瓦光伏发电，以及5.2万千瓦光伏扶贫项目并网发电，全县新能源发电并网装机总量55.7万千瓦。国网公司赵小堡220千伏变电站投运。北辰正方住宅产业化生产基地项目上马2条生产能力100万千瓦的建筑构件生产线。（高志英）

【城乡建设】 2016年，天镇县改造老旧小区600套，4.8万平方米，投资5182万元（含续建）。新开工公共建筑有4项，骏驰机动车驾驶培训学校投资860万元，建筑面积3131.5平方米；孙家店幼儿园投资410万元，建筑面积1800平方米；西南街幼儿园投资592万元，建筑面积2461平方米；公安局刑事技术指挥大楼投资1219.4万元，建筑面积5806平方米。新开1个住宅小区九岸花城，占地139.5亩，建住宅14.32万平方米，商业4.12万平方米，幼儿园1939平方米，主体工程竣工，计划投资3.8亿元。农村住房抗震改建7个乡镇18个村1000户。农村危房改造10个乡镇43个村3840户。实施100套公租房立项、评估、贷款等工作，共6000平方米的回购项目。县城集中供热投资185.8万元，埋设5处1988米管道。投资93万元埋设东门外文安街和葛家屯供水管道9234米。投资947万元建设滨河北街排水管网2685.4米、路基1156米。投资859.7万元建设街巷路面硬化和排水管工程8处，全年监测县城空气质量308天，二级以上天数256天，三级40天，四级12天。专项整治县城燃煤锅炉和经营性燃煤污染，淘汰10吨以下燃煤锅炉4台，升级改造广厦热力有限公司燃煤锅炉污染治理设施。查处县城主要街道8家烧烤点。给较大3家餐饮服务安装高效油烟净化装置，并要求县城餐饮服务经营场所及单位食堂全部使用清洁能源。全县淘汰黄标车、报废车、老旧车1369辆。扬尘整治48处施工工地，排查出污染源9处，重点整治砂堆场、建材、建渣运输车辆，督促施工单位采取设立挡风墙、道路硬化、洒水降尘等措施。在兰玉堡、宣家塔设南洋河水质监测断面，南洋河水质达到Ⅳ类水域功能区标准。投资210万元铺设唐八里村、三十里铺村和塔儿村生活污水管网。投资150万元，综合整治新平村传统村落环境，铺设污水管网560米，购置勾臂式垃圾车2辆，配置垃圾箱40个，垃圾清运车5辆，建人畜吃水100方蓄水池1个。投资300万元，规范化建设宣家塔、兰玉堡和册田水库三个断面，把断面处20米河道建成规则型，每户断面修一条1米宽、40米长的近断面路面，建一个1米宽20米长的检测平台，一座简易桥。污水处理厂实施提标改造工程，把三沟式氧化沟工艺改造成A/A/O工艺，投资1460万元，建设深度处理工程，进入正常运行，日处理污水1万吨。

（高志英）

【社会保障】 2016年，天镇县城镇职工基本养老保险参保20825人，其中企业职工养老保险参保15411人，机关事业单位养老保险参保5414人，城乡居民社会养老保险参保104306人，城镇基本医疗保险参保31134人，失业保险参保7122，工伤保险参保8328人，生育保险参保11837人。累计发放社会保障卡124795张。招考大学生“三支一扶”7名。接收大中专院校毕业生300名，办理学生档案210名。全县取消超出城乡低保条件的低保户1407户，新纳入低保对象1677户。截至年底，全县有城市低保对象3380户8650人，发放低保金1239万元，农村低保对象有14895户23854人，发放低保金5037万元。农村低保对象有14895户23854人，发放低保金5037万元。全县有五保户3141人，其中分散供养2732人，敬老院集中供养409人。给240名孤儿发放孤儿生活费180万元。建成谷前堡村等18个农村老年人日间照料中心，为70岁以上的农村空巢老人提供休闲、娱乐、健身、阅览等活动和生活便利。发放城乡医疗救助金479万元，救助1957人次。为五保户、优抚对象和城市低保对象交纳医疗保险。发放临时救助金168万元、救助1648次。全县有在民政部门登记的社会组织28个。其中，社会团体15个，民办非企业13个。全年结婚登记1796对，离婚登记182对。

（高志英）

【保障住房】 2016年，天镇县“天兴园”廉租房小区竣工，建设廉租住房648套，建筑面积32971.44平方米，分配住户232户。“温馨园”廉租房小区竣工，房屋总建筑面积62069.16平方米，1008户，分配住户200户。“福康园”廉租房小区，建筑面积57359.53平方米，532套，砖混结构7层，12种户型，具备入住条件。新城新世纪大街迎宾路北建公租房530套，总建筑面积59240.22平方米，总投资9600万元，主体工程完工，具备入住条件。回购“瑞新花园”小区存量房100套，建筑面积6000平方米，1610万元。利用棚户区改造续建工程任务3163套，与幸福时光等7个小区回购存量房500套，投资9616万元；老旧小区综合整治，具体实施11个小区67栋2663套26.8万平方米整治工程，投资3462万元。与“滨江花园”等7个小区，实施回购存量房100套，8848平方米，投资1800万元。城市棚户区改造600套，具体实施11小区637套6.25万平方米老旧小区综合整治工程，总投资828.1万元。（高志英）

【城乡环卫】 2016年，天镇县城乡清洁工程覆盖222个行政村，每个村都配备保洁员和保洁车辆驾驶员共851人，11个乡镇配备监管人员67人。利用上年市级经费购置32辆垃圾清运车、17辆电动三轮保洁车、2辆电动环卫监督车、3辆电动餐厨车、180辆人力三轮车、520辆手推车，分发到各乡镇和环卫队。给县环卫队采购2辆垃圾转运车、2台装载机、1台吸污车。全年省级专项乡村保洁员工资经费178万元。谷前堡镇、南河堡乡两座生活垃圾转运站开工建设，拨付工程款60万元。全年维修及维护县城路灯2500余盏，背街小巷安装路灯28盏，安装迎宾北路和新华路路灯210套、控制箱5套。清掏县城雨污管网3.3万米。增加天然气普通用户195户、工商用户12户，年销售压缩天然气30万立方米、液化天然气650吨、液化石油气80吨。县城集中供热面积143万平方米。（高志英）

【教育卫生】 2016年，天镇县有各级各类学校85所，教职工2425人，在校生25584人，高考二本以上达线469人，600分以上8人，1名考入清华大学。一中和实验中学招聘研究生教师20名，招聘农村特岗教师49名。利用中央、省级资金和地方配套资金1002万元，建成玉泉镇西南街村幼儿园和孙家店村幼儿园，义务教育经费1625.23万元，农村义务教育中小学生营养资金1096万元，学前教育资助幼儿1232人、资金61.6万元，普通高中教育1050人免学费42万元，普通

县区概览

▲天镇县李二口长城　　（高志英　供图）

高中1036人享受国家助学金103.6万元，职业高中315人免学费、有221人职业高中学生享受国家助学金。全年新农合基金筹集8006.364万元，参合率99.53%，人均筹资标准提高到540元，住院补偿封顶线提高到15万元，全县17所乡镇卫生院及分院和221所行政村卫生室全部规范使用基本药物，药品实行零差率销售，乡村累计采购基本药物1541万元。基本公共卫生服务项目人均经费标准45元，服务项目12类45项。投资110万元，建设22个村卫生室。适龄儿童国家免疫规划疫苗报告接种率99%，含麻疹成分疫苗补充免疫和查漏补种接种率95%。管理艾滋病13人，其中病人12人，感染者1人。妇幼保健工作重点实施6项公共卫生项目。（1）发放1023名孕产妇住院分娩补助30.69万元；（2）免费检查4200余名农村妇女宫颈癌检查；（3）给3000余名6个月至24个月龄的婴幼儿免费发放营养包；（4）农村新生儿疫苗病筛查2194人；（5）给1900人怀孕妇女免费发放叶酸；（6）预防“艾滋病、梅毒、乙肝”母婴传播项目。落实计生奖励和扶助政策，在上年5054户8023人的基础上2016年新增498户808人，两年发放金额553万元。　（高志英）

【扶贫攻坚】 2016年，山西省扶贫办下达天镇县扶贫移民指标3500人，涉及1277人，搬迁过程集中涉及25个村，资金到账4190万元，工程进度拨付2152.5万元。光伏扶贫实施“公司＋电站＋贫困村＋贫困户”的可持续发展运作模式，全年光伏扶贫项目10兆瓦村级分布式光伏发电，涉及100个村。针对扶贫对象探索发展产业能力，构建“企业＋产业＋扶贫”格局，鼓励农户以借款形式，把扶贫资金以村委会为单位借给规模园区，尝试“借本付息、企业带动、农企双赢”扶贫模式，采取“村民做主、借款付息、贫困户获息”的“产业＋扶贫”联结机制，项目覆盖42个村，和规模园区对接资金2336.99万元。全年上传国家扶贫办建档立卡信息系统建档立卡贫困户1.92万户4.66万人，确认贫困村120个。整理一册、一栏、五表精准扶贫管理资料档案。　（高志英）

【天镇县成为“百县千品电商扶贫示范县”】 2016年2月18日，中国扶贫开发协会与新发地生鲜网举办的贫困地区“百县千品电商扶贫行动”项目启动会在北京新发地举行，天镇县成为该项目首批五个示范县之一。

“百县千品”项目是针对贫困地区存在名特优农产品销售困难、销售价格偏低现象，计划在未来5年内利用“新发地生鲜网”电子商务平台推广100个贫困县的上千个名特优产品，实现销售额累计100亿元。具体做法是通过动员一批农业专家、农产品专家根据贫困地区自然条件，资源状况特点，规划市场需求、适销对路农产品，通过新发地生鲜网销售，通过农产品市场带动产业发展，落实“精准扶贫”和“通过产业扶贫脱贫一批”的国家战略，有效带动贫困地区经济发展和贫困人口脱贫致富。

会上，新发地生鲜网与中国扶贫开发协会确定山西省天镇县、沁县，河北省涞源县、尚义县，黑龙江省兰西县作为该项目的首批示范县，并向上述五县授予“百县千品电商扶贫示范县”牌匾。　（高志英）

【“润知图书馆”项目落户天镇县】 2016年6月12日，北京大学“润知”计划项目组的大学生们到天镇县新平镇大营盘村大营盘寄宿小学，亲自动手给这里的孩子们建设布置一个装有1000余册崭新图书的“润知图书馆”。大营盘寄宿小学有198名学生，寄宿生85人，留守儿童占总人数90%，学生有当地的，有河北、内蒙古自治区的，学校基础设施差，师资力量薄弱。这个图书馆是北京大学“润知”计划建设的第10所图书馆。“润知”计划是北京大学研究生会孵化产生的公益项目。“润知”计划在北京、湖南、河北、陕西、贵州等地建立9所“润知”图书馆。　（高志英）

【天镇县成为“国家级出口食品农产品质量安全示范区”】 2016年6月24日至25日，国家质量监督检验检疫总局专家现场考核验收天镇县国家级出口小杂粮质量安全示范区。考核组专家一致同意天镇县国家级出口小杂粮质量安全示范区符合国家级示范区的建设标准，上报国家质量监督检验检疫总局批准。

考核组一行到天镇县小杂粮示范创建领导组办公现场和天镇县出口小杂粮种植基地，经过考核，完成验收工作。考核组肯定天镇县国家级出口小杂粮质量安全示范区的创建工作和成效，认为该县在示范区创建工作上目标责任清晰到位，制度建设完善有力，龙头企业带动成效显著；在示范区创建过程中能够用工业化管理思维模式来抓现代农业标准化生产，把示范区建设和当前全县农民的脱贫致富、产业扶贫有机结合起来，给全县6万余户贫困农民带来显著增收效益，为工业化落后地区如何脱贫致富起到示范带动效应，值得推广。

12月23日，山西省出入境检验检疫局局长于洋一行，就大同市进口肉类指定口岸查验场建设情况和国家质检总局批准在大同建设国家级杂粮重点实验室等相关事宜与大同市交换意见，同时向天镇县政府授予国家级出口食品农产品质量安全示范区牌匾。（高志英）

浑源县

【概述】 大同市浑源县位于北纬39°27′～39°52′，东经113°23′～113°58′。2016年，全县下辖永安镇、蔡村镇、沙圪坨镇、西坊城镇、大磁窑镇、王庄堡镇6个镇，东坊城乡、裴村乡、西留乡、驼峰乡、下韩乡、南榆林乡、吴城乡、青磁窑乡、官儿乡、千佛岭乡、黄花滩乡、大仁庄乡12个乡，315个村民委员会，11个社区居委会。全县总面积1966平方千米，其中农作物总播种面积39768公顷。2016年，全县有人口136309户，350516人，其中男性178370人，女性172146人。

浑源县地区生产总值36.95亿元，同比增长2.9%；规模以上工业增加值6.17亿元，同比增长4.9%；固定资产投资131亿元，同比增长12.9%；社会消费品零售总额32.16亿元，同比增长8%；城镇居民人均可支配收入20484元，同比增长6.6%；农民人均纯收入6633元，同比增长6.9%；公共财政预算收入2.3253亿元，超年度目标任务11.2个百分点。（范颖莲）

【支柱产业发展】 2016年，浑源县推进工业经济结构调整，加快产业结构优化升级，形成多元产业支撑体系。煤炭产业。推进煤炭管理体制改革，落实全省煤炭“20条+17条”政策措施，各类涉煤收费依规清理，县境内所有收费站点全部撤销。加快煤矿企业兼并重组，扶持各煤矿企业走出困境。全年煤炭产量165万吨，上缴税费3000余万元。石材产业。主动适应绿色发展形势，注重工艺更新改造，开发花岗岩资源下游产品，延伸产业链条，提高产品附加值，北岳日月花岗岩精深加工项目建成投产，所生产的石材新产品获多项奖项。生产“山西黑”花岗岩整形料12170.79立方米，销售边角料4517车，上缴税费3009万元。新型产业。风电、光电、抽水蓄能、煤电一体化等为主导的新能源产业发展迅速。截至年底，全县风力发电投产25万千瓦，在建15万千瓦，核准15万千瓦，开展前期25万千瓦。小微企业。落实山西省扶持小微企业15条政策措施，全县民营企业有1744户，注册资本68.8亿元；年增加企业240户，注册资本19.7亿元，同期相比分别增长44.1%和65.2%。县黄芪科技开发项目投资8000元，恒山酿酒厂等企业技改项目投资9800万元，全县民营企业增加值6.82亿元，同比增长1.7%。（范颖莲）

【“三农”建设】 2016年，浑源县推进脱贫攻坚，落实强农惠农富农政策。立足优势资源，发展生产助力脱贫3372人。引进安瑞科技有限公司等企业，采用“公司＋贫困户”形式，3个乡镇7个贫困村流转宜芪地3.3万亩，带动农户脱贫；实施70个村每村100千瓦光伏电站扶贫项目，总投资3.8亿元的4万千瓦光伏产业扶贫项目2万千瓦并网发电，2万千瓦具备并网发电条件。围绕居民安置，易地搬迁帮扶2500人。把集中安置2345人与采煤沉陷区治理工程捆绑实施，主体工程建成住房14栋741套，在建224套，投资7980万元，完成主体工程80%；分散搬迁贫困户155人。推进造林绿化，生态补偿帮扶脱贫615人。实施5000亩经济林提质增效工程和1500亩新一轮退耕还林工程，增设建档立卡贫困户生态护林员236人，每人每年发放补贴1万元。落实惠民政策，发展教育帮扶一批贫困对象。给165名贫困大学生发放助学补助82.5万元，给492名高中阶段建档立卡贫困学生免除学费27.84万元；千村万人培训就业100人和新型职业农民培训2300人；政府出资50万元，扶持浑源师范培育2000名贫困家庭学生职业技术学习。突出弱势群体，社会保障兜底一批贫困对象。把5158名贫困群众纳入低保，给全县1961名重度残疾人每人每月发放补助50元；投资268.8万元为5.6万贫困人口（含巩固人口）购买大病救助补充保险和人身伤害意外保险；提高五保供养标准，给3945名五保户发放五保金809.931万元，全年新纳入五保户68人。全年脱贫29个村、7500人。农业综合能力提升。粮食产量1.71亿公斤，高出历史记录1200万公斤。农作物播种面积65万亩，其中粮食作物51.8万亩，经济作物11.2万亩，杂粮高产创建2500亩；采集化验土样500个，安排设施蔬菜田间肥效试验10个，测土配方施肥45.53万亩；开展政策性马铃薯保险工作，全县18个乡镇玉米、马铃薯保险实现全覆盖；投资960万元，实施地膜覆盖24万亩；增加黄芪规范化种植2500亩，中

▲浑源县柳河公园 （范颖莲 供图）

小药材种植面积1250亩。抗旱应急提水工程投资1300万元，解决9个干旱村用水需求；王千庄水库续建工程投资1900万元，累计投资3308万元；神溪灌区节水配套改造项目投资1212万元，累计维修渠道29.7千米；小型农田水利重点县项目投资2760万元，改善灌溉面积2万亩；投资135万元，实施京津风沙源节水灌溉工程15处、建设水源工程30处。新建扩建标准备化养殖小区37个，主体工作全部完工；政通等养殖园区投资2.2亿元。部分“三农”重点工作加强。推进东辛庄、神溪、麻庄、大磁窑5个美丽宜居示范村建设工作，投资8600万元；推进恒山酿酒厂和山西安瑞农林科技2个标杆园区建设任务；现代化新型职业农民培训200人次；开展农产品质量安全执法监管；制定印发《浑源县2016年农村土地承包经营权确权登记颁证工作方案》，农村土地承包经营权确权登记颁证工作有序推进，权属调查157个村，实测面积31.44万亩。

（范颖莲）

【旅游业】 2016年，浑源县旅游门票收入5438万元，接待游客136万人，旅游综合收入3.8亿元。景区面貌和服务功能提升。恒山景区组织实施以文物保护、环境整治等为主要内容的大景区建设工程，投资802.09万元。实施恒山景区旅游秩序及环境综合整治工作，提高游客满意度。启动实施大磁窑、下盘铺新建旅游示范村的“恒山古镇”建设项目，建设规模为1197户、2880人，作为全县旅游扶贫的示范，带动全县重点旅游乡村建设。提高景区知名度和影响力。举行三元宫古建修复竣工典礼，岳门湾古建筑群投入使用，北岳恒山道教协会成立并入驻三元宫，全国各地道教界人士和专家学者1000余人参加系列活动。举办中国健身名山（北岳恒山）登山赛，协助办好全省旅游发展大会，恒山知名度提高。景区对外宣传合作体系完善。推进区域和行业合作，完善促销网络体系，与国内50余家景区和旅游社团建立良好伙伴关系，形成客源互送、线路互推、资源共享、效益共赢的旅游促销新格局。瞄准市场导向，健全产业发展要素，开发特色旅游纪念品60余种。（范颖莲）

【城乡建设】 2016年，浑源县推进新区建设、旧城改造、基础设施配套、创建智慧城市和中心集镇建设工程，提升县城承载能力。全年城建投资37383万元。加快规划修编。启动实施《浑源县城市总体规划（2010年~2020年）》规划期限调整为2030年的修编工作；编制《浑源历史文化名城保护规划》，在县政府门户网站和北岳报公示规划草案，规划成果报送省住建厅；编制《浑源古城历史文化街区保护规划》初步方案。推进市政工程建设。铺开翠屏路交通局周边、线材厂周边棚户区综合改造工程；总投资7.5亿元的凯德世家商业综合体建设工程投入使用；推进文庙、州衙、圆觉寺历史街区修缮工程；实施迎宾街改造、永安街东延、天峰路通达、兴隆街建设等道路工程；新增供水、排水、供汽、供热等管网工程；开展美化、绿化、亮化、硬化等城乡环境建设。健全完善110智能指挥系统，实施“天眼”等智慧城市建设工程。推进中心集镇建设。按照全县整体规划的“主副双心、一区两轴”的空间结构，重点建设5个中心集镇的思路，启动西坊城镇中心镇建设工作，累计投资40万元，建设公用设施、公共服务、公园绿地、中心街市、居住社区等工程。（范颖莲）

【生态建设】 2016年，浑源县推进造林绿化工程。投资1080万元京津风沙源治理工程3万亩，投资172万元人工造林和封山育林1.5万亩，投资64万元恢复森林植被795亩，投资104万元绿化主要通道13千米。加大污染防治力度。实施总投资2300万元的县污水处理厂提标改造工程，污水处理率80%；锦江集团投资建设的生活垃圾发电项目稳步推进。实施农村环境连片整治示范项目4个。启动水污染、土壤污染防治行动计划。升级改造县热力公司燃煤锅炉，全部安装脱硫设施。开展生态乡村创建、各类污染减排、餐饮油烟治理等专项工作，淘汰黄标车及老旧车503辆。实施城乡清洁工程。配套资金600万元，配齐城乡清扫人员，实行网格化责任制管理，乡村清洁实现315个行政村全覆盖。开展示范社区、示范村创建活动，达标社区、达标村140个，创建容貌示范街1条、保洁示范街1条。建设农村垃圾转运站3个，农村垃圾卫生填埋场1个。全社会开展环境卫生大整治和爱国卫生运动，倡导干净整洁、文明卫生的良好社会风尚。

（范颖莲）

【社会事业】 2016年，浑源县实施教育、文化、医疗、就业、社保、安居、平安创建等民生工程，让改革发展成果普惠全县人民。教育方面，投资190万元实施浑源五中操场建设项目，投资133万元实施西坊城学校、李峪学校和王庄堡小学教师周转宿舍工程，投资217万元实施蔡村中学初中工程建设项目；投资3300万元，给全县24所乡镇所在地初中安装计算机教室和监控设备，给全县38所中小学实施校校通（互联网）工程，给5所乡镇所在地初中安装监控全覆盖和校园广播系统，给乡镇所在地21所初中学校装备理、化实验室等。改扩建3所农村幼儿园，新建2所标准化幼儿园。城乡间交流教师42名，交流校长5名，招聘特岗教师60人，幼儿教师60人，特教10人。研究制定《浑源县三年教育振兴计划》，并按计划实施推进。文化体育方面，开展送文化下乡活动，组织200场次公益文体活动，公益电影演出3700余场；组织中学生田径运动会，农村广场健身表演400余次；投资500万元，启动新建1个县级全民健身活动中心；投资50万元，建设1个乡健身广场；收集整理文化资源56项，有效传承浑源地方特色文化。医疗卫生方面，投资362万元，实施县人民医院建设项目，投资60万元实施中医院项目，投资375万元实施16所卫生院周转宿舍建设项目，投资434万元建设4所乡镇卫生院项目，投资714万元建设84所卫生室；新农合人均补助标准由370元提高到420元，新农合参合率保持在99%以上。劳动就业方面，城镇增加就业人员1100人，城镇登记失业率3.2%。农村劳动力转移就业4500人。全县增加参保灵活就业人员5893人。解决拖欠工资917万元。社保方面，全县参加基本养老保险人数216504人，其中城镇职工33502人，城乡居民183002人。参加基本医疗保险人数 62113 人，失业保险职工 15136 人，工伤保险 15582 人，生育保险 24927 人。城市低保 5091 户 12160 人，标准提高到 379 元 / 月 · 人。农村低保 25563 户 31169 人，标准提高到 2898 元 / 年 · 人。住房方面，新建和整治各类棚户区改造住房 4619 套、40 万平方米。改造农村危房 4050 户，实施抗震加固 500 户。采煤沉陷区村庄搬迁治理工程全面铺开，建筑面积 60 万平方米，截至年底，一期、二期主体工程进入收尾阶段。平安创建方面，树立“底线思维”“红线意识”，落实安全生产“党政同责”“一岗双责”制度，召开安委会 4 次，安全工作例会 12 次。加强治安整治力度，保持对违法犯罪的高压态势，构建街面巡逻防控、社区村庄防控、单位和行业场所防控、区域警务防控、技术视频防控、虚拟社会防控 6 张治安防控网，社会治安秩序持续好转。贯彻《信访条例》，主动化解社会矛盾，信访流量逐年减少，给全县经济发展营造安定、有序、和谐的社会环境。（范颖莲）

【供给侧改革】 2016 年，浑源县推进供给侧改革中，压减煤炭产量 63 万吨，煤炭监管办法和措施更加具体；消化库存商品房 465 套 7.5 万平方米；“营改增”为 497 户企业减负 1270 万元；农村土地承包经营权确权登记颁证，清查 165 个村 2.16 万户承包地工作；全面铺开基层首诊、分级诊疗、双向转诊、急慢分治等医疗改革试点工作，县乡医疗卫生机构的资源得到有效整合利用；金融领域改革实现金融机构和业务量双增加。（范颖莲）

【项目建设】 2016 年，浑源县规划推进 3 亿元以上重点工程项目 29 个，其中开工建设 16 个，150 万千瓦的官儿抽水蓄能电站、东方宇华 10 万千瓦风电、省道 203 改线、扶贫产业园等一大批重点项目取得进展。风力发电投产 25 万千瓦、在建 15 万千瓦、开展前期 25 万千瓦。黄芪科技开发项目，投资 9800 万元，民营企业增加值 6.82 亿元。粮食产量 1.71 亿公斤；增加黄芪规范化种植 2 万亩，柴胡等小药材种植 1250 亩；新建扩建标准化养殖小区 37 个；投资 7655 万元，推进王千庄水库建设、抗旱应急提水、神溪灌区节水改造等水利项目工程。（范颖莲）

【浑源县与京仪集团签订光伏发电扶贫项目战略合作协议】 2016 年 6 月 23 日，浑源县与北京京仪集团签订光伏发电扶贫项目战略合作协议。县委书记张清河，京仪集团党委副书记、总经理高玉清，以及县发改委、经信、国土、扶贫等部门负责人参加签约仪式。

签订仪式上，张清河指出，这次签订协议是双方开启交流和合作的序幕，希望通过合作为双方的发展注入新活力，以光伏扶贫发电项目为切入点，引进北控集团高端、高科技、高附加值的产业，在现有基础上寻求新的合作点，推动更多、更好的产业项目落户浑源。浑源县为企业提供优质服务、创造良好环境，使浑源成为北控集团投资兴业的沃土。高玉清表示，浑源县发展潜力巨大，在大同发展战略中有着重要的战略地位，未来发展前景广阔。双方签订合作协议更加注重从实际需求出发，发挥好各自优势，通过具体对接抓好落实。会上，县人民政府负责人与京仪集团负责人签订《光伏项目合作框架协议》。（范颖莲）

广灵县

【概述】 大同市广灵县位于北纬 39°35′~39°55′，东经 113°51′~114°24′。2016 年，全县下辖 2 镇 7 乡，180 个村民委员会，6 个社区居委会。全县总面积 1283 平方千米，人口 18.59 万人。属温带大陆性季风气候，年均气温 7℃，年均降水量 388 毫米。平均海拔 1650 米，最高为西北六棱山顶 2375 米，最低为壶流河出境处 930 米左右。广灵县地区生产总值 22.4 亿元，同比增长 5.5%；规模以上工业增加值 4.05 亿元，同比增长 12.4%；公共财政预算收入 8673 万元，同比下降 6.8%；固定资产投资 85.25 亿元，同比增长 12.6%；社会消费品零售总额 9.95 亿元，同比增长 7.1%；城镇居民人均可支配收入 19656 元，同比增长 5.7%；农村居民人均可支配收入 6400 元，同比增长 6.0%。

广灵是一个传统农业大县，是大同市优质杂粮生产基地，也是国家扶贫开发重点县和山西省“晋西北和太行山革命老区扶贫开发”战略实施重点县。矿产资源储量较大的有高钙石灰石和富镁白云岩，为国家级镁及镁合金产业基地。生态环境良好，绿化覆盖率 18.96%，有湿地 2000 余公顷，2007 年设立壶流河湿地省级自然保护区。广灵是“中国民间文化艺术之乡”“国际剪纸艺术之乡”“中国最佳文化生态旅游名县”，全省首家全国第 54 家国家级绿色农业示范区建设单位、“中国绿色名县”“国家首批绿色能源示范县”“国家首批有机产品认证示范创建县”，山西省文化建设示范县、山西省文化建设先进县。（县政府办）

【精准脱贫】 2016 年，广灵县成立脱贫攻坚领导小组，出台《广灵县脱贫攻坚实施意见》和《广灵县“十三五”脱贫攻坚规划》，制订“结对帮扶”实施方案等系列制度措施，全县 180 个行政村实行驻村帮扶全覆盖。全年市县级投入专项财政扶贫资金 3764.1 万元，实施特色产业扶贫等 8 大扶贫工程。建成 9 个贫困村光伏扶贫、6 个老区贫困村帮扶和 535 间易地扶贫搬迁移民住房主体工程等项目。实施千村万人就业培训、新型职业农民培训和“雨露计划”等工程。全县退出贫困户 2788 户 5540 人，退出贫困村 17 个。（县政府办）

【农业】 2016 年，广灵县粮食总产量 1.68 亿公斤，新建扩建养殖小区 16 个、家庭牧场 175 个，发展“一村一品”专业村 73 个，“三品一标”认证 16 个，农民专业合作社 647 家、家庭农场 46 户。农业产业化建设项目投资 2.34 亿元，设施农业面积 4200 亩，农业产业化龙头企业销售收入 13.2 亿元。全县 9 个乡镇 180 个行政村土地确权 49 万亩，梁庄、底庄等 4 村省级耕地开发项目和南村镇、梁庄乡等 3 乡镇 16 村补充耕地项目，增加耕地 0.88 万亩。（县政府办）

【新型工业】 2016 年，广灵县金隅水泥总投资 5100 万元的水泥窑协同处置技改项目工程竣工。总投资 8 亿元的国电南村风电场二期、总投资 8.5 亿元的土巷口风电场项目和总投资 8

亿元的润广风电卧羊场三期完成前期工作，待省发改委核准。全县增加注册企业149家、合作社74户、个体户532户。发展电子商务，成立京东广灵县服务中心，6个乡镇设立村级合作点7个，实现总网销售400余万元。规划实施开发区、产业园区和基地建设，启动总投资109.65亿元的37个重点项目。（县政府办）

【城乡建设】 2016年，广灵县实施宜居“三大工程”，全年建成200套公租房和100套公租房，开工1406套润东新区新建棚户区安置房工程，货币化安置107套，开工11873套棚户区改造工程，改造3410户农村危房和改建1100户抗震工程，老旧小区综合整治和“城中村”综合整治工程稳步推进。推进县城生活垃圾收转运系统、污水处理厂升级改造、生活垃圾处理场渗滤液处理等项目，改造县乡道路、撤并建制村通硬化路、道路安防、道路水毁抢修等工程。（县政府办）

【生态建设】 2016年，广灵县实施林业“六大工程”，重点推进京津风沙源治理工程、巩固退耕还林成果工程和高速路国省道两侧荒山造林工程，营造林5.03万亩，森林覆盖率21.5%。推进水污染、大气污染和土壤污染防治三个行动计划，建成4个农村污水防治项目，县城饮用水水源地一、二级保护区和7个乡镇饮用水水源地保护区水质达标率100%。（县政府办）

【旅游业】 2016年，广灵县编制《广灵县旅游总体规划》和《广灵县乡村旅游规划》，启动圣眷峪、白羊峪和长江峪3个旅游规划编制工作。实施旅游产业扶贫行动，申报山西省“乡村旅游扶贫村”3个，调查摸底乡村旅游扶贫工程基本情况，申报美丽乡村15个。开展文物和旅游资源挖掘归集工作，整理国有不可移动文物329处，编制《广灵旅游资源》《不可移动文物名录》等一批重要资料。洗马庄遗址、殷家庄古民居等6处古遗址、古建筑入选山西省第五批省级文物保护单位。举办摄影和微视频大赛及印象广灵有奖征文活动，拍摄《域美广灵·灵山秀水》等宣传片，组织开展旅游形象宣传口号和重点旅游资源区名称标识征集工作。（县政府办）

【民生保障】 2016年，广灵县新建、改建下林关和尚疃两所村级幼儿园并投入使用，实施“全面改薄”计划，11月，通过国家义务教育均衡发展评估认定。推进医药卫生体制改革，新农合参保率99.52%。落实就业创业政策，城镇新增就业1100人，转移农村劳动力2100人，困难人员就业200人。投资80万元建成农村老年人日间照料中心8所，覆盖县、乡、村三级社会福利供养保障体系逐步形成。（县政府办）

【政府建设】 2016年，广灵县坚持科学民主依法决策，加强决策公开、政务公开、信息公开，办理人大代表建议111件、政协委员提案74件，回复率100%。开展12345热线处办工作，全年受理工单1012个，办结、办复率100%。改造升级OA办公系统县级终端。（县政府办）

▲广灵县湿地　　（姜成晋 供图）

【CS巷战基地落户广灵剪纸博物馆】 为丰富国家AAA级旅游景区——广灵剪纸艺术博物馆的活动项目，增强游客的参与性，该馆投资建成真人CS巷战基地。2016年4月26日，“真人CS对战”在广灵剪纸艺术博物馆鸣响第一枪。

真人CS巷战是一种集运动与游戏于一体的高科技娱乐活动，采用激光、计算机、新型无线通信等技术，以发射对人体绝无伤害红外激光代替实弹，有很强的仿真性。广灵剪纸艺术博物馆占地4公顷，是山西省唯一以世界非物质文化遗产广灵剪纸设计、生产、体验、互动、传习、展览为一体，集广灵特产小吃品尝、大师工作室住宿、演艺、娱乐为一体的特色旅游景区。（县政府办）

灵丘县

【概述】 大同市灵丘县位于北纬39°03′~39°38′，东经113°53′~114°38′。全县总面积2732平方千米，耕地51万亩。2016年，全县下辖3镇9乡，255个村民委员会，13个社区居委会。全县总人口245671人，男性126937人，女性118734人，城镇化率31.52%，人口自然增长率5.82‰。

灵丘县地区生产总值30.48亿元，同比增长10.2%；规模以上工业增加值2.28亿元，同比增长36.5%；公共财政预算收入1.12亿元，同比增长4.7%；固定资产投资85亿元，同比下降12.9%；社会消费品零售总额30.21亿元，同比增长7.3%；城镇常住居民人均可支配收入24093元，同比增长6.1%；农村常住居民人均可支配收入6701元，同比增长7.2%；城镇登记失业率控制在3.9%以内，万元GDP综合能耗下降3.2%。

（高晓彬　刘甫花）

【农业】 2016年，灵丘县农作物播种面积49.46万亩。有机农业发展。车河有机社区建成会展中心、接待中心和民俗博物馆等工程，种植有机杂粮、蔬菜700余亩，养殖有机鸡、有机羊3万余只。城头会有机社区恢复北魏文化古村落房屋16间，新修公路5公里。举办第三届“中国（车河）有机农业国际论坛”，吸引国内外200余名专家、学者参加，扩大灵丘有机农业影响力。农业产业化。德威公司饲料加工项目建成办公楼和成品库，安装机械设备。思源农业有机蔬菜种植基地建成高标准日光温室33座和1栋1.39万平方米连栋温室，部分蔬菜和水果取得有机认证。国春公司冰苦荞无糖谷物饮料项目投资3800万元，建成宿舍、办公楼。赛欧公司有机农产品产业园综合开发项目建成安保设施建设。生态畜牧业。投资918.97万元，建成中央财政现代农业良种繁育及标准化养殖小区项目、京津风沙源治理草地项目和雁门关生态畜牧经济区项目。实行黄牛改良免费政策，改良当地黄牛、奶牛1.8万头。推进地方良种保护和中高端肉牛培育，组建青背山羊育种核心群1个、标准化扩繁场13个。全年全县大牲畜饲养量14.65万头、存栏8.65万头，羊饲养量102万只、存栏48.03万只，禽饲养量115万只、存栏59万只。农业农村改革。年内，申报1个省级和1个市级美丽宜居示范村，全县被评为省级和市级美丽宜居示范村达8个（省级：车河、张家湾、上北泉、觉山；市级：关沟、韩坊、南张庄、花塔）。解决7个行政村3210人882头大牲畜饮水不安全问题。开展全县农村土地承包经营权确权登记颁证工作，土地确权57万亩，占全部工作量95%。开展金融服务“三农”与土地承包经营权流转工作，成立灵丘利民物权融资服务中心，推动农民通过土地经营权流转融资创业。农民专业合作社和家庭农场发展较快，累计发展合作社761个、家庭农场64个。

（高晓彬　刘甫花）

【工业】 2016年，灵丘县规模以上工业企业现价工业总产值6.36亿元，同比增长13.16%；销售收入7.96亿元，同比增长9.56%。新型材料产业发展。东田创新产业园超纯铁精粉项目，投资3亿元，建成年产120万吨超纯铁精粉生产线。规划编制新材料产业园区，并与河北卓达集团达成园区开发、珍珠岩深加工投资合作协议。清洁能源产业。石家庄东方能源公司40万千瓦风电供暖示范项目、中科汇海生物质热电联产项目在推进前期工作，建投公司凤凰山49.5兆瓦风电场项目上报省发改委待核准，南甸子梁49.5兆瓦风电场项目并网发电。山煤灵丘比星公司100兆瓦光伏发电项目一期工程30兆瓦并网发电，建成独峪乡9个村900千瓦光伏扶贫项目，并网手续在办理中。生物制药业。库邦公司年产80吨医药中间体及科研基地项目基础工程完成80%，主要研发和生产心血管及抗肿瘤药物高级中间体和原料药。润生公司细胞培养基项目建成投产，年生产能力600万升。通用航空产业。通用航空产业园解决机场军转民工作，委托北京航空航天大学通航研究中心编制的规划通过评审，与北京丰荣航空等10余家企业招商对接。（高晓彬　刘甫花）

【服务业】 2016年，灵丘县服务业增加值16.76亿元，同比增长10.3%，占地区生产总值的比重54.98%。商贸物流。平型关广场等传统商贸项目在建设中，天津恒嘉利公司冷链物流项目实现投产运营。电子商务和快递物流方面取得突破，发展开通灵丘转转网、阿姨帮等7家电商平台，开通覆盖全县7个乡镇的物流快递线路6条。全县培育电子商务协会1家，电商孵化中心2家，发展个体网店经营户300余家。文化旅游。围绕“建设面向京津冀地区宜居宜业宜游山水特色城镇”产业定位，打造以平型关国家有机农业公园为载体的“有机农业+生态旅游”、以平型关军事文化园为龙头的红色旅游、以觉山寺为代表的古色旅游的旅游新格局。年内，重点实施平型关大捷纪念馆展陈提升工程、曲回寺石像家保护设施建设工程、平型关烈士陵园维修改造工程、觉山寺塔抢救性保护设施建设工程和集装箱酒店营地项目。北泉村推出实景演出《山水北泉》取得成功。灵丘县被列入第二批“国家全域旅游示范区”。全年全县接待游客198.29万人次，同比增长22.8%；旅游综合收入15亿元，同比增长27.23%。（高晓彬　刘甫花）

【财政】 2016年，灵丘县县级公共财政预算收入11218万元，占财政总收入22833万元的49.13%，比上年同期10715万元增收503万元，同比增长4.69%。全年全县财政总收入22833万元，占年度计划20947万元的109.00%，比上年同期19977万元增收2856万元，同比增长14.30%。县级公共财政预算支出执行204802万元，比上年同期179363万元增加25439万元，同比增长14.18%。

全年财政收入214313万元。其中，当年县级公共财政收入11218万元，上级补助收入164026万元（返还性收入1022万元，一般性转移支付补助收入95901万元，专项转移支付补助收入67103万元），动用预算稳定调节基金3050万元，调入资金3303万元，上年结余32716万元。全年财政支出214313万元。其中，当年县级公共财政支出204802万元，上解上级支出–350万元，债务还本支出412万元，安排预算稳定调节基金1688万元，结转下年支出7761万元（专项资金结余结转）。收支相抵后，全年财政实现收支平衡。（高晓彬　刘甫花）

【城乡建设】 2016年，灵丘县城市功能完善。编制县城整体规划、土地利用规划等专项规划。唐河尚府二期、祥和嘉园二期、嘉和雅园等房地产项目在建设中。实施县城供热、供气、供水工程，增加供热面积30.22万平方米，累计265.4万平方米，供热普及率87.5%；增加天然气用户2500户，累计1.2万户，供气普及率80%；增加供水用户2200户，累计31073户，供水普及率91%。县城绿化覆盖率37.5%。老旧楼综合整治5988套。武灵镇城中村综合整治工程投资900万元，重点实施城中村道路及污水、雨水管网改造工程，覆盖城中村住户3717户。建制镇综合整治1615套。交通条件持续改善。改建108国道工程65%，累计投资6.5亿元。县道孙庄线孙庄—柳科段公路改造工程建成通车。农村公路窄路基路面拓宽改造工程、农村公路撤并建制村通硬化路工程和安全生命防护工程全部竣工。省道大灵线县城段改线工程竣工通车。全县乡镇通车率100%，建制村通车率97%。生态环境更加优美。全县各类造林绿化面积50343亩，县城增加绿化面积11.2万平方米。门头峪水库工程主体工程竣工。京津风沙源治理工程和国家水土保持重点工程竣工，治理小流域面积3422.9公顷。大气、水、土壤防治工作取得成效，实施"美丽乡村"创建工作，农村环境整治长效管理机制不断完善。北泉森林公园和平型关森林公园被列为省级森林公园。全年县城空气质量二级以上天数293天。（高晓彬　刘甫花）

【社会事业】 2016年，灵丘县把发展有机农业作为贫困群众脱贫致富的主要途径，采取"龙头企业＋村集体＋合作社＋农户"的模式，发展特色种养产业，带动贫困人口增收致富。把资产收益扶贫作为帮扶深度贫困户的主要措施，整合资金1895万元，按照"财政资金注入、量化配股到户、企业主体管理、贫困群体分红、脱贫转股退出"的办法，实现实施主体、贫困户和村集体三方共赢。把易地搬迁与平型关国家有机农业公园建设相结合，与美丽乡村建设相结合，高标准建设集中搬迁点，关沟安置点建成并入住96户215人；庄头安置点回购和扩建住宅楼515套，新建安置房816套、敬老院和公寓兜底式住宅楼1008套；小寨安置点200户的住宅主体工程完工。同步推进教育培训就业、生态补偿脱贫、社会保障兜底、基础设施改善、公共服务提升和社会力量帮扶等工程，推进产业扶贫。独峪乡张家湾村集中建设装机容量900千瓦的村级光伏扶贫发电站，并网发电后可为花塔等9个贫困村180户深度贫困户每户每年增收3000元。开展教育培训扶贫工作。实施雨露计划，给95名就读二本B类以上大学新生每人一次性给予5000元资助，对中职中技、高职在校生每年给予2000元资助。转移培训劳动力250人，其中千村万人就业培训50人，新型职业农民培育200人。与阿姨帮合作输送农村劳动力5批49人次。实施金融富民扶贫工程。鼓励贫困户与企业合作，通过政府贴息、企业担保、统贷统还、保底分红的模式，全年给308户贫困户发放扶贫贷款3110万元。推进扶贫项目建设。推进中央专项彩票公益金扶持项目和以工代赈项目建设，6个以工代赈项目落实到上级资金1051万元。整体脱贫25个村，全县减少贫困人口2116户5239人，贫困发生率降至12%。

社会保障完善。2016年，灵丘县建成20个农村老年人日间照料中心，社会福利中心儿童部主体工程竣工，红石塄乡车河社区敬老院基础工程竣工。2014年1000套公租房项目3.9万平方米的主体工程封顶；改造2130户农村危房工程和加固500户抗震工程。贯彻落实各项就业创业扶持政策，加强公共就业服务，开发就业岗位。年内安置公益性岗位227人，转移农村劳动力3461人，城镇新增就业1557人，创业带动就业378人，城镇失业人员再就业1300人。发放低保、困难群众医疗救助金613万元，下拨救灾资金580万元，发放优抚金583万元。建设各类保障性住房1200套，发放租赁住房补贴645万元，新分配廉租房334套。

▲2016年7月27日，灵丘县举行第五届北泉荷花节暨乡村文化旅游节（高晓彬 供图）

社会事业发展。2016年，灵丘县实施总投资1.39亿元的义务教育薄弱学校改善工，新建、改扩建校舍面积1.98万平方米；"全国义务教育发展基本均衡县"通过省级验收和国家认定；全年高考本科达线人数629人，连续多年位居全市农业县区第一。新建村级卫生室30所，公共卫生经费达人均45元，"县级公立医院综合改革示范县"创建工作通过省级评估。新农合参合人数17.75万人，参合率99.13%。安装国家广播电视"户户通"工程9314户。全年送戏下乡313场，送电影下乡3200场，惠及群众约11万人次。打造乡村文化旅游品牌，推出大型实景演出"山水北泉"。全县实施行政及参公单位公务用车制度改革，拍卖公务用车47辆。

（高晓彬　刘甫花）

【社会环境】 2016年，灵丘县开展安全生产大检查和隐患排查治理活动，整改隐患3105条。开展严打整治"百日行动"、冬季严打整治等专项行动，全县刑事案件发案数同比下降2.4%，破获率同比提高82.3%。加强食品药品安全监管和专项整治，全年未发生食品药品安全事故。开展矛盾纠纷排查、社会面防控和信访积案化解工作，信访案件办结率92%，化解率87%。（高晓彬　刘甫花）

【政府建设】 2016年，灵丘县政府主动接受县人大及其常委会依法监督和县政协民主监督，自觉接受社会和舆论监督。全年办理人大代表议案、建议100件，政协提案88件，办复率100%。12345政府服务热线受理群众诉求2012条，办结率100%。县政府向全县人民承诺的"十件实事"全部办结。（高晓彬　刘甫花）

【通用航空产业发展规划项目启动】 2016年1月8日，通用航空产业发展规划项目启动会在灵丘县召开，县长罗永山主持会议。北京航空航天大学通用航空研究中心主任高远洋，县委副书记方旭，县人大常委会主任张枢，县委常委、副县长张学梅，县委常委、宣传部长郭尚元，县委常委、副县长、团中央驻灵扶贫工作队队长谢兴，副县长戴陶、王瑞春、梁介出席会议。县政府办、发改局、经信局、环保局、住建局、国土局、通航办等部门主要负责人参加会议。

园区规划面积407公顷，总投资120亿元。重点业务发展为通航运营服务与配套保障、教育培训与商务会展、通航主题文化社区与综合旅游体验，通航工程试验与配药科研重点项目、通航制造五个重点发展领域。

高远洋等介绍国内通用航空产业发展现状、灵丘通用航空项目规划编制准备工作，王瑞春介绍该县经济社会发展情况，会上双方相互交流项目规划编制事宜。（高晓彬　刘甫花）

【灵丘县社区矫正中心获省首批示范中心】 2016年4月，山西省司法厅在调研、总结经验基础上，确定并公布全省首批11个县（市、区）社区矫正示范中心，其中大同市灵丘县社区矫正中心上榜。

县（市、区）社区矫正中心建设是近年来全省司法系统确立的一项重点工作。2015年，省司法厅对社区矫正中心建设的功能设置和建设标准等提出具体要求，明确管理模式和职责任务，并把推进县（市、区）社区矫正中心建设纳入“冬季行动”，要求各级司法行政机关要把社区矫正中心建设列入重要议事日程，发挥社区矫正示范中心标杆作用，按照要求，完善场所设施，优化功能设置，健全组织队伍，规范管理运行。

（高晓彬　刘甫花）

【农牧高新科技企业落户灵丘】 2016年5月6日，灵丘县“冬季行动”招商引资项目山西德威众创农牧科技公司现代化农牧高新科技项目在该县农业科技园区举行奠基仪式。

现代化农牧高新科技项目位于灵丘县农业科技园区内，占地面积20亩，预计投资1亿元，建设办公楼2250平方米，厂房6000平方米，现代化生产线3条，即年产10万吨的全价料和浓缩料加工生产线、年产2万吨的生物饲料生产线、年产5000吨的预混料生产线。预计年产生物饲料10万吨，年销售收入3亿元，实现利税1500万元，提供就业岗位200个。

（高晓彬　刘甫花）

【乡镇党委换届】 截至2016年5月17日，灵丘县12个乡镇召开党员代表大会，选举产生新一届乡镇党委班子成员120名，纪委班子成员59名，出席县第十四届党代会代表276名。新一届乡镇领导班子年龄结构优化，其中30岁以下的班子成员3人，年龄最小的26岁；具有大学本科以上学历的88名，占73.3%；女干部18名，占15%；从乡镇事业编制人员、优秀村干部和大学生村干部中选拔乡镇领导班子成员13名。（高晓彬　刘甫花）

【“五一”乡村游】 2016年“五一”小长假期间，灵丘县各景点、景区接待游客11.2万人次，旅游综合收入840万元，同比分别增长6.7%和14.3%。其中，平型关、觉山寺、桃花溶洞、空中草原等景区接待游客4.8万人次，旅游综合收入425万元；有机社区上下车河、城头会接待游客1.7万人次；花果之乡北泉村、世外桃源花塔村、山西省旅游名村沙湖门村、下关木佛台生态旅游度假区等乡村游接待游客4.7万人次，旅游综合收入415万元。“五一”期间，最受游客青睐的是素有“塞上江南”“花果之乡”美誉之称的北泉村乡村游；该村推出以山水景观做舞台的实景演出《山水北泉》，真实的山水之美和纯朴山乡民风得到展现。（高晓彬　刘甫花）

【第三届（车河）国际有机农业论坛】 2016年8月14日，中国农业大学新农村发展研究院、中国国际商会有机产业发展委员会、中规院（北京）规划设计院、灵丘有机农业园区管理委员会联合举办的“第三届（车河）国际有机农业论坛”在灵丘县车河有机社区开幕。这次论坛的主题为“有机农业助力精准脱贫”。根据灵丘有机农业园区发展和平型关国家有机农业公园建设与产业升级需求，增加“乡村建设与民宿”“有机农业生产与营销”和“有机苦荞产业”3个分论坛。来自国内外50余位专家学者围绕有机农业发展、利用现代有机农业助力脱贫攻坚等进行主旨发言与交流研讨。中国农业大学党委书记姜沛民，中国农业大学副校长李召虎，国际有机运动联盟理事、亚洲主席周泽江，市委书记张吉福，市委常委、市委秘书长部向华，副市长曹惠斌和县四套班子领导出席论坛。

（高晓彬　刘甫花）

【灵丘与“中合三农”签署合作协议】 2016年11月17日，灵丘县人民政府与中合三农集团有限公司养殖产业精准扶贫项目战略合作协议签约仪式在大同举行。大同市委副书记、市长马彦平，中合三农集团董事长任怀深及灵丘县主要领导等见证合作协议签署。

为推进产业扶贫战略和综改重大项目建设，发挥畜牧产业精准扶贫作用，引领带动贫困农户脱贫致富，灵丘县人民政府与中合三农集团有限公司签署协议，合作建设灵丘有机农业园区七万头肉牛肉驴养殖精准扶贫项目。利用三年时间分两期建设有机养殖4万头肉牛和3万头肉驴，计划投资8亿元人民币。有机肉牛、肉驴养殖产业包括：有机饲（草）料种植、加工，分散养殖，集中育肥，屠宰加工、销售，粪便处理（蚯蚓养殖）。项目采取“政府+企业+农户（合作社）”三位一体、分散与集中相结合的产业集群发展合作模式。养殖专业合作社分散(放牧+舍饲)饲养架子牛、驴+集中育肥相结合，按照有机农业标准统一技术指导，统一防疫措施，统一投入饲料、饲草、兽药，配套落实精准脱贫政策性贷款、担保、贴息、保险等相关扶持政策，吸收建档立卡户加入合作社，与其他社员互助互利，建立互惠互利机制，壮大集体经济，实现精准脱贫、共同富裕。

（高晓彬　刘甫花）

【灵丘获“中国最美生态宜居旅游名县”称号】 2016年12月18日，国际休闲经济促进会、中国旅游媒体联盟、中国休闲旅游文化研究中心共同主办的“中国新旅游时代—2016年品牌推介暨旅游项目投融资大会”在上海召开，灵丘县被评为“中国最美生态宜居旅游名县”称号。县内旅游资源特色可分为“红、古、绿”三色。红色旅游资源有平型关大捷遗址、白求恩特种外科医院、359旅游部旧址等；古色旅游资源有战国时期的赵武灵王墓、北魏时期的觉山寺、唐代的曲回寺石冢群和明代的内长城；绿色旅游资源有空中大草原、桃花溶洞风景区、“世外桃源”花塔村等。全县有全国重点文物保护单位3处；省级文物保护单位5处；A级旅游区1处；农业旅游示范点3处；省级农业旅游点1处。灵丘县坚持生态立县，建设面向京津冀地区宜居农业宜游山水特色城镇，树立绿水青山就是金山银山的理念，发展有机农业，加强生态修复和保护工作，在产业、信息等多方面与京津冀对接，把灵丘建设成为京津冀地区有机农产品的供应地，高端旅游人群休闲度假目的地和部分转型产品的承接地。（高晓彬　刘肯花）

大同经济技术开发区

【概述】 1992年11月，大同经济技术开发区是经省政府批准设立的首批省级开发区，2010年12月，国务院批准升级为国家级经济技术开发区。核准规划区域8.2平方千米，由湖东片（原雁北行署兴办的雁北湖东开发区）和城南片（原市人民政府兴办的开发区）组成，其中湖东片6平方千米，城南片2.2平方千米。2011年，市政府把医药工业园区、高新技术园区纳入开发区管理，截至2016年，管理区面积30.18平方千米。注册企业419家，入区企业职工1.3万人；全区建立基层党组织100个，有党员1223名；区党工委直属党组织有6个，所属非公企业成立37个党组织。开发区机构由管委会、党工委、经济开发总公司和派驻机构四部分组成。其中党工委为市委派出机构，设有11个部门；管委会是市政府派出机构，设有25个部门；派驻机构9个。区属在职人员739人（含教育系统101人、经济开发总公司及污水厂97人）。

开发区形成以医药产业为支柱，机械制造、新材料、建筑安装、商贸物流、食品加工为辅助的产业格局。2016年，全区“四上”企业有96家。其中，规模以上工业14家，资质以上建筑业和房地产业49家，限额以上批零贸易业27家，规模以上服务业6家。有上市企业2家（仟源制药、阳光小额贷款公司），上市企业子公司5家（国药威奇达、国药中抗、振东泰盛、普德、优胜美特），准备上市企业1家（同达药业）。有高新技术企业6家，名牌产品7件，著名商标13个。有进出口企业3家（国药威奇达、威奇达中抗、威奇达光明），产品远销印度、美国、巴基斯坦、意大利、日本、巴西、比利时等国家。有医药企业11家，各类药品生产批准文号1594个，产品有化学原料药、化学制剂、生物制剂、中药饮片与制剂四大系列，规模以上医药产值占全市规模以上工业产值7.8%。开发区获国家火炬计划医药特色产业基地、全国创新力百强园区和山西省转型综改试验区科技创新园、全省首批示范工业园、省级新型工业化产业示范基地、全省首批省级外贸转型升级专业型示范基地等称号。

2016年，全区一般公共财政收入4.44亿元，占年度计划4.16亿元的106.68%，同比增长11.93%，财政收入增幅居全市各县区首位。地区生产总值45.62亿元，同比增长7.9%；社会消费品零售总额24亿元，同比增长6%；规模以上工业增加值17.52亿元，同比增长28.4%；固定资产投资85亿元，同比增长13%；进出口总额20196万美元，同比增长0.72%，其中出口20155万美元，同比增长1.41%，占全市出口总额82%。（张维新）

【招商引资】 2016年，开发区到京津冀、长三角等地区捕捉投资合作信息。在“冬季行动”期间，选派两委班子带队组成招商分队，到南京、扬州、天津、北京及珠三角地区开展上门招商18次，与新型建材加工、新能源研发等62个项目对接。全年签约钢结构集成节能建筑等15个项目，签约金额165.82亿元。全区重点项目“六位一体”推进任务提前一个月建成。其中，项目储备1004.2亿元，储备率143.5%；项目签约165.92亿元，签约率103.7%；项目落地114.36亿元，落地率100.42%；项目开工14.08亿元，开工率148.52%；项目建设65.14亿元，建设率100.57%；项目投产54.79亿元，投产率101.1%。年内，总投资96亿元的大同农副产品国际陆港项目进口肉类指定查验场及海关监管区主体工程竣工，总投资9.3亿元华岳热电重启项目试生产；总投资4.3亿元电商园区项目基础建成，3000余家实体商户入园运营，众创空间四大功能区域建成，京东等46家全国知名电商企业和当地特色企业入驻运营；编制总投资21.84亿元中小企业创业基地项目规划方案。（张维新）

【医药产业】 2016年，开发区向中高端抗菌类药、特色药等产业链中下游产品拓展延伸。支持医药仓储物流平台及集中交易平台建设，推动国药威奇达医药创新园项目建设，帮助企业开拓新兴市场，支持国药威奇达等企业开拓欧美高端市场，克拉维酸钾3个主要产品取得美国、欧盟市场准入。全年重点企业生产原料药2.1万吨，同比增长16.5%。全年规模以上医药产值60.4亿元，同比增长7.1%，占全区规模以上产值（62.3亿元）97%，带动规模以上工业产值同比增长7.53%。（张维新）

【开发区科技创新发展】 2016年，开发区加快科技创新引领经济发展步伐。与市科技局联合，在医药园区转型综改建设中，推行建立企业研发准备金制度，要求入区企业按不低于销售收入1.5%比例提取研发费用。成立高新技术企业创业服务中心，1万平方米科技孵化器投入使用，对总部经济、高新技术产业、双创空间三大类孵化项目实行办公场所三年免租金，入驻快安科技等科学型中小企业10家。安排323万元支持同达药业、泰瑞集团、快安科技3个产学研平台和21个科技项目建设。与大同大学、公安部重点实验室开展合作，为企业牵线搭桥，创建多层次、多领域、多形式技术创新联合体。申请专利30件，获批高新技术企业1家。全年全区6家高新技术企业产值46亿元，增长11%，占全区规模以上工业产值73.8%。改革创新方面，开发区起草《开发区改革创新发展实施方案》（征求意见稿），探索项目落地机制改革。研究提出《大同开发区产业投资引资基金管理暂行办法》，设立“大同开发区产业投资引导基金”，基金首期规模5亿元，与社会资本共同组建总规模20亿元产业投资基金，推动全区产业创新和中小微企业快速成长。（张维新）

统计资料

◎ 统计表中符号使用说明："空格"表示该项统计指标数据不详或无该项指标数据；"#"表示其中项。

综　述

2015 年～2016 年大同市国民经济主要比例关系

单位：%

指　标	2016 年	2015 年
地区生产总值中三次产业比例		
第一产业	5.8	5.3
第二产业	36.5	41.8
第三产业	57.7	52.9
工业总产值中轻重工业比例		
轻工业	10.4	6.7
重工业	89.6	93.3
农林牧渔业总产值内部比例		
农业产值	41.3	42.2
林业产值	4.1	4.8
牧业产值	51.6	49.9
渔业产值	0.1	0.1
服务业产值	3.0	3.0
固定资产投资中三次产业投资比例		
第一产业	27.6	25.6
第二产业	33.7	41.3
第三产业	38.7	33.1

2016年大同市国民经济和社会发展主要指标

指 标	单 位	2016年	2016年比2015年 ±%
年末总人口	万人	342.19	0.46
年末总户数	万户	127.77	0.69
自然增长率	‰	4.54	增长0.29个千分点
地区生产总值	亿元	1025.80	1.0
第一产业	亿元	59.88	3.4
第二产业	亿元	374.59	-6.4
第三产业	亿元	591.32	6.6
人均地区生产总值	元	30046	0.6
财政			
公共财政预算收入	亿元	88.93	-3.8
公共财政预算支出	亿元	289.18	-1.1
固定资产投资	亿元	1212.82	5.9
#第一产业	亿元	335.32	17.2
第二产业	亿元	408.86	-13.3
第三产业	亿元	468.64	21.0
农林牧渔业总产值	亿元	111.58	4.47
工业总产值	亿元	801.8	-23.9
工业增加值	亿元	254.59	-14.5
工业企业利税总额	亿元	64.31	-8.4
主要工农业产品产量			
原煤	万吨	9560	-22.0
发电量	亿千瓦时	360.98	0.2
钢	万吨	15.29	242.8
粮食	万吨	112.66	8.8
社会消费品零售总额	亿元	609.01	7.3
海关进出口总额	万元	236305	-8.3
金融机构各项存款余额	亿元	2629.08	8.7
#住户存款	亿元	1783.45	7.7
金融机构各项贷款余额	亿元	1225.71	3.7
非私营单位从业人员年平均工资	元	53804	-4.3
城镇常住居民人均可支配收入	元	26273	6.1
农村常住居民人均可支配收入	元	8217	6.6
居民消费价格指数	上年=100	101.1	1.1
旅游总收入	亿元	363.3	29.2

2015年～2016年大同市社会经济主要指标人均水平

指 标	单 位	2016年	2015年
地区生产总值	元	30046	30989
农林牧渔业总产值	元	3261	3136
主要产品产量			
原煤	吨	27.9	36.0
发电量	千瓦小时	10549	10581
钢	公斤	45	13
粮食	公斤	329.2	303.8
肉类总产量	公斤	42.5	41.3
社会消费品零售额	元	17798	16665
人民生活			
非私营单位从业人员年平均工资	元	53804	56201
城镇常住居民人均可支配收入	元	26273	24771
农村常住居民人均可支配收入	元	8217	7708
城乡居民储蓄存款	元	52119	48595

2005年～2016年大同市地区生产总值

（按当年价格计算）

年 份	地区生产总值（万元）				人均地区生产总值（元/人）
		第一产业	第二产业	第三产业	
2005	3765060	218232	2008852	1537976	12114
2006	4219262	242180	2164462	1812620	13481
2007	5170420	279400	2628003	2263017	16413
2008	6126739	304000	3113330	2709409	19333
2009	5950389	303152	2757102	2890135	18710
2010	6951422	355139	3284785	3311498	21360
2011	8435804	455926	4160606	3819272	25341
2012	9217269	487615	4592941	4236713	27815
2013	9710826	536602	4409416	4764808	28850
2014	10015359	568900	4454968	4991491	29607
2015	10533703	566709	4400156	5566838	30989
2016	10257962	598791	3745947	5913224	30046

2005 年～2016 年大同市地区生产总值指数

（上年为 100）

年　份	地区生产总值	第一产业	第二产业	第三产业
2005	114.1	113.2	116.4	112.4
2006	110.9	106.1	108.1	115.3
2007	116.8	94.1	116.8	119.9
2008	109.1	138.7	103.0	113.1
2009	102.3	103.3	98.4	106.5
2010	114.2	103.3	118.9	111.1
2011	112.4	109.3	114.5	110.6
2012	110.0	110.0	109.6	111.1
2013	108.3	104.9	108.8	108.1
2014	107.4	104.1	110.8	104.2
2015	109.0	102.5	107.8	111.0
2016	101.0	103.4	93.6	106.6

2015 年～2016 年大同市地区生产总值（一）

单位：亿元

指　标	2016 年	2015 年	2016 年比 2015 年 ±%
地区生产总值	1025.80	1053.37	1.0
第一产业	59.88	56.67	3.4
第二产业	374.59	440.02	-6.4
# 工业	302.35	372.55	-10.0
建筑业	72.25	67.47	13.5
第三产业	591.32	556.68	6.6
# 交通运输、仓储邮政业	123.44	122.49	0.0
批发和零售业	76.92	77.33	-1.1
住宿和餐饮业	34.54	31.66	8.8
金融保险业	77.53	71.42	10.3
房地产业	59.13	55.56	6.5
居民服务和其他服务业	24.37	21.59	16.1
人均地区生产总值（元 / 人）	30046	30989	0.6

2015 年～2016 年大同市地区生产总值（二）

单位：万元

县　区	2016 年	2015 年	2016 年比 2015 年 ±%
全　市	10257962	10533703	1.0
#城　区	1448503	1394460	7.5
矿　区	230141	226826	1.2
南郊区	3339481	4159547	–9.5
新荣区	243852	243521	5.1
阳高县	302967	278345	4.9
天镇县	229721	206722	6.8
广灵县	224014	213681	5.6
灵丘县	304772	279993	10.2
浑源县	371526	361525	2.9
左云县	369038	348765	7.4
大同县	269206	258479	4.0
开发区	485233	437269	14.3

2015 年～2016 年大同市分县（区）第三产业增加值

单位：万元

县　区	2016 年	2015 年	2016 年比 2015 年 ±%
全　市	5913224	5566838	6.6
#城　区	1009997	90090	11.4
矿　区	230141	203453	1.2
南郊区	1136602	1015899	8.4
新荣区	99941	97719	5.8
阳高县	141948	134470	5.1
天镇县	98618	93042	4.9
广灵县	109938	102734	6.2
灵丘县	168715	151040	11.0
浑源县	165230	156709	3.2
左云县	221166	202966	9.2
大同县	133874	129146	4.1
开发区	169782	159525	6.0

2016 年大同市国民经济主要指标占全省比重

指 标	单 位	全 省	全 市	占全省 %
年末总人口	万人	3681.6	342.2	9.3
城镇人口	万人	2069.6	212.2	10.3
地区生产总值（当年价格）	亿元	12928.3	1025.8	7.9
第一产业	亿元	784.6	59.9	7.6
第二产业	亿元	4926.4	374.6	7.6
第三产业	亿元	7217.4	591.3	8.2
农林牧渔业增加值	亿元	827.1	61.0	7.4
粮食总产量	万吨	1318.5	112.7	8.5
蔬菜总产量	万吨	1294.5	60.8	4.7
肉类总产量	万吨	83.3	14.6	17.5
原煤产量	万吨	81641.6	9560	11.7
发电量	亿千瓦时	2498.7	361.0	14.4
钢产量	万吨	3936.1	15.3	0.4
水泥产量	万吨	3595.4	501.7	14.0
全社会固定资产投资	亿元	13859.4	1212.8	8.8
社会消费品零售总额	亿元	6480.5	609.0	9.4
# 住宿和餐饮业	亿元	580.1	77.2	13.3
海关进出口总额	万元	10989659	236305	2.2
旅游外汇收入	万美元	31738.5	4022.9	12.7
公共财政预算收入	亿元	1557.0	88.9	5.7
住户存款	亿元	16309.0	1783.5	10.9

2016 年大同市分县（区）总人口

县　区	总人口（人）			性别比（女 =100）
	合计	男	女	
总　计	3421891	1743957	1677934	103.93
城　区	745951	369291	376660	98.04
矿　区	514611	258290	256321	100.77
南郊区	419136	215457	203679	105.78
新荣区	111263	58020	53243	108.97
阳高县	279954	143243	136711	104.78
天镇县	212620	109103	103517	105.40
广灵县	188813	100453	88360	113.69
灵丘县	241968	126541	115427	109.63
浑源县	353945	181176	172769	104.87
左云县	161417	84020	77397	108.56
大同县	192213	98363	93850	104.81

注：全市人口出生率 10.56‰，死亡率 6.02‰，自然增长率 4.54‰

2016 年大同市分县（区）城乡人口

县　区	总人口（人）			城镇人口比重（%）
	合计	城镇	乡村	
总　计	3421891	2121835	1300056	62.01
城　区	745951	745951		100.00
矿　区	514611	514611		100.00
南郊区	419136	194848	224288	46.49
新荣区	111263	37518	73745	33.72
阳高县	279954	113269	166685	40.46
天镇县	212620	85408	127212	40.17
广灵县	188813	56606	132207	29.98
灵丘县	241968	76267	165701	31.52
浑源县	353945	142250	211695	40.19
左云县	161417	77415	84002	47.96
大同县	192213	77692	114521	40.42

注：全市总户数 127.77 万户（公安户籍）

核算指标

2015 年～2016 年大同市主要核算指标

单位：万元

指 标	2016 年	2015 年	2016 年比 2015 年增长 ±%
总产出	31162694	30752888	1.5
第一产业	1081888	1036016	2.2
第二产业	15862116	16172645	−0.8
# 工业	14372243	14781369	−2.2
第三产业	14218690	13544227	4.2
# 交通运输、仓储和邮政业	4144691	4118436	−0.2
批发和零售业	2464470	2477511	−1.0
住宿和餐饮业	814762	746953	8.4
地区生产总值	10257962	10533703	1.0
第一产业	598791	566709	3.4
第二产业	3745947	4400156	−6.4
# 工业	3023468	3725479	−10.0
第三产业	5913224	5566838	6.6
# 交通运输、仓储和邮政业	1234423	1224859	0.0
批发和零售业	769235	773325	−1.1
住宿和餐饮业	345350	316581	8.8
人均地区生产总值（元 / 人）	30046	30989	0.6
支出法地区生产总值	10654881	10746974	1.0
最终消费	5161327	4874946	4.8
消费率	48.4	45.4	3.0
资本形成总额	8169097	7871900	3.1
投资率	76.7	73.2	3.5
居民总消费水平（元 / 人）	11709	11149	3.9
农村居民	6292	5961	4.4
城镇居民	15098	14531	2.8

2015 年～2016 年大同市城区主要核算指标

单位：万元

指 标	2016 年	2015 年	2016 年比 2015 年增长 ±%
总产出	4749782	4973554	–1.9
第一产业			
第二产业	860891	1468705	–25.0
# 工业	259477	867291	–42.0
第三产业	3888891	3504849	7.7
# 交通运输、仓储和邮政业			
批发和零售业	1970870	1795723	6.6
住宿和餐饮业	514819	448931	11.3
地区生产总值	1448503	1394460	7.5
第一产业			
第二产业	438506	493529	0.2
# 工业	121070	219101	–9.7
第三产业	1009997	900930	11.4
# 交通运输、仓储和邮政业			
批发和零售业	312099	292532	6.8
住宿和餐饮业	135612	123694	10.1
人均地区生产总值（元 / 人）			
支出法地区生产总值			
最终消费			
消费率			
资本形成总额			
投资率			
居民总消费水平（元 / 人）			
农村居民			
城镇居民			

2015年～2016年大同市矿区主要核算指标

单位：万元

指 标	2016年	2015年	2016年比2015年增长 ±%
总产出	1812544	1744566	2.4
第一产业			
第二产业	145176	108926	31.5
#工业	91899	79873	3.0
第三产业	1608367	1635640	-1.7
#交通运输、仓储和邮政业			
批发和零售业	1210900	1271137	-7.0
住宿和餐饮业	160425	142701	12.4
地区生产总值	230141	226826	1.2
第一产业			
第二产业	31009	23373	30.9
#工业	16966	16213	2.5
第三产业	199132	203453	-2.2
#交通运输、仓储和邮政业			
批发和零售业	90688	98769	-8.1
住宿和餐饮业	38817	35543	9.9
人均地区生产总值（元/人）			
支出法地区生产总值	230141	226826	1.2
最终消费			
消费率			
资本形成总额			
投资率			
居民总消费水平（元/人）			
农村居民			
城镇居民			

2015 年～2016 年大同市南郊区主要核算指标

单位：万元

指 标	2016 年	2015 年	2016 年比 2015 年增长 ±%
总产出	10626620	14147776	-21.9
第一产业	120372	123810	-0.2
第二产业	7642815	11487857	-28.3
# 工业	7166959	11167477	-30.2
第三产业	2863433	2548542	5.9
# 交通运输、仓储和邮政业	1121941	1012063	4.3
批发和零售业	426327	364660	10.7
住宿和餐饮业	165958	150023	5.2
地区生产总值	3339481	4159547	-9.6
第一产业	81217	79001	-0.2
第二产业	2121662	3064647	-15.9
# 工业	1905078	2901515	-18.4
第三产业	1136602	1015899	8.4
# 交通运输、仓储和邮政业	453568	406854	6.8
批发和零售业	185645	158792	8.5
住宿和餐饮业	76258	68936	7.7
人均地区生产总值（元 / 人）	79635	99650	-20.1
支出法地区生产总值	3354685	4156352	-22.0
最终消费	2278569	2168697	1.1
消费率	67.9	52.2	
资本形成总额	1076116	1987655	-47.2
投资率	32.1	47.8	
居民总消费水平（元 / 人）	50274	48079	4.1
农村居民	55089	52290	3.6
城镇居民	44327	42866	4.8

2015年~2016年大同市新荣区主要核算指标

单位:万元

指标	2016年	2015年	2016年比2015年增长±%
总产出	765475	732557	5.0
第一产业	71224	78627	7.0
第二产业	366586	353643	6.6
#工业	365503	352576	6.6
第三产业	327665	300287	2.8
#交通运输、仓储和邮政业	82111	78255	6.1
批发和零售业	78808	76942	0.6
住宿和餐饮业	38704	37219	2.8
地区生产总值	243852	243521	5.1
第一产业	41457	39363	7.2
第二产业	102554	106441	3.7
#工业	101712	105713	3.7
第三产业	99941	97717	5.8
#交通运输、仓储和邮政业	19518	18519	4.4
批发和零售业	18886	17836	6.0
住宿和餐饮业	9001	8353	8.4
人均地区生产总值(元/人)	21909	21978	4.6
支出法地区生产总值	252546	246140	3.2
最终消费	151092	152588	-1.1
消费率	59.8	62.0	-2.6
资本形成总额	101454	93552	10.2
投资率	40.2	38.0	2.6
居民总消费水平(元/人)	7123	6601	4.5
农村居民	6059	5647	4.0
城镇居民	11320	10610	3.1

2015 年～2016 年大同市阳高县主要核算指标

单位：万元

指 标	2016 年	2015 年	2016 年比 2015 年增长 ±%
总产出	645805	596583	7.7
第一产业	213982	198386	2.7
第二产业	199835	175902	18.8
# 工业	194376	171156	18.9
第三产业	231988	222295	3.3
# 交通运输、仓储和邮政业	22706	22062	1.8
批发和零售业	24543	22810	6.4
住宿和餐饮业	4145	3974	3.1
地区生产总值	302967	278345	4.9
第一产业	104681	96150	4.3
第二产业	56338	47725	5.8
# 工业	54378	45890	5.8
第三产业	141948	134469	5.1
# 交通运输、仓储和邮政业	6750	6308	6
批发和零售业	12152	11435	6.4
住宿和餐饮业	3773	3411	11.3
人均地区生产总值（元 / 人）	10840	9991	4.6
支出法地区生产总值	299571	273344	8.4
最终消费	242257	228530	4.9
消费率	80.9	83.6	-2.7
资本形成总额	51704	50534	1.2
投资率	17.3	18.5	-1.2
居民总消费水平（元 / 人）	7297	6827	5.7
农村居民	5602	4956	11.8
城镇居民	9868	9840	0.1

2015年~2016年大同市天镇县主要核算指标

单位：万元

指标	2016年	2015年	2016年比2015年增长±%
总产出	536853	484427	10.8
第一产业	123404	106765	15.6
第二产业	153413	140321	9.3
#工业	111551	103539	7.7
第三产业	260036	237341	9.6
#交通运输、仓储和邮政业	43614	40234	8.4
批发和零售业	119678	105419	13.5
住宿和餐饮业	5688	5171	10.0
地区生产总值	229721	206722	11.1
第一产业	66381	58324	13.8
第二产业	64722	55356	16.9
#工业	43791	40561	8.0
第三产业	98618	93042	6.0
#交通运输、仓储和邮政业	15819	14926	6.0
批发和零售业	19233	17538	9.7
住宿和餐饮业	1255	1193	5.2
人均地区生产总值（元/人）	10804	9756	10.7
支出法地区生产总值	229721	206722	11.1
最终消费	116943	113227	3.3
消费率	50.9	54.8	7.1
资本形成总额	112778	93495	5.3
投资率	49.1	45.2	3.9
居民总消费水平（元/人）	4580	4430	3.4
农村居民	3437	3244	5.9
城镇居民	6282	6308	–0.4

2015 年 ~ 2016 年大同市广灵县主要核算指标

单位：万元

指 标	2016 年	2015 年	2016 年比 2015 年增长 ±%
总产出	568635	542341	5.8
第一产业	96367	113284	3.1
第二产业	309074	294751	6.8
# 工业	267440	255340	7.5
第三产业	163194	134306	5.9
# 交通运输、仓储和邮政业	14573	14068	6.0
批发和零售业	22030	21266	6.0
住宿和餐饮业	4865	4697	7.1
地区生产总值	224041	213681	5.6
第一产业	54132	53781	3.1
第二产业	59944	57166	2.6
# 工业	50110	47519	1.6
第三产业	109938	102734	6.2
# 交通运输、仓储和邮政业	9945	9088	17.3
批发和零售业	14614	13658	10.3
住宿和餐饮业	6487	6570	2.2
人均地区生产总值（元 / 人）	12110	11550	5.7
支出法地区生产总值	225506	214925	5.7
最终消费	126017	120105	9.2
消费率	55.9	56.4	–0.5
资本形成总额	99489	93576	1.3
投资率	44.1	43.3	0.8
居民总消费水平（元 / 人）	5684	5418	9.1
农村居民	5038	4737	10.7
城镇居民	8237	8334	3.3

2015 年～2016 年大同市灵丘县主要核算指标

单位：万元

指 标	2016 年	2015 年	2016 年比 2015 年增长 ±%
总产出	638088	584067	6.7
第一产业	83129	75156	10.3
第二产业	318180	296254	5.2
# 工业	305991	288073	4.8
第三产业	236779	212657	7.6
# 交通运输、仓储和邮政业	27754	26563	0.4
批发和零售业	49066	45325	5.8
住宿和餐饮业	32031	29051	7.8
地区生产总值	304772	279993	10.2
第一产业	37778	35834	5.4
第二产业	98279	93119	10.9
# 工业	92082	88318	10.4
第三产业	168715	151040	11.0
# 交通运输、仓储和邮政业	17592	16973	2.9
批发和零售业	29951	27667	7.3
住宿和餐饮业	16529	14991	9.5
人均地区生产总值（元 / 人）	12632	11671	9.7
支出法地区生产总值	304770	279986	10.2
最终消费	139228	133569	4.0
消费率	45.7	47.7	-4.2
资本形成总额	162340	143599	16.1
投资率	53.3	51.3	3.9
居民总消费水平（元 / 人）	4887	4704	3.8
农村居民	4104	3944	4.0
城镇居民	6654	6569	1.1

2015 年～2016 年大同市浑源县主要核算指标

单位：万元

指 标	2016 年	2015 年	2016 年比 2015 年增长 ±%
总产出	814390	776386	1.6
第一产业	160675	169825	-2.8
第二产业	258423	223972	6.2
# 工业	249421	214991	6.5
第三产业	395292	382589	0.9
# 交通运输、仓储和邮政业	39221	39013	-1.0
批发和零售业	60103	58415	1.4
住宿和餐饮业	64961	54968	16.4
地区生产总值	371526	361525	2.9
第一产业	104633	104105	3.5
第二产业	101664	100711	1.8
# 工业	95509	94820	1.7
第三产业	165229	156709	3.2
# 交通运输、仓储和邮政业	14417	13955	3.3
批发和零售业	36496	33719	8.9
住宿和餐饮业	39176	36860	5.9
人均地区生产总值（元 / 人）	10513	10274	2.4
支出法地区生产总值	371526	361525	2.9
最终消费	319987	307407	2.9
消费率	86.1	85.0	1.1
资本形成总额	201931	200965	0.4
投资率	54.4	55.6	-1.2
居民总消费水平（元 / 人）	8123	7815	3.9
农村居民	5683	5220	8.9
城镇居民	11867	12051	-1.5

2015 年～2016 年大同市左云县主要核算指标

单位：万元

指 标	2016 年	2015 年	2016 年比 2015 年增长 ±%
总产出	959597	881061	8.0
第一产业	55908	54714	3.0
第二产业	379675	349568	7.8
#工业	336727	305711	9.4
第三产业	524014	476779	8.7
#交通运输、仓储和邮政业	143890	130557	9.5
批发和零售业	175502	156539	10.1
住宿和餐饮业	33284	29979	10.8
地区生产总值	369038	348765	7.4
第一产业	27037	26875	7.4
第二产业	120835	118924	5.6
#工业	107667	105523	6.6
第三产业	221166	202966	9.2
#交通运输、仓储和邮政业	55938	51308	9.3
批发和零售业	38083	34289	11.2
住宿和餐饮业	13172	12046	11.0
人均地区生产总值（元/人）	22907	21757	5.3
支出法地区生产总值	369038	348765	7.4
最终消费	231496	219121	5.5
消费率	62.7	62.8	–0.1
资本形成总额	202075	261478	–24.6
投资率	54.7	74.97	–20.2
居民总消费水平（元/人）	9634	8976	7.2
农村居民	6230	5825	6.9
城镇居民	13399	12605	6.1

2015 年～2016 年大同市大同县主要核算指标

单位：万元

指 标	2016 年	2015 年	2016 年比 2015 年增长 ±%
总产出	821565	777601	4.8
第一产业	136966	135610	0.9
第二产业	245255	215628	11.4
# 工业	213122	183863	13.0
第三产业	439344	426363	2.9
# 交通运输、仓储和邮政业	78381	76831	3.6
批发和零售业	258321	250183	1.3
住宿和餐饮业	11521	11201	25.5
地区生产总值	269206	258479	4.0
第一产业	76233	73882	1.9
第二产业	59109	55451	6.6
# 工业	43497	40659	7.2
第三产业	133874	129146	4.1
# 交通运输、仓储和邮政业	22284	21275	10.5
批发和零售业	32321	32163	0.9
住宿和餐饮业	5864	5685	0.6
人均地区生产总值（元 / 人）	15124	14603	3.4
支出法地区生产总值	269645	258951	4.0
最终消费	118949	112638	3.7
消费率	44.1	43.5	0.6
资本形成总额	153829	149783	2.6
投资率	57.0	57.8	–0.8
居民总消费水平（元 / 人）	5882	5582	8.0
农村居民	4599	4373	2.6
城镇居民	8805	8366	2.1

2015年～2016年大同市开发区主要核算指标

单位：万元

指 标	2016年	2015年	2016年比2015年增长 ±%
总产出	1209591	1023045	17.1
第一产业	2880	2870	0.3
第二产业	883337	756895	16.7
# 工业	617660	579871	6.5
第三产业	323374	263280	22.8
# 交通运输、仓储和邮政业	53850	46865	14.9
批发和零售业	241585	216415	6.7
住宿和餐饮业			
地区生产总值	485233	437269	14.3
第一产业	1440	1435	0.3
第二产业	314012	276309	19.2
# 工业	242810	211583	22.2
第三产业	169782	159525	6.0
# 交通运输、仓储和邮政业	40514	34460	16.4
批发和零售业	68220	66325	3.0
住宿和餐饮业			
人均地区生产总值（元 / 人）			
支出法地区生产总值			
最终消费			
消费率			
资本形成总额			
投资率			
居民总消费水平（元 / 人）			
农村居民			
城镇居民			

2015 年～2016 年大同市地区生产总值构成项目

单位：万元

指 标	增加值		2016 年比 2015 年增长 ±%
	2016 年	2015 年	
地区生产总值	10257962	10533703	1.0
第一产业	598791	566709	3.4
第二产业	3745947	4400156	-6.4
工业	3023468	3725479	-10.0
采掘业	1263097	2433868	-22.4
制造业	947548	679488	11.3
电力、煤气及水的生产和供应业	812823	612123	15.5
建筑业	722479	674677	13.5
第三产业	5913224	5566838	6.6
交通运输、仓储和邮政业	1234423	1224859	0.0
信息传输、计算机服务和软件业	462241	409419	16.9
批发和零售业	769235	773325	-1.1
住宿和餐饮业	345350	316581	8.8
金融保险业	775298	714165	10.3
房地产业	591277	555579	6.5
租赁和商务服务业	134470	119104	16.6
科学研究、技术服务和地质勘查业	67603	61633	4.1
水利、环境和公共设施管理业	32566	29690	10.4
居民服务和其他服务业	243728	215876	16.1
教育	322185	293732	6.5
卫生、社会保障和社会福利业	95202	86795	14.4
文化、体育和娱乐业	21721	19803	6.0
公共管理和社会组织	802081	731248	10.2

农 业

2016 年大同市农村基层组织情况

单位：户、人

县 区	乡村户数	乡村人口数	农村劳动力	
				# 农业劳动力
总 计	659576	1675198	739624	422996
南郊区	115957	276564	130094	43099
新荣区	40643	89205	44251	22764
阳高县	91683	251478	94252	64944
天镇县	62645	167450	69974	51293
广灵县	59810	154011	59331	41423
灵丘县	80477	209091	100564	61341
浑源县	106653	288105	129541	66049
左云县	41906	102600	47098	30362
大同县	54978	125397	58382	40547
开发区	4824	11297	6137	1174

2015 年 ~ 2016 年大同市农林牧渔业

单位：万元、%

指 标	2016 年	2015 年
农林牧渔业总产值	1115793	1068094
农业产值	460336	450782
林业产值	45201	50794
牧业产值	575367	533459
渔业产值	983	981
服务业产值	33905	32078
农林牧渔业总产值（内部比例）		
农业产值	41.3	42.2
林业产值	4.1	4.8
牧业产值	51.6	49.9
渔业产值	0.1	0.1
服务业产值	3.0	3.0

2015年～2016年大同市分县（区）农林牧渔业总产值

单位：万元

县　区	2016年	2015年	2016年比2015年 ±%
总　计	1115793	1068094	4.47
南郊区	126172	123222	2.39
新荣区	76144	72420	5.14
阳高县	219982	202186	8.80
天镇县	123734	107084	15.55
广灵县	115104	115379	−0.24
灵丘县	84919	76917	10.40
浑源县	164575	169824	−3.09
左云县	57207	55714	2.68
大同县	141308	139760	1.11
辖　区	1480	2812	−47.37
开发区	2123	2766	−23.25

统计资料

2015年～2016年大同市农业生产条件（一）

单位：万千瓦时、吨

县　区	农村用电量		农用化肥施用量	
	2016年	2015年	2016年	2015年
总　计	36466	35236	260472	261548
南郊区	11498	10947	8782	9339
新荣区	1148	939	5060	4930
阳高县	4021	3645	56296	51921
天镇县	2928	2746	52583	53680
广灵县	3067	2967	24407	24148
灵丘县	3524	4349	40512	38099
浑源县	5211	4720	47644	52900
左云县	1410	1422	6290	5952
大同县	3501	3233	18508	20138
开发区	158	269	390	440

2015 年～2016 年大同市农业生产条件（二）

单位：吨

县区	农用薄膜使用量		农药使用量	
	2016 年	2015 年	2016 年	2015 年
总　计	6619	6552	841	853
南郊区	1026	981	141	103
新荣区	220	215	11	11
阳高县	1806	1804	186	215
天镇县	908	885	77	78
广灵县	340	299	99	96
灵丘县	288	263	74	80
浑源县	766	756	115	133
左云县	84	100	24	18
大同县	1154	1222	108	115
开发区	27	27	6	4

2015 年～2016 年大同市农作物生产情况（一）

单位：公顷

县区	农作物总播面积	
	2016 年	2015 年
总　计	312730	315900
南郊区	17580	18050
新荣区	24570	24680
阳高县	58110	58670
天镇县	40470	40600
广灵县	30500	30730
灵丘县	33380	33800
浑源县	39110	39780
左云县	26610	26090
大同县	42400	43500

2015年～2016年大同市农作物生产情况（二）

单位：公顷

县区	粮食作物播种面积	
	2016年	2015年
总计	277130	280090
南郊区	14570	15070
新荣区	20870	21000
阳高县	50800	51820
天镇县	37720	37690
广灵县	27660	27660
灵丘县	30730	31010
浑源县	35700	35440
左云县	21880	21600
大同县	37200	38800

2015年～2016年大同市农作物生产情况（三）

单位：公顷

县区	夏粮面积		秋粮面积		谷物面积		豆类面积		薯类面积	
	2016年	2015年	2016年	2015年	2016年	2015年	2016年	2015年	2016年	2015年
总计	200	320	276940	279770	223580	227120	27850	25790	25500	26860
南郊区			14570	15070	13140	13610	940	920	490	550
新荣区			20870	21000	14300	14320	2800	2760	3760	3910
阳高县			50800	51820	45840	46510	2710	2750	2250	2560
天镇县			37720	37690	29780	29950	1990	1980	5950	5760
广灵县			27660	27660	24200	24120	1420	1550	2040	1990
灵丘县			30730	31010	24180	24710	3660	3560	2890	2750
浑源县	200	320	35510	35120	28530	28420	3890	3680	3100	3020
左云县			21880	21600	13810	12390	4280	4230	3790	4980
大同县			37200	38800	29800	32700	6160	4360	1230	1340

2015 年～2016 年大同市农作物生产情况（四）

单位：公顷

县 区	油料面积		甜菜面积		蔬菜面积		玉米面积	
	2016 年	2015 年	2016 年	2015 年	2016 年	2015 年	2016 年	2015 年
南郊区	16930	16110	130	200	13620	14040	157650	161760
新荣区	410	40 0	10	10	1870	1920	10410	10930
阳高县	2740	2730			420	490	4520	4450
天镇县	3070	2720		50	3790	3630	34890	35620
广灵县	1330	1370			1070	1070	24930	25190
灵丘县	1780	1910			920	960	17100	17190
浑源县	2300	2350			210	270	17070	17020
左云县	1730	1430			1010	1820	22440	22580
大同县	3420	2990			170	190	2560	2480
大同县	150	210	10	140	4160	3690	23730	26300

2016 年大同市农作物生产情况（五）

单位：吨

县 区	粮食总产量	秋粮产量	谷物产量	豆类产量	薯类产量	油料产量
总 计	1126558	1126183	1037360	30755	58068	16934
南郊区	68743	68743	66798	1093	852	415
新荣区	55423	55423	43253	3243	8927	2739
阳高县	264672	264672	255368	3605	5699	3069
天镇县	170895	170895	157882	1798	11215	1335
广灵县	167670	167670	160330	1984	5356	1776
灵丘县	91546	91546	80922	3997	6627	2299
浑源县	169396	169021	154298	4712	10012	1729
左云县	35544	35544	23518	4588	7439	3419
大同县	102670	102670	94992	5736	1941	154

2016年大同市农作物生产情况（六）

单位：吨

县　区	玉米产量	甜菜产量	蔬菜产量
总　计	904861	9070	607801
南郊区	60987	200	105596
新荣区	22182		19230
阳高县	228436		221713
天镇县	146487		50963
广灵县	147270		40160
灵丘县	63946		9902
浑源县	142904		61481
左云县	9783	60	16992
大同县	82867	8810	81764

2016年大同市林业生产和水果产量

县　区	当年造林面积（公顷）	水果产量（吨）
总　计	21867	55832
南郊区	514	9213
新荣区	733	196
阳高县	3533	14240
天镇县	3574	12405
广灵县	3356	787
灵丘县	3087	3239
浑源县	2381	5342
左云县	1860	449
大同县	2482	9963

2015 年～2016 年大同市畜牧业生产情况（一）

单位：头

县 区	大牲畜年末头数			# 牛			# 猪		
	2016 年	2015 年	2016 比 2015 ± %	2016 年	2015 年	2016 比 2015 ± %	2016 年	2015 年	2016 比 2015 ± %
总 计	246327	256941	-4.13	179163	182028	-1.57	605540	650192	-6.87
南郊区	17383	15883	9.44	16780	15140	10.83	42564	39614	7.45
新荣区	16750	16539	1.28	14450	14320	0.91	16523	15987	3.35
阳高县	40906	43591	-6.16	30043	31151	-3.56	248719	257587	-3.44
天镇县	39811	36602	8.77	21285	17461	21.90	70104	71608	-2.10
广灵县	24851	24161	2.86	13585	12644	7.44	58403	52652	10.92
灵丘县	38717	44268	-12.54	27151	30506	-11.00	45943	49229	-6.67
浑源县	35973	41170	-12.62	30341	34825	-12.88	63621	96886	-34.33
左云县	12150	13477	-9.85	10755	10875	-1.10	10156	24282	-58.17
大同县	19649	20708	-5.11	14636	14596	0.27	48777	41342	17.98

2015 年～2016 年大同市畜牧业生产情况（二）

单位：只

县 区	# 羊		
	2016 年	2015 年	2016 比 2015 ± %
总 计	2016028	2145481	-6.03
南郊区	85438	93994	-9.10
新荣区	116120	115170	0.82
阳高县	305239	284350	7.35
天镇县	145960	136354	7.04
广灵县	275104	261666	5.14
灵丘县	416693	385362	8.13
浑源县	337693	436310	-22.60
左云县	158716	261383	-39.28
大同县	174330	169642	2.76

2015 年～2016 年大同市畜牧业生产情况（三）

单位：吨

县 区	肉类总产量		
	2016 年	2015 年	2016 比 2015±%
总 计	145560	140611	3.52
南郊区	9785	9386	4.25
新荣区	5988	5639	6.20
阳高县	37988	33292	14.11
天镇县	17131	15600	9.81
广灵县	13538	11771	15.00
灵丘县	10944	10635	2.90
浑源县	26077	30423	-14.28
左云县	9076	7217	25.75
大同县	14928	13920	7.24

2015 年～2016 年大同市畜牧业生产情况（四）

单位：吨

县 区	#猪肉			奶类产量			禽蛋产量		
	2016 年	2015 年	2016 比 2015±%	2016 年	2015 年	2016 比 2015±%	2016 年	2015 年	2016 比 2015±%
总 计	95923	94246	1.78	248163	244833	1.36	57650	54427	5.92
南郊区	6583	6211	5.99	73466	67485	8.86	12360	10285	20.18
新荣区	2409	2282	5.57	10690	10587	0.97	1726	1723	0.17
阳高县	32849	28759	14.22	52811	52757	0.10	3710	3576	3.75
天镇县	11901	10799	10.21	33121	31303	5.81	4275	4768	-10.35
广灵县	7886	7634	3.30	14604	14320	1.98	4143	4044	2.45
灵丘县	5721	6505	-12.05	5585	5578	0.13	5790	4515	28.24
浑源县	18739	22864	-18.04	24199	23744	1.92	4511	4127	9.31
左云县	2266	2416	-6.21	4415	5600	-21.16	1068	1375	-22.33
大同县	7503	6696	12.05	28539	31457	-9.27	20027	19978	0.25

2015年～2016年大同市畜牧业生产情况（五）

单位：头、只

县 区	当年出栏肉猪			当年出栏羊		
	2016年	2015年	2016比2015±%	2016年	2015年	2016比2015±%
总 计	1024435	1006284	1.80	1777630	1534009	15.88
南郊区	69299	71483	–3.06	77131	76200	1.22
新荣区	25012	24316	2.86	104658	104256	0.39
阳高县	382032	346981	10.10	188024	173434	8.41
天镇县	145550	141341	2.98	179359	164604	8.96
广灵县	82551	74481	10.83	179607	165564	8.48
灵丘县	68181	67313	1.29	234130	156755	49.36
浑源县	156156	192075	–18.70	325147	297010	9.47
左云县	20636	21968	–6.06	348822	254856	36.87
大同县	74194	65337	13.56	139748	140437	–0.49

2015年～2016年大同市畜牧业生产情况（六）

单位：只

县 区	家禽		
	2016年	2015年	2016比2015±%
总 计	3602559	3758859	–4.16
南郊区	540908	581212	–6.93
新荣区	165312	164520	0.48
阳高县	304792	319938	–4.73
天镇县	282748	270832	4.40
广灵县	338987	292716	15.81
灵丘县	269317	251650	7.02
浑源县	336871	463038	–27.25
左云县	69318	114753	–39.59
大同县	1289898	1275100	1.16

工　业

2015 年～2016 年大同市工业企业单位数（一）

单位：个

指　标	2016 年	2015 年
总　计	168	177
# 国有控股	55	51
按登记注册类型		
国有企业	2	5
集体企业	5	5
股份制合作企业		
联营企业		
有限责任公司	75	77
股份有限公司	5	6
私营企业	71	74
港澳台投资企业	4	3
外商投资企业	6	7
其他企业		
按轻重工业		
轻工业	33	33
重工业	135	144

2015 年～2016 年大同市工业企业单位数（二）

单位：个

指　标	2016 年	2015 年
按企业规模分		
大型企业	10	10
中型企业	38	42
小型企业	111	107
微型企业	9	18
按隶属关系分		
中央企业	22	19
省属企业	20	16
市属企业	9	9
县属企业	15	26
镇属企业		
乡属企业	1	1
村办企业		
其他企业	101	106

2015年～2016年大同市工业总产值（当年价格）

单位：万元

指　标	2016年	2015年
总　计	8018294	10542257
#国有控股	6985010	9513484
按登记注册类型		
国有企业	100941	167187
集体企业	59279	65215
股份制合作企业		
联营企业		
有限责任公司	7131418	9533567
股份有限公司	77114	147329
私营企业	471376	391103
港澳台投资企业	61490	50085
外商投资企业	116676	187773
其他企业		
按隶属关系分		
中央企业	1095635	1524760
省属企业	5149018	7343744
市属及下企业	1773642	1673754
按轻重工业分		
轻工业	835301	758212
重工业	7182993	9784046
按企业规模分		
大中型企业	7191162	9872347
小微企业	827133	669910

2016 年大同市工业增加值（当年价格）

单位：万元

指　标	2016 年	2016 年比 2015 年 ±%"
总　计	2545911	-14.5
在总计中：轻工业	277572	39.6
重工业	2268340	-17.3
在总计中：国有企业	64809	18.4
集体企业	10366	-6.4
股份合作企业		
股份制企业	2395139	-14.9
外商及港澳台投资	72789	-16.7
其他	2808	12.8
在总计中：国有控股企业	2229692	-15.7
在总计中：非公有制经济	294898	-4.5
在总计中：大中型工业	2286809	-16.2
国有大中型企业	63107	18.6
在总计中：中央企业	481272	-9.0
地方企业	2064639	-15.7
省属企业	1545199	-20.8
市（地）属企业	51853	7.0
县（市）属企业	74624	21.3
乡属企业	2234	2.2
村及村以下企业	390729	10.7

2015 年～2016 年大同市工业销售产值

单位：万元

指　标	2016 年	2015 年
总　计	6686982	8266344
#国有控股	5664430	7237887
按登记注册类型		
国有企业	100594	159389
集体企业	56741	61684
股份制合作企业		
联营企业		
有限责任公司	5793441	7262803
股份有限公司	78321	136788
私营企业	474531	402066
港澳台投资企业	61490	50085
外商投资企业	121864	193531
其他企业		
按隶属关系分		
中央企业	1059169	1508174
省属企业	3930651	5132682
市属及以下企业	1697161	1625488
按轻重工业分		
轻工业	772454	712993
重工业	5914527	7553351
按企业规模分		
大中型企业	5892608	7596951
小微企业	794374	669393

2015年～2016年大同市工业产品销售率

单位：%

指 标	2016年	2015年
总 计	83.40	78.41
#国有控股	81.09	76.08
按登记注册类型		
国有企业	99.66	95.34
集体企业	95.72	94.59
股份制合作企业		
联营企业		
有限责任公司	81.24	76.18
股份有限公司	101.57	92.85
私营企业	100.67	102.8
港澳台投资企业	100.00	100
外商投资企业	104.45	103.07
其他企业		
按隶属关系分		
中央企业	96.67	98.91
省属企业	76.34	69.89
市属及以下企业	95.69	97.12
按轻重工业分		
轻工业	92.48	94.04
重工业	82.34	77.2
按企业规模分		
大中型企业	81.94	76.95
小微企业	96.04	99.92

2015年～2016年大同市工业企业利税总额

单位：万元

指 标	2016年	2015年
总 计	643118	702197
#国有控股	541046	604814
按登记注册类型		
国有企业	10110	14461
集体企业	-13533	-11443
股份制合作企业		
联营企业		
有限责任公司	558651	577263
股份有限公司	14248	47732
私营企业	26054	12246
港澳台投资企业	18739	17483
外商投资企业	28850	44454
其他企业		
按隶属关系分		
中央企业	186267	297035
省属企业	304764	307480
市属及以下企业	152087	97681
按轻重工业分		
轻工业	89877	80906
重工业	553241	621291
按企业规模分		
大中型企业	609939	704881
小微企业	33179	-2684

2016年大同市分行业工业增加值

单位：万元

指　标	2016年	2016年比2015年 ±%
总　计	2545911	–14.5
采掘业	1250040	–27.5
煤炭开采和洗选业	1245194	–27.4
石油和天然气开采业		
黑色金属矿采选业	383	–55.1
有色金属矿采选业		
非金属矿采选业	4464	0.9
开采辅助活动		
其他采矿业		
制造业	490446	16.3
农副食品加工业	21019	346
食品制造业	1391	–3.4
酒、饮料和精制茶制造业	22026	12
烟草制品业		
纺织业		
纺织服装、服饰业		
皮革、毛皮、羽毛及其制品和制鞋业		
木材加工和木、竹、藤、棕、草制品业		
家具制造业		
造纸和纸制品业		
印刷和记录媒介复制业		
文教、工美、体育和娱乐用品制造业		
石油加工、炼焦和核燃料加工业	1635	–14
化学原料和化学制品制造业	36376	8.2
医药制造业	183634	16.2
化学纤维制造业		
橡胶和塑料制品业	1639	55.5
非金属矿物制品业	59659	13.1
黑色金属冶炼和压延加工业	4190	85.9
有色金属冶炼和压延加工业	13331	43.4
金属制品业	4390	5.4
通用设备制造业	5923	–11.8
专用设备制造业	34738	10.3
汽车制造业	39813	30.3
铁路、船舶、航空航天和其他运输设备	34261	–48.1
电气机械和器材制造业	20660	–36.8
计算机、通信和其他电子设备制造业		
仪器仪表制造业		
其他制造业		
废弃资源综合利用业		
金属制品、机械和设备修理业	5763	–7.2
电力、热力生产和供应业	754855	14.9
燃气生产和供应业	1069	–2.6
水的生产和供应业	49502	161.6

2015年～2016年大同市主要工业产品产量

指　标	单位	2016年	2015年
原煤（全社会口径）	万吨	9560	12259
#同煤集团	万吨	8192	11094
市地方	万吨	1368	
洗煤	万吨	4864	6415
发电量	万千瓦时	3609787	3604178
#火电	万千瓦时	3300915	3308327
风电	万千瓦时	274002	236874
精甲醇	吨	378664	
啤酒	万升	2995.8	3955.6
化学纤维	吨		
焦炭	万吨	11.42	10.01
煤气	万立方米	6575	6845
活性炭	吨	25404	
合成橡胶	吨	20516	17677
烧碱	吨	13591	12314
变压器	千伏安	2218989	
化学原料药	吨	25418	21828
水泥	万吨	501.71	399.09
花岗石板材	平方米	2134087	2115705
石墨及碳素制品	吨	34771	40455
生铁	万吨	16.94	7.25
钢	万吨	15.29	4.46
成品钢材	吨		
铁合金	吨	9664	8220
机车	台	55	149
载货汽车	辆	2471	
汽车变速箱	台	17216	52179

2016 年大同市工业企业主要经济指标（一）

单位：万元

指　标	资产合计	固定资产原价
总　计	26640833	13233765
#国有控股	23706051	11710877
按登记注册类型		
国有企业	31141	36659
集体企业	272620	74201
股份制合作企业		
联营企业		
有限责任公司	24236950	12001964
股份有限公司	241849	113329
私营企业	1218277	545857
港澳台投资企业	413616	349103
外商投资企业	226381	112653
其他企业		
中央企业	2901800	3392772
省属企业	19270136	7207598
市属及以下企业	4468897	2633395
轻工业	1587165	947164
重工业	25053668	12286601
大型企业	20165397	8807548
中型企业	3193540	2200990
小型企业	2764169	1910762
微型企业	517727	314466

2016 年大同市工业企业主要经济指标（二）

单位：万元

指　标	负债合计	所有者权益
总　计	21662116	4978717
#国有控股	19657182	4048869
按登记注册类型		
国有企业	7691	23450
集体企业	359906	-87286
股份制合作企业		
联营企业		
有限责任公司	20125306	4111644
股份有限公司	101997	139852
私营企业	733593	484684
港澳台投资企业	233676	179940
外商投资企业	99946	126434
其他企业		
中央企业	2109676	792124
省属企业	16330202	2939935
市属及以下企业	3222238	1246658
轻工业	974386	612779
重工业	20687730	4365938
大型企业	16935516	3229881
中型企业	2260909	932631
小型企业	2054559	709610
微型企业	411133	106594

2016 年大同市工业企业主要经济指标（三）

单位：万元

指 标	主营业务收入	管理费用
总 计	17828308	560133
#国有控股	16712340	450163
按登记注册类型		
国有企业	81121	1138
集体企业	116801	22937
股份制合作企业		
联营企业		
有限责任公司	16868127	471627
股份有限公司	77635	10375
私营企业	498319	38184
港澳台投资企业	55010	2709
外商投资企业	131295	13162
其他企业		
中央企业	1089867	83075
省属企业	14972636	316165
市属及以下企业	1765805	160893
轻工业	751205	66324
重工业	17077103	493808
大型企业	15982298	382159
中型企业	1028542	112921
小型企业	760574	64236
微型企业	56893	816

2016 年大同市工业企业主要经济指标（四）

单位：万元

指 标	利润总额	亏损企业亏损额
总 计	118965	231574
#国有控股	61028	157220
按登记注册类型		
国有企业	4082	
集体企业	-17545	17777
股份制合作企业		
联营企业		
有限责任公司	63883	184842
股份有限公司	8906	
私营企业	12416	24897
港澳台投资企业	27381	
外商投资企业	19843	4059
其他企业		
中央企业	100130	57999
省属企业	-64215	82419
市属及以下企业	83050	91156
轻工业	61736	10671
重工业	57229	220904
大型企业	63888	96270
中型企业	33358	50361
小型企业	-3336	84943
微型企业	25054	

2016 年大同市工业企业主要经济指标（五）

单位：万元

指 标	利税总额	本年应付工资总额
总 计	643118	1130710
#国有控股	541046	1033307
按登记注册类型		
国有企业	10110	10675
集体企业	-13533	10617
股份制合作企业		
联营企业		
有限责任公司	558651	1056264
股份有限公司	14248	8965
私营企业	26054	31012
港澳台投资企业	18739	2847
外商投资企业	28850	10330
其他企业		
中央企业	186267	139324
省属企业	304764	832041
市属及以下企业	152087	159346
轻工业	89877	64692
重工业	553241	1066019
大型企业	473067	925558
中型企业	136872	146497
小型企业	23269	58208
微型企业	9910	448

2016 年大同市工业企业主要经济指标（六）

单位：万元

指 标	本年应交增值税	从业人员年平均人数（人）
总 计	353048	191740
#国有控股	319696	160035
按登记注册类型		
国有企业	5478	2101
集体企业	3138	12199
股份制合作企业		
联营企业		
有限责任公司	329627	166356
股份有限公司	4811	1222
私营企业	11627	8206
港澳台投资企业	-8652	164
外商投资企业	7020	1492
其他企业		
中央企业	65127	13653
省属企业	238105	134382
市属及以下企业	49816	43705
轻工业	22032	12698
重工业	331017	179042
大型企业	276515	154121
中型企业	73137	24321
小型企业	18545	13203
微型企业	-15148	95

2016年大同市分县（区）工业主要指标（一）

单位：万元

县　区	企业数（个）	工业总产值	工业增加值
总　计	168	8018295	2545911
市　直	1	4794873	1459009
城　区	18	473741	121070
矿　区	10	63000	7529
南郊区	27	938393	1905078
新荣区	12	118304	38058
阳高县	15	165293	41509
天镇县	10	61899	31375
广灵县	7	104514	40498
灵丘县	18	75702	22839
浑源县	7	188419	61707
左云县	14	166627	50838
大同县	14	209937	36020
开发区	15	657594	189391

注：工业增加值南郊区和左云县含同煤

2016年大同市分县（区）工业主要指标（二）

单位：万元

县　区	资产总计	工业销售产值
总　计	26640833	6686982
市　直	17383909	3586418
城　区	1198549	460480
矿　区	272344	60489
南郊区	2126324	914595
新荣区	401234	114045
阳高县	563680	161022
天镇县	273263	61785
广灵县	453155	104298
灵丘县	553383	90517
浑源县	302134	164353
左云县	1579958	167645
大同县	307766	205016
开发区	1225134	596319

2016年大同市分县（区）工业主要指标（三）

单位：万元

县 区	利税总额	利润总额	全部从业人员年平均人数
总 计	643118	118965	191740
市 直	283828	-48371	125833
城 区	14968	-7854	14825
矿 区	-9146	-13112	11107
南郊区	206354	114345	10941
新荣区	16778	218	3095
阳高县	-14515	-13279	2972
天镇县	21030	20347	414
广灵县	33131	27636	1191
灵丘县	-19044	-21324	2662
浑源县	16063	4418	2398
左云县	4017	-9032	5258
大同县	11574	6716	2530
开发区	78081	58257	8514

2015年～2016年大同市分县（区）规模以上工业企业情况（一）

县 区	有R&D活动单位数（个）		R&D人员（人）	
	2016年	2015年	2016年	2015年
总 计	20	20	5844	6145
市 直	1	2	3400	3404
城 区	3	4	1387	1710
矿 区	1	3	24	61
南郊区	1		10	
新荣区	1	1	65	94
阳高县	2	2	58	96
天镇县				
广灵县	1	1	53	20
灵丘县				
浑源县				
左云县	1	1	17	29
大同县	1	1	75	94
开发区	8	5	755	637

统计资料

2015 年～2016 年大同市分县（区）规模以上工业企业情况（二）

县　区	R&D 经费内部支出合计（万元）		R&D 经费外部支出合计（万元）	
	2016 年	2015 年	2016 年	2015 年
总　计	97640	123107	12803	11898
市　直	68497	89854	6759	8837
城　区	11501	18056	4201	487
矿　区	386	270		
南郊区	103			
新荣区	539	420		
阳高县	2720	1713	24	15
天镇县				
广灵县	952	146		
灵丘县				
浑源县				
左云县	434	969		
大同县	1663	2167		
开发区	10845	9513	1819	2559

2015 年～2016 年大同市分县（区）规模以上工业企业情况（三）

县　区	专利申请数（件）		有效发明专利数（件）	
	2016 年	2015 年	2016 年	2015 年
总　计	252	263	332	279
市　直	54	103	54	40
城　区	90	100	101	116
矿　区	3	3	2	2
南郊区	9	5	6	1
新荣区	53	25	60	25
阳高县	5	3	48	47
天镇县				
广灵县	6		8	
灵丘县				
浑源县				
左云县	1			
大同县	11	5	13	4
开发区	20	19	40	45

统计资料

2015年～2016年大同市规模以上工业企业情况（一）

指　　标	有R&D活动单位数（个）		R&D人员（人）	
	2016年	2015年	2016年	2015年
总计	20	20	5844	6145
按企业规模分				
大型	7	7	5191	5517
中型	7	8	497	453
小型	6	5	156	175
按行业分				
采矿业	2	2	3417	3378
煤炭开采和洗选业	2	2	3417	3378
制造业	18	18	2427	2767
酒、饮料和精制茶制造业	1		10	
化学原料和化学制品制造业	2	2	120	135
医药制造业	9	6	768	692
非金属矿物制品业	2	2	118	114
通用设备制造业		1		10
专用设备制造业		3		92
汽车制造业	1	1	169	194
铁路、船舶、航空航天和其他运输设备制造业	3	3	1242	1530

2015年～2016年大同市规模以上工业企业情况（二）

指　　标	R&D经费内部支出合计（万元）		R&D经费外部支出合计（万元）	
	2016年	2015年	2016年	2015年
总计	97640	123107	12803	11898
按企业规模分				
大型	91360	117611	11469	10805
中型	3828	4640	933	674
小型	2452	856	401	419
按行业分				
采矿业	68931	90523	6759	8837
煤炭开采和洗选业	68931	90523	6759	8837
制造业	28708	32584	6044	3061
酒、饮料和精制茶制造业	103			
化学原料和化学制品制造业	4351	3535		
医药制造业	10877	9858	1843	2574
非金属矿物制品业	1491	566		
通用设备制造业		73		5
专用设备制造业		518		
汽车制造业	2504	4053	555	66
铁路、船舶、航空航天和其他运输设备制造业	9383	13983	3645	416

2015 年～2016 年大同市规模以上工业企业情况（三）

指　　标	专利申请数（件）		有效发明专利数（件）	
	2016 年	2015 年	2016 年	2015 年
总计	252	263	332	279
按企业规模分				
大型	148	208	213	202
中型	92	49	96	74
小型	12	6	23	3
按行业分				
采矿业	55	103	54	40
煤炭开采和洗选业	55	103	54	40
制造业	191	155	273	239
酒、饮料和精制茶制造业				1
化学原料和化学制品制造业	5	5	51	50
医药制造业	23	22	42	46
非金属矿物制品业	62	25	69	25
通用设备制造业	8	8	2	29
专用设备制造业	3	3	2	1
汽车制造业	30	22	17	7
铁路、船舶、航空航天和其他运输设备制造业	60	70	90	80

能　源

2015 年～2016 年大同市地区能源消耗量

指　标	单　位	2016 年	2015 年
地区能源消费总量	万吨标准煤	1477.67	1516.12
规模以上工业综合能源消费量	万吨标准煤	1237.33	1413.66
全社会用电量	亿千瓦小时	97.23	91.95
工业用电量	亿千瓦小时	62.45	58.29
单位 GDP 能耗	吨标准煤 / 万元	1.398	1.439
规模以上单位工业增加值能耗	吨标准煤 / 万元	4.86	4.96
GDP 电耗（2015 年可比价）	千瓦小时 / 万元	1242.67	1201.42

注：2014 年规上工业增加值单耗由 3.92 调整为 4.22

2016 年大同市主要能源消费与库存

指 标	单 位	消费量			年末库存量
		合 计	工业生产消费	非工业生产消费	
能源总计	万吨标准煤	5663.34	5636.44	26.89	
原煤	万吨	9683.42	9660.45	22.97	143.42
洗精煤	吨				
焦炭	吨	148050	148050		5339.1
其他焦化	吨				
汽油	吨	5598.2	1908.7	3689.4	238.4
煤油	吨	1.76	1.76		8.70
柴油	吨	26020.1	15385.2	10634.8	2190.9
热力	百万千焦	438921	161599	277322	
电力	亿千瓦时	85.20	77.05	8.15	

交通运输

2015 年 ~ 2016 年大同市交通运输、邮电情况

指 标	2016 年	2015 年
公路通车里程（千米）	12574.00	12546.50
高速路通车里程（千米）	549.30	549.30
货运总量（万吨）	10315.17	8603.19
公路 （万吨）	10315.0	8603.0
民航 （万吨）	0.17	0.19
客运总量（万人）	1435.45	1682.1
公路 （万人）	1381	1635
民航 （万人）	54.45	47.1
邮电业务总量 （亿元）	51.2	38.2
电信业务总量（亿元）	47.7	35.1
邮政业务总量（亿元）	3.5	3.1
邮路总长（千米）	3322	3530
邮政局所（个）	145	141
电话用户数 （万户）	431.22	429.51
# 移动电话 （万户）	401.23	391.89

2016年大同市民用车辆拥有量

单位：辆

指标	总计	营运	非营运	#个人
合计	608349	109746	498451	573924
汽车	531255	77341	453762	499876
载客汽车	452499	9673	442674	431372
其中：大型	3376	1975	1285	127
中型	1824	634	1154	787
小型	437118	7063	430055	420450
微型	10181	1	10180	10008
载货汽车	59225	52452	6773	50977
其中：重型	39008	38396	612	34136
中型	836	739	97	568
轻型	19317	13292	6025	16223
微型	64	25	39	50
其他汽车	19531	15216	4315	17527
其中：三轮汽车	1920	1243	677	1914
低速货车	14670	13380	1290	14513
摩托车	20631	141	20490	20474
普通	20605	141	20464	20448
轻便	26		26	26
挂车	32301	32264	37	29415
其他类型车	3		3	

固定资产投资 建筑业

2015年～2016年大同市全社会固定资产投资

单位：万元

指　标	2016年	2015年
总　计	12128208	11453535
房地产开发	1677293	1391671
按三次产业分		
第一产业	3353207	2936808
第二产业	4088558	4729658
#工业	4077375	4714658
第三产业	4686443	3787069
按隶属关系分		
中央	386045	521349
省属	1315707	1906359
市属	760740	1294742
县区	904637	920901
其他	8761079	6810184
按构成分		
建筑安装工程	9478316	8692680
设备工器具购置	1978909	2208282
其他费用	670983	552573
按建设性质分		
新建	7855683	7004210
改扩建	2243101	2772517
其他	2029424	1676808
本年住宅投资	1193083	1110728
本年新增固定资产	9081295	8381975
本年施工项目个数（个）	2352	1275
本年竣工项目个数（个）	2104	1073
本年施工房屋面积（平方米）	21363638	20567565
#住宅（平方米）	10684105	10494282
本年竣工房屋面积（平方米）	6451617	4306563
#住宅（平方米）	2170323	2251911

统计资料

2016年大同市固定资产投资分行业情况

单位：万元

指　标	总　计
按国民经济行业分	
农林牧渔业	3456326
采矿业	1008798
制造业	1874196
电力、燃气及水的生产和供应业	1194381
建筑业	47881
交通运输、仓储和邮政业	499617
信息传输、计算机服务和软件业	45475
批发和零售业	474083
住宿和餐饮业	119979
金融业	9750
房地产业	1936188
租赁和商务服务业	51127
科学研究、技术服务和地质勘查业	35732
水利、环境和公共设施管理业	1019624
居民服务和其他服务业	39668
教育	105185
卫生、社会保障和社会福利业	41935
文化、体育和娱乐业	114759
公共管理和社会组织	53504

2015年～2016年大同市分县（区）投资完成情况

单位：万元

县　区	总　计		其中：房地产开发	
	2016年	2015年	2016年	2015年
合　计	12128208	11453535	1677293	1391671
城　区	1059263	939864	499827	556183
矿　区	235101	209041	46128	52637
南郊区	2666799	2452499	754279	462331
新荣区	816418	730299		848
阳高县	976147	860801	3114	1630
天镇县	840763	751090		4039
广灵县	852531	757132		
灵丘县	850085	976171	20538	15668
浑源县	1312148	1162222		300
左云县	800138	1085700	19008	3237
大同县	874492	776406	1100	526
开发区	844323	752310	333299	294272

2016 年大同市固定资产投资财务拨款情况

单位：万元

指 标	总 计	其中：房地产开发
本年资金来源	11780943	1756857
上年末结余资金	417009	222298
本年资金来源	11363934	1534559
国家预算	628036	
国内贷款	454780	9000
债券	26458	
利用外资		
#直接投资		
自筹资金	9562006	887808
其他资金来源	692654	637751
本年各项应付款	1247713	445798
#工程款	299410	204760

2015 年～2016 年大同市建筑业生产经营情况

指 标	2016 年	2015 年
企业个数（个）	220	228
建筑总产值（万元）	1303673	1141276
建筑工程	1033689	934094
安装工程	203913	141427
其他	66071	65755
竣工产值（万元）	702083	663923
房屋建筑施工面积（平方米）	5928686	5078813
房屋建筑竣工面积（平方米）	2917833	2249158
利润总额（万元）	24422	19852
上缴税金（万元）	65605	51656
自有机械设备年末净值（万元）	33727	66167
从事主营业务活动的从业人员平均人数（人）	40001	47994

2015 年～2016 年大同市房地产投资完成情况

单位：万元

指 标	2016 年	2015 年
总 计	1677293	1391671
按构成分：建筑安装	1542925	1122747
设备工器具购置	19166	62260
其他费用	115202	206664
按工程用途分：住宅	1124348	1023954
办公楼	91592	81043
商业用房	352259	193115
其他	109094	93559
按隶属关系分：中央		43650
省属	19661	
市属	118150	103058
县区	1412	1543
其他	1538070	1243420
本年新增固定资产	830118	1020904
商品房施工面积（平方米）	15892327	16315529
#住宅	9301924	10097734
商品房竣工面积（平方米）	2882061	2957469
#住宅	1748969	2160078
商品房销售面积（平方米）	1433867	1210086
商品房销售额（万元）	632368	555070

财政　金融　物价

2016 年大同市公共财政预算收入

单位：万元

指 标	2016 年	2016 年比 2015 年 ±%
公共财政预算收入	889262	-3.8
#增值税	209773	24.6
营业税	96532	-38.5
企业所得税	99866	-24.3
个人所得税	25085	-14.8
资源税	40202	-1.7
城市维护建设税	54062	0.4
房产税	26366	8.3
城镇土地使用税	31153	-10.6
印花税	16024	-6.5
行政性收费收入	28554	31.5
罚没收入	17595	-9.4
专项收入	125810	0.7

2016 年大同市公共财政预算支出

单位：万元

指 标	2016 年	2016 年比 2015 年 ±%
公共财政预算支出	2891792	-1.1
#一般公共服务	220701	13.4
公共安全	177344	37.8
教育	544608	-3.3
科学技术	9025	18.4
文化体育与传媒	76340	-11.9
社会保障和就业	385236	8.0
医疗卫生	235651	8.8
节能环保	80718	7.7
农林水事务	340231	22.2
城乡社区事务	240104	-17.3
交通运输	86284	-8.3
其他支出	27414	-41.8

2016 年大同市分县（区）公共财政预算收入

单位：万元

县 区	2016 年	2016 年比 2015 年 ±%
全 市	889262	-3.8
#城 区	35316	-8.0
矿 区	8123	-25.2
南郊区	81215	-26.9
新荣区	13506	-21.4
阳高县	10857	-4.3
天镇县	8077	-6.3
广灵县	8673	-6.8
灵丘县	11218	4.7
浑源县	23253	-18.6
左云县	33529	-16.8
大同县	16200	-6.2
开发区	44416	11.9

2016 年大同市分县（区）公共财政预算支出

单位：万元

县 区	2016 年	2016 年比 2015 年 ±%
全 市	2891792	-1.1
#城 区	222810	57.2
矿 区	133220	10.8
南郊区	224918	-15.6
新荣区	71842	-9.6
阳高县	181833	11.9
天镇县	169398	5.1
广灵县	176097	7.1
灵丘县	204755	14.0
浑源县	236692	-13.0
左云县	124463	-0.9
大同县	158998	11.2
开发区	48586	45.1

2016 年大同市金融机构信贷收支

单位：万元

指 标	2016 年	比年初增减
各项存款余额	26290797	2100203
# 境内存款	26289642	2100000
# 住户存款	17834520	1281103
非金融企业存款	5669120	849440
广义政府存款	2600923	-184702
各项贷款余额	12257116	441023
# 境内贷款	12257116	441023
# 住户贷款	1944353	133016
短期贷款	737740	-33614
中长期贷款	1206613	166630
非金融企业及机关团体贷款	10312764	308007
# 短期贷款	4046989	531006
中长期贷款	4384457	-631062
票据融资	1881318	408063

2015 年 ~ 2016 年大同市居民消费价格指数

（以上年价格为 100）

指标	2016 年	2015 年
居民消费价格总指数	101.1	100.6
食品烟酒类	102.8	100.4
衣着类	101.3	103.1
居住类	100.3	101.1
生活用品及服务	99.1	99.8
交通通信	98.1	101.0
教育文化及娱乐	101.3	97.9
医疗保健	102.5	103.9
其他用品及服务	101.2	99.0

2015 年～2016 年大同市工业生产者出厂价格指数

（以上年价格为 100）

指　标	2015 年	2014 年
全部工业品	95.50	91.10
按工业行业大、中类分		
煤炭开采和洗选业	97.70	84.10
黑色金属矿采选业	96.30	81.60
非金属矿采选业	99.30	100.00
农副食品加工业	92.30	98.90
食品制造业	98.20	99.90
酒、饮料和精制茶制造业	98.20	101.80
石油加工、炼焦及核燃料加工业	89.30	92.70
化学原料及化学制品制造业	95.40	99.00
医药制造业	83.40	108.00
金属制造业	104.60	
非金属矿物制品业	98.10	96.50
黑色金属冶炼及压延加工业	103.30	92.80
有色金属冶炼及压延加工业	109.80	
通用设备制造业	99.30	100.00
交通运输设备制造业	98.50	99.00
电气机械及器材制造业	97.20	97.00
电力、热力的生产和供应业	92.40	97.20

统计资料

贸易 旅游

2015 年～2016 年大同市社会消费品零售总额

单位：万元

指　标	2016 年	2015 年	2016 年比 2015 年 ±%
社会消费品零售总额	6090130	5676817	7.3
按销售地区分			
城市零售额	4978702	4568515	9.0
乡村零售额	1111428	1108302	0.3
按行业分组			
批发、零售贸易业	5318459	5014044	6.1
限额以上贸易企业	1491418	1501070	-0.6
限额以下及个体户	3827042	3512973	8.9
住宿和餐饮业	771671	662773	16.4

2016 年大同市分县（区）社会消费品零售额

单位：万元

县　区	社会消费品零售额		
		批发零售贸易业	住宿餐饮业
总　计	6090130	5318459	771671
城　区	2419666	2066425	353240
矿　区	945403	721329	224074
南郊区	1057281	1018025	39256
新荣区	101386	80665	20721
阳高县	114580	108541	6038
天镇县	95643	91682	3961
广灵县	99468	91917	7551
灵丘县	302095	252437	49658
浑源县	321589	290930	30659
左云县	232169	212220	19950
大同县	159265	144473	14792
开发区	241585	239815	1770

2015 年～2016 年大同市分县（区）社会消费品零售额

单位：万元

县　区	2016 年	2015 年	2016 年比 2015 年 ±%
总　计	6090130	5676817	7.3
城　区	2419666	2244654	7.8
矿　区	945403	885209	6.8
南郊区	1057281	992753	6.5
新荣区	101386	95467	6.2
阳高县	114580	106487	7.6
天镇县	95643	90229	6.0
广灵县	99468	92874	7.1
灵丘县	302095	281543	7.3
浑源县	321589	297768	8.0
左云县	232169	214574	8.2
大同县	159265	148846	7.0
开发区	241585	226415	6.7

2016 年大同市限额以上住宿和餐饮业经营状况

单位：万元

指标	法人企业（人）	从业人数（人）	营业额				
				客房收入	餐费收入	商品销售	其他收入
总　计	86	11472	122672	25018	92227	2351	3077
住宿业	23	3102	36448	10662	23551	619	1616
#国有及国有控股	1	26	352	151		49	152
按登记注册类型分组							
内资企业	23	3102	36448	10662	23551	619	1616
国有企业							
集体企业							
股份合作企业							
联营企业							
有限责任公司	11	1737	20071	6147	12790	330	804
股份有限公司							
私营企业	12	1365	16377	4516	10761	289	812
其他							
港澳台商投资企业							
外商投资企业							
按国民经济行业分组							
旅游饭店	16	2847	34907	9510	23416	570	1411
一般旅馆	6	237	1443	1112	130	49	152
其他住宿服务	1	18	98	40	4		54
餐饮业	63	8370	86224	14356	68676	1731	1461
#国有及国有控股	1	58	812	224	518	70	
按登记注册类型分组							
内资企业	63	8370	86224	14356	68676	1731	1461
国有企业	1	58	812	224	518	70	
集体企业	1						
股份合作企业							
联营企业							
有限责任公司	16	1983	20849	1432	19169	195	53
股份有限公司							
私营企业	44	6304	64563	12700	48989	1466	1408
其他	1	25					
港澳台商投资企业							
外商投资企业							
按国民经济行业分组							
正餐服务业	63	8370	86224	14356	68676	1731	1461
快餐服务业							
饮料及冷饮服务业							
其他餐饮服务业							

2016年大同市限额以上批发零售贸易业商品销售情况

单位：万元

指　标	法人企业（个）	从业人员数（个）	销售总额	批发	零售
总　计	191	16695	11736651	10411492	1325158
批发业	43	3374	10309387	10292899	16488
#国有及国有控股					
按登记注册类型分组					
内资企业	42	3374	10309387	10292899	16488
国有企业	11	1472	354324	344697	9627
集体企业	1	122	4472	4472	
股份合作企业					
联营企业					
有限责任公司	15	1156	9854463	9852460	2003
股份有限公司					
私营企业	15	624	96128	91271	4858
其他企业	1	76	3614	3614	
港澳台商投资企业	1				
外商投资企业					
按国民经济行业分组					
农畜产品	5	154	13348	9833	3516
食品、饮料及烟草制品	4	870	324649	321974	2675
医药及医疗器材	3	189	37735	37735	
矿产品、建材及化工产品	28	2058	9910341	9900043	10297
机械设备、五金交电及电子产品	1	11	22641	22641	
其他	1	92	674	674	
零售业	148	13321	1427263	118593	1308670
#国有及国有控股	9	3595	381538	80095	301443
按登记注册类型分组					
内资企业	144	11588	1284975	91583	1193393
国有企业	1	3	684	684	
集体企业	4	79	4242		4242
股份合作企业					
联营企业					
有限责任公司	29	3625	287740	7726	280014
股份有限公司	1	831	201378	44674	156703
私营企业	109	7050	790931	38498	752433
其他					
港澳台商投资企业	3	1503	122658	27011	95647
外商投资企业	1	230	19630		19630
按国民经济行业分组					
综合零售业	16	3188	221343	36	221307
#百货	10	2910	211163		211163
超级市场	6	278	10180	36	10145
其他综合					
食品、饮料及烟草制品	8	244	13647	1294	12353
纺织、服装及日用品	6	523	23305		23305
文化、体育用品及器材	7	722	65631	2000	63631
医药及医疗器材	9	823	103485	12552	90933
汽车、摩托车、燃料及零配件	68	3893	744939	79990	664950
家用电器及电子产品	16	758	84108	7839	76269
五金、家具及室内装修材料	12	225	17977	4799	13178
无店铺及其他	6	2945	152828	10084	142744

2016年大同市限额以上批发和零售业企业财务状况（一）

单位：万元

指　标	流动资产小　计	固定资产小　计	资产总计	负债合计	主营业务收　入
总　计	1733774	438743	2305917	2205912	12256708
批发业	1084367	78305	1220118	1145014	10893971
#国有及国有控股	921182	47784	1016036	939632	10685753
按登记注册类型分组					
内资企业	1084367	78305	1220118	1145014	10893971
国有企业	159719	19609	182870	84596	308492
集体企业	1846	340	2414	1584	4010
股份合作企业					
联营企业					
有限责任公司	845084	35463	931014	970590	10483763
股份有限公司					
私营企业	77718	22893	103820	88244	97706
其他企业					
港澳台商投资企业					
外商投资企业					
按国民经济行业分组					
#农畜产品	3454	2979	7209	3131	13348
食品、饮料及烟草制品	127860	17991	148751	45152	276346
医药及医疗器材	17291	1201	18600	14697	38600
矿产品、建材及化工产品	933345	55772	1042198	1079815	10545736
机械设备、五金交电及电子产品	197		197	143	19365
其他	2220	362	3163	2076	576
零售业	649408	360437	1085800	1060899	1362737
#国有及国有控股	93531	245847	346976	472068	359231
按登记注册类型分组					
内资企业	612693	313483	988040	1007948	1209048
国有企业	536	52	608	402	754
集体企业	2614	598	3264	2384	4476
股份合作企业					
联营企业					
有限责任公司	174350	209001	407380	525470	293579
股份有限公司	20432	46917	67349	61856	179723
私营企业	414761	56915	509438	417836	730517
其他企业					
港、澳、台商投资企业	34855	46508	87273	49190	136508
外商投资企业	1860	446	10487	3761	17181
按国民经济行业分组					
#综合	147344	26065	193039	191318	186868
百货	140375	25193	182557	181895	175838
超级市场	6969	872	10482	9423	11030
食品、饮料及烟草制品	4605	3222	8185	5172	13367
纺织、服装及日用品	5755	2027	8008	10982	20986
文化、体育用品及器材	66960	9789	89059	46697	57203
医药及医疗器材	36548	1758	38964	28998	94609
汽车、摩托车、燃料及零配件	236371	71989	337251	284863	725403
家用电器及电子产品	25063	348	27123	21583	74542
五金、家具及室内装修材料	27024	3159	33154	26181	18943
无店铺及其他	99738	242081	351018	445106	170816

2015年大同市限额以上批发和零售业企业财务状况（二）

单位：万元

指　标	主营业务成本	利润总额	本年应付工资总额	本年应交增值税总额
总　计	12035723	-382	65567	31899
批发业	10770690	15158	8920	19238
#国有及国有控股	10578708	16673	5740	16855
按登记注册类型分组				
内资企业	10770690	15775	8920	19238
国有企业	227952	26191	2093	16230
集体企业	2627	39	344	
股份合作企业				
联营企业				
有限责任公司	10452448	-9737	4564	2232
股份有限公司				
私营企业	87663	-1335	1918	775
其他企业				
港澳台商投资企业				
外商投资企业				
按国民经济行业分组				
#农畜产品	12636	25	215	
食品、饮料及烟草制品	196859	26543	1024	15969
医药及医疗器材	36898	139	688	103
矿产品、建材及化工产品	10504643	-11371	6788	3142
机械设备、五金交电及电子产品	19265		26	24
其他	389	-179	178	
零售业	1265033	-15540	56647	12661
#国有及国有控股	360370	-22163	17631	99
按登记注册类型分组				
内资企业	1137886	-19027	47250	11257
国有企业	684	13	33	16
集体企业	4220	-197	249	1
股份合作企业				
联营企业				
有限责任公司	295895	-16759	17173	4766
股份有限公司				
私营企业	165696	-387	4438	
其他企业				
港、澳、台商投资企业	113123	2473	8447	1038
外商投资企业	14024	1014	951	366
按国民经济行业分组				
#综合零售业	167902	-2640	11451	1689
百货	158193	-1758	9860	1653
超级市场	9709	-882	1591	36
食品、饮料及烟草制品	12506	-349	610	10
纺织、服装及日用品	18027	-1390	1037	222
文化、体育用品及器材	46449	2232	3069	694
医药及医疗器材	90181	187	2443	420
汽车、摩托车、燃料及零配件	679830	-4560	18036	7305
家用电器及电子产品	65463	-1127	2958	1300
五金、家具及室内装修材料	17683	42	684	198
无店铺及其他	166993	-7933	16360	822

1995 年～2016 年大同市海关进出口总额

单位：万美元

年份	海关进出口总额		利用外资
		出口额	
1995	1525	1511	1050
1996	2801	2800	2583
1997	1493	1493	814
1998	2339	1320	3192
1999	2659	1579	2329
2000	2931	2803	2000
2001	3913	2672	2581
2002	4948	2518	4062
2003	7573	5122	2785
2004	13570	8049	1642
2005	14716	9248	1159
2006	14628	12490	3117
2007	26849	18174	6421
2008	23681	19592	9201
2009	19500	11400	6121
2010	56767	12493	44274
2011	43123	9791	10600
2012	50395	23400	21300
2013	47815	21493	16463
2014	48172	30235	18159
2015	41633	28405	19100
2016	35576	29240	20110

1995 年～2016 年大同市旅游事业发展情况

年份	接待旅游总人数（万人次）		旅游总收入（亿元）		旅游外汇收入（万美元）
		#外国人		国内旅游收入（亿元）	
1995	62.83	2.55		0.32	609
1996	63.14	2.73		0.50	775
1997	63.83	3.92		1.51	848
1998	72.59	3.60		0.99	716
1999	227.16	3.57		9.25	1051
2000	245.15	4.01		10.39	1200
2001	297.61	5.14	13.14	11.77	1662
2002	357.13	5.30	15.84	14.28	1884
2003	283.86	2.56	11.43	10.69	894
2004	602.50	3.60	20.16	19.16	1613
2005	724.43	5.96	33.16	31.36	2297
2006	822.04	7.40	47.64	44.96	3295
2007	933.38	9.76	63.23	60.03	4187
2008	1029.79	12.20	78.79	75.04	5520
2009	1178.91	13.50	96.35	93.55	5431
2010	1393.95	20.23	118.20	113.24	7310
2011	1616.17	18.99	136.60	130.90	8651
2012	1918.04	22.80	162.82	156.22	10224
2013	2355.83	31.27	200.33	192.90	11781
2014	2757.96	5.06	238.67	236.50	3520
2015	3201.11	6.57	281.17	278.86	3762
2016	4048.47	6.97	363.30	360.70	4023

劳动工资

2015年～2016年大同市分行业城镇单位数

单位：个

指　标	2016年	2015年
总　计	4115	4144
按企事业机关分		
企业	978	1033
事业	2043	2027
机关	1087	1077
民间非盈利组织	1	1
其他	6	6
按国民经济行业分		
农林牧渔业	41	41
采矿业	35	38
制造业	89	95
电力燃气及水的生产和供应业	53	72
建筑业	72	73
交通运输、仓储和邮政业	56	57
信息传输、计算机服务和软件业	14	15
批发和零售业	175	199
住宿和餐饮业	45	46
金融业	338	327
房地产业	69	72
租赁和商务服务业	142	149
科学研究、技术服务和地质勘查	188	198
水利、环境和公共设施管理业	129	127
居民服务和其他服务业	18	19
教育	775	786
卫生、社会保障和社会福利业	259	238
文化、体育和娱乐业	107	110
公关管理和社会组织	1510	1482

2015 年～2016 年大同市分行业城镇单位从业人员数

单位：人

指 标	2016 年	2015 年
总 计	402250	407480
按企事业机关分		
企业	265140	271659
事业	95713	94921
机关	41203	40719
民间非盈利组织	9	9
其他	185	172
按国民经济行业分		
农林牧渔业	1232	1256
采矿业	137663	140593
制造业	41366	42988
电力燃气及水的生产和供应业	12059	12168
建筑业	14701	14877
交通运输、仓储和邮政业	17078	16080
信息传输、计算机服务和软件业	3083	4123
批发和零售业	12599	13541
住宿和餐饮业	5609	5654
金融业	11700	11452
房地产业	4374	4432
租赁和商务服务业	6948	6604
科学研究、技术服务和地质勘查	5384	5388
水利、环境和公共设施管理业	10467	10630
居民服务和其他服务业	222	339
教育	45395	45558
卫生、社会保障和社会福利业	15900	15692
文化、体育和娱乐业	3985	4048
公关管理和社会组织	52485	52057

统计资料

2015 年～2016 年大同市分行业城镇单位从业人员工资总额

单位：万元

指　标	2016 年	2015 年
总　计	2179232.6	2305267
按企事业机关分		
企业	1450221	1624583
事业	515164.5	480618.9
机关	213037.8	199358.1
民间非盈利组织	24.8	24.8
其他	784.5	682.2
按国民经济行业分		
农林牧渔业	6268.5	6290.1
采矿业	847155.3	1012023.6
制造业	170007.7	186290.1
电力燃气及水的生产和供应业	100425.2	96452.6
建筑业	65715.1	64370.3
交通运输、仓储和邮政业	59652.8	52989.7
信息传输、计算机服务和软件业	21504.4	21728.6
批发和零售业	48997.2	48563.7
住宿和餐饮业	20088	17877.8
金融业	87910.5	90186.4
房地产业	13217.1	12661.9
租赁和商务服务业	26042.4	24020
科学研究、技术服务和地质勘查	29929.8	28301.2
水利、环境和公共设施管理业	34500.3	33946.4
居民服务和其他服务业	1079.3	2177.4
教育	288788.4	269446.3
卫生、社会保障和社会福利业	76853.2	73030.6
文化、体育和娱乐业	18308.1	17837
公共管理和社会组织	262789.3	247073.3

2015年～2016年大同市分行业城镇单位从业人员平均工资

单位：元

指　标	2016年	2015年
总　计	53804	56201
按企事业机关分		
企业	54128	59150
事业	53789	50752
机关	51781	49046
民间非盈利组织	27556	27556
其他	42405	39663
按国民经济行业分		
农林牧渔业	50675	39071
采矿业	61258	71669
制造业	40837	42570
电力燃气及水的生产和供应业	83625	78207
建筑业	39702	39332
交通运输、仓储和邮政业	34915	32843
信息传输、计算机服务和软件业	60678	51784
批发和零售业	39060	35664
住宿和餐饮业	35316	31575
金融业	76120	79111
房地产业	31055	29061
租赁和商务服务业	37251	36061
科学研究、技术服务和地质勘查	57140	53601
水利、环境和公共设施管理业	33138	32591
居民服务和其他服务业	48399	64230
教育	63509	59246
卫生、社会保障和社会福利业	48317	46493
文化、体育和娱乐业	45759	44009
公关管理和社会组织	50147	47578

2016年大同市国有单位从业人员及工资

指　标	年末人数（人）	工资总额（万元）	平均工资（元）
总　计	170482	892181.2	52527
按企事业机关分			
企业	33941	165638.7	49729
事业	95198	512829.5	53834
机关	41203	213037.8	51781
民间非盈利组织			
其他	140	675.2	48229
按国民经济行业分			
农林牧渔业	1232	6268.5	50675
采矿业	961	8448.4	87913
制造业	3231	14634.8	45677
电力燃气及水的生产和供应业	4977	45114.5	92353
建筑业	5710	28593.2	52522
交通运输、仓储和邮政业	10417	38069.3	36722
信息传输、计算机服务和软件业	709	4356	61008
批发和零售业	4017	15072.1	37400
住宿和餐饮业	247	599.4	24267
金融业	1203	7454.5	63714
房地产业	1663	3170.8	19905
租赁和商务服务业	4695	17810.4	37678
科学研究、技术服务和地质勘查	4969	28011.7	57840
水利、环境和公共设施管理业	9708	32623.3	33800
居民服务和其他服务业	172	915.4	52913
教育	45314	288601.8	63581
卫生、社会保障和社会福利业	15085	73034.3	48393
文化、体育和娱乐业	3687	16613.5	44696
公关管理和社会组织	52485	262789.3	50147

2016 年大同市集体单位从业人员及工资

指　标	年末人数（人）	工资总额（万元）	平均工资（元）
总　计	16912	55462.1	32773
按企事业机关分			
企业	16397	53127.1	32377
事业	515	2335	45428
其他			
按国民经济行业分			
农林牧渔业			
采矿业	143	451.5	37008
制造业	12488	40024.8	32092
电力燃气及水的生产和供应业	20	48.4	24200
建筑业	1884	8348.2	43800
交通运输、仓储和邮政业	92	123.3	13402
信息传输、计算机服务和软件业			
批发和零售业	970	1205.4	12213
住宿和餐饮业	88	244.3	27761
金融业	13	15.6	12000
房地产业	65	116	17846
租赁和商务服务业	665	2662	39437
科学研究、技术服务和地质勘查	34	161.1	47382
水利、环境和公共设施管理业	66	216.7	32833
居民服务和其他服务业	24	105.7	44042
教育	40	96	24000
卫生、社会保障和社会福利业	320	1643.1	51508
文化、体育和娱乐业			
公关管理和社会组织			

2016 年大同市其他单位从业人员及工资

指　标	年末人数（人）	工资总额（万元）	平均工资（元）
总　计	214856	1231589.3	56427
按企事业机关分			
企业	214802	1231455.2	56435
事业			
民间非盈利	9	24.8	27556
其他	45	109.3	24289
按国民经济行业分			
农林牧渔业			
采矿业	136559	838255.4	61092
制造业	25647	115348.1	44442
电力燃气及水的生产和供应业	7062	55262.3	77790
建筑业	7107	28773.7	31269
交通运输、仓储和邮政业	6569	21460.2	32388
信息传输、计算机服务和软件业	2374	17148.4	60595
批发和零售业	7612	32719.7	43470
住宿和餐饮业	5274	19244.3	35950
金融业	10484	80440.4	77600
房地产业	2646	9930.3	38223
租赁和商务服务业	1588	5570	35053
科学研究、技术服务和地质勘查	381	1757	48670
水利、环境和公共设施管理业	693	1660.3	23958
居民服务和其他服务业	26	58.2	22385
教育	41	90.6	22098
卫生、社会保障和社会福利业	495	2175.8	43956
文化、体育和娱乐业	298	1694.6	59669
公关管理和社会组织			

2016 年大同市分县（区）城镇单位从业人员及工资

县　区	单位数（个）	年末人数（人）	工资总额（万元）	平均工资（元）
全　市	4115	402250	2179232.6	53804
城　区	1304	114779	589512.3	50755
矿　区	287	25797	118970.9	46408
南郊区	394	44655	233190.6	51955
新荣区	194	9619	49555.8	51481
阳高县	191	10326	58806.1	55672
天镇县	230	6205	24309	39246
广灵县	321	8111	42993.6	53276
灵丘县	455	11551	43088.2	37681
浑源县	268	12333	75892.7	60070
左云县	229	16200	75069	46316
大同县	171	8318	45703.4	54254
开发区	70	9268	43962.7	46869
市　直	1	125088	778178.3	61842

2016 年大同市分县（区）国有单位从业人员及工资

县　区	单位数（个）	年末人数（人）	工资总额（万元）	平均工资（元）
全　市	3303	170482	892181.2	52527
城　区	826	62961	328480.7	52634
矿　区	245	12730	77048.8	60711
南郊区	256	28357	143142	50654
新荣区	180	7037	35357.9	50353
阳高县	182	7661	47035.1	61148
天镇县	226	5867	22570.6	38470
广灵县	289	6640	37141.7	55827
灵丘县	430	9117	35733.2	39285
浑源县	254	11722	72148.4	61665
左云县	196	9961	42606.5	42632
大同县	164	6885	40001.3	57764
开发区	55	1544	10915	70739

2016年大同市分县（区）集体单位从业人员及工资

县 区	单位数（个）	年末人数（人）	工资总额（万元）	平均工资（元）
全 市	133	16912	55462.1	32773
城 区	30	3734	14920.2	39545
矿 区	20	11063	35066.1	31792
南郊区	20	990	2257.9	22624
新荣区	1	8	24.4	30500
阳高县				
天镇县				
广灵县	25	387	946.2	24513
灵丘县	14	44	129.4	29409
浑源县	5	53	49.9	9415
左云县	14	191	504.8	26429
大同县	1	8	38	47500
开发区	3	434	1525.2	35306
市 直				

2016年大同市分县（区）其他单位从业人员及工资

县 区	单位数（个）	年末人数（人）	工资总额（万元）	平均工资（元）
总 计	679	214856	1231589.3	56427
城 区	448	48084	246111.4	49255
矿 区	22	2004	6856	35802
南郊区	118	15308	87790.7	56182
新荣区	13	2574	14173.5	54597
阳高县	9	2665	11771	41000
天镇县	4	338	1738.4	53162
广灵县	7	1084	4905.7	47582
灵丘县	11	2390	7225.6	31484
浑源县	9	558	3694.4	41934
左云县	19	6408	31957.7	53059
大同县	6	1425	5664.1	37989
开发区	12	7290	31522.5	42569
市 直	1	125088	778178.3	61842

2015 年～2016 年大同市分行业城镇单位在岗职工人数（含劳务派遣人员）

单位：人

指　标	2016 年	2015 年
总计	380282	386111
按企事业机关分		
企业	255538	262431
事业	84322	84097
机关	40241	39413
民间非盈利组织	9	9
其他	172	161
按国民经济行业分		
农林牧渔业	1229	1234
采矿业	137209	140150
制造业	40283	41528
电力燃气及水的生产和供应业	11717	10550
建筑业	11928	12761
交通运输、仓储和邮政业	15192	14419
信息传输、计算机服务和软件业	2670	3606
批发和零售业	11835	12897
住宿和餐饮业	5587	5606
金融业	11617	11450
房地产业	3888	4111
租赁和商务服务业	5216	6195
科学研究、技术服务和地质勘查	5228	5164
水利、环境和公共设施管理业	6399	6835
居民服务和其他服务业	222	337
教育	43486	44014
卫生、社会保障和社会福利业	12564	12119
文化、体育和娱乐业	3893	3929
公关管理和社会组织	50119	49206

教育　卫生

2016 年大同市教育事业基本情况

项　目	2016 年
普通高校	
学校数（所）	1
在校学生数（人）	28158
专任教师（人）	1582
普通中专	
学校数（所）	7
在校学生数（人）	5719
专任教师（人）	748
成人中专	
学校数（所）	11
在校学生数（人）	
专任教师（人）	207
普通中学	
学校数（所）	212
在校学生数（人）	153758
专任教师（人）	15744
职业中学	
学校数（所）	24
在校学生数（人）	16274
专任教师（人）	1245
小　学	
学校数（所）	436
在校学生数（人）	199172
专任教师（人）	17629
幼儿园	
学校数（所）	499
在校学生数（人）	68145
专任教师（人）	4079
特殊教育	
学校数（所）	4
在校学生数（人）	365
专任教师（人）	103

2016 年大同市卫生事业基本情况（一）

卫生机构名称	机构数（个）	床位数（张）
总　计	3227	19445
医　院	141	15447
疗养院	1	120
卫生院	146	2656
社区卫生服务中心	122	915
门诊部	41	54
村卫生室	1823	
急救中心（站）	1	
采供血机构（站）	2	
妇幼保健院（所、站）	14	93
专科疾病防治院（所、站）	1	150
疾病预防控制中心	13	
卫生监督所	12	
医学科学研究机构	1	
临床检验中心	2	10
健康教育所（站、中心）	2	
其他卫生事业机构	8	130
诊所	868	
卫生所、医务室	33	

统计资料

2016 年大同市卫生事业基本情况（二）

卫生机构名称	卫生技术人员数（个）		
	合 计	执业（助理）医师	# 执业医师
总　计	21692	9389	8368
医　院	15507	5847	5436
疗养院	3	2	2
卫生院	1270	693	406
社区卫生服务中心	1927	928	817
门诊部	456	249	212
村卫生室	302	275	165
急救中心（站）	14	3	2
采供血机构（站）	97	13	13
妇幼保健院（所、站）	290	154	135
专科疾病防治院（所、站）	149	75	74
疾病预防控制中心	354	201	177
卫生监督所	236		
医学科学研究机构			
临床检验中心	13	6	4
健康教育所（站、中心）	20	8	5
其他卫生机构	82	35	29
诊所	917	861	853
卫生所、医务室	71	47	44

城乡居民收入

2016 年大同市城镇居民人均可支配收入

单位：元

县　区	2016 年	2016 年比 2015 年 ±%
全　市	26273	6.1
城　区	29200	7.1
矿　区	28223	5.4
南郊区	23518	5.9
新荣区	22009	6.4
阳高县	19352	6.8
天镇县	19647	5.3
广灵县	19656	5.7
灵丘县	24093	6.1
浑源县	20484	6.6
左云县	24215	6.4
大同县	18242	6.9

2016 年大同市农村居民人均可支配收入

单位：元

县　区	2016 年	2016 年比 2015 年 ±%
全　市	8217	6.6
城　区		
矿　区		
南郊区	13309	6.1
新荣区	8185	7.3
阳高县	6730	7.5
天镇县	6060	6.6
广灵县	6400	6.0
灵丘县	6701	7.2
浑源县	6633	6.9
左云县	10714	6.9
大同县	8189	6.7

山西省分市主要指标

2016 年山西省分市主要指标完成情况（一）

单位：万人

市　名	总人口		
		城　镇	乡　村
全　省	3681.64	2069.63	1612.01
太原市	434.44	367.32	67.12
大同市	342.19	212.18	130.01
阳泉市	140.36	93.59	46.77
长治市	343.54	177.03	166.51
晋城市	232.09	135.41	96.68
朔州市	176.81	95.84	80.97
晋中市	334.87	177.24	157.63
运城市	530.52	252.78	277.74
忻州市	315.53	151.14	164.39
临汾市	445.80	223.04	222.76
吕 梁 市	385.49	184.06	201.43

2016 年山西省分市主要指标完成情况（二）

市　名	地区生产总值（亿元）	第一产业增加值（亿元）	第二产业增加值（亿元）
全　省	12928.3	784.6	4926.4
太原市	2955.6	38.2	1068.0
大同市	1025.8	59.9	374.6
阳泉市	622.9	10.2	299.2
长治市	1269.2	60.1	646.9
晋城市	1049.3	49.9	554.9
朔州市	918.1	56.3	395.2
晋中市	1091.1	108.7	468.2
运城市	1222.4	201.6	443.9
忻州市	716.1	63.3	315.9
临汾市	1205.2	96.0	561.1
吕 梁 市	995.3	53.7	555.4

2016 年山西省分市主要指标完成情况（三）

市　名	第三产业增加值（亿元）	地区生产总值比上年增长（%）
全　省	7217.4	4.5
太原市	1849.3	7.5
大同市	591.3	1.0
阳泉市	313.5	3.4
长治市	562.2	4.6
晋城市	444.6	3.9
朔州市	466.6	4.2
晋中市	514.2	5.1
运城市	576.9	4.0
忻州市	336.9	4.7
临汾市	548.1	3.4
吕梁市	386.3	4.1

2016年山西省分市主要指标完成情况（四）

单位：万元

市名	固定资产投资	# 房地产开发投资
全省	138593510	15973532
太原市	20277123	6819017
大同市	12128208	1677293
阳泉市	6171379	639781
长治市	15144247	677962
晋城市	11503657	803648
朔州市	6376804	280730
晋中市	13758360	1790361
运城市	14837212	1163114
忻州市	11676598	440958
临汾市	13942534	975340
吕梁市	11184608	705328

注：各市固定资产投资不含跨省、市项目投资

2016年山西省分市主要指标完成情况（五）

（上年 =100）

市名	居民消费价格指数	商品零售价格指数
全省	101.1	100.5
太原市	101.2	100.8
大同市	101.1	100.4
阳泉市	100.7	100.2
长治市	100.9	100.3
晋城市	100.7	100.0
朔州市	100.8	101.0
晋中市	101.2	101.3
运城市	101.5	100.9
忻州市	100.9	99.4
临汾市	100.5	100.0
吕梁市	100.6	101.0

2016年山西省分市主要指标完成情况（六）

单位：元

市名	城镇居民人均可支配收入	农村居民人均可支配收入
全省	27352	10082
太原市	29632	14591
大同市	26273	8217
阳泉市	27801	12172
长治市	28094	11863
晋城市	28223	11635
朔州市	28989	11478
晋中市	29149	11525
运城市	25636	9365
忻州市	24987	7025
临汾市	27085	10005
吕梁市	24180	7644

2016 年山西省分市主要指标完成情况（七）

市　名	农林牧渔业增加值（亿元）	猪牛羊禽肉总产量（万吨）
全　省	827.1	83.3
太原市	40.1	5.6
大同市	61.0	14.3
阳泉市	10.5	2.0
长治市	62.4	11.1
晋城市	50.8	16.5
朔州市	58.0	9.0
晋中市	110.5	21.1
运城市	216.1	17.6
忻州市	65.3	12.1
临汾市	97.8	13.9
吕梁市	54.6	16.8

2016 年山西省分市主要指标完成情况（八）

市　名	粮食播种面积（万公顷）	粮食产量（万吨）
全　省	324.14	1318.5
太原市	7.34	31.3
大同市	27.71	112.7
阳泉市	5.41	25.9
长治市	24.29	161.7
晋城市	16.9	90.1
朔州市	26.52	127.0
晋中市	25.68	184.4
运城市	62.21	321.5
忻州市	42.35	176.7
临汾市	51.25	267.9
吕梁市	35.14	111.6

2016 年山西省分市主要指标完成情况（九）

市　名	工业增加值（亿元）	工业增加值增速（%）
全　省	3912.6	1.1
太原市	548.7	7.0
大同市	254.6	–14.5
阳泉市	184.4	2.1
长治市	583.1	2.5
晋城市	353.9	2.5
朔州市	213.1	2.7
晋中市	374.3	5.0
运城市	226.3	2.1
忻州市	217.2	2.6
临汾市	309.7	–0.4
吕梁市	546.7	2.6

注：工业指标为规模以上口径，后同

2016年山西省分市主要指标完成情况（十）

市 名	发电量（亿千瓦小时）	粗钢产量（万吨）	水泥产量（万吨）
全 省	2498.7	3936.1	3595.4
太原市	279.2	1106.2	492.7
大同市	361.0	15.3	501.7
阳泉市	98.4		251.9
长治市	271.6	523.1	385.9
晋城市	226.3	357.8	193.3
朔州市	267.5		218.1
晋中市	200.2	165.8	220.9
运城市	160.7	500.0	484.3
忻州市	283.6	52.8	150.7
临汾市	195.0	931.9	281.7
吕梁市	155.2	283.3	414.2

2016年山西省分市主要指标完成情况（十一）

市 名	社会消费品零售总额（万元）	进出口总额（万元）	外商直接投资额（万美元）
全 省	64805384	10989659	233242
太原市	16662362	8793832	46214
大同市	6090130	236305	20110
阳泉市	3062665	85892	31546
长治市	5666196	51211	47502
晋城市	3861943	395071	18000
朔州市	2910719	52736	9833
晋中市	5692111	138825	37870
运城市	7047230	800872	2229
忻州市	3380208	120434	3321
临汾市	6094418	123956	16616
吕梁市	4337402	190524	

2016年山西省分市主要指标完成情况（十二）

市 名	接待入境过夜游客人数（人次）	接待国内游客人数（万人次）	旅游外汇收入（万美元）
全 省	629836	44329.7	31738.5
太原市	153644	5666.2	8445.8
大同市	69658	4041.5	4022.9
阳泉市	4823	2733.3	107.0
长治市	25170	3751.0	1560.8
晋城市	12819	3885.3	714.0
朔州市	6405	1717.0	219.0
晋中市	227075	6335.1	12125.5
运城市	31832	5321.6	914.1
忻州市	54697	3410.9	1827.9
临汾市	38196	4024.1	1588.3
吕梁市	5517	3443.8	214.0

2016 年山西省分市主要指标完成情况（十三）

单位：亿元

市　名	公共财政预算收入	公共财政预算支出	居民储蓄存款余额
全　省	1557.0	3428.9	16309.0
省　级	502.4	719.0	
太原市	282.7	424.1	3720.9
大同市	88.9	289.2	1783.5
阳泉市	41.3	95.7	775.2
长治市	98.5	234.3	1360.2
晋城市	89.3	172.8	986.2
朔州市	49.1	127.7	871.7
晋中市	100.8	247.2	1503.6
运城市	59.1	287.8	1366.5
忻州市	69.2	247.6	1309.7
临汾市	86.0	311.0	1424.5
吕梁市	89.6	275.9	1271.1

注：居民储蓄存款余额为本外币口径

2016 年山西省分市主要指标完成情况（十四）

市　名	公路通车里程（千米）	公路客运量（万人）	公路货运量（万吨）
全　省	142066	18702	102200
太原市	7401	876	15043
大同市	12574	1381	10315
阳泉市	5656	1104	3709
长治市	11643	3295	8713
晋城市	9135	1416	5990
朔州市	10216	1210	3244
晋中市	15988	2065	11021
运城市	16088	2921	13432
忻州市	17443	1579	7906
临汾市	18541	1463	14669
吕梁市	17382	1391	8159

2016 年山西省分市主要指标完成情况（十五）

市　名	卫生机构数（个）	医生数（人）	床位数（张）
全　省	13178	91748	189784
太原市	2759	20835	37897
大同市	1402	9389	19445
阳泉市	596	3843	7280
长治市	872	7840	16888
晋城市	852	5532	11257
朔州市	475	2827	7684
晋中市	969	6813	15501
运城市	1787	10937	29002
忻州市	1015	5877	12813
临汾市	1281	10587	19815
吕梁市	1170	7268	12202

注：机构数不包含村级卫生室；医生数包括执业医师数和执业助理医师数

附　录

法规选登

大同市电动车管理条例

（2016 年 10 月 25 日大同市第十四届人民代表大会常务委员会第三十九次会议通过　2016 年 11 月 10 日山西省第十二届人民代表大会常务委员会第三十次会议批准）

大同市人民代表大会常务委员会公告

大同市第十四届人民代表大会常务委员会第三十九次会议审议通过的《大同市电动车管理条例》，已经山西省第十二届人民代表大会常务委员会第三十次会议于 2016 年 11 月 10 日批准，现予公布，自 2017 年 6 月 1 日起施行。

2016 年 11 月 16 日

山西省人民代表大会常务委员会关于批准《大同市电动车管理条例》的决定（2016 年 11 月 10 日山西省第十二届人民代表大会常务委员会第三十次会议通过）　山西省第十二届人民代表大会常务委员会第三十次会议审议大同市第十四届人民代表大会常务委员会第三十九次会议于 2016 年 10 月 25 日通过的《大同市电动车管理条例》，决定予以批准。

第一章　总　则

第一条　为加强电动车管理，维护道路交通秩序，保障交通安全畅通，保护公民、法人和其他组织的合法权益，根据《中华人民共和国道路交通安全法》《山西省实施〈中华人民共和国道路交通安全法〉办法》等法律法规的规定，结合本市实际，制定本条例。

第二条　本条例所称电动车，包括电动自行车、电动二轮车、电动轮椅车、电动三轮车、小型低速电动汽车。

第三条　在本市行政区域内，电动车的生产、销售、维修、登记及通行管理，适用本条例。

第四条　市、县（区）人民政府负责本辖区电动车的监督管理工作。

市、县（区）公安机关交通管理部门负责电动车交通安全管理工作。

市、县（区）质量技术监督管理部门负责电动车产品质量的监督管理工作。

市、县（区）工商行政管理部门负责电动车销售市场的监督管理工作。

市、县（区）交通管理部门负责电动车维修企业的监督管理工作。

经信、环保、发展改革、财政、市政管理、邮政等行政管理部门和残联等单位，应当按照各自职责，做好电动车监督管理的相关工作。

第二章　生产、销售、维修

第五条　电动车生产企业生产电动车，应当取得生产许可证，加强标准管理和质量管理，严格按照国家标准组织生产电动车。

第六条　电动车销售企业应当建立进货检查验收制度，验明电动车合格证明和其他标识，核实设计最高时速、整车质量、制动性能、外形尺寸等参数，并建立实名制销售台账，确保销售的电动车符合国家安全技术标准的要求。

第七条　电动车维修企业应当建立维修台账，在维修过程中不得擅自改变车辆的外形特征与技术参数。

第八条　电动车销售、维修企业应当提供电动车废旧电池更换、回收服务，建立台账，并将收集的废旧电池交由生产企业回收利用或者交由具有危险废物经营资质的单位统一处理。

第三章　登记管理

第九条　电动车实行登记管理制度。

电动车所有人应当持下列材料到公安机关交通管理部门申请办理登记：

（一）所有人的身份证明；

（二）购车发票等车辆来历证明；

（三）整车出厂合格证明；

（四）法律法规规定应当提交的其他证明、凭证。

申办电动轮椅车牌证的，残疾人应当提交下肢残疾证明，老年人应当提交老年证明。

第十条 公安机关交通管理部门接到电动车所有人申请后，对符合登记条件的，应当在受理申请之日起二个工作日内审核材料，办结登记，并发放号牌和行驶证；对不符合登记条件的，应当向申请人说明不予登记的理由。

第十一条 准予登记的电动车应当符合电动车国家安全技术标准。

对本条例实施前购买的不符合国家标准的电动二轮车、电动三轮车实行过渡期备案登记管理，过渡期五年。

邮政、快递、环卫等专用电动三轮车需要加装载物车箱和遮雨篷的，应当按照公安机关交通管理部门规定的外形尺寸、箱体颜色等标准加装，经公安机关交通管理部门查验同意后，方可申办登记。

拼装和擅自改装的电动车，不予办理登记。

第十二条 电动车登记号牌、行驶证的式样由市公安机关交通管理部门规定并监制。

电动车登记号牌、行驶证、驾驶证工本费的收取，应当严格执行价格部门核定的收费标准。

第十三条 电动车所有权转移、登记内容变更、注销及盗抢备案登记，按照法律法规的有关规定办理。

第十四条 电动车驾驶人应当符合下列条件：

（一）驾驶电动自行车、电动二轮车、电动轮椅车的，应当年满16周岁；

（二）驾驶电动三轮车的，应当年满18周岁，并取得机动车驾驶证D；

（三）驾驶小型低速电动汽车的，应当年满18周岁，并取得C3以上机动车驾驶证。

第十五条 公安机关交通管理部门应当合理设置电动车牌证办理网点，将办理时间、地点、条件、程序等事项向社会公布，采取带牌销售等措施方便群众，并向电动车所有人宣传电动车交通安全规定，增强电动车驾驶人安全意识。

第四章 道路通行管理

第十六条 电动车应当在取得市、县（区）公安机关交通管理部门核发的有效号牌、行驶证后，方可上路行驶。

电动轮椅车只准下肢残疾人和老年人驾驶。残疾人驾驶电动轮椅车应当携带残疾人证明；老年人驾驶电动轮椅车应当携带老年证明。

驾驶电动三轮车和小型低速电动汽车上路行驶，应当携带驾驶证。

第十七条 电动车上路行驶时，驾驶人应当遵守下列规定：

（一）在规定位置悬挂号牌并保持清晰、完整，不得故意遮挡、污损号牌，不得套用、挪用其他电动车号牌；

（二）遵守交通信号灯、交通标志、交通标线，服从交通警察指挥；

（三）遵守通行路段、通行时间的管理规定；

（四）电动自行车、电动二轮车、电动轮椅车应当在非机动车道行驶，在没有划设非机动车道的道路上应当靠车行道的右侧行驶；电动三轮车和小型低速电动汽车应当在最右侧机动车道行驶；

（五）行驶受阻不能正常行驶时，在可以通行和确保安全的情况下，可临时借用相邻的车道行驶，待行车正常后应当立即返回规定行驶的车道；

（六）电动自行车、电动二轮车、电动轮椅车在非机动车道行驶时最高时速不得超过十五公里；

（七）不得逆向行驶；

（八）饮酒后不得驾驶电动三轮车、小型低速电动汽车，醉酒后不得驾驶电动自行车、电动二轮车、电动轮椅车。

第十八条 电动车载人载物应当遵守下列规定：

（一）年满16周岁的未成年人驾驶电动自行车不得载人，成年人驾驶电动自行车、电动二轮车可以搭载一名12周岁以下儿童；

（二）电动轮椅车、电动三轮车不得载人；

（三）电动车载物应当符合核定的载质量，严禁超载，载物的长、宽、高不得违反装载要求，不得遗撒、飘散载运物。

第十九条 公安机关交通管理部门根据道路通行情况，可以在一定时间一定路段对电动车采取限制通行、禁止通行等交通管理措施。

第二十条 电动车应当在规定的地点停放；在未设定停车地点停车的，不得妨碍其他车辆和行人安全通行。

第二十一条 小型低速电动汽车的报废期限为从登记之日起满八年或者行驶满二十万公里。

第二十二条 电动车在道路上发生交通事故，驾驶人应当立即停车，保护现场；造成人身伤亡的，电动车驾驶人应当立即抢救伤员，并迅速报警。因抢救伤员需变动现场的，应当标明位置。

道路交通事故未造成人身伤亡、事实清楚、当事人无争议的，可以即行撤离现场，恢复交通，自行协商处理损害赔偿事宜；当事人有争议的，应当报警处理。

第五章 法律责任

第二十三条 公安机关交通管理部门和其他相关行政管理部门的工作人员，在监督管理电动车过程中，违反道路交通安全法律法规及本条例规定的，依法给予处分；构成犯罪的，依法追究刑事责任。

第二十四条 电动自行车、电动二轮车、电动轮椅车驾驶人有下列情形之一的，由公安机关交通管理部门责令改正，情节轻微的，给予教育并处以警告；情节较重的，按照下列规定给予罚款：

（一）无牌上路行驶或者不按规定安装号牌，故意遮挡、污损号牌的，处以五十元罚款；

（二）不按照交通信号规定通行的，处以二十元罚款；

（三）不按规定车道行驶的，处以三十元罚款；

（四）超过规定速度行驶的，处以五十元罚款；

（五）逆向行驶的，处以二十元罚款；

附录

（六）醉酒后驾驶的，处以五十元罚款；

（七）不在规定地点停放的，处以二十元罚款；

（八）不按规定载人、载物的，处以二十元罚款；

（九）擅自安装车箱、棚架和遮雨篷等影响行驶安全的，处以五十元罚款。

第二十五条 电动三轮车和小型低速电动汽车驾驶人违反本条例交通管理规定的，按照同类型机动车违法处罚的规定依法予以处罚，同一违法行为的罚款执行最低限额，并依法追究其他法律责任。

第二十六条 驾驶拼装的电动车上路行驶的，公安机关交通管理部门可以扣留其电动车，并按照法律法规的有关规定处理。

第二十七条 电动车生产、销售、维修企业，有违反本条例规定行为的，有关部门应当依法追究相关法律责任。

第六章 附 则

第二十八条 电动独轮车、电动摇摆车、电瓶车等车种，按照法律法规的有关规定监管。

第二十九条 本条例自2017年6月1日起施行。

索 引

说 明 ●索引采用主题分析方法，标目按汉语拼音音序排列，汉字打头的标目按首字的音序音调依次排列，首字相同时，则以第二字排序，依此类推；以阿拉伯数字打头的标目，排在最前面；以英文字母打头的标目，列于推后。

●索引的文字部分为标目，标目之后的阿拉伯数字表示该标目所在正文中的页码，其后的小写英文字母（a、b、c）表示正文中的栏别（即版面的1、2、3栏）。

●文中的类目题、分目题、次分目题用黑体字加色标明，其余用书宋字排印。表格在其标目后注明“表”。

●针对一些标目在多个页码出现或标目本身专指性较差的情况，为避免读者盲目检索，该索引特在部分标目后面设置限定词，表示该标目所在语义环境或所指对象，利于读者有针对性的检索。如“信息化建设（工业经济）”则表示该标目是属于工业经济方面的资料。

●单列“县区索引”，12个县区（包括开发区）按其在正文中的先后顺序排列，名称下的标目排列规则同上。

●文献、大事记、附录不在索引范围内。

A

附录

D

附录

附
录

附录

H

J

附录

附
录

M

N

O

P

Q

R

S

附录

附录

附录

X

Y

附录

Z

附录

县区索引

附录